DICTIONNAIRE DES

œuvres

littéraires

DE LANGUE FRANÇAISE

Jean-Pierre de Beaumarchais, ancien élève de l'École normale supérieure, agrégé de l'université, est notamment l'éditeur dans la collection « Classiques Garnier » du *Théâtre* de Beaumarchais, son aïeul, et spécialiste de la littérature du XVIIIe siècle français.

Daniel Couty, comparatiste à l'université de Rouen, spécialiste de Gérard de Nerval et du romantisme, est l'auteur de plusieurs ouvrages publiés aux Éditions Bordas, notamment une *Histoire de la Littérature Française* et *le Théâtre* (dirigé avec Alain Rey).

Jean-Pierre de Beaumarchais et Daniel Couty ont dirigé une équipe de près de 100 rédacteurs spécialistes des œuvres, des auteurs, des périodes traités, tous universitaires reconnus.

DICTIONNAIRE DES

œuvres littéraires

DE LANGUE FRANÇAISE

Jean-Pierre de Beaumarchais
Daniel Couty

A-C

BORDAS

Édition	Christiane Ochsner
Secrétariat d'édition	Nora Schott
Préparation	Raymond Leroi
	Ghislaine Malandin
Révision et correction	Ghislaine Malandin
	Didier Pemerle
Recherche iconographique	Nathalie L'Hopitault
Mise en pages des hors-texte	Jeanne Courjeaud
Fabrication	Evelyne Enock
Jaquette	Studio Antilope
Direction éditoriale	Olivier Juilliard

Ont également participé à l'ouvrage :

Jean-Pascal Hanss, Bernadette Jacquet, Gilbert Labrune,
Lorraine Nicolas, Sandrine Wébert.

X76 2194587 T
100 0249975

Imprimé en France
par I.M.E. - 25110 Baume-les-Dames
Dépôt légal : Février 1994
N° impression : 9054

Photocomposition : S.C.C.M. Paris

© Bordas, Paris 1994
ISBN 2-04-018550-X
Dépôt légal : mars 1994

Ont collaboré à cet ouvrage :

Lionel Acher
Bernadette Alameldine
Sylviane Albertan-Coppola
Pascale Alexandre-Bergues
Didier Alexandre
Guillaume Alméras
Nelly Andrieux-Reix
Véronique Anglard
Roland Auguet
Olivier Barbarant
Roger Barny
Emmanuèle Baumgartner
Marie-Alice de Beaumarchais
Patrick Besnier
Catherine Blondeau
Emmanuel Bury
Sylvie Cadinot
Christophe Carlier
Yves Chemla
Michel Chopard
Gérard Cogez
Dominique Combe
Alain Couprie
Françoise Court-Perez
Michèle Crampe-Casnabet
Michel Delon
Philippe Drouillard
Jean Dufournet
Françoise Ferrand
Gérard Ferreyrolles
Pierre Frantz
Michèle Gally
Patricia Gauthier
Gérard Gengembre
Dominique Giovacchini
Jean Goldzink
Marie-Christine Gomez-Géraud
Jean-Paul Goujon
Patrick Gourvennec
Béatrix Guillot
Édouard Guitton
Karen Haddad-Wotling
Franck Hamel
Louis Héliot
Jean-Claude Huchet
Sylvie Huet

Annie Ibrahim
Hédi Kaddour
Line Karoubi
Jean-Marc Lantéri
Chantal Lavigne
Yvan Leclerc
Hélène Lefebvre
Dominique Lorenceau
Hans Peter Lund
Daniel Madelénat
Bernard Magnier
Dominique Malézieux
Pierre Mari
Marie-Thérèse de Medeiros
Christiane Mervaud
Olivier Millet
Élisabeth Moncond'huy
Dominique Moncond'huy
Alain Niderst
Roland Oberlin
Luc Pinhas
Alain Pons
Catherine Pont-Humbert
Axel Preiss
Stéphane Pujol
Lise Queffélec
Pierre-Louis Rey
Jean-Marc Rodrigues
Stéphane Rolet
Jean-Jacques Roubine
François Roudaut
Julien Roumette
Sylvie Rozé
Alain Schaffner
Kurt Schärer
Amélie Schweiger
Brigitte Siot
Valérie Stemmer
François Suard
Pierre Testud
Norman David Thau
Jean-Marie Thomasseau
Béatrice Touitou
Marie-Noëlle Toury
Bernard Valette
Hélène Védrine

À Alain Rey
J.-P.B., D.C.

Avant-propos

Les historiens du XVIIe siècle ont gardé le souvenir du duc de Montausier, auquel il fallut quatorze années et une longue « guirlande » de poèmes composée par les habitués de l'hôtel de Rambouillet pour séduire la fille de la maîtresse de maison, l'inaccessible Julie d'Angennes. Plus pesante assurément, notre guirlande à nous est aussi une œuvre collective, une entreprise de longue patience, et surtout un acte d'amour pour ces littératures de langue française qui furent depuis quinze ans notre unique et beau souci : avec d'abord un premier Dictionnaire, *codirigé par Alain Rey et principalement consacré aux auteurs, puis une* Anthologie, *enfin avec ce* Dictionnaire des Œuvres *par quoi s'achève aujourd'hui l'aventure. Moins heureux que le duc obstiné, sommes-nous voués à ce que notre bel objet, toujours nouveau, toujours renaissant, nous échappe à jamais ? Qu'importe : la chasse fait oublier la prise, et la fortune sourit aux audacieux.*

Le titre du présent ouvrage le dit explicitement : c'est par l'étude exclusive et globale des textes en tant que tels, et non plus à partir des hommes, des genres, des écoles ou de simples fragments que nous cherchons ici à atteindre notre « fuyante proie ». Du premier Dictionnaire *à celui-ci, le parcours a sa logique : de la cause à l'effet, du général au particulier, de la vue cavalière au plan rapproché. Bref, de l'homme à l'œuvre. Mais cette démarche, apparemment toute simple et complémentaire de la précédente, posait de redoutables problèmes. Car, davantage encore que celui des écrivains, l'ensemble des textes qui composent un domaine littéraire forme un univers en constante expansion. Certains écrits rangés naguère dans le « second rayon » – ou le troisième – sont aujourd'hui republiés et réévalués ; des œuvres de grands auteurs, jusqu'ici considérées comme mineures, sont souvent à juste titre réhabilitées ; ce* Dictionnaire *s'ouvrant lui aussi largement aux contemporains, ce sont chaque année des dizaines de nouveaux titres que le vent – ou le talent – apporte, et parmi lesquels le choix se révèle particulièrement ardu. Enfin, quelle part fallait-il laisser au goût et au jugement de notre époque ? L'étude approfondie d'un texte passé « illisible » permet souvent de mieux comprendre le temps où il fut célèbre, et par ailleurs l'esprit de découverte, le refus des gloires établies n'est-il pas un élément constitutif du plaisir de lire ?*

*Pourtant, face au rêve d'une impossible totalisation – malgré les quelque 3 700 entrées de cet ouvrage –, et confrontés à l'inexorable principe de réalité des contraintes éditoriales, une certaine modestie était de mise, qui nous imposait de conjuguer, selon les écrivains considérés, exhaustivité et exemplarité. Les plus grands devaient être aussi les mieux servis, et l'on trouvera ici, longuement et précisément analysés, près de quatre-vingts titres de Balzac, la quasi-totalité des œuvres de Molière, de Racine ou de Stendhal. Pour les auteurs de moindre importance, il convenait de ne retenir que les sommets les plus originaux, les plus caractéristiques d'une production parfois pléthorique, mais où se dessinaient d'évidentes lignes de force. Pour d'autres encore, nous voulions simplement aller voir de plus près un texte effacé sous un titre légendaire, de l'*Auberge des Adrets *à la* Madone des sleepings... *Cette perspective nous a parfois obligés à prendre quelques libertés avec les hiérarchies littéraires traditionnelles, y compris sur le plan quantitatif. On ne s'étonnera donc pas de trouver les* Habits noirs *de Paul Féval aussi généreusement lotis que le* Misanthrope, *ou l'*Histoire naturelle *de Buffon occuper plusieurs pages : seul moyen de restituer toute leur richesse et leur complexité à des textes marginalisés par l'école ou abusivement exclus du champ de la littérature.*

Sans doute y a-t-il de l'ambiguïté, et même de la perfidie à reconnaître une valeur littéraire à un texte scientifique ou philosophique : n'est-ce pas considérer qu'à nos yeux le voilà sorti de la noble sphère du savoir, et qu'il relève désormais de la fiction ou de représentations historiques périmées ? Pourtant ce n'est pas déprécier le Discours de la méthode, *que de l'analyser aussi comme un récit initiatique. Quant à la foule obscure des œuvres marquées du sceau infamant de l'infra-littérature, leur exhumation (sélective) n'est pas uniquement un symptôme de nécrophilie universitaire : en donnant au lecteur d'aujourd'hui l'occasion d'aller voir « ailleurs », nous cherchons moins à contester les valeurs en place qu'à mettre en évidence l'historicité du goût, et à favoriser des retrouvailles avec un passé devenu, parfois, notre présent.*

Quelle que soit la longueur des articles – de quelques dizaines de lignes à quatre ou cinq pages –, le Dictionnaire des Œuvres *propose un parcours critique raisonné, qui réunit quatre types d'information. D'abord un descriptif éditorial, établissant avec toute la précision possible les conditions de publication du texte (lieu, éditeur ou « libraire ») ; un synopsis, qui, en particulier pour les œuvres romanesques, théâtrales ou philosophiques, permet de suivre les étapes et les développements d'une intrigue ou d'une pensée ; une analyse littéraire proprement dite (thèmes et personnages principaux, influences, style, éventuellement réception et lectures) ; enfin une bibliographie indiquant les éditions disponibles, ou du moins les plus récentes – y compris au format de poche – de l'œuvre considérée, soit en volume séparé, soit dans une édition collective (Œuvres complètes, etc.) dont les références détaillées sont données dans un index des auteurs à la fin du* Dictionnaire.

Cette organisation méthodique constitue une des spécificités du présent ouvrage ; dans un livre qui s'adresse aussi bien à l'étudiant qu'à l'« honnête homme » d'aujourd'hui – patient, curieux, mais aussi parfois pressé –, elle nous a semblé doublement utile. En premier lieu, elle vise à satisfaire plus immédiatement une demande d'information nécessairement diverse : depuis une simple date, ou le nom d'un personnage, jusqu'à une thématique ou une analyse stylistique détaillée. En second lieu, elle permet de contrebalancer l'effet de dispersion impliqué par l'ordre alphabétique. Sans doute cet « ordre », par les télescopages incongrus qu'il provoque – les Mystères de Paris *à côté du* Mystère de la charité de Jeanne d'Arc *–, nous paraît-il toujours le mieux à même de rendre compte, dans sa radicale nouveauté, du surgissement de l'acte créateur ; mais, ce faisant, il désintègre la production d'un auteur en la distribuant d'un bout à l'autre de ces quatre volumes : c'est ainsi que Giono s'étend, si l'on ose dire, de A (les* Âmes fortes*) à U (*Un roi sans divertissement*), ou que les œuvres appartenant à un même genre littéraire – les chansons de geste, par exemple –, se trouvent également séparées. Cette dissémination était inévitable ; nous l'avons légèrement corrigée en opérant certains regroupements, autorisés par la tradition (les grands « cycles » médiévaux : Croisade, Guillaume) ou par l'auteur lui-même (les* Mémoires d'un médecin, *de Dumas), et en multipliant grâce à un système de renvois [*] les passerelles entre les articles consacrés à un même écrivain, ou illustrant un même thème, de manière que le lecteur, mû par une curiosité précise ou un simple désir de flânerie, se construise de l'un à l'autre son propre itinéraire et suscite ainsi des échos, des réseaux dissimulés sous l'apparence d'une juxtaposition aléatoire. Pour ne prendre qu'un exemple, l'*Électre *de Giraudoux conduit aussi bien vers les autres textes du même auteur que vers* la Machine infernale *de Cocteau, l'*Antigone *d'Anouilh ou les* Mouches *de Sartre, toutes manifestations de l'« anticomanie » dramatique des années 1930-1940.*

L'iconographie, distribuée en cahiers hors-texte centrés sur un écrivain majeur, ainsi que l'index final qui regroupe sous le nom de chaque auteur les titres analysés dans le Dictionnaire, *apportent également d'utiles points de repère dans ce vaste labyrinthe, en permettant d'avoir une vue d'ensemble, plus synthétique, plus transversale, sur le contenu et l'étendue de l'information proposée.*

À cette diversité organisée des articles, correspond une pluralité de rédacteurs : près d'une centaine pour ces quatre volumes, tous spécialistes de l'auteur ou pour le moins de la période qu'ils ont traitée. Chacun, à l'intérieur des contraintes formelles qui lui étaient imposées, a pu s'exprimer librement, de façon à apporter au lecteur son savoir, mais aussi à le guider sur le chemin de son propre plaisir. Les illusions positivistes des années 1960-1970 se sont dissipées, et avec elles l'utopie d'un discours totalisant sur la littérature ; en sont restés des instruments d'analyse, des éléments de méthode venus se fondre, en part variable selon les tropismes de l'un ou de l'autre, aux notions héritées d'une critique plus subjective. Ainsi, réunissant des collaborateurs non seulement multiples mais différents, ce Dictionnaire *constitue-t-il également un panorama de la critique universitaire contemporaine, dans la diversité de ses goûts et de ses approches.*

Le bon accueil réservé à notre premier Dictionnaire *a été un précieux encouragement ; puisse celui-ci, qui en est le nécessaire complément, recueillir les mêmes suffrages : car nous nous sommes efforcés de conserver la même rigueur, la même démarche méthodique, mais aussi le sens de la découverte qui avaient fait le succès de son prédécesseur. Une fois encore, nous avons largement inclus dans notre nomenclature la littérature de la francophonie, cette part vivante, foisonnante, parfois encore mal connue, de notre domaine littéraire, placée ici sous la responsabilité de Catherine Pont-Humbert. Mais, davantage que naguère, nous avons le sentiment de proposer aujourd'hui un ouvrage essentiellement ouvert au temps, au devenir, à d'autres choix et à de nouvelles reconnaissances. En témoigne la place considérable que nous avons donnée à la littérature actuelle : il s'agit là de notre part moins d'un jugement de valeur, que d'un désir d'« ouverture » face à une production trop proche encore pour que s'en révèlent déjà clairement les axes et les contours, et dont nous voulions, sans jouer les magisters ou les prophètes, simplement laisser pressentir toute la fécondité. Pourtant, à côté de continents mille fois parcourus, les explorateurs que nous sommes ont encore beaucoup de blanc sur leurs cartes : heureux si du moins nous sommes parvenus à dessiner celles-ci d'une main ferme, et à vous donner le désir de nous suivre.*

Jean-Pierre de Beaumarchais
Daniel Couty

Nous rendons un hommage particulier à Christiane Ochsner, mais aussi à Nora Schott, Didier Pemerle, Ghislaine Malandin et Evelyne Enock, dont la compétence et la vigilance nous furent précieuses lors de la mise au point du manuscrit et du suivi éditorial, à Nathalie Bocher-Lenoir et Nathalie L'Hopitault pour la conception des hors-texte illustrés. Enfin nous tenons à remercier Max Maniglier qui, mettant à notre disposition les ouvrages de sa librairie, nous a facilité l'établissement des bibliographies.

Comment utiliser le Dictionnaire

ORDRE DES ENTRÉES

RÈGLE GÉNÉRALE

L'ordre retenu est l'ordre alphabétique du seul premier mot :

À VAU-L'EAU précède donc ABBAYE DE TYPHAINES (l').

UN TAXI MAUVE trouve place avant UNE BELLE JOURNÉE.

TITRES COMMENÇANT
PAR UN MOT COMPOSÉ

Ils sont classés à l'ordre alphabétique du premier élément et sont rejetés en fin de séquence de cet élément initial :

FAUX-MONNAYEURS (les) viennent après FAUX SAULNIERS (les).

MARIE-CLAIRE vient après MARIE STUART et MARIE TUDOR.

TITRES EN ANCIEN
OU MOYEN FRANÇAIS

Ils ont été – sauf pour quelques cas où l'usage conserve l'orthographe d'origine [ESPURGATOIRE DE SAINT PATRICE (l') ou PRÉTIEUSE (la)] – modernisés :

CONTES DU MONDE AVENTUREUX (les) et non COMPTES DU MONDE AVENTUREUX (les).

QUÊTE DU SAINT GRAAL (la) au lieu de QUESTE DEL SAINT GRAAL (li).

TITRES COMMENÇANT
PAR UN ARTICLE DÉFINI

Ils sont classés au premier mot qui suit l'article, celui-ci étant, soit rejeté en fin de titre :

ABBESSE DE JOUARRE (l'),

soit à la fin de la partie précédant le second titre ou le sous-titre :

ALTANA (l') ou la Vie vénitienne.

Cependant, lorsque le titre comporte un verbe à un temps conjugué, l'article constitue alors le premier mot d'une phrase logique, et le titre s'inscrit à l'ordre alphabétique de l'article :

ROI DES AULNES (le) est ainsi classé à R tandis que LE ROI S'AMUSE ou LE ROI SE MEURT le sont à L.

TITRES COMMENÇANT
PAR UN MOT ÉLIDÉ

L'apostrophe est considérée comme un blanc. Donc :

D'UN CHÂTEAU L'AUTRE précède DAME AUX CAMÉLIAS (la),

J'AI QUINZE ANS ET JE NE VEUX PAS MOURIR vient avant JACK,

et L'HOMME QUI RIT devance LA GUERRE DE TROIE N'AURA PAS LIEU.

TITRES COMMENÇANT
PAR UN CHIFFRE,
UN NOMBRE, UNE LETTRE
OU UN SIGNE ÉTRANGERS
AU SYSTÈME LATIN

Ils sont signalés, dans le cours de la nomenclature, par une entrée-renvoi à leur équivalent lettrique, mais les articles correspondant sont classés à la fin de la nomenclature dans une partie spéciale :

HUIT CENT TREIZE. Voir 813, de M. Leblanc [classé à la fin de la liste alphabétique].

∈ [signe mathématique signifiant Appartient à], de J. Roubaud. Voir en fin de liste alphabétique.

En revanche, lorsque le nombre a été transcrit en lettres par l'auteur, le titre vient à sa place alphabétique normale. Ainsi :

HUIT JOURS CHEZ M. RENAN.

HUIT JOURS EN ÉTÉ.

sont classés à la lettre H.

Lorsque plusieurs ouvrages ont le même titre, c'est l'ordre alphabétique des auteurs qui ordonne le classement :

AMOURS (les), de Baïf

AMOURS (les), de Bertin

AMOURS (les), de Magny

AMOURS (les), de Ronsard

AMOURS (les), de Sponde

AMOURS (les), de Tristan L'Hermite.

ORGANISATION DES ARTICLES

LA ZONE ENTRÉE

Elle comporte : le titre de l'œuvre, le genre, le nom de l'auteur, la (ou les) date(s) et le(s) lieu(x) de première(s) apparition(s) publique(s) – en feuilleton, sur la scène, en volume – dans la mesure où celles-ci sont connues, enfin le nom de l'éditeur.

Le titre

Il figure en capitales grasses, l'éventuel article rejeté étant inscrit entre parenthèses en minuscules grasses :

À COR ET À CRI.

AFFAIRE LEROUGE (l').

Lorsqu'un sous-titre existe, il est aussi traité en gras, mais en minuscules :

ALINE ET VALCOUR ou le Roman philosophique.

Il en va de même pour la partie non usuelle d'un titre long :

ESSAI SUR L'ORIGINE DES LANGUES où il est traité de la mélodie et de l'imitation musicale.

Certains ouvrages sont plus connus par leur sous-titre que par leur titre ; dans ce cas, l'intitulé officiel donne lieu à une entrée-renvoi présentée selon les modalités générales :

FOLLE JOURNÉE (la) ou le Mariage de Figaro. Voir MARIAGE DE FIGARO (le), de Beaumarchais.

l'entrée figurant sous un intitulé qui entérine l'usage :

MARIAGE DE FIGARO (le) [La Folle Journée ou le Mariage de Figaro].

Le genre

Il figure immédiatement après le titre. À l'exception des œuvres en marge de la littérature pour lesquelles le descriptif précise un contenu thématique (traité politique et historique, traité philosophique, etc.), le genre se résume aux grandes catégories formelles recensées par la tradition (roman, conte, récit, poème, recueil poétique, comédie, tragédie, tragi-comédie, drame, etc.). Dans le cas des œuvres dramatiques ont été précisés le nombre d'actes et la forme (prose ou vers) – au moins pour les œuvres antérieures au XXe siècle.

L'auteur

Est indiqué en minuscules grasses le nom usuel – patronyme ou pseudonyme. Lorsqu'il s'agit d'un auteur médiéval, selon la tradition, nous retenons le prénom comme élément du patronyme :

Christine de Pisan ou **Pizan**

Guillaume de Machaut

À la suite du nom de l'auteur figurent, entre parenthèses : sa date de naissance – et, s'il y a lieu, celle de son décès –, et, lorsqu'il s'agit d'un étranger, sa nationalité (dans le cas du Canada est également précisée la province d'origine).

Les dates d'apparition de l'œuvre

Nous avons tenté de donner des informations aussi précises et complètes que possible. Hormis les œuvres médiévales, pour lesquelles l'incertitude est fréquente, figurent ici :

– pour les œuvres non dramatiques : le lieu (ville, éditeur) et la date d'édition en volume :

ABRAXAS. Roman de Jacques **Audiberti** (1899-1965), publié à Paris chez Gallimard en 1938.

Lorsqu'un texte a d'abord été publié en revue ou en feuilleton, nous donnons le maximum de renseignements sur ces pré-publications : nom des journaux ou revues, dates de publication. Lorsque pré-publication(s) et édition(s) en volume ont la même ville pour origine, celle-ci n'est mentionnée qu'à la première occurrence :

> **AFFAIRE LEROUGE (l').** Roman d'Émile **Gaboriau**
> (1832-1873), publié à Paris en feuilleton dans *le Pays* du
> 14 septembre au 7 décembre 1865, puis dans *le Soleil* du
> 18 avril au 2 juillet 1866, et en volume chez Dentu en 1866.

– pour les œuvres dramatiques : le lieu et la date de création, le lieu et la date d'édition :

> **AVARE (l').** Comédie en cinq actes et en prose de **Molière**,
> pseudonyme de Jean-Baptiste Poquelin (1622-1673), créée
> à Paris au théâtre du Palais-Royal le 9 septembre 1668, et
> publiée à Paris chez Jean Ribou en 1669.

LE CORPS DE L'ARTICLE

Il propose une analyse aussi complète que possible de l'œuvre. On trouvera généralement les éléments suivants : présentation, synopsis, étude.

Les synopsis

Inscrits en corps plus petit, ils permettent de suivre le déroulement d'une intrigue ou la composition d'un recueil poétique. Selon l'importance de l'œuvre, le synopsis comporte les indications de découpage telles qu'elles figurent dans le texte (actes, parties, chapitres, etc.). Soit pour *les Baliverneries d'Eutrapel*, de Noël du Fail :

> Eutrapel, « toujours balivernans et rians du meilleur de la ratelle », rencontre un villageois qui se lamente sur l'infidélité de sa femme. Il l'emmène auprès de son ami le seigneur Polygame, et le villageois fait un récit circonstancié de ses déboires conjugaux. Lupolde, vieil homme de loi au service de Polygame, prodigue au mari trompé des conseils pédants et quelque peu ridicules (chap. 1). Invité à partager le repas d'une compagnie de gentilshommes, Eutrapel consterne ses commensaux par sa gloutonnerie et sa grossièreté (2). À Polygame amusé, Eutrapel décrit le comportement ordinaire des villageois menacés par une armée de « souldartz » : tandis que les hommes cherchent à sauver l'indispensable, les femmes veulent se charger d'une multitude de futilités (3). Eutrapel raconte ensuite à Polygame comment Jupiter a donné la goutte aux riches et l'araignée aux pauvres (4). Dans un échange doux-amer avec le juriste Lupolde, Eutrapel stigmatise la manie de la péroraison, et les circonlocutions pompeuses en usage dans les procès (5).

Hiérarchie des titres

Selon l'importance hiérarchique du titre, on a recouru :

– à *l'italique* pour les titres d'ouvrages publiés ;

– aux guillemets français [« »] pour les titres de subdivisions immédiatement inférieures ;

– aux guillemets anglais [" "] pour les subdivisions de deuxième niveau et pour les titres de poèmes. Ainsi :

> *les Fleurs du mal* désignent le recueil de Baudelaire dans sa totalité,

> « Fleurs du mal » ou « Spleen et Idéal » deux sections de ce même recueil,

> et "l'Albatros" ou "l'Invitation au voyage" deux poèmes de la première section.

Renvois internes

Afin de faciliter la circulation à l'intérieur de l'ouvrage, les titres traités, lorsqu'ils sont mentionnés dans le courant d'un autre article, sont désignés par un astérisque [*] figurant devant le mot qui sert à indexer l'entrée. Soit au début de la présentation d'*Aloys* de Custine :

> Traditionnellement présenté comme la mise en scène,
> après l'*Olivier de Mme de Duras, après celui de Latouche
> et l'*Armance de Stendhal, de l'impuissance d'un héros,
> *Aloys* raconte plutôt l'histoire d'un amour impossible.

Si le titre auquel on renvoie est traité dans le corps d'un article entré sous un autre intitulé (cas des nouvelles, des romans-cycles ou de certains regroupements imposés par des ensembles composites ou logiques), l'astérisque figure naturellement devant le titre qui donne lieu à l'entrée :

> *Du côté de chez Swann* (voir **À la recherche du temps perdu*)

> *les Enfances Godefroy* (voir cycles de la **Croisade*).

BIBLIOGRAPHIES

Ne sont répertoriées que les éditions différentes de celle(s) indiquée(s) dans la zone entrée de l'article : sont donc absentes, en particulier, toutes les rééditions courantes au sein de la collection d'origine chez l'éditeur d'origine. En revanche, figurent les rééditions en collections de poche, y compris au sein d'une même maison d'édition (ex. : passage de la collection blanche en « Folio » chez Gallimard).

[●] ET [➤]

Pour des raisons pratiques ont été distinguées :

– les éditions particulières de l'œuvre traitée, inscrites sous une « puce » [●] ;

– les œuvres complètes (ou faisant fonction), inscrites sous une flèche [➤], et renvoyant à la bibliographie de l'index final.

Éditions particulières et œuvres complètes sont mentionnées dans l'ordre chronologique de publication.

ÉDITIONS PARTICULIÈRES : PRINCIPES

La référence à une édition particulière mentionne :

– la ville de publication (sauf si celle-ci est Paris) ;

– le nom de l'éditeur (réduit au titre de la collection indiqué entre «   » lorsqu'il s'agit d'une collection célèbre [voir ci-après la liste des collections et des éditeurs]) ;

– la date de la première publication dans la collection (dans le cas d'un éditeur spécialisé dans les réimpressions, nous avons fait figurer l'édition d'origine et sa date précédée de la mention [réimp. éd.] suivie de la date) ;

– entre parenthèses, le nom du commentateur précédé de [p.p.] (publié par) lorsqu'il s'agit d'une édition critique ou annotée, ou du préfacier [préf.], éventuellement du traducteur [trad.] pour les textes d'ancien ou de moyen français. Soit pour *Aucassin et Nicolette* :

● Champion, « CFMA », 1955 (réimp. éd. 1925, p.p. M. Roques) ;
« GF », 1984 (trad. et p.p. J. Dufournet).

Lorsque le texte étudié fait partie d'un volume regroupant d'autres œuvres, deux cas sont à distinguer :

– ou bien le texte est inclus dans un volume d'œuvres de l'auteur ; n'est alors indiqué que l'incipit du livre, suivi de points de suspension entre crochets [...] et des références éditoriales. Soit pour *Adélaïde* de Gobineau :

● *Le Mouchoir rouge [...]*, « Classiques Garnier », 1968 (p.p. J. Gaulmier) ; « 10/18 », 1982 ; *Mademoiselle Irnois [...]*, « Folio », 1985 (p.p. P.-L. Rey).

Ce qui signifie qu'*Adélaïde* figure sous son propre titre en « 10/18 », mais se trouve incluse dans le volume intitulé *le Mouchoir rouge* des « Classiques Garnier » et dans celui intitulé *Mademoiselle Irnois* de « Folio » ;

– ou bien le texte est inclus dans un volume collectif rassemblant des œuvres de divers auteurs : figurent d'abord le nom de l'éditeur (ou de la collection), la date d'édition et, entre parenthèses, le titre du recueil collectif suivi du nom du commentateur éventuel. Soit pour *Alcionée* de Du Ryer :

● Baltimore/Paris, Johns Hopkins Press / PUF, 1930 (p.p. H.-C. Lancaster) ; « Pléiade », 1986 (*Théâtre du XVIIᵉ siècle*, II, p.p. J. Scherer et J. Truchet).

Ce qui signifie qu'*Alcionée* est publiée séparément dans un volume co-édité par Johns Hopkins Press et les PUF et que la pièce figure dans le tome II du *Théâtre du XVIIᵉ siècle* en « Pléiade ».

À ce second cas se ramène celui d'une édition critique figurant sous le nom du commentateur. On aura par exemple pour *le Barbier de Séville* :

● Minard, 1965 (E.-J. Arnould, *la Genèse du « Barbier de Séville »*).

ŒUVRES COMPLÈTES : PRINCIPES

Regroupées sous la flèche [➤], les références renvoient aux bibliographies figurant dans l'index final où sont répertoriées les éditions d'œuvres complètes ou collectives de l'auteur. Ne figurent donc dans les bibliographies des articles que les titres des volumes, l'éditeur ou les collections, l'éventuelle tomaison et, lorsqu'il est différent du maître d'œuvre de l'édition (signalé dans la bibliographie de l'index final par la mention « dir. »), le nom du commentateur du texte. Soit pour *Albert Savarus* de Balzac :

> ➤ *L'Œuvre de Balzac*, Club français du Livre, II ; *Œuvres complètes*, Club de l'honnête homme, II ; *Œuvres complètes illustrées*, Biblio-philes de l'Originale, III ; *la Comédie humaine*, « Pléiade », I (p.p. A.-M. Meininger).

La bibliographie des œuvres complètes inscrites sous la flèche [➤] figure tou-jours après la bibliographie des œuvres particulières inscrites sous la puce [●].

Exemple récapitulatif : la bibliographie de *l'Assommoir* de Zola :

> ● « GF », 1975 (p.p. J. Dubois) ; « Presses Pocket », 1989 (p.p. G. Gengembre). ➤ *Les Rougon-Macquart*, « Pléiade », II ; *Œuvres complètes*, Cercle du Livre précieux, III ; *les Rougon-Macquart*, « Le Livre de Poche », VII (préf. F. Cavanna) ; *id.*, « Folio », VII (préf. J.-L. Bory) ; *id.*, « Bouquins », II.

Liste des collections mentionnées sans nom d'éditeur dans les bibliographies

« Biblos » → Gallimard
« Bouquins » → Laffont
« Champs » → Flammarion
« Classiques Garnier » → Bordas
« 10/18 » → UGE
« Folio » → Gallimard
« Folio / Essais » → Gallimard
« Folio / Théâtre » → Gallimard
« GF » → Flammarion
« J'ai lu » → Flammarion
« L'Imaginaire » → Gallimard
« L'Intégrale » → Le Seuil
« Le Livre de Poche » → LGF
« Le Livre de Poche / Biblio » → LGF
« Le Livre de Poche / Bibliothèque Classique » → LGF
« Le Livre de Poche / Lettres Gothiques » → LGF
« Les Cahiers rouges » → Grasset
« Lettres françaises » → Imprimerie nationale
« Omnibus » → Presses de la Cité
« Pléiade » → Gallimard
« Pochothèque » → LGF
« Poésie / Gallimard » → Gallimard
« Points » → Le Seuil
« Presses Pocket » → Presses de la Cité
« Stock / Moyen Âge » → Stock

INDEX

Placé en fin d'ouvrage, il recense, par ordre alphabétique d'auteur, les 3 700 œuvres traitées dans le cours du *Dictionnaire*. On trouvera ainsi :

– les textes faisant l'objet d'une entrée ;

– les textes ne faisant pas l'objet d'une entrée, mais signalés dans l'ouvrage par un renvoi (nouvelles, contes, etc., appartenant à un recueil collectif) : ces titres sont suivis de la mention entre crochets [voir] indiquant l'entrée où les textes sont étudiés ;

– les textes regroupés au sein d'un article recensant des œuvres appartenant à un même cycle (cas des gestes médiévales, par exemple) ou étant d'une même inspiration (les contes fantastiques de Gautier, par exemple, entrés à *Arria Mar-cella*).

Lorsque des éditions en œuvres complètes (ou faisant fonction) existent, elles sont indiquées, à la fin de la liste des œuvres de l'auteur mentionné, sous l'intitulé [ÉDITIONS COMPLÈTES]. Ce sont ces éditions, classées par ordre chronologique de publication, auxquelles renvoient, dans les bibliographies des articles du *Dic-tionnaire*, les titres regroupés sous la flèche [➤].

À COR ET À CRI. Recueil de textes courts – dont certains sont proches du poème en prose – de Michel **Leiris** (1901-1990), publié à Paris chez Gallimard en 1988.

Le livre est divisé en trois parties. Chacune d'elles : « Crier », « Parler », « Chanter », regroupe un ensemble de textes qui peuvent, de près ou de loin, directement ou par association d'idées, être rattachés à l'un de ces trois registres de la voix et de l'expressivité en général. Les anecdotes ou exemples qui servent d'illustrations pour appuyer ce que Leiris considère comme caractéristique de ces trois niveaux sont souvent autobiographiques. Il existe une incontestable progression esthétique « qui va du plus flou au plus spécifique, du plus général ou quasi nul au plus particulier », du cri, encore très proche de l'animalité, au chant (objectif que s'est donné l'écrivain dans son travail sur les mots) en passant par la parole, soucieuse avant tout d'être entendue. Mais chaque stade a son utilité, sa nécessité et ne manque pas d'imprégner et d'influencer les deux autres.

Dans ce livre, l'un des derniers de Leiris, le lecteur fait le constat que ses textes auront peut-être été pour l'écrivain une façon d'exprimer parfois, mais aussi d'éviter en le transformant, le cri qu'en « enfant bien élevé » il ne s'est permis que très exceptionnellement dans la vie. Et c'est surtout chez les autres qu'il relève toutes les circonstances par lesquelles il a pris connaissance de cet « ensauvagement de la voix » où le corps se fait entendre pour ainsi dire sans intermédiaire, sous l'empire de la peur, de la souffrance ou de la folie. Leiris se sera quant à lui assigné la tâche, par une transmutation de ce « cri non émis », dont l'énergie sous-tend cependant son écriture, de « faire chanter les mots ». Il s'efforce, en parlant ainsi « d'une voix plus pénétrante et meilleure éveilleuse d'échos que celle dont on use dans la conversation », à s'atteindre lui-même en atténuant ses tourments tout en parvenant à toucher « certaines » fibres chez « certaines » autres personnes. Mais la parole est également très présente dans ses livres, par la connivence qu'il aura tenté d'établir avec le lecteur, par le caractère autobiographique de ses écrits mais aussi par le rôle de repoussoir qu'aura joué pour lui ce registre dans la mesure où parler signifie souvent se dérober à l'authenticité. C'est probablement par le mélange subtil de ces trois composantes que son écriture (notamment dans les derniers recueils) montre une telle qualité de style.

G. COGEZ

À DOMRÉMY. Voir JEANNE D'ARC, de Ch. Péguy.

À DOS D'OISEAU. Anthologie poétique de Maurice **Fombeure** (1906-1981), publiée à Paris chez Gallimard en 1971.

Reprenant et déplaçant certains titres – ainsi de *Silence* [au singulier] *sur le toit*, publié à La Hune en 1930, passant au pluriel pour coiffer trois recueils dans l'anthologie –, le volume, paru sous un titre daté de 1942, distribue les fragments de l'œuvre sous trois rubriques clairement articulées : « Silences sur le toit », « Chansons de la grande hune » et « Bruits de la terre ». Avec 141 textes au total, il forme une sélection amplement suffisante d'une création poétique qui, sur trente-six ans d'écriture, ne fut que peu mouvementée.

Du premier recueil à *Quel est ce cœur ?* (Gallimard, 1963) et *À chat petit* (Gallimard, 1967), Maurice Fombeure s'est en effet tenu à un territoire poétique délibérément mince, revendiqué d'emblée contre les ambitions philosophiques de la modernité, coupable de donner « mal à la tête » à la poésie. Proches souvent de la comptine (« Une souris blanche / Qui n'a plus de dents / Qui n'a plus de hanches »), exhibant leur « fleur bleue » avec une intermittente ironie (telles les complaintes « du marin trompé » ou « de la belle en amour ») qui se moque quelquefois d'une métrique exploitée jusqu'au mirlitonnement (« Des marins

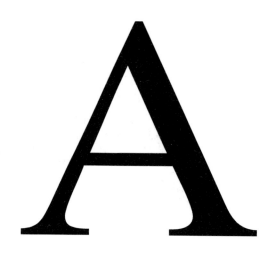

perdus en mer / Des ma-rins per-dus en mer »), ces poèmes ont tiré parti, dès leur parution, de leur fraîcheur, et bénéficié d'une bonhomie qui contrastait joyeusement avec la pesanteur du *tenebroso* de ce que Paulhan appelait alors « la terreur dans les lettres ». Il ne faut guère compter en effet sur Fombeure pour s'inscrire dans la voie prométhéenne et révolutionnaire du postsurréalisme ; mais soigneusement étriquée, aigrelette, la ritournelle fonctionne assez bien dès qu'un sourire apparaît pour jouer, près de *la Rivière aux oies* (1932), des *Moulins de la parole* (1936). Position inamovible dont Fombeure ne se départira jamais, ce qui marque aussi la limite d'une écriture ; mais on peut toutefois distinguer dans ces romances amusées deux tendances, suivant que l'ironie perce ou non la chanson. Quelques images insolentes (« Le Christ / Tombe des croix comme un fruit mûr ») frôlent en effet Prévert, construisant un monde certes sans conséquence, sans esprit de suite autre que l'écho aisé de la rime mais non sans fantaisie : « Survint un immense amour / Ce n'est qu'en tournant autour / Que j'en connus l'étendue. » Le vers alors se fait transparent, insipide et irisé comme une « goutte d'eau », et il s'agit donc, comme le dira plus tard l'"Espèce d'art poétique", de « sangloter comme le crapaud / Des étoiles plein les toits / Et de donner sa note / Sans jamais forcer sa voix ». Un tel humanisme de cour d'école a sa grandeur – et peut-être son piège, quand le sourire y semble une politesse du malheur. « Boîte à musique » jouant un peu faux de préférence, univers de conte peuplé de « coquecigrues », de « mascarons », de marins à peine mélancoliques, de mots vieillis ou raboteux, où Jason « sans carte d'identité » finit « tout de même arrêté », où la chanson noue, mine de rien, « le soir étouffant » aux « petits éléphants » : telle aurait dû être, jusqu'au bout, la contribution de Fombeure à la poésie du XXᵉ siècle, dans une parade de fantaisie délibérément légère, où le seul drame apparent serait celui de la licorne « qui ne veut plus manger / Ce qui met sa vie en danger ». Mais la pose amusée ne dissimule pas toujours les faiblesses de l'écriture, et l'on a peine parfois à suivre les commentateurs s'extasiant à qui mieux mieux sur le retour de Marot ou de Villon, en dépit des disproportions... Maurice Fombeure leur ouvrait d'ailleurs la voie, publiant entre quelques *Potronminet* (1937) ou *À pas de souris* (1952) une *Vie aventureuse de M. de Saint-Amand* dont l'enjouement voile mal le souci de chercher une légitimité historique superposant vaille que vaille l'enthousiasme charnu du poète baroque au ronronnement de l'auteur. Dès qu'elle quitte sa fantaisie presque libertaire, cette poésie s'effondre dans le lieu commun : quand le « je » « fui[t] dans les étoiles la face de l'Éternel », que « nous partageons le pain, le vin », c'en est fini de la délectation du sensible, et l'on retrouve vite « la bonne vieille terre française et la bonne vieille vie française » que Claudel décèle à juste titre, mais sans s'en indigner, dans l'« empressement dactylique » de Fombeure – et l'on regarde alors avec un peu plus d'inquiétude le privilège accordé au gros bon sens et le déni de toute cérébralité pour une « vie commune » aux allures de Clochemerle : encore fallait-il savoir être superficiel.

O. BARBARANT

À L'HEURE DES MAINS JOINTES. Recueil poétique de Renée **Vivien**, pseudonyme de Pauline Mary Tarn (1877-1909), publié à Paris chez Lemerre en 1906.

Ce livre rassemble des poèmes écrits par Vivien entre 1903 et 1906, c'est-à-dire à l'époque de sa maturité littéraire. Par sa variété et sa complexité, par la perfection de ses rythmes, il constitue même le plus accompli et le plus riche de ses recueils poétiques.

Comme souvent chez Vivien, À l'heure des mains jointes est régi par une alternance de dépressions et d'exaltations. Tout semble s'y mêler : Sapho et l'Espagne, l'Orient et la Norvège, la femme fatale et l'amie sororale, la folie et l'amour, la révolte et le désespoir. D'impossibles évasions aussi : Venise, la Norvège des Vikings, la Turquie d'Éminé, la Grèce de Sapho. Le monde réel est repoussé, comme trop vulgaire et trop agressif, ce qui se manifeste par un sentiment de persécution, qui culmine dans "le Pilori" : « Pendant longtemps, je fus clouée au pilori / Et des femmes, voyant que je souffrais, ont ri. » On fuit donc la place publique, la ville et la société, pour se réfugier dans des espaces clos, métaphores de la femme solitaire : jardins, vergers, étangs, îles, ports, chambres. Dans tout cela, on retrouve l'intimité de Baudelaire et de Mallarmé, mais comme féminisée à l'extrême : « En cette chambre où meurt un souvenir d'aveux, / L'odeur de nos jasmins d'hier s'est égarée [...] / Des violettes et des algues vont pleuvoir / À travers le vitrail violet et très tendre. » Le livre se ressent également de l'influence des préraphaélites anglais (le titre même est inspiré d'un vers de Rossetti) et de Swinburne, que Vivien va jusqu'à adapter ("D'après Swinburne"). Plus personnels sont certains poèmes comme "Ainsi je parlerai" et "Paroles à l'amie", où se trouvent revendiqués une inspiration païenne et un féminisme exclusivement saphique : « Si le Seigneur penchait son front sur mon trépas ? / Je lui dirais : "Ô Christ, je ne te connais pas..." » Caractéristique, aussi, le refus du monde masculin : « Je suis femme, je n'ai point droit à la beauté. / On m'avait condamnée aux laideurs masculines / Et j'eus l'inexcusable audace de vouloir / Le sororal amour fait de blancheurs légères. »

Saisi dans un décor crépusculaire ou dans la pénombre d'une chambre, l'amour se trouve réduit à la contemplation – narcissique – du corps de la femme aimée, totalement passive. Cette poésie de l'insatisfaction, où, pas plus que les évasions, la révolte n'aboutit, nous fait osciller de la mélancolie au vertige ("l'Amour borgne"). Le Lesbos dont rêve Vivien se révèle chimérique, et le monde moderne n'en est que la perpétuelle négation. Aussi la conclusion, désenchantée, ne fait-elle que répéter la solitude et le malheur : « Et nulle d'entre vous ne se souviendra plus / De moi, qui vous aurais si gravement aimées... » La mort devient le thème dominant, et l'évocation constante des fleurs, du crépuscule, de la mer et de la lune constitue une apothéose du fané, renforcée par l'omniprésence de l'élément aquatique (« Attire-moi, Venise, au fond de tes eaux mortes ! »). Cependant, en même temps qu'une terrible menace, la mort ne signifie-t-elle pas cet au-delà onirique dans lequel, seul, le bonheur pourrait être trouvé « à l'heure des mains jointes » ? L'ambiguïté voulue de cette dernière métaphore persiste et donne au livre sa véritable signification. Cette longue rêverie qui se transforme en cérémonial de l'imaginaire et de l'impossible, Vivien a su l'élaborer sous la forme d'une poésie de coupe classique, qui s'inscrit dans la tradition parnassienne.

● *Œuvre poétique complète*, Régine Deforges, 1986 (p.p. J.-P. Goujon).

J.-P. GOUJON

À L'OMBRE DES JEUNES FILLES EN FLEURS. Voir À LA RECHERCHE DU TEMPS PERDU, de M. Proust.

À LA RECHERCHE DU TEMPS PERDU. Roman de Marcel **Proust** (1871-1922), écrit entre 1908-1909 et 1922 et comprenant sept sections dont les trois dernières parurent après la mort de l'auteur. Les titres de ces sept volumes sont par ordre chronologique de publication : *Du côté de chez Swann* (à compte d'auteur chez Grasset en 1913, puis dans une version modifiée chez Gallimard en 1919), *À l'ombre des jeunes filles en fleurs* (Gallimard, 1918, prix Goncourt 1919), *le Côté de Guermantes* (en 2 tomes, Gallimard, 1920 et 1921), *Sodome et Gomorrhe* (en 2 tomes, Gallimard, 1921 et 1922), *la Prisonnière* (Gallimard, 1923), *Albertine disparue* (ou *la Fugitive*, Gallimard, 1925) et *le Temps retrouvé* (Gallimard, 1927).

Des conditions dans lesquelles furent publiées ces sept sections de l'œuvre définitive, retenons essentiellement le souci manifesté très tôt par Proust que le roman formât une unité bien structurée et close, ainsi que les difficultés qu'il éprouva à concevoir les ruptures que supposait cette partition en sept volumes. Difficultés dues au fait que Proust souhaitait que chacun d'eux présentât une certaine autonomie. Ce qui frappe d'autre part c'est le considérable élargissement de la perspective entre la conception initiale du roman (soumise essentiellement à l'opposition temps perdu / temps retrouvé) et le résultat final. Dans l'intervalle se seront produits de multiples remaniements et de considérables ajouts qui auront eu pour conséquence d'enrichir toujours davantage cette immense fresque, sans que Proust abandonne jamais l'idée d'un achèvement de l'œuvre, que la mort seule ne lui a pas permis de mener à terme.

Ce roman se présente sous la forme d'une autobiographie fictive où le narrateur évoque les différentes étapes, parfois analysées dans le plus grand détail, de ce qui fut sa formation, envisagée essentiellement comme le chemin, entrecoupé de multiples voies de traverse, d'une vie qui l'a finalement mené à l'écriture sans qu'il prît vraiment conscience, dans les moments où il la vivait, de cet inéluctable destin. Celle-ci prend pourtant racine dans la plus tendre enfance, laquelle constitue le cadre du premier volume.

Du côté de chez Swann. Pour le narrateur, l'apprentissage commence par la découverte d'un monde clos et recelant déjà tous les germes de ses observations à venir : Combray. Une légère fêlure dans les rapports du jeune enfant avec sa mère (le traditionnel baiser du soir une fois refusé) devient la source d'une angoisse en quelque sorte matricielle. Tout est initiation dans cette première section : l'univers est divisé en deux côtés séparés présentant chacun une combinaison thématique propre. Du « côté de chez Swann » se situe le désir (pour Gilberte) et la prise de conscience de l'existence du mal, le « côté de Guermantes » révélant quant à lui toute la force de l'envie de prestige. L'enfant découvre la lecture (George Sand et Bergotte) et rêve sur les noms propres. Les impressions résurgentes de ce premier volume (c'est grâce à la saveur d'une madeleine trempée dans le thé que l'adulte les retrouve) sont déjà largement nourries des réflexions postérieures du narrateur et de l'écrivain lui-même. Ce premier tome comporte, seule partie du roman écrite à la troisième personne, la longue narration d'une passion vécue, bien avant la naissance du narrateur, par un voisin de Combray, Charles Swann. La rencontre d'Odette donnera à cette figure en vue du Faubourg Saint-Germain l'occasion d'expérimenter douloureusement les débordements d'une jalousie en laquelle se concentrera bientôt tout son amour. Il découvrira du même coup le milieu bourgeois du « clan » Verdurin et trouvera une consolation à entendre une « petite phrase » de la sonate de Vinteuil.

Dans **À l'ombre des jeunes filles en fleurs,** nous retrouvons le narrateur adolescent fréquentant chez les Swann. Odette, que Swann a fini par épouser et dont l'élégance raffinée fascine le jeune homme, offre la possibilité à celui-ci, en l'invitant dans son salon, de rencontrer l'écrivain Bergotte. Il découvrira également, au théâtre, la Berma, comédienne de grand talent. Dans ces deux cas sa déception initiale fait place, après mutation, à une profonde admiration. Il éprouve pour Gilberte, la fille de Swann, son premier grand amour bientôt suivi du chagrin d'une rupture dont il prend l'initiative. Les « jeunes filles » du titre, c'est à Balbec (lieu de villégiature sur la côte normande) que le narrateur les remarque. Au Grand Hôtel il fait la connaissance de Mme de Villeparisis et de son neveu Robert de Saint-Loup. Le baron de

Charlus, oncle du précédent, croise également dans les parages. Deux rencontres se révéleront particulièrement marquantes pour la suite du roman : celle du peintre Elstir, auquel le narrateur doit une certaine initiation esthétique, et celle d'Albertine qu'il différencie progressivement de l'essaim où elle se fondait tout d'abord.

La carrière mondaine du jeune homme prend son essor dans **le Côté de Guermantes**. Avant d'être admis dans ce saint des saints qu'est le salon de la duchesse de Guermantes, à laquelle Saint-Loup refuse de le présenter, il devra apprendre les règles du « monde » chez Mme de Villeparisis. Mais ce milieu, surtout caractérisé par son insignifiance, ne lui apporte qu'une déception chronique. Tout à ses préoccupations arrivistes, il est soudain confronté à la mort d'un être cher : sa grand-mère. La douleur qu'il éprouve, quoique réelle, n'est pas aussi intense qu'il l'aurait cru. Il revoit Albertine, qui lui accorde le baiser qu'elle lui refusait à Balbec.

Sodome et Gomorrhe s'ouvre sur une longue scène amoureuse entre Charlus et le giletier Jupien, suivie d'une dissertation sur l'homosexualité. Les anomalies de comportement du baron s'expliquent désormais. Lors d'une soirée chez la princesse de Guermantes, les conversations se concentrent sur l'affaire Dreyfus : il y est surtout question des remous et regroupements stratégiques que cet événement provoque dans les milieux mondains. Les rapports du narrateur avec Albertine deviennent de plus en plus étroits et, pendant un second séjour à Balbec en sa compagnie, il commence à la soupçonner d'être lesbienne. Il découvre le « clan » Verdurin que fréquentent également Charlus et son nouveau « protégé », le jeune musicien Morel.

La Prisonnière. Il s'apprête à rompre avec Albertine mais, subitement sûr de ses attirances gomorrhéennes, il décide de rentrer avec elle à Paris et parvient à la résoudre à la vie commune chez lui. Cette claustration à deux tourne cependant très vite au cauchemar : les pressions inquisitoriales du jeune homme, en proie à une succession de plus en plus effrénée de périodes d'apaisement et de torture (« les feux tournants de la jalousie »), se heurtent à la duplicité experte d'Albertine. Pendant une soirée chez les Verdurin il écoute, profondément bouleversé, le septuor de Vinteuil. Il décide de rompre avec son amie, désespérant de pouvoir jamais la « posséder » vraiment.

Albertine disparue. Mais un matin au réveil, il apprend, « le souffle coupé », que celle-ci l'a quitté. Il reçoit peu à peu la nouvelle de sa mort. Commence pour lui un long travail de deuil où sa blessure, maintes fois ravivée par la confirmation qu'il acquiert des mœurs de la jeune femme, se cicatrise progressivement. Il voyage, se rend à Venise, et finit par considérer son histoire avec Albertine comme celle d'un autre.

Le Temps retrouvé. Bien des années plus tard, à Tansonville, lieu de son enfance, le narrateur découvre que les deux « côtés » de Guermantes et de chez Swann se rejoignent en fait, comme ont fini par se rejoindre dans le mariage Gilberte et Saint-Loup. La lecture du *Journal* des Goncourt et deux séjours qu'il fait à Paris pendant la guerre de 1914-1918 lui fournissent de quoi alimenter de longues et fécondes réflexions. Dans cette atmosphère de fin du monde chacun tient à se prononcer sur les hostilités. Les Verdurin répètent les communiqués de l'état-major, Charlus ne craint pas d'affirmer sa germanophilie et Saint-Loup s'engage héroïquement au combat, où il sera tué. Il sera donné au narrateur d'observer encore, dans cette sorte de Pompéi en sursis qu'est devenu Paris, le baron qui se fait fouetter, enchaîné, dans une chambre de l'hôtel de passe tenu par Jupien. Alors qu'il est invité à une matinée donnée par la princesse de Guermantes, trois événements anodins (il trébuche contre les pavés inégaux, entend un bruit de cuiller et se frotte à une serviette empesée) provoquent en lui, comme jadis la saveur de la madeleine, la même involontaire résurgence de souvenirs. Il découvre la supériorité de l'art sur la vie et considère qu'en celui-ci réside la seule possibilité de récupérer le temps perdu. Le « bal de têtes » auquel il assiste ensuite, galerie hallucinante des figures, maintenant décrépites, qu'il a connues jadis, lui apprend qu'il n'est plus temps désormais de différer davantage le passage à l'écriture : son livre sera comme une « cathédrale », comme les *Mémoires* de Saint-Simon ou *les Mille et Une Nuits* de son époque.

Aux yeux de qui a trop attendu de l'extérieur, la vie ne peut apparaître que décevante et arrive un moment où semblable désappointement fait éprouver à certains le besoin de la réviser, de la prendre en écharpe dans un geste qui sera à la fois d'exhibition, de protection, d'aide et de réparation. Ils peuvent trouver dans cette motivation inaugurale la voie qui mène à l'écriture. Et c'est un tel projet que forme Proust, une telle envie de démonstration qu'il a en tête lorsqu'il s'embarque vers 1908-1909 dans une aventure dont il ne sait pas trop, ou sait trop bien, où elle va le conduire. Désir de prouver que l'écriture recèle la puissance de collecter l'essentiel de ce qu'un être aura vécu pour l'assembler harmonieusement en un seul texte en mettant au point un dispositif qui comprendra deux temps essentiels : celui du déploiement et celui de la récapitulation. Déploiement de l'infinie variété des circonstances où la « jouissance directe » fut sans lendemain et récapitulation de cette expérience en gerbes dont chacune contiendra des occurrences de même famille, afin d'arriver à la racine des impressions pour les rendre définitivement tangibles et source d'une satisfaction plus profonde et plus durable.

On comprend dans ces conditions que la visée ne soit plus d'action, mais d'approfondissement, et que l'objectif ne soit plus situé à l'extérieur mais dans le monde interne des sensations restées obscures parce que trop rarement explorées, monde pour lequel la réalité visible forme cependant un détour nécessaire. La fonction de la littérature selon l'être proustien réside dans cette densification de la vie, rendue d'autant plus « digne d'être vécue », affirme le narrateur, « qu'elle me semblait pouvoir être éclaircie, elle qu'on vit dans les ténèbres, ramenée au vrai de ce qu'elle était, elle qu'on fausse sans cesse, en somme réalisée dans un livre ». Ce livre, pour le futur entrepreneur d'une telle reconstruction, est évoqué à l'aide de diverses images : d'abord, logiquement architecturale, celle de la cathédrale, puis plus modestement artisanale, celle de la robe, et enfin, plus prosaïquement culinaire, celle du bœuf mode. Cela pour dire que cette œuvre évoque le souci d'une certaine spiritualité (l'écriture comme une prière quotidienne), celui aussi de la parade, nécessaire transmutation esthétique, à vocation défensive, de la réalité humaine et celui enfin de la façon dont elle sera ingérée par le lecteur, qui doit être « nourri » tout en éprouvant du plaisir et qui constituera ici une préoccupation primordiale.

Car un tel roman ne pourra trouver son véritable accomplissement que s'il a su répondre pleinement à son objectif affiché d'être un legs. Ce désir de transmettre constitue la dimension essentielle dans laquelle doivent être lues ses innombrables références, littéraires, picturales et surtout musicales : fréquentation d'œuvres dont le narrateur dit qu'elles lui ont donné « une valeur d'éternité, hélas ! momentanément », et qu'il aurait voulu léguer celle-ci à ceux [qu'il aurait] pu enrichir de [son] trésor ». Du sommeil (comme symbole paradoxal de l'engagement obtus dans le réel mais aussi de capacités qu'il est toujours possible de réactiver) à la somme (combinaison, suffisamment ordonnée pour être partagée, de ce qu'un être aura pu engranger de joie prise aux réalisations esthétiques d'autrui), voilà qui pourrait peut-être caractériser le long cheminement de ce roman. Pour cela, un véritable travail d'extraction se révèle nécessaire : « Je savais très bien que mon cerveau était un riche bassin minier, où il y avait une étendue immense et fort diverse de gisements précieux. »

Parmi les minerais ramenés à la surface, la musique occupe une place prépondérante, parce que les traces essentielles de l'existence y sont en quelque sorte inscrites comme des fossiles, et qu'elle possède, véritable mémoire, la vertu d'en retracer l'histoire. Elle est le véhicule grâce auquel la profondeur peut être atteinte et donner ainsi tout leur sens aux événements d'une vie. C'est dans l'interrogation qu'elle fait entendre que le narrateur puise la ressource de comprendre, par exemple, que toutes ses amours précédentes n'auront été que de « minces et timides essais » avant sa grande passion pour Albertine, en laquelle se concentre (« comme une incision en pleine chair ») tout ce qu'il est capable d'accomplir sur ce terrain. C'est par l'intermédiaire de la musique, véritable « retour à l'inanalysé », que peut nous être révélé « tout ce résidu que nous sommes obligés de garder pour nous-mêmes », et qui ne peut être communiqué à autrui que par un travail de transmutation artistique. Elle détient la ressource de donner toute sa puissance à l'« appel » que le narrateur aura entendu sous diverses formes dans son existence, chaque fois comme le signe qu'existe une possibilité de compensation à toutes ses souffrances. Grâce à elle, il découvre aussi que de semblables créations, qui recèlent comme « un corps à corps d'énergies », ne sont possibles que parce qu'elles font contraste avec le monde environnant, avec toute la fadeur et l'insignifiance des êtres dont la « vulgaire allégorie » constitue cependant un élément révélateur indispensable. Ce n'est que contenus dans une « gaine de vices » que la vertu, le talent, voire le génie peuvent se manifester. De ce point de vue tous les éléments, même les plus « impurs », d'un parcours, trouvent leur utilité, en ce qu'ils ont représenté d'indispensables étapes pour aboutir à l'œuvre en laquelle il devient ainsi légitime qu'ils soient relatés, dès lors que cette œuvre est un roman. Le travail de la signification se forge à partir du prosaïque, c'est en lui qu'elle puise la solidité de son enracinement. Et ce n'est pas un hasard si le narrateur a connu sa plus grande émotion esthétique au beau milieu du salon Verdurin, malgré sa médiocrité, les diverses manifestations de futilité de ceux qui le fréquentent, l'hystérie de la « Patronne », etc. Ce furent là les ingrédients nécessaires, les circonstances indispensables à cette joie sans nom qu'il éprouva, puisque c'est précisément grâce aux subtiles « conjugaisons » qu'elles permirent qu'il a pu entendre le septuor de Vinteuil.

D'une certaine façon, quel est le lecteur un peu conséquent de Proust qui ne finit pas par reconnaître le salon Verdurin ou autres lieux proustiens qu'il héberge peu ou prou en lui-même ? « Chaque lecteur est, quand il lit, le propre lecteur de soi-même. L'ouvrage de l'écrivain n'est qu'une espèce d'instrument d'optique qu'il offre au lecteur afin de lui permettre de discerner ce que, sans ce livre, il n'eût peut-être pas vu en soi-même. » D'où l'insatisfaction de l'écrivain lorsque certains l'appellent « fouilleur de détails » après avoir lu ses premiers textes. Alors qu'il cherchait avant tout à élaborer les « grandes lois » (de la mondanité, de l'amour, de l'art) qui président à sa présence au monde en tant qu'être singulier, Proust n'en inaugure pas moins cette « esthétique du détail » qui s'épanouira. au XXe siècle, c'est-à-dire cette technique d'écriture qui consiste à décrire les réalités les plus quotidiennes dans une langue d'une grande perfection formelle et qui tire toute sa valeur de décliner avec le plus de précisions possible les caractéristiques d'une perception unique. Celle-ci peut se donner à lire en particulier dans le vaste tissu de métaphores qui sera progressivement élaboré par l'écrivain pour approcher au plus près de ce qu'il observe, comme une sorte de nasse dans laquelle il enserre les éléments de l'expérience accumulée, en résistant à la facilité de l'image toute faite : « La vérité ne commencera qu'au moment où l'écrivain prendra deux objets différents, posera leur rapport [...], et les enfermera dans les anneaux nécessaires d'un beau style. » La survenue et la sélection des images sont comme la signature de l'être. C'est la « différence qualitative » obtenue par la tension toujours maintenue au plus vif entre les pôles opposés d'une très longue série où s'attirent et se repoussent à la fois, pour se rejoindre parfois, l'objectif et le subjectif, le masculin et le féminin, le noble et l'ignoble, le rêve et le réel, les ténèbres et la lumière, l'angoisse et « l'espérance mystique », la mort spirituelle et la possibilité d'une renaissance.

L'écriture proustienne tire son énergie de ces oppositions énoncées sans manichéisme comme les données d'une expérience, comme un viatique offert à qui veut en « prendre de la graine » : « Cette vie, les souvenirs de ses tristesses, de ses joies, formaient une réserve pareille à cet albumen qui est logé dans l'ovule des plantes et dans lequel celui-ci puise sa nourriture pour se transformer en graine... » Pour devenir écrivain, le narrateur aura dû surmonter la longue « procrastination » dans laquelle son engagement trop brûlant dans le monde, sa recherche avide de possessions, son refus crispé de préserver la part du mystère l'auront tenu enfermé. Il lui aura fallu accepter la résistance des êtres et des choses à toute tentative d'annexion, laquelle ne pourrait d'ailleurs qu'aboutir à une aliénation réciproque, comme le lui aura démontré sa vie commune avec Albertine qu'il aura lui-même contribué, par les exigences vampiriques dont il aura fait preuve avec elle, à transformer en « être de fuite ». Son écriture, loin de s'en trouver stérilisée comme le furent ses tentatives d'intervention et d'intrusion dans la vie d'autrui, va pouvoir désormais s'alimenter de l'ouverture à toutes les formes enfin admises de l'altérité. Le texte proustien regorge de toutes les manifestations de ces débordements, de ces échappées, eu égard aux limites étroites du moi. L'œuvre doit viser à en exprimer la richesse, la vertu fécondante. Les signes majeurs que constituèrent pour l'écrivain tous ces noms propres qui lui offrirent un accès à l'inouï, une rupture dans les habitudes (Guermantes, Gilberte, Albertine, Saint-Loup, Charlus, Balbec, Verdurin, etc.), lui auront permis d'élaborer sa palette, grâce aux changements de régime qu'ils auront instaurés dans sa vie. Son œuvre ne sera donc que l'une des partitions possibles par lesquelles on peut interpréter le monde, et trouvera sa place parmi toutes celles qui furent ou seront extraites du « clavier incommensurable ». Le lecteur sera ainsi à même de vérifier que « la vraie vie, la vie enfin découverte et éclaircie, la seule vie par conséquent réellement vécue, c'est la littérature ».

● « GF », 10 vol., 1986-1987 (dir. J. Milly) ; « Pléiade », 4 vol., 1987-1989 (dir. J.-Y. Tadié) ; « Bouquins », 3 vol., 1987 (dir. B. Raffalli et A.-A. Morello) ; « Folio », 8 vol., 1988-1990 (p.p. A. Chevalier, A. Compagnon, T. Laget, P.-L. Rey, P.-E. Robert, B. Rogers).

G. COGEZ

A.O. BARNABOOTH. Ses œuvres complètes, c'est-à-dire un conte, ses poésies et son journal intime. Ouvrage de Valery **Larbaud** (1881-1957), publié dans sa forme définitive à Paris chez Gallimard en 1913.

Larbaud avait remanié, puis renié, l'édition de 1908 intitulée *Poèmes par un riche amateur ou Œuvres françaises de M. Barnabooth précédées d'une introduction biographique* (Paris, Messein), présentée par un éditeur fictif, X. M. Tournier de Zamble, et sans nom d'auteur : si le conte, qui commence cette fois le volume, a été peu modifié, quinze pièces ont été ôtées des « Poésies » et la biographie a fait place au « Journal intime », paru en feuilleton dans la *Nouvelle Revue française* de février à juin 1913 sous le titre « A.O. Barnabooth : journal d'un milliardaire ».

Cet ouvrage, qui occupe une place singulière dans les courants littéraires de l'époque, est aussi celui qui a révélé Larbaud au public par la création du personnage de Barnabooth : « double » fortuné et voyageur, longtemps mûri, qui est d'abord pour l'auteur un défi à son milieu et un acte d'émancipation.

Le Pauvre Chemisier. Conte. Barnabooth sauve l'affaire d'un fabricant de chemises au bord de la ruine en échange de sa fille, Hildegarde, pour laquelle il lui promet cent mille francs. Celle-ci, pourtant éprise et aimée du « Jeune Homme pauvre d'Octave Feuillet », finit par accepter un rendez-vous avec lui. Mais le multimillionnaire, résigné à ce que « personne, ici-bas, n'aime le pauvre homme riche », n'en veut finalement qu'à la pureté morale de la jeune fille. Son argent permet d'ailleurs le mariage secrètement uni des amants, auquel il assiste et où « il s'amusa prodigieusement, car il n'aimait déjà plus la fille du pauvre chemisier » ; la morale étant qu'« il y a des choses qu'il faut savoir saisir au vol ».

Poésies. Trente-huit pièces divisées en deux parties : « les Borborygmes », et « Europe » où le lyrisme se nourrit des souvenirs de voyage. Cette poésie de la modernité mêle l'exotisme américain au chant de l'Europe, ses chemins de fer et ses théâtres, / Et ses constellations de cités » ("Ma Muse"), au rythme des trains de luxe et des navires qui se reflètent dans la nouveauté du mode prosodique : « Il faut que ces bruits et que ce mouvement / Entrent dans mes poèmes et disent / Pour moi ma vie indicible » ("Ode").

Journal intime. « Premier cahier : Florence ». Archibald Olson Barnabooth, jeune milliardaire sud-américain, a « dématérialisé » sa richesse afin d'entreprendre son « premier voyage d'homme libre ». Arrivé à Florence, il consigne dans un journal ses promenades, ses accès de « boutiquisme », des réflexions sur sa condition, et ses rencontres. Celle de son ami Maxime Claremoris, directeur d'une revue d'art, le Pèlerin passionné, est aussi la première de ces « formules » de vie offertes au jeune homme dans chacun des cahiers : « Il me distrait de moi-même au point que je deviens un peu lui ; ma personnalité s'agrandit de la sienne » ; le départ de l'esthète irlandais lui révélant alors sa différence : « L'amour, la pitié, et cette espèce de fureur qui le porte à vouloir du bien, ou à vouloir du mal [...] mais frénétiquement à certaines personnes. » Le refus d'une danseuse, Florrie Bailey, alors qu'il veut, en l'épousant, « se réconcilier avec les pauvres », est cause enfin d'une crise sentimentale dont il se remet aussi vite que dans le conte du « Pauvre Chemisier ».

« Deuxième cahier : Florence, Saint-Marin, Venise ». Plongé dans « l'inertie du cœur » et devenu kleptomane, Barnabooth est sauvé par l'arrivée du marquis de Putouarey, qui l'entraîne dans la République de Saint-Marin, puis à Ravenne et à Venise ; il se met alors à l'école de ce gentilhomme français qui collectionne tant les timbres que les « souvenirs féminins ».

« Troisième cahier : Trieste, Moscou, Serghiévo ». Il quitte le marquis à Trieste, après avoir découvert « l'âme religieuse » de celui-ci, et y rencontre Gertrude Hansker, une Américaine « si belle, si libre et si terrible qu'elle pourrait se passer d'être riche » avec laquelle il envisage un temps le mariage, avant de s'enfuir vers « la Russie et son adolescence » où il retrouve le prince Stéphane, son ami, auquel il fait lire son journal. Ayant trouvé sa raison de vivre depuis son expédition au Kharzan, et faisant l'apologie de la réalité, qu'incarnent selon lui tant la guerre que la femme, Stéphane quitte cependant Barnabooth en lui certifiant qu'« il n'y a pas de formule, et que son expérience est incommunicable ».

« Quatrième cahier : Saint-Pétersbourg, Copenhague, Londres ». Barnabooth se « reprend » alors tout à fait, découvre sa propre formule : « Je ne ferai bien que ce que j'aurai plaisir à faire », et promène à Copenhague son « petit désespoir usuel et domestique » lorsqu'il retrouve Claremoris, alourdi de tristesse et d'amertume », qui lui confie ses doutes sur sa vocation, mais retourne finalement en Toscane, tandis que Barnabooth, décidé à renouer avec ses origines, rejoint à Londres Concha et Socorro, des compatriotes recueillies autrefois dans les bas-fonds de la ville. La rencontre de Putouarey, occupé désormais exclusivement par ses recherches scientifiques et son épouse légitime, fortifie ses résolutions : il se marie avec Concha, embarque pour son pays natal et renonce à son journal. « Il s'achève, et je commence. »

L'Avertissement de l'auteur, affirmant que « le journal du jeune milliardaire et même ses poésies contiennent assez de détails sur sa personne, son éducation, ses amis, etc. pour [qu'il se] sente dispensé de placer en tête de ce livre, tout subjectif et pour ainsi dire égocentrique, une notice biographique » semble assigner une unité descriptive à cette œuvre plus décentrée que disparate. Les trois genres qui la composent permettent en effet de multiplier les points de vue sur le personnage, « le Pauvre Chemisier » inscrivant d'ailleurs ironiquement cette distanciation par le choix du « il » narratif : « Je préfère parler de moi à la troisième personne, c'est plus convenable. » Ces trois images se réfractent en outre dans le « Journal intime », miroir d'une vie autant que d'une œuvre puisqu'il s'y montre écrivant ses « déjections », poésies françaises en vers libres qui ne seront pas publiées, y fait état de l'accueil des « Borborygmes » et en indique une nouvelle édition dans ce que ses amis « veulent bien appeler sans rire [ses] œuvres complètes ». Celles-ci sont pourtant présentées comme « le dernier caprice » d'un auteur qui a renoncé à l'écriture le jour de leur publication : « Ne m'y cherchez pas ; je suis ailleurs ; je suis à Campamento (Amérique du Sud). » Plus que des portraits, ces trois ouvrages dont l'ordre fait sens représentent en effet les étapes d'une formation qui donne au livre sa véritable cohésion. Le conte, composé à bord de son yacht le Parvenu et donc avant qu'il se soit dépossédé, comme les « Poésies », datées dans le « Journal » de ce temps intermédiaire où, encore « dominé par l'amour-propre », il avait commencé à découvrir ses défauts, témoignent ainsi d'une sorte de préhistoire de la formation qui ne s'énonce comme telle que dans le « Journal intime » : « Depuis près d'un an j'assiste à la formation de l'homme que je serai un jour prochain. Cela commença lorsque je voulus enfin vivre par moi-même et pour moi-même, et cela dure encore. » La forme du journal lui permet d'en enregistrer l'évolution et, en le relisant, de « mesurer ainsi le chemin parcouru », empruntant donc la voie du Bildungsroman auquel le texte ne cesse de se référer, ne serait-ce qu'avec le Wilhelm Meister qui modèle la formation de Putouarey, pour mieux s'en démarquer : « Ma richesse et mon indépendance semblaient promettre cent romans de grande aventure, et voici mon journal : heures à l'hôtel, visites d'amis, causeries, et enfin, montée à grands frais, une pauvre intrigue avec une de ces filles qui viennent au premier signe qu'on leur fait » ; ce genre répondant aussi en cela à l'exigence contemporaine de renouveau romanesque. Le roman d'éducation s'y transforme d'ailleurs en roman d'une rééducation, d'abord vécue sur le mode du déclassement, le peuple valant mieux pour Barnabooth que l'aristocratie, ce que confirme Putouarey : « Nous sommes des espèces de castrats moralement, eux, ils sont entiers », mais c'est sur le mode de la rupture, voire de l'exécution, qu'elle s'accomplit. Il s'agit en effet d'« être un perpétuel évadé de tous les milieux » ; d'éliminer donc toute influence, provenant de l'hérédité, de l'éducation ou encore des « formules » de vie que lui présentent successivement ses trois amis, dont la formation parallèle reste classique, mettant ainsi en valeur l'originalité de celle de Barnabooth. Son émancipation est en effet une variation ludique sur la conception hégélienne de l'identité : pour être soi, il faut être passé par l'autre et s'en être séparé. C'est bien ce qu'accomplit Barnabooth avec chacun de ses amis grâce à sa « faculté d'imitation », assimilant leur état d'esprit « assez complètement pour le surmonter » ; et peut-être aussi le livre tout entier qui se joue d'autres textes sur un mode parodique (les contes moraux du XVIIIᵉ siècle pour « le Pauvre Chemisier ») ou citationnel, ironique chez le « Jeune Homme pauvre d'Octave Feuillet », ou référentiel pour les citations de Whitman ou Laforgue qui émaillent tant les « Poésies » que le « Journal intime », la prosodie même n'en étant pas exemptée : « Il s'agit fréquemment d'un vers libéré qui ruse avec les structures traditionnelles, les contourne, les prolonge, sans réellement les détruire » (M. Décaudin). Mais l'originalité profonde de cette conquête du moi se trouve peut-être dans son association à la forme du voyage (voyage dont on retrouve la réalité chez plusieurs contemporains comme Apollinaire ou Cendrars), les noms de villes formant d'ailleurs les titres des cahiers du « Journal ». Le voyage, où l'instant devient une rencontre, qui peut aussi valoir comme éducation sentimentale, laissant « des souvenirs de villes comme on a des souvenirs d'amour » (« Europe », IX), apparaît ici comme l'instrument essentiel de la libération, ainsi qu'en témoigne Putouarey dont le premier voyage marque le « premier jour de l'an I » de « son époque » : « Je me relève, dit-il, je me déploie, je m'étends dans beaucoup de directions [...] et je reconquiers mon enfance. » C'est là sans doute, plus que dans les wagons-lits ou les Carlton, que réside la modernité de cet ouvrage.

● Les Poésies de A.O. Barnabooth, « Poésie / Gallimard », 1966 (p.p. R. Mallet) ; A.O. Barnabooth. Son journal intime, « L'Imaginaire », 1982. ➤ Œuvres, « Pléiade ».

S. ROZÉ

À QUOI RÊVENT LES JEUNES FILLES. Comédie en deux actes et en vers d'Alfred de **Musset** (1810-1857), publiée dans Un spectacle dans un fauteuil à Paris chez Renduel en 1833, et créée à Paris à la Comédie-Française le 29 novembre 1880.

À la différence de la *Coupe et les Lèvres, cette œuvre est bien une petite pièce de théâtre à laquelle le nom de « comédie » convient parfaitement. Musset, qui croit à la supériorité de la poésie sur la prose, lui a probablement accordé un régime de faveur en l'intégrant dans un recueil poétique. Mais, pour notre siècle, qui l'a parfois portée sur la scène, elle apparaît avant tout comme une véritable œuvre dramatique, d'autant que l'auteur est parvenu à donner à ses alexandrins souplesse et légèreté.

En allant se coucher, Ninette se fait embrasser par un beau cavalier inconnu, qui s'enfuit ; Ninon, sa sœur jumelle, reçoit, elle, du même cavalier semble-t-il, une sérénade. Leur père, le duc Laërte, annonce à son ridicule neveu, prétendant de surcroît, Irus, l'arrivée d'un fiancé parfait, Silvio. Tandis que les deux jeunes filles commencent à rêver à l'amour, Silvio ne sait laquelle choisir. Ninon et Ninette reçoivent en secret un billet et Laërte explique à Silvio qu'il faut plaire aux femmes par du romanesque : il a donc préparé un rendez-vous nocturne qu'il interrompra pour plus de brio (Acte I).
Laërte fait ses dernières recommandations à Silvio en qui il est heureux de ne pas trouver un débauché. Sur la terrasse, les deux jeunes filles, dont aucune ne parvient à chasser l'autre, découvrent qu'elles ont reçu le même billet galant. Irus vient troubler le duel arrangé de Silvio et de Laërte ; cachés dans la chambre, les deux jeunes prétendants sont prêts à se battre ; mais Ninon et Ninette, humiliées, déclarent à leur père refuser Silvio et vouloir épouser Irus, qui hésite bientôt à se battre avec Silvio. Les jeunes filles préféreront donc le couvent. Silvio déclare pourtant son amour à Ninon qui le refuse mollement. Les jeunes filles ont décidé cette fois de se faire bergères, mais Laërte donne finalement Ninon à Silvio (Acte II).

L'aspect féerique des comédies de Shakespeare (dont Musset est un grand lecteur) se retrouve non seulement dans les noms de certains personnages mais aussi dans l'atmosphère subtile qui baigne l'œuvre. La didascalie initiale, « La scène est où on voudra », y contribue encore. Aucune lourdeur donc si ce n'est celle d'un personnage grotesque, issu tout droit de Molière, cet Irus qui est un autre Trissotin, moins pédant que coquet et qui se pique surtout d'être maître en l'art des convenances, c'est-à-dire, selon lui, en l'art de s'habiller. Nul doute que Musset règle ici ses comptes avec une société pudibonde : il s'amusera à disserter joyeusement dans *Namouna* sur la nudité de son héros et celle, éventuelle, de ses jolies lectrices : la redondance vestimentaire est pour lui l'équivalent d'une méprisable tartuferie. L'aspect de fantoche du personnage, sorte de néant accoutré, est renforcé par la présence de deux valets, Quinola et Spadille, qui, se contredisant toujours, plongent leur maître dans la perplexité. On ne saurait pousser plus loin l'inconsistance.
La légèreté prend la forme de l'amusement avec Laërte, bon vieillard resté étonnamment jeune, qui veut offrir à ses filles un petit roman avant leur mariage ; le romanesque de convention qu'il recrée lui-même (en chantant une sérénade, en donnant un baiser, en écrivant des billets doux, en organisant un rendez-vous nocturne) ne saurait tromper : son humour et sa malice sont au service de sa générosité (laissons là, pour aller plus vite, Œdipe, pourtant si présent dans ce père qui joue à l'amant). Laërte développe une philosophie amusée de l'amour, toujours élégamment active : « Mais croyez que c'est prendre une peine inutile / Que de rester en place et de crier bien fort : / Clocher ! je t'aime, arrive ou je suis mort » (I, 4). Son aisance et sa verve constantes rappellent l'esprit du XVIIIe siècle, et l'on peut songer à Marivaux. Les deux jeunes filles, elles, tiennent un peu de l'Agnès de *l'*École des femmes*. Leur grande naïveté ne se convertit pas cependant en amour déterminé ; elles restent dans ce délice énamouré qui est plutôt flottement que maturité. Leur gémellité les rend interchangeables et fait d'elles un modèle, presque un archétype de la jeune fille en proie à son premier émoi amoureux ; et l'on remarque en elles ce trait dominant des personnages féminins de Musset, l'orgueil qui lutte avec l'amour (voir *les *Caprices de Marianne* ou *On ne badine pas avec l'amour*) ; par dépit d'avoir été courtisées par un même homme, elles désirent épouser un sot, s'enfermer dans un couvent, ou s'exiler avec un troupeau de moutons. Mais elles rêvent toujours des « éperons d'argent », du « manteau d'Espagnol, doublé de velours noir » et des moustaches frisées de l'inconnu d'un soir. Et si l'une n'est pas choisie, peu importe puisque l'image de Silvio « sera bientôt chassée / Par un rêve nouveau, par le premier venu » (I, 4).

Tant de grâce n'empêche pas une certaine respectabilité de l'amour et Laërte s'enquiert assez directement de la sexualité de Silvio. Le mariage ne saurait être un libertinage. Aucune fausse note donc dans cette petite comédie d'un ton léger et délicat qui doit en grande partie son pouvoir enchanteur au double portrait des premières jeunes filles du théâtre de Musset qui, avec leurs rêves tendres et leur tendance au drame, incarnent la quintessence de l'adolescence féminine.

● *Premières Poésies*, « Classiques Garnier », 1958 (p.p. Allem) ; *id.*, « Poésie / Gallimard », 1976 (p.p. J. Richer). ➤ *Œuvres complètes*, « L'Intégrale ».

F. COURT-PEREZ

À REBOURS. Roman de Charles Marie Georges, dit Joris-Karl **Huysmans** (1848-1907), publié à Paris chez Charpentier en 1884, réédité avec une « Préface écrite vingt ans après le roman » en 1903.
La production romanesque de Huysmans s'inscrivait jusque-là dans la lignée naturaliste, sous l'égide du maître, Zola. Avec *À rebours*, Huysmans s'engage dans une nouvelle voie, qui le conduira vers la littérature dite décadente.
S'il est un livre emblématique de cette littérature, c'est bien *À rebours*. En effet, le héros, Des Esseintes, dont la voix tend à se confondre avec celle de Huysmans, synthétise les attributs qui font le décadent, le « pâmé ».

Jean Floressas, duc des Esseintes, dernier représentant d'une race dégénérée, esprit indépendant dégoûté de l'humanité, se retire à Fontenay-aux-Roses où il organise sa solitude avec un raffinement extrême (Notice) : il décore son intérieur de couleurs précieusement choisies (chap. 1), transforme sa salle à manger, lieu de repas austères, en cabine de bateau (2), compose une bibliothèque d'auteurs de la décadence latine (3), s'amuse d'une tortue vivante à la carapace incrustée de gemmes, crée un « orgue à bouche » dont les touches effleurées libèrent chacune une liqueur (4), détermine les peintures qui orneront ses murs (5). Un soir, il se remémore ses méfaits passés, la façon dont il contribua à briser un ménage, comment il poussa un adolescent vers le vice et le crime (6).
Cette solitude volontaire devient toutefois pesante et contribue à le ramener imperceptiblement à la religion. Des désordres nerveux apparaissent (7). Cherchant à se distraire, il aménage une serre de fleurs aux formes artificielles, aux aspects obscènes et morbides. Dans la nuit, Des Esseintes rêvera d'une femme, la Syphilis, offrant les pourritures florales de son corps (8). Les cauchemars se renouvellent et sa névrose se complaît dans le souvenir d'aventures érotiques, une acrobate androgyne, une ventriloque perverse, un troublant jeune homme (9). Victime d'hallucinations olfactives, Des Esseintes tente de les repousser en créant des parfums subtils qui ébranlent définitivement ses nerfs (10).
Voulant distraire sa solitude, il projette un voyage à Londres mais se contentera d'un bar anglais à Paris (11). De retour à Fontenay, il reprend goût à la lecture de Baudelaire, de Barbey d'Aurevilly et des littératures religieuses (12). Mais son estomac se dérègle (13). Grâce à un régime sévère, il peut à nouveau se consacrer à la lecture des auteurs modernes (14). D'autres hallucinations apparaissent, auditives cette fois, qui réveillent en lui le souvenir de ses musiques de prédilection. Il se décide à appeler un médecin qui le guérira mais lui enjoindra de retourner à Paris (15). Évoquant avec effroi les perversions de la société humaine, Des Esseintes se résigne à en affronter les médiocrités (16).

Avec *À rebours*, Huysmans consacre donc sa rupture avec le naturalisme, mais de façon inconsciente, comme il l'avoue dans sa Préface de 1903 : « Je cherchais vaguement à m'évader d'un cul-de-sac où je suffoquais, mais je n'avais aucun plan déterminé et *À rebours* qui me libéra d'une littérature sans issue, en m'aérant, est un ouvrage parfaitement inconscient. » Rupture insensible donc, mais radicale. Zola en eut d'ailleurs parfaitement conscience puisque, à la parution d'*À rebours*, il parla de trahison du naturalisme. En effet, la généalogie et l'hérédité fantaisistes de Des Esseintes, ses maladies et leurs remèdes sont autant d'attaques voilées contre les théories naturalistes sur l'individu et contre l'utilisation, par les romanciers, d'un savoir médical trop primaire. Huysmans s'attache à décrire une tout autre maladie que celles qu'appréhendaient les naturalistes : une maladie moderne, la névrose, l'ennui. Maladie insaisissable par laquelle le corps se soumet aux pulsions d'une âme compliquée, souffrant de sa supériorité, dont la volonté est réduite à néant. Telle est l'âme moderne et tel sera À rebours.

La modernité s'exprime dans le parti pris de composition romanesque : « Supprimer l'intrigue traditionnelle, voire la passion, la femme, concentrer le pinceau de lumière sur un seul personnage, faire à tout prix du neuf » (Préface). Nous nous trouvons donc face à une succession de chapitres sans lien, qui ne sont jamais que prétextes à des articles critiques sur l'esthétique, que notre unique personnage prend à son compte et derrière lequel nous reconnaissons Huysmans. Pareil florilège d'essais incarne bien cette tendance de l'esthète de la fin du XIXᵉ siècle à n'être qu'un dilettante comme Des Esseintes, et comme plus tard Swann (voir *À la recherche du temps perdu), un individu raffiné qui organise chez lui un véritable musée de pièces rares et choisies, de bibelots. L'esthétique du bibelot, objet déraciné de sa culture et qui flatte le regard de son propriétaire, telle est la grande attitude esthétique de cette fin de siècle que dévoile À rebours. Chacun des seize chapitres développera ainsi un thème différent : « Le coulis d'une spécialité, le sublimé d'un art différent » (Préface). L'ensemble s'organise selon deux grands axes : définition des choix artistiques du décadent, et description de ses goûts en général. Ces deux optiques éclairent son essentielle manie : toujours il se tourne vers ce qui est « à rebours » de la pensée commune.

Ainsi, ce que Des Esseintes recherche dans l'art, c'est une expressivité extrême, un langage écartelé entre la violence et un raffinement ciselé, distendu jusqu'au malaise. En matière de littérature, Des Esseintes agrée d'abord les auteurs latins : rejetant Virgile, Horace et Cicéron, il isole Pétrone, Apulée, et quelques décadents mineurs pour leur style en force, composite et audacieux (chap. 3). En littérature moderne (chap. 12), « il s'intéress[e] aux œuvres mal portantes, minées, irritées par la fièvre », appréciant leurs « faisandages, ces taches morbides, ces épidermes talés et ce goût blet ». Trois auteurs sont particulièrement choyés : Baudelaire, bien entendu, pour avoir été le premier à révéler « la psychologie morbide de l'esprit qui a atteint l'octobre de ses sensations » ; Barbey, au sadisme mystique ; Mallarmé, enfin, qui sut porter à son apothéose le style décadent : écriture « affaiblie par l'âge des idées, épuisée par les excès de la synthèse, sensible seulement aux curiosités qui enfièvrent les malades et cependant pressée de tout exprimer à son déclin ». Par l'analyse de ces trois auteurs, Huysmans met en abyme ce qu'est À rebours : la triple évocation de la névrose moderne, de la tentation du mysticisme et de la langue à son déclin. Des Esseintes n'oublie pas la littérature religieuse, mais l'attaque pour son inconsistance – à l'exception de Lacordaire, dont il apprécie le débordement de style. Dans le domaine de la peinture (chap. 5), Des Esseintes glorifie une esthétique morbide et perverse qui, par une technique hallucinatoire, pousse l'âme dans ses derniers retranchements et exhume les obsessions et les terreurs (Moreau, Jan Luycken, Bresdin, Redon). En musique, Des Esseintes goûte l'œuvre de Wagner, Schumann, Schubert, faite de gravité et d'hystérie retenue, mais surtout le plain-chant aux résonances douloureuses.

Le second axe thématique, sur les sens et le luxe, est une théorie générale d'esthétique, placée sous le double signe de la synesthésie et de l'artifice qui lui paraît « le signe distinctif du génie » (chap. 2). Il s'agit en effet d'embrasser toutes les sensations mais avec un degré d'élaboration qui ne peut se satisfaire que de l'artificiel. Au chapitre 1, Des Esseintes choisit les couleurs afin qu'elles puissent s'exhaler à la lumière artificielle et s'harmoniser avec ses états d'âme. Les gemmes de la tortue (chap. 4) seront plus étranges que précieuses, refusant une conception vulgaire

du luxe. L'épisode des fleurs (chap. 8) est l'un des plus intéressants : choisies parce qu'elles paraissent artificielles, leurs formes obscènes évoquent des sexes aux couleurs hideuses, des chairs corrompues par la maladie, comme ces « Amorphophallus [...] aux longues tiges noires couturées de balafres, pareilles à des membres endommagés de nègre » ou toutes celles qui « comme rongées par des syphilis et des lèpres, tendaient des chairs livides, marbrées de roséoles, damassées de dartres ». Ici, se trouvent résumées les tendances de la décadence : le goût de l'inversion, lorsque la nature se fait artifice, et la fascination pour un érotisme morbide et dégénéré. Le même goût du paradoxe se manifeste dans l'ameublement, à la fois extravagant comme cette cabine de bateau peuplée de poissons mécaniques (chap. 2), et faussement austère comme la chambre à coucher rappelant une cellule monacale mais de façon que les plus riches étoffes imitent les textures les plus pauvres (chap. 5). Les scènes de l'orgue à bouche (chap. 4) et de la création des parfums (chap. 10) évoquent des expériences de synesthésie : dans l'orgue, chaque note correspond à une liqueur, chaque mélodie créant un cocktail unique, et chaque parfum se doit de provoquer des visions de villes et de paysages hallucinés. Des Esseintes passe ainsi en revue quatre sens : la vue, l'ouïe, l'odorat, le goût. Seul le toucher n'est pas explicitement évoqué. Pourquoi ? Parce que le décadent n'a pas de chair, il n'a qu'un corps, dont les perceptions s'appliquent à des objets distanciés et exceptionnels, un corps miné par la névrose et dont les fonctions se détériorent : il n'a plus ni sexe ni estomac.

À rebours est donc le tableau de la névrose moderne et de ses causes. Parce qu'il est dégoûté par la perversion médiocre d'une société comblée de luxe et de confort (chap. 16), le décadent cherche à pousser plus loin le raffinement. Il lui faut ranimer ses désirs par une constante excitation intellectuelle : Des Esseintes se fait initiateur du vice et du cynisme (chap. 6), tente d'aiguillonner son appétit sexuel par des procédés artificiels ou malsains (chap. 9). En vain. Le décadent retombe toujours dans l'ennui, sa complication interne entraînant une insatisfaction perpétuelle et un pessimisme inépuisable.

Cette âme de décadent se doit de trouver place dans une écriture que Paul Bourget définit ainsi : « Un style de décadence est celui où l'unité du livre se décompose pour laisser la place à l'indépendance de la page, où la page se décompose pour laisser la place à l'indépendance de la phrase et où la phrase se décompose pour laisser la place à l'indépendance du mot. » Définition parfaite de ce qui préside à la composition d'À rebours : un éclatement du récit et de l'écriture en mille détails. Dispersion, mais aussi surcomplication. Le style tente de restituer le dernier râle du Verbe qui meurt de l'outrance et de l'indicible, tout comme l'âme du décadent. Le style de Huysmans devient ainsi contourné, se débat dans des floraisons denses et multiples, recherchant désespérément le néologisme et l'adjectif rare. Les mots se muent en bibelots précieux, exilés de leur propre sens, à réinventer : « Sur la cheminée dont la robe fut, elle aussi, découpée dans la somptueuse étoffe d'une dalmatique florentine, entre deux ostensoirs, en cuivre doré, de style byzantin, provenant de l'ancienne Abbaye-aux-Bois-de-Bièvre, un merveilleux canon d'église, aux trois compartiments séparés, ouvragés comme une dentelle, contient, sous le verre de son cadre, copiées sur un authentique vélin avec d'admirables lettres de missel et de splendides enluminures, trois pièces de Baudelaire. »

Le renversement et le déséquilibre sont donc généraux. Une seule issue à cette déroute semble possible : la foi, la foi qui s'insinue dans l'esprit de Des Esseintes dès le chapitre 6 et resurgit à la fin du roman : « L'impossible croyance en une vie future serait seule apaisante. » Sans le savoir, en s'attachant à l'art religieux, Des Esseintes s'attache peu à peu à la religion, comme la Madame Gervaisais des Goncourt (voir *Madame Gervaisais) : « L'Église [...] tenait tout, l'art n'existait qu'en Elle et que par Elle » (Préface).

En effet, *À rebours*, au dire même de Huysmans dans sa Préface, prépare sa réconciliation avec le catholicisme et constitue « une amorce de [s]on œuvre catholique ». Barbey avait prédit cette évolution dès la parution de l'ouvrage : « Après un tel livre, il ne reste plus à l'auteur qu'à choisir entre la bouche d'un pistolet et les pieds de la croix. » Huysmans, comme peut-être Des Esseintes, a déjà choisi.

● « Folio », 1977 (p.p. M. Fumaroli) ; « GF », 1978 (p.p. P. Waldner) ; Imprimerie nationale, « Lettres françaises », 1981 (p.p. R. Fortassier) ; Arles / Bruxelles, Actes Sud / Labor, « Babel », 1992 (p.p. J. Borie). ➤ *Œuvres complètes*, Slatkine, III.

H. VÉDRINE

À TOUTE ÉPREUVE. Voir VIE IMMÉDIATE (la), de P. Éluard.

À UN DÎNER D'ATHÉES. Voir DIABOLIQUES (les), de J. Barbey d'Aurevilly.

À VAU-L'EAU. Roman de Charles Marie Georges, dit Joris-Karl **Huysmans** (1848-1907), publié à Bruxelles chez Kistemaeckers en 1882.

À l'heure de cette publication, les œuvres de Huysmans s'inscrivent encore dans la mouvance naturaliste, tout comme *Marthe* et les *Sœurs Vatard*. En réalité, *À vau-l'eau* inaugure, à la suite de *En ménage*, la nouvelle période littéraire de Huysmans qui se caractérise par un recours à des thématiques décadentes et se distingue en outre par une titrologie adverbiale : *À rebours*, *En rade*, *Là-bas*.

> Tout se désagrège dans la vie de Jean Folantin : logement misérable, impossibilité de trouver un restaurant convenable, emploi ennuyeux. Jean, malgré une intelligence prometteuse, s'est rapidement résigné à la médiocrité, à la pauvreté et au célibat. Il ne cesse cependant de rêver aux avantages affectifs et ménagers d'une tendre épouse (chap. 1). De plus en plus mélancolique, il tente de changer de vie, mais les restaurants qu'il fréquente le dégoûtent et le rendent malade. L'été venu, les promenades sur les quais parisiens le distraient à peine (2). À l'automne, il se laisse entraîner par une connaissance à une table d'hôte misérable et à l'Opéra où la vulgarité du spectacle le choque. L'hiver revient et le traiteur choisi par Folantin se révèle infect (3). Il ne trouve plus aucun salut, ni dans des rêves de retraite ni dans la fréquentation d'une prostituée répugnante. Il finit par conclure à l'inutilité de toute révolte et se laisse finalement aller « à vau-l'eau » (4).

Un résumé suffit à édifier le lecteur sur la substance du livre : rien. Un rien néanmoins exceptionnellement significatif. Ce roman est celui du dégoût pour la vie moderne, le cri de désespoir du médiocre contre la médiocrité des mœurs du temps. Certes, par la description précise du monde contemporain, Huysmans fait preuve de naturalisme. Mais ce naturalisme est bien curieux, qui n'est pas subordonné à la démonstration d'une loi d'hérédité mais se charge de mettre en évidence la fatalité des choses autour de soi. Des choses, de ces éléments quotidiens (la nourriture infecte, le feu qui s'éteint dans la chambre…) qui organisent notre vie et vivent de façon autonome. Cette soumission à la fatalité médiocre des événements est-elle un trait ironique contre le naturalisme de Zola dont les personnages sont soumis à l'hérédité ? Peut-être ; mais l'attitude de Huysmans est moins une attitude de rupture que de formation d'une esthétique qu'il aura l'occasion d'affirmer en insistant sur la décadence du monde et des êtres.

Le projet de Huysmans s'organise en quatre chapitres qui balaient une année entière, quatre saisons et de multiples promenades dans Paris. Il faut remarquer de quelle manière particulièrement elliptique l'auteur rend compte de ce parcours. Il privilégie les saisons hivernale et automnale, plaçant ainsi Folantin sous le signe du froid, du brouillard, des saisons troubles et intérieures. De même, les promenades dans Paris sont extrêmement restreintes : un triangle se dessine de la rue du Bac à la rue Dauphine et à la place Saint-Sulpice. Si Folantin dépasse ces limites, sa déchéance morale et physique ne fait que s'accentuer : celle-ci est exclusivement transcrite par sa déchéance stomachale, par une destruction du goût. La description des nourritures ingérées par Folantin occupe une grande place dans le roman : il va ainsi de dégoût en dégoût, de la « tranche de fromage découpée dans un pain de savon de Marseille » (chap. 1) aux « œufs qui sentaient la vesse » (chap. 4), avec tous les dérèglements imaginables auxquels il tente de remédier par des « citrates, phosphates, proto-carbones…. ». Cette déchéance du héros par l'estomac n'est pas sans rappeler celle qui afflige les héros décadents tel Des Esseintes dans *À rebours*. Mais cette maladie est traitée ici avec une ironie certaine. L'ennui, le spleen, qui affecte Folantin n'a rien de sublime et ressemble à un avachissement, « un alourdissement absolu de l'esprit » (chap. 2). De plus, il est évident que cette destruction du goût est largement symbolique de celle du goût esthétique dans le monde moderne. Si le premier chapitre sert à poser les données de la médiocrité du héros, les deux chapitres suivants approfondissent le thème de la déchéance, physique mais aussi artistique. Au chapitre 2, Folantin essaie de contrecarrer son ennui en se promenant devant les bouquinistes des quais. Alors qu'il recherche, comme Huysmans par ailleurs, des « choses de la vie réelle », il ne trouve que du psychologique fade ; l'identification à la nourriture est immédiate : « Il abomin[e] le bouillon de veau des Cherbuliez et des Feuillet » et se plaint d'« une disette de livres à lire ». Pour ce qui est de la peinture, Folantin, nostalgique des « estampes de la vie intime flamande », refuse comme Huysmans la mode des gravures du XVIIIe siècle. Même attitude critique au chapitre 3 lorsque Folantin se rend à l'Opéra : chanteurs ridicules et nasillards, décors ignobles ; Folantin proteste alors en accusant les chanteurs de n'être « bons qu'à endurer les portions qu'on leur apporte de l'immuable sauce blanche s'il s'agit d'une comédie et de l'éternelle sauce rousse s'il s'agit d'un drame ».

Si Folantin ne trouve aucun recours dans l'art, il n'en trouvera pas plus en amour. La question de la femme n'apparaît ici posée que sous la forme d'une alternative : le mariage ou la prostitution. La désillusion de Folantin est totale : ne se risquant pas au mariage, il se tourne vers la prostitution et ne s'en trouve qu'« écœuré ». Après *En ménage* où il était question des échecs du héros tant dans le mariage que dans le concubinage, Huysmans brosse ici le tableau de la vie amoureuse du célibataire. Avec *En rade*, ce sera le mariage qu'il critiquera, terminant ainsi son catalogue des possibilités de couple. Ainsi *À vau-l'eau* s'inscrit parfaitement dans la continuité de pensée de Huysmans, et constitue aussi une ouverture vers un autre mode d'expression. Il est certain que ce roman annonce à plusieurs égards *À rebours*, et Huysmans le soulignera dans sa Préface de 1903 : « [...] j'y voyais un peu un pendant d'*À vau-l'eau* transféré dans un autre monde. » Certes, les thématiques sont les mêmes : dégoût de la vie moderne et de l'art-produit. Mais Huysmans forme aussi dans ce roman un style particulier, comme sur un brouillon. Il s'est toujours intéressé à la rareté du mot, au néologisme, même dans ses premiers romans. Dans *À vau-l'eau*, Huysmans s'attache surtout à l'immobilisation de la phrase, à la rendre close en abusant des plages descriptives dont la précision est d'autant plus singulière qu'elle fait écho à la vanité de l'objet décrit.

● « 10/18 », 1975 (p.p. H. Juin). ➤ *Œuvres complètes*, Slatkine, II.

H. VÉDRINE

ABBAYE DE TYPHAINES (l'). Roman de Joseph Arthur, comte de **Gobineau** (1816-1882), publié à Paris dans *l'Union* du 24 août au 10 novembre 1848, et en volume chez Gallimard en 1922.

Parmi les nombreuses productions données jusqu'en 1848 par Gobineau à des journaux ou revues, on compte quatre romans-feuilletons : *le Prisonnier chanceux ou les Aventures de Jean de la Tour Miracle* (1846), *Nicolas Belavoir*, *Ternove* (1847) et *l'Abbaye de Typhaines*. Si *Ternove*, inspiré à Gobineau par les *Mémoires* de son père, officier qui conspira contre l'Empire, est un document appréciable sur les Cent-Jours et la Restauration, seule *l'Abbaye de Typhaines* offre un véritable intérêt littéraire. Elle sera traduite, vers 1867, en anglais et en grec. Saluée notamment par un article du tout jeune Malraux, son édition en français connut un certain succès en 1922.

Nous sommes au début du XIIᵉ siècle, aux confins de la Champagne et du Nivernais. De retour de la croisade, Philippe de Cornehaut se trouve dépossédé de ses biens familiaux, légués par son père aux moines de l'abbaye de Typhaines. Bourgeois et paysans se sont en outre révoltés pour se constituer en « commune », favorisés dans leur entreprise par Louis VI, qui utilise son peuple pour affaiblir les seigneurs. Prêtant main-forte aux moines, Philippe pourra solliciter de Rome la restitution de l'héritage.

Les « communes » foisonnent au XIIᵉ siècle. Elles ont « introduit la liberté démocratique au sein de l'aristocratie féodale » écrit Tocqueville (*De la démocratie en Amérique*), à qui Gobineau devra en 1848 de débuter dans la Carrière. Dans *l'Abbaye de Typhaines*, il transpose très librement celle qui souleva Vézelay, en 1155, sous le règne de Louis VII, et que le roi lui-même contribua à réprimer. Le comte de Nevers, en revanche, trahit ses pairs : le roman dénonce sans déguisement sa félonie. Quant à l'abbé Pons, devenu ici le père Nicolas, il défendit avec loyauté les intérêts de l'Église. Ce combat qui met aux prises nobles et manants illustre la guerre des deux races (Francs et Gallo-Romains) dont Augustin Thierry fit la clé de l'histoire de France. Mais tandis qu'il accorde courage et sincérité à maître Simon, le chef des insurgés, Gobineau présente en Philippe un héros de la féodalité bien falot. Ce souci d'équité suffirait à dater d'avant février, et surtout juin 1848, la composition du roman : « Jusqu'à ce temps-là je ne savais pas ce que je voulais », écrira plus tard Gobineau ; jamais, après avoir vu la rue envahie par les « blouses sales », il ne montrera la moindre indulgence pour un révolutionnaire.

Ivanhoé illustre aussi le combat de deux races (Normands et Anglo-Saxons). Jusqu'à la fin de sa vie, Gobineau le comptera, avec d'autres romans de Walter Scott, parmi ses lectures préférées. Si l'intrigue amoureuse de Philippe de Cornehaut et de Mahaut n'obéit que de façon assez plate aux conventions du roman historique, l'influence du romancier écossais se fait plus heureusement sentir dans la description des forêts, lieux propices à des apparitions surnaturelles qui mettent en jeu de naïves croyances religieuses, ou dans celle de l'abbaye elle-même, reconstituée avec vérité par celui qui demeurera jusqu'en ses dernières œuvres (*Amadis*, *Histoire d'Ottar Jarl*) un amoureux du Moyen Âge. Toutefois, même l'évocation de Paris en ce siècle où Notre-Dame était une humble « métropole romane » et le jardin de la résidence royale un simple « verger planté d'arbres » (chap. 18) montre que, plus que le pittoresque des lieux, c'est une mentalité d'époque qui retient Gobineau : aussitôt que le cadre est inventorié, il s'attarde sur la foule « pieuse et affairée » ou sur les étudiants que regroupe sur la rive gauche l'« amour de la scholastique ». Les siècles ayant passé, et l'humeur de Gobineau lui-même s'aigrissant, Paris ne sera plus que cette « Babel » où s'accomplit la décadence de l'Occident (voir *Ce qui est arrivé à la France en 1870*).

P.-L. REY

ABBÉ C. (l'). Récit de Georges **Bataille** (1897-1962), publié à Paris aux Éditions de Minuit en 1950.

Après avoir fondé en 1946 la revue *Critique*, Bataille publie en 1949 *la Part maudite*. La parution de *l'Abbé C.* suscite l'indignation : la figure centrale du récit, le prêtre vulnérable dans ses aspirations divines et ses devoirs sacrés, est pourtant un thème littéraire ancien, mais il est poussé ici à son paroxysme. *Les Lettres françaises* crient au scandale et voient dans l'abbé C. un homme qui a réellement existé, abbé, résistant et délateur : « *Les Lettres françaises* considèrent qu'il est intolérable qu'une telle maison d'édition puisse à la fois sortir un tel livre et garder son nom. » Bataille se défend : « Il se pourrait qu'un personnage ait existé qui aurait des traits communs avec celui que met en scène le roman. Mais l'auteur n'a jamais entendu parler de rien de semblable. »

Première partie. « Récit de l'éditeur ». Le narrateur-éditeur se voit confier un manuscrit (intitulé « Récit de la mort de Robert ») par son ami Charles, frère de Robert, l'abbé C. Germaine vient d'épouser Charles, sachant qu'elle aura avec lui la vie libertine qu'elle aime. Au cours d'un spectacle de prestidigitation, Charles gifle, sans raison, le prestidigitateur.
Deuxième partie. « Récit de Charles C. ». Au cours de l'été 1942, l'abbé, Charles et Éponine forment un scandaleux trio. Charles, qui se sent une profonde rivalité avec son frère, aurait aimé entraîner ce dernier dans le vide alors qu'ils se trouvent au sommet d'une échelle, près d'une église. Éponine, la « honte du pays », supporte mal de voir l'abbé rester indifférent à ses avances. Charles voudrait aussi qu'il cédât aux caprices sexuels d'Éponine. Charles, persuadé que la soutane de son frère n'est qu'une plaisanterie, lui propose enfin de coucher avec Éponine, mais l'abbé décline l'offre. Accompagnée de ses bruyantes amies Rosie et Raymonde, Éponine assiste à une messe ; elles chahutent l'officiant – l'abbé C. – qui s'évanouit sur les marches de l'autel. Charles est tout à la joie d'imaginer la mort de son frère. Un soir, Éponine et Charles découvrent une ombre qui se faufile dans la nuit, sous leurs fenêtres : ne serait-ce pas Robert, sortant de l'appartement d'une des deux amies ?
Troisième partie. « Épilogue du Récit de Charles ». Charles revient sur les circonstances de la mort de Robert. Ce dernier avait pris pour habitude de rejoindre chaque nuit Rosie et Raymonde qui lui faisaient l'amour « avec fureur ».
Quatrième partie. « Notes de l'abbé C. ». Charles tente d'analyser les raisons de la fascination éprouvée à l'égard du manuscrit de Robert, étonnamment obscène et obscur (« Avant-propos de l'abbé C. »). Dans ce journal intime, l'abbé C. confie son amour de la volupté et la jouissance qu'il tire de sa honte (« le Journal de Chianine »). Dans un court récit d'hallucination (intitulé « la Conscience »), il raconte comment il s'adonne avec Rosie à la « vision de plaisirs immodérés ».
Cinquième partie. « Suite du Récit de l'éditeur ». Charles lève le voile sur la mort mystérieuse de Robert. Un ancien déporté a recueilli les dernières confidences de Robert : arrêté pour ses activités clandestines dans la Résistance, soumis à la torture au cours de la détention préalable à la déportation, au lieu de donner ses amis résistants, Robert a dénoncé son frère Charles et sa maîtresse Éponine. À l'instant de sa mort, il a reconnu avoir « joui de trahir ceux [qu'il] aime ».

Dans *l'Abbé C.* le pointillé, le blanc et l'inachèvement sont les marques extérieures d'un silence qui semble le principe générateur de ce livre énigmatique. En l'absence de développement linéaire, le discours procède toujours par détours : Charles ne parle-t-il pas d'« entourloupette » ? La structure narrative découle de ce thème de la dissimulation, du leurre et de l'égarement volontaire du lecteur. Le « Récit de l'éditeur » avoue sa gêne et sa perplexité face au phénomène Charles qui semble « en même temps se dérober et s'offrir » tandis que Robert « jouait à Charles une comédie qui avait pour fin de l'excéder ». La curiosité suscitée par Charles et Robert, frères jumeaux, se trouvera-t-elle rassasiée dans le manuscrit que le « Récit de l'éditeur » a pour fonction de présenter ? L'intention du livre ne sera pas pour autant révélée puisque Charles avoue clairement jouer la comédie face à Robert (« Je gémissais, jouant cette comédie avec outrance ») et que le comportement des deux frères demeure indéchiffrable. Dans le « Récit de Charles C. » et dans l'« Épilogue », qui sont à eux seuls la moitié du livre, on nous annonce d'emblée la déception que susciteront ces écrits pour tout lecteur avide d'éclaircissements : « Rien ne pouvait d'ailleurs me décevoir davantage que le conte sans rime ni raison qui termine ces notes. » Reste la première moitié des « Notes » de Robert, sauf qu'ici Robert s'appelle Chianine et disparaît derrière un personnage dont il joue le rôle dans un nouveau jeu de cache-cache qui lui permet de parler de lui-même à la troisième personne. Le tout dernier manuscrit se trouvant au centre de la boîte gigogne qu'est ce texte (et que tout ce qui avait précédé n'avait pour tâche que d'annoncer et de présenter) ne permet pas plus de progresser vers le « cœur des choses » : le personnage que l'on s'attendait à trouver sous les traits de Robert s'efface derrière l'être fictif Chianine, né sous la plume de Robert, dont l'imagination est seule responsable. Ces « Notes » passent rapidement sur le témoignage de Robert et ne font que constituer un voile de plus. Présenté comme « inachevé », l'ensemble constitué par le « Récit », l'« Avant-propos de Charles » et les « Notes » de Robert reste en effet incomplet. Il oblige à revenir plus loin en arrière, vers l'éditeur, lequel parle du « réel inachèvement de ce livre qui motive ma présente intervention ». Quelle était sa fonction ? compléter les manuscrits confiés par Charles : « Je devais rédiger la préface et rapporter ce que Charles m'avait appris de la mort de Robert, et qu'il n'avait pas eu la force d'écrire. » Mais l'édition du manuscrit avait aux yeux de l'éditeur une autre fonction – une fonction thérapeutique destinée à rétablir son équilibre qu'il sentait vaciller (« Je crus devenir fou, si bien que j'allai voir un médecin »). À l'origine de tout se trouve non pas l'éditeur mais le psychiatre. D'un narrateur à l'autre, de l'éditeur à Charles et de Charles à Robert, trois écrivains-narrateurs se relaient et achèvent ce que leur précurseur n'a pas su terminer lui-même : le lecteur est pris au cœur de ce labyrinthe, de cette série de mises en abyme, chaque séquence étant le reflet de celle qui précède ou qui suit.

Si le rapport entre les différents textes se caractérise par un processus de reproduction ou de reprise, l'écriture elle-même est présentée comme un leurre : « Tout cela est peut-être un jeu », prévient Charles. Le récit de Charles est rythmé par ce leitmotiv de la comédie tandis que, face à Éponine, Robert « n'a plus besoin de jouer son rôle ». Au jeu des textes répond aussi l'interchangeabilité de Charles et Robert qui partagent une commune apparence physique. Il s'agit toujours, pour le lecteur, de suivre la règle d'un jeu empreint d'ironie. Comment démêler, dans l'ambiguïté des paroles de Charles au sujet de Robert, l'élan vers le sacré d'avec la parodie ? La soif de l'infini se distingue mal de la soif d'alcool. Le rire, voire le ridicule, se mêlent à ce qu'il y a de plus « sacré » dans l'homme. Tel lieu, l'église, n'aura pas un rôle univoque : celle où Robert officie, son autel et les marches qui y mènent, est le théâtre où se joue un jeu dans lequel la perfidie, l'incantation et l'impudeur s'entrecroisent et atteignent un degré de blasphème d'autant plus efficace aux yeux du narrateur qu'il est choquant et « rend malade ». Ailleurs, la clameur d'un *Te Deum* que Charles imagine pour célébrer la gloire de la tentatrice (Éponine) accompagne le brusque mouvement de vent qui soulève le manteau de celle-ci et montre son derrière nu. Ces scènes qui lient le désir érotique aux rites sacrés sont autant de défis lancés aux croyances de l'Église. En plaçant l'érotisme dans ce cadre sacré, Bataille lui confère cependant une splendeur inouïe. Le défi total lancé par ces êtres qui se jettent à corps perdu dans une aventure qui les mène tout droit à leur ruine a presque valeur d'exemple. C'est un défi (« mal formulé » précise le narrateur) qui accélère le processus de libération de cet abbé C. (affable, hypocrite et peureux, il est bientôt monstrueux, mais sa transformation n'est jamais tragique) qui, dans ses « Notes » (écrits théoriques ? érotiques ?), s'identifie à Dieu. Le discours de Robert porte clairement les traces du célèbre passage du *Gai Savoir* de Nietzsche où celui-ci parle du fou qui vient annoncer aux gens que Dieu est mort. Chez Nietzsche, c'est l'univers entier qui s'est effacé, c'est la Terre qui s'éloigne du Soleil. Chez Bataille, Robert tremble de « n'être plus vraiment sur terre », il se trouve « dans la grandeur céleste où la raison vibre comme une lanterne de verre ». Celui qui se fait Dieu se fait aussi souverain et Robert se débarrasse de tout système de référence, transgressant les règles propres à l'humanité, règles et lois conçues afin de préserver cette humanité de ce qui aurait pu menacer sa survie et l'ordonnance de son économie. Si la fiction ne s'épanouit pas dans l'*Abbé C.*, c'est aussi que le récit a surtout pour tâche de démontrer comment l'obscène et la trahison ont partie liée. À ce titre *l'Abbé C.* – en incluant tout ce dont l'humanité ne veut pas, l'« hétérogène » et le « déchet » (termes utilisés par Bataille dans *la Part maudite*) – est aussi une illustration de la pensée philosophique de son auteur.

● « Folio », 1972. ➤ *Œuvres complètes*, Gallimard, III (p.p. T. Klossowski).

P. GOURVENNEC

ABBÉ JULES (l'). Roman d'Octave **Mirbeau** (1848-1917), publié à Paris chez Ollendorff en 1888.

Mirbeau, débutant dans la mouvance naturaliste, s'en démarquera dès son premier roman *le *Calvaire*, affirmant un talent original et un esprit polémiste. Cette tendance ne fera que s'accentuer dans *l'Abbé Jules* où le héros éponyme prend en charge toutes les révoltes de son créateur.

Première partie. L'abbé Jules est de retour ! Terrible agitation à Viantais et inquiétude des parents du jeune Albert, le narrateur, qui apprend ainsi l'existence d'un oncle redouté. Qui est-il ? Et surtout qu'a-t-il fait depuis six ans à Paris (chap.1 et 2) ? Jules, enfant violent, sensuel et versatile, est devenu prêtre. À son premier sermon, il confesse ses fautes passées. Mais ce repentir est bref car, nommé secrétaire de l'évêque, homme doux et timoré, Jules ne tarde pas à faire régner la terreur sur l'évêché par une série de calomnies. Tantôt tyrannique, tantôt regrettant ses excès, Jules lutte constamment contre la tentation de la chair, commettant néanmoins une tentative de viol. Toutefois, lorsqu'il rencontre le père Pamphile, figure d'une foi pure et naïve, Jules est ébranlé. Pour peu de temps. Ayant mis la réélection de l'évêque en péril par des propositions trop hardies, et dénoncé publiquement l'hypocrisie des prêtres, Jules sera envoyé dans une obscure paroisse où il croupira jusqu'à son départ pour Paris (3). Aujourd'hui, il est de retour dans sa famille, les parents d'Albert, avec lesquels il se brouille (4).

Seconde partie. On apprend que Jules possède une immense fortune ainsi qu'un objet étrange, une grande malle, qu'il ouvre souvent (1). Par curiosité et par intérêt, les parents d'Albert confient son éducation au vieil oncle (2). Jules commencera par jeter tous les livres de l'enfant, lui apprendra à vivre selon la nature en prônant un « anarchisme vague et sentimental » (3). Mais le prêtre tombe gravement malade (4) et durant son agonie, cédant à son obsession, se livre à des simulacres de fornication qui épouvantent Albert. Il meurt enfin, apaisé (5). Dans son testament, l'abbé lègue sa fortune au premier prêtre de la région qui se défroquera. La malle est brûlée, libérant des centaines de gravures érotiques... Mais qu'a-t-il fait à Paris (6) ?

Trois voix narratives se succèdent donc : la voix du petit Albert qui, dans un premier temps, ne sait rien de Jules et ne peut que répéter les propos de ses parents (I, chap. 2), puis la voix d'Albert adulte qui tente d'éclaircir le passé de son oncle (I, chap. 3) et enfin de nouveau la voix de l'enfant qui, cette fois, devient le témoin privilégié de la vie de Jules.

Mais cette structure, qui semble faire appel à tous les regards possibles sur l'abbé, ne dévoile en rien les mystères de sa personnalité. Que penser en effet de cette vocation subite pour la prêtrise : miracle ? provocation ? Le plus déroutant sans doute est cette double nature autant portée vers le bien que vers le mal, frappée d'une perversion générale : « Être à rebours de lui-même, parodiste de sa propre personnalité, il vivait en un perpétuel déséquilibrement de l'esprit et du cœur » (I, chap. 3). Personnalité instable, il s'abandonne aux pires colères et semble ne pouvoir exprimer de remords qu'en s'humiliant devant autrui. Ainsi, après sa tentative de viol, il court chercher le pardon de l'évêque, mais celui-ci ne l'écoutant pas, il se ressaisit : « Toi, gredine, je te repincerai. »

Simple comédien en quête d'un public ? La réalité est plus complexe : sa rencontre avec Pamphile le prouve. En ce prêtre d'une « dégradante sublimité » qui accepte toutes les humiliations pour atteindre son but, reconstruire sa chapelle, Jules entrevoit un idéal. Mais cela n'a dure pas, surtout lorsqu'il découvre le cadavre de Pamphile à demi décomposé sous les gravats de la chapelle : « L'amour et le rêve, après l'avoir dégradé, avili, sali de toutes les hontes, le tuent ignoblement... L'idéal... » Ainsi Jules, perpétuellement frôlé par la grâce, retombe toujours dans la fange.

De même, le style du roman oscille entre deux écritures contraires : l'une neutre, distanciée, l'autre dévorée de hargne, engorgeant la phrase, jusqu'à l'écœurement, d'images et d'adjectifs excessifs, pour mimer les indicibles horreurs de la perversion : « Amas de chairs, d'os, d'étoffes broyées pêle-mêle, boue gluante de sanie jaune et de sang noirâtre, boue mouvante que des millions de vers gonflaient d'une monstrueuse vie. »

L'Abbé Jules se fonde sur une triple dénonciation. Dénonciation de la ville de province, représentée par Viantais, peuplée de mesquins et d'hypocrites. Dénonciation de l'Église, composée de prêtres cupides dépourvus de spiritualité. Mais surtout, dénonciation majeure, celle de la société et de ses valeurs : « On a déformé les fonctions de mon intelligence comme celles de mon corps et à la place de l'homme naturel, instinctif, gonflé de vie, on a substitué l'artificiel fantoche » (II, chap. 3). À quoi faut-il donc tendre ? Au vide, à n'être rien, à se fondre absolument dans la nature et suivre son enseignement.

Ainsi, *l'Abbé Jules* enrichit singulièrement le thème obsessionnel de Mirbeau, le règne omnipotent de l'érotisme. Parce qu'il joue à la fois sur le registre de l'interdit et sur celui de l'horreur, l'érotisme s'anéantit dans une violence des plus triviales. Prêtre hanté par la luxure, Jules ne cesse de polluer son âme de visions sacrilèges plus obscènes qu'érotiques. Par là, Mirbeau trouve sa place au sein de la décadence. Cependant, il ne s'attache pas tant à décrire des attitudes d'exception qu'à faire le portrait d'une société en décomposition, mettant au jour des fantasmes collectifs. Aussi sa parole semble-t-elle plus distanciée et plus ironique que celle de ses contemporains.

● Albin Michel, 1988.

H. VÉDRINE

ABBESSE DE CASTRO (l'). Voir CHRONIQUES ITALIENNES, de Stendhal.

ABBESSE DE JOUARRE (l'). Drame philosophique en cinq actes et en prose d'Ernest **Renan** (1823-1892), publié à Paris chez Calmann-Lévy en 1886.

Ayant achevé en 1882 sa monumentale *Histoire des origines du christianisme*, Renan atteint, semble-t-il, l'âge des bilans. En 1883, les **Souvenirs d'enfance et de jeunesse* retracent son itinéraire spirituel ; en 1888, il fait précéder d'une introduction désenchantée la publication d'un texte inédit datant de 1848, l'**Avenir de la science*, qui proposait une foi de substitution. Simultanément, les nouveaux fantasmes d'un Renan devenu sceptique éclatent sous forme argumentative dans ses quatre « drames philosophiques ». Parmi ceux-ci, l'*Abbesse de Jouarre* est l'exemplaire unique d'une série que l'auteur aurait intitulée, s'il l'avait menée à son terme, « Dialogues de la dernière nuit ».

Évoquant le souvenir des « suspects » détenus sous la Terreur à la prison du Plessis, Renan imagine l'instinct de l'amour se réveillant « avec frénésie » chez ces condamnés à la guillotine (Préface).

Selon les geôliers, nul ne sort vivant de la prison du Plessis. La veille de son exécution, D'Arcy cherche à réconcilier son ami La Ferté avec une Révolution dont il accepte, pour sa part, d'être la victime. Il retrouve Julie, ci-devant abbesse de Jouarre, dont il fut jadis amoureux (Acte I). Pendant la nuit, il force l'intimité de sa cellule et lui démontre qu'en s'abandonnant à son désir, elle ne ferait que dompter son orgueil : Julie cède, l'imminence de la mort l'innocentant de la perte de sa vertu (Acte II). Au matin, la charrette emporte D'Arcy vers l'échafaud où Julie pense promptement le rejoindre. Cependant La Fresnais, officier de l'armée révolutionnaire qui l'a aperçue au tribunal, annonce qu'il a obtenu sa grâce : désespérée, elle tente de se donner la mort, mais est sauvée par un geôlier ; son confesseur la persuade de vivre (Acte III). Quelques mois ont passé. Mère d'une petite fille, Julie, sous le nom de Mme Jouan, vend des pâtisseries au Luxembourg. Survient La Fresnais qui la reconnaît, et, convaincu de la vertu de la jeune femme, lui déclare en vain sa passion (Acte IV). Quelques années plus tard, alors que son frère le marquis de Saint-Florent lui a pardonné sa « faute », et que l'« effrayant génie » qui règne alors sur la France signe le Concordat et restaure l'ordre social, Julie décide enfin de donner un père à la fille de D'Arcy en épousant La Fresnais « anobli par la victoire » (Acte V).

Déçu par la religion de la Science, Renan reste cependant persuadé en 1886 qu'un « ressort secret » emporte l'humanité vers une fin. Mais il délègue désormais à la Nature la mission préalablement confiée à la Raison : l'*Abbesse de Jouarre* est l'expression dramatique de ce transfert. Dans le huis clos d'une cellule-laboratoire, l'auteur oppose le « plus puissant des instincts » à la loi morale, laissant le désir éclater en formules dionysiaques accordées au dynamisme irrationnel de la nature. Le dénouement justifie cependant les principes raisonnables de l'abbesse : reprenant ses droits, la société confine Julie dans un mariage qui la soumet à la férule de l'homme, et donne une famille à l'enfant naturel. Pourtant l'union de La Fresnais et de Julie s'inscrit dans cet « éternel *fieri* » qui a toujours semblé à Renan la loi du monde, intégrant à égalité les avatars de la pensée et de l'Histoire. Sous cet angle, ce mariage symbolise la fusion des valeurs de l'Ancien Régime avec celles des idées révolutionnaires que Renan juge recevables : le patriote La Fresnais incarne une aristocratie qui n'est pas de naissance mais de rétribution (voir *la *Réforme intellectuelle et morale de la France*), et Julie, libérée par le Concordat de vœux abusifs retourne, dans l'éthique laïque de Renan, à son rôle de femme « tendre et faible », vouée à la reproduction de l'espèce...

Juxtaposant tirades et monologues également interminables, ce théâtre d'idées passe difficilement la rampe. La grandeur de Julie tient plutôt de la grandiloquence (« Ô lutte affreuse ! ») ; le désir brûlant de D'Arcy s'exprime au travers d'une rhétorique empesée, et la rude vie des camps n'a pas guéri La Fresnais des exclamations pompeuses ni de l'usage du passé simple (« Vous ravîtes mon cœur », dernier mot de la pièce). La présence du peuple, geôliers, pâtissières, n'est ici que de pure figuration. Si précis dans l'évocation des petites gens de Tréguier (voir *Souvenirs d'enfance et de jeunesse*), Renan s'éloigne de la vraie vie en gagnant les sommets de l'abstraction et du mythe.

➤ *Œuvres complètes*, Calmann-Lévy, III ; *Œuvres diverses*, « Bouquins » (extraits).

M.-A. DE BEAUMARCHAIS

ABC DE NOTRE VIE (l'). Voir POÈMES À JOUER, de J. Tardieu.

ABONDANCE VIENDRA. Voir MARTEAU SANS MAÎTRE (le), suivi de MOULIN PREMIER, de R. Char.

ABRAHAM SACRIFIANT. Tragédie en trois actes et en vers de Théodore de **Bèze** (1519-1605), publiée à Genève chez Conrad Badius en 1550, et créée sans doute par les étudiants de Lausanne le 1ᵉʳ mai ou le 1ᵉʳ novembre de la même année.

Théodore de Bèze a déjà publié à Paris un recueil latin jugé licencieux, les *Poemata*, en 1548. Mais, la même année, il se range aux idées de Calvin et rejoint Genève, où il enseigne le grec. Prié par les autorités académiques de la ville de composer une pièce de théâtre, il écrit l'*Abraham sacrifiant*.

Après un bref Prologue invitant les spectateurs à être tout ouïe, Abraham entre en scène pour chanter les louanges de Dieu et son espérance indéfectible en Lui, en cela suivi par sa femme Sara. Sur le théâtre leur succède Satan : il jure de déclarer la guerre à Abraham et entreprend de le désespérer. Survient l'Ange de Dieu qui ordonne au patriarche d'offrir son fils Isaac en holocauste. La victime, suivie d'une troupe de bergers, marche sans le savoir vers son destin, sous la conduite d'Abraham, malgré les plaintes de Sara, qui devine le caractère funeste de ce voyage (Acte I). Trois jours plus tard, parvenus au pied de la montagne, les bergers s'en retournent non sans avoir chargé Isaac des instruments du sacrifice (Acte II). Fortifié par une longue prière où s'expriment ses hésitations, Abraham peut enfin dévoiler à son fils l'ordre divin ; Isaac accepte l'arrêt du Ciel avec une fermeté d'âme exemplaire qui met Satan en fuite. L'Ange du Seigneur arrête le bras du sacrificateur au moment où il va frapper (Acte III). L'Épilogue invite le spectateur à méditer la confiance en Dieu manifestée par Abraham.

Avec l'*Abraham sacrifiant*, Bèze inaugure tout à la fois le théâtre protestant et le répertoire de la tragédie française. « Tragédie », c'est bien ainsi que l'auteur a défini son œuvre, même si la structure de la pièce (avec le Prologue et la division en pauses) renvoie à la conception classique de la comédie. Mais l'argument de l'*Abraham sacrifiant* est bien du registre tragique puisque, fondé sur une vérité historique, il représente la fortune des Grands (ici le patriarche) dans l'adversité et souligne la fragilité des choses humaines (chantée dans le dernier cantique de la troupe des bergers, v. 575-642).

Si l'on a cru reconnaître naguère l'influence des mystères dans l'*Abraham sacrifiant* (notamment lors de l'apparition de Satan puis de l'Ange de Dieu sur la scène), la seule source du nouveau converti, c'est la Bible : le xxiiᵉ chapitre de la Genèse, suivi pas à pas, est médité et adapté pour le théâtre. Les écarts majeurs par rapport au modèle biblique ont pour fonction d'accentuer le pathétique des situations (Isaac construisant lui-même l'autel où il doit être sacrifié), ou la crise traversée par le patriarche : les interrogations d'Abraham sur les desseins de Dieu, ses prières et ses plaintes ne figuraient pas dans le texte de la Genèse. Mais précisément, l'intérêt de cette version renaissante du drame biblique repose sur la consistance du personnage exemplaire d'Abraham, image du fidèle ou, dans l'optique calvinienne, de l'homme qui place sa confiance en Dieu « nonobstant toutes raisons contraires » (v. 991), c'est-à-dire humaines et marquées par conséquent de malignité fondamentale. Mais cette inaltérable confiance n'empêche pas la crise de conscience cruelle, moteur de la tragédie, quand les ordres de Dieu entrent en conflit avec la volonté humaine. Toute la dynamique de la pièce repose sur le lent renoncement aux liens de la chair, fût-ce l'amour paternel, qui retarde la victoire de la foi, manifestée par l'obéissance aux ordres divins.

Théodore de Bèze a donc voulu faire œuvre de prosélyte. Le nouveau converti, rachetant ainsi les *Poemata* « dont la seule souvenance me fait maintenant rougir » (Avis aux lecteurs), réconforté par l'Écriture, entend par ses vers chanter les louanges de Dieu et affirmer par un bel exemple le courage de ses frères de foi. C'est pourquoi il revendique une esthétique de la simplicité, et ne veut « user de termes ni de manières trop éloignés du commun ». La verve polémique du militant convaincu trouve à s'exprimer à travers le personnage grotesque d'un Satan qu'il revêt

d'un froc de moine. Si cette figure grossière symbolise le papisme, elle rappelle aussi la présence quotidienne du mal dans le monde, contre lequel le fidèle soutient une lutte de tous les instants.

Œuvre didactique qui s'inscrit dans le courant prosélyte calviniste, l'*Abraham sacrifiant* connut un succès certain chez les protestants jusqu'au xviiᵉ siècle, et fut diffusé dans l'Europe de la Réforme par le truchement de traductions nombreuses.

● Genève, Droz, 1967 (p.p. K. Cameron, K.M. Hall, F. Higman) ; Florence/Paris, Olschki/PUF, 1986 (*la Tragédie à l'époque d'Henri II et de Charles IX*, première série, vol. 1 [1550-1561], p.p. P. de Capitani).

M.-C. GOMEZ-GÉRAUD

ABRAXAS. Roman de Jacques **Audiberti** (1899-1965), publié à Paris chez Gallimard en 1938.

Première partie. En Galice au xvᵉ siècle, à Hertombreros, vit Mestre Jayme, riche saleur de poissons. Au couvent voisin, le « Désert », le frère réformateur Joachim impose aux sœurs une règle draconienne et les charge de veiller sur les cendres de saint Apollon. À Ravenne, le peintre Sabatto Caracasio, dit Caracas, est chargé par l'archevêque de convoyer les précieuses cendres jusqu'à Hertombreros dans une urne d'argent. Au terme d'un long et périlleux voyage au cours duquel sa galère s'échoue et son urne lui est dérobée, il parvient enfin chez Villalogar, gendre de Mestre Jayme, dont la peinture le saisit par sa nouveauté. Mais la ville est en proie aux affrontements du duc de Lémos et du pouvoir royal. Un dimanche d'agitation, le comte de Lémos humilie Mestre Jayme en lui tirant la barbe. Son fils Mérion, emprisonné dans le campanile, tue l'offenseur à coups de fronde. En fuite, Mestre Jayme et Villalogar donnent rendez-vous à Caracas au Portugal.

Deuxième partie. Mestre Jayme et Caracas se rejoignent à Sagres où l'infant Enrique du Portugal s'est fait construire une ville blanche et rêve de conquérir les îles inaccessibles du Couchant. Mestre Jayme y préside la « chamade », étrange association ésotérique tolérée par le pouvoir. Tandis qu'à Hertombreros frère Joachim accorde l'asile au fils de Mestre Jayme, Don Enrique finit par demander à la chamade de l'aider à réaliser son rêve. Aux trente-deux « chamats », il donne sa ville blanche. Au même moment, le capitaine Gonsalvez, qui en est parti sur sa caravelle, réussit, après avoir tué son second et traversé une tempête, à rejoindre les îles tant espérées.

Troisième partie. Cependant, la chamade veut faire de Caracas un « descoubrideur » d'îles, trouvant préférable que s'accomplisse un « voyage de peinture », plus conforme à ses intérêts spirituels. Devant l'infant Enrique, Caracas invente une découverte qu'il n'a jamais faite. À l'appui de ses affirmations, il produit une étrange femme et un géant. S'ensuit une vive querelle avec Gonsalvez qui vient d'arriver. Mais les deux hommes sont nommés tous deux par Enrique « admirantes de Portugal ». Sommée de choisir entre eux, la belle Kalinga opte pour Caracas. Celui-ci assiste au coucher d'un immense soleil.

Dès ce premier roman baroque et déconcertant, Audiberti lance à bride abattue « le char audacieux de la pensée analogique » sur les sentiers tracés du romanesque. Il ne s'y refuse aucune image, si surprenante soit-elle (un général « plus grave qu'un rut collectif d'éléphants et de basiliques ») et n'y disqualifie aucune préciosité (« dans le labyrinthe spongieux de la dormition débutée »). Les héros d'Audiberti – le narrateur lui-même – ne se servent de la langue que pour la mettre en porte-à-faux, traquant la tournure inédite, farcissant la phrase d'archaïsmes, de provincialismes et de néologismes, s'élevant et retombant sans cesse du lyrisme le plus exalté à la trivialité la plus incongrue. Le déroulement du récit n'échappe pas à ce bouillonnement créatif, interrompu par d'interminables prises de parole, digressions ou adresses diverses au lecteur tutoyé et pris à partie.

C'est que cette langue en effervescence a pour fonction de meubler un monde « vide de Dieu, le vide le plus plein qui soit ». En effet, « Abraxas » est le nom de Dieu en persan. Et si « le monde c'est le mal » comme le pensent à la fois Mérion et la princesse Alarica (voir *Le mal court*), affirmant ainsi leur conception manichéenne de l'existence, c'est bien Dieu qu'il importe d'interpeller à ce sujet.

Pour ce faire, Audiberti convoque ici la Kabbale, « sa vieille amie », sous un nom d'emprunt : « Cette chamade qui, à certaines époques, rassemble ici ou là, sous l'œil de Dieu […], les maîtres des lettres et des chiffres. » Tous les débats ésotériques longuement détaillés de cette congrégation ont le même objectif : Dieu « n'existe pas. Nous tâchons de le créer. » Si Mestre Jayme, administrateur délégué de l'« Œil d'Israël », envisage de rebâtir au Nouveau Monde un mystérieux « temple du bouc fédéral », le métal doré des profits escomptés lui apparaît « purifié par les fins surnaturelles » qui lui sont assignées. Les réunions secrètes des « trente-deux » apparaissent ainsi au cœur de la préparation spirituelle de l'« avenir humain », dont les perspectives se décident en ces temps de grandes découvertes et de persécution des juifs.

C'est pourquoi la plupart des personnages sont animés d'une quête esthétique ou théologique, qu'elle soit active ou contemplative. Le jeune Caracas découvre que « peindre c'est voyager » et que l'art est « un mystère qui capt[e] pour le reproduire le mystère majeur ». Gonsalvez, à sa façon, poursuit un dessein identique : « Caracas, sur la terre, voguait pour la peinture. Gonsalvez, sur la mer, flottait à l'unisson. Ensemble, séparés, l'un de l'autre inconnus, les jumeaux toutefois, les bras d'un même corps. » Le peintre italien, associé au destin de cet étrange « saint Apollon » aux cendres dispersées dans la mer, contemple pour en finir un immense soleil divin face à face. Caracas, dit « Amérigo », c'est la victoire décisive de l'esprit où germent les semences de l'avenir. À la question de Caracas : « Pourquoi m'avez-vous choisi ? », les hommes de la chamade répondent : « Parce que l'artiste est le maître absolu. On gouverne les hommes avec des signes. Le faiseur de signes doit marcher devant ».

● « L'Imaginaire », 1977.

A. SCHAFFNER

ACTÉ. Roman d'Alexandre **Dumas** (1802-1870), publié à Paris chez Dumont en 1839.

Si les *Trois Mousquetaires* restent l'exemple canonique du roman historique dumasien, qui n'est lui-même qu'une enclave dans le prodigieux empire littéraire polygénérique élaboré en un demi-siècle, *Acté*, écrit dans une période de production où dominent les récits de voyage et les *Crimes célèbres*, succédant à celle des chroniques historiques, nous transporte aux temps néroniens. Composé pour l'essentiel entre la réception à la Comédie-Française de *Caligula* et sa représentation (28 septembre-26 décembre 1837), il se construit à partir des lectures que Dumas effectue pour se documenter sur l'Empire romain et de fragments inutilisés de sa pièce.

Organisé en dix-neuf chapitres, *Acté* met en scène à Corinthe une jeune fille « grande, belle et rapide comme la Diane chasseresse ». Cette « statue de Phidias animée par Prométhée » tombe amoureuse du Romain Lucius venu pour les Jeux. Après ses victoires à la lutte, à la course et au chant, son amant l'emmène à Rome. Acté comprend alors qu'il n'est autre que l'empereur Néron. Agrippine, qui lui narre les principaux événements où s'est illustré le césar, la prend sous sa protection. Dès lors, le roman se fait parcours de la Rome néronienne. Intrigues de palais, meurtre d'Agrippine, empoisonneurs, favoris, Poppée… : les péripéties se pressent. Il n'y manque évidemment ni combats de gladiateurs ni martyrs chrétiens (dont saint Paul, pour qui Acté éprouve un sentiment filial). C'est le règne de la description haletante. Témoin horrifié de tout cela, spectatrice privilégiée, Acté sert alors de commodité romanesque, son destin se bornant à se convertir, d'autant que Néron épouse l'esclave Sabina. Enfin, après une vie de débauches criminelles, ayant de son propre aveu « vécu honteusement », Néron meurt « avec honte ». « Pâle, lente et grave », une femme lui rend les derniers devoirs avant d'entrer dans les Catacombes. Le narrateur prend alors la parole pour méditer sur les lieux où Néron se poignarda.

Dumas s'inspire pour la continuité politique des quatre derniers livres des *Annales* de Tacite, et, pour les anecdotes

et détails, de Suétone. Personnage historiquement attesté, Acté fut une affranchie grecque dont s'amouracha Néron au désespoir de sa mère et qu'il tenta d'épouser en la faisant passer pour une princesse. L'écart est donc de taille entre cette servante de l'empereur, haïe d'Agrippine, et la chaste jeune fille dumasienne, qu'effarouchent les débauches impériales et que réconforte la généreuse Agrippine. Le travail de Dumas consiste à organiser la fiction autour d'une figure décontextualisée, à évoquer toute une époque en réinsérant l'invention dans l'Histoire. Acté fonctionne ainsi comme Ange Pitou et Joseph Balsamo (les *Mémoires d'un médecin*) ou d'Artagnan.

Mais Néron apparaît bien, en dépit du titre, comme le véritable personnage central. Riche de toute une tradition, chargé de légende, monstre mythique, cet empereur d'exception est lui-même un roman, et Acté a d'abord une fonction instrumentale. Prétexte, elle nous rend Néron plus proche. Crimes et orgies scandent le récit emporté par le plaisir d'une telle démesure. L'Antiquité trouve ainsi l'une de ses plus vigoureuses transpositions romanesques, informée par l'idée de décadence, qui, au risque de l'anachronisme joyeusement assumé, commence à fasciner les romantiques. Le goût de l'horrible, l'esthétique de l'excès y trouvent leur provende, comme le montre la description du laboratoire de l'empoisonneuse Locuste. Ainsi prise en charge par les poncifs flamboyants du romantisme, la Rome du Ier siècle brille de tous les prestiges. Véritable homme-panthère, au corps blanc « moucheté de taches brunes pareilles à celles qui couvrent la fourrure fauve » (chap. 3), un illuminé y règne, artiste contrarié par le fardeau politique, victime d'une mère abusive. Son talent frustré se convertit alors en cruauté. *Acté* s'impose donc comme le roman prodigieux d'un dieu maudit. Il prend place aux côtés des *Derniers Jours de Pompéi*, de *Ben Hur*, de *Quo Vadis ?* et de *Salammbô*.

● « Presses Pocket », 1984 (p.p. C. Aziza).

G. GENGEMBRE

ACTES. Voir POÈMES 1960-1970, de M. Deguy.

ACTEURS DE BONNE FOI (les). Comédie en un acte et en prose de Pierre Carlet de Chamblain de **Marivaux** (1688-1763), publiée à Paris dans *le Conservateur* en 1757, et en volume dans les *Œuvres de théâtre de M. de Marivaux*, t. III, chez Duchesne en 1758, et créée à Paris à la Comédie-Française en 1947.

Merlin rassure son maître Éraste, qui, grâce à la générosité de sa tante, Mme Amelin, va épouser Angélique, fille de Mme Argante : la comédie commandée par Mme Amelin pour « surprendre » Mme Argante est prête. Merlin et Colette y feindront même l'inconstance aux dépens de Lisette et de Blaise. La répétition à l'impromptu sur canevas suscite effectivement la jalousie de Lisette, les pleurnicheries de Blaise, et une dispute qui attire sur Mme Argante ; celle-ci exige le retrait de ce divertissement incompatible avec son âge. Mais Mme Amelin décide de lui jouer, avec la connivence d'Araminte, une autre comédie, en feignant d'accorder, par dépit, la main d'Éraste à la riche Araminte. Éraste, Angélique et Mme Argante se retrouvent acteurs sans le savoir, de bonne foi, et Mme Argante en réclamant à cor et à cri qu'on joue la comédie de Merlin, joue le rôle qu'on attend d'elle.

Quoi qu'on pense de *la Provinciale* (1761), on aimerait regarder les *Acteurs* comme la dernière pièce de Marivaux : car le vieux maître y révèle encore un doigté éblouissant, notamment dans la comédie des valets (scènes 1 à 6). De même que la *Dispute* (1744) dramatise l'anthropologie marivaudienne, les *Acteurs* « fictionnalisent » sa dramaturgie : miroirs grossissants, mais non déformants, du système marivaudien, qui se sert de l'épuisement créateur pour se dénuder en épures fascinantes. *Les Acteurs de bonne foi* sont un chant d'adieu au théâtre, l'emblème du théâtre et de son théâtre, et nullement sa répudiation. De quoi s'agit-il en effet, dans cette fable ? De justifier le jeu, le divertissement, la bonne humeur (Mme Amelin, Merlin) contre la morosité rigoriste de Mme Argante. Conflit intérieur, au seuil de la mort ? Peut-être. Combat dépassé ? Certainement pas, car l'Église ne démordait pas de sa condamnation du théâtre et des comédiens, en passe d'être relayée, avec quel éclat !, par Rousseau (*Lettre à d'Alembert sur les spectacles, 1758).

Mais, contrairement aux Philosophes défenseurs du théâtre (Diderot, d'Alembert, etc.), Marivaux se garde bien d'argumenter au nom de la vertu et de la morale, voire, comme Diderot (voir le *Fils naturel) et plus tard Rétif, de rêver d'un théâtre régénéré, où l'acteur remplirait le rôle civique de l'orateur antique ou du prédicateur discrédité. Sa fable ne cache pas que Mme Argante se doit de payer, par un sacrifice symbolique, par une « complaisance » contraire à ses principes, le don monétaire de Mme Amelin. Conflit des mères et des volontés, au seuil d'une cohabitation (sc. 10) qui s'annonce orageuse, sur fond d'inégalité financière, entre deux morales. Et l'on chercherait en vain quelque motif vertueux au plaisir que prennent Merlin et Colette à savourer le dépit de Lisette et Blaise (scènes 2 à 5). Il est clair qu'aux yeux de Marivaux la défense et l'illustration du théâtre ne gagnent rien du côté de la morale, où l'Église attire avec succès ses propres adversaires ; qu'elles doivent se fonder sur le dévoilement lucide et la sympathie clairvoyante. Le même ridicule frappe Mme Argante, adversaire du théâtre, et Hermocrate, ennemi de l'amour (le *Triomphe de l'amour, 1732). Ce n'est pas un hasard : Qui veut faire l'ange...

● « GF », 1991 (p.p. J. Goldzink). ➤ Théâtre complet, « Pléiade », II ; id., « Classiques Garnier », II.

J. GOLDZINK

ADÉLAÏDE. Nouvelle de Joseph Arthur, comte de **Gobineau** (1816-1882), publiée à Paris chez Gallimard en 1913.

Gobineau est ministre de France au Brésil quand il écrit Adélaïde, en une seule journée, le 15 décembre 1869. La nouvelle ne figurera pas dans les *Souvenirs de voyage, auxquels elle semblait destinée, peut-être parce qu'elle s'inspire trop visiblement de la vie de Thiers : celui-ci, qui avait épousé Élise Dosne en 1833 après avoir été protégé par Mme Dosne, continua après son mariage de vivre entre son épouse et sa belle-mère. Adélaïde ne sera publiée qu'en 1913, par les soins d'André de Hevesy. Faute de pouvoir s'intégrer à un véritable recueil, elle sera souvent associée, par les éditeurs, à *Mademoiselle Irnois, composée vingt-trois ans plus tôt.

Un baron raconte à un auditoire choisi l'anecdote suivante :
Jeune officier de vingt-deux ans, Frédéric de Rothbanner plaît à Élisabeth Hermannsburg, de treize ans son aînée, au point qu'elle décide de régner sur son cœur et, bientôt, de l'épouser. Frédéric se dérobe piteusement : il a en effet une liaison avec la fille d'Élisabeth, Adélaïde. Du moment où il l'avoue, commence, entre la mère et la fille, une guerre impitoyable dont Frédéric sera l'enjeu de plus en plus dérisoire. Il va poursuivre une vie médiocre entre les deux femmes, unies par un égal mépris envers cet homme sans volonté, dont l'unique ambition se réduit désormais à obtenir une décoration.

Quelques lignes, en guise de conclusion, traduisent les réactions scandalisées ou incrédules de l'auditoire. Enchâssant son récit, Gobineau lui donne une portée satirique : la société aristocratique se refuse à regarder le miroir qu'on lui tend. Mais le procédé d'enchâssement, courant chez les nouvellistes du XIXe siècle (Nodier et Barbey d'Aurevilly, entre autres), offre ici une autre vertu : autorisant le ton de la conversation, il absout de nombreuses négligences formelles. Gobineau, qui a mis à écrire Adélaïde à peine plus de temps qu'il n'en faut pour la lire, se montre une fois encore causeur plutôt que styliste.

Une énergie digne des plus grands caractères s'est monstrueusement développée, chez les deux héroïnes, aux dépens du cœur. Le narrateur atteste qu'elles aiment Frédéric, preuve que dans l'œuvre de Gobineau l'amour peut prendre bien des formes (voir les *Pléiades). Mais quand il s'identifie à l'amour des combats, il risque de réduire un partenaire plus faible au rôle de pantin. Terrifiantes et admirables, véritable couple de la nouvelle, Adélaïde et sa mère défient le jugement moral : d'un mot (ainsi le « Veux-tu que je le chasse ? » adressé à Frédéric par Adélaïde pour désigner un rival), elles atteignent la grandeur. « Je suis de ceux qui méprisent », disait Gobineau. Dans cette épure d'une vingtaine de pages, il se montre au sommet de son art, et peut-être au plus profond de lui-même.

● Le Mouchoir rouge [...], « Classiques Garnier », 1968 (p.p. J. Gaulmier) ; « 10/18 », 1982 ; Mademoiselle Irnois [...], « Folio », 1985 (p.p. P.-L. Rey). ➤ Œuvres, « Pléiade », II (p.p. P. Lésétieux).

P.-L. REY

ADÈLE DE SÉNANGE ou Lettres de lord Sydenham. Roman épistolaire d'Adélaïde Marie Émilie Filleul, comtesse de Flahaut, puis marquise de **Souza** (1761-1836), publié avec une Préface du marquis de Montesquiou à Londres en 1794.

La vogue du roman sentimental qui fera rêver Emma Bovary, écrit par des femmes pour des femmes, travaillant sur les modèles de la *Nouvelle Héloïse, du roman d'analyse et du roman d'intrigue, où se distingue la production d'une Mme Cottin (*Claire d'Albe, 1799, *Malvina, 1800, et Mathilde, 1805), d'une Mme de Genlis (Alphonsine ou la Tendresse d'une mère, 1806) d'une Mme de Krüdener (*Valérie, 1803) ou d'une Sophie Gay (Léonie de Montbreuse, 1813), voit s'imposer également Mme de Souza. Avant Émilie et Alphonse ou le Danger de se livrer à ses premières impressions, roman épistolaire (Paris, 1799), Charles et Marie, qui tient du journal intime (Paris, 1802), Eugène de Rothelin (1808), roman-mémoires à la première personne, salué comme son chef-d'œuvre par Sainte-Beuve, Eugénie et Mathilde ou Mémoires de la famille du comte de Revel (1811), la Comtesse de Fargyl (1822) et son drame, en trois actes, la Duchesse de Guise ou Intérieur d'une famille illustre dans le temps de la Ligue (1831), elle donne, avec Adèle de Sénange, rédigé à la veille de la Révolution, un bon exemple du traitement romanesque de la vertu et du conflit entre l'amour et un mariage d'intérêt.

Précédé d'un Avant-propos, le roman se compose de 51 lettres envoyées entre le 10 mai 17** et le 24 janvier de l'année suivante par lord Sydenham à son ami Henri. En voyage à Paris, ce beau lord élégant et sentimental rencontre dans un embarras de circulation une jeune fille sortant pour la première fois du couvent. Mariée par sa mère, Mme de Joyeuse, au vieux M. de Sénange, mari bon, sensible, paternel, jamais ridicule, qui l'affranchit ainsi d'une mère égoïste et lui assure fortune et avenir, elle réside à Neuilly, où lord Sydenham leur rend de fréquentes visites. De l'intérêt naît l'amour, dont quelques événements, anodins ou plus marqués, scandent les progrès. Ainsi Sydenham dérobe-t-il un portrait d'Adèle (lettre 21). Mais le vieux mari dépérit, et le roman suit attentivement sa maladie et son déclin. Il meurt le 12 septembre (40). Lord Sydenham, nommé exécuteur testamentaire, peut revoir Adèle, retirée au couvent. Mme de Joyeuse veut cette fois la marier à M. de Mortagne. Sa fille la supplie, et elle finit par consentir au mariage avec lord Sydenham : « Ma mère, je l'aime. Il vous respectera aussi, n'en doutez pas. Je vous ai obéi une fois sans résistance ; récompensez-moi aujourd'hui en faisant mon bonheur. » Une lettre d'Adèle que lord Sydenham recopie pour l'édification d'Henri confirme « que son attachement pour [lui] ne saurait être douteux, et que [sa] timidité est extrême ». La courte dernière lettre clôt le roman sur la félicité des époux.

Mme de Souza a voulu « montrer dans la vie ce qu'on n'y regarde pas, et décrire les mouvements ordinaires du cœur qui composent l'histoire de chaque jour ». Ainsi, comme le souligne Sainte-Beuve, événements quotidiens, scènes de parc, de jardin, promenades sur l'eau, causeries autour d'un fauteuil, retours au couvent et visites aux anciennes compagnes, babil innocent, varié, railleur ou tendre, traversé d'éclairs passionnés, tissent-ils la chaste intrigue amoureuse. À l'arrière-plan, se profile le monde, ridicules et noirceurs en étant évoqués, originaux et sots esquissés. La passion croissante se dérobe derrière des voiles pudiques et se replie en délicieuses lenteurs, avec de passagers orages sans ravages. Si elle demeure constamment honnête, la situation est menée jusque dans ses moindres alternatives, avec aisance et noblesse de ton, et avec le souci d'occulter tout ce qui pourrait sembler indélicat.

Sœur de Valérie, de Virginie et de la princesse de Clèves, l'aimable, gaie, mobile, timide et sensible Adèle concentre l'attention d'un roman où pas un mot ne rompt l'harmonie. Les trois personnages entretiennent des rapports d'amitié et seule la mort de M. de Sénange relance l'intrigue. C'est qu'Adèle confesse sa faiblesse : « J'avoue que je ne suis pas assez forte, ni pour déplaire à ma mère ni pour vous fâcher » (lettre 49). « Passe-temps intime », cette fiction ne reflète guère les éruptions révolutionnaires ni les langueurs de l'exil. Antérieure au bouleversement de l'Histoire, elle évoque les charmes surannés d'une époque révolue. La bienfaisance des héros laisse l'amour suivre son cours sans réel abandon, mais l'uniforme douceur le cède cependant à l'empire du cœur.

La forme épistolaire se dénonce comme convention, et, à l'instar de Valérie ou des Lettres de Lausanne et de *Caliste de Mme de Charrière, s'inscrit dans la progressive confusion qui s'établit alors entre le roman par lettres, le journal intime et le pur récit. « Embrassée dans un cercle de choix » (Sainte-Beuve), la vie des personnages se passe en conversations, regards, rêveries et soupirs. Apologie de la vertu, du devoir et du sentiment, Adèle de Sénange reste en deçà du thème que Mme de Staël abordera dans *Delphine et *Corinne : la condition de la femme. Primat de la psychologie, convention des caractères et des situations, simplicité du ton, élévation des motivations : tout conspire à cantonner le roman dans les bornes de la traditionnelle destinée féminine.

G. GENGEMBRE

ADEN ARABIE. Essai de Paul **Nizan** (1905-1940), publié à Paris aux Éditions Rieder en 1931. De très larges extraits en avaient été auparavant publiés dans la revue de Jean Guéhenno, Europe.

De septembre 1926 à avril 1927, Nizan interrompt sa scolarité à l'École normale supérieure pour occuper un poste de précepteur à Aden. Romantique, la résolution du normalien ? Non pas, il se rend vite compte que « ce n'est pas en fuyant dans l'espace qu'on se trouvera ». Aussi le séjour d'Aden est moins la découverte des « horizons qui leurrent » que du capitalisme sans fard. La matière du pamphlet est là, dans cette répulsion que lui inspirent pêle-mêle la bourgeoisie, son enseignement et sa culture, l'exploitation de l'homme par l'homme. Au retour, il s'inscrira au parti communiste et rédigera la relation rageuse d'un déniaisement, qui est aussi celui d'une génération, Aden Arabie. Première publication, aussitôt remarquée, critiquée, commentée qui assoit d'entrée de jeu une réputation de « jeune homme en colère » avant la lettre à son auteur. Bien plus, vingt ans après la mort tragique de Nizan (tué à l'ennemi en 1940), lors de la republication d'Aden Arabie (1960, avec une magistrale Préface de Sartre), c'est une autre génération, celle de Mai 1968, elle aussi déchirée entre deux cultures, qui se reconnaîtra dans la célèbre phrase liminaire : « J'avais vingt ans. Je ne laisserai personne dire que c'est le plus bel âge de la vie. »

« Adolescent fatigué [...] corrompu par les humanités », à vingt ans en 1926, l'auteur partage le désarroi de sa génération faite, selon lui,

d'esclaves désœuvrés grandis dans la peur de leur avenir. Saisi par le dégoût d'une culture mensongère et bouffonne distillée par l'École normale, il choisit, parmi les échappatoires possibles, le voyage. Il partira donc pour Aden. Mais il lui apparaît vite que son séjour relève de l'illusion géographique et que sa prétendue liberté de voyageur n'est que l'alibi de son impuissance. Partout les hommes s'ennuient. Aussi, après avoir épuisé « la nouveauté des terres et des figures », Nizan comprend qu'Aden est un « comprimé d'Europe ». Partout la souffrance est la même, partout se lit l'avertissement continu de la mort. Bouleversé, il décide de construire sa vie sur l'idée qu'il n'est qu'« une espèce valide de voyage, qui est la marche vers les hommes ». La conclusion de l'essai, qui coïncide avec le retour, s'ouvre sur une analyse de l'état de la France, « sale encore des excréments et de la crasse de sa guerre », se poursuit avec un portrait de l'Homo economicus, figure de l'esclavagiste capitaliste, pour aboutir à une déclaration de guerre à l'adresse de la bourgeoisie qui étouffe l'« homme réel ».

Quand on aura affirmé que chaque génération porte son « mal du siècle » en écharpe et qu'Aden Arabie est à celle de 1925 ce que *René avait été à celle de 1800, on n'en aura pas pour autant expliqué en quoi cette œuvre continue d'exercer une indéniable force dérangeante. Peut-être la tient-elle de cette grande colère qui la traverse, une colère pure, qu'on aura beau jeu de dire candide et, pourquoi pas, « adolescente ». Comme celle de Nietzsche, au prophétisme duquel elle doit sans doute, la démarche de Nizan dans Aden Arabie tient sa sombre puissance d'une dialectique de la négativité rageuse : il faut d'abord nier, briser, ou, comme le dit Nietzsche précisément, « philosopher à coups de marteau ». Nizan entre donc en littérature par le pamphlet, avec pour tout bagage beaucoup de haine et une solide rhétorique, qui allie les pyrotechnies dada et surréalistes à l'art de la disposition et de l'élocution, héritage de ses humanités par ailleurs honnies. D'où les registres variés (de l'ironie à l'indignation, des images excentriques à la période classique) utilisés par Nizan pour liquider toutes les formes de mystifications et d'aliénations : la culture d'abord, représentée par l'École normale et l'oligarchie de ses penseurs patentés (Alain, Bergson, Brunschvicg). Ce sont pour Nizan autant de « chiens de garde du vocabulaire » et de « revendeurs de sophismes » qui apprennent à de jeunes singes à refaire leurs vieilles grimaces. Parce que toute activité intellectuelle est rendue impossible du fait de sa complicité avec l'ordre bourgeois auquel elle fournit ses justifications, il n'y a pas d'autre solution que « changer la vie ». Les résonances rimbaldiennes sont indéniables chez Nizan. « Relation de voyage », le pamphlet se lit aussi comme une réplique cinglante à l'exotisme littéraire – il connaît dans les années vingt une vogue croissante avec Dekobra, Pierre Benoit et consorts – qui prétend enchanter un monde décanté de ses réalités par les confortables illusions d'un romanesque de l'ailleurs. Les descriptions d'Aden auront donc pour fonction de renvoyer aux écrivains de l'évasion quelques vérités premières : « Orient, sous tes arbres à palmes des poésies, je ne trouve encore qu'une autre souffrance des hommes. » Dès lors, le voyage permet surtout de prendre conscience du capitalisme sous sa forme la plus visible et la plus odieuse, le colonialisme. L'exploitation se manifeste à Aden avec d'autant plus de violence que Nizan ne montre les indigènes qu'incidemment, comme autant d'objets. Le voyage lui permettant de prendre cette distance à partir de quoi les choses apparaissent dans toute leur nudité, Nizan constate finalement l'universalité de l'aliénation de l'homme par l'homme. Triomphe de l'Homo economicus : le pamphlet lui réservera ses attaques les plus incisives, en partie tributaires d'une analyse marxiste parfois un peu nébuleuse. On relèvera à cet égard, pour ne pas s'en étonner, la fréquence du champ lexical de l'abstraction lié aux analyses sur la bourgeoisie, systématiquement connotée de manière péjorative : pensée abstraite, dividendes « abstraits versés par des débiteurs abstraits ». On reconnaît ici l'antinomie courante dans les années trente entre l'abstraction vaine et frauduleuse de la pensée bourgeoise et le caractère concret et valorisant de l'action, en particulier révolutionnaire.

On aurait tort de considérer l'essai de Nizan, quelque exemplaire qu'il fût, pour une tentative isolée, voire unique. La violence d'*Aden Arabie* s'inscrit en fait dans une perspective esthétique et politique largement exploitée à partir des années vingt dans les avant-gardes. Que l'on songe aux polémiques entretenues à grand renfort de scandales par les surréalistes (procès Barrès...), au *Traité du style* d'Aragon qui, avec la *Mort de la pensée bourgeoise* d'Emmanuel Berl, ne sont pas sans parentés, stylistiques pour l'un et conceptuelles pour l'autre, avec *Aden Arabie*.

Le jeu de massacre considéré comme un des beaux-arts est une constante des mouvements artistiques d'avant-garde, de même que le thème de la violence rédemptrice est constitutif de l'attitude du parti communiste dans sa stratégie de « classe contre classe ». Dès lors, que propose Nizan dans son pamphlet sinon de systématiser un projet envisagé par Tristan Tzara dans un de ses *Sept Manifestes dada* (1924), à savoir : « Liquider les tiroirs du cerveau et ceux de l'organisation sociale » ? Mais là où Dada finit par s'enfermer dans la provocation ludique et les surréalistes par se mettre « aux ordres du merveilleux », la volonté tendue de Nizan d'assumer « cette patience des tâches humiliantes » s'inscrit dans un projet révolutionnaire constructif. Montrant bien que la négativité peut se renverser, le soleil d'Aden est à Nizan ce que sa lampe était à Diogène, une lumière oblique qui accompagne dans la nuit une quête obstinée de l'« homme réel » : « Je m'efforce de peindre les hommes libres, voulant être réellement et non en songe, comme des chrétiens et des banquiers, tout ce qu'il est donné à l'homme d'être. » Car Nizan ne condamne pas l'humanisme au nom d'un nihilisme total. Au contraire, c'est au nom de l'humanisme qu'il juge que « l'homme attend l'homme, c'est même sa seule occupation intelligente ». Dans ces conditions, le marxisme offre à Nizan l'exemple d'un idéal positif, car débarrassé des opérations spéculatives et tourné vers l'action pratique. D'où le caractère inflexible, d'un dogmatisme assumé, de la conclusion du pamphlet, car elle est aussi une victoire philosophique et politique sur une inquiétude latente, une terreur de la mort qui hante l'œuvre de Nizan : « C'est le moment de faire la guerre aux causes de la peur. De se salir les mains : il sera toujours temps d'avoir des frères. » C'est aussi le mot d'ordre des intellectuels des années trente pour qui « il est temps de penser avec les mains ». Il y aura pour Nizan le temps du militantisme professionnel, mais avant tout il y a cette œuvre fondatrice, *Aden Arabie*, sinon révolutionnaire, du moins déjà de révolte et de refus, un soleil noir.

● Maspéro, 1960 (préf. J.-P. Sartre) ; « Points », 1990.

J.-M. RODRIGUES

ADIEU. Voir ÉTUDE DE FEMME, d'H. de Balzac.

ADIOS. Roman de Kléber **Haedens** (1913-1976), publié à Paris chez Grasset en 1974. Grand prix du roman de l'Académie française.

> Jérôme, en voyage au pays de Galles, est sûr d'y rencontrer la femme qu'il a toujours recherchée. C'est l'occasion d'évoquer son enfance privée de tout plaisir (chap. 1), avant le départ à quinze ans, pour l'île de Gorée où son père est nommé gouverneur. Il y découvre brièvement l'amour, les livres et la splendeur de la nature (2). Tandis que le bateau le ramène d'Angleterre, il se souvient ensuite du retour en France, à l'île d'Oléron (3-4) où il cherche en vain à se faire aimer de la belle Josette, puis à Libourne, où il connaît les joies de l'amitié et surtout celles du rugby (5-6), qui lui valent de monter à Paris comme journaliste sportif. Le voyage de Jérôme s'achève par un dîner où lui est présentée une jeune femme d'origine galloise qui le séduit aussitôt. Jérôme vit quelques années avec Marie-Louise près de Toulouse, au milieu de leurs amis, dans un bonheur sans cesse renouvelé (7). Mais Marie-Louise meurt brutalement d'un cancer (9).

Ce dernier livre de Kléber Haedens apparaît comme le testament d'un romancier qui a commencé sa carrière dans les années trente, et qui, sous la forme d'une autobiographie fictive, rend ici un hommage passionné aux joies de l'existence. C'est en effet la quête du bonheur qui fonde la vie de Jérôme, persuadé par son expérience que « seul l'adulte sait jouer ». Le héros de Kléber Haedens décrit ainsi avec humour l'atmosphère étriquée dans laquelle l'ont élevé des parents pour qui toute distraction est une effroyable perversion. Jusqu'à quinze ans, Jérôme rêve le monde à travers le **Mystère de la chambre jaune,* seul livre autorisé par ses parents. L'âge adulte est donc l'occasion d'une revanche, de mener cette « vie poétique, sensuelle et folle » qui semblait interdite à Jérôme, condamné à être un enfant. C'est pourquoi le roman s'attache à évoquer tous les plaisirs fugitifs de l'existence, tous les jeux, parmi lesquels le rugby, décrit comme un art, mais aussi les corridas célébrées par Hemingway.

De même si, toute son adolescence, Jérôme se heurte aux « pimbêches » d'avant-guerre, et s'il conserve un souvenir incrédule de la femme qui, à Gorée, l'a initié sur l'air d'*Adios muchachos,* seule Marie-Louise, qui anéantit « les vieilles difficultés sentimentales », lui offre ce bonheur de l'amour dont les parents de Jérôme semblaient nier l'existence. Aussi n'est-ce pas l'âge qui donne à Jérôme ses « yeux gris », mais la mort soudaine de Marie-Louise, révélée dans les dernières pages comme un secret trop longtemps dissimulé, faisant ainsi de ce livre un ultime *adios* à elle adressé. C'est donc à une morte que ces souvenirs d'une enfance qu'elle n'a pas connue sont dédiés. Selon une technique qui doit beaucoup à Nerval – à qui Kléber Haedens a consacré un essai – et un subtil entrecroisement des temps qui n'est pas le moindre charme de ce roman, *Adios* est ainsi le souvenir d'un souvenir, puisque le roman s'ouvre avec le voyage qui doit mener Jérôme, à son insu, vers Marie-Louise, et que c'est au fil de ce voyage, de Caswell Bay à Douvres et de Douvres à Paris, que sont évoqués les autres lieux, les autres femmes, donnant à cette existence désordonnée la force d'une destinée.

● « Les Cahiers rouges », 1985.

K. HADDAD-WOTLING

ADOLESCENCE CLÉMENTINE (l'). Recueil poétique de Clément **Marot** (1496-1544), publié à Paris chez Pierre Roffet en 1532.

L'œuvre connut un succès considérable et fut suivie, en 1534, de la *Suite de l'Adolescence clémentine*. On compte vingt-cinq éditions du texte en six ans. L'œuvre comprenait des complaintes, des épitaphes, des ballades, des rondeaux, des chansons et quelques épîtres fameuses : "Au Roy, pour le deslivrer de prison", "Au Roy nouvellement sorti de maladie", "À son amy Lyon". La plus grande partie des pièces qui composent *l'Adolescence clémentine* furent redistribuées et classées par genres dans l'édition d'Étienne Dolet en 1538. On se reportera donc aux **Élégies*, **Épigrammes* et **Épîtres*.

● A. Colin, 1958 (p.p. V.-L. Saulnier) ; « Poésie/Gallimard », 1987 (p.p. F. Lestringant).

P. MARI

ADOLESCENT (l'). Voir JEAN-CHRISTOPHE, de R. Rolland.

ADOLPHE. Roman de Benjamin **Constant** de Rebecque (1767-1830), publié à Londres chez Colburn et à Paris chez Treuttel et Würtz en 1816.

« Écrit à Charlotte. Commencé un roman qui sera notre histoire » (*Journal intime*, 30 octobre 1806) : précieuse confidence qui prouve le caractère autobiographique d'*Adolphe*. Ce roman personnel participe, en effet, de la vie amoureuse de l'auteur, prenant appui sur un admirable récit rétrospectif habile à transposer dans le registre de la fiction son « histoire » avec Charlotte de Hardenberg, à laquelle Constant mêle son orageuse liaison avec Mme de Staël.

Dans un « Avis », l'« éditeur » précise les conditions de sa rencontre dans une auberge de Cerenza avec un « inconnu », Adolphe, dont il publie le manuscrit, perdu en cours de route par son propriétaire.

Jeune homme timide et solitaire entretenant des rapports médiocres avec son père, Adolphe quitte Gottingue et se rend dans une autre ville allemande, D*** : il fraye avec les courtisans d'un prince, société factice, où il se fait une réputation « de légèreté, de persiflage et de méchanceté » (chap. 1). L'ennui le ronge jusqu'au jour où il fait la connaissance du comte de P*** et de sa maîtresse Ellénore. Par besoin d'être aimé et par vanité, Adolphe s'éprend d'Ellénore, de dix ans son aînée. Après nombre de supplications, le jeune homme obtient une entrevue (2). Émue par les propos d'Adolphe, Ellénore consent à le recevoir plus souvent, sacrifiant tout à Adolphe, ses enfants, sa fortune, la considération dont elle jouissait en dépit d'une situation irrégulière (4), celui-ci se détache d'elle, et, irrité par l'emprise de cette passion, s'aperçoit, trop tard, qu'il ne l'a jamais aimée. Pourtant, par faiblesse et pitié, il se montre incapable de la quitter ; mais il lui inflige une torture incessante en dissimulant ses sentiments réels. Les six mois que lui a accordés son père expirent : il doit le rejoindre.

Après deux mois de séparation, Ellénore s'installe dans la même ville que son amant, séjour écourté par le père d'Adolphe, qui a l'intention de la « chasser » : pour la protéger, le jeune homme l'avertit et décide de partir avec elle (5). Ils se fixent à Caden, petite ville de Bohême, où Adolphe est tourmenté par le « joug » de son amour et sa vie inactive. Craignant qu'Adolphe profite de son absence pour l'abandonner, Ellénore renonce à rejoindre son père en Pologne. Finalement, elle contraint Adolphe à l'accompagner (6). Là-bas, il rend visite à un ami de son père, le baron de T***, lequel l'incite à rompre avec Ellénore (7). Celle-ci accorde à plusieurs jeunes gens de longs tête-à-tête pour exciter la jalousie d'Adolphe qui lui demande bientôt de ne plus recevoir ces adorateurs. Nouveau sacrifice d'Ellénore qui charge Adolphe de « nouvelles chaînes » (8). En présence de M. de T***, le jeune homme s'engage à quitter Ellénore ; mais il retarde sans cesse l'« instant fatal ». Il écrit au baron qu'il souhaite toujours rompre (9). Quelques jours plus tard, M. de T*** envoie la lettre d'Adolphe à Ellénore : plongée dans un abîme de désespoir, elle tombe malade. Ne cessant de s'affaiblir et de dépérir, elle meurt. Adolphe, loin de retrouver la liberté, est condamné à la solitude et au remords, existence terne prophétisée par une lettre d'Ellénore, qu'il découvre après sa mort (10).

En épilogue, un correspondant anonyme adresse une « Lettre à l'éditeur » : il l'incite à publier le manuscrit et excuse la conduite d'Adolphe. Le roman s'achève sur une « Réponse de l'éditeur », dans laquelle il accepte de publier le récit et condamne l'attitude du héros.

Fascinant édifice, *Adolphe*, marqué structurellement par un encadrement du récit, ordonne autour de la confession trois textes annexes qui appartiennent à la fiction romanesque : l'« Avis de l'éditeur » donne au récit le cachet de l'authenticité et, telle une épigraphe, révèle la tonalité du roman, convie d'emblée le lecteur à pénétrer dans ce sombre univers ; la « Lettre à l'éditeur » et la « Réponse » proposent des jugements diamétralement opposés sur la conduite du héros et renvoient donc au caractère hiéroglyphique d'*Adolphe*, roman où la contiguïté des sentiments distincts (égoïsme et abnégation) enténèbre la notion de responsabilité, et fait du problème de l'interprétation la quintessence du récit. Ce n'est point hasard si les lettres rythment la liaison des deux amants : captieuses, elles sont souvent un instrument de simulation : pour conquérir Ellénore, Adolphe jette dans sa lettre « une agitation qui ressemble fort à l'amour » (chap. 2) – ou de dissimulation : « langage embarrassé que je gémissais de voir si obscur, et

que je tremblais de rendre plus clair ! » (chap. 5). Les paroles, redoutables, accentuent cette communication négative et aggravent les conflits : conduisant à une destruction irrévocable (« Nous avions prononcé tous deux des mots irréparables », chap. 4), elles blessent et tuent. Aussi bien le silence constitue-t-il le seul refuge : Adolphe ne répond que par monosyllabes aux questions d'Ellénore (chap. 8), et celle-ci « fixe sur lui ses yeux en silence » (chap. 10). Loin de ponctuer des moments extatiques, ces suspensions de la parole figurent la pernicieuse incommunicabilité dans laquelle s'abîment les deux amants. Médiocrité des relations épistolaires, mots blessants, conversations en lambeaux, gouffres du silence et, comme dans *Bérénice*, vérité indicible : tous ces orbes infernaux donnent au comportement verbal une dimension circulaire qui, à la manière du logos racinien, enferme les protagonistes. Langage-piège plaçant l'amour sous le signe du tragique, et qui symbolise ce huis clos sentimental.

Cette kyrielle de souffrances qui a nom amour, Constant la suggère à travers la situation d'Adolphe. La présence d'Ellénore a tôt fait de l'emprisonner, d'envahir l'espace et le temps du héros : elle accapare son présent, le coupe de son passé et entrave son avenir. Dans ce monde clos, la spontanéité n'a pas place : réflexions, débats intérieurs, hésitations, approches calculées de l'autre annihilent l'authenticité des relations ; tout se passe comme si les élans sentimentaux se figeaient. Est symptomatique, de ce point de vue, le rythme de l'œuvre : au romanesque fugitif – la conquête d'Ellénore, commencée au chapitre 2, s'achève au chapitre 3 –, succède une séquence type (décision de passer à l'acte, peur de faire souffrir) qui, faisant alterner les deux composantes de ce ressassement selon un mouvement de balancier, confère au récit une allure statique. Ces contradictions intérieures, qui font l'objet d'une analyse psychologique moderne, étoilent le récit tout entier et témoignent de la faiblesse du héros. Incertain, il est partagé entre son plaisir (indépendance, tranquillité) et le plaisir d'Ellénore ; aboulique, il devient le spectateur de sa vie ; envahi par les émotions, le jeune homme ne parvient pas à faire face à ses difficultés. Symptômes du « mal du siècle », son manque de caractère, sa passivité nourrissent le tragique de cet amour, lequel, quand la lucidité se fait jour, atteint un stade paroxystique. Telle la Corinne de Mme de Staël, Adolphe prévoit l'échec de sa liaison : « Malheur à l'homme qui, dans les premiers moments d'une liaison d'amour, ne croit pas que cette liaison doit être éternelle ! » (chap. 3), et Ellénore devine cette cruelle vérité : « Vous croyez avoir de l'amour, et vous n'avez que de la pitié. » Aussi Adolphe tente-t-il de ranimer cet amour en appelant à son aide les souvenirs : « efforts inutiles », dès lors que la « mémoire du cœur » (chap. 6) est impuissante à ressusciter les « charmes de l'amour ». Il n'existe, au vrai, aucune échappatoire à cette situation, ce qui était, d'ailleurs, annoncé par Constant : « Quand on est entré dans cette route, on n'a plus que le choix des maux » (Préface de la deuxième édition). D'où la mort et son sinistre cortège de souffrances : « Elle voulut pleurer, il n'y avait plus de larmes ; elle voulut parler, il n'y avait plus de voix : elle laissa tomber, comme résignée, sa tête sur le bras […] quelques instants après elle n'était plus » (chap. 10) ; remarquable somatisation de la lutte intérieure, des tourments du cœur ; fin tragique de l'héroïne rongée par un amour trahi, désespéré ; mort d'une femme tourmentée par les feux de la passion, mais aussi mort de l'individu, opprimé qu'il était par l'ordre social : « Malheur donc à la femme qui se repose sur un sentiment que tout se réunit pour emprisonner, et contre lequel la société, lorsqu'elle n'est pas forcée à le respecter comme légitime, s'arme de ce qu'il y a de mauvais dans le cœur de l'homme pou décourager tout ce qu'il y a de bon ! » (« Lettre à l'éditeur »).

Véritable tribunal de l'Inquisition, la société juge et condamne ; insidieuse, elle a beau jeu d'entamer cette union fragile : le baron de T***, symbole social, se fait fort de la briser par une lettre (chap. 9) et des discours (chap. 7, 9). Non contente de déchirer les deux amants (chap. 5), la société tente, au nom de ses conventions, de les séparer : insinuations paternelles contre cette liaison (chap. 6), auxquelles Adolphe veut faire front ; conflit révélateur d'une lutte intérieure : « La lettre de mon père me perça de mille coups de poignard. Je m'étais dit cent fois ce qu'il me disait : j'avais eu cent fois honte de ma vie » (chap. 6). L'éducation et les valeurs sociales sont trop enracinées dans son être pour qu'il puisse triompher de l'ordre social (chap. 9) : Adolphe n'est pas l'Antony de Dumas. La liberté de l'individu, suprême valeur que Constant ne laisse pas de défendre dans ses essais politiques, est réellement menacée : le regard des autres – comme plus tard chez Sartre – statufie le moi : « On disait que j'étais un homme immoral, un homme peu sûr : deux épithètes heureusement inventées pour insinuer les faits qu'on ignore, et laisser deviner ce qu'on ne sait pas » (chap. 1). Ces rapports conflictuels entre l'individu et la société procèdent d'une déchirure ontologique entre l'être et le paraître, qui n'est pas sans rappeler les *Confessions* de Rousseau : « Je me réfugiais dans une taciturnité profonde : on prenait cette taciturnité pour du dédain » (*ibid.*). Vivre en société, c'est donc mettre en jeu son identité, sa liberté, face au « moule universel » (*ibid.*). À tout prendre, les relations amoureuses et sociales sont si aliénantes, si opprimantes, qu'elles forcent Adolphe à se réfugier dans une attitude d'autoscopisme, à écrire sa vie.

« [C]e sanctuaire intime de [l]a pensée » (chap. 6), que les autres souhaitent profaner, l'écriture autobiographique le protège : elle permet au narrateur (Adolphe) comme à Constant (voir son *Journal intime*) de ne pas perdre son identité. Adolphe est à la fois narrateur et destinataire : oblitérant la présence féminine au profit du « je » (point de vue unique d'Adolphe malgré de rares occurrences du pronom personnel « nous »), il réussit à créer un effet spéculaire. Le dédoublement de la conscience personnelle en une conscience discourante et une conscience réceptrice offre au héros la possibilité paradoxale de recouvrer la cohérence, l'unité d'un moi qui se délitait, qui s'étiolait dans les relations sociales. Pour échapper aux jugements dogmatiques, à la persécution d'autrui, il pratique aussi l'introspection (« Sans cesse absorbé dans des réflexions toujours personnelles, la vue toujours fixée sur ma situation », chap. 7), et transcende la réalité en rêvant : « J'errais plongé dans cette rêverie, toujours sans plan fixe [...], n'ayant de la réalité qu'une idée sourde et confuse » (*ibid.*). Comportement rousseauiste (voir les *Rêveries*) qui est synonyme de liberté, et qui est mû par la quête solitaire du repos et du bonheur : la présence d'autrui semble donc être inutile à sa vie. Cependant, la mort d'Ellénore l'affecte véritablement car il découvre que la solitude absolue est un chemin labyrinthique dans lequel l'individu perd son identité et la notion du temps. Tragique dépersonnalisation, qu'Adolphe s'emploie à conjurer en recherchant son passé, une partie de son existence, c'est-à-dire une partie de lui-même. Démarche où se révèle une relation symbiotique entre le personnage et la nature.

Véritable creuset de plusieurs formes littéraires, *Adolphe* se caractérise par une esthétique kaléidoscopique dont la plus surprenante facette est le romantisme : outre la sensation de la mort et l'angoissante solitude du héros s'apparentant à celle de Musset dans les *Nuits*, cette œuvre présente des descriptions symboliques au sein desquelles s'établit une mystérieuse correspondance entre le microcosme et le macrocosme : « Le seul bruit qui se fit entendre était celui de l'herbe glacée qui se brisait sous nos pas » (chap. 10). Visage funeste de la nature qui traduit la langueur, la résignation d'Ellénore, et qui préfigure sa mort ; allégorie macabre de l'engourdissement renvoyant à la dominante de l'œuvre, la destruction, laquelle est décrite par d'admirables images empruntées à la nature : « Mais ces émotions et ce langage ressemblaient à ces feuilles pâles et décolorées qui, par un reste de végétation funèbre, croissent languissamment sur les branches d'un arbre déraciné » (chap. 6). Cette représentation quasi verlainienne du fané signale un amour sans rayonnement, un état d'immobile dérive. À ces traits romantiques s'ajoutent la marque du roman épistolaire (témoin le nombre important de lettres dans *Adolphe*), la forme autobiographique, flanquée de ses problèmes et de ses ambiguïtés : décalage temporel entre l'histoire et l'instance narrative aboutissant à une distorsion entre le narrateur et le héros ; impuissance du langage à exprimer toute la réalité et propension à se masquer : les maximes d'*Adolphe* (comme celles de La Rochefoucauld) occultent des vérités plus intimes, prouvant que ce roman se range aussi sous la bannière classique. Classiques, les recherches du général et du typique (« Il n'y a point d'unité complète dans l'homme, et presque jamais personne n'est tout à fait sincère ni tout à fait de mauvaise foi », chap. 2), les règles de cette tragédie voilée avec exposition, nœud, péripéties et dénouement, avec surtout l'unité d'action et la simplicité d'un récit qui schématise tout ce qui ne concerne pas directement l'échec sentimental. Classiques aussi, les constructions phrastiques : sobre, équilibrée et mesurée, l'écriture réussit à évoquer les contradictions intérieures qui hantent le personnage ; peut-être parvient-elle aussi à atténuer sa souffrance : pour Constant, écrire est un moyen d'exorciser « la douleur ».

Roman de la souffrance sous-tendu par une esthétique qui, échappant au moule d'une doctrine littéraire, figure l'irrépressible désir d'indépendance de Constant, *Adolphe* préfigure ainsi la conception proustienne de la littérature et de l'art. Cette marche dédalique que représente la vie nous conduit rarement au bonheur.

● Genève, Droz (p.p. F. Baldensperger) ; « Folio », 1973 (p.p. A. Roulin) ; Les Belles Lettres, 1977 (p.p. P. Delbouille) ; « GF », 1990 (p.p. D. Leuwers). ➤ *Œuvres*, « Pléiade ».

F. HAMEL

ADONIS. Poème de Jean de **La Fontaine** (1621-1695), publié à la suite des *Amours de Psyché et de Cupidon* à Paris chez Claude Barbin en 1669.

Le poème, inspiré d'Ovide, mais sans doute enrichi de la lecture de l'*Adone* de Marino, débute sur un refus avoué de l'épopée (v. 1-4), pour se réclamer de l'inspiration élégiaque (v. 6-28). Après avoir brossé le décor pastoral, le poète en vient vite à l'évocation du héros Adonis et de sa beauté hors du commun (v. 29-49), qui touche même Vénus, dont sont décrites la passion et la grâce – avec une rapide allusion à la joliesse d'« Aminte » à qui s'adresse La Fontaine (v. 50-82). La première entrevue débouche sur la description heureuse d'un amour partagé (v. 83-164). Suivent la séparation des deux amants et l'expression par la déesse de sa crainte de perdre Adonis (v. 165-208). Celui-ci, en proie au vague à l'âme, s'adresse à la nature et se plaint de sa toute nouvelle solitude (v. 209-234). Pour se distraire, il est tenté de chasser, car un sanglier menace la paix de son séjour (v. 235-264). Le récit de la chasse occupe alors un bel ensemble de vers (v. 265-460), où sont décrits les chasseurs, dont le poète esquisse rapidement les principaux caractères (v. 265-309), avant d'en venir aux divers épisodes de la chasse : mort des chiens Mélampe et Sylvage (v. 355-369), dégâts causés par le sanglier furieux, mort de Palmire sous les yeux de son amante Aréthuse (v. 429-460). On revient alors à Adonis, qui s'est reposé à l'écart. Il repart, mis en colère à la vue de Palmire mourant, et affronte la bête qui le blesse mortellement alors qu'il parvient à la tuer (v. 461-544). Le poème s'achève sur la plainte de Vénus (v. 545-606).

La première version de l'ouvrage fut dédiée à Fouquet en 1658, mais sous la forme d'un luxueux manuscrit calligraphié par Nicolas Jarry. La version de 1669, remaniée en profondeur, fut reprise en 1671 à la fin des *Fables nouvelles*. Très libre dans son adaptation d'Ovide (*Métamorphoses*, X, 519-559 et 705-739), La Fontaine amplifie l'épisode central de la chasse du sanglier, alors qu'il n'occupe que sept vers dans l'original, mais il retranche la longue évocation ovidienne de la métamorphose d'Atalante en lion (X, 560-704). On a montré que La Fontaine « contaminait » le récit avec un autre épisode des *Métamorphoses*, celui du sanglier de Calydon (VIII, 281-424). Pourtant, l'attention remarquable que porte le poète à la bête sauvage n'est pas analogue au goût de la monstruosité quasi surnaturelle qui domine chez Ovide ; La Fontaine s'attache surtout au prédateur de la nature cultivée par l'homme :

> Il foule aux pieds les dons de Flore et de Cérès :
> Monstre énorme et cruel, qui souille les fontaines,
> Qui fait bruire les monts, qui désole les plaines,
> Et, sans craindre l'effort des voisins alarmés,
> S'apprête à recueillir les grains qu'ils ont semés.

(v. 246-250)

Mais cette nature, qui est ancrée dans la représentation traditionnelle de la bucolique et de la pastorale, issue de Virgile ou de l'*Astrée*, est nettement placée du côté de l'inspiration cythéréenne du poète. Comme dans les *Amours de Psyché*, avec lequel ce texte forme un diptyque dans l'édition de 1669, La Fontaine module une poésie de la nature et de la volupté qui atténue fortement ce que le drame a de violent et de sanglant. Le ton est donné, par une « clef musicale » avouée dès le Prologue :

> Je n'ai jamais chanté que l'ombrage des bois,
> Flore, Écho, les Zéphyrs, et leurs molles haleines,
> Le vert tapis des prés et l'argent des fontaines,
> C'est parmi les forêts qu'a vécu mon héros ;
> C'est dans les bois qu'Amour a troublé son repos.

(v. 6-10)

L'âme inquiète du poète, qui, comme il l'avouera dans les *Contes* (1ʳᵉ partie, « Ballade »), se plaît tant aux livres d'amours, transparaît clairement dans cette inspiration d'*Adonis* ; le même ton lyrique animera les moments les plus sincères des *Fables*, et l'on saisit mieux la profondeur de ces courts élans à la lecture de cette tentative de plus longue haleine.

À la recherche d'un style héroïque, qu'il définit dans son « Avertissement » préliminaire et qu'il mettra encore à l'essai dans le *Poème de la captivité de saint Malc*, La Fontaine se réfère à tout cet univers parce qu'il lui impose un lexique et un jeu de référence en parfaite concordance avec le registre qu'il recherche : « Je m'étais toute ma vie exercé en ce genre de poésie que nous nommons héroïque : c'est assurément le plus beau de tous, le plus fleuri, le plus susceptible d'ornements et de ces figures nobles et hardies qui font une langue à part, une langue assez charmante pour mériter qu'on l'appelle la langue des dieux. »

Paul Valéry a souligné les accents raciniens de la plainte de Vénus, et a même supposé que Racine, à dix-neuf ans, aurait pu savoir ces vers par cœur. S'il est vrai que la tension poétique de l'effort que s'est imposés le poète pour achever cette œuvre rencontrent un juste écho chez son cadet, il n'est toutefois pas douteux que ce travail a porté ses premiers fruits dans l'art même du fabuliste. Toute une part de la nature des *Fables* est déjà présente dans cette brillante variation sur un épisode du plus alexandrin des poètes latins, et l'art subtil de l'imitation que La Fontaine défendra souvent est mis en pratique avec succès dès ce coup d'essai. Il faut enfin préciser que la réécriture de 1669 a achevé de gommer les quelques maladresses qui subsistaient dans la première version, ce qui prouve bien l'intérêt qu'a eu le poète pour cette pièce, alors même qu'il était célébré comme l'auteur des *Fables*.

● Éd. Complexe, 1990 (p.p. M. Chappaz). ➤ *Œuvres complètes*, « Pléiade », II.

E. BURY

ADRIENNE MESURAT. Roman de Julien **Green** (né en 1900), publié à Paris dans *la Revue hebdomadaire* de janvier à mars 1927, et en volume chez Plon en 1927.

Première partie. À la Tour-l'Évêque en 1908, M. Mesurat fait peser son autorité égoïste et maniaque sur ses deux filles, Germaine et Adrienne, celle-ci âgée de dix-huit ans. Adrienne observe tous les soirs le docteur Maurecourt. Germaine l'espionne et la dénonce à son père, qui la séquestre. Mais Adrienne n'avoue pas le nom de celui qu'elle aime. Elle éprouve de la répulsion pour Germaine, femme sans âge, atteinte d'un mal mystérieux qui, brusquement, s'aggrave. Le père refuse de changer ses habitudes et Germaine s'enfuit grâce à l'argent de la dot d'Adrienne. Celle-ci fait la connaissance de sa voisine, Mme Legras, qui l'interroge de façon insidieuse sur ses « espérances ». Furieux de la disparition de Germaine, le père menace Adrienne de se rendre chez Maurecourt. Dans le noir, la jeune fille le pousse du haut de l'escalier : il meurt. Comme hébétée, elle hurle à la mort.

Deuxième partie. Après l'enterrement, elle rend visite tous les jours à Mme Legras, qui lui est à la fois odieuse et nécessaire. En proie à un sentiment profond de culpabilité, elle sent planer des soupçons sur elle, d'autant que sa voisine a très mauvaise réputation. Elle s'enfuit à Montfort-l'Amaury mais la fatalité la poursuit.

Troisième partie. Elle ne peut disposer de son héritage. Mme Legras menace de la dénoncer et la sœur du médecin lui interdit de le voir. Mme Legras confesse Adrienne, désespérée, et appelle Maurecourt. Celui-ci tente d'exorciser les angoisses de la jeune fille et lui apprend qu'il est très malade. Renvoyée à ses obsessions et à sa solitude, dépouillée par Mme Legras, Adrienne sombre dans la folie.

Le sujet du roman, c'est l'enfer de la claustration : plongée dans un vide absolu, Adrienne ignore jusqu'au secours de la lecture, recours classique de la jeune provinciale depuis *Madame Bovary*. L'enfermement réel dans la villa paternelle redouble la prison intérieure d'Adrienne, cloîtrée dans un univers absurde et incapable de rompre le carcan des habitudes.

Green commence son roman sans avoir une idée précise de son sujet. Seule s'impose à lui la vision d'Adrienne contemplant la collection des portraits de famille appelée le « cimetière », que nous retrouvons dans l'incipit du texte définitif. Le début ressemble à une fin : à dix-huit ans, Adrienne ne trouvera jamais le bonheur qu'elle recherche dans une petite ville comme morte à elle-même : « Rien n'avait de prise sur elle ; elle ne craignait rien et rien ne l'attirait. » Ce point de départ détermine le mouvement d'ensemble et la perte progressive de personnalité qui affecte le personnage principal. En effet, *Adrienne Mesurat* met en évidence le paradoxe de ce qu'il est convenu d'appeler un « roman objectif » : dans la lignée de Mme de Lafayette, Green mène avec lucidité une analyse psychologique très serrée du travail de l'imaginaire tout en projetant sur son personnage sa propre difficulté de vivre. Aussi convient-il de nuancer toute affirmation trop catégorique sur le prétendu réalisme de l'auteur : la rigueur de la description, l'évocation précise des hallucinations contribuent à accroître le sentiment quasi fantasmagorique d'un ennui délétère. Le travail de la narration évoque, irrésistiblement, la transposition à laquelle se livre Mauriac dans *Thérèse Desqueyroux*. Dans ces deux romans où les raisons du crime demeurent obscures, les romanciers projettent sur un personnage féminin leurs propres contradictions, à la fois leur désir irrépressible de rompre avec leur famille et leur attachement à ce monde refermé sur lui-même. Alors que Thérèse Desqueyroux souffre d'un repliement narcissique, Adrienne demeure prisonnière de son imaginaire maniaque. Un jour, en effet, elle aperçoit fugitivement le docteur dans sa voiture et cet épisode fonctionne comme une scène originaire dans le travail du fantasme. Ignorant tout de la sexualité, elle ne parvient pas aisément à démêler ses sentiments et éprouve une honte significative lorsque Germaine la surprend en train d'espionner le médecin depuis son poste d'observation privilégié (Première partie). Lorsque Mme Legras (Troisième partie) lui demande de décrire son « amoureux », la jeune fille est incapable de donner une forme précise à cet homme qu'elle dote d'une existence imaginaire.

La composition circulaire d'*Adrienne Mesurat* suit le mouvement de la claustration : dans la première partie s'impose l'univers carcéral délimité par la maison ; puis, dans les deux autres parties, l'enfermement intérieur, l'exaspération des angoisses nocturnes et du sentiment confus de la culpabilité traduisent l'impossibilité de se fuir soi-même. L'échappée de l'héroïne à Montfort-l'Amaury la ramène au lieu de la séquestration haïe et fascinante alors qu'elle rencontre un jeune ouvrier qui pourrait la libérer. Entre ces deux grandes masses, le crime s'impose comme une fausse issue. Accompli dans une sorte d'hallucination, le meurtre du père semble épuiser tout le potentiel de révolte de la jeune Adrienne : il la plonge dans un état proche du somnambulisme et la mène à la démence. L'action s'enlise à la faveur de la répétition de scènes signifiantes ; elle progresse en spirale, à mesure que monte la violence latente. À l'intérieur du système des personnages s'impose un jeu constant de reflets : espionnée par Germaine, qui est jalouse d'elle, Adrienne s'adonne avec passion au voyeurisme et se perd dans les replis de son imaginaire. Au cours de la narration, les obstacles objectifs à la réalisation de son désir se lèvent facilement. L'affrontement haineux à Germaine, qui s'enfuit pour échapper à M. Mesurat, et la dictature paternelle ne sont que de fausses résistances : en fait, Adrienne est condamnée par sa propre incapacité à sortir d'elle-même.

Le thème de l'argent fonctionne également sur le mode fantasmatique : le père et Mme Legras s'en servent pour accroître leur domination sur la jeune fille ; l'or de sa dot apparaît comme un objet symbolique, médiateur de l'initiation incomplète à la sexualité. Après le crime, Adrienne tombe dans les rets de Mme Legras, une femme de mauvaise vie qui lui répugne parce que, d'une certaine façon, elle incarne l'interdit sexuel sous sa forme la plus basse et la renvoie à sa propre réalité. Poursuivie par le souvenir du crime, elle se sent déshonorée par cette relation trouble. Le docteur ne l'aimera jamais et sa sœur, Marie Maurecourt, la menace. Adrienne anticipe les soupçons qui planent sur elle et ses pires suppositions se révèlent exactes comme si, devenue la proie facile d'une fatalité toute-puissante, elle voyait se réaliser ses obsessions de paranoïaque. Dans cet univers onirique, quand le fantasme semble correspondre avec la réalité, la boucle se referme et Adrienne sombre dans la folie. Mauriac regrettait que Green n'ait laissé aucune autre solution à son personnage, définitivement abandonné par la grâce. Mais le pouvait-il dans un roman où il faisait lui-même, sans le savoir, sa propre analyse ?

● « Points », 1986. ➤ *Œuvres complètes*, « Pléiade », I.

V. ANGLARD

AFFAIRE DE LA RUE DE LOURCINE (l'). Comédie en un acte et en prose d'Eugène **Labiche** (1815-1888), Édouard **Martin** (1828-1866) et Albert **Monnier**, créée à Paris au théâtre du Palais-Royal le 26 mars 1857, et publiée à Paris chez Michel Lévy la même année.

Après s'être rendu, à l'insu de son épouse Norine, au banquet des anciens élèves de l'institution Labadens, Lenglumé se réveille avec une forte gueule de bois et sans le moindre souvenir de sa soirée, sinon d'y avoir perdu le parapluie du cousin Potard. Stupéfait, il découvre avec un autre « labadens », Mistingue, cuisinier de son état, et lui aussi frappé d'amnésie. Inexplicablement, tous deux ont les mains noires de charbon. Alors qu'ils déjeunent en compagnie de Norine, celle-ci leur lit dans le journal (que tous croient du jour, mais qui est en réalité vieux de vingt ans) le récit du meurtre, rue de Lourcine, d'une jeune charbonnière près de qui on a retrouvé un parapluie identique à celui du cousin ! Persuadés d'avoir fait le coup durant leur virée nocturne, Mistingue et Lenglumé se précipitent sur une cuvette et se lavent les mains avec acharnement. Survient Potard, qui semble au courant de tout ; par hasard, il demande de l'argent à Lenglumé, lequel est dès lors convaincu que l'autre veut le faire chanter. Le domestique Justin, de son côté, découvre une pièce à convic-

tion : un bonnet de femme rapporté par les deux fêtards, qu'ils ont caché dans un pot à tabac. Pour s'assurer définitivement de leur silence, Lenglumé tente d'asphyxier Potard avec un poêle et étrangle (du moins le croit-il) Justin. Mais les deux complices ne sont-ils pas eux-mêmes l'un pour l'autre des témoins à charge ? Au moment de s'assommer mutuellement, ils découvrent avec soulagement la date du journal accusateur. En fait, les deux « labadens » avaient simplement fini la nuit dans un estaminet, dont ils avaient dévêtu la « demoiselle du comptoir » et où on les avait mis à dessoûler dans la cave à charbon. Bien mieux, ni Potard ni Justin ne sont morts, mais seulement la chatte de Norine, étranglée en lieu et place du domestique. Lenglumé respire, malgré la fureur de Norine apprenant coup sur coup cette « orgie » nocturne et ce «chatricide».

Il ne s'est rien passé la nuit dernière rue de Lourcine, et le double assassinat perpétré ce matin même presque sous nos yeux n'a pas non plus fait de victime, sinon la chatte du logis – animal dont la mort, on le sait depuis Molière, est compatible avec le registre comique. Nulle « affaire », par conséquent, puisque les deux « labadens » (ce nom, créé par Labiche, passera dans la langue pour désigner d'anciens camarades de collège), charbon mis à part, ont gardé finalement les mains propres. Méritent-ils pourtant l'absolution ? Apprenant leur présumé forfait nocturne, ils ne songent ni à l'aveu ni au repentir (« Je ne veux plus tuer de charbonnière, c'est trop salissant »), mais uniquement à se laver ou à s'enfuir (« Je cours à la préfecture demander un passeport… et dans un quart d'heure je suis en Amérique »), et décident non moins froidement de supprimer deux témoins gênants : « Tu sais bien, Potard… Couic ! Et Justin ! Couac ! » Car tel est finalement le propos de la pièce : montrer le cynisme dont peut faire preuve, et la frénésie criminelle qui peut saisir le plus banal Monsieur Tout-le-monde dès lors qu'est en jeu sa respectabilité bourgeoise – le meurtre apparaissant comme une véritable conduite magique, affranchie de tout interdit moral. Mais, ainsi qu'à son habitude, le dramaturge gomme cette inquiétante noirceur par une série de contrepoints comiques (Mistingue, ex-« premier prix de vers latins », est passé au latin de… cuisine), de mots d'auteur, et surtout d'heureux hasards qui la rendent inefficace – sans toutefois édulcorer une farce grinçante qui sollicite les metteurs en scène contemporains (P. Chéreau, K.M. Grüber) en quête d'un « autre » Labiche.

● L'Arche, 1989. ➤ *Œuvres complètes*, Club de l'honnête homme, IV ; *Théâtre*, « Bouquins », I ; *id.*, « Classiques Garnier », II.

J.-P. DE BEAUMARCHAIS

AFFAIRE DU GRAND 7 (l'), de L. Hennique. Voir SOIRÉES DE MÉDAN (les).

AFFAIRE LEROUGE (l'). Roman d'Émile **Gaboriau** (1832-1873), publié à Paris en feuilleton dans *le Pays* du 14 septembre au 7 décembre 1865, puis dans *le Soleil* du 18 avril au 2 juillet 1866, et en volume chez Dentu en 1866.

Écrivain jusqu'alors ignoré, auteur d'essais de « petite histoire » (*les Cotillons célèbres*, 1861, à propos des maîtresses royales ; *les Comédiennes adorées*, 1863, au titre sans secret), de physiologie dans le goût du XIXᵉ siècle (*le 13ᵉ Hussards*, 1861 ; *les Gens de bureau*, 1862) ou de romans dans la veine réaliste (*les Petites Ouvrières*, 1862), Gaboriau connut une soudaine célébrité lors de la deuxième publication, dans les colonnes du *Soleil*, d'un roman d'un type nouveau : *l'Affaire Lerouge*.

On a assassiné la veuve Lerouge dans sa maison de Bougival. Dépêché sur place, le commissaire Gevrol conclut au vol ; mais, appelé par le juge Daburon, le père Tabaret, après un relevé précis des indices, reconstitue l'épisode criminel et élimine le mobile du vol. De retour chez lui, il reçoit les confidences d'un de ses locataires, Noël Gerdy, jeune avocat plein d'avenir qu'il considère comme son fils (ignorant les escapades nocturnes du jeune homme chez une ruineuse maîtresse) : celui-ci, qui vit seul avec sa mère, a découvert qu'il était le fils légitime du riche comte de Commarin, substitué, avec l'aide de la mère Lerouge, au fils naturel du comte et de Mme Gerdy. Il a d'ailleurs fait part au vicomte Albert de Commarin, son demi-frère, de cette découverte. Pour Tabaret tout devient clair : c'est Albert qui a tué la mère Lerouge pour éviter qu'elle ne révèle la vérité. Il ne reste plus qu'à le faire arrêter rapidement, ce qu'entreprend volontiers le juge Daburon, éconduit naguère par Mlle d'Arlange, fiancée au vicomte. Interrogé, Albert, tout en protestant de son innocence malgré d'accablants indices, ne peut fournir d'alibi ; Tabaret se met alors à douter de sa culpabilité en dépit de l'acharnement du juge. Heureusement, Gevrol a retrouvé le mari de la « veuve » qui révèle toute l'histoire : en fait il n'y a pas eu de substitution ; dans le même temps Mlle d'Arlange apprend au juge que le soir du crime Albert était chez elle... Les fils se dénouent définitivement lorsque Tabaret rencontre un usurier qui l'informe de la situation financière alarmante de Noël. C'est donc lui qui a tué la veuve, croyant récupérer une place qu'il pensait sienne, et se délivrer ainsi de ses soucis matériels.

On a coutume de voir dans *l'Affaire Lerouge* le premier véritable roman policier – ce que l'on nommait alors un « roman judiciaire ». De fait, tous les ingrédients du genre y figurent : un crime inexplicable, une enquête, des indices, des témoins, des suspects, et, bien sûr, les représentants de l'ordre, policiers officiels (Gevrol, Lecoq) ou amateur (le père Tabaret), un magistrat (le juge Daburon). Pourtant, Gaboriau n'accorde à l'enquête proprement dite qu'une petite partie de son récit ; et loin d'adopter le point de vue du limier comme le fera, par exemple, Simenon (voir *le *Chien jaune*), il préfère celui d'un narrateur extérieur, omniscient, passant au gré de sa fantaisie d'un personnage à un autre. Du même coup, l'attention du lecteur se disperse entre de multiples intrigues – les amours du juge et de Mlle d'Arlange (chap. 6), les aventures du couple Lerouge (chap. 17), etc. – qui se recoupent toutes mais constituent autant de diversions par rapport à l'action principale. Concession au roman-feuilleton qui impose de tirer à la ligne ? Sans doute, car se retrouvent ici nombre de procédés du genre, à commencer par les longs blocs rétrospectifs – monologues intérieurs, confessions, dépositions, etc. – qui permettent d'introduire les personnages et de rattacher leur aventure personnelle à l'intrigue principale. Car, ainsi que le souligne Thomas Narcejac, chez Gaboriau « l'énigme n'est plus dans les choses mais dans les êtres ». Tabaret a beau « construire pièce par pièce un plan d'accusation » (chap. 12) où sa logique se montre aussi aiguë que celle du chevalier Dupin d'Edgar Poe, le raisonnement chez lui importe moins que la confrontation à distance avec l'autre, l'assassin : « Parlez-moi de la chasse à l'homme ! Celle-là au moins met toutes les facultés en jeu, et la victoire n'est pas sans gloire. Là le gibier vaut le chasseur, il a comme lui l'intelligence, la force et la ruse » (chap. 2). Ainsi l'enquête repose-t-elle autant sur l'application « inductive » de lois générales – et c'est pour avoir été « abusé » par un « axiome judiciaire » (c'est-à-dire « À qui profite le crime ? ») que Tabaret s'est d'abord fourvoyé dans la voie de l'erreur judiciaire – que sur l'étude précise de chaque cas psychologique, même si chacun ici tient le rôle auquel la société le destine : le magistrat est intègre et vertueux, le noble hautain, le fils naturel courageux, etc. Vision mélodramatique du monde (le roman fut adapté à la scène par Hippolyte Hostein en 1872) qui montre que la fiction policière, pour s'être détachée du jeu abstrait dans lequel l'enfermait Edgar Poe (*Double Assassinat dans la rue Morgue*), demeure aussi soumise aux lois du romanesque populaire du XIXe siècle. En ce sens, Gaboriau inaugurait bel et bien une « tradition française » du roman policier où le « climat » importait autant que le crime proprement dit. Balzac n'était pas très loin et Zola s'annonçait déjà.

● Liana Levi, 1991.

D. COUTY

AGADIR. Roman de Mohammed **Khaïr-Eddine** (Maroc, né en 1942), publié à Paris aux Éditions du Seuil en 1967. Prix des Enfants terribles 1968.

Salué pour sa force poétique et sa violence iconoclaste par une presse unanime, *Agadir* impose dès son premier livre Mohammed Khaïr-Eddine comme une révélation littéraire à propos de laquelle se voient évoquées des figures aussi prestigieuses que celles d'Aimé Césaire ou de Kateb Yacine.

Prenant pour prétexte la catastrophe tellurique qui anéantit en 1960 la ville éponyme où l'auteur, comme son narrateur, fut, à la suite du drame, un important fonctionnaire, ce roman hallucinatoire qui tient de la parabole s'inscrit en fait dans un lieu quasi abstrait : dépassant le particulier pour atteindre à l'universel, il rejoint l'un des mythes centraux de notre époque, celui de la cité anéantie par une explosion nucléaire, en même temps qu'il exprime l'être même du tiers monde et clame le scandale de son agonie.

Un jeune fonctionnaire est envoyé sur les ruines d'une cité dévastée par un séisme pour, dit l'ordre de mission, « redresser une situation particulièrement précaire ». Il ne trouve, outre des piles de rapports et des requêtes mystérieuses, qu'une nécropole pourrissante où des survivants hagards errent dans les décombres à la recherche de leur maison et de leurs racines. Mais si ceux-ci restent silencieux, anéantis par la catastrophe, les morts, eux, ont tôt fait d'imposer leurs voix troubles et imprécatoires en un théâtre d'ombres, onirique et cruel.

À travers le dialogue contradictoire des spectres familiers – le « chaouch », le « paysan », le « berger », le « gueux », ou encore le « caïd », le « corrupteur » ou le « sergent » –, tente alors de se reconstituer la mémoire brisée de la tribu confrontée à un destin apocalyptique et poussée, du cynisme au désespoir, vers la plus extrême questionnement. À ce forum, où interviennent des animaux symboliques, le « naja » ou le « perroquet », sont également convoqués tant Youssef, le Premier Roi, que la reine Kahina la Berbère, tandis que le « Roi », « personnage petit et sec », se voit soumis à une violente accusation.

Puis s'élève, lancinante mélopée, la voix solitaire d'un homme, un Berbère (le même fonctionnaire qu'initialement ?), qui tente de répondre à la question essentielle : « Faut-il bâtir une ville neuve sur une ville morte ? » Il interroge longuement ses ancêtres pour retrouver son identité, mais ne peut donner comme signalement que : « Profession : rebelle ; Adresse : juif errant », tandis que le Vieillard, figure paternelle, auquel il se confie lui avoue son propre échec : « Je croyais aussi pouvoir aboutir à une ville. Je n'y étais pas arrivé. J'AI ÉCHOUÉ . »

Alors, puisque ici rien n'est possible, ne reste comme solution que de partir, seul, vers un ailleurs : « Je partirai avec un poème dans ma poche, ça suffit. Je t'aime, départ, brassée d'yeux s'ouvrant lentement dans l'aube. »

Jacques Howlett a salué dans *la Quinzaine littéraire* la « liberté rimbaldienne » du départ absolu sur lequel se termine en ouverture *Agadir* et, si l'on en croit Mohammed Khaïr-Eddine lui-même, ce livre a été à l'origine « d'un anéantissement du passé », tant symbolique que réel, puisque sa charge furieuse contre le roi Hassan II lui a interdit depuis lors de vivre au Maroc.

C'est dire qu'il ne saurait s'agir pour le rebelle de reconstruire laborieusement sur les lieux mêmes de la ville détruite, mais bien plutôt d'en appeler à une transformation radicale du monde et des hommes, et de pousser à une remise en question intégrale. Se voient ainsi dénoncés, dans chaque mot, aussi bien la situation politique du tiers monde et l'état de régression, voire de décomposition, dans lequel l'ont laissé les pouvoirs coloniaux, que la réitération de l'aliénation et de l'asservissement par les gouvernements qui leur ont succédé. De ce point de vue, au demeurant, Khaïr-Eddine – comme, de manière plus implicite, Kateb Yacine – revendique sa berbérité doublement opprimée et va jusqu'à expliquer qu'il a éliminé l'arabe « pour avoir l'esprit libre ».

Ce qui le rapproche également de Rimbaud est une démarche essentiellement et délibérément poétique. Mohammed Khaïr-Eddine, ici comme dans ses ouvrages ultérieurs, ne cherche ni à construire un système ni à dévoiler une intelligibilité historique, mais à exprimer, en un geste de révolte totale, sa détermination à partir, avec ses semelles de vent et ses « armes miraculeuses », vers « un pays de joie jeune et rutilante, loin de ces cadavres ».

« Dans *Agadir*, ajoute-t-il encore, j'attaque la société au moyen du langage ; pour moi-même aussi, ce fut une secousse tellurique. » Sa langue impétueuse, telle une coulée de lave, emporte tout sur son passage, rejette le passé, nie les genres, repousse la ponctuation et tord la syntaxe. S'élève alors sur les décombres, puissante et digne à travers un foisonnement d'images, cauchemardesques ou visionnaires, et d'interjections, une voix d'une musicalité rocailleuse qui entre en transe. Sensuelle, érotique, déchirée, obsédée, ivre parfois de sa liberté, elle se fait chant de sang et de mort, interpelle le sacré et la présence, saute de l'anathème au lyrisme, et envoûte. Avec elle, la parole se fait acte absolu.

● « Points », 1992.

L. PINHAS

AGAGUK. « Roman esquimau » d'Yves **Thériault** (Canada/Québec, 1915-1983), publié simultanément à Québec à l'Institut littéraire du Québec et à Paris chez Grasset en 1958.

Sixième roman d'Yves Thériault, *Agaguk* est son texte le plus célèbre ; il figure également parmi les romans les plus lus au Québec dans les années soixante. Traduit en une vingtaine de langues, il assura à son auteur une renommée internationale.

Agaguk, fils du chef Ramook, quitte la tribu et part vivre dans la toundra avec Iriook sa jeune femme. Il retourne au village pour traiter avec un trafiquant dont il a appris l'arrivée. Brown est un homme malhonnête qui fait le trafic de l'eau-de-vie et dépouille Agaguk, lequel se venge en le brûlant après l'avoir arrosé de kérosène. Chez lui, il se tait sur l'événement. Peu après Iriook est enceinte. L'hiver venu, Agaguk se rend au village de la baie d'Hudson pour troquer ses peaux. McTavish, l'employé, exploite les indigènes. Agaguk noie sa frustration dans un mauvais alcool obtenu en fraude. Iriook accouche d'un garçon nommé Tayaout en qui Agaguk met tous ses espoirs. Au village, Henderson arrive pour enquêter sur la mort de Brown et se heurte au silence complice de la tribu mais il compte sur une délation pour connaître la vérité. L'été, Agaguk et sa famille partent chasser le phoque ; les prises sont excellentes. Quand ils sont de retour à la hutte, un mystérieux loup blanc rôde et semble vouloir s'en prendre à Tayaout. Au village, le délateur virtuel, Ayallik, est assassiné et Henderson, acculé à la fuite, meurt. Agaguk, après un sanglant combat avec le loup blanc, tue la bête mais il est gravement blessé. C'est Iriook qui sauve son mari à force de soins patients et qui remplit le rôle de l'homme dans la hutte.

L'été suivant, six policiers arrivent au village. Ramook, impressionné par les Blancs et par l'autorité du chef enquêteur, décide de livrer son fils à qui il fait envoyer en cadeau le fusil qui a tué Henderson. Les policiers viennent interroger Agaguk qui, défiguré par ses blessures, ne peut faire l'objet d'une identification certaine. Iriook, qui apprend seulement le meurtre de Brown, sauve une fois encore Agaguk en prétendant qu'il a disparu. Ramook, chez qui Agaguk avait rapporté le fusil, est finalement arrêté. Le village se trouve sans chef, charge qu'Agaguk refuse par amour pour Iriook et pour la solitude. Sa femme est de nouveau enceinte et Agaguk accepte de laisser vivre le bébé bien qu'il s'agisse d'une fille ; quelques instants plus tard, un second bébé sort du ventre d'Iriook. C'est un garçon.

De sang partiellement montagnais, Yves Thériault s'est fait le romancier des minorités ethniques canadiennes : esquimaude avec *Agaguk*, indienne avec *Ashini* (1960), juive avec *Aaron* (1954) ou scandinave avec *Kesten* (1968). Souvent perçue comme exotique, cette littérature possède un intérêt documentaire certain, dû à l'habileté de Thériault pour faire vivre des mentalités, les rendre familières tout en préservant leur part de mystère. La part informative de ses textes, primordiale, est d'ailleurs clairement annoncée et valorisée, entre autres par la présence de têtes de chapitre composées en langue esquimaude accompagnées de leur traduction française : « Iniksak » (« la Terre promise »), « Angon » (« le Mâle »), etc.

Mais Yves Thériault est avant tout conteur, et sa parole drue, d'une grande sobriété, s'accorde naturellement au genre ; cependant, loin de reprendre les formules codifiées du conte oral, il préfère les personnages aux situations. Le texte fait alterner l'enquête policière, le roman de mœurs et le récit d'aventures dont l'action tient en une tumultueuse suite de conflits, résolus le plus souvent dans la mort. Le style du récit, pourtant, est bien celui de l'oralité. Les phrases interrompues, sans verbe, ou terminées par des points de suspension semblent être une simple transcription de la parole du conteur, une forme d'écriture calquée sur la spontanéité de l'oral et leur accumulation crée l'effet d'une hâte pour arriver au terme du récit.

À travers le personnage d'Agaguk, c'est l'évolution d'un homme qui se détache de sa communauté primitive pour accéder à une morale fondée sur les principes de paix et de respect de l'autre qui est dépeinte ; c'est aussi l'affirmation des valeurs individuelles au détriment des règles collectives. Cette transformation du personnage principal s'effectue sous la conduite patiente et amoureuse d'Iriook. Mais alors que les valeurs traditionnelles assuraient à Agaguk la supériorité du mâle, son évolution le place sous la dépendance de sa femme, qui joue par ailleurs le rôle d'agent de l'assimilation de l'Esquimau à la morale du Blanc.

Yves Thériault s'intéresse à la part sauvage en l'homme, à son aspect primitif. Mais le primitivisme de ses personnages tient souvent au milieu où ils évoluent, à la sauvagerie de la collectivité qui est la leur. L'homme primitif parle peu, il donne la préférence aux gestes (« Où trouver des mots quand des gestes suffisent »), il ne raisonne pas, ne porte pas de jugement : l'attitude prime le discours. Agaguk est présenté à travers ses gestes, ses actes, jamais de l'intérieur. Si le personnage manifeste un caractère héroïque et épique, il apparaît également comme un être de parade, miné par l'inconsistance, dépourvu d'intériorité. Ce qui prime chez lui, c'est la jouissance physique : témoin, la scène de lutte qui l'oppose au loup blanc. Cette bête étrange qui déjoue toutes les règles connues du comportement de sa race est présentée comme l'égal d'Agaguk dans la maîtrise de la ruse, de la patience, de la puissance et l'usage de rituels pour affronter les forces adverses. Le loup blanc est l'équivalent de l'homme.

Agaguk est un roman heureux qui se situe dans un ailleurs et un passé où l'héroïsme est encore une valeur fondamentale qui côtoie une morale importée.

● Montréal, Éditions Quinze, 1981.

C. PONT-HUMBERT

AGAR. Roman d'Albert **Memmi** (Tunisie, né en 1920), publié à Paris chez Buchet-Chastel/Corrêa en 1955, réédité avec une Préface de l'auteur chez Buchet-Chastel en 1963.

Le deuxième récit d'Albert Memmi apparaît comme l'un des prolongements du premier roman, la **Statue de sel*, véritable matrice de l'œuvre, dans un mouvement à la fois de rétrécissement, puisqu'il s'attache exclusivement à l'un des thèmes en germe dans la *Statue de sel*, et d'approfondissement, dans la mesure où il décrit et analyse, de façon précise, selon les exigences du témoignage, toutes les composantes de ce thème.

À Paris, un jeune médecin juif tunisien épouse Marie, étudiante française et catholique originaire d'Alsace, rencontrée à la Cité universitaire. Le jeune couple s'installe à Tunis où toute la famille, émue et curieuse, observe cette jeune femme mince et blonde, à la peau rose, qui de son côté découvre les youyous, le couscous, les boulettes de pois chiches, les odeurs et le soleil (chap. 1). La réussite sociale du fils suscite orgueil et respect mais les attentes ne sont pas suivies d'effet : le jeune médecin sans clientèle est vite regardé comme un raté tandis que sa femme ne supporte plus la ville, les conversations en patois et la « barbarie » des mœurs familiales qu'elle subit jour après jour comme une lente et implacable usure (4). L'installation du jeune couple dans la banlieue de Tunis ressemble à une fuite et scelle les murs de leur prison à deux. Une solitude voulue par Marie mais insupportable à son mari (6). La venue d'un enfant ne fait qu'exacerber les différences et réveille le démon de la religion : faut-il circoncire le petit garçon, lui donner le prénom de son grand-père comme l'exige la tradition (7) ? Le héros, déchiré entre sa femme et son milieu familial, ne peut choisir et finit par perdre l'une et l'autre, incapable de trancher, pris dans des mensonges et des contradictions insolubles qui signent son rejet du groupe et l'échec de son couple.

Le mariage forme un motif essentiel de l'œuvre d'Albert Memmi pour autant qu'il constitue « une des rares chances de rompre la solitude » (Préface de 1966 au *Portrait du colonisé*) ; la solitude, le rejet, le ghetto constituent par ailleurs un des fondements thématiques de cette œuvre essentiellement préoccupée des réactions et des solutions de l'individu face à l'aliénation et à la dépossession.

Le mariage mixte, dans ce contexte, apparaît comme une solution « idéale » puisqu'il concilie la découverte de l'altérité et l'affirmation de soi. En réalisant la fusion de deux parties contradictoires de son moi – la sensibilité orientale qui a modelé sa petite enfance, et les valeurs européennes auxquelles il a adhéré pour atteindre l'universel –, le héros pense ramener à lui et concilier avec son « terreau » le fruit d'une aventure française acceptée, assimilée et scellée par son mariage avec Marie. La réussite impliquerait toutefois une véritable synthèse qui ne retiendrait des deux univers que les valeurs les plus nobles ; or c'est le pire et le plus contradictoire des deux cultures qui va insidieusement s'imposer.

En revenant dans son pays avec son épouse française qui joue le rôle du témoin, le héros espère accepter les siens sans arrière-pensées tout en conjurant le risque de la « lente reprise par le passé, la famille ». Mais, par les yeux de Marie, il revoit la Tunisie en étranger, et *Agar* devient le récit d'un homme et d'une femme qui souffrent l'un par l'autre, qui échouent dans leur entreprise de bonheur – malgré l'amour qui les unit –, et qui symbolisent le drame de l'incommunicabilité. Car il est évident que l'histoire d'*Agar* possède une portée universelle. Elle se veut représentative d'une situation sociologique, psychologique, voire politique puisque, par le biais du mariage mixte, c'est aussi le problème du racisme, de la « différence » qui est posé de façon sous-jacente. Son échec, le héros le porte en lui dès lors qu'il ne parvient pas à faire la part des sacrifices nécessaires – « Je n'avais rien résolu, j'avais seulement rapproché, menaçantes, l'une en face de l'autre, les deux parties hétérogènes de moi-même » – ni à prendre parti. En voulant être aimé et accepté à la fois par sa femme et par sa famille, il fait naître un insidieux racisme qui consacre sa perte.

Ce bref roman, dépouillé de toute description inutile et centré sur l'analyse des sentiments, se situe dans la veine des romans-témoignages. La littérature, *Agar* le prouve suffisamment, est pour Memmi un moyen de dévoilement et de combat, à travers le récit d'une expérience à la fois particulière et exemplaire : la référence biblique de son titre en témoigne. Agar rappelle le nom de la servante égyptienne de Sara, femme d'Abraham, qui donna un enfant à celui-ci et qui fut plus tard chassée avec ce fils dans le désert. Ce nom porte au niveau du symbole l'histoire de Marie, étrangère et mère d'un enfant « bâtard » puisqu'il n'appartient à aucune des deux cultures qui se déchirent à travers ses parents.

Par-delà les langues, les couleurs de peau, les cultures, les histoires individuelles et culturelles, la cohabitation existe et le mariage mixte en est un exemple particulièrement fort puisqu'il suppose une proximité unique, une fusion totale où sont conjugués les deux rapports de dépendance et de domination inhérents au couple. Mais, dans le cas d'*Agar*, l'une des deux cultures en présence a été dominée et mise en état d'infériorité par l'autre, ce qui ne peut qu'exacerber la tension dans la relation dominant-dominé. Ce roman reste, quarante ans après sa publication, d'une étonnante actualité ; en 1984, Albert Memmi soulignait dans une nouvelle Préface : « Cette nouvelle édition française survient alors que la France compte quatre millions d'étrangers légaux. Si l'on y ajoute les naturalisés récents, les enfants d'immigrés, leurs alliés et leurs conjoints précisément, on découvre que la société française doit faire face à des problèmes pour elle inédits : comment cohabiter avec tous ces gens venus d'ailleurs ? Comment intégrer si rapidement tant d'habitudes, rituelles et mentales, de manières d'être, différentes quelquefois jusqu'à l'étrangeté ? »

● « Folio », 1984.

C. PONT-HUMBERT

AGATHONPHILE ou les Martyrs siciliens. Roman de Jean-Pierre **Camus** (1584-1652), publié à Paris chez Chappelet en 1621.

L'ouvrage est divisé en trois parties. L'action se déroule au IVe siècle, quand Dioclétien va déclencher les persécutions contre les chrétiens. Le cadre en est la Sicile où le prêtre Philargyrippe de Pise a abordé à la suite d'un naufrage ; il s'y trouve en compagnie de deux jeunes amants, Agathon et Tryphine, chrétiens comme lui. Emprisonnés à ce titre par les Siciliens, ils occupent le temps à raconter leurs histoires respectives : le récit de Philargyrippe représente à lui seul plus de la moitié du livre. Agathon raconte ensuite son histoire et celle de Tryphine. L'issue du roman sera le martyre des trois chrétiens.

L'essentiel du roman est la biographie de Philargyrippe : c'est le destin de ce parfait chrétien que le prélat romancier a voulu retracer. Mais, pour sacrifier à la mode du romanesque de son temps, et sans doute pour s'attirer les lecteurs, Camus n'a pas pu faire l'économie de l'histoire des deux amants, dignes du « roman grec ». La structure de l'œuvre répond aux exigences du roman héroïque : début *in medias res*, puis éclaircissements apportés par des récits qui ramènent le lecteur en arrière. Ce « roman sacerdotal catholique » (selon l'expression de Pierre Sage), qui est le premier du genre, est aussi un des premiers romans de Camus. Face à sa production « réaliste », celle des histoires tragiques qui cherchent à convertir par l'horreur et par la vision des maux et des vices, la veine dévote de Camus veut faire naître dans les cœurs l'amour du bien et du beau par le récit d'histoires édifiantes : *la Mémoire de Darie* (1620) avait inauguré le genre. Camus le définit et le défend dans son *Éloge des histoires dévotes pour la défense et intelligence d'« Agathonphile »* (qui est édité à la suite du roman) : « Ce genre d'écriture historique a des grâces toutes particulières ; et, selon mon jugement, des honnêtetés, des utilités et des délices non pareilles. » Il y insiste sur la modernité de l'histoire de Philargyrippe, en affirmant qu'il n'a fait que « l'habiller à l'antique », « transportant à Rome ce qui est advenu en notre France ». Peut-être faut-il voir dans certains aspects de ce personnage des traits autobiographiques : les calomnies qui attaquent Philargyrippe et qui le poussent à s'exiler seraient-elles le souvenir d'un épisode de la jeunesse de Camus ? Certains commentateurs le pensent. L'essentiel est que, aux yeux du romancier, tout le pathétique des situations soit ancré dans une réalité, et non pas dans une lointaine fiction. Son souci d'« historien » – qui se confirmera dans l'écriture de nouvelles tragiques – le pousse à fuir le pur romanesque, ces « romans d'amour » auxquels il reproche de ne conter « que de pures fables plus ridicules que celles des poètes anciens ».

Agathon, dont le nom évoque le bien par excellence, comme le note Camus, doit d'ailleurs attirer l'attention du lecteur vers l'inspiration que le romancier a pu trouver du côté de l'**Astrée*. Il semble en fait dialoguer avec d'Urfé, dont il ne pouvait que condamner la religion syncrétique, et c'est sans doute une « *Astrée* chrétienne » qu'a voulu écrire Camus : les villageois ne sont-ils pas convertis par l'attitude exemplaire d'Agathon et de Philargyrippe face au prêtre païen ? Tout ce que le romanesque semblait avoir de fécond pour des inspirations aussi diverses et aussi neuves annonce le poids que prendra peu à peu le genre dans la tradition littéraire : plastique et porteur de toutes les formes, il ne pouvait que séduire l'ami et le disciple de saint François de Sales. La vie dévote méritait, selon Camus, de figurer aussi dans le registre romanesque, porteur de tant de prestiges et si séduisant pour les meilleurs esprits du temps. À ce titre l'*Agathonphile* est un témoin privilégié de l'esprit de reconquête qui animait la spiritualité catholique des premières années du XVIIᵉ siècle.

● Genève, Droz, 1951 (édition partielle, p.p. P. Sage).

E. BURY

ÂGE D'HOMME (l'). Essai de Michel **Leiris** (1901-1990), publié à Paris chez Gallimard en 1939.

La rédaction, commencée en 1930, fut achevée en 1935. En 1946, l'auteur ajouta à ce texte en guise de préface un court essai intitulé « De la littérature considérée comme une tauromachie » dans lequel il reconnaît, sept ans après la parution du livre, que « [son] véritable âge d'homme [lui] reste encore à écrire ».

Le livre est divisé en neuf parties, une première sans titre ni numéro et les huit autres numérotées et titrées, comprenant chacune (sauf la I et la VI) plusieurs sous-chapitres eux-mêmes titrés. Après un bref autoportrait sans complaisance, l'auteur nous présente une première « galerie de souvenirs » tirés de sa petite enfance et souligne la place prépondérante tenue un peu plus tard dans sa vie par la fréquentation assidue des spectacles (d'opéra en particulier) où l'emmenaient ses parents (I. « Tragiques »). Joue également un rôle majeur dans sa formation une attirance marquée pour les allégories (pour la plupart tirées de l'Antiquité), « belles images figées » évoquant souvent une scène sexuelle au dénouement plus ou moins violent (II. « Antiquités »). Cela le conduit à classer les faits de sa vie en deux grandes catégories, placées chacune sous la tutelle d'une de ces deux impressionnantes figures féminines que représente un tableau de Cranach : « Lucrèce » (III) et « Judith » (IV). Du côté de Lucrèce, tout ce qui ressortit au désir d'expier, à la peur de devenir la victime qu'on va sacrifier ; du côté de Judith, la fureur vengeresse que la femme peut exercer (V. « La Tête d'Holopherne ») et les dangers qu'elle fait courir à ceux qui s'en approchent. Suit une longue énumération de toutes les « Judith » que l'auteur a rencontrées (VI. « Lucrèce et Judith »). Il évoque pour terminer son amour pour Kay (l'« initiatrice »), ses premiers travaux poétiques, son mariage en 1926 (VII. « Amours d'Holopherne ») et la nécessité qu'il éprouva de se soumettre, après quelques « déboires », à un traitement psychanalytique qui a duré un an et qui lui a permis, semble-t-il, d'achever le livre (VIII. « Le Radeau de la Méduse »).

« Il ne peut, tout compte fait, s'agir d'écrire que pour combler un vide ou tout au moins situer, par rapport à la partie la plus lucide de nous-mêmes, le lieu où bée cet incommensurable abîme » : phrase-programme pour qui va en effet tenter de faire coïncider, dans ce premier essai d'autobiographie, désir d'écrire et volonté de pallier un réseau d'insuffisances douloureusement ressenties. Écrire pour s'assurer un territoire stable et délimiter les frontières au-delà desquelles l'effondrement deviendra inévitable, apprendre progressivement jusqu'à quel point indépassable on peut côtoyer cette béance de l'être et procéder ainsi à un repérage des lieux où le risque, quoique réel, reste mesuré (à cet égard, la littérature peut-elle vraiment être comparée à la tauromachie ?), tel est le dispositif en « porte-à-faux » que l'écrivain s'efforcera en effet d'échafauder dans ce livre. Pour lui cela consiste d'abord à donner une forme familière, reconnaissable, un fondement objectif aux peurs et obsessions qui le hantent jusqu'au malaise : peur de vivre, peur de souffrir et de mourir, peur de l'autre, répugnances et phobies diverses par lesquelles il se sent entravé. Il accorde, de ce point de vue, une vertu magnétique à l'image sous toutes ses formes : de la gravure

d'Épinal à l'allégorie, autant de représentations-aimants où vont venir s'agglutiner, pour exorciser l'angoisse en la confinant, les multiples manifestations de sa difficulté de vivre. Leiris vise donc à introduire un peu d'ordre dans la confusion de son existence sans se plier toutefois aux contraintes de l'autobiographie traditionnelle. Il ne cède pas systématiquement, par exemple, aux artifices édulcorants de la chronologie. Car il n'est pas tant question pour lui de raconter son passé que d'y découvrir l'origine de cette impression d'être « rongé » de l'intérieur. Compréhension qui lui permettra peut-être d'enrayer l'« effritement » dont il s'estime menacé et, en élaborant les motifs d'une édification de soi plus satisfaisante, de connaître enfin son « âge d'homme ». Cette construction passe par l'identification et la fixation d'une série de « mythes » personnels, points de référence sur lesquels s'appuyer « parce qu'eux seuls permettent de vivre ». Dans ce livre, Leiris accorde une large place au féminin, figure prédominante de l'altérité et du risque, symbole de la sexualité et de l'amour ressentis comme une irréversible blessure. Dans cette optique, céder à la tentation de l'écriture revient à s'abolir dans les mots pour conjurer, par le biais d'une théâtralité bien tempérée, la disparition réelle tant redoutée. Mais ce superbe récit où la douleur d'être se mue en style, doit se lire aussi comme un besoin d'ouverture, d'abord parce que le désir de se dire, en sécrétant un inassouvissement chronique, crée les conditions de sa propre relance, et ensuite parce que, dans cet échange ritualisé, l'écrivain montre au lecteur la voie d'une possible réorientation pour aboutir à une meilleure « pratique de la vie ».

● « Folio », 1973.

G. COGEZ

ÂGE DE RAISON (l'). Voir CHEMINS DE LA LIBERTÉ (les), de J.-P. Sartre.

AGIOTEURS (les). Comédie en trois actes et en prose de Florent Carton, sieur d'Ancourt, dit **Dancourt** (1661-1725), créée à Paris à la Comédie-Française le 26 septembre 1710, et publiée à Paris chez Pierre Ribou la même année.

Zacharie est un usurier, et son filleul Trapolin un agioteur, qui, malgré son ignorance crasse, a fait fortune. Mme Sara veut épouser Trapolin et marier sa nièce Suzon à Zacharie. La jeune fille, riche grâce à une donation de son oncle et indépendante, est résolue à se marier le jour même, non pas avec Trapolin, ni avec Zacharie, mais plutôt avec Clitandre, un jeune officier (Acte I). À Trapolin se sont associés Dubois, son cousin, qui a été au service d'un président, Croquinet et le procureur Durillon. Les trafics sont mis en évidence par les plaintes de Cangrene, puis de son créancier, Dargentac, et par les supplications de la Baronne (Acte II). Clitandre survient : il a perdu sa commission à l'armée par la faute de Trapolin, qui l'a ruiné. Nouveaux trafics avec Mme Malprofit, Dargentac, Dandinet. Clitandre réussit à son tour à ruiner Trapolin, que Zacharie renie. Suzon triomphe, ainsi que Clitandre : il épouse la jeune fille et est rentré dans ses fonds. Mme Sara renonce à Trapolin et se console avec Zacharie ; Dubois va reprendre du service chez le président (Acte III).

On a souvent vu dans cette comédie une œuvre « prébalzacienne ». Comme le créateur de la *Comédie humaine*, Dancourt prend un visible plaisir à présenter une analyse méthodique des affaires d'argent en son temps, notamment l'« agiotage » – ou trafic entre monnaie métallique et papier-monnaie –, qui permettait d'importantes plus-values. Il faut avouer que cette technicité est un peu lassante et que le lecteur (et encore davantage le spectateur) moderne s'ennuie vite à ces échanges compliqués d'or et de papier. La comédie – c'est le charme et aussi le défaut de Dancourt – s'éparpille en notations discontinues : l'intrigue, qui paraît solidement nouée lors de l'exposition (les mariages possibles de Mme Sara et de Suzon) se disloque bientôt, et nous n'avons plus que des sketches qui présentent une galerie de marionnettes et une sorte de cours sur l'agiotage pendant la guerre de Succession d'Espagne. Quand on parvient à bien comprendre les démarches des financiers, ces scènes paraissent assez plaisantes, avec des valets qui s'enrichissent, des officiers et baronnes qui se ruinent au jeu, des procureurs véreux, de jeunes nigauds qui veulent s'émanciper de l'autorité parentale. Les Agioteurs, avec Zacharie et Mme Sara (veuve fort riche d'un fripier usurier), sont aussi l'une des premières œuvres françaises où ce qu'on peut appeler l'antisémitisme apparaît : les juifs sont malhonnêtes et font fortune. Faut-il penser aux premières traductions de Shakespeare, et au Shylock du Marchand de Venise ? Gobseck non plus n'est pas loin, mais cet antisémitisme demeure discret : au dénouement, Zacharie et Sara sont moins sévèrement jugés, et moins punis, que Trapolin.

Peut-être Becque se souviendra-t-il de cette pièce dans les *Corbeaux. On peut penser toutefois qu'avec sa simplicité, sa force presque mythique et la solidité de son intrigue, *Turcaret nous donne des milieux d'affaires de la fin du règne de Louis XIV une image bien plus impressionnante.

● « Pléiade », 1992 (Théâtre du XVIIᵉ siècle, III, p.p. J. Truchet et A. Blanc). ➤ Œuvres de théâtre, Slatkine, III.

A. NIDERST

AH QUEL CONTE ! Conte politique et astronomique. Récit
« oriental » de Claude Prosper Jolyot de **Crébillon**, dit Crébillon fils (1707-1777), publié simultanément à Bruxelles chez Vasse frères et à Paris chez Mérigot en 1754.

Il y a dix siècles, à la cour du prince Schézaddin Télaïzé, au royaume d'Isma, dans la presqu'île de Camansour, le prince était vertueux, les courtisans et les femmes aussi. – « Ah quel conte ! s'écria la sultane ». À quoi le narrateur, le vizir Moslem, réplique que le sultan Schah-Baham, grand amateur de contes, lui demande de l'extraordinaire, et même de l'incroyable… Il s'agit donc des aventures que la fée Tout-ou-Rien infligea jadis à Schézaddin, convaincu d'inconstance à son égard, et à son favori, le pédant Taciturne, coupable de l'avoir incité à ces noirceurs antiféminines. On apprend comment la fée se fait aimer du prince en visitant ses rêves, comment ils s'adorent, comment il se dégoûte d'elle lorsqu'elle lui avoue son stratagème, comment elle tente de le reconquérir, comment elle le rend amoureux fou d'une princesse transformée en oie, tandis qu'une grue tente de séduire Taciturne, comment ces étranges volatiles princiers ont été métamorphosés par le vilain génie Plus-Vert-que-Pré, rival du Roi des Terres Vertes devenu Autruche, comment Schézaddin emporte le cœur de son oie contre un dindon ex-Prince des Sources Bleues, comment la Reine des Îles de Cristal, de prude devint grue, comment la décision d'épouser une oie agite la Chambre des lords et celle des communes au royaume des Terres Vertes, et moult autres choses merveilleuses…

Dans ce conte qui a les dimensions d'un long roman, Crébillon renoue avec l'esprit et la forme de son fameux *Sopha : cadre oriental, ressorts merveilleux, narration orale scandée par les interventions d'un sultan savoureusement stupide et d'une sultane acide, histoires insérées (celles du Roi Autruche, de la Reine des Îles de Cristal); analyse et satire des mœurs amoureuses contemporaines, portraits, érotisme élégamment gazé, et peut-être glacé. Tous les éléments du libertinage crébillonesque, y compris la thématique de l'impuissance, centrale dans l'histoire de la Reine des Îles de Cristal, reviennent avec force dans cette fable brillante mais sans doute un peu trop longue.

Crébillon n'a pourtant pas voulu refaire le Sopha. En témoignent le large appel aux ressources de la féerie, et surtout la dimension burlesque et politique, totalement absente du Sopha. Ah quel conte ! enveloppe en effet d'explicites allusions politiques dans une parodie des romans héroïco-sentimentaux du siècle précédent, toujours

lus sous des formes abrégées, mais sans doute aussi des romans de l'abbé Prévost, qui succéderait ainsi, comme cible de l'ironie de Crébillon, à Marivaux. À tout le moins, son récit est une évidente parodie (on en sait le succès sur la scène des Italiens et de la Foire), du genre épico-tragique. C'est ainsi que Plus-Vert-que-Pré et le Roi des Terres Vertes se déclarent la guerre parce que ce dernier refuse de céder son plat à barbe prophétique, avant de se faire battre à plate couture par une armée sous commandement d'une tête à perruque (en bois donc). La septième partie ne cache pas ses allusions à la politique anglaise : le « lord Taciturne » s'allie avec Quamobrem, chef de l'opposition, pour contrer le Roi et son vizir, qui achètent les principaux dirigeants de l'opposition… Ah quel conte ! tente donc de fondre le libertinage, le féerique, le burlesque et le politique, plus de dix ans avant la *Princesse de Babylone de Voltaire.

➤ Œuvres complètes, Slatkine, I.

J. GOLDZINK

AHASVÉRUS. Poème dialogué en prose d'Edgar **Quinet**
(1803-1875), publié à Paris au Comptoir des Imprimeurs réunis en 1833. Des fragments avaient paru dans la Revue des Deux Mondes du 1ᵉʳ octobre.

Quinet reprend ici, bien avant Eugène Sue (*le Juif errant), la légende du voyageur maudit que seuls quelques romans, une chanson de Béranger et un bref opuscule de colportage (l'Admirable histoire du Juif errant, qui depuis l'an 33 jusqu'à l'heure présente ne fait que marcher) avaient fait connaître en France, alors qu'elle avait déjà inspiré Goethe et Schubart. L'histoire d'Ahasvérus s'inscrit dans l'entreprise d'écriture d'une épopée moderne, à laquelle Quinet se consacrera encore avec *Napoléon (1836) et *Prométhée (1838), brossant une sorte de trilogie dont les tableaux illustrent « la tragédie universelle qui se joue entre Dieu, l'homme et le monde ». Le registre épique est d'ailleurs favorisé par une réflexion sur l'histoire des religions (De l'origine des dieux, 1828 ; le Génie des religions, 1841) et sur la poétique (Des épopées françaises inédites du XIIᵉ siècle, 1831 ; De l'histoire de la poésie, 1836).

Dès 1822, Quinet avait composé les Tablettes du Juif errant ou ses récriminations contre le passé, sans préjudice du présent, écrites par lui-même (1823, jointes ensuite aux réimpressions d'Ahasvérus), où, de son propre aveu, il « n'avait vu encore que le côté ironique, superficiel de la légende » et n'avait pas en fait osé traiter sérieusement ce grand sujet (Avertissement de 1857). Œuvre prosaïque, les Tablettes s'ordonnent en cinq chapitres, et donnent la parole au Juif, qui retrace ses pérégrinations, de Jérusalem à Athènes d'abord, où il rencontre les chefs des différentes sectes philosophiques, et fait l'amour avec la Pythie. De là il se rend à Rome, puis on le retrouve dans un monastère, aux croisades, pendant la guerre de Cent Ans et enfin au Siècle des lumières. Tribulations rapidement narrées, remarques ironiques, dialogue avec le lecteur : on est loin de l'ampleur et de la tonalité d'Ahasvérus. Il suffit de comparer la désinvolture cynique finale du héros (« Si je connaissais moins les hommes, je croirais avoir acquis par tant d'infortunes un droit d'inviolabilité […]. Mieux avisé […] je vais m'asseoir tranquillement sur le rivage, en attendant, pour passer, que les eaux soient écoulées ») au chant de grâce d'Ahasvérus : « Quand je serai à la cime du monde, je me ferai un ermitage pour vous voir arriver. Ma chapelle sera teinte de la couleur du soleil. Son toit sera d'azur, et je ferai résonner ma cloche, comme la foudre, pour vous appeler de plus loin, si vous êtes égarés. »

Divisé en quatre journées coupées de trois intermèdes et encadrées dans un Prologue et un Épilogue, le drame, « représentation sacrée », commence 3 500 ans après la fin des temps. Dieu veut créer un monde meilleur, et demande aux archanges de représenter le vieux monde aboli et de rejouer la comédie du passé. Chaque époque parlera son langage, tous les éléments auront leur voix. Se retrace alors la continuité de l'espèce humaine... « La Création » nous mène jusqu'à la venue du Christ. Les divinités se disputent le monde, mais accourt Jérusalem qui annonce la bonne nouvelle. Le soleil de l'antique Orient s'obscurcit ; le jour de l'Occident se lève.

Le premier intermède est une danse de démons qui critiquent la Création et ridiculisent le premier acte de la céleste comédie. « La Passion » montre la première rencontre du Christ montant au Calvaire et d'Ahasvérus, et la malédiction du Juif condamné à errer. Ahasvérus se met en marche vers l'Occident, sans pouvoir se reposer, alors que l'Éternel lance les Barbares contre le vieux monde romain.

Dans le deuxième intermède, le hennissement des coursiers d'Attila évoque au Poète les chevaux des batailles françaises de la campagne d'Italie. « La Mort » nous entraîne au Moyen Âge. Mob (la Mort) tue les illusions d'Ahasvérus et raille ses idéaux, mais Rachel, ange banni devenu une femme, qui incarne sur terre l'amour idéal, prend pitié du maudit. Ayant trouvé un cœur consolateur qui l'aime, Ahasvérus peut enfin se reposer à Worms. Au voyage sans fin succède l'agitation convulsive d'une âme qui souffre. L'un des plus beaux passages du poème chante la cathédrale de Strasbourg, livre ouvert, image du Christ.

Dans le troisième intermède, le Poète nous entretient de lui-même et retrace sa Passion personnelle, repassant par les lieux marquants de sa vie, comme l'église de Brou, sanctuaire du pays natal, revoyant, dans ce retour aux origines, la figure de la femme aimée d'un amour impossible, Sophie Duvant, la dédicataire du poème. « Le Jugement dernier » enfin est tout entier consacré à l'avenir. Le cosmos semble dépérir, l'esprit de Mob dissout le monde ; Rachel, seule, a conservé la foi. Elle aide Ahasvérus à boire le calice de douleur que lui a légué le Christ sur le Calvaire. Sonne la dernière heure du monde : toutes les grandes cités de l'Histoire se lèvent, et, à la voix de la trompette, le Poète soulève aussi la pierre de son sépulcre. Cependant, sur le monde en ruines, les destinées de Rachel et d'Ahasvérus s'accomplissent. Ils sont jugés les derniers. Le Christ bénit dans le Juif « le pèlerin des mondes à venir ». Suivi de Rachel, Ahasvérus entreprendra un voyage initiatique qui le conduira vers la source des siècles et l'Avenir régénéré. On n'entend plus qu'une douce harmonie, ineffable concert.

Dans l'Épilogue, Dieu est mort, il ne reste au firmament que Jésus, qui lègue les mondes à l'Éternité, laquelle lui prédit une nouvelle incarnation et une nouvelle Passion. Il retrouvera un nouveau ciel. Le « moi » de l'Éternité solitaire, remplissant les abîmes de l'infini, est le dernier mot de l'épopée dithyrambique, vision rappelant les accents de Ballanche (la *Vision d'Hébal*, 1831), mais qui en sublime la grandeur littéraire.

Le récit archétypal rencontre la philosophie de l'Histoire de Quinet, où l'humanité « s'en va, en présence de l'univers muet, cheminant de ruines en ruines, sans trouver où s'arrêter » (*Essai sur les œuvres de Herder*, 1827). La fable du Juif errant devient alors mythe littéraire, récit d'une palingénésie progressive. Tout erre, du cosmos à l'homme, et la suite des âges se résout en multiples réfractions d'une Passion de l'humanité. Retournement de la légende donc, où l'interminable marche d'Ahasvérus devient quête initiatique de l'absolu. Racheté par l'amour de Rachel, idéal intercesseur, le Juif est ainsi conduit à une illumination et à une réconciliation. Si avec le pardon du Christ glorieux, le Juif reçoit la mission d'être le nouvel Adam d'une humanité assurée de la rédemption, le Christ devant revivre une Passion et une mort nouvelles, il parachève le mythe où s'allient l'histoire sainte et personnelle du Poète, le progrès de l'humanité vers l'émancipation par l'esprit.

Mythologie de l'Histoire, mais aussi mythologie poétique. Développé en quatre journées embrassant la totalité temporelle, le mystère rassemble le temps de l'Écriture. Prolongement de l'*epos* au-delà du temps théâtral et liturgique, Prologue et Épilogue évoquent le temps de l'écriture poétique, éternité créatrice. Les intermèdes, distanciation où se jugent le spectacle et le poème en train de se faire, démultiplient les points de vue. *Ahasvérus* se fait alors œuvre totale, sorte de métapoème mettant en scène une métahistoire. Orchestration des thèmes liés au noyau central de la légende, œuvre gigogne, le texte traduit, par les sortilèges des médiations de l'imaginaire, « les relations que l'homme entretient avec le monde, et que les peuples entretiennent avec leur histoire et leurs dieux ».

Nouvelle *Imitation de Jésus-Christ*, épopée du Christ recrucifié, comme le seront *Napoléon* et *Prométhée*, trajet

d'une initiation, comme le sera aussi *Merlin l'enchanteur* (1860), *Ahasvérus*, oratorio parlé, convoque de manière hugolienne de nombreuses figures, auréolées des prestiges de la symbolisation et de l'allégorie. Dialogues, narration, chœurs, tirades, chants : la variété des discours et des formes anime ce texte, point nodal de l'univers mythique d'Edgar Quinet. Emblème des épopées romantiques, s'y déploie l'ambition humanitaire, métaphysique et cosmique d'un visionnaire et d'un démiurge.

En 1834, Merville et Maillan présenteront un *Ahasvérus* au théâtre de l'Ambigu-Comique, panorama de l'histoire du monde, où Satan apparaît sous les traits de Louis-Philippe, et où le Juif, roi de l'argent écrasant les opprimés, manipule diaboliquement la comédie. Aux antipodes de Quinet, on s'oriente vers l'antisémitisme socialiste de Toussenel (*les Juifs, rois de l'époque*, 1845).

● Genève, Slatkine, 1982 (réimp. éd. 1834, p.p. C. Crossley).

G. GENGEMBRE

AIGLE À DEUX TÊTES (l'). Pièce en trois actes et en prose de Jean **Cocteau** (1889-1963), publiée à Paris chez Gallimard en 1947, et créée à Bruxelles en 1964.

Au château de Krantz, dix ans après la mort de son époux Frédéric, la Reine est seule dans sa chambre. Soudain, un jeune homme blessé fait irruption. C'est Stanislas, un anarchiste. La Reine le cache à sa police bien qu'elle apprenne de sa propre bouche qu'il est l'auteur de textes subversifs et qu'il était venu avec l'intention de la tuer. Aussi idéaliste qu'elle, ce jeune poète, qui ressemble trait pour trait au roi Frédéric, ne tarde pas à succomber au charme de la souveraine (Acte I).

Celle-ci congédie sa lectrice, Édith de Berg, et prend le jeune bandit à son service. Bientôt elle lui avoue à son tour qu'elle l'aime. Mais la cour, avec ses manœuvres secrètes, referme son étau sur ce couple hors du commun (Acte II).

Démasqué par le comte de Foëhn, Stanislas est acculé au suicide. Il s'empoisonne. La Reine ne saurait alors lui survivre : elle feint de ne plus l'aimer et de s'être contentée de jouer avec ses sentiments. Hors de lui, Stanislas la poignarde, juste avant d'expirer. Elle-même, avant de mourir dans les bras de son amant, lui révèle qu'elle n'a jamais cessé de l'adorer. Le couple, ainsi réuni par la fatalité, justifie le titre de la pièce et ne forme plus qu'un seul corps : l'aigle à deux têtes (Acte III).

S'inspirant librement du mythe tragique des maisons d'Autriche et de Bavière, Jean Cocteau invente pour sa pièce des personnages romantiques, mettant le dédain des normes sociales au service d'une valeur suprême : la poésie. Une reine de tempérament libertaire et un jeune plébéien d'esprit royal s'y affrontent jusqu'à ce qu'ils reconnaissent dans leur antagonisme même l'expression de leur amour. Amour fait de haine et de violence, où les rapports de force s'inversent et qui ne peut aboutir, comme toutes les grandes passions symboliques, qu'à la mort. Ultime initiation, celle-ci réalise, par-delà les contraintes de la vie matérielle, la fusion des âmes.

Reine mystérieuse, « au visage si beau qu'il fait peur », « rayonnant de poignards comme une vierge espagnole », l'héroïne apparaît comme un personnage héraldique, attirée par le désordre, la provocation non conformiste, la folie. Livrée à la solitude sur cette épave qu'est le château de Krantz, elle peut flotter, comme le couple incestueux des *Enfants terribles*, « à la dérive sur l'éternité ». Créatrice, comme Orphée, de sa propre légende, elle poursuit son rêve et lui sacrifie sa vie qu'elle mue ainsi en destin.

Drame psychologique aux accents hugoliens, drame de l'individu en quête de son identité, *l'Aigle à deux têtes* propose aussi une vision originale de la politique et des rapports sociaux. Dominée par les hypocrisies de l'étiquette, par l'intrigue, par les rivalités personnelles, la vie de cour se présente comme l'archétype des institutions qui sont toujours, dans l'œuvre de Cocteau, perverses et aliénantes. Le scandale qu'introduit le poète, l'aspiration à une vie sauvage, la rébellion instinctive contre l'ordre établi, mais aussi l'hypertrophie de l'égoïsme : autant de cris à travers lesquels l'homme exprime sa révolte, sa soif de bonheur, son ardent besoin de liberté. L'aigle décapité, le tumulte des passions s'estompe dans la nuit. Le monde reprend son allure routinière. Est-il indifférent ou transformé par les bouleversements affectifs dont, en quelques heures, il a été le théâtre ? Cocteau ne conclut pas. Il note simplement : « L'hymne royal continue. »

● « Folio », 1973.

B. VALETTE

AIGLON (l'). Drame en six actes et en vers d'Edmond **Rostand** (1868-1918), créé à Paris au théâtre Sarah-Bernhardt le 15 mars 1900, et publié à Paris chez Fasquelle la même année.

L'énorme succès de *Cyrano de Bergerac* transforma instantanément Rostand en vedette du monde théâtral parisien et engendra une attente passionnée et malsaine de l'œuvre qui suivrait. Rostand souffrit beaucoup de cette tension comme de la mission impossible dont il se voyait chargé : faire la même chose que *Cyrano* (exigence du public qu'il ne fallait pas décevoir) mais ne pas se répéter. De ces contraintes il sortit vainqueur, proposant avec *l'Aiglon* une œuvre plus riche et plus complexe que *Cyrano*.

En 1830, à Baden, ville d'eaux près de Vienne. Depuis 1815, l'Aiglon, rebaptisé duc de Reichstadt, a été élevé de manière à lui faire oublier qu'il est le fils de Napoléon. Il doit être un Habsbourg ordinaire, comme sa mère Marie-Louise qui a si facilement renié l'Empereur. À l'heure où parviennent des échos de révolution en France, le duc paraît n'être qu'un fragile et futile adolescent, que l'on pousse dans les bras de la danseuse Fanny Elssler. Mais le spectateur découvre que Fanny lui enseigne les hauts faits de Napoléon (Acte I. « Les ailes qui poussent »).

À Schönbrunn, un an plus tard. Le duc supporte de plus en plus mal l'état où le tient le chancelier Metternich : « pas prisonnier mais », encore que l'étau, inexplicablement, semble parfois se relâcher. À son ami Prokesch, il explique combien lui pèse la figure héroïque de son père : que peut-il faire, lui si faible, malgré ses aspirations ? L'ignoble traître que fut le maréchal Marmont, envoyé par Metternich, prétend enseigner l'histoire de l'Empire au duc, qui l'invective : comment a-t-il pu trahir ? Nous étions « fatigués », répond le traître. De l'ombre alors surgit alors le formidable Flambeau, ancien grognard : « Et nous, les petits, les obscurs, les sans-grade [...]. » Déguisé en laquais, il veille sur le fils de son empereur. Électrisé, l'Aiglon décide de reconquérir la France (Acte II. « Les ailes qui battent »).

À son grand-père l'empereur d'Autriche, le duc arrache l'autorisation de partir pour la France. Mais l'odieux Metternich, au nom du réalisme politique, s'oppose à ce voyage. Le duc prépare son évasion avec Flambeau ; mais Metternich cherche à le briser en lui montrant qu'il n'est que Habsbourg et n'a rien de son père (Acte III. « Les ailes qui s'ouvrent »).

Au cours d'une fête brillante et nostalgique, le duc réalise son évasion au moyen d'une intrigue compliquée (Acte IV. « Les Ailes meurtries »).

Il est libre et parvient sur le champ de bataille de Wagram, plein d'exaltation. Quelques conjurés le rejoignent ; mais les hommes de Metternich surviennent : Flambeau se tue pour n'être pas pris. Une longue scène élégiaque achève l'acte : seul sur le champ de bataille, le duc entend la voix des milliers de morts qui lui disent l'horreur de cette « victoire ». Il comprend que son rôle est expiatoire et qu'il est sacrifié, « Fils qui s'offre en échange, hélas ! de tant de fils » (Acte V. « Les Ailes brisées »).

C'est la lente mort du duc de Reichstadt, tuberculeux, pendant qu'on lui relit le récit de son baptême, le glorieux baptême du Roi de Rome. L'immonde Metternich a le dernier mot, refaisant du jeune mort un Autrichien : « [...] Vous lui remettrez son uniforme blanc » (Acte VI. « Les Ailes fermées »).

La figure émouvante de l'« Aiglon » (1811-1832) avait très tôt attiré les hommes de théâtre ; dès 1830, on le voyait sur une scène de Paris – et déjà interprété par une femme. Tout au long du siècle, le sujet fut repris et, en 1898, Émile Pouvillon proposait un *Roi de Rome* à Sarah-Bernhardt, deux ans avant qu'elle ne joue la pièce de Rostand. Si des raisons politiques peuvent expliquer cette fortune du fils de Napoléon au théâtre – le mouvement bonapartiste demeu-

rait vivant –, on peut lui trouver d'autres motifs : la figure romantique du jeune prisonnier mort à vingt ans aussi bien que le succès des rôles de travestis.

S'il s'inscrit ainsi dans une tradition, Rostand donne avec *l'Aiglon* un chef-d'œuvre sans commune mesure avec ce qui a précédé. S'appuyant sur une solide documentation historique qui lui permet de présenter une image vraisemblable de la vie du fils de Napoléon, il s'empare du sujet qui devient alors tout personnel. Une série d'allusions ou de citations éparses dans la pièce permet d'établir un parallèle entre l'Aiglon écrasé par la figure paternelle et Edmond Rostand dominé par la figure non moins imposante de Victor Hugo : parvint-il en effet à se sentir jamais autre chose qu'un double tardif, qu'un puéril rival de l'auteur d'*Hernani* ? Le drame historique prend ainsi l'allure d'une méditation difficile de Rostand sur son œuvre.

Mais la pièce est d'abord un prodigieux spectacle : créée en 1900, pendant l'Exposition universelle, elle en fut une des attractions. Rostand construit les six actes autour de la personnalité de son interprète, Sarah Bernhardt, alors vieillissante et heureuse de relever le défi de jouer encore un adolescent, après ses triomphes dans *Hamlet* et *Lorenzaccio*. *L'Aiglon* est une succession de morceaux de bravoure, dans tous les registres, de l'enfantin (les soldats de bois, II, 6) à l'héroïque (l'acte de Wagram), où passe le souvenir des grands rôles qui marquèrent la carrière de Sarah. Si la déploration et l'élégie dominent, Rostand conçoit aussi des scènes d'une extraordinaire intensité dramatique comme celle où Metternich, devant un miroir, prouve au duc qu'il est un pur Habsbourg (III, 10) en une véritable abdication du jeune homme.

Face à ce rôle long et étonnamment varié, les autres personnages s'imposent mal – Metternich n'est guère qu'une caricature, ainsi que les différents rôles féminins. Seul parvient à tenir tête Flambeau, le vieux grognard par la voix duquel renaît le souffle de l'Histoire. Haut en couleur, plein de fantaisie, parlant une langue d'un savoureux argot, Flambeau est une inoubliable création théâtrale et sans doute nul ne peut rester insensible à sa tirade fameuse de l'acte II, éloge des « obscurs, des sans-grade ». Un tel moment révèle bien le génie de Rostand : ce pourrait n'être qu'une tirade patriotique et militariste, d'un succès facile. Or le poète lui confère un aspect incongru et délibérément fantastique – ce grognard en plein Schönbrunn va d'ailleurs hanter l'acte suivant plus encore. En outre, Rostand n'idéalise en rien la vision : Flambeau dit l'horreur des combats, en quelques images violentes. L'acte V développera ce thème plus encore, lors du dialogue de l'Aiglon avec les morts. Construite à l'ombre de la figure napoléonienne, la pièce a bien des traits d'un pamphlet contre l'Empereur, ogre sanglant. Rien, chez Rostand, d'un poète patriotique à la Déroulède.

Par ces aspects, *l'Aiglon* est une pièce douloureuse ; mais s'y déploie aussi la verve qui fit le succès de *Cyrano*. L'acte I et l'acte IV sont extrêmement drôles et brillants, contrebalançant l'aspect funèbre des deux derniers. Ce brio avec lequel Rostand met en scène des foules rappelle plus l'opéra que le théâtre et fait que *l'Aiglon* s'apprécie à la lecture. Mais sa vérité n'éclate que sur la scène, dans l'acte théâtral du travesti, dans l'épuisement d'un rôle trop long, plus chanté que dit – épuisement de l'actrice, qui est aussi celui de l'alexandrin, que Rostand fait gémir et jouer jusqu'à le détruire, le rendre inutilisable. Par là encore, *l'Aiglon* est une œuvre crépusculaire.

● « Folio », 1983 (p.p. P. Besnier).

P. BESNIER

AIGUILLE CREUSE (l'). Roman de Maurice **Leblanc** (1864-1941), publié à Paris en feuilleton dans *Je sais tout* du 15 novembre 1908 au 15 mai 1909, et en volume chez Lafitte en 1909.

Mystère en Normandie : qu'a-t-on volé au comte de Gesvres ? Où se trouve le chef des cambrioleurs, blessé par Raymonde de Saint-Véran ? Isidore Beautrelet, élève de rhétorique, reconstruit la logique des faits : Arsène Lupin a dérobé les Rubens du comte et se terre dans la propriété. Sans céder aux intimidations, Isidore tente de percer l'énigme du parchemin trouvé près de la cachette où, croit-on, Lupin agonisa. Il révèle que, toujours vivant, le « gentleman cambrioleur » aime Mlle de Saint-Véran. Le cryptogramme livre en partie son secret : il faut trouver l'« aiguille creuse » ! Le jeune homme s'imagine trouver la solution dans la Creuse, au château de l'Aiguille. Erreur ! Seul Lupin possède le chiffre du message historique. Après une nouvelle déception, Isidore comprend enfin : Lupin est ce qu'il est parce qu'il a installé son quartier général dans l'aiguille d'Étretat, la cache des puissants qui gouvernèrent la France. À Isidore qui est parvenu à y pénétrer, le « gentleman-cambrioleur » déclare qu'il renonce à tout pour Raymonde. Mais, alors qu'il affronte le détective Herlock Sholmès, lui aussi sur sa piste, la jeune femme est tuée et Lupin s'avoue vaincu.

L'Aiguille creuse prétend aborder le mystère entre les mystères et livrer l'ultime secret d'Arsène Lupin. Dès lors, le roman s'attache non tant au problème intellectuel posé par un mystère qu'à la révélation de l'énigme qui a fait du héros ce qu'il est. Autrement dit, le récit réfléchit sur lui-même. Utilisant un procédé propre au roman historique, l'auteur accrédite la légende lupinienne en l'insérant dans une nouvelle interprétation de l'histoire de France entièrement fondée sur le mystère de l'Aiguille, secret dont la possession explique la puissance surhumaine du héros : il crée ainsi un brouillage entre la réalité et la fiction. « Sans *l'Aiguille creuse*, Lupin est incompréhensible, c'est un mythe, un personnage de roman, sans rapport avec la réalité. » Centrée sur le point de vue d'Isidore, la narration présente de l'extérieur les aventures et les métamorphoses du gentleman-cambrioleur. Le duel intellectuel qui affronte l'élève de rhétorique au génial aventurier ressemble à une partie d'échecs menée par deux autodidactes en marge des institutions ; chaque joueur défie l'esprit logique de son adversaire et lui témoigne son admiration. L'intrigue progresse à la faveur d'une dramatisation croissante : héros moderne soucieux de son image face à l'opinion publique, Lupin fait faire sensation dans les journaux, se donner en spectacle et donc se constituer en héros incontesté. Cependant, il ne parvient pas à échapper à la fatalité qui le définit comme personnage de légende et ne saurait se détacher de son passé pour renaître à une nouvelle existence d'honnête homme. Bien qu'il prétende révéler le secret de son personnage, l'auteur épaissit son mystère en le renvoyant aux ténèbres de son destin.

● « Le Livre de Poche », 1964. ➤ *Œuvres*, « Bouquins », I.

V. ANGLARD

AILLEURS. Recueil poétique d'Henri **Michaux** (1899-1984), publié à Paris chez Gallimard en 1948. Il rassemble le *Voyage en Grande Garabagne* (1936), *Au pays de la magie* (1941), tous deux parus également chez Gallimard, et *Ici, Poddema*, achevé en mars 1946.

À la différence d'*Ecuador, journal de voyage* (1929), récit d'une aventure déçue en Amérique du Sud, où des poèmes au profond lyrisme intérieur répondent à l'échec de l'exotisme et du pittoresque, à la différence d'*Un Barbare en Asie* (1933), où le pays visité est fui (par exemple, le Japon) ou prétexte à une exploration de soi fondée sur la rencontre de l'étranger, ces trois récits de voyage se veulent imaginaires. Ce monde de signes – privés de tout référent ? – transporte dans l'inconnu (voir, par exemple, l'onomastique), en un mouvement de dépaysement qui prélude à un retour vers le connu. Ce qui n'est pas de ce monde mène à notre monde. « [L'auteur] est revenu chez lui après chaque voyage » (Préface).

Le voyageur qui, de retour, fait le récit de ses voyages, ne cherche pas à définir l'esprit d'un peuple imaginaire à travers ses grandes productions artistiques : ce sont les cultes, les loisirs, l'éducation (*Voyage*

en Grande Garabagne : « les Gaurs », « les Émanglons », « les Ossopets » ; l'habitat (les villes sous terre des magiciens), les animaux domestiques (la ranée), ce sont les mentalités (attitudes face à la vie, la mort, la maladie), bref ce sont les pratiques de diverses sociétés qui sont l'objet de ces poèmes ethnographiques. Une anecdote, un portrait fait de traits énumérés, une description, un récit générique, ou la conjonction de ces diverses formes en de vastes ensembles rappellent la manière des traités d'ethnographie : ils mettent en place, progressivement, souvent par comparaisons (entre deux peuples fictifs, entre un peuple et nos sociétés), un monde aux us et coutumes multiples, étranges et cohérents (*Voyage en Grande Garabagne*) et un monde travaillé par les métamorphoses magiques (*Au pays de la magie*) ou expérimentales (*Ici, Poddema*), tout aussi fascinant et inquiétant.

Écrits en une décennie, de 1936 à 1946, ces trois recueils expriment une angoisse qui va croissant à mesure que l'Histoire se fait plus terrifiante. Faut-il voir, dans la description d'une nation dominée par un État tout-puissant, étonnamment préoccupé d'eugénisme et de pureté de race (*Ici, Poddema*), une allusion directe aux événements contemporains ? En ce monde simplifié en seigneurs et esclaves, où les paroles peuvent tuer celui qui les prononce, où la rééducation est de règle pour les vieillards, toute forme d'État répressif est condamnée, parce qu'il laisse l'humanité sans espoir. Y a-t-il un espoir ? La vision finale d'une Histoire qui, loin de renoncer à l'eugénisme, se tourne vers « une nouvelle race, de nouveaux destins » est singulièrement pessimiste.

Dès le *Voyage en Grande Garabagne*, Henri Michaux nous invite à réfléchir sur les pratiques juridiques, médicales, ludiques... de nos sociétés. En intégrant tout geste – même le meurtre du roi « Chez les Hacs » – dans un système de normes reconnues de tous (voir le rôle de l'ami conseiller du narrateur), qui le garantit et l'inscrit dans une logique (le malade chez les Émanglons d'Aples), le poète rend toute pratique et toute conduite acceptables. Le renversement des valeurs – la famille, le travail, la prostitution, le vol, le meurtre – est lié au point de vue. À l'incompréhension, ou à la surprise, du narrateur et du lecteur répond celle des magiciens, incrédules face à la mécanique de notre monde. Dès lors, où est la magie ?

En dépit de cette ironique relativité, qui fait voler en éclats les droits de l'homme (*Voyage en Grande Garabagne* : « les Arpèdres »), sans pour autant céder au vertige de l'utopie dont pourtant il utilise la structure de récit, Henri Michaux dessine l'image d'un homme tolérant (le narrateur), avide de comprendre et de vérité (*ibid.* : « Dovobo »), victime des codes et des symboles sociaux mais aussi désireux de connaître la paix, la tranquillité, de paresser (*ibid.* : « les Émanglons »), cruel, violent. Par cet être de passion et ce corps de souffrance, il rend l'homme à sa nature : parce qu'il n'est pas définitivement modelé, il met en place des systèmes multiples et contradictoires, dont l'élément central est l'individu. Faut-il parler des droits de l'ego ? La voix éthique domine donc en ces poèmes, pour trouver cependant dans des descriptions d'objets artistiques un écho lui-même fondé sur la nature de l'homme : l'architecture découverte au pays de la magie est inachevée ; faite de fragments, elle attend le regard qui tentera de la compléter. Le poème enferme alors et son esthétique et sa réception.

En ces sociétés, toute technique semble absente. Restés proches de l'élémentaire (maîtrise des vagues, des cours d'eau ; civilisation de la Terre), capables de mêler les règnes (végétal/humain dans *Ici, Poddema*), ces hommes – avant tout magiciens – restent en contact avec l'univers. Ennemis du dur, ils se plaisent dans la boue, *materia prima*, ou au centre de vibrations qui se transmettent à travers l'espace (la musique, voir « les Vibres », dans le *Voyage*). L'enjeu de la magie – et de toute la réflexion politique et juridique – se résume aussi par la question de l'être-soi : être proche du devenir universel, c'est échapper à l'autre et aux autres. Il faut dominer pour ne plus être dominé, aliéner pour ne plus être aliéné et s'accomplir, préserver son espace pour ne pas être envahi. À la différence du jeu, factice dégagement qui récupère dans des règles ceux que l'on croit libérés de tout règlement (« Chez les Hacs », *ibid.*), la métamorphose constante traduit la participation de l'homme au « Grand Courant, le Courant vaste et désolant ». La grandeur est peut-être là, dans la conscience de la petitesse et de la souffrance reconnues.

● « Poésie/Gallimard », 1986.

D. ALEXANDRE

AIMEZ-VOUS BRAHMS ? Roman de Françoise **Sagan**, pseudonyme de Françoise Quoirez (née en 1935), publié à Paris chez Julliard en 1959.

Paule, qui approche de la quarantaine, vit solitaire depuis qu'elle a quitté, par goût de l'indépendance, son premier mari. Elle a une liaison avec Roger, un homme de son âge qui l'aime, mais la laisse un peu seule et ne peut s'empêcher de la tromper. Par hasard, elle rencontre Simon, un jeune homme de vingt-cinq ans qu'elle trouve trop beau pour elle et qui, néanmoins, s'éprend violemment d'elle. Paule hésite et s'effraie devant la passion de Simon. Une infidélité de Roger, plus choquante que les autres, la décide à devenir la maîtresse du jeune homme. Ils sont heureux pendant deux mois, mais Paule aime toujours Roger, et celui-ci, jaloux, prend conscience qu'il ne peut supporter d'être privé d'elle. Elle se sépare de Simon, tout en sachant que la vie avec Roger sera semblable à celle d'autrefois, et en l'acceptant.

Peut-être n'est-il pas de titre de Françoise Sagan plus célèbre qu'*Aimez-vous Brahms ?* Plus encore que **Bonjour tristesse*, celui de son premier roman, il semble symboliser l'atmosphère d'élégance et de légèreté qui caractérise pour tant de lecteurs l'univers saganesque. Cependant cette question, par laquelle Simon, un dimanche où Paule est délaissée par Roger, entend la persuader de l'accompagner au concert, n'est pas une simple question mondaine. Paule sourit en pensant que c'est le genre de questions que lui posaient les garçons, lorsqu'elle avait dix-sept ans. Mais, depuis, nul ne lui pose plus de questions, ou n'est prêt à écouter la réponse. Et Paule se rend compte qu'elle ne sait si elle aime Brahms, si elle n'a pas « oublié » d'aimer Brahms, si son existence indépendante et organisée, son amour indulgent pour Roger ne sont pas fondés sur le vide et le mensonge. Simon, qui détruit son calme relatif, qui apporte avec sa jeunesse et sa beauté une véritable passion, vient lui rappeler de ne pas laisser passer la chance du bonheur, et apparaît ainsi comme l'image de sa propre jeunesse, et de ses promesses oubliées. Aussi Paule se réjouit-elle, lorsqu'elle revient vers Roger, d'entrer définitivement dans la vieillesse. Pourquoi ce renoncement au bonheur qui est un renoncement à la vie ? Sans doute l'amour de Simon pour Paule, qui se veut un recommencement, est-il fondé sur une erreur : mais la fin de la solitude, la présence d'un corps vivant, comme toujours chez Sagan, ne sont pas des illusions. Cependant, le retour de Paule à Roger n'est pas seulement le signe d'un attachement douloureux à ce qui fait souffrir. C'est aussi la peur de l'autre, de l'inconnu que représente Simon, tandis que Roger est un être semblable à elle. Le seul moment où Paule soit vraiment touchée par le jeune homme est celui où, déçu par la résignation de celle-ci, il se laisse à son tour gagner par le découragement, devient brusquement « vieux », résigné à la vie. *Aimez-vous Brahms ?* n'est plus le roman de l'extrême jeunesse comme celui qui a donné à l'auteur sa célébrité fulgurante. Bien que celle-ci, au moment où elle l'écrivait, fût plus proche de Simon et de sa jeunesse blessée, ce roman est déjà une œuvre de la maturité, d'une certaine amertume devant la vie, et annonce le refus de la passion qui éclatera dans la **Chamade*.

● « Presses Pocket », 1992. ➤ *Œuvres*, « Bouquins.

K. HADDAD-WOTLING

AIMIENNE ou le Détournement de mineure. Roman de Jean Le Barbier de Tinan, dit Jean de **Tinan** (1874-1898), publié à Paris dans le *Mercure de France* de février à avril 1899, et en volume au Mercure de France la même année.

Inachevé, ce roman est en quelque sorte le testament de Tinan, et peut-être son œuvre la plus significative. Comparé à *Penses-tu réussir ?* il atteste davantage de maîtrise, de sobriété et d'ironie, et le parallèle s'impose d'autant plus que les personnages en sont les mêmes : Raoul de Vallonges et ses amis Silvande, Kerante et Welker. Un intérêt supplémentaire vient de ce que le roman fut inspiré à Tinan par un épisode réel : la fugue, en avril 1896, de la très jeune Irmine Boex, fille du romancier Rosny aîné, et qu'il hébergea durant quelques jours.

Raoul de Vallonges se trouve momentanément seul, sa maîtresse Odette Laurent étant partie en voyage. Nous le voyons flâner dans un music-hall, où il bavarde longuement avec une de ses anciennes maîtresses, Suzette Pradier ; puis il s'en va au Weber retrouver ses amis Silvande, Kerante, Welker, Silly et Jeannette [Willy et Colette]. Rentrant chez lui à pied en pleine nuit, Vallonges fait la rencontre, au coin du Pont-Royal, d'une toute jeune fille, perdue et apeurée. Pris de pitié, il la réconforte, l'emmène chez lui et se rend bientôt compte qu'il s'agit d'une enfant qui a fui les brutalités de son père. Les amis de Vallonges ne tardent pas à déceler la présence d'Aimienne et à ironiser sur ce « détournement de mineure ». Vallonges découvre alors qu'Aimienne n'est autre que la fille du fameux député socialiste Vincent Ferrier. Que faire d'elle ? se demande-t-il, hésitant à la renvoyer à son père. Peu à peu, sentant tout le ridicule et l'inconfort de la situation, il décide de réagir. Le récit s'interrompt brusquement au milieu d'un repas chez Vallonges.

Aimienne donne l'impression d'un livre écrit au fil de la plume, ce qui est une illusion, car Tinan y travailla beaucoup. Il est parvenu à éviter les longueurs et les « sentimentalismes » qui grevaient *Penses-tu réussir ?* et à donner à son livre une grâce légère et fine, qui rappelle le XVIIIe siècle. Cette chronique d'une existence tout ensemble facile et élégante est contée sous forme d'une série d'instantanés nous présentant, presque sans transposition, les différents aspects de la vie d'un jeune écrivain vers 1898 : flâneries dans les bars et les music-halls, flirts et discussions littéraires. Certains ont vu dans *Aimienne* un esthétisme gratuit, une matière trop futile, prétexte à variations excessivement subtiles – bref, une œuvre superficielle. Cet univers de femmes légères, de cocktails, de cigares, de plaquettes sur grand papier, de mots d'esprit et de scies de café-concert serait en effet factice si Tinan ne l'avait pas évoqué avec une sensibilité inquiète et ironique, qui rappelle à la fois Stendhal et Laforgue, et dans un style volontairement décousu et syncopé, parfois fort proche de la langue parlée. Tout cela donne à son roman cette qualité irremplaçable : la vie.

● *Œuvres complètes*, UGE, II, 1980 (p.p. H. Juin).

J.-P. GOUJON

AIOL. Chanson de geste composée entre le milieu du XIIe siècle et le début du XIIIe siècle. Formée de 11 000 vers, décasyllabes (avec césure après la sixième syllabe, un mètre très rare dans la poésie française), puis alexandrins assonancés, elle a été réunie au XIIIe siècle avec *Élie de Saint-Gilles* pour former un petit « cycle de Saint-Gilles ».

Aiol est le fils d'un grand vassal nommé Élie, injustement banni, et neveu de Louis le Pieux. Encore adolescent, le jeune homme part seul reconquérir les fiefs de son père et gagne les faveurs royales : cette première partie est en décasyllabes ; la seconde, en alexandrins, donne à Aiol et à la jeune Sarrasine Mirabel des aventures très romanesques d'enlèvements, de poursuites, d'emprisonnements, de retrouvailles inopinées. La différence métrique entre les deux parties a, jusqu'à des études récentes, longtemps fait considérer la chanson comme composite.

Une légende a pu se former à partir d'un Élie historique, comte du Maine à la fin du XIe et au début du XIIe siècle, qui aurait été dépouillé de ses biens par Robert de Normandie et que ses malheurs, conjoints à sa bravoure et à sa bonté, auraient rendu très populaire. Il serait ainsi entré dans la littérature grâce au nom et aux aventures d'un fils, Aiol, que les textes lui prêtent en essayant – mais cette tentative est plus tardive – de le confondre avec saint Aioul (du VIIe siècle, qui fut moine à l'abbaye de Fleury puis abbé de Lérins).

Aiol. Aiol est ainsi nommé parce qu'il est né fortuitement auprès d'un grand « aial » [sorte de serpent], dans un ermitage près de Bordeaux où ses parents, Élie et Avisse (fille de Charlemagne), avaient dû se réfugier.

Première partie. À quatorze ans, revêtu des vieilles armes de son père et monté sur le vieux destrier Marchegai – équipement qui lui vaudra bien des sarcasmes –, il part restaurer l'honneur familial. Décrit avec une parfaite précision géographique, son itinéraire vers Orléans (soit vers le roi Louis qui s'y bat contre le comte de Bourges) est ponctué de premiers affrontements avec des Sarrasins, puis des pilleurs d'abbayes, ensuite avec un lion, enfin d'un beau combat où il se fait remarquer ; il entre ainsi en faveur auprès du roi.

Seconde partie. Envoyé à Pampelune auprès de l'insolent roi Mibrien (qui a défié Louis), Aiol en enlève la fille Mirabel, et, après de multiples aventures, finit par l'épouser à la cour de France où il dévoile enfin sa propre identité. De nouvelles péripéties les attendent : le traître Macaire de Lausanne (le même qui avait intrigué contre Élie et déjà poursuivi Aiol) les capture, jette dans le Rhône les deux jumeaux qu'ils ont eus entre-temps, lesquels, sauvés par un pêcheur, seront plus tard retrouvés à Venise par Aiol, tandis que Mirabel est prisonnière chez son propre père où Aiol et le roi de France viendront la délivrer.

Indépendamment de cette chanson, il en existait une appelée « *Élie de Saint-Gilles* », remontant sans doute aussi au XIIe siècle, mais modifiée ultérieurement, au XIIIe siècle dans un remaniement de 2 761 alexandrins assonancés, qui a voulu unir les deux textes, lesquels ne nous sont plus restés que dans cet assemblage cyclique : puisque Aiol était dit fils d'Élie, Élie de Saint-Gilles (en Anjou, et non pas dans le Gard) sera dit père d'Aiol.

Élie de Saint-Gilles. Mis au défi par son vieux père, Julien de Saint-Gilles, Élie quitte la maison paternelle pour aller faire ses preuves de guerrier : il part affronter les Sarrasins qui ont capturé Guillaume d'Orange et le roi Louis ; après de belles prouesses, il est finalement emmené prisonnier lui-même, mais sera aidé par l'amour de la belle païenne Rosamonde, venu le délivrer. Le mariage prévu avec Rosamonde est annulé par l'archevêque et c'est Avisse qu'épousera Élie, ce qui permet d'assurer une unité à ce petit « cycle de Saint-Gilles ».

Bien qu'il ne soit plus resté qu'un seul manuscrit pour nous le transmettre, cette légende a connu un grand succès au Moyen Âge où elle est souvent citée et où elle a engendré plusieurs imitations étrangères. Une mise en prose a dû exister, mais qui, perdue depuis, n'apparaît que sous la trace – en français – gardée par un roman italien en prose de la fin du XIVe siècle, *Aiolfo del Barbicone*, d'Andrea de Barberino (auteur aussi de l'*Aspramonte* et des *Reali di Francia*).

N. ANDRIEUX-REIX

AIR DE L'EAU (l'). Recueil poétique d'André **Breton** (1896-1966), publié à Paris aux Éditions des Cahiers d'Art en 1934.

Les poèmes de l'*Air de l'eau* ont été écrits à partir du printemps 1934, époque à laquelle Breton rencontre Jacqueline Lamba. Celle-ci, qui devient la deuxième femme du poète en août 1934, sera l'inspiratrice explicite de l'*Amour fou. L'*Air de l'eau* porte aussi, bien que d'une façon plus allusive – « la main de Jacqueline X » apparaît dans le poème "Yeux zinzolins" –, l'empreinte de la femme aimée à laquelle tout le recueil est formellement adressé.

L'*Air de l'eau* comporte quatorze poèmes. Aucun d'entre eux n'est précédé d'un titre (les textes sont donc désignés par leurs premiers mots) si bien que, au-delà de la fragmentation des poèmes, une continuité se dessine de texte en texte, selon un principe de fluidité suggéré par le titre d'ensemble de l'ouvrage. En outre, les poèmes sont assez homogènes dans leur longueur : ils ont entre quinze et quarante vers mais plus de la moitié ont entre vingt et vingt-cinq vers. La métrique est très libre, le vers, dépourvu de rime, correspondant le plus souvent à une sorte d'unité respiratoire de la lecture. On constate toutefois de nombreuses variations d'amplitude ; certains vers se composent d'un unique mot : « enfant » dans "Je rêve je te vois", « nue », dans "Au beau demi-jour" ou « ondine » dans "Il allait être", alors que d'autres excèdent l'espace typographique de la ligne. Cette scansion, tout comme l'absence de titres, donne aussi à l'énonciation un aspect de grande fluidité. Enfin, l'unité du recueil réside dans la présence constante, dans les poèmes, des pronoms « je » et « tu ». Ce discours personnel confère à l'ensemble de l'*Air de l'eau* une tonalité lyrique.

Le titre du recueil associe étroitement, par la préposition « de », deux éléments fondamentaux de la nature. La formule rassemble, unifie, annonçant ainsi le rôle médiateur de la femme aimée qui réconcilie avec le monde. De plus, les deux éléments ont en commun le motif de la fluidité, de la labilité et de la transparence. La réunion de l'aérien et du liquide suggère d'emblée un certain climat poétique, fait de liberté et de mouvement, que les textes vérifieront : « Et mouvement encore/Mouvement rythmé par le pilage de coquilles d'huîtres et d'étoiles rousses » ("Et mouvement"). Les poèmes contiennent d'ailleurs de nombreuses images fondées sur une relation analogue à celle du titre : « L'aile d'eau du peigne » ("Je rêve je te vois"), « Ta grande aile liquide » ("Ils vont tes membres"). Enfin, la lecture du titre ne doit pas négliger les possibles jeux de la polysémie. L'air, c'est aussi la mélodie, et le titre est alors l'indice de la recherche d'une musicalité poétique, assez nouvelle chez Breton. Et il est vrai que la poésie de l'*Air de l'eau* se nourrit du choc sonore des mots, de la ligne mélodique et du rythme de la phrase.

Dans tous les poèmes, un « je » et un « tu » sont impliqués et le rapport s'établit presque toujours du « je » énonciateur vers le « tu » destinataire, le mouvement de la parole redoublant celui du désir amoureux. Ce dernier est explicité, le plus souvent, à travers le motif de la vision. Le « je » contemple le spectacle des apparitions du « tu » : « Je rêve je te vois superposée indéfiniment à toi-même / Tu es assise sur le haut tabouret de corail / [...] / Tu es étendue sur le lit tu t'éveilles ou tu t'endors / Tu t'éveilles ou tu t'es endormie ou ailleurs / Tu es nue [...] » ("Je rêve je te vois") ; « Je te voyais descendre lentement les radiolaires » ("Au beau demi-jour"). Théâtrale et radieuse, la femme s'offre au regard du poète : « Et tu te diapres pour moi [...] » ("Monde dans un baiser") ; « [...] tu m'apparais seule / Tu es d'abord tout entière fondue dans le brillant » ("Toujours pour la première fois"). Le mouvement du regard mime et inscrit l'approche érotique. Les derniers poèmes accordent cependant à la vision une dimension à la fois plus essentielle et énigmatique : « Toi que je découvre et qui restes pour moi toujours à découvrir » ("Et mouvement encore") ; « Lorsqu'il m'est donné de t'approcher à ne plus te voir / D'éteindre en toi ce lieu jaune ravagé / Le plus éclatant de ton œil » ("À ta place je me méfierais").

L'expérience amoureuse comporte, dans l'*Air de l'eau*, une dimension initiatique et cosmique. Dès le premier vers – « Monde dans un baiser » –, le recueil se présente comme une sorte de chant cosmogonique dans lequel le désir amoureux unifie et absorbe l'univers. Ainsi, « l'aigle sexuel [...] va dorer la terre entière », une « parcelle » de la femme aimée fait naître « tous les mondes à venir » ("L'aigle sexuel exulte"). À travers la femme, le monde s'organise, se défait et se recompose : « [...] elle creuse les murs déroule les escaliers des maisons » (*ibid.*) ; « Ils vont tes membres déployant autour de toi des draps verts / Et le monde extérieur / En pointillé / Ne joue plus [...] / Et le puzzle social / A livré sa dernière combinaison » ("Ils vont tes membres") ; « Le plus éclatant de ton œil / Où les arbres volent / Où les bâtiments commencent à être secoués [...] » ("À ta place je me méfierais"). Le corps de la femme contient et offre l'univers : « Quel est donc ce pays lointain / [...] / Il tremble bien réel à la pointe de tes cils / Doux à ta carnation comme un linge immatériel » ("On me dit que là-bas").

Cette universelle réconciliation, opérée grâce à la médiation de la femme aimée, s'exprime volontiers par le truchement du mythe ; mais pas toujours sans remords, ainsi qu'en témoigne un curieux passage que l'on peut qualifier de métapoétique : « Et je souris lorsqu'un ami me reproche non sans raison / De n'avoir pas en général / Montré assez de défiance à l'égard de cette obsession poétique / Il dit même de cette fausse intuition tyrannique / Que serait la nostalgie de l'âge d'or » ("Et mouvement"). En dépit de cette réticence, maints poèmes présentent le désir amoureux comme abolissant les limites et ramenant à une primitive innocence : « Pour me permettre de t'aimer / Comme le premier homme aima la première femme / En toute liberté » ("Le marquis de Sade a regagné"). Il restitue « un goût perdu » ("J'ai devant moi") et fait toucher « le sol du paradis perdu » ("On me dit que là-bas"). La référence à Sade et l'évocation de la violence naturelle du désir, fréquemment livrée à travers le motif du feu – « Le marquis de Sade a regagné l'intérieur du volcan en éruption » ("Le marquis de Sade a regagné") ; « Lançant ses derniers feux sombres entre tes jambes » ("On me dit que là-bas") –, viennent toutefois contrebalancer cette vision édénique de l'union amoureuse.

Le désir paraît canaliser, voire assagir, la parole poétique. Les distorsions syntaxiques qui abondaient dans les précédents recueils sont ici pratiquement absentes. Les décalages entre unités logiques et métriques ont disparu et la lisibilité reprend ses droits. Ont également disparu les jeux typographiques qui fétichisaient en quelque sorte la lettre au détriment du sens – par deux fois seulement, de surprenantes majuscules instaurent une rupture dans le flux du poème : « FINIS FONDEURS FOUS » ("Il allait être") et « D'APRÈS » ("On me dit que là-bas"). Enfin, on ne trouve presque plus de ces jeux sur les signifiants qui, dans les recueils antérieurs, perturbaient si souvent le processus de signification. Un exemple de ce type de procédé subsiste seul dans *l'Air de l'eau* : dans les vers « La cloche aux parois de laquelle / Ondine » ("Il allait être"), « Ondine » peut aussi se lire « on dîne » (le même jeu de mots est d'ailleurs explicité dans *l'Amour fou*).

Après des recueils plus audacieux et provocants, mais peut-être aussi par là même plus limités en raison de leur volonté d'affirmer et d'illustrer des principes chers au surréalisme, la poésie de Breton semble renouer, dans *l'Air de l'eau*, avec les formes plus traditionnelles d'un lyrisme vers lequel *l'Union libre* (1931) esquissait déjà un retour.

● *Clair de terre [...]*, « Poésie/Gallimard », 1966. ➤ *Œuvres complètes*, « Pléiade », II.

A. SCHWEIGER

AIR DE LA SOLITUDE. Voir ÉCRITS, de G. Roud.

AIRS. Voir POÉSIE 1946-1967, de P. Jaccottet.

AKRIVIE PHRANGOPOULO. Voir SOUVENIRS DE VOYAGE, de Gobineau.

ALBERT SAVARUS. Roman d'Honoré de **Balzac** (1799-1850), publié à Paris en feuilleton dans *le Siècle* du 29 mai au 11 juin 1842, reproduit dans le tome I de la **Comédie humaine*, dont, seul inédit en volume, il occupe la fin (à Paris chez Furne, Dubochet, Hetzel et Paulin en juin 1842). La 2e édition paraît sous le titre *Rosalie* en 1843 dans une série collective, *les Mystères de province* (à Paris chez Henri Souverain), avec *Dinah*, titre donné à la ** Muse du département*, *la Justice paternelle* (*Un drame au bord de la mer*, voir **Louis Lambert*) et *le Père Canet* (*Facino Cane*, voir la **Recherche de l'absolu*).

Comportant initialement 43 courts chapitres, ce roman dédié à Mme Émile de Girardin – alors qu'il évoque plutôt les rapports de l'auteur avec Mme Hanska – met surtout en scène un héros proche de Balzac lui-même et dont le nom vient de *la Recherche de l'absolu*.

À Besançon, à la fin de la Restauration et au début de la monarchie de Juillet, la riche et encore jeune baronne de Watteville domine son faible mari et leur fille Rosalie, à qui elle destine son chevalier servant, le « lion » local Amédée de Soulas. La romanesque Rosalie rêve de révolte. Un jeune et mystérieux avocat, Albert Savaron, s'est établi en ville. Fils naturel du comte Savaron de Savarus, ce talent prometteur, lancé par un procès gagné et qui prépare les élections, publie une nouvelle, *l'Ambitieux par amour*, qui relate sa rencontre en Suisse avec la duchesse d'Argaïolo, laquelle lui a fait la promesse de l'épouser sitôt veuve.

Rosalie, dotée en fait d'une volonté implacable, tombe amoureuse d'Albert et décide de l'épouser. Elle intercepte sa correspondance avec la duchesse, qui, devenue veuve, se croit abandonnée à la suite d'une machiavélique manœuvre épistolaire de Rosalie. Elle se remarie alors avec le comte de Rhétoré, et fait reprendre le portrait d'elle qui trônait au-dessus du bureau d'Albert. Celui-ci, désespéré, se retire à la Grande-Chartreuse. Après la mort de son père, Rosalie se sépare de sa mère, qui épouse Amédée, s'isole à la campagne, puis défigurée en 1841 dans l'accident d'un bateau à vapeur, fuit le monde, et se retire à la chartreuse des Rouxey.

Cette œuvre égocentrique, où Albert, amoureux d'une belle étrangère, adopte jusqu'aux traits de Balzac, et multiplie les jeux de miroir à l'intérieur de *la Comédie humaine*. Au-delà de ces rapprochements, Albert et Rodolphe, son personnage dans sa nouvelle *l'Ambitieux*, sont des incompris et leur fortune se trouve contrariée. Calomnié par une intrigante jalouse, Albert est perdu pour la société, avertissement transparent à Mme Hanska. Démon femelle, Rosalie, qui rappelle Véronique Graslin (*le *Curé de village*), finit en horrible vieille fille, comme Sophie Gamard (*le *Curé de Tours*) ou la cousine Bette. Scène de la vie privée, le roman traite du mariage, joue efficacement des stratégies possibles avec le procédé de la correspondance (comme dans **Modeste Mignon*), installe un texte romanesque à l'intérieur de la fiction, peint les intrigues d'une ville de province, mais sait également brosser un tableau politique, avec la description réaliste de scènes de la campagne électorale.

Balzac traite également le thème de l'échec dans *Z. Marcas* (publié dans la *Revue parisienne* le 25 juillet 1840, puis en volume sous le titre *la Mort d'un ambitieux* dans le collectif *les Fruits défendus*, Desessart, 1841, et tome XII de *la Comédie humaine*, Furne, 1846), récit d'une passion foudroyée, celle de la chose publique, drame de la jeunesse et des illusions perdues, où un jeune provincial pauvre monté à Paris échoue, malgré ses talents et un remarquable sens politique, puis, épuisé de travail, meurt dans la misère.

➤ *L'Œuvre de Balzac*, Club français du Livre, II ; *Œuvres complètes*, Club de l'honnête homme, II ; *Œuvres complètes illustrées*, Bibliophiles de l'Originale ; *la Comédie humaine*, « Pléiade », I (p.p. A.-M. Meininger).

G. GENGEMBRE

ALBERTINE DISPARUE. Voir À LA RECHERCHE DU TEMPS PERDU, de M. Proust.

ALBERTUS ou l'Âme et le Péché, légende théologique. Poème de Théophile **Gautier** (1811-1872), publié à Paris chez Paulin en 1832.

Reprenant des poésies de 1830 restées sans succès, le recueil y ajoute plusieurs poèmes encore imprégnés de réminiscences (Hugo, Sainte-Beuve, Musset…) ainsi qu'une longue pièce qui donne son nom à l'ouvrage. Il s'ouvre sur une Préface spirituellement provocatrice, qui préfigure celle, beaucoup plus célèbre, de *Mademoiselle de Maupin* : s'y déclarent en effet la farouche opposition aux moralisateurs, aux politiques ou aux utopistes, le mépris des contemporains, le rejet de la notion de progrès et le culte de l'idéal qui est affirmation de l'art pour l'art. *Albertus* doit cependant moins à l'esthétique parnassienne qu'au courant dit « satanique ».

Dans un « vieux bourg flamand tel que les peint Teniers », une affreuse sorcière se transforme en une délicieuse beauté, Véronique, qui enchante tous les hommes… excepté un, peintre amoureux de tous les arts, beau, désabusé, et sarcastique. Albertus ignore donc Véronique. Elle lui envoie un mot et il se rend chez elle par esprit d'aventure ; ensorcelé par tant de beauté, il offre son âme au diable pour posséder la jeune femme, et se livre avec elle aux fureurs de l'amour le plus fou. Minuit sonne, la sorcière reprend sa forme, Satan apparaît, fait jouer un concerto, danser une ronde infernale et tous les monstres se jettent sur le jeune homme. On trouvera le lendemain matin « un corps d'homme, les reins cassés, le col tordu ». Le poète tire joyeusement sa révérence.

Le satanisme de ce long poème constitué de 122 strophes de douze vers (onze alexandrins suivis d'un octosyllabe final qui a souvent l'effet d'une pointe), doit son exubérance aussi bien à Hoffmann qu'à Nodier (*Smarra* est cité). La référence au premier *Faust* de Goethe récemment traduit par Nerval (en 1828), indique que la veine démoniaque est peut-être moins superficielle qu'il n'y paraît : Albertus, en effet, est un personnage qui contient déjà en lui un germe inquiétant, comme le prouvent son athéisme ou son attitude sarcastique. Il est cet être double que Gautier, reprenant la tradition du romantisme allemand (Fichte ou Jean-Paul), recrée souvent.

La beauté d'Albertus est indéniable. « Cependant il avait quelque chose / Qui déplaisait à voir » et qui tient à cet éclair d'« ironie » brillant dans ses yeux. Il y a en lui « un démon se tordant sous un ange ». L'attrait qu'il éprouve pour le néant et son mépris envers le monde (« Il voyait l'univers comme un tripot infâme ») est compensé par un amour de l'art que le poète, avec ses allusions constantes, reprend à son compte. *Albertus* peut en effet se lire comme une suite de tableaux (« Et pourtant cet enfer est un ciel pour l'artiste », dit par exemple le poète qui vient de décrire l'antre de la sorcière, avant d'évoquer Teniers ou Callot) et l'éloge de la peinture y est fréquent.

La désinvolture du ton, qui doit à Byron, témoigne d'un dandysme exacerbé et emporte la trame narrative du poème dans un rythme effréné. De même que la multitude des emprunts, elle a parfois agacé les contemporains de Gautier. La liberté de l'évocation amoureuse a pu choquer les moralisateurs des années 1830. Au XXᵉ siècle, la critique reste divisée ; dans cette légèreté de l'écriture, Gautier peut-il rivaliser avec Musset ? On retiendra que l'œuvre reste, comme le dit R. Jasinski, « le chef-d'œuvre de la poésie jeune-France » ; jamais la légèreté ne fut si provocatrice, ni si dévastatrice l'ironie qui mine les passages les plus frénétiques.

● *Émaux et Camées* […], « Poésie/Gallimard », 1981 (p.p. C. Gothot-Mersch). ➤ *Poésies complètes*, Nizet, I ; *Œuvres complètes*, Slatkine, IV.

F. COURT-PEREZ

ALBUM D'UN PESSIMISTE, variétés littéraires, politiques, morales et philosophiques. Recueil d'Alphonse **Rabbe** (1786-1829), publié par son neveu Léon Rabbe à Paris chez Dumont en 1835-1836.

Rassemblant le meilleur de l'œuvre d'un « passager clandestin de la vie », les deux volumes de l'*Album d'un pessimiste* déclinent, « entre la vie et la mort » (« Philosophie du désespoir ») une approche de celle-ci. Exemple comme Charles Lassailly ou Hégésippe Moreau de l'écrivain souffrant, du romantique indigné par l'ordre ou le désordre du monde, Alphonse Rabbe y exprime l'incompréhension d'une destinée qui s'apparente à une damnation. Cris du maudit et maximes du sage : ce livre bref est aussi le chant intense d'un désespéré.

Commençant avec une « Philosophie du désespoir » traitant du suicide (ce « terrible remède », « le moindre des maux à choisir dans cette fréquente et si cruelle alternative : vivre avili, ou mourir respecté »), dans cet espace incertain « entre la vie et la mort », l'ouvrage cherche dans « l'Enfer d'un maudit » le sens de la souffrance et du désespoir. Ensemble de courts développements, cette partie dénonce le « complot universel de sottise et de perversité » d'une vie humaine dérisoire, déplore l'impossibilité du bonheur, exhale le dégoût de soi d'un individu « desséché de langueur et de désespoir », explore le déclin et la résignation au moment où s'achève le triste voyage. Après cette traversée du néant, les « Tristes Loisirs » rassemblent des textes tenant parfois du poème en prose, d'une inspiration antiquisante (« le Naufrage », « le Centaure »), romantique (« Adolescence », « le Poignard »), ou déjà baudelairienne (« la Pipe »). « L'an 2075 » esquisse du progrès une sinistre anticipation (« Cette activité maladive d'une fièvre incurable qui travaillait la société humaine était prise pour un symptôme de régénération »). S'y trouve enfin un diptyque héroïque : « le Prisonnier », s'adressant à Napoléon, évoque « le terme fatal où [s]on insatiable ambition nous a conduits », et les « Adieux de lord Byron à la vie » prêtent leurs strophes au chantre de la liberté.

Fil directeur du texte, le malheur de vivre, ce sentiment tragique de l'existence, se tempère d'un stoïcisme : « Le sage saura quand il lui convient de mourir et il lui serait indifférent de mourir. » Reportant ses espérances au-delà du tombeau, « si toutefois il y a lieu », le « je », parlant parfois pour « nous », parfois s'adressant à lui-même, tente d'apprivoiser une vie douloureusement insupportable. Puisant dans le fonds de la sagesse antique, empruntant des maximes ou des aphorismes à Sénèque ou à Épictète, il envisage la consolation d'une immobilité enfin conquise : « Tout marche à la mort, parce que tout tend au repos et à une parfaite quiétude. » Chanter en mourant : cette dignité, cet orgueil peut-être, conjure ainsi les affres de la déréliction. Ce refuge où l'on se protège de la « stupide multitude », la tombe, « unique asile des cœurs généreux », permet d'oublier accablement et spectacle odieux du monde. « La privation de tant de maux ne saurait être un mal en elle-même » : cette leçon réitérée unifie un livre où la diversité n'est jamais composite. Fondé sur une esthétique du fragment, il trace aussi des harmoniques. Élégie sombre ou emphase dramatique, exhortation ou confession, prière ou essai dépassionné : la variété des tons et des registres dessine les cercles d'une pensée et d'une sensibilité résolument grises et graves. Traduction aux multiples résonances d'une affliction, l'*Album* se révèle méditation sur la nécessaire morale d'une solitude et l'absurdité du monde.

● Plasma, « Les Feuilles vives », 1979 [larges extraits].

G. GENGEMBRE

ALBUM DE VERS ANCIENS. Recueil poétique de Paul **Valéry** (1871-1945), publié à Paris chez Monnier et Cie en 1920. Vers 1912, Gide et Gallimard avaient demandé à Valéry de réunir et d'imprimer des poèmes publiés dans diverses revues entre 1890 et 1900.

Le recueil rassemble vingt et un poèmes, dont douze sonnets. De nombreux emprunts au classicisme gréco-romain ("Hélène", "Orphée", "Vénus", "César", "Narcisse") se teintent d'une atmosphère fin de siècle : peintures de l'érotisme et de la volupté, rêveries ou baignades dans des étangs à la lumière de la lune. Si les influences de Heredia, et surtout de Mallarmé, restent sensibles sur la plupart des textes, quelques poèmes plus intimistes ("la Fileuse", "le Bois amical") rejoignent l'inspiration de Verlaine. Le vers le plus généralement employé est l'alexandrin, que les symbolistes ont assoupli la variété des coupes. Mais on relève un essai de vers impair ("Vue"), ainsi qu'un poème en prose final ("l'Amateur de poèmes") qui précise et justifie l'art poétique de Valéry. La préférence donnée aux pièces courtes et le choix d'une esthétique de l'instant font de ce recueil un véritable album, où chaque poème met en scène un moment singulier et précieux.

« Je suis partisan d'un poème court et concentré, une brève évocation close par un vers sonore et plein [...] je crois à la toute-puissance du rythme et surtout de l'épithète suggestive. Je préfère Mallarmé à Verlaine... » Dans une lettre d'étudiant de 1889 au directeur du *Courrier libre*, le jeune Valéry met en évidence les lignes de force qui seront celles de son futur *Album de vers anciens*. Sur le choix de ses sujets, que l'on pourrait juger académiques ou convenus, Valéry s'expliquera dans *Mémoires du poète* : « Il ne faut pas viser à l'originalité », écrit-il, arguant que l'époque moderne démode le soir même ce qui le matin encore était en vogue. D'ailleurs qu'y a-t-il de plus fécond que de respecter « les conditions *sine qua non* imposées » par la tradition : alternance des rimes féminines et masculines à laquelle il ne faut pas déroger, sonnet qu'il faut cultiver (« On ne sait pas tout ce qu'on apprend à faire des sonnets et des poèmes à forme fixe ») ? Retravaillé par l'auteur dans sa maturité, le poème devient un « objet intérieur inépuisable de reprises et de repentirs », comme l'attestent les nombreuses variantes (et poèmes inédits).

Au goût de la perfection plastique que révèle le choix des sujets s'allie une grande recherche de l'expression et de la syntaxe. Le lexique employé, les chevauchements savants de la structure de la phrase et du vers (enjambements isolant un verbe transitif à la fin du vers, ou un substantif de son adjectif qualificatif) évoquent l'influence parfois littérale de Mallarmé. Si le bras de la baigneuse « capture dans l'or simple un vol ivre d'insecte » ("Baignée"), un hommage implicite est également rendu au maître dans "Valvins" (lieu où se trouvait la maison de campagne du poète). Des figures solennelles émergent, saisies dans l'instant décisif de leur pureté la plus grande : tel ce « diamant agir qui berce la splendeur ». Ainsi de César sur le point de donner un ordre, ou de Sémiramis au cœur de la solitude du pouvoir. D'autres plus humbles – la jeune fille au bain ou la fileuse s'assoupissant – sont les dépositaires d'un secret non moins précieux : « le fragment d'une substance noble et vivante » qui pourra venir s'insérer dans l'harmonie du recueil. Des regrets du Narcisse au chant d'Orphée qui ordonne le monde autour de lui, le lecteur est invité à suivre l'itinéraire de toutes les métamorphoses : l'endormissement ("la Fileuse"), le sommeil et la mort ("Au bois dormant", "Anne"), le crépuscule du matin ou du soir ("Féerie", "Profusion du soir"). Le chemin conduit des archétypes mythologiques ("la Naissance de Vénus") à une extase bucolique et surhumaine ("le Bois amical").

Dans l'*Album* s'opère donc la constitution de ce « monde émotif » qui s'accomplira dans *Charmes*. La plupart des thèmes essentiels de la poésie de Valéry y sont déjà présents dans leur secrète parenté : la femme « musicalisée » en danseuse ou en dormeuse ; la fleur, rose d'amour et de perfection naturelle ; l'or ou les diamants, symboles de pureté ; l'eau, transparent miroir ou prison de Narcisse (« Il est enfermé en nous et nous sommes enfermés en lui »). Mais ce monde d'une rigueur extrême refuse pourtant la clôture et ne cesse d'inviter à la promenade – « lire, vivre où mènent les mots » – l'amateur de poèmes.

● *Poésies*, « Poésie/Gallimard », 1966. ➤ *Œuvres*, « Pléiade », I.

A. SCHAFFNER

ALCESTE. Tragédie en cinq actes et en vers de Philippe **Quinault** (1635-1688), créée à Paris au théâtre du Palais-Royal en 1674, et publiée à Paris chez Ballard la même année.

Avec cette deuxième tragédie en musique (en collaboration avec Lully), l'auteur donne ses lettres de noblesse à ce genre nouveau en puisant aux sources de l'Antiquité. S'inspirant de l'*Alceste* d'Euripide, il provoqua un tollé chez les Anciens qui alimentèrent ainsi leur querelle contre les Modernes avec d'autant plus de vigueur que le traitement baroque de l'œuvre l'éloigne du genre purement tragique.

La nymphe de la Seine et la Gloire chantent la soumission du Rhin au roi et les plaisirs revenus (Prologue). Alcide aime Alceste dont le mariage se prépare avec Admète, roi de Thessalie. Céphise, confidente d'Alceste, est courtisée par deux amants, dont Straton, confident du roi de Scyros, Lycomède ; il enlève Céphise tandis que son maître s'empare d'Alceste, tous deux protégés par la nymphe Thétis (Acte I). Admète part en guerre pour libérer les captives. Victorieux, il est grièvement blessé. Seule une vie offerte pour lui peut le sauver (Acte II). Alceste se sacrifie, mais Admète rétabli se désespère. Alcide ira la chercher aux Enfers, mais alors l'épousera (Acte III). Passé par Caron, il réclame l'ombre d'Alceste à Pluton, qui accepte (Acte IV). Tous se réjouissent de ce sauvetage, sauf Admète et Alceste qui s'aiment toujours. Alcide renonce au mariage en faveur d'Admète (Acte V).

Alceste frappe par la richesse d'effets scéniques contrastés que redoublent les oppositions de thèmes et de tons. Si le dénouement est heureux, s'apparentant à l'acte I et à son atmosphère de fête, le cœur de l'œuvre est dominé par une note funèbre : au moment glorifiant la mort exemplaire d'Alceste s'ajoutent la descente aux Enfers (IV), la barque de Caron, les aboiements de Cerbère et, outre la lamentation des chœurs qui forme la basse continue de l'acte III, le dialogue entre Céphise et le vieux père d'Admète ; chacun s'y dérobe au sacrifice, l'une allègue sa jeunesse, l'autre déclare qu'« un reste de vie / Ce n'est rien pour Admète et c'est beaucoup pour [lui] » : note réaliste au sein de ce thrène infini. De même, le réalisme, voire le cynisme de Céphise, en amour, contraste violemment avec le couple idéal Admète-Alceste ; elle fait, comme Hylas dans l'*Astrée*, l'apologie du « change » et compte deux ans de fidélité pour une éternité (I). À ces contrastes se superpose une impression de foisonnement qui concourt également à l'atmosphère baroque. Les personnages sont extrêmement nombreux sur scène : en plus des héros, le chœur, une troupe de matelots, une autre de divinités de la mer, de soldats, de femmes et d'hommes affligés, sans parler des Furies, des Muses et autres bergers… Un perpétuel va-et-vient anime la représentation. Les divertissements de chaque acte contribuent à ce mouvement, baroque tant par sa vivacité que sa diversité : fête marine (I), bataille avec machines de guerre (II), cortège de pleureurs (III), réjouissances aux Enfers (IV), fête finale (V). Les effets scéniques se concentrent le plus souvent sur le thème de l'eau, rappelant le prologue qui célèbre le passage du Rhin (1672), mais surtout les jeux d'eau de Versailles auxquels le roi porte alors une grande attention. *Alceste* semble ainsi un divertissement royal exemplaire du Grand Siècle.

➤ *Théâtre*, Slatkine.

P. GAUTHIER

ALCIONÉE. Tragédie en cinq actes et en vers de Pierre **du Ryer** (vers 1600-1658), créée à Paris au théâtre du Marais au début de 1637, et publiée à Paris chez Sommaville en 1640.

S'inspirant d'un chant du *Roland furieux* de l'Arioste et reprenant certaines situations et expressions de *Cléomédon*, l'une de ses tragi-comédies antérieures, Du Ryer situe sa deuxième tragédie dans une Asie Mineure historique de convention. Son contenu idéologique, son étonnante intensité, son héros condamnable politiquement mais digne de pitié firent le succès de cette très belle pièce que Richelieu admira.

Alcionée, général de basse extraction au service du roi de Lydie, lui a demandé la main de sa fille Lydie ; devant son refus, il s'est allié aux ennemis, a défait militairement le Roi, puis lui a fait de nouveau allégeance ; Lydie lui a été promise. Or si la princesse garde quelque amour pour lui en dépit de sa trahison, elle exclut le mariage. Alcionée l'ignore ; malgré les conseils de ses amis, il veut réitérer sa demande (Acte I). D'abord hésitant, le Roi soupçonne Alcionée de viser la couronne et choisit de refuser. Face à lui, il concède pourtant de s'en remettre à Lydie (Acte II). Celle-ci, ignorant le véritable désir de son père, déclare à Alcionée qu'elle obéira au Roi. Ce dernier lui reproche son attitude indigne et lui ordonne de refuser. Elle rejette Alcionée, prétendant son amour éteint et jugeant la rébellion impardonnable ; Alcionée ne comprend plus (Acte III). Quitter le pays lui paraît la seule solution ; il obtient la permission du Roi. Mais la mort lui semble préférable (Acte IV). Lydie l'aime encore. Après s'être frappé lui-même, il vient mourir devant elle. Elle comprend qu'il n'agissait pas par ambition (Acte V).

Son exceptionnel resserrement fait parfois comparer cette tragédie préclassique au théâtre racinien : économie des personnages – huit seulement, dont quatre n'ont qu'un rôle réduit ; extrême concentration de l'intrigue ; strict respect des unités de temps et de lieu qui crée l'impression d'un huis clos incroyablement tendu. Pourtant, la pièce est contemporaine du *Cid* et l'on retrouve ici le conflit essentiel de l'honneur et du sentiment : en témoignent le lexique et le lyrisme archaïsants de certaines tirades, une rhétorique parfois ostentatoire, et surtout les questions politiques incessantes en parfaite résonance avec l'époque (un roi peut-il violer sa parole ? Peut-il pardonner ? Peut-on attaquer des tyrans ?…).

La situation initiale est claire : le général rebelle n'ayant pas voulu aller jusqu'au bout, le roi a conservé un pouvoir encore vacillant. Or le général tout-puissant finit par se suicider. Satisfaisant politiquement puisque l'intangibilité du souverain légitime est réaffirmée, ce dénouement pourrait sembler paradoxal. Tout se joue en réalité entre Alcionée et Lydie (ils prononcent à eux seuls les deux tiers de la pièce) : le roi apparaît et parle peu. D'abord prêt à donner sa fille au général, dont il a peur, il se laisse influencer par des courtisans tout en restant incapable d'annoncer lui-même son refus. Quasiment absent, il est une fonction plus qu'un grand monarque ; c'est Lydie, elle qui porte le nom du royaume sur lequel son père est censé régner, qui incarne la royauté : à ce titre, c'est elle, vestale de l'idéologie aristocratique et royale, qui doit défendre les valeurs du sang et de l'honneur, ce qui lui interdit d'épouser un roturier et un ancien rebelle. Aussi oscille-t-elle entre deux portraits d'Alcionée (un félon sanguinaire, un héros), rejouant encore à l'acte V, devant sa confidente, un combat entre honneur et amour qu'elle ne peut plus soutenir. Alcionée, dont le nom même – celui du géant de la mythologie qui emmena les siens combattre en vain les dieux – connote l'*hybris* et son issue mortelle, est comme perdu dans un monde dont il ignore les lois. Il rappelle la parole donnée ; on répond raison d'État. Il croit pouvoir s'élever en conquérant des trônes occupés par des tyrans ; on lui répond par les droits du sang et la roture ineffaçable. Incapable de feindre, il s'est rebellé faute d'obtenir ce qu'il pensait mériter : il en est resté à une éthique fruste, celle du droit du vainqueur. Sa naïveté en fait une victime : et de la feinte de Lydie (qui le laisse espérer, puis lui dit ne plus l'aimer, haïr en lui le traître et mépriser son infâme naissance), et de ses faux amis de cour. Personne n'admet que ce « parvenu héroïque » (H.-C. Lancaster) puisse aimer sans penser au trône : il est condamné à mourir pour le prouver (et son adieu au monde fait curieusement songer au Suréna de Corneille). Alors seulement Lydie pourra s'abandonner à ses sentiments pour un roturier que la mort d'amour aura rendu sublime.

● Baltimore/Paris, Johns Hopkins Press / PUF, 1930 (p.p. H.-C. Lancaster) ; « Pléiade », 1986 (*Théâtre du XVIIe siècle*, II, p.p. J. Scherer et J. Truchet).

D. MONCOND'HUY

ALCOOLS. Recueil poétique de Guillaume **Apollinaire**, pseudonyme de Wilhelm Apollinaris de Kostrowitzky (1880-1918), publié à Paris au Mercure de France en 1913. De nombreux poèmes avaient paru auparavant dans diverses revues.

Alcools est le premier grand recueil poétique d'Apollinaire qui n'a publié, avant 1913, qu'un seul ouvrage de poésie : le *Bestiaire ou Cortège d'Orphée* (1911), mince plaquette tirée à cent vingt exemplaires et illustrée par des gravures de Raoul Dufy. *Alcools* rend compte toutefois d'un long trajet poétique puisque le recueil rassemble des textes écrits entre 1898 et 1913, que l'auteur retravaille et modifie souvent pour la publication en volume. La critique fut en général peu enthousiaste, voire très agressive – Georges Duhamel, dans le *Mercure de France* du 15 juin 1913, taxe le recueil de « boutique de brocanteur » – et Apollinaire fut blessé de cette incompréhension à l'égard de son œuvre.

Alcools s'ouvre sur un long poème écrit en 1912 et intitulé "Zone". Le premier vers de ce texte inaugural, riche et multiple, ancre d'emblée le recueil dans la modernité : « À la fin tu es las de ce monde ancien ». Viennent ensuite "le Pont Mirabeau" puis "la Chanson du mal-aimé", longue complainte divisée en six sections. Les vingt-sept poèmes suivants, de longueur et d'inspiration variées, se présentent comme une succession d'unités autonomes, mais les titres laissent présager la présence d'images et de thèmes récurrents : "Saltimbanque" et "la Tzigane" se font écho et suggèrent à la fois le voyage et l'errance – de même que "le Voyageur", "l'Adieu" ou "le Vent nocturne" –, la solitude et la marginalité – tout comme "l'Ermite" ou "le Larron". Le déclin et la mort sont inscrits dans des titres tels que "Crépuscule", "la Maison des morts" et "Automne", auquel s'associent "les Colchiques" ; un univers légendaire se dessine à travers "la Blanche Neige", "Salomé" et "Merlin et la Vieille Femme" ; des noms féminins tels que "Annie", "Clotilde", "Marizibill", "Marie", "Salomé" et "Rosemonde" jalonnent la progression du recueil.

Ce dernier comporte ensuite une section intitulée « Rhénanes » et composée de neuf textes d'inspiration germanique parmi lesquels figure le célèbre poème consacré à "la Loreley". Après trois poèmes assez brefs – "Signe", "Un soir" et "la Dame" –, le long poème "les Fiançailles", divisé en neuf parties dépourvues de titres, évoque de façon poignante la fuite du temps, la solitude et le dénuement. Le recueil propose de nouveau deux textes brefs – "Clair de lune" et "1909" – puis un long poème en six parties, "À la Santé", issu de la triste expérience de la détention effectuée en septembre 1911 par Apollinaire à la prison de la Santé. Enfin, "Automne malade", "Hôtels" et "Cors de chasse" précèdent l'ultime poème du recueil, "Vendémiaire", dans lequel le poète éternise son chant : « Hommes de l'avenir souvenez-vous de moi. »

Apollinaire avait d'abord songé à intituler son recueil *Eau-de-vie. Alcools* est toutefois plus net, provocant et moderne, et rapporte l'acte poétique, dans la continuité de Baudelaire et de Rimbaud, à un dérèglement des sens : « Écoutez mes chants d'universelle ivrognerie » ("Vendémiaire"). Les références explicites à la boisson enivrante sont fréquentes dans le recueil : « Et tu bois cet alcool brûlant comme ta vie / Ta vie que tu bois comme une eau-de-vie » ("Zone"), « Nous fumons et buvons comme autrefois » ("Poème lu au mariage d'André Salmon"), « Mon verre est plein d'un vin trembleur comme une flamme » ("Nuit rhénane"). De même, l'univers d'*Alcools* est jalonné de nombreux lieux pourvoyeurs de boissons : des « tavernes » ("Zone"), des auberges – celle du "Voyageur" est « triste » et celles des "Saltimbanques" sont « grises » –, des brasseries – « Beaucoup entraient dans les brasseries» ("la Maison des morts"), « Elle […] buvait lasse des trottoirs / Très tard dans les brasseries borgnes » ("Marizibill"). D'un symbolisme multiple, que le pluriel du titre élargit encore, l'alcool désigne l'universelle soif du poète, le paroxysme de ses désirs : « Je buvais à pleins verres les étoiles » ("les Fiançailles"), « Je suis ivre d'avoir bu tout l'univers / […] Écoutez-moi je suis le gosier de Paris / Et je boirai encore s'il me plaît l'univers » ("Vendémiaire"). Extrême et intarissable, cette soif, souvent euphorique, court toutefois le risque de demeurer inassouvie :

« Mondes [...] / Je vous ai bus et ne fus pas désaltéré » ("Vendémiaire"). L'alcool suggère en outre la transgression, la possibilité de faire fi des tabous et des normes, en somme les audaces d'une poésie novatrice et moderne.

La poésie d'*Alcools* se déploie en effet souvent dans la fantaisie et la rupture à l'égard des normes, mais elle se plie également à certaines règles. C'est ce mélange de nouveauté et de tradition, de surprise et de reconnaissance qui fait l'originalité du recueil. Si, sur le plan prosodique, Apollinaire conserve en général la rime et la régularité métrique – avec une nette prédilection pour l'octosyllabe et l'alexandrin –, c'est en raison d'une nécessité interne à sa poésie et non par souci d'obéir à une quelconque contrainte extérieure. La poésie d'*Alcools* s'enracine dans le chant qu'elle cherche à rejoindre par son souffle propre. Les enregistrements qui demeurent du poète témoignent d'ailleurs de cette parenté : Apollinaire, lisant ses textes, semble chanter. Or la rime et le mètre ne sont pas seuls à contribuer à la musicalité du recueil. La répétition, savamment agencée, confère à de nombreux poèmes un rythme qui les rapproche du cantique. "Le Pont Mirabeau", par la reprise du refrain – « Vienne la nuit sonne l'heure / Les jours s'en vont je demeure » – et celle, juste avant la dernière occurrence du refrain, du premier vers – « Sous le pont Mirabeau coule la Seine » – a l'aspect d'une litanie tragique et conjuratoire. Dans "la Chanson du mal-aimé", la reprise d'une strophe majestueuse par son adresse et solennelle par la référence biblique qu'elle contient – « Voie lactée ô sœur lumineuse / Des blancs ruisseaux de Chanaan » – donne au poème une dimension incantatoire. Ailleurs, la répétition, plus légère et joyeuse – celle par exemple de la tournure, elle-même répétitive, « Le mai le joli mai » dans "Mai" –, confère au poème des allures de chanson populaire, voire de comptine.

Toutefois, rien n'est jamais stable dans cette poésie qui refuse le confort mélodique et préfère l'incertitude. Le poème intitulé "les Colchiques" installe la régularité de l'alexandrin tout en y inscrivant de subtiles fractures : la disposition graphique démembre le mètre – « Les vaches y paissant / Lentement s'empoisonnent » –, certains vers ont plus de douze syllabes – « Vêtus de hoquetons et jouant de l'harmonica » – si bien que, finalement, la lecture hésite face à d'autres vers dont on peut faire des alexandrins, au prix de quelques élisions audacieuses – par exemple : « Qui batt(ent) comme les fleurs battent au vent dément » –, mais que l'on peut également considérer comme irréguliers. De même, dans "Marie", un alexandrin unique vient soudain perturber la régularité du poème par ailleurs entièrement composé d'octosyllabes. La prosodie d'*Alcools* cultive la discordance qui déstabilise, ébranle, introduit comme un déchirement. À l'échelle du recueil pris dans son ensemble, le poème "Chantre", constitué d'un vers unique, qu'Apollinaire appelait drôlement « vers solitaire » – « Et l'unique cordeau des trompettes marines » – produit un effet similaire.

Ces fractures sont à l'image de l'expérience, le plus souvent douloureuse et angoissée, qui se dévoile à travers *Alcools*. Divers poèmes sont d'ailleurs, de l'aveu d'Apollinaire lui-même, directement liés aux circonstances biographiques. Ainsi "la Chanson du mal-aimé" exprime le désarroi du poète dans son amour malheureux pour une jeune Anglaise, Annie Playden. Toutefois, la matière poétique transcende l'anecdote, notamment grâce à la richesse des images. Certaines, récurrentes dans le recueil, contribuent à son unité, voire à l'envoûtement qui en émane peu à peu lors d'une lecture continue. Ainsi, le flux de l'eau est fréquemment, mais de façon toujours renouvelée, associé au temps qui passe, à la fois irréversible – « Passent les jours et passent les semaines / Ni temps passé / Ni les amours reviennent / Sous le pont Mirabeau coule la Seine » ("le Pont Mirabeau") – et immuable – « Je passais au bord de la Seine / Un livre ancien sous le bras / Le fleuve est pareil à ma peine / Il s'écoule et ne tarit pas / Quand donc finira la semaine » ("Marie").

L'automne, saison fascinante et tragique, évoque le déclin de toute chose – « Et que j'aime ô saison que j'aime tes rumeurs / Les fruits tombant sans qu'on les cueille / Le vent et la forêt qui pleurent / Toutes leurs larmes en automne feuille à feuille / [...] La vie / S'écoule » ("Automne malade") –, la séparation des amants – « Sais-je où s'en iront tes cheveux / Et tes mains feuilles de l'automne / Que jonchent aussi nos aveux » ("Marie") – et la mort – « L'automne a fait mourir l'été » ("Automne"). Ces images sont certes traditionnelles mais la poésie d'*Alcools* les renouvelle par le traitement qu'elle leur réserve. Amplement utilisée, la comparaison engendre un monde propre qui transmue le poème en vision, souvent violente : « Le soleil ce jour-là s'étalait comme un ventre / Maternel qui saignait lentement sur le ciel / La lumière est ma mère ô lumière sanglante / Les nuages coulaient comme un flux menstruel » ("Merlin et la Vieille Femme"). Ailleurs, la métaphore, dont l'allitération renforce l'efficacité, transfigure ce même spectacle initial d'un coucher de soleil en une scène de décapitation : « Soleil cou coupé » ("Zone").

L'univers d'*Alcools* est en outre résolument ancré dans la modernité, singulièrement celle du monde urbain. La grande ville est présente dans "la Chanson du mal-aimé" – « Un soir de demi-brume à Londres » – ou dans "le Pont Mirabeau" dont le titre évoque explicitement Paris. Le ton est donné dès le premier poème, "Zone", aux références et à la terminologie très contemporaines : « les automobiles », « les hangars de Port-Aviation », « les affiches », « cette rue industrielle », « des troupeaux d'autobus », « le zinc d'un bar crapuleux ». Quant au dernier poème, "Vendémiaire", il dresse une sorte de panorama urbain universel : « J'ai soif villes de France et d'Europe et du monde / Venez toutes couler dans ma gorge profonde. »

Les lieux où se déploie cette poésie sont cependant variés, car le voyage est l'un des thèmes dominants d'*Alcools*. Des titres de poèmes tels que "le Voyageur" ou "Hôtels" en témoignent. Ceux que l'on appelle les « gens du voyage » sont également présents dans les titres – "Saltimbanques", "la Tzigane" – et dans les poèmes – « Un ours un singe un chien menés par des Tziganes / Suivaient une roulotte traînée par un âne » ("Mai") ; « Des sorciers venus de Bohême » ("Crépuscule"). Le voyage est en outre fréquemment rapporté à l'expérience personnelle : « Maintenant tu es au bord de la Méditerranée / [...] Tu es dans le jardin d'une auberge aux environs de Prague / [...] Te voici à Marseille au milieu des pastèques / Te voici à Coblence à l'hôtel du Géant / Te voici à Rome assis sous un néflier du Japon / Te voici à Amsterdam avec une jeune fille [...] » ("Zone"). Le voyage dans l'espace va de pair avec celui dans le temps. Le passé du poète est représenté – *Alcools* se plaît à l'évocation, souvent pathétique, des souvenirs – mais aussi celui de l'humanité, par le biais des mythes, nombreux dans le recueil. Ces mythes sont de sources très diverses – la Bible, les contes populaires, les légendes gréco-latines, orientales, celtiques, germaniques, etc. – et contribuent, par leur exotisme et leur étrangeté, au charme mystérieux et nostalgique qui émane d'*Alcools*.

Spatial ou temporel, le voyage est signe de liberté et peut donc être associé à la fête et à la richesse : les saltimbanques « ont des poids ronds ou carrés / Des tambours des cerceaux dorés » ("Saltimbanques"). Il signale la toute-puissance de l'imagination poétique : « Vers le palais de Rosemonde au fond du Rêve / Mes rêveuses pensées pieds nus vont en soirée / [...] mes pensées de tous pays de tous temps » ("Palais"). Or cet aspect positif du voyage, qui abolit limites et entraves, a son envers négatif. Dépourvu de but déterminé, le voyage est avant tout errance, symbole d'une douloureuse méconnaissance de soi : « Temps passés Trépassés Les dieux qui me formâtes / Je ne vis que passant ainsi que vous passâtes / Et détournant mes yeux de ce vide avenir / En moi-même je vois tout le passé grandir » ("Cortège").

Grâce à la richesse de sa prosodie, de ses constructions et de ses images, *Alcools* exerce une indéniable fascination. Celle-ci ne doit pourtant pas faire oublier le caractère fondamentalement pessimiste et désespéré du recueil.

● « Poésie/Gallimard », 1971. ➤ *Œuvres poétiques complètes*, « Pléiade » ; *Œuvres complètes*, Balland et Lecat, III.

A. SCHWEIGER

ALDOMEN ou le Bonheur dans l'obscurité. Roman d'Étienne Pivert de **Senancour** (1770-1846), publié à Paris chez Leprieur en 1795.

Déjà meurtri et désenchanté par une éducation austère et étouffante, Senancour vit alors en Suisse. Il a rompu avec sa famille et, résigné à tout, ayant perdu toute ambition, il épouse Marie-Françoise Daguet, la fille de son logeur. N'osant encore rentrer à Paris en pleine effervescence révolutionnaire, il écrit *Aldomen* pour exprimer le seul projet qu'il se croie encore capable de réaliser : se retirer, à l'exemple de son héros, avec sa femme dans quelque campagne tranquille pour y mener une vie simple et naturelle, détachée des besoins artificiels du monde social.

Le roman se présente comme le recueil de huit lettres échangées par Aldomen, dont le nom symbolique est peut-être à rapprocher du mot anglais *alderman* [l'ancien, le sage, l'homme d'expérience], et son ami Spitwead.

Aldomen confie sa mélancolie et son dégoût de l'existence (lettre 1). Il voit dans l'amour le seul remède qui pourrait le sauver : « Je veux aimer : si jamais je suis assez heureux pour rencontrer existant l'être idéal que mon imagination s'est créé » (2-3). Il forme déjà la doctrine d'un bonheur simple, fondé sur les seuls besoins de la nature et sur les plaisirs mesurés qu'on peut en attendre (4). Il croit enfin reconnaître en Julie de *** la femme qu'il pourrait aimer (5). Spitwead a beau le mettre en garde contre les illusions de l'amour (6), Aldomen va s'établir avec Julie dans une retraite sauvage. Il règne sur son domaine et sur ses gens en sage législateur, établissant des fêtes, réglant l'économie domestique, bâtissant dans ses promenades des monuments rustiques, couverts d'inscriptions vertueuses et édifiantes (7). Il convertit enfin à sa nouvelle façon de vivre un jeune homme atteint lui aussi du vague des passions, une sorte de double de lui-même, en quelque sorte. C'est à ses yeux la preuve de sa réussite : Aldomen invite Spitwead à venir le rejoindre (8).

L'influence de la *Nouvelle Héloïse* ne fait guère de doute. Dans la forme du roman par lettres, tout d'abord, qui suggère entre le narrateur et le monde un éloignement radical, favorable à la solitude sans laquelle, selon Senancour, il ne saurait y avoir quête de la sagesse. Dans l'intrigue elle-même, ensuite, avec l'allusion transparente que constitue Julie de *** à l'héroïne de Rousseau. Dans la philosophie générale de l'œuvre, enfin : l'éden alpestre d'Aldomen, avec ses mœurs copiées sur la nature, ses fêtes champêtres et l'autorité paternelle qui le dirige, doit beaucoup au modèle de l'utopie de Clarens.

Œuvre de jeunesse, *Aldomen* avoue ses sources de la manière la plus évidente. Mais elle trouve sa vraie valeur dans l'économie générale de l'écriture senancourienne. Elle révèle d'abord une hésitation fondamentale dans le choix d'une forme d'expression que Senancour voudra toujours soumettre à des intentions radicalement morales et philosophiques. Avec *les Premiers Âges, incertitudes humaines* (1792) et *Sur les générations actuelles* (1793), il semblait avoir opté pour le style plus franchement didactique de l'essayiste. Mais, comme son maître Rousseau, il n'ignore pas les capacités méthodologiques et démonstratives de la fiction romanesque.

Paradoxalement, c'est en se rapprochant davantage de l'auteur vénéré d'*Émile* que Senancour prépare l'éclosion de son génie propre. *Aldomen*, en effet, à travers ses limites, semble porter l'exigence d'une réécriture. *Oberman*, chef-d'œuvre de Senancour, n'est à bien des égards que sa forme aboutie.

D. GIOVACCHINI

ALECTOR. Roman de Barthélemy **Aneau** (vers 1505-1561), dont le titre complet est : *Alector ou le Coq, histoire fabuleuse, traduite en françois d'un fragment divers trouvé non entier, mais entrerompu, et sans forme de principe*, publié à Lyon chez Pierre Fradin en 1560.

Franc-Gal, qui appartient à la famille des Macrobes, a de Priscaraxe, une femme-serpent, un fils, Alector, dont il n'a pas attendu la naissance pour continuer sa quête du Temple. Dans son voyage autour de l'Atlantique et de l'océan Indien, il apporte la civilisation aux peuples chez lesquels il aborde à son hippopotame volant. Né d'un œuf, Alector part bientôt, sur ordre de sa mère, chercher l'aventure. Après avoir rencontré son père en Tartarie, il parvient à Orbe, la cité commandée par un être qui la terrorise et l'oblige à sacrifier à un serpent immense. Alector vainc le serpent, voit mourir son père, est sacré roi de la cité.

Ce bref résumé ne rend pas compte de la complexité et de l'étrangeté du roman de B. Aneau, surtout connu pour être l'auteur présumé du très sérieux *Quintil Horatian* (1550). La narration (dont Aneau lui-même reconnaissait qu'elle était « diverse et très étrange ») développe fréquemment la technique du retour en arrière et de l'entrelacement des intrigues : cependant, « cette structure emboîtée [...] ne déroute pas le lecteur moderne, bien habitué à ces contrepoints : bien au contraire, il est toujours tenu en haleine par le désir de vérifier le système et de décoder les prophéties et les songes » (M.-M. Fontaine). Il faut rapprocher *Alector* des romans grecs et en particulier du roman d'Héliodore traduit par Amyot. Cette œuvre, qui va chercher dans la fable (la mythologie grecque en particulier) nombre de ses ingrédients, a pour emblème le coq : elle apparaît ainsi comme une contribution au gallo-centrisme qui se développe alors en France dans des ouvrages qui se veulent scientifiques (à partir du recueil d'Annius de Viterbe, surtout, les livres de Postel, Picard, Ceneau ou Billon) aussi bien que dans les romans les plus lus (*Amadis de Gaule*, par exemple). Roman « gaulois » qui pense les Celtes « comme les textes "historiques" et politiques contemporains » (M.-M. Fontaine), *Alector* fait fréquemment référence à Mercure, Pythagore ou Platon, ainsi qu'à la pensée juive : c'est dire combien ce roman est lié au vaste courant de la *prisca theologia* dont Marsile Ficin est un des représentants les plus illustres. Franc-Gal est « le druide par excellence, le législateur cosmopolite, le voyageur pythagoricien » (*id.*).

Alector est aussi un roman symbolique qui requiert une lecture allégorique, même si La Monnoye parle de « ce mauvais roman intitulé *Alector*, où de bonnes gens croient voir un sens mystique, merveilleux, quoiqu'il n'y en ait pas plus que dans les fanfreluches antidotées de Rabelais ». Il y a toute une réflexion sur l'utopie à travers la ville d'Orbe, image architecturée du monde, cité des marchands qui est vouée au culte du Soleil, dieu unique. Roman qui s'appuie également sur l'emblématique et sur l'alchimie, *Alector* est un texte très riche qui doit être lu parallèlement aux écrits de Rabelais.

● Genève, Droz, à paraître (p.p. M.-M. Fontaine).

J. FASSOLLES

ALEXANDRE (le roman d'). VOIR ROMAN D'ALEXANDRE (le).

ALEXANDRE CHÊNEVERT, CAISSIER. Roman de Gabrielle **Roy** (Canada/Manitoba, 1909-1983), publié simultanément à Montréal chez Beauchemin et à Paris chez Flammarion en 1954.

C'est lors de son séjour à Paris, entre 1947 et 1950, que Gabrielle Roy eut l'idée de ce sujet. Elle l'esquissa d'abord dans trois nouvelles parues en 1948, « Feuilles mortes », « Sécurité » et « la Justice en Danaca et ailleurs », préludes à ce roman « montréalais » – le troisième de l'auteur – qui passa presque inaperçu, tant la critique l'avait enfermée dans l'image qu'avait donnée d'elle son premier roman, *Bonheur d'occasion*, en 1945.

Alexandre Chênevert souffre d'insomnies, et, durant la nuit, suit le fil désordonné de ses divagations. À côté de lui Mme Eugénie Chênevert dort. Après avoir refait le monde, tous les matins à neuf heures moins vingt exactement, il entre à la banque de Montréal où il est employé comme caissier, et rejoint sa cage de verre où il empile des pièces de monnaie et subit un défilé permanent de clients. À midi quinze minutes, il fait la queue dans une cafétéria et se soumet, sans appétit, à la corvée du déjeuner. Godias, un collègue, vient le rejoindre. Autant le premier est bilieux, autant le second est bon vivant. Alexandre fait subir à cet unique ami sa mauvaise humeur. Après son repas, dans la chaleur de la banque, il a toutes les peines du monde à ne pas dormir debout. Le soir, une erreur de compte le retient derrière sa cage alors que tous ses collègues sont partis. Pour 100 dollars qui manquent, à bout de nerfs, il s'engouffre dans le bureau de son directeur pour démissionner. Celui-ci, au vu de sa mauvaise mine, lui conseille de consulter un médecin. Mais c'est Eugénie qui tombe malade et il le lui reproche. Sa femme à l'hôpital, Alexandre en oublie ses petits maux pour quelques jours. La venue de sa fille, Irène, loin d'être une joie, met en lumière la pauvreté de leurs relations. Chez le médecin, l'énoncé des maux d'Alexandre remplit bientôt un gros dossier mais la conclusion est qu'il n'a rien, ce n'est pas qu'il porte le monde sur ses épaules. Il se décide à prendre des vacances.

Dans la petite cabane de bois qu'il loue, il découvre la solitude, retrouve le sommeil et vit la plus belle journée de sa vie. Il projette déjà de s'installer là et découvre enfin ce qu'est le bonheur à travers la famille Le Gardeur, les fermiers qui lui louent sa cabane. Mais bientôt pris par l'ennui, il quitte les lieux plus tôt que prévu et retrouve l'enfer de la ville. Son état de santé empire, il est usé et ne peut plus manger sans souffrance. Il retourne voir le docteur qui décèle une tumeur. À l'hôpital, il avoue au prêtre venu le confesser qu'il n'est pas aimé de Dieu. Il meurt sans bruit, comme il a vécu.

À partir de l'histoire d'un obscur employé de banque, Gabrielle Roy crée un roman d'une étonnante richesse, au symbolisme puissant et grave, une tragédie de l'Occidental du XXe siècle. Frappée du spectacle des pantins accablés qui marchent le dos courbé dans les rues des villes, elle dépeint la petitesse en l'homme et la soumission à la médiocrité.

Alexandre Chênevert, petit être laid, chétif, au nez long et au crâne luisant, sujet aux maux d'estomac, aux rhumes et aux insomnies, n'est pas doué pour le bonheur et porte toute la souffrance du monde sur ses épaules. Le poids en est si lourd qu'il en meurt aussi bêtement qu'il a vécu. Alexandre Chênevert est transparent, inexistant : « Un petit homme à sa place, quoi de plus invisible ! » S'il possède tous les défauts des médiocres : irritable, triste, toujours de mauvaise humeur, maniaque, indécis et vaniteux, il est pourtant conscient de la trivialité de sa situation : « Penser à l'immortalité de l'âme tout en contemplant ses orteils lui paraissait presque inconvenant. » C'est lors de ses insomnies que se révèle à lui sa vraie nature, qu'il fait acte de lucidité, et même qu'il se sent capable d'exprimer des sentiments délicats. Seulement personne n'est là pour l'entendre, et là réside son drame. De ce double exil d'un être coupé de lui-même et du monde, de ce perpétuel écart entre la hauteur des ambitions qui l'animent et la vision constante de son indignité, naissent une insupportable souffrance et l'obsession du bonheur, concept qu'il nourrit d'images aussi diverses que lointaines. Immergé dans l'univers tourmenté du caissier, le lecteur assiste en direct à l'aggravation du mal qui le ronge ; il plonge dans l'âme du personnage, entend le monologue intérieur de ses pensées et de ses réflexions, observe la continuité et l'évolution du travail d'un esprit.

En dépit d'une tentative de délivrance dans sa cabane au fond des bois, qui marque un temps de répit et permet d'assister à la transformation d'un être, le mal est trop profond et la troisième partie du roman est dominée par le progrès de la maladie et de l'angoisse. Le sens de cette souffrance pourtant a changé : c'est en elle qu'Alexandre Chênevert trouve la voie et le sens de son salut.

Ce roman, apparemment consacré à l'analyse psychologique détaillée et profonde d'un homme quelconque, si insignifiant que raconter sa vie relève de la gageure, présente le martyre des souffrances existentielles, du questionnement sans réponse sur Dieu, sur le bonheur et le sens de la vie. Alexandre Chênevert ne peut rejeter le Créateur car il ne peut échapper à son regard : « Il priait volontiers quand il reconnaissait sa chétive condition. » Sa tragédie est un dialogue continuel avec le divin, où l'homme n'obtient pas la paix désirée.

C. PONT-HUMBERT

ALEXANDRE LE GRAND. Tragédie en cinq actes et en vers de Jean **Racine** (1639-1699), créée à Paris au théâtre du Palais-Royal en 1665, et publiée à Paris chez Girard en 1666.

Deuxième tragédie de l'auteur, cette pièce s'inspirant de Quinte-Curce connut un grand succès. On considère pourtant – depuis le XVIIIe siècle – qu'elle n'est guère convaincante tant la clémence d'Alexandre s'encombre d'une rhétorique pesante.

Alexandre menace les empires de Taxile et de Porus auxquels il a offert de se soumettre sans combat. Cléofile, sœur de Taxile, amoureuse d'Alexandre, essaie de convaincre son frère d'accepter. Il hésite car il aime Axiane, dont l'empire est aussi menacé, et ne veut pas sembler lâche, d'autant que Porus, son rival, se propose de combattre pour elle malgré son apparente froideur (Acte I). Taxile accepte finalement l'offre d'Alexandre. Axiane s'en remet à Porus qu'elle laisse espérer (Acte II). Mais, Porus défait, Taxile triomphe. Alexandre lui propose de régner sur les trois empires qu'il vient de soumettre. De son côté, il épousera Cléofile (Acte III). Axiane pleure Porus et méprise les vainqueurs. Taxile change alors de camp, espérant lui plaire. Mais Porus vit encore (Acte IV). Taxile meurt en le combattant. Porus obtient la clémence d'Alexandre qui lui rend son empire ainsi qu'à Axiane. Tous pleurent la mort de Taxile (Acte V).

On a parfois souligné le déséquilibre entre la grandeur de Porus, sans cesse magnifié, et celle d'Alexandre, plus effacé. Sa clémence forme bien le cœur du sujet et renvoie une image digne du jeune Louis XIV en effaçant celle du héros guerrier, à laquelle le roi n'aspirait pas en ce début de règne pacifique. Cette clémence est à la fois une donnée immuable de sa politique de conquête et une conséquence de ses sentiments pour Cléofile. Racine a beau se défendre de ce défaut dans sa Préface, il n'en reste pas moins que la rhétorique amoureuse pèse sur son personnage sans pouvoir l'élever jusqu'au romanesque pur. Une même préciosité entache les discours de Porus et de Taxile (II, 3 et IV, 4), si bien que la tragédie politique se noie dans des tirades qui figent l'action. L'enjeu est simple : « Si l'on n'est son esclave [d'Alexandre], on est son ennemi. » La suite ne rend pas ce constat plus complexe et le retournement de Taxile s'opère avec une rapidité et une aisance surprenantes.

Seule Axiane vivifie l'action et porte en elle un potentiel d'héroïsme tragique incontestable, même s'il n'est pas développé suffisamment pour attirer véritablement notre sympathie. Aimée de deux hommes, elle semble n'avoir pas choisi (I, 3), ne se déclarant de façon voilée qu'à la fin de l'acte II, offrant l'amorce d'une passion sans la vivre pleinement. L'analyse politique l'emporte vite et détermine le choix de Porus, détruisant suspense et conflit intérieur. Axiane y gagne une vigueur dont le tutoiement révèle les sommets (III, 2 et IV, 3). Sa fierté, son mépris ironique envers Taxile, son aspiration à la grandeur qui la pousse à envisager le suicide pour fuir la soumission (IV, 1) permettraient de construire un personnage tragique ; mais Racine ne les exploite pas davantage. *Alexandre* est alors condamné à n'être qu'un long morceau d'éloquence, sans la profondeur des pièces à venir.

➤ *Théâtre*, Les Belles Lettres, I ; *Œuvres complètes*, « Pléiade », I ; *Théâtre complet*, « GF », I ; *id.*, « Folio », I ; *id.*, « Classiques Garnier ».

P. GAUTHIER

ALEXIS ou le Traité du vain combat. Roman de Marguerite **Yourcenar**, pseudonyme de Marguerite de Crayencour (1903-1987), publié à Paris aux Éditions Au Sans Pareil en 1929.

Alexis ou le Traité du vain combat est le premier roman de Marguerite Yourcenar. L'auteur explique (« Avant-propos de l'auteur », *Œuvres romanesques*) que ce récit de jeunesse est représentatif, tout comme *le Coup de grâce*, de l'une des « deux premières manières » de l'écrivain : celle qui emprunte à « la sobriété du récit classique » (l'autre style étant un « intense expressionnisme », mis en œuvre dans *Denier du rêve*).

Alexis adresse à sa jeune épouse, Monique, une longue lettre de confession et d'adieu. Après maints retards et sans jamais prononcer le mot, le jeune homme avoue son homosexualité. Il relate son enfance et son adolescence solitaires dans la demeure ancestrale de Woroïno, en Bohême du Nord. C'est au collège de Pétersbourg qu'Alexis comprend, sans toutefois passer à l'acte, la véritable teneur des obsessions qui l'habitent. Sa lutte contre ses penchants le rend gravement malade et lui fait souhaiter la mort. Peu après, de retour à Woroïno, il découvre enfin les joies de la sensualité, sans que s'y mêle le moindre sentiment amoureux à l'égard de son compagnon de hasard. Alexis a décidé qu'il serait musicien. Sa famille accepte qu'il parte pour Vienne mais il est trop pauvre pour financer ses études.

Le jeune homme mène une vie austère et douloureuse. À la misère matérielle s'ajoute en effet ce combat contre lui-même qu'il persiste à mener en vain. Il tombe de nouveau malade, et une parente éloignée, la princesse Catherine, l'invite dans sa propriété de Wand. C'est là qu'Alexis rencontre Monique, une riche et belle jeune fille. Poussé par la princesse et attiré par la douceur et la bonté de Monique, Alexis épouse cette dernière, bien qu'il ne l'aime pas vraiment. Très vite, une oppressante tristesse, que la naissance d'un fils est impuissante à dissiper, s'installe chez ce jeune couple, uni sans passion. Alexis décide alors de quitter Monique et de céder à ses instincts.

Comme l'explique l'auteur dans la Préface de 1963, l'ouvrage doit son titre à la deuxième *Églogue* de Virgile et son sous-titre au *Traité du vain désir*, « cette œuvre un peu pâle de la jeunesse d'André Gide ». Marguerite Yourcenar précise toutefois avoir écrit *Alexis* sans connaître encore vraiment les grandes œuvres gidiennes qui abordent de front la question de l'homosexualité. *Alexis* prend place dans le contexte plus général d'« un certain moment de la littérature et des mœurs où un sujet jusque-là frappé d'interdit trouvait pour la première fois depuis des siècles sa pleine expression écrite ». Marguerite Yourcenar ne cherche pas, dans *Alexis*, à faire l'apologie de l'homosexualité. Elle s'attache plutôt à l'examiner en moraliste et à chercher à la comprendre. Le choix narratif de la première personne émane d'un souci d'épouser la complexité d'une intériorité tourmentée et méticuleuse dans son effort d'élucidation : « Ce style traditionnel de l'examen de conscience se prête [...] bien à formuler les innombrables nuances de jugement sur un sujet de par sa nature complexe comme la vie elle-même » (Préface). Subtile et chère à l'auteur, l'écriture à la première personne, qui campe « le portrait d'une voix », établit une étroite proximité entre personnage et lecteur, mais invite ce dernier à une active vigilance. En l'absence de tout commentaire de l'auteur, c'est au lecteur qu'il échoit de restituer une distance, de déceler ce que le discours du sujet peut comporter d'implicite ou de tendancieux. *Alexis*, livre sur l'homosexualité, est donc aussi un récit sur la parole, sur la fondamentale inadéquation des mots aux choses à laquelle il faut pourtant se résigner, même s'il y a « quelque chose de ridicule à envelopper de phrases un aveu qui devrait être simple ». Comme le remarque Alexis, « s'il est difficile de vivre, il est bien plus malaisé d'expliquer sa vie ». Après sa confession, le jeune homme retourne vers la musique, ultime et idéal refuge contre les imperfections du

langage : « La musique ne devrait être que du silence, et le mystère du silence, qui chercherait à s'exprimer. »

● « Folio », 1978.

A. SCHWEIGER

ALINE. Roman de Charles Ferdinand **Ramuz** (Suisse, 1878-1947), publié simultanément à Paris à la Librairie académique Perrin et à Lausanne chez Payot en 1905.

Julien Damon rentre de faucher. Sur la route, il croise Aline. Elle a dix-sept ans. Ils poursuivent le chemin ensemble vers le village, et Julien propose un rendez-vous pour le soir. Aline pense à lui depuis longtemps. Le soir, il lui offre des boucles d'oreilles, et demande un baiser en échange. Aline ne sait pas résister (chap. 1). Elle se sent différente. Les rendez-vous avec Julien se poursuivent (2). La vieille Henriette s'inquiète des sorties répétées de sa fille ; elle lui fait avouer la vérité et lui interdit toute escapade. Mais dans le cœur d'Aline l'amour a grandi (3). La nuit, en secret, elle écrit à Julien et lui fixe un rendez-vous pour le lendemain soir, quand Henriette dort (4). Julien, qui pensait l'histoire finie, va au rendez-vous (5). Les rencontres reprennent chaque soir ; seulement Julien s'ennuie un peu... (6). Au village, les cancans vont bon train, et Julien propose d'espacer les rencontres. Aline dépérit (7). Un jour, Julien ne vient pas au rendez-vous (8). Le chagrin d'Aline devient torturant. Bientôt, elle comprend qu'elle est enceinte (9). Lorsqu'elle l'apprend à Julien, il ne veut rien entendre (10). Désormais, Aline vit en recluse, auprès de sa mère (11). Au mois d'avril naît un petit garçon. Les mauvaises langues se déchaînent (12). Aline est trop faible pour s'occuper de l'enfant, dont la santé décline (13). Julien se fiance ; Aline égarée par le désespoir étouffe son enfant sous un traversin (14). Au matin, on la découvre pendue (15). Dans le cercueil, on dépose les corps de la jeune fille et du petit. La vieille Henriette devient comme folle (16). À l'automne suivant, Julien se marie (17).

Aline retrace avec une étonnante discrétion et avec une rare force dramatique la courbe d'une destinée tragique ; et si la jeune fille est une élue – au sens que Ramuz donne à ce mot –, c'est dans la douleur et la solitude. Autour d'elle gravite une société hostile à ses infortunes, rigide dans ses principes et prompte à juger puis à condamner. La solitude de l'héroïne est à la fois le signe d'une grâce – qui la distingue au sein d'une communauté sans relief – et une fatalité qui la voue à un destin tragique. Les personnages du roman sont d'une extrême simplicité ; leur existence dépouillée de tout artifice suit le rythme naturel de la terre ; ils vivent enfermés, telles leurs propres bêtes, dans un univers aux limites si précises qu'il étouffe plutôt que de rassurer. Julien est particulièrement médiocre : poussé par le seul désir sexuel, et convaincu de sa supériorité parce qu'il est mâle et fortuné alors qu'Aline est pauvre, il n'agit qu'en fonction d'idées préconçues. Quant à Aline, submergée par la passion amoureuse, elle est sans défense. Bref, plutôt que des caractères, ces personnages sont des types, tant leur psychologie sommaire empêche toute identité.

Pour dire cette épopée rustique, Ramuz recherche une langue authentiquement représentative du milieu qu'il décrit et fait parler. Il s'astreint à une extrême fidélité à l'objet, à la perception, à la sensation saisis autant que possible de l'intérieur, à leur source. D'où une véritable architecture de rythmes, des dialogues étirés en longueur troués de silences et d'hésitations. Le récit se veut témoignage, et, pour le servir, un narrateur impersonnel et neutre se tient à distance de l'histoire. Ainsi, derrière le style « paysan » se dessine la structure claire, transparente, du chant épique.

Une voix dans ce roman affirme que l'amour n'échappe jamais à la malédiction. Cette voix-là ne se taira jamais tout à fait chez Ramuz, même si ses œuvres postérieures mettent davantage l'accent sur la défense des valeurs communautaires (voir *Derborence, la *Grande Peur dans la montagne*...) et donc l'union entre les êtres face à une nature souvent hostile.

● « Les Cahiers rouges », 1986.

C. PONT-HUMBERT

ALINE ET VALCOUR ou le Roman philosophique. Roman de Donatien Alphonse François, marquis de **Sade** (1740-1814), publié à Paris chez Girouard en 1795.

Après avoir composé les *Cent Vingt Journées de Sodome*, le « récit le plus impur qui ait jamais été fait depuis que le monde existe », récit donc condamné au secret, Sade, prisonnier à la Bastille, entreprend un roman tourné vers le lecteur et destiné à la publication. Ils correspondent l'un et l'autre aux deux postulations de Sade : le ressassement, l'approfondissement de fantasmes et, d'autre part, le jeu avec l'interdit, le goût de l'allusion. À l'automne 1786, le marquis réclame à sa femme des documents sur l'Espagne et le Portugal. En octobre 1788, lorsqu'il dresse le *Catalogue raisonné des œuvres de M. de S****, il y fait figurer quatre volumes d'*Aline et Valcour ou le Roman philosophique*. En juin 1790, libéré et devenu le citoyen Sade, homme de lettres, il annonce à un de ses amis d'Aix-en-Provence : « Vous aurez bientôt le roman philosophique que je ne manquerai pas de vous envoyer. » Quand il est arrêté pour modérantisme en décembre 1793, l'impression de l'œuvre est en cours et il est en train de retoucher les passages les plus sensibles politiquement pour les mettre « à l'ordre du jour ». Il lui faut attendre août 1795 pour, de nouveau libre, voir enfin paraître une œuvre ambitieuse sur laquelle il comptait pour s'imposer comme un écrivain philosophe.

Aline et Valcour intercale dans un roman épistolaire le double récit en forme de Mémoires à la première personne de Léonore et de Sainville. Les jeunes gens qui donnent son nom à l'œuvre sont épris l'un de l'autre, mais le père de la jeune fille, le président de Blamont, entend la marier à son vieil ami et compagnon de débauche Dolbourg. Aline et sa mère, la vertueuse Mme de Blamont, cherchent à gagner du temps, en se retirant à la campagne, tandis que Valcour enquête sur la complicité de M. de Blamont et de Dolbourg. On découvre dans le passé une chaîne de substitutions d'enfants, entre Aline, sa sœur Léonore et une jeune paysanne, Sophie. Le président de Blamont n'en parvient pas moins à ses fins, il empoisonne sa femme, enlève Sophie, puis Aline dont il abuse. Celle-ci se suicide, il ne reste plus à Valcour qu'à se retirer dans un couvent, alors que Sainville et Léonore ont su résister aux pressions familiales en s'enfuyant et en faisant le tour du monde à la recherche l'un de l'autre. Sainville traverse l'Afrique, découvre l'effroyable tyrannie du roi nègre de Butua puis l'île utopique de Tamoe perdue au milieu de l'océan Pacifique. Il revient en Europe pour tomber entre les mains de l'Inquisition. Léonore, de son côté, enlevée à Venise, passe également par Butua et par les geôles de l'Inquisition. Elle partage les aventures d'une bande de bohémiens libertaires et n'échappe que de justesse à un groupe de brigands. Les époux qui se sont croisés plusieurs fois sans se reconnaître finissent par se retrouver et par imposer leur union aux deux familles.

La construction, que certains ont jugée artificielle, marque en fait l'ambition littéraire et philosophique de l'auteur. Ambition littéraire puisqu'il réunit ses deux admirations proclamées dans *Idée sur les romans*, la *Nouvelle Héloïse* de Rousseau et *Cleveland* de l'abbé Prévost. Le roman épistolaire de Rousseau racontait les amours contrariés de Saint-Preux et de Julie, et résumait en une lettre au milieu de l'œuvre le voyage autour du monde de Saint-Preux. Ce voyage prend chez Sade les dimensions d'un roman dans le roman et permet de traverser une série de pays et de régimes politiques comme dans le *Télémaque* de Fénelon et le *Cleveland* de Prévost. L'ambition n'est pas moins philosophique, puisque l'ouvrage illustre les destinées contrastées de deux sœurs, les malheurs de la blonde Aline, prisonnière de la vertu la plus conventionnelle, et les prospérités de la brune Léonore qui ne conçoit la vertu que comme fidélité à soi-même. L'opposition est sans doute moins brutale que dans le couple formé par Justine et Juliette. Elle montre pourtant la supériorité de la volonté et de l'expérience sur l'immobilité morale et physique. Aline ne peut qu'obéir et mourir alors que Léonore sait se battre et vivre.

Le modèle rousseauiste est surtout sensible dans les élans lyriques des amants séparés, dans le pathétique de la mort de Mme de Blamont, pleurée par Aline comme Julie par Claire.

L'allégeance au romancier de *la Nouvelle Héloïse* est explicite dans l'histoire que Valcour fait de sa vie avant sa rencontre avec Aline ; séducteur d'une jeune femme et meurtrier en duel du frère de celle-ci, il s'enfuit à Genève et y rencontre Rousseau : « Il me reçut avec cette aménité, cette honnêteté franche, compagnes inséparables du génie et des talents supérieurs. » Dans cette histoire de Valcour, le romancier introduit un certain nombre d'éléments autobiographiques. La fiction lui permet de se projeter dans deux figures antithétiques : Valcour qu'une faute de jeunesse a jeté sur les routes de l'exil mais qui se rachète par son amour et sa fidélité, Blamont le redoutable libertin qui ne recule pas devant le meurtre. De même, le personnage de Julie selon Rousseau donne naissance contradictoirement à la pâle Aline et à Léonore la volontaire. Le roman épistolaire juxtapose les plaintes des personnages sensibles, le cynisme des roués et les voix décidées de Sainville et de Léonore qui échappent ainsi à toute partition manichéenne.

Le sous-titre *ou le Roman philosophique* est justifié par les débats moraux qui ponctuent l'intrigue et par la description des pays traversés par les deux voyageurs. Le royaume de Butua, sous le signe de la noirceur, est un régime fondé sur la terreur, la violence et une sexualité stérile, il est condamné à l'autodestruction, tandis que l'île de Tamoe, lumineuse, est réglée par une loi intériorisée. Des indices discrets suggèrent que cette loi ne peut régulariser le désir. La leçon du roman réside dans le contraste entre Butua et Tamoe, plus que dans l'un ou l'autre de ces pays. Elle réside dans l'errance et la tolérance des bohémiens qui recueillent Léonore, plus que dans tout État constitué. Sade a cherché à actualiser son texte composé pour l'essentiel à la Bastille, lorsque la Révolution a rendu caduques certaines de ses diatribes. La première version présentait Tamoe comme un royaume dirigé par Zamé, souverain éclairé. Une seconde version supprime les tirades contre les parlements de l'Ancien Régime et transforme Zamé en législateur quasi républicain. Le roman qui se proclame en page de titre *Écrit à la Bastille un an avant la Révolution de France* se voudrait prophétie de la Révolution ; il est surtout carnavalisation des discours du XVIIIe siècle et harcèlement de tous les systèmes coercitifs. Contre toutes les « utopies » définitives, il est une défense et illustration de l'« atopie ».

● « Le Livre de Poche », 1992 (p.p. J.-M. Goulemot). ➤ *Œuvres complètes*, Cercle du Livre précieux, IV-V (p.p. J. Fabre) ; *id.*, Pauvert, IV-V ; *Œuvres*, « Pléiade », I.

M. DELON

ALINE, REINE DE GOLCONDE. Conte de Jean-Stanislas, chevalier de **Boufflers** (1738-1815), publié en 1761.

Libertin et homme de guerre qui finit à l'Académie française, auteur de poésies, de chansons et de contes, le chevalier qui deviendra le marquis de Boufflers est un digne représentant, tant dans ses œuvres que dans sa vie, de cette qualité si essentielle au XVIIIe siècle, l'esprit. Il publie *Aline, reine de Golconde* alors qu'il est encore au séminaire. Le conte a du succès, fait scandale, mais oblige Boufflers à quitter le séminaire de Saint-Sulpice pour se faire chevalier de Malte. Grimm et Voltaire le remarquent : le voilà lancé. Et ce petit conte, sa première œuvre, est aussi son chef-d'œuvre.

Un jour qu'il s'est perdu à la chasse, un jeune noble rencontre dans un « vallon riant » une jeune paysanne, Aline, qui porte un pot de lait sur la tête. Il a quinze ans et elle en a quatorze : ils découvrent l'amour. Mais le lendemain, le jeune homme doit repartir pour Paris avec son père. Plusieurs années plus tard, le jeune homme devenu brigadier et libertin rencontre une fort belle dame qui l'accoste : c'est Aline, qu'il reconnaît à un anneau qu'il lui avait donné. Elle lui raconte comment ses parents l'avaient chassée quand on l'avait trouvée enceinte de lui, sa vie de fille entretenue, et son mariage avec un homme fortuné. Elle l'invite chez elle. Nouvelle nuit d'amour. Mais le lendemain, le brigadier doit repartir aux armées. Quinze ans plus tard, se trouvant en Golconde, État florissant de l'Asie, le brigadier devenu lieutenant-général est présenté à la reine du pays : c'est encore Aline, dont le mari est mort, et qui, capturée par les Turcs au cours d'un voyage, puis vendue comme esclave, s'est retrouvée dans le harem du roi de Golconde, qui l'a épousée. Elle se donne de nouveau à lui dans un vallon identique à celui où ils se sont connus jadis, qu'elle a fait reconstituer dans son parc. Mais au bout de quinze jours de volupté, ils sont surpris par le roi, qui chasse le lieutenant-général. Après bien des mésaventures, celui-ci échoue finalement dans un désert, où il rencontre une vieille femme à laquelle il raconte son histoire : c'est toujours Aline bien sûr, qui a été elle aussi chassée par le roi, et avec qui il décide de finir sagement ses jours.

Aline, reine de Golconde est un texte écrit avec beaucoup d'esprit et de désinvolture. Boufflers joue sans souci de vraisemblance ou d'unité avec différents genres romanesques : à une pastorale où évoluent gaiement à travers champs de douces bergères, et où des bergers jouent de la musette dans le lointain, succède un roman libertin. Puis, sans trop non plus s'embarrasser, il nous transporte dans un conte exotique : harem, jardins enchanteurs, femme enlevées par les Turcs devenue reine d'un royaume fabuleux – pour nous conduire enfin, nouveau changement de décors, dans un conte moral, au désert, où deux anciens amants goûtent en solitaires aux joies de la tranquillité et de la nature. À travers tant de codes littéraires, derrière tant de masques, un seul personnage, Aline, joue tous les rôles, incarne toutes les femmes, tour à tour innocente, libertine, amicale ou sage. Elle se joue de tous les visages qu'on pourrait lui prêter, et le narrateur ne la reconnaît jamais que grâce à la bague qu'il lui a offerte : infinies métamorphoses d'une nouvelle Protée. Sous chaque nouveau masque, c'est toujours la même femme qui se présente. Car l'essentiel pour Boufflers n'est pas dans le décor, ni même dans le genre d'intrigue choisi, qu'il traite avec la plus grande désinvolture : « Je laisse aux poètes et aux Gascons le soin d'essuyer et de décrire les tempêtes : pour moi, j'arrivais sans accident. » La valse des genres romanesques n'est là que pour les discréditer tous, ou, si l'on préfère, pour ne laisser subsister qu'une seule chose, sous ses mille travestissements : l'amour physique et ses plaisirs.

J. ROUMETTE

ALISCANS. Voir GUILLAUME D'ORANGE (cycle de).

ALLÉLUIA POUR UNE FEMME-JARDIN. Recueil de nouvelles de René **Depestre** (Haïti, né en 1926), publié à Montréal aux Éditions Leméac en 1974 (5 nouvelles), puis dans l'édition intégrale (10 nouvelles) à Paris chez Gallimard en 1981. Le recueil porte en sous-titre dans sa première édition « Récits d'Amour-Solaire ».

Après huit recueils de poèmes (dont *Gerbe de sang*), cette arrivée tardive à la prose découle d'un sentiment très vif chez René Depestre : celui que la prose nécessite une longue et douloureuse appropriation de la langue. Il y reprend le thème – majeur dans sa poésie – de la célébration de la femme à laquelle il a consacré ses compositions les plus ardentes et les plus novatrices.

La nouvelle qui donne son titre au recueil est un vibrant hommage à la beauté de Zaza, jeune femme d'une trentaine d'années qui émeut profondément son neveu Olivier, âgé de seize ans. La seule présence de Zaza métamorphose le quotidien en rêve et un humble repas en festin princier. La beauté mythique de Zaza entretient les fantasmes des habitants de Jacmel ; mais elle force aussi le respect car Zaza n'est pas seulement belle : elle est fière, intelligente, délicate et généreuse. Devenue la bienfaitrice de son village qu'elle dote d'une salle de cinéma, personne n'ose médire d'elle. Zaza invite Olivier à l'accompagner en villégiature, dans sa ferme au lieu-dit la Montagne-Envoûtée, sur le golfe. La vision de Zaza en maillot, la beauté du paysage, la cha-

leur, les jeux dans l'eau troublent Olivier dont l'esprit est habité d'images tourbillonnantes annonciatrices du cyclone. La découverte de l'unique lit qui occupe la chambre ne fait qu'ajouter à ce trouble. Le soir, « un soir haïtien pétillant de boucans sur les collines, d'accords de tamtams fusant de partout », Laudrun, un paysan, leur apporte un panier chargé d'oranges, de pamplemousses, de pommes-cajou, de cirouelles et de grappes de quenêpes. Au coucher, Olivier sent la présence de sa tante passer dans son propre corps et bientôt ses « seize ans mangeaient sa bouche ». Leur liaison dure deux ans, dans le plus grand secret et l'accomplissement le plus parfait. Un soir la rumeur se répand à toute allure : le cinéma est en flammes. De Zaza, nulle trace. L'héroïne, la reine de Jacmel, n'est plus qu'un tas de cendres et la femme-jardin d'Olivier est devenue « un souvenir qui se prête à la légende ».

Du « géo-libertinage » au « réel-merveilleux féminin » René Depestre a élaboré toute une esthétique autour de la notion, essentielle dans toute son œuvre, de « femme-jardin ».

Il a emprunté cette image à la réalité haïtienne : dans les campagnes d'Haïti, la polygamie fut longtemps pratiquée et le paysan appelait sa favorite, « femme-jardin ». René Depestre a donc fait d'une réalité sociologique un usage poétique. Des campagnes haïtiennes, il a également retenu la liberté des mœurs et des corps qui se donnent sans fausse pudeur.

Sans doute faut-il revenir à son enfance passée à Jacmel, petite ville au bord de la mer des Caraïbes, pour comprendre cette sensualité en pleine communion avec la nature. Une nature généreuse, exubérante et féconde où cocotiers, corossols, amandiers, palmiers et flamboyants accordent leur ombre bienfaisante. « J'ai été élevé dans un jardin », se plaît à dire René Depestre. Très jeune, le futur poète est initié à une beauté qui affine ses sens. Le spectacle naturel de Jacmel, rehaussé par la magie surréaliste du vaudou, suscite dans l'esprit de l'adolescent des images fondatrices, alimente une imagination poétique et nourrit ses premiers rêves érotiques. La vision des jeunes filles se baignant nues dans les rivières, la frénésie des danses créent une joyeuse familiarité avec les corps et les rythmes. À cette notion de « femme-jardin » spécifiquement haïtienne, René Depestre a ajouté une appréhension de la femme héritée des surréalistes : la femme idéale, la femme-enfant, la femme merveilleuse, et a créé le concept de « réel-merveilleux féminin ».

René Depestre, s'il n'a jamais participé aux recherches formelles des surréalistes, a toujours été frappé par l'extraordinaire coïncidence entre le surréalisme savant – celui qu'il découvre avec la venue d'André Breton à Haïti en 1946 – et le surréalisme populaire propre au peuple haïtien, qu'entretient essentiellement le vaudou. Enfin, cette notion de « femme-jardin » sous-tend le sentiment que la beauté féminine est une valeur universelle, un médiateur pour appréhender et comprendre le monde. D'où l'idée de « géo-libertinage ». Le sentiment amoureux est universel et la beauté n'appartient à aucune culture spécifique. À travers la femme le poète parcourt la planète, en un tour du monde que René Depestre a, par ailleurs, effectué au cours d'une existence vagabonde qui l'a conduit sur tous les continents.

La célébration de la femme, le retour à la poésie dans les rapports amoureux, le sentiment du merveilleux associé au corps féminin : autant de composantes de cet alléluia joyeux dédié à de jeunes Haïtiennes qui de Zaza à Roséna (« Roséna dans la montagne ») ou Georgina (« De l'eau fraîche pour Georgina ») éclatent de fraîcheur, de beauté et de générosité. La sensualité est la source essentielle des métaphores de René Depestre dont la verve caraïbe s'épanouit pleinement au récit de la beauté féminine. Le poète trouve aisément le ton du conteur et émaille son texte de vieilles histoires haïtiennes qui entretiennent l'ambiance quelque peu magique de ces récits.

La sensualité d'*Alléluia pour une femme-jardin* abonde en images de séismes, de volcans, de feu et de fortes marées. L'érotisme dépeint par René Depestre, dans un langage rutilant qui se plaît, à la profusion, aux débordements, incarne le refus de la mort ; c'est un érotisme « solaire » fondamentalement dédié à la vie, heureux et exempt de toute notion de péché ; cette générosité des corps qui se goûtent et se dévorent est trop spontanée et naturelle pour devenir impudique. René Depestre fait de l'érotisme l'étendard d'une révolte païenne où la libération des corps précède celle des esprits.

● « Folio », 1986.

C. PONT-HUMBERT

l'habitude de se dissimuler et c'est en leur compagnie qu'il affronte l'obscurité : « Il avait trouvé un remède contre la nuit et ses peurs : il tâtait la boîte d'allumettes suédoises dans sa poche et savait qu'à tout moment il pouvait vaincre l'obscurité. » La boîte d'allumettes, c'est ce qui rattache, comme une faible lueur, Olivier au monde de l'enfance dont il s'est trouvé subitement en marge.

● « Le Livre de Poche », 1985.

B. GUILLOT

ALLUMETTES SUÉDOISES (les). Roman de Robert **Sabatier** (né en 1923), publié à Paris chez Albin Michel en 1969.

Au début des années trente, Olivier, âgé de dix ans, vit avec sa mère, veuve depuis cinq ans, Virginie, qui tient une mercerie rue Labat. Virginie meurt et l'enfant est confié à son cousin Jean et à sa femme Élodie jusqu'à ce qu'un conseil de famille se réunisse pour décider de la garde du petit garçon. N'allant plus à l'école, Olivier erre dans le quartier. Il fait la connaissance de Lucien, le sans-filiste ; d'Albertine, la concierge ; de Marc, le petit truand ; de l'« Araignée », l'infirme à l'étrange regard ; de Bougras, septuagénaire fringant et roi de la combine ; et de Mado, la « Princesse », dont la beauté émerveille l'enfant. Mais il y a aussi les anciens camarades de classe dont la rue est le quartier général. Le mois d'août arrive, la rue Labat se dépeuple. Et c'est un jour d'août que Jean et Élodie lui disent qu'il va partir chez son oncle, celui qui a réussi dans la vie. L'oncle arrive, Olivier s'en va et, une dernière fois, se retourne pour regarder la petite mercerie dont le rideau de fer est baissé depuis des mois.

Un texte du regard ou, plutôt, de deux regards qui s'entrecroisent, furtivement : celui de l'homme qui regarde l'enfant et celui d'Olivier qui observe les habitants de la rue devenus marionnettes de Guignol qui s'agitent devant lui pour lui faire oublier sa peine et sa solitude. Un théâtre vivant qui le distrait avec ses petites histoires, ses petites querelles : « Ce petit bout de la rue Labat, c'était le cinéma du pauvre, le paradis des mal-logés, le lieu de la liberté. » Une rue au nom prédestiné tant elle semble loin de tout, autonome, indifférente au bruit et à la fureur de la capitale. Pour Olivier, la rue se métamorphose en lanterne magique ; descendre les marches de l'escalier, refermer la porte d'entrée de l'immeuble, c'est comme pénétrer dans une salle de cinéma. En effet, ils sont tous là les héros du septième art : Marc le truand, Bougras la brute au grand cœur, Mado la belle, inaccessible, à l'élégance hollywoodienne, et… la bête, l'infirme Daniel, dit l'« Araignée » ; mais il y a aussi les « enfants terribles » pleins de « fureur de vivre ».

La rue est un spectacle bariolé, un feuilleton dépourvu d'un dernier épisode où tout s'achève, et il n'est pas anodin de remarquer que le cinéma joue un rôle primordial dans l'histoire. Il est un univers pluriel qui fait rêver, mais il est aussi le lieu où l'on envoie l'enfant quand les adultes veulent être seuls, l'espace où se réfugie le souvenir de la mère et le dernier recours pour ceux qui, au chômage, tentent désespérément d'obtenir un maigre rôle de figurant qui leur permettra de manger mais surtout d'approcher de près ces merveilleuses vedettes. Un récit plein de bruits et de couleurs, d'odeurs et de mouvements : les cris des concierges, les refrains de Bougras, les arômes des cafés qui sentent la bière et le vin, et les cavalcades des enfants. Une féerie qui porte Olivier et le réjouit : « Pendant des semaines, Olivier y avait erré, sa douleur enfermée dans sa poitrine et, pour lui plaire, elle avait composé des festivals de paroles et de gestes, de rencontres et de jeux. Elle avait ajouté des notes joyeuses au triste concert qu'il portait. »

Cependant, la solitude demeure, obstinée, elle guette l'enfant lorsque, la nuit tombée, les persiennes se ferment, les paroles s'évanouissent ; alors, il ne reste plus pour ne pas être seul, pour ne pas avoir peur, que la boîte d'allumettes. *Les Allumettes suédoises* reviennent comme un leitmotiv, c'est avec elles que l'enfant joue et qu'il met, par inadvertance, le feu à une cage d'escalier où il avait pris

ALOUETTE (l'). Pièce en prose de Jean **Anouilh** (1910-1987), créée à Paris au théâtre Montparnasse-Gaston-Baty le 14 octobre 1953, et publiée à Paris aux Éditions de la Table ronde la même année.

À Rouen, Jeanne d'Arc est jugée. Devant le comte de Warwick qui souhaite aller au plus vite, l'évêque Cauchon entend que l'on « joue toute l'histoire » de la Pucelle. Défilent alors les scènes : Jeanne et ses voix, Jeanne face à ses parents incrédules, Jeanne obtenant du sire de Beaudricourt une escorte pour se rendre à Chinon, Jeanne reconnaissant le Dauphin puis lui apprenant son métier de roi… Retour au présent du tribunal : Jeanne, abandonnée de tous, se retrouve devant ses juges et doit affronter des débats théologiques. Après avoir abjuré sous la pression de l'inquisiteur, elle se rétracte. Mais alors que les flammes du bûcher commencent à monter, arrive Beaudricourt qui réclame une scène que l'on a oublié de jouer : le sacre de Reims. Et tandis que l'on détache la Pucelle se forme le cortège royal…

Regroupée avec *Beckett ou l'Honneur de Dieu* et *la Foire d'empoigne* sous le titre générique de « pièces costumées », *l'Alouette* est moins une pièce historique au sens romantique du terme qu'un brillant jeu où le théâtre se sert de l'Histoire pour affirmer sa liberté. Empruntant à la scène baroque et la structure de la pièce dans la pièce et la thématique du *theatrum mundi*, Anouilh installe d'emblée le procès dans un contexte de théâtralité : il s'agit de faire « jouer toute sa vie » à l'héroïne. Vie qui se déroule selon un plan chronologique, mais que la mise en scène transforme progressivement en image d'Épinal : le spectateur assiste ainsi à l'invention d'un mythe élaboré à partir du réel (« Évidemment, dans la réalité cela ne s'est pas exactement passé comme ça », déclare Warwick au moment ou s'achève l'épisode de Chinon) et qui en vient finalement à se substituer à lui pour satisfaire à la logique mythographique. D'où la double conclusion de la pièce : conclusion événementielle avec l'épisode du bûcher qui clôt politiquement le procès ; mais « la vraie fin de l'histoire de Jeanne, la vraie fin qui n'en finira plus », au dire de Charles, c'est « cette belle image de livre de prix » que trace la didascalie finale et qui voit la Pucelle triompher lors du sacre. On ne saurait mieux dire que le mythe se moque de la réalité ni montrer que le théâtre est avant tout illusion.

Reste que la construction du dramaturge s'adresse à un public bien réel – celui de la France de l'après-guerre – et que le mythe de Jeanne n'est pas utilisé gratuitement. Comment, en effet, ne pas procéder à des glissements d'époques et ne pas lire dans le passé d'autrefois le passé le plus récent – ainsi Cauchon avoue-t-il à Warwick que lui et les siens « ont été des collaborateurs sincères du régime anglais qui nous paraissait alors la seule solution raisonnable, dans le chaos » – et le présent d'alors ? Le Français de 1953 ne pouvait que souscrire aux propos pleins d'actualité de Charles, Dauphin tout juste bon à inaugurer les chrysanthèmes : « Il y a eu je ne sais combien de dévaluations […] et je n'ai plus les moyens d'être un grand roi. » Comme souvent chez Anouilh, les allusions à l'actualité sont moins l'expression d'une idéologie que la transposition ironique de l'esprit de café du Commerce. Et sans doute est-ce là l'une des clés de son succès.

● « Folio », 1973.

D. COUTY

ALOUETTES NAÏVES (les). Roman d'Assia **Djebar**, pseudonyme de Fatima Zohra Imalayen (Algérie, née en 1936), publié à Paris chez Julliard en 1967.

Divisé en trois parties – « Autrefois », « Au-delà », beaucoup plus courte et servant de transition, « Aujourd'hui » –, le roman relate, en plusieurs histoires entrelacées, la vie de deux jeunes femmes et de trois garçons, leurs relations amoureuses et amicales et leur engagement aux côtés des maquisards pendant la guerre d'Algérie. Des relations complexes qui unissent Nfissa, Rachid, Nadjia, Mourad et Omar – entre eux, mais impliquant aussi leurs familles – se dégage, dans la première partie, le lien amical privilégié entre Rachid, figure mystérieuse du révolté, et le narrateur, dont on apprendra qu'il s'appelle Omar dans la troisième partie, à la faveur d'un changement de point de vue ; et, d'autre part, l'intense relation amoureuse entre Nfissa, qui représente la femme émancipée, désireuse d'échapper aux traditions familiales et de s'engager en faveur de l'indépendance et, au-delà, de la révolution, et le même Rachid, qui au centre des différentes intrigues, se trouve être le point central de l'œuvre.

L'influence de *Nedjma* de Kateb Yacine, qui fut en 1956 un événement littéraire considérable, semble évidente : par la mise en scène de la jeunesse algérienne (mais représentée ici par des femmes autant que par des hommes), en conflit avec les traditions familiales ; par le caractère énigmatique du personnage de Rachid ; par l'importance apportée au thème érotique ; mais aussi, et sans doute davantage encore, par une composition éclatée, qui mêle constamment différentes périodes, dans un va-et-vient incessant entre autrefois et aujourd'hui, abolissant finalement le sens de la chronologie (« Il m'arrive de penser qu'une longue guerre n'est souvent qu'une vie sur un rythme désaccordé », déclare le narrateur). Le récit, qui multiplie les points de vue et les intrigues, adopte tantôt la vision d'Omar, tantôt celle de Nfissa, et seul Rachid, vers qui tendent tous les regards, n'accède jamais à la parole. Cette polyphonie, qui crée l'atmosphère poétique du roman et relègue l'intrigue au second plan, fait la richesse de l'œuvre en même temps que sa complexité, marquée, comme celle de Kateb Yacine, par le modèle faulknérien.

Dans ce système narratif, l'entrelacement de l'amour et du combat politique joue un rôle fondamental. Comme dans ses autres romans, Assia Djebar, traductrice de la féministe égyptienne Naoual Saadaoui, fait de la situation de la femme un thème central. Nfissa, qui représente l'image de la femme algérienne moderne, « émancipée », quoique toujours fascinée par sa culture arabo-islamique, fait scandale à la fois par ses relations libres avec Rachid, qu'elle épouse, et par son engagement politique (Si Othman, son oncle et tuteur, est interrogé par la police à son sujet). La deuxième partie, placée sous le signe d'une exergue emprunté aux "Veillées" de Rimbaud, s'infléchit souvent vers le poème en prose pour évoquer les nuits d'amour entre Rachid et Nfissa après leur mariage : « Lorsque le plaisir devient réalité, inconsciemment elle refuse de le laisser déborder dans le reste du temps ; elle veut oublier sinon le bien-être et le calme. Oui, elle oublie et la recherche et la chasse ; parce qu'elle ne se sent ni la proie ni le chasseur, elle ne sait qui reçoit, qui donne, elle regarde et le visage de Rachid devient sa propre face qu'elle n'oublie pas. »

Un des épisodes les plus forts du roman, dans la première partie, est la visite, au bordel, de Rachid et du narrateur. Une des filles, Mériem, définie comme l'« épouse » de ce dernier, mourra phtisique. Le roman reprend constamment le parallèle entre la prostitution et l'activisme, dont le point culminant est l'identification, dans la troisième partie, des « héroïnes » à des « filles » : « Je ne sais comment, à propos des héroïnes d'aujourd'hui, j'en suis venu à évoquer les prostituées d'hier. Peut-être parce que celles-là sont inattendues », s'étonne le narrateur.

À cet égard, comme *Nedjma*, d'ailleurs, et comme la plupart des romans maghrébins des années soixante, les *Alouettes naïves* se présentent comme un roman de formation, puisque les personnages y reçoivent la double initia-tion à l'amour et à la politique, par la guerre. Le titre lui-même explicité au début du roman par une remarque anonyme : « Eh ! les voilà !… les alouettes ! », fait référence à l'innocence des « héros », qui font l'apprentissage de la vie au fil du récit. Dans cet apprentissage, les personnages prennent conscience du rôle essentiel de la langue dans la formation de l'identité. Le narrateur refuse ainsi le français qu'on lui enseigne au lycée : « En classe donc, je me décidais de ne parler que l'arabe, ma langue maternelle. Pas le français, la langue des autres. Je me souviens, je me disais "les autres", "les autres" et même chez nous, alors que mes sœurs, ma mère ne savaient pas un mot de la langue étrangère, quelquefois je me répétais "les autres" et je m'y englobais… »

Le roman de formation, lui-même écrit en français, propose alors une méditation sur l'écriture – Omar débat avec Rachid – pour qui « écrire ne mène à rien » – « l'écrivain est un homme déchiré, infirme, impuissant » – de l'engagement en littérature… Les *Alouettes naïves* montrent alors, sans aucun didactisme, la contradiction dans laquelle se trouve plongé l'écrivain algérien de langue française, en proie à une « double postulation » pour la culture française et la tradition arabe –, contradiction qui sera développée dans les romans ultérieurs d'Assia Djebar, notamment l'*Amour, la fantasia* (1985).

● « 10/18 », 1978.

D. COMBE

ALOYS ou le Religieux du mont Saint-Bernard. Récit d'Astolphe Louis Léonor, marquis de **Custine** (1790-1857), publié sans nom d'auteur à Paris chez Vezard en 1829.

Traditionnellement présenté comme la mise en scène, après l'*Olivier* de Mme de Duras, celui de Latouche et l'*Armance* de Stendhal, de l'impuissance d'un héros, *Aloys* raconte plutôt l'histoire d'un amour impossible. Initialement attribué à Mme de Duras, qui avait favorisé sa publication et qui elle-même rédigea un *Moine du Saint-Bernard* resté inédit (mais dont l'anonymat fut vite percé), ce roman traite un type plutôt qu'un cas. Le héros, dont l'aventure sentimentale évoque très précisément celles de Custine, est avant tout l'emblème d'une génération douloureuse, et le récit, par le trajet du jeune homme, nous fait passer d'un romantisme souffert à sa guérison.

Précédé d'un Avant-propos de l'éditeur, *Aloys* se présente comme un récit fait par un Français, qui, après avoir perdu une femme adorée, traîne son chagrin en Italie au printemps 1815. Un orage le surprend au passage du mont Saint-Bernard. Un moine le sauve, et, à l'invitation du prieur, lui fait lire le manuscrit où il raconte sa conversion.

Né juste avant la Révolution, timide et mélancolique, frère Pierre s'est lié d'amitié avec le comte de T***, qui lui a fait connaître la volontaire et séduisante Mme de M***, dont tous l'encouragent à épouser la fille âgée de quinze ans. Ils se fiancent, mais le jeune homme, d'hésitation en délire, ne sait comment échapper à cette « union abhorrée ». Il écrit à Mme de M*** pour renoncer, sans donner de raison à sa dérobade. Mme de M*** veut lui faire avouer son secret, et organise, sous couvert d'une soirée dans son salon, l'établissement d'un diagnostic par un graphologue genevois. Le médecin décèle dans l'écriture de la lettre le « caractère bizarre » d'un « homme à imagination ». Une dernière entrevue provoque l'aveu du héros : « Ne me condamnez pas au supplice de vous appeler ma mère. » Mme de M***, bouleversée, se voit confirmer ce qu'elle soupçonnait. Elle est aimée de son futur gendre : « Ma pauvre fille ! qu'ai-je fait ? » Le jeune homme se réfugie au monastère.

Sa lecture finie, le voyageur s'écrie : « Vous êtes Aloys. » C'est qu'il a reconnu celui que sa femme, l'ex-Mlle de M***, n'avait cessé d'aimer. Elle est morte désespérée, ainsi que sa mère.

« C'est une barre de fer entortillée de coton. » La formule du graphologue rejoint les termes de la lettre d'Aloys : « L'honneur m'obligeait à ne pas rétracter ma parole, la religion me prêche la conversion, qui n'est qu'une rétractation universelle. J'obéis à Dieu et je quitte le monde. » Sous l'empire d'un attachement « infernal », le héros vit dans une instabilité morbide. Se livrant à l'introspection pour chercher une explication à cet état, il est aussi travaillé par un rêve d'absolu, qu'il réalisera au cloître. Réunissant « tous les contraires », son caractère triomphe du dilemme où le placent son sens du devoir, sa passion et l'impossibilité de la satisfaire, mais la sublimation ne peut se produire qu'au terme de souffrances dont la seule source est à chercher dans l'individu.

Inceste fantasmé, aveu retardé à l'extrême, tourments du moi, retour à l'origine de l'enfance, drame de la jeunesse, indécision, rapport difficile à la femme : malgré la sobriété du style, *Aloys* relève du romantisme le plus dense. Peu importe au fond que Mlle de M*** rappelle Clara, fille de Mme de Duras, ou Albertine de Staël, que derrière l'impuissance ou l'inceste puisse se profiler l'homosexualité refoulée, que la scène de graphologie ait effectivement eu lieu chez l'auteur d'*Ourika*. *Aloys* exprime sous la forme d'une confession un malaise personnel, un conflit avec la loi et la société, la force du sentiment, auxquels Dieu seul permet d'échapper.

● « 10/18 », 1971 (p.p. P. Sénart) ; Librairie Fontaine, 1983 (p.p. D. de Margerie).

G. GENGEMBRE

ALTANA (l') ou la Vie vénitienne. Essais d'Henri de **Régnier** (1864-1936), publiés à Paris au Mercure de France en 1928.

L'histoire littéraire a surtout retenu de Régnier sa participation au symbolisme poétique ; mais il fut aussi un maître de la prose dans certains romans (voir *la Double Maîtresse*), dans ses contes et ses chroniques. C'est à cette dernière forme qu'appartiennent les textes regroupés dans l'*Altana*.

Le préambule s'ouvre ainsi : « S'il ne manque point d'un certain ridicule à écrire un livre sur Venise, le risque en est compensé par le plaisir qu'il y a à le courir. » Sa vie fut tellement marquée par ses séjours dans la cité des Doges, ses livres en furent depuis longtemps si pénétrés que Régnier prend volontiers ce risque en présentant ce qu'il nomme des « Mémoires de [s]a vie vénitienne ».

Chacun des deux volumes comporte huit chapitres, parcourant la ville en tous sens, dans l'espace et dans le temps. L'*Altana*, expliquent les premières pages, c'est le nom de la terrasse installée sur le toit des palais, lieu idéal de contemplation de la cité. Régnier met aussi en valeur d'autres lieux, comme la place « sous le Chinois » au Florian – ce Chinois étant représenté sur une fresque pittoresque du célèbre café de la place Saint-Marc. Là, à cinq heures, l'auteur donne ses rendez-vous à ses amis Jean-Louis Vaudoyer et Edmond Jaloux.

« C'est Venise et je suis heureux », écrit Régnier dans le premier chapitre. Le sujet de l'*Altana* n'est pas moins que l'expression de ce bonheur dispensé au long des années, au rythme des promenades accomplies au cours de très nombreux voyages. Ces chroniques au ton discret présentent une Venise aux antipodes des visions grand-guignolesques qu'en donnaient à la même époque un Gabriele D'Annunzio (*le Feu*, 1900), un Maurice Barrès dans *la Mort de Venise* ou Thomas Mann dans *la Mort à Venise* (1911) – insistant tous sur la décadence et la déchéance de la ville, sur son lien à la mort. Régnier, au contraire, s'attache à l'habiter quotidiennement, à l'arracher à trop de mythologies crépusculaires. Son simple propos est d'être heureux, dans ces ruelles où « l'on marche dans de l'ombre, du silence et du secret ». Ainsi redécouvre-t-il principalement la Venise du XVIIIᵉ siècle, celle de Goldoni, de Tiepolo et de Pietro Longhi.

Il est difficile et sans intérêt de figer des textes dans un genre ou une catégorie ; Régnier joue aux frontières de plusieurs formes, tentations simultanées : souvenirs,

poèmes en prose, contes, chroniques, et cette variété sans affectation recoupe celle des visages de la ville.

Dans l'œuvre et la vie plutôt mélancoliques d'Henri de Régnier, ce livre et Venise représentent un pôle lumineux, vers lequel il se tourna souvent. Si l'*Altana* est son ouvrage essentiel, il a évoqué Venise à bien d'autres reprises, comme pour découvrir le secret de cet envoûtement. Elle sert de décor à plusieurs épisodes de romans et l'on peut signaler un petit volume d'*Esquisses vénitiennes* (1920), concises autant que délicates, ainsi que des *Contes vénitiens* (1928).

● *La Vie vénitienne*, Mercure de France, 1983 (p.p. D. Fernandez) ; *Esquisses vénitiennes*, Éd. Complexe, 1991 (p.p. S. Basch).

J.-P. GOUJON

AMAN. Tragédie en cinq actes et en vers, avec chœurs, de Pierre **Matthieu** (1563-1621), publiée avec *Vasthi*, *Clytemnestre* et la première version de la *Guisiade ou Massacre du duc de Guise* à Lyon chez Rigaud en 1589.

Le sujet, tiré du livre d'Esther, est familier à Matthieu, qui, à peine âgé de vingt ans, avait composé une *Esther*, tragédie-fleuve de plus de 5 500 vers représentée au collège de Vercel (Franche-Comté), dont son père était le recteur.

Mardochée a découvert à Esther un complot ourdi contre son époux Assuère, roi des Perses (Acte I). Cependant, celui-ci a élevé aux plus hautes dignités Aman qui veut se faire adorer des peuples soumis au roi : les Juifs, sous la conduite de Mardochée, refusent de commettre pareil sacrilège. Aman persuade le roi de supprimer ce peuple insoumis (Acte II). Tandis que Mardochée conduit une pénitence collective propre à apaiser le courroux divin, Esther use de ses charmes pour changer le cœur de son mari (Acte III). Or le roi, se souvenant qu'il doit son trône à Mardochée, veut lui octroyer récompense. Il prend conseil d'Aman qui, sans le vouloir, favorise celui dont il est jaloux. Découvert grâce à l'habileté d'Esther, l'orgueilleux périt avec ses enfants sur le gibet qu'il avait fait préparer pour son ennemi. Mardochée, reconnu par le souverain, est élevé à la place qu'occupait Aman (Actes IV-V).

Pour « faire valoir la prodigieuse tragédie du schisme, du discord, de la déloyauté, de l'hérésie, quatre monstres cruels qui ensanglantent la scène » de la monarchie française, Pierre Matthieu n'a pas voulu emprunter « aux fables des Grecs » ou aux « ambitieuses antiquités des Romains », mais à la « vérité des archives de l'Écriture sainte ». À travers le personnage d'Aman, en effet, le dramaturge ligueur vise les mignons de la cour d'Henri III, conseillers pervers que Dieu saura punir comme Il a puni le courtisan d'Assuère.

Figure obscure dans l'océan du mal, Aman, au fil des actes, dévoile le « gouffre d'orgueil » de son âme. Son désir d'ascension à la cour n'est pas la marque d'une ambition médiocre, mais le prélude à une explosion de sa volonté de puissance qui le mène à défier les dieux quand il déclare :

Je tiens à mon vouloir la cime de Rhodope,
J'irai ravir là-bas la femme de Pluton,
Je prendrai le trident de Neptune pour bâton.

Dans les ténèbres de l'orgueil, Aman succombe aux puissances de l'illusion et oublie ses limites : il croit partager le pouvoir de la Fortune, alors que le Dieu des Juifs va bientôt tourner ses foudres contre l'impie.

La pâle figure du roi sert le propos didactique de Matthieu. Faible, impulsif, Assuère ne pourrait proprement gouverner en l'absence de conseillers modérés et honnêtes, et sans les secours de l'Histoire, « fidèle greffière » qui consigne avec rigueur les faits des vertueux serviteurs du monarque. En ces temps où la dynastie des Valois agonise, la tragédie d'*Aman* traduit la crise d'un pouvoir monarchique auquel on n'accorde plus qu'une piètre confiance. Le dramaturge lance un avertissement au roi et à la cour car les Grands ont pleine responsabilité dans la bonne marche de l'État ; mais en filigrane se dessine une nouvelle conviction : le doigt de Dieu pèse sur l'Histoire. La victoire d'Israël ne traduit rien d'autre.

Cependant, la visée didactique ne sacrifie rien à l'élaboration d'une tragédie du sentiment où déferlent les passions les plus diverses : explosions de colère et de démesure dans la bouche d'Aman, tonitruants reproches que Dieu adresse aux Juifs, « bacchants gloutons » engloutis dans la « cité putain », duo amoureux entre Assuère et Esther, développements élégiaques quand Mardochée chante l'exil et Zarès le regret.

● Université de Bruxelles, 1988 (L. Lobbes, *Pierre Matthieu : Esther, Vasthi, Aman, la Guisiade [...]*).

M.-C. GOMEZ-GÉRAUD

AMAN. Tragédie en cinq actes et en vers d'André de **Rivaudeau** (vers 1540-vers 1580), publiée en même temps que deux livres de ses poèmes à Poitiers chez Nicolas Legoroys en 1566.

Pour son unique contribution au théâtre, Rivaudeau, en puisant au septième chapitre du Livre d'Esther, choisit un épisode biblique cher aux dramaturges du XVIe siècle : Claude Roillet avait donné un *Aman* en latin (1566) ; Pierre Matthieu dans *Esther* (1585) et *Aman (1589), puis Antoine de Montchrestien avec *Aman* (1601) évoqueront aussi le sort du peuple juif sous le règne d'Assuérus.

> Le pieux Mardochée se lamente de l'ascendant qu'Aman a pris sur Assuère : les Juifs auront à souffrir des avis malfaisants que cet impie ne manquera pas de donner au roi. En effet, Aman a juré de se venger des honneurs dont le monarque a gratifié Mardochée : il veut sa mort (Acte I). Esther, épouse juive d'Assuère, connaît les projets du conseiller royal : elle entreprend d'user de son charme pour imposer sa propre influence (Acte II). Aman, rongé du venin de la haine, distille sa rancœur et étudie les moyens de faire périr un Mardochée tout occupé à prier Dieu de venir en aide à son peuple (Actes III-IV). Esther révèle à son mari les menées d'Aman. Aussitôt disgracié, celui-ci est condamné à périr sur le gibet qu'il avait préparé pour son rival (Acte V).

En des temps où la communauté huguenote lit l'histoire de ses tribulations présentes à la lumière des souffrances du peuple juif, la « tragédie sainte » d'*Aman* développe un thème souvent exploité dans la littérature protestante : celui de la persécution des justes par des princes iniques, « verges de Dieu »,

> Car Dieu se sert des méchants
> Au salut de ses enfants.

La dynamique dramatique est au service de l'enseignement religieux. Dans son admirable resserrement, la tragédie de Rivaudeau met l'accent sur le propos didactique et, en un seul élan, montre les persécutions menées contre le pieux Mardochée et le châtiment de celui qui voulait sa perte. Œuvre de louange à la grandeur « de ce Dieu victorieux » qui délivre Ses élus de la main de tous les oppresseurs, elle soutient la foi de l'Église souffrante en annonçant :

> Que les Rois, les tyrans sachent,
> Enseignés de ce seul fait,
> Que si pour un temps ils fâchent
> Le Peuple de Dieu sujet,
> En fin il s'en entremet,
> Et départant le débat
> La plus roide part il abat.

Rivaudeau cultive le dépouillement dramatique : l'action, réduite au minimum, ne traite « rien plus que ce qui peut être advenu en autant de temps que les spectateurs considèrent l'ébat ». Aussi l'accent est-il porté sur des personnages fortement caractérisés, telle la figure lumineuse d'Esther, modèle de foi en Dieu, dont la beauté resplendissante est mise au service de la défense des Juifs. Il affectionne encore les forts contrastes : à la piété indéfectible de Mardochée ou de Siméon répondent en contrepoint les vociférations sacrilèges du furieux Aman, qui meurt sans vouloir reconnaître « ni le grand Dieu des Juifs, ni le soleil pour maître ».

Incarnation du mal absolu, dépeint sans complaisance aucune – il tremble devant la mort et supplie Esther de le prendre en pitié –, Aman est dévoré, possédé par l'orgueil et le souci de la vengeance, « mal secret qui [l]e ronge », « ver qui [l]e pincette ». Maudit et souffrant, il reflète la condition des réprouvés. Aussi l'essence du tragique est-elle bien ici de nature théologique, et totalement liée au don que Dieu fait de Sa grâce : Aman, rejeté du Tout-Puissant, marche à sa perte sans jamais entrevoir la moindre lueur de vérité, et les ténèbres qui le couvrent sont le signe de sa condamnation, prévue de toute éternité.

● Genève/Paris, Droz/Minard, 1969 (p.p. K. Cameron).

M.-C. GOMEZ-GÉRAUD

AMANT (l'). Roman de Marguerite **Duras** (née en 1914), publié à Paris aux Éditions de Minuit en 1984. Prix Goncourt.

Dans *Un barrage contre le Pacifique, Marguerite Duras avait déjà retracé une partie de sa jeunesse, en se peignant sous les traits de Suzanne. « Ce que je fais ici est différent, et pareil », écrit-elle au début de l'Amant. Malgré l'utilisation alternée de la première et de la troisième personne, le propos est ici nettement autobiographique. La différence fondamentale entre les deux versions réside dans la présentation des deux héros : Suzanne, l'adolescente solitaire et désespérée d'*Un barrage*, est cette « petite » attachante qui deviendra écrivain ; le piteux « Monsieur Jo » est cette fois un étranger énigmatique et attirant.

> À quinze ans et demi, en traversant le Mékong, la narratrice rencontre sur le bac un jeune Chinois élégant et fortuné. Il va devenir son amant, malgré les distances qui les séparent : son père à lui, banquier autoritaire, l'a déjà fiancé à une jeune Chinoise du Nord ; sa mère à elle, pauvre et raciste, entend seulement profiter des largesses de ce prétendant qu'elle méprise. Apparaissent en arrière-plan les silhouettes dont la description s'intègre plus ou moins facilement à l'évocation de cet amour passionné : une jeune pensionnaire au corps éblouissant, une mendiante folle, une étrangère mystérieuse... La « petite » doit un jour partir définitivement pour la France. Elle reste longtemps sur le pont du navire qui l'emmène : l'amant est sur le quai. Il ne reparaît qu'une fois dans la vie de l'auteur. Des années plus tard, il l'appelle au téléphone pour lui affirmer « qu'il ne pourr[a] jamais cesser de l'aimer, qu'il l'aimer[a] jusqu'à la mort ».

Avant même de recevoir le prix Goncourt, le livre connut un immense succès. Il s'est vendu en tout à 1 600 000 exemplaires. Cet engouement tient peut-être à la renommée (déjà grande en 1984) d'un auteur réputé difficile et mal connu du grand public, auquel cet ouvrage autobiographique donnait aisément accès. Il s'explique aussi par la simplicité du canevas et la mise en relief originale que lui donne le style de Duras.

Rien de plus romanesque, au sens populaire du terme, que l'histoire de cet amour proscrit dans un décor exotique. On touche presque au cliché. Pourtant, la présentation en est déroutante et neuve. Il ne s'agit pas en effet d'une narration véritable, racontant de manière linéaire la progression du sentiment, mais de descriptions successives d'images fixes, apparaissant selon un ordre imprévisible. La chronologie n'est pas respectée. Le passage d'un motif à l'autre est libre et parfois arbitraire : « Je pense souvent à cette image que je suis seule à voir encore », « Que je vous dise encore », « Sur le bac, regardez-moi »... Les scènes semblent surgir, mues par la force du souvenir, dans une cohérence affective dont le rythme rappelle celui de la confidence orale. Elle font ensuite l'objet d'ajustements successifs qui s'apparentent à des procédés cinématographiques : arrêt sur image, mise au point, ralenti. Le style associe volontiers des éléments immuables – expressions martelées qui établissent les points forts de la sensibilité de l'auteur – à des formulations changeantes qui, par approximations successives, figurent la lente remontée à la mémoire des souvenirs altérés par les « enfouissements » de la vie.

L'auteur retrouve, chemin faisant, les composantes essentielles de son œuvre : personnages fondamentaux (la mère, la mendiante, Anne-Marie Stretter) ou motifs obsédants (la voiture noire, le diamant, le fleuve). Ils sont ici replacés dans leurs dimensions strictement biographiques. Mais Marguerite Duras ne se cantonne pas à livrer quelques clés. Elle établit une correspondance entre l'expérience intime et la composition littéraire. Tandis que lui échappent les données de son existence (« L'histoire de ma vie n'existe pas. Ça n'existe pas. Il n'y a jamais de centre. Pas de chemin, pas de ligne »), les libertés prises dans l'œuvre éclairent les faits en précisant leurs prolongements imaginaires : « J'ai peuplé toute la ville de cette mendiante de l'avenue. [...] Elle est venue de partout. »

En 1991, tandis que Jean-Jacques Annaud porte l'Amant à l'écran, l'auteur raconte de nouveau cet amour dans l'Amant de la Chine du Nord. Cette version est plus longue, plus visuelle. Elle inclut des dialogues entre la jeune fille et le Chinois. Marguerite Duras n'intervient plus dans le récit pour éclairer, à partir d'un épisode, son existence ou son œuvre : comme elle le précise en tête de l'ouvrage, l'Amant de la Chine du Nord est d'abord un roman.

● L'Amant de la Chine du Nord, « Folio », 1993.

C. CARLIER

AMANT DE LA CHINE DU NORD (l'). Voir AMANT (l'), de M. Duras.

AMANTS DE KANDAHAR (les). Voir NOUVELLES ASIATIQUES, de Gobineau.

AMANTS DE VENISE (les). Voir ŒUVRES CAPITALES, de Ch. Maurras.

AMANTS DU MÉTRO (les). Voir POÈMES À JOUER, de J. Tardieu.

AMANTS MAGNIFIQUES (les). Comédie en cinq actes et six intermèdes, en prose de **Molière**, pseudonyme de Jean-Baptiste Poquelin (1622-1673), créée à Saint-Germain-en-Laye le 4 février 1670, et publiée dans les *Œuvres posthumes de M. de Molière* à Paris chez Thierry, Barbin et Trabouillet en 1682.

Après *Monsieur de Pourceaugnac* donné à Chambord en octobre 1669, Molière est réquisitionné pour un nouveau divertissement royal au début de 1670. « Ballet en comédie » ou « comédie en ballet », comme l'écrira Robinet dans sa *Lettre en vers*, les *Amants magnifiques* mêlent deux genres de spectacle relevant habituellement d'ordonnateurs différents : Molière ici se voit chargé de tout. Pour le sujet de sa comédie, il se rappelle celui de *la Princesse d'Élide*, représentée cinq ans auparavant dans le cadre d'autres somptueuses fêtes organisées à Versailles, « les Plaisirs de l'île enchantée ». C'est la même Grèce de fantaisie qui fait retour, et la même rivalité de trois prétendants autour du cœur d'une jeune princesse ; chaque fois, un « plaisant de cour » vient jeter une note comique dans le concert un peu monotone des galanteries romanesques. *Les Amants magnifiques* ne furent pas joués avant 1688 devant le public de la « ville ».

Le théâtre offre aux yeux une vaste mer ; une île surgit et Neptune danse avec sa suite (Premier intermède). Les deux princes Iphicrate et Timoclès rivalisent de spectacles magnifiques pour gagner l'amour de la princesse Ériphile, mais celle-ci n'en paraît pas touchée (Acte I). Pour la divertir, sa confidente lui produit trois pantomimes (Deuxième intermède). La princesse aime en fait Sostrate, et est aimée de lui, mais il n'est pas prince (Acte II). Leur situation est dépeinte dans une pastorale chantée (Troisième intermède). La princesse se déclarant irrésolue, l'astrologue Anaxarque lui propose de chercher une réponse dans les horoscopes (Acte III). La princesse et sa mère se promènent dans une grotte où dansent des statues (Quatrième intermède). Vénus vient annoncer qu'Ériphile épousera celui des prétendants qui sauvera sa mère : c'est une « machine » montée par Anaxarque en faveur d'Iphicrate (Acte IV). Quatre pantomimes (Cinquième intermède). Aristione, la mère d'Ériphile, est sauvée d'un sanglier par Sostrate. Il épousera donc la princesse (Acte V). Les jeux Pythiens (Sixième intermède).

Le divertissement royal joué en 1670 dépassa en magnificence ce que l'on avait vu jusqu'alors. Mais, tout en participant à la féerie, la pièce de Molière semble la démythifier : les deux héros – Ériphile et Sostrate – se désintéressent des « régals » offerts par les princes ; l'apparition de Vénus est décrite comme un artifice d'ingénieur et le « plaisant de cour » Clitidas, qui représente Molière sur la scène, ose y affirmer : « Il est bien plus facile de tromper les gens que de les faire rire. » La victoire du simple gentilhomme Sostrate sur les princes prestidigitateurs est celle de la nature sur le merveilleux.

● L'Avant-Scène Théâtre, n° 845, 1989. ➤ *Théâtre complet*, Les Belles Lettres, VI ; *Œuvres complètes*, « GF », IV ; *id.*, « Pléiade », II.

G. FERREYROLLES

AMANTS MALHEUREUX (les) ou le Comte de Comminge. Drame en trois actes et en vers de François Thomas Marie de **Baculard d'Arnaud** (1718-1805), publié simultanément à Paris chez Lesclapart et à La Haye en 1764, et créé à Potsdam en 1765.

Séparément, puis dans les œuvres complètes de l'auteur, la pièce a connu de nombreuses rééditions au XVIIIe siècle. À l'époque de sa rédaction, Baculard bénéficie du soutien de *l'Année littéraire* de Fréron. Le drame paraît, en 1765, accompagné de « discours préliminaires », et même d'une œuvre attribuée à Dorat, la *Lettre du comte de Comminge à sa mère*. Le sujet traverse en fait tout le siècle : des *Mémoires du comte de Comminge* de Mme de Tencin (1735), à la trilogie dramatique de Gualzetti, représentée à Naples en 1789. En France, on joue la pièce de Baculard au théâtre de la Nation en 1790, avec Talma dans le rôle du chevalier d'Orvigni : on rattache son succès à la naissance du mélodrame.

Le comte de Comminge, sous le nom de frère Arsène, est moine à l'abbaye de la Trappe. Une femme, Adélaïde, occupe toutes ses pensées. Il l'avoue au père abbé : il aimait sa cousine, mais une querelle familiale a empêché leur union. Adélaïde a dû épouser le comte d'Ermansay. Comminge a tenté de le tuer, ce qui l'a conduit en prison. Un inconnu l'a délivré. Il est alors entré à l'abbaye. Le père abbé l'encourage à combattre son inclination ; il n'est pas le seul à souffrir : le frère Euthime lutte aussi contre un tourment secret. Comminge reçoit le chevalier d'Orvigni, le frère du comte d'Ermansay, et son sauveur après le duel contre son rival. Les deux hommes observent Euthime au travail dans le cimetière, puis le chevalier apprend à Comminge qu'Adélaïde est veuve. Mais Comminge a prononcé ses vœux (Acte I).

La deuxième visite du chevalier met le comble à sa douleur : on pense qu'Adélaïde est morte. Le père abbé fait de pieuses remontrances au frère Arsène, et lui annonce la mort prochaine d'Euthime. Ce dernier surprend Comminge examinant le portrait d'Adélaïde, et l'appelle par son nom de famille : la voix d'Euthime trouble le comte (Acte II).

Comminge achève un récit de cauchemar, quand s'ouvre la cérémonie funèbre d'Euthime. Le mourant se confesse : c'est… Adélaïde ! Entrée à l'abbaye pour vivre auprès de son amant, elle l'a cru converti, mais l'épisode du portrait l'a détrompée. Elle a maintenant vaincu son amour ; elle engage donc son amant à l'imiter, avant de mourir. Comminge est accablé, malgré les paroles édifiantes du père abbé (Acte III).

On classe traditionnellement *les Amants malheureux* dans le courant du « drame monacal », mais la pièce de Baculard n'est pas une simple critique du monde monastique. Dans le répertoire baculardien, *Euphémie* (1768) est son pendant.

En trois « discours préliminaires », l'auteur définit son esthétique dramatique, discutant la validité de quelques règles classiques : celle des cinq actes égaux lui paraît peu naturelle, aussi annonce-t-il un drame en trois actes, s'achevant sur une scène géante (quatorze pages). Il se plaint de l'uniformité des pièces versifiées ; il introduit dans les tirades des épîtres hétérométriques, mais il promeut la tradition classique dans ses grandes lignes, contre la pauvreté de la tragédie contemporaine, et le développement des « genres bas ». La formule théâtrale de Baculard appartient au « genre sombre » ; il y cherche l'énergie propre à renouveler la tragédie classique, au contact des Anciens, de Shakespeare, Young, Dante, Raphaël, Michel-Ange, Puget... Il espère ainsi poursuivre l'œuvre de Crébillon père et de Voltaire. Il compose un drame ambigu, dans lequel la passion amoureuse s'apparente au sacrilège. Le plaisir du texte est tout aussi équivoque : il repose sur l'attrait de l'âme humaine pour des « horreurs délicieuses ». *Les Amants malheureux* illustrent une esthétique de la douleur, dans un décor de *memento mori*. S'y développe une mise en scène pathétique : dans les scènes de pantomime, justifiées par la règle de la Trappe, Baculard essaie de rendre dans toute sa force une passion amoureuse et mystique.

L'auteur s'adresse à un public de connaisseurs, amateur de Richardson, sachant apprécier l'intensité des émotions comme la leçon qu'il invite à tirer de son drame. Le père abbé, incarnation d'une religion rassurante, en est le porte-parole : il faut savoir surmonter la passion amoureuse pour prétendre au salut. Après *les Amants malheureux*, Baculard d'Arnaud affectionnera toujours autant les figures de religieux, mais il préférera au clergé régulier des prêtres, dont les bonnes actions font office de liturgie. C'est un des éléments qui montrent que les expériences théâtrales de Baculard représentent un stade fondamental dans l'élaboration de son imaginaire, et de sa manière.

➤ *Œuvres*, Slatkine, VI.

B. TOUITOU

AMANTS PUÉRILS (les). Pièce en trois actes et en prose de Fernand **Crommelynck** (Belgique, 1886-1970), créée à Bruxelles au théâtre des Galeries en 1918, et publiée à Paris aux Éditions de la Sirène en 1921.

Dans la Villa Triton, une pension de famille, les servantes Zulma et Fideline rapportent des ragots tandis que Madame Mercenier, directrice de la pension, fait appeler le commissaire pour expulser le vieux Cazou, un « énorme fœtus costumé ». Elle interdit à Walter, l'amoureux de sa fille Marie-Henriette, de remettre les pieds dans sa maison. L'affreux Cazou insulte les servantes qui l'ont laissé seul et se moquent de lui. Une étrangère, Élisabeth, vient d'arriver, poursuivie par un jeune homme éperdument amoureux d'elle qui la suit à travers toutes les villes d'Europe (Acte I).
Élisabeth est très belle et, jalouse de sa jeunesse, fait parler la petite Marie-Henriette. Fideline espionne et interroge Cazou. Il sait qui est Élisabeth : la princesse Groulingen. Il fut son amant autrefois. Walter demande à Marie-Henriette de mourir avec lui. Élisabeth promet des faveurs à son soupirant mais prépare en secret son départ pour le lendemain (Acte II).
Fideline, attirée par une promesse d'héritage, annonce qu'elle va rejoindre Cazou. Madame Mercenier renie sa fille qui continue à voir Walter. Élisabeth encourage l'enfant à aller retrouver son amoureux. Le jeune étranger qui courtise Élisabeth reconnaît Cazou : autrefois il vivait avec une superbe princesse dont il était épris. Cazou lui révèle que cette princesse est Élisabeth. Sous son voile et ses fards le jeune homme découvre une vieille femme. Walter et Marie-Henriette se sont suicidés : on retrouve leurs corps dans la mer (Acte III).

Écrite, selon les indications de l'auteur lui-même, entre 1911 et 1913, la pièce illustre déjà tous ses grands thèmes et ses principes de construction dramatiques. Elle évoque l'échec de l'amour confronté aux aspects les plus sordides de la réalité : c'est le pessimisme foncier de Crommelynck à l'égard de l'homme qui apparaît ici, à travers la peinture d'un monde finissant où règnent la solitude et la mort. Mais au climat délétère de cette pièce écrite juste avant la Première Guerre mondiale, succéderont la truculence et le paroxysme des deux farces monumentales que sont *le *Cocu magnifique* et *Tripes d'Or*. Crommelynck renouera pourtant avec la coloration tragique des *Amants puérils* lorsqu'il donnera *Carine ou la Jeune Fille folle de son âme* (1929).

Les Amants puérils réunissent en un jeu de miroirs différentes intrigues qui se croisent sans jamais vraiment se mêler. Cette construction suggère l'infinie solitude des personnages qui, tous, vivent des amours désespérées, rejetées, impossibles. Élisabeth, abîmée par l'âge et contrainte de se souvenir des splendeurs d'antan, est soudain renvoyée à son miroir lorsque son ancien amant Cazou, que l'âge n'a pas épargné, croise son chemin. Les illusions des fards, des voilettes, des lumières tamisées qui ont pu tromper le jeune homme amoureux tombent brutalement. Parallèlement au drame de la vieillesse se joue celui de la jeunesse incomprise et empêchée dans ses élans. Parce que le monde des adultes ne leur permet pas de s'aimer, Walter et Marie-Henriette se noient. La mer qui sert de décor à la pièce apparaît, ainsi que l'indiquent les premières lignes de la pièce, comme l'« abîme » face auquel se joue le drame.

Il y a dans tout le théâtre de Crommelynck une véritable obsession du regard de l'autre. Sans cesse on observe, on épie, on surveille, on dissimule. La servante Zulma, dès les premières répliques de la pièce, à propos d'une femme qui s'est querellée avec son mari, dit : « Tous les gens la suivaient, tous les gens voulaient voir [...] Nous étions trente derrière les fenêtres, trente avec chacun deux yeux ! » Dans *les Amants puérils*, c'est sous la surveillance d'une sorte de personnage collectif, la domesticité de la maison, que s'affrontent les protagonistes. Ces regards portés sur les deux drames amoureux qui sont en train de se dénouer renvoient à un troisième regard, inhérent au théâtre : celui du spectateur. Dans l'univers de Crommelynck, le regard pervertit et il ne reste qu'une immense nostalgie de l'impossible pureté, de l'innocence perdue dont sont porteurs Walter et Marie-Henriette.

C'est également par le biais des domestiques qu'est introduit un autre procédé familier à Crommelynck : celui du personnage qui parle pour un autre, qui rapporte les propos d'un autre ; la parole se trouvant sans cesse déviée, dédoublée, « représentée ». Dans une atmosphère trouble et désolée, sur fond de tumultes marins, évoluent des personnages jaunis, vieillards hideux, adolescents fragiles, domestiques goguenards. Les pièces de Crommelynck sont cimentées par la convoitise, l'attente du plaisir, et l'art du dramaturge suit les méandres ou les approches d'un assouvissement espéré, retardé et finalement déçu.

➤ *Théâtre*, Gallimard, I.

C. PONT-HUMBERT

AMANTS, HEUREUX AMANTS... Recueil de nouvelles de Valery **Larbaud** (1881-1957), publié à Paris chez Gallimard en 1923. Il comporte trois nouvelles données préalablement dans la *Nouvelle Revue française* : « Beauté, mon beau souci » (juillet et août 1920), « Amants, heureux amants... » (novembre 1921) qui donne son titre au volume, « Mon plus secret conseil » (septembre et octobre 1923).

Pour intituler ses textes, Valery Larbaud reprend les premiers hémistiches de vers du XVIIᵉ siècle : respectivement, l'incipit de "Dessein de quitter une dame qui ne contentait que de promesse" de Malherbe, le 65e vers de la fable "les Deux Pigeons" de La Fontaine et l'incipit des "Agréables Pensées" de Tristan L'Hermite. Le recueil ne porte donc pas de titre collectif propre qui marquerait son unité. Il ne résulte pas, en effet, d'un projet esthétique de composition mais d'un simple souci éditorial : l'impossibilité de publier en volume la deuxième nouvelle, trop brève, conduit Gaston Gallimard à proposer à l'auteur d'attendre l'achèvement de la dernière pour éditer les trois en un volume complet (lettre à Larbaud datée du 6 décembre 1921).

Les nouvelles présentent des intrigues similaires : de jeunes et riches bourgeois, partagés entre deux femmes, renoncent à tout engagement et choisissent une vie de célibat. Mais elles diffèrent par leur écriture : au récit à la troisième personne de « Beauté, mon beau souci », s'oppose le monologue intérieur des deux autres, rapporté dans « Amants, heureux amants » ou alternativement rapporté et transposé dans « Mon plus secret conseil ».

Beauté mon beau souci. Pendant les quelques mois qu'il doit passer à Londres, Marc Fournier, jeune et riche bourgeois, cohabite avec Édith Crosland, auprès de laquelle il goûte le bonheur de la « possession paisible ». La rencontre de Queenie, la fille d'Édith, le bouleverse. Séduit par sa beauté juvénile, il noue une « nouvelle intrigue » faite de baisers échangés en cachette pendant les visites dominicales de la jeune fille. Mais, un dimanche, Édith les surprend et éloigne Queenie. Quand vient l'automne, touché par la « nostalgie du continent » et la lassitude, Marc quitte Londres, et Édith. Quatre ans plus tard, de retour à Londres, il revoit Queenie, désormais orpheline, pauvre et esseulée après une liaison « coupable ». Il lui offre son aide puis repart en lui promettant un emploi dans les bureaux qu'il doit ouvrir à Londres. Queenie est alors poursuivie par les assiduités d'un jeune rentier, Reginald Harding. Elle repousse d'abord sa demande en mariage, puis, déçue par l'attitude de Marc qui a différé son installation à Londres, elle accepte et l'épouse.

Amants, heureux amants... Dans un hôtel de Montpellier, à l'aube, le jeune Francia, étendu sur un canapé, regarde Inga et Cerri endormies ; il évoque ses précédentes entrevues avec Inga, songe au naturel passionné et à l'homosexualité de son amie, tandis qu'affleure sans cesse à sa conscience l'image de « celle à qui [il] pense ». Dans le hall de l'hôtel, il imagine « la triste existence » d'une « jeune fille à marier » qu'il a entrevue, médite sur le caractère de l'épouse bourgeoise, projette des lectures, quand surviennent ses deux amies. À la fin du jour, déambulant dans les rues de Montpellier après leur départ, il souffre de sa solitude, se remémore la journée passée en compagnie d'Inga et Cerri, mêle à ce rappel des réflexions érudites et surtout le souvenir de plus en plus pressant et douloureux de « celle à qui [il] pense » et qu'il voudrait oublier pour recouvrer sa liberté.

Mon plus secret conseil. Resté éveillé après une querelle avec Isabelle, sa maîtresse, Lucas Letheil, un jeune rentier, s'interroge sur la « conduite à tenir » pour rompre avec elle, afin de pouvoir épouser Irène, qu'il vient de rencontrer à Naples. Il se résout à faire un bref voyage. Dans le rapide Naples-Tarente sa pensée erre autour d'Irène, se ressaisit, veut « garder l'esprit net et clair » et décide d'« examiner méthodiquement chaque pièce du procès » de sa relation avec Isabelle. S'enchevêtrent alors la remémoration de cette liaison, l'évocation de sa nouvelle rencontre, l'analyse de ses pensées de ses sentiments, passés, présents, des projets d'avenir. Il sort parfois de son « conseil intérieur » pour jeter quelques regards sur les gares qui se succèdent. Sa liberté reconquise, son calme revenu, il s'abandonne au sommeil.

Le refus de l'intrigue – « cette vieille carcasse rouillée » – et la mise en relief de l'aventure morale du personnage sous-tendent la poétique larbaldienne et l'inscrivent dans la modernité littéraire des premières années du siècle. L'auteur répugne à « appeler "romans" [ses] livres qui n'en sont pas, et "nouvelles" [ses] écrits qui ne racontent pas d'histoires » ; le critique est sans cesse en quête de nouvelles formes qui briseraient les modèles littéraires reçus et qui permettraient notamment de représenter les mouvements intimes de la pensée.

Quand, à la fin de 1920 et au début de 1921, il rencontre James Joyce et lit les premiers fragments d'*Ulysse*, il s'enthousiasme pour cette « trouvaille littéraire d'une importance incalculable » : le monologue intérieur. À cette date, il a achevé « Beauté, mon beau souci » et commencé

« Amants, heureux amants » depuis le mois de septembre. Il semble que sa découverte l'incite à récrire ce second récit sous une forme monologuée ; il pense alors écrire le premier monologue immédiat de la littérature française, et Joyce l'invite à lire *Les lauriers sont coupés* d'Édouard Dujardin, publié en 1887 dans l'indifférence. Ainsi, après avoir introduit James Joyce en France et traduit *Ulysse*, V. Larbaud ressuscite le texte oublié d'É. Dujardin et lui dédicace « Mon plus secret conseil ». Si le monologue intérieur séduit tant Larbaud, c'est qu'il lui offre le moyen de réaliser son projet esthétique : l'exploration de la psyché, la représentation de son fonctionnement.

Certes, dans « Beauté, mon beau souci », l'expérience intérieure constitue la trame du récit ; l'action est reléguée au second plan derrière sa projection dans la conscience des personnages ; la banalité des intrigues sentimentales vécues par Marc se trouve rehaussée par les subtilités de leur résonance dans son esprit ambivalent, à la fois calculateur et exalté. Un monologue intérieur ouvre d'ailleurs le récit (une série de notations spatiales suivie d'une méditation sur le paysage) ; mais il est interrompu par l'intervention d'un narrateur qui organise le récit, privilégiant des moments (les dimanches, lors du premier séjour de Marc), aménageant des ellipses (notamment les trois ans qui séparent la dernière entrevue de Marc et Queenie et leur nouvelle rencontre), construisant ainsi une temporalité narrative « objective », qui ne coïncide pas avec le temps vécu des personnages. Le recours au monologue plonge d'emblée le lecteur dans l'intériorité du personnage. Il échappe à l'artifice d'un récit régi de l'extérieur par un narrateur.

« Amants, heureux amants » et « Mon plus secret conseil » épousent la temporalité propre au personnage. Alors que « Beauté, mon beau souci » s'étend sur plus d'un lustre, ces deux textes ne présentent qu'une seule journée de la vie intérieure de Felice Francia ou de Lucas Letheil. Les coupures que comporte le premier (le temps mis par le personnage pour se déplacer de sa chambre jusqu'au hall de l'hôtel, l'après-midi en compagnie d'Inga et de Cerri) sont déterminées par la vacance réflexive que provoquent les distractions du monde ; la pensée n'est active que dans la solitude (« Elles sont parties. Et je me retrouve [...] »). Plus long, « Mon plus secret conseil » expose la totalité d'une séquence réflexive. Les déplacements du personnage dans l'espace ne font pas ici diversion, car « sa parole intérieure résonne plus haut que tous les bruits ». Seuls les arrêts du train le détournent de la délibération intime, le temps de percevoir le changement de décor. Détachés du fil du discours tels des intertitres, interrompant parfois une phrase, les noms des gares divisent le texte en espaces de temps et permettent ainsi un repérage spatial de l'écoulement temporel. Une telle conversion du temps en espace n'est pas un artifice d'écriture : elle transcrit l'un des désirs du personnage : « S'éloigner d'[Isabelle] dans l'espace est surtout un moyen de s'éloigner d'elle dans le temps, dans mon temps à moi, et il s'agit de faire rendre à cet espace un maximum de temps. »

Dans « Amants, heureux amants » et « Mon plus secret conseil » Larbaud tente de reproduire non seulement la durée mais le rythme intérieur du personnage, le flux d'une conscience, de la formation des pensées à leur formulation. Les esprits capricieux de Felice Francia ou de Lucas Letheil tantôt se laissent impressionner par la réalité extérieure (la beauté de Montpellier ou de Naples), tantôt laissent remonter à leur conscience leurs sentiments les plus intimes (la nostalgie du temps passé ou la honte de la fuite), tantôt donnent libre cours à des mouvements spontanés de pensée qui s'enchaînent par association (l'image d'une femme appelle celle d'une autre), tantôt s'appliquent sur un sujet particulier, méditent ou examinent leur conscience, tantôt analysent la situation présente (l'aliénation de leur liberté par leur liaison amoureuse), tantôt s'enfoncent dans différentes strates du passé. Pour rendre l'entremêlement de ces phénomènes psychologiques, l'auteur joue sur la gamme syntaxique qui va de la proposition elliptique –

phrase nominale ou attributive – à la phrase complexe. Faisant l'économie du verbe et donc de l'opération mentale qu'il suppose, le style nominal permet de transcrire les impressions immédiates qui proviennent d'un simple enregistrement de la conscience, les pensées spontanées proches de l'inconscience ou les sentiments intenses qui forcent l'accès à la conscience.

Mais, en tant que transcription d'une parole intérieure, le monologue rapporté présuppose une pensée verbale, n'expose que des pensées formulées. L'originalité de « Mon plus secret conseil » est de recourir par intermittence au monologue transposé, c'est-à-dire lorsque le « je » du personnage est converti en « il », et de pouvoir, par son entremise, formuler l'informulé. Une voix anonyme supplée alors au flou ou à la confusion de la pensée du personnage, en transcrivant, par exemple au chapitre 2, les sensations optiques de Lucas ensommeillé, son retour à la conscience claire, le rappel de sa résolution avant de lui rendre enfin la parole : « Et puis, ouf ! Assez. Plutôt : agir. Puisque c'est pour agir qu'il s'est empêché de dormir. Sa résolution tient toujours ? Oui. Je suis libre, et je veux être seul. » Loin de nuire à la mimésis, l'alternance des monologues rapporté et transposé figure l'écart entre pensée muette et réflexion intellectuelle.

En mimant la complexité et la discontinuité de la pensée, « Amants, heureux amants » et « Mon plus secret conseil » présentent un discours fragmenté qui disperse les éléments anecdotiques et descriptifs, qui laisse au lecteur le soin de reconstituer l'anecdote et de recomposer les portraits et les tableaux. Cependant, ils retrouvent des formes plus traditionnelles du récit en mettant en scène des opérations mentales particulières : sommaire narratif (se souvenant des expériences sentimentales d'Inga, Felice Francia met en récit une expérience exemplaire qui pourrait être la synthèse de toutes les autres, de même Lucas Letheil, cherchant à maîtriser la confusion de ses sentiments, revoit chronologiquement les différentes phases de sa liaison) ou pauses descriptives. Ces deux textes comportent ainsi, comme « Beauté, mon beau souci », des tableaux de Montpellier ou de Naples qui mêlent description de choses vues ou revues par la mémoire et méditation, rêveries où villes et figures féminines sont étroitement associées. C'est là un des traits thématiques et stylistiques communs aux trois nouvelles.

● « Folio », 1981. ➤ Œuvres, « Pléiade ».

S. CADINOT

AMBASSADES (les). Roman de Roger **Peyrefitte** (né en 1907), publié à Paris chez Flammarion en 1951.

En 1937, Georges de Sarre, jeune et brillant diplomate, est envoyé comme secrétaire d'ambassade à Athènes. Après la beauté de cette terre, qui l'attire depuis toujours, il découvre très vite les mesquineries et le ridicule de la petite société qui gravite autour de l'ambassade, obnubilée par les querelles de préséance et les espoirs d'avancement. Ses succès mondains, ses amours faciles avec Françoise, la fille de l'ambassadeur, ne suffisent pas à donner un sens à son existence. Son amitié avec Rudolf, un jeune et séduisant secrétaire d'ambassade allemand, lui offre des joies plus profondes, mais les circonstances historiques autant que leur réserve tacite séparent les deux jeunes gens. À la veille des accords de Munich, Georges, à qui ses fréquentations font prêter un attrait pour « l'amour grec », gifle un officier grec qui l'a insulté, et doit aussitôt rentrer en France. Sa carrière n'est pas compromise, mais il connaît à présent la réalité amère des « ambassades ».

Dans les *Ambassades*, Roger Peyrefitte continue d'évoquer l'itinéraire, en partie autobiographique, du jeune Georges de Sarre, le héros des *Amitiés particulières*. Avec cette nouvelle étape de l'initiation de Georges, c'est encore un tableau sans complaisance qui est tracé par l'auteur – lui-même ancien diplomate –, un tableau qui, mêlant des êtres de fiction, aux pseudonymes transparents, à des personnages historiques, a suscité le scandale dans un milieu toujours peu soucieux de voir ceux qui sont sortis du sérail en dévoiler les détours. Sans doute est-on souvent bien

proche de la caricature : l'ambassadeur au nom roturier qui prétend descendre des Médicis, l'attaché militaire cocardier et pédéraste, le chancelier amateur de dessins pornographiques... Les figures mineures ne sont pas moins épargnées que les gloires françaises d'alors, tel l'académicien Henry Bordeaux, se faisant offrir un voyage en Grèce pour prononcer une conférence qu'il n'a pas préparée, et qui manque de provoquer un incident diplomatique. Quant aux « diplomates-poètes », ils ne sont guère mieux traités : sans doute l'ironie sur Claudel, dont l'ombre domine la Carrière, ou sur Saint-John Perse, alors secrétaire général du Quai d'Orsay, est-elle le fait d'un ambassadeur envieux. Mais en filigrane se dessine une critique plus profonde de la diplomatie française des années trente. Car Roger Peyrefitte ne se contente pas de décrire avec un humour caustique la frivolité presque inévitable d'un monde qui se sent disparaître. En faisant alterner les anecdotes comiques avec l'écho assourdi de la « montée des périls » en Europe, il met en évidence l'irresponsabilité d'hommes qui ont laissé se développer les conditions de la guerre future, quand ils n'ont pas cédé à l'oubli de leur devoir, tel l'ambassadeur de France à Berlin plus soucieux de recevoir dans ses salons son homologue allemand aux origines aristocratiques que ses compatriotes plus humbles. En contrepoint, l'amitié impossible qui se noue entre Georges et Rudolf, le jeune Allemand antinazi, leurs pèlerinages silencieux sur les sites antiques font du roman une réflexion désenchantée sur la folie des hommes et le devenir des civilisations.

K. HADDAD-WOTLING

ÂME ENCHANTÉE (l'). Roman en quatre parties de Romain **Rolland** (1866-1944), publié à Paris chez Ollendorff (« Annette et Sylvie », 1922 ; « l'Été », 1924) et chez Albin Michel (« Mère et Fils », 1927 ; « l'Annonciation », 1933).

Annette et Sylvie. Le père d'Annette Rivière, riche architecte, vient de mourir. Ses lettres révèlent l'existence de Sylvie, née d'une liaison. Malgré sa jalousie, Annette, la passionnée, noue de tendres relations avec Sylvie, la réaliste. Elle ouvre un atelier de couture pour sa sœur. L'affaire Dreyfus tourmente les esprits.

L'Été. Annette s'éprend de Roger Brissot, issu d'une bourgeoisie aux allures libérales mais conservatrice. À l'automne 1900, elle met au monde Marc. Puis, pour garder sa liberté, elle rompt avec Roger, qui se marie. Les portes se ferment devant elle. La ruine arrive. Annette donne des leçons pour vivre. En 1904, Sylvie se marie ; ses affaires prospèrent. Le petit Marc préfère sa tante à sa mère. Annette rencontre Julien Davy, un professeur scrupuleux qui ne lui pardonne pas son égarement passager. À trente-trois ans, elle découvre l'existence en affrontant le monde du travail. Mais son dévouement ascétique ne dissipe pas le flou de ses désirs obscurs. Elle noue une liaison avec un chirurgien autodidacte mais exige la transparence ; il revient vers sa femme.

Mère et Fils. Pendant la guerre, Annette place son fils en pension et enseigne en province. Marc fraie avec les milieux anarchistes. Paris est en proie à une folie de luxe, de luxure et de violence. Malgré les risques, Annette fait échapper un prisonnier autrichien, Franz, pour l'emmener en Suisse où il fraternise avec Germain, l'ami français de la jeune femme. À Paris, elle met tout en œuvre afin de sauver un ouvrier, inculpé pour l'avoir soutenu dans son entreprise. Déchiré, Marc brûle d'ouvrir son cœur à sa mère. Son père, député socialiste au verbe facile, le déçoit. Cette révélation dissipe tout malentendu avec Annette. Tous deux espèrent une révolution sociale.

L'Annonciation. Après la guerre, Marc ne trouve pas d'emploi stable. Les idéologies régnantes excluent la liberté de pensée. Remariée, Sylvie devient une reine de la fête parisienne tandis que, après un séjour décevant en Roumanie, Annette entre au service de Timon qui dénonce dans son journal l'hypocrisie générale. Elle infléchit ses attaques vers la défense de l'Union soviétique. Cependant, Marc frôle l'abîme dont le sauve Assia, une jeune Russe émigrée et initiée au marxisme. Ces deux individualistes se marient mais la jeune femme veut préserver son indépendance. Un instant compromis, leur union se renoue : dans la lutte contre les totalitarismes. En Italie, Marc est tué par un fasciste. Annette retrouve Julien Davy, aguerri par sa propre influence. Mais la mort de son fils l'isole, en dépit de l'aide morale que lui apporte le comte Chiarenza, adepte du bouddhisme et du gandhisme. Sylvie meurt et Annette s'éteint dans la paix.

Dans ce roman-fleuve, Romain Rolland retrace les événements de toute une vie : chaque épisode s'intègre dans une vaste composition d'ensemble qui vise à l'harmonie finale. Dans *Jean-Christophe, il évoquait la marche de son héros vers une vérité spirituelle : le personnage masculin refusait de s'inféoder aux modèles dominants pour suivre sa voie intérieure. Dans l'Âme enchantée, il choisit une femme pour mettre en forme la nécessaire évolution de la société vers plus de liberté et d'authenticité. Annette, féministe, ne confond pas le combat avec la simple prédication idéologique : elle se révolte contre la société sans espérer la changer avec de vaines paroles. Sa tâche consiste, elle le comprend peu à peu, à engager les hommes vers une révolution intérieure. En effet, ce récit biographique mène à bien l'initiation au spirituel et le titre désigne la dynamique qui sous-tend la narration : Annette Rivière va vers la vérité profonde de l'humain au travers d'une série d'initiations à la réalité. Elle meurt « désenchantée » : en elle se sont dissipés les désirs aliénants et les fausses représentations. Annette se purifie en combattant ses exigences de femme passionnée et en s'opposant aux modèles sociaux dominants. Ces deux luttes se révèlent liées : par la souffrance, l'héroïne progressera vers l'Esprit. L'incipit la montre travaillée par des désirs inconscients qui commencent par la gouverner mais qu'elle finit par maîtriser. L'auteur développe alors toute une symbolique du nom : il module des variations sur le thème du liquide, soulignant comment Annette Rivière se dégage de sa gangue marécageuse pour remonter à sa source. La marche de l'action se double donc d'une progression plus obscure, qui tient compte des découvertes de la psychanalyse.

D'abord, Annette éprouve des passions intenses et troubles pour ses proches : son père, sa sœur. Puis ce feu s'épure avec la maternité et elle éprouve une immense pitié pour les êtres souffrants : son action trouve alors sa justification non pas dans un nationalisme aveugle mais dans sa conception de la fraternité humaine. Ainsi, elle rapproche l'ami français de l'ami allemand, en pleine guerre, car ce conflit n'est pas le sien : elle connaît la lutte pour la survie mais elle ne peut accepter une coalition des intérêts capitalistes contre le peuple. Annette finit par devenir la mère universelle, l'âme accessible à toutes les faiblesses dont, par un retournement tout féminin, elle fait des forces. Ainsi Julien Davy, son fils spirituel, se nourrit de sa parole réaliste et vigoureuse. De même, Annette se sacrifie pour son enfant mais il lui faudra conquérir son âme : il comprendra peu à peu le mystère et la profondeur de cette âme féminine, difficile à pénétrer par un esprit masculin.

En effet, Annette plonge dans la fange pour en ressortir éclairée : elle travaille pour Timon, journaliste peu soucieux de moralité, parce qu'elle a décelé son énergie profonde. Dans ce récit d'apprentissage, elle pénètre tous les espaces sociopolitiques et saisit les lois de la société. Alors que son fils demeure la victime de ses représentations intellectuelles et donc de ses incertitudes, Annette comprend que seuls le travail et l'action pourront faire avancer les hommes et les engager à la prise de conscience. La perspective se centre sur une période de transition : Annette vit « la mort d'un monde », celui de la bourgeoisie assise sur ses rentes et ses certitudes. Mais cet univers, elle le renie avant de connaître la ruine financière : elle rejette en Roger Brissot le rejeton de toute une classe imbue de ses privilèges et de son faux paternalisme. Au travers de la lutte d'Annette, Rolland dénonce l'illusion, l'« enchantement » dont toute une génération sacrifiée fut la victime.

Romain Rolland ébaucha l'Âme enchantée en 1914 puis il reprit la rédaction à diverses reprises. Le roman est pénétré de ses expériences personnelles, de son intérêt pour la révolution sociale et pour les thèses de Gandhi dont le comte Chiarenza est l'interprète. La Première Guerre mondiale s'imposa, en effet, à Rolland comme une monstrueuse entreprise de mystification : pour cet intellectuel engagé dans l'action et le combat libertaire, le capital tient

le politique qui, à son tour, manipule l'idéologie et exploite le peuple. Dans une vaste fresque européenne, il montre la montée du nazisme, du fascisme, de toutes ces idéologies totalitaires qui ignorent l'humain et qu'encouragèrent les démocraties indifférentes et intéressées. Avec Assia, la femme de Marc, il évoque la montée du communisme dont il connaît les limites mais dont il loue l'effort pour arracher un peuple à la misère. L'Âme enchantée tente de concilier la violence révolutionnaire avec le renoncement indien : Marc incarne ce conflit violent qui s'achève sur un soubresaut. Mais s'il tombe sacrifié par la force, Annette dépasse la mort en enfantant une race d'esprits qui forgeront la nouvelle alliance entre les peuples.

● Albin Michel, 1967 ; Genève, Édito-Service, 1971.

V. ANGLARD

AMÉDÉE ou Comment s'en débarrasser. Comédie en trois actes et en prose d'Eugène **Ionesco** (né en 1909), créée à Paris au théâtre de Babylone le 14 avril 1954 dans une mise en scène de Jean-Marie Serreau, et publiée à Paris chez Gallimard la même année.

Dans des *Entretiens* avec Claude Bonnefoy (1966), Ionesco rapproche *Amédée* d'un rêve (« un cadavre allongé dans un long couloir d'une maison que j'habitais ») survenu au cours de tensions conjugales. La vision devait d'abord donner lieu à une nouvelle, *Oriflamme* (publiée dans *la Nouvelle Revue française* en février 1954 et reprise dans *la Photo du colonel*, Gallimard, 1962), dont il remania profondément la trame pour la porter sur les planches.

Les époux Buccinioni, petits-bourgeois d'allure surannée, vivent claquemurés depuis quinze ans dans un appartement parisien où Amédée tente vainement d'écrire une pièce de théâtre pendant que sa femme, Madeleine, se partage entre son activité de standardiste et les soins du ménage, rendus accablants par la présence de mystérieux champignons. Dans la chambre voisine, grandit un cadavre atteint de « progression géométrique » (Acte I). Son effroyable croissance les oblige à se défaire de ce compagnon qui monopolise peu à peu leurs pensées (Acte II). Amédée quitte donc le domicile conjugal, tirant derrière lui cet interminable corps. Face à une maison de tolérance, il rencontre des soldats américains, une prostituée et deux policiers qui tentent de l'arrêter et auxquels il échappe en s'envolant, grâce à son cadavre transformé en parachute (Acte III).

Informés par Ionesco lui-même de l'importance que revêtait la projection du « monde intérieur » dans son écriture, les commentateurs ont souvent cherché dans *Amédée* l'écho des dissensions qui perturbaient le couple Ionesco entre 1953 et 1955. De fait, la pièce relate bien les affres d'un auteur dramatique privé d'inspiration (« Je n'en peux plus. C'est peut-être le foie. Je sens que j'ai vieilli »), en butte aux récriminations perpétuelles de son épouse (« Tu as déjà vu un surhomme dans la misère ? Tu serais bien le seul ! ») et qui assume les préoccupations domestiques et financières pour deux. Le cadavre envahissant la chambre conjugale, qu'il souille de champignons vénéneux et qui amène la menace du divorce, a également souvent été considéré comme l'aveu sous forme poétique de quelque culpabilité rongeante voire, s'il faut en croire l'auteur, comme la transposition du péché originel. Pourtant, Ionesco n'a cessé de mettre en garde contre une lecture univoque et idéologique de ses pièces. Plus que par sa « signification », des plus banales, *Amédée* vaut par son imaginaire kafkaïen.

Le rideau se lève sur un décor réaliste (« une modeste salle à manger-salon-bureau ») tel que les affectionne le théâtre de Boulevard et tel que l'auteur de la *Cantatrice chauve ou de la *Leçon se plaît à les subvertir de l'intérieur. L'insolite n'y survient, tout d'abord, que très discrètement – par des phrases interrompues, des regards trop fréquents vers une chambre où Madeleine s'attarde trop, des allusions à un mystérieux événement et à un non moins énigmatique occupant de la chambre... Malgré l'atmosphère propre à éveiller la curiosité des spectateurs, les personnages, au physique rassurant, tentent de réduire l'inconcevable à l'univers connu (des champignons envahissent-ils leur foyer, Amédée banalise : « Cela arrive souvent, tu sais, dans les appartements ») ou d'en tirer des applications pratiques (« Cela chasse les araignées »). L'humour s'installe où le fantastique suscite généralement l'effroi (« Des champignons de Paris ! »...). Tout comme le mort, l'extraordinaire semble atteint de « progression géométrique » et, d'acte en acte, s'enfle jusqu'à l'envol final.

Parallèlement, Ionesco construit sa pièce à la manière d'une intrigue policière. Quelle est cette mystérieuse présence qui fait pousser des champignons (« C'est à cause de lui ») ? qui ne peut disparaître « de sa propre initiative » ? et à quelle faute refuse-t-elle le pardon (« S'il nous avait pardonné, il ne grandirait plus ») ? L'auteur multiplie les *topoi* du roman noir, qu'il pousse à l'absurde : récrimination du suspect qui se prétend en proie à une erreur judiciaire (« Je ne suis pas le seul Amédée Buccinioni de Paris, monsieur. Un tiers des Parisiens portent ce nom ») d'autant plus déplacée qu'il s'adresse à... un facteur lui apportant son courrier ; recherche d'invraisemblables alibis... peu propices à obtenir des circonstances atténuantes (« Comme le mort a vieilli, il fait très vieux, n'est-ce pas, je pourrais peut-être dire que c'est mon père, que je l'ai tué hier »)... Et Ionesco, qui voue une haine farouche à toute forme d'autoritarisme, de railler au passage la vénalité et la bêtise des policiers : quand Amédée laisse tomber du ciel l'une des chaussures du mort, ils réclament la seconde... afin d'en posséder « chacun une » !

Ce gauchissement de procédés propres à des genres littéraires extérieurs instaure, par décalage entre les propos tenus et la situation des personnages, un absurde renforcé par un abondant recours aux articulations logiques. Le langage n'y tourne plus à vide, comme dans *la Cantatrice chauve*, mais obéit à une rationalité différente de la nôtre, avec ses maximes (« Les morts sont tellement rancuniers ») et ses paralogismes, vite démontés (« C'est absurde !... Pourquoi le bébé serait-il mort ? Et pourquoi, une fois mort, l'aurions-nous laissé grandir chez nous ? »). Dans ce monde inversé où les conséquences tiennent lieu de causes (« Si, ça existe le roi du Liban... puisqu'on me téléphone de sa part »), l'activité des morts ne saurait se mesurer à l'aune de celle des vivants. Ils disposent d'un rythme propre (« Les morts vieillissent beaucoup plus vite que les vivants... c'est connu »), d'une physiologie inversée (les yeux du cadavre émettent une lumière verte et ses oreilles des sons), voire d'une pathologie spécifique (« Il a la progression géométrique [...]. La maladie incurable des morts ») ! Comment s'étonner, dès lors, que, transformé en parachute, le cadavre géant puisse s'élever dans les airs, comme le fera le double dramatique de l'auteur, Bérenger, dans *le Piéton de l'air* (1963) ?

Or cette perturbation générale des lois du vivant atteint également les personnages et l'univers clos où ils évoluent. Mi-standardiste mi-secrétaire d'agence de renseignements, Madeleine délivre des informations aussi surprenantes que précises (« Il est interdit aux wagons de plus de dix tonnes de traverser la voie ferrée entre minuit et 8 heures du matin ») ; pour plus de discrétion, Amédée « [va] aux commissions » en passant par la fenêtre un panier attaché à une corde... Le monde dans lequel le couple évolue affiche sa théâtralité : sur un lieu clos (« Où puis-je bien aller ? »), dans un temps mesuré par une pendule qui avance au rythme de la croissance du mort, des fantoches comblent le vide de paroles en rupture avec notre quotidien. Épouse active (Madeleine) ou terrorisée par sa nuit de noces (Madeleine II, double onirique de Madeleine), voire prostituée (Mado, que réclame l'un des soldats américains), la femme n'y figure que comme autant d'avatars d'une même marionnette. Quant à l'homme, écrivain sans inspiration (Amédée) ou étranger ivre, à la recherche d'une langue qui lui échappe (le soldat américain), c'est un velléitaire dominé par les mots.

➤ *Théâtre*, Gallimard, I ; *Théâtre complet*, « Pléiade ».

H. LEFEBVRE

AMÉLANCHIER (l'). Récit de Jacques **Ferron** (Canada / Québec, 1921-1985), publié à Montréal aux Éditions du Jour en 1970.

Tinamer de Portanqueu évoque son enfance « comme un conte devenu réalité ». Derrière sa maison, un bois de repoussis était le lieu favori de ses promenades avec son père, Léon. L'amélanchier, « merveilleux bouquet de vocalises », s'y distinguait particulièrement. Y vivait M. Northrop, devenu anglais après avoir été lapin (chap. 1). Fille unique, Tinamer s'est fait un frère d'un chien nommé Bélial et des cousins de trois chats : Bouboule, Jaunée, Thibeau (2). Du bon côté des choses se trouve le bois et du mauvais, la rue, « rivière grise et morte d'asphalte » par où arrivent les témoins de Jéhovah, les mormons et autres quêteux (3). M. Northrop et une fillette blonde du même âge que Tinamer la saluent tandis que messire Hubert Robson cherche la petite Mary Mahon (4). À son réveil, Tinamer veut rentrer chez elle, mais une grande lumière l'attire ; elle se glisse dans une fente qui s'élargit et la conduit vers un pavillon où elle s'attable devant une montagne de choux à la crème tandis qu'elle rapetisse. Introduite auprès d'une châtelaine gélinotte, elle demande à retrouver sa taille réelle mais est transformée en bécasse du Canada (5). Sur l'autre rive de la mer des Tranquillités vivait un petit garçon en tous points semblable à Tinamer, se rappelle son père (6). L'origine de la famille de Portanqueu inscrite dans la Bible que Léon lit à sa fille, remonte à la nuit des temps (7). Tinamer cherche à revoir la fillette blonde en vain, mais apprend qu'elle serait une fée (8). Léon craint l'invasion du « mauvais côté des choses » (9). Tinamer va désormais à l'école, apprivoise peu à peu le mauvais côté des choses et découvre le monde extérieur (10). Elle s'éloigne de ses rêves et de son père, déçue d'apprendre qu'il n'est pas voleur mais médecin et qu'il soigne Jean-Louis Maurice interné au Mont-Thabor (11). Les années d'insouciance « ont coulé comme l'eau ». Le monde est désormais réuni et Tinamer garde un goût nostalgique des histoires que lui contait son père (12).

La mémoire enfantine, sujet de ce texte, relève ici de la magie. Chassée de son enfance et de son jardin des délices, Tinamer fait de son récit à la première personne une œuvre de rédemption. L'amélanchier, symbole du jardin enchanté de son enfance, est tout à la fois sa mémoire, l'arbre généalogique de son père, Léon, et l'arbre du paradis perdu où elle a vécu des années fabuleuses bercées par les récits d'un père tendre et rêveur qui n'a jamais quitté le pays de l'enfance.

La perception des êtres et des choses chez Jacques Ferron, se fonde sur la fantaisie, le féerique, le merveilleux, et l'ironie s'exprime dans le style ramassé dense du conte. Nombreuses sont ici les références à d'autres conteurs. Ainsi l'influence d'*Alice au pays des merveilles* de Lewis Carroll est-elle parfaitement limpide avec, entre autres, le lapin, Alice et Tinamer qui rétrécissent, etc. Ce « bon côté des choses », cette nécessité d'une vision enfantine du monde, corrigent l'horreur des asiles, des mauvaises reines, des procès absurdes : « mauvais côté des choses » où la brutalité n'épargne ni la beauté ni l'amour. Le récit de Tinamer s'inspire également de l'épopée de Jacques Cazotte, **Ollivier*, au point de reprendre parfois textuellement des épisodes, même si le perroquet devient ici bécasse du Canada et si les truffes et le vin se transforment en choux à la crème et en Pepsi. C'est à Pinocchio enfin que revient le « oh ! oh ! che naso brutto ».

L'Amélanchier, livre sur la mémoire, ne pouvait pas se passer de la mémoire que représente la littérature universelle. De plus, dans un pays dont la devise invite au souvenir, la mémoire fait œuvre collective autant qu'individuelle. « Un pays, c'est plus qu'un pays et beaucoup moins, c'est le secret de la première enfance », conclut Tinamer.

Dans *l'Amélanchier*, comme dans l'ensemble de l'œuvre de Jacques Ferron, le réel est un monde à deux faces, l'une présentant l'apparence des choses et du vécu, l'autre nourrie du sentiment que cette apparence pourrait être plus belle et significative ; dans ce contexte, le merveilleux représente la solution du conflit entre les deux faces du réel. Un merveilleux qui naît du mouvement perceptible des choses vers les êtres, signe d'une complicité, d'un échange qui redonnent un peu d'allure au monde.

Le conte de fées engagé est une forme littéraire privilégiée par Jacques Ferron, car derrière la fantaisie féerique se cache la satire d'une société où les rêves de petites filles sont incompris et détruits. Le conte fournit ainsi à l'écrivain l'occasion de remettre en cause le prosaïsme et la dureté de l'ordre établi.

● Laffont, rééd. 1973 ; Montréal, VLB éditeur, 1977.

C. PONT-HUMBERT

AMEN. Recueil poétique de Jacques **Réda** (né en 1929), publié à Paris chez Gallimard en 1968.

« Nul seigneur je n'appelle et pas de clarté la nuit. » Ces mots, extraits du poème "Amen" qui conclut le recueil, donnent la mesure du ton et des modalités de la parole de Jacques Réda. Il semble s'agir d'une poétique de l'absence de salut, quand l'Histoire s'est immobilisée dans un cercueil de verre, ou qu'elle ne délivre plus que de l'innommable, comme dans "Portes d'automne" : « Ils ont tué / Pol Israël dit Salomon dans un wagon du camp d'Écrouves, / Sous le même ciel innocent jusqu'en Ukraine aux blés brûlés. / Et moi qui posais mes quarante sous sur le comptoir pour le pot-au-feu du samedi, / Je suis ici à murmurer la poésie d'automne ! » Pour le « je » qui se met en scène dans l'espace du poème, un « je » pris dans « les longs bras ignobles du noir », le monde semble n'être ni rachetable ni réparable, envahi par une *vanitas* toute-puissante, qui ne laisse plus à « toucher en esprit qu'une pierre d'humilité ».

La première partie du recueil, intitulée « Langue étrangère », s'ouvre sur le spectacle d'un poète travaillant sous la menace d'une « primitive massue », face à une langue dont le seul message, tant bien que mal traduit, est « meurs ». Commencer, dira plus loin Réda, est « terrible, oui, terrible et défendu ». Si l'époque contemporaine peut faire bon marché d'un premier domaine du sacré – celui qui se définissait par une présence divine –, elle n'en a pas pour autant fini avec l'autre acception du mot, celle qui marque l'existence d'un domaine interdit aux hommes, interdiction qui fait de l'âme « l'Habitante et le Lien » (titre de la seconde partie du recueil) « d'une solitude sans nom », qui fait du langage un « barrage de voyelles transparentes » dont on ne sera jamais sûr que la transparence même ne mente pas, qui fait du dicible quelque chose qu'on « ne peut pas dire ni comprendre ». Reste pourtant à désigner, comme en musique, un intervalle où les voix puissent « donner asile au silence » en imitant les douceurs d'un « retrait du couchant ».

L'originalité de Jacques Réda, c'est que cette « connaissance désaffectée », ce manque-à-être ainsi provoqué par la parole poétique ne font l'objet d'aucune exhibition, ne réclament aucune adhésion à une quelconque « poignance » de chaisière. Le poème se sait d'emblée simulacre sans cesser d'être un don, la voix du poète « est à la fois mensonge et sacrifice », la poésie sait dès l'origine « qui » remplit les souliers au pied de l'arbre mais ne s'empêche pas pour autant de croire au grand traîneau magique : affaire de « comme si » librement assumé, « lente approche d'un ciel » sans Seigneur mais d'autant mieux rêvé par « celle qui marche à pas légers ».

Les pages d'*Amen* sont faites d'amples vers, souvent au-delà des traditionnelles douze syllabes, déployés en grandes strophes, jouant volontiers des ambiguïtés du [e] dit muet pour déjouer les attentes du chiffre pair ; faites également d'un rythme à la fois grave et ironique, parfois

enjoué par ce que Réda appellera plus tard le « léger décalage », dans « les mots de tout le monde », d'une musique « solitaire et distraite ». Au-delà de l'émotion impossible, ce recueil joue, comme on joue du saxo, du « rêve d'un corps lumineux arraché à la nuit », où siffle en permanence « la veilleuse indifférente du désir ».

L'ensemble se place sous les auspices d'une divinité du poème qui ne manifeste plus ni la transcendance ni l'interdiction, mais le simple fait que « l'espoir, l'angoisse et l'ironie » puissent encore aller ensemble. Alors, même si « l'encombrement s'accroît au centre de la vie », l'espace peut se reconstituer, se préciser entre « l'encre oublieuse et les étoiles ». Au sein du procès jamais terminé de l'existence, la pensée, la durée, la sensation, la connaissance ont enfin leur minute, dans « l'intervalle du soir qui s'élargit / Afin que l'innombrable soit, par le rayon qui tourne, / Un instant dénombré ». Et le poète entre dans la contemplation de ce qui s'offre à la vue comme une huile fragile de Bonnard ou du dernier Braque, « ces pêchers dont le rose / Éclôt dans sa propre chaleur, ce rouge / Absorbé du tracteur au bord de l'emblavure, / Et mon front comme la rivière entre ses berges bien assises ».

● *Amen [...]*, « Poésie / Gallimard », 1988.

H. KADDOUR

AMÉRIQUE (l'). Voir POÈMES, d'A. Chénier.

AMERS. Poème de **Saint-John Perse**, pseudonyme d'Alexis Saint-Leger Leger, dit aussi Alexis Leger (1887-1975), publié à Paris chez Gallimard en 1957.

Même si le poème est daté de 1953-1956, dans la "Dédicace", sa composition s'étala sur huit années, comme le montrent les prépublications en revue (*les Cahiers de la Pléiade* n°4, printemps 1948, "Poème", chant VIII de la "Strophe" ; *ibid.* n°10, été-automne 1950, "Et vous, Mers", qui deviendra "Invocation" ; *Exils* n°1, octobre 1952, "Dédicace" ; *la Nouvelle Revue française*, janv. 1953, les sept premiers chants de la "Strophe" ; *ibid.*, février 1953, sous le titre *Amers*, le futur "Chœur" ; *ibid.*, juillet 1956, "Étroits sont les vaisseaux", le chant IX de la "Strophe").

Progressivement, sont écrites les différentes parties d'un ensemble qui ne trouva sa version définitive – "Invocation, Strophe, Chœur, Dédicace" – qu'en 1956, le titre ayant fait son apparition en 1953. Cette longue maturation, qui imposa bien des corrections au texte d'un état à l'autre, donne la mesure d'une œuvre rigoureusement construite, qui habita longtemps le poète.

Le poème s'ouvre par une "Invocation" rythmée par le flux et le reflux de la mer : le chanteur récitera un chant neuf et inouï. Le rire (1), pur émoi du cœur (2), naît de la récitation de l'homme de la mer (3), qui loue (4) par un poème identique à son moi (5) la mer, connue et étrangère (6).
La "Strophe" est faite de neuf suites, pouvant comporter des développements (suite I, séparation par des chiffres arabes), des tirades (suite II, séparation par des astérisques) ou des séquences (suite IX, chiffres romains), tous constitués de laisses ou groupements de versets séparés par un blanc. Les Villes (suite I), le soir, attendent l'alliance avec la Mer. Le Maître d'astres et de navigation (II), par ses paroles qui unissent l'homme et le songe, fournira aux Tragédiennes le nouveau drame qu'elles attendent (III). Les Patriciennes, offertes à la mer (IV), la Poétesse, qui est amour (V), les Prêtresses qui attendent des signes (VI), les jeunes filles qui se jettent avec amour dans les flots (VII) sont autant de figures féminines désirantes qui annoncent le thème des épousailles et la venue de l'Étranger (VIII). Dans la grandiose suite IX, nouveau Cantique des cantiques, le dialogue dramatique des Amants est encadré par le Récit (séquences I et VII). Cette suite d'éloges, convergeant vers le point ultime et central à la fois, le nœud de l'étreinte, est suivie du chant du "Chœur" (suite en 5 développements) qui célèbre la mer, unique et multiple. Cette invocation (1), cette célébration (2-3), cette louange (4) manifestent dans la redon-

dance le mystère d'un espace marin ouvert sur le Réel (5). Au terme de l'œuvre, la "Dédicace" reprend le mouvement général du poème placé désormais sous le signe de midi : des famines, l'homme passe à l'immortalité au foyer de l'instant.

L'éloge (voir *Éloges*), l'épopée (voir *Anabase*, *Vents*), la thématique de la frontière qui unit l'abandon du présent et l'en avant où le sujet se donne, corps et âme, et trouve sa nouveauté à partir de rien (voir *Exil*) sont présents en cet immense poème qui célèbre la mer, définie non comme une puissance hostile, non comme un domaine à recenser et conquérir, mais comme un espace qui est en harmonie avec l'homme : un « beau pays natal [...] à reconquérir » ("Invocation" 6 ; voir "Strophe" IV, VI). Aussi l'aventure est-elle régressive : l'espace prénatal s'ouvre aux fantasmes et livre l'écriture aux sortilèges de la libido. Une logique nouvelle s'instaure, qui allie les contraires ("Chœur" 3, 4), et participe d'un ample mouvement de transgression où l'homme rompt avec toute attache terrestre. « L'étable de bonheur » devient objet de blâme et de soupçon ("Strophe" IV) : le renversement des valeurs se fonde sur une opposition élémentaire et sur les multiples valences de chaque élément (enracinement-immobilité/liquidité-mouvement ; civilisation-animalité/originalité-humanité...). Au factice construit par les sédentaires s'oppose le réel proposé à l'homme libéré : « Tout cela de fier et de réel qui se consumait là, et qui nous fut de mer, et qui nous fut d'ailleurs » ("Strophe" V).

Le corps de la femme, associé matériellement et physiologiquement à la mer par un réseau métaphorique très subtil, tel que le corps devient espace marin ("Strophe" II, III) et que la mer devient corps (« L'immense vulve convulsive aux mille crêtes ruisselantes, comme l'entraille divine elle-même un instant mise à nu », "Chœur" 3) focalise sur lui le désir de l'ailleurs et la quête du poétique. Écriture et amour se confondent pour exprimer le désir. L'érotisme constamment présent (« L'Été chasse à l'épieu dans les labours de la mer », "Strophe" III), qui rapproche la poésie de Saint-John Perse de celle de Char, permet au sujet de dépasser les limites morales, mais aussi existentielles de l'humain appelé à mourir, et de renouer avec une « vivacité divine » ("Strophe" III) qui échappe au temps. La « Mer promise » ("Strophe" III, voir IV, V, IX, et "Chœur" 3) est aussi promesse de l'Amante : « Amie, notre race est forte. Et la mer entre nous ne trace point frontière... » ("Strophe" IX, VI). Mais cette licence est aussi poétique. La mer et le corps sont désignés par des métaphores à registre linguistique : la mer est « tendre page lumineuse » ("Invocation" 6), ou « textuelle » ("Strophe" III) ; le corps est verset : « Étroite la mesure, étroite la césure, qui rompt en son milieu le corps de la femme comme le mètre antique... » ("Strophe" IX, III). Dans la chair des mots s'effectue la métamorphose du moi en sujet lyrique : l'amant-poète écrit des mots d'amour. La labilité métaphorique, cependant, est dictée, autant que créée, par celle des éléments : le flot échappe à toute forme définitive, comme le poème. Le glissement sémantique est la rançon de la fugacité de la mer, innommable à jamais ("Chœur" 3) : le poème, en sa croissance, ne peut être que dégressif et aberrant, constante expansion d'un centre qui se dérobe. Cette esthétique du mouvement peut apparenter la poésie de Saint-John Perse au baroque : « Elle croît sans chiffres ni figures et vient aux lèvres du plus ivre, comme cette numération parlée dont il est fait mention dans les cérémonies secrètes » ("Chœur" 4).

Saint-John Perse fait de son poème un drame ("Strophe II") en rupture avec les tragédies antiques et modernes dont il rejette les accessoires. Qui en est l'acteur ? L'humanité venue au rivage, qui prend place dans ce lieu unique tout au long d'*Amers* ? Les éléments – eau, terre – qui s'affrontent ? Les Amants, offerts en spectacle, l'un, solitaire « hanté, comme la mer, de choses lointaines » (IX, III), l'autre, attachée au rivage (IX, II, III) ? La mer elle-même qui allie les contraires et en quoi il faut voir le symbole de la pensée du poète ? L'analogie règne, qui fait de la contradiction le principe régissant l'humanité, le cosmos, la pensée et la poésie. Ainsi, ce poème pluriel par son inspiration est lourd d'une lecture plurielle : la physique qu'il dispose est l'objet d'une lecture de type bachelardien qui prend en compte la pensée présocratique chère à l'auteur (Empédocle, Héraclite) ; la condamnation de l'« usage » et de l'« avoir » oriente le lecteur vers une éthique qui fait de l'éternel retour de la rupture la source d'une constante nouveauté, par-delà le bien et le mal, la richesse et la pauvreté, les coutumes et les croyances, le travail et l'autorité. Enfin, le combat érotique (avec la mer, l'Amante, les mots) inspire une philosophie du temps qui valorise l'instant où le sujet dépasse sa finitude pour atteindre sa pleine identité : « Je n'ai lieu qu'en toi », répète l'Amante (IX, III). Cette expérience, qui libère de la condition de mortel, n'est cependant en rien définitive : la poésie n'a pas de fin. Au cœur du moi se réinscrit toujours la faille : au désir succède le vide du désir, et dans la parole subsiste toujours une distance de soi à soi. L'instant n'est pas la durée : « Un pas s'éloigne en moi qui n'est point de mortelle » (IX, V). La contradiction, parce qu'elle en est le principe, condamne le poème à ne jamais advenir définitivement.

● « Poésie / Gallimard », 1970. ➤ *Œuvres complètes*, « Pléiade ».

D. ALEXANDRE

ÂMES FORTES (les). Roman de Jean **Giono** (1895-1970), publié à Paris chez Gallimard en 1950.

L'écrivain compose ce long roman entre décembre 1948 et avril 1949, alors que la rédaction du *Hussard sur le toit* a été interrompue et demeure provisoirement en souffrance. *Les Âmes fortes* qui, dans l'intention première de Giono, ne devaient être qu'une nouvelle, se rapportent, selon l'auteur, au genre des *Chroniques* inaugurées avec *Un roi sans divertissement* : « *Chroniques* comprend des romans qui sans être précisément des *suites* sont centrés sur l'histoire familière d'un pays », écrit-il à Gallimard le 2 janvier 1948. L'éditeur mit cependant sous le titre la mention « roman » et négligea celle de « chronique ».

Au cours d'une veillée funèbre, la vieille Thérèse entreprend pour ses compagnes le récit de sa vie. Lorsqu'elle était une toute jeune fille, elle s'est enfuie du château de Percy, où elle servait, pour suivre Firmin, un apprenti forgeron. Placée dans une auberge à Châtillon, elle a été témoin du drame des Numance : une énorme dette contractée secrètement par Mme Numance causa la ruine du couple. Tout le monde pensa qu'un amant était à l'origine de la catastrophe.

Une des auditrices de Thérèse l'interrompt alors pour proposer une version des faits différente. Selon cette narratrice antagoniste, il s'agit d'une machination montée par Firmin. Ce dernier, vivant dans la plus sombre misère avec Thérèse, lui avait appris comment apitoyer la bourgeoisie locale. La jeune femme inspira à Mme Numance une véritable passion maternelle. Thérèse aimait profondément Mme Numance mais Firmin se servait d'elle pour obtenir que les Numance les logent et les entretiennent, puis pour les amener à signer une fausse reconnaissance de dette qui les acculerait à la ruine. Quand l'usurier, complice de Firmin, vint réclamer le remboursement de cette fausse dette, M. Numance mourut d'une attaque. Sa femme s'enfuit et disparut.

Thérèse reprend son récit. Alors que la narratrice précédente la dépeignait vivant dans une sordide cabane, elle se place de nouveau dans la grande auberge où elle était employée et qui sert de théâtre à son ambition et à sa ruse machiavélique. Selon elle, Firmin n'est qu'un sot qui se borne à lui obéir. Malfaisante et intelligente, elle feint la gentillesse et jouit du pouvoir que lui confère sur les autres cette parfaite maîtrise d'elle-même. C'est elle qui, ayant jeté son dévolu sur Mme Numance, a tout combiné, depuis son adoption par le couple jusqu'à la ruine de celui-ci.

La narratrice contradictoire reprend alors la parole et poursuit sa version de l'histoire. Désespérée par la disparition de sa bienfaitrice, Thérèse se venge en martyrisant Firmin – tant physiquement que moralement –, d'abord à Clostre, où le couple tient un petit café, puis

Apollinaire

« Apollinaire au café de Flore », 24 mai 1914.
Dessin de Mikhaïl Larionov (1881-1964).
Collection P.-M. Adéma. Ph. © Arch. Photeb © ADAGP, Paris, 1994.

« De la belle aube au triste soir »,
Guillaume Apollinaire (1880-1918) est
mort de la grippe espagnole, à la fin de
cette guerre qui avait « assassiné » tant
de poètes. Il avait eu le temps de devenir
l'un des plus grands d'entre eux,
lui, Wilhelm Apollinaris de Kostrowitzky,
qui, né à Rome, fils illégitime d'une
Polonaise, avait très vite voulu se « faire
un nom » : écrits alimentaires, érotiques,
sous des pseudonymes, journalisme,
instituent en même temps un rapport
ludique à la littérature, qui ne sera
jamais oublié. Plus tard ce nouvel
Orphée mène dans son cortège tous les
animaux d'un *Bestiaire* inattendu (1911),
du dromadaire au poulpe (« Ce monstre
inhumain, c'est moi-même »), tandis

que dans son drame « surréaliste »
(terme dont il est l'un des inventeurs),
il fait de Tirésias un « homme-dame » de
Zanzibar (*les Mamelles de Tirésias*, 1917)...
Ce « voyageur » qui chante les « soirs
de Paris ivres du gin » rencontre aussi,
entre Montmartre et Montparnasse,
tous les grands noms du cubisme, qu'il
défend et rejoint dans leurs recherches :
vers non ponctué (« trouvé » en
corrigeant des épreuves), calligrammes
reprenant le rêve mallarméen de l'œuvre
d'art totale. Pourtant, c'est la voix
du « Mal-Aimé » qui continue de faire la
gloire d'Apollinaire, et lui qui était
« las de ce monde ancien » est l'héritier
de la poésie amoureuse élégiaque, celle
des « lais pour les reines » : complainte
du poète qui s'épuise dans la quête

MADOINE

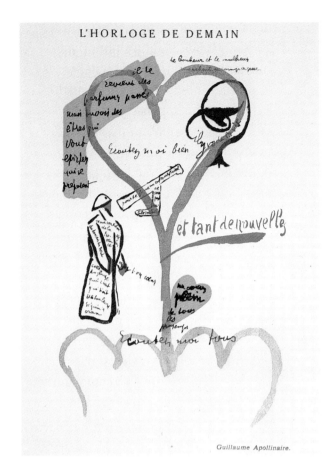

L'HORLOGE DE DEMAIN

Guillaume Apollinaire.

« L'Horloge de demain », calligramme en couleurs
publié dans la revue *391*, le 15 mars 1917.

« Nature morte au damier », 1912,
par Louis Marcoussis (1878-1941).

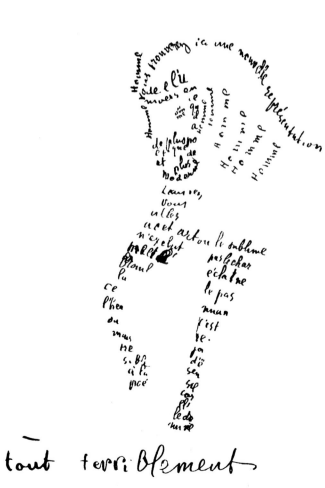

Calligramme publié dans le catalogue de l'exposition
« Léopold Survage - Irène Lagut », 21-30 janvier 1917.

de la femme disparue (*Alcools*, 1913),
Poèmes à Lou (1947, posthume) qui
répètent la torture de l'absence et
le souvenir obsédant du corps aimé
à travers les métaphores militaires
(« Mon amour ô mon Lou mon art et
mon artillerie »). Ambitions et humilité
d'une poésie qui, avec les tramways
et la tour Eiffel, pose sur la modernité
le regard du « guetteur mélancolique ».

Portrait d'Apollinaire, 1913.
Aquarelle de Marc Chagall (1887-1985).
Musée national d'Art moderne - Centre Georges-Pompidou,
Paris. Ph. © Philippe Migeat/MNAM -
Centre Georges-Pompidou © ADAGP, 1994.

Louise de Coligny-Chatillon (Lou).
Collection particulière. Ph. X-D.R. © Arch. Photeb.

Francis Picabia, Gabrielle Buffet
et Guillaume Apollinaire à Luna Park, en 1913.
Ancienne collection Apollinaire. Ph. X-D.R. © Arch. Photeb.

dans un immense chantier de construction, près de Lus-la-Croix-Haute, où il s'occupe de la cantine.

C'est Thérèse qui termine le récit en relatant la mort de Firmin, consécutive à un accident dont elle a habilement agencé les circonstances.

Le titre du roman s'inspire d'un aphonisme de Vauvenargues qui définit l'« âme forte » comme étant « dominée par quelque passion altière et courageuse ». L'expression – que Giono avait d'abord mise au singulier –, se rapporte avant tout au personnage de Thérèse. Aussi bien dans la vision qu'elle propose d'elle-même que dans celle que lui oppose l'autre narratrice – que Giono, dans ses carnets et ses entretiens, appelle le « Contre » –, Thérèse est dominée par la passion. Inspirée par le désir de nuire ou par l'amour, elle est extrême dans ses sentiments et ses comportements. Ainsi, d'après sa version des faits, elle travaille son être avec une perverse opiniâtreté afin d'en maîtriser parfaitement l'apparence et, ayant pris par exemple, pour éprouver sa réussite, un amant qui la laisse indifférente, elle commente : « Je fus extraordinairement heureuse en me disant : "Celles qui font l'amour sont bien bêtes. Elles risquent gros et elles n'ont même pas la moitié du plaisir que tu as". » Selon la version du « Contre », c'est avec une égale ardeur qu'elle se voue à son amour pour Mme Numance, s'emparant de ses vêtements pour s'enivrer du parfum de son idole. Dans les deux cas, qu'elle se compose un personnage ou qu'elle vénère une Mme Numance idéalisée en figure d'héroïne, c'est dans l'imaginaire que Thérèse trouve la suprême jouissance : « Elle se satisfaisait d'illusions comme un héros. Il n'y avait pas de défaite possible. »

Le titre du roman est au pluriel car Mme Numance mérite, elle aussi, d'être rangée parmi les « âmes fortes ». Sa passion à elle est la générosité, à laquelle elle n'hésite pas à sacrifier non seulement tous ses biens mais aussi la vie de son mari qu'elle aime pourtant tendrement : « Donner était sa jouissance à elle. Cette passion, pour n'être jamais satisfaite, pousse ceux qui l'ont à donner sans mesure. » Une commune soif d'absolu unit donc ces deux héroïnes féminines et chacune est, pour l'autre, le moyen de porter au plus loin ce dépassement de soi-même qui est sa raison d'être.

Outre la dimension psychologique et éthique qu'il comporte, le roman puise son originalité dans sa structure narrative. Contradictoires, les récits de Thérèse et du « Contre » offrent deux histoires différentes, ou plutôt deux vérités pour une même histoire. L'intérêt du texte se nourrit bien sûr du suspense ainsi créé, mais Giono met également en question une tradition romanesque qui a habitué le lecteur à connaître « le fin mot de l'histoire ». *Les Âmes fortes* peuvent alors se lire comme une sorte de parabole sur l'écriture romanesque. Au fond, il n'y a pas une vérité, il n'y a que des vérités. Autant dire donc que toute fiction est vraie. À cet égard, l'« âme forte », telle qu'elle est décrite dans l'ouvrage, souveraine car sous l'emprise de son imaginaire passionné, peut être déchiffrée comme une métaphore du romancier : « Thérèse était une âme forte [...]. Séduite par une passion, elle avait fait des plans si larges qu'ils occupaient tout l'espace de la réalité [...]. La vérité ne comptait pas. Rien ne comptait que d'être la plus forte et de jouir de la libre pratique de sa souveraineté. »

● « Folio », 1972. ➤ *Œuvres romanesques complètes*, « Pléiade », V.

A. SCHWEIGER

AMI DE VINCENT (l').
Roman de Jean-Marc **Roberts** (né en 1954), publié à Paris aux Éditions du Seuil en 1982.

Albert dirige un orchestre de music-hall à Pigalle. Il y travaille en compagnie de Vincent, un ami d'adolescence retrouvé après treize ans de séparation, qu'il a fait engager comme trompettiste. Un jour, une mystérieuse jeune fille surgit, criant à Vincent : « Tu as tué ma sœur. » Vincent, bouleversé, prétend ne pas la connaître. Albert, dès

lors, n'a de cesse de retrouver la trace de l'inconnue, en recherchant toutes les femmes aimées par Vincent. En secret, il se rend à Vienne, où vit le père de Vincent, mais où il n'apprend rien, puis à Rome, où il cherche en vain la trace de deux sœurs, dont l'une, Éléonora, a passionnément aimé son ami. Rentré à Paris, il agit de telle sorte que Vincent est menacé d'être renvoyé de l'orchestre. C'est alors que, par hasard, il retrouve l'inconnue, Éléonora, qui ne peut lui expliquer sa phrase. Mais c'est Vincent qui livrera la clé de l'énigme, en rappelant à Albert un amour commun de leur adolescence, une Italienne dont on ne sait si la mort était un accident ou un suicide. Vincent, qui se croit responsable de cette mort, disparaît, tandis qu'arrive à l'orchestre un nouveau trompettiste.

L'œuvre de Jean-Marc Roberts, qui a publié son premier roman à dix-sept ans, est marquée par la nostalgie de l'adolescence, de ses amitiés et de ses amours. Ainsi son roman n'est-il pas tant l'histoire d'Albert, « l'ami de Vincent », que l'histoire de cette amitié, et celle, fragmentaire et fascinante, de cet ami. Pourtant, Vincent lui-même affirmait à celui-ci qu'il n'était qu'un « héros de premier livre », un héros imparfait, trop près de l'adolescence. Aussi bien cette enquête, qui mène le narrateur de Vienne à Rome, de loges de théâtre minables en chambres d'hôtel sordides, à la recherche d'une jeune fille perdue, est autant un pèlerinage sur les traces de celui qu'il appelle son « presque frère » que l'occasion d'un bilan de sa propre existence. Albert ne connaît-il pas Vincent « depuis toujours », c'est-à-dire depuis qu'ils ont tous deux l'âge d'aimer ? Ainsi toutes les femmes qu'il croise lors de sa quête cherchent-elles, après avoir aimé Vincent, à retenir son double, à retrouver en lui leur amour perdu. Et le récit de cette enquête se transforme en introspection, l'écriture délivrant peu à peu Albert des fantômes du passé. Le roman commençait par une évocation de la « petite Italienne » aimée des deux adolescents, un été. C'est elle, la morte, qui se trouve être la clé du roman la clé de leurs existences mêlées. Tandis qu'Albert est persuadé d'avoir provoqué un accident, par sa jalousie à l'égard de Vincent, celui-ci s'accuse du suicide de la jeune fille, qu'il ne voulait plus aimer que comme sa sœur. Albert découvre alors que s'il a cherché à éclaircir le mystère de la vie de Vincent, c'était pour abolir enfin leur rivalité : découvrir réellement Vincent coupable d'un meurtre, c'était se délivrer de sa fascination. Mais ce désir de délivrance devait aller jusqu'à la trahison – puisque Vincent avait trahi en dissimulant le secret de sa vie. Ainsi le dénouement du roman marque-t-il à la fois, selon le schéma traditionnel d'un roman d'initiation, la fin d'une amitié, et l'adieu à l'enfance.

● « Points », 1984.

K. HADDAD-WOTLING

AMI DES LOIS (l').
Pièce en cinq actes et en vers de Jean-Louis **Laya** (1761-1833), créée à Paris au théâtre de la Nation le 2 janvier 1793, et publiée à Paris chez Maradan la même année.

Comme la plupart des pièces de l'époque révolutionnaire, *l'Ami des lois* est une œuvre militante, née de la situation politique et du désir d'agir sur les événements par ce puissant moyen d'expression qu'était alors le théâtre. Laya avait pris dès le début parti pour la Révolution. En 1789, il avait fait jouer une tragédie, *Jean Calas*, où il exprimait avec talent, dans le sillage de Voltaire, son attachement aux valeurs de tolérance et de liberté. Il ne s'était pourtant pas ensuite engagé dans la voie du théâtre politique. Malgré ce que pourrait laisser supposer le titre, *les Dangers de l'opinion*, en 1790, n'avaient aucun lien avec l'actualité. Mais, à la fin de 1792, l'enjeu de la lutte politique lui paraît capital pour l'avenir de la Révolution ; l'influence grandissante des Montagnards l'inquiète. Il juge opportun de faire entendre la voix des modérés. *L'Ami des lois* est un plaidoyer en faveur de la liberté dans l'ordre (le titre est à cet égard parfaitement explicite) ; c'est une protestation d'inspiration girondine contre l'extrémisme jacobin ; un soutien à l'idéologie politique de la Convention contre celle de la Commune de Paris. Laya appelle sa pièce une comédie. Sans doute donne-t-il à ce terme son acception du XVIIe siècle : pièce de théâtre en général, car nous sommes bien plutôt ici dans l'esthétique du drame.

M. de Versac, « ci-devant baron », se plaint à Forlis, « ci-devant marquis », du comportement de sa femme : elle s'est entichée des idées nouvelles, tient salon politique et se rebelle contre l'autorité maritale. Elle s'oppose au mariage de sa fille avec Forlis, auquel elle préfère un « patriote ». Versac espère dans l'intervention prochaine des puissances étrangères, mais Forlis, attaché à la Révolution (dans le respect des lois et de la raison) lui reproche son attitude (Acte I).

Nomophage et Filto, amis de Mme de Versac, détaillent le plan de partage de la France : ils espèrent obtenir chacun le gouvernement d'une région. Filto cependant manifeste quelque scrupule face à son ami. Arrive Duricrâne, qui annonce avoir découvert que Forlis ourdit un complot. Il en veut pour preuve une liste de noms tombée dans ses mains (mais le spectateur sait depuis le début de l'acte qu'il s'agit des noms de personnes bénéficiaires de la bienfaisance de Forlis). Duricrâne l'a dénoncé (Acte II).

Filto s'efforce de calmer le fanatisme révolutionnaire de Nomophage. Dans le salon de Mme de Versac, M. Plaude, autre relation de la maîtresse de maison, attaque avec violence la propriété, accusée d'être la source de tous les maux ; Forlis lui réplique en prenant la défense de la loi. Mais on vient l'arrêter ; il obtient de rester prisonnier sur parole chez M. de Versac (Acte III).

Filto croit à l'innocence de Forlis et adresse de vives critiques à Nomophage. C'est alors que le présumé comploteur s'aperçoit de la perte de sa liste de bienfaisance et comprend le motif de son arrestation. Filto vient l'avertir peu après qu'une foule en armes s'approche de la maison. Nomophage offre à Forlis de le protéger : celui-ci refuse dignement et sort (Acte IV).

Au terme d'une longue attente, qui inquiète Nomophage, Filto vient raconter comment Forlis a réussi à convaincre le peuple, puis le tribunal, de son innocence. À son retour chez M. et Mme de Versac, Forlis dévoile la noirceur de Nomophage et l'accuse d'avoir voulu le faire assassiner. Mme de Versac, honteuse de s'être laissée abuser, abjure alors ses erreurs passées et accorde la main de sa fille à Forlis. Nomophage est traduit en justice et Filto pardonné (Acte V).

Ce drame, qui avivait les passions du moment, fut l'un des grands succès de l'époque révolutionnaire. Les temps forts de la pièce sont des tirades où s'expriment et s'affrontent des conceptions politiques antagonistes. Le théâtre transpose les débats de la tribune. Les portraits et définitions que donne Forlis du modéré, du faux patriote (III, 3) ne manquent ni de vigueur ni de chaleur. Si l'action est simple, voire simpliste à nos yeux, elle n'en est pas moins dramatique et historiquement exacte : l'enjeu politique est bel et bien une affaire de vie ou de mort. L'habileté de ce réquisitoire anti-Montagnard est de retourner les accusations adressées aux Girondins : défenseurs de la république « une et indivisible » face à la tendance girondine au fédéralisme, les Montagnards se révèlent ici coupables de vouloir démembrer le pays ; alors qu'ils usent volontiers de l'appel au peuple contre leurs ennemis, voici dénoncée leur défiance envers le peuple et célébrées la vertu et la raison de ce peuple, capable de s'opposer à l'injustice du fanatisme révolutionnaire.

Sans doute Laya n'évite-t-il pas la caricature de l'adversaire politique : Nomophage [le mangeur de lois, en grec] n'est qu'un cynique arriviste, avide seulement d'argent et de pouvoir. Cependant, quand il est démasqué et vaincu, il fait preuve de courage, et même d'une certaine grandeur : « Je ne compose point pour racheter ma vie. / Je brave tout mon sort et sais envisager / Le prix d'une action bien moins que son danger. / À côté du succès, je mesure la chute ; / Et certain de tomber, je marche, et j'exécute. / Adieu, monsieur Forlis. Vous pouvez l'emporter ; / Mais j'étais avec vous digne au moins de lutter » (V, 4).

En accord avec les principes esthétiques du drame, Laya a recherché la diversité des tons. Nous sommes parfois dans la comédie traditionnelle (Mme de Versac est une nouvelle Philaminte ; Molière du reste est une des sources d'inspiration de la pièce) et parfois, comme dans le récit de l'acte V rapportant le triomphe populaire de Forlis, dans le registre de la tragédie. Cette diversité peut ne pas être jugée comme une faiblesse théâtrale.

Il serait toutefois abusif de vouloir promouvoir l'Ami des lois au rang des chefs-d'œuvre. Les spectateurs du théâtre de la Nation, en 1793, jugèrent la pièce sur des critères politiques et non littéraires. Elle est surtout, aujourd'hui, une curiosité historique. Elle témoigne d'une époque où le théâtre accompagnait l'Histoire presque au jour le jour et où l'affrontement idéologique pouvait tenir lieu d'intrigue. Elle suscita, en son temps, plus qu'aucune autre, de graves incidents (c'était un moment essentiel de la Révolution, dramatisé par le procès de Louis XVI) ; tandis que les Girondins la soutenaient de leurs applaudissements, les Montagnards la dénonçaient comme pièce contre-révolutionnaire et voulaient en interdire la représentation (ils voyaient notamment, non sans raison, Robespierre derrière Nomophage, et Marat derrière Duricrâne). La Commune décida la suspension des représentations le 11 janvier, mais se heurta à la résistance du public, des acteurs et de la Convention. Une lutte d'autorité, violente et tumultueuse, s'engagea entre la Convention et la Commune. Finalement, les acteurs, intimidés, cédèrent. La pièce ne fut plus jouée, Laya dut se cacher. Au mois de mars, la Commune obtint même la révision des pièces de l'ancien répertoire, afin de les purger de tout ce qui pouvait « corrompre » l'esprit révolutionnaire. En septembre, elle procéda à la fermeture du théâtre de la Nation et à l'arrestation de tous ses comédiens.

Laya sortit de sa clandestinité à la fin de la Terreur. Il retoucha l'Ami des lois en 1795 pour l'adapter à la nouvelle situation politique : il aggrava sa critique des robespierristes. Mais le succès fut médiocre. Les temps avaient déjà trop changé ; on ne se passionnait plus pour les mêmes enjeux. En 1822, Laya s'efforça de mettre sa pièce au service de la monarchie, au prix de remaniements et de reniements déshonorants. Peine perdue : le pouvoir en interdit la représentation. Il semble qu'elle n'ait plus jamais été jouée.

● « Pléiade », 1974 (*Théâtre du XVIIIe siècle*, II, p.p. J. Truchet).

P. TESTUD

AMI ET AMILE. Chanson de geste composée à la fin du XIIe siècle. Formée de 3 500 décasyllabes assonancés à vers dits « orphelins », elle s'inspire d'une légende très connue sous diverses formes dans l'Europe médiévale : celle de deux jeunes hommes unis par une ressemblance et dont l'amitié exceptionnelle va jusqu'au sacrifice. La plus ancienne attestation s'en trouve dans une épître latine (la *Vita Amici et Amelii*) de Raoul le Tourtier, moine à l'abbaye de Fleury, mort au début du XIIe siècle et par une Vie latine de ces deux saints (XIIe siècle).

Conçus au même moment, ils naissent le même jour, à la même heure et se ressemblent comme des frères : Ami est fils du comte de Clermont-Ferrand ; Amile, fils du comte de Bourges. À l'âge de quinze ans, ils partent de leurs foyers respectifs le même jour, en quête l'un de l'autre ; au bout de sept ans, ils se retrouvent dans un pré fleuri où, sans s'être jamais vus, ils se reconnaissent et se jurent une amitié éternelle. Partis ensemble à la cour de Charlemagne, ils y sont en butte à la jalousie d'un traître, Hardré. Dans un esprit de conciliation, l'empereur marie Ami à la perfide Lubias, nièce de Hardré et dame de Blaye (en Gironde). Amile essaie de fuir les assiduités de Bélissant, la fille de Charlemagne, mais une nuit il y succombe sans la reconnaître : Hardré, qui les a épiés, dénonce Amile et provoque un combat judiciaire ; mais Hardré est vaincu par Ami, venu sur l'avertissement d'un ange se substituer à Amile ; celui-ci pourra, l'honneur sauf, épouser Bélissant. Peu après, Ami est atteint de la lèpre ; sa femme le chasse en dénonçant publiquement la maladie honteuse : après des années d'errance, abandonné de presque tous, il arrive jusqu'aux portes

54

d'Amile, qui le soigne, mais sans succès, quand un ange révèle qu'Ami ne guérira qu'une fois lavé dans le sang des deux fils d'Amile ; celui-ci se résigne au sacrifice avec le consentement des enfants. La guérison est immédiate et quand Bélissant, éplorée, se précipite dans la chambre de ses fils, elle les trouve en train de jouer gaiement sur leur lit. Les deux amis partent ensemble en pèlerinage pour Jérusalem : ils meurent ensemble, au retour, en Lombardie, où une même tombe recevra leurs corps.

Méditation sur l'autre et le double – dont une moderne résurgence se trouve dans les *Météores* de Michel Tournier, ce récit, qui se veut exemplaire, a associé et coulé dans l'écriture épique des motifs ordinairement extérieurs aux chansons de geste : outre l'amitié, celui de la quête et de l'errance, de la lèpre, d'une résurrection ; tandis que d'autres, comme celui de la bataille, pourtant caractéristiques de ce type de texte, n'y figurent pas. Comme si le choix de la forme était la façon de donner à cette légende le prestige d'un geste. Elle constitue d'ailleurs avec *Jourdain de Blaye* (sans doute du XIIIᵉ siècle) un petit « cycle de Blaye » : sur une autre génération – celle de Jourdain, petit-fils d'Ami et de Fromont, neveu de Hardré – se prolonge le motif de l'amitié exemplaire, mais conjoint à celui, très romanesque, du jeune chevalier exilé qui, après des aventures multiples et complexes, recouvre un rang digne de sa naissance. Cette chanson unit, en fait, deux légendes, la précédente et celle d'*Apollonius de Tyr*, elle aussi très connue en Occident depuis le Xᵉ siècle.

Des œuvres versifiées aussi bien que des proses, en diverses langues étrangères, ont entretenu la légende d'Ami et Amile, qui, en France, a encore inspiré au XVᵉ siècle un miracle et fait l'objet d'un remaniement en alexandrins : ce dernier comble même l'hiatus entre les chansons d'*Ami et Amile* et de *Jourdain de Blaye* par l'histoire du père de Jourdain, Gérard, le fils resté toujours fidèle à son père Ami.

● Champion, « CFMA », 1969 (p.p. P. Dembowski) ; *Jourdain de Blaye [...]*, Chicago-Londres, 1969 (p.p. P. Dembowski).

N. ANDRIEUX-REIX

AMI FRITZ (l'). Roman d'Émile Erckmann (1822-1899) et Alexandre Chatrian (1826-1899) dits **Erckmann-Chatrian,** publié à Paris en feuilleton dans *le Temps,* et en volume chez Hachette en 1864.

Le projet du livre vient d'Erckmann dont *l'Ami Fritz* transpose certaines aventures sentimentales : depuis un amour de jeunesse jusqu'à un mariage manqué par timidité, à l'âge justement qu'il donne à son personnage principal. D'autres figures du roman seront inspirées par des modèles vivants, des connaissances d'Erckmann à Phalsbourg dont la topographie est en gros celle du village de Hunebourg, malgré le déplacement de l'action depuis l'Alsace jusqu'en Bavière. Les biographes précisent aussi la tendresse de l'auteur pour un tableau du Louvre au sujet voisin, *l'Accordée de village* de Greuze. L'ouvrage, proposé aux *Débats* de Bertin, sera finalement publié par *le Temps* de Nefftzer. Une adaptation théâtrale par le seul Chatrian sera acceptée à la Comédie-Française où elle triomphe en 1876, malgré certaines polémiques politiques.

Fritz Kobus, bon Bavarois anabaptiste, est un célibataire endurci et heureux qui vit à Hunebourg avec sa vieille servante Katel. Il apprécie la vie en vrai épicurien, se réjouit de bien manger et de bien boire. Il fait preuve de bienveillance envers le bohémien Iôsef. Il a aussi ses amis Schoultz et Hâan, ainsi que le vieux rabbin David, psychologue de bon sens qui veut absolument marier Fritz et prend le pari qu'il y parviendra. Un sentiment saisit le célibataire quand il découvre la jeune Sûzel, la fille de son fermier Christel chez lequel il se rend : il y admire la vie de la nature printanière et s'installe pour surveiller la construction d'un vivier à poissons. Au cours de ce séjour, il devient sensible à la musique : il chante et joue du clavecin lors d'une visite de Sûzel. Pour se libérer et se distraire, il accompagne en tournée son ami le percepteur Hâan ; après la richesse des pays protestants, ils arrivent en pays

catholique et Fritz se sent obligé de payer les impôts d'une famille misérable. Revenu chez lui, Fritz se retrouve en rapport avec le vieux Christel qui lui apporte des cerises et vient régler un conflit avec le maquignon Schmoule. David le rabbin convoque ce dernier et lui fait si peur qu'il rétracte ses mensonges. À la fête de Bischem où il se rend dans son plus bel habit, Fritz revoit Sûzel, avec laquelle il danse. Ayant appris qu'un autre prétendant est sur les rangs, il commence à s'évanouir, puis charge David de présenter sa demande, qui est acceptée. Le célibataire est ainsi enfin marié, à la grande joie de David qui a gagné son pari et en donne l'enjeu à Sûzel lors du contrat.

À de nombreuses reprises, il est question dans le roman de nourriture et de boisson : Fritz Kobus contemple les bouteilles de sa cave, il se rend à sa ferme pour voir pousser les produits de la terre que son fermier lui apporte, jolis radis ou cerises savoureuses ; on va de jambons en bières, de pâtés en kougelhofs et en « küchlen ». Cette abondance a une explication : elle constitue une certaine forme de plaisir vital et participe à l'euphorie épicurienne qui en fait le charme. À cette nuance près, cependant, qu'on peut opposer sur ce point le début de l'histoire à sa fin, dans la mesure où l'amour inquiète cette gourmandise et la remplace presque. C'est que le célibat gourmand de Fritz, où l'on peut voir une figure autobiographique d'Erckmann, est en fin de compte un égoïsme rabougri, comme le note d'ailleurs bien le rabbin David, en une philosophie qui est celle du judaïsme : le mariage est au contraire un accomplissement qui s'inscrit dans ces renouvellements naturels auxquels Fritz est incité par tous les amours qui l'environnent. Et le lieu choisi pour cette « démonstration » est une campagne idyllique, loin des grandes villes et de l'industrie : les paysages y sont riants, les servantes fidèles et bonnes cuisinières, les fermiers travailleurs, les maquignons presque honnêtes et les riches accessibles à la pitié. L'atmosphère du livre est un peu celle de cette universelle bienveillance : dans cet équilibre d'ensemble, l'amour est moins une passion qu'une adhésion à la vie.

● Perret-Gentil, 1960 ; « Le Livre de Poche », 1977 ; Lattès, 1987.
➤ *Œuvres complètes*, Tallandier, I ; *Gens d'Alsace et de Lorraine*, « Omnibus ».

A. PREISS

AMIS INCONNUS (les). Recueil poétique de Jules **Supervielle** (1884-1960), publié à Paris chez Gallimard en 1934.

Avant d'être réunis, un grand nombre des poèmes des *Amis inconnus* avaient été publiés en revue entre 1931 et 1933, notamment dans la livraison du 1ᵉʳ octobre 1932 de *la Nouvelle Revue française,* qui incluait le petit poème éponyme "les Amis inconnus", mais aussi dans les *Cahiers du Sud* et dans *Europe.* À son habitude, Supervielle a réorganisé les textes, en 12 sections comptant d'un ("le Hors-venu", "le Spectateur") à treize poèmes ("le Miroir intérieur"), qui ne suivent pas l'ordre chronologique des prépublications. Le titre général reprend celui de la section inaugurale et du premier poème. Supervielle fait alterner les vers réguliers (quintils d'alexandrins non rimés pour "les Amis inconnus", longues coulées d'alexandrins pour "la Demeure entourée", d'octosyllabes pour "le Hors-venu", et assez souvent d'hexasyllabes, voire d'heptasyllabes), avec les versets ("les Mains photographiées", "À Ricardo Güiraldes", "Solitude", "l'Arbre", etc.), selon une technique variée éprouvée dès *Gravitations* (mais il ne recourt pas ici au poème en prose).

Le poème liminaire éclaire la signification du titre lorsqu'il évoque les « brusques passants », les « amis lointains » et les « jours qu'il[s] n'aur[ont] pas vécus ». Les « amis inconnus » sont les morts familiers qui, comme dans *Gravitations*, se mêlent aux vivants. La poésie tente de représenter la difficile communication avec les ombres, afin de réparer quelque obscure faute à l'endroit des morts « oubliés » : « Si je croise jamais un des amis lointains / Au mal que je lui fis vais-je le reconnaître ? »

Seul un portrait en creux peut être peint de ces fantômes sans corps, sans visage, en particulier :

Le monde est plein de voix qui perdirent visage
Et tournent nuit et jour pour en demander un [...]

Je pense à la pauvre Marie
Sans corps maintenant et sans yeux [...]

La poétique du manque, de la perte, et du corps morcelé, sans doute née du deuil impossible des parents, dont l'enfant Supervielle n'a appris que tardivement la disparition, devient ainsi une méditation sur les rapports entre l'âme et le corps douloureusement divisés, et sur l'aspiration à l'unité perdue : « [...] l'âme demeure effrayée / Par le corps aveugle qui la repousse et s'en va tout seul » ("le Désir"). Aussi comprend-on mieux l'obsession du double – du « hors-venu » – qui hante le recueil : avatar du thème romantique du *Doppelgänger* [le double] certes, mais au plan superviellien, allégorie du clivage d'un sujet divisé :

Nous sommes deux, nous sommes un,
Nos pas s'embrouillent, et nos cœurs.

Si les âmes « sans visage » des morts rôdent autour des vivants, c'est qu'elles implorent le poète de leur donner corps : « Il faut lui donner ton humain visage. »
C'est donc au langage qu'il appartient de rétablir l'unité de l'âme et du corps, c'est-à-dire de réintégrer les morts, des limbes dans le royaume des vivants littéralement, de les ressusciter en les arrachant à l'oubli. La parole poétique est alors l'équivalent de la main tendue et serrée – autre image récurrente chez Supervielle –, qui scelle la réconciliation par le contact physique :

Si vous touchez sa main c'est bien sans le savoir,
Vous vous le rappelez mais sous un autre nom,
Au milieu de la nuit, au plus fort du sommeil,
Vous dites son vrai nom et le faites asseoir.

("Lui seul")

Car le propre de ces spectres familiers, au demeurant plus pathétiques qu'effrayants, c'est d'être « inconnus » : non seulement « transparents », « invisibles », « sans visage », mais surtout sans nom : « Je ne sais plus mon nom, je n'ai plus de cervelle », s'écrie l'une de ces voix. L'oubli des morts est étroitement lié à la perte de l'identité que symbolise le nom propre.
La thématique des « amis inconnus », familiers des vivants, traverse l'œuvre tout entière de Supervielle, de manière obsessionnelle. Dans *les Amis inconnus*, Supervielle donne la parole à ces morts auxquels s'adressaient les poèmes de *Gravitations* – de nombreux passages se présentent comme la transcription au discours direct de la voix des morts –, en même temps qu'il leur prête corps. Mais, de façon plus singulière – et c'est ce qui distingue le recueil –, il arrive que la relation s'inverse et que le poète, devenu à son tour « étranger », parle lui-même le langage des morts pour s'adresser aux vivants alors le « nous » exprime la solidarité avec les morts, qui ne sont plus les objets ni les destinataires, mais bien les sujets de la poésie :

Nous enfants perdus maltraités par le jour
        Et la grande lumière,
Ramassés par la Nuit poreuse et pénétrante [...]

Méditant sur le corps « mutilé », le poème pose en définitive la question de l'identité du récitant, de sorte que le dialogue avec le double s'avère un monologue. L'enfant orphelin, à la recherche de son identité et de son nom, se trouve lui-même réduit à la condition de ses parents disparus, véritable mort-vivant :

Et plus l'on se regarde
Plus vite l'on s'égare
Dans les sables de l'âme
Qui nous brûlent les yeux.

● *Le Forçat innocent [...]*, « Poésie / Gallimard », 1980.

D. COMBE

AMITIÉ DES ABEILLES (l'). Recueil poétique de Jean-Loup **Trassard** (né en 1933), publié à Paris chez Gallimard en 1961.

Dans la campagne mayennaise vit Juvigné, ami du narrateur, dont la seule passion est le miel et les abeilles qui le fabriquent. Au milieu de celles-ci, il trouve un contact avec le « monde inconnu » qui le prive sans regret des femmes. Cependant, le narrateur, au retour d'un voyage au Danemark, trouvera son ami transformé : celui-ci s'est marié ("l'Amitié des abeilles"). M. Mumérien, lui, est spécialiste des semis et ne vit que pour les graines récoltées ; d'une santé fragile, c'est sous le soleil, pourtant son meilleur allié, qu'il mourra subitement ("Le soleil est mon vainqueur"). Quant au narrateur, parti à 27 ans pour « marcher sur la terre », il revient à sa maison d'enfance et redécouvre les lieux de ce pays désormais étranger ("les Cheveux d'herbe"). Il prend plaisir à contempler le geste du laboureur peignant les crins de ses chevaux ("Saint-Buttavent") quand il ne s'arrête pas aux taupinières de Mieuzais, curieux homme qui vit dans les galeries que « les taupes ont creusées dans sa tête » ("le Lait des taupes"). Il observe également avec un regard attendri la toilette, toutes plumes ébouriffées, des oiseaux trempés ("le Ver des souches"). Il s'attache enfin à Maud, jeune fille farouche et sensuelle : est-elle destinée, comme le craint le narrateur, à « mourir d'étouffement au fond d'un mariage » ? ("le Piège à lumière").

Jean-Loup Trassard vit dans le compagnonnage amoureux de la campagne mayennaise à laquelle il voue un culte exclusif. Afin d'en rendre toutes les nuances, il préfère, à la rigueur d'une forme poétique rigide, une narration brève et allusive, qui alterne portraits, fragments de récit et épisodes de méditation amoureuse. Amoureux du rapport de l'homme à la terre (spectateur fasciné par le travail agricole, le narrateur-poète entend « le grognement de la terre où s'enfonce la charrue. Et le dimanche il se sent maladroit comme un outil hors de sa fonction. Heureusement le matin il faut passer le peigne et l'étrille aux juments »), amoureux des fermes, des outils, des champs cultivés et des menus objets de la vie rurale (l'osier, le fer), Trassard se sent au milieu d'eux comme en apprentissage : « Il y a aussi dans cette région des lierres fleuris assez importants pour être considérés. C'est le trèfle blanc qui est la matière riche, pour le meilleur miel. » À partir de cette vision du miel et des ruches, c'est la vie tout entière qui est transfigurée aux yeux du narrateur discret : « Je ne vois plus le monde de la même façon, il me semble que les fleurs, leurs couleurs et leur sucre seulement ont de l'importance. Il me semble agréablement que les événements sont des floraisons qui tirent sur leur fin. »

Tantôt botaniste, tantôt gastronome, parfois même vétérinaire, cet « ethno-poète » se fait avant tout le vibrant portraitiste d'êtres mélancoliques et silencieux nourris des légendes mayennaises, de Juvigné et sa notion absolue de l'amitié (pour lui, l'amour « ne comble pas le silence si nul ami ne se lève »), à M. Mumérien qui ne vit que par et pour le soleil et qui, « mesurant le temps, apprenait à distinguer les rythmes de son sang ». Cette entente inhabituelle entre les hommes et la « nature » est à l'image de cette prose poétique sans fioritures ni effets, tout entière énoncée sur le mode mineur.

● Cognac, Le temps qu'il fait, 1985.

P. GOURVENNEC

AMITIÉS PARTICULIÈRES (les). Roman de Roger **Peyrefitte** (né en 1907), publié à Marseille chez Jean Vigneau en 1944. Prix Théophraste-Renaudot.

À quatorze ans, Georges de Sarre, brillant élève au lycée, entre en troisième à l'internat religieux de Saint-Claude, poussé par ses parents qui souhaitent perfectionner son éducation morale. Il s'accoutume à la vie du collège, où les offices religieux alternent avec les heures d'étude, et découvre très vite que certains de ses camarades entretiennent des « amitiés particulières », ainsi Lucien et André. Par jalousie, Georges provoque le renvoi d'André, mais renonce à la conquête de Lucien, car il est brusquement fasciné par un enfant de cinquième beau comme un ange, Alexandre. Bientôt se noue entre les deux garçons une chaste passion nourrie de billets poétiques, d'une mèche de cheveux, de l'échange de leur sang. Les pères sont alertés, mais Georges ment pour détourner les soupçons. Puis un nouveau venu, le père de Trennes, lui-même attiré en secret par les garçons, menace les amours de Georges et d'Alexandre. Georges, de nouveau, recourt à la dénonciation anonyme pour faire chasser le père de Trennes. Alors que les deux enfants, célébrés pour leur piété et leur travail, se croient tranquilles, ils finissent cependant par être surpris. Tandis qu'Alexandre, hostile à tout compromis, se tait obstinément, Georges feint de se repentir pour préserver leur amour commun. Mais le père de Trennes qui les a surpris exige, pour preuve de son renoncement, toute la correspondance secrète d'Alexandre. Celui-ci, convaincu de la trahison de son ami, ou ne pouvant supporter l'idée d'une séparation, même provisoire, se donne la mort. Georges, un instant tenté de le suivre, choisit de vivre pour perpétuer le souvenir de cet amour défunt.

Ce premier roman de Roger Peyrefitte, lui-même ancien élève des jésuites, est un tableau nostalgique et cruel d'une certaine éducation religieuse. Si la vie de l'internat, par sa promiscuité, révèle à Georges le charme des garçons, c'est l'éducation religieuse, la surveillance constante de maîtres parfois peu scrupuleux comme le père de Trennes, la nécessité de se confesser et de communier quotidiennement qui lui font découvrir le mensonge et le jeu des apparences. Surtout, cette religion parée de tant de fastes et de couleurs, cette célébration permanente de l'amour divin – comme la mise en garde contre le péché – sont autant d'occasions d'aiguiser la sensualité naissante des jeunes garçons. Aussi n'est-il pas étonnant que l'amour qui unit Georges à Alexandre se nourrisse de références religieuses, mêlant, dans une savante ambiguïté, l'amour profane aux splendeurs de l'amour sacré. Mais cette initiation n'a rien de sacrilège. Elle permet de découvrir que, selon la formule du Cantique des cantiques que Georges lit en secret, « l'amour », s'il élève vers Dieu à travers ses créatures, est « fort comme la mort ». Si Georges, à la fin du roman, décide de ne pas mourir après tant de dénonciations et de feintes, ce n'est pas par une ultime lâcheté, mais avec la certitude que son ami vivra désormais en lui, qu'ils auront ensemble « quinze ans ». Car le roman est aussi une célébration lyrique de cet âge à la fois chaste et trouble, aussi éloigné d'une vaine innocence que de la perversité des hommes, de ce printemps éphémère qu'Alexandre, en mourant à treize ans, choisit de ne jamais trahir.

● Flammarion, 1953.

K. HADDAD-WOTLING

AMORPHE D'OTTENBURG. Pièce en un acte et en prose de Jean-Claude **Grumberg** (né en 1939), créée à Paris au Théâtre national de l'Odéon en 1971, et publiée à Paris dans *l'Avant-Scène Théâtre* la même année.

Elle appartient au cycle « satirique » de l'œuvre dramatique de Grumberg avec *Demain une fenêtre sur rue* (1968) et *l'Indien sous Babylone* (1985), et préfigure la trilogie à caractère autobiographique qui verra le jour avec *Dreyfus* (1974), suivi de l'**Atelier* (1979) puis de *Zone libre* (1991).

Le « monstrueux » règne dans la contrée d'Ottenburg. Des vieillards, des infirmes meurent tous les jours, frappés des leur dos par un mystérieux poignard. Au château, Hans d'Ottenburg, seigneur « tout-puissant », se lamente sur le « saint Livre des comptes » et dénonce le trop-plein de « bouches inutiles » qui appauvrissent son royaume. Amorphe, l'aîné de ses fils et héritier du trône, à qui manquent parole et raison, passe ses journées à forger des poignards sous le regard attentionné de son précepteur, le « Bossu », tandis que sa mère Berta, « béate » devant son fils, lui brode chaque jour un nouveau fourreau pour sa « dadague ». Hans, sous prétexte d'enquêter sur les « monstrueux criminels » qui répandent la terreur parmi les innocents sujets, laisse torturer les étrangers qui osent pénétrer en Ottenburg. Astolphe et Arnolphe, frères d'Amorphe et ignorés de leur père, dénoncent les crimes de leur « aimé et bien aîné frère ». La vérité n'effraie pas le roi qui voit dans son fils un génie « inspiré » par Dieu.

C'est alors qu'un froid calcul se substitue aux gestes irrationnels de l'enfant idiot pour continuer l'œuvre qui achèvera d'assainir le « saint Livre des comptes ».

Amoral, aphasique, Amorphe ne sait articuler de son prénom que les deux premières syllabes, comme pour ponctuer chacun de ses crimes. C'est grâce à sa folie que cet automate peut, en compagnie de son précepteur et complice, commettre impunément les crimes les plus sordides contre les « bouches inutiles » du royaume. Chacun autour d'eux feint de rechercher une vérité qui crève les yeux. Seul Astolphe, soucieux de « droiture et de justice », tente d'ôter à son père le « bandeau » qui le rend aveugle. Au moment même où le pouvoir de Hans d'Ottenburg pourrait être ébranlé par « ce soleil nommé vérité », le « saint Livre des comptes » est là pour démontrer le fabuleux redressement économique « malgré les crimes » ou plutôt à cause d'eux. Le vieux trône est remplacé par un nouveau en formica rouge et lavable attestant que la « boucherie » est d'avance pardonnée par celui-là même qui l'a laissé faire car « de temps à autre, c'est Gott lui-même qui en secret arme la main qui tue ». Une action radicale rend tout « verbiage » inutile et l'on comprend mieux pourquoi Gott a choisi pour exécutant un personnage aphasique. De même, toute forme d'art est niée qui engendre des « faiseurs de vent ». Il reste peu de moyens pour dénoncer la vérité et un troubadour paie de sa vie d'avoir voulu « chanter » une humanité faite pour l'amour.`

Jean-Claude Grumberg a choisi, lui, le parti de la fable et de l'humour noir : « [...] bien sûr, les vieillards ont des aspects délicieusement désuets mais [...] produisent-ils ? » (sc. 11). *Amorphe d'Ottenburg* est riche de symboles présents dans la mémoire collective des spectateurs contemporains de sa pièce. L'emblème du royaume, « le vautour guettant », n'est autre que ce « criminel rassasié de charogne » (sc. 10), monstre qui évoque la « bête immonde » de Brecht dont le ventre, on le comprend au revirement d'Astolphe à la dernière scène, « est encore fécond ». Plus près de nous encore, en montrant une folie criminelle froidement relancée, et donc rétrospectivement rationalisée par la « technostructure » officielle, la pièce ouvre d'inquiétantes perspectives sur la vraie nature et les aberrations possibles de la logique économique. La raison n'est-elle qu'une folie qui réussit ? Car, à l'école d'Amorphe, Ottenburg a retrouvé la prospérité !

Mieux vaut-il mettre en scène une vérité seconde comme dans *Amorphe*, ou la nommer comme Grumberg le fera plus tard dans *l'Atelier* ? Zina dans *Dreyfus* résumera l'ambiguïté du théâtre, elle pour qui Dreyfus, « victime innocente », ne saurait être « un vrai personnage »...

● Actes Sud, « Papiers », 1989.

S. HUET

AMOUR (l'). Roman de Dominique **Fernandez** (né en 1929), publié à Paris chez Grasset et Fasquelle en 1986.

Lorsque Friedrich Overbeck quitte la ville de Lübeck où il est né en 1789, c'est pour aller jusqu'au bout du destin de peintre qu'il s'est choisi, et échapper à l'existence de notable que lui réserve son père, bourgmestre et négociant en vins, ainsi qu'à son proche mariage avec Elisa. Sur la route qui le conduit à Vienne où il rejoint son ami Franz, musicien qui se destine à la facture d'orgue, parcourant des villes et des campagnes dévastées par les guerres napoléoniennes, il réfléchit au sens de sa fuite, à ses projets, qu'il affirme au contact d'artistes célèbres, peintres, sculpteurs ou musiciens (chap. 1. « De Lübeck à Vienne »). Formée de camarades rencontrés à Vienne, c'est une petite communauté, le « Lukasbund », qui quitte Vienne pour l'Italie, afin de parfaire une culture et une éducation artistique au moment du mariage de Marie-Louise et de Napoléon (2. « Sous l'invocation de saint Luc »). Venise, Padoue, Bologne, Ravenne, Urbino, la route d'Ombrie, la campagne romaine, Assise, San Damiano sont les étapes, notées au fil du journal de voyage tenu par Friedrich, d'une randonnée initiatique où le petit groupe analyse tableaux, sculptures et monuments en fonction de sa propre ambition artistique : définir un art nouveau réalisant l'alliance du Nord et du Sud ; étapes aussi de l'initiation amoureuse de Friedrich, qui prend conscience de son amour pour Franz, et se déchire entre le souvenir d'Elisa, son attirance physique pour un Franz consentant mais distant, et son rêve de l'amour pur (3. « De Vienne à Rome »). Dans le couvent désaffecté de Sant'Isidoro qui abrite les sept amis, leur enthousiasme initial cède peu à peu la place à un constat d'échec : aucun d'entre eux ne révolutionnera l'histoire de la peinture. La mort de Franz, qui succombe à la tuberculose, marque pour Friedrich l'inaboutissement de sa quête esthétique, qu'il avait voulu mener de pair avec celle de l'amour (4. « Sant'Isidoro »).

Dominique Fernandez a réuni ici les thèmes qui lui sont chers et qu'il explore roman après roman : les paradoxes de l'art qui donne forme à l'informe, au chaos, tout en essayant d'échapper précisément aux limites de la forme et aux contraintes de la nature ; les paradoxes de l'amour, auquel la société impose un modèle et une fin, alors qu'il unit deux êtres dans le désir de créer quelque chose de neuf, d'unique et d'absolu.

C'est ainsi que l'éducation du héros-narrateur est double, son initiation à l'art trouvant son exact répondant dans son initiation amoureuse. Les multiples analyses de tableaux, de sculptures qui jalonnent la route de Friedrich et qui marquent les étapes de son parcours intérieur (comme de son parcours géographique) sont ainsi le prétexte à une meilleure connaissance de soi et du monde ; l'art est directement mis au service de la vie. C'est ce qui explique le ton si caractéristique du roman, qui mêle au discours sur l'histoire de l'art, savant, pédagogique car illustré d'exemples précis et concrets (discours qui étudie de manière privilégiée le rapport entre les primitifs italiens et les romantiques allemands, l'impossible conciliation du « culte apollinien de la forme » et du « puissant mouvement dionysiaque de dissolution des formes »), un récit intime plus réaliste (la sexualité du héros est ainsi évoquée avec retenue mais sans détours), où le narrateur n'hésite pas notamment à compter, à détailler l'organisation pratique de la communauté et la répartition des rôles en son sein. On retrouve cela aussi dans le mélange de sérieux et de dérision qui marque un aspect de la création romanesque chez D. Fernandez : le détournement de la vérité au service de la fiction, ou plus exactement l'interprétation du réel (historique) par la fiction romanesque. L'auteur, grâce au choix de la focalisation interne, met en scène, avec une vie et un relief saisissants, de grands événements ou des figures du passé, n'hésitant pas à recourir parfois à la caricature qui souligne et détourne leur caractère documentaire.

C'est que le monde qu'il saisit est un monde baroque, un monde en mouvement, où par exemple tout un réseau symbolique et allégorique est défait alors même qu'il se tisse, le narrateur faisant observer que « les symboles oppressent [...] sous la surcharge de significations ». L'auteur, qui se met lui-même en scène à l'occasion, donne ainsi tout son sens à l'expérience de Friedrich : un apprentissage d'inspiration romantique. La construction du livre est à cet égard exemplaire, la lettre impossible que Friedrich voudrait écrire à Elisa, différée tout au long du livre, en constituant l'ultime chapitre. Et cette lettre donne son sens au roman : le héros, qui a appris à se réaliser lui-même, n'accepte le destin qui lui était assigné que parce qu'il devient le résultat d'un choix personnel, intérieur, le fruit de deux années de découvertes, de passions, de trahisons et d'interrogations constantes. Elisa, l'absente, la lointaine, reste paradoxalement la figure centrale de cet apprentissage, plus que Franz lui-même, parce qu'elle fait le lien, dès les premières pages du livre, entre l'art et la vie, entre la fonction créatrice et la fonction reproductrice : la *Madone sixtine*, idéal artistique formel de Friedrich, est d'abord une mère à l'Enfant.

V. STEMMER

AMOUR ABSOLU (l'). Roman d'Alfred **Jarry** (1873-1907), publié à compte d'auteur en « édition autographique » (facsimilé du manuscrit) à cinquante exemplaires et diffusé par le Mercure de France en 1899.

Jarry écrit ce bref roman un an après *Gestes et Opinions du docteur Faustroll, pataphysicien*, et parvient aussi difficilement à le faire éditer de façon normale – d'où cette reproduction du manuscrit qu'il choisit de proposer aux amateurs, à l'époque bien peu nombreux (en 1905, une trentaine d'exemplaires restaient disponibles). Rarement, Jarry a été aussi loin dans l'hermétisme et, paradoxalement, dans la confidence.

Un condamné à mort, Emmanuel Dieu, rêve. Les quinze chapitres du livre sont des visions, des souvenirs, portant sur son enfance bretonne. Ces images d'enfance sont marquées par une interrogation constante sur les origines : figures impossibles du père et de la mère, car le père est nié (cet être médiocre ne saurait avoir engendré pareil enfant) et la mère semble toujours devoir renaître en son double, s'incarner en amante. C'est à la fois l'évocation d'une enfance à Laval ou dans la campagne bretonne, et d'une autre enfance qui pourrait être celle du Christ, jusqu'à la mort qui conclut abruptement ce récit.

Il n'y a pas de résumé ordonné possible de cette série de visions décrites avec une concision cassante, une rupture permanente quand le lecteur pourrait attendre le développement d'une narration ou d'une intrigue. Tout comme *Faustroll* ou d'autres textes contemporains, tel le *Monsieur Teste* de Paul Valéry, *l'Amour absolu* traduit une crise du récit romanesque ; il y avait quantité de désignations possibles pour nommer ce livre, mais Jarry choisit de le définir comme « roman », et s'il insiste sur ce terme, c'est peut-être aussi par volonté de masquer l'extraordinaire impudeur des confidences faites dans *l'Amour absolu*, moins dans ce qu'il raconte de son enfance, d'un désir œdipien, que dans le ton, l'évidence avec laquelle il en parle. Paradoxe unique d'une écriture très protégée par un hermétisme mallarméen, qui écarte le lecteur, et par là autorise les plus secrètes confessions. Alors que les *Jours et les Nuits* (1897) faisaient alterner souvenirs personnels et constructions hermétiques, *l'Amour absolu* parvient à les intégrer totalement en un seul ensemble.

La splendeur formelle du texte est incontestable, la richesse des allusions (à des traditions culturelles très diverses, des Évangiles aux *Mille et Une Nuits*), les jeux polysémiques éveillant d'innombrables échos. Mais ce texte parfait tend à exclure le lecteur, même si l'émerveillent tant d'art et de brio. Certaines pages, comme le chapitre 7, évoquant de très anciens souvenirs scolaires, sont pourtant plus immédiat et laissent place à une émotion. Après ce roman extrême, Jarry, avec *Messaline* et le *Surmâle* retrouvera un souci de lisibilité. Se désirer, se savoir Dieu, comme il le fait au long de *l'Amour absolu*, ne facilite pas la communication avec le commun des mortels, saisi d'une stupeur admirative.

● Mercure de France, 1964 ; *Gestes et Opinions du docteur Faustroll [...]*, « Poésie / Gallimard », 1980 (p.p. N. Arnaud et H. Bordillon). ➤ *Œuvres complètes*, « Pléiade », I.

P. BESNIER

AMOUR AFRICAIN (l'). Voir THÉÂTRE DE CLARA GAZUL, de P. Mérimée.

AMOUR DE FRANCINE (l'). Voir AMOURS (les), de J.A. de Baïf.

AMOUR DES AMOURS (l'). Recueil poétique de Jacques **Peletier du Mans** (1517-1582), publié à Lyon chez Jean de Tournes en 1555.

Traducteur, en 1547, de douze sonnets de Pétrarque, Peletier dénonce trois ans plus tard l'invasion du pétrarquisme amoureux. La composition de *l'Amour des amours* reflète cette palinodie : aux 94 sonnets amoureux, souvent démarqués des *Erreurs amoureuses* de Pontus de Tyard, succède une poésie cosmologique « digne des plus nettes et plus graves oreilles » ; cette célébration des phénomènes célestes, qui emprunte à la fois au néoplatonisme, aux *Géorgiques* et au *De natura rerum*, inaugure en France le courant de la « poésie scientifique », qu'illustreront les *Hymnes* de Ronsard et le *Microcosme* de Maurice Scève.

Les 94 sonnets brassent tous les lieux communs du pétrarquisme et du platonisme amoureux : beauté supraterrestre de l'aimée, contradictions du sentiment, emprisonnement de l'amant dans une série d'impasses douloureuses. Dans le poème conclusif, l'auteur prend ironiquement ses distances avec cette inspiration amoureuse galvaudée : « Qui n'est mort cent fois en son âme ? » Suivent alors 16 poèmes dans lesquels Uranie, amante céleste et seule digne des hommages du poète, lui découvre la structure de l'univers et sa dynamique secrète. La rosée, la grêle, la neige, les vents et la foudre sont tour à tour décrits, ainsi que les astres et les phénomènes d'échange et de répulsion qui régissent le mouvement des quatre éléments.

Étrange recueil, dont l'auteur reconnaît lui-même que la première partie ne constitue qu'un prélude dérisoire, une concession malheureuse à l'air du temps. Le *canzoniere* de *l'Amour des amours* n'offre en effet qu'un intérêt marginal, et peut être négligé ou ignoré sans dommage. Trop rhétoriques pour ne pas s'enferrer dans leur propre artifice, les sonnets pétrarquistes servent de repoussoir à un projet grandiose, où le poète transcende les affections terrestres dans une contemplation amoureuse du cosmos. La seconde partie a moins valeur de rupture que de transposition purificatrice : la femme aimée – comment ne pas songer à la Béatrice de Dante ? – reproche à l'amant la trivialité de sa passion et le confie aux soins de la muse Uranie ; arraché aux vanités indignes de son essence, l'éros devient fluide cosmique et principe de compréhension. Le lyrisme communique désormais avec l'universel, au lieu de s'enfermer dans les impasses de la subjectivité. Peletier a pris la mesure très exacte de cet élargissement lorsqu'il note, dans la Préface de son *Art poétique*, qu'il s'est « aventuré d'un Amour nu et simple, en faire un général et universel, […] faisant [s]on projet d'y pouvoir appliquer choses naturelles, cosmographie, astrologie… ».

La pérégrination céleste s'oriente dans une double direction poétique : elle chante les mondes planétaires et blasonne les « accidents » de l'air. Les poèmes cosmologiques, consacrés à la Lune, au Soleil, à Mars ou à Mercure offrent un mélange d'observations scientifiques, de spéculations rationnelles et de fantaisies mystiques, plus curieux que véritablement convaincant. C'est sans nul doute dans les blasons des phénomènes naturels qu'il faut chercher les authentiques réussites du recueil : trouvant un remarquable équilibre entre description et lyrisme, les poèmes sur la Rosée, le Frimaz ou la Foudre font de l'atmosphère terrestre un théâtre turbulent, sillonné sans cesse par les attractions et répulsions des éléments.

La dénomination de « poésie scientifique » ne rend qu'imparfaitement compte de l'entreprise de Peletier. En homme de la Renaissance, dont les attaches à la matrice aristotélicienne restent fermes, l'auteur conçoit le monde comme un livre dont le texte et les images ne peuvent renvoyer qu'à une essence spirituelle : « Ce grand Esprit qui entretient et guide / Le Ciel, la Terre et la Plaine liquide, […] / Et fait mouvoir ce grand corps univers, / Inspirant vie aux animaux divers […] » Comme l'indique le titre du recueil, seul un élan quintessencié peut approcher l'unité ineffable du monde : l'« amour des amours » est cette énergie indissociablement affective et intellectuelle qui ne s'affine que pour laisser entrevoir au poète l'esprit « supernel ». Il y a dès lors inadéquation entre le vertige philosophique censé couronner l'entreprise et les ressources poé-

tiques de Peletier : les grands poèmes cosmologiques distillent platement l'aspiration à l'unité originelle, tandis que les hymnes-blasons de la diversité du monde concentrent toute l'inventivité du recueil. Comme s'il avait eu conscience de cet échec, l'auteur abandonne la poésie pour n'y revenir qu'occasionnellement quelques décennies plus tard : il ne se consacre plus désormais qu'à l'élaboration de son œuvre scientifique.

Quelles que soient ses faiblesses, *l'Amour des amours* ne mérite pas l'ignorance dont la postérité l'a longtemps recouvert : tentative originale de dépassement d'un pétrarquisme galvaudé, le recueil pose les fondements d'un lyrisme cosmique que la seconde moitié du XVIe siècle, de Ronsard à Du Bartas (voir *la *Semaine*), saura développer.

● *Œuvres poétiques*, Genève, Slatkine, 1970 (réimp. éd. 1547).

P. MARI

AMOUR ET L'OCCIDENT (l'). Essai de Denis de **Rougemont** (Suisse, 1906-1985), publié à Paris chez Plon en 1939.

Lu et commenté par des générations d'étudiants, discuté souvent avec passion, parfois critiqué âprement dans certaines de ses conclusions, mais toujours fertile de questionnements, *l'Amour et l'Occident* s'est imposé dès sa publication comme un maître ouvrage de la pensée humaniste européenne, alors que le règne de barbarie s'étendait au même moment sur presque tout le continent. On ne saurait en effet séparer l'engagement personnaliste et fédéraliste, auquel est resté fidèle jusqu'à sa mort Denis de Rougemont, de cette tentative subtile et perspicace d'explicitation – à partir du mythe de Tristan – d'une conception de l'amour-passion propre à la civilisation occidentale et dont les métamorphoses au cours des siècles n'ont pas fini de produire leurs effets.

Le livre premier expose « le contenu caché de la légende ou du mythe de Tristan » : l'amour-passion s'y oppose tant au mariage qu'à la satisfaction amoureuse – de même que la chevalerie courtoise brave la société féodale – et magnifie « l'amour de l'amour » et « l'amour de la mort ». Pour Denis de Rougemont, en effet, « la passion et le besoin sont des aspects de notre mode occidental de connaissance » : s'ils ne sauraient se passer de la souffrance, c'est qu'ils participent d'un désir de pureté et de rachat, et rejoignent de ce fait une quête mystique.

Le livre II remonte jusqu'aux « origines religieuses du mythe » pour avancer comme thèse minimale que « le lyrisme courtois fut *au moins inspiré* par l'atmosphère religieuse du catharisme » et considérer que l'amour-passion, tel que le glorifie le XIIe siècle, fut « une RELIGION dans toute la force de ce terme », et spécialement « UNE HÉRÉSIE CHRÉTIENNE HISTORIQUEMENT DÉTERMINÉE ».

Dans le livre III se voient étudiées les relations complexes entre « passion et mysticisme » au cours desquelles l'hérésie des « parfaits », d'abord vulgarisée par la métaphorisation poétique et rendue profane par le passage d'Éros à Vénus, se trouve réinvestie par la mystique chrétienne qui l'utilise comme habit « pour en revêtir l'Agapè ».

Le livre IV étudie, à travers la littérature occidentale, « l'histoire de la déchéance du mythe courtois dans la vie "profanée" », dont le « désir romantique », en son conflit avec le « désir bourgeois », marque une étape primordiale, cependant que « Wagner vient restituer le sens perdu de la légende » et, ainsi, l'« achever ».

Le livre V se penche sur « le parallélisme des formes » entre l'amour et la guerre, de même qu'entre la passion et la politique, dont la rupture au XXe siècle libère le « contenu » mortel du mythe et semble ne trouver comme réponse à l'instinct de mort que l'État totalitaire.

Le livre VI analyse « la crise moderne du mariage » comme résultante de la dégradation du mythe de Tristan. Son horizon mystique s'étant perdu depuis longtemps, la passion n'a plus pour fin une quelconque transcendance : « au lieu de mener à la mort, elle se dénoue en infidélité » et aboutit à un appauvrissement de l'être « qui ne sait plus posséder, ni plus aimer ce qu'il a dans le réel ».

Soulignant la nécessité d'un parti pris, Denis de Rougemont propose alors, dans le livre VII, le choix d'Agapè contre celui d'Éros : il engage à un mariage conçu comme « décision », fidélité qui « fonde la personne », « engagement pris pour ce monde », et non pour un autre fantasmatique.

Révisé avec soin en 1954 de manière à préciser et à nuancer un propos qui, certes, pouvait souvent apparaître provocateur, *l'Amour et l'Occident* ne manqua pas de susciter dès sa parution de nombreuses critiques, tant de la part des théologiens que des historiens. Les premiers lui reprochèrent une séparation trop tranchée entre un Éros qui « veut l'union, c'est-à-dire la fusion essentielle de l'individu dans le dieu » et qui, ainsi, glorifie et idéalise l'instinct de mort, et une Agapê [plaisir] qui, refusant de chercher « l'union qui s'opérerait au-delà de la vie », est *l'origine* d'une vie nouvelle, dont l'acte créateur s'appelle la communion », et le ciment, la fidélité.

Les historiens, quant à eux, contestèrent vivement la collusion entre troubadours et cathares qui est le pivot de la démonstration de Denis de Rougemont, mais ne paraît s'appuyer sur aucun document décisif. « Il faut dire plus, l'idéal courtois s'oppose intrinsèquement à la théologie dualiste des néomanichéens : quoi de commun entre leur idéal ascétique, leur condamnation radicale de la matière, de la chair, et nos troubadours éperdus d'enthousiasme devant la beauté physique de la femme, médiatrice d'absolu ? », écrit ainsi Henri-Irénée Marrou dans *les Troubadours*. Au-delà, c'est la conjonction non seulement du manichéisme et de la courtoisie occitane mais aussi des légendes celtiques de la « matière de Bretagne », voire de la mystique arabe, en une « fureur dialectique », qui se voit mise en question par le même auteur, lequel regrette profondément l'abus « d'une assimilation entre l'amour courtois des troubadours et une définition de la "passion" issue tout entière à travers le *Tristan* de Wagner [...] ».

Quelles que puissent être l'influence sur Denis de Rougemont d'une érudition germanique nourrie tout autant de Novalis et de Nietzsche, et la valeur de rapprochements qui tendent à démontrer que « l'esprit catastrophique de l'Occident n'est pas chrétien » et que « la passion serait la *tentation orientale de l'Occident* », on ne saurait ignorer la perspicacité de l'auteur à chercher dans une ébauche d'histoire des mentalités les origines d'une crise de la culture européenne. Du tragique de celle-ci, de la remise en question qu'elle induit de l'optimisme béat du rationalisme et du positivisme, bien d'autres auteurs discourront par la suite, après la catastrophe que fort peu ont vu se profiler. L'auteur de *l'Amour et l'Occident* écrit, lui, face au danger – dont il saisit toute l'ampleur –, dénonce tout autant l'État totalitaire communiste que la religiosité nazie et avance, face aux forces obscures, le sens d'un engagement.

● « 10/18 », 1962.

L. PINHAS

AMOUR FOU (l'). Récit d'André **Breton** (1896-1966), publié à Paris chez Gallimard en 1937.

L'Amour fou, mêlant le récit à la méditation et à l'imaginaire poétique, relate des événements vécus par l'auteur entre 1934 et 1936 : la rencontre avec Jacqueline, qui devient bientôt sa deuxième femme, leur voyage à Tenerife et la naissance de leur fille Aube. Dans cet ouvrage, l'auteur renoue avec le type d'inspiration et d'écriture qui avaient présidé à *Nadja*.

Le texte de *l'Amour fou* est, tout comme l'était celui de *Nadja*, accompagné d'illustrations. L'ouvrage s'ouvre sur l'évocation d'une scène fantasmatique qui conduit Breton à une méditation sur l'amour et sur la beauté, cette dernière étant explicitement placée dans la continuité de l'ultime phrase de *Nadja* : « La beauté sera CONVULSIVE ou ne sera pas » (I). L'auteur rappelle ensuite une enquête de la revue *Minotaure* qui interrogeait les participants sur « la rencontre capitale de [leur] vie ». Cela lui inspire une réflexion sur le hasard, défini comme « la rencontre d'une causalité externe et d'une finalité interne » : « Il arrive cependant que la nécessité naturelle tombe d'accord avec la nécessité humaine d'une manière assez extraordinaire et agitante pour que les deux déterminations s'avèrent indiscernables » (II). La découverte de certains objets, véritables « trouvailles » dont le sens s'éclaire peu à peu, participe de ce hasard (III). La rencontre décisive d'une

femme « scandaleusement belle » a lieu le 29 mai 1934. Breton reçoit alors la fulgurante révélation de la dimension prophétique d'un poème, intitulé "Tournesol", qu'il avait écrit en 1923 : l'aventure imaginaire du texte poétique trouve son « accomplissement tardif, mais combien impressionnant par sa rigueur, [...] sur le plan de la vie » (IV). Le poète séjourne ensuite aux Canaries avec sa nouvelle épouse. La description de l'exubérance sensuelle du paysage volcanique, foisonnant d'espèces végétales, exprime métaphoriquement la jouissance amoureuse du couple, en pleine harmonie avec les grandes forces primitives de la nature (V). Après cette expérience des sommets, symboliquement marquée par l'ascension du pic du Teide à Tenerife, le couple s'installe dans la durée d'un quotidien où l'amour semble susceptible de s'user. Cette fois, c'est la platitude d'une plage bretonne qui, le 20 juillet 1936, sert de décor symbolique à une sinistre promenade durant laquelle Breton et sa femme éprouvent un « sentiment de séparation ». Le poète montre toutefois que de telles dépressions sont provisoires et illusoires et que l'amour fou, qui résiste à l'érosion du temps, en triomphe (VI). Breton adresse enfin à sa fille une lettre qui se termine par ce vœu : « Je vous souhaite d'être follement aimée » (VII).

L'Amour fou est un hymne superbe à l'amour : « La recréation, la recoloration perpétuelle du monde dans un seul être, telles qu'elles s'accomplissent par l'amour, éclairent en avant de mille rayons la marche de la terre. Chaque fois qu'un homme aime, rien ne peut faire qu'il n'engage avec lui la sensibilité de tous les hommes. Pour ne pas démériter d'eux, il se doit de l'engager à fond. » L'ouvrage tient à la fois du récit autobiographique, de la méditation philosophique, de la poésie et du conte magique. La réflexion y côtoie la relation d'anecdotes et le lyrisme ; l'analyse et la description du sentiment y voisinent avec le fantasme et l'évocation érotique.

L'Amour fou s'inscrit dans la continuité du second *Manifeste du surréalisme* (1929) qui donnait pour « mobile » fondamental à « l'activité surréaliste » « l'espoir de détermination » « d'un certain point de l'esprit » où les contradictions « cessent d'être perçu[e]s contradictoirement ». Breton précisera les contours de cet idéalisme dans les *Entretiens* (1952): « Il va sans dire que *ce point*, en quoi sont appelées à se résoudre toutes les antinomies qui nous rongent et que, dans mon ouvrage *l'Amour fou*, je nommerai le "point suprême", en souvenir d'un admirable site des Basses-Alpes, ne saurait aucunement se situer sur le plan mystique. Inutile d'insister sur ce que peut avoir d'*hégélien* l'idée d'un tel dépassement de toutes les antinomies. » L'image poétique, dans son énigmatique fulgurance, met ainsi le verbe en fusion : « La beauté convulsive sera érotique-voilée, explosante-fixe, magique-circonstancielle ou ne sera pas. » De même, l'amour fou réalise la synthèse entre l'amour unique, exalté par le romantisme, et les amours multiples. Toutes les femmes aimées avant elle annoncent la femme suprêmement aimée dont la figure résume en quelque sorte celles qui l'ont précédée.

Pour Breton, la femme aimée est la fée médiatrice. Elle lui ouvre la voie vers une relation privilégiée au monde qu'elle magnifie et transfigure : « Cette profusion de richesses à nos pieds ne peut manquer de s'interpréter comme un luxe d'avances que me fait à travers elle, plus encore nécessairement à travers vous, la vie. [...] Vous ne faites qu'un avec cet épanouissement même. » La femme révèle au poète les secrets enfouis, ceux qui échappent à la logique et relèvent d'une sorte de concordance universelle et magique. La promenade initiatique effectuée à ses côtés la nuit de la rencontre donne sens tant à la vie qu'à la poésie de Breton, les deux aspects étant d'ailleurs indissociables. Ainsi, une anecdote passée, survenue « le 10 avril 1934 », en pleine "occultation" de Vénus par la Lune », prend soudain une dimension prémonitoire. Alors qu'il déjeune dans un restaurant, Breton capte cette scène entre le plongeur et la serveuse : « La voix du plongeur, soudain : "Ici, l'Ondine !", et la réponse exquise, enfantine, à peine soupirée, parfaite : "Ah, oui, on le fait ici, l'On dîne !" Est-il plus touchante scène ? » Il y a là comme une prophétie de la venue prochaine de Jacqueline, ondine ou sirène tant dans l'imaginaire mythique que dans la réalité : « Le "numéro" de music-hall dans lequel la jeune femme paraissait alors était un numéro de natation. » L'exemple le plus frappant de ces coïncidences miraculeuses réside bien sûr dans le sens tout à coup révélé, à travers les événements de la première nuit, d'un poème automatique écrit onze ans plus tôt.

Le monde devient ainsi un vaste et sidérant univers de signes. L'amour fou est bien l'expérience surréaliste suprême dans la mesure où il réunit le réel et l'imaginaire, la poésie et la vie.

● « Folio », 1976. ➤ *Œuvres complètes*, « Pléiade », I.

A. SCHWEIGER

AMOUR, LA FANTASIA (l'). Roman d'Assia **Djebar**, pseudonyme de Fatima Zohra Imalayen (Algérie, née en 1936), publié à Paris chez Jean-Claude Lattès en 1985.

Trois parties pour ce roman : « la Prise de la ville ou L'amour s'écrit », qui relate les souvenirs d'enfance de la narratrice, fille d'un instituteur de français qui lui donne une éducation européenne, la sortant du harem familial ; « les Cris de la fantasia », qui retrace la prise d'Alger en 1830 par les Français et la mise du pays en coupe réglée ; « les Voix ensevelies », qui fait parler des femmes – la narratrice, de nouveau, et, surtout, des épouses et des mères de fellagha partis pour le maquis pendant la guerre d'indépendance –, et raconte les exactions commises par l'armée française.

Assia Djebar a réalisé deux longs métrages (*la Nouba des femmes du mont Chenoua*, 1978 ; *la Zerda et les Chants de l'oubli*, 1982) ; c'est dire que cette composition en trois parties, avec de surcroît, dans la dernière, la scansion de l'Histoire en cinq « mouvements » qui s'achèvent sur un finale, évoque un scénario dont le principe serait chronologique avec le montage en parallèle de deux époques : celle de l'Algérie coloniale des années 1930-1940, puis de la guerre, correspondant à l'enfance et à la jeunesse de la narratrice, et celle des années 1830-1850, à l'origine de la colonisation. L'entrelacement, ici, n'est plus dans les thèmes – amour et guerre comme dans les **Alouettes naïves* (1967) – mais plutôt dans les époques.

Par l'évocation de la prise d'Alger, mais aussi des luttes tribales des Maures, *l'Amour, la fantasia* semble s'apparenter au roman historique, Assia Djebar s'inspirant des récits des chroniqueurs français de l'expédition (le capitaine Bosquet, notamment), mais aussi des témoins arabes de la résistance opposée par l'émir Abd el-Kader et ses troupes à la conquête française. Une des scènes dominantes du récit évoque l'« enfumade », à Nacmaria, des Arabes par le colonel Pélissier, où périssent des milliers de civils. Mais, à la différence, par exemple, du roman de Driss Chraïbi, *Naissance à l'aube*, qui relate l'invasion de l'Andalousie par les Arabes, l'Histoire est dissociée de la fiction par un montage qui procède de la juxtaposition. Le retour en arrière, aux origines de la colonisation, permet de comprendre, en miroir, la situation de l'Algérie moderne et d'établir, dans la troisième partie, des analogies entre le comportement des soldats de l'armée française, aussi bien que des partisans, d'une époque à l'autre. L'Histoire assure ainsi un contexte à la fiction, dont elle explicite le sens selon un processus allégorique évident. La part de la fiction est d'ailleurs minime, dans la mesure où l'œuvre se présente, dans sa première partie, comme une autobiographie à peine travestie.

La relation entre le public et le privé, le collectif et l'individuel, entre l'Histoire et l'autobiographie est assurée, au fil de l'œuvre, par la métaphore centrale du « viol ». La prise inaugurale d'Alger est présentée, du point de vue français, comme le « fantasme » d'une « Algérie-femme impossible à apprivoiser », à « dompter », dans le « vertige du viol et de la surprise meurtrière ». De cette scène primitive résulte, un siècle plus tard, la condition paradoxale de

la narratrice, jeune fille arabe qui, après avoir quitté l'école coranique, allant à l'école française selon le désir de son propre père, renonce au voile, adopte les coutumes de l'occupant, rompant avec l'enfermement des femmes de sa famille. Le thème central est la séduction et la fascination exercée par la langue française, qui apparaît aussi comme l'instrument d'une libération. À partir du moment où la femme « lit » et « écrit », elle s'ouvre sur le monde extérieur (« La langue étrangère me servait, dès l'enfance, d'embrasure pour le spectacle du monde et ses richesses [...] »), sur l'amour comme le montre la scène initiale où l'adolescente reçoit une lettre à laquelle elle répond, mais elle accède aussi à la subjectivité. Au début du roman, le père instituteur envoie une carte postale à sa femme, dont il ose écrire le nom, enfreignant le principe ancestral de l'anonymat féminin. Grâce à la langue française, réciproquement, la femme conquiert le droit de nommer son époux – désigné traditionnellement par un pudique « il », mais aussi de dire « je », alors que les assemblées de femmes n'autorisent que les formules impersonnelles des proverbes de sentences coraniques. Le roman s'infléchit donc constamment vers l'essai, traitant par exemple du rôle de la voix : « Comment une femme pourrait parler haut, même en langue arabe, autrement que dans l'attente du grand âge ? Comment dire "je" puisque ce serait dédaigner les formules-couvertures qui maintiennent le trajet individuel dans la résignation collective ? » Écrire en français, c'est alors retrouver la force d'une parole enfouie, réfrénée et, simultanément, accéder à l'existence par l'autobiographie, dont le projet est inséparable de la langue « étrangère ». C'est alors que revient l'image du corps, qui traverse tout le roman, et du dévoilement, qui n'est plus alors « viol » mais exhibition : « Tenter l'autobiographie par les seuls mots français, c'est, sous le lent scalpel de l'autopsie à vif, montrer plus que sa peau [...]. Or cette mise à nu, déployée dans la langue de l'ancien conquérant, lui qui, plus d'un siècle durant, a pu s'emparer de tout, sauf précisément des corps féminins, cette mise à nu renvoie étrangement à la mise à sac du siècle précédent. »

Se référant à saint Augustin et à Ibn Khaldoun, Berbères qui n'ont pas hésité à relater leur vie dans la langue de l'occupant (en latin, en arabe), Assia Djebar justifie ainsi son projet d'une autobiographie en français, tout en réaffirmant son attachement à ses racines.

D. COMBE

AMOUR, LA POÉSIE (l'). Recueil poétique de Paul **Éluard**, pseudonyme d'Eugène Paul Grindel (1895-1952), publié à Paris chez Gallimard en 1929.

Ce recueil comprend cinq sections : « Premièrement », « Seconde Nature », « Comme une image », « Défense de savoir », « Défense de savoir ». Seules ces deux dernières, au titre identique, ont été publiées séparément, sous la forme d'une plaquette en deux parties, aux Éditions Surréalistes en février 1928 : *Défense de savoir*, qui constitue, avec *les Dessous d'une vie ou la Pyramide* de décembre 1926, le seul volume de poésie entre **Capitale de la douleur* (1926) et *l'Amour, la poésie* (1929). Quelques-uns de ces poèmes avaient eux-mêmes paru dans *la Révolution surréaliste* durant l'année 1927.

Réunissant ses poèmes, Éluard place « Défense de savoir » en fin de recueil, comme pour en marquer le sommet, l'aboutissement. S'il est évidemment impossible de reconstituer une trame narrative dans *l'Amour, la poésie* – bien que plusieurs poèmes, pris isolément, relatent une expérience au passé simple (« Premièrement », I ; « Seconde Nature », XII) – la composition n'en dessine pas moins une sorte de trajectoire par le jeu de l'énonciation. « Premièrement », en effet, fait la part belle au « tu » à la femme aimée – Gala, dédicataire de « ce livre sans fin » –, tandis que la deuxième personne tend à s'effacer dans les sections « Seconde Nature » et « Comme une image » –, au profit des première et troisième personnes ; « Défense de savoir », qui restaure la prééminence de la destinatrice et, par là, fait écho à la section inaugurale, permet de « boucler la boucle » en une composition circulaire. Bien que certains des plus beaux poèmes du recueil soient écrits à la deuxième personne (« Tu réponds tu achèves... »), celle-ci paraît souvent s'effacer derrière le « je », qui insiste finalement plus sur l'état amoureux que sur l'objet du désir. « L'aube je t'aime j'ai toute la nuit dans les veines... » On notera l'absence complète de poèmes en prose dans ce recueil.

Corroborant le titre, l'œuvre s'ouvre sur l'évocation presque allégorisée de l'amour : « À haute voix / L'amour agile se leva », qui perpétue le *topos* du dieu Amour dans la poésie du XVIe siècle. Éluard, commentant d'une annotation marginale l'exemplaire conservé à la Bibliothèque nationale, explique que c'est sa fille, alors âgée de dix ans, qui lui a suggéré ce titre après avoir entendu quelques-uns des poèmes. Toujours est-il que, comme celui de *Capitale de la douleur*, ce titre pourrait s'appliquer à l'ensemble de l'œuvre du poète puisque s'y affirme l'identité de la poésie et de l'amour. C'est là le « sujet » exclusif qui structure le recueil, excluant par exemple la référence aux peintres, si importante pour *Capitale de la douleur*. Le langage poétique se trouve ainsi intimement mêlé au corps dans une grande rêverie cratylienne qui abolit la distance entre les mots et les êtres :

Toute nue les mots d'amour
Découvrent tes seins et ton cou.

(« Premièrement », XIII)

Mais, du point de vue grammatical, cette juxtaposition des termes peut encore se comprendre non plus comme une apposition, mais comme une détermination, selon une construction archaïsante de l'ancien français : Éluard chante bien aussi l'amour de la poésie, comme dans les spéculations néoplatoniciennes autour du *Banquet* de Platon qui, à la Renaissance, en France comme en Italie, assimilent l'acte poétique à l'acte d'amour. Il n'est pas impossible qu'Éluard se souvienne ici, par exemple, de la *Délie de Maurice Scève. Le recueil apparaît ainsi comme une moderne *canzoniere* dédié à Gala : « Tout ce que j'ai dit, Gala, c'était pour que tu l'entendes. Ma bouche n'a jamais pu quitter tes yeux. »

Comme dans *Capitale de la douleur*, la relation amoureuse entre le poète et la femme est donc médiatisée par les grands thèmes de la rhétorique pétrarquiste, qu'Éluard connaît bien, comme l'atteste la *Première Anthologie vivante de la poésie du passé* (1951), qui privilégie Ronsard, Du Bellay, Louise Labé et Jean de Sponde (mais il néglige un peu, curieusement, Maurice Scève). Parmi ces thèmes, le regard assassin mais créateur, métonymique de l'union charnelle, occupe bien sûr une place centrale : « Tes yeux font l'amour en plein jour. » On retrouve là encore le motif de la captivité dans les rets de l'amour, motif sur lequel Éluard compose de subtiles variations musicales, selon la plus pure technique renaissante (« filets à jeter au hasard », « pièges entre les corps », « liens brisés », « prisonniers », etc.). Ainsi du poème XI de « Premièrement » – sans doute la section la plus pétrarquiste –, qui renverse le lieu commun puisque la femme, loin de soumettre l'amant, est prisonnière de son propre regard :

Elle ne sait pas tendre des pièges [...]
Et ce sont ces yeux qui l'enchaînent
Et c'est sur moi qu'elle s'appuie
Et c'est sur elle qu'elle jette
Le filet volant des caresses.

À la différence toutefois de *Capitale de la douleur*, qui décline les mêmes paradigmes, la tonalité générale du recueil semble plus optimiste. Certes, les « douleurs démesurées » (« Premièrement », XVIII) de l'amour sont encore bien présentes ; certes, *l'Amour, la poésie* développe systématiquement une poétique de la séparation que *Capitale de la douleur* ne faisait qu'esquisser : « Je me suis séparé de toi... » Mais les pleurs, la solitude et l'absence de celle « qui n'es[t] plus là / Pour éblouir la mémoire des nuits » (*ibid.*,

XXVI) sont ici rachetés par le rayonnement solaire d'une présence que les recueils suivants souligneront encore. Car la femme, « fière d'être facile » (« Seconde Nature », XVI), illumine la poésie de ses « brillants éclats » (« Premièrement », I), tandis que, réciproquement, « d'une seule caresse », le poète la « fai[t] briller de tout [s]on éclat » (*ibid.*, XVII). L'euphorie de cette communion lumineuse (« Nos yeux se renvoient la lumière ») est admirablement exprimée par les images stellaires qui scandent le recueil. Dans la plus pure tradition néoplatonicienne de nouveau, la femme est métaphorisée par l'étoile et assimilée au cosmos : « Une étoile nommée azur / Et dont la forme est terrestre », à l'instar de Délie, vivante incarnation de l'Idée céleste. D'où la « mimique étoilée / De l'amour et sa splendeur nocturne » (« Défense de savoir », II) et l'omniprésence des « astres » : « Un nouvel astre de l'amour se lève de partout » (*ibid.*, I). De sorte que le poète risque de devenir aveugle à contempler un « spectacle [...] lumineux jusqu'à l'éblouissement », ainsi que le dit Mallarmé :

Quel beau spectacle, mais quel beau spectacle
À proscrire. Sa visibilité parfaite
Me rendrait aveugle.

(« Défense de savoir », VII)

La femme, même, « éblouit l'amour » (« Premièrement », II). Peut-être faut-il se risquer à interpréter l'interdiction de « savoir » comme l'horreur sacrée de voir la Beauté, au risque de surévaluer la portée métaphysique d'une poésie qu'on a peut-être trop rapportée à la « vie immédiate ».

À travers l'image de l'étoile, Éluard développe à sa manière la thématique du « point suprême » énoncée l'année suivante par Breton dans le second *Manifeste du surréalisme*. Le poème IV de « Défense de savoir » semble en effet renvoyer terme à terme à ce « point de l'esprit » d'où les contraires « cessent d'être perçus contradictoirement ». Le moment de la communion amoureuse parfaite par le regard coïncide harmonieusement avec cette réconciliation :

Tous les yeux se font face et des regards égaux
Partagent la merveille d'être en dehors du temps.

On peut certes évoquer le vocabulaire presque mallarméen de la négativité (« effacés », « abolis » et, ailleurs, « annule ») qui sous-tend le recueil. Et il est vrai que le « point suprême » de Breton qui oriente les recherches surréalistes dans les années trente semble procéder de la dialectique hégélienne. Mais comment ne pas lire dans ce poème qui situe la relation amoureuse, et par là poétique, « en dehors du temps », une conception néoplatonicienne de l'éternité comme *nunc stans* ? Et cette idée que l'amour et la poésie ont affaire avec l'éternité – et non point avec le devenir, comme pourrait le laisser entendre la force de la lyrique pétrarquiste – traverse le recueil tout entier, le distinguant, par exemple, de *Capitale de la douleur*.

Ce rapport privilégié avec un présent éternel est bien le fait de l'amour-poésie. Nombreuses sont les images qui montrent le pouvoir démiurgique du poète. Si, paradoxalement, le « je » semble l'emporter sur le « tu », c'est que la femme aimée est véritablement une « créature » de la poésie – une « fiction ». Le haïku : « D'une seule caresse / Je te fais briller de tout ton éclat » doit sans doute se comprendre ainsi, pour peu qu'on le rapproche de l'admirable poème VII de « Défense de savoir », énoncé performatif de la puissance du poète :

Et je soumets le monde dans un miroir noir
Et j'imagine ma puissance [...]
Je suis au cœur du temps et je cerne l'espace.

De sorte que, par la poésie, la « présence éternelle » de la femme « fait le tour du monde et fait le tour du temps » (*ibid.*, V). Comme pour Pétrarque et Laure, Scève et Délie, Ronsard et Hélène, la souveraineté du poète réside dans la faculté de nommer – « l'appel des choses par leur nom » (« Seconde Nature », V). Pourtant, cette faculté demeure abstraite dans *l'Amour, la poésie*, à la différence du poème "les Gertrude Hoffmann Girls" de *Capitale de la douleur*, qui donne une litanie de prénoms. Précisément parce qu'« un seul être est au monde » (« Premièrement », I), le nom de Gala demeure caché – tout comme celui de Laure, dans le *canzoniere*, qui ne peut être dit qu'indirectement. L'universalité de la figure féminine se trouve ainsi préservée. Peut-être le dernier poème de « Défense de savoir », sur lequel se clôt le recueil, fait-il tout de même porter le doute sur ce pouvoir démiurgique de la poésie : « J'en ai pris un peu trop à mon aise… ». Éluard esquisse là une sorte de commentaire au second degré qui relativise l'euphorie de la création, vouée à susciter des « fantômes » tout autant qu'à sculpter des « visages ». Les « grands réflecteurs des rêves » (« Seconde Nature », VII), constamment évoqués (« Premièrement », VIII), sont alors remis en question. L'optimisme du très célèbre poème VII de « Premièrement », qui s'ouvre sur le vers « La terre est bleue comme une orange », si souvent cité comme parangon de la comparaison surréaliste, est donc quelque peu obscurci par la fin du recueil. Comment être sûr, en effet, que « Jamais une erreur les mots ne mentent pas » ?

● *Capitale de la douleur* [...], « Poésie / Gallimard », 1966. ➤ *Œuvres complètes*, « Pléiade », I ; *Œuvre poétique complète*, Club de l'honnête homme, I.

D. COMBE

AMOUR MÉDECIN (l'). Comédie en trois actes et en prose de **Molière**, pseudonyme de Jean-Baptiste Poquelin (1622-1673), créée à Versailles le 14 septembre 1665, et publiée à Paris chez Nicolas Le Gras en 1666.

Malgré l'interruption imprévue des représentations de **Dom Juan*, sur quelque conseil pressant parti de la sphère politique, Molière n'est pas mal en cour : en août 1665, sa troupe prend le titre de Troupe du Roi, et Louis XIV lui commande très rapidement une pièce pour son séjour de la mi-septembre à Versailles. C'est ainsi, rapporte l'auteur dans son avis « Au lecteur » (1666), que le divertissement de *l'Amour médecin* fut « proposé, fait, appris et représenté en cinq jours ». Pour répondre si vite à la demande, il fallait que Molière eût « un magasin [de sujets] ébauchés » ; il s'est inspiré aussi d'*Olynthie*, une nouvelle de Charles Sorel parue en 1622, et du dénouement du **Pédant joué*, la comédie de Cyrano de Bergerac. *L'Amour médecin* obtint un très grand succès à Versailles, qui se confirma sur la scène parisienne du Palais-Royal.

Lucinde, fille de Sganarelle, est triste et languissante : elle souhaite un mari, mais son père – qui se refuse à payer une dot – ne veut pas en entendre parler. La suivante de Lucinde, Lisette, vient en aide à sa maîtresse. Elle la représente mourante aux yeux de Sganarelle : celui-ci décide de convoquer des médecins (Acte I). Les quatre médecins appelés en consultation délibèrent : en fait, ils parlent de tout, sauf de la malade. Lorsqu'ils sont sommés de dire leur avis, deux d'entre eux sortent en se querellant et les deux autres laissent Sganarelle perplexe. Il s'avise d'acheter de l'orviétan pour sa fille (Acte II). Un nouveau médecin, Filerin, réconcilie ses deux confrères qui s'étaient opposés : il y va du crédit de la médecine. Lisette, avec la complicité de Lucinde, introduit Clitandre, l'amoureux de sa maîtresse – déguisé en médecin. Il affirme à Sganarelle qu'il faut faire semblant de consentir aux imaginations de sa fille pour la guérir : le père feint donc d'accepter le mariage, et il signe même le contrat – qui très vite se révèle authentique (Acte III).

C'est ici la deuxième pièce de Molière à exploiter le filon médical. Son *Médecin volant*, représenté pendant la période provinciale de son existence, utilisait déjà la ruse de l'amoureux (en l'occurrence, il s'agissait de son valet Sganarelle) déguisé en médecin pour approcher la belle. Mais on n'avait encore affaire qu'à un canevas de farce. Avec

l'Amour médecin, l'intérêt se centre sur les vrais médecins : vrais non seulement comme types – leur nom désignant étymologiquement une « qualité » (Des Fonandrès, le « tueur d'hommes » ; Tomès, le « saigneur » ; Filerin, l'« ami de la chicane » ; etc.) – mais comme personnes : chacun pouvait reconnaître en eux, grâce à des masques, les cinq premiers médecins de la cour. Ce qui fait leur fortune n'est nullement la science, c'est la peur qu'ont les hommes de mourir. Pour guérir, il vaut mieux dissiper les « vapeurs de rate » par l'union – concrétisée sur la scène – de la comédie, du ballet et de la musique.

➤ *Théâtre complet*, Les Belles Lettres, III ; *Œuvres complètes*, « GF », II ; *id.*, « Pléiade », II.

G. FERREYROLLES

AMOUR MONSTRE (l'). Roman de Louis **Pauwels** (né en 1920), publié à Paris aux Éditions du Seuil en 1955.

Pour échapper à la grisaille conjugale, la femme du narrateur rêve de s'offrir au docteur Billet. Celui-ci, en fait, mal marié à une femme médiocre, vient de rompre une liaison passionnée avec une jeune veuve, Madeleine de Demalnoux, qui, maintenant, pour le fuir, s'est retirée dans un couvent. Depuis longtemps, Madame de Demalnoux, croyant y voir l'influence du malin, s'était efforcée d'éradiquer chez sa fille ce désir de jouir de la vie en toute innocence qui l'a conduite dans les bras du docteur. Elle demande au père Minois d'exorciser la maison Demalnoux. Au couvent, Madeleine fait scandale et se dit investie par un pouvoir maléfique. Billet se persuade d'avoir détruit, par faiblesse pour son humble épouse, un amour fou. Car Madeleine sait transfigurer la passion, qui atteint avec elle un absolu de pureté. Mais, après six mois de délices, il a trahi en esprit cet amour fusionnel : l'orgueil les a séparés. Billet attend douze jours. On l'arrête, on instruit son procès. Il reconnaît avoir entraîné Madeleine dans l'abîme. Après avoir subi la question, il est brûlé comme sorcier.

Dans ce roman d'amour « monstre », Louis Pauwels évoque l'aliénation des individus à leurs propres fantasmes, à leurs frustrations comme à leurs représentations idéales de la passion. La narration développe une sorte de conte tragique : annoncé en préambule, le dénouement dramatique de l'intrigue ne fait aucun doute. Aussi l'intérêt du roman ne se situe-t-il pas sur un plan anecdotique. Il tient à la mise en récit, dans la première partie, du travail du soupçon, puis des progrès du remords amoureux chez le docteur. L'auteur ne se soucie guère de réalisme : le cadre spatio-temporel de l'intrigue demeure imprécis ; l'histoire se déroule dans les Flandres à une époque mal définie. Dans un style simple et fluide, l'auteur confère à la narration le caractère atemporel et archaïque propre au fantasme. Dans la première partie, le couple maudit et fatal apparaît de l'extérieur, au travers des consciences envieuses et stériles qui l'entourent. Le médecin attire la haine, car il incarne le séducteur éternel qui sait engendrer chez la femme le désir de s'anéantir en lui. Madeleine, de son côté, inspire à sa mère, femme confite en dévotion, l'horreur de la chair. Le couple introduit ainsi le désordre dans une société coupée de la nature, privée d'amour et donc de sens. Ensuite, l'introspection du médecin témoigne de sa complexité : pour vivre son rêve d'absolu, il transfigure Madeleine en Mélusine surréaliste. Or, toute à son désir de s'imposer à lui et d'affirmer sa différence, elle s'accuse pour se forger un nouveau rôle. Leur passion se fonde alors sur un malentendu, perpétué par l'instruction judiciaire, car les juges prennent à la lettre les accusations de « sorcellerie » que Billet ne ratifie qu'au figuré. Dès lors, le sens se perd : qui saurait dire si la passion fait entrevoir un absolu dans un univers livré à la médiocrité ? « Il était seulement un homme qui a eu une épouse, et l'a trompée, qui a eu un grand amour, et l'a trompé. »

● « Points », 1984.

V. ANGLARD

AMOUR NUPTIAL. Roman de Jacques de **Lacretelle** (1888-1985), publié à Paris chez Gallimard en 1929. Grand prix du roman de l'Académie française.

Marié par sa mère à la riche Élise Mérillier, une jeune fille assoiffée de pureté et d'idéal, le héros-narrateur communie d'abord dans la même exaltation. Mais, peu à peu, alors qu'il écrit sous le titre de *Silbermann* le récit d'un « petit drame » de collège, il se sent étouffé par la chape de vertu sulpicienne que sa femme cherche à lui imposer. Le romancier qu'il est devenu traque désormais les « dessous » des plus belles actions ; la naissance d'un fils lui semble un « engagement impossible à tenir », et il fait chasser Mlle Marchal, la trop parfaite gouvernante d'Élise. Alors que le couple a quitté son appartement parisien pour un petit village du Jura, la crise éclate à propos des projets littéraires de l'époux : deux romans « naturalistes », témoignages trop fidèles de sa désillusion. Avec une froide cruauté, il accuse Élise d'être la cause de son « changement ». Tandis que la jeune femme, souffrant du cœur, se repose en Provence, il reste à Paris et se livre à la débauche ; lors d'un séjour à Londres, il est fasciné par ces « clubmen » qui séparent « méticuleusement » la chair et l'esprit. Retour à Paris ; nouvelles aventures fugitives, et départ pour Sauveterre-de-Béarn, où Élise s'éteint lentement. Attentif à ne plus la heurter, il en vient même à mettre en cause ses nouvelles certitudes, mais sans renoncer à des plaisirs qui lui semblent, eux aussi, la source d'une « connaissance suprême et irréfutable des âmes ». Énigmatique dualité qu'il révèle à son épouse, l'assurant de son amour alors même que tous deux ne connaissent plus l'« union des sens » : Élise mourra le soir de ces « noces spirituelles ». Un épilogue montre le narrateur découvrant que son jeune fils, à son tour, le pousse dans la tombe : « Je le regardais avec douceur bâtir sa maison sur la mienne. »

Publié sept ans après *Silbermann* – qui fut le premier grand succès de Jacques de Lacretelle –, *Amour nuptial* en constitue une sorte de « journal » au sens gidien du terme (voir *les Faux-Monnayeurs*) : le narrateur y analyse en effet l'épreuve initiatique que fut pour lui la rédaction de ses décevants souvenirs de collège, en marge d'une expérience conjugale dont le lecteur devine d'emblée le dénouement tragique. C'est dire le lien étroit entre ces deux récits, placés l'un et l'autre sous le signe de la mort : mort d'une amitié collégienne brisée par l'antisémitisme et la lâcheté ; mort d'une jeune femme dont l'idéal trop exigeant ne pouvait s'accorder à la trivialité du monde, consentir à l'« incarnation ». À ce double échec, de l'ami puis de l'époux, s'ajoute celui du père : symboliquement, celui-ci ne met le point final au « petit drame » de son enfance qu'au moment où naît son fils, dans une étrange euphorie qui contraste avec la « gêne » et le sentiment d'« impuissance » qui l'étreignent devant le nouveau-né. Mais ce lieu commun de l'irresponsabilité de l'écrivain incapable d'assumer une autre paternité, un autre amour que ceux des mots, Lacretelle le transfigure en l'inscrivant dans une véritable morale de la création : celui qui se voue à l'écriture doit savoir porter le scalpel, cruellement, sur lui-même et sur autrui ; son devoir de vérité lui impose de démasquer les belles âmes et les grands sentiments avec une lucidité souvent meurtrière, et l'on ne s'étonnera pas que les trois références explicites du narrateur d'*Amour nuptial* soient le *Journal* de Vigny, les *Rêveries* de Rousseau et surtout l'*Adolphe* de Constant – à la fois un modèle de style et un exemple funeste des ravages de l'introspection.

J.-P. DE BEAUMARCHAIS

AMOUR PASSIONNÉE DE NOÉMIE (l'). Voir AMOURS DE THÉOPHILE (les), de M. de Papillon de Lasphrise.

AMOUR SUPRÊME (l'). Recueil de nouvelles et d'autres textes brefs d'Auguste de **Villiers de L'Isle-Adam** (1838-1889), publié à Paris chez Brunhoff en 1886. Presque tous les textes avaient déjà paru dans des journaux et revues entre 1883 et 1885, le plus important, « Akëdysséril », dans la *Revue contemporaine* le 25 juillet 1885.

Comme dans les *Contes cruels*, Villiers s'essaie ici à la nouvelle (par exemple « l'Amour suprême », « le Secret de l'échafaud », « Catalina » et « Akëdysséril »), mais aussi au récit d'actualité (« la Légende de l'éléphant blanc ») ou aux souvenirs (« le Tzar et les grands ducs »), ainsi qu'à la chronique satirique (« l'Instant de Dieu », « l'Agence du chandelier d'or », « les Expériences du Dr Crookes »).

« Le Secret de l'échafaud » et « l'Instant de Dieu » s'inspirent de l'intérêt des contemporains pour les exécutions et la question de la vie après la mort… d'un guillotiné. Même si le médecin n'obtient pas la réponse escomptée du supplicié, Villiers prévoit, pour le prêtre, la possibilité de donner à celui-ci l'absolution après la décollation. Le divorce nouvellement introduit en France est la raison directe d'« Une profession nouvelle », où un « divorceur » épouse les jeunes personnes tombées dans le malheur, puis divorce, et de « l'Agence du chandelier d'or », histoire de jeunes gens qui, contre paiement, pour aider des femmes à obtenir le divorce, feignent l'adultère. L'armistice conclu entre la France et la Prusse en 1871 est le sujet du « Droit du passé », alors que le colonialisme est critiqué dans « la Légende de l'éléphant blanc » et que « le Tzar et les grands ducs » s'inspire de l'assassinat d'Alexandre II en 1881. Enfin, dernier sujet d'actualité, le spiritisme est expliqué dans « les Expériences du Dr Crookes » comme reposant sur une « force psychique » de l'homme.

D'autres textes nous plongent dans l'exotisme : dans « l'Aventure de Tsë-i-la », un jeune Chinois gagne une forte somme d'argent et la fille du gouverneur en confiant à celui-ci le moyen de démasquer des conspirateurs. « Akëdysséril » nous transporte en Inde et raconte le drame d'une reine toute-puissante dont la vie est remplie d'exploits militaires, et de deux jeunes gens réunis dans l'amour et la mort. Enfin, dans « l'Amour suprême » et « Catalina », le narrateur relate ses propres aventures : sa rencontre avec une jeune femme qui, inspirée par l'amour de Dieu, prend le voile, et, inversement, ses déboires avec une jeune créole et un serpent diabolique.

Compte tenu des formes différentes et des sujets très variés de ce volume, on peut y voir tout un parcours dans l'univers de Villiers, depuis « l'Amour suprême » et « Akëdysséril » qui attestent l'attirance de certains êtres vers l'amour pur et divin, jusqu'à la présence du Mal dans « Catalina ». Le sacrifice de l'amour charnel dans la première de ces nouvelles et l'« extase nuptiale » ressentie par l'âme qui s'adonne à Dieu trouvent une expression sublime dans « Akëdysséril » avec le *Liebestod* du jeune couple innocent formé par Sedjnour, en réalité prétendant du trône occupé par la reine, et par la jeune Yelka, mourant ensemble dans l'« idéale joie » amoureuse.

Quittant ce pôle idéal du dualisme de Villiers, le lecteur peut descendre dans un univers où s'accomplissent les pires vanités des hommes et qui prend finalement la forme d'un monde dangereux, voire diabolique. Dans un premier temps, Villiers dénonce les tentatives positivistes pour déceler ne serait-ce qu'une brève « survie » de la conscience après la décollation et prouver l'existence d'une « sensibilité réelle » dans le cerveau de l'homme. Si, d'un côté, le Dr Crookes semble démontrer l'existence d'une force psychique agissant « sans le secours d'aucuns mouvements ni de communications physiques [*sic*] », le chrétien que fut Villiers préfère s'en tenir à l'Évangile – malgré ce qu'il raconte lui-même dans « Véra » (voir *Contes cruels*). En revanche, le réel de Villiers est imprégné de tout un arrière-monde d'essences et de rapports secrets, comme l'attestent « le Droit du passé », où le sceau des Bourbons est admis par Bismarck pour sceller l'armistice de 1871, et l'histoire du tsar Alexandre II que regardent les grands ducs, autrement dit les hiboux, dans le parc de Weimar, comme l'observent, de loin, les « milliers d'yeux » des Russes, présage sinistre de son assassinat.

Restent toutes ces vanités des hommes que Villiers se plaît à dénoncer : la gloire du génie, la renommée recherchée par les chasseurs de l'éléphant blanc, la fortune ramassée par ceux qui se mêlent de fausses épousailles et d'adultères feints. La réalité est remplie de ces comédies qui la domineraient si le Mal ne se présentait, lui aussi, comme une force cruelle dans la vie des hommes : le narrateur de « Catalina », voyageant pour son plaisir en Espagne, se voit menacé, au moment où il va s'endormir à côté d'une jeune fille, par un énorme serpent qui lui fait regagner sa « métaphysique allemande » et délaisser le réel. Seul demeure donc d'assuré, dans cette vision du monde, l'amour idéal – suprême – pour l'au-delà.

● *Nouveaux Contes cruels* [*...*], José Corti, 1977. ➤ *Œuvres complètes*, « Pléiade », II.

H. P. LUND

AMOUR TYRANNIQUE (l'). Tragi-comédie en cinq actes et en vers de Georges de **Scudéry** (1601-1667), créée en 1638, et publiée à Paris chez Augustin Courbé en 1639.

Conçue comme une illustration des préceptes énoncés dans les *Observations sur « le Cid »*, la pièce devait surpasser celle de Corneille ; elle connut un vif et durable succès. Mais, élaborée à partir d'un modèle théorique, elle est artificielle à plus d'un titre ; on retiendra surtout l'aspect politique de cette œuvre dédiée à la nièce de Richelieu et fort goûtée du cardinal.

Ormène, fille d'Orosmane, roi de Cappadoce, veut mourir : Tiridate, son mari, roi de Pont, aime sa belle-sœur Polyxène, l'épouse de son frère Tigrane. Poussé par le désir, Tiridate vient de vaincre Orosmane et assiège Tigrane. Le roi déchu demande en vain la grâce de son fils. Polyxène invite son mari à la tuer pour mettre fin au conflit. Au pied des remparts, Orosmane, sous la menace, s'adresse à son fils et lui ordonne de mourir au combat (Acte I).

Ormène supplie Tiridate de ne pas attenter à la vie de son frère ; Orosmane l'invite à régner en roi et non en tyran. Pressé par sa femme, Tigrane se résout à la tuer et à lui survivre pour la venger (Acte II).

Mais il n'a fait que la blesser et l'a laissée pour morte. Phraarte, lieutenant de Tiridate, la découvre et lui refuse la mort qu'elle demande ; il semble nourrir quelque projet pour la sauver. Tigrane, déguisé, cherche à tuer Tiridate. Le tyran se dit prêt à faire périr Ormène et son père s'il ne retrouve pas Polyxène. Celle-ci survient, menace Tiridate de la colère divine ; en réponse, il se dit prêt à tuer Orosmane si elle ne cède pas. Elle parle de se suicider (Acte III).

Un officier phrygien déguisé en paysan complote avec Phraarte contre Tiridate qui, dans des stances, seul, combat la « raison » et décide de forcer Polyxène ; l'amour viendra plus tard... Ormène prie Polyxène de céder pour sauver son mari et son père, ce qui provoque la colère du vieux roi. Tigrane requiert l'aide d'Ormène pour tuer Tiridate ; elle refuse de trahir son mari, mais révèle à Tigrane que Polyxène est en vie ; Tigrane et Ormène sont arrêtés (Acte IV).

Tigrane envoie un message à son épouse. Poussée par Orosmane, elle accepte de lui faire parvenir le poison qu'il demande. Mais Tiridate surprend la messagère et, croyant le poison destiné à Polyxène, veut faire périr tout le monde. Arrivent les Phrygiens, conduits par le frère de Polyxène ; les soldats de Tiridate se retournent contre le tyran. Orosmane retrouve le pouvoir, Ormène implore sa clémence pour Tiridate qui, ébloui par l'amour de sa femme, retrouve la raison et reçoit le pardon d'Orosmane (Acte V).

La pièce est presque parfaitement régulière – même si le revirement final du tyran n'est guère préparé –, comme s'ingéniera à le montrer Sarasin dans son *Discours de la tragédie* (il tient la pièce pour une tragédie à dénouement heureux), publié sous un pseudonyme en tête de l'œuvre ; mais c'est à certains égards un cadre vide. Scudéry reprend à Corneille, outre quelques expressions du *Cid*, ce qu'il y voit de meilleur, notamment la noblesse de ton, la « générosité » et les conflits intérieurs. Néanmoins, les hésitations de Tigrane entre l'honneur, l'amour et le salut de son père (I, 5), comme les stances de Tiridate luttant contre la raison (IV, 2), sont par trop artificielles. Scudéry a beau emprunter à Corneille et se faire le champion des règles, il combat avec ses propres armes : une violence encore baroque, un langage ostentatoire, galant à l'occasion, marqué par la recherche des effets, des procédés romanesques (déguisements, fausse mort, lettres et poison). Le cadre « moderne » cache mal ce qui relève d'une esthétique antérieure.

Les personnages sont tout d'une pièce, à commencer par les deux femmes qui incarnent toutes deux la fidélité conjugale, Ormène presque jusqu'à l'excès ; Polyxène est, elle,

l'héroïne idéale, amoureuse de son mari sans pour autant oublier sa gloire. Il fallait bien deux femmes d'exception pour l'emporter sur l'« impudique » Chimène dépeinte dans les *Observations sur « le Cid »*. La « générosité » gagne tous les cœurs (même Tiridate à la fin) : Tigrane comme Phraarte, trahissant pour « sauver la gloire de [son] Roi » ; Orosmane, le vieux roi dépositaire de la vertu et d'une juste conception monarchique ; sans oublier le peuple, celui d'Orosmane comme les soldats du tyran, qui obtiennent évidemment le pardon de leur trahison.

Tous voient aussi dans les rois une « image des dieux » ; seul Tiridate va plus loin : « C'est nous qui sommes dieux », dit-il (III, 3) après avoir lancé un défi à la colère divine (II, 3). Libertin alors que tous s'en remettent à la volonté du Ciel, il se veut au-dessus des lois et prône la raison d'État avec des accents machiavéliques. Une telle conception politique est d'autant mieux condamnée qu'elle n'est qu'un alibi. Tiridate obéit en réalité à cet amour tyrannique dont il a été la première victime.

● « Pléiade », 1986 (*Théâtre du XVIIe siècle*, II, p.p. J. Scherer et J. Truchet).

D. MONCOND'HUY

AMOUREUSE. Comédie en trois actes et en prose de Georges de **Porto-Riche** (1849-1930), créée à Paris au théâtre de l'Odéon le 25 avril 1891, et publiée à Paris chez Ollendorff en 1894.

La carrière de Porto-Riche, commencée sous les auspices de la poésie avec la publication de recueils de vers : *Prima verba* (1872), *Tout n'est pas rose* (1877), se poursuivit au théâtre d'abord par des pièces à tonalité romantique : *Un drame sous Philippe II* (1875), les *Deux Fautes* (1878), puis par un ensemble de pièces qui prendront le titre général de *Théâtre d'amour*. La série, amorcée par un acte très enlevé, la *Chance de Françoise* (jouée au Théâtre-Libre en 1888), puis par un autre écrit en vers, l'*Infidèle* (1891) qui rencontra un vif succès, trouva une de ses expressions les plus accomplies dans *Amoureuse* qui, dans le droit fil du scandale créé par la **Parisienne* de Becque (1885), évoquait ouvertement l'adultère en explorant avec une méticuleuse lucidité le désert de l'amour et ses solitudes.

Le docteur Étienne Fériaud, après huit ans de mariage, est aimé de sa femme Germaine comme au premier jour. Mais cet amour exclusif et encombrant qui dérange ses papiers et ses habitudes de travail lui pèse, et il s'en lamente continuellement. Cet ancien séducteur qui plaît toujours beaucoup aux femmes se sent toutefois le besoin de céder constamment aux exigences tracassières d'un amour absolu. Son dernier renoncement est celui d'un voyage en Italie où il devait, à l'occasion d'un congrès, présenter l'une de ses théories sur la prophylaxie (Acte I). Lors d'une explication où Germaine l'exaspère encore, il la jette, par dépit et par défi, dans les bras d'un vieil ami, ancien amoureux et parasite de la maison, Pascal Delannoy (Acte II). Après avoir écouté l'aveu d'une faute qu'il a lui-même provoquée, Étienne, qui pense un moment quitter Germaine, lui revient dans la douleur, indéfectiblement attaché à elle (Acte III).

La pièce déconcerte aujourd'hui par une certaine verbosité, le soin maniaque de ne laisser aucune zone d'ombre dans des dialogues qui, par leur abondance et leur brillance, semblent créer eux-mêmes les conditions du drame, tisser les lacs dans lesquels s'empiègent les personnages. Un théâtre qui « revient sur lui-même comme un nœud qui se serre », disait Copeau.

Cette absence d'intrigue réelle, qui donne la meilleure part à la psychologie et laisse toujours possibles tous les revirements, sert en fait au mieux la thématique de l'ensemble de l'œuvre : la description, dans la guerre que se livrent les deux sexes, des tourments de la chair.

Porto-Riche joue ainsi en virtuose en opposant à des hommes insincères, égoïstes, volages, taraudés par le désir et cachant leur fragilité sous le cynisme des attitudes et des mots d'esprit, des créatures féminines tout aussi vulnérables, encore corsetées certes mais prêtes à se laisser emporter par le vague des sentiments et l'ardeur des sens. On rencontre la même opposition dans *le Passé* (1897) où un séducteur de profession cherche par jeu à attirer de nouveau un ancien amour, ou dans *le Vieil Homme* (1911) avec les amertumes ressassées du couple Fontanet.

Cette continuelle défaite de la volonté devant la passion charnelle fit songer à Racine, et Porto-Riche, à cause de ses origines (il était le fils de négociants juifs italiens), reçut le surnom de « Racine juif ». À l'époque de l'affaire Dreyfus, il devint ainsi la cible de l'extrême droite qui l'accusa de miner l'institution du mariage. En fait, ce que stigmatisait Porto-Riche, avec l'exigence d'une esthétique réaliste qui prenait en compte la physiologie et le milieu, c'était plutôt l'instabilité des sentiments et surtout, pour une bourgeoisie hédoniste, l'incapacité de posséder l'être aimé sans le détruire.

J.-M. THOMASSEAU

AMOUREUSE INITIATION (l'). Roman d'Oscar Vladislas de Lubicz-Milosz, dit O. V. de L. **Milosz** (1877-1939), publié à Paris chez Grasset en 1910.

Seul roman de Milosz publié – probablement le seul achevé –, *l'Amoureuse Initiation* occupe une place singulière au sein de la production de l'auteur. Ultérieurement qualifié d'« anecdote » par ce dernier, il peut aussi être appréhendé comme un ouvrage clé, portant thèmes et conflits intérieurs à l'incandescence, par la grâce d'une écriture tour à tour incantation ou quasi-blasphème.

Benjamin, un « chevalier » jeune encore mais déjà proie d'un désenchantement essentiel, rencontre à Naples, de façon apparemment fortuite, une étrange « silhouette de revenant » : le comte-duc de Pinamonte, pour qui il éprouve une obscure sympathie. La majeure partie de l'ouvrage qui se déroule à Venise est constituée du récit que ce personnage fait de son ancienne liaison avec la belle Clarice-Annalena de Mérone de Sulmerre – une « gourgandine », en réalité. À l'illumination de la première heure fit suite un enchaînement de tourments sans cesse accrus, dus non point tant à la jalousie qu'à un sentiment rageur d'incomplétude, d'inassouvissement perpétuels ; en dépit (à cause ?) de cela, Clarice-Annalena est aussi la figure de l'Initiatrice, suscitant un amour qui semble porter la clé de la « correspondance universelle entre la matière et l'esprit », et offrant à son amant « comme un reflet de la Révélation ». Une scène d'une obscénité impie donnera un coup d'arrêt à cette passion, permettant au narrateur de trouver la voie de son nécessaire dépassement. Les frissons seront désormais ceux de la « volupté de la prière ».

Un cadre – Venise – et une structure très XVIIIᵉ siècle, une langue aux archaïsmes, parfois précieux, apportent leur raffinement à ce récit riche d'échos internes et d'effets de miroir. Ainsi, entre les deux personnages masculins, qui ont été amoureux de la même femme, s'établit une relation empreinte de sadomasochisme : Benjamin, au désir resté inassouvi, écoute les récits circonstanciés que Pinamonte distille avec complaisance, proposant même d'illustrer son propos par quelque dessin…

Le thème de la femme initiatrice par l'amour qu'elle inspire n'est, en lui-même, pas novateur. Du néoplatonisme aux romantiques allemands, de Dante à Swedenborg ou à Nerval – toutes figures ayant profondément influencé Milosz –, il relève de la tradition philosophique et poétique occidentale. L'exploitation qu'en propose l'auteur mérite pourtant que l'on s'y arrête. On remarquera ainsi l'extension de la figure féminine, car « la Sulmerre » est aussi bien la sœur, la mère ou la « fée » des jardins de l'enfance, que la nature elle-même : « Je voyais en ma Clarice une personnification de la toute-puissante Nature, dont l'essence est Amour. » Ces inflexions panthéistes trouvent leur incarnation littéraire dans une écriture profondément lyrique, véritable houle d'amoureuse célébration qui suggère et en quelque sorte mime le désir.

L'exaltation cosmique est zébrée, lacérée de scènes scabreuses et de détails triviaux. Façon de faire la part du Diable sans doute – Clarice ne rit-elle pas aux éclats à chaque nouveau délire de son amant ? –, et de préparer le renoncement final ; mais c'est peut-être dans cette tension entre deux pôles opposés et s'appelant néanmoins l'un l'autre que réside le secret de l'invincible séduction exercée par la narration.

▶ *Œuvres complètes*, André Silvaire, V.

E. BALLAGUY

AMOURS (les). Recueil poétique de Jean Antoine de **Baïf** (1532-1589), publié à Paris chez la Veuve Maurice de La Porte en 1552. Trois ans plus tard, paraît chez André Wechel, à Paris, un recueil intitulé *l'Amour de Francine*. La réunion des deux recueils constituera en 1573 la seconde section des œuvres en rimes, intitulée *Diverses Amours*.

Comme Du Bellay dans l'**Olive* et Ronsard dans les *Amours de Cassandre* (voir *les *Amours*), Baïf reprend à son compte la thématique et la rhétorique des pétrarquistes italiens ; mais il puise surtout son inspiration dans les épigrammes amoureuses des anthologies grecques, chez les élégiaques latins et dans les productions néolatines d'un Marulle ou d'un Jean Second.

Les *Amours* de 1552, rebaptisés plus tard *Amours de Méline*, célèbrent une maîtresse qui a la « douceur du miel ». Ils mêlent sonnets en décasyllabes et chansons lyriques aux mètres variés. Comme dans toute poésie pétrarquiste, le poète se plaint des refus et de l'indifférence de sa maîtresse : « Maistresse, dont te prend cette cruelle envie / De priver ton servant de son plus grand soulas ? » La « haute beauté » de la femme aimée inspire une passion dont l'intensité ne saurait décroître : « Je seray toujours mesme, et ma dernière foy / Se trouvera tousjours pareille à la première. »
Les *Amours* de 1555 chantent, sous le nom de Francine, une jeune fille rencontrée à Poitiers, Françoise de Gennes. Au lieu d'être confondus comme dans le recueil précédent, sonnets et chansons sont, cette fois, nettement distingués : les deux premiers livres contiennent les sonnets, et les deux suivants les chansons. Francine, « belle ennemie », s'arme contre le poète d'orgueil et de rigueur : les rares moments de « douceur » qu'elle lui accorde sont aussitôt suivis d'une « ire » qui condamne l'amant au « martyre ». Ballotté d'un état à l'autre, ce dernier « travaille d'ennuis » et laisse éclater à la fois sa douleur et sa fierté de servir une si cruelle maîtresse…

Si Baïf espérait rivaliser avec les *canzoniere* respectifs de Ronsard et Du Bellay, il a été déçu dans ses espérances : le public cultivé des années 1550 n'a pas réservé à ses *Amours* un accueil enthousiaste. Reconnaissons qu'il faut au lecteur beaucoup de patience et d'abnégation pour aborder cette poésie surchargée de références antiques, italianisantes ou néolatines : Baïf ne possède nullement, comme ses amis prestigieux, la faculté de transformer l'érudition en nécessité interne. Aussi la plupart de ses sonnets amoureux font-ils figure de collages plus ou moins ingénieux, où l'artifice finit toujours par éclater : exemple remarquable d'une poésie qui n'a pas pris suffisamment au sérieux le mot d'ordre d'« innutrition » du passé lancé par Du Bellay quelques années auparavant (voir dans la **Défense et Illustration de la langue française*). Mais il faut au moins porter la lucidité au crédit de Baïf. Dans la chanson finale des *Amours de Francine*, il fait cet aveu dépourvu de complaisance : « C'est que je suis de ceux / Qui à se repolir sont un peu paresseux / Et que mes rudes vers n'ont esté sur l'enclume / Remis assez de fois. » Le diagnostic ne saurait être plus pertinent : trop souvent Baïf se satisfait d'un premier jet insipide, ou laisse échapper des formules proches du galimatias (« Je vous fay vœu du peu, mais du tout que je puis », *Francine* I. 1). Le travail ingrat des corrections successives n'est manifestement pas son fait.

Les chansons offrent néanmoins plus d'intérêt que les sonnets. Baïf semble plus à l'aise dans cette forme souple, qui lui permet d'opérer des variations métriques et rythmiques chargées d'expressivité : « Vivons, mignarde, vivons, / Et suivons / Les ébats qu'Amour nous donne / Sans que des vieux rechignez / Renfrognez / Le sot babil nous estonne » (*Méline*).

Plusieurs chansons témoignent ainsi d'une recherche formelle où les modulations du mètre épousent exactement la tonalité affective. Il est regrettable que le « docte, doctieur et doctime Baïf », pour reprendre l'expression aimablement railleuse de Du Bellay, ait préféré, à l'approfondissement de cette recherche, une érudition qui guindait laborieusement ses moyens poétiques.

● *Amours de Francine*, Genève, Droz, 2 vol., 1966 (p.p. E. Caldarini) ; *Amours de Méline*, Genève, Slatkine, 1972 (réimp. éd. 1909).

P. MARI

AMOURS (les). Recueil poétique d'Antoine **Bertin** (1752-1790), publié à Londres en 1780 ; réédition augmentée dans les *Œuvres de M. le chevalier de Bert*** à Londres en 1785.

L'édition originale comprend quinze pièces pour le livre I, treize pour le livre II et quatorze pour le livre III, soit en tout quarante-deux élégies. Ce sont des poèmes assez brefs à structure variée qui narrent l'histoire d'une double liaison. Dans le livre I, le poète conquiert Eucharis, femme mariée, « des Beautés de Paris / La plus belle et la plus aimée » : jouissance, abandon, épreuve de l'absence, retrouvailles, premiers soupçons, élans jaloux. Au livre II, « Mon Eucharis est trompeuse et parjure. Après sept ans entiers de bonheur et d'ivresse », la maîtresse volage congédie l'amant ; protestations, menaces de représailles, confidences aux amis, recherche de dérivatifs (le vin, le grand air) : le poète renonce pour toujours aux « doux plaisirs, voluptés légères ». Situation renversée au livre III : à Eucharis a succédé Catilie, toute jeune fille dont le chevalier se fait l'initiateur et avec laquelle il jouit d'un bonheur domestique, à la campagne, près de la mer. Seuls les devoirs militaires séparèrent les amants.

L'édition de 1785 ajoute onze élégies, une dans le livre I et dix dans le livre III et elle complète le scénario. On apprend le mariage forcé de Catilie, au grand dam du poète, et la mort d'Eucharis, pour laquelle il avait gardé de l'amitié. Le bonheur rural avec Catilie ne cesse pas pour autant. Aux "Adieux à une terre qu'on était sur le point de vendre", propriété de l'auteur, succède un "Éloge à la campagne" : le poète vient d'avoir trente ans et semble décidé à s'assagir.

Indépendamment des faits qui lui servent de trame, le recueil des *Amours* vaut par la mise en forme qui le rend comparable à un cycle de mélodies, tels les *Lieder* que Schubert allait bientôt composer. Le poète varie la cadence à chaque morceau, faisant alterner le vers libre avec des structures isométriques. Il y aurait lieu d'étudier de près les particularités techniques d'un art très surveillé, les fréquences d'emploi, d'adaptation du mètre aux thèmes et aux sentiments. C'est ainsi que le décasyllabe suivi joue un rôle comparable à celui des triolets dans la musique de Schubert, exprimant la fièvre, l'émoi, un moment d'intense émotion, joie ou douleur, tandis que l'alexandrin convient à une expansion plus dilatée du sentiment, par exemple le chagrin durable de voir vendre le domaine paternel ou la satisfaction étale procurée par la vie rustique. De l'alliage de mètres variés dans la même pièce le poète tire, comme il se doit, des effets plus subtils encore.

Au-delà de sa valeur littéraire, le recueil pose la question de ce que l'on appelle aujourd'hui la médiatisation de la vie privée. Sur ce terrain, Bertin se trouvait en concurrence amicale avec Parny dont les **Poésies érotiques*, parues deux ans plus tôt, avaient inauguré le genre et fixé ses lois. L'entreprise est née d'un défi, dans cette confrérie de jeunes officiers désœuvrés et dissipés appelée la « Caserne » : dire la vérité dans le domaine le plus intime au risque de violer les convenances. Sexualité, érotisme se donnaient libre cours et les secrets d'alcôve étaient publiquement étalés. Défense de tricher : au cynisme de règle dans la littérature libertine s'ajoutait une exigence de sincérité dont le Rousseau des **Confessions* venait de donner

l'exemple en « dévoilant son intérieur ». Seule l'identité des dames était dissimulée sous l'écran ténu du nom d'emprunt, pratique ancienne reprise aux élégiaques latins, maîtres admirés et imités.

Bertin a joué le jeu avec plus de naïveté, ou d'aplomb, que Parny, artiste distant, flegmatique jusque dans l'émotion des sens, et probablement supérieur pour l'élaboration savante de la poésie. Bertin fait corps avec l'événement : aussi l'admire-t-on comme chantre de l'instantané, peignant sur le vif des sensations qui mettent l'eau à la bouche. L'enquête documentaire menée récemment par G. Buisson prouve en outre que l'auteur des *Amours* n'a littéralement rien inventé : Mme Testart (Eucharis) était l'aînée des trois sœurs de Santuary, « créoles » connues pour leur beauté et pour la légèreté de leurs mœurs (André Chénier a chanté la deuxième) et elle mourut en 1783 ; en Catilie on reconnaît Élisabeth Lagourge (sa mère, veuve, avait épousé le père de Bertin, veuf) dont le mariage suivit de peu la première édition des *Amours* et dont le veuvage précéda la seconde, circonstance qui éclaire le dénouement indécis du scénario.

Excepté le cercle restreint des « roués » que fustigeait à la même époque le Laclos des **Liaisons dangereuses*, l'opinion était-elle prête à consommer un tel produit ? L'*Almanach des Muses* de 1781 y a trouvé des qualités, « mais souvent des expressions et des images un peu nues, et des formes étrangères aux mœurs actuelles ». L'auteur atténua les premières dans sa réédition et aggrava les secondes, si l'on admet que la formule visait un exhibitionnisme malséant. Ainsi ne mentait-il pas en parlant de ces *Amours* « qui n'ont d'autre mérite que d'être l'histoire fidèle de ma vie ». « La passion fit mon génie », lance-t-il en congédiant définitivement les Muses. Les épreuves le défirent : malade, ruiné, privé de ses protecteurs, Bertin s'échoua prématurément. Peut-être n'avait-il pas bien mesuré les conséquences de son effronterie, ou bien a-t-il manqué de force pour les assumer. Certain « voyeurisme » en vogue pourrait tirer du purgatoire ce capitaine de dragons qui tint si bien le rôle de l'éclaireur de pointe.

É. GUITTON

AMOURS (les). Recueil poétique d'Olivier de **Magny** (vers 1527-1561), publié à Paris chez Estienne Groulleau en 1553.

La publication de ces *Amours*, composés de 102 sonnets, coïncide avec l'apogée du pétrarquisme en France. Olivier de Magny se situe dans le sillage des *canzoniere* parus les années précédentes – l'**Olive* de Du Bellay en 1549, les **Erreurs amoureuses* de Pontus de Tyard la même année et le premier livre des **Amours* de Ronsard en 1552. Largement redevable à Ronsard et à Du Bellay, Magny emprunte également la matière à de nombreux sonnets d'auteurs italiens : à plusieurs reprises il suit de très près l'*Orlando furioso* et les *Opere minori* de l'Arioste, ainsi que les *Rime diversi*, célèbre anthologie pétrarquiste dont la publication commença à Ferrare en 1545.

Le poète chante la « divine ardeur » qui l'enflamme au spectacle de sa dame : consumé par le « cler rayon de sa beauté céleste », il encense des perfections qui sont autant de miracles de la Nature. Mais il se plaint de la disparité entre son propre mérite moral et la rareté des faveurs que lui accorde l'élue. Livré à d'incessantes vicissitudes sentimentales, en proie à des rêves décevants ou aux tourments de l'absence, l'amant s'en va rechercher l'« ombre solitaire ». Désireux de compenser par l'orgueil créateur l'insatisfaction de la relation amoureuse, il aspire, dans les tout derniers sonnets, à l'immortalité poétique.

Ces *Amours* ne se détachent guère de l'immense production pétrarquisante du milieu du siècle. Loin de former, comme l'*Olive* de Du Bellay, un recueil doté d'une solide unité, ils se réduisent à une anthologie des clichés et lieux communs de la poésie amoureuse. Olivier de Magny se contente de juxtaposer les traductions et imitations de Pétrarque, l'Arioste, Bembo ou Sannazar, sans jamais parvenir à en orchestrer les éléments dans une dramatisation cohérente : le recueil contient certes l'ébauche d'une tension entre l'intellectualité platonicienne (XIX) et la fébrilité de la rêverie érotique (XVI), mais il ne l'exploite pas suffisamment pour lui donner un pouvoir structurant.

Quelques sonnets se caractérisent néanmoins par une musicalité et une puissance affective qui égalent les meilleurs réussites d'un Ronsard ou d'un Du Bellay : le sonnet IV, par exemple, qui accorde moins d'importance aux perfections physiques et spirituelles de la dame qu'à leur intériorisation par l'amant, illustre magnifiquement les pouvoirs de la subjectivité amoureuse (« Mais en mon cueur je vous porte plus belle »). Olivier de Magny ne sait pas, malheureusement, prolonger ses réussites ponctuelles en réseaux de sens, en système d'échos et de correspondances. Comme bien d'autres de ses contemporains, il n'a pas compris que l'apparente facilité du pétrarquisme dissimulait les plus grandes résistances : l'adoption d'une thématique et d'une rhétorique léguées par la tradition, loin de suffire à la cohésion d'une œuvre, la réduit le plus souvent à une marqueterie artificielle ; seule la réinvention patiente et rigoureuse des formules convenues peut assurer la circulation dynamique du sens.

● Genève, Droz, 1970 (p.p. M. S. Whitney). ➤ *Œuvres*, Slatkine.

P. MARI

AMOURS (les). Œuvre poétique de Pierre de **Ronsard** (1524-1585), qui rassemble plusieurs recueils publiés successivement : les *Amours de Cassandre* (1552, chez la Veuve Maurice de La Porte), la *Continuation des Amours* (1555, chez Vincent Sertenas), la *Nouvelle Continuation des Amours* (1556, chez Vincent Sertenas), *les Vers d'Eurymédon et de Callirée*, les *Sonnets et Madrigals pour Astrée* et les *Sonnets pour Hélène* (1578, chez Gabriel Buon). L'ensemble constitua le premier et majestueux volume de l'édition ultime des *Œuvres*, publiées à Paris chez Gabriel Buon en 1584.

En se convertissant au « petit sonnet pétrarquizé » qui suscitait tous ses sarcasmes quelques années auparavant, Ronsard ne fait pas à proprement parler preuve d'inconséquence : il ne condamnait pas tant le pétrarquisme à la française que sa vogue excessive, et la mobilisation du dynamisme poétique national dans une seule direction. La poésie telle qu'il la prône se doit de cultiver les genres et les registres les plus divers : lui-même en 1552 en donne l'exemple en juxtaposant, dans le volume de 1552 deux recueils aussi dissemblables que le premier livre des *Amours* et le cinquième livre des **Odes*.

Les *Amours* de 1552, ordonnés autour de la figure de Cassandre Salviati, combinent plusieurs influences. Si Ronsard fait mine de dédaigner Pétrarque, il a sans doute lu, en 1545, les *Rime diversi*, anthologie du célèbre pétrarquiste italien Pietro Bembo. Il est difficile, dans ce premier recueil, de distinguer du pétrarquisme l'idéalisme néoplatonicien : ces diverses influences se mêlent en un culte exclusif et idéal de la femme aimée, réduite à des attributs emblématiques. Au plan formel, il est clair que Ronsard se pose en émule de Pétrarque : délaissant l'odelette inspirée de Catulle ou d'Horace, il adopte la forme concentrée du sonnet en décasyllabes, avec alternance des rimes masculines et féminines.

Les *Continuation* et *Nouvelle Continuation des Amours* – dont la plupart des pièces ont constitué ultérieurement *les Amours de Marie* – marquent une triple rupture : l'abandon de Cassandre pour la jeune Angevine Marie du Pin, la substitution de l'alexandrin au décasyllabe, et surtout le déclin du modèle pétrarquiste. Le « beau stile bas » dont Ronsard se réclame dans l'élégie liminaire n'exclut pas cependant les références livresques : le poète est redevable à la simplicité « sans enflure ni fard » des anacréontiques, et peut-être, depuis sa réconciliation avec Saint-Gelais, ne se ferme-t-il plus ostensiblement aux séductions de la veine marotique.

En 1578, c'est un Ronsard assombri par le déclin physique et l'amoindrissement de son prestige qui publie les *Sonnets pour Hélène*. Une nouvelle floraison du pétrarquisme a lieu à la cour de Henri III, même si l'influence du maître toscan recule désormais devant celle d'épigones exsangues. Ronsard, amoureux d'une Hélène de Surgères qui lui réclame son dû sous forme d'hommage poétique, se prend une nouvelle fois au jeu pétrarquiste, et œuvre dans le sens d'une concentration formelle jamais atteinte auparavant.

Qu'il s'agisse de Cassandre, Marie ou Hélène, la femme aimée, miroir de toutes les perfections, « tient en servage » le poète par sa beauté autant que par ses dons spirituels. L'amour, « doux abus » et « belle prison », engendre la folie du ressassement (« Cent et cent fois penser un penser même », *Cassandre*, XXII) et l'insupportable alternance des états contradictoires (« J'espère et crain, je me tais et supplie », *Cassandre*, XII). Dans sa souffrance, le poète-amant s'égale aux grands suppliciés et martyrs de la mythologie. Incapable de tenir un discours cohérent (*Marie*, XXIV), oublieux des lois de la sociabilité mondaine (*Hélène*, livre II, "Elégie"), il ne lui reste plus qu'à se retirer dans une nature solitaire où le mal s'apaise et s'exacerbe à la fois : « rien ne m'est plaisant que les sauvages lieux » (*Marie*, XXVI). Proclamant l'injustice et l'ingratitude de sa dame, le poète se sait condamné à l'obsession stérile, mais ne peut renoncer tout à fait à l'espoir d'une rétribution physique qui viendrait le payer de sa peine et briser son tourment (*Hélène*, livre I,L).

L'ensemble imposant des *Amours* peut à bon droit embarrasser le lecteur moderne : si la perfection croissante des recueils et la densité formelle des sonnets suscitent l'admiration, la thématique pétrarquiste, la multiplication des références mythologiques et l'idéalisme néoplatonicien composent une trame apparemment répétitive et conventionnelle, qui souvent décourage les meilleures volontés.

Aussi *les Amours* appartiennent-ils à notre musée littéraire plus qu'à notre mémoire vivante : réduits à une impressionnante virtuosité qu'on n'admire que de loin, ils ne mobilisent guère les questions de notre modernité. Chacun des recueils ménage pourtant, au lecteur attentif, des possibilités d'accès qui permettent d'en revivifier la perception et la compréhension.

Couvrant trente années d'activité poétique, les noms de Cassandre, Marie et Hélène rythment une recherche essentielle, où se jouent le rapport de soi à soi et la relation de l'homme au monde. Si l'amour pétrarquien recouvrait une problématique morale, l'amour ronsardien s'interroge sur la plasticité de l'individu, sur son aptitude à égaler le cosmos et un processus permanent de transformation : « Et m'esjouis d'estre mélancolique, / Pour recevoir tant de formes en moy » (*Marie*, "Chanson"). Instrument de cette recherche et de cette interrogation, le sonnet doit être lu, en chacune de ses réalisations successives, comme un « essai », une éphémère fixation de la vitalité expansive du poète. Prodigieusement inventive, la combinatoire ronsardienne redistribue et donc redéfinit d'une pièce à l'autre les éléments qu'elle emprunte à la tradition.

C'est dans cette perspective qu'il faut aborder la thématique pétrarquiste, et plus généralement l'ensemble des *topoi* amoureux qui émaillent les recueils, si l'on veut y voir autre chose qu'une concession aux modes du temps. Cupidon l'enfant aveugle, son « arc au poignant trait », la chevelure-prison de la femme aimée, toutes ces images n'ont pu devenir, dans le pétrarquisme italien ou français, les figures figées d'une rhétorique en mal d'invention. Il en va tout autrement chez Ronsard, dont l'énergie protéenne ne saurait se satisfaire d'aucun système statique : chaque sonnet, madrigal ou chanson entraîne les signes ou emblèmes conventionnels dans une nouvelle aventure du sens. Il suffit, pour s'en convaincre, d'être sensible à la réactivation que Ronsard fait subir à une image aussi galvaudée que celle du « rocher », en variant savamment son éclairage contextuel : tantôt métonymie de la nature solitaire et sauvage, le « roc endurci », néanmoins attentif aux plaintes de l'amant, sert de repoussoir à la dureté très réelle de l'amante ; tantôt il désigne, métaphoriquement, un état idéal de surdité au monde, où l'amant recru de passions souhaiterait se reposer enfin et s'oublier ; tantôt, renvoyant à la fatalité injuste de la mort où l'amour vient s'échouer, il se prolonge en « marbre » du tombeau ("Sur la mort de Marie"). Forme mobile et plastique, le rocher n'admet pas plus de signification univoque que les autres objets et créatures qui peuplent les *Amours*. Dans les mots et syntagmes clés du pétrarquisme, Ronsard fait résonner une polysémie personnelle : le texte joue de ces possibilités de glissement sémantique, et se ressource constamment sous couvert de répétition.

Glissement et instabilité régissent d'ailleurs la psychologie et l'ontologie des *Amours*. La passion est vécue sur le mode d'une dépossession qui arrache définitivement la conscience aux états de maîtrise et d'équilibre : « Amour trop fin comme un larron emporte / Mon cœur d'emblée, et ne le puis ravoir. [...] / Je cognois bien qu'il entraîne ma vie » (*Cassandre*, CLXXXII). Cet entraînement irréversible prive la durée de tout repère fixe, et la voue à une succession perpétuellement contradictoire des états. Comme dans la tradition pétrarquiste et courtoise, l'amour engendre une épuisante labilité intérieure : « Or' je suis glace et ores un feu chaud, / J'admire tout et de rien ne me chaut, / Je me delace et mon col je replie » (*Cassandre*, XII). Le langage lui-même n'échappe pas à ces glissements douloureux : l'instabilité phonique des mots témoigne du renversement toujours possible de la joie en tourment, voire de leur intime coexistence : « Ô miel, ô fiel, dont me repaist ma Dame ! » (*Cassandre, CLXXVIII*). Mais la dissolution de la fixité des formes et des significations n'a pas seulement un sens négatif et destructeur : si l'amant gémit de ne pouvoir faire coïncider ses affects contradictoires, le poète-Protée se grise de la possibilité de revêtir l'une après l'autre les formes innombrables de la nature et de la mythologie. La métamorphose ronsardienne est donc à la fois fatalité et objet de désir, passage douloureux d'un état à son contraire et sublimation qui déleste l'être des pesanteurs de l'identité. Telle est la signification ambivalente des comparaisons et métaphores où le poète s'assimile aux suppliciés de la mythologie – Ixion, Prométhée, Tantale, Actéon, Sisyphe et les victimes de Méduse. Sans doute ces figures se rangent-elles sous le paradigme de la souffrance, mais elles ne procèdent pas moins du pouvoir de transcender et de transformer la malédiction amoureuse en l'inscrivant dans une fiction prestigieuse. Dans un même mouvement, la frustration décline ses affres et les ressources de son énergie créatrice. Le désir inassouvi et la jouissance impossible deviennent ainsi les vecteurs d'une plasticité qui ne recule devant aucun rôle ni aucun masque : l'amant se veut Jupiter à l'occasion, mais ne dédaigne pas de se changer en petit chien caressé par sa maîtresse ; infiniment malléable, il cultive même le fantasme d'une effraction psychologique, qui lui ferait connaître intimement la femme aimée et la soumettrait à son bon vouloir : « J'ay desiré cent fois me transformer, et d'estre / Un esprit invisible, afin de me cacher / Au fond de votre cœur... » (*Marie*, L). Le poète aspire à des transformations fluides et réversibles qui lui feraient goûter la richesse de l'univers, et la formule « je voudrois estre » devient l'incantation type du dynamisme amoureux. Porté par les cycles d'un immense flux vital, où toute dégradation prélude à de nouveaux épanouissements, il peut alors émettre des souhaits confiants : « Ô terre, de nos os en ton sein chaleureux / Naisse une herbe au Printemps propice aux amoureux, / Qui sur nos tombeaux croisse en un lieu solitaire » (*Hélène*, livre I, v).

Cette thématique de la métamorphose et de la réversibilité n'empêche pas la forme close et achevée de conserver tous ses droits. Il est significatif que le désir d'inscription de la relation amoureuse dans des représentations picturales ou sculpturales se manifeste à plusieurs reprises (*Cassandre*, "Élégie à Muret" ; *Marie*, "Élégie à Marie") : compensations imaginaires, le tableau et la statue permettent de surmonter momentanément l'échec de la rhétorique persuasive ; aux tâtonnements du discours amoureux, à son inachèvement sanctionné par le rire cruel de l'aimée, ils substituent le spectacle mythique offert à une postérité

admirative (« Nostre belle Marie aimoit un Vandomois : / Les deux n'avoient qu'un cœur, et l'amour mutuelle / Qu'on ne voit plus icy leur fut perpetuelle »). Les tensions et les exaspérations dues à l'impossible réciprocité du sentiment amoureux se résorbent dans la merveilleuse immobilité d'une image. La vision esthétique emprunte largement à la cosmologie et à la métaphysique néoplatoniciennes, qui en redoublent la fonction stabilisatrice ; elles inscrivent la femme aimée dans une construction universelle qui sert d'éminent repoussoir à toutes ses perfections : « Amour, qui as ton regne en ce monde si ample, / Voy comme son bel œil, mon bel astre divin, / Surmonte de clairté les lampes de ton temple » (*Hélène*, livre II, III). Transformée en statue (« De marbre Parien seroit votre effigie »), l'élue est invitée à trôner dans un temple qui renvoie métaphoriquement au « Livre immortel » du poète.

L'image récurrente du temple trouve peut-être son expression la plus significative dans l'"Élégie à Marie" : toute consacrée à la femme aimée, la beauté apollinienne de l'architecture ne prendra son sens qu'en abritant, après la mort des amants, un concours de baisers où se déchaînera l'ingéniosité amoureuse. La fixation minérale et la sublimation sculpturale du désir ne sont donc pas à elles seules garantes d'immortalité. Il faut que la pierre s'intègre au vaste flux de l'éros universel, en devenant le théâtre de la régénérescence printanière des instincts. Il faut en somme que le tombeau se fasse source de langage, repère symbolique offert aux désirs futurs : « Ô ma belle Maistresse, hé ! que je voudrois bien / [...] / Qu'apres nos trespas, dans nos fosses ombreuses / Nous fussions la chanson des bouches amoureuses. » C'est peut-être la meilleure mise en abyme du projet des *Amours* que ce « temple honorable » qui suscite indéfiniment des cérémonies exaltées. La poésie amoureuse de Ronsard doit en effet son régime spécifique à une dialectique de la clôture et de l'engendrement infini : elle n'aspire à la totalité que pour y trouver l'appui d'un nouveau dynamisme, et ne s'adonne au mouvement que pour mieux conquérir de nouvelles plénitudes formelles. Chacun des sonnets tire sa force de cette dialectique et doit être lu en ce sens : l'expression du désir s'inscrit si parfaitement dans la clôture formelle qu'elle s'offre comme totalité autosuffisante ; mais l'intratextualité vertigineuse de l'œuvre relie cette expression à tant d'autres qu'elle la transforme en infime suspens d'une vaste force protéenne. Le sonnet est donc à la fois fragment et plénitude, moment et éternité.

L'enjeu érotique des *Amours* recouvre donc une problématique de la forme dont les implications s'étendent à l'esthétique, à la cosmologie et à la métaphysique. Comme les héros rabelaisiens ou l'auteur des *Essais*, l'homme ronsardien cherche sa forme dans la mouvance exubérante du langage et du monde.

● *Amours de Cassandre*, Tallone, 1944 (p.p. J. Porcher) ; *le Second Livre des Amours*, Genève, Droz, 1951 (p.p. A. Micha) ; *les Amours*, « Classiques Garnier », 1963 (p.p. H. et C. Weber) ; *Sonnets pour Hélène*, Genève, Droz, 1970 (p.p. M. Smith) ; *les Amours*, « Poésie/Gallimard », 1974 (p.p. A.-M. Schmidt et F. Joukovsky) ; *les Amours*, « GF », 1981 (p.p. M. Bensimon et J.-L. Martin) ; *Amours de Marie, Sonnets pour Hélène*, Imprimerie nationale, « Lettres françaises », 1985 (p.p. A. Aulotte) ; « Le Livre de Poche », 1993 (p.p. A. Gendre). ➤ *Œuvres complètes*, STFM, X, XIII et XVII ; *id.*, « Pléiade », I.

P. MARI

AMOURS (les). Recueil poétique de Jean de **Sponde** (1557-1595), publié dans le *Recueil de diverses poésies tant du feu sieur de Sponde, que des sieurs du Perron, de Bertaud, de Porchères, et autres non encore imprimées* à Rouen chez Raphaël du Petit Val probablement en 1597.

La datation de ces poèmes, qui constituent la partie profane de l'œuvre de Sponde, est difficile : ils ont peut-être été écrits entre 1581 et 1583, en tout cas avant 1588, date de la publication des deux grands textes spirituels de Sponde (voir *Essai de quelques poèmes chrétiens* et les *Méditations sur les Psaumes*).

Les 26 sonnets, l'élégie et les 3 chansons sont dominés par deux thèmes, l'absence de la femme aimée et la constance du poète amoureux, qui engendrent une série d'oppositions : la fermeté de l'amant et l'instabilité du monde (sonnets I, VI, X, XII, XIII, XXVI), l'amour authentique et le désir soumis aux vicissitudes du temps (IV, XI, XVII, XXV), l'absence et la présence (V, VI, VII, XXIV). Les images et comparaisons, utilisées essentiellement dans les sonnets, sont puisées à trois sources : la cosmologie (l'eau et la terre : I ; le ciel et les astres : III ; Archimède et le globe terrestre : XIII), la mythologie (Actéon : V ; Achille, Hector et Ajax : XIV), mais surtout l'histoire romaine, ses conquêtes et ses rivalités intestines (César : II ; Hannibal : XII ; Rome et Carthage : XI ; Rome et Numance : XVI ; la guerre civile : XVII).

À un thème conventionnel, celui de l'amant qui proteste inlassablement de sa constance, Sponde impose un traitement dont la vigueur surprend d'emblée : l'écriture tend vers l'abstraction, et la morale amoureuse est animée d'une volonté d'absolu qui annonce déjà les poèmes religieux. Œuvre hautaine, ces *Amours* ne doivent guère à la lyrique ronsardienne, pas plus qu'à l'inspiration baroque ou maniériste du XVIe siècle finissant.

Le lieu commun, chez Sponde, se transforme en exigence et nécessité. L'absence de la femme aimée, qui pourrait n'être que prétexte à élégies, devient l'épreuve décisive qui trempe le sentiment amoureux, et lui confère la stabilité d'une essence. Le paradoxe du recueil, c'est que l'absence n'y est pas événement, mais possibilité douloureuse de s'arracher à l'événement, aux fluctuations et aux « changements » du désir : « Mon cœur ne te rends point à ces ennuis d'absence, / Et quelques forts qu'ils soyent, sois encore plus fort... » (sonnet XII). L'amour, chez Sponde, ne saurait être rêverie ni abandon dans la durée : il rassemble au contraire toutes les énergies de l'amant, qui ne manque pas une occasion de stigmatiser les « esprits flotans » (IV). La « constance » apparaît ainsi comme la revendication d'une spécificité orgueilleuse, à tel point que le poète s'érige lui-même en idéal : « Mais croyez-le ou non, la preuve est toute faicte, / Qu'au pris de moy, l'amour aime imparfaitement » (IX).

À la poésie amoureuse d'un Ronsard (voir les *Amours*) et d'un Desportes (voir les *Amours de Diane*), où le sujet cherche en vain l'unité et la coïncidence de ses états, Sponde oppose le « moy dur comme un rocher » et le « feu » d'une intériorité qui « ne se change point ». Une telle poésie est incontestablement réflexive : l'existence de la femme aimée y importe moins que la densification du sentiment qu'elle engendre. Étranges *Amours*, d'où la tension vers l'autre est à peu près absente. Seule compte, en définitive, la résorption du moi et de ses affects dans une idéalité durement conquise : « Ainsi je veux servir d'un patron de constance, / Comme ma belle fleur d'un patron de beauté » (IV).

● « Pléiade », 1953 (*Poètes du XVIe siècle*, p.p. A.-M. Schmidt). ➤ *Œuvres littéraires*, Droz.

P. MARI

AMOURS (les). Recueil poétique de François L'Hermite, seigneur du Solier, dit **Tristan L'Hermite** (1601-1655), publié à Paris chez Billaine et Courbé en 1638.

Premier grand recueil de l'auteur, les *Amours* renforcèrent une considération que les *Plaintes d'Acante* (recueil publié en 1633 et presque intégralement repris ici) lui avaient déjà obtenue. Unité d'inspiration – l'amour chanté sur le mode élégiaque – et variété des moyens poétiques caractérisent ces poèmes qui « sont faits seulement pour plaire ».

Un sonnet-programme ouvre la voie à une série d'une cinquantaine de sonnets, suivie d'autant de pièces de stances qu'interrompent ici une ode, là une élégie, ailleurs une chanson. Après une vingtaine de madrigaux et d'épigrammes viennent enfin les *Plaintes d'Acante*, séparées par quelques pièces diverses des sonnets qui ferment le recueil.

Les poèmes des *Plaintes d'Acante* sont distribués au fil d'un livre qui, même s'il regroupe des textes composés à différentes dates, se veut plus qu'une simple compilation. Le sonnet initial, "le Prélude", constitue une véritable ouverture, dans l'écriture même :

Je n'écris point ici l'embrasement de Troie, [...]
J'y dépeins seulement les pleurs dont je me noie.

Quant aux deux derniers sonnets, ils font clôture : dans le premier, le « je » s'invite à délaisser les ingrates amours terrestres pour se tourner vers « l'Auteur du monde » qui « est sans inconstance » ; dans "Misère de l'homme du monde", le second, il brosse un rude tableau de l'humaine destinée, qui passe par de cruelles amours, pour laisser le lecteur sur une interrogation : faut-il donc « aimer tant la vie, et craindre tant la mort » ? Sans doute l'ouvrage est-il, comme on l'a dit, une reprise copieusement augmentée des *Plaintes d'Acante*, tant les stances du même nom, la "Consolation à Idalie", "le Promenoir des deux amants" (qui inspirera Debussy), "les Cheveux blonds" ou "la Belle en deuil" s'imposent par leur réussite. Mais Tristan, en élaborant un recueil ordonné, en cultivant une diversité toute malherbienne (variété des strophes, des mètres, des rimes), a élargi le projet.

Très nette, l'influence de Marino (transparente dans les *Plaintes d'Acante*, dans tel sonnet sur une beauté paradoxale), qui le pousse à cultiver les *concetti* et une certaine sensibilité, se mêle à une rigueur malherbienne, à un néopétrarquisme diffus et à des souvenirs de Théophile de Viau (notamment dans "le Promenoir des deux amants") qu'on décèle en particulier dans le goût affirmé de la solitude mélancolique et du retrait méditatif. Par-delà cette reprise d'autres voix poétiques et par-delà le genre convenu des poèmes amoureux et galants (certains textes sont assurément des œuvres de commande où le « je » n'est pas directement assimilable à l'auteur), s'affirme néanmoins un climat personnel : l'évocation d'un cadre pastoral pour une entrevue amoureuse se teinte à l'occasion d'une note originale ; Tristan se plaît à décrire un espace naturel, lieu d'une harmonie reconquise avec les éléments et avec l'autre, lieu rêvé d'une rencontre fantasmée où passent des images féminines, silhouettes discrètes dont les contours indécis disent l'improbable atteinte.

● *Les Plaintes d'Acante et autres œuvres*, STFM, 1909, rééd. 1989 (p.p. J. Madeleine).

D. MONCOND'HUY

AMOURS ET NOUVEAUX ÉCHANGES DES PIERRES PRÉ-CIEUSES (les). Recueil poétique de Rémy **Belleau** (1528 ?-1577), publié à Paris chez Mamert Patisson en 1576. En 1578, une édition posthume du recueil, enrichie de deux nouveaux poèmes et d'une pièce liminaire consacrée à Prométhée, fut placée en tête des *Œuvres poétiques de R. Belleau* : cette situation privilégiée, au rebours de l'ordre chronologique, illustre l'importance que Belleau accordait à l'ouvrage.

Poète déjà couronné par le succès – il avait traduit les *Odes* d'Anacréon en 1556, et publié sa *Bergerie* en 1565 – Belleau entreprit vraisemblablement la rédaction des *Pierres précieuses* en 1572. Le choix du sujet lui fut peut-être dicté par les goûts de la cour et les aspirations de la bourgeoisie montante, qui stimulaient les développements de l'orfèvrerie et inscrivaient bagues, bracelets et boucles d'oreilles dans un système raffiné de dons et d'échanges ; à cette dimension sociale s'ajoutent des ambitions scientifiques largement attestées par le « Discours » liminaire : Belleau, ami intime de Ronsard, n'avait-il pas lu en 1563, dans l'"Hymne de l'automne", que le poète se doit de connaître « la vertu des herbes et des pierres » ? Ce programme de recension des « beautez » et « perfections » de l'univers minéral s'alimente à plusieurs sources antiques : le traité *De mineralibus* faussement attribué à Aristote, les *Lithice* du pseudo-Orphée, l'*Histoire naturelle* de Pline et le *De natura rerum* de Lucrèce. Belleau ne fut pas le premier dans l'art de blasonner les gemmes, mais son projet, à la fois mondain et savant, cristallisa les goûts d'un public qui admirait la beauté des pierres précieuses, leur dimension symbolique et leur pouvoir magique : dès sa parution, le recueil connut un vif succès et suscita de nombreuses imitations.

Composées de 31 pièces, les *Pierres précieuses* s'ouvrent sur un discours en prose qui étudie les pierres selon leur « matière », leur « couleur » et leurs diverses « propriétés ». Prométhée, dans le poème suivant, est qualifié de « premier inventeur des Anneaux et de l'enchasseure des pierres » : après sa libération, le héros porta au doigt un cercle de fer, où fut enchâssée une pierre de Caucase. Plusieurs poèmes évoquent sous forme de récit mythologique l'origine des pierres précieuses : "l'Améthyste", pétrifiée pour mieux échapper aux fureurs libidineuses de Bacchus (I), "l'Opalle", transformée en pierre par Junon (VII), l'"Onyce", née des ongles de Vénus (IX), "le Jaspe", issu des gouttes de sang du dieu Amour (XIV). D'autres poèmes énumèrent les vertus et propriétés des pierres en rapportant à leur sujet les allégations des auteurs anciens ("la Pierre d'Aymant", III ; "la Perle", IV ; "le Coral", VIII).

Les « eschanges » évoqués par le titre procèdent d'une conception transformiste de l'univers, fondée sur la métamorphose incessante des flux vitaux : « Rien ne périt, tout seulement / Par un secret eschangement / Reprend une forme nouvelle » (XXIII). Chacune des pierres précieuses s'inscrit dans un devenir qui embrasse le processus de sa concrétion et le rayonnement fécondant de ses propriétés : si elles n'étaient issues des formes les plus labiles et les plus ténues de la vie – ongles, sang ou larmes –, les gemmes ne sauraient exercer sur l'esprit et le corps humain une si subtile influence magnétique. Récit des origines mythologiques et description « scientifique », loin de constituer deux modalités discursives séparées, convergent donc en une théorie des « eschanges » et de la fluidité universelle. Cette cosmologie d'inspiration ronsardienne se prolonge en une poétique éminemment souple et mouvante, qui soustrait le recueil à la monotonie d'une simple succession de blasons. Si les pierres précieuses et leurs qualités sont l'objet d'une description minutieuse, elles ne deviennent pas moins les syntagmes d'un langage allusif où se lit l'infirmité des rapports humains : le sentiment amoureux, par exemple, échoue à reproduire la constance de l'émeraude, et le mimétisme de la turquoise ne fait qu'accuser l'indifférence de l'homme à l'égard du malheur de ses semblables. Forme achevée où la perfection esthétique s'épanouit en beauté morale, la pierre précieuse sert de repoussoir à un monde inéluctablement cruel, et focalise les plaintes multiformes du poète : à la rhétorique admirative se substitue alors, en un enchaînement remarquablement maîtrisé, l'amertume amoureuse, la déploration des misères du temps et la diatribe politique ("la Pierre sanguinaire", XXX). Autour de chaque pierre précieuse se constitue un réseau d'analogies et de contrastes qui permet au poète d'élargir son champ de vision, en mobilisant aussi bien la mythologie antique que l'actualité la plus récente. La pierre chez Belleau est à la fois forme close et foyer de suggestions multiples : c'est indéniablement cette dialectique de l'ampleur et de la méticulosité qui donne au recueil son dynamisme formel et thématique.

● « Pléiade », 1953 (*Poètes du XVIe siècle*, p.p. A.-M. Schmidt) ; Genève, Droz, 1973 (p.p. M.-F. Verdier).

P. MARI

AMOURS D'HIPPOLYTE (les). Voir AMOURS DE DIANE (les), de Ph. Desportes.

AMOURS DE CASSANDRE. Voir AMOURS (les), de P. de Ronsard.

AMOURS DE DIANE (les) et **AMOURS D'HIPPOLYTE (les).** Recueils poétiques de Philippe **Desportes** (1546-1606), publiés dans les *Premières Œuvres de Philippe Des Portes* à Paris chez Robert Le Mangnier en 1573. L'édition posthume des *Premières Œuvres*, imprimée à Rouen chez Raphaël du Petit Val en 1607, apporte de nombreuses corrections aux recueils originaux, et reproduit le dernier état du texte revu par l'auteur.

Le début des années 1570 coïncide avec un regain de faveur du pétrarquisme à la cour des Valois. Mais l'inspirateur des poètes n'est plus tant Pétrarque que ses imitateurs de la fin du Quattrocento, Bembo et ses disciples Tebaldeo, Pamphilo Sasso, Seraphin dall'Aquila et Chariteo. Familier des salons néopétrarquisants de la maréchale de Retz, Desportes puise abondamment dans l'œuvre de ces épigones. Son pétrarquisme se distingue des ambitions élitistes et du mépris du vulgaire qui caractérisaient ses prédécesseurs de la Pléiade : poète officiel choyé par Henri III, Desportes choisit de s'adresser à un public élargi, mais dont les références culturelles interdisent le recours à l'allusion obscure ou érudite. Commanditées le plus souvent par de grands seigneurs – le duc d'Anjou, Bussy d'Amboise, Jean de Vivonne –, les pièces amoureuses des deux recueils intègrent et affinent les codes de l'échange mondain : cette conformité du discours poétique aux aspirations d'un milieu social explique l'extraordinaire succès des *Amours*, et l'accession de Desportes au rang d'héritier et rival de Ronsard.

Si les deux recueils sont constitués d'une majorité de sonnets (au nombre de 430), ils contiennent aussi de nombreuses élégies et chansons. En proie au « soin mordant » de la passion, l'amant est soumis en outre à la nécessité de dissimuler son tourment : « Je me laisse brûler d'une flamme couverte, / Sans pleurer, sans gemir, sans en faire semblant » (*Diane*, 1. I, II). Incapable de trouver le repos (*Diane*, 1.I, "Prière au sommeil" ; *Hippolyte*, IV, LXXV), il se heurte sans cesse à la rigueur et à la froideur de la femme aimée (*Diane*, 1. I, IX, XVI, LXI). Il bénit et maudit tout ensemble le joug sous lequel il vit, et finit par perdre tout sentiment assuré de sa propre existence : « Helas j'estouffe, et la fureur soudaine / Me clost l'ouye, et m'aveugle les yeux ! » (*Hippolyte*, "Complainte"). Accablé de souffrances, l'amant déclare, dans les "Stances" finales d'*Hippolyte* que la « mort d'amour » l'emporte largement en douleur sur la mort physique : la seconde n'amène qu'une désagrégation et une destruction de la matière, tandis que la première divise cruellement l'âme et en aliène la meilleure part.

Les *Amours* de Desportes souffrent aujourd'hui de l'image fâcheuse attachée à toute poésie de commande : habile orchestration de lieux communs néopétrarquisants, ils ne figurent plus guère dans notre histoire littéraire qu'au titre d'ultimes et pâles rejetons du courant ronsardien. Il est vrai que ces *Amours* ne conservent, de leur prestigieux modèle, ni la puissance plastique ni l'ivresse érotico-philosophique : ils se réduisent trop souvent à une virtuosité musicale qui ne dissimule qu'imparfaitement l'artifice des agencements thématiques.

Mais leur relative absence d'unité n'empêche pas les affleurements d'une interrogation sur les difficultés et les impasses de la communication amoureuse. L'écriture et la parole semblent également interdites au poète-amant, ou frappées d'inefficacité : en une paronomase révélatrice (« Et puis je n'escry pas pour gloire en acquérir, / Ains plutôt je m'écris au mal qui me transporte », *Diane*, 1. I, I), la plume avoue son impuissance à transcender la douleur inarticulée ; quant aux velléités de dialogue avec la femme aimée, elles provoquent une curieuse syncope qui prive momentanément le poète d'existence (« Un voile obscur sur mes yeux s'estendit, / Le cœur me cheut, tout mon sens se perdit, / Et ne restay qu'une peinture vaine », *Hippolyte*, LXXXIII). Les signes verbaux de l'amour se dissolvent dans l'incommunicabilité d'une obsession : « Je remasche un venin qui le cœur m'empoisonne » (*Hippolyte*, LIII). Cette interdiction de l'échange et cette malédiction d'une conscience livrée à ses propres assauts expliquent la récurrence des deux thèmes connexes que sont la nuit et le sommeil impossible : appelé à grands renforts de prières et de supplications, le sommeil demeure ironiquement « endormi » (*Hippolyte*, LXXV), et ne daigne pas suspendre un instant l'acuité de l'angoisse amoureuse ; une étrange solitude s'instaure alors, où le « lict » et la « nuict », à demi personnifiés par le poète, font figures de témoins impuissants et dérisoires (*Hippolyte*, LX).

La poésie amoureuse de Desportes ne mérite nullement l'accusation de mièvrerie qui l'a longtemps discréditée : elle édulcore moins les acquis de la Pléiade qu'elle ne leur fait subir une remarquable fluidification rhétorique et prosodique. On peut certes regretter que les innovations lexicales y soient proscrites au même titre que les audaces érotiques, et que les arrière-plans métaphysiques s'évanouissent au profit d'une lisibilité toute mondaine du discours poétique ; il reste que ces *Amours*, dont la présence formelle annonce bien des règles édictées ultérieurement par Malherbe, constituent une étape non négligeable dans l'élaboration du classicisme français.

● *Les Amours d'Hippolyte*, « Pléiade », 1953 (*Poètes du XVIe siècle*, p.p. A.-M. Schmidt) ; *Diverses Amours et autres œuvres mêlées*, Genève, Droz, 1963, 2 vol. (p.p. E. V. Graham).

P. MARI

AMOURS DE MÉLINE. Voir AMOURS (les), de J. A. de Baïf.

AMOURS DE PSYCHÉ ET DE CUPIDON (les). Récit de Jean de **La Fontaine** (1621-1695), publié à Paris chez Claude Barbin en 1669.

Livre premier. Polyphile, amateur de lyrisme « fleuri », lit à ses trois amis, dans les jardins de Versailles, sa version du mythe de Psyché : fille cadette d'un roi, celle-ci, par sa beauté extraordinaire, s'attire la colère de Vénus, qui enjoint à son fils de doter la mortelle d'un mari épouvantable. L'oracle annonçant aux parents de Psyché qu'ils doivent l'exposer au haut d'un mont, en pâture au monstre, c'est un cortège funèbre qui conduit puis abandonne la jeune fille. Mais Psyché, transportée par le Zéphyre dans un merveilleux palais, et servie comme une reine, file bientôt le parfait amour avec un mari fort tendre et qui lui défend seulement de chercher à voir son apparence physique. Or, c'est précisément ce que ses deux sœurs, que leur visite a rendues jalouses, l'inciteront à faire. Persuadée qu'il s'agit d'un dragon qui lui fera enfanter un monstre, Psyché, sur leur conseil, s'apprête à poignarder son mari pendant son sommeil. Stupéfaite de découvrir l'Amour en personne, elle se repent, lorsqu'une goutte d'huile brûlante, tombée de sa lampe, réveille le fils de Vénus.
À ce tournant de l'histoire, les quatre amis, passant dans une galerie de verdure, débattent sur les mérites comparés du comique et du tragique. C'est l'occasion de louer, à travers Versailles, Colbert et le roi.
Livre second. Avec l'envol courroucé de l'Amour disparaissent palais et serviteurs. La trop curieuse épouse, sauvée à temps du suicide par Zéphyre, ne revoit Cupidon que pour s'entendre dire qu'il la laisse esclave de Vénus et lui ordonne de se venger de ses sœurs. Poursuivie par les sicaires de Vénus, cherchant de quoi guérir Cupidon de sa brûlure, la malheureuse est hébergée quelque temps par un vieux pêcheur et ses deux petites-filles, qu'elle instruit de ses malheurs. Vêtue maintenant en bergère, elle reprend son errance et, retrouvant ses sœurs, fait successivement croire à chacune d'elles qu'Amour la veut pour nouvelle épouse. Trop confiantes dans le

Zéphyre, qui les avait emportées lors de leur visite, elles se fracassent au bas des rochers. Après avoir vainement sollicité Cérès, puis Junon, et obtenu un oracle de Diane, Psyché décide de se livrer à Vénus. La déesse l'enlève, la fait d'abord fouetter jusqu'au sang, puis la soumet à d'impossibles épreuves : rapporter de l'eau de Jouvence, de la laine des moutons du Soleil, trier un monceau de grains différents, ramener des Enfers le fard de Proserpine. Devant les succès de Psyché, Vénus devine l'appui secret de Cupidon, qui n'empêche d'ailleurs pas l'infortunée d'être à nouveau punie de sa curiosité : ayant ouvert la boîte de fard, elle devient soudain toute noire. Mais, par coïncidence, Cupidon la retrouve, amoureux comme jamais, dans le bois où elle s'est retirée, désespérée. Il ne tarde guère à obtenir de Vénus le pardon et, de Jupiter, le retour au teint blanc, puis la divinisation, de Psyché. De ses noces avec l'Amour naît la Volupté, à laquelle Polyphile consacre un hymne avant de s'en retourner, une fois l'histoire achevée, avec ses trois amis.

La Fontaine récrit avec désinvolture et virtuosité ce texte célèbre qui a sa source dans *l'Âne d'or* d'Apulée (IV, 28-VI, 24). Le contexte du récit – Versailles alors en pleine construction –, l'amitié des quatre lettrés qui s'y promènent (que l'on a longtemps assimilés à La Fontaine, Molière, Racine et Boileau) replacent cependant l'œuvre sous une tout autre lumière : celle d'une modernité hardiment revendiquée, dans la gloire d'un siècle qui prétend à plus d'un titre ravir la palme aux Anciens. La veine romanesque clairement choisie par La Fontaine, qui mêle brillamment les vers et la prose au fil de son récit, se situe dans la lignée de *l'*Astrée*, dont le platonisme est présent dans plus d'une page. La quête de l'Amour par l'âme (Psyché) n'est-elle pas en soi un projet platonicien ? Mais La Fontaine opère sur le mode de la miniature : son «Astrée » n'excède pas deux livres, et cinq cents pages dans l'édition de 1669 (ce qui fait à peine deux cents dans les éditions modernes). L'ironie constante qui anime le récit, tant dans la peinture des dieux, qui rappelle la manière de Lucien, que dans certains traits de psychologie féminine très proches de la veine des **Contes,* doit pourtant indiquer que La Fontaine vise surtout à distraire son public, sur le mode de la poésie et du romanesque galants et enjoués. La recherche d'un style mixte, qui sache mêler les tons, comme il mêle la prose et les vers, est d'ailleurs éclairée par le très intéressant débat entre Gélaste et Ariste à la fin du livre premier : faut-il vraiment choisir, en définitive, entre la comédie et la tragédie, et l'orientation de La Fontaine-Polyphile ne tendrait-elle pas vers le choix d'un enjouement constant, même pour traiter de sujets sérieux ? L'épilogue du premier livre des **Fables* annonçait ce tribut que La Fontaine reconnaissait devoir à l'Amour ; la décision de joindre **Adonis* à cette publication nous oriente aussi vers la constante réflexion du poète sur le style héroïque, tout en détonant volontairement dans le contexte versaillais (puisque ce poème était à l'origine dédié à Fouquet). Une nouvelle fois, La Fontaine brouille les pistes et joue avec le lecteur : le « tempérament » qu'il propose en tête de son ouvrage vise à plaire avant tout, mais « il a fallu badiner depuis le commencement jusqu'à la fin ». Le sérieux de la quête ne doit donc pas masquer le plaisir essentiel qu'a le poète de conter, jouant avec la mémoire d'un public averti et dissimulant la réécriture sous les atours primesautiers d'une narration enjouée et complice.

● « GF », 1991 (p.p. M. Jeanneret et S. Schoettke). ➤ *Œuvres complètes*, « Pléiade », II.

E. BURY

AMOURS DE THÉOPHILE (les) et **AMOUR PASSIONNÉE DE NOÉMIE (l').** Recueils poétiques de Marc de **Papillon de Lasphrise** (1555-1599), publiés dans le volume des *Premières Œuvres* à Paris chez Jean Gesselin en 1599.

Poète-soldat comme Agrippa d'Aubigné, Papillon de Lasphrise combat dans les rangs catholiques dès 1568, à l'occasion de la troisième guerre de Religion. En 1575, entre deux batailles, il s'éprend de la jeune novice Renée Le Poulchre, qu'il chante sous le nom de Théophile (« Aimée de Dieu ») : il l'accable de serments et de poèmes, use de toutes les ressources rhétoriques pour tenter de l'arracher à la vie monastique, mais la jeune fille se résout finalement à prononcer ses vœux. En 1577, à la faveur d'une trêve, il tombe amoureux de sa cousine Polyxène de Papillon, qu'il chantera sous le nom de Noémie. Leur liaison se poursuit quelques années, en dépit du mariage de la jeune fille avec un barbon.

Si la poésie amoureuse de Papillon emprunte à la fois à Ronsard, à Desportes et au pétrarquisme contourné des années 1570, ses audaces verbales et son obscénité souvent blasphématoire la rendent difficilement classable.

Dans les *Amours de Théophile*, le poète raconte, non sans intention provocatrice, la manière dont il a rencontré la jeune fille à l'église : « Moy – comme bon Chrestien – m'en allé à la Messe / [...] /. Mais que m'en advint-il ? pardonne moy, ô Dieu ! / J'ay changé ton image en ma belle Maistresse » (LVI). L'amant ne cesse plus alors d'inciter la jeune fille à l'abandon sensuel (« La vie sans plaisir est une mort hideuse », XI) et dénonce la barbarie des vœux monastiques : il s'emporte à plusieurs reprises contre une pratique où il ne voit que perversion et négation de l'intégrité humaine (« Renoncer la Nature, ha ! quelle indignité ! », LII).
Les premiers sonnets de l'*Amour passionnée de Noémie* assurent la transition avec le recueil précédent et proclament la volonté d'en finir avec un amour sans issue : « J'ay adoré longtemps, gonflé de belle ardeur, / THÉOPHILE aux beaux yeux, Déesse de l'honneur, / [...] / Je vay voir des douceurs de l'humble NOÉMIE » (III). La suite du recueil multiplie les évocations érotiques : jeux folâtres sur un lit (LXX), tendres rendez-vous nocturnes (LXVII), amusements pervers et puérils des amants (LXIII), douces fatigues qui suivent l'extase sexuelle (CV).

Longtemps victime de la pruderie des censeurs, la fougueuse poésie érotique de Papillon de Lasphrise peut aujourd'hui être appréciée à sa juste mesure. Le bon goût n'est certes pas le fait de ce poète-soudard : les schémas pétrarquistes frémissent et s'exacerbent sous sa plume, emportés par un éros baroque où se mêlent étrangement mignardises, perversions et brutalités.

Les Amours de Théophile donnent le ton, en heurtant de front un interdit fondamental : Papillon leste d'une consistance sacrilège la rhétorique galvaudée du désir insatisfait, puisque la jeune fille aimée ne peut appartenir qu'à l'Époux mystique. La passion oppose donc l'amant à Dieu, et l'Église devient le théâtre d'une lutte où les rivaux se disputent le cœur de la novice. Dans cette lutte, l'arme essentielle du poète n'est pas tant la révolte blasphématoire que le travestissement parodique du culte et des sacrements : les actes de la liturgie se transforment ainsi en étapes d'une cérémonie érotique dont le caractère priapique est à peine voilé (XXIV), la confession devient occasion de sceller l'accord amoureux (« Je ne te baillerois l'Absolution saincte / Que je n'eusse ta foy de me baiser sans faincte », CXXI), et le chapelet de la jeune fille fait l'objet d'une fétichisation sensuelle sous couvert de pratique dévote (« J'en oy qui en passant vont prisant ma bonne âme : / [...] / Mais ils ne çavent pas quel Sainct c'est qui m'enflame », CLVII).
Si la dimension sacrilège disparaît à peu près de l'*Amour passionnée de Noémie*, le recueil n'en contient pas moins les mêmes tonalités insolentes : amant et maîtresse s'ébattent sur le lit du barbon, et leur fougue sensuelle apprend l'art de se soustraire malicieusement au regard social. Après la continence imposée par Théophile, la libertine Noémie déchaîne l'exubérance érotique du poète-amant : l'emportement des sens se traduit alors par les saccades haletantes du vers, l'alternance des exclamations et interrogations affectives, l'exploitation jubilatoire du lexique mignard (« Pignotant, frisottant ta chevelure blonde, / Pressottant, sucçotant ta bouchette d'œillets », LIII) ou du « langage enfançon » (LXIII). Mais surtout, l'extase érotique a pour effet de réactiver le thème pétrarquiste de la

mort amoureuse : il ne s'agit plus chez Papillon de Lasphrise de la mort conventionnelle et évanescente dont se plaint un amant recru de passions, mais de l'ivresse suprême où se résume la profusion des désirs : « Mignonne, je me meurs après ces coups friands, / De nos joyeux regards, de nos propos rians, / De tant d'esbas sucrez, de tant de follatrie » (CV). Cette récurrence de la mort extatique indique assez que l'*Amour passionnée de Noémie* ne saurait se réduire à une suite de variations égrillardes et provocatrices. Une perception plus grave de l'« escarmouche » amoureuse se fait jour, où l'orgasme frôle la mort et l'appelle comme un couronnement : « La belle mort d'Amour est le contentement » (CV).
Tout anachronisme mis à part, il y a plus d'une fois du Bataille chez Papillon de Lasphrise. Une telle audace transgressive devrait inciter le lecteur moderne à la redécouverte de recueils trop négligés aujourd'hui.

● « Pléiade », 1953 (*Poètes du XVIᵉ siècle*, extraits, p.p. A.-M. Schmidt) ; Genève, Droz, 1979, 2 vol. (p.p. M. Manuella Callaghan).

P. MARI

AMOURS DU CHICO (les). Voir PARDAILLAN (les), de M. Zévaco.

AMOURS ENFANTINES (les). Voir HOMMES DE BONNE VOLONTÉ (les), de J. Romains.

AMOURS JAUNES (les). Recueil poétique de Tristan **Corbière**, pseudonyme d'Édouard Joachim Corbière (1845-1875), publié à Paris chez Glady frères en 1873.
Les poèmes des *Amours jaunes*, œuvre unique de Tristan Corbière, ont été vraisemblablement composés à partir de 1862 et jusqu'en 1873. Le poète fit éditer le recueil à ses frais et le livre passa inaperçu. Il fallut attendre le premier article des *Poètes maudits* de Verlaine, en 1881, consacré à Corbière, et *À rebours* de Huysmans, en 1884, dont le héros, Des Esseintes, range *les Amours jaunes* parmi ses ouvrages favoris, pour que l'œuvre de Corbière sorte de l'ombre.

Le recueil contient quatre-vingt-quatorze poèmes répartis en sept sections : « Ça », « les Amours jaunes », « Sérénade des sérénades », « Raccrocs », « Armor », « Gens de mer » et « Rondels pour après ». Cette disposition est le fruit d'un travail de composition et ne reflète pas l'ordre chronologique de rédaction des poèmes. Bien que les renseignements sur ce sujet soient peu nombreux – les indications de date ou de lieu qui accompagnent souvent les textes sont fictives –, on peut avancer que les sections « Armor » et « Gens de mer », qui chantent la Bretagne natale du poète, ont été écrites à Roscoff, entre 1862 et 1871. La rencontre, en 1871, d'une jeune femme, nommée Marcelle dans la dédicace versifiée qui ouvre le recueil, engendre une rupture tant dans la vie que dans la poésie de Corbière qui effectue de nombreux séjours à Paris, entre 1872 et 1874, pour retrouver Marcelle. Les poèmes des « Amours jaunes », de « Sérénade des sérénades » et de « Raccrocs », composés sans doute entre 1871 et 1873 et caractérisés par une thématique amoureuse et un cadre urbain, sont d'une inspiration différente de celle des sections consacrées à la Bretagne.
L'organisation des *Amours jaunes* est donc le fruit d'une architecture concertée. Après une première partie, « Ça », consacrée à une présentation, ironique et dramatique à la fois, du livre et du poète, Corbière choisit de placer en tête du recueil les pièces parisiennes où s'expriment la détresse sentimentale et la distance douloureuse et hostile qui sépare l'homme de la femme (« les Amours jaunes », « Séranade des sérénades », « Raccrocs »). Ce ton pathétique et grinçant trouve une sorte d'apaisement dans les sections suivantes (« Armor », « Gens de mer »), la terre natale apparaissant comme un refuge salvateur. La dernière section, « Rondels pour après », contient des poèmes en forme de berceuses qui font de la mort l'ultime havre libérateur.

Le titre du recueil est énigmatique et crée d'emblée, par les termes qu'il associe, une dissonance, élément clé pour l'ensemble de l'ouvrage. Le mot « amours », en effet, semble placer l'œuvre dans la continuité d'une tradition poétique lyrique et sentimentale (on pense aux *Amours de Ronsard) mais l'adjectif « jaunes » perturbe les repères et fait vaciller le premier signifiant. L'amour jaune serait-il une analogie du rire jaune, rire sans vraie gaieté, c'est-à-dire faux et douloureux ? Ce rire jaune apparaît, explicitement lié à l'amour, dans "À l'Etna" (« Raccrocs ») : « – Tu ris jaune et tousses : sans doute, / Crachant un vieil amour malsain. » Le jaune est aussi la couleur symbolique de la tromperie (« couleur de Judas », dit le *Littré*) et de la dégradation (par opposition à la pureté idéale du blanc). Le syntagme nominal « amours jaunes » place le recueil sous les auspices de la disharmonie.

La femme, objet d'un impossible amour, est toujours cruelle. Elle dit par exemple dans "Pauvre Garçon" : « J'ai fait des ricochets sur son cœur en tempête. [...] / Serait-il mort *de chic*, de boire, ou de phtisie, / Ou peut-être, après tout : de rien [...] / ou bien de Moi. » Le poème "Bonne fortune et Fortune" est une sorte de fable symbolique qui conte l'échec de l'union amoureuse : la passante désirée par le poète prend celui-ci pour un mendiant et lui donne « deux sous ». Lorsque le sentiment amoureux est miraculeusement partagé, un écart infranchissable persiste entre la femme et l'homme : « Lui – cet être faussé, mal aimé, mal souffert, / Mal haï – mauvais livre... et pire : il m'intéresse. – / [...] / Cet homme est laid... – Et moi, ne suis-je donc pas belle, / Et belle encore pour nous deux ! – / En suis-je donc enfin aux rêves de pucelle ?... / – Je suis reine : Qu'il soit lépreux ! » ("Femme"). C'est seulement avec la mort que semble pouvoir advenir une fusion apaisée, à la fois érotique et idéale : « Sentir sur ma lèvre appauvrie / Ton dernier baiser se gercer, / La mort dans tes bras me bercer... / Me déshabiller de la vie !...» ("Un jeune qui s'en va").

Le manque d'harmonie ne concerne pas seulement la relation amoureuse. Il est inhérent au poète lui-même. Corbière endosse volontiers, dans ses poèmes, les masques de la laideur, de la misère et de l'infirmité. Ainsi, le poème "le Crapaud", sorte d'écho grinçant, car dépouillé de tout idéalisme, de "l'Albatros" baudelairien, s'achève par ces mots : « Ce crapaud-là c'est moi. » Ailleurs, le poète apparaît sous les traits du « lépreux » ("Femme", "le Poète contumace"), du « paria » ("Paria"), du « sourd » ("Rapsodie du sourd"), du « borgne » ou de l'« aveugle » ("Cris d'aveugle", "la Rapsodie foraine et le Pardon de sainte Anne"). Ces avatars d'un moi estropié et souffrant disent la difficulté d'être qui ne cesse de tenailler Corbière : « – Manque de savoir-vivre extrême – il survivait – / Et manque de savoir-mourir – il écrivait » ("le Poète contumace"). D'autres périphrases délivrent pourtant une image lumineuse du poète : « beau décrocheur d'étoiles » ("Sonnet posthume"), « voleur d'étincelles » ("Rondel"), « peigneur de comètes » ("Petit mort pour rire"). Mais ces visions radieuses appartiennent toutes à l'ultime section du recueil « Rondels pour après », c'est-à-dire à l'univers de la mort réparatrice.

Ici et maintenant, la plénitude et l'harmonie sont refusées. Les multiples antithèses qui apparaissent dans les poèmes traduisent une identité douloureuse, écartelée toujours entre des postulations contradictoires : « Oiseau rare – et de pacotille ; / Très mâle... et quelquefois très *fille* ; / Capable de tout, – bon à rien ; Gâchant bien le mal, mal le bien. Prodigue comme était l'enfant / Du Testament, – sans testament » ("Épitaphe"). Cette infernale lucidité dans l'analyse de soi donne le vertige et paralyse : « Trop *Soi* pour se pouvoir souffrir, / L'esprit à sec et la tête ivre, / Fini, mais ne sachant finir, / Il mourut en s'attendant vivre / Et vécut, s'attendant mourir. / Ci-gît, – cœur sans cœur, mal planté, / Trop réussi, – comme *raté* » ("Épitaphe"). L'effort de définition de soi tord le langage pour lui faire exprimer le paradoxe d'une existence déchirée par l'impossibilité de vivre : « Lui, ce viveur vécu, revenant égaré » ("le Poète contumace").

Le malheur et la souffrance sont donc au cœur de cette poésie. Toutefois, celle-ci mêle constamment, toujours selon le principe de l'éternelle réversibilité de toute chose, le rire au désespoir : « Viens pleurer, si mes vers ont pu te faire rire ; / Viens rire, s'ils t'ont fait pleurer.../ Ce sera drôle... Viens jouer à la misère » ("le Poète contumace"). Cette constante présence de l'humour éloigne radicalement la poésie de Corbière de l'effusion romantique.

Cet humour frappe la poésie elle-même : des titres de sections tels que « Ça » ou « Raccrocs » témoignent d'une volonté de déjouer le sérieux et le formalisme de l'entreprise poétique. Ainsi, le premier poème du recueil, "Ça ?", après de vaines tentatives pour définir la poésie des *Amours jaunes*, conclut : « C'est, ou ce n'est pas *ça* : rien ou quelque chose... Un chef-d'Œuvre ? – Il se peut : je n'en ai jamais fait. / [...] / C'est un coup de raccroc, juste ou faux, par hasard... L'Art ne me connaît pas. Je ne connais pas l'Art. » Radicale et dévastatrice, l'ironie s'enracine dans le déchirement intérieur du poète. Le langage lui-même est frappé de suspicion car il peut sans cesse mentir. C'est pour cela que Corbière ne cesse de raturer, de retourner les énoncés.

Sa poésie puise sa force dans une sorte d'élan cahotique qui la caractérise. Une abondante ponctuation, à grand renfort de tirets et de points de suspension, bouscule le rythme et crée une respiration singulière. Images, idées ou mots paraissent s'enchaîner au fil de libres associations, si bien que les surréalistes ont cru déceler dans la "Litanie du sommeil" les prémices de l'écriture automatique. Or les témoignages de contemporains ou l'examen des brouillons et manuscrits de Corbière révèlent que cet apparent désordre est au contraire le fruit d'un minutieux travail. Jules Laforgue, dans « Une étude sur Corbière » (*Mélanges posthumes*, 1903), prétend qu'il est impossible d'extraire un seul beau vers des *Amours jaunes*. La remarque est peut-être excessive mais elle est fondée : Corbière travaille à désarticuler le vers. Sa poésie refuse les harmonies trop faciles et ne cède pas aux charmes de l'esthétisme : « Ce fut un vrai poète : il n'avait pas de chant » ("Décourageux").

● « Poésie/Gallimard », 1973 (p.p. J.-L. Lalanne) ; *Œuvres complètes*, « Pléiade », 1970 (p.p. P.-O. Waltzer et F. Burch) ; *Œuvres poétiques complètes*, « Bouquins », 1990 (p.p. M. Dansel) ; Toulouse, Presses Univ. du Mirail, 1992 (p.p. E. Aragon et C. Bonnin).

A. SCHWEIGER

AMOURS TRAGIQUES DE PYRAME ET THISBÉ (les). Tragédie en cinq actes et en vers de Théophile de **Viau**, dit aussi Théophile (1590-1626), créée sans doute en 1621, et publiée dans la seconde partie des *Œuvres du sieur Théophile* à Paris chez Billaine en 1623.

Poète déjà célèbre, Théophile composa ce qui fut vraisemblablement son unique pièce en s'inspirant d'un épisode bien connu des *Métamorphoses* d'Ovide (peut-être aussi de Baïf et de Marino). D'une composition délibérément archaïque, *Pyrame et Thisbé* est comme une suite de tableaux où s'impose surtout un climat poétique lié à l'absolu d'un amour contrarié, vécu dans une étroite proximité avec la nature. L'unité de ton et la force du discours élégiaque, nourri d'équivoques et de métaphores, frappèrent davantage que les traits libertins de la pièce, d'une violence particulièrement provocante : l'œuvre fut longtemps admirée et marqua profondément les générations postérieures – ce dont témoigne encore l'ironie de Boileau à propos du fameux poignard qui « en rougit, le traître ! »...

Seule, la jeune Thisbé dit son amour pour Pyrame : aucun obstacle, pas même la « haine ancienne » que se portent leurs familles, ne les séparera. Mais le père de Pyrame entend être obéi et ne veut plus tolérer cette relation. Quant au Roi, amoureux de Thisbé, il envisage de faire assassiner Pyrame ; malgré ses réticences initiales, Syllar, son ministre, accepte de s'en charger (Acte I). Pyrame rejette les conseils de son ami Disarque qui l'invitait à délaisser Thisbé. La rencontre des amants, dans un cadre rustique, est l'occasion de nouveaux serments amoureux (Acte II). Aidé de Deuxis, son domestique, Syllar attaque Pyrame. Deuxis est blessé, Syllar s'enfuit. Avant de mourir Deuxis révèle qu'il a agi sur ordre du Roi ; Pyrame décide de fuir avec Thisbé. Le Roi ordonne à Syllar d'organiser un nouveau guet-apens (Acte III). Thisbé accepte de partir avec son amant ; ils se quittent et doivent se retrouver peu après. La mère de Thisbé, qui a vu en songe sa fille morte, décide d'accepter son amour pour Pyrame. Partie retrouver son amant, la jeune fille aperçoit un lion et s'enfuit (Acte IV). Arrive Pyrame qui, voyant du sang et les traces du lion, conclut à la mort de sa bien-aimée. Il se tue. Revenue sur ses pas, Thisbé trouve son corps sans vie et se suicide (Acte V).

La brièveté de la pièce sert son intensité dramatique : aucun relâchement, une tension croissante avec, en contrepoint, de nobles chants d'amour que le spectateur sait toujours davantage menacés. Les monologues de Thisbé, par des effets de miroir ou d'opposition, structurent la tragédie : joie de l'amour (I, 1), prières à la Lune et à un « sacré ruisseau » quand elle attend Pyrame pour fuir avec lui (IV, 3), désespoir et adieu au monde (dernier des deux monologues auxquels se réduit l'acte V). À la confiance absolue dans l'amour, qui seul fait vivre pleinement, à la plénitude de cette union que rien ne saurait entamer, succède la douleur de la séparation (des corps, non des âmes). Le suicide sanctionne, avec la perte de l'amant, l'impitoyable désillusion : non pas seulement désespoir amoureux, mais douleur insoutenable de comprendre que la nature, longtemps chantée comme refuge à l'unisson du couple, accueillante et complice, n'est qu'un doux leurre : rameaux et « prés verdissants » chaque année meurent pour revivre ; Pyrame, lui, est à jamais l'hôte de « ces pâles manoirs où son esprit séjourne ». Mourir, pour Thisbé, c'est pouvoir ne faire enfin « qu'un esprit de l'ombre de deux corps » ; c'est plus encore une révolte, qui donne aux derniers mots du personnage (juste après l'apostrophe au poignard, « bourreau » de Pyrame) leur véritable tonalité : non pas apaisement d'une femme qui rejoint l'aimé dans la mort, mais violence provocatrice, ironique défi adressé au destin et aux dieux. « Je ne pouvais mourir d'un coup plus gracieux, / Ni pour un autre objet haïr celui des Cieux », lance-t-elle pour finir. Nul suicide plus ostensiblement « scandaleux » que celui-là, plus sciemment libertin – plus clairement libérateur.

En ce monde, aucune place en effet pour la passion véritable, opposée à la rage concupiscente du Roi : l'isolement dans la nature, apparent havre de paix, n'est qu'une figure de l'exclusion à laquelle le céder les amants, faute de céder aux pressions qui condamnent leur amour, sont voués. De fait, la pièce est saturée d'obstacles dressés contre eux : opposition parentale (annoncée, sur le mode grotesque – d'un grotesque grave –, par l'apparition, dès la première scène, d'une « vieille », substitut de la mère : « vieux spectre d'ossements », selon Thisbé, et surtout image de la Mort qui rôde, comme pour annoncer le songe de la mère), fureur amoureuse du Roi, détaché de toute morale et de toute allégeance aux dieux, qu'il veut mimer de manière iconoclaste et quasi sacrilège en régnant en tyran et en disposant sans vergogne de la vie de ses sujets. L'amitié elle-même (Disarque) est subvertie par le discours parental, l'argent et la peur font le reste, emportant les hésitations de Syllar et surtout la conscience de Deuxis, simple domestique auquel revient significativement la charge d'incarner la morale – avant d'être le seul, parmi les coupables, à périr. Et pourtant, par un effet d'ironie, aucun de ces obstacles accumulés ne vient à bout de l'amour des jeunes gens : il y faut l'obscure intervention du destin, sous la figure d'un lion et du terrible malentendu qu'il provoque. La pièce touche ainsi à l'essence du tragique : impossible aux amants d'échapper aux dieux – les menaces parentales comme les criminelles gesticulations du Roi n'en sont qu'un signe dévalué et frappé d'inanité.

Au milieu d'une telle violence, les traits de libertinage tirent toute leur force de leur mise en situation. Le Roi, caricature du tyran machiavélique, va jusqu'à l'impiété en défendant sciemment une version pervertie de la doctrine du souverain comme lieutenant de Dieu. Il est dénoncé par ceux-là même qui, sous la pression, acceptent de servir ses injustes desseins. Quant aux amants, ils disent leur passion sur le mode de l'absolu, jusqu'à substituer l'aimé aux dieux eux-mêmes : lorsque Pyrame fait de Thisbé une déesse, lorsque Thisbé adore Pyrame mort et le dit immortel, hyperboles et métaphores ne sont pas pure ornementation. Ils vivent l'amour comme une expression de la nature que, en poussant à bout la doctrine épicurienne, ils vénèrent en lieu et place des dieux. Défenseurs d'un panthéisme radical, ils vont jusqu'à nier l'immortalité de l'âme, et Thisbé, en dépit d'un discours qui emprunte au *topos* des retrouvailles aux Enfers, semble refuser de croire à la résurrection.

La revendication de liberté formulée par les amants est liée à la jeunesse. S'opposant à leurs parents, ils refusent un monde vieilli, sur lequel pèse le poids du temps (le père de Pyrame – qui, en domestique du Roi, affirme à propos des amours de son fils que « [son] pouvoir absolu rompra cette entreprise » – repousse le souvenir de sa propre jeunesse) et de haines familiales à l'origine confuse ; ils refusent l'ordre du monde social pour se tourner vers l'intemporalité de la nature. Rien d'un plaidoyer en faveur d'un monde nouveau : les accents de sincérité des deux amants, cette langue, ces tours qui impressionnèrent parurent assurément modernes ; mais cette tragédie quasiment dénuée de localisation géographique ou historique n'ouvre sur rien d'autre que la mort. Aucun optimisme dans ce refus de l'oppression et ce désir de liberté qui engagent à fuir le monde, non à tenter de le changer. Tragédie nocturne, pièce lunaire plus que solaire, *Pyrame et Thisbé* est un admirable tombeau.

● « Pléiade », 1975 (*Théâtre du XVIIe siècle*, I, p.p. J. Scherer).

D. MONCOND'HUY

AMPELOUR (l'). Pièce en un acte et en prose de Jacques **Audiberti** (1899-1965), publiée dans le tome I du *Théâtre* à Paris chez Gallimard en 1948.

Dans la salle d'auberge d'un village du Languedoc, on espère le retour de Napoléon – prisonnier à Sainte-Hélène – que préfigure l'apparition dans la contrée d'aigles surnaturels. Un cavalier attaqué par ces oiseaux annonce que l'Empereur a débarqué en France et qu'il est sur le chemin de Paris. Il serait même dans les parages. Chacun se prépare à son arrivée imminente. On frappe : c'est le nouveau vicaire de La Villedieu. Mais les hôtes le soupçonnent de dissimuler sa véritable identité... On frappe de nouveau : c'est le boucher. Ne serait-ce pas lui l'Empereur ? Ne porte-t-il pas un masque ? De nouveaux coups, formidables, retentissent. Cette fois, c'est un aveugle, qui prétend être chargé de délimiter les domaines de la langue d'oc et de la langue d'oïl. Les hôtes de l'auberge n'y croient qu'à demi. Enfin, on entend des rumeurs d'ailes et de griffes contre la porte. Les trois nouveaux arrivants se prennent alors par la main et se mettent à chanter. L'employé du télégraphe frappe à la vitre pour annoncer la mort de Napoléon.

L'atmosphère de cette première pièce d'Aubiderti est déjà celle qui présidera au drame de *la Fête noire*. L'indétermination du lieu et de l'époque, malgré les indications par ailleurs fort précises, permet de créer cette ambiance fantastique « au fond des âges... dans ces régions mal connues où la voix des hommes est cassée et les nuits froides ». La naissance d'une légende y est retracée à travers les angoisses d'un autre temps qui subsistent dans les campagnes méridionales. Les superstitions bien ancrées ainsi que les présages que chacun déchiffre dans l'invasion de ces aigles surnaturels créent une tension dramatique qu'accroît chaque nouvelle entrée d'un personnage. Le grognard exalté par ses souvenirs annonce l'entrée de l'Empereur à chaque nouvelle apparition ; le savant ou l'aubergiste n'ont de cesse de confondre les visiteurs et de les obliger à avouer qu'ils sont cet empereur tant attendu. Les soupçons sont d'ailleurs entretenus par nombre de troublantes coïncidences. Voici que le vicaire arrive justement de « Sainte-Hélène, dans le canton de Châteauneuf ». D'ailleurs, il a une étrange connaissance des campagnes napoléoniennes, et les yeux bleus comme Napoléon. Le boucher, lui, est « plein de napoléons » et sa femme s'appelle Marie-Louise, comme l'impératrice. Dès lors qu'il se met à parler comme un militaire, on le soupçonne d'avoir un faux nez, qu'on veut lui arracher ; on tente de le confondre en le prenant en flagrant délit d'ignorance de la géographie du pays. L'attente devient insupportable. Survient alors l'aveugle. Venu des bords du grand océan – où l'Empereur a débarqué –, prétendument chargé de délimiter les domaines de la langue d'oc et de la langue d'oïl, il prononce le mot « ratepignate » (chauve-souris), que les habitants du village utilisent pour désigner le chapeau de Napoléon. À certains lapsus : « le Premier consul… le premier consulte la profondeur », les hôtes de l'auberge croient de nouveau pouvoir démasquer l'Empereur. Mais l'aveugle leur révèle que les animaux qu'ils ont pris pour des aigles sont en réalité des « ratepignates » venues d'Afrique.

Les trois personnages en lesquels Napoléon se recompose symboliquement (« Un prêtre, un boucher, un aveugle… l'Empereur est au complet ») sont l'amorce d'un jugement sévère porté sur l'ensemble de l'épopée napoléonienne. C'est pourquoi l'ultime coup de théâtre, s'il met fin à un suspense savamment entretenu, n'est qu'une confirmation du caractère désormais définitif de cette métamorphose. Si la vie terrestre de Napoléon cesse au moment même où les trois hommes, « masques mal sûrs », se prennent la main, c'est qu'une autre vie vient de commencer pour l'Empereur. Napoléon, déifié par l'absence et par l'attente, devient « l'autre », ou « celui que vous savez ». L'aubergiste voue une sorte de culte à cet homme dont il n'ose prononcer le nom, et conserve son effigie dans sa chambre, « taillé[e] dans un os de bouilli ». « Sur la terre, la trinité vient de fleurir », déclare le savant en contemplant les trois visiteurs au moment même où l'on va apprendre la mort de l'Empereur. Quinze ans avant *En attendant Godot*, Audiberti avait donc écrit ce drame de l'attente et de l'incarnation, où les superstitions traditionnelles cèdent le pas devant une logique trinitaire – qu'on ne saurait cependant identifier au christianisme.

A. SCHAFFNER

AMPHITRYON. Comédie en trois actes et en vers libres de **Molière**, pseudonyme de Jean-Baptiste Poquelin (1622-1673), créée à Paris au théâtre du Palais-Royal le 13 janvier 1668, et publiée à Paris chez Jean Ribou la même année.

Le *Tartuffe* restant décidément interdit – le 5 août 1667, Lamoignon avait suspendu les représentations de sa version adoucie (*l'Imposteur*), ensuite de quoi la troupe était restée sept semaines sans jouer –, Molière directeur de théâtre mit en demeure l'auteur Molière d'étoffer son répertoire. Celui-ci se tourne alors vers l'Antiquité, et précisément vers Plaute (traduit récemment, en 1658) à qui il emprunte successivement le sujet de deux comédies, *Amphitryon* et l'*Avare*. Double garantie de succès pour *Amphitryon* : les Sosies de Rotrou (1636) ont créé une vogue et l'actualité princière donne un piment nouveau au thème du glorieux cocuage. Louis XIV vient en effet de ravir son épouse au marquis de Montespan qui, pour le moment, se tient coi : « Un partage avec Jupiter / N'a rien du tout qui déshonore » (*Amphitryon*, v. 1898-1899), il peut même susciter des espérances. Celles du marquis furent déçues, et probablement aussi celles du dramaturge.

Malgré la présence du roi et de la cour le 16 janvier 1668, malgré un compte rendu enthousiaste du gazetier Robinet, il fallut rapidement soutenir la pièce par l'adjonction du farcesque *Médecin malgré lui*. Elle sera imprimée dès le mois de mars, avec un *Sonnet au roi sur la conquête de la Franche-Comté* qui n'ajoute rien à la gloire de Molière. *Amphitryon* rencontrera un succès honorable à la Comédie-Française jusqu'à la fin du XVIIIᵉ siècle, après quoi il ne cessera de décliner.

Jupiter est de nouveau amoureux d'une mortelle. Il a pris les traits du général thébain Amphitryon, retenu aux armées, pour s'introduire auprès de sa jeune femme Alcmène et jouir de ses faveurs. Mercure vient demander à la Nuit de se faire plus lente afin de prolonger les plaisirs du roi des dieux (Prologue).

Sosie, valet d'Amphitryon, arrive du camp de son maître pour annoncer à Alcmène la victoire des Thébains et le proche retour de son époux. Mais Mercure, qui a pris la ressemblance de Sosie, fait bonne garde et empêche à coups de bâton son « original » d'accomplir sa mission. Jupiter et Alcmène se séparent avant l'aube. Leurs adieux pleins de tendresse éveillent les regrets de Cléanthis, qui déplore la froideur de Sosie, son mari depuis quinze ans. Elle en fait reproche à Mercure, qu'elle prend pour lui, mais le messager des dieux n'en a cure et conseille à la matrone de se choisir un galant (Acte I).

Amphitryon est de retour. Il ne comprend rien à l'histoire que lui raconte Sosie de sa rencontre avec un autre lui-même. Alcmène paraît et s'étonne de voir revenir si tôt l'époux qu'elle vient, croit-elle, de quitter : cet accueil ne ravit pas Amphitryon, encore plus stupéfait – et inquiet – d'apprendre d'Alcmène qu'il a passé la nuit avec elle. Il se juge trahi : elle s'indigne de sa mauvaise foi. Les deux époux se quittent fort aigris l'un contre l'autre. Sosie craint pareillement que Mercure n'ait abusé de sa ressemblance pour prendre sa place auprès de Cléanthis : il est vite rassuré. Mais voici de nouveau Jupiter, « sous la forme » toujours d'Amphitryon. Il réussit, à force de langoureux hommages, à se faire pardonner par Alcmène les outrageants soupçons dont Amphitryon vient d'accabler sa femme. Pour fêter la réconciliation, il ordonne à Sosie d'aller inviter les officiers de l'armée victorieuse (Acte II).

Le véritable Amphitryon se présente à la porte de sa maison pour reprendre avec Alcmène la discussion sur les événements de la nuit précédente. Mais Mercure a remplacé Sosie, et il n'ouvre pas la porte. Non content d'insulter le général, il lui apprend que l'autre Amphitryon est à l'intérieur avec Alcmène. Fureur du mari bafoué qui roue de coups le vrai Sosie qui arrive avec les officiers. Lorsque Jupiter-Amphitryon se montre sur le seuil, ces derniers inclinent à le reconnaître pour leur chef et acceptent son invitation à dîner. Sosie veut les rejoindre, mais en est empêché par Mercure. Avec les compagnons qu'il a rassemblés pour sa vengeance, Amphitryon revient à la charge : Mercure alors dévoile le mystère et Jupiter « dans une nue », pour consoler son rival humain, lui annonce qu'Alcmène mettra au monde un héros – Hercule (Acte III).

L'histoire d'Amphitryon est l'un des grands mythes indo-européens, déjà présent chez Homère et Hésiode. Il est alors ordonné à la geste d'Héraclès et signifie l'union de la Terre et du Ciel dans l'engendrement d'un être supérieur à l'humanité. Le mythe cependant se dégrade vite. Matière à épopée ou tragédie, il fournit un sujet de drame satirique, puis de comédie, à mesure que les dieux apparaissent plus humains – Zeus/Jupiter devenant « un coureur de guilledou » (A. Ernoult) à qui Hermès/Mercure sert de valet-entremetteur. Le sens religieux disparaît donc tandis que passent au premier plan la tromperie dont est victime Amphitryon et le moyen de sa réussite, à savoir la ressemblance de Jupiter et d'Amphitryon, sur laquelle les textes les plus anciens ne disent mot. Molière se situe à l'évidence sur cette trajectoire démythificatrice, même si la possible identification du Roi-Soleil au roi des dieux le retient dans les bornes d'une courtisanerie au demeurant nuancée d'ironie. Outre que la promesse d'une naissance héroïque n'oriente nullement l'action, qui consiste dans les péripéties de l'adultère céleste, un reste de la mode burlesque des années 1650 achève d'humaniser les dieux : Mercure fatigué s'assied sur un nuage (preuve que l'emploi des « machines » peut paradoxalement exhiber la faiblesse des puissances), Phébus est accusé d'avoir « trop pris de son vin » (v. 275) et le même Mercure remonte au ciel se « débarbouiller » (v. 1885) avec de l'ambroisie.

Cette mythologie pour « hôtel du libre-échange » est moins l'objet comique de la pièce que l'espace qui permet au comique de se déployer. Celui-ci, au plan des personnages, repose principalement sur Sosie. Non seulement parce qu'il est battu, mais parce que son dédoublement en Mercure (à la différence du dédoublement d'Amphitryon) exprime en quelque sorte son essence : Sosie est double dès son entrée en scène, quand il joue à la fois le rôle d'Alcmène et le sien propre ; il est double en tant qu'esclave, puisqu'il appartient à un autre autant qu'à soi (v. 709-712) ; il est double en tant que lâche qui doit mettre à couvert ses épaules et son dos par des allures de matamore (« Si je ne suis hardi, tâchons de le paraître », v. 305). La structure même de la pièce crée le comique en ce qu'elle reproduit tout entière le schéma du double : en inventant le personnage de Cléanthis, Molière met simultanément en parallèle et en opposition le triangle des maîtres (Jupiter-Amphitryon-Alcmène) et celui des serviteurs (Mercure-Sosie-Cléanthis). La souplesse du vers libre lui permet d'accentuer le contraste entre le registre de l'amour noble, où de véritables stances font alterner l'octosyllabe avec l'alexandrin, et celui de la familiarité, où prédominent les mètres courts. Mais le plus grand plaisir que donne Amphitryon est sans doute celui du quiproquo, car ce qui est incompréhensible aux personnages humains de la pièce ne fait pas mystère pour le spectateur : par là, nous sommes identifiés aux dieux, métaphores de l'imagination créatrice du dramaturge.

● Genève, Droz, 1946 (p.p. P. Mélèse) ; « Folio », 1973 (p.p. G. Couton). ➤ *Théâtre complet*, Les Belles Lettres, IV ; *Œuvres complètes*, « GF », III ; *id.*, « Pléiades », II.

G. FERREYROLLES

AMPHITRYON 38. Comédie en trois actes et en prose de Jean **Giraudoux** (1882-1944), créée dans une mise en scène de Louis Jouvet à Paris à la Comédie des Champs-Élysées le 8 novembre 1929, et publiée à Paris chez Grasset la même année.

Nombreux sont les écrivains du début du XXᵉ siècle qui ont repris les mythes antiques pour les réinterpréter à leur façon ; tel est le cas du *Philoctète* de Gide, de l'*Antigone* ou de l'*Orphée* de Cocteau. Giraudoux lui-même insiste avec humour sur la banalité de son sujet ; il affirme en effet, dans son titre, être le 38ᵉ auteur, notamment après Euripide, Plaute, Molière et Kleist, à mettre en scène la légende de la naissance d'Hercule. Chacun sait comment Alcmène, la vertueuse épouse du roi de Thèbes, Amphitryon, honorée à son insu par Jupiter, devint la mère du plus fameux héros de l'Antiquité. La pièce est écrite très rapidement en février-mars 1929 ; les corrections s'échelonnent de juin à octobre. Des remaniements et des coupures pratiquées lors de représentations théâtrales postérieures montrent que l'auteur tint compte des remarques de Jouvet et des réactions du public.

À la tombée du jour, Jupiter, dissimulé dans les jardins du palais, guette Alcmène, l'épouse fidèle et aimante du roi de Thèbes, Amphitryon ; pour la posséder, il accepte le stratagème proposé par le rusé Mercure : faire déclarer la guerre à Thèbes afin d'éloigner le roi et prendre son apparence pour passer la nuit au palais. Aussitôt dit, aussitôt fait : la guerre proclamée et la ville réveillée, l'armée thébaine s'ébranle et Alcmène fait ses adieux à son époux qui s'arrache à ses bras. Mercure, qui a pris l'apparence de Sosie, valet d'Amphitryon, lui annonce alors le retour secret de son maître pour la même nuit. C'est ainsi qu'Alcmène ouvre sans méfiance sa porte au faux Amphitryon (Acte I).
Le lendemain, à l'aube, Mercure, posté devant la chambre d'Alcmène, attend l'arrivée du vrai Amphitryon tandis qu'Alcmène réveille Jupiter ; elle confond ingénieusement ses prétentions d'amant et de créateur de l'univers, force son respect par sa sagesse d'humaine et s'enfuit gaiement lorsqu'il veut lui révéler la vérité. Jupiter avoue à Mercure qu'il est tombé amoureux et le charge d'annoncer la visite du roi des dieux pour le coucher du soleil. La nouvelle se répand : Thèbes en liesse se prépare à l'accueillir dignement mais Alcmène refuse d'être infidèle. À ce moment, Léda survient à point pour accepter de

prendre sa place. Quand son mari se présente, Alcmène le reçoit avec suspicion puisqu'elle le prend pour Jupiter et le conduit dans la chambre où l'attend Léda (Acte II).
Au soir, la foule est massée au pied du palais, Alcmène à son balcon ; une voix céleste proclame les exploits futurs d'Hercule. Jupiter se présente dans toute sa majesté ; mais Amphitryon refuse de livrer son épouse à son divin rival. Restée seule avec le dieu, celle-ci l'attendrit en lui offrant, au lieu d'amour, son amitié ; elle repousse l'offre de l'immortalité et, troublée de soupçonner la vérité, demande à ne garder aucun souvenir de cette journée. Jupiter lui ayant accordé l'oubli dans un baiser, ils paraissent au balcon pour « être en règle avec la légende » ; ensuite Jupiter remet une Alcmène « intacte » aux mains d'Amphitryon et laisse les époux à leur bonheur retrouvé (Acte III).

Amphitryon 38 est avec *Intermezzo* la seule pièce que Giraudoux intitule comédie ; de fait, on y trouve les traits habituels du genre. Comme dans la comédie antique le dénouement d'*Amphitryon* est un mariage ou plutôt les retrouvailles d'un « couple que l'adultère n'effleura ni n'effleurera jamais » (III, 6) ; c'est aussi une comédie d'action où les quiproquos ne manquent guère, Alcmène y prenant successivement Jupiter pour Amphitryon (II, 2), puis son époux pour le maître des dieux (II, 7) ; comédie de caractère enfin où Léda apparaît sous les traits satiriques d'une mondaine un peu snob qui s'écrie : « Nous sommes là-haut absolument entre nous » (II, 6). À ces éléments traditionnels Giraudoux joint l'humour d'un humaniste pétri de culture grecque et latine : il pastiche en effet les comédies antiques qui présentaient souvent les dieux comme mus par les passions et les vices des hommes. Mercure traite Jupiter de « coureur » (II, 5) et les allusions plaisantes à ses métamorphoses amoureuses abondent dans l'acte II. L'écho évoque la prophétesse Cassandre qui dit la vérité sans être crue en jouant sur les mots « tout » et « rien » (II, 7). À cet humour léger répond le ton du marivaudage qu'adoptent souvent les personnages ; ainsi, à Jupiter qui l'assure que « les dieux… apparaissent à l'heure précise où nous les attendons le moins », elle rétorque : « Les femmes disparaissent à la seconde où nous croyons les tenir ! » (II, 2).

N'en concluons pas cependant qu'*Amphitryon 38* n'est qu'un divertissement souriant : la transposition humoristique du mythe cède souvent la place à une « transposition sérieuse » (G. Genette). C'est en effet le personnage d'Alcmène, évidemment central par sa présence dans douze scènes sur dix-neuf, qui incarne ici la morale de Giraudoux. Personnage composite, elle résume d'abord à elle seule la féminité et ses traits stéréotypés : séduisante bien sûr, « blonde et rose » (I, 1), elle est aussi, comme dans les farces et les fabliaux, jalouse d'Amphitryon qu'elle soupçonne de la tromper (I, 3), « bavarde » (II, 2), menteuse et rusée lorsqu'elle flatte Léda pour la pousser dans son lit (II, 6) et toujours préoccupée des questions matérielles – les jambières d'Amphitryon ne le serreraient-elles pas trop (I, 3) ? Mais à ces traits presque satiriques s'ajoutent la perfection de sa sagesse et son héroïsme. Sage, elle l'est car elle refuse l'immortalité et lui préfère « quelque chose d'inattaquable et de borné qui doit être l'infini humain » (II, 3). Cette fidélité à sa condition humaine et à son époux va jusqu'à l'héroïsme quand elle défie Mercure : « Je me tuerai plutôt que de subir l'amour de Jupiter » (II, 6). Rien ici cependant de forcé ou de tragique puisque Alcmène ne peut cesser d'incarner l'harmonie. Harmonie avec le monde dont « certains spectacles… certains parfums, certaines formes irritent tendrement [son] âme » ; avec les hommes aussi, époux ou amis « qui, complètement égaux, avancent de front vers les ennuis quotidiens et vers la mort » (III, 5) ; harmonie enfin du langage puisqu'elle « a du miel dans la bouche » en parlant de son époux (I, 6). Ainsi Alcmène nous apparaît-elle comme une triomphante allégorie de la féminité dans sa sensualité et son attachement à la terre.

● « Le Livre de Poche », 1967. ➤ *Théâtre complet*, « Pléiade » (p.p. J. Robichez) ; *id.*, « Pochothèque ».

D. LORENCEAU

AMUSEMENTS SÉRIEUX ET COMIQUES. Ouvrage de Charles **Dufresny**, sieur de La Rivière (1657-1724), publié à Paris chez Claude Barbin en 1699 ; réédition augmentée en 1707.

Ces douze *Amusements* se présentent comme un « voyage » à travers la société française de la fin du XVIIᵉ siècle, effectué par un Siamois tout frais débarqué de sa patrie lointaine. Les étapes successives de ce voyage seront la cour, Paris, le Palais (de justice), l'Opéra, les promenades, les femmes, le mariage, l'université, le jeu, le cercle bourgeois, le public.

Contemporain de Regnard, Dancourt et Lesage, Dufresny est un auteur dramatique bien oublié, et seuls les spécialistes savent qu'il a composé dix-sept pièces de théâtre (voir *la *Coquette de village*) et qu'il a été le premier éditeur du *Mercure galant* (1710-1713). Sa meilleure œuvre, celle que la postérité a retenue, n'est pas une comédie, mais un recueil de réflexions sur la société de son époque, auquel, tout en se réclamant de La Rochefoucauld et de Pascal, il a donné le titre modeste d'*Amusements*.

Dufresny n'est pas un moraliste original, et si l'on pense souvent, en le lisant, à La Bruyère, jamais il n'atteint à la pénétration impitoyable de l'auteur des *Caractères*. L'analyse psychologique et morale, la satire sociale restent chez lui conventionnelles, et les pointes qu'il adresse aux gens de cour, aux bourgeois enrichis, aux hommes de loi et aux médecins, aux coquettes, aux fils prodigues et aux joueurs, n'apprennent rien de neuf aux spectateurs de Molière et de Lesage.

L'originalité de Dufresny est sans doute à chercher davantage dans la forme, dans la variété de ses procédés d'exposition. Il tire habilement parti de son postulat initial, qui est de comparer le « monde », à savoir la société de son temps, à un vaste pays qu'il s'agit d'explorer. Sa trouvaille principale est alors d'inventer un ingénu exotique, un Siamois (le Siam était alors à la mode), qui découvrira avec un étonnement renouvelé le monde inconnu, si étrange et même si absurde qu'est à ses yeux la France de Louis XIV. Il y avait déjà eu l'« espion turc » de Jean-Paul Marana (1684), mais on doit reconnaître à Dufresny le mérite d'avoir fixé les traits principaux d'un personnage qui occupera une place de premier plan dans la littérature du XVIIIᵉ siècle, celui du « voyageur étranger » dans les yeux duquel le familier devient insolite, permettant ainsi une distanciation ironique et critique dont Montesquieu tirera le parti que l'on sait dans les *Lettres persanes*. Le Siamois n'est pas le Persan de Montesquieu, mais il l'annonce.

Cependant, Dufresny n'est pas prisonnier de son invention. Il abandonne souvent son Siamois pour dialoguer avec le lecteur et le prendre à témoin pour mettre en scène des conversations ou même de véritables saynètes où l'on retrouve le talent du dramaturge. Plus que la justesse de l'observation, il cherche l'occasion de montrer son « esprit ». Le résultat est souvent heureux : « On trouve dans Paris quantité d'académies, qui ont toutes des vues différentes dans leur établissement. Académie de musique, pour exciter les passions. Académie de Philosophes, pour les calmer. Académie pour observer le cours des astres. Académie pour régler le cours des mots. Académie d'Éloquence et de Peinture, qui apprend à immortaliser les hommes. Académie d'Armes, qui enseigne à les tuer. »

● Université d'Exeter, 1976 (p.p. J. Dunkley) ; « Bouquins », 1992 (*les Moralistes du XVIIᵉ siècle*, p.p. J. Chupeau).

A. PONS

AN 2440 (l'), rêve s'il en fut jamais. Roman de Louis-Sébastien **Mercier** (1740-1814), publié anonymement à Amsterdam chez Van Harrevelt. Le volume porte la date de 1771, mais on peut admettre avec Mercier que le roman fut publié à la fin de 1770. Une édition augmentée et actualisée parut en 1786.

Alors que les comédiens-français refusent de jouer ses premiers drames (*Jenneval*, 1769 ; le *Déserteur*, 1770, etc.), Mercier rencontre un succès européen avec l'*An 2440*. Succès mérité, s'il est vrai que l'*An 2440* peut passer sans trop d'injustice pour le premier véritable roman d'anticipation. Le voyageur d'utopie ne part plus à la recherche d'une parcelle secrète d'humanité préservée. Il s'embarque sur le grand fleuve du temps, afin de nous annoncer, vigie impatiente, la bonne nouvelle : en l'an 2440, les Lumières ont triomphé.

Le texte de 1770 contient 44 chapitres, dont le titre annonce généralement le contenu, précédés d'une « Épître dédicatoire à l'année 2440 » et d'un Avant-propos. Réveillé d'un songe délicieux, le narrateur rapporte la violente diatribe, contre Paris et les Français, d'un vieil Anglais rencontré la veille : « Il y a longtemps que vous ne péchez plus par ignorance ; ainsi vous ne vous corrigerez jamais. Adieu. » Le pessimiste Anglais parti, le narrateur rêve qu'il s'éveille 672 ans plus tard (« Cet ouvrage fut commencé en 1768 », explique une note du chap. 2), transformé en biblique vieillard de 700 ans. Mais il peut constater, en visitant le Nouveau Paris, que ses compatriotes se sont entièrement corrigés ; et, en lisant les gazettes, que l'univers entier a rallié le camp de la raison. C'est dans un Versailles en ruine qu'une couleuvre, « s'élançant du tronçon d'une colonne autour de laquelle elle était repliée », le pique au col et le ramène « dans le chaos affreux » dont il se croyait dégagé.

Il ne faudrait pas chercher dans l'*An 2440*, pas plus que dans d'autres utopies de l'âge classique (le *Cleveland* de Prévost est un cas à part), une trame narrative mouvementée. C'est tout juste si la fiction du rêve se voit réactualisée au chapitre 28, où le grincement d'une porte manque de réveiller le dormeur ; il reste heureusement assoupi, mais, perdant de vue son guide et la ville, il se retrouve inopinément dans la bibliothèque du Roi : on sait que la visite d'une bibliothèque imaginaire requiert Rica le Persan (voir *Lettres persanes*) comme Candide le Westphalien (voir *Candide*). Le voyageur des utopies de l'Ancien Régime est un œil qui voit et une oreille qui écoute, un arpenteur de l'idéal. Est-ce à dire que l'émerveillement utopique expulse la véhémence polémique qui s'était fait jour, au chapitre 1, par la bouche amère du vieil Anglais ? Nullement, car, sans même parler des notes qui commentent la plupart des chapitres (sauf trois) et les ramènent au présent, les guides du rêveur en pays futur ne cessent de dénoncer violemment les abus et folies de l'ancienne société : « dans votre siècle », « de votre temps », « nous n'avons plus... », « on ne voit plus... », « votre violence barbare », etc. La société de l'avenir a beau mépriser l'Histoire, tissu de « futilités misérables », « honte de l'humanité » (chap. 12), et donc l'expulser de l'enseignement, les hommes régénérés n'énoncent leur présent qu'en opposition indignée et toujours vibrante au passé. C'est que l'utopie, recension extasiée d'un monde remis sur pied, se doit aussi, selon Mercier, de remplir une place désertée : « Nous n'avons pas encore eu un Juvénal. [...] Qui osera se saisir de cet emploi sublime et généreux ? » (chap. 9, note 3). Le texte ne peut s'écrire que dans ce va-et-vient incessant entre autrefois et maintenant, entre le rêve et la réalité, entre la description et la dénonciation, entre la satisfaction et l'indignation. Et c'est bien entendu cette inhabituelle véhémence du ton qui signe la filiation ouvertement rousseauiste du livre et en explique la force.

En face de ces discours à la fois patiemment explicatifs (utopie oblige) et passionnés (qu'est-ce que la raison sans le sentiment ?, nous dit-on en note), le narrateur a la charge, également classique, de décrire, mais surtout d'interroger, et de s'étonner : « Quoi, tout le monde est auteur ! ô ciel, que dites-vous là ! » (chap. 11) ; « Heureux mortels, vous n'avez donc plus de théologiens [...]. Mais, enfin, la théologie est une science sublime et [...] » (chap. 15). Mais il intervient aussi, sans jouer au naïf, hors fiction et visage découvert, dans les notes, parfois nombreuses (11 dans les chap. 16 et 42 ; 14 dans les chap. 31 et 36) ou étendues. Une fois même, mais c'est la seule (une note s'en explique), un texte extérieur à la fiction s'insère dans le corps du chapitre 27 : "l'Éclipse de lune", imitée des *Nuits* de Young.

L'An 2440 reste donc une œuvre très maîtrisée, une sorte de dictionnaire philosophique, bien qu'elle refuse avec dédain le désordre alphabétique de l'*Encyclopédie*. Elle en refuse aussi les timidités et expose hardiment les rêves d'une fraction radicale des dernières Lumières. Le projet utopique vise une réorganisation totale du champ social : vêtements, alimentation, médecine, circulation, aménagement de l'espace urbain, etc. Mais Mercier ne cherche pas à anticiper les découvertes scientifiques et technologiques, car le bonheur dépend avant tout de la morale et de la politique. La moralisation de la société passe par une purification déiste de la religion (les chapitres 15 à 27 exposent un système métaphysique et religieux), par une sévère soumission des femmes, par une réforme du système judiciaire et éducatif, par la suppression de la noblesse héréditaire et de la cour, par le libre-échange, par la liberté et la réorganisation du travail intellectuel et artistique. On mesure combien *l'An 2440* participe à l'autoglorification des gens de lettres, si typique des Lumières. C'est que le progrès passe essentiellement par le rayonnement public de la raison, lent et pacifique, mais irrésistible grâce à l'imprimerie : nul hasard si le plus long chapitre 42 est consacré aux gazettes du monde entier. Le pacifisme utopique a bien entendu sa face d'ombre : l'auteur d'un livre contraire à la « morale universelle » doit porter un masque et se prêter chaque jour, jusqu'à rétractation, aux douces objurgations de « deux citoyens vertueux » (chap. 10), tandis que le triomphe de la raison autorise de brûler la plupart des livres (chap. 28). On aborde enfin de front la question du pouvoir, tranchée en faveur d'un régime monarchique constitutionnel strictement contrôlé par des « États » et un Sénat. Mercier s'est toujours cru le prophète de la Révolution !

● Bordeaux, Ducros, 1971 (p.p. R. Trousson) ; France Adel, 1977 (p.p. A. Pons).

J. GOLDZINK

ANABASE. Poème de **Saint-John Perse**, pseudonyme d'Alexis Saint-Leger Leger, dit aussi Alexis Leger (1887-1975), publié à Paris dans *la Nouvelle Revue française* en janvier 1924. Les Éditions Gallimard en donnèrent rapidement deux éditions en volume (janvier 1924, 1925), après s'être engagées à renoncer à toute publicité. Ce poème fut composé par le poète durant son séjour en Extrême-Orient (1916-1921).

Deux « chansons », qui se répondent par leur disposition strophique, leur répétitivité (ABA), et leur contenu (opposition), forment l'incipit et la clausule du poème *Anabase* que Saint-John Perse définissait, par étymologie, comme montée en selle et expédition vers l'intérieur. Le poème, « don du chant », coïncide avec le passage d'un « Étranger ». S'accomplit ainsi, en dix étapes, une rupture, mais non un rejet. Le départ imminent, qui avive le désir (I) et auquel invitent les éléments et le temps (II), d'un pays promis à la sédition (III) est confirmé par l'abandon aux songes et au doute dont est l'objet la réalité (III). Dans la ville fondée et organisée, le solitaire préfère le départ, l'action aux songes, et se fait des partisans (IV-V). La chronique d'un passé héroïque, « pièges au bonheur », dissimule mal une « vendange de lauriers » exilés à l'horizon (VI). Tout état recèle en lui sa rupture, pour un « nous » collectif décidé à répondre à l'appel des voix (VII). La marche vers l'ouest, sous la constante menace de la nature, ne peut avoir de fin (VIII). Les femmes affectées à l'Étranger lui donnent le plaisir d'accéder à ce qui est au-delà de la réalité (IX). Le voyageur, qui constate la distribution de la terre, la hiérarchie et l'ordre qui régissent les sociétés, reste attentif aux signes migrants du surréel (X).

Anabase est un récit, qui a son héros (l'Étranger solitaire), et sa temporalité, partiellement présentée en I (1 an). On pourrait suivre les étapes principales de cette geste, au rythme des saisons (II, III), puis dans un temps de plus en plus dilué, de la conjonction (I, IV, V), à la disjonction (causes exposées en II, III ; effective en V) et à une nouvelle conjonction (VII, VIII) qui trouve sa version ultime dans les épousailles régénératrices des femmes et de l'Étranger (IX), sans qu'une clôture au mouvement soit imposée (X). Ce récit fait intervenir un narrateur (« je »), qui s'actualise aussi en « nous » (II, VII), sans que le lecteur sache son nom. Pur actant, il enferme en lui des abstractions – la loi, la force (I), la marche, la violence (« Un grand principe de violence commandait à nos mœurs », VIII) – comme ses interlocuteurs contiennent en eux les songes, la sédentarité, le bonheur matériel (VI). Ainsi, les personnages se définissent-ils par les fonctions qu'ils remplissent et les valeurs dont ils sont porteurs. Un tel récit échappe dès lors, à toute référence historique et géographique, temporelle et spatiale, même si quelques traces orientales surgissent dans telle partie du poème (II, III, X). *Anabase* est une épopée de l'humanité, qui, symbolisée par ce peuple guerrier, législateur, respectueux des rites, mais non producteur (voir les travaux de Georges Dumézil sur les trois classes constitutives des sociétés mythiques), et par cet Étranger fascinant, « duc d'un peuple d'images à conduire aux Mers Mortes », qui, refusant le culte des images et la sclérose des sédentaires mirant leur état présent (V), va en avant sans parvenir à un établissement définitif.

L'Étranger incarne, dans cette société où il s'installe, le besoin de l'autre (thème de la soif, du sel). L'homme est mû par le désir de savoir et le désir de l'être, qui le conduisent, par la science et surtout la poésie qui lui est supérieure, à repousser les frontières (*Discours de Stockholm*, 1960). La rupture et le nomadisme ne prennent sens dans le poème qu'en fonction de cette limite toujours présente dans l'énoncé. (« … Roses, pourpre délice : la terre vaste à mon désir, et qui en posera les limites ce soir ?… la violence au cœur du sage, et qui en posera les limites ce soir ? », III). Le danger ne vient pas cependant de la civilisation. Lois, rites, codes et liturgies, classes sociales et organisation de l'espace sont intégrés, en de vastes énumérations, au chant poétique et célébrés comme autant de valeurs humaines. L'accoutumance nuit à l'homme (voir la thématique de la graisse et du minéral, IV). Significativement, la poésie rompt cette pétrification ; il suffit de comparer l'incipit de chaque « chanson » : « Il naissait un poulain sous les feuilles de bronze » et « Mon cheval arrêté sous l'arbre plein de tourterelles, je siffle un sifflement si pur ». Saint-John Perse déclarait en recevant le prix Nobel : « L'inertie seule est menaçante. Poète est celui-là qui rompt pour nous l'accoutumance. »

« Et ceux qui l'ont croisé un soir au détour du chemin l'ont appelé Transgresseur… » (*Discours de Florence*, 1965). L'Étranger, qui repousse les limites de l'humain, est le poète, fils de Dante. Monté sur son cheval, symbole du désir, il ne se satisfait pas du monde visible et connu (III), ni du songe, facile conciliation du présent et de l'ailleurs. La poésie est action, au sens rimbaldien ; le futur exprime un vouloir qui se réalisera : « Je m'en irai avec les oies sauvages, dans l'odeur fade du matin !… » (V). Dans le cours de l'Histoire, la dissémination sous la force du vent (motif de la poussière, de la parcellisation, II) n'est pas néantisation, mais fertilisation. La graine, transportée par les souffles aériens, et aussi poétiques, résume métaphoriquement ce transport du sens : « Et la terre en ses graines ailées, comme un poète en ses propos, voyage… » (V). Le temps est éternel retour du même pour une régénérescence, sans que soit jamais atteint le « réel absolu » (*Discours de Stockholm*). Au poète de se montrer toujours disponible, chaque matin (« Chanson »).

L'amour pourrait être l'objet de semblables remarques. Unie à l'Étranger, la femme ne sera plus « bréhaigne ». À l'instar du voyage, il la fertilise ; en dépit des lois qui réglementent « les ventes des juments » et organisent la répartition des femmes dans les sociétés, il transgresse et permet d'accéder à un monde situé au-delà du visible, surréel. Une telle poésie, unissant transgression, primitivité, pouvoir initiatique de la femme, ne pouvait que fasciner André Breton (voir *Éloges*).

Action, voyage, amour, poésie servent la connaissance. « Se refusant à dissocier l'art de la vie, ni de l'amour la connaissance, elle est action, [la poésie] est passion, elle est puissance, et novation toujours qui déplace les bornes » (*Discours de Stockholm*). « Entreprise sur les ténèbres de l'esprit » (VIII), elle est vouée à donner existence à ce qui n'est pas, à appeler à être ce qui est dissimulé dans les profondeurs (thème du fond, VI, X). Ces qualités sensibles, ces matières et ces éléments font d'*Anabase* un poème qui chante la spiritualité humaine à travers le concret. La poésie emprunte aux divers règnes – minéral, végétal – ses métaphores non pour représenter l'abstrait, mais pour déceler au cœur même du monde le devenir de l'être. « Un lieu de pierres à mica ! Pas une graine pure dans les barbes du vent. Et la lumière comme une huile – De la fissure des paupières au fil des cimes m'unissant, je sais la pierre tachée d'ouïes, les essaims de silence aux ruches de lumière ; et mon cœur prend souci d'une famille d'acridiens... » (VII) : le regard se libère de la pierre éblouissante, pure apparence (le « mica ») envahissante (l'« huile »), peu fertile (« pas une graine »), pour rejoindre les hauteurs (« cimes ») où découvrir une pierre qui échange avec l'homme ses pouvoirs (« fissure des paupières », « pierre tachée d'ouïes »). Le monde s'ouvre, comme la poète, à l'intense activité contenue dans le silence, à l'au-delà du visible, et se sent en harmonie avec les sauterelles, calamité des sédentaires, insectes nomades et destructeurs. Grâce à ces métamorphoses, en fils de Dante, le poète « respire avec le monde », fidèle à sa « fonction propre et médiatrice » (*Discours de Florence*).

● *Éloges* [...], « Poésie/Gallimard », 1967. ➤ *Œuvres complètes*, « Pléiade ».

D. ALEXANDRE

ANCIEN RÉGIME ET LA RÉVOLUTION (l'). Essai inachevé de Charles Alexis Clérel de **Tocqueville** (1805-1859), publié à Paris chez Michel Lévy frères en 1856.

Après cinq ans de recherches, l'auteur de *De la démocratie en Amérique* publie un ouvrage fondamental, « mélange d'histoire proprement dite » et de « philosophie historique », où Tocqueville illustre avec une remarquable efficacité sa conception de l'Histoire : la connaissance des modalités d'un événement, la reconstitution des voies qu'il a empruntées pour advenir. La thèse tocquevillienne de la continuité entre l'Ancien Régime et une Révolution qui en radicalise les tendances profondes s'impose comme l'une des interprétations majeures des origines de la France moderne.

Comportant respectivement 5, 12 et 8 chapitres titrés, les trois livres de l'ouvrage analysent d'abord l'œuvre et la portée de la Révolution française, « révolution politique qui a opéré à la manière et qui a pris en quelque chose l'aspect d'une révolution religieuse »; mais « quelque radicale » qu'elle ait été, « elle a cependant beaucoup moins innové qu'on ne le suppose généralement ». Le livre II décrit l'Ancien Régime, sa centralisation administrative, la montée de l'égalité et la destruction de la liberté politique. Le livre III étudie l'influence des hommes de lettres au XVIIIe siècle, les revendications de réformes et la prospérité du règne de Louis XVI pour établir, en conclusion, « comment la Révolution est sortie d'elle-même de ce qui précède ». Un appendice traite « Des pays d'états, et en particulier du Languedoc ».

Une thèse lumineuse, supérieurement argumentée, servie par une langue cristalline et un style qui s'attache à articuler le travail de l'intelligence : Tocqueville écrit en phrases courtes de brefs chapitres, et cisèle formules frappées et sentences éclatantes. L'échec de la IIe République le conduit à réfléchir de nouveau sur la permanence d'une tradition despotique dans la vie publique française. La Révolution n'en est qu'un épisode, et il faut en chercher les sources en amont. Si *De la démocratie en Amérique* avait montré que l'explosion de l'idée d'égalité dans un pays qui ignore la liberté politique renforce le despotisme de l'État, Tocqueville établit maintenant un rapport causal : l'Ancien Régime est la condition d'existence même de la Révolution. Est ainsi rendue possible la comparaison entre une démocratie qui n'a pas eu d'adversaires et une démocratie qui a dû renverser un monde. Les deux livres forment diptyque. La Révolution apparaît comme l'ultime convulsion d'un long travail de subversion, celle opérée par l'État monarchique dans la vieille société « féodale » ou « aristocratique ». Ainsi le ressentiment paysan contre les droits féodaux s'explique-t-il par la décomposition politique de la féodalité, rendant d'autant plus insupportables les résidus d'une institution morte (livre I). L'absolutisme se définit comme phénomène sociologique, comme progressif et radical empiétement de l'État sur la société, qui a bouleversé les rapports sociaux. Ainsi la société d'Ancien Régime, corruption du principe aristocratique, est-elle « tendanciellement démocratique et pathologiquement aristocratique » (F. Furet) et son ressort psychologique se révèle-t-il être la passion égoïste de la place et du rang, puisque l'État vend des privilèges. Au sein d'une société de castes, la noblesse se trouve dans une situation paradoxale : à la fois détruite et adulée au nom de la différence, alors que l'État tend à niveler tous ses sujets dans une égale obéissance. La monarchie se définit comme machine produisant sans cesse égalité et inégalité.

La crise éclate sous l'influence conjuguée de multiples causes, dont le rôle des Philosophes, qui occupent l'espace laissé vacant par une classe politique absente et contestent le catholicisme, conférant ainsi à la tradition démocratique française sa spécificité antireligieuse. De là, également, l'importance des idées dans le processus révolutionnaire. L'Ancien Régime a donc fabriqué lui-même toutes les armes qui devaient l'abattre : État centralisé, force de l'opinion, prospérité économique qui aiguise les appétits et excite les intérêts. La Révolution peut éclater, mais Tocqueville meurt avant de rédiger un second volume qui aurait porté sur l'événement lui-même. Il en reste des matériaux préparatoires. Si la « première Révolution » est déjà faite avant 1789, la seconde est « un événement différent de tous ceux de la même espèce qui avaient eu lieu jusque-là dans le monde : d'abord la Révolution de la liberté, puis celle de la haine, closes par le 18-Brumaire, dégénérescence de la liberté en égalité. Tocqueville reprend donc une distinction libérale classique, jouant simplement sur la ligne de partage. Quoi qu'il en soit, la passion de l'égalité l'emporte désormais.

● « Folio/Histoire », 1985 (p.p. J.-P. Mayer) ; *De la démocratie en Amérique* [...], « Bouquins », 1986 (p.p. F. Mélonio) ; « GF », 1988 (p.p. F. Mélonio). ➤ *Œuvres complètes*, Gallimard, II, 2 vol. (préf. G. Lefebvre, p.p. J.-P. Mayer) ; *Œuvres*, « Pléiade », III, à paraître.

G. GENGEMBRE

ANCIENS CANADIENS (les). Roman de Philippe **Aubert de Gaspé** (Canada/Québec, 1786-1871), publié à Québec chez Desbarats et Derbishire en 1863.

L'œuvre tardive de l'avocat Philippe Aubert de Gaspé, cinquième et dernier seigneur de Saint-Jean-Port-Joli, connut un retentissant succès. Des fêtes organisées à Québec par le collège de l'Assomption en 1865 firent un triomphe à l'auteur des *Anciens Canadiens*. Le roman connut un succès immédiat et la première édition fut épuisée en quelques mois. Dès 1864 paraissait une deuxième édition, revue et corrigée, et la même année, une première traduction anglaise. On parla de chef-d'œuvre.

Aubigné

Agrippa d'Aubigné d'après Bartholomé Sarburgh (v. 1590?).
Musée du Protestantisme, Paris. Ph. © Bulloz.

La violence de son siècle déchiré, Agrippa d'Aubigné (1552-1630) la connut d'abord comme combattant inlassable d'une cause protestante qu'il défendait, les armes à la main, dès l'âge de seize ans. Mais elle traverse aussi toute son œuvre poétique, à laquelle elle donne cette grandeur épique si longtemps ignorée : violence du désir insatisfait dans la poésie amoureuse, célébrant jusqu'à l'obsession la figure de la rigoureuse Diane (*le Printemps*, première édition, 1874), violence de la guerre civile dans *les Tragiques* (1616),

« L'Arbre du Bien et du Mal »,
École française
de la fin du XVIe siècle.
Musée des Beaux-Arts, Blois. Ph. © Bulloz.

« Le Bain de Diane »,
attribué à François Clouet (v. 1505-1572).
Musée des Beaux-Arts, Rouen. Ph. Ellebé, Rouen © Arch. Photeb.

« L'Exécution d'Amboise, faite
le 25 mars 1560 ». Gravure
par Jean Périssin (av. 1546-1617).
Bibliothèque nationale, Paris. Ph. © Arch. L'Hopitault.

des « Misères » aux « Vengeances »
jusqu'au « Jugement dernier »,
s'expriment à travers les mêmes
métaphores et les mêmes antithèses.
D'où l'unité d'un univers poétique qui
ne saurait se réduire au militantisme
religieux, mais explore toutes les formes
d'un imaginaire baroque, nourri
de références bibliques, et structuré
par la mort, le feu et le sang.

Première partie. Au printemps de 1757, Jules d'Haberville, Canadien français, et Archibald Cameron of Locheill, Écossais, quittent le collège des Jésuites de Québec où ils ont partagé dix années d'amitié. Archibald, fils d'un chef de clan des montagnes d'Écosse mort à la bataille de Culloden, est orphelin. Séduit par l'espièglerie et la générosité de Jules, de deux ans son cadet, il est reçu comme un fils au manoir d'Haberville. Les deux amis sont attendus par José, l'homme de confiance du seigneur d'Haberville qui leur raconte de vieilles légendes. À Saint-Jean-Port-Joli, les jeunes gens séjournent au manoir quelques mois avant leur départ pour l'Europe. Au cours du dîner d'adieux, un présage avertit la famille d'Haberville de sa ruine prochaine. La sorcière du domaine lance des malédictions.

Seconde partie. Au printemps de 1759 les Anglais commencent l'invasion du Canada. Archibald, devenu officier dans l'armée britannique, est désigné pour incendier les habitations de la côte sud. Arrivé au manoir d'Haberville, il se révolte à l'idée de détruire cette demeure où il fut accueilli comme un fils. Mais les ordres sont formels. La bataille des plaines d'Abraham met en présence Archibald et Jules dans des camps opposés. Jules, blessé, cherche quand même à provoquer son nouvel ennemi mais Archibald n'écoute que l'amitié et expose sa vie pour venir au secours de Jules. Les rôles sont désormais inversés : l'opulente famille d'Haberville s'est ruinée tandis que le petit orphelin écossais a recouvré son patrimoine. Il cherche à rentrer en grâce auprès de ses amis. Il obtient le pardon de Jules, mais le seigneur d'Haberville se montre plus rancunier. Archibald attend sept ans avant de se représenter au manoir où il réussit finalement à se faire pardonner, et peut enfin avouer sa flamme à Blanche, la sœur de Jules, qui, en dépit de ses sentiments, refuse de donner l'exemple d'une défection. Jules perce le silence de son ami et intercède auprès de sa sœur qui persiste dans sa fidélité au vieux pays. Jules, lui, épouse une Anglaise. Archibald comprend les sentiments de Blanche et les respecte d'autant mieux que la jeune fille s'engage à ne jamais se marier. Il garde lui aussi le célibat, et achète des terres dans le voisinage.

Monument de la production littéraire canadienne française du XIXe siècle, ce roman voit le jour à un moment difficile pour la Belle Province qui, à la suite de l'Acte d'union (1840), a perdu la maîtrise de sa destinée : le genre romanesque y remplit donc une fonction de mémoire. Il idéalise le passé afin de justifier et de faire admettre le présent, il façonne un nationalisme qui compense l'éclatement du pays. Les romanciers d'alors se sentent investis d'une mission et ils doivent justifier une entreprise destinée à une élite (90 % des habitants sont analphabètes en 1837).

Mais, des résistances manifestes accompagnent la naissance du roman, genre décrié car tenu pour pernicieux. Selon la théologie craintive de l'époque, le roman incarne l'aventure, l'amour, pour tout dire le péché. Un journaliste de l'Opinion publique résumait ce point de vue en écrivant en 1879 : « Les peuples honnêtes n'ont pas de roman. » Les premiers romanciers canadiens français se défendent donc d'écrire des « romans » et Philippe Aubert ne fait pas exception à la règle : « Consigner quelques épisodes du bon vieux temps, quelques souvenirs d'une jeunesse éloignée, voilà toute mon ambition. » Le roman naît donc au Canada français dans sa propre négation et, pour être reconnu, il se doit de répondre à des impératifs d'utilité morale ou sociale.

La position sociale de l'auteur, le passé de sa famille l'avaient conduit à penser qu'il était particulièrement bien placé pour brosser un tableau de mœurs et des modes de vie en voie de disparition. Né en 1786, il touchait par ses parents au régime français et la guerre de conquête lui paraissait l'événement autour duquel il pourrait regrouper tous ses souvenirs et bâtir une œuvre. L'intrigue amoureuse, souvent bien maladroite, n'est donc qu'un prétexte à l'expression de souvenirs personnels ou collectifs.

Quantité de détails sur les mœurs canadiennes françaises jouent un rôle précieux de témoignage : qu'il s'agisse des vieilles légendes ou de l'usage du couteau de table pendant le service des viandes, l'auteur n'omet rien et fait œuvre d'historien du quotidien. La première partie des Anciens Canadiens idéalise ainsi le « bon vieux temps ». La féodalité n'y apparaît pas dans ses aspects contraignants : seuls les bons sentiments, l'amour et l'estime semblent avoir caractérisé le régime français. L'idéalisation de cette époque révolue revient finalement à prononcer un éloge du régime seigneurial. La seconde partie constitue la contrepartie de

la première : avec la ruine de la noblesse canadienne française, c'est toute la race qui est décapitée. La défaite de 1760 est au centre du roman comme l'inévitable catastrophe qui divise le monde en « avant » et « après ». En prononçant l'apologie post mortem du régime français, Philippe Aubert de Gaspé ne fait que traduire un sentiment nostalgique dominant à son époque.

● Montréal et Paris, Fides, 1972.

C. PONT-HUMBERT

ANDRÉ DEL SARTO. Drame en trois actes et en prose d'Alfred de **Musset**, publié à Paris dans la Revue des Deux Mondes le 1er avril 1833, et en volume dans Un spectacle dans un fauteuil à la Librairie de la Revue des Deux Mondes en 1834 et dans Comédies et Proverbes chez Charpentier en 1840, et créé à la Comédie-Française le 21 novembre 1848. L'insuccès de la version originale conduisit Musset à réduire son texte et à présenter une version en deux actes à l'Odéon le 21 octobre 1851.

Seul drame de Musset avec *Lorenzaccio, André del Sarto se situe également lors de la Renaissance italienne, au moment où l'art florentin atteint son plein épanouissement. Musset n'innove pas : le lieu comme l'époque sont à la mode. Il s'inspire d'une notice biographique sur une des figures majeures de l'époque, le peintre Andrea del Sarto qui aurait vécu « sous le joug de Lucrèce, sa femme – dont la vertu était loin de répondre à la beauté » et qui, sous l'empire de cette passion, aurait dissipé les fortes sommes que François Ier lui aurait confiées afin d'acquérir pour lui des œuvres d'art.

Le serviteur Gremio est heurté par un inconnu sortant de la chambre de Lucrèce, la femme de son maître André del Sarto. Damien, un ami du peintre, le fait taire, puis réprimande le coupable, Cordiani, encore tout exalté par la violence de son amour. André parle de l'art à ses élèves et s'informe de la santé de Cordiani, le jeune et cher ami en qui il a placé tous ses espoirs. Il se lamente sur la faiblesse qui lui a fait dilapider l'argent du roi de France destiné à l'achat d'œuvres d'art. Mis au courant de la visite nocturne par Gremio, il demande à celui-ci de tendre un piège à l'inconnu le soir même. Lucrèce prend sur elle toute la culpabilité de l'adultère. Très affectueux, André lui rend visite le soir ; apparaît alors Cordiani, défait, et sans épée ; on apprend que Gremio vient d'être assassiné. André comprend tout et renonce à faire poursuivre l'assassin (Acte I).

Alors que ses élèves étonnés par son attitude envisagent de le quitter pour l'atelier rival de Pontormo, André expose à Cordiani cet amour fou pour sa femme qui l'a entraîné jusqu'au déshonneur. Il lui donne une heure pour partir. Cordiani ne peut se résoudre à quitter sa maîtresse sans la revoir. André brise comme par mégarde une nouvelle bague de Lucrèce et décide de se battre en duel avec Cordiani, qu'il a découvert dans la chambre de sa femme. Il blesse son ami, et se désespère (Acte II).

Cordiani est recueilli et soigné chez la mère de Lucrèce ; André, venu parler à sa femme, aperçoit le couple de loin ; croyant à une hallucination, il se contente de lui écrire un billet. Au nom de François Ier, Montjoie réclame des comptes à André qui avoue son forfait et se lamente ensuite d'avoir gâché son génie. Il veut un instant poursuivre les deux amants fugitifs mais y renonce et s'empoisonne. Comme le lui avait ordonné son maître avant de mourir, un serviteur les rejoint pour leur annoncer la mort d'André (Acte III).

L'atmosphère est ici imprégnée de souffrance : au tourment amoureux du héros s'ajoute sa douleur de voir tout un univers amorcer son déclin. Michel-Ange ou Raphaël ne sont cités que pour mettre en relief les temps à venir, période de décadence médiocre représentée par un rival d'André, son ancien élève Pontormo. Dans la réalité, celui-ci annonce le maniérisme en s'écartant des conventions et de l'équilibre presque classique de son maître mais, dans la pièce, il propose seulement aux apprentis un atelier plein de gaieté.

D'emblée, par conséquent, le thème du drame est double : l'art va vers son déclin et un homme se détruit. Mais ces deux grands axes ne sont pas équivalents car

André del Sarto est avant tout un drame de l'amour. Peu de pages, en effet, où la passion ne soit mise en avant, et longuement commentée : ce qui explique probablement l'échec des représentations initiales et la désaffection des hommes de théâtre pour l'œuvre.

Ainsi l'aspect dramaturgique n'est pas l'essentiel et l'on est frappé par les longues et fréquentes répliques proches du monologue : le dialogue, sa nécessité en souffrent. C'est que l'auteur reprend ici des passages de ce *Roman par lettres*, écrit peu de temps auparavant et qu'il ne publiera jamais. Pourtant, le versant dramatique n'est pas absent, dans la mesure où l'œuvre, comme une tragédie, montre un moment de crise : on discerne une unité de temps et d'action puisque tout se passe en un jour et surtout en une nuit et que tout se déchire brusquement dans une révélation brutale et mortelle : amour, amitié, art, tout s'effondre. *André del Sarto* est l'histoire de cette insoutenable déchirure de l'être qui aboutit au néant. La concision temporelle est donc en réalité soumise à un impératif plus psychologique que scénique.

Drame de l'amour, la pièce est un long poème à deux voix contrastées, parallèles et opposées. Cordiani, l'ami le plus cher, chante l'amour heureux, assumant et refusant à la fois la culpabilité (« Tous les reproches imaginables, je me les suis adressés, et cependant je suis heureux », I, 1). La première place revient cependant à André del Sarto : c'est-à-dire au discours de l'amour malheureux. Musset a écrit ce drame après un épisode sentimental douloureux où il avait été trahi, d'où la plénitude de cette longue lamentation. Si l'expression de l'amour chez Cordiani se révèle somptueuse, avec son exaltation fiévreuse, celle d'André est plus grave, plus profonde, plus complexe et plus poétique encore.

André ne croit pas en Dieu ; il proclame ailleurs son athéisme (la censure a imposé ici coupures et remaniements). Cordiani, lui, s'adresse à Dieu et a foi en l'art, à l'inverse d'André, qui n'était sauvé que par l'amour jusqu'à ce que l'amour lui fasse défaut. Rappelons-le, il s'agit d'un amour d'adoration (« J'aurais bêché la terre et traîné la charrue pour ajouter une perle à ses cheveux », II, 1), qui semble exiger la mortification comme s'il fallait lui sacrifier honneur et talent (« Mon génie mourut dans mon amour », III, 2).

Mais cette passion ne saurait sauver une vie qui veut se confondre avec elle : « le cœur des femmes est un abîme » (*ibid.*) ; le silence de Lucrèce participe de son mystère. Aussi, lorsque l'idéal incarné par Lucrèce s'écroulera, André verra s'effondrer toutes ses valeurs : « Lambeau par lambeau, le voile des illusions tomba en poussière à mes pieds » (*ibid.*).

Car ce drame de l'amour semble une lutte constante contre le désir de mort, et contre la menace de la folie. Cordiani lui-même paraît parfois céder à un vertige dangereux : « J'ai frappé les statues et les arbres et j'ai couvert de baisers terribles les gazons qu'elle avait foulés » (I, 1). Et André devient réellement fou de douleur ; il ne sait plus s'il a vu ou halluciné les deux amants ; il se rend compte de son incohérence (III, 1) : il veut à la fois tuer, se tuer, rappeler Lucrèce (*ibid.*). La mort plane toujours sur la pièce comme un appel sourd, situé au sein même du bonheur le plus euphorique ; « Eh bien ! s'écrie Cordiani, quand un seul jour au monde on devrait rencontrer cet être, le serrer dans ses bras et mourir ! » (I, 1). La certitude et la présence du néant ont parcouru en filigrane toute l'existence d'André et seul l'amour l'aura jusque-là préservé de la mort : « Suppose, dit le maître à l'amant, qu'il m'arrive dans mes nuits d'insomnie de me poser un stylet sur le cœur. Dis-moi, qui a pu me retenir jusqu'à ce jour ? » (II, 1). La fréquente référence au suicide (tentation passée ou certitude à venir) annonce le geste final d'André.

Musset n'a pas voulu clore sa pièce sur l'empoisonnement de son personnage principal (de même il n'achèvera pas *Lorenzaccio* sur l'assassinat de Lorenzo) ; pourtant il laisse le mot de la fin à ce dernier : et l'apparente simplicité de la formule (« Pourquoi fuyez-vous si vite ? la veuve d'André del Sarto peut épouser Cordiani ») montre la densité du personnage : faut-il y voir la générosité d'André qui s'efface devant le bonheur des amants ? ou le rappel vengeur de sa mort puisque le mot vient du tombeau ? le couple heureux verra toujours son existence entachée de culpabilité ; de la sorte, André peut enfin l'emporter sur Cordiani.

● « Folio », 1978 (p.p. R. Abirached). ➤ *Œuvres complètes*, « L'Intégrale » ; *Théâtre complet*, « Pléiade ».

F. COURT-PEREZ

ANDROGYNE DE PLATON (l'). Poème d'Antoine **Héroët** de La Maisonneuve (1492-1568), présenté à François Ier en 1536. Incité par le roi à publier ses vers, l'auteur intégra *l'Androgyne de Platon* à la **Parfaite Amie*, avec *plusieurs autres compositions* qu'il fit imprimer à Lyon chez Étienne Dolet en 1542.

Protégé par Marguerite de Navarre, bénéficiant des faveurs de la cour et de l'estime des milieux savants, Héroët fut l'un des premiers humanistes français à se consacrer à l'étude de Platon : composé d'après la traduction latine du *Banquet* par Marsile Ficin, son *Androgyne* connut un très vif succès, qu'attestent les seize éditions de 1542 à 1568. L'imprimeur et humaniste Étienne Dolet plaça Héroët au rang des « plus excellents traducteurs », lui décernant le titre d'« Heureux illustrateur du sens de Platon ».

Le poème est précédé d'une longue « Épistre de l'Autheur au Roy François premier » (v. 1 - 140) : Héroët remercie le roi de l'avoir encouragé, et dresse un tableau florissant de la situation des lettres françaises. Le poème proprement dit (v. 141 - 394) emprunte au *Banquet* le récit allégorique de l'androgyne. Aux premiers temps du monde, l'humanité se composait de trois sortes de créatures : les mâles, les femelles et les androgynes (« De quatre bras, quatre pieds et deux testes / Estoyent formées ces raisonnables bestes », v. 149-150). Enflés d'outrecuidance, ces derniers furent punis par Jupiter qui ordonna leur séparation. Depuis, ces créatures sont vouées à un désarroi et à un désespoir perpétuels, à moins qu'elles ne retrouvent par bonheur leur « perdue moytié ». Le poème s'achève sur une explication religieuse de l'allégorie : « Au premier temps l'âme heut double lumière, / Naturelle une (et estoit la première), / Et l'autre après du créateur infuse » (v. 311 - 313) ; mais « Dieu a la meilleure part retirée » à la créature orgueilleuse, et l'âme ne fait plus dès lors que tendre vers le ciel, aspirant à recouvrer ce qu'elle a perdu.

Première expression poétique du néoplatonisme en France, *l'Androgyne de Platon* s'offre à la fois comme paraphrase et commentaire. Toute la première partie, fidèle au discours d'Aristophane dans le *Banquet*, reprend les données essentielles du récit allégorique, dont elle estompe néanmoins la composante sexuelle. Atténuation significative, et qui implique un déplacement d'accent par rapport au texte original : si l'errance des créatures dissociées, chez Platon, remet en cause la procréation et l'accroissement de l'espèce humaine, Héroët y voit surtout un accablement de la psyché, vouée à la plus déchirante des instabilités ; l'allégorie philosophique est donc soumise à un mouvement d'intériorisation psychologique, qui permet à plusieurs reprises l'affleurement d'une discrète lyrique amoureuse. D'une manière générale, *l'Androgyne de Platon* vaut moins par son didactisme philosophique que par son aptitude à lester l'allégorie d'un poids existentiel : le passage incontestablement le plus fort est celui qui montre l'homme emporté par la multiplication vaine des conquêtes amoureuses, jusqu'à l'« alliance » miraculeuse où enfin le « vray neud deslié se relie » (v. 268). Le reste du poème, en comparaison, s'affaisse trop souvent dans la platitude démonstrative : toute la dernière partie, qui fait succéder au récit allégorique un éloge de l'amour et un commentaire religieux, souffre d'un manque de fluidité trop évident. S'achevant sur la nécessité de sublimer l'amour terrestre en connaissance divine, le poème ne trouve pas les ressources verbales et rythmiques qui lui permettraient de féconder la doctrine, au lieu d'entretenir avec elle un simple rapport illustratif.

Il reste que les louanges excessives des contemporains d'Héroët ne doivent pas aujourd'hui se retourner en oubli ou en mépris. Malgré ses maladresses, *l'Androgyne de Platon* s'impose comme un texte matriciel de la Renaissance française : d'abord parce qu'il fixe dans un discours clair et accessible l'essentiel de la métaphysique platonicienne de l'amour ; ensuite parce qu'il contient des virtualités lyriques que les poètes des décennies suivantes ne se priveront pas d'actualiser et de développer.

● *Œuvres poétiques*, Genève, Droz, 1943 (p.p. F. Gohin).

P. MARI

ANDROMAQUE. Tragédie en cinq actes et en vers de Jean **Racine** (1639-1699), créée à Paris au théâtre de l'hôtel de Bourgogne en 1667, et publiée à Paris chez Girard en 1668.

Troisième pièce de Racine, cette tragédie marque le véritable point de départ de sa carrière. Il s'y inspire essentiellement de l'*Énéide*, de l'*Andromaque* d'Euripide, de la *Troade* de Sénèque, probablement aussi du sixième livre de l'*Iliade* et de certaines pages de Darès. Le succès fut immense mais les critiques fusèrent et, dès mai 1668, Molière joua *la Folle Querelle* de Subligny qui prétendait pointer les défauts de la pièce. *Andromaque* surmonta ces attaques et reste, aujourd'hui encore, la pièce la plus appréciée de Racine. Les recherches des metteurs en scène contemporains témoignent de cette vitalité : notamment celle de D. Mesguich (1975) ou celle de J.-P. Roussillon (1974) qui mettaient à mal les représentations traditionnelles de la pièce, ou encore celle Pierre Dux qui, en 1964, proposait une mise en scène plus respectueuse de la tradition dans laquelle tout accentuait les aspects conventionnels pour mieux souligner la fameuse « chaîne des amours ». L'actualité d'*Andromaque* provient sans doute de la nouvelle manière de traiter la tragédie que Racine y faisait voir, à laquelle s'ajoutent des thèmes – exclusivité de la passion et folie – souvent privilégiés par le spectateur du XXᵉ siècle.

Oreste, le fils d'Agamemnon, est envoyé par les Grecs à Buthrote pour demander à Pyrrhus, roi d'Épire, qu'il lui livre Astyanax, le fils de sa captive troyenne Andromaque. Or Pyrrhus aime Andromaque et délaisse sa fiancée Hermione, fille d'Hélène. Pour Oreste, qui n'a cessé d'aimer en vain Hermione, l'espoir renaît. Pyrrhus s'est opposé à la demande d'Oreste, mais exige d'Andromaque, pour prix de la sécurité de son fils, qu'elle l'épouse (Acte I). Hermione, à qui Oreste est venu déclarer la constance de son amour, le repousse, et, piquée du refus de Pyrrhus, demande à Oreste de renouveler sa requête. Pyrrhus a réfléchi et accepte de livrer Astyanax (Acte II). Oreste, voyant son espoir s'évanouir avec cette décision qui semble éloigner Pyrrhus d'Andromaque, projette d'enlever Hermione. Son ami Pylade l'y aidera. Hermione triomphe et éconduit Andromaque venue lui demander de sauver son fils. Celle-ci supplie alors Pyrrhus, qui renouvelle son ultimatum. Elle va se recueillir sur le tombeau de son époux Hector (Acte III). Elle se décide à épouser Pyrrhus mais se tuera juste après la cérémonie : Astyanax sera alors sauvé. Hermione, bafouée par Pyrrhus, exige d'Oreste comme preuve d'amour qu'il le tue (Acte IV). Oreste vient annoncer la mort de Pyrrhus à Hermione. Loin de lui accorder sa main, furieuse, elle le chasse et se suicide. L'apprenant, Oreste devient fou, laissant Andromaque prendre le royaume en main (Acte V).

Avec *Andromaque*, Racine donne la mesure d'un talent original que ses pièces précédentes n'avaient pas pleinement révélé. En effet, cette pièce correspond à une rupture dans la conception du tragique jusqu'alors dominante, essentiellement illustrée par Corneille. On reprocha à Racine la brutalité de Pyrrhus, dont l'attitude à l'égard d'Hermione n'est pas celle d'un honnête homme (il ne tient pas sa promesse de l'épouser). Ces critiques eurent un écho réel auprès du public de l'époque comme en témoigne le

succès de la parodie par Subligny. Racine a beau se défendre dans sa Préface, les doctes avaient senti combien sa pièce s'éloignait de la tradition chevaleresque dont elle détruisait les valeurs. On peut considérer que le tragique s'y déplace selon deux grands axes. Le premier se nourrit encore d'éléments traditionnels : fidélité à toute épreuve d'Oreste envers Hermione, qui peut aller jusqu'à l'abaissement de soi par le meurtre ; mise en balance de l'intérêt des Grecs et de l'amour voué par Pyrrhus à Andromaque. Mais un déplacement s'opère dans la mesure où ces éléments sont entachés d'impureté : Oreste ne tuera pas Pyrrhus dans un combat singulier et ne fera qu'ajouter son coup meurtrier à ceux des autres. Son geste est sans gloire. Et si sa folie qui éclate lors du dénouement peut le rendre tragique, ce tragique le dégage de toute référence à un ordre social que la folie ne lui permet plus d'appréhender. Elle le libère d'une représentation du monde à laquelle il n'a pu s'intégrer (ses vains efforts pour oublier Hermione par le sacrifice de soi en témoignent, I, 1 et II, 2). La folie est un dénouement par la fuite. Un lecteur du XXᵉ siècle y est particulièrement sensible, peut-être parce qu'elle est devenue à ses yeux la seule réponse possible à l'inadéquation au monde quand les valeurs s'effritent. Oreste fou, c'est la tradition chevaleresque qui s'achève en refusant au moi la tragédie d'un déchirement entre des valeurs de poids égal. Le personnage d'Oreste constitue la figure emblématique de la fin d'un monde héroïque qui emporte avec elle une certaine forme du tragique.

Parallèlement, et il s'agit du second axe selon lequel s'opère le déplacement du tragique, on remarque la naissance d'une force transcendante au monde des hommes, figurée par le tombeau d'Hector. Le « dieu caché » dont parlait L. Goldmann se manifeste ici et son apparition confirme la destruction des valeurs chevaleresques. Que toute la tragédie soit « suspendue à un cadavre » (R. Picard) révèle que l'essentiel n'est pas de ce monde, que l'héroïsme ne permet plus au moi de se constituer, mais provoque au contraire irrémédiablement sa perte. Chacun des personnages, sauf Andromaque que sa fidélité au mort préserve, est victime des exigences de son moi : Hermione est orgueilleuse (II, 1 et III, 2) autant qu'amoureuse et suscite la catastrophe en satisfaisant une cruauté tyrannique qui lui renvoie d'elle l'image flatteuse d'une héroïne capable de se venger seule (IV, 3). Pyrrhus, que l'amour ne favorise pas, se rabat sur son autorité de souverain, unique moyen de combler ses désirs sans déchoir : lorsqu'il avoue son amour à Andromaque, il exprime dans le célèbre « Brûlé de plus de feux que je n'en allumai » (I, 4) sa flamme amoureuse autant que le dégoût d'un passé glorieux qui le torture. Mais cette confession inefficace se métamorphose en menace : puisque ce reniement n'a pas suffi à lui ouvrir le cœur de sa captive, Pyrrhus tente de reconstituer son moi héroïque par un acte d'autorité qui lui redonne l'offensive. Quant à Oreste, avant de sombrer dans la folie, il incarne le héros fatigué (« [...] et tu m'as vu depuis / Traîner de mers en mers ma chaîne et mes ennuis », I, 1) qui se contente, quoi qu'il en dise (« J'aime ; je viens chercher Hermione en ces lieux / La fléchir, l'enlever ou mourir à ses yeux »), d'exploiter une situation qui lui est favorable, mais qu'il n'a pas provoquée. Sa faiblesse conduira au dénouement au même titre que le chantage exercé par Pyrrhus. La situation telle qu'Oreste veut l'analyser réduit l'intelligence à une duperie car toute décision ou tout acte qui en découle sont ramenés à de vaines agitations qui, loin de résoudre les conflits, font tourner les engrenages encore plus vite et conduisent les personnages vers leur anéantissement.

La chaîne des amours (Oreste aime Hermione, qui aime Pyrrhus, qui aime Andromaque, qui aime Hector) n'est en ce sens que le procédé poétique – d'ailleurs très courant dans les romans pastoraux – de l'expression d'une fatalité venue de plus loin, plus loin que la guerre de Troie, qui fait de chaque personnage un « juste pécheur » (L. Goldmann) et l'installe au sein d'une tragédie qui lui est propre. Si l'intrigue est nouée, simplement mais indissolublement, par des amours non partagées, chaque caractère développe une réaction originale qui rend le tragique de sa situation unique. Aucun des personnages principaux n'est tout à fait bon ou tout à fait mauvais, et l'on s'intéresse autant au sort d'Hermione bafouée qu'à celui d'Andromaque. La force de la pièce tient à la clarté et à l'intransigeance avec lesquelles s'expriment tous les personnages. On remarquera que la volonté d'Oreste de gagner Hermione apparaît comme une donnée initiale (I, 1) que le comportement de celle-ci ne se modifiera pas, et que le revirement de Pyrrhus n'est l'occasion d'aucun monologue délibératif, mais s'opère au contraire avec une aisance étonnante qui évite au spectateur de disperser son attention. La composition souligne, par sa régularité mécanique, l'implacable rigueur qui préside au destin des personnages : deux grandes scènes par acte, sauf au dernier où Pyrrhus meurt ; la première est consacrée à Oreste ou à Hermione, la seconde à Pyrrhus ou à Andromaque ; ces scènes ne donnent des ouvertures possibles à l'intrigue qu'en apparence, en réalité elles resserrent l'étau. Le seul moment de pause – Andromaque se recueillant sur le tombeau d'Hector –, censé se dérouler entre le troisième et le quatrième acte, n'est pas restitué sur scène. On évite ainsi un monologue qui aurait pu laisser libre cours aux pleurs amoureux d'Andromaque et altérer, par l'expression d'une passion encore vivante, l'image de piété vouée aux mânes d'un époux.

Car R. Barthes a raison de souligner qu'à tout moment est magnifié le souvenir d'Hector, bien plus que n'entre en considération l'amour maternel d'Andromaque pour Astyanax. Elle voit en son fils sa « seule joie et l'image d'Hector » (IV, 1). Cette association indique sans ambiguïté que l'amour pour son époux est toujours vivant et qu'il entre pour une grande part dans celui qu'elle éprouve pour son fils. S'il est abusif de faire d'Andromaque une coquette habile devant Pyrthus, tirant parti de la mort d'Hector pour mieux assurer son empire sur son nouveau maître, il est tout aussi inexact d'en faire une mère avant tout. Sa fidélité à Hector, qui dispense tout au long de la pièce une poésie sereine de l'au-delà contrastant avec la vaine agitation qui pousse les personnages, correspond à une fidélité à un ordre ancien. Le mariage avec Pyrrhus a une double fonction : d'une part, il entame cette fidélité par le fait même de la cérémonie et semble anéantir l'image d'Andromaque aimant Hector ; de l'autre, le mariage étant célébré mais non consommé, puisque Pyrrhus trouve la mort en pleine cérémonie, il devient le moyen propre à revivifier l'ordre ancien. Car on oublie trop souvent qu'Andromaque, même si elle reste physiquement absente au dernier acte, y est décrite comme le légitime successeur de Pyrrhus (V, 5). Elle lui fait rendre les devoirs funèbres et accomplit ainsi, pour celui qui n'est plus son ennemi et que la mort a sanctifié, le rite auquel Hector n'avait pu avoir droit. Par ce transfert, Andromaque entérine une remise en ordre dont Astyanax sera l'héritier tout aussi légitime que s'il avait reçu le pouvoir des mains de son père. Le dénouement oppose alors un ordre auquel « tout est soumis », à la folie d'Oreste dont la dernière scène offre une des images les plus saisissantes de tout le théâtre classique. En proie à des visions aussi subites qu'incontrôlables (dont rétrospectivement on voit l'amorce dès la première scène qui souligne la fragilité mentale du personnage), Oreste clôt la pièce par une crise dont la violence attenterait aux bienséances si Pylade ne l'entraînait rapidement, mettant fin au spectacle. Le spectateur garde ainsi l'image de cette folie avec son cortège de « serpents qui sifflent sur [n]os têtes ». La condamnation de la passion n'en sera que plus forte. Le contraste entre la folie d'Oreste et l'ordre instauré par Andromaque exalte l'opposition entre l'anéantissement et la démence conçue comme signe d'une perte de soi d'une part et la maîtrise de soi d'autre part, dont seule Andromaque a su faire preuve, rétablissant un ordre qui satisfait aux exigences de la divinité (Pyrrhus reçoit les

honneurs funèbres). Nul doute qu'on soit autorisé à y entendre les échos d'une influence janséniste, en rappelant toutefois qu'il ne saurait être question d'y voir une thèse que Racine aurait souhaité porter sur le théâtre. Mais force est de constater qu'entre cette première grande pièce et la dernière tragédie profane de Racine (*Phèdre*, 1676), règne une unité de pensée particulièrement frappante.

● Éditions Sociales, « Classiques du peuple », 1961 (p.p. A. Ubersfeld) ; Genève, Droz, 1977 (p.p. R. C. Knight et H. T. Barnwell) ; « Le Livre de Poche », 1986 (préf. A. Delbée, p.p. P. Dandrey) ; « Folio/Théâtre », 1994 (pp. J.-P. Collinet). ➤ *Théâtre*, Les Belles Lettres, I ; *Œuvres complètes*, « Pléiade », I ; *Théâtre complet*, « GF », I ; *id.*, « Folio », I ; *id.*, « Classiques Garnier ».

P. GAUTHIER

ANDROMÈDE. Tragédie « à machines » et « en musique » en cinq actes et en vers de Pierre **Corneille** (1606-1684), créée à Paris au théâtre du Petit-Bourbon le 26 janvier 1650, et publiée à Rouen chez Laurent Maury et à Paris chez Charles de Sercy en 1651.

Commandée à l'initiative de Mazarin pour rivaliser avec la tragi-comédie d'*Orphée* « en musique et en vers italiens » représentée lors du carnaval de 1647 et dont le coût avait suscité de vives réactions, l'œuvre, destinée à réconcilier les Français avec l'opéra, est achevée dès l'hiver 1647. Les troubles de la Fronde, la maladie du jeune roi et l'hostilité croissante de la reine pour le théâtre en retardent la représentation. Sur une musique, aujourd'hui perdue, de D'Assoucy et avec le concours du célèbre metteur en scène-machiniste Torelli, *Andromède* narre un des sujets les plus connus de la mythologie, traité par Ovide dans ses *Métamorphoses*, repris à satiété par les peintres (Titien, Véronèse, Rubens...) et par les dramaturges (Lope de Vega en Espagne, Bartolomei en Italie, Boissin de Gallardon en France).

Au sommet d'une montagne au bord de la mer, Melpomène, la muse de la Tragédie, entonne avec le Soleil, dont quatre chevaux tirent le char lumineux, un hymne à la gloire du roi dont elle entend publier les rares qualités par toute la terre (Prologue).

Dans la capitale du royaume de Céphée, en Éthiopie, sur une place entourée de « palais magnifiques », la reine Cassiope conte ses malheurs à un illustre inconnu (Persée) : pour la punir d'avoir préféré l'incomparable beauté de sa fille Andromède à celle des Néréides, un monstre, agent de Neptune, ravage le royaume ; et un oracle a confirmé que la colère du dieu des Mers ne s'apaisera qu'à la double condition de livrer chaque mois au monstre « une fille à son choix », et de différer le mariage d'Andromède et du prince Phinée. Cinq malheureuses ont déjà été sacrifiées ; le sort doit désigner aujourd'hui la sixième. Phinée et Persée redoutent qu'il ne désigne Andromède, quand Vénus apparaît pour annoncer à tous la fin prochaine de leurs malheurs et les noces d'Andromède avec un époux « digne d'elle ». Joie de Phinée qui interprète la prophétie en sa faveur ; désespoir de Persée qui aime secrètement Andromède (Acte I).

La désignation, par le sort, d'Andromède trouble l'allégresse des amants. Malgré les supplices et l'opposition blasphématoire de Phinée, le roi exhorte sa fille à obéir aux dieux avec courage quand des nuages et des vents, commandés par Éole, emportent Andromède dans les airs. Persée, qui ne révèle toujours pas sa véritable identité, promet au père, sceptique, de sauver sa fille (Acte II).

Les vents « apportent avec impétuosité » Andromède au pied d'un rocher battu par les flots et l'y laissent attachée. Cassiope, sous la souffrance, accuse les dieux d'injustice, multiplie les « impiétés », cependant que le monstre s'approche de sa victime. Monté sur son cheval Pégase, Persée intervient, et encouragé par le peuple, triomphe du monstre. Usant du pouvoir qu'il a obtenu de son père Jupiter, il ordonne alors aux vents de ramener Andromède là où ils l'avaient ravie et, caracolant dans l'air, il suit Andromède. Colère des Néréides et de Neptune qui ne s'avouent pas vaincus (Acte III).

Dans le palais royal, Andromède, la première étonnée d'avoir pu aimer Phinée, et Persée chantent leur amour. Une aigre conversation oppose bientôt les deux anciens amants : Andromède reproche à Phinée de ne l'avoir pas secourue ; Phinée réplique qu'il ne disposait pas, lui, de moyens surnaturels pour ce faire. Piqué du changement et des reproches de la princesse, il décide de tuer Persée et reçoit l'aide de Junon, hostile à ce bâtard jupitérien (Acte IV).

Dans le temple somptueusement décoré de la déesse, Cassiope et Andromède accablent Phinée de leurs dédains, puis procèdent avec le roi à d'heureux sacrifices. Cependant, Phinée, à la tête d'une petite troupe, attaque Persée qui ne l'emporte qu'en se servant de la monstrueuse tête de Méduse dont la vue change aussitôt en pierre ses assaillants. Liesse générale. Mercure annonce la venue de Jupiter qui décide que « la terre n'est pas digne des noces de [son] fils » ; il entend procéder à l'apothéose de la famille royale, à la plus grande joie de Neptune, de Junon et des Néréides réconciliés. Ainsi Persée pourra-t-il épouser Andromède (Acte V).

L'œuvre vaut d'abord par sa somptueuse décoration et par l'emploi des « machines » destinées à provoquer l'émerveillement du public, la musique n'ayant aux dires de Corneille qu'une importance secondaire : elle n'est « employée qu'à satisfaire les oreilles des spectateurs » (« Examen »). Pièce d'amour par excellence et d'amour souvent romanesque, qui illustre la théorie du parfait amour hérité de l'*Astrée, Andromède n'en soulève pas moins de graves questions. Face à Persée, Phinée n'a en effet que le tort d'être un simple mortel. Que peut-il contre le fils de Jupiter ? Il est pourtant accablé et condamné : « Le ciel, qui mieux que nous connaît ce que nous sommes / Mesure ses faveurs au mérite des hommes ; / Et d'un pareil secours vous auriez eu l'appui, / S'il eût pu voir en vous mêmes vertus qu'en lui » (v. 1539-1542), lui dit Cassiope. Tout se passe comme si, à l'opposé de la doctrine janséniste, le Ciel n'accordait pas sa grâce arbitrairement : vision réconfortante ; mais on cherche en vain quels sont les faiblesses et le démérite de Phinée, quelles seraient à l'inverse les hautes vertus de Persée s'il n'était pas fils de Jupiter. Pièce étrange donc. Écrite en vers irréguliers, elle épouse les émois, « les déplaisirs, les irrésolutions, les inquiétudes, les douces rêveries des personnages ». Cette tragédie poétique révèle enfin un visage moins connu de Corneille, un visage pastoral et lyrique.

➤ *Œuvres complètes*, « Pléiade », II.

A. COUPRIE

ÂNE CULOTTE (l'). Roman d'Henri **Bosco** (1888-1976), publié à Paris chez Gallimard en 1937.

Constantin Gloriot, le narrateur, raconte l'aventure qui lui est arrivée lorsqu'il avait douze ans. À cette époque, dans le village de Provence où il vit chez ses grands-parents, un âne mystérieux, surnommé l'âne Culotte par les enfants parce qu'il porte des braies en hiver, intrigue les habitants. On sait qu'il vient d'une ferme de la montagne, et sert un certain M. Cyprien dont les villageois ne parlent qu'avec crainte et méfiance. Un jour, Constantin, malgré l'interdiction de sa grand-mère, décide de suivre l'âne, qui le mène jusqu'à son maître. Il découvre alors un véritable « paradis », un verger poussé en pleine montagne, où les animaux charmés vivent sans crainte. M. Cyprien le charge de porter une branche d'amandier en fleurs au curé du village, l'abbé Chichambre. Mais, menacé par une petite fille du village, Anne-Madeleine, Constantin se voit obligé d'aller couper une seconde branche d'amandier. Il est surpris par M. Cyprien, qui lui apprend qu'il ne faut pas toucher au paradis. Dès lors, les événements se précipitent. Par Hyacinthe, la petite servante de ses grands-parents, qui connaît aussi le « paradis », Constantin découvre que, depuis sa faute, M. Cyprien a disparu, jusqu'au jour où celui-ci revient en secret et emmène avec lui Hyacinthe, qu'on ne reverra plus. Le journal de M. Cyprien, découvert et annoté par l'abbé Chichambre, et lu beaucoup plus tard par le narrateur, vient compléter l'histoire : M. Cyprien, ancien navigateur et magicien, a voulu recréer le paradis sur terre qu'il avait connu dans une île. Il devait léguer son pouvoir sur les animaux et les plantes à Constantin. Mais la faute de celui-ci l'a convaincu de l'omniprésence du mal, et l'a poussé à repartir, pour créer un nouveau paradis en compagnie d'Hyacinthe à qui il transmettra son savoir.

On a souvent classé Henri Bosco parmi les écrivains « régionalistes ». Cette désignation hâtive rend bien peu compte de l'atmosphère de conte étrange qui est celle de l'*Âne Culotte*. Certes, c'est toute la Provence, avec ses mœurs surannées – comme la messe dite à l'occasion des premières neiges –, ses animaux et ses plantes aux noms oubliés, qui est la véritable héroïne du roman. Mais on aurait du mal à y retrouver l'image simple et bon enfant qui en est souvent présentée dans la littérature française. Cette Provence est une terre surnaturelle, où se fondent l'héritage folklorique et païen, et les légendes chrétiennes, comme en témoignent les dictons prononcés par la Péguinotte, la vieille servante des grands-parents de Constantin, mêlant conseils sur les récoltes et antiques superstitions. L'histoire de l'âne Culotte et de son son maître M. Cyprien rappelle à la fois l'*Âne d'or* d'Apulée, puisque l'animal est manifestement décrit en termes anthropomorphiques, et la *Confession de saint Cyprien* de Lucien, qui décrit le repentir du magicien qui croyait s'adonner à des pratiques divines alors qu'il servait le diable. On peut penser aussi à toutes les légendes proches du mythe d'Orphée, comme celle du « Charmeur de rats », puisque c'est au moyen d'une flûte magique, la Syrinx, que Cyprien exerce son étrange pouvoir sur les animaux. Cependant, à cela s'ajoute la dimension chrétienne de l'aventure : c'est le dimanche des Rameaux que l'âne Culotte emmène chez son maître M. Cyprien le jeune Constantin juché sur son dos à l'instar du Christ entrant dans Jérusalem. Mais l'enfant, loin d'annoncer un nouveau règne du paradis, est celui-là même qui, en cédant aux menaces d'Anne-Madeleine, et à un obscur besoin de violer la loi, introduit le désordre dans le domaine préservé de M. Cyprien.

Du reste, ce paradis n'était-il pas déjà vicié, condamné d'avance ? De façon miraculeuse, l'enchanteur d'animaux avait réussi à attirer et à apprivoiser le serpent lui-même, qui vivait dans son verger. Un seul animal, comme nous l'apprend le journal de M. Cyprien, résistait à son pouvoir magique, et continuait à tuer : le renard. Dès lors le pari de M. Cyprien se heurtait à l'éternelle interrogation sur le mal : devait-il tuer le renard pour protéger les autres animaux ? Constantin, en trahissant M. Cyprien, déchaîne les forces maléfiques, et celui-ci ne peut résister au désir d'égorger le renard. Il n'était qu'un pauvre magicien, et non un envoyé du Ciel.

Ainsi le roman apparaît-il clairement comme un roman d'initiation, fondé sur une quête du bonheur. Comme l'affirme Constantin, commentant le journal de M. Cyprien : « Nous voulons tous le paradis sur terre, et l'homme se croit né pour le bonheur. » Sans doute est-ce une faute que de vouloir créer un Éden humain que nul Dieu ne garde. Mais si les promesses du Ciel sont les plus belles, elles sont annoncées par les dons de la Terre, célébrés en termes lyriques tout au long du roman comme les signes mêmes de la présence divine.

● « Folio », 1973.

K. HADDAD-WOTLING

ÂNE MORT ET LA FEMME GUILLOTINÉE (l'). Roman de Jules **Janin** (1804-1874), publié sans nom d'auteur et avec des vignettes de Devéria gravées par Porret à Paris chez Baudouin en 1829. Il sera réédité dix-sept fois au XIXe siècle, notamment avec des illustrations de Tony Johannot (Bourdin, 1842). Janin revoit et corrige son œuvre qui, dès la 6e édition (1840), s'intitulera simplement *l'Âne mort*.

Avant la *Confession*, que Balzac devait prendre comme exemple de l'« École du désenchantement », Janin, ce grand diffuseur du romantisme, fondateur de la *Revue de Paris*, imite en les parodiant le roman noir d'Ann Radcliffe et de Walpole, ainsi que la production satanique et sulfureuse de la « littérature 1830 » – tout en y insérant nombre de thèmes romantiques. *L'Âne mort* s'inscrit aussi, avec un humour grinçant, dans le débat sur la peine de mort où Victor Hugo s'illustre la même année (voir le *Dernier Jour d'un condamné*).

Précédés d'une Préface où l'auteur tente de déjouer la critique en parant ses arguments et en affirmant qu'il sait à peine lui-même ce qu'est son livre, les 29 chapitres titrés du roman présentent d'abord, sous les yeux horrifiés du narrateur, la mort du pauvre âne Charlot, qui, blessé, est achevé à la barrière du Combat par un homme armé d'un couteau, puis dévoré par des molosses. Reconnaissant dans ce pitoyable animal l'âne de la « malheureuse Henriette », le narrateur évoque ses souvenirs. Il s'adonne à son « étude favorite » le vrai dans l'horrible, l'horrible dans le vrai » en retrouvant et en suivant en tous lieux Henriette qu'il avait vue avec son âne dans le cadre bucolique de Vanves. De morgue en lupanar, de gibet en cachot, se succèdent autant d'épisodes frénétiques. Fille perdue au terme d'aventures mélodramatiques, devenue prostituée, Henriette tue un client. Le narrateur s'écrie alors devant son ami Sylvio, confident de ses tourments : « Je puis être fier de mon amour. » Elle est condamnée à mort, ce qui permet à Janin d'intituler son chapitre 25 « le Dernier Jour d'un condamné ». Engrossée par son geôlier, la malheureuse n'est exécutée qu'après un délai de neuf mois ; le narrateur l'enterre au cimetière de Clamart. L'École de médecine vole le cadavre : il ne reste plus rien au désespéré.

Dans le Voleur du 5 février 1830, Balzac ajoute un chapitre 30, « le Couteau à papier », où Sylvio et le narrateur assistent à la dissection d'Henriette, et, au cours d'un repas joyeusement arrosé, on remet au narrateur, pour en faire un couteau à papier, un beau tibia blanc. Un artiste gravera sur le manche un âne mort et une jeune fille.

Le « prince de la critique » se moque ici des romans à la mode saturés de spectres, de cimetières et de scènes de tortures, où le laid, le sanguinolent et le morbide se déploient sans retenue. Personnages patibulaires, bouges, potence, échafaud, tout y est, et même les fous, les étudiants en médecine et les inévitables courtisanes et entremetteuses, auxquels, pour faire bonne mesure, on ajoutera le pal et le baiser dans la lunette de la guillotine, déclinant un véritable « inventaire » (chap. 9) de l'outrance. Donnant à son roman un rythme haletant, Janin en dispose les effets selon deux pôles. L'un, ensoleillé, exalte le sentiment ; l'autre, ténébreux, distille l'horreur. Mais l'ironie pénètre toute la fiction, tant dans le grossissement des traits, l'exagération des épithètes et l'excès savamment calculé des situations que dans les commentaires du narrateur, les clins d'œil et la désinvolture du romancier. Un ton persifleur domine, dénonçant les abominations complaisamment étalées. L'humour va jusqu'à l'humour noir, comme dans le chapitre 14, « les Mémoires d'un pendu ». Raillant les stéréotypes mais en nourrissant son œuvre, Janin nous offre un texte ambigu. Confession et fantastique se mêlent, adresses au lecteur, procédés complaisamment exhibés tempèrent les images les plus insoutenables.

Si tel chapitre s'intitule « Poésie », tout ce « traité de la laideur morale » est un chant lyrique de vie et de mort, où les parias des sociétés animale et humaine sont les victimes d'un sort ironique et cruel. À tous ces aspects s'ajoutent la chronique d'une époque, les impressions d'un promeneur à la découverte de Paris et de sa banlieue, de la barrière du Combat à la Salpêtrière, de la Bourse aux Capucins, de la place de Grève à Clamart. Avant Eugène Sue, Janin écrit ses *Mystères de Paris*. Satirique et fascinant, l'Âne mort, s'il résume parodiquement la « nouvelle charte poétique » (Préface) sans utiliser l'attirail gothique, s'il se donne pour frivole, ou pour un « sanguinaire plaidoyer en faveur de la peine de mort », ou bien encore pour une « longue dissertation littéraire », demeure digne de ces « histoires extraordinaires » qui fécondent le rêve et peuplent l'imaginaire.

● Flammarion, « Bibliothèque romantique », 1973 (p.p. J.-M. Bailbé) ; Genève, Slatkine, 1973 (réimp. éd. 1829).

G. GENGEMBRE

ANGE DE LA SOLITUDE (l'). Roman de Marie-Claire **Blais** (Canada/Québec, née en 1939), publié simultanément à Montréal chez V.L.B. éditeur et à Paris chez Belfond en 1989.

Johnie, Gérard, Polydor, Doudouline sont réunies au salon, attendant l'Abeille partie en quête d'aventure avec un chauffeur de taxi en cette nuit de pleine lune. Elle ne rentre qu'à sept heures du matin pour retrouver la « gerbe de filles fanées, leurs canettes de bière ouvertes, leurs cigarettes au bord des fauteuils ». Depuis le départ de Thérèse, l'Abeille dort seule ou avec Paula au milieu de ses tableaux tandis que Johnie taille ses crayons et ouvre son cahier avant de succomber aux séductions de Gérard. Mais Johnie a aussi un territoire secret : Lynda qui la trompe avec des hommes. Doudouline avec sa chair rose partage ses nuits avec Polydor, raconte ses rêves au réveil et écrit de la musique. Johnie s'est laissé séduire par Marianne dont la ressemblance avec Virginia Woolf l'attire autant que son argent, sa maturité, son assurance. Elle a fui Gérard et ses drogues.

Gérard a disparu depuis plusieurs mois. Sans doute la retrouverait-on dans un bar « gai » où elle doit passer ses nuits à danser pour oublier. L'Abeille qui a « failli tant de fois être deux et ne l'était toujours pas » pense à Thérèse dont le portrait est toujours au mur, à ses dossiers sur les sans-foyer, les drogués. Elle sait que Gérard ne reviendra plus. Polydor a nettoyé la chambre de Gérard qui allait avoir vingt ans sous le soleil de Floride et dont il ne reste que quelques cendres.

Si l'Ange de la solitude doit son titre à une phrase de *Querelle de Brest*, il est davantage un hommage à Radclyffe Hall qu'à Jean Genet. C'est d'ailleurs en raison de sa passion pour Radclyffe Hall que Johnie – qui peine sur un essai intitulé « De Sapho à Radclyffe Hall » – porte ce prénom masculin. Il ne s'agit ni de provoquer ni d'instaurer un doute mais plutôt de créer d'emblée un monde qui a ses propres lois.

Les femmes de ce roman sont réunies et dispersées dans une île au large de la Floride. Peintres, actrices, universitaires qui s'observent, se jalousent et tentent de se comprendre, elles sont aussi « tendres et nues que ces soldats que l'on eût dépouillés de leurs armatures de feuillage dans un bois où l'ennemi sournois aurait pu se cacher derrière chaque arbre ». Cette communauté de femmes repliée sur elle-même, à la fois refuge et famille, n'est pas exempte de tensions et de conflits. L'appel du dehors accentue la solitude de chacune. Et toutes se battent pour ne pas succomber à la tentation du vide, au mal de vivre qui hantent l'œuvre de Marie-Claire Blais. Un univers qui semble toujours en attente de l'Apocalypse et pourtant attentif à capter les éclaircies de bonheur, « les sensations d'un bien-être dont les jouissances [sont] brèves », moments vécus comme des privilèges. Pour contrer le fleuve de dégoût et d'inquiétude qui menace constamment, ces femmes s'attachent à la musique, à la peinture, à la littérature, à l'amitié, à la tendresse, à la solidarité.

Marie-Claire Blais fait entendre depuis 1959 (date de son premier roman, la *Belle Bête*), une voix tout à fait originale, ni objective ni subjective, à mi-chemin entre la description impersonnelle et l'analyse de « soi à soi ». Le flux des mots, la circulation des points de vue entraînent dans l'intimité d'une pensée, dans le plaisir purement esthétique d'une langue sensuelle. Sa phrase dit à la fois la révolte, l'angoisse et les appétits de vie. Déjà, en 1978, avec les Nuits de l'Underground, Marie-Claire Blais avait porté un regard attentif et tendre sur ce monde féminin « hors normes ». Rien dans cet univers n'attise de malsaines curiosités ni n'autorise un regard égrillard car c'est de l'âme qu'il s'agit au-delà des appétits du corps. Une tendresse compatissante gagne peu à peu, qui exclut le jugement moral. Loin des temples du vice et de la perdition, ces « femmes entre elles » cherchent des refuges où apaiser leur rejet par la société. Avec l'Ange de la solitude, Marie-Claire Blais dit le lent déchirement, l'accablement et le renoncement, la plongée de femmes dans une solitude que la solidarité et l'amitié ne parviennent pas à combler.

C. PONT-HUMBERT

ANGE HEURTEBISE (l'). Voir POÉSIES, de J. Cocteau.

ANGE PITOU. Voir MÉMOIRES D'UN MÉDECIN, d'A. Dumas.

ANGÉLINE DE MONTBRUN. Roman de Laure **Conan**, pseudonyme de Félicité Angers (Canada/Québec, 1845-1924), publié dans *la Revue canadienne* de juin 1881 à août 1882, et en volume à Québec à l'Imprimerie Léger Brousseau en 1884.

Dans le contexte canadien français du XIXᵉ siècle où la production romanesque est de piètre qualité, *Angéline de Montbrun* apparaît comme une œuvre novatrice et totalement originale et son auteur, Laure Conan est, au moins en date, l'une des premières femmes de lettres canadiennes.

Angéline de Montbrun, jeune fille accomplie de dix-huit ans, vit seule avec son père dans le petit village de Valriant depuis la mort de sa mère. Très attachée à son père et désireuse de rester auprès de lui, elle accepte pourtant les avances de Maurice Darville qui ne tarde pas à demander sa main. Il a été présenté aux Montbrun par sa sœur Mina, une amie d'Angéline, et qui n'est pas insensible aux charmes de M. de Montbrun. La demande en mariage contrarie M. de Montbrun qui fait en sorte de retarder l'échéance ; quant à Angéline, elle s'habitue à cette idée. Les projets d'union sont entravés par la mort accidentelle de M. de Montbrun. Peu après, Angéline, défigurée par une tumeur voit l'attitude de Maurice changer à son égard. Elle le lui reproche vivement et finit par refuser un mariage qu'elle croit davantage dicté par le devoir et la compassion que par l'amour. Retirée dans son domaine de Valriant, elle s'abandonne à un chagrin provoqué par le départ du fiancé et la disparition du père. Elle commence la rédaction d'un journal intime et c'est en communion spirituelle avec son père qu'elle tente de vivre et d'échapper à la solitude. Volontairement isolée du monde, elle nourrit une méditation de plus en plus exigeante qui la conduit au détachement.

La lecture d'*Angéline de Montbrun* doit être éclairée par la biographie de son auteur. Laure Conan entreprend pour la seconde fois de raconter son histoire avec le député Pierre-Alexis Tremblay, une aventure dont elle a déjà tiré *Un amour vrai*, nouvelle parue dans *la Revue de Montréal* en 1878 et 1879. De nouveau, la nécessité de revivre cet épisode de sa vie motive son travail d'écriture.

Après un éphémère aperçu de ce que peut être le bonheur, le personnage d'Angéline fait l'apprentissage de la frustration, de la privation, et développe une passion du sacrifice. À l'écart des regards, seule dans sa maison, elle peut à loisir se livrer au culte des disparus et savourer l'« amère volupté des larmes ». La jeune femme, prisonnière d'une vie semblable à « un tombeau », se met à parler au portrait de son père et à ressentir face à cette peinture des troubles profonds : « J'étouffais de pleurs, je suffoquais de souvenirs et, dans une sorte d'égarement, dans une folie de regrets, je parlais à ce cher portrait comme à mon père lui-même. » La lecture, la méditation et bientôt l'écriture remplissent le vide d'une existence recluse. Angéline se délecte dans une solitude farouchement défendue, les déceptions, les amertumes ont peu à peu éteint ce qui en elle était appel à la vie et sensibilité frémissante aux choses du monde. L'héroïne semble ainsi se résigner au renoncement, cultiver la séduction de l'absence et sublimer la souffrance. Officiellement voué à l'édification religieuse, *Angéline de Montbrun* dépeint en réalité un personnage hanté par le passé, qui cherche en vain une « consolation », ne peut se résigner à ne plus être aimée, et quête la paix de l'âme, cette « bienheureuse ignorance des troubles du cœur ».

Au-delà du thème conscient du roman, celui de la souffrance qui mène à Dieu, Laure Conan – à l'abri de son pseudonyme – se livre dans une confession involontairement indiscrète et offre des éclairages sur les zones les plus obscures du cœur. La révolte du personnage face à la petite mort d'une vie recluse traduit aussi la revendication implicite d'une plus grande participation de la femme au monde et à la vie. À l'instar des romantiques, Laure Conan accorde les paysages aux états d'âme de ses personnages ; dans ce même esprit, elle renouvelle la forme romanesque en empruntant à trois formes stylistiques : lettres, narration

et journal. *Angéline de Montbrun* est tenu pour le premier roman psychologique écrit au Québec. La vraisemblance et le relief des personnages, la justesse des dialogues témoignent d'une intuition de la misère morale que la production romanesque canadienne française saura ultérieurement développer avec talent.

● Montréal, Fides, 1973.

C. PONT-HUMBERT

ANGÉLIQUE. Voir FILLES DU FEU (les), de G. de Nerval.

ANGELO. Roman de Jean **Giono** (1895-1970), publié à Paris en feuilleton dans *la Nouvelle Revue française* de juillet à novembre 1953, et en volume chez Gallimard en 1958.

Selon l'ordre chronologique de la composition, *Angelo* est le premier roman du « cycle du Hussard » – l'expression est de Giono – qui comprend en outre *Mort d'un personnage*, le *Hussard sur le toit*, le *Bonheur fou* et les *Récits de la demi-brigade*. Cet ordre ne correspond pas à celui de l'action romanesque, car ce n'est que peu à peu que Giono met au point un système balzacien de retour des personnages et élabore le projet d'une œuvre cyclique qui, si elle avait été menée à terme, aurait comporté dix livres. D'un roman à l'autre, une histoire plus vaste se tisse, discontinue et parfois contradictoire.

D'après la Préface d'*Angelo* de 1958, « ce texte est [...] un simple rapport de laboratoire » ; « écrit en quatre ou cinq jours », il est une esquisse préliminaire du personnage qui deviendra plus tard le héros du *Hussard sur le toit*. De telles affirmations sont en fait destinées à justifier la parution, postérieure à celle de ce dernier grand roman, d'un texte certes moins abouti. *Angelo* est cependant conçu comme un roman à part entière lorsque Giono le rédige en 1945 et s'y consacre plus longuement qu'il ne le prétendra ensuite (du printemps à l'automne). Il est vrai que, durant cette période, les conditions de vie de l'écrivain, qui a assisté à la fin de l'expérience humaine et littéraire du Contadour et a été emprisonné en 1939 puis de nouveau en 1945, ne sont guère propices à l'éclosion d'une œuvre maîtresse.

Après avoir tué le baron Schwartz, le jeune et noble carbonero Angelo se réfugie en France. Il voyage en compagnie de la vieille marquise Céline de Théus qu'il aide à échapper à une embuscade et à se rendre au château de La Valette, chez son frère Laurent de Théus. Invité au château, Angelo fait la connaissance de son hôte ainsi que celle de l'évêque ; on devine que ces derniers participent au brigandage légitimiste organisé contre la monarchie de Juillet. Dans le pavillon où il passe la nuit, Angelo trouve un mouchoir parfumé et tombe amoureux de l'inconnue auquel il appartient. Le jeune homme s'installe à Aix où il rencontre quelques réfugiés politiques, à l'égard desquels il demeure distant, ainsi que le vicaire général qui le prend en amitié. Pendant ce temps, la très jeune femme de Laurent de Théus, Pauline, rentre à La Valette et conte à Céline son amour pour Laurent et son bonheur d'être son épouse. Le vicaire, qui participe aux menées légitimistes, annonce à Angelo qu'il est attendu à La Valette. Angelo fait la connaissance de Pauline et, au cours d'une paisible soirée passée ensemble, un immense bonheur s'empare d'eux, sans que le mot « amour » soit toutefois prononcé.

Le personnage d'Angelo, par sa jeunesse, sa beauté et sa pureté, symboliquement désignée par son nom angélique, rappelle certains héros des romans antérieurs tels qu'Albin de *Un de Baumugnes* ou Saint-Jean de *Batailles dans la montagne*. Il s'en distingue toutefois par son appartenance à l'aristocratie et par son inscription dans un contexte historique vieux de plus d'un siècle. À la différence des personnages populaires précédents, il est en outre fort cultivé et grand amateur d'art. Enfin, si Saint-Jean aussi bien que Bobi dans *Que ma joie demeure* étaient des solitaires, ils étaient également solidaires d'une communauté à laquelle ils se consacraient et dans laquelle ils se trouvaient inté-grés. Angelo, lui, à l'image de sa nationalité italienne qui l'isole au sein du contexte français dans lequel le roman le fait évoluer, demeure seul, étranger à toute cause. À cet égard, il est sans doute le reflet de l'état de Giono après la guerre, successivement emprisonné pour avoir été considé-ré comme trop à gauche puis trop à droite. Détaché du car-bonarisme, dont il a pourtant partagé la lutte, puis proche du légitimiste Laurent de Théus sans pour autant participer à son action, Angelo reste à l'écart, tout à la fois heureux de sa liberté et miné par le désœuvrement.

Nourri de la figure du grand-père de Giono et de celle de Fabrice, le héros de la *Chartreuse de Parme*, Angelo est en quête d'un bonheur qui ne saurait résider que dans un total don de soi : il importe de ne pas être « avare de soi-même » (chap. 9), quel que soit l'objet de cette dépense passionnée. Ainsi, Angelo n'hésite jamais à mettre sa vie en péril : il a par exemple offert un duel au baron Schwartz au lieu de l'exécuter comme prévu, ce que ses camarades peuvent d'ailleurs difficilement comprendre, voire admettre.

Le dévouement à une cause politique et l'amour sont autant d'objets possibles d'une pleine et heureuse réalisa-tion de soi dont les trois romans du cycle consacrés à Ange-lo – *Angelo, le Hussard sur le toit* et *le Bonheur fou* – offrent cependant une image précaire et provisoire. Les dénoue-ments laissent toujours en suspens le destin du personnage, sans cesse voué à la conquête et au dépassement de lui-même. Ainsi, Angelo et Pauline connaissent un instant de réelle et chaste plénitude : « Alors, dit Pauline, que voulez-vous entreprendre d'autre que ce que nous avons déjà réus-si ce soir même ? Si c'est bien ce que vous cherchiez ? – Sur mon âme, dit Angelo, je ne désire rien d'autre » (chap. 10). Peu après, toutefois, le charme est rompu par le retour de Laurent de Théus et le roman se termine sur le départ d'Angelo pour une destination et une durée indéterminées, en somme pour une destinée inconnue.

Le « cycle du Hussard » participe d'une volonté de « cri-tique des temps modernes » (carnets de 1945), c'est-à-dire se propose de « peindre le romanesque et les passions à des hommes qui n'ont plus que des passions sans roma-nesque ». Alors que « les êtres d'aujourd'hui sont devenus impropres aux grandes passions », il s'agit de montrer, par l'exemple d'Angelo, « qu'il y a en tout temps un certain nombre d'êtres destinés aux grand amours » (*ibid.*). Pro-fondément individualiste, le texte d'*Angelo* ne parvient pas toujours à conférer à son personnage, tant par les actions que par la psychologie, une épaisseur convaincante et sus-ceptible de racheter un certain élitisme superficiel vers lequel il lui arrive de glisser. L'immersion dans l'épidémie de choléra, idée de génie fondatrice du *Hussard sur le toit*, donnera au personnage une plus grande envergure.

● « Folio », 1983. ➤ *Œuvres romanesques complètes*, « Pléiade », IV (p.p. H. Godard).

A. SCHWEIGER

ANGELO, TYRAN DE PADOUE. Drame en trois journées et en prose de Victor **Hugo** (1802-1885), créé à Paris à la Comédie-Française le 28 avril 1834, et publié à Paris chez Renduel en 1835.

Angelo marque le retour de Hugo à la Comédie-Française ; mais cela se fait au prix de concessions : le dramaturge doit renoncer provisoirement à la conjonction de l'Histoire et du grotesque, qui lui avait valu tant l'échec au Théâtre-Français de *Le roi s'amuse* que le succès populaire à la Porte-Saint-Martin de *Lucrèce Borgia* ; il n'y reviendra qu'avec *Ruy Blas* pour le théâtre de la Renaissance.

Première journée. « La Clef ». Une fête de nuit dans le jardin d'un palais, en 1549. Angelo Malipieri, podestat envoyé à Padoue par Venise, est jaloux d'une comédienne, la Tisbe, qui chérit le souvenir de sa mère et aime Rodolfo, proscrit qu'elle fait passer pour son frère, et qui ne l'aime pas. Un mystérieux Homodei montre tout de ce dernier : il s'appelle en fait Ezzelino de Romana et s'est épris d'une femme rencontrée à Venise, maintenant mariée. Homodei promet de la lui faire rencontrer, mais indique ce rendez-vous à Tisbe, que Rodolfo évite. Elle dérobe à Angelo une clé qui ouvre toutes les portes. Deuxième journée. « Le Crucifix ». Une chambre richement décorée. Homodei tend son piège et révèle à Rodolfo le nom de sa bien-aimée : Catarina Bragadini, épouse d'Angelo. Entre Catarina : ils chantent leur amour, mais une lettre laissée par Homodei, autrefois repoussé par Catarina, prouve sa vengeance. Des pas : Rodolfo se cache. Arrive Tisbe qui laisse éclater sa jalousie, mais reconnaît le crucifix donné par sa mère à Catarina, celle-là même qui l'avait sauvée. Elle détourne alors les soupçons d'Angelo furieux. Troisième journée. « Le Blanc pour le noir ». Une masure (1re partie, supprimée à la représentation). Homodei ourdit une nouvelle trame, dont Rodolfo le tue. Avant de mourir, il fait porter au podestat une lettre attestant la trahison de sa femme. La chambre de Catarina (2e partie). Angelo prépare la mort de l'infidèle. La Tisbe, désemparée, feint d'aider Angelo, et lui conseille le poison. Angelo exige de son épouse le nom de son amant. Affolée, Catarina sauve Rodolfo en lui rendant sa lettre et, faisant face à son mari, dénonce sa tyrannie. La Tisbe lui fait boire un narcotique et la cache chez elle. Une chambre, la nuit (3e partie). Désespérée et résolue au suicide, la Tisbe veut confier à Rodolfo son amante, mais, persuadé de sa trahison, il la tue avant de connaître son sacrifice. Catarina se réveille : trop tard !

Écrite en moins de trois semaines, exploitant tout l'appa-reil (chambres closes, poison, clé, « crucifix de ma mère »…) et les types (tyran, traître, femmes malheureuse ou sacri-fiée, noble dame et comédienne-courtisane) du mélodrame associé au thème « vénitien », la pièce combine un drame politique qui a pour objet la dénonciation du pouvoir des-potique, et un drame amoureux. Sacrifice exalté (« Vivez. Je te bénis ! »), défaite du tyran, triomphe de l'amour parta-gé : le drame, animé par la passion, tendu par la jalousie, organise le triomphe du couple déchiré.

Jouée avec succès par Marie Dorval (Catarina) et Mlle Mars (la Tisbe) jusqu'au 20 juillet, la pièce fut saluée par une critique élogieuse. Parodié par Dupeuty et Duvert (*Cornaro, tyran pas doux*, mai 1834), ainsi que par Dumer-san et d'Artois, raillant la rivalité des deux actrices (*les Marsistes et les Dorvalistes*, en juillet), le drame fut joué pour la première fois dans sa version intégrale en 1905 chez et par Sarah Bernhardt.

➤ *Théâtre complet*, « Pléiade », II ; *Œuvres complètes*, Club français du Livre, V ; *Théâtre*, « GF », II ; *Œuvres complètes*, « Bouquins », Théâtre II.

G. GENGEMBRE

ANGOLA. Roman attribué à Jacques Rochette, chevalier de **La Morlière** (1719-1785), publié en 1746.

Le chevalier de La Morlière, dont « toute la littérature se bornait à la connaissance du roman et du théâtre », ne sur-vit que par *Angola*. Attribution contestée. Moufle d'Anger-ville avance le nom du duc de La Trémoille. Cet « ouvrage sans vraisemblance », qu'il soit de ce vaurien de La Morliè-re ou du brillant aristocrate, est une féerie satirique.

Précédé d'une dédicace aux « petites maîtresses », ce roman met en scène une comtesse et un marquis qui vont lire *Angola*, une histoi-re indienne qui se passe à la cour du roi Erzeb-can. De son union avec Arsénide, un fils est né que les fées ont doué de toutes les qualités. Mais la fée Mutine, par jalousie, lui prédit que l'amour fera son malheur et que la femme qu'il aimera passera dans les bras d'un autre. Désolation à la cour. La fée Lumineuse lui donne le nom d'Angola, « le sémillant », et promet de s'occuper de son éducation (chap. 1-4). À l'âge de quinze ans, Angola part pour la cour brillante et libertine de la fée Lumineuse, où il remarque Zobéide. Son mentor, Almaïr, se charge de le déniaiser et lui ménage un tête-à-tête avec Zobéide. Trop naïf, alors que Zobéide feint de s'évanouir, il ne met pas à profit l'occasion et comprend trop tard sa sottise (5-8). Almaïr lui dispense des leçons. Reçu dans les petits appartements de la fée Lumineuse, il oublie Zobéide. Stratagème de la fée qui lui fait lire une brochure licencieuse. Entraîné par « la contagion de l'exemple », subjugué par « l'objet pré-sent », le prince est « heureux » (9-11). Il répare sa faute auprès de

Zobéide, séduite lors d'une partie de campagne, avec l'approbation d'Almaïr. Mais un jour, il voit par hasard le portrait de la princesse de Golconde et en tombe amoureux (13-16).

La fée Lumineuse, qui hésitait à faire venir cette princesse, cède aux instances du roi, son père. Luzéide arrive, Angola lui fait la cour. Pendant une partie de chasse, il s'égare. Scène de voyeurisme : il surprend dans son bain Clénire, et passe avec elle une nuit de délices (17-19). Le génie Makis veut épouser Luzéide. Il donne un bal, surprend une conversation tendre entre Angola et Luzéide et enlève la princesse. Angola part à sa recherche, la retrouve. On fête ses noces avec Luzéide, mais il subit l'effet d'un talisman aux vertus soporifiques composé par le génie Makis : un assoupissement profond interrompt ses caresses. Pour se faire désenchanter, il se rend chez le génie Moka, lequel lui fait absorber le breuvage magique du même nom. Mais pendant son sommeil, le génie Makis a pris sa place, conformément au maléfice de la fée Mutine (20-24). L'histoire est finie. La comtesse et le marquis commentent ces aventures.

Conte de fées licencieux, *Angola* s'inscrit dans une veine parodique. La féerie est réduite à quelques procédés : scène des dons, interventions des génies, talisman qui rend impuissant. Elle sert de cadre à une éducation libertine. Stratagèmes des femmes, leçons d'un maître, Almaïr qui apprend à Angola « quelle espèce de secours est propre aux évanouissements des dames », ce roman célèbre l'amour-goût, le triomphe de l'occasion. Thèmes rebattus, pimentés de scènes licencieuses : le bain de Clénire, le tête-à-tête dans un « vis-à-vis », le déshabillage de la fée. L'ironie sauve *Angola* de la redite. Elle souligne les emprunts dont l'auteur use comme d'un code convenu, elle met en italiques tous les termes du jargon à la mode. La touche personnelle d'*Angola* est dans cette visée satirique.

Point de galerie de portraits, mais un recueil d'estampes : fureur du jeu, représentations à l'Opéra ou à la Comédie, foule à la promenade, partie fine à la campagne, bal masqué. Le pinceau est sans complaisance qui souligne le vide de ces plaisirs et la lassitude de la débauche, comme en cette fin de bal, lorsque « le blanc et le rouge coulaient à *grands flots* sur les visages *recrépits* ». Des personnages inconstants, mais des toilettes et des décors d'une précision extrême : les raffinements des petits appartements, les falbalas et déshabillés participent à cette « fantasmagorie du plaisir » dont les artifices sont soulignés. Composé suivant le principe d'un récit-cadre (le dialogue entre la comtesse et le marquis), comprenant une scène où la lecture d'une brochure licencieuse incite au plaisir, destiné selon l'Avant-propos à être témoin des « plus tendres transports », *Angola* paraît voué aux jeux de miroir.

● Desjonquères, 1991 (p.p. J.-P. Sermain) ; « Bouquins », 1993 (*Romans libertins du XVIIIᵉ siècle*, p.p. R. Trousson).

C. MERVAUD

ANICET ou le Panorama, roman. Roman de Louis **Aragon** (1897-1982), publié sous le titre *Anicet ou le Panorama* à Paris chez Gallimard en 1921.

Entrepris en septembre 1918, alors que son auteur était encore au front, le manuscrit d'*Anicet* est recommandé à Gaston Gallimard par André Gide, auquel Aragon avait montré les quatre premiers chapitres – selon ses dires – en mars 1919. L'édition originale avait amputé le titre de la paronomase finale (*panorama-roman*) qui intégrait la dénomination du genre littéraire à l'intitulé (voir *Henri Matisse, roman*) et mettait en équivalence l'écriture romanesque et « panorama », entendu dans son acception première de « tableau circulaire peint en trompe-l'œil ». Il faudra attendre l'entreprise des *Œuvres romanesques croisées* d'Aragon et d'Elsa Triolet en 1964, pour que l'auteur rétablisse de lui-même le titre initial, repris depuis par toutes les éditions.

« Anicet n'avait retenu de ses études secondaires que la règle des trois unités, le relativité du temps et de l'espace : là se bornaient ses connaissances de l'art et de la vie » : dans une auberge « d'un pays quelconque », le jeune « poète » rencontre un certain Arthur, qui lui raconte sa vie (chap. 1). Anicet reproche au récit de son voisin de table « la marque de l'époque » à laquelle Arthur est censé « avoir vécu » ; il entreprend donc de raconter sa propre histoire dans une mise en scène allégorique où tout se passe en un seul temps et un seul décor, le « Passage des Cosmoramas ». Anicet s'y promène, y flirte avec la rêverie, s'amourache d'une femme puis se rend compte qu'elle n'est qu'une vieillarde fardée : « Quand je m'aperçus de quels filtres démodés je faisais usage, je ne persistai pas dans mon erreur et partis à la recherche de l'idée moderne de la vie » (2).

À l'auberge, Anicet doit partager une chambre. Il y trouve Mirabelle, femme superbe autour de laquelle s'empressent sept hommes masqués, serviteurs de la Beauté venus lui faire l'offrande de cadeaux inattendus : « Nous nous efforçons tous de découvrir ce qui peut embellir la vie » (3). Enthousiasmé, Anicet s'intègre à cette nouvelle « chevalerie ». Il commence son apprentissage par une visite chez l'un des masques, « l'homme pauvre » [Max Jacob]. Débat esthétique et moral avec Bleu [Picasso] (4). Le salon s'ouvre soudain et Anicet retrouve Mirabelle perdue au milieu des mondains : « Anicet ne parvint pas à briser la barrière des snobs : leurs noirs ébats lui cachèrent irrémédiablement le visage de la beauté. Petit symbole pour esprits simples » (5). Après un portrait de Baptiste Ajamais [André Breton], qui condamne la souplesse d'esprit d'Anicet-Aragon, les masques assistent au cinéma au mariage de Mirabelle avec le riche Pedro Gonzalès (6). Chez Mirabelle, où il était venu expliquer sa révolution intérieure (« J'ai jeté mes yeux pour en mettre de neufs »), Anicet tombe sur Omme [Paul Valéry] qui voulait arracher Mirabelle à Gonzalès ; Anicet tire sur Omme et le tue (7). Parodie de roman policier et hymne à l'amour (8). Embrigadé par des truands après son meurtre, Anicet participe à une tentative de vols de tableaux chez Bleu : réflexions sur la littérature et la peinture (9).

À la suite d'une « soirée chez Mirabelle » (10), Anicet est désigné, dans un hasard un peu aidé par Baptiste Ajamais, parmi les masques pour enlever leur idole (11). Mais Gonzalès est ruiné, et se suicide devant Anicet, immédiatement arrêté comme coupable (12), et mis en prison : « De quelque côté qu'on se tourne, il n'y a que des murs. Image de la vie. Anicet ne se sentait pas très gêné de sa nouvelle condition » (13). Baptiste Ajamais est le seul à renverser le rapport de forces avec Mirabelle, à qui il résiste au point de devenir son maître (14). Après avoir machiné la perte d'Anicet, il devient Baptiste Tisaneau, « nouvel employé de l'agence du Crédit national » à Commercy, et joue à la manille, au Café du Commerce, avec Arthur [Rimbaud...], Prudence [Jacques Vaché] et Isidore Ducasse, « ancien receveur de l'Enregistrement ».

Sautillement narratif, accumulation de références à Charlot (présent parmi les masques sous le nom de Pol), aux livraisons policières, à Nick Carter, à Fantômas, pastiche de Max Jacob, désinvolture narrative désintégrant tout effet de réel (ainsi des notes en bas de pages : « En même temps qu'Anicet parlait, le téléphone posé à côté de lui demanda : "Vous avez donc le sentiment du beau, cher monsieur ?" »), montage du récit à la façon d'un film échevelé (Charlot encore, ou Buster Keaton) où « le coq à l'âne règne sans conteste » : le « panorama » d'Anicet sans cesse exhibe son trompe-l'œil, et l'on comprend que Gide ait été retenu par cette sotie provocante. Le comique est tout au long du livre soutenu aussi par un phrasé XVIIIᵉ siècle, délibérément sur-écrit (même dans les conversations) où scintille une tonalité voltairienne, relayée par la mise en scène, profondément ironique, qui fait d'*Anicet* un véritable conte philosophique : « Mes personnages n'étaient point des symboles à mes yeux, mais le guignol de mes idées », indiquera sur ce point Aragon dans sa Préface de 1964. Sorte de Candide dada, Anicet (dont le nom est doublement connoté, le martyre de saint Anicet renvoyant à celui du personnage, sacrifié par Baptiste Ajamais, et le « nicet » médiéval étant un jeune nigaud archétypal, terme compliqué ici par le A, à la fois initiale de l'auteur et « a » privatif) accomplit donc son apprentissage dans un *Bildungsroman* [roman d'éducation] parodié qui s'achève en catastrophe.

C'est pourquoi le plaisir de la lecture ne doit pas faire oublier que la virtuosité est ici un instrument de destruction, et la permanente contestation du roman par lui-même le moyen de révéler un univers absurde, animé par une temporalité brisée, dévasté par une logique en miettes, dans lequel seule l'intensité peut passer pour une valeur : « Exercer avec lenteur ce pouvoir merveilleux que nous avons de nous gâcher nous-mêmes. Nous ferions d'étranges plâtriers. » Dans cette construction, aussi vernissée que décapante, *Anicet ou le Panorama, roman* inscrit à la fois la chronique, caricaturale, du milieu littéraire de l'avant-garde du début des années vingt, et la quête d'une esthétique moderne. En effet, le personnage de Mirabelle emblématise de façon claire la nouvelle Beauté, celle qu'« on ne saurait voir longtemps ». Beauté fugitive, bizarre (comme le montrent les divers « cadeaux » de la scène de l'offrande, au chapitre 3 : une boule de verre argenté, une orange dans son papier de soie, etc.), elle possède tous les attributs de sa définition baudelairienne, et garde comme la femme symbole du sonnet "À une passante" le « prestige des formes entr'aperçus ». Aussi la pantomime drolatique révèle-t-elle dans ses replis un manifeste esthétique, philosophique et existentiel, mixte d'hommages (à Guillaume Apollinaire, seul « amant heureux » de Mirabelle, à Jacques Vaché) et de liquidations d'anciennes admirations : critique du « romantisme » d'« Arthur », etc. Par-delà le jeu des références, *Anicet* propose dans son écriture une esthétique arlequinée, où le lyrisme (« Une tresse de cheveux pend de la nuit décoiffée ») se mêle à sa dérision (« Anicet éclata de rire sans aucune gêne : "Je viens de me prendre au sérieux" »), comme l'espoir en l'amour (indissociable de l'art, lui-même indissociable de la vie) se joint à la revendication d'un désespoir rutilant : « Anicet : L'amour, le seul but de la vie. Quelqu'un : Tu changes de but comme de chemise. Quelle rage ont-ils tous avec l'art et les buts ? » Dans une telle superposition de plans et de tons, le récit se livre à une déconstruction maîtrisée des ambitions du groupe qui allait plus tard donner naissance au surréalisme ; et le plus étonnant est sans doute qu'un premier livre soit à ce point – par la « critique », ambiguë, du rôle de Breton-Ajamais, l'anticipation des reproches que celui-ci adressera (mots pour mots, dans ses *Entretiens* de 1952 !) à Anicet-Aragon – une œuvre de démolition au moins autant que d'affirmation. Ici réside sans doute, plus encore que dans le clavecin aigre-amer de l'écriture ou la subtilité d'une organisation narrative à la fois picaresque et kafkaïenne, la plus grande force d'*Anicet* : en contestant les oppositions de l'authentique et de l'inauthentique, du sérieux et de la gratuité, de la pertinence et de l'impertinence, il construit un univers de facettes au sein duquel toute idée, à tout moment, se renverse et se renie. Ainsi se dégage une compréhension du sens comme entièrement dynamique, un sens dont on ne peut pressentir la portée que dans le rythme effréné de son jeu – un sens qui n'est autre, donc, que celui de la flambée d'une écriture.

● « Folio », 1972. ➤ *Œuvres romanesques croisées*, Laffont, II.

O. BARBARANT

ANIMAUX DÉNATURÉS (les). Roman de **Vercors**, pseudonyme de Jean Bruller (1902-1991), publié à Paris chez Albin Michel en 1952.

À plusieurs reprises, sous une forme théorique (dans *Plus ou moins homme* en 1950) ou par le biais du roman (notamment dans *Colères* en 1956, ou dans *Sylvia* en 1961), Vercors s'interroge sur la rébellion que tente l'homme contre la nature, et qui le définit comme un « animal dénaturé ». Ce texte, qui possède à la fois la rigueur de l'essai et la fantaisie du conte, est la variation la plus élaborée sur une interrogation propre à l'auteur : « Une profusion de lectures de l'Antiquité à nos jours m'avait convaincu, à ma stupéfaction, que si au cours des temps les hommes avaient défini toutes choses en long et en large, seul avait échappé à toute définition, quoi ? L'Homme lui-même ! incroyable. »

Douglas Templemore, journaliste londonien, entretient avec Frances Doran une amitié amoureuse. Sur ses conseils, il accepte d'accompagner en Nouvelle-Guinée une mission de savants qui cherchent le squelette du « chaînon manquant ». Mais ceux-ci s'égarent dans la forêt vierge et découvrent avec stupeur une colonie de singes étonnamment proches de l'homme, qui taillent la pierre, enterrent leurs morts et semblent doués de parole. Ces anthropopithèques – bientôt baptisés « tropis » – sont-ils des hommes ou des animaux ? Les membres de l'expédition hésitent. Moins scrupuleux, un homme d'affaires imagine aussitôt le profit que représente cette main-d'œuvre habile et gratuite. Soucieux de vérifier si ces tropis sont ou non des humains, Douglas se prête à une expérience d'insémination artificielle sur une femelle tropi. Celle-ci réussit. Douglas tue alors son « tropiot » et s'accuse d'assassinat, obligeant la justice à se prononcer sur son cas. Un procès est ouvert. Le Parlement est contraint d'élaborer une définition de l'être humain. Douglas est finalement acquitté, mais les tropis sont « accueillis [...] dans le sein de l'humanité ». Faut-il s'en réjouir pour eux ? Sans doute. Le chemin qui leur reste à parcourir sera difficile, mais « la dignité des hommes réside même dans leurs échecs, et même dans leurs chutes ».

Bien que Vercors ait construit son récit en s'appuyant sur les découvertes de l'anthropologie ou de la biologie modernes, il conteste que ce texte appartienne à la littérature d'anticipation. « Déterminer, non dans le futur mais dans le passé, la frontière qui sépare l'homme minimal de l'animal supérieur n'est pas de la science-fiction. » De fait, les expériences des savants n'ont ici aucune fonction ornementale. Elles ne visent ni à charmer ni à amuser le lecteur, mais à remettre en question sa conscience d'homme. Le roman s'apparente donc davantage au conte philosophique du XVIIIᵉ siècle. Certains passages évoquent même précisément des pages du *Rêve de d'Alembert*. Mais le souvenir récent de la Seconde Guerre mondiale avait donné une actualité angoissante à la question de la hiérarchie des races et de l'exploitation des unes par les autres. Mêlant ironie et sérieux avec une impassibilité toute britannique, l'auteur envisage les différents critères susceptibles de définir l'être humain : les gris-gris, les perversions sexuelles, les sentiments désintéressés… Le Parlement tranche enfin : « L'homme se distingue de l'animal par son esprit religieux. » Mais ce trait distinctif est bien vague. Il regroupe de manière déroutante des manifestations telles que le fétichisme, la sorcellerie et le cannibalisme rituel. On retient surtout le mal que les autorités éprouvent à s'entendre – et la facilité avec laquelle l'homme peut être contesté dans sa spécificité. La morale de cette fable inquiète est délivrée par Frances au terme du récit : « L'affaire des tropis nous a du moins appris une chose [...] : l'humanité n'est pas un état à subir. C'est une dignité à conquérir. » On y sent plus une exhortation qu'une mise au point.

Vercors a tiré de ce roman une pièce, *Zoo ou l'Assassin philanthrope*, qui fut jouée pour la première fois au théâtre de Chaillot le 8 février 1964. Dans cette « comédie judiciaire, juridique et morale » en trois actes, la réplique finale, prononcée par Douglas Templemore, délivre un message plus explicite encore : « L'homme n'est pas dans l'homme, il faut l'y faire éclore ! »

● « Le Livre de Poche », 1984.

C. CARLIER

ANNA, SOROR… Récit de Marguerite **Yourcenar**, pseudonyme de Marguerite de Crayencour (1903-1987), publié dans un recueil de trois nouvelles intitulé *La mort conduit l'attelage* en 1934. En 1981, à l'occasion d'une réédition chez Gallimard, l'auteur apportera diverses modifications à cette œuvre et décidera de faire désormais d'*Anna, soror…* un récit autonome.

Les trois nouvelles que contenait *La mort conduit l'attelage* s'intitulaient « D'après Dürer », « D'après Greco » et « D'après Rembrandt ». « D'après Dürer » est ensuite remanié et intégré au roman l'*Œuvre au noir*. « D'après Rembrandt », profondément modifié, est scindé en deux nouvelles que l'auteur publiera ensemble : « Un homme obscur suivi de Une belle matinée ». Quant à la nouvelle « D'après Greco », elle devient *Anna, soror…* Ce récit, écrit en quelques semaines, au printemps 1925, pendant et peu après un séjour à Naples, n'a été que très peu retouché par la suite. Il s'agit d'« une œuvre de jeunesse, mais de celles qui restent pour leur auteur essentielles et chères jusqu'au bout » (Postface, 5-11 mars 1981).

Anna et son frère Miguel sont les enfants de Valentine, une douce et sage Italienne, et de l'austère don Alvare, gentilhomme espagnol détesté à Naples où il incarne l'oppression et la répression étrangères. Après la mort de leur mère, les deux enfants sont livrés à eux-mêmes dans la forteresse de Saint-Elme où ils vivent avec leur père. Ce dernier, accaparé par des accès d'intense piété qui alternent avec des périodes de débauche, ne se préoccupe guère de leur sort. Miguel lutte contre un puissant désir incestueux que lui inspire sa sœur. Après d'âpres et douloureux combats, il comprend qu'Anna partage son amour. Le frère et la sœur s'unissent enfin charnellement mais Miguel s'engage à bord d'une galère royale sur laquelle il trouve bientôt la mort. Anna est inconsolable. Elle survit à son frère, se marie, devient mère et connaît la vieillesse mais la vie glisse sur elle sans véritablement l'atteindre. Elle demeure plongée dans son éternel amour pour son frère auquel semblent destinées les dernières paroles qu'elle prononce sur son lit de mort.

Anna, soror... doit son titre aux premiers mots de l'épitaphe inscrite par Anna sur la tombe de son frère. L'inceste et la mort se trouvent donc placés à l'orée de « ce récit violent » (Postface). Dans ses premiers écrits, Marguerite Yourcenar se plaît à mettre en scène des amours trangressives et les combats intérieurs qu'elles engendrent. *Anna, soror...* fait ainsi écho à *Alexis ou le Traité du vain combat*, roman portant sur l'homosexualité. Le propos de l'ouvrage est audacieux puisque l'inceste y est volontaire et physiquement consommé. En dépit d'un contexte socio-historique fidèlement restitué, celui de la Contre-Réforme de la fin du XVIe siècle, le récit vaut avant tout par sa portée humaine. Il conte une histoire, placée sous le signe de la passion et de l'érotisme, qui met les personnages aux prises avec l'interdit et le désir. La religion est présente, mais la conscience de la faute n'est que partiellement inspirée par la foi. Quant au remords, Anna et Miguel en sont dépourvus. Le texte de la Bible est même utilisé comme médiateur de l'inceste car Miguel trouve un précédent de ses penchants dans l'épisode d'Amnon et de sa sœur Thamar, puis se sert de ce récit comme un moyen d'exprimer son amour à sa sœur.

Au-delà du cadre circonscrit d'une époque et d'une religion précises, c'est la présence du sacré qui donne à cette histoire, dont la durée coïncide avec celle de la semaine sainte, sa vraie dimension : elle confère à l'interdit son immuable puissance et au récit une portée tragique. Victimes d'une force qui les dépasse, Miguel et Anna sont attirés l'un vers l'autre par une fatalité irrépressible. La jouissance est d'autant plus précieuse et intense qu'elle fait suite à un violent mais vain combat contre soi-même. Trop idéale pour durer et s'installer dans le prosaïsme du quotidien, cette union ne peut trouver que dans la mort son parfait accomplissement.

● Gallimard, 1981. ➤ *Œuvres romanesques*, « Pléiade ».

A. SCHWEIGER

ANNEAU D'AMÉTHYSTE (l'). Voir HISTOIRE CONTEMPORAINE (l'), d'A. France.

ANNÉE DES DAMES NATIONALES (l'). Recueil de nouvelles de Nicolas Edme Rétif, dit **Rétif** (ou **Restif**) **de La Bretonne** (1734-1806), publié en 1795 (avec le millésime de 1791), puis en 1796 sous le titre *les Provinciales*.

La nouvelle a toujours été la forme privilégiée de la création littéraire de Rétif. Il en a nourri presque tous ses romans, dès le début de sa carrière, et, à partir des *Contemporaines*, en 1780, en a constitué de nombreux

recueils : *les Français* (1786), *les Parisiennes* (1787), *le Palais-Royal* (1790). Le projet de *l'Année des dames nationales* remonte au moins à 1786, mais Rétif ne commence la rédaction des premières nouvelles qu'en février 1788. Au fil des années, parallèlement à bien d'autres tâches, il va écrire des centaines de courts récits, qu'il se met à imprimer lui-même à partir de février 1790, sans attendre d'avoir rédigé l'ensemble du texte. Rédaction et impression vont se poursuivre pendant quatre années encore. Le changement de titre en *Provinciales* sur une partie des exemplaires est probablement dû aux exigences du libraire qui en 1796 achète à Rétif le reste de l'édition. Il faut reconnaître que le titre primitif n'était pas d'une grande clarté.

La structure de *l'Année des dames nationales* est fondée sur deux principes organisateurs, l'un temporel (un volume de nouvelles pour chaque mois de l'année et une histoire, et parfois plusieurs, pour chaque jour du mois), l'autre spatial (chaque histoire est localisée sur le territoire national). Au total, le recueil atteint le chiffre de cinq cent quatre-vingt-seize nouvelles, à quoi il convient d'ajouter quatre-vingt-seize « Nationales hors-d'œuvres » consacrées à quelques figures féminines de la Révolution française. Ces brefs récits (ils n'excèdent jamais sept ou huit pages in-12) se présentent comme des histoires authentiques, arrivées dans « l'arrière-scène de la société », mises au jour grâce à l'aide du public, sollicité par Rétif dans ses œuvres précédentes. On lit ainsi à la fin du volume XII des *Nuits de Paris* : « Dans le dessein que nous avons formé [...] d'offrir un aperçu aussi amusant qu'exact des mœurs des femmes de tout le royaume, il nous a paru que le moyen le plus sûr d'avoir des renseignements authentiques était de vous les demander. Nous vous prions donc de vouloir bien nous communiquer, en peu de lignes, les traits qui concerneront les filles ou femmes de votre ville. » Les titres des nouvelles annoncent toujours des histoires d'amour ou de sexe et parfois suggèrent les situations les plus extravagantes. Par exemple : « La Courtenette faite en somnambulisme », « Joinvillette trop jeune remplacée par sa mère », « Toulèses changées dans le ventre de leur mère », etc.

Comme le montrent ces exemples, chaque titre identifie l'héroïne par son appartenance à un lieu (Courtenay, Joinville, Toul dans les trois cas cités) et contribue à faire du recueil une somme géographique autant que narrative. En réalité, le lien entre l'histoire et sa situation est factice. On le voit bien pour les nouvelles d'inspiration autobiographique (un cinquième du total environ), qui placent n'importe où des aventures en principe bourguignonnes ou parisiennes. C'est dire qu'il ne faut pas chercher dans ces volumes un tableau des mœurs provinciales. La vérité proclamée par l'auteur n'est évidemment qu'une fiction destinée à déployer plus librement l'étrange et le merveilleux. Il s'agit d'« Histoires extraordinaires », selon le sous-titre de l'Avant-propos. À cet égard, nous sommes dans le domaine du conte, et nous le sommes aussi dans la mesure où Rétif présente ses *Nationales* comme des histoires à dire à la veillée ; dans l'« Histoire préliminaire », en effet, il raconte comment « le plus fameux conteur de contes qui soit à Paris » (il se nomme bien sûr M. Nicolas) a confié son manuscrit à un certain Caquet, villageois de Sacy, afin qu'il dise (et non lise) à ses filles, chaque soir de l'année, un ou deux contes.

Ces contes sont aussi des contes moraux. Si beaucoup d'entre eux se présentent comme des modèles de conduite (amoureuse, conjugale, sociale) fondés sur une morale conformiste, certains relèvent d'une conception du bonheur liée aux fantasmes personnels de Rétif (vie communautaire, inceste, viol même dès lors qu'il est un acte de procréation). L'originalité de Rétif tient également, parfois, à la personnalisation du destinataire du récit : la 4e *Nationale* lave un M. Malassis du soupçon d'avoir épousé par intérêt sa fille naturelle ; la 30e révèle à des enfants un secret de famille, etc. Au fil des pages, l'auteur éclaire, innocente, accuse, menace, mettant ainsi le propos moraliste au service de l'illusion réaliste.

Enfin, ces contes témoignent curieusement d'une création littéraire conçue comme un passage entre le simple canevas narratif (envoyé à l'auteur du fond des provinces) et l'œuvre achevée. Rétif n'entend donner ici à lire que des esquisses et il en appelle aux autres écrivains, romanciers et auteurs dramatiques, pour développer ces histoires (voir la dernière page non foliotée du volume XII). L'œuvre doit être génératrice d'autres œuvres ; elle est offerte à autrui pour que son accomplissement enfin se réalise. Ce n'est pas sa moindre étrangeté, que d'être ainsi ouverte sur l'avenir et de ne constituer, malgré ses milliers de pages, que l'amorce de livres futurs.

● Genève, Slatkine, 12 vol., 1988 (réimp. éd. 1795).

P. TESTUD

ANNÉE TERRIBLE (l'). Recueil poétique de Victor **Hugo** (1802-1885), publié à Paris chez Michel Lévy en 1872. La censure supprima un poème ("Talion", dans « Avril », VI) et quelques vers. Après plusieurs rééditions, le recueil parut sous sa forme définitive dans l'édition dite « *ne varietur* » des *Œuvres* chez Hetzel-Quantin en 1880.

Rentré en France en septembre 1870, Hugo reprend, dans *le Rappel*, le fil d'une chronique du second Empire, abandonnée au profit des apocalypses de *Napoléon-le-Petit* et des **Châtiments*, pour en quelque sorte conclure avec la défaite de Sedan l'*Histoire d'un crime*, qui paraîtra en 1877, et introduire *l'Année terrible*. La Commune donnera une dimension plus tragique encore à cette œuvre composée au Luxembourg, où il doit se rendre après avoir vu sa maison bruxelloise lapidée par des biens-pensants parce qu'il y accueillait des communards en fuite.

Rigoureusement organisé selon la chronologie de la guerre franco-allemande d'août 1870 à juillet 1871, entre un « Prologue » ("les 7 500 000 oui", consacré au plébiscite du 8 mai 1870) et un « Épilogue » ("Dans l'ombre", dialogue entre le Vieux Monde et le Flot – « Tu me crois la marée et je suis le déluge »), le recueil adopte quasi exclusivement l'alexandrin, sauf les quatrains d'alexandrins et d'hexasyllabes alternés de "À l'enfant malade pendant le siège" (« Novembre », X),de « le Deuil » (« Mars », III), et de "Ô Charles, je te sens près de moi..." (« Juillet », X), ou trois poèmes en octosyllabes, "Avant la conclusion du traité" (« Février », I), "N'importe, ayons froid, tout s'agite" (« Mars », I), et "les Précurseurs" (« Avril », I). *L'Année terrible* se veut chronique historique (« J'entreprends de conter l'année épouvantable ») et témoignage (« Ce siècle est à la barre et je suis son témoin »). Énumérant une succession d'effondrements, il décrit l'ignominieuse fin d'une abjection, celle de l'Empire, et les horreurs d'une défaite aggravée d'une guerre civile. Le conflit prend l'allure d'une tragédie, dont le recueil serait le chœur. Le poète se replie sur sa patrie blessée, dédiant son œuvre à Paris, « capitale des peuples ». Accumulant d'abord les choses vues, les croquis, Hugo s'identifie aux Parisiens (« On vit de rien, on vit de tout, on est content », « Lettre à une femme », « Janvier »), et mime poétiquement la montée de l'esprit patriotique. Il se place en fait du côté des républicains dans une perspective visionnaire, celle de l'unité retrouvée de l'an II. Mars 1871, affreuse béance, marque la rupture.

Après les luttes et les rêves, Hugo rentre à Bruxelles après la mort de son fils Charles, alors que commence la Commune. S'il n'approuve pas la violence des insurgés, il ne se joint pas au chœur horrifié et haineux des bien-pensants, et refuse la loi du talion ("Talion", « Avril », VI). Envers et contre tout, il continue d'appeler à l'union, déplorant les destructions infligées à la ville-lumière, Paris, centre cosmique, vocable sacré, accédant à la dignité du mythe. Il ne peut offrir que l'asile aux communards traqués et sa poésie au monde.

Partagé entre les ténèbres et la lumière, tiraillé entre le oui et le non, le recueil se fait livre de prières hanté par la mort, à la fois attirance pour l'au-delà et angoisse de la perte, aspiration et horreur. Devant les abominations de l'Histoire, il faudrait pouvoir « s'enfuir dans les étoiles » ("Expulsé de Belgique", « Mai », VI). Au cœur des cris de désespoir, s'élève une profession de foi en un Être suprême, essence de toutes les forces de l'univers ("À l'évêque qui m'appelle athée", « Novembre », IX) et l'affirmation du progrès (« Prologue » et "Loi de formation du progrès", « Février », V), car « l'aube est une parole éternelle donnée » ("Dans l'ombre", « Épilogue »).

● « Poésie/Gallimard », 1985 (p.p. Y. Gohin). ➤ *Œuvres poétiques*, « Pléiade », III ; *Œuvres complètes*, Club français du Livre, XV ; *Œuvres complètes*, « Bouquins », Poésie III.

G. GENGEMBRE

ANNÉES-LUMIÈRE (les). Roman de Serge **Rezvani** (né en 1928), publié à Paris chez Flammarion en 1967.

Cyrus est peintre, d'origine russo-persane ; il vit avec Lula quelque part dans le Midi. À la quarantaine, il prend la plume pour tenter de faire renaître son enfance et son adolescence. Surgit d'abord la figure ingrate d'une mère malade, possessive, hantée par sa mort, qui d'opération en opération place l'enfant de foyer en pension ou chez de vagues connaissances marginales. Lorsque sa mère meurt, le petit garçon retrouve son père, Mony, charlatan de génie, une belle-mère, Pipa, des grands-parents, Russes en exil convertis au communisme. Dans ce milieu bohème et pittoresque, il encombre encore et retrouve le chemin des pensions. La guerre éclate ; Cyrus est évacué puis retrouve sa famille à La Ferté-Bernard. C'est dans le train du retour à Paris que, serré contre Pipa, il connaît son premier émoi amoureux. Comme il avait peint des sirènes par centaines, il emplit sa mansarde de portraits de Pipa, ce qui lui vaut l'exil d'une nouvelle pension. Lorsque, au gré de ses permissions de sortie, il rejoint le domicile paternel, c'est une Pipa frappée à mort par la tuberculose qu'il retrouve, plus pâle et plus faible à chaque fois. À la fin de la guerre, il a quinze ans et s'enfuit à Paris, sans un sou en poche mais fort de son talent et de son désir de peindre. Un cours de peinture, quelques amis jeunes et enthousiastes, des hôtels meublés miteux, la libération de Paris : voilà le décor misérable et exaltant de sa nouvelle vie et de l'éveil à la sexualité. Après quelques années, qu'il passe sous silence, il rencontre Lula et le roman se clôt sur cette image lumineuse d'un couple sous la neige.

Ce premier livre de Serge Rezvani a pour « sujet caché », comme il l'écrit lui-même dans la Préface de sa réédition en 1965, « [s]on passage de la peinture à l'écriture. Il rend compte, non pas de [s]on histoire romancée (son sujet déclaré) mais de l'histoire d'un vol, d'un viol de la langue française par un "étranger", un homme venu de nulle part ».

Certes, le récit romancé de la vie de son narrateur (ou plus exactement de la première partie de sa vie qui précéda la rencontre de la femme aimée, laquelle symboliquement lui offre la chance d'une seconde naissance) suit une chronologie à peu près exacte qui met en relief les moments clés d'une existence. De temps à autre pourtant, le narrateur interrompt cette chronologie pour mettre en scène le temps de l'écriture. Ce va-et-vient entre le présent de l'écriture et le passé du récit (qui jamais ne se rejoignent) prend la forme d'un dialogue entre le narrateur et Lula, son épouse, et place l'ensemble du texte tout à la fois sous le signe de la difficulté d'écrire et de la nécessité impérative de communiquer par le verbe. Et le décalage entre le texte souhaité et celui obtenu est marqué au tout début du récit par l'utilisation des italiques. Plus loin, c'est par des néologismes que le narrateur résout ce problème, ou par l'insertion d'onomatopées phonétiques. Tout au long du récit, en choisissant d'accorder une grande place au discours direct et en s'efforçant de transcrire plutôt que de traduire le pittoresque langage des familiers de son enfance, il entend marquer la distance qui l'a séparé du français littéraire qu'il s'efforce, en écrivant, de s'approprier.

Mais tout cela ne saurait éclipser la gaieté, la vitalité qui émanent de ces pages souvent sombres pourtant, la verve amusée de portraits étonnamment vivants, le goût du pittoresque et surtout la sensualité et la gourmandise de vivre qui, dès ce premier livre, font de Serge Rezvani un écrivain des plus attachants, et justifient son succès.

● « Points », 1986.

V. STEMMER

ANNETTE ET LE CRIMINEL. Roman d'Honoré de **Balzac** (1799-1850), publié sous le pseudonyme d'Horace de Saint-Aubin chez Émile Buissot en 1824. Considérablement remanié par un membre de l'équipe d'Émile Regnault, prête-nom du contrat d'édition, il est réédité en 1836 sous le titre *Argow le pirate* dans les *Œuvres complètes d'Horace de Saint-Aubin* chez Hippolyte Souverain.

On classe parmi les œuvres de jeunesse de Balzac les textes publiés avant l'apparition de sa signature pour *les *Chouans* en 1829. Après ses projets de tragédie (dont *Cromwell*) et ses *Notes philosophiques*, Balzac aborde le genre romanesque. Dans les deux versions de *Falthurne* (1820), non publié de son vivant, il entend se mesurer à Walter Scott et concilier une intrigue compliquée avec une quête mystique (voir *Séraphita*). Avec l'épistolaire et inachevé *Sténie ou les Erreurs philosophiques* (publication posthume), il traite à propos d'un héros werthérien de la passion amoureuse, sans oublier la métaphysique. Puis, d'abord en collaboration avec Le Poitevin de l'Egreville, et bientôt seul, il s'inspire du roman populaire pour prendre ironiquement ses distances avec les formes en vogue et parodier le roman gai à la manière de Pigault-Lebrun, les fantaisies « troubadour » ou le roman historique scottien. Il publie *l'Héritière de Birague* et *Jean-Louis ou la Fille trouvée,* où figure le premier arriviste balzacien, l'ambitieux Courotin (chez Hubert, janvier puis mars 1822, signés des anagrammes lord R'Hoone et A. de Viellerglé), *Clotilde de Lusignan ou le Beau Juif* (juillet 1822, signée du seul lord R'Hoone). Exploitant la veine du roman noir, il fait paraître *le Centenaire ou les Deux Beringheld*, roman fantastique dans un cadre moderne, avant *le Vicaire des Ardennes* (novembre 1822, signés Horace de Saint-Aubin, chez Pollet). Puis ce sera *la Dernière Fée ou la Lampe merveilleuse* (même pseudonyme, mai 1823, augmentée en 1824, chez Barba et Hubert), exaltant sa rencontre avec Mme de Berny, mais consacrant surtout l'impossibilité moderne de la féerie au bénéfice du roman (comme dans *la *Peau de chagrin*, le héros est placé entre une femme-ange et une femme sans cœur, et Balzac aborde les questions capitales du vouloir-vivre et de l'économie de soi, de l'intensité et de la durée), *Annette et le Criminel* et l'anonyme *Wann Chlore* (1825, voir *infra*), la même année que sa collaboration au *Code des gens honnêtes,* satire du pouvoir de l'argent et assimilation de la pègre des bas-fonds à celle des salons. Tous ces derniers romans seront largement édulcorés pour leur réédition dans les *Œuvres complètes d'Horace de Saint-Aubin,* dues à des besoins d'argent et précédées d'une notice liminaire de Jules Sandeau.

Annette et le Criminel se présente comme une suite du mélodramatique *Vicaire des Ardennes,* saisi par la censure, où Joseph, un jeune homme, aime une jeune fille qu'il prend pour sa sœur, se fait prêtre et se marie avec elle sans être relevé de ses vœux, provoquant ainsi la mort de l'épouse horrifiée. Une femme mûre aime ce prêtre, qui est en fait son fils. À ce double inceste s'ajoute la rivalité de Joseph et du matelot Argow, qui tuera son capitaine et se lancera dans la piraterie.

Annette et le Criminel. Fille de M. Gérard, la mystique Annette mène une existence paisible dans le quartier du Marais en compagnie de son cousin Charles, qu'elle considère comme son futur mari. Un voyage à Valence provoque une crise entre eux. En chemin, Annette rencontre un étrange personnage, au fascinant regard. Il se révèle être Argow le pirate. Amoureux d'Annette, il veut renoncer au mal, mais ses compagnons séquestrent la jeune fille. Argow la sauve. Charles, devenu procureur du roi, veut la délivrer, mais le forban se justifie et tue l'instigateur de l'enlèvement.
Lui rendant de régulières visites à Paris, Argow reste insensible à l'invitation pressante d'Annette de se convertir. Un sermon le convainc, et, hanté par le remords, il se désespère. Annette l'épouse pour le réconcilier avec la vie. De retour dans le Midi, le couple est l'objet d'intrigues, mais Argow sauve la vie de Charles, qui se chargera de sa défense lors du procès. Condamné à mort, le pirate est délivré par Annette qui s'est faite criminelle par amour ; mais on le reprend et Argow est exécuté, Annette mourant de chagrin. Les complices du

bandit le vengent en tuant jurés et président du tribunal, mais Vernyct, son ancien lieutenant et son amie Jeanneton meurent sous les balles des gendarmes. Le père Gérard les enterre près d'Argow et d'Annette.

Vierge salvatrice, relevant de sa déchéance morale un criminel, Annette procède du romantisme le plus typique. Balzac se souvient du *Melmoth* de Maturin (traduit en 1821), du *Pirate* de Walter Scott (1821), voire du *Jean Sbogar* de Nodier (1818). Héroïne d'une éclatante blancheur de teint, aux yeux de feu et à l'énergique chevelure noire, la douce et pieuse Annette se révolte contre l'ordre social car le pardon divin a sauvé son époux. Ferveur religieuse métamorphosée en passion amoureuse, puissance de la prière, chaleur d'amour et transgression des limites, hymne au rachat : le roman baigne dans une atmosphère mystique où se combinent les doctrines quiétistes et de la théosophie martiniste. De son côté, Argow, archétype du criminel balzacien, être satanique, féroce comme Melmoth, illustre le principe maistrien du salut par le sang. Aspirant à sa propre exécution, il fait de l'échafaud un autel.

S'il agence une intrigue rebondissante et haletante, proche des romans terrifiants, quitte à recourir à des invraisemblances ou à des simplifications psychologiques, Balzac produit un roman poétique, dont le paroxysme s'entrelace à des réseaux métaphoriques et à un système de récurrences thématiques ou formelles, dans lequel présages, images, rêves traduisent un univers fantasmatique animé par une inspiration épique digne de *la *Comédie humaine.*

Wann Chlore (écrit de 1822 à 1825, publié sans nom d'auteur à Paris chez Urbain Canel et Delonchamp en septembre 1825, repris sous le titre *Jane la Pâle* et signé Horace de Saint-Aubin dans les *Œuvres complètes*, chez Souverain en 1836), traite aussi de la passion, adoptant une manière intimiste proche de Jane Austen.

Wann Chlore. Victime d'une désillusion sentimentale, le duc de Landon s'est retiré à la campagne. Il y rencontre la jeune Eugénie d'Arneuse, qu'il épouse sans amour, espérant au moins trouver la consolation. Il apprend alors que celle qu'il n'a pas cessé d'aimer lui a été enlevée par les machinations d'un traître. Il l'épouse alors sous un faux nom. Eugénie le retrouve, et s'engage chez eux comme servante. Les deux amants meurent de douleur.

Balzac aborde ici des thèmes qu'il exploitera dans les « Scènes de la vie privée » : la femme abandonnée, le conflit amoureux, le mariage..., et préfigure l'une des questions développées par *le *Lys dans la vallée* : une femme peut-elle aimer un homme dont le passé est dominé par l'image d'une autre ? L'échec du roman décidera Balzac à entreprendre une carrière d'imprimeur, puis de fondeur, expérience désastreuse qui durera deux ans. Ce sera alors *les Chouans*, d'abord publié sous le titre *le Dernier Chouan*, qui inaugure le nom de Balzac en littérature.

● « GF », 1982 (p.p. A. Lorant). ➤ *Œuvres complètes*, Club français du Livre, XV ; *Œuvres complètes illustrées*, XVII et XVIII.

G. GENGEMBRE

ANNETTE ou l'Éducation des filles. Roman de Pierre-Jean **Rémy**, pseudonyme de Jean-Pierre Angremy (né en 1937), publié à Paris chez Albin Michel en 1988.

I. « Scènes de la vie de province ». Ravissante et précoce, Annette, sept ans à la Libération, voit sa mère tondue par les bourgeois d'Angoulême. Puis son amitié brisée avec Christine lui apprend à se méfier des hommes. Enfin, sa rencontre avec Frédéric, qui l'initie à Stendhal et à Balzac, l'aide à conquérir les notables de sa ville. À quinze ans, Annette monte à Paris avec un but : la passion.
II. « Scènes de la vie parisienne ». Égérie des élèves de Sciences Po, Annette croit trouver l'amour avec un militant communiste pur et dur. Devenue la maîtresse d'un intellectuel de gauche qu'elle quitte pour un « hussard » de droite, elle commence à écrire, sans y trouver davantage une raison de vivre.

III. « Scènes de la vie privée ». Entretenue par le grand écrivain Casalis, Annette approche des hautes sphères du pouvoir et vit enfin une brève passion avec Pierre, le criminel qui, avant d'être abattu par la police, la réconcilie avec son passé. Annette, à 21 ans, écrit alors en hommage à son amour mort le livre auquel manquait jusque-là la passion. Son « éducation » est terminée.

Avec pour épigraphe une phrase de *Lamiel* et un plan qui reproduit dans l'ordre inverse les trois premières sections de la *Comédie humaine, Annette ou l'Éducation des filles* est ouvertement conçu comme un hommage au roman d'apprentissage, sinon à la littérature dans son ensemble, puisque son héroïne y fait une « éducation sentimentale » qui est avant tout une découverte des livres et de l'écriture. Née à Angoulême, la ville des *Illusions perdues*, Annette unit l'ambition des héros balzaciens à l'insolente curiosité de son modèle stendhalien, dont elle hérite le mépris des hommes, l'indifférence à l'égard des choses de l'amour et la conviction que seule la passion justifie l'existence.

Aussi bien « l'éducation des filles » commence-t-elle par la découverte du monde des hommes, avec en guise d'ouverture deux histoires de femmes humiliées : celle de Jeanne, la mère d'Annette, qui s'enfonce dans le silence et la folie ; celle de Christine, la petite musicienne violée qui ferme son piano et se tait, elle aussi. Deux drames de la mémoire blessée : Annette, qui se jure de n'avoir jamais peur du désir des hommes, n'oubliera pas ces deux figures. Ce sont les hommes, partagés en « imbéciles » ou en « salauds », qui deviendront ses victimes, fascinés par sa beauté, et plus encore par son insolence, sa liberté, à une époque où les jeunes filles bien élevées sont adeptes du « tout, mais pas ça ! ». Comme son modèle Lamiel, Annette choisit son premier amant au hasard et conclut simplement : « Ce n'est pas plus désagréable que de lire Chateaubriand. » Seul Frédéric, son amoureux platonique, échappe à ce mépris pour les hommes. Jusqu'au moment où Annette, (voir *Annette et le Criminel*) à l'instar de l'héroïne balzacienne du même nom, rencontre son « criminel », Pierre, qui, en même temps qu'il lui apprend la passion, la réconcilie avec son enfance : c'est pour lui qu'elle ressuscite l'image de Jeanne. La mémoire blessée d'Annette devient une raison de vivre. « Tu te souviendras de tout », lui fait promettre Pierre avant de mourir, comme l'amant allemand de Jeanne, mains nues face aux fusils. Annette peut alors écrire son livre, tandis qu'affluent les images de son passé retrouvé.

Cependant comme tout roman d'apprentissage, ce livre nourri de littérature n'en est pas moins un « tableau des mœurs de ce temps », l'histoire d'une IVe République qui naît et meurt avec la jeunesse d'Annette : né comme son héroïne à Angoulême, ancien élève de l'ENA, Pierre-Jean Rémy, qui a souvent exploité son expérience de diplomate (le *Sac du palais d'Été*), revient ici vers les années de sa jeunesse, le temps de Mendès-France et de l'*Humanité-Dimanche*, de l'Indochine, de l'Algérie, avec à l'arrière-plan la figure de De Gaulle, pour qui Annette s'est prise d'un amour d'enfant parce que les « imbéciles » en disaient du mal. Satire attendrie du petit monde des intellectuels parisiens avec ses salons, ses bars, ses maisons dans le Lubéron, le roman est, à bien des égards, l'histoire d'une jeunesse, d'une génération.

K. HADDAD-WOTLING

ANNETTE ou Une affaire de famille. Voir SOLITUDE DE LA PITIÉ, de J. Giono.

ANNONCE FAITE À MARIE (l'). Drame en quatre actes et en prose de Paul **Claudel** (1868-1955). La première version, achevée en 1910, créée à Paris au théâtre de l'Œuvre en 1912, paraît la même année à Paris chez Gallimard avec le sous-titre : « Mystère en quatre actes et un prologue » ; en 1939, nouvelle édition avec une variante scénique de l'acte IV ; en 1948, la version scénique définitive est publiée chez Gallimard.

Une grange paysanne de Combernon, un village champenois proche de Reims, au XVe siècle. Sur le mur, un crucifix. Pierre de Craon, le bâtisseur de cathédrales, s'apprête à partir dans la nuit. La jeune Violaine l'interroge sur les motifs de son départ. Il aime la jeune fille, mais il est atteint par la lèpre. Elle dit son bonheur de vivre et son amour pour Jacques Hury ; cependant elle offre au malheureux l'anneau d'or que lui a donné son futur fiancé. Elle scelle son union mystique avec le réprouvé en lui donnant un baiser. Sa sœur, Mara, les observait à leur insu (Prologue).

Anne Vercors annonce à sa femme son départ pour Jérusalem. Il destine à Jacques Hury sa fille aînée, Violaine. Mais la cadette, Mara, aime le jeune homme en secret et elle crie son violent désespoir à sa mère. Celle-ci se charge de révéler la vérité à Violaine, qui tente de retenir son père. Mais il délègue ses pouvoirs de chef de famille à Jacques. Avant de partir, il partage solennellement le pain et annonce : « Je reviendrai au moment que vous ne m'attendez pas » (Acte I).

De la plus haute tour de Monsanvierge s'élève une voix de femme qui chante le *Salve Regina*. Mara reproche avec amertume à Jacques de se réjouir parce qu'il prendra possession de la terre ancestrale. Elle tente de persuader le jeune homme, troublé par le baiser de Violaine au lépreux, que sa sœur s'est déshonorée. Violaine a revêtu le costume des moniales de Monsanvierge. Ébloui par sa beauté, Jacques ne comprend pas le dialogue à double sens qui se noue entre eux. Bien qu'elle lui demande de l'assurer de son amour, elle se sait vouée à Dieu et elle lui montre la « fleur d'argent » de la lèpre qui flétrit sa chair. Il éclate alors en reproches sans pouvoir se défendre de l'aimer encore. Elle se retire dans une ladrerie. Avec tristesse, Jacques annonce qu'il faut différer le temps du mariage. La mère croit que son « agneau » se sacrifie pour sa sœur (Acte II).

Dans le pays de Chevoche, la veille de Noël, la neige tombe sur la forêt. Charles VII va se faire sacrer à Reims, dans la cathédrale bâtie par Pierre de Craon. Mara paraît, chargée d'un fardeau, et les gens du lieu lui apprennent où se trouve la lépreuse. La mère est morte. Mara et Jacques sont mariés. Devenue aveugle, Violaine sait que la grâce de Dieu travaille son corps rongé et sanctifié par le mal mystique. Mara remet entre ses bras le cadavre de son enfant mort, et face à sa sœur qui lui demande d'accepter la volonté divine, elle menace de se damner. Elle exige un miracle de la femme consacrée car, autrement, à quoi servirait Violaine ? Sonnent alors les cloches de Noël et les trompettes du cortège royal ; le ciel se découvre. Violaine se retire avec le corps de la fillette dans un abri tandis que Mara lit l'office de Noël et que des chants surnaturels se font entendre. Violaine ressuscite la petite Aubaine : ses yeux bleus et une goutte de lait sur la lèvre témoignent de la maternité spirituelle de Violaine (Acte III).

Pendant la seconde partie de la nuit, Jacques s'étonne de la guérison de sa fille, mais Mara n'avoue rien. Anne Vercors revient de Terre sainte, après sept années d'absence. Il porte le corps de Violaine mourante. Pierre, guéri, lui a rendu l'anneau de Violaine. Le père sait que celle-ci s'est chargée de la misère de ses proches et qu'elle a vécu le déchirement de tous en ces temps troublés. Jacques comprend avec douleur que Violaine lui a préféré l'absolu. Dévorée par une jalousie intense, Mara l'a conduite à la mort. Violaine pardonne. Les derniers mots de la mourante célèbrent le bonheur humain dans la sérénité et l'attente fervente. Elle expire alors que sonne l'Angélus (Acte IV).

Claudel ne cesse de donner de nouvelles versions de ses œuvres. Mais le sujet de *l'Annonce faite à Marie* l'aura hanté pendant toute sa longue carrière de dramaturge. En effet, précédé par les deux élaborations successives de la *Jeune Fille Violaine* (1892 et 1899), le texte de *l'Annonce faite à Marie* est achevé en 1912, remanié en 1939, en 1948 et en 1955. « C'est à partir de 1909, affirme Claudel, que j'ai eu un point de vue en quelque sorte extérieur, un point de vue de constructeur, et que j'ai vu l'œuvre à réaliser un peu du dehors. » *L'Annonce faite à Marie* naît d'une réflexion de Claudel sur la qualité théâtrale de son propre texte. Peu à peu, il acquiert la conviction que son œuvre peut être représentée. Après avoir lu des textes des mystiques allemands, il centre son drame sur le miracle final : « J'ai trouvé dans une légende allemande du Moyen Âge un trait qui m'avait beaucoup frappé : celle d'une mystique dont le sein fleurissait. » C'est dans *l'Annonce faite à Marie* que le motif du baiser au lépreux apparaît : Violaine accepte seule d'accomplir le geste auquel, dans le premier état du texte, elle était incitée par sa sœur. Claudel donne alors au drame du sacrifice encore allégorique, celui de *la Jeune Fille Violaine*, une ampleur cosmique : la lèpre dévore le corps de Violaine, symbole du corps d'une Église travaillée par la corruption et donc à purifier. Le sacrifice permet de passer d'un monde ancien à un monde nouveau, préfigurant celui de Prouhèze dans le **Soulier de satin*. Le corps de la jeune fille renvoie ainsi au corps mystique des fidèles, mais aussi à celui du Christ, qui souffrit sa Passion pour sauver les hommes. Le drame claudélien réunit en une étroite symbiose la liturgie de Noël (temps du miracle) et le mystère de la Passion (temps du sacrifice). Figure de la mère spirituelle, Violaine incarne la Femme claudélienne par excellence, celle que lui inspire la lecture des *Proverbes*. Le titre donne donc le sens de la pièce : Violaine c'est aussi Marie, la Vierge mère, qui enfante le Sauveur, la médiatrice entre l'homme et Dieu. Le premier titre, *la Jeune Fille Violaine*, centrait la perspective sur l'héroïne ; *l'Annonce faite à Marie* se bâtit en référence aux Écritures et Violaine annonce la Bonne Nouvelle aux hommes, tout comme la Vierge Marie conçut, sans péché, le Sauveur de l'humanité. L'œuvre fait se rejoindre la poésie et la prière et, dès lors, le verset claudélien épouse le rythme et les formes du verset biblique : tout en conservant le lyrisme présent dans les premiers drames, il se fait plus doux, s'imprègne d'onction.

L'anecdote rend visible l'action de la grâce aux yeux des mortels ignorants : en effet, nul ne comprend Violaine, nul ne participe de son mystère, hormis peut-être Pierre de Craon, son époux mystique, qui la laisse seule. *La Jeune Fille Violaine* était enracinée dans le pays natal de l'auteur mais sans être vraiment située dans une chronologie historique précise. Après son séjour en Chine et la rédaction de *l'*Otage*, le dramaturge ancre son texte initial dans le Moyen Âge du XVe siècle : les allusions au schisme vécu par la chrétienté, l'attrait de la Terre promise, le couronnement du roi à Reims contribuent à créer l'atmosphère, très humaine, d'un drame mystique qui dépasse l'ordre de la chair. Le cadre médiéval accroît la crédibilité de la trame symbolique ; la présence du surnaturel se manifeste dans une intrigue entée dans le réel. Les dialogues sont accompagnés de sons de cloches et de chants religieux, du prologue où Violaine s'unit en esprit à Pierre, à la scène ultime où elle expire pour renaître. De la ferme de Combernon, on entend les chœurs de Monsanvierge et l'Angélus, dont les premiers mots donnent son titre à l'œuvre. Le temps du miracle est accompagné de la lecture de l'office de Noël. En ce sens, cette présence constante du texte religieux double la parole claudélienne, souligne la présence vivante de la transcendance : le Dieu de Claudel ne s'est pas séparé des hommes, il vit en ce monde.

Le sacrifice de Violaine oriente donc l'ensemble de l'intrigue et permet de lier l'amour humain qui, de possessif, devient oblatif, à la foi en Dieu. Pour Claudel, le lépreux du livre d'Isaïe préfigure le Christ : Violaine, c'est la fleur virginale et la fleur mystique en même temps. Dans la première scène, elle pardonne à Pierre de Craon, qui a levé un couteau sur elle ; dans la dernière scène, elle pardonne à Mara, qui l'a menée à la mort, et à tous ceux qui ne l'ont pas comprise : entre ces deux pardons, s'accomplit le travail de la grâce car savoir et pouvoir pardonner, c'est ouvrir la voie du salut. Pierre de Craon possède une importante fonction dramatique puisqu'il amène Violaine au sacrifice, au printemps. Dans *l'Annonce faite à Marie*, il perçoit, intuitivement, le mystère de Violaine : cet homme au prénom symbolique se sait d'emblée investi d'une mission dont il devait découvrir la teneur au terme de tout un parcours dans *la Jeune Fille Violaine*. Il est déjà le bâtisseur, celui qui édifiera l'arche nouvelle élancée vers le ciel, la cathédrale de Reims où l'on sacre les rois ; l'Église sera son épouse mystique. En donnant son anneau à Pierre, Violaine s'unit mystiquement à lui dans la souffrance et le baiser symbolique laisse pénétrer en elle la flétrissure sacrée alors même qu'il guérira Pierre. Portée par une nécessité intérieure,

Violaine doit accomplir un sacrifice qui possède une valeur rédemptrice, qui réconcilie l'homme avec le Créateur et prouve que la foi peut vaincre la mort du corps périssable. En effet, Violaine se dépouille progressivement de son attachement à la terre, au bonheur, aux êtres, pour mourir à elle-même. Déterminée dès le prologue, sa vie bascule à l'acte II où elle consomme la séparation avec Jacques alors que l'acte I a vu le départ du père. Elle se sépare de lui au moment de midi, temps de la séparation et de l'union paradoxale dans toute l'œuvre de Claudel – parce que ce qui sépare dans le visible réunit dans l'invisible, ce qui fait mourir la créature la fait renaître à une existence spirituelle.

La parole évangélique est ironique, comme la composition de *l'Annonce faite à Marie* : paradoxalement, c'est Mara, la mauvaise, qui prouve la sainteté de Violaine en lui apportant le cadavre de son enfant. Les deux sœurs sont liées par une nécessité inexorable, comme le Bien et le Mal qui, dans le drame claudélien, se renforcent mutuellement. Bras séculier de Dieu, Mara contraint sa sœur à ne pas s'en tenir à la soumission qui définit la sainteté. Sa violence est nécessaire pour que se produise le mystère de la résurrection qui redonne vie à l'enfant de chair selon l'ordre de l'esprit. Seule Mara n'ignore pas qu'elle est l'agent humain de l'élection divine, et Violaine reconnaît : « Elle seule, c'est elle seule qui a cru en moi ! » (IV, 2). À propos de l'acte IV remanié jusqu'au bout, Claudel affirme que « c'est l'acte de Mara. Mara, en somme, explique tout ce qui s'est passé et montre qu'à son point de vue elle a agi suivant la Foi ». À l'acte IV, le drame se boucle avec le retour d'Anne Vercors. Il a cru devoir se rendre à Jérusalem, prisonnier d'une représentation charnelle, tangible, de la religion : or, peu importent les lieux réels, seule compte la relation mystique que la créature entretient avec son Dieu. Personne ne l'a compris, hormis Violaine ; mais son père l'a abandonnée et sa mère, sa sœur, son fiancé l'ont cruellement chassée. Aucun des protagonistes du drame n'a su dépasser le visible pour aller vers l'invisible. Anne peut alors révéler le sens de la pièce et du baiser, dans une sorte d'Annonciation rétroactive : la vierge sublime a fait naître l'enfant à une nouvelle vie, symbole d'une résurrection universelle de la chrétienté. Ainsi, le couple constitué par Anne, le père, et Violaine, la mère en esprit, symbolise-t-il le retour à une harmonie profonde, qui fait se rejoindre l'ordre humain et l'ordre divin. *L'Annonce faite à Marie* est le drame de la réunion : le texte dit la présence concrète de Dieu dans le monde et la désigne dans un présent perpétuel. Tout s'accomplit en même temps : l'entrée de Charles VII à Reims un jour de Noël (ce qui contredit la vérité historique, mais acquiert une fonction symbolique), le retour d'Anne le pèlerin mystique, la résurrection de l'enfant. Le royaume du Seigneur est donc aussi de ce monde et le gouvernement royal devrait en être la figure exotérique. La fin de la pièce apparaît donc comme une sorte d'apothéose où se réalise la promesse de vie pour ceux qui possèdent la foi : « Ah ! / Que c'est beau une grande moisson !... / Oui, même maintenant je me souviens et je trouve que c'est beau ! » (IV,2).

● « Folio », 1972. ➤ *Œuvres complètes*, Gallimard, IX (p.p. R. Mallet) ; *Théâtre*, « Pléiade », II.

V. ANGLARD

ANNONCIATEUR (l'). Voir CONTES CRUELS et NOUVEAUX CONTES CRUELS, d'A. de Villiers de L'Isle-Adam.

ANSEÏS DE METZ. Voir LORRAINS (cycle des).

ANTAR. Drame en cinq actes et en vers de Chékri **Ganem** (Liban, 1861-1929), publié à Paris dans l'*Illustration théâ-*

trale en 1910, et créé à Paris à l'Opéra dans une adaptation lyrique en 1921.

Patriote fervent qui s'attacha à délivrer son pays du joug ottoman, poète, romancier, dramaturge, Ganem s'est efforcé à travers *Antar* à faire revivre sur scène les exploits d'Antar Ibn Cheddad, chevalier du désert, poète de l'Arabie préislamique qui vécut au VIᵉ siècle de l'ère chrétienne. La bravoure légendaire d'Antar et la perfection de sa poésie primitive « le hissèrent au rang des plus grands poètes et héros arabes ».

Lamartine découvrit, lors de son voyage en Orient, la *Sirat* d'Antar ou *légende* d'Antar, tissée autour des exploits du héros, et qui trouva sa forme définitive vers le XIIᵉ siècle. Écrite en vers et en prose, cette œuvre épique étonna Lamartine qui en célébra la beauté : « Je n'ai jamais lu de poésie comparable [...]. Antar est plus intéressant que *les Mille et Une Nuits* parce qu'il est moins merveilleux. Tout l'intérêt est puisé dans le cœur de l'homme » (**Voyage en Orient*).

Antar, berger de la tribu des Bani Abs, à l'issue d'une bataille contre Zobeir, d'une tribu adverse, réussit à délivrer Abla, la fille de l'émir Malek. Antar, mandé par Malek qui l'interroge sur la récompense qu'il désire recevoir, lui avoue son amour pour Abla et la demande en mariage. Malek est peu pressé d'accorder sa fille à un jeune homme de piètre condition, noir de surcroît, fût-il un héros ; aussi prétexte-t-il une promesse d'alliance avec Amarat, prétendant riche et puissant. L'émir voulant se débarrasser de l'amoureux encombrant impose à Antar des exploits quasi impossibles : trouver des chamelles « azaphirs » et rapporter la couronne du roi de Perse. Antar accepte et part à la conquête de ces trésors (Acte I).

Cinq ans se sont écoulés. Malek, pressé par Amarat, veut convaincre sa fille de renoncer à Antar. Une entrevue orageuse a lieu entre Abla et son père. La jeune fille lui rappelle son serment : « Ah ! ne me laisse pas dans cet affreux tourment, / de penser que tu veux manquer à ton serment », et clame son amour pour Antar : « Je le dis à celui qui veut encore l'entendre, / J'aime Antar ! J'aime Antar ! Lui seul est bon et tendre ». Amarat, fou de jalousie, lui annonce la mort d'Antar, qu'elle se refuse à croire (Acte II).

Antar revient victorieux, ayant surmonté les pires épreuves. Il peut enfin épouser Abla dans l'allégresse générale et annoncer l'avènement d'un royaume uni : « Royaume qui se fonde / Et dont l'éclat bientôt éblouira le monde. / Oui l'Arabie unie aux mains d'un maître unique » (Acte III).

Amarat, rongé par la jalousie, va utiliser les services de Zobeir dont il avait fait crever les yeux jadis en accusant Antar de ce crime. Zobeir, dont la cécité a aiguisé le sens auditif, arrive à toucher par une flèche empoisonnée l'épaule d'Antar qui se promenait avec son épouse. Détrompé par Antar qui lui jure qu'il n'a jamais voulu lui crever les yeux, Zobeir lui annonce qu'Amarat va attaquer le camp (Acte IV).

Antar, conscient de sa mort prochaine, fait évacuer le camp et prie son frère Cheyboub de veiller sur Abla, désespérée, qui refuse d'abandonner son époux. Antar demeure seul, il monte sur son cheval pour affronter l'ennemi. La pièce se termine sur les dernières paroles du héros qui sent venir la mort : « Mes yeux se troublent, quoi ? c'est déjà ton étreinte... » Ses ennemis, trompés par les rayons du soleil qui illuminent l'armure d'Antar, le croient en vie, et fuient épouvantés (Acte V).

La pièce de Ganem remporta, à sa création, un grand succès. Les critiques firent l'éloge de la langue du poète libanais, « digne de nos traditions classiques, [...] des vertus d'engagement du héros ». Henri de Régnier vanta l'éloquence et le feu de Ganem, s'extasiant devant « un sujet si beau ». On compara l'œuvre de Chékri Ganem au **Cyrano de Bergerac* d'Edmond Rostand. Il est vrai que le drame de Ganem correspondait à l'esthétique et aux aspirations du moment. De nos jours, on lui reprocherait son atmosphère mélodramatique, ses longueurs, ses épanchements lyriques (« Je pleure sur nous tous, sur ton pays, ta race, / Tout ce qui va mourir de ta mort. Ô ciel, grâce ! ») ou la grandiloquence (« Rien n'arrête un peuple en marche, / Du levant au couchant, dans un tel flamboiement / Que l'astre d'or pâlit au sein du firmament »).

Antar, si peu actuel, malgré un regain d'intérêt pour les drames romantiques, n'en a pas moins le mérite d'exprimer la passion d'un homme épris de sa terre natale, fidèle aux valeurs d'honneur, de parole donnée et de fidélité. Il révé-

la au public français le talent d'un auteur oriental maîtrisant parfaitement la langue française et, à travers Antar le héros, attaché à célébrer les qualités de courage, de noblesse, des hommes de sa race.

B. ALAMELDINE

ANTARÈS. Récit de Marcel **Arland** (1899-1986), publié à Paris chez Gallimard en 1932.

Faisant suite à *l'*Ordre*, roman qui lui valut le prix Goncourt, *Antarès*, écrit entre 1930 et 1931, marque un retour pour ainsi dire définitif d'Arland au récit court, concentré sur une passion violente, genre qui était déjà celui de *Monique* (1926) et d'*Édith* (1928). Mais c'est aussi avec un climat que renoue l'auteur : délaissant les lieux urbains qui constituaient le principal décor de *l'Ordre*, le récit a pour cadre l'espace incessamment parcouru de Varennes, village natal de Marcel Arland. De même, il opère, avec *Antarès*, un renversement du point de vue narratif : construit à partir d'un souvenir d'enfance, le récit est pris en charge par un narrateur enfant, témoin d'un drame qui lui échappe en partie. Il reviendra à l'homme mûr d'en apporter, rétrospectivement, sinon la clé, du moins cet éclairage inquiet et comme intériorisé qui caractérise l'œuvre d'Arland.

Revenant à Varennes, le narrateur confronte passé et présent : le jardin de Mlle Aimée, qui est morte, n'est plus qu'un terrain plat et sans secret. Pourtant, une odeur ou un son suffisent pour que surgissent les ombres de l'enfance. À cette époque, il se rendait fréquemment chez une vieille fille un peu fantasque, Mlle Aimée. Celle-ci avait recueilli la jeune Angèle, qui avait survécu à une tragique histoire d'amour au cours de laquelle son amant s'était suicidé. Mlle Aimée l'avait-elle pour autant sauvée du désespoir ? Angèle n'était-elle pas l'otage des deux femmes ? Depuis il n'a jamais revu les deux femmes. Mais il apprend que l'une est morte dans le délire d'une passion imaginaire et que l'autre, devenue la maîtresse d'un braconnier, s'est noyée. De toutes les rêveries des deux femmes, amère pour Angèle, exaltée pour Mlle Aimée, que reste-t-il ? Quelques images qui hantent encore le souvenir de l'écrivain, une lueur peut-être aussi fausse que celle d'Antarès, l'étoile qui protège les amants.

« Nous portons deux ou trois chants, que nous passons notre vie à exprimer » : cette réflexion d'Arland dans *Antarès* donne le sens de la nouvelle et peut-être du processus même de la création chez l'écrivain. L'intrigue, finalement bien mince, que l'on retrouve d'ailleurs à peine modifiée dans *les Vivants* (1934) et dans *Zélie dans le désert* (1944), ne saurait être la justification du récit. Ce qui semble motiver l'écriture chez Arland, c'est l'obsédante présence en soi de « fantômes mal résignés au silence ». Mais il ne s'agit pas pour autant de réhabiliter leur mémoire : l'auteur ne prétend pas rendre justice à des morts, ni même à son enfance. Au contraire, la menaçante inquiétude qui les entoure est la raison même de leur persistance. La dimension essentielle du récit est bien plutôt la dilution de l'être dans un paysage qui a été sur le point de révéler un secret durant les premiers jours de la vie. Secret seulement pressenti et sans doute perdu, dont il ne reste pas même l'espoir de retrouver les bribes dans une « terre natale » qui est presque devenue « terres étrangères » (titres de deux autres récits de l'écrivain). D'où le rythme du récit commandé par celui des enterrements et des visites au cimetière, mais aussi les remarques désabusées qui opèrent des ruptures fréquentes : « à quoi bon ? », « n'importe » sont les interruptions volontaires d'une rêverie qui se sait vaine.

Restent pourtant des images obsessionnelles : une maison forestière, une ronde enfantine, un cimetière, un jardin sous le soleil de mai, un amour tragique. À ces images, comme à cette distance qui devient poésie, tient un chant qui dès lors peut recommencer, mais se heurte à l'inépuisable étrangeté de l'enfance. On songera, en lisant *Antarès*, à ce que Nerval disait dans sa Préface à *Faust* : « Il faut aller poser le pied solidement sur le monde ancien ; prendre part à sa vie pour quelque temps, et trouver les moyens de lui ravir l'ombre d'Hélène. » Si l'ombre d'Angèle, comme celles d'Hélène ou d'Adrienne chez Nerval, ne saurait être ravie, l'invocation qu'elle suscite dans *Antarès* atteste du moins que l'écrivain ne saurait se résoudre à la part tragique du destin.

J.-M. RODRIGUES

ANTHINÉA, D'ATHÈNES À FLORENCE. Voir ŒUVRES CAPITALES, de Ch. Maurras.

ANTHOLOGIE DE L'HUMOUR NOIR. Recueil de textes choisis par André **Breton** (1896-1966), publié à Paris aux Éditions du Sagittaire en 1940.

La publication de *l'Anthologie de l'humour noir* fut différée par la censure du gouvernement de Vichy et le brochage du livre ne fut effectué qu'en 1943. Réimprimé en 1947, l'ouvrage « a marqué [...] son époque » (Préface de l'édition définitive, chez Jean-Jacques Pauvert en 1966).

Après avoir défini, dans une préface intitulée « Paratonnerre », l'expression « humour noir », Breton propose un ensemble de textes, extraits d'œuvres françaises et étrangères, qui appartiennent à ce genre. Les quarante-cinq auteurs, de Jonathan Swift (1665-1745) à Jean-Pierre Duprey (1930-1959), sont classés selon un ordre chronologique. Breton les présente en une ou deux pages avant de livrer des passages tirés de leurs ouvrages ou de leurs lettres. Les écrivains fétiches du surréalisme, tels que Sade, Ducasse (Lautréamont), Rimbaud, Jarry ou Apollinaire, prennent place dans l'anthologie. Breton y fait également entrer divers poètes ou romanciers du XIXe siècle (Borel, Poe, Baudelaire, Villiers de L'Isle-Adam, Cros, Huysmans, Corbière, Nouveau), ainsi que des compagnons de l'aventure surréaliste, écrivains ou peintres (Picabia, Picasso, Duchamp, Arp, Vaché, Péret, Dali, Prassinos).

La locution « humour noir » n'existait pas avant que Breton ne publie son anthologie. Cet ouvrage original donne donc naissance à une expression et un genre, et mérite, à ce titre, de figurer en bonne place parmi les œuvres poétiques de Breton. La Préface montre qu'il appartient à la nature même de l'humour d'échapper aux définitions théoriques qui tentent de le cerner. L'approche de Freud, qui le considère comme porteur de « quelque chose de libérateur, [...] *quelque chose de sublime et d'élevé* », constitue un apport décisif pour la réflexion sur ce « sujet brûlant ». Quant à l'« humour noir », Breton, plutôt que de le définir vraiment, en esquisse les contours, à travers négations et images : « L'humour noir est borné par trop de choses, telles que la bêtise, l'ironie sceptique, la plaisanterie sans gravité… (l'énumération serait longue), mais il est par excellence l'ennemi mortel de la sentimentalité [...] et d'une certaine fantaisie à court terme, qui se donne trop souvent pour la poésie [...]. » L'auteur laisse aux textes cités, « où cet humour s'est trouvé porté littéralement à son plus haut degré d'expression », le soin de lancer le défi grinçant et corrosif de l'humour noir.

On sait que, pour les surréalistes, la création n'est pas forcément individuelle et réservée à quelques-uns. Divers livres rédigés en commun en témoignent, tout comme cette anthologie qui rassemble des écrits de plusieurs écrivains. Cet environnement nouveau revivifie les textes. Il s'agit moins d'un détournement que d'un avènement textuel : isolés de leur contexte et placés sous l'égide de l'humour noir, les extraits proposés voient leur charge signifiante et subversive décuplé. Le fait que la censure vichyste ait refusé cet ouvrage, composé d'écrits ayant par ailleurs droit de cité, prouve bien que Breton y est, plus qu'un simple compilateur, un véritable créateur. La bande du livre portait d'ailleurs cette mention : « L'ouvrage le plus explosif de

Breton ». *L'Anthologie de l'humour noir* est, bien à sa façon, une sorte de manifeste surréaliste du pouvoir subversif et libérateur du langage.

● « Le Livre de Poche », 1984. ➤ *Œuvres complètes*, « Pléiade », II (p.p. É.-A. Hubert).

A. SCHWEIGER

ANTHOLOGIE PERSONNELLE. Recueil poétique de Édouard **Maunick** (île Maurice, né en 1931), publié à Arles aux Éditions Actes Sud en 1989.

En 1989, après avoir publié plus de douze titres, Édouard Maunick a décidé de choisir lui-même dans ses recueils, souvent épuisés, les textes qui lui semblaient mériter d'être retenus et dignes de figurer dans un même volume, explicitement intitulé *Anthologie personnelle*.

Classé et daté selon l'ordre chronologique d'écriture et non de parution, chaque recueil publié (à l'exception du premier d'entre eux, *Ces oiseaux du sang*, 1954) est représenté par un ou plusieurs textes. Ce choix permet ainsi de découvrir, des *Manèges de la mer* (1964) à *Paroles pour solder la mer* (1988), l'unité de cette œuvre qui n'est en fait qu'un seul et même poème, pour lequel Édouard Maunick, dans un très beau « dire avant écrire », offre quelques clés : « Avec cette anthologie, je refuse de ranger mes papiers après plus d'une dizaine de livres. C'est toujours de l'ÎLE, mon aire de vigie, que s'articulent les preuves de mon identité et de ma désobéissance à la mort. »

Les recueils se succèdent, apportant leur singularité thématique tout en demeurant fidèles au centre de gravité du poète, son insularité mauricienne et ce « jardin exemplaire » du métissage qu'il n'a cessé de cultiver. Ainsi, dans chaque recueil, cette présence de l'île, tout à la fois lieu du départ et objet du désir, l'île natale perdue dans l'océan Indien et que le poète souhaite « donner au monde pour compléter une géographie par trop oublieuse » ; mais aussi l'île-femme, double déchirure confondue dans un même éloignement, une même séparation, un même exil. Exil choisi, « librement consenti » (*les Manèges de la mer*) et ses douleurs (*Mascaret ou le Livre de la mer et de la mort*, 1966). Puis « l'Ile-Femme-Terre » et ce paradoxe de la mer qui donne la mesure de l'éloignement tout autant qu'elle permet de garder le contact et de joindre la terre.

L'œuvre trouve aussi son articulation majeure dans ce métissage revendiqué (« métis est mon état civil » ; et plus loin : « J'ai autant d'épices en réserve / que ma peau hurle de pigments / souviens-toi de mon bonheur : / Je suis bâtard de colon / petit-fils de coolie et de marron ») même si le poète souhaite être « nègre de préférence ». D'une identité « forcément multiple », Maunick choisit de cumuler les richesses, et d'« additionner [ses] fidélités à l'Orient, à l'Occident et à l'Afrique pour fonder une symbiose ».

D'autres thèmes sont bien entendu évoqués : l'immédiate et douloureuse actualité, celle de l'Afrique du Sud, des enfants de Soweto et des massacres de Sharperville (*le Cap de désespérance*, 1985) ou bien encore la figure de Nelson Mandela (*Mandela mort et vif*, 1987) ; les sources africaines retrouvées *Jusqu'en terre yoruba* (1979) ou l'étrange communion, cosmopolite et païenne, entre les eaux du Jourdain, du Congo, de la Volga ou du Gange (*Cantate païenne pour Jésus-fleuve*, 1982) ; les voyages et les rencontres dans *Paroles pour solder la mer*, de l'île-ghetto ressourcée au *séga* jusqu'à la *milonga* de Buenos Aires, de la solitude perdue dans le parc Ivan Franko de Lvov en Ukraine jusqu'à la catharsis de Broadway.

Cette « somme non définitive » met un terme à un cycle et a très vite trouvé un prolongement dans un recueil publié en 1990, *Toi, laminaire*, long poème, hommage et réponse au *Moi, laminaire* d'Aimé Césaire.

Ayant choisi la langue française devenue « à jamais sa grande permission », Édouard Maunick souhaite « ensauvager » et « civiliser autrement » cette langue à laquelle il donne les accents créoles et le rythme du *séga* mauricien ;

cette langue d'un poète dont les mots acquièrent leur pleine identité et leur exacte musique lorsqu'ils sont dits par sa propre voix.

B. MAGNIER

ANTI-JUSTINE (l') ou les Délices de l'amour. Roman de Nicolas Edme Rétif, dit **Rétif** (ou **Restif**) **de La Bretonne** (1734-1806), publié en 1798.

L'impression de ce texte est restée inachevée et les feuilles tirées n'ont été diffusées qu'à un très petit nombre d'exemplaires, moins d'une dizaine sans doute ; il en reste cinq connus, dont quatre dans l'ex-Enfer de la Bibliothèque nationale.

Texte clandestin dès l'origine et jusqu'aux années soixante, il figure aujourd'hui parmi les plus connus de Rétif. Mais nous restons ignorants des conditions précises de son élaboration. Divers indices permettent de supposer que l'Anti-Justine fut écrite dans les derniers mois de 1797 et imprimée au début de 1798. À la fin du chapitre 26, Rétif annonce un ouvrage en deux parties, la seconde étant constituée de lettres ; puis à la fin de la première partie, le projet est de faire « sept ou huit parties comme celle-ci ». Ces tâtonnements montrent que l'écrivain avance sans plan préconçu et que l'impression du manuscrit suit de peu la rédaction. En effet, les lignes sur le projet en deux parties ne sont pas corrigées, bien qu'elles soient démenties par la suite, et notamment par le caractère non épistolaire des cinquante pages qui nous sont parvenues de la seconde partie. La misère dans laquelle se débat Rétif à cette époque peut expliquer ce recours à la pornographie, pour monnayer plus sûrement sa plume ; l'interruption brutale du texte au bas d'une page découle probablement de la nomination de Rétif, en mai 1798, à un emploi au ministère de la Police : l'écrivain est alors arraché à sa détresse. Mais le besoin d'écrire un tel livre (unique dans toute l'œuvre), tient moins à un calcul commercial de Rétif qu'aux profondes pulsions de son imaginaire érotique et sexuel. Il est en effet remarquable que cette entreprise corresponde à la fin de l'impression de *Monsieur Nicolas* : l'Anti-Justine réutilise des personnages et des situations de l'autobiographie, et en apparaît ainsi comme la version pornographique, de même que le *Drame de la vie* (1792) en avait été la version théâtrale.

Cupidonnet a de précoces expériences sexuelles avec ses sœurs, avant de posséder un soir, par méprise, sa propre mère. Plus tard, il va surtout être attiré par sa fille aînée, Conquette-Ingénue. Elle consent à lui accorder des caresses, mais entend rester vierge jusqu'au mariage. Pour son malheur, elle épouse le cruel débauché Vitnègre, dont elle rapporte à son père toutes les infamies. Cupidonnet connaît enfin avec elle « le plus délicieux des incestes ». Prostituée par son mari au moine Foutamort, elle n'échappe au trépas que par un subterfuge. Livrée dès lors à son ardent tempérament, avec la complicité active de son père, elle va, de « fouteries préparatoires » en « fouteries majeures », vivre toutes les situations érotiques imaginables. Quelques histoires secondaires émaillent le récit, dont, notamment, celle de Fysitère (variation sur Fister, anagramme de Restif), « l'homme à queue », histoire qui occupe les soixante dernières pages de la première partie.

Par son titre, l'œuvre se présente comme un pamphlet contre Sade (dont la *Justine* avait paru en 1791). Dans sa Préface, Rétif dénonce la cruauté des « sales ouvrages de l'infâme Dsds » et annonce, pour sa part, « un livre où les sens parleront au cœur ». Mais à bien des égards, ce livre est encore un livre sadien, par la cruauté sanguinaire du moine Foutamort, par la place faite à l'inceste, par une inspiration qui n'est pas foncièrement différente de celle de la *Philosophie dans le boudoir*. La différence avec Sade réside plutôt dans la truculence, la jubilation, la joie d'exprimer une sexualité toute animale. Apollinaire jugeait que ce livre était « un supplément délirant [à *Monsieur Nicolas*] et d'une obscénité inouïe ». Il est vrai que l'écriture et l'imagination sont ici libérées de toute contrainte. Le souci littéraire se borne à rejeter la gaze et la réticence, et à ne ménager aucun temps mort dans l'activité lubrique des personnages. Mais l'intérêt de cette lecture est ailleurs : il est dans un extraordinaire déploiement de fantasmes, où la virilité est inépuisable, les femmes toujours offertes, l'inceste innocent, l'érotisme sans cesse renouvelé. C'est une plongée dans les zones obscures, avec un projecteur dont la lumière déborde sur tout le reste de l'œuvre. À cet égard, l'Anti-Justine est une pièce essentielle de l'ensemble autobiographique rétivien.

● Cercle du Livre précieux, 1960 (p.p. G. Rouger) ; Fayard, 1985 (l'*Enfer de la Bibliothèque nationale*, II, p.p. M. Moreau) ; Genève, Slatkine, 1987 (réimp. éd. 1798).

P. TESTUD

ANTIGONE. Tragédie en prose de Jean **Anouilh** (1910-1987), créée à Paris au théâtre de l'Atelier le 4 février 1944, dans une mise en scène d'André Barsacq, et publié à Paris aux Éditions de la Table ronde en 1946 (la page de titre porte 1945).

D'emblée, avec sa réserve habituelle et la secrète inquiétude qui l'anime devant les bassesses inévitables du quotidien, Anouilh met en scène des héros qui refusent de s'adapter aux contraintes du monde comme il va et à s'accoutumer aux compromis. Ainsi dans l'*Hermine* (1932) et surtout dans la *Sauvage* (1934) où l'héroïne, devant l'exigence de pureté et d'absolu qui est la sienne, est incapable de tricher et de se mentir à elle-même. L'intransigeance la porte ainsi à choisir lucidement la solitude et le malheur puisque « il y aura toujours un chien perdu quelque part qui [l]'empêchera d'être heureuse ».

Le fait que chacun d'entre nous se retrouve être l'exécuteur d'un destin déjà tracé inspirera encore à Anouilh *Y'avait un prisonnier* (1935), le *Voyageur sans bagage* (1936), où l'amnésie prive précisément le héros de tout ancrage dans le passé, *Eurydice* (1941) où la mort, en purifiant les amants, leur donne l'absolu. Autant de thèmes, de personnages, de réflexions qui préfigurent *Antigone*. Une pièce que l'ambiguïté des réponses proposées par Anouilh plaça d'emblée, malgré le succès remporté, au cœur d'une polémique, la censure des occupants allemands ayant autorisé la représentation après avoir lu, semble-t-il, la victoire finale de Créon comme une justification de l'ordre.

Au lever du rideau, le Prologue présente au public les personnages qui vont interpréter la pièce en décrivant à grands traits leur caractère ; ils sont onze en tout qui s'éclipsent au fur et à mesure pour laisser la scène vide. La tragédie peut commencer.

La nourrice, scandalisée, surprend Antigone qui au petit matin rentre subrepticement au palais. La jeune fille rassure la vieille femme et inquiète sa sœur Ismène sur sa détermination d'aller enterrer leur frère Polynice mort dans un combat fratricide contre Étéocle, et cela, malgré l'interdiction de Créon qui promet la mort à celui qui enfreindrait ses ordres. Après s'être réconfortée auprès de la nourrice, Antigone reçoit son fiancé Hémon, fils de Créon et d'Eurydice, et lui annonce, après lui avoir fait jurer de ne pas la questionner, qu'elle ne pourra pas l'épouser. À Ismène revenue, Antigone avoue alors qu'elle est allée, pendant la nuit, enterrer son frère. Les deux jeunes filles une fois sorties, arrivent Créon et un garde. Ce dernier annonce à Créon que quelqu'un a recouvert le cadavre de terre. Dans un premier mouvement, Créon, en voulant garder la chose secrète, tente d'éviter le scandale. Arrive alors le chœur qui entame des réflexions sur la tragédie, puis Antigone, menottes aux poignets, qui vient de se faire surprendre par les gardes en train de terminer son travail de la nuit. Créon, de retour, découvre, stupéfait, une Antigone dans les fers et va tout tenter pour sauver Antigone : successivement, il cherchera à étouffer l'affaire, mais Antigone affirme vouloir recommencer ; à minimiser ce qu'il considère comme une étourderie d'enfant, mais Antigone lui oppose qu'elle a agi en toute connaissance et en toute lucidité ; à lui prouver que les rites imposés par les dieux ne signifient plus grand-chose, mais Antigone lui rétorque qu'elle ne l'a fait que pour elle, affirmant ainsi sa propre liberté ; à lui expliquer comment on gouverne un État et les raisons qui président aux choix, mais alors Antigone fait la sourde oreille ; à lui montrer enfin, en lui dévoilant toute l'histoire, l'indignité des deux frères. Cette fois Antigone est prête à céder quand Créon, voulant parfaire sa victoire a un mot de trop, un mot malheureux, celui de « bonheur ». Antigone alors se rebiffe et ne sortira plus de sa logique butée, même devant sa sœur Ismène revenue et qui demande aussi la palme du martyre. Créon, excédé par les provocations et les insolences d'Antigone, finit par appeler ses gardes. Le chœur fait alors des reproches à Créon qui doit aussi faire face à la révolte désespérée d'Hémon. On verra encore Antigone dicter à un garde une lettre pour Hémon, dans laquelle elle avoue ne plus savoir pourquoi elle meurt. On vient la chercher pour l'exécution de la sentence. C'est le messager qui racontera sa mort. Enterrée vivante dans un tombeau, Antigone, au lieu d'attendre la mort, a choisi de se pendre et Hémon, qui l'avait accompagnée, s'est jeté sur son épée. À l'annonce de la mort de son fils, Eurydice, en silence, s'est aussi tranquillement coupé la gorge. Créon, resté seul avec son petit page, se rend au Conseil pendant que les gardes continuent à jouer aux cartes.

La liberté de construction de la pièce sert en fait le propos général. On enferme mal une interrogation sur le destin de l'homme dans un carcan trop géométrique d'actes et de scènes. En revanche, comme le fait le Prologue, on peut en présenter les personnages comme des *pupazzi* de la commedia dell'arte ou comme des acteurs pirandelliens qui vont endosser un rôle, et qu'un montreur non identifié va animer tout à l'heure. S'accentue ainsi l'impression de déréliction générale et s'affirme la nécessité pour chacun de jouer « son rôle jusqu'au bout ». Cette théâtralisation des comportements est encore accentuée par le jeu des anachronismes délibérés (à la création, les gardes, par exemple, étaient vêtus d'imperméables noirs et jouaient du revolver alors que Créon était en frac) qui portent la force du mythe jusque dans le vécu du spectateur, et disent autrement que le prestige des dieux et de leur éternité s'est enfui des cités où désormais la raison plus que la foi dicte des lois ineptes.

On accède ainsi au cœur même de la tragédie : la quête d'une vérité insaisissable mais partout présente dans la pièce, symbolisée par le jeune page ; la nostalgie d'une enfance perdue où le beau et le lumineux paraissent plus essentiels que le bien et la tranquillité. Certes, on peut ne voir dans la révolte d'Antigone qu'une résistance contre toute forme d'oppression, contre les lois absurdes et indispensables édictées par des hommes pour construire des cités heureuses, et l'affirmation d'une liberté individuelle contre le destin collectif. Si elle n'était que cela, la lutte d'Antigone serait vaine. Elle déboucherait au bout du compte sur ce qu'elle refuse même d'entendre, le bonheur, parce qu'il est chargé de toutes les compromissions dont la première est l'acceptation de vivre et de vieillir. L'absence de transcendance dans la pièce d'Anouilh rend la quête d'Antigone encore plus désespérée. Elle n'a même plus recours à l'amour contre la haine. Elle réclame simplement « tout et tout de suite » comme une justice parce qu'elle ne croit en définitive qu'à l'éternité du présent, refusant un passé chargé de meurtres et d'incestes et un avenir promis au charlatanisme de la philosophie, du stoïcisme à la Créon par exemple.

Finalement, le sacrilège, aux yeux de Créon, consiste moins à braver une loi qu'à vouloir soi-même dégager l'itinéraire de son propre malheur, et y trouver sa dignité en se donnant l'illusion suprême de la liberté. Pour Antigone, vivre consiste à « dire non », et à ne pas vouloir comprendre, pour échapper définitivement aux sophismes qui justifieraient un bonheur à la petite semaine. Jusqu'au bout, bien qu'elle ait reconnu reconnu l'inanité de ses actes, Antigone, en définitive bourrelée de doutes, obéira à sa nécessité intérieure en se donnant elle-même la mort. Dans leur dialogue de sourds, Créon lui reproche cette retraite désespérée et élitiste. Pour le commun des mortels (Hémon, Ismène, Eurydice, le peuple), il faut des repères et quelqu'un qui se retrousse les manches pour conduire le troupeau. Comme Sisyphe remontant son rocher, Créon va présider le Conseil. Pour lui comme pour Antigone, au

bout du compte, la solitude. Dans la pièce, le dérisoire mot de la fin semble revenir aux gardes qui abattent leurs atouts : « Eux, tout ça, cela leur est égal ; c'est pas leurs oignons. »

Cette pièce qui n'est finalement qu'une longue conversation pourrait se lire aussi comme une tragédie où le langage jouerait le rôle de *fatum*. Puisque toute transcendance est ici délibérément niée, c'est la rhétorique seule qui anime le débat, somme toute byzantin, entre l'homme d'État qui cherche des compromis et l'adolescente têtue qui ne sait que dire non, et qui meurt d'une querelle de mots, en butant sur le seul qui ne soit pas de son vocabulaire : « bonheur ». Dans ce contexte, il n'est pas innocent que la dernière action d'Antigone soit une tentative d'écriture : elle dicte un billet pour Hémon, qu'elle rature en demandant au garde devenu scribe de rayer « Je ne sais plus pourquoi je meurs » et d'écrire à la place « Pardon, je t'aime », abandonnant ainsi toute prétention à la rhétorique, renonçant à expliquer (« Raye tout cela, il vaut mieux que personne ne sache »), pour utiliser délibérément les mots les plus usés, sinon les plus vides. Puis la marionnette n'a plus qu'à se pendre à ses propres fils.

● La Table ronde, rééd. 1975.

J.-M. THOMASSEAU

ANTIGONE. Épopée en prose de Pierre Simon **Ballanche** (1776-1847), initialement imprimée à Lyon vers 1814 (mais selon l'auteur l'impression ne fut jamais achevée), publiée à Paris chez Didot aîné et fils en 1814.

Comme dans l'*Essai sur les institutions sociales dans leur rapport avec les idées nouvelles* (1818), *le Vieillard et le Jeune Homme* (1819), l'**Homme sans nom* et l'*Élégie* (1820), Ballanche affirme dans *Antigone* la sainte nécessité de la souffrance et du martyre dans le projet divin et le gouvernement providentiel de l'univers. Intégrant le temps dans la loi divine et voyant dans la morale du présent celle du christianisme même, il étend sa doctrine à l'ensemble de l'évolution humaine. À *Antigone* s'ajoute *Orphée*, partie essentielle de l'interprétation palingénésique de l'Histoire, soit une renaissance des êtres et des sociétés conçue comme source d'évolution et de perfectionnement. Cette vision globale du monde et de son devenir participe de l'épopée romantique, dans laquelle l'individu coïncide avec le sujet collectif, et peut en prendre conscience grâce à la médiation du poète, figure du sage : « L'univers est le plus sublime concert, et il n'est donné qu'aux Sages et aux Poètes d'entendre son harmonie ravissante. Linus, Orphée, Homère, Pythagore, hommes divins, sans doute votre organisation exquise vous permettait d'être sensibles à cette mélodie » (*Du sentiment considéré dans ses rapports avec la littérature et les arts*, 1801).

Antigone. Exposé dans la Préface, le projet initial rend compte des intentions de Ballanche : « Limites de la poésie et de la prose ; leurs attributions respectives dans la langue française. Véritable caractère de l'épopée ; son histoire. Thème de l'expiation, du malheur, du dévouement. L'antique énigme du Sphinx, qui est la grande énigme des destinées humaines. De la fatalité chez les Anciens. De Némésis, symbole qui repose sur des idées différentes de celles du Destin. » Tirésias et sa fille Daphné sont à la cour de Priam peu avant la guerre de Troie. Tirésias retrace l'histoire des premiers temps de la Grèce et Daphné entremêle de chants les récits. L'ouvrage s'organise en 6 livres. De l'enfance d'Antigone à la mort de Jocaste (I). D'Œdipe aveugle à Antigone réfugiée chez un berger du Cythéron pour y mener une vie cachée (II). Antigone se retire à Athènes en suppliant ; débuts de l'histoire d'Étéocle et Polynice, (III). Antigone à Argos (IV). Guerre des Sept contre Thèbes, mort d'Étéocle et Polynice (V). Du deuil de Thèbes aux funérailles d'Antigone et d'Hémon (VI). Un Épilogue donne le sens ballanchien de la légende : il faut « y voir l'histoire même de l'homme, l'histoire de ses misères, de ses faiblesses, de ses courtes et trompeuses félicités, de ses longues douleurs, de ses chagrins amers, de ses tristesses infinies ».

Ballanche donne ici l'un des meilleurs exemples de sa prose poétique, pour magnifier Antigone, héroïne de la souffrance. Œdipe lui enseigne qu'« il n'est rien dans la vie de réel que les larmes », et une prêtresse d'Apollon chante : « L'homme reste comme étranger sur la terre, il rêve sans cesse à un bonheur qui le fuit, à une patrie inconnue d'où il se sent en quelque sorte exilé. » La douleur apparaît comme loi d'épreuve et de purification. Le thème se rattache à l'actualité française, Ballanche associant la Dauphine survivante du Temple à Antigone (Épilogue). L'ouvrage s'écrit alors qu'« un autre Œdipe, un nouveau roi de l'énigme » voit son empire s'écrouler. Ballanche radicalisera sa pensée et élaborera dans un sens progressiste les postulats de la pensée contre-révolutionnaire (voir *l'Homme sans nom*).

La figure de Tirésias sera complétée dans *Orphée*, cette « parabole de l'Orient », composée dès 1818. Publié comme deuxième partie des *Essais de palingénésie sociale* (1827-1829), cet ouvrage comporte neuf livres et un Épilogue, chacun précédé d'un argument détaillé (édition de 1830). Il s'agit ici pour Ballanche, d'évoquer l'Antiquité en considérant la mythologie comme une « histoire condensée et pour ainsi dire algébrique ». Progressant dans sa vision (« À mesure que j'avance, je procède à ma propre initiation »), Ballanche considère que le mythe d'Orphée devient la cosmogonie romaine et le « type de toutes les cosmogonies sociales ».

Orphée. Chacun des neuf livres possède deux titres : le nom d'une Muse et son sujet. « Clio, le Latium ». Cette exposition évoque Évandre (I). « Euterpe, Eurydice ». Orphée enseigne à l'homme une « nourriture » qui doit changer sa condition sur la terre (II). « Thalie, Samothrace » narre l'histoire des Pélasges et des Cyclopes (III). « Melpomène, la Thrace » (IV). « Therpsichore, Érigone ». Apparaît ici Tirésias comme hiérophante (V). « Érato, l'Égypte » (VI). « Polymnie, Initiations » (VII). « Uranie, Loi du silence » (VIII). « Calliope, Cosmogonie romaine » (IX). Dans l'Épilogue, Ballanche reprend la parole. Les mystères orphiques sont « l'expression voilée d'une loi éternelle, irréfragable, la loi des destinées humaines ».

Orphée se définit comme un « guérisseur » de l'« altération immense et intime de l'humanité », une voix de ce « christianisme antérieur qui a fait le monde ancien ». En écrivant cette « histoire génésiaque », Ballanche complète son interprétation générale de l'histoire de l'humanité, et montre le chemin vers la *Ville des expiations*, la « nouvelle cité mystique et éternelle » (voir la **Vision d'Hébal*). La Préface et l'Épilogue expriment une idée capitale, ultime formulation de la pensée ballanchienne : « N'oublions jamais que la déchéance et la réhabilitation toujours sont un même secret divin. »

Si la fonction de la littérature consiste en une médiation parasacerdotale entre le passé et le futur (P. Bénichou), la figure d'Orphée devient le modèle de l'écrivain guide de l'humanité. « Noble exilée » (*Du sentiment[...]*), la poésie doit rentrer dans son héritage, redevenir l'expression de la parole traditionnelle. Pour l'Orphée de Ballanche, parole et poésie ne font qu'un, en raison de la nature symbolique du verbe. Par lui s'exprime l'harmonie universelle et analogue de l'univers. En cela, il s'impose comme figure tutélaire de la poésie romantique.

➤ *Œuvres complètes*, Slatkine.

G. GENGEMBRE

ANTIGONE ou la Piété. Tragédie en cinq actes et en vers, avec chœurs de Robert **Garnier** (1545-1590), publiée à Paris chez Mamert Patisson en 1580.

Garnier a déjà donné cinq de ses sept tragédies quand il livre au public *Antigone*, la plus longue de ses productions dramatiques (2 741 vers).

Œdipe, résolu à terminer ses jours en un « antre cavé », envoie Antigone auprès de ses frères pour les conjurer de mettre fin à la guer-

re qui les oppose. Jocaste cherche, elle aussi, à arrêter les troubles qui déchirent Thèbes et supplie Polynice de renoncer à son bon droit pour ramener la paix (Actes I-II). Efforts inutiles ! Polynice et Etéocle se sont entre-tués. Désespérée, Jocaste se suicide. Il ne reste plus à Antigone qu'à accomplir les funèbres devoirs requis par la piété : mais Créon, roi de Thèbes, a interdit qu'on inhumât le corps du rebelle Polynice. Bravant l'autorité royale et renonçant à son amour pour Hémon, fils de Créon, Antigone rend les derniers honneurs à la dépouille de son frère. Elle est condamnée à être emmurée vive (Actes III-IV). Quand Créon revient sur sa sentence, il est trop tard : Antigone s'est étranglée et Hémon s'est poignardé sur son corps ; sa mère le suit dans la mort. « Créon, comblé de tristesse, fait de lamentables regrets, qui ferment la catastrophe de ceste Tragédie » (Acte V).

Robert Garnier a multiplié les sources antiques pour bâtir cette tragédie où les ténèbres finissent par absorber les figures de lumière. Pour tisser la succession des piteuses morts qui forment la matière d'*Antigone*, Garnier a puisé chez Eschyle et Sophocle les événements qu'il n'a pas trouvés chez Sénèque. Accumulant ainsi les occasions de susciter la terreur chez le spectateur, le dramaturge n'a pas négligé pour autant un pathétique fondé sur l'élégie : loin de disparaître en silence, les protagonistes, relayés par les chœurs, donnent leur chant du cygne avant de s'engloutir dans les Enfers.

La profonde unité de l'œuvre tient certes au personnage d'Antigone, modèle de la piété familiale qui va jusqu'au sacrifice : renonçant à toute vie propre, elle voudrait servir son père infirme ; bravant Créon pour « ensépulturer » son frère, elle renonce à l'amour d'Hémon. Mais cette unité tient peut-être encore davantage à la structure générale d'un drame qui s'ouvre sur la figure du père aveugle contemplant avec horreur les désastres qu'il a engendrés sans l'avoir voulu, et se ferme sur la figure du père aveuglé par l'orgueil, qui regrette les catastrophes qu'il s'est refusé d'éviter. Ainsi, de l'évocation du tragique à l'état pur qui met en route la machine infernale du destin, chemine-t-on vers une problématique de la responsabilité. Ici rejaillissent les fantômes d'une actualité qui ne cessent de hanter l'œuvre de Garnier, conçue dans les douleurs des guerres civiles : cette « pitoyable Antigone revivant en nostre France » chante, dans les appels désespérés de Jocaste au rebelle Polynice, le prix de la paix ; de même, elle stigmatise ce moteur de catastrophes : l'orgueil du prince – incarné en Polynice tout autant qu'en Créon. Cependant, « la nuict tenebreuse engendre la lumiere », comme Œdipe engendre Antigone. Aussi faut-il fixer, traversant les événements horribles, la lueur de foi présente au sous-titre : la loi morale, dictée par l'ordre divin, triomphe dans le sacrifice d'Antigone ; l'orgueil connaît sa défaite dans les regrets même du tyran repenti.

➤ *Œuvres complètes*, Les Belles Lettres, II ; *les Tragédies*, Slatkine.

M.-C. GOMEZ-GÉRAUD

ANTIMÉMOIRES. Texte autobiographique d'André **Malraux** (1901-1976), publié à Paris chez Gallimard en 1967.

La narration des *Antimémoires* se développe selon deux axes : d'une part, celui du voyage en Orient de 1965 dont les escales évoquent des voyages antérieurs (Égypte, Aden, Ceylan, Inde, Singapour, Hongkong, Chine ; au retour, survol du Japon) ; d'autre part, l'axe de l'œuvre qui prête ses différents titres aux parties du présent ouvrage. Mais les titres de ces sections, associées aux étapes du voyage et aux souvenirs qu'elles suscitent, forment une chronologie souvent à rebours du déroulement réel de l'œuvre.

Première section. « 1965, au large de la Crète » précise en introduction la finalité propre des *Antimémoires* en la comparant à celle d'autres autobiographies.
Deuxième section. « Les Noyers de l'Altenburg » reproduisent en prélude un fragment du roman publié sous ce titre en 1943, évoquant la famille du narrateur, le suicide du grand-père et, à travers le père et

un oncle, organisateur des « colloques de l'Altenburg », la figure capitale de Nietzsche. Puis, arrivé en Égypte, le voyageur se remémore sa première vision du Sphinx (1934). En 1965, cette fois, la Grande Pyramide lui rappelle maints autres lieux et objets symboliques, les uns « métamorphosés » en sites touristiques, les autres transférés dans des musées tels ceux du Caire ou, à Paris, du Trocadéro. À l'étape d'Aden, il associe le souvenir d'une expédition à la recherche de la capitale de la reine de Saba, analysant l'expérience du « retour sur la terre » vécue à l'issue de ce vol périlleux. Visite du musée d'Aden.

Troisième section. « Antimémoires ». L'étape indienne (1965) relie le narrateur à sa carrière et à ses filiations politiques : première entrevue avec de Gaulle, comparé à Trotski (1945) ; la fin de la IVe République et un nouveau dialogue avec le général (1958) : celui-ci le charge alors d'une tournée électorale en Guadeloupe, en Martinique et en Guyane avant le référendum de 1958 et, la même année, d'une mission en Inde. À cette occasion, après s'être imprégné de l'œuvre légendaire de Gandhi, il rencontre Nehru dont il trace le portrait de modernisateur de l'Inde. En racontant ses prisons, Nehru ranime chez le narrateur le souvenir de ses propres épreuves pendant la Résistance (1944) et à Toulouse lors de la Libération.

Quatrième section. « La Tentation de l'Occident » reprend la comparaison, formulée dans cet essai de 1926, entre l'idée de la mort dans les religions d'Orient et dans la civilisation moderne occidentale. Méditation qui oriente la mémoire du narrateur vers le souvenir d'une bataille de chars où il frôla la mort en 1940, avant d'éprouver, une fois le péril passé, le « sentiment du retour sur la terre ». De la solidarité entre combattants, il induit la réconciliation possible des valeurs de l'action et de la fraternité, corroborée par une scène tirée de l'*Espoir. Une conversation sur l'art avec Nehru puis avec l'ambassadeur de France Ostrorog (en 1948) traite de la relation de l'homme et du cosmos, ainsi que de la théorie malrucienne de la « métamorphose ». En 1965, le narrateur se rend en pèlerinage à la maison de Nehru, « métamorphosée » en Maison du Souvenir.

Cinquième section. « La Voie royale ». À Singapour, le narrateur retrouve le modèle réel du Clappique de la *Condition humaine, évoque avec lui la légende de l'aventurier Mayrena (modèle, pour sa part, du Perken de la *Voie royale) tandis qu'avec un grand malade, Méry, se déploient sur fond de mort les souvenirs de l'engagement politique du jeune Malraux en Indochine, les images des deux guerres du Viêt-nam et un portrait de Hô Chi Minh. Suit une méditation solitaire sur le thème de l'aventure et des aventuriers.

Sixième section. « La Condition humaine » consacre une première partie aux épopées (la Longue Marche), aux monuments (la Cité interdite, les tombeaux Ming), aux lieux sacrés de la Chine et inclut des dialogues avec Chen Yi, Chou En-lai et Mao Tsé-toung ainsi qu'un portrait de celui-ci tel qu'il apparaît au narrateur en 1965. La seconde partie associe le survol du Japon au souvenir d'un dialogue à Nara en 1960 avec un personnage surnommé « le Bonze », et se termine par l'évocation du transfert, en 1965, des cendres de Jean Moulin au Panthéon (avec un extrait de l'oraison funèbre prononcée à cette occasion), qui réveille le souvenir de dialogues poignants avec d'anciens déportés. Le livre s'achève sur la vision de la grotte de Lascaux, qui rassemble les symboles de la fuite du temps, de la « métamorphose » et de la contingence de l'homme.

Malraux est ministre d'État chargé des Affaires culturelles depuis 1959 lorsqu'en 1965 il entreprend le voyage que lui conseillent ses médecins : ses deux fils se sont tués sur la route en 1962 et, l'année suivante, un attentat de l'OAS dirigé contre lui a coûté la vue à une petite fille. Très éprouvé, il s'embarque pour une croisière vers l'Orient, chargé par de Gaulle d'être son messager auprès des dirigeants asiatiques. De ce voyage naîtront les Antimémoires. Ce titre provocant auquel le chapitre liminaire fait écho suggère d'emblée une relation originale avec l'espace et le temps ; en réalité, le récit du voyage médiatise un itinéraire philosophique. Assumant la totalité de sa vie et de son œuvre, Malraux revient à ses origines familiales et spirituelles tout en dialoguant avec les aventuriers, les compagnons d'armes et les grands hommes qui ont croisé son chemin, voire avec ses propres personnages. Ces démarches enchevêtrées donnent naissance à une « métaphysique interrogative » qu'éveille l'intuition de la contingence de l'homme au sein d'une nature dont, en revanche, les « arbres séculaires » symbolisent l'impérissable vigueur.

Sous la forme rampante du passage du temps, la mort est en effet omniprésente dans les Antimémoires, et rendue sensible au voyageur de 1965 par le retour, à intervalles plus ou moins réguliers, auprès des mêmes hommes et dans les mêmes lieux ; ainsi que par ce constant va-et-vient

(introduit par des « Je pense », « Je me souviens ») entre le passé et le présent de sa propre histoire dont l'auteur privilégie les expériences crépusculaires où rôde la mort. Affronté à la violence, à la fatalité, quelle signification un homme peut-il donner à la vie ? au monde ? Interrogations qu'ordinairement « les Mémoires ne posent pas » et qui hantent, sans une ombre de dogmatisme, ce livre de sagesse.

Dès sa jeunesse, un deuil familial, plus tard transposé dans la fiction des *Noyers de l'Altenburg, vient frapper le narrateur à la façon d'une épreuve initiatique ; dans l'« inexplicable suicide » de son grand-père, il aperçoit, en effet, la marge de liberté dont dispose un homme résolu à ravir l'initiative au destin. Les Antimémoires, dans leur ensemble, explorent le champ ouvert à cette liberté. La maîtrise du destin passe-t-elle, se demande le narrateur au soir de sa vie, par la voie de l'aventure ? par celle du risque lucidement affronté ? Il évoque ses périlleuses expéditions d'antan (le survol de l'Hadramaout, un ouragan dans les Aurès, dans « les Noyers de l'Altenburg »), et les aventures des personnages qui ont servi de modèles à ses premiers héros romanesques (« la Voie royale »). Mais en 1965 ces « héros sans cause » pâlissent à côté des « hommes de l'Histoire » qui jouent leur vie au bénéfice d'un « grand dessein ». D'où la place prépondérante qu'occupent dans les Antimémoires ces dialogues avec Nehru, de Gaulle, Mao, ces longues séquences sur Gandhi, Hô Chi Minh, Jean Moulin, et les souvenirs d'un Malraux engagé en Espagne, dans le maquis ou officier de chars en 1940. Voilà des hommes dont la « résistance » au destin s'exerce à l'échelle de l'Histoire, voire contre elle. Pour autant, ces « hommes de l'antidestin » n'échappent pas à l'ultime échéance. D'où le retour aux antithèses formulées jadis dans la *Tentation de l'Occident : d'un côté, la frénésie d'agir dont le vertige, après la « mort de Dieu », occulte le tragique de la course occidentale au néant ; de l'autre, la sérénité qui enveloppe la disparition de l'Oriental, rendu au grand Tout après les épreuves de la maya dans la roue d'un Temps sans fin (« la Tentation de l'Occident » ; « la Voie royale », le dialogue avec Méry ; « la Condition humaine », le dialogue avec le « Bonze »). Rallié à la philosophie de l'action depuis l'Espoir, le narrateur, comme Nehru, rêve d'un compromis : « Agir en Européens et mourir en hindous. »

Les innombrables allusions à la « métamorphose » introduisent aussi, d'une autre manière, le témoignage d'une inquiétude eschatologique. C'est lors de l'étape égyptienne d'un voyage de 1934 que le narrateur reçut la révélation, ravivée en 1965, du phénomène de la métamorphose : si le spectacle du Sphinx, observe-t-il, draine toujours les foules, sa « voix », comme celle des trésors du musée du Caire, s'est éteinte, taisant à jamais le message sacré que, dans une vie antérieure à leur existence actuelle de site touristique ou d'« objets d'art », ceux-ci symbolisaient jadis. Cette expérience égyptienne est à l'origine de la structure archéologique des Antimémoires : en 1965, le narrateur retrouve la maison de Nehru « métamorphosée » en Maison du Souvenir ; la révolution de Canton, figée dans un musée ou sur une scène ; la Longue Marche, au musée de Yen-ngan (Yan'an) ; Mao, « monolithique », déjà « empereur de bronze ». De Jean Moulin, il ne reste qu'une urne de cendres au Panthéon... Mais le narrateur, strate après strate, exhume les légendes, restituant leur « voix » à ceux que guette une éternité muette (trois dialogues avec Nehru, autant avec de Gaulle, dix pages consacrées à l'époque de la Longue Marche). Et, devant ceux de ses interlocuteurs qui sont encore dans le feu de l'action, il s'interroge : en quoi sont-ils déjà « égaux à leur mythe » (« Antimémoires ») ?

Mais de Malraux lui-même entend-on, du sein de l'œuvre monumentale, s'élever une « voix » qui, face à la mort, exprimerait sa « vérité » ? Le narrateur s'interdit confidences et profession de foi (« 1965, au large de la Crète »). Cependant au fil des pages éclate son idéal de fraternité humaine. Les engagements politiques de l'auteur et les œuvres que ceux-ci ont engendrées (la *Condition humaine*, l'*Espoir*) transmettaient déjà ce message. Les *Antimémoires* viennent l'amplifier. Ce n'est pas un hasard si les souvenirs du passé ressuscitent pour la plupart des expériences de solidarité, si le seul extrait tiré de l'*Espoir* est la parabole des Hurdes (« la Tentation de l'Occident »), si enfin l'ouvrage s'achève sur le récit de ces prodiges de charité que déployèrent entre eux les déportés des camps nazis. Mais, dans le livre de 1967, la fraternité doit aussi sa suprématie à ce que, à défaut de cette communion avec le cosmos dont Malraux ressent, en retrouvant l'Orient, la nostalgie aiguë, elle demeure la seule démarche qui permette de nier le solipsisme du moi.

Cette confession indirecte utilise une variété de discours (méditation, récit épique, notes de voyage, fiction, dialogue) qui mettent en jeu tous les procédés d'écriture : éloquence, lyrisme à la Chateaubriand, pittoresque, humour des portraits (Nehru, Churchill, de Gaulle, Mao) où la minutie des descriptions voile à peine le message légendaire capté par les métaphores. Mais le dialogue occupe ici une place stratégique. Sans doute parce qu'il sied à une pensée qui s'est toujours définie par l'interrogation (« la Condition humaine » : « Peut-être n'ai-je retenu de ma vie que ses dialogues »). Parce qu'aussi dans les *Antimémoires* le mot à mot du dialogue, sa sincérité ponctuelle sont concurrencés par une autre vérité profilée dans l'imaginaire du narrateur. Ainsi s'opère à chaud la « métamorphose » d'un héros mortel en « mythe » vivant.

● « Folio », 1972. ➤ *Le Miroir des limbes*, « Pléiade ».

M.-A. DE BEAUMARCHAIS

ANTIQUITÉ DÉVOILÉE PAR SES USAGES (l'). Essai de Nicolas-Antoine **Boulanger** (1722-1759), publié avec une Préface de Diderot à Amsterdam en 1766.

Il s'agit de la partie principale d'un vaste ensemble projeté par Boulanger et qui aurait dû porter le titre de *De l'esprit de l'Antiquité dans ses usages pour servir d'introduction à l'histoire de l'homme en société*. Une autre partie avait déjà paru en 1761 sous le titre de *Recherches sur l'origine du despotisme oriental*.

L'ouvrage comprend six livres. L'existence d'un déluge universel ayant ravagé la Terre entière en des temps reculés est attestée, chez tous les peuples, par des fêtes « hydrophoriques » instituées pour rappeler cette catastrophe. Les fables de la mythologie (les géants, le chaos) ont la même signification (I). Toutes ces fêtes ont un caractère lugubre qui s'explique par la terreur que le déluge a imprimée dans les esprits des survivants (II). Cette humanité malheureuse n'a pu « se civiliser » qu'en oubliant, dans la mesure du possible, le grand traumatisme originel. Les religions ont donc eu deux faces : l'une, civile, qui célébrait les bienfaits des dieux, l'autre secrète (les « mystères »), qui commémorait le désastre dans un esprit apocalyptique (III). L'esprit « cyclique », avec ses « périodes » récurrentes, est une autre forme de cette attitude apocalyptique (IV). Les fêtes solaires ou les fêtes lunaires étaient toujours des jours de tristesse (V). Le déluge a eu des effets décisifs sur l'histoire humaine. Deux voies étaient possibles pour l'humanité après celui-ci : ou continuer à vivre dans la terreur et la superstition, ou se civiliser peu à peu en se fixant, en travaillant la terre, en construisant des cités, en se donnant des lois. La voie de la raison et des Lumières ne peut être poursuivie que si les dernières traces de la théocratie et du despotisme oriental engendrés par la terreur primitive disparaissent à tout jamais (VI).

« Ce Boulanger, disait de lui Voltaire, pétrissait une pâte que tous les estomacs ne peuvent pas digérer : il y a des endroits où la pâte est un peu aigre ; mais en général, son pain est ferme et nourrissant. » Le fait est que l'érudition déployée, surtout dans le domaine de l'histoire des religions, par cet ingénieur des Ponts et Chaussées, ami de Diderot et de D'Holbach, est stupéfiante et fastidieuse. Mais ce qui la justifie, c'est qu'elle est au service d'une seule idée, fixe et forte : l'histoire de l'humanité tout entiè-

re, de la religion, des institutions politiques, de ce que Boulanger appelle la « civilisation » (il est un des premiers à employer ce terme), ne s'explique qu'en référence au cataclysme qui, en des temps lointains, a ravagé la Terre. Toutes les traditions religieuses, tous les rites, les récits mythologiques des peuples d'Europe ou du reste du monde racontent, à qui sait les lire, la même terreur, dont les effets n'ont pas fini de se faire sentir. Le sentiment religieux, l'espoir du salut, l'attente du jugement dernier ne sont donc pas, comme le pensent les Philosophes amis de Boulanger, des inventions des prêtres. Ce sont plutôt les prêtres qui ont été inventés par le sentiment religieux, lui-même suscité par l'angoisse. L'âge d'or, l'état de nature n'étaient ni un état de bonheur idyllique (Rousseau) ni un état de guerre de tous contre tous (Hobbes). Les survivants de la catastrophe vivaient dans le souvenir du passé et l'attente d'un salut futur. Il a fallu que les peuples devinssent capables de vivre dans le présent pour que l'agriculture, la législation, les caractères d'une société policée pussent se développer. La raison, les Lumières sont donc le résultat d'une conquête dont tous les peuples n'ont pas été capables, et l'esprit théocratique, avec ses conséquences politiques despotiques, reste encore vivace chez les nations les plus avancées. Boulanger avait-il lu Vico, qui avant lui avait interprété les mythes pour y déchiffrer l'histoire de l'humanité primitive ? C'est peu probable. Quoi qu'il en soit, sa tentative est puissante et originale, et l'*Antiquité dévoilée* est un livre encore trop méconnu.

● Univ. de Besançon, 2 vol., 1978 (p.p. P. Sadrin).

A. PONS

ANTIQUITÉS DE ROME (les). Recueil poétique de Joachim **du Bellay** (1522-1560), publié à Paris chez Frédéric Morel en 1558 ; le titre complet en était le *Premier Livre des Antiquitez de Rome contenant une generale description de sa grandeur et comme une deploration de sa ruine. Plus un songe ou vision sur le mesme subject*. Ce « premier livre » ne fut jamais suivi d'un second.

De 1553 à 1557, Du Bellay avait rempli à Rome les fonctions d'intendant de la maison de son illustre parent, le cardinal Jean du Bellay. Publiée quelques mois après le retour en France, la mince plaquette des *Antiquités de Rome* fut vraisemblablement composée en même temps que les **Regrets*. Motif d'école, le thème de la grandeur et la décadence des empires connaît à la Renaissance d'innombrables développements et variations : avant Du Bellay, Pétrarque, l'Arioste et Castiglione s'étaient penchés avec nostalgie sur les ruines de la Rome antique. Les 32 sonnets du recueil – dont le titre rappelle les guides topographiques de l'époque – s'inscrivent peut-être dans le genre littéraire du « tombeau », très florissant en France depuis la mort du dauphin François, et appliqué ici à une ville-symbole.

La plus grande partie des sonnets des *Antiquités de Rome* est construite sur l'antithèse du passé antique et du présent, de la gloire dominatrice et des « monceaux pierreux » : « Rome vivant fut l'ornement du monde / Et morte elle est du monde le tombeau » (29). Jadis image de plénitude et de perfection, « Rome seule pouvoit à Rome ressembler » (6), la Ville Éternelle ne témoigne plus, désormais, que de la toute-puissance du « temps injurieux ».

La matière du *Songe* se distribue en quinze sonnets bâtis sur un modèle identique : le poète contemple un monument (l'obélisque) ou un être animé (l'aigle, la louve) emblématiques de la grandeur romaine, avant d'être le témoin de leur destruction violente : « Je vy la tempeste descendre, / Et fouldroyer ce brave monument » (III).

La solennité de l'adresse initiale aux mânes des poètes latins (« Divins Esprits, dont la poudreuse cendre / Gist sous le faix de tant de murs couverts ») illustre la différence entre *les Antiquités de Rome* et *les Regrets* : si la « doulce satyre » horatienne excluait l'invocation aux Muses ou à une quelconque divinité, le « tombeau » de Rome prend d'emblée la forme d'une cérémonie initiatique, où les forces de l'invisible infusent au discours le *furor poeticus*. Le séjour romain inspire donc une pratique duelle de l'écriture, à la fois commentaire phénoménologique du monde comme il va et spéculation philosophico-morale du poète-mage. D'un recueil à l'autre, le statut du poète fait d'ailleurs l'objet de déterminations antithétiques qui ne peuvent procéder que d'une construction en miroir : à l'exilé nostalgique des *Regrets*, réduit à consigner les vicissitudes de l'existence dans ses « papiers journaux », répond et s'oppose l'Orphée des *Antiquités de Rome*, acharné à braver la malédiction destructrice du temps (« Que n'ay-je encor la harpe thracienne, / Pour réveiller de l'Enfer paresseux / Ces vieux Cesars, et les Umbres de ceux / Qui ont basty cette ville ancienne ? », 25). Soumission du verbe à l'ordre du monde et démiurgie poétique renvoient l'une à l'autre, inscrivant la Ville Éternelle dans une dialectique du sublime et du prosaïque, de l'Histoire et de la quotidienneté.

Entreprise magique d'« invocation », *les Antiquités de Rome* ambitionnent de remonter le cours du temps, de reconstituer la grandeur passée à la seule lumière des ruines présentes : tout réalisme topographique s'abolit dans une poétique incantatoire des ruines, qui à la fois proclame le néant et ressuscite ce qui n'est plus. À l'instar d'un nécromant (5), le poète traque la vie derrière la « morte peinture ». Par bonheur, les indices fragmentaires possèdent encore une puissance suffisante pour rappeler la totalité dont ils proviennent : la plénitude antique communique à ses vestiges, par-delà les siècles « injurieux », une force qui éclipse les réalisations les plus majestueuses du temps présent. L'idée de plénitude informe l'appréhension du passé et attise la fascination nostalgique du poète. Rome en effet ne se réduit pas, comme Athènes ou Babylone, à une ville-phare parvenue à un très haut degré de civilisation : en son extraordinaire développement, elle devint une figure de l'universel (« Rome fut tout le monde », 26) et finit par s'identifier à l'ordre cosmique (« Le plan de Rome est la carte du monde », *ibid.*).

Une question lancinante et paradoxale traverse dès lors le recueil : comment la plénitude put-elle sombrer dans la corruption et la destruction ? Du Bellay, à vrai dire, élabore moins une réponse qu'il ne se laisse envoûter par le mystère de la question : il accumule des facteurs explicatifs hétérogènes, alléguant tantôt une causalité historique (les guerres civiles, les invasions barbares), tantôt la permanence d'un schème éthique dans l'Histoire (l'orgueil et la toute-puissance s'effondrent inéluctablement sous le poids de leur propre démesure), tantôt encore une fatalité désespérante inspirée de l'Ecclésiaste (« Tout n'est rien que vanité », toute vie terrestre est sujette à la « mondaine inconstance »). Histoire, mythologie et religion se mêlent, se superposent et se relaient : seul un discours fuyant et multiforme peut rendre compte d'une perte énigmatique qui engage le sort de l'humanité entière.

Recueil plus ambigu qu'il paraît, *les Antiquités de Rome* échappent à la rhétorique convenue de la célébration et de la déploration. Les réduire, comme on le fait trop souvent, à l'orchestration de quelques *topoi* philosophiques et moraux en vogue à la Renaissance – le motif de la « vicissitude », l'incertitude des gloires terrestres – affaiblit considérablement la densité poétique du texte. Car l'unité du recueil réside moins dans son organisation thématique que dans sa perspective « magique », dominée par le motif de l'envoûtement et de la fascination : les « je vy » anaphoriques du *Songe*, qui exhibent de la manière la plus nette le principe des 32 sonnets précédents, font du poète un spectateur ensorcelé et peut-être dépassé par ses propres constructions visionnaires. Un mouvement d'enrichissement réciproque s'accomplit : si le poète rappelle et ressuscite le passé, ce dernier vivifie chez lui l'organe de la vision et transcende ses capacités ordinaires. Sous couvert de rhétorique sublime, *les Antiquités de Rome* explorent en définitive l'activité poétique au plus près de son essence :

centre mythique de l'univers, la Ville Éternelle devient le point d'application privilégié d'une interrogation sur l'énigmatique faculté de production des images.

● *Les Regrets et Autres Œuvres poétiques [...]*, Genève, Droz, 1966 (p.p. J. Jolliffe, M.-A. Jolliffe et M.-A. Screech) ; « GF », 1971 (p.p. F. Joukovsky) ; « Poésie / Gallimard », 1975 (p.p. S. de Sacy et J. Borel). ➤ *Œuvres poétiques*, Nizet, II ; *id.*, « Classiques Garnier », II.

P. MARI

ANTITÊTE (l'). Recueil poétique de Tristan **Tzara**, pseudonyme de Samuel Rosenstock (1896-1963), publié à Paris aux Éditions des Cahiers libres en 1933 et repris chez Bordas en 1949.

Faisant la somme de poèmes rédigés de 1916 à 1932, le livre fait apparaître à la fois l'unité et les inflexions d'une écriture depuis les débuts de Dada, et le chemin plus solitaire suivi par Tzara (de 1924 à 1929, les *Sept Manifestes dada* contemporains de celui du surréalisme marquant le refus par le poète, de la nouvelle école en gestation) jusqu'au rapprochement avec les anciens amis en décembre 1929. Dans ce parcours apparemment mouvementé, la reprise des textes de jeunesse semble affirmer la continuité et la cohérence d'une démarche poétique, par-delà les aléas des relations humaines et des regroupements.

« Monsieur Aa l'Antiphilosophe » regroupe 44 poèmes de la période dada, sous un titre désignant un des personnages de la *Deuxième Aventure céleste de M. Antipyrine*. « Minuits pour géants » assure la jonction par 19 proses poétiques datées de 1923 à 1932, tandis que les 21 proses du « Désespéranto » fondent une leçon ironique de désespoir alliant la fraîcheur de certaines images (les « myrtilles sonores ») à une réflexion poétique dans le cours déferlant du texte, jusqu'aux « consciences atténuantes » qui forment au finale un éloge de l'inaccomplissement : seul l'inabouti, dans son hésitation de forme, pourrait éviter la fermeture sur soi-même que Tzara rejette, tant dans l'univers des formes que dans celui de la conscience dont il est issu.

L'hésitation sur le titre du recueil en marque clairement l'ambition : l'« Antitête » se substituant en effet au projet du « contre-homme » ou du « contre-être », la volonté négative héritée du dadaïsme prend le dessus, et légitime le rassemblement des textes. Si les deux sections postérieures ne s'acharnent plus seulement sur la langue et le sens, mais acceptent aussi le surgissement de coulées poétiques cohérentes, la même lutte court ainsi en filigrane des « nuages contrebandiers » de la première section à l'éloge d'un « minuit » de la pensée qui ferait de nous des « géants ». Il s'agit de récuser la pensée logique, d'ouvrir l'esprit à l'incohérence du réel comme à sa propre inconséquence. Projet bien évidemment daté, mais le travail ravageur du « contre-homme » par l'auteur de *l'*Homme approximatif*, en montre la portée morale, Tzara cherchant à sa façon (et peu importe, au fond, qu'il fût avec ou à côté des surréalistes) une rénovation de l'homme dans l'affranchissement des barrières linguistiques et psychiques. Dans le déferlement des proses que le poète qualifiera de « poésie activité de l'esprit » opposée à une « poésie moyen d'expression » dans les textes lyriques et théoriques de *Grains et Issues* (1935), nous sommes à deux doigts de ce que les surréalistes appelaient – moins bien – le « texte automatique », la frénésie des signes servant de tremplin à l'esprit qui y circule, et parfois s'y noie. La spécificité de Tzara est nette dans l'importance des jeux de sonorités et du rythme, contre un certain monopole de l'image chez les surréalistes : fruits grenus, rouges, dérivés du myrte antique, les « myrtilles sonores » sont un bon exemple des coagulations phonétiques chères à l'auteur, et qui demandent pour être saisies une forme d'attention suspendue où le lecteur doit se défaire du seul souci apaisant de trouver « le » sens. Il serait donc injuste de ranger pareils textes au seul rayon des recherches et accessoires de la modernité, même si le bonheur verbal demeure limité, saturé d'un lyrisme débridé qu'on a quelque peine à suivre. Reste surtout le problème, qui n'est à cette date qu'entrevu par Tzara, de ce que la prétendue libération du cerveau par l'Antitête risque fort de ne livrer qu'une autre conscience schizophrène, puisque le déferlement verbal ne se heurte jamais à une altérité ou une différence qui laisserait la parole à l'autre. L'hémorragie des signes pourrait bien n'être dans ce cas qu'une logorrhée personnelle, un petit bonheur portatif et replié sur lui-même qui se donne des airs de gigantesque affranchissement. Aussi faudra-t-il attendre les heurts de l'Histoire pour que la préoccupation d'autrui fertilise la puissance poétique de Tzara (*Midis gagnés*, 1939), qui eût risqué autrement de n'être que l'illustration d'une fausse stratégie de libération de la pensée.

➤ *Œuvres complètes*, Flammarion, II.

O. BARBARANT

ANTOINE BLOYÉ. Roman de Paul **Nizan** (1905-1940), publié à Paris chez Grasset en 1933.

Entré en littérature avec la *Bête humaine*, le chemin de fer est un sujet dont se sont emparés nombre d'écrivains – de Pierre Hamp (*le Rail*) à Maurice Dekobra (la *Madone des sleepings*) – lorsque Paul Nizan publie *Antoine Bloyé*. Mais ce n'est ni l'épopée des cheminots ni l'exaltation de la modernité mécanicienne non plus que le réalisme prolétarien qui fondent le projet de ce premier roman. Il s'agit d'opérer une triple démystification, à la fois familiale, idéologique et humaine. Antoine Bloyé, c'est d'abord le père de Nizan, ingénieur des chemins de fer mort en 1929, et le roman se présente d'emblée comme une méditation au cours de laquelle un fils s'interroge sur celui qui fut son père. On songe ici à *Jacques Aron* de G. Friedmann ou à *Quand vient la fin* (1941) de R. Guérin. Parallèlement, en montrant comment un ouvrier s'est embourgeoisé, Nizan désigne dans cette réussite même la faillite d'un homme dupé tout au long de sa vie par les fantômes du devoir. *Antoine Bloyé* se veut un roman clinique qui interroge la décomposition sociale d'un individu pour mieux dénoncer la morbidité bourgeoise. Enfin, cette existence médiocre qui rappelle celle de Salavin dans la *Confession de minuit* (voir *Vie et Aventures de Salavin*) s'ouvre sur une dernière faillite, celle d'un homme broyé par lui-même, qu'habite la hantise de la mort. De sorte que le temps y apparaît peut-être comme le véritable héros d'un récit échappé à la seule dimension politique, voire « documentaire », pour se situer dans ce qu'il est convenu d'appeler la lignée des « romans de la condition humaine ».

Dans un pavillon de la banlieue parisienne, un homme vient de mourir. Au cours de la veillée funèbre puis de l'enterrement, son fils s'interroge sur celui que fut véritablement son père, Antoine Bloyé. Né en 1864, il est le fils de cette paysannerie passée aux emplois modestes procurés par le chemin de fer naissant. Son enfance suit les progrès de la ligne et les minuscules avancements du père. « Pauvre méritant », il entre comme boursier au collège de Saint-Nazaire. Premier pas vers un exode social qui le conduira à l'École des arts et métiers, où, parmi d'autres fils d'ouvriers « bien doués », il apprendra à devenir un serviteur zélé de l'industrie. Son existence se confond dès lors avec les promotions du tableau d'avancement de la Compagnie des chemins de fer de l'Ouest. D'abord machiniste à Paris, il est en proie aux forces contradictoires de l'attraction bourgeoise et de la solidarité ouvrière, représentée par son premier amour, Marcelle. Mais Antoine cède à l'englument des vertus bourgeoises, épouse en 1890 l'insignifiante Anne Guyader, fille d'un chef de dépôt, dont il a une fille qui meurt à six ans, puis un fils, Pierre. « Pris comme un insecte dans la toile vivante des voies ferrées », Bloyé ne connaît guère que l'orgueil du métier et du travail accompli. Tout serait clair s'il n'y avait le sentiment confus et intermittent d'une trahison. Mais de 1907 à 1914, du fait de promotions successives, il accède peu à peu à la notabilité et s'enfonce dans la « confiture douceâtre » des habitudes. Quand la guerre éclate, Antoine Bloyé est au faîte de sa carrière et commande à

mille cinq cents ouvriers. Une erreur de production précipite la chute d'un homme de cinquante ans qui se croyait « arrivé » et qui, limogé, humilié, va connaître une lente descente vers la vieillesse et la conscience taraudante de la mort. D'insomnies en déambulations nocturnes, de fuites dans le rêve en crises d'angoisse, Antoine Bloyé finira son existence dans l'insupportable évidence de son anéantissement.

Si la *Conspiration* est le roman des complots ratés, *Antoine Bloyé* est de toute évidence celui des conspirations réussies, minutieusement emboîtées et convergentes, et que vient renforcer la composition rigoureuse du récit en triptyque construit autour d'un personnage central. En marxiste orthodoxe, Nizan y démonte tour à tour la conspiration des puissances occultes de l'argent qui déterminent le destin des hommes à des fins qui leur échappent : celle de l'instruction au service d'une classe qui sélectionne ses pauvres méritants pour glisser dans leur poche un brevet de commandement tout en les assujettissant à une culture essentiellement pratique ; celle, dévorante, de la Compagnie, envisagée comme une toile d'araignée qui happe les paysages et les êtres qui la tissent ; celle enfin des vertus bourgeoises qui endort les scrupules et enseigne la docilité. Parce que chacun de ces pièges l'a progressivement éloigné de ses origines et de la conscience furtive qu'il a eue, un jour de son adolescence, de l'intolérable condition faite aux ouvriers, Antoine Bloyé est devenu le complice d'un ordre qui finira par le broyer. Dès lors, le roman apparaît comme l'anatomie d'un « chien de garde », et l'espace romanesque comme le lieu où il est possible de mettre à nu le réseau des déterminismes sociaux et familiaux dans la constitution d'une personnalité. En écrivain militant, Nizan montre comment chaque étape de l'ascension sociale coïncide avec une mutilation de l'être. Car si Bloyé est un chien de garde, c'est un chien malheureux qui, face à la grève de ses ouvriers, comprend « qu'il [est] un homme de la solitude, un homme sans communion ». Toutefois, cette lucidité n'est qu'intermittente. D'où la linéarité délibérément amorphe du récit, où l'image des rails, jouant à plusieurs niveaux d'interprétation, se constitue autant en métaphore d'une existence qu'en principe organisateur de l'écriture. Ainsi, la technique narrative laisse peu de place aux dialogues ou aux monologues intérieurs, du moins dans la seconde partie consacrée à la vie professionnelle de Bloyé. Pris en charge par une conscience extérieure, celle du fils fictif, Pierre, ou du fils réel, Paul, le récit accuse l'opacité du personnage, l'absolue incapacité d'un être chloroformé par « les mille puissances d'indifférence et d'oubli » à opérer un retour décisif sur soi. Naissance, origines, apprentissage, mariage, chaque chapitre égrène, conjointement aux progrès de la ligne, la litanie sans surprise des clichés biographiques. De même qu'il est pris au piège par les cercles concentriques d'une société hiérarchisée à l'extrême, Bloyé est saisi par l'empâtement du temps, à la fois entassement des années scrupuleusement notées par l'auteur et étirement des imparfaits verbaux, qui finit par constituer la chronique d'une existence brûlée excluant délibérément les aiguillages du romanesque.

Mais si l'idéologie s'affirme comme l'horizon du roman et la seule réponse possible à l'aliénation de l'homme – ce que confirme l'épigraphe empruntée à Marx –, son terrain est aussi celui de l'inquiétude éthique, voire métaphysique. Parce qu'elle est traversée par le scandale de la mort, l'existence de Bloyé atteint, par-delà la réduction opérée par l'englument idéologique, au « sentiment tragique de la vie ». Dès lors, la hantise de l'anéantissement apparaît comme le sens ultime de ce destin médiocre et la raison profonde de la structure de l'œuvre : c'est d'une décomposition généralisée qu'il s'agit, celle du cadavre dans le premier volet, celle de l'existence sociale dans la partie centrale, celle de l'esprit dans la troisième. Parallèlement, le récit est traversé par les ruminations du néant – mort de Marie, du père Bloyé, d'un ouvrier écrasé – que semblent soliloquer à deux voix un héros qui « marche dans la cendre du temps comme un être décapité » et l'auteur que hante la

Aymé

Marcel Aymé dans les années 30.
Ph. © Harlingue-Viollet.

Marcel Aymé

Aussi insaisissable que son célèbre
« passe-muraille », Marcel Aymé (1902-
1967) ? Échappant allègrement aux
modes et aux définitions, de la veine
réaliste, voire populiste, qui lui vaut le
succès fulgurant de ses débuts (*la Jument
verte*, 1933) à l'ostracisme de l'après-
guerre, celui qui allait dénoncer le
« confort intellectuel » des années 50
confond dans son pessimisme voltairien
les puissants et les médiocres, les paysans
et les petits fonctionnaires, l'arbitraire et
les souffrances de l'Occupation (*le Passe-
muraille*, 1943) et les mesquineries de la

Clérambard, lors de sa création à la Comédie
des Champs-Élysées en 1950,
avec Jacques Dumesnil (Clérambard)
et Mona Goya (la Langouste).
Ph. © Lipnitzki-Viollet.

Libération (*Uranus*, 1948) : de l'écriture
« pour enfants » (*Contes du Chat-Perché*,
1943) au théâtre satirique (*Clérambard*,
1950, *la Tête des autres*, 1952), c'est
la même charge malicieuse, parfois
truculente, contre une humanité faite
d'anti-héros, à qui seul un imaginaire
merveilleux et dérisoire offre une brève
échappée avant l'inévitable retour à l'ordre.

Affiche de Félix Labisse (1905-1982) pour
le Passe-muraille, 1951. Film de Jean Boyer (1901-1965)
d'après la nouvelle de Marcel Aymé.
Collection Christian Durcau, Paris. Ph. © Christian Durcau © SPADEM, Paris, 1994.

Aquarelle de Gus Bofa (1883-1968)
pour *Contes et Nouvelles*, Paris, Gallimard, 1953.
Bibliothèque nationale, Paris Ph. © Bibl. nat./
Arch. Photeb © SPADEM, Paris, 1994.

question inlassablement reformulée depuis *Aden Arabie* : « Pourquoi les hommes meurent-ils donc ? ». Or c'est précisément cette question et la forme de réponse qu'il fournit, en attendant que *le Cheval de Troie* (1935) apporte un apaisement politique à la révolte métaphysique, qui font d'*Antoine Bloyé* non un témoignage naturaliste même régénéré par le « réalisme socialiste », mais bien, comme le suggère Malraux à la même époque, « un moyen d'expression privilégiée du tragique de l'homme ».

● « Les Cahiers rouges », 1985.

J.-M. RODRIGUES

ANTOINETTE. Voir JEAN-CHRISTOPHE, de R. Rolland.

ANTONY. Drame en cinq actes et en prose d'Alexandre **Dumas** (1802-1870), créé à Paris au théâtre de la Porte-Saint-Martin le 3 mai 1831, et publié à Paris chez Auffray la même année.

Avec *Antony* s'ouvrit une des années les plus fastes du drame romantique : Vigny donna la **Maréchale d'Ancre* en juin, Hugo **Marion Delorme* en août, Dumas, quant à lui, fit encore représenter *Charles VII* en octobre et *Richard Darlington* en décembre. Dumas semble avoir puisé le sujet de ce drame dans un des épisodes agités de sa vie amoureuse. Profondément épris de Mélanie Waldor, il a enduré les tribulations morales qu'il prête à Antony, auquel il paraît s'identifier : « *Antony* n'est point une pièce de théâtre. *Antony* est une scène d'amour, de jalousie, de colère en cinq actes. *Antony*, c'est moi, moins l'assassinat ; Adèle, c'était elle, moins la fuite » (*Mes Mémoires*, CC).

La pièce devait d'abord être donnée à la Comédie-Française et, comme **Henri III et sa cour*, être jouée par Firmin et Mlle Mars ; mais les tracasseries de toutes sortes s'étant multipliées, Dumas préféra la confier à la Porte-Saint-Martin qui, après le succès remporté, s'affirma encore un peu plus comme la scène de prédilection du romantisme. Les rôles principaux furent confiés à Bocage et à Marie Dorval. Vigny, que Dorval émerveillait, suivit assidûment les répétitions et conseilla à Dumas d'atténuer la tonalité athéiste d'un drame qui apparut d'emblée comme une des expressions les plus ferventes du romantisme et la parfaite traduction de la déréliction de ses héros.

Adèle, il y a trois ans de cela, était courtisée par Antony, jeune homme au regard sombre et à la passion douloureuse. Pourtant, lorsque Adèle est demandée en mariage par le respectable colonel d'Hervey, Antony, parti pour quinze jours, ne reparaît plus, et Adèle finit par lier sa vie à celle du colonel, dont elle a eu une petite fille. Un matin, après tout ce temps, elle reçoit une lettre d'Antony lui demandant un entretien. Se sentant peut-être prête à l'aimer, Adèle laisse le soin à sa sœur Clara de le recevoir et saute dans sa calèche pour s'enfuir. Mais les chevaux s'emballent. Un homme se jette à leur tête et la sauve. C'est Antony. Blessé, il est transporté inconscient chez Adèle. Lorsqu'il revient à lui, il lui dit tout le bonheur qu'il a de la retrouver. Voyant encore Adèle sur la défensive, il arrache violemment ses pansements pour avoir de bonnes raisons de séjourner encore chez elle quelque temps (Acte I).

Adèle, qui pendant les cinq jours qu'il est resté a évité les tête-à-tête, décide de partir rejoindre son mari en garnison à Strasbourg. Elle tient cependant à revoir Antony une dernière fois. Celui-ci, de nouveau, lui exprime la plus vive passion et explique sa disparition de jadis en avouant qu'il est bâtard et donc sans avenir social. Adèle se montre très touchée de ces aveux, mais persiste dans son intention de partir, en ne laissant à Antony qu'une simple lettre d'adieu (Acte II).

On retrouve Antony à deux lieues de Strasbourg ; il précède Adèle dans l'auberge où elle doit relayer, loue les chambres qui restent en disant à l'aubergiste qu'il est prêt à en céder une, et attend. Adèle arrive. Elle ne dispose plus de chevaux, et doit patienter dans cette chambre où elle se sent prise comme dans une nasse. En effet, Antony, passant par le balcon, brise un carreau, entre dans la chambre et emporte Adèle pâmée dans ses bras. Heureuse et désespérée d'avoir cédé, Adèle revient à Paris. Après trois mois, Antony la persuade de sortir de sa réclusion pour fréquenter de nouveau les salons où elle ne rencontre que jalousies, perfidies et sarcasmes et où son amie la vicomtesse la surprend dans les bras d'Antony (Acte III). Le même soir, celui-ci, jouant de malheur, apprend le retour imminent du colonel d'Hervey (Acte IV). Il se précipite chez Adèle et tente de la persuader de s'enfuir avec lui. Mais elle tergiverse car elle pense au déshonneur que devra supporter sa fille. Quand elle se décide, il est trop tard. On frappe à la porte. On monte l'escalier : c'est le colonel. Adèle, pour sauver son amour et sa réputation, demande à Antony de la tuer. Avec le stylet qu'il porte toujours sur lui, il la frappe à mort dans un baiser. Et quand le colonel enfonce la porte, Antony jette l'arme à ses pieds en lançant : « Elle me résistait… je l'ai assassinée !… » (Acte V).

L'accueil fait à la pièce sitôt le rideau tombé sur la dernière réplique fut si enthousiaste que ces derniers mots restèrent longtemps les mots de passe d'une jeunesse exaltée et désemparée comme ces « bousingots » exsangues « aux cheveux mérovingiens » dont parle Th. Gautier. L'habit vert de Dumas déchiqueté par ses admirateurs entra dans la légende au même titre que le gilet rouge de Gautier à la première d'**Hernani*. La pièce mettait en effet au jour les doutes et les contradictions d'une génération qui s'entretenait dans l'illusion d'une philosophie libertaire et se fit un porte-parole de ce déraciné social qui déclame contre la société et affirme la souveraineté de l'amour, tout en revendiquant la solitude et en exprimant des sentiments de mélancolie sarcastique.

Le jeu des acteurs fut déterminant dans cette pièce à deux rôles comme il le fut souvent dans cette dramaturgie romantique où l'extrême sincérité, fût-elle portée à l'outrance, emporte la décision. Frédérick Lemaître pensait ainsi que l'acte IV, où Dumas insère en plein drame des conversations littéraires, joué par le couple Bocage-Dorval, était la plus belle chose qui soit au théâtre. Dumas, ajoutait, pour sa part : « Qui n'a pas vu Dorval jouant ces deux scènes, celui-là eût-il vu tout le reste du répertoire moderne, n'a pas idée du point où le pathétique peut être porté. » Dorval s'appuyait ainsi sur le prosaïsme même du texte pour exprimer l'insoutenable situation de l'épouse, de l'amante et de la femme du monde tombée dans une escarmouche de salon. Quant à son : « Mais je suis perdue, moi ! » de l'acte V, il laissa aux spectateurs de l'époque un souvenir inoubliable. Bocage, de son côté, avec sa raideur, son dos voûté, ses genoux cagneux, ses bras trop longs, ses silences, sa voix sépulcrale, sa façon de rejeter la tête en arrière, de la prendre dans ses mains, de jouer avec la pointe de son poignard, devint le personnage emblématique de toute une génération, même si, comme le relève Antony lui-même, il se paie d'abord de mots et accepte au bout du compte de passer sous les fourches Caudines de la société : « Et puis, malheur… bonheur… désespoir, ne sont-ce pas de vains mots, un assemblage de lettres qui représentent une idée dans notre imagination, et par ailleurs… que le temps détruit et recompose pour en former d'autres. »

Toutes ces poses furent, comme c'était l'habitude à l'époque, caricaturées dans une parodie. Celle-ci s'intitulait *Batardi, ou le Désagrément de n'avoir ni père ni mère*, « existence d'homme en 5 portions » de H. Dupin et A. d'Artois, charge qui fut violemment attaquée par la presse à cause de ses saillies graveleuses.

Enfin, au fur et à mesure des reprises, celle de 1884 à l'Odéon avec P. Mounet, de 1912 à la Comédie-Française avec A. Lambert, la pièce semble perdre peu à peu de sa sève pour ne laisser aujourd'hui que le souvenir de beaux effets dramatiques et de la grandiloquence à l'emporte-pièce d'une dernière réplique.

➤ *Théâtre complet*, Lettres modernes, VII.

J.-M. THOMASSEAU

APHRODITE. Mœurs antiques. Roman de Pierre **Louÿs**, pseudonyme de Pierre Félix Louis (1870-1925), publié à Paris sous le titre *l'Esclavage*, et dans un texte parfois sensiblement différent, dans le *Mercure de France*, d'août 1895 à janvier 1896, et en volume au Mercure de France la même année. En 1902 parut chez Tallandier une édition comprenant deux chapitres inédits (« la Terreur » et « Cléopâtre ») et offrant le texte définitif.

Peu après sa parution, le livre connut un succès extraordinaire, grâce à un article de François Coppée (*le Journal*, 16 avril 1896). *Aphrodite* fut ainsi, avec *Quo Vadis ?*, une des meilleures ventes de la Belle Époque. Louÿs avait 26 ans lorsqu'il publia ce roman de « mœurs antiques », qui le rendit rapidement célèbre et inaugura du même coup la mode des romans antiques. À vrai dire, l'Antiquité choisie par Louÿs n'était pas la Grèce classique, mais l'Égypte alexandrine du Iᵉʳ siècle avant notre ère, époque bien moins connue. Tout comme les **Chansons de Bilitis*, le livre avait été préparé par une très vaste documentation érudite et archéologique rassemblée par Louÿs, qui fit appel aux auteurs anciens les plus divers (Plutarque, Athénée, Lucien). Mais, par-delà ces sources, *Aphrodite* se rattache en fait à une certaine tradition romanesque française, qu'avaient illustrée des récits comme *la Chaîne d'or* de Gautier et des romans comme **Salammbô* de Flaubert. En cela, le roman participe de cet Orient imaginaire qui fascina tout le XIXᵉ siècle, de Chateaubriand à Loti.

La genèse d'*Aphrodite* fut assez longue et complexe. À l'origine, il s'agissait d'une pièce de théâtre intitulée *Chrysis*, destinée à Sarah Bernhardt, et que Louÿs avait ébauchée à Londres en 1892. Projet abandonné, puis repris en 1893-1894 sous forme d'un roman qui s'intitula successivement *le Miroir, le Peigne et le Collier, le Bien-Aimé, l'Esclavage* et enfin *Aphrodite*.

Nous sommes à Alexandrie d'Égypte, en l'an 51 av. J.-C. Sculpteur célèbre, amant en titre de la reine Béatrice, le beau Démétrios s'ennuie et, blasé, refuse toutes les femmes qui viennent s'offrir à lui. Un soir, il rencontre par hasard la jeune Chrysis, célèbre courtisane de la ville, d'une merveilleuse beauté. Il s'en éprend violemment, mais à sa grande surprise, Chrysis se refuse à lui. Elle ne cédera, l'assure-t-elle, que s'il lui apporte trois objets : le miroir d'argent de sa rivale Bacchis, le peigne de Touni, la femme du grand prêtre, et le collier de perles sacré de la déesse Aphrodite. Subjugué, Démétrios promet et finit par voler les trois objets convoités pour Chrysis. Mais, avant de les lui remettre, il a un songe et rêve qu'il possède Chrysis, au milieu d'un bonheur sans pareil. Aussi, lorsque, les trois objets remis, la courtisane s'offre enfin à lui, la repousse-t-il : rien n'est aussi parfait que le rêve. Cependant, pour se venger de l'humiliation subie, il obtient de Chrysis qu'elle monte sur le Phare d'Alexandrie en portant le collier de la déesse, devant la foule. Arrêtée, Chrysis est jetée en prison et contrainte de boire la ciguë. Elle meurt ; peu après, Démétrios vient dans la cellule et, d'après le cadavre, sculpte un chef-d'œuvre. Puis le corps de Chrysis est enseveli par ses amies Rhodis et Myrtocleia.

Victoire de l'art sur la vie ? Morale d'esthète préférant l'œuvre d'art à la réalité matérielle ? En fait, *Aphrodite* est un livre bien plus complexe qu'il n'y paraît, et d'ailleurs fort composite. Tout en évoquant l'Antiquité, Louÿs ne s'est pas privé d'introduire dans son livre des souvenirs personnels d'Alger et du Quartier latin, voire des Halles. La trame romanesque y est un peu lâche, le fil de la narration fréquemment brisé par des chapitres descriptifs qui n'apportent rien à l'action ; certains personnages, comme Timon ou Naucratès, ne sont que de simples interprètes de l'auteur. Cependant, ce que Louÿs a voulu peindre, c'est l'affrontement de l'homme et de la femme, le conflit sexuel et les dangers de la passion – d'où le sens du titre primitif du roman : *l'Esclavage*. Dans une lettre à A.-F. Herold, Louÿs résumait ainsi la morale du livre : « Un homme, généralement *maître* de lui, punit une femme de la passion dangereuse qu'elle lui a inspirée trois jours et qui lui a fait accomplir des actions dont il a honte. » En voulant introduire cette thèse dans son récit, Louÿs s'écartait de la tradition de Gautier et de Flaubert. Tel quel, son roman reste

ambigu, et plus encore dans la version extrêmement libre que Louÿs en donna par la suite, version dont des extraits seront publiés après sa mort.

Aphrodite témoigne de manière exemplaire d'un certain imaginaire fin de siècle. Et l'on peut y voir tour à tour l'œuvre d'un admirateur scabreux de Heredia, un roman antique dans la ligne de *Salammbô*, ou, tout simplement, une rêverie souvent audacieuse sur certains motifs amoureux et esthétiques – rêverie qui, par sa complexité et ses contradictions mêmes, nous aide à comprendre le destin déconcertant qui fut celui de Pierre Louÿs.

● « Folio », 1992 (p.p. J.-P. Goujon). ➤ *Œuvres complètes*, Slatkine, II.

J.-P. GOUJON

APHRODITES (les) ou Fragments thali-priapiques pour servir à l'histoire du plaisir. Roman du chevalier André-Robert Andréa de **Nerciat** (1739-1800), publié en 1793 sans autre indication de lieu que « Lampsaque », ville antique d'Asie Mineure.

Militaire, diplomate et agent secret sous l'Ancien Régime, le chevalier de Nerciat joue un rôle assez louche pendant la Révolution. Il se met d'abord au service de la République, comme espion et policier, avant de passer dans le camp adverse. C'est dans cette période trouble qu'il fait publier de façon presque confidentielle un ouvrage dont la composition est vraisemblablement antérieure : *les Aphrodites*, et dont l'un des personnages est l'héroïne d'un autre de ses romans libertins, **Félicia*.

Les « Aphrodites » sont un « ordre, ou une fraternité » composé de personnes des deux sexes qui n'ont pas d'autres desseins que le plaisir. Des statuts rigides organisent cette association, où l'admission est difficile et coûteuse pour les hommes, mais gratuite pour les femmes. Les réunions se tiennent dans une vaste propriété aux environs de Paris, sous la direction de Mme Durut, personnage central de l'œuvre et grand maître des plaisirs. Assistée de Célestine, de Fringante et de Zoé, ainsi que de nombreux « jockeys » et domestiques des deux sexes, elle y accueille ses administrés et organise pour eux diverses débauches selon leurs goûts. Les Aphrodites se composent de huit fragments, organisés chacun en quatre scènes, qui forment une suite de tableaux reliés entre eux par la seule figure de Mme Durut et de ses assistants. Un grand nombre de personnages divers participent à ces orgies, tous désignés par des pseudonymes significatifs : le vicomtesse de Chatouilly, le commandeur de Palaigu, Mme de Condoux. L'essentiel du texte est composé de dialogues, formant de véritables scènes. En épilogue, le roman évoque la dissolution de l'ordre en France, du fait de la Révolution, et son départ pour l'étranger.

Les Aphrodites ont une structure tout à fait originale. L'auteur y abandonne presque totalement toute forme d'intrigue générale pour se limiter à une série de tableaux discontinus. Pour garder un minimum de cohérence à l'ensemble, il construit son œuvre un peu à la manière d'une visite des différents lieux et établissements où se réunissent les membres d'une association vouée au plaisir. Passant d'un « fragment » à l'autre, le lecteur change ainsi de décors et d'acteurs, à l'exception de la maquerelle, Mme Durut, qui sert de guide. Le roman libertin se trouve donc réduit à l'essentiel : une suite de scènes très libres où l'on ne s'embarrasse pas de biographies ni d'analyses psychologiques trop fines, et où l'on s'occupe exclusivement de peindre avec esprit toutes les combinaisons possibles du plaisir. L'ensemble forme ainsi une sorte de dictionnaire ou répertoire du libertinage, depuis les amours ancillaires (fragment I, « À bon chat, bon rat ») jusqu'aux combinaisons complexes et athlétiques de la « pièce curieuse » (fragment III).

Cependant, à la différence de celui d'un Sade ou d'un Laclos, l'érotisme de Nerciat se veut pur de toute perversion. Les goûts « monstrueux » en sont bannis. Ainsi, les homosexuels sont exclus de la société des « Aphrodites », tout comme ceux qui se satisfont également des deux sexes. Chaque personnage, soigneusement étiqueté par son pseudonyme qui décrit les caractéristiques de son tempérament et de ses goûts, n'est employé que pour la satisfaction de son propre plaisir. Chez les « Aphrodites », il n'est pas concevable que la jouissance de l'un passe par la douleur ou la souffrance de l'autre. Rien ne s'y fait que par consentement mutuel et pour la jouissance des partenaires. Le plaisir partagé est le maître mot de ce petit ouvrage où il s'agit d'allier les goûts avec harmonie, plutôt que de simplement les satisfaire. Selon Nerciat, la « confrérie des Aphrodites » n'est donc pas, et ne peut pas être, une simple maison de plaisir pour aristocrates. Elle est, de façon beaucoup plus ambitieuse, un temple du bon goût et de l'esprit, où, sur le mode le plus vif, on s'essaie à séduire et à échanger les corps et les jouissances.

● Cercle du Livre précieux, 1961 (p.p. H. Juin).

J. ROUMETTE

APOLLON DE BELLAC (l'). Pièce en un acte et en prose de Jean **Giraudoux** (1882-1944), créée par Louis Jouvet sous le titre l'Apollon de Marsac à Paris au théâtre municipal de Rio de Janeiro le 16 juin 1944, et publiée à Paris chez Grasset la même année.

En mai 1942, Jouvet, après des démêlés avec l'occupant allemand, part avec sa troupe pour une tournée en Amérique du Sud ; Giraudoux se retrouve séparé de celui avec qui il a tant travaillé. En 1942, il évoque cette collaboration fructueuse dans une série de conférences qu'il donne en Suisse ; c'est la même année qu'il envoie à Jouvet une pièce intitulée l'Apollon de Marsac et dans laquelle le personnage désigné plus tard comme « le Monsieur de Bellac » porte le nom de Jouvet lui-même.

Dans la salle d'attente de l'Office des Grands et Petits Inventeurs, à Agnès qui s'est fait éconduire par l'huissier, le Monsieur de Bellac enseigne une « recette infaillible » pour « tout obtenir » des hommes : leur dire « qu'ils sont beaux ». La jeune fille s'essaie d'abord avec succès sur l'huissier, puis connaît la même réussite avec le secrétaire général, les membres du Conseil ensuite et enfin le président qui, ravi, chasse sa secrétaire la grincheuse Mademoiselle Chèvredent, puis rompt avec sa maîtresse, Thérèse, pour demander la main de la jeune fille. Le Monsieur, ayant rempli son rôle, n'a plus qu'à disparaître, non sans avoir révélé à Agnès qu'il est Apollon, le dieu de la beauté idéale que les humains ne peuvent voir qu'en rêve.

Contrastant avec la tristesse des années d'occupation, l'Apollon est un impromptu léger où la satire s'estompe au profit de l'humour. Comme dans *Intermezzo ou la *Folle de Chaillot, y perce la critique d'une bureaucratie administrative tatillonne et inefficace : le secrétaire général, par exemple, est un spécialiste des « inventions dans le rêve » comme le « briquet-fourchette » ou le « livre qui se lit lui-même ». Satire aussi de la suffisance masculine qui gobe avec satisfaction les contre-vérités proférées par Agnès : ainsi de l'huissier difforme qui affirme avec satisfaction que « c'est rare, une belle silhouette » alors qu'il vient de vanter la sienne. Les personnages féminins ne sont pas davantage épargnés : Mademoiselle Chèvredent incarne la laideur aigrie et méchante qui reprend « deux francs dans la sébile de l'aveugle contre sa pièce de vingt sous », Thérèse la femme engluée dans le quotidien qui se targue de ne jamais faire « un rôti trop grillé, un café trop clair ». Mais les pointes s'émoussent dans l'humour qui baigne toute la pièce : si le futur mari d'Agnès est laid, il est pourtant « bon » et « riche » ; d'ailleurs, il faut « fermer les yeux pour voir » l'Apollon de Bellac. À tout moment, le spectateur sourit : aux noms grotesques de « Monsieur de Cracheton » ou « Rasemutte », aux images insolites – quand, par exemple, le Monsieur de Bellac propose à Agnès « de faire plonger les présidents, grimper les nageurs » –, aux inventions bouffonnes comme celle du « légume… unique qui sera la viande et le pain universels,

le vin et le chocolat, qui donnera à volonté la potasse, le coton, l'ivoire et la laine ».

➤ *Théâtre complet,* « Pléiade » (p.p. J. Delort) ; *id.,* « Pochothèque ».

J. LORENCEAU

APOLLONIUS DE TYR. Roman anonyme en prose du XIVe siècle. Il nous a été transmis par dix manuscrits, et l'on en connaît deux éditions anciennes, aujourd'hui disparues.

L'histoire d'Apollonius remonte à un roman latin datant du Ve ou du VIe siècle, remaniement d'un récit grec ou latin du IIIe siècle. Une adaptation française en octosyllabes a été faite au XIIe siècle, et ce récit, sous sa forme versifiée ou dans sa version latine, était bien connu des écrivains français et occitans de cette époque, comme en témoignent des allusions notamment chez Chrétien de Troyes (Philomena), chez Jean Renart (l'*Escoufle) ou dans Flamenca. Mais c'est à partir du XIVe siècle qu'il jouit d'un grand succès et fait l'objet de différentes adaptations.

À la mort du roi et de la reine d'Antioche, d'Arabie, d'Éthiopie et de Tarse, leur fils Apollonius n'a que sept ans. La régence du royaume est assurée par un grand et puissant chevalier, Antiochus.
La femme de ce dernier meurt ; il devient alors l'amant de sa propre fille, dont il écarte tous les prétendants en leur imposant de résoudre une énigme : toute erreur est punie de mort. Apollonius, qui a grandi, tue en Grèce un chevalier monstrueux, puis retourne à Antioche où il résout l'énigme. Pour échapper à Antiochus qui veut le faire périr, il prend la mer. Naufragé au large de Cyrène, il épouse la fille du roi du pays, séduite par les dons de poète et de musicien, puis s'embarque avec elle pour son royaume, quand il apprend la mort d'Antiochus et de sa fille, foudroyés. Durant la traversée sa femme accouche d'une fille. On croit la reine morte : son corps, déposé dans un coffre, est jeté à la mer et dérive jusqu'à Éphèse où la jeune femme revient à la vie et se consacre au service de la déesse Diane. Apollonius arrive à Tarse, confie l'enfant qui vient de naître à son prévôt et à la femme de celui-ci, puis il gagne Antioche où le frère d'Antiochus a usurpé le pouvoir. Il assiège la ville durant dix ans.
Tarsienne, la fille d'Apollonius, est devenue une belle jeune fille. Enlevée par des pillards sarrasins, elle est vendue à un souteneur de Mytilène. Livrée au roi de la ville et à ses chevaliers, elle les émeut par le récit de ses malheurs et préserve sa virginité. Pendant ce temps, Apollonius a repris Antioche et le pouvoir. Il décide alors d'aller revoir sa fille, mais le prévôt et sa femme lui déclarent qu'elle est morte. Il repart désespéré de Tarse. Une tempête le détourne sur Mytilène ; il y retrouve Tarsienne, ils se reconnaissent et Apollonius marie sa fille au roi du pays. Puis alerté par un songe, il se rend à Éphèse où il retrouve sa femme. Revenu avec elle dans son royaume, Apollonius règne paisiblement et met par écrit ses aventures.

Le motif qui lance le récit – le désir incestueux d'un père pour sa fille – est bien attesté dans la littérature française médiévale : il fonde l'intrigue dans le lai des *Deux Amants de Marie de France et se retrouve dans la *Manekine de Philippe de Beaumanoir, dans le Roman du comte d'Anjou de Jean Maillard ou dans le Roman de la Belle Hélène de Constantinople. Il apparaît toutefois ici sous un jour différent, puisque la jeune fille qui, traditionnellement, se dérobe est cette fois consentante. Double scandale, donc, de ce couple auquel le récit oppose deux autres couples père-fille au-dessus de tout soupçon, celui du roi de Cyrène et de la future femme d'Apollonius, et celui d'Apollonius et de Tarsienne. Pourtant tout n'est pas aussi limpide qu'il y paraît dans les retrouvailles d'Apollonius et de sa fille, c'est du moins ce que laisse penser le geste violent d'Apollonius qui fait tomber « la vierge Tarsienne » dont le genou se met à saigner. Enfin l'importance de ce motif ressort encore de son association avec une énigme, renvoyant ainsi à l'inceste primordial (Œdipe) où sont indissolublement liées énigme et amours interdites.

La séduction romanesque opère également par l'entrelacement de la légende primitive et de traits plus spécifiquement féodaux ou chevaleresques. Des données anciennes le récit a conservé l'organisation à partir des multiples navigations du héros, heureuses variantes des quêtes à cheval ;

il a maintenu la présence de dieux antiques (Neptune, Apollon, Priape, Diane) ; enfin il a gardé certains usages, dont celui de l'incinération. Et il n'est pas exclu que cette coloration antique ait contribué, en des temps de préhumanisme, à un regain d'intérêt pour ce roman.

Mais l'histoire est remaniée en fonction du contexte et des goûts médiévaux. C'est par fidélité à l'engagement vassalique qui les liait au père d'Apollonius que les hommes chargés par Antiochus de faire mourir le fils de leur « droit seigneur » se contentent de lui faire affronter le chevalier qui sème la terreur en Grèce. Et comme il n'est guère de héros romanesque au Moyen Âge qui ne se distingue par sa vaillance, l'épisode du siège d'Antioche permet de confirmer la bravoure d'Apollonius. Un autre épisode déjà avait mis en valeur cette dimension guerrière, lors de la guerre que déclarent au roi de Cyrène les prétendants évincés de sa fille. Prouesse, dons de musicien, de poète (voir la naissance de l'amour chez la fille du roi de Cyrène) : Apollonius ressemble au Tristan du *Tristan en prose* comme un frère. Et pourtant, qui se souvient aujourd'hui d'Apollonius de Tyr ? Mais il n'en a pas toujours été ainsi. Au Moyen Âge les aventures du héros ont été traduites en allemand, en italien, en espagnol, en anglais ; plus tard, elles ont inspiré à Shakespeare son *Périclès, prince de Tyr*.

● « 10/18 », 1982 (trad. et p.p. M. Zink).

M.-T. DE MEDEIROS

APOPHTEGMES DU SIEUR GAULARD. Recueil de récits brefs d'Étienne **Tabourot des Accords** (1549-1590), publié à la suite d'une réédition des *Bigarrures* à Paris chez Jean Richer en 1585. Les éditions suivantes portent le titre de *Contes facétieux du sieur Gaulard*.

L'ouvrage s'ouvre sur un portrait du sieur Gaulard qui montre ses prédispositions évidentes à engendrer le rire autour de lui. La démonstration de sa drôlerie ne tarde pas : les mille et une bourdes du balourd franc-comtois, les traits d'esprit de ses enfants et les aventures savoureuses de ses innombrables cousins défilent à un rythme effréné – les anecdotes durant tout au plus le temps d'une page. On quitte Gaulard sans qu'intervienne une quelconque conclusion à l'ensemble, comme si le flot des histoires était susceptible de se remettre à jaillir.

On ne peut lire le titre du recueil de Tabourot sans se souvenir de plus savants et plus illustres *Apophtegmes*, ceux que publia Érasme en 1531. Mais aux propos des Grands, le seigneur des Accords substitue les dits des Pilleverjus, Gratte-Quioüil, Dantrefesson et autres Michecrotte – qui sentent un peu leur Rabelais. De même, à la visée didactique de l'humaniste, il préfère la simple veine plaisante. Aussi n'est-ce pas un hasard si le fils de Gaulard ne connaît de latin que l'adage : *Bene vivere et laetari* [bien vivre et se réjouir] – d'ailleurs revu dans le texte en « *Bene bibere et laetari* » [bien boire et se réjouir].

Cependant, même si le conte à rire, pour alléger le fardeau des jours et dénier à la mort tout caractère tragique, recourt parfois à la gaillardise voire au scatologique, ce n'est guère dans ces registres qu'il trouve sa veine d'inspiration principale. Tabourot fait de ces *Apophtegmes* un lieu réfléchissant les questions posées par la création narrative. C'est pourquoi, sans doute, le rire s'installe sur un territoire hésitant entre fiction et histoire. Les personnages de fantaisie côtoient le cardinal de Granvelle, Guillaume Postel ou des seigneurs français hispanisés, tandis que, sur fond de Franche-Comté occupée, surgit le souvenir des guerres civiles. L'anecdote en outre se met au service d'une réflexion sur le statut du signe. Le plus souvent, les dits du sieur Gaulard reposent sur son incapacité à saisir l'écart entre le réel et sa représentation : pris aux pièges de l'illusion mimétique, il cherche à savoir si la chandelle d'un tableau éclaire jour et nuit ou demande à être peint en une toile pour surprendre les propos qu'échangent les personnages portés par le peintre en effi-

gie. Ainsi le public est invité à se laisser troubler dans sa lecture naïve, quand il se met à l'école d'un balourd ni fou ni sage qui retient parfois en sa folie un peu du noble égarement d'un don Quichotte.

● *Les Bigarrures du seigneur des Accords [...]*, Genève, Slatkine, 1969 (réimp. éd. 1866).

M.-C. GOMEZ-GÉRAUD

∈ [signe mathématique signifiant **Appartient à**], de J. Roubaud. Voir en fin de liste alphabétique.

APPEL (l'). Voir MÉMOIRES DE GUERRE, de Ch. de Gaulle.

APPEL AU SOLDAT (l'). Roman de Maurice **Barrès** (1862-1923), publié à Paris chez Fasquelle en 1900.

Deuxième tome, après *les *Déracinés*, du « Roman de l'énergie nationale » (*Leurs figures* étant le troisième), et rédigé durant un retrait politique (voir *Amori et Dolori sacrum*) après la rocambolesque tentative de coup d'État de Déroulède (février 1899) à laquelle Barrès semble bien avoir été associé, le roman fait retour sur le premier engagement droitier de l'auteur, qui fut au temps du *Culte du moi* député boulangiste de Nancy (1889-1893). Il prolonge ainsi la fresque politique et personnelle des *Déracinés* dont il reprend les personnages, mêlant description, analyse et auto-justification.

En 21 chapitres, des premières convulsions de la « fièvre » (chap. 1) au célèbre suicide de Boulanger à Bruxelles (20) puis à son enterrement, le récit reconstitue, dans une rigoureuse chronologie, l'épisode politique du boulangisme analysé comme un sursaut de l'« énergie nationale ». De plus en plus porte-parole de l'auteur dans le cycle romanesque, François Sturel s'y associe, se faisant militant boulangiste au point de sacrifier ses amours (avec la jeune Thérèse des *Déracinés*, devenue Mme de Nelles) qui jouent en contrepoint dans la construction du roman.

L'organisation dramatique parvient ici à donner vie à la reconstitution historique, au point que le lecteur se prend à souhaiter le triomphe de la coalition populiste et démagogique qui est le véritable héros. Mais l'effet de suspens politique se paie par la fadeur des anciens personnages des *Déracinés*, transformés en supports d'une démonstration. Le parti de Barrès reste néanmoins heureusement subtil : s'il trace le portrait touchant d'un « soldat » qui n'est pas à la mesure de son rôle, et dégage une « substance » de la Nation – éternelle, il va de soi – que le revanchisme et l'antiparlementarisme réveilleraient, il ne cache pas que la convulsion boulangiste manquait d'un programme, et échoua sans doute pour s'être réduite à quelques slogans primaires tels que « Mort aux traîtres et aux voleurs ! » Afin d'expliquer, comme l'indique la dédicace, son engagement dans cette sorte de jacquerie vulgaire, il abstrait alors des événements une « essence » un rien mythique qui constitue le cœur du livre. Au chapitre 11, en effet, le voyage minutieusement décrit de Sturel et de son ami Saint-Phlin à travers la Lorraine leur indique le contenu idéologique qui fait défaut : initiation à bicyclette au culte du terroir, des morts et de la race où le phrasé barrésien ne suffit pas toujours à se sauver du ridicule. Entre paganisme et guide touristique, cette « recherche des racines nationales » laisse entendre, surtout, l'antigermanisme sommaire qui préfigure les inlassables appels aux soldats que Barrès répandra sur les charniers de 1914 avec sa *Chronique de la Grande Guerre* (publiée dans *l'Écho de Paris* presque quotidiennement, puis en volumes chez Plon de 1920 à 1924). Restent le personnage – plus romanesque qu'historique – de Boulanger et l'énigme d'une intelligence s'effondrant aux portes d'un terroir où joue peut-être le fantasme de la

Mère, dévoilant malgré soi l'inconscient d'une certaine pensée d'extrême droite.

➤ *Œuvres complètes*, Club de l'honnête homme, III et IV (préf. d'A. Maurois).

O. BARBARANT

APPRENTISSAGE DE LA VILLE (l'). Roman de Luc **Dietrich** (1913-1944), publié à Paris chez Denoël en 1955.

J'échouai dans une clinique luxueuse, moi le clochard qui vivais dans un wagon de chemin de fer. Une bonne fée subvenait à tout : Mme Arlette fit mon éducation et préparait mon avenir politique. J'ignorais tout d'elle. Moi, je protégeais une pure jeune fille, Prisca, que j'arrachai à la Grande Maison où je menais mon enquête : de riches clients s'y livraient à des activités illicites et la Grande Patronne n'était autre que Mme Arlette. J'étais donc entretenu par cette femme ! J'accablai Prisca de ma honte et je m'enfuis à Chartres où j'entrevis une merveilleuse jeune fille. À mon retour, j'appris le suicide de Prisca. Je sombrai alors dans la drogue, qui avait tué ma mère : Arlette me tendait la poudre blanche à heures fixes. Je m'échappai, louai un taudis aux Lilas, puis retombai dans l'errance. Un ancien ami de ma mère, Gardaire, m'emmena chez lui, à Vendôme. Je revis la jeune fille de Chartres : Lucrèce de Champierre m'aimait. Mais Gardaire mourut. Je passai les vacances chez Lucrèce, à Saint-Valéry. Quelle famille ! Je sentais leur haine sous leurs bonnes manières. Dévoré par le démon de la connaissance, je fouillais le passé de Lucrèce. Mais le scandale éclata : Jean-Claude, son frère, se livrait à de louches trafics ; les sbires d'Arlette le tuèrent. Lucrèce ne m'aimait plus. Je souffrais, mais je compris que j'ignorais le véritable amour, celui qu'offre un cœur pur et désintéressé. Je renonçai à Lucrèce pour devenir vraiment celui qu'elle aimait.

Dans un récit dense, écrit en 1942 et à la première personne, Luc Dietrich transpose son expérience personnelle pour suivre l'itinéraire d'une difficile initiation à l'amour, de soi et des autres. En effet, l'apprentissage douloureux du malheur et de la haine permet de dépouiller les apparences, de percer à jour les hypocrisies sociales et d'atteindre le cœur vivant de l'homme et sa misère. Dans cette geste picaresque écrite en un style poétique et rude à la fois, le narrateur connaît des aventures multiples. Neveu de Rameau moderne, tantôt clochard, tantôt homme choyé, il s'impose comme un mélange de noblesse et de bassesse. Lors de ses déambulations dans Paris, il réalise son apprentissage, comme l'indique le titre, en conservant le goût de comprendre l'être. Car chacune des péripéties suscite une remise en question personnelle, au cours d'une narration qui enregistre ses états d'âme et ses réflexions sur la psychologie humaine. L'intrigue s'achemine vers la compréhension de l'ambiguïté : le narrateur apprend peu à peu à se défaire des stéréotypes, à la faveur d'une série de révélations. Les deux grandes figures de femmes, Arlette et Lucrèce la bien-nommée, incarnent les deux représentations littéraires de la femme : la jeune vierge et la jeune prostituée, mais ces images ne résistent pas à l'érosion des faits. La bienfaitrice, Mme Arlette, est une maquerelle, une maîtresse femme qui fraie avec les puissants en toute impunité. Auprès d'elle, le narrateur connaît l'abjection : il jouit du bien-être offert par cette femme impeccable qu'il méprise et dont il reconnaît la force. Son grand amour, Lucrèce, incarne aussi une forme de la dualité : pure jeune fille, elle n'en suscita pas moins, toute jeune, les désirs coupables de son frère aîné, Jean-Claude, et du valet de son beau-père. Sa famille réunit des personnages équivoques : Jean-Claude, qui se mêle d'affaires louches, Paul, fils prodigue entretenu par des femmes, Berthe la femme perverse et Paulette la voyeuse cleptomane. Le beau-père, détesté de tous, cultive la haine, qui seule, pour lui, confère la force à qui ignore toute complaisance. Dans la lutte à mort de l'existence, les faibles, comme Prisca, succombent, victimes de leurs représentations idéales. En témoigne Gardaire, qui, jamais, ne sut exprimer à la mère du narrateur l'amour qu'il éprouvait pour elle.

Aussi ce récit, historiquement daté en 1934, s'impose-t-il comme une vaste méditation sur la vie. En moraliste, le narrateur s'interroge sur le sens d'une existence qui se délite. Au fond de lui subsiste une source de pureté que ne sauraient souiller toutes les aventures auxquelles il se prête davantage qu'il ne se donne. Tel un héros dostoïevskien, c'est dans le mal qu'il rencontre sa misère et qu'il tente de faire le bien. Sans doute Dietrich exorcise-t-il, dans cette confession à peine déguisée, ses propres hantises. L'exigence de vérité affirmée par le narrateur rejoint la rigueur de l'expérience tentée par l'auteur. Impitoyable avec lui-même, il ne craint pas d'exposer devant autrui le spectacle de ces misères qui définissent l'homme.

● « Folio », 1973.

V. ANGLARD

APRÈS LA BATAILLE, de P. Alexis. Voir SOIRÉES DE MÉDAN (les).

APRÈS-MIDI D'UN FAUNE (l'). Églogue de Stéphane **Mallarmé** (1842-1898), publié à Paris chez Alphonse Derenne en 1876.

En juin 1865, le poète interrompt l'écriture d'*Hérodiade* pour composer « un intermède héroïque dont le héros est un faune » (lettre à Cazalis, juin 1865). Le *Monologue d'un faune,* que l'on a retrouvé dans les papiers du poète, devait prendre place dans une pièce en un acte que Théodore de Banville avait projeté de soumettre à la Comédie-Française. L'œuvre fut refusée et le projet « abandonné dans un tiroir » par Mallarmé. Cependant, après l'hiver où il travaille à *Hérodiade*, le poète revient au faune au printemps 1866 (« vrai travail estival », à Cazalis, 1er mai 1866). Il faut attendre dix ans pour que ces cent dix vers soient l'objet d'une première publication, définie ainsi par Mallarmé dans sa « Bibliographie » des *Poésies* : « Une des premières plaquettes coûteuses et sacs à bonbons mais de rêve et un peu orientaux [...]. » Ce tirage à 195 exemplaires, luxueux, illustré par Édouard Manet, était aussi une réponse au refus d'Alphonse Lemerre d'intégrer le poème à la troisième série du *Parnasse contemporain*.

Le faune, entre rêve et réalité, entre nymphes apparues et nymphes supposées, ne sait que choisir. Tel est l'effort que s'impose le chèvre-pied : savoir si quelque événement a eu lieu hors de son imagination ou si le souvenir n'est que suggestion de la flûte et soupir « artificiel / De l'inspiration qui regagne le ciel ». Il exhorte alors à la parole les « bords siciliens » (rivages ancestraux de l'« églogue »), avant, frustré de sa « ferveur première », de revenir à son « ingénuité ». Il est marqué, non par le baiser léger d'une nymphe, mais par une « morsure mystérieuse » qui le destine au « jonc vaste et jumeau ». Mais la syrinx est rejetée, car elle entretient, illusoire, le désir en créant une fausse beauté mensongère (« Une sonore, vaine et monotone ligne »). Les « peintures », comme la « grappe vide », au contraire, offrent un support matériel au désir. L'appel aux souvenirs amplifie le « CONTEZ » lancé aux « bords siciliens ». Mais, c'est dans un présent fictif que nous est contée la disparition des nymphes (italiques, synonymes de fiction et de distance). De retour au présent de l'énonciation, le faune n'a que son regret à exprimer et ses espérances en un autre avenir rêvé à formuler. Il succombe au sommeil.

Mallarmé a suggéré, à travers une opposition fondée sur des cycles saisonniers (mort / renaissance ; froid / chaud) d'opposer l'héroïne glacée d'*Hérodiade* au protagoniste de l'*Après-midi d'un faune*, dont la sensualité joyeuse se console bien vite de la perte de ses deux nymphes (« Tant pis ! Vers le bonheur d'autres m'entraîneront »). Il est peut-être, cependant, bien réducteur d'enfermer dans une banale lecture psychologique ces deux œuvres, même si les projets initiaux et leur composition les apparentent au genre dramatique. Car les deux textes ont aussi bien des points communs : l'attente de l'inconnu laisse une voie ouverte à la sensualité (*Hérodiade*), tandis que le faune se compare à un « lys » (« Alors m'éveillerai-je [...] / Droit et seul [...] / Lys [...]»), la fleur effeuillée par Hérodiade, ou proclame son « ingénuité » assez paradoxale dans la tradition faunesque, ou clôt encore son récit sur une impuissance à atteindre son rêve, parente de celle de la vierge farouche. Les deux nymphes, enlacées et face à face, évoquent la froide enfant face à son miroir (voir *Igitur*), être de chair faisant face à son être désincarné, être sensuel enlaçant sa propre figure idéalisée, qu'il est impossible de séparer l'un de l'autre au risque de les perdre tous deux.

Ce couple de l'absence – le double du miroir, qui est le non-être – et de la présence qui le crée, tel serait le sujet de ce poème où alternent rêve et appel à la réalité. Et, dans la mesure où ce couple est pure fiction, la présence même ne peut être que pur mensonge. Sur les nymphes, de plus, se projette le couple antagoniste qui habite le faune et rythme le poème : sensualité et illusion. À partir de supports réels (roses devenant chair, murmure de l'eau ou accords de flûte, enveloppe vide du raisin qu'on regarde à travers pour regarder le réel) et de sensations multiples où le son devient présence incarnée, proche de l'effacement, à la faveur de la torpeur de midi (« Si clair, / Leur incarnat léger, qu'il voltige dans l'air / Assoupi de sommeils touffus »), le rêve se greffe sur le réel perçu. Mais le faune lui-même, en poète volontiers ironique, sait rappeler son illusoire tentative pour satisfaire sa « ferveur » : « [...] tout brûle dans l'heure fauve / Sans marquer par quel art ensemble détala / Trop d'hymen souhaité de qui cherche le *la* ». Le rejet de la syrinx sanctionne un premier échec de la restitution. La substitution des paroles à l'« instrument des fuites » peut laisser croire à un second échec. Cependant, le déplacement est très significatif du projet mallarméen : la « sonore, vaine et monotone ligne » trouve son écho dans la « disparition vibratoire », mais la transposition a lieu, au point que la poésie reprend son bien aux « bois » : « De l'intellectuelle parole à son apogée [...] doit avec plénitude et évidence résulter, en tant que l'ensemble des rapports existant dans tout, la Musique » (« Variations sur un sujet », *Divagations*). Renouvelant le geste mallarméen par excellence "Salut", "Toast Funèbre" [*Poésies*] ; *Un coup de dés*), le faune élève sa « grappe vide », pour porter un nouveau toast à l'absence, « rieur ».

L'hédonisme, dans l'ensemble du poème, est manifeste. Le désir sourd dans tous les vers. Le lexique (« dardait », « j'accours », « vole », « ardeur », « feu ») est évocateur, comme les sonorités peuvent mimer l'alternance de violence et d'apaisement (« Tu sais, ma passion, que pourpre et déjà mûre / Chaque grenade éclate et d'abeilles murmure »), si bien que le lecteur peut s'interroger sur l'issue finale que le faune donne à son désir avant de s'abandonner au sommeil et de revenir à son rêve, bouclant le poème sur lui-même. Ce chant pour une seule voix, au personnage si ambigu – artiste et / ou sensuel ? –, inspiré de Théodore de Banville ("Diane au bois") ou de tels vers de "Rolla" d'Alfred de Musset (*Poésies complètes*), plutôt que sorti d'un poème de jeunesse de Stéphane Mallarmé ("Soleil d'hiver"), se veut traversé d'une constante opposition entre pensée analytique et élan lyrique, notée par la typographie et inscrite dans une thématique qui met la chute (l'assoupissement final, le rejet de la syrinx, la plongée des nymphes) face à l'essor (l'« heure fauve », le volcan, le chant qui monte, l'élévation du raisin). L'élan vers le rêve échoue, et lui succède le retour à la terre et à la finitude. Restent et l'esthétique et le mensonge, troisième terme qui se superpose à l'antagonisme fondamental. La poésie réside en ce déplacement conscient de lui-même. Le faune plaque ses accords sur l'absence, et de ses rythmes entretient l'illusion. Tel enjambement (« confusions / Fausses entre elle-même et notre chant crédule »), tel rejet suffisent à montrer combien le faune sait qu'il entretient un rêve impossible. Dès l'ouverture, tout est dit : « Ces nymphes, je les veux perpétuer. » L'indicateur désigne la suite du poème (construction des nymphes) ou la blancheur du papier. Ce vide, la parole poétique l'occupe afin qu'il vibre et proclame une présence : la poésie retarde, dans un

éclat de rire, le retour du poète au monde de la mort : « Couple, adieu ; je vais voir l'ombre que tu devins. »

● Rome, Bulzoni, 1976 (p.p. L. de Nardis). ➤ *Poésie [...]*, « Le Livre de Poche » ; *Œuvres complètes*, Flammarion, I ; *Œuvres*, « Classiques Garnier » ; *Poésies*, « Lettres françaises » ; *id.*, « GF » ; *id.*, « Poésie/ Gallimard ».

D. ALEXANDRE

ARAIGNE (l'). Roman d'Henri **Troyat**, pseudonyme de Lev Tarassov (né en 1911), publié à Paris chez Plon en 1938. Prix Goncourt.

Gérard Fonsèque a refusé d'assister au mariage de sa sœur Luce avec le riche Paul Aucoc, « pâle et gras comme un chat de poubelles ». Incapable de croire à de l'amour, il ne voit dans cette union qu'une basse compromission avec l'argent ou la sexualité, qu'il méprise également. Lié à quelques amis (Lequesne, Vigneral), il vit en tourmentant sa mère et ses sœurs (Élisabeth et Marie-Claude), passant de la « folie méchante » à la « réprobation supérieure ». C'est contre son gré qu'Élisabeth accorde sa main à Tellier. Par l'intermédiaire de Lequesne, Gérard tente de briser le ménage de Luce. Il essaie ensuite, au prix d'un mensonge, de monter Élisabeth contre Tellier. Les deux intrigues échouent. Marie-Claude voit Vigneral en cachette de son frère. À la mort de sa mère, Gérard tombe malade. Ne pouvant empêcher Marie-Claude d'épouser Vigneral, il veut la retenir en simulant un suicide. Mais il a absorbé plus de poison qu'il ne pensait : il meurt, ne parvenant qu'à retarder de quelques mois le mariage de Marie-Claude.

L'Araigne s'inscrit dans la lignée des romans de Mauriac, centrés sur un obsédant huis clos familial. L'appartement, fermé sur l'extérieur, est livré à la pénombre et à l'ennui. Les sentiments sont extrêmes et complexes : l'amour le dispute à la haine, et la mesquinerie est parfois une forme de la passion meurtrie. Mais la fermentation humaine que détaille Troyat ne débouche sur aucun absolu. Gérard n'est ni un damné ni un pharisien : la clé de sa jalousie incestueuse est l'impuissance sexuelle, qui le pousse, comme l'« araigne » dont parle Marguerite de Navarre, à convertir « toutes les bonnes viandes en venin ». Le style épouse les méandres de ses rancœurs et de ses phobies qui confinent à la folie. Lorsque Gérard revoit Élisabeth qui vient d'accoucher, il lui prête les traits d'une « femelle amollie d'allégresse vulgaire et comme retranchée dans la joie étroite de la maternité ». Mais ses sœurs sont à peine plus attachantes : leur désir d'évasion l'emporte sur l'amour d'un homme. Le seul message d'espoir est délivré par Lequesne. Encore tend-il moins à l'idéalisme qu'à la résignation : « La vie ne s'obtient pas, elle s'accepte. » Ce roman intimiste excelle dans la peinture de sentiments inextricables et sordides. Il relève d'une sorte de réalisme psychologique qui décrit, sans vouloir les excuser ni les transcender, les ultimes prolongements de la souffrance et de la bassesse.

● « Presses Pocket », 1976.

C. CARLIER

ARBRES. Poème de Paul-Marie **Lapointe** (Canada/Québec, né en 1929), publié à Montréal dans le premier numéro de la revue *Liberté* en 1959, et en volume dans *Choix de poèmes* à Montréal aux Éditions de l'Hexagone en 1960.

Arbres rompt pour Paul-Marie Lapointe dix années de silence qui ont suivi la parution du *Vierge incendié* (1948) et inaugure une deuxième phase dans son œuvre. Après la révolte et le refus caractéristique de ce premier livre, il s'agit à présent pour l'écrivain de mettre en pratique « la poésie d'un être qui essaie de se définir dans le monde, de s'y trouver, de vivre dans ce monde ». En même temps, *Arbres,* même si ce n'est pas son propos explicite, indique la voie à tout un courant de la poésie québécoise des années soixante qui cherche alors à se réapproprier un pays colonisé et sclérosé.

Long poème incantatoire ponctué de blancs, *Arbres* se structure autour de la récurrence de l'énoncé « j'écris arbre », générateur d'une taxinomie qui semble inventorier les différentes essences de la forêt boréale :

« [...] pins blancs   pins argentés   pins rouges et gris
pins durs à bois lourd   pins à feuilles tordues [...] »

Leur énumération, cependant, suscite tout un jeu de connotations et de réminiscences qui ouvrent sur un espace habité – et peu importe que ce soit tant bien que mal – par l'homme :

« peuplier baumier   embaumeur des larmes   peuplier aux lances-bourgeons   peuplier fruit de coton   ouates désintéressées   langues de chattes   pattes d'oiselle rachitique peuplier allumettes   coupe-vent des forêts garde-corps et tonnelier   charbon blanc des hivers »

De ces associations libres, qui prennent parfois la forme de métaphores insolites et investissent l'imaginaire, surgit alors un échange entre les êtres et les choses qui n'est sans doute que l'autre nom d'une présence, pleine, sensible et sensuelle, au monde :

« cerisiers noirs   cerisiers d'octobre à l'année longue   cerisiers merisiers petits   cerisiers à grappes et sauvages   cerisiers à confiture   cerisiers bouche capiteuse et fruits bruns   mamelons des amantes »

S'il s'est servi, pour composer *Arbres*, d'un ouvrage de botanique spécifiquement québécois, la *Flore laurentienne* du frère Marie-Victorin, Paul-Marie Lapointe a également beaucoup utilisé un autre manuel plus général, *Arbres indigènes du Canada*, de R. C. Hosie, publié par le gouvernement fédéral, de sorte que sa démarche ne peut être ramenée, comme certains l'ont voulu, à une revendication proprement nationaliste, qu'elle englobe cependant dans le projet plus vaste d'étreindre l'univers.

C'est « l'âme du réel », en effet, de tout le réel, que veut embrasser le poète dans une tentative sereine de réconciliation qui se poursuivra dans ses recueils ultérieurs. Aussi, par l'ellipse ou la digression, l'image ou la littéralité, s'évertue-t-il, en un tempo emprunté au jazz, à explorer la multiplicité et à goûter avec délectation la singularité de toute chose : « Le catalogue d'*Arbres* est un chant amoureux » (R. Melançon).

L. PINHAS

ARCANE 17. Ouvrage d'André **Breton** (1896-1966), publié à New York chez Brentano's en 1944.

C'est au cours de l'automne et de l'été 1944, pendant qu'il séjourne aux États-Unis et au Canada, que Breton entreprend la rédaction d'*Arcane 17*. Ouvrage de l'exil né de la guerre, le livre est aussi, dans la même veine que l'*Amour fou*, un texte qui, tout en mêlant lyrisme et réflexion, autobiographie, poésie et philosophie, célèbre la femme aimée, Élisa, et médite sur les exigences de la vie et le destin de l'homme.

À partir de la description d'un magnifique spectacle naturel – la côte de la Gaspésie, au Canada –, le texte instaure un va-et-vient, fondé sur une sorte de dérive analogique, entre le paysage extérieur et le paysage intérieur. La mystérieuse beauté du rocher vibrant d'oiseaux et surplombant la mer est comme le reflet de la beauté de la femme aimée. Par contraste, cette contemplation engendre l'évocation de la barbarie destructrice qui frappe l'Europe. L'amour, la poésie et la liberté apparaissent alors comme les trois voies du salut de l'homme. Breton présente la femme-enfant, incarnation de l'éternelle jeunesse et porteuse d'une féminité enchanteresse et féconde, comme une figure rédemptrice. Les mythes de Mélusine et d'Isis, longuement examinés, sont, à cet égard, riches d'enseignements.

Par son titre, l'ouvrage se place sous le sceau du secret et de l'ésotérisme. *Arcane 17* est en effet un texte qui consomme la rupture avec les principes d'explication marxistes. Désormais, Breton se tourne vers un autre mode de compréhension du monde : le mythe. Maints textes de cette époque en témoignent. En particulier, le premier numéro de la revue *VVV* (juin 1942), à l'organisation de laquelle le poète participe à New York, consacre de nombreuses pages à la recherche d'un mythe susceptible de proposer une nouvelle interprétation du monde et de penser l'avenir de l'humanité. *Arcane 17*, organisé autour de la figure récurrente (elle apparaissait déjà dans *Nadja*) et centrale de Mélusine, cherche à décrypter le mythe et à recueillir les enseignements qu'il propose à l'homme. La légende montre que le salut terrestre passe par la femme. Breton, en accordant à Mélusine une renaissance victorieuse, modifie la fin tragique de l'histoire pour la muer en message d'espoir.

Plus riche que la pensée rationnelle, réductrice et figée, la pensée mythique s'élabore à partir de matériaux identiques à ceux du rêve et de la poésie. À travers elle, le désir se manifeste librement, si bien que la légende nous éclaire sur l'inconscient collectif et la place capitale qu'y occupe le principe de plaisir. Quant à la poésie, elle a pour mission d'exhiber la dimension universelle recelée par le désir individuel. En cela, le mythe et la poésie participent activement à la libération de l'homme.

Mélusine ressuscitée et Isis recomposant le corps démembré d'Osiris attestent que l'avenir de l'homme est entre les mains de la femme aimée. Face aux catastrophes de l'Histoire, *Arcane 17* dessine, à travers ses mythes, l'espoir d'un renouveau : « L'amour, la poésie, l'art, c'est par leur seul ressort que la confiance reviendra, que la pensée humaine parviendra à reprendre le large. »

● « Le Livre de Poche/Biblio », 1989.

A. SCHWEIGER

ARCHITECTE ET L'EMPEREUR D'ASSYRIE (l'). Pièce en deux actes et en prose de Fernando **Arrabal** (né en 1932), créée dans une mise en scène de Jorge Lavelli à Paris au théâtre Montparnasse le 15 mars 1967, et publiée à Paris chez Christian Bourgois la même année.

Dans la mouvance d'un Dalí ou d'un Breton qui auraient pratiqué le « théâtre de la cruauté » d'Artaud, Arrabal, initiateur de l'éphémère « mouvement panique », s'est souvent expliqué sur cette « méthode panique » destinée à renouveler le langage théâtral et poétique : « On dispose au départ d'une sorte de scénario sur lequel on travaille comme sur une pièce, mais en permettant constamment à notre inconscient de s'exprimer ainsi qu'aux parties de notre âme – réprimées par la société. C'est une sorte d'*auto sacramental* entièrement répété. Le hasard intervient quand se produit une circonstance magique. Cette situation magique est elle-même le fruit de différences survenues dans la marche de la cérémonie. La troupe de l'Éphémère Panique sait qu'elle doit profiter de ce moment précis qui ne se reproduira plus, ce moment aux limites de la folie. Elle sait qu'elle doit se dépenser, se risquer entièrement. »

Seul survivant d'une catastrophe aérienne, un Empereur d'Assyrie échoue sur une île où un Architecte se plie à tous ses caprices. Après deux années de vie commune, l'Empereur vante les mérites de sa civilisation perdue à jamais : le confort, la paix, son rang, tout lui est nostalgie. Il veut initier l'Architecte à la guerre, au langage, aux rapports de force qui font de ce « bon sauvage » un subordonné susceptible, lorsqu'il le désire, de se transformer en femme ou de lui quérir un cuissot de chevreuil (Acte I).

Au terme d'un procès improvisé au cours duquel l'Empereur apparaît en épouse battue et l'Architecte en accusé, l'Empereur malgré son éloquence et sa superbe, se révèle n'être qu'un petit bureaucrate suppliant bientôt son partenaire de le manger. L'Architecte s'exécute et le dévore méthodiquement, mais l'Empereur resurgit peu de temps après, habillé en Architecte, et se présente comme le seul survivant d'un accident d'avion (Acte II).

Arrabal, pour qui le théâtre est avant tout une « fête, une cérémonie d'une ordonnance rigoureuse », aura peut-être donné avec l'*Architecte et l'Empereur d'Assyrie* la forme la

111

plus accomplie d'un théâtre poussé à ses plus extrêmes conséquences et dont son auteur définissait ainsi la mission : « Au théâtre, la poésie, le dialogue poétique naît du cauchemar, de ses mécanismes, de relations qu'entretiennent le quotidien et l'imaginaire, et d'un style émouvant et direct comme une "volée de pierres". Le théâtre que nous élaborons maintenant, ni moderne, ni d'avant-garde, ni nouveau, ni absurde, aspire seulement à être infiniment libre et meilleur. » C'est bien en effet sous le signe d'une liberté sans entrave rhétorique que s'inscrit l'étonnant dialogue de l'Architecte et de l'Empereur d'opérette dont les références traversent, de l'Antiquité à nos jours, tout un plan de l'imaginaire littéraire occidental : structure épique imitée de l'*Odyssée*, canevas conventionnel tiré de *Robinson Crusoé* aussi bien que de *la Tempête* de Shakespeare ; personnages qui rappellent Prospero et Caliban ou les tragi-comiques Estragon et Vladimir de Beckett (voir *En attendant Godot*), avant de relever de l'anonymat des figures de Kafka, empêtrés qu'ils sont dans le labyrinthe administratif de leur improbable procès. Liberté toujours paradoxale et excessive, au sein de laquelle cohabitent réflexion politique (le pouvoir que s'arroge l'Empereur ne mène qu'à des institutions ridicules) et parabole (prétendu héritier de la civilisation, l'Empereur n'a qu'une influence néfaste sur l'ordre primitif symbolisé par l'Architecte, « bon sauvage » soumis et néanmoins critique) ; professions de foi candides (« Tu m'avais promis qu'aujourd'hui tu allais m'apprendre comment on fait pour être heureux ») et tirades blasphématoires (« Savez-vous que j'ai joué l'existence de Dieu au billard électrique ?») ; simulacre de rituel sado-masochiste et déclarations d'amour d'une désarmante sincérité. Il serait vain de dresser l'inventaire de ce pêle-mêle jubilatoire, clinquant et sombre à la fois, où les personnages sont l'un pour l'autre, simultanément, mère et enfant, amant et objet de désir, victime et bourreau. Les multiples métamorphoses de l'Empereur et de son double inversé ont des qualités proprement théâtrales qui, au-delà de l'arsenal scatologique et d'un humour volontairement provocateur, retinrent le metteur en scène Jorge Lavelli qui voyait en cette pièce un « kaléidoscope de situations ». La plasticité infinie de ce couple, autant que le sens de la formule instantanée d'Arrabal (« Je suis ton chien-loup des îles »), reste une source inépuisable d'inspiration pour des metteurs en scène que n'effraie pas l'outrance spectaculaire.

● L'Avant-Scène, n° 443. ➤ *Théâtre*, Ch. Bourgois, IV.

P. GOURVENNEC

ARCHIVES DU NORD. Voir LABYRINTHE DU MONDE (le), de M. Yourcenar.

ARGENT (l'). Roman d'Émile **Zola** (1840-1902), publié à Paris en feuilleton dans le *Gil Blas* de novembre 1840 à mars 1891, et en volume chez Charpentier en 1891.

L'idée originale du livre, dix-huitième de la série des *Rougon-Macquart*, était celle d'un récit sur la débâcle politique du second Empire. Puis le projet d'un roman sur la Bourse s'impose et se nourrit de souvenirs plus ou moins proches : d'abord celui du financier Mirès et des frères Pereire dont la chute se produisit sous le règne de Napoléon III, respectivement en 1861 et 1866-1867. Plus près du moment de la parution, il y a aussi l'affaire de l'Union générale, banque catholique créée par E. Bontoux et qui s'effondre en 1882. Le canevas tourne assez rapidement à l'épopée; et il lui faut un décor que Zola met en place grâce à la lecture d'un ouvrage d'E. Feydeau sur les milieux financiers, une visite à la Bourse et divers renseignements, obtenus par exemple auprès d'E. Fasquelle.

Parmi les boursiers et les spéculateurs attablés, Aristide Saccard attend l'âme damnée de son frère Eugène Rougon, qui ne veut pas vraiment l'assister dans ses projets. On découvre aussi d'autres personnages : le Juif Gundermann, puissance tutélaire de la Bourse, la baronne Sandorff, joueuse invétérée, la Méchain qui prospère dans les faillites douteuses, l'affairiste Busch qui récupère brutalement créances et impayés tout en protégeant son frère Sigismond, socialiste utopique ennemi de l'argent (chap. 1).

Saccard a loué une partie de l'hôtel d'une princesse philanthrope. Il devient l'ami de l'ingénieur Hamelin et de sa sœur Caroline. Il va utiliser les ambitions du premier tandis que la seconde se donne à lui. Il y a aussi les Beauvilliers, voisines nobles et ruinées qui joueront leur va-tout sur les projets de Saccard (2).

Saccard crée la Banque Universelle : il s'agit, contre l'argent juif, de susciter une grande entreprise catholique qui saura vider les bas de laine des bien-pensants. Saccard s'entoure de l'agent de change Mazaud, du spéculateur Daigremont, d'autres encore, Bohain, Sédille et Kolb (3).

L'entreprise commence bien : Saccard tient bien ses affidés, répond aux solliciteurs et agioteurs inquiets dont la baronne Sandorff, les Beauvilliers et même un garçon de bureau ; il croit sincèrement au succès et aux bienfaits de son action, mais Busch veut exploiter contre lui une vieille dette liée à un enfant naturel, Victor. Caroline fait écran entre eux. Pendant ce temps, la réussite semble se confirmer, par le biais notamment d'augmentations de capital et d'articles orientés grâce auxquels Saccard fait monter les cours de son action (4-6).

Il a aussi des affaires de cœur avec la baronne Sandorff ou avec une courtisane de haut vol. Il croise enfin les plus grands personnages dans les salons, dont Bismarck (7-8).

Malgré certains succès, des bruits inquiétants se font entendre. Sous un prétexte, Saccard se rend chez Busch qui poursuit un jeune écrivain ainsi que les Beauvilliers. Ses ennuis financiers, après une première victoire à la Pyrrhus, vont s'aggraver brutalement et aboutir à une catastrophe générale. Les associés se dispersent, l'agent de change se tue, Victor viole la fille des Beauvilliers. Mais Saccard veut monter une nouvelle affaire et il y a en lui une force qui lui permet d'espérer (9-12).

Ductile, malléable, levier neutre et puissant de toutes les intentions humaines, l'argent présente des aspects ambigus qui animent et différencient les personnages du roman. Il y a ceux, d'abord, pour qui l'argent est mauvais par principe, comme le frère de l'usurier pour qui « toutes nos crises, toute notre anarchie viennent de là [...]. Il faut tuer, tuer l'argent ». Mais il y a surtout ceux qui le gèrent et s'en nourrissent, dans la grande jungle financière de la Bourse : Gundermann, milliardaire, dyspeptique et Juif (même si cette donnée « rapetisse » tout, selon Zola), joue froidement la logique financière, tandis que Saccard, jouisseur ambitieux, « capitaine aventurier », spécule, gagne et perd à l'excès. Sur le plan d'une morale économique simple, ce jeu est dangereux parce qu'il est illusoire, par opposition à l'argent sain du travail et de l'épargne. Saccard ruinera ceux qui lui ont fait confiance et l'on pourrait en ce sens le considérer comme un escroc. Mais, d'un autre côté, il est aussi un idéaliste qui sauve la mise d'un jeune écrivain et lance ses clients dans des rêves de colonisation de l'Orient catholique ! Tout ce progrès par l'argent, Saccard finit par y croire en s'intoxiquant des illusions qu'il diffuse. L'argent prend alors une dimension mythique, à la fois complexe et structurante. À un premier niveau, il est le symptôme des réussites et des échecs, sous forme de bénéfices et de dettes. Il est aussi l'instrument de l'action, de l'entrepreneur qui en fait le nerf de sa guerre. Mais il est encore, au-delà, le symbole de l'échange organique et social de la cité, des commerces qui s'y lient, avec leurs malheurs et leurs miracles. Le récit, par exemple, est rythmé par les soubresauts du cours de l'Universelle, qui sont bien entendu le signe clair de la force de Saccard et de ce qui lui reste d'énergie vitale. Pour ce « poète du million », il n'y a que « le jeu qui, du soir au lendemain, donne d'un coup le bien-être, le luxe, la vie large, la vie tout entière ». Au fond, Saccard est l'agent d'un renouvellement fécond qui passe par la vente et l'achat, le gain et la perte, la vie et la mort : « Sans l'amour, pas d'enfants, sans la spéculation, pas d'affaires », écrit Zola dans son *Ébauche*.

● « GF », 1975 (p.p. C. Becker) ; « Presses Pocket », 1993. ➤ *Les Rougon-Macquart*, « Pléiade », V ; *Œuvres complètes*, Cercle du Livre précieux, VI ; *les Rougon-Macquart*, « Le Livre de Poche », XVIII (préf. P. Dehaye, comm. T. Ioos) ; *id.*, « Folio », XVIII (préf. A. Wurmser) ; *id.*, « Bouquins », V.

A. PREISS

ARIANE. Tragédie en cinq actes et en vers de Thomas **Corneille** (1625-1709), créée à Paris au théâtre de l'hôtel de Bourgogne en 1672, et publiée à Paris chez Luyne et Barbin la même année.

Seule pièce de Thomas Corneille s'inspirant d'un sujet mythologique, cette tragédie présente un aspect racinien par la simplicité de son intrigue (la foi promise à une femme bafouée par un homme volage) et par la violence passionnelle d'Ariane.

Œnarus, roi de Naxe, est désespérément épris d'Ariane, réfugiée chez lui avec sa sœur Phèdre et avec Thésée, dont elle est tombée amoureuse après l'avoir aidé à quitter le Labyrinthe. Le mariage d'Ariane et de Thésée se prépare, mais celui-ci avoue à Pirithoüs, venu pour la cérémonie, qu'il aime Phèdre d'un amour partagé. Il le charge d'annoncer ce changement à Ariane tout en taisant le nom de Phèdre (Acte I). Sourde aux soupirs d'Œnarus, Ariane lui rappelle sa passion pour Thésée qui, face à elle, se dérobe afin que Pirithoüs accomplisse sa mission. Mais elle ne veut pas le croire et s'ouvre à Phèdre dans l'espoir que sa sœur parlera pour elle à Thésée (Acte II). Phèdre prétend n'avoir rien fait. Thésée avoue alors à Ariane ne plus l'aimer, provoquant sa fureur : elle le congédie et décide de se venger (Acte III). Elle s'offre donc à Œnarus mais exige le mariage de Thésée, révélant à Phèdre son espoir de connaître ainsi sa rivale, de la tuer ainsi que Thésée avant de se suicider. La menace fait fuir les amants (Acte IV). Apprenant leur départ, Ariane sombre dans la douleur et meurt en se jetant sur l'épée de Pirithoüs (Acte V).

Si la minceur de l'intrigue fait penser à *Bérénice*, Ariane annonce plutôt – ironie du destin ! – la Phèdre de Racine. Elle oscille entre la certitude d'être aimée et la vengeance la plus cruelle. La scène 4 de l'acte III articule ces deux aspects. Sa place centrale détermine une construction équilibrée et explicite le thème principal : l'amour méprise les liens de la reconnaissance. « Tyrannique ardeur », il se moque des comptes tenus en vain par Ariane (v. 1 082-1 085). Se met alors en place une sorte de contrepoint entre les termes d'« amour », d'« ardeur » et de « devoir », d'« estime », que les personnages avancent selon l'intérêt du moment. Ariane conçoit ainsi l'estime et le devoir comme des succédanés de l'amour quand elle s'offre à Œnarus, mais les exigeait comme garants d'une passion véritable quand il s'agissait de Thésée.

Un tel jeu de bascule confère à chaque personnage un rôle indispensable à l'unité de la pièce. Il serait excessif d'affirmer qu'Ariane seule a du relief car tous les autres, même sa confidente, existent par la façon dont ils utilisent cette notion de reconnaissance qui fait sombrer l'héroïne dans la fureur. Ce harcèlement la mène à la folie, perceptible par le passage du dialogue (III, 4) au monologue (V, 5) dans lequel Ariane se coupe de la réalité en imaginant le couple détesté – comme le fera la Phèdre de Racine – et qui s'achève en une véritable hallucination (V, 6) ; le tutoiement alors adressé à Thésée, expression d'une passion incontrôlée, fait écho à celui de la scène 4 de l'acte III. Ce débordement passionnel qui se repaît parfois de visions sanglantes (v. 1 349-1 352) fait d'Ariane ce « monstre naissant » que Phèdre incarnera pleinement.

● « Pléiade », 1986 (*Théâtre du XVIIe siècle*, II., p.p. J. Scherer et J. Truchet).

P. GAUTHIER

ARISTOCRATES (les). Roman de Michel de **Saint Pierre** (1916-1987), publié à Paris aux Éditions de la Table ronde en 1954. Grand prix du roman de l'Académie française.

En 1953, la famille Maubrun se réunit, durant l'été, au château familial situé en Bourgogne. Autour du marquis, veuf depuis de nombreuses années, se retrouvent ses enfants : Arthus, l'aîné, Gontran, Philippe, Édouard, Marguerite, dite Daisy, les deux jumeaux, Osmond et Louis-César en pleine adolescence, ainsi qu'une amie de Daisy, Jeanne Dupré. De petits drames viennent troubler cette existence recluse : il s'agit des facéties incessantes des jumeaux, puis des amours malvenues de Daisy pour un voisin, le prince de Conti, aristocrate de pacotille. Jeanne observe avec curiosité les Maubrun qui n'ont pour point commun que leur sentiment d'appartenance à une classe qui a écrit l'histoire de France. Ainsi, Daisy, sous la pression familiale, renonce à son aventure. L'attirance du marquis pour Jeanne, roturière, rapproche les enfants qui, avec succès, mettent tout en œuvre pour faire avorter cette relation. Trop tard, Jeanne comprend que la tradition est plus puissante que les sentiments. Éperdue, elle s'enfuit.

Michel de Saint Pierre s'attache à décrire les variations et les obsessions – mais aussi les contradictions – d'une classe gouvernée par des valeurs anciennes répudiées par le monde moderne. Alors que le marquis manifeste un refus absolu de tout changement, les enfants, à travers leur mal de vivre, sont le symbole vivant d'une hésitation entre valeurs ancestrales et modernité, entre tradition et liberté d'être. Ainsi, Arthus, l'aîné, incarne-t-il l'aristocrate moderne qui, faute de territoire à conquérir, faute de guerre à gagner, part à la conquête des affaires, comprenant que la noblesse n'a plus les moyens de s'exclure, par orgueil, du monde de l'argent. La hiérarchie nobiliaire est cependant respectée puisque le fils aîné rejoint l'univers belligérant de la haute finance, que le deuxième fait de la politique et que le troisième est devenu prêtre. Une autre forme de permanence apparaît à travers la personnalité des jumeaux, gardiens inconscients des traditions féodales ; en effet, leurs jeux, tout autant que leurs discussions, expriment un attachement profond et romanesque à la chevalerie comme le révèle leur duel qui, bien que prétendu sans danger, a failli causer leur mort. Une autre figure traditionnelle (mais cette fois au sens littéraire du terme) est représentée par le « prince de Conti », faux aristocrate, qui par sa fortune est parvenu à s'infiltrer dans cette société pour le moins fermée, laquelle, bien qu'acceptant ses invitations, ne les lui rend jamais : « À défaut du Jockey, il avait forcé l'entrée du Moteur-Club. Les mêmes nécessités impérieuses l'avaient conduit à lire Proust, à jouer au bridge et à embaucher un chef cuisinier. » Proust n'aurait pas manqué de faire de ce faux prince – dont la livrée des valets est d'un tel mauvais goût qu'eux-mêmes en ressentent le ridicule –, l'un des membres du « clan » Verdurin, antithèse bouffonne du très exclusif et raffiné salon des Guermantes !

Michel de Saint Pierre montre ainsi la pérennité d'une classe face à un monde moderne qui, paradoxalement, n'a plus besoin d'elle mais la convoite. Face à ce monde, elle est placée devant l'alternative suivante : ou bien s'intégrer, ce qui signifie s'attacher à acquérir ce qui auparavant était un dû, comme le fait Arthus – sa voiture américaine est le symbole visible de son intégration réussie dans le « business » –, et son surnom, « le Turc », révèle sa réussite financière mais surtout le mépris de son père à l'égard de ses activités mercantiles ; ou bien, comme le marquis, propriétaire, lui, d'une vieille Renault, s'emmurer vivant dans le sens, pour le moins démodé, de l'honneur et du devoir. Et lorsqu'elle s'obstine dans son refus des compromissions et des concessions, cette classe agonise comme le marquis qui rejette le secours de la médecine moderne, comme la famille marquée par la stérilité de ses membres – veufs ou célibataires –, comme le château qui tombe en ruine et ne conserve de son lustre passé que les noms des pièces et des tours : par exemple, la chambre du Roi – laquelle, comble de l'ironie, n'a de royal que la dénomination, puisque le roi ne s'y est jamais rendu...

● « Folio », 1978.

B. GUILLOT

113

ARLEQUIN DEUCALION. Comédie en un acte et en prose d'Alexis **Piron** (1689-1773), créée par Francisque à l'Opéra-Comique (à la Foire Saint-Germain) le 25 février 1722, et publiée dans les *Œuvres* à Paris chez Rigoley de Juvigny en 1776.

Les démêlés des théâtres de la Foire avec la Comédie-Française ont été d'autant plus fréquents que le succès des premiers était éclatant. Les comédiens-français, appuyés par les autorités, multiplièrent les tracasseries destinées à ruiner leurs concurrents forains : ils leur interdirent ainsi notamment de recourir aux pièces dialoguées. C'est donc un monologue que Francisque commanda au jeune Piron, qui n'était pas encore célèbre. Ainsi commença la fructueuse collaboration de Piron avec les forains.

Piron eut l'idée géniale de justifier le monologue de son héros Arlequin par la situation la plus radicale, celle de Deucalion, unique survivant du déluge avec sa femme Pyrrha, qui a bien à propos perdu la parole sous l'effet du saisissement. Deucalion, à cheval sur un tonneau, aborde au Parnasse. Mais ce lieu est étrangement peuplé. On y entend une voix, mais c'est un perroquet ; on y rencontre Melpomène et Thalie, réduites à la pantomime, Apollon qui se borne à chanter et à jouer de la flûte et Momus qui parle mais n'est qu'un polichinelle en bois. Deucalion et Pyrrha sèment leurs cailloux à l'aveuglette et recréent ainsi les humains.

On imagine, en lisant la pièce, la rage du commissaire de police, incapable de prendre le héros sur le fait pour l'inculper du crime de dialogue. On imagine aussi la joie complice des spectateurs : le succès fut considérable puisque la pièce obtint immédiatement trente représentations. Au demeurant, le texte est d'un grand intérêt. Il s'adresse en effet au public des foires parisiennes, dont les composants sont hétérogènes : couches « populaires » urbaines (à l'exception sans doute des catégories les plus pauvres), mais aussi transfuges de la bourgeoisie, de la noblesse et en général du public cultivé qui pouvait reconnaître Melpomène, Thalie ou Apollon, être sensible à la parodie des genres dramatiques du répertoire de la Comédie-Française. Piron reprend une tradition d'arlequinades dans laquelle un vieux fonds populaire et carnavalesque reste très vivace. Il l'accommode dans une satire extrêmement gaie qui n'épargne personne. C'est d'abord le théâtre officiel avec ses genres conventionnels, son académisme, son culte des Anciens, c'est l'opéra, et c'est le théâtre forain lui-même avec ses personnages figés (Polichinelle). Il s'en prend enfin aux différents états de la société, aux militaires, aux robins, aux prêtres et aux petits nobles. Cette liberté de Piron, qui le situe du côté des modernes, l'inscrit dans le mouvement d'émancipation intellectuelle de la Régence et caractérise le fonctionnement du théâtre de la Foire. La légèreté n'y est pas anodine et la critique pleine d'une malice sans aigreur. Mais il faut surtout admirer les ressources proprement théâtrales de ce texte qui offre encore aujourd'hui aux comédiens d'étonnantes possibilités de jeu.

● « Pléiade », 1972 (*Théâtre du XVIIIᵉ siècle*, I, p.p. J. Truchet) ; « 10/18 », 1983 (*le Théâtre de foire au XVIIIᵉ siècle*, p.p. D. Lurcel).

P. FRANTZ

ARLEQUIN POLI PAR L'AMOUR. Comédie en un acte et en prose de Pierre Carlet de Chamblain de **Marivaux** (1688-1763), créée à Paris à la Comédie-Italienne le 17 octobre 1720, et publiée à Paris chez la Veuve Guillaume en 1723.

Ce coup de maître, qui marque l'entrée en scène italienne d'un des plus grands poètes comiques du répertoire universel, n'est pourtant pas son coup d'essai. La troupe italienne, exilée par Louis XIV en 1697 et restaurée en 1716 par le Régent, avait en effet joué, le 3 mars 1720, une comédie en trois actes, *l'Amour et la Vérité*, dont il ne nous reste plus rien que le prologue et la première scène. On rappellera pour mémoire que Marivaux avait fait imprimer, en 1712, *le Père prudent et équitable ou Crispin l'heureux fourbe*,

comédie en un acte, tandis que la Comédie-Française accueillait, le 16 décembre 1720, son unique tragédie en vers, *Annibal* (trois représentations).

La Fée, qui doit épouser l'enchanteur Merlin, enlève Arlequin, endormi dans un bois, et tente de le séduire, malgré sa bêtise : elle l'épousera dès qu'il pourra « [la] sentir et se sentir lui-même ». Mais c'est Silvia, naïve bergère jusque-là insensible, qui éveille Arlequin. La Fée, découvrant la métamorphose d'Arlequin, s'abandonne à un désespoir jaloux et fait enlever Silvia par des lutins. Elle révèle à Arlequin que Silvia doit épouser un berger, et, pour obliger celle-ci à cet aveu, elle menace de tuer Arlequin. Trivelin, domestique de la Fée, leur conseille alors de feindre l'obéissance pour qu'Arlequin s'empare de la baguette magique et prive la Fée de tout pouvoir.

Naissance de l'amour, naissance à soi-même dans le désir, inséparable des désarrois du cœur et des rouerie du rapport social : il n'est pas bien difficile de reconnaître ici l'univers marivaudien et de broder sur cette entrée en forme de féerie, qui donne occasion aux comédiens-italiens en mal de public d'allier leurs masques aux prestiges de la musique, de la danse... et de la langue française (*Arlequin poli [...]* est sans doute une de leurs premières pièces entièrement en français). Jeux du théâtre, de l'amour et de la vérité, d'une vérité qui ne cherche pas à nier son cadre scénique ni l'irréalisme foncier du genre théâtral, avivé chez les Italiens par leur pratique aléatoire du français, par les masques et la convention des types. Nul hasard donc si Marivaux s'inspire (on ne le sait que depuis 1965) d'un conte de fées de Mme Durand, paru en 1702, *le Prodige d'amour*, où un jeune prince passe, grâce à l'amour d'une bergère, et au grand dépit d'une fée, du surnom de « Brutalis » à celui de « Polidamour ». Au demeurant, le Siècle des lumières adore les contes (de fées) et ne se prive pas de les adapter au théâtre. L'adaptation passe ici par une étroite corrélation entre les comédiens et les personnages : un Arlequin à la fois animal et gracieux (joué par Thomassin), une Fée autoritaire et d'âge mûr (Flaminia, actrice cultivée, femme du directeur de la troupe et première amoureuse), la jeune Silvia (Gianetta Benozzi, appelée aux grands rôles marivaudiens), et enfin Trivelin (Biancolelli, le seul acteur de l'ancienne troupe italienne), qui remplace le « silphe-tigre » du conte de Mme Durand et observe les protagonistes du jeu amoureux d'un œil ironique et détaché.

Un auteur, une troupe, un art de jouer conjuguant les traditions françaises et italiennes : une des plus belles aventures du théâtre commence. Dire qu'elle commence, c'est dire qu'elle a encore tout à inventer.

● *La Double Inconstance [...]*, « Le Livre de Poche », 1987 (p.p. J. Morel, préf. J.-P. Miquel). ➤ *Théâtre complet*, « Pléiade », I ; *id.*, « Classiques Garnier », I.

J. GOLDZINK

ARLEQUIN SAUVAGE. Comédie en trois actes et en prose de Louis-François **Delisle de La Drevetière** (1682-1756), créée à Paris à la Comédie-Italienne le 17 juin 1721, et publiée à Paris chez Hochereau en 1722.

Delisle de La Drevetière fait partie de ces écrivains doués mais sans génie, goûtés de leur vivant et dédaignés par la postérité. Il eut notamment le talent de prendre l'air du temps : son *Arlequin sauvage* doit sans doute beaucoup au succès des *Lettres persanes, parues quelques mois plus tôt. Le personnage d'Arlequin, revenu en France depuis 1716 avec la troupe italienne rappelée par le Régent, était très populaire. Il l'était déjà avant le départ des Italiens en 1696, et le théâtre de la Foire avait entre-temps maintenu sa présence sur les tréteaux parisiens. Arlequin était l'un des emplois les plus importants du Théâtre-Italien, le valet aisément reconnaissable à son costume bariolé, son chapeau et sa batte sur le côté, d'autant plus apprécié du public qu'il était incarné par Tommaso Vicentini, dit Thomassin. D'une nature fruste, mais sensée, Arlequin avait par définition tout d'un « sauvage ». Marivaux, en 1720, l'avait représenté ignorant de tous les usages, niais, avant d'être « poli par l'amour » (voir *Arlequin poli par l'amour*). Delisle reprend en somme ce schéma : son Arlequin d'abord ahuri et ridicule se révèle ensuite l'être le plus raisonnable.

Lélio et son valet Scapin sont à Marseille, après avoir essuyé un naufrage en revenant des Indes. Ils ont ramené avec eux un sauvage, Arlequin. Lélio est pressé de regagner l'Italie pour y retrouver Flaminia, dont la main lui est promise. Mais Flaminia et son père Pantalon se trouvent justement à Marseille pour quelques jours. Pantalon, croyant Lélio ruiné, veut marier sa fille avec un ami de Lélio, Mario, lui aussi de passage à Marseille. Rencontrant par hasard Lélio, Mario lui apprend son prochain mariage avec une Italienne, sans la nommer. Arlequin découvre avec ébahissement les mœurs civilisées et vole innocemment un marchand (Acte I).
Arlequin est arrêté par les archers. Lélio le tire d'affaire et lui enseigne le rôle de l'argent dans la société. À travers les propos d'Arlequin, parlant de Violette, suivante de Flaminia, Lélio découvre la présence de son amante à Marseille, et comprend que Mario est devenu son rival. Ils sont sur le point de se battre en duel lorsque Arlequin survient, et les raisonne. Ils décident de consulter Flaminia à l'occasion d'une fête (Acte II).
Après quelques scènes où Arlequin déguisé en petit-maître poursuit sa découverte du monde civilisé et courtise à sa façon Violette, la fête commence. Arlequin, pris pour juge, tranche en faveur de l'amour, c'est-à-dire de Lélio, au nom de « la nature et de la raison ». Mario reconnaît la justesse de ce jugement, et la pièce finit par un ballet et une chanson (Acte III).

L'intrigue de la pièce est fort mince. Elle relève du schéma le plus élémentaire de la comédie : amour contrarié par la volonté d'un père et dénouement heureux. Bien évidemment, l'intérêt d'*Arlequin sauvage* n'est pas là, mais dans une vision satirique de la société. La balourdise traditionnelle du personnage d'Arlequin est ici sublimée en naïveté respectable : sa qualité de sauvage justifie son ignorance des usages et des règles sociales. Mais cette ignorance va de pair avec une raison parfaitement développée, et cette alliance permet à Arlequin de mettre en cause les valeurs les mieux établies. Il annonce à cet égard l'Arlequin de Marivaux dans la *Double Inconstance*, et l'*Île des esclaves*. Les temps forts de la comédie sont donc ceux où le « sauvage », dans des scènes à la fois comiques et philosophiques, se trouve confronté avec la civilisation : avec les règles de la civilité galante (I, 4), de l'économie marchande (I, 5), de l'inégalité sociale (II, 3), de la justice (III, 2). Dans la scène du miroir (III, 4) est même esquissé le rêve d'une société où toutes les âmes seraient transparentes les unes aux autres. Sans doute l'audace subversive reste-t-elle limitée : à Arlequin s'étonnant que le sort des riches et des pauvres soit si contrasté, Lélio explique que les riches sont en fait les plus à plaindre (« parce que les richesses ne font que multiplier les besoins des hommes »), et notre sauvage conclut simplement à la folie des privilégiés, qui sont « des pauvres qui [croient] être riches » (II, 3).
Au-delà de ces sujets particuliers, le débat de fond porte sur l'opposition entre la loi et la raison naturelle : la pièce commence et finit par là. Il en est question dans la première scène où apparaît Arlequin (I, 3), et dans la dernière, où, contre la loi du père, Arlequin fait triompher celle de la raison, qui est aussi celle de la nature. Il conclut ainsi : « Je connais que tout ce que les lois peuvent faire de mieux chez vous, c'est de vous rendre aussi raisonnables que nous sommes et que vous n'êtes hommes qu'autant que vous nous ressemblez » (III, 5).
Cette comédie prône explicitement la rationalité de la nature, où peuvent se conjuguer liberté et jouissance (voir la tirade éloquente d'Arlequin dans II, 3). Mais elle montre aussi, par son dénouement, que les civilisés ne sont pas inaccessibles à la voix de la nature. La confrontation philosophique entre l'ordre naturel et l'ordre social prendra plus d'acuité et de gravité avec Rousseau, avec l'ingénu de Voltaire et le Tahitien de Diderot. *Arlequin sauvage* est cependant un jalon significatif dans l'histoire des Lumières.

La pièce eut un succès durable. Dans sa *Lettre à d'Alembert sur les spectacles*, en 1758, Rousseau y fait encore référence au présent (« Quand Arlequin sauvage est si bien accueilli des spectateurs [...] »).

● « Pléiade », 1972 (*Théâtre du XVIIIe siècle*, I, p.p. J. Truchet).

P. TESTUD

ARLÉSIENNE (l'). Drame en trois actes et en prose d'Alphonse **Daudet** (1840-1897), créé avec une musique de scène de Georges Bizet à Paris au théâtre du Vaudeville en 1872, et publié à Paris chez Billaudot la même année.

La ferme du Castelet prépare le mariage de Frédéri Mamaï avec une Arlésienne (Acte I). Balthazar, le berger, se défie de cette citadine et déplore l'absence d'autorité due à la disparition du maître. Délaissant son cadet, Innocent, Rose, la mère, adore son aîné. L'oncle Marc garantit la moralité de la belle mais un gardien de chevaux révèle au grand-père sa liaison avec elle. Le mariage est rompu. Rose se lamente sur le désespoir amoureux de son fils, d'autant plus épris qu'il ne respecte plus l'aimée (Acte II). Vivette la lui fera-t-elle oublier ? Balthazar reproche à la mère son indifférence pour Innocent, qui protège la maison. Il raconte à Frédéri ses amours platoniques avec Renaude. Le jeune homme s'obstine à repousser Vivette. Bravant le déshonneur, Rose décide de lui donner l'Arlésienne : il refuse. À la Saint-Éloi, Balthazar revoit Renaude et Frédéri annonce son mariage avec Vivette. Mais l'idée de son possible suicide torture Rose, d'autant que Frédéri découvre l'identité de son rival et qu'Innocent s'éveille aux réalités. Elle s'élance à la suite de son aîné et tombe de la fenêtre du grenier (Acte III).

Obtenant peu de succès auprès d'un public insensible au pittoresque méridional, l'Arlésienne appartient aujourd'hui à la mythologie de la passion. La pièce, tirée de la « Lettre VI » des *Lettres de mon moulin*, se fonde sur une absence symbolique, celle de la fille d'Arles qui crée le drame mais qui n'apparaît jamais. Objet vide d'une cristallisation, elle dénonce le pouvoir de l'imaginaire dans la relation amoureuse. D'autant plus obsédante qu'elle demeure idéale, la femme perdue, réduite à sa fonction d'image, hante le passionné. À vingt ans, l'amoureux s'ouvre à l'existence au travers de sa sensibilité exacerbée : il adore l'infidèle en dépit, ou plutôt, comme le remarque sa mère, à cause de la douleur qu'elle lui cause, du déshonneur qu'elle incarne. Elle fait entrevoir à cette âme vierge des abîmes de perdition où il sombre, atteint par la déchéance morale qui dégrade les amoureux. Mais alors que Des Grieux (voir *Manon Lescaut*) ou don José (voir *Carmen*) choisissent leur passion au prix de leur honneur, Frédéri ne consomme jamais l'union rêvée avec l'Arlésienne, dont nous ignorerons même jusqu'au nom. Elle demeure une pure idée, une représentation approchée en fonction du schéma de triangulation amoureuse analysé par René Girard : le gardien de chevaux la possède et il inspire une jalousie grandissante au jeune homme, qui conserve les lettres de l'aimée à un autre et qui épie la conversation de l'amant avec son grand-père. Dès lors le conflit entre le devoir et la passion s'intériorise d'autant plus que Frédéri vit enfermé dans ses représentations. L'exemple de Balthazar, un berger digne de l'amour courtois, lui en impose. Il refuse la proposition de mariage.
Daudet évoque non pas un amour entravé, mais le pouvoir fantasmatique de la passion qui se développe dans le cadre réaliste de la ferme. La fête, les chants que Bizet mit en musique fournissent un contrepoint à cette exaspération de l'angoisse. L'oncle Marc, homme concret, sous-estime le pouvoir de l'amour, qui crée son ordre propre. En effet, le conflit intérieur du fils se trouve comme intégré dans le drame vécu par la mère : l'amour maternel tente de conjurer la menace de mort que fait peser sur la maison le chagrin d'amour. Toutes les formes d'amour se rejoignent dans l'Amour, qui affole et détruit les individus. Le caractère profondément narcissique du sentiment s'impose à

l'évidence : Rose retrouve chez son aîné son époux adoré, trop tôt disparu, et identifie dans la passion exclusive de Frédéri la trace de l'atavisme maternel. Assumant l'héritage parental, il subit donc une forme de fatalité d'autant plus évidente que son désespoir amoureux entre en résonance avec une autre histoire, celle de Balthazar. Celui-ci revoit Renaude après des années, comme si le mariage de substitution de Frédéri et de Vivette ne servait qu'à réunir le premier couple. En outre, le berger, figure initiatique, identifie les signes du destin, attribuant la prospérité de la maison à la présence d'Innocent, qui incarne aussi une forme d'absence au monde. Toute l'action se trouve donc commandée par un système d'échos où chaque histoire renvoie à un espoir déçu de rejoindre sa vérité dans la perception furtive d'une forme d'absolu amoureux.

● G. Billaudot, rééd. 1965 ; Heures Claires, 1968 ; Montfaucon, Poterne, 1986.

V. ANGLARD

ARMANCE ou Quelques Scènes d'un salon de Paris en 1827. Roman de **Stendhal**, pseudonyme d'Henri Beyle (1783-1842), publié à Paris chez Urbain Canel en 1827.

À cette date, Stendhal a déjà publié six ouvrages, mais *Armance* est son premier roman. Encore son sous-titre le désigne-t-il plutôt comme une chronique de mœurs contemporaines, où le lecteur apprécie les conséquences de la loi sur le « milliard des émigrés », votée en avril 1825 par la majorité ultra de la Chambre. Dépouillés de leurs biens par la Révolution, les nobles retrouvent, en même temps que leur fortune, un peu de leur prestige. L'argument purement romanesque de l'histoire n'est pas original : deux romans intitulés *Olivier* venaient de traiter de l'impuissance masculine. Le premier, de Mme de Duras, circulait sous forme manuscrite dans les salons ; le second, attribué à Hyacinthe de Latouche, venait de paraître sans nom d'auteur en 1826. Par jeu, dirait-on, Stendhal reprend à son compte ce sujet scabreux.

Sorti à vingt ans de l'École polytechnique, Octave de Malivert inquiète ses parents par sa tristesse et sa misanthropie. Fêté dans le salon de la marquise de Bonnivet parce qu'on y tient pour acquis le vote de la loi qui fera sa fortune, il remarque la réserve de sa cousine, Armance de Zohiloff : « Elle seule ici a quelque noblesse d'âme. » Au moins discerne-t-il une sensibilité hors du commun chez cet être capable de fureurs et de repentirs. Octave se soucie moins d'aimer Armance que de l'avoir pour amie. Le jeune homme voudrait persuader cette âme fière et droite de son mépris pour les deux millions qu'on lui promet.

Dans le monde, on le considère comme l'inséparable de Mme de Bonnivet, connue par sa beauté et son goût pour la philosophie allemande. Peu disposé à livrer son « secret » à la marquise de Bonnivet, Octave n'a d'autre souci que de conquérir la bonne opinion d'Armance, mais celle-ci se juge, en raison de son peu de fortune, indigne d'Octave, et pour avoir seulement osé lui avouer son « estime », elle se croit obligée d'inventer un projet de mariage prochain. Un climat de confiance s'installe bientôt entre eux, mais les attentions d'Octave pour la comtesse d'Aumale décident Mme de Malivert à favoriser, entre son fils et Armance, une union que les deux jeunes gens paraissent souhaiter de tout leur cœur sans oser se l'avouer. Persuadée par cette démarche qu'elle seule fait obstacle à leur amour, Armance donne libre cours à sa tendresse, mais le découragement la reprend à voir les assiduités d'Octave redoubler auprès de la comtesse. Ému par la beauté du bras de sa cousine, Octave s'avoue enfin qu'il l'aime, mais cette révélation porte son désespoir à son comble : « Moi, aimer ! » Le devoir lui impose de partir pour la Grèce. Un duel, lui offrant l'espoir d'une mort plus rapide, ajourne son projet. Blessé, il reçoit les soins d'Armance et se laisse aller à lui avouer son amour, mais s'invente des torts pour l'éloigner.

Armance se désole bientôt que leur intimité rende inévitable, aux yeux de l'opinion, un mariage que sa pauvreté lui interdit d'envisager. Un stratagème du commandeur de Soubirane achève son déshonneur : Octave ne peut plus différer d'épouser celle qu'on a surprise, de nuit, devant sa chambre. Puisque Armance est résolue à épouser celui qui se présente à elle comme un « monstre », Octave se décide à lui avouer son secret par une lettre. Mais une autre lettre, composée par le commandeur et qui lui fait croire à l'indifférence d'Armance, le détermi-

ne à reprendre la sienne. Une fois célébré le mariage que commandait l'honneur d'Armance, Octave s'embarque pour la Grèce et met fin à ses jours.

« Jamais livre n'eut plus besoin de préface », écrit Henri Martineau. On met effectivement au défi un lecteur non prévenu de deviner, à la seule lecture du roman, quel est le « secret » d'Octave. Mais convient-il, justement, de dissiper d'avance une obscurité à laquelle Stendhal a consenti ? Une postface serait plus opportune. La plupart des éditions d'*Armance* procurent du reste, en appendice, une lettre où Stendhal expose crûment à Mérimée la clé de l'œuvre. Révélant qu'il voulait d'abord appeler « Olivier » le personnage du *babilan* (mot italien pour « impuissant ») parce que ce nom ferait « exposition » (au moins pour les lecteurs de Latouche et les mondains initiés au roman de Mme de Duras), Stendhal justifie dans cette lettre la candeur d'Armance, que plusieurs nuits conjugales ne suffisent pas à éclairer sur la « monstruosité » de son époux. Le fait est que Stendhal a renoncé à « Olivier » (l'initiale du prénom d'Octave ne suffit pas à lever le voile), et même s'il s'interroge, dans des notes personnelles, sur les moyens de « faire deviner l'impuissance », le texte demeure énigmatique. La « singularité » d'Octave maintes fois réaffirmée, de vagues allusions à Newton et Swift (qui, paraît-il, étaient eux-mêmes *babilans*), le pèlerinage au tombeau d'Abélard (chap. 8), l'émoi d'Octave quand, assistant au *Mariage de raison*, de Scribe, il voit le rideau se lever sur un lit conjugal (chap. 4) : il n'y a là un faisceau d'indices que pour qui sait déjà.

Si l'on n'est pas obnubilé par l'infirmité d'Octave, on analysera sa singularité comme celle d'un héros romantique qui, dégoûté par la vulgarité du monde, entretient sa misanthropie et cultive sa différence. La loi d'indemnité réjouit une aristocratie qui place désormais le profit au-dessus de l'honneur ; aux yeux d'Octave, ces millions qu'il n'a pas mérités font de lui un assisté. On peut, dès lors, lire son impuissance comme le symbole d'une classe déclinante, à laquelle il n'appartient qu'à son corps défendant ; rejeton d'une branche morte, il n'aura pas de descendance. Le dilemme qui le torture (doit-il avouer *qui il est* à celle qu'il aime ?) dépasse en intérêt le contenu de son secret ; ce roman de l'aveu, que Georges Blin rapproche de *la *Princesse de Clèves*, s'auréole d'un étrange mystère si la « monstruosité » d'Octave ne se réduit pas, aux yeux du lecteur, au résultat d'un diagnostic médical.

Il est vrai que la question de l'impuissance taraudait Stendhal (voir "Des fiascos" dans les « Compléments » à *De l'amour*), et il a fait confidence d'une de ses défaillances (voir *Souvenirs d'égotisme*, chap. 3). Dans *Armance*, il imagine un héros affligé par nature d'un mal dont il souffrit lui-même accidentellement. Par son infirmité, Octave inaugure une série de héros stendhaliens qui seront confrontés à des infirmités de l'amour : pauvreté chez Julien Sorel, impuissance sentimentale chez Fabrice del Dongo (du moins jusqu'à sa rencontre avec Clélia), laideur chez Sansfin ou contraintes de l'éducation féminine chez Lamiel. Mais dans ce premier roman, Stendhal a illustré d'emblée la plus grande des impossibilités. Est en outre posée, dans *Armance*, la question si stendhalienne de la nature profonde du moi et de la sincérité. Si l'on m'aime, qui aime-t-on en moi ? Les héros de Stendhal exigent d'être aimés non pour leur « avoir » (nom, fortune, prestige…), mais pour leur « être ». La frontière, pourtant, n'est pas assurée : de quel côté situera-t-on les attraits physiques ? Voulant n'être aimé que pour lui, Octave doit s'avouer, et donc avouer, la pire des déficiences. À la question : suis-je aimable ? qui court à travers toutes les œuvres intimes de Stendhal, Octave se donne la plus désespérante des réponses. Enfin, puisque la sincérité envers les autres passe par la sincérité envers soi-même, on pourra admettre que l'embarras d'Octave à formuler son infirmité fournit une justification à l'obscurité du roman.

Cette obscurité, la peinture un peu superficielle de l'aristocratie, des caractères tranchés (Armance sera jugée « trop parfaite » par J. Prévost), expliquent le relatif échec du roman à sa publication. Des critiques vétilleux lui reprocheront ensuite certaines outrances romantiques (Octave, blessé, écrivant avec son sang une lettre à Armance, au chapitre 21), ou l'artifice du stratagème qui, empêchant l'aveu, préserve le dénouement. Aujourd'hui, *Armance* se lit comme une illustration du « romanticisme » défendu dans *Racine et Shakespeare*. Surtout, cette tragédie laisse percevoir aux familiers de Stendhal de fragiles accents de bonheur, comme celui qu'entrevoit Octave auprès de sa cousine dans le bois d'Andilly (chap. 16), prélude à ceux qui s'épanouiront dans les grands romans (Julien Sorel à Vergy, Lucien Leuwen dans la forêt du *Chasseur vert*). On y trouve enfin le style rapide, dénué d'afféterie, qui laisse toujours affleurer la voix du narrateur et dont le *Rouge et le Noir* fournira trois ans plus tard une illustration magistrale.

● Éd. Fontaine, 1946 (p.p. G. Blin) ; « Classiques Garnier », 1962 (p.p. H. Martineau) ; « Folio », 1975 (p.p. A. Hoog). ➤ *Romans et Nouvelles*, « Pléiade », I ; *Œuvres*, Éd. Rencontre, IV ; *le Rouge et le Noir* [...], « Bouquins ».

P.-L. REY

ARMANDE. Voir KÉPI (le), de Colette.

ARME INVISIBLE (l'). Voir HABITS NOIRS (les), de P. Féval.

ARMÉE DES OMBRES (l'). Récit de Joseph **Kessel** (1898-1979), publié à New York chez Pantheon Books en 1944.

Philippe Gerbier, chef d'un groupe de résistants en France en 1941-1942, s'évade d'un camp vichyste grâce à un communiste (chap. 1). Il fait exécuter l'homme qui l'a trahi (2), avant de passer à Londres avec le « patron », un mathématicien qui dirige le réseau à l'insu de son frère, résistant lui aussi (3-4). Au centre du récit, les « notes » de Gerbier revenu en France, journal de sa vie d'homme traqué, rapportent mille faits caractéristiques de l'esprit de la Résistance (5). Arrêté par les Allemands, Gerbier échappe à la mort grâce à Mathilde, mère de famille devenue militante héroïque (6-7). Il doit cependant sacrifier celle-ci, lorsque, cédant au chantage des Allemands qui la menacent de livrer sa fille aux soldats du front de l'Est, elle trahit ses amis (8).

Rien sans doute n'explique mieux le titre du livre que ces paroles du *Chant des partisans*, écrit en 1941 à Londres par Kessel en compagnie de Maurice Druon : « Ami, si tu tombes / Un ami sort de l'ombre à ta place. » Achevé en 1943, publié à un moment où le souci de sécurité impose encore à l'auteur de travestir les noms et les situations, le récit se veut un témoignage « sans fiction » et « sans romanesque » sur les innombrables combattants qui se sont levés dans l'ombre, mais aussi un monument à la mémoire des amis inconnus, tombés dans la clandestinité. Grâce à la construction polyphonique adoptée par l'écrivain, les voix des héros se mêlent ainsi à celles des figures anonymes pour célébrer le « grand mystère merveilleux » de la Résistance française. Combattant des deux guerres, résistant de la première heure, Kessel, qui n'a jamais séparé la littérature de l'action, ne rapporte que des faits réels, actes d'héroïsme quotidien ou incidents cocasses qui font la vie du clandestin, mais ceux-ci confèrent peu à peu une grandeur épique et mythique à la guerre de l'ombre. Le récit, contrepoint romanesque au *Chant des partisans*, se transforme en hymne à la France qui refuse d'avoir les « yeux vides », à la France de l'honneur, que Kessel, fils de juifs russes émigrés en Argentine, salue avec émotion. Car la véritable « patrie » qui unit le communiste et le croyant, l'intellectuel – la figure du « patron » est un hommage au philosophe et mathématicien

Jean Cavaillès – et l'ouvrier, c'est l'amour de la liberté et le refus de la honte. Au-delà de la haine viscérale pour l'occupant, se lit en effet dans le récit de Kessel une horreur de la déchéance, de l'humiliation physique et morale, le plus grand crime des Allemands étant de nier, par la torture et la délation forcée, la dignité de l'homme. Horreur qui culmine dans le drame de Mathilde qui, ayant failli pour la première fois par amour pour sa fille, supplie tacitement qu'on lui accorde la mort. Le récit, construit autour de figures emblématiques, échappe ainsi à la complaisance et au manichéisme grâce à la place laissée au doute, et à l'amour de l'homme dans sa faiblesse et sa misère.

Le film réalisé par Jean-Pierre Melville en 1969 a donné, à ces combattants de l'ombre, les visages de Lino Ventura, de Paul Meurisse et de Simone Signoret, popularisant ainsi la légende glorieuse et sombre de la Résistance française.

● « Presses Pocket », 1986.

K. HADDAD-WOTLING

ARMES MIRACULEUSES (les). Recueil poétique d'Aimé **Césaire** (né en 1913), publié à Paris chez Gallimard en 1946.

Bon nombre de poèmes des *Armes miraculeuses*, pour la plupart écrits en vers libres, avec quelques poèmes en prose ("Phrase", "le Cristal automatique", "la Forêt vierge") et un poème mixte ("les Armes miraculeuses"), avaient été publiés à Fort-de-France dans la revue *Tropiques*, fondée par Aimé Césaire, René Ménil et Aristide Maugée, entre 1941 et 1945 : "Avis de tir" (n°8/9, octobre 1943), "les Pur-sang" (n°1, avril 1941), "N'ayez point pitié" (n°3, octobre 1941), "Poème pour l'aube" (n°4, janvier 1942), "Au-delà" (n°3, octobre 1941), "Tam-tam de nuit" (n°6/7, février 1943), "le Grand Midi" (n°2, juillet 1941). Dans l'ensemble, les textes ne varient guère, Césaire se contentant de revoir la disposition typographique, la ponctuation et, parfois, de supprimer quelques passages. On sait que Breton rencontra Césaire après avoir découvert, fortuitement, un numéro de *Tropiques* qui l'avait enthousiasmé. Bien que la revue, après la visite de Breton à la Martinique en 1941, se réfère au surréalisme, il serait abusif de considérer *les Armes miraculeuses* comme un recueil proprement surréaliste – même si Césaire avoue son admiration pour Breton : pour l'essentiel, comme l'atteste le *Cahier d'un retour au pays natal*, la poétique de Césaire était déjà formée lorsque celui-ci rencontra Breton. Les *Armes* témoignent d'une convergence saisissante entre les deux poètes, plutôt que d'une quelconque influence. Ainsi que l'explique Césaire, l'affinité tient aux « ancêtres » communs : Mallarmé, Rimbaud et, surtout, Lautréamont.

La fascination exercée par Mallarmé, dont l'hégélianisme influence profondément le philosophe René Ménil, davantage encore que Césaire, se traduit par le goût pour le mot « rare », précieux, qui vaut à Césaire l'accusation d'hermétisme. Le mot savant pour le lecteur métropolitain renvoie en fait à la réalité antillaise ou africaine, à sa botanique, sa zoologie, sa géologie ; il est parfois emprunté au créole (mais rarement puisque Césaire remet en question la légitimité du créole comme langue d'écriture), comme dans la poésie de cet autre Antillais – « béké » quant à lui –, Saint-John Perse. Aucun effet d'exotisme, pourtant : la poésie, de même que les articles d'histoire naturelle, de géographie, d'histoire publiés dans *Tropiques*, vise à une connaissance de la réalité antillaise censurée par la colonisation. Depuis 1850, selon Césaire, la poésie n'est plus « divertissement », mais « connaissance ».

Mais l'ascendant exercé par Rimbaud et Lautréamont est encore plus patent ; *les Armes miraculeuses* sont en effet hantées par une violence irrépressible. Dans l'hommage rendu à Lautréamont dans le n°6/7 de *Tropiques*, en février 1943, Césaire célèbre le « prince fulgurant des césariennes ». Le recueil, « surréaliste » certes en cela qu'il joue essentiellement sur l'image « convulsive », inconsciente, est sous-tendu par une violence primordiale qui, comme chez Lautréamont, disloque les corps :

> chair riche aux dents copeaux de chair sûre
> volez en éclats de jour en éclats de nuit en baisers de vent
> en étraves de lumières en poupes de silence
>
> ("la Femme et le Couteau")

et fait couler le sang à flots. Le poème d'ouverture porte le titre emblématique "Avis de tir" (« la ballerine invisible exécutera des tirs au cœur/à boulets rouges d'enfer... ») et le recueil tout entier est traversé par des fantasmes d'agression, de viol et de meurtre, comme dans le poème éponyme "les Armes miraculeuses" :

> Le grand coup de machette du plaisir rouge en plein front il y avait du sang et cet arbre qui s'appelle flamboyant et qui ne mérite jamais mieux ce nom-là que les veilles de cyclone et de villes mises à sac [...]

Cette violence qui fait naître, assurément, un vif plaisir comme chez Lautréamont, n'est pourtant pas gratuite, liée qu'elle est à l'« espoir » (« là où l'arc-en-ciel est chargé d'unir demain à l'espoir... »), à la « fraternité » et à la « liberté », dont le nom est prononcé à plusieurs reprises. « Ici poésie égale insurrection », ainsi que l'observe Césaire à propos de la poésie moderne – de Rimbaud en particulier. Par cette révolte contre l'« acquiescement », les *Armes* prolongent le *Cahier*, qui appelait déjà à vaincre la léthargie, la « torpeur ». De là, le désir de balayer le confort des sensations tièdes et douces – de la poésie symboliste, peut-être – pour se laisser envahir par la « barbarie » rimbaldienne, signifiée précisément par la violence primitive de la « forêt vierge ».

Les *Armes* renouent ainsi avec le « sacré/tourbillonnant ruissellement primordial/au recommencement de tout » d'une relation au monde immédiate et instinctive. Nul doute que Césaire, qui a lu passionnément la *Naissance de la tragédie*, assigne à la violence poétique le caractère sacré du « fonds » dionysiaque. Un des plus beaux poèmes de recueil s'intitule "le Grand Midi", comme le célèbre chant du *Zarathoustra*, dont il retrouve souvent la portée de « prophétie », selon le titre d'un autre poème. L'emploi fréquent du futur (« nous frapperons l'air neuf de nos têtes cuirassées/nous frapperons le soleil de nos paumes grandes ouvertes/nous frapperons le sol du pied nu de nos voix ») et, comme dans le *Cahier*, les répétitions qui scandent vers et prose recréent l'espace du sacré. Dans la conférence sur « Poésie et Connaissance » parue dans *Tropiques* en janvier 1945, Césaire proclame la « revanche de Dionysos sur Apollon ». Certes, les *Armes* multiplient les images solaires (« les cent pur-sang hennissant du soleil »), mais loin d'être apolliniennes, celles-ci, comme chez Nietzsche, semblent alliées aux forces chthoniennes représentées par le serpent : « Soleil serpent œil fascinant mon œil. » La violence, par conséquent, prend la valeur d'un rite de sacrifice lustral, comme l'attestent l'obsession de la pureté originelle « d'avant Adam » et le rêve de l'enfance perdue. Pour échapper à la culpabilité, la poésie se ressource dans les forces « primitives » des « tam-tam de la nuit ». L'Afrique, telle qu'elle est rêvée, est synonyme du sacré oublié.

La violence rituelle est donc destinée à retrouver une harmonie perdue avec le « cosmos » par-delà le « principe d'individuation ». Les *Armes* expriment ainsi la nostalgie fusionnelle d'une dissolution du moi dans les éléments :

> À mesure que se mourait toute chose,
> Je me suis, je me suis élargi – comme le monde –
> et ma conscience plus large que la mer !
> Dernier soleil.
> J'éclate. Je suis le feu, je suis la mer.
> Le monde se défait. Mais je suis le monde.

Dans « Poésie et Connaissance », Césaire demande l'« épanouissement de l'homme à la mesure du monde –

dilatation vertigineuse » par laquelle la poésie devient « véritablement cosmique », résolvant l'« antinomie du moi et du monde ». Les nombreuses images érotiques chantent leur union retrouvée dans la plus pure tradition du romantisme allemand – à laquelle la *Naissance de la tragédie* appartient encore – de Novalis, sous le signe de qui René Ménil place sa réflexion. L'amour et la mort se confondent alors, selon un *topos* ici ravivé :

> Nous mourons
> avec des regards croissant en amours extatiques dans des salles vermoulues.

● « Poésie/Gallimard », 1970. ➤ *Œuvres complètes*, Désormeaux, II.

D. COMBE

ARRACHE-CŒUR (l'). Roman de Boris **Vian** (1920-1959), publié à Paris aux Éditions Vrille en 1953.

Le titre du dernier roman de Boris Vian renvoie à l'un de ses premiers, l'**Écume des jours*, dans lequel Alise usait d'une arme étrange, « l'arrache-cœur », pour se venger de Jean-Sol Partre et des libraires qui vendaient ses œuvres au crédule Chick. Ici, l'intitulé n'évoque plus un objet, mais un comportement : celui d'un village où chacun, à sa manière, s'est vidé de tout sentiment d'amour du prochain.

Première partie. Ce 28 août, Jacquemort, psychanalyste de son état, aide Clémentine à accoucher de « trois jumeaux », les « trumeaux » Joël, Noël et Citroën... À Angel, le père, en butte à l'hostilité de l'accouchée, Jacquemort confie son projet de « psychanalyse intégrale » : se nourrir des passions et des désirs d'autrui. Au village, les paysans organisent de sordides « foires aux vieux » et maltraitent les jeunes apprentis. L'idée de honte les insupporte et ils s'en délivrent en rémunérant avec de l'or qui a perdu toute valeur d'échange, La Gloire voué à récupérer avec ses dents « les choses mortes » qu'ils jettent dans un étrange « ruisseau rouge ». Le curé fustige le matérialisme paysan et organise des messes à grand spectacle : la religion doit être « un luxe ». Quant à Jacquemort, il doit se contenter de lutiner la bonne, Culblanc, à défaut de pouvoir l'analyser.

Deuxième partie. Clémentine comprend que ses enfants deviennent autonomes. Jacquemort, toujours en quête de clients, entre dans la peau d'un « chat noir ». Le « 27 juinet », il surprend le brutal maréchal-ferrant en train de copuler avec un androïde, réplique exacte de Clémentine, à l'heure même où celle-ci connaît l'extase solitaire chez elle. Angel prend la mer sur un bateau à pattes de son invention. Et Clémentine décide de se dévouer corps et âme à ses « trumeaux ».

Troisième partie. Quelques années plus tard, les enfants s'amusent dans le jardin : ils avalent des chenilles bleues qui leur permettent de s'envoler. Au village, le curé organise des matches de boxe pour prouver l'existence de Dieu : il se bat contre son sacristain diabolisé pour la cause et le vainc par tromperie. Clémentine, de plus en plus angoissée, imagine les dangers qui guettent Citroën et ses frères, jusqu'aux plus invraisemblables. Elle fait abattre les arbres du jardin, puis finit par enfermer les « trumeaux » dans des cages douillettes pour qu'ils ne puissent plus s'envoler. Jacquemort a enfin trouvé un client à psychanalyser : La Gloire dont il prend bientôt la succession.

Curieux village qui tient lieu d'utopie négative (enfants maltraités, vieillards humiliés et vendus, violence primaire incontrôlée, etc.) et à l'orée duquel s'étend le jardin de Clémentine, petit paradis où les « trumeaux » s'adonnent à la découverte de la nature et vivent des expériences « fantastiques » ; jusqu'au moment où leur mère croit déceler dans ce hâvre de paix les pires menaces pour ses enfants, imaginant, par exemple, « [qu'ils] creusent un peu trop profondément dans le jardin, que le pétrole jaillisse et les noie tous ». Comportement de mère abusive qui, pour préserver la vie de sa progéniture, en va jusqu'à les priver de liberté. Démonstration qui, selon une pratique chère à Vian, pousse une logique jusqu'à l'absurde.

Un absurde qui se teinte aussi bien des couleurs de la fantaisie – la néologie botanique, le merveilleux enfantin, etc. – que de l'horreur – la « foire aux vieux » – et qui permet à l'auteur, comme dans la tradition du conte philosophique, de délivrer un message sans en avoir l'air. À ce jeu-là, Vian excelle : un coup pour l'Église, ridiculisée en la personne d'un curé bonimenteur, boxeur et tricheur, et qui n'a aucune valeur à incarner ; un autre pour la psychanalyse, moderne religion, réduite à la figure d'un voyeur lubrique, « capacité vide » en quête de quoi se remplir ; un troisième pour l'amour abusif qui n'est qu'un masque à l'égoïsme et au désert affectif. À la fin de ce chamboule-tout, que reste-t-il ? Une vision qui serait désespérante si l'écriture de Vian ne suscitait sans cesse rire et sourire.

Du calendrier en folie – « 39 juinaoût », « 73 févruin », « 347 juillembre », etc. – au décor que poétisent les fleurs et les oiseaux aux noms-valises – « brouillouse », « bécabunga », « maliette », etc. –, tout est fait, comme dans les contes merveilleux, pour gommer la réalité : rien de surprenant que l'on croise dans le roman un chat noir comme échappé de chez Lewis Carroll. Il n'en reste pas moins que, dans cet univers imaginaire comme dans le nôtre, dès lors que les valeurs manquent et laissent la place au vide, l'état de nature reprend le dessus – et il n'a rien de la vision paradisiaque qu'en donne un Rousseau !

● « Le Livre de Poche », 1992 (p.p. G. Pestureau). ➤ *Romans, Nouvelles, Œuvres diverses*, « Pochothèque ».

D. COUTY

ARRÊT DE MORT (l'). Récit de Maurice **Blanchot** (né en 1907), publié à Paris chez Gallimard en 1948.

Attaché, à l'instar d'un Mallarmé, à la « disparition élocutoire » de l'auteur, Blanchot n'aura jamais failli à cette mission première : fasciné par le jeu mortel que le langage entame avec le monde (voir « l'Œuvre et l'Espace de la mort », dans *l'Espace littéraire*, 1955), l'approche de l'obscurité, ambition essentielle de toute littérature, se doit chez lui de faire l'expérience de la solitude et de la mort. *L'Arrêt de mort* répond directement à cette exigence, illustrée ici par un narrateur pris pour la mort elle-même par une jeune femme à l'agonie : « "Maintenant, lui dit-elle, voyez donc la mort ", et elle me montra du doigt. »

À Paris, en 1938, le narrateur est témoin de la maladie d'une jeune fille, J., dont les symptômes s'aggravent de jour en jour. Malgré le recours à un traitement inventé par un physicien de Lyon, le mal s'amplifie. Le narrateur fait demander par Louise, sœur de J., l'autorisation de faire embaumer la mourante. Le narrateur, qui loge à l'hôtel de la rue d'O., rencontre une jeune femme prénommée Nathalie qui un soir fait intrusion dans sa chambre : il lui écrira et lui donnera un rendez-vous. Celle-ci se demande si le narrateur a connu d'autres femmes. Un soir qu'il se rend au théâtre, le narrateur croise Nathalie en compagnie d'un autre homme. Le narrateur est effondré, mais lui offre de l'épouser ; elle se propose de faire un moulage de sa tête et de ses mains.

Chaque personnage doté d'une certaine « épaisseur » est dans *l'Arrêt de mort* identifié par une simple initiale (J., N.) tandis que les « figurants » portent un prénom (Dangerue, l'infirmier, ou Louise, sœur de J. et réplique exacte de la sœur de Henri Sorge dans *le Très-Haut*). Ce procédé fréquent chez Blanchot élève la mort de J. à la dimension d'un malheur universel. C'est dire si l'on trouve dans cet *Arrêt de mort* l'intensité dramatique propre à chaque récit de Blanchot : obsession de la mort, articulée autour de deux épisodes, l'agonie d'une jeune femme qui, alors que tous la croyaient morte, semble « revenir », l'espace de quelques instants, telle une héroïne de Poe ; mais aussi le legs, par Nathalie, d'un moulage de son propre corps ainsi promis à l'éternité. Mise en doute, aussi, d'un langage dont les mots portent toujours leur propre négation et rendent vaine toute prétention à l'« expression » : le malheur frappe toute parole (« Avoir perdu le silence, le regret que j'en éprouve est sans mesure. Je ne puis dire quel malheur envahit l'homme qui une fois a pris la parole ») qui ne vit que de sa propre mort, le récit n'étant que le signe imparfait de ce qui est « à dire » et qui demeure masqué par ce qui « est dit ». Quête anxieuse et mouvante, enfin, d'une pensée oscillant

entre peur et réconfort (« Ce malheur, je le prends sur moi et je m'en réjouis sans mesure et, à elle, je dis éternellement : "Viens", et éternellement, elle est là »), mais toujours projetée « hors de l'ordre des choses », « errant à la recherche de rien ». Enveloppé de froideur, ce récit onirique et parfois surréaliste, livre, contre toute attente, maints indices d'une temporalité réaliste. De même, les événements sont toujours localisés avec précision et l'auteur donne bon nombre de détails sur l'identité et la vie quotidienne des personnages. Cela, cependant, n'est pas assez pour ôter à ce récit âpre sa dimension « apocalyptique » (le bombardement de Paris précède de peu telle vision d'horreur : « Ses paupières s'ouvrirent sur quelque chose de terrible dont je ne parlerai pas, sur le regard le plus terrible qu'un être vivant puisse recevoir »). Pas assez, non plus, pour désamorcer le climat de terreur d'un récit en forme de conte fantastique et métaphysique à la fois : « Qui fait que maintenant, chaque fois que ma tombe s'ouvre, j'y réveille une pensée assez forte pour me faire revivre ? Le propre ricanement de ma mort. Mais, sachez-le, là où je vais, il n'y a ni œuvre, ni sagesse, ni désir, ni lutte ; là où j'entre, personne n'entre. C'est là le sens du dernier combat. »

● « L'Imaginaire », 1987.

P. GOURVENNEC

ARRIA MARCELLA. Contes de Théophile **Gautier** (1811-1872), publiés à Paris dans diverses revues à partir de 1831, et en volume chez Charpentier dans *Nouvelles* (1852) et *Romans et Contes* (1863).

La limpidité et la netteté des contes fantastiques de Gautier leur donnent une place à part dans l'abondante production du genre au XIXᵉ siècle. L'influence de Hoffmann, dont Gautier était un fervent lecteur, se manifeste dans la légèreté, dans le passage aérien du rêve à la réalité dans l'aisance à animer les objets, que l'on constate dès le premier en date de ces textes : « la Cafetière » (publié dans *le Cabinet de lecture* en 1831), où l'objet utilitaire se transforme en une ravissante jeune fille, ivre de danse à en mourir.

C'est au sein d'un cadre réaliste, on le sait, que surgit, par petites touches, le fantastique. Passionné de théâtre, Gautier soigne particulièrement les décors : en témoignent le début d'« Omphale » (publié dans le *Journal des gens du monde* en 1834), annonçant le premier chapitre du *Capitaine Fracasse*, qui évoque une ruine chargée d'un passé fascinant. Dans beaucoup de ces contes, l'univers défunt devient le centre d'une reconstitution poétique. Concession au siècle, le milieu décrit peut être également celui qu'affectionnaient les Jeunes-France et les artistes côtoyés pendant la jeunesse bohème de l'auteur, ce bric-à-brac hétéroclite du début du « Pied de momie » par exemple (publié dans le *Musée des familles* en 1840).

Le Pied de momie. Dans le capharnaüm d'un marchand de curiosités, le narrateur achète en guise de presse-papier un ravissant pied de momie, qui va s'animer pendant son sommeil, précédant l'apparition de la charmante princesse égyptienne Hermonthis. Le narrateur rend « son » pied à la jeune fille qui l'invite chez son père et lui fait traverser des galeries de granit rose, pour le présenter au pharaon Xixouthros. Ce dernier refuse la main de sa fille à cet homme trop jeune pour elle. Au réveil, le jeune homme ne voit plus le pied de momie mais l'amulette qu'Hermonthis lui avait donnée pour le remercier.

Le goût du pittoresque, souvent présent, rejoint la volonté de ressusciter les mondes disparus, comme on le voit dans l'évocation des alentours de Naples qui constituent bien plus qu'un décor dans l'une des nouvelles les plus denses de Gautier, « Arria Marcella » (publié dans la *Revue de Paris* en 1852, et en volume dans *Un trio de romans* chez Lecou en 1852).

Arria Marcella. En compagnie de deux joyeux amis, Octavien visite le musée des Studii à Naples, et tombe en extase devant l'empreinte d'un sein parfait, avant de se rendre à Pompéi où il éprouve la même émotion dans la maison d'Arrius Diomèdes d'où provient le morceau de lave. Il se rend la nuit dans les ruines miraculeusement relevées, parle avec des Pompéiens, assiste à une comédie où il aperçoit la merveilleuse Arria Marcella, qui le fait venir chez elle, l'invite au festin et commence à l'enlacer. Mais le père, converti au christianisme, surgit brutalement et ordonne à la jeune femme de renoncer à cet amour impie, puis, devant le refus de sa fille, la transforme au moyen d'un sortilège en un amas d'ossements et de cendres. Le jeune homme, retrouvé évanoui le matin par ses amis, s'enferme dans une indéfectible morosité et épouse une jeune Anglaise qui sent intuitivement en lui un autre amour, indestructible.

L'héroïne d'« Arria Marcella » n'apparaît qu'après le retour à la vie de toute une société dont elle est le centre ardent. Avec sa coquetterie, sa richesse, ses parures, sa beauté, son goût du luxe, son raffinement, la femme incarne une civilisation innocente et perverse, où l'amour et la sensualité se conjuguent sans culpabilité, où l'art et le plaisir se mêlent comme au théâtre. Mais le christianisme, avec sa morale implacable, va bientôt foudroyer le bonheur païen évoqué avec nostalgie.

Naples sert aussi de cadre à un exotisme plus contemporain, s'attachant davantage à la mentalité qu'à l'archéologie, dans « Jettatura » (publié dans le *Moniteur universel* en 1856, et en volume chez Michel Lévy en 1857).

Jettatura. Paul d'Aspremont, beau jeune homme au regard étrange, arrive à Naples pour retrouver miss Alicia Ward, installée en compagnie de son oncle dans une villa isolée. Venue se soigner sous ce chaud climat, Alicia perd cependant étrangement ses couleurs sous le regard du jeune homme, qui, mille indices l'attestent, semble porter malheur. Le comte Altavilla, jeune napolitain de Paul, demande la main de la jeune fille qu'il croit gravement menacée par le *fascino*, ou mauvais œil. Paul, conscient de l'effroi qu'il suscite, se renseigne sur la *jettatura* (autre nom du *fascino*), et en vient à se croire maudit. Alicia l'incite à venir la voir mais elle défaille encore sous son regard ; elle est décidée à l'épouser mais tombe gravement malade. Le comte Altavilla provoque Paul en duel (au poignard, les yeux bandés) mais est tué. Convaincu de son funeste pouvoir, et pour ne plus nuire à celle qu'il aime, Paul s'aveugle avec un poignard brûlant. Peine perdue, Alicia est déjà morte. Du haut d'un rocher, le jeune homme se jette alors dans les flots.

Dans « Jettatura », le fourmillement d'une vie populaire enserre le drame qui va détruire les trois personnages principaux ; c'est au nom de cette vie tumultueuse et violente que Paul, héros mortifère, est condamné et rejeté par tous, hommes du peuple, servantes ou aristocrates. Régi par cette opposition de la mort et de la vie, le conte s'inscrit dans une esthétique du contraste issue directement de Hugo. Le fantastique procède ici d'une lutte entre deux principes ainsi que d'une incertitude savamment entretenue sur la réalité des faits : Paul peut n'être que la victime d'une suggestion collective ; les paillettes jaunes de ses yeux peuvent n'être qu'une particularité anodine ; mais il peut posséder vraiment aussi le « mauvais œil ». Cependant, l'essentiel ne réside peut-être pas là : le fantastique s'enrichit toujours chez Gautier d'autres préoccupations que purement formelles et semble même parfois nettement transcendé par une pensée philosophique. Ainsi, l'intérêt pour Pompéi comme pour une superstition (le *fascino*) renvoie à l'hypothèse d'un au-delà où la vie serait conservée. Il témoigne encore de cette curiosité qui incite l'auteur à tant voyager. Les contes fantastiques sont en ce sens à la fois des interrogations métaphysiques et des récits de voyage dans le temps et dans l'espace.

Le propos multiple des contes explique en partie leur écriture si variée. Un récit comme « le Chevalier double » (le *Musée des familles*, 1840), évoquant un jeune chevalier germanique, né sous une double influence et contraint de tuer en duel son double maléfique pour obtenir la femme aimée, se déploie comme un long poème symbolique. Et l'on trouve rarement une pure narration dans les textes en prose, très souvent brisés par l'intervention narquoise du narrateur. L'humour de Gautier est presque une constante dans son œuvre en prose. C'est pourquoi un récit à la pre-

mière personne, tout imprégné de passion douloureuse, « la Morte amoureuse » (publié dans *la Chronique de Paris* en 1836, et en volume dans *Une larme du diable* chez Desessart en 1839), se présente comme une exception.

La Morte amoureuse. Le jour de son ordination, un jeune prêtre est troublé par une femme merveilleusement belle qui semble vouloir l'attirer ; il apprend, au moment où il doit quitter la ville, qu'elle est la riche courtisane Clarimonde ; son baiser la ressuscite un court instant : elle lui promet de le revoir. En effet, toutes les nuits, le jeune prêtre est transporté auprès de la jeune femme et mène une vie de grand seigneur ; mais Clarimonde s'alite et ne doit de retrouver la vie qu'à quelques gouttes de sang prélevé de plus en plus fréquemment sur la gorge de son amant faussement endormi. Pour sauver le jeune homme dont il devine la double existence, un prêtre violent et austère, Sérapion, l'emmène dans un cimetière, déterre Clarimonde toujours aussi belle, l'asperge d'eau bénite : il ne reste de la morte amoureuse qu'un terrifiant mais inoffensif cadavre.

Lorsque Clarimonde regarde le jeune homme pour la première fois, « ses yeux [sont] un poème dont chaque regard form[e] un chant ». L'amour semble se situer ici au-delà de la morale ou de la mort, et l'on assiste à une confusion, sinon une inversion des valeurs, dans la mesure où Clarimonde semble purifiée par ses sentiments malgré son désir sacrilège (« Je t'aime et je veux te prendre à ton Dieu ») alors que Sérapion, le prêtre salvateur, paraît agir comme un profanateur démoniaque. L'ambiguïté est constante : la jeune femme apparaît d'abord au jeune prêtre comme une « révélation angélique », puis tout se mêle : « Cette femme était un ange ou un démon, ou peut-être tous les deux. » Avec son aiguille dorée, son hésitation à prélever les quelques gouttes de sang nécessaires, le vampire ne manque pas de délicatesse ; du reste, le jeune homme n'est-il pas prêt à lui donner tout son sang ? On retrouve alors des accents d'amour inspiré, presque lyrique, comme chez Musset parfois (voir *André del Sarto*) ou Hugo. Dans « Jettatura », le héros qui rappelle d'ailleurs le ténébreux Hernani, se croit maudit comme lui, et, comme lui encore, entraîne dans la mort la femme qu'il aime et dont il est aimé.

Le récit, qui mêle pauses et incidents dramatiques, est maintes fois troué par des remarques amusées ; ainsi le narrateur vieilli se penche en souriant sur sa jeunesse comme dans « Omphale » où le ton est celui d'un léger libertinage dans la veine de la littérature érotique du XVIIIe siècle. L'humour de Gautier joue souvent sur la distance temporelle, sur l'anachronisme, comme lorsque le pharaon du « Pied de momie » secoue la main du prétendant « à l'anglaise » alors que, pour lui rendre visite, le jeune homme a revêtu « une robe de chambre à grands ramages » lui procurant « un air très pharaonesque ». Plus subtilement, le décalage peut jouer sur l'attitude ; ainsi Hermonthis salue « gracieusement les momies de sa connaissance » aussi aisément que dans un rêve. Il s'agit peut-être précisément d'un rêve où les écarts entre siècles se fondent en une grisante unité. Si la distance entre deux univers persiste, elle s'est aussi dépouillée, comme dans le rêve, de sa valeur d'obstacle. Le plaisir de la lecture – et de l'écriture – réside en grande partie dans ce jeu de correspondances constant entre passé et présent, entre surnaturel et réalité. Ce qui n'empêche pas la légèreté et la fantaisie. Dans l'Égypte imaginaire, le pittoresque du nom n'est pas dédaigné (le pharaon s'appelle Xixouthros), pas plus que le jeu de mots (demander « la main pour le pied me paraissait une récompense antithétique d'assez bon goût »). L'humour de Gautier répond, comme le voyage, à un principe de déplacement propre au fantastique ; c'est peut-être pourquoi celui-ci peut si bien s'accommoder de cet esprit vif, désinvolte, qui aurait pu le dissiper.

Le rapport au langage, dans la trame du récit, est significatif à cet égard : « Heureusement que cette nuit-là je savais le copte en perfection », dit le narrateur du « Pied de momie » ; et Octavien, le héros d'« Arria Marcella », peut converser à Pompéi grâce à ses souvenirs de bon latiniste, tout en gardant un accent parisien qui fait sourire les Pompéiens. Voyager dans le temps suppose donc une bonne connaissance des langues étrangères, et l'on retrouve ce rêve de polyglotte propre à Gautier.

On voit que l'humour réside essentiellement dans l'intelligence mobile d'un narrateur toujours maître de son récit, qui joue avec les ruptures de temps et d'espace. Le lecteur devient un complice heureux grâce à la légèreté du ton, celle-là même qui imprègne tout particulièrement la nouvelle « Avatar » (publié dans le Moniteur universel en 1856, et en volume chez Michel Lévy en 1857).

Avatar. Octave de Saville, gravement affaibli, reçoit le mystérieux docteur Cherbonneau qui lui déclare que son âme se détache peu à peu de son corps ; le jeune homme avoue qu'il meurt d'amour pour la comtesse Prascovie Labinska, une Lituanienne malheureusement amoureuse de son mari, rencontrée deux ans auparavant à Florence et qui se trouve alors à Paris. Cherbonneau propose un remède effrayant, invite le comte Olaf Labinski, le foudroie grâce à son magnétisme et intervertit les âmes des deux jeunes hommes. Voici pour l'« avatar », réincarnation ou métamorphose. Sous l'enveloppe corporelle d'Octave, le comte croit devenir fou, mais le regard du triomphateur, Octave devenu Labinski, trouble Prascovie qui se refuse à ce mari au regard étranger. Le comte provoque Octave en duel mais celui-ci le défait. Conscient de l'inutilité de son stratagème, Octave décide cependant de revenir à la situation antérieure. Cherbonneau recommence la transmutation mais comme l'âme d'Octave ne semble pas vouloir réintégrer son enveloppe première, il se transporte lui-même dans le corps du jeune homme.

Le narrateur, à l'instar de ce fabuleux médecin, Balthazar Cherbonneau, joue avec la morale comme dans *Mademoiselle de Maupin* : la tromperie envers Olaf Labinski entraîne une jubilation non dénuée de cruauté. Le comique, constant, tient souvent aux situations : le comte se fait battre, d'abord par ses valets, ensuite par son propre corps, Octave ne sait pas répondre en polonais à sa femme ni pénétrer dans la chambre conjugale. Le maître du jeu, en bon manipulateur, s'offre pour finir une belle écorce physique toute neuve. Après tout, Octave se mourait d'amour et son âme voulait s'envoler ! La drôlerie parcourt tout le texte et la référence, d'ailleurs explicite, à Hoffmann et à Heine se justifie plus que jamais.

Les contes ne sauraient être lus cependant à travers le seul prisme de l'humour et « Arria Marcella », « Avatar » ou « Jettatura » le soulignent bien, qui mettent l'accent sur une certaine conception de l'amour et de la vie ; ces « croyances philosophiques d'Octavien, croyances que nous ne sommes pas loin de partager », dit le narrateur d'« Arria Marcella », peuvent se dire ainsi : « Rien ne meurt, tout existe toujours » (*id.*) ; la résurrection de la jeune Pompéienne ne doit donc pas tout au seul registre littéraire du fantastique. Arria Marcella peut véritablement dire à son amant : « Ton désir m'a rendu la vie » et les principaux contes illustrent cette idée que « l'amour est plus fort que la mort », comme l'énonce Clarimonde dans « la Morte amoureuse », thème que reprendra Villiers de L'Isle-Adam dans « Véra » (voir *Contes cruels*) ; dans « Jettatura », Paul se rend compte qu'à « un certain point de vue le rêve existe autant que la réalité ».

Ce rêve est celui d'un passé resurgi ; comme son ami Nerval, l'auteur jette un pont entre le songe et le réel (voir *Aurélia*) ; l'univers rêvé se construit le plus souvent autour d'une femme dont elle est la quintessence. C'est pourquoi elle incarne pleinement un « type » : Hermonthis possède « une beauté parfaite » « rappelant le type égyptien le plus pur ». Cette perfection surhumaine de la femme aimée ne peut souvent se dire que par le biais de l'art plastique : Prascovie Labinska évoque « les belles productions de l'école vénitienne, quoique ses traits fussent aussi purs et aussi délicats que ceux des profils antiques découpés dans l'agate des camées », et Arria Marcella ressemble à « la femme couchée de Phidias sur le fronton du Parthénon ». L'intercesseur entre l'ici du personnage et l'ailleurs mythique de l'aimée est le désir, violent, pur, éperdu, désir d'une femme qui est, il ne faut pas l'oublier, tout un « monde », désir enfin miraculeusement tout-puissant.

À travers les contes se profile donc la figure d'un homme qui devant la parcelle d'un corps (le pied, l'empreinte d'un sein), devant sa reproduction (une tapisserie), parvient à recomposer l'intégralité physique d'une femme. Ce démiurge est capable de faire revivre une morte par l'intensité de sa pensée : sa méditation fascinée est si profonde qu'elle parvient à nier la séparation suprême de la mort. Ou plutôt, cette rêverie grave parvient à capter une âme flottante qui ne demandait qu'à être aimée pour se réincarner. Surgit alors une rencontre dont le caractère éphémère est toujours souligné au sein même du bonheur : la peau de la femme possède ainsi souvent, indice inquiétant, une étrange froideur, comme « les beaux bras de statue » d'Arria Marcella, « froids, durs et rigides comme le marbre ». L'« amour-passion » (c'est ainsi que le définit Balthazar Cherbonneau, le médecin d'« Avatar ») est encore fusionnel, voué à la destruction parce qu'il est posé comme impossible : « Je comprenais, dit Octavien, que je n'aimerais jamais que hors du temps et de l'espace. » Le destin prend alors l'apparence d'un père interdicteur (le pharaon) ou vengeur (Diomèdes converti, le prêtre Sérapion), qui renvoie le personnage dans son univers originel et semble le châtier de sa monstrueuse transgression. La délivrance, passage définitif entre un quotidien médiocre et un ailleurs édénique, n'a pas lieu et le héros déchu reste à jamais marqué d'une nostalgie incurable. *Spirite,* plus tard, refusera la rupture du rêve. Mais ce sera la mort du fantastique.

● *La Morte amoureuse [...]*, « Folio », 1981 (p.p. J. Gaudon) ; *Récits fantastiques*, « GF », 1981 (p.p. M. Eigeldinger) ; *Contes fantastiques*, José Corti, 1987 ; *Contes et Récits fantastiques*, « Le Livre de Poche », 1988 (p.p. A. Ubersfeld). ➤ *Œuvres complètes*, Slatkine, IV ; *l'Œuvre fantastique*, « Classiques Garnier », I et II.

F. COURT-PEREZ

ARSACE ET ISMÉNIE. Roman de Charles-Louis de Secondat, baron de **Montesquieu** (1689-1755), publié à Londres et à Paris chez de Bure en 1783.

Si l'*Histoire véritable* est vouée à l'esprit de raillerie, *Arsace et Isménie*, composé en 1742, prolonge une autre veine, moins célèbre, des *Lettres persanes* : la veine sentimentale et romanesque bercée par l'Orient (Lettre LXVII, « Histoire d'Aphéridon et d'Astarté » ; Lettre CXLI, « Histoire d'Ibrahim et d'Anaïs »), tandis que l'utopie politique, si forte à la fin d'*Arsace et Isménie*, évoque évidemment l'« Histoire des Troglodytes » (Lettres XI à XIV). Au milieu du dur labeur qu'est la rédaction de *De l'esprit des lois*, Montesquieu a voulu s'offrir le mirage d'un amour sublime et d'un prince parfait dans les vastes espaces du despotisme.

Le royaume de Bactriane est sauvé d'une invasion par les exploits d'un inconnu. Celui-ci, Arsace, interrogé par le vizir Aspar, raconte sa vie, dont « l'amour a fait tout le bonheur et tout le malheur ».

Amoureux d'Ardasire (de son vrai nom Isménie, princesse de Bactriane), il s'est enfui avec elle de Médie, le roi voulant lui faire épouser sa fille. Réfugiés en Margiane, où une main inconnue (Aspar) les comble de richesses, les deux amants descendent « avec plaisir à l'égalité de la nature », car « le vrai bonheur se partage toujours ». Mû par la gloire, Arsace va à la cour du roi, écrase une invasion des Barbares, et regrette Isménie, alors qu'on le croit amoureux d'une autre. Isménie le fait enlever, et leur félicité reprend. Mais le tyran exige Isménie ; Arsace se fait passer pour elle et le tue. Se croyant abandonnée, Isménie s'empoisonne. Mais elle n'est pas morte ; c'est même elle qui, substituée par Aspar à sa sœur jumelle, règne maintenant en Bactriane, dont Arsace devient le roi aussi amoureux que vertueux. Car l'idylle sentimentale culmine en utopie politique non moins parfaite. Mais une version inédite (voir l'édition Nagel) rajoute une fin tragique : victimes de rebondissements romanesques, les deux amants se suicident par désespoir d'amour.

Arsace et Isménie le prouve définitivement après l'*Histoire véritable* : Montesquieu n'est pas vraiment un romancier. Ou plutôt, il est l'homme d'un seul roman, où il a rassemblé tous les fils qu'il dévide ensuite un à un : mais ils ne tirent leur éclat que de leur tressage. Reste que cette fiction révèle, comme les deux « Histoires » insérées dans les *Lettres persanes*, la permanence, chez le savant jurisconsulte, d'une âme rêveuse, tendre et romanesque, et la nostalgie du roman. L'Orient n'est donc pas seulement l'immense enfer de la liberté, éternellement brûlée par un implacable soleil. C'est aussi, comme pour Voltaire, la terre des rêves et des enchantements : dans le sillage des *Mille et Une Nuits*, des tragédies, des opéras, des pastorales, du Tasse et de l'Arioste, et des grands romans romanesques du XVIIe siècle, dont Rousseau nous confirme, dans ses *Confessions*, l'intense séduction sur les hommes des Lumières.

C'est pourquoi la tyrannie, fatalité asiatique, sert ici seulement de repoussoir aux libres élans du cœur et à la sage modération du ministre Aspar, « qui avait pour maxime de ne jamais faire lui-même ce que les autres pouvaient faire ». Là-bas, en Bactriane, règne un roi selon le cœur de Montesquieu : « Arsace […] tremblait toujours au mot de la réformation des abus, parce qu'il avait souvent remarqué que chacun appelait loi ce qui était conforme à ses vues, et appelait abus tout ce qui choquait ses intérêts. Que de corrections en corrections d'abus, au lieu de rectifier les choses, on parvenait à les anéantir. » Arsace a bien lu l'*Esprit des lois*.

► *Œuvres complètes*, « Pléiade », I ; *id.*, Nagel, III.

J. GOLDZINK

ARSENAL. Voir MARTEAU SANS MAÎTRE (le), suivi de MOULIN PREMIER, de R. Char.

ARSÈNE GUILLOT. Nouvelle de Prosper **Mérimée** (1803-1870), publiée à Paris dans la *Revue des Deux Mondes* le 15 mars 1844, et en volume avec *Carmen* chez Michel Lévy en 1846.

L'auteur se souvient, dans cette nouvelle, d'une de ses maîtresses, figurante dans les ballets de l'Opéra avant d'être engagée au théâtre des Variétés, Céline Cayot, dont il parle avec un certain cynisme dans sa correspondance et avec qui il se montra généreux. Il connaît bien ce milieu des figurantes de l'Opéra, dont il fait l'éloge parce qu'il est sensible à leur origine souvent misérable. Il fait référence ici à un fait divers qui l'a frappé (l'une d'elles, très jeune, se retrouvant seule à la mort de sa mère). Il est aussi très conscient de l'hypocrisie d'une société qui n'hésite pas à « arranger la galanterie avec la dévotion ». Le récit, très probablement adressé à Mme Delessert, rappelle à celle-ci les débuts de leur liaison. Alors que l'auteur songeait depuis longtemps à l'écrire mais avait hésité à la publier, la nouvelle parut au lendemain de son élection à l'Académie française et fit scandale dans les milieux mondains.

Une jeune femme dévote et charitable, Mme de Piennes, croise à l'église Saint-Roch une jeune fille au luxe misérable et apprend quelques jours plus tard qu'elle s'est jetée par la fenêtre ; elle lui envoie son médecin, puis un prêtre et lui rend visite afin de sauver son âme (I). Elle retrouve Max de Salligny de retour à Paris, ancien « joueur, querelleur, viveur », dont elle perçoit le trouble, et décide de le ramener aussi dans le droit chemin. Chez sa protégée, nommée Arsène Guillot, Mme de Piennes rencontre Max, ancien amant de la jeune fille, et tente de les convaincre de ne plus se voir ; puis elle décide qu'ils se rencontreront en sa présence. Max demande à Mme de Piennes, qui s'en émeut, d'intercéder en sa faveur afin qu'il puisse aller combattre en Grèce (II). Arsène Guillot meurt devant Max et Mme de Piennes en disant : « J'ai aimé » (III). Le narrateur certifie à son interlocutrice la véracité de son récit et lui conseille de vérifier au Père-Lachaise une inscription rajoutée sur la tombe : « Pauvre Arsène ! elle prie pour nous » (IV).

Mérimée possède un art vertigineux du faux-semblant. Dans le portrait apparemment idéal de son héroïne Mme de Piennes – mais est-elle vraiment l'héroïne ? le titre permet d'en douter –, le narrateur dissémine quelques touches qui sont autant de failles et son personnage en perd quelque éclat. C'est que le narrateur joue un double jeu : le ton avec lequel il s'adresse à la lectrice et amie reste légèrement empreint d'un moralisme qui est celui de Mme de Piennes. Mais le traitement des personnages de Max et d'Arsène montre une résistance tenace quoique implicite à cette morale qui pourrait bien n'être, au fond, qu'un conformisme.

Le narrateur mériméen incite souvent à refuser une lecture naïve du texte et à déchiffrer l'envers du récit, comme l'indique telle remarque : « Max s'assit et lut. Cette fois personne n'écouta, je pense : chacun, y compris le lecteur, suivit le fil de ses propres pensées. » Plus subtilement, il s'agira, pour le lecteur incité à l'opération de décryptage, de se demander si la vertu des personnages n'est pas une facette de leur suprême habileté dans l'art de séduire : Max laisse entendre qu'il veut aller se faire tuer en Grèce et Mme de Piennes refuse d'abord de le voir : ou comment feindre de renoncer à l'autre pour mieux exacerber son désir… On comprend qu'entre les deux fins lutteurs – qui sont bien faits pour tomber dans les bras l'un de l'autre – Arsène Guillot n'ait plus qu'à disparaître. La fille perdue agonise avec l'humilité et le stoïcisme attendus par sa protectrice ; mais peu sensible aux bienséances, elle trouve peu de réconfort dans la religion, ne témoigne pas une reconnaissance éperdue à Mme de Piennes, et conserve des élans de jalousie qui révèlent un amour peu éthéré envers Max. La purification d'une vie de vices n'aura pas lieu et Arsène Guillot, brisée à mort, se dresse pourtant comme une femme face à une marionnette rigide, la vertueuse femme du monde. On pourra voir, dans cette nouvelle qui fait tant de cas de la morale, une satire de la mondanité moralisatrice, celle de Mme de Piennes (dont on peut se demander si la charité ne participe pas d'un culte des apparences). Quel que soit le degré d'authenticité de cette compassion d'une femme du monde pour une « fille », on notera qu'elle est utilisée avec brio par une femme pure combattant l'impureté mais servant ses désirs peut-être encore inavoués. Refuser à Max de voir Arsène en dehors de sa présence est une façon pour elle de neutraliser la tendresse mutuelle des deux anciens amants tout en préservant ses relations futures avec le jeune homme.

Entre ces deux femmes, qui incarnent bien le double pôle amoureux de Mérimée, amant de Céline Cayot et de Valentine Delessert, le véritable héros est Max, et l'on ne s'étonnera pas de sa dualité. Capable d'aimer à la fois la jeune fille vénale, inculte et sentimentale, et la jeune femme mariée, raffinée et cultivée, il tolère le rigorisme bien-pensant sans lui sacrifier ni sa liberté de pensée (voire son incrédulité, caractéristique de bon nombre de héros mériméens) ni les élans de son cœur (ce qu'attestent ses retrouvailles chaleureuses avec Arsène). Sa générosité est aux antipodes de la charité de sa belle tante, dont on peut même se demander si les manières ne sont pas la marque d'une cruauté parfois pédantesque : « Elle continua imperturbablement son exhortation et la termina par une péroraison qui redoubla les sanglots de la pauvre fille, c'était : "Vous ne le verrez plus". »

Tout autant que les interventions fréquentes du narrateur, qui conservent un ton patelin et légèrement grondeur dans leur incitation à la tolérance, les égratignures multiples à la vertueuse silhouette de Mme de Piennes, drapée dans sa noblesse de bon ton, font de ce récit à la teneur nettement autobiographique une réflexion élégante mais acerbe sur le pharisaïsme d'une époque (et d'une femme aimée !) qui n'est que l'envers, teinté de perversité, d'une amoralité dominante. L'inscription tombale qui clôt la nouvelle opère un dévoilement brutal des apparences et révèle un épilogue interdit par la pure (la prude ?), mais escompté par le lecteur. Le triomphe de l'adultère aura seulement attendu son heure.

➤ *Romans et Nouvelles*, « Classiques Garnier », II ; *Nouvelles complètes*, « Folio », II ; *Théâtre, Romans et Nouvelles*, « Pléiade » ; *Nouvelles*, Imprimerie nationale, II.

F. COURT-PEREZ

ART D'AIMER (l'). Voir POÈMES, d'A. Chénier.

ART D'ÉCRIRE (l'). Voir DISCOURS SUR LE STYLE, de Buffon.

ART D'ÊTRE GRAND-PÈRE (l').

Recueil poétique de Victor **Hugo** (1802-1885), publié à Paris chez Calmann-Lévy en 1877.

Derniers vers de Victor Hugo (*les Quatre Vents de l'esprit*, publiés par la suite, furent écrits auparavant), ce recueil apparaît comme son testament poétique. Conçu avec la naissance de Georges et Jeanne, les enfants de Charles Hugo, apparition survenue dans le vide créé par la mort de l'épouse de Victor, celle de ses fils et l'internement de sa fille Adèle, cet ensemble fut trop souvent réduit à quelques poèmes un peu mièvres pour anthologies thématiques. Il redistribue pourtant les thèmes développés dans les *Châtiments* et les *Contemplations*. Composé de 18 sections comprenant de une à douze pièces où Hugo utilise une grande variété strophique, le recueil développe l'art du grand-père, soit celui d'« obéir aux petits ». Loin du sentimentalisme familial chevrotant, il s'agit de rendre évidente la complicité des âges extrêmes dans leur relation avec l'au-delà. Naissance et mort sont deux aurores et le grand-père apparaît parfois comme un vieux gamin sauvage anarchiste, dispensateur de dons, ceux de la lune ou de friandises. Hugo donne le monde à ses petits-enfants.

Le cycle du « Jardin des Plantes » (IV) raconte de nouveau la Genèse. Dans ce microcosme de la Création, où se définit l'immanence divine, le bien compose avec le mal. Cet ancien Jardin du roi, devenu Muséum national d'histoire naturelle, allégorise à sa façon l'Histoire et se peuple de misérables. Enfin, il s'y mêle l'« infiniment grand » et l'« infiniment charmant » dans l'unité de la variété libre, cet ordre véritable. Infini et néant, mixte d'idéal et de chimère, esthétique du labyrinthe : le Jardin des Plantes rassemble enfer et paradis et laisse entrevoir une « lueur dans l'énorme prison ». « Pêle-mêle de branchages augustes », le poème du "Jardin des Plantes", où la Genèse se combine aux fables de La Fontaine ou au matérialisme philosophique, rassemble la pensée hugolienne sur la nature et l'Histoire. Passé et présent s'y fondent, annonce de l'avenir.

À ce don poétique de l'univers s'ajoute celui de l'écoute : « Le babil des marmots est ma bibliothèque » (XV, 7). C'est que les enfants parlent une langue d'avant Babel, bégaiement d'avant la poésie, comme « les Griffonnages de l'écolier » (VIII) le sont du dessin. Ces arabesques figurent les combinaisons de l'infini. Le rapport à l'enfance s'énonce dans « Grand âge et bas âge mêlés » (VI). Relation privilégiée, cette complicité de la sagesse et de l'innocence conduit à rejeter tout autant le républicanisme athée que le cléricalisme obscurantiste. De là le refus de la dure loi des pères et de l'écrasement par le péché originel (« l'Immaculée Conception », VII). Il faut en finir avec Satan. En attendant le triomphe des petits, le grand-père poète chante « l'Épopée du lion » (XIII), « Enfants, Oiseaux et Fleurs » (X), « Deux Chansons » (XVI) et le « *Laus puero* » (XV). Au-delà des contradictions et des antithèses, un chant d'amour et d'espérance se construit, reprenant les accords des harmonies poétiques précédentes : confiance dans les pouvoirs illimités de la poésie et éclosion de la lumière dans les ténèbres.

La dernière partie, « que les petits liront quand ils seront grands », conclut et ouvre. Si le progrès boite, si le poète est humilié en ces temps d'imposture, le jour succédera à la nuit, et il faudra bien accepter l'aurore. La justice, c'est-à-dire la pitié, triomphera, et le pardon à venir se lit dans l'ordre du monde : l'âme est « à la poursuite du vrai » (XV, 5).

● « GF », 1985 (p.p. B. Leuilliot). ➤ *Œuvres poétiques*, « Pléiade », III ; *Œuvres complètes*, Club français du Livre, XV ; *id.*, « Bouquins », Poésie III.

G. GENGEMBRE

ART DE DICTIER ET DE FAIRE CHANSONS. Voir BALLADES, d'Eustache Deschamps.

ART POÉTIQUE (l').

Essai de Guillaume **Colletet** (1598-1659), publié à Paris chez Sommaville et Chamhoudry en 1658, et « où il est traité de l'épigramme, du sonnet, du poème bucolique, de l'églogue, de la pastorale et de l'idylle, de la poésie morale et sentencieuse, avec un discours de l'éloquence et de l'imitation des Anciens, un autre discours contre la traduction, et la nouvelle morale du même auteur ».

Colletet, qui avait jadis été l'un des « Cinq Auteurs » de Richelieu, méditait dans ses dernières années un ouvrage de synthèse sur la poésie française : tel sera son *Art poétique*. L'ouvrage est, en fait, un recueil de petites plaquettes consacrées chacune à un genre différent : l'auteur étudie successivement l'épigramme, le sonnet, la poésie bucolique, la poésie morale. Pour compléter le volume, les éditeurs ont ajouté un *Discours* [en vers] *contre la traduction*, un *Discours* [en prose] *de l'éloquence et de l'imitation des Anciens*, et une suite de *Quatrains moraux et sentencieux* composés par Colletet.

On a pu faire au poète une réputation de libertin et d'ivrogne. À lire ces essais, on découvre un savant. Soucieux de recherches étymologiques, connaissant toutes les théories – antiques, renaissantes ou modernes –, de la poésie (Scaliger, le Tasse, Lope de Vega, Bembo, Scudéry), ne semblant rien ignorer des littératures étrangères ni même de la littérature médiévale (notamment le *Roman de la Rose*), Colletet donne l'impression d'un esprit presque encyclopédique. Il est l'héritier de l'humanisme du XVIe siècle. Fort éloigné du dogmatisme atemporel de Boileau, il recourt aux vieilles méthodes érudites, que ses amis Gassendi et Naudé avaient pratiquées avant lui. Il donne d'intéressantes définitions, distinguant ainsi l'idylle (poésie bocagère) et l'églogue (plus étendue et à forme dialoguée). Il rappelle l'antique mission de la poésie – truchement des sages et des devins –, et n'hésite pas à voir en Moïse, en David, même en Adam, les premiers poètes de l'univers. Il met en évidence une tradition didactique, qui, recourant souvent à l'allégorie, va du *Roman de la Rose* à la *Jérusalem délivrée* du Tasse et à l'*Alaric* de Scudéry. Une telle science, une telle méthode le gardent de jugements étroits : il est capable d'aimer et Ronsard et Malherbe, Desportes et Godeau. Étranger, semble-t-il, aux divisions politiques de son temps (il dédie ses traités indifféremment à Mazarin, aux deux Foucquet – le surintendant et l'abbé –, à Séguier et à Servin), il n'est ni « moderne » ni « ancien », constatant que les auteurs antiques ont « tous imité » et que les modernes ont fait de même, prenant leur bien chez les auteurs grecs et latins, comme chez les italiens. Cet ouvrage si dense, écrit dans un style clair et net, a nourri la plupart des théories classiques et postclassiques : Boileau, les pères Rapin et Bouhours, Fontenelle, La Motte l'ont certainement connu. L'essentiel, c'est que Colletet, au lieu d'une critique normative, présente une critique érudite et historique. On peut le regarder comme l'un des pères de l'histoire littéraire ; il avait rédigé de volumineuses *Vies de poètes français*, qui ne furent jamais imprimées : elles auraient complété ces traités, et l'ensemble aurait fait une somme d'une richesse et d'une largeur de goût peu communes.

● Genève, Droz, 1965 (p.p. A. Jannini) ; Genève, Slatkine, 1970 (réimp. éd. 1658).

A. NIDERST

ART POÉTIQUE. Traité en quatre chants et en vers de Nicolas **Boileau**, dit Boileau-Despréaux (1636-1711), publié dans les *Œuvres diverses* à Paris chez Denis Thierry en 1674.

L'*Art poétique* n'a pas peu contribué à la réputation d'un Boileau législateur et dogmatique. À tort. L'ouvrage s'inscrit dans une longue lignée de traités : l'*Art poétique* (1639) de La Ménardière, la **Pratique du théâtre* (1657) de l'abbé d'Aubignac, le *Discours du poème bucolique* (1657) de Colletet ; et il précède de peu les **Réflexions sur « la Poétique »* d'Aristote du père Rapin (1674). Ni seul de son espèce ni manifeste du classicisme, dont les principes sont déjà connus, il naît de conversations entre les lettrés que réunit chaque semaine, en son hôtel, Guillaume de Lamoignon, premier président au Parlement de Paris, et auxquelles Boileau participe depuis 1667, en compagnie du père Rapin, de l'abbé Fleury, de Pellisson et même de Bossuet. On y débat essentiellement d'esthétique et de littérature.

Le chant I, de 232 vers, énumère les principes généraux de la poésie : sans don inné, nul ne peut être poète (v. 1-6) ; les différents genres poétiques (v. 7-26) ; la prééminence de la raison (v. 27-63) ; la variété nécessaire des tons (v. 64-102) ; les lois de la versification et l'éloge de Malherbe (v. 103-146) ; le respect de la langue (v. 147-152) et la nécessité d'un travail patient et scrupuleux (v. 153-174) ; les qualités d'un bel ouvrage (v. 175-182) ; les bienfaits de la critique, quand elle n'est ni flatteuse ni mesquine (v. 183-232).

Le chant II, de 204 vers, est consacré à l'étude des « petits genres » : l'idylle (v. 1-37) ; l'élégie (v. 38-57) ; l'ode (v. 58-81) ; le sonnet (v. 82-102) ; l'épigramme (v. 103-138) ; le rondeau, la ballade et le madrigal (v. 139-144) ; la satire (v. 145-180) ; les vaudevilles (v. 181-190) ; « Il faut, même en chansons, du bon sens et de l'art » (v. 191). Précepte final : « Mais pour un vain bonheur qui vous a fait rimer/Gardez qu'un sot orgueil ne nous vienne enfumer » (v. 195-196).

Le chant III, de 428 vers, précise les règles des grands genres : la tragédie, l'épopée et la comédie. La tragédie (v. 1-159) : rappel de la doctrine de l'imitation, des trois unités ; définition du vrai et du vraisemblable, du caractère du héros tragique (« Toutefois aux grands cœurs donnez quelques faiblesses », v. 104), des bienséances ; nécessaire conformité du ton du personnage à ses sentiments et sa situation. L'épopée (v. 160-334) qui « se soutient par la fable et vit de fiction » (v. 162) : condamnation du merveilleux chrétien ; les qualités du sujet et du héros épiques (refus de l'allégorie et valeur éclatante du personnage) : la narration vive, pressée ; la description rapide ; éloge de Virgile et d'Homère ; diatribe contre Desmarets de Saint-Sorlin. La comédie (v. 325-428) : bref historique du genre ; nécessité d'étudier la « nature », d'observer « chaque âge » qui « a ses plaisirs, son esprit et ses mœurs » (v. 374) ; éloge réservé de Molière (« Dans ce sac ridicule où Scapin s'enveloppe / Je ne reconnais plus l'auteur du *Misanthrope* », v. 399-400) ; condamnation de la farce.

Le chant IV, de 236 vers, traite de la poésie et du poète : « Dans l'art dangereux de rimer et d'écrire / Il n'est point de degrés du médiocre au pire » (v. 31-32) ; la poésie ne supportant pas la médiocrité, se méfier des flatteries et des sots (v. 41-84) ; plaire et instruire sont les fonctions de l'art (v. 85-96) ; ne pas verser pour autant dans un moralisme sévère (v. 97-110) ; la dignité de l'écrivain, la fonction civilisatrice de la poésie jadis, la condition de l'écrivain (v. 167-192) ; éloge de Louis XIV, de Corneille, de Racine, de Benserade et de Segrais.

Avec et après beaucoup d'autres, Boileau livre ses propres conceptions : l'œuvre n'est donc nullement une table de la loi. Elle n'a pas davantage la sécheresse d'un code : des historiques, des digressions, des anecdotes – telle celle d'un Florentin qui « De méchant médecin devient bon architecte » (chant IV) – égaient le propos. Il n'en demeure pas moins que, réflexion sur les chefs-d'œuvre beaucoup plus qu'élaboration d'un système auquel se seraient soumis les auteurs classiques, l'*Art poétique* fixe rétroactivement les préceptes fondamentaux du classicisme.

Les conceptions de Boileau reposent sur quelques idées maîtresses. À Aristote, il emprunte une définition de l'art conçu comme une « imitation de la nature ». Le beau n'est que la conséquence du vrai. Mais ce vrai, loin de se rapprocher du rationalisme cartésien, doit sans cesse être corrigé par l'idée. En effet, quand, dans une de ses fameuses maximes, Boileau affirme : « Le vrai peut quelquefois n'être pas vraisemblable » (chant III, v. 48), il ne donne pas au mot *vrai* le même sens qu'à la syllabe *vrai* de *vrai*sem-blable : par le *vrai*, il entend celui des faits ; par le *vrai* de *vrai*semblable, un vrai exemplaire. De cette distinction provient sa condamnation des fards et des déguisements : la préciosité, le burlesque, les fantaisies et les virtuosités de l'imagination. D'Horace, il tient sa conviction qu'un écrivain doit se proposer des modèles : « Enseigne-moi, Molière, où tu trouves la rime » ; qu'il doit se plier à la raison : « La rime est une esclave, et ne doit qu'obéir / Lorsqu'à la bien chercher d'abord, on s'évertue, / L'esprit à la trouver aisément s'habitue ; / Au joug de la raison sans peine elle fléchit, / Et, loin de la gêner, la sert et l'enrichit » (chant I, v. 30-34). De là découlent les bienséances internes (cohérence de l'œuvre) et externes (conformité du caractère du personnage, de la situation et des réactions du public) : ainsi, « Il n'est point de serpent, ni de monstre odieux, / Qui, par l'art imité, ne puisse plaire aux yeux », chant III, v. 1-2). Mais cette prédominance de la raison ne peut masquer que Boileau explique en définitive les chefs-d'œuvre et leur succès par une théorie, véritablement orphique, de la parole : c'est par l'émerveillement et par l'émotion que ressent le spectateur (ou le lecteur) que s'imposent les grands textes – idée certes d'origine platonicienne, mais surtout répandue par Longin dont Boileau s'est fait le traducteur (voir ses *Réflexions sur Longin*). Autant que des préceptes sur la manière de bien écrire, l'*Art poétique* renferme donc une théorie de la création.

● *Satires [...]*, « Poésie / Gallimard », 1985 (p.p. J.-P. Collinet).
➤ *Œuvres complètes*, « Pléiade » ; *Œuvres*, « GF », II (p.p. S. Menant).

A. COUPRIE

ART POÉTIQUE. Traité de Jacques **Peletier du Mans** (1517-1582), publié à Lyon chez Jean de Tournes en 1555.

Ami de Ronsard et de Du Bellay, Peletier avait déjà publié, en 1541, une traduction en vers de l'*Ars poetica* d'Horace : sa Préface annonçait à certains égards la **Défense et Illustration de la langue française*. L'originalité de l'*Art poétique* de 1555, comme celle du traité-manifeste de Du Bellay, tient moins au contenu des idées qu'à leur agencement énergique et à leur tour combatif. Essentiellement tributaire d'Horace, Peletier a puisé également dans le *De institutione oratoria* de Quintilien ; son traité contient en outre quelques échos de la *Défense*, qui témoignent d'une volonté de dialogue avec son illustre prédécesseur.

L'*Art poétique* se compose de deux livres. Dans le premier, consacré aux « préceptions universelles de la poésie », l'auteur expose d'abord l'« excellence » du genre poétique, instrument de pacification et de moralisation des rapports humains (I et II). Il étudie ensuite la différence qui sépare le poète de l'orateur (III), le lien organique qui unit l'invention, la disposition et l'élocution (IV), et insiste sur la nécessité d'une imitation active (V) qui ne se contente pas d'une traduction des prestigieux modèles gréco-latins. Le poète se doit d'écrire dans sa langue maternelle (VI), de pratiquer avec modération l'innovation lexicale (VII) et de satisfaire à un idéal de clarté sans ostentation (IX).

Le second livre contient des remarques et recommandations relatives à la poésie française. Après avoir étudié la rime (I) et le vers (II), l'auteur examine successivement les grands genres poétiques : l'épigramme (III), le sonnet (IV), l'ode (V), l'épître, l'élégie et la satire (VI), la comédie et la tragédie (VII), et l'« œuvre héroïque », qui « donne le prix, et le vrai titre de poésie ». L'ouvrage s'achève par une série d'injonctions adressées aux poètes du temps : « Le moyen de parvenir bien haut est d'aspirer au suprême. »

L'importance de cet *Art poétique* se mesure moins à sa minutie analytique qu'à ses vertus stimulatrices. Qu'il étudie la rime, le mètre ou les parties de la rhétorique, Peletier délaisse la perspective technicienne pour ne conserver que des remarques peu contraignantes, directement applicables à l'effort de création poétique. L'ouvrage affiche une volonté de mobilisation et d'orientation des énergies, qu'attestent la récurrence du mot « courage » et la permanence de son réseau sémantique : « Croie donc notre Poete, que le premier accès à la souveraineté, est par le courage » (« Conclusion de l'Œuvre »). Le « courage » est la vraie pierre de touche du poète, qui devra embrasser « par cogitation l'universelle structure des choses », « respirer un vouloir invincible [...] un désir insatiable ». La kyrielle des injonctions viriles se propose, comme chez Du Bellay, de galvaniser un patriotisme littéraire languissant : « Nous tenons nostre Langue esclave nous-mesmes ; nous nous montrons estrangers en notre propre pays » (I, VII).

L'incitation à l'exigence formelle la plus haute peut néanmoins paraître étrange, sinon déplacée, dans la poésie française du milieu des années 1550 : Peletier, nouveau membre de la Pléiade, se risquerait-il à méconnaître les réalisations de ses amis ? En réalité, les formulations intransigeantes qui semblent faire table rase du passé immédiat comme du présent (« Ne voudrons-nous jamais exceller ? ») ont le même statut que dans la *Défense* : elles revendiquent moins la vraisemblance qu'elles ne visent, sur le mode provocateur, à insuffler à la poésie du temps le souci d'un perpétuel autodépassement. Les appels réitérés de Peletier à une poésie d'inspiration philosophique doivent être lus en ce sens : après l'affermissement de ses premières conquêtes, la nouvelle école poétique se doit d'élargir le champ de ses investigations ; elle ne peut se fixer désormais d'autre but que ce « grand œuvre » où la célébration du cosmos sera sans cesse étayée et vivifiée par un savoir encyclopédique : « Je n'ay pas ici grand besoin de dire, qu'à notre Poete est nécessaire la connaissance d'Astronomie, Cosmographie, Géométrie, Physique, bref de toute la Philosophie » (« Conclusion »). Essentielle aux yeux de Peletier, cette ambition totalisante où se compénètrent lyrisme et savoir constitue le signe distinctif de la nouvelle école : lorsqu'il invoque la nécessité d'une poésie « quasi [...] philosophique en conception », il esquisse le programme que réaliseront les *Hymnes* ronsardiens de 1555-1556. Les réserves qu'inspire l'école marotique tiennent moins, dès lors, à son degré d'exigence formelle qu'à l'absence d'une volonté altière fécondée par l'imagination : « Je dirais encore de Marot [...] qu'il n'a eu autre défaut, sinon de n'avoir voulu grand'chose » (I, VII).

C'est donc à l'aiguillon incessant du « vouloir » que se reconnaît le créateur : Peletier, à la fois poète, mathématicien et philosophe, traduit clairement les aspirations d'une époque mobile et férue de globalité. Son *Art poétique*, texte sobre et structuré par une exigence générale, évite à la fois les dérives grandiloquentes d'un Du Bellay et la technicité méticuleuse d'un Sébillet (voir *Art poétique français*). À ce titre, il mérite largement l'attention des lecteurs autant que des écrivains contemporains.

● Genève, Slatkine, 1971 (réimp. éd. 1555) ; « Le Livre de Poche », 1990 (*Traités de poétique et de rhétorique de la Renaissance*, p.p. F. Goyet).

P. MARI

ART POÉTIQUE. Traité en trois livres et en vers de Jean **Vauquelin de La Fresnaye** (1535 ou 1536-1607), publié à Caen chez Charles Macé en 1605.

Vauquelin avait donné, dès 1555 les *Deux Premiers Livres des *Foresteries* ; il commença à travailler à son *Art poétique* vers 1574, et nombre de ses théories sur la poésie ou sur la langue française sont tributaires des expériences artistiques de la Pléiade.

Vauquelin énonce sa conception de la poésie, reflet de l'harmonie divine à l'œuvre dans le monde. Il formule les principes d'exercice des genres que doit pratiquer le poète (épopée, élégie, tragédie, satire, tragi-comédie, pastorale...) et quelques conseils sur la technique de la rime. Rappelant la dignité de la langue française et l'apport sans pareil de notre littérature aux œuvres italiennes, il encourage les jeunes poètes à restaurer le culte des Muses dans une France qui, dévastée par Mars, a vu se flétrir le laurier d'Apollon.

Pour rédiger son traité, plus exactement appelé *Art poétique français, où l'on peut remarquer la perfection et le défaut des anciennes et des modernes poésies*, Vauquelin s'est inspiré des arts poétiques d'Aristote et d'Horace – dont il paraphrase largement l'*Épître aux Pisons*. À l'instar de la Pléiade, il travaille à la défense de la langue française, s'intéresse à son origine et n'hésite pas à déclarer qu'elle est le berceau insigne d'où sont sortis catalan, roman, wallon et thiois. Dans le domaine littéraire, si Vauquelin condamne l'exercice des vieux genres poétiques français déjà prohibés par Du Bellay, il fait l'éloge des premières œuvres produites au jardin de France. Par réaction contre l'italianisme en vogue, il s'attache à démontrer l'apport national à la poésie européenne : ainsi, Vauquelin fait des troubadours les inventeurs de la rime ; sous sa plume, la France devient à la fois la terre d'origine du sonnet et sa terre d'élection, puisque Ronsard, baptisé « Apollon de la Gaule », a porté à la perfection cette forme poétique.

Ce regard enthousiaste sur le passé artistique national n'exclut pas des conseils aux poètes de ce temps : ils auront à cœur d'enrichir la langue, par le recours aux latinismes et aux hellénismes ou par l'emploi de termes techniques et provinciaux, voire par l'invention de nouveaux vocables. Vauquelin propose en revanche de bouter images et sujets d'inspiration païenne hors du poème dramatique ou épique : les événements de l'histoire chrétienne devraient fournir assez de matière aux nouveaux dramaturges.

Manifeste à caractère nationaliste, l'*Art poétique* est aussi un credo en partie modelé sur les déclarations des écrivains de la Pléiade. Comme eux, il défend la doctrine de l'inspiration qui manifeste l'origine divine de la poésie ; comme eux, il affirme simultanément la nécessité du travail et de l'assujettissement à une règle dans l'exercice de l'écriture. Convaincu de la supériorité de l'art sur la nature, Vauquelin assigne à la poésie, toute tendue vers une entreprise de mimésis, une fonction prestigieuse : elle est « l'escalier [qui nous sert] pour monter à Dieu ».

● Genève, Slatkine, 1970 (réimp. éd. 1895, p.p. G. Pellissier).

M.-C. GOMEZ-GÉRAUD

ART POÉTIQUE FRANÇAIS. Traité de Thomas **Sébillet** (1512-1589), publié sans nom d'auteur à Paris chez Gilles Corrozet en 1548.

L'ouvrage peut être considéré comme une synthèse des acquis et des efforts de la génération marquée par l'école marotique. Il s'attirera, un an plus tard, la riposte de Du Bellay dans la *Défense et Illustration de la langue française*, manifeste de la nouvelle école poétique des années 1550.

Le traité se compose de deux parties. La première, après avoir affirmé l'origine divine de la poésie, aborde une série de problèmes techniques : la nature de la rime, la prosodie française, la prononciation et l'élision. La seconde partie analyse les genres poétiques : l'épigramme, le sonnet, le rondeau et la ballade, l'ode, l'épître et l'élégie, le blason et l'épopée qui est qualifiée de « grand œuvre ».

Il y a quelque injustice à condamner Sébillet sur la foi de son illustre successeur. Si l'*Art poétique français* ne vibre pas des accents conquérants ni de l'enthousiasme de la *Défense*, c'est qu'il s'offre comme traité de poétique et de rhétorique, non comme manifeste littéraire et patriotique. Mais la différence principale entre les deux auteurs, celle qui a cristallisé l'hostilité de la *Défense*, réside dans leur manière d'envisager l'histoire de la poésie française : à la perspective évolutionniste de Sébillet, Du Bellay oppose une perspective révolutionnaire, source de plus d'un jugement hâtif et injuste. Loin de dresser un constat de faillite de la poésie du temps, l'*Art poétique français* dessine la courbe d'un développement continu, de Homère et Pindare à « François premier de nom et de lettres », et « Henri roi second de ce nom, et premier de vertu » : « L'espérance est grande de voir la poésie dedans peu d'ans autant sainte et autant auguste qu'elle fut sous le César Auguste » (livre I, chap. I). Au jeune poète débutant, Sébillet n'hésite pas à recommander la lecture et même l'imitation des grands poètes du temps que furent « Marot, Saint-Gelais, Salel, Héroët et Scève ». Il est avant tout soucieux des continuités historiques : s'il fait, dans son analyse des genres poétiques, une place à ceux que prônera la Pléiade – l'ode, le sonnet et l'épopée – il n'oublie pas la ballade, le rondeau et l'épître.

L'histoire littéraire a cependant exagéré ces différences entre Sébillet et Du Bellay, qui ne ressortissent pas à une querelle des Anciens et des Modernes. En fait, nombre des idées maîtresses de la *Défense* apparaissent déjà dans l'*Art poétique français,* dépourvues de l'intransigeance déclamatoire que leur donnera Du Bellay : la glorification de la langue nationale, la nécessité de traduire et d'imiter les auteurs grecs et latins, la revendication d'une poésie dans laquelle se combinent « céleste prérogative » et ferveur de l'« étude ». Au fond, c'est peut-être l'irritation d'avoir été devancé qui fit de Sébillet un ennemi aux yeux de l'orgueilleux Du Bellay : entre le théoricien de l'école marotique et le héraut de la Pléiade, l'accord est plus profond qu'il n'y paraît.

Pourquoi le jugement de la postérité a-t-il taxé de sécheresse et d'insuffisance cet *Art poétique français* ? Rien, dans la sobre fluidité de l'ouvrage n'autorise une pareille allégation. Osons peut-être, par souci de justice plus que par provocation, renverser les perspectives traditionnelles : là où Du Bellay s'abandonne à la jactance et ne sait pas toujours éviter le galimatias, Sébillet fait preuve d'une retenue et d'une précision qui recommandent à elles seules l'ouvrage au lecteur moderne.

● Genève, Slatkine, 1972 (réimp. éd. 1555) ; « STFM », 1988 (p.p. F. Goyet) ; « Le Livre de Poche », 1990 (*Traités de poétique et de rhétorique de la Renaissance,* p.p. F. Goyet).

P. MARI

ARTAMÈNE ou le Grand Cyrus. Roman de Madeleine de Scudéry (1607-1701), publié à Paris chez Augustin Courbé de 1649 à 1653 (10 volumes).

Plus que *Clélie,* ce roman héroïque et précieux de quelque treize mille pages se rapproche de l'épopée, qui en constitue la matrice esthétique et éthique. Il marque pourtant une inflexion, qui ira grandissant dans l'œuvre ultérieure de l'auteur. Lié à la mode des portraits qui apparaît vers cette époque, le réalisme psychologique tend à l'emporter sur l'action romanesque elle-même.

En Perse, au Vᵉ siècle av. J.-C., Artamène s'empare de Sinope en flammes, dans l'espoir de délivrer Mandane sa bien-aimée, que retient le roi d'Assyrie. Combat à la lueur de l'incendie. Le héros l'emporte mais, par respect pour la dignité royale de son adversaire, lui laisse la vie sauve. Le geôlier de Mandane révèle alors à Artamène que celle-ci a été entre-temps enlevée par le prince Mazare, « le plus infidèle de tous les hommes ». Le roi d'Assyrie parvient à s'enfuir. Bientôt se propage la nouvelle du naufrage de Mazare et de la (fausse) mort de Mandane. Arrive Ciaxare, pour le compte de qui Artamène combat. Il accuse ce dernier d'avoir favorisé la fuite du roi d'Assyrie. Au grand dam de l'armée, Artamène est mis aux arrêts. Chrisante raconte alors aux princes venus guerroyer l'histoire d'Artamène qui, « issu d'une des plus illustres races du monde », est en réalité le Grand Cyrus, fils de Cambyse, roi des Perses. Prince orné de toutes les qualités, il est tombé amoureux fou de Mandane, fille de Ciaxare, dès la première minute où il l'a vue. Saisissant l'occasion d'une guerre entre Ciaxare et le roi du Pont, le Grand Cyrus s'est engagé dans l'armée du premier sous le nom d'emprunt d'Artamène ; au cours d'une bataille, il lui sauve la vie. Ciaxare le nomme, en remerciement, chef de sa cavalerie. Tel est – partiellement – résumé le premier volume du roman. La suite retrace la quête mouvementée du Grand Cyrus pour retrouver Mandane qui, convoitée et enlevée par des rivaux successifs, l'oblige à parcourir les rives orientales de la Méditerranée et une partie de l'Asie. Une « cérémonie admirable » consacrera leurs retrouvailles et leur mariage.

À l'instar du roman héroïque, *Artamène* emprunte ses procédés de construction à l'épopée : début *in medias res* ; nombreux récits intérieurs et secondaires qui, brisant la linéarité de l'action, constituent autant de pauses narratives et/ou de retours en arrière. L'« histoire » d'Artamène occupe ainsi l'essentiel du deuxième livre, au terme duquel elle demeure encore incomplète ; le troisième est presque totalement formé par l'« histoire d'Aglatidas et d'Amestris ». Le premier livre de la deuxième partie est la suite de l'histoire d'Artamène, tandis que le livre suivant narre celle de Mandane. Viendront ensuite les « histoires » de Philoscipe et de Policrite, de la princesse Araminte et de Spitidrate, de Thrasibule et d'Alcionide, de Palmis et de Cléandre...

L'esthétique de l'œuvre relève aussi pour une bonne part de l'épopée. La nature, bonne fée, et l'éducation ont comblé de talents et de vertus les protagonistes du roman, tous sans exception jeunes, beaux et bien faits. Le Grand Cyrus, dont les Persans parlent comme d'un « enfant envoyé du ciel pour les instruire plutôt que pour être instruit par eux », possède cet avantage d'être né « parmi les peuples [...] où toutes les vertus s'apprennent pour ainsi dire en naissant » ; telle femme, « quand elle est venue au monde, y a paru avec toute la politesse imaginable »... Le roman n'accueille que des divinités descendues de l'Olympe. Palais, vêtements, bijoux, boucliers, armes, tout brille d'une magnificence « sans égale ». La moindre action est « admirable », le moindre combat homérique. À la perfection éthique répond la perfection esthétique.

Il serait trop facile d'ironiser sur ces conventions, à la manière d'un Sorel ou d'un Flaubert. D'abord, et bien que ce formalisme finisse par donner l'impression de virer au mécanisme, parce que cette transposition des règles du poème épique résulte moins d'un choix de facilité que d'une option, en définitive, morale : l'exaltation délibérée de la volonté et du sublime à une époque où, sans complexe ni soupçon, le moi aristocratique cultive encore une idée glorieuse de lui-même. Ensuite, parce qu'*Artamène* ne saurait exactement s'identifier aux romans de La Calprenède (voir *Faramond, Cléopâtre* et *Cassandre*). Les exploits héroïques diminuent quantitativement, dans la seconde moitié de l'œuvre, au bénéfice des conversations, des portraits et des réflexions. Le succès, prodigieux, du *Grand Cyrus* tint à cette originalité et à cette évolution. Dans un décor antique, il dépeignait la société mondaine de ses lecteurs. Tout l'hôtel de Rambouillet que Sapho (c'est ainsi que l'on surnommait Mlle de Scudéry) fréquentait s'y reconnut et y fut reconnu. Cyrus, c'était Condé, et sa victoire sur les Massagètes, celle de Rocroi ; Mandane, c'était la duchesse de Longueville ; Cléomine, Mme de Rambouillet ; Callicrate, Voiture ; apparaissaient encore sous des masques transparents, Julie d'Angennes, Montausier, la marquise de Sablé... Le roman, qui lança la mode des portraits, possédait l'attrait des œuvres à clés.

Par une peinture indirecte des salons, il présentait, et présente encore, l'intérêt plus profond et plus durable d'évoquer les activités, les préoccupations de la cour et de la ville, de ces cercles où s'élaborait l'« honnêteté », où la galanterie puis la préciosité furent de rigueur. Les « divertissements » des personnages du *Grand Cyrus* sont ceux du XVIIᵉ siècle. L'oisiveté que « quelques-uns mettent au rang des plaisirs des grandes cours » leur permet d'évoluer dans un univers d'infinie légèreté. À Suse [Paris], la promenade est un rite. Dans une autre cour, « la forme de vie qu'on y mène est sans doute assez agréable parce que le mérite y donne plus de rang que la qualité. La conversation des dames y est permise, mais c'est avec une honnête liberté qui est également loin de la cérémonie et de l'incivilité. Le bal, la promenade, les jeux de prix et de musique sont les divertissements ordinaires [...]. La conversation est la principale occupation de tous ceux qui ont quelque esprit ». Comme à l'hôtel de Rambouillet, des « questions galantes » sont agitées, où la casuistique amoureuse autorise tous les raffinements de l'analyse psychologique.

Car la galanterie est, naturellement, la grande affaire des personnages. *Ars amatoria* en action, la conquête de Mandane par Artamène est l'exemple même de la dévotion à la femme aimée, du respect des bienséances, du code précieux. Traité théorique, l'œuvre construit un art de vivre strictement réservé à une élite, car tel « qui est propre, qui parle judicieusement, qui, de plus, fait ce qu'il peut pour avoir l'air galant » peut se révéler « le moins galant de tous les hommes ». C'est qu'il faut que la « nature mette [...] dans l'esprit et dans la personne de ceux qui doivent avoir l'air galant une certaine disposition à le recevoir [...] ; que le grand commerce du monde, et du monde de la cour, aide à le donner ». De longues définitions entrecoupent le récit : « L'air galant ne consiste pas à avoir beaucoup d'esprit, [...] beaucoup de savoir [...]. Il faut que la conversation des femmes le donne aux hommes [...]. Il n'y a point d'agrément plus grand dans l'esprit que ce tour galant et naturel qui mêle le je-ne-sais-quoi qui plaît aux choses les moins capables de plaire, et qui mêle dans les entretiens les plus communs un charme secret qui satisfait et divertit. » Chez les femmes, la galanterie affine la « bonne grâce » ; l'amour sublime l'homme, tant « il est certain qu'un honnête homme que l'amour a fait le demeure toute sa vie et [celui-ci] lui donne cent bonnes qualités qu'il n'aurait jamais eues s'il n'eût jamais été amoureux ». Une éthique s'affirme qui formera le fondement de la préciosité. À la cour de Paphos, « il faut que tous les hommes soient amoureux et que les dames soient aimées [...]. Pour les dames la coutume ne les oblige pas nécessairement à aimer, mais à souffrir seulement d'être aimées ; et toute leur gloire consiste à faire d'illustres conquêtes et à ne pas perdre les amants qu'elles ont assujettis quoiqu'elles soient rigoureuses. Car le principal honneur de nos belles est de retenir dans l'obéissance les esclaves qu'elles ont faits par la seule puissance de leurs charmes et non pas par des faveurs, de sorte que par cette coutume il y a presque une égale nécessité d'être amant et malheureux ». Ainsi se développe, de cour en cour, qui sont toutes des cours d'amour, et que visite dans son odyssée le Grand Cyrus, une analyse du cœur, qui, par personnages interposés, par leurs entretiens et leurs échanges de lettres, fournit à la société mondaine autant un divertissement qu'un idéal.

Tel qu'il se présente, ce roman fait date : par son contenu, mais aussi par sa forme. La discordance entre le décor antique et les préoccupations psychologiques et morales de l'auteur, la difficulté de les intégrer au récit purement romanesque soulignent les rapports quasi impossibles entre la modernité du fond et une forme encore trop prisonnière du passé. Cet intérêt problématique, lié à l'évolution du genre, n'est pas le moindre du *Grand Cyrus*.

● Genève, Slatkine, 10 vol., 1972 (réimp. éd. 1656).

A. COUPRIE

ARTHUR. Roman d'Ulrich **Guttinguer** (1785-1866), publié sans nom d'auteur et sous le titre *Arthur ou Religion et Solitude*, 3e *partie* à Rouen chez Nicétas Périaux en 1834 ; réédition signée à Paris chez Renduel en 1836.

Ami de Hugo, Musset et Sainte-Beuve, mais aussi leur aîné, Guttinguer avait fourni à ce dernier des matériaux et des idées concernant sa jeunesse et ses amours pour un roman que Sainte-Beuve abandonna après une centaine de pages (le manuscrit, conservé à la bibliothèque de Chantilly, a été publié en 1901 et 1955). De ce roman inachevé naîtra **Volupté* (1834).

L' Avertissement, après avoir affirmé que le manuscrit a été trouvé dans une vente et que ses deux premières parties en seront publiées plus tard, comporte un éloge de la philosophie de Ballanche et une dédicace à Dieu.

Le roman, sous forme de confession, s'organise en huit parties. « Arrivée dans la solitude » met en scène le narrateur voyageant pour « dissiper [son] remords et [ses] chagrins de la plus âcre amertume » et lisant la Bible ainsi que les écrivains religieux ou spiritualistes (Lamennais, Maistre, Sainte-Beuve, Fénelon, Bossuet...). Il décide d'écrire ses pensées et d'en donner des extraits, qui fournissent la matière de la suite. « Maximes générales pour la conduite de la vie », « De la Bible », « De la prière » précèdent des « Lettres » à un jeune ami, dont « le Credo » et des « Méditations », comprenant des Vies des pères du désert et une étude sur l' **Homme de désir* de Saint-Martin. Suivent des « Fragments » et une galerie de « Contemporains » (Ballanche, Lamartine, Lacordaire et l'auteur de *Volupté*).

« Allons donc, Chrétiens ! Allons ! retournons à la Croix » (« Fragments ») : adjuration, mot d'ordre, profession de foi cette phrase donne la clé du livre. Récit de conversion, ce roman-journal propose une ascèse par les lectures consolatrices. Si les deux premières parties sont censées faire voir « cet anathème dont est frappé l'être sensible qui livre toute son âme, toutes ses ressources, à un amour coupable » sous forme d'un récit de « passions bien déplorables où tous les caractères du roman se trouvent à un très haut degré », l'ouvrage entend également offrir au lecteur « le bonheur de rencontrer [...] cette salutaire confiance dans la miséricorde divine » (« Méditations »). Prière visant à ramener à Dieu les âmes égarées, *Arthur* s'en prend à l'impiété, ce « spectre qui ouvre l'abîme sans fond » (« Lettres »).

Ce fascinant document sur la religiosité romantique, à l'écriture pénétrée de spiritualité, témoigne de l'influence des mystiques et illuministes, ces prophètes du XIXe siècle, tels Ballanche et Saint-Martin. Rhétorique de l'intimisme et de la sincérité, accents lyriques, dénonciation et analyse du mal du siècle, quête d'une règle et d'une discipline intérieure : l'Arthur de Guttinguer épouse la déréliction et l'aspiration à la sérénité de son homonyme du roman inachevé de Sainte-Beuve, qui, avant de narrer son enfance et sa jeunesse passionnée, s'exclame : « Non, l'homme ne saurait être ainsi prédestiné de toute nécessité à des fautes et à des crimes. C'est à lui-même, et non à Dieu, qu'il doit s'en prendre de ses égarements et de ses fureurs [...]. Tout l'effort doit tendre à contenir cette passion dans l'ordre. » Le romantisme se fait ici recherche d'un bonheur de l'âme contre l'inquiétude des sens et du cœur.

G. GENGEMBRE

ARTHUR, LE JOURNAL D'UN INCONNU. Roman de Marie-Joseph, dit Eugène **Sue** (1804-1857), publié à Paris en feuilleton dans *la Presse* en décembre 1837 et mai-juin 1839 (extraits), et en volume chez Gosselin en 1838.

Arthur se présente comme un journal intime, trouvé dans le double fond d'un meuble par l'éditeur et premier lecteur du texte. Ce journal nous conte la vie et la destinée du héros, un jeune noble doué de toutes les qualités, mais que la philosophie du doute, instillée en lui par un père misanthrope, rend inapte à la vie. Hanté par la leçon paternelle, qu'il tente en vain de repousser, Arthur sème le malheur autour de lui, tout en faisant le sien. Il blesse par des soupçons injustes et infamants sa cousine et fiancée, Hélène, et la perd. Pour noyer son chagrin, il se lance dans la vie mondaine ; il s'éprend alors d'une jolie veuve calomniée par le monde, Marguerite de Pënafiel, devient son amant, mais après un moment de bonheur ses soupçons injustes reprennent le dessus, et il rompt après l'avoir gravement insultée. Une croisière byronienne en Grèce, avec un dandy anglais, lord Falmouth, devenu son ami intime, ne réussit pas mieux. Lors d'une attaque par des pirates, Arthur sauve Falmouth, mais ensuite, repris par le doute, il l'injurie. Les deux hommes, après avoir failli s'entre-tuer, se séparent. Arthur mène pendant quelque temps une vie de pacha, entouré de belles esclaves dans l'île de Khios. Il retourne à la civilisation pour l'amour d'une belle Russe, Catherine de Fersen, dont la fille, Irène, lui est passionnément attachée. Mais il abandonnera aussi Catherine, provoquant la mort de l'enfant. C'est alors que se produit le miracle : revenu à Cerval, dans le château de ses pères, avec le désir d'y mourir, Arthur découvre, au cours d'une chasse en forêt, une naïve jeune fille, Marie, dont il s'éprend. Mariée par surprise à un pirate (le même qui a attaqué Arthur et lord Falmouth), Marie s'est sauvée le jour de ses noces. Arthur l'emmène en son château, ils ont un enfant, et le journal, adressé à Marie, s'interrompt sur l'espoir d'une vie enfin apaisée. Mais un récit préliminaire avait déjà averti le lecteur qu'Arthur, Marie et l'enfant avaient été massacrés par le pirate.

Quand Eugène Sue se met à écrire *Arthur* en décembre 1837, il est un romancier déjà connu, et même à la mode. Il a publié des romans maritimes, *la Salamandre* (repris en feuilleton estival dans *le Monde* en 1980), *la Vigie de Koat-Ven*, des récits dans le style frénétique des débuts du romantisme, *Kernok le Pirate* (1830), *Atar-Gull* (1831), et même, peu de temps auparavant, un roman historique, *Latréaumont*, qui ne donne pas le beau rôle à Louis XIV, et l'a de ce fait un peu brouillé avec les salons aristocratiques qu'il fréquentait jusqu'alors assidûment. Toutefois il traverse à cette époque une crise, et l'inspiration lui manque. *La Presse* et *le Siècle* viennent d'entreprendre la parution des romans en feuilletons, et Sue doit s'adapter à ce nouveau mode de publication. *Arthur* est son premier essai en ce domaine.

Arthur, le roman du doute, naît d'abord du doute de son auteur, et constitue, selon les termes de Jean-Louis Bory, une sorte d'« autobiographie morale ». On y trouve cependant bien autre chose encore. Outre une encyclopédie de tous les sous-genres romanesques pratiqués dans la décennie antérieure (roman maritime, frénétique, aventure exotique, orientalisme à la Byron, roman mondain, journal intime d'un enfant du siècle), plus qu'un roman à clés (on reconnaît, en lord Falmouth, lord Henry Seymour, un dandy à la mode, et en Madame de Pënafiel un mélange de Mme d'Agoult et d'Olympe Pélissier, toutes deux aimées de Sue), *Arthur* est le roman par lequel l'auteur prend conscience de l'impasse morale dans laquelle il s'est engagé, et s'en sort par un procédé qui, sur le plan littéraire, équivaut au saut qualitatif de la croyance. Il conduit en effet son personnage, pris dans la logique mortelle des liens œdipiens dans lesquels il l'a enserré, jusqu'à une mort métaphorique – restant pour nous conter ses aventures, dans la tonalité amère, cynique et désenchantée de ses romans précédents. Puis, après un blanc typographique dans le récit, il plonge, sans aucune justification ni vraisemblance, son personnage en pleine féerie : la dernière partie du roman a toutes les allures d'un conte. Arthur y trouve enfin la femme de ses rêves, et, bravant l'interdit œdipien, devient père à son tour. Il est vrai que la vengeance du père revient sous la forme du retour du pirate (déjà identifié au père dans le roman par toute une série de motifs), mais la malédiction, d'interne, est devenue externe. Il y a donc espoir de pouvoir la combattre. C'est ce dont se chargera le prince Rodolphe des *Mystères de Paris*, dans sa chasse aux méchants.

Arthur fait ainsi la transition entre les premiers romans de Sue, où domine une vision pessimiste du monde et de l'homme conduisant à une révolte radicale de l'individu contre la loi, et ses derniers romans, où se développe un optimisme militant qui transforme la révolte de métaphysique en sociale, parce que l'ennemi est sorti du moi. Aussi *Arthur*, plus qu'une étude psychologique digne de La Rochefoucauld (Gautier), ou que le meilleur roman de mœurs de Sue (Sainte-Beuve), est-il un étonnant exercice de la rupture, qui annonce bien avant le succès populaire des *Mystères de Paris*, le passage de Sue à un point de vue sur l'homme et la société qui devait trouver dans l'engagement et l'acte de foi socialistes son aboutissement et sa justification. *Arthur* est le roman d'un conversion, qui, au-delà de celle de Sue, est aussi celle de toute une partie du romantisme.

● Régine Deforges, « La Bibliothèque noire », 1977 (p.p. J.-L. Bory).

L. QUEFFÉLEC

ARTICLE 330 (l'). Voir UN CLIENT SÉRIEUX, de G. Courteline.

ASIATES (les). Voir NUIT INDOCHINOISE (la), de J. Hougron.

ASMODÉE. Pièce en cinq actes et en prose de François **Mauriac** (1885-1970), créée à Paris à la Comédie-Française le 22 novembre 1937, et publiée à Paris dans la *Revue des Deux Mondes* les 15 mars, 1er avril et 1er mai 1938, et en volume chez Grasset la même année.

Dans une vieille maison landaise, Marcelle de Barthas et ses enfants dont Emmanuelle, une jeune fille tournée vers Dieu, attendent la venue d'Harry Fanning (Acte I). Très inquiet, le précepteur Blaise Coûture met en garde Marcelle, veuve depuis huit ans, contre les médisances que pourrait susciter son commerce avec un jeune Anglais de vingt ans. Depuis sept ans, Blaise régente la vie de la maisonnée. Trois jours plus tard, Marcelle et Harry se promènent dans le parc (Acte II). Blaise se morfond : l'âme de Mme de Barthas lui échappe. Il les épie. Tel Asmodée, Harry voulait pénétrer dans l'univers d'une famille française. Le lendemain, Blaise convainc Harry de partir (Acte III). Marcelle rassure celui-ci et Blaise quitte la maison. Les vacances s'achèvent : Harry et Emmanuelle s'en vont de leur côté (Acte IV). Ainsi, Marcelle se serait trompée sur la vocation de sa fille. Blaise, meurtri, revient. Il persuade Marcelle qu'elle doit oublier Harry et accepter le bonheur de sa fille (Acte V).

Asmodée est la pièce de la volonté de puissance dissimulée sous les apparences de la vertu exigeante. L'action est centrée sur le personnage principal, l'orgueilleux Blaise Coûture, qui dédaigne l'amour de l'institutrice pour s'imposer à sa maîtresse. Profondément épris de Mme de Barthas, Blaise veut la soumettre à sa domination spirituelle. Incarnant un christianisme détourné de ses fins, cet ancien séminariste, chassé d'une institution religieuse, utilise le jeu des passions à son avantage. Tartuffe moderne, s'introduit dans une famille et, profitant du veuvage, inocule le poison du soupçon chez Mme de Barthas, une proie facile. Il assume en cela la vocation de nombreux personnages mauriaciens : ce directeur de conscience met au jour les démons qui hantent l'âme et, dès lors, il trouble les consciences les plus pures, comme en témoignent ses insinuations à l'égard d'Emmanuelle. Le défroqué décèle et fait exister le mal qui rôdait à l'état latent ; il lui donne la précision de contours nécessaire pour s'assurer de son pouvoir sur les êtres qu'il réduit à merci. Dans cette pièce à la tonalité très classique, toute en suggestion psychologique, le drame se noue à l'acte III lorsque Blaise tente d'évincer Harry. Ensuite, dans une atmosphère comme suspendue hors du temps, alors que, en contrepoint, les enfants évoluent dans l'innocence, l'action progresse à la faveur d'un malentendu. En effet, nouvelle Phèdre, Marcelle de Barthas est troublée par le jeune adolescent et sa jalousie naît du rapprochement de sa fille et d'Harry. Elle espère que Blaise l'aidera à séparer les jeunes gens. Mais, renvoyée à sa propre réalité, elle finit par former un couple amer avec Blaise tandis qu'Emmanuelle trouve en Harry le visage de l'amour au prix de sa séparation d'avec Dieu.

➤ *Œuvres romanesques et théâtrales complètes*, « Pléiade », III.

V. ANGLARD

ASPREMONT. Chanson de geste anonyme, composée à la fin du XIIe ou au début du XIIIe siècle. Formée de 11 376 décasyllabes assonancés ou rimés, selon les versions, elle est rattachée à la « geste du Roi ».
Le poème conte l'expédition victorieuse de l'Europe chrétienne, menée en Italie méridionale sous la direction de Charlemagne contre les Sarrasins du roi Agolant et qui aboutit à la création d'un nouveau royaume chrétien.

L'Aspromonte est un massif de Calabre, dans la chanson une montagne, de part et d'autre de laquelle se sont rassemblées les deux armées. Depuis le XIe siècle, il existait un royaume de Sicile (incluant la Calabre), dont la reine était, à l'époque de la chanson, une fille d'Henri II Plantagenêt et *Aspremont* a pu apparaître comme destiné en partie à la glorification de cette dynastie. Le texte fait aussi une place importante à Girart de Fraite, dont le modèle historique se retrouve, dans l'ensemble de la production épique, sous les noms de *Girart de Vienne* (voir cycle de **Guillaume d'Orange*) et de **Girart de Roussillon*.

À sa cour d'Afrique, le roi sarrasin Agolant nourrit des rêves d'empire pour lui et son fils Eaumont. Au même moment, Charlemagne se fait couronner par le pape à Aix-la-Chapelle. Le défi envoyé par Agolant est relevé, l'Aspremont choisi comme lieu d'affrontement, toutes les forces chrétiennes mobilisées : les rois d'Angleterre, de Frise, de Hongrie, répondent immédiatement à l'appel ; après de vives réticences, le comte de Vienne, Girart de Fraite, fait de même, mais en gardant son autonomie ; se joignent aussi à l'expédition le tout jeune Roland et ses compagnons de jeux, qui réussissent à s'échapper de Laon où l'on avait voulu les retenir. Après une première victoire remportée par Girart de Fraite, de violents combats opposent les troupes de Charlemagne d'abord à celles d'Eaumont qui sera tué par Roland, puis à celles d'Agolant lui-même qui y trouvera aussi la mort. Les païens finissent par être défaits, les femmes sarrasines se convertissent en masse et épousent des chrétiens : la veuve d'Agolant est donnée en mariage à Florent, fils de Girart, prince hongrois par sa mère, qui devient roi de Sicile.

Influencé par la **Chanson de Roland*, le texte en exploite les scènes devenues les plus célèbres (les descriptions successives des cours païenne et chrétienne, le choix d'un ambassadeur, le son du cor) et s'en présente comme l'avent, en incluant les premiers exploits de l'enfant Roland qui y gagne son olifant et son épée Durendal sur le païen Eaumont. Mais, composée à l'époque de la troisième croisade (celle de Philippe Auguste, Richard Cœur de Lion et Frédéric Barberousse), cette chanson porte, outre la trace d'autres textes littéraires, celle de mentalités contemporaines. Avec l'appel à la guerre sainte et la coalition des forces chrétiennes, qui seront aidées par saint Georges, l'esprit de croisade y est explicite, qui transcende les oppositions sociales et les rivalités personnelles : Girart de Fraite, l'ennemi de Charlemagne, se joint finalement à l'expédition et en reste jusqu'au bout le héros ; place y est faite aussi non seulement aux chevaliers sans avoir et aux enfants, mais encore aux nombreux roturiers, cuisiniers, jongleurs et autres serviteurs que, pour combler les rangs d'une armée décimée, Charles adoube avant l'affrontement final.

Le cadre donné aux opérations a valu à la chanson une postérité particulière en Italie, où se sont développées des versions franco-italiennes et italiennes, en vers puis en prose, dont l'une, restée des plus célèbres, est l'*Aspromonte* d'Andrea de Barberino (milieu du XVe siècle). Mais l'histoire s'en est répandue aussi dans toute l'Europe, où elle a été intégrée dans les biographies poétiques de Charlemagne : le *Charlemagne* de Girart d'Amiens (fin du XIIIe siècle) semble avoir contenu originellement une « chanson d'Aspremont » en alexandrins ; une version norroise se trouve incluse dans la *Karlamagnussaga*, compilée au XIIIe siècle pour le roi de Norvège ; et plusieurs versions françaises ont servi aux **Chroniques et Conquêtes de Charlemagne* (milieu du XVe siècle) attribuées à David Aubert.

● *Romania*, t. 79, 1958 (p.p. J. Monfrin, fragments) ; Genève, Droz, 1975 et 1980 (A. de Mandach, *Naissance et Développement de la chanson de geste en Europe*, III et IV) ; Bologne, Patrón, 1977 (trad. p. M. Boni).

N. ANDRIEUX-REIX

ASSEZ. Voir TÊTES-MORTES, de S. Beckett.

ASSOMMOIR (l'). Roman d'Émile **Zola** (1840-1902), publié à Paris en feuilleton dans *le Bien public* d'avril à juin 1876, puis, après une interruption due à certaines difficultés politiques et éditoriales, dans *la République des lettres*, une revue d'orientation parnassienne, de juillet 1876 à janvier 1877. Une première partie paraît en volume en 1876, mais la véritable originale date de 1877, toutes deux à Paris chez Charpentier.

L'immense succès public du septième roman de la série des **Rougon-Macquart*, tient en partie au scandale qui accueillit sa publication, avec notamment des articles dans *le Figaro, le Gaulois, le Journal des débats*. On sait aussi qu'à côté de l'enthousiasme de Huysmans et de Mallarmé, certains « excès » arrêtèrent E. de Goncourt, pionnier pourtant dans la description de ce monde nouveau : celui du peuple. Mais l'œuvre de Zola reste radicalement nouvelle et correspond à un investissement personnel considérable : visites, notes, lectures (notamment *le Sublime* de D. Poulot). Par ailleurs, sa vie passée l'a conduit à fréquenter, jeune homme, les milieux dont il parle, et il a connu aussi les aspects politiques d'une situation qui le marque et l'indigne. Il adapta le roman pour la scène, en collaboration avec Busnach et Gastineau (1879).

Dans sa Préface, Zola revendique la rigueur de son plan, la moralité de ses ambitions, la vérité de son tableau.

Gervaise est arrivée dans un Paris pauvre et hostile. Lantier, son amant, n'est pas rentré à l'hôtel où ils logent avec leurs deux fils, Claude et Étienne. Chapelier de métier, Lantier est paresseux et infidèle : les scènes de ménage se multiplient. Au lavoir, Gervaise est provoquée par Virginie, la sœur d'Adèle, la nouvelle amie de Lantier. Une bataille s'engage alors, dont Gervaise sort victorieuse (chap. 1).

Quittée par Lantier, elle se retrouve seule, mais Coupeau, ouvrier zingueur et couvreur, lui fait la cour, notamment à l'Assommoir, le cabaret du père Colombe. Ils se mettent en ménage dans le triste immeuble de la Goutte-d'Or, où habite la sœur de Coupeau, mariée à Lorilleux, un artisan avare qui travaille l'or. Ils vont se marier (2).

La noce se rend d'abord à la mairie, puis à l'église. Après un petit repas, on se dirige, pour passer le temps, vers le musée du Louvre où le « cortège » se perd. On monte à la colonne Vendôme avant de revenir pour le grand repas du soir : Mes-Bottes, un ami, engloutit des portions formidables. On commence à médire de Gervaise qu'on appelle la « Banban » parce qu'elle boite. Au retour, elle rencontre le sinistre croque-mort Bazouge. Grâce au travail et à l'économie, le ménage prospère et a un enfant, Nana. Goujet, un forgeron, ouvrier solide et sûr, vit avec sa mère à côté des Coupeau : il devient l'ami de Gervaise. Un jour, en travaillant, Coupeau tombe d'un toit et se casse une jambe. L'accident fera fondre les économies du ménage (3-5).

Grâce à l'argent que lui prête Goujet, Gervaise peut s'établir blanchisseuse et prospère au point d'engager des ouvrières. Elle gagne honnêtement sa vie, même si elle s'avachit progressivement. Elle voit souvent Goujet qu'elle ne peut rembourser. Elle retrouve aussi Virginie qui lui parle de Lantier, tandis que Coupeau, désormais infirme et sans travail, traîne de plus en plus au cabaret avec ses amis Mes-Bottes, Bibi-la-Grillade et Bec-Salé (6-7). Gervaise a préparé un grand repas dont le sommet sera une oie rôtie. On boit beaucoup et l'on chante au dessert. Lantier, qui est revenu, devient l'ami du couple. Il va vivre dans la boutique tout en refaisant la cour à Gervaise que, de son côté, Goujet aime d'un amour chaste (8-9).

Coupeau s'installe dans la paresse, Gervaise aussi se laisse aller ; elle grossit, ne travaille plus aussi bien, perd son argent et sa réputation, se trouve finalement obligée de déménager (10) ; tandis que Virginie et Poisson son mari reprennent la boutique, Nana grandit. Tout se dégrade : Lalie, enfant martyr des Bijard, se fait battre violemment. Coupeau, malade d'ivrognerie, est obligé d'entrer à Sainte-Anne. Gervaise elle-même sombre dans l'alcoolisme (11). Nana aussi tourne mal : devenue fleuriste, elle se laisse courtiser et entretenir par un « vieux », fugue à plusieurs reprises, court les bastringues, devient une femme entretenue, tandis que Coupeau multiplie les séjours à l'asile. Il y a de moins en moins d'argent. C'est l'hiver, tout part au Mont-de-Piété, la faim arrive, tandis que Lalie, l'enfant martyr, disparaît. Gervaise, totalement démunie, en vient à se prostituer, se proposant même à Goujet, qu'elle n'a pas reconnu (12). Coupeau va mourir, au milieu des hallucinations du *delirium tremens*. Gervaise poursuit sa déchéance sociale avant de mourir, elle aussi. Elle sera enterrée par le croque-mort Bazouge déjà plusieurs fois rencontré (13).

L'Assommoir est le cabaret séducteur où Coupeau, puis Gervaise iront boire le poison (le « vitriol ») distillé par l'alambic. C'est à lui qu'on doit la dégradation physique, la folie, la déchéance sociale dans son ensemble, d'autant plus dramatiques qu'elles se cachent derrière l'apparence de la joie, de la convivialité. Mais il s'agit d'une euphorie diabolique, d'une énergie négative et illusoire qui n'a rien d'un travail : cette gaieté se transforme facilement en paresse, en violence et en forces de mort. Le phénomène de l'alcoolisme n'est donc pas simplement le résultat de certains facteurs psychosociaux : il est montré comme une sorte de maléfice symbolique et contagieux. Il trahit d'abord la fêlure familiale qui court à travers l'édifice des Rougon et des Macquart : quand Gervaise imite les convulsions de son mari à Sainte-Anne, elle retrouve sans doute la « tante Dide », de Plassans. Mais, l'alcoolisme est plus qu'un révélateur, comme le sont ailleurs une tension politique, une situation financière ou amoureuse. Au-delà de l'enjeu familial, il faut y voir l'aspect social et collectif d'un peuple tout entier menacé (dont l'emblème est Gervaise) : on conçoit que certains socialistes aient été choqués par une vision finalement aussi pessimiste du prolétariat urbain, aliéné et passif.

Le reproche cependant n'est guère fondé. D'abord parce qu'à côté des fous, des alcooliques, des pères bourreaux, des parasites, des coureuses, il y a le peuple digne : ce ne sont certes pas les Lorilleux, avares et jaloux, mais par exemple Goujet, le forgeron athlète et économe qui vit avec sa mère et aime Gervaise en secret, ou Lalie, la petite victime qui meurt à quatorze ans. Ensuite, parce que Zola propose un véritable tableau, non seulement concret mais cruel, de la condition ouvrière. Car le livre possède aussi cette audace, cette nouveauté de ne pas fuir le défi du tabou : on nous montre le travail du zingueur sur les toits, celui des artisans chaînistes en chambre, du forgeron virtuose qui fabrique ses clous et ses boulons, des blanchisseuses, des fleuristes. On nous montre aussi leur vie dans un décor triste et angoissant, le quotidien sale d'un quartier populaire : un passage, en particulier, décrit la maison de la Goutte-d'Or, sa promiscuité, ses odeurs rances, ses bruits perpétuels. Ces conditions de travail expliquent ou accompagnent l'alcoolisme, la misère morale et ses angoisses (l'accident du mari qui entraîne le manque d'argent, les enfants à nourrir, le terme à payer…). Le peuple n'est pas coupable.

À la condition ouvrière correspond aussi une authentique culture populaire : elle se définit d'abord en opposition à une culture officielle symbolisée par le Louvre (où la noce se perd). Mais positivement cette fois, c'est aussi un langage auquel Zola a voulu coller au plus près : en utilisant, comme on le sait, le style indirect libre dans lequel la narration est comme contaminée par la syntaxe et le vocabulaire du milieu linguistique qui en est l'objet. Cette culture populaire se traduit enfin par une certaine façon de vivre avec les autres, de conquérir ou de perdre son identité sociale. L'histoire du livre peut alors être comprise comme l'acquisition et la perte par Gervaise de cette identité : d'abord provinciale sans statut, puis blanchisseuse honorable et reconnue, enfin vieille souillon misérable. Et le signe de ce statut, c'est la possibilité d'une dépense ostentatoire qui passe par les meubles, les vêtements, la nourriture : l'oie rôtie montre par exemple un succès déjà menacé par le gaspillage et une perte dont l'ivresse est une autre forme.

Si l'Assommoir est un des sommets des Rougon-Macquart, il le doit à de violentes couleurs rouges et noires, au sang et à la mort, à la vie intense qui s'y déroule, mais menacée justement, et jusqu'à la mort, par cette intensité. Il le doit aussi à l'unité du livre, qui est due à sa courbe (le destin de Gervaise), mais aussi à l'utilisation nouvelle du style indirect libre qui accroît la participation du lecteur. Pour ces deux raisons, l'on peut rapprocher l'Assommoir d'une tragédie. Dans la mesure où on y trouve violence et passion, mais aussi parce que le sentiment d'une fin inéluctable, d'un destin biologico-social exemplaire suscite la terreur et la pitié.

● « GF », 1975 (p.p. J. Dubois) ; « Presses Pocket », 1989 (p.p. G. Gengembre). ➤ Les Rougon-Macquart, « Pléiade », II ; Œuvres complètes,

Cercle du Livre précieux, III ; les Rougon-Macquart, « Le Livre de Poche », VII (préf. F. Cavanna) ; id., « Folio », VII (préf. J.-L. Bory) ; id., « Bouquins », II.

A. PREISS

ASTRAGALE (l'). Roman d'Albertine **Sarrazin** (1937-1967), publié à Paris chez Jean-Jacques Pauvert en 1965.

Anne, mineure en fuite, se fracture l'astragale, un os du talon, en franchissant de nuit le mur de sa prison. Elle est recueillie par Julien, lui-même « casseur », qui la cache d'abord chez sa mère, puis chez des amis et la fait soigner à l'hôpital sous une fausse identité. Leur amour naît de ces entrevues trop brèves, clandestines, qui les réunissent au gré des « planques ». À Paris, Anne préfère l'hôtel aux amis de Julien : elle se prostitue, et retrouve enfin, avec l'indépendance, une relative liberté. Julien arrêté et emprisonné pour six mois, elle s'installe chez un de ses clients, Jean, qu'elle va jusqu'à cambrioler, audacieuse, distante et lucide. Julien enfin libre la rejoint ; et au cours d'une randonnée dans le nord de la France, ils décident de ne plus se quitter. Mais Anne ne rejoindra pas Julien au matin : elle est arrêtée à son tour.

L'Astragale est un roman largement autobiographique, et qui, sans doute, doit moins son immense succès à son originalité littéraire qu'à la personnalité de son auteur et à l'aura de scandale qui l'entourait. C'est qu'il décrit avec franchise et lucidité, avec une audace mesurée et un indéniable bonheur d'écriture, un monde en marge de la légalité, où débrouillardise rime volontiers avec couardise et abandon avec trahison. Et c'est aussi qu'il raconte avec infiniment de retenue, de pudeur et de sensibilité une histoire d'amour fou moderne, d'amants maudits auxquels l'alcool et le tabac procurent l'ivresse du philtre d'antan, qui choisissent leur destin avec fougue et déraison et n'en finissent pas de s'attendre, envers et contre tout ; les mots du dernier chapitre sonnent clair comme l'espoir : « Nous nous retrouverons. […] Le repos recule. »

Albertine Sarrazin raconte vite, ressuscite une atmosphère sans jamais céder à la facilité : aucune mièvrerie, aucun apitoiement dans un récit amoureux marqué par la sobriété, aucun pittoresque complaisant dans la peinture du milieu ; le livre ne force jamais sur l'exotisme, la violence ou l'étrangeté du vécu, mais s'impose au contraire une réserve et un retrait qui démentent la thèse d'une gloire établie uniquement sur la surprise du scandale. Car l'auteur montre une parfaite maîtrise de la langue, mêlant avec une belle réussite le lyrisme de longues phrases au rythme souple et aux images personnelles, et l'argot des dialogues rapides. Écrivant au présent et à la première personne, mais transposant volontiers, modifiant les prénoms, les situations parfois (la fin du livre est une pure création romanesque), elle recrée en s'en démarquant le cadre de son adolescence et du début de sa vie d'adulte, sans analyser ni chercher à se justifier.

● « Le Livre de Poche », 1968.

V. STEMMER

ASTRATE, roi de Tyr. Tragédie en cinq actes et en vers de Philippe **Quinault** (1635-1688), créée à Paris à l'hôtel de Bourgogne en 1664, et publiée à Paris chez Luyne, Jolly et Quinet en 1665.

Le succès de cette tragédie, qui dura encore au XVIIIe siècle, ne désarma pas les détracteurs de Quinault, notamment Boileau, qui l'attaqua dans ses *Satires* (III) puis dans son Dialogue des héros de roman. Il lui reprochait le ton trop tendre des personnages, l'absence de fondements historiques (malgré les références, il est vrai très faibles, données par Quinault) et une construction trop lâche. Cette pièce, qui s'inscrit à mi-parcours de la carrière de l'auteur, propose pourtant une vision politique originale et des amoureux moins falots qu'on a coutume de le dire : l'intrigue fait s'affronter des destins dont le machiavélisme s'empare irrévocablement.

Agénor est sur le point d'épouser Élise selon les vœux de son propre père, usurpateur du trône, à la mort duquel elle est devenue reine de Tyr et a fait tuer l'ancien roi et ses fils, un seul excepté, pour lequel Tyr serait prête à se soulever. Astrate, fils de Sichée, conseiller de la reine, aime Élise et se désespère ; mais on annonce que le mariage est différé. Élise voudrait épouser Astrate malgré les réticences de Sichée (Acte I).

Un oracle prédit à Élise que le fils survivant de l'ancien roi causera sa perte et celle de l'Empire. Agénor se rend aux désirs d'Élise et la libère du vœu paternel. Elle en est surprise mais elle aime Astrate et éprouve son ardeur. Celui-ci, respectueux de la reine, fait l'éloge de son rival (Acte II).

On vient apprendre à Astrate la découverte de rebelles qu'il s'est engagé à livrer à la reine. Celle-ci, déçue par leur dernière entrevue, a promis le mariage à Agénor lequel, fort d'un anneau qui lui donne tout pouvoir, veut faire arrêter Astrate. Mais Sichée intervient sur ordre d'Élise et fait arrêter Agénor ! Astrate voudrait livrer les factieux ; Sichée lui révèle alors être le chef de la révolte (Acte III).

Astrate vole au secours de la reine et obtient sa clémence envers Sichée. Celui-ci révèle alors à Astrate qu'il est le fils de l'ancien roi. Il renonce donc à Élise comme elle refuse de conserver le trône à ses dépens (Acte IV).

Sichée est assuré qu'Élise va se suicider pour laisser à Astrate un trône sans tache. Apprenant qu'elle s'est empoisonnée, Astrate s'évanouit. Sichée, lui, est heureux : le roi légitime est de nouveau sur le trône (Acte V).

On peut certes émettre des restrictions sur la rigueur de la construction d'*Astrate* : l'épisode de l'anneau, par exemple, ne semble pas nécessaire au bon déroulement de l'intrigue. Le personnage d'Agénor lui-même est sans grand intérêt, mais souligne par contraste à quel point Astrate incarne à la fois l'idéal précieux en amour, et celui de la vertu politique. Si Astrate sacrifie son amour à l'apparent bon vouloir de sa dame, justifiant ainsi l'image de tendre héros qu'on lui donne parfois, Agénor, lui, cynique, préférant la possession du corps aux satisfactions spirituelles que lui oppose Astrate (III, 3), rappelle le personnage d'Hylas dans l'*Astrée*. De plus, Astrate n'est pas qu'un amoureux transi : sa passion sait qu'elle doit composer avec des nécessités politiques. Il renonce à Élise par respect du vœu qui la destinait à Agénor aussi bien que par souci de stabilité du pouvoir (v. 709-710). Mais il faut souligner que la banalité d'une opposition entre raison d'État et amour est dépassée par le personnage d'Élise. Cette usurpatrice fait preuve d'un grand réalisme politique : non seulement elle a achevé l'œuvre de son père par l'assassinat de l'ancienne famille régnante qu'il s'était contenté d'emprisonner, mais elle aspire à parfaire cette entreprise en élevant ce nouveau pouvoir à plus de dignité et, pour ainsi dire, en lui offrant une légitimité par son mariage avec Astrate. Si l'on ne peut douter de son amour, le calcul reste pourtant présent dans ce choix : « Il a de la vertu, c'est de quoi j'ai besoin » (v. 278). Les sentiments rejoignent l'intérêt de l'État. Le machiavélisme d'Élise (« Et la raison d'État veut souvent qu'on préfère / À la vertu nuisible un crime nécessaire », v. 335-336) dont l'originalité est à souligner dans les tragédies de cette époque, nuit en définitive plus à elle-même qu'à Astrate : « Mon destin me demande encore cette victime » (v. 340), dit-elle, désignant sans le savoir celui qu'elle aime. De fait, seule sa propre mort peut la faire échapper à son destin de criminelle (et non Astrate, malgré le désir qu'il en a) pour lui offrir celui de victime tragique. C'est ainsi que l'usurpatrice parvient à faire oublier son passé politique, tandis que Sichée, que le spectateur devrait estimer pour sa vertu inébranlable et sa fidélité au pouvoir légitime – mais qui, comme l'a fait remarquer J. Truchet, n'est guère sympathique –, devient paradoxalement le personnage machiavélique par excellence tant il semble s'acquitter avec aisance de sa mission (V, 2), lorsqu'il vient s'assurer qu'Élise se donnera bien la mort. On le voit, le traitement de la question politique est particulièrement subtil dans *Astrate*, et s'enrichit d'une peinture diversifiée de la passion ainsi que d'une thématique du destin qui va au-delà du simple *deus ex machina* à quoi il est souvent réduit dans les tragédies. Ensemble, ces éléments composent une vision pessimiste de la liberté individuelle qui n'est pas sans rappeler La Rochefoucauld, et dont l'intérêt doit être souligné.

● University of Exeter, 1980 (p.p. E.J. Campion) ; « Pléiade », 1986 (*Théâtre du XVIIᵉ siècle*, II, p.p. J. Scherer et J. Truchet). ➤ *Théâtre*, Slatkine.

P. GAUTHIER

ASTRÉE (l'). Roman d'Honoré d'**Urfé** (1567-1625), publié à Paris chez Toussaint du Bray en 1607 (première partie), chez Micard en 1610 (deuxième partie), chez T. du Bray en 1619 (troisième partie) et par Balthazar Baro chez T. du Bray en 1627 (quatrième partie). Baro composa une cinquième partie publiée à Paris chez François Pommeray en 1628.

Chacune des parties comporte douze livres ; la quatrième partie fut publiée partiellement en 1624, et désavouée alors par d'Urfé. À sa mort (1625), elle demeurait manuscrite (pour les quatre premiers livres) et Baro ne prétendit faire qu'un travail d'édition (la *Vraie Astrée*, 1627), bien qu'il la complétât sans doute. Il composa en revanche entièrement la cinquième partie, qui achève le plan initial de l'auteur (la *Conclusion et dernière partie d'Astrée*, 1628).

Première partie. Dans la Gaule du Vᵉ siècle apr. J.-C., déchirée par les guerres incessantes, la région du Forez est miraculeusement épargnée. Au bord de la rivière Lignon s'est établie à l'écart des intrigues de la cour de Marcilly, où règne la reine Amasis, et des violences guerrières du bouillant Polémas, une société pastorale constituée de bergers et de nymphes. Le berger Céladon aime la bergère Astrée, malgré la rivalité de leurs deux familles. Trompée sur la fidélité de son amant par un rival (Sémire), Astrée le chasse. De désespoir, Céladon se jette dans le Lignon ; tout le monde le croit alors noyé. En fait, il a survécu, recueilli par trois nymphes, la princesse Galathée (fille d'Amasis, aimée de Polémas, qu'elle n'aime pas) et ses deux suivantes, Léonide et Sylvie. Elles étaient venues sur les bords du Lignon pour chercher l'époux que le devin Climanthe avait prédit à Galathée (il s'agit en fait d'un faux oracle inventé par Polémas pour séduire la princesse). Celle-ci s'éprend de Céladon et veut le garder auprès d'elle dans le palais d'Isoure. Tombé malade, Céladon est alors soigné par le druide Adamas que sa nièce Léonide a fait venir, à la suite d'un long périple qui donne lieu à une série de récits rétrospectifs (livres IV à VIII). Adamas, qui sait par un oracle que son propre bonheur dépend de l'union d'Astrée et de Céladon, parvient à le faire échapper du palais d'Isoure, déguisé en nymphe.

Deuxième partie. Céladon vit retiré dans la forêt ; tout à son amour pour Astrée, qu'il ne reverra que si elle y consent, il lui élève un temple dans la nature. Une lettre laissée auprès du berger Silvandre, qu'il avait trouvé endormi, attire Astrée et ses compagnons vers la retraite où vit Céladon. Ils y découvrent le temple dressé en l'honneur d'Astrée, où se trouvent les « tables d'Amour » (livre V). Le lendemain matin, Céladon surprend Astrée endormie à proximité de sa grotte et lui laisse une lettre ; mais le style ambigu de celle-ci renforce Astrée dans sa conviction que Céladon est mort. Elle lui élève un autel et lui rend les honneurs funèbres. Entre-temps, le druide Adamas, qui tient à réunir Céladon et Astrée, le persuade de revenir parmi les bergers sous le déguisement de sa fille, Alexis, qui était alors pensionnaire au couvent des druides. Les livres XI et XII donnent ensuite lieu à des récits concernant la cour de l'empereur Valentinian : on suit deux belles princesses, Eudoxe et Placidie, dans leurs aventures à travers le monde méditerranéen. La deuxième partie s'achève sur l'attente du retour de la « belle Alexis » parmi les bergers.

Troisième partie. Frappée par la ressemblance d'Alexis avec Céladon, Astrée éprouve une amitié passionnée pour la jeune fille. Les fêtes du Gui sont l'occasion pour Adamas et Alexis de vivre chez Astrée. Céladon-Alexis y partage alors une douce intimité avec celle qu'il aime, conservant toutefois le secret de sa véritable identité. Le livre XII, qui contient l'« histoire de Childéric, de Silviane et d'Andrimarte », infléchit le cours des événements avec l'irruption de la menace militaire qui pèse sur Marcilly, et qui éclatera avec les menées de Polémas dans la partie suivante.

Quatrième partie. Allié au roi des Burgondes (Gondebaud), Polémas entreprend d'attaquer Marcilly. Adamas y organise la défense, sur la demande de la reine Amasis. Grâce à lui, Climanthe, agent de Polémas, est démasqué ; il se tue dans sa prison. Polémas, pour se venger de ses échecs militaires, enlève Astrée, qui, par jeu, avait revêtu les habits d'Alexis ; Céladon, toujours déguisé, se précipite à sa suite et devient à son tour otage de Polémas. Utilisés comme boucliers humains lors d'un assaut contre Marcilly, les deux jeunes gens sont délivrés *in extremis* par Sémire, qui trahit ainsi Polémas pour racheter le mal qu'il leur avait causé.

Cinquième partie. Avec la fin de la guerre, réglée grâce à un combat singulier entre Lindamor (amant de Galathée) et Polémas (qui est tué), cette partie, centre de nouveau l'intrigue sur l'amour : le lieu principal en est la fontaine de la Vérité d'amour, qui révèle à ceux qui la regardent le visage de la personne qu'ils aiment. Cette fontaine enchantée est gardée par des lions et des licornes qui tuent ceux qui s'en approchent. Seul le sacrifice de parfaits amants rompra le sortilège ; Astrée fait alors le projet de se livrer aux fauves. Elle s'y rend avec Diane, autre bergère éprouvée par un amour malheureux, tandis que Céladon et Silvandre (amoureux de Diane) y vont de leur côté. Amour apparaît alors, au milieu d'un orage prodigieux, et permet les heureuses retrouvailles de tous ces amants, après une dernière péripétie concernant l'identité de Silvandre : c'est Pâris, le vrai fils d'Adamas, que tous les oracles destinaient à Diane. Tout s'achève donc dans la félicité des noces, y compris celles de l'inconstant Hylas avec Stelle l'inconstante.

Œuvre majeure de son temps, qui irrigua en profondeur tout l'imaginaire littéraire (et la culture en général) du XVIIe siècle, *l'Astrée* offre au lecteur moderne le massif de ses quelque cinq mille pages comme un véritable défi. Défi à notre conception du roman, puisque *l'Astrée*, échappant à nos critères d'appréciation, se constitue avant tout comme une somme : somme de la tradition romanesque, au croisement du roman médiéval, de sa quête de la *fin'amor*, et du roman hellénistique, porteur de la tradition pastorale ; somme de la culture immense de son auteur, aux confins de la tradition humaniste et des nouveautés spirituelles de la Contre-Réforme ; somme, enfin, d'une époque tourmentée, à laquelle l'univers romanesque semble apporter une réponse faite d'idéal et d'harmonie : ce monde où la paix triomphe est l'œuvre d'un homme de guerre. À l'aspect monumental de l'ouvrage s'ajoute une structure qui échappe en bonne part à ce que le lecteur moderne attend du roman : autour d'une intrigue centrale – celle qui engage l'héroïne éponyme, Astrée, et son amoureux Céladon –, se cristallisent, avec une incroyable variété dans l'imbrication, de nombreuses histoires : tantôt ce sont des retours en arrière (Céladon qui conte l'histoire de son père Alcippe, Astrée qui évoque la naissance de son amour pour Céladon), tantôt il s'agit de digressions rappelant le sort des autres personnages (Léonide contant l'histoire de Galathée et de Lindamor, l'histoire de Damon et Madonte, racontée par Madonte) ou le récit d'aventures plus lointaines encore (celles d'Eudoxe et de Placidie, II, 11 et 12). D'autres interruptions dans le fil narratif sont constituées par des moments plus réflexifs, où l'on discute de l'amour : éloge de l'inconstance par Hylas (I, 8), exposé de sa philosophie sur la sympathie des âmes par Adamas (III, 5). Ainsi il serait injuste de réduire *l'Astrée* aux mésaventures du couple Astrée-Céladon : ce serait négliger la longue intrigue, aux retombées politiques, dont Galathée est le centre, avec la rivalité initiale entre Lindamor et Polémas (qui provoque l'exil de Lindamor, entré alors au service de Mérovée, et qui justifie les visées belliqueuses de Polémas). Ce serait aussi omettre l'histoire parallèle, non dénuée d'intérêt et de ressources, de Silvandre et de Diane, qui trouve sa solution en même temps que celle d'Astrée et de Céladon. Enfin, à la double figure de la fidélité incarnée par les parfaits amants, il faut joindre le nécessaire contrepoint de l'amant infidèle – par système –, Hylas ; sa « doctrine » ne prend en effet tout son sens que par contraste avec les convictions des autres personnages.

Le lecteur moderne peut être frappé aussi par la tentative de faire œuvre totale sur le plan formel : car d'Urfé mêle la prose et les vers, il insère des lettres, et vise, par bien des aspects, à une véritable dramaturgie pastorale (les cinq parties constituant pour ainsi dire les cinq actes d'une tragicomédie, et le recours constant au travestissement étant un procédé de théâtre).

L'autre gageure est d'avoir voulu faire réellement œuvre de civilisation. Le XVIIe siècle ne s'y trompera pas, qui trou-

vera dans *l'Astrée* son véritable guide de politesse et de sociabilité ; de fait, il offre au monde des gentilshommes, vaillants porteurs d'épée, mais souvent mal dégrossis, un modèle de civilité. L'idéal de cour, hérité de l'Italie et cristallisé dans le *Cortegiano* de Castiglione, que les Académies des Valois avaient tenté de naturaliser en France, constitue la toile de fond de l'univers astréen. On y débat d'amour, on y préfère les billets galants, les chants et la danse à la violence qui est inévitable dans l'action. Et pourtant, la guerre n'est pas absente de ce livre, comme en témoigne la quatrième partie, où elle fait irruption dans la cité idéale : Polémas (avatar du Picrochole rabelaisien) échouera sans doute, mais il faut garder à l'esprit la menace qu'il représente. Le monde de d'Urfé n'est donc pas irréaliste, même s'il se constitue aux marges du réel.

Les personnages ont en effet volontairement abandonné la cour et la ville ; à l'image d'Astrée, incarnation de la justice, qui a quitté la terre lorsque l'âge d'or a pris fin (avec l'apparition de la guerre), ces bergers ont décidé de vivre séparés du monde. Mais l'harmonie de leur univers n'est pas encore parfaitement accomplie : n'est-ce pas la jalousie qui provoque la rupture initiale ? Et ce sont les retrouvailles d'Astrée et de Céladon qui feront renaître l'harmonie de la communauté. Il serait même plus juste de dire que cette harmonie « naît » de la réconciliation finale ; car il fallait la quête de Céladon, celle aussi de Silvandre (qui découvre, symbole important, sa véritable identité), pour que l'ordre pût renaître sur des bases saines. C'est désormais en connaissance de cause que les bergers vivront leur vie pastorale, et il fallait la somme de ces milliers de pages pour y parvenir.

Pourtant, le temps n'y joue pas le rôle que l'on pourrait croire ; la durée effective de l'action n'excède pas six mois (du printemps à octobre). Le début *in medias res* justifie simplement de nombreux retours en arrière, qui donnent progressivement une épaisseur chronologique au récit (en l'ancrant, notamment, dans ses origines). La concentration temporelle va de pair avec l'enfermement local : le Forez, pays natal de l'auteur qu'il célèbre en le choisissant pour cadre de son roman, est une « petite patrie », le *locus amœnus* traditionnel de la pastorale, *hortus conclusus* d'où sont exclus tous les excès, violence et défauts du monde extérieur (tel le « jardin de Déduit » du **Roman de la Rose*). Dans l'« Épître » placée en tête de la première partie, d'Urfé explique ainsi son choix : « Que si quelqu'un me blâme de t'avoir choisi [il s'adresse à Astrée] un théâtre si peu renommé en Europe, t'ayant élu le Forez, petite contrée, et peu connue parmi les Gaules, réponds-leur, ma bergère, que c'est le lieu de ta naissance, que ce nom de Forez sonne je ne sais quoi de champêtre, et que le pays est tellement composé, et même le long de la rivière de Lignon, qu'il semble qu'il convie chacun à y vouloir passer une vie semblable. Mais qu'outre toutes ces considérations encore j'ai jugé qu'il valait mieux que j'honorasse ce pays, où ceux dont je suis descendu […] ont vécu si honorablement par tant de siècles. »

La description qui ouvre le roman confirme les vertus de fertilité, d'agrément – et d'isolement – du lieu. D'Urfé a donné au cadre sentimental de son enfance la portée d'un lieu idéal hautement littéraire et symbolique. Le siècle qui prend pour repère la carte du Tendre (voir **Clélie*) s'en souviendra constamment.

Car là est un des traits frappants de l'œuvre : au référent fortement localisé, si attaché à la biographie de l'auteur, le roman confère peu à peu une étendue et un enracinement rendus plus vastes et plus profonds par le jeu de la mémoire littéraire. De même que les récits insérés nous entraînent vers les horizons lointains (Venise, Constantinople, Rome ou l'Afrique), l'univers pastoral nous renvoie à tout un paysage littéraire consacré par la plus lointaine tradition. D'Urfé, suivant la leçon de ses prédécesseurs espagnols (Cervantès ou Montemayor) et italien (Sannazar et son *Arcadie*), recrée à son tour l'univers idéal d'une nature heu-

Balzac

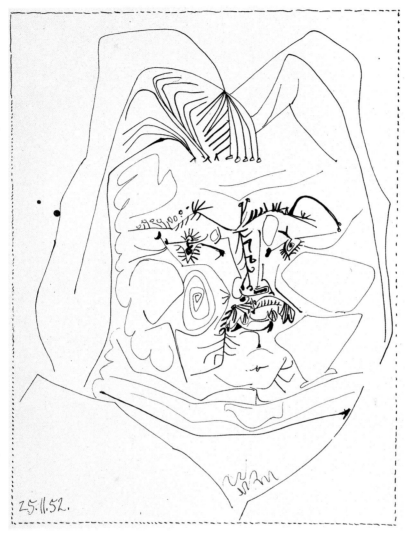

Balzac.
Lithographie de Pablo Picasso (1881-1973).
Collection particulière. Ph. Jeanbor © Arch. Photeb © SPADEM, Paris, 1994.

L'âge moderne a trouvé en lui son peintre et son prophète. Et si ce nouveau Dante a exploré dans l'enthousiasme et la douleur tous les « cercles » de la société française, c'est à travers sa *Comédie humaine* que nous voyons encore aujourd'hui le XIXe siècle : avec sa vie parisienne et sa province, son argent et ses passions, ses femmes de trente ans et ses courtisanes, ses pères de famille avares et ses jeunes ambitieux, ses banquiers, ses médecins, ses artistes... Honoré de Balzac (1799-1850), ses nuits de travail, ses litres de café, ses épreuves à corriger, ses dettes et ses projets délirants : la légende est à la mesure de l'œuvre. Son auteur, « secrétaire » de son époque, mort sans achever sa

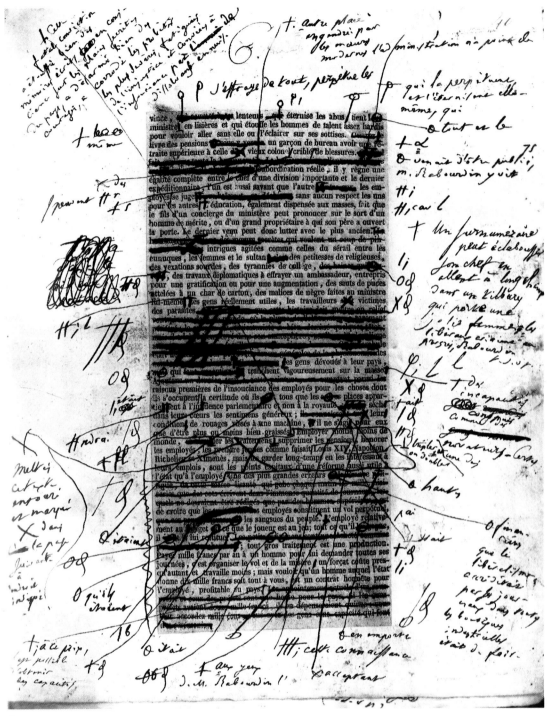

Épreuve corrigée de la main de Balzac.
Ph. © Giraudon.

cathédrale, a ainsi réussi à peupler
« l'état-civil » romanesque d'une foule
immense de personnages transformés en
types éternels — on dit un Rastignac
comme un Harpagon — dont le retour,
l'idée de génie trouvée « après coup »,
garantit l'effet de réel. C'est aussi
avec Balzac, qui a deviné les mutations
profondes de son temps, la fin du
monde aristocratique et les débuts du
capitalisme financier, que le roman
s'affirme comme genre souverain et

« Honoré de Balzac,
Frédérick Lemaître et
Théophile Gautier », 1840.
Aquarelle de Grandville
(1803-1847).
Collection particulière.
Ph. Jeanbor © Arch. Photeb.

« Balzac et ses personnages », 1838.
Dessin de Prosper Mérimée (1803-1870).
Maison de Balzac, Paris. Ph. © Jean-Loup Charmet.

Eugénie Grandet, première page de l'édition
Maresq, 1852. Gravures par Célestin Nanteuil
(1813-1873) et Gustave Staal (1817-1882).
Maison de Balzac, Paris. Ph. Jeanbor © Arch. Photeb.

Poupées aide-mémoire pour
les personnages de *la Comédie humaine*.
Maison de Balzac, Paris. Ph. © Jean-Loup Charmet.

protéiforme : les descriptions qui fouillent l'« envers » d'un Paris fantastique ou d'une Province ambivalente (lieu de l'ennui et de la mort comme le Saumur d'*Eugénie Grandet*, terre de l'amour comme la Touraine du *Lys dans la vallée*), les célèbres « voici pourquoi », si souvent parodiés, les péripéties de roman-feuilleton et le lyrisme poétique...

Rastignac, resté seul, fit quelques pas vers le haut du cimetiere... —PAGE 58.

« Eugène de Rastignac ». Gravure par Laisné
pour *le Père Goriot*, Paris, Imprimerie Simon Raçon, 1852.
Bibliothèque nationale, Paris. Ph. © Bibl. nat./Arch. Photeb.

« L'Arrestation de Vautrin ».
Illustration de Quint pour
le Père Goriot, Paris, Kieffer, 1922.
Maison de Balzac, Paris.
Ph. © Jean-Loup Charmet © Quint - D.R.

La Peau de chagrin, film réalisé en 1909
par Albert Capellani (1871-1931).
Ph. © coll. La Cinémathèque Française.

reuse et paisible, où la fête et l'amour sont les seules préoccupations d'un peuple qui a choisi volontairement la houlette et la panetière. Les bergers ont résolument tourné le dos à la carrière des armes et des conquêtes, comme le bienheureux Tityre de la première *Bucolique* de Virgile.

Dans un autre registre, mais de façon identique, l'érudition monumentale de son auteur, qui combine les nombreuses traditions léguées par l'humanisme, fait de ce livre le miroir de toute une philosophie morale, issue de l'Antiquité et revivifiée à la fois par le néoplatonisme italien et la spiritualité de la Contre-Réforme. L'amour, tel qu'il apparaît dans *l'Astrée*, est véritablement principe d'harmonie à l'échelle cosmique. L'initiation que subit en fait Céladon – ne serait-ce que par le dépouillement de l'apparence virile que lui impose Adamas, grand prêtre tutélaire de ce rite – va dans le sens d'une ascèse spirituelle : l'amour est avant tout celui des grandes âmes, des natures généreuses, même si le trouble (que l'on songe aux rapports ambigus d'Astrée et d'Alexis-Céladon) n'est pas absent. D'ailleurs, la beauté plastique est constamment célébrée au fil de ces pages, rappellant qu'elle est la marque ici-bas de la bonté, du bien souverain, comme le concevait le platonisme hérité de la Renaissance. Ce platonisme est évidemment présent dans la conception de l'amour développée dans *l'Astrée*, et l'on peut se référer aux androgynes de la théorie platonicienne pour comprendre la fonction du travestissement : l'harmonie et le bonheur dans lequel vivent Astrée et Alexis-Céladon s'expliqueraient par l'androgynie du travesti, gage de complétude et d'équilibre. Il faut ajouter à cela l'idéal de l'« honnête amitié », dont les origines sont à chercher cette fois dans la tradition médiévale. D'Urfé nous convie donc à un véritable syncrétisme concernant la religion de l'amour, et même la plus charnelle concupiscence a droit de cité par la bouche de l'inconstant Hylas, dont le nom même évoque la matière (*hylè*, en grec). L'amour est ainsi représenté, au fil du roman, sous toutes les formes qu'il peut prendre, preuve du caractère « encyclopédique » de cette entreprise.

Une autre voie vers laquelle nous entraîne d'Urfé est celle d'une réflexion sur la « politique » de l'âge d'or. La figure éminente d'Adamas, druide mais aussi précieux conseiller de la reine Amasis, qui s'oppose en définitive à la violence guerrière de Polémas, est centrale dans ce contexte. Le romancier retrouve ici une rêverie sur les origines gauloises que tout le XVIe siècle avait entretenue ; lorsque Adamas explique que les Francs sont d'anciens Gaulois, il nous propose une quête des origines, qui rétablit la véritable filiation, excluant (par une sorte de gallicanisme) les Romains de la tradition et de l'héritage de la culture (la *translatio studii*). Les origines gauloises et franques des peuples du Forez justifient la liberté dont ils jouissent, les « franchises » précisément. On peut croire que l'idéal aristocratique des Francs avait séduit le ligueur que fut d'Urfé : face aux prétentions d'un monarque autocratique, il préfère la prééminence religieuse et politique d'une élite, fût-elle regroupée autour d'un prince fédérateur. Ainsi, dans le roman, ce sont les chevaliers qui d'eux-mêmes rejoignent le camp d'Amasis et d'Adamas, pour contrecarrer les menées de Polémas. Une autre conséquence de cette théorie des origines gauloises est le syncrétisme religieux qui règne dans le Forez ; en effet, la grande affaire de cette société, outre l'amour, est la célébration des fêtes druidiques (voir dans la troisième partie la visite au temple de la bonne Déesse, à Bonlieu, livre II ; les fêtes du Gui salutaire, livre X). Cette religion gauloise est d'ailleurs dotée, par d'Urfé, de nombreux caractères annonçant le christianisme (ce qui dépossède, une nouvelle fois, les Romains de la vraie tradition) : trinité du Dieu qui est adoré, vénération d'une Vierge. En définitive, l'amour qui règne sur le Forez semble bien se résumer en l'amour de Dieu. L'isolement de cette société explique la pureté et l'ancienneté de sa religion, comme l'explique Adamas : « Parmi la tyrannie de ces étrangers [les Romains], nous avons toujours conservé quelque pureté en nos sacrifices et avons adoré comme il

faut [...]. Et maintenant que les Francs ont amené avec eux leurs druides, faisant bien paraître qu'ils ont été autrefois Gaulois, il semble que notre autorité et nos saintes coutumes reviennent en leur splendeur » (II, 8).

Avec l'invention d'une mythologie nationale, d'ailleurs fondée sur les recherches historiques de son temps (celles de Claude Fauchet, notamment), *l'Astrée* offre au public des années 1610 une véritable épopée fondatrice, qui situe les origines du royaume en deçà des querelles dynastiques qui venaient de déchirer la France. Enraciné dans un lieu et dans un passé légitimes, le monde pastoral offre à la nation française en quête d'identité des lettres de noblesse et d'ancienneté.

Ces quelques aspects témoignent clairement du caractère foisonnant de l'œuvre : somme d'un savoir et d'une culture, mais non pas tombeau, *l'Astrée* ne cultive pas la nostalgie de l'âge d'or dans une rêverie régressive et stérile. Ses convictions, héritées des enthousiasmes de la Renaissance et de la Contre-Réforme, exprimées par un homme qui fut, avant tout, d'action, sont plutôt fondées sur l'espoir de voir renaître une société qui y puiserait son dynamisme et ses cadres de pensée ; d'Urfé, en « civilisant » la noblesse française, en offrant à l'horizon intellectuel de son temps une fertile synthèse artistique et morale, a créé un véritable art de la société. Ses héritiers seront non seulement la cour ou les salons qui le prendront pour guide, mais tout projet artistique ou littéraire. Roman de formation du roman, *l'Astrée* a donné ses lettres de noblesse à l'idée même de littérature, lui proposant pour objet d'instituer l'homme, et non seulement de le divertir. Véritable *paideia*, éducation de l'homme au sens le plus plein, l'œuvre de d'Urfé « naturalise » les plus grandes ambitions de l'humanisme du siècle précédent. Elle aura pour lointains successeurs le **Télémaque* de Fénelon ou la **Nouvelle Héloïse* de Rousseau : tous deux pédagogues, tous deux persuadés de la haute mission confiée à la littérature et à ses prestiges. Si le lecteur moderne, même cultivé, a un peu oublié *l'Astrée*, il a moins que jamais oublié de demander aux livres ce que d'Urfé, avec d'autres pionniers, nous a appris à y chercher : une réflexion sur nous-mêmes et sur notre place dans ce bas monde, la tentative de la comprendre grâce aux chefs-d'œuvre de la plus haute culture.

● Genève, Slatkine, 1966, 5 vol. (réimp. éd. 1925-1928) ; « Folio », 1984 (éd. partielle, p.p. J. Lafond).

E. BURY

ATALA ou les Amours de deux sauvages dans le désert. Récit en prose de François-René, vicomte de **Chateaubriand** (1768-1848), publié à Paris chez Migneret en 1801 ; réédition dans le tome III du **Génie du christianisme* en 1802. L'édition définitive, précédée d'une « Préface d'Atala », publiée à Paris chez Le Normant en 1805, réunit en un même volume *Atala* et **René*. Le premier manuscrit date probablement de 1791, faisant partie du vaste ensemble dont sortiront, outre *Atala, les *Natchez, René,* et le **Voyage en Amérique.*

Sur les bords du Meschacebé, une nuit de pleine lune, Chactas, un vieillard de la tribu des Natchez, entreprend de raconter à René, un Français émigré en Louisiane en 1725, et pour lequel il s'est pris d'affection, les aventures de sa jeunesse. Capturé, à l'âge de vingt ans, par une tribu ennemie, condamné au bûcher, il a été délivré par une jeune Indienne éprise de lui, Atala. Alors qu'ils s'abritent dans la forêt contre un violent orage, celle-ci lui révèle qu'elle est en réalité la fille d'un Espagnol nommé Lopez et qu'elle a été élevée dans la religion chrétienne. Hébergés par un missionnaire, le père Aubry, dans la communauté que celui-ci a fondée, les deux jeunes gens paraissent promis au mariage. Pourtant, au retour d'une visite de la mission, Chactas et le prêtre retrouvent Atala mourante. Vouée dès sa naissance par sa mère à la virginité, la jeune fille a préféré le suicide au parjure. Ignorant qu'elle pouvait, au nom d'une passion légitime, être relevée de ses vœux, elle s'est empoisonnée et meurt dans la souffrance sous les yeux du père Aubry et de son amant, auquel elle a fait promettre de devenir chrétien. Éperdu de douleur, Chactas refuse pour Atala les pompes d'un enterrement solennel. Avec l'aide du prêtre, il roulera son corps dans une pièce de lin et le couchera à l'entrée d'une grotte de la mission, sur un lit d'herbes et de fleurs, répondant par un silence recueilli aux oraisons de son protecteur. Ce dernier périra plus tard lors du massacre de sa communauté par les Indiens et Chactas recueillera ses ossements avec ceux d'Atala.

Œuvre à résonances autobiographiques (Chateaubriand a connu lui-même cette nature américaine et se présente, dans l'Épilogue, comme un « voyageur aux terres lointaines »), œuvre qui répond surtout à la demande d'exotisme que son auteur avait retirée de l'*Histoire générale des voyages* de l'abbé Prévost, de *Paul et Virginie* de Bernardin de Saint-Pierre, et du roman anonyme *Odérahi* (1795), *Atala* est un texte à plusieurs destinées, dont aucune d'ailleurs ne lui fut fatale. Une année à peine après le retour de l'auteur de son exil anglais, *Atala*, son début littéraire, eut un succès foudroyant. Mais c'est aussi le texte qui, dans le *Génie du christianisme*, devait illustrer les « Harmonies de la religion chrétienne avec les scènes de la nature et les passions du cœur humain » (III, v), quoique ces « harmonies », et ces « passions » s'accordent mal, précisément, dans *Atala*. Dès 1801, Chateaubriand devait subir la critique de l'abbé Morellet, homme des Lumières, qui s'attaquait à l'invraisemblance et au style. L'auteur sut y répondre – en corrigeant ce style et en défendant la vraisemblance du récit.

C'est que la société que nous présente l'auteur n'est aucunement sauvée par la religion ni par ses propres « bonnes » forces. Elle est détruite par des guerres intestines, civiles. Le bon prêtre, lui aussi, succombe. Et le passionné Chactas, face à la vierge mourante, s'insurge contre la religion du père Aubry. Le malheur de Chactas deviendra le mal de René, et le premier « mal du siècle », ressenti par ceux qui souffrent des désaccords et des déchirures de cette époque. Chateaubriand lui-même n'échappe pas à ces soucis et s'engage dans le débat en faisant croire aux lecteurs que le mal tient à l'ignorance des deux amants : ce n'est pas Dieu, finalement, « qui contrarie la nature » des passions, mais l'homme qui doit, encore et toujours, apprendre à connaître les voies du Seigneur. « C'est votre éducation sauvage et le manque d'instruction nécessaire qui vous ont perdue », déclare sévèrement le père Aubry. L'excès de passion tue Atala, comme elle « tuera », dans *René*, Amélie, qui entre en religion.

Il faudra donc faciliter « le triomphe du christianisme sur la vie sauvage ». Ce sera le projet de Chateaubriand avec le *Génie du christianisme*. En attendant, il est légitime de voir, dans Chactas, l'image de l'auteur lui-même, et de relever telle réplique faite par Chactas qui aurait pu être dite par Chateaubriand : « Au lieu de cette paix [avec Atala] que j'osais alors me promettre, dans quel trouble n'ai-je point coulé mes jours ! Jouet continuel de la fortune, brisé sur tous les rivages, longtemps exilé de mon pays, et n'y trouvant, à mon retour, qu'une cabane en ruine et des amis dans la tombe. » Tel sera exactement le destin de Chateaubriand revenant en France en 1800. Vous ne perdez rien, dit le père Aubry consolant Atala, « en abordant sur les rivages de l'Europe, votre oreille eût été frappée de ce long cri de douleur, qui s'élève de cette vieille terre […] tout souffre, tout gémit ici-bas […]. » Bien que transportée en Amérique et reculée jusqu'en 1725, il semble bien que l'action d'*Atala* cadre avec la situation de la France sous la Révolution.

Atala, cette « sorte de poème » – c'est Chateaubriand qui le dit, mais lui aussi a du mal à classer le texte –, est donc, en même temps qu'un roman exotique et un texte apologétique, un témoignage autobiographique et politique. Œuvre de vérité, elle rehausse la force des passions, l'exil, la nécessité de la religion. Elle tient, en outre, une influence explosive d'un mélange de tons : classique par ses références à Antigone (Atala), moderne par son atmosphère ossianique, elle exerce une fascination jusqu'alors inconnue par le détour poétique de l'Amérique qui permet à Chateaubriand de consacrer de longs développements, dans son Prologue en particulier, à la nature exotique… qu'il n'a guère vue lui-même, mais dont il a lu la description chez d'autres auteurs. Cette nature lui a permis de réfléchir dans son texte d'autres textes littéraires, parmi lesquels le *Werther* de Goethe occupe une grande place. Il n'est plus question de la nature de Rousseau ou des Philosophes, mais d'une nature symbolique, mirage de l'homme en quête d'identification, et perdu dans la solitude postrévolutionnaire. Il a été possible à Chateaubriand, lui-même recherchant la vie heureuse des sauvages, et exilé au moment où il écrit *Atala*, de vivre une nature qu'il s'imaginait édénique, sorte de paradis terrestre peuplé de sauvages non corrompus. Cependant, pour bien juger de la valeur de cette image, il faut l'insérer dans l'ensemble constitué des *Natchez* et de *René*, où se combattent les civilisations et meurent ceux qui étaient reliés par des liens familiaux ou amoureux. *Atala* est, selon l'interprétation de J.-Cl. Berchet, le premier texte publié de la grande épopée de la Chute chez Chateaubriand.

● José Corti, 1951 (p.p. A. Weil) ; « Classiques Garnier », 1958 (F. Letessier) ; « GF », 1964 (p.p. P. Reboul) ; Genève, Droz, 1973 (J.-M. Gautier) ; « Folio », 1978 (p.p. P. Moreau) ; « Le Livre de Poche », 1989 (p.p. J.-C. Berchet). ➤ *Œuvres romanesques et Voyages*, « Pléiade », I.

H.P. LUND

ATELIER (l'). Pièce en un acte et en prose de Jean-Claude **Grumberg** (né en 1939), créée à Paris au Théâtre national de l'Odéon en 1979, et publiée à Paris chez Actes Sud/Papier en 1985.

L'Atelier fait suite à *Dreyfus* (1974), et sera suivi de *Zone libre* en 1991. Ces trois pièces, qui mettent en scène la difficile survie de la communauté juive à différents moments de l'histoire récente, forment le fil rouge d'une œuvre dramatique qui, en outre, satirise durement, mais non sans un certain humour noir, la violence policière (*Demain une fenêtre sur rue*, 1968), technocratique (*Amorphe d'Ottenburg*, 1970), ou la sottise brutale de l'État culturel (*l'Indien sous Babylone*, 1985).

Grumberg retrouve ici les juifs de *Dreyfus* dans le Paris d'après-guerre. Le rideau s'ouvre sur l'atelier de confection dans lequel, jour après jour, de 1945 à 1952, chacun des huit protagonistes de la pièce se retrouve à sa table de travail. Léon, le patron, et sa femme Hélène se meuvent parmi leurs ouvriers et participent à leurs joies, leurs peines et leurs révoltes : la fête pour le mariage de Marie, le désespoir de Simone qui recherche en vain un mari « porté disparu », la nouvelle de la mort de ce dernier, les réunions hebdomadaires du « presseur » consacrées au bonheur futur de l'humanité. Léon, plus particulièrement, mène un combat incessant pour orchestrer cet atelier qui ne s'arrête jamais, composer avec les difficultés existentielles de chacun de ses ouvriers le jour, celles de sa femme la nuit, et toujours faire en sorte d'évincer la concurrence…

L'Atelier offre le spectacle d'une réalité quotidienne amère, pour un groupe social disparate condamné à se reformer chaque jour. Il y a les juifs, « affublés », comme le dirait Alain Finkielkraut, de leur « essence éternelle », condamnés à vivre avec des morts qui pourtant, comme le constate Léon, sont « mille fois plus morts que les autres morts » ; et il y a les gens « normaux », mais en butte eux aussi à un présent difficile, où les boucheries ne sont pas « fermées pour tout le monde ». Un seul acte, dix scènes presque superposables qui n'ont d'autre effet que de ponctuer le temps qui passe sans espoir d'amélioration ; un seul tableau pour figurer des personnages prisonniers d'un lieu, cet atelier hermétique, avec une vue minuscule sur cour, lieu théâtral par excellence où chacun des personnages, enclin à la « nervosité », à la folie, à la « dépression » met en scène chaque jour son propre désespoir. Aucune issue sinon la résignation, excepté pour le presseur révolutionnaire que Léon met au défi de réussir. Avec humour et amertume, le dialogue ressasse les douleurs d'un monde qui hésite encore entre le rire et les pleurs. Courbés sur leur table, rivés au même tabouret, s'abîmant les yeux sur le même travail, les captifs de l'atelier soumis au rythme infernal du « bagne, comme partout, comme ailleurs, comme la concurrence », figurent métaphoriquement le mal-être auquel tout un peuple est réduit.

S. HUET

ATELIER DE MARIE-CLAIRE (l'). Voir MARIE-CLAIRE, de M. Audoux.

ATELIER VOLANT (l'). Pièce en trois journées et en prose de Valère **Novarina** (né en 1942), publiée à Paris dans *Travail théâtral* en 1971, et créée dans une mise en scène de Jean-Pierre Sarrazac à Suresnes au théâtre Jean Vilar en 1974.

Première journée. Monsieur Boucot, flanqué de Madame Bouche, vient chercher de la main-d'œuvre pour ses ateliers. Le docteur lui propose un lot d'employés qu'il engage avec enthousiasme (I). Les employés sont installés dans les ateliers de Boucot et travaillent d'arrache-pied pour augmenter leurs revenus, au point qu'ils semblent épuisés (II). Les ateliers, à la fin de la première journée de travail, se transforment en magasins où les employés vont faire leurs courses. Ils apprécient ensuite chez eux les produits acquis, se disputent, puis se réconcilient (III).
Deuxième journée. Boucot réveille les employés, distribuant récompenses et réprimandes. Lorsque Madame Bouche arrive, les employés la sifflent. Boucot, jugeant ses employés fatigués, décide de les emmener à la mer, où Madame Bouche invente pour eux des distractions (IV). Les employés regagnent l'atelier et évoquent leurs vacances. Les discussions se développent jusqu'à ce que Boucot stigmatise leur paresse et les pousse à augmenter le rythme de travail, à tel point que les employés le menacent (V). Boucot, déguisé, arrive directement dans les maisons des employés, ridiculise l'un d'eux au cours d'un jeu télévisé, désamorce leurs revendications, et leur joue un petit film, avant de les endormir (VI).
Troisième journée. Boucot a vendu des couteaux à ses employés, puis prend peur, et décide de les racheter plus cher qu'il ne les a vendus. Il récupère ensuite l'argent en leur vendant des pommes et des huîtres (VII). Boucot apprend que la production manque de matières premières. Il ordonne d'acheter du papier, mais de rage de voir que le produit ne se vend pas, assomme A qui meurt. D, sa première femme, est au désespoir et se lamente sur sa vie passée. De concert avec F, Boucot échoue à écouler un stock de chapeaux en papier et se trouve mal. Il propose aux employés un breuvage qui rend chauve afin de leur vendre ses chapeaux (VIII). Les employés décident de se révolter contre Boucot et Madame Bouche, qui s'introduisent dans la maison déguisés en comédiens ambulants et font échouer le projet (IX). Les employés sont de retour au travail. A, au sommet d'un mât, les harangue, mais il est remis au pas (X).

L'Atelier volant constitue une introduction obligée à l'œuvre de Novarina dans la mesure où le schéma narratif y est d'une clarté exemplaire : nous assistons à la vie d'une entreprise dominée par les patrons, Boucot et Madame Bouche, lesquels dupent et exploitent leurs employés, et c'est sur ce canevas de satire sociale, parfois burlesque, que se greffe la spécificité d'une écriture théâtrale dont le personnage principal se révèle être le langage.
La pièce s'affirme à première vue comme une satire radicale de la société de consommation et du capitalisme. Tous les faits de société des années soixante-dix sont passés au crible d'une impitoyable charge : qu'il s'agisse de la vie professionnelle, avec les chasseurs de têtes, le syndicalisme, le discours sur la croissance économique, le développement du « marketing », des loisirs, avec la loterie, les voyages organisés, les jeux télévisés, ou de la vie privée, avec la médiatisation de la sexualité. *L'Atelier volant* donne l'image d'une société fonctionnant en circuit fermé, où les employés achètent le soir les produits qu'ils ont fabriqués le matin ; et c'est pour augmenter la cadence que Boucot

évoque, par l'intermédiaire de son téléphone magique, le spectre de la concurrence étrangère dont en réalité nous décelons aucune présence concrète. Alors que sont clairement évoqués les divers médias qui pousseront la phraséologie contemporaine à inventer le concept de communication, celle-ci se révèle foncièrement absente des débats qui ont lieu dans *l'Atelier volant*. Dans cette sphère close, un processus de déshumanisation est à l'œuvre ; les employés sont animalisés : même le docteur qui les examine parle de « pattes ».
Au-delà de cette coupe photographique de l'époque, *l'Atelier volant* est une machine théâtrale puissante : toutes les ruses du pouvoir se traduisent en un jeu de théâtre et de masque où ce même pouvoir vient marquer à la fois sa virtuosité et ses limites. C'est ainsi que Boucot est conduit, conjointement avec Madame Bouche, à revêtir tous les déguisements imaginables afin de prévenir ou de guérir les revendications des employés : il se déguise successivement en animateur de loisirs, en présentateur de télévision, en homme politique, en économiste patenté, en acteur, en syndicaliste, en révolutionnaire, et même, comble de la supercherie, en comédien. Le recours constant au jeu théâtral pour dire l'exploitation, vise à impliquer, voire à culpabiliser le spectateur : le fait qu'il prenne part à l'un est une façon de lui démontrer qu'il cautionne l'autre. C'est ainsi que C, un des employés, déclarera en parlant de Boucot, pour installer une distanciation que l'on dirait presque brechtienne : « Je suis son guignol. Boucot tire mes ficelles et ramasse mes produits. »
Il n'y a pourtant aucune trace de militantisme dans *l'Atelier volant* : la domination du patron sur l'employé ne se fonde que sur l'arme suprême qui est aussi la matière même de l'écriture théâtrale, à savoir le langage. Lorsque Boucot et les employés s'affrontent, ce n'est pas sur le terrain de l'idéologie politique ou de la lutte armée, c'est sur celui de la langue et ce n'est pas un hasard si le nom de la femme de Boucot est Madame Bouche. Lors de la séance de confrontation de Boucot avec ses employés, celui-ci affirme : « Je vais répondre à vos questions en langue française » et établit clairement le lien entre pouvoir et orthodoxie du langage. À ce préambule policé, les employés répondent avec leur « babil » où, sur les ruines d'une langue officielle disloquée, coexistent des bribes d'invention personnelle et les scories d'un idiome aliéné : c'est ainsi que B réclame à Boucot des compensations : « Panzani ! Raticide ! Moi le petit Lu réclame Rapid Dame Renault de chez Tric-Trac avec Solex instamatic ! » Chez C, c'est le lexique qui s'obscurcit lorsqu'il parle, furieux : « Oustral pou, s'il fa crou : nil vol rin intindre… » Face à leurs revendications, Boucot est continuellement forcé à des prouesses linguistiques qui redorent sa langue de bois : « Parlant des dents, ils abaissent l'homme au rang de cul », dira-t-il pour tirer un trait sur ses employés. Le patron lui-même, à l'occasion, prend conscience qu'il n'est qu'une partie d'un système plus large, et déclare : « Je vous avouerai qu'il m'arrive de me sentir moi-même pris dans un système de conjonctures si complexe que, pour un peu je me demanderais qui les tire… » Ce système, c'est la mécanique générale de la pièce, boîte à malices d'où émergent, comme autant de marionnettes, les figures multiples ; mais c'est, à l'échelle supérieure, le langage.
Ainsi, le théâtre de Novarina s'affirme à la fois utopique et critique : les aliénés y rêvent à leur libération dans une langue qui est porteuse de leur imaginaire propre, et terrifiante d'un pouvoir qui excède l'humain.

● *Théâtre*, POL, I, 1989.

J.-M. LANTÉRI

ATHALIE. Tragédie en cinq actes et en vers de Jean **Racine** (1639-1699), créée à Saint-Cyr en 1691, et publiée à Paris chez Denis Thierry la même année.

Seconde tragédie sacrée de Racine qui s'inspire ici du livre des Rois et du livre des Chroniques, *Athalie* est également sa dernière pièce. Sa création par les demoiselles de Saint-Cyr fut beaucoup moins éclatante que celle d'*Esther*. Malgré une représentation à la cour dès 1691, le succès ne vint qu'en 1702 et la première représentation publique n'eut lieu qu'en 1716 à la Comédie-Française. La richesse de la pièce était pourtant grande. Par l'emploi spécifique des chœurs qui fait une « continuité d'action » (Préface) et permet, à la manière antique, de ne pas laisser le théâtre vide, Racine donnait à voir l'action tragique selon un déroulement au tempo original, sans entracte, la musique de J.-B. Moreau (renouvelée plus tard par Gossec, Boïeldieu et Mendelssohn) et les chants élevant la violence jusqu'au lyrisme. De plus, le sujet même d'*Athalie* correspondait bien à la réflexion politique de l'époque sur la légitimité du pouvoir, puisqu'il mettait en scène un complot d'origine religieuse pour renverser une reine, infanticide, usurpatrice et impie, et redonner le trône à son détenteur légitime appelé à rétablir le culte du vrai Dieu afin que ses desseins s'accomplissent et gouvernent le monde.

Athalie, après avoir fait massacrer ses petits-enfants, s'est emparée du trône de Juda et a instauré le culte de Baal. Cependant, certains Hébreux continuent d'adorer le vrai Dieu. Abner, officier du royaume, est de ceux-là. Venu au temple pour la fête des Prémices, il fait part de son inquiétude au grand prêtre Joad qui le rassure mais reste mystérieux. En fait, Joad a décidé de couronner ce jour même le seul petit-fils d'Athalie sauvé du massacre, Joas, élevé par lui et sa femme Josabet sous le nom d'Eliacin. La fête se prépare et le chœur chante les louanges de Dieu (Acte I).

Mais Athalie entre dans le temple en plein milieu du sacrifice des jeunes filles de Juda et reste étonnée devant Eliacin : elle reconnaît en lui l'enfant qu'un songe lui a présenté comme son meurtrier. Elle veut alors l'interroger. Il répond avec simplicité et sagesse à ses questions. Touchée, Athalie prétend faire sa fortune. Comme il refuse, elle se fait menaçante, puis s'en va. La cérémonie reprend et le chœur chante le courage d'Eliacin et le châtiment des impies (Acte II).

Mathan, sacrificateur de Baal, vient réclamer Eliacin au nom d'Athalie. Il espère un refus de Joad qui provoquerait la mort de celui-ci. Joad fait fermer le temple. Soudainement inspiré, il prophétise à la fois de terribles malheurs pour le peuple juif mais aussi une glorieuse renaissance. Le chœur chante son émotion (Acte III).

Joad révèle à Eliacin sa véritable identité. Les lévites lui jurent fidélité. On annonce qu'Athalie assiège le temple et qu'Abner est prisonnier. Le chœur chante (Acte IV).

Abner est envoyé par la reine : elle exige qu'on lui livre Eliacin et le trésor de David qu'elle croit dans le temple. Joad feint d'accepter et propose qu'Athalie vienne elle-même les chercher en personne. On lui présente alors Joas. Elle est faite prisonnière. À la proclamation de leur nouveau roi, tous les Juifs abandonnent Athalie. Mathan est égorgé et la reine déchue, entraînée hors du temple, est mise à mort (Acte V).

Jamais peut-être la violence n'avait à ce point dominé dans le théâtre de Racine. C'est elle qui frappe d'emblée, et l'histoire même d'Athalie semble ne pas pouvoir s'en dissocier. Cette violence était certes déjà présente dans la Bible, mais Racine paraît l'avoir choisie pour cimenter l'unité de la pièce, plongeant l'action dans une urgence propre à la renforcer. S'il se justifie dans sa Préface d'avoir intitulé sa tragédie *Athalie* et non *Joas* en alléguant la plus grande célébrité de la reine, on peut voir aussi dans ce choix la marque d'une attention portée au caractère plus explicitement dramatique d'Athalie. Or l'essentiel de l'action qu'elle met en branle se rapporte à la violence : Athalie semble en proie à cette « passion » dépeinte comme une fatalité qui poursuit sa famille avec d'autant plus d'acharnement que Dieu l'a choisie pour accomplir ses desseins (le Messie descend de Juda).

Aussi le présent vécu par Athalie est-il encadré par les deux versants d'un songe funeste, l'un rapportant la violence dont sa mère fut jadis la victime, l'autre prémonitoire de sa mort (II, 5). Le tableau de ces scènes sanglantes va jusqu'au réalisme le plus cru, tout juste atténué par les bienséances classiques : Jezabel, la mère d'Athalie, est décrite comme « un horrible mélange / D'os et de chair meurtris et traînés dans la fange / Des lambeaux pleins de

sang et des membres affreux ». De plus, sans cesse sont rappelées les exactions d'Athalie et de Mathan, prêtre renégat qu'elle a institué sacrificateur de Baal et que le meurtre, fût-ce celui d'un innocent, n'effraie pas. Les ennemis de la reine eux-mêmes évoquent sa barbarie pour mieux la condamner. Josabet ou Abner créent ainsi un contrepoint où l'image du tendre nourrisson et de la victime innocente s'oppose aux flots de sang répandus par Athalie.

Cette tension atteint son apogée dans le dialogue entre la reine et Eliacin où, pour la première fois, elle semble pouvoir accéder aux valeurs de la pureté et du Bien. Mais cet espoir est brisé dès la fin de la scène qui rétablit la violence et fait apparaître celle-ci comme une véritable fatalité. Enfin, l'arrière-plan guerrier, toujours présent, renforce encore cette atmosphère de fureur d'autant plus remarquable que l'action se déroule tout entière dans le temple lui-même. Partout brillent les glaives impies qui prennent le relais du couteau du sacrifice. Racine choisit de représenter le Dieu vengeur de l'Ancien Testament : il donne ainsi à sa pièce une force sans précédent, capable d'enthousiasmer le spectateur d'autant plus facilement que l'action s'inscrit exactement dans la durée de la représentation et crée une illusion renforcée par le sentiment de l'urgence.

L'exposition est d'une efficacité irréprochable et l'action ne languit jamais, n'étant ralentie par aucun entracte ni même par aucun monologue. L'utilisation des chœurs contribue à accroître la tension. L'insertion de parties chantées à la fin de chaque acte, excepté le cinquième, redonne au rythme d'ensemble une impulsion dont les accents pathétiques ne peuvent manquer de solliciter la sympathie du spectateur, et donc ses craintes pour le sort de Juda. Cet appel au spectateur atteint son sommet lors de la prophétie de Joad qui, par son ampleur, dépasse le cadre de l'action particulière d'*Athalie* pour exprimer l'avenir de Juda tout entier, c'est-à-dire pour rappeler au public – dont la culture religieuse est une réalité vivante au XVIIe siècle – qu'il est lui-même concerné par les menaces qui pèsent sur Joas, puisque, sans son rétablissement sur le trône, la venue du Christ sera compromise. Cette prophétie est un morceau de bravoure particulièrement audacieux, inventé de toute pièce par Racine. Outre son effet dans l'ensemble de la pièce – elle concourt à précipiter l'action tout autant qu'à en magnifier le pathétique –, elle offre des vertus pédagogiques incontestables par le rappel de la filiation christique.

Les chœurs, dans leurs différentes interventions, participent, de la même façon que la prophétie de Joad, à l'édification d'une atmosphère de poésie biblique où abondent les images du Dieu vengeur, donc la peinture de la violence, mais aussi celles de l'innocence et d'une simplicité pleine de fraîcheur dont le lis peut servir d'emblème. Ils concourent ainsi à l'équilibre de la pièce, à l'intrigue de laquelle ils s'intègrent de plus en plus. D'un simple commentaire de l'action (I), ils entrent véritablement dans son déroulement, exprimant le trouble que la prophétie de Joad a fait naître, puis la peur du combat lorsque le temple est assiégé (IV). On peut ainsi expliquer l'absence de chœur à l'acte V : Athalie morte, l'ordre est revenu, et Racine préfère laisser le spectateur sur cette image qui est comme la leçon suprême à méditer. La réflexion politique sur la légitimité du pouvoir et les devoirs d'un bon roi se greffe sur les louanges rendues à Dieu. Le chœur ne chante plus (à la différence de ce qui se passe dans *Esther*) car la liesse ne doit pas effacer l'image d'une usurpatrice défaite.

Si la prophétie de Joad replace l'action d'*Athalie* dans une perspective universelle, l'exemple particulier de la reine constitue aussi une leçon politique : que Joad fasse prêter serment à Joas en ce sens (IV, 2) est d'autant moins innocent que Racine associait explicitement ce dernier au duc de Bourgogne dans sa Préface. On a également vu de possibles allusions dans cette pièce au sort de Jacques II Stuart, souverain légitime d'Angleterre dont la France souhaitait le rétablissement sur le trône. *Athalie* se présente donc bien comme une réflexion sur les devoirs du bon souverain et sur la légitimité du pouvoir. Elle se rapproche ainsi du *Discours sur l'Histoire universelle* de Bossuet. Elle en est comme une page qui serait mise en scène. Elle en a la pompe et la dignité que la scène rend remarquablement sensible.

● Seuil, « Mises en scène », 1952 (p.p. G. Le Roy). ➤ *Théâtre*, Les Belles Lettres, IV ; *Œuvres complètes*, « Pléiade », I ; *Théâtre complet*, « GF », II ; *id.*, « Folio », II ; *id.*, « Classiques Garnier ».

P. GAUTHIER

ATLANTIDE (l'). Roman de Pierre **Benoit** (1886-1962), publié à Paris chez Albin Michel en 1919. Grand prix du roman de l'Académie française.

Stimulé par une extraordinaire campagne publicitaire d'Albin Michel, le succès de *l'Atlantide* fut immense ; l'ouvrage fut plusieurs fois (en 1921, par Jacques Feyder, en 1932, en 1948) adapté au cinéma.

En 1903, au poste de Hassi Inifel, dans le Sahara, le lieutenant Ferrières attend l'arrivée du nouveau chef, le capitaine de Saint-Avit, sur qui pèse l'horrible soupçon d'avoir tué, lors d'une expédition dans le désert, son camarade Morhange. Saint-Avit avoue qu'il a bien commis ce crime et il conte son histoire. Les deux officiers sont partis ensemble vers les oasis du Touat ; ils ont découvert sur les rochers une mystérieuse inscription, « Antinea » ; ils ont rencontré le Targui Eg Anteouen, qui les a entraînés dans le Hoggar (dit par les Arabes « pays de la Peur »). Ils sont ainsi parvenus dans l'Atlantide, le mystérieux royaume évoqué par Platon dans le *Critias*. La reine Antinéa, descendante de Neptune, les a attirés, comme elle l'a fait avec maints voyageurs, qui sont « morts d'amour » dans son palais ; elle conserve, rangés et étiquetés, leurs cinquante-trois cadavres dans une salle de marbre. Morhange sera le premier à succomber à ses charmes. Saint-Avit lui succède et, ensorcelé par Antinéa, tue son camarade. Grâce à une petite servante, Tanit-Zerga, Saint-Avit parvient à s'échapper ; la jeune fille meurt dans le désert et l'officier est miraculeusement recueilli par une colonne française. Il garde le souvenir d'Antinéa et est prêt à repartir vers le Hoggar, l'amour et la mort, accompagné cette fois par Ferrières.

Pierre Benoit fut accusé d'avoir plagié *She*, un roman de sir Rider Haggard, où l'on trouvait également une femme qui faisait mourir tous ses amants. On peut, en effet, chercher dans *l'Atlantide* ce mythe aux résonances freudiennes de la femme fatale (au sens le plus fort du terme), froide et meurtrière. On peut aussi y déceler la poésie de l'armée et de l'aventure coloniales, si fréquente dans les romans et les films des années 1910-1940. Mais la vie militaire est dépeinte de façon fort conventionnelle, et l'on s'aperçoit vite que Pierre Benoit n'a jamais été au Sahara. La femme fatale n'est guère envoûtante. Ce qui séduit dans *l'Atlantide*, c'est l'extravagance du romancier, qui, après un départ à peu près plausible (la vie d'un fort français dans le désert), s'abandonne à l'imagination la plus débridée. Cela l'entraîne à forcer la note et à glisser de l'onirisme dans un humour délectable : ce sont les petites étiquettes que l'on met sur les cercueils des amants d'Antinéa, ce sont les trois vieillards qui demeurent à son service, et l'extravagant récit que fait l'un d'eux, Bielomsky, « hetman de Jitomir » ; c'est aussi l'histoire de Rosita, la vieille négresse manucure, les gravures que l'on rencontre au palais d'Antinéa, le *Saint Jean-Baptiste* de Léonard de Vinci, et *la Maison des dernières cartouches* d'Alphonse de Neuville. Nous ne sommes pas très loin du Voltaire des *Contes. Ce roman, apparemment voué à célébrer la perfidie mortelle de l'éternel féminin et les au-delà fantastiques de la conquête coloniale, témoigne enfin d'une facétieuse liberté, d'une désinvolture souveraine : ce n'est pas, comme on l'a dit, un surgeon du roman romanesque ; c'est une des premières œuvres surréalistes. En 1919, Pierre Benoit était l'un des meilleurs interprètes de cet esprit d'après-guerre, qui devait régner une dizaine d'années.

● « Le Livre de Poche », 1956. ➤ *Œuvres romanesques illustrées*, Albin Michel, I (p.p. H. Juin).

A. NIDERST

ÂTRE PÉRILLEUX (l'). Roman anonyme composé vers le milieu du XIIIe siècle. Formé de 6 676 octosyllabes et conservé par trois manuscrits, il est l'œuvre d'un écrivain peut-être originaire de l'Ouest.

Ce roman arthurien est sans doute l'un des plus insolites parmi les récits du XIIIe siècle qui prennent Gauvain comme héros principal, en s'inspirant plus ou moins habilement de la tradition narrative fixée par l'œuvre de Chrétien de Troyes.

À la cour d'Arthur, un chevalier enlève une jeune fille qui a été confiée à la garde de Gauvain. Parti après un temps d'hésitation à la poursuite du ravisseur, Gauvain rencontre d'abord trois jeunes filles qui se lamentent sur la mort de… Gauvain, tué par traîtrise, lui apprennent-elles, par trois chevaliers, et d'un valet, qui a eu les yeux crevés pour avoir voulu secourir le héros. Désormais tenu pour mort, Gauvain décide d'assumer cette singulière situation et devient le « chevalier sans nom ». Sa première aventure (elle donne son nom au récit, v. 6 670) consiste à délivrer une jeune fille. Pour fuir le désir incestueux de son père et guérir la folie qui la tourmente, celle-ci s'est donnée à un démon qui, toutes les nuits, abuse d'elle dans l'âtre [le cimetière] périlleux.

Suit une série mouvementée de rencontres et de combats au cours desquels, toujours privé de son identité, Gauvain tue d'abord Escanor, le ravisseur de la première jeune fille, puis vient au secours de demoiselles victimes de la jalousie ou de l'inconstance de leur ami, ou de chevaliers à qui on a enlevé celle qu'ils aiment. Finalement, Gauvain apprend le nom de ses meurtriers, le Faé Orgueilleux et Gomeret sans Mesure, et la mise en scène qu'ils ont montée : faire croire à leurs amies, pour obtenir leur amour, qu'ils avaient triomphé de Gauvain, en tuant un chevalier anonyme dont ils ont fait passer le cadavre, mutilé et méconnaissable, pour celui du neveu d'Arthur… Aidé d'un nouveau compagnon, Espinogre (que Gauvain a précédemment contraint à honorer une promesse de mariage), le héros triomphe de ses meurtriers, reprend son identité à l'issue du combat et reconstitue le fil des événements. Le Faé Orgueilleux, doué de pouvoirs magiques, ressuscite le chevalier tué et rend la vue au valet. On célèbre dans la joie les noces des couples réunis par Gauvain.

Comment, tandis que le monde arthurien vous tient pour mort et commence déjà à faire de vous un saint et à vénérer votre bras comme une relique, enquêter sur votre propre mort, suivre à la piste vos pseudo-meurtriers et les confondre, telle est l'énigme que débrouille Gauvain tout au long d'un récit qui pourrait bien être le premier roman policier de notre littérature. N'y manque aucun des ingrédients. Une fois sorti, non sans hésitation, de la cour bien policée de son oncle, une fois dépouillé de son identité et du prestige acquis qu'elle lui confère, Gauvain se trouve plongé dans un univers où se déchaînent la violence sous toutes ses formes, les perversions sexuelles, la folie, l'hystérie collective, où il rencontre pêle-mêle tendres victimes et mauvais garçons, amoureux sincères et jouisseurs sans scrupules, personnages louches jouant de pouvoirs diaboliques ou de la crédulité d'autrui. Un monde où il lui faut de nouveau s'imposer, se refaire et retrouver ce qui fonde son nom et son identité : une vaillance sans faille au service des faibles et des opprimés en tous genres et des deux sexes.

Tout se passe en effet comme si l'univers arthurien tout entier se déglinguait une fois que l'on croit mort celui qui en est le garant et le champion. La tâche de Gauvain menée avec efficacité, est donc en premier lieu de rétablir le bon ordre du monde, et notamment les rapports entre les sexes. Elle est aussi de montrer que lui, le chevalier qui, dans l'ensemble de la tradition arthurienne, dit toujours son nom, et qui s'est ici volontairement fondu dans l'anonymat, est toujours digne du renom qui jusque-là le suivait. Mort au monde, voué à la gloire, mais à titre posthume, Gauvain récupère au fil du texte son identité en faisant la preuve de sa vaillance, compromise, au début du récit, par la mise à mort du pseudo-Gauvain. On admirera alors l'astuce et l'humour d'un roman qui, tout pétri de motifs hérités, se donne le luxe de « tuer » le héros le plus connu du monde arthurien pour lui faire reparcourir comme un débutant toutes les étapes d'une carrière chevaleresque, d'une quête du nom, en le confrontant à l'image de lui-même, telle que l'a fixée la tradition.

● Champion, 1936 (trad. et p.p. B. Woledge) ; « Bouquins », 1989 (*la Légende arthurienne*, dir. D. Régnier-Bohler, p.p. M.-L. Ollier).

E. BAUMGARTNER

ATRÉE ET THYESTE. Tragédie en cinq actes et en vers de Prosper Jolyot de Crébillon, dit **Crébillon père** (1684-1762), créée à Paris à la Comédie-Française le 14 mars 1707, et publiée à Paris chez Pierre Ribou en 1709.

Crébillon père, qui n'avait obtenu, trois ans plus tôt, qu'un succès d'estime avec *Idoménée*, remporta, cette fois, une sorte de triomphe scandaleux. On allait voir sa tragédie, mais on se révoltait contre les horreurs qu'elle contenait. Le dramaturge ne voulait pas, nous dit-il, la publier : il ne s'y résolut qu'après que fut parue en Hollande une édition subreptice.

Atrée a vu, vingt ans plus tôt, sa femme Ærope enlevée, aux autels même où leur union était consacrée, par son frère Thyeste. De cette union est né Plisthène. Atrée, un an plus tard, retrouva Ærope, qu'il fit empoisonner, mais il recueillit Plisthène et l'éleva comme son fils. Il règne maintenant sur l'île d'Eubée, d'où il prépare, toujours enflammé de vengeance, une expédition contre Athènes, où réside Thyeste. Il rêve de le faire mourir de la main même de Plisthène. Or, Thyeste a été contraint par un naufrage d'aborder en Eubée avec sa fille, Théodamie. On ignore leur identité, et Thyeste se cache aux yeux de son frère. Théodamie et Plisthène sont tombés amoureux l'un de l'autre (Acte I). Thyeste paraît par hasard aux yeux de son frère, qui le reconnaît et qui demande à Plisthène de l'immoler : celui-ci refuse et exhorte Atrée au pardon ; le roi feint d'y consentir (Acte II). En fait, Atrée médite toujours sa vengeance, et, pour y entraîner Plisthène, menace de tuer Théodamie, qu'il sait aimée du prince. Plisthène avertit Thyeste, et Atrée, ulcéré, envisage de faire mourir le jeune homme (Acte III). Atrée, une seconde fois, recourt à la feinte et affecte de se réconcilier avec son frère (Acte IV). Mais il fait mourir Plisthène et offre à son frère une coupe pleine de son sang. Thyeste, horrifié, n'y boit pas, mais se tue. Atrée peut s'estimer heureux et vengé (Acte V).

Crébillon prétendait avoir adouci l'horreur du sujet et l'avoir adapté aux bienséances. C'est ainsi qu'Ærope n'a pas appartenu à Atrée, quand Thyeste l'enlève, et que celui-ci sait s'abstenir de boire dans la coupe le sang de son fils. Le dramaturge invoque pour excuse, dans sa Préface, le dénouement de *Rodogune*, où circule une coupe empoisonnée. Analogie facile et peu convaincante : de Corneille à Crébillon, nous passons de crimes accomplis pour la couronne à des raffinements de vengeance proprement diaboliques. Sauf dans quelques invocations rhétoriques, il n'est pas de dieux ni de destin dans cette tragédie. Les hommes y sont libres, et Atrée peut persévérer dans sa vengeance ou y renoncer. La psychologie est fort simple : un tyran presque monstrueux et presque inexcusable ; des jeunes gens doux comme des agneaux, insensibles à toutes les menaces, innocemment voués à l'inceste et y échappant par miracle ; la voix du sang entre le tendre Thyeste et le pur Plisthène. N'est-ce qu'un mélodrame ? La fiction est ampoulée ; le Bien et le Mal s'opposent sans nuances ; le dénouement n'est pas moral ; le meurtre et l'inceste paraissent presque naturels. Tout est sacrifié à la surprise et à l'horreur. Peut-être Crébillon se souvenait-il des tragi-comédies préclassiques (*Clitandre* de P. Corneille) ou romanesques (*Camma* de Th. Corneille). Peut-être connaissait-il les premières traductions de Shakespeare dues à La Fosse. En tout cas, il renonçait résolument aux méditations politiques qui avaient nourri le théâtre de Corneille, à la psychologie et au sacré du théâtre racinien. Il édifiait un théâtre-spectacle fort peu intellectuel et fort indifférent à la vraisemblance. Il annonçait Pixerécourt, Alexandre Dumas (la *Tour de Nesle*), Victor Hugo (*Le roi s'amuse*). Théâtre en ombres chinoises où tout est permis, mais l'excès trouve vite ses limites, et où la satiété est bientôt atteinte.

● « Pléiade », 1972 (*Théâtre du XVIIIe siècle*, I, p.p. J. Truchet).

A. NIDERST

ATTAQUE DU MOULIN (l'), d'É. Zola. Voir SOIRÉES DE MÉDAN (les).

ATTENTE, L'OUBLI (l'). Récit de Maurice **Blanchot** (né en 1907), publié à Paris chez Gallimard en 1962.

Blanchot s'est toujours attaché à louer les vertus du silence : « Le silence, le néant, c'est bien là l'essence de la littérature, "la Chose même" » (*la Part du feu*). En ce sens *l'Attente, l'Oubli* représente une étape décisive dans la démarche de l'auteur. Entre essai critique, récit et poème, ce texte inclassable inaugura en somme un genre nouveau, propre à Blanchot seul, le « poème narratif ».

Enfermés dans une chambre d'hôtel, un homme et une femme dialoguent et se promettent de faire entendre la « double parole ». Lui, tâche de la ramener aux premiers instants de leur rencontre ; mais elle lui oppose un refus catégorique. Sous forme de prière, d'interpellation ou d'injonction, ils analysent ensemble le sens de « cette histoire » dont lui s'efforce de retracer les étapes. Si le désir de l'entendre, chez lui, fait place à un besoin de silence, la jeune femme, lorsqu'elle prend la parole, prétend avoir oublié ce qu'elle a confié à son interlocuteur. Au matin, après qu'elle a parlé toute la nuit, lui s'éveille et consent à l'accompagner dans son « attente » inconsolable. Silencieuse, étrangère, lointaine, elle ne supporte plus sa présence auprès de lui, tandis que lui s'interroge sur cette attente qu'ils partagent et sur le mystère que représente cette obstination à vouloir « oublier ».

C'est au cœur même du langage qu'entendent se situer les deux voix narratives de *l'Attente, l'Oubli*. Cette quête hésitante annule d'emblée toute illusion d'un sujet ou d'un centre dans un texte qui vit ici du refus de toute intrigue, suspendu à des questions. Ces voix se relaient, se redoublent, se reprennent en un discours partagé qui repose sur un pacte, un protocole d'écriture énoncé dans les premières pages : « Essayer d'ignorer ce qu'on sait, seulement cela [...]. Attendre, se rendre attentif à ce qui fait de l'attente un acte neutre. » Le « récit » progresse ainsi autour de quelques mots-thèmes (attente, attention, oubli) qui, d'assonances en allitérations, tissent un réseau lexical fait d'antithèses (la présence tire toujours son authenticité de l'absence de l'autre) et de chiasmes rythmiques (« L'oubli, l'attente. L'attente qui rassemble, disperse ; l'oubli qui disperse, rassemble. L'attente, l'oubli »), chaque « proposition » étant annulée, niée, dans l'instant même où elle est proférée. Ce piétinement, en même temps qu'il favorise, dans son murmure continu, la construction d'une harmonieuse chambre d'échos, supprime toute considération temporelle ; la visée du récit blanchotien est désormais spatiale : « Attendre, seulement attendre. L'attente, étrangère, égale en tous ses moments, comme l'espace entre ses points ; pareille à l'espace, exerçant la même pression continue, ne l'exerçant pas. » Disposées en courts fragments, ces phrases elliptiques aux accents heideggériens (« L'être est encore un nom pour l'oubli ») composent ainsi une savante rapsodie qui réaffirme la valeur intransitive de toute littérature – « Elle ne demandait rien, elle demandait seulement » – en même temps que le danger que représente tout acte de parole. Affranchi de tout sujet, débarrassé de toute contrainte narrative, ce discours à deux voix, réduit à des aphorismes et à une alternance contradictoire de propos, représente un des aboutissements possibles de ce silence auquel a toujours aspiré Blanchot.

P. GOURVENNEC

ATYS. Tragédie en cinq actes et en vers de Philippe **Quinault** (1635-1688), mise en musique par Jean-Baptiste Lully, créée à Saint-Germain en 1676, et publiée à Paris chez Ballard la même année.

Avec cette quatrième tragédie en musique inspirée des *Métamorphoses* d'Ovide, Lully et Quinault atteignent le sommet du genre. *Atys*, qui ne plut guère à la cour à cause d'une complexité inattendue, notamment dans le domaine psychologique, enthousiasma le roi qui ne voyait pas dans cette évolution de l'opéra de contradiction majeure avec des effets plus proprement spectaculaires, d'ailleurs présents dans cette œuvre.

Le Temps célèbre la gloire de Louis XIV mais est interrompu par Melpomène qui, à la demande de Cybèle, doit renouveler à la cour le souvenir d'Atys (Prologue).

On prépare la fête de la déesse Cybèle. Atys, réputé être indifférent à l'amour, et sa cousine Sangaride promise au roi de Phrygie, Célénus, y participent. Pourtant elle aime Atys, le lui avoue et découvre un amour partagé. Mais l'arrivée de Cybèle les interrompt (Acte I). Célénus, dont Atys est le favori, le recommande à Cybèle qui en fait son sacrificateur. Elle avoue l'aimer aussi (Acte II). Sangaride ne veut pas se marier et menace de déclarer à tous sa passion. Atys veut l'en empêcher mais s'endort brusquement. En rêve, il apprend l'amour de Cybèle et son exigence de fidélité. Réveillé, il feint donc de l'aimer. Sangaride se croit délaissée. Cybèle soupçonne leur amour (Acte III). Pour se venger, Sangaride décide d'épouser Célénus. Atys la détrompe et tandis qu'on chante le futur mariage, il prétend que Cybèle refuse cet hymen (Acte IV). Célénus vient se plaindre à la déesse qui a découvert l'amour des cousins et veut les punir malgré leur appel à la clémence. Elle rend Atys fou et celui-ci, pensant voir Cybèle, tue Sangaride. Revenu à lui, il se suicide. Cybèle, qui l'aime encore, le transforme en pin pour qu'il soit révéré de toute la nature (Acte V).

Contrairement aux autres tragédies en musique, *Atys* offre une belle unité d'action : l'action principale, épurée de toute intrigue secondaire, progresse selon un rythme lent et régulier, digne de la tragédie qui se joue. Elle est soutenue par une unité de ton. Aucun passage comique ou tragi-comique ne vient la troubler, et les divertissements de chaque acte sont particulièrement bien intégrés à l'action : la fête de Cybèle est annoncée dès les deux premiers vers de l'acte I ; les honneurs rendus au nouveau sacrificateur forment le prolongement logique de la fête de l'acte I ; le sommeil d'Atys noue l'action en déterminant les exigences de la déesse (III) ; les réjouissances patronnées par le dieu du fleuve Sangar, père de Sangaride, trouvent leur justification dans la joie du père qui marie sa fille (IV) et les derniers chœurs célèbrent la métamorphose d'Atys tout en déplorant « l'horreur d'un si cruel trépas » (V, 7), laissant au spectateur l'impression d'une tragédie qui tente désespérément d'endiguer la cruauté des scènes précédentes par le bercement d'un thrène infini. L'originalité même du Prologue souligne l'unité de l'ensemble : pas de célébration d'un événement particulier, mais une annonce claire du sujet. On avance ainsi vers le dénouement tragique sans renoncer à l'atmosphère de fête. Cette atmosphère forme le cadre dans lequel évoluent les personnages, qui semblent plus ou moins bien s'y intégrer : une tension s'installe et croît au fur et à mesure que les éléments perturbateurs apparaissent. Ainsi à l'acte I, les aveux qui « posent la situation » (E. Gros) interviennent toutes les deux scènes : Atys aime Sangaride (I, 2) et réciproquement (I, 4) ; ils s'avouent cet amour (I, 6). Lully souligne cette progression en opposant tonalités majeure et mineure, la seconde l'emportant dès l'acte I, indiquant l'orientation que prend l'action en même temps que le ton bien spécifique qui réapparaîtra au dénouement. Dans la dernière scène, en *ut* mineur puis majeur, la tension produit un « élan ultime qui ne débouche sur rien » (J. Duron), les sursauts de joie que provoque la métamorphose d'Atys ne parvenant pas à effacer le caractère tragique de sa mort.

La complexité des personnages renforce la tension de la pièce. *Atys* est une tragédie de la dissimulation : Atys joue d'abord l'indifférent, feint d'aimer Cybèle, s'explique à la place de Sangaride, ment pour empêcher son mariage avec Célénus. Cybèle prétend renoncer à ses pouvoirs divins par amour pour Atys mais en use pour se venger de lui. Revirements passionnels dont la métamorphose finale est une apothéose. Cette richesse psychologique se double d'effets scéniques qui, pour être plus discrets que dans les opéras précédents, ont un rôle important. La scène où défilent songes agréables et songes funestes est une pause poétique et musicale très réussie. Cette œuvre a pu renaître en 1987 dans une mise en scène de J.-M. Villégier et sous la direction musicale de W. Christie dont le parti pris de sobriété a su, paradoxalement mais magnifiquement, servir sa beauté baroque.

● Genève, Droz, 1992 (p.p. S. Bassinet) ; « Pléiade », 1992 (*Théâtre du XVIIᵉ siècle*, III, p.p. J. Truchet et A. Blanc). ➤ *Théâtre*, Slatkine.

P. GAUTHIER

AU BON BEURRE. Roman de Jean **Dutourd** (né en 1920), publié à Paris chez Gallimard en 1952.

Juin 1940 : Julie et Charles-Hubert Poissonard accumulent des stocks dans leur crèmerie, Au Bon Beurre, afin d'exploiter la pénurie qui s'annonce et de multiplier les trafics. Leur voisin, Léon Lécuyer, évadé d'un oflag poméranien, entre par hasard en contact avec un résistant, Lemercier. Charles-Hubert écume la campagne normande et étend son réseau de marché noir à toute la capitale. Les opulents crémiers règnent en maîtres sur leur petit peuple de Parisiens affamés. De violents débats opposent la patriote Mme Lécuyer et M. Lebugle, acquis à l'occupant. En juillet 1942, à l'apogée de leur prospérité, les Poissonard approchent le Maréchal, à Vichy. Là, Gérard Legrandier fait arrêter Léon, désormais agrégé de lettres, pour tentative d'assassinat contre Pétain. Dénoncés à la répression des fraudes, les crémiers connaissent quelques inquiétudes. À la centrale de Fontevrault, Léon se laisse catéchiser par un communiste endurci. En 1943, les Poissonard anticipent l'évolution historique et cachent un juif tout en lui soutirant de fortes sommes. À la Libération, riches de quarante-sept millions, ils marient leur fille au nouveau député Gérard Legrandier. D'abord affecté au lycée Carnot, Léon s'attire leurs foudres : on le mute à Oran.

Au Bon Beurre dénonce l'exploitation éhontée des restrictions alimentaires par des commerçants peu scrupuleux et démythifie toutes les récupérations tardives de la Résistance. Cette chronique des années d'occupation privilégie un angle de vision particulier, celui du petit monde de la rue Pandolphe (XVIIᵉ arrondissement), devenu un univers à part entière pour l'ensemble des personnages. Dans la tradition burlesque, le récit multiplie les références littéraires ironiques : « Nouveau Cincinnatus, Quintilien du mercantilisme, Midas de la crémerie », Charles-Hubert se pose en héros du livarot, alors que Julie, « Thémis de l'alimentation, régnait sur un petit peuple qui lui apportait chaque jour son tribut ». Dutourd évoque la métamorphose d'êtres mus par leur strict intérêt personnel. La biographie des Poissonard les présente non comme des individus particulièrement maléfiques mais comme de bons commerçants. Et pourtant, pendant l'Occupation, ces monstres d'opportunisme travaillent, sans relâche et en toute bonne conscience, à leur prospérité. La satire se teinte d'humour noir : à la Libération, ils se feront une gloire d'avoir caché un juif et trahi un Allemand romantique et inoffensif. L'action progresse en suivant l'élévation constante des crémiers, rythmée par l'extension progressive de leur réseau souterrain. Cependant, l'intrigue se dédouble constamment et met en perspective l'évolution contrastée des Poissonard et de Léon Lécuyer : l'idéalisme naïf du jeune homme s'oppose au cynisme des premiers. Le dénouement suggère la conclusion morale à tirer de cette évocation réaliste : seuls les habiles prospèrent. Modernes Thénardier, les Poissonard exploitent honteusement leur première employée, Josette, et lui infligent le spectacle de leurs orgies alimentaires alors qu'ils l'affament comme tout le quartier. Avec une verve flaubertienne, Dutourd épingle tous les stéréotypes, de droite comme de gauche. La rue Pandolphe s'impose comme le théâtre en miniature de la comédie humaine, comme en témoigne la barricade érigée, à l'instigation du crémier, tel un décor, par les habitants du quartier trop paisible des Ternes. Mais la satire porte surtout sur la rigidité du langage, que celui-ci soit manié par des collaborateurs, des gaullistes ou des communistes. Ainsi, de Mme Lécuyer et M. Lebugle voués à un éternel dialogue de sourds. Double possible – mais distancié – de l'auteur (qui entra dans la Résistance avec sa femme Camille Lemercier), Léon demeure prisonnier de la rhétorique, celle des humanités d'abord, puis celle de l'extrême-gauche. Quant à la propagande vichyste, elle crée autour du « Maréchal » un climat de vénération niaise qui le rend ridicule : les Poissonard offrent des œufs de cane à Pétain, à qui un article dithyrambique attribue précisément le pouvoir de faire pondre aux poules des œufs monstrueux. Le roman se moque aussi des poncifs littéraires, démonte les rouages du récit d'apprentissage comme du récit picaresque car le monde, à l'image de la rue Pandolphe, est une immense mascarade où le pouvoir appartient, pour jamais, aux riches et aux « malins ».

● « Folio », 1982. ➤ *Œuvres romanesques*, Flammarion.

V. ANGLARD

AU BONHEUR DES DAMES. Roman d'Émile **Zola** (1840-1902), publié à Paris en feuilleton dans le *Gil Blas* entre la fin 1882 et le début 1883, et en volume chez Charpentier en 1883.

Ce roman, le onzième de la série des *Rougon-Macquart*, qui exploite un élément caractéristique du décor, de la culture de l'époque était prévu depuis longtemps. Zola a non seulement recueilli autour de lui les souvenirs et les anecdotes sur les grands magasins, mais il a aussi visité attentivement le Bon Marché et le Louvre, interrogé responsables et employés. Octave, le personnage principal, vient de *Pot-Bouille* et il va devenir le pivot d'un long « poème de l'activité moderne », au ton lyrique.

Denise arrive à Paris avec ses deux frères. Elle admire les richesses d'un grand magasin, Au Bonheur des Dames, mais elle se rend chez son oncle Bandu qui tient un autre magasin et se trouve sévèrement concurrencé par Octave Mouret. C'est pourtant, Au Bonheur des Dames, que Denise va se placer (chap. 1).

On découvre progressivement la vie du grand magasin dont le sort repose sur quelques grands produits d'appel comme un tissu de soie, le « Paris-Bonheur », vendu à perte. Beaucoup de vendeurs et de vendeuses, des rayons nombreux, tout un monde très actif où Denise rêve d'être engagée (2).

Chez Mme Desforges, la maîtresse d'Octave, une société bourgeoise et féminine discute des marchandises offertes. Mouret vient y rencontrer un riche baron qui peut financer les agrandissements qu'il souhaite. Il lui explique ses ambitions. Lors du grand jour où doit être lancée la soie nouvelle, une marée d'acheteuses vient finalement dissiper les craintes d'Octave. Pendant ce temps, Denise, qui a été engagée, ne parvient pas à s'imposer, victime des avanies de ses collègues. Parfois consolée par son amie Pauline, Denise n'échappe pas aux soucis d'argent. En plus, elle est mal vue de ses supérieurs et sa vie est bien terne, malgré une sortie où elle rencontre Deloche, un amoureux timide (3-5).

À la morte-saison, les employés craignent pour leur emploi et les ambitions s'exaspèrent. Denise est injustement renvoyée, en partie à cause de l'inspecteur Jouve à qui elle s'est refusée. Elle s'installe alors chez le père Bourras, un artisan lui aussi victime de Mouret, lequel convoite sa maison. Malgré sa situation difficile, Denise défend les méthodes de Mouret qui éprouve un sentiment pour elle. Agrandissements énormes au Bonheur, qui amènent les Baudu, cousins de Denise, au désespoir, d'autant que leur vendeur, fiancé à la fille de la maison, courtise une vendeuse du Bonheur ! Dans le grand magasin, une débauche de marchandises et de réclames attire une foule considérable, dont quelques voleuses. Denise, réengagée, va devenir « seconde » à son rayon. Au moment de l'inventaire, elle est invitée par Mouret. Cela se sait dans le personnel, mais, contrairement à ce qui se raconte, elle ne cède pas à son patron (6 - 10).

Elle va être humiliée en sa présence par la maîtresse en titre de Mouret qui, devant la froideur de son amant, veut lui susciter un concurrent. Octave n'en veut pas à Denise qui, bien qu'elle soit tombée dans un piège, devient la reine du magasin et fait bénéficier le personnel de sa bonté agissante. C'est l'agonie des petits commerçants : morts, fermetures, expulsions, mais peut-être quand même un progrès général (11-13).

Le triomphe de Mouret est complet dans un décor de « blanc » éclatant : cent mille clientes (dont une dame convenable prise à voler), un million de recettes dans la journée. On devine que Denise va épouser Octave (14).

Au Bonheur des Dames marque un tournant dans les *Rougon-Macquart* : pour la première fois, les destructions

que cause la société moderne y sont, sinon exaltées ou justifiées, au moins excusées par le progrès général dont elles seraient porteuses au bout du compte. Il est entendu que le nouveau commerce inventé par Mouret ruine tous les artisans et les petits entrepreneurs qui l'entourent. Baudu fait des dettes et sa famille s'effondre, les fabricants cèdent à la pression des gros acheteurs que sont les grands magasins... Bourras et ses échecs sont aussi très symptomatiques : lui, l'artisan, tourne des parapluies en esthète, un à un, et ne s'engage qu'à contre-cœur dans la série industrielle et le bon marché : mais l'art devra inéluctablement céder la place à l'industrie, et l'ancien commerce lui-même se tuera d'autant plus vite qu'il voudra affronter le géant sur son propre terrain, celui des remises, de la grande quantité, de la vente à perte. Le livre de Zola pénètre en effet dans la logique des méthodes capitalistes dont participent l'usage intensif de la publicité et l'agencement des produits dans un désordre étudié qui est facteur d'agitation, de cohue fécondes.

Car s'il y a exploitation des clients, ce n'est pas contre leur gré et c'est peut-être en leur faveur puisque les prix bas, l'accessibilité de tous les objets animent une consommation fiévreuse qui satisfait des besoins ou des envies. S'engage alors une croissance irrésistible qui inonde Paris de marchandises et de richesses, transforme les maisons et les rues. Et le réquisitoire attendu contre Mouret se mue en une contemplation admirative qu'on ne sentait pas au même degré dans *la Curée*. Zola énumère en permanence toutes les étoffes disponibles, les dentelles précieuses, les draps, les soies, les manteaux, les gants, la mercerie, le tout dans un « déballé » qui rappellera *le Ventre de Paris* et ses pavillons, les Halles gargantuesques du début du cycle. Le grand magasin devient ainsi progressivement une sorte de monde-machine, aux mille échanges et aux mille détours, une ville dans la ville, peut-être un rêve totalisant ou totalitaire : tous les produits, tous les services y sont concentrés dans un même lieu, pour une fête de la marchandise très païenne.

Mais le modèle religieux ou économique est insuffisant pour rendre compte du véritable enjeu d'*Au Bonheur des Dames*. Le titre lui-même indique qu'il s'agit d'abord ici d'une séduction du désir féminin qu'il s'agit de comprendre et de capter. D'où le rôle de ces silhouettes d'acheteuses bourgeoises qui sont l'échantillonnage d'une foule femelle et asservie : la réservée et l'avertie, l'économe et la dépensière, la voleuse et l'hésitante, toutes sont fascinées par l'œuvre d'Octave. Et lui-même identifie l'esprit commercial à un donjuanisme dont sa vie privée est le point de départ. Il a réussi par les femmes depuis son arrivée à Paris, et en tant que commerçant il continue d'être un tentateur intéressé. Mais il sera à son tour tenté et rendra symboliquement à la gent féminine tout ce qu'il lui aura extorqué. On peut comprendre ainsi la fonction de Denise, d'abord maltraitée par le système (moqueries, misère, chômage), puis sachant le dominer et en fin de compte l'exploiter dans le sens du Bien. Denise résiste longtemps à Octave, puis l'amène progressivement au mariage et à une sorte de philanthropie phalanstérienne. Denise a sauvé ainsi une deuxième fois Au Bonheur des Dames sur le plan moral, car Octave ne vise plus à exploiter un personnel quasi captif, et pourrait presque en assurer le bonheur collectif. On voit donc bien l'ambiguïté de la démonstration : Au Bonheur des Dames est le produit d'une époque fiévreuse et malsaine, la création d'un aventurier du calicot, mais il est en même temps une force d'avenir, un lieu d'échanges, un monde social très riche.

● « GF », 1971 (p.p. C. Becker) ; « Presses Pocket », 1990 (p.p. R. Strick et C. Aziza). ➤ *Les Rougon-Macquart*, « Pléiade », III ; *Œuvres complètes*, Cercle du Livre précieux, IV ; *les Rougon-Macquart*, « Le Livre de Poche », XI (préf. A. Lanoux) ; *id.*, « Folio », XI (préf. J. Gaillard) ; *id.*, « Bouquins », III.

A. PREISS

AU CHÂTEAU D'ARGOL. Récit de Julien **Gracq**, pseudonyme de Louis Poirier (né en 1910), publié à Paris chez José Corti en 1938 après avoir été refusé par Gallimard.

Albert, jeune homme de riche et noble famille, aussi séduisant de corps que d'esprit, achète sur les conseils d'un ami un manoir en Bretagne. Cet immense château est entouré d'une nature sauvage propre à susciter un puissant sentiment de mystère : isolement du lieu situé à proximité de la mer et épaisse forêt environnante. L'intérieur de la demeure (vastes salles bizarrement agencées et ornées, couloirs labyrinthiques) accélère en Albert l'éclosion de funèbres pressentiments. Son ami Herminien, qui apparaît un peu comme son double intellectuel, vient s'installer au château accompagné de Heide, jeune femme d'une hiératique beauté. Le soir même de son arrivée, celle-ci éprouve pour Albert un amour violent, catalysé par l'intensité de l'émulation entre les deux jeunes hommes. Mais cette complicité qui existait entre eux jusqu'alors se transforme très vite en une rivalité mortelle, d'autant plus puissante qu'elle reste implicite. Ces trois personnes se trouvent dès lors entraînées par la logique implacable d'une fatalité comme inscrite depuis toujours dans le paysage même : Heide, violée par Herminien dans la forêt, se suicidera un peu plus tard et Albert, en proie au déchaînement passionnel, se fera le meurtrier de son ami.

Ce livre « m'est devenu aujourd'hui un peu étranger, surtout à cause de l'écriture, mais je ne le renie pas » : c'est en ces termes ambivalents que s'exprimait J. Gracq en 1981 à propos de son premier récit. Certes, les effets y sont parfois un peu appuyés et les influences littéraires (essentiellement, comme l'a d'ailleurs signalé Gracq lui-même, celles de *Béatrix* de Balzac et d'E. Poe) encore un peu trop lisibles, insuffisamment érodées par l'écriture. D'autre part, nombre d'images (qu'elles concernent par exemple le personnage d'Heide ou le caractère « emblématique » des objets) peuvent par leur onirisme être considérées comme assez proches de l'inspiration surréaliste (on sait l'admiration que Gracq vouait à Breton).

Mais on comprend aussi que ce récit, malgré ses défauts, d'ailleurs très relatifs (et qui ne peuvent être considérés comme tels qu'au regard des œuvres ultérieures), n'ait pas été renié par son auteur : y figurent déjà les thèmes essentiels qui seront travaillés et développés dans la plupart des ouvrages suivants. En particulier les nombreux éléments de cette « couche nocturne » de l'homme et les multiples voies qu'elle emprunte pour se manifester : Gracq met au jour les résultats de ce combat par lequel « dans chaque être l'instinct de sa propre destruction, de sa propre et dévastante consomption, "lutte" et sans doute à armes inégales, avec le souci de sa personnelle sauvegarde ». Cette part ténébreuse de l'être est illustrée de façon frappante dans l'épisode du « bain » où les trois personnages ne doivent qu'à un ultime sursaut le fait de ne pas se noyer ensemble, chacun d'eux étant emporté par le désir de répondre au défi mortel qu'il croit percevoir chez les deux autres. Gracq, par la suite, parviendra sans doute mieux que dans ce premier récit (que l'écrivain appelle « un livre d'adolescent » et où le côté funeste pèse d'un poids encore trop écrasant) à trouver l'équilibre avec des forces de vie plus patentes, grâce en particulier à une écriture où les effets esthétiques seront de mieux en mieux contrôlés. Mais cet ouvrage présente cependant l'immense intérêt de dévoiler au lecteur la nature du terrain sur lequel l'écrivain développera son œuvre à venir.

● Rééd. José Corti. ➤ *Œuvres complètes*, « Pléiade », I.

G. COGEZ

AU DÉFAUT DU SILENCE. Voir CAPITALE DE LA DOULEUR, de P. Éluard.

AU PAYS DE LA MAGIE. Voir AILLEURS, d'H. Michaux.

AU PAYS DU MUFLE. Recueil poétique de Laurent **Tailhade** (1854-1919), publié à Paris chez Vanier en 1891 ; réédition augmentée à Paris à la Bibliothèque artistique et littéraire en 1894 et édition définitive chez Joseph en 1920.

Ces vers satiriques constituent le meilleur de la production poétique de Tailhade, dont on peut négliger sans injustice les poèmes purement lyriques, « où triomphent l'éloquence d'un lauréat des Jeux floraux et le *bel canto* d'un baryton toulousain » (P. Pia). Parnassien attardé, Tailhade trouva sa voie en s'évadant dans la satire et la politique, où il put faire briller tous ses dons verbaux. Humaniste nourri de Juvénal, de Martial et de Pétrone, il avait également pratiqué les satiriques de la Renaissance et de l'époque préclassique, à qui son vocabulaire doit beaucoup.

Ces vers font songer à ceux de Mathurin Régnier ou de Sigogne, avec quelque chose de plus véhément et de plus cocasse. Pour la forme poétique, Tailhade reste fidèle au Parnasse, et ses ballades rappellent celles de Banville. Mais il se distingue de ce dernier par la violence de la satire et par la richesse étourdissante du vocabulaire. À la fois varié et choisi, ce vocabulaire emprunte à tous les registres et mêle les mots d'argot (« michetonner », « foireux », « couillon », « rupine ») à des vocables rares (spatalocinèdes, brucolaques, cyclamor, sportule, yohimbrim), à des termes médiévaux (emmy, cestuy, soëve, soulas) et aussi à un certain jargon symboliste (« icoglans », « coruscantes », « kinnor »).

Au pays du mufle comprend trois parties, dont la première est la plus fortement satirique : « Vingt et une ballades familières pour exaspérer le mufle ». Ce mufle que fouaille le poète a de multiples visages : le bourgeois, le poète ridicule, l'académicien, le commerçant, les vieilles prostituées, les citoyens fêtant le 14 Juillet, etc. Une place de choix est réservée à certains écrivains comme Barrès, Maizeroy, Loti (« La jambe faite en cyclamor, / Peint d'un rouge extraordinaire, / Et fameux chez les gars d'Armor, / Loti, mignon quadragénaire… ») et surtout le Sâr Péladan, véritable tête de Turc de Tailhade : « Odeur de pieds, senteur de bouches, / Et ridicule énormément, / C'est Péladan, Tueur-de-Mouches. » Quant aux sonnets irréguliers des « Quatorzains d'été », ils rappellent le Coppée des *Intimités* mais un Coppée qui serait cynique et narquois. Ce sont de petits croquis naturalistes qui, dans un vocabulaire moins exubérant que celui des « Ballades », peignent sarcastiquement des scènes parisiennes ou suburbaines. Le spectacle des bourgeois ou du peuple excite la verve du poète : « L'œil vairon et le nez de pustule fleuri, / Sous l'effrayant amas de son bonnet à coques, / La buraliste, au seuil de l'odorant abri, / Exhale sa douleur en mornes soliloques » (``Cinq heures''). Un mélange de ton familier et de style noble caractérise tous ces vers, qui attestent une grande sûreté de rythme. Tailhade a le goût du croquis de mœurs, du détail pittoresque : « Cinq heures. Les gardiens en manteaux verts, joyeux / De s'évader enfin d'au milieu des chefs-d'œuvre, / Expulsent les bourgeois qu'ahurit la manœuvre, / Et les rouges Yankees écarquillent leurs yeux » (``Musée du Louvre''). À noter aussi, dans la dernière partie, « Quelques variations… », une veine fantaisiste parfois osée : « Ton ventre, le nénuphar obscène, / A pipé ma chair comme une seine, / Et je chois sur le gazon des sentes : / Ô les défaillances lactescentes ! » (``Distiques mous'').

Même s'il se laisse parfois entraîner par son goût de l'hyperbole et des vocables rares, Tailhade manifeste un véritable talent de rhéteur au point de s'enivrer de sa propre faconde. Mais, sans les prendre au sérieux, on peut goûter la force comique de certaines de ses peintures et son allégresse à distribuer des volées de bois vert. Sans doute fut-il notre dernier véritable poète satirique.

J.-P. GOUJON

AU PIPIRITE CHANTANT. Recueil poétique de Jean **Métellus** (Haïti, né en 1937), publié à Paris aux Lettres nouvelles-Maurice Nadeau en 1978.

Installé à Paris depuis 1959, confronté à la double fracture de l'origine africaine et de l'exil, Métellus interroge la réalité subie par les Haïtiens et la mémoire de leur Histoire. Il retrouve dans cette quête les traces de ses propres souvenirs.

Le recueil s'ouvre sur une première partie dans laquelle le poète rend compte de sa course pour retrouver « l'horizon maternel du matin », ainsi que les mots qui lui permettront de chanter Haïti. Il parvient rapidement à évoquer, dans "Rires et larmes d'un enfant noir" et "Pour un écolier haïtien", la misérable condition de son peuple, le dévouement des mères, avant de consacrer un texte à "la Mort en Haïti". Mais c'est dans le long poème "Au pipirite chantant", qui donne son titre au recueil, que se manifeste, avec une rare puissance, la présence de l'île, à la fois magnifiée et honnie pour les malheurs que subissent ses enfants. Se présentant comme un hymne par lequel les voix paysannes interpellent les « dieux d'Afrique », ainsi que le soleil, et crient leur impuissance devant tant de misères, le poème devient le lieu privilégié dans lequel le poète ressuscite sa propre enfance, et peut, à ce titre, se faire le porte-parole de la culture haïtienne, marquée par la nuit de l'anxiété et l'espoir d'une aube annoncée. La dernière partie du recueil revient, avec une écriture plus mesurée, au constat brutal de la misère ("Cendres de la nuit", "Pas d'échéance") s'arrêtant sur un élément symbolique du paysage ("le Cocotier"). Il explore les limites du langage poétique par la description de couleurs ("le Violet", "l'Indigo", le "Noir"), des sens, avant de reprendre le chant du "Matin", consacré à la conquête de l'écriture, et de la "Terre" – Haïti, vouée au pillage et à la désolation. "Philtre amer" chante une dernière fois le découragement et la ferveur du poète à l'égard de l'île, avant de donner voix au dieu des combats, "Ogoun", et à la "Guerre".

Placé sous la lumière de l'aube – le pipirite est réputé pour être l'oiseau qui annonce le jour, et l'expression est usuelle en Haïti –, le recueil de Métellus s'articule autour d'une contrainte double : chanter la terre natale, perçue par les sens, déployée dans le souvenir, célébrer sa culture, et déplorer son effondrement, sa misère, son acculturation, signifiée par le retrait de ses « dieux jadis précieux » qui « s'éloignent dans le silence noir de la méditation » ("Ogoun"). Il faut alors au poète une langue qui puisse prendre en charge une telle contradiction, qui puisse s'emparer de cet espace multiple sans le déposséder, en lui dédiant une parole consciente de ses enjeux : le poète doit ancrer une vérité où l'anecdote côtoie le regard éloigné jeté sur un objet (Haïti) qu'aucun discours ne parvient à habiter sans le dénaturer.

Ainsi, toute la première partie est marquée par la confrontation, désirée et reculée, du poète et de l'île : « Haïti, Haïti / J'attends pour toucher / Mes mains s'étendent pleines de mots » ; « À quoi comparer tous ces mots qui circulent ? » Il lui faut remonter à l'origine de ses mots, en comprendre le soubassement ("Rires et larmes d'un enfant noir", "Pour un écolier haïtien") avant d'en faire l'épreuve ("la Mort en Haïti"). Mais c'est essentiellement dans "Au pipirite chantant" que le poète prend la mesure de son chant. En dépliant l'histoire d'Haïti à partir de sa composante sociale essentielle, la paysannerie, Métellus offre au lecteur français, son destinataire privilégié, un espace poétique ouvert aux mythes, mais également à toutes les forces de la nature. Ce sont les plantes qui parlent, tel l'arbre à pain, ou bien la Terre, le Soleil. C'est dans le souvenir de la traite, de la déraison raciste blanche qu'il puise cette énergie qui lui permet d'invoquer les dieux, de dresser un constat pitoyable de l'État d'Haïti, de la folie qui s'empare de ses habitants et qu'il faut bien arriver à nommer. Haïti vouée au silence devient un espace ouvert à l'aube de la parole que « le visitant des vocables » peut enfin chanter et non plus seulement décrire.

Y. CHEMLA

AU RENDEZ-VOUS ALLEMAND. Recueil poétique de Paul **Éluard**, pseudonyme d'Eugène Paul Grindel (1895-1952), publié à Paris aux Éditions de Minuit en 1944.

Quatre éditions pour ce recueil qui s'enrichit en 1945 et en 1946 d'inédits et de plaquettes parues antérieurement, comme le très célèbre *Poésie et Vérité 1942*, repris dans la deuxième édition de 1945 incluant "Liberté", *les Sept Poèmes d'amour en guerre* de 1943, et le premier poème des *Armes de la douleur* paru en 1944. C'est donc l'ensemble des poèmes de la Résistance écrits sous l'Occupation et à la Libération que présente *Au rendez-vous allemand*.

En appendice au recueil, Éluard expose dans « Raisons d'écrire, entre autres » les objectifs qu'il assigne à ces vers de circonstance : « Retrouver, pour nuire à l'occupant, la liberté d'expression. Et partout en France des voix se répondent, qui chantent pour couvrir le lourd murmure de la bête, pour que les vivants triomphent, pour que la honte disparaisse. Chanter, lutter, crier, se battre et se sauver. [...] Mais il fallait bien que la poésie prît le maquis. Elle ne peut trop longtemps jouer sans risque sur les mots. Elle sut tout perdre pour ne plus jouer et se fondre dans son éternel reflet : la vérité nue et très pauvre et très ardente et toujours belle... »

Il est certes vrai qu'Éluard s'est refusé à distinguer dans son œuvre une poésie « de circonstance » d'une poésie « pure », déclarant que tout chez lui est circonstanciel, de sorte que le découpage chronologique entre la période « surréaliste » et la période « engagée » illustrée par la poésie de la Résistance paraît discutable. Il n'empêche que, depuis la publication de *Cours naturel* en 1938, qui comporte le célèbre "Victoire de Guernica", la poésie exprime sans cesse davantage les convictions politiques d'Éluard. Ayant rejoint de nouveau le parti communiste illégal, condamné à la clandestinité depuis la publication de *Poésie et Vérité 1942*, Éluard fait de la poésie une arme de combat, et c'est sous les pseudonymes de Jean du Haut ou de Maurice Hervent qu'il participe activement à la Résistance, contribuant à diffuser les Éditions de Minuit avec Vercors et Pierre de Lescure. René Char, enthousiaste, commente la première édition : « Ce livre unique offre à tout homme sur le point de briser l'étau de sa marâtre de deux mille ans, son éternité particulière... », attestant que la poésie est encore une forme d'action. Les polémiques du surréalisme sont donc loin – d'autant que la plupart d'entre les membres du groupe ont émigré en Amérique, à l'exception de Char et d'Aragon. Mais Éluard ne reste-t-il pas finalement fidèle au projet surréaliste d'échapper à la « littérature » comme telle en faisant de sa poésie une « arme » ?

La continuité thématique et stylistique est d'ailleurs manifeste entre, par exemple, *les *Yeux fertiles* et *Au rendez-vous allemand*, attestée par la permanence du regard et des yeux, qui ne peuvent ici s'ouvrir du fait de l'oppression : « Il tombe cette nuit / Une étrange paix sur Paris / Une paix d'yeux aveugles / De rêves sans couleur... » ("Tuer"), dans une prison « Où les yeux sont sans reflets » ("Pensez"). C'est ainsi que les miroirs deviennent « noirs » et que les « charniers » se remplissent des ténèbres des « regards aveugles ». Le salut tant espéré veut, réciproquement, « Que le bonheur soit la lumière / Au fond des yeux au fond du cœur » ("Gabriel Péri"). La libération de Paris « en plein mois d'août » est présentée comme un retour à la lumière : « Paris osant montrer ses yeux » et reflétant le « miroir de nos rêves ».

Éluard développe aussi le thème de la fraternité déjà esquissé dans les derniers recueils d'avant-guerre, reprenant encore l'image des mains, étroitement liées au miroir :

Leurs mains ont serré les miennes
Leur voix a formé ma voix
Dans un miroir fraternel

("Éternité de ceux que je n'ai pas revus")

Le poétique et le politique s'entrelacent à travers le réseau serré des images, pour faire renaître l'éros, dont on sait qu'il est au cœur de "Liberté", primitivement adressé à Nusch. L'image de la patrie se confond alors avec celle de l'aimée, comme dans *les *Yeux d'Elsa* (1942) ou dans *la *Diane française* (1945) d'Aragon.

Il faut certes reconnaître aussi la part qu'Éluard concède à l'esprit de vengeance dans le combat, retrouvant les schémas manichéens de la grande tradition de la poésie militante et épique. Nombreux sont les poèmes qui défendent, contre les « vendeurs d'indulgence », contre les « juges / Qui prolongent la vie » des « accusés de Nuremberg », l'idée d'une juste vengeance : « Nous ferons justice du mal » ("les Belles Balances de l'ennemi") ; « L'épée qu'on n'enfonce pas dans le cœur des maîtres des coupables / On l'enfonce dans le cœur des pauvres et des innocents » ("le Même Jour pour tous"). Mais c'est précisément au nom de cette justice nécessairement violente que le poète prend avec compassion la défense des « filles » tondues à la Libération, dans le célèbre "Comprenne qui voudra" dont le cinéaste Alain Resnais, pour qui Éluard rédigea le scénario de *Guernica*, s'est souvenu dans une scène d'*Hiroshima mon amour*.

Le style indéniablement répétitif du recueil, qui joue sur les parallélismes, les anaphores, etc., tous procédés qui facilitent la mémorisation à un moment où l'écrit est hautement dangereux, porte bien la signature d'Éluard. La récurrence de poèmes en vers réguliers (exceptionnellement rimés) participe de la même intention, comme d'ailleurs les poèmes d'Aragon dans *la Diane française*, et a sans doute largement contribué au renom de certaines pièces comme "Liberté".

La seule différence stylistique frappante, imputable au genre de la poésie militante, est dans l'emploi des personnes, puisque le « je » lyrique tend à s'effacer derrière le « nous » du combat collectif : « Pourquoi vivons-nous pourquoi / Annulons notre passé / Blasphémons notre avenir... » ("Pensez ") ; « Nous sommes seuls... » ("Nos uniremos"). Quant au « tu » adressé à la femme aimée, il cède la place à un « vous » élargi qui embrasse l'humanité souffrante, de sorte que même le singulier prend une valeur universelle : « On te menace de la guerre / On te menace de la paix... » Pour le reste, *Au rendez-vous allemand* met l'intention d'une poésie « facile », signifiée dès *Capitale de la douleur* en 1926, au service de la Résistance, sans jamais sacrifier au didactisme ni à la facilité. Associé à *la Diane française* d'Aragon, aux *Feuillets d'Hypnos* de Char, au *Veilleur du Pont-au-Change* (1942) de Desnos, *Au rendez-vous allemand* fonde par son style ce qu'il faut bien appeler le « genre » de la poésie résistante, auquel des poètes du monde entier se réfèrent – du Chilien Pablo Neruda aux Palestiniens Mahmoud Darwish et Samih Al Qassim, en passant par le Grec Yannis Ritsos. Jamais dans l'œuvre d'Éluard l'adéquation n'aura été si évidente entre le propos politique et la poétique.

● Éd. de Minuit, rééd. 1976. ➤ *Œuvres complètes*, « Pléiade », I ; *Œuvre poétique complète*, Club de l'honnête homme, IV.

D. COMBE

AU REVOIR ET MERCI. Essai de Jean d'**Ormesson** (né en 1925), publié à Paris chez Julliard en 1966.

Précédé par trois poèmes portant chacun le titre de l'un des chapitres à venir, l'essai est également parcouru par les paroles de la chanson enfantine : « Ainsi font, font, font, les petites marionnettes ». Dans « Encore pardon », Jean d'Ormesson évoque sa famille au passé glorieux, la figure de son père, un ambassadeur libéral et désintéressé, puis sa recherche vaine d'une vocation. « Ah ! bravo » est consacré à ses premiers succès : l'École normale supérieure, l'agrégation de philosophie, les premiers livres publiés. « Et merci » tente l'impossible bilan d'une jeunesse à peine enfuie, et se clôt sur une célébration de la vie et de ses plaisirs : plaisir du soleil, des voyages, même si ceux-ci ne sont qu'une fuite, plaisirs procurés par l'argent dont le pouvoir est souligné sans fausse honte, hommage enfin à une petite fille prénommée Héloïse.

Au revoir et merci n'est pas vraiment une autobiographie. Sans doute Jean d'Ormesson y évoque-t-il quelques épisodes de son adolescence, les voyages favorisés par le métier de son père, les vacances à Saint-Fargeau, propriété de sa famille maternelle... Mais celui qui trace de lui-même le portrait suivant : « Trente-sept ans, bourgeois, vie

sexuelle normale, plus d'argent que la moyenne, bonne santé, bonnes études, ni beau ni laid » est encore trop jeune pour livrer, en une vaste rétrospective, le récit d'une existence entière. C'est plutôt, par un homme qui n'est pas encore entré à l'Académie française ni dans le « bureau ovale » du *Figaro* qu'il dirigera quelques années plus tard, une sorte d'essai sur ce qui l'a amené à devenir ce qu'il est. Or, précisément, l'auteur éprouve un malin plaisir à prendre le contrepied des idées reçues et à présenter une image déroutante, volontairement insignifiante, de son itinéraire, de son « long et dur [...] accouchement de soi-même ». Ainsi de ses rapports avec sa famille, à laquelle nul conflit, dit-il, ne l'a opposé, et dont il a l'honnêteté de reconnaître qu'il lui doit beaucoup... Dans une sorte de dialogue ironique avec les *Mots* publiés trois ans plus tôt, il rend hommage à son père disparu, « exception » à la règle sartrienne selon laquelle « il n'y a pas de bon père ». Mais ce dialogue se poursuit lorsqu'il s'agit d'évoquer les choix futurs : au terme d'une adolescence passée à « attendre », il se révèle dépourvu de toute « vocation ». S'il entre à l'École normale, c'est parce qu'il cède aux mirages de Jules Romains et de Brasillach. Le même humour cruel s'applique à son choix de l'agrégation de philosophie : son succès ne réussit pas à le guérir de sa passion malheureuse pour une discipline qui le fascine et lui échappe. « Honteusement superficiel », il vit ses premiers succès avec le sentiment persistant d'une insatisfaction foncière, qui atteint son paroxysme avec la publication de ses premiers romans – avant la *Gloire de l'Empire* qui devait marquer sa consécration. Pourtant ce livre n'est pas celui d'un homme aigri, mais le bilan amusé d'une jeunesse égoïste, « [perdue] à être bêtement heureux », un « merci » lyrique adressé à la vie et ses plaisirs : visages de jeunes filles discrètement dessinés, souvenirs fulgurants d'une île grecque ou d'une église romaine... Autant de réponses à la question angoissée de l'adolescence : « Quoi faire ? »

● Gallimard, 1976.

K. HADDAD-WOTLING

AU SERVICE DE L'ALLEMAGNE. Voir BASTIONS DE L'EST (les), de M. Barrès.

AU-DESSUS DE LA MÊLÉE. Série d'articles de Romain **Rolland** (1866-1944), publiés dans le *Journal de Genève* du 2 septembre 1914 au 2 août 1915, et en volume à Paris chez Ollendorff en 1915.

Quand la guerre fait rage et que les passions se déchaînent, il faut sauver l'esprit. Ne renions pas l'héritage des grands génies de l'humanité. Aujourd'hui, les vrais intellectuels ne doivent ni céder aux mirages du nationalisme ni encourager les fureurs bellicistes. Non, la guerre n'est pas une fatalité. Non, l'Allemagne ne se situe pas au-dessus des lois humaines. Vous, élite allemande, reniez le despotisme prussien ! Ne soyez pas complice de la destruction du patrimoine culturel de l'Europe ! C'est notre âme que vous assassinez, intellectuels forcenés, presse grandiloquente, qui menez les peuples au combat. Combattons tous les impérialismes. Mènerons-nous à l'abattoir notre jeunesse héroïque ? Seuls les vieux zélateurs d'un faux patriotisme célèbrent les vertus guerrières. Hélas ! loin de combattre cette hérésie fanatique, le christianisme et le socialisme ont attisé les haines. Préparons la paix. Provoquons la formation d'une Cour internationale de justice qui préservera les droits inaliénables de l'humain. Ne cédons pas à l'esprit de revanche. Déjà, chez les nations neutres, mais aussi en Angleterre et en Allemagne, naissent des associations de protection des civils étrangers en détresse. Restaurons les droits de minorités orientales opprimées. Contre les intérêts financiers et les féodalités anciennes, unissons-nous, sous l'égide de Jaurès, pour construire une Europe fraternelle !

Romain Rolland est surpris par la guerre alors qu'il se trouve en Suisse. Après un temps de réflexion, il prend la plume au lendemain de la bataille de la Marne, qui ravagea les campagnes françaises et inspira une horreur indicible, face à un nouveau type d'affrontement, total. Il appartient à la classe 1886 et, victime d'une incapacité physique, il ne participe pas aux combats ; mais, d'octobre 1914 à la fin 1915, il travaille à l'Agence internationale des prisonniers de guerre, à la Croix-Rouge. Autour de 1900, déjà, Rolland s'associa à Péguy pour dénoncer, dans les *Cahiers de la Quinzaine*, les mensonges de la politique : l'auteur de *Jean-Christophe* refusait toutes les manipulations qui créaient la confusion entre l'amour de la patrie et l'idée de l'humanité. Or, en 1914, il faut choisir : est-il légitime de faire l'Histoire en sacrifiant les valeurs humaines à la volonté impérialiste et à la raison d'État ? Non, répond Rolland : l'intellectuel a le devoir de prendre du recul, de se situer « au-dessus de la mêlée », pour privilégier la vérité et ne pas céder aux passions patriotiques. Profondément ébranlé par le conflit, Rolland tente de conjurer les forces de la barbarie qui se renforcent en Europe. Dans ses premiers articles, il ne met pas tant en cause la guerre que les méthodes, brutales, de l'Allemagne ; la France n'aurait fait que réagir face à l'agression. Il refuse de considérer la guerre comme une fatalité et d'assimiler les peuples à leurs gouvernants. Pour cet admirateur de Goethe, les Allemands sont les victimes d'un groupe belliciste, tout comme l'élite française est abusée par les partis qui exploitent l'idéalisme juvénile et précipitent toute une génération dans une guerre d'extermination. En préférant le nationalisme à l'humanisme, les intellectuels allemands cautionnent, dans l'abstrait, les brutalités guerrières et sacrifient l'héritage culturel des Lumières. Quant aux intellectuels des autres nations, ils se sont mués en propagandistes d'un patriotisme étroit et revanchard. Peu à peu s'impose en Rolland la prise de conscience que les torts sont partagés par l'Allemagne et les Alliés. Inspirés par son humanisme et non par un pacifisme qu'il juge dépassé, les jugements de Rolland semblent lucides. Ainsi, il désigne les responsables du conflit : les systèmes politiques impérialistes, pangermanistes ou panslavistes, et le faux idéalisme guerrier. Il prévoit que la paix fera la fortune des financiers qui noueront des contrats outre-Rhin. Il faut ouvrir un second front, intérieur celui-là, et résister à la violence nationaliste. Il en appelle donc aux intellectuels pour tenter de préserver l'âme des nations et de fonder des valeurs communes nouvelles. Selon lui, l'unité européenne sera culturelle ou ne sera pas : il faut respecter l'humain mais aussi régler le sort des minorités orientales, sacrifiées par les générations précédentes. Aussi, son point de vue évoque-t-il la phrase fameuse de Clemenceau, qui, après avoir gagné la guerre, voulait gagner la paix. Les textes de Rolland demeurent encore d'actualité mais, à son époque, on l'accusa de trahison. Sa lutte lui vaudra un isolement progressif et l'interdiction d'*Au-dessus de la mêlée* en Allemagne et en France.

V. ANGLARD

AUBE (l'). Voir JEAN-CHRISTOPHE, de R. Rolland.

AUBERÉE. Fabliau anonyme probablement composé au XIIIᵉ siècle. Formé de 880 vers et transmis par huit manuscrits, il est le mieux représenté dans la tradition manuscrite du genre, ce qui atteste de son succès à l'époque médiévale et de son adéquation aux préoccupations du public auquel il était destiné. L'anecdote rapportée ne paraît pas dénuée de rapport avec la tradition orientale du *Roman des sept sages*, sans qu'aucune filiation directe puisse être établie.

Épris d'une jeune fille pauvre, le fils d'un riche bourgeois voit ses projets matrimoniaux contrariés par son père. La jeune fille est mariée par le sien à un veuf cossu. Désespéré, le jeune homme s'adresse à une couturière – Auberée – qui, contre argent, promet de lui venir en aide. En visite chez la jeune épousée, elle dissimule dans le lit conjugal le surcot du jeune homme auquel elle attache un dé et une aiguille ; le mari le trouve et jette dehors sa femme ; Auberée la recueille, la couche dans son lit, lit qu'elle ouvre au jeune homme. Deux jours après, elle s'entremet afin de réconcilier la jeune femme et son mari, persuade par un stratagème ce dernier de la reprendre puis explique la présence du surcot, ouvrage de couture oublié par elle lors d'une visite précédente. Débarrassé de tous ses soupçons, le bourgeois récompense Auberée.

Le succès médiéval de ce fabliau tient certainement à sa capacité à apporter une réponse aux amours contrariées de jeunes gens soumis à la volonté paternelle et à des intérêts matériels incompatibles avec ceux du cœur. De ce point de vue, il fournit une bonne illustration des pratiques matrimoniales au XIIIᵉ siècle attachées à favoriser les unions rémunératrices. Le ressort du récit est surtout à chercher dans l'opposition des classes d'âges, des « jeunes » non mariés en concurrence avec les veufs sur le marché matrimonial où les premiers sont moins bien placés que les seconds. Le fabliau, comme le roman, a adopté le parti des « jeunes » et là où une union légale se révèle impossible, il propose la fiction d'une rencontre adultère redonnant la victoire au vaincu de la compétition pour les femmes. Intrigue secrète et plaisante qui vaut mieux que les viols rapportés par les annales judiciaires. Par son action, l'entremetteuse rétablit une circulation des femmes plus conforme aux intérêts sexuels et économiques du public pour lequel sont composés les fabliaux. Se trouvent ainsi conciliés des intérêts contradictoires afin de préserver la structure conjugale.

Auberée est surtout intéressant par la complexité de sa structure narrative. Le récit y est organisé et mené avec une maîtrise inégalée parmi les autres fabliaux. L'ampleur du texte permettait, il est vrai, de multiplier les personnages, de définir des contrats narratifs qui semblent laissés en suspens pour mieux aboutir sous une autre forme (les projets matrimoniaux du jeune homme). L'auteur mène de front deux récits que leur développement croise et lie : le récit des amours contrariées du jeune homme et celui de la conjugalité perturbée du veuf ; la circulation de la jeune femme les noue l'un à l'autre. Dans le premier, la situation finale ne se superpose pas exactement à la situation initiale puisque l'étreinte adultère furtive a été substituée au désir de mariage ; dans le second, les deux situations coïncident parfaitement : le mari rassuré reprend son épouse et ignore qu'il a été trompé. Croisés, ces deux récits se développent en trois temps, réglés par une logique binaire opposant la constitution ou la reconstitution d'une union avec sa destruction momentanée. Le premier temps fait alterner le suspens de l'union du jeune homme et de la jeune fille et le mariage de cette dernière avec le veuf ; le deuxième défait l'union du veuf pour la renouer avec le jeune homme ; le troisième suspend l'intimité des amants pour reformer le mariage un temps compromis. Auberée, la couturière, défait et raccommode les unions ; le surcot fait de « trois ou quatre peaux d'écureuils », auquel pend un dé, devient ainsi la métaphore du travail littéraire cousant ensemble les parties du fabliau. Ouvrage difficile, comme celui qu'accomplit Auberée en faisant la navette d'un couple à l'autre, si l'on en croit l'auteur qui déclare, dans son prologue, avoir beaucoup travaillé. Le succès a-t-il suffi à le récompenser aussi bien que le fut l'entremetteuse ?

● Assen, Van Gorcum, 1988 (*Nouveau Recueil complet des fabliaux*, p.p. W. Noomen et N. Van den Boogard).

Y. HUCHET

AUBERGE DES ADRETS (l'). Mélodrame en trois actes, en prose et « à spectacle » de Benjamin **Antier**, pseudonyme de Benjamin Chevrillon (1787-1870), de **Saint-Amant**, pseudonyme de Jean-Amand Lacoste, et **Paulyanthe**, pseudonyme d'Alexis Chaponnier, créé à Paris au théâtre de l'Ambigu-Comique le 2 juillet 1823, et publié à Paris chez Pollet la même année. L'édition de 1834 chez Barba, Pollet et Bezou ajoute au texte initial les variantes, répliques et jeux de scène inventés par Frédérick Lemaître lors de la reprise au théâtre de la Porte-Saint-Martin le 28 janvier 1832.

Lassé de jouer les traîtres de mélo selon les codes moraux et les conventions théâtrales de l'époque, Frédérick Lemaître, alors que l'on montait à l'Ambigu *l'Auberge des Adrets*, un drame prétendument pathétique, d'abord intitulé *Jeannette et les Deux Bandits* et que la censure, après modifications, avait finalement autorisé, habilla son personnage de défroques achetées au Carreau du Temple, une redingote luisante de crasse, un pantalon en vis de pressoir, un haut de forme calamiteux, et le pourvut de quelques accessoires dont un gourdin de muscadin. Avec la complicité de Firmin qui jouait le rôle du comparse, et qui, lui, était affublé d'un habit aux basques démesurées, il fit une entrée de père noble, étala complaisamment ses vices et ses crimes avec des lazzis provocateurs et des airs de *fashionable*. Le succès fut immédiat. Le mélodrame semblait alors sécréter sa propre parodie et Frédérick Lemaître, en ajoutant chaque soir effets et répliques, à petites touches créait un type, repoussant toujours plus loin les limites de la transgression des codes. Il les dépassa le jour où, la femme du préfet de police se trouvant dans la salle, il tira sa confession de sa chaussure au lieu de le faire de sa poitrine, provoquant ainsi le rire dans un épisode de repentir et d'agonie. L'interdiction ne se fit point attendre. Elle prit effet le 2 avril 1824 et, malgré l'intervention des auteurs, fut maintenue.

L'Auberge des Adrets. Entre Chambéry et Grenoble, à l'Auberge des Adrets, dirigée par Dumont, on prépare le mariage de Charles, le fils de la maison, et de Clémentine, fille de Germeuil, riche propriétaire de la région. Avant la cérémonie, Dumont annonce à Charles qu'il n'est pas son fils, mais un enfant trouvé. Par scrupule de conscience, il en avertit aussi Germeuil qui accepte malgré tout, de grand cœur, le mariage de Charles avec sa fille. Arrivent alors à l'auberge deux individus, Rémond et Bertrand, de piètre allure, mais qui portent haut la superbe des gueux, et, presque en même temps, une pauvre femme du nom de Marie, que l'on vient de recueillir sur la route. Rémond et Bertrand surprennent une conversation entre Dumont et Germeuil à propos de la dot de douze mille francs que ce dernier garde dans son portefeuille. La générosité de Germeuil va aussi jusqu'à secourir Marie d'une bourse d'or. Rémond et Bertrand, quant à eux, à force de ruse parviennent à dérober à Pierre, le garçon d'auberge, la clé de la chambre 13 où dort Germeuil (Acte I).

Après avoir poignardé Germeuil et dérobé la dot, Rémond et Bertrand sortent de la chambre sans être vus. En revanche, Marie est surprise par Pierre en train de vouloir partir. C'est alors que Rémond reconnaît en Marie sa femme, avant de répondre avec effronterie au brigadier Roger et aux gendarmes venus déjeuner à l'auberge. Le meurtre de Germeuil est alors découvert et les soupçons se portent immédiatement sur Marie. Interrogés, Rémond et Bertrand chargent la malheureuse sur laquelle on a trouvé la bourse de Germeuil. À la suite de ces interrogatoires, Dumont découvre que Marie est la mère de Charles. À ce moment précis arrive une dépêche dénonçant Rémond (alias Robert Macaire) et Bertrand son complice comme de dangereux bandits (Acte II).

Germeuil, que l'on a cru mort, respire encore mais ne peut reconnaître personne. Devant cette situation confuse, Clémentine demande à Charles de faire évader Marie, bien qu'elle la croie encore coupable du meurtre de son père. De son côté, Marie se justifie du don de la bourse et Pierre découvre la clé de la chambre 13 dans la chambre des deux malandrins. La culpabilité de ceux-ci ne fait plus aucun doute désormais, mais Marie empêche Charles de livrer celui qui est, sans qu'il le sache, son propre père. Elle négociera toutefois avec Robert Macaire l'aveu du crime contre la liberté. Charles, à qui Macaire a dévoilé qu'il était son père, cherche à faire évader le bandit. Mais Bertrand a tout entendu et compris que Macaire voulait lui faire endosser la responsabilité du meurtre ; il lui lâche alors un coup de pistolet au moment où il le voit s'enfuir. Macaire à l'agonie, devant toute l'auberge réunie, tire de son sein une confession où il avoue tous ses crimes et innocente Marie. Charles va laisser échapper que cet individu est son père. Dumont et Marie l'en empêchent. Macaire expire. On pourra ainsi, en famille, retrouver le bonheur (Acte III).

Après les journées de 1830, la censure ayant été supprimée, Frédérick Lemaître, avec cette fois l'acteur Serres

comme complice, reprit *l'Auberge des Adrets* le 28 janvier 1832 à la Porte-Saint-Martin. Il ajouta au canevas initial de nouvelles provocations cyniques, d'autres épisodes, et en particulier une scène finale pendant laquelle les gendarmes poursuivaient Robert Macaire jusque dans les loges d'avant-scène. Il leur brûlait alors la cervelle avant de jeter leurs cadavres sur scène devant un paradis extasié. Plusieurs auteurs proposèrent encore d'autres épilogues, que l'on joua en avril 1833 : *les Trois Derniers Quarts d'heure* de B. Antier et M. Alhoy et *le Paradis des voleurs* de M. Lefebvre où l'on voyait Macaire et Bertrand dans une apothéose céleste.

D'autre part, dans le courant de l'année 1833 était paru un roman : *l'Auberge des Adrets, manuscrit de Robert Macaire trouvé dans la poche de son ami Bertrand*, que certains attribuent à J.-F. Raban, d'autres à M. Alhoy. Ce roman élargissait les thèmes développés au théâtre et leur donnait plus d'amplitude. Macaire y décalquait sa destinée sur celle de Vidocq et de Rochefort. S'adjoignant alors la collaboration de B. Antier et de Saint-Amant, Frédérick Lemaître reprit le personnage dans une pièce nouvelle en quatre actes et six tableaux, *Robert Macaire*, dont la première eut lieu le 14 juin 1834 sur la scène des Folies-Dramatiques.

Robert Macaire. Blessé par le coup de feu de Bertrand à la fin de la pièce précédente, Macaire est pour lors cloîtré dans une chambre de l'Auberge des Adrets. Pour dissiper tous les soupçons, on a mis en scène un faux enterrement. Mais, à intervalles réguliers, il sort de sa chambre en promenant sa délire éthylique et somnambulesque. Arrive à l'auberge un aigrefin de haut vol, le baron de Wormspire, qui se donne pour philanthrope, accompagné de celle qu'il présente comme sa fille, Éloa, grue déguisée en oiselle. Macaire dérobe la sacoche pleine d'argent des voyageurs ; Charles, son fils, est obligé d'en rembourser le contenu (Acte I).

Plus tard, poursuivi dans la forêt, Macaire retrouve son complice Bertrand. Ils revêtent tous deux des défroques dérobées à des saltimbanques avant d'aller au secours de la berline renversée du baron (Acte II).

Macaire se transforme alors en écumeur de salons, directeur d'une compagnie d'assurances contre le vol, lançant auprès d'actionnaires de nouveaux appels de fonds. Seul M. Gogo, qu'il gruge, tente en vain de résister. Macaire va, en outre, se marier avec Éloa. Discutant de la dot, lui et Wormspire se paient de mots et de promesses faramineuses avant que le baron, à force de tricher au jeu, ne daube Macaire lui-même (Acte III).

Cependant les agents arrivent et Macaire dégringole par la cheminée chez la femme du commissaire de police. Celui-ci surgit, mais Macaire l'ayant endormi avec ses histoires et ses prises de tabac, s'installe dans son lit à sa place quand la police investit l'immeuble. En tant que commissaire, Macaire fait alors arrêter par les soldats l'agent venu l'appréhender. Puis les coquins, de nouveau réunis en famille (Macaire a découvert que le baron, une fripouille, n'est autre que son père et qu'Éloa, une gourgandine est la fille de Bertrand), s'enfuient en ballon à la barbe de leurs poursuivants (Acte IV).

« Puffiste » et faiseur, le personnage de Robert Macaire, dans cette force d'esprit aristophanesque, prend une nouvelle dimension, de même que sa victime de prédilection, M. Gogo, auquel Paul de Kock apportera la notoriété (*Monsieur Gogo*, 1859). Par le biais des caricaturistes, Traviès, Daumier, Gavarni, Cham…, Macaire devint ainsi l'emblème à la fois grandiose et dérisoire de toute une époque, celle de la bourgeoisie triomphante et affairiste où « ce colossal tripoteur » (J. Claretie) joue tous les rôles, gruge les imbéciles, rosse les pandores, s'épanouit dans la corruption et l'imposture. Dans le siècle, à chaque période de tensions sociales et politiques, le personnage reprit de la vigueur. Flaubert affirmait que depuis don Juan il n'en voyait « pas d'aussi large » ; Th. Gautier qu'il « était l'œuvre capitale de cette littérature de hasard, éclose de l'instinct du peuple et de l'impitoyable raillerie gauloise »…

Parmi les très nombreuses œuvres qui ressuscitèrent le nom du personnage, ses facéties et ses bobards, on pourrait citer : *la Fille de Robert Macaire*, de Mallian et Barthélemy, mélodrame comique joué en 1835 aux Variétés et, à la fin du siècle (1896-1898), un roman populaire « historique » de

G. Le Faure, qui prend des allures de somme, simplement intitulé : *Robert Macaire*.

● Grenoble, Roissard, 1966 (p.p. C. Cœuré).

J.-M. THOMASSEAU

AUCASSIN ET NICOLETTE. Chantefable picarde du début du XIIIe siècle.

Aucassin et Nicolette est le seul échantillon du genre littéraire qu'on désigne par le mot de chantefable – ce terme n'apparaît qu'une seule fois, à la fin de notre texte – où 21 strophes assonancées d'heptasyllabes à vers orphelins, faites pour être chantées (*or se cante*) sans être pour autant de simples haltes lyriques, alternent avec 20 morceaux de prose destinés à la récitation annoncés par la formule « *or dient et content et fablent* ». Il n'existe, d'autre part, qu'un seul manuscrit d'*Aucassin et Nicolette* (Paris, Bibliothèque nationale, manuscrit français, 2168) : faut-il penser qu'on a fait disparaître les copies d'un texte jugé trop subvertif ? Cette œuvre, qui est peut-être un mime à un ou deux personnages, séduit par un mélange exquis de vers et de prose, de poésie raffinée et de scènes burlesques.

L'auteur, qui prétend s'appeler le Vieil Antif (c'est le nom du cheval de Roland), reprend des formules épiques pour conter les aventures et les amours de deux jouvenceaux : Nicolette, au nom bien français, est d'origine sarrasine, et l'autre, Aucassin, prince chrétien de Beaucaire, porte le nom d'un roi maure de Cordoue. Mais il est possible que, sur ce premier jeu de mots, s'en greffe un second, fondé sur le provençal de Beaucaire : Aucassin serait l'« aucassa » (dérivé d'*auca*, « oie »), l'oison un peu niais mais sympathique, et Nicolette serait celle qui fait la « nica », la futée qui se moque d'autrui.

Le vieux comte de Beaucaire, assiégé dans sa ville par Bougars de Valence, adjure son fils Aucassin de prendre la tête des défenseurs ; celui-ci n'acceptera que si son père lui donne en mariage Nicolette, une jeune esclave sarrasine, rachetée et élevée par le vicomte de la ville. Le père refuse avec indignation : il veut pour Aucassin une femme de haut parage.

Recluse dans une chambre, Nicolette regarde la campagne, pense à son ami et songe à s'enfuir, tandis que le jeune homme la cherche en vain. Interrogé, le vicomte essaie de l'en détourner : Aucassin ne saurait faire de Nicolette sa femme ni sa maîtresse sans se condamner à l'enfer. À quoi le héros riposte qu'il préfère au paradis des bigots et des dévotes l'enfer des chevaliers, des clercs et des belles dames. Son père lui ayant adressé une nouvelle exhortation, Aucassin veut bien aller se battre, à condition de pouvoir, au retour, dire quelques mots et donner un baiser à Nicolette. Il part pour la bataille, mais songe si fort à son amie qu'il est capturé par les ennemis. Il se réveille brusquement, taille en pièces son escorte, rencontre Bougars, le fait prisonnier et le traîne aux pieds de son père, à qui il réclame son salaire ; mais le vieux comte refuse d'exécuter sa promesse ; aussi, de colère, Aucassin libère-t-il le captif en lui faisant jurer de reprendre la guerre. Le père jette son fils en prison, dans le bas d'une vieille tour.

Nicolette, qui s'est enfuie, entend par une crevasse les lamentations de son ami et échange avec lui de tendres propos. Avertie de l'arrivée des archers par le chant du veilleur, elle gagne la forêt, obtient de jeunes bergers qu'ils invitent Aucassin à y venir chasser, et construit une hutte de feuillage. Aucassin, délivré, va, sur les conseils d'un chevalier, chasser dans les bois, où il rencontre les pastoureaux qui lui transmettent le message de Nicolette. Il se désespère et se lamente ; mais un bouvier, qui a perdu un bœuf, lui démontre qu'il est bien plus malheureux que lui. Ayant découvert la loge de feuillage, il tombe et se démet une épaule que Nicolette, qui l'a rejoint, guérit sur-le-champ.

Les deux amis s'en vont vers la mer, et une nef de marchands les prend à son bord. Ils débarquent au doux royaume de Torelore, monde à l'envers où le roi garde le lit au moment de la naissance de ses enfants et où l'on se bat avec des pommes pourries, du fromage et des champignons. Ils y coulent des jours heureux. Mais des pirates dévastent le pays et les emmènent sur deux nefs différentes. Celle d'Aucassin, prise dans la tempête, s'échoue au rivage de Beaucaire où, le comte étant mort, le jeune homme lui succède aussitôt.

Nicolette débarque à Carthage où elle découvre qu'elle est la fille du roi sarrasin, qui veut lui faire épouser un prince de sa religion. Elle ne pense qu'à Aucassin. Aussi s'enfuit-elle, déguisée en jongleur, arrive à Beaucaire, chante sa propre histoire et son fidèle amour devant Aucassin qui lui demande d'aller chercher son amie. Retournée dans son ancienne demeure, elle se pare, et revient au palais au bout de quelques jours. Aucassin peut enfin l'épouser, et leur bonheur sera complet pendant de nombreuses années.

D'une culture riche et étendue, le conteur s'est complu à récrire des scènes connues en un style elliptique et fin qui ne retrouve toute sa saveur que par des comparaisons avec les modèles. Ainsi Aucassin rencontre-t-il un bouvier, comme Yvain dans le **Chevalier au lion* de Chrétien de Troyes. Le schéma du passage est identique : portrait horrifique du vilain, peur du héros, dialogue qui réintègre le bouvier parmi les humains. Mais notre auteur a refait le portrait dont il conserve l'ordre traditionnel, introduisant deux nouvelles comparaisons : son vilain à une hure plus noire qu'une « carbouclée » [charbon des blés] et de grosses lèvres plus rouges qu'une « carbounee » [bifteck]. Surtout, alors que le bouvier de Chrétien de Troyes, bossu et tordu, conserve un aspect mythique, exerçant un pouvoir quasi magique sur un étrange troupeau de taureaux sauvages, d'ours et de léopards et ne dévoile que peu à peu son aspect humain au terme d'une habile progression, celui de la chantefable, gigantesque personnage qui n'ignore rien de la vie de Beaucaire et recherche un bœuf perdu, donne à Aucassin une leçon de courage, de persévérance, de générosité et d'optimisme : la roue de Fortune finira par tourner à son avantage. Le conteur d'*Aucassin et Nicolette* parodie aussi le **Chevalier de la charrette* (aventures de Lancelot du Lac, le parfait amant), mais souvent en inversant les rôles : si Lancelot recherche Guenièvre, c'est Nicolette qui se mettra en quête d'Aucassin, après avoir été enfermée dans la tour dont le vicomte a fait sceller la porte en sorte que personne n'en puisse entrer ni sortir, et où l'air ne pénètre que par une fenêtre « assés petite », tour semblable à celle où le méchant Méléagant a emprisonné Lancelot. Celui-ci, pendant la traversée d'une lande, est tellement absorbé par la pensée de sa bien-aimée qu'il oublie jusqu'à sa propre existence ; aussi, arrivé à un gué, n'entend-il pas l'interdiction du défenseur si bien qu'il est désarçonné par l'autre ; il sort alors de son songe, combat et vainc son adversaire. Nous avons dans *Aucassin et Nicolette* le même schéma, voire les mêmes mots : « ne l'en sovint », « ains [mais] pensa »…, « son cheval l'en porta parmi le presse », ses ennemis « le desaissent de l'escu et de le lance ». Mais, de nouveau, notre auteur enchérit, puisque Aucassin n'entend rien, ne voit rien alors que la bataille fait rage, que ses ennemis le désarment, l'emmènent, parlent de la mort à lui infliger. Nicolette a lancé à Aucassin une mèche de ses cheveux : il les « a molt honerés / et baisiés et acolés, / en son sein les a boutés ». Ce sont les mots de Chrétien de Troyes, les gestes de Lancelot qui a découvert sur un perron un peigne où sont restés accrochés des cheveux de la reine Guenièvre. Du **Tristan* de Béroul nous retrouvons la crainte du bûcher, la hutte dans la forêt, le rôle de la femme. Le conteur se moque en passant du roman idyllique, de ses ficelles et de ses procédés qu'il accumule dans la seconde partie : navigation, razzias de Sarrasins, séparations, déguisements, reconnaissances. Beaucoup de motifs et de formules appartiennent à la tradition littéraire, épique et romanesque : homme hideux, princesse sarrasine, communication à travers une paroi, déguisement… La chantefable, qui présuppose une tradition déjà longue, a le charme équivoque d'une œuvre très raffinée, à une époque où l'on croit plus ou moins à la courtoisie.

Le conteur ne s'est pas borné à puiser dans le trésor de la littérature écrite : il a emprunté au folklore et aux traditions orales de nombreux éléments, quelquefois à tonalité burlesque (comme la couvade au royaume de Torelore), le plus souvent poétiques : le lis dans la forêt, le carrefour des sept chemins, l'étoile du soir attirée par la lune, la rose épanouie, le rayon de lune dans la hutte, la bête précieuse qui assure le salut du chasseur, le malade guéri après avoir vu la jambe de Nicolette, la promenade dans la rosée…

Cette richesse intertextuelle vise à donner une image nuancée du couple formé par Aucassin et Nicolette. Si le premier peut passer, par certains côtés, pour un antihéros qui pleure et se lamente, pour un antichevalier qui n'a pas le sens du lignage et refuse d'abord de se battre, s'il subit l'aventure et l'amour, il n'est pas un bouffon, mais plutôt un naïf généreux qui suit et sert Nicolette que le conteur a parée d'un halo de mystère et de gloire, entourée de symboles chargés de poésie : la rose épanouie de la Vierge Mère et de l'amour en fleur ; le lis de l'amour spiritualisé ; la lune qui est l'astre d'Iris, de Diane et de l'Amour ; la hutte de feuillage ; le carrefour des sept routes, domicile des filles amoureuses et des sorcières. Force de la vie par son courage, son esprit de décision et son adresse, Nicolette mène le jeu, sans pleurer ni se laisser abattre par l'infortune, même si elle éprouve angoisse et peur : à la crainte succède toujours l'action. L'amour et le corps de la femme assurent le salut de l'homme. Dès la première strophe, il est dit que le récit de ce grand amour est capable de rendre la santé aux malades : de voir la jambe de Nicolette guérit complètement le pèlerin. L'héroïne se compare elle-même à une bête de grand prix, à un inestimable trésor dont la vertu est telle qu'« Aucassins ert [sera] garis de son mehaing », et ce dernier mot désigne aussi bien une blessure qu'une mutilation ou une infirmité : sans la femme l'homme n'est qu'un être imparfait et mutilé. Sainte autant par son don de guérir que par la luminosité de son visage, Nicolette, source débordante de grâce et de miséricorde, éclaire par sa présence le bois des pastoureaux ; son absence engendre la désolation dans toute la contrée où se répand sur-le-champ le bruit de sa disparition. Est-ce seulement pour suggérer la naïveté des bergers que le conteur rapporte, par deux fois, qu'ils ont cru voir une fée ?

En tout cas, l'amour mérite qu'on lui subordonne tout : liens familiaux, grandeur et honneur chevaleresques, éclat de la vie sociale, salut éternel, puisque Aucassin qui, dans une tirade d'un humour désinvolte, choisit l'enfer avec Nicolette, se suiciderait si sa bien-aimée partageait la couche d'un autre.

La vivacité de la langue, pétillante d'esprit et de verve, la finesse de la parodie et la délicatesse du pastiche, le bon goût dans la dérision et la malice souriante qui perce sous l'émotion, la gaieté teintée de tendresse et l'humour du conteur mettent en valeur le lyrisme et la poésie de ce petit chef-d'œuvre qui n'a cessé d'exercer sa séduction.

● Champion, « CFMA », 1955 (réimp. éd. 1925, p.p. M. Roques) ; « GF », 1984 (trad. et p.p. J. Dufournet).

J. DUFOURNET

AURÉLIA ou le Rêve et la Vie. Récit de Gérard de **Nerval**, pseudonyme de Gérard Labrunie (1808-1855), publié dans la *Revue de Paris* du 1er janvier et du 15 février 1855, et en volume, avec *le Rêve et la Vie*, à Paris chez Lecou la même année.

De ce texte, imprimé avant et après la mort de l'auteur, Nerval a pu revoir les épreuves des dix premiers chapitres (correspondant à la « Première partie » actuelle, mais non sans doute celles de la prétendue « Seconde partie », parue trois semaines après son suicide le 26 janvier 1855. Comme il avait l'habitude de corriger beaucoup les épreuves, et qu'il voulait encore insérer quelques « lettres », la « Seconde partie » doit être considérée comme incomplète.

Le texte avait été préparé tout au long de l'année 1854, avant, pendant et après le voyage de l'écrivain en Allemagne (mai-juillet 1854). Il existe des fragments d'une version primitive datant probablement de la fin de 1853, et Nerval fait allusion à sa dernière œuvre dans la Préface aux *Filles du Feu parue en janvier 1854 : « Quelque jour j'écrirai l'histoire de cette "descente aux enfers" [...] », histoire qui pourrait bien être sa « propre histoire ».

Malgré ces derniers mots, malgré les références, dans *Aurélia,* à la vie de Nerval, et en dépit des liens, purement théoriques d'ailleurs, entre le texte et des « lettres » écrites par Nerval et qui pourraient se rapporter à l'actrice Jenny Colon, de qui certains retrouvent le portrait dans *Aurélia*, rien ne rend irréfutable une lecture autobiographique du récit. En effet, *Aurélia* peut être considérée comme un récit fictif qui emprunte seulement au genre autobiographique le ton et certains éléments traditionnels (retour au passé, justification de soi, conversion...).

Première partie. Le narrateur se propose de raconter sa « vie nouvelle », où « l'œuvre de l'existence » se poursuit dans le rêve. Aurélia, la femme qu'il aimait, a rompu avec lui ; il a voyagé, s'est jeté dans la vie du monde, mais une nouvelle rencontre avec Aurélia lui a apporté un certain repos intérieur. Cependant, un présage mystérieux, annonçant la mort de la femme aimée ou sa propre mort, le plonge dans les rêves et les visions : c'est « l'épanchement du songe dans la vie réelle » qui commence. Il a la vision d'une divinité féminine qui l'attire, et il lui semble que son âme se dédouble, « partagée entre la vision et la réalité ». Il est interné alors dans une maison de santé, mais les rêves se poursuivent : soit le visionnaire remonte dans son propre passé, soit il descend dans les entrailles de la terre, trouvant dans les deux cas une « chaîne » entre la vie matérielle et le monde des esprits et des ancêtres. Il pénètre enfin dans un « paradis perdu » et rejoint une famille céleste, preuve pour lui de l'immortalité de l'âme et de l'existence de Dieu. Cependant, la mort d'Aurélia lui est annoncée, et c'est elle désormais qui se révèle à lui, jusque dans « l'image souffrante de la Mère éternelle » qui assiste, dans un rêve, à une douloureuse création du monde. Suit l'histoire d'une rechute du malade, plusieurs années plus tard. Les rêves et les visions se répètent, souvent avec les mêmes éléments qu'auparavant : à un nouveau présage de la mort succède le souvenir d'Aurélia, désormais morte, et le rêve d'un monde idéal reprend, suivi du dédoublement du narrateur et d'une nouvelle descente aux entrailles de la terre, dans la ville souterraine de la race maudite.

Seconde partie. Le narrateur, tel Orphée, se voit définitivement dans l'impossibilité de regagner son Eurydice, et son âme « flotte incertaine entre la vie et le rêve, entre le désordre de l'esprit et le retour de la froide réflexion », de plus en plus éloignée de cette dernière au profit du monde des esprits. Conscient d'avoir commis une « faute », il veut réconforter un ami malade, mais s'aperçoit de sa propre indignité devant Dieu. Il erre dans Paris, se sentant à jamais séparé d'Aurélia et condamné par rapport à cette chrétienne. Se rappelant comment il avait été élevé dans l'incrédulité, il désespère de retrouver le Christ et prévoit la fin du monde. C'est alors que la déesse se montre à lui de nouveau, résumant en elle la Vierge Marie, Isis, Vénus, la mère du narrateur, et Aurélia. Il comprend qu'il subit une expiation et qu'il accomplit une initiation au bout de laquelle il arrivera à « rétablir l'harmonie universelle ». Désormais, il regarde « avec joie » les restes de son passé, son double se transforme en un frère qui le guide vers le salut, et dans une prose extatique (les « Mémorables »), il chante sa victoire sur la Mort et ses retrouvailles avec Aurélia.

En deux temps, le narrateur raconte ainsi son désespoir et exprime, surtout dans la seconde étape, le sentiment d'une malédiction. Le dualisme imprègne cette histoire du Moi et de l'Autre, de la Terre et du Ciel, mais l'accès final au salut, signifie le dépassement du déchirement intérieur. Ce psychodrame est raconté comme un cas de folie ; mais de ce drame, où sont utilisées toutes sortes d'images relevant du syncrétisme religieux cultivé par Nerval, on débouche sur l'histoire d'une conversion s'inspirant de la personne aimée : « Elle, pourtant, croyait à Dieu. [...] C'est dans la pensée religieuse que l'on doit chercher des secours. »

Le texte porte l'empreinte d'expériences pénibles et de vastes lectures qu'on peut toutes rapporter à la biographie de l'auteur. Beaucoup de liens relient *Aurélia* à *Sylvie* (voir *les Filles du Feu*) et aux différentes séries de « lettres » dont Nerval avait essayé, peut-être, de faire un ou plusieurs romans de sa vie (« Un roman à faire », *la Sylphide*, décembre 1842 ; d'autres sont restées manuscrites ; quelques-unes ont été publiées, après sa mort, dans *Aurélia* même par les soins des premiers éditeurs). Cependant, rien ne prouve qu'*Aurélia* ne soit pas une œuvre littéraire à part entière, une écriture donnant forme à un monde imaginaire, dont les éléments proviennent peut-être de la vie de l'auteur, mais surtout de ses rêves et d'une symbolique religieuse collective.

Ce caractère littéraire se révèle dans la construction du texte, où la voix narrative accomplit trois fonctions. Au je narrateur racontant ce qu'il a vécu – « Je la rencontrai dans une autre ville où se trouvait la dame que j'aimais toujours » –, se superpose celui qui se regarde au passé – et se juge : « Je pouvais juger plus sainement le monde d'illusions. » Entre les deux s'intercalent les visions du rêveur, racontées en détail avec beaucoup de soin : « Pendant la nuit qui précéda mon travail, je m'étais cru transporté dans une planète obscure [...] ; les figures arides des rochers s'élançaient comme des squelettes [...]. »

À partir du niveau du vécu et de celui des rêves, il est possible de reconstruire une sorte de vie de Nerval, où la première étape correspondrait aux années 1838-1842, et la seconde à 1851-1854. L'auteur lui-même veut accomplir, à ce qu'il semble, la même opération, s'il faut croire ce qu'il en dit dans la Préface aux Filles du Feu : « Une fois persuadé que j'écrivais ma propre histoire, je me suis mis à traduire tous mes rêves, toutes mes émotions [...]. » Il serait donc vrai que Nerval, en écrivant Aurélia, se crée une image de lui-même, sinon une biographie ; tel personnage pourrait alors être identifié à tel ami réel, à tel parent de Nerval. Or une lecture à ce point biographique négligerait le fait que, pour le narrateur lui-même, il s'agit d'abord d'une interprétation du vécu, d'un travail sur le réel et les rêves comme semblent l'indiquer les dernières lignes du texte : « Je compare cette série d'épreuves que j'ai traversées à ce qui, pour les anciens, représentait l'idée d'une descente aux enfers. » Il sait que les visions célestes sont des rêves, il admet que cela puisse s'expliquer scientifiquement, mais il n'est pas moins « assuré de l'existence d'un monde où les cœurs aimants se retrouvent », et que ce qu'il a vécu en rêve peut s'interpréter comme la révélation d'un ailleurs, dans l'espace et dans le temps. Bref, tout, pour Nerval, devient symbolique, tant dans les apparences concrètes (tel ami prend « les traits d'un apôtre ») que dans les apparitions des rêves : « Il me semblait que la déesse m'apparaissait, me disant : "Je suis la même que Marie, la même que ta mère, la même aussi que sous toutes les formes tu as toujours aimée". » Ces interprétations du monde et du moi, l'emploi des mythes anciens, de la symbolique religieuse et de l'imaginaire personnel sont, à proprement parler, l'apport littéraire de l'écriture nervalienne dans Aurélia.

La folie est la condition même de ce résultat, le désordre est le mobile de tout. La folie est le surgissement de l'inconscient, mais dès lors que cet inconscient s'inscrit dans l'ordre du récit, il est maîtrisé. Si la raison n'y est pas, la logique de l'imaginaire garantit la cohérence : « Mes actions, insensées en apparence, étaient soumises à ce que l'on appelle illusion, selon la raison humaine. » De même, dans l'ordre des religions et des mythes, l'initiation mène l'initié à la compréhension parfaite – ou à la foi ; l'Orphée, quoique peu présent dans Aurélia, n'est pas seulement celui qui cherche son Eurydice, mais surtout l'Orphée de la tradition illuministe, celui qui est initié aux mystères d'Isis. Chez Nerval, l'amour, pour la femme et pour son prochain (soulignons encore le ton nettement chrétien de la Seconde partie), sert de mot de passe pour entrer dans ce royaume spirituel et religieux. Par un jeu subtil, cet amour est d'emblée transposé au niveau du rêve, où s'abolissent les limites entre la matière et l'esprit, le présent et le passé. L'amour et la révélation religieuse coïncident ainsi dans le rêve, cette « seconde vie » dans et par laquelle se résout le mystère nervalien. C'est pourquoi il importe de restituer, par tous les moyens, ce que les rêves révèlent au fou. Le voici qui veut rendre sa vie onirique « par mille figures accompagnées de récit de vers et d'inscriptions en toutes langues connues ». Il a fallu tout refaire, tout recommencer, pour arriver à ce que Nerval appelle « une sorte d'histoire du monde mêlée de souvenirs d'étude et de fragments de songes ». Mais cela veut dire, s'il y réussit, démontrer le pouvoir de la littérature.

Nerval a-t-il pu convaincre ses lecteurs qu'il était réellement sorti de la folie par l'irrationnel ? La fin d'Aurélia est demeurée fragmentaire, dans la mesure où elle contient plusieurs conclusions. Mais elle est parfaitement reliée au début du texte : « Dès ce moment, je m'appliquais à chercher le sens de mes rêves... » Tout se tient donc dans cette étrange folie littéraire qui a surtout bouleversé les lecteurs grâce aux surréalistes qui ont trouvé dans le Nerval d'Aurélia une âme sœur.

● Les Manuscrits d'« Aurélia », Les Belles Lettres, 1972 (p.p. J. Richer ; reproduction photographique des placards et manuscrits) ; « GF », 1990 (p.p. J. Bony). ➤ Œuvres complètes, « Pléiade », III (p.p. J. Guillaume).

H. P. LUND

AURÉLIEN. Roman de Louis **Aragon** (1897-1982), publié à Fribourg (Suisse) chez Egloff en juin 1944, et repris à Paris chez Gallimard en octobre de la même année.

Dans ce quatrième volume du cycle intitulé significativement « le Monde réel » (voir les *Cloches de Bâle, les *Beaux Quartiers, les *Voyageurs de l'impériale et les *Communistes), Aragon a semblé abandonner la peinture politico-sociale pour le roman d'amour. Mais rédigé du printemps de 1942 à celui de 1944, aux heures les plus noires de l'Occupation, par un auteur passant alors dans la clandestinité, Aurélien s'est aussi constitué au rebours de l'Histoire pour y répondre, et la démêler. Parallèlement aux poèmes de la Résistance (voir le *Crève-cœur), l'engagement dans un récit clairement dissocié de la circonstance historique revêtait en effet pour son auteur un caractère de défi, d'affirmation de la littérature en tant que telle, quand tout semblait la démentir ou la vider de son sens. Revendication donc d'un devoir du rêve (dont la nécessité, au dire d'Aragon, se serait manifestée devant l'exemple de sa compagne Elsa Triolet, qui achevait le *Cheval blanc auquel Aurélien fait en quelque façon écho), le roman se voulait aussi une description – diagonale – des répercussions de la guerre, à la manière de la Fin de Chéri de Colette. Donnant deux « pilotis » au personnage central (Drieu La Rochelle et lui-même), Aragon a sans aucun doute souhaité éclairer une génération, mais surtout tenter une explication de soi qui apparaît comme la véritable source de cette autobiographie masquée.

Égaré dans une adolescence attardée après avoir passé huit ans sous les drapeaux, de son service militaire à la fin de la Première Guerre mondiale, Aurélien Leurtillois, jeune bourgeois désœuvré, flotte à la dérive dans le Paris des années vingt sans jamais avoir « ni aimé ni vécu ». Sa rencontre avec Bérénice Morel, femme mariée, jeune provinciale montée pour quelque temps à Paris, lui apparaît en premier lieu insignifiante, puis va laisser place (chap. 1-22) à une lente énamoration. La ressemblance de Bérénice avec le masque mortuaire d'une noyée (« l'Inconnue de la Seine »), puis le bris du masque par Bérénice elle-même (37) jouent le rôle d'un présage désastreux. Dans la débâcle d'une existence sans projet, Aurélien se « raccroche à cet amour comme un homme qui se noie ». Mais si Bérénice partage ce sentiment, elle est un personnage d'énigme et de fuite, prise au piège de son rêve de perfection. Désœuvrement d'Aurélien, peinture de l'attente et fading amoureux jusqu'à la nuit du Nouvel An 1923, durant laquelle Aurélien, désespéré, se saoule et finit par coucher avec une entraîneuse du Lulli's, son bar de prédilection, tandis que Bérénice l'attend chez lui après avoir quitté sa famille (les Barbentane, personnages des Beaux Quartiers) et son mari pour le rejoindre. Au matin, plus que cet accroc, c'est l'« impossibilité du couple » et l'inadéquation de tout amour qui se manifestent dans leur face-à-face et consomment la débâcle de leurs rêves (55). Bérénice s'enfuit et vit une liaison avec le jeune poète surréaliste Paul Denis, qui la sauve du suicide. Après une ultime rencontre dans le jardin de Monet, à Giverny, Bérénice disparaît tout à fait pour rejoindre son mari (64). À la suite d'une discussion avec Aurélien (« Ah, tenez, votre morale d'homme me fait vomir ») où le roman semble lier le gâchage de l'amour aux pesanteurs d'une société différenciant l'homme de la femme jusqu'à l'incompréhension, Paul Denis se suicide. Errant alors de fêtes creuses en femmes sans intérêt, traînant sa plaie dans les voyages, Aurélien finit, un an après sa rencontre avec Bérénice, par accepter l'entrée dans « la vie » : il devient cadre dans l'usine de sa famille (78).

Dix-huit ans après, lors de la débâcle de 1940, Aurélien (marié et père de deux enfants) retrouve Bérénice dans sa province : elle n'a vécu que de son souvenir. Les huit chapitres de l'épilogue rejouent alors en miroir convexe le ratage de tout le roman : « Il n'y a vraiment plus rien de commun entre vous et moi, mon cher Aurélien, plus rien… » Au retour de la petite fête absurde et douloureusement inadéquate imaginée pour ces impossibles retrouvailles, les Allemands tirent sur la voiture. Le roman se clôt ainsi avec la statue symbolique d'un « accolement de faux amoureux » où s'exalte l'impossibilité de toute rencontre : tandis qu'Aurélien tire fierté d'une vague blessure, Bérénice agonise en silence, retrouvant à jamais le sourire de l'Inconnue de la Seine (Épilogue).

Une intrigue réduite au minimum, une unité de lieu presque parfaite (Paris), voire absolue si l'on considère que l'eau fait le lien entre l'île Saint-Louis, Giverny et l'épilogue provençal, mais 78 chapitres pour dénouer le roman d'amour : *Aurélien*, visiblement, prend son temps. C'est que la narration y est soumise aux divagations du mouvement descriptif : des âmes, d'abord, avec dès l'orée un monologue intérieur intemporel, sorte de portique musical où la voix du narrateur se glisse sous celle du personnage éponyme, mais aussi des éléments du paysage parisien. Aussi le découpage par chapitres n'obéit-il en rien à une dynamique narrative, mais joue par rebondissements d'images, modifications des teintes, s'estompant parfois dans des sortes de « bras morts » rêveurs. Pareille liquidité d'organisation fait de la Seine – omniprésente, tant par elle-même que dans le « masque de la noyée » – à la fois le modèle formel et le personnage principal du livre, où l'on peut à loisir voir la métaphore de la dérive d'Aurélien, de l'époque, ou encore de l'Histoire. Quelle que soit l'extension que l'on choisisse de donner à l'image, la romantique et mélodieuse « nausée » d'*Aurélien* en fait un roman-poème tragique – et le nom de Bérénice n'est pas indifférent – où le maléfice des objets et des éléments incarne une représentation de l'existence comme noyade. Par la fluence d'écriture, le jeu des refrains tressant des rimes blanches, la permanence obsessionnelle de ce que Bachelard appelait (à la même époque, exactement) le « complexe d'Ophélie », le roman fait contrepoint à l'œuvre poétique dans son ensemble en même temps qu'il ramasse, pour la dépasser, l'expérience réaliste du monde réel : au centre de la création aragonienne, on comprend qu'il représente pour son auteur un « livre de prédilection » d'autant plus aisément que l'intimité même de son rapport au monde, son désespoir constitutif et sa permanente tentation du suicide y sont confessés comme jamais.

Pareil rôle de creuset conduit cependant à une superposition, plus complexe qu'il n'apparaît, des différents enjeux. Ainsi *Aurélien* possède-t-il deux centres : le chapitre 36, en surplomb, où une parole sans origine (le narrateur, transformé en chœur) décrit le « goût de l'absolu », ce « tabès moral » qui ruinera l'amour, mais également et contradictoirement la description de la fête des anciens combattants, au chapitre 51 mis en avant par Aragon lui-même, non sans intentions stratégiques, pour défendre la connotation idéologique d'un roman mal accueilli par ses habituels lecteurs. Il n'est toutefois pas certain qu'il faille choisir entre le « roman d'amour » et le roman « à thèse », en écrasant la longue et grise sonate sous les réductions d'école : à la fois crépusculaire et précis, poétique et réaliste, étude de la parole amoureuse et antithèse délibérée du *Gilles* de Drieu La Rochelle, *Aurélien* intègre toutes les données de l'esthétique aragonienne.

● « Folio », nouv. éd., 1986 (avec la Préface « Voici le temps enfin qu'il faut que je m'explique »). ➤ *Œuvres romanesques croisées*, Laffont, XIX-XX.

O. BARBARANT

AUTOBIOGRAPHIE. Ouvrage de Julien **Green** (né en 1900), en quatre volumes publiés à Paris chez Grasset (*Partir avant le jour*, 1963 ; *Mille Chemins ouverts*, 1964 ; *Terre lointaine*, 1966) et chez Plon (*Jeunesse*, 1974).

Plus que tout autre, Green fait dépendre sa vie de la vérité qu'il semble rejoindre de manière plus sensible et plus humaine dans l'*Autobiographie* que dans le **Journal*. Proche du genre de la confession, l'*Autobiographie* est centrée sur le conflit vécu par le « catholique romain », entre la chair et l'esprit : après avoir vécu dans le paradis maternel de l'indifférenciation sexuelle, Green part faire ses études dans une université américaine où il rencontre l'angélique Mark ; de retour à Paris, en 1924, il succombe à la tentation. Le souvenir obsédant se trouve donc, en quelque sorte, exorcisé par la volonté éperdue de se démasquer sans rien apprêter afin de mieux se comprendre. Véritable roman d'une vie, envers du roman où l'auteur projette ses propres fantasmes, l'autobiographie progresse à la faveur d'un double éclairage, celui des faits et celui du jugement émis par l'auteur sur lui-même. Véritable foyer central de l'œuvre, l'*Autobiographie* établit un système d'échos entre le *Journal* et les romans dont elle éclaire la psychologie.

➤ *Œuvres complètes*, « Pléiade », V.

V. ANGLARD

AUTOBIOGRAPHIE, CHAPITRE DIX. « Poèmes avec des moments de repos en prose » de Jacques **Roubaud** (né en 1932), publiés à Paris chez Gallimard en 1977.

En 317 paragraphes numérotés, qui correspondent à la pagination de « cahiers » manuscrits, mais coupent dans le livre l'unité traditionnelle du texte, voire de la phrase, en leur milieu, Jacques Roubaud compose une ironique autobiographie impossible des dix-huit années qui précédèrent sa naissance. La variété formelle, la multiplicité des plans de lecture – le lecteur étant réveillé parfois par des panonceaux, égaré dans le « fragment de l'extrait de préface », évidemment situé vers la fin… – ainsi que la permanente intertextualité déclarée, rendent irrésumable un livre qui est d'abord sa propre expérimentation, et dans lequel le recours à l'ordre mathématique semble en premier lieu mettre en relief l'impossibilité de tout système : « Ce que je dis a l'air en désordre mais ne l'est pas, je dis les choses tout en ordre comme elles sont arrivées. »

Au paragraphe 294, « Afterface (notes pour) », l'auteur paraît livrer l'une des clés possibles d'un texte vertigineusement énigmatique : « La composition de ce livre est son explication ; autrement dit, l'élucidation de la composition par le livre est le livre » : ancrage explicite dans une modernité faisant du texte sa propre aventure, et plus précisément ici dans les expériences, à la fois ludiques et productives, de l'Ouvroir de littérature potentielle (Oulipo) dont Jacques Roubaud, mathématicien et poète, est l'un des plus célèbres membres. Mais dans un entretien avec Pierre Lartigue, il précisera : « À vrai dire, la connaissance du procédé général de construction n'est pas indispensable à [la] lecture ; on n'a pas forcément besoin des plans de l'architecte pour entrer dans une maison, surtout si l'on ne doit pas y vivre. »

Plutôt que de s'élancer dans la recomposition de la savante algèbre présidant à la structure du livre, sans doute vaut-il mieux interroger le texte dans sa substance : que signifie le projet d'une autobiographie d'« avant-soi » ? Critiquant ou se moquant du genre autobiographique, Jacques Roubaud fait de son livre le procès de l'instance qui y préside : « Malgré de nombreuses plongées dans les bibliothèques, je fus incapable de dénicher dans la moindre bibliographie, dans le moindre catalogue Matières, la plus petite brochure qui me fût consacrée (étant fort modeste, persuadé de mon insignifiance, je n'en ai pas été surpris outre mesure ; comment pourrais-je être, moi, une "matière" ?). » Ainsi l'ironie condamne-t-elle ici dans le même mouvement la complaisance des littératures personnelles et, plus profondément, le leurre idéologique qui les instaure : derrière le caractère presque fantastique de la recherche de soi-même avant sa propre naissance se profile en effet une mise en question du statut du « je », que le texte au paragraphe 164 avait déjà résumé sous la formule magistrale (empruntée à *l'*Homme approximatif* de Tzara) de « moi approximatif ». Machine de guerre donc, *Autobiographie, chapitre dix* est aussi une réflexion sur la parole personnelle, où le voile formaliste permet paradoxalement, mais en biais, et sans la naïveté des « confessions directes », une réinscription de soi-même : « La vie que j'ai menée n'est pas celle que j'ai voulue »… Mais si le lyrisme frémit dans une cadence où le poète peut s'énoncer bien davantage que dans le catalogue des « petits faits vrais » qui composent d'ordinaire le récit de vie, l'authenticité de la voix elle-même est remise ici en question. C'est pourquoi les dates de 1914 à 1932 sont loin de constituer une simple boutade, le livre étant formé dans sa plus grande partie d'une réécriture des poèmes parus dans cette période. S'y recomposent ainsi la plupart des grands textes surréalistes (Éluard, Aragon, Soupault, Breton, mais aussi Desnos, Tzara, ou encore Cendrars, dont les *Dix-Neuf Poèmes élastiques* deviennent « elastic-poems »…), Jacques Roubaud s'appropriant avec fidélité leur lettre même, mais pour les synthétiser, ou parfois les renverser. Transparentes, les références (« Feue joie » pour *Feu de joie* d'Aragon, « Champ Magnétique » au singulier pour le livre, au pluriel, de Breton et Soupault, etc.) témoignent de ce que le livre tout entier restitue les aventures du surréalisme – rebaptisé *ur-réalisme*, comme Dada devient Dagda… –, mais l'humour est autant un hommage qu'une critique, et fait du projet, surtout, une « biographie de la poésie ».

Sous le jeu multiplié des références, qui pourrait paraître un peu gratuit, se dessine une véritable archéologie de la parole. Le « moi approximatif » du poète est en dépendance de toutes les formes qui l'ont précédé, et ne peut parvenir à s'exprimer authentiquement qu'en reformulant dans sa langue les propos de ses ancêtres : « La vie est unique, mais les paroles d'avant la mémoire font ce qu'on en dit. »

O. BARBARANT

AUTOMNE À PÉKIN (l').

AUTOMNE À PÉKIN (l'). Roman de Boris **Vian** (1920-1959), publié à Paris aux Éditions du Scorpion en 1947.

> Amadis Dudu parvient en Exopotamie, en autobus. Là se rendent aussi : Claude Léon – condamné par l'abbé Petitjean à vivre en ermite pour avoir déchargé son « égalisateur » sur un cycliste ; Anne et Angel, ingénieurs, qui doivent construire une ligne de chemin de fer ; la jeune Rochelle, amoureuse d'Anne et aimée d'Angel ; le professeur Mangemanche, qui veut essayer son modèle réduit d'avion dans le désert. Sur place, devenu directeur technique, Amadis organise la construction du chemin de fer. Il décrète que le chemin de fer doit passer au milieu de l'unique hôtel de la région. Cependant, l'archéologue Athanagore et ses aides creusent le sous-sol. Angel éprouve une passion dévorante pour Rochelle, flétrie par les baisers d'Anne. Il se consume. Le modèle réduit de Mangemanche fait deux victimes ; le professeur disparaît : il a perdu autant de vies qu'il en a sauvées. Les agents d'exécution se révoltent contre l'autorité abusive de Dudu. Décidé à quitter Rochelle, Anne meurt mais sans le lui dire. Le train s'ébranle, enfin : le terrain s'effondre sur le sous-sol creusé par les fouilles, emportant tout le personnel dans la mort. Seuls demeurent Angel et Petitjean.

Dans *l'Automne à Pékin*, le code linguistique est lui aussi miné et, au dénouement, tout s'effondre, à la lettre. Le sens général de l'œuvre apparaît mal, non plus que la relation entre le titre et l'histoire. Boris Vian arrache son lecteur à toutes ses certitudes. Il le transporte dans son univers imaginaire, en un lieu situé en dehors (*exo*) de tout référent, son utopie personnelle, un univers à la *Helzapoppin*, un désert cerné par un « trou noir ». Un des procédés qui créent le sentiment d'étrangeté consiste à prendre les expressions courantes dans leur sens littéral : « Angel fermait la marche, afin que les prochains arrivants puissent s'en servir à leur tour. »

Suivant la tradition, avant de nouer l'intrigue, Vian commence par introduire ses personnages ; mais de façon incongrue, et la narration s'affole comme dans un film en accéléré. Amadis Dudu passe de l'autre côté du miroir en prenant un autobus fou ; Claude Léon échappe à la justice des hommes et entre dans les ordres pour s'adonner à une sorte de culte tantrique avec une pulpeuse négresse. Mal remis de la mort de Chloé, l'héroïne de *l'*Écume des jours*, Mange-manche sème la mort avec alacrité et subit une espèce de loi du talion qui le condamne en vertu d'une comptabilité quelque peu kafkaïenne. Anne, au « prénom de chien », et Angel incarnent les deux facettes de la personnalité masculine : le premier agit pour lui-même et dans l'instant ; le second, mélancolique au prénom significatif, se meurt d'amour pour Rochelle. Il semble être responsable de la fin tragique de son ami et de la mort de la jeune fille : avant l'effondrement, elle absorbe en sa présence l'anesthésique que Petitjean lui a donné. Mais cette libération apparente contribue davantage à le vider de toute substance qu'à le faire exister. La mise à mort du passé s'intègre dans un éternel recommencement : au dénouement, Angel prend, en sens inverse, l'autobus d'Amadis. S'il s'était suicidé, l'intrigue aurait été bouclée alors qu'elle demeure ouverte… Dans *l'*Herbe rouge*, Vian reviendra sur cette liquidation mortelle du souvenir. L'histoire d'amour constitue la face visible d'un entrelacs d'événements cachés. Les individus sont pris, en surface, par l'organisation du chemin de fer, qui se prête à la dénonciation des absurdités administratives et, en sous-sol, par les fouilles d'Athanagore. Petit-jean et Athanagore invitent les jeunes gens à visiter les fouilles ; Petitjean donne à Rochelle l'anesthésique, mortel à haute dose ; Athanagore creuse le sous-sol : Dudu persiste à faire passer le chemin de fer au milieu de l'hôtel… Qui est coupable dans un monde en proie à un lent processus d'usure, tel celui qui affecte les traits de Rochelle à chacun des baisers d'Anne ? Mieux vaut en rire, comme le fait l'auteur en mettant en épigraphe de chaque chapitre des citations saugrenues de son cru et en se moquant des procédés littéraires : tant il est vrai que, lorsque tout est jeu, « on peut concevoir n'importe quelle solution ».

● Éd. de Minuit, 1956 (p.p. F. Caradec) ; Ch. Bourgois, 1983.
➤ *Romans, Nouvelles, Œuvres diverses*, « Pochothèque ».

V. ANGLARD

AUTOUR DE LA LUNE. Voir DE LA TERRE À LA LUNE, de J. Verne.

AUTRE ÉTUDE DE FEMME. Voir ÉTUDE DE FEMME, d'H. de Balzac.

AVALÉE DES AVALÉS (l'). Roman de Réjean **Ducharme** (Canada / Québec, né en 1942), publié à Paris chez Gallimard en 1966.

Le « vitrioleur » Ducharme, selon l'expression de Maurice Nadeau, déclencha un tumulte à Paris comme à Montréal avec la parution de ce premier roman, adressé par courrier aux Éditions Gallimard et dont l'auteur reste aujourd'hui encore une énigme : « Je ne veux pas que ma face soit connue, je ne veux pas qu'on fasse le lien entre moi et mon roman », déclarait Ducharme en 1967 dans le journal *la Presse*. Il s'en est tenu là. Nul ne sait qui est Réjean Ducharme.

> « Tout m'avale », dit Bérénice Einberg, neuf ans, qui vit dans une abbaye désaffectée sur une île du Saint-Laurent. Elle a une mère catholique qu'elle appelle « Chat mort » et de qui elle a appris le mot « vacherie » dont elle use sans retenue, un père juif qui la traîne à la synagogue, un frère Christian, éloigné d'elle le plus souvent possible et

qu'elle adore, et une amie, Constance Chlore. Mais elle a bientôt une rivale dans le cœur de son frère : Mingrélie. En été arrive une cohorte de cousins polonais, russes ou américains. Elle part avec Constance Chlore et sa chorale pour la Californie. De retour en classe elle veut fuir : « Je suis étranglée. Allons-nous-en. Je me décompose », dit-elle à Christian. Elle fait une crise d'anorexie à la suite de laquelle elle se réconcilie avec sa mère, qu'elle continue pourtant d'appeler « Chamomor ». Elle rêve d'évasion et simule un amour démesuré pour son frère, ce qui la fait expédier en exil disciplinaire à New York chez un oncle. Au rythme des prières matin et soir et des cours d'hébreu, Bérénice passe là cinq ans ; elle retrouve Constance Chlore avec qui elle se livre à des jeux de langage « complètement idiots » où le rire se mêle au désespoir. Elles se récitent du Nelligan, décident de passer une nuit dans la rue et font tout pour échapper au monde des adultes. Un jour, une voiture fauche Constance qui meurt dans les bras de Bérénice. Désormais celle-ci nourrit et approfondit sa haine de la société en créant le mythe de Constance Chlore. Avec ses premières règles, elle se révolte contre son corps. Par défi elle lit des romans pornographiques, s'empiffre le jour du sabbat, fugue avec un jeune Américain, se fait renvoyer de l'école. Séquestrée dans sa chambre, elle se jette par la fenêtre et plus tard précipite un de ses cousins dans l'escalier. L'oncle, à bout, l'enferme nue dans l'armoire de la salle de bains. Bérénice se sent devenir folle mais résiste. Elle entreprend de se souvenir des moments partagés avec Constance dans un grand hymne d'amour. Elle commence alors à séduire des petites filles. L'oncle la renvoie. Après un court séjour dans l'île parentale et face au refus de Christian de la suivre dans ses fugues, elle s'enrôle dans l'armée d'Israël pour apaiser son désir de tuer. Sur le front, elle ressent la haine totale et réussit à se faire passer pour une héroïne alors qu'elle a sacrifié une compagne à sa survie.

Le titre, comme *Le nez qui voque* publié un an plus tard, est un jeu de mots qui permet d'entendre « la vallée » et d'enchaîner une série d'associations de mots. Pour faire grimacer les apparences et révéler des sens insoupçonnés cachés sous les conventions de la langue, Ducharme ne recule devant rien.

Son héroïne, Bérénice Einberg, impose son ego dès les premières phrases du roman : elle se jette à la tête du lecteur, l'assaille de mots, lui impose son angoisse à coups d'images, de redites, d'exclamations, le cerne de ses formules offensives. Bérénice apostrophe le monde entier et la fureur de sa révolte passe dans les mots. Si elle tente de fuir sa mère, dont elle a hérité le fameux « vacherie de vacherie », principal leitmotiv du roman, si elle essaie de haïr « Chamomor », il n'en reste pas moins que la parole révoltée unit la mère et la fille. Bérénice est une voltigeuse du verbe, son parcours n'est jamais jalonné par la logique mais par le vocabulaire.

Seule la solitude est un « palais » pour Bérénice où se protéger du monde : « Quand je ne suis pas seule, je me sens malade, en danger » ; et c'est le langage qui lui permet d'échapper à son tourment. Bérénice s'est bâti un domaine avec les mots, ses seules armes pour changer le monde : elle a créé le « bérénicien ». En proie à l'angoisse du vide, à la peur de vivre, l'héroïne, dans sa quête d'absolu, ne sait que refuser et se révolter. Avec la force du désespoir, elle casse tout sur son chemin, refuse « tout commerce avec le monde immonde qu'on [lui] a imposé », vit douloureusement le divorce entre ses rêves et la réalité et s'engage dans le vertigineux voyage de la négation. Une telle intensité, une telle fougue donnent la nausée. L'entreprise de séduction tourne au cauchemar.

Tous les romans de Réjean Ducharme sont construits sur une structure de dualité qui se manifeste ici par l'opposition vie/mort annoncée d'entrée de jeu. Le vide, le noir, la mort frôlent en permanence la vie de Bérénice Einberg. De façon générale, l'opposition binaire se traduit dans l'exploitation du redoublement verbal, dans les noms propres, les leitmotive, les expressions. Coupures, pirouettes, retours en arrière, astuces surréalistes, jeux de mots, insupportables et géniaux : l'écriture de Ducharme fait de prime abord penser à une parole sans retenue, sans contrainte, et crée l'illusion d'une spontanéité d'improvisation, d'un surgissement involontaire de l'irrationnel dans la réalité.

● « Folio », 1982.

C. PONT-HUMBERT

AVALEUR DE SABRES (l'). Voir HABITS NOIRS (les), de P. Féval.

AVANT-CORPS, précédé de **Poèmes iliaques** et suivi de **Diwân du Noûn**. Recueil poétique de Jean **Sénac** (Algérie, 1927-1973), publié à Paris chez Gallimard en 1968.

Bien qu'il ait été volontiers enclin à faire de René Char – qui préfaça son premier recueil et dont il cite significativement le « ce qui vient au monde pour ne rien troubler ne mérite ni égards ni patience » – son père spirituel en poésie, le « pied-noir » Jean Sénac s'inscrit d'abord dans la lignée des « poètes voyous » qui, de Rimbaud et Whitman à Artaud et Ginsberg, prônent la libération du « corps total ». *Avant-corps* marque ainsi, dans l'œuvre du poète algérien, une avancée têtue en cette quête d'un « verbe réconcilié » et d'une « chair heureuse », que *Dérisions et Vertiges* (posthume, 1983) poursuivra dans le désarroi jusqu'à ce que l'assassinat vienne mettre un terme à l'odyssée du bateau ivre.

Ce n'est pas pour autant, d'ailleurs, que Sénac s'absente du combat politique qui l'a mené à écrire *le Soleil sous les armes* (1957) et *Matinale de mon peuple* (1961), comme le prouve le "Poème à l'étal des bouchers" qui affirme une indéfectible solidarité avec les luttes tiers-mondistes, ou encore "Alger, ville ouverte !" :

Ce soir nous déclarons l'Algérie Terre ouverte
Avec ses montagnes et sa mer
Notre corps avec ses impasses.
Dans nos rêves à profusion que s'engouffre le Vent d'Ailleurs !

Mais si l'Algérie reste – et jusqu'au bout – sa patrie, il ne lui chante plus qu'elle est « belle comme un comité de gestion ». Ce qui le requiert désormais, c'est d'ouvrir une « fenêtre sur la mer », c'est de partir à la conquête de libertés nouvelles et plus intimes de « fracasser les mythes inutiles, ceux qui nient notre corps ». La connaissance sensuelle se voit placée au premier plan : « Avec nos cinq sens, conquérir les autres » clame ainsi le titre d'un poème, tandis que, dans "Ordalie de novembre", le poète annonce :

Je reviendrai, armé de mon corps,
Sachant de chaque son la syllabe saignante

Dans sa marche vers une nouvelle terre solaire, délivrance des sens et prise de la parole ne sauraient être dissociées pour le poète, qui forge alors le néologisme « corpoème » :

Nous réintégrerons la terre par le mythe
Nous dénouerons les mots afin que le poème
Sur l'étendue du corps étende sa fraîcheur

Si l'exploration du corps total ne se fait que petit à petit, si la transparence et l'harmonie se révèlent plus des aspirations qu'une réalité, si la « blanche tunique des adolescents » ne donne la présence que pour la dérober, si le chemin à parcourir est long et parsemé d'obstacles, la démarche poétique ne laisse, elle, planer aucun doute : « Le poète est condamné à tout dire, à avouer le monde, depuis le fœtus où tout fut gravé. Mais transcrire, c'est aussi déchiffrer, ordonner le message et lui restituer son feu. C'est arracher le corps à ses ténèbres et lui donner dans le vocabulaire un espace de transmission. C'est inventer. Qu'un mot s'accorde à un autre mot et le mythe met en place l'image à souffle continu : l'univers respire, l'homme existe. »

Dès *Avant-corps* – qui ne prétend pourtant développer que des « prolégomènes » au corps total –, le refus des tabous et interdits se veut sans appel et l'objet d'amour se voit nommé sans équivoque. Sénac a hérité de Camus, cet autre père de substitution, l'acquiescement à la sensualité méditerranéenne et a rencontré en García Lorca un frère dans ces plaisirs trop souvent illicites qu'il s'agit d'affranchir. Cependant, et bien que la déraison et le désordre soient brandis comme des droits irréfragables, l'homosexualité n'en a pas moins partie liée avec l'enfance, avec « la jouissance du père, / Le refus de la mère et son ventre écorché », comme avec la bâtardise du fils. En même temps, et de manière ambivalente, l'enfance renvoie également à ce feu par-dessus lequel sautait le poète « jadis à la Saint-Jean » et dont la nostalgie, parfois, le taraude. Aussi, au-delà des incantations et des exhortations que marquent de nombreux impératifs, le lyrisme s'étouffe-t-il parfois, tandis que la clarté cède la place aux tréfonds obscurs : au lieu de l'éblouissement de l'instant, ne s'expriment plus alors que l'interrogation inquiète et la fébrilité.

Sans doute, dans ces moments-là, Sénac a-t-il la prescience exacte qu'on ne se dresse pas impunément face aux doctrinaires, tenants de la morale révolutionnaire, lui qui, s'armant de ce feu sur son seul corps, s'obstinait pourtant à proclamer, dans "Ordalie de novembre", son appartenance à cette terre « Avec son insolent lignage, ses cadavres climatisés / ses tanks et la puanteur du poème / À la merci d'un cran d'arrêt ».

L. PINHAS

AVARE (l'). Comédie en cinq actes et en prose de **Molière**, pseudonyme de Jean-Baptiste Poquelin (1622-1673), créée à Paris au théâtre du Palais-Royal le 9 septembre 1668, et publiée à Paris chez Jean Ribou en 1669.

Le succès de *l'Avare* est posthume. Alors que, dans les registres de la Comédie-Française, cette pièce occupe la deuxième place (2 078 représentations de 1680 à 1963) de la statistique moliéresque derrière le *Tartuffe*, l'accueil des contemporains fut nettement plus frais : une médiocre recette de 1 069 livres le soir de la première – à titre de comparaison, la première de *l'École des femmes* avait rapporté 1 518 livres –, neuf représentations seulement en un mois. Grimarest, le biographe de Molière, avance une explication : « La prose dérouta les spectateurs. » Il est vrai que la grande comédie, dans son effort pour conquérir la respectabilité dramatique, se plie aux normes du modèle tragique – cinq actes en vers –, mais la prose de *Dom Juan* n'avait nullement, en 1665, rebuté le spectateur. Lassitude du public ? Molière vient de donner, cette même année 1668, *Amphitryon* en janvier et *George Dandin* en juillet. En tout cas, si un espoir de remontée subsistait pour *l'Avare*, il fut balayé par le triomphe du *Tartuffe* enfin autorisé au début de 1669.

Les sources de *l'Avare* étaient trop « classiques » ou apparentes pour que la pièce pût espérer un succès de scandale. Molière s'inspire largement de l'*Aulularia* [*la Marmite*] de Plaute, dont il avait déjà imité l'*Amphitruo* quelques mois auparavant. Au dramaturge latin, il demande le personnage du ladre (Euclion) qui cache un trésor puis se le fait voler par un esclave, celui de l'amoureux accusé du forfait mais croyant qu'on lui reproche d'avoir ravi le cœur de Phédrie (fille d'Euclion), les mots fameux de l'acte I : « les autres [mains] » et le « sans dot ». Molière a trouvé chez son confrère Boisrobert – *la Belle Plaideuse* (1655) – la scène où sont mis en présence le père usurier et le fils emprunteur, ainsi que l'idée de compter dans la somme prêtée tout un lot de marchandises inutilisables. On cite encore, pour le rôle de Frosine, *la Dame d'intrigue* de Chappuzeau (1663) mâtinée des *Suppositi* de l'Arioste (1509). Autant d'apports utiles à repérer, non pour minimiser mais pour faire au contraire ressortir l'originalité de Molière dans leur mise en œuvre et leur synthèse : *l'Avare* est plus que la somme des éléments qui le composent.

Valère, gentilhomme napolitain, s'est mis – en qualité d'intendant – au service d'Harpagon, « l'Avare », dont il aime la fille Élise. Les deux jeunes gens viennent de signer en cachette une promesse de mariage. De son côté Cléante, le fils d'Harpagon, est tombé amoureux de la jeune Mariane. Mais « l'Avare » révèle des intentions bien différentes : il

entend se réserver Mariane et donner sa fille au vieux seigneur Anselme parce que ce dernier est prêt à l'épouser sans dot (Acte I).

Cléante, dans son besoin d'argent, a pris contact par un intermédiaire avec un usurier aux exigences exorbitantes. Lorsque les deux intéressés se rencontrent, ils reconnaissent avec indignation dans l'autre, qui son père, qui son fils, et se séparent sur une violente altercation. L'entremetteuse Frosine vient alors entretenir Harpagon des progrès qu'il a faits grâce à elle dans le cœur de Mariane : mais, malgré toute son habileté à flatter, elle ne tire de lui aucune gratification en retour (Acte II).

Harpagon a décidé de recevoir à dîner Anselme et Mariane : il donne à son cuisinier-cocher, maître Jacques, des consignes de stricte économie pour le repas. Valère – par tactique – l'approuve, mais maître Jacques explose et rapporte à Harpagon les moqueries que lui vaut partout son avarice. Sa naïve franchise lui attire des coups de bâton dont il veut se venger sur Valère, mais celui-ci redouble la leçon. Mariane rend visite à la famille : l'accueil grotesque qu'elle reçoit d'Harpagon et la générosité qu'aux dépens de son père lui manifeste Cléante accroissent son aversion pour le premier et son inclination pour le second (Acte III).

Harpagon, par ruse, fait avouer à Cléante qu'il aime Mariane ; le vieillard prétend imposer ses droits. Une pseudo-conciliation tentée par maître Jacques n'aboutit qu'à aggraver la rupture entre le père et le fils. Sur ces entrefaites, La Flèche – valet de Cléante – s'empare de la cassette où Harpagon cache son trésor : désespoir de l'avare quand il découvre le vol (Acte IV).

Une enquête est ouverte. Maître Jacques incrimine Valère. Celui-ci, pensant qu'on lui reproche son engagement secret avec Élise, plaide coupable. Il révèle cependant sa naissance aristocratique et les péripéties de sa jeunesse : Mariane à ce récit reconnaît en lui son frère, et Anselme son fils. Cléante obtient d'Harpagon la main de Mariane en échange de la cassette, tandis qu'Élise est assurée d'épouser Valère (Acte V).

Comme la plupart des autres pièces de Molière, cette comédie met en scène une intrigue sentimentale entre des jeunes gens dont les projets sont contrariés par l'opposition d'un père. Mais chacun des deux éléments constitutifs – l'amour et l'obstacle – prend ici un relief particulier qui donne au traditionnel conflit une violence nouvelle. Une des originalités de *l'Avare* tient à la présence insistante du romanesque, que dès ses débuts Molière avait pourtant minimisée : dans *l'École des femmes*, il avait supprimé l'un des deux couples d'amoureux du canevas italien ; dans le *Tartuffe*, seul un couple comptait sur les deux évoqués ; ici, les deux intrigues – celles de Valère avec Élise et de Cléante avec Mariane – sont d'égale importance et occupent d'ailleurs les deux premières scènes de la pièce. Le langage des amoureux, mais aussi les péripéties traversées nous renvoient aux personnages de roman : Élise arrachée à la fureur des eaux, un seigneur napolitain déguisé en intendant pour s'introduire chez sa belle, le même rescapé d'un naufrage, Mariane prisonnière des corsaires, un père qui refait surface à point nommé, une chaîne de reconnaissances miraculeuses. À l'opposé du providentialisme sentimental, l'univers sordide d'Harpagon, doublement avare – au sens français de ladre et au sens latin de cupide. Il n'a plus l'humanité d'Orgon, qui prenait au moins un être vivant pour objet de sa passion : l'aliénation prend maintenant la forme d'une chosification. Harpagon s'est cassette, de sorte que la lui dérober revient à lui prendre la vie, et il se considère comme « enterré » (IV, 7) aussi longtemps qu'elle aura disparu de son trou. L'argent rend l'avare étranger au monde, à soi – Harpagon dans son délire se saisit le bras et veut se faire donner la question – et finalement à l'argent même : « Il faut bien que je touche quelque chose », s'exclame Harpagon à propos de la dot de Mariane (II, 5), mais l'argent est précisément ce à quoi il ne saurait jamais toucher.

De cette pièce très dure, où le conflit des générations s'exprime en souhaits réciproques de mort, il faut néanmoins maintenir qu'elle est une comédie. « D'un bout à l'autre », note la chronique de Robinet au 15 septembre 1668, elle « fait rire » : non seulement par la fouille grotesque de La Flèche (I, 3), les coups de bâton tombant à répétition sur les épaules de maître Jacques (III, 1 et 2) ou le quiproquo magistralement entretenu sur la nature du délit (V, 3), mais par les constantes contradictions et bévues d'un protagoniste qui fait tout tourner au détriment de ses intérêts pécuniaires (il est le premier à dire qu'il a de l'argent caché) ou amoureux. Du point de vue de l'interprétation, Louis de Funès a ici raison contre Jean Vilar.

● *Amphitryon [...]*, « Folio », 1973 (p.p. G. Couton) ; « Le Livre de Poche », 1986 (p.p. J. Morel). ➤ *Théâtre complet*, Les Belles Lettres, V ; *Œuvres complètes*, « Pléiade », II ; *id.*, « GF », III.

G. FERREYROLLES

AVATAR. Voir ARRIA MARCELLA, de Th. Gautier.

AVENIR DE LA SCIENCE (l'). Pensées de 1848. Essai d'Ernest **Renan** (1823-1892), publié à Paris chez Calmann-Lévy en 1890.

L'œuvre de Renan s'inaugure par une double crise – crise religieuse en 1845, révélation de 1848 – qui détermine ce premier livre, lequel, d'entrée de jeu, se présente comme une synthèse et un bilan, alors que Renan attendra 1890 pour le publier. Selon lui, les conseils d'Augustin Thierry et le voyage d'Italie lui firent prendre conscience, comme il l'écrit dans sa Préface, de l'aspect « sectaire » de sa pensée. Deux ans avant sa mort, Renan, devenu une figure prestigieuse, se fait « son propre éditeur » et renoue avec les propositions tranchantes de sa jeunesse. Comme dans *Patrice*, une fiction autobiographique contemporaine, écrite à Rome en 1849-1850, Renan développe ici son rapport au christianisme. Futurs ou virtuels, les dogmes s'y définissent par rapport à la foi ancienne. La science s'y affirme comme doctrine pour l'humanité.

Précédé d'une Préface et d'une dédicace à Eugène Burnouf datée de mars 1849, l'ouvrage s'organise en 23 chapitres. Pour réaliser « l'unité de vie supérieure », la science déterminera « le gouvernement de l'humanité réfléchie ». La science positive peut seule fournir les vérités vitales. Le sacerdoce rationaliste mettra fin au temps des sectes. Après avoir passé en revue plusieurs attitudes scientifiques dépassées, Renan établit le concept de sciences humaines. Rôle de l'État, affirmation du sens critique, âge de la synthèse, tout aboutit à cette affirmation : « Il y a une religion dans la science. » Les derniers chapitres examinent le rapport du peuple à la science, l'évolution sociale souhaitable et prévisible, avant de proclamer : « Dieu, c'est la catégorie de l'idéal. »

« L'année 1848 fit sur moi une impression extrêmement vive. Je n'avais jamais réfléchi jusque-là aux problèmes socialistes » : l'incipit de la Préface situe le livre. L'Histoire oblige à repenser l'humanité et son avenir. La science permet d'adhérer « à la possibilité de croire ». Elle constitue un savoir total, fondement du pouvoir, avènement de l'âge ultime de la « synthèse ». Au sein même de l'Être, une « énigme » se cache, déchiffrable par la raison. La nouvelle religion de la science est donc chargée de comprendre les lois d'une humanité qui devrait pouvoir accomplir avec Dieu son devenir.

Renan tend à assimiler christianisme et socialisme, jugé bon en dépit de mauvais « moyens ». Il s'agit d'amener le peuple à sa maturité pour lui faire « respirer Dieu ». De la Révolution, Renan considère qu'elle fut l'un de ces événements qui prouvent l'action de la raison dans l'Histoire. Devenir de l'homme et devenir de Dieu se confondent. Dès lors, la science embrasse tout, tendant vers l'infini. On peut dresser un véritable plan de travail pour les chercheurs en vue des synthèses futures. Reprenant à son compte une théorie hégélienne en la combinant avec l'idée d'une primauté de la science, Renan prend bien soin de conjurer le matérialisme ou l'utilitarisme. Collaboration de toutes les cultures interrogées dans leurs « monuments », la synthèse équivaut à une assomption de l'humanité. Intégration différente de l'étagement positiviste, le tableau renanien envisage une sorte de

réflexion totale de l'Histoire, miroir où finira par se déployer la succession des siècles, l'humanité accédant ainsi à une pleine conscience d'elle-même. La métaphore de l'ascension domine alors l'ouvrage, comme si l'avenir prenait la forme d'une « grande Babel ».

La Préface réexamine les positions de 1848 : « Trop peu naturaliste pour suivre les voies de la vie dans le labyrinthe que nous voyons sans le voir, j'étais évolutionniste décidé en tout ce qui concerne les produits de l'humanité. » Cet optimisme demeure cependant dans la foi en l'histoire de l'homme, gouvernée par le « processus de la civilisation ». « Ce qu'il y a de consolant, c'est qu'on arrive nécessairement quelque part » : l'Être manifestera toujours son existence, même si Renan confesse avoir eu tort « d'attribuer trop affirmativement à l'humanité un rôle central dans l'univers ». *L'Avenir de la science* demeure donc un évangile pour l'avenir. Dès cette première œuvre, le style de Renan laisse toute leur place à des éclairs romantiques, passages poétiques où se manifeste la sensibilité de l'écrivain. Les accents de la fin rappellent le drame intime de celui qui rompit avec l'Église : « Adieu donc, ô Dieu de ma jeunesse. Peut-être seras-tu celui de mon lit de mort. Adieu ; quoique tu m'aies trompé, je t'aime encore ! » Ainsi ce livre échappe-t-il à l'austérité que son titre semblait annoncer.

➤ *Œuvres complètes*, Calmann-Lévy, III ; *Œuvres diverses*, « Bouquins » (extraits).

G. GENGEMBRE

AVENTURE AMBIGUË (l'). Roman de Cheikh Hamidou **Kane** (Sénégal, né en 1928), publié à Paris chez Julliard en 1961.

Écrit en 1952, mais publié seulement neuf ans plus tard, ce roman d'inspiration autobiographique est étudié dans tous les lycées, collèges et universités d'Afrique ; il est aussi l'un des livres de ce continent les plus célèbres dans le monde.

Première partie. Samba Diallo est un enfant qui a été confié par son père, Le Chevalier, au chef de la tribu des Diallobé afin qu'il suive l'enseignement d'un sévère maître d'école coranique, Thierno. Ce dernier a très vite repéré chez l'enfant des qualités exceptionnelles. Alors qu'il est arrivé à l'âge de se rendre à l'école européenne, les avis sont partagés : le chef des Diallobé hésite à l'y envoyer, le maître d'école le déconseille vivement et la Grande Royale, sœur du chef, y est au contraire favorable. Suivant les recommandations de la Grande Royale (afin qu'il apprenne à « vaincre sans avoir raison »), Samba Diallo fréquente l'école européenne, s'y montre excellent élève, apprend très vite et se voit proposer de poursuivre ses études à Paris.

Seconde partie. À Paris, Samba Diallo vit très mal son isolement et son déchirement entre ses deux cultures. Il rencontre Lucienne, une communiste, et Pierre-Louis, un avocat antillais militant, avec lesquels il débat de la confrontation et du bien-fondé de l'interpénétration des cultures. À la demande de son père, il regagne l'Afrique. Il rencontre un homme, devenu fou après un séjour en Europe, qui lui propose de prendre la succession du maître Thierno, décédé. Mais Samba Diallo a abandonné la pratique religieuse. Le fou poignarde Samba et met ainsi fin à l'ambiguïté de son aventure.

L'itinéraire de Samba Diallo emprunte pour une part les traces de son créateur, mais au-delà de la destinée individuelle de l'enfant, c'est au destin du continent africain que le livre renvoie. Confronté à la culture du colonisateur, Samba Diallo ne peut réussir la synthèse heureuse de ces apports culturels multiples et ne parvient pas à la difficile conciliation de la spiritualité musulmane et du matérialisme occidental, de la tradition africaine et du modernisme européen. Cheikh Hamidou Kane a su parfaitement décrire l'impossibilité du choix et le déchirement entre deux cultures, deux religions, deux conceptions de la vie et du monde. Un déchirement dont il a su rendre la douleur tragique dans cet aveu du héros : « Je ne suis pas un pays des Diallobé distinct, face à un Occident distinct, et appréciant d'une tête froide ce que je peux lui apprendre et ce qu'il faut que je lui laisse en contrepartie. Je suis devenu les deux. Il n'y a pas une tête lucide entre deux termes d'un choix. Il y a une nature étrange, en détresse de n'être pas deux. »

Les critiques (et le premier d'entre eux son préfacier, Vincent Monteil) ont relevé la parfaite organisation interne de ce livre qui fait évoluer ses personnages – apparentés aux pièces principales d'un jeu d'échecs (le roi, la reine, le cavalier, le fou) y compris dans la dualité Noirs/Blancs – comme autant de stéréotypes représentatifs d'un mode de pensée entre lesquels doit évoluer un héros qui ne parviendra jamais à affirmer sa propre personnalité.

L'inaccessibilité divine – traduite dans l'expression peule, « Dieu n'est pas un parent », que le romancier souhaitait donner pour titre à son récit – est l'un des axes de réflexion de cet ouvrage dont le héros, d'une exceptionnelle intelligence, est un « pur esprit » qui ne semble guère connaître les émois physiques de l'adolescence, préoccupé par son « aventure » qui est avant tout un itinéraire spirituel et une quête existentielle. L'Aventure ambiguë se distingue ainsi des autres publications africaines de la même époque qui elles aussi évoquaient les « aventures » et les déchirements de jeunes Africains confrontés à une autre culture, tout à la fois séduisante et traumatisante. Choisissant pour ses personnages une langue élégante, plus recherchée que familière, nourrie de nombreuses références et citations, Cheikh Hamidou Kane souhaite, là encore, que la réflexion philosophique prenne le pas sur les préoccupations purement romanesques.

Trente ans après sa parution, l'Aventure ambiguë demeure le seul titre publié par un auteur très rapidement accaparé par les activités politiques (Cheikh Hamidou Kane a représenté son pays dans divers organismes internationaux avant de devenir ministre du Plan et de la Coopération) et qui n'a jamais donné suite aux promesses littéraires contenues dans ce livre.

● « 10/18 », 1971.

B. MAGNIER

AVENTURE DE CATHERINE CRACHAT. Voir HÉCATE ET VAGADU, de P.-J. Jouve.

AVENTURES DE *** (les) ou les Effets surprenants de la sympathie. Roman de Pierre Carlet de Chamblain de **Marivaux** (1688-1763), publié à Paris chez Prault et Huet en 1713 (tomes I-II) et 1714 (tomes III à V).

Revenu à Paris en 1712, Marivaux obtient un permis d'imprimer pour sa première pièce, le Père prudent et équitable (mars), son premier roman, les Effets [...] (juillet), un second roman, *Pharsamon (janvier 1713) ; en mai 1713, il dépose chez les censeurs un autre manuscrit romanesque, la Voiture embourbée, qui paraîtra en 1714. Preuve assez éloquente de la fécondité du jeune écrivain, de son goût pour les romans, mais aussi de la gestation provinciale de tout ou partie de ces œuvres à la fois fascinantes et tâtonnantes, qu'on peut enfin lire dans une édition moderne.

Il est pratiquement impossible de raconter les Effets surprenants de la sympathie, tant en raison de la complication des intrigues, livrées aux violences du hasard, que de l'emboîtement vertigineux des récits : « En résumé, la narration directe, par l'auteur lui-même, des événements qui se déroulent à partir du début de l'histoire, occupe moins de 125 pages (1-114, 271-272, 296-297, 298-302, 302-303, 306-307) sur 307. Le récit au second degré en occupe environ 50 ; le récit au troisième degré (par exemple lorsque Parménie raconte à Frédelingue ses aventures, le tout rapporté par Caliste), 80 pages ; le récit au quatrième degré (Merville racontant ses aventures à Parménie qui les rapporte à Frédelingue, le tout dans la bouche de Clarice), 50 pages ; au cinquième degré (Misrie ou Guirlane racontant leurs aventures à Merville, qui les raconte à Parménie, laquelle les rapporte à Frédelingue, le tout dans la bouche de Caliste), environ 8 pages ; enfin

le récit au sixième degré (histoire de l'Anglais inconnu dans l'histoire de Misrie, etc.), 5 pages » (F. Deloffre, éd. citée, p. 1 094-1 095).

Un « Avis au lecteur », le premier texte public de Marivaux, expose sa théorie du roman. Le roman s'adresse aux femmes, et donc au cœur, siège de l'intuition, du tact, de la sensibilité : « C'est au goût et à ce sentiment secret, indépendant des lois stériles de l'art, que l'auteur a tâché de conformer le langage et les actions de ses personnages. » « C'est à tout le sexe qu'il veut plaire », « puisque le roman n'est fait que pour le cœur », pour cette « tendresse » qui peut se tromper d'objet, « mais dont le principe [...] est toujours sans erreur et sans défaut ». Tout roman qui touche l'âme est donc un bon roman. Le jeune Marivaux se démarque donc des beaux esprits pédants, hostiles aux femmes et aux romans, mais aussi des romanciers qui, pour plaire aux jeunes gens, réduisent le roman à de simples aventures sèchement racontées, aussitôt oubliées. Il veut un roman qui élève l'âme, excite au cœur « un goût de tendresse noble et charmante ». D'où des « réflexions », les fameuses réflexions de la *Vie de Marianne* !

Les Effets [...] sont donc ceux, délicats ou sauvages, mais toujours exaltés, de l'amour, inépuisable acteur d'aventures échevelées. Marivaux travaille sur le grand roman baroque du XVIIe siècle, déjà largement suranné, dont il voudrait sauver, en les adaptant au goût moderne, les plus précieuses qualités. Prévost y parviendra plus ostensiblement, en couplant aventures, tourments du cœur et angoisses métaphysiques. Mais on se tromperait lourdement sur Marivaux en imaginant que le maître adulte ne s'est accompli qu'en reniant son projet juvénile, d'une fiction qui touche, élève et intéresse l'âme et le cœur, au-delà des règles et d'un rationalisme sec. Reste que, chez lui, le chemin est plus long, et la distance plus visible, entre l'héritage « baroque » et les deux romans de la maturité le *Paysan parvenu* et la Vie de Marianne.

➤ Œuvres de jeunesse, « Pléiade ».

J. GOLDZINK

AVENTURES DE JÉRÔME BARDINI. Roman de Jean **Giraudoux** (1882-1944), publié à Paris chez Émile-Paul en 1930.

Réunissant trois nouvelles, « la Première Disparition de Jérôme Bardini » (un fragment paraît dans le Manuscrit autographe, janvier 1926, puis, la même année, le texte est publié en volume dans sa version complète aux Éditions du Sagittaire-Kra, 1926), « Stéphy » (Revue de Paris, mai et juin 1929, et en volume la même année à Genève chez Kundig et à Lausanne chez Mermod) et « The Kid » (Revue de Paris, juillet et août 1930 – un fragment détaché du manuscrit original paraîtra sous le titre « Fontranges au Niagara » dans les Cahiers libres en 1932, repris chez Grasset la même année dans la France sentimentale), ce roman fut publié après *Amphitryon 38 (1929), et semble reprendre certains thèmes de *Siegfried et le Limousin (1922), de *Juliette au pays des hommes (1924), de *Bella (1926) et d'Églantine (1927). Giraudoux y résume un rêve de fugue hors de l'humanité, suivi d'une retombée finale dans une forme d'humilité, qui restitue le héros aux hommes.

La « Première Disparition de Jérôme Bardini » nous présente un héros quadragénaire, fonctionnaire marié à Renée, père d'un jeune fils, et sur qui pèse la routine d'une vie bourgeoise dans un tiède logis. Il a préparé sa disparition, que devine Renée sans pouvoir s'y opposer. Après un premier départ, Jérôme revient pour l'y « faire consentir ». Elle le chasse. Il s'incline et part.

« Stéphy » s'organise en deux parties. I. À New York, sur un banc de Central Park, Stéphanie Moeller, une féerique jeune fille d'origine allemande, rencontre un inconnu : il s'agit de Jérôme, en qui elle croit reconnaître l'homme de ses rêves, celui qu'elle attendait depuis l'enfance. Mais pour l'ex-receveur de l'Enregistrement, l'aventure américaine espérée tournera court. II. À peine fiancée, Stéphy se dispose à partir, ne laissant pas à Jérôme le loisir de disparaître le premier.

« The Kid ». Jérôme vit désormais en compagnie du Kid (ce nom rappelle le film de Charlie Chaplin), un enfant apparemment sans attache aucune, qui ignore jusqu'à son propre nom. Mais il finit par retrouver la mémoire. Personnage déjà présent dans *Bella* et *Églantine*, Fontranges, un ami, retrouve Bardini, et le ramène en France. Jérôme va retrouver son existence ordinaire.

Récit d'une quête avortée, le roman met en scène l'échec d'une ambition nietzschéenne. La première partie installe la volonté d'orgueil du héros (tel sera d'ailleurs le diagnostic de Fontranges), qui se traduit par le désir de solitude et la haine de l'humanité médiocre et routinière. Se sentant prisonnier de sa réussite équilibrée, en état de disponibilité gidienne, Jérôme cherche sa liberté et entend « changer de personnalité ». Contrairement à Suzanne qui quittait son île édénique pour épouser le contrôleur des Poids et Mesures (*Suzanne et le Pacifique*, 1921), Jérôme veut vivre « sans responsabilité, sans devoir ».

Cette « croisade sans croix vers l'inaccessible » le conduit à chercher un être qui refuse tout compromis. Tel est le point commun entre les deux parties suivantes. Sur leur banc, Stéphy forme avec le vagabond Jérôme un couple à l'image d'Adam et Ève. Mais leur idylle est vite perturbée par les contraintes et les exigences de la vie. S'inventant pour la circonstance une famille de substitution à ses origines petites-bourgeoises, Stéphy ne peut échapper à la caricature de l'existence commune, morne banalité dans laquelle Jérôme retombe dès les fiançailles. Le couple ne peut qu'échouer.

Avec le Kid, le « contempteur des hommes » trouve une sorte de relais en cet être énigmatique, et tente d'assouvir son besoin de « liaisons hors de l'humanité ». Archange, l'enfant offre « l'exemple absolu et sans tache de cette tentative héroïque dont Jérôme, avec ses habitudes d'homme égoïste et despote, n'avait donné qu'une caricature ». Rayonnant d'innocence, le Kid exprime un instinct de vie si pur qu'il redonne tout son sens au mot « liberté ». Mais cet être sans perversité va se trouver, lui aussi, pris au piège des conventions et des institutions sociales. Hypostasié en éducateurs ou en policiers, le monde des hommes le persécute pour qu'il rentre dans la norme. Marginal, on l'enferme à l'école : sa révolte asociale doit prendre fin. Il redeviendra un enfant comme les autres.

Ainsi Bardini a-t-il voulu échapper à l'humaine condition, en n'obéissant qu'au seul rythme de l'univers. Communiant avec le cosmos (la baignade dans un fleuve ou les promenades dans Central Park), il a méprisé la communion avec les hommes : « L'orgueil est une résistance à ce qui doit pénétrer notre esprit, le nourrir. » Jérôme a oublié cette leçon, cédant à la « nausée ». Il commet le péché de désespoir, outrepassant sa fonction, qui était de dénoncer la médiocrité humaine. À Fontranges qui lui demande : « Tu es fier d'être homme ? », ne répond-il pas : « Non. Mais je ne vois pas non plus dans quelle peau d'autre créature je serais fier de vivre. » La morale du livre réside donc dans l'acceptation des limites : l'homme doit s'accomplir dans un univers borné. On voit donc bien se mettre en place l'idéal giralducien de la mesure, qui transcende ce romantisme de l'évasion et de la séparation aristocratique. *Électre* (1937) redisposera ces éléments en les magnifiant par la réécriture du mythe et la rhétorique théâtrale.

Du théâtre, les *Aventures de Jérôme Bardini* possèdent l'art d'une structure où le plein et le vide s'harmonisent. Ainsi des ruptures entre les parties, et de la dramatisation temporelle. L'écriture de Giraudoux privilégie la légèreté et l'ellipse, tout en ménageant quelque humour, en particulier grâce aux pointes satiriques contre le monde moderne. La trop fameuse préciosité de Giraudoux, cette aisance, s'y avère une esthétique de la grâce, où l'on a pu voir la monnaie poétique d'une cosmologie.

● Grasset, rééd. 1979.

G. GENGEMBRE

AVENTURES [BURLESQUES] DU SIEUR D'ASSOUCY (les). Ouvrage de Charles Coypeau ou Coupeau, sieur d'**Assoucy** ou d'Assouci (1605-1677), publié à Paris chez Audinet en 1677. Une suite, **les Aventures d'Italie de M. d'Assoucy**, parut à Paris chez Rafflé en 1677.

Le livre raconte à la première personne le voyage de D'Assoucy qui se rend à Turin, en 1654, pour se mettre au service de Leurs Altesses Royales de Savoie.

La première partie, en dix-neuf chapitres, précédés d'une « Epistre au Roy », est le récit d'un voyage à travers la France des années 1650. Après avoir, dès le départ, rencontré un tricheur sur le coche d'eau, d'Assoucy décide de traverser la Bourgogne à pied, accompagné d'un âne, ce qui donne lieu à un éloge du voyage à pied. Il rencontre alors un seigneur qui l'accueille dans son château et met sa verve poétique à contribution. Mais préférant sa liberté à la bonne chère qui lui pèse à la longue, il repart, après l'épisode burlesque d'une chevauchée maladroite . Le voyage se poursuit jusqu'à Lyon, où il rencontre Molière, dont il fait l'éloge (chap. 1-9). Il suit ce dernier jusqu'à Narbonne, avant de repartir vers Turin, ce qui le mène à Montpellier. Une « Epistre à Messieurs les sots » interrompt le récit : d'Assoucy en profite pour conter ses origines et les premières années de son enfance, et comment il passa pour un magicien à Calais lorsqu'il avait neuf ans. Retour à Montpellier : le récit des mésaventures de son valet, Pierrotin, un jeune chanteur, avec une grande dame lui vaut d'être poursuivi et emprisonné. Il se défend en adressant, en vers, des « articles de paix » aux « précieuses de Montpellier ». Un grand seigneur, M. de Vitrac, parvient à le faire sortir de prison et l'accueille chez lui pendant trois mois (10-14). D'Assoucy repart ensuite et arrive à Avignon où il rencontre M. de Candale. Dévalisé à Orange par son cousin le prieur de Carpentras, il se rend à Béziers où il se retrouve sans le sou. Le jeu lui ayant permis une nouvelle fois de se refaire, il repart vers Avignon, passe à Aix et arrive à Marseille (15-18). Une pause dans le récit a pour prétexte la longue citation d'une lettre à Chapelle, où il se plaint de la relation que ce dernier a faite dans son *Voyage* de ses mésaventures de Montpellier (Chapelle et Bachaumont y allèguent que d'Assoucy aurait été arrêté pour sodomie), ce qui ne l'empêche pas de finir sur un poème en faveur de son « ami Chapelle ». Le chapitre 19 poursuit la réponse en dressant le portrait de Chapelle et en évoquant les relations que d'Assoucy a eues avec lui et avec Cyrano de Bergerac.

La seconde partie, ou plutôt la suite, intitulée *Aventures d'Italie*, est dédiée au duc de Saint-Aignan. Tout comme la première partie, elle débute par un vol : passé en Italie, d'Assoucy apprend qu'on l'y croit mort, sur la foi de la *Gazette* de Loret, qu'il attaque. L'essentiel du récit tourne alors autour des mésaventures de Pierrotin et de D'Assoucy à la cour de Savoie. D'Assoucy défend sa poésie et s'attaque aux mauvais poètes (1-13). Il quitte enfin la cour pour revenir à Avignon où de nouvelles mésaventures l'attendent. Malgré toute sa bienveillance pour son valet bien-aimé, d'Assoucy apprend que Pierrotin a voulu l'empoisonner à la suite de coups de bâton que le poète lui avait donnés ; le récit s'achève sur le pardon que le poète accorde à son valet, à la condition expresse de garder le silence absolu sur cette affaire (14-17).

D'Assoucy, qui avait mérité le titre d'« empereur du burlesque », nous offre ici une œuvre un peu déroutante à première vue, où se mêlent épisodes réalistes et pittoresques, poésies, épîtres, avec des considérations générales sur les lettres ou sur la fortune des poètes, où la vie vécue se charge d'un intertexte littéraire, tout cela dans le cadre du traditionnel roman de gueuserie. Le principe du voyage – qui fut réel, et que l'on date des années 1654-1655 – permet les rencontres de tous ordres, et l'expérience plus ou moins heureuse de tous les registres de l'humaine condition. Le passage connu sur l'éloge du voyage à pied pourrait constituer une image de son esthétique, toute d'humeur et de primesaut, à la recherche du naturel : « Il m'importe peu qu'on me voie aller à pied, pourvu que j'y trouve mon plaisir et ma santé. Quand je vais à pied, comme ce mouvement est naturel [...] j'éprouve toutes les douceurs que l'exercice communique à ceux qui, comme moi, en connaissent le profit et l'utilité » (I, 4). Cette diététique de la marche donne le rythme du roman, où il fait bon manger et boire, comme après l'exercice physique, mais où l'on joue aussi, souvent pour perdre, parfois pour gagner. La trame est donc dans la droite ligne du roman picaresque. L'expérience de différents maîtres, qui renvoie aussi à cette tradition, est accompagnée d'une réflexion sur le mécénat et les protecteurs de la poésie en général : à la fois commanditaire et public idéal de l'œuvre, le grand seigneur est aussi celui qui tire le poète de nombreux pas, tel M. de Vitrac à Montpellier (I, 13).

Plus que jamais la poésie est ici une poésie de circonstance – remerciement, éloge, apologie de soi-même – qui permet à la veine burlesque de s'exprimer librement, comme dans les « articles de paix » du chapitre 12 : « Je vous rends graces de bon cœur, / Astres plus chauds que canicule ; / A moy n'appartient tant d'honneur, / De mourir de la mort d'Hercule. »

Les poèmes sont eux-mêmes des épisodes de cette carrière aventureuse, puisque d'Assoucy nous rappelle constamment qu'il est poète, et que c'est peut-être là sa première et véritable aventure.

Il ne faut pas négliger tout ce que ce roman doit aussi à l'observation des mœurs, facilitée par le principe même du voyage ; à ce titre, d'Assoucy se situe bien dans la veine « réaliste », et les scènes de genre abondent, décrivant les milieux bourgeois des villes traversées ou les auberges, le temps d'une halte dans l'errance. La vie même d'une troupe de comédiens, celle de Molière, fait songer à l'inspiration du *Roman comique* de Scarron. Mais la satire sociale, réellement présente, ne doit pas masquer toute la valeur autobiographique de l'ouvrage ; elle constitue au contraire la toile de fond d'un « destin » unique et revendiqué comme tel : celui d'« empereur du burlesque », défenseur d'une poésie et d'une carrière qui lui sont propres (voir II, 11). Les longues pages apologétiques adressées à Chapelle (I, 19) montrent bien que d'Assoucy veut défendre à la fois sa vie et son art contre les détracteurs, laisser de lui une image que les nombreuses attaques et les calomnies dont il avait été l'objet avaient contribué à ternir. L'intérêt de l'œuvre est d'avoir choisi la forme romanesque pour « illustrer » cette défense, où le romancier vieilli se transforme lui-même en héros plein de vigueur, de jeunesse et de talent.

E. BURY

AVENTURES DE TÉLÉMAQUE (les). Voir TÉLÉMAQUE, de Fénelon.

AVENTURES DU BARON DE FAENESTE (les). Récit de Théodore Agrippa d'**Aubigné** (1552-1630), publié de 1617 à 1630. Les deux premiers livres parurent à Maillé, en Vendée, chez Jean Moussat en 1617 ; après les avoir revus et corrigés, l'auteur leur adjoignit, en 1619, un troisième livre dont l'édition fut confiée au même imprimeur. En 1630, d'Aubigné, réfugié à Genève, fit paraître un quatrième livre après avoir étoffé et divisé en chapitres les trois précédents.

Le personnage de Faeneste, dont la lâcheté réelle n'a d'égale que les prouesses verbales, s'inscrit dans une longue lignée de soldats fanfarons, qui va du *Miles gloriosus* de Plaute aux Rodomont et autres Matamore des XVIe et XVIIe siècles. Quant à l'idée de mettre en scène un couple de protagonistes que tout oppose – Faeneste et Enay – et d'ordonner le récit autour d'une dualité des visions et des conceptions, elle trouve peut-être son origine dans le *Don Quichotte* de Cervantès, traduit depuis peu en français ; mais elle emprunte aussi à Rabelais, qui opposait aux frasques et déboires de Panurge la sagesse sereine et philosophique de Pantagruel.

Les quatre parties se présentent sous forme dialoguée. Le baron de Faeneste, Gascon vantard et grotesque, est l'hôte d'un gentilhomme nommé Enay, à qui il raconte sa vie à la cour, ses déboires parisiens et ses campagnes militaires (livre I). Les deux personnages entremêlent, dans une causerie très libre, anecdotes cocasses et propos antagonistes sur la religion (II - III). Quelque temps plus tard, Enay et un gentilhomme de ses amis, M. de Beaujeu, voient arriver un Faeneste fort déconfit, de retour d'une campagne désastreuse : ils lui demandent un récit détaillé, occasion naturellement de nouvelles vantardises. Après quoi, M. de Beaujeu fait à ses compagnons la description de quatre tapisseries grotesques qu'il lui a été donné de voir récemment, et qui représentent les triomphes de l'Impiété, de l'Ignorance, de la Poltronnerie et de la Gueuserie (IV).

Étrange ouvrage, composite, et d'ailleurs inachevé – le texte de 1630 annonçant une cinquième partie qui ne verra jamais le jour. Dans la Préface, l'auteur s'avoue « lassé de discours graves et tragiques » et « desireux de se recreer à la description de ce siècle, en ramassant quelques bourdes vrayes ». L'ouvrage s'offre donc comme une compilation, à l'exemple des recueils à succès de Bonaventure des Périers ou Noël du Fail un demi-siècle plus tôt. L'abandon du souci structural s'affiche plus nettement au fil des quatre parties : si le premier livre, consacré essentiellement aux déboires de Faeneste à Paris, possède une évidente unité, le bariolage des anecdotes et la technique de l'association d'idées l'emportent dès le deuxième livre ; ce foisonnement de la matière culmine dans les amples descriptions grotesques de la fin, qui évoquent un monde désarticulé à la Jérôme Bosch. Entre le début et les dernières pages, la tonalité d'ensemble s'est assombrie : commencé dans le style burlesque, l'ouvrage s'achève sur des visions d'inquiétude et de folie où se lisent les grandes obsessions de l'auteur des *Tragiques*.

L'unité véritable de ces *Aventures* réside dans l'opposition morale des deux personnages, « *Faeneste* signifiant en grec *paroistre* », et « *Enay* qui en mesme langue signifie *estre* ». Porte-parole de l'auteur, Enay, enraciné dans la solidité d'une vie terrienne et provinciale, raille doucement la frénésie ostentatoire de Faeneste et tire la morale de ses piteuses aventures : « Il y a six choses desquelles il est dangereux de prendre le *Parestre* pour l'*Estre* : le gain, la volupté, l'amitié, l'honneur, le service du Roi ou de la Patrie, et la Religion » (II, 19). Pamphlétaire protestant, d'Aubigné fait rebondir d'un livre à l'autre la polémique religieuse : Faeneste le catholique est attaché aux dévotions extérieures, aux prêches imagés et grandiloquents, tandis que le huguenot Enay ridiculise la tendance de la liturgie romaine à d'excessives matérialisations.

Le débat entre les personnages pourrait tourner à l'antithèse abstraite et monotone, s'il ne se traduisait au premier chef par des discours nettement et plaisamment différenciés : non seulement Faeneste parle un gascon mâtiné de prononciation de cour, mais il use, à l'occasion, d'un galimatias qui annonce les *Précieuses ridicules* de Molière (1659) ; il multiplie les adverbes « furieusement », « horriblement », s'obstine à nommer « allée » ce que le vocabulaire sobre d'Enay appelle « chemin », et le contraste éclate entre les prétentions courtisanes du personnage et sa vulgarité de provincial mal dégrossi.

Au-delà du parler savoureux de Faeneste, c'est une véritable fête du langage que composent les multiples anecdotes racontées par les deux protagonistes. Tout se passe comme si d'Aubigné, à l'instar d'un Rabelais, avait voulu brasser la diversité des modes d'expression propres à une époque – prononciation gasconne, dialecte poitevin, italien, espagnol ou latin. C'est sans doute dans cette ronde étourdissante des langages, plus que dans la satire morale et religieuse, que réside la modernité du livre. Il serait naturellement abusif d'établir un parallèle avec les audaces joyciennes ; il reste que l'entrelacs complexe des voix, leur irruption brouillonne finissent par dessiner l'image d'un monde bien proche du nôtre, à la fois effervescent et angoissé, où l'homme se cherche dans une surenchère d'apparences.

➤ *Œuvres complètes*, Slatkine, II ; *Œuvres*, « Pléiade ».

P. MARI

AVENTURES DU DERNIER ABENCÉRAGE (les). Nouvelle de François-René, vicomte de **Chateaubriand** (1768-1848), publiée dans les *Œuvres complètes* à Paris chez Ladvocat en 1826 (tome XVI).

S'inspirant de son bref passage en Espagne (1807) et de son rendez-vous avec Natalie de Noailles, probablement à Grenade, Chateaubriand compose ce texte vers la fin de 1809. Il hésite à le publier à cause de son caractère privé, mais le fait lire à la duchesse de Duras et en donne lui-même des lectures au château de Méréville chez Natalie de Noailles, puis chez Mme Récamier. La nouvelle se place dans le long courant des textes « hispano-mauresques », représenté à l'époque par Mme Cottin : *Mathilde ou Mémoires tirés de l'histoire des croisades* (1805). Parmi les sources de Chateaubriand se trouve l'histoire des *Guerres civiles de Grenade* (1595) de Gínez Pérez de Hita, rééditée en français en 1809. Quant au genre choisi par Chateaubriand, le texte a toute la perfection de la nouvelle : un nombre restreint de personnages, une seule action qui trouve son point culminant à la fin de la narration, un dénouement fatal.

À la fin du xve siècle, les Maures sont chassés d'Espagne ; la tribu des Abencérages s'établit à Tunis, près des ruines de Carthage. Or, en 1516, le jeune Aben-Hamet, « seul rejeton » de cette illustre famille, se rend en pèlerinage au pays de ses pères. À Grenade, il rencontre dona Blanca, jeune femme noble. Les deux jeunes gens s'aiment, et, lors d'une visite à l'Alhambra, le Maure déclare son amour à la chrétienne. Cependant, la religion les sépare, et ni l'un ni l'autre ne songe à se convertir. Aben-Hamet repart donc pour l'Afrique, après avoir promis de revenir chaque année pour prouver sa fidélité à Blanca et pour s'assurer de la sienne. À son troisième voyage en Espagne, il trouve auprès de Blanca un Français retenu prisonnier à Grenade et qui aime la jeune femme. Le frère de celle-ci, don Carlos, somme Aben-Hamet de renoncer à la chrétienne ; le Maure refuse, et dans le combat qui s'ensuit, blesse don Carlos mais lui fait grâce. La conversion d'Aben-Hamet semble proche, cependant toute réconciliation est exclue lorsqu'il se révèle que le grand-père de Carlos et de Blanca a été le meurtrier de l'ancêtre d'Aben-Hamet. Blanca renonce à l'amour, et Aben-Hamet retourne en Afrique.

Dans l'Avertissement qui précède la nouvelle, Chateaubriand souligne le caractère élevé de ses personnages : « Il faut au moins que le monde chimérique, quand on s'y transporte, nous dédommage du monde réel. » C'est indiquer, en même temps que l'éventualité d'un aspect autobiographique de l'œuvre, tout ce qui rapproche celle-ci des tragédies classiques. En effet, comme dans *Bérénice* de Racine, le renoncement est inscrit dans les relations entre les deux amants dès le début. La religion s'oppose à la religion, l'Histoire à l'Histoire, l'exil au pouvoir – seul un amour persistant et indestructible permet d'éviter la tragédie sanglante. Comme chez l'auteur classique, la tragédie est toute intérieure, et le verdict final de Blanca adressé à son amant – « Retourne au désert » – évoque la conclusion de Bérénice face à la loi et à l'amour dans la pièce de Racine. La loi de l'Histoire s'interpose entre les personnages, qui sont sauvés par leur générosité et leurs sentiments (de) nobles. Aucun d'entre eux ne se révolte contre sa destinée cruelle, tous l'assument, en versant toutefois les pleurs obligés de la tragédie : « Si l'amour dans toute sa puissance parlait au cœur de l'Abencérage, d'une autre part il ne pensait qu'avec épouvante à l'idée d'unir le sang des persécuteurs au sang des persécutés. »

Cette opposition même laisse deviner combien Chateaubriand a raison lorsqu'il déclare, dans son Avertissement, que la nouvelle est « l'ouvrage d'un homme qui a senti les chagrins de l'exil ». Pour le persécuté, Grenade est le « paradis » dont les Maures ont été expulsés, l'Afrique son exil. Mais s'il est vrai qu'on retrouve Chateaubriand dans l'Abencérage et Natalie de Noailles dans Blanca, on ne doit pas oublier que la nouvelle thématise à plusieurs égards toute l'expérience historique de Chateaubriand. L'exilé voyant dans le christianisme la porte du bonheur, tenté par la réconciliation, mais effrayé par tout ce qui oppose les anciens rois et les nouveaux tenants du pouvoir – c'est bien l'auteur du *Génie du christianisme* face à Napoléon. Au reproche formulé par don Carlos que « les rois de vos pères étaient des ingrats », Aben-Hamet riposte : « Qu'importe [...], ils ont

été malheureux ! », échos des sentiments de Chateaubriand revenant d'Amérique pour défendre son roi.

Tragédie et mise en scène de l'Histoire et de la vie, le *Dernier Abencérage* était bien placé à côté d'*Atala* et de *René*, œuvres de l'amour impossible, de l'exil et de la solitude, également publiés dans le t. XVI des *Œuvres complètes*. D'Amérique en Espagne, Chateaubriand poursuit sa recherche d'images exotiques, et ce drame des cœurs, aux confrontations inexorables a tenté plusieurs fois les gens de théâtre : il en est sorti un drame en vers de Pierre-François Beauvallet (Comédie-Française, 1851), ainsi que plusieurs opéras.

● « Classiques Garnier », 1962 (p.p. F. Letessier) ; *Atala* [...], « Folio », 1978 (p.p. P. Moreau). ➤ *Œuvres romanesques et Voyages*, « Pléiade », II.

H. P. LUND

AVENTURES PRODIGIEUSES DE TARTARIN DE TARASCON (les). Roman d'Alphonse Daudet (1840-1897), publié à Paris chez Dentu en 1872.

Le héros éponyme a sans doute une clé « familiale » : un nommé Reynaud, qui accompagna son cousin Daudet, parti en Algérie pour un voyage de santé (en 1861 et 1862). Naïf et curieux, le cousin Reynaud veut tuer des lions dans un pays mis à la mode par l'orientalisme ambiant (notamment par les livres de Fromentin et de E. Feydeau) dont Daudet va parodier les clichés. Un premier texte, *Chapatin le tueur de lions*, paraît dans *le Figaro* en juin 1863, avant un roman plus nourri, *Barbarin de Tarascon* (1re partie en décembre 1869 dans le *Petit Moniteur universel du soir*, livre complet en 1870 dans *le Figaro* sous le titre *le Don Quichotte provençal ou les Aventures de l'illustre Barbarin de Tarascon*) ; Barbarin deviendra Tartarin en raison des plaintes d'une famille homonyme tout en créant une allitération drôle. Il y aura plus tard *Tartarin sur les Alpes* (1885) et *Port-Tarascon. Dernières Aventures de l'illustre Tartarin* (1890).

Première partie. « À Tarascon ». Tartarin possède un jardin exotique où il entretient un baobab dans un pot de réséda. Il possède de nombreuses armes et quantité de livres d'aventures. À Tarascon, les chasseurs sans gibier tirent sur leur casquette, après l'avoir lancée en l'air. Chacun dans le voisinage – et notamment le « brave commandant Bravida », ex-capitaine d'habillement –, reconnaît que Tartarin est un vrai caractère, prêt à repousser toutes les attaques (qui ne viennent pas !). Il n'a jamais quitté Tarascon, même pour Chang-hai où on l'appelle, mais l'arrivée d'une ménagerie et d'un lion en cage l'incite à partir pour l'Atlas, ce qu'il fait après mille contretemps et préparatifs.
Deuxième partie. « Chez les Teurs » (les Turcs que seraient les Algériens !). Après un voyage difficile et un fort mal de mer, Tartarin arrive à Alger et veut égorger les portefaix qu'il prend pour des sauvages. Dans une banlieue où il croit tuer un lion, il abat un âne : il faut donc aller vers le sud, mais, avant cela, Tartarin va être victime d'un pseudo-prince du Monténégro. Il le sauve à une table de jeu, puis croit retrouver grâce à lui une prétendue Mauresque (de Marseille !). Tartarin s'abandonne alors quelque temps aux délices de l'amour. Mais un article de journal le rappelle au but de son voyage.
Troisième partie. « Chez les lions ». Une diligence conduite par une connaissance de Tarascon le mène vers le sud. Un vrai chasseur de panthères lui apprend qu'il n'y a plus de lions dans l'Atlas. Hélas, on y trouve des vautours : le faux prince du Monténégro qui le promène à travers le désert avant de le dépouiller de tout son argent. Tartarin aura cependant le temps de tuer un lion aveugle et apprivoisé. Suivi par un chameau, il reprend sa route vers Alger, puis vers Tarascon où il est devenu illustre grâce à l'envoi de la peau du lion !

On a souvent fait de Tartarin le symbole ou la parodie gentille du Méridional. C'est d'abord un homme du soleil et Daudet prend plaisir à décrire les collines tarasconnaises « toutes parfumées de myrte, de lavande, et de romarin », un décor de garrigues et de vignes, de murs blancs, d'ombre rare, de places fraîches et de cafés. Car le Midi, c'est aussi le lien social, une vie où l'on rencontre les autres et où on leur parle : autour d'un verre, dans un salon, pour chanter, pour médire, pour rien, pour le simple plaisir. Dès lors, on comprend la place que tient le langage dans cet univers. Une tartarinade, comme on dit, pourrait être une vantardise aux yeux d'un homme du Nord. Mais l'homme du Midi, précise Daudet, ne ment pas, il se trompe. Et, ajoute l'auteur, « le seul menteur du Midi, s'il y en a un, c'est le soleil... Tout ce qu'il touche, il l'exagère !... ». Avec Tartarin, en effet, tout est grandi, grossi : les ânes sont des lions, les lions aveugles sont des lions terribles, un capitaine est commandant, et un homme qui a failli aller à Chang-haï y est réellement allé. Non pas le mensonge donc, mais l'hyperbole, l'illusion intoxiquant jusqu'à l'auteur même de l'hyperbole qui se laisse gruger par les vrais escrocs. On voit alors le lien avec don Quichotte partant en guerre contre les moulins comme Tartarin (don Quichotte dans l'âme et Sancho par le physique, observe G. Van den Bogaert) part visiter les contrées lointaines et chasser les lions imaginaires. Tartarin rêve plus son existence qu'il ne la vit, et, quand il finit par agir, il continue à rêver, ne prenant jamais en compte les démentis de l'expérience ou les tournant à son idée. Il évolue donc dans un monde second qui explique la sympathie ironique qu'on peut avoir pour lui, sympathie encore accrue par le ton oral et complice de Daudet qui narre plus un conte qu'il n'écrit un roman.

● « Classiques Garnier », 1968 (p.p. J. H. Bornecque) ; « GF », 1968 (p.p. G. Van den Bogaert) ; « Folio », 1987 (p.p. D. Bergez). ➤ *Œuvres*, « Pléiade », I.

A. PREISS

AVERTISSEMENT très utile du grand profit qui reviendrait à la chrétienté [...]. Voir TRAITÉ DES RELIQUES, de J. Calvin.

AVEUGLEMENT (l'). Voir ÉCRITS, de G. Roud.

AVEUGLES (les). Drame en prose de Maurice **Maeterlinck** (Belgique, 1862-1949), publié à Bruxelles chez Paul Lacomblez en 1890, et créé par Lugné-Poe le 11 décembre 1891.

La pièce *les Aveugles* appartient au « premier théâtre » de Maeterlinck qui n'était initialement pas destiné à la scène, envers laquelle Maeterlinck et les symbolistes émettaient des réserves, affirmant la supériorité du livre sur la représentation. L'année de parution des *Aveugles*, Maeterlinck écrivait dans *la Jeune Belgique* : « Quelque chose d'Hamlet est mort pour moi le jour où je l'ai vu mourir sur la scène. La représentation d'un chef-d'œuvre à l'aide d'éléments accidentels et humains est antinomique. Les Grecs n'ignoraient pas cette antinomie et leurs masques [...] ne servaient qu'à atténuer la présence de l'homme et à soulager le symbole. » Maeterlinck fit pourtant confiance à Lugné-Poe qui dirigea, avec Adolphe Retté, la mise en scène des *Aveugles*. La critique nota favorablement l'impression d'angoisse ressentie par les spectateurs.

Douze aveugles, six femmes et six hommes, attendent « dans une très ancienne forêt septentrionale, d'aspect éternel sous un ciel profondément étoilé », le retour d'un personnage qui ne viendra pas. Conduits par un prêtre, ils constatent soudain sa disparition, alors que l'homme, mort, gît à quelques pas d'eux. Les aveugles tentent de se situer dans l'espace et le temps. Avec minutie, ils parviennent à se localiser les uns par rapport aux autres. Ils font appel à la logique, prennent des points de repère et se rassurent par d'incessantes et lancinantes questions. En même temps que par leurs mots, ils tentent de meubler le silence et leur attente, ils se découvrent mutuellement, et s'aperçoivent qu'au fond ils ont toujours été étrangers les uns aux autres : « On dirait que nous sommes toujours seuls... Il faut voir pour aimer ». Des manifestations insolites font peu à peu monter la tension, la crise, préparée par les sourds appels de la nature, éclate lorsqu'ils découvrent le cadavre du prêtre. De vivants, ils sont devenus moribonds. Cependant, même conscients de leur abandon, ils s'accrocheront jusqu'à la fin aux plus infimes espoirs de délivrance.

Maeterlinck nous montre des êtres qui prennent peu à peu connaissance de leur sort. La pièce s'ouvre au moment de leur éveil à la conscience. Toute leur existence antérieure n'a été qu'un long engourdissement où un seul être soulageait leur misère et assurait la cohésion de leur groupe : le prêtre. Sa disparition déclenche le mécanisme de l'interrogation (sur soi, sur les autres, sur le monde) et pourtant il est trop tard. Leurs désirs de se rapprocher et de se découvrir sont inutiles. Les aveugles représentent l'humanité tout entière, hésitante, anxieuse, ignorante de sa condition et qui attend pour guider ses pas un secours étranger : religion, superstition, philosophie.

Le théâtre de Maeterlinck est un théâtre du silence et de la fixité où les personnages figés évoluent, telles des ombres, dans un décor glacé et mystérieux. On verra, *a posteriori*, Maurice Maeterlinck comme le premier théoricien et praticien de l'antithéâtre ou théâtre de l'absurde.

➤ *Théâtre complet*, Slatkine.

C. PONT-HUMBERT

AXËL. Drame en quatre « parties » et en prose d'Auguste de **Villiers de L'Isle-Adam** (1838-1889), publié à Paris chez Quantin en 1890. Des fragments avaient paru dès 1872 dans *la Renaissance littéraire et artistique* et une première version complète dans *la Jeune France* en 1885-1886. La longue genèse du texte, les remaniements réitérés, les hésitations de Villiers corrigeant les dernières épreuves témoignent de l'importance qu'il accordait à cette œuvre destinée à résumer toute sa pensée.

Première partie. « Le Monde religieux ». Au couvent de Sainte-Apollodora, Sara doit prendre le voile. L'abbesse et l'archidiacre, qui comptent faire de la fortune de la jeune femme la propriété du couvent, l'exhortent à renoncer aux illusions de la vie ; or, la réponse de Sara est un non très ferme. Lorsque l'archidiacre veut l'enfermer dans un caveau de l'église, elle s'arme d'une hache et force son persécuteur à y descendre lui-même, ferme la dalle funèbre sur lui, et s'enfuit du couvent.
Deuxième partie. « Le Monde tragique ». Au château d'Axël d'Auërsperg, en Allemagne, en pleine Forêt-Noire, un des vieux serviteurs raconte à l'oncle d'Axël, le commandant Kaspar d'Auërsperg, que tout le trésor de la Banque de Francfort a été caché quelque part dans le domaine du château pendant les guerres napoléoniennes (l'action de la pièce se déroule vers 1828). Le commandeur désire s'emparer des richesses, mais Axël refuse de participer à un projet aussi déshonorant et provoque en duel son oncle qu'il tue.
Troisième partie. « Le Monde occulte ». Maître Janus, le vieux précepteur d'Axël, veut initier celui-ci aux sciences occultes. À la même question que l'archidiacre avait posée à Sara : « Acceptes-tu la Lumière, l'Espérance et la Vie ? », il répond comme elle : « Non », car il est tenté lui aussi de vivre une vie réelle.
Quatrième partie. « Le Monde passionnel ». Avant de quitter le château, Axël descend dans la crypte où reposent ses ancêtres. Sara qui, en feuilletant les livres du couvent, a appris où se cachait le trésor, pénètre après lui dans les souterrains et découvre les fabuleuses masses d'or et de pierreries. Ils sont sur le point de s'entretuer lorsqu'ils se découvrent un amour réciproque. S'exaltant aux perspectives ouvertes par la possession du trésor, ils décident pourtant d'y renoncer et de se suicider pour ne pas entacher la pureté de leur passion au contact de l'existence.

Apparenté au drame romantique – et plus généralement à l'imaginaire romantique avec son décor de monastères, de châteaux, de souterrains, *Axël* est la mise en scène d'une attitude propre aux symbolistes. Au-delà de l'attrait, désormais périmé, de la religion et de l'occultisme, de la foi et de la connaissance, Sara et Axël se retrouvent dans la même fascination de la miroitante existence humaine, puis se rejoignent dans le choix de la sublimation de leurs sentiments. Loin de renoncer, comme le demandent la religion et l'occultisme, à leur vie passionnelle, ils idéalisent celle-ci. Derrière ce choix, il faut voir un nihilisme profond : pour ces jeunes gens épris de leur passion, le réel ne pourra jamais accueillir la sublimité d'un amour parfait, mais au contraire entraînera sa dégradation. Dès lors, « accepter de vivre ne serait plus qu'un sacrilège », et le suicide, symbole du refus de la vie, devient une nécessité : « Oh ! le monde extérieur ! Ne soyons pas dupe du vieil esclave, enchaîné à nos pieds, dans la lumière [...], alors qu'il ne cache, en sa noire main fermée, qu'une poignée de cendres ! »

Le drame, dont les premières ébauches remontent à l'époque où Villiers écrivait « l'Intersigne » (1867, voir *Contes cruels*), dépasse pourtant le message clairement chrétien de ce conte fantastique : les représentants du christianisme dans « le Monde religieux », l'abbesse et l'archidiacre, sont, par leur cupidité et leur autoritarisme brutal, très différents de l'austère et pauvre abbé Maucombe et de son humilité, et la sortie mélodramatique de Sara est une conséquence naturelle de leur comportement. À Axël, une autre transcendance est proposée, « l'illusion divine » de l'enseignement des occultistes. Dans *Isis* et *Claire Lenoir*, œuvres datant des années 1860, Villiers avait été influencé par le *Dogme et Rituel de la haute magie* d'Éliphas Lévi, mais, sur ce point aussi, *Axël* marque un dépassement, dans la mesure où le héros recule devant les abstractions impersonnelles et hypothétiques de la philosophie. Le fait que la plupart des gens vivent déjà de mirages et d'illusions – c'est l'argument que lui oppose Maître Janus – ne suffit pas pour convaincre ce jeune homme avide d'amour et de vie.

Le caractère borné et bourgeois du commandeur – personnage issu d'une famille noble, mais lui-même dégénéré – cristallise ici tous les griefs formulés par Villiers dans tant d'autres textes contre les « passants » du monde aveugle et bassement matérialiste. Si le commandeur convoite le trésor, c'est pour vivre plus, quantitativement, dans un « monde de fêtes, de luxe et d'amour », alors que Sara, si elle désire le même or, veut réaliser ses rêves : désir qualitatif.

Toujours très dialectique, Villiers opère un dépassement en situant l'idéalisme du jeune couple amoureux après le contraste formé, d'une part, par la religion et l'occultisme, philosophies qui prêchent la renonciation, et de l'autre, par le matérialisme. Or la sublimation à laquelle accèdent Sara et Axël a valeur de manifeste symboliste de la part de Villiers : la vie, désormais vile et dangereuse, est éliminée (« Vivre ? les serviteurs feront cela pour nous »), l'idée de l'amour est détachée du corps amoureux et projetée vers un monde de symboles purifié de toute attache matérielle. Axël répète l'expérience du protagoniste d'*Igitur* de Mallarmé – il fait ses adieux à ses ancêtres et se détache du temps – témoignant « qu'au lointain de cette nuit, la Terre / Jette d'un grand éclat l'insolite mystère », comme l'écrit Mallarmé (voir *Poésies*).

Mais ce drame, lourd de philosophie et de poétique, si typique de la décadence fin de siècle, convient-il à la représentation ? Des scènes dramatiques, on en trouve du début à la fin : révolte de Sara menaçant l'archidiacre, duel d'Axël et du commandeur, lutte sanglante d'Axël et de Sara…, et Villiers multiplie les indications scéniques qui, néanmoins, ne semblent pas pouvoir contrebalancer les longues tirades. Lui-même faisait lecture d'une partie du texte, en 1884, dans la salle des Capucines, et ce ne fut qu'après sa mort qu'eut lieu la première mise en scène, en 1894, au théâtre de la Gaîté. En 1962, le Studio des Champs-Élysées réalisa une nouvelle représentation, fort discutée.

● Courrier du Livre, 1969. ➤ *Œuvres complètes*, « Pléiade », II.

H. P. LUND

AYE D'AVIGNON. Chanson de geste anonyme composée à la fin du XIIe siècle. Formée de 4 132 alexandrins, elle constitue avec *Doon de Nanteuil* (perdu pour l'essentiel), *Gui de Nanteuil, Parise la Duchesse* et le tardif *Tristan de Nanteuil* ce qui a été appelé la « geste de Nanteuil », elle-même rattachée au groupe de Doon de Mayence, représentant la matière dite « des barons révoltés » ; toutefois, plus encore que la lutte contre Charlemagne – qui apparaît surtout dans *Doon de Nanteuil* – cet ensemble restreint de chansons a pour objet essentiel, du moins pour les trois premières, une hostilité devenue héréditaire entre deux clans, celui de Nanteuil et la descendance de Ganelon.

Le nom de Nanteuil a été porté par une dynastie de puissants seigneurs féodaux, établie dès le XIe siècle à Nanteuil-le-Haudoin en Ile-de-France (dans l'Oise actuelle). Avec Avignon, c'est quasiment la seule réalité qui ait pu être reconnue aux données géographiques, généralement de pure fantaisie, fournies par cette geste.

Dans **Doon de Nanteuil** (dont il ne reste plus que quelques vers), la guerre éclate entre Charlemagne et Doon à cause d'un char d'or fin ; malgré l'aide de Girart de Roussillon, son frère, Doon doit s'enfuir dans les Pouilles.

Aye d'Avignon. Aye est la fille du duc d'Avignon, la nièce de Charlemagne. Elle est jeune, belle et orpheline. Promise par son père à Bérenger (fils de Ganelon), par son oncle l'empereur à Milon (neveu de Ganelon), elle est finalement donnée en mariage par le même oncle à Garnier (dernier fils de Doon de Nanteuil). Disputée et enlevée par les premiers soupirants, convoitée par de nouveaux, les rois païens Ganor puis Marsile, qui vont se faire la guerre pour elle ; enlevée à nouveau par son propre mari, elle lui donne un fils, Gui, qui sera lui-même enlevé et éduqué par Ganor, lequel, après la mort de Garnier et sur la promesse de se faire chrétien, obtient le consentement d'Aye ; celle-ci lui donne un fils, Antoine, futur allié de l'aîné, Gui (de Nanteuil), contre le lignage de Ganelon.

Deux époux successifs, l'un chrétien (Garnier) l'autre païen de naissance, mais converti (Ganor) ; deux parties, la première assonancée, la seconde rimée ; en commun, un tourbillon d'aventures et de guerres ayant pour source autant que pour but la même quête de « la belle d'Avignon », nouvelle Hélène objet de toutes les convoitises masculines. Ce sont, en effet, les rivalités amoureuses qui redistribuent les forces habituelles en de nouveaux camps et de nouvelles fonctions : l'union ne se fait plus entre païens, qui se disputent la personne d'Aye ; la fidélité à sa traîtrise passée conduit le lignage pourtant chrétien de Ganelon à appuyer le païen Marsile contre son vassal Ganor, lui-même secouru (mais à la faveur d'un déguisement) par Garnier, époux légitime d'Aye ; les grandes batailles se transforment en tournois pour et sous les yeux de la dame, tandis que Charlemagne se montre surtout un agenceur de mariages, voire de simples promesses de mariage.

La chanson puise à la matière courtoise, mais associée à une geste féodale (par le mariage de l'héroïne avec l'héritier de Doon de Nanteuil), elle y marque l'ouverture d'une lutte entre clans familiaux, qui continuera à la génération suivante, représentée ou par un fils, Gui, ou, selon une autre tradition, par une fille, Parise.

Gui de Nanteuil (fin du XIIe-début du XIIIe siècle, 2 913 alexandrins rimés). Le fils de Garnier et d'Aye connaît des luttes comparables à celle de son père : sa position privilégiée auprès de Charlemagne et dans le cœur de la belle Aiglentine, fille de Yvon de Gascogne, réveille la jalousie du clan de Ganelon qui finit par gagner l'empereur à sa cause : Aiglentine est donnée à un neveu de Ganelon, mais Gui l'enlève ; secouru par sa famille alors qu'il est assiégé dans Nanteuil, il triomphe et épouse Aiglentine.

Parise la Duchesse (XIIIe siècle, 3 106 alexandrins rimés). Parise est une fille de Garnier et d'Aye, qui a épousé Raymond, duc de Saint-Gilles. Accusée injustement d'un empoisonnement qui lui était en fait destiné par le clan de Ganelon, elle est bannie par son mari ; après des années d'exil et d'errance, en Hongrie puis à Cologne, elle sera réhabilitée par son fils Hugues qui, enlevé à sa naissance par des larrons, avait été élevé à la cour de Hongrie où il était lui-même en butte à l'hostilité de parents de Ganelon.

Toutes ces données, même les plus marginales, se trouvent rassemblées dans une dernière chanson, composée dans la seconde moitié du XIVe siècle, qui est le seul remaniement de la geste à nous être parvenu. *Tristan de Nanteuil* est le nom conféré tardivement (au XIXe siècle) – et gardé depuis – à ce long poème de 23 360 alexandrins rimés, qui se nommait lui-même « Gui de Nanteuil », se donnant pour suite et fin des aventures de Gui et Aiglentine sa femme, de leur fils Tristan, mais aussi d'Aye d'Avignon (qui y retrouve une très grande importance) et de Ganor son époux. Ce sont les aventures de Tristan – d'ailleurs les plus merveilleuses – qui traversent, mais sans vraiment le structurer, le récit interminable et foisonnant de cette fin de geste, où elles se joignent à celles de Doon, fils bâtard de Gui et d'une Sarrasine, puis à celles de la génération suivante qui sera chargée par Tristan mourant de poursuivre la vengeance de Gui, assassiné entre-temps.

Des anecdotes multiples et enchevêtrées forment un ensemble très complexe d'aventures qui se passent pour l'essentiel en Orient, en Arménie particulièrement, où les groupes parentaux se trouvent séparés juste après la naissance de nouveau-nés, lesquels, diversement éduqués, sont plus ou moins tardivement retrouvés et reconnus, tandis que les restes d'une famille disloquée, qui tendent à proliférer individuellement, se retrouvent par hasard dans les mêmes prisons sarrasines où, à la faveur de travestissements, vraies ou fausses transsexualités, une bru est offerte en mariage à sa belle-mère, une mère à son fils, une femme déjà mère devient le père d'un autre enfant…

Tristan de Nanteuil. C'est la douleur et la tristesse dans lesquelles il est né (en mer, dans une violente tempête) qui valent le nom de Tristan au fils de Gui et Aiglentine ; sa mère est peu après capturée et vendue, lui-même abandonné sur le bateau à la dérive où une sirène le nourrit ; recueilli par un pêcheur, il est bientôt enlevé par une « cerve » (biche devenue monstrueuse après avoir bu du lait de la sirène) qui le nourrit, tandis que « l'ange des cieux » l'instruit de toutes les langues du monde. Sauvage – c'est aussi le nom qu'il se donne – jusqu'à l'âge de seize ans, il est initié aux mœurs et amours humaines par Blanchandine (fille du roi païen Galafre, qu'il a enlevée), à la théologie par son demi-frère Doon (fils de Gui et d'une Sarrasine), à sa propre histoire par la fée Gloriande (cousine de Morgue) qui l'entraînera en féerie au royaume, ici lacustre, d'Arthur où se trouve aussi Aubéron. Blanchandine donne naissance à Raimon à qui échoira, à la fin, le fief d'Avignon ; plus tard, travestie en homme sous le nom de Blanchandin, elle se verra offrir Clarinde, fille de sultan et, croyant Tristan mort, choisira de devenir homme ; elle sera ainsi le père de Gilles, futur saint et ermite qui recevra d'un ange la révélation du plus grave péché de Charlemagne que celui-ci lui avait tu en confession (et sur la nature duquel le texte reste muet). En voyage en Europe où il est allé se faire baptiser puis investir du fief de Nanteuil, Tristan séduit sa cousine Clarisse, y engendre Garcion qui, plus tard, le blessera mortellement sans le connaître. Auparavant, il sera devenu roi de Babylone et d'Arménie et aura épousé Florisse, princesse sarrasine, d'où naîtront deux autres enfants. Juste avant de mourir, il charge Garcion de venger Gui (qui a été assassiné près de Nanteuil) et de défendre la foi chrétienne.

Le fief de Nanteuil reste loin de la plupart de ces aventures et il n'y est plus question du clan de Ganelon. À la façon de bien des réécritures tardives, celle-ci tend à l'encyclopédie non seulement de la geste de Nanteuil qu'elle achève, mais d'autres gestes qu'elle intègre (voir *Renaut de Montauban*, *Girart de Vienne*, *Huon de Bordeaux*) et d'autres matières, arthurienne notamment ; s'éloignant ainsi, comme d'autres, des premières veines épiques, mais dont *Aye d'Avignon* s'éloignait déjà.

● *Aye d'Avignon*, Genève, Droz, 1967 (p.p. S. J. Borg) ; *Gui de Nanteuil*, Droz, 1970 (p.p. J. R. Mc Cormack) ; *Parise la Duchesse*, Aix-en-Provence, Publ. du CUERMA, 1986 (p.p. M. Plouzeau) ; *Tristan de Nanteuil*, Assen, Van Gorcum, 1971 (p.p. K.V. Sinclair).

N. ANDRIEUX-REIX

AYMERI DE NARBONNE. Voir GUILLAUME D'ORANGE (cycle de).

AZIYADÉ. Roman de Pierre **Loti**, pseudonyme de Julien Viaud (1850-1923), publié sans nom d'auteur à Paris chez Calmann-Lévy en 1879.

C'est le premier livre de Julien Viaud, qui n'a pas encore pris son pseudonyme : Loti est ici simplement le nom du héros (sur l'origine de ce nom, voir le *Mariage de Loti*). En mai 1876, embarqué sur la *Couronne*, l'enseigne de vaisseau Viaud arrivait à Salonique et y nouait une liaison avec Hakidjé, une jeune femme mariée, qu'il retrouva ensuite à Stamboul. Rentré en France un an plus tard, Julien Viaud lut à ses amis des passages de son journal intime concernant cette liaison. Ils le poussèrent à en tirer un roman, ce qu'il fit avec l'aide de Lucien Jousselin (Plumkett dans le roman).

Première partie. « Salonique ». À Salonique, alors ville turque, un officier de marine anglais, Loti, revenu de tout, rencontre la jeune Circassienne Aziyadé, mariée à un vieillard turc. Ils parviennent à se revoir régulièrement grâce au domestique Samuel. Mais Loti est appelé à Stamboul où Aziyadé ne doit retourner que plus tard.

Deuxième partie. « Solitude ». Seul à Stamboul, il attend qu'elle vienne le rejoindre et, escorté du troublant Samuel, mène une vie de débauche.

Troisième partie. « Eyoub à deux ». La jeune femme arrive enfin. Dans le vieux quartier d'Eyoub où Loti vit sous le nom d'Arif, les amants se retrouvent régulièrement, Aziyadé s'échappant la nuit du harem. De pittoresques personnages protègent leur amour. Sa passion est telle que Loti songe à se faire Turc. Pendant ce temps, la situation politique est très tendue, les grandes puissances multipliant les pressions sur la Turquie.

Quatrième partie. « Mané, Thécel, Pharès ». Lorsque doit enfin repartir le navire de Loti, Aziyadé, au désespoir, se blesse grièvement au cours d'une fête tumultueuse. Après les adieux, Loti passe plusieurs jours seul dans la ville désertée, son départ ayant été repoussé.

Cinquième partie. « Azraël ». Rentré dans sa famille, il ne supporte pas la sinistre vie occidentale et repart pour Stamboul. Mais Aziyadé est morte. Engagé dans l'armée turque, Loti va se faire tuer lors de la guerre contre les Russes.

Comme la plupart des romans de Pierre Loti, *Aziyadé* semble surtout une histoire d'amour. Mais l'anecdote ne rend pas compte de la singularité du récit : c'est un livre qui se délite, presque sans contenu. L'Empire ottoman est malade et la Russie, la France et la Grande-Bretagne cherchent à le soumettre. En contrepoint aux évocations amoureuses de la troisième partie, un Julien Viaud journaliste décrit très précisément la situation politique (il publie d'ailleurs articles et dessins dans le *Monde illustré*, en 1876). Loin d'être un romancier sentimental, Loti montre toujours le poids des réalités historiques sur les individus. Malgré ce que pensent les amoureux, on n'est jamais dans « Eyoub à deux » (titre de la troisième partie), le destin est collectif.

Il n'est donc pas exagéré de voir en *Aziyadé* un roman historique sur la crise de l'Empire ottoman. Ce qui rend belles la Turquie et Stamboul aux yeux de Loti, c'est la décrépitude, la proximité de la fin, la décomposition de ce monde immense. En ce sens, le moment décisif est celui où le sultan accorde une Constitution (troisième partie), détruisant son pouvoir et l'ordre de l'empire entier.

Dans cet empire qui se défait, un homme vient lui aussi se désagréger. Alternant avec les fragments du journal de Loti, les lettres de sa sœur ou de ses amis viennent rappeler le sérieux du monde européen, ses valeurs affichées : famille, morale. La passion pour Stamboul (et pour Aziyadé : elle est le nom caché de la ville) entraîne un adieu à l'Occident. Loti hésite longtemps, mais se décide à la fin : le lieutenant Loti devient Arif-Ussam-effendi. Roland Barthes a étudié, dans un texte célèbre, les formes de cette perte d'identité, de cette dérive, en particulier vers une homosexualité fréquemment et sourdement évoquée. Peu à peu, Loti renonce à tout ce qui le constituait comme Anglais et meurt pour sa patrie turque.

Pour exprimer cette perte de soi, il faut un récit qui lui-même se décompose : « à peine un roman », a-t-on dit, mais un bouquet d'impressions éparses, pages de journal, lettres. Une forme solide est impossible, et Pierre Loti dans ce premier essai semble déjà maîtriser cette forme mixte, roman/journal qui lui est caractéristique.

Comment s'étonner, dans un livre si axé sur la décomposition, de l'omniprésence de la mort ? Elle est présente aux premières lignes : par « une belle journée de mai » six pendus accueillent le voyageur à Salonique ; à la fin retentissent des fanfares « sonores comme les fanfares bibliques du jugement dernier », elle accompagne partout un Loti désespéré, à la recherche d'une foi, d'une permanence qui permette d'oublier le temps qui passe et précipite au néant. La violence de ce désespoir déchire par instants le récit, plaçant tout *Aziyadé* sous le signe de la mort.

● « Presses Pocket », 1988 (préf. R. Barthes) ; « GF », 1989 (p.p. B. Vercier) ; « Folio », 1991 (p.p. C. Martin).

P. BESNIER

BABEL. Recueil poétique de Pierre **Emmanuel**, pseudonyme de Noël Matthieu (1916-1984), publié à Paris aux Éditions Desclée de Brouwer en 1952.

Faisant suite à *Sodome* (1944), *Babel* reprend le souffle épique propre à la poésie de Pierre Emmanuel avec l'ambition, en s'alimentant aux grandes fresques historiques et cosmiques, de faire retrouver au « langage sa fonction, qui est de créer des mythes ».

En cinq mouvements de poèmes en versets alternant avec des formes fixes et rimées (« l'Avènement », « le Bâtisseur », « l'Orage sous la terre », « Commencement de l'homme », « la Chute de Babel »), le livre organise une symphonie théophanique de l'élan et de la défaite d'une humanité orgueilleuse, dont le péché prométhéen est peut-être nécessaire à l'accomplissement de la Création : « Mort mille fois, je renaîtrai plus fort que Dieu. »

Le poème fut toujours pour l'auteur chrétien du *Tombeau d'Orphée* (1941) un « exercice spirituel », apparemment proche d'une ivresse sacrée où la phrase, s'ouvrant d'un seul coup, pourrait rendre compte de l'épopée terrestre, absorbant le récit de toute l'histoire humaine. À cet égard, *Babel* constitue à la fois la synthèse et le dépassement de toutes les œuvres du poète, quand l'histoire réelle de la Résistance où naquit sa voix ne peut plus fournir la matière d'une phrase enflammée. Chargée de symboles, de dialogues avec les éléments (la pierre, l'oiseau), la page y compose une lourde allégorie où souhaite se maintenir, dans une sorte de monument lyrique débridé, une somme philosophique empruntant à toute la tradition, de la Bible à Victor Hugo, des imprécations rhétoriques à la fusion du savoir et de la foi propre à Pierre-Jean Jouve, qui hante souvent la phrase de Pierre Emmanuel. L'ambition d'une grande œuvre totalisant l'expérience humaine ne peut que prendre la forme d'une abstraction lyrique : cathédrale du verbe drainant un flot d'images énormes, *Babel* roule alors à l'infini une épopée impossible, où la voix devient frénétique, donnant l'interminable spectacle d'une Apocalypse qui piétinerait : on court « sous les sabots des savantes caravanes », tandis que le feu « reprend vie sous la pierre », que « le chanteur laisse glisser sa lyre lasse », et que l'on cherche « un verbe enfin sans mots » quelque peu problématique, dès lors qu'on résiste aux séductions du hiéroglyphe métaphysique. La « Raison ardente » cherchée paraît alors peu raisonnable, écrasée dans un flamboiement aux allures de vaine frénésie. Malgré le travail des allitérations et harmonies imitatives (« crisse et grince l'acier des griffes »), le flot n'échappe donc pas toujours à la verbosité, ni au ton oraculaire traduisant, malgré certain titre de l'auteur, qu'il ne saurait se résoudre à enterrer Orphée : « Je sais bien que les drapeaux rouges finissent par noyer leurs porte-étendards / Je sais bien que cette ruée de colère finira par un piétinement sous les chaînes / Et qu'il se trouvera dans ce peuple quelqu'un de vous pour le subjuguer. » Dans une « sainte colère » d'imprécateur hurlant dans le désert, l'œuvre laisse le lecteur assister aux complexes batailles de principes majusculés, tel le Cri contre le Néant. Toute la force de la voix d'Emmanuel s'épuise ainsi, d'être placée trop haut, « dans la certitude et le vertige » d'une foi, construisant un opéra impénétrable, mi-didactique mi-fabulant, où la poésie se dissout à se prétendre systématiquement au niveau des cieux : pourrait-on aujourd'hui récrire la Bible, en mieux ?

O. BARBARANT

BABYLONE. Roman de René **Crevel** (1900-1935), publié à Paris chez Kra en 1927.

Après que Cynthia, rousse étincelante, eut enlevé son père, une petite fille assiste à l'écroulement de sa digne famille : la bonne cambriole ; la grand-mère se teint en blonde et fauche à sa fille le nouveau gendre qu'elle lui destinait. On remarie alors la femme délaissée avec MacLouf, homme d' « un mètre carré », ex-trafiquant devenu mission-

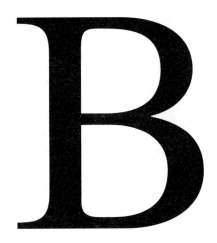

naire chrétien dans une Afrique rigolarde et sensuelle. L'enfant grandit, comprenant qu'il faut pour vivre « ressusciter le vent », quand la famille se retrouve dans un Marseille où le sexe est omniprésent. Le grand-père, psychiatre positiviste, ne se départira de sa docte cécité que pour y mourir, tandis que la mère et son demi-prêcheur partent pour l'Afrique, et qu'« Amie » – la grand'mère – devient folle sans avoir pu réaliser son rêve de construire une petite villa au nom discret de « Babylone ». Reste une « enfant qui devient femme », blessée, révoltée, et plus libre encore dans « la ville de chair » que son propre désir.

Une famille bourgeoise déglinguée par l'irruption du désir, que personnifie la flamboyante Cynthia ; une bonne qui se saoule au pétrole ; une raide grand-mère qui finit en Carabosse, sorte de Folle de Chaillot n'ayant trouvé meilleur refuge, après sa cocaïne, que la tombe de son digne époux, jusqu'au bout inébranlable dans ses convictions de scientiste étriqué... Jeu de massacre jubilatoire, entre la polémique et le poème en prose, *Babylone* condense en effet dans son théâtre de marionnettes caricaturales toutes les révoltes du surréaliste Crevel. Contre la bourgeoisie, d'abord, sa pudibonderie cynique, ses préjugés de classe, son mauvais goût même (au jardin, « un saule pleureur, platement, imite l'Andromaque des matinées classiques ») ; contre une psychiatrie étriquée qui met en axiomes et en cages l'effervescence de l'imaginaire, baptisant « actes champignons » ceux dont elle ne peut rendre compte ; contre la religion, étouffante, morbide et de mauvaise foi, représentée par le lamentable nabot MacLouf ; contre l'Occident missionnaire, distribuant aux Africains comme au peuple de Marseille des livres saints inefficaces, puisque, entre deux étreintes, les marins « s'étonnent qu'il y ait des gens assez salauds pour jeter des pierres à la femme adultère » ; contre le snobisme littéraire enfin quand la grand-mère devenue « Amie » troque Racine contre Baudelaire dans les citations dont elle émaille un discours dérisoire. Mais la redoutable satire et le règlement de comptes de Crevel avec sa propre enfance ne se limitent ni à la réussite des effets comiques ni à la seule provocation. Portée par une incomparable respiration, *Babylone*, plaidoyer pour tous ceux qui ont « voulu ressusciter le vent », constitue d'abord un hymne à la sensualité, un appel débordant au plaisir : « Douce saison des pivoines, les corps après l'amour ont l'odeur du pain chaud. Les matafs qui demain vogueront, aujourd'hui, narines frémissantes, accordent tout ce qu'ils veulent aux beaux Anglais, aux couples coloniaux et aux petites filles sans âge. » Mais comme l'esthétique grotesque fait passer la charge polémique, la nervosité du phrasé évite la saturation en images propre à certains textes surréalistes : accordés l'un à l'autre dans la frénésie de la phrase, qui peut balancer du pamphlet à la célébration lyrique, les deux dangers de l'imprécation et de la boursouflure sont alors esquivés, débordés dans la pulsation rageuse de Crevel. Rapporté à son seul contenu idéologique, le propos pourrait certes passer pour simpliste et daté dans son éloge de la liberté sexuelle – pourtant problématique chez les surréalistes eux-mêmes –, de l'enfance, de l'imaginaire associé à la poésie, ou d'une Afrique rêvée ; mais tout y est porté par l'accomplissement du rythme, qui joint le halètement des phrases brèves aux plus complexes périodes. L'image de Babylone demeure, qui plus est, ambivalente, désignant non seulement l'intensité d'une Cynthia, la sympathique débâcle de la famille, mais aussi la putréfaction d'une société jugée moribonde. L'enfant qui devient femme, incarnation romanesque de la poésie, luttera d'«indifférence » avec la ville prostituée, semblant proposer une existence plus souveraine et transparente que la seule hystérie des corps. Reste alors, dans un discours moins univoque qu'il n'y paraît, une écriture extraordinairement puissante, qui joue avec bonheur et précision de ses propres excès en harmonisant sur son clavecin Diderot et Léon Bloy.

● J.-J. Pauvert, rééd. 1975.

O. BARBARANT

BACCHANTE (la). Poème en prose de Maurice de **Guérin** (1810-1839), publié dans le volume *Journal, Lettres et Poèmes* à Paris chez Didier en 1862.

Devant constituer un triptyque avec *le *Centaure* et *l'Hermaphrodite* – celui-ci resté à l'état de projet –, ce texte composé en 1835-1836 aurait, après l'emblème masculin, présenté le « je » du poète sous un emblème féminin. Le troisième poème, celui de l'emblème double, aurait célébré enfin les vertus de l'Androgyne-Voyant, dans la continuité de la *Séraphita* de Balzac.

Au seuil de l'âge adulte, une jeune bacchante reçoit « les marques de Bacchus dans [son] sein ». Après avoir chanté les louanges de son dieu, elle écoute les conseils d'Aëllo, la « Grande Bacchante », fille de Typhon. Celle-ci lui explique sa propre marche vers le dieu dans la campagne et son initiation. La jeune bacchante se dispose à connaître les divins mystères, et entreprend son propre cheminement, course désordonnée semblable au galop d'un jeune centaure, enlacée de la « chaleur subtile » d'un serpent dont la morsure élève dans son esprit une « flamme aussi tranquille que les lueurs nourries durant la nuit sur un autel sauvage érigé aux divinités des montagnes ».

À l'instar du *Centaure*, *la Bacchante* se présente d'abord comme un paysage. Évoquant les tableaux de Claude Lorrain, le poème retrouve les *Métamorphoses* d'Ovide, l'apaisante beauté de l'âge d'or. Surtout il féminise la nature, toute charnelle, lieu idéal d'une expérience orgiastique propre à la religion païenne. Cette inspiration dionysiaque fait de la bacchante celle qui s'apprête à recevoir le suprême degré de l'initiation. Son inquiétude, son agitation la conduisent à l'union avec le dieu. Guérin arrête le poème au seuil de l'ineffable extase : s'expliquent ainsi les points de suspension qui le terminent, marquant moins l'inachèvement que l'attente.

Du poème en prose, *la Bacchante*, comme *le Centaure*, déploie les splendeurs harmoniques. Recherche maîtrisée d'une mélodie, rythmes fluides scandés d'une respiration primordiale, celle du cœur, tout vise à traduire la « vie intérieure, l'appellation collective des plus belles facultés de l'âme ».

Si la poésie vaut pour Guérin comme communication avec l'invisible, si le mot se fait incantatoire, le poème se résout en un ondoiement, une fluidité qui transcrit à sa façon les transmutations, ce mystère où le sens de l'univers trouve à se dire. La mythologie, ici comme dans *le Centaure*, permet de définir un itinéraire magique. Le mouvement même de l'écriture sublime la hantise de l'écoulement pensé comme perte. Un flux vital toujours circulant conjure toute rupture avec le temps et l'espace, et confère à l'être l'apaisement de l'identification à l'universel. Tel est le terme bienheureux d'un panthéisme compris non comme mysticisme, mais comme identification métaphorique de la nature et de la littérature, ces espaces de la métamorphose.

➤ *Œuvres complètes*, Les Belles Lettres, I ; *Poésie*, « Poésie/Gallimard ».

G. GENGEMBRE

BACHELIER (le). Roman de Jules **Vallès** (1832-1885), publié à Paris en feuilleton sous le titre *Mémoires d'un révolté* dans le journal socialiste *la Révolution française* de janvier à mai 1879, et en volume dans une version écourtée et modifiée sous le titre *Jacques Vingtras II : le Bachelier* chez Charpentier la même année.

Jacques Vingtras, le narrateur, fait ses adieux à son proviseur et part pour Paris. Il est libre, mais sans argent, et ne trouve pas tout de suite les correspondants qui pourraient l'aider. Lorsqu'il parvient à s'assurer quelques ressources, il organise un budget serré qui est celui de toute une bohème étudiante. Il a un amour, et aussi des amis avec lesquels il va assister au cours de Michelet, qui est finalement supprimé par les autorités. Une manifestation s'organise, interrompue par des arrestations. Les discussions politiques continuent cependant : on songe à fonder un journal, on rencontre les membres des sociétés secrètes et on organise un comité dont Jacques est le président (chap. 1-11).

Survient le coup d'État de Louis Napoléon Bonaparte. Les jeunes étudiants ne trouvent aucun ouvrier pour les suivre et défendre la démocratie. C'est alors le retour chez les parents, à Nantes. Jacques, très abattu, y rencontre un ami, Legrand, qu'il veut aider à passer son bac. Un héritage inattendu lui permet de revenir à Paris où les choses ont bien changé entre-temps : sa fiancée aime ailleurs et les anciens camarades sont moins ardents. L'argent fond vite, et Jacques est obligé de se réfugier dans une toute petite chambre et de chercher divers travaux : il devient surveillant, secrétaire, toujours mal payé ; grâce au crédit d'un tailleur, il peut donner quelques leçons dans la bonne société avant que la politique le reprenne : un attentat est organisé contre Napoléon III, mais il échoue. Jacques est arrêté, puis libéré. Il reprend alors de petits métiers dans la presse et l'édition, écrivant des nouvelles et des articles que l'on refuse. Il apprend que ses parents se sont quittés en raison d'une infidélité du père ; il revoit sa mère au Puy, est sur le point de se marier, puis revient poursuivre son existence à Paris où la misère sera responsable d'un duel avec son ami Legrand. Il accepte finalement de « se rendre » et d'apprendre le conformisme nécessaire pour survivre, quitte à se venger plus tard ! (12-33)

Comme dans les deux autres volets de la trilogie de Jacques Vingtras (*l'*Enfant* et *l'*Insurgé*), la dédicace donne une clé essentielle : le livre est dédié à « ceux qui nourris de grec et de latin sont morts de faim ». C'est donc contre l'enseignement que s'élève la première critique : contre celui, totalement inadapté, qu'a subi Jacques autrefois, et qui ne lui a donné aucune qualification utilisable ou rémunératrice ; mais aussi contre celui qu'il est obligé maintenant d'exercer lui-même, sous les formes les plus variées (et souvent oppressives et ridicules) : surveillant affamé ou professeur rapidement remercié. Le bachelier doit alors se tourner vers tous les expédients possibles, mais en sachant que son âge lui interdit d'être ouvrier. Sociologiquement, le roman étudie une frange de déclassés intellectuels ou de jeunes bourgeois non encore intégrés, contraints de vendre leurs vêtements, de courir après les quelques sous de leur petite pension, d'établir des budgets de misère et jamais respectés ; de plier l'échine devant les financiers et les propriétaires, ces « fainéants gras ». Intervient alors la question politique : *le Bachelier* témoigne sur ce point de toute une fermentation républicaine dans Paris, fait voir tout un monde d'étudiants d'avant-garde et révolutionnaires, de sociétés secrètes, de petits hommes politiques, de comploteurs et de mouchards. Et l'échec est là, sur toute la ligne : professionnel, social et politique ; à quoi s'ajoute, dans le cas de Jacques et en fond de tableau, le délabrement du couple parental. Mais c'est là peut-être donner une idée bien noire du livre. Car on y découvrira aussi la générosité qui lie parfois deux compagnons d'infortune, la lumière d'une brève amourette, et surtout l'ironie et l'humour. L'humour de Jacques devant ses propres ridicules, en particulier vestimentaires, la cocasserie des situations à la fois graves et grotesques où le plonge sa pauvreté : par exemple lorsque le narrateur se voit refuser une nouvelle sur les enfants hydrocéphales par le *Journal des demoiselles*, lorsqu'il devient satiriste pour assouvir les haines particulières d'un client, lorsqu'il se fait « demandeur de *Nymphe* » dans les établissements de bains pour les inciter à s'abonner à cette revue ! Cela avec une verve dont le narrateur et l'écrivain en même temps prennent conscience, et qui est pour tous deux une compensation et un voile : « Je couvrirai éternellement mes émotions intimes du masque de l'insouciance et de la perruque de l'ironie. » Seul lieu de liberté et de grâce, la parole, l'écrit peuvent briser ou venger un temps l'oppression générale, et permettre peut-être à l'« insurgé » de faire ses premières armes.

● « G F », 1970 (p.p. E. Carassus) ; « Folio », 1974 (préf. M. Tournier, p.p. J.-L. Lalanne) ; « Le Livre de Poche », 1985 (préf. A. Stil, p.p. P. Pillu). ➤ *Œuvres complètes*, Messidor / Temps actuels, II ; *Œuvres*, « Pléiade », II.

A. PREISS

BACHELIER DE SALAMANQUE (le) ou les Mémoires de D. Chérubin de la Ronda, tirés d'un manuscrit espagnol.
Roman d'Alain René Lesage (1666-1747), publié à Paris chez Valleyre fils et Gisset en 1736-1738.

Dans sa vieillesse, après le succès du *Diable boiteux* et de l'*Histoire de Gil Blas de Santillane*, Lesage publia ces pseudo-mémoires offrant, à la manière des grands romans précédents, un récit d'aventures dans l'Espagne du XVIIe siècle (au temps de Lerme et d'Olivarès). On a souvent méprisé ce roman, ne voulant y voir qu'un reflet ou une pâle imitation de *Gil Blas*. On a remarqué toutefois que Beaumarchais avait pu y trouver son Chérubin, et que le héros de Lesage, qui porte ce nom étrange, est souvent aimé de dames mûres ou mûrissantes, comme le page du *Mariage de Figaro*. Mais Figaro lui-même doit certains de ses comportements et certaines de ses aventures au « bachelier de Salamanque ».

Première partie. Don Roberto de la Ronda (de noblesse fort incertaine) laisse trois enfants : une fille, Francisca, et deux garçons, César et Chérubin. Celui-ci, ayant acquis quelques lettres à l'université de Salamanque, décide de se faire précepteur (chap. 1). Il va exercer chez un riche bourgeois de Madrid, puis chez un conseiller du Conseil de Castille, puis chez un grand seigneur, enfin chez un *contador* (2-4). Le mauvais naturel des enfants ou les défauts des parents le découragent chaque fois. Il sert ensuite chez une veuve, doña Louise, qui s'éprend de lui et veut l'épouser : il accepte ; mais quatre spadassins soucieux de préserver l'honneur des familles, et donc d'empêcher un mariage aussi audacieux, l'enlèvent et lui ordonnent de gagner Tolède (5-7). Il se retrouve chez un chevalier de Calatrava, puis chez une belle marquise, qui s'amourache de lui ; il se sauve quand le mari revient (8-9). De retour à Madrid, il est placé chez le duc d'Uzede, dont il négocie le mariage de la fille, Isabelle, avec le fils du duc d'Ossune, gouverneur de Naples (10-12). Enrichi, il renonce à travailler, s'habille en cavalier et devient l'ami de don Manuel de Pedrilla, qui l'emmène dîner chez deux dames, Isménie et Basilise : en celle-ci il reconnaît sa sœur Francisca (13-15).
Deuxième partie. Francisca lui conte son histoire : séduite, dans ses premières années, par don Gregorio, qui l'a abandonnée (l), elle est recueillie par la comtesse de Saint-Ange, puis elle quitte cette maison avec Damiana, une vieille femme de chambre. Les deux femmes vont à Séville, espérant y trouver quelque marchand fortuné, qui s'amouracherait de Francisca. Une mauvaise affaire les oblige à partir pour Cordoue (2-3). Une entremetteuse, dame Camille, fait connaître à Francisca le vieux commandeur de Montereal, mais elle lui préfère le beau Pompeyo qui se fait passer pour noble (4). Il n'est que comédien ; il l'épouse ; elle devient actrice à Grenade et se fait entretenir par un vieux seigneur : son mari l'y encourage et en profite (5-7). Mais ce seigneur, obligé de regagner la cour, quitte Francisca. Il lui a fait don d'un château, où elle s'établit avec son époux et une autre comédienne, Manuela (8). Son mari est assassiné ; elle regagne Madrid avec Manuela, et elles y prennent l'identité d'Isménie et de Basilise (9). Chérubin va vivre chez elle, mais il se fâche quand elle veut se remarier avec don Pedre (10-12).

Troisième partie. Chérubin part avec don Manuel chez le père de celui-ci, don Joseph, qui meurt dans leurs bras : Chérubin s'éprend de doña Paula, la sœur de Manuel, l'épouse, mais un duel l'oblige à fuir – toujours avec le fidèle Manuel (1-3). Ils se réfugient à Barcelone dans un couvent de carmes déchaussés. Chérubin s'y plaît : il décide, alors que Manuel le quitte, de faire son noviciat. Mais il se dégoûte bientôt de la vie monastique (4-5). Il apprend que son frère César vient de mourir à Séville, il y va et obtient un héritage considérable (6). Après une amourette avec Narcisa, la fille d'un aubergiste, il retrouve Manuel et Paula qu'il épouse. Don Gregorio reparaît, avec le fils que lui a donné Francisca, et il avoue le regretter encore (7-11). Les trois hommes vont donc retrouver Francisca, qui vit toujours avec Isménie : don Gregorio s'unira avec Francisca, Manuel avec Isménie (12).

L'œuvre paraît d'abord mécanique. Le héros est transparent et n'a, pour ainsi dire, aucun caractère. Les premiers chapitres offrent et laissent présager une suite de tableaux – d'ailleurs assez conventionnels – des différentes maisons où exerce le jeune homme, et des maîtres, nobles ou bourgeois, qu'il sert. Il y a plus de piquant dans le chapitre de la marquise, sorte de Mme Bovary, qui veut vivre des amours romanesques, et dans les entretiens du héros avec le duc d'Ossune sur les intrigues et les lâchetés de la cour. La deuxième partie, récit picaresque, dont le héros est une femme, est beaucoup plus originale et hardie : Francisca est une sorte de Manon Lescaut (les ressemblances sont grandes avec le roman de l'abbé Prévost), mais c'est elle-même qui narre, sans trop de pudeur, ses aventures. Cette hardiesse ne se dément pas dans la troisième partie : Lesage ne se contente pas d'afficher un anticléricalisme serein, et d'ailleurs nuancé ; il évoque, à peu près franchement, bien des pratiques sexuelles – l'onanisme, le saphisme. Il est vrai qu'il demeure fidèle à maints poncifs du roman d'aventures : duels, enlèvements, reconnaissances, héritages miraculeux, mariages providentiels –, mais cela n'est pas ridicule et complète, sans les contredire, les tableaux de mœurs plutôt âpres ou crus. *Le Bachelier de Salamanque* parvient à éviter à la fois l'amertume satirique et la béatitude romanesque ou romantique. L'auteur accepte tout, sait passer du réalisme à la poésie ; il nous donne ainsi un miroir à peu près complet du monde, et nous ramène à cette clairvoyante indulgence qui fait le charme et la profondeur de *Gil Blas*.

A. NIDERST

BAGATELLES POUR UN MASSACRE.
Pamphlet de Louis-Ferdinand **Céline**, pseudonyme de Louis Ferdinand Destouches (1894-1961), publié à Paris Chez Denoël en 1937. Sur le même thème, suivront en 1938 *l'École des cadavres*, et en 1941 *les Beaux Draps*. Ces trois livres sont aujourd'hui encore interdits de publication pour « incitation à la haine raciale », selon la formule légale.

Ferdinand parle avec un confrère, Léo Gutman, de sa passion pour les jambes des danseuses et de la férocité de la critique, qu'il attribue aux juifs. Léo lui demande un ballet pour l'opéra : la *Naissance d'une fée* (époque Louis XV, huit tableaux).
La vieille gitane Karalik jette un sort à Évelyne et au poète, son fiancé, qui ont renversé son éventaire. Le maître des ballets du roi (le diable), accompagné de vingt danseuses, s'arrête à l'auberge du village et emporte dans son carrosse tous les hommes envoûtés. Évelyne est abandonnée. Les petits esprits de la forêt lui apprennent à danser et lui confient un « roseau d'or ». Mais une gitane, poussée par Karalik, la tue. Les esprits la ressuscitent en fée. Évelyne retrouve son poète dans le château du diable, enchaîné à une table au milieu d'une orgie. Elle fait un signe magique et le château s'écroule. Évelyne a pardonné, mais comme elle est fée désormais, il est condamné à chanter sans fin leurs amours idéales.
Mais le ballet de Ferdinand n'a pas de musique. Il va donc voir les musiciens (juifs, naturellement) et se fait poliment éconduire. Il veut alors essayer d'écrire pour l'Exposition de 1937 et commence un second ballet : *Voyou Paul, Brave Virginie* (ballet-mime).
Paul et Virginie ne sont pas morts dans le naufrage de leur bateau. Ils ont été recueillis sur la rive par de bons sauvages et ravigotés à l'aide d'un breuvage de sorcière qui rend Paul très lascif et dont il abuse. Au Havre, la cousine Mirella, qui doit épouser son fiancé Oscar, part accueillir les naufragés enfin de retour. Tous s'enivrent de la

liqueur maudite. Mirella danse lubriquement avec Paul, ce que voyant, Virginie boit à son tour et entame une danse plus sensuelle encore. Mirella tue alors Virginie d'un coup de pistolet. Tous partent en suivant le « Fulmicoach », engin énorme, fantastique et effrayant. Seul le chien Piram reste auprès de Virginie.

Quatre jours plus tard, le manuscrit est refusé par l'Exposition. Ferdinand évoque alors son voyage en Russie, un « enfer moisi », et impute peu à peu tous les malheurs de la terre à un « complot mondial » juif de Hollywood à Moscou. Une visite à son ami Popol, peintre mutilé de la Grande Guerre, lui donne l'occasion de développer les principaux thèmes de son antisémitisme : « racisme juif », vénalité, marche à la guerre, colonisation culturelle et financière, arguments « biologiques » divers, etc. Gustin n'est pas convaincu, Gutman se moque de Ferdinand, mais le monologue se poursuit imperturbablement. À Leningrad, Ferdinand tente de convertir sa guide, Nathalie, à l'antisémitisme. Au Mariinski, il lit la Naissance d'une fée, mais le directeur lui commande quelque chose de plus « sozial » pour l'année suivante.

Ferdinand écrit alors Van Bagaden (grand ballet-mime et quelques paroles) : à Anvers, en 1830, dans un hangar immense, l'armateur Van Bagaden « podagre et quinteux », coiffé d'un grand turban noir, vitupère son commis Peter, attaché par une chaîne à ses registres et à son tabouret, parmi l'essaim moqueur des ouvrières. Un par un, les capitaines amènent de magnifiques bijoux qui finissent dans le coffre de Van Bagaden. Une troupe joyeuse passe au-dehors, portant un saint sur un palanquin ; Van Bagaden, malgré tout son pouvoir, ne peut les rappeler à l'ordre...

Dans quelle mesure un ouvrage ouvertement antisémite comme celui-ci a-t-il sa place dans un Dictionnaire des œuvres de la littérature française ? La notoriété de l'ouvrage, ou celle de son auteur, ne change rien au fait qu'il s'agit d'un pamphlet où la haine des juifs s'étale à longueur de pages – et ce à la veille d'une guerre où de pareils discours devaient les conduire droit aux camps d'extermination. D'autre part, quel intérêt littéraire peut bien présenter un ouvrage visiblement obsessionnel, où toute la richesse de l'univers romanesque a disparu pour laisser place, entre les ballets, à un monologue ordurier, propagandiste et répétitif ? La lecture de Bagatelles, déjà très éprouvante par l'obscénité et la violence souvent insoutenable du propos, est de plus tout à fait fastidieuse, car le rabâchage y prend des proportions inédites. Si, selon Sartre, il est impossible d'écrire un bon roman à la louange de l'antisémitisme, c'est sans doute parce que le plurivocalisme qui fait tout l'intérêt du roman se dissout dans l'obsession répétitive et dans la monotonie qu'elle engendre.

Cependant, même si l'intérêt littéraire de Bagatelles en tant que tel est relativement mince, l'interdiction de publication de l'ouvrage laisse en suspens un certain nombre de questions que le lecteur, qui n'y a pas accès, ne peut résoudre par lui-même. En effet, Céline, grand novateur stylistique, a, qu'on le veuille ou non, écrit trois pamphlets antisémites qu'il serait artificiel de séparer complètement de l'œuvre romanesque. Certaines feuilles manuscrites ont même servi d'un côté pour la rédaction d'un pamphlet, de l'autre pour celle d'un roman (voir *Guignol's Band). Dès lors faut-il craindre la contamination des romans par l'idéologie des pamphlets ? Peut-on prendre plaisir au « style » sans souscrire, même involontairement, aux idées exprimées par ailleurs ? Et quelle part les pamphlets ont-ils eue dans l'évolution stylistique de Céline ?

Il faut d'abord rappeler que l'antisémitisme de Céline est très antérieur aux pamphlets. Si la thèse de médecine du docteur Destouches est consacrée à un médecin juif (le docteur Semmelweis), la critique du milieu juif de la SDN apparaît déjà dans l'Église (voir *Voyage au bout de la nuit) avec le personnage de Yudenszweck. Mais il disparaît presque totalement de Voyage au bout de la nuit (où il est simplement question de musique « négro-judéo-saxonne » à propos du jazz), et de *Mort à crédit. L'antisémitisme ouvert resurgit dans Bagatelles, suite au mauvais accueil par la critique de ce dernier roman : Céline refuse d'être considéré – selon ses propres termes – comme un « sous-Zola sans effort » et en vient à considérer les juifs (pourtant défendus par ce même Zola auquel il rend ailleurs hommage) comme les uniques responsables de la persécution dont il se juge victime. Étant donné les antécédents de Céline, et surtout les deux pamphlets qui viendront après Bagatelles, il paraît difficile de suivre Dominique de Roux dans ses affirmations : « Pour Céline, le mot "juif" n'a pas son sens habituel. Il ne désigne pas un groupe ethnique ou religieux particulier : la preuve c'est que sous le vocable, il aurait pu grouper tous les hommes, lui compris » (la Mort de L.-F. Céline). Céline, étant écrivain, connaît sans aucun doute possible la valeur des mots ; et la part d'irrationnel qui entre dans sa logique antisémite n'atténue en rien la violence forcenée de son antisémitisme. Quoi d'étonnant si l'on retrouve dans les pamphlets les exagérations « délirantes » auxquelles les romans nous ont accoutumés (Racine lui-même n'échappe pas à sa suspicion) ? Si de nombreux témoignages attestent que Céline ne fut pas un collaborateur actif, sa thématique antisémite n'a rien d'original et se situe dans la droite filiation d'une triste tradition. La minorité juive y devient multitude envahissante : « Y en a plein derrière... ça grouille... ça monte... ça dévale... » ; on prétend viser le « racisme juif » plutôt que le juif en tant que « bipède ». De là, on glisse bien vite à des arguments biologiques pseudo-scientifiques : le retour au « rythme émotif propre » du Blanc est souhaité contre « le sang du nègre » (sic). À l'appui de sa démonstration, Céline cite même le Protocole des Sages de Sion, célèbre faux de 1902 prétendant révéler la mainmise des juifs sur la terre entière. De Washington à Moscou, du capitalisme au socialisme (déjà évoqué dans un précédent pamphlet, Mea culpa, 1936), l'obsession célinienne se développe sans souci des incohérences et des contradictions. L'angoisse du grouillement et de la sodomie se colore dès Bagatelles d'une coupable bienveillance envers le régime nazi dont Céline anticipe catastrophiquement les pires excès : « Alors tu veux tuer tous les juifs ? – [...] S'il faut des veaux dans l'aventure, qu'on saigne les juifs ! c'est mon avis ! »

Pourtant, on se souvient que dans Mort à crédit Ferdinand se moquait de son père Auguste en ces termes : « Il se voyait persécuté par un carnaval de monstres... Il déconnait à pleine bourre... Il en avait pour tous les goûts... Des juifs... Des intrigants... les "arrivistes"... Et puis surtout des francs-maçons... Je ne sais pas ce qu'ils venaient faire par là... Il traquait partout ses dadas... » Tout se passe comme si les obsessions familiales, tenues en lisière par le plurivocalisme du roman, avaient resurgi dans les pamphlets, réassumées et orientées en un monologue vengeur. Ainsi de cette déclaration à propos de l'« aryen », qui détourne un des thèmes évoqués dans Voyage au bout de la nuit : « On l'émascule par l'instruction obligatoire. » Parallèlement, il est facile de reconnaître en Van Bagaden, l'usurier, un précurseur de Van Claben (voir Guignol's Band) qui resurgira à nouveau déformé, dans le géant enturbanné qu'est Normance (voir *Féerie pour une autre fois). On croise dans Bagatelles le personnage de Gustin, qui sort de Mort à crédit et celui de Borokrom qu'on retrouvera dans Guignol's Band. Il existe donc indéniablement un certain nombre de passerelles entre l'œuvre romanesque et les pamphlets. Les rêveries, les féeries, les ballets shakespeariens sont un des rêves inaboutis de Céline dont il est souvent question dans les autres romans. De même, la jambe de danseuse, qualifiée dans Bagatelles de « plus nuancé poème du monde » et de « Dieu lui-même », reprend en l'amplifiant un des thèmes positifs de la thématique célinienne : il apparaît simplement ici comme une arme de la lutte païenne contre le judaïsme.

Cependant, il est bien évident que les pamphlets ne furent jamais mis sur le même plan que les romans par Céline. Ils furent peut-être même un moyen pour lui de ne pas mêler l'actualité politique à la création littéraire, qui implique la transposition, et donc le recul du temps – et ainsi de préserver en quelque sorte la pureté de son travail romanesque. Guignol's Band, dont l'écriture fut contemporaine de celle des Beaux Draps, frappe la presse de l'époque par son « désengagement ». Bagatelles fut écrit dans l'urgence, en six mois, alors que la plupart des romans nécessitèrent quatre ou cinq ans de travail. Cependant, à travers l'impasse littéraire qu'ils constituent, le travail sur l'écriture s'est poursuivi dans les pamphlets de manière plus ou moins apparente. Dans *Poétique de Céline*, Henri Godard remarque qu'en permettant pour la première fois le passage du nom de Céline dans le corps du texte, les pamphlets fournissent « l'occasion du surgissement d'une identité d'auteur », largement exploitée dans les romans ultérieurs. De même, la forme polémique du pamphlet permet au dialogue avec le lecteur, si important dans *Féerie*, de s'établir. Enfin, la théorisation du style émotif qui sera complétée dans les *Entretiens avec le professeur Y* (1954) se poursuit dans les écrits polémiques, en prenant pour cible le « Français idéal pour robots » qu'une nouvelle déviation idéologique ici conduit à assimiler au « Français juif à bachots ».

Sans doute faut-il reconnaître avec Julien Gracq (*En lisant, en écrivant*) que les « dons exceptionnels de vociférateur » de Céline le prédestinaient à conduire les enfants à la rivière. L'écrivain lui-même – sans être jamais vraiment revenu sur ses prises de position – semble conscient dans *Féerie* d'avoir détourné un temps l'usage de sa petite musique : « T'as joué de la flûte à l'envers !... t'as pas attiré les vrais rats... »

A. SCHAFFNER

BAGUE D'ANNIBAL (la). Roman de Jules **Barbey d'Aurevilly** (1808-1889), publié à Paris en feuilleton dans *le Globe* du 12 au 15 octobre 1842, et en volume chez Duprey en 1843.

C'est « plein et brûlant de lord Byron » (lettre à Landry, 2 septembre 1875) que Barbey écrit en 1834 cette œuvre de jeunesse. Le texte, divisé en de multiples chapitres fort brefs, qui tient à la fois du poème et du roman, s'inspire largement d'une expérience vécue par l'écrivain, ses amours malheureuses avec sa cousine Louise : « Aloys a été moi », écrira Barbey à Trébutien le 31 octobre 1851.

Après un préambule adressant et destinant le texte à une inconnue, qui sera toujours désignée par le terme « Madame », le narrateur entreprend l'histoire de Joséphine d'Alcy, jeune femme séduisante, bavarde et superficielle. Un vieux magistrat, M. d'Artinel, en tombe amoureux, ainsi que le jeune Aloys de Synarose. Joséphine aime aussi Aloys et cherche à le séduire, mais celui-ci lutte contre ses propres sentiments car il juge avec une impitoyable lucidité celle dont il est pourtant follement épris. Elle épouse finalement M. d'Artinel, et Aloys, présent lors de la cérémonie nuptiale, compare l'alliance à la bague d'Annibal, qui contenait un poison avec lequel son possesseur se tua ; ici, le poison est invisible mais « il tue l'amour ».

Apparaissant tout d'abord comme un divertissement mondain – le ton sur lequel le narrateur s'adresse à la destinataire est d'emblée celui d'un galant marivaudage –, ce récit acquiert une dimension plus large lors du dénouement qui le transmue en conte parabolique. La morale est pessimiste et esquisse l'un des thèmes récurrents de l'œuvre à venir : la tragédie de l'amour impossible. Au-delà de son apparente légèreté, l'écriture choisit ici de développer le thème sur un mode ironique et sarcastique : la mystérieuse séductrice, tout d'abord comparée à un sphinx, apparaît vite comme une mondaine futile ; M. d'Artinel, rejoignant sa belle chez elle à l'aide d'une échelle de soie, est un bien dérisoire Roméo. Seul Aloys, avec son cynisme grinçant, apparaît comme un personnage positif, d'« une grandeur incommensurable et solitaire » (chap. 54). Mais cela, le récit l'affirme plus qu'il ne parvient à nous en convaincre : car ce dandy qui annonce les grandes figures aurevilliennes n'en a pas encore l'étoffe.

➤ *Œuvres romanesques complètes*, « Pléiade », I ; *Œuvres complètes*, Slatkine, IV.

A. SCHWEIGER

BAGUE DE L'OUBLI (la). Comédie en cinq actes et en vers de Jean **Rotrou** (1609-1650), créée à Paris au théâtre de l'hôtel de Bourgogne en 1629, et publiée à Paris chez Targa en 1635.

Première comédie et deuxième pièce de l'auteur, *la Bague de l'oubli* innove doublement : elle ouvre la voie à un renouveau du théâtre comique, alors réduit à la farce ; elle est la première pièce française imitée d'une pièce espagnole (de Lope de Vega). Rotrou use ici du surnaturel pour déclencher le rire, mais aussi pour dire le rêve d'un ordre conquis sur les passions.

En dépit d'un amour partagé, Léandre, simple gentilhomme, ne peut épouser Léonor, la sœur du roi de Sicile. Il fait appel à un magicien qui lui donne une bague enchantée. De son côté, le roi désire Liliane, la fille du duc Alexandre ; elle lui fait bon accueil, mais son père veut la donner à Tancrède (Acte I). Le roi les fait arrêter. Léandre substitue l'anneau magique à la bague du roi (Acte II). Devenu amnésique, celui-ci ordonne la libération des prisonniers, donne la bague à Liliane, qu'il ne reconnaît pas. Il recouvre alors ses esprits. Alexandre et Tancrède retournent en prison (Acte III). Ayant repris la bague, le roi cède le trône à Léonor, fait Léandre vice-roi et envoie Alexandre à la mort (Acte IV). L'ayant de nouveau ôtée, il sauve Alexandre au pied de l'échafaud. Il comprend tout et, après s'être joué de Léandre et de Léonor en feignant de porter encore la bague, il pardonne et confirme leur mariage secret ; lui-même épousera Liliane (Acte V).

De hauts personnages, une double intrigue amoureuse intimement liée à la politique : comme pour mieux plaire à un public de cour, la pièce ne diffère d'une tragi-comédie que par la place primordiale qu'elle réserve au comique. Celui-ci est assuré par les retournements de situation dus à la bague et qui donnent à la pièce un rythme haletant, par l'opposition entre le personnage frappé d'amnésie (le roi à plusieurs reprises, Liliane, voire le bouffon) et les autres. Fabrice, le bouffon, apparaît périodiquement, espérant du roi une forte somme, croyant l'obtenir, la perdant à nouveau ; il permet surtout, par ses préoccupations triviales et ses saillies, d'entretenir le comique aux moments où la pièce risquerait de verser dans le grave. Son statut l'autorise à dire la vérité (il sera le premier à soupçonner le jeu de Léandre) : dès le début, il raille les noires actions du roi suscitées par le désir. Par un effet inattendu, le trouble apporté par la bague fait accéder le souverain à une conscience morale que ses passions occultaient : l'honnête vœu de mariage succède à la concupiscence (parfois exprimée sans détour), la justice à la tyrannie ; la « folie » apporte la raison. L'enchantement crée une structure théâtrale (la « victime » se donne en spectacle et les autres personnages commentent) dont le roi joue au dernier acte : acteur et metteur en scène, il installe Léandre sur son trône et l'invite à remplir ses fonctions en jugeant... son propre cas. L'ambition politique illégitime de Léandre est guérie par un psychodrame, l'aliénation d'un roi soumis à ses sens l'est par l'aliénation qu'a créée la magie : utopie d'une harmonie retrouvée par la puissance bienfaisante de l'illusion et du théâtre.

● « Pléiade », 1975 (*Théâtre du XVIIᵉ siècle*, I, p.p. J. Scherer).
➤ *Œuvres*, Slatkine, I.

D. MONCOND'HUY

BAIN AVEC ANDROMÈDE (le). Voir DESTINÉE ARBITRAIRE, de R. Desnos.

BAISER AU LÉPREUX (le). Roman de François **Mauriac** (1885-1970), publié à Paris chez Grasset en 1922, réédité avec *Genitrix* sous un titre commun, *les Péloueyre*, à Paris chez Calmann-Lévy en 1925.

« Avec *le Baiser au lépreux*, en même temps que mon style, j'ai trouvé mes lecteurs », écrit Mauriac, en préfaçant ses *Œuvres complètes* en 1950. De fait, ce bref roman est généralement tenu pour la véritable entrée de Mauriac en littérature : avec lui, il parvint à toucher un public beaucoup plus vaste que celui qui, quasi confidentiel, avait apprécié ses premiers écrits, tant poétiques que romanesques (les Mains jointes, la *Robe prétexte) ; c'est aussi dans cet ouvrage que, procédant à une « épuration » de son écriture teintée jusque-là d'un lyrisme jugé parfois souffreteux, il accède à l'économie de moyens qui sera désormais celle de la manière mauriacienne.

Quoique représentant un riche parti, Jean Péloueyre est surtout, à vingt-trois ans, un être traumatisé par sa disgrâce physique – qu'il aggrave encore en adoptant une attitude de fuite déconcertante. Il apprend avec stupeur que son père (secondé du curé, qui entend ainsi éviter que l'héritage Péloueyre ne tombe dans l'escarcelle de ces « mécréants » de Cazenave) a décidé son mariage avec Noémi d'Artiailh, la plus fraîche jeune fille de la ville dont il est secrètement épris, et pour qui il va de soi qu'« on ne refuse pas le fils Péloueyre » (chap.1-2). On fait se rencontrer les « deux tourtereaux » (3) ; c'est bientôt le mariage, puis cette nuit de noces atroce où, dans la moiteur d'une mauvaise chambre d'hôtel, Jean peut enfin « posséder » celle dont le corps n'est que muette répulsion (4-5). Très vite, en dépit de dérivatifs – la chasse pour Jean, les soins prodigués à son beau-père pour Noémi – et de la compassion réelle de la jeune femme pour son « grillon » de mari, il devient clair que les deux époux souffrent en réalité le martyre l'un par l'autre (6-8).

Alléguant alors un travail d'érudition à terminer, Jean part pour la capitale où il mène pendant quelques mois une vie de désœuvrement craintif et morbide (9-10). On assiste pendant cette absence à une véritable résurrection de Noémi, troublée par un insu par un jeune médecin en visite dans la ville. Pressé par le curé, Jean revient ; il est très affaibli (11-12). La vie conjugale, avec ses silencieuses tortures, reprend... Mais, multipliant les visites secrètes à un ami atteint de tuberculose, Jean ne tarde pas à subir lui-même les atteintes du mal. L'été, l'automne et l'hiver suivants seront ceux de son agonie (13-15). Noémi s'ensevelit dans le deuil et comprend que cette fidélité au mort sera « son humble gloire » (16).

Le thème le plus manifeste de l'ouvrage, celui de la « malmariée », reste somme toute assez classique : la trame narrative du Baiser au lépreux est-elle en effet si éloignée de celle d'*Une vie et surtout de celle de *Thérèse Raquin ? Le roman de 1922, qui offre une peinture sociale acérée, doit alors se lire comme une condamnation sans appel de ces mariages arrangés dont se satisfaisait encore la bourgeoisie provinciale du début du siècle. L'évolution du curé, qui au départ favorise cette union pour être ensuite troublé et saisi de remords, est de ce point de vue révélatrice.

Mais l'écriture mauriacienne, non contente de réactualiser le topos romanesque, en propose une version aiguë, digne du hiératisme tragique. La brièveté du livre, la concision parfois abrupte des chapitres dont les sombres évocations prennent alors une densité hallucinante, le caractère implacable de la crise servi par une chronologie qui ne s'encombre pas de transition, mais privilégie les arêtes vives du drame, sont autant d'éléments qui caractérisent bien mieux un huis clos tragique qu'un quelconque avatar naturaliste.

Les époux sont ainsi enfermés dans leur « destin » respectifs, qui, rehaussé d'images végétales et animales (la « fleur », la « femelle merveilleuse » pour Noémi ; la « larve », le « ver hideux », le « grillon », le « mâle rabougri » pour Jean) se pare d'accents mythiques. On regrettera, parfois, l'inflation d'adjectifs antéposés ou d'archaïsmes (« la ténèbre »...), ultime trace d'une certaine préciosité ; mais le symbolisme naturel témoigne plus souvent d'un travail sobre et vigoureux, appréciable par exemple dans la force du baiser final au « lépreux », un « chêne noir [...] rabougri sous la bure de ses feuilles mortes, mais toutes frémissantes d'un souffle de feu ».

Plus que le thème de la mésalliance s'impose donc celui du martyre – du martyre sublimé –, et les allusions à *Polyeucte s'en trouvent fondées d'autant. Martyre de Noémi tout d'abord, lorsque, prise de compassion horrifiée, elle étreint Jean « comme dans l'amphithéâtre une vierge chrétienne » et accepte finalement la seule voie qui lui reste « ouverte », celle du renoncement. Martyre de Jean ensuite, qui transfigure sa disgrâce physique en force

spirituelle et se « sacrifie » pour mettre fin aux tourments de Noémi – et échapper aussi, sans doute, à son angoisse devant la « femelle merveilleuse »... Quoi qu'il en soit, le lecteur assiste bien à une sorte de parcours christique de ce Jean « à la bouche amère » ; la philosophie nietzschéenne où il prenait un plaisir morbide à laver son esprit est in fine vaincue par la puissance du renoncement et de l'humilité chrétienne.

● « Le Livre de Poche », 1992. ➤ Œuvres romanesques et théâtrales complètes, « Pléiade », I ; Romans. Œuvres diverses, « Pochothèque ».

E. BALLAGUY

BAJAZET. Tragédie en cinq actes et en vers de Jean **Racine** (1639 - 1699), créée à Paris au théâtre de l'hôtel de Bourgogne en 1672, et publiée à Paris chez Le Monnier la même année.

Sixième tragédie de Racine, Bajazet a la particularité de s'inspirer d'événements récents qui se déroulèrent en Turquie et dont il aurait eu connaissance par l'ambassadeur de France à Constantinople notamment. Le dramaturge a pu lire également une nouvelle de Segrais, « Floridon ou l'Amour imprudent » (voir *Nouvelles françaises, 1656), qui s'inspire des mêmes événements. L'action se développe selon les méandres d'une passion qui vient bouleverser les données politiques initiales au point de devenir le moteur de la pièce. Le succès fut immense, en partie grâce à la Champmeslé – qui créa le rôle de Roxane –, mais aussi parce que Bajazet, loin d'être une simple turquerie, trouva dans l'atmosphère étouffante du sérail la matière poétique propre à une tragédie particulièrement sanglante.

Osmin, confident du vizir Acomat resté à Byzance, rapporte les nouvelles du siège de Babylone conduit par le sultan Amurat : en cas d'échec, les janissaires abandonneront le sultan. Satisfaction d'Acomat qui complote contre son maître et qui, pour parvenir à ses fins, veut se révolter contre lui et a fait naître en Roxane, sultane favorite d'Amurat disposant du pouvoir absolu en son absence, un amour violent pour Bajazet, frère du sultan, lequel a ordonné son exécution. Mais Amurat n'a pas été obéi, et le vizir espère convaincre Roxane de mettre Bajazet sur le trône. La sultane fait part à la princesse Atalide, sa messagère, de son désir d'épouser Bajazet. Atalide craint que son amour – réciproque – pour Bajazet soit découvert (Acte I).
Roxane trouve Bajazet réticent et le somme de choisir : le mariage ou la mort. Puis, devant le silence de son interlocuteur, elle commence d'exécuter les ordres d'Amurat et fait fermer le sérail. Acomat et Atalide conseillent alors à Bajazet, pour s'assurer la vie sauve, d'accepter le mariage. Bajazet se soumet (Acte II).
Apprenant que le mariage est décidé, Atalide veut se suicider. Bajazet lui prouve sa constance par sa froideur envers Roxane, qui s'interroge. Mais Orcan, serviteur d'Amurat, vient d'arriver (Acte III).
Atalide cache une lettre d'amour de Bajazet. Roxane lui fait part du triomphe d'Amurat, de son proche retour et de l'exécution imminente de Bajazet. Atalide s'évanouit : on découvre la lettre, et Roxane décide de leur mort à tous deux (Acte IV).
Atalide reste sous surveillance et Bajazet est convoqué par Roxane : s'il refuse sa main, il mourra. Précipitant les événements, Acomat a forcé les portes du sérail. Il cherche Bajazet mais on apprend qu'il a été assassiné ainsi que Roxane, exécutée par Orcan. Acomat s'enfuit et Atalide, restée seule, se suicide (Acte V).

On pose aujourd'hui un regard serein sur ce qui fut l'objet de polémiques en 1672 : que « les mœurs des Turcs soient mal observées » (Mme de Sévigné), argument avancé par Corneille également, ne nous semble pas pouvoir justifier une condamnation de la pièce. On est au contraire reconnaissant à Racine d'avoir su éviter le clinquant des turqueries à la mode – Bajazet n'est pas un *Bourgeois gentilhomme sérieux – pour distiller la poésie sombre, mystérieuse et terriblement inquiétante du sérail, resserrant le tragique dans les liens qu'entretient l'espace de la scène proprement dit avec un espace invisible mais délimité, clos et peuplé de ces « esclaves muets » qu'évoquent sans cesse les personnages. Tout se joue au rythme des passages d'un espace à un autre. Les « portes » – les occurrences de ce mot sont nombreuses – figurent la limite et la proximité de l'horreur : portes de la ville, au-delà desquelles il y a la guerre ; portes du sérail, au-delà desquelles bout la révolte fomentée par Acomat ; porte des appartements de Roxane, derrière laquelle se tient Orcan. C'est dire qu'on est tout entier plongé dans un sérail de convention qui cristallise les fantasmes de passion avivée par l'oisiveté des femmes, vouées à satisfaire les désirs d'un despote cruel, mais qui déplace la couleur locale dans l'ordre du fonctionnement tragique : jamais peut-être la spécificité du lieu n'aura été aussi fortement attachée à l'accomplissement du dénouement. Que l'on quitte le sérail et *Bajazet* n'est plus que le drame romanesque traité par Segrais.

En ce sens Racine n'a pas seulement « réparé la trop grande proximité des temps [par] l'éloignement des pays » (*Préface*), il a également rapporté cet éloignement à l'expression poétique d'un cliché – presque au sens photographique – indissociable de « cette grande tuerie » (Mme de Sévigné). Car la fascination du sérail ne serait rien sans l'omniprésence d'une mort qui, à la différence des autres pièces de Racine, semble d'autant plus menaçante qu'elle est insaisissable. Quand les dieux se prononcent, leurs exigences ont le mérite d'être claires (par exemple dans la *Thébaïde*, *Iphigénie* ou *Phèdre*) ; mais ici le pouvoir de mort repose entièrement sur les personnages eux-mêmes, qui n'en disposent qu'autant qu'Amurat le leur concède.

C'est parce que le sultan a transmis le pouvoir absolu à Roxane en son absence que l'intrigue se met en place : Acomat tente de manipuler Roxane et Bajazet, ne considérant l'amour, lui qui est indifférent à tout sentiment amoureux, que comme un instrument et non comme une force rivale. L'exécution du premier envoyé d'Amurat permet de contenir le pouvoir suprême hors du sérail. Tout paraît alors dépendre de Roxane, mais la transgression du lieu où s'exerce son autorité par le second envoyé d'Amurat, Orcan, qui semble d'abord confirmer cette autorité montre en fait que ce pouvoir n'avait jamais été véritablement délégué, puisque Orcan obéit en dernière instance à Amurat et tue Roxane elle-même. On peut constater qu'un même système de délégation de pouvoir, en l'occurrence celui de la parole, se met en place dans le registre de l'amour.

En effet, tant que Roxane laissait parler Atalide à sa place, Acomat avait raison de ne voir dans l'amour qu'il avait fait naître qu'un instrument de son pouvoir. Mais Roxane veut voir Bajazet et lui parler (v. 255), tout comme à la fin elle voudra non le « confondre » (v. 1 361), en réalité le convaincre. La présence physique de Bajazet rompt la possibilité du mensonge qu'entretenait l'intermédiaire Atalide. Ainsi se mêlent d'une façon inextricable l'intrigue politique et l'intrigue amoureuse. Elles sont liées par le mensonge, lui-même se développant grâce au jeu (comme on dit d'une clé qu'elle joue dans la serrure) permis par la délégation du pouvoir et de la parole. R. Picard a raison de souligner que c'est Atalide qui, faute d'admettre les conséquences du mensonge quand Bajazet accepte sur ses conseils le mariage avec Roxane, entraîne la catastrophe. Ce bouleversement se traduit par une précipitation du rythme, visible dans la progression du nombre de scènes par acte (4 en I ; 5 en II ; 8 en III ; 7 en IV et 12 en V). Il se traduit également par le mouvement qui agite la scène (coups de théâtre de l'arrivée d'Orcan, de la lettre de Bajazet puis du soulèvement provoqué par Acomat, auxquels s'ajoutent les incessantes allées et venues des personnages). La répétition des « c'en est fait » devient de plus en plus pressante ; ce leitmotiv marque les paliers de l'action jusqu'au vers 1 721, où la formule sanctionne un malheur désormais consommé pour tous. Seul Acomat échappe au massacre final, grâce aux vaisseaux préparés pour sa fuite. Quitter le sérail pour quitter la tragédie...

Le spectateur, lui, retiendra de la pièce « cette tragédie de la mise à mort, la tragédie du cadavre derrière la porte » (J. Gracq), qui oscille entre deux pôles : d'une part, des personnages vivant dans une sorte d'intimité avec une mort qui ne les effraie pas : « La mort n'est point pour moi le comble des disgrâces » (v. 609), dit Bajazet qui mourra glorieusement tandis qu'Atalide, elle, se suicidera ; d'autre part, la cruauté de Roxane confinant au sadisme. Si *Bajazet* fascine, c'est par cette « horreur funèbre et presque physique qui ménage une place plus large et plus visible à ce saint des saints de la vertu tragique que représente en définitive l'inconscient » (J. Gracq).

● Seuil, 1947 (p.p. X. de Courville).➤ *Théâtre*, Les Belles Lettres, III ; *Œuvres complètes*, « Pléiade », I ; *Théâtre complet*, « GF », II ; *id.*, « Folio », II ; *id.*, « Classiques Garnier ».

P. GAUTHIER

BAL (le). Nouvelle d'Irène **Némirovsky** (1903-1942), publiée à Paris chez Grasset en 1930.

Après le succès de *David Golder*, Irène Némirovsky poursuit la peinture d'une certaine bourgeoisie parisienne, mais, analysant les rapports conflictuels d'une adolescente et de sa mère, *le Bal* s'inscrit surtout dans la tradition française du roman d'analyse psychologique.

Les Kampf, récemment enrichis par un génial coup de Bourse, décident de donner leur premier bal. Pendant que les parents dressent et commentent la liste des invités – financiers véreux, aristocrates déchus, gigolos, Juifs anoblis –, Antoinette, leur fille de quatorze ans, les aide à faire les enveloppes, quand sa mère lui apprend brutalement qu'elle n'aura pas le droit d'assister à la fête. Après une nuit de pleurs et de rêves d'amour, Antoinette va prendre sa leçon de piano chez Mlle Isabelle, une lointaine parente. Au retour, miss Betty, sa gouvernante, surprise avec son amoureux, lui confie les invitations à poster. De rage, devant l'humiliation de la veille, Antoinette les jette dans la Seine. Le jour du bal, après bien des préparatifs anxieux, seule Mlle Isabelle se présente. Les époux Kampf se disputent, le père claque la porte et Antoinette console sa « pauvre maman ».

En quelques scènes, *le Bal* fait la satire féroce d'un couple de parvenus, « nouveaux riches grossiers, incultes » selon leur fille (chap. 3) : Mme Kampf cherche désespérément à cacher leurs origines (« Tu diras que nous habitions le Midi toute l'année », chap. 1), se surcharge de diamants, vouvoie son mari devant les domestiques, mais retombe dans la vulgarité dès que les « larbins » sont sortis. Seul compte l'étalage de la richesse, raison essentielle de l'organisation du bal.

Cette médiocrité suscite la souffrance d'Antoinette, adolescente qui découvre son corps, s'éveille à la vie et à la sensualité : c'est bien sa jalousie devant Betty – redoublant la frustration d'être interdite de bal – qui déclenche *in fine* son geste. À la vulgarité de la mère s'opposent les rêveries d'Antoinette, longs monologues intérieurs au style indirect libre, d'une écriture très – trop – travaillée (voir aussi *les Chiens et les Loups*) : « Un bal... Mon Dieu, mon Dieu, ce serait possible qu'il y eût là, à deux pas d'elle, cette chose splendide qu'elle se représentait vaguement comme un mélange confus de folle musique, de parfums enivrants, de toilettes éclatantes... de paroles amoureuses chuchotées dans un boudoir écarté, obscur et frais comme une alcôve... » (chap. 2).

Ses rêves pourtant ont la même origine, explicitement romanesque, que ceux de sa mère, car la brutalité même avec laquelle celle-ci traite sa fille – « cette gamine, cette morveuse » (chap. 2) –, s'explique par sa peur de vieillir, par son désir de jouir, enfin, de la vie et de la richesse (tout comme Gloria dans *David Golder*), d'avoir des amants jeunes, de connaître l'amour. Le chapitre 5, seul à adopter la perspective de Mme Kampf, devenue « Rosine », prélude ainsi au renversement des rapports de force : la catastrophe du bal laisse la mère « faible, vaincue, pitoyable » face à sa fille, pleine « d'une sorte de dédain, d'indifférence méprisante » et qui, savourant sa victoire, se sent « riche de tout son avenir, de toutes ses jeunes forces intactes » (chap. 6). Grâce à une intrigue menée avec la rigueur implacable d'une tragédie, *le Bal* dessine ainsi deux portraits féminins d'une cruauté poignante.

● « Les Cahiers rouges », 1985.

N. D. THAU

BAL DE NDINGA (le). Nouvelle dialoguée de Gérald Félix **Tchicaya U Tam'si** (Congo, 1931-1988), créée à Paris au Centre Georges-Pompidou en mars 1987, et publiée dans *l'Atelier imaginaire* à Lausanne aux Éditions de l'...ge d'homme la même année.

Paru dans un recueil réunissant des nouvelles de vingt-deux écrivains, *le Bal de Ndinga*, tout d'abord baptisé « complainte » par Tchicaya U Tam'si, est devenu, après la rencontre de son auteur avec le metteur en scène Gabriel Garran, une œuvre dramatique qui fut montée au théâtre de la Tempête en 1988. Salué par la critique et rencontrant l'adhésion du public, *le Bal de Ndinga* a été présenté en moins de deux ans dans quatre théâtres parisiens, sans compter une tournée nationale et internationale. Avec près de 250 représentations, il s'agit sans conteste de la pièce, écrite en français par un dramaturge originaire d'Afrique noire, la plus jouée de par le monde.

Le 30 juin 1960, jour de l'indépendance du Congo belge, Jean-Pierre Mbenje évoque la destinée tragique de son ami Ndinga Modeste. Ce dernier, homme de ménage à l'hôtel Régina que dirige le colon belge Van Bilsen, a décidé de fêter l'événement. Sur l'air d'« Indépenda cha cha » du compositeur Kabasélé, il chante et danse. Il ne veut plus être « un macaque mais un homme, un homme de vérité et mieux, un Monsieur ». Il rêve à « une augmentation de la vie ». Il rêve aussi à Sabine, une belle et vénale métisse dont il pense pouvoir s'offrir les charmes avec sa paie de fin de mois. Jean-Pierre Mbenje tente de le ramener à la raison. Galvanisé par l'instant, Ndinga Modeste n'entend pas les conseils de son ami, et meurt sous les balles d'un détachement de soldats.

Dans cette pièce intimiste aux allures de fable, Tchicaya U Tam'si conte, avec lyrisme, une tragédie humaine qui est aussi, dans l'esprit de l'auteur, celle de son pays et de son continent. Ndinga Modeste est un « mort anonyme au bal de l'espoir ». Son propre drame se trouve confondu et oublié dans les événements qui bouleversent son pays. Absent de son rendez-vous avec Sabine, Ndinga manque aussi sa rencontre avec l'Histoire et avec l'indépendance naissante de sa patrie.

B. MAGNIER

BAL DE SCEAUX (le). Nouvelle d'Honoré de **Balzac** (1799-1850), datée de décembre 1829, publiée sous le titre *le Bal de Sceaux ou le Pair de France* dans les « Scènes de la vie privée » à Paris chez Mame et Delaunay-Vallée en 1830. Elle y occupait la fin du tome I.

Œuvre initialement inaugurale des *Études de mœurs au XIXᵉ siècle* (1834), premier regroupement systématique avant la **Comédie humaine*, *le Bal de Sceaux* témoigne de façon exemplaire de la réflexion historique et sociale élaborée par Balzac sur les mutations intervenues à l'époque de la Restauration.

Nous sommes sous le règne de Louis XVIII. Le comte de Fontaine, royaliste de toujours, héros de la guerre de Vendée, a pour fille cadette Émilie. Alors que ses sœurs sont bien établies auprès de notables, Émilie, gâtée, superbe, autoritaire, a décidé, au nom de son orgueil et de ses préjugés, de n'épouser qu'un pair de France. Lors d'un bal champêtre à Sceaux, près d'une propriété familiale, elle rencontre son « type idéal », le jeune et charmant Maximilien Longueville. L'amour naît entre eux. Mais Émilie rompt lorsqu'elle découvre que Maximilien vend du calicot. Quelque temps après, elle danse avec le frère de son ex-fiancé, un diplomate qui lui révèle que son cadet s'est jadis sacrifié pour sa carrière. Mais décidément victime de ses préjugés, Émilie se résigne à prendre pour époux son grand-oncle, l'amiral comte de Kergarouët. Deux ans plus tard, ayant perdu son père et son frère, Maximilien devient vicomte et pair de France. La mélancolique comtesse de Kergarouët a commis la faute d'« écarter le roi de cœur ».

Le thème de comédie – celui de la vanité punie – ne donne au récit que sa trame où l'on retrouve d'ailleurs des souvenirs personnels de Balzac, fort préoccupé du sort de ses sœurs. Mais plus qu'aux effets, le romancier s'intéresse ici aux causes sociologiques. À Sceaux se côtoient en effet aristocratie et peuple, nobles et boutiquiers, classe descendante et classe montante. Inspiré de l'historique comte Ferrand, le comte de Fontaine, favorable à leur fusion, incarne une ligne politique conforme aux vues de l'écrivain. À travers le comte, et sous une forme ramassée et lucide, c'est l'histoire d'une Restauration confrontée aux réalités sociales et économiques forgées par la Révolution et l'Empire qu'expose Balzac. Nécessaire compromis, modernisation de la monarchie, adoption de principes constitutionnels : ce programme qui est celui de Louis XVIII correspond à la conception balzacienne d'une nouvelle société, bien différente de l'obtuse utopie d'ultras bornés. Affirmation d'une supériorité, celle du producteur au sens saint-simonien, étude de femme aristocratique, portrait d'un fin politique, mais aussi art de la description et du dialogue : le texte révèle la maîtrise d'un Balzac analyste et peintre de la modernité postrévolutionnaire.

Au même moment, Stendhal met en scène dans le **Rouge et le Noir* les impossibles amours entre Julien Sorel, jeune plébéien, et Mathilde de La Mole, fière aristocrate qui cependant se donne à lui, contrairement à une Émilie trop prisonnière de ses préjugés.

● *La Maison-du-Chat-qui-Pelote [...]*, « GF », 1985 (p.p. A.-M. Baron) ; *id.*, « Folio », 1983 (préf. H. Juin, p.p. S. de Sacy). ➤ *L'Œuvre de Balzac*, Club français du Livre, II ; *Œuvres complètes*, Club de l'honnête homme, I ; *Œuvres complètes illustrées*, Bibliophiles de l'Originale, I ; *la Comédie humaine*, « Pléiade », I (p.p. A.-M. Meininger).

G. GENGEMBRE

BAL DU COMTE D'ORGEL (le). Roman de Raymond **Radiguet** (1903-1923), publié à Paris chez Grasset en 1924.

De ce second roman (voir *le *Diable au corps*), le jeune écrivain ne connut que les épreuves d'imprimerie : il mourut de la fièvre typhoïde le 12 décembre 1923, quelques mois avant la parution du livre.

Le samedi 7 février 1920, dans une loge du cirque Médrano, François de Séryeuse fait connaissance du comte et de la comtesse d'Orgel. Mahaut, née à la Martinique et venue en France en 1902, a épousé à dix-huit ans Anne d'Orgel, âgé de trente ans, dont elle est follement éprise. Après une soirée dansante à Robinson en compagnie d'un jeune diplomate, Paul Robin, soirée où François et Mahaut sont les seuls à boire un mélange préparé par Anne, François est « adopté » par le comte qui se lie d'amitié avec lui. Il devient bientôt le compagnon inséparable du couple. N'ayant pas tardé à prendre conscience de son amour pour la comtesse, François veut voir dans son amitié pour le comte une protection efficace contre ses désirs. Anne, de son côté, qui dès cette discrète convoitise a fait naître une passion inconnue pour sa femme, se sent rasséréné quand, un soir où il a surpris le bras de François glissé sous celui de Mahaut dans l'auto, sa femme lui en a fait l'aveu gêné : ce n'est qu'enfantillage.

Cependant Mahaut, de plus en plus sensible à la présence de François, au point de se faire complice de menus mensonges, doit s'avouer, au retour des vacances, qu'elle l'aime. Elle s'ouvre par lettre de ses sentiments et demande aide à la mère de François, Mme de Séryeuse, qui, tour à tour émue et indignée, ne fait que précipiter les choses en révélant à chacun que son amour est partagé. Au cours d'un dîner chez les d'Orgel (auquel est venu François malgré l'avis de sa mère) occupés à préparer un bal costumé, une indélicatesse d'Anne envers le prince Naroumof, rattrapée de justesse par la comtesse, déprécie le comte aux yeux de François et de Mahaut. Pensant voir son « amant » pour la dernière fois, Mahaut s'évanouit. Le soir, elle avoue tout à son mari, mais Anne ne considère que le scandale possible et remet à plus tard « les angoisses du cœur ». François « DOIT faire partie » de leur entrée. Mahaut lui choisira un costume.

Discrètement – car la narration n'insiste pas – mais à l'évidence, le roman s'inscrit sous une triple égide littéraire. Le cocktail d'Anne, bu par les seuls François et Mahaut le premier soir, évoque explicitement « ce philtre qui lia pour jamais Tristan et Yseult », comme le remarque un comparse ; les rapports de Paul Robin et de François sont ainsi dépeints : « C'était à qui cacherait son cœur. Ils prenaient le masque des personnages des mauvais romans du XVIIIe siècle dont les *Liaisons dangereuses sont le chef-d'œuvre » ; la *Princesse de Clèves sous-tend le portrait de la mère de François, Mme de Séryeuse, femme du XVIIe siècle à la beauté surannée, d'un idéal si différent « que nous ne nous retournerions peut-être pas, dans la boutique d'un joaillier, sur celle pour qui se consume Nemours ». C'est d'ailleurs avec ce dernier texte que s'établissent le plus de correspondances : désir sachant demeurer platonique (« heureux [...] sans rien posséder »), discrétion et respect à l'égard de la femme aimée, conflit entre l'amour et l'amitié, tentatives de s'éloigner de Mahaut, chez François ; et, chez Mahaut, amour conjugal auquel on se « raccroche » pour ne pas faillir, refus jusqu'au dernier moment de donner un nom à un sentiment qui croît, franchise envers le mari (deux scènes d'aveu) comme rempart ultime de la vertu, espoir de salut dans une rupture que l'on s'impose.

« Roman où c'est la psychologie qui est romanesque », écrit Radiguet dans une note que trouva et transcrivit Cocteau. C'est en effet dans la lutte de chacun contre soi-même que réside la dynamique de l'ensemble, et cette suite de petites défaites éprouvées contre ce qui se développe en soi, malgré soi, *proprio motu*, impulse la montée de la tension dramatique. Et Radiguet a en partie tort lorsqu'il affirme (dans la même note) : « Côté mondain : atmosphère utile au déploiement de certains sentiments, mais ce n'est pas une peinture du monde ; différence avec Proust. Le décor ne compte pas. » Certes, le milieu n'est pas peint pour lui-même, ce n'est pas une fresque sociale, mais ce n'est pas non plus une simple « atmosphère utile » : il joue un véritable rôle dans le texte. Une fatalité « mondaine » renvoie François et Mahaut au risque d'un amour adultère d'où ils essaient de s'évader et dont le philtre est le signe annonciateur. Anne d'Orgel, en dupant le snobisme de Paul Robin, introduit François auprès de sa femme ; Hester Wayne alerte François sur Tristan et Iseut ; Mme de Séryeuse, après les avoir rapprochés par « cousinage », éclaire involontairement chacun sur les sentiments de l'autre. Les mondanités, rapprochant constamment les « amants », font que, lors du dîner final, Mahaut « n'avait pas à se reprocher [la] présence [de François] : elle souhaita donc jouir de ce délai, de cette soirée unique ». Chaque aveu de Mahaut est taxé par Anne d'enfantillage et, notamment le dernier, parce « qu'il était dans le caractère du comte d'Orgel de ne percevoir la réalité que de ce qui se passait en public ». De même est lourd de pression sociale le « François DOIT faire partie... » du comte d'Orgel à Mahaut devenue « une autre personne »... Durant les neuf mois que dure l'histoire, le « monde » n'a cessé d'œuvrer à son insu contre la vertu des amants, et « le danger banal n'en était que plus grand, car eux moins que personne ne pouvaient le reconnaître, noblement travesti ».

« Roman d'amour chaste, aussi scabreux que le roman le moins chaste », ainsi Radiguet jugeait-il son *Bal*. Ajoutons : élégamment pervers... Ce n'est plus la *Princesse de Clèves*.

● « Folio », 1983 (p.p. B. Pingaud) ; « GF », 1984 (p.p. B. Vercier).
➤ Œuvres complètes, Slatkine ; id., Stock.

L. ACHER

Balade du Grand Macabre (la). Farce en trois actes et en prose de Michel de **Ghelderode**, pseudonyme puis patronyme d'Adémar Adolphe Louis Martens (Belgique, 1898-1962), publiée à Bruxelles aux Éditions Tréteaux en 1933, et créée sous le titre la *Grande Kermesse* à Paris en 1953.

Comme toujours chez Ghelderode, il est ici question de la mort : mais elle est comiquement orchestrée à partir de variations sur le thème de la Danse macabre et de l'Apocalypse. En quelque sorte, une catharsis.

En proie à une ivresse joyeuse, le pochard Porprenaz importune deux amoureux assis dans un parc près d'un tombeau. Excédés, ils l'éconduisent. Grimpant alors à l'arbre proche il y rencontre Nekrozotar, sinistre personnage qui le malmène, lui annonce la fin du monde pour cette nuit même et qui, après avoir enfermé dans le tombeau les amoureux ravis d'être enfin seuls, part pour la ville en se servant de Porprenaz comme monture. Nous sommes chez Videbolle, astrologue, philosophe officiel et chroniqueur de la principauté de Breugellande. Sa femme Salivaine le fait danser à coups de fouet, lui impose des fantaisies grotesques avant de s'endormir ivre-morte. Videbolle s'inquiète d'une rougeur dans le ciel coïncidant avec le passage d'une comète, qu'il a prédit, tandis qu'arrivent Nekrozotar et Porprenaz. Nekrozotar se précipite sur Salivaine, prise de délire érotique pendant son sommeil, mais son étreinte vampirique la tue (Acte I).
Les ministres Aspiquet et Basiliquet donnent une leçon d'équitation, puis d'éloquence au jeune prince Goulave, mal fait de sa personne, et bègue de surcroît. Ils le traitent en irresponsable. Dans la rue, le peuple, pris de panique « sans motif sérieux », exige de voir le prince. Celui-ci alors se métamorphose, fait taire ses ministres et calme la foule par des promesses de libations. Sur fond de *Dies irae*, Nekrozotar paraît à cheval sur Porprenaz en brandissant une faux ; Videbolle annonce le minuit apocalyptique, le « grand raffut », et le chœur se lamente (intermèdes 1 et 2). Dans une salle du palais, Videbolle cache Goulave ivre sous la table, tandis que Nekrozotar-le-Grand Macabre fait son entrée, toujours juché sur Porprenaz. Il se met à boire afin de prendre courage pour le « grand fauchement ». Le tonnerre gronde et, saisissant sa faux, il enfourche en titubant un cheval de bois pour fondre sur la foule (Acte II).
Videbolle et Porprenaz, revêtus d'un linceul, jettent le cadavre de Nekrozotar à la cave. Goulave, qui ne bégaie plus, se croit un instant « prince sans sujet », mais constate son erreur. Ceux qui avaient du cœur ont survécu, Videbolle et Porprenaz sont nommés ministres, Salivaine ne ressuscite que pour le châtiment. Les amoureux de l'acte I sortent de leur refuge : ils ne se sont aperçus de rien (Acte III).

La pièce est construite comme un triptyque démultiplié : de part et d'autre d'un épisode central marqué par l'irruption de l'horreur, trois « stations » nous menent du parc chez Videbolle et enfin au palais, puis l'inverse. Dans cette géométrie rigoureuse se déploie une vision carnavalesque du monde incarnée par un jeu de masques : nous assistons au « spectacle tumultueux de la fausse mort trépassée un jour de fausse apocalypse ». Fausse mort en effet que ce Nekrozotar qui s'est identifié au Grand Macabre mais qui n'est en réalité – nous l'apprenons à la fin – qu'un pauvre hère devenu misanthrope, par suite des mauvais traitements que lui a infligés Salivaine dont il fut le premier mari. Fausse apocalypse – comme celle de l'an Mil – que cet orage mâtiné de comète au cours duquel les victimes mourront de leur propre peur et de leur propre bêtise. « Farce pour rhétoriciens », a dit l'auteur, ajoutant que les rhétoriciens étaient des âmes simples. Comme dans toutes les farces, il y a bastonnades, mais celles du théâtre de Molière, comparativement, sont à l'eau de rose. Quelle féroce imagination chez Salivaine qui, après avoir roué de coups son mari en dépit de la précaution qu'il a prise de se cuirasser le derrière avec un couvercle de casserole, s'écrie : « Le faraud, il est mort ! Il a osé mourir ! Et il s'imagine que je vais le laisser mort ? », puis le ranime avec une gigantesque araignée. Poussée à ce degré, la mascarade révèle la nature profonde des personnages : masques difformes exprimant des instincts élémentaires qui leur insufflent un délire verbal. La farce, chez Ghelderode, n'exclut pas la profondeur : bien au contraire, elle la révèle.

● *Théâtre*, Gallimard, II.

R. AUGUET

BALCON (le). Pièce en neuf tableaux et en prose de Jean **Genet** (1910-1986), publiée à Paris aux Éditions de l'Arbalète en 1956, et créée à Londres au Art Theatre en 1957.

Dans un bordel de luxe, l'Évêque prolonge excessivement sa séance rituelle, pendant laquelle il pardonne ses péchés à une putain ; Madame Irma, tenancière, l'avertit de troubles qui sévissent dans la ville, et le conjure finalement de sortir (1er tableau). Le Juge reçoit les mêmes recommandations d'Arthur le bourreau, qui l'aide, à coups de fouet, à convaincre une putain qu'elle est voleuse, jusqu'à ce que celle-ci, à son tour, oblige le Juge à ramper et à la supplier de la reconnaître voleuse, pour qu'il garde lui-même son état (2e tableau). Le Général, enfin, se prépare à sa séance devant Madame Irma et s'inquiète des troubles au-dehors. Arrive sa putain, qui se déguise en cheval et le mène tambour battant (3e tableau). Un petit vieux se déguise en fille pour être fouetté par une femme (4e tableau). Madame Irma et Carmen, sa favorite, font les comptes. Tandis que la tenancière célèbre les vertus de sa « maison d'illusions », mais craint la révolte qui gronde, Carmen ne pense qu'à sa fille. Survient Arthur, le bourreau, mac qui réclame ses gages, mais Madame Irma lui demande d'aller à la rencontre de Georges, le Chef de la police, qu'elle attend avec impatience. Arthur, apeuré par la révolte au-dehors, obéit tout de même. Dès qu'il est sorti, apparaît le Chef de la police qui annonce que la ville est à feu et à sang et que la reine se cache. Il demande si son image figure au bordel, mais la réponse d'Irma est négative. Après avoir rappelé leurs amours, Madame Irma et Roger s'inquiètent des événements. Arthur rentre, annonce l'arrivée de la reine, et meurt d'une balle... perdue, conformément aux prévisions d'Irma (5e tableau). Roger et Chantal, échappée récemment du bordel, se déclarent leur amour, mais Chantal, qui est l'égérie de l'insurrection, doit quitter Roger (6e tableau). Au bordel, l'envoyé de la reine fournit, aux questions du Chef de la police sur la situation de la reine, des réponses qui se contredisent, puis offre à Irma de devenir la figure même de la reine : elle accepte (7e tableau). Tandis qu'un mendiant vient supplier les nouveaux dignitaires au balcon, Chantal est tuée (8e tableau). Au bordel, après que les trois dignitaires, le Juge, l'Évêque, le Général se sont fait photographier, le Chef de la police attend son tour. C'est Roger qui arrive pour le contenter, puis, à la surprise apparente de Carmen qui organise son entrée, se châtre. Lorsqu'il a disparu, le Chef de la police décide de rester dans le « mausolée », et la reine redevenue Irma éteint les lumières (9e tableau).

Le Balcon est sans conteste la pièce la plus célèbre de Jean Genet, celle qui a séduit le plus de metteurs en scène, de Peter Zadek à Luis Pasqual, en passant par Peter Brook et Georges Lavaudant ; pourtant, du vivant de Genet, la plupart des mises en scène du *Balcon* ont provoqué son mécontentement et son explicite réprobation.

La difficulté du *Balcon* tient sans doute à la radicalité de sa dramaturgie. Lieu métaphorique du pouvoir, le bordel de Madame Irma est d'emblée désigné comme une maison d'illusions fonctionnant parfaitement, avec ses emboîtements de salons où se jouent les fantasmes pervers du commun des mortels (que nous ne voyons pas, sauf le supplice symbolique d'un petit vieux), et se figurent fastueusement ceux des tenants du pouvoir : Évêque, Juge, Général. Mais au-dehors gronde une révolution, dont on peut se demander, en déchiffrant la rhétorique dont la parent Madame Irma et Carmen dans le dialogue pivot du cinquième tableau, si elle est bien réelle, et si par contrecoup le bordel est un vrai bordel, avec de vraies putains et une vraie « maquerelle », ou une maison à illusions, un théâtre géant dont les maîtres sont les manipulateurs du spectacle global que nous offre la pièce. Très significativement, Irma refuse, à l'occasion, ce terme de bordel dans la bouche de Carmen : elle n'accepte que celui de « maison à illusions », qui, par sa métaphore, nous laisse sur notre faim, ou bien elle se vautre au contraire dans la surenchère des appellations argotiques : « bouic, boxon », au point que nous ne savons pas si justement cet objet qu'on encense bruyamment est réel ou pas. Symétriquement, les héros de la révolution paraissent plongés dans la même rhétorique, dont l'idylle Roger-Chantal n'est qu'une des variations, où le sentimentalisme naissant est constamment sapé par la distance et la parodie. Chantal elle-même est la cheville de cette dramaturgie de l'ambiguïté, puisque cette égérie de la révolution, est une « ancienne » du bordel de Madame Irma. De quel côté est Chantal ? Pas plus d'un côté que de l'autre, puisqu'il n'y a

plus de critère du réel, et que les deux côtés du monde s'engendrent et se représentent mutuellement, concourent symétriquement à leur absolue déréalisation. Lorsque le Chef de la police demande à l'envoyé des nouvelles des trois dignitaires du régime – le Général, le Juge, l'Évêque –, nous sommes tentés d'y reconnaître les figures simulées qui sont apparues successivement dans les trois premiers tableaux, et que nous pensions bien fictives. Et donc nous ne savons pas si ces figures appartiennent à la réalité du pouvoir, où à l'imaginaire en actes de la maison d'illusions. Cela est vrai de toute figure et de tout événement, extérieur ou intérieur au bordel, jusqu'à la mort d'Arthur, qu'une balle perdue de la révolution semble avoir vraiment tué : auquel cas on pourrait croire que la balle est réelle, et désigne l'extérieur comme l'espace du réel. Mais on se rappelle que juste avant, Irma a précisé à Arthur qu'il jouerait le rôle d'un « cadavre » : donc impossible pour le spectateur de trancher. Et c'est dans cet acte extrême commis par le révolutionnaire Roger, la castration, que l'on trouve la pirouette de ce jeu. Roger se castre pour castrer du même coup l'image qu'il est venu représenter dans le lieu dévolu au pouvoir. Est-ce une castration réelle ou figurée ? Nous ne verrons jamais le sang dont Irma se plaint qu'il a taché sa moquette... Il n'est pas jusqu'au spectateur qui ne soit inclus dans la grande sphère de la représentation qu'inaugure *le Balcon*, puisque, par un système d'emboîtement de décors qui se succèdent, le public est placé dans la même situation que Madame Irma lorgnant du coin de l'œil ses salons.

Dans ce jeu de renvoi de la révolution au bordel, et du bordel à la révolution, Genet réussit à créer un monde opaque sur scène, avec des personnages qui s'érigent (sur des cothurnes) en figures absolues et impénétrables, puisqu'on ne saura jamais s'il s'agit de personnes réelles qui jouent ou d'acteurs qui jouent à être réels. « Cette glorification de l'image et du reflet » est, selon Genet lui-même, qui après certaines mises en scène éprouva le besoin d'inclure un « Comment jouer *le Balcon* » à l'édition de la pièce, la condition *sine qua non* pour qu'une signification émerge de ce qui peut n'apparaître au quidam que sous la forme d'une dramaturgie systématique, et finalement codée, d'un code que la splendeur lyrique de la langue fait oublier et que le comique de la pièce nuance génialement. Le septième tableau est une grandiose scène de malentendu, où le Chef de la police cherche à cerner cet « objet » qui est la reine tandis que l'envoyé en propose des représentations burlesques qui la dissolvent dans une toujours plus profonde irréalité. Et c'est l'agacement scandalisé du Chef de la police qui déclenche le rire, selon un mécanisme au fond tout classique de décalage entre l'un des protagonistes et le spectateur, ce dernier étant au fait du jeu sur l'apparence qui sous-tend toute la pièce tandis qu'à ce moment précis le Chef de la police semble l'ignorer pour les besoins du rire.

Pour Genet, comme pour tout l'art contemporain, il y a loin de l'intention de signifier au langage, qui porte en lui-même sa part de diablerie, de terreur, et de naturelle inhumanité. *Le Balcon* renvoie dos à dos le discours du pouvoir et le discours de la révolution, précisément parce qu'ils sont discours, inconscients de l'être, et fossilisent la vie qu'ils croyaient, l'un dominer, l'autre métamorphoser. À l'art révolutionnaire naïf revient l'ambition de changer la vie en changeant un langage, à l'art exemplaire de Genet revient la mission d'être « travaillé par une recherche de l'immobilité ». On comprend pourquoi Barthes crut bon de critiquer en Marie Bell : « une actrice qui est actrice », car si le spectateur croit un moment qu'Irma est réelle le théâtre de Genet est nécessairement trahi (mais le contresens est aussi grave s'il croit qu'elle ne l'est pas du tout). Il faut qu'Irma soit le monstre qui reflète notre propre monstruosité d'êtres tirés vers la représentation et vers l'image lors même qu'ils veulent s'en délivrer, d'êtres qui sacrifient la vie à l'ambition satanique de l'imager, et que cette ambiguïté figure sur scène, à jamais enclose en figures à forme humaine.

Ainsi le spectateur n'est-il renvoyé, comme le souhaitait vivement Genet, qu'à lui-même. Le théâtre n'est critique – et non pas révolutionnaire – que s'il fait jusqu'au bout se superposer la sphère de la représentation et celle de la mimésis. Si le théâtre peut bien englober la vie et en faire du théâtre, nous pourrions bien n'être pas réels, et c'est le théâtre en nous qui est le mal. *Le Balcon* est la glorification du théâtre, mais il en autorise aussi, voire en recommande, la haine. Aucun acte n'est à l'abri du théâtre, mais aucun acte de théâtre – et c'est ici qu'il convient de nuancer le pessimisme de Genet – n'est à l'abri de la vie. C'est avec cette étroite marge de manœuvre, entre célébration et ascèse, que *le Balcon* demeure un pôle de fascination inépuisable pour les metteurs en scène contemporains.

● « Folio », 1979 ; Décines, Éd. de l'Arbalète, 1984. ➤ *Œuvres complètes*, Gallimard, IV.

J.-M. LANTÉRI

BALIVERNERIES D'EUTRAPEL (les). Recueil facétieux de Noël **du Fail**, seigneur de La Hérissaye (vers 1520-1591), publié sous l'anagramme de « Léon Ladulfi, Champenois » à Paris chez Estienne Groulleau en 1548.

Comme les **Propos rustiques de maître Léon Ladulfi* publiés l'année précédente, les *Baliverneries* offrent une suite d'entretiens familiers et de tableaux pittoresques des mœurs villageoises. Le recueil se ressent principalement de l'influence rabelaisienne : la verve d'Eutrapel évoque les frasques panurgiennes de **Pantagruel*, et les réminiscences ponctuelles, noms de lieux ou de personnages, émaillent chacun des cinq chapitres.

Eutrapel, « toujours balivernans et rians du meilleur de la ratelle », rencontre un villageois qui se lamente sur l'infidélité de sa femme. Il l'emmène auprès de son ami le seigneur Polygame, et le villageois fait un récit circonstancié de ses déboires conjugaux. Lupolde, vieil homme de loi au service de Polygame, prodigue au mari trompé des conseils pédants et quelque peu ridicules (chap. 1). Invité à partager le repas d'une compagnie de gentilshommes, Eutrapel consterne ses commensaux par sa gloutonnerie et sa grossièreté (2). À Polygame amusé, Eutrapel décrit le comportement ordinaire des villageois menacés par une armée de « souldartz » : tandis que les hommes cherchent à sauver l'indispensable, les femmes veulent se charger d'une multitude de futilités (3). Eutrapel raconte ensuite à Polygame comment Jupiter a donné la goutte aux riches et l'araignée aux pauvres (4). Dans un échange doux-amer avec le juriste Lupolde, Eutrapel stigmatise la manie de la péroraison, et les circonlocutions pompeuses en usage dans les procès (5).

De toute évidence, les *Baliverneries* ne parviennent qu'exceptionnellement à renouer avec la verve des *Propos rustiques*. Le recueil précédent, qui se situait au croisement d'un imaginaire facétieux et d'une solide culture humaniste, possédait une indéniable consistance. Ici, le démarquage de Rabelais se fait trop systématique pour ne pas brider l'imagination de l'auteur : le couple formé par Eutrapel et Polygame évoque constamment l'amitié de Panurge et de Pantagruel, tandis que Lupolde s'inscrit dans le droit fil des lettrés enflés de leur savoir, Thubal Holoferne et autres Janotus de Bragmardo. La brièveté du recueil interdit en outre toute complexification des personnages et de leurs rapports : Polygame, réduit au statut d'auditeur des « baliverneries », n'a guère qu'une présence accessoire ; quant aux harcèlements taquins qu'exerce Eutrapel sur Lupolde, ils restent trop anecdotiques et trop ponctuels pour s'élargir en satire des usages prétentieux du langage.

Le recueil contient pourtant de savoureuses saynètes, riches d'une dimension verbale et visuelle, comme la goinfrerie d'Eutrapel, ou les lamentations du mari trompé, qui ressemblent à de « terribles et énormes figures » syllogistiques. Mais le lecteur cherche en vain une logique organisatrice : les entretiens des trois protagonistes sont trop peu consistants pour fournir, comme dans l'**Heptaméron*, un cadre régulateur, et la succession des histoires – fable

mythologique, récit gaillard ou apologue satirique – procède plus de la rhapsodie que d'une quelconque nécessité.

Les Baliverneries d'Eutrapel constituent, dans la carrière littéraire de Noël du Fail, un errement passager. Magistrat humaniste – il rédigera en 1579 un recueil de lois et coutumes de Bretagne –, l'auteur ne peut manifestement pas donner toute sa mesure dans les cadres de la narration facétieuse : la dynamique panurgienne empêche l'épanouissement de sa réflexion morale et sociale. Lorsqu'il reprendra, vingt-sept ans plus tard, le trio des *Baliverneries* dans les **Contes et Discours d'Eutrapel*, Du Faye s'affranchira largement des contraintes narratives : les dialogues des trois protagonistes seront rigoureusement ordonnés à la fonction pédagogique et moralisatrice du recueil. Les *Baliverneries* contiennent à peine l'ébauche, l'anticipation lointaine d'un ouvrage autrement ambitieux où se résumera toute la philosophie pratique de l'auteur.

● « Pléiade », 1956 (*Conteurs français du XVIe siècle*, p.p. P. Jourda) ; Klincksieck, 1970 (p.p. N. Milin).

P. MARI

BALLADES. Recueils poétiques de **Christine de Pisan** ou **Pizan** (vers 1364-vers 1431).

À partir de 1380 et jusque vers 1410, Christine compose près de trois cents ballades, qui constituent la majeure partie de sa production lyrique, puisque la forme la plus souvent utilisée ensuite par elle, le rondeau, ne représente que quatre-vingts pièces. Les ballades qui s'inscrivent dans la tradition des grands créateurs du XIVe siècle, et notamment de Machaut, peuvent être insérées dans des œuvres narratives en vers (on en trouve quinze dans *le Duc des vrais amants*) ; mais, composées séparément ou de façon concertée, elles sont le plus souvent regroupées en recueil, avec notamment les ensembles des *Cent Ballades* (1395-1400) et des *Cent Ballades d'Amant et de Dame* (1410). Le poète se conforme ainsi à un goût pour la « mise en recueil » dont les *Cent Ballades* de Jean de Saint-Pierre, sénéchal d'Eu, sont l'un des exemples les plus célèbres.

D'une manière générale, l'inspiration de Christine puise dans les thèmes courtois, et d'abord dans la peinture de l'amour où la femme est souvent victime de l'inconstance et de la désinvolture de l'amant ; mais, réagissant au spectacle piquant ou douloureux que lui offre son époque, le poète compose aussi, comme l'a fait Eustache Deschamps, des « ballades de moralité ». Son œuvre n'est pourtant pas le reflet direct d'un sentiment personnel, d'autant qu'elle se défend à plusieurs reprises d'avoir pris l'initiative d'écrire : « Aucunes gens me prient que je en face / Aucuns beaulz diz, et que je leur envoye », dit-elle au début des *Cent Ballades*.

Mais, comme l'a montré D. Poirion, il n'existe pas d'opposition entre le fait que l'écrivain-artisan travaille sur commande – et d'abord, s'agissant de Christine, afin de gagner sa vie après la mort de son époux – et son aptitude à dire, de façon occasionnelle, une situation personnelle et à pousser un cri parfaitement sincère. Travail poétique et inspiration se rejoignent en effet à un niveau très profond où l'écriture peut signifier pour tous ce que le langage ordinaire laisserait à l'individuel et à l'anecdotique.

Dans le premier recueil des *Cent Ballades*, l'expression personnelle est du reste plus proche, moins diffractée par le travail poétique que dans les œuvres ultérieures. Au début du volume, parmi les ballades de « douloureux sentement », plusieurs poèmes laissent percevoir la souffrance du veuvage : « Ô dure mort, or as tu trait a chief / Touz mes bons jours, ce m'est chose molt dure » (ballade V).

Mais d'autres formes de souffrance prennent place dans ce petit ensemble, où se déploie la culture d'un auteur en quête d'une sagesse à laquelle conduit le spectacle du monde : « C'est souvrain bien que prendre en pascience » (ballade XVI).

Cent Ballades. L'organisation du recueil n'obéit pas à un principe unique. Après les vingt ballades du « douloureux sentement », le poète se tourne vers les « ditz d'amours » (ballade L) et décrit diverses situations : accord des amants, au terme de la quête de la dame effectuée par l'ami (XXI-XXIV), vicissitudes de l'amour, avec les menées des médisants ou la souffrance de la séparation (XXV-XXVI, XXX, XXXII-XXXIII), refus d'aimer (XLVIII-XLIX). S'ébauche de la sorte une sorte de chronique de l'amour, avec référence au temps de l'année : « Or est venu le tres gracieux moys / De may le gay, ou tant a de doulçours » (ballade XXXV) et alternance du scripteur, d'un poème à l'autre : « Douce dame, veuilliez moy pardonner » (ballade LXXXII) ; « Tres faulz parjur, renoyé plain de vice » (ballade LXXXIII).

Mais le lien entre les ballades est souvent difficile à saisir : il peut aussi bien tenir aux termes de l'incipit, qui rapproche deux textes successifs, qu'à une thématique de la série. Dans ce premier recueil, les recherches de virtuosité formelle sont rares ; la plupart des ballades ne comportent pas d'envoi et les strophes hétérométriques sont extrêmement rares.

Plus de dix ans plus tard, Christine de Pisan manifeste, avec les *Cent Ballades d'Amant et de Dame*, les progrès accomplis dans la maîtrise de la forme poétique et dans l'organisation du recueil. Sans doute ne peut-on être sûr que toutes ont été écrites de façon concertée, pour répondre à la commande précise dont Christine nous parle au début de son livre ; mais tous les poèmes prennent place harmonieusement dans une sorte de chronique poétique d'une histoire d'amour qui conduit l'amie au désespoir et à la mort.

Cent Ballades d'Amant et de Dame. Rebelle aux prières de l'Amant, la Dame se rend aux injonctions du dieu Amour (ballade X) et se laisse progressivement séduire (XXVI). Les jeunes gens goûtent le bonheur d'aimer (XXVII-XL), mais les traverses guettent leur félicité : entreprises des médisants (XLI-XLIV), nécessité pour l'amant de s'éloigner, afin de participer à une campagne (XLV-LIX). Les retrouvailles, délicieuses, arrivent enfin (LX-LXIV), et les amours reprennent, tandis que les fêtes, occasions de cadeaux, scandent l'année (LXV-LXXIII). Mais vient bientôt le temps des périls : l'Amant se montre ombrageux sans raison, s'absente sous des prétextes divers, et la Dame finit par comprendre que son cœur n'est plus le même (LXXXIV-LXXXVI). Bientôt la belle, touchée au cœur, n'a plus qu'à attendre la mort (C).

Christine, à la fois pour donner au recueil la diversité souhaitable et pour accorder la forme à chaque moment du récit poétique, varie constamment l'instance d'énonciation et les éléments prosodiques : l'amant et la dame se répondent, dialoguent au sein d'une même ballade, s'adressent une épître ou lisent celle qu'ils viennent de recevoir. Les strophes hétérométriques sont nombreuses, et le sautillement léger d'une strophe exprimant la joie d'aimer : « Tienne toute / Suis sans doute / Mon bel ami gracieulx » (ballade XXXIV) est suivi par la plainte solennelle de l'amante déçue : « Ha ! Fortune, que si nous despareilles, / Moult est par toy mon biau temps enlaidis » (ballade XCVI).

Deux autres recueils doivent encore être mentionnés. Les *Ballades de divers propos* (cinquante-trois pièces) sont fréquemment des éloges adressés à de grands personnages de la cour, qui sont aussi les mécènes du poète, comme la reine Isabeau ou Marie de Berry. Christine peut également célébrer un événement qui a marqué l'actualité, comme le combat qui opposa, en 1402, sept chevaliers français à sept chevaliers anglais. On trouve aussi des « ballades amoureuses », et l'écho du désir de Christine de lutter par le savoir contre les coups de fortune : « Princes, avant que la mort m'acueure, / Priez Pallas que pour mon bien acueure » (ballade XIV).

Dans ces textes, composés habituellement de décasyllabes, on trouve peu de recherche formelle : la régularité paraît imposée par l'harmonie de l'univers des destinataires.

Il n'en est pas de même pour les quatre *Ballades d'estrange façon* où Christine, plus encore que dans les *Cent Ballades d'Amant et de Dame*, donne la mesure de sa virtuosité, notamment avec les ballades « a responses »,

autrement dit les ballades dialoguées : « Mon doulz ami – Ma chiere dame. / S'acoute a moy – Tres volentiers. »

● *Ballades, Rondeaux et Virelais*, Leicester, 1965 (p.p. K. Varty) ; *Cent Ballades d'Amant et de Dame*, « 10/18 », 1982 (p.p. J. Cerquiglini).

F. SUARD

BALLADES. Poèmes d'**Eustache Deschamps** (vers 1346-1407).

Sa vie très active et souvent aléatoire, des ennuis de santé et de famille, les troubles du temps empêchèrent le poète d'éditer lui-même ses œuvres que réunit, avec une certaine désinvolture, le copiste Raoul Tainguy en les classant d'après des critères formels (ballades, rondeaux, virelais, lais, farces, autres traités particuliers, chartres, commissions et lettres) dans un volumineux manuscrit de 600 feuillets, soit 1 162 pages de texte à deux colonnes de 34 à 35 lignes chacune. Les ballades (au nombre de 1 032) en constituent la part la plus considérable, à l'exemple de Machaut qui avait donné au genre ses lettres de noblesse, en particulier dans le *Voir Dit* et la *Louange des dames*, avec des ballades de trois strophes terminées par un refrain, de préférence décasyllabiques, isométriques ou hétérométriques, sans envoi.

Les unes, d'ordre didactique, énoncent tout un code de morale sociale et personnelle, souvent terre-à-terre, proche de la pensée proverbiale : on y rend le bien pour le mal, l'on y sert sans récompense, les malheureux ont toujours tort, la Fortune est toujours décevante, des correspondances existent entre le macrocosme naturel et le microcosme humain. Ces ballades de moralité sont souvent satiriques, et Deschamps dénonce le temps présent qui tire vers sa fin, à en juger par des présages (« Mortalité, tempest, guerre et famine »), sa folie et ses vices (« Mener ne vois à nul honnête vie » ; « Car nul ne tend qu'à emplir son sac » ; « Bonne herbe est mise en nonchaloir… ») ; les excès des grands et des puissants ; la cour qu'il faut fuir, ses faux semblants d'amitié (« Sous nom d'aimer se tapit Trahison »), ses médisances, ses flatteries (« Car chacun dit : "Monseigneur dit trop bien" ») ; ses modes vestimentaires ridicules ; les officiers du Trésor royal et les gens de finance (« Ja riche hom n'ira en paradis ») ; les soldats, « goupils en faits et mâtins en courage », le métier des armes et la guerre ; les Flamands, les Gantois et les Anglais, etc.

En opposition, d'autres ballades ressortissent à la célébration : déplorations funèbres pour la mort de Bertrand du Guesclin (« la fleur des preux et la gloire de France »), du « bon prudhomme et chevalier Sampy », du « noble Mille, évêque de Beauvais », du roi Charles V, de Guillaume Machaut, le « noble rhétorique » dont Deschamps a chanté le *Voir Dit* ; adieux à des villes aimées (« Adieu Paris, adieu petits pâtés ») ; éloges de princes comme le jeune Charles VI dont il fait l'exégèse du nom (« Le C premier signifie courtois, / H Hardi […] ») ou de la princesse Marie de France, de villes telles que la petite patrie, Vertus en Champagne, la bien-aimée Paris, fontaine de sens et de clergie, miroir de chevalerie, puits de richesses (« Rien ne se peut comparer à Paris »), Reims la royale (« Tu dois être sur toutes honorée »), Troyes, « plaisant et très amoureuse cité », Bruxelles ; éloges de châteaux, ou de provinces comme la Champagne opposée à la sinistre Brie ; vœux d'anniversaire pour Charles VI et Louis d'Orléans ; prière à la Vierge qui répond au poète sur les mêmes rimes.

Le disciple de Machaut a écrit, souvent dans le style du *Roman de la Rose*, de nombreuses ballades amoureuses, saluts, demandes de rendez-vous, compliments, vœux… poèmes de requête ou de plainte, vilipendant les traditionnels « losengiers », rivaux en amour et en poésie, ou promettant, s'il revient de la guerre, « qu'à ma dame donray chapeau de fleurs ».

Les plus originales des ballades de Deschamps sont celles qui appartiennent à la tradition de Rutebeuf et de Colin Muset, et qu'on peut appeler personnelles : il demande qu'on lui paie ses gages ou lui fournisse des « harnais » pour la tour de Fismes ; il se plaint de ceux qui lui empruntent ses livres sans les lui rendre, du mauvais temps, de ses déceptions, de sa calvitie, de son état de santé et de ses maladies (« En son lit il faut tourner et retourner »), de son vieillissement (« Toudis [toujours] faut ouvrir en vieille selle »), de son apparence physique (« Comme un Maure me peut on figurer ») et des moqueries des jeunes écuyers (« Je suis moqué, ainsi sont vieilles gens ») ; il dit adieu à sa jeunesse, au confort d'une vie douillette, aux agréments de Paris ; il présente plusieurs esquisses de son portrait (« J'ai le cœur bon, mais le corps ne vaut rien ») ; il explique pourquoi il ne va pas à la cour (« Je n'ai

Baudelaire

Charles Baudelaire en 1855,
par Nadar (1820-1910).
Musée d'Orsay, Paris.
Ph. © RMN/H. Lewandowski.

Baudelaire l'énigmatique : un classique qui écrit des vers latins, un romantique qui exalte la couleur d'un Delacroix, un précurseur qui invente le mot de « modernité » ? Sa vie fixe à jamais le destin du « poète maudit » : l'enfance mal-aimée, les dettes, le procès pour immoralité, la syphilis, jusqu'à ce frôlement de « l'aile de l'imbécillité » et l'aphasie... Une œuvre qui est comme la quintessence de la poésie : la rigueur d'un vers « racinien » et la splendeur voluptueuse des images, les « vastes portiques » d'un mince recueil structuré par l'appel de la mort ; et aussi la souplesse d'un poème en prose qui

« Madame Sabatier ». Aquarelle d'Ernest Meissonier (1815-1891).
Musée du Louvre, cabinet des Arts graphiques, Paris. Ph. © RMN.

« Parfum exotique ».
Lithographie d'Henri Matisse
(1869-1954) pour *les Fleurs du mal*,
Paris, la Bibliothèque française, 1947.
Bibliothèque nationale, Paris. Ph. © Bibl. nat./
Arch. Photeb © Succession Henri Matisse.

« Femmes ». Dessin de Constantin Guys (1802-1892).
Musée Carnavalet, Paris. Ph. Jeanbor © Arch. Photeb.

donne sa forme moderne au spleen de
« l'homme des foules », et scrute la ville
derrière ses mille fenêtres... À tous
ceux qui ont « perdu ce qui ne
se retrouve/Jamais, jamais », l'œuvre
de Charles Baudelaire (1821-1867) rend
un « éblouissant rêve » fait de
correspondances, de symboles et de
réminiscences, un verbe précis jusqu'à
la cruauté, qui dit la danse de la chair
indolente et le ver qui la guette avec

Autoportrait de l'auteur fumant du haschich.
Collection particulière. Ph. © Jean-Loup Charmet.

Lithographie d'Odilon Redon (1840-1916) pour
les Fleurs du mal, Bruxelles, chez Edmond Deman, 1890.
Bibliothèque nationale, Paris. Ph. © Bibl. nat./Arch. Photeb.

« Rue des chantiers », 1862.
Gravure de Charles Méryon (1821-1868).
Bibliothèque nationale, Paris. Ph. © Bibl. nat./Photeb.

la même hauteur indifférente de dandy,
l'envol vers la pure lumière de l'idéal
et l'étouffement sous le « couvercle » du
désespoir. Promeneur parisien qui dédie
à la passante un aveu d'amour fugitif
comme le spectacle de la rue (« O toi
que j'eusse aimée, ô toi qui le savais ! »)
et préfère à tous les voyages celui qui
mène « n'importe où hors du monde »,
celui des « nuages qui passent... là-bas...
là-bas... les merveilleux nuages ! »

« Étude de ciel ». Pastel d'Eugène Boudin (1824-1898).

Musée du Louvre, cabinet des Arts graphiques, Paris. Ph. © RMN/H. Lewandowski.

« Chasse au tigre », 1854, par
Eugène Delacroix (1798-1863).

Musée d'Orsay, Paris. Ph. © RMN.

cure d'être en geôle ») et se défend contre ses accusateurs (« C'est pour garder le droit de mon seigneur »). Tout aussi bien il brode de nombreuses variations sur le motif de la « bonne vie » (« Je suis perdu quand on ne boit de vin »), dénonçant la nourriture de carême, les harengs « caqués et saurs, jaunes, noirs et puants ».

La diversité et l'opulence des thèmes vont de pair avec une exceptionnelle maîtrise de la forme. Deschamps a d'ailleurs composé un art poétique fort intéressant, le premier de ce type en France, l'*Art de dictier et de faire chansons* (novembre 1392), persuadé qu'« on ne peut bien sans règle ouvrer ». Le but de ce livret est de traiter de la poésie « en baillant et enseignant un petit de règle ci-après déclarée à ceux que nature aura enclinés ou enclinera à cette naturelle musique, afin qu'ils sachent connaître les façons des lais, les manières des ballades ». Il y définit les sept arts libéraux, rattache l'art de rimer à la « musique naturelle », classe les phonèmes du français, étudie les ballades, serventois, virelais, rondeaux et lais, dont les exemples sont tirés de son œuvre. S'il estime que le poème peut se passer de la « musique artificielle », c'est-à-dire instrumentale, encore qu'il en soit enrichi et embelli, il insiste sur la « musique naturelle », celle que produit « la bouche en proférant paroles métrifiées ». Il accomplit le transfert du chant à la parole. Il parle surtout de la ballade, tout en passant sous silence ce qu'il juge banal et connu, si bien que son exposé peut sembler lacunaire ; il ne retient que les points importants, souvent à cause de leur nouveauté : faire alterner rimes féminines et rimes masculines ; pratiquer une versification savante : les ballades équivoques, rétrogrades et à rimes léonines « sont les plus fortes ballades qui se puissent faire » ; introduire un envoi, qu'il emprunte au chant royal, et qui, comportant trois vers plus le refrain et commençant par le mot « prince » (à l'origine le prince du puy, l'arbitre des concours poétiques), résume le contenu de la ballade.

On assiste avec Deschamps à un extraordinaire renouvellement du champ (chant) poétique. Poète de cour, s'adressant à un public aristocratique, il s'adonne, souvent sur commande, au lyrisme courtois, à la poésie formelle qui parle indirectement, mais qu'il revivifie par la multiplication des images sensibles, par l'influence de la vie concrète, par l'approfondissement de la vie intérieure qui se colore de tristesse, par le développement d'une culture morale plus humaniste. Le renouveau chevaleresque et courtois de son temps entraîne le retour aux traditions poétiques qui mêlent culte de la prouesse et goût des plaisirs amoureux, en particulier chez les jeunes aristocrates qui s'interrogent, en quête d'un nouvel équilibre, et que moque Deschamps (« Les poulains ne valent pas les chevaux faits »). La poésie courtoise, poésie de l'être tournée vers la contemplation, caractérisée par la concision, l'allusion et la métaphore élaborée, fruit d'une longue tradition, semble, par son abstraction même, vouée à l'immobilité ; mais elle reste tributaire de l'humanité concrète, contaminée par les contingences naturelles, par le pittoresque, par l'avoir, par le monde matériel de l'argent : « Il ne me faut, écrit Deschamps, que finance et bon corps. » Étroitement liée à la vie des princes qui est art plus que nature, elle cherche à reproduire l'essence, plutôt que le morcellement de l'existence. Ce qu'expriment, plus particulièrement, les devises et les vœux, dont Deschamps se plaît à offrir une caricature : ne se proclame-t-il pas « le roi des laids », et n'écrit-il pas : « Je voue à Dieu, aux dames, à Amour, / À tous amants, à l'amoureuse vie, / Au roi aussi et à tous mes seigneurs, / À tous les saints, à la Vierge Marie » ? Cet effort concerté pour ramener la spontanéité de la vie à la rigueur de l'idéal entraîna, en cette fin du Moyen …ge, une multiplication des ordres de chevalerie, une attention accrue au cérémonial et au formalisme ; mais, en même temps, sous la pression de l'Histoire, l'appel à l'idéal devint un appel à l'ordre, le lyrisme se fit didactique, et les cérémonies tombèrent dans la parodie : Deschamps imagina un club des Fumeux qui réunirait tous les sots de la société et un ordre de « baboe » qui prescrivait de vider son verre chaque fois qu'un de ses membres le demandait. Le jeu courtois, qui devient représentation et déguisement, se plaît aux jongleries verbales et à la surprise des mots ; la poésie perd sa profondeur sacrée au profit du divertissement et du sérieux.

Elle répond de plus en plus à l'appel des circonstances, miroir de la vie sous un regard personnel. Attentive à l'Histoire, elle se fait célébration de la gloire, mêlant la méditation philosophique et l'expression du sentiment ; et le poète témoigne de la conscience collective quand il déplore la mort de Du Guesclin : « Pleurez, pleurez, fleur de chevalerie. » Elle est alors guettée par le double écueil de la convention et de la satire, à laquelle cède Deschamps quand il prophétise aux Anglais : « Détruits serez, Grecs diront et Latins : / Ou temps jadis était si l'Angleterre. » Surtout, par le retour aux données immédiates de la vie, la poésie devient conversation sinon reportage. Le trouvère, journaliste des événements quotidiens (déplacements des princes, tribulations des campagnes militaires, fêtes de la cour...), accompagne son récit de réflexions plus ou moins caustiques. La création émane maintenant de la rencontre du poète avec le monde ; elle suit la vie, tantôt grave, tantôt frivole ; le familier se mêle au courtois ; la réflexion naît de la situation, et le moi se découvre dans cette confrontation avec la société. La poésie se fraie ainsi une nouvelle voie entre les conventions de l'ancienne courtoisie et les propos sur l'événement, faisant une place plus importante à la féminité.

Attentif au monde qui l'entoure et intéressé par tous les aspects de sa vie, Deschamps prêche de plus en plus une morale indépendante et prépare le lyrisme personnel de Villon, aimant, comme lui, l'activité poétique et les jeux littéraires, les plaisirs de l'amour (« Sans amour nul n'a bien vécu »), la bonne chère et les vins fins, la joyeuse compagnie des insouciants Fumeux, le pittoresque du quotidien, les spectacles de la rue. De là le regret de la jeunesse perdue (« Pour ce, triste, te dis adieu, Jeunesse ») et l'importance qu'il accorde à son corps et à sa dégradation, à l'image que les autres ont de lui, à commencer par sa calvitie (« Si je suis laid, si suis-je gracieux »), qui l'empêche de jouir pleinement de la vie de cour. Celle-ci l'attire par tous les plaisirs qu'elle dispense, mais il en a vite compris la vérité. Trop indépendant pour se soumettre à ses règles qui étouffent le naturel, il est resté en marge, tout en vivant au milieu des courtisans qu'il a ridiculisés et dénoncés pour se venger d'avoir été moqué et humilié, toujours partagé entre l'idéal d'une vie naturelle, celle de Franc Gontier (« Suffise d'avoir santé et sens ») et les raffinements de la cour. Dans ses ballades, dont beaucoup renouvellent des motifs conventionnels, il cherche une justification à son existence. Par la critique des riches, il se console de son état, trop pauvre pour soutenir un train luxueux ; mais était-il attaché à l'argent, et ses plaintes ne sont-elles pas un écho aux doléances de Rutebeuf ? S'il aime le confort, il méprise le luxe et la vanité. Son désir de fuir cette vie artificielle et hypocrite (« Mais qui voir dit, on ne l'aime de rien ») obéit à un élan profond de son être. La nature est bonne, il faut lui faire confiance. Inutile de regretter le passé : il y aura toujours des bons et des méchants. Il faut vivre au mieux, jouir intensément du moment présent, en s'adaptant aux circonstances, au gré de la providence et de la nature, en acceptant ses contradictions. Le bonheur est à notre portée : « Nul n'est chétif [misérable], s'il ne le cuide être », et le poète, dans son « Testament par manière d'esbatement », nous lègue « joie et soulas / À ceux qui la voudront avoir ». Sans doute est-ce pour cette raison que Deschamps demeure aussi attachant, car, comme l'a écrit Gide, « c'est par ses contradictions qu'un être nous intéresse et témoigne de sa sincérité ».

● *Œuvres complètes*, New York Johnson Reprints, 1985 (réimp. éd. 1878-1903).

J. DUFOURNET

BALLADES. Voir POÉSIES, de Charles d'Orléans.

BALLADES EN JARGON (les). Ballades de François Villon (1431-après 1463), publiées dans le recueil *le Grand Testament Villon et le Petit. Son codicille. Le Jargon et ses ballades* à Paris chez Levet en 1489.

Villon, qui affirme, dans la *Ballade des menus propos*, « Je connais quand piqueur jargonne » [Je connais quand un trompeur parle argot], a écrit vers les années 1460 six ballades en jargon (appelé aussi jobelin ou argot). Cinq autres ballades sont encore d'attribution incertaine. Ces poèmes sont surtout des conseils aux mauvais garçons pour qu'ils échappent au gibet ; ils sont d'une compréhension difficile, si bien que Clément Marot, qui a édité les œuvres de Villon, concluait : « Touchant le *jargon*, je le laisse à corriger et exposer aux successeurs de Villon dans l'art de la pince et du croc. »

Première ballade. « À Parouart la grant mathegaudie / Où accolez sont duppez et noirciz » [À Paname, la grand-ville de joie, où les naïfs sont pris au cou et noircis], renoncez à tromper, à crocheter les coffres, et dépêchez-vous de fuir, de peur d'être pendus : « Eschec eschec pour le fardis » [Gare, gare à la corde]. Deuxième ballade. « Coquillars en aruans à ruel » [Coquillards qui travaillez dans la dégringolade], si vous vous livrez à des agressions, rappelez-vous Colin de Cayeux et Montigny : ils eurent beau raconter des histoires, ils ne convainquirent pas les juges, « dont l'amboureux luy rompt le suc » [pour finir, le bourreau lui rompit la nuque]. Troisième ballade. « Spelicans / Qui en tous temps / Avancés dedans le pogoiz / Gourde piarde / Et sur la tarde / Desbousez les pouvres nyais » [Entôleurs qui, à toute heure, présentez dans le pot du bon pinard et qui, sur le tard, nettoyez les pauvres niais], méfiez-vous, « pour les sires qui sont si longs » [à cause des jobards qui sont si malins] et qui sont de connivence avec la police. Quatrième ballade. Casseurs qui dévalisez les églises, « Saupicquez frouans des gours arquez / Pour desbousés beaus sires Dieux » [Preneurs d'empreintes qui forcez de gros coffres pour dépouiller le bon Dieu], faites bien attention : « Mes freres soiez embraieux / Et gardez les coffres massis » [Mes frères, fermez vos gueules et gardez-vous des cachots épais]. Cinquième ballade. « Joncheurs jonchans en joncherie / Rebignez bien où joncherez » [Trompeurs trompant en tromperie, reluquez bien où vous tromperez], gagnez le large sans tarder, « pour la poe du marieux » [à cause de la patte du bourreau]. Sixième ballade. « Contres de la gaudisserie » [Compagnons de la bamboche], coupez des bourses, écoulez de la fausse monnaie, rognez les écus, mais attention à la justice « qui aux sires plante du gris / En leur faisant faire la moe » [qui en fait voir de tristes aux imbéciles en leur faisant faire la grimace].

L'apparition des ballades en jargon et des œuvres du même genre s'explique par la rencontre, dans des bandes plus ou moins importantes, de soldats tombés dans le brigandage et de clercs déchus qui n'ont pas obtenu de prébende. Des seconds, Villon est un exemple assez caractéristique. Sans doute devint-il coquillard à la suite de ses amis Regnier de Montigny et Colin de Cayeux. Ce dernier fut son mauvais génie, son maître dans l'art du cambriolage, du langage et des mœurs de la Coquille et peut-être en homosexualité. Après avoir participé au vol au collège de Navarre en 1456, il fut pendu vers 1460, comme l'avait été Regnier de Montigny en 1457. Au milieu du XVe siècle, et dans les décennies qui suivirent, apparurent des bandes comportant plusieurs centaines d'individus et dont l'unique activité était le brigandage, le pillage et le vol. Leur formation semble essentiellement due à l'existence de compagnies errantes, sans exercices militaires. Les coquillards dévastèrent la Bourgogne. On en arrêta une quinzaine à Dijon, sur cinq cents ou mille, et on les pendit. L'un d'eux, le barbier Perrenet Le Fournier, pour sauver sa tête, trahit les usages de la bande, ses chefs, son langage secret qui indiquait en particulier les spécialités. Ces révélations, consignées par le procureur Rabustel, sont d'une importance capitale pour comprendre l'argot de Villon. La bande, qui agissait sur les routes et dans les villages, sans éviter les villes comme Dijon, voire Paris, rançonnait marchands et voyageurs, raflait les vases précieux des églises,

avait une organisation particulière, des chefs, des lieux de rencontre secrets et des signes de connivence. Dans cette corporation de voleurs professionnels, l'entrée était précédée d'un examen, d'un chef-d'œuvre dans l'art de la cambriole, et l'on veillait à ce que chacun reçût un emploi adéquat. C'était un métier qui avait ses apprentis, les « gascatres », « qui est à entendre, traduit Rabustel, oudit langage un coquart ou apprenti de ladite science ». Composée de nombreux jeunes, déracinés par les destructions de la guerre et attirés par une vie facile fondée sur la violence, la Coquille comportait des clercs déclassés, que la tonsure mettait pour un temps à l'abri des rigueurs de la justice civile, des prêtres errants qui se mêlaient aux vagabonds, des moines habitués à la mendicité, des étudiants pauvres, coupés de leur milieu familial, mal encadrés, souvent réduits à mendier pour subsister, qui, de bagarres en heurts violents avec les sergents, tombaient dans la délinquance et le crime. Ce fut sans doute le cas de Villon, qui devint le poète de la Coquille et dont l'itinéraire est éloquent : maître ès arts en 1452, il participe au canular du Pet-au-Diable, fréquente les cabarets, tue un prêtre en 1455 au cours d'une rixe ; gracié, il cambriole le collège de Navarre le soir de Noël 1456, erre loin de Paris pendant cinq ans, connaît la prison à plusieurs reprises, en particulier à Meung-sur-Loire en 1461 ; libéré à l'occasion du passage du nouveau roi en octobre 1461, il est arrêté en 1462 pour l'affaire du collège de Navarre ; de nouveau libre, il participe à la rixe avec le notaire pontifical Ferrebouc, ce qui lui vaut d'être condamné à la pendaison ; sa peine commuée, le 5 janvier 1463, en un bannissement pour dix ans loin de Paris, il disparaît à jamais. Villon, qui n'était peut-être pas un voleur professionnel, fut à coup sûr un représentant du monde des vagabonds, dont la carrière criminelle est assez typique.

Aussi comprend-on qu'il ait pu écrire ces ballades en jargon, où Pierre Guiraud a décelé trois niveaux de sens correspondant à trois situations de l'existence des coquillards. Au premier niveau, Villon s'adresse à ses compagnons pour leur donner des conseils et les prévenir du châtiment. Le deuxième sens est celui de la tricherie, des jeux truqués, des dés, des cartes : les ballades sont alors une sorte de manuel du tricheur professionnel. Le troisième niveau, le plus secret, a trait au jeu de l'amour pédérastique. Ainsi les « spélicans » [pélicans] de la troisième ballade sont, dans le même temps, des entôleurs qui « espéluquent » [plument] les clients de la taverne, des tricheurs qui tirent des cartes de leur jabot, et des homosexuels qui « espéluquent » en becquetant de leur long bec. En fait, quelles que soient l'habileté et la subtilité de Pierre Guiraud, si de nombreux mots présentent un double, voire un triple sens, on ne peut raisonnablement soutenir qu'il existe tout au long des ballades les trois niveaux de signification dont parle le critique.

En revanche, ce qui est sûr, c'est que, si l'on compare le jargon aux autres ballades de Villon, on découvre qu'il est très différent d'un point de vue technique : les rimes varient d'une strophe à l'autre, et paraissent moins soignées ; le nombre des syllabes diffère d'un vers à l'autre. D'autre part, les ballades en jargon, où prédominent noms et verbes au détriment des adjectifs et des adverbes, se ressemblent toutes : c'est toujours une série de conseils à diverses sortes de mauvais garçons dont on devine la spécialité – et, par là, c'est un précieux document, à éclairer par les archives du procès de Dijon –, et une évocation plus ou moins réaliste de l'obsédante pendaison qui attend ceux qui seront pris. Autour d'un thème identique, Villon brode des variations sur un contenu assez pauvre, se bornant à répéter : « Faites attention, décampez au plus vite, évitez d'être arrêtés ! » Il recourt peu au style direct qui laisserait entrevoir le moi du poète, au rythme saccadé de la conversation.

Cette poétique, différente de celle du *Testament*, ne permet pas de conclure à un autre auteur ; tout au plus peut-on dire que Villon est moins exigeant quand il s'adresse aux coquillards, ou qu'il ne maîtrise pas le jargon autant que le français. Au demeurant, il n'a cessé d'être attiré par l'argot, comme par d'autres langues, puisque nous en retrouvons des traces dans *le Testament* : n'est-il pas question de « la pie juchier » c'est-à-dire de « boire, pinter » ? N'affirme-t-il pas : « Toujours trompeur autrui engautre » ? Or « engautrer » [embobeliner] se lit sous la forme « engaudrer » dans la troisième ballade en jargon. Enfin, le « grand ange » n'est-il pas aussi en argot le sergent du prévôt, le policier, et les « noces » de Noël ne désignent-elles la pendaison, comme dans la première ballade ? Il y aurait sans doute intérêt à relire *le Testament* à la lumière des *Ballades en jargon.*

● Waltz et Puget, 2ᵉ éd., 1960 (A. Ziwès et A. de Bercy, *le Jargon de maître François Villon*) ; Gallimard, 1969 (P. Guiraud, *le Jargon de François Villon ou le Gai Savoir*) ; Champion, 1971 (p.p. A. Lanly). ➤ *Œuvres*, Champion ; *Œuvres poétiques*, « GF » ; *Poésies*, « Poésie / Gallimard » ; *id.*, « Lettres françaises » ; *Poésies complètes*, « Le Livre de Poche / Lettres gothiques ».

J. DUFOURNET

BALLADES FRANÇAISES. Recueils poétiques de Paul **Fort** (1872-1960), publiés à Paris chez Flammarion à partir de 1922.

Le fondateur du Théâtre d'Art (1890) ne renonça pas à la scène : les *Chroniques de France* (voir, par exemple, *les Compères de Louis XI*, 1926 ; *Isabeau de Bavière*, 1924) suffisent à le rappeler. Mais il trouva sa voie véritable dans le genre de la ballade, qui n'a de commun que le nom avec le genre illustré par Villon, où il fut d'une prolixité incomparable. Il donna ainsi au public, plus ou moins régulièrement, de 1897 (*Ballades françaises*) à 1958 (*Si tout l'amour m'était conté*), des poèmes qui devaient beaucoup aux rythmes des chansons populaires. En 1922 il tenta d'établir une édition définitive des *Ballades françaises* qu'il enrichit ensuite constamment de nouveaux titres (17 volumes au total). Une œuvre intarissable et inépuisable, en somme : « Personne, dit Maeterlinck, ne peut se vanter de les avoir lues jusqu'au bout. »

Que trouve-t-on dans ces *Ballades* ? Les beautés de la nature (« Montagne-Forêt-Plaine-Mer », 1898), les belles histoires de France (« le Roman de Louis XI », 1898) des histoires de cœur (« Paris sentimental », 1902), des souvenirs littéraires à la manière des symbolistes (Ophélie, Hamlet dans « Cantilènes et Ballades », 1909), des récits légendaires (« les Enchanteurs », 1919), des ensembles cocardiers (« Que j'ai plaisir d'être français », 1917), des paysages des régions de France (« Vive Patrie », 1949 ; « Mon grand pays », 1950), ou de pays francophones, ou de l'Empire colonial (« Empire de France », 1953). Dans ce manuel d'histoire(s) et de géographie défilent tous les tons et tous les genres poétiques. Le poète accueille et célèbre l'univers... français.
Prenons l'exemple d'un recueil : « Paris sentimental ou le Roman de nos vingt ans » fait le récit, en six étapes, avec sentimentalité et humour, allégresse et désespoir, des amours orageuses du narrateur et de Manon, l'éternelle enfant fatale de la littérature française. Instants heureux, mais éphémères : amour perdu, accidentel ou impossible, qui ne peut que prendre fin et rendre le poète pâle et habillé de noir à la « Grande Ivresse » de la vie. Bref, autour d'un lieu – Paris – et d'un thème sont rassemblées des pièces éventuellement unies les unes aux autres par une structure narrative.

« Je ferai vibrer toutes les lyres » ("Mon portrait") : tel est le programme de Paul Fort, réalisé au-delà de toutes ses espérances. La lyre suppose des rythmes que le poète sait utiliser avec un art bien consommé. La pièce est souvent structurée autour d'une même cadence, qui majorée ou diminuée brutalement ou progressivement, suggérera l'évolution du sentiment du poète ("Promenade solitaire", dans « Paris sentimental »). Le rythme épouse ainsi les fluctuations d'une vie intérieure : sans emphase, sans (trop de) rhétorique, une voix livre l'intimité d'un être habité par son amour. Mais cette lyre a d'autres cordes : les strophes faites jusqu'alors d'une seule phrase perdent leur brièveté où mètre et syntaxe se recouvrent ; longues, faites de l'accumulation de phrases simples, parfois nominales, elles s'intègrent dans un récit descriptif. Plus dépouillée, l'écriture semble emprunter ses modèles au roman ou au poème en prose ("Bullier", *ibid.*). La vivacité de certaines scènes, dénuées de toute considération morale, où le narrateur héros refuse de s'en laisser accroire, évoque, par exemple, la manière de Jules Renard. L'œuvre de Paul Fort peut être lue comme la mémoire littéraire de toute une époque.

La diversité formelle n'a d'égale que celle de l'inspiration. Le sentimentalisme, parfois un peu mièvre, engendre des passages où le moi et le monde sont en pleine harmonie et où le paysage se fait l'écho du bonheur présent ("l'Amour au Luxembourg", où transparaît le souvenir de telle page des **Misérables* de Victor Hugo). Mais cette harmonie, un chien qui en flaire un autre, peut tout autant l'évoquer ! Tiraillé entre souvenirs romantiques et histoires d'animaux, l'amour du « Paris sentimental » sera tour à tour sordide, dramatique, mélodramatique (suicide dans "Bullier", meurtre dans "Promenade solitaire"), moderne dans l'éclairage électrique et au milieu du boston. Amour heureux et malheureux, vie moderne, souvenirs littéraires, autant de traits que partage, par exemple, Apollinaire dans "la Chanson du mal-aimé", initialement intitulée « le Roman du mal-aimé », de peu postérieure à ce recueil (on pourrait de même comparer "la Grande Ivresse" à "Vendémiaire" composé en 1909). Mais Paul Fort n'est pas Apollinaire.

L'influence des *Ballades françaises* sur les contemporains fut importante. À la veille de la Première Guerre mondiale, Paul Fort était reconnu par ses pairs comme le Prince des Poètes (« un grand poète dont l'art panique ne cessera de grandir dans l'admiration des hommes », écrit Apollinaire, répondant à une enquête des *Cahiers des poètes* de juillet 1913). Sa grande conquête fut d'avoir libéré l'écriture poétique du schéma rigide du mètre et d'en avoir fait un instrument capable de servir l'expression du sentiment, désormais premier. « La prose, la prose rythmée, le vers ne sont plus qu'un seul instrument gradué » (Paul Fort).

● *Choix 1897-1960*, Flammarion, 1982 ; *Ballades du beau hasard*, « GF », 1985 (p.p. D. Leuwers).

D. ALEXANDRE

BANDE À PART. Roman de Jacques **Perret** (1901-1992), publié à Paris chez Gallimard en 1951. Prix Interallié.

La vie quotidienne, sans exploits ni faits d'armes, d'un maquis en 1944. L'un des groupes, où se mêlent paysans de la région et anciens tirailleurs kabyles, est dirigé par le sergent Jacques Perret, seul Parisien parmi eux. L'auteur côtoie ainsi Paulard Gaston, le montagnard taciturne, Pierrot le truand, ou Pincepied, le motard chargé de la liaison entre les groupes. Du souvenir de ces hommes se détache la figure de Ramos, un vieux carrier dont la morale et le comportement intriguent l'auteur. La fin de la guerre se passe en cantonnements dans des villages, en marches et mouvements incessants, en regroupements et dispersions en vue de préparer des opérations qui le plus souvent tournent court. C'est lors de l'une de ces opérations, une embuscade tendue à un petit convoi allemand en retraite, que tombera Ramos, gardant à jamais son secret.

Jacques Perret, qui fut dès les années 1920 caporal tirailleur au Maroc, puis voyageur et grand reporter aux États-Unis et à travers l'Europe balkanique, conte dans ce deuxième roman, qui prend la suite du **Caporal épinglé*, ses souvenirs du maquis, où il a passé la fin de la guerre après son évasion d'Allemagne. Pourtant, ce n'est pas tant son aventure personnelle qui fait l'objet du récit, que la peinture tendre et ironique de ses compagnons d'armes, de ceux que les paysans qu'ils côtoient appellent les « zigotos » et qui, pour Jacques Perret, forment une « bande à part ». Se prétendant « politiquement neutres » mais « militairement organisés », isolés, mal reliés aux autres groupes, ils se battent moins en fonction d'idées généreuses que pour eux-mêmes. Aussi, dans ces portraits pittoresques, servis par une phrase qui joue à plaisir sur les changements de registre et les formules à l'emporte-pièce, Jacques Perret ne cherche-t-il pas à chanter l'héroïsme mais à commémorer l'esprit de ces combattants qui, pour n'être poussés par aucune conviction politique, n'en sont pas moins déterminés et loyaux : l'insignifiance de leur tâche ne leur offre comme raison de lutter que « la petite ivresse de conduire un jeu rare ». Et s'ils se battent pour « retrouver les vieux sentiers de l'école buissonnière et s'y payer une bonne partie entre copains », leur expérience tire sa valeur de ces liens profonds qui se nouent silencieusement face au danger, et de la découverte de personnalités originales. Ainsi toute la dernière partie du roman est-elle consacrée au personnage de Ramos, ce carrier à la sagesse d'augure, qui, insensible aux canons de la logique, entretient un rapport mystique avec la nature où il décèle des signes et des présages. Possédé par un génie qui transforme le quotidien en exceptionnel, il semble se trouver « de plain-pied avec la chanson de geste » et « l'exploit mythologique », et demeure pour Jacques Perret à la fois attachant et insaisissable. Ces souvenirs qui se doublent, dans l'imaginaire de l'auteur, du passé immémorial des guerriers légendaires, tels les chefs gaulois ou carolingiens, apparaissent comme un hymne discret à la mémoire et à la fidélité, une « stèle sans inscription déclamatoire » dressée à la fraternité.

● « Folio », 1973.

K. HADDAD-WOTLING

BANDE CADET (la). Voir HABITS NOIRS (les), de P. Féval.

BANDERA (la). Roman de Pierre **Mac Orlan**, pseudonyme de Pierre Dumarchey (1882-1970), publié à Paris chez Gallimard en 1931.

Après la guerre du Rif (1921-1926), qui avait vu la difficile victoire des troupes françaises et espagnoles sur Abd el-Krim, il était tentant d'évoquer le sombre et singulier univers de la Légion étrangère espagnole, le *Tercio*, et d'une de ses unités, la *bandera* [bannière, en espagnol].

Pierre Gilieth a assassiné un vieillard à Rouen. Il s'est enfui en Espagne et végète quelque temps à Barcelone avant de se résoudre à s'engager dans la Légion étrangère espagnole. On l'envoie au Maroc, à Ceuta. Avec lui un Français, Matot, et un Espagnol assez étrange, Fernando Lucas, pour qui il éprouve une haine instinctive. On lui promet de l'avancement, mais le colonel paraît connaître son passé. Le lecteur comprend assez vite que Lucas appartient à la police et est entré dans la Légion pour épier Gilieth et l'arrêter. Une jeune prostituée arabe, Aïscha, s'éprend de Gilieth. Lucas essaie de se servir d'elle pour obtenir les preuves qui lui manquent. En fait, il devient amoureux fou d'Aïscha. C'est cette passion qui permet à Gilieth de lui échapper : s'il l'arrête, il perdra Aïscha ; sinon, lui dit Gilieth, « tu pourras rester ici près de la Marocaine ». Comment va se terminer cette trêve ? Les deux hommes sont prêts à conclure une paix définitive dans un fortin de montagne, où ils sont encerclés par les Rifains. Mais Gilieth est tué. Lucas perd définitivement Aïscha ; il est rappelé à Madrid et, sa mission ayant échoué, il est chassé de la police. Deux ans plus tard, il vivote dans le petit peuple de Madrid, où on l'appelle « Gilieth ». Il se marie et semble sortir de la misère. Un jour, il disparaît et se rengage dans la Légion, où il restera jusqu'à sa mort.

Le roman a inspiré à Julien Duvivier un film célèbre, où brillaient Jean Gabin (Gilieth), Annabella (Aïscha), Robert Le Vigan (Lucas), Pierre Renoir (le commandant de la *bandera*). Le film mettait en évidence ce qu'on appelait alors le « réalisme poétique » du roman, une peinture assez fidèle, quoiqu'un peu conventionnelle, de la vie des légionnaires espagnols, la solitude et la camaraderie, l'alcool et les filles, les combats et le danger permanent. Dans cette atmosphère, l'amour impossible (selon les cli-

chés des années 1930) d'une petite prostituée marocaine et d'un homme accablé par son passé. Tout cela se trouve dans le livre, mais n'en est pas le plus intéressant. Le roman, qui s'ouvre sur Gilieth, s'achève avec Lucas : ce dernier, fasciné par sa proie, en est peu à peu venu à éprouver une secrète affection pour le meurtrier qu'il a charge de démasquer, au point de lui emprunter finalement son nom ; et, après avoir oublié Aïscha, après avoir fui sa femme, il finira par revenir dans la Légion. Se retrouvent aussi les grands thèmes du *Quai des brumes* – la guerre, la mort, la vie misérable des hommes voués au mal et à l'amitié, la misogynie. C'est dans les dernières pages que, transcendant le reportage sur la vie militaire dans le Rif et l'énigme policière (au demeurant assez mal ficelée), l'auteur se révèle en suscitant une sorte de cauchemar poétique, qui annule le pseudo-réalisme et les clichés des parties précédentes.

● « Folio », 1972.

A. NIDERST

BARBE-BLEUE (la). Voir CONTES, de Ch. Perrault.

BARBIER DE SÉVILLE (le) ou la Précaution inutile. Comédie en quatre actes et en prose de Pierre-Augustin Caron de **Beaumarchais** (1732-1799), créée à Paris à la Comédie-Française le 23 (version en cinq actes) et le 26 février 1775 (version définitive), et publiée avec une *Lettre modérée sur la chute et la critique du « Barbier de Séville »* à Paris chez Ruault la même année.

Le *Barbier de Séville* est issu du *Sacristain*, « intermède imité de l'espagnol » sans doute composé par Beaumarchais peu après son voyage à Madrid (1764-1765), et qui fut vraisemblablement représenté chez le financier Lenormant d'Étioles avec sa parade *Jean-Bête à la foire*, à une époque par conséquent où sa production officielle ne semblait vouée qu'au pathétique du drame bourgeois (*Eugénie*, 1767, en chantier depuis 1762 ; les *Deux Amis*, 1770). Cet intermède – fort incomplet, et publié seulement en 1974 – réunit, dans son premier état, le trio traditionnel formé d'un vieux mari impuissant et jaloux qui déjà s'appelle Bartholo, d'une épouse délurée, Pauline, et d'un galant vigoureux et entreprenant nommé Lindor. Diverses additions au texte font apparaître un nouveau personnage : Figaro, tandis que Lindor, libéré grâce à celui-ci des tâches subalternes de l'intrigue, peut devenir « le Comte ». Quant à Pauline, point encore mariée, elle prend le nom de Rosine. L'évolution du *Sacristain* conduit ainsi à la situation du *Barbier* : « Un vieillard amoureux prétend épouser demain sa pupille ; un jeune amant plus adroit le prévient, et ce jour même en fait sa femme, à la barbe et dans la maison du tuteur » (*Lettre modérée*). À la comédie de l'adultère, avec ses gauloiseries afférentes, se substitue désormais un projet conjugal de plus haute tenue. Le *Sacristain* comportait de nombreuses parties chantées, et la pièce, maintenant sous son nom définitif, devint tout naturellement un opéra-comique dont ne restent que quelques fragments ; présenté aux comédiens-italiens, il fut refusé par eux en 1772. Enfin, le 3 janvier 1773, *le Barbier de Séville* fut reçu par les comédiens-français et annoncé pour le prochain carnaval. Mais une querelle de Beaumarchais avec le duc de Chaulnes, puis ses démêlés judiciaires avec le juge Goëzman (1773-1774, voir *Mémoires contre Goëzman*) provoquèrent des ajournements successifs : la première ne put avoir lieu que le 23 février 1775. Malheureusement, l'auteur avait entre-temps surchargé sa pièce d'allusions à ses mésaventures, d'épaisses scènes de farce et de lourdes plaisanteries qui désorientèrent aussi bien les comédiens que le public : ce *Barbier* en cinq actes « tomba » aussitôt pour se relever triomphalement trois jours plus tard, après que Beaumarchais fut revenu pour l'essentiel à son texte initial – conservant toutefois la célèbre tirade de la calomnie (II, 8), réponse étincelante à Goëzman et à ses acolytes.

Le Sacristain. S'éveillant d'un songe empli d'images amoureuses, Pauline, mariée au vieux Bartholo qui la séquestre, évoque la vigueur de son amant Lindor, et les déguisements sous lesquels il parvient à tromper le jaloux et à s'introduire dans la maison. Elle rabroue Bartholo, préoccupé par des bruits suspects qu'il attribue à des revenants, et lui reproche ses déficiences. Survient Lindor, déguisé cette fois en sacristain, qui prétend donner à Pauline une leçon de musique.
Le texte s'arrête ici. Deux fragments montrent un échange aigredoux entre Bartholo et le jeune couple qu'il vient de surprendre, et Lindor se félicitant du succès de ses « vacarmes nocturnes » qui chassent Bartholo du lit conjugal et « laisse[nt] enfin Pauline au sacristain ».

Le Barbier de Séville. Une rue de Séville, devant la maison du docteur Bartholo. Le comte Almaviva attend l'apparition quotidienne, derrière sa jalousie, de la jolie Rosine qu'il suit depuis Madrid. Survient, composant une chanson, son ancien valet Figaro, devenu barbier-chirurgien, qui lui raconte sa vie mouvementée. La jalousie s'ouvre soudain, et Rosine laisse tomber un billet pour Almaviva. Celui-ci la croit déjà mariée au vieux docteur ; mais apprenant par Figaro qu'elle n'est encore que sa pupille, il décide de l'épouser. Avec l'aide de Figaro, qui à titre de chirurgien a ses entrées dans la maison, il tentera d'y pénétrer déguisé en officier ivrogne. Pour l'instant, sous le simple nom de Lindor (« Mon triomphe en aura plus de charmes »), il improvise une chanson d'amour, à laquelle Rosine répond depuis sa fenêtre, et se retire plein d'espoir (Acte I).
Chez Bartholo. Figaro confirme à Rosine les sentiments de « Lindor » ; elle lui remet une lettre pour son soupirant, avant d'essuyer une scène de jalousie de la part du docteur, exaspéré de surcroît par Figaro dont les drogues ont éclopé toute la maisonnée. Rosine s'étant retirée (mais non pas Figaro, caché dans un cabinet attenant), arrive Bazile, maître à chanter de Rosine et factotum de Bartholo : il l'informe de la présence d'Almaviva à Séville, suggère d'employer contre ce dernier l'arme de la calomnie, et promet d'organiser pour le lendemain le mariage du docteur avec sa pupille. Celle-ci doit affronter de nouveau la jalousie de Bartholo, qui a découvert son doigt taché d'encre ainsi que la disparition d'une feuille de papier. Heureuse diversion : le Comte se présente en cavalier pris de vin, et nanti d'un bon de logement, chez Bartholo. Il le houspille devant Rosine, à laquelle il remet un billet doux. Mais le docteur parvient à faire sortir le trublion, puis réclame le billet à Rosine, qui feint de s'évanouir et substitue au billet compromettant une lettre inoffensive : malgré sa finesse, Bartholo est berné (Acte II).
Nouvelle apparition du Comte, cette fois sous l'apparence du musicien Alonzo, prétendument agent de Bazile malade, lequel l'aurait envoyé donner leçon à sa place. Pour désarmer les soupçons de Bartholo, « Alonzo » lui remet la lettre reçue de Rosine, en prétendant l'avoir « découverte ». Rassuré, Bartholo va chercher Rosine, qui, elle, reconnaît aussitôt son amoureux : duo lyrique sur l'air de la « Précaution inutile ». Bartholo s'endort, puis s'efforce gauchement de chanter à son tour avant de reprocher vivement à Figaro, venu pour le raser, de jouer les entremetteurs entre Rosine et Almaviva. Restés seuls un instant grâce à une ruse du barbier, les deux jeunes gens conviennent d'un rendez-vous pour la nuit même. Entrée soudaine de Bazile. Effroi général. Le Comte lui glisse une bourse pour le faire partir, et Bartholo lui-même le fait taire afin que, par inadvertance, il ne démasque pas Alonzo ! Mais une imprudence d'Almaviva compromet tout, et Bartholo suffoque de fureur (Acte III).
Éclaircissement entre Bazile et Bartholo. Les deux complices conviennent d'avancer le mariage à quatre heures du matin. Il n'est que minuit et Rosine attend « Lindor », quand Bartholo lui montre la lettre qu'« Alonzo » lui a remise, et dont Almaviva se serait fait un « trophée » ; quant à Lindor, il ne serait que le « vil agent » du Comte... Rosine, horrifiée, s'offre alors au vieillard, et l'avertit du rendez-vous. Bartholo sort aussitôt pour faire arrêter Figaro et « Lindor ». Ceux-ci, qui ont subtilisé la clé de la jalousie, arrivent par la fenêtre ; Rosine accable « Lindor » de reproches, mais il dévoile sa véritable identité et le malentendu se dissipe. Le notaire convoqué par Bazile (que l'or d'Almaviva fait définitivement changer de camp) est prié de conclure le mariage sur-le-champ ; l'alcade amené par Bartholo pour arrêter les intrus se range également du côté d'Almaviva, et Bartholo, à qui on laisse la fortune de Rosine, doit se résigner à l'inévitable (Acte IV).

Le sujet du *Barbier de Séville*, résumé cette fois par Figaro (« Quand la jeunesse et l'amour sont d'accord pour tromper un vieillard... », IV, 8), ne brille pas par sa nouveauté, et les sourciers littéraires ont pu aisément le retrouver chez Scarron (*la Précaution inutile*, 1661), Molière (*l'*École des femmes*, 1662), et surtout dans d'innombrables comédies et parades du temps. Beaumarchais, pour

sa part, a donné comme ancêtres à sa pièce, non sans ironie, l'*Avare* et même *Mithridate*, en application du principe selon lequel « le genre d'une pièce [...] dépend moins du fond des choses que des caractères qui les mettent en œuvre » (*Lettre modérée*). Ce qui conduit à ajouter à cette liste une autre pièce, de Beaumarchais cette fois : son drame d'*Eugénie* (1767), dont l'héroïne, pour éviter d'épouser un vieux militaire choisi par son père, s'est imprudemment jetée dans les bras d'un grand seigneur libertin... De fait, toujours dans la *Lettre modérée*, l'auteur inquiète son public sur la fragilité des sentiments d'Almaviva (« Le jeune amant, qui n'eût peut-être eu qu'un goût de fantaisie pour cette beauté s'il l'eût rencontrée dans le monde, en devient amoureux parce qu'elle est enfermée »), voire de Rosine elle-même, devenue son épouse et « vivant avec son mari comme un ange, quoiqu'elle ne l'aime plus » (*ibid.*). Du reste, celle-ci, dans le *Barbier*, n'est-elle pas mue avant tout par le désir de goûter une liberté et des plaisirs que lui refuse un vieux jaloux ? « Oui, je le dis tout haut : je donnerai mon cœur et ma main à celui qui pourra m'arracher de cette horrible prison » (III, 12) ; le *Barbier* en cinq actes, sans parler du *Sacristain*, insistait lourdement sur les insuffisances de Bartholo. Et lorsque au dénouement le Comte lui apparaît dans toute sa gloire, Rosine s'exclame « Ah ! Lindor ! », comme si leur union ne devait pas survivre à la situation qui l'a fait naître. La même ambiguïté apparaît chez Bartholo, qui après avoir présenté son mariage comme une question de vie ou de mort (IV, 1), renonce assez aisément au corps de Rosine en échange de sa fortune que le Comte négligemment lui abandonne : « À la bonne heure, je garde [l'argent] » (IV, 8). Bartholo jouait-il donc au vieillard amoureux ? Que l'on compare la sérénité bougonne avec laquelle il accueille son échec, au désespoir d'Arnolphe renvoyé à sa solitude et qui « s'enfuit sans rien dire » (*l'École des femmes*, V, 10). *Le Barbier de Séville* est donc une comédie du malentendu – plus ou moins sciemment cultivé –, une comédie de l'amour que se donnent, sous le regard amusé et sceptique de Figaro, un trio où l'un cherche à rendre du piquant à la conquête amoureuse (vouloir, tel Almaviva, « être aimé pour soi-même » est une gâterie d'aristocrate : voir *la *Double Inconstance* de Marivaux, etc.) ; la deuxième, à « sortir d'esclavage » (I, 3) ; tandis que le troisième comprend avec sagesse que chaque âge a ses plaisirs. On voit ainsi le décalage qu'instaure Beaumarchais avec une tradition que les personnages interprètent à leur manière, c'est-à-dire sans trop y croire : ambiguïté figurée par le statut même de Figaro, à la fois « barbier de Séville » et valet d'intrigue le temps d'une brève aventure où il conserve toujours son autonomie.

Si toutefois, en ces quelques heures, les protagonistes n'ont pas découvert la passion, du moins se sont-ils découverts eux-mêmes en mettant en œuvre des potentialités qu'ils ignoraient jusque-là. À l'épreuve, note Beaumarchais, le présent tuteur « se révèle un peu moins sot que tous ceux que l'on trompe au théâtre » (*Lettre modérée*) ; Figaro, dans l'emploi du valet d'intrigue, mettra un terme à une longue série d'échecs (I, 2) ; l'innocente Rosine se sera transformée en « rusée signora » (II, 11) ; Almaviva surtout, Grand d'Espagne blasé, aura su se couler avec brio dans le personnage de soldat ivre (II, 12) ou de maître à chanter (III, 2), bref se muer en « homme à talents », suscitant à l'occasion l'hommage de Figaro, expert en la matière (I, 6). L'expérience n'a donc pas été vaine : maître par sa naissance, le noble l'est devenu par ses qualités personnelles, et illustre ainsi, en mineur, la formule de Beaumarchais dans *Tarare* (1787) : « Homme, ta grandeur sur la terre / N'appartient point à ton état : / Elle est toute à ton caractère » (V, 10).
Le chant, la musique qui révèlent Almaviva à lui-même et aux autres, et qui opposent crûment la comptine prosaïque de Bartholo (« Veux-tu ma Rosinette », III, 5) à l'aria sentimentale de Rosine et Lindor (III, 4), constituent aussi un instrument efficace dans les mains des intrigants. C'est par le chant que les deux jeunes gens peuvent se par-

ler l'un à l'autre malgré l'obstacle d'une jalousie grillée (I, 6), ou en présence de Bartholo (III, 4). Moyen de communication, le chant est également la langue du cœur, du rêve, qui donne l'illusion de goûter des sentiments éternels : symboliquement, le seul à n'en pas user ici est Bazile, qui pourtant en fait métier, mais à des fins bassement intéressées, et en détourne les termes techniques (*piano, rinforzando*) pour étaler sa perfidie (II, 8). Pratiquée exclusivement par des amateurs plus ou moins doués, la musique n'est donc plus, comme dans le *Barbier* opéra-comique de 1772, un ornement extérieur, mais une nécessité interne de l'intrigue : c'est elle qui permet de nouer un dialogue autrement impossible, et qui donne au désir le masque charmant de l'amour vrai.

La dramaturgie de la pièce reflète elle aussi cette incertitude savamment entretenue. Malgré quelques à-coups, un mouvement irrésistible précipite la défaite – annoncée par un titre proleptique : « la Précaution inutile » – de Bartholo dont le camp est progressivement déserté au profit de celui d'Almaviva, d'abord seul au pied du mur (I, 1), puis rejoint par Figaro (I, 2), jusque-là barbier-chirurgien attaché au médecin Bartholo, puis par Bazile (IV, 7), tandis qu'entre-temps les deux valets l'Éveillé et la Jeunesse ont été neutralisés (II, 6 et 7). Une même impression d'engrenage est donnée par le décor, qui dès l'acte II pivote autour de la jalousie, symbole d'enfermement devenu moyen d'évasion dès que Figaro en a dérobé la clé (III, 10). Malgré les déclarations de Beaumarchais sur l'habileté du tuteur (qu'il paralyse en lui faisant commettre d'opportunes maladresses : voir IV, 3), l'obstacle extérieur n'est jamais véritablement inquiétant, et il suffirait que le Comte fasse étalage un peu plus tôt de son rang et de sa fortune pour parvenir à ses fins : il n'est que de voir comment l'or d'Almaviva transforme une scène potentiellement périlleuse, puisque Bazile pourrait démasquer le prétendu Alonzo (III, 11) en chef-d'œuvre d'*allegro vivace* comique : « Bonsoir, Bazile, bonsoir. » Sans lire la situation du *Barbier de Séville* à partir de l'image décomposée qu'en renvoie rétrospectivement *le *Mariage de Figaro* qui lui fait suite, il reste que dans cette intrigue trop lisse le véritable ennemi de la « jeunesse » et de l'« amour » n'est pas un vieillard, mais bien la banalité des lendemains de fête, quand revient la lassitude (« Je suis las des conquêtes... », *Barbier*, I, 1 ; « Las de courtiser les beautés des environs... », *Mariage*, I, 1), ce mal des salons que l'aristocrate ne dissipe qu'en se livrant à des caprices parfois moralement positifs, mais qui peuvent aussi être cruels. « Je me presse de rire de tout de peur d'être obligé d'en pleurer » : cette morale de Figaro (I, 2) est aussi la leçon du *Barbier de Séville*.`

● Minard, 1965 (E.-J. Arnould, *la Genèse du « Barbier de Séville »*) ; « Folio », 1982 (p.p. J. Scherer) ; « Le Livre de Poche », 1985 (p.p. G. Conesa, préf. M. Etcheverry). ➤ *Théâtre*, « GF » ; *id.*, « Classiques Garnier » ; *Œuvres*, « Pléiade ».

J.-P. DE BEAUMARCHAIS

BARRICADES (les). Voir LIGUE (la), de L. Vitet.

BAS LES CŒURS ! Roman de Georges **Darien**, pseudonyme de Georges-Hippolyte Adrien (1862-1921), publié à Paris chez Albert Savine en 1889.

En novembre 1888, Darien avait remis à Albert Savine le manuscrit de son premier roman, **Biribi*, mais par crainte d'un procès l'éditeur hésitait à le publier. Durant l'été 1889, Savine demanda à Darien un autre roman qui ne risquerait pas d'être poursuivi. Utilisant les premiers chapitres du livre auquel il travaillait (*l'Épaulette*), l'écrivain mit alors au point *Sursum Corda* que, ce titre existant en librairie, il rebaptisa *Bas les cœurs !*

L'action se passe à Versailles en 1870 et 1871. Orphelin de mère, le narrateur, Jean Barbier, un enfant de sept ans, vit avec son père et sa sœur. Le père, marchand de bois, fréquente les commerçants du voisinage, mais aussi un professeur et un vieil anarchiste, le père Merlin. Au cours du récit apparaissent d'autres figures familiales, le grand-père Toussaint et la grand-tante. L'ensemble de ces personnages, à l'exception du père Merlin, va montrer sa bassesse au cours des événements. Leurs seules motivations paraissent la peur et l'intérêt. Si la déclaration de guerre est l'occasion de fanfaronnades patriotiques, on voit vite ensuite l'enthousiasme faiblir et succèdent la défaite et l'invasion allemande. Le père de Jean collabore très activement avec les « Boches ». Le grand-père dénonce à l'ennemi un franc-tireur, avant de détourner à son profit l'héritage que la grand-tante laissait à Jean et à sa sœur. Tant d'abjection, que la Commune renforce encore, effraie l'enfant. Autrefois parfaitement soumis, le petit Jean Barbier se révolte et se lie avec le vieil anarchiste qui l'aide à survivre dans cette débâcle morale.

Enfant, Darien a vécu la guerre et la Commune à Versailles où sa famille s'était repliée. *Bas les cœurs !* a souvent la vivacité de choses vues. La perspective adoptée, celle du petit garçon, force Darien à tempérer sa violence naturelle et à user de l'ellipse, le sens des événements échappant parfois au narrateur, et cette économie évite au roman la monotonie de la noirceur permanente.

Les grands thèmes de Darien sont tous présents dans *Bas les cœurs !* : misère de la famille, fondée sur l'enfermement des esprits et la répression de l'enfant – et pourrie par l'obsession de l'argent (à quoi tout revient toujours !) ; misère de la politique telle qu'elle se pratique : silhouettes cruellement dessinées de Thiers et Gambetta, mais surtout dénonciation des méfaits du patriotisme, que Darien identifie au refus de penser. Deux personnages échappent à l'ignominie : Catherine, la domestique, que la mort à la guerre de son jeune frère dresse contre les Allemands, et le vieil anarchiste, qui n'a rien pourtant d'un « héros positif ».

On trouve ici l'habituelle vivacité de Darien, son sens de la rapidité par laquelle il échappe aux poncifs du roman de son temps. Nombreux, aigus, les dialogues se prêtaient à l'adaptation, que Darien fit d'un chapitre pour le théâtre (*les Chapons*, en collaboration avec Lucien Descaves, 1890).

● J.-J. Pauvert, 1958.

P. BESNIER

BASILIADE (la) [**Naufrage des îles flottantes ou la Basiliade du célèbre Pilpaï**]. « Poème héroïque en quatorze chants traduit de l'indien » par **Morelly** (XVIIIᵉ siècle), publié en 1753.

Morelly ne se présente que comme le traducteur d'un ouvrage du sage hindou Pilpaï. Fiction commode ? Tentative pour réussir à toucher davantage le public ? En 1751, il avait déjà publié *le Prince, les délices du cœur ou Traité des qualités d'un grand roi et système d'un sage gouvernement*, dans lequel il dressait le portrait d'un « despote éclairé » gouvernant selon les principes de la raison naturelle pour le plus grand bonheur de son peuple. Les passions, concluait l'ouvrage, ne sont ni mauvaises ni nuisibles en elles-mêmes. Si on les laissait se développer librement, elles suivraient une voie qui mène au bien-être social. *La Basiliade*, qui signifie en grec « les actions héroïques d'un homme [entendre l'Homme, au sens générique] vraiment digne de l'empire du monde », développe les mêmes idées en peignant l'état d'un peuple régi par les seules lois de la nature et atteignant au bonheur après avoir détruit les « îles flottantes », c'est-à-dire, métaphoriquement, les préjugés.

Plus précisément, la « Lettre sur la vie et les ouvrages de Pilpaï » qui sert d'introduction à l'ouvrage indique que par « naufrage des îles flottantes » il faut entendre « l'écueil des préjugés frivoles ». L'objet du livre est ainsi de « montrer quel serait l'état heureux d'une société formée selon les principes d'une excellente morale » ne s'embarrassant pas de « frivolités ». L'action se situe sur un continent ignoré, riche et si fertile que ses habitants ne ressentent même pas la nécessité de se nourrir de viande. La propriété privée y est inconnue, de même que le vol. L'amour y est affranchi des contraintes de la pudeur. Mais le mariage est presque indissoluble. Le continent ne connaît pas de division du travail. La population est répartie en petits groupes économiquement indépendants de cent personnes. Un récit historique nous conte comment on a pu parvenir à un tel état de bonheur. Jadis, la corruption, le vice et l'erreur régnaient sur le continent. Mais une tempête détacha en plusieurs îles les régions infectées. Le continent ne se retrouva plus peuplé que de deux enfants – une fille et un garçon – qui réinventèrent tout dans l'innocence et selon la nature. Dès lors, c'est en vain que le mensonge, la ruse, l'illusion ont voulu se développer sur le continent redevenu riche et prospère au point d'attirer de nombreux étrangers. Ceux-ci fournissent l'occasion de dresser le tableau du reste du monde, où la Raison est esclave et l'Intérêt roi. On donne à ces étrangers ce qu'ils veulent – même de l'or –, sans écouter du tout leurs faux raisonnements.

L'ouvrage fut sévèrement critiqué, au point que Morelly entreprit de rédiger le *Code de la nature* pour le défendre et pour exposer, encore une fois, mais sous une forme plus « scientifique », les mêmes principes. Le *Code* donne ainsi le détail des vérités que la *Basiliade* prétend établir : l'homme n'a ni idées ni penchants innés ; au premier instant de sa vie, il est dans un état d'indifférence totale, et un « sentiment aveugle », comme celui des animaux, le fait ensuite sortir de son engourdissement. Ce qui le meut, c'est l'« inquiétude », à la mode en un siècle qui a fait de Locke son maître à penser. Cette inquiétude, provoquée par le fait que nos besoins excèdent toujours notre puissance, est le gage de notre perfectibilité, car une satisfaction totale nous ramènerait à notre prime indifférence : la sociabilité ne serait alors ni possible ni même nécessaire, et l'homme serait une brute. Mais la nature avait d'autres vues le concernant, et c'est l'inquiétude toujours – cette véritable force d'attraction morale – qui soutient et suscite en lui le développement de la raison.

Ces idées, on le voit, n'ont rien de bien original. Il faut malheureusement en dire autant du matériau romanesque de la *Basiliade*. Quant à l'organisation sociale, Morelly emprunte pour l'essentiel ses descriptions à More et à Campanella. L'idée d'îles flottantes, elle, apparaissait déjà chez Th. Artus (*l'Île des hermaphrodites*, 1605) et F. Careless (alias R. Mead, *The Floating Island*, 1673). Mais Morelly innove pourtant un peu. Et d'abord par le souci de donner une place aux loisirs dans l'organisation sociale (il est dit notamment qu'à tous les travaux succèdent « les jeux, les danses, les repas champêtres... », souci relativement original pour l'époque : la *Terre australe connue* de Gabriel de Foigny (1676) donne à peu près le seul exemple, dans la tradition utopiste antérieure, d'un réel souci d'organisation du temps de loisir. Mais cela ne s'inscrit nullement, comme chez Morelly, dans le registre de la sociabilité festive : le temps libre de chacun est consacré à des inventions incroyables, dignes d'un concours Lépine, qui sont présentées ensuite aux voisins ébaubis...

On note, ensuite, que l'utopie de la *Basiliade* a une histoire. La société idéale n'est pas simplement située ailleurs, intemporellement, là où il n'y avait personne contre qui se dresser. Elle s'instaure sur les ruines d'un ordre établi. De la rêverie, on tend donc insensiblement à passer à l'exigence d'un renouvellement, voire d'une révolution, de l'état présent de la société, pour qu'apparaisse, enfin, une civilisation vraiment honnête et heureuse. Il y a là une idée que l'on rencontre déjà chez Gueudeville, dans sa refonte de la troisième partie des *Voyages* du baron de La Hontan (1705), puis chez Montesquieu, dans l'« Histoire des Troglodytes » des *Lettres persanes* (1721) et chez Marivaux (*l'Île des esclaves*, 1725 ; la *Nouvelle Colonie*, 1729). Or une telle idée tend à transformer radicalement la démarche utopiste. À vrai dire, elle en signifie même la fin. Du rêve, il sera désormais possible d'en venir au programme politique, et c'est bien ce que semble vouloir faire le *Code de la nature*. Pour Morelly, tout comme pour Rétif de La Bretonne dans les *Posthumes*, seul un cataclysme naturel et contingent peut encore provoquer un tel heureux bouleversement : il n'en sera plus de même pour leurs lecteurs de la fin du siècle.

G. ALMÉRAS

BASTIONS DE L'EST (les). Trilogie romanesque de Maurice **Barrès** (1862-1923), publiée à Paris chez Fayard en 1905 (*Au service de l'Allemagne*), chez Juven en 1909 (*Colette Baudoche*) et Plon-Nourrit en 1921 (*le Génie du Rhin*).

Troisième et ultime trilogie de Barrès (voir *le *Culte du moi*, les *Déracinés*), les *Bastions de l'Est* montrent l'effort cocardier de l'écrivain en faveur de sa région d'origine, la Lorraine (voir *la *Colline inspirée*), effort qu'il développera particulièrement dans les *Chroniques de la Grande Guerre* (tenues de 1914 à 1917 dans un bellicisme militant dont la bonne conscience reste stupéfiante). Postérieur à la victoire, donc à l'enjeu de la reconquête de l'Alsace-Lorraine, *le Génie du Rhin* – qui réunit cinq conférences de Barrès sur la question rhénane à l'université de Strasbourg en novembre 1920 – témoigne de ce que le patriotisme militant se croisait chez l'écrivain à une forme de « mythologie » des lieux et de réflexions stratégico-spirituelles qui constituent le véritable fond de sa politique.

Au service de l'Allemagne. L'auteur, en voyage d'étude en Alsace-Lorraine, rencontre un Alsacien resté dans son pays occupé, Ehrmann (chap. 1-7). Devenant narrateur, Ehrmann raconte son expérience du service militaire dans l'armée allemande d'occupation : il a pu se contraindre au devoir sans se « germaniser » et en imposant même à ses camarades et supérieurs le respect de « l'esprit français » (8-15).

Colette Baudoche. Jeune Lorraine vivant en compagnie de sa grand-mère, Colette est contrainte par le manque d'argent de louer une pièce de son appartement. Les deux Françaises y logent un jeune professeur allemand, raide « comme tout Prussien » mais bon garçon, Frédéric Asmus. Apprenant peu à peu à se connaître, les deux jeunes gens finissent par s'aimer ; mais Colette décline la proposition de mariage, refusant cette alliance mixte qui favoriserait les plans de germanisation de la France par l'occupant.

Le Génie du Rhin. En cinq conférences, Barrès propose une ambition à la France, occupant désormais la rive gauche du Rhin : montrant les parentés d'un « esprit rhénan » de part et d'autre des frontières, il l'oppose au « teutonisme », dont la France aurait mission de sauver l'Allemagne.

Deux histoires édifiantes pour prouver à la France qu'Alsaciens et Lorrains souhaitent rester français envers et contre tout, plus une analyse proprement fantasmatique, appuyée sur l'esprit des lieux et des nations, qui justifie le renversement de situation quand la France occupe à son tour des territoires allemands : instrument de propagande un peu pataude, *les Bastions de l'Est* figureraient comme une assez jolie plaisanterie idéologique dans l'œuvre de Maurice Barrès, si la génialité de l'écriture ne venait confondre, à la moindre description, le lecteur le plus réticent, et si la mythologie mise en œuvre ne manifestait une part importante de l'imaginaire barrésien. L'écriture, capiteuse et envoûtante, de Barrès ne résiste cependant pas toujours à la caricature romanesque, peuplée de poncifs sur la pesanteur de l'esprit teuton, la finesse française, etc. Mais derrière le projet avoué de défense morale des populations frontalières, soupçonnées en France de peu de sentiment national, et donc de peu d'exaltation au combat contre l'« Anti-France » socialiste, Maurice Barrès livre en effet une part de ses méditations sur le « soi » qui hantent toute l'œuvre, tant pour dénoncer la perte des « racines » que pour vanter à l'inverse une sorte de tourisme métaphysique (voir *le *Voyage de Sparte*, *Greco ou le Secret de Tolède*). Indéniablement daté, lourd d'implications politiques concrètes – à savoir les millions de morts de la guerre que ce catéchisme romanesque préparait avec béatitude –, le triptyque demeure d'un grand intérêt historique, le succès de *Colette Baudoche* témoignant du revanchisme des années 1870-1913.

➤ *Œuvres complètes*, Club de l'honnête homme, VI.

O. BARBARANT

BATAILLE DE PHARSALE (la). Roman de Claude **Simon** (né en 1913), publié à Paris aux Éditions de Minuit en 1969.

Le lecteur retrouve, dans ce récit, des personnages – l'oncle Charles, le modèle, Corinne, Paulou – apparus dans *Histoire* publié deux ans auparavant. C'est dire qu'il se situe dans le sillage et le prolongement de ce roman magistral. Mais, par la place faite à la peinture et une première évocation de « l'extraordinaire Orion aveugle marchant vers la lumière du soleil levant », il annonce l'œuvre à venir, *Orion aveugle* (1970) achevé ensuite dans les *Corps conducteurs* (1971). La production de Claude Simon demeure toujours ouverte et tendue vers l'avenir.

Un homme observe, depuis la terrasse d'un café, la fenêtre d'un appartement, avant de pénétrer dans l'immeuble et frapper de plus en plus violemment à une porte. Il suppose, poussé par la jalousie, la présence à l'intérieur d'une femme et d'un homme, le peintre et son modèle enlacés. Ces deux personnages apparaissent sur des photographies, décrites par le narrateur, qui associe à l'image de son oncle Charles des souvenirs d'enfance. La traduction d'un passage des *Commentaires* de César, où l'oncle aide le neveu, est associée à des souvenirs de la Seconde Guerre mondiale. Accompagné d'un ami grec, le narrateur recherche le site de la bataille de Pharsale (I).
« Lexique » est une suite de parties intitulées, et disposées selon l'ordre alphabétique : « Bataille », « César », « Conversation », « Guerrier », « Machine », « Voyage », « O » [Zéro]. Autant de mots nodaux où se croisent les fils d'un texte touffu (II).
« Chronologie des événements » entrelace, autour d'un voyage fait en train par O pour la réalisation d'un ouvrage de critique d'art, des scènes qui évoquent ses amours avec le modèle, des moments où apparaît Corinne enfant, des descriptions de tableaux, des descriptions du monde observé depuis le compartiment, des souvenirs de guerre ou d'un voyage en Grèce. Disparate, ce matériau constituera le roman : O s'assied à sa table, devant un dictionnaire et certains objets qui entreront dans le récit qu'il se prépare à écrire. Cette scène finale figure en tête d'*Orion aveugle*, dessinée à l'encre (III).

Rien ne se produit, sinon l'écriture. Trois fois resurgissent les mêmes scènes ou les fragments des mêmes scènes, comme si le narrateur voulait signifier au lecteur sa volonté de ne pas raconter qu'une histoire. Quelle histoire serait-ce d'ailleurs ? Un amour adultère déçu, une guerre manquée, un voyage, la confection d'un ouvrage… *La Bataille de Pharsale* est un roman très abstrait, où l'écrivain réfléchit sur les instruments de son travail (par exemple, le narrateur, le point de vue) sur le passage depuis le « rien, sauf un magma informe de sensations plus ou moins confuses, de souvenirs plus ou moins précis accumulés, et un vague – très vague – projet » (*Orion aveugle*, Préface) au tout début du roman. L'auteur collecte des matériaux très hétéroclites – des toiles de Brueghel l'Ancien, de Lucas Cranach, de Piero della Francesca ou de Paolo Uccello ; des graffitis obscènes sur un mur de ferme à Pharsale ; des textes de Proust, d'Apulée, de César, de journaux… – que les associations rassemblent, suscitées par la mémoire et le désir. Et le lecteur assiste à l'avènement d'un ordre, auquel toutes les qualités de la palette simonienne concourent : art du contraste (immobilité/mouvement), jeu sur les mots (langue morte, eaux mortes, mort vivant), motifs plastiques (l'étoile, le croissant, l'éventail, la flèche, le triangle), utilisation des couleurs.
Gardons-nous, pourtant, de voir dans le « Lexique » une remise au lecteur de clés qui lui permettraient de lire le roman. Bien des éléments conservent « le caractère sacré des choses destinées à rester cachées », tel ce point focal O, où se fondent tour à tour les regards du neveu, de l'oncle, de Van Velden, du modèle. Cette transitivité, qui trouve dans la géométrie son modèle théorique (« Lexique », « O ») annihile le sujet écrivain (Zéro) et lui donne la consistance de tous les êtres. « Je » est cet autre, construit dans l'écriture, à travers les regards jetés sur le monde et le musée, souvenirs et fantasmes. L'érotisme, voire l'obscénité, affleure souvent, certes cautionné par les fictions (l'enfant désireux de comprendre son trouble face à l'odalisque ; l'oncle adultère), mais aussi constitutif d'un inconscient du texte. Aux côtés d'une volonté ordonnatrice qui lutte contre la dissémination

des représentations et des signes qui forment le substrat du roman, le désir dicte souvent les associations (« le mot libidineux avec sa consonance un peu rose, un peu molle, plissée pour ainsi dire par la répétition des mêmes syllabes et de sons évocateurs [lit, bite, nœud] ») et guide l'écriture, à l'ombre de César, « pondérable et sévère personnage », vers « un monde sinon extra-terrestre […] du moins de puissances obscures, mal définies, à la fois […] sacrées, un peu répugnantes, et détentrices d'un pouvoir occulte ».

D. ALEXANDRE

BATAILLE LOQUIFER (la). Voir GUILLAUME D'ORANGE (cycle de).

BATAILLES (les). Voir JEANNE D'ARC, de Ch. Péguy.

BATAILLES DANS LA MONTAGNE. Roman de Jean **Giono** (1895-1970), publié en extraits dans la *Revue de Paris* le 1er et le 15 juillet, le 1er et le 15 août ainsi que le 1er septembre 1937, et en volume chez Gallimard la même année.

Après avoir achevé *Que ma joie demeure*, Giono, dès le mois de février 1935, se consacre à ce roman qu'il songe tout d'abord à intituler *Montagnes*, puis *Choral pour un clan de montagnards*, et qu'il termine en mai 1937. Avant même d'avoir conçu nettement une intrigue, l'auteur est attiré par un paysage dont la présence est toujours maintenue dans les divers titres envisagés et qui constitue le fondement de son projet romanesque. Il voit d'abord « la couleur du livre, couleur sapin foncé, ombre de vallées. Rochers du soleil, eau de torrents, barbes, mains rousses » (*Journal*, 26 avril 1935). Pour Giono, cet ouvrage fait pendant au précédent : « *Que ma joie demeure* […], c'est le livre de la bataille des esprits ; *Batailles* est le livre de la bataille des corps » (*Journal*, 4 février 1936).

Le vieux Boromé, sa compagne Sarah et Marie, la fille de cette dernière, sont témoins, dans leur ferme du Chêne-Rouge, située en haute montagne non loin d'un glacier, d'un étrange phénomène : la terre des pentes s'est transformée en boue et les arbres s'effondrent (chap. 1. « Sur la hauteur »). Tous trois sont rejoints par Clément Bourrache qui les aide à construire un barrage pour protéger la ferme de la coulée de boue (2. « Des nouvelles d'en bas »), puis redescend vers le village de Villard. La vallée est entièrement sous les eaux, mais Bourrache parvient à gagner une petite éminence où sont réfugiés Rodolphe et sa mère (3. « Campement dans le marécage »). Tous trois, progressant dans l'eau avec difficulté, partent à la recherche d'éventuels survivants. Ils sont recueillis par Antoine Cloche, un charpentier piémontais, qui les mène avec son radeau sur le rocher de Villard-l'Église où se trouvent les rescapés. Les habitants du Chêne-Rouge sont parmi eux. Le chef très aimé des charpentiers, Saint-Jean, a sauvé le peuple et l'on sait grâce à lui que tous les villages alentour ont été victimes du même cataclysme (4. « Villard-l'Église »). La vie collective s'organise et les villageois comprennent que le glacier a libéré une vaste poche d'eau (5. « Le Glacier »). Quelques jours plus tard, un taureau furieux surgit des eaux. Il éventre la vieille Adèle et menace de commettre d'autres ravages. Saint-Jean, aidé de son fidèle ami Cloche, parvient, armé seulement d'une serpe, à tuer la bête déchaînée (6. « Un reproducteur de première catégorie »). Peu après, de grandes outres de vin, portées par les eaux, arrivent à Villard où un joyeux festin est organisé (7. « Le vin qu'ils ont bu à l'aube »). Saint-Jean se trouve un moment seul avec Sarah qui faisait la cuisine au camp des charpentiers avant d'aller vivre avec Boromé. Ils s'avouent enfin leur amour et décident de s'unir lorsque la catastrophe aura pris fin (8. « Avec Sarah »). Une femme se souvient que des forestiers ont naguère déposé de la dynamite dans une grotte de la montagne (9. « La Dynamite »). Saint-Jean, accompagné de la jeune Marie qui connaît cette grotte, va chercher la dynamite (10. « Avec Marie »). Il fait ensuite sauter le barrage qui retenait les eaux (11. « La Délivrance »). La vie reprend son cours et Saint-Jean rend visite à Boromé pour lui faire part de son amour pour Sarah. Le vieil homme lui dit tout ce que cette femme représente pour lui et Saint-Jean, renonçant à elle, quitte le pays (12. « Avec Monsieur Boromé »).

La conception de *Batailles dans la montagne* est contemporaine de l'expérience du Contadour qui rassemble autour de Giono une cinquantaine d'amis et d'adeptes. Le roman porte l'empreinte de cette entreprise collective et de ce rêve communautaire auxquels l'écrivain consacre par ailleurs un livre de doctrine, *les Vraies Richesses*, dont la rédaction interrompt momentanément celle de *Batailles dans la montagne*.

Sans doute, certains personnages du roman sont-ils dessinés avec plus de relief que d'autres, notamment celui de Saint-Jean, héros solitaire et distinct de la masse qu'il domine : « Il regarda là-haut, au-dessus de lui, le visage de Saint-Jean […] ; les longs cils en barbe d'avoine là-haut et, dans l'ombre, un regard immobile fixé sur un monde particulier » (chap. 4). Toutefois, *Batailles dans la montagne*, qui présente « une action collective dirigée par un chef, et qui revêt l'aspect d'une bataille contre la nature » (*Journal*, 24 juin 1935), est avant tout un roman de groupe dont le principal protagoniste est un « village vivant » (*Journal*, 5 mai 1936).

À travers de multiples figures, constamment présentes en toile de fond et parfois portées sur le devant de la scène romanesque, au gré de tel ou tel épisode qui les individualise davantage, Giono réussit à orchestrer un vaste ensemble tout en préservant la singularité de chacun. Cet art de la composition culmine au chapitre 7, considéré par l'auteur comme « le sommet du livre » (*Journal*, 5 janvier 1937) : en grande partie dialogué, ce passage mêle les voix des villageois pour peindre une sorte de communion qui s'apparente à un rite dionysiaque. Partageant la chair du taureau tué par Saint-Jean et le vin apporté par les eaux libérées du glacier, les montagnards laissent libre cours à une parole qui, déliée par l'ivresse, montre l'homme à nu et ses efforts pour comprendre sa condition.

À cette masse humaine, répond la masse naturelle de la montagne. Cette dernière occupe, à travers les descriptions, une part aussi importante que celle réservée aux personnages. Protagoniste essentiel du roman, le glacier est souvent personnifié, ce qui le rend d'autant plus monstrueux et redoutable : « Il était bien placé sur la pente pour se défendre, ou attaquer, vous regardant monter vers lui […] ; lui bien posé au beau milieu avec ses épaules grises plus épaisses que des maisons, sa petite langue de fer-blanc ruisselante de salive, ses beaux yeux verts, pas deux mais peut-être vingt, avec cette profondeur de goudron qu'ils ont […] » (chap. 1). Anthropomorphe, la nature devient terrifiante : « La montagne […] n'avait jamais été si verte et si vivante ; aux endroits même où il n'y avait pas d'arbres, elle luisait comme de la chair en sueur » (chap. 4). Le cataclysme révèle que la nature n'est pas une entité inerte, que la vie est au cœur des forces cosmiques. Cette découverte engendre la terreur mais aussi la fascination : « "Hé, dit Antoine, voilà cette fois quelque chose qui est plus saoulant que le vin, madone !" C'était ce large bouleversement du monde » (chap. 4).

Giono confère à cette épopée, sans rien lui ôter de son pittoresque villageois, une dimension mythique. Les références bibliques y sont nombreuses, à commencer par le déluge qui en constitue le fondement même. Ainsi, le glacier est, dès le chapitre 1, associé au Léviathan. En outre, le personnage de Bourrache, sorte de prophète chez qui se mêlent la sagesse et le ridicule, commente fréquemment les événements en leur octroyant une portée symbolique puisée dans la Bible : « Voilà que nous sommes Jacob, dit-il. Voilà, Sarah, que nous désormais nous appelons Jacob. Et, derrière le buisson il y a la nuit, et dans la nuit il y a l'ange » (chap. 2). Enfin, les noms de certains personnages rappellent l'Ancien et le Nouveau Testament : ceux de Saint-Jean – qu'il faut associer à saint Jean Baptiste plutôt qu'à l'Évangéliste –, de Sarah et de sa fille Marie. Ce symbolisme confère au roman une dimension universelle et sacrée. La référence religieuse importe moins que le souci de peindre une humanité rendue à un état primitif : l'ancra-

ge dans le mythe signale cette volonté romanesque d'un retour aux sources. À bien des égards, *Batailles dans la montagne* est une méditation sur l'origine, une fable sur l'homme rendu à l'état de nature et s'organisant peu à peu en société.

Profondément humaniste – « L'homme est plus que ce qu'il croit » (chap. 7) –, le roman se présente comme une sorte d'hymne à la solidarité et à la vie : « Car, dit-il à voix basse, la vie est belle. Je me le redis maintenant malgré tout. Oui, la vie est belle. Tout pourrait chavirer de fond en comble. La vie resterait belle pour celui qui vivrait » (chap. 7). En dépit de cet idéalisme, le propos demeure nuancé – les villageois sont loin d'être parfaits et leurs rapports souvent conflictuels –, voire ambigu. En effet Saint-Jean, le sauveur des montagnards qui accomplit des exploits héroïques au péril de sa vie – la lutte contre le taureau, la quête et le transport de la dynamite –, apparaît comme un beau ténébreux désespéré. Le « pouillant », cette maladie contractée au contact de la dynamite et qui ronge sa poitrine – « C'est fait comme de petites fleurs sèches. Des pâquerettes de chairs mortes qui me couvrent toute la poitrine » (chap. 12) – peut être considéré comme l'image de sa souffrance intérieure. Ainsi, le bonheur, c'est-à-dire l'union avec Sarah, est refusé à celui qui a rendu tous les autres à la vie, si bien qu'une ombre voile l'optimisme du dénouement. Dans son *Journal*, en mai 1937, Giono donne deux interprétations de la destinée de Saint-Jean. La première, sociale et politique, accuse Boromé qui « représente la société telle qu'elle est, basée sur la fausse morale catholique, sur les besoins du capitalisme » : « Je voudrais qu'on comprenne qu'aussi longtemps que cette société existera, elle se servira des héros ; elle exploitera l'héroïsme pour son propre intérêt. » La seconde, psychologique et métaphysique, concerne exclusivement Saint-Jean : « La joie de Saint-Jean, le bonheur de Saint-Jean, c'est l'héroïsme […]. C'est le drame non pas de l'amour mais de la puissance. Qui devient puissant ne peut aimer… » Ces deux significations ne sont pas exclusives l'une de l'autre. Ambivalent, le dénouement est à l'image de ces héros chers à Giono, étrangers au sort commun et dont une part reste toujours insaisissable : dans la dernière phrase du roman, Marie, qui était en train de parler avec Saint-Jean, s'avance mais touche « l'ombre avec sa main : il était parti » (chap. 12).

● « Folio », 1980. ➤ *Œuvres romanesques complètes*, « Pléiade », II (p. p. L. Ricatte).

A. SCHWEIGER

BÂTARDE (la). Récit de Violette **Leduc** (1907-1972), publié à Paris chez Gallimard en 1964.

Depuis sa naissance, Violette Leduc traîne le poids de sa bâtardise comme un boulet. De son père André, fils de bonne famille, tuberculeux, elle ne connaît presque rien. Elle passe son enfance auprès de sa mère Berthe, et de sa grand-mère Fidéline, dans le nord de la France. Elle a neuf ans quand meurt Fidéline, quatorze quand Berthe se remarie. Violette en restera affectivement amputée, solitaire, irrémédiablement nostalgique. Pensionnaire, elle s'éprend d'Isabelle, une de ses compagnes. À la rentrée suivante, c'est une des surveillantes, Hermine, qui partage son amour. Elles sont toutes deux renvoyées. Puis Violette séduit Gabriel et vit avec lui un amour singulier, fait de distance et de rétractations, tandis qu'elle partage la vie d'Hermine à Paris. Elle se transforme, apprend à s'habiller, à se coiffer, fréquente la librairie d'Adrienne Monnier. Mais Hermine la quitte et Violette se réfugie chez sa mère. Standardiste, puis coursière dans une maison de production cinématographique, elle se lie d'amitié avec Maurice Sachs, puis retrouve Gabriel par hasard et l'épouse. La guerre éclate et Violette commence à écrire des articles dans un magazine féminin. Séparée de Gabriel dont elle attend un enfant, elle avorte, puis gagne la Normandie avec Maurice Sachs et s'enrichit au marché noir. La guerre finie, elle revient, solitaire, à Paris. Quelque vingt ans plus tard elle prend la plume pour renouer les fils de son histoire.

Ce que nous livre Violette Leduc dans ce récit, c'est sa vie sans fard, sans masques (elle se raconte au « je » bien sûr, mais aussi sous son vrai prénom), avec la lucidité et la distance que permet l'éloignement temporel. Car si elle revient une fois encore sur son enfance, sur le poids si lourd, insupportable à jamais de la faute maternelle, sur sa mère maladroitement aimante et possessive, sur la souffrance de ses premières amours, ce n'est plus par le truchement de la transposition romanesque (voir *Ravages*), mais sous les traits d'une femme solitaire, vieillissante, traquant sans fin ses raisons d'exister.

Le récit s'ouvre et se ferme sur le moment même de l'écriture (il s'interrompt parfois pour y revenir brièvement), sur la figure de l'auteur prenant la plume à cinquante-six ans et s'adressant au lecteur pour tenter, avec son aide, en revenant sur les années essentielles de son existence, de faire le bilan d'une vie à défaut de pouvoir tirer un trait définitif sur les souffrances passées : « Vieillir, c'est perdre ce qu'on a eu. Je n'ai rien eu. J'ai raté l'essentiel : mes amours ; mes études. » Si l'amertume demeure, la solitude et le face-à-face avec soi-même donnent à l'ensemble du récit une sécheresse et un certain détachement qui ne sont pas loin d'une forme, sinon de sérénité, du moins d'acceptation.

Le titre suffit à donner le ton du livre : l'auteur, à tout jamais, n'a d'identité que dans cette bâtardise qui la marque au point de devenir le symbole du sentiment d'exclusion dont elle a toujours souffert et qui l'a menée, solitaire, au seuil de la vieillesse. Cette solitude, c'est à la fin de la guerre qu'elle l'accepte et c'est pourquoi le récit se ferme en 1944, sur une jeunesse perdue, sans regrets : « 1944 [...]. C'est bizarre, je ne suis pas triste. Je vieillis, donc je souffrirai de moins en moins. Je n'ai rien eu et je ne possède rien [...]. Le dimanche, je me promènerai seule, je puiserai mes larmes aux sources, aux rivières, je mordrai au fruit de mes désolations [...]. Mise au point cruciale. »

Une relation trop passionnelle à l'autre, femme ou homme, qui exclut les demi-teintes, les compromis, une fascination pour la mondanité, la frivolité du milieu artistique parisien dont Violette, se disant laide et bête, est séparée irrémédiablement, un besoin exacerbé de se suffire enfin, de pouvoir se passer d'autrui qui trouve son aboutissement dans l'âpreté au gain dont elle fait preuve pendant la guerre, sont les jalons d'une vie de souffrances qui se raconte sans complaisance dans l'émotion, sans dérision excessive, sans attrait particulier pour le scandale.

Toute la réussite du livre est là : les phrases sèches de Violette Leduc, ses répétitions quasi incantatoires, son goût pour les phrases nominales, ses images, ses métaphores violentes et lumineuses, la brutalité avec laquelle elle dénude les êtres, les sentiments, les passions donnent à l'autobiographie un ton unique : l'exposé des moments d'une vie l'emporte sur l'analyse, comme si tout était déjà tiré au clair par l'auteur avant d'être écrit. L'émotion est comme détachée du « je », intégrée aux situations, intacte, fulgurante, mais mise à distance par le temps écoulé.

● « Folio », 1972 (préf. S. de Beauvoir).

V. STEMMER

BÂTISSEURS D'EMPIRE (les). Pièce en trois actes et en prose de Boris **Vian** (1920-1959), publiée à Paris dans les *Cahiers du Collège de Pataphysique* le 29 Gueule 86 [23 février 1959], et créée à Paris au théâtre Récamier le 22 décembre 1959 par le Théâtre national populaire, sous la direction de Jean Vilar.

Quatre personnages surgissent dans une pièce bourgeoisement meublée. Terrorisés par un Bruit effrayant qui vient de l'escalier, le Père et la Mère houspillent leur fille, Zénobie. Dans un coin, se recroqueville le Schmürz, dépenaillé et brutalisé par le couple. Gardiens de l'ordre, les parents occultent leur passé. Zénobie ne saura pas pourquoi ils montent d'un étage, dans un appartement de plus en plus exigu, à chaque manifestation du Bruit. Cruche, la bonne, vaque à ses occupations (Acte I). Dans un décor encore plus dégradé, Zénobie continue à s'interroger. Son jeune voisin est mort de s'être rebellé. Cruche s'en va. Zénobie sort un instant sur le palier ; la porte se referme : la jeune fille est perdue (Acte II). Dans une mansarde, le Père exhorte la Mère à se hâter. On entend un râle. Seul, il récapitule, avec une fausse assurance, ses ultimes certitudes. Le Bruit se rapproche, le Schmürz meurt, le Père tombe par la fenêtre « et peut-être que la porte s'ouvre et qu'il entre, vagues silhouettes dans le noir, des Schmürz... » (Acte III).

D'après une note de l'auteur publiée par la revue *Bizarre*, la pièce trouverait son origine dans le projet d'un roman qui aurait évoqué les terreurs nocturnes d'un enfant. Certes, l'aventure tient du cauchemar, qui met en scène dans un lieu de plus en plus « moche » et confiné la hantise causée par un Bruit mystérieux, poursuivant des personnages réduits à l'état de caricatures. À cette claustration répond l'enfermement des parents dans un discours hypocrite et stéréotypé, frôlant parfois l'absurde prudhommesque (« Quelle joie ce sera pour nous de voir ces deux jeunes têtes enlacées... par les oreilles »), que contestent à la fois les embarrassantes « ratiocinations » de Zénobie et les énumérations bouffonnes ou les étymologies fantaisistes de la bonne (« On pourrait dire un capharnaüm, encore qu'il ne s'y trouve pas de cafards »). Volontairement sourds à ce Bruit menaçant, ils compensent leur angoisse en rouant de coups un Schmürz, et prônent les valeurs les plus nobles « à l'instar des grands bâtisseurs de jadis qui fondaient leurs travaux sur le sens du devoir et de la chose commune », affirme le Père. Or, égoïstement, celui-ci abandonne sa fille, puis sa femme ! Le conflit de générations entre Zénobie et ses parents rappelle la figure de la mère abusive incarnée par Clémentine dans l'*Arrache-cœur*. Quant au Père, qui revêt son uniforme de « connétable de réserve » (nous sommes au temps de la guerre d'Algérie) pour tenter de faire front à l'« ennemi » invisible, il permet à Vian de renouer avec la satire antimilitariste du *Goûter des généraux*.

Cette fable symbolique, où évoluent des « bâtisseurs » dont l'univers s'écroule, laisse pourtant le spectateur dans l'incertitude. Qui est donc ce Schmürz, pauvre créature accroupie dans un coin et recouverte de bandages ? L'irruption finale de ses congénères est-elle due à leur révolte contre les habitants de l'immeuble ? Jusqu'au bout, la pièce conserve son ironie et son ambiguïté. C'est sans doute l'appauvrir que d'y voir seulement une dénonciation des nantis, trouvant dans un Schmürz martyrisé la preuve tangible de leur pouvoir et le bouc émissaire de leur faillite. Mais n'est-ce pas aussi prendre cet engrenage burlesque trop au sérieux, que d'en faire une image de la condition humaine ? « Nous courons à toutes jambes vers l'avenir, et nous allons si vite que le présent nous échappe, et la poussière de notre course nous dissimule le passé », déclare cependant le Père au moment où sa fin prochaine semble lui avoir donné un instant de lucidité.

● L'Arche, « Scène ouverte », 1983. ➤ *Théâtre*, « 10 / 18 », I ; id., J.-J. Pauvert.

V. ANGLARD

BATOUALA, véritable roman nègre. Roman de René **Maran** (1887-1960), publié à Paris chez Albin Michel en 1921. Prix Goncourt.

Plus que le roman lui-même, c'est sa Préface véhémente, dénonciatrice de l'ordre colonial français et de ses « errements », qui suscita la polémique. Le livre fut interdit de diffusion en Afrique et le Guyanais René Maran dut démissionner de ses fonctions d'administrateur de la France d'outre-mer. Participant au maintien d'un système qu'en tant que Noir et humaniste imprégné de l'esprit des Lumières, Maran se devait de rejeter la « quotidienne bassesse » de la vie coloniale et une pseudo-civilisation à laquelle il lance : « Tu bâtis ton royaume sur des cadavres [...]. Tu es la force qui prime le droit. Tu n'es pas un flambeau, mais un incendie. Tout ce à quoi tu touches tu le consumes. » De la sorte, *Batouala* annonce le *Voyage au Congo* (1927) d'André Gide et prépare le terrain aux écrivains de la négritude.

Le jour se lève sur un village d'Oubangui-Chari (aujourd'hui, Centrafrique) dont Batouala est le chef (chap. 1). Yassigui'ndja, la favorite parmi ses femmes, lui prépare son repas ; puis il part dans la brousse tandis que survient le jeune et charmeur Bissibi'ngui qui ne laisse aucune *yassi* indifférente (2). Le matin suivant, Yassigui'ndja se rend furtivement au rendez-vous qu'a réussi à lui fixer Bissibi'ngui, mais celui-ci a rencontré inopinément Batouala, qui commence à concevoir des soupçons (3). Puis survient, avec la fin de la saison des pluies (4), la fête des Ga'nzas, prétexte à se remémorer l'histoire de la communauté, bouleversée par la colonisation française (5). Après les rites d'excision et de circoncision, c'est le moment de la danse de l'amour qui voit régner l'ivresse sexuelle la plus débridée, à laquelle succombent Yassigui'ndja et Bissibi'ngui sous les yeux de Batouala (6). Celui-ci, après avoir enterré selon les règles coutumières son vieux père, mort durant la fête, décide de se venger en temps voulu (7). Yassigui'ndja, apeurée, presse Bissibi'ngui de fuir, mais celui-ci veut attendre la fin des chasses (8). Il se rend à un rendez-vous que lui a fixé Batouala (9), en réalité un guet-apens que l'arrivée d'hôtes imprévus fait échouer (10). Lors d'une battue au feu qui rassemble tous les hommes du village (11), Batouala tente à nouveau de tuer Bissibi'ngui, mais est éventré par Mourou, la panthère (12). Ramené dans sa case, il agonise sous les yeux des deux amants qui, fougueusement, s'enlacent (13).

L'originalité fondatrice de *Batouala* tient principalement au point de vue adopté. René Maran, dans sa Préface, se réclame d'une esthétique naturaliste qui cherche à rendre dans sa vérité le milieu observé : « Ce roman est tout objectif : il ne tâche même pas à expliquer : il constate. Il ne s'indigne pas : il enregistre. » *Batouala* ne se donne donc pas comme un pamphlet, mais comme la chronique impartiale de la vie d'un village africain, de ses joies et de ses peines. Cependant, en récusant les mensonges de l'exotisme, il porte sur le monde noir un regard de sympathie, au sens le plus fort du terme, dont la force subversive, dans le contexte de l'époque, est patente. La narration, en effet, se place au plus près des personnages dont elle épouse les sentiments, leur restituant enfin une parole non mystificatrice qui leur avait jusqu'alors été refusée. Ce ne sont plus, de ce fait, des bêtes curieuses qui se meuvent, mais des femmes et des hommes de chair, de sang et de sentiments qui s'inscrivent dans un lieu dont il est nécessaire d'appréhender la quotidienneté pour les comprendre.

Les Blancs, quant à eux, n'apparaissent qu'anecdotiquement, ils ne sont plus au-devant de la scène et jouent des rôles de simples comparses. Mais, vus de l'extérieur, à la manière malicieuse d'un Montesquieu, ils se montrent sous leurs aspects les plus brutaux et les plus bornés. Leur mépris de la culture et des traditions autochtones n'a d'égal que leur volonté d'exploitation, de sorte qu'ils se font les agents d'une déstructuration de la société africaine, dont René Maran dénonce les ravages.

Ainsi, parce qu'il refuse la chosification de l'homme noir et le déni de sa spiritualité, parce qu'il manifeste un amour de la terre africaine, dans sa rudesse et dans sa poésie, René Maran se dégage avec *Batouala* de la « littérature coloniale » et, le premier, exprime « l'âme noire avec le style nègre en français » (Senghor).

● ACCT et Albin Michel, « Francopoche », 1989.

L. PINHAS

BATTLING LE TÉNÉBREUX ou la Mue périlleuse. Roman d'Alexandre **Vialatte** (1901-1971), publié à Paris chez Gallimard en 1928.

Erna Schnorr, Allemande et artiste peintre, débarque un soir d'été dans la petite ville de province où trois collégiens chimériques vivent une adolescence rêveuse. Le narrateur, jamais nommé, et ses condisciples Fernand Larache – dit Battling à cause de son allure de « brute

paisible » – et Manuel Ferraci – plus âgé de quelques années – sont troublés par cette arrivée. Manuel doit passer en conseil de discipline pour avoir dessiné une caricature obscène, mais aussi pour avoir été vu dans les rues de la ville tard dans la nuit. Battling, secrètement amoureux de sa nouvelle voisine, retrouve les mêmes émotions que lors de son enfance misérable, où il écrivait des lettres obscènes à la servante qu'il adorait en cachette. Il fait parvenir à Erna un bouquet de roses, bientôt suivi d'un « hymne à la laideur » qu'il a composé pour elle. Mais Erna se vexe. Quant à Manuel, il est exclu du collège pour huit jours. En réalité, il sortait de chez Erna. Celle-ci, se croyant gravement malade, était venue commander chez l'oncle marbrier de Manuel un monument funéraire, une liaison s'en était suivie. Battling songe alors à s'engager dans l'armée. Il se rabat provisoirement sur Céline, chanteuse à l'Alhambra. Mais alors qu'il s'apprête à passer sans véritable envie, la nuit avec elle, il découvre sur la cheminée le carnet de Manuel. Il s'enfuit. Pendant que Manuel se lasse doucement d'Erna, Battling désespéré se tire un coup de fusil en pleine poitrine. Par fidélité envers son ami défunt, Manuel rompt avec Erna et s'engage.

L'intrigue du roman, la rivalité de deux collégiens amoureux de la même femme, pourrait sembler assez convenue, n'était l'extrême dissemblance de leurs caractères. Autour d'un narrateur discret, confident des deux autres, se déploient Manuel, « quelqu'un qui sait ce qu'il veut », non exempt d'un certain « arrivisme », voire égoïste ; et Battling, doté d'« une âme hypertrophique et encombrante », d'« une pudeur extrême » (qui plus loin sera dite « mortelle ») et d'« une totale absence de cynisme ». Erna Schnorr, elle, incarne le rêve germanique, avec sa « tête étrange et géniale de femme laide ». Artiste comme Manuel, qui dessine et sculpte, « elle avait réalisé le rêve même que l'enfance bâtit en regardant des livres scolaires ».

C'est par elle qu'on entre pleinement dans le véritable sujet du livre, la « fermentation » de l'adolescence en ses grandeurs et ses périls : « Les adultes [...] ont peur de tant de richesse et de scorie. » Le plus grand adversaire de Battling n'est pas Manuel, c'est lui-même. Et son combat autodestructeur, contre les vestiges de son enfance sordide et sournoise, est représenté par la lutte titanesque de Laocoon et des serpents (gravure évoquée de nouveau, et pour cause, dans le **Fidèle Berger*). Son « besoin de souffrir et de faire souffrir », son « avidité de gâcher sa chance » le conduisent comme fatalement à l'autodépréciation et à sa forme ultime : le suicide. La réussite sentimentale de Manuel, qui le devance partout, n'agit que comme catalyseur. C'est pourquoi l'échange final des destins des deux personnages – le clairon légué par Battling rappelant à Manuel sa culpabilité – aboutit pour celui-ci à « un gâchage qui refuse de s'avouer ».

La narration rétrospective de cette aventure est conduite comme un véritable voyage intérieur : « Il me suffit de fermer les yeux. » À la déploration, aux « *nevermore* » réitérés, aux invocations à Battling s'adjoint une construction gigogne qui fait fréquemment appel aux retours en arrière. Mais surtout, dès ce premier roman, le ton est trouvé : nostalgie à l'évocation du « prestige des jeudis lointains », mythologie collégienne (le vieux gentleman de la vallée, le vieux Sachem, Ubu), subtil mélange des genres où humour et dérisoire se côtoient. Le monument funéraire, occasion de la rencontre de Manuel et d'Erna (qui l'a souhaité « horriblement prétentieux », pour passer inaperçu) finira par servir de tombeau au pauvre Battling.

En fin de compte, ce roman est avant tout un drame de l'impossibilité de communiquer. Battling, que la richesse de l'inspiration oppresse, est incapable de la convertir en une œuvre : « Vous n'êtes vraiment pas fait pour comprendre le désespoir romantique », dit son perspicace professeur de français le jour même de sa mort. De même, il est incapable d'exprimer à Erna son amour trop immense. Lui qui « rêvait de crever son corps de fatigue » finit par faire exploser d'un coup de fusil « sa poitrine brisée comme un œuf de Pâques », rejoignant pour l'éternité sa nature ténébreuse. Face à la mort dépeinte ici dans toute son horreur, c'est Manuel, dont la responsabilité n'est qu'indirecte, qui se sent tenu d'assumer le destin de Battling en renonçant à sa carrière artistique pour s'engager, comme celui-ci voulait le faire. Et c'est peut-être, à lui-même et à ses rêves d'artistes sacrifiés aussi bien qu'à Battling que le narrateur devrait adresser ces mots : « Va, la vie s'est bien passée de toi. »

● « L'Imaginaire », 1987 (p.p. A. Rinaldi).

A. SCHAFFNER

BATTLING MALONE, PUGILISTE. Roman de Louis **Hémon** (1880-1913), publié avec une Préface de Daniel Halévy à Paris chez Grasset en 1925.

Les défaites des boxeurs britanniques désolent les gentlemen du National Sporting Club, comme les spectateurs du roturier Wonderland. Le jeune lord Westmount crée le British Champion Research Syndicate et découvre un nouveau talent, Patrick Malone, un jeune hère issu des bas-fonds londoniens qui a mis à mal, au cours d'une rixe, trois athlétiques policemen. Son premier combat se solde par une victoire rapide au terme d'« une bataille de jungle, la lutte inégale d'un homme et d'un animal meurtrier ». La sœur du gentleman, lady Hailsham, qui conjugue distinction froide et goût du risque, fascine Malone. Il négocie un combat contre un poids lourd américain et écrit à la lady. Au cours du match, Pat se trouve d'abord en mauvaise posture ; mais il réagit contre le « nègre » et obtient la victoire au quatorzième round. Par la suite, il ne parvient pas à venger l'honneur du pays contre un adversaire français. S'imaginant trouver le réconfort auprès de lady Hailsham, il comprend vite qu'elle se joue de lui. Il esquisse alors un geste de menace, elle le tue.

Peut-être inspiré par la glorieuse carrière du boxeur Georges Carpentier – bien que celui-ci fût considéré comme un « styliste » –, *Battling Malone* suggère la fascination du « beau monde » pour les brutes sauvages. En effet, Patrick Malone n'a rien de commun avec un champion soucieux de stratégie. Doté d'une musculature monstrueuse, il incarne la violence primitive, celle de l'homme des cavernes. Fort dense, le récit évoque la promotion rapide du héros, homme providentiel, son enfance et sa rencontre avec lady Hailsham ; puis il raconte, avec précision, l'organisation des combats, l'importance de la publicité, l'exaspération du sentiment national (qui ne va pas sans un certain racisme) et la psychologie des foules en délire. Le tableau du monde de la boxe suscite la description de différents milieux sociaux. Louis Hémon a côtoyé le peuple des bas-fonds londoniens et, quand il évoque la jeunesse misérable de son héros d'ascendance irlandaise dans le East End, il renouvelle, avec sobriété, le genre du roman noir. Ses peintures des quartiers mal famés font même penser aux textes de Balzac sur le Paris souterrain : « Jungles formées de ruelles, de terrains vagues, de maisons croulantes et d'anciens entrepôts délabrés sur lesquelles la machine sociale n'a presque aucun pouvoir » (chap. 3). Mais Hémon se borne, le plus souvent, à décrire sèchement les étapes franchies par son héros affronté à la nécessité de survivre, et ne fait aucune allusion explicite à la révolte que pourraient susciter les tensions sociales. Malone considère le monde des lords comme un univers merveilleux, et il s'imagine avoir franchi la barrière qui sépare le peuple de l'aristocratie : c'est dire la naïveté du personnage principal, transformé en objet de luxe par une lady anglaise « froidement impure » (chap. 6). Entre ce champion animal et cette originale en mal de bravades, la fascination semble réciproque. Si Malone a pu vivre dans les ghettos où règne la loi de la jungle, elle vit, elle aussi, comme au-dessus des lois. En ce sens, elle se prend à son propre piège. Pour Hémon, Malone incarnerait alors l'irruption d'une force primitive authentique dans un monde où il demeure l'éternel étranger.

● « Les Cahiers rouges », 1984.

V. ANGLARD

BAUDELAIRE. Voir IDIOT DE LA FAMILLE (l'), de J.-P. Sartre.

BAVARD (le). Récit de Louis-René **des Forêts** (né en 1918), publié à Paris chez Gallimard en 1946.

Le narrateur de ce récit veut confesser son mal au lecteur : il est un bavard. Il évoque donc les circonstances de sa première « crise » violente de bavardage. Un soir, dans un bar, il est fasciné par une femme belle et impassible. Il danse avec elle, et, après une altercation avec l'amant de cette femme, un rouquin agressif, il réussit à offrir à celle-ci un verre. Il se met à parler, si longtemps que les autres danseurs s'arrêtent pour l'écouter. Au moment où il croit avoir atteint la plus grande sympathie avec cette femme, elle éclate d'un rire immense. Le narrateur s'enfuit dans les rues désertes de la ville ; croyant être suivi, il se réfugie dans le jardin public. Peu après y entre le rouquin. Le narrateur, honteux d'avoir tant parlé, désirant être châtié, se laisse battre. Au réveil, il connaît un moment d'exaltation intense en entendant dans un collège voisin, le chant de jeunes séminaristes qui lui rappellent sa propre enfance. Mais le narrateur révèle que tout cela est faux. Il n'avait d'autre ambition que parler, et il y a réussi. Il va désormais se taire.

Le Bavard tire peut-être son pouvoir de fascination de ce qu'il ressemble à une supercherie littéraire. La « confession » du narrateur respecte en effet toutes les conventions de la littérature à la première personne, dont elle pastiche avec talent certains textes célèbres : négation rousseauiste de tout artifice littéraire au profit d'une transparence absolue, et même refus de remplir les « vides » de la mémoire par des détails anodins ; haine de la confession et besoin de la subir comme un châtiment, dialogue sarcastique avec un lecteur multiple appelé « Messieurs », qui renvoie à la hargne du héros du *Sous-sol* – de même que les rues enneigées où erre le narrateur en proie à l'angoisse d'être poursuivi évoquent davantage le Saint-Pétersbourg dostoïevskien qu'une ville de province française. Enfin, si la scène du jardin public rappelle la **Nausée*, c'est l'œuvre de Proust tout entière qui est mimée au moment de la réminiscence suscitée par la musique. Réflexion sur la sincérité en littérature, le récit est entrecoupé de digressions pleines de scrupules par lesquelles le Bavard tente de s'expliquer sur son mal. Or, c'est précisément cet effort pour atteindre une véracité problématique, cet aveu dépouillé et peu flatteur pour le narrateur, qui sont brutalement révoqués en doute à la fin du récit. Le lecteur de « confessions », toujours prêt à douter de la sincérité de celui qu'il lit, est alors interpellé et pris à son propre piège : le narrateur a menti, au moment même où il semblait se conformer aux exigences du genre. Mais, dans ce cas, le doute subsistera jusqu'à la fin : la « revanche » du Bavard est qu'on ne saura jamais s'il a menti en prétendant mentir. Un « personnage » du livre prend alors une dimension spéculaire : celui de ce bavard rencontré par hasard, qui n'a « strictement rien à dire » et cependant « dit mille choses ». Mais ce retournement par lequel le narrateur et l'auteur eux-mêmes sont frappés d'irréalité est en même temps, comme l'a montré Maurice Blanchot, ce qui porte ce livre au centre même de l'écriture : c'est le « nihilisme de la fiction réduite à son essence » et où « le vide même n'est pas sûr », qui apparaît dans cet impossible rapport à un lecteur qui ne peut que devenir le complice d'une lecture qui se dérobe sous ses yeux.

● « 10/18 », 1963 (postface de M. Blanchot) ; « L'Imaginaire », 1978.

K. HADDAD-WOTLING

BÉATRIX. Roman d'Honoré de **Balzac** (1799-1850), publié à Paris en feuilleton dans *le Siècle* du 13 avril au 19 mai 1839, et en volume sous le titre *Béatrix ou les Amours forcées* chez Hippolyte Souverain la même année. Une suite parut en feuilleton dans *le Messager* de décembre 1844 à janvier 1845, puis sous le titre *Béatrix (dernière partie)* dans le volume IV de *la *Comédie humaine* à Paris chez Furne en novembre 1845. D'ultimes corrections figurent sur l'exemplaire personnel de Balzac.

Beaumarchais

Beaumarchais vers 1760, par Jean-Marc Nattier (1685-1766).
Collection particulière, Paris. Ph. Guiley-Lagache © Arch. Photeb.

Pour devenir Beaumarchais (1732-1799), Pierre-Augustin Caron, horloger, ne s'est pas simplement « donné la peine de naître ». À côté des « parades » comiques et des drames bourgeois, à côté des mille affaires appelées par son énergie débordante — de l'aide aux « Insurgents » à l'édition de Voltaire —, celui qui voyait en la littérature un « délassement » affirme plus sûrement son génie de l'intrigue avec deux comédies (*le Barbier de Séville*, 1775, *le Mariage de Figaro*, 1784) qui condensent l'esprit du XVIIIe siècle finissant, sa vivacité étourdissante et ses bouleversements futurs : légèreté trompeuse d'une œuvre qui « se presse » de faire rire de tout, mais dissimule mal, au-delà des conventions voulues, une irrévérence essentielle incarnée en ce

« Vue de la maison de Beaumarchais, près de la Bastille »,
1788, par Hubert Robert (1733-1808).

Collection particulière, Paris. Ph. X-D.R.

Gravure par Jean-Baptiste Liénard (1750-apr.1807),
d'après Jacques-Philippe de Saint-Quentin (1738-?), pour
la Folle Journée ou le Mariage de Figaro, Paris, Ruault, 1785.

Bibliothèque nationale, Paris. Ph. © Bibl. nat./Arch. Photeb.

Le Mariage de Figaro, au Théâtre national de Chaillot
en 1987. Mise en scène de Jean-Pierre Vincent. Ph. © Bernand.

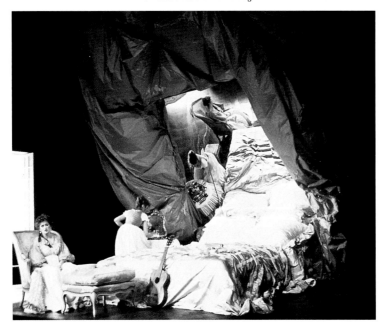

dangereux Figaro, « fils de je ne sais pas qui » défiant les barbons et les maîtres et réclamant hautement « la liberté de blâmer ». Et qui laisse percer, malgré les « chansons » et les mariages par lesquels « tout finit », la mélancolie du jeu de l'amour, qui « porte des ailes » pour mieux « voltiger » et s'égare un instant derrière les masques. Gaieté triste sublimée par la musique : les *Noces* de Mozart (1786) ou le *Barbier* de Rossini (1816) assurent la popularité de celui qui annonçait : « l'esprit seul peut tout changer ».

Malheureusement lu par les contemporains comme le récit des amours de Liszt et Marie d'Agoult, sur lesquelles George Sand renseigna Balzac, ce roman, drame et poème à la fois, vaut par la combinaison d'une unité maintenue grâce à la symétrie des deux parties et d'une variété de procédés techniques (description, dialogue, récit, tableau, lettre...). Comédie mondaine, tragédie de l'amour, triomphe du mariage, étude de mœurs, analyse sociale, *Béatrix* trouve légitimement sa place dans les « Scènes de la vie privée ».

L'intrigue est, dans son détail, extrêmement complexe et fait intervenir quantité de personnages, dont certains, tel Claude Vignon, se retrouvent dans toute *la Comédie humaine*.

Première partie. « Les Personnages ». En 1836, dans une « famille patriarcale » bretonne, Calyste du Guénic, fils de vendéen, jeune homme pauvre, pur et tendre, rêve de vivre un idéal que représente pour lui la seule survivante d'une très vieille famille bretonne, Félicité des Touches, laquelle veut éviter le mariage pour conserver sa liberté. « Femme célèbre », écrivain talentueux, elle partage sa vie entre Guérande, Paris, où elle tient un brillant salon littéraire, et les voyages. Elle a auprès d'elle son amant, l'auteur Claude Vignon. En Italie elle s'était liée avec le chanteur Conti, pour qui elle avait écrit deux opéras, sous le pseudonyme de Camille Maupin. Mais Conti s'était laissé enlever par la marquise Béatrix de Rochefide. Après quatre ans de vie commune, ils rentrent fatigués de cette liaison. À son retour, Béatrix s'arrête à Guérande chez Félicité et y rencontre Calyste qu'aime Félicité sans oser le lui avouer, s'estimant trop vieille.

Deuxième partie. « Le Drame ». Les rivalités s'exacerbent. Calyste est séduit par cette coquette, et, alors que Félicité aimerait se venger de Conti, Béatrix s'amuse et repousse les avances de Calyste. Exaspéré, il tente de la tuer et elle part sans lui avoir cédé. Félicité veut alors assurer le bonheur du jeune homme, le dote et lui fait épouser la riche Sabine de Grandlieu, fleur du faubourg Saint-Germain. Ce sacrifice accompli, elle renonce à être Camille Maupin et entre en religion.

Troisième partie. « Un adultère rétrospectif ». Calyste est marié depuis quatre ans, lorsque Béatrix le rencontre dans l'enfer parisien ; elle le séduit de nouveau. La liaison dure un an, mais machinations et interventions amicales détachent Calyste de sa maîtresse, « femme sans cœur et sans tête, étourdie dans le mal », et, comme dans la fable des deux pigeons, il revient à sa femme, pour lui rester désormais fidèle.

À Guérande, monde figé dans la tradition, s'oppose l'univers de Félicité, tout de mouvement, de lumière et de passion. Calyste établit le lien entre ces deux sphères. Après les splendeurs de la tentation, il réintègre les valeurs de ses origines, paradoxalement grâce à Félicité, elle-même égarée sous le nom de Camille Maupin. La seconde partie confirme ce schéma. À Paris, Calyste succombe au mirage de la passion, et oscille entre les certitudes du couple et les émois du cœur. Le monde, par ses interventions machiavéliques, favorise le triomphe de la vertu.

Toute la société du temps se rassemble dans ce roman foisonnant, à la fois provincial et parisien. Si Balzac exploitait au départ un matériau romanesque offert par l'actualité, il analyse et décrit les milieux, fait vieillir ses personnages, revient sur sa conception du mariage, travaille la composition et les procédés. Mettant en scène la comédie mondaine, utilisant force lettres, masques et miroirs, jouant des ressorts de l'amour et de la jalousie, l'écrivain dégage la loi de domination de tyran à esclave qui définit, selon lui, le rapport amoureux et diversifie le jeu des nombreux couples.

Toutefois, loin de s'en tenir à la seule analyse psychologique, Balzac place l'examen des problèmes moraux sous la lumière de l'histoire sociale. Méfaits de l'individualisme moderne, de la corruption parisienne, crise de la noblesse... La Bretagne apparaît dès lors comme un conservatoire mythique, terre enchantée de la loi naturelle, aux étranges colorations orientales. Tout y est symbole, à commencer par le granit. Seule, elle offre un havre de paix dans ce roman de l'échec, ou des désillusions, et d'abord celles de l'amour. Les fleurs du diable ont fait oublier le paradis, désormais perdu.

● « Folio », 1979 (p.p. M. Fargeaud-Ambrière) ; « GF », 1979 (préf. J. Gracq).
➤ *L'Œuvre de Balzac*, Club français du Livre, IX ; *Œuvres complètes*, Club de l'honnête homme, III ; *Œuvres complètes illustrées*, Bibliophiles de l'Originale, III ; *la Comédie humaine*, « Pléiade », II (p. p. M. Ambrière).

G. GENGEMBRE

BEAU COMME UN HOMME. Roman d'André **Stil** (né en 1921), publié à Paris chez Gallimard en 1968.

Robert Degraeve traverse une crise qu'il ne parvient pas à maîtriser : ouvrier d'une aciérie du Nord à laquelle il a consacré vingt-cinq ans de service, le voici aujourd'hui congédié. En cette journée de Pâques, il se retrouve seul dans sa maison, sans même le secours de sa femme Solange. Désemparé, en proie à des impressions contradictoires, il tente de se divertir en bêchant son jardin, mais les souvenirs reviennent en foule. Il revoit ainsi ses premières années de bonheur avec Solange, les marches de chômeurs dans les années trente et sa montée en grade au sein de l'usine. Le soir, il part rôder autour de son usine, « seul au monde », et se laisse aller à des envies de meurtre : après avoir rêvé de tuer son épouse et sa belle-mère à coups de hachoir, il retrouve, résigné, Solange, dans une réalité qui ne lui est plus d'aucun secours.

Compagnon de route d'Aragon, membre du Comité central du parti communiste de 1950 à 1979 et rédacteur en chef de *l'Humanité*, André Stil se fit connaître en 1949 avec un roman-enquête, *le Mot « mineur », camarades*. *Beau comme un homme* est bien aussi l'ouvrage d'un militant épris de réalité sociale et soucieux de restituer le climat de la France du pays « ch'timi ». Au-delà pourtant des descriptions de l'aciérie d'Escaut-et-Sambre, au-delà de l'hommage rendu aux militants syndicalistes, Stil s'attache, sans souci de fidélité à l'égard d'un quelconque « réalisme socialiste », à retracer la quête impossible d'un homme à la recherche de son identité. Identité meurtrie par l'état de désolation dans lequel le laisse l'injustice du chômage : « Il ne réfléchit plus, Robert, il constate », précise l'auteur, qui laisse ailleurs la parole à l'ouvrier-narrateur entièrement livré à « des idées à fleur de tête, qu'on ne suit pas, qu'on ne pousse surtout pas ». L'attention flottante, entre bien-être et douleur, laisse libre cours à des impressions contradictoires (dégoût, sarcasme et amertume, mais aussi autodérision : « Il s'embarqua ainsi, à raisonner comme une cocotte trouée »), à des sursauts de révolte rythmés par des coups de bêche, et, aussitôt, à des consolations de courte durée : l'« odeur du dimanche », la beauté du travail de fonderie.

C'est bien de musicalité que se préoccupe avant tout Stil, mimant, en un style parlé, le ressassement intérieur de son héros, en autant de phrases brèves et sèches, et intégrant çà et là les extraits d'un article sur les « infrasons », véritable leitmotiv qui permet d'avancer la proposition clé du livre, sa « morale » en un sens : « L'impossibilité pour notre oreille d'entendre des vibrations d'une fréquence trop basse est très importante pour l'homme : elle lui permet de ne pas entendre le battement de son propre cœur, qui serait perçu autrement comme un grondement continu. » Récit elliptique et rédigé en une syntaxe volontairement désarticulée, *Beau comme un homme* permit à Stil d'élever ses « romans-documents » sur les milieux ouvriers du Nord à la dimension d'une œuvre d'une grande complexité.

● « Folio », 1977.

P. GOURVENNEC

BEAU MASQUE. Roman de Roger **Vailland** (1907-1965), publié à Paris chez Gallimard en 1954.

En 195., dans une vallée jurassienne, la fête annuelle des communistes réunit Pierrette Amable, membre du parti et secrétaire de l'Union des syndicats CGT du Clusot, Beau Masque, mécanicien d'origine piémontaise recherché dans son pays pour ses activités de maquisard, et Philippe Letourneau (I). Ce petit-fils de l'ancien propriétaire assume la charge de directeur du personnel de la filiale de la FETA (Filatures et Tissages anonymes). Il partage les nuits d'orgie de sa demi-sœur, Nathalie Empoli, fille d'un banquier lyonnais. Séduit par Pierrette, Letourneau, révolté par les exactions de sa famille, tente d'éviter les licenciements exigés par les actionnaires américains pour réduire les pertes de l'entreprise. Nathalie refuse de consentir à l'augmentation de capital exigée par sa belle-mère. Pierrette succombe au charme de Beau Masque (II). Elle n'épousera pas Jean, futur propriétaire probable des terres que son oncle a passé sa vie à réunir et que menacent les grandes propriétés. Elle n'ira pas en Amérique, comme le lui propose Émilie Privas-Lubas, la mère de Philippe, pour la détourner du combat. Ce dernier se laisse manipuler (III). Les licenciements partiels ne convainquent pas d'emblée les ouvriers de débrayer (IV). Mais l'inauguration de l'Atelier de productivité FETA-Philippe Letourneau exige de telles compressions d'effectifs qu'ils décident la grève. Philippe prend conscience de l'enjeu du conflit : la banque Empoli et le groupe américain luttent pour le contrôle de la FETA Il avertit Pierrette. Lors de la réception des délégués américains, la révolte gronde. Les CRS tirent, abattent Beau Masque ; Philippe se suicide (V).

Dans *Beau Masque*, Roger Vailland évoque la lutte politique des patrons et des ouvriers fraîchement arrachés à leurs terres. Communiste encore fervent, l'auteur héroïse ses personnages et se forge un style nouveau, « bolchevik », qui rejette le formalisme de la culture bourgeoise et prône un engagement non tant idéologique qu'empirique. Il faut agir et non plus se cantonner dans des exposés théoriques. Sept ans plus tard, revenu du communisme figé dans ses structures après le XXᵉ Congrès, Vailland estimera que son roman évoque une situation historiquement dépassée. En effet, cette épopée de la lutte emprunte davantage à un état de développement hérité du XIXᵉ siècle qu'aux réalités contemporaines. Retraçant l'historique de l'entreprise et les malversations des anciens propriétaires, Vailland s'inscrit dans la continuité du roman naturaliste. Le récit évoque les transformations exigées par la révolution industrielle : les paysans abandonnent leurs terres pour entrer au chemin de fer ou dans une usine textile. La localisation dans l'espace symbolise la nécessité d'évoluer : le paysage encaissé des vallées désigne, en effet, l'impasse, à tous les sens du terme où se trouve le prolétariat. En outre, la focalisation du récit hésite à centrer la perspective : qui est le véritable héros de ce roman aux intrigues secondaires multiples ? Pierrette Amable ? Cette jeune femme séduisante et promise à un bel avenir échoue dans sa tentative de libération personnelle puisqu'elle vit avec un *maca*, en butte au racisme, et trouvera un autre compagnon, comme le laisse supposer le dénouement. Elle appartient à la mythologie communiste et représente une génération qui croyait à la lutte. Le héros serait-il alors Beau Masque ? Il reste en marge de la communauté ouvrière mais, d'après le titre, sa trajectoire donnerait la signification du roman. Or, réduit à la besogne de laitier alors qu'il possède de plus hautes compétences, cet Italien ne s'intègre pas au groupe. Son nom même résulte d'un malentendu, d'une traduction erronée puisqu'il s'appelle Belmaschio, soit « beau mâle ». Le brouillage du point de vue souligne l'ambiguïté de la position adoptée par l'auteur, et sa réincarnation manquée en *carbonaro* sanctionne l'échec du héros solitaire et tragique. Vailland prendrait-il position pour le combat collectif ? Tout engagement se révèle faussé parce qu'il repose sur un jeu de masques.

Ainsi s'impose la polysémie du titre. En effet, le récit met en place l'intrigue apparente, authentifiée par la présence et les interventions de l'auteur dans l'action. En filigrane s'élabore une stratégie machiavélique menée par Émilie Privas-Lubas et Valerio Empoli, la mère et le beau-père de Philippe Letourneau, personnages issus de la mythologie réaliste. La maîtresse femme, conquérante moderne venue des *Liaisons dangereuses* (roman apprécié par l'auteur), applique à la domination économique les stratégies du libertinage intellectuel. Elle s'empare de l'entreprise de son premier mari et tente de prendre l'ascendant sur son second époux. Ce richissime banquier juif incarne la figure chère à Balzac du financier sceptique, manipulant les fils de l'affaire depuis son cabinet. L'enjeu du conflit se réduit donc à une opposition d'intérêts particuliers. Plus qu'il ne traduit un engagement communiste, le roman ressuscite la mythologie du monde du travail miné par les tractations secrètes des puissants lesquels font figure de menace rampante (les Américains)

en accumulant (Nathalie, Philippe) les signes stéréotypés de la décadence.

● « L'Imaginaire », 1991.

D. MALÉZIEUX

BEAUTÉ, MON BEAU SOUCI. Voir AMANTS, HEUREUX AMANTS, de V. Larbaud.

BEAUX QUARTIERS (les). Roman de Louis **Aragon** (1897-1982), publié à Paris chez Denoël en 1936. Prix Théophraste-Renaudot.

« Je réclame ici le retour à la réalité », proclamait Aragon dans un recueil de conférences (*Pour un réalisme socialiste*) publié l'année de l'écriture des *Beaux Quartiers*. Rédigé pour la plus grande partie en Union soviétique où l'auteur était invité à mettre en œuvre la transcription de son précédent roman les **Cloches de Bâle* en un scénario de film, le livre continuait le travail d'inflexion de la création de l'ancien surréaliste devenu militant communiste vers un souci du politique, en prenant appui à la fois sur les défauts de la première expérience réaliste des *Cloches de Bâle* et sur le renouveau français du genre romanesque des années trente. Sans doute cette « suite dans les idées » (ainsi que s'intitule la Préface à l'édition de 1965 pour les *Œuvres romanesques croisées*) se révéla-t-elle payante, puisque l'auteur décida, dans une Postface de 1936, de faire de son roman le deuxième volume d'un cycle appelé « le Monde réel » (voir les **Voyageurs de l'impériale*, **Aurélien*, les **Communistes*), et que le milieu littéraire décerna aux *Beaux Quartiers* le prix Théophraste-Renaudot, marquant par là l'accession d'Aragon au statut de « grand auteur ».

Première partie. « Sérianne ». Sur un petit bourg de Provence, Sérianne, avec ses notables, son hobereau, ses bigots et ses francs-maçons, son bordel, ses potins et sa fabrique de chocolat, règne un maire radical, le docteur Barbentane. Descriptions satiriques des personnages et des rapports sociaux s'entremêlent jusqu'à « l'approche des élections au conseil général » qui rend « à la vie les eaux dormantes de Sérianne ». Alors que l'un des fils du docteur, Armand, s'initie à la poésie et à l'amour, les intrigues électorales vont peu à peu révéler la violence latente de cette province nécrosée dans le radicalisme, en faisant deux victimes : un ouvrier malmené, dont on cache la mort pour ne pas troubler les élections, et une jeune bonne, Angélique, poussée au suicide après la découverte de sa liaison avec un jeune bourgeois. Perturbée par l'arrivée des socialistes venus demander compte du décès de l'ouvrier, la fête de la ville pour le succès du maire est finalement interrompue par une bagarre de jaloux, qui s'achève par un meurtre.

La deuxième partie, « Paris », réitère la description sociale, cette fois à son sommet – organisation d'un cartel patronal pour lutter contre les grèves des taxis, analyse de la succession de Poincaré à Fallières –, tout en s'attachant à l'itinéraire des deux fils du docteur Barbentane, Armand et Edmond. « Monté » à Paris pour ses études de médecine, Edmond, dévoré d'ambition, lecteur de *Bel-Ami*, finit par faire le choix d'une ascension par les femmes, et devient l'amant de Carlotta, elle-même entretenue par le grand patron Quesnel. De son côté placé au lycée d'Aix après avoir souhaité embrasser une carrière théâtrale, au grand désespoir de sa mère (qui, l'ayant élevé dans l'hostilité à l'anti-cléricalisme de son père, voulait faire de lui un prêtre), Armand entretient une liaison avec une employée, Yvonne. Le scandale lui fait quitter le lycée, et, renonçant à son baccalauréat, il s'enfuit à Paris, où l'aide de son frère sera plus que réticente. Déambulations dans la capitale qui mèneront Armand, depuis longtemps titillé par le socialisme, au fameux meeting de Jaurès (contre la loi des trois ans de service militaire) au Pré-Saint-Gervais tandis qu'Edmond se désencombre d'une ancienne liaison avec la femme de son professeur pour se livrer entièrement à Carlotta. Tenaillé par la faim, Armand dérobe 50 francs du mandat paternel, et disparaît.

La troisième partie, « Passage-club », voit se confirmer les deux évolutions : accueilli par Quesnel qui propose un « partage » de Carlotta contre une place dans son cartel, Edmond entre irrémédiablement dans le monde convoité des « beaux quartiers » –, le jour symbolique du 14 juillet 1913, tandis qu'Armand, embauché comme « jaune » pour briser la grève des usines automobiles Wisner, rejoint au bout de trois jours le camp syndical.

Seconde tentative d'un « réalisme » dont Aragon a toujours considéré qu'il avait fait, comme du genre romanesque lui-même, un véritable apprentissage (cette esthétique consistant toujours, pour Aragon, en la recherche de sa propre définition), les Beaux Quartiers représentent cependant à bien des égards, ainsi que l'indique la Postface de 1936, la naissance du cycle « le Monde réel ». En effet, les personnages en présence vont parcourir les volumes suivants, pour se retrouver après Aurélien dans l'autre guerre des Communistes, Armand devenant journaliste à l'Humanité. Mais la technique scripturale surtout s'est enrichie depuis les Cloches de Bâle, la composition tripartite (« Sérianne », « Paris », « Passage-club ») se présentant comme une reprise et une correction de celle, plus lâche et didactique à la fois, du premier roman, de même que l'inscription des faits réels – travail d'incrustation, voire de « collage » qui prend sa source, au dire d'Aragon, dès le surréalisme – a su trouver sa juste tonalité dans un mixte de précision documentaire et de liberté accordée à la rêverie, qui lui-même renvoie le lecteur d'aujourd'hui à l'art romanesque bien plus tardif du *Mentir-vrai.

Aussi l'engagement évident du roman ne peut-il, malgré la maladroite « leçon » de sa fin (explicable par le lyrisme plein d'espérances de l'année 1936), laisser prise à une lecture platement idéologique : la critique du radicalisme, par exemple, s'effectue dans « Sérianne » non point directement dans une sorte de « reportage » illusoire mais au travers des relations humaines et de la satire particulièrement fine (« Car il était un artiste : il peignait des canards, sur des toiles de petit format ») de leurs propres représentations. Ce réalisme des consciences attaché aux faits humains, à leur complexité comme à leurs contradictions (ainsi les songeries du jeune Armand, mêlant romantisme médiéval, exigence floue de justice, premiers désirs et quelques réminiscences de son ambition de sainteté), et qui ne se refuse jamais le bonheur d'une compréhension ironique et amoureuse de ses personnages (il « fut frappé de la similitude de situation entre Faust et lui, des analogies de sensibilité »), c'est du côté de Flaubert plutôt que de l'apologétique partisane, qu'il en faudrait chercher les sources. On peut d'ailleurs noter que la construction du roman porte la marque, comme très souvent dans le cycle, des mouvements de l'écriture, puisque le départ jubilatoire (semblable à la première partie des Cloches de Bâle), dont le comique est peut-être la marque d'un plaisir de rédaction fluente, s'infléchit peu à peu vers une conclusion plus immédiatement politique (voir Aurélien), preuve sans doute de la véridicité des dires ultérieurs d'Aragon expliquant avoir toujours écrit sans plan, sans « savoir qui est l'assassin » (voir *Je n'ai jamais appris à écrire).

Mais le roman reste dans son authentique liberté porteur d'une analyse, dont le centre peut être aperçu dans la deuxième partie, lorsque Quesnel – dont l'humanité bouleversante contredit ceux qui accuseraient le communiste Aragon de simplisme caricatural – cette formule laconique : « Nous vivons à une époque historique qui se caractérisera peut-être un jour par là : le temps des hommes doubles. J'ai toujours fait deux parts de ma vie... » La séparation vie publique-vie privée fait en effet du Quesnel amoureux le grand patron lié aux intrigues politiques les plus sordides, de l'amant endolori et humaniste l'un des fomenteurs de la guerre qui pèse toujours à l'horizon du roman. Il s'agit là de la définition même de l'aliénation, mais vécue comme un drame personnel, et l'on comprend par là ce qui distingue une réflexion mise au jour par le travail d'une écriture et le réalisme « naïf » du roman à thèse.

Le thème du dédoublement est pour sa part « rejoué » dans la structuration du livre au travers des deux figures antithétiques et complémentaires d'Edmond et d'Armand, auxquelles l'auteur a donné également des morceaux de soi-même. Dans sa Préface de 1965, Aragon s'expliquera longuement à ce sujet, en y voyant les prémices de la décomposition de l'identité dont un roman comme la *Mise à mort fera alors le centre de son récit. Aussi les Beaux Quartiers forment-ils un livre inaugural, bien au-delà encore de la période du « Monde réel », et où s'entr'aperçoit, derrière le roman, toute la complexité de la « parturition imaginaire » présidant à son écriture.

● « Folio », 1989. ➤ Œuvres romanesques croisées, Laffont, XI-XII, 2 vol.

O. BARBARANT

BEAUX-ARTS RÉDUITS À UN MÊME PRINCIPE (les). Essai de l'abbé Charles **Batteux** (1713-1780), publié à Paris chez Durand en 1746.

L'abbé Batteux, bien oublié maintenant, tenta en 1746 de présenter un essai d'esthétique construit de façon dogmatique et capable à ses yeux de surmonter les conflits qui divisaient en littérature les Anciens et les Modernes, en peinture les tenants du dessin et les tenants du coloris.

L'ouvrage est divisé en trois parties. Dans la première on établit « la nature des Arts par celle du génie qui les produit ». Autrement dit, on considère du point de vue de l'artiste la conception et la réalisation des œuvres d'art. Une fois distingués les arts utiles (les arts mécaniques), les arts d'agrément (la musique, la poésie, la peinture, la sculpture, la mimique et la danse), les arts utiles et agréables à la fois (l'éloquence, l'architecture), l'auteur établit que l'essentiel de l'esthétique est « l'imitation de la belle nature ». Cela suppose un choix et même une correction du réel, et chez l'artiste une inspiration enthousiaste. Il est vrai que dans l'éloquence c'est la nature elle-même qui apparaît, car on retombe alors dans la poésie dans « le discours libre ».

Dans la deuxième partie, le critique se met à la place du public : il étudie donc le « goût », qui lui semble émaner du « principe de l'imitation ». En effet, les Anciens « n'avaient d'autres modèles que la nature elle-même et d'autre guide que le goût », et « l'objet du goût ne peut être que la nature ». « L'histoire du goût » (Antiquité, Renaissance) l'atteste. Le goût exige « l'imitation de la belle nature » et une « bonne imitation ». Peu importent les principes, car « le goût est une connaissance par les règles par le sentiment ». Pour bien juger, il faut comparer l'art et la nature ; il importe enfin de « former le goût de bonne heure ».

Dans la troisième partie, le « principe de l'imitation est vérifié par son application aux différents arts ». Ainsi les règles générales de la poésie émanent de l'imitation ; les ornements et l'harmonie du style dépendent du sujet et de la pensée. Cela s'applique à l'épopée, à la tragédie, à la comédie, à la pastorale, à la fable, à la poésie lyrique. Peu de chose à dire de la peinture, où le principe de l'imitation s'impose évidemment, et il s'étend enfin à la musique et à la danse.

L'auteur rend poliment hommage, en passant, aux gloires des Modernes, Corneille, et même Fontenelle, dont les pastorales lui semblaient fort bonnes, si elles portaient un autre nom. Il paraît présenter une suite de théorèmes auxquels tous doivent acquiescer. En fait, la polémique est partout présente, et Batteux ne cache pas ses maîtres – Mme Dacier et Le Bossu pour l'épopée, d'Aubignac pour la tragédie, et, par-dessus tout, Horace et Aristote. Tout son ouvrage n'est-il pas un développement du principe horacien : « Ut pictura poesis » ? Il s'agit donc de présenter dans la forme la moins provocante et la plus rigoureuse possible l'esthétique des Anciens. Prôner l'imitation, l'étendre universellement, c'est nier avant tout le grand principe des Modernes, l'« agrément », qui justifie l'académisme et le maniérisme. Il n'est pas grande différence entre l'esthétique de Batteux et celle de Voltaire, ou même de Diderot, qui, au fond, demeure plus proche d'Aristote que de Fontenelle.

Émancipé de toute influence platonicienne ou cartésienne, nourri de la « nouvelle philosophie » (celle de Locke et bientôt de Condillac), ce classicisme conduit parfois Batteux à des aperçus originaux. Son poète enthousiaste (tels Ronsard et Milton) annonce – par-delà Diderot – Musset et Hugo. Il présente une intéressante distinction entre la prose (« discours libre » et purement naturel) et la poésie (naturelle mais parée), et cela fait penser aux théories de Valéry. Il définit astucieusement le bon goût, éclairé et spontané à la fois. Sa théorie l'amène à préférer l'imitation d'objets funestes (qui nous fait passer de la terreur à un « retour gracieux ») à l'imitation d'objets agréables. Il tente de concilier l'unité du goût et la diversité des goûts. Il demande – et le Diderot des *Salons* s'en souviendra – de l'humanité, et même de l'action, dans les paysages. L'imitation, à ses yeux, peut s'élever aux objets sublimes – comme dans la tragédie cornélienne – et donc transcender le simple réalisme.

● Genève, Slatkine, 1969 (réimp. éd. 1773) ; Klincksieck, 1989 (p.p. J. R. Mantion).

A. NIDERST

BEL-AMI. Roman de Guy de **Maupassant** (1850-1893), publié à Paris en feuilleton dans le *Gil Blas* du 6 avril au 30 mai 1885, et en volume chez Havard la même année.

Maître du récit court, Maupassant ne pouvait se contenter du conte ou de la nouvelle dès lors qu'il voulait « raconter la vie d'un aventurier » (« Aux critiques de *Bel-Ami* », *Gil Blas* du 7 juin 1885) : le projet exigeait de l'espace, et, même en réduisant la durée de la narration par rapport à son premier roman (voir *Une vie*), la concision de la forme brève aurait interdit l'étude parallèle de l'homme et du milieu. Sans sombrer dans le naturalisme ambiant, Maupassant n'en adopte pas moins une perspective conforme à l'esthétique en vogue, inscrivant ses personnages dans un monde d'autant plus proche du réel qu'il est celui-là même que fréquente l'écrivain : chroniqueur réputé, il a couvert en 1881 pour le *Gaulois* la campagne coloniale de Tunisie et Duroy ne sera que son porte-parole lorsqu'il traitera de l'« affaire marocaine » ; journaliste arrivé, il connaît tous les dessous de la presse et de ces milieux politico-financiers qu'il a maintes fois attaqués dans les colonnes du *Gil Blas* ou du *Gaulois*.

Première partie. Ancien du 6e hussards, le beau Georges Duroy erre sur les boulevards, son dernier sou en poche. Il rencontre un ancien ami de régiment, Forestier, rédacteur politique à *la Vie française*, qui l'invite à dîner chez lui (chap. 1), le présente à son directeur, M. Walter, qui lui propose des piges (2) que Duroy rédige grâce à l'aide de Madeleine Forestier, l'épouse de son ami. Engagé au journal (3), il débute comme reporter (4), fait la conquête d'une amie des Forestier, la charmante Mme de Marelle, dont la fille le surnomme Bel-Ami (5). Sa carrière journalistique progresse : il tente de séduire Madeleine Forestier, puis Mme Walter (6), doit se battre en duel contre un confrère (7) et passe un « pacte » d'entraide avec Madeleine au chevet de Forestier mourant.
Deuxième partie. Quelque temps après, Duroy épouse Madeleine et poursuit grâce à elle son initiation journalistique et politique (1) : il devient, sous le nom de Du Roy de Cantel, le directeur politique de *la Vie française* (2), et un personnage influent fort utile à M. Walter. Tandis que sa femme complote des affaires politico-financières, il entreprend le siège de Mme Walter (3), qui se rend sans gloire (4) et le lasse bien vite. Pour tenter de le retenir, elle trahit les combines de son mari, permettant à Du Roy de réussir un joli coup de Bourse (5). Début d'une aisance que l'arriviste augmente en soutirant habilement à Madeleine la moitié de l'héritage Vaudrec (6). Mais Du Roy, insatiable, ne rêve plus que d'égaler Walter et jette son dévolu sur Suzanne, la fille cadette de son patron (7). Pour se libérer de Madeleine il fait dresser un flagrant délit d'adultère entre celle-ci et le ministre des Affaires étrangères (8), créature de Walter qu'il tient désormais dans sa main. Puis il enlève Suzanne (9), obtenant ainsi le consentement forcé du père à ce mariage, promesse de triomphes futurs (10).

Dès les premières pages, Maupassant orchestre en mineur tous les thèmes de son roman : l'argent (celui qu'on rend à Duroy, menue monnaie, et celui qu'il soupçonne envieusement dans le « gilet » des bourgeois), les femmes (celles possédées un soir à la hussarde comme cette Rachel que l'on retrouvera incidemment et les autres, espérées pour « plus et mieux »), la séduction (le port, la moustache, les yeux). À partir de là, deux longs mouvements équilibrés entremêlent ces trois fils : le premier, sur le mode de l'*adagio*, introduit le héros dans un nouveau milieu – le journal *la Vie française* – où, faisant ses gammes, il débute comme

pigiste, devient reporter (I, 4), accède au rang de « chef des échos » (I, 6), signe quelques « articles de fond » (I, 7), pénètre les cercles mondains et devient l'amant de Mme de Marelle (I, 5). Le tout n'a pris que six mois ! Accélération du rythme dans le second mouvement, emporté comme un *allegro* : sans pour autant oublier Mme de Marelle (II, 1, 3, 5 et 10), Bel-Ami enlève les femmes – mariage avec Mme Forestier (II, 1), conquête de la vertueuse Mme Walter (II, 4), de Suzanne (II, 9), prélude aux triomphales épousailles (II, 10) –, poursuit son ascension journalistique – il terminera rédacteur en chef –, augmente son magot – détournement de la moitié de l'héritage Vaudrec en faveur de sa femme (II, 6), coup boursier réussi grâce à Mme Walter (II, 5 et 7), enfin accession au Gotha de la fortune par son mariage final – et acquiert une respectabilité que consacre une Légion d'honneur (II, 7), que traduit l'accroche d'un titre factice à un nom trafiqué (Duroy devient... baron Du Roy de Cantel, II, 1) et que symbolise la « reconnaissance du peuple de Paris [qui] le contempl[e] et l'envi[e] » (II, 10).

Bel-Ami est donc, d'abord, un roman de l'arrivisme : arrivisme du héros, mais aussi arrivisme d'une société où « le monde est aux forts, [où] il faut être au-dessus de tout » (II, 2). Et tout est bon pour arriver, pour forcer les portes du succès, depuis la séduction des femmes « parce qu'il faut s'en servir et ne rien donner de soi » (II, 2) en passant par les nouvelles et bruits qu'on lance « pour agir sur le public et sur la rente » (I, 6), jusqu'aux hommes politiques qu'on « place au milieu des déclassés et des avortés dont on fait les députés » (II, 2). Il en va donc de Bel-Ami et de la presse comme de l'huître et du rocher : « Voulant analyser une crapule je l'ai développée dans un milieu digne d'elle », dira Maupassant pour défendre son livre attaqué par une presse chatouilleuse de son honneur. Car ce que le héros fait dans sa sphère (« Tu trompes tout le monde, tu exploites tout le monde, tu prends du plaisir et de l'argent partout », lui dira Mme de Marelle), *la Vie française* le fait à une plus grande échelle : Mme Walter dévoilant à son amant les mécanismes d'un coup de Bourse ne dira pas autre chose en évoquant la ruine de « petits rentiers qui ont placé leurs économies sur des fonds garantis par des noms d'hommes honorés, respectés, hommes politiques ou hommes de banques » (II, 5).

Un homme, un milieu projetés dans une course effrénée au pouvoir et à l'argent : depuis Balzac, le XIXe siècle semble avoir trouvé là une recette romanesque. Pourtant, de la *Comédie humaine* à *Bel-Ami*, bien des choses ont changé, et le regard de Du Roy à la fin du roman, jeté de moins haut que le défi de Rastignac (voir le *Père Goriot*), traduit le passage d'une vision romantique du monde à une ambition fin de siècle, une ambition qui prend le masque d'un affairisme dans lequel la haute bourgeoisie républicaine voit l'incarnation de ses valeurs sinon de sa morale. De ce point de vue, *Bel-Ami* est bien le reflet de son époque (les clés ne manquent d'ailleurs pas) et Duroy le « seul type qui soit sorti de l'école de Médan » comme le notait Thibaudet, aventurier d'un monde nouveau où le « fumier populaire du suffrage universel » (II, 2) autorise tous les coups, dès lors qu'ils sont réussis (« monter haut en volant bas », résume excellemment Jean-Louis Bory, où l'on brasse indifféremment les opinions et les monnaies, où emplois et femmes ne sont que des étapes, jamais une fin : de ce point de vue, la dernière page du roman n'est pas une conclusion mais l'amorce d'une future aventure. Roman, non des illusions perdues mais des paris gagnés, à l'opposé des destins misérabilistes qu'étalent au même moment les naturalistes (voir, par exemple, *À vau-l'eau*), de ces destins sans lesquels l'accession d'un Duroy à une « vie nouvelle » ne pourrait se réaliser. Et pourtant, malgré le triomphe final et les promesses de jours plus glorieux encore, *Bel-Ami* ne cesse d'être traversé d'un pessimisme (que l'on réduit trop souvent, s'agissant de Maupassant, à l'influence de Schopenhauer) qui montre tout à la fois cette vanité des apparences (voir le sermon sur la mort de Norbert de Varenne [I, 6]) et le vide intellectuel et spirituel d'une époque qui n'offre plus que des mirages ridiculement bovaryens (tel le romanesque de Suzanne [II, 9]) ou des aventures d'alcôves à répétition : ce n'est pas un hasard si le roman s'achève sur le mot « lit ».

● « Classiques Garnier », 1959 (p.p. G. Delaisement) ; « Folio », 1976 (p.p. J.-L. Bory) ; Imprimerie nationale, « Lettres françaises », 1979 (p.p. M.-C. Bancquart) ; « Presses Pocket », 1990 (p.p. C. Aziza et O. Bombarde) ; « GF », 1993 (p.p. D. Leuwers). ➤ *Œuvres complètes*, Albin Michel, III ; *id.*, Éd. Rencontre, VII ; *Romans*, « Pléiade » ; *Contes et Nouvelles. Romans*, « Bouquins », II ; *Œuvres*, Club de l'honnête homme, I.

D. COUTY

BEL IMMONDE (le). Roman de Vumbi Yoka, ex Valentin Yves **Mudimbé** (Zaïre, né en 1941), publié à Paris aux Éditions Présence Africaine en 1976.

Deuxième texte d'une trilogie romanesque ouverte par *Entre les eaux* (1975), *le Bel Immonde* constitue l'expression de la maturité de l'écrivain. Cette tragi-comédie politico-sentimentale où s'impose un style épuré est exemplaire de la profonde originalité de Mudimbé.

Un ministre et la prostituée Ya se rencontrent dans un bar de Kinshasa. Ya a quitté son village natal pour échapper à la routine ; elle a découvert la ville et ses libertés, et se sert de sa beauté pour assouvir sa soif d'indépendance. Fréquenter un ministre, c'est pour elle approcher les « grands » du régime et vivre une nouvelle expérience sans pour autant modifier sa vie ni mettre en cause sa liaison amoureuse avec une autre prostituée. Pour lui, cette rencontre est une échappatoire à ses devoirs officiels et à la monotonie de sa vie familiale. Mais cette rencontre occasionnelle va se transformer en amour véritable. Liaison scandaleuse qui s'affiche au grand jour, liaison insolite scellée par un commun désir entre ces deux êtres d'échapper aux contraintes et aux préjugés, liaison dangereuse puisque Ya appartient à une des ethnies entrées en rébellion contre le pouvoir incarné par son amant. Très vite, le ministre et la prostituée deviennent la cible de chantages auxquels leur amour ne résistera pas. Cédant à la violence de ses compatriotes, Ya trahit son amant en livrant les secrets d'État qu'il lui confie sans méfiance. Quant au ministre, malgré les gages qu'il donne au maître d'une société secrète d'initiation, allant même jusqu'à accepter le sacrifice de l'amie de Ya, il apparaît de plus en plus suspect aux yeux de ses collègues. Arrêtée et interrogée par la police, Ya apprend brutalement la mort de celui qu'elle se plaisait à appeler son « pirate » : « Accident ou attentat ? un ministre brûlé vif dans sa voiture, il partait en mission d'inspection en province… Un grand défenseur de la Nation ». Relâchée, Ya reprend la vie qu'elle menait « avant », et le roman s'achève là où il avait commencé, dans le bar.

Une note, à la fin du récit, précise que celui-ci se déroule à Kinshasa et que l'auteur a emprunté des extraits du discours prononcé au Palais de la Nation par le président de la République Joseph Kasavubu, le 7 octobre 1965 – soit quelques semaines avant son renversement par Mobutu –, ainsi qu'un extrait de presse paru dans *le Monde* du 30 juillet 1964 et « sciemment déformé » pour les besoins de la narration. Autant de précisions qui incitent à voir dans ce récit le reflet d'une « réalité » géographique, historique, politique. Or, *le Bel Immonde* n'a rien du miroir réaliste ; du moins, il ne laisse pas prise au repérage d'une réalité objective. L'intérêt de ce roman volontairement éclaté, qui évite d'évoquer des faits ou des personnages réels, est ailleurs.

L'organisation harmonieuse et très classique du texte contraste avec son foisonnement interne, la richesse et le caractère insaisissable de sa matière. *Le Bel Immonde*, composé de quatre chapitres de cinq séquences chacun, présente une structure équilibrée que renforce la régularité du nombre de pages à l'intérieur de chaque séquence. Pourtant, la diversité des modes d'expression : narration, dialogue, confession, monologue, lettres, ainsi que l'alternance des « il » (ou « elle »), « je » et « tu » introduisent un effet d'éclatement des identités sans qu'aucun point de vue ne soit privilégié.

Les personnages, réduits à une désignation très schématique (le ministre n'a pas de nom et Ya – qui signifie

« sœur » – n'est pas à proprement parler un prénom), sont davantage des « types » que des personnages. Sommairement décrits, ils évoluent dans un décor intimiste (ambiances confinées de bars ou appartements clos) et le plus souvent la nuit, échappant ainsi à une lumière trop crue qui dévoilerait leur être profond et déchirerait le halo de mystère qui les entoure.

L'essentiel du récit est centré sur le couple lui-même, couple « immonde » puisqu'il se situe en marge des convenances et des lois sociales, couple ambivalent dont le ressort amoureux apparaît bien souvent ambigu, couple troublant dans son impuissance face au désordre du monde, et dont l'aventure ressemble étrangement à une bouée de secours au milieu de la tempête. La recherche d'absolu par le ministre et la prostituée, ainsi que leur aspiration à fuir un univers où ils étouffent, confèrent à ce texte une dimension universelle qui dépasse largement l'optique réductrice du roman politique.

Mudimbé opte dans son œuvre romanesque pour la présentation de subjectivités au détriment de l'expression d'un sentiment national. Ce choix peut sembler paradoxal puisque toute l'œuvre est fondée sur l'observation d'une réalité : celle de l'Afrique ; mais il s'explique aussi par le fait qu'aucune grille définitive et suffisamment efficace ne peut être plaquée sur cette réalité. La réalité africaine est donc l'objet d'interrogations incessantes dont les réponses sont obligatoirement plurielles et individuelles. Loin de tout folklore, seule importe la présentation de consciences déchirées, en quête d'une authenticité.

C. PONT-HUMBERT

BEL INCONNU (le). Roman en vers de **Renaut de Beaujeu** (vers 1165-1230), composé autour de 1200 et conservé par un seul manuscrit.

Le Bel Inconnu est l'un des nombreux récits qui, dans le sillage de l'œuvre de Chrétien de Troyes, réutilisent cadre, personnages et motifs de la « matière de Bretagne », ici entrelacés au motif folklorique, par ailleurs bien attesté, du « Fier Baiser ». L'épreuve consiste à délivrer, en acceptant son baiser, une « belle » transformée en « bête » monstrueuse (une guivre ou serpente).

Prologue (v. 1-10). Le narrateur dédie son « roman » à celle qui fut aussi l'inspiratrice de sa production lyrique.
Première partie (11-1 869). Dès son arrivée à la cour d'Arthur, qui l'arme chevalier, un jeune homme qui ignore ses origines (d'où le surnom de « Bel Inconnu ») se propose pour tenter l'aventure du « Fier Baiser » et délivrer ainsi Blonde Esmerée, l'héritière du royaume de Galles. D'abord très réticente, à la différence de son écuyer le fidèle Robert, Hélie, messagère de Blonde Esmerée, doit reconnaître la valeur du jeune chevalier dont la prouesse s'affirme au cours d'aventures de plus en plus périlleuses.
Deuxième partie (1 870-3 914). Parvenu au merveilleux château de l'Île d'or, le Bel Inconnu triomphe du chevalier qui en garde l'accès et qui prétend épouser malgré elle la maîtresse du domaine, la Pucelle aux Blanches Mains, la fée aussi belle qu'experte en pratiques magiques. La jeune femme séduit aussitôt le Bel Inconnu mais celui-ci quitte cependant l'Île d'or pour mener à bien sa mission. À la Gaste Cité, le royaume de Blonde Esmerée, que terrorisent d'inquiétants jongleurs musiciens, le Bel Inconnu triomphe de deux chevaliers diaboliques puis accepte le baiser de la guivre, mettant ainsi un terme aux enchantements qui pèsent sur la seule comme sur sa ville. Après l'épreuve, une voix lui révèle qu'il s'appelle Guinglain et qu'il est le fils de Gauvain et de la fée Blanchemal. Guinglain accepte d'épouser Blonde Esmerée mais au lieu de l'accompagner à la cour d'Arthur pour y célébrer ses noces, il retourne à l'Île d'or.
Troisième partie (3 915-6 246). À l'Île d'or, Guinglain obtient, non sans mal, les faveurs de la fée qui lui apprend alors qu'elle l'aime depuis l'enfance, que c'est elle qui a envoyé Hélie à la cour d'Arthur, que c'est elle encore la voix qui lui a révélé son origine. Mais l'univers arthurien reprend ses droits : pour attirer le jeune homme à sa cour, Arthur organise un tournoi. Guinglain s'y rend, avec l'autorisation de la fée, qui lui prédit pourtant la fin de leur amour. Vainqueur du tournoi, il accepte en effet d'épouser Blonde Esmerée et repart avec elle pour son royaume.

Épilogue (6 247-6 266). Si sa dame ne se montre pas hostile, le narrateur pourrait reconsidérer le dénouement du récit et faire en sorte que Guinglain abandonne la reine et retourne auprès de la fée.

Comme bien d'autres romans, arthuriens ou non, le Bel Inconnu est d'abord le récit d'une quête nuptiale et d'une ascension sociale réussies : par sa prouesse, un jeune sans (re)nom et sans fief obtient le cœur et le royaume d'une riche et belle héritière. Peut-être cette fiction projette-t-elle ainsi dans l'utopie arthurienne les rêves de puissance de la moyenne et petite noblesse à la jointure du XIIe et du XIIIe siècle. Mais cette quête est aussi, dans la tradition des romans de Chrétien, quête d'identité. Par l'épreuve du « Fier Baiser », le Bel Inconnu se découvre une double filiation, au monde arthurien (à la prouesse guerrière) par son père Gauvain, à l'espace féerique (à l'espace de l'amour), doublement incarné par les figures de la fée maternelle et de la fée amante. Filiation qui est aussi celle que s'invente le narrateur dont les armoiries (réelles), « d'azur au lion d'hermine », sont les mêmes que celles de son héros, qui devient ainsi l'ancêtre mythique de son lignage…

Le Bel Inconnu est enfin un récit qui, à l'image de cette filiation duelle, entrelace autour de la figure neuve du narrateur amant, très présent dans le récit, les voix contrastées du roman et du lyrisme. Si la quête de Blonde Esmerée met en effet en œuvre les valeurs cardinales du roman arthurien (prouesse, courtoisie, richesse, désir d'insertion au monde du chevalier et reconnaissance de l'autorité royale), les figures féeriques y montrent comment le désir amoureux (l'unique sujet de la chanson des trouvères) est à la fois la source et la ressource du récit. La fée Blanchemal comme la Pucelle aux Blanches Mains (le « blanc » du nom signant l'appartenance à la féerie et peut-être une relation autre, d'identité, entre la mère et l'amante) sont à la fois à l'origine et à la fin, toujours différée, du récit. Ce sont elles qui mettent au monde le héros, inventent l'aventure initiale, déterminent les péripéties narratives, maîtrisent son dénouement. L'écriture romanesque sous-tend, autour de Blonde Esmerée, un récit traditionnel, linéaire et clos. L'amour de la fée, relayé par celui de la dame aimée du narrateur, la quête d'une jouissance toujours différée – le mode de l'amour célébré par la poésie lyrique – dessinent en revanche un espace indéfiniment ouvert aux incertitudes de la passion, au risque accepté de la continuation et du renouvellement.

● CFMA, 1929 (trad. et p.p. G. P. Williams) ; Champion, 1990 (trad. M. Perret et I. Will).

E. BAUMGARTNER

BEL INDIFFÉRENT (le). Drame en un acte et en prose de Jean **Cocteau** (1889-1963), créé à Paris au théâtre des Bouffes-Parisiens en 1940, dans une mise en scène de Raymond Rouleau, avec Édith Piaf et Jacques Pills, et publié dans les *Œuvres complètes* à Lausanne chez Marguenat en 1950. En 1957, Jacques Demy en tourna une adaptation pour le cinéma.

Une « pauvre chambre d'hôtel éclairée par les réclames de la rue ». Deux personnages : Elle et Lui. Seule, Elle parle ; Lui tient un rôle muet.

Elle va et vient, très agitée, ou bien écoute l'ascenseur et les bruits du couloir. Elle attend Émile. Lorsque la sœur de celui-ci téléphone, par orgueil, elle prétend qu'il est dans la salle de bains et ne peut répondre. À son tour, Elle téléphone à des amis communs : mais nulle trace d'Émile.

Enfin Lui [Émile] entre ! Sans un mot, il s'installe sur le lit, derrière son journal. Elle se déchaîne alors, hurle tout ce qu'elle a sur le cœur. Elle lui reproche de la laisser toujours seule, de sortir avec d'autres femmes, de ne pas l'aimer, de lui mentir sans cesse… Elle va le quitter, c'est sûr. Soudain, le téléphone retentit : c'est une de ses maîtresses qui voudrait lui parler. Mais il ne prend pas la communication ;

Elle lui en est pleine de reconnaissance et se penche sur Lui pour le remercier de son geste. Elle découvre alors qu'il dormait, à l'abri de son journal, et qu'il n'a rien entendu des propos qu'elle a tenus. D'ailleurs, maintenant qu'il sait qui a appelé, il se lève, prend son chapeau et sort.

Cet acte dramatique créé pour Édith Piaf a permis de révéler un autre aspect du talent de la célèbre chanteuse : celui d'une grande actrice. Car c'est bien un rôle tragique que doit incarner à elle seule le personnage féminin de la pièce. Tragédie de la jalousie, tragédie de la femme mûre névrotiquement attachée à un gigolo sans charme, désespérément solitaire au sein d'un couple où règne l'absence totale de communication. Lucide, elle reconnaît : « Je t'aime. C'est entendu. Je t'aime et c'est ta force. Toi tu prétends que tu m'aimes. Tu ne m'aimes pas. Si tu m'aimais, Émile, tu ne me ferais pas attendre, tu ne me tourmenterais pas à chaque minute, à traîner de boîte en boîte et à me faire attendre. » Mais, comme une héroïne racinienne égarée par la violence de sa passion et une mauvaise foi évidente, elle ne peut qu'accumuler les invectives, les reproches, une soif de vengeance qui la rendent haïssable.

Sont encore classiques l'unité de lieu, le bref laps de temps écoulé, le dépouillement du langage (il ne s'agit que d'un monologue vainement destiné à faire réagir le protagoniste masculin). Mais l'humour – bien involontaire – de la femme hystérique transforme cette scène (de ménage) classique en un mélodrame pseudo-conjugal où la Furie, à bout d'arguments, en arrive à s'autoparodier. « Les hommes sont fous. Fous et vicieux. Et funestes. Funestes. Tu es funeste. Voilà le mot, je le cherchais. Tu es funeste ! », s'écrie-t-elle dans son délire.

● L'Avant-Scène Théâtre, 1953.

B. VALETTE

BÉLIER (le). Conte d'Antoine **Hamilton** (Écosse, vers 1646-1720), publié à Paris chez Jean-François Gosse en 1730.

C'est en 1703-1704, alors qu'il approche de la soixantaine, que Hamilton écrit le Bélier. Ce courtisan des Stuarts revient en 1688 en France où il suit le roi Jacques II en exil. Il mène une vie mondaine et a des attaches avec la cour de France. Sa sœur Élisabeth, qui a épousé Philippe de Gramont, selon Saint-Simon, « toujours très bien avec le Roi qui goûtait son esprit ». Le roi lui a fait cadeau d'une petite maison dans le parc de Versailles, Moulineaux, qu'elle appela Pontalie. L'intrigue du Bélier est à mettre en relation avec cet événement de cour qui fit du bruit.

Le Bélier commence comme un conte en vers interrompu au bout de quelques pages car : « Dans un récit de longue haleine / Les vers sont toujours ennuyeux. »

Le narrateur va alors, « en langage de véritable conte », tâcher d'endormir la demoiselle à laquelle il narre une histoire fabuleuse. Il s'agit de rendre compte du nom de Pontalie. L'intrigue extrêmement compliquée fait intervenir le géant Moulineau, brutal et grossier, qui joue le rôle d'agresseur et contrarie les amours de la belle Alie, fille d'un druide, et du prince de Noisy. Interviennent alors de multiples sortilèges et rebondissements. Il y est question d'accessoires magiques (couteau, peigne, cadenas, chariot enchanté, talisman), de métamorphoses (le prince de Noisy est devenu un bélier et le prince Pertharite un renard blanc), de rivalité entre une magicienne, « la mère aux gaines », et un enchanteur, d'un berceau vert caché dans une fontaine, d'un poignard qui prononce des oracles. L'histoire d'Alie et du prince de Noisy est interrompue par des récits insérés, celui de Pertharite et de Ferandine, celui de « la mère aux gaines ». Tous les fils de ces histoires, qui semblent se dérouler suivant la plus pure fantaisie, sont finalement reliés entre eux. La belle Alie et le prince de Noisy sont enfin réunis, Moulineau vaincu par le héros se casse le cou dans le fossé entourant le château qu'il assiégeait. Sur ce fossé, le Bélier avait jeté miraculeusement un pont, le pont d'Alie. Ce pont avait pris le nom de Moulineau ; après la défaite du géant, il retrouve son ancienne appellation, mais « par un reste de corruption », on l'appelle Pontalie.

Toutes les extravagances du conte de fées sont mises au service d'un divertissement de société qui comporte sans doute maintes clés. Une écriture ludique conjugue les libertés de l'irréalisme et les allusions à une actualité immédiate. Mais l'engouement pour la féerie est à la fois exploité et nié. Le prince, métamorphosé en bélier, s'efforce de distraire son maître, le géant, mais celui-ci s'ennuie et intervient sottement. Ce procédé sera réutilisé dans le *Sopha de Crébillon. L'auteur prend ses distances et dans une piquante dédicace annonce les enchantements et invraisemblances du conte, mais avertit finement que l'on n'y verra « aucun génie ».

C. MERVAUD

BÉLISAIRE. Roman de Jean-François **Marmontel** (1723-1799), publié à Paris chez Merlin en 1767.`

Après une Préface, où l'auteur indique ses sources (essentiellement l'*Histoire*, ou *Histoire secrète*, et non les *Anecdotes*, de Procope), seize chapitres se succèdent. À la fin du règne de Justinien, Bélisaire, qui venait de sortir, les yeux crevés, de sa prison, arrive dans un château de Thrace, où sont rassemblés des chefs militaires. Parmi eux le jeune Tibère, qui admire le héros et ses malheurs, et avertit l'empereur de cette rencontre. Justinien décide de le voir sans se faire connaître (chap. 1). Bélisaire, continuant sa route, retrouve dans un village Gélimar, le roi des Vandales, qu'il a jadis vaincu et avec lequel il échange des réflexions sur la destinée humaine (2). Puis le héros est enlevé par les Bulgares, qui ont envahi l'Empire : il refuse leur invite de combattre Justinien et proteste de sa fidélité à son souverain (3). Il est hébergé chez des paysans, dont le fils (qui a jadis combattu sous lui) l'exhorte – en vain – à se venger de l'empereur (4). Sa femme Antonine, malade de chagrin, meurt en le retrouvant aveugle ; il demeure avec sa fille Eudoxe, dont le charme attendrit Tibère, venu les rejoindre (5-6). Suit une série d'entretiens entre Bélisaire, Tibère et Justinien, qui se fait passer pour le père du jeune homme : le vieillard fait l'apologie du système monarchique (7-8) ; il expose ses idées morales (9), sa conception du souverain idéal (10), de l'art de bien gouverner (11-14). Il en vient à l'ébauche d'une religion humaine et bienfaisante (15). Quand les Bulgares parviennent à s'emparer de Tibère et de Justinien, Bélisaire les fait libérer : saisi de reconnaissance et de remords, l'empereur révèle son identité ; il unit Tibère à Eudoxe et ramène le vieillard à la cour, mais Bélisaire mourra bientôt, et Justinien oubliera vite ses conseils (16).

« Le plus digne objet de la littérature, le seul même qui l'ennoblisse et qui l'honore, c'est son utilité morale », affirmait Marmontel, dans son *Essai sur les romans*, et cette conception l'amène à juger sévèrement les œuvres de Madeleine de Scudéry, de Jean-Jacques Rousseau, et même de Mme de La Fayette. Il est vrai que tout dans *Bélisaire* est sacrifié à des intentions didactiques. Aucune couleur locale, des anachronismes assez choquants. Une bizarre représentation de l'Empire byzantin, où les Bulgares surgissent à tous les coins de bois et enlèvent, sans même s'en apercevoir, les empereurs et les princes. Aucun intérêt dans l'action : les six premiers chapitres contiennent le récit d'un voyage ; chaque épisode paraît enfermer une vérité morale : on peut se souvenir du *Télémaque* de Fénelon ou des contes de Voltaire, mais il n'est ici ni vie, ni poésie ; Bélisaire ne cesse de répéter les mêmes leçons de résignation et de loyalisme à l'État. Le second mouvement est empli de discussions morales ou politiques, et le dénouement paraît bâclé avec le mariage de Tibère et d'Eudoxe.

Marmontel aurait peut-être mieux fait de renoncer à cette trame romanesque, qui ne sert qu'à le gêner. Reste la pensée. La vertu, qui émane d'abord d'un intérêt bien compris, assure de délicieuses jouissances et met au-dessus de tous les maux, même des pièges subtils de l'envie. La monarchie véritable, soumise aux lois et absolument éloignée du despotisme, est préférable à tout autre régime, où la multiplicité des pouvoirs ne fait que multiplier les vices. Le bon souverain n'a pas de favori. L'impôt doit être juste. Il faut encourager l'agriculture, réfréner le luxe, et, s'il se peut, anéantir la cupidité, racine de tous les maux. Il faut

adorer un Dieu de bonté, et non un Dieu terrible, croire que les païens les plus vertueux ont pu être sauvés, et que la tolérance doit être établie.

Dans tout cela rien d'original. Une mosaïque de banalités ou d'emprunts mal digérés à Fénelon, à Bayle, à Rousseau, avec des orientations contradictoires, car Marmontel se souvient à la fois de l'utilitarisme des philosophes des Lumières, et des rêves spartiates du *Télémaque*. Le tout dans un style redondant, qui dilue la pensée et n'évite presque jamais la déclamation la plus fade.

L'ouvrage eut du succès. On reconnut dans le vieux Justinien, « faible » et « trompé », une image de Louis XV. Frédéric II de Prusse s'empressa de souligner ce rapport, et Marmontel, dans ses *Mémoires*, en convint : « Il n'y avait malheureusement que trop d'analogie d'un règne à l'autre », et peut-être faudrait-il dans l'histoire de Bélisaire reconnaître celle d'un bon ministre (tel Machault d'Arnouville) sacrifié aux intrigues de cour. Mais Marmontel était habile : il envisagea de dédier l'œuvre au roi lui-même ; il obtint les applaudissements de Frédéric II de Prusse, de Marie-Thérèse, de Catherine de Russie, de Gustave de Suède. Il rencontra l'hostilité de la Sorbonne : elle ne parvint pas à accepter son apologie de la tolérance et releva trente-sept propositions condamnables. Voltaire et Turgot vinrent alors au secours de Marmontel. C'est ainsi que tous les princes d'Europe applaudirent à ce médiocre essai de politique, où ils crurent retrouver une satire de Louis XV, et que des philosophes encensèrent un penseur aussi peu hardi, aussi peu personnel et aussi peu conséquent.

➤ *Œuvres complètes*, Slatkine, III.

A. NIDERST

BELLA. Roman de Jean **Giraudoux** (1882-1944), publié à Paris dans *la Nouvelle Revue française* d'octobre à décembre 1925, et en volume chez Grasset en 1926.

Comme ce fut le cas des romans à clés du XVIIe siècle, le succès de *Bella* tint à la curiosité des contemporains pour les dessous de la vie politique étalés au grand jour par un fonctionnaire du Quai d'Orsay. Personne n'hésita, en effet, à reconnaître en Dubardeau le secrétaire général du ministère des Affaires étrangères Philippe Berthelot, contraint à la démission en 1921 pour son rôle dans l'affaire de la Banque industrielle de Chine. Quant à Poincaré, il se sentit pris à partie à travers le personnage de Rebendart.

C'est l'admiration et la fierté qui animent le narrateur, Philippe, lorsqu'il présente son père, René Dubardeau, homme d'État pro-européen et sa famille de savants (chap. 1). Il est moins tendre pour Georges Rebendart, leur adversaire politique, qu'il rencontre lors de l'inauguration, dans un lycée, du monument aux anciens élèves morts à la guerre ; le ministre est accompagné de la veuve de son fils, Bella de Fontranges, qui n'est pas une inconnue pour le jeune homme (2). L'été précédent, il a en effet noué avec elle une idylle toute platonique sans cependant lui révéler son identité. Comment, maintenant qu'il s'est découvert, pourrait-elle renouer avec le rejeton d'une famille abhorrée (3) ? Du reste son beau-père ourdit dans l'ombre la perte des Dubardeau : il cherche des témoins à charge et sollicite vainement Moïse, un richissime banquier, qui invite Philippe à déjeuner chez Maxim's pour lui dévoiler la machination (4). À la table voisine se trouve Fontranges, le père de Bella, dont Moïse narre la passion exclusive pour son fils Jacques, disparu en 1914 (5). Tandis que Philippe et Bella, réconciliés par l'entremise des frères Orgalesse, filent le parfait amour, Rebendart poursuit ses manigances (6) : calomniés, abandonnés de tous (7), les Dubardeau sont convoqués au ministère. René est accusé de concussion ; mais de preuves, point ! Elles ont disparu. C'est alors que Bella surgit en annonçant qu'elle les a brûlées ; en tentant d'amener son beau-père à la réconciliation, elle tombe, frappée à mort ; Fontranges unira dans son cœur le fils et la fille disparus (8-9).

L'« affaire » est évidemment une des sources de *Bella*, mais, si l'engagement de l'auteur en faveur de Dubardeau-Berthelot est clair, on ne saurait cependant réduire le roman à cette dimension ; Giraudoux, en effet, y transforme la réalité pour aboutir à une sorte d'allégorie politique. Il prêche dans le dernier chapitre, souvent senti comme déconcertant, pour une réconciliation nationale dont Jacques et Bella sont les symboles, « unis soudain dans un amour parfait » (chap. 9). Pour que la France puisse jouer son rôle dans la construction de l'Europe chère au cœur de Giraudoux, il faut que disparaissent ses dissensions internes représentées par le conflit qui oppose Rebendart aux Dubardeau, ou plutôt que les Français retrouvent les valeurs de ceux qui « ne croyaient pas que la science, le détachement des honneurs, la loyauté dussent [...] éloigner de la vie publique » (chap. 1), une famille d'inventeurs modestes et « géniaux » (chap. 6), « souriants » (chap. 1) et généreux. Ce sujet pourrait être celui d'un essai mais Giraudoux l'accommode à la sauce romanesque des amours contrariées. Pourtant, l'intrigue sentimentale de *Bella* est essentiellement parodique : à la suite de Tristan et d'Iseut, les amants boivent un philtre d'amour remis au goût du jour : du café... filtre, et s'ils se trouvent un moment séparés par la querelle paternelle, comme Rodrigue et Chimène ou Roméo et Juliette, ils échappent rapidement au tragique. Philippe avoue avoir aimé Bella « sans autres scrupules [...] quand elle venait le trouver dans son lit à l'aurore » (chap. 8). La satire des mœurs parisiennes vient aussi pimenter l'action : l'auteur s'amuse à dépeindre, non sans une certaine ironie, les hauts lieux de la vie mondaine, Maxim's et le Jockey Club, « les cercles, les restaurants célèbres qui sont les coulisses du vrai théâtre, les points les plus sensibles de Paris » (chap. 6). Parisianisme qui ne masque cependant pas la France aimée de Giraudoux dont il espère et appelle le renouveau.

● « Les Cahiers rouges », 1985 ; « Le Livre de Poche », 1990 (p.p. P. d'Almeida). ➤ *Œuvres romanesques complètes*, « Pléiade », I (p.p. B. Dawson).

D. LORENCEAU

BELLE ALPHRÈDE (la). Comédie en cinq actes et en vers de Jean **Rotrou** (1609-1650), créée à Paris au théâtre de l'hôtel de Bourgogne en 1636, et publiée à Paris chez Sommaville et Quinet en 1639.

La Belle Alphrède appartient à une période pendant laquelle l'auteur revient à l'irrégularité de ses premières œuvres après avoir appliqué les unités l'espace de quelques pièces. Mais, plus que d'une comédie (Rotrou en a déjà écrit une demi-douzaine), il s'agit plutôt d'une tragi-comédie romanesque et baroque, où l'abondance et le spectaculaire sont la règle.

Délaissée par son amant Rodolphe, dont elle est enceinte, Alphrède est partie de Barcelone à sa poursuite, déguisée en homme ; ayant fait naufrage près d'Oran, elle retrouve Rodolphe, qu'elle aide à combattre les Arabes. Il reconnaît ses torts : il aime maintenant Isabelle, rencontrée à Londres. Ils sont faits prisonniers (Acte I). Cependant Amintas, le général arabe, dit sa joie à Acaste, son fils : Alphrède est sa fille, perdue quatorze ans plus tôt, lorsqu'il devint esclave des Arabes. Il l'autorise à gagner l'Angleterre avec Acaste pour reconquérir Rodolphe par une ruse (Acte II). Ce dernier la tient pour morte. La pièce nous transporte près de Londres. Acaste et Alphrède – toujours travestie – tuent trois hommes qui voulaient enlever Isabelle ; Alphrède fait croire à celle-ci que Rodolphe est mort (Acte III). Acaste et Isabelle s'avouent leur amour ; le père d'Isabelle consent au mariage (Acte IV). Rodolphe arrive en Angleterre pour venger Alphrède en tuant Acaste ; il lui fait parvenir un billet de défi au milieu d'un ballet donné en l'honneur d'Acaste et d'Isabelle. Mais Alphrède se fait reconnaître : Rodolphe, de nouveau amoureux d'elle depuis qu'il la croit morte, demande son pardon ; ils se marieront (Acte V).

L'unité de cette pièce touffue où plusieurs personnages occupent tour à tour le devant de la scène est assurée par Alphrède. Comme pour le souligner, Rotrou lui fait conclure les actes II, III et IV par une même phrase : « Amour, peste des cœurs, / Je forcerai mon sort et vaincrai tes rigueurs. » Pour mener à bien ce combat et affirmer son individualité conquérante, Alphrède doit se travestir (elle n'apparaît en femme qu'à la fin), manier la ruse et l'épée. De fait, toute la pièce repose sur des incertitudes concernant l'identité ou le sort de tel ou tel : travestissement d'Alphrède, déguisement d'Alphrède, d'Acaste et du père d'Isabelle pour délivrer celle-ci (III, 6 et 8), deux fausses morts destinées à n'abuser que certains personnages, reconnaissance d'Alphrède par son père avant qu'elle ne se fasse reconnaître de tous à la fin. Rotrou fait évoluer l'action au gré de ces tromperies et de ces révélations, toujours connues du spectateur et de certains personnages seulement. Il multiplie les effets spectaculaires, jouant de tout le répertoire offert par la tragi-comédie traditionnelle, jusqu'à développer sans nécessité certaines situations ou certains rôles. Ferrande, le fanfaron qui constitue la seule vraie source comique de la pièce, le personnage le plus nettement théâtral, fait du ballet de l'acte V l'occasion de remettre à Acaste le billet transmettant le défi de Rodolphe. Rien ne caractérise mieux *la Belle Alphrède* que ce spectacle dans le spectacle où Rotrou glisse une allusion aux événements contemporains : il a pour sujet la défaite de deux Espagnols vaincus par deux Français – victoire ludique qui réjouira les spectateurs avant l'euphorie finale.

● « Pléiade », 1975 (*Théâtre du XVIIe siècle*, I, p.p. J. Scherer). ➤ *Œuvres*, Slatkine, II.

D. MONCOND'HUY

BELLE AU BOIS DORMANT (la). Voir CONTES, de Ch. Perrault.

BELLE BÊTE (la). Roman de Marie-Claire **Blais** (Canada/Québec, née en 1939), publié à l'Institut littéraire du Québec en 1959.

Louise, la mère, veuve et riche propriétaire terrienne, Isabelle-Marie, la fille, âgée de treize ans, et Patrice, le fils de dix ans, l'« idiot » que sa sœur a surnommé « la belle bête », sont dans un train qui les ramène de la ville. D'emblée, les rapports sont posés : Louise et Patrice sont blottis l'un contre l'autre, Patrice « la tête sur l'épaule » de sa mère. Isabelle, en face d'eux, est distante, « le visage dur ». Patrice, beau et admiré de tous, est adoré par sa mère tandis qu'Isabelle, laide et mal aimée, est révoltée et haineuse. Isabelle travaille à la terre et s'y use les doigts tandis que Patrice mène une vie de fainéant. Dans ce trio familial menacé par le désir obsédant d'Isabelle de détruire la beauté de son frère, deux personnages interviennent. Le premier, Lanz, l'amant de Louise, devient son mari et s'installe à la ferme. Les liens qui unissent Patrice et sa mère en sont transformés et se distendent. La jalousie de Patrice, attisée par Isabelle, le pousse à tuer Lanz. Le second est un jeune aveugle, Michael, qu'Isabelle rencontre à un bal dans une ferme. Elle lui fait croire qu'elle est belle, noue une idylle avec lui et l'épouse. Elle devient mère mais Michael recouvre la vue, découvre la laideur d'Isabelle et son mensonge, il la frappe et l'abandonne avec leur fille.

Isabelle retrouve le huis clos familial et le drame se précipite. La jeune femme plonge la tête dans une bassine d'eau bouillante. Patrice, défiguré, est abandonné par sa mère dans un asile. Louise chasse sa fille et la petite Anne. Restée seule, elle est rongée par un cancer du visage. Le livre s'achève sur la destruction du domaine auquel Isabelle met le feu, et sur une triple mort : celle de Louise consumée par l'incendie, celle d'Isabelle qui se jette sous un train et celle de Patrice qui se noie dans le lac où il recherche sa beauté.

La Belle Bête est une monstrueuse histoire de haine et de mort. Dès ce premier roman, l'œuvre de Marie-Claire Blais s'installe dans le vertige pur, absolu, où rien ne vient rompre l'enchantement pervers suscité par la fascination de la chute.

Les personnages habitent le lieu abstrait du rêve où ne s'exerce qu'une attraction : celle du plus radical vertige intérieur. Rien ne les distrait du cauchemar auquel ils sont livrés et ils n'ont d'autre choix que de courir jusqu'au bout de leur destin, enchaînés par de purs désirs qui portent le signe de la chute. Ce sont des « créatures d'épouvante [...] qui vont s'enfler et devenir des monstres ».

Patrice, héros du roman, est le jouet des puissances destructrices qui l'entourent, celles de sa mère et de sa sœur. Il incarne le « lourd assoupissement de l'intelligence, la léthargie des cerveaux qui ne vivent pas ». Amoureux de sa beauté, ce Narcisse a le cœur troublé par des pulsions de haine. Isabelle, c'est l'exclusion, la souffrance vive animée d'une monstrueuse jalousie. Mal aimée, persécutée par une laideur obsédante qu'elle laisse en héritage à sa propre fille, elle vit son rapport conflictuel à sa mère comme un calvaire. Louise, « la belle de corps éphémère », c'est la mère possessive et exclusive, inconsciente et injuste qui fournit à son fils « l'âme qui lui manquait » et projette en lui sa propre beauté. Castratrice et aveugle, elle est l'archétype de la « mauvaise mère ».

L'écriture, qui procède par touches, est aérée, froide, ponctuée d'émotions et de fulgurantes images poétiques. Tout le roman est bâti sur un jeu de visages et de regards où beauté et laideur s'appellent avant de retourner au néant. Derrière les masques, les forces du mal dominent. Les mythes se déploient en un jeu complexe. Patrice-Narcisse traque son image dans tous les miroirs symboliques de la recherche de soi, dans les plans d'eau stagnante de l'enfermement en soi. Patrice-Œdipe recherche toute sa vie le bonheur total d'être blotti contre l'épaule de sa mère, et tue Lanz devenu Laios.

Cet univers sans issue, où se clament les amours insatisfaites, les souffrances, les haines, les révoltes, les destructions, dresse une litanie de malheurs et de manques à la vie qui serait proprement désespérante si la nécessité même qui la dicte ne laissait entendre, en même temps, un profond désir de présence au monde.

● Cercle du Livre de France, 1968.

C. PONT-HUMBERT

BELLE DAME SANS MERCI (la). Poème d'**Alain Chartier** (vers 1385-vers 1433), publié à Paris chez Pierre Le Caron en 1489.

La Belle Dame sans merci, écrit en 1424, est sans doute la composition la plus connue d'un écrivain qui reprend l'ensemble de la thématique et des structures formelles de la poésie courtoise, mais qui se fait aussi l'écho, en contrepoint à ses œuvres en prose comme le **Quadrilogue invectif*, des malheurs des temps et de la crise morale qui affectent une société bouleversée par les désastres de la guerre de Cent Ans.

Dans l'itinéraire poétique, sinon personnel d'Alain Chartier, *la Belle Dame sans merci* se situe après la mort de la dame aimée, pleurée dans une *Complainte*.

La Belle Dame sans merci. Conduit par Tristesse, le poète, qui a renoncé à écrire depuis la mort de sa dame, distingue dans une fête un jeune homme en noir, qui lui ressemble comme un frère, et que tourmente très visiblement l'amour d'une belle dame inaccessible. Dissimulé derrière une treille, le poète écoute l'amoureux qui finit par avouer son amour à la dame (I-XXIV). La suite du poème rapporte le dialogue, parfois commenté par l'Acteur (le poète), qui oppose un amant transi, mais très habile à manier dans les formes, les métaphores et le style de la requête d'amour, à la dame qui, douée d'une cruelle lucidité, raille systématiquement les artifices et les conventions de la rhétorique courtoise, en réfute toutes les figures composées et proclame son indifférence aussi bien à l'amant qu'à l'amour (XXV-XCVI). L'Acteur évoque en conclusion la mort ultérieure du jeune homme et exhorte les amants à se montrer sincères et les dames à ne pas ressembler à celle « qu'on appellera, ce me semble / La belle Dame sans mercy » (XCVII-C).

La perfection de la forme – cent strophes de huit vers de huit syllabes –, la situation canonique – un dialogue d'amour surpris par le poète dans un verger –, la structure traditionnelle du débat, la réapparition des motifs les plus usuels de la poésie courtoise (ne serait-ce que la demande

de « merci »), ne doivent pas masquer l'originalité essentielle d'une composition qui, par la bouche de la dame, fait éclater les conventions et met en péril l'existence même de la poésie courtoise. Comment continuer à écrire (question posée au seuil du texte par l'Acteur lui-même) si non seulement la dame, source de l'inspiration, est morte, mais si elle (l'autre / la même) refuse de tenir son rôle dans le jeu convenu de l'échange courtois ? Don ou refus de « merci », peu importe au fond. L'un et l'autre sont les ressources du poème. Mais l'indifférence proclamée de la dame à l'égard d'un amant, d'un amour dont elle n'a cure, signe et la mort de l'amant et la mort du poème. Ainsi s'expliquerait au moins en partie le scandale causé par cette composition, qui fit exclure Alain Chartier de la « cour amoureuse » d'Issoudun et l'obligea à faire amende honorable dans l'*Excusacion*, sévère réprimande adressée à l'Acteur par le Dieu d'amour.

La belle dame sans merci prenait acte, pour fonder son refus, de la dégénérescence des mœurs amoureuses et de la prolifération des amants perfides. De portée plus générale, *le Livre des Quatre Dames*, écrit au lendemain d'Azincourt (1415), est, autant qu'une suite de méditations sur l'amour, un violent réquisitoire sur la dégénérescence de la noblesse et ses responsabilités dans le désastre.

Le Livre des Quatre Dames. Alors qu'il se promène dans une nature printanière amoureusement décrite, le poète rencontre quatre dames de la haute noblesse qui lui demandent d'écouter leur débat (laquelle des quatre est la plus infortunée ?) et leurs plaintes (vers 1-466). La première, veuve d'un prince du sang, pleure son ami mort à Azincourt et maudit les fuyards responsables de la défaite (467-1 096). La deuxième (il s'agit de Bonne d'Armagnac, épouse de Charles d'Orléans) se lamente sur le sort de son ami, prisonnier des Anglais, et n'a ni nouvelle ni lettre et évoque longuement les plaisirs et les joies d'un bonheur partagé (1 097-2 014). La troisième dame, qui ignore si son ami est mort ou prisonnier, se déclare le plus à plaindre dans l'incertitude de son sort (2 015-2 527). Prenant enfin la parole, la quatrième dame avoue sa douleur et sa honte de s'être laissée abuser par un lâche, l'un de ceux qui ont causé la débandade d'Azincourt. Puis elle s'interroge longuement sur les raisons de la décadence générale des mœurs, que commentent également ses compagnes (2 528-3 100). Refusant le rôle d'arbitre, le poète s'en remet alors à sa dame du soin de dire laquelle est le plus à plaindre et lui envoie le « livre » des quatre dames, assorti d'une lettre lui demandant de prononcer le jugement (3 101-3 532).

Avant Alain Chartier, Guillaume de Machaut avait déjà vivifié la poésie courtoise, dans *la *Fontaine amoureuse* par exemple ou dans le *Confort d'ami*, de l'évocation discrète de l'événement. Mais, dans le *Livre des Quatre Dames*, au rappel de cas particuliers, assez précisément décrits dans la plainte de la deuxième dame pour que l'on puisse identifier le second couple, le poète puis les dames substituent progressivement un réquisitoire politique et moral qui, non sans dissonance de ton, brise le corset un peu étroit de la plainte amoureuse au sein du verger printanier. L'évocation de l'amour courtois, leitmotiv des plaintes des deux premières dames, se renouvelle de la description des vertus bien « réelles » de l'amant ; le trait conventionnel de perfidie se nourrit de l'évidence de la lâcheté et de la trahison de l'ami de la quatrième dame. Va-et-vient entre les conventions poétiques et l'intrusion du réel que reproduit peut-être l'itinéraire du poète, depuis le lieu atemporel du débat, jusqu'à Paris, lieu de l'écriture et de l'envoi à la dame qui est non seulement l'inspiratrice de l'écrivain, mais le juge ultime et le garant de son œuvre.

Si d'autres poèmes comme le débat animé entre un dormeur et un amoureux au sommeil agité (*Débat de Réveille-Matin*) relèvent d'une veine plus souriante, c'est encore l'inspiration politique, l'appel au redressement et à la réconciliation qui animent des poèmes comme le *Bréviaire des nobles,* composé d'une suite de treize ballades de formes variées, dont la première définit la noblesse et les douze autres, les vertus qui en sont exigées, de Foi à Persévérance, ou le *Lai de Paix,* longue adresse de la paix aux princes, tandis que le *Débat du héraut, du vassal et du vilain* met en scène un représentant de l'ancienne génération, le héraut, réprimandant un jeune noble peu soucieux de faire revivre les vertus de ses pères, et un vilain avant tout préoccupé de savoir à qui ou à quoi profite l'argent de ses impôts.

● Genève, Droz, 1949 (p.p. A. Piaget) ; *The Poetical Works of Alain Chartier* (p.p. J. Laidlaw), Cambridge Univ. Press, 1974 ; *Poèmes*, « 10/18 », 1988 (p.p. J. Laidlaw).

E. BAUMGARTNER

BELLE DU SEIGNEUR. Roman d'Albert **Cohen** (Suisse, 1895-1981), publié à Paris chez Gallimard en 1968. Grand prix du roman de l'Académie française.

Entrepris dès les années 1935, annoncé lors de la publication de *Mangeclous* en 1938, *Belle du Seigneur*, roman d'une exceptionnelle ampleur malgré les coupes effectuées (voir *les *Valeureux*), rendit la célébrité à un auteur quelque peu oublié depuis la guerre (voir **Solal*).

I. Genève, « Sous le soleil de midi », 1er mai 1935. « Déguisé en vieux juif », « pauvre et laid », Solal, sous-secrétaire général de la SDN, prince de beauté, s'introduit chez Ariane Deume et lui déclare son amour : horrifiée, Ariane le repousse violemment. Solal, ôtant son déguisement, lui promet alors de la séduire par « les sales moyens » habituels. Le même jour Adrien, le mari d'Ariane, petit fonctionnaire médiocre à la SDN, risquant un blâme à cause de son inefficacité chronique, est reçu par Solal qui le fait nommer « membre A » par le tour spécial.
II. Les « Valeureux », cousins de « la branche cadette des Solal », arrivent à Genève fin mai et Saltiel rend visite à son neveu Solal au Ritz. Le 1er juin, Adrien et ses parents adoptifs, Antoinette et Hippolyte Deume, se préparent à recevoir à dîner Solal, qui ne vient pas. Solal confie une lettre d'excuses pour Ariane à Mangeclous qui en profite pour prendre un pantagruélique goûter avec le père Deume. Solal fait envoyer Adrien en mission à l'étranger pour trois mois, dîne avec lui le soir de son départ, le 8 juin, puis, resté seul avec Ariane, arrivée en retard après le départ de son mari, la séduit par un immense discours sur la séduction.
III. Les amants vivent alors six semaines de bonheur intense, alors qu'Isolde, la « vieille » maîtresse de Solal, se suicide.
IV. S'étant promené, « habillé en juif », avec lévite longue et phylactères », dans les rues du Berlin nazi, Solal, tabassé et en sang, est soigné par la naine Rachel qui se cache avec sa sœur folle et aveugle dans la « cave Silberstein ». Ariane, effrayée par le silence de son amant, rassurée enfin par un télégramme, se prépare longuement à le revoir le 25 août. Mais, à l'heure dite, c'est Adrien, revenu plus tôt que prévu, qui sonne à la porte. La même nuit, aidée par les Valeureux, Ariane s'enfuit à cheval pour rejoindre Solal. Adrien, abattu, erre dans sa maison vide, puis tente de se suicider.
V. Installés dans un hôtel à Agay, sur la Côte d'Azur, Ariane et Solal – qui a perdu son poste puis sa nationalité française à la suite d'une intervention en faveur des juifs allemands – vivent à l'écart des autres. Ils décident de louer une villa, la « Belle de mai ». Solal, qui a caché la vérité à Ariane, supporte de plus en plus mal l'ennui qui s'installe.
VI. En septembre 1936, Solal entreprend d'humiliantes démarches à Paris, puis à Genève, pour réintégrer le monde social. Ayant échoué, il erre dans les rues, en butte aux omniprésents discours antisémites. Ariane, après le retour de son amant, lui avoue avoir eu, avant de le connaître, une liaison avec un chef d'orchestre, réfugié politique allemand, Serge Dietsch. Fou de jalousie, Solal multiplie les scènes, de plus en plus violentes et dégradantes.
VII. De retour au Ritz à Genève, toxicomanes, enfermés dans leur solitude et la déchéance de leur passion, les amants se suicident le 9 septembre 1936.

Avant de plonger dans le torrent de la passion amoureuse, *Belle du Seigneur* déploie une féroce verve satirique. Première victime : Antoinette Deume (voir *Mangeclous*). Petite-bourgeoise « interminable et osseuse », affligée d'un défaut de prononciation, croyant – bien à tort – connaître les usages du monde, passionnée par la vie des rois, elle tyrannise son « petit phoque barbichu » de mari aussi bien que son personnel auquel elle ne cesse de rappeler la différence de « miyeu ». Persuadée du « vif intérêt que Dieu ressentait pour elle », elle incarne surtout, avec son éternel « sourire inexorablement décidé à pratiquer l'amour du prochain », l'hypocrisie chrétienne et sociale.

Autre cible : Adrien Deume, son fils adoptif. Et le roman, en des pages hilarantes, raconte longuement ses journées de constante procrastination. « Ennobli de sociale importance », il cherche sans cesse à augmenter son capital de relations sociales, pareil en cela à toute la SDN Antisémite avant sa promotion par Solal, incapable de satisfaire sa femme mais « par lui-même charmé », il se propose d'écrire un roman sur don Juan et se croit l'ami de Solal lorsqu'il s'apprêtant en fait à séduire Ariane, lui explique les véritables motivations du donjuanisme : « Chacune de ses mélancoliques victoires » prouve au séducteur « le peu d'existence de Dieu » dont il est par ailleurs « assoiffé ».

Véritable morceau de bravoure, le grand discours de Solal devant Ariane muette démonte une à une toutes les ruses de la séduction – « en plus des deux convenances, la physique et la sociale, il n'y faut que quelques manèges », révélant les fondements inavoués de ce qui n'est qu'une « babouinerie » (voir aussi le « cours » de Mangeclous dans *les Valeureux*). Comme promis au début, Ariane tombe énamourée, « les yeux frits ». S'ouvre alors, au milieu du roman (III), le bref moment de passion heureuse, éphémère accord parfait entre deux êtres restés innocents : « C'est affreux d'être tout le temps une grande personne », soupire Ariane qui, une fois conquise, « sur le seuil et sous les roses » remplace dans l'air de la Pentecôte de Bach le nom du Christ par celui de son « seigneur ». Alternant sans cesse les points de vue, imbriquant avec une extrême virtuosité banalités d'amoureux et discours poétiques, récit et monologues intérieurs, éblouissants sensuels et prémices d'échec (« Ô débuts, jeunes baisers, demandes d'amour, absurdes et monotones demandes »), Cohen, en une langue très rythmée, multipliant anaphores, longues périodes lyriques et brèves phrases nominales, célèbre la « marche triomphale de l'amour » : « Ô cantique insensé, cantique de jeunesse. »

Tout le roman est, à l'image de ces pages, d'une écriture ample et luxuriante. Parfaitement adéquat à l'« entreprise inouïe » du héros extraordinaire qu'est Solal, le style ne s'interdit aucun effet : « Descendu du cheval, il allait [...] étrange et princier [...] dans la forêt aux éclats dispersés de soleil, immobile forêt d'antique effroi » (I). Mais cette oralité correspond aussi, dans la seconde moitié du roman, à la solitude fondamentale de protagonistes dont l'action nous est surtout rendue à travers la conscience de leur entourage. Contrepoints ironiques – tel le regard railleur de la servante Mariette –, « délire sublime » de l'amour (Ariane) ou flux d'une conscience désespérée devant l'échec inéluctable de la passion (Solal), de longs monologues sans ponctuation scandent ainsi cet hymne tragique de la passion.

Coupé de toute relation sociale, « l'amour chimiquement pur » mène en effet au désastre et à l'asphyxie. « Enfermés dans la souricière d'amour », « condamnés à être exceptionnels et sublimes », les amants mettent au point un rituel extravagant qui doit les empêcher de se voir autrement que parfaitement habillés ou de s'entendre aller aux toilettes. Mais si Solal n'avoue jamais à Ariane son éviction de la SDN, s'il plonge volontairement dans la jalousie la plus exacerbée pour chasser l'ennui qu'il croit ou sait inévitable – en fait, les parties V et VI ne donnent jamais le point de vue de Solal –, c'est qu'il est persuadé qu'Ariane ne supporterait pas sa déchéance sociale. Leur passion est en fait marquée par la tache originelle : ayant rêvé d'un amour magique qui se passerait de séduction et, comme il l'a déclaré à Ariane, et rêvé aussi d'une femme, « la première humaine », « qui rachète toutes les femmes », Solal ne peut échapper à ce « démon en lui » qui lui rappelle sans cesse l'impureté d'un amour fondé sur la seule beauté physique, par définition vouée à la disparition. Le narrateur et son héros partagent en effet la même obsession de la mort, inscrite dans tout corps, qui leur fait voir partout de « futurs cadavres » – voir la fin de la troisième partie où « un qui fut jeune » s'adresse aux « jeunes gens » et imagine une macabre danse des squelettes. L'admiration de la beauté physique renvoie, pour eux, à la « paléolithique » adoration de la force. Or la satire sociale avait déjà souligné la féminine soumission aux puissants : « Séduit et féminin, [...] vierge bouleversée et timide épousée conduite à l'autel, [Adrien] allait au bras du supérieur. » Tout rapport social est ainsi rapport de domination, donc expression de la « Force, pouvoir de tuer ».

Le roman trouve là son unité thématique, voire idéologique : ni la passion ni la société occidentale n'échappent à la « loi de nature » – qui atteint son apogée chez les « bêtes de grande blondeur » de Berlin – écrasant la « loi d'antinature », la loi de Moïse qui crée « ce monstre non naturel et non animal qu'est l'homme ». Ainsi, quoiqu'il n'obéisse à aucune « logique » psychologique traditionnelle, le comportement de Solal est pourtant parfaitement cohérent dans ses contradictions mêmes : son escapade berlinoise de même que l'envoi par lui-même d'une « lettre anonyme révélant l'irrégularité de sa naturalisation » relèvent d'une volonté désespérée de se solidariser avec ce « peuple de la Loi et des prophètes » dont il s'est définitivement coupé. Mais d'humains, il n'y a, ici, que quelques vrais chrétiens – la famille d'Ariane : Tantlérie et l'oncle Agrippa –, ainsi que les Valeureux, dont le roman du même nom dit la disparition définitive. Dans *Belle du Seigneur*, sa défense des juifs allemands, sa quête de l'absolu – la passion remplaçant le judaïsme (voir *Mangeclous*) – mènent Solal au suicide, et seuls le vieux juif, rejeté, et la naine Rachel, qui au moment de sa mort vient ordonner à Solal « de dire le dernier appel, ainsi qu'il était prescrit, car c'était l'heure », incarnent cette humanité vaincue, célébrée et rétablie par la puissance romanesque.

● *Œuvres*, « Pléiade », I.

N. D. THAU

BELLE ET LA BÊTE (la). Voir CONTES, de Mme Leprince de Beaumont.

BELLE LURETTE (la). Récit d'Henri **Calet** (1904-1956), publié à Paris chez Gallimard en 1935.

La sagacité et l'appui de Jean Paulhan permirent à Calet de publier ce récit d'une jeunesse marquée par la guerre, la misère et l'errance affective. Un ton particulier distingue ce bref ouvrage, qui condense et pétrit – jusqu'à les broyer parfois – les procédés ironiques les plus divers.

Le récit s'ouvre sur un triptyque d'exposition classique : petite enfance, avec ses « moments chauds » et les réalités plus sordides des quartiers populaires ; biographie de la mère et du père. La guerre survenant, la mère délaissée s'enfuit en Belgique ; le narrateur y connaîtra des « premières amours » variées. Viennent les troubles temps de l'après-guerre, la quête d'expédients pour survivre, la pauvre mais réelle complicité avec « Médème », sorte de bateleur dont la mère partagera un temps le destin.

Refusant toute conclusion d'un « pacte » défini, le récit n'en présente pas moins une teneur autobiographique patente, et peut de ce point de vue être considéré comme la matrice où viendront s'alimenter la majorité des écrits ultérieurs de Calet. Géographie réelle (quartiers de Belleville, de Grenelle, des Acacias...) ou intime (sentiments de non-existence corporelle, de culpabilité diffuse, recherche du moment où la « tristesse définitive » l'a emporté...) sont ainsi bien établies.

L'ironie qui irrigue tout le texte est tout d'abord celle, proprement ludique, d'un jeu avec le langage, où se trouvent mis à mal les lieux communs, où se heurtent jusqu'à la cocasserie les niveaux de langue et les temps verbaux, où sont à l'honneur les ressources iconoclastes du discours

indirect libre... Mais c'est aussi une ironie d'opposition, plus directe, aux effets sciemment agressifs : pointes souvent antiphrastiques venant paralyser l'enthousiasme et interdire toute lecture « innocente », descriptions cyniques et crues de milieux ou d'êtres « monstrueux » ; en somme, « une énorme dégueulade ».

Le récit, peut-être à cause de cette profusion ironique, exclut l'apaisement de la réflexion introspective ou de la motivation *a posteriori*. Se trouvent donc du même coup interdites au lecteur les séductions ou les facilités du confort interprétatif : pas de « grande leçon » – et surtout pas historique – à tirer de cette *Belle Lurette* qui offre et accuse les angles vifs d'un apprentissage tourmenté. C'est en songeant à cette manière aiguë, incisive, expression ciselée d'un désenchantement essentiel, que l'on pourrait parler d'un certain réalisme chez Henri Calet.

● « L'Imaginaire », 1979.

E. BALLAGUY

BELLE SAISON (la). Voir THIBAULT (les), de R. Martin du Gard.

BELLES-SŒURS (les). Pièce en deux actes et en prose de Michel **Tremblay** (Canada/Québec, né en 1942), créée à Montréal au théâtre du Rideau-Vert en 1968, et publiée à Montréal aux Éditions Leméac en 1972.

Avec la première représentation des *Belles-Sœurs*, c'est un véritable cataclysme qui bouleverse la scène théâtrale québécoise. Écrite dès 1965 – époque à laquelle est censée se dérouler l'action –, la pièce, à sa création, produit par sa violence et son réalisme un véritable électrochoc social et artistique, dont témoigne la vigueur pour le moins contrastée des réactions qu'elle suscite entre ses partisans fervents et ses adversaires résolus. Pour la première fois, un auteur s'exprimait totalement en joual, cette langue du milieu ouvrier québécois, qu'il brandissait telle une arme pour dénoncer la frustration, l'aliénation et la misère collective des femmes du peuple et pour mener ce que l'on a pu appeler « une entreprise familiale de démolition », forçant ainsi les Canadiens francophones à se regarder dans un miroir sans concessions.

Germaine Lauzon vient de gagner un million de timbres-primes qu'elle doit au préalable coller sur des livrets, avant de pouvoir obtenir les cadeaux auxquels ils lui donnent droit. Elle invite donc ses sœurs et ses voisines à une « party de collage de timbres » qui doit se dérouler dans sa cuisine et demande à sa fille Linda de renoncer à voir ce soir-là son petit ami Robert pour l'aider. Surviennent tour à tour Marie-Ange Brouillette, qui peste contre la chance de son amie, puis Yvette Longpré et Lisette de Courval, enfin Gabrielle Jodoin et Rose Ouimet, les sœurs de Germaine Lauzon. Une longue conversation s'engage, faite de futilités, de médisances et de chicanes qui permet d'individualiser chacune des femmes, lesquelles cependant se regroupent en un chœur pour se lamenter de leur « maudite vie plate ». Arrivent ensuite Des-Neiges Verrette puis, tandis que Germaine a branché la radio pour faire une neuvaine à Sainte-Thérèse, Thérèse Dubuc et sa vieille belle-mère gâteuse et remuante dans sa chaise roulante. Souffrant de voir une autre ramasser le gros lot alors qu'elle « ne le mérite pas plus que les autres », les « belles-sœurs » se mettent à rafler des livrets dans le but de se payer aussi une part de ce bonheur. Angélique Sauvé et Rhéauna Bibeau, de retour d'une veillée mortuaire, viennent de les rejoindre, ainsi que Lise Paquette et Ginette Ménard, les amies de Linda, lorsque surgit Pierrette, jeune sœur de Germaine et brebis galeuse de la famille (Acte I).

Pierrette reconnaît Angélique qui, à plus de cinquante ans, fréquente le club où elle travaille. Les mères se scandalisent et condamnent Angélique, puis entament une « ode au bingo ». Sur ces entrefaites, Lise apprend à Linda et Pierrette qu'elle est enceinte et leur demande leur aide. C'est l'occasion d'un duo de plaintes entre Lise et Pierrette, que son ami vient d'abandonner lâchement. La conversation se poursuit, de même que le vol des livrets, lorsque Germaine finit par s'en apercevoir. Les belles-sœurs s'enfuient alors, laissant Germaine, désespérée, pleurer sur la « belle maison neuve » dont elle avait rêvé. De l'extérieur, elles entonnent le « Ô Canada », tandis qu'une pluie de timbres tombe lentement du plafond (Acte II).

« Je venais à peine de terminer le premier acte de ma pièce lorsqu'un dimanche matin de septembre, en ouvrant un journal, je tombai sur une page où on annonçait un grand concours à l'issue duquel on ferait tirer un million de timbres-primes ! J'étais abasourdi ! Mon concours que je considérais comme le summum de l'absurde devenait réalité ! », confiera par la suite Michel Tremblay. Cet absurde, cependant, symbolise avec éclat l'oppression dont est victime toute une classe sociale déshéritée, et son enfermement pathétique dans un univers saturé de principes moraux ou religieux anachroniques. « Quand t'arrives à quarante ans pis que t'aparçois que t'as rien en arrière de toé, pis que t'as rien en avant de toé, ça te donne envie de tout crisser là, pis de tout recommencer en neuf », se désespère Rose Ouimet après avoir dénoncé « les vues françaises » qui cherchent à provoquer à bon compte la pitié, tandis qu'elle-même, maudissant le « cul », se voit obligée « d'endurer un cochon toute sa vie parce qu'a la eu le malheur d'y dire "oui" une fois ».

La sexualité, l'amour libre, les filles-mères, les clubs, voilà autant de malédictions pour ces femmes du « monde cheap », aussi triviales et hypocrites qu'odieuses et méchantes, parce qu'elles sont prises au piège d'une logique de haine qui les maintient peut-être debout, mais qui ne saurait dissimuler des déchirures telles, que le rire, sans cesse, devient grinçant et que le comique se brise sur le tragique le plus déprimant, celui du quotidien.

Si Michel Tremblay ne connaît qu'un univers de femmes, c'est que pour lui, il n'y a pas d'hommes au Québec. Des pièces qui suivront, le père sera toujours absent, parti à la taverne, entraîné par ses amis, et la famille exhibera son amputation. Dans les Belles-Sœurs, seuls le coup de fil de Robert qui se morfond en attendant que Linda lui réponde, tandis que les femmes se chicanent, et les récriminations diverses de celles-ci viennent rappeler l'existence du mâle lâche et bestial. Les femmes, elles, se scindent en deux générations tout aussi malheureuses l'une que l'autre. Les mères, d'abord, qui mènent dans l'écœurement une vie végétative et cultivent le complexe du martyre, lequel apparaît comme le seul moyen, pour ces « victimes du devoir », de légitimer leur existence. Leurs rêves ne peuvent être qu'étriqués, et la misère de leur joie s'exhibe dans leur passion pour le bingo. Leur aliénation est telle qu'elle broie Angélique Sauvé, lorsque celle-ci se donne l'audace de vouloir « avoir du fun » et d'apprendre « à rire à cinquante-cinq ans ». Olivine Dubuc, la grand-mère gâteuse et invalide, leur montre pourtant ce qui les attend. Au demeurant, la génération des filles ne paraît guère mieux lotie. Si elles prennent conscience de leur médiocrité et se définissent comme des êtres de révolte prêts à tenter de changer leur existence, elles n'y parviennent pas et, comme Pierrette, se voient obligées de revenir vers le milieu familial délétère.

Les Belles-Sœurs ont ouvert la voie, dans la littérature canadienne, à un « nouveau réalisme » dont la force dénonciatrice et libératoire ne tient pas uniquement à l'utilisation du joual : si ce langage s'imposait comme une nécessité, c'est précisément que le pittoresque de son vocabulaire ne saurait faire méconnaître la pauvreté de sa syntaxe et son impuissance à ébranler les stéréotypes, reflet de celle des femmes qui l'emploient. De surcroît – et sans doute pour la première fois dans le théâtre québécois – se voit adopté, avec les Belles-Sœurs, un point de vue extérieur qui montre seulement la réalité, sans chercher à introduire ses propres commentaires, et dresse ainsi « un tableau clinique et presque hallucinant » (Jean-Claude Germain).

Novatrice, la pièce de Michel Tremblay l'est aussi par sa construction rigoureuse qui fait alterner les monologues, où les femmes s'individualisent en confessant leurs misères, et les chœurs, où une collectivité nauséeuse offre une dérision du lyrisme. C'est pourquoi les Belles-Sœurs occupent une place centrale dans le théâtre québécois.

L. PINHAS

BELLUAIRES ET PORCHERS. Recueil de critiques littéraires de Léon **Bloy** (1846-1917), publiées à Paris dans divers journaux et revues (le Figaro, la Plume, Gil Blas, le Chat noir, etc.) entre 1884 et 1894, et en volume chez Stock en 1905.

Le génie propre de Léon Bloy était celui de la polémique ; s'il a abordé les genres littéraires les plus variés, il n'est pas exagéré de soutenir qu'en tous il a fait passer son tempérament de polémiste violent et drôle. C'est spécialement vrai de la critique littéraire à laquelle il s'est consacré entre 1880 et 1895. L'essentiel de ses critiques a été réuni en deux volumes, les *Propos d'un entrepreneur de démolitions* (1883) et *Belluaires et Porchers*.

Les belluaires, rappelle l'Introduction, sont « faits pour dompter les monstres », les porchers « pour pâturer les bestiaux ». Il ne s'agit donc plus ici, en principe, d'une pure et simple « entreprise de démolitions » ; il y a des artistes courageux à sauver. Mais force est de reconnaître que dans la majorité des cas il s'agit d'éreintements féroces.

Le recueil comporte vingt-quatre chapitres, une Introduction et un Épilogue. Au centre ou presque, le chapitre 11, de beaucoup le plus long, reprend une plaquette publiée en 1889, *Un brelan d'excommuniés*, consacrée à trois admirations de Bloy : Barbey d'Aurevilly, Ernest Hello et Verlaine. La plupart des autres textes attaquent, non sans drôlerie, les gloires littéraires contemporaines : Goncourt, Paul Bourget, Barrès ou le critique Francisque Sarcey.

Y a-t-il une méthode critique de Léon Bloy ? Il serait exagéré de l'avancer : lui-même d'ailleurs se défendait de vouloir être un critique. Son objet, beaucoup plus que les livres, est l'universelle médiocrité des hommes de lettres : leurs petites ambitions, leurs petites recettes. Toute la littérature contemporaine, à très peu d'exceptions près, lui paraît traduire une démission face aux exigences de l'écriture, et même à celles de la dignité humaine. Le reproche et la colère de Bloy sont donc beaucoup plus métaphysiques qu'esthétiques.

Ainsi s'explique la violence de cette « critique », le comique extraordinaire, les élans de haine incontrôlée contre d'anciens amis, comme Paul Bourget (« l'eunuque ») et Joséphin Péladan (« Éloi ou le Fils des anges »), ou envers de grands artistes poursuivis d'invraisemblables sarcasmes : Flaubert, dont la *Tentation de saint Antoine* se nourrit de « la cavalerie danubienne des dictionnaires » ou Edmond de Goncourt, le malheureux vieux Goncourt, inlassablement insulté, « le vieux dindon », « l'idole des mouches »… Car tous réduisent la littérature à de belles phrases harmonieuses, et oublient le mystère dont les mots sont la manifestation.

À négliger cette dimension de la critique bloyenne, à n'y chercher que la verve et les couleurs d'un style toujours inventif, on serait choqué par bien de ses aspects aujourd'hui intolérables (mais répandus dans la presse de la fin du siècle) : attaques *ad hominem* impitoyables, insinuations et ragots sur la vie privée… Tout cela est conforme aux journaux qui publiaient ces articles (Gil Blas ou le Chat noir), conforme aussi au génie douloureux de Bloy : là se trouve la source de quelques beaux articles lautadeurs sur son ami Ernest Hello ou du premier texte jamais consacré à Lautréamont, texte ébloui, enthousiaste, soigneusement placé en tête du volume.

➤ *Œuvres complètes*, Mercure de France, II.

P. BESNIER

BENJAMIN ROZÈS et **FUNÉRAILLES DE FRANCINE CLOAREC (les).** Nouvelles de Léon **Hennique** (1851-1935), publiées séparément à Bruxelles chez Kistemaeckers en 1881, et réunies en volume à Paris chez Flammarion en 1898.

Léon Hennique a écrit peu de nouvelles, mais elles sont un concentré à la fois des thèmes favoris de l'auteur et de ses techniques stylistiques. Elles s'inscrivent dans la lignée de Maupassant (voir Préface de *Pierre et Jean*), même si Léon Hennique revendique plutôt la filiation naturaliste.

Benjamin Rozès. Ce notaire, considéré dans sa ville de province, est affligé d'un ténia. Il dépérit, humilié par cette maladie dégoûtante, et sa femme s'inquiète. La ville tout entière ne tarde pas à être au courant et il devient la risée générale. Le médecin qui soigne Rozès a décidé de lui soutirer le plus d'argent possible, en lui administrant des remèdes inefficaces. Le frère de Benjamin décide alors de l'emmener à Paris où il est guéri en deux jours. Depuis le médecin et Benjamin sont brouillés.

Les Funérailles de Francine Cloarec. Les croque-morts viennent chercher le corps de Francine Cloarec, jeune Bretonne de vingt ans qui vivait de ménages et dont la seule fréquentation était le peintre du quatrième étage devenu son amant. La descente du cercueil s'opère difficilement dans l'escalier étroit et les croque-morts sont obligés à une gymnastique périlleuse. Les funérailles sont misérables. Personne pour suivre le cortège si ce n'est le peintre qui oublie l'enterrement pour contempler le paysage parisien.

Ce qui domine ces deux nouvelles, c'est une ironie acerbe et morbide. La maladie de Benjamin Rozès est traitée comme une véritable lèpre, une infirmité humiliante qui touche non seulement au corps du malade mais aussi à son intégrité morale. Benjamin n'est pas loin de penser qu'il s'agit d'une punition divine : « Jamais, au grandissime jamais, dans le pays, jusqu'à ce jour, un ver solitaire n'avait osé s'attaquer à un homme considérable et considéré comme l'était M. Rozès. » Grâce à ce ver solitaire, Benjamin accède à une dimension jusqu'alors inconnue de lui, celle de la douleur morale, de l'humiliation. Les évocations de son angoisse sont toujours, selon une technique narrative traditionnelle chez Hennique, entrecoupées de descriptions bucoliques et lyriques qui ne rendent que plus ridicule le personnage. Celui-ci illustre également le thème « naturaliste » de la monstruosité corporelle. Le ténia parasite le corps, en fait aussi partie intégrante, ce qui établit entre eux des liens indestructibles : Benjamin conserve chacun des morceaux expulsés du ver dans du… cognac. Au fétichisme pour son propre corps se mêle une volonté d'identification au monstre, ou plutôt à l'enfant monstrueux : « Il portait dans ses entrailles, comme les femmes enceintes, un être, quel être ! nourri par lui, vivant par lui, grâce à d'étranges moyens. » Rapidement, le ténia devient donc une entité absolue et monstrueuse qui dévore tant le corps que l'esprit. Enfin le burlesque du récit s'accorde avec la satire de la médiocrité provinciale : le médecin cupide qui retarde la guérison pour faire payer Rozès, les enfants qui s'amusent de l'infortune du notaire et les villageois qui en font des gorges chaudes.

L'ironie d'Hennique, dans *les Funérailles de Francine Cloarec*, est plus subtile, certes morbide, mais aussi moins directe. Le thème de la misère sociale est ici traité de façon très traditionnelle : une jeune provinciale, femme de ménage, qui meurt, solitaire, et que personne ne regrette. Les funérailles sont à l'image de cette vie misérable et la technique de l'écrivain consiste à accumuler des événements burlesques qui accentuent le pathétique de la scène. Tout d'abord, c'est la concierge qui ne retrouve pas la clé de l'appartement pour ouvrir aux croque-morts qui envisagent les solutions les plus extrêmes. Puis c'est la descente du cercueil dans l'escalier qui se révèle très aléatoire. Enfin, c'est le cortège funèbre que personne ne suit sauf le peintre qui s'égare à contempler le paysage du Paris matinal et arrivera trop tard, le cercueil étant déjà en terre. Le récit fait souvent penser à Zola, surtout lorsqu'il s'agit de traiter de l'attitude du peintre qui ne pense qu'à son art qui est plus que la vie – ou même que la mort. Ici, il s'agit d'un bref tableau, parfaitement brossé, d'une série de personnages qui synthétisent la vie parisienne, sa dureté pour les classes défavorisées et, malgré tout, sa beauté.

A. VÉDRINE

BÉRÉNICE. Pièce en cinq actes et en prose de Robert **Brasillach** (1909-1945), publiée dans *la Chronique de Paris* en avril et mai 1944, et en volume aux Éditions Les Sept Couleurs en 1954. Elle fut créée à Avenches (Suisse) en 1957 et publiée la même année à Paris chez Plon dans une version expurgée, sous le titre *la Reine de Césarée*.

Jeune homme avide de gloire, Paulin incite Titus à agir dans le sens de la grandeur (Acte I). À sa vive déception, l'empereur songe d'abord à son bonheur. Paulin reproche à Phénice de se forger une représentation romanesque de la reine de Césarée, la belle Bérénice, qui vient d'arriver à Rome. Pour lui, cette vieille reine, issue d'une race indigne, s'accroche à un rêve de jeunesse (Acte II). Mais la jeune fille s'attache au service de Bérénice, qui affirme venir en simple négociatrice. Titus cède au mirage de l'amour (Acte III). Mais Paulin signifie à Bérénice la nécessité de s'incliner devant la jeunesse et elle obéit à ses propres craintes (Acte IV). Bérénice quitte Titus : leur différence d'âge et leurs races les séparent (Acte V).

Que nous sommes loin de la poésie de Racine et de la violence du désir ! Dans cette pièce dont il prétendit avoir eu l'idée dès l'âge de quatorze ans et qu'il écrivit en captivité, pendant l'été 1940, Brasillach met en scène son propre débat : le jeune « milicien » Paulin triomphe de l'empereur trop humain, « homme d'un autre âge ». Dans sa présentation pour le Club de l'honnête homme, Maurice Bardèche a beau affirmer que Brasillach c'est Titus, l'Histoire a prouvé qu'il était aussi Paulin. En réalité, il semble bien que Brasillach dépouille le « vieil homme » pour s'engager dans le sens qu'il estime, à tort, être celui de la vérité, celle de l'intransigeance et du racisme le plus aveugle. Que la pièce n'ait pas été représentée pendant l'Occupation ne prouve rien : tous les personnages, même Bérénice, donnent des Juifs une image dégradante, celle que véhiculent tous les poncifs de l'antisémitisme. La présence même de Paulin transforme la fable antique dans le sens des choix politiques de son auteur. La Bérénice de Brasillach est une reine déchue mais experte, la souveraine d'un peuple sans royaume, d'un ramassis de commerçants avides de s'enrichir. Titus demeure inconsistant, incapable de résister à l'attrait de son passé. Seul véritable acteur du drame, Paulin, au nom de la jeunesse, imprime à l'action le dynamisme qui la porte vers le renoncement de la reine, « cette vieille femme orgueilleuse qui ne savait pas très bien si elle venait retrouver son plus grand amour ou fonder la puissance juive » (V, 2). Nulle innovation dramaturgique, mais la reprise du genre giralducien, avec ses anachronismes, ses références, son dilemme entre le bonheur humain et le destin, qui sonne faux ici : Titus et Bérénice se séparent parce que, tout simplement, un Romain ne peut pas épouser une vieille Juive.

● *La Reine de Césarée*, L'Avant-Scène Théâtre, 1973. ➤ *Œuvres complètes*, Club de l'honnête homme, IV.

V. ANGLARD

BÉRÉNICE. Tragédie en cinq actes et en vers de Jean **Racine** (1639-1699), créée à Paris au théâtre de l'hôtel de Bourgogne le 21 novembre 1670, et publiée à Paris chez Claude Barbin en 1671.

Sixième pièce de Racine, *Bérénice* tient une place à part dans son œuvre par ses choix esthétiques audacieux (une tragédie sans mort) auxquels Corneille s'opposa en faisant jouer, une semaine après la création, son *Tite et Bérénice*. Cette rivalité aurait été provoquée par Henriette d'Angleterre qui aurait proposé le sujet aux deux auteurs ; mais on considère également parfois qu'il évoque (onze ans après !) le renoncement de Louis XIV à Marie Mancini. Quant aux sources littéraires, on peut mentionner *les Femmes illustres* de Scudéry, l'*Aricidie ou le Mariage de Tite* de Le Vert et nombre d'auteurs qui ont traité le sujet sur le mode romanesque (Du Ryer, Th. Corneille, Magnon) et dont il est difficile de dire si Racine s'en inspire tant il épure le sujet.

BÉRÉNICE

Faut-il voir dans cette simplicité les raisons du succès de *Bérénice*, encore vif aujourd'hui comme en témoigna notamment la mise en scène de Roger Planchon (Villeurbanne, 1966) qui contestait l'interprétation de la pièce comme pure élégie ? Car cet amour paradoxalement malheureux (deux êtres s'aiment mais se quittent) est aussi une tragédie politique à part entière.

À Rome, le deuil qui a suivi la mort de Vespasien s'achève. Pour Antiochus, roi de Commagène et ami du nouvel empereur Titus, il est temps de prendre une décision : puisque le bruit court que Titus va épouser la reine de Palestine, Bérénice, il partira après avoir déclaré à celle-ci un amour qu'il taisait depuis cinq ans. Elle prend de haut cette déclaration et le laisse partir. Devant sa confidente, Phénice, qui lui reproche de ne l'avoir pas « retenu » pour le cas où le Sénat s'opposerait à son mariage avec Titus, elle laisse éclater sa passion pour le nouveau maître de Rome (Acte I).

De lui-même Titus vient de décider qu'Antiochus raccompagnera Bérénice en Orient ; mais, ne sachant comment annoncer la nouvelle à la reine, il la reçoit avec froideur. Bérénice, troublée par ce comportement, se rassure en pensant que ses hésitations traduisent peut-être une jalousie à l'égard d'Antiochus (Acte II).

L'empereur ordonne à ce dernier d'informer Bérénice de sa décision. Antiochus craint de provoquer ainsi sa haine, mais s'acquitte de sa mission. Bérénice y voit une injure, le congédie et sort désemparée. Antiochus veut quitter Rome au plus vite pour éviter la « cruelle », dont il tient d'abord à s'assurer de la vie (Acte III). Car Bérénice, à qui Titus a enfin le courage de parler en personne, menace de se tuer. Antiochus intervient pour que Titus l'en dissuade. Mais Rome réclame l'empereur (Acte IV).

Bérénice, offensée de ce que Titus l'ait négligée pour l'État, veut partir. Antiochus renaît à l'espoir. Cependant, Titus, toujours amoureux de la reine, menace de se suicider si Bérénice refuse de consentir à leur séparation. Antiochus assiste à leur dernière entrevue, avoue à Titus qu'il était son rival et réaffirme son désir de partir. Cet assaut de générosité aide la reine à accepter la séparation : elle retournera seule en Palestine et tous trois offriront à l'univers l'exemple de leur vertu (Acte V).

La Préface de 1671 énonce sans aucun doute à la fois les clés de la pièce et les grandes idées qui dominent le théâtre racinien. Si la célèbre formule « ce n'est point une nécessité qu'il y ait du sang et des morts dans une tragédie » (Préface) s'applique à la lettre à *Bérénice*, elle indique surtout un déplacement dans l'expression du tragique, qui s'incarne ici en une cérémonie dont la dignité narrative, quelle que soit la violence des passions engagées, répond à la dignité intérieure des personnages, celle-ci devant les pousser à un dépassement d'eux-mêmes – parfois dans l'horreur – qui les rendra héroïques. Certes, la Préface laisse aussi filtrer des intentions polémiques. L'apologie du vraisemblable, qui trouve son fondement dans la simplicité, l'idée que « toute l'invention consiste à faire quelque chose de rien », sont autant de flèches lancées contre Corneille : son *Tite et Bérénice* offrait une intrigue beaucoup plus compliquée et le schéma en quadrille empêchait par les nombreux rebondissements le développement de cette « tristesse majestueuse » montrée par Racine. La pièce de Corneille fut pourtant un demi-succès et montra que le goût du public allait encore vers les tragédies implexes. Mais ce fut *Bérénice* qui remporta la victoire sans que les « doctes » pussent entamer la faveur du public. Cependant, ce qui fit son succès au XVIIe siècle provoqua sa chute jusqu'au XIXe : si peu de personnages pour une action si simple qu'elle est parfois jugée inexistante ne pouvait séduire les partisans du drame. Pour Th. Gautier, « *Bérénice* n'est pas une tragédie… C'est une élégie dramatique qui renferme des morceaux pleins d'une grâce un peu molle et d'une sensibilité un peu larmoyante ».

Or mettre l'accent sur la faiblesse des personnages, sur leur « sensibilité larmoyante », c'est négliger la structure même de la pièce : il ne s'agit pas ici de savoir quelle décision va prendre Titus, puisqu'à son entrée sur scène il a déjà choisi de renoncer à Bérénice (II, 1). De même, il ne s'agit pas pour Antiochus de convaincre la reine de s'attacher à lui : s'il se déclare, c'est qu'il part (I, 3). Enfin, au début de la pièce, Bérénice a la certitude d'être aimée et bientôt consacrée impératrice. Ainsi rien ne prédispose aux larmes dans ce début et aucun des personnages n'est présenté comme un être faible en proie à l'irrésolution. Ils sont au contraire dotés des qualités propres à leur rang : Titus est amoureux, mais sa décision témoigne de la conscience qu'il a de son rôle d'empereur romain ; Antiochus figure d'emblée le héros romanesque qui consent à se sacrifier et Bérénice lui répond en reine : l'amitié dont elle se réclame n'efface pas la cruauté de sa réplique et l'on est bien loin des pleurs et de l'élégie ; son enthousiasme exalte en Titus le maître du monde et non l'individu « loin des grandeurs dont il est revêtu » (I, 4). À s'en tenir à la situation proposée par l'exposition, les personnages évoluent dans un monde aussi peu propice à l'élégie larmoyante qu'au développement d'une action tragique. Pourtant la tragédie a lieu. C'est que cette situation initiale où chacun paraît maître de son sort est modifiée par la nécessité où se trouve chacun de parler ou d'entendre parler l'autre. Chaque prise de parole est un aveu dont l'enjeu retentit dans l'être tout entier. On s'interroge sur soi : « Hé bien ! Antiochus, es-tu toujours le même ? » (I, 1) ; on préfère s'ignorer : « Hé bien, Seigneur ? Mais quoi ! sans me répondre / Vous détournez les yeux, et semblez vous confondre » (II, 4). Le dialogue confie parfois au silence la préservation, la fallacieuse prolongation du bonheur, et tourne court (*ibid.*). La parole en effet détruit le monde idéal qu'habitaient ces personnages. À leurs dires s'ajoute la voix du peuple de Rome, facteur déterminant, non dans la décision prise par Titus, mais dans le déclenchement de sa prise de parole qui va tout bouleverser. La deuxième scène de l'acte II s'ouvre sur une question : « De la reine et de moi que dit la voix publique ? » et s'achève sur une cruelle constatation : « Quelle nouvelle, ô ciel ! je lui vais annoncer ! » C'est l'aveu de Titus qui provoque, chez Bérénice, le passage de l'espoir à la résignation. L'acte I est centré sur l'aveu d'Antiochus, premier coup porté au monde idéal des personnages : l'amitié apparente n'était que mensonge. L'acte II fait reculer l'aveu de Titus, mais son embarras provoque l'inquiétude chez Bérénice et, second coup porté à l'idéal, fait de la jalousie un rempart à un amour jusque-là sans tache (II, 5). À l'acte III, Bérénice apprend la décison de Titus, mais la parole de celui-ci est transmise par Antiochus : Titus a manqué de courage, Antiochus se demande s'il ne pourrait pas tirer parti de la situation et retarde son départ, Bérénice ne fait preuve d'aucune grandeur dans l'adversité. La dégradation de l'idéal s'accentue à l'acte IV avec l'aveu personnel de l'empereur : Bérénice songe au suicide. Le Sénat réclame Titus et prend concrètement le pas sur la reine (IV, 8). Antiochus s'accuse de lâcheté (IV, 9). L'acte V consomme cette évolution : l'amour n'a plus voix au chapitre, l'amitié même semblerait mise à mal (V, 7) par un ultime aveu d'Antiochus à Titus. L'ensemble s'achève sur un « Hélas ! », terme qui parcourt la pièce comme un leitmotiv et qui souligne la résignation finale d'une touche de tristesse et de regret, qu'on peut lire comme le signe même d'une impuissance face à cette dégradation de l'idéal : Titus aimait Bérénice qui le lui rendait, Antiochus se taisait. Tant que Vespasien vivait, tout semblait s'offrir à la construction de ce monde romanesque. L'accession de Titus au pouvoir précipite la destruction de cet univers, et la prise de conscience douloureuse de la réalité. Aussi peut-on renverser l'interprétation globale de la pièce dans le sens positif : la prise de parole aide les personnages à se dépasser eux-mêmes pour s'accorder avec le principe de réalité que figure le pouvoir. Du même coup, ils quittent le monde romanesque et accèdent à l'Histoire, autre forme de la parole, cette fois investie d'une mission morale :

[...] Servons tous trois d'exemple à l'univers
De l'amour la plus tendre et la plus malheureuse
Dont il puisse garder l'histoire douloureuse.

(V, 7)

Il est incontestable que se construit ici, comme déjà dans *Alexandre*, l'image d'un souverain conscient de ses

198

devoirs, respectueux des lois et des traditions de son pays, sachant vaincre ses passions et ne succombant pas aux tentations du tyran. Cette image est conforme à la conception du souverain la plus largement répandue à l'époque et dont la littérature sous toutes ses formes offre de nombreux exemples, comme le *Télémaque de Fénelon.

Le caractère élégiaque de la pièce n'est pas négligeable pour autant. Le système des aveux – d'ailleurs favorisé par l'espace scénique, ce fameux « cabinet qui est entre l'appartement de Titus et celui de Bérénice » où la fuite semble devenue le comportement presque normal des personnages –, correspond aux différentes étapes de l'action. Celle-ci, en vertu même de l'attitude des personnages, est nimbée d'une poésie élégiaque. Leur difficulté à agir, à décider, ne va pas sans un retour vers le passé, temps de l'idéal opposé au présent : Titus allait jusqu'à souhaiter la mort de son père pour offrir l'Empire à Bérénice alors que cette mort, désormais réelle, le contraint à renoncer à la reine. Le futur n'est envisagé que comme temps de l'incertitude, de l'inconnu et souvent de l'impensable : Antiochus, qui a mission de ramener Bérénice en Orient, s'imagine mal la reine s'attachant à lui et oubliant Titus (III, 2). Titus doute de lui et envisage son aveu avec hésitation, tant l'assimilation d'un futur proche à un présent effectivement réalisé lui coûte (IV, 4). Enfin, c'est Bérénice que le futur effraie le plus :

Dans un mois, dans un an, comment souffrirons-nous,
Seigneur, que tant de mers me séparent de vous ?
Que le jour recommence et que le jour finisse
Sans que jamais Titus puisse voir Bérénice,
Sans que de tout le jour je puisse voir Titus ?

(IV, 5)

D'où une dilatation du temps qui le rend à la fois irréel et omniprésent. Cette pièce, qui respecte la règle des vingt-quatre heures, rappelle à tout moment les cinq ans qui ont précédé ce jour fatal en contrepoint des « pour jamais » inlassablement répétés. Et dans ce déchirement, humains et vraisemblables, les pleurs des héros. Pleurs coulant pathétiquement sur le visage de Titus ; souvenir de pleurs dont se berce Antiochus (I, 4 et IV, 5). La dilatation du temps se superpose à celle de l'espace : tous voudraient fuir « au bout de l'univers », tous ont en tête un Orient devenu mythique par le souvenir et dont l'évocation est propre à nourrir l'élégie en l'auréolant de tous les prestiges ; lieu du bonheur pour Titus et Bérénice, de la gloire militaire pour Titus et Antiochus, de l'espoir – illusoire – pour Antiochus qui doit y ramener Bérénice.

Oui, *Bérénice* est un magnifique morceau de poésie élégiaque et de poésie tout court. Elle cristallise l'exigence fondamentale des classiques, « plaire et toucher », au mépris des doctes mais sans pourtant négliger les vertus édifiantes d'une grande action digne « de laisser un exemple à la postérité / Qui sans de grands efforts ne puisse être imité » (V, 7).

● « Le Livre de Poche », 1988, (préf. A. Delbée, p.p. G. Forestier).
➤ *Théâtre*, Les Belles Lettres, II ; *Œuvres complètes*, « Pléiade », I ; *Théâtre complet*, « GF », I ; *id.*, « Folio », I ; *id.*, « Classiques Garnier ».

P. GAUTHIER

BERGER EXTRAVAGANT (le). Roman de Charles **Sorel** (1599?-1674), publié à Paris chez Toussaint du Bray en 1627-1628.

Après avoir sacrifié aux conceptions et aux poncifs du roman d'aventures avec *l'Histoire amoureuse de Cléagénor et de Doristée* (1621) et *le Palais d'Angélie* (1622), Sorel écrit avec *le Berger extravagant* un véritable antiroman – la tradition était ancienne et connaissait avec la vogue des « histoires comiques » un regain de faveur.

Dans **Francion*, le héros éponyme imaginait d'écrire un roman : « Son titre sera *le Berger extravagant*. Je décris un homme qui est fou pour avoir lu des romans et des poésies et qui, croyant qu'il faut vivre comme les héros dont il est parlé dans les livres, fait des choses si ridicules qu'il n'y aura plus personne qui ne se moque des romanistes et des poètes si je montre cette histoire. » Ainsi se trouvent, avec leur signification, annoncées les mésaventures de Louis-Lysis.

Victime de l'**Astrée* comme don Quichotte l'était des *Amadis de Gaule*, Louis, fils d'un marchand de soie de la rue Saint-Denis et voué à une carrière de robe, abandonne études, famille et nom pour revêtir l'habit de berger. Par facétie, des compagnons désœuvrés s'appliquent à lui faire revivre les aventures de son héros favori. Confondant les bords du Morin, en pays de Brie, avec les rives du Lignon, Louis-Lysis se prend pour Céladon. Comme lui, il se travestit en bergère pour mieux approcher la « belle Charité », en réalité Catherine, servante de son métier ; comme Alexis, il déploie sa bravoure en allant délivrer une princesse captive, mais son géant adversaire n'est qu'« un bâton entouré d'une serpillière au bout duquel il y avait une tête ». De supercherie en exploit imaginaire (l'exploration d'un royaume des Oiseaux, une fausse crémation, une pseudo-descente aux Enfers...), Louis est à chaque fois un berné heureux.

La parodie burlesque est évidente. Parodie des romans pastoraux et, au premier chef, du plus grand d'entre eux, mais aussi parodie de tous les romans, quels qu'ils soient *le Berger extravagant* n'a-t-il pas été réédité en 1633-1634 sous le titre : *l'Anti-Roman* ? Même si son attribution à Charles Sorel demeure contestée, la formule est significative. Autant que l'« Avertissement » liminaire, les « Remarques sur les XIII livres du *Berger extravagant* » qui closent l'édition originale ne laissent aucun doute sur les intentions de l'auteur qui, consciencieusement, y énumère les situations, les péripéties, les conventions, les dialogues qu'il a empruntés à ses devanciers. Au sens strict Sorel n'invente rien : « La narration [...] est sans cesse citation » (J. Serroy). Mais par la confrontation permanente du réel et de l'imaginaire, par ce romanesque au second degré qu'engendrent les supercheries ourdies par les compères du héros, Sorel se livre à une époustouflante entreprise de démystification, qui, pas plus que les bergers, n'épargne les dieux de l'Olympe, les héros de chevalerie et toutes les fables de l'Antiquité. Avec alacrité, il détruit l'illusion romanesque : « Or il faut que je découvre ici moi-même des choses qui ont tenu le lecteur en suspens. J'ai voulu tout exprès imiter les romans qui mettent en jeu beaucoup de personnes inconnues et ne déclarent d'où elles viennent, ni ce qu'elles ont fait auparavant, que petit à petit, afin de causer plus d'admiration. » Démarche paradoxale qui lui fait écrire un roman, comprenant tous les romans, pour dénoncer le roman.

L'intention satirique laisse parfois le pas à la réflexion. Entre le raisonnable Clarimond et le rêveur Philiris s'instaure un débat sérieux (livre XIII) sur les œuvres d'imagination. Selon le premier, elles sont toutes impertinentes, parce que invraisemblables, voire dangereuses pour l'esprit ; d'après le second, il convient de respecter la créativité des auteurs : leurs livres « étant fait[s] à plaisir et ne gardant pas les fâcheuses lois de l'histoire », ils peuvent y mettre « tout ce qu'ils veulent » – cependant qu'une intervenante souligne l'importance des romans dans la formation culturelle et mondaine des femmes. À une réflexion sur les techniques de l'illusion romanesque, *le Berger extravagant* en ajoute une autre sur l'utilité des œuvres de fiction, dont tout le siècle débattra. Tant il est vrai que « pour la prise de conscience de leur art par les romanciers, les parodistes ont en somme plus fait que les théoriciens » (H. Coulet). À ce titre, ce roman de Sorel demeure précieux.

● Genève, Slatkine, 1972 (réimp. éd. 1627, p.p. H. Béchade).

A. COUPRIE

BERGERIE (la). Œuvre poétique de Rémy **Belleau** (1528 ?-1577), publiée à Paris chez Gilles Gilles en 1565 ; réédition augmentée et divisée en deux « journées » en 1572.

Inspirée essentiellement de *l'Arcadie* de Sannazar, dont la traduction française avait connu un très vif succès, *la Bergerie* emprunte à son modèle italien l'alternance de la prose et des vers, et l'enchaînement des récits et descriptions dans un cadre idyllique.

Dans la « première journée », le poète décrit une terrasse magnifique, au bout de laquelle se trouve une galerie couverte d'« une infinité de tableaux ». Le premier tableau représente deux bergers qui se lamentent sur les misères de la guerre civile (« La France ensorcelée et surprise d'erreur, / De guerre, de famine, de peste et de peur ») ; mais un troisième berger vient leur annoncer l'arrêt des hostilités, et tous trois entonnent un "Chant de la Paix". D'autres tableaux évoquent des scènes champêtres ou guerrières. Entrant dans une salle couverte de tapisseries, le poète y trouve représentés les travaux des champs en été et en automne. Il rencontre ensuite un berger tourmenté par l'amour, et tous deux sont invités par une troupe de bergères : devant cet auditoire auquel appartient celle qu'il aime, le berger déclame une suite de sonnets amoureux.
Au début de la « seconde journée », le poète récite des prières matinales inspirées du Livre de Job. Rencontrant l'un de ses amis dans les jardins, il lui fait la lecture de quelques-unes de ses œuvres récentes ("Complainte de Prométhée", "l'Amour ambitieux d'Ixion"). Tous deux découvrent ensuite une partie du jardin où se reposent des nymphes. Après avoir entendu la chanson d'un pêcheur, ils lisent ensemble un poème consacré à l'hiver. Le soir venu, un berger leur fait don de la "Complainte d'une nymphe sur la mort de Joachim du Bellay" et d'un poème consacré aux amours de David et Bethsabée.

L'artifice du récit pastoral, qui permet à l'auteur de rassembler une série de poèmes écrits antérieurement, finit par désarmer à force de candeur : la seconde journée, plus disparate encore que la première, ne dissimule qu'à peine l'arbitraire de ses enchaînements, et le milieu bucolique s'y fait plus d'une fois évanescent. C'est que Belleau, à la différence de Sannazar, ne s'attache guère à tisser une durée idyllique où l'homme échapperait à la pesanteur de ses déterminations ordinaires : sans doute le poète et ses compagnons se réjouissent-ils, au soir de la première journée, d'avoir coulé des heures « sans offense, sans malheur, sans apprehension fascheuse, sans alteration de notre naturel, francs et libres d'avarice, d'ennui et d'ambition » ; mais de telles notations restent trop ponctuelles et isolées pour donner à la « bergerie » la cohésion d'une enclave utopique, et le texte délaisse dans l'ensemble les virtualités morales et philosophiques de la fiction arcadienne.

Il faut donc lire ce récit poétique comme une rhapsodie, où alternent les intentions les plus diverses et se croisent les références littéraires les plus éloignées : les pièces officielles ("Ode à Monseigneur le duc de Guise") jouxtent les hymnes-blasons des mois et des saisons ("Avril", "May", "l'Esté"), les discours, complaintes et chansons paraphrasent indifféremment Théocrite, Virgile et le Livre de Samuel, l'actualité la plus brûlante fait une curieuse intrusion avant de céder la place à l'imaginaire amoureux le plus abstrait. L'abondance des pièces conventionnelles n'empêche pas *la Bergerie* de posséder une indéniable valeur poétique, due essentiellement à la veine descriptive de son auteur : comme dans les *Petites Inventions* ou les **Amours et Nouveaux Échanges des pierres précieuses*, publiés quelques années plus tard, Belleau excelle à restituer les manifestations multiformes d'un réel apparemment anodin. Dans l'évocation des travaux champêtres ("l'Esté", "les Vendangeurs"), dans la description d'un miroir, d'une broderie ou d'une fontaine, reproduction minutieuse des formes et sublimation poétique se conjuguent et s'équilibrent remarquablement. Il serait injuste à cet égard de réduire la prose de *la Bergerie* à une simple fonction d'intermède et de transition : outil plastique d'une rare souplesse, elle restitue l'architecture des lieux idylliques avec une précision qui laisse toujours le champ libre aux dérives imaginaires ; elle parvient en outre à fondre dans une coulée unique les créatures mythologiques (les nymphes) et les données topographiques réelles (le château de Joinville, où Belleau a vécu en qualité de précepteur, les bords de la Marne). Tout excès anachronique mis à part, *la Bergerie* évoque parfois la « tentative d'épuisement d'un lieu » à laquelle se sont livrés certains romanciers contemporains : cette singularité de l'œuvre suffit à éclipser la convention de ses récits mythiques et de ses épanchements lyriques.

➤ *Œuvres poétiques*, Slatkine, I.

P. MARI

BERGERIE SPIRITUELLE. Moralité de Louis **des Masures** (vers 1515-1574), publiée à Genève chez François Perrin en 1566.

À deux reprises déjà, l'écrivain a sacrifié au genre pastoral, soit dans le cadre d'une poésie officielle quand il rédige le *Chant pastoral sur le parlement de France […] de Monseigneur Charles, duc de Lorraine* (1559), soit pour obtenir son retour en grâce auprès des souverains lorrains (*Églogue spirituelle*, 1566).

Vérité vient éveiller son troupeau. Religion, qui a entendu la voix de sa mère, accourt ; elle sent en elle un mal qui la rend toute languissante, mais elle espère en Christ qui ne peut la laisser mourir. Le « faux berger » Erreur, réveillé par le chœur harmonieux qu'entonnent Vérité et Religion, veut les assommer. Après une discussion violente, Erreur abandonne la partie et demande à ne plus être dérangé par leurs babils. Apparaît Providence divine, qui justifie pleinement Vérité et Religion.

Traditionnellement, la moralité vaut par sa simplicité, son symbolisme sans mystère, son caractère didactique. C'est dans cette perspective que Louis des Masures utilise ici cette forme : destinée à un public protestant, la pièce chante le combat mené entre Erreur et Vérité depuis la Chute, célèbre la Réforme à peine déguisée sous les traits de Religion, fustige violemment le catholicisme immédiatement identifiable derrière le nom d'Erreur. Comme nombre d'auteurs huguenots à la même époque, Des Masures fait de la littérature un moyen de réconforter les membres de l'Église protestante, et de fortifier leur foi.

L'œuvre est sans doute d'autant plus efficace qu'elle est simple, et toute en violents contrastes. Il ne s'agit que de faire aimer Religion, fille de Vérité, toutes deux dépeintes sous les traits les plus délicats. Leur langage traduit leur élection : Vérité s'exprime dans les mêmes termes que le Christ. À l'inverse, l'abominable Erreur, « de mensonge enflé, gros et bouffant », engendré par Illusion, se complaît dans un parler ordurier, tissé d'imprécations et d'injures.

Fidèle reflet des ouvrages d'apologétique réformée, la *Bergerie spirituelle* affirme le bon droit de l'Église protestante en invoquant l'histoire biblique qui prouve que Dieu a toujours soutenu ses élus, et en rappelant que, malgré les attaques des loups, « le Pasteur d'en haut son cher troupeau regarde ». À mi-chemin entre le tour polémique et le propos théologique, Des Masures, qui écorche au passage le pape, « athèse tridentin », et dénonce le culte des saints, répond aux critiques habituellement lancées contre la vaillante communauté des élus accusée de se montrer traître à la tradition, fascinée par l'étranger et coupable de favoriser les explosions de violence. Mais Vérité tient le discours de l'absolu : elle sait qu'elle n'apporte que le glaive, et n'a que faire d'argumentations spécieuses. C'est par la seule grâce de Dieu que se communique la vérité.

M.-C. GOMEZ-GÉRAUD

BERGERIES (les). Pastorale dramatique en cinq actes et en vers d'Honorat de Bueil, seigneur de **Racan** (1589-1670), publiée à Paris chez Toussaint du Bray en 1625.

Beckett

Samuel Beckett en 1964.
Ph. © Henri Cartier-Bresson/Magnum.

Un univers qui se déglingue, dans la nostalgie incrédule des « beaux jours que c'était », qui se pétrifie dans l'attente d'un improbable Godot : l'univers de Samuel Beckett (1906-1989), cet Irlandais qui s'exile de la langue anglaise pour mieux dire l'échec de la parole et l'impossibilité du silence. Si « hors d'ici, c'est la mort » (*Fin de partie*, 1957), la mort est aussi à l'intérieur d'une écriture de la pénurie, du rien : récits qui sapent un à un tous les fondements du « je » et miment leur propre destruction (*Malone meurt*, 1948), théâtre fondé sur le ressassement d'un vain « Qu'est-ce qu'on fait maintenant ? » (*En attendant Godot*, 1953), où le rire s'étrangle, jusqu'aux borborygmes d'un enregistrement anonyme (*la Dernière Bande*, 1960), une œuvre qui n'en « finit » jamais de se situer aux limites du langage.

En attendant Godot, lors de la création au théâtre de Babylone en 1953. Mise en scène de Roger Blin avec Pierre Latour (Vladimir) et Lucien Raimbourg (Estragon).

Collection Roger Pic. Bibliothèque nationale, département des Arts du spectacle, Paris. Ph. © Roger Pic/Bibl. nat., département des Arts du spectacle.

Fin de partie, lors de la création au Studio des Champs-Élysées en 1957. Mise en scène de Roger Blin avec Germaine de France (Neg) et Georges Adet (Nag).

Collection Roger Pic. Bibliothèque nationale, département des Arts du spectacle, Paris. Ph. © Roger Pic/Bibl. nat., département des Arts du spectacle.

Oh les beaux jours, au théâtre du Rond-Point en 1981. Mise en scène de Roger Blin, décor de Matias, avec Madeleine Renaud (Winnie).

Ph. © Marc Enguerand.

Pièce unique de Racan, sans doute composée vers 1618, cette œuvre immense (2 992 vers) dont le titre renvoie à l'*Astrée*, s'inspire de la *Diane* de Montemayor, de l'*Aminte* du Tasse, du *Pasteur fidèle* de Guarini, des pastorales de Hardy, ainsi que de l'*Introduction à la vie dévote* de saint François de Sales.

L'action se déroule dans la campagne parisienne, « à Suresnes ». Après un « Prologue de la nymphe de Seine » célébrant Louis XIII, la pièce s'ouvre sur le monologue du berger Alcidor, amant désespéré de la belle Arthénice que ses parents ont promise à Lucidas. Mais, comprenant que la jeune fille aime ailleurs, Lucidas requiert le secours du magicien Polistène. De son côté, Arthénice, à qui chaque nuit la « Bonne Déesse » rappelle qu'elle ne doit pas épouser un étranger, s'efforce en vain de séduire Tisimandre (amoureux d'Ydalie), tout en plaignant son cher Alcidor ; mais n'est-il pas d'un « sang étranger » ? Sur les conseils de Polistène, Lucidas affirme à Arthénice pouvoir lui apporter la preuve qu'Ydalie et Alcidor « jouissent déjà des plus secrets plaisirs / Dont Hymen assouvit les amoureux désirs ». Incrédulité curieuse d'Arthénice qui accepte de se rendre dans la grotte de Polistène. Un chœur de bergers invite à goûter les plaisirs de la vie (Acte I).

Amoureuse d'Alcidor, Ydalie se promène dans un bois à qui elle confie ses peines, quand un satyre cherche à l'enlever. Tisimandre, arrivé à temps, le met en fuite, sans qu'Ydalie éprouve la moindre reconnaissance envers son sauveur. Survient Arthénice, que décourage Tisimandre, plus malheureux que jamais. Dans la grotte que Polistène embrase de tous les artifices de son art, Lucidas, par le truchement d'un miroir enchanté et trompeur, fait voir à Arthénice les amours d'Alcidor et d'Ydalie. Sur le chemin du retour, elle rencontre le « couple » et maudit Alcidor qui, de douleur, décide de se jeter dans la Seine. Nouvelle intervention du chœur des bergers (Acte II).

Arthénice se retire, quant à elle, parmi les « filles dévotes » de Diane, et explique les raisons de sa retraite à son père et à Damoclée, son oncle et père d'Ydalie, venus la visiter. Soudain Cléante apporte le corps sans vie d'Alcidor qu'il a repêché des flots. Évanouissement d'Arthénice, retour à la conscience d'Alcidor puis d'Arthénice, brève explication des amants. Silène consent à leur mariage. Chœur des bergers (Acte III).

Au milieu de sa joie, Arthénice s'inquiète toutefois des avertissements de la « Bonne Déesse » qui d'un « front courroucé » semble toujours la menacer. Convaincu du déshonneur de sa fille, Damoclée veut sacrifier Ydalie. Le druide Clindonnax l'approuve : « Quand nous avons produit un enfant vicieux, / Il faut de notre sang retrancher ce prodige, / Ainsi qu'un mauvais bois indigne de sa tige. » Le druide convoque Ydalie qui, malgré ses protestations, ne convainc personne de son innocence. Clindonnax apprête ses « couteaux sacrés » quand Tisimandre s'offre à mourir en place de sa bien-aimée. Débat. Il obtient que l'on écoute Lucidas. C'est alors que Cléante leur annonce le mariage prochain d'Alcidor et d'Arthénice. Troublé, puis désespéré, Lucidas avoue la supercherie du miroir enchanté, et justifie Ydalie. Celle-ci, éperdue de reconnaissance pour son preux et fidèle berger, consent enfin à épouser Tisimandre. Chœur des sacrificateurs (Acte IV).

Crisante, mère d'Arthénice, continue pourtant de refuser la main de sa fille à l'« étranger » Alcidor. Perplexité des pères, qui envisagent un instant de modifier les couples et d'unir Alcidor à Ydalie et Tisimandre à Arthénice, en dépit de la tristesse des intéressés. Apparaît alors le « vieil Alcidor » : il révèle qu'Alcidor n'est pas son vrai fils, mais un enfant qu'il a élevé après l'avoir sauvé de la noyade lors d'une crue du fleuve ; et il produit un bracelet que l'enfant portait et qui prouve qu'Alcidor est en réalité Daphnis, le frère d'Ydalie, que chacun croyait mort depuis longtemps. Rien ne s'oppose désormais au mariage des uns et des autres, et la pièce s'achève sur un épithalame (Acte V).

Cette pastorale n'est pas sans défauts : l'action traîne en longueur ; la présentation des personnages obéit au procédé archaïque du monologue initial ; les personnages n'échappent guère aux conventions des types ; et le dénouement relève du romanesque le plus traditionnel. Malgré ses maladresses, elle n'en est pas moins une œuvre importante. D'abord parce qu'elle marque une étape dans l'instauration progressive des unités classiques. Si le lieu demeure général (mais pas davantage que dans certaines tragédies de Corneille), si la concentration de l'action laisse encore à désirer, l'intrigue se déroule en une journée dont les moments sont soulignés. Ensuite et surtout, parce que, poète plus que dramaturge, Racan donne l'exemple d'un théâtre poétique par l'harmonie de son vers, la fraîcheur et la douceur de ses tableaux. C'est ce charme qui fait des *Bergeries* une œuvre à part, dans laquelle l'humanisme pastoral rejoint l'huma-nisme chrétien qui présente la religion comme la forme suprême de l'amour.

● « Pléiade », 1975 (*Théâtre du XVIIᵉ siècle*, I, p.p. J. Scherer) ; STFM, 1930-1937, rééd. 1991 (p.p. L. Arnould).

A. COUPRIE

BERMUDA. Roman de Jacques-Pierre **Amette** (né en 1943), publié à Paris aux Éditions du Seuil en 1977.

André, jeune dilettante qui n'a jamais connu qu'une existence sinistre, rencontre Daisy, ravissante jeune femme qui lui propose d'adapter pour le grand écran un roman dont ils auront cependant à respecter l'intrigue. Jaroslav, attiré par la perspective du gain, se joint à eux. Une fois obtenu l'aval de la maison de production, ils se répartissent équitablement les tâches (chap. 1). Ils se retirent à La Combe-aux-Loux où ils partagent la même ambition de vivre à trois une histoire d'amour : l'histoire de *Bermuda*, le scénario en cours, se confond dès lors avec l'histoire du trio. Le producteur, pourtant, trouve que le scénario a atténué la passion et la folie d'un roman dont ils ont fait, selon lui, une « histoire gentille » (2). André reprend, seul, le scénario à zéro, et le trio se sépare. Jaroslav devient journaliste spécialisé dans l'écologie et la futurologie, Daisy disparaît et, à la sortie du film, André, qui avait « oublié cette histoire », regarde son œuvre avec indifférence (3).

Sans rien qui pèse ou qui pose, ce roman est avant tout celui de la désillusion. Tantôt rapide (« Quatre ans de vache enragée, chambres bordéliques, mégots, boulots minables, confitures chimiques, grèves, wagons de banlieue, trous aux chaussettes et puis tout à coup : elle, le cinéma, le scénario, le fric, la gloire, l'amour et la mort ; quel destin nous attend »), tantôt contemplatif, il semble mimer les battements de cœur des trois protagonistes. Adolescents perpétuels, oisifs et désœuvrés, héritiers d'une « disponibilité » toute gidienne, Jaroslav, André et Daisy accumulent les naïvetés et se prennent au jeu de miroirs entre roman et vie, confondant toujours l'un et l'autre. Ils nourrissent une méfiance instinctive à l'égard des conventions (« Les types qui s'apitoient sur leur enfance, c'est une vraie colique »), mais y reviennent toujours par l'intermédiaire de leurs propres rêves. André énonce de grandes résolutions : « Il n'aurait plus de rapports humains… être un homme ordinaire, un homme des foules. » Mais est-ce l'effet d'une conviction personnelle ou de la séduction exercée par une réminiscence littéraire (*l'Homme des foules* d'Edgar Poe) ? Tous trois ont beau s'armer de quelques rudiments de psychanalyse ou se protéger derrière des citations, ils n'en sont pas moins livrés à un apprentissage lent et douloureux.

Ennemi de tout épanchement, l'auteur se garde pourtant du pathétique, et les dernières pages, écrites sur le mode mineur, préservent, malgré l'échec relatif de l'utopie entretenue par les trois héros idéalistes (faire coïncider rêve et réalité, vie et littérature, « réel » et fiction romanesque), une fraîcheur juvénile que rien ne semble pouvoir entamer. En un style vif et qui repose essentiellement sur des phrases dialoguées, parfois elliptiques, *Bermuda* réconcilie avec bonheur roman et cinéma : une association qui n'est pas sans rappeler *Jules et Jim* de Truffaut ou encore Jean-Luc Godard, souvent cité par ces protagonistes à la sensibilité à fleur de peau.

P. GOURVENNEC

BERTHE AUX GRANDS PIEDS. Chanson de geste d'**Adenet** (ou **Adam**), surnommé **le Roi** (vers 1240-vers 1300/1310), composée à la fin du XIIIᵉ siècle et formée de 3 186 alexandrins rimés.

En puisant aux schèmes folkloriques de la « serve » maîtresse et de la fiancée substituées, la légende a assimilé

Berthe (d'abord « au grand pied », puis « aux grands pieds ») à l'épouse de Pépin le Bref, mère de Charlemagne, en faisant d'elle un exemple de femme « debonaire », humble, pieuse et bonne, d'une fermeté et d'une vertu constantes dans le malheur. Coulé dans la forme de la chanson de geste, ce conte populaire a été rattaché à la « geste du Roi » ; Adenet – dont l'originalité semble bien établie – s'est montré soucieux de l'adapter aux données du cycle des *Lorrains ainsi que de *Mainet*, assurant ainsi une cohésion à la préhistoire littéraire de Charlemagne.

Berthe est fille du couple royal de Hongrie, Floire et Blanchefleur ; elle a été promise en mariage au roi de France Pépin (veuf de sa première femme apparentée aux Lorrains), mais est victime d'un complot visant à l'évincer : la vieille Margiste, sa fille Aliste et leur cousin Tibert, trois anciens serfs rachetés par Blanchefleur qui avaient accompagné Berthe, persuadent celle-ci – en lui faisant croire à la violence et la brutalité du roi – de laisser Aliste, qui lui ressemble parfaitement, se substituer à elle dans le lit royal le temps de la nuit de noces ; mais, passé ce temps, Aliste refuse de rendre sa place à Berthe, qu'elle accuse même d'avoir voulu la tuer et qu'elle fait condamner à mort. Conduite dans la forêt du Mans, Berthe est finalement épargnée (le cœur d'un sanglier est présenté comme le sien à Margiste). Errante, elle échappe à des larrons et à une ourse, puis se laisse diriger par un ermite vers la maison du voyer Simon et de sa femme Constance où, finalement, elle restera plus de neuf ans, en gardant secrète son identité.

Pendant ce temps, la fausse reine donne au roi deux fils – Raimfroi et Heudri, deux futurs traîtres – et se rend très impopulaire par son avidité et ses exactions. Mais tout est dévoilé à l'occasion d'un voyage en France de la reine Blanchefleur qui finit par forcer la chambre de l'usurpatrice et découvre des pieds pour moitié moins grands que ceux de sa fille. Les traîtres passent aux aveux et sont mis à mort, sauf Aliste, qui se retire dans un couvent à Montmartre. Tandis que Blanchefleur repart désespérée, Pépin se met en quête de sa véritable épouse ; c'est lui qui la rencontrera et s'en éprendra, mais sans qu'ils se reconnaissent l'un l'autre, au cours d'une chasse au cerf dans la forêt du Mans où lui s'était égaré et où elle venait prier. Pour l'écarter, Berthe décline son identité, mais qu'elle reniera peu après devant ses hôtes, la présentant comme une échappatoire aux assiduités de son poursuivant. La vérité ne se fera jour qu'avec l'arrivée de Floire et Blanchefleur, appelés par Pépin. Au Mans, à Paris, la liesse est générale. Berthe donne le jour à une fille, qui sera la mère de Roland, puis à un fils, le futur Charlemagne.

Un vœu fait dans la forêt complique la révélation par Berthe de son identité et le processus de sa reconnaissance, affinant ainsi la structure narrative simple du conte populaire. La seule version française à nous en être restée doit à Adenet le Roi, outre une versification recherchée et une facture très soignée, des passages restés célèbres, tel celui consacré à la pratique de la langue française en Hongrie et, plus encore, celui où la reine Blanchefleur découvre Paris du haut de Montmartre, scène qui représente l'une des premières descriptions littéraires de la ville.

Avec les chansons de *Mainet* (diminutif de [Charle] magne) dont il ne reste que des fragments et de *Basin*, toutes deux antérieures (du XIIe siècle) et référées au temps des « enfances » de Charlemagne, *Berthe aux grands pieds* constitue un avent presque romanesque à l'ensemble de la « geste du Roi » ; l'histoire s'en retrouve d'ailleurs dans le *Charlemagne* de Girart d'Amiens (fin du XIIIe-début du XIVe) ; à la fin du XIVe siècle elle inspirera le *Miracle de Berthe* et, au XVe siècle, sera mise en prose dans *l'Histoire de la reine Berthe et du roi Pépin*.

● Les Œuvres d'Adenet le Roi, Bruxelles, Univ. libre de Bruxelles, t. IV, 1963.

N. ANDRIEUX-REIX

BESTIAIRE (le) ou Cortège d'Orphée. Recueil poétique de Guillaume **Apollinaire**, pseudonyme de Wilhelm Apollinaris de Kostrowitzky (1880-1918), publié dans une première version, composée de dix-huit poèmes, intitulée « la Marchande des quatre-saisons ou le Bestiaire mondain », dans le n° 24 de *la Phalange* le 15 juin 1908, et en volume

illustré par des gravures sur bois de Raoul Dufy, à Paris chez Deplanche en 1911.

Apollinaire travailla à ce recueil avec Dufy à partir de 1910. Il remplaça alors le personnage de la marchande par celui d'Orphée et composa de nouveaux poèmes. L'édition originale, tirée à 120 exemplaires, se vendit mal. L'ouvrage acquit cependant peu à peu notoriété et estime. Francis Poulenc, en 1919, mit en musique certaines des pièces du *Bestiaire*. Cette œuvre fut donc l'occasion d'une réunion, conformément à l'idée chère à Apollinaire, entre divers domaines artistiques.

Le Bestiaire comprend trente poèmes suivis de trois pages environ de « Notes ». Quatre de ces poèmes s'intitulent "Orphée". Toutes les autres pièces, à l'exception des "Sirènes", ont pour titre le nom d'un animal. Les poèmes sont pour la plupart formés d'un quatrain en octosyllabes. Certains textes comportent toutefois cinq ou six vers et sont composés d'alexandrins. Chaque poème est accompagné d'une illustration réalisée par Dufy.

Le Bestiaire est une sorte de divertissement poétique inspiré de la poésie emblématique médiévale. Le trait descriptif, volontiers teinté d'humour, confère au recueil sa dimension pittoresque : « Comme s'en vont les écrevisses, / À reculons, à reculons » ("l'Écrevisse") ; « En faisant la roue, cet oiseau, / Dont le pennage traîne à terre, / Apparaît comme plus beau, / Mais se découvre le derrière » ("le Paon").

Les poèmes ont toutefois, dans l'ensemble, une dimension symbolique. Ainsi l'animal évoqué, à travers la comparaison ou la métaphore, peut être au service d'une morale : "le Lièvre", par exemple, se présente comme une sorte de précepte, que le poète destine à lui-même ou bien qu'il adresse à tous : « [...] que toujours ton cerveau soit / La hase pleine qui conçoit. » Divers animaux représentent la tâche du poète ("l'Éléphant"), ses exigences ("la Chenille") et ses aspirations ("la Sauterelle"). Ailleurs, la symbolique animale alimente une rhétorique amoureuse à la fois précieuse et naïve : « Je connais un autre connin / Que tout vivant je voudrais prendre. / Sa garenne est parmi le thym / Des vallons du pays de Tendre » ("le Lapin"). Reflet du moi – « Ce monstre inhumain, c'est moi-même » ("le Poulpe") –, la figure animale permet également la confidence personnelle, douloureuse le plus souvent : « Dieu ! Je vais avoir vingt-huit ans / Et mal vécus, à mon envie » ("la Souris") ; « Mon pauvre cœur est un hibou / Qu'on cloue, qu'on décloue, qu'on recloue. / De sang, d'ardeur, il est à bout » ("le Hibou").

La poésie du *Bestiaire* puise son originalité et son charme singulier dans l'union entre candeur et savante élaboration, pittoresque et abstraction, accents douloureux et enjouement.

● Alcools [...], « Poésie / Gallimard », 1966. ➤ Œuvres complètes, Ballant et Lecat, I ; Œuvres poétiques complètes, « Pléiade ».

A. SCHWEIGER

BESTIAIRE D'AMOUR. « Requête amoureuse » en prose de **Richard de Fournival** (1201-avant 1260), adressée à une dame et suivie de la *Réponse* de celle-ci. Elle a été conservée dans huit manuscrits. Elle connut un beau succès et suscita de nombreux imitateurs en France et en Italie (dont, peut-être, la *Réponse* elle-même...).

Les bestiaires appartiennent à la littérature scientifique telle que l'entendait le Moyen ...ge. Ils constituent les premiers inventaires d'un savoir conçu sur la nature conçue comme un réseau de signes – un livre – dans lequel les hommes doivent déchiffrer le sens de leur destin et le message divin. Ces textes, en vers ou en prose, comptent parmi les plus anciens écrits en français : le *Bestiaire* de Philippe de Thaon, où apparaît le terme lui-même, fut rédigé vers 1121-1135. Leur modèle est un ouvrage grec du IIe ou du IIIe siècle, le *Physiologus* [le Naturaliste], traduit en latin et largement diffusé dès le haut Moyen …ge, qui se présente comme un répertoire d'animaux, de plantes et de pierres, dont les caractéristiques sont dotées d'une signification morale et spirituelle. Les bestiaires reprennent le même plan : chaque animal y est décrit sommairement selon une ou deux particularités physiques ou de comportement qui résument sa « nature » ; suit l'élucidation de son sens en fonction de la lutte du Bien et du Mal, de Dieu et du Diable. Richard se coule apparemment dans ce moule et adopte les mêmes réseaux symboliques tout en changeant les termes de l'analogie : à chaque animal correspond une attitude de l'amant ou de la dame. Le discours trouve sa cohérence non plus dans une interprétation chrétienne du monde mais dans la supplique amoureuse dont les étapes, plus qu'à une histoire personnelle, renvoient au modèle érotique forgé par la lyrique.

Après un Prologue sur la mémoire et ses deux portes, l'ouïe et la vue auxquelles mènent la parole et l'image, le narrateur justifie son choix d'un « récit » en prose qui allie paroles et images, comme le plus propre à pénétrer dans la mémoire de la dame.

Il enchaîne sur des animaux caractérisés par leurs voix (coq, âne), puis sur le loup qui, vu le premier, perd sa force ; le grillon et le cygne, dont les chants annoncent la mort. Regrettant de ne pouvoir, comme le chien sa vomissure, ravaler ses prières, le poète parle de la nature dissimulée de la femme – ainsi est le loup ; il lui reproche sa froideur (corbeau, lion), son refus de parler d'amour (belette, calandre) : tout confirme la mort de l'amant, pris au piège de la sirène, et dépourvu de la méfiance de l'aspic. Suit un développement sur les cinq sens et les animaux dépourvus de l'un d'eux (taupe, abeille). Avec l'image du tigre et du miroir, on retrouve le thème de la mémoire, encore que l'amant ait été séduit par l'odorat (licorne, panthère). Du sommeil d'amour surgit la mort pour celui qui n'a pas la vigilance de la grue, du paon ou du lion. Le mythe d'Argus dit aussi le pouvoir de la voix et du chant. Peut-on ressusciter ? Oui, ainsi de l'hirondelle, de la belette ou du pélican. La dame pourrait accorder son cœur comme le castor abandonne ses génitoires au chasseur ! La mort de l'amant serait vengée si la dame était la proie de gens volages – tels l'hirondelle, le hérisson, l'hydre –, prêts à la tuer comme la vipère, à l'abandonner comme la serre, tandis que lui-même est fidèle, telles la tourterelle ou la perdrix. Il sera un bon fils comme les petits de la cigogne ou de la huppe, si du moins la dame accepte de couver l'œuf de son amour, et brise son orgueil comme l'aigle son bec. Mais il est difficile de repérer la loyauté : il faut avoir la prudence de la colombe, de l'éléphant, se méfier du dragon, du renard. Le narrateur ne peut prouver sa propre « nature » ni convaincre la dame.

À la présentation assez raide des bestiaires traditionnels – suite de rubriques sans lien entre elles –, Richard substitue un exposé suivi qui enchaîne natures animales et situations amoureuses selon les motifs du code courtois : requête, orgueil de la dame, don du cœur, faux amants, secret, fidélité et loyauté. Chaque animal se greffe ainsi, comme terme de comparaison, sur un cas type des relations entre hommes et femmes. Le narrateur choisit la caractéristique propre à servir une casuistique amoureuse subtile et précieuse : il compare ainsi audacieusement la « ponte » et le fait de « prendre » par amour ; développe le thème de l'homme nu (c'est-à-dire sans amour) et de l'homme vêtu ou chaussé « par l'amour » et donc « piégé » comme le singe… Les mêmes animaux sont convoqués plusieurs fois – ainsi le lion, le loup, la belette –, en vertu de leurs différents caractères. Une même « nature » animale peut aussi resurgir à divers moments de l'argumentation : ainsi le singe qui fuit emporte son enfant préféré dans les bras (le rival du poète) et l'autre sur son dos (le poète) mais dans sa fuite lâche le premier !

À un style élégant, Richard allie une architecture solide qui fait de son « salut d'amour » un modèle de rhétorique courtoise. Monologues, adresses à la dame, exposés didactiques, citations de poètes animent cette ultime prière dont l'enjeu est clairement désigné, non par le symbolisme animal, mais par une métaphore guerrière liminaire : cet écrit sera l'ultime tentative ou arrière-ban pour conquérir / séduire une belle trop farouche. Cette métaphore traditionnelle du registre courtois ouvre et clôt le texte : la dernière page combine la figure de l'oiseau (le vautour charo-gnard), l'image de la guerre et le thème de la mort, central dans tout le texte. L'homme qui parle est, en effet, un homme mort, qui a épuisé toutes les ressources du chant et forge, dans un dernier sursaut, une prose nouvelle – « substitut du chant » – où s'allient, pour enfin pénétrer la mémoire de la dame, la parole et l'enluminure, le texte et l'image, le plaisir de l'entendement et celui des yeux – de l'imagination – aux sources de l'amour. Car l'essence de l'amoureux, révélée par ce bestiaire inédit, est d'être voué à la mort d'amour qui appelle les images complémentaires de la résurrection, faisant de la mort et de la renaissance de l'amant les pôles entre lesquels se décline l'éternelle quête de la dame.

Ce texte, où affleure constamment la tentation de la poésie (vers blancs, début de versification dans certains manuscrits), peut, enfin, se lire comme une longue variation sur la parole amoureuse. Au jeu de la vérité et du mensonge, tous sont perdants car le langage est fondamentalement duplice et la dame ne pourra pas savoir à quelle espèce appartient celui qui la presse tant. Conscient du pouvoir créateur du langage (en témoigne son renouvellement du genre et des équivalences symboliques), le narrateur garde constamment un regard ironique et mine sa propre démonstration. Il dénonce ainsi avec humour la vacuité de tous les discours amoureux, lyriques ou didactiques, si brillants soient-ils, en attente de la « merci » de la « belle dame ».

La Réponse vient renforcer ce jeu du pour et du contre, du sic et non, et démontrer que tous les exemples se plient à des exégèses divergentes selon les points de vue. La dame reprend les mêmes images animales (le loup, le singe, la grue…) pour en inverser le sens, et renvoie le poète aux « losangiers » [trompeurs] qu'il dénonçait et l'amour au piège des mots.

Quelques années plus tard, Nicole de Margival compose un autre « dit » amoureux allégorique et « autobiographique » de 2 665 vers : le Dit de la Panthère d'amour. La dame destinataire du poème y est représentée – « signifiée » – par la panthère, selon les propriétés que lui attribuent les bestiaires. Cet animal fabuleux doté d'un magnifique pelage bigarré et d'une haleine magique attire et guérit tous ceux qui l'approchent. Ce poème dramatique emprunte au *Roman de la Rose la forme du songe.

Dit de la Panthère d'amour. Le narrateur amoureux rêve qu'il est enlevé par des oiseaux et transporté dans une forêt où lui apparaît la bête merveilleuse. Le dieu d'Amour lui explique le sens de son rêve. Conseillé par Amour et Vénus, l'amant envoie à la dame-panthère un anneau d'or et d'émeraude et un poème, puis s'endort. Il rencontre en songe sa dame qui refuse son amour. À son réveil, Amour, allié à Fortune, parvient à fléchir la dame. L'heure du véritable réveil sonne et tout reste à faire…

Entrelaçant aux réminiscences des bestiaires et des lapidaires les motifs de la quête et des citations lyriques, l'auteur compose une œuvre riche et complexe, qui compte parmi les plus réussies et les plus caractéristiques de la littérature allégorique des XIIIᵉ et XIVᵉ siècles. Il aboutit à la même conclusion que Richard de Fournival : aucun don ni aucun discours ne peut provoquer l'amour. Amour lui-même, maître incontesté jusque-là, a besoin du secours de Fortune – du hasard – pour changer les dispositions de la dame. Même en songe le discours amoureux se révèle inefficace et la mise en abyme du rêve éloigne le rêveur de la satisfaction imaginaire de son désir. Ce rêve dans le rêve préfigure l'échec de l'amant et celui de sa prière, donc du poème écrit à l'intention de sa dame. L'heureuse conclusion du rêve principal ne saurait faire illusion : elle peut être mise au compte de l'humour d'un poète qui, en accord avec son temps, se joue de ses modèles sans plus adhérer à aucun.

● Milan-Naples, Documenti di filologia, II, 1957 (p.p. C. Segre) ; le Dit de la Panthère d'amour, New York, Johnson Reprints, 1966 (p.p. H. A. Todd) ; Bestiaires du Moyen Âge, Stock, 1980 (trad. et p.p. G. Bianciotto).

M. GALLY

BÊTE (la). Roman de Victor **Cherbuliez** (Suisse, 1829-1899), publié à Paris chez Hachette en 1887.

L'auteur du *Comte Kostia* et du *Roman d'une honnête femme* (1866), au titre si évocateur, donne ici l'un des meilleurs exemples de sa manière et de ses intentions moralisatrices, qui en firent un romancier à succès auprès d'une bourgeoisie éprise de valeurs bien établies.

Organisé en trois parties de 12, 13 et 20 chapitres, le roman est le récit fait par un narrateur, Sylvain Berjac, de ses malheurs conjugaux et de sa lente réconciliation avec la vie et les femmes, qui aboutit à un second mariage, dont tout laisse présager qu'il sera heureux. Ce vigneron saintongeais a commis l'erreur d'épouser la fille d'un comte ruiné, Hermine de Roybaz, « légère, sans principes, trop facile, trop libre dans ses manières ». Il découvre qu'elle le trompe. Morose, mélancolique, il se réfugie après son divorce dans la solitude à Moncep. L'abbé Moncel le prend en charge et entreprend sa rééducation morale. Alors que la « femme maudite » quitte enfin sa pensée, les Havenne entrent dans sa vie. La jeune Louise éveille son intérêt, le printemps aidant, et M. Havenne accorde sa main à Sylvain, lui expliquant qu'ils sont faits l'un pour l'autre, puisqu'ils sont tous deux « un peu bêtes, dans la sainte acception du mot ».

« Notre racine, c'est la bête » : le roman proclame la solidarité avec les plus humbles créatures humaines et la bête elle-même, « dont nous descendons et que nous retrouvons en nous toutes les fois que nous pénétrons dans notre fond ». La sainte bêtise, voilà donc la discipline morale. Il faut savoir tirer les leçons d'une expérience malheureuse, trouver la vraie femme destinée au bonheur de l'homme, et dont la fraîcheur chassera l'entêtante « odeur de musc » d'Hermine, cette mauvaise bête écervelée et lubrique. Un moment tenté par une affriolante Zoé Gabelin, dont, en audacieux libertin, il dérobe la pantoufle, Sylvain retrouve la raison, sa nature sereine et solide, emblématisée par son prénom. Moraliste et adversaire de l'adultère, Cherbuliez n'hésite pas à mettre en scène un divorcé. Il contourne heureusement cette difficulté, car le premier mariage n'ayant pas été béni par un prêtre, Sylvain et Louise peuvent convoler en justes noces en passant légitimement par le temple. Cette restauration de l'ordre est donc instauration d'un authentique couple selon les deux lois, l'humaine et la divine. Le style n'hésite pas à se faire didactique, souligne les effets, et déploie une pédagogie un tantinet pesante.

G. GENGEMBRE

BÊTE HUMAINE (la). Roman d'Émile **Zola** (1840-1902), publié à Paris en feuilleton dans *la Vie populaire* du 4 novembre 1889 au 2 mars 1890, et en volume chez Charpentier en 1890.

Depuis longtemps, Zola médite deux sujets que l'ouvrage, le dix-septième de la série des *Rougon-Macquart*, réunit progressivement : le thème du meurtre et de l'institution judiciaire, d'une part qui avait déjà été utilisé dans *Thérèse Raquin*, et qu'ont réactualisé pour Zola la lecture de Dostoïevski et des recherches de Lombroso sur l'« homme criminel » ; d'autre part, la description du monde des chemin de fer, qui oblige Zola à s'informer abondamment, auprès de l'ingénieur Pol Lefèvre, et aussi par lui-même en accompagnant un mécanicien sur la locomotive du Paris-Mantes.

Roubaud, sous-chef de la gare du Havre, a épousé Séverine qui est protégée par le riche et vieux président Grandmorin. Celui-ci a autrefois débauché Séverine lorsqu'elle était toute jeune, et son mari, qui le devine, veut se venger (chap. 1). Le mécanicien Jacques Lantier est venu passer la journée chez sa marraine Phasie la garde-barrière, mariée à Misard et dont la fille Flore est attirée par Jacques. Celui-ci, avec toutes les femmes qu'il aime physiquement, est pris d'une pulsion criminelle à laquelle il échappe cette fois à grand-peine. Mais, du bord de la voie, il aperçoit, dans le train qui passe, Roubaud assassinant Grandmorin dont on découvre bientôt le corps (2). Au Havre, on apprend la nouvelle : Roubaud donne une version mensongère qui semble convaincre ; seul témoin Lantier, se tait (3). L'instruction est difficile en raison des enjeux politiques : on soupçonne les Roubaud qui ont hérité d'une maison, mais aussi un personnage très fruste,

Cabuche, amoureux d'une jeune fille violentée par Grandmorin (4). Séverine vient à Paris plaider sa cause auprès d'un haut fonctionnaire impérial qui pressent sa culpabilité, mais laisse le juge Denizet s'engager sur de fausses pistes (5). Faute de preuves, la justice ne désigne aucun coupable. Mais le couple Roubaud, après quelques moments de tranquillité, se disloque : lui fait des dettes de jeu qui l'amènent à puiser dans l'argent volé à Grandmorin, elle tombe amoureuse de Jacques (6). Celui-ci a de la peine à dégager sa machine, la *Lison*, arrêtée deux fois par la neige (7). Sa liaison avec Séverine lui fait retrouver ses pulsions de meurtre, mais il n'arrive à tuer ni son amante ni le mari de celle-ci, qui devient gênant (8-9). Phasie a été empoisonnée par Misard qui voulait s'emparer de son magot, et Flore, jalouse, veut tuer les amants. Pour cela, elle organise un accident, qui fera des morts, mais n'atteint pas les personnes visées. Elle se suicide (10). Lantier, recueilli et soigné par Séverine, la tue et l'on inculpe Cabuche, que des preuves mal interprétées semblent accuser. Lantier échappe à la justice, mais son chauffeur Pecqueux, dont il a séduit la maîtresse, se bat avec lui. Ils tombent tous deux de la locomotive qui entraîne le train vers la mort à une vitesse folle. On va vers la guerre (11-12).

La Bête humaine est d'abord le roman des chemins de fer et du monde nouveau qui s'est organisé autour d'eux : avec le train, les deux gares de la ligne et le lieu maudit où l'on trouve à la fois la maison du garde-barrière et celle du président, le lieu où se produisent les accidents. Avec aussi l'échelle sociale complète qui va du garde-barrière au gros actionnaire, en passant par toute la hiérarchie intermédiaire, du chauffeur au mécanicien, du sous-chef de gare au directeur de réseau. Mais ce monde-là n'est pas autonome, il est au contraire au cœur du système politique général, comme le montre bien l'intervention des pouvoirs dans l'affaire judiciaire qui devient un enjeu politique : le capital engagé, les influences en cause et les personnages rendent l'Empire vulnérable à travers les débauches d'un vieillard. Mais, au-delà de la sociologie, il y a aussi des énergies et des symboles. Le titre nous renvoie alors non seulement aux locomotives déchaînées de la ligne, mais surtout aux passions et aux douleurs qui s'y donnent rendez-vous et aboutissent toutes au meurtre : Roubaud et sa femme assassinent Grandmorin, Misard empoisonne Phasie, Flore fait dérailler le train avant de se tuer, Jacques veut tuer les femmes qu'il aime avant de tomber, emporté dans sa lutte avec Pecqueux. Amour et mort sont donc liés dans un livre très noir, qui peut aussi être compris comme une sorte de roman policier où Zola suit et critique les démarches de pensée du juge Denizet, comme il critiquera les constructions fallacieuses de l'affaire Dreyfus. Mais il déborde cette définition par l'orchestration symbolique qui unifie tous les thèmes ; la bête métallique comme la machine humaine ont des crises parallèles, la vie qui les habite est instable, connaît des échappements brusques, des explosions destructrices : « Puisque c'était la loi de la vie, on devait y obéir, en dehors des scrupules qu'on avait inventés plus tard, pour vivre ensemble. » Mais la bête humaine a ceci de différent qu'elle possède aussi une conscience, c'est-à-dire angoisse et remords. Et c'est dans la description de tels affres que ce roman trouve son originalité par rapport à la violence peut-être plus primitive de l'*Assommoir* ou de *Germinal*.

● « GF », 1972 (p.p. R.A. Jouanny) ; « Babel », 1992 (p.p. J.-P. Leduc-Adine et J. Dubois). ➤ *Les Rougon-Macquart*, « Pléiade », IV ; *Œuvres complètes*, Cercle du Livre précieux, VI ; *les Rougon-Macquart*, « Le Livre de Poche », XVII (préf. H. Vincenot, notes R. Ripoll) ; *id.*, « Folio », (préf. G. Deleuze) ; *id.*, « Bouquins », V.

A. PREISS

BÊTISES (les). Roman de Jacques **Laurent** (né en 1919), publié à Paris chez Grasset en 1971. Prix Goncourt.

A. B., éditeur présente le bref manuscrit d'un auteur de vingt ans, *les Bêtises de Cambrai* : ce sont les aventures de Gustin, engagé dans l'armée de l'armistice, son amour pour Colette rencontrée au hasard d'une aventure de marché noir. Ce manuscrit a été refusé, à la suite de quoi l'auteur a écrit un long « Examen » de son roman. Il y analyse la naissance de son héros, les différentes versions de son ouvrage, ainsi que sa vie pendant la guerre et jusqu'aux années 1950. Devenu un héros de la Résistance malgré lui, il est poursuivi par le souvenir de son amour pour Françoise, une institutrice qu'il a quittée par peur du mariage. Puis il partage la vie d'une actrice d'avant-garde, Odette, et continue à s'interroger sur son roman. Il interrompt l'« Examen » au moment où il décide d'abandonner les Bêtises de Cambrai. A. B. reprend la parole et présente un nouveau manuscrit, le Vin quotidien, journal de l'auteur qui s'est engagé en Indochine et qui, revenu à Paris, vit une longue histoire d'amour et de jalousie avec Gabrièle. Écœuré par cette constante introspection, l'auteur a arrêté son journal et renoncé à toute publication. P.-D.G. d'une entreprise, il tente, en vain, d'écrire des romans où il ne parlerait plus de lui-même. Enfin un essai, Fin Fond, interrompu par la mort de l'auteur dans un accident d'avion, à quarante-sept ans, et dans lequel celui-ci s'efforce d'atteindre la réalité de son moi le plus intime, vient compléter le portrait qu'A. B. s'est enfin résolu à publier.

Abordant la période de son bonheur avec Françoise, le narrateur de l'« Examen » se réjouit de ne pas écrire une autobiographie qui l'aurait contraint à dire l'indicible. Son propos n'est pas « de raconter [sa] vie, mais uniquement le rapport de cette vie et du roman » écrit parallèlement à cette vie. Si le véritable sujet des Bêtises est en effet le rapport du moi et de l'écriture, on ne s'étonnera pas de voir celle-ci soumise à toutes les variations du pastiche et de la parodie, si souvent pratiqués par Laurent. À commencer par la présence d'A. B., éditeur scrupuleux et ami méprisé du narrateur, que sa manie érudite apparente aux commentateurs des manuscrits inachevés de Stendhal. Mais Laurent pastiche également sa propre écriture, la légèreté recherchée dans son premier roman les *Corps tranquilles. Les Bêtises de Cambrai représentent en effet une sorte de modèle de roman de « hussard », avec son séduisant héros stendhalien, cette équivalence, présente par exemple dans le *Hussard bleu de Roger Nimier, entre l'armée et l'école, l'amour du soleil et de la mer qui magnifient l'aventure avec Colette. Mais si Gustin est le héros que le narrateur aurait aimé être, s'il est lui-même « revu par Montherlant, Drieu, Cocteau, Nizan, Fraigneau, c'est-à-dire par Barrès », l'auteur de l'« Examen » est frappé par l'« infantilisation » de son aventure par le roman. C'est pourquoi ce roman « raté » cède vite la place au « roman du roman », pour reprendre le titre d'un essai écrit en 1977 par Laurent : ici encore, on retrouve Stendhal, mais celui de la littérature intime, avec le jeu constant du faux et du vrai. L'expérience du journal se révèle tout aussi décevante : le grossissement de l'objet impliqué par l'écriture du « diariste » est ce qui fait se dérober sans cesse, réduisant le journal à n'être qu'un enregistrement morose de variations insignifiantes.

C'est ce que montre la méticuleuse analyse des rapports du narrateur avec Gabrièle : l'infidélité de celle-ci, constamment crainte et pressentie, se produit dans une quasi-indifférence, l'événement essentiel devenant l'abandon de l'écriture par le narrateur. Si cette analyse de l'amour fait songer à Proust, de même que les relations du narrateur avec l'actrice Odette, à la chair blême et maladive, c'est en effet l'auteur de *À la Recherche du temps perdu qui est à l'arrière-plan de la dernière partie : si le narrateur a longuement hésité à définir sa découverte, l'« effet Fin Fond » par où se manifeste enfin le moi véritable, débarrassé des idées toutes faites, c'est par crainte de paraître répéter l'effet « madeleine » avec lequel il ne se confond pourtant pas… Mais, au-delà de l'humour, on y reconnaît l'amour proustien pour les livres de l'enfance – le *Sans famille retrouvé dans l'édition d'autrefois – et l'écoute angoissée d'un corps promis à la mort. Cependant, ce moment où est approché le moi intime est aussi celui de l'écriture la plus « impersonnelle », des rubriques obéissant à l'ordre alphabétique, pastiche, cette fois, des recherches formelles du Nouveau Roman. Pourtant, de même que le vieil A. B., après tant de réticences, publiera l'ensemble du manuscrit avec dévotion, de même, cette écriture éclatée finit par constituer un « portrait de l'artiste » à plusieurs facettes, où seul le lecteur peut parvenir à la connaissance complète d'un moi qui se dérobe.

K. HADDAD-WOTLING

BEUVE D'AIGREMONT. Voir RENAUT DE MONTAUBAN.

BEVERLEI. « Tragédie bourgeoise imitée de l'anglais » en cinq actes et en vers libres de Bernard Joseph **Saurin** (1706-1781), créée à Paris à la Comédie-Française le 7 mai 1768, et publiée à Paris chez la Veuve Duchesne la même année.

Créé par Garrick à Drury-Lane en 1753, le Joueur [The Gamester] de l'Anglais Edward Moore avait rencontré un vif succès. Diderot connaissait la pièce et la présentait comme un modèle de la tragédie bourgeoise dès ses Entretiens sur « le *Fils naturel » ; il en fit une traduction intégrale en 1760 et la proposa en vain aux comédiens-français. En 1762, l'abbé Bruté de Loirelle en donna une traduction mot à mot et Saurin, conscient des défauts de cette traduction, donna alors sa propre adaptation, plus conforme aux habitudes du public de l'époque que celle de Diderot. Il sut obtenir la protection du duc d'Orléans pour sa pièce et pour le genre qu'il revendiquait, la « tragédie bourgeoise ». Grâce notamment au jeu de l'acteur Molé, la pièce obtint un vif succès.

L'action se passe à Londres. Nous sommes dans le salon d'une famille bourgeoise ruinée. Le père de famille, Beverlei, a en effet la passion du jeu : il a joué et perdu non seulement sa propre fortune, mais celle de sa sœur Henriette. Il est encouragé dans ce vice par un « ami », Stukéli, une noire canaille qui se trouve être de mèche avec les tenanciers et joueurs d'un tripot que fréquente Beverlei. Stukéli est à la fois habile et pervers car il parvient à entraîner Beverlei au jeu sans en avoir l'air et tout en lui dispensant de vertueux conseils. Leuson, l'autre ami de Beverlei et fiancé d'Henriette, n'a, hélas ! pas cette finesse ; alors qu'il a percé à jour le jeu du traître, il échoue à retenir le malheureux sur la pente fatale. Femme, enfant, sœur, vieux et fidèle serviteur, personne n'empêche Beverlei de jouer et de perdre tout ce qui lui reste. Lorsque enfin il voit clair, il est trop tard : emprisonné, il se suicide après avoir pensé un instant entraîner son enfant dans la mort. Leuson parvient à récupérer ses dernières pertes et sera le sauveur de Mme Beverlei et d'Henriette.`

Réduite à la fable, la pièce n'est pas sans qualités. L'entraînement inéluctable du héros fait figure de fatalité laïcisée. La psychologie du joueur, ses bonnes intentions et ses perpétuelles rechutes sont bien observées. Pourtant cette passion fait écran à une autre, une passion homosexuelle analogue à celle d'Orgon pour Tartuffe. C'est elle qui, tout autant que sa passion du jeu, perd le pauvre Beverlei. Ce n'est pas au jeu qu'il perd ; ce n'est pas le hasard qui est son ennemi, c'est Stukéli, celui qui a aimé la même femme que lui. La dépense passionnelle s'exprime directement en espèces sonnantes et trébuchantes. C'est elle qui ruine la famille bourgeoise, qui fait figure autant d'idéal que de paradis perdu. L'histoire du joueur a constitué une fable fondatrice du nouveau genre que défendaient les philosophes des Lumières, le drame bourgeois ou tragédie domestique, ici « tragédie bourgeoise » comme propose de l'appeler Saurin, mais aussi du mélodrame du XIXe siècle et de la comédie bourgeoise d'Augier, Scribe, Becque. Toute cette pièce est dominée par un discours moral univoque : les méchants se désignent naturellement à travers le discours des bons ; les deux figures féminines sont des parangons de vertu et d'héroïsme victimal. Les vers libres ne parviennent pas à offrir une alternative bien convaincante à l'alexandrin tragique : une rhétorique encombrante qui abuse de la périphrase et se perd dans les inversions rendent inerte la langue de Saurin.

P. FRANTZ

BIBLE DE L'HUMANITÉ (la). Ouvrage de Jules **Michelet** (1798-1874), publié à Paris chez Chamerot en 1864.

Conçu comme une réplique à la *Vie de Jésus de Renan (1863), ce livre-somme apparaît en fait comme un entracte dans l'œuvre de Michelet, avant l'écriture du véritable

« livre des livres » qu'ébauchera en 1869 *Nos fils,* histoire et réforme de l'éducation. Répondant à une ambition de nouvelle universalité, à l'espérance d'une aube religieuse, *la Bible de l'humanité* offre une grandiose synthèse d'une inspiration visionnaire et d'une fidélité à la conception d'une histoire organique.

Précédée d'une Préface datée du 15 octobre (l'ouvrage paraît le 31) qui inscrit le livre, « fil vivant », dans la « trame universelle qu'ont ourdie nos aïeux de leur pensée et de leur cœur », cette *Bible,* dédiée à l'« âge heureux » d'une époque où se révèle de plus en plus l'harmonie, ajoute un verset à la Bible commune de l'humanité. Organisé en deux parties de 3 et 9 chapitres, il nous conduit des « Peuples de la lumière », ces « trois frères », à ceux du « crépuscule, de la nuit et du clair-obscur », avant de conclure sur une prophétie, sur le foyer redevenant autel, la grande Église de Justice. Naissant donc en plein soleil, il évoque l'Inde, matrice du monde, fondatrice du sens originel de la famille, le *Rāmāyana,* le *Mahābhārata,* le *Rigveda,* puis la Perse, ses grands penseurs comme Zoroastre et la coexistence de deux principes, le bien et le mal. Enfin c'est la Grèce, peuple éducateur qui forme le citoyen, l'homme et le héros, qui renouvelle les mythes fondamentaux (Déméter, Hermès, Apollon, Héraclès, Prométhée), qui invente la Cité, l'égalité des sexes, et qui ne périt ni par la guerre, ni par l'esclavage, ni par les mauvaises mœurs, mais par l'affaiblissement de la famille, l'isolement de la femme et l'invasion énervante des dieux d'Orient.
À cette trinité lumineuse s'opposent l'Égypte, ce « monument de la mort », la Syrie, la Phrygie, Babylone et Carthage, ce « chaos » tyrannique et orgiaque, et la Judée, « héritière de tout un monde détruit ». Les Juifs esclaves, affairistes, dont le progrès « aboutit à la stérilité profonde », conçoivent un Dieu vengeur. La *Bible* retrace et dramatise ensuite la chute de l'Empire romain et l'écrasement médiéval. Le christianisme évince par l'idéal féminin de la Grâce celui, viril, de la Justice du monde gréco-romain, et, y ajoutant l'idée orientale de Médiateur, il ensevelit, par haine de la création, le monde dans les ténèbres médiévales. La Révolution lève l'hypothèque obscurantiste, et le livre s'achève sur une longue citation de la Préface à l'**Histoire de la Révolution.* La conclusion entend nous éloigner de cette « défaillance » du Moyen Âge et nous engage à « marcher vers l'avenir », dans l'union de la Science et de la Conscience.

« Ce n'est pas, comme on pourrait croire, une histoire des religions » (Préface) : si effectivement l'ouvrage se construit en brassant les grandes croyances de l'humanité, se mêlent à ce fil directeur « ceux d'amour, de famille, de droit, d'art, d'industrie ». L'activité morale comprend la religion, et n'y est pas comprise : c'est que « la religion est cause, mais beaucoup plus effet ».
Si, en position charnière, les mythes d'Héraclès et de Prométhée soulignent la force décisive du travail, ce moteur du monde, les pages les plus passionnantes de cette *Bible* sont peut-être celles qui mettent en scène l'épopée de la femme (II, 6 à 8). Le Cantique des cantiques, ce livre en grande partie « nullement juif » mais syrien, chante le « monde femme ». « L'amour est une loterie, la grâce est une loterie » ; ces principes fondateurs du roman – antithèse de l'Histoire qui apparaît alors – féminisent le monde : dans le « combat de la femme et du stoïcien, de la loi et de la grâce », va triompher la femme, celle qui toujours descend au lieu de remonter la pente. « C'est très logiquement que le christianisme, conçu, né de la Vierge, a fini par l'Immaculée » : l'amour n'est pas bonté, car il manque dans la perspective chrétienne « le lait de la nature ». Le combat de saint Paul se mène contre la raison, et l'Épître aux Romains, « la Marseillaise de la Grâce, la risée de la Loi », proclame « Mort au Droit ! », alors que la voix suave d'une Phoebé chante la « douceur de mourir ». Les pleurs d'une Madeleine dramatisent l'autel : il faut désormais reposer sur cette pierre qui doit porter la cité « toute l'humanité héroïque ». Au terme d'un livre action, le message de Michelet ouvre sur un avenir radieux.

G. GENGEMBRE

BIBLIOTHÈQUE DE MON ONCLE (la). Récit de Rodolphe **Töpffer** (Suisse, 1799-1846), publié à Genève à l'Imprimerie de la Bibliothèque universelle en 1832.

Rodolphe Töpffer, qui aurait voulu être peintre si une ophtalmie ne l'en avait empêché, et qui fut un dessinateur de talent, précurseur de la meilleure bande dessinée, a longtemps considéré sa production littéraire comme une activité accessoire et un divertissement. Aussi ses nouvelles, publiées confidentiellement, n'eurent-elles guère – hormis quelques écrivains célèbres et admirés auxquels il les adressait parfois – d'autre public que celui de sa ville natale, Genève, jusqu'à ce que Sainte-Beuve présente les *Nouveaux Voyages en zigzag* (1853) dans ses **Causeries du lundi,* faisant ainsi découvrir l'écrivain aux lecteurs français.
Fortement autobiographique, *la Bibliothèque de mon oncle* parut ainsi discrètement en 1832, et fut envoyée à Goethe dans une édition limitée dont chaque page s'ornait d'un dessin à la plume original. Puis le texte fut réuni en 1837 à deux autres nouvelles de tonalité similaire, « les Deux Prisonniers » et « Henriette », sous le titre *Histoire de Jules* (ce Jules dont il arrivera à Töpffer d'avouer qu'il s'agit en fait de lui), avant de donner son titre à l'ensemble des trois récits.

Jules, jeune étudiant, vit chez son oncle Tom qui lui a conseillé d'austères lectures pour ses vacances ; mais il préfère passer son temps à regarder dans la rue depuis la fenêtre de sa chambre et à faire l'éloge de la flânerie. Durant ce temps, l'oncle Tom enrichit son savoir dans sa chambre-bibliothèque, à l'étage supérieur.
Un jour, une belle jeune femme – dont Jules avait depuis un certain temps repéré les habitudes – vient rendre visite à l'oncle Tom. L'imagination du jeune homme s'enflamme ; il court interroger son oncle. Celui-ci lui apprend que la jeune femme est juive, qu'elle est venue chercher un ouvrage en hébreu pour un vieillard mourant et qu'elle doit revenir le lendemain.
Pour épier la jeune femme, Jules se hisse sur un échafaudage de fortune et tombe. Alerté par le bruit, l'oncle Tom se précipite et, devant la confusion des sentiments exprimés par son neveu, l'engage à se coucher avec force emplâtres et potions. Jules, cependant, trouve un subterfuge pour recevoir la belle juive à la place de son oncle mais, timide et gêné, il ne parvient pas à se déclarer. Toutefois, peu après, il surprend une conversation entre son oncle et la jeune femme, laquelle ne semble pas insensible à son innocente gaucherie. Jules exulte.
Malheureusement, quelques jours plus tard, c'est un inconnu qui vient rendre l'ouvrage emprunté par la belle Juive : emportée par la petite vérole, celle-ci est morte deux jours plus tôt.

Certains peuvent préférer, chez Töpffer, le caricaturiste à l'écrivain, ou encore s'attacher davantage aux croquis désinvoltes des *Voyages en zigzag* et aux vagabondages d'une pensée allègre dont saura se souvenir en notre siècle un Charles-Albert Cingria, qu'à ses contes et nouvelles, jugés, parfois un peu hâtivement, sans originalité. Pourtant, la fraîcheur des sentiments, la sensualité, la simplicité et la fantaisie, qui caractérisent l'écrivain genevois et le rendent si attachant, s'affûtent dès *la Bibliothèque de mon oncle* et manifestent déjà un esprit libre et pétulant.
L'histoire, certes, en est ténue, mais néanmoins charmante ; elle baigne dans une innocence puisée dans le souvenir d'une enfance et d'une adolescence heureuses, ce qui n'exclut nullement l'humour ni l'ironie. Surtout, portée par un tempo vif et par des rythmes capricieux, elle dénote un art savoureux de la digression et de la badinerie, avant de laisser place à une douce mélancolie teintée de romantisme : « C'est la première fois qu'un artiste a su rendre ces premiers battements de l'amour chez un jeune homme avec la fraîcheur même des sentiments qu'il dépeint. Il y a sur la pulpe des mots et des phrases cet embu des prunes que l'on vient de cueillir. Et tout est dit sans avoir l'air de rien » (Pierre Girard). Ce sensualisme et cette naïveté voulue font de Töpffer un moraliste heureux, en même temps qu'ils privilégient une langue « locale » et un plaisir du texte pour lui-même, affranchis des contraintes extérieures.

● Lausanne, Éditions de l'Aire, 1979 (avec reproduction des dessins originaux).

L. PINHAS

BICYCLETTE BLEUE (la). Roman de Régine **Deforges** (née en 1935), publié à Paris chez Ramsay en 1981.

À dix-sept ans, Léa Delmas vit paisiblement au cœur du vignoble bordelais : sa famille possède le riche domaine de Montillac, et Léa est l'objet des convoitises des garçons les plus séduisants du pays. Mais celle-ci contemple avec une admiration qu'elle ne peut dissimuler l'élégant Laurent d'Argilat (chap. 1-8). Or ce dernier épouse la rivale de Léa, Camille, qui deviendra son amie après le départ de Laurent pour la guerre en 1939. Léa découvrira, par la suite, la réalité de la déportation, les privations, les bombardements (9-13). En l'absence de Laurent, par ennui et par dépit, Léa s'abandonne à François Tavernier, soupçonné d'avoir été trafiquant d'armes (14-21). Après l'évasion de Laurent, prisonnier en Allemagne, les retrouvailles de Léa et de celui qu'elle aime consacrent leur amour clandestin. Dans le même temps, Léa, flanquée de sa « bicyclette bleue », devient « le facteur entre les deux zones » et se voit confier des missions importantes par la Résistance (22-28).

S'écartant avec malice du modèle littéraire d'*Autant en emporte le vent* de Margaret Mitchell, Régine Deforges, pionnière dans le domaine de l'édition de livres érotiques, s'attache plutôt ici à peindre les émois et les traverses de l'amour. Le contexte de la Seconde Guerre mondiale lui est un cadre commode, favorable à l'expansion de sentiments le plus souvent contrariés. Sans prétendre à l'exhaustivité d'un roman historique, les descriptions abondent pourtant en détails « vrais » : la débâcle, l'Occupation allemande, l'exode sous les bombes sont des passages obligés, le cadre hostile au sein duquel vont se détacher, avec d'autant plus de vigueur, les « cris du cœur » de Léa. Les « voitures et camionnettes toutes surchargées de paquets », les officiers allemands nargués par la jeune fille, le domaine familial qui donne des « vins généreux » ou encore « la douceur de l'air du temps, la lumière plus légère rosissant doucement les immeubles de Paris », tout semble obéir au « regard ardent » que l'héroïne pose sur cette époque à laquelle elle insuffle une « vitalité, un instinct de survie ». Léa, qui refuse le mariage et se dérobe à tout attachement, tantôt « saoulée de larmes, épuisée de sanglots », tantôt surprise par le plaisir avec « une intensité qui lui arrachait des cris », incarne l'image de la « sauvageonne » au tempérament rebelle qui, avec une « gourmandise des sens à la Colette » (B. Poirot-Delpech), de *la Bicyclette bleue* à *101, avenue Henri-Martin* (1984) puis au troisième tome, *Le diable en rit encore* (1985), fera le succès de cette trilogie.

● « Le Livre de Poche », 1984 (1987 et 1988 pour les deux autres volumes de la trilogie).

P. GOURVENNEC

BIFFURES. Voir RÈGLE DU JEU (la), de M. Leiris.

BIGARRURES DU SEIGNEUR DES ACCORDS (les). Traité d'Étienne **Tabourot des Accords** (1549-1590), publié à Paris chez Jean Richer à la fin de 1582 ou en 1583.

Docteur en droit depuis 1581, Étienne Tabourot s'est déjà distingué en matière poétique, en publiant la *Synathrisie* (1567), et en éditant le *Dictionnaire des rymes* laissé à l'état de notes éparses par son oncle Jean Le Fèvre (1572).

Après avoir discouru de la nature et invention des lettres, Tabourot envisage les rébus, les équivoques et les contrepèteries. Puis, en montrant un certain souci de classification, il dresse la liste des acrobaties auxquelles peut se livrer le poète : anagrammes, vers rétrogrades, rapportés, lettrisés, léonins, poèmes acrostiches et jeux d'écho, avant d'évoquer les sortilèges de la description pathétique qui donne à croire « que l'on soit en l'acte mesme ». Un pot-pourri des « autres sortes de vers folastrement et ingenieusement practiquez » précède une liste des messages codés. Le traité se clôt sur le genre de l'épitaphe.

Pour rédiger ce « folastre livre », écrit « pour me chatoüiller moy mesme, afin de me faire rire le premier, et puis

après les autres », Étienne Tabourot n'a pas jugé bon de se réclamer des autorités (même si le premier chapitre de l'ouvrage est une compilation de Polydore, Virgile, Pline, Ramus et Claude Duret, entre autres). Ces « pieces rapportees, sans aucune curiosité, et fait seulement par petits papiers, à diverses fois adjoustez » sont en fait « une sorte de rhétorique amusante, une encyclopédie de toutes les espèces de jeux avec les mots » (F. Goyet), régie par le principe de la *varietas*, où les vers de Virgile, Marot ou Ronsard côtoient des rébus recueillis « çà et là, en diverses hosteleries sur les murailles blanches ».

Si « ces petites fricassees, ces pastez de chair hachee, et ces potages de marmite de College » mettent à l'honneur le plaisir procuré par les mots, elles manifestent aussi, à la manière des Grands Rhétoriqueurs, les vertigineuses possibilités du langage, qui au lieu d'exprimer et de contenir le sens, lui ouvre les voies de la prolifération. Les *Bigarrures* disent, sur le mode plaisant, le mystère de la matière poétique.

Étienne Tabourot donna une suite à ce premier livre en 1585. Il y fait figurer quatre chapitres sérieux sur l'institution des enfants, la fausse noblesse, les faux sorciers, et les rimes « viriles » et « pucelles ». Le premier livre des *Bigarrures* connut un succès immédiat et durable, puisque l'on compte vingt-huit éditions de l'ouvrage entre 1583 et 1628. Mais il tombe dans l'oubli quand s'affirme le goût classique.

● Genève, Droz, 2 vol., 1986 (p.p. F. Goyet).

M.-C. GOMEZ-GÉRAUD

BIJOUX INDISCRETS (les). Roman de Denis **Diderot** (1713-1784), publié « au Monomotapa » (en Hollande, d'après H. Bénac) en 1748.

Les Bijoux indiscrets comportent cinquante-quatre chapitres, dont trois (« le Rêve de Mangogul », « Des voyageurs » et « De la figure des insulaires et de la toilette des femmes ») furent publiés pour la première fois en 1798 dans l'édition Naigeon. Ce long roman aurait été rédigé en seulement quinze jours, à la suite d'un pari selon le témoignage de Naigeon : « Ce fut une dispute de société qui donna naissance à cet ouvrage licencieux. Il en paraissait alors sans nombre, et Diderot prétendait avec raison qu'il y avait si peu de mérite à se distinguer dans cette carrière que son premier essai en ce genre ne serait guère inférieur à ceux de ces romans qu'on célébrait le plus. Il fut contredit, défié, et ces motifs déjà suffisants pour déterminer un homme de lettres qui sent sa force, rendus plus impérieux encore par d'autres circonstances très propres à l'excuser, s'il était permis de les révéler, le portèrent à écrire les *Bijoux indiscrets*. » Ces circonstances secrètes ont été révélées par Mme de Vandeul, la fille de Diderot : il s'agissait pour son père, avec cet ouvrage, de subvenir aux dépenses de sa maîtresse, Mme de Puisieux, à qui il rapporta cinquante louis.

Mangogul, sultan du Congo, s'ennuie auprès de sa favorite Mirzoza. Le génie Cucufa lui donne un anneau qui lui permettra de connaître les aventures des femmes de sa cour en faisant parler leurs « bijoux ». Avec ce redoutable objet, le sultan fait des ravages, brouillant les amoureux, semant le scandale en société, suscitant même de doctes travaux : après les savants, les religieux s'intéressent au phénomène du « caquet des bijoux », dans lequel ils voient le doigt de Brahma. Le sultan, quant à lui, continue ses essais, en provoquant des vapeurs chez les dames. Au neuvième, il est en mesure de brosser un portrait – peu flatteur – des femmes, que Mirzoza récuse en pariant sur la vertu de quelques-unes.

L'anneau de Cucufa a aussi de bons effets comme de permettre au sultan de distribuer plus équitablement les pensions de guerre, de sauver du supplice l'infortuné Kersael, injustement accusé de viol par Fatmé trompée, et de disculper la vertueuse Églé, exilée par son époux à cause de médisances.

Après les sujets de sa cour, Mangogul interroge ceux de la ville, interrompant de temps en temps ses essais pour écouter le récit des amours du vieux Sélim. Celui-ci rompra avec Fulvia après avoir entendu son bijou. Mirzoza désespère de gagner son pari et tombe en léthargie lors des obsèques du grand vizir Zulamek. Le sultan en profite pour faire sur elle, malgré leurs conventions, l'essai de son anneau. Le bijou confirme l'honnêteté de la favorite, qui pardonne la trahison mais exige qu'on rende l'anneau.

Avec ce roman, qui est son premier, Diderot obtint un assez grand succès mais il ne fait pas œuvre originale. Il s'inspire, pour l'idée principale, d'un célèbre fabliau du Moyen …ge, *Le chevalier qui faisait les cons parler* (adapté par Caylus l'année précédente sous le titre de *Nocrion, conte allobroge*) et, pour le style, de Crébillon fils dont les contes libertins avaient la faveur du public. Aussi n'a-t-on trouvé longtemps à ces *Bijoux indiscrets* guère d'autre intérêt que celui d'annoncer les thèmes de l'œuvre philosophique à venir : « La critique du cartésianisme, des systèmes *a priori*, des rêveries de la métaphysique, l'apologie de Newton, certaines théories empiristes et associationnistes, les professions de foi de naturalisme moral montrent que, même dans un ouvrage très léger, affirme H. Bénac, Diderot n'oublie pas la philosophie. » On pourrait ajouter à cette liste les théories musicales du *Neveu de Rameau*, les idées du drame bourgeois, les réflexions ethnologiques du *Supplément au Voyage de Bougainville*.

Pourtant, la brillante imagination que déploie Diderot dans *les Bijoux indiscrets* nous paraît valoir à l'œuvre plus qu'un intérêt d'archive. Le total des essais réalisés par l'anneau magique ne s'élève pas à moins de trente et ils sont d'une grande variété, tous aussi piquants les uns que les autres. Le dixième essai, révélant l'histoire d'Haria qui, au grand dam de ses amants, partage sa couche avec ses chiens, et le vingt-sixième, qui fait parler le bijou polyglotte et obscène de Cypria, par exemple, sont des plus cocasses. Il convient de prendre en compte aussi toutes les trouvailles romanesques accessoires se rattachant au ressort principal des essais de l'anneau, telles que ces muselières vendues par des filous pour empêcher les bijoux de parler ou les expériences manquées de l'académicien Orcotome, soufflant à perdre haleine sur des bijoux morts auxquels il s'était vanté de rendre la parole.

Il est plaisant, enfin, de reconnaître en Mangogul et sa favorite Louis XV et Mme de Pompadour, et dans la brillante société « congolaise » celle de Paris. Cela donne lieu à de malicieuses critiques sur les sénateurs galants, les petits-maîtres vantards, les comédiens sans mœurs… qui apportent au lecteur contemporain un plaisir identique à celui qu'il éprouve en reconnaissant dans les *Lettres persanes* ou les contes de Voltaire les mœurs et coutumes des hommes du XVIIIe siècle. Sous l'avalanche de gaillardises, en effet, *les Bijoux indiscrets* sont, au fond, une œuvre de moraliste, l'anneau de Cucufa ayant pour fonction de dégager, à la manière du Neveu de Rameau, l'être animal du paraître artificiel imposé par la société.

● « GF », 1968 (p.p. A. Adam) ; « Folio », 1982 (p.p. J. Rustin). ➤ *Œuvres romanesques*, « Classiques Garnier » (p.p. H. Bénac) ; *Œuvres complètes*, Club français du Livre, I ; *id.*, Hermann, III (p.p. H. Coulet).

S. ALBERTAN-COPPOLA

BILLEBAUDE (la). Roman d'Henri **Vincenot** (1912-1985), publié à Paris chez Denoël en 1978.

À Commarin, dans la région des plateaux de l'Auxois, « montagne bourguignonne », le narrateur est élevé par son grand-père Tremblot, bourrelier-sellier et grand chasseur de sangliers. Assistant pour la première fois à une chasse au chevreuil (chap. 1), le petit-fils est pris lui aussi par la passion cynégétique de toute la famille. Il mène toutefois une vie calme et tranquille ponctuée par les visites des braconniers, du comte Arthur ou de la cousine, nourrice à Paris, venue faire soigner un eczéma par la grand-mère Nannette (2). La chasse de Noël (3), les braconnages du dimanche matin, les visites au grand-père Sandrot, compagnon forgeron (4), les cueillettes d'herbes sauvages, la chaude protection des femmes, maîtresses du gynécée sont, hélas ! sur le point de s'achever : Tremblot a décidé que son petit-fils serait ingé-

nieur et comme ce dernier « a le malheur d'être reçu premier au certificat d'études », il prend le chemin du lycée (5-7) avant de se retrouver à Paris à HEC avec une horloge-pointeuse à l'entrée en signe de bienvenue (8-11). Ce n'est qu'à la faveur d'une double pneumonie qu'il rentre au bercail pour plusieurs mois et participe enfin activement à une superbe chasse au sanglier (12). Le bonheur est là qui l'attend sous les broussailles des Peuriottes, hameau déserté par ses habitants et dont, tout petit, il avait décidé d'être un jour le maître. Il y entraîne celle qu'il a choisie pour femme et la regarde « fonder leur foyer » en remuant les braises d'une cheminée abandonnée (13).

Roman autobiographique, la *Billebaude* est en passe de devenir un classique. Le succès colossal du livre à sa publication venait, après celui du *Cheval d'orgueil* de Pierre-Jakez Hélias, nous rappeler que l'exotisme des lointains avait fait long feu : le terroir avait désormais pris dans l'imaginaire collectif la place que tenait l'Orient au XIXe siècle. C'était en somme l'esprit « soupe aux choux » des lettres françaises que Vincenot ressuscitait avec une jubilation rabelaisienne. La chronique villageoise comme les souvenirs personnels donnent au lecteur le sentiment d'une fête perpétuelle : fête des sens exacerbés par la vie « naturelle » mais surtout fête du verbe (dialecte bourguignon, langue de la vénerie, de la forge, de la bourrellerie…). Vincenot s'y promène en maître du conte, utilisant toutes les ressources de l'oralité : il interpelle son lecteur, use des temps forts et des silences, du suspens et de la digression avec la virtuosité d'un jongleur (« Et voilà que je me laisse entraîner dans des digressions qui s'emmanchent l'une dans l'autre et qui me conduisent là où je n'avais pas prévu d'aller, mais n'est-ce pas que ça que billebauder ? »). « Une aristocratie terrienne opposée aux "pignoufs" d'aujourd'hui » vient démontrer la noblesse des gestes ancestraux, des rites, mais aussi sa joie de vivre.

Ennemi du « misérabilisme » naturaliste, Vincenot appuie délibérément sur la corde idyllique et pastorale de la vie bourguignonne : décors naturels fastueux (« le toit du monde occidental »), pauvreté vécue dans l'allégresse, paradis de liberté, vertus innombrables des cœurs simples (le don de guérir de la grand-mère Nannette, l'habileté des derniers compagnons du Tour de France). Au centre, une passion élevée au rang d'un art par le discours même qui l'habille : la chasse sous toutes ses formes et sous toutes les coutumes, lieu de plaisir suprême, lieu de l'interdit transgressé (la mise à mort) et de l'initiation magique. Ce n'est pas un hasard si le livre s'ouvre et s'achève sur deux parties de chasse en miroir : à la première, le petit garçon est un spectateur passif ; à la seconde, il fait figure de héros, ayant abattu son premier « ragot ». Le rite de passage s'est accompli : il peut faire son entrée dans le monde des hommes en toute légitimité.

● « Folio », 1982.

L. KAROUBI

BILLY-ZE-KICK. Roman de Jean **Vautrin**, pseudonyme de Jean Herman (né en 1933), publié à Paris chez Gallimard en 1974.

Dans une cité HLM, en banlieue parisienne, un coup de feu part : une jeune mariée s'écroule. Que signifie le message – retrouvé sur la jeune femme : « Truquée [tuée], ma vieille », signé Billy-ze-Kick ? En fait, Billy-ze-Kick est un personnage inventé par Chapeau, l'adjoint du commissaire, pour distraire sa fille, Julie-Berthe. Pourtant, Billy étrangle une vendeuse de Prisunic. Apprenant que sa mère, Juliette, entretient des relations coupables avec son voisin, Julie-Berthe lance : « Si Billy-ze-Kick existe – ze lui demande de truquer Zuzu, ma maman. » Le meurtrier fait une troisième victime. Frappé par certaines coïncidences, Chapeau comprend que l'assassin se conforme à certaines sollicitations de sa fille. Cependant, Julie-Berthe découvre que Peggy, sa voisine, est un homme. Déguisé en Peggy, Billy se rend dans la clairière où Juliette se prostitue, dans l'intention de la tuer. Puis Billy-Peggy déboule dans la cité sur sa moto et prend en croupe Julie-Berthe, touchée à mort. Chapeau fait cerner Billy, retranché dans un pavillon miné, il le suit : ils sautent. Juliette Chapeau suit la procession mortuaire. Du haut d'une terrasse, quelqu'un la vise : « Billy-ze-Kick ne meurt jamais. »

Avec *Billy-ze-Kick*, Jean Vautrin exploite une nouvelle foi le genre du roman policier tout en se moquant des policiers. Les victimes, vulgaires, n'attirent pas, non plus, la sympathie. Comme dans les bandes dessinées (Jean Vautrin est le scénariste d'un album intitulé *Bloody Mary*), le romancier procède à une élimination systématique de ses personnages, très typés, dans une société qui banalise le crime ; Billy-ze-Kick est une déformation de Billy the Kid (Julie-Berthe zozote), le tueur popularisé par un film et les journaux illustrés. L'auteur plante le décor dans un seul lieu ; ce procédé traditionnel du roman réaliste permet de recréer les conditions de l'enfermement dramatique, accentué par le resserrement de la durée : la tragédie se déroule en deux jours, le jeudi 13 et le vendredi 14 juillet. Tout s'enchaîne avec rigueur dans ce récit dont le style rappelle celui de Queneau, tout comme la petite Julie-Berthe évoque Zazie. Dans la première partie (18 chapitres), Billy accomplit ses premiers crimes en toute impunité. Puis (18 chapitres) les événements s'accélèrent dès lors que Julie-Berthe traduit en paroles sa pulsion de mort, ressentie devant la trahison parentale ; Billy la prend au mot et réalise le fantasme. Il peut le faire parce que l'immeuble crée un espace de promiscuité. Le pouvoir de Billy est accordé comme un jouet qui donne la toute-puissance à Julie-Berthe ; elle possède sur le meurtrier une emprise psychologique parce qu'elle évolue sur le mode imaginaire. Jean Vautrin montre à quel point le fantasme s'oppose à la loi morale et donc pénale. Aussi évoque-t-il tous les types de comportements déviants possibles, et dénonce une société qui censure l'imaginaire tout en suscitant ses pouvoirs. Le roman fait ainsi le procès de la banalité de l'existence et des déceptions qu'elle engendre dans la cité carcérale où le corps devient l'unique référence.

● « Folio », 1985.

V. ANGLARD

BING. Voir TÊTES-MORTES, de S. Beckett.

BIRIBI, discipline militaire. Roman de Georges **Darien**, pseudonyme de Georges-Hippolyte Adrien (1862-1921), publié à Paris chez Albert Savine en 1890.

Engagé volontaire en 1881, Georges Darien passa en conseil de guerre pour mauvaise conduite en 1883 et fut alors condamné à trente-trois mois de compagnies disciplinaires d'Afrique, au bagne militaire situé à Gafsa (Sud tunisien), surnommé « Biribi ». Libéré en 1886, il entreprend un récit de cette expérience. La violence de certaines pages effraie les éditeurs, et c'est seulement en 1890 que le livre est publié, en partie grâce au bruit fait par un autre roman antimilitariste, *Sous-offs*, de Lucien Descaves, poursuivi pour outrage à l'armée.

Le héros-narrateur, Froissard, s'engage dans l'armée, en partie pour étonner ou défier sa famille, en partie parce que ce jeune bourgeois semble incapable de quoi que ce soit. Au long de ses affectations – Nantes, Vincennes, Tunis –, il se résigne peu à peu à l'ennui de la vie de garnison, mais accumule les petites punitions, qui finissent par le conduire devant le conseil de guerre. Il est condamné à Biribi. Commence alors le récit de la vie au bagne militaire : le sadisme ordinaire de la plupart des officiers, les mauvais traitements et le chantage constant des « chaouchs », les ignobles sergents corses, la malnutrition, les maladies, et surtout la peur délibérément produite par le système. La brutalité et le sadisme engendrent des morts et des suicides. Froissard se fait un ami pourtant, Queslier, artisan à qui ses convictions socialistes lui ont valu d'être victime d'injustices particulièrement flagrantes. Queslier lui explique ce que représente l'armée et lui enseigne une révolte intelligente : « Il ne faut pas s'en prendre aux individus ; il faut s'attaquer au système. » La longue traversée de l'horreur s'achève enfin, après de nombreuses humiliations – la pire étant de ressentir et d'accepter son propre avilissement : un jour, Froissard tue, presque gratuitement, un adolescent arabe. Il rentre à Paris, plein de haine pour la société.

Biribi est le seul des livres de Darien à avoir obtenu un certain succès – il fut réédité en 1896 – et à trouver de l'écho. À la suite de sa publication, un débat eut lieu à la Chambre des députés, qui aboutit à la suppression de Biribi, au moins sur le papier du *Journal officiel*. Le roman acquiert ainsi une place importante dans l'histoire de l'antimilitarisme à la fin du XIXe siècle.

Dès ce premier essai (*Bas les cœurs !*, publié avant, fut écrit après), Darien se révèle un polémiste d'une pugnacité infatigable. Portraits rapides, comme celui du capitaine, « l'air d'un bedeau assassin qui vous montre le ciel de la main gauche et qui vous assomme, de la main droite, avec un goupillon », aphorismes cinglants : « La morale ? Les enfants s'assoient dessus », ou évocations précises d'un sadisme institutionnalisé et hypocrite, Darien fait passer par tous les moyens une indignation qui emporte immanquablement l'adhésion du lecteur devant tant d'injustice et de cruauté.

Pourtant, cette violence vibrante a sa limite dans la personnalité du narrateur. Darien ne prend guère de distance avec lui et l'on sait que la matière du récit est entièrement autobiographique (à la dernière ligne de son Avant-propos, l'auteur nous assure de sa sincérité, argument de peu de poids littéraire). Mais ce jeune bourgeois qui s'est engagé pour faire de la peine à son papa et faire sursauter son oncle et sa tante est finalement peu sympathique. Au chapitre 2, comme il se plaint, des appelés lui rétorquent : « De quoi ? On trouve le temps long ? On s'embête ? Est-ce qu'on a été te chercher, dis donc, pour t'amener au régiment ? [...] Pourquoi t'es-tu engagé, alors ? » Le lecteur aussi voudrait poser la question, qui touche aux rapports complexes et un peu masochistes de Darien avec l'armée. Son dernier roman, *l'Épaulette* (1905), n'y répond pas totalement.

Il y a plus d'intelligence et de lucidité dans le personnage de Queslier, le mécanicien socialiste, qui constate, pince sans rire : « C'est curieux comme, généralement, les gens instruits sont bêtes. » Mais Queslier reste un personnage secondaire dans *Biribi*, même s'il assure l'apprentissage révolutionnaire de Froissard.

L'indignation et la sincérité sont d'utiles ingrédients pour faire un pamphlet – elles ne suffisent pas à porter un roman de quatre cents pages. *Bas les cœurs !* et surtout le *Voleur* montreront comment, après *Biribi*, Darien atteindra une maîtrise autrement efficace.

En 1906, un adaptation de *Biribi*, réalisée par Darien et montée par Gémier, obtint un grand succès au théâtre Antoine.

P. BESNIER

BISCLAVRET. Voir LAIS, de Marie de France.

BLACK-LABEL. Recueil poétique de Léon-Gontran **Damas** (1912-1978), publié à Paris chez Gallimard en 1956.

Moins célébré que *Pigments* (1937), dont la place symbolique aux origines de la négritude explique l'intérêt qu'on lui porte, *Black-Label* n'en constitue pas moins l'autre sommet de l'œuvre du poète guyanais, et comme son aboutissement teinté d'une amertume et d'une profonde désillusion que la révolte antérieure ne parvient plus à cacher. Son titre, au demeurant, qui claque telle une revendication et proclame une fierté d'être Noir tendue à l'extrême par les stigmates de l'esclavage, se réfère également à la marque de whisky avec laquelle le poète « saoule sa peine » et s'explique avec ses obsessions et ses regrets. *Black-Label*, malgré la mention « poèmes » portée sur la couverture, est un chant désespéré aux accents de blues, une litanie âpre en quatre mouvements qu'ouvre et que ferme une invocation sans concession : « BLACK-LABEL à boire / pour ne pas changer / Black-Label à boire / à quoi bon changer. »

I. Exilé à Paris, loin de la « terre des parias » qui n'en est pas moins sienne, le poète tente en vain de noyer sa nostalgie dans l'alcool. En dépit de tous ses frères qui « se refusent une âme », se méprisent et le traitent de dévoyé, il provoque le Seigneur, responsable de son enfance « emmaillotée » et réaffirme sa volonté de se dresser contre « la morale occidentale / et son cortège de préceptes ».

II. Face à Ketty, « belle blonde et nue » dont la morgue, dans sa mansarde parisienne, le paralyse, le poète se souvient d'Elydé, « FEMME entrevue en l'Île aux mille et une fleurs / assise au pied des mornes verts / et filaos échevelés ». L'image de celle-ci se confond peu à peu avec celle de la terre natale et il comprend alors que c'est l'Occident qui devrait se mettre « à l'École du Nègre ».

III. C'est une femme blanche, rencontrée dans un bar et à laquelle il s'est confié, qui chante à présent l'enfance du poète. Une enfance souffreteuse, faite de « désirs comprimés » par une éducation qui niait son identité, qui ne lui a pas permis de jouir pleinement de la beauté de son bout du monde et du « souffle même de l'Orénoque ». En revanche, elle lui a inculqué le respect craintif de la ligne qui sépare les Noirs des Blancs, que seul l'amour bravant l'interdit lui a permis de franchir.

IV. Reprenant la parole, le poète clame son rejet définitif des « tabous bien bandés / de [son] enfance afro-amérindienne » et son obstination à « restituer / le parfum fort du rythme des heures claires ». Pour ce, il « chante le poème à danser » avec les mots de la palabre et retrouve « enfin / le fil du drame interrompu ».

Black-Label reprend et approfondit la plupart des thèmes qui étaient déjà présents dans les poèmes de *Pigments* et que *Retour de Guyane* (1938) illustrait violemment sur le mode de l'essai polémique. Le refus par Damas d'une assimilation vécue comme une négation totale de l'être s'y exprime d'autant plus douloureusement qu'elle lui fut d'abord imposée par son entourage, métis et bourgeois, qui aspirait à sortir de sa condition. De cette enfance saccagée, coupée de sa réalité, le poète semble avoir conservé, sa vie durant, « ce fort goût d'amertume / que laisse à la bouche au réveil une nuit d'insomnie ». C'est pourquoi, *Black-Label* apparaît principalement comme une tentative de réappropriation de soi ou encore, pour reprendre l'expression employée par Édouard Maunick à son propos, d'« assomption d'un peuple absenté ». Cependant, Damas éprouve du mal, dans ce poème, à marier l'individuel au collectif : trop de compromissions, trop de résignations parmi ses frères le conduisent sur la voie d'un désabusement où la conscience de race côtoie une conscience de classe sans doute cultivée à l'époque de sa bohème parisienne.

Dans *Black-Label* s'exorcise d'autre part le rapport de Damas aux femmes, problématique lorsqu'il s'agit d'une femme blanche, et sinon empreint d'une nostalgie irrémédiable qui puise aux sources de l'enfance et renvoie aux « poupées noires » de *Pigments*. Se déploie alors un lyrisme fragile, toujours menacé, prêt à se rompre pour céder la place aux accents syncopés, tourmentés, d'un jazz âcre et fêlé. Bientôt sourd la douleur, tantôt étouffée, tantôt éclatant en rythmes entêtants ou en incantations fébriles : la désinvolture n'est plus de mise, c'est un être à la poursuite de sa vérité qui se livre.

L. PINHAS

BLANCHE OU L'OUBLI. Roman de Louis **Aragon** (1897-1982), publié à Paris chez Gallimard en 1967.

Geoffroy Gaiffier, linguiste en retraite, construit un personnage de jeune fille (Marie-Noire) pour essayer de comprendre à travers elle l'échec de son amour pour Blanche, son épouse, qui l'a quitté depuis longtemps. Marie-Noire fera figure d'« hypothèse » jusqu'à ce qu'elle devienne à son tour narratrice, le roman « changeant de Dieu ». La vie de Marie-Noire en 1965 et la recherche de Gaiffier sur son passé s'entrelacent alors : lequel des deux est en mesure de comprendre l'autre, voire de l'inventer ? Dans la confrontation où elle se transforme, Marie-Noire n'aide cependant pas à comprendre l'énigme Blanche. Redevenu seul avec sa douleur, Gaiffier semble retrouver Blanche au cours d'une entrevue qui est peut-être une hallucination. Le roman se précipite et se brise dans le dernier chapitre : Marie-Noire meurt, étranglée par son amant ; Gaiffier retrouve « au-delà de lui cette grande plainte qui emplit le monde, cette voix déchirée déchirante, qui

parle, plus haut que les hommes, le langage de leur malheur », et qui paraît la voix même du roman.

« Tout allait pour le mieux dans le meilleur des mondes imaginaires. Les prisons étaient vides, plusieurs personnes immensément riches. Ernest V adoré de ses sujets... Jusqu'ici, les romanciers se sont contentés de parodier le monde. Il s'agit maintenant de l'inventer » : ces derniers mots du roman, accumulant les références (pastiche ironique de la fin de la **Chartreuse de Parme*, renversement de la formule de Marx concernant la philosophie), peuvent symboliser la pratique d'écriture et le mode de composition du roman. Intertextualité presque permanente, jeu de louvoiement parmi les références biographiques d'Aragon, ironie amère, récit décousu et qui n'a de cesse de se désavouer pour montrer les coulisses de la création romanesque (voir le **Mentir-vrai*), tout pourrait passer pour un jeu gratuit, et désespérément « moderne », si le labyrinthe vertigineux n'était d'abord porté par le lyrisme éblouissant d'une voix. Comme dans la **Mise à mort*, Aragon entraîne le lecteur dans la confusion, proprement panique, d'une impossible confession ; mais « un homme masqué n'est pas autre chose qu'un homme ». Emprunté au roman *Luna-Park* d'Elsa Triolet, le personnage de Blanche couvre donc et dévoile à la fois celui de la romancière, tandis que Gaiffier partage sa date de naissance avec Aragon... Le texte s'explique alors de lui-même sur la déformation du biographique – le « mentir » du roman – qui transforme l'imaginaire en instrument d'explication du monde, en « astronomie de l'homme ». Dans l'énigme de Blanche-Elsa – qui écrit en cachette du linguiste, comme Elsa Triolet semble avoir composé son premier roman sans que son compagnon en sût rien – se rejoue donc l'impossibilité de la relation (« Un perpétuel mourir ») et le « malheur d'aimer » (« Qui êtes-vous, Monsieur Bonheur ? ») qu'**Aurélien* ou les poèmes, du **Crève-cœur* au **Fou d'Elsa*, n'ont cessé d'explorer.

Mais ce bilan d'une vie montre que tout se dérobe dans un « oubli » qui est la dynamique de l'être : le temps, l'histoire où le communiste avait « tenté d'imaginer [le monde] autre », la langue que Geoffroy Gaiffier inspecte, attentif à ses déchirures dans le parler des années soixante (« Cette année est aussi pour les mots celle de la mini-jupe »), et l'identité même du ou des locuteurs, harassée d'une douleur qui hante *Blanche ou l'Oubli* pour porter le roman bien au-delà de l'apparente « déconstruction » avec laquelle il travaille et débat (commentant, notamment, *les Mots et les Choses* de Foucault : « Je ne crois pas à l'homme abstrait »). Comme le récit ne se constitue que pour se défaire, et laisser à nu le cri, le savoir linguistique qui abonde dans *Blanche ou l'Oubli* n'est convoqué que pour être « rêvé » (voir le *Fou d'Elsa*). Au sommet d'une œuvre qu'elle explique magistralement, la déroute de *Blanche ou l'Oubli*, portée par la flambée d'une écriture, est d'abord une diction de soi qu'il serait indispensable de prendre en compte pour en finir avec les caricatures et les réductions du personnage, énigmatique et controversé, d'Aragon : « Je n'existe que de ce mensonge, je ne suis que cette ombre qui n'existe que de ce mensonge, je ne suis que cette ombre qui a perdu son homme. Je ne suis que cette plaie, au bout du compte. Je l'entretiens. Je ne crains rien tant que la cicatrice, ne plus souffrir. L'oubli, le véritable oubli. »

● «Folio », 1978. ➤ *Œuvres romanesques croisées*, Laffont, XXXVII et XXXVIII.

O. BARBARANT

BLASON DES HÉRÉTIQUES (le). Poème de Pierre **Gringore** (vers 1475-1538), publié sous le pseudonyme de Vaudemont à Paris chez Le Noir en 1524.

Gringore avait attaqué les menées du pape Jules II dans *la Chasse du serf des serfs* (1510). Il s'en est pris plus d'une fois aux abus commis par des prélats peu soucieux d'apostolat, ainsi le *Jeu du Prince des Sots et de Mère Sotte* (1512). Cette fois le poète met le vers au service d'une Église catholique qu'inquiètent Luther et ses émules.

Après une description allégorique de l'hérésie qui « porte rats en sa gibecière et serpents en son giron », le *Blason* dresse une histoire des erreurs professées par les schismatiques depuis Simon le Magicien. Se succèdent suivant l'ordre chronologique, parmi d'autres hérésies, celles des gnostiques, marcionites, manichéens, ariens, cathares, vaudois, albigeois et adamites. À Mahomet, « Prophète faux de Satan messager / Et président d'Antéchrist mensonger », ainsi qu'à Martin Luther, Gringore réserve les traits les plus acérés et les développements les plus nourris.

Pour dresser ce catalogue des hérésies, Pierre Gringore a concentré dans le moule des décasyllabes un abrégé de science théologique : le poème est certes l'arme qui pourfend l'adversaire, mais il s'attache surtout, dénonciation après dénonciation, à reconstruire patiemment et fermement l'édifice des articles du Credo. Le poète utilise le pouvoir suggestif et mnémonique du vers pour exposer la foi de l'Église catholique et réaffirmer le bien-fondé de la Tradition – soit qu'il défende les enseignements des premiers Pères sur la Vierge Marie, soit qu'il souligne avec saint Grégoire la vertu des images qui sont « les livres de lais / Es simples gens qui n'ont la connaissance / Des saints écrits ». Subtil à suborner les hommes du peuple l'hérétique en sa « finesse », « cautelle » et « folie », est l'instrument du Prince de l'illusion ; en son orgueil démesuré qui le pousse à vouloir « connaître plus qu'il ne doit » et à refuser l'autorité du pape, il est le disciple de l'Ange rebelle. Gringore brosse en quelques touches un portrait de Luther fleurant l'invective – l'ancien moine qui prend « plaisir prêcher une vie orde », encourage ivrognerie et paillardise –, mais il s'attache surtout à discerner les causes du fléau qui secoue la conscience religieuse de son temps. Aux yeux du poète, si la Providence a permis encore une fois que s'élevât l'hérésie, c'est pour châtier les péchés de « la grand'maison de David » : l'Église. Le *Blason* appelle ainsi les catholiques à une conversion réelle, ne faisant faute de souligner qu'au temps de l'épreuve s'épanouissent les vocations de sainteté.

M. C. GOMEZ-GÉRAUD

BLASONS et **CONTRE-BLASONS.** Recueils collectifs d'épigrammes, publiés à Paris chez François Juste en 1536, puis chez Charles l'Angelier, qui rassembla la production, en 1550.

Le blason dont la mode fut lancée par Clément Marot (1496-1544) en 1535, décrit généralement une partie du corps féminin en déroulant la série élogieuse de ses caractéristiques et propriétés. Cette forme poétique, pratiquée depuis le XVe siècle, n'a pas été inventée par Marot : elle lui doit seulement un nouveau souffle. Son blason du "Beau Tétin", composé à Ferrare, incita les poètes français à rivaliser d'ingéniosité : Marot communiqua à la duchesse de Ferrare les blasons qui lui furent envoyés, et la palme de ce concours improvisé revint au "Sourcil" de Maurice Scève.

Mais l'épuisement ne tarda guère. Marot lui-même s'était moqué de la frivolité du genre en chantant "le Laid Tétin" : ainsi naquit le contre-blason, souvent prétexte à de peu ragoûtantes facéties. L'initiateur du genre avait également mis en garde ses imitateurs contre une dégénérescence gaillarde du blason (« A ceulx qui après l'épigramme du beau tétin en feirent d'autres »). Même si la mode continua jusqu'à la fin du siècle, et si le genre put se targuer de la dignité littéraire que Thomas Sébillet lui accorda dans son *Art poétique français*, il n'en devint pas moins une forme creuse, dont toutes les possibilités fécondes avaient été exploitées en quelques années.

Outre "le Beau Tétin" de Marot et les cinq blasons de Maurice Scève ("le Sourcil", "le Front", "la Larme", "la Gorge", "le Soupir"), l'édition de

1550 comprend des œuvres de Mellin de Saint-Gelais ("l'Œil", "le Bracelet de cheveux), Antoine Héroët ("l'Œil"), Bonaventure des Périers ("le Nombril", ainsi que de nombreuses pièces d'Eustorg de Beaulieu qui, outre sa "Joue", sa "Langue" et ses "Dents", s'est laissé aller à un "Cul" fort gaulois.

De cette production enthousiaste et multiple, que faut-il retenir ? Le bilan, en fait, est assez mince : la collection de 1550 offre peu de véritables réussites poétiques. L'anatomie féminine ayant ses limites (« Il n'est si gentil esprit / Qui n'ait inventé ou escript / Quelque chose à l'honneur du corps », écrit Gilles d'Aurigny), le genre s'essouffle vite dans une surenchère d'ingéniosité, où la trouvaille malicieuse tient lieu d'inspiration. Même lorsqu'il n'est pas menacé par cette dérive maniériste et amphigourique, le blason n'échappe pas à la monotonie : plus d'un épigone de Marot déroule des kyrielles de louanges où l'on chercherait en vain la moindre dynamique poétique.

Certaines réussites n'en sont pas moins éclatantes. L'unicité de l'objet évoqué n'y empêche pas la plasticité rhétorique, ni le jeu subtil du désir et de l'interdit. En témoigne "le Beau Tétin", spectacle offert et voilé, à la fois aperçu et deviné : « [...] petite boule d'Ivoire, / Au milieu duquel est assise / Une Freze, ou une Cerize / Que nul ne veoit, ne touche aussi, / Mais je gage qu'il est ainsi. » Le sein engendre un désir sexuel aussi clairement exprimé que réprimé : « [...] il se faut bien contenir / D'en approcher, bon gré ma vie, / Car il viendroit une autre envie. » L'amertume de la frustration finit par affleurer. L'insistance élogieuse, qui semblait d'abord procéder d'un pur badinage, ne mime-t-elle pas plutôt l'immobilisation forcée du désir et l'interdit qui pèse sur son assouvissement ?

D'une tonalité nettement plus douloureuse, les cinq blasons de Maurice Scève annoncent l'« angoisseuse détresse » qui marquera la *Délie*. Ils ne s'engagent qu'en apparence sur la voie ouverte par Marot. Dédaignant la sensualité, ils jouissent moins de leur objet qu'il n'y condensent les affres de la relation amoureuse : « Ô front, tu es une table d'attente / Où ma vie est, et ma mort trespatente ! » ("le Front"). Cette spiritualisation du genre, qui délaisse même l'anatomie féminine pour n'en retenir que les manifestations les plus fugitives – larme et soupir –, s'achève généralement en réflexivité inquiète, méditation sur l'impossible réciprocité de l'amour. Nulle trace, chez Maurice Scève, de cette érotique du morcellement mignard où se complaisent les autres poètes : le blason, chez lui, se prolonge en interrogation sur les signes du désir, à la fois « fideles » et « desloyaux messagiers ».

Outre Scève et Marot, qui retiendra-t-on ? Quelques blasons d'Eustorg de Beaulieu méritent l'attention, tout comme le fantasmatique "Nombril" de Bonaventure des Périers, étrange méditation sur l'androgyne primitif. Peu d'auteurs, au fond, se montrent capables d'échapper à la banalité de la métonymie (« Pied où se voit la grâce et le maintien » : "le Pied", de François Sagon) où aux métaphores galvaudées (« Œil, non pas œil, mais un soleil doré » : "l'Œil", d'Antoine Héroët). Genre difficile, le blason s'épanouit seulement chez les poètes qui savent conjuguer d'une manière inventive fragment et totalité, dissection du corps et visée absolue du désir.

● « Pléiade », 1953 (*Poètes du XVIe siècle*, p.p. A.-M. Schmidt) ; *Blasons anatomiques du corps féminin* suivis de *Contre-blasons de la beauté des membres du corps humain*, Gallimard, 1982 (préf. P. Lainé).

P. MARI

BLÉ EN HERBE (le). Roman de Sidonie-Gabrielle Colette, dite **Colette** (1873-1954). D'abord publiés de loin en loin dans *le Matin* du 29 juillet 1922 au 31 mars 1923, les chapitres du roman étaient alors pourvus d'un titre et chacun se présentait comme un texte indépendant. Après le quinzième chapitre, la direction du *Matin*, jugeant que l'œuvre risquait d'être considérée comme trop immorale par ses lecteurs, ordonna à Colette d'interrompre la publication. Le dernier tiers environ du roman était donc inédit lors de la parution du livre à Paris chez Flammarion en 1923.

> Les parents de Philippe et ceux de Vinca sont depuis longtemps liés par l'amitié et cet été, comme chaque année, ils partagent pour les vacances une maison en Bretagne. Philippe et Vinca s'aiment depuis toujours mais leurs rapports sont devenus difficiles : « Toute leur enfance les a unis, l'adolescence les sépare. » Philippe rencontre par hasard une jeune femme, Mme Dalleray. Celle-ci initie bientôt l'adolescent à l'amour. Philippe se sent coupable à l'égard de Vinca, qu'il aime profondément, mais Mme Dalleray l'envoûte malgré lui par le luxe qui l'entoure et le plaisir qu'elle lui fait découvrir. Mme Dalleray quitte bientôt la région. Philippe s'aperçoit que Vinca sait tout et souffre. Avant le retour à Paris, la jeune fille se donne à son ami.

Colette avait tout d'abord songé à intituler *le Seuil*, ce roman d'apprentissage. Le titre finalement retenu par l'auteur, plus riche de suggestions, met l'accent sur la juvénile vivacité de Philippe et de Vinca. Auprès de ces jeunes héros, les lointaines figures d'adultes, réduites à des « ombres » sous le regard des adolescents, paraissent bien ternes. Ainsi, l'odeur du blé, attribuée à Vinca, traduit la fougue du personnage : « La colère avait exprimé, de cette fillette surchauffée, une odeur de femme blonde, apparentée [...] au blé vert écrasé, une allègre et mordante odeur qui complétait cette idée de vigueur imposée à Philippe par tous les gestes de Vinca. » Le titre souligne en outre l'étroit rapport qui lie l'enfance et la nature, cette nature que Vinca porte en son nom qui signifie « pervenche ». Les plages bretonnes sont le royaume de Philippe et Vinca qui en connaissent tous les secrets et les plaisirs. L'approche de l'âge adulte fait vaciller l'univers sauvage et innocent qui était jusque-là le leur.

Le titre impose enfin l'idée d'un devenir dont l'issue demeure pourtant incertaine. La métaphore, qui suggère un processus de maturation, invite à penser que la récolte future promise aux jeunes gens est celle du bonheur partagé : Philippe et Vinca s'aiment depuis toujours et leurs familles ne pourront que se montrer favorables à leur mariage. Les derniers mots du livre sonnent toutefois davantage comme un constat d'échec. Après son union avec Vinca dans « un plaisir mal donné, mal reçu », Philippe constate amèrement : « Ni héros ni bourreau... Un peu de douleur, un peu de plaisir... Je ne lui aurai donné que cela... que cela... » Quant à la joie matinale de Vinca, elle est explicitement menacée : « Dans quelques semaines l'enfant qui chantait pouvait pleurer, effarée, condamnée, à la même fenêtre. »

Le propos de Colette n'est toutefois nullement moralisateur, et le livre ne fait pas sien l'adage qui recommande de ne pas manger son blé en herbe. Bien au contraire, ce qui rend Vinca et Philippe si attachants, c'est justement cette ardeur qui les habite et les pousse à aller tout de suite jusqu'au bout de leur amour. Pour l'instant, cette consommation précoce et irréfléchie les sauve de la médiocre banalité. Mais bien des signes laissent présager qu'ils deviendront vite semblables à leurs parents. D'ores et déjà, Vinca et Philippe, en dépit de leur acte audacieux, sont totalement imprégnés des valeurs de leur milieu petit-bourgeois. Ainsi, ils approuvent sagement la décision parentale de ne pas faire suivre des études à Vinca, qui restera auprès de sa mère pour apprendre à tenir une maison. Philippe, moins frileux que son amie, a bien parfois des élans de révolte à l'égard du monde adulte, mais ils se limitent à quelques démonstrations verbales plus théâtrales que réellement senties.

Philippe et Vinca sont donc des héros ambigus, à la fois grands et banals, tragiques et dérisoires. À travers eux, Colette montre que la passion et l'éveil de la sensualité sont des drames chaque fois singuliers et pourtant universels, humains en somme. Dans *le Blé en herbe*, elle peint ce drame en psychologue subtile, avec tendresse mais sans complaisance.

● « GF », 1969 (p.p. C. Pichois). ➤ *Œuvres complètes*, Flammarion, VII ; *Œuvres*, « Pléiade », II (p.p. C. Pichois et M. Roaphorst-Rousseau) ; *Romans, Récits, Souvenirs*, « Bouquins », II.

A. SCHWEIGER

BLEU CHEVALIER (le). Voir DIT DU BLEU CHEVALIER (le), de J. Froissart.

BLEU COMME LA NUIT. Roman de François **Nourissier** (né en 1927), publié à Paris chez Grasset en 1958.

« Histoire d'un mort ». En 1957, à trente ans, un narrateur qui porte le même nom que l'auteur fait le bilan de ses dix dernières années, mêlant souvenirs réels et épisodes fictifs. Il découvre les insatisfactions de sa vie présente à l'occasion d'une commande passée par le magazine pour lequel il travaille : un reportage sur Saint-Lorges, écrivain compromis pendant l'Occupation, condamné à mort à la Libération et qui, réfugié en Suisse, va bientôt rentrer en France, amnistié. Le narrateur, qui a écrit quelques articles sur Saint-Lorges, hésite. C'est l'occasion de la rupture avec « la jeune femme » qui partage sa vie depuis longtemps, une Juive, ancienne déportée, qui ne lui pardonne pas son indulgence. Mais en Suisse, le narrateur est déçu par un Saint-Lorges vieilli et aigri. Sur le chemin du retour, il retrouve une jeune fille connue quelques années plus tôt, surnommée par lui « Bandit ». Une fois rentré à Paris, le souvenir de la rencontre le poursuit. À la faveur d'une séance de photos dans le pavillon de banlieue jadis habité par Saint-Lorges, il noue une brève et triste liaison avec la nièce de celui-ci.

« Histoire de Bandit ». Tandis que le retour prochain de Saint-Lorges suscite la polémique et que le projet de reportage est abandonné, le narrateur décide enfin de partir pour la Suisse retrouver Bandit. C'est le début d'un nouvel amour simple comme le bonheur.

Répondant à l'interrogation d'un lecteur imaginaire sur le caractère autobiographique de *Bleu comme la nuit*, le narrateur avoue, en des termes qui rappellent la condamnation valéryenne du romanesque, son horreur profonde des « histoires » et son mépris des « détails », auxquels il préfère le contact direct avec la « voix » de l'écrivain. Et certes *Bleu comme la nuit* apparaît bien comme le premier volet de ce qui, sous le titre *Un malaise général*, ne constitue pas à proprement parler une « trilogie », mais plutôt un portrait multiple et sans cesse récrit (voir *Une histoire française* et *Un petit bourgeois*). C'est en effet la « voix » de François Nourissier qui s'y fait entendre, revenant sur ces années qui hanteront longtemps l'œuvre de l'écrivain : celles de l'Occupation, dominées par la figure d'un père lorrain à peine connu, celles de l'immédiat après-guerre, avec leur prospérité renaissante et leurs hypocrisies. Les allusions à l'actualité sont fréquentes, les pseudonymes volontairement transparents : derrière la figure élégante et dérisoire de Saint-Lorges, son pavillon en meulière et son exil en Suisse, on reconnaît à la fois Céline et Chardonne – dont on avait jadis rapproché le premier roman de Nourissier, *l'Eau grise* (1951). Si l'écriture du roman l'apparente donc à une sorte de « journal de l'année 1957 », elle est pourtant organisée autour de deux « histoires » entrecroisées : l'« histoire d'un mort », lente, faite de retours en arrière, d'interrogations, d'enlisements – celle de Saint-Lorges, le mort aux yeux ouverts, celle d'un narrateur enfermé dans un passé étouffant, et entouré d'êtres victimes de leur passé, comme « la jeune femme » ou la nièce de l'écrivain ; et l'« histoire » fulgurante, simple et énigmatique à la fois, de « Bandit », cette jeune fille aux contours à peine dessinés, qui oblige à redonner aux mots éculés d'« amour » et de « bonheur » l'accent de la vérité.

● « Le Livre de Poche », 1983.

K. HADDAD-WOTLING

BLEU DU CIEL (le). Roman de Georges **Bataille** (1897-1962), écrit en 1935 et publié à Paris chez Jean-Jacques Pauvert en 1957.

Dans les années 1930, Bataille adhère au Cercle communiste démocratique (1931-1934) et forme avec Breton le groupe Contre-Attaque (1935-1936). *Le Bleu du ciel* mêle faits publics et faits privés : aussi, sous les traits de Lazare, jeune militante communiste, a-t-on pu reconnaître Simone Weil, amie de Bataille au Cercle communiste démocratique. Outre ce portrait peu flatteur de la célèbre philosophe, une autre raison peut expliquer un tel retard dans la parution du roman : le refus de Bataille, alors militant antifasciste connu, de publier un livre sulfureux, et proclamant l'indifférence à la politique et à l'Histoire.

Introduction. Bourgeois riche, blasé et désœuvré, Troppmann promène son mal de vivre dans toute l'Europe. À Londres, son amie Dirty raconte au liftier de l'hôtel Savoy les frasques commises par sa mère au même endroit, dix ans plus tôt ; aussi ivre que son amie, le narrateur-protagoniste s'adonne avec elle à des « orgies répugnantes ».
Première partie. Mais le narrateur est hanté par des rêves de culpabilité : n'est-il pas aujourd'hui un objet d'horreur et de dégoût pour le seul être auquel il est lié, sa femme Édith ?
Deuxième partie. « Le Mauvais Présage ». À Paris, il fait la rencontre de Lazare, jeune femme à l'aspect macabre qui défend les principes du communisme officiel de Moscou. Il avoue à Lazare des tendances nécrophiles ressenties, pour la première fois, face au cadavre de sa mère. « Les Pieds maternels ». Indifférent à tout, il continue à mener une existence dissolue avant de rencontrer Xénie, compagne provisoire. En proie à de violents cauchemars, le narrateur garde le lit : Xénie prétend le soigner, mais il n'éprouve que dégoût pour ses talents d'infirmière. Il l'oblige à chanter nue devant lui : « Ce sera comme si je crevais au bordel », dit-il. « Histoire d'Antonio ». Convalescent, le narrateur quitte Paris pour Barcelone ; à la Criolla, cabaret de travestis, son ami Michel lui raconte comment Lazare « envoûte » ceux qu'elle côtoie et comment, dans son attirance malsaine pour la mort, elle a obligé Antonio, un ami, à mettre le canon de son revolver sur sa poitrine. « Le Bleu du ciel ». Alors que l'insurrection séparatiste catalane d'octobre 1934 se prépare, Lazare se propose de s'emparer d'un dépôt d'armes. Dirty rejoint Troppmann ; elle est malade, affaiblie. Ils séjournent ensemble hors de Barcelone, dans un petit village de pêcheurs, loin des émeutes. « Le Jour des morts ». Ils entreprennent un bref séjour à Trèves, Coblence et Francfort où ils se séparent, non sans avoir fait l'amour dans un champ surplombant un cimetière allemand illuminé d'une multitude de bougies placées sur chaque tombe comme autant d'étoiles. Aux yeux de Troppmann, Dirty a enfin l'apparence d'un cadavre.

Le drame de la démystification se joue dans un monde réel, l'Espagne et l'Allemagne des années trente. Les interdits transgressés ne sont plus seulement sexuels, ils concernent aussi le rapport de l'auteur avec le « monde » historique et politique.

Mais se retrouvent les constantes des romans d'amour de Bataille : une compagne de débauche, Dirty (« Pourtant, elle me donnait un sentiment de pureté »), des déambulations dans les bas-fonds, un « décor de tragédie », l'association capitale entre cimetière et bordel, entre la mort et l'amour. La nécrophilie constitue la tentation suprême et permanente du narrateur. Entre sa mère dont le cadavre le fascine, son épouse absente dont la résignation l'accable, Dirty qui le contraint à l'admiration, et Xénie trop compatissante, Troppmann ne parvient pas à choisir. Seules les prostituées représentent à ses yeux l'idéal de mort : « J'ai compris qu'elles avaient pour moi un attrait analogue à celui des cadavres. » L'évocation de Dorothea (alias Dirty) – « Ses seins, sortis de ses vêtements, étaient d'une blancheur lunaire » – reprend, à son tour, les « seins pâles de prostituées » qu'avait Xénie lorsqu'elle simulait, pour le narrateur, « l'apparence d'une morte ». Ce thème du cadavre revient à plusieurs reprises dans le texte. Lazare (double négatif de Dirty, elle est la « vierge sale », le « rat immonde ») évoque, plus que la résurrection, le long séjour parmi les morts : Dirty, même lorsqu'elle est « écarlate et tordue sur sa chaise comme un porc sous un couteau », reste trop pure et jamais assez proche de la mort.

Répétée, variée, la révélation très crue de l'épisode fondamental que *le Bleu du ciel* met en scène est celle de la chambre mortuaire, révélation qui défie la normalité du monde organisé : « J'ai eu l'idée d'aller dans la chambre où était le cadavre. J'ai été terrifié, mais j'avais beau trembler, je restai devant ce cadavre. À la fin, j'ai enlevé mon pyjama. » Mais, porté par la « marée montante du meurtre », ce récit est indéfiniment différé. Le narrateur entretient à cet effet un certain brouillage temporel, mélange le présent et les retours en arrière. La trame de l'histoire, interrompue par le récit d'événements passés, l'est aussi par des événements rêvés. Composite et mélangée, cette dramatisation de l'angoisse de Troppmann met en scène l'effondrement d'une parole qui ne peut plus prétendre à la souveraineté. Le narrateur se tient ainsi à égale proximité du réel et de l'imaginaire, de la lucidité et de la folie : chaque comparaison est prise ironiquement pour vraie (« Je me demandai un instant si elle n'était pas l'être le plus humain que j'eusse jamais vu : c'était aussi un rat immonde qui m'approchait ») et l'écriture accumule les énoncés qui manifestent l'irruption de l'étrangeté : « Les larmes tombaient dans mes lèvres… si malade que je suis, je souriais… j'étais mal impressionné… » La seule pause dans le récit où s'insèrent les débats de la polémique avec Breton et les controverses liées à la publication de *la Valeur d'usage de D.A.F. de Sade*, n'invite-t-elle pas à prendre Sade au pied de la lettre, c'est-à-dire à effacer la séparation entre fantasme et imaginaire, et à dériver vers la folie ? Ces récits qui prétendent « révéler la vérité multiple de la vie » se mettent ainsi au diapason de la « vie en morceaux » du narrateur qui se dit à la fois victime et bourreau, enfant martyr et coupable (Troppmann trouve l'origine de son nom chez un assassin célèbre : guillotiné en 1870, son homonyme avait massacré les huit membres de la famille Kinck).

Cette expérience fulgurante est aussi un drame politique converti en traité de l'indifférence. Dans « l'inextricable non-sens » où se débattent Troppmann, Dirty, Lazare et Xénie, existences versées dans une hallucination maladive et impuissantes à discerner le rêve du réel, la danse de mort se confond parodiquement avec la prémonition des massacres à venir. Troppmann semble éprouver physiquement ce lien à l'Histoire. Écrit en 1935 et publié douze ans après la fin de la guerre qu'il annonce, il se trouve, par ce délai, exactement dans la situation d'autres livres où « l'auteur invente » : « Mais ces circonstances sont aujourd'hui devenues si lointaines que mon récit, pour ainsi dire écrit dans le feu de l'événement, se présente dans les mêmes conditions que d'autres, qu'un choix volontaire de l'auteur situe dans un passé insignifiant », écrit Bataille dans sa Préface. Différent d'un récit historique, *le Bleu du ciel* est presque à l'égard de l'Histoire, une œuvre critique. Car il intervient au cœur d'une œuvre en pleine construction qui, contemporaine d'un goût déclaré par l'action politique et l'activité collective, quelques mois avant l'engagement de Contre-Attaque, célèbre l'envers de cet optimisme politique du Bataille des années trente. La fiction devient l'épreuve iconoclaste et désenchantée de l'action politique qui court le risque de religiosité. À Barcelone, Troppmann n'est pas là pour soutenir les insurgés, il est venu en simple touriste (ce qui ne va pas sans quelque culpabilité : « Dans un tel moment, je le voyais, ma vie n'était pas justifiable »). S'il finance à fonds perdus la revue publiée par Lazare, il nargue toujours le communisme de cette dernière et lui voue une haine inexplicable qui menace de tourner à la fascination : « Le plus souvent, je pensais qu'elle était positivement folle, que c'était, de ma part, une plaisanterie malveillante de me prêter à son jeu. » L'attitude de Troppmann, toujours blasphématoire à l'égard de l'acte politique, ressemble aussi à une épreuve de vérité. Et la provocation, l'insulte et l'outrance forcent le récit vers ses possibilités excessives, le jetant toujours, en dehors même de ses scènes violentes, au-delà du supportable.

● « 10/18 », 1970 ; « L'Imaginaire », 1991. ➤ *Œuvres complètes*, Gallimard, III (p.p. Th. Klossowski).

P. GOURVENNEC

BLOC-NOTES. 1952-1957. Recueil d'articles de François **Mauriac** (1885-1970), publié à Paris dans *la Table ronde* en 1952, puis dans *l'Express* de 1952 à 1957, et en volume chez Flammarion en 1958. Suivront un *Nouveau Bloc-notes* (années 1958-1967, en 3 vol.), puis un *Dernier Bloc-notes* (1968-1970). Ces textes seront, à partir d'avril 1961, publiés dans *le Figaro littéraire*, le gaullisme exigeant de Mauriac l'ayant conduit à rompre avec *l'Express*.

Écrit au jour le jour, le *Bloc-notes* évoque les événements politiques, mais aussi littéraires, musicaux et cinématographiques de son temps en les insérant dans une trajectoire personnelle. Commentant une période troublée de notre Histoire – après la Libération, les gouvernements issus de la Résistance affrontent le problème posé par la désintégration de l'empire colonial –, Mauriac, au déclin de sa vie, ne ménage rien ni personne et, retrouvant une nouvelle jeunesse, met sa plume de polémiste au service d'une critique acerbe des partis. Son intransigeance s'inspire de la direction morale que lui dicte la religion catholique : son point de vue de chrétien exige donc une critique objective dénuée de tout ressentiment, de toute cette haine qu'il réprouvait dans les *Provinciales* de Pascal. Aussi remet-il en question la droite et la gauche : à l'origine, il destinait ses articles à une jeune revue, *la Table ronde*. Mais il les lui retira quand l'influence maurrassienne y fut trop contraignante pour un homme qui se voulait au-dessus des partis, tel de Gaulle, dont Mauriac ne cessa de réclamer le retour providentiel.

La droite française s'est perdue, détruite par l'Action française : Mauriac déplore qu'elle n'ait pas su constituer, à la Libération et au temps de la guerre froide, un parti travailliste qui aurait repris la tradition sociale et chrétienne. Regroupant des « politiciens de l'immédiat », le MRP a failli à sa mission. De leur côté, alors que Varsovie et Budapest résonnent des bruits de bottes, les communistes français ne songent pas à remettre en question le stalinisme. « Le glas sonne en Hongrie, certes, mais pour qui ? », interroge Mauriac. L'Histoire suit une logique que les hommes ignorent, inconscients des retournements de circonstances qui sanctionnent leurs erreurs. On ne fait pas de politique efficace sans morale : or, à une époque où l'homme a divinisé l'Histoire, la France ignore sa vocation spirituelle qui, seule, aurait pu ménager son intérêt politique. Dans le *Bloc-notes*, Mauriac suit l'actualité : la situation se tend en Indochine, au Maghreb et à Madagascar. Il commente les faits en se référant à son idée de la France, celle d'une nation humaniste qui aurait dû tout mettre en œuvre pour régler la question coloniale conformément à sa vocation. En 1954, le sang coule à Diên-Biên-Phu et la guerre d'Algérie commence. Mauriac constate que les hommes politiques n'ont su ni promouvoir l'image d'une France libérale ni par conséquent ménager l'intérêt national. En Afrique du Nord, aux attentats répondent la répression et la torture alors qu'il aurait fallu savoir mettre en place une politique d'entente et restaurer la justice pour tous. Seul l'intègre Pierre Mendès-France aura tenté d'agir en fonction d'une morale laïque, mais son action heurtait trop d'intérêts et de passions : il succombe à la médiocrité générale. Mauriac aurait aimé voir se constituer, autour de la France, une fédération d'États libres. Or tout s'effondre, comme si la France était en proie au vertige de la catastrophe qu'elle suscite elle-même. Devant cette faillite, Mauriac déplore la disparition de la littérature politique : la presse ne saura pas retrouver les accents d'un Chateaubriand, d'un Benjamin Constant. Très préoccupé par les importants enjeux politiques de son temps, il est, cependant, conscient du caractère circonstanciel de son *Bloc-notes,* dont la réédition exigerait un important appareil critique. Mais, malgré les soubresauts de l'Histoire collective, il estime que l'homme doit résister aux systèmes qui dégénèrent si facilement en structures totalitaires. Mauriac assume cette nécessité en se conformant à sa vocation d'homme de lettres et de foi – non sans conjuguer parfois à

la hauteur de vues du chrétien un humour féroce proche de celui de Péguy, qui n'hésite pas à s'en prendre aux hommes en place et aux institutions établies.

● « Points/Essais », 5 vol., 1993 (p.p. J. Touzot, avant-propos J. Lacouture).

V. ANGLARD

BOCAGE (le). Recueil poétique de Pierre de **Ronsard** (1524-1585), publié à Paris chez la Veuve Maurice de La Porte en 1554.

À la « docte obscurité » et à l'érudition mythologique des *Odes et des *Amours s'oppose la légèreté des petites pièces de ce recueil. Le titre fait référence aux *Silvae* du poète latin Stace, mais c'est surtout l'*Anacréon* d'Henri Estienne, publié en 1554, qui constitue la source principale : ce recueil d'odelettes grecques accompagnées d'une traduction latine suscita l'admiration enthousiaste des membres de la Brigade. Dès la publication, Rémy Belleau consacra ses efforts à une traduction littérale de ces poésies légères, tandis que Ronsard choisissait la voie d'une transposition en vers français. *Le Bocage* remporta un si vif succès qu'une réédition s'imposa très rapidement. Le recueil n'en disparut pas moins dans la première édition collective des *Œuvres* du poète, en 1560 : la plupart des pièces furent redistribuées, et certaines, comme la série des poèmes votifs, purement et simplement supprimées.

Dédié à l'humaniste Pierre de Pascal, le recueil s'ouvre sur une profession d'indépendance : « Mais moi contant, qui ne mandie / Des Rois ni biensfaictz ni honneurs, / Aux sçavants mes vers je dedie / Plus volontiers qu'aux granz Seigneurs. » Conformément à l'esprit de cette déclaration liminaire, le *Bocage* contient une "Épitaphe de François Rabelais", une "Épitaphe du poète et humaniste Hugues Salel", et deux éloges d'animaux dédiés à Rémy Belleau ("la Grenouille" et "la Fourmy"). La nature occupe une place essentielle dans le recueil, comme l'indiquent les pièces "À un rossignol", "le Freslon", "le Houx", ainsi que les petits poèmes votifs ("Vœu d'un chemineur à une fontaine", "D'un vaneur de blé au vent Zefire", "D'un pasteur au dieu Pan").

Le « bocage » tel que l'entend Ronsard, c'est le petit bois, lieu de sérénité où l'œil se plaît au spectacle d'une végétation variée. Le titre du recueil contient donc à la fois une orientation thématique – la recherche d'un apaisement dans les « petits » sujets –, et une indication formelle : la diversité métrique et strophique comme seul principe de rassemblement des pièces.

Le délaissement provisoire d'une poésie héroïque ou amoureuse trouve sa justification dans les premiers vers du blason de la fourmi : le poète imagine, non sans une pointe d'ironie à l'égard de sa production antérieure, que toute la France garde les yeux rivés sur lui depuis les *Odes* de 1550, et qu'elle attend de le voir « enfler davantage » sa « veine » ; à cette pression fictive de la voix publique, Ronsard répond par un éloge de l'« œuvre bas », que légitime l'autorité de Virgile : « Il ne faut pas / Que le bon menestrier accorde / Tousjours un chant sur une corde, / Et qui voudra bien plaire, il faut / Ne chanter pas tousjours le haut. » De fait, il semble que Ronsard ait pris à cœur, dans *le Bocage*, de ne chanter que les manifestations les plus petites et les plus humbles d'une nature dont aucune forme ne lui est étrangère. Il est piquant néanmoins de constater que dans ces blasons écrits « d'un stile dous », le poète ne congédie le cérémonial mythologique et ses fastes que pour les retrouver un peu plus loin : "le Houx" constitue l'exemple le plus frappant, où Ronsard, en quelques vers liminaires, proclame son refus de blasonner des végétaux aux connotations littéraires et mythologiques trop marquées, « olive pale », « myrte » ou « laurier » ; ayant choisi le « houx domestique », il ne peut s'empêcher néanmoins de rapporter l'origine de la plante sous forme de mésaventure arrivée à une nymphe. Tout se passe, savoureusement, comme si la nature et ses manifestations ne pouvaient entrer dans le champ du poème que par le biais d'une sublimation mythologique.

Si la diversité du *Bocage* ménage d'heureuses surprises, elle réserve aussi quelques déceptions. Les blasons d'animaux constituent sans nul doute la véritable réussite du recueil, où l'on peut lire l'humble anticipation des grandioses *Hymnes* publiés un an plus tard : rompu à la rhétorique de l'*encomium* [louange], Ronsard sait admirablement développer l'éloge du peuple fourmi, image d'ordre et de labeur que les humains seraient bien inspirés d'imiter. De la « fourmy » au ciel et aux étoiles, le chant du poète n'aura laissé échapper, en définitive, aucune de ces formes de vie où l'homme doit puiser indications et incitations. Moins heureuse est assurément l'"Épitaphe de François Rabelais", qui se contente de ressasser sans imagination la légende d'un Alcofrybas buveur et amateur de bonne chère ; les pièces bachiques contenues un an plus tôt dans le *Livret de folastries* laissaient espérer plus d'inventivité. Il en va de même avec la "Prosopopée de Louis de Ronsard", où le père de l'auteur tient à son fils un discours d'un moralisme conventionnel et pesant.

Au total, malgré quelques faiblesses, la lecture du *Bocage* s'impose à qui veut prendre une juste mesure de la production ronsardienne des années 1550 : c'est dans de tels recueils que le poète déroule un contrepoint alerte, voire moqueur, à l'inspiration solennelle des *Odes* et des *Hymnes*. On ne saurait négliger sans dommage, chez un auteur aussi épris de totalité, l'alternance et la complémentarité du sublime et de l'enjouement.

➤ *Œuvres complètes*, STFM, I-II ; *id.*, « Pléiade », I.

P. MARI

BOCAGE ROYAL (le).

BOCAGE ROYAL (le). Recueil poétique de Pierre de **Ronsard** (1524-1585), publié dans la quatrième partie des *Œuvres de Ronsard* à Paris chez Gabriel Buon en 1584.

Ce *Bocage royal*, essentiellement consacré à l'éloge des rois et des Grands, ne présente aucune similitude ni parenté avec le *Bocage* de 1554, recueil de pièces légères d'une veine fondamentalement différente. D'origines variées, les pièces contenues dans cette section proviennent, pour une grande part, des *Élégies, Mascarades et Bergeries* de 1565 ; plusieurs d'entre elles ont été publiées isolément dans les années 1570, sous forme de petites plaquettes. Très proche des *Odes* de 1550, l'inspiration générale du *Bocage royal* est celle d'un *furor poeticus* attaché à dresser des « autels » aux Grands de ce monde.

Après un long panégyrique de Henri III par la Renommée, trois pièces en alexandrins font l'éloge du monarque, dont la sagesse a su restaurer la cohésion de l'Église, et réconcilier le pays avec lui-même. Suivent un dialogue entre les Muses et le poète, et plusieurs discours adressés à Élisabeth d'Angleterre, au duc de Savoie, au cardinal de Lorraine et à François de Montmorency. Recourant à Catherine de Médicis avec une acrimonie non déguisée, le poète allègue ses longs travaux au service de la couronne, et reproche à la famille royale de ne l'avoir pas suffisamment soutenu dans ses entreprises.

Le *Bocage royal* peut à bon droit être considéré comme le bilan d'une carrière de poète courtisan. L'ensemble laisse une impression mêlée : tandis que la flatterie la plus servile jette ses derniers feux, l'amertume éclate à plusieurs reprises, en apostrophes peu amènes qui stigmatisent l'ingratitude des rois et des Grands. Le poète courtisan continue de remplir sa fonction sociale, tout en émaillant son propos d'une désillusion que la proximité de la mort rend plus poignante.

L'ouverture du *Bocage royal* rappelle à bien des égards celle des *Odes*. Non seulement le "Panégyrique de la Renommée" fait écho à l'ode "Au roi Henri II", mais l'enthousiasme du poète à chanter les vertus royales participe, au mot près, de la même violence inspiratrice : « Tout

le cœur me debat d'une frayeur nouvelle : / J'entens dessus Parnasse Apollon qui m'appelle, / J'oy sa lyre et son arc sonner à son costé. » Néanmoins, l'analogie avec l'inspiration héroïque et pindarique des *Odes* ne dure guère que le temps des deux premières pièces dédiées à Henri III ; la troisième introduit une singulière rupture de ton : s'adressant au roi, le poète récuse tout rapport d'allégeance servile (« Je ne suis Courtizan, ny vendeur de fumées, / Je n'ay d'ambition les veines allumées ») et réclame une liberté de parole où le monarque pourra trouver, tout ensemble, occasion de divertissement et d'instruction ; curieusement, Ronsard aspire à la libre expansion d'une veine satirique que les nécessités de sa production antérieure auraient comprimée : « J'ay trop long temps suyvi le mestier heroïque, / Lyrique, elegiaq' : je seray satyrique. » Si la suite du recueil ne confirme pas à proprement parler cette volonté, la satire affleure dans l'évocation des faveurs distribuées sans discernement : conscient de sa valeur et sûr de la place privilégiée qu'il occupe dans l'échelle cosmique, le poète ne peut supporter de voir des « rymeurs » exsangues et brouillons jouir d'un crédit illimité. Il retrouve ainsi les accents agressifs du groupe de Coqueret à ses débuts, lorsque Du Bellay dans la *Défense et Illustration de la langue française* et lui-même, dans les *Odes*, condamnaient le néant formel d'une poésie stipendiée : « Les fols, les sots, les jeunes courtisans, / Sont poussés en crédit devant les mieux disans ! » Les reproches éclatent le plus nettement dans le discours « A tres-illustre et tres vertueuse princesse, la Royne Catherine de Médicis » : les rois ne savent pas reconnaître leurs vrais serviteurs, ils laissent sombrer dans l'oubli les « fauteurs de leur renommée ». Il y a cependant quelque mauvaise foi, de la part de Ronsard, à expliquer l'échec de la *Franciade* par la négligence des monarques successifs : ce n'est pas l'inattention des commanditaires qui est responsable de l'enlisement de l'entreprise, mais l'impuissance du poète à la doter d'une authentique nécessité interne. La « satyre » ronsardienne brasse donc dans le même mouvement des critiques justifiées et des aigreurs difficilement recevables.

Si le *Bocage royal* fait entendre plus d'une fois des accents poignants, c'est sans doute qu'il est l'œuvre d'un poète qui se sent menacé, à la fois socialement et biologiquement. Le monde où il avait conquis sa place éminente lui échappe et se transforme. En témoigne la réponse, à la fois cynique et désolée, que lui fait un devin dans le discours à Catherine de Médicis : « Phoebus [...] est devenu sourd », et les poètes n'ont d'autre ressource désormais que de jouer les pantins devant les Grands, s'ils veulent voir leurs œuvres échapper au « vent » et à l'oubli. Blessé par une comédie sociale dont il a pourtant largement profité, Ronsard s'inquiète aussi de la pente irrémédiable où glisse son être physique et spirituel : « Au rossignol tout semblable je suis, / Qui maintenant un vers desgoiser je ne puis. » Le délabrement du corps n'autorise plus les ardeurs poétiques d'antan.

L'ouverture tonitruante du recueil ne laissait supposer ni la surdité d'Apollon ni la fuite des Muses : tout l'intérêt du *Bocage royal* tient à cette apparente réitération de la rhétorique des *Odes*, et à son infléchissement dans des tonalités sombres et sarcastiques.

➤ *Œuvres complètes*, STFM, XVIII, 1 ; *id.*, « Pléiade », I.

P. MARI

BŒUF CLANDESTIN (le).

BŒUF CLANDESTIN (le). Roman de Marcel **Aymé** (1902-1967), publié à Paris chez Gallimard en 1939.

Réalisant un singulier gros plan sur les mœurs ordinaires de quelques bourgeois du 17ᵉ arrondissement de Paris, côté plaine Monceau, ce roman théâtralise non sans ironie une chronique citadine commencée avec le drame de *la Rue sans nom*.

Pour les Berthaud réunis autour de la table familiale, c'est un dimanche comme les autres, avec son cortège d'heures ennuyeuses et attendues avant la visite obligée aux Dulâtre ; à cela près que Roberte, revenue chercher un livre oublié, découvre avec horreur son végétarien de père dans la cuisine, se délectant d'un « biftèque » saignant (chap. 1-4). Navré de s'être ainsi discrédité, il cherche un réconfort dans la rue, tandis que, chez les Dulâtre, Roberte retrouve Lardut, jeune ingénieur qu'elle décide d'épouser. Le repas du soir est tendu malgré la présence insolite du général d'Amandine, vieillard luxurieux, qui demande la main de Roberte, laquelle annonce ses fiançailles (5-9). Eustache Dulâtre, amant de Leucé, actrice en mal de rôles, la présente à Berthaud qui se met à fuir les repas en famille, au grand dam de l'épouse qui le croit adultère, et à rêver d'une part de vie secrète. Roberte se demande s'il convient d'écrire à Lardut qui, angoissé par un mariage de raison, a filé se mettre au vert, et elle n'hésite pas, lorsque son frère déserte, à recourir elle-même au général qui accepte d'intervenir en échange d'un rendez-vous avec Josette Dulâtre. Dès lors elle peut régenter la maison face à un père diminué (10-17) qui démissionne jusque dans ses habitudes intimes. Et tandis que Dulâtre cherche un époux à Josette, enceinte du général, hélas ! partisan du célibat, que Leucé rompt avec Eustache, Berthaud, en accord avec Roberte (18-23), rencontre Lardut pour clarifier la situation. Et pour chacun, tout est bien qui finit bien (Dénouement).

« Le désordre appelle le désordre », lit-on au chapitre 18, le plus long du roman. Aux désordres de la fiction répondent donc ceux de la narration : longueur et enchaînement des chapitres ; rapports logiques inattendus, ambiguïté d'un lexique qui fut religieux avant d'être profane ; passage du « il » au « je » le temps d'un bref « nocturne » joué par Berthaud ; scènes burlesques (le « biftèque » clandestin) ou sérieuses (la visite du général à sa cousine infirme) narrées sur le registre opposé ; les sept figures du péché traitées en mineur (la paresse n'est que docilité ; l'orgueil, dérisoire fierté ; l'avarice fait préférer la tarte aux fraises, et les femmes ne sont pas plus des tigresses que Berthaud un cochon) ; enfin, ultime dérision, l'ordre final qui fige ces velléités de vie romanesque dans une convention de comédie. Fondé sur une somme de malentendus et de sous-entendus, ce roman de toutes les tentations, jusqu'à celle du sourire (pour le lecteur), conjugue décidément à tous les modes le verbe « déranger ».

● « Folio », 1973.

B. SIOT

BOIS SEC BOIS VERT. Recueil de proses de Charles-Albert **Cingria** (Suisse, 1883-1954), publié à Paris chez Gallimard en 1948.

Parmi les écrits de Charles-Albert Cingria, longtemps dispersés de façon désinvolte en de multiples publications, il ne saurait guère être question de chercher à définir des genres précis : l'esprit extravagant et baroque du dandy suisse refuse de se couler dans quelque moule que ce soit, et ne se laisse entraîner que par les caprices de la plus souveraine des libertés, celle qui fait fi de toute contingence matérielle ou sociale. *Bois sec Bois vert*, recueil d'une dizaine de textes apparemment hétéroclites, ne fait pas exception à cette règle et mêle l'érudition la plus subtile et la plus saugrenue aux vagabondages d'une pensée toujours en quête d'anecdotes et de sensations. Pourtant, derrière cette diversité de surface se dégage, pour qui sait s'ouvrir à l'aventure, une cohésion non factice, qui est celle de la vie même, en ses humeurs changeantes et ses plaisirs de surprise.

« Recensement », qui ouvre le recueil, introduit également au style de Cingria : dans son petit appartement parisien, tandis que le jour se lève et que passent les camions de ramassage des ordures, il se laisse aller au « torrentiel envahissement blanc » et nourrit son écriture d'associations libres, depuis des problèmes de frappe sur sa machine à écrire jusqu'à une méditation sur les miracles, ou encore à la résolution fantaisiste d'un problème de volumes.

Cette errance de la pensée se double d'une autre, physique, dont ne s'est jamais dépris celui qui reste un fameux « vélocipédiste ». Ainsi dans « le Petit Labyrinthe harmonique », notations d'impressions res-

senties au cours de multiples randonnées dans la campagne française sur une « belle bicyclette bleue », et dans « Vair et Foudres » qui mène d'une « bibliothèque de rebut », où se donne à lire un « petit dictionnaire mythologique », à une vieille femme qui, dans sa cahute retirée, vend de l'eau-de-vie.

Ainsi, encore, dans « le Camp de César », qui prend prétexte de déambulations le long de l'Oise, du côté de Chantilly, et de la rencontre fortuite de jeunes et beaux voleurs, pour finir par rappeler le mot de Max Jacob, selon lequel « la conversation vit de parenthèses ».

Parfois, un texte semble s'apparenter à la nouvelle ou au conte de fées, comme dans « Xénia et le Diamant », ou au récit fantasmagorique : c'est « Hippolyte Hippocampe » qui narre, en un baroquisme exquis, une version aquatique de *Phèdre*.

Ailleurs, « Lou Sordel » paraît une étude littéraire historique sur un des plus illustres troubadours provençaux, mais dérive bientôt vers les faits d'armes de Charles Ier, roi de Naples, tandis que « le Comte des formes » pourrait passer pour une étude archéologique de la Ville Éternelle si son propos premier n'était d'élargir « le sens contemplatif, mais attaché à autre chose que cela à quoi on pensait quand on se représentait Rome dans les livres ».

Quant à « la Couleuvre » malicieuse, elle pourrait tout droit sortir, ainsi qu'on l'a souvent fait remarquer, d'un ouvrage de Francis Ponge.

Quel que soit son point de départ, l'écriture de Cingria ne se fixe aucun objectif précis à atteindre et refuse d'emprunter la moindre ligne droite : car elle se veut, d'abord et avant tout, mouvement. Son principe en est la digression, par laquelle elle s'ouvre au monde sous toutes ses facettes, adhère au présent sensible et accueille les faits et les impressions tels qu'ils se donnent, sans souci de hiérarchisation ni d'objectivation. « Ce n'est rien : c'est prodigieux », s'écrie-il ainsi, dans « le Petit Labyrinthe harmonique », alors qu'il a dû se garer avec sa bicyclette sur un chemin de halage pour laisser passer une jument qui tire un chaland vide. Tout Cingria est là, dans cette disponibilité permanente à l'événement. « J'appelle réalité ce qui est réel – ce qui arrive », dit-il dans « Recensement », en jouissant de l'exercice plein de tous ses sens. C'est cette capacité de ravissement, de captation de l'instant, qui en fait, quoiqu'il n'ait guère écrit de poèmes, l'une des figures poétiques les plus attachantes de ce siècle.

Un tel incessant déplacement pourrait pourtant sembler manquer l'être des choses pour ne privilégier que l'apparence ou le geste, comme chez Genet, et se les approprier pour les détourner. Au contraire, Charles-Albert Cingria en appelle à dépasser les miroitements pour rejoindre la plénitude et l'authenticité. « Ici le visuel est secondaire. C'est moins un spectacle qu'une audition, et des plus raffinées qui puissent exister dans l'accès non prévu de sensations pareilles », confie-t-il dans « Vair et Foudres », alors que « Recensement » précise : « Nous devons nous étonner de nous-mêmes en tant que capables de questionner. Ce qu'il y a d'important est moins ce qu'on voit que l'état dans lequel on se trouve quand on voit. »

Nul besoin, donc, de mise en scène, pas plus que de surnaturel : le naturel l'est bien assez, pour peu qu'on se réconcilie avec le possible, qu'on ne le prive pas de la liberté de se déchaîner. Dans le même ordre d'idées, l'érudition, souvent imaginative, de Cingria n'est pas pédantisme : s'il y est fait appel, c'est qu'elle participe de l'homme en tant qu'être de culture et que, reliant le passé au présent, elle manifeste à travers le jeu des réminiscences l'unité du monde, laquelle est tout autant dans les coupes de glace de chez Aragno que dans la basilique Saint-Pierre, dans l'énumération des trésors du Latran que dans le repos du corps qui se chauffe devant un feu de bois.

● « L'Imaginaire », 1983. ➤ *Œuvres complètes*, L'Âge d'homme.

L. PINHAS

BON APÔTRE (le). Roman de Philippe **Soupault** (1897-1990), publié à Paris chez Kra en 1923.

Entre la fin du mouvement dada, dont il était l'un des plus ardents activistes, et le début du surréalisme proprement dit (en 1924), Philippe Soupault établissait avec ce premier roman une sorte de bilan intellectuel et moral de sa propre jeunesse. Œuvre d'abord de provocation – la seule mention de « roman » faisait alors frémir Breton, et demeurait plutôt inattendue sur la scène littéraire de la part de qui passait surtout pour un « jeune poète agité » –, *le Bon Apôtre* s'inscrivait aussi, de façon diagonale, dans les recherches en vue d'un renouvellement de la narration – l'auteur connaissant personnellement Valéry et Gide, mais aussi Proust et Joyce – que l'histoire littéraire a retenues sous le nom de « crise du roman des années vingt ».

Connaissant Jean X... depuis l'enfance, le narrateur, Philippe Soupault (apparaissant sous ce nom, et à la troisième personne, durant tout le livre) avait été frappé par son « instinct de mimétisme » par quoi il plaisait à tous et semblait dissoudre en lui-même toute esquisse de personnalité : d'où son surnom de « bon apôtre » (chap. 1). De retour d'un voyage, à l'âge de dix-neuf ans, Philippe Soupault apprend que son ami est en prison après avoir été démasqué comme menteur pour avoir accusé de vol une employée de ses parents et pour avoir simulé la folie afin de tenter d'échapper à la justice (2). Cherchant à comprendre cette inexplicable et fausse délation, Philippe rend visite à Jean, en Normandie, dès la sortie de prison de celui-ci, il apprend qu'il s'agissait surtout pour Jean de se débarrasser de cette bonne pitoyable, après une vague amourette porteuse d'un « dégoût subtil » (3). Huit mois plus tard, désespoir latent (4-5). Jean devient alors « poète moderne » : « C'était une course monotone, mais sans merci. Les poètes à bicyclette. Dans un grand vélodrome artistique et littéraire, on distinguait les poètes de demi-fond, les poètes derrière motos et les champions routiers »(6). L'ennui provoque la fuite définitive de Jean : « M'échapper, c'est ce que je veux et je ne sais de quelle prison. » Dix-huit mois plus tard, Philippe reçoit une carte postale de Jean, venue du Canada, et y répond : « Mon cher Jean, j'ai vécu deux années près de toi, je te voyais quotidiennement. Où es-tu ? Je ne vois rien. La lumière se divise. Il fait jour et nuit. »

Délibérément lacunaire, travaillant par succession de plans en décrochement les uns des autres, *le Bon Apôtre* ruine toute continuité narrative. Dès l'introduction, l'auteur résumait d'ailleurs en trois pages l'« action » à venir – « Je raconte une histoire. Je parle surtout d'un homme. Il s'agit de l'éducation des années 192... "Éducation sentimentale" ? Oui. Non. Éducation tout court » –, désamorçant d'emblée tout intérêt qui se porterait sur l'anecdote afin de contraindre à une autre lecture, attentive à la construction comme au jeu de l'écriture. Sous la désinvolture ostentatoire – telle la célèbre note finale : « Tout est fini maintenant. J'écris des romans, je publie des livres. Je m'occupe. Et allez donc ! » – et le caractère circonstanciel de certaines attaques (portrait-charge de « Poteau », alias Cocteau, ou du mécène Jacques Doucet traité d'« épicier », ce qui ne l'empêcha pas d'acheter le manuscrit...), par-delà les très nombreuses références autobiographiques où les personnages de Jean et de Philippe se superposent jusqu'à la confusion (haine de l'éducation bourgeoise, découverte de Lautréamont, explication du « goût du scandale », etc.), le sens du récit tient alors tout entier dans le dépliement de sa forme.

Sur 140 pages, Philippe Soupault fait alterner la narration portée par Philippe et le « Journal » de Jean, dédoublant ainsi les points de vue. Dans cette pulsation, il incruste, à la façon des collages, la plupart des procédés d'écriture : la lettre, le billet, le poème, le monologue intérieur, allant même jusqu'à la parodie du fait divers et du jargon juridique. Aussi la délicate destruction de l'architecture romanesque ouvre-t-elle à un univers de l'inconstance et de la variété. La pluralité des voix et objets représente alors la thématique centrale du livre, liée en partie au personnage de Jean, à savoir le statut même du sujet philosophique que le dadaïsme avait attaqué : « Tout est perdu d'avance puisque c'est moi tout entier qui suis en jeu. » Dans un lyrisme contenu et une élégance stylistique presque glacée, *le Bon Apôtre* ne déroule ainsi un récit que pour en exhiber les manques : les motivations du geste de

Jean restent incompréhensibles, le geste – rimbaldien – de la fuite ne résout rien et le sujet apparaît pour finir dépossédé de toute maîtrise, soumis à un vide que le « Journal » de Jean, en abyme du texte lui-même, n'a de cesse de circonscrire. Faisant sienne, mais avec un détachement ironique, l'exigence classique, la phrase recèle dans sa transparence un piège, où viennent se dissoudre (comme dans le personnage de Jean) les notions d'histoire, de sens, d'identité, et peut-être celle du réel lui-même, dont on dirait que l'écriture vise à l'évacuer.

Mémoires d'un désespoir, machine à briser la référence, *le Bon Apôtre* avait été remarqué et compris dès sa parution au point de manquer de peu le prix du Nouveau Monde, pour lequel le jury préféra *in extremis* le plus rassurant *Diable au corps* de Radiguet.

● Garnier, « Les Inoubliables », 1980 (p.p. S. Fauchereau) ; Lachenal et Ritter, 1988.

O. BARBARANT

BONHEUR D'OCCASION. Roman de Gabrielle **Roy** (Canada/Manitoba, 1909-1983), publié à Montréal par la Société des Éditions Pascal en 1945. Réédité à Paris chez Flammarion en 1947. Prix Femina.

Bonheur d'occasion est un roman charnière dans l'histoire littéraire du Canada français. Il survient à point nommé dans un paysage littéraire encore essentiellement d'inspiration rurale, en dépit d'évolutions sociales notables puisque le pays est devenu urbain à plus de 63 % en 1941. *Bonheur d'occasion* inaugure la fresque sociale en milieu urbain dans les lettres canadiennes françaises. Mis à part *Maria Chapdelaine*, aucun roman « québécois » n'a connu une audience aussi vaste. Celui-là est l'œuvre d'un Français, celui-ci d'une Manitobaine. Grâce sans doute à leur qualité d'étrangers au Québec, qui leur conférait une plus grande liberté de regard et d'analyse, ils ont l'un et l'autre marqué un tournant décisif dans l'histoire de cette littérature.

Montréal, février 1940. Florentine Lacasse, jeune serveuse de restaurant, veut s'arracher à la misère de son milieu et de son quartier populaire, Saint-Henri. Son père Azarius, ancien menuisier, incapable de trouver un métier stable, ne peut assurer la survie de sa nombreuse famille. C'est la mère, Rose-Anna, qui tient à bout de bras ce petit monde misérable, trouve les logis, ravaude les vêtements, lutte contre la crasse et tente d'éviter l'éclatement de sa famille. Elle ne peut rien pourtant contre la leucémie d'un de ses enfants, le petit Daniel, qui meurt dans un hôpital de Westmont, le riche quartier anglophone voisin de Saint-Henri.
Pour échapper à l'indigence familiale, Yvonne s'enferme dans une piété maladive, Philippe s'abandonne à la délinquance tandis que Florentine, la sœur aînée, mise sur un jeune ouvrier prometteur et ambitieux, Jean Lévesque, dont les regards sont tournés vers Westmont. Pour assurer sa conquête, elle s'abandonne à lui un jour où la famille est partie en visite à Saint-Denis, le village natal de Rose-Anna. Mais bientôt le jeune homme la rejette avec l'enfant à naître. Azarius, découragé, finit par s'engager dans l'armée pour garantir un revenu aux siens dont le nombre augmente encore. Le fils Eugène, dégoûté par sa situation, s'enrôle lui aussi comme tous les jeunes du quartier, Alphonse, Pitou et Boisvert, en butte à un chômage endémique. Après avoir tué le temps au restaurant de la mère Philibert, ils prennent le fusil comme premier instrument de travail. Afin de légitimer sa grossesse et de s'assurer une sécurité, Florentine se laisse épouser par Emmanuel Létourneau, jeune militaire issu d'une famille relativement aisée, qui l'aime. Lui aussi part pour la guerre mais c'est par idéalisme, par choix. Grâce à son mariage de raison, Florentine peut enfin réaliser son rêve : quitter Saint-Henri.

Chez Gabrielle Roy, il y a un drame de la ville : pour Azarius et Rose-Anna qui vivaient hier encore à la campagne, elle est l'incompréhensible, la source d'une misère profonde. Pour Florentine ou Jean Lévesque, elle incarne un défi nouveau, la chance d'un accomplissement personnel, le royaume du chacun pour soi. Les premiers sont vaincus d'avance tandis que les seconds réussiront leur ascension sociale non sans avoir sacrifié un peu de leur humanité.

La première génération de paysans urbanisés vit dans une société industrielle mais conserve les empreintes d'une mentalité paroissiale : le quartier Saint-Henri à Montréal est une survivance du village au sein de la cité. Rose-Anna et Azarius se situent à la charnière de deux époques et semblent hésiter à pénétrer plus avant dans un présent où ils se sentent sans référence et sans identité. Leur nouvel espace est marqué par la présence d'autres cultures. Transfuges, ils deviennent étrangers à leur environnement et à eux-mêmes. Ils découvrent la solitude.

Autour de ces personnages, l'auteur à bâti une fresque sociale unique où l'observation minutieuse est sans cesse approfondie par une bouleversante intuition de la misère humaine. Gabrielle Roy ne transforme pas, ou très peu, le réel, parce qu'il entre dans son projet de faire du réel l'armature même de son ouvrage. Ici les rues, les maisons ne forment pas un cadre mais sont en quelque sorte un prolongement des hommes. Le quartier est personnage dans la mesure où il s'identifie à la misère. Saint-Henri est un lieu clos, un ghetto où les tentations viennent harceler ceux qui ne peuvent y accéder. L'aventure de Florentine, au cœur de l'intrigue, s'inscrit en creux dans l'aventure générale de la famille Lacasse qui, elle-même, s'imbrique dans celle du quartier, celle-ci étant à son tour insérée, avec la guerre, dans l'histoire mondiale.

Les personnages de Bonheur d'occasion n'ont pas de vie intérieure. Ce qui fait la misère de Florentine n'est pas le manque d'argent, ni d'être serveuse, mais son ignorance, l'absence en elle de tout désir de changement, de toute volonté d'amélioration personnelle. Elle n'a aucune imagination, elle ne possède aucune notion de ce qu'elle appelle l'amour et qui est à peine la caricature d'un sentiment humain. Les événements la traversent sans rien lui ajouter. Dans son aventure avec Jean Lévesque n'entre aucune ferveur. Comme la plupart des personnages du roman, elle n'a pas eu d'adolescence ; le seul acte décisif de sa vie, son mariage, elle le bâcle et le gâche. Elle passe sans transition, en quelques heures d'abandon, du rêve et de la jeunesse à la vie adulte et noue un pacte définitif avec la réalité. Jean Lévesque, l'ambitieux, prêt à tout sacrifier à son ascension sociale, a le courage de se détacher d'elle, de résister à la pitié qu'elle lui inspire.

Outre sa qualité de témoignage sur le petit peuple montréalais, Bonheur d'occasion contient aussi une interrogation sur la guerre et ses répercussions dans un milieu défavorisé. La guerre, injustice fondamentale érigée en institution, devient ici – paradoxe terrible – un outil de salut. Elle permet aux hommes d'accéder à des conditions de vie décentes et de retrouver une dignité. Pour Azarius, Pitou, Boisvert, Alphonse, la guerre devient le moyen d'une survie et d'une libération individuelle. Cette coïncidence entre le rachat et la destruction confère au roman une dimension apocalyptique.

Si Bonheur d'occasion est un roman social, Gabrielle Roy ne fait pas œuvre de sociologue, elle ne procède à aucune description systématique mais suggère une atmosphère générale et, par touches, pose un regard naturel et direct sur la principale réalité du milieu qu'elle dépeint : l'enfermement. Par leur vérité, la sympathie et l'attention que leur accorde l'auteur, les personnages excèdent leurs déterminations sociales et possèdent une consistance propre. Si la forme romanesque est datée, le style classique sans véritable audace, la matière humaine, elle, est d'une étonnante richesse.

● Flammarion, rééd. 1965 ; Montréal, Éd. Stanké, « Québec 10/10 », 1978.

C. PONT-HUMBERT

BONHEUR DANS LE CRIME (le). Voir DIABOLIQUES (les), de J. Barbey d'Aurevilly.

BONHEUR FOU (le).

BONHEUR FOU (le). Roman de Jean **Giono** (1895-1970), dont trois fragments furent d'abord publiés en revue sous les titres suivants : « Angelo va à Milan » dans la *Revue de Paris* de mars à juin 1954 ; « Prélude à la révolution de 1848 en Italie » dans les *Cahiers de l'artisan* de Lucien Jacques d'avril à mai 1954 ; « Batailles » dans *la Nouvelle Revue française* en février-mars 1957. Il parut en volume chez Gallimard en 1957.

Le Bonheur fou est le dernier roman du « cycle du Hussard » consacré au personnage d'Angelo (voir *Angelo*). Giono l'entreprend après avoir terminé le *Hussard sur le toit* et, d'un texte à l'autre, le récit s'enchaîne presque directement. Alors que le *Hussard sur le toit* s'achevait sur le départ d'Angelo pour l'Italie en vue d'y prendre part à la lutte révolutionnaire, le *Bonheur fou* commence au moment où le héros s'apprête à participer à l'insurrection de Milan. En outre, ce dernier roman comporte quelques allusions au choléra et à Pauline, c'est-à-dire aux aventures vécues par Angelo dans l'ouvrage précédent.

En mars 1848, Bondino, qui avait dû quitter l'Italie en 1821 pour avoir participé à une révolte, revient dans son pays. Durant son exil, en Angleterre puis en France, Bondino, fin politique et froid calculateur, a pris la tête d'une importante organisation révolutionnaire dans laquelle est entré Giuseppe. Ce dernier a accepté de livrer son frère de lait, Angelo Pardi, à Bondino qui souhaite en faire un « homme de paille ». Fils de la duchesse Ezzia et ancien colonel de hussards, Angelo est très populaire en raison de sa jeunesse, de son courage et de son action révolutionnaire. Giuseppe est venu le retrouver à Turin et les deux jeunes gens partent ensemble pour se joindre à l'insurrection de Milan contre l'Autriche (chap. 1). Ils se séparent bientôt pour mieux échapper à la police (2). Arrivé à Casteletto, Angelo apprend qu'il est faussement accusé du meurtre d'un lancier et qu'il mourra si la police s'empare de lui (3). Il réussit à se cacher chez une vieille dame qui lui révèle qu'un duel va avoir lieu entre un capitaine de lanciers et un commandant d'artillerie, qui a publiquement pris la défense d'Angelo. Trop fier pour demeurer caché plus longtemps, Angelo rend visite au commandant, un homme franc et sympathique qui meurt peu après au cours du combat. Angelo provoque alors en duel le lancier, le tue et part pour Novare (4). Il y trouve Lavinia, la femme de Giuseppe ; elle lui révèle que ce dernier est parti avec Bondino. Angelo se rend alors à Milan, où il espère retrouver son frère de lait, et participe héroïquement aux luttes sanglantes qui opposent les Italiens aux Autrichiens. Il rencontre l'état-major politique de la révolution, mais il est peu attiré par les manœuvres hypocrites qu'il y devine (5-6). Chargé d'une mission secrète, il part pour Brescia où il est encore témoin de la fausseté des politiques qui font échouer son entreprise et sont responsables d'un lynchage auquel il échappe de peu (7). Il décide ensuite de se rendre dans son domaine de la Brenta, au nord de Turin (8). Il y est rejoint par Carlotta, une jeune femme élevée à ses côtés, qui est amoureuse de lui, et par son mari, le comte d'Aché, tous deux proches de Bondino. Celui-ci arrive peu après, propose à Angelo une brillante position dans son parti tout en le menaçant. Il lui révèle également la trahison de Giuseppe et la vérité sur son aventure de Casteletto : tout avait été organisé par les amis de Bondino ; Angelo eût été une belle victime à exploiter par la révolution. Prisonnier dans sa propre demeure, Angelo parvient à s'enfuir. Il retrouve Michelotti, un domestique qui lui est totalement dévoué, et le général Lecca, qu'il avait connu à Milan. Celui-ci est en route pour Bidogno où l'attend une troupe dont il va prendre la tête pour combattre les Autrichiens (9). Les trois hommes gagnent Bidogno puis partent en campagne (10-12). Angelo participe à divers combats jusqu'à la défaite des Piémontais (13-14). Rentré à Turin, il se bat en duel avec Giuseppe, le tue, et part pour la France. On devine qu'il va rejoindre une femme aimée mais il se sait poursuivi et menacé (15).

Giono s'est amplement documenté pour composer ce roman historique et a directement emprunté à ses sources les faits qu'il relate, ainsi que maints épisodes ponctuels ou détails pittoresques destinés à restituer l'atmosphère du temps. Au contraire, les personnages, à quelques exceptions près – le roi Charles-Albert, qui fait une brève apparition dans le récit, ou Radetzky, qui gouverne Milan pour le compte de l'Autriche –, sont créés de toutes pièces. Inspirés par la vérité historique mais fictifs, ils peuvent ainsi revêtir une plus large dimension, c'est-à-dire représenter des comportements typiques, non circonscrits à la période historique au sein de laquelle ils évoluent. Au-delà de sa dimension historique, Giono est en effet soucieux que son roman puisse être lu comme une réflexion d'ordre éthico-politique et qu'il soit possible de le transposer à d'autres époques : « Évidemment, ce livre se passe pendant la révolution de 1848 en Italie, mais on peut faire un parallèle très exact entre ce qui se passait en 1848 et ce qui se déroulait, par exemple, pour nous Français, après 1940 pendant l'Occupation. Et après l'Occupation aussi. Après on appelle ça la Libération. Bien. En effet, le Bonheur fou a été construit pour exprimer à la fois mon époque et en faire un parallèle avec une époque donnée » (Jean Giono, dans *The French Review*, octobre 1959).

Après la Seconde Guerre mondiale, l'écrivain a perdu toutes ses illusions sur la lutte collective et il est désormais hostile à tout esprit de parti. *Le Bonheur fou* montre la fausseté et la compromission auxquelles n'échappe aucun des membres des états-majors politiques, notamment à travers le personnage de Bondino que divers rapprochements tendent à associer à un dirigeant communiste – on connaît la profonde aversion qu'éprouve alors Giono pour ce parti, qu'il juge responsable de son incarcération en 1944. Fondamentalement perverse, la politique change en traîtres les proches d'Angelo : Carlotta, que sa mère la duchesse Ezzia a élevée, et Giuseppe, son frère de lait aimé à l'égal d'un véritable frère.

Roman d'éducation, *le Bonheur fou* montre aussi un personnage qui perd peu à peu ses illusions de jeunesse sur la révolution, la liberté, l'organisation de la lutte et, en partie, sur le peuple qui peut se montrer héroïque – c'est le cas lors de l'insurrection de Milan –, mais aussi stupidement violent, lors du lynchage manqué à Brescia (chap. 7). Le naïf enthousiasme d'Angelo fait place à la distance ironique : « Il ne se souvenait pas d'avoir jamais rencontré autant de héros. Avec le quart des vertus qu'on voyait briller dans tous les regards, il y avait de quoi construire cent Italie » (chap. 8).

Angelo, à la recherche d'une pleine réalisation de soi, trouve son épanouissement dans l'action. Risquer sa vie, dépenser ses forces sans compter, c'est cela qui lui apporte ce « bonheur » dont il est constamment en quête. Valeur fondamentale qui donne au roman son titre, le bonheur d'Angelo est « fou » parce qu'il est extrême ou n'est point, et aussi parce qu'il est inséparable du jeu. Angelo est heureux quand il s'« amuse comme un fou » (chap. 9). Profondément aristocratiques, son comportement et ses motivations ont peu de chance d'être compris, fût-ce par ses amis : « Il ne faut pas leur montrer que je suis comme un poisson dans l'eau, se disait-il. Même Michelotti [...] n'aimerait pas savoir que je suis en train d'essayer la guerre comme on essaie une paire de gants » (chap. 12). Ce détachement fier et ludique nourrit le bonheur d'Angelo mais il en marque aussi les limites : incapable d'adhérer pleinement aux situations qu'il vit, il demeure toujours en marge. L'Histoire s'apparente pour lui à un spectacle – « Je suis vraiment sur le théâtre des opérations », se dit Angelo (chap. 8) –, et il ne cesse de s'éprouver comme un personnage, inquiet de l'image qu'il offre aux autres et ayant besoin de commenter intérieurement ses moindres gestes ou paroles. À cet égard, son bonheur est peut-être fou au sens où il est impossible.

Si Angelo, à la fin du roman, quitte l'Italie et renonce à la révolution, c'est certes parce que cette dernière a perdu son estime, mais aussi parce qu'il a compris que le bonheur était ailleurs. L'amour, pour lequel il opte alors, semble riche de promesses mais le dénouement maintient l'incertitude : « Il s'aperçut qu'il était suivi d'ombres très habiles à se glisser d'arcade en arcade et à se rapprocher de lui. D'autres venaient à sa rencontre. "Ah ! se dit-il, la France est loin !" » (chap. 15). Seul le roman suivant du cycle d'Angelo, *Mort d'un personnage*, permettra de savoir que l'amour – et non la mort – attend le héros.

Finalement le bonheur le plus certain est sans doute celui de l'écriture romanesque. La veine historique pratiquée ici par Giono permet foisonnement et exubérance. Les scènes et les événements s'enchaînent avec une grande rapidité, selon un rythme constamment soutenu : « Dans le Bonheur fou, j'ai essayé de faire que chaque phrase raconte, que chaque phrase soit en elle-même un récit complet » (interview R. Ricatte, septembre 1966). Ainsi, la phrase se crée avec une lenteur où l'auteur puise « [sa] raison de vivre et la source de [son] bonheur » (lettre à R. Nimier, entre janvier et mars 1956).

● « Folio », 1986 ; *Angelo [...]*, Gallimard, « Biblos », 1989 (préf. M. Déon). ➤ *Œuvres romanesques complètes*, « Pléiade », IV.

A. SCHWEIGER

BONIFAS (la). Roman de Jacques de **Lacretelle** (1888-1985), publié à Paris chez Gallimard en 1925.

Au début du siècle, Marie Bonifas grandit dans une petite ville picarde, Vermont, entre son père, un ancien commandant dont les manières frustes la blessent, et une jolie servante, Reine, auprès de qui elle trouve tendresse et affection jusqu'au jour où, enceinte de l'officier, la domestique séduite se suicide devant ses yeux. Dès lors, sa répulsion de la brutalité masculine et son attirance pour de fragiles jeunes filles lui valent incompréhension, rejet, calomnie et persécution. Mais, en 1914, quand les troupes allemandes approchent, l'autorité et l'énergie de « la Bonifas » transforment, dans une ville privée de ses hommes, la paria en héroïne puis en respectable notabilité.

À la suite des naturalistes, Lacretelle fonde son récit sur les catégories de Taine et narre l'évolution de la « faculté maîtresse » d'un personnage en tenant compte du contexte racial, social et conjoncturel. Ainsi, la dénomination péjorative de l'héroïne, reprise par le titre, en occulte le prénom virginal pour mieux l'inscrire dans une « race » martiale (elle est le fruit des amours d'un militaire bourru et d'une chanteuse de cabaret pour soldats), que le destin se plaît à ridiculiser (son patronyme convient mal à son physique ingrat de virago). Son milieu, une petite ville de province hypocrite et mesquine, caricaturée par le pensionnat où l'on tente de lui inculquer les « bonnes manières », ne peut que contrarier – et pervertir – sa nature. Seule la guerre, qui ne laisse à Vermont que des hommes lâches ou exclus de la conscription par leur âge ou leur faible constitution, peut apporter un « moment » favorable à ses qualités viriles. Et le narrateur de comparer son héroïne à « une plante qui, trouvant son climat et sa saison, donne soudain des fleurs admirables ».

Toutefois, à l'exemple de nombreux contemporains, l'auteur, influencé par les études psychologiques, s'attache moins à un type social qu'à un type humain et renoue avec la tradition des romans d'analyse. Par ses fréquentes entorses à l'ordre du récit, souvent accompagnées de commentaires sur les « exploits à venir » ou les faiblesses passées, il souligne la permanence d'une personnalité, indépendamment des événements et du jugement d'autrui. Il multiplie également les symboles de l'ambivalence de Marie Bonifas : ainsi, le pensionnat d'où elle est chassée pour son homosexualité latente et où elle achève son parcours en héroïne de guerre porte le nom d'Institution Jeanne-d'Arc ; en accord avec une maxime de La Rochefoucauld citée en exergue, « Les vices entrent dans la composition des vertus comme les poisons entrent dans la composition des remèdes » ; il reprend fréquemment le thème de l'amazone sous un jour négatif quand elle chevauche sa jument avec ivresse au cours de folles équipées nocturnes, puis positif quand elle se porte, sur sa monture vieillie, au-devant de l'envahisseur. Lacretelle parvient ainsi à écrire le livre que son héroïne appelle de ses vœux, loin des romans où « les caractères semblent formés au fur et à mesure par les circonstances et les péripéties ».

● « Folio », 1979.

H. LEFEBVRE

BONJOUR TRISTESSE. Roman de Françoise **Sagan**, pseudonyme de Françoise Quoirez (née en 1935), publié à Paris chez Julliard en 1954.

Cécile, après une enfance en pension, vit depuis deux ans avec son père Raymond, un quadragénaire veuf, aux nombreuses maîtresses dont elle s'accommode sans mal. L'été de ses dix-sept ans, elle part sur le Côte d'Azur avec son père et la maîtresse du moment, Elsa, jeune et frivole. Mais son père a aussi invité Anne, une amie de sa femme, élégante et intelligente. Dès son arrivée, l'atmosphère change. Anne veut faire travailler Cécile, qui a raté son baccalauréat, et voit d'un mauvais œil ses relations avec Cyril, un étudiant en vacances dans les environs. Bientôt Elsa est délaissée, et le père de Cécile décide d'épouser Anne. Cécile, révoltée, encourage Elsa à rendre jaloux son père, en feignant une liaison avec Cyril. Raymond, qui aime Anne, et est déterminé à changer de vie pour elle, ne peut cependant résister à une telle provocation. Anne le surprend par hasard avec Elsa, et, désespérée, part aussitôt. Elle meurt d'un accident de voiture. Cécile et son père reprennent leur vie insouciante. Mais la jeune fille a fait connaissance avec la tristesse.

Bonjour tristesse, ce roman écrit à dix-huit ans, est sans doute celui qui contient, à l'état le plus pur, tous les éléments de ce qui allait devenir le « mythe » Sagan : la vie facile, l'amour du soleil, des voitures rapides, de l'alcool, un mélange de cynisme, de sensualité et d'indifférence. Et le succès immédiat rencontré par ce roman, « best-seller » de l'année 1954, était avant tout un succès de scandale : François Mauriac voyait en l'auteur un « charmant petit monstre », la presse insistant sur son étonnante amoralité. Quelques années plus tard, la vie et le roman semblaient se rejoindre : la célèbre photographie de l'écrivain, debout près de son Aston Martin fracassée dans un accident, un sourire ingénu et narquois sur les lèvres, la montrait pareille à ses héroïnes, et faisait d'elle une sorte de « hussard » féminin (voir le *Hussard bleu*). Et certes, on trouvait bien, dans *Bonjour tristesse*, annonçant les audaces des années soixante, de quoi alimenter la presse à scandale.

La morale de l'époque y était en effet maltraitée : non seulement Cécile n'est pas choquée par les liaisons de son père, mais elle en évoque sans gêne apparente les détails les plus scabreux ; non seulement elle cède immédiatement aux avances du beau Cyril et n'est pas déçue par cette première expérience amoureuse, mais elle se moque des projets honorables de ce dernier qui veut l'épouser. Le « goût du plaisir, du bonheur » est pour Cécile le « seul côté cohérent » de son caractère, et si elle avoue devoir tous ses plaisirs à l'argent, elle n'en a pas honte, et ne les appelle « faciles » que pour suivre l'usage. La sensualité est sa seule valeur, son seul point de repère : bonheur du fruit dans lequel on mord, bonheur de l'amour avec Cyril, bonheur de l'été surtout. La « présence de la mer, son rythme incessant, le soleil » sont les éléments indispensables, aux yeux de Cécile, à la compréhension du drame qu'elle raconte : ne déteste-t-elle pas Anne parce qu'elle l'enferme dans sa chambre, en pleine chaleur, pour l'obliger à lire Bergson ? Si elle veut empêcher le remariage de son père, tout en admirant la maîtrise et l'intelligence d'Anne, c'est avant tout parce qu'il mettra fin à leur vie heureuse et désordonnée. Pourquoi, cependant, le roman se clôt-il sur ces mots empruntés au poème d'Éluard qui lui sert d'épigraphe : « Bonjour tristesse » ? Peut-être faut-il évoquer ici un autre vers, celui de Rimbaud : « On n'est pas sérieux, quand on a dix-sept ans. »

Cette jeunesse de l'héroïne est aussi le masque d'une inquiétude : ainsi, le goût de plaire qu'elle partage avec son père, leur attrait exclusif pour les êtres beaux et superficiels, sont autant de signes d'un « besoin furtif, inavoué, d'être rassuré sur soi-même », d'une quête de sens et d'identité. À cette inquiétude, l'arrivée d'Anne vient donner une forme en présentant le modèle de l'adulte stable et rassurant. En cherchant à la blesser, Cécile obéit d'abord à un goût du jeu, à une sorte de pari. Mais la mort d'Anne, dont on ne sait s'il faut y voir un accident ou un suicide, trahit sa faiblesse de femme amoureuse en même temps qu'elle fait accéder Cécile au sérieux de l'âge adulte, de ses

désenchantements et de ses remords. Remords d'autant plus poignants qu'ils ne renvoient à nulle foi religieuse. Ni Cécile ni son père ne croient en Dieu, se trouvant « bienheureux », pour expliquer cet accident, de croire au « hasard ». Un hasard qui, dans l'atmosphère de huis clos surchauffé par le soleil qui est celle du roman, ressemble beaucoup à l'antique fatalité, venant dénouer une situation sans issue. De sorte que ce roman en apparence si « mondain » se déploie, dans sa sécheresse et sa brièveté classiques, avec la rigueur d'une tragédie.

● « Presses Pocket », 1990. ➤ *Œuvres*, « Bouquins ».

K. HADDAD-WOTLING

BONNE CHANSON (la). Recueil poétique de Paul **Verlaine** (1844-1896), publié à Paris chez Lemerre en 1870, mais mis en vente en 1872 seulement.

Peu après la publication des *Fêtes galantes*, Verlaine se fiance, en 1869, à Mathilde Mauté qu'il épouse en août 1870. Celle-ci est à la fois l'inspiratrice et la dédicataire de *la Bonne Chanson*. La vie nouvelle promise au poète par l'amour et le mariage lui apparaît comme un refuge salvateur dressé contre les démons de son existence instable, singulièrement contre la tentation de l'alcool et de l'homosexualité. *La Bonne Chanson* témoigne, chez Verlaine, d'un souci d'ancrer aussi bien sa vie que son esthétique dans la norme, les cadres fixes et la tradition. Ainsi ce recueil, qui célèbre les vertus et les joies de l'amour conjugal, pur, serein et durable, rompt, sur le plan des formes et des images, avec la recherche et les audaces poétiques des ouvrages précédents.

La Bonne Chanson comprend vingt et un poèmes tous dépourvus de titre. Ils sont précédés d'un poème dédicace – "À ma Bien-Aimée, Mathilde Mauté de Fleurville" – et suivis d'un appendice formé de trois textes et intitulé « Vieilles *Bonnes Chansons* ». La composition du recueil correspond essentiellement à un principe de succession. En effet, les poèmes de la *Bonne Chanson* n'ont pas été initialement conçus comme destinés à former véritablement une œuvre. Sortes de missives poétiques, les poèmes I à XII accompagnent les lettres écrites par Verlaine à Mathilde qui séjourne en Normandie avec les siens de juillet à octobre 1869. Les poèmes suivants jalonnent l'hiver 1869 et le printemps 1870. Lorsqu'il porte le recueil à l'éditeur Lemerre, au début de l'été, Verlaine s'est contenté d'écarter quelques pièces. Les mètres utilisés dans la *Bonne Chanson* sont variés mais les formes poétiques sont dans l'ensemble régulières et quelque peu conventionnelles.

Le titre du recueil utilise, pour désigner la parole poétique, le terme de « chanson », métaphore récurrente dans l'œuvre verlainienne. L'adjectif « bonne », qui le précède, signale toutefois un souci de marquer une différence par rapport aux autres recueils.

Certes, cette chanson est bonne parce qu'elle est bénéfique, vouée à la célébration de l'espoir et de l'amour, ainsi que l'affirme d'emblée la dédicace, sur un ton résolu et euphorique : « […] Ce petit livre / Où plein d'espoir chante l'amour », « Espérons, ma vie, espérons ! ». Mais la chanson est bonne aussi parce qu'elle est juste, à la fois musicalement et moralement, c'est-à-dire « sans fausse note et sans fadaise » (II). En ce sens, cette nouvelle veine poétique est bien, pour Verlaine, « la bonne » : elle se démarque des recueils précédents, par exemple de cette caractérisation de son art que proposait le poète dans "Sérénade" (voir *Poèmes saturniens*) lorsqu'il parlait de sa « voix aigre et fausse ».

Placée sous les auspices de Mathilde – « la petite fée » (III), la « sainte » ou la « femme-enfant » (VIII) –, *la Bonne Chanson* a une dimension explicitement personnelle et biographique. Entre conjurations du passé – « C'en est fait à présent des funestes pensées, / […] / Et des mots où l'esprit sans l'âme triomphait. / […] Arrière / L'oubli qu'on cherche en des breuvages exécrés » (IV) – et visions radieuses de l'avenir – « N'est-ce pas ? nous irons, gais et lents, dans la voie / Modeste que nous montre en souriant l'espoir » (XVII) –, la poésie verlainienne prend date et s'enracine dans le réel, tournant ainsi le dos aux rêveries fantasques et mélancoliques des œuvres antérieures. Le rêve porte désormais sur un univers ordonné, stable et protecteur, sur « le foyer, la lueur étroite de la lampe » (XIV).

Les formes poétiques elles aussi s'ordonnent, se pliant volontiers aux normes traditionnelles. L'alexandrin est fréquemment utilisé, la syntaxe rarement bouleversée par la versification et l'image souvent banale. Le poème "Puisque l'aube grandit [...]" (IV), par exemple, avec sa succession de strophes composées d'alexandrins aux rimes alternées, avec ses amorces de vers répétées et sa chute synthétique, apparaît comme une construction rhétorique bien convenue. Un seul poème, "la Lune blanche [...]" (VI), rappelle l'esthétique novatrice propre à Verlaine avec laquelle le poète renouera dans le recueil suivant, les *Romances sans paroles. Ces dernières seront toutefois suivies de *Sagesse, recueil qui, avec la conversion religieuse, opère un repli vers le discursif et le conformisme comparable à celui de la Bonne Chanson. La « chanson bien sage » (Sagesse, I, 16) fera alors écho à la « bonne chanson ».

● « Le Livre de Poche », 1964 (préf. A. Blondin, p.p. C. Cuénot) ; Fêtes galantes [...], « GF », 1976 (p.p. J. Gaudon) ; « Poésie/Gallimard », 1979 (p.p. L. Forestier). ➤ Œuvres poétiques complètes, « Pléiade » ; id., Vialetay, I ; Œuvres complètes, Club du meilleur Livre, I ; Poésies : 1866-1880, « Lettres françaises » ; Œuvres poétiques, « Classiques Garnier » ; Œuvres poétiques complètes, « Bouquins ».

A. SCHWEIGER

BONNES (les). Pièce en un acte et en prose de Jean **Genet** (1910-1986), créée dans une mise en scène de Louis Jouvet à Paris au théâtre de l'Athénée en 1947, et publiée à Paris aux Éditions de l'Arbalète la même année.

Madame insulte sa bonne, puis la bonne se révolte contre « Madame » et manque l'étrangler... mais le réveil sonne. Les deux sœurs, Solange et Claire, Solange qui a joué Claire, et Claire qui a joué Madame, redeviennent deux sœurs, bonnes de Madame. Elles rangent la chambre et se disputent. Claire, qui a envoyé à la police des lettres anonymes afin de faire emprisonner Monsieur, l'amant de Madame, reproche à Solange de manquer de courage. Solange s'accuse de n'avoir pas tué Madame, lorsque Monsieur appelle pour informer qu'il est libéré et attendra Madame en ville. Les deux sœurs sont effondrées, s'apercevant que leur stratagème a été inefficace, et peut-être éventé. Claire se promet alors de tuer Madame. Lorsque Madame survient, les deux sœurs s'entendent : il faudra que Claire mette dix comprimés de gardénal dans le tilleul. Madame, à son entrée, se désole devant Solange de l'incarcération de Monsieur. Claire entre, apportant le tilleul, mais Madame ne boit pas. Lorsque Claire et Solange annoncent que Monsieur est en liberté provisoire, Madame quitte la maison, sans avoir bu le tilleul. Claire redevient alors Madame et pousse Solange à la haine, qui se déchaîne progressivement. Claire demande grâce, mais Solange poursuit le jeu, s'entête dans le rôle de Madame, demande à Solange promue Claire, de lui verser le tilleul, qu'elle boit. Après quoi Solange aura à perpétuer toute seule, en prison, le souvenir de leurs deux existences.

Cette pièce, quoi qu'on en ait dit, n'a que peu à voir avec l'histoire des sœurs Papin, le meurtre sanglant de deux femmes par leurs servantes, que Lacan analysa comme l'accomplissement de facto d'un délire paranoïaque. Comme dit Genet dans « Comment jouer les Bonnes », il s'agit d'un « conte » : « Il faut à la fois y croire et refuser d'y croire » ; c'est-à-dire que, comme dans toutes les pièces de Genet, il demeure problématique de démêler ce qui tient d'une intrigue complexe de ce qui ressortit à la sphère d'une représentation distanciée et consciente d'elle-même. Cabale contre Madame, projet d'assassinat, puis suicide compensatoire de l'échec du meurtre : les Bonnes s'envisagent comme un rituel où le poison peut n'être que du faux et le meurtre au « tillol », un avatar d'une représentation toujours reconduite du meurtre de Madame-Claire par Solange.

Huis clos à deux interrompu par l'apparition centrale de Madame, les Bonnes ont pour moteur la fascination-répulsion : d'une part les bonnes haïssent Madame et ne rêvent que de la détruire en faisant enfermer son amant ; d'autre part, elles l'idolâtrent : Madame est pour les deux bonnes comme un totem devant lequel elles se prosternent ou qu'elles souillent. Il y a dans cette pièce, des traces, des réminiscences de la cruauté telle que l'a définie Artaud, les bonnes exerçant le sadisme comme l'instrument d'une nécessité qui les dépasse.

Donc le sadique n'est pas libre : une dialectique infernale gouverne le rapport intersubjectif des deux bonnes, qui, liguées contre Madame, ne parviennent jamais à se pardonner l'une à l'autre l'abjection où elles se trouvent. Lorsque, après la sonnerie du réveil, des moments d'attendrissement entre les sœurs succèdent à la violence rituelle contre Madame, on voit réapparaître entre elles deux l'antagonisme qui est le décalque de celui qu'elles entretiennent avec Madame.

Ainsi les personnages principaux sont-ils enfermés dans des mécanismes qui se traduisent jusque dans leurs déplacements à la surface de la scène. Selon la consigne de Genet lui-même, « les metteurs en scène doivent s'appliquer à mettre au point une déambulation qui se sera pas laissée au hasard : les bonnes et Madame se rendent d'un point à un autre de la scène, en dessinant une géométrie qui ait un sens ».

D'où l'idée que le sadisme des Bonnes n'est au fond que l'expression de la théâtralité elle-même : la pièce annonce la dramaturgie radicale qui régit les macrocosmes du *Balcon et des *Nègres. Ainsi la structure de la pièce offre l'image d'un rituel impuissant à neutraliser le réel, et qui, en fin de compte, se retire en lui-même. Dans la première partie du conte, les bonnes jouent à Madame et sa bonne ; dans la deuxième, Madame arrive et perturbe l'organisation rituelle des deux sœurs : c'est l'extérieur qui s'engouffre dans la pièce (encore Genet est-il tenté de déréaliser cette entrée finalement si théâtrale puisqu'il suggère dans une note : « Je suggère que les metteurs en scène éventuels remplacent les expressions trop précises... par d'autres plus ambiguës ») ; dans la troisième, Madame repart et laisse les bonnes à leur échec, sublimé en suicide . Madame n'est pas l'Irma du *Balcon : elle est une vraie Madame qui « ne sait pas jusqu'à quel point elle est bête, à quel point elle joue un rôle », tandis que les deux sœurs sont de part en part conscientes qu'elles sont les actrices et les metteurs en scène de leur situation : « Tu ne voudrais pas qu'on... qu'on s'organise dans le noir », confie à Solange Claire, qui semble réticente à nommer ce qu'il nous faut bien appeler jeu.

« Solange, tu me garderas en toi » : telle est l'une des dernières phrases des Bonnes dont l'intrigue évolue vers davantage d'enfermement et d'autarcie. La victime adorée et haïe – Madame – ayant disparu, reste aux bourreaux en jupons à se répartir la tâche, l'un restant bourreau, l'autre se muant en victime, pour accomplir l'acte meurtrier et résoudre concurremment la cérémonie théâtrale.

● « Folio », 1978. ➤ Œuvres complètes, Gallimard, IV.

J.-M. LANTÉRI

BOSSU (le), aventures de cape et d'épée. Roman de Paul **Féval** (1816-1887), publié à Paris en feuilleton dans le Siècle du 7 mai au 15 août 1857, et en volume chez Hetzel la même année.

Paul Féval, depuis son premier grand succès, les *Mystères de Londres en 1844, avait continué à publier sans désemparer. Ses romans étaient en général bien reçus du public ; mais lorsqu'il publia le Bossu en 1857, ce fut tout de suite un triomphe, le plus grand succès romanesque depuis le début du second Empire. Cette vogue, que devait renforcer, quelques années plus tard, l'adaptation théâtrale par Féval, Anicet-Bourgeois et Victorien Sardou, ne s'est pas démentie. Longtemps après la création de la pièce (le 8 septembre 1862 au théâtre de la Porte-Saint-Martin) une marque de papier à cigarettes, « le Bossu », porta sur le couvercle de ses boîtes le portrait de Féval, et celui de Mélingue, l'acteur qui avait créé le rôle de Lagardère. Et de nos jours encore *le Bossu* reste un classique.

Nous sommes en 1699, à la fin du règne de Louis XIV. Secrètement, Aurore de Caylus a épousé l'homme qu'elle aime, Philippe de Nevers, et en a eu une fille, également prénommée Aurore. Philippe de Gonzague, l'ami de Philippe de Nevers (ils forment, avec Philippe d'Orléans, le futur Régent, un trio d'amis), mais aussi son rival (il convoite la fortune d'Aurore de Caylus), fait assassiner Philippe de Nevers, lorsqu'il vient enlever Aurore, séquestrée par son père. Nevers est secouru au dernier moment par le jeune Lagardère, chevalier de fortune venu pour se battre en duel avec lui, mais qui, en découvrant le guet-apens, passe de son côté. Lagardère ne réussit pas à sauver Nevers, mais marque son assassin à la main, et enlève la fille de Nevers pour la soustraire au misérable. Cette première partie se clôt sur le fameux : « Si tu ne viens pas à Lagardère, Lagardère ira à toi. »
La scène se rouvre en 1717, sous la Régence, en pleine spéculation de Law. Après bien des aventures en Espagne, qui nous seront contées rétrospectivement, Lagardère est revenu à Paris, pour rendre Aurore à sa mère et démasquer le meurtrier. Mais la veuve de Nevers, ignorant du crime de Gonzague, a épousé celui-ci, en réservant toutefois pour sa fille, qu'elle espère toujours retrouver, la fortune de Nevers. Gonzague lui a fait croire que Lagardère avait assassiné Nevers et enlevé Aurore dans l'espoir d'une rançon. Pour déjouer ces trames, Lagardère se déguise en bossu, et réussit à s'introduire dans le milieu de noceurs et d'agioteurs sur lesquels règne Gonzague ; il parvient même à capter la confiance de celui-ci, ce qui lui permet d'anticiper ses manœuvres. Gonzague, en effet, a découvert la présence à Paris d'Aurore et de Lagardère ; il cherche à supprimer Aurore et vole les preuves de son identité. De son côté Lagardère est arrêté en tentant de parvenir jusqu'au Régent. Il obtient toutefois un jour de sursis, qui lui permet de tirer Aurore des griffes de Gonzague et de la remettre à sa mère. Après quoi il est condamné à mort pour le meurtre de Nevers. Mais l'amour d'Aurore et le soutien de sa mère, tardivement éclairée, lui permettent, en une dernière scène dramatique, de se justifier et de démasquer Gonzague, qu'il tue en duel grâce à l'invincible « botte de Nevers ». Épousant Aurore, Lagardère deviendra duc de Nevers.

Il n'y a rien d'étonnant que *le Bossu*, à la différence de la plupart des romans de Féval, soit devenu un succès théâtral, et, plus tard, cinématographique. En effet c'est certainement, de tous ses romans, celui dont l'action est la plus simple et la plus unifiée, celui aussi qui abonde le plus en coups d'éclat, rebondissements imprévus, retournements de dernier moment, scènes dramatiques et pathétiques. Enfin le manichéisme y est plus accentué que dans d'autres romans de Féval ; bons et méchants, coupables et innocents sont clairement distingués, même si certains protagonistes de premier plan (Aurore de Caylus, le Régent) restent un moment ambigus.
Le choix de la période de la Régence permet à l'auteur de dénoncer avec virulence une société corrompue par l'argent, dénonciation qui prend ici la forme plus précise d'une condamnation de l'agiotage. Cette condamnation, bien sûr, vaut autant, sinon plus, pour le second Empire que pour la Régence, et elle est constante dans l'œuvre de Féval depuis *le Fils du Diable* (1846) ; c'est d'ailleurs un thème d'époque, que l'on retrouve aussi bien chez certains théoriciens politiques et sociaux que chez les romanciers. La figure du Régent, elle aussi, a connu sous la monarchie de Juillet un regain d'intérêt. Féval, comme Dumas (voir *le Chevalier d'Harmenthal, la Fille du Régent*), l'évalue de façon nuancée ; en revanche, il condamne beaucoup plus sévèrement que celui-ci la débauche qui l'entoure.
Le Bossu, en outre – et le phénomène est courant dans le domaine du roman-feuilleton de cette époque –, affiche les codes et les modèles dont il se joue. Sous-titré « aventures de cape et d'épée », il se présente comme un roman de chevalerie dans un monde où le chevalier errant suscite la dérision, mais finit par retourner le public en sa faveur ; il se veut aussi roman historique dans sa représentation de la

Régence et, à travers elle, du monde moderne ; il s'affiche également comme une parodie du roman picaresque à travers le couple truculent de Cocardasse et Passepoil, avec leur troupe de reîtres ; quant à l'épisode espagnol, c'est un clin d'œil aux *topoi* romantiques du voyage en Espagne, tout comme est romantique le contraste entre la belle, jeune et innocente Aurore, et le monstrueux bossu (en fait Lagardère). Les motifs de la « marque » et de la fascination hypnotique, dont jouent tant de romans populaires, sont ici exhibés ironiquement : la marque sur la main de Gonzague, qui devait témoigner de la culpabilité de celui-ci, sera retournée contre Lagardère, et Gonzague sera finalement démasqué grâce à un piège logique, un piège de langage. Quant à la fascination que le bossu semble exercer, à un moment critique du récit, sur Aurore de Nevers, elle repose en fait sur la reconnaissance de Lagardère par Aurore, sous l'apparence du bossu, et n'est destinée qu'à tromper les crédules assistants (et à se moquer des crédules lecteurs). Il n'y a pas contradiction entre cet aspect ludique et le sérieux de l'intention de représentation historique et sociale, pas plus qu'entre l'invraisemblance des situations et l'attention passionnée qui attache le lecteur au destin des personnages. C'est au contraire cette combinaison, telle que *le Bossu* l'exhibe de façon exemplaire, qui fait toute la force du roman populaire.

L. QUEFFÉLEC

BOTTES DE SEPT LIEUES (les). Voir PASSE-MURAILLE (le), de M. Aymé.

BOUBOUROCHE. Récit de Georges **Courteline**, pseudonyme de Georges Moinaux (1858-1929), publié à Paris en feuilleton dans *l'Écho de Paris* en 1891, et en volume dans une version transformée et remaniée chez Flammarion en 1893.
Presque simultanément, Courteline adapta ce court roman à la scène pour en faire une pièce en deux actes qui sera représentée pour la première fois au Théâtre-Libre, dans la salle des Menus-Plaisirs, le 27 avril 1893. Elle entrera au répertoire de la Comédie-Française le 21 février 1910.
S'inspirant d'une mésaventure vécue par son mentor et ami Catulle Mendès, Courteline qui, grâce à des murs « d'immeubles bâtis de plâtre et de crachat », fut lui-même l'involontaire témoin auditif d'un cocufiage mené avec maestria, donne à ce thème rebattu, que ce soit dans son récit ou au théâtre, une vigueur nouvelle à propos de laquelle les critiques de l'époque n'hésitèrent pas à évoquer Molière. Au théâtre, effectivement, Boubouroche, ce « George Dandin de l'union libre » (A. Valabrègue), prend une dimension encore plus humaine et plus cruelle en donnant au genre du vaudeville, honni à l'époque par la gent lettrée, « une place toute marquée entre la bouffonnerie et la comédie de mœurs, permettant à la fois l'extravagance de l'une et l'humanité de l'autre » (Courteline, *l'Événement*, 28 avril 1893).

Boubouroche, colosse au cœur tendre, balourd et bourru, vit l'esprit en paix, « parfaitement heureux » entre sa partie de manille au café et les visites régulières qu'il rend à Adèle, une petite bonne femme qu'il entretient depuis huit ans. Un soir, un monsieur très comme il faut l'aborde et lui révèle tout à trac son infortune (chap. 1) : Adèle le trompe. Après chaque départ de Boubouroche, derrière la mince cloison mitoyenne, il entend les bruyants ébats amoureux d'Adèle, à laquelle Boubouroche n'accordait jusqu'alors pas plus de sens qu'un « panier à bouteilles ». Abasourdi, Boubouroche se rend immédiatement chez Adèle, se fait ouvrir une porte dont il ne possède pas encore la clé et pose, à brûle-pourpoint, d'anxieuses questions. Adèle, remontée, nie, se cabre, lui met en main une lampe avec ordre d'aller inspecter jusqu'au moindre recoin de l'appartement (2-3). Boubouroche s'exécute à contrecœur ; à ce moment, un malheureux courant d'air souffle la flamme et, dans l'obscurité, Boubouroche aperçoit « un mince tracé lumineux » encadrant les portes d'un grand buffet. Il ouvre. À l'intérieur, un homme attend, confortablement installé dans ce bahut aménagé. Dérangé dans sa lecture, l'homme, distingué, beau joueur, n'accepte de partir qu'après avoir obtenu d'un Boubouroche anéanti, qui a peine à retenir ses poings, l'assurance qu'il ne frappera pas Adèle (4). Quant à cette dernière, superbe de mauvaise foi, elle assure qu'elle ne connaît pas cet homme et finit par retourner entièrement la situation à son profit en prétendant qu'il s'agit là d'un secret de famille qu'elle ne saurait trahir. Boubouroche, contrit, offre alors son pardon à Adèle qui refuse net, proteste de son innocence et souhaite partir. Elle acceptera finalement de garder son bien-être habituel avec un Boubouroche qui, pour lors, fulmine contre le vieux monsieur délateur et qui finit par entonner son air favori, celui du « Forgeron de la paix » (5).

En adaptant *Boubouroche* à la scène, Courteline apporta quelques modifications qui donnent plus d'amplitude à l'ensemble.

Dans un petit café d'habitués, Boubouroche fait sa manille quotidienne. C'est là qu'après une partie de cartes acharnée avec ses amis Potasse, Roth et Fouettard – partie de cartes dont se souviendra peut-être Pagnol en écrivant *Marius* –, le vieux monsieur vient aborder Boubouroche pour lui révéler la trahison d'Adèle (Acte I).

Dans l'atmosphère douillette d'un salon bourgeois, Adèle et son amant André vivent d'une manière popote, uniquement dérangés par des coups de sonnette impromptus et les visites régulières de Boubouroche. Lors de la grande explication, Courteline apporte quelques changements de détail qui tous soulignent encore la théâtralité des dialogues et des situations : dans « l'énorme bahut de chêne » qui trône sur la scène, André découvre ce n'est pas en train de lire mais « astique, à l'aide d'une peau de daim, la trompe de sa bicyclette » ; dans sa colère, Boubouroche manque d'étrangler Adèle avant de sangloter, « la tête dans ses jupes » ; à la dernière scène enfin, Boubouroche botte les fesses du vieux monsieur en le traitant de « vieux daim » et de « poire » (Acte II).

Courteline, qui considérait la pièce comme un drame, voulait la faire jouer dans cette tonalité au grand dam d'Antoine, qui, après quelques tiraillements, finit par la monter en farce avec le comédien Pons-Arlès dont la débonnaire jovialité acheva de donner toute sa rondeur au personnage de Boubouroche (Gémier jouait André). Le succès fut immédiat et triomphal. Antoine notait ainsi dans son *Journal* : « On a rarement vu une salle s'amuser comme ça. » Courteline, après ce « vaudeville sans prétentions moralisatrices, ni sociales ni aristophanesques […], sans le secours du quiproquo » (F. Sarcey), devint un auteur reconnu dont l'originalité littéraire est d'écrire « dans un style trop noble des histoires trop mesquines » (O. Mirbeau). Cette mesquinerie doublée de cruauté que Courteline avait déjà débusquée chez les militaires (les **Gaîtés de l'escadron*, 1886 ; le **Train de 8 h 47*, 1891), qu'immédiatement après *Boubouroche* il révélera chez **Messieurs les ronds-de-cuir* (1893) et plus tard chez les gens de justice (**Un client sérieux*, 1896 ; l'*Article 330*, 1901 ; les *Balances*, 1902), il en étudiera toutes les variations (la *Peur des coups*, 1894 ; *Gros Chagrins*, 1897 ; la *Paix chez soi*, 1903), chez les petites femmes qui, comme Adèle, mêlent savamment la perfidie à la rouerie, la mauvaise foi à la férocité la plus raffinée, en faisant face à des hommes qui bien souvent ne leur opposent que veulerie, rage ou lâcheté.

Au bout du compte cependant, c'est toujours le rire, fût-il grinçant, qui l'emporte, révélant l'universelle bêtise, qu'un style étudié et acéré sertit dans un écrin.

➤ *Théâtre*, « GF » ; *Théâtre […]*, « Bouquins ».

J.-M. THOMASSEAU

BOUCHER DE KOUTA (le). Voir LIEUTENANT DE KOUTA (le), de M.M. Diabaté.

BOUCS (les). Roman de Driss **Chraïbi** (Maroc, né en 1926), publié à Paris chez Denoël en 1955. Dédié aux « immigrés, étrangers dans leur propre pays : les Palestiniens de l'Intifada » en 1989, lors de sa réédition, le roman s'est vu complété d'une Postface qui s'interroge sur l'actualité de la question du « racisme », trente-cinq ans après la publication originale.

À travers la survie, dans la misère et l'abjection, de deux immigrés « nord-africains » dans la banlieue parisienne – le narrateur, Yalann Waldik, et son ami Raus, dont le nom est suggestif –, Chraïbi dresse un réquisitoire violent contre l'exploitation des travailleurs immigrés et le racisme ordinaire qui les voue à une existence purement animale. La trame romanesque en trois parties (« Copyright », « Imprimatur », « Nihil obstat ») divisées en chapitres suit une longue déchéance qui recule sans cesse la « lisière de la société et de l'humain » – depuis l'existence misérable du petit cireur de chaussures de Bône jusqu'à sa vie de paria au fond d'un bidonville, ses amours manquées avec la jeune « logeuse » française, Simone, la mort de leur enfant, Fabrice, des suite d'une méningite, le chômage, le meurtre et la prison ; seule sa rencontre avec Isabelle, à la fin du roman, laisse entrevoir un espoir de communication avec les Français qui rejettent les « boucs ».

Les Nord-Africains ont été dépossédés de leurs valeurs culturelles et religieuses : à la fin du roman, le narrateur se saoule avec ostentation, dans une scène digne de Zola. Parodiant avec férocité les rites religieux, le narrateur relate comment Raus frappe Simone en déclamant des versets du Coran. Au-delà du déracinement, Chraïbi met en scène un processus de déshumanisation : la thématique animalière introduite dès le titre sous-tend l'ensemble du roman, qui vient en somme illustrer l'assimilation métaphorique des immigrés à des « boucs ». Ainsi de l'obsession de l'« odeur » dégagée par les « bicots » qui reste, en définitive, leur seule marque d'identité : « Je me levai, me dirigeai vers le lit. Avec moi se levèrent, marchèrent mes odeurs. » Les amours entre le narrateur et Simone sont évidemment représentées comme bestiales, corroborant la métaphore des « boucs », en écho aux préjugés racistes sur la sexualité : « Je me penchai sur elle, la sentis. Je la couvris j'éteignis. Elle sentait la peur. » L'évocation des personnages, dont la principale préoccupation est de trouver de la nourriture, est dominée par le biologique, le physiologique et la vie végétative ; les sentiments eux-mêmes sont ravalés au niveau purement physique : « Ils n'expriment pas – mais ils fleurent – la détresse » ; « Ses glandes sudoripares ont fabriqué et continuent de produire une espèce d'huile grisâtre, saumâtre, épaisse – qui l'oint comme d'une peau de crapaud, dont s'imprègnent ses cheveux, ses souliers et même ses sens : mais surtout sa face en est enduite. »

Les Boucs débutent *in medias res* avec l'entrée de Raus qui, ouvrant la porte d'un coup de pied, lance un morceau de viande qu'il a dérobé au boucher après l'avoir frappé : le roman tout entier se construit sur une violence primaire, irrésistible, qui conduit à la mort. Le narrateur étrangle son chat ; les « boucs », répondant à une offre d'emploi de terrassiers, tuent le « patron » qui ne veut pas les engager d'Arabes ; Raus assassine Simone à coups de couteau. L'enfant, Fabrice, meurt d'une méningite, et le narrateur tente de se suicider en avalant des tranquillisants. Cette violence n'a d'égale que l'écriture du narrateur, qui porte les mots à l'incandescence dans une tension constamment maintenue grâce à un style ramassé, qui contraste avec les actes débridés et les hurlements hystériques des « personnages ». Il est significatif que le narrateur rédige *les Boucs* en prison. À la différence des romans de Céline, que la misère de ces parias ne manque pas d'évoquer, la violence de la langue est contenue, et n'en est que plus efficace.

L'animalité des « boucs » les voue à l'effacement, de sorte qu'ils se « confondent » avec le décor, avec « les tas sur lesquels ils étaient assis », « vêtus de grisaille et de brume », privés qu'ils sont d'identité : « Pas un sens critique ne les eût distingués l'un de l'autre, la vie les avait rendus prisonniers de leur hargne et égaux en misère. Jadis ils avaient eu un nom, un récépissé de demande de carte d'identité, une carte de chômage – une personnalité, une contingence, un semblant d'espoir. Maintenant, c'étaient les Boucs. Pas une prison, pas un asile, pas une Croix-Rouge n'en voulaient. »

De cette « dépersonnalisation » dans la condition animale, témoigne l'emploi fréquent du pronom de troisième personne « ils » : « Ils marchaient à la file indienne dans le matin brumeux. » Le narrateur hésite d'ailleurs à assumer son récit, qui se dédouble parfois pour se représenter, à la troisième personne, niant en quelque sorte sa subjectivité. Ce changement de point de vue est caractéristique d'une narration qui mêle constamment les époques, dans un va-et-vient entre le présent et le passé, mais qui, globalement, se révèle rétrospective, puisqu'elle se clôt sur l'image du jeune cireur de chaussures à Bône qui s'embarque pour la France, « sauvé ». Ce retour en arrière remplit une fonction violemment ironique qui caractérise bien la tonalité du roman.

● « Folio », 1989.

D. COMBE

BOUE (la). Voir CEUX DE 14, de M. Genevoix.

BOULE DE SUIF. Nouvelle de Guy de **Maupassant** (1850-1893), publiée dans le recueil collectif les *Soirées de Médan* à Paris chez Charpentier en 1880.

Maupassant comptait plutôt sur le théâtre ou sur la poésie pour s'imposer : aussi sa participation aux *Soirées de Médan* tient-elle plus de l'opportunité et de l'opportunisme que d'une adhésion à la doctrine naturaliste, récemment définie par les articles de Zola qui, réunis, constitueront les chapitres du *Roman expérimental*.

Abandonnée par les « lambeaux d'une armée en déroute », la ville de Rouen est envahie par les Prussiens qui trouvent chez les « bourgeois bedonnants, émasculés par le commerce », un accueil plutôt complaisant, à quelques actes de résistance près. Dans la cité occupée, « le besoin du négoce travailla de nouveau le cœur des commerçants du pays » : ils sont dix à s'embarquer de Dieppe à bord d'une diligence. La société tout entière se trouve résumée là, comme dans une arche de Noé, par couples : des commerçants, des grands bourgeois, des nobles. Plus deux religieuses, enfin deux marginaux : « Cornudet le démoc » (le républicain) et Boule de suif, une prostituée aux formes arrondies. Les femmes honnêtes l'insultent d'abord, mais comme elle seule a prévu des provisions pour le voyage qui s'éternise, tous finissent par accepter ses offres et, malgré des scrupules de vertu outragée, vident son panier.

On arrive enfin à l'hôtel de Tostes, occupé par des soldats allemands. Leur officier fait demander Élisabeth Rousset, alias Boule de suif, qui revient exaspérée, on ne sait trop pour quel motif. Le lendemain matin, ordre est donné de ne pas atteler. Affolés à l'idée d'être retenus en otages, les hôtes pressent Boule de suif de leur révéler « le mystère de sa visite » à l'officier. « Ce qu'il veut, ce qu'il veut ? Il veut coucher avec moi ! » On s'indigne, on fait chorus autour de Boule de suif, puis on réfléchit, on s'impatiente, on tente de convaincre la prostituée de se sacrifier pour ses compagnons. « Puisque c'est son métier à cette fille, pourquoi refuserait-elle celui-là plus qu'un autre ? »

Elle finit par céder, à la satisfaction bruyante des otages, excepté Cornudet qui crie à l'infamie. Mais son indignation est suspecte : Boule de suif lui a refusé sa porte à l'hôtel. On repart au sixième jour ; tous les voyageurs se détournent désormais de celle qui les a libérés, évitent son « contact impur ». Ils se restaurent devant Boule de suif qui, cette fois, n'a rien emporté. « Elle se sentait noyée dans le mépris de ces gredins honnêtes qui l'avaient sacrifiée d'abord, rejetée ensuite, comme une chose malpropre et inutile. » Ses larmes se mêlent aux paroles de la *Marseillaise*, que le démoc Cornudet sifflote pour narguer la compagnie.

Boule de suif valut à son auteur, d'après Léon Hennique, « une chaude ovation » des amis de Zola, la deuxième place dans le recueil collectif, juste après le maître, et ce jugement définitif de Flaubert : « Le conte de mon disciple [...] est un *chef-d'œuvre* ; je maintiens le mot, un chef-d'œuvre de composition, de comique et d'observation » (lettre à sa nièce, 1er février 1880). Le cadre de la nouvelle, commun à celui des *Soirées*, est la guerre de 1870-1871, que Maupassant a connue de près, à Rouen et ailleurs, et qui constituera le

thème de nombreuses nouvelles à venir. Il place l'action dans des lieux qui lui sont familiers, et campe des personnages où la critique s'est plu à reconnaître des modèles réels (Maupassant lui-même y invite, dans un article du *Gaulois* [17 avril 1880], quand il déclare que « nous ne pouvons rien imaginer en dehors de ce qui tombe sous nos sens ») : le grand bourgeois Carré-Lamadon serait Pouyer-Quertier, maire de Rouen ; Cornudet, Charles Cord'homme, oncle de Guy (modèle attesté par une dédicace de Maupassant lui-même) et Boule de suif une certaine Adrienne Legay, d'après une tradition qui remonte aux *Souvenirs sur Maupassant* d'Albert Lumbroso (1905). L'anecdote enfin a pu être fournie par un article du *Journal du Havre* du 5 janvier 1871.

Ces apports extérieurs s'ajoutent à la matière littéraire élaborée par Maupassant. *Boule de suif* se place dans la lignée des romans de prostituées qui paraissent à l'époque, *Marthe* de Huysmans (1876), *Nana* de Zola (1879-1880) et la *Fille Élisa* d'Edmond de Goncourt (1877) où se trouvent le nom de Cornudet (chap. 43) et une description d'Élisa qui a pu mener au choix du surnom : « Elle commençait à prendre un peu de cette graisse blanche, obtenue ainsi que dans l'engraissement ténébreux des volailles » (chap. 22). La géographie normande, certes parcourue dans sa réalité, prend un relief proprement littéraire si l'on remarque que Croisset est nommé dans la nouvelle, et qu'à Tostes se passe la première partie de *Madame Bovary*. Renvoient à Flaubert, aussi, la tension du style et l'impeccable facture du récit qui « fait la pyramide », avec la longue résistance de Boule de suif, sa défaite, puis le mépris où elle est tenue. Cette structure en trois temps est mise en évidence par la symétrie inversée entre les deux repas dans la diligence : Boule de suif pourvoyeuse de nourriture, puis rejetée sans pitié du pique-nique triomphal.

Resserré dans le temps (l'action se passe en six jours) et dans la clôture de deux espaces (la diligence et l'hôtel, isolés au milieu de la neige), le drame qui se joue dans cette micro-société réunie par le hasard démasque la fameuse pudeur des femmes honnêtes (l'officier prussien plaît beaucoup à la comtesse), l'hypocrisie de la religion et la souplesse des bourgeois prêts à collaborer avec l'ennemi dès lors que leur intérêt commande. On comprend que Maupassant écrive à Flaubert : « Je serai désormais obligé d'avoir des pistolets dans mes poches pour traverser Rouen » (lettre du 2 décembre 1879).

À ces « gredins honnêtes », Maupassant oppose une catin patriote, une « prostituée pleine de dignité » qui déteste instinctivement l'ennemi. C'est une sorte de Jeanne d'Arc qui serait rien moins que pucelle : renversement des valeurs qui fait prendre en charge le sentiment national par une réprouvée de la morale, seul personnage viril. On retrouvera cette figure de prostituée patriote dans *Mademoiselle Fifi*, et dans le *Lit 29* (1884) : Irma a tué plus de Prussiens en leur donnant sciemment la syphilis que tout le régiment de son amant officier... Pour Flaubert, Maupassant explique le projet des six auteurs des *Soirées de Médan*, qu'ils avaient d'abord pensé intituler « l'Invasion comique » : « Nous n'avons eu, en faisant ce livre, aucune intention antipatriotique, ni aucune intention quelconque ; nous avons voulu seulement tâcher de donner à nos récits une note juste sur la guerre, de les dépouiller du chauvinisme à la Déroulède, de l'enthousiasme faux jugé jusqu'ici nécessaire dans toute narration où se trouvent une culotte rouge et un fusil » (lettre du 5 janvier 1880). Certes, la nouvelle de Maupassant ne peut être dite « antipatriotique », même si elle incarne la défense du territoire (du corps) dans un personnage socialement rejeté ; elle comporte en revanche une nette dénonciation de la guerre, formulée par les gens simples (la femme de l'aubergiste, le bedeau), ou prise en charge directement par le narrateur, dans le long Prologue : « L'armée glorieuse massacrant ceux qui se défendent [...] déconcerte [...] toute croyance à la justice éternelle, toute la confiance qu'on nous enseigne en la protection du ciel et la raison de l'homme. » La « juste note sur la guerre » consonne ici avec le pessimisme fondamental de Maupassant.

● « Classiques Garnier », 1971 (p.p. M.-C. Bancquart) ; « Folio », 1977 (p.p. L. Forestier) ; « Le Livre de Poche », 1984 (p.p. M.-C. Bancquart) ; « Presses Pocket », 1993 (p.p. Claude Aziza et P. Mourier). ➤ *Œuvres complètes*, Albin Michel, I ; *id*., Éd. Rencontre, I ; *Contes et Nouvelles*, « Pléiade », I ; *Contes et Nouvelles. Romans* , « Bouquins », I ; *Œuvres*, Club de l'honnête homme, IV.

Y. LECLERC

BOULEVARD DES PHILOSOPHES. Chronique de Georges **Haldas** (Suisse, né en 1917), publiée à Lausanne aux Éditions Rencontre en 1966.

Poète, essayiste, critique littéraire et traducteur, Georges Haldas, grande figure de la vie littéraire gene-voise, est avant tout l'auteur d'une suite de chroniques qui définissent parfaitement son regard sur le monde : *Boulevard des Philosophes* s'insère entre *Gens qui soupirent, quartiers qui meurent* (1963) et *Chronique de la rue Saint-Ours* (1973).

Aux alentours de Noël, le père du narrateur s'assombrit et dans la maison l'atmosphère devient tendue. Près du calorifère, il rumine, abrité par sa pèlerine de loden tandis que la « petite mère » impose un silence respectueux aux enfants. De son père, le narrateur se rappelle aussi les sorties précipitées les soirs où l'orage éclatait, laissant la famille dans une profonde consternation. De « l'homme mon père » le narrateur évoque encore le mystère, et la peur élémentaire qu'il suscitait chez l'enfant. Un jour de colère particulièrement terrible, le père déclare ne plus supporter sa femme, la vie de famille et ce « pays d'imbéciles ». Ce père malheureux, à l'orgueil blessé, porte les marques de l'échec et sa minutie apparaît comme une des formes de son angoisse. Vivant loin de son île natale, Céphalonie, il est comme étranger dans sa vie et dans l'appartement du boulevard des Philosophes (chap.1). À Céphalonie, où il a emmené son fils, le père l'entraîne dans de longues marches le long de la mer où « la conversation [tourne] autour de la question "qu'est-ce que la vie ?" », le père oubliant qu'il s'adresse à un enfant de six ou sept ans (2). Un jour, le père découvre qu'il est ruiné. Contraint d'entrer dans la peau d'un employé, il apprend la comptabilité, si loin de ses aspirations (3). C'est sur son fils dont l'avenir le hante qu'il reporte tous ses espoirs et toute sa tyrannie, lui imposant la lecture intégrale d'Homère (4). Afin de le détourner de courir trop tôt les jupons, le père favorise la passion de son fils pour le football et bientôt le match du dimanche après-midi devient un rituel (5-6). Chaque jour à midi tombe la phrase de la mère : « Va donc chercher ton père au bureau », lieu magique dont le nom alimente la chronique familiale. Deux fois par semaine, au catéchisme, une jeune fille, Véronique, s'assied aux côtés du narrateur profondément troublé par cette présence. Le jour de la communion, sous son voile blanc, Véronique lui apparaît comme une mariée (7-9). Le père tombe malade. Après la mort du grand-père maternel, la famille décide que le narrateur doit occuper le lit du défunt. Il surprend alors sa grand-mère dans ses scènes nocturnes de plaisir solitaire qui créent involontairement une intimité entre l'enfant et la vieille dame. Quelques années plus tard, le père, devenu quasi aveugle, est toujours enveloppé dans son loden noir ; un poste de T.S.F. vient de faire son entrée aux Philosophes et, en entendant une valse de Strauss, le père sanglote. Sa mort survient peu après.

Récit à la première personne, *Boulevard des Philosophes* est une remontée aux origines familiales de l'auteur. Georges Haldas y interroge son ascendance et tire le fil de la mémoire afin de se situer dans la constellation familiale. Un lourd contentieux envers son père l'empêche de vivre et il entreprend de débrouiller l'écheveau de cette relation difficile. Trente ans après la mort de « l'homme mon père », c'est, par le détour du portrait paternel, une peinture de lui-même que l'auteur entreprend.

En porte-à-faux dans sa vie, dans sa famille même, échoué dans un pays dont la mesquinerie et l'étroitesse l'exaspèrent souvent, loyal et fier, le père demeure une figure énigmatique, imprévisible. Son hypersensibilité blessée, son mépris des hommes indignes d'être aimés ne font qu'exacerber le sentiment de ratage de sa vie. L'auteur dévisage cette ombre « inquiétante et familière », la remet

à sa place, tente de désamorcer les traces laissées sur l'enfant qu'il était par la double expérience paternelle de l'exil et de l'indignité. Il tente aussi de se délivrer du besoin de réussite inassouvi chez un père qui a reporté sur son fils toutes ses ambitions avortées. Il tente enfin de se débarrasser du sentiment de culpabilité envahissant né de cette confrontation avec des exigences qu'il n'a pas pu satisfaire.

Boulevard des Philosophes, dans sa démarche, est tout à fait comparable au travail d'analyse ; au lieu du divan, Haldas choisit la plume, ou plutôt, disposant de cet outil exutoire, il devient à lui-même son propre analyste. Cette remémoration minutieuse devient peu à peu transfiguration puisque le père se transforme en frère, frère en souffrance ou en joie, égal et semblable face à la vie. Par le travail analytique, la relation père-fils se métamorphose en une relation simplement humaine : « Retrouver non pas mon père mais cette part de son angoisse, de sa souffrance déposée en moi qui, s'incorporant à une angoisse, à une souffrance en moi, qui lui ressemble, m'incite à lui adresser la parole, à lui parler non plus de père à fils, mais d'homme à homme – séparés simplement par ce décalage des univers qu'on appelle la mort – où, si on veut, d'être à être. »

Entreprise de thérapie par l'écriture, cette chronique exigeante, astreignante dans sa minutie excessive – celle-là même qui est attribuée au père – n'occulte rien de l'analyse des malaises, de l'explication des angoisses et au fil des pages l'auteur se donne une forme, engendré qu'il est par son livre en même temps qu'il le crée.

Dans *Boulevard des Philosophes*, un homme ressuscite sous les yeux du lecteur et le fait de l'avoir accompagné produit un sentiment d'expansion intérieure, de communion, un sentiment qui rejoint l'exergue choisie par Georges Haldas : « Toute la suite des hommes n'est qu'un seul homme, qui subsiste toujours » (Pascal). L'homme Haldas s'adresse à ses semblables, à ses frères fondus avec lui dans la condition humaine.

● Lausanne, L'Âge d'homme, 1990.

C. PONT-HUMBERT

BOULINGRIN (les). Vaudeville en un acte et en prose de Georges **Courteline**, pseudonyme de Georges Moinaux (1858-1929), créé à Paris au Grand-Guignol le 7 février 1898, et publié à Paris chez Stock la même année. *Les Boulingrin* furent adaptés au cinéma par André Berthomieu (*Scènes de ménage*) en 1954, avec Sophie Desmarets et Bernard Blier.

Rare auteur à avoir établi sa réputation uniquement sur les scènes des petits théâtres de Montmartre après s'être fait connaître dans les chroniques de journaux (*l'Écho de Paris*), Courteline, au tournant du siècle, a déjà successivement brocardé l'armée (les **Gaîtés de l'escadron*, 1886 ; *le *Train de 8 h 47*, 1891), les bureaucrates (**Messieurs les ronds-de-cuir*, 1893), la rouerie des petites femmes (**Boubouroche*, 1893) et celle des robins (*Un client sérieux*, 1896)… Ces courts récits et ces piécettes, en particulier celles jouées au Grand-Guignol (par exemple *le Droit aux étrennes*, 1896 ; *Hortense, couche-toi !*, 1897) présentent l'aspect boursouflé de textes ubuesques. *Les Boulingrin* appartiennent à cette veine par la façon dont la scène de ménage, autre tradition des vaudevilles du temps, vire du farfelu à l'incongru puis bascule dans un épique de cauchemar.

Des Rillettes, pique-assiette de profession, attend dans le salon des Boulingrin, ménage bourgeois chez qui a été récemment présenté, et projette de se pelotonner un moment dans la benoîte tranquillité de leur foyer. La petite bonne Félicie, qu'il interroge et lutine un peu, le renforce dans cette détermination de plonger ainsi dans un « bain de sucre ». À ce moment, les Boulingrin arrivent, ils se disputent aussitôt à propos du siège à offrir à Des Rillettes qui, se trouvant au milieu de l'échauffourée, prend tous les coups. Boulingrin, resté seul avec Des Rillettes, l'assure de son amitié avant de recommencer à vitupérer violemment sa femme tout en prenant Des Rillettes pour punching-ball. Sa femme précisément revient, avec la ferme intention de faire goûter à Des Rillettes le vin bouchonné que lui donne son mari ; son irritabilité s'exaspère de nouveau, ce dont Des Rillettes fait encore les frais. C'est au tour de M. Boulingrin de réapparaître avec la soupe dans laquelle il prétend que sa femme a versé de la mort-aux-rats et qu'il entend faire ingurgiter à un Des Rillettes qui, martelé de coups, copieusement arrosé des pieds à la tête, se retrouve dans un ouragan de « meubles culbutés » puis, pantelant et désemparé, dans l'apocalypse d'un incendie final à la clarté duquel Boulingrin lui propose encore un verre de champagne.

Selon l'écriture théâtrale propre aux courtes pièces du Grand-Guignol, on observe à chaque nouvelle scène des *Boulingrin* le franchissement d'un degré dans l'impensable, jusqu'à l'embrasement final habituellement réservé aux drames à grand spectacle qui réduit ici à néant le salon petit-bourgeois. Oubli délibéré des codes, chevauchement des genres, trame d'intrigue en lambeaux sont la source d'un comique outrancier et loufoque que Courteline pratiquera avec autant d'habileté dans d'autres courtes pièces comme *Théodore cherche des allumettes* (1897) dans le recueil de courtes nouvelles intitulé *les Fourneaux* (1905). C'est toutefois dans l'art de conduire d'homériques disputes que Courteline atteint une manière de perfection dans l'outrance. Ainsi dans celle des vieux cabots des *Mentons bleus* (1906) ou de l'innommable duo de clochards dans *la Cinquantaine* (1895) ou encore dans les entassements verbaux et la logique déréglée des disputes de justice dans *Petin, Mouillarbourg et consorts* (1896).

➤ *Théâtre*, « GF » ; *Théâtre [...]*, « Bouquins ».

J.-M. THOMASSEAU

BOURGEOIS DE MOLINCHART (les). Roman de **Champfleury**, pseudonyme de Jules François Félix Husson (1821-1889), publié à Paris en feuilleton dans *la Presse* (1854), et en volume à la Librairie nouvelle en 1855.

Ce roman, qui a pour sujet l'adultère et pour milieu la bourgeoisie d'une petite ville de province, précède de peu, dans le temps, le modèle du genre qui l'éclipsera, **Madame Bovary*. Il y est aussi question d'une femme qui s'ennuie, d'un mari borné, d'esprits plats et fats. Mais Champfleury, porte-parole d'un réalisme non doctrinaire qu'il définit par la « sincérité dans l'art », s'attache plus à la vivacité du récit et des traits caricaturaux qu'à l'analyse et au travail du style.

« Il y a vingt ans, un chevreuil, poursuivi dans la plaine par des chasseurs, grimpa la montagne de Molinchart et traversa la ville. On en parle encore aujourd'hui. » Ce chevreuil sème le trouble, avant d'être capturé par le comte Julien de Vorges, dans la maison de Louise Creton du Coche, épouse d'un avoué vaniteux, qu'un commis voyageur dupe en l'instituant membre correspondant d'une Société météorologique. Louise souffre des « ennuis du mariage » : n'ayant pas « trouvé [l'] âme sœur », jusqu'à l'apparition de Julien (chap. 1-3). En son honneur, M. Creton organise un grand dîner ; au milieu des propos stupides échangés par les convives, Julien fair la cour à Louise. Sa belle-sœur, Ursule Creton, vieille fille bigote qui domine son frère, la déteste pour sa beauté. Julien invite les Creton du Coche au château de Vorges : il se déclare à Louise pendant une absence du mari occupé de météorologie. La mère de Julien et Louise assistent à la distribution des prix, dans une pension dirigée par l'institutrice Mme Chappe (4-8). Elles arrivent au château : Louise se sent troublée par Julien, humiliée par son mari, lequel court les champs avec un faux savant victime de « delirium archeologicum tremens ». Invitée au château, l'institutrice, alliée d'Ursule Creton, devine les sentiments de Julien et de Louise. Surpris par le mari sous ses fenêtres, à Molinchart, Julien feint d'y être revenu pour l'amour d'une écuyère de cirque. Louise le croit et souffre d'atroce jalousie (9-13).
La rumeur de leur passion se répand dans la petite ville, à la faveur du procès en réparation des dégâts causés par le chevreuil. Mme Chappe rapporte les amours de Julien et de Louise à Ursule Creton, mais, mal payée de ses services, l'institutrice se propose de favoriser à l'avenir la passion des amoureux. Pour détourner les soupçons, Julien accompagne M. Creton à la réunion d'une dérisoire « Société racinienne » pendant que l'institutrice sert ses intérêts sentimentaux. Elle ménage un rendez-vous, mais Louise est découverte par son mari, renseigné par Ursule (14-18). L'épouse infidèle est désormais séques-

trée, persécutée par la famille Creton ; l'institutrice réussit néanmoins à organiser son enlèvement par Julien : ils connaissent enfin le bonheur à Paris. Pour peu de temps, cependant : Louise, nostalgique de sa province, ne veut pas « vivre de la vie luxueuse des femmes entretenues ». L'institutrice, à laquelle Julien ne donne pas autant d'argent qu'elle voudrait, décide de se venger en les livrant à Ursule Creton. Le dernier chapitre est une lettre, écrite par Julien à son cousin, depuis la Conciergerie où il est emprisonné. La séparation lui coûte peu ; il n'aime plus Louise : « J'en suis déjà lassé après un an et demi » (19-22).

La succession des chapitres ménage une alternance entre le récit des épisodes d'une passion entravée et les tableaux de la vie d'une province que Champfleury connaît bien : Molinchart se trouve dans l'Aisne, près de Laon, où il est né. Il décrit une petite ville mesquine où tout se sait, avec son tribunal pour seule distraction, et cet autre, plus implacable encore, le « tribunal de l'opinion » (chap. 18), où tous les Molinchartais sont juges : « Si tu rencontres cinquante personnes sur la promenade, ce sont cinquante chimistes qui t'analysent des pieds à la tête, qui commencent par l'extérieur pour arriver à l'intérieur » (chap. 14). Présentés comme les produits de leur milieu : « La vie des petites provinces [...] imprime son cachet mesquin à tout individu », ils annoncent les personnages naturalistes.

M. Creton du Coche est le digne représentant de cette petite bourgeoisie, flatté de fréquenter un comte qui légitime un nom à rallonge usurpé, par ailleurs « esprit timide » et « un de ces caractères faibles qui trouvent un certain bien-être à se courber sous l'autorité », essentiellement de sa vieille sœur faussement dévote. Champfleury outre la charge en le dotant de prétentions scientifiques ; il fait partie de ces bourgeois qui « ont toujours aimé à devenir savants sans grande fatigue » (chap. 2), de ces « nombreux excentriques qu'on rencontre sur tous les chemins de la science » (chap. 17) : il arbore son baromètre comme une décoration, son ami l'archéologue Bonneau mesure les monuments avec son parapluie ; tous deux se retrouvent à la séance d'une académie de province où l'on célèbre les arts et les lettres... Derrière le réaliste, on sent surtout l'auteur intéressé par la pantomime et par la caricature, dont il écrira une histoire. On pense à **Bouvard et Pécuchet*, mais surtout au Homais de *Madame Bovary*.

De même, Louise évoque Emma Bovary, sa contemporaine, rongée comme elle par de « secrètes mélancolies », des désirs d'ailleurs : « Sa vue s'élançait au-delà des horizons lointains, et, perdue dans des rêveries aussi vagues que la forme des nuages, la jeune femme oubliait momentanément sa vie rapetissée » (chap. 3). Comme Emma encore, elle souffre de son mariage avec « un homme borné, qui vit et qui respire comme un animal grossier » (chap. 9). Flaubert lit cette œuvre avec appréhension, mais se rassure vite : « Il y a parité d'intentions, plutôt que de sujet et de caractères. Ceux du mari, de sa femme et de l'amant me semblant être différents des miens. » Ursule ressemble bien à Madame Bovary mère, mais rien de bien inquiétant. « Quant au style, pas fort, pas fort », conclut Flaubert (lettre à Bouilhet, 2 août 1854). Dans la revue le *Réalisme*, fondée par son ami Duranty, le roman de Champfleury est critiqué pour son « exagération ennuyeuse » du premier chapitre, pour la farce invraisemblable des faux savants, loué en revanche pour quelques morceaux d'observation vraie : l'intérieur de la vieille fille, la distribution des prix, le tribunal.

Y. LECLERC

BOURGEOIS GENTILHOMME (le). Comédie-ballet en cinq actes et en prose de **Molière**, pseudonyme de Jean-Baptiste Poquelin (1622-1673), jouée à Chambord le 14 octobre 1670, puis créée à Paris au théâtre du Palais-Royal le 29 novembre suivant, et publiée à Paris chez Le Monnier en 1671.

L'origine de la pièce est une commande royale. Ayant prévu un voyage à Chambord pour s'y donner le plaisir de la chasse, Louis XIV voulut offrir à sa cour celui d'un spectacle. Il requit Molière et Lully de travailler durant l'été 1670 à une comédie-ballet qui mît en scène des Turcs. Pourquoi un tel sujet ? L'actualité l'imposait. Dans son souhait d'établir avec la France de meilleures relations diplomatiques, le Grand Seigneur venait en effet d'y envoyer pour une mission de plusieurs mois (novembre 1669-mai 1670) un ambassadeur extraordinaire en la personne de Soliman Aga. Celui-ci avait été reçu somptueusement à la cour : sans aller – comme tel de ses ministres qui s'était revêtu d'une longue robe – jusqu'à se costumer en Turc, le roi s'était exhibé « tellement couvert de diamants qu'il semblait qu'il fût environné de lumière » (*Gazette* du 19 décembre 1669). Le résultat le plus tangible du voyage, et des fastueux déploiements auxquels il avait donné lieu, fut de mettre les turqueries à la mode. Même s'il a croisé dans la littérature du siècle quelques personnages d'Ottomans ou prétendus tels – avec *Ibrahim ou l'Illustre Bassa* (1641) de Mlle de Scudéry et *la Sœur* (1647) de Rotrou –, Molière a mis à profit les indications du chevalier d'Arvieux, qui avait été chargé par Louis XIV d'accompagner Soliman Aga dans ses déplacements. Le roi fut satisfait de l'ouvrage, du moins à la deuxième représentation.

Monsieur Jourdain, « bourgeois ignorant », s'est mis en tête des idées de noblesse et de galanterie. Pour ressembler aux gens de qualité, il s'assure les services d'un maître de musique et d'un maître à danser, sans goûter outre mesure les délicatesses de leur art (Acte I).

Après sa leçon de menuet, Jourdain prend celle d'escrime – avec aussi peu d'efficacité ici que d'élégance là. Les maîtres de musique et de danse commencent d'ailleurs à se prendre de querelle avec le maître d'armes qui méprise leurs « sciences inutiles ». Le maître de philosophie ramènera-t-il la paix ? En un sens oui, puisque les autres, excédés par son arrogance, se liguent contre lui et le battent comme plâtre. Revenu de l'échauffourée, le philosophe montre à Jourdain comment se prononcent les lettres. Enfin, le maître tailleur et ses garçons passent à leur généreux client un habit de plumes et de fleurs (Acte II).

À la vue de Jourdain ainsi enharnaché, sa servante Nicole est prise d'une crise d'hilarité. Madame Jourdain en profite pour dire à son mari ce qu'elle a sur le cœur et lui reprocher notamment des prêts d'argent à un comte – Dorante –, qui ne rembourse jamais. Précisément, survient Dorante pour un nouvel emprunt, que Jourdain accepte comme les précédents : c'est aussi que le comte lui sert d'intermédiaire auprès d'une marquise dont il est amoureux, Dorimène. Jourdain a une fille, Lucile, dont Cléonte est épris, mais le bourgeois déclare ne la vouloir marier qu'à un gentilhomme – ce que Cléonte n'est pas. Le valet de ce dernier, Covielle, promet d'arranger les affaires de son maître par une mascarade. Dorimène fait alors son entrée, conduite par Dorante, qui s'attribue auprès d'elle le mérite de tous les cadeaux qui lui viennent en réalité de Jourdain (Acte III).

Le bourgeois régale ses nobles invités d'un festin en musique, que Madame Jourdain interrompt par un retour intempestif. Mais d'autres réjouissances vont suivre puisque Covielle, déguisé, annonce à Jourdain que le fils du Grand Turc (Cléonte, lui aussi déguisé) veut épouser sa fille : pour que le mariage se fasse, il faut que le futur beau-père soit élevé à la dignité de *mamamouchi*, ce qui a lieu au cours d'une cérémonie burlesque (Acte IV).

Madame Jourdain découvre avec stupéfaction son mari « fagoté » comme un Turc. Dorante et Dorimène accourent, de leur côté, pour voir l'extravagant : tous jouent le jeu, sauf Lucile et Madame Jourdain, qui refusent le mariage projeté – jusqu'à ce qu'on les mette discrètement au courant de la véritable identité du prétendant. La comédie finit par un ballet (Acte V).

Le résumé de la pièce ne rend compte qu'imparfaitement de son déroulement. Il insiste, par destination, sur l'intrigue traditionnelle de la comédie de caractère : l'empêchement apporté au mariage de deux jeunes gens par la lubie d'un père. Mais cette manie – en l'occurrence, le désir, si répandu au XVIIe siècle, de s'identifier à l'aristocratie dirigeante – et le dépassement de l'obstacle qu'elle représente – sont eux-mêmes subordonnés par le dramaturge à ce qui est l'origine du spectacle et en doit être le clou, à savoir la turquerie de l'acte IV commandée par le roi. La satire sociale n'existe que pour cette fin : « Qui pouvait se

faire mahométan par vanité, pour que sa fille épousât le fils du Grand Turc, sinon un Monsieur Jourdain ? », interroge R. Jasinski. Le divertissement, chorégraphique ou musical, déborde d'ailleurs les limites de cet « intermède » et envahit toute la comédie, jusqu'à occuper une durée égale à celle du dialogue entre les personnages. À l'acte I, le maître de musique et le maître à danser font exhibition à Jourdain du talent de leurs élèves ; à l'acte II, quatre garçons tailleurs le déshabillent et le rhabillent « à la cadence de toute la symphonie » ; le festin offert à Dorimène est ensuite l'occasion d'une danse des cuisiniers ainsi que de deux chansons à boire, et la représentation s'achève par les six entrées du « Ballet des Nations ».

Le soin de Molière a été d'intégrer ces divertissements à la comédie, ou la comédie à ces divertissements. Par le nombre moyen de personnages présents ensemble – plus élevé qu'en aucune autre de ses pièces en cinq actes –, il installe déjà sur scène le spectaculaire ; aux ballets de Beauchamp correspondent, dans le dialogue même, des ballets de parole : ainsi dans la scène fameuse du dépit amoureux (III, 10), la symétrie des répliques entre les maîtres – Cléonte et Lucile – se double d'un jeu identique entre les valets – Covielle et Nicole. Enfin les langues régionales et étrangères chantées pendant le « Ballet des Nations » font écho aux langages techniques des métiers entendus à l'acte II : Molière s'offre avec délectation, malgré le dogme classique de la cohérence linguistique, « des incongruités de bonne chère et des barbarismes de bon goût » (IV, 1). Mais l'imbrication est plus profonde en ce que les divertissements apparaissent appelés par la comédie. L'auteur a prêté à son protagoniste une passion contraire à celle d'Harpagon – la folie prodigalité d'un mécène – pour que la multiplication des intermèdes soit justifiée et par la munificence de ses goûts et par le traitement de son extravagance. Au lieu, en effet, que la folie de Jourdain rencontre le dur démenti de la réalité, c'est la réalité qui se transforme pour s'adapter à la folie de Jourdain, et si l'on commence par rire du bourgeois, on finit par rire avec le mamamouchi. La comédie perd en valeur morale pour gagner, par l'introduction en son sein d'une comédie seconde, en valeur thérapeutique.

● « Folio », 1973 (p.p. G. Couton) ; « Le Livre de Poche », 1985 (préf. J. Dasté, p.p. J. Morel). ➤ *Théâtre complet*, Les Belles Lettres, VI ; *Œuvres complètes*, « GF », IV ; *id.*,« Pléiade », II.

G. FERREYROLLES

BOURLINGUER. Roman de Blaise **Cendrars**, pseudonyme de Frédéric Louis Sauser (1887-1961), publié à Paris chez Denoël en 1948. Initialement sollicité pour rédiger de courtes légendes qui devaient accompagner une série d'eaux-fortes sur les ports, Blaise Cendrars a poursuivi la rédaction des onze textes regroupés ensuite dans *Bourlinguer*.

Bourlinguer s'inscrit dans la série des quatre récits souvenirs publiés coup sur coup de 1945 à 1949 (*l'Homme foudroyé*, 1945 ; *la Main coupée*, 1946 ; *Bourlinguer*, 1948 ; *le Lotissement du ciel*, 1949) qui se tiennent étroitement et dont *le Lotissement du ciel* constitue le sommet mystique. Vaste fresque de chroniques d'une vie reconstruite à travers le filtre d'un imaginaire, cette saga autobiographique mythique doit tout à la fantaisie.

« Venise ». De la bibliothèque Saint-Marc, le narrateur se projette en 1653 : une tartane appareille pour Smyrne ; à bord, un gamin de quatorze ans s'est faufilé : il veut partir faire le tour du monde. Le narrateur rend hommage à ce Vénitien devenu plus tard l'auteur de la *Storia do Mogor*, Nicolao Manucci qui s'est vu spolier de son texte par le jésuite Catrou avant que l'édition originale ne soit partiellement restituée deux siècles plus tard par un éditeur anglais (chap. 1). « Naples ». Le narrateur renoue avec la ville où il a passé son enfance. À bord de l'*Italia*, il avait conclu un marché avec le matelot Domenico, auquel son père l'avait confié pendant la traversée Alexandrie-Naples : caché, il ne descendrait pas à Naples et continuerait vers New York. Mais Domenico révéla finalement la cachette de l'enfant (2). « La Corogne ». Lors d'une escale dans ce port, il évoque Picasso, ce « Philippe II de la peinture » (3) […]. « Gênes ». À vingt ans, en 1906, il était parti se réfugier à Naples dans l'ancien lotissement de son père, le Vomero, poursuivi par son patron, Rogovine le joaillier. C'est là qu'enfant il jouait avec Elena. « Rien n'est changé dans l'enclos » qui abrite le tombeau de Virgile et où il s'installe en pensant à la petite fille qui fut tuée d'un coup de feu au pied d'un arbre de l'enclos. Ricordi, le père d'Elena, était photographe à la cour et les avait emmenés voir le berceau de l'héritier du trône. Avec Elena, il découvrit la « différenciation des sexes » et entreprit un dressage d'escargots. Après la mort de la fillette, l'enclos est devenu lieu maudit. « Est-ce cela la Roue des Choses à laquelle les Hommes sont liés ? » Après quelques jours au Vomero, il embarque sur un bateau de contrebande de vin de Samos… « Aujourd'hui j'ai soixante ans », dit-il, assis devant sa machine à écrire, et « j'écris ma vie », évoquant une soûlographie avec Modigliani, l'histoire de la Goulue ou la tour Eiffel. « La vie m'emporte et mon écriture me presse » (8).

Par son titre, ce roman est une synthèse de la vie de Cendrars. Il est porteur de cette fuite en avant dans le voyage et l'action qui caractérise « l'Homère du Transsibérien » comme l'a appelé Dos Passos, mais il ne faut pas s'en tenir à cette première interprétation. À travers les ports de l'Europe qui constituent les sous-titres de *Bourlinguer*, Cendrars nous entraîne en réalité dans une longue méditation sur la lecture et l'écriture.

Dans le chapitre 8 (« Gênes ») qui constitue le noyau de *Bourlinguer*, Cendrars retourne au paradis perdu des amours enfantines pour y découvrir les clés de ce moi examiné d'un bout à l'autre du texte ainsi que l'indique l'exergue emprunté à Montaigne : « Je me suis présenté moy-mesme à moy pour argument et pour subject. » Il avance comme dans un miroir et se heurte au reflet de cette petite fille, Elena, son double féminin, dont la mort met fin au paradis de l'enfance. Mais le travail d'introspection et la quête de l'identité pratiqués dans ce chapitre central sont systématiquement interrompus par des digressions où s'enchevêtrent des récits inspirés d'autres textes et des souvenirs d'une réalité plus extérieure. Le retour sur soi est sans cesse différé par de longues parenthèses, des excroissances qui jaillissent du corps du texte et éloignent le narrateur d'Elena et du clos Vomero, de telle sorte que ce chapitre 8 laisse l'impression d'un brassage infernal où se mêlent spectacles de la terre et ceux du monde intérieur, d'un flux de vie assourdissant.

À la frontière des mémoires et de l'essai, *Bourlinguer* balaie les soucis de chronologie et d'enchaînements rationnels transformés par l'imaginaire. Le livre ne commence et ne s'achève nulle part. Si « Gênes » constitue son ancrage, c'est « Venise », le premier chapitre, qui introduit les thèmes de l'insoumission au père, de l'errance et de la question de l'écriture dans son rapport avec la vie.

Manucci, double de Cendrars, est lui aussi aventurier et écrivain ; son projet d'évasion est répété au chapitre 2 qui met en scène un « passager clandestin » (sous-titre de « Naples ») : Cendrars lui-même, enfant. Tout ce qui touche au livre et à l'écriture est porteur d'une malédiction. L'écrivain est un être marqué dès son enfance, et l'écriture va de pair avec une mutilation originelle.

Ce n'est pas contre la vie mais contre le silence (« Depuis les années que je ne sors plus, que je ne bouge plus, que je ne voyage plus ») que le voyageur a choisi l'écriture : c'est là qu'il faut voir le sens du fameux « écrire c'est abdiquer ». Entre vie et écriture, Cendrars adopte une formule de superposition des divers ordres de réalité et nous donne la clé de la fonction du réel dans son écriture : « Aujourd'hui j'ai soixante ans, et cette gymnastique et cette jonglerie auxquelles je me livrais […] je les exécute maintenant devant ma machine à écrire […] glissant ma vie comme une feuille de papier carbone entre deux feuilles de papier blanc […] intercalant dans la vision directe celle, réfléchie, qui ne peut se déchiffrer qu'à l'envers comme dans un miroir. » Au lieu d'être objet de représentation, la vie est perçue comme agent reproducteur de l'écriture. L'écriture

double ou redouble la vie et le monde est créé aussi souvent que l'artiste intervient et imprime sa vision. Il y a à la fois insertion de la pensée dans le monde, volonté d'agir, de laisser une marque, c'est le côté masculin de Cendrars ; il y a aussi la prise de possession du monde par la réflexion, c'est son côté féminin. Sorte d'hermaphrodite, il est l'artiste à la recherche de l'unité première, du paradis perdu.

L'écriture est une obsession pour Cendrars, il la subit comme une possession, et, parce qu'elle n'est pas une fête, elle ne cesse d'être pour lui une question. L'écriture a exigé de lui une « lente et progressive initiation qui devait durer une dizaine d'années » (*l'Homme foudroyé*). Ce n'est que dans sa tétralogie finale qu'il parviendra au prodigieux enchevêtrement textuel qu'atteste déjà *Bourlinguer*.

● « Folio », 1974. ➤ *Œuvres*, Denoël, VI.

C. PONT-HUMBERT

BOUSSARDEL (les). Suite romanesque de Philippe **Hériat**, pseudonyme de Raymond Gérard Payelle (1898-1971), publiée à Paris chez Gallimard (*les Enfants gâtés*, 1939 ; *la Famille Boussardel*, 1947 ; *les Grilles d'or*, 1957 ; *le Temps d'aimer*, 1968).

Les Boussardel retracent l'histoire d'une famille de la haute bourgeoisie de 1815 à 1950. Le succès couronna l'entreprise : prix Goncourt en 1939 pour *les Enfants gâtés* ; grand prix du roman de l'Académie française en 1947 pour *la Famille Boussardel*.

La Famille Boussardel. Florent Boussardel devient en 1815 agent de change. Sa femme Lydie, qui lui a déjà donné deux filles, Adeline et Julie, meurt l'année suivante en mettant au monde deux jumeaux, Ferdinand et Louis. Malgré ce deuil, la famille coule des jours paisibles. En 1826, Julie se marie avec le riche Félix Mignon. Adeline demeure vieille fille et tient la maison. Boussardel peut acheter le château de Grançay, où Ferdinand se déniaise avec une petite paysanne, Clémence, qui épousera Maurrisson, le précepteur des jumeaux. Ferdinand et Louis se marient. Ferdinand est à son tour agent de change, et Louis notaire. Il n'est que Victorin, l'aîné des fils de Ferdinand, qui cause des soucis par son tempérament caractériel et débauché. Au temps d'Haussmann, la famille s'enrichit considérablement et, dans un vaste domaine plaine Monceau, se fait construire un splendide hôtel particulier. Victorin, bachelier malgré tout, commence à travailler avec son père. On le marie avec Amélie Clapier. Union déplorable, qui n'est consommée qu'après plusieurs années. Naissances et deuils se succèdent. On apprend que Victorin n'est pas le fils de Ferdinand ; une substitution a eu lieu : la nourrice du vrai Victorin, quand celui-ci est mort, a mis son enfant à sa place. Ce scandale est étouffé. Tandis que Victorin vieillissant tombe dans la plus basse débauche et finit par mourir dans une maison de rendez-vous, Amélie prend en main toute la famille ; c'est sa raison de vivre ; elle n'a d'autre but que la puissance et la prospérité des Boussardel.

Les Enfants gâtés. En 1937, Agnès Boussardel, une petite-fille d'Amélie, revient d'Amérique. Elle a passé deux ans à l'université de Berkeley et a connu Norman Kellog, qui est devenu son amant. Elle retrouve à l'hôtel de Monceau sa famille, que dirige maintenant la tante Emma. Norman fait un voyage en France, mais c'est pour révéler qu'il est fiancé. Se trouvant enceinte, Agnès décide de se marier ; son cousin Xavier accepte de l'épouser. Mariage blanc au départ, mais bientôt consommé. En fait, Xavier ne peut avoir d'enfants ; Emma lui révèle qu'on s'est servi de lui. Il meurt de chagrin (un étourdissement dû à l'émotion, une chute, une hémorragie cérébrale). Agnès emporte le corps et va vivre à Port-Cros, dans la maison de Cap-Baïou, qu'Emma avait donnée à Xavier. Elle a résolu de rompre définitivement avec sa famille.

Les Grilles d'or. En 1941, dans le sud de la France, qui n'est pas encore occupé par les Allemands, Agnès vit avec son fils, Renaud, et se lie avec Mano, la veuve d'un peintre fauve. Elle recueille à Cap-Baïou un jeune mutilé de guerre, avec qui elle a une brève liaison. Pour l'enterrement de son oncle Théodore, elle revient à Paris et renoue avec les Boussardel, surtout avec Emma dont l'énergie, dans ces temps difficiles, fait merveille. Son frère Simon est désigné par le conseil de famille comme tuteur de Renaud. Revenue à Port-Cros, retrouvant Mano qui s'engage dans la Résistance, elle cache un gitan poursuivi par la police, et devient quelque temps sa maîtresse. Elle se rend dans la région de Sisteron porter de l'or à une vieille juive qui s'y est réfugiée. Elle remonte à Paris, où Emma est malade, apprend l'arrestation de Mano par les Allemands et assiste à la Libération.

Mano est morte à Ravensbrück, et Agnès voit sa mère intenter une action en désaveu de paternité pour dépouiller Renaud. Action qui réussit : Emma meurt, et le testament qu'elle laisse en faveur de Renaud sera cassé. Privée même de sa solitude de Port-Cros, où de jeunes cousins viennent s'installer, Agnès se retire à Cagnes, dans la maison de Mano, qu'elle achète.

Le Temps d'aimer. Fixée quelques années plus tard près d'Aix-en-Provence, avec Renaud, qui est parvenu à l'adolescence, Agnès voit son fils s'attacher étroitement à elle et ne pouvoir supporter qu'elle marque quelque tendresse pour le jeune Justin Peyrol. Agnès travaille maintenant comme décoratrice et elle devient la maîtresse d'un client, Paul Groult. Pour trouver des circonstances atténuantes au jeune Patrick Boussardel compromis dans un cambriolage et un accident, la mère d'Agnès demande à celle-ci de témoigner contre elle et de révéler toutes les infamies de la famille. Agnès hésite, puis accepte enfin. Sa mère, qui l'a rendue si malheureuse, viendra mourir chez elle d'un cancer, et Agnès se retrouve avec les « deux hommes de sa vie », Renaud et Paul.

Ce n'est pas tout à fait un roman-fleuve qu'à écrit Philippe Hériat. Si le premier volume présente l'histoire des Boussardel de 1815 à 1900, les romans suivants sont tous consacrés à Agnès et ne couvrent que peu de temps : 1937-1939 dans *les Enfants gâtés* ; 1941-1945 dans *les Grilles d'or* ; 1953-1956 dans *le Temps d'aimer*. Cela crée un certain flottement dans le dessein général et des variations dans le traitement des faits et des personnages. Après la vaste fresque de *la Famille Boussardel*, nous revenons au roman psychologique – à la formation et aux mutations d'une âme aux prises avec les traditions, le plaisir, le travail et l'amour.

Longuement mûris, ces ouvrages – en tout cas, les trois premiers – reflètent une documentation très abondante et prennent parfois l'allure de romans historiques : nous apprenons bien des choses sur l'occupation de 1815 et sur celle de 1940, sur la vie de la haute bourgeoisie sous Napoléon III et sous Pétain. Tout cela est exact et vivant. L'auteur a su fondre ses informations dans l'intrigue qu'il a tissée, et ses livres, s'ils peuvent instruire, ne sont jamais trop didactiques.

Le thème général, c'est évidemment la haute bourgeoisie, ses fastes, ses moyens de parvenir, ses traditions étouffantes et ses bassesses. À vrai dire, le tableau n'est pas trop noir : une substitution d'enfants, les débauches séniles de Victorin, le seul personnage un peu anormal (mais il n'appartient pas vraiment à la famille), les ruses et les manœuvres qui poussent Xavier à la mort et dépossèdent Agnès – c'est peu de vilenies pour une famille aussi nombreuse, dont on suit la vie pendant un siècle et demi. Finalement Emma se réhabilite et Agnès se découvre une vraie Boussardel. Son « égotisme » – qui s'affirme dans le goût de l'indépendance, ses liaisons avec un gitan et avec d'autres, ses années de révolte – ne l'empêche pas, lorsque vient la guerre, de revenir au bercail, et sa mère, qu'elle recueille, la reconnaît bien telle qu'elle devait être.

Le style n'est qu'apparemment sobre. Une sorte d'éloquence circule dans le texte, et l'auteur préfère aux moments d'action les descriptions, qui deviennent souvent presque hiératiques : même les tableaux de l'occupation allemande à Paris prennent une allure solennelle, voire pompeuse. L'émotion affleure dans certains passages des *Grilles d'or* et du *Temps d'aimer*. La faiblesse de l'ouvrage résiderait plutôt dans l'insuffisance des caractères. Cela s'excuse aisément dans le premier livre, où trop de personnages et trop d'événements se succèdent. Mais même Agnès, la protagoniste des trois autres romans, ne parvient jamais à avoir une personnalité précise ; ses amants et son fils sont carrément conventionnels. Philippe Hériat était assurément plus doué pour donner de beaux tableaux que pour faire vivre des âmes.

● « Folio », 1972 et 1973.

A. NIDERST

BOUTS DE BOIS DE DIEU (les). Roman d'Ousmane Sembene (Sénégal, né en 1923), publié à Paris par Le Livre Contemporain en 1960.

Pour ce troisième roman (après *le Docker noir*, en 1956 et *Ô pays, mon beau peuple*, en 1957), le romancier et cinéaste Ousmane Sembene a choisi de s'inspirer d'un fait historique, la grève des cheminots qui, en 1947 et 1948, paralysa le trafic sur la ligne de chemin de fer reliant Dakar à Bamako et communément appelée « Dakar-Niger ».

À Bamako, les cheminots syndicalistes, avec à leur tête Bakayoko, décident de montrer leur mécontentement par un arrêt de travail. Peu à peu, la grève prend de l'ampleur et atteint le siège de la compagnie, à Thiès. La solidarité mais aussi la répression s'organisent. L'intervention de la troupe cause huit morts parmi les grévistes et les pressions se font de plus en plus dures. À Thiès, les vivres manquent et l'eau est coupée par la direction. Les femmes s'efforcent de trouver de la nourriture et de la transmettre aux grévistes. Après l'échec des négociations, les femmes organisent une marche sur Dakar où doit se tenir un meeting. Après plusieurs interventions des autorités politiques et religieuses tendant à briser l'élan revendicatif, Bakayoko parvient à prendre la parole et à convaincre son auditoire. La grève générale est décidée. Quelque temps après, la direction doit céder et satisfaire les revendications ; les cadres qui avaient collaboré à la répression quittent Thiès et le travail reprend.

Chef-d'œuvre d'Ousmane Sembene, ce roman qui, par sa thématique et son univers, fait immédiatement penser à *Germinal, est une grande fresque réaliste, humaniste et révolutionnaire, adressée à tous les « bouts de bois » de la terre, c'est-à-dire à tous les êtres vivants, ainsi désignés, par superstition, afin de ne pas abréger le cours de leur vie. Par sa conclusion résolument optimiste, il célèbre la victoire de la solidarité et de la fraternité ouvrières (africaines) sur l'oppression patronale (coloniale). L'écrivain sénégalais, qui dédie ce roman « à [ses] frères de syndicat et à tous les syndicalistes et à leurs compagnes dans ce vaste monde », démontre l'exemplarité d'un combat (combat de classes plus que combat de races) et ne limite pas sa dénonciation aux seuls tenants du pouvoir, mais réunit dans une même critique les complicités locales, l'attitude des chefs religieux, le manque de solidarité de certains commerçants et voisins.

Comme pour l'ensemble de son œuvre, Sembene est ici un militant, mais le plaisir de la lecture n'en demeure pas moins grand car le romancier possède incontestablement le sens de la dramatisation et de la narration qu'il sait pimenter, çà et là, de quelques accents épiques. Suivant un découpage qui évoque le cinéma – autre forme d'expression d'Ousmane Sembene –, l'action est éclatée en trois lieux : Dakar et Bamako, point de départ et d'arrivée de la ligne, et Thiès, ville intermédiaire où siège la compagnie ferroviaire. Ainsi, Ousmane Sembene construit son roman sur une succession de tableaux, immédiatement situés géographiquement, et interrompt volontiers la narration d'un fait pour en évoquer un autre se déroulant ailleurs simultanément. Cette construction maintient une tension dramatique et sert le propos militant du romancier qui cherche à convaincre et à emporter l'adhésion de ses lecteurs.

Parallèlement au récit de la grève et de ses conséquences, le roman développe une intrigue amoureuse, mais ces amours ne sont pas sans lien avec l'élément central puisqu'elles sont aussi à l'origine de la solidarité ou de la traîtrise de certains protagonistes. Ainsi, comme souvent dans l'œuvre d'Ousmane Sembene, les femmes jouent ici un rôle essentiel, démontrant par leur action que l'émancipation de la femme africaine demeure au premier plan des préoccupations et des combats de l'écrivain.

Ce long roman a été porté à la scène par la troupe du théâtre Daniel-Sorano de Dakar, dans une mise en scène de Raymond Hermantier, mais curieusement le romancier-cinéaste n'a jamais adapté cette œuvre pour le cinéma, comme il l'a fait avec ses autres romans et nouvelles, *la Noire de...* (1966), *le *Mandat* (1968) ou *Xala* (1974).

● « Presses Pocket », 1971.

B. MAGNIER

229

BOUVARD ET PÉCUCHET. Roman inachevé de Gustave **Flaubert** (1821-1880), publié à Paris avec des coupures dans *la Nouvelle Revue* du 15 décembre 1880 au 1er mars 1881, et en volume chez Lemerre en 1881.

C'est en août 1872 que Flaubert entreprend ce roman auquel il consacre les dernières années de sa vie et dont la rédaction est momentanément interrompue par l'écriture et la publication des *Trois Contes. Le projet est toutefois ancien : le premier plan de l'ouvrage est de 1863 et l'idée du *Dictionnaire des idées reçues, dans laquelle s'enracine *Bouvard et Pécuchet*, remonte à 1850. Plus loin encore, un texte de jeunesse intitulé *Une leçon d'histoire naturelle, genre commis* (1837) semble contenir les premiers germes de cette œuvre ultime de la maturité.

Deux copistes, Bouvard et Pécuchet, se rencontrent par hasard à Paris et se lient d'amitié. Bouvard ayant reçu un héritage, en 1839, les deux hommes prennent leur retraite et acquièrent à Chavignolles, dans le Calvados, une propriété dans laquelle ils s'installent (chap. 1). Ils décident tout d'abord de se consacrer à la culture mais leurs efforts, dans les domaines de l'agronomie, de l'arboriculture, de l'architecture de jardin et de la fabrication de produits alimentaires se soldent par de cuisants échecs (2). Ils se lancent alors dans l'étude de la chimie, de l'anatomie, de la physiologie, de la géologie (3), puis dans celle de l'archéologie et de l'Histoire (5). Cette dernière discipline, par le biais du roman historique, les entraîne vers l'exploration de la littérature. Le théâtre les attire tout particulièrement et ils prennent la résolution de composer eux-mêmes une pièce (4). Cependant, les événements de février 1848 surviennent et les écartent de leur projet car les deux hommes se vouent alors à l'étude de la politique (6).

Déçus tant par leurs lectures que par les événements et par le comportement de leurs concitoyens, ils cessent d'étudier et se tournent vers l'amour : Bouvard cherche à obtenir la main d'une veuve, Mme Bordin, mais il s'aperçoit bientôt que cette dernière le berne et n'est guidée que par l'intérêt ; quant à Pécuchet, il parvient à obtenir les faveurs de leur jeune servante Mélie, mais s'en trouve atteint de syphilis (7). Ces déboires sentimentaux rapprochent les deux amis qui se consacrent à la gymnastique, puis au magnétisme, au spiritisme et à la philosophie (8). Déprimés par la vanité des savoirs et par l'ostracisme croissant dont on leur fait preuve à leur endroit, ils se tournent vers la religion mais, après une période de piété, l'épreuve de la raison, à laquelle ils soumettent leur foi, a tôt fait d'ébranler leur croyance (9). Ils recueillent deux orphelins, Victor et Victorine, et entreprennent leur éducation mais là encore, ils se heurtent à un échec (10).

La suite du roman n'a pu être rédigée par Flaubert mais il en a laissé le plan : après une conférence publique qui met un comble à l'hostilité des notables à leur égard, les deux hommes, qui « n'ont plus aucun intérêt dans la vie », décident de reprendre leur métier de copiste.

Si *Bouvard et Pécuchet* est une œuvre inachevée, c'est parce que le dernier chapitre du roman n'a pas été rédigé mais, surtout, parce que manque un second volume, suite et pendant du premier. Il aurait été composé de la copie entreprise par les deux hommes, c'est-à-dire vraisemblablement des notes de Flaubert que l'on regroupe généralement dans le « Sottisier », et du *Dictionnaire des idées reçues*. Le « Sottisier » est essentiellement constitué de citations regroupées sous diverses rubriques – « Spécimens de tous les styles », « Catalogue des idées chic », etc. –, relevées pour leur cocasserie ou leur absurdité et faisant apparaître, dans leur fond ou leur forme, la bêtise humaine. Ainsi le *Dictionnaire des sciences médicales* donne, parmi les « Causes de la nymphomanie », « la culture trop assidue des beaux-arts [...], la fréquentation habituelle ou trop continue du Muséum » ; Bossuet traite Molière d'« infâme histrion », et Lamartine Rabelais de « boueux de l'humanité » ; la littérature est truffée de figures douteuses dont cette comparaison d'Alexandre Dumas fils offre un exemple : « De fins sourcils, nets et réguliers comme l'arche d'un pont. » Sans doute Flaubert aurait-il d'ailleurs emprunté quelques phrases à ses propres œuvres. Quant au *Dictionnaires des idées reçues*, il en décrit ainsi le projet dans une lettre à Louise Colet du 16 décembre 1822 : « Une vieille idée m'est revenue, à savoir celle de mon *Dictionnaire des idées reçues* [...]. La préface surtout m'excite fort, et de la manière dont je la conçois (ce serait tout un livre) aucune loi ne pourrait me mordre quoique j'y attaquerais tout [...]. Cette apologie de

la canaillerie humaine sur toutes ses faces, ironique et hurlante d'un bout à l'autre, pleine de citations, de preuves (qui prouveraient le contraire) et de textes effrayants (ce serait facile), est dans le but, dirais-je, d'en finir une fois pour toutes avec les excentricités, quelles qu'elles soient. » Il semble bien que *Bouvard et Pécuchet* corresponde à ce projet de livre-préface.

Ce roman, qui devait précéder une disparition quasi totale de la fiction au profit de la citation, se présente comme une odyssée à travers le savoir qui ramène les personnages à leur activité initiale de copistes. Leur parcours méthodique à travers les disciplines multiples et variées se révèle nul. Certes, les deux « cloportes » ou « bonshommes », comme Flaubert se plaît à les appeler dans sa correspondance ou ses conversations, sont des individus médiocres, intellectuellement frileux et naïfs que rien, au départ, ne prédestine à l'étude. Lorsqu'ils quittent Paris, Bouvard s'écrie : « Eh ! nous n'aurons pas besoin de bibliothèque » (chap. 1) ; et, lorsqu'ils trouvent par hasard des livres en s'installant à Chavignolles, Flaubert précise qu'ils n'« eurent pas la fantaisie d'en lire les titres. Le plus pressé, c'était le jardin » (chap. 2). S'ils en viennent rapidement aux livres, c'est parce que, à travers les revers essuyés dans la pratique de l'agronomie, ils s'aperçoivent de leurs lacunes. Ils attendent donc des livres qu'ils leur permettent de comprendre et de maîtriser le monde. Sympathiques dans leurs espoirs et leur ténacité, pitoyables dans leurs échecs répétés, les personnages font moins la preuve de leur incapacité que celle de l'insanité des discours. Leur parcours circulaire et douloureux – il les porte au bord du suicide (chap. 8) – manifeste l'universelle vanité de tous les systèmes de pensée. Si Flaubert avait envisagé, pour ce roman, le sous-titre « Du défaut de méthode dans les sciences », c'est sans doute moins pour désigner la démarche des personnages que les impasses inhérentes au savoir lui-même.

Souvent dérisoires et comiques, Bouvard et Pécuchet sont à prendre au sérieux dans leur odyssée livresque qui les rapproche de plus en plus de leur créateur. En effet, avant de commencer à écrire vraiment son roman, Flaubert, entre 1872 et 1874, lit de multiples ouvrages et poursuit cette activité durant la rédaction ; il a vraisemblablement parcouru plus de mille cinq cents livres pour *Bouvard et Pécuchet* : « Je lis des choses stupides, rien que de l'apologétique chrétienne, maintenant, c'est tellement bête qu'il y a de quoi rendre impies les âmes les plus croyantes » (lettre à Mme Roger des Genettes, 13 juin 1879). L'écrivain connaît donc le premier l'expérience qu'il prête ensuite à ses personnages. Ceux-ci, pour leur part, connaissent une évolution qui les conduit à des sentiments identiques à ceux de Flaubert : « Alors une faculté pitoyable se développa dans leur esprit, celle de voir la bêtise et de ne plus la tolérer. [...] ils sentaient peser sur eux la lourdeur de toute la terre » (chap. 8). Comme tant d'autres personnages flaubertiens, Bouvard et Pécuchet constituent un avatar de l'écrivain porté jusqu'au fantasme de sa disparition que le second volume aurait attestée.

Très pessimiste et caustique, cette « espèce d'encyclopédie critique en farce » (lettre à Mme Roger des Genettes, 18 août 1872) est, plus encore peut-être que *la *Tentation de saint Antoine*, le livre de toute une vie. Outre la précocité de sa conception, elle semble en effet rassembler et porter jusqu'aux plus extrêmes conséquences les composantes majeures de l'œuvre flaubertienne. Elle fait écho à *la Tentation de saint Antoine* dont elle forme le versant contemporain : au défilé insane des sottises antiques en matière religieuse et philosophique auquel assiste l'ermite, répond celui des sottises modernes de la science auquel se trouvent confrontés les deux « bonshommes ». Dans tous les cas, d'ailleurs, Flaubert, qui se plaisait à répéter que « la bêtise, c'est de vouloir conclure », fustige moins l'effort de recherche de la vérité que le dogmatisme. *Bouvard et Pécuchet* s'apparente également au roman de formation, genre cher à Flaubert. L'échec intellectuel des deux copistes fait pendant à l'échec amoureux de Frédéric dans l'*Éducation sentimentale*. Au terme de ce trajet, l'œuvre, révélatrice du néant, s'abîme dans sa propre dissolution. *Bouvard et Pécuchet,* que la mort vient interrompre, ne pouvait être que la dernière œuvre de Flaubert.

● Nizet, 1964 (p.p. A. Cento) ; « Folio », 1979 (p.p. C. Gothot-Mersch) ; « GF », 1983 (p.p. J. Suffel). ➤ *Œuvres*, « Pléiade », II ; *id.,* Éd. Rencontre, XVII ; *Œuvres complètes*, Club de l'honnête homme, V et VI.

A. SCHWEIGER

BRADAMANTE. Tragi-comédie en cinq actes et en vers de Robert **Garnier** (1545-1590), publiée à Paris chez Mamert Patisson en 1582.

Le dramaturge, en se tournant vers les aventures des compagnons de Charlemagne, rompt ici tout à la fois avec les sujets antiques retenus dans les pièces composées antérieurement (voir *Antigone, Hippolyte* et la *Troade*), et avec le genre tragique.

Charlemagne désire que se réalise le mariage de Bradamante et de Roger, qui se chérissent d'un amour réciproque. Les parents de la jeune fille s'y opposent, voyant en Léon, héritier de Byzance, un parti plus avantageux. L'empereur a décidé que celui qui voudra la main de Bradamante devra la vaincre en combat singulier. Léon, peu valeureux, se fait remplacer par Roger à qui il a sauvé la vie, et dont il ne connaît pas l'identité véritable. Celui-ci défait la guerrière, la livrant ainsi malgré lui à son rival. Pour empêcher les noces, Marphise, sœur de Roger, déclare publiquement que les amants sont déjà époux. Comment départager les rivaux sinon par un duel ? Mais Léon, apprenant que c'est Roger qui l'a aidé dans le combat contre Bradamante renonce à elle. Roger reçoit le trône des Bulgares pour ses prouesses passées : les parents de sa maîtresse l'acceptent dès lors pour gendre. Léonor, fille de Charlemagne, épousera Léon.

Pour sa *Bradamante*, Garnier a largement puisé dans l'*Orlando furioso* (1532) de l'Arioste, connu du public français grâce à de nombreuses traductions et imité des poètes parmi lesquels Ronsard et Desportes. Il isole l'épisode des noces de Bradamante, pivot de l'action dramatique, en suivant de près son modèle : en effet, il ne crée de toutes pièces que le mariage de Léon. On le voit, le thème amoureux constitue le centre de la pièce. Contaminée par des éléments propres à la comédie bourgeoise (ainsi des discussions d'Aymon et Béatrix sur l'établissement de leur fille), elle privilégie néanmoins le ton lyrique et élégiaque pour exprimer la passion contrariée des jeunes gens, ou encore les dilemmes de leur conscience (ainsi lorsque Roger, lié par une dette d'honneur à Léon, doit combattre pour lui et du même coup renoncer à l'objet de ses feux).

Dans le contexte troublé des guerres civiles et des crises politiques, le sujet de *Bradamante* présente en outre un relief particulier. Charlemagne (qui réside au palais du Louvre !) ouvre la pièce en proclamant un véritable credo en la monarchie, établie sous le regard et par la volonté de Dieu. Défenseur de « la sainte loy de Christ » contre « l'infidelle trope [troupe] », gardien de la vérité, cet empereur bien français qui donne sa fille à l'héritier de Byzance « pour contre les paiens nous entremaintenir » est l'emblème d'un univers régi par l'Unité, libre de tout conflit intérieur et de toute hérésie. Au théâtre se réfugie l'ombre d'un rêve évanoui : celui d'une France prospère, pacifiée, saluée par les nations alentour.

Garnier avait composé cette tragi-comédie dans l'espoir qu'elle serait jouée (supprimant les chœurs, il recommande d'ailleurs « d'user d'entremets, et les interposer entre les actes pour ne les confondre »). S'il n'eut pas la satisfaction de la voir lui-même représentée, on sait qu'elle fut donnée à la cour de Louis XIII en 1609 et 1611. Une allusion puisée dans *le *Roman comique* (1657) de Scarron laisse croire qu'elle figura au répertoire de certaines troupes ambu-

lantes. Elle a été imitée au XVIIe siècle par des dramaturges mineurs comme Charles Bauter dans la *Rodomontade* (1605) et dans la *Mort de Roger* (1613), mais aussi par La Calprenède (1637) ou Thomas Corneille (1697).

● « Classiques Garnier », 1991 (p.p. M. Hervier). ➤ *Œuvres complètes*, Les Belles Lettres, I ; *les Tragédies*, Slatkine.

M.-C. GOMEZ-GÉRAUD

BRAVE (le). Comédie en cinq actes et en vers de Jean-Antoine de **Baïf** (1532-1589), créée à Paris à l'hôtel du duc de Guise le 28 janvier 1567, et publiée à Paris chez Robert Estienne la même année.

Baïf, qui s'est surtout consacré jusqu'ici à la poésie, s'engage dans la voie que les dramaturges Jodelle, Belleau, Grévin ont ouverte pour renouveler la comédie en France.

Taillebras, soldat fanfaron, a séduit et enlevé Émée, amie de Constant. Celui-ci l'a retrouvée, et grâce à la complaisance de Bontams qui lui prête son logis, il peut de nouveau lui offrir ses hommages. Mais Humevent, garde-corps d'Émée, a surpris les amants. Le valet Finet invente à Émée une sœur jumelle et persuade le sot Humevent qu'il s'est mépris sur l'identité de celle qu'il a vue en compagnie de Constant (Actes I et II). Il reste à obtenir de Taillebras qu'il abandonne sa belle. Bontams loue pour ce faire les services d'une maquerelle, qui feint d'aimer le soldat « de toutes femmes affamé » (Actes III et IV). Taillebras cède aux avances de Fleurie, et Bontams, qui se fait passer pour son mari, le rosse d'importance. Pour châtiment supplémentaire, le matamore devra encore supporter d'apprendre qu'il a été berné (Acte V).

Le *Miles gloriosus* de Plaute constitue la source essentielle de cette comédie de plus de 4 000 octosyllabes. Il semble que la pièce de l'Italien Lodovico Dolce, *Il Capitano*, jouée à Mantoue en 1545, ait aussi influencé Baïf. Conçue, au départ, comme un divertissement pour la cour, la comédie de l'écrivain de la Pléiade propose entre les actes des poèmes d'éloge rédigés par les meilleures plumes de l'époque : Ronsard, Belleau, Desportes, Filleul, et Baïf lui-même. *Le Brave* est avant tout une comédie de mots et de caractères : les noms des personnages le rappellent assez. Dans la galerie des ridicules figurent en bonne place Humevent, l'éternel trompé qui veut pourtant empêcher qu'« on ne lui fasse humer du vent » et Taillebras, matamore amoureux de l'image qu'il se forge de lui-même, éternelle victime de sa propre complaisance. Baïf se plaît aussi à brosser des silhouettes moins conventionnelles, ainsi celle du vieillard Bontams, homme gaillard, parfait contre-modèle des grincheux ridicules, qui livre un panégyrique de la liberté en matière amoureuse, refuse l'idéal de la famille, dont plusieurs comédies bourgeoises font l'apologie à la fin du XVIe siècle, et se met au service des amants.

Même si Baïf a adapté à la France du XVIe siècle les situations inventées par Plaute, sa comédie n'a guère pour visée une quelconque vérité sociologique, et l'écrivain ne semble guère soucieux de faire de la pièce le miroir de la vie quotidienne. La scène comique, ici, est d'abord un espace où la transgression va bon train et trouve sa force dynamique dans des « finesses » développées à des fins ludiques : Émée ne se contente pas de disparaître, il faut encore qu'elle feigne le désespoir et l'évanouissement au moment de quitter Taillebras. La pièce, de même, pourrait s'achever sans dommage avant le châtiment de Taillebras, mais l'invention de l'adultère fictif entend pousser à bout la logique de la tromperie, et la scène de farce consacre un des bonheurs du théâtre comique tel que le formule l'un des personnages :

> Je ne vis jamais de ma vie
> Une si belle tromperie
> Ni meilleure, ni mieux menée
> Que la trousse qu'avons donnée.

● Genève, Droz, 1979 (p.p. S. Maser).

M.-C. GOMEZ-GÉRAUD

BRAVES GENS (les). Voir UNE ÉPOQUE, de P. Margueritte.

BREF RÉCIT ET SUCCINCTE NARRATION DE LA NAVI-GATION FAITE AUX ÎLES DE CANADA, HOCHELAGA ET AUTRES. Récit de voyage de Jacques **Cartier** (1491-1557), publié à Paris chez Ponce Roffet en 1545.

Cette relation fut d'abord présentée au roi François Ier, commanditaire du voyage d'exploration, au cours de l'été 1538. Des récits du capitaine malouin, seul celui-ci lui vaut une renommée littéraire immédiate, puisque le récit du premier voyage (1534), d'abord divulgué en italien dans la collection des *Navigationi e Viaggi* de Ramusio (1556) n'est pas édité en français avant 1598, et que la relation du troisième voyage (1541) est en partie perdue.

Lors de ce deuxième voyage d'exploration sur les rives du Saint-Laurent jusqu'à Hochelaga (aujourd'hui Montréal) de 1535 à 1536, Jacques Cartier est accompagné de deux Indiens ramenés en France l'année précédente, et qui, espère le capitaine, lui serviront de truchements. Pourtant, une fois qu'ils ont rejoint leur tribu à Stadaconé (actuellement Québec), les deux Indiens refusent d'accompagner Cartier plus loin en amont du fleuve. Malgré les tentatives de persuasion et les ruses qu'il déploie, le capitaine poursuit sa route, sans l'aide d'aucun guide. À Hochelaga, le Malouin rencontre une tribu qui lui fait « aussi bon accueil que jamais père fit à son enfant » ; il impose les mains aux enfants et aux vieillards, célèbre une prière publique, et obtient par signes des informations sur le mythique royaume du Saguenay, cet Eldorado du Nord. Mais de retour à Stadaconé (au mois d'octobre), les difficultés se multiplient : inimitié grandissante de la tribu (attisée, selon le capitaine, par les deux Indiens traducteurs) ; rigueurs de l'hiver canadien, épidémie de scorbut dont viendra à bout une décoction d'épinette blanche dont la recette a été fournie par les Indiens. Les navires reprennent le chemin de la France au printemps ; ils ramènent le chef de la tribu de Stadaconé, enlevé de force pour les besoins de la cause : Donnacona devra témoigner auprès du roi des richesses du Canada et le convaincre du profit qu'on tirera d'une nouvelle expédition.

Rédigé à l'intention du roi, le récit du capitaine est d'abord un rapport officiel. Il vise à convaincre François Ier, comparé à l'empereur Charles Quint, du bien-fondé des expéditions maritimes, aussi profitables à la prospérité du royaume et à la grandeur royale qu'à l'extension de la chrétienté. On comprend mieux, dès lors, le système de rhétorique persuasive qui sous-tend l'ensemble du texte : les péripéties du voyage sont interprétées de manière à éliminer toute objection aux entreprises ultérieures de conquête et d'exploration. Ainsi, les difficultés rencontrées avec la tribu de Stadaconé ne sont pas dues à la malignité naturelle d'un peuple au demeurant doux et facile à convertir, mais aux menées douteuses de ces intermédiaires qui jouent souvent le rôle de boucs émissaires dans les récits à l'époque de la Renaissance : les interprètes. De même, les ravages du « mal de terre », mieux connu sous le nom de scorbut, sont rachetés par des prodiges de la fertile terre canadienne, qui produit, entre autres merveilles, des remèdes supérieurs en efficacité à « toutes les drogues d'Alexandrie ».

Avec le *Bref Récit [...]*, c'est un peu des rêves sur la mythique Amérique qu'il est donné au lecteur d'aborder : un Nouveau Monde peuplé de monstres et réservoir de singularités, « où les gens ne mangent poinct, et n'ont poinct de fondement et ne digerent poinct », un espace où « inventer » des richesses. Jacques Cartier, le tout premier, sera victime du mirage des « diamants de Canada », vulgaires cailloux sans valeur dont il chargea ses navires lors de sa dernière expédition.

Le *Bref Récit* connut immédiatement un certain succès, au moins au-delà des frontières du royaume : traduit en italien, il figure dès 1556 dans le troisième volume de la collection de Ramusio, en anglais dans celle de Hackluyt (*The Principal Navigations*, 1600) ; quand se raniment les cendres du rêve canadien, et que Champlain tente une nouvelle occupation du Canada, le récit du capitaine malouin, lar-gement utilisé par Marc Lescarbot dans son *Histoire de la Nouvelle-France* (1612), fixe dans le souvenir les premières tentatives françaises de colonisation.

● *Relations*, Montréal, P. Univ. Montréal, 1986 (p.p. M. Bideaux).

M.-C. GOMEZ-GÉRAUD

BRITANNICUS. Tragédie en cinq actes et en vers de Jean **Racine** (1639-1699), créée à Paris au théâtre de l'hôtel de Bourgogne le 13 décembre 1669, et publiée à Paris chez Claude Barbin en 1670.

Cinquième pièce de Racine, *Britannicus* se situe à un moment clé de sa carrière. Après l'échec relatif des **Plaideurs*, il doit faire un retour marquant à la tragédie. Pourtant, *Britannicus* ne fut pas un succès immédiat : les doctes, auxquels il répond dans ses deux préfaces en réaffirmant ses choix esthétiques (« action simple, chargée de peu de matière », vraisemblance et droit à la création, illustrée ici par l'invention du personnage de Junie), condamnèrent la pièce dont le sujet leur semblait peu propre à une représentation « agréable » (Saint-Évremond) tant la monstruosité de Néron était pesante. Ils lui reprochaient aussi d'avoir pris des libertés avec l'Histoire, ce que Racine démentit en montrant que les caractères et l'horreur du sujet étaient empruntés à Tacite, Coëffeteau et Florus. Les critiques ne tinrent cependant pas puisque le roi et la cour, qui apprécièrent *Britannicus*, ouvrirent une carrière brillante à cette pièce, l'une des plus lues et jouées de tout le répertoire racinien aujourd'hui encore. Car Racine écrit d'abord une pièce politique – bien plus qu'historique – où ses contemporains peuvent retrouver non pas une image de la situation du royaume (l'assimilation entre Néron et Louis XIV qu'on rencontre parfois est impensable quand on sait que le roi apprécia la pièce), mais l'écho de leurs préoccupations politiques, du machiavélisme à la légitimité du pouvoir, en passant par l'inquiétude que suscite toujours le personnage du roi saisi par la folie.

Agrippine, qui a installé son fils Néron sur le trône en le faisant adopter par l'empereur Claude au détriment de l'héritier légitime Britannicus, s'inquiète : Néron a fait enlever Junie, descendante d'Auguste, promise à Britannicus, signe que son autorité sur son fils s'émousse. En habile politique, elle veut tenir sa parole pour faire de Britannicus son obligé. Celui-ci, affolé par l'enlèvement de Junie, s'en remet à Agrippine (Acte I).
Néron confie à Narcisse apparemment dévoué à Britannicus, mais en réalité tout acquis à l'empereur, qu'il aime Junie depuis qu'il l'a vue. Narcisse le pousse à l'épouser, mais Néron craint sa mère. Il veut pourtant rencontrer Junie pour connaître ses sentiments. Piqué de ce qu'elle aime Britannicus, il exige qu'elle le bannisse elle-même. Il les observera, caché, et au moindre mot d'amour, ce sera la perte de Britannicus. Celui-ci reste médusé par le comportement de Junie à laquelle il est venu parler (Acte II).
Bien que Néron ait exilé son opposant Pallas, affranchi de Claude, Britannicus et Agrippine veulent lutter contre l'empereur. Junie, parvenue à rencontrer son amant, lui explique son revirement soudain. Mais prévenu par Narcisse, Néron fait arrêter Britannicus et place sa mère sous surveillance (Acte III).
Celle-ci rappelle à son fils la longue liste de forfaits qu'elle a commis pour lui et le convainc de respecter à nouveau son autorité, se réconcilie avec Britannicus et fait rapporter l'exil de Pallas. Mais Néron a feint l'obéissance et préfère aux sages airs de Burrhus, son ancien précepteur, les conseils de Narcisse qui le pousse à s'émanciper de la tutelle d'Agrippine (Acte IV).
Britannicus, à qui on a annoncé la volte-face de Néron, est heureux. Junie éprouve pourtant des appréhensions. De fait, Burrhus vient annoncer la mort de Britannicus, empoisonné par Néron. Junie, pour lui échapper et rester fidèle à son amant, protégée par le peuple qui tue Narcisse, entre chez les vestales. Néron menace de se suicider, mais Agrippine craint qu'il ne poursuive ses crimes dans l'avenir (Acte V).

La pièce ne s'achève pas, comme on le voit, sur la mort de Britannicus, mais sur une scène où sont rapportés le sort de Junie, désormais vestale, l'assassinat de Narcisse par le peuple et la menace de suicide de Néron, qui concentre sur

Breton et les Surréalistes

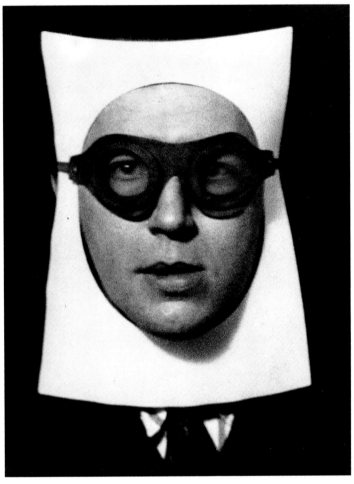

André Breton vers 1930, photographie de Man Ray (1890-1976).
Musée national d'Art moderne - Centre Georges-Pompidou, Paris.
Ph. © MNAM - Centre Georges-Pompidou © Man Ray Trust - ADAGP, Paris, 1994.

Si André Breton (1896-1966) a mérité son surnom de « pape du surréalisme », c'est autant pour sa place à la tête d'un mouvement dont la durée (1919-1969) se confond presque avec sa propre vie, que pour le caractère « religieux » d'un groupe pourtant ennemi de toute contrainte intellectuelle. Exclusions ou ruptures spectaculaires (Aragon en 1932,

Éluard en 1938), rapports conflictuels avec une autre « Église » : la découverte du communisme, « le plus merveilleux agent de substitution d'un monde à un autre », le malentendu et l'éloignement... Mais aussi rencontres et fraternités : grands prédécesseurs, salués dans le *Manifeste* de 1924 (Lautréamont, Rimbaud ou Jarry) ou contemporains,

Aragon en 1917, Soupault avec qui
Breton invente l'écriture automatique
(*Champs magnétiques*, 1920), dadaïstes, et
peintres bien sûr (« L'œil existe à l'état
sauvage », *le Surréalisme de la Peinture*,
1928). Dans ce gigantesque « collage »
d'œuvres et de personnalités
hétéroclites, Breton formule, à l'état
le plus synthétique, les idées qui feront
la vogue du surréalisme : pouvoir
de l'onirisme, révolte nécessaire, liberté

« L'Énigme de la fatalité », 1914,
par Giorgio de Chirico (1888-1978).
Kunstmuseum, Bâle. Ph. © Colorphoto-Hinz,
Allschwill - Basel © ADAGP, Paris, 1994.

« La Vierge corrigeant l'enfant Jésus devant trois témoins : André Breton,
Paul Éluard et le peintre », 1926, par Max Ernst (1891-1976).
Museum Ludwig, Cologne. Ph. Luc Joubert © Arch. Photeb © ADAGP-SPADEM, Paris, 1991.

« L'Œuf de l'Église », collage
d'André Breton paru
dans *le Surréalisme au service
de la Révolution*, 1933.
Bibliothèque nationale, Paris.
Ph. © Bibl. nat./Photeb
© Elsa Breton - D.R.

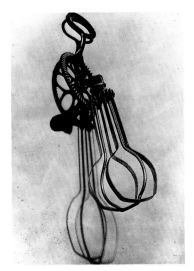

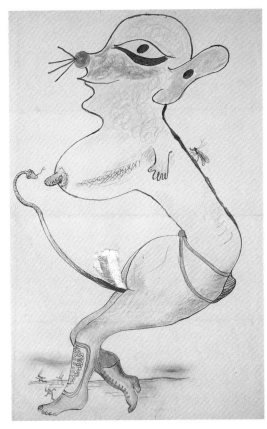

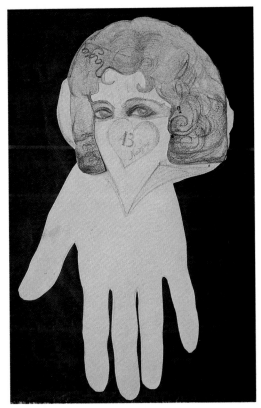

de l'écriture, image d'autant plus juste
qu'elle sera arbitraire, croyance au
« hasard objectif » célébré dans la quête
autobiographique de *Nadja* (1928),
exaltation enfin de l'« amour fou ».
Mouvement de l'« entre-deux-guerres »,
le surréalisme survit, banalisé, dans tel
« cadavre exquis » de slogan publicitaire :
poésie qui « émane davantage de la
vie des hommes, écrivains ou non, que de
ce qu'ils ont écrit » (*Pas perdus*, 1924).

Dessin de Nadja, vers 1926.

« Le Lever du soleil », 1942.
Lithographie de Joan Miró (1893-1983)
pour *Constellations* d'André Breton
et Joan Miró, New York,
Éditions Pierre Matisse, 1959.

Bibliothèque nationale, Paris.
Ph. © Bibl. nat./Arch. Photeb
© ADAGP, Paris, 1994.

« Le Palais aux rochers de fenêtres », 1942,
par Yves Tanguy (1900-1955).

Musée national d'Art moderne - Centre
Georges-Pompidou, Paris. Ph. © MNAM -
Centre Georges-Pompidou © SPADEM, Paris, 1994.

« Le Modèle rouge », 1935,
par René Magritte (1898-1967).

Musée national d'Art moderne - Centre Georges-Pompidou, Paris.
Ph. © MNAM - Centre Georges-Pompidou © SPADEM, Paris, 1994.

lui les dernières répliques où s'expriment à la fois une ultime condamnation morale du personnage, et l'annonce de ses forfaits futurs. Le « Plût aux dieux que ce fût le dernier de ses crimes ! » résume le sort tragique de Britannicus, à savoir la peinture d'un « monstre naissant » (Préface), et fait écho à la réplique dans laquelle Agrippine prophétise sa propre mort (V, 6). En ouvrant ainsi des perspectives sur l'avenir, ce dernier vers indique bien que nous venons d'assister à une naissance, « une accession à l'être qui ne peut s'accomplir sans instaurer, dans le même mouvement, la monstruosité » (A. Viala). Car si Néron est le protagoniste aux dépens de Britannicus, il n'y a pas pour autant de tragédie de Néron. Sa monstruosité, dont le texte rappelle qu'elle est en partie héritée, n'avait pas jusqu'ici trouvé l'occasion de se révéler. Mais elle existait, à l'état latent, comme une part de lui-même qui ne demandait qu'à venir au jour. Son essence est d'être monstrueux, sans qu'il en ait la conscience morale : « [Son] destin n'est pas tragique à ses propres yeux » (R. Picard). Aussi Racine n'a-t-il eu aucune difficulté à se justifier de la structure de sa pièce : l'action n'est complète que si la mort de Britannicus, qui n'est jamais qu'un instrument faisant accéder Néron à son identité, se répercute sur ce dernier. Ce qui implique que Junie lui échappe et avec elle l'amour et la pureté. Ce qui implique également que Narcisse, incarnation de la force qui le poussait au Mal, meure pour que Néron intériorise ce noir penchant. Ce qui implique enfin que l'autorité d'Agrippine soit brisée, ce que montre la métamorphose de son fils en acteur capable de donner le change, offrant le mensonge comme paravent de sa liberté, comme moyen de son émancipation.

Là se concentre l'enjeu de la pièce : la prise de pouvoir de Néron ne se conçoit qu'en tant que libération d'une tutelle, puisque, dans les faits, il est déjà empereur. Au moment de cet affranchissement, il n'est ni tout à fait bon ni tout à fait méchant (et correspond donc aux critères d'Aristote concernant le personnage tragique). En effet, ceux qui exercent sur lui cette autorité se répartissent en deux camps contrastés : Sénèque, dont le nom n'est que mentionné dans le texte, et Burrhus – également responsable de son éducation – le tirent vers le Bien. Mais Agrippine, habile politique qui a « fait » elle-même Néron (IV, 2), lui dispute aisément le titre de monstre. Britannicus va servir à anéantir la tutelle du Bien comme celle du Mal. Burrhus est contraint très explicitement d'obéir à son empereur (III, 9). Mais les liens qui unissent Néron à sa mère sont plus complexes, et il faut pour briser l'autorité maternelle une plus grande subtilité. Agrippine est le type même de la mère abusive, et Charles Mauron a montré que la relation qui s'établissait entre les personnages dépendait du lien entre l'empereur et sa mère. Junie est clairement perçue par Agrippine comme une rivale, et elle n'entre dans les préoccupations de Néron que pour des raisons qui, au départ, sont politiques et visent à atteindre la mère en touchant le frère (Britannicus étant devenu son frère par l'adoption). Quel que soit l'intermédiaire, Britannicus ou Junie, c'est Agrippine qui en définitive est visée. On notera d'ailleurs que l'amour de Néron pour Junie revêt une forme particulière, qui le différencie fortement des autres amoureux raciniens. Il est amoureux d'une « image », et l'aphasie dont il est frappé au passage de Junie permet à Racine de transformer le coup de foudre en récit (II, 2). Il évite ainsi la scène de déclaration, malséante pour un personnage de monstre difficilement imaginable en galant, rôle réservé à Britannicus afin de renforcer encore le contraste entre les deux rivaux. La rencontre de Néron et de Junie peut être alors présentée comme un affrontement où se dévoile le « sadisme » de Néron qui, là encore, en se cachant pour épier Junie annonçant son bannissement à Britannicus, s'éloigne de l'objet aimé qu'il oblige à jouer la comédie. Ainsi, de la scène où il raconte son coup de foudre pour Junie (et dans laquelle le « Qu'en dis-tu ? », adressé à Narcisse, sonne comme la demande

d'un acteur attendant qu'on juge sa prestation) jusqu'à celle où il se fait metteur en scène invisible, « Néron demande le principe de sa libération à la mise en scène de la parole, à sa théâtralisation » (S. Doubrovsky). La mise en abyme du théâtre est d'autant plus riche qu'elle institue un rapport entre l'accession au pouvoir (gouverner et non pas seulement régner) et le monde de l'apparence. Le machiavélisme n'est pas loin : il n'est pas nécessaire d'être un bon roi, il suffit de tenir le rôle de souverain pour s'assurer du pouvoir. L'ordre du désir, auquel Néron semblait encore résister dans la deuxième scène de l'acte II, l'emporte sur l'ordre du devoir. Ce triomphe est savamment ménagé. Racine nous le fait pressentir dès l'acte I (et le spectateur le pressent d'autant mieux qu'il connaît la monstruosité de Néron par l'Histoire), mais sa pièce est construite selon un art du suspense qui ajoute à *Britannicus* un attrait supplémentaire. Le spectateur est toujours en attente d'une arrivée : d'abord celle de Néron lui-même, puis celle de Britannicus ; la confrontation entre Agrippine et son fils (IV, 2), est elle-même attendue depuis la première scène de l'acte I. Mettant en présence les deux monstres, cette rencontre est forte d'une tension qui tient à leur affrontement en même temps qu'elle semble marquer une pause par le revirement de l'empereur, apparemment disposé à la réconciliation. Pause immédiatement démentie dans la scène suivante qui elle-même bascule de la haine à la réconciliation. Ces revirements correspondent à des états psychologiques restitués dans toute leur complexité, et ce n'est qu'au dernier acte qu'un ultime coup de théâtre vient consommer la tragédie, laissant exploser la duplicité de Néron, dont le jeu lourd et cyniquement maladroit révèle clairement l'acteur que l'on soupçonnait (V, 6). Le pouvoir est désormais soustrait au mode de la réalité. En ce sens, ce n'est pas vraiment la légitimité du pouvoir qui est en question dans *Britannicus*. Les contemporains de Louis XIV ont pu certes y voir des allusions car Néron n'était pas le descendant direct de Claude, et aux yeux d'un Français du XVIIe siècle, faisait figure d'usurpateur. Mais la loi romaine permettait les adoptions et Racine rappelle cette possibilité (III, 3), indiquant que l'essentiel de sa tragédie politique n'est pas là.

Si *Britannicus* reste la « pièce des connaisseurs », c'est peut-être parce que l'exemple historique choisi par Racine rend l'enseignement de l'Histoire complexe au point d'en faire le prétexte d'une interrogation métaphysique sur le théâtre politique du monde, lui-même métaphore du théâtre du monde en général.

● « Le Livre de Poche », 1986 (préf. G. Dumur, p.p. A. Viala).
➤ *Théâtre*, Les Belles Lettres, II ; *Œuvres complètes*, « Pléiade », I ; *Théâtre complet*, « GF », I ; *id.*, « Folio », I ; *id.*, « Classiques Garnier ».

P. GAUTHIER

BROUETTE DU VINAIGRIER (la). Drame en trois actes et en prose de Louis-Sébastien **Mercier** (1740-1814), publié à Londres et à Paris « chez les libraires qui vendent des nouveautés » en 1775, et créé à Paris au théâtre des Associés en 1776.

La pièce la plus célèbre de Mercier, jouée dans toute l'Europe « au grand étonnement des critiques », et dont le succès déborde sur le XIXe siècle, fut son premier drame représenté à Paris ; mais il ne triompha que sur une scène de second ordre avant d'être repris à la Comédie-Italienne en 1784. C'est que les comédiens-français ne pardonnaient pas à l'auteur ses violentes attaques contre leurs privilèges (*Du théâtre*, 1773).

M. Delorme, un riche négociant, décide d'accorder sa fille à M. Jullefort, prétendant cupide. Son homme de confiance, le jeune Dominique, fils d'un marchand ambulant de vinaigre, s'en désespère et veut repartir pour l'étranger. Mais son père l'oblige à rester : « Tu l'auras, Dominique, tu l'auras » (Acte I). Ruiné par une faillite frauduleuse, M. Delorme envisage de sauver sa fortune en empruntant sans rembourser. Mais Dominique l'en dissuade, tandis que M. Jullefort s'esquive (Acte II). Dominique père, en habit de travail, avec son baril sur sa brouette, vient, malgré son fils, demander la main de Mlle Delorme, et l'obtient grâce aux 100 000 livres en or qui emplissent le tonneau (Acte III).

Mercier dégage lui-même, avec une grande énergie non dénuée d'ironie, la visée idéologique de sa pièce : elle « sert à prouver que l'orgueil des rangs, si haut, si intraitable dans ses discours, sait s'humaniser à propos, et qu'il ne s'agit au fond que des conditions pécuniaires. [...] Tout ce qui mêle les différents états de la société, et tend à rompre l'excessive inégalité des conditions, source de tous nos maux, est bon politiquement parlant. [...] La même loi qui défend aux frères de s'allier à leurs sœurs devrait peut-être interdire aux riches de s'allier aux riches. [...] Quel est l'homme qui trouvera le secret du meilleur système économique ? Ce sera celui peut-être qui saura le mieux hacher les grosses et monstrueuses fortunes, les diviser, les subdiviser » (Préface). On retrouve ici l'inspiration utopique de l'*An 2440, dont il n'est pas sûr (c'est tout le problème de la création chez Mercier) qu'elle apparaisse aussi fortement à la seule lecture de la pièce. Mais, incontestablement, il a su, à partir d'une sèche historiette parue en 1722, en donner une traduction scénique assez saisissante à travers le vieux et malicieux vinaigrier en bonnet de laine et veste rouge, roulant sa brouette sur un parquet bourgeois. Il visera un effet analogue en installant carrément le roi Charles II dans un bordel (*Charles II, roi d'Angleterre, en certain lieu, comédie très morale*, 1789).

La force du drame de 1775 tient à l'alliance de la conviction idéologique, bien plus agressive que chez Diderot, Sedaine et Beaumarchais, et de la sève comique. Car la *Brouette* montre de quel comique rêvent les théoriciens du drame bourgeois : un comique débarrassé de ses pulsions farcesques (pas de valet ni de suivante) et de son cynisme satirique. Il s'agit clairement de réconcilier comique et morale, gaieté et sentiment, bref, de resocialiser le rire : entreprise assez difficile pour apprécier *la Brouette du vinaigrier* à son juste prix.

● « Pléiade », 1974 (*Théâtre du XVIIIe siècle*, II, p.p. J. Truchet).
➤ *Théâtre complet*, Slatkine.

J. GOLDZINK

BRUGES-LA-MORTE. Roman de Georges **Rodenbach** (Belgique, 1855-1898), publié à Paris en feuilleton dans *le Figaro* du 4 au 14 février 1892, et en volume chez Marpont et Flammarion la même année.

Dans *le Règne du silence* (1891), Rodenbach évoquait déjà les secrètes relations de Bruges et de son âme : « Ô ville, toi ma sœur à qui je suis pareil [...] Moi dont la vie aussi n'est qu'un grand canal mort. » Un an plus tard il revient sur le sujet, faisant de la Ville le « personnage essentiel » d'un roman qui lui emprunte son titre : Bruges, ville-décor mais surtout, par-delà les descriptions, ville-état d'âme « orientant une action ».

Après avoir perdu sa jeune épouse, Hugues Viane est venu se fixer à Bruges dont l'atmosphère de ville morte et mélancolique correspondait à son humeur chagrine. Depuis cinq années, il vit seul avec Barbe, une vieille servante dévote, vouant un culte quasi mystique aux souvenirs de la défunte – en particulier à sa blonde chevelure qu'il a mise sous verre. Un soir, au sortir de l'église Notre-Dame où il a médité sur l'union des âmes, un visage l'arrête, qu'il suit, croyant y reconnaître les traits de la morte. Une semaine plus tard, hypnotisé par le retour de l'apparition, il entre mécaniquement dans un théâtre à sa suite, l'y perd, la cherche en vain dans la salle et la retrouve sur la scène. Elle est danseuse et s'appelle Jane Scott. Peu à peu les analogies se précisent : le visage, les cheveux, les yeux, la voix, tout lui rappelle sa femme. Hugues installe Jane à l'orée de la ville, se rend chez elle tous les soirs, vit avec elle ce qu'il considère comme la poursuite de son amour marital. Mais à trop forcer les analogies, les dissemblances

apparaissent bien vite : Jane le choque par sa vulgarité, se moque de lui, le trompe, menace de le quitter. Hugues cherche à s'éloigner de sa maîtresse pour ne pas hypothéquer ses retrouvailles chrétiennes avec la morte dans l'au-delà. Mais il est envoûté et Jane en profite pour tenter de capter son héritage. Profitant de la procession du Saint-Sang, elle se fait inviter pour la première fois chez Viane – provoquant la démission de Barbe, que servir « une pareille femme » eût mise en état de péché mortel. Après une anodine dispute, tandis que Viane s'abîme dans une prière, Jane profane les souvenirs de la morte, joue avec la tresse de cheveux que Viane, fou de rage, lui serre autour du cou comme une corde. Et Jane, morte, devient « le fantôme de la morte ancienne ».

Certes la quête d'un double de la femme aimée n'est pas nouvelle – Nerval n'a-t-il pas construit « Sylvie » (voir *les *Filles du Feu*) autour de l'hypothétique « aimer une religieuse sous la forme d'une actrice... et si c'était la même ! » ? – non plus que le récit d'une passion-culte d'outre-tombe – Villiers l'a conté dans « Véra » (voir *Contes cruels*). Mais Rodenbach, en superposant les deux thèmes, conduit Hugues Viane là même où le héros nervalien s'était arrêté, c'est-à-dire à la « conclusion » d'un « drame » que la comédienne Aurélie lui refusait : alors que le promeneur du Valois « reprenait pied sur le réel » pour échapper à la folie, l'amoureux de Bruges « perd la tête » (chap. 15) et s'abandonne au meurtre. *Bruges-la-Morte* est donc bien le récit d'un fait divers criminel, ainsi qu'une tradition critique se plaît à le souligner. Mais, outre qu'un tel jugement pourrait s'appliquer à nombre de textes, depuis le *Rouge et le Noir* jusqu'à *Madame Bovary*, il ne rend pas compte de l'extraordinaire agencement de cette « étude passionnelle » (Avertissement).

Car le bref roman de Rodenbach procède par tout un jeu de répétitions et d'échos qui, peu à peu, enferment le héros dans un labyrinthe qu'il a lui-même construit à force de traquer ressemblances et analogies. « À l'épouse morte devait correspondre une ville morte » (chap. 2) : ainsi Bruges est-elle devenue le premier double de la défunte, épouse de pierre et d'eau qui prolonge par son atmosphère mystique (« la Ville a surtout un visage de croyante », souligne le narrateur au chap. 11) le deuil empreint de religiosité du veuf (significativement, la chronologie du récit est rythmée par les fêtes religieuses). Puis la rencontre avec Jane est venue troubler cette harmonie métaphysique : avec elle le physique passe au premier plan, introduisant le péché dans l'existence de Viane (et à Jane est associé un champ sémantique hautement symbolique : elle joue dans *Robert le Diable*, sa voix est qualifiée de « diabolique », etc.). Dès lors, la Ville, abandonnée et délaissée comme une épouse trompée, n'aura de cesse de se venger : après les on-dit réprobateurs puis moqueurs (chap. 5) et les mises en garde du béguinage (chap. 8), ce sont les tours « qui prennent en dérision son misérable amour » (chap. 10), puis les cloches qui « le violent et le violentent pour [le] lui ôter » (chap. 11). Veuf de sa femme et de sa ville, Hugues connaît alors la souffrance. Mais celle-ci procède moins d'un sentiment de culpabilité (évacuée au nom de l'analogie : « il croirait reposséder l'autre [sa femme] en possédant celle-ci [Jane] ») que d'un effondrement de son propre mode de pensée : ce qui s'écroule, c'est le mythe de l'identique sur lequel toute sa vie était construite. Dès lors, l'écart entre la morte angélisée et la vivante progressivement satanisée ne cessera de croître, minant Viane de l'intérieur en transformant sa certitude « d'une ressemblance qui allait jusqu'à l'identité » (chap. 2) en « une figure de sexe et de mensonge » (chap. 11). Parcours où le réel s'impose tragiquement au rebours d'un touchant mensonge entretenu comme une vérité : d'où la place du fantastique dans le texte, décalé dans son objet (ce qui suscite l'hésitation de Viane, ce n'est pas la réalité du phénomène qu'il vit mais celle de son amour pour Jane) et dans le temps (il croît jusqu'à la crise finale au lieu de se résorber au fil des chapitres). Oui, comme le disait Mallarmé à Rodenbach en sa prose particulière, *Bruges-la-Morte* est bien une « histoire humaine si savante » !

● Flammarion, 1978 ; Bruxelles, Labor, « Babel », 1986 (p.p. C. Berg).
➤ *Œuvres*, Slatkine.

D. COUTY

BRUMAIRE SAVOISIEN. Voir FOURMI ROUGE (la), de Ch.-A. Cingria.

BRUTE (la). Roman de Guy **des Cars** (1911-1993), publié à Paris chez Ditis en 1959.

Guy des Cars est un auteur qui atteint des chiffres de vente exceptionnels. En tout, trente millions d'exemplaires au format de poche ont été vendus par « J'ai lu ». *La Brute* arrive en tête (1 800 000). Mais douze autres titres ont dépassé le million de livres vendus à ce jour.

Vieil avocat sans cause, Victor Deliot se voit un jour confier une affaire dont nul n'a voulu Il s'agit de défendre un homme à la force herculéenne, qui a tué apparemment sans mobile un jeune Américain qu'il ne connaissait pas. Le coupable est sourd, muet et aveugle. Son hostilité envers son défenseur et ses gardiens justifie pleinement son surnom de « brute ». Pourtant, l'avocat se pique au jeu et mène sa propre enquête. Il recherche patiemment les mobiles de ce crime incompréhensible. Pendant le procès, il dévoile la psychologie cachée de l'infirme dont il montre le courage, la noblesse et la fidélité. Au terme d'une brillante plaidoirie, il prouve que le prévenu s'accuse pour protéger sa femme, en fait innocente. Il démasque ensuite le véritable coupable, qui se cachait parmi les témoins appelés à comparaître.

Issu de la tradition populaire du « roman de l'erreur judiciaire », et prototype parfait du « best-seller » moderne, *la Brute* est d'une lecture agréable et facile. La présentation progressive du personnage et l'intrigue policière sont conduites avec maîtrise : au fil des pages, la brute se métamorphose en homme, puis en héros capable de se charger par amour d'un crime qu'il n'a pas commis. Le dénouement est d'autant plus savoureux que l'on s'y prépare de longue date. Car l'accusé, malgré sa laideur décrite en termes quelque peu caricaturaux («ces cheveux hirsutes, ce visage bestial, cette mâchoire de bouledogue »), est d'emblée émouvant. Or l'intuition du lecteur ne saurait être fausse : ses sympathies et ses inimitiés sont dictées par un narrateur saluant lui-même le « bon, l'excellent Victor Deliot », puis la « gentille Danielle », ou encore l'« homme de cœur » qui a éduqué le triple infirme. Les témoins à charge nous sont, en revanche, immédiatement odieux : une sœur rancunière et cupide, un aveugle hypocrite et jaloux... Les portraits sont rapides et vigoureux, la psychologie sommaire et l'analyse absente. Des personnages, se dégagent surtout de la force et de l'émotion, toutes deux rehaussées par un manichéisme hérité des contes de fées. À deux reprises, Guy des Cars fait lui-même référence à « la Belle et la Bête ». Les ressorts narratifs des anciennes légendes apparaissent d'ailleurs en filigrane dans certains de ses romans (on lit notamment dans *les Sept Femmes* une variation sur le mythe faustien de l'éternelle jeunesse). Mais les héros de Guy des Cars ne sont ni idéalisés ni lointains. Dans ces situations éternelles s'agitent des personnages de notre époque, dont le langage ou l'attitude peuvent nous être familiers. Ainsi, *la Brute* traite du contraste entre laideur physique et beauté morale (thème qui revient d'ailleurs dans *la Corruptrice* et *Dans l'insolence de sa beauté*). Mais le roman ne doit rien au merveilleux de « Peau-d'...ne », au romantisme de **Notre-Dame de Paris*, ni au fantastique de *Frankenstein*... Il joue plutôt de la curiosité un peu trouble que suscitent les faits divers (*la Révoltée* est même tirée d'un événement authentique). Les titres des ouvrages se ressentent de cette inspiration. Ils promettent horreur et sensationnel : *la Corruptrice, l'Impure, la Maudite, la Vipère*... On croirait lire les manchettes de journaux à scandales.

Dans *la Brute*, un libraire parle un instant à Deliot des goûts littéraires du grand public. « Ce qu'il lui faut, dit-il, c'est de l'action, du mouvement, du mystère, de la vie surtout ! » Peut-être Guy des Cars livre-t-il ici une de ses recettes d'auteur à succès.

● « J'ai lu », 1960.

C. CARLIER

BUBU DE MONTPARNASSE. Roman de Charles-Louis **Philippe** (1874-1909), publié à Paris dans *la Revue blanche* en 1901, et en volume chez Fasquelle en 1906.

Ce roman rendit célèbre un écrivain qui avait publié auparavant, à compte d'auteur, *Quatre Histoires de pauvre amour* (1897), *la Bonne Madeleine et la Pauvre Marie* (1898), *la Mère et l'Enfant* (1900). On a oublié aujourd'hui qu'il manqua de peu – et par trois fois – le prix Goncourt avec *le Père Perdrix* (1902), *Marie Donadieu* (1904), *Croquignole* (1906), qu'il collabora à de nombreuses revues (dont *l'Enclos*, socialiste) et fit partie de l'équipe fondatrice de *la Nouvelle Revue française*.

La correspondance de Ch.-L. Philippe démontre clairement que l'histoire de *Bubu de Montparnasse* prend racine dans l'aventure malheureuse vécue par l'auteur lui-même avec une jeune prostituée, Maria Tixier, aventure qui nourrit la narration jusque dans certains détails. Pourtant le roman n'est ni « plaintif et doux », ni « déploration de ses impossibles amours » (B. Vercier). L'auteur, par un travail de documentation, d'élargissement du champ référentiel, de redistribution et de recomposition romanesque, s'émancipe de son propre vécu pour découvrir une voix originale, et formuler ici une sorte de « sociologie sensible ».

Première partie. Au soir du 15 juillet, Pierre Hardy, jeune provincial dessinateur dans une compagnie de chemins de fer, qui prépare à Paris l'examen de conducteur des Ponts et Chaussées, rencontre, boulevard de Sébastopol, Berthe Méténier, prostituée de vingt ans. Berthe, fleuriste à l'origine, a pour souteneur Maurice, dit Bubu de Montparnasse, qui l'a mise sur le trottoir après deux ans de vie commune. Pierre rencontre de nouveau Berthe la semaine suivante et, après une promenade sur les bords de la Seine, l'emmène chez lui. Une quarantaine de jours plus tard, Berthe et Maurice découvrent qu'ils ont la vérole. Ayant appris de son ami Louis Buisson que l'hospitalisation de Berthe à Broca signifie qu'elle a la syphilis, Pierre écrit à la jeune fille et lui propose une amitié platonique ; celle-ci répond en l'accusant de l'avoir contaminée. Peu après, Pierre sait par son médecin qu'il a lui aussi la syphilis.
Seconde partie. Resté seul, Bubu de Montparnasse vole dans un bureau de tabac et est arrêté. À sa sortie de l'hôpital Broca, Berthe, imparfaitement guérie, s'installe chez sa sœur Blanche, prostituée, syphilitique elle aussi, et les soirs de faim, de misère et de solitude, se réfugie chez Pierre avec qui elle s'est réconciliée. Celui-ci et Louis Buisson forment alors le projet de la sauver. La mort de son père éclaire Berthe sur la honte où elle est descendue : elle quitte le trottoir, prend un travail honnête et, toute heureuse, annonce la nouvelle à Pierre qui déborde de bonheur. Une nuit, à trois heures du matin, Bubu et le Grand Jules viennent rechercher Berthe chez Pierre qui, lâchement, les laisse faire.

En parallèle, deux mondes : celui des souteneurs, celui des clients potentiels, tous deux victimes à leur manière d'une société d'argent. Seul point commun : la fille publique, ce que marque emblématiquement l'alternance des chapitres. Les chapitres 2 et 4 de la première partie, 6 et 7 de la seconde partie sont consacrés au milieu des souteneurs et des prostituées ; les chapitres 1, 3 et 5 de la première partie, 8 et 9 de la seconde partie, aux clients et aux prostituées ; le chapitre 10, à la confrontation de ces deux mondes. D'un côté donc, celui de Bubu et du Grand Jules ; on y a pour seule ambition de survivre au jour le jour, mais comme on refuse le travail puisque « les travailleurs qui peinent et qui souffrent sont des dupes », il ne reste que la femme et le trottoir, avec les risques du métier : la vérole, l'hôpital, la prison. De l'autre côté, celui de Pierre Hardy et de Louis Buisson, on se trouve « tout seul, avec mille désirs, au milieu d'un Paris bien tentant », on est pauvre et timide, on a le cœur honnête, mais la femme honnête est un luxe impossible : reste la fille publique que l'on rêve de sauver. D'un monde à l'autre, Berthe battue comme toutes les autres parce qu'« un homme est un gouvernement qui nous bat pour montrer qu'il est le maître, mais qui saurait nous défendre au moment du danger », et rien de plus qu'« un objet », « une chose » qui vend son âme et sa chair...
Point de grandiloquence lyrique malgré quelques éclats de compassion ; point de système pesamment déterministe,

héréditaire ou social ; point de jugements de valeur moralisants ; point de mythification du « milieu » comme chez un Carco ou un Le Breton : l'écriture, sobre, discrètement animée d'une musique lancinante qui souligne la tristesse et la banalité de toute l'aventure, va à l'essentiel avec la lucidité d'un constat sensible d'autant plus cruel. L'idéalisme, les rêves de Pierre ne résistent pas à l'épreuve : « Tu n'as pas assez de courage pour mériter le bonheur. » Berthe retourne « dans un monde où la bienfaisance individuelle est sans force parce qu'il y a l'amour et l'argent, parce que ceux qui font le mal sont implacables et parce que les filles publiques en sont marquées dès l'origine comme des bêtes passives que l'on mène au pré communal ». Quant à Bubu, ce n'est pas une prédisposition au vice qui l'a conduit à exercer ce métier : simplement, il vit « dans une société pleine de riches qui sont forts et déterminent les vocations. Ils veulent des femmes avec leur argent. Il faut bien qu'il y ait des souteneurs pour leur en donner ». La pure et dure logique des faits !

● « GF », 1978 (p.p. B. Vercier) ; « Les Cahiers rouges », 1986.

L. ACHER

BUCOLIQUES (les). Recueil poétique inachevé d'André **Chénier** (1762-1794), reconstitué par les éditeurs à partir des manuscrits conservés. Seuls sont terminés, ou quasiment, "l'Aveugle", "la Liberté", "le Malade", "le Mendiant", à un moindre degré "l'Esclave" (titres attestés). Le reste comprend des fragments en attente d'insertion, ébauches, canevas, vers épars, notes préparatoires en prose.

Les rares poèmes achevés font voir vers quel type d'« idylles » s'orientait A. Chénier. Le mètre était l'alexandrin à rimes plates. Le nombre de vers allait de 150 à plus de 300. L'allure générale était celle d'un récit touchant, édifiant, exaltant. Avec "l'Aveugle" le mode pastoral rejoignait l'héroïque. L'auteur commençait par rédiger un résumé de quelques lignes puis il brodait un canevas en prose (voir "le Malade", "les Navigateurs"). Voici le résumé de "la Liberté" : « Un jeune homme libre et un esclave se rencontrent [...]. L'homme libre fait à l'autre avec ravissement la peinture des beautés de la nature dont ils jouissent [...]. L'esclave répond qu'il ne les voit point [...], le brusque [...] et oppose des malédictions contre lui-même à toutes les extases de l'autre. Le style du vice est doux et fleuri, celui de l'autre dur et sauvage. » À l'origine de "l'Aveugle" il y a le *quadro* suivant : « Homère chantant dans un village et des hommes et des femmes et des enfants lui donnant des fruits, et d'autres hommes et d'autres femmes accourant pour l'entendre. » Le résumé annonce de plus près le mouvement du texte : « Des petits garçons rencontrent dans la forêt un aveugle [...]. Ils lui donnent l'un son pain, l'autre ses pommes, l'autre ses olives, et du pain à son chien [...]. Ils le font chanter [...]. Il leur chante [...] et puis ils le ramènent au village qui vient au-devant de l'aveugle et lui fait fête. C'est Homère. »
Quant aux morceaux en attente, épigrammes, ex-voto, fragments narratifs, leur perfection, leur « fini » les fait prendre pour des pièces achevées, se suffisant à elles-mêmes et admirées comme telles. Citons "l'Enfant et la Flûte", "la Jeune Tarentine" (Myrto), "Néère", "Dryas", "Amymone", "Chrysé", "Damalis" (ces titres ne sont pas de Chénier). Plusieurs des récits appellent une suite et la question se pose de leur incorporation dans un ensemble homogène.

Comment lire *les Bucoliques*, et d'abord comment les ordonner ? Jean Fabre préconisait pour elles un ordre « esthétique », ajoutant : « [...] l'édition qu'en a donnée Heredia permet d'entrevoir ce qu'on peut entendre par là. » Certes, la tentative d'Heredia (publiée en 1907) est intelligente, inspirée et vaut certainement mieux que la pulvérisation, aussi savante que ruineuse, opérée par P. Dimoff (1908) et aggravée par G. Walter (1940). Mais le regard du grand parnassien, pour sensible qu'il soit, isole la poésie de Chénier de tout contexte historique, biographique et même esthétique, l'enclôt dans un lieu d'intemporalité, sorte de musée éloigné des circonstances, des

motivations, voire de certaines intentions inscrites et repérables dans les brouillons de l'œuvre à naître.

Un coup d'œil sur la genèse doit précéder une analyse du contenu. Le jeune Chénier, qui s'exerçait dans plusieurs genres ou styles de poésie à la fois, prit très tôt l'habitude de porter en tête des feuillets des sigles distinctifs. La syllabe βουκ. apparaît déjà sur une « imitation de la 8ᵉ *Églogue* de Virgile » rédigée à seize ans. En revanche, elle ne figure pas sur l'« imitation de la 27ᵉ *Idylle* de Théocrite » à peine plus tardive, habituellement appelée "l'Oaristys". Si l'on ne retient pour une édition « critique » des *Bucoliques* que les papiers revêtus du signe βουκ. (dont j'ai dénombré, sauf erreur, quatre-vingt-huit occurrences) ou εἰδ. (que Chénier emploie deux fois), il faudra éliminer du recueil un certain nombre de textes qu'on y rangeait auparavant. Ce dernier y gagnera-t-il en homogénéité ? Chénier s'entraînait au « chant bucolique » dès 1778 et l'inspiration bucolique le visitait encore « à Catillon près Forges, le 4 août 1792 » : entre ces deux dates, enquêtes et rêveries ont empli l'espace sans parvenir à le combler.

Idylles de Théocrite, *Églogues* de Virgile, comme on disait alors : deux modèles canoniques. L'adoption du mot *Bucoliques*, qu'il écrit volontiers en grec, montre une intention de se démarquer des usages en cours. Pourtant, la disjonction de l'antique et du moderne n'a pas de sens avec Chénier. Au fil des ans le répertoire des modèles à imiter va s'élargir aux dimensions de l'univers : tous les lyriques grecs et latins, mais aussi bien Shakespeare, Segrais, Gessner et jusqu'au *Yi-king* [*Livre des mutations*]. En outre, la science n'explique pas tout : le jeune homme ne laisserait pas parler en lui la « muse rustique » ou « pastorale » si elle n'exprimait une prédisposition de son être tout entier, ce qui est une manière de transcender le genre en son académisme. Un travail assidu, de type intellectuel, et une explosion intime, de type sensible, le tout mis au service d'une fête de l'imaginaire : telle est la poésie de Chénier dans *les Bucoliques*.

C'est dire de quel syncrétisme devait être affectée l'idylle, soumise en l'occurrence à un traitement hors du commun, syncrétisme dont le choix de trois dédicataires prévus sur le papier donne une idée. À « mon cher de Pange », l'apanage des « doctes feuillets » et des nuits laborieuses dans un véritable laboratoire « de sphères, d'écrits, de beaux-arts entouré ». « À toi belle D'[A.]z. [an] » (voir les *Élégies*), belle rosière ou belle baigneuse, les « fêtes chéries » en plein air « dans nos hameaux », griseries capiteuses et sensuelles. À la « docte et jeune Cosway », la toute gracieuse égérie aux goûts sans doute trop citadins, « les tableaux » et « les accents nouveaux » (elle était elle-même peintre et musicienne) d'une muse mûrie par l'âge, plus sérieuse dans sa réflexion. Commun à ces destinations un leitmotiv inlassablement répété : le chant. Retrempée à la source de ses origines, la bucolique (littéralement chant de bouvier) est à la fois grecque et campagnarde : c'est « en imitant Nausicaa, et le premier chœur de l'*Hippolyte* » que, dans une pièce « intitulée "le Lavoir" », Chénier souhaite montrer des « jeunes filles lavant leurs habits et ceux de leurs frères, afin que les beaux esprits parisiens aient de quoi rire ; ils les appelleront "les blanchisseuses qui viennent laver leur chemise" et beaucoup d'autres gentillesses ». Le poète satisfait une fringale d'érudition exhaustive en dressant des listes d'« usages qu'il faut rappeler βουκ. », en accumulant références et notes de lecture, en puisant à pleines mains dans les *Analecta* de Brunck. C'est une bibliothèque entière qu'il voulait contaminer par le jeu savant des réminiscences. Sans jamais oublier d'être producteur d'harmonie : soit que son vers aille « par bonds, heurts, chocs et soubresauts » (Heredia), soit qu'il s'épanche en berceuses modulations, le « jeune berger qui chante » et dont les chants « savent tout peindre », exhale, en symbiose avec la nature, « des vers enfants des bois, nés sons, fils de l'ombrage ».

Un programme aussi poétiquement conçu donnait toute sa chance à la mythologie, envisagée non plus comme un vivier d'allégories ornementales, mais comme le réceptacle et l'emblème des pulsions les plus secrètes : envies, frustrations, désirs, fantasmes s'y épanchaient à loisir. J. Chouillet a remarquablement souligné la violence de Chénier dans *les Bucoliques,* précisant : « Il faut, pour capter ces signes de violence, descendre au niveau des images et des mythes. » Et de comptabiliser ainsi : dans l'ensemble des poèmes « cinq sont des poèmes de désir, quatre décrivent (ou sous-entendent) la mort par le feu, cinq la mort par l'eau, huit ont pour sujet le viol, le rapt ou la violence, cinq seulement traitent de sujets paisibles ». Moderne par là, anticipatrice, l'entreprise l'est aussi par le message idéologique qu'elle délivre. Chénier s'y montre fils des Lumières, soucieux d'édifier l'être humain dans sa pleine autonomie, au prix d'épreuves et au terme d'un parcours à valeur éducative. « Toute la poésie bucolique de Chénier est de type initiatique », note encore J. Chouillet.

On peut même se demander si cette intention initiatrice, assortie d'un déplacement symbolique, n'aurait pas présidé à la disposition d'ensemble des *Bucoliques* arrivées au terme de leur accomplissement. Il apparaît dans les manuscrits que le poète, vraisemblablement à partir de l'époque où il rêvait de pérégrinations méditerranéennes, pas avant 1786, envisagea de structurer son recueil, et aussi celui des *Élégies,* selon la formule, appelée à un grand avenir, de l'itinéraire poétique, inaugurant ainsi le pèlerinage que tant d'autres allaient recommencer après lui : l'Italie, la Grèce, l'Orient. Et la Suisse, visitée au retour. Une double esquisse de prologue et d'épilogue, placés sur la même feuille pliée en deux, fait une allusion répétée à cette structure itinérante. Le début annonce : « Ma Muse […] a parcouru tous les lieux célébrés par des chants bucoliques » et énumère « les rives du Mincius où Virgile... celles d'Aréthuse où Théocrite et Moschus... celles d'Hermus où Bion... et celles du beau lac de Zurich où de nos jours le sage Gessner... » La fin récapitule : « Voilà ce que je chantais en voyageant... et ces chansons remplissaient mes voyages de délices. » Somme toute, Chénier invente le recueil-croisière. Certaines épithètes signalétiques s'expliquent ainsi : βουκ.ιταλ.,βουκ. ἐναλ., halieutiques. À examiner de près les textes, on s'aperçoit qu'un support géographique y apparaît constamment et qu'il fournit la clé organisatrice de bien des « séries » préparatoires. Ainsi lit-on : « βουκ. Ô telle source, telle fontaine, naïades de tel lieu... (tout cela géogr., peut-être en Crète). » L'idée d'une géographie raisonnée, et au besoin sacralisée, de l'univers est au cœur de l'entreprise descriptive, en plein essor vers 1786. La croisière bucolique se double pour Chénier d'un pèlerinage aux sources de son être. Autant d'escales, autant de cycles de pièces appropriées : italiennes, siciliennes, marines, halieutiques, ioniennes, « grecques chansons », crétoises, égéennes. À chaque cycle ses lieux votifs, ses mythes et légendes. L'avantage d'un tel fil directeur, c'est de fournir un motif de rattachement à quantité de remarques ou de vers épars, et de donner, par référence à une archéologie repensée, tout leur sens à ces morceaux « fabuleux » que la tradition imprimée a baptisés "la Jeune Tarentine", "Néère", "Hylas", "Damalis" ou "Clytie". Morceaux, oui : fragments d'un Tout sciemment organisé.

Entrevoir l'architecture des *Bucoliques,* ce n'est pas nuire au plaisir de la dégustation. Les fragments restent détachables si on tient à les admirer de près. Mais, reliés à leur patrie culturelle, ils s'animent d'une vie plus consistante. Au folklore sicilien devait convenir le cycle de l'initiation amoureuse, ou sexuelle, menée de la petite enfance à l'âge nubile, paradis pour un érotisme encore animal où évoluent nymphes et satyres réunis en un « banquet », jeunesse étourdie que guette la mort prématurée, unions abrégées par l'inconscience et les accidents. L'idylle des "Navigateurs", située « en haute mer », aurait occupé une place charnière entre une première partie plutôt latine ou néo-

grecque et une deuxième à dominante hellène. À la Grèce et à ses satellites, firmament pour une raison émancipée, devait revenir la surenchère d'érudition, le traitement des maladies de la passion, l'affirmation sereine d'une sagesse conquise (« De jeunes vierges rassemblées dans le Parthénon […] »), même au prix du sacrifice (holocauste d'Hercule), l'élévation finale du registre pastoral à l'héroïque. Les « poèmes » achevés, dont "l'Aveugle", terme idéal du parcours (« Homère aveugle est l'inspiré à qui la privation de la vue a révélé le vrai sens des choses », J. Chouillet), orientent vers les Cyclades où règne Apollon. Quant à l'inclassable "Liberté", idylle *a contrario* (idylle du retour ?), dont le texte ne cite aucune localisation, mais où l'on a pu reconnaître la garrigue languedocienne, elle bruit de résonances inquiétantes à l'heure des prodromes révolutionnaires, le dialogue de sourds mené par les interlocuteurs dénonçant à l'avance le chimérisme inscrit dans les idylliques griseries. Comme si, avec André Chénier, un genre poétique condamné par l'Histoire et temporairement rené de ses cendres signait son propre arrêt de mort. Les obsédantes naïades, présentes d'un bout à l'autre de la rêverie bucolique, sont filles des eaux : répondre à leur appel, c'est consentir à se noyer. L'entreprise, mort-née par définition, n'ouvrait sur aucun avenir.

➤ *Œuvres poétiques*, Delagrave, I ; *Œuvres complètes*, « Pléiade » ; *Poésies*, « Poésie / Gallimard ».

É. GUITTON

BUG-JARGAL. Roman de Victor **Hugo** (1802-1885), publié à Paris dans une première version dans *le Conservateur littéraire* en mai et juin 1820, et en volume, après de considérables remaniements et enrichissements opérés en 1825 et sans nom d'auteur, chez Urbain Canel en 1826. Une adaptation théâtrale en sera faite au théâtre de la République en 1880.

Premier roman de Hugo, écrit en 1818, mais ne prenant vraiment sens que sous sa forme remaniée publiée après **Han d'Islande, Bug-Jargal* est un roman d'aventures visionnaire dans le cadre d'un sujet historique, la révolte des Noirs de Saint-Domingue en 1791, « lutte de géants, trois mondes intéressés dans la question, l'Europe et l'Afrique pour combattants, l'Amérique pour champ de bataille » (Préface de 1832).

En 1791, dans une plantation de Saint-Domingue, l'esclave Pierrot est amoureux de Marie, la douce et pâle fille de son maître, fiancée à Léopold d'Auverney. Ce dernier part à la recherche de Marie, enlevée lors d'une révolte, le jour même de son mariage. Pierrot a caché Marie pour la sauver d'une mort certaine. Pris par les insurgés, d'Auverney est sauvé des mains du féroce Biassou et de l'affreux Habibrah par le chef des insurgés, Bug-Jargal, qui n'est autre que Pierrot. En fait, Bug-Jargal, fait prisonnier, a été libéré sur parole pour porter secours à d'Auverney, à qui il doit la vie. Mais le sergent Thadée, croyant que son chef a péri, fait exécuter Bug-Jargal lorsque celui-ci revient se constituer prisonnier. D'Auverney recueille Rask, le chien du chef noir.

Si la première version se présente comme une nouvelle militaire, où le capitaine Delmar (qui deviendra d'Auverney) relate son retour et le destin tragique de Bug-Jargal, le roman définitif charge ses 58 chapitres de couleur locale, en insistant sur l'asservissement colonial comme sur les réalités de la répression, et introduit l'histoire d'amour, ainsi que le bouffon Habibrah. Ce dernier, héritier de Han et Musdaemon (*Han d'Islande*), première esquisse de Quasimodo (**Notre-Dame de Paris*), voire de Gwynplaine (L'**homme qui rit*), ancien bouffon de l'oncle de Léopold, impose l'éclat satanique de sa haine vengeresse dans un récit tout de coups de théâtre, où Hugo joue ironiquement des procédés mélodramatiques, multipliant les clichés hyperboliques, déployant les prestiges du langage, tout en privilégiant déjà sa construction favorite, l'antithèse.

Amour du Noir pour la Blanche, amitié et rivalité du Noir et du Blanc, opposition du quasi-géant Pierrot au nain

Habibrah, du bien au mal, condition servile de Bug-Jargal, fils de roi africain, tout conspire à dramatiser la fiction. Comme Jean Valjean et Javert (les *Misérables*), d'Auverney et Bug-Jargal se livrent et se sauvent l'un l'autre, comme Gauvain et Lantenac (*Quatrevingt-treize*), ils font assaut de magnanimité. Roman du serment, de la pureté (de l'amour, les héros ne connaissent que les baisers, et Bug-Jargal meurt vierge), du sentiment tragique de la vie (d'Auverney cherche le repos de son âme dans la mort sur les champs de bataille), du manichéisme où les ténébreux méchants Biassou et Habibrah s'opposent aux figures lumineuses des héros, *Bug-Jargal* met déjà en place l'essentiel des mythes hugoliens.

● *Le Dernier Jour d'un condamné [...]*, « Folio », 1977 (p.p. R. Borderie) ; « Presses Pocket », 1985 (p.p. C. Lémie et R. Sctrick). ➤ *Œuvres complètes*, Club français du Livre, I et II ; *id.*, « Bouquins », Romans I.

G. GENGEMBRE

BUISSON ARDENT (le). Voir JEAN-CHRISTOPHE, de R. Rolland.

BURGRAVES (les). Drame en trois parties et en vers de Victor **Hugo** (1802-1885), créé à Paris à la Comédie-Française le 7 mars 1843, et publié à Paris chez Michaud et chez Duriez et Cie la même année.

Dernière pièce représentée de Hugo, exemple démesuré de son inspiration épique, *les Burgraves* bénéficient d'un statut particulier dans l'histoire littéraire du XIXᵉ siècle. Leur échec retentissant, et qui fit date, puisqu'il marqua le renoncement hugolien au drame, a occulté les réelles beautés du texte.

Première partie. « L'Aïeul ». La galerie des portraits du burg de Heppenheff sur le Rhin, le soir. Le burgrave Job, centenaire, vit avec son fils Magnus et son petit-fils Hatto qui se déchirent, entourés de vassaux arrogants qui ont profité de sa décrépitude pour usurper son pouvoir. Ayant transformé le château en un lieu de débauches, ils y ont amené leurs serviteurs, bouffons et esclaves, parmi lesquels Guanhumara, une femme, rêve de vengeance. Des prisonniers gémissent dans les souterrains. Seule lueur : un jeune seigneur, Otbert, aime Régina, fiancée forcée d'Hatto. Elle se meurt, et, en échange de sa guérison, Otbert s'engage à faire don de lui-même à Guanhumara. Arrive un mendiant chenu.

Deuxième partie. « Le Mendiant ». Nous sommes dans la salle des panoplies. Le mendiant déplore le sort de l'Allemagne, alors que Régina renaît à la vie : Otbert promet à Guanhumara de tenir sa parole. Job tente de faire échapper les amoureux. Guanhumara les dénonce à Hatto. Celui-ci veut tuer Otbert, mais le mendiant se découvre : c'est l'empereur Frédéric Barberousse, que l'on croyait mort depuis vingt ans. Figure de la justice immanente, il libère les bons et emprisonne les méchants. Il donne rendez-vous à Job après avoir prononcé un nom : Fosco.

Troisième partie. « Le Caveau perdu ». Job, seul dans un caveau sombre et hideux évoque un crime passé. Guanhumara paraît. Elle révèle son identité : c'est Ginevra, dont Job, nouveau Caïn, tua l'amant, son frère Donato. Pour se venger elle enleva George, fils de Job : c'est évidemment Otbert. Face à celui-ci, dont vibre la fibre filiale, Job, avouant son crime et son nom, Fosco, nie être son père, et l'adjure de le tuer pour sauver Régina au pouvoir de Guanhumara. Arrive l'empereur qui assène l'ultime révélation : Donato et lui ne faisaient qu'un, et il survécut. Magnanime, il pardonne, de même que Guanhumara, avant de s'empoisonner. La famille est sauvée et Job peut régner sur le Rhin.

Extraordinaire déploiement de fastes poétiques, la trilogie épique (« maison, Allemagne, famille », ou Hospitalité, Patrie, Paternité) embrasse le temps historique. La figure impériale rachète la violence d'un passé tombé en une sordide décadence et, incarnation de la Providence, exorcise la mort pour ouvrir sur l'avenir. *Les Burgraves* récrivent un *Hernani* optimiste. Mal collectif et culpabilité individuelle (« Je suis le meurtre et je suis la vengeance », clame Guanhumara, I, 4) se trouvent rachetés, rédemption qui inscrit l'Histoire dans le mythe, et dépasse les conventions du drame historique.

Se plaçant dans la continuité d'Eschyle et de Virgile, Hugo fait de sa pièce une œuvre européenne. Expression de la civilisation moderne, totalité, sublime et pathétique, le drame contient « histoire, légende, conte, réalité, nature, famille, amour, mœurs naïves, physionomies sauvages, princes, soldats, aventuriers, rois, patriarches, chasseurs d'hommes, titans » (Préface).

Immense, le drame ne fut compris ni des acteurs ni du public. Le désastre persuada Hugo de renoncer au théâtre joué. *Les Burgraves* prendront leur revanche en 1902 pour le centenaire de la naissance de leur créateur, et seront même superbement adaptés à la télévision en 1968, puis montés par Antoine Vitez en 1977.

L'échec aurait été moins remarquable si, quelques semaines plus tard, la comédienne Rachel n'avait pas fait triompher la raisonnable *Lucrèce* de Ponsard : les histoires littéraires font de cette année 1843 le terme du romantisme et le début d'un nouveau classicisme répondant aux goûts du public bourgeois. Provisoirement plus efficace que les parodies du titre hugolien (*Hures graves*, *Buses graves*, et autres *Barbus graves*), l'offensive classique se donne comme émanation de « l'École de bon sens ». Trois ans après pourtant, Baudelaire pourra ironiser sur la tragédie, apanage de la Comédie-Française, « le théâtre le plus désert de l'univers ». Le drame, lui, connaîtra encore de beaux jours, de Dumas fils jusqu'à l'apothéose de *Cyrano de Bergerac* (1897).

● « GF », 1985 (p.p. R. Pouillart). ➤ *Théâtre complet*, « Pléiade », II ; *Œuvres complètes*, Club français du Livre, VI ; *id.*, « Bouquins », Théâtre II.

G. GENGEMBRE

C'EST LES BOTTES DE SEPT LIEUES CETTE PHRASE « Je me vois ». Voir DESTINÉE ARBITRAIRE, de R. Desnos.

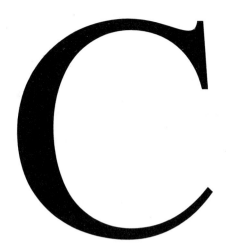

CABINET DE M. DE SCUDÉRY (le). Recueil poétique de Georges de **Scudéry** (1601-1667), publié à Paris chez Augustin Courbé en 1646.

C'est après avoir abandonné le théâtre que Scudéry, féru de peinture et désireux de se renouveler, composa *le Cabinet*. Inspiré de *la Galeria* de Marino (1619), assez mal reçu, il fit pourtant de son auteur une autorité en matière picturale à une époque où l'Académie royale de peinture et de sculpture était encore à naître (1648), où les premiers grands textes français sur l'art, sa théorie et son histoire, n'étaient pas encore écrits. Inégale d'un point de vue poétique, l'œuvre retient surtout pour le discours sur l'art qu'elle propose, parfois véritable travail théorique sur les rapports entre poésie et peinture.

Le recueil comporte cent dix poèmes de longueur (4 à 210 vers) et de forme (strophe, mètre et rime) très variables. Chaque texte décrit ou commente un ou plusieurs tableaux (mais aussi des gravures, une médaille...) attribués à des artistes plus ou moins célèbres, des primitifs italiens aux contemporains. Scènes mythologiques (la moitié des textes), portraits (un tiers de l'ouvrage), scènes canoniques du roman épique, scènes de genre, natures mortes, paysages alternent sans ordre apparent.

S'appuyant sur la vogue des collections encore naissante en France et sur un goût pour la peinture qui s'est développé sous le règne de Louis XIII, Scudéry, habitué des salons, vise d'abord à faire partager son plaisir d'amateur et à instruire un public essentiellement mondain. Il fait intervenir la plupart des grands noms de la peinture, se montrant fidèle aux hiérarchies de l'époque ; par l'exemple, il révèle aussi le discours critique minimal que doit tenir celui qui, dans le monde, veut parler peinture. Il entraîne donc son lecteur dans ce *Cabinet* poétique qu'il donne comme métonymique de son propre cabinet (pièce où l'on médite, mais surtout où l'on réunit ce que l'on a de rare et de précieux), ou plutôt comme la description des tableaux qu'il dit avoir vus ou possédés, formule plus large qui interdit toute vérification et autorise toutes les attributions. Car la collection évoquée relève assurément, pour partie, du musée imaginaire ; elle n'en sera que plus exemplaire. Il guide son lecteur comme le guiderait son hôte, variant à plaisir les artistes, les sujets et les formes poétiques : la diversité évitera l'ennui, entretiendra l'étonnement et suscitera l'admiration pour les dons poétiques du mentor.

Celui-ci interpelle plus d'une fois son lecteur, le prenant à témoin de son propre jugement, faisant de lui, à l'occasion, le spectateur d'un dialogue fictif avec le peintre. La compétence du guide doit s'imposer d'elle-même et donnera plus de poids à l'intention politique, masquée par le désordre apparent de la visite, mais bien réelle. D'abord parce que de tous les portraits, distribués au fil de l'œuvre selon un ordre conforme à l'étiquette, se dégage celui de Richelieu, défunt ministre décrié dont Scudéry fut l'admirateur et qu'il défend encore, le constituant en modèle. Plus largement parce que se dessine, par-delà le commentaire d'une peinture sans frontières (Italiens, Français, Flamands et Hollandais se côtoient tout au long du recueil), une visée nationaliste : les peintres français (ou étrangers ayant surtout travaillé en France) sont aussi nombreux que les italiens ; les paysages sont l'occasion de chanter la monarchie française et ses grands travaux, pour mieux dire et répéter que Paris est la nouvelle Rome ; ouvert avec l'origine de l'épopée (la prise de Troie) et le Pérugin, en qui l'on voit alors l'initiateur du renouveau de la peinture, le recueil s'achève sur les premières gloires françaises en matière poétique et picturale : Ronsard peint par F. Clouet. L'Italie (ses peintres, ses épopées du XVIᵉ siècle plusieurs fois évoquées, et même le Marino de *la Galeria*) est encore la référence; mais elle n'est déjà plus qu'une étape : la France a pris le relais.

La poésie, quant à elle, chante la peinture, lui apportant cette reconnaissance dont elle a encore besoin ; mais elle la chante sans jamais oublier la traditionnelle comparaison qui fait conclure à la prééminence de l'une sur l'autre. Par son geste même – c'est lui qui guide le discours, faisant du lecteur un allié involontaire –, le poète se garantit une victoire aisée qu'il cherche à asseoir en révélant l'impuissance de la peinture à dépasser l'apparence : elle peut rendre la beauté, imiter la nature dans ses manifestations les plus visibles, mais ne saurait qu'imparfaitement témoigner de l'esprit d'un ministre incomparable ou de l'âme d'une femme vertueuse. À la confiance encore intacte dans le signe linguistique (et dans sa plus haute expression, la poésie) s'oppose une défiance à l'égard de la peinture. Ne la soutiendrait-on que pour mieux en délimiter les ambitions ?

● Klincksieck, 1991 (p.p. Ch. Biet et D. Moncond'huy).

D. MONCOND'HUY

CABINET DES ANTIQUES (le). Roman d'Honoré de **Balzac** (1799-1850), publié sous ce titre dans *la Chronique de Paris* le 6 mars 1836 et en feuilleton dans le *Constitutionnel* du 22 septembre au 8 octobre 1838 sous le titre *les Rivalités en province ;* remanié, il parut en volume sous son titre définitif à Paris chez Hippolyte Souverain en 1839, puis dans le tome VII de *la *Comédie humaine*, tome III des « Scènes de la vie de province » chez Furne en 1844.

Deuxième histoire des « Rivalités » après *la *Vieille Fille*, ce roman jumeau se situe aussi à Alençon et met de nouveau en scène les époux Du Bousquier sous le nom de Du Croisier. Le conflit entre bourgeoisie et vieille noblesse y passe au premier plan et s'exacerbe.

« Dans une des moins importantes préfectures de France » vit la famille d'Esgrignon, représentée par le marquis Charles-Marie-Victor-Ange-Carol, sa demi-sœur célibataire, Marie-Armande-Claire et son fils unique, Victurnien. Légitimiste intransigeant, farouche défenseur des droits et privilèges imprescriptibles de la noblesse descendant des Francs sur le peuple issu des Gaulois, il tient un salon fermé à tous ceux qui n'ont pas le plus authentique sang bleu. Par dérision, les libéraux ont surnommé ce cercle le « cabinet des antiques ». Élevé par sa tante, qui lui passe tous ses caprices, Victurnien, accumule les dettes, que paie un vieux notaire fidèle, Me Chesnel. Envoyé à Paris, Victurnien, en dandy accompli, se ruine pour la duchesse de Maufrigneuse. Du Croisier décide alors de se venger du mépris où l'ont toujours tenu les nobles d'Alençon. En 1823, il manœuvre pour que Victurnien rédige une fausse lettre de change, et porte plainte. Seul le mariage de sa nièce Mlle Duval avec Victurnien pourrait la lui faire retirer. Mme de Maufrigneuse intervient, se rend déguisée en homme à Alençon, fait jouer ses relations et obtient un non-lieu grâce au juge Camusot. Du Croisier, toujours vindicatif, provoque et blesse Victurnien en duel. Me Chesnel, ce « chien fidèle », meurt, comme le marquis, désespéré par la révolution de juillet 1830, triomphe des Gaulois. Victurnien doit épouser Mlle Duval, fille d'un maître de forges, et sa dot. Délaissant sa femme, il mène dès lors joyeuse vie à Paris, et Mlle d'Esgrignon reste seule à Alençon, douloureuse figure du cabinet des antiques, alors qu'il n'y a « plus de noblesse », mais « de l'aristocratie ».

Si *la Vieille Fille* privilégiait la maison Cormon, Alençon, bien présente quoique n'étant pas nommée, se démultiplie progressivement en autant de lieux dignes de description : l'hôtel d'Esgrignon, les maisons du notaire et du juge… Le roman se déroule aussi à Paris. De même, les événements, d'abord strictement répétitifs, se précipitent à la fin et Balzac n'hésite pas à recourir au romanesque le plus débridé avec l'intervention de la duchesse de Maufrigneuse, née Diane d'Uxelles (voir *les *Secrets de la princesse de Cadignan*) et qui aimera aussi Lucien de Rubempré (voir *Splendeurs et Misères des courtisanes*).

La Préface, évoquant un « fait vrai », insiste sur le drame du jeune homme pauvre venu à Paris pour y briller et qui s'y perd. Contrepartie de Rastignac (voir *le *Père Goriot*), Victurnien peut être rapproché du Rubempré des *Illusions perdues*. Fréquentant le journaliste Émile Blondet (fils adultérin de l'avocat d'Alençon Blondet et destiné à reparaître), affrontant le faubourg Saint-Germain, il y rencontre en Diane l'antithèse de sa vertueuse tante. Mais l'amoureuse duchesse, en se rendant à Alençon, transforme aussi le roman de mœurs provinciales en histoire des aventures d'une Parisienne dans cette province, où derechef Victurnien se trouve emprisonné par la chute ou plutôt par la métamorphose de la maison d'Esgrignon, rattrapée par la modernité.

● *La Vieille Fille [...]*, « GF », 1987 (p.p. Ph. Berthier). ➤ *L'Œuvre de Balzac*, Club français du Livre, II ; *Œuvres complètes*, Club de l'honnête homme, VII ; *Œuvres complètes illustrées*, Bibliophiles de l'Originale, VII ; *la Comédie humaine*, « Pléiade », IV (p.p. N. Mozet).

G. GENGEMBRE

CABINET DU PHILOSOPHE (le). Voir JOURNAUX, de Marivaux.

CABINET PORTRAIT. Roman de Jean-Luc **Benoziglio** (Suisse, né en 1941), publié à Paris aux Éditions du Seuil en 1980. Prix Médicis.

Plus directement accessible que ses précédents romans, *Cabinet portrait* a permis à Jean-Luc Benoziglio d'atteindre un public dépassant le cercle restreint des initiés qui avaient remarqué l'originalité de son style dès *Quelqu'un bis est mort* (1972) et, surtout, *le Midship* (1973). L'auteur précise d'ailleurs, en une prière d'insérer qui est un modèle d'autodérision, qu'il « nous livre enfin un sixième roman où les phrases sont courtes, les parenthèses rares, les paragraphes nombreux et les signes de ponctuation à peu près à leur place ». Derrière l'humour, souvent noir et toujours caustique, de celui que l'on a parfois surnommé « le Woody Allen des lettres », se dissimule cependant une pathétique quête d'identité : comment être, en effet, dans la France contemporaine, un bâtard juif suisse d'origine gréco-bulgaro-turque – sans remonter à l'Espagne d'avant la Reconquête – et assumer cette condition ?

Poussé par ce qu'il nomme « les circonstances de la vie » (une séparation, la perte d'un emploi stable), le narrateur – qui est aussi le personnage central du roman et porte le même nom que l'auteur – se voit contraint de quitter un appartement relativement confortable pour emménager dans une chambre de bonne exiguë dans laquelle, malgré toute sa bonne volonté, il ne parvient pas à caser les vingt-cinq volumes d'une encyclopédie que lui a léguée « l'homme en blouse

blanche », son défunt père. Il décide donc de les entreposer dans les toilettes communes de l'étage où, poussé cette fois par les râles sempiternels (d'agonie ou de plaisir ?) de sa voisine de droite, et les beuglements de la télévision des Sbritzky, ses voisins de gauche – de vrais « bœufs » –, il prend bientôt l'habitude de venir les consulter longuement. Outre, en effet, qu'il se pense atteint d'un cancer du rectum sur lequel il voudrait se documenter, il se met également à la recherche, sous la pression d'un antisémitisme ambiant, de ses origines incertaines de néo-marrane qui le conduisent jusqu'à une lointaine cousine turque.

Les voisins, cependant, n'apprécient guère la situation et, de persécutions en brimades et humiliations, s'obstinent à déloger le métèque qui tente, comme il le peut, de résister jusqu'à ce que, vaincu à l'usure, il soit contraint encore de déménager.

Est-ce là ce qu'on nomme, de manière ambiguë, l'« humour juif » ? Toujours est-il que Jean-Luc Benoziglio n'a pas son pareil, dans la littérature francophone, pour démonter les misérables mythologies de la vie quotidienne, pleines de sottise et de mesquinerie, ni pour mettre en évidence la farce sinistre et ridicule des discours et des situations que l'habitude semble rendre anodins. Mais là où Céline préfère parfois l'invective pour dénoncer l'écrasant étalement de la connerie humaine, Benoziglio préfère barbouiller de rouge à lèvres le portrait de son narrateur en clown solitaire et tragique, et utiliser avec lucidité les ficelles de la farce ou de la parodie (calembours, jeux de mots, onomatopées, confusion des registres de langue) pour trouver l'indispensable oxygène qui lui permet de ne pas succomber aux effluves nauséabonds que les latrines ne sont certes pas les seules à dégager.

Jean-Luc Benoziglio s'est également révélé, dès ses débuts, comme un maître dans l'art difficile de la digression que, encyclopédie aidant, *Cabinet portrait* met au service d'une interrogation devenant d'autant plus fondamentale que la réponse se dérobe, conformément à la volonté d'un père qui niait ses racines. Le titre du roman, en effet, désigne tout à la fois le refuge aléatoire du narrateur et le lieu solennel où, jadis, a été prise l'énigmatique photo de famille qu'exhibe la couverture du livre et qui renvoie à un univers ottoman. La fiction romanesque rejoint alors le récit autobiographique pour dérouler un laborieux cheminement mental vers la mémoire qui, d'« Andrinople », devenue Édirne, en « Conférence de Lausanne », en passant par « Généalogie » ou « Antisémitisme », conduit tout droit aux ancêtres sépharades de l'auteur.

Cabinet portrait devient alors le roman de la conscience recouvrée et d'une certaine forme de fidélité, en même temps qu'il témoigne de l'emprise du destin et, surtout, de l'Histoire. Si le narrateur va d'un déménagement à l'autre, comme il passe de sa judéité au cancer, et se voit poussé sans répit par les événements, c'est bien en effet qu'il n'a pas de place où s'installer autrement que dans la précarité. C'est que, quoi qu'il en ait, il ne saurait se dérober à sa condition de Juif errant.

● « Points », 1981.

L. PINHAS

CADAVRE ENCERCLÉ (le). « Tragédie » en prose de **Kateb** Yacine (Algérie, 1929-1989), publiée à Paris dans la revue *Esprit* de décembre 1954 à janvier 1955, et créée par Jean-Marie Serreau au théâtre Molière de Bruxelles en 1958. Prolongée d'une seconde tragédie au symbolisme ambigu, *Les ancêtres redoublent de férocité*, d'une farce, *la Poudre d'intelligence*, et d'un poème dramatique, *le Vautour*, elle est ensuite reprise en un volume de théâtre intitulé *le Cercle des représailles*, préfacé par Édouard Glissant et publié à Paris aux Éditions du Seuil en 1959, qui constitue, avec *l'Homme aux sandales de caoutchouc* (1970), l'ensemble de l'œuvre théâtrale en français de Kateb, puisqu'il n'écrira plus, après son retour en Algérie en 1971, qu'en arabe dialectal.

Dans la rue des Vandales d'une cité maghrébine s'entassent, après une émeute, cadavres et blessés. L'un d'eux, Lakhdar, en une sorte d'« oraison funèbre », tente de tirer le sens de ce charnier. Apparaissent alors à sa recherche, d'abord Nedjma, son amante éplorée, puis Mustapha et Hassan, ses amis et camarades de combat, enfin Tahar, le parâtre de Lakhdar, qui prêche la résignation. Lakhdar, de nouveau seul, se redresse et reprend la parole. Il est rejoint par Nedjma qui lui reproche de n'avoir pas voulu achever sa conquête. Lakhdar est à présent soigné et caché par Marguerite, la fille du commandant. Entre Nedjma qui exprime sa jalousie, puis Hassan et Mustapha, lequel tue le commandant. Dans un café rempli de monde, Lakhdar appelle à la résistance, face à son parâtre. Le tableau suivant se passe dans une prison militaire où Hassan, Mustapha et Lakhdar attendent leur exécution et revendiquent leur combat. Lakhdar, une nouvelle fois seul dans l'impasse, est rejoint par Nedjma et Marguerite, puis par Tahar qui le poignarde. Il s'accroche à un oranger pour ne pas s'écrouler. Sa mère folle s'approche, puis Mustapha et Hassan, tandis que les voix d'un chœur célèbrent en écho les composantes de la tragédie du peuple opprimé. Surgit alors Ali, le fils de Nedjma et de Lakhdar, qui grimpe sur l'arbre et se met à bombarder la salle d'oranges amères.

Issu du même noyau générateur que *Nedjma, avec lequel il forme, si l'on reprend les termes de l'auteur, « une seule œuvre de longue haleine, toujours en gestation », le Cadavre encerclé pousse à son terme la destinée de Lakhdar, l'un des quatre amis narrateurs du roman, en même temps qu'il donne la parole à la jeune femme éponyme qui, dans ce dernier, n'intervient que comme une présence en creux ou un manque.

Puisant ses armes aux sources de la tragédie grecque, Kateb recourt non seulement au discours symbolique, mais aussi à un chœur qui permet de mettre en scène la confrontation dramatique de l'individu et de la collectivité. D'un lyrisme fulgurant dans l'évocation de l'identité étouffée, épique et fondatrice dès qu'elle exalte la lutte revendicatrice, la langue se convulse au moment de dévoiler les contradictions et de mettre au jour les ambivalences du mythe.

Dans sa quête d'un sens qu'il ne peut déchiffrer qu'au prix de sa vie, écartelé entre « le meurtre et l'exil », Lakhdar apparaît alors comme un véritable héros tragique, victime à la fois de son aveuglement et de sa lucidité, de son attachement à la tribu et de son refus des tabous. Rebelle à l'autorité des ancêtres lorsqu'elle se fait résignation, il se voit poignardé par son parâtre alors qu'il recherche une filiation moins bâtarde. Et si Nedjma peut lui reprocher de s'abîmer dans son propre regard, c'est à travers lui toute une génération qui se lève et crie son refus du double encerclement que sont la domination et le renoncement : Ali, le fruit de sa passion pour Nedjma – c'est-à-dire pour sa patrie –, ne se satisfera pas de manger les oranges amères : il les retournera en projectiles.

L. PINHAS

CAFÉ (le) ou l'Écossaise. Comédie en cinq actes et en prose de François Marie Arouet, dit **Voltaire** (1694-1778), publiée à Londres en 1760, et créée à Paris à la Comédie-Française le 26 juillet 1760.

Ouvrage de circonstance, né de l'exaspération, écrit à la hâte, le Café ou l'Écossaise est sous presse fin février 1760. « Tympanisé par ce coquin de Fréron », coupable d'avoir éreinté La femme qui a raison, une de ses comédies, Voltaire lui fait endosser, sous le nom de Frélon, le rôle d'un traître de mélodrame. Le 3 juin, dans l'Année littéraire, Fréron affecte de croire que cette pièce n'est point de Voltaire. Celui-ci l'a attribuée au dramaturge écossais John Home, orthographié à tort Hume. Le combat antiphilosophique fait alors rage : les *Philosophes de Palissot ridiculisent Diderot sous le nom de Dortidius et d'Alembert fait appel à Voltaire pour relever le gant. Palissot essaie de le circonvenir, mais en vain. Au prix de quelques adoucissements, dont un changement de nom (Frélon est remplacé par Wasp, traduction de « guêpe » en anglais), il obtient de

faire jouer l'Écossaise. Le duc de Choiseul, protecteur de Palissot, trouve son compte dans ce tumulte qui occupe les badauds et fait oublier les échecs de sa politique extérieure. La première représentation fut un événement : le public, mis en condition par la spirituelle Requête de Jérôme Carré aux Parisiens, une feuille volante du « traducteur » de la pièce, trépigne, crie « À bas Fréron ! ». Honni, bafoué, sifflé, Fréron assiste impassible à cette représentation dont il rendra compte sous le titre Relation d'une grande bataille. Ces pages satiriques se terminent par l'évocation des Philosophes chantant un Te Voltarium.

La scène est à Londres et représente un café. Frélon, médiocre publiciste et « cœur de boue », voudrait se faire recevoir par une jeune étrangère, Lindane, qui languit dans la misère et attend en vain celui qu'elle aime, milord Murrai, fils de celui qui a fait le malheur de sa famille (Acte I). Sa rivale, lady Alton, une Anglaise jalouse et vindicative, lui fait croire que milord Murrai est un perfide. Frélon, qui s'est mis au service de lady Alton, accuse Lindane d'être une ennemie de l'État. Arrive Freeport, un gros négociant de Londres, grossier et bienfaisant qui, malgré les protestations de Lindane, veut soulager sa misère (Acte II). Lady Alton a réussi à subtiliser une lettre que milord Murrai adressait à Lindane. La police vient pour arrêter la jeune fille, mais Freeport se porte caution. Un gentilhomme écossais, lord Monrose, victime de la famille Murrai, se trouve aussi dans ce café (Acte III). Tous accusent Frélon d'être un délateur. Lady Alton menace milord Murrai d'une terrible vengeance. Lindane qui a retrouvé en lord Monrose son père, décide de sacrifier son amour (Acte IV). Milord Murrai a obtenu la grâce de Monrose. Sa générosité désarme le vieillard. Les familles ennemies sont réconciliées (Acte V).

Succès de scandale pour cette pièce traduite en anglais, en italien, en espagnol, en allemand, en néerlandais, en russe. Lagrange la met en vers en 1761 ; une parodie, l'Écosseuse, est jouée par les comédiens-italiens. « J'ai vengé l'univers autant que je l'ai pu », affirme Voltaire qui a intégré des éléments de pamphlet dans une comédie vertueuse. L'ensemble ne manque pas de verve. Se souvenant de la Bottega del caffe de Goldoni, Voltaire met en scène l'histoire touchante de son Écossaise sur un fond de vie quotidienne. Cette comédie en prose dans laquelle il introduit des « tableaux », comme le recommandait Diderot, marque un renouvellement de sa dramaturgie. Voltaire peint, non sans réel souci de couleur anglaise, le négociant Freeport qui n'est pas sans parenté avec sir Andrew Freeport de Steele dans le Spectator. Ce bourru bienfaisant, touché par la grâce fière de Lindane, fait sourire de ce « sourire de l'âme » que Voltaire évoque dans sa Préface. Il a ses origines lointaines dans l'éloge du commerce des *Lettres philosophiques ; son sans-gêne blesse l'aristocratique Lindane : Vigny reprendra ce thème selon d'autres modalités, dans son *Chatterton.

Pure coïncidence : l'Écossaise bénéficia d'une scène débarrassée des spectateurs. Son « Épître dédicatoire » est adressée au comte de Lauraguais, instigateur de cette réforme.

● « Pléiade », 1974 (Théâtre du XVIIIᵉ siècle, II, p.p. J. Truchet).
➤ Œuvres complètes, Voltaire Foundation, L (p.p. C. Duckworth).

C. MERVAUD

CAGES FLOTTANTES (les). Roman de Gaston **Leroux** (1868-1927), publié à Paris en feuilleton dans le Matin du 7 avril au 4 août 1913, et en volume chez Fayard en 1914.

Dans les cales du Bayard en partance pour Cayenne, Chéri-Bibi s'échappe mystérieusement de son cachot. La mutinerie des forçats emprisonnés dans des cages menace. Le célèbre bandit révèle son passé au sympathique Barrachon, commandant du navire. Victime de la fatalité, il sombra dans le crime malgré lui : de malheureuses coïncidences en firent le meurtrier de M. Bourrelier et le désignèrent faussement comme coupable de l'assassinat du comte Du Touchais. Par amour pour Cécily Bourrelier, épouse du misérable marquis Du Touchais, il voulut redevenir honnête, mais sa réputation le poursuivit.

Après une bataille épouvantable, les forçats prennent le commandement du navire. Ils recueillent des naufragés qui ne sont autres que le marquis Du Touchais et ses invités. Dans un secret absolu, Chéri-Bibi séquestre le marquis et fait du Kanak, médecin habile, l'agent de sa vengeance. Cinq mois plus tard, il passe pour mort mais son fidèle compagnon, la Ficelle, perce la terrible énigme : le Kanak a greffé sur Chéri-Bibi tous les organes du marquis.

Les Cages flottantes inaugurent le cycle de cinq romans que Gaston Leroux, célèbre auteur des Rouletabille (voir *le *Mystère de la chambre jaune*), consacre à Chéri-Bibi. Ces romans policiers se situent dans la continuité du récit d'investigation logique et les aventures de Chéri-Bibi empruntent leurs ressorts au mélodrame hugolien ; en témoignent le goût du monstrueux, de l'horrible et la multiplication des péripéties. L'action se déroule dans l'espace confiné du vaisseau : l'argument explicite, inspiré par le roman d'aventures traditionnel, concentre l'intérêt sur la mutinerie des forçats. Surgie des bas-fonds infernaux du navire, elle renverse les structures de la hiérarchie reproduites par la micro-société du *Bayard*. En effet, les bandits revêtent les uniformes de leurs gardiens, qui prennent leur place, dans une sorte de saturnale qui rend possible l'exaspération des instincts contenue par le chef, Chéri-Bibi. Cependant, ce bandit apparaît comme un mixte de grandeur et de misère. Dans sa confession (chap. 6), à la faveur d'une allusion explicite aux **Misérables*, il se présente comme un nouveau Jean Valjean, victime des errements de la justice et de l'opinion publique. Ainsi, la psychologie de la société s'impose comme le véritable coupable. Oublions la phrénologie et le déterminisme individuel : « En naissant on a la bosse de tout et la bosse de rien ! »... La fatalité invoquée par Chéri-Bibi (« Fatalitas ! ») tient au privilège que la société accorde aux apparences sur l'être. Présenté comme une sorte de monstre au sens étymologique du terme, il veut changer sa propre image et non la société. Évoluant dans le monde très hiérarchisé des bagnards, Chéri-Bibi se moque des socialistes et des anarchistes auxquels l'équipage veut l'assimiler. Victime de son apparence et des apparences, il utilise, très logiquement, les pouvoirs de la science (que ne limite aucun comité d'éthique) pour modifier son destin.

● *Chéri-Bibi*, « Bouquins », 1992 (p.p. Francis Lacassin).

V. ANGLARD

CAGLIOSTRO. Voir ILLUMINÉS (les), de G. de Nerval.

CAGNOTTE (la). Comédie en cinq actes et en prose d'Eugène **Labiche** (1815-1888) et Alfred **Delacour** (1817-1883), créée à Paris au théâtre du Palais-Royal le 22 février 1864, et publiée à Paris chez Dentu la même année.

Quatre ans après *le *Voyage de Monsieur Perrichon*, *la Cagnotte* en propose le parfait symétrique. Là, un Parisien faisait la dure expérience de la « mère » de Glace ; ici, une cohorte de provinciaux passe dans la capitale une journée d'enfer : juste retour des choses, et récurrence d'un procédé comique éprouvé (voir **Monsieur de Pourceaugnac*), qui consiste à extraire de son milieu un individu pour le plonger dans un univers dont il ignore les codes et les dangers. Mais telle est la fréquence de ce schéma chez Labiche (**Un chapeau de paille d'Italie*, 1851 ; *Maman Sabouleux*, 1852...), qu'on serait tenté d'y lire un message, presque une philosophie : quand un bourgeois a la chance d'être « arrivé » – autrement dit, confortablement renté pour le reste de ses jours –, mieux vaut pour lui ne pas rêver d'un ailleurs, géographique ou social (voir *la *Poudre aux yeux*, 1861), sauf à devenir ce personnage de comédie dont rient ses congénères sagement restés, eux, dans les coulisses... ou dans la salle.

La Ferté-sous-Jouarre, à deux heures de chemin de fer de Paris. Le rentier Champbourcy, sa fille Blanche et sa sœur Léonida, très mûre mais toujours démangée par le prurit conjugal, reçoivent leurs amis : le pharmacien Cordenbois, le fermier Colladan, et le jeune notaire Félix Renaudier qui postule la main de Blanche. Depuis un an, en jouant à la bouillotte, ils se sont constitué une cagnotte qu'ils décident d'aller croquer à Paris. Ainsi Champbourcy pourra consulter un dentiste, Léonida se rendre chez le marieur Cocarel qui doit lui présenter un prétendant, et Blanche choisir sa corbeille de mariage (Acte I).

Paris. Toute la « société » – moins Félix, qui a manqué le train – s'empiffre dans un grand restaurant. Mais au moment de l'addition, ils s'estiment grugés et refusent de payer. On les emmène au commissariat (Acte II), où leurs achats hétéroclites et une tentative d'évasion les font considérer par le policier Béchut comme une dangereuse bande de pickpockets (Acte III). Conduits au dépôt, ils s'échappent du fourgon cellulaire et se précipitent, échevelés et sans un sou, chez Cocarel, à la grande « réception » organisée pour Léonida. Déception : le beau parti tant attendu n'est autre que Cordenbois ! Pis encore : un second candidat se présente, et il s'agit cette fois du policier Béchut qui les reconnaît, et qui se lance à leur poursuite (Acte IV).

Au petit matin, transis dans les vêtements de soirée prêtés par Cocarel, les fugitifs campent misérablement sur un chantier de démolition. À bout d'expédients, ils sont miraculeusement retrouvés par Félix, qui a, lui, les poches bien remplies, et tout le monde se dispose avec soulagement à rentrer à La Ferté-sous-Jouarre (Acte V).

Malheureusement (pour eux !), les bourgeois labichiens sont pourvus d'une formidable énergie vitale : après des années passées à s'échiner dans sa boutique, on ne se transforme pas facilement en oisif, et ces producteurs dans l'âme souffrent d'une frustration que le seul jeu de bouillotte ne saurait éteindre. Désormais, par conséquent, ils « se travailleront » (au sens de la grenouille de La Fontaine) eux-mêmes en s'identifiant, fût-ce dans les situations les plus triviales, à des héros légendaires. Champbourcy – dont le rôle fut créé par l'ineffable Geoffroy, l'acteur mascotte de Labiche – invite ses compagnons d'infortune à s'évader du commissariat « comme Monte-Cristo » ou « comme Latude », leur donne pour modèles Du Guesclin (« Du Guesclin n'eût pas fait cela ! ») ou le duc de Buckingham (celui des **Trois Mousquetaires*), et prend la pose pour accomplir des actes dérisoires : « J'étais né pour les grandes choses... Je vais d'abord acheter un timbre à vingt centimes. » Quant à la revêche Léonida, nouvelle Bovary en quête de « l'être mélancolique qui doit faire son bonheur », elle n'hésite pas à glisser de la publicité mensongère dans ses annonces matrimoniales : « Jamais une plainte ou un reproche ne s'est échappé de mes lèvres de rose. » Paradoxalement, c'est de la fiction que ces bourgeois prosaïques attendent la preuve qu'ils existent.

Mais la réalité se venge, et change bientôt le rêve en cauchemar. Le petit groupe arrive à Paris avec les mêmes illusions que le Gondremark de *la Vie parisienne* (1866). Hélas ! le grand restaurant est un coupe-gorge, le marieur un escroc ou un incapable, la police arrête les innocents, et au lieu des « monuments » de la « capitale du monde », on ne trouve que les chantiers de démolition du baron Haussmann. Malgré la cruauté ou le quasi-naturalisme de certaines mises en scène modernes (J.-P. Vincent et J. Jourdheuil, 1971 ; Peter Stein, 1973), comment se fait-il pourtant que la pièce demeure toujours, logiquement, dans le champ de la comédie ? Parce que cette rhétorique bourgeoise qui empile les stéréotypes (« Un sourire est l'indice d'une conscience tranquille », Paris est « le rendez-vous des arts, de l'industrie et des plaisirs », etc.) à la manière du **Dictionnaire des idées reçues*, et qui fait prendre indéfiniment les vessies pour des lanternes, est aussi la meilleure défense contre l'agression extérieure. Grâce à elle, on retombe toujours sinon sur ses pieds, du moins sur ses phrases, et c'est grâce à elle tout autant qu'à l'intervention de Félix que chacun se retrouvera, intact, à La Ferté-sous-Jouarre, prêt à repartir pour de nouvelles – ou de semblables – aventures.

● « Classiques Larousse », 1990 (p.p. R. Abirached). ➤ *Œuvres complètes*, Club de l'honnête homme, VI ; *Théâtre*, « Bouquins », II ; *id.*, « Classiques Garnier », III.

J.-P. DE BEAUMARCHAIS

CAHIER D'UN RETOUR AU PAYS NATAL. Poème d'Aimé **Césaire** (né en 1913), publié en extraits à Paris dans la revue *Volontés* en août 1939, et en volume, avec une Préface de Breton, à New York chez Brentano's et à Paris chez Bordas en 1947.

Le *Cahier* est le premier texte publié par Césaire, qui avait détruit tous les poèmes composés durant ses années d'études à Fort-de-France, puis à Paris. À la veille de quitter la métropole en 1939, il rédige ce long « poème » qui allie prose et vers libre, où il imagine son « retour au pays natal » et l'état dans lequel il va retrouver la Martinique.

Dans sa Préface – « Un grand poète noir » –, Breton ne manque pas de faire remarquer que le *Cahier* est un poème, sinon « à thèse », du moins « à sujet », mais il en souligne le « pouvoir de transmutation » et « cette faculté d'alerter sans cesse de fond en comble le monde émotionnel jusqu'à le mettre sens dessus dessous qui caractérisent la poésie authentique par opposition à la fausse poésie, à la poésie simulée ». Effectivement, le *Cahier*, qui rappelle l'atroce et indicible déportation des esclaves d'Afrique vers les Antilles – « J'entends de la cale monter les malédictions enchaînées, les hoquettements des mourants... », premier plaidoyer en faveur de la négritude, vocable qui est lui-même un néologisme, exprime la prise de conscience des trois cofondateurs de *l'Étudiant noir* : Césaire, Senghor, Damas. Mais le poème se présente aussi comme un pamphlet contre le « pays natal », la Martinique, dont la léthargie politique, intellectuelle et artistique (« cette ville plate », « cette ville inerte ») est stigmatisée violemment : « Au bout du petit matin bourgeonnant d'anses frêles les Antilles qui ont faim, les Antilles grêlées de petite vérole, les Antilles dynamitées d'alcool, échouées dans la boue de cette baie, dans la poussière de cette ville sinistrement échouée. »

La satire non seulement des colons mais aussi de la « négraille » – du « nègre chaque jour plus bas, plus lâche, plus stérile, plus profond, plus répandu au-dehors, plus séparé de soi-même, plus rusé avec soi-même, moins immédiat avec soi-même » – montre, avant le *Portrait du colonisé* d'Albert Memmi (1957), avant les essais de Frantz Fanon, le lien de dépendance affective et intellectuelle qui attache le colonisé au colon.

Du genre pamphlétaire – qu'on retrouvera dans le *Discours sur le colonialisme* de 1955 –, le *Cahier* a l'emphase d'un discours qui joue avec virtuosité sur les procédés de l'art oratoire, dans le registre d'un réquisitoire, d'une philippique. À l'ampleur syntaxique et rythmique des phrases nominales qui procèdent de l'accumulation et de la répétition incantatoire (« Au bout du petit matin / un grand galop de pollen / un grand galop d'un petit train de petites filles / un grand galop de colibris / un grand galop de dagues pour défoncer la poitrine de la terre »), s'ajoute la puissance évocatoire d'un vocabulaire systématiquement négatif ou péjoratif, souligné par l'emploi constant de démonstratifs à valeur dépréciative : « Ces pays sans stèle, ces chemins sans mémoire, ces vents sans tablette. » Césaire retrouve la violence des imprécations de Baudelaire et surtout de Lautréamont, notamment par l'inflation de qualificatifs et d'adverbes hyperboliques pour caractériser la saleté et l'indigence : « Une vieille vie menteusement souriante, ses lèvres ouvertes d'angoisses désaffectées ; une vieille misère pourrissant sous le soleil, silencieusement ; un vieux silence crevant de pustules tièdes, l'affreuse inanité de notre raison d'être. »

Le registre médical, physiologique, associé comme chez Lautréamont à un érotisme bestial (la rue de la Paille, où « la jeunesse du bourg se débauche » est emblématique de la ville tout entière), donne une image physique de la déchéance de la Martinique. Césaire exprime une véritable phobie, une répulsion instinctive – signifiée par ce « cri » que le poète voudrait entendre proférer par son pays. L'imaginaire sensible, qui fait la richesse de l'œuvre, lui donne également son efficacité rhétorique : les images y

constituent le principal outil de persuasion du lecteur, comme incitation à la révolte. L'influence de Rimbaud se fait alors également sentir, à travers des réminiscences d'*Une saison en enfer* : « J'ai assassiné Dieu de ma paresse de mes paroles de mes gestes de mes chansons obscènes. »

Ce « cri » que constitue le poème manifeste l'engagement total du « récitant », dont la subjectivité lyrique se révèle progressivement dans ce cahier intime. D'abord entièrement absorbé par son objet – l'île –, le poème s'oriente graduellement vers un « nous » et l'évocation de souvenirs personnels (« au-delà de mon père, de ma mère... »), pour finalement faire éclater le moi tonitruant du narrateur, vers le milieu du texte : « Et voici que je suis venu ! » Le « retour » au « pays » est assurément un retour à soi par la mémoire.

Le poème, par son oralité, qui doit sans doute beaucoup aux contes traditionnels des « quimboiseurs » dont le récitant semble l'héritier, s'apparente en outre au genre épique, qui joue sur la répétition – anaphores, parallélismes syntaxiques et rythmiques, invocations et apostrophes. C'est ainsi que la première partie du texte est scandée, dès la première ligne, par le leitmotiv « Au bout du petit matin... », qui structure les paragraphes et relance l'indignation. Cette cellule thématique, à son tour, engendre des séquences avec lesquelles elle se combine (« cette ville inerte... », « cette foule criarde... », etc.) selon le principe musical de la variation : le poème tout entier se construit ainsi sur des paradigmes fixes qui se déclinent à travers la variation des substantifs et, surtout, des adjectifs (« cette foule criarde », « cette étrange foule », « cette foule désolée »). La récurrence des énumérations, du « et » biblique et, surtout, des infinitifs, comme le goût prononcé pour les mots rares, empruntés à la botanique, à la géologie ou à la zoologie, évoquent l'*epos* de la poésie de Saint-John Perse.

Le *Cahier*, qui fit connaître Césaire en métropole, lui assura surtout un prestige incomparable en Afrique noire et en Amérique, où la négritude s'imposa rapidement comme le thème central des littératures engagées dans le procès de la colonisation. Lorsque l'Haïtien René Depestre publie *Bonjour et Adieu à la négritude* (1980), c'est encore au *Cahier* qu'il rend hommage. Mais, au-delà du propos idéologique, qu'il ne faut pas surestimer compte tenu de sa dimension existentielle et personnelle, il laisse présager par sa violence insurrectionnelle la rencontre des Antilles et du surréalisme *via* Breton, dont la revue *Tropiques* devait témoigner, entre 1941 et 1945.

● Présence Africaine, 1956. ➤ *Œuvres complètes*, Désormaux, I.

D. COMBE

CAHIER DE DOUAI. Voir POÉSIES, d'A. Rimbaud.

CAHIER GRIS (le). Voir THIBAULT (les), de R. Martin du Gard.

CAHIER ROUGE (le). Récit de Benjamin **Constant** de Rebecque (1767-1830), publié à Paris chez Calmann-Lévy en 1907 par la baronne Charlotte Constant de Rebecque, qui lui donna ce titre par référence à la couleur de la reliure du manuscrit autographe déposé à la bibliothèque cantonale et universitaire de Lausanne, alors que Constant l'avait simplement intitulé *Ma vie, 1767-1787*.

Rédigé – ou mis au net – selon l'auteur en 1811, lors d'un séjour à Hardenberg, *le Cahier rouge* relate des faits situés entre 1767 et 1788. Complétant ainsi les **Journaux intimes*, et donc précieux pour les biographes, il rapporte une crise de l'adolescence, et met en jeu une remarquable technique narrative, proche du roman.

Organisé en deux parties, ce texte assez bref évoque d'abord et sur un rythme fort alerte la naissance du narrateur, puis son éducation aux mains d'étranges précepteurs (l'Allemand Stroelin, le Français athée M. de La Grange, Gobert, Duplessis, moine défroqué, l'Anglais M. May, Bridel...), ses lectures désordonnées, ses voyages avec son père, son séjour à l'université d'Erlangen, ses premières amours, le court bonheur vécu avec la séduisante Mme Johannot, sa passion pour la jolie Anglaise Mme Trevor, son séjour à Paris, un amusant quiproquo avec la vieille Mme Saurin, qui interprète sa démarche intéressée – il vient demander de l'argent pour payer une dette de jeu – comme une déclaration.

La seconde partie raconte l'année 1787. La rencontre décisive avec Mme de Charrière, les fiançailles avec Mlle Pourras, âgée de seize ans : voilà bien des occasions de « sottises ». Soupçonné par l'amant de Mme Pourras de courtiser mère et fille, le héros est conduit à une tentative de suicide. Mais Mme de Charrière, parfaite amante, lui fait connaître le monde, et il suscite l'intérêt des femmes. On veut décidément le marier en Angleterre. L'ennui le gagne, malgré quelques aventures et la découverte d'une société singulière. Après un retour assez piteux, il retrouve Mme de Charrière, mais le voilà engagé dans un duel pour une histoire de chiens ! Cependant, son adversaire, un certain capitaine Duplessis, fait faux bond. Le récit s'arrête avec cette plaisante affaire.

Rapidité, enjouement, malice, cynisme : Constant se met en scène comme le héros d'un roman libertin, partant à la découverte du monde et surtout des femmes, et se juge ironiquement avec toute la froideur calculée du regard rétrospectif. Les épisodes défilent, l'auteur proscrivant les temps morts, pratiquant l'ellipse sans que jamais le récit n'apparaisse décousu. Favorisant les « extravagances », la narration se fait celle d'un apprentissage de la vie, marqué par quelques étapes sensuelles sans nuages (« Elle ne m'a fait acheter les sensations douces qu'elle m'a données par aucun mélange d'agitation ou de peine », dit-il de Mme Johannot), par l'initiation due à Mme de Charrière (« La première femme d'un esprit supérieur que j'aie connue »), l'éducation mondaine et sociale. S'il apprend « la bêtise de l'espèce humaine » et « l'absurdité des préjugés », il s'éprouve aussi « hors de la loi commune ». De folies en pérégrinations, le jeune héros progresse, et Constant fouille minutieusement ses sentiments, décrit ses états d'âme, de la plus grande agitation à « l'indifférence complète » devant le danger. Œuvre d'analyse autant que mise en fiction, le *Cahier rouge* est l'un des textes les plus maîtrisés de Benjamin Constant, à l'instar de *Cécile*.

● *Adolphe [...]*, « Folio », 1973 (p.p. A. Roulin, préf. M. Arland) ; *id.*, « Le Livre de Poche », 1988 (p.p. B. Didier). ➤ *Œuvres*, « Pléiade ».

·G. GENGEMBRE

CAHIER VERT (le). Journal intime de Maurice de **Guérin** (1810-1839), paru dans les *Reliquiae* établies et publiées, fort édulcorées par la censure de sa sœur Eugénie, grâce aux soins de Barbey d'Aurevilly et G. S. Trébutien, à Paris chez Didier en 1861.

Rédigé entre le 10 juillet 1832 et le 13 octobre 1835, abandonné aux mains de Paul Quemper, un ami parti sur les traces de René en Louisiane (voir *René*), *le Cahier vert* se présente comme une contemplation poétique écrite au rythme des déplacements, des découvertes, des désirs, des souffrances, des interrogations et des lectures du poète. Différant sensiblement du *Journal* d'Eugénie de Guérin, publié en 1855, que Des Esseintes classera dans la prose féminine catholique pour sacristies et boudoirs dévots, il manifeste aussi la quête d'une voix nouvelle qui se déploiera, superbe, dans *Glaucus, le *Centaure* et la *Bacchante*.

Du Cayla, ce manoir de l'enfance, à Paris, en passant par La Chênaie, où Guérin se fait disciple de Lamennais, *le Cahier vert* se fragmente en notations et méditations quotidiennes, séparées par de longs intervalles. *René*, Goethe, *l'Europe littéraire*, les *Études de la nature*, *Lucrèce Borgia*, la *Physiologie végétale* de Candolle : autant de lectures éclectiques, sources de réflexion. Les paysages et le climat bretons font l'objet de splendides descriptions, ainsi que l'océan, ce défi à l'écriture (« Ce que j'éprouvais, en plongeant mes regards dans cet infini, serait assez difficile à formuler », 15 avril 1833). Les heures diurnes et vespérales sont saisies dans leurs qualités intrinsèques.

Troubles, exaltations, rêves, incertitudes, résolutions, inquiétudes, souvenirs (« Six heures du soir. C'est le moment où les souvenirs me reviennent par milliers », 2 octobre 1833), extases devant le spectacle de la nature, dont « tous les bruits » affectent la sensibilité et mêlent la volupté à la terreur (21 décembre), travail du deuil (9 février 1835) : tout suscite l'introspection. Réceptacle du moi, le *Cahier* est un être vivant : « Ô mon cahier, tu n'es pas pour moi un amas de papier, quelque chose d'insensible, d'inanimé ; non, tu es vivant, tu as une âme, une intelligence, de l'amour, de la bonté, de la compassion, de la patience, de la charité, de la sympathie pure et inaltérable » (20 avril 1834). Le mouvement de l'âme oscille entre contraction et épanchement (26 août), le moi s'éprouve dans sa complexité, en « pêle-mêle étrange » (9 septembre). L'écriture transcrit donc sous nos yeux un « petit drame » (26 janvier 1835), des exercices spirituels, la tentative d'un gouvernement de soi et des facultés créatrices, mais aussi l'aveu d'un échec : « Tous mes essais ne sont que créations sans suite, convulsives, s'interrompant brusquement à toute minute, comme le discours d'un insensé. Je m'échappe à moi-même » (27 mars). La vie s'éprouve comme douleur, seule la « grande fête de la nature » (3 mars 1833) offre ses fastes et ses perspectives de sérénité enfin retrouvée, dépassant les « mille fatalités » que nous portons en nous-mêmes (11 juillet 1835).

Le *Cahier* s'achève quand Maurice de Guérin trouve enfin l'interlocuteur capable d'écouter la voix secrète du poète : Barbey d'Aurevilly. La confidence quitte alors ces pages pour s'épancher vers l'autre. « J'ai bien des choses à dire » (28 juillet 1833) : ce programme se réalisera désormais dans la correspondance et surtout dans la poésie.

Autobiographie et poésie se mêlent chez Guérin, et *le Cahier vert* accumule la matière littéraire : « Tandis qu'une partie de moi-même rampait à terre, l'autre, inaccessible à toute souillure, haute et sereine, amassait goutte à goutte cette poésie qui jaillira, si Dieu me laisse le temps » (13 août 1832). Récit d'un mal être (« Mon esprit est atteint de tous les maux qu'engendrerait sûrement une puberté qui ne s'achèverait pas », 3 avril 1835), d'un apprentissage douloureux (« Ce n'est que d'hier que, vieil enfant, je commence d'entrevoir l'homme », 4 juin 1835), d'une contemplation de soi, le *Cahier* organise une quête impossible (« Mon fleuve se perd dans les sables », 30 avril 1835). Il s'attache souvent, et avec bonheur, à rendre compte des états intermédiaires de la sensibilité, des transitions, des passages : « Quand la souffrance s'est éloignée et que la vie vous reste pâle, affaiblie, mais confiante et goûtant en volupté calme aux derniers ressentiments du mal qui s'éteignent, l'âme la plus contenue a du penchant aux discours prolongés, un peu incertains, mélangés de souvenirs douloureux et de mille projets qui sourient » (30 avril 1835). Florilège du malaise romantique, il met en scène une écriture précise, dénuée de pathos, et énonce exemplairement les contradictions de l'être, écartelé entre le désir de se fixer et la menace de la dissolution, déchirement dont seule la poésie, « écho sonore et profond au centre des mélodies » (10 décembre 1834), peut transcender le malheur.

● Klincksieck, 1983 (p.p. C. Gély). ➤ *Œuvres complètes*, Les Belles Lettres, I ; *Poésie*, « Poésie / Gallimard ».

G. GENGEMBRE

CAHIERS. Ensemble de notes et de réflexions de Paul **Valéry** (1871-1945), publié à Paris aux Éditions du CNRS entre 1957 et 1961 (29 volumes en fac-similé), et en anthologie chez Gallimard en 1973-1974.

Ces 261 cahiers de divers formats, remplis de notes écrites chaque matin entre 1894 et 1945, représentent dans l'édition du CNRS 26 600 pages d'écriture environ. Bien que ces notes fussent un pur exercice mental sans intention de publication, Valéry envisagea pourtant de les mettre en ordre et ne put venir à bout de sa tâche, tant en raison sans doute de l'énormité de l'œuvre que de la nature même de sa pensée. Mais il avait ébauché un classement et choisi un certain nombre de titres de rubriques que reprend Judith Robinson dans son édition de la Pléiade, en optant pour un ordre significatif. De l'autoportrait (« *Ego, Ego scriptor, Gladiator* »), on y passe à l'élaboration d'un langage nouveau (« Langage », « Philosophie », « Système ») qui permette l'analyse de l'esprit (« Psychologie », « Soma et CEM [Corps,

Esprit, Monde] », « Sensibilité », « Mémoire », « Temps », « Rêve », « Conscience », « Attention », « le Moi et la Personnalité »), y compris dans ses aspects les plus irrationnels (« Affectivité », « Éros », « Thêta ») et même biologiques (« Bios »). La faculté créatrice de l'homme est ensuite analysée sous ses formes scientifiques ou artistiques (« Mathématique », « Science », « Art et Esthétique », « Poïétique », « Poésie », « Littérature »), puis expérimentée (« Poèmes et PPA [Petits Poèmes abstraits] », « Sujets », « Homo »). Enfin, les deux dernières rubriques rendent compte de l'intérêt marqué par Valéry à la fin de sa vie pour différentes formes de la vie sociale (« Histoire-Politique », « Enseignement »).

Ce journal d'un esprit – qui n'a rien d'un journal intime – est sans équivalent dans notre littérature. Parallèlement à ses œuvres « officielles », Valéry s'est attaché à élaborer jour après jour, pendant cinquante ans, le « chef-d'œuvre intérieur » du héros éponyme de *Monsieur Teste* : une œuvre absolument en marge de toute reconnaissance sociale et, pour l'essentiel, de toute publication. Entre les *Essais* de Montaigne et les *Pensées* de ce Pascal auquel il revient souvent se heurter, Valéry définit son entreprise tantôt comme une « autodiscussion infinie », tantôt comme des « Essais, Esquisses, Études, Ébauches, Brouillons, Exercices, Tâtonnements » où peut enfin jouer librement « l'activité spontanée des analogies ». Ces « gammes » qui restituent sans l'altérer le « mélange » hétéroclite de l'esprit et où l'auteur, tel Goethe, parle à son « Eckermann », sont le lieu privilégié d'observation d'une « intelligence en acte ». La « tendance au dressage » de l'« animal intellectuel » (définie sous la rubrique « *Gladiator* », dont le nom est tiré de celui d'un célèbre pur-sang) ne peut se faire qu'au prix d'une sévère ascèse où les moyens mis en œuvre ont au moins autant d'importance que le résultat.

Les *Cahiers*, dans leur diversité, sont pourtant au service d'une préoccupation centrale : élucider la nature et les mécanismes de la pensée humaine, mettre au jour ses possibilités et faire advenir le surhumain (en un sens différent de celui que Nietzsche attache à ce mot) : « Le surhumain existe. Il est l'effet sur l'humain de la connaissance de l'humain. » Cette recherche ininterrompue passe tout autant par l'analyse des différents états de conscience que par une réflexion approfondie sur le langage, véhicule obligé de toute pensée, afin de « s'interdire tout mot qui ne représente un acte ou un objet bien net ». La critique du langage débouche alors nécessairement sur une critique de la philosophie, dans la mesure où celle-ci n'est qu'« un usage particulier des mots » et sur l'analyse de la création artistique ou poétique qui les mettent en œuvre : « Mon objet – chercher une *forme* capable de recevoir toutes les discontinuités, tout l'hétérogène de la conscience. » Cette quête est indéfiniment poursuivie par tous moyens dans ce « livre sans modèle ». Maximes, poèmes en prose, dialogues, énumérations, impressions, sujets d'œuvres à venir s'y pressent selon l'inspiration du moment. Le style de ces « pensées pour moi-même », tantôt courts développements tantôt télégraphiques (on y trouve même des formules mathématiques), est celui de l'ellipse, de l'allusion, du fragment, de l'aphorisme où la vivacité se conjugue au dédain de la rhétorique. L'esprit y vole d'un sujet à l'autre avec la liberté de ces hirondelles dont Valéry admirait par-dessus tout la mobilité.

Les *Cahiers*, ce « Grand Atelier » (Cl. Launay), remettent ainsi en question la notion traditionnelle d'œuvre. Dans ce « laboratoire de secrètes recherches » inspiré par les *Cahiers* de Léonard de Vinci, des pensées en gestation cherchent encore leur forme ou leur certitude achevée. Ce que Valéry appelle tantôt sa « méthode », tantôt son « système », tente de s'élaborer dans un beau désordre afin de préparer la grande œuvre à venir. Simultanément, les *Cahiers* servent d'atelier de réflexion aux œuvres en cours dont il préparent, suivent et commentent l'évolution (*Mon Faust* ou la *Jeune Parque*, par exemple). Enfin, certaines parties des *Cahiers* sont – sur les instances pressantes d'amis de Valéry – utilisées dans l'œuvre publiée (dans les recueils de *Tel Quel*, par exemple). C'est pourquoi Valéry

peut parler de « contre-œuvres » à propos des *Cahiers*, s'opposant ainsi radicalement à son maître Mallarmé pour lequel seule vaut l'œuvre achevée. Les valeurs classiques, où n'a de prix que la perfection, sont ainsi renversées et le premier rôle est offert à la démarche créatrice en acte, dans ses errances et ses incertitudes. On voit donc mal comment les *Cahiers*, malgré le désir réaffirmé de leur auteur, auraient pu se fédérer en un système unique. Valéry en était bien conscient lorsqu'il lançait cette boutade : « Il me manque un Allemand qui achèverait mes idées. » Si les efforts de mise en ordre auxquels il se livra avec persévérance eurent le mérite de révéler les constantes et la cohérence de sa pensée, ils se trouvèrent bien vite entravés par son besoin de reprendre pour la nuancer, l'approfondir ou la développer chaque idée dont la première formulation ne le satisfaisait pas entièrement. Ce processus d'expansion indéfinie fait de nouveau songer aux *Essais* (« J'ajoute mais je ne corrige pas ») où l'analyse du moi (« *Ego* ») est également le point focal de la réflexion. On découvre ainsi dans ces *Cahiers* un Valéry plus humain, hésitant, anxieux, plus tendu dans l'exercice du pouvoir de l'esprit que dans ses œuvres trop parfaites, lui qui prétendait ne goûter dans les ouvrages de l'homme que la « quantité d'inhumanité » qu'il y trouvait. Il est étrange de songer qu'un poète si classique par bien des aspects inaugurait à sa façon dans cet ouvrage une « parole en archipel » qui ferait les beaux jours de la poésie moderne.

● Éd. du CNRS, 29 vol., 1957-1961 ; « Pléiade », 2 vol., 1973-1974, (anthologie, p.p. J. Robinson).

A. SCHAFFNER

CAHIERS D'ANDRÉ WALTER (les). Ouvrage d'André **Gide** (1869-1951), publié avec la mention « Œuvre posthume » et sans le nom de l'auteur à Paris à la Librairie académique Didier-Perrin et Cie en 1891.

Un an après *les Cahiers*, parurent à la Librairie de l'Art indépendant *les Poésies d'André Walter*, regroupement d'une vingtaine de pièces publiées dans les revues *la Conque* et *la Syrinx*. Poèmes dont on a pu dire qu'ils « ne sont que de la prose rythmée, avec quelques rimes çà et là » et dont un critique d'alors déclarait qu'ils « eussent gagné à ne point voir le jour ». Pourtant Gide regroupa *Cahiers et Poésies* dans « l'édition définitive » publiée chez Georges Célestin Crès en 1930.

Gide écrivit *les Cahiers d'André Walter* à l'âge de vingt ans. Dans *Si le grain ne meurt*, l'auteur retrace la genèse de cette première œuvre : « Ce livre se dressait devant moi et fermait ma vue, au point que je ne supposais pas que je pusse jamais passer outre. Je ne parvenais pas à le considérer comme le premier de ma carrière, mais comme un livre unique, et je n'imaginais rien au-delà ; il me semblait qu'il devait consumer ma substance » (I, VIII). La mention « Œuvre posthume » qui figure au début de l'ouvrage n'est pas simplement un artifice littéraire teinté de romantisme. Pour le jeune écrivain qu'est alors André Gide, ce livre, qui apparaît comme « un des plus importants du monde » (*Si le grain ne meurt*, I, IX), porte une parole définitive. En dépit de leur faible diffusion, *les Cahiers d'André Walter* furent favorablement salués par le monde des lettres. Grâce à eux, Gide fit une entrée remarquée sur la scène littéraire.

Les *Cahiers d'André Walter* se présentent sous la forme d'un journal intime tenu par un jeune homme de vingt ans d'avril à novembre 1889. L'ouvrage comporte un « Cahier blanc » – composé d'avril à juin et dans lequel sont insérés des fragments de journaux des trois années antérieures –, et un « Cahier noir » qui rend compte, de façon minutieuse et presque quotidienne, d'une période allant de la fin de juin à la fin de novembre.

La mère d'André Walter, sur son lit de mort, a demandé à son fils de renoncer à sa cousine Emmanuèle qu'elle a fiancée à un autre. Le jeune homme s'est retiré en Bretagne. Il épanche sa douleur dans un journal qui évoque les tendres souvenirs du passé et crie la souffrance présente. Une « Notice » initiale révèle que celle-ci l'a conduit peu à peu à la folie, puis à la mort. Ces cahiers intimes relatent, en outre, l'expérience littéraire d'André Walter, lequel est en train de composer un roman dont le héros se nomme Allain.

Les Cahiers d'André Walter, ainsi que le signale la communauté de prénom entre l'auteur et son personnage, sont une œuvre assez largement autobiographique. C'est par le prénom d'Emmanuèle que Gide, dans son *Journal* et dans ses divers écrits intimes, désignera désormais sa cousine Madeleine Rondeaux qui, contrairement à ce qui advient dans *les Cahiers d'André Walter*, deviendra bientôt sa femme. Lorsqu'il écrit l'ouvrage, cependant, sa cousine, tendrement chérie depuis l'enfance, refuse de l'épouser. Sa mère ayant quitté le foyer conjugal et son père étant mort, elle considère qu'il est de son devoir de s'occuper avant tout de ses frères et sœurs. De plus, elle n'est sans doute pas insensible aux arguments du cercle familial qui considère d'un œil défavorable une alliance consanguine et pense qu'une longue amitié enfantine ne saurait fonder une union solide et heureuse. C'est ce que souligne la mère d'André Walter sur son lit de mort : « Il serait bon que tu quittes Emmanuèle [...]. Votre affection est fraternelle, – ne vous y trompez pas [...]. L'habitude d'une vie commune l'a fait naître [...]. Je craindrais, en vous laissant libres, que ton sentiment ne t'entraîne et que vous ne vous rendiez malheureux tous les deux. » Pour Gide, qui a fait imprimer un bel exemplaire spécialement destiné à sa cousine, l'ouvrage est une sorte de plaidoyer amoureux. À travers l'évocation pathétique des souffrances et de la destinée d'André Walter, le jeune écrivain cherche à convaincre Madeleine de l'épouser.

L'entreprise littéraire, dans cette première œuvre, est donc indissociable de l'expérience vécue : « J'avais pris l'habitude de tenir un journal, par besoin d'informer une confuse agitation intérieure ; et maintes pages de ce journal ont été transcrites telles quelles dans ces *Cahiers*. La préoccupation où je vivais avait ce grave inconvénient d'absorber introspectivement toutes mes facultés attentives ; je n'écrivais et ne souhaitais rien écrire que d'intime » (*Si le grain ne meurt*, I, VIII). *Les Cahiers d'André Walter* annoncent cette imbrication étroite de la réalité vécue et de la fiction qui fonde la spécificité de l'œuvre gidienne et qui conservera, pour l'auteur, une valeur heuristique. Mais Gide tâtonne encore sur cette voie : « Ce dont je souffre le plus en relisant mes *Cahiers*, c'est une complaisance envers moi-même dont chaque phrase reste affadie. [...] Souvent ce que je prenais pour la plus sincère expression de moi-même n'était dû qu'à ma formation puritaine qui, comme elle m'enseignait à lutter contre mes penchants, satisfaisait un goût de lutte et de spécieuse austérité » (Préface à l'édition définitive de 1930).

L'œuvre constitue en outre, pour Gide, une sorte d'étape initiatique, importante pour son parcours littéraire. *Les Cahiers d'André Walter* mettent en effet en scène, à travers la constitution du personnage d'Allain – double fictif à la fois d'André Gide et d'André Walter –, les affres de la création. Il y a là un processus de mise en abyme qu'exploiteront les grandes œuvres futures, les *Faux-Monnayeurs* et les *Caves du Vatican*.

Le jugement de Gide, à l'époque de la maturité, sur *les Cahiers d'André Walter* est sévère mais l'auteur reconnaît le profit tiré de ses premiers errements : « Peut-être fut-il bon, après tout, pour prendre nettement conscience de mes défauts, qu'ils m'apparussent projetés dans mon écriture, et, si je n'avais pas écrit ce premier livre, sans doute eussé-je moins bien écrit les suivants » (Préface). Quant au jugement porté sur le livre par les lecteurs contemporains, il demeure pertinent : « Je [...] veux bien croire ce que certains me disent : qu'ils m'y trouvent déjà presque entier » (*ibid*).

● *Poésies d'André Walter*, « Poésie / Gallimard », 1986 (p.p. C. Martin).

A. SCHWEIGER

CAHIERS DE LA QUINZAINE. Revue bimensuelle, fondée par Charles **Péguy** (1873-1914), publiée à Paris de 1900 à 1914.

Encore élève à l'École normale supérieure, Charles Péguy se marie en 1897 avec la sœur de son camarade Marcel Baudouin, mort l'année précédente. La dot de sa femme lui permet d'ouvrir en 1898 une maison d'édition, la Librairie Georges Bellais, du nom de l'un de ses amis : Péguy, boursier d'agrégation, n'avait en effet pas le droit d'utiliser son propre patronyme. La Librairie, d'inspiration socialiste, devient alors le point de ralliement des dreyfusards. Mais, financièrement, l'affaire s'étiole. Bientôt ruiné, Péguy transforme la Librairie en une société anonyme : la Société nouvelle de librairie et d'édition. En 1899, le Congrès socialiste demande à ladite société de censurer les textes qui ne seraient pas agréés par les autorités du parti. Refusant ce diktat, Péguy fonde les *Cahiers de la Quinzaine* qui, deux fois par mois, fourniront une documentation politique et littéraire, reproduiront des textes et publieront des inédits : ces objectifs sont exposés dans la *Lettre du provincial* (1er *Cahier*, 1900). Dès la deuxième série, paraissent des œuvres importantes (*Danton* de Romain Rolland ; *Jean Coste* de Lavergne ; etc). Péguy se consacre surtout aux problèmes de gestion tout en livrant quelques travaux critiques (*De Jean Coste*, 1902 ; les *Récentes Œuvres de Zola*, 1902) auxquels se joindront des textes personnels à partir de 1905 (*Notre patrie*, 1905 ; *De la situation faite à…*, 1906, 1907, 1908).

En 1908, succombant sous le travail, Péguy demande à Daniel Halévy de lui succéder. Le refus d'Halévy le décide à espacer la publication : il s'entoure d'un nombre restreint de collaborateurs et se donne enfin le temps d'écrire. Des œuvres majeures vont désormais sortir sous sa signature : *Notre jeunesse* (1910), réponse à l'*Apologie pour notre passé* d'Halévy, reprend l'historique de l'affaire Dreyfus et trace un émouvant portrait de Bernard Lazare. Piqué par ce texte qui l'accuse de mollesse, Halévy se brouille avec Péguy. Dans *Victor Marie, comte Hugo*, titre final de *Solvuntur objecta*, le poète cherche à se rapprocher d'Halévy tout en composant ses plus belles pages de critique littéraire sur Corneille, Racine et Hugo, notamment un commentaire célèbre de "Booz endormi" (1910). Mais Péguy travaille aussi à ses dialogues sur l'Histoire (*Clio, dialogue de l'Histoire et de l'âme païenne*, commencé en 1909 ; *Véronique, dialogue de l'Histoire et de l'âme charnelle*) inédits à la mort du poète. Les *Cahiers* publient également ses œuvres lyriques : le *Mystère de la charité de Jeanne d'Arc*, 1910 ; le *Porche du Mystère de la deuxième vertu*, 1911 ; le *Mystère des saints Innocents*, 1912 ; la *Tapisserie de sainte Geneviève et de Jeanne d'Arc*, 1912, et de *Notre-Dame*, 1913 (voir *Tapisseries*), *Ève*, 1913. Après l'*Argent* (1913) et l'*Argent, suite* (1913), viendront les deux « Notes » : la *Note sur M. Bergson et la philosophie bergsonienne* (1914) et la *Note conjointe sur M. Descartes et la philosophie cartésienne* interrompue au milieu d'une phrase la veille de la mobilisation (1er août 1914); ce dernier essai, ainsi que *Clio* et *Véronique*, ont été publiés par sa veuve et son fils Pierre parmi les vingt volumes d'inédits laissés par le poète.

➤ *Œuvres poétiques complètes*, « Pléiade » ; *Œuvres complètes*, Slatkine, 10 vol. ; *Œuvres en prose complètes*, « Pléiade », 3 vol.

M.-A. DE BEAUMARCHAIS

CALENDAL [CALENDAU]. Poème de Frédéric **Mistral** (1830-1914), publié en provençal avec traduction française à Avignon chez Roumanille en 1867.

Succédant à la veine géorgique (les *Moissons* [*Li Meissoun*], 1848), cette deuxième production épique se déroule dans la Provence maritime, après *Mireille*, situé dans la Provence rurale, et puise aux sources du genre troubadour, empruntant son intrigue à *Lyonnel ou la Provence au XIIIe siècle* de Villeneuve-Bargemont (1832), s'inspirant également de Marchangy (*la Gaule poétique*, 1813). Mistral y déploie les éléments fondamentaux du félibrige, passant de l'inspiration provençale à l'engagement provençaliste.

Organisée en 12 chants, l'œuvre met en scène Calendal, pêcheur à Cassis, dont les prouesses devraient lui valoir les faveurs de la femme qu'il aime. Celle-ci, la princesse des Baux, s'y refuse et lui raconte son histoire : le jour de ses noces, le comte Séveran, son époux, s'est révélé un ignoble chef de brigands. Elle s'est enfuie sur le mont Gibal et c'est à ce moment que Calendal l'a rencontrée (chap. 1-2).
Celui-ci veut alors lutter avec Séveran, et, pour le provoquer, lui raconte sa rencontre avec une belle dame, digne de la fée Estérelle (3-4), et qui s'est refusée à lui, malgré ses exploits, au nom de l'idéal troubadour (5-6). Par la suite, Calendal apaise le conflit des Compagnons du Tour de France et délivre la Provence du monstrueux Marco Mau (7-9). Reçu triomphalement à Aix (10), il subit une dernière épreuve : Séveran cherche en vain à le corrompre en organisant une orgie dans son château, et le retient prisonnier (11). Calendal se révolte, s'enfuit et rejoint Estérelle, autrement dit la baronne d'Aiglun, princesse des Baux, triomphant de l'époux usurpateur dans l'amour et la gloire (12).

Le récit croule sous des intentions apologétiques : Estérelle apparaît comme le symbole de la Provence opprimée, et Calendal comme le poète qui la délivre. Fera-t-on de Séveran et de Marco Mau les incarnations du centralisme niveleur ? Ce serait sans doute forcer le trait. S'explique peut-être ainsi la bouderie du public français, d'autant que Mistral sera accusé de séparatisme. Ambiance onirique, romanesque exacerbé, déploiement sans retenue de la couleur locale, multiples échos du passé provençal, paradis perdu mais à recréer : tout se combine en une œuvre surchargée de références, monument élevé à la gloire de la mémoire et qui transmute l'*epos* en *ethnos*. Ainsi Estérelle est-elle une véritable érudite qui prodigue ses leçons inspirées de Jaufré Rudel, Peire Vidal ou Guillaume de la Tour ; ainsi les exploits du héros valent-ils d'abord comme chevauchée folklorique scandée par des citations provençalistes. Peu importe l'invraisemblance d'une situation qui place une Estérelle sauvageonne, se nourrissant d'arbouses, à proximité d'une communauté citadine. Œuvre savante et ardente, *Calendal* s'impose par sa polychromie et ses somptuosités. Avant le retour à une inspiration moins dithyrambique et plus marquée par le lyrisme fantastique (*Nerte* [*Nerto*], 1886 ; *le Poème du Rhône* [*Lou Pouèmou dou Rose*], 1897), ce flamboiement nationaliste, travail poétique d'une langue restituée, chante une reconquête culturelle, une Renaissance occitane que le félibrige a prise en charge de 1859 à 1914. Les félibres considèrent toujours l'invocation de Mistral à l'âme de son pays comme une profession de foi. Et l'on verra dans cette exception allégorique que constitue Estérelle, seule héroïne mistralienne à échapper à la mort, le symbole d'une idée provençale éternelle.

Optimiste, conquérant, *Calendal* n'est pas encore pénétré de la résignation mélancolique des textes postérieurs, et célèbre le mythe provençal sur le mode d'une prophétie identitaire. Mistral échapperait-il ainsi au sentiment décadent de sa propre appartenance à un monde déchu ? En tout cas, son écriture tente de conjurer la disparition d'une civilisation, et s'énonce comme acte de foi dans la fonction orphique d'une langue.

● Raphaèle-lès-Arles, M. Petit, 1980 (éd. bilingue, p.p. M. Rollet) ; Aix-en-Provence, R. Berenguié, 1990 (éd. bilingue). ➤ *Œuvres poétiques complètes*, M. Petit, I.

G. GENGEMBRE

CALIGULA. Pièce en quatre actes et en prose d'Albert **Camus** (1913-1960), publiée à Paris chez Gallimard en 1944, et créée à Paris au théâtre Hébertot le 26 septembre 1945.

Camus avait tracé dès janvier 1937, dans ses *Carnets*, le plan d'une pièce qu'il envisageait d'intituler *Caligula ou le Sens de la mort*. L'argument s'inspire de l'*Histoire des douze Césars* de Suétone, mais aussi des préoccupations personnelles de l'écrivain (aggravation de son état de santé, difficulté de concilier le bonheur et le tragique dans l'homme). Camus retouchera sa pièce en vue d'une nouvelle publication en 1947, puis la modifiera encore à l'occasion de représentations, notamment celle du festival d'Angers (1957), dont le texte sera publié en 1958.

Depuis la mort de Drusilla, sa sœur et maîtresse, Caligula inquiète son entourage et scandalise les patriciens de Rome (Acte I). « Il veut notre mort à tous », dit l'un d'eux. Une seule douceur lui permet de continuer à vivre : « le mépris » (Acte II). Ses fantaisies, qui lui apparaissent comme l'expression d'un jeu, sont pour ses sujets l'abus de pouvoir d'un tyran ; Cherea, son ami, l'avertit tranquillement qu'il fait partie du complot tramé contre lui (Acte III). Caligula a consenti à mourir ; à sa compagne Caesonia, il confie le bonheur qu'il éprouve au fond de son désespoir. Son monologue final (« Personne n'est innocent ») est interrompu par l'assaut des conjurés (Acte IV).

Si *Caligula* compte parmi les premiers projets de Camus et, sous sa forme définitive, parmi ses toutes dernières œuvres, c'est que l'empereur fou illustre une des constantes de sa pensée, mais aussi que Camus n'a cessé de tâtonner pour lui trouver une expression théâtrale adéquate. Caligula, qui réclamait la lune, doit s'avouer à la dernière scène qu'il ne l'a pas eue. Il peut dès lors attendre la mort. Si c'est là une folie, elle est fondamentalement celle de tout homme. L'absence de réponse à son inquiétude sur le sens de l'être fait de lui une créature « absurde », et la comédie dans laquelle il se complaît est l'une des attitudes que Camus envisage comme possibles, dans *le *Mythe de Sisyphe*, face au silence du monde. S'il n'eût été empereur, Caligula eût pu être révolté ; sa condition restreint encore ses choix. Il y a, comme le fit d'emblée remarquer Jean Grenier à Camus, à la fois du Lorenzaccio et du Hamlet dans le personnage. Autant que la difficulté de traduire de manière scéniquement cohérente les nuances d'une interrogation philosophique, la faible consistance des personnages qui entourent le héros explique le relatif insuccès de la pièce.

● « Folio », 1972. ➤ *Théâtre, Récits et Nouvelles*, « Pléiade » ; *Œuvres complètes*, Club de l'honnête homme, I.

P.-L. REY

CÂLINEUSE (la). Roman d'Hugues **Rebell**, pseudonyme de Georges Grassal (1867-1905), publié à Paris en feuilleton dans *la Revue Blanche* du 1er novembre 1898 au 1er mai 1899, et en volume aux Éditions de la Revue blanche en 1900.

Après son premier roman, *Baisers d'ennemis* (1892), avant *les *Nuits chaudes du cap Français*, Hugues Rebell a surtout écrit des fictions historiques (*la Nichina. Mémoires inédits de Lorenzo Vendramin*, 1897). Il renoue ici avec le goût « fin de siècle » contemporain, tout en récrivant *Manon Lescaut*, comme Octave Mirbeau l'avait déjà un peu fait avec son néonaturaliste *Calvaire* (1886). Les deux derniers chapitres ont été ajoutés pour l'édition en volume, afin de faire mourir l'héroïne, seule délivrance possible pour le héros sous l'empire de la passion.

En 22 chapitres titrés, le roman met en scène, racontés par lui, les amours, voyages, lâchages et retrouvailles d'Herbert Primeraine et de Juliette Fournier, « aventure qui [lui] a apporté tant de joies et de chagrins ». Il rencontre cette maîtresse de son ami Paul Ancelle lors d'une réception chez le peintre Jacques de Tavannes. Après que Geneviève de Requoy, « jeune fille à la mode » et très fin de siècle, lui a fait don de sa virginité pour éviter de céder au goujat qu'on veut lui imposer (Paul Ancelle qui n'en veut qu'à sa fortune), non plus qu'à un homme qu'elle aimerait, il revoit Juliette dans un train. Celle-ci se refuse d'abord (« Vous n'aurez pas ma saveur ») puis se donne lors d'un voyage à

Naples. Elle le chasse, a d'autres liaisons, ils renouent, il accepte toutes les complaisances, elle meurt. La « chère Câlineuse » restera toujours dans son souvenir un être aimé à la mesure des joies et des larmes qu'elle lui a apportées et coûtées. Avant ces lignes conclusives, il aura revu Geneviève, tombée dans la déchéance, et qui a souffert par Juliette, pour laquelle Herbert l'avait abandonnée.

Outre les aspects autobiographiques (une certaine Cécile, s'il faut en croire "À la Câlineuse", poème publié dans *l'Hémicycle* en 1900), outre qu'il s'agit aussi d'un roman à clés (certains personnages évoquent des personnalités, tel Jean Lorrain), ce roman, constitué des souvenirs d'un narrateur qui fut, des amants de Juliette, celui qui l'aima le plus passionnément, vaut d'abord par son style. Net, concis, il cultive l'élégance, proscrit les longues descriptions, et évoque souvent la clarté stendhalienne, mais lui confère une douceur alanguie, l'amertume d'une blessure d'amour stylisée et difficilement distanciée. Herbert sait tout ce qu'il faut savoir de la courtisane Juliette, il sait quels ravages exerce la passion (ne serait-ce que par le spectacle que lui offre son ami Paul, violent et pitoyable à la fois). Pourtant, il subit l'envoûtement, comme on se livre à son destin. Quand elle le chasse, il ne s'appartient plus. Libertine, perverse, changeante, mystérieuse, jouisseuse qui ne recule devant aucune audace, Juliette est une magicienne d'amour, qui subjugue ses amants. Ce pouvoir dissolvant de fascination semble être celui que la Belle Époque attribue souvent à la femme. Mais, plus profondément, à travers les séductions, les plaisirs, et les jeux troublants de la chair, Rebell sonde les abîmes du cœur.

● « 10/18 », 1978 (préface Auriant, postface H. Juin).

G. GENGEMBRE

CALISTE ou la Continuation des Lettres écrites de Lausanne. Roman épistolaire de Mme de **Charrière**, née Isabelle Agnès Élizabeth Van Tuyll Van Serooskerken Van Zuylen (Suisse, 1740-1805), publié à [Genève] Paris chez Prault en 1787.

Caliste est le chef-d'œuvre de Mme de Charrière. Il paraît deux ans après les *Lettres écrites de Lausanne* (1785), se présentant comme la seconde partie de celle-ci. Mais il s'agit, en fait, d'un roman distinct, en forme de Mémoires, raconté par un des personnages dans une longue lettre, la vingt et unième. Le lien avec les *Lettres écrites de Lausanne* est donc essentiellement affaire de présentation, la première histoire servant d'écrin à la seconde. *Caliste* eut le succès qu'il méritait, et plaça Mme de Charrière au rang des premiers écrivains de son temps.

Dans les *Lettres écrites de Lausanne*, Milord, un jeune noble anglais, voyage en Europe avec son mentor. À Lausanne, où ils se sont arrêtés pour passer l'hiver, ils rencontrent Cécile. L'histoire de Cécile, de son éducation et de ses prétendants occupe ce premier roman, composé de dix-sept lettres.

Huit nouvelles lettres, numérotées de dix-huit à vingt-cinq, forment *Caliste*. L'attention s'y focalise sur William ***, l'Anglais qui accompagne le jeune lord, et qui envoie à la mère de Cécile une lettre (XXI) où il fait le récit de sa vie.

William et son frère jumeau sont unis dès la plus tendre enfance par une amitié parfaite. Tous deux font les mêmes études, et ils s'engagent ensemble dans la carrière militaire. Mais son frère est tué pendant les guerres d'Amérique, et William abandonne l'armée. Il rentre en Angleterre, à Bath, dans un désespoir insensé. Là, il rencontre une jeune femme, Caliste, qui à force de patience et d'amour parvient à le consoler. Mais Caliste, ainsi nommée en souvenir d'un rôle qu'elle avait incarné au théâtre dans sa jeunesse et qui avait décidé de sa vie – un jeune lord l'avait « achetée » à la suite de sa prestation pour en faire sa compagne –, a la mauvaise réputation d'une femme qui a été entretenue. Aussi, quand William demande à son père son consentement pour l'épouser, celui-ci ne veut rien entendre. À la suite de ce refus, Caliste se trouve dans une situation déchirante : elle ne veut pas redevenir une femme entretenue en vivant avec William sans être mariée avec lui ; mais elle ne veut pas non plus le perdre et renoncer au seul véritable amour qu'elle ait connu. À ce point de l'intrigue, le

père de William vient passer quelques mois à Bath pour prendre les eaux, accompagné d'une cousine, une jeune veuve, lady Betty B., et du fils de celle-ci, lord Harry. Au même moment un gentilhomme campagnard, M. M *** demande Caliste en mariage. William laisse passer l'occasion d'attendrir son père, et hésite à se marier sans son consentement. Il n'offre en fait pas d'autre choix à Caliste que de se marier avec M. M *** , ce qu'elle fait, croyant que William l'a abandonnée pour sa cousine. De désespoir, William se laisse alors effectivement marier par son père avec lady Betty. Mais les deux amants sont malheureux, et leurs mariages respectifs sont des échecs. Lorsqu'un hasard les réunit quelque temps plus tard, solitaires, ils ne peuvent que mesurer l'étendue de leur malheur. William part, ou plutôt fuit, sur le continent, profitant de l'offre qu'on lui fait d'y faire voyager un jeune lord. Caliste se laisse peu à peu mourir de désespoir. Le récit s'achève avec l'arrivée à Lausanne d'une lettre annonçant la nouvelle de sa mort.

Dans les *Lettres neuchâteloises* ou dans les *Lettres écrites de Lausanne*, déjà, Mme de Charrière prenait la défense d'une conception de l'amour libérée de tous les préjugés, qu'ils soient liés à la fortune, au rang ou à la réputation. Dans *Caliste*, elle reprend tous ces thèmes en leur donnant la force symbolique d'un personnage et d'une destinée exemplaires. La cause première du destin tragique de Caliste est en effet la tache indélébile de son passé de femme entretenue. Dès ce moment, malgré toutes les meilleures qualités du monde, et sa totale innocence, elle est la dernière des créatures au regard des hiérarchies sociales. Elle ne peut plus prétendre au respect de l'homme qu'elle aime, ni l'épouser sans l'entraîner avec elle dans le déshonneur. Pour mieux incarner ce que cette façon de penser a de fondamentalement inacceptable, Mme de Charrière choisit un personnage irréprochable. Caliste est achetée adolescente par un jeune lord, qui la fait éduquer en France, puis voyage et vit avec elle dans le plus grand respect. Il l'aime et ne la livre pas à la débauche. Mais il ne l'épouse pas, et c'est là sa faute. Car à sa mort, elle se retrouve déshonorée. Sa vie est finie. Pour son malheur, elle rencontre alors un homme dont elle tombe éperdument amoureuse, ce qui, dans la société où elle vit, ne lui est plus permis. Et comme William est trop lâche – « ma molle et faible conduite », avouera-t-il après coup – pour se défaire lui-même des préjugés qui la condamnent, Caliste est prise au piège. William l'aime, mais il est incapable de lui rendre un amour égal au sien, un amour fait d'audace et de défi. Le désespoir de Caliste est ainsi exemplaire du statut de la femme dans cette société, prisonnière de règles sur lesquelles elle n'a pas de prise. *Caliste* est en quelque sorte l'antithèse de *Manon Lescaut*. À la femme perfide qui perd et dévoie le pauvre Des Grieux, Mme de Charrière oppose la femme angélique victime de la lâcheté et de la sottise de l'homme qui croit l'aimer, mais refuse de faire le geste, tout à fait possible, qui lui rendrait la vie. Caliste meurt du chagrin d'amour, et son destin transcende par cette mort la simple lutte contre les préjugés. Avant *Corinne* de Mme de Staël (1807) et *Adolphe* de Benjamin Constant (1816), qu'il annonce, *Caliste* est le tableau extraordinairement vivant et pathétique d'une grande passion contrariée dans la société de la fin du XVIIIe siècle.

● Éd. des Femmes, 1980 (p.p. C. Hermann). ➤ *Œuvres complètes*, Van Oorschot, VIII (p.p. P. Thompson et D. M. Wood).

J. ROUMETTE

CALLIGRAMMES. Poèmes de la paix et de la guerre (1913-1916). Recueil poétique de Guillaume **Apollinaire**, pseudonyme de Wilhelm Apollinaris de Kostrowitzky (1880-1918), publié à Paris au Mercure de France en 1918. De nombreux poèmes avaient été auparavant publiés dans diverses revues notamment deux ensembles importants : « Lueurs des tirs » dans le *Mercure de France* du 1er juillet 1916 et « Poèmes de guerre et d'amour » dans *la Grande Revue* de novembre 1917.

Les poèmes qui composent le recueil ont été écrits entre la fin de 1912 et 1917. *Calligrammes* est donc profondément marqué par la guerre, ainsi qu'en témoignent le sous-titre et la dédicace : « À la mémoire du plus ancien de mes camarades René Dalize mort au Champ d'Honneur le 7 mai 1917. » La critique, à l'exception de celle des revues d'avant-garde, se montra dans l'ensemble réservée à l'égard de ce recueil novateur.

La première section de *Calligrammes*, composée avant la déclaration de guerre, s'intitule « Ondes » et contient seize poèmes. Certains sont des calligrammes – Apollinaire les avait tout d'abord appelés des « idéogrammes lyriques » – : "Paysage", "Lettre-océan", "la Cravate et la Montre", "Cœur Couronne et Miroir", "Voyage", "Il pleut". "Lundi rue Christine" est un « poème-conversation » qui reproduit des fragments de propos entendus par le poète dans un lieu public. Ces textes originaux côtoient des poèmes d'une facture plus traditionnelle comme la longue ode non rimée intitulée "les Collines".

La deuxième partie du recueil s'intitule « Étendards ». Elle comprend neuf poèmes qui correspondent à une période allant de la déclaration de guerre au départ d'Apollinaire pour le front en avril 1915. Les références à la guerre et à l'expérience du poète mobilisé sont multiples et explicites, par exemple dans "la Petite Auto" ou "2ᵉ canonnier conducteur". Cette thématique ne conduit nullement à un abandon de la verve et de la fantaisie précédentes. Les calligrammes sont toujours présents – certains passages des deux poèmes que nous venons de mentionner relèvent d'ailleurs de cette forme : "la Mandoline l'Œillet et le Bambou", "la Colombe poignardée et le Jet d'eau".

La troisième section, « Case d'Armons », est formée de vingt et un poèmes écrits par Apollinaire alors qu'il est au front. Les titres de certains textes témoignent nettement de cette inscription dans l'Histoire : "1915", "Guerre", "14 juin 1915", "De la batterie de tir", "la Nuit d'avril 1915". Le poète poursuit ses recherches graphiques, notamment dans "Loin du pigeonnier", "S.P.", "Visée", "1915", "Carte postale", "Madeleine" et "Venu de Dieuze".

Les deux parties suivantes, intitulées « Lueurs des tirs » et « Obus couleur de lune », rassemblent respectivement quinze et dix poèmes. Écrites entre la fin de 1915 et le début de 1916, elles procèdent d'une inspiration proche de celle de « Case d'Armons ». Enfin, la dernière section, intitulée « la Tête étoilée » et formée de treize textes, ne contient qu'un seul calligramme : "Éventail des saveurs". La forme s'assagit, ou plutôt s'apaise, et le ton se fait plus lyrique et mesuré. Il y a là, singulièrement dans le dernier poème, "la Jolie Rousse", comme le bilan d'un parcours, celui du recueil et celui d'une vie durablement marquée par la guerre.

Bien que toutes les pièces qui le composent ne soient pas des calligrammes, le recueil, par son titre et sa structure d'ensemble, se donne à voir tout autant qu'à lire. Le poème, objet riche et multiple, se destine à une saisie à la fois sensorielle et intellectuelle.

Figuratifs, certains calligrammes adoptent une disposition graphique dont le dessin redouble le mot-titre et la thématique. En général, plusieurs textes de ce genre cohabitent sur une même page qui se présente alors comme une sorte de « paysage » (tel est le titre d'un poème) et de nature morte : "la Cravate et la Montre", "Cœur Couronne et Miroir", "la Mandoline l'Œillet et le Bambou". Ailleurs, le rapport entre le tracé du texte et son contenu est plus opaque et il peut arriver que les mots cèdent la place à d'autres matériaux tels que des signes musicaux ("Venu de Dieuze") ou des dessins (le faîte d'un poteau télégraphique dans "Voyage"). Grâce à l'emploi d'une grande variété de caractères d'imprimerie, le mot peut lui-même faire l'objet d'un traitement pictural. Ainsi le début de "Du coton dans les oreilles" mêle majuscules et minuscules, utilise l'italique, divers caractères gras et varie la dimension des lettres, notamment à l'intérieur du mot « omégaphone », qui, en raison de la taille de plus en plus réduite des caractères qui le composent, semble peu à peu disparaître, comme absorbé par la page.

La linéarité du texte est donc mise en question et l'écriture se présente comme un acte libre et aléatoire. S'octroyant le droit et le pouvoir de sillonner la page en tous sens, elle témoigne du même coup de l'inépuisable polysémie du texte poétique. Il peut d'ailleurs arriver que, tous repères abolis, le poème, singulièrement celui intitulé "Lettre-océan", privilégie la visibilité au détriment de la lisibilité.

Une disposition traditionnelle cohabite souvent avec des audaces graphiques qui modifient soudain le flux du discours, y introduisant fantaisie et invitation à la vigilance. Ces perturbations, parfois modestes, peuvent consister en une dislocation de vers. L'alexandrin se voit distribué sur deux puis trois lignes successives dans "la Nuit d'avril 1915". Le poème "Reconnaissance", dont les deux derniers mots sont décalés sur des lignes plus basses, semble s'achever sur un effondrement inquiétant qui contredit le mouvement contenu dans le dernier vers : « Et les canons des indolences / Tirent mes songes vers / les / cieux. » Le dessin du texte peut aussi disloquer un mot, voire une syllabe : « Et je fu / m / e / du / ta / bac / de / Zone » ("Fumées").

Ces mêmes procédés de montage ou de collage – n'oublions pas que *Calligrammes* est contemporain des investigations picturales du cubisme – se retrouvent sur le plan sonore. Apollinaire crée le poème-conversation, assemblage de bribes de propos hétéroclites dont la juxtaposition engendre d'étranges rencontres : « Ces crêpes étaient exquises / La fontaine coule / Robe noire comme ses ongles / C'est complètement impossible / Voici monsieur » ("Lundi rue Christine"). Une allusion ironique aux règles poétiques se glisse comme par hasard dans le poème : « Ça a l'air de rimer » (*ibid.*). Affranchi des contraintes traditionnelles, Apollinaire crée sa propre musique, originale et novatrice.

Le son joue en effet un rôle prépondérant dans les poèmes. Ainsi, le poète utilise, outre les ressources de l'allitération et de l'assonance, celles de l'onomatopée – « Pan pan pan / Perruque perruque / Pan pan pan / Perruque à canon » ("S.P.") –, de l'interjection – le vers « Eh ! Oh ! Ah ! » est repris six fois dans "Mutations" –, des répétitions litaniques – tous les vers du poème "Il y a", exceptés les deux derniers, commencent par la formule présentative –, des mots recherchés – « Passeur des morts et des mordonnantes mériennes » ("le Musicien de Saint-Merry") – ou du mélange des langues, en particulier dans "À travers l'Europe".

En dépit de facteurs d'unité et de continuité indéniables – le thème de la guerre, le cadre urbain, le ton prophétique –, le recueil tisse, d'un poème à l'autre, de surprenantes associations et trouve sa cohérence d'ensemble dans une liberté égale à celle qui préside à l'ordonnance de la page. Ainsi, certains poèmes semblent issus d'une écriture quasi automatique et ce n'est pas hasard si les surréalistes ont vu en Apollinaire une sorte de maître : « Du rouge au vert tout le jaune se meurt / Quand chantent les aras dans les forêts natales / Abatis de pihis / Il y a un poème à faire sur l'oiseau qui n'a qu'une aile / Nous l'enverrons en message téléphonique / Traumatisme géant » ("les Fenêtres"). Toutefois, le travail de construction est décelable derrière l'apparente gratuité des enchaînements, en particulier à travers la reprise du motif de la fenêtre, à travers celui de la liberté qui lui est symboliquement associé et à travers la comparaison finale : « La fenêtre s'ouvre comme une orange / Le beau fruit de la lumière. » D'autres pièces, au contraire, sont d'une limpidité prosaïque : « Comme c'était la veille du quatorze juillet / Vers les quatre heures de l'après-midi / Je descendis dans la rue pour aller voir les saltimbanques » ("Un fantôme de nuées"). Loin d'être en retrait par rapport à des textes plus déroutants ou audacieux, de tels poèmes manifestent que la démarche poétique d'Apollinaire est magistralement placée sous le signe de la liberté.

● « Poésie / Gallimard », 1970 (p.p. M. Butor). ➤ *Œuvres poétiques complètes*, « Pléiade » ; *Œuvres complètes*, Balland et Lecat, III.

A. SCHWEIGER

CALMANT (le). Voir NOUVELLES ET TEXTES POUR RIEN, de S. Beckett.

CALVAIRE (le). Roman d'Octave **Mirbeau** (1848-1917), publié à Paris chez Ollendorff en 1886.

Même s'il fréquente les Soirées de Médan, Mirbeau n'appartient pas au mouvement naturaliste et ce premier roman nous le prouve. La voix de Mirbeau est ici tout à fait particulière : réaliste, mais avec une ironie et un lyrisme douloureux, d'autant plus sincère qu'elle se rattache à l'autobiographie de l'auteur.

L'enfance de Jean-François Marie Mintié fut morose, auprès d'un père falot et d'une mère névrosée qui meurt prématurément. Plus tard, Paris le déçoit, ville malsaine où les femmes le dégoûtent. Il s'engage alors dans l'armée (chap. 1). Là, il découvre un monde de cruauté et de misère, et tue pour la première fois. De retour chez lui, il apprend la mort de son père (2). À Paris, Mintié, devenu écrivain, rencontre Juliette Roux dans l'atelier de son ami, le peintre Lirat, esprit fort et original. Pour celui-ci, Juliette est une femme entretenue, vicieuse et méprisable comme toutes les femmes. Mais le souvenir de Juliette hante Mintié : est-elle réellement dépravée ? Et lui, que connaît-il de l'amour ? Que fut sa vie, si ce n'est un échec ? (3) Il se décide à rendre visite à Juliette : ses amies sont vulgaires, son intérieur désolant, son petit chien ridicule et odieux. Malgré sa désillusion, il ne peut s'empêcher de la revoir et cède à son désir (4). Grâce à ses rentes, il s'installe avec Juliette dans un nouvel appartement. Lirat se désintéresse de lui (5). Après les premiers instants de bonheur, vient l'ennui. Mintié n'écrit plus, il se ruine pour Juliette, subit ses relations douteuses et s'aperçoit qu'elle fréquente une maison de passe... (6) Tout en se méprisant, Mintié accepte que Juliette se prostitue, incapable qu'il est de satisfaire ses coûteux caprices (7). Cependant, suivant les conseils de Lirat, Mintié part en Bretagne pour tenter d'oublier Juliette (8). Il ne cesse de penser à elle. Elle vient le rejoindre mais, accablée d'ennui, repart aussitôt (9). Abandonné, désespéré , au bord de la folie (10), il revient donc à Paris où Juliette le loge dans un meublé tandis qu'elle continue à se prostituer. Mintié comprend qu'elle ne s'intéresse qu'à l'argent mais il ne peut s'en séparer, déchiré entre la servilité et la colère. De dépit, il ira jusqu'à tuer le chien de Juliette (11). Informé en détail des turpitudes de celle-ci, Mintié est décidé à en finir. Il l'attend à la porte de chez elle, lorsqu'il l'aperçoit au bras de Lirat. Écœuré, Mintié s'enfuit et décide de devenir ouvrier (12).

Ce roman est un véritable chemin de croix : tout au long des douze chapitres-stations qui précèdent sa mort spirituelle, Mintié est mis à mal et humilié par la société. Aucun refuge n'est envisageable : ni la Famille, avec ce père dont la seule distraction est de tuer les oiseaux et les chats du jardin, et cette mère hantée par la folie ; ni la Patrie qui cautionne l'armée, ni la Femme, perverse et superficielle, ni l'Homme, traître et faux ami comme Lirat. Une seule voie s'ouvre à la fin du roman : se faire ouvrier, afin de retrouver un contact naturel avec les hommes, loin de la ville et de la société corruptrices.

Deux de ces thèmes sont plus précisément développés, à travers leur intime liaison : la mort et l'amour. *Le Calvaire* prononce un ardent réquisitoire contre ce monde de violence absurde qu'est l'armée (chap. 2). Mirbeau, prônant la communion et l'amitié entre les peuples, va jusqu'à récuser la notion de patrie. Ainsi Mintié tue un jeune Prussien au moment même où il se prend à l'aimer et lorsque le Prussien s'effondre, il se précipite sur le cadavre : « Collant mes lèvres sur ce visage sanglant, [...] éperdument, je l'embrassai !... » Cette scène n'exprime pas seulement le désir désespéré de fraternité, mais amorce également la thématique amoureuse d'un roman où le désir est toujours désir de mort.

La Femme est aussi conçue comme initiatrice d'amour et de mort : « Que de fois, dans ses baisers de flamme, à elle, j'ai ressenti le baiser froid de la mort ! » (chap. 5). Cette femme, la femme moderne que représente Juliette, est d'une perversité paradoxale : sous une apparence de vertu, elle est profondément vicieuse. Aussi l'amour se salit-il à son contact : « Amour barbouillé de sang, ivre de fange, Amour aux fureurs onaniques, Amour maudit » (chap. 3). L'homme moderne devient esclave de la Femme et de l'Amour déchu : torturé par la luxure, privé de volonté, il est hanté par le meurtre et la folie. Deux menaces symbolisées par le père de Mintié, minable meurtrier d'animaux, et par sa mère, détruite par les névroses et la folie. Le couple

Éros et Thanatos se retrouve donc au plan collectif, celui de la patrie, de la nation et de l'armée, où l'on doit aimer ceux que l'on tue, comme au plan individuel, celui du couple, où il faut tuer ce que l'on aime. Les dernières lignes du roman, où passent l'écho du songe d'*Athalie et celui des **Fleurs du mal,* donnent à l'aventure de Mintié la dimension d'une tragédie : « Et tous ces lambeaux de corps humains, décharnés pour la mort, se ruaient l'un sur l'autre, toujours emportés par la fièvre homicide, toujours fouettés par le plaisir, et ils se disputaient d'immondes charognes. »

Mais cet ouvrage évoque aussi des problèmes d'expression artistique, picturale d'abord. Le peintre Lirat, dont la facture est impressionniste, se tourne vers la gravure qui sera l'art de prédilection de la fin du XIXe siècle : « Le dessin, l'eau-forte... deux tons... à la bonne heure !... [...] L'art vrai, l'art auguste... l'art artiste... » Mais Mirbeau pose aussi le problème de la littérature : « Je n'ai ni pensée ni style qui m'appartienne », dit Mintié. Aussi *le Calvaire* propose-t-il une écriture qui se cherche : saccadée, essoufflée et lyrique, elle s'attache toujours à décrire, en marge du naturalisme, les déchéances de l'humanité avec un dégoût qui n'exclut pas un certain humour.

● « 10/18 », 1986 (p.p. H. Juin).

H. VÉDRINE

CAMPAGNE D'ITALIE (la). Roman de Michel **Mohrt** (né en 1914), publié à Paris chez Gallimard en 1965.

En 1938, Talbot, jeune sous-lieutenant de réserve, est nommé au régiment du Royal-Piémont, dans la petite ville de F., sur la Côte d'Azur. Il y retrouve un camarade de promotion, Léveillé, et tous deux font connaissance avec la vie de garnison, une vie où les manœuvres alternent avec les bains de mer et les cours de ski. Talbot s'éprend bientôt de la femme d'un officier, Frédérique Bon, qui l'initie à l'amour. Après quelques mois de bonheur, Frédérique découvre qu'elle est enceinte, et s'efforce d'éloigner Talbot, qui tombe amoureux de Nancy, une jeune fille anglaise. À la veille de la mobilisation, Frédérique met prématurément au monde un fils qui meurt peu après, tandis que Talbot connaît une brève idylle avec Nancy. Après quinze jours de « drôle de guerre » contre les Italiens, l'armistice ramène Talbot aux environs de F. où il retrouve Léveillé. Frédérique est morte, comme les rêves d'héroïsme du jeune homme.

S'il est vrai que le seul point commun entre les écrivains connus sous la désignation de « hussards » est l'amour de Stendhal, et que, selon la formule de Bernard Frank, ils se piquent d'écrire « à cheval », *la Campagne d'Italie* peut sans doute apparaître comme un effort pour transposer, à l'époque moderne, l'expérience d'un Lucien Leuwen ou d'un Fabrice del Dongo. Lorsque le jeune Talbot arrive en effet à F., il est nourri de lectures militaires, hanté par le souvenir des campagnes révolutionnaires et napoléoniennes, comme l'indique le nom imaginaire de son régiment, le « Royal-Piémont ». La réalité la plus rebutante de l'armée le séduit, il aime l'ordre, les exercices, et jusqu'aux prises d'armes qui lui semblent autant de rites d'une grandiose « liturgie », à l'instar, du reste, de l'auteur qui a partagé l'expérience de son héros. Cet enfant trop tôt privé de père retrouve dans l'appartenance à un corps un véritable sentiment de sécurité. Le moment de la déception n'est donc pas lié à la découverte de la vie de garnison, qui repose précisément sur ces rites. Cependant lorsque éclate une guerre trop longtemps différée, Talbot ne connaît que peu de temps le plaisir de ne plus jouer, comme dans son enfance, avec des soldats de plomb, mais de commander des hommes. Dessaisi de son poste pour faire place à un officier plus âgé, il goûte à cet échec si souvent présent dans l'œuvre de Michel Mohrt. C'est la première désillusion, suivie, après l'espoir d'une campagne contre cette Italie voisine qui semble si fraternelle, de la découverte que « l'armée n'est supportable qu'en temps de paix ». Enfin, un dernier échec, ce fils qui lui est retiré, et qui lui arrache la femme pleine de vie qu'il avait connue, donne à Talbot le sentiment d'appartenir à une « génération sacrifiée », la génération évoquée par Roger Nimier dans le *Hussard bleu*, celle qui avait vingt ans au moment de la défaite, et qui, sous la menace constante de la guerre, a vu son avenir réduit à une attente. Entre les rêves de l'enfance et les désillusions, il y aura néanmoins eu un sursis, celui de ces merveilleuses vacances de l'été 1938, où le bonheur consistait à « aimer dans un pays où il fait toujours beau », et qui conserve l'éclat d'un paradis perdu.

● « Folio », 1973.

K. HADDAD-WOTLING

CAMPAGNE PERDUE. Voir ÉCRITS, de G. Roud.

CAMPAGNES PHILOSOPHIQUES ou Mémoires de M. de Montcal, aide de camp du maréchal de Schomberg, contenant l'histoire de la guerre d'Irlande. Roman d'Antoine-François Prévost d'Exiles, dit l'**abbé Prévost** (1697-1763), publié à Paris (sans doute chez Didot), domicilié à Amsterdam, chez Desbordes en 1741.

On laissera aux érudits de soin de décider si le manuscrit dont Prévost se veut le simple correcteur (M. de Montcal ayant « perdu l'usage de sa langue naturelle en Angleterre ») a existé, comme le prétend un journaliste du XVIIIe siècle, et s'il s'agit bien de Marc-Antoine d'Avessens, seigneur de Montcal, qui se réfugia en Hollande après la révocation de l'édit de Nantes, s'engagea au service de Guillaume d'Orange, et participa, avec ses deux frères, à la campagne d'Irlande (1689-1691), avant de mourir à Dublin en 1729, brigadier-général et amputé d'une jambe perdue en Espagne. Le roman ne couvre que les années 1689-1692 et l'imagination de Prévost, comme d'habitude, forge son propre univers. « De ce protestant sans doute austère et probe, il a fait un homme contradictoire, exilé honteux, philosophe velléitaire, ballotté par les coups du sort, victime de ses bonnes fortunes et s'accommodant bien de sa mauvaise conscience ; Montcal est devenu le piètre héros de la philosophie désabusée de Prévost en 1741 » (J. Sgard).

Car la chronique historique et militaire, que Prévost connaît fort bien, ne l'intéresse pas vraiment, et sert de cadre à des histoires galantes fort embrouillées et romanesques, censées nous révéler, dans la plus pure tradition des pseudo-Mémoires, le dessous des cartes, l'envers de la grande Histoire. Ainsi que Montcal, le vieux maréchal de Schomberg, malgré ses soixante-quinze ans et ses responsabilités, ne songe qu'à l'amour, dont les stratagèmes, tout au long des trois campagnes d'Irlande, décident des stratégies militaires. Mais la sauvage violence des guerres irlandaises fait parfois retour dans la tortueuse complication des intrigues sentimentales enchevêtrées et des histoires emboîtées, peinant à composer un monde non pas certes ordonné, aucun lecteur de Prévost ne s'y attend, mais esthétiquement cohérent. Ce fut sans doute aussi le sentiment de Prévost, car il lâche pied dans la quatrième partie, met à mort Mlle Fidert, qui eut deux amants, deux maris plus quelques autres, et Montcal à la retraite dès la fin de la deuxième campagne. Un désabusement, qu'on connaît bien chez les personnages de Prévost, le livre aux paisibles joies conjugales, à son « penchant pour la lecture et la méditation, la chasse, la pêche et l'agriculture », et lui ôte le goût d'écrire. Fin médiocre, sinon logique, peut-être même louable, à laquelle l'éditeur n'aurait rien eu à redire, si elle n'était survenue trop tôt pour permettre un volume d'une taille raisonnable (10 pages dans l'édition Sgard). Prévost brocha comme il put un *Supplément aux Mémoires de la guerre d'Irlande, par M. de Montcal,* qui relate, à la troisième personne, des souvenirs prétendument recueillis à Londres et à Dublin auprès d'officiers français réfugiés :

« Ce *Supplément* est la première œuvre totalement ratée de Prévost » (J. Sgard). Il marque aussi l'épuisement d'une formule romanesque, la biographie pseudo-historique et outrageusement romancée.

➤ *Œuvres*, Presses Univ. Grenoble, IV.

J. GOLDZINK

CANAL EXUTOIRE. Voir FOURMI ROUGE (la) ET AUTRES TEXTES, de Ch.-A. Cingria.

CANCRELATS (les). Roman de Gérald Félix **Tchicaya U Tam'si** (Congo, 1931-1988), publié à Paris chez Albin Michel en 1980.

Avec ce roman qu'il conservait dans ses tiroirs depuis 1954, Tchicaya U Tam'si, poète reconnu, souhaitait donner une plus large audience à son œuvre. Aux *Cancrelats* allaient succéder *les Méduses ou les Orties de mer* en 1982, et *les Phalènes* en 1984. Ayant la particularité de se situer dans un espace géographique identique (le Congo), de se suivre selon un découpage chronologique qui va de la fin du XIXe siècle aux années cinquante, et de faire réapparaître les personnages d'une même famille, ces trois romans sont souvent présentés comme une trilogie, bien qu'ils puissent être lus séparément.

Les Cancrelats. Thom Ndundu, avait, en 1880, suivi son patron blanc en France puis il l'avait quitté en 1900 et avait regagné le continent africain en faisant halte en Côte-d'Ivoire, à Grand-Bassam, où étaient nés ses deux enfants : Sophie et Prosper. Tous deux fréquentent l'école missionnaire jusqu'à la mort accidentelle de leur père. En 1921, Jean de L'Escaut, fils du gouverneur, au service duquel était employé Thom Ndundu, s'installe à Pointe-Noire, au Congo, et emploie à son tour Sophie comme cuisinière et Prosper comme boy. Compromis dans une affaire de vol, Prosper est arrêté ; il s'évade. Il épouse Mlila et s'installe à Brazzaville où il est rejoint par sa sœur.

Les Méduses ou les Orties de mer. « Farce ou fable » policière selon les mots de l'auteur, le deuxième roman se présente comme la « chronique d'une mort accomplie ». Sous le prétexte d'expliquer les liens qui unissent trois hommes retrouvés morts et de comprendre les raisons de leur décès, le romancier congolais offre une réflexion sur la mort dans le contexte de Pointe-Noire durant la Seconde Guerre mondiale.

Les Phalènes évoquent les déchirements de Prosper, devenu adulte. En effet, celui-ci vit à Brazzaville, aux côtés de sa sœur Sophie, partagé entre son amour pour une Européenne et son engagement en faveur de l'indépendance de son pays, dans une époque qui « vit la suppression de l'indigénat, commencement de la fin pour la colonie ».

La construction romanesque de ces livres, volontairement complexe, mêle les sources – parfois contradictoires – d'informations. Les personnages interviennent, se substituent au narrateur, et prennent successivement le rôle principal. Le romancier brouille les cartes des classifications littéraires dans ce qui est tout à la fois une œuvre historique, un roman psychologique, un roman noir, mais aussi et peut-être surtout, un roman poétique dans lequel on retrouve les élans du poète d'*Épitomé* et les préoccupations qui ont hanté l'œuvre et la vie de l'écrivain congolais.

Ayant très jeune quitté le Congo et résidé pendant près de trente ans à Paris, Tchicaya U Tam'si, le « Congaulais » comme il se plaisait à se définir, n'a cessé d'évoquer dans son œuvre cette terre congolaise d'avant l'indépendance à laquelle il restait intimement lié (« Je n'habite pas le Congo mais le Congo m'habite »). La mort est également omniprésente dans cette œuvre grave qui tient lieu d'exorcisme pour un auteur qui déclarait « oublier d'être nègre pour pardonner cela au monde » et qui avait choisi un pseudonyme signifiant « petite feuille qui parle pour son pays ».

B. MAGNIER

CANDIDAT (le). Comédie en quatre actes et en prose de Gustave **Flaubert** (1821-1880), créée à Paris au théâtre du Vaudeville le 11 mars 1874, et publiée à Paris chez Charpentier la même année.

Flaubert, ainsi que l'attestent les témoignages de ses contemporains, sa correspondance, ses textes de jeunesse et ses projets inédits, s'est toujours beaucoup intéressé au théâtre. En 1863, il écrit, en collaboration avec Louis Bouilhet et Charles d'Osmoy, une féerie en dix tableaux intitulée *le Château des cœurs* qu'aucun directeur de salle n'accepte de monter. Plus tard, après la mort de Bouilhet survenue en 1869, Flaubert entreprend de rédiger une comédie en cinq actes dont son ami avait élaboré le scénario, *le Sexe faible*. Achevée en juin 1873, cette pièce ne sera pas non plus représentée mais Carvalho, le directeur du Vaudeville, encourage Flaubert à écrire une satire politique dont ce dernier a conçu le projet, *le Candidat*. Rédigée à partir de septembre 1873, la pièce, achevée à la fin de l'année, est acceptée par Carvalho mais l'échec est tel que Flaubert la retire au bout de quatre représentations.

Murel et Gruchet se rencontrent chez Rousselin, un riche bourgeois qui brigue la députation. Murel est amoureux de Louise, la fille de Rousselin que courtise également le jeune Onésime, fils du comte de Bouvigny. Ce dernier, en échange de son appui électoral, demande la main de Louise pour son fils mais Rousselin, indigné par la morgue du comte, refuse. Celui-ci déclare alors qu'il sera le candidat des conservateurs. Murel offre donc l'appui du parti libéral à Rousselin, qui l'accepte avec reconnaissance mais refuse toujours de lui accorder la main de sa fille. Dépité, Murel convainc Gruchet de se présenter pour faire échec à Rousselin (Acte I).

Rousselin donne quelques espoirs à Murel qui conseille alors à Gruchet de retirer sa candidature. Bouvigny a retiré la sienne mais, effrayé par la popularité croissante de Gruchet, il offre de nouveau son soutien à Rousselin au moment même où Murel vient lui apporter celui des socialistes. Tous se retirent mécontents. Julien Duprat, jeune poète et journaliste, fait la cour à Mme Rousselin (Acte II).

Rousselin participe à une réunion électorale houleuse et reçoit une lettre anonyme lui révélant que sa femme le trompe. Gruchet dit à Rousselin qu'il retirera sa candidature si celui-ci renonce au recouvrement d'une dette qu'il a contractée auprès de lui (Acte III).

Rousselin accepte ce marché et accorde la main de sa fille à Murel. Peu après, on vient lui annoncer de la part du comte qu'il est certain d'être élu s'il donne sa fille à Onésime. Rousselin extorque à Louise son consentement, et apprend son élection alors même que Julien vient de devenir l'amant de sa femme (Acte IV).

L'intrigue du *Candidat*, fondée sur une cascade de retournements d'alliances électorales, n'est pas dépourvue d'une certaine répétitivité. Flaubert y propose une vision très critique et pessimiste de la politique, qui repose exclusivement sur les ambitions et les intérêts personnels. La satire n'épargne aucun parti et le pouvoir est ainsi privé de toute légitimité. Rousselin, qui finit par obtenir la députation, est une sorte de marionnette que tous manipulent : Murel et Bouvigny pour obtenir la main et donc la dot de sa fille, Gruchet pour se soustraire au remboursement de sa dette. Le fait qu'il apprenne sa victoire alors même qu'il est cocu – et Flaubert n'hésite pas à user à cet égard des ressorts les plus traditionnels de l'adultère bourgeois – est fort significatif : le vainqueur apparent est en fait berné sur tous les plans. Outre l'austérité du sujet et le cynisme avec lequel il est traité, cette dérision systématique des valeurs politiques explique sans doute le peu de succès de la pièce et le mécontentement général qu'elle suscita.

● Castor astral, 1987 (p.p. Y. Leclerc). ➤ *Œuvres*, Éd. Rencontre, XIII ; *Œuvres complètes*, Club de l'honnête homme, VII.

A. SCHWEIGER

CANDIDE ou l'Optimisme. Conte de François Marie Arouet, dit **Voltaire** (1694-1778), publié à Genève chez Cramer en 1759 ; réédition augmentée en 1761.

« Qu'est-ce qu'une brochure intitulée *Candide* qu'on débite, dit-on, avec scandale… On prétend qu'il y a des gens assez impertinents pour m'imputer cet ouvrage que je n'ai jamais vu » : Voltaire multiplie les faux désaveux, heureux de n'être point cru, pour ce *Candide ou l'Optimisme, traduit de l'allemand de M. le Docteur Ralph*. Ce docteur Ralph décède à Minden, l'an de grâce 1759, précise l'édition de 1761. Il avait été remplacé dans la *Correspondance* de Voltaire par un certain M. Desmal ou Démad, puis par son frère, « capitaine au régiment de Brunswick ». Succès de l'ouvrage. *Candide* reste le plus grand titre de gloire de Voltaire.

Candide n'a point été improvisé. Lu sans doute dans une première version à l'électeur palatin auquel Voltaire rendit visite à Mannheim en juillet 1758, il est achevé en octobre de la même année. On dispose d'un manuscrit envoyé au duc de La Vallière où se trouvent plusieurs versions du chapitre parisien. *Candide* est publié en janvier et février 1759. Ces quelques repères ne peuvent rendre compte de la genèse d'une œuvre qui, sous une forme condensée, est la somme des expériences, pensées et lectures de Voltaire : tous les thèmes de *Candide* sont présents dans la *Correspondance* entre 1755 et 1757. Le rêve du jardin a pris corps avec l'installation aux Délices (1755). Le tremblement de terre de Lisbonne (1er novembre 1755), puis, en 1756-1757, les horreurs de la guerre de Sept Ans infligent de cruels démentis aux sectateurs de l'optimisme, dont la leibnizienne duchesse de Saxe-Gotha. La recherche des sources est sans fin : les éditions critiques ont multiplié les rapprochements sans doute épuiser sans doute la matière pour l'auteur d'une histoire universelle. Mais ce grand liseur est manifestement inspiré quand il rédige les aventures de son Candide.

Jeune bâtard, Candide, esprit simple mais droit, vit en Westphalie dans le château de son oncle, le baron de Thunder-ten-Tronckh. Son maître Pangloss lui enseigne que tout va pour le mieux dans le meilleur des mondes possibles. Il le croit, mais se fait chasser du « paradis » pour un baiser donné à sa cousine, Cunégonde (chap. 1). Enrôlé par des recruteurs (2), témoin d'une « boucherie héroïque » entre troupes abares et bulgares, il déserte et découvre en Hollande l'intolérance (3). Il retrouve Pangloss que la vérole a défiguré. Pangloss lui raconte la destruction du « plus beau des châteaux », la mort de ses habitants. Candide et Pangloss sont recueillis par un anabaptiste, Jacques, qui les emmène au Portugal où il va commercer (4). Jacques périt au cours d'une horrible tempête. Lorsque Candide et Pangloss arrivent à Lisbonne, la terre se met à trembler. Ils sont déférés à l'Inquisition pour quelques discours suspects (5). On fait un « bel autodafé » pour empêcher la terre de trembler de nouveau. Pangloss est pendu, Candide fessé (6). Soigné par une vieille, Candide retrouve Cunégonde qui lui raconte son histoire (7-8). Elle partage ses faveurs entre le Juif don Issachar et le grand inquisiteur. Candide tue les deux amants de sa belle. Il s'enfuit avec Cunégonde et la vieille (9). Ils embarquent pour l'Amérique (10). La vieille, pendant la traversée, leur raconte comment, fille d'un pape et d'une princesse, elle est devenue, après maintes tribulations, servante et comment elle eut une fesse coupée (11-12). Les fugitifs abordent à Buenos-Aires dont le gouverneur s'éprend pour Cunégonde d'une violente passion. Candide, recherché par la police, doit fuir (13). En compagnie de son valet Cacambo, il se rend chez les jésuites du Paraguay. Il retrouve le frère de Cunégonde (14). Celui-ci s'oppose au mariage de sa sœur avec un bâtard. Candide, fou de rage, le tue (15). Fuite de Candide et de Cacambo au pays des Oreillons qui s'apprêtent à les manger, mais leur font grâce comme ennemis des jésuites (16). Ils arrivent dans l'Eldorado, pays où tout va bien : richesses inouïes, déisme sans clergé, monarchie éclairée. Ils en repartent pourtant, munis de diamants, désireux de retrouver Cunégonde et de s'acheter un royaume (17-18). À Surinam, après avoir rencontré un nègre victime de l'esclavage, ils se séparent. Cacambo part pour Buenos Aires ; Candide, volé par un négociant hollandais, s'embarque pour l'Europe, accompagné du philosophe Martin (19). La traversée se passe à discuter avec Martin qui pense que tout va mal (20). En France, Candide est dupé et volé. Il trompe Cunégonde à Paris avec une fausse marquise (21-22). Obligés de fuir, Candide et Martin embarquent à Dieppe, longent les côtes anglaises et assistent à l'exécution d'un amiral (23), puis arrivent à Venise où ils rencontrent Pâquette, ancienne servante de Cunégonde et amante de Pangloss, en compagnie d'un théatin, frère Giroflée (24). Candide rend visite au seigneur Pococuranté. Comblé de biens, celui-ci est blasé (25). Pendant le carnaval, Candide soupe avec six rois détrônés. Il retrouve Cacambo ; Cunégonde est esclave en Turquie (26). Ils partent pour Constantinople, reconnaissent parmi les galériens Pangloss et le jeune baron « ressuscité » (27) qui racontent leurs aventures (28). Candide rachète Cunégonde et la vieille. Il épouse Cunégonde devenue affreusement laide, malgré le refus de son frère (29). Le jeune baron ayant été renvoyé aux galères, Candide achète, avec les derniers diamants de l'Eldorado, une métairie. Tous sont réunis et, à l'exemple d'un bon vieillard turc du voisinage, ils vont « cultiver [leur] jardin » (30).

Comme Voltaire l'avait déjà fait avec *Zadig ou la Destinée*, *Memnon ou la Sagesse humaine*, le titre associe le nom du héros, Candide, à celui d'une question philosophique, l'optimisme. Ce couplage prend ici une valeur provocante parce qu'il unit des mots aux connotations contradictoires : d'une part, l'innocence ou la naïveté liées au nom propre, d'autre part, la référence à la doctrine leibnizienne. Le héros n'incarne pas ce courant de pensée, on ne le dit pas optimiste : il est aux prises avec une philosophie, l'optimisme. Cette confrontation s'accomplit dans le cadre d'un roman de formation. Le héros, doué d'un « esprit simple », va conquérir difficilement son identité propre tant sa candeur native le prédispose à croire ingénument. Accentuée par la philosophie du « tout est bien » qui bloque toute remise en question, elle fait de lui le disciple d'un maître qui l'a ébloui. Son « jugement assez droit » devrait lui permettre de penser par lui-même, mais il lui faudra du temps pour conquérir son autonomie. Jusqu'aux dernières pages, il reste un témoin comparant inlassablement les articles du catéchisme inculqué par Pangloss aux horreurs du monde, sans vraiment en tirer de conséquences. Il ne prononce qu'à la dernière ligne le mot ambigu de la fin.

D'où un espace narratif largement exploité par Voltaire qui fait défiler les formes multiples du mal, des catastrophes naturelles aux violences de l'Histoire. Les expériences de Candide, lancé dans le vaste monde, sont à l'origine d'un inventaire de base. Celui-ci n'est pas linéaire. À chacun des personnages croisés par le héros s'attache une nouvelle récapitulation des misères et souffrances des hommes. Le malheur, l'absurde, l'odieux sont omniprésents. Ils offrent des variantes masculines ou féminines (le destin des femmes, c'est le viol ou la prostitution), des nuances sociales (les rois sont détrônés, le philosophe rongé par la vérole). Et toujours, ces réalités hideuses reçoivent une interprétation panglossienne qui paraît aberrante.

Les discours sont sans cesse démentis par les faits. Le « tout est bien », dénoncé avec une ironie grinçante, trouve un semblant de confirmation dans l'utopique Eldorado ; mais Cunégonde en est absente et toute affirmation individuelle impossible. Candide et Cacambo s'empressent de quitter ce monde clos, sans avenir, condamné par sa perfection à se répéter indéfiniment. Le retour dans le monde réel est signé par une nouvelle invasion du mal, même si les richesses de l'Eldorado permettent à Candide d'en moins souffrir. Il l'est aussi sur le plan idéologique par le « tout est mal » du philosophe Martin. Tiraillé entre deux philosophies contradictoires, Candide va péniblement s'acheminer vers le refus des systèmes. Il fait taire l'incorrigible Pangloss en le rappelant à l'ordre : « Mais il faut cultiver notre jardin. » Le bâtard est devenu maître d'une communauté dont on a dû expulser l'arrogant jeune baron, représentant de valeurs aristocratiques qui n'ont plus cours sur les bords de la Propontide. Les beaux châteaux ont été incendiés ; reste une métairie, en marge, pour rescapés du naufrage de la vie. Fin de la candeur et mort de l'optimisme : la vie humaine n'a point d'autre sens que celui qu'on lui donne. La quête d'une belle, s'achevant dans le dérisoire, les poursuites, enlèvements, naufrages, fausses morts, captivités, revers de fortune, toute cette mascarade des destins aboutit à ce finale désenchanté et tonique. Le petit groupe s'est mis au travail ; malgré les désillusions et les insatisfactions, la rage de vivre l'emporte. Sans vivre bien, du moins peut-on vivre mieux. Par-delà ce dénouement « bête comme la vie », reste l'enchantement de pages à la gaieté corrosive.

● Didier, réimp. 1957 (p.p. A. Morize) ; Nizet, 1959 (p.p. R. Pomeau) ; Genève, Droz, 1968 (p.p. Ch. Thacker) ; Bordas, 1969 (p.p. A. Magnan) ; Magnard, 1985 (p.p. J. Goldzink). ➤ *Œuvres complètes*, Voltaire Foundation, XLVIII (p.p. R. Pomeau) ; *Romans et Contes*, « GF » ; *id.*, « Pléiade » ; *id.*, « Folio » ; *Contes en vers et en prose*, « Classiques Garnier », I.

C. MERVAUD

CANTATRICE CHAUVE (la). « Anti-pièce » en prose d'Eugène **Ionesco** (né en 1909), créée à Paris au théâtre des Noctambules le 11 mai 1950, publiée à Paris dans les *Cahiers du Collège de Pataphysique* nᵒˢ 7, 8/9 en 1952, et en volume avec *la *Leçon* aux Éditions Arcanes en 1953. Elle est jouée sans discontinuer depuis 1957, à Paris, au théâtre de la Huchette, dans la mise en scène originale de Nicolas Bataille.

Ionesco a donné dans *Notes et Contre-notes* une explication devenue légendaire de sa vocation d'auteur dramatique : souhaitant apprendre l'anglais à l'aide d'une méthode Assimil, il s'aperçut que, considérées pour elles-mêmes, les phrases de son manuel de conversation traduisaient une pensée « aussi stupéfiante qu'indiscutablement vraie » (« Le plancher est en bas, le plafond en haut ») dont l'incongruité se prolongeait au sein des dialogues (« À mon grand émerveillement, Mme Smith faisait connaître à son mari qu'ils avaient plusieurs enfants, qu'ils habitaient dans les environs de Londres, que leur nom était Smith »…). Son « illumination » l'amena à rédiger une « œuvre théâtrale spécifiquement didactique ».

Dans un « intérieur bourgeois anglais », M. et Mme Smith échangent des banalités teintées d'incohérences. Surviennent successivement la bonne (Mary) qui prétend s'appeler Sherlock Holmès, un couple d'amis (M. et Mme Martin) qui déduisent d'une longue litanie de coïncidences qu'ils sont mari et femme, puis un Capitaine des pompiers désolé de ne pas trouver d'incendies à éteindre. Pour échapper au silence, ces fantoches racontent quelques anecdotes et fables absurdes ponctuées par les coups d'une pendule et d'une sonnette également folles. Ils mêlent évidences (« On ne fait pas briller ses lunettes avec du cirage noir ») et non-sens (« On peut prouver que le progrès social est bien meilleur avec du sucre ») avant de s'adresser des insultes pour le moins originales (« Cactus, coccyx ! coccus ! cocardard ! cochon ! »), parfois réduites à de simples lettres (« A, e, i, o, u »…). Une fois le langage mis à mal, la pièce recommence, avec les Martin dans le rôle initialement tenu par les Smith.

De la « cantatrice chauve », évoquée par le Pompier au scandale des autres personnages, nous saurons seulement qu'« elle se coiffe toujours de la même façon » – unique concession à l'usage qui exige un lien entre l'œuvre et son titre. Provocante supercherie, le choix de cette Arlésienne comme héroïne éponyme réduit à des propos insignifiants – voire des borborygmes – la conversation des Smith et des Martin, auxquels le silence est impossible (sc. 7), de même que leur est interdit d'aborder le sujet de la pièce. Sans cantatrice, sans histoire, la première comédie d'Ionesco répond bien à son appellation générique d'« anti-pièce ». Ses personnages eux-mêmes, interchangeables puisque les Martin reprennent le rôle des Smith, font figure d'anti-héros : sans passé (leur mémoire se limite au menu de leur dîner) ni avenir (la fin de la pièce les condamne à un perpétuel recommencement), dotés de noms stéréotypés et d'une existence problématique (M. et Mme Martin sont-ils bien mari et femme ? Que faire d'un pompier sans incendie à éteindre ?), ils s'agitent et remplissent l'espace de paroles, mais le langage aussi leur échappe.

Dès la première scène, M. Smith offre à sa femme des claquements de langue pour toute réponse ; quand les deux couples d'amis se retrouvent enfin (sc. 7), un pesant silence s'installe, coupé seulement par les « hm » des quatre Britanniques – ces deux épisodes d'aphasie, trouble habituellement exclu au théâtre, s'inscrivent comme une évidence dans cette « tragédie du langage ». Ils présagent, en effet, le chaos final où des phrases puisées çà et là dans le manuel d'Assimil coexistent avec les cris les moins signifiants : « Teuff, teuff, teuff… », « A, e, i, o, u… ». François Coppée et Sully Prudhomme, poètes au métier éprouvé, y sont renvoyés dos à dos (« Coppée Sully ! », «Prudhomme François ») et la logique formelle n'y figure que pour mieux accuser l'incohérence des propos : « Le maître d'école apprend à lire aux enfants, mais la chatte allaite ses petits quand ils sont petits »… Le recours à la fable, genre démonstratif par excellence, rend patente cette déperdition du sens : nous demeurons, comme Mme Martin, fort perplexes quand il s'agit de deviner la moralité d'une « fable expérimentale » telle que « le Chien et le Bœuf » : « Une fois, un autre bœuf demandait au chien : pourquoi n'as-tu pas avalé ta trompe ? Pardon, répondit le chien, c'est parce que j'avais cru que j'étais éléphant » !

Or la logorrhée tranquille avec laquelle Mme Smith évoque son dîner au début de la pièce n'est pas moins problématique que la stichomythie finale : ainsi, dès la première phrase (« Tiens, il est neuf heures »), le langage entre en contradiction avec les faits (la pendule vient de sonner dix-sept coups). La rupture entre le signifiant et le signifié (qu'est-ce qu'un chien qui oublie d'avaler sa trompe ? qu'un serpent qui donne des coups de poing ?) conduit à des énoncés contradictoires : « C'est une précaution inutile, mais absolument nécessaire. » Cette subversion du discours sape l'essence même du réel (l'homonymie des époux Bobby Watson aboutit à leur indifférenciation) et entraîne dans sa folie jusqu'aux didascalies : des indications comme « La pendule ne sonne aucune fois » laissent perplexe le metteur en scène le plus inventif… Reste la « tragédie du langage », sujet véritable de cette délirante comédie.

Cette mise à mal du langage déboucha sur un nouveau manuel : en 1964, un concepteur de méthodes de langue fit appel à l'auteur de *la Cantatrice chauve* et de *la Leçon* pour rédiger des dialogues destinés à l'apprentissage du français (*Exercices de conversation et de diction françaises pour étudiants américains,* publiés chez MacMillan, 1969) !

● Gallimard, 1964 (interprétation typographique de Massin et photographique d'H. Cohen) ; « Folio », 1972 ; « Folio / Théâtre », 1993 (p.p. E. Jacquart). ➤ *Théâtre complet,* « Pléiade ».

H. LEFEBVRE

CANTILÈNES (les). Recueil poétique de Jean **Moréas**, pseudonyme de Ioannis Papadiamantopoulos (1856-1910), publié à Paris chez Léon Vanier en 1886. Un certain nombre des poèmes des *Cantilènes* étaient déjà parus, de 1884 à 1886, dans la revue *Lutèce.*

C'est le deuxième livre publié en français par ce poète d'origine grecque, fixé à Paris en 1879. À cette époque, l'école romane n'existait pas encore. Le recueil est donc indemne de l'influence de Ronsard, et les maîtres de Moréas y sont Baudelaire, parfois Mallarmé (« le Pur Concept ») et surtout Verlaine, dont on retrouve la forme, certains tics de syntaxe et la concision musicale : « Le gaz pleure dans la brume, / Le gaz pleure, tel un œil. / – Ah ! prenons, prenons le deuil / De tout cela que nous eûmes » ("Never more"). Recueil des plus composites, *les Cantilènes* se caractérisent essentiellement par le mélange d'accents modernes, d'évocations médiévales et de chansons populaires. Ce sont des gammes, des tentatives et des variations sur certains thèmes, et le tout forme un échantillon représentatif des diverses tendances qui composaient alors le symbolisme, sans qu'on y trouve les outrances systématiques qui grèvent la prose du *Thé chez Miranda,* écrit à la même date par Moréas et Paul Adam. Certains poèmes sont même d'un vocabulaire simple et dépouillé, dont Moréas parvient à tirer des cadences : « Et même la lune et même l'espoir, cette / Ô cette folie ! et le soleil, ses hâles, / Et la pluie, et la tristesse des jours pâles, / Et bouquets

qu'on souhaite et bouquets qu'on jette, / Et la bonne tiédeur des premières bûches, / Et sa gorge en les dentelles et les ruches » ("Toute la babiole"). Tout naturellement, une telle simplicité s'exprime aussi sous la forme de petites chansons de style populaire : « Toc, toc, toc, toc – il cloue à coups pressés ; / Toc, toc – le menuisier des trépassés » ("Nocturne"). D'autres poèmes, enfin, illustrent une veine fantaisiste assez inattendue : « Puisque la vie est un sottisier, / Que je fume en face de la lune / Ma bonne pipe de merisier ! » ("Intimité"). D'une manière générale, *les Cantilènes* attestent une grande virtuosité verbale et rythmique, qui va jusqu'au mimétisme de certains auteurs, et leur symbolisme est souvent de surface.

Le recueil comprend six parties : « Funérailles », « Interlude », « Assonances », « Cantilènes », « le Pur Concept » et « Histoires merveilleuses », sans qu'on puisse y distinguer de véritable progression. Partout se trouve répandue une atmosphère de rêve et de légende, tantôt violente et tantôt attendrie, rendue plus sensible par le rythme : « Alme fleur, fleur d'éden, hanebane d'enfer / Ta bouche, et tes seins lourds que d'or tissé tu brides ! / – Nous allions par les bois pleins de monstres hybrides, / Toi de pourpre vêtue et moi bardé de fer » ("Geste"). Médiéval ou moderne, le décor se veut exemplairement symboliste : grands parcs, fleurs et parfums, musiques, étoffes somptueuses, mains chargées de bagues… La tonalité générale reste triste, et bien des poèmes répètent la mort, la déréliction, la douleur : « L'ombre se fait suspecte et veuve des hautbois, / Et l'appareil n'est plus de la fête splendide ; / Et tout à coup par un maléfice sordide / Des belles Dames se déchaînèrent les doigts. » Un souci musical constant conduit Moréas à multiplier à l'envi refrains, alliances de mots et de sons : assonances, homophonies, rimes internes (« Et nous sommes au bois de la Belle dont les sommes / Pour éternellement demeurent scellés »). Il s'ensuit également une syntaxe assez personnelle, où certains mots se trouvent, à cause de leur sonorité évocatrice, déplacés ou répétés. Ici, nous n'avons pas encore affaire au Moréas détaché et classique des *Stances* (1889-1891), mais à un chanteur dont le répertoire va de Rutebeuf à Verlaine, des fabliaux aux symbolistes, avec un vocabulaire à la fois archaïque et moderne. Plus qu'aux légendes médiévales d'amour et de mort qu'égrène longuement le poète, on sera sensible à certaines chansons où il se garde d'abuser des « citoles » et des « négromans ».

● *Œuvres*, Genève, Slatkine, 1977 (réimp. éd. 1923).

J.-P. GOUJON

CANTIQUE DE SAINT JEAN. Voir HÉRODIADE, de S. Mallarmé.

CAPITAINE BADA. Pièce en prose de Jean **Vauthier** (1910-1992), créée à Paris au théâtre de Poche-Montparnasse en 1952, et publiée à Paris aux Éditions de l'Arche en 1954.

Aimant les faux-semblants de l'idéal, Bada fut comparé à Ubu, à don Quichotte et à un Néron domestique : il est resté le personnage le plus attachant et le plus célèbre de Vauthier.

Première partie. Sur un escabeau, en pleine prière, Bada a décidé de s'élever au-dessus des plaisirs du corps. Cette détermination nouvelle le détourne du mariage envisagé avec Alice, une jeune bourgeoise. Il joue la comédie face à la jeune fille surprise par tant d'expansivité. Celle-ci renonce à exposer sa conception plus rationnelle du mariage (Acte I).

Au cours d'un interlude dansé, Alice apparaît avec son voile de mariée, poursuivie par Bada, une valise à la main. Une cavalcade s'engage, qui incite Bada à toujours plus de volubilité. Tantôt déclamant, tantôt effondré, il se jette dans des discours contradictoires qui sèment le trouble dans l'esprit d'Alice (Acte II).

Sur fond de musique militaire, nous assistons, un 14 Juillet, à une scène de la vie conjugale de Bada et d'Alice. Bada se plaint de sa compagne : elle l'empêche d'écrire et de mener à bien son œuvre. Tout conspire contre lui : l'électricité est coupée et l'épicier refuse de lui faire crédit. Bada se voit alors dans le rôle du grand explorateur héroïque qui attend l'inspiration (Acte III).

Deuxième partie. Vingt-sept ans plus tard, Bada n'est toujours pas parvenu à ses fins : il ressasse les mêmes thèmes, impuissant à préciser ses objectifs poétiques. Un employé à casquette dorée, sous-chef de la Compagnie nouvelle des Pompes funèbres, entre par la fenêtre pour l'emmener : à Alice revient la tâche de prononcer son oraison funèbre.

Bada est un être de pur discours, un « champion de la vélocité verbale ». Celui qui se dit le « tabernacle de Dieu » manie des registres divers (calembour, métaphore lyrique, trivialité, calembredaine, maxime) pour toujours mieux exhiber son éloquence. Le tour de force de cette pièce de Vauthier consiste à mettre tout l'appareil vocal et sonore du théâtre au service de la thématique de la pièce. C'est le verbe toujours excessif de Bada qui engendre les faits, modifie les situations et produit le mouvement même de la dramaturgie. Ce registre musical est signalé dans les indications scéniques (« largo, crescendo, ample et énergique, forte, grave »). L'acte I procède d'un seul tenant, dans une alternance de solos de Bada et de duos avec Alice ; l'acte II est divisé en deux parties, dont la première suit un rythme de danse rapide tandis que la seconde passe du tournoiement à une certaine lenteur ; l'acte III se déroule au paroxysme d'abord, puis sur une allure apaisée.

Le propre de Bada est de manifester sans cesse sa défiance à l'égard de l'esprit de démonstration et de l'analyse rationnelle, qu'il compense par une hyperthéâtralité roborative. C'est le refus du réel qui fonde ici le jeu théâtral, car Bada ne devient un personnage que dans la mesure où il ne s'accepte pas comme homme : « Ah ! pustulence de mes nénés... vilain gargouillis de mes tripettes... peau maudite... gangue déplorable... » Tout semble en effet se liguer contre lui : il s'imagine menacé par son épouse qu'il voit à la fois comme une mégère et comme un vampire. Alice se laisse peu à peu manipuler par la pitié que Bada tente de susciter en elle. En manifestant une immense souffrance (« Je vivais dans un terrier organisé, mais elle vient d'y faire pénétrer le soleil sans mon ordre ! »), Bada s'amuse volontiers de sa sensibilité car rien ne lui plaît davantage que de se débattre dans la contradiction. Dès sa première tirade, il s'exclame : « L'homme se veut et se croit logique... primauté des classifications, nécessité de la méthode, valeur des lois d'espèce, des formules ; engouement burlesque pour les faiseurs de théories. Assez ! » Au-delà de l'affrontement du couple Bada-Alice se profile ainsi une vibrante défense et illustration de l'artiste entravé, tel l'albatros, mais dont l'instrument de conquête de la réalité, le langage, n'est jamais mieux exprimé que dans ce théâtre imprécatoire.

P. GOURVENNEC

CAPITAINE FRACASSE (le). Roman de Théophile **Gautier** (1811-1872), publié à Paris en feuilleton dans la *Revue nationale et étrangère* de décembre 1861 à juin 1863, et en volume chez Charpentier en 1863.

Vingt-cinq ans séparent la conception et la publication de ce roman promis dès 1836 à Renduel, annoncé deux ans plus tard par Desessart, destiné en 1845 à Buloz pour la *Revue des Deux Mondes*, prévu en 1853 pour la *Revue de Paris* et enfin publié huit ans après, avec un succès immédiat tant auprès du public que de la critique.

Attiré dès le collège par une littérature non académique, par les décadents latins, par Villon et Rabelais dont il s'imprègne, Gautier, sans les oublier, s'inspire essentiellement ici de certains écrivains un peu méconnus du début du XVIIᵉ siècle (Saint-Amant, Théophile de Viau, Cyrano, Georges de Scudéry, Scarron) auxquels il a consacré, en

1834, la majeure partie des études qui formeront le recueil des *Grotesques* (1844). Ces essais constituent le tremplin d'une création romanesque entravée par de nombreux travaux de journalisme alimentaire, et le dernier d'entre eux, consacré à Scarron, fournit même la trame et l'esprit du roman. On notera en outre l'influence de la poésie de Saint-Amant et des comédies de Corneille, les allusions à Cyrano de Bergerac, au *Wilhelm Meister* de Goethe, ou, car le roman historique est à la mode depuis les années 1825 environ, les réminiscences de *la Fiancée de Lammermoor* de Walter Scott, voire même de **Notre-Dame de Paris* de Hugo, sans oublier les références érudites issues d'ouvrages spécialisés comme les *Curiosités de l'histoire du vieux Paris* du bibliophile Jacob.

Dans les Landes se dresse un castel décrépit, habité par un vieux serviteur basque, un chat piteux, un chien poussif, une rosse décharnée et un jeune seigneur, beau, misérable et perclus d'ennui, le baron de Sigognac. Un soir, on frappe à la porte (chap. 1). Une troupe de comédiens demande l'hospitalité. Fasciné par la beauté de la Sérafina (la grande coquette), de l'Isabelle (l'ingénue), voire de Zerbine (la soubrette), Sigognac participe au festin des comédiens, qui l'incitent à les suivre. Sur le douloureux chemin du départ, une splendide amazone, Yolande de Foix, raille le gentilhomme déchu (2). Dans une auberge pittoresque, le marquis de Bruyères remarque l'aguichante soubrette et invite la troupe dans son château (3). Une fillette en haillons, Chiquita, prévient son ami, le brigand Agostin, de la présence des comédiens ; mais lors d'un grotesque guet-apens, l'épée de Sigognac l'emporte sur le redoutable poignard du bandit (4). Le marquis reçoit superbement les comédiens, poursuit son aventure avec Zerbine, tandis que la marquise se montre sensible au charme très étudié du jeune premier, Léandre, à qui un billet intercepté vaut une volée de bois vert (5). La misère s'abat sur les comédiens : le Matamore, puis le cheval, meurent dans une tempête de neige, et Sigognac décide de prendre le rôle vacant sous le nom de Capitaine Fracasse (6-7). Aperçue à sa fenêtre par le très beau et très orgueilleux duc de Vallombreuse, Isabelle est importunée par lui. Sigognac intervient (8), puis défait les sbires de Vallombreuse, avant de blesser en duel son rival. Léandre retrouve la marquise masquée (9). Isabelle refuse par modestie la main de Sigognac et échappe de justesse à un enlèvement (10). À Paris, Sigognac visite la ville, tandis qu'un redoutable spadassin, Jacquemin Lampourde (11), joueur et ivrogne (12), est soudoyé pour le tuer. Isabelle est sauvée in extremis des bras de Vallombreuse et Sigognac vainc à l'épée Lampourde émerveillé (13) qui va rendre ses pistoles au duc (14). Celui-ci parvient à ses fins : Isabelle est séquestrée dans un vieux château isolé. Pour la sauver, les comédiens se battent vaillamment avec les truands qui la gardent et Sigognac transperce le duc dont le noble père survient pour reconnaître en Isabelle sa fille (15-18). Métamorphosé par une miraculeuse convalescence, Vallombreuse vient chercher Sigognac retiré dans son château en ruine pour lui faire épouser sa sœur qui restaurera superbement la vieille demeure (19-22).

Sacrifiant peu à la vraisemblance, *le Capitaine Fracasse* se présente comme un nouveau *Roman comique où, comme chez Scarron, le burlesque s'appuie sur le réalisme des descriptions (scènes d'auberge ou de taverne, etc.). Indéniablement, mais superficiellement, roman de cape et d'épée, *le Capitaine Fracasse* révèle chez Gautier un art parvenu à sa maturité ; combats, poursuites, tentatives d'assassinat et intrigues amoureuses ne doivent pas dissimuler une réussite formelle évidente, qui situe l'œuvre au-delà du simple roman d'aventures. La littérature chez Gautier donne toujours à voir et le coup d'œil incisif du peintre que l'auteur a failli devenir perce dans de nombreuses descriptions, souvent inspirées de Callot, d'Abraham Bosse ou des peintres flamands : le pittoresque des truands, bons pour la corde et tout droit issus de Villon, ne le cède en rien à celui des comédiens. Tous ces portraits si variés sous-tendent une typologie, chaque acteur coïncidant par exemple avec son emploi. C'est en ce sens qu'il faut comprendre l'absence de psychologie souvent reprochée à l'auteur : sa recherche est moins celle de l'expressivité que celle du « type », voire d'un idéal esthétique. La laideur (Dame Léonarde la duègne), les divers types de grâce (Sérafina, Isabelle ou Zerbine) pâlissent nettement par conséquent devant l'implacable et parfaite beauté de Vallombreuse, qui, parce qu'elle transcende la différence sexuelle, rappelle celle de Mlle de Maupin (voir **Mademoiselle de Maupin*).

Le souci esthétique n'entrave en rien le déroulement du fil romanesque, et le rythme soutenu du roman fait revivre le fourmillement flamboyant de toute une période historique que le pouvoir central n'a pas encore assagie. L'écriture, quoique constamment traversée par l'humour, est donc moins récréative que « recréation » d'une époque Louis XIII légèrement idéalisée, et Gautier excelle à pasticher ces auteurs « grotesques » qu'il a tant appréciés, ou à parodier la rhétorique précieuse. On admirera la diversité et l'éclat des langages, s'épanouissant aussi bien dans la péroraison emphatique et comique du pédant Blazius que dans les rodomontades vertigineuses du Matamore reconverti en Fracasse, personnage central dans la genèse du roman, issu de la tradition italienne (le Fracasso) et très en vogue au XVIIe siècle.

Mais le théâtre n'a pas seulement pour rôle d'exhiber la virtuosité verbale de l'écrivain. Vallombreuse comme Sigognac sont amoureux d'une actrice et Zerbine, enlevée avec son consentement, analyse avec justesse la fascination suscitée par l'actrice : « C'est une passion d'esprit plutôt que de corps. » Le théâtre, « ce rayon d'art » (chap. 8) qui transfigure la femme, ne fut sans doute pas pour rien dans la fascination exercée sur Nerval par la comédienne Jenny Colon, ou sur Gautier lui-même par la danseuse Carlotta Grisi. Enfin, la découverte de la scène par un néophyte est prétexte à une réflexion sur l'art dramatique et sur la pantomime, comme l'indique la référence à l'*Illusion comique de Corneille : Sigognac doit apprendre à être vrai au sein même du mensonge théâtral ; problématique « baroque » autant que romantique interrogeant le rapport de la vérité et de l'illusion.

● « Classiques Garnier », 1961 (p.p. A. Boschot) ; « GF », 1967 (p.p. G. Van den Bogaert) ; « Folio », 1972 (p.p. A. Adam) ; « Le Livre de Poche », 1985 (p.p. J.-L. Steinmetz, préf. F. Nourissier) ; « Presses Pocket », 1991 (p.p. C. Aziza). ➤ Œuvres complètes, Slatkine, VI.

F. COURT-PEREZ

CAPITALE DE LA DOULEUR. Recueil poétique de Paul **Éluard**, pseudonyme d'Eugène Paul Grindel (1895-1952), publié à Paris chez Gallimard en 1926.

Éluard réunit dans son premier grand recueil de l'époque surréaliste des poèmes publiés séparément en plaquettes sous les titres : *Répétitions,* paru en 1922 à la librairie Au Sans Pareil, en collaboration avec Max Ernst, qui propose des dessins en contrepoint ; *Mourir de ne pas mourir*, « dernier livre » publié chez Gallimard en 1924, à la veille de son départ pour un mystérieux voyage autour du monde. La troisième section, « les Petits Justes », qui figurait déjà dans la plaquette *Mourir de ne pas mourir*, reprend partiellement les « onze haïkaï » de *Pour vivre ici* publiés en 1920, tout comme la dernière section des « Nouveaux poèmes », qui comprend en outre les textes de *Au défaut du silence* primitivement publié en 1925 de manière toute confidentielle, et illustré anonymement par Max Ernst. Éluard renonce ainsi au silence qu'il s'était imposé. Breton, à qui était dédié *Mourir de ne pas mourir*, dans la prière d'insérer repris dans *Point du jour*, célèbre la « passion » et l'« inspiration » des « mouvements du cœur » que le recueil laisse affleurer.

La structure de *Capitale de la douleur* suit à peu près la chronologie des prépublications, de sorte qu'il serait vain d'y chercher une « architecture secrète » concertée. L'unité thématique et stylistique de l'ensemble, très sensible, permet toutefois de discerner une évolution, en particulier de la première section, « Répétitions », aux trois suivantes, « Mourir de ne pas mourir », « les Petits Justes », « Nouveaux Poèmes ». « Répétitions », par la typographie de ses vers centrés au milieu de la page, souligne la discontinuité d'une écriture vouée à la fulgurance et à l'ellipse, plus proche du style de Breton , voire de Char, que de celui, fluide et harmonieux, auquel Éluard habitue le lecteur dans « Mourir de ne pas mourir ». Contrairement aux recueils ultérieurs, *Capitale de la douleur* fait éclater la syntaxe par de fréquentes anacoluthes. De l'amplifica-

tion de la forme poétique témoigne alors la récurrence du poème en prose, rare dans la première section, et surtout la disposition strophique qui permet une métrique régulière ou quasi régulière (alexandrin). De façon générale, les poèmes sont assez longs, favorisant le développement tout musical de « variations » thématiques fondées sur la répétition : « Dans un coin… » (''Max Ernst''), « Il y a » (''Dans la danse''), etc. Le titre de la section « Répétitions », qui renvoie aux échos et reflets du texte et de l'image, prend également la valeur d'un commentaire en abyme du poème et annonce le style litanique de *Poésie ininterrompue. Cette tendance, un temps contredite par les « haïkaï » des « Petits Justes », est largement confirmée par les « Nouveaux Poèmes », où s'imposent à égalité le poème en prose et le poème strophique, avec une prédilection pour le quatrain, parfois rimé. Cette continuité stylistique sera la « signature » d'Éluard dans le groupe surréaliste.

Ce n'est qu'à la lecture des épreuves, dans le rapt de l'inspiration, que s'impose et se substitue au titre primitif « l'Art d'être malheureux » celui de *Capitale de la douleur*, titre qui conserve la thématique du « malheur » et scelle l'unité de recueils antérieurs apparemment disparates. C'est ainsi que le recueil tout entier est traversé par le motif de la douleur, de la souffrance, du malheur et d'une destinée funeste qu'il faut sans doute rapporter au *taedium vitae* [dégoût de la vie] que voulait exprimer le voyage de 1924, mais aussi, assurément, au décadentisme laforguien qui marque l'entrée en poésie de l'auteur : *Premiers Poèmes* (1913-1918), *le Devoir et l'Inquiétude* (1916-1917) et *le Rire d'un autre* (1917). À cet égard, *Capitale de la douleur* est, avec *Le temps déborde* de 1947, écrit après la mort de Nusch, le recueil dont la tonalité est la plus sombre et, peut-être, la moins conforme à l'image communément reçue de la poésie d'Éluard. Ce « désespoir qui n'a pas d'ailes » (''Nudité de la vérité''), étonnamment proche du « Verbe être » dans *le Revolver à cheveux blancs* de Breton, introduit une négativité rare chez Éluard, et dont la corrélation est étroite avec les tensions stylistiques. L'influence de Verlaine se fait même sentir dans ces poèmes qui évoquent parfois la figure du « poète maudit » dont le « malheur » est narcissiquement chanté par une prosodie envoûtante :

> Larmes des yeux, les malheurs des malheureux,
> Malheurs sans intérêt et larmes sans couleurs. […]
>
> Il fait un triste temps, il fait une nuit noire
> À ne pas mettre un aveugle dehors.
>
> (''Sans rancune'')

Éluard, qui avait sans doute lu les *Œuvres* de Rimbaud publiées en 1898 par Paterne Berrichon, proclame avoir « quitté le monde », « un monde dont [il est] absent » (''Giorgio de Chirico''). Les « absences » des « Nouveaux Poèmes » témoignent aussi d'un malaise fondamental : celui de la « douleur » d'être au monde.

« Mourir de ne pas mourir », bien évidemment, reprend cette thématique doloriste, mais pour la rattacher à la lyrique amoureuse médiévale et renaissante et, au-delà, à la mystique. Le titre est en effet inspiré du célèbre « Que muero porque no muero » de Thérèse d'Avila, devenu *topos* du « mal d'amour » dans la poésie européenne du XVIe et de la première moitié du XVIIe siècle. Gala, à qui sont dédiés les « Nouveaux Poèmes », est au centre de ce recueil ; Éluard, ayant entre-temps rencontré Nusch, évoquera en 1929 dans *la Révolution surréaliste* l'aliénation de sa liberté par une femme « inquiète » et « jalouse ». C'est aux souffrances et aux affres de l'éros que le recueil est donc consacré, proche en cela des *Mystérieuses Noces* de Pierre-Jean Jouve, publiées en 1925. Le motif de la « chasse », des « liens », des « jours de captivité », omniprésent, se trouve ainsi remotivé, tissant un réseau serré d'images au fil d'un recueil qui s'inscrit dans la grande tradition de la *Vita nuova* de Dante, puis du pétrarquisme. De là, peut-être, la présence à la fois obsessionnelle et anonyme d'« une femme » qui, telle la « passante » de Baudelaire qu'évoque irrésistiblement ''Ronde'', demeure la « belle inconnue ». Souvent évoquée à la troisième personne par un « elle » indéterminé dans « Répétitions », la femme aimée devient progressivement une interlocutrice. « Tes yeux sont revenus d'un pays arbitraire... » Les « Nouveaux Poèmes », qui hésitent encore entre la communication directe et l'évocation indirecte, s'achèvent pourtant sur une série d'invocations jusqu'à l'admirable et justement célèbre : « La courbe de tes yeux fait le tour de mon cœur... » Et le recueil de se clore sur : « Tu es pure, tu es encore plus pure que moi-même », qui consacre la transitivité de cette poésie entièrement vouée à sa destinatrice, à la fois proche et inaccessible. Mais il convient, néanmoins, de ne pas surévaluer la distance entre le poète et la dame ; car Éluard ne manque pas de représenter l'union accomplie, qui deviendra la thématique centrale des recueils ultérieurs, allant jusqu'à la fusion dans "l'Amoureuse" : « Elle est debout sur mes paupières... ».

C'est encore à la tradition pétrarquiste qu'il faut rapporter l'importance du regard, des yeux, si souvent commentée par les critiques, dans *Capitale de la douleur*. Éluard décline tous les paradigmes de ce *topos* : source de lumière, les yeux causent aussi le désespoir lorsque, « toujours ouverts », ils empêchent le poète de dormir ("l'Amoureuse"), suscitant un « ciel de larmes [...] pour que sa douleur s'y cache » ("Entre peu d'autres"). Mais – et c'est là l'originalité de la poétique éluardienne – le regard joue aussi, de manière ambivalente, un rôle médiateur dans la communication – voire la communion – amoureuse. Par une dialectique des contraires, qui n'est d'ailleurs pas étrangère au lyrisme pétrarquiste, la douleur se mue en jouissance et la poésie prend une tonalité volontiers euphorique, comme l'atteste l'omniprésence du rire et du sourire et, surtout, de l'oiseau aux ailes duquel les yeux finissent par être identifiés, comme dans "Leurs yeux toujours purs" – « vol qui secoue [s]a misère » –, « ailes couvrant le monde de lumière », dans "la Courbe de tes yeux [...]". L'œil est alors explicitement associé à des images érotiques, comme dans "la Grande Maison inhabitable" :

> Les yeux plus grands ouverts sous le vent de ses mains
> Elle imagine que l'horizon a pour elle dénoué sa ceinture.

Cette thématique bien connue se développe donc pour la première fois dans *Capitale de la douleur,* pour s'imposer dans les recueils suivants. Les vers célèbres : « Le monde entier dépend de tes yeux purs / Et tout mon sang coule dans leurs regards » montrent bien que la vie procède du regard, dont le cercle est l'image de la perfection, selon la tradition néoplatonicienne.

Autant diamants, cristaux et miroirs contribuent à l'épanouissement de cette « beauté facile » et « heureuse » évoquée dans "la Parole", autant l'obscurité et, surtout, l'opacité et l'ombre – ces « vitres lourdes de silence / Et d'ombre où mes mains nues cherchent tous tes reflets » ("Ta chevelure d'oranges [...]") – définissent déjà dans *Capitale de la douleur* le mal absolu, alors même que la nuit, parce qu'elle trace un « horizon », paradoxalement, « donne à voir » : « Il faudra que le ciel soit aussi pur que la nuit » ("Joan Miró").

Car le regard, au-delà même de l'amour, participe à la genèse du monde par la lumière. L'œil est simultanément ce qui voit et ce qui est vu – à la fois source et objet de la lumière. La « pureté » du regard de l'aimée « Chaque jour plus matinale / Chaque saison plus nue / Plus fraîche » ("la Vie") saisit à ses origines le monde dans son intégrité native, ainsi que pour l'enfant :

> Et c'est dans les yeux de l'enfant,
> Dans ses yeux sombres et profonds
> Comme les nuits blanches
> Que naît la lumière.
>
> ("le Plus Jeune")

Le premier des « Nouveaux Poèmes », "Ne plus partager", révèle le pouvoir créateur de la vision : « L'espace a la forme de mes regards », « L'espace entre les choses a la forme de mes paroles. »

Le privilège accordé à la vision (il s'agit même de « voir le silence ») conditionne évidemment la dimension picturale du recueil. « Répétitions », on le sait, est né d'une étroite collaboration avec le peintre Max Ernst, dont le nom constitue le titre du premier poème du recueil, de même que « les Petits Justes ». « Mourir de ne pas mourir » et « Nouveaux Poèmes », par certains de leurs titres, montrent bien l'importance des peintres : "Giorgio de Chirico", "André Masson", "Paul Klee", "Max Ernst" à nouveau, "Georges Braque", "Arp", "Joan Miró". Éluard ne se singularise pas en cela, qui invoque les mêmes amis peintres que Breton. Mais de façon plus significative, il met en scène la peinture ou le travail du peintre, comme s'il décrivait des tableaux imaginaires, comme dans "l'Invention" ou "Ronde", qui évoquent un paysage, ou "Œil de sourd" qui mentionne un portrait. "Intérieur", qui se réfère sans doute à la peinture hollandaise, s'ouvre sur la fuite du « peintre et son modèle ». Mais c'est surtout par la richesse des notations de couleurs et de lumière que le recueil affiche sa qualité picturale – « lèvre rouge avec un point rouge », « jambe blanche avec un pied blanc » du corps de la femme décrit dans "Manie", « femmes de bois vert et sombre » de "Dans la danse", « liane verte et bleue qui joint le ciel aux arbres » dans "Celle qui n'a pas la parole"... Le poème "Première du monde", dédié à Picasso, atteste que la peinture a partie liée avec les origines, si bien qu'elle devient l'allégorie de toute création ; ainsi du poème "Georges Braque" qui décrit, en fin de compte, l'acte poétique lui-même :

> Un homme aux yeux légers décrit le ciel d'amour.
> Il en rassemble les merveilles.

● « Poésie / Gallimard », 1966. ➤ *Œuvres complètes*, « Pléiade », I ; *Œuvre poétique complète*, Club de l'honnête homme, I.

D. COMBE

CAPITALE DES GAULES (la) ou la Nouvelle Babylone. Pamphlet de Louis-Charles **Fougeret de Monbron** (1706-1760), publié à La Haye en 1759.

Dernière œuvre publiée du vivant de Fougeret de Monbron, *la Capitale des Gaules* est une charge très violente contre les mœurs parisiennes au milieu du XVIIIᵉ siècle. Le scepticisme acerbe et radical qui nourrissait ses œuvres précédentes, notamment **Margot la ravaudeuse* (1750) et le **Cosmopolite* (1750), y est un tant soit peu tempéré par la référence à un « âge d'or », nostalgie ou utopie d'une société non pervertie.

Fougeret de Monbron commence son pamphlet par un constat : si Paris est la première ville du monde pour ceux qui ont de l'argent, elle est « un lieu de supplice » pour les indigents. Il divise la société parisienne en trois corps, celui des financiers, celui des femmes galantes et celui des intrigants. Dans un premier développement, il instruit le procès des intrigants en s'appuyant sur une comparaison entre les mœurs d'« aujourd'hui », où l'apparence et la mode triomphent, et celles supposées vertueuses d'« autrefois ». Il s'attaque ensuite aux moyens de subsistance de ces parasites : « Paris est unique pour les ressources », écrit-il. Il dénonce l'inversion des valeurs qui met l'argent au-dessus de l'honneur, et l'institution des jeux, qui favorise cette perversion. Même le mariage n'est plus qu'une question d'intérêts, et le libertinage a remplacé l'amour et l'honnêteté. Pour Fougeret de Monbron, la cause première de toute cette corruption est le luxe : « Le luxe est la gangrène de tout corps politique », écrit-il, avant de réfuter un à un tous les arguments économiques selon lesquels le luxe est favorable à la prospérité de l'État. Paris, dont le principe moteur est le luxe et non plus la vertu, est la « nouvelle Babylone ». La capitale s'enrichit en appauvrissant les campagnes et les provinces, et se nourrit de la faillite de tout le reste du pays. Fougeret de Monbron s'en prend alors violemment aux spectacles, qu'il accuse d'être à l'origine de la corruption des mœurs, et qu'il suggère d'interdire. De même il faudrait débarrasser la capitale de tous les oisifs que le luxe y attire et y entretient : les prêtres, les bénéficiaires, « ces fourmilières d'animaux équivoques, sans état ni sexe, connus sous le nom d'abbés » qui seraient bien mieux à leur place en province, là où leurs charges les appellent. Avec eux, les écrivains devraient quitter Paris, et peut-être pourraient-ils « devenir, avec le temps, de bons et utiles artisans dans la province ». En conclusion, le remède est simple. La corruption vient de la confusion des états que le luxe et l'argent ont introduite. Il faut donc faire de nouvelles lois somptuaires qui renferment chacun sévèrement « dans les bornes de son état » ; alors, « le règne des bagatelles et des frivolités s'évanouira, et la raison reprendra le dessus ».

Fougeret de Monbron excelle dans l'art du pamphlet. Ce sceptique sait mordre, lui qui n'a jamais trouvé son salut que dans l'ironie envers soi-même et le mépris envers les autres. Il a l'art de la formule choc : « Est-on excusable d'oser avoir des mœurs, quand personne n'en a ? Quelle incongruité ! » Plus loin, parlant de ceux qui ne craignent pas de se déshonorer pour se procurer de l'argent, il a ce mot : « D'ailleurs, la réputation revient ici comme les ongles. » Dans un texte comme celui-ci, la férocité est gage de lucidité. Le libertin Fougeret de Monbron ne dénonce pas le libertinage et la corruption par hypocrisie, et encore moins par repentir. Seulement, pour lui, il serait vain d'être vertueux dans une société corrompue. Face aux hypocrites, le cynique, lui, avoue ses vices, mais ne s'oblige pas à défendre un système auquel il ne participe que parce qu'il ne peut y échapper. Le réquisitoire contre la société parisienne est donc d'autant plus violent qu'il est mené par un homme qui a démonté tous les rouages de l'intérieur. Fougeret de Monbron ne condamne pas a priori la perversion de la grande ville au nom d'un idéal rural. Il en vient simplement à regretter un certain ordre provincial devant le spectacle apocalyptique qu'offre tous les jours la « Babylone moderne ». Ainsi, partant de positions radicalement contraires, Fougeret de Monbron rejoint Jean-Jacques Rousseau, pour la rencontre la plus inattendue, mais peut-être aussi la plus significative, de ce milieu du XVIIIe siècle, où le libertin passe le relais au philosophe.

● *Le Cosmopolite ou le Citoyen du monde [...]*, Bordeaux, Ducros, 1970, rééd. Nizet (p.p. R. Trousson).

J. ROUMETTE

CAPORAL ÉPINGLÉ (le). Roman de Jacques **Perret** (1901-1992), publié à Paris chez Gallimard en 1947.

Dans la pluie et le froid de l'automne 1940, le caporal Perret partage son désarroi devant la défaite avec les prisonniers du camp où il est interné. Il tente une première évasion qui échoue aussitôt. Les prisonniers, démobilisés, sont envoyés en camp de travail près de Berlin, où leur vie quotidienne fait alterner corvées et vexations, recherche de nourriture et soirées dans les chambrées, courts moments de réconfort et de fraternité. Beaucoup sont hantés par l'idée de l'évasion et, déjouant la vigilance des gardiens, organisent un trafic de vêtements civils, de faux papiers ou d'outils. Au printemps, Perret s'enfuit à son tour, prend un train pour Paris, est arrêté à la frontière belge. Reconduit à Berlin, dans un camp de discipline, il y retrouve, avec d'autres récidivistes, ses amis Ballochet et Pater pour qui l'évasion est devenue une idée fixe. Les trois amis s'échappent de nouveau, mais Perret, accroché sous un wagon, tombe lors du départ et se fait encore « épingler ». Puis, pendant l'hiver 1942, il élabore un plan avec la complicité de prisonniers extérieurs au camp. Il s'évade avec des amis: cachés dans un cimetière, ils attendent plusieurs semaines l'occasion de quitter Berlin. Enfin, un petit groupe réussit à monter dans un train pour Paris. De nouveau accroché sous un wagon, Perret est le seul, à la frontière, à échapper à l'inspection des policiers. Il arrive au petit matin en gare du Nord, et retrouve enfin sa femme.

Écrit dès 1943, ce récit se veut d'emblée drôle et pittoresque, sans accent pathétique ni rancœur. La révolte qui est décrite est en effet celle d'hommes qui, dans les circonstances les plus terribles, continuent pour eux-mêmes leur combat individuel. Pourtant, il ne s'agit pas de rendre hommage à des héros, car le refus de ces prisonniers ne leur est pas dicté par un idéal – il n'est pas encore question de Résistance –, mais par une réaction d'amour-propre, par un esprit naturel d'insoumission et de fronde, qui leur fait désirer l'évasion comme une nouvelle « école buisson-

nière ». Si les compagnons de l'auteur, Ballochet avec sa gouaille bien parisienne et son insolence face à toute autorité, ou Pater sage et prudent, confident secret de Perret, sont évoqués sur un ton plus nostalgique, c'est qu'ils restent pour l'auteur ce que les temps sombres apportent de meilleur : la révélation de la valeur des hommes, la complicité pudique et profonde, les amitiés interrompues mais définitives, forgées dans la clandestinité et les dangers partagés. Le lyrisme de cette évocation, attentif à la qualité poétique de certains instants – le plaisir du tabac, la contemplation de la lune – et qui s'exalte au moment de l'évasion, dans l'irrépressible jubilation de la liberté brièvement reconquise, est ainsi constamment tempéré par l'humour. Décrivant les comportements les plus vils avec préciosité ou la vie la plus triviale sur un ton épique, comme dans « l'éloge de la piaule », Perret se plaît à jouer avec les images et les changements de registre. Comme l'indique le titre, qui réduit malicieusement le héros à ses échecs, le récit apparaît donc comme la célébration paradoxale d'un héroïsme sans cesse nié, d'une légèreté d'où naît pourtant la grandeur de tous les engagements.

Avec *Bande à part, consacré à la Résistance, le Caporal épinglé* fut le plus grand succès de Jacques Perret et inspira à Jean Renoir, en 1962, le film du même titre.

● « Folio », 1972.

K. HADDAD-WOTLING

CAPRICES DE MARIANNE (les). Comédie en deux actes et en prose d'Alfred de **Musset** (1810-1857), publiée à Paris dans la *Revue des Deux Mondes* le 15 mai 1833, et en volume dans *Un spectacle dans un fauteuil* à la Librairie de la Revue des Deux Mondes en 1834 et dans les *Comédies et Proverbes* chez Charpentier en 1840. Une édition remaniée pour la création à la Comédie-Française en 1851, parut la même année.

La pièce emprunte aux comédies de Shakespeare – dont Musset était un lecteur passionné – non seulement une atmosphère de féerie mais encore un élément de l'intrigue et jusqu'au nom de quelques personnages (Claudio, Hermia et Rosalinde). On trouve en effet dans *la Nuit des rois* le schéma directeur des *Caprices* : la jeune femme convoitée s'éprenant de l'ami entremetteur. La lecture d'une nouvelle de Tieck, *Liebeszauber* [*l'Enchantement de l'amour*] parue dans la *Revue de Paris* en 1832, a pu fournir le couple d'amis à la fois fidèles et opposés ; *le Décaméron* de Boccace, que Musset connaissait bien, présentait l'histoire de deux amis dont l'un, au seuil d'une victoire amoureuse, se sacrifiait au profit de l'autre. Le scénario commun à ces sources diverses permettait à Musset d'incarner dans les personnages de Cœlio et d'Octave, comme il le dit lui-même dans sa correspondance avec George Sand, une dualité profondément ancrée en lui et que l'on retrouvera toujours dans son théâtre.

Marianne, la jeune épouse du vieux juge Claudio, chasse l'entremetteuse Ciuta venue l'assurer de l'amour de Cœlio et celui-ci sombre dans le désespoir jusqu'à ce que son ami Octave – cousin de Marianne – lui apporte son aide. Claudio, jaloux, décide de faire venir un spadassin. Face à Marianne qui affirme sa fidélité, Octave essuie un échec. La mère de Cœlio tente de soulager son fils en obtenant ses confidences ; elle lui apprend qu'elle était jadis tombée amoureuse de son futur mari alors que celui-ci intercédait pour un ami, et que, se croyant trahi, l'ami s'était tué. De son côté, Claudio, rassuré, veut faire décommander le spadassin, mais la demande de Marianne de faire chasser Octave ou Cœlio de chez elle s'ils s'y présentent réveille ses soupçons (Acte I).

Octave, qui persuade Cœlio de ne pas renoncer à son amour, décide d'agir et tente de piquer l'amour-propre de Marianne ; il échoue. Claudio, au cours d'un échange très vif, lui apprend que sa femme lui a tout dit et Octave reconnaît sa défaite. À Marianne venue lui faire la leçon, il réplique par une apologie du plaisir naturel. Ciuta incite Cœlio à se méfier d'Octave qu'elle vient de voir en compagnie de Marianne.

Après une querelle avec Claudio qui lui interdit de voir Octave, Marianne outrée fait venir Octave et lui déclare qu'elle veut bien d'un amant, excepté Cœlio ; elle lui donne son écharpe et assure qu'elle recevra chez elle celui qu'il choisira. Octave refuse de comprendre et l'invite à trahir son ami. Il donne l'écharpe à Cœlio qu'il envoie vers Marianne ; mais un mot de celle-ci le prévient de la présence d'assassins cachés dans son jardin : il part à la poursuite de Cœlio. Ce dernier s'aperçoit que Marianne attendait Octave et apprend que la maison est cernée : désespéré, il s'offre à la mort. Devant le tombeau de Cœlio, Octave contemple la mort de « la bonne partie » de lui-même et refuse l'amour de Marianne (Acte II).

L'Italie offre une fois de plus son décor à Musset, qui situe son action à Naples ; mais seules quelques allusions au Vésuve, au vin du pays ou aux sérénades lui suffisent à poser la couleur locale. Pour le reste, on peut voir en Marianne une parfaite Parisienne. C'est qu'il s'agit avant tout d'une comédie (très dramatique en l'occurrence) sur l'amour.

Le comique n'est cependant pas absent, dans les deux personnages mineurs de Ciuta, l'entremetteuse, bien dans la lignée de la Célestine de Rojas, ou de Tibia, le sot et craintif serviteur de Claudio (tel valet, tel maître…). Claudio même, qui ânonne avec une stupide assurance des idées reçues, amorce la série des fantoches chez Musset. Mais ce grotesque est aussi un jaloux d'autant plus dangereux qu'il est imprévisible (la marque de confiance que lui donne sa femme réveille sa jalousie !) et que la société lui accorde tout pouvoir : sa charge de juge lui permet paradoxalement de recourir à une justice expéditive sans aucun risque de remords. La critique sociale est ici audacieuse et la censure obligera l'auteur à faire de Claudio un « podestat ». Mais le meurtre de Cœlio transforme la comédie en drame romantique, avec son héros solitaire et avide d'idéal, assassiné par une société faussement bien pensante et égoïstement cruelle.

Plus grave encore peut-être, cet humour noir, qui fait que la jeune femme chaste préfère le libertin au jeune homme pur. Pourquoi ? pour rire, au fond ; par « caprice », le titre nous l'indique, qui introduit une réflexion, amorcée dans la pièce par Cœlio (I, 1) et poursuivie par Octave : « Où est donc la raison de tout cela ? pourquoi la fumée de cette pipe va-t-elle à droite plutôt qu'à gauche ? » (II, 4). Humour grinçant, proche de l'ironie tragique, qui fait que Cœlio se croit trahi au moment où il reçoit les bienfaits d'une amitié généreuse, et meurt pour un malentendu. Humour caustique, grâce au personnage d'Octave qui joue avec les mots, entraînant dans son sillon spirituel tous ses interlocuteurs : le triste Octave (I, 1) la sage Marianne, qui fait très vite d'énormes progrès (II, 1 et 3), et jusqu'au pesant Claudio (II, 1). Cette verve légère pose sur le monde un voile de raillerie qui semble contagieux.

Mais la comédie est d'emblée placée sous le signe de la mort : la deuxième réplique de Cœlio définit le personnage : « Ah ! malheureux que je suis, je n'ai plus qu'à mourir » (I, 1). La pâleur de Cœlio et ses habits noirs annoncent le deuil qu'il porte de lui-même, comme par anticipation. Face à cet amant parfait qui ne demande qu'à mourir, se dresse un ignoble jaloux qui ne demande qu'à tuer (les premières répliques de Claudio l'indiquent assez). Ils finiront par se rencontrer. Parmi tous ces personnages quelque peu enfermés dans leur emploi, seule Marianne montre une véritable évolution : plus jeune, plus souple, plus « authentique » que les autres protagonistes, elle ouvre la voie à la Camille d'*On ne badine pas avec l'amour* et découvre brusquement le désir d'exister par elle-même, en se révoltant contre les lois (il est significatif que Claudio soit à la fois mari et juge) et contre la famille (sa mère est l'alliée de son mari). Son caprice est moins fantaisiste qu'il y paraît : elle veut voir précisément l'homme qu'on lui interdit de voir, mais elle se révolte aussi parce que c'est celui-là qu'on lui interdit de voir. Le sentiment de la jeune fille reste assez énigmatique. Est-ce seulement par orgueil qu'elle décide de rencontrer Octave et de lui tenir tête dans un persiflage sur le thème de l'amour ? Certes, elle refuse d'être un objet (on retrouvera dans l'œuvre de Musset ces accents fémi-

nistes), mais elle cède au plaisir de susciter un badinage grave et dangereux avec qui ne saurait manquer de la vaincre sur ce terrain (II, 1). Vive, sensible, intelligente (comme elle donne bien la réplique à Octave !), elle montre aussi une témérité folle en offrant écharpe et rendez-vous nocturne. Elle dépasse par là l'audace d'Octave qui était surtout insolence envers l'ordre établi et jeu sur l'interdit. À la scène finale, elle ose dire son amour à Octave, comme elle avait osé le tutoyer. Mais elle reste seule parce que, décidément, on ne badine pas avec l'amour.

La pièce présente donc, parallèlement à des traits propres à la comédie, une coloration tragique ; du théâtre classique dont Musset fait souvent l'éloge (*Sur le théâtre*, par exemple), elle possède l'unité d'action (l'intrigue est très simple : un jeune amoureux demande à son ami de l'aider et se croit trahi par lui), servie par une relative unité de temps (nous n'avons pas d'indications, mais le drame semble avoir lieu en un ou deux jours). Elle reprend enfin le schéma quasi racinien de la non-réciprocité : Cœlio aime Marianne qui aime Octave qui ne l'aime pas.

Mais Cœlio aime-t-il Marianne ? il ne peut la rencontrer ; il aime un rêve. La formule d'Octave devant sa tombe résonne étrangement : « Il savait combien les illusions sont trompeuses, et il préférait ses illusions à la réalité » (II, 6). L'amour n'est-il pas cette illusion pour laquelle Cœlio est mort, de crainte de s'affronter à la réalité ? Marianne, de son côté, aime-t-elle Octave ou seulement son propre orgueil qui lui fait d'autant plus désirer celui qu'on lui interdit qu'il la distrait d'un mari rébarbatif ? Enfin Octave n'aime-t-il pas Marianne ? mais il l'a toujours tenue à distance (avec le mépris initial « C'est une mince poupée qui marmotte des *Ave* sans fin », I, 1) ; de même que Cœlio se protégeait de la réalité de l'amour en le rêvant, de même Octave se protège de l'amour par le fantôme de son ami. La réplique finale (« Je ne vous aime pas, Marianne ; c'était Cœlio qui vous aimait ») ne nous donne pas la clé.

● Seuil, « Mises en scène », 1952 (p.p. G. Baty) ; *Lorenzaccio [...]*, « GF », 1988 (p.p. B. Masson). ➤ *Comédies et Proverbes*, Les Belles Lettres, II ; *Œuvres complètes*, « L'Intégrale » ; *Théâtre complet*, « Pléiade ».

F. COURT-PEREZ

CAPTAIN CAP (le). Récit d'Alphonse **Allais** (1854-1905), publié à Paris chez Juven en 1902.

Première partie. « Le Captain Cap devant le suffrage universel ». Candidat « anti-européen » et « antibureaucrate » aux élections législatives du 20 août 1893 dans le 9e arrondissement de Paris, Cap a recueilli 176 voix. Son ami « A. A. » rappelle les points principaux de son programme (niveler la butte Montmartre, transformer la place Pigalle en port de mer...), ainsi que la carrière de cet Albert C..., ex-enfant prodige qui conquit vaillamment en Amérique son titre de « Captain ».

Seconde partie. « Ses aventures, ses idées, ses breuvages ». En 47 courts chapitres, qui donnent lieu à autant de rencontres bien arrosées entre les deux compères, Cap déroule devant « A. A. » la liste de ses exploits, théories et inventions : l'installation à Paris d'une carrière de charcuterie comme on en trouve (!) au Canada (chap. 3), le transfert des Balkans dans les Dardanelles pour résoudre la question d'Orient (6), la division de la France en tranches horaires latitudinales à partir du Midi (9), la conquête du record du monde du millimètre sur piste et sur route (10). Ou encore : communiquer avec les extraterrestres en faisant crier simultanément tous les habitants de la planète (11), utiliser les fils télégraphiques comme portées de notes pour oiseaux chanteurs (12), remplacer les pigeons par des poissons voyageurs (14), multiplier les microbes pour les affaiblir par le nombre (13), transformer la bicyclette en « nonuplette » pour accroître sa vitesse (18), construire des maisons tournantes (19), ferrer les chevaux sauvages à distance grâce à un canon (21), utiliser les catacombes pour l'élevage d'animaux à fourrure (30), transformer le Gulf Stream en sanatorium (32), imprimer les livres à l'« encre volatile » pour le plus grand profit des auteurs (37), avertir du danger en mer par des balises parfumées au roquefort (41), transporter le gaz d'éclairage par aérostat (42), organiser des manœuvres à balles réelles pour permettre aux médecins militaires de s'exercer in vivo (45), etc.

Humoriste célèbre, Alphonse Allais réunit ses meilleures chroniques journalistiques dans une série de recueils, dont *le Captain Cap*. L'ensemble des textes collationnés semble défier l'analyse, tant les sujets abordés multiplient les angles d'attaque de la satire. Loin de concentrer ses critiques amusées sur des cibles privilégiées, l'auteur tourne en dérision l'esprit de sérieux en général, mais aussi le mythe de l'inventeur de génie (méconnu) popularisé à l'époque par Jules Verne... et par le concours Lépine (créé précisément en 1902). Aventurier de l'esprit, l'antibureaucratique Captain Cap s'en prend non tant aux institutions qu'aux instruments usuels de la pensée, à commencer par le langage. Celui-ci fournit un matériau de choix à la parodie et au pastiche : « Qu'est-ce que le camelot ? – Rien. – Que doit-il être ? – Tout ! » (chap. 31). Puis vient le tour de la logique, dont les figures, plaisamment détournées, génèrent des rapprochements incongrus et des théories fantaisistes. La comparaison, par exemple (« Ce reptile arrive à pas de loup »), ou le syllogisme : les tuberculeux ont besoin de chaleur ; or, le Gulf Stream est chaud ; donc il peut servir de sanatorium. De même, Allais subvertit les procédés de la démonstration scientifique pour en faire la caution du merveilleux. Ainsi, l'évocation du stupéfiant *Meat-land*, la carrière de charcuterie « découverte » au Canada, suscite aussitôt un minutieux exposé technique sur la manière dont les animaux furent rôtis par un incendie dans un ravin fleuri de plantes aromatiques...

Beaucoup moins systématique que celle de Raymond Roussel, la démarche d'Allais évoque celle des auteurs de science-fiction par ce dérèglement délirant, mais contrôlé, de la rationalité établie. Néanmoins, Allais feint de s'efforcer de convaincre son lecteur du bien-fondé de ses démonstrations et de le faire entrer dans la folie douce de son héros. En effet, les interventions d'auteur abondent, qui tentent d'établir, preuves ou témoignages à l'appui, la véracité de faits abracadabrants. Mais de multiples notes, en bas de page, qui fournissent les recettes des « breuvages » alcoolisés qu'absorbent à l'envi les deux interlocuteurs, laissent entendre que le *gin flip* ou le *mint julep* ne furent peut-être pas pour rien dans leurs fabuleuses trouvailles.

● J.-J. Pauvert, 1963 ; « 10/18 », 1985 ; *Œuvres anthumes*, « Bouquins », 1989 (p.p. F. Caradec).

V. ANGLARD

CAQUETS DE L'ACCOUCHÉE (les). Satire anonyme, publiée à Paris en 1623.

Le titre exact est *Recueil général des caquets de l'accouchée, imprimé au temps de ne plus fâcher* : l'ouvrage regroupe en effet huit cahiers publiés séparément au cours de l'année 1622. Le livre est ainsi divisé en huit « journées », où le narrateur, pour se distraire alors qu'il relève de maladie, se cache dans la ruelle de lit d'une jeune accouchée et rapporte les propos des diverses voisines venues la voir, selon une ancienne tradition. Ces bavardages donnent lieu à un tableau satirique de la bourgeoisie parisienne, avec le commentaire au jour le jour de certaines nouvelles de l'actualité. La règle est le coq-à-l'âne et l'impromptu d'une conversation qui passe rapidement d'un sujet à l'autre. La confrontation des points de vue opposés, qui aboutit à une satire très variée (une commère huguenote prend par exemple la défense de ses coreligionnaires raillés par les autres femmes), est sans doute le reflet d'une écriture collective dissimulée derrière l'anonymat.

À la lecture des *Caquets*, on ne peut s'empêcher de songer aux « devis » du siècle précédent, tels les **Propos rustiques* de Noël du Fail. Le souci de rapporter les choses comme elles se sont dites, sans effort apparent d'écriture, va d'ailleurs dans ce sens. Il n'y a pas de structure narrative, pas de description des personnages : la parole nous est transmise comme à l'état brut. Cette fiction d'écriture appuie le réalisme proclamé de l'ouvrage, présenté comme un « abrégé des vicissitudes humaines », qui « publie mûrement les choses comme elles sont ». Les potins, naturellement médisants, se parent sans aucun artifice de la verve satirique : l'envie fait décrire avec amertume les nouveaux riches et les parvenus (thème cher à la satire), la conscience profonde des stratifications sociales est ressentie en toute bonne foi. L'univers que Furetière peindra dans le **Roman bourgeois* est déjà tout entier sous nos yeux, avec ses soucis matrimoniaux et son intérêt constant pour l'argent. Une certaine originalité du ton est due à la mise en scène de la parole féminine, saisie avec indiscrétion par le narrateur, comme s'il s'agissait d'une curiosité ethnologique. Cela prête à certains propos « féministes » avant l'heure : « Je ne vois aucune raison formelle qui puisse conduire ma connaissance à croire qu'on nous doive tenir en ligne inférieure avec les hommes. »

Les réactions à l'actualité politique et militaire brossent un intéressant portrait de l'opinion moyenne que pouvait se faire la bourgeoisie parisienne des événements majeurs de cette période. On s'indigne des séditions protestantes, mais sans plus, car cela n'occupe pas tout l'horizon de la vie quotidienne. Ce réalisme à « hauteur d'homme » a fait saluer les *Caquets* comme une parfaite réussite d'observation et une œuvre réaliste au meilleur sens du terme (A. Adam). Il serait injuste de ne pas saluer aussi la réussite d'écriture, due sans doute à diverses mains, mais sans que cela nuise à l'unité de l'ensemble. Le tableau offert par cet ouvrage est donc d'une grande richesse, et si l'historien des mentalités a beaucoup à en tirer, le littéraire y trouve aussi force matière pour réfléchir sur le statut du réalisme en littérature.

● Éd. d'Aujourd'hui, « Les Introuvables », 1985 (réimp. éd. 1855, p.p. E. Fournier).

E. BURY

CARACTÈRES (les). Recueil de maximes et portraits moraux de Jean de LA BRUYÈRE (1645-1696), publié à Paris chez Estienne Michallet en 1688 ; neuf éditions revues, augmentées et corrigées chez le même éditeur jusqu'en 1696.

On pourra sans grand risque soutenir que, en dépit des *Dialogues sur le quiétisme*, La Bruyère est l'homme d'un seul livre. C'est vers 1674 – peut-être même dès 1670 – qu'il a dû commencer à consigner par écrit ses réflexions sur la société qui l'entoure, et jusqu'à l'année de sa mort il ne cessera de corriger et de retravailler un texte qui fixe pour nous la vérité de son auteur. Œuvre en un sens autobiographique, puisque issue pas à pas de l'expérience personnelle (celle en particulier du préceptorat de Louis de Bourbon, petit-fils du Grand Condé) avec son lot d'admirations et surtout de rancœurs. Le bourgeois propulsé dans la maison de Condé rencontre en effet, dans ce poste d'observation privilégié sur la noblesse et la cour, mille occasions quotidiennes d'humiliations, surtout s'il se double d'un intellectuel timide. *Les Caractères* sont une façon de revanche. Une revanche au demeurant précautionneuse : lorsque, en 1688, le livre paraît, son auteur reste anonyme et son titre s'abrite derrière un autre, *les Caractères de Théophraste traduits du grec, avec les Caractères ou les Mœurs de ce siècle*. Apparemment, il ne s'agit que d'une imitation, d'un prolongement modeste apporté à l'œuvre du philosophe antique, cette dernière bénéficiant d'ailleurs d'une typographie plus aérée. Le public pourtant ne s'y trompe pas, qui absorbe trois éditions en un an. Six autres paraîtront du vivant de l'auteur. Plus encore que le succès, avec son parfum de scandale – une première clé manuscrite prétend dévoiler, en 1693, les personnes visées dans les portraits-charges du moraliste – et son cortège de polémiques – des Anciens contre les Modernes, des « esprits forts » contre les croyants –, *les Caractères* apportent à La Bruyère la gloire : le 16 mai 1693, il est sur cet unique ouvrage élu à l'Académie française.

Entre 1688 et 1696, le livre va considérablement évoluer. Point dans le nombre (16) ni dans l'ordre de ses chapitres, mais dans le nombre des remarques qui les composent. On passe de 420 remarques pour la première édition à 1 120 pour la dernière. La Bruyère ajoute toujours, puisant notamment dans un manuscrit élaboré sur une quinzaine d'années et dont une partie seulement a formé l'édition de 1688, sans presque rien retrancher (rarissime exception : la remarque 19 du chapitre « Du souverain ou de la république »). Ces ajouts n'ont pas pour but d'équilibrer la longueur des différents chapitres, mais d'introduire plus de diversité à l'intérieur de chacun d'eux par une alternance de textes différenciés. On distingue en effet trois types de remarques : les maximes – l'ouvrage de La Rochefoucauld avait été édité à Paris en 1665 –, par définition brèves et exprimant une vérité morale universelle ; les réflexions, qui interviennent en commentaire d'un énoncé général et comptent en moyenne une dizaine de lignes ; les portraits enfin, de longueur variable, et dont les modèles sont désignés la plupart du temps par un nom fictif. D'une édition à l'autre, le pourcentage des réflexions (environ 30 %) varie peu, alors que celui des maximes recule sans cesse devant les portraits : cette évolution reflète, bien que La Bruyère proteste de sa bonne foi, le goût stimulé des mondains pour l'énigme médisante, à laquelle nul n'est en peine de trouver une solution. Au début de sa carrière littéraire, La Bruyère est gouverné par la prudence : il ne se donne guère pour ambition d'améliorer ses semblables, la place de la satire est limitée (une dizaine seulement de portraits, aux allusions opaques, et dont les victimes sont souvent décédées). Mais petit à petit les attaques personnelles vont se faire plus nombreuses et directes, l'auteur va afficher son désir d'instruire et de réformer le lecteur ; il donne un cours plus libre à son pessimisme et aboutit à une véritable critique sociale. À la fin, il tranche du philosophe et se pose – nouveau Pascal – en apologiste de la religion chrétienne. Mais c'est aux *Essais*, et non aux *Pensées*, que l'évolution des *Caractères* fait bien plutôt songer : un auteur couvert d'abord par un ou plusieurs écrivains antiques et satisfait apparemment d'écrire entre leurs lignes refait toute sa vie un livre de plus en plus volumineux, complexe et personnel auquel la postérité va l'identifier.

I. « Des ouvrages de l'esprit ». « Tout est dit, et l'on vient trop tard depuis plus de sept mille ans qu'il y a des hommes et qui pensent » (Remarque 1). Quand bien même il resterait place pour un talent nouveau, les critiques se ligueraient contre lui, par incompréhension ou jalousie. Le seul salut possible est dans un retour au simple et au naturel qu'ont illustrés les Anciens et que les « honnêtes gens » sont encore capables de goûter.

II. « Du mérite personnel ». Le mérite devance l'âge chez ceux qui sont de royale lignée, mais les grands génies ne leur sont pas inférieurs. Quant au sage, il renoncera à se faire valoir plutôt que d'avoir à dépendre des autres.

III. « Des femmes ». Les femmes ont-elles du mérite ? Si l'on met à part celles qui bénéficient d'une haute naissance, leur mérite se ramène à leur beauté – beauté trompeuse, car éphémère et fardée. Lorsque le temps de plaire est passé, elles se jettent dans une dévotion affectée et envieuse, décidément incapables de se conduire jamais par raison.

IV. « Du cœur ». Le cœur sert à aimer : non point de la passion violente de l'amour, mais de la préférence d'estime que veut l'amitié. Il est aussi le siège de la générosité, vertu opposée à la prodigalité comme à l'avidité et qui donne sa douceur au commerce des hommes.

V. « De la société et de la conversation ». Les entretiens ordinaires sont vains et incommodes : comment éviter *Acis* – le « diseur de phoebus » –, *Arrias* – l'esprit prétendument universel – ou le grossier *Théodecte* ? Chacun ne pense qu'à éblouir les autres, les railler, les écraser, quand la politesse consisterait à les rendre contents d'eux-mêmes en leur donnant de l'esprit.

VI. « Des biens de fortune ». L'acquisition des richesses se fait au détriment non seulement du repos et de la santé, mais de l'honneur et de la conscience. Une consolation cependant devant l'ascension insolente des parvenus : la rapidité de leur chute.

VII. « De la ville ». Paris est « le singe de la cour » (R. 15) : les hauts magistrats s'acoquinent avec ce qu'il y a de plus dévergondé dans l'aristocratie ; les parasites pullulent, pures nullités (ainsi *Narcisse*) qui jouent les utilités ; les bourgeois ne proportionnent plus leur dépense à leur revenu, mais à leur vanité.

VIII. « De la cour ». C'est le pays de l'esclavage. On y passe son temps, dans le brouhaha des antichambres et des escaliers, à contraindre ses sentiments pour plaire aux amis du nouveau favori tout en se ménageant à force de flatteries des appuis qui doivent nous permettre de le remplacer. « Vous êtes homme de bien ? » Pronostic immédiat : « Vous êtes perdu » (R. 40).

IX. « Des grands ». La grandeur est loin d'aller avec le discernement : parmi ceux qui sont au service des puissants, les gens d'esprit sont le plus souvent méprisés, alors que les intrigants entrent dans la confidence de leurs maîtres. C'est le règne des intendants et des bourgeois, qui profitent de l'ignorance où sont les grands de leurs propres affaires comme de celles de l'État.

X. « Du souverain ou De la république ». Tous les régimes se valent, hormis la tyrannie. Pour l'État, le plus sûr est de n'introduire aucune réforme, car c'est donner l'exemple du changement. En politique extérieure, la guerre est une solution désastreuse qui, outre les maux qu'elle cause directement, empêche de procurer le bien au peuple.

XI. « De l'homme ». Dans ses relations avec autrui, l'homme fait l'expérience de l'inconstance, de l'incivilité et de l'injustice. Tous ces maux ont une racine naturelle en son cœur : l'amour-propre. Ils s'ajoutent à ceux qui lui viennent de sa constitution physique, promise à la caducité et à la mort.

XII. « Des jugements ». Nous jugeons mal. À preuve, les contradictions qui paraissent entre nos jugements. C'est qu'ils sont gouvernés par le préjugé, fondés sur l'apparence et en définitive portés sur un objet lui-même contradictoire. Deux instances peuvent échapper à l'erreur : la postérité et les philosophes.

XIII. « De la mode ». Généralement parlant, « il y a autant de faiblesse à fuir la mode qu'à l'affecter » (R. 11). Il importe cependant d'y résister lorsqu'elle intéresse « le goût » (R. 1) – qu'elle fixe de façon pathologique sur des objets insignifiants –, et surtout la conscience – la mode de la dévotion multiplie les émules de Tartuffe.

XIV. « De quelques usages ». Les habitudes du temps montrent des bourgeois enrichis qui n'hésitent pas à se faire passer pour nobles de souche, un clergé trop souvent gagné par les mœurs chicanières et cupides du monde, une justice forte surtout devant le faible et vivant de la contestation des testaments les plus authentiques.

XV. « De la chaire ». « Le discours chrétien est devenu un spectacle » (R. 1) : les sermons se parent d'ornements étrangers à la gravité de la parole sacrée – figures réitérées, traits brillants, descriptions précieuses – et visent beaucoup moins à convertir qu'à se faire admirer. Un prédicateur véritablement apostolique s'épargne ces vaines recherches pour se livrer à l'inspiration divine.

XVI. « Des esprits forts ». L'expression est ironique car les libertins, loin de montrer une quelconque force de raisonnement, ne font que suivre les passions qui les attachent à la terre, ou la mode de l'impiété affichée par les Grands. Quelle déraison chez les prétendus rationalistes ! Ce qui pense en moi ne peut être qu'esprit et ne saurait tirer sa première cause de la matière. L'ordre de l'univers immense exclut d'autre part qu'il soit régi par le hasard.

Les Caractères suivent-ils un plan ? Il n'est pas évident de découvrir une logique dans la suite de leurs chapitres ou de leurs remarques. La Bruyère semble le premier donner dans l'illusion rétrospective lorsqu'il écrit en 1694, dans la Préface de son *Discours à l'Académie,* que les quinze premiers chapitres « ne sont que des préparations au seizième » : leur objet serait de ruiner systématiquement « tous les obstacles qui affaiblissent d'abord, et qui éteignent ensuite dans tous les hommes la connaissance de Dieu ». À vrai dire, le « Discours sur Théophraste » (1688) qui précède la traduction de cet auteur en tête des *Caractères* parle seulement de rendre l'homme « raisonnable », et ce « en l'examinant indifférent, sans beaucoup de méthode ». La Bruyère fuit l'ordre didactique du pédant – comme en témoigne la facilité avec laquelle les remarques glissent d'un chapitre à un autre au fil des éditions – pour mimer la liberté, qui n'est point sans règles, de la conversation mondaine. Des repères s'offrent : le livre s'ouvre sur le livre, trouve son centre de gravité à traiter de l'État et culmine avec la religion. L'écrivain, le roi, Dieu. Une ambition d'universalité soutient le projet : « *Les Caractères,* dit R. Barthes, sont en un certain sens un livre de savoir total. » Avant l'éclatement en disciplines autonomes, il s'agit pour le moraliste de couvrir à la façon d'un cartographe toutes les régions du monde humain sans laisser subsister de terres inconnues. Au lieu d'un ordre analytique, on se trouvera donc confronté à une répartition par zones : deux chapitres sur la nature humaine en général (« De l'homme », « Des jugements »), les autres se regroupant en champs thématiques différenciés – l'art (« Des ouvrages de l'esprit »), l'amour (« Des femmes », « Du cœur »), la société (« De la ville », « De la cour », « Des grands », « De la mode », etc.) et la religion (« De la chaire », « Des esprits forts »). Le moraliste classique peut encore se poser en encyclopédiste du microcosme.

Le savoir chez lui est indissociable de la critique. Rien ou presque dans son époque ne le satisfait. Pour mieux accabler ses contemporains, La Bruyère peint le passé aux couleurs d'un mythique âge d'or : en littérature, et globalement dans l'art, la perfection se situe au commencement ; pour la vie sociale, il faut regretter le mode d'existence patriarcal et l'économie « champêtre » des premiers hommes, quand « il n'y avait encore ni offices, ni commissions, ni présidents, ni procureurs » (« De la ville », R. 21) ; le souverain idéal apparaît sous les traits d'un biblique pasteur, cependant que l'Église contemple dans les vénérables Basile et Chrysostome les modèles de son éloquence enfuie et livrée désormais aux déclamateurs – « le temps des homélies n'est plus » (« De la chaire », R. 5). D'un mot peut se résumer ce que nous avons perdu : la nature, au sens même le plus immédiat du terme. Alors que le bourgeois d'autrefois allait encore sur sa mule et franchissait les rues comme un chasseur traverse les guérets, celui d'aujourd'hui met son étude à se garantir de toute atteinte de la pluie, du vent ou du soleil. La société nouvelle est citadine en cette acception extrême que l'homme n'y est plus en rapport qu'avec d'autres hommes. Au lieu de la nature et de la réalité règnent l'artifice et l'apparence. Si encore l'apparence reflétait la réalité ! Mais le signe a pris son autonomie, il prolifère sans mesure et sans référent, comme les armoiries des Sannions qu'on retrouve jusque sur leurs serrures et qui ne correspondent à aucune noblesse de race. Ou plutôt, l'unique référent du signe est devenu l'argent, qui est lui-même un signe. La société, ainsi, n'a plus de fondement naturel, ses distinctions ne renvoient ni au mérite ni au travail – ceux qui la font vivre, les paysans, sont exclus même de l'humanité (« L'on voit certains animaux farouches… », « De l'homme », R. 128) – et s'offrent par là au regard du philosophe comme une collection hétéroclite et dévaluée de signes.

À ce monde désarticulé ne peut convenir qu'une écriture discontinue. La Bruyère, comme presque tous les moralistes, adopte la forme du fragment parce qu'elle impose d'emblée la diversité, les contradictions, l'inconsistance même de son sujet – l'homme. À la limite, l'auteur des *Caractères* récuse la notion de caractère en ce qu'elle prétend abusivement circonscrire une essence : « Les hommes n'ont point de caractères, ou s'ils en ont, c'est celui de n'en avoir aucun qui soit suivi » (« De l'homme », R. 147). De manière plus originale, il prolonge la discontinuité jusqu'à l'intérieur du fragment. À une époque où l'art des transitions était la pierre de touche du métier d'écrivain, il ose supprimer systématiquement les liaisons logiques. Ses portraits sont des catalogues d'actes introduits par la répétition indéfinie du pronom « il » et accumulés sans engendrer de récit. Tous les verbes qui pratiquement qui dépeignent *Giton* (le riche) se retrouvent dans la description de *Phédon* (le pauvre), mais dans un ordre différent – rendu par là indifférent. Cette exclusion de la temporalité et de son irréversibilité interdit au personnage de passer pour une personne et le réduit à la série de ses gestes : ce qui fait défaut en lui, c'est l'esprit qui les veut et les coordonne, l'intériorité vivante qu'on a précisément coutume d'appeler « caractère ». Fécondité inattendue de La Bruyère : tout en attirant, par la substitution du mécanique à l'humain, la dérision sur une société veuve de son âme, il désigne dans le langage « qui se sait et se proclame artifice » (Doubrovsky) le lieu moderne de l'écriture.

● « Classiques Garnier », 1962 (p.p. R. Garapon) ; « GF », 1962 (p.p. R. Pignarre) ; « Folio », 1975 (p.p. A. Adam) ; « Bouquins », 1992 (*les Moralistes du XVIIᵉ siècle*, p.p. P. Soler).

G. FERREYROLLES

CARDINAL D'ESPAGNE (le). Pièce en trois actes et en prose d'Henry Marie-Joseph Millon de **Montherlant** (1896-1972), créée à Paris à la Comédie-Française le 18 décembre 1960, et publiée chez Gallimard la même année.

Au palais du Conseil de régence, à Madrid, le duc d'Estivel et le comte d'Aralo se communiquent leur haine pour le cardinal Cisneros, régent de Castille, qui, à quatre-vingt-deux ans, exerce une autorité de fer… Ils n'attendent que l'arrivée du jeune roi Charles (futur Charles Quint) pour être délivrés, car Cisneros rendra alors ses pouvoirs de régence. Mais Luis Cardona, petit-neveu du cardinal, annonce que le roi Charles a encore retardé de cinq jours son arrivée. Estivel et Aralo ne manquent pas de relever les sentiments ambivalents de Cardona pour le cardinal. Après que Cisneros a congédié les deux nobles, Cardona lui demande la grâce de quitter la cour, sphère du pouvoir et des intrigues, pour retourner à son corps militaire. Cisneros qui reçoit une plainte d'un duc et y répond avec désinvolture, oblige Cardona à rester : il prend congé de son oncle avec colère. Le cardinal ordonne aussi à Cardona de l'accompagner chez la reine mère, Jeanne la Folle. Furieux, Cardona est tenté de s'associer à Aralo et Estivel ; il reste malgré tout fidèle à son oncle, ce que ces derniers déplorent (Acte I).

Dans la chambre de la reine mère, deux demoiselles d'honneur déplorent la folie de leur maîtresse. Elle arrive, refuse obstinément de signer des actes, se plaint d'être mal aimée et persécutée, et redoute l'arrivée du cardinal. Cisneros, seul avec elle, souhaite que celle-ci accueille son fils avec un certain protocole, mais elle prétend s'enfermer dans le souvenir de son époux mort, et n'être plus rien du monde. À mesure que Cisneros s'efforce de la ramener à ses devoirs, elle s'attaque plus violemment à Dieu, avec une véhémence qui irrite le vieillard, puis elle dénonce chez le cardinal le goût de régner, et retombe en crise. Après avoir pris des informations sur la folie de la reine, Cisneros confie à Cardona la difficile mission d'aller en faire part au roi (Acte II).

Dans son cabinet, le cardinal retarde un certain nombre de décisions importantes, dont la répression d'une rébellion à Villafrades. Il avoue à Cardona que la reine l'a atteint, a ravivé en lui le désir de faire retraite. Cardona, revenu de sa mission auprès du roi, semble dissimuler un secret, et met en cause la politique de Cisneros, lequel est pris d'un malaise qui semble fatal. Mais les nobles, Estivel et Aralo, ainsi que l'archevêque de Grenade, venus assister à l'agonie, en restent pour leurs frais. Cisneros, remis, ordonne la répression de Villafrades et l'emprisonnement de l'archevêque, ce que Cardona désapprouve, tandis qu'une lettre du roi est annoncée. Cardona avoue à Cisneros qu'il l'a critiqué devant le roi. Les deux envoyés remettent la lettre : Charles, en termes choisis, signifie à Cisneros son congé. Le cardinal s'effondre et meurt (Acte III).

Le Cardinal d'Espagne raconte la chute d'un homme. Déchéance d'un héros d'autant plus poignante qu'il se sera affirmé d'une stature peu commune. Comme dit Montherlant lui-même, qui travaillait alternativement à *Don Juan* et au *Cardinal d'Espagne* : « L'un et l'autre sont des exceptionnels. »

Toute la dramaturgie du *Cardinal d'Espagne* dessine donc une trajectoire, fatale et exemplaire, de la gloire à l'anéantissement. À l'acte I, Cisneros concentre tous les pouvoirs. Il est haï des courtisans, échappe à des tentatives d'empoisonnement, mais il séduit les hommes qui sont sous sa domination et se rit ouvertement de qui l'insulte ou le méprise. Tandis que le discours officiel de Cisneros est celui d'un humble qui a assumé le pouvoir pour se soumettre aux décrets du pape, son comportement est de qui juge son pouvoir éternel. La suprême tentation de son orgueil sera d'aller contre la seule personne qui l'aime à la cour : lorsque Cardona demande, à l'acte I, à se retirer, le cardinal le condamne à rester et à voir la reine. Lorsqu'il faut informer Charles de la folie de Jeanne, il impose cette mission à Cardona. Il suscitera ainsi chez son seul soutien la passion de le trahir. Parce que Cardona a dissimulé jusqu'au bout les intentions de Charles d'écarter Cisneros du pouvoir, la lettre de renvoi sera fatale au cardinal. Cisneros arme inconsciemment, tout au long de la pièce, la main de son meurtrier.

Ancien franciscain, Cisneros tombe apparemment victime d'une contradiction : lorsqu'on dénonce son goût du pouvoir, Cisneros rappelle à qui veut l'entendre qu'il a régné pour obéir à qui lui donnait le règne, et qu'il ne souhaitait que prier Dieu dans le silence d'un cloître. Mais lorsque Cardona lui-même, le tente, et lui propose de détruire une œuvre politique à laquelle il avoue par moments ne plus croire, il s'effraie et tombe d'apoplexie ; ne fuit-il pas d'ailleurs, dans l'évanouissement, une vérité à laquelle il ne touchera que dans la mort? Il a aimé le pouvoir au moins autant que son Dieu ; sa vie, et ses actions ont été un blasphème inconscient. La lettre du roi vient lui annoncer qu'il prendra cette retraite qu'il a toute sa vie désirée et il meurt de cette nouvelle, de cette « punition ». Sans doute est-ce une retraite imposée, aux allures de disgrâce, mais la contradiction de Cisneros n'en est pas résolue pour autant. D'où la fascination du cardinal pour la reine qui, à ce qu'il prétend, réveille sa nostalgie de la retraite. Car Jeanne, elle, a choisi, folle qui dénonce, plus janséniste que Jansénius, le néant de l'action et du monde. La reine, qui s'impose dans tout l'acte central en figure médiatique, tutélaire, approfondit le dramatique débat de Cisneros avec lui-même et l'éclaire d'une lumière impitoyable. Nulle part ailleurs que dans cette scène 3 de l'acte II, centrale dans la pièce, le style de Montherlant n'oscille plus harmonieusement entre la formule lapidaire et le lyrisme prophétique, fait d'une accumulation maîtrisée d'images et de questions adressées aux puissances célestes.

La contradiction de Cisneros enveloppe en fait une plus dangereuse illusion – et c'est cette illusion qui causera sa perte. La reine n'a pas seulement résolu l'antinomie vécue par Cisneros entre le règne et la retraite (qui est aussi, à un moindre degré, celle de Cardona, déchiré entre ses rêves de médiocrité militaire et l'admiration qu'il voue au Cisneros politicien de génie) ; en effet, Jeanne, plus lucide, dénonce l'illusion orgueilleuse de Cisneros en lui certifiant : « Ce que vous avez aimé par-dessus tout, c'est de gouverner » (et non pas Dieu). Puis, sur un ton prophétique, elle lâche, dédaigneusement, au cardinal anxieux de son destin : « Il y a toujours des tragédies. » Elle lui prédit sa mort, en même temps que la vanité de sa mort, prédiction en deux temps que les envoyés du roi, pour leur part, vérifieront à deux voix : « Qu'il ne croie pas que nous ayons fini de le juger. » Cisneros est encore un politique, « un jour, on ne le jugera même plus » ; ainsi il a disparu dans le néant de l'action, tel que le pressentait Jeanne la Folle.

Le théâtre de Montherlant exalte, puis liquide les grandes individualités du théâtre classique, et vient mourir au seuil du théâtre moderne. Peut-être qu'aujourd'hui, si l'on récrivait pour le théâtre l'histoire de Cisneros, la seule héroïne en serait Jeanne la Folle.

● « Folio », 1974. ➤ *Théâtre*, « Pléiade ».

J.-M. LANTÉRI

CARIATIDES (les). Recueil poétique de Théodore de **Banville** (1823-1891), publié à Paris chez Pilout en 1842. En 1864, une seconde édition, portant le même titre, ajoute d'autres pièces ("Yseult", "Erato", "les Stalactites"...). Reprises chez Lemerre en 1877 (*Poésies de Théodore de Banville, les Cariatides*) et en 1889 (*Œuvres de Théodore de Banville, les Cariatides, Roses de Noël*), elles figurent dans le tome premier des œuvres de Banville publiées à Paris chez Charpentier (*Poésies complètes*, 1878-1879).

Ce recueil, composé entre seize et dix-neuf ans, à l'âge « où le poète produit des odes comme le rosier des roses » (Avant-propos de 1877), s'ouvre sur un hommage que l'enfant prodige rend à sa mère, Mme Élisabeth Zélie de Banville. Puis, à travers les trois livres qui constituent cet ensemble, défile une série d'exercices de style. L'apprenti poète se plaît à renouer avec l'épître ("les Baisers de Pierre"), l'églogue ("Phyllis"), l'élégie ("Aux amis de Paul"), les dizains à la manière de Clément Marot ("les Caprices", succession de 24 pièces formées chacune de 10 décasyllabes), le triolet ("Triolet, à Philis"), le rondeau ("Rondeau, à Églé"), rondeau redoublé ("Rondeau redoublé, à Sylvie") ou le madrigal ("Madrigal, à Glycère"). Il ne dédaigne pas pour autant le sonnet, très régulier ("la Déesse", "Sous-bois") ou les longs poèmes suivis en alexandrins ("Voie lactée", "les Imprécations d'une Cariatide"...).

Affichant des préoccupations avant tout formelles (« Ce que je veux rimer, c'est un conte en sixains. / Surtout n'y cherchez pas la trace d'une intrigue. / L'air est sans fioritures et le fond sans dessins »), Banville utilise les mètres les plus divers : de l'alexandrin au pentamètre, la gamme est complète. Le même foisonnement caractérise les thèmes abordés : les marbres antiques si chers au futur Parnasse ("les Cariatides", "Vénus couchée") y côtoient des mignardises à la Boucher ("les Bergers", "Trumeau") ou d'espiègles lutins échappés du *Songe d'une nuit d'été* ("la Forêt"). Ce recueil fait une large place à une poésie descriptive ("Songe d'hiver", "Fête galante") volontiers émaillée d'épithètes bien conventionnelles (le « Zéphyr ailé », les « Nymphes aux belles joues », l'« Olympe neigeux »). On voit pourtant s'y dessiner, avec un lyrisme discret ("la Mort du Poète", "les Deux Frères", "Une nuit blanche"), l'idéal aristocratique – et romantique – d'un poète « martyr », rejeté par la foule (« Tu n'es pas, ô rêveur solitaire, / De ceux que nous aimons ! »). Fervent lecteur de Musset et de Gautier, esthète épris de « l'azur du pays bleu », Banville méprise le bourgeois ("Sagesse"), congédie Malherbe ("Enfin Malherbe vint") et salue, d'Orphée à Hugo, ses illustres maîtres ("la Voie lactée", "la Vie et la Mort"), avant de s'écrier : « Muse de l'avenir, montre-moi le chemin ! »

Faut-il prendre au sérieux ce portrait dont le poète, le premier, plaisante la gravité ? Car le « monument hardi » devient sous sa plume « un poème / Où tout semble aller de travers ». Et *les Cariatides* de se clore sur une ultime et juvénile pirouette de l'auteur, qui enjoint à sa muse de faire « la révérence au lecteur » et met ainsi fin à des « rêves de fou ».

➤ *Œuvres complètes*, Slatkine, I.

P. ALEXANDRE-BERGUES

CARMEN. Roman de Prosper **Mérimée** (1803-1870), publié à Paris dans la *Revue des Deux Mondes* le 1er octobre 1845, et en volume chez Michel Lévy en 1847.

Souvenirs de voyages et sources érudites sont à l'origine de ce petit roman qui est resté pour la postérité, sur le modèle de *Manon Lescaut*, l'emblème du mythe de la passion destructrice. De son voyage en Espagne de 1830, Mérimée retient un épisode andalou et la rencontre avec une bohémienne dont il fit le portrait dans son carnet de croquis. D'un autre voyage effectué dix ans plus tard, il conserve un intérêt pour les gitans, lié alors à l'histoire de Pierre le Cruel dont la maîtresse, Maria de Padilla, selon la légende, était bohémienne. Dans un article de la *Revue archéologique* de 1844, il s'interroge sur l'emplacement de Munda (théâtre de la victoire de César sur les Pompéiens en 45 av. J.-C.), comme dans le chapitre 1 de *Carmen*. Les *Lettres adressées d'Espagne* publiées en 1831, et dont la première est consacrée aux courses de taureaux, la deuxième à une exécution capitale, la troisième aux brigands et la quatrième aux sorcières, fournissent le matériau le plus important de la nouvelle, bien que des lectures récentes plus savantes, en particulier celle de *The Zincali* du missionnaire anglais G. Borrow ou celle du dictionnaire gitan d'un érudit allemand, le Dr Pott, aient approfondi la culture de l'auteur. Un ami espagnol, Serafín Estébanez Calderón, que Mérimée retrouva en 1843 à Paris, avait publié des nouvelles et études de mœurs et collaboré à un essai, *Los Españoles pintados por si mismos*, qui comprenait des rubriques sur la gitane, le bandit, le contrebandier ou la cigarière, et dont Mérimée dut également tirer profit.

Le narrateur, archéologue en quête de l'emplacement exact de la bataille de Munda en Andalousie, rencontre au bord d'une source un brigand dont il protège la fuite (chap. 1) et qui le sauvera un peu plus tard à Cordoue du guet-apens tendu par une jolie gitane, Carmen. Quelques mois plus tard le voyageur retrouve le bandit, connu sous le nom de don José Navarro, la veille de son exécution, et recueille le récit de sa vie (2).

Basque et brigadier de dragons, don José Lizzarrabengoa, de garde à la manufacture de Séville, tombe amoureux de l'aguichante cigarière Carmen qui le convainc de la laisser fuir après une échauffourée au cours de laquelle elle a blessé l'une de ses compagnes. Don José est dégradé, puni de prison ; Carmen lui donne les moyens de s'évader, mais il refuse.

Après sa libération, alors qu'il est en faction à la porte du colonel, il voit arriver sa *gitanilla* « parée comme une châsse », venue pour danser ou pour « bien autre chose ». Elle lui glisse un rendez-vous chez l'aubergiste Lillas Pastia, puis elle se donne à lui. Peu après, elle obtient encore de don José qu'il laisse passer des contrebandiers. La déchéance continue : ayant, par jalousie, tué un lieutenant avec lequel il avait surpris Carmen, celle-ci lui fait quitter Séville et entrer dans une troupe de contrebandiers. Mais Garcia le Borgne, *rom* [mari] de Carmen, évadé de prison grâce à elle, revient, ravivant la jalousie de don José. Celui-ci retrouve à Gibraltar Carmen qui séduit un Anglais pour le dépouiller, et tue en duel au couteau le cruel Garcia. Mais Carmen s'éprend bientôt d'un picador, Lucas, et n'en fait pas mystère ; José lui demande de le suivre en Amérique, et, devant son refus, décide d'en finir. Carmen préfère la mort à la privation de sa liberté et se laisse tuer avec le couteau du Borgne (3).

Un développement presque encyclopédique sur les caractères physiques, les mœurs, les croyances, l'histoire et la langue des gitans clôt la nouvelle (4).

« Une jolie fille vous fait perdre la tête, on se bat pour elle, un malheur arrive [...]. » Voilà résumée toute l'intrigue et le second narrateur, don José, possède le même sens de la concision que le premier, l'archéologue curieux de mœurs locales, à qui Mérimée donne tout d'abord la parole. Il s'agit au total d'un très court roman d'amour et de mort, dans la tradition de *Tristan* mais renouvelé par le romantisme avec l'exacerbation d'une passion dévorante, exclusive, impitoyable aussi, qui transforme un jeune sous-officier, doux et soumis à la loi (don José refuse de s'enfuir de prison malgré l'aide de Carmen), en bandit et en assassin. Mérimée sacrifie ici au mythe du brigand d'honneur, cher aux romantiques (voir *Hernani*) développé dans la troisième *Lettre d'Espagne,* lettre dans laquelle le fameux José Maria est comparé à Robin des Bois et devient un de ces « héros que les hommes respectent et que les femmes admirent » parce qu'il a jeté « un défi au gouvernement ».

Mais l'inexorable déchéance d'un homme détruit par une passion qui illumine sa vie un bref instant, n'est peut-être pas la thématique essentielle de cette œuvre. L'hymne à la liberté semble bien l'emporter et, en ce sens, don José est l'élève de Carmen qui lui apprend la beauté violente de la séguedille et de la sevillana (elle danse avec lui) et le goût de la vie ardente, sauvage et aventureuse. Le *minchorro* [caprice] devenu le *rom* de Carmen n'atteindra jamais cependant le même degré d'indépendance que sa maîtresse, qui tient le discours paradoxal de la versatilité assumée (« Ce que je veux, c'est être libre et faire ce qui me plaît ») et de la soumission à la fatalité (« J'ai toujours pensé que tu me tuerais »), laquelle explique la passivité de l'héroïne face à la mort. La présence d'un destin menaçant, qui plane sur toute la nouvelle, ne doit pas faire oublier non plus sa dimension ethnologique. Carmen incarne l'essence du monde gitan avec son mépris de la civilisation policée, sa violence joyeuse et sans frein. À travers elle, le lecteur découvre comment une petite communauté marginale fonctionne à la lisière de la société, quels rôles sont dévolus à la femme (Carmen, qui en est ici le prototype, tire la bonne aventure, danse à une soirée d'officiers, prépare les embuscades, permet le passage des contrebandiers ou l'évasion de son *rom*). Cette activité multiforme est un indice de la force de vie qu'elle représente et où l'on peut voir se profiler, à côté du goût pour le pittoresque, et plus profondément que lui, le culte romantique de l'énergie.

C'est pourquoi l'aspect diabolique de Carmen, si nettement souligné dans l'œuvre, doit s'entendre non seulement comme une des composantes des héroïnes mériméennes – femmes fatales comme la Mariquita d'*Une femme est un diable*, la doña Urraca du *Ciel et de l'Enfer* (voir *Théâtre de Clara Gazul*) ou Colomba (voir *Colomba*) – mais comme un des éléments anticonformistes, anticlassiques, de l'œuvre de Mérimée.

À l'habileté, à la souplesse, à la force d'âme s'ajoute aussi chez Carmen une remarquable aptitude à utiliser un grand nombre d'idiomes (rêve de bien des romantiques) comme le basque (dont Mérimée reçut quelques rudiments en 1829) qui lui permet de séduire don José. Et le lecteur à son tour, en bon apprenti philologue, apprend quelques-uns de ces termes gitans qui émaillent le texte. Les considérations finales sur le langage des gitans indiquent l'importance du propos. La langue du narrateur, elle, contient l'humour vif et léger, propre aux récits mériméens, qui ne craint pas de se retourner contre lui-même, avec cet archéologue qui « ne croyai[t] plus aux voleurs, à force d'en entendre parler et n'en rencontrer jamais » (chap. 1) ou qui, ravi de suivre la jeune bohémienne, se dit : « Bon ! [...] la semaine passée, j'ai soupé avec un voleur de grands chemins, allons aujourd'hui prendre des glaces avec une servante du diable » (chap. 2). Mais ce pittoresque et cette fantaisie font surtout ressortir, par contraste, la brutalité somptueuse du discours de Carmen (« Sais-tu mon fils que je crois que je t'aime un peu ? Mais cela ne peut durer. Chien et loup ne font pas longtemps bon ménage »), ses paroles carnassières et abruptes, souvent imagées (« Je suis habillée de laine mais je ne suis pas mouton ») à l'unisson desquelles se met don José (« Tu es le diable, lui disais-je. – Oui, me répondait-elle ») et qui constituent, peut-être, une des raisons du succès d'une œuvre aussi violente que limpide.

● « GF », 1973 (p.p. J. Decottignies) ; « Presses Pocket », 1990 (p.p. P. Mourier-Casile). ➤ *Romans et Nouvelles*, « Classiques Garnier », II ; *Nouvelles complètes*, « Folio », II ; *Théâtre, Romans et Nouvelles*, « Pléiade » ; *Nouvelles*, « Lettres françaises », II.

F. COURT-PEREZ

CARNAVAL DES ENFANTS (le). Pièce en trois actes et en prose de Stéphane Georges de Bouhélier-Lepelletier, dit **Saint-Georges de Bouhélier** (1876-1947), créée à Paris au théâtre des Arts le 25 novembre 1910, et publiée à Paris dans le supplément au n° 2 805 du *Monde illustré* le 31 décembre 1910.

Poète au lyrisme vibrant, Saint-Georges de Bouhélier trouve, en évoquant les cruautés du destin et celles du quotidien, des raisons de croire, d'espérer et d'admirer. Dans ses romans comme dans ses poèmes, il obéit à la même exigence de vérité et de beauté en peignant les désespoirs et les passions d'une humanité pitoyable. Mais c'est au théâtre que le fondateur du « naturisme » (avec Le Blond, Montfort, Abadie, Magre...) donne sa pleine mesure en exprimant avec une sensibilité vibrante et une austère grandeur la force de ses convictions humanistes.

Au milieu du tintamarre du carnaval, dans l'intérieur sordide d'une misérable boutique, une lingère encore belle, Céline, est à l'agonie. À son chevet veillent le vieil oncle Anthime et les deux filles de la moribonde, Hélène, l'aînée, adulée par un jeune homme du nom de Marcel, et Petite Lie, la puînée, mioche toujours accompagnée de son inséparable poupée de chiffon. Désemparé devant les dettes accumulées et la détresse de la souffrance, l'oncle Anthime a cru bon d'appeler à l'aide, sans prévenir Céline, ses tantes Bertha et Thérèse avec lesquelles elle s'était brouillée pour des raisons obscures. Lorsque les deux sœurs, pimbêches pincées, ladres, compassées, arrivent, critiquant tout avec aigreur de la hauteur de leur bonne conscience et de leur mauvaise foi, Céline hurle de désespoir (Acte I).

Dans sa solitude, la malheureuse éprouve toutefois la consolation d'être aimée par Masurel, le voisin du dessus qui, de son côté, essaie d'oublier une vie morne dans un foyer sans joie en s'étourdissant dans

Camus

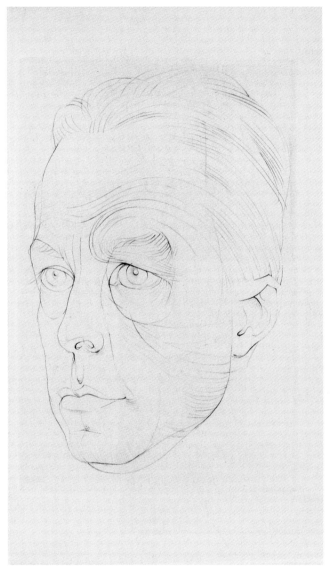

Albert Camus, gravure par Hans Bellmer (1902-1975)
pour *l'Envers et l'Endroit*, Paris, Jean-Jacques Pauvert, 1956.
Bibliothèque nationale, Paris. Ph. © Bibl. nat./Photeb © ADAGP, Paris, 1994.

Né en 1913 de parents modestes, sous le soleil d'une Algérie qui continue d'habiter romans et essais, mort en 1960 dans un accident de voiture, Albert Camus a connu de son vivant une popularité, puis laissé derrière lui une légende qui éclipsent souvent l'œuvre, trop vite réduite à la formule de l'« absurde », de même que cet intellectuel « engagé », longtemps rédacteur en chef de *Combat*, apparaissait comme une sorte de figure inversée de

« La Ville blanche », 1951,
par Nicolas de Staël (1914-1955).
Musée des Beaux-Arts, Dijon, donation Granville.
Ph. © Arch. L'Hopitault © ADAGP, Paris, 1994.

Les Justes, lors de la création au théâtre Hébertot
en 1949. Mise en scène de Paul Œttly,
avec Jean Pommier (Alexis Voinov),
Serge Reggiani (Ivan Kaliayev), Maria Casarès
(Dora Doulebov), Michel Bouquet (Stepan Fedorov)
et Yves Brainville (Boris Annenkov).
Ph. © Lipnitzki-Viollet.

Dessin de Ptiluc (né en 1956),
in *Faces de rat*,
Éditions Vents d'Ouest, 1987.
Ph. Jeanbor © Photeb
© Éditions Vents d'Ouest/Ptiluc.

Sartre. Cette œuvre inachevée est plutôt placée sous le signe du déchirement, entre un « accord » païen avec une terre généreuse, célébrée avec un lyrisme retenu, et le scandale dostoïevskien devant un monde « où les hommes meurent et ne sont pas heureux » (*Caligula*, 1945), entre la réconciliation fraternelle de la fin de *la Peste* (1947), le mutisme énigmatique d'un Meursault (*l'Etranger*, 1942), et le cynisme bavard d'un Clamence (*la Chute*, 1956).

le tourbillon du carnaval. Pierrot pitoyable, il déclare les larmes aux yeux son amour à la pauvre femme. Les tantes, de leur côté, ont décidé de prendre en main la situation et à leur charge les dettes du foyer ; elles essaient aussi d'apprivoiser Petite Lie et de lui tirer les vers du nez. Mais tout finit dans des cris et des gifles. C'est ce moment que choisit Hélène pour avouer à sa mère qu'elle aime Marcel et qu'elle voudrait l'épouser. Céline semble atterrée alors que les tantes, qui continuent de semer la zizanie, livrent à Marcel le secret de Céline. Puis les harpies, ne lâchant plus leur proie, stigmatisent devant ses enfants la honteuse conduite d'une mère qui jadis a fui le foyer de ses parents pour y revenir avec l'enfant de la honte, puis en repartir avec un autre homme et commettre de nouveau la même faute. Céline confesse sa recherche éperdue de l'amour, amour auquel elle « se donnait chaque fois comme à la vérité ». Se sentant outragé, Marcel s'enfuit et se laisse entraîner par des filles du carnaval. Hélène, effondrée, revient vers sa mère que cette confession a tuée (Acte II).

C'est alors, que dans cette maison où l'on fait la toilette de la morte, le boucher arrive pour apporter sa note et que se règle entre les tantes et l'oncle Anthime la question des dettes. Petite Lie, de son côté, continue à ne pas vouloir se laisser amadouer alors que Marcel, revenu avec ses remords, finit par convaincre Hélène de fuir avec lui le malheur. L'oncle Anthime, à bout, se réfugie dans le désespoir et l'alcool alors qu'une troupe de masques envahit la chambre mortuaire sur les murs de laquelle grandit démesurément l'ombre des deux tantes (Acte III).

La pièce, avec des personnage torturés mais d'un seul tenant et une construction délibérément chaotique, emporte l'adhésion du spectateur en l'immergeant dans le lyrisme torrentiel de ses images et de ses contrastes. Cette écriture dramatique, qui mêle la sincérité à la grandiloquence, la fortitude au misérabilisme, l'ingénuité au sentimentalisme, cherche par les voies de la parabole, à se défier des apparences trompeuses du romantisme et du Parnasse d'une part, des effets systématiques du naturalisme de l'autre. Elle travaille à même la pâte humaine comme pour mieux affirmer, avec véhémence, la violence de l'amour et la pesanteur du destin, mais aussi la dignité et l'héroïsme des humiliés et des offensés.

Cette dramaturgie de l'outrance a été parfaitement servie au théâtre des Arts par Jacques Rouché qui en assura la direction de 1910 à 1913 ; l'auteur de *l'Art théâtral moderne* (1910) entama précisément ses expériences sur cette scène par *le Carnaval des enfants*. Le travail scénographique, en ce qui concerne surtout la décoration et la suggestion des atmosphères, apparut particulièrement réussi ; en effet, le spectateur découvrait successivement le même décor (dû à M. Dethomas) de deux points de vue opposés. La mise en scène sut rendre aussi au mieux le rythme heurté d'une pièce secouée de sanglots, bercée par des litanies de lamentations et de récriminations, hachée par les stridences de la trompette du petit Masurel, emportée enfin par la sarabande des masques qui se change, à la dernière scène, en danse macabre.

Comme l'avait écrit Saint-Georges de Bouhélier dans la Préface de *la Tragédie du nouveau Christ* devenue *le Roi sans couronne* (1906), comme l'avait déjà montré la tumultueuse générale de *la Victoire* (1898, montée par Lugné-Poe), comme le montreront encore *la Vie d'une femme* (1919) ou *le Songe de Danton* (1931), le théâtre semble alors pour lui être appelé à « modifier les lois anciennes de la morale et à devenir [...] un lieu de communion et de célébration ».

J.-M. THOMASSEAU

CARNETS DU MAJOR THOMPSON (les). Essai de Pierre **Daninos** (né en 1913), publié à Paris chez Hachette en 1954. Parues à l'origine sous forme d'articles dans *le Figaro*, ces notes, une fois réunies sous un même titre, obtinrent un succès mondial qui classe cet ouvrage parmi les plus forts tirages de l'édition française.

William Marmaduke Thompson, sujet de Sa Gracieuse Majesté, décide un jour de quitter le Royaume-Uni pour partir à la découverte de la France. Que verrait son ami chirurgien s'il ouvrait le crâne d'un Français ? L'amour du bon sens mais une attirance pour la valse des gouvernements (nous sommes sous la IVe République) ; une propension à se méfier des étrangers, mais aussi une immense crédulité (chap. 1-3). Peuple des paradoxes, le peuple français est aussi celui des antagonismes, qui fait de la lutte des classes l'un de ses sports favoris et de la galanterie un titre de gloire usurpé (4-5). En visite dans un salon parisien, le major fait l'expérience de la cruauté du « monde » et découvre que les Français respectent les lois de la gastronomie mais ignorent celles de l'hospitalité (6-7). Bientôt marié à Ursula, avec qui il partage la passion des chevaux, le major se penche sur la situation des femmes en France ; à la mort de son épouse, il rencontre les problèmes d'éducation avec son fils Marc qu'il confie aussitôt à une gouvernante galloise, Miss Ffyfth (8-10). En sillonnant la France, le major ne peut que constater la paresse linguistique des Français, avant de moquer leur comportement en voyage et face au sport dont ils sont toujours plus spectateurs qu'acteurs (11-15). Mais le major se voit bientôt obligé d'interrompre son séjour au « royaume de la Nuance » pour s'envoler vers le Bengale (16).

« Anglais incroyable avec une moustache blonde », le major Thompson dresse l'inventaire sans concession des vices et travers typiquement français. Entomologiste des comportements quotidiens, il a la curiosité des personnages des *Lettres persanes* intrigués comme lui par l'étrangeté des mœurs françaises. L'auteur Daninos feint, ici, de s'éclipser derrière ce personnage enjoué qui parle de son « collaborateur et ami, Pierre Daninos », simplement chargé de traduire les précieux carnets du major. Le regard du « naïf » se double d'une verve satirique qui s'applique de manière exhaustive aux incongruités françaises. Les pointes assassines se succèdent ainsi avec bonheur : « Les Français peuvent être considérés comme les gens les plus hospitaliers du monde, pourvu que l'on ne veuille pas entrer chez eux » ; ailleurs, ces mêmes Français, persécutés par l'« invasion étrangère », exhibent le « fameux hydre des *ils* », identité floue des « assiégeants ». Les remarques inattendues abondent, qui reposent toutes sur un sens de l'observation redoutable (« Les parents français sont plutôt vexés si leur fils ne donne pas des signes d'intelligence précoce. Les Anglais sont inquiets s'il en manifeste ») ; les formules, enfin, rivalisent d'inventivité de la « vivisalon-section », vice des médisants de salon, à « la France [qui] est le pays où il est le plus facile d'avoir une vie compliquée et le plus compliqué d'avoir une vie simple ». Mais la sévérité n'est que de façade, et c'est aussi un regard attendri que pose le major sur ces Français qui composent le lectorat de Daninos. Au terme du voyage, il cherchera d'ailleurs à se faire pardonner : « Sceptiques, méfiants, parcimonieux. Le miracle, c'est que vous êtes également enthousiastes, confiants, généreux. » Sciemment conservateur et passéiste, Daninos exploitera cette même veine satirique dans *Made in France* (1977) et *la France dans tous ses états* (1985), pamphlet également plein de la même bonne humeur... française.

● « Le Livre de Poche », 1960.

P. GOURVENNEC

CAROLINE CHÉRIE. Roman de **Cécil Saint-Laurent**, pseudonyme de Jacques Laurent (né en 1919), publié à Paris chez Jean Froissart en 1947.

En 1789, Caroline de Bièvre s'installe à Paris avec sa famille. Elle n'a que seize ans, et a mené jusqu'ici la vie d'une sauvageonne. Grâce à Charlotte, une amie bourgeoise, elle rencontre Gaston de Salanches. Le 14 Juillet, au cours d'une partie de campagne, elle connaît dans ses bras une initiation amoureuse presque complète. Dès lors, Caroline rêve de revoir Gaston. Mais les événements révolutionnaires, auxquels elle ne prête aucune attention, transforment sa situation ; ses parents acceptent de la marier à Georges, le frère de Charlotte, en qui Caroline ne voit qu'un moyen d'échapper à la tutelle familiale. Elle retrouve enfin Gaston, après plusieurs années et devient sa maîtresse, pour une nuit éphémère. Gaston part se battre pour la République, et Caroline rejoint Georges, député girondin, proscrit par la Convention. Le couple erre à travers la France avec d'autres Girondins. Mais Caroline ne partage pas la passion politique de son mari. Déguisée en homme, elle s'enfuit vers Paris. En chemin, sa beauté lui vaut quelques aventures qu'elle accepte avec plaisir. Elle est finalement arrêtée et menée à la Conciergerie. Pour échapper à la guillotine, elle trouve refuge, grâce à Gaston retrouvé par hasard, dans une maison de santé. Menacée de retourner à la Conciergerie, elle s'échappe cependant et, après avoir séduit un jeune matelot, prend sa place dans un bateau pour l'Amérique.

C'est sous un pseudonyme que Jacques Laurent a fait ses débuts dans la littérature, et qu'il mènera, parallèlement à une production publiée sous son nom véritable, la carrière d'un romancier populaire. Avec *Caroline chérie,* il créait un type d'héroïne dont le succès ne s'est pas démenti, suscitant de nombreuses imitations : la jeune femme ravissante qui traverse une époque troublée avec un courage admirable, multipliant les conquêtes sans oublier un unique amour dont elle est constamment séparée. Dans les **Corps tranquilles,* Jacques Laurent s'amuse d'ailleurs à définir la recette qu'il met ici en pratique : des événements historiques dramatiques, suffisamment connus de tous, qui permettent une analogie avec le présent, de fréquents rebondissements de situation, un mélange d'érotisme et d'humour… Sans doute le modèle n'est-il pas tout à fait nouveau, et l'équipée de Caroline dans un pays déchiré par la guerre civile évoque-t-elle souvent celle d'une Scarlett O'Hara plus audacieuse et sensuelle. Mais la création de Caroline renvoie en même temps à l'un des fantasmes dont témoignent, dans les autres romans de Laurent, tant de scènes de travestissement : l'auteur, que sa passion pour Stendhal allait pousser, en 1966, jusqu'à écrire la *Fin de Lamiel,* semble avoir voulu, à son tour, se glisser dans la peau d'une héroïne féminine capable de se passer des hommes, et dont le plaisir est la seule loi. Si la période de la Terreur avec son atmosphère de culpabilité collective, ses lâchetés et ses trahisons, peut évoquer l'occupation allemande encore toute proche, Caroline, par sa revendication « égoïste » d'un bonheur individuel et son indifférence aux combats politiques, apparaît ainsi comme la sœur des futurs héros de Jacques Laurent et des autres romanciers « hussards » de l'immédiat après-guerre.

● « Folio », 4 vol., 1976 ; Presses de la Cité, 1989.

K. HADDAD-WOTLING

CARRIÈRE (la). Roman d'Abel **Hermant** (1862-1950), publié à Paris chez Ollendorff en 1894.

Le plus souvent dialoguées, ces « scènes de la vie des cours et des ambassades » (qui comprennent aussi le *Sceptre,* 1896, et le *Char de l'État,* 1900) sont à l'évidence destinées à être jouées en société. Mais la forme théâtrale permet également de glisser d'ironiques didascalies parmi les caquets de la comédie politico-mondaine à quoi se résume, pour Abel Hermant, l'essentiel de la carrière diplomatique : « (*On sent que l'horizon est sans nuages et que l'Europe veut la paix. C'est le moment d'offrir le pain et le sel*). L'Ambassadrice. – Une tasse de thé ? »

La scène se passe dans la capitale d'un empire d'Europe centrale à la fin du xixᵉ siècle. L'archiduc Paul est amoureux d'Yvonne, la jeune duchesse de Xaintrailles dont le mari exerce les fonctions de deuxième secrétaire à l'ambassade de France. Cette aventure, dont les progrès sont attentivement observés par les chancelleries, se développe en marge d'une vie quotidienne scandée par les cérémonies officielles, les intrigues professionnelles (l'ambassadeur, marquis de Chameroy, guigne le poste de Vienne) ou sentimentales (Xaintrailles est l'amant de la femme du conseiller d'ambassade britannique). Mue par la jalousie, par la vanité ou peut-être par une vraie tendresse envers son auguste soupirant, Yvonne accepte enfin de se rendre dans la garçonnière de l'archiduc. Mais, alors qu'elle est déjà presque vaincue, il la chasse, soudain conscient de l'abîme qui sépare le « sauvage » qu'il est et cette « Parisienne » insaisissable. Un épilogue montre les Chameroy et les Xaintrailles, nommés à Vienne, faisant leurs adieux dans une ambassade encombrée de malles et de paquets : « Vous êtes, nous sommes des nomades, toujours prêts à partir avec armes et bagages », conclut philosophiquement l'« attaché littéraire ».

Une ambassadrice qui réquisitionne les attachés pour faire des frais les jours de gala, d'autres qui transposent caricaturalement dans les relations mondaines les alliances ou les inimitiés de leur pays ; de prétendus experts qui, tel Norpois dans **À la recherche du temps perdu*, décèlent un signal politique dans l'événement le plus fortuit, des « agents » qui ressassent indéfiniment les mêmes souvenirs (« Lorsque j'étais consul à Rangoon… ») ; et, par-dessus tout, un ennui profond mal dissipé par quelques bons mots ou des liaisons sans lendemain : cruelle est ici la démythification d'un métier qui fait toujours rêver par ses promesses d'oisiveté dorée, de privilèges et de dépaysement. Pourtant, ce tableau constamment drôle est traversé d'une diagonale mélancolique : l'initiation douloureuse d'Yvonne de Xaintrailles, qui découvre peu à peu la facticité et les chausse-trapes d'un monde régi par les conventions les plus minutieuses (« Nous ne distinguons plus, parmi nos sentiments, nos actes et nos gestes, ceux que la nature nous inspire et ceux que l'étiquette nous impose »), et où le cœur doit se briser à chaque changement de poste. Mais cette satire, qui n'a peut-être pas perdu toute actualité, appartient aussi à son époque : les débuts de la IIIᵉ République, où des aristocrates de vieille souche, pour qui la diplomatie est la forme moderne de l'émigration, sont désormais contraints pour assurer leur carrière de flatter les notables radicaux (« Vous êtes les preux d'une autre histoire ») qui vont bientôt les supplanter (voir R. Peyrefitte, les **Ambassades*).

J.-P. DE BEAUMARCHAIS

CARROSSE DU SAINT SACREMENT (le). Voir THÉÂTRE DE CLARA GAZUL, de P. Mérimée.

CARTE (la). Voir PASSE-MURAILLE (le), de M. Aymé.

CASE DU COMMANDEUR (la). Roman d'Édouard **Glissant** (né en 1928), publié à Paris aux Éditions du Seuil en 1981.

Les dates de naissance des personnages sont indiquées entre parenthèses. Le roman est encadré par deux coupures de presse concernant la folie de Marie et faisant un éloge de l'asile où elle a été internée.

I. « La Tête en feu ». La jeune Marie Celat (1928) se défie des prétentions humanistes des maîtres d'école. Son père, Pythagore Celat (1902), marié à Cinna Chimène (1911), poursuit une quête des souvenirs de la traite, quête déclenchée par un cri dont il ne connaît pas le sens : « Odono ! » Pythagore et son propre père, Ozonzo, ont trouvé vers 1916 la jeune Cinna Chimène sur un marché. Celle-ci consultera Papa Longoué, le « quimboiseur », qui lui révélera des pratiques liées au vaudou. Le père d'Ozonzo, Augustus (1850), est marié à Adoline Alphonsine (1848), fille d'un commandeur nègre, Euloge, qui est parti dans les mornes lors de l'abolition de l'esclavage en 1848. Lui-même est marié à une femme qui n'a pas de nom et qui parle sans cesse, au passé, de la trahison originelle. Anatolie Celat, père d'Augustus, racontait déjà cette histoire par morceaux à ses nombreuses maîtresses. Liberté Longoué épouse Anatolie, et explique à ce dernier ce qu'il ne connaît pas de l'« histoire rapiécée », la trahison primordiale.

II. « Mitan du temps ». Cette partie est celle de la mémoire des origines. Le chef des « marrons », Aa, se lie d'amitié avec les derniers Indiens. Dans la montagne, un homme commet un inceste avec une de ses filles, qui deviendra par la suite la femme sans nom, la femme d'Euloge. Une femme déportée et violée met au monde un enfant qu'elle étouffe avant de se suicider. Aa est capturé, torturé puis exécuté. Il s'appelle Odono, de son vrai nom.

III. « Le Premier des animaux ». L'histoire revient à Marie Celat. Elle rend visite, ainsi que Mathieu Béluse, à Papa Longoué. La société martiniquaise se transforme après la guerre et sombre dans la déchéance, l'alcoolisme, l'urbanisation et la banalité. Le groupe d'amis se disperse. À la mort de Papa Longoué, Mathieu et Marie se marient. Leur fille est élevée par sa grand-mère paternelle. Mathieu part. Marie a deux fils d'un autre homme, Patrice et Odono, qui meurent accidentellement. Prostrée, Marie est enfermée dans un asile, d'où elle s'échappe. Mathieu revient peu après. Marie retrouve Pythagore et Cinna Chimène. Elle ne peut que songer à rassembler « ces moi disjoints ».

La société émiettée de la Martinique, telle qu'elle est représentée dans le roman, semble à chaque génération marquée par la folie et la perte de la communication. Le seul lien qui soit encore assuré est composé de bribes de souvenirs, eux-mêmes alimentés par l'écho de contes et de légendes qui parfois prennent l'allure de mythes fondateurs (I, 2). En même temps, le lecteur ne peut qu'être dérouté par le sujet de l'énonciation : le narrateur est un « nous » qui, tout au long du roman, accompagne les personnages, les contemple, et surtout rapporte leurs paroles, participant lui-même à cette recherche, à chaque « palier » de la généalogie, s'emparant de la langue française et ménageant cet espace linguistique auquel les esclaves n'ont jamais eu droit. La langue originelle – une des langues originelles –, en effet, est vouée à l'oubli : les mots africains qui se sont transmis sont déformés et « il ne vaut pas d'en éclaircir le sens ».

Or, dès la première partie, la langue française était récusée par Marie dans son fonctionnement « civilisationnel », impossible à contredire en soi. Il faut en revanche parvenir à la « travailler » de l'intérieur, briser les carcans qui lui interdisent de comprendre l'autre : la preuve en est donnée lorsque la femme du planteur tente de reconstituer le récit d'Anatolie, et de le mettre par écrit. L'histoire qu'elle obtient (I, 4) n'a aucun sens... En revanche, le « nous » du narrateur, en ouvrant les limites de la phrase, en l'étirant à ses ultimes possibles, intégrant sans cesse les discours des uns et des autres, parvient à accueillir la diversité des paroles, des récits et des bribes, adoptant même des points de vue multiples : ainsi, dans une même séquence, peuvent être traités conjointement les rapports de Pythagore et de Cinna Chimène, le souvenir de la trahison, et la nécessaire référence à ce « constellé de terres » – les îles – dont les histoires partent en dérive (I, 1). Ce n'est qu'à ce prix que peut être retrouvé et entendu, au-delà des récits transformés, le cri primordial du marron torturé, auquel on a mis fin jadis en lui plantant « un brandon enflammé dans la bouche » (II, 3).

En renouvelant ainsi cette quête ouverte par la *Lézarde*, Glissant retisse encore la longue anamnèse des paroles qui parviennent à faire comprendre ce qui est proprement insensé : le refoulement de l'esclavage et de la traite, par les Antillais eux-mêmes.

Y. CHEMLA

CASSANDRE. Roman de Gautier de Costes, sieur de **La Calprenède** (1610 ?-1663), publié à Paris chez Augustin Courbé de 1642 à 1645 (10 volumes).

C'est le premier roman de La Calprenède qui, parallèlement à une carrière militaire, s'est auparavant essayé à la tragédie et à la tragi-comédie non, parfois, sans quelque bonheur. Les six mille pages de *Cassandre* se rattachent au roman d'aventures proprement dit ainsi qu'au roman pseudo-historique, illustré entre autres par *l'Histoire nègre-pontique* (1631) de Pierre de Boissat, à qui La Calprenède a beaucoup emprunté, et par le *Polexandre* (1637) de Gomberville.

Près de Babylone, Oroondate, fils unique du roi des Scythes, sauve un inconnu dont il apprend par la suite qu'il s'agit du misérable Perdiccas, meurtrier, croit-on, de Statira, fille de Darium et veuve d'Alexandre. Désespoir d'Oroondate, qui s'évanouit. Depuis ce jour où, combattant les Perses, il força l'entrée de la tente royale de Darius et de ses filles, il est tombé passionnément amoureux de Statira.

Bientôt une rumeur laisse à penser que Statira vit encore. De combat en changement de camp – Oroondate servant Darius d'abord sous le nom d'Oronte puis, après de grands exploits, sous son identité véritable –, de poursuite après des rivaux et des ravisseurs en piège tendu par la jalousie de Roxane et brillamment déjoué, de déguisement (en jardinier) en déclarations d'amour de moins en moins mal reçues, Perdiccas tué, Roxane exilée en Macédoine, Oroondate finira par épouser Statira.

Ce roman, comme les autres œuvres de La Calprenède, se réclame de l'épopée dont il utilise la technique : début *in medias res*, insertion de nombreuses « histoires », celles d'Oroondate, de Statira, d'Arsace – sous le nom supposé de Cassandre –, de Bérénice, de Lisymachus, etc. qui brisent la linéarité de l'intrigue. Il lui doit son esthétique (adjectifs « homériques », pompe des situations...) et son éthique ; l'héroïsme et la gloire y règnent en maîtres. À cette convention narrative s'ajoute l'accumulation des poncifs du roman d'aventures : rien ne manque, ni les naufrages, ni les enlèvements, ni les lettres interceptées, ni les quiproquos. Les personnages idéalisés – « tous jeunes, tous amoureux, et tous beaux, et tous blonds » ironisera Sorel – ne sont guère individualisés : ils « se ressemblent comme deux gouttes d'eau, parlent tous comme Phébus et sont tous gens cent lieues au-dessus des autres hommes » (Tallemant des Réaux).

Malgré cette pauvreté d'invention et le stéréotype des situations, le roman ne cessa de séduire le public. « Le style de La Calprenède, écrira Mme de Sévigné en 1671, est maudit en mille endroits [...], et, cependant, je ne laisse pas de m'y prendre comme à de la glu ; la beauté des sentiments, la violence des passions, la grandeur des événements et le succès redoutable de leurs redoutables épées, tout cela m'entraîne comme une petite fille. » À travers des destins d'exception, fussent-ils pour cette raison hors de la vraisemblance, *Cassandre* est le reflet d'une époque éprise de grandeur et de nobles passions. En ce sens, ce roman n'est ni faux ni artificiel. Il révèle en effet les aspirations du public mondain qui aimait qu'on lui parle moins de ce qu'il était que de ce qu'il rêvait d'être : héroïque à la guerre, chevaleresque en amour et, finalement, d'une exemplarité absolue.

● Genève, Slatkine, 1979 (réimp. éd. 1642).

A. COUPRIE

CATARACTES DE L'IMAGINATION. Essai de Jean-Marie **Chassaignon** (1737-1795), publié en 1779.

« Infortuné, je touche à mon cinquième lustre / Sans avoir publié rien qui me rende illustre » : une citation de la *Métromanie* de Piron ouvre le livre par lequel Chassaignon, à plus de quarante ans, prétend à la célébrité. Mais une seconde citation, empruntée cette fois à l'*Énéide*, évoque la grande œuvre d'une vie comme un monstre effrayant et chaotique : « *Monstrum horrendum, informe, ingens cui lumen ademptum.* » La vie de Chassaignon se caractérise par son instabilité. Une série d'escapades et de crises mystiques le mène de Lyon, sa ville natale, à Paris, puis le fait errer en Savoie. Une retraite religieuse, des études de théologie à Saint-Sulpice n'apaisent pas une insatisfaction fondamentale qui se manifeste dans ses vagabondages et des essais littéraires désordonnés.

Les métaphores de cataclysme et de maladie se développent déjà dans l'énoncé complet du titre : *Cataractes de l'imagination, déluge de la scribomanie, vomissement littéraire, hémorragie encyclopédique, monstre des monstres, par Épiménide l'Inspiré, dans l'antre de Trophonius, au pays des visions.* Épiménide est ce Crétois dont la légende veut qu'il ait dormi cinquante-sept ans et qu'il ait acquis durant ce sommeil sagesse et clairvoyance, tandis que l'antre de Trophonius est un des lieux oraculaires de la Grèce ancienne. La figure d'Épiménide apparaissait déjà dans les comédies de Paul Poisson en 1735 et du président Hénault en 1757 : elle servait alors à opposer à la décadence des temps présents le regard critique d'un homme venu des âges anciens. La fin du XVIIIᵉ siècle fait au contraire se réveiller des représentants du passé dans un futur utopique (l'*An 2440 de Louis-Sébastien Mercier) ou dans la France régénérée de 1789 (le Réveil d'Épiménide de Flins des Oliviers en 1790). Chassaignon pour sa part se situe moins par rapport à cette opposition entre passé et avenir que par rapport à une tension entre réalité et imaginaire. Il compare son œuvre à un château sicilien que des jeux de miroir et des collections de statues fantastiques transforment en un « pays d'illusion et d'enchantement ».

Les quatre volumes des Cataractes permettent de suivre la trajectoire de l'auteur, depuis un premier essai de poésie classique jusqu'à ses adieux, sinon à la littérature, du moins à toute reconnaissance littéraire. « Je renonce pour jamais aux éclairs d'une gloriole littéraire. Je ne suis plus sensible aux charmes d'un beau vers. Va-t'en pauvre renard... Les raisins sont trop verts. » Il est significatif que le poème classique reproduit soit une ode à son ami Poncet, sculpteur lyonnais, auteur de bustes de Voltaire et de la famille royale. Poncet incarne un art figuratif et reconnu, il représente une normalité existentielle et esthétique. Dès le deuxième volume, Chassaignon insère un « Adieu à Poncet » : alors que le sculpteur connaît l'amour et la gloire, tous deux confondus sous les traits d'une belle femme, le poète s'enferme dans un célibat morose et se complaît dans des créations déséquilibrées, résolument monstrueuses.

Les Cataractes se composent de trente chapitres qui n'occupent qu'un tiers de l'ensemble et qui sont suivis de « Détachement ou entrailles du monstre », sous forme de notes de A à Z, puis de 1 à 73, parmi lesquelles s'intercalent des chapitres erratiques.

Dès 1714, le Chef-d'œuvre d'un inconnu de Thémiseul de Saint-Hyacinthe se présentait comme un poème envahi, dévoré par la prolifération des notes érudites : il s'agissait de ridiculiser la norme classique au nom d'une fantaisie archaïque. Dans les années où la poésie descriptive, telle que la prône et la pratique Delille, truffe ses vers de commentaires savants en notes, Chassaignon présente son annotation comme « une espèce d'engorgement, d'obstruction et une bigarrure trop choquante », d'où le renvoi des notes dans les volumes suivants, leur « dégorgement ». Le livre n'est pas un organisme harmonieux, mais un corps malade, dérangé, un mélange de pulsions contradictoires, l'expression d'une violence intérieure. La poésie s'y confond avec la prose, l'invention avec le commentaire savant, la création personnelle avec les citations et les emprunts à autrui.

Tout au long des Cataractes, Chassaignon hésite pathétiquement entre la revendication de son originalité et une autoflagellation, entre une critique de la règle classique et l'incapacité d'assumer positivement la bizarrerie, entre le désir et la crainte de s'abandonner à l'imagination. « Ma façon de penser est aussi opposée à celle des autres hommes que mon ouvrage diffère par sa forme des autres ouvrages. » Il ne reconnaît que deux modèles : les Nuits d'Young et les Tombeaux d'Hervey, c'est-à-dire deux poètes anglais de l'angoisse et de la désespérance. Edward Young est aussi l'auteur des Conjectures on Original Composition, traduites en français par Le Tourneur. Là où la nouvelle école anglaise affirme le devoir d'originalité, de différence individuelle, Chassaignon préfère se perdre dans le labyrinthe de nos incertitudes : qu'est-ce qui distingue objectivement un génie d'un fou ? une réputation usurpée d'une gloire méritée ? L'imagination est-elle capable de construire un monde concurrent de la réalité ?

Il se réclame doublement de Montaigne, par son style décousu mais aussi par son scepticisme : l'humanité resterait vouée à l'incertitude et à l'inconstance. Il fuit les doutes qui l'assaillent par ce qu'il faut bien appeler l'écriture, à savoir une composition courante qui, au nom de l'urgence intérieure, déborde toute volonté de bien dire. Montaigne parlait d'« écrivaillerie abondante » ; Chassaignon, fou litté-

raire, poète maudit, fatrassier perdu entre des modèles archaïques et une modernité plus radicale, préfère parler de « scribomanie ».

M. DELON

CATÉCHISME POSITIVISTE ou Sommaire Exposition de la religion universelle en treize entretiens systématiques entre une femme et un prêtre de l'humanité. Traité d'Auguste **Comte** (1798-1857), publié à Paris « chez l'auteur » en 1852.

Auguste Comte reprend ici le principe titulaire du Catéchisme des industriels (3ᵉ cahier du Plan des travaux scientifiques pour réorganiser la société, 1822, réédité en 1824 sous le titre Système de politique positiviste) et propose un exposé pédagogique de son Cours de philosophie positive, publié de 1830 à 1842, complété par le Cours philosophique sur l'histoire générale de l'humanité, terminé en 1851 et le Système de politique positive (1851-1854). Dernier ouvrage du philosophe, ce Catéchisme est fortement influencé par le souvenir de Clotilde de Vaux, cette « angélique interlocutrice » morte en 1846.

Une Préface énonce l'ambition de l'auteur : « Nous venons donc ouvertement délivrer l'Occident d'une démocratie anarchique et d'une aristocratie rétrograde, pour constituer, autant que possible, la vraie sociocratie, qui fasse sagement concourir à la commune régénération toutes les forces humaines. » Elle définit aussi le positivisme comme « doctrine toujours caractérisée par la combinaison de la réalité avec l'utilité » et la religion positive comme « doctrine qui développera toujours toutes les vertus humaines, personnelles, domestiques et civiques ». Comte justifie également le principe didactique et dialogique du livre, adapté au public visé : les prolétaires et les femmes. Après un catalogue de 150 volumes constituant la « Bibliothèque positiviste au XIXᵉ siècle » (30 de poésie depuis Homère jusqu'à Goethe, 30 de sciences, de Condorcet à Broussais, 60 d'Histoire et 30 de synthèse, d'Aristoté à Auguste Comte), des entretiens présentent d'abord la « théorie générale de la religion », puis celle de l'humanité, et se disposent ensuite en 3 parties : « Explication du culte », « Explication du dogme », « Explication du régime ». Une Conclusion retrace l'« histoire générale de la religion » et inclut un « Calendrier positiviste pour une année quelconque ou Tableau concret de la préparation humaine ». Un Avis au lecteur conseille de consacrer deux semaines à l'étude de l'ouvrage, à raison d'une journée par entretien, soit deux heures de lecture, et de deux journées de suspension entre chaque partie.

Le Cours de philosophie positive, fondé sur la méthode hypothético-déductive, s'ouvrait sur la loi des trois états rythmant l'histoire de l'humanité : l'état théologique, dans lequel l'homme « se représente les phénomènes comme produits par l'action directe et continue d'agents surnaturels ; l'état métaphysique ou abstrait, où les agents surnaturels sont remplacés par des forces abstraites ; l'état positif ou scientifique, dans lequel l'homme « renonce à connaître les causes intimes des phénomènes », et s'attache uniquement à découvrir « leurs lois effectives, c'est-à-dire leurs relations invariables » (1ʳᵉ leçon). Le Cours montrait donc que ce qu'on appelle aujourd'hui les sciences dures étaient régies par des lois ou rapports constants, pour en déduire qu'il fallait faire entrer dans cette positivité les autres sciences, et couronner le tout par la sociologie, qui permettra à l'humanité de maîtriser ses structures et son devenir (« Savoir pour prévoir afin de pouvoir »). Le Catéchisme est l'apothéose de la « septième science », la religion : « Notre existence étant principalement caractérisée par l'unité, notre essor doit essentiellement développer l'harmonie humaine. Ainsi toute l'histoire de l'humanité se condense nécessairement dans celle de la religion » (12ᵉ entretien).

Pour combler le vide laissé par le travail de la philosophie des Lumières et la Révolution, Comte élabore la foi dans le Grand-Être (l'Humanité), entouré du Grand-Milieu (l'Espace) et du Grand-Fétiche (la Terre). Cette véritable trinité positiviste entraîne l'existence d'un culte et d'un clergé, ainsi que de neuf sacrements, où se redisposent des dogmes et des pratiques catholiques. Cette religion donne sa cohésion à une société refondée, relégitimée et réunifiée : « La providence morale des femmes, la providence intellectuelle du sacerdoce et la providence matérielle du patriciat ont donc besoin d'être complétées par la providence générale émanée du prolétariat, pour constituer l'admirable ensemble de la providence humaine » (8e entretien). Cette harmonie générale (« L'unité personnelle et l'unité sociale constituent le double but de la religion » [*Système de politique positive*]), que le positivisme doit faire advenir, se construit par une « marche systématique » qui remplace une « évolution spontanée » : « En un mot, l'Humanité se substitue définitivement à Dieu, sans oublier jamais ses services provisoires » (13e entretien). Ainsi Auguste Comte conclut-il le siècle prophétique et complète-t-il sa longue série d'utopies socio-religieuses.

● « GF », 1966 (p.p. P. Arnaud).

G. GENGEMBRE

CATHÉDRALE (la). Roman de Charles Marie Georges, dit Joris-Karl **Huysmans** (1848-1907), publié à Paris en extraits dans *l'Écho de Paris* en octobre 1898, et en volume chez Stock la même année.

Ce roman est le premier qui s'inscrit dans la lignée catholique de l'œuvre de Huysmans, après ce que l'on peut appeler une conversion marquée par *En route.

Depuis trois mois, Durtal se trouve à Chartres. Il y a suivi son confesseur et ami l'abbé Gévresin qui pensait ainsi l'aider à traverser une crise spirituelle. Gévresin est assisté par l'abbé Plomb, jeune homme instruit et mystique. Durtal ne ressent que plus encore, dans ce lieu de ferveur, l'aridité de son âme. Il se lie avec l'abbé Plomb avec lequel il disserte de l'architecture de la cathédrale de Chartres qu'ils visitent fréquemment ensemble. L'article que Durtal écrit sur Fra Angelico ne peut combler son vide intérieur et il pense faire retraite. Ses pas le menant toujours à la cathédrale, il se raffermit peu à peu dans le projet dont il s'entretient avec l'abbé Plomb, de devenir oblat à l'abbaye de Solesmes. Cependant Durtal hésite encore à se retirer du monde. Les visites des alentours, ses études de symbolique chrétienne ne font que retarder le moment crucial. Malgré les doutes qui l'assaillent, Durtal se décide enfin et part à Solesmes avec l'abbé Plomb.

La crise spirituelle de Durtal, qui est sans doute celle de Huysmans, est scandée par des considérations sur la symbolique chrétienne : « Elle a été l'attrait décidé de ma vie à Chartres, elle m'a allégé et consolé lorsque je souffrais de me sentir l'âme si importune et si basse », dit le héros (chap. 16). Chaque étape spirituelle de Durtal est ainsi prétexte à une réflexion sur les symboles utilisés par les mystiques chrétiens. Il évoque en premier lieu la symbolique architecturale (chap. 5, 6, 9, 11) si importante dans la pensée de Huysmans. La cathédrale de Chartres, qui donne son titre à l'ouvrage, est en effet le centre et la clé de voûte du roman du point de vue narratif (lieu de recueillement et de prière, de mise au point où Durtal retourne toujours) mais aussi un champ d'expérimentation des théories symbolistes. Sur cette dissertation architecturale se greffe toute une série d'autres développements : symbolique des couleurs (chap. 7), des pierreries (chap. 7), ce en quoi Huysmans continue ce qu'il avait amorcé dans *À rebours*, des fleurs (chap. 10), des cloches et des vitraux (chap. 13), ce qui n'est pas sans rappeler *Là-bas*, des odeurs (chap. 14) et des bestiaires (chap. 15). Ces analyses servent parallèlement à affirmer des positions d'ordre esthétique : Durtal manifeste un goût particulier pour la statuaire et affirme une préférence paradoxale pour l'art roman, pour celui des primitifs (voir le développement sur Fra Angelico au chapitre 7) depuis lesquels, selon lui, l'art est tombé en déchéance et a perdu de sa force. *La Cathédrale* est ainsi tout entière dominée par l'expression d'un catholicisme

érudit et mystique que Huysmans montre ici en acte, à la recherche de la spiritualité des représentations et des objets, et qui fait écho à une recherche littéraire qui privilégie l'énumération et essaie de se faire globalisante. Sans doute retrouve-t-on dans le style de Huysmans quelque chose du rythme biblique et du souffle des mystiques : « Elle seule est bien la blanche tige du blé divin, du froment eucharistique ; Elle seule est bien l'Immaculée, la *Regina Virginum* des Litanies, et Elle est si jeune, si ingénue, que le Fils semble couronner, avant même qu'elle ne l'ait conçu, sa Mère ! » (chap. 7). Pourtant, cette tentative trop intellectuelle d'appréhender le divin constitue en soi un blasphème pour Huysmans et un écueil. Si Durtal – que l'on ne peut qu'assimiler à Huysmans – déplore l'inculture catholique (« ignorance inouïe, haine instinctive de l'art, appréhension des idées, terreur des termes si particulière aux catholiques », chap. 11), l'esprit analytique dont il fait preuve est cela même qui cause l'absence de grâce qui le désespère. L'intellect toujours en balance avec la foi, Durtal ne peut s'abandonner naïvement à Dieu : « C'est mon manque d'abandon, mon défaut de confiance envers Dieu et aussi mon peu d'amour qui m'ont mis dans un état pareil » (chap. 15). Le seul refuge, c'est bien sûr la cathédrale, mais surtout Celle à qui elle est consacrée, la Vierge. Il est curieux de constater que c'est entre ses bras que Durtal s'abandonne, comme anéanti par cette figure féminine de pureté que nul concept ne semble pouvoir circonvenir.

● Christian Pirot, 1986 (p.p. P. Cogny, préf. M. Cazeaux). ➤ *Œuvres complètes*, Slatkine, VII.

H. VÉDRINE

CAUSERIES DU LUNDI. Recueil d'articles critiques de Charles Augustin **Sainte-Beuve** (1804-1869), publié à Paris dans le *Constitutionnel* à partir du 1er octobre 1849 et dans le *Moniteur* à partir de décembre 1852, et en volume chez Garnier entre 1851 et 1862. S'y ajouteront les 13 volumes des *Nouveaux Lundis*, commencés en septembre 1861 au *Constitutionnel*, où Sainte-Beuve est revenu, et qu'il quitte en 1867 pour le *Moniteur*, poursuivis au *Temps* en 1869, augmentés d'articles parus dans diverses revues (Paris, Michel Lévy, 1863-1870), et les *Premiers Lundis* (Michel Lévy, 1874-1875, articles non recueillis jusqu'alors, datant surtout d'avant 1840).

Avec son *Tableau historique et critique de la poésie française et du théâtre français au XVIe siècle* (1828, revu en 1843), ses *Critiques et Portraits littéraires* (1832-1839), ses *Portraits de femmes* (1844), ses *Portraits littéraires* (1844), ses *Portraits contemporains* (1846), son *Port-Royal* (1840-1859) et son *Chateaubriand et son groupe littéraire sous l'Empire* (1860), Sainte-Beuve multiplie les interventions critiques qui feront de lui un véritable moniteur des lettres. Après les années de découvertes, après celles de propagande romantique, où se développe impérialement la tentation biographique, prétexte à jugements esthétiques, tableaux d'une époque ou d'un lieu et définitions de groupes ou mouvements, Sainte-Beuve joue ici la carte de l'essai, appuyé sur l'érudition, où se met en place un ordre à la fois littéraire et moral.

330 articles pour les *Causeries,* 139 *Nouveaux Lundis* : on est stupéfait devant l'énormité de la production critique hebdomadaire de Sainte-Beuve. Encore faudrait-il leur adjoindre l'*Étude sur Virgile*, suivie de celle sur Quintus de Smyrne (1857), et les trois articles sur Proudhon (1865, publiés en volume sous le titre *P.J. Proudhon, sa vie et sa correspondance, 1838-1848*, 1872). Suite de portraits, qui reprennent en partie le genre mis au point entre 1829 et 1849 (Sainte-Beuve en composa 84), ces articles, véritables monographies, confèrent au genre une nouvelle dimension. À la reconstitution du milieu historique, à l'analyse du tempérament particulier de chaque auteur, s'ajoute l'analyse de l'œuvre, où se déploient la verve du critique et

surtout la gamme de ses jugements prononcés au nom du goût ali-
menté par la connaissance scientifique et le point de vue moral (« Je
puis goûter une œuvre, mais il m'est difficile de la juger indépendamment de la connaissance de l'homme même : tel arbre, tel fruit.
L'étude littéraire me mène ainsi tout naturellement à l'étude morale »,
22 juillet 1862, *Nouveaux Lundis*).

Si les *Causeries* abordent quasi systématiquement les classiques
comme Racine ou Voltaire, elles traitent aussi bien des grandes figures
du Moyen Âge (Commynes), du XVᵉ siècle (Villon), du XVIᵉ (Montaigne) que
des sommets du XIXᵉ (Chateaubriand, Lamartine, Musset) ou des
contemporains (George Sand, Flaubert). Surtout, sont évoqués les écrivains moins consacrés, retenus pour leur représentativité. Défilent ainsi
quantité d'auteurs, qui, de Dangeau à Mme de Graffigny, de Bonald à
Bonstetten, de Parny à Eugénie de Guérin peuplent le territoire littéraire.

Les *Nouveaux Lundis* manifestent une liberté encore plus affirmée.
On trouve plus de personnages contemporains, de Lamennais aux
Goncourt, de Taine à Renan, de Sismondi à Le Play. Les grands
ancêtres ne manquent pas à l'appel : Virgile, Cervantès, Molière,
Chénier, Mme de Staël, qui côtoient Gautier, Lacordaire ou Veuillot. Si
la méthode d'investigation demeure, le critique semble s'orienter vers
un historicisme nuancé.

Si la production littéraire de Sainte-Beuve tend à mélan-
ger les genres, son activité critique radicalise cette pratique. Diversité des thèmes, des époques, des formes : il
s'agit avant tout de tracer la carte de l'univers littéraire
français, avec de nombreuses explorations de l'Antiquité et
quelques excursions à l'étranger.

Extraordinaire fortune que celle des *Lundis*. Ayant reçu
la caution bourgeoise, sentences prononcées au nom d'un
magistère, ils fourniront d'innombrables citations aux
auteurs de manuels et d'inépuisables sujets de dissertations.
Si l'on a coutume de souligner certains partis pris de
Sainte-Beuve – il n'aime ni Balzac ni Stendhal, il ne comprend guère Baudelaire, ses propres aventures littéraires et
sentimentales oblitèrent son jugement –, il faut remarquer la
cohérence de l'entreprise critique. D'une part, Sainte-Beuve
se place de plus en plus sous les auspices de la
science ; de l'autre il récupère et magnifie le mythe du classicisme. Il s'agit d'abord de mettre au point une « science des
esprits ». Sainte-Beuve, pour garantir cette « intelligence des
choses » (*Nouveaux Lundis*, XI), retrouve alors les concepts
de Taine : race, milieu et moment. Renoncement aux critères de l'ancienne rhétorique, à la critique des « défauts » :
l'objectivité affichée prétend affranchir la critique d'une
normativité rigide ou d'une subjectivité impressionniste.

« En critique, j'ai assez fait l'avocat, faisons maintenant
le juge », proclamait Sainte-Beuve vers le milieu du siècle.
La police littéraire s'exercera au nom de la mesure, du bon
sens, de la tradition, « principe de raison et de culture qui a
pénétré à la longue, pour le modifier, dans le caractère
même de cette nation gauloise » (écrit en 1858, *Causeries*,
XV). La supériorité d'un certain classicisme se voit érigée
en vérité. Idéal que contestent quelque peu les *Cahiers*
intimes, où se réfugient des jugements plus caustiques, et
qui tempèrent le conservatisme par l'égotisme sceptique.

L'écriture beuvienne impose sa précision autant que son
brillant. Une fois assimilés les documents et les témoignages, le « lundi » s'évertue avec succès à la rigueur, au
dépouillement, à la sobriété, à l'équilibre, au beau langage.
Art consommé, modèle inspiré par l'esthétique classique, il
relève aussi d'une éthique romantique, qui se soucie de la
détermination contextuelle de la production littéraire, mais
qui distingue la singularité, qui reconnaît et célèbre le
génie : « Quelque soin qu'on mette à pénétrer ou à expliquer le sens des œuvres, leurs origines, leurs racines, à étudier le caractère des talents et à démontrer les liens par où
ils se rattachent à leurs parents et à leurs alentours, il y aura
toujours une certaine partie inexplicable, celle en quoi
consiste le don individuel du génie » (« lundi » consacré à
l'*Essai de critique naturelle* d'Émile Deschanel).

➤ *Œuvres*, « Pléiade », I, 1950 (p.p. M. Leroy, ne comporte que les
Premiers Lundis).

G. GENGEMBRE

270

CAVALE (la). Roman d'Albertine **Sarrazin** (1937-1967),
publié à Paris chez Jean-Jacques Pauvert en 1965.

Anick Damien raconte une partie de sa vie à l'intérieur des murs de
différentes prisons. D'abord la prison collective, qu'elle intègre à la
première page du roman. C'est le royaume des jalousies, mesquineries, rivalités ; les détenues se jugent, instaurent une sévère hiérarchie
entre elles selon l'importance de leur « affaire », la grosseur de leur
« pécule », leur race, leur origine sociale, et se font rarement de
cadeaux. Anick, en habituée, se méfie, ménage de son mieux ses
codétenues et ses chefs, se lie d'une profonde amitié avec Maria,
attend un éventuel transfert, un jugement, une mise en liberté médicale, et surtout échafaude avec obstination le rêve qui lui permet de
tenir bon : l'évasion, la « cavale », rêve qui la suivra dans une prison
suivante. Là le régime est souple, familial pour les deux seules détenues, Jane et Anick. Mais le rêve insensé demeure. Jane s'en va.
Anick reste, voit arriver de nouveaux visages, épouse Zizi, enfermé lui
aussi de l'autre côté du mur, aime Nicole, et part à son tour pour une
prison cellulaire où un relatif isolement la réconforte un peu, et la
conforte aussi dans son rêve de cavale spectaculaire que partage
désormais activement Zizi. Cette cavale, jamais le roman ne la verra
aboutir, tandis que défilent les jours, ternes, las, mais jamais désespérés pour Anick qui passe de la résignation à la révolte avec fierté, insolence et humour.

La Cavale, publié en même temps que l'**Astragale*, est le
premier livre écrit par Albertine Sarrazin, qu'elle a mûri
pour une grande part pendant sa détention, qu'elle nourrit
de son journal intime sorti clandestinement de prison et de
ses lettres. C'est pourquoi cette évocation de la vie carcérale connaît cette précision, cette force, et que l'écriture
réussit à allier spontanéité et rigueur dans une constante
inventivité.

La dimension autobiographique ne saurait être niée,
même si l'auteur, qui s'exprime à la première personne, au
présent, et se fit connaître sous sa véritable identité (Albertine Damien, pour l'Assistance publique, était surnommée
Anick par ses codétenues et ses amis), se permet quelques
entorses avec la réalité de sa vie. Mais la force du monde
imaginaire et de l'écriture qui fait toute l'originalité de ce
roman met au premier plan la part proprement créatrice de
l'inspiration de l'auteur.

La langue est un véritable feu d'artifice, qui apparente
Albertine Sarrazin à des écrivains comme Queneau et surtout Céline. Pour, semble-t-il, garantir l'authenticité et la
vraisemblance plus que pour donner une touche d'exotisme, la romancière s'appuie sur l'argot de la prison, et y
mêle ses jeux de mots personnels, des mots étrangers, mais
aussi des mots rares, des mots techniques empruntés à la
chimie, à la pharmacie ou à l'étymologie, des créations
aussi qui mettent en relief la dimension d'abord ludique de
l'écriture. Le style direct coexiste avec des imparfaits du
subjonctif et des constructions syntaxiques très élaborées.
Les références culturelles surprennent au sein de l'évocation parfois crue et violente des conditions de détention,
avec laquelle contrastent surtout les métaphores et les
images, inattendues et belles, qui marquent l'emprise du
monde imaginaire sur le monde réel et le vécu quotidien de
la prisonnière.

C'est dans la construction même du livre que se lit l'originalité créatrice de l'auteur. D'abord dans la rigueur de la
métaphore filée (celle de la cavale, animal rétif et fidèle qui
caracole entre les lignes et donne son titre au roman en
même temps que sa très grande unité) qui charpente le
livre plus solidement que la chronologie. Ensuite dans
l'alternance constante des descriptions et des monologues,
qui fait du réel et du quotidien un tremplin pour le rêve et
l'imaginaire. Enfin dans le choix d'un espace et d'un temps
symboliques : l'écriture, d'une part, exprime l'opposition
dehors / dedans, explore tous les champs clos, parmi lesquels seul l'espace imaginaire échappe aux murs et aux
limites ; d'autre part, l'organisation apparemment chronologique du texte se révèle n'être qu'une mystification pour
le lecteur qui croit progresser dans la préparation d'une
évasion alors que seul le rêve de s'évader prend forme, et
que le livre avance au rythme d'un temps tout intérieur,

balisé certes par quelques repères, mais qui se ralentit ou s'accélère au gré de véritables choix d'écriture. Tout se passe comme si la hantise du lieu clos et du temps arrêté était matérialisée par l'écriture elle-même au lieu d'être analysée ou exprimée comme telle.

● « Le Livre de Poche », 1969.

V. STEMMER

CAVALIER SEUL (le). Pièce en trois actes et en prose de Jacques **Audiberti** (1899-1965), publiée à Paris chez Gallimard en 1955, et créée dans une mise en scène de Marcel Maréchal à Lyon au théâtre du Cothurne le 5 décembre 1963.

Les indications de l'auteur précisent que les principaux rôles doivent être tenus dans les trois contrées différentes par les mêmes acteurs.

Au XIe siècle dans le Languedoc, la jeune Madelonne, l'une des amantes de Mirtus, rend visite à la mère du jeune homme, car, la guerre contre l'Aragon venant d'être déclarée, elle redoute son départ. La mère la renvoie pour accueillir un prêtre auquel elle fait don d'un « oustal » destiné à être transformé en chapelle. Arrivent Mirtus, puis les gens d'armes du baron – son grand rival – qui viennent l'enrôler dans leur armée. Mirtus refuse d'abord de les rejoindre, les malmène quelque peu, puis demande à l'adjudant de le faire chevalier en présence du prêtre. Madelonne se propose pour page. Le prêtre exhorte le nouveau chevalier à entrer au service de son suzerain et à conquérir le Saint-Sépulcre à Jérusalem. Tandis que son père se préoccupe de sa charpente et de ses sacs de farine, Mirtus part seul. Un ouvrier trouve un éperon musulman (Acte I).

Dans le palais de l'empereur Théopompe à Constantinople, deux danseurs, Klassikos et Nérébis, répètent. Entrent le médecin et le paléographe. L'empereur est malade et sa femme Zoé continue d'exiger de lui des satisfactions qu'il ne peut plus lui donner : le médecin lui a préparé un étui en roseau. Survient Théopompe. Tous attendent l'arrivée de la grande croisade dont « les fous isolés sont partis les premiers ». Un chevalier catholique est annoncé ; tous se mettent des barbes postiches. Entre Mirtus, sellé : son cheval est mort le matin. Sur injonction du chevalier, les hommes retirent leur fausse barbe et leurs ornements. Dans le feu du récit de son voyage, Mirtus caresse Nérébis et tue Klassikos d'un coup de couteau. L'autocrate veut le nommer gouverneur mais le chevalier chrétien désire poursuivre sa route vers Jérusalem. Il lui confie cependant son bracelet de commandement. L'impératrice, éprise de lui, lui montre la vraie croix, invention byzantine. Mais Mirtus part avec Nérébis, en promettant de revenir (Acte II).

À Jérusalem, Mirtus, en tenue de chevalier libérateur, courtise Fatima, sœur du calife. Celle-ci le conduit au Sépulcre. Sur le balcon apparaît un homme qui « ressemble au Christ de la figuration traditionnelle » et qui lui avoue sa pitié pour le genre humain et sa décision de l'abandonner à son sort. Il confie le monde au chevalier et l'enjoint de fédérer les armées de l'Est et du Sud. Mirtus accepte alors de se convertir à la foi mahométane. Mais il apprend qu'on doit empaler l'homme. Désirant obtenir sa grâce, Mirtus se la voit finalement accorder par le calife à condition qu'il prenne sa place sur le pal ; mais le chevalier, qui n'est pas prêt à mourir, se rétracte. Trois ans plus tard, quand arrive l'armée des croisés, il rejoint leurs rangs, et leurs préoccupations terrestres, avec soulagement (Acte III).

L'action du *Cavalier seul*, comme son titre le laisse pressentir, se confond avec l'itinéraire de son personnage principal. Mirtus, grand tueur d'hommes et « chevaucheur » de dames, est une force de la nature en quête d'une tâche digne de lui. Séducteur poursuivi par la « jeune femme éternelle », en proie à la rivalité des autres hommes et soumettant les plus puissants à son emprise (Théopompe, puis le calife), son trajet apparaît pourtant comme une fuite hors de l'étouffement maternel : « Où que tu sois, quoi que tu fasses, je te serre au cœur de ma peau », déclare sa mère. La négation constante par celle-ci du rôle du père dans l'engendrement de son fils suggère une immaculée conception : « Je n'ai eu qu'un homme. C'est mon fils. C'est lui. C'est l'homme. » Mais est-ce là pure fabulation ou annonce d'un destin grandiose ? L'élection de Mirtus (« Le fils est là », dit le prêtre) est proclamée et accompagnée tout au long de son voyage par un cortège de signes du destin. Pour n'en citer que deux : la cicatrice du chat Folichon « à l'endroit même où notre Christ reçut sa lance », et le lapsus du prêtre s'adressant à la mère : « Quand votre fils ressus-

citera... » Mirtus, ainsi aiguillé vers la reconquête du Saint-Sépulcre de Jérusalem, est peu à peu persuadé que cette « épaisseur de vigueur dans son sang » l'appelle à un rôle plus qu'humain.

Les trois étapes du voyage de Mirtus introduisent une certaine confusion dans la linéarité de son parcours. En effet, le changement complet de décor et de personnages à chaque acte – à l'exception du cavalier – recouvre la trame de l'action sous une profusion baroque d'événements annexes qu'accroît encore le brouillage des identités voulu par l'auteur. Audiberti ne se prive d'ailleurs pas de jouer sur la perte des repères qui résulte de ce mélange des lieux et des temps, en se livrant à son goût de la digression ou de l'excursus. D'où certaines considérations inattendues : jeux de mots douteux sur la bataille des Thermopyles (assimilés à des produits pharmaceutiques concurrents), répliques purement boulevardières comme « Ce que vous pouvez être byzantins quand je me teins ! », ou même « Zoé pompe Théopompe » (*sic*). On peut par ailleurs trouver que « Nous nous sommes consultés, le vieux, le pigeon et moi » est une phrase qui convient assez peu à la divine majesté de la personne du Christ, dans l'attente du supplice. La tendance anarchisante qui triomphera dans l'**Effet Glapion* et fera éclater les cadres traditionnels de l'action théâtrale est donc déjà en germe dans *le Cavalier seul*.

Cependant, la continuité de l'action à travers des décors si divers est assurée non seulement par le trajet du cavalier mais aussi par la poursuite des mêmes rôles (à peu de chose près) sous des déguisements divers, à travers les trois actes. La mère, l'impératrice Zoé et la mère du condamné au pal sont trois figures de la maternité envahissante. De même, si Madelonne devient Nérébis, puis Fatima, on a toujours affaire à « la jeune femme éternelle ». Le père, qu'il soit Théopompe ou calife, ne cherche qu'à déléguer son pouvoir à Mirtus. Quant au prêtre-patriarche-ouléma, il est partout l'incarnation de l'orthodoxie religieuse. De petites passerelles sont jetées entre les actes à des fins d'unification : la discussion de la mère et du prêtre entamée dans l'acte I se poursuit dans l'acte II. La teinture de Nérébis et celle, supposée, de Fatima créent un lien entre les actes II et III. « N'ayez surtout pas l'air penseur oriental », dit le prêtre au père dans l'acte I, amorçant ainsi sa métamorphose en Théopompe III. « Tels sont nés dans le Languedoc, ils appartiennent pourtant à l'Orient », conclut-il.

Mais dans l'acte III, la mère est la mère d'un autre fils : le condamné. Mirtus, pressé de se substituer à lui sur le pal, ne peut s'y résoudre. Il comprend alors que le Sépulcre était vide, que « c'est dans cet endroit, c'est en ce moment que la passion s'accomplit, et qu'il ne tient qu'à lui d'y jouer le premier rôle. Humain, trop humain, Mirtus, placé sous l'emblème du myrte, c'est-à-dire de l'amour païen de la vie, ne peut se résoudre à faire le sacrifice suprême. Lors de l'arrivée des croisés, c'est avec avidité qu'il reviendra à des intérêts plus prosaïques : mariage, argent, honneurs, avec sans doute au cœur à jamais cette « nostalgie de la justice absolue et de la vérité parfaite » qu'Audiberti évoque dans *l'Abhumanisme* (1955). Mirtus, écrit Jean-Yves Guérin dans *le Théâtre d'Audiberti et le Baroque*, « c'est un Christ abhumaniste qui, après avoir victorieusement repoussé les tentations de la mondanité, de la chair et du pouvoir, laisse son frère de misère aller sa passion et décide pour son compte d'assumer sans illusion sa condition d'homme ». Pris entre le devoir « occidental » et un destin « oriental », soumis à l'énorme responsabilité décelée par Fatima : « L'écriture de votre vie se confond avec l'arabesque du monde », il ne peut supporter le poids écrasant de sa croix intérieure. Rejoignant alors avec honte et délectation la vie terrestre, il se fait barbouiller sur le plastron une croix de sang de Sarrasin, pour qu'enfin son devoir et son destin – purement humains cette fois – « se rejoignent pour [son] repos ».

● Gallimard, « Le Manteau d'Arlequin », 1974.

A. SCHAFFNER

CAVES DU VATICAN (les). Roman d'André **Gide** (1869-1951), publié à Paris dans *la Nouvelle Revue française* les 1er janvier, 1er février et 1er mars 1914, et en volume chez Gallimard la même année. Cette édition originale, anonyme, portait la mention : « *Sotie* par l'auteur de *Paludes*. »

L'idée des *Caves du Vatican* est ancienne puisqu'elle remonte à 1893. Toutefois, Gide ne se met véritablement au travail, comme l'indique son *Journal*, qu'à partir de 1911. L'auteur qualifie son œuvre de « sotie », soulignant ainsi son caractère burlesque : les soties sont en effet des pièces bouffonnes – jouées par des « sots » – que l'on représentait au Moyen Âge pour célébrer la fête des Fous. Lors de leur parution, *les Caves du Vatican* n'eurent aucun succès et firent l'objet de critiques dans l'ensemble négatives, voire désobligeantes. Gide réalisa une adaptation théâtrale de l'ouvrage qui parut en 1948 sous la désignation de « farce en trois actes ». Il commença également, en 1949, à écrire un scénario en vue de tirer un film de son roman, mais le projet avorta.

Livre I. « Anthime Armand Dubois ». À Rome, Anthime Armand Dubois, un scientifique franc-maçon farouchement athée, se convertit soudain au catholicisme à la suite d'un prétendu miracle.

Livre II. « Julius de Baraglioul ». Son beau-frère, Julius de Baraglioul, est un écrivain parisien, catholique et bien-pensant. Julius est chargé par son père, le comte Juste-Agénor de Baraglioul, de se renseigner discrètement sur la personnalité du jeune Lafcadio Wluiki. Ce dernier apprend ainsi qu'il est le fils naturel du vieux comte qui, peu avant de mourir, l'institue héritier d'une coquette fortune.

Livre III. « Amédée Fleurissoire ». À Pau, la comtesse de Saint-Prix, sœur de Julius, se laisse berner par un escroc qui lui fait croire que le pape a été emprisonné dans les caves du Vatican, puis au château Saint-Ange ; le forfait sacrilège serait l'œuvre des francs-maçons et des jésuites. Amédée Fleurissoire, l'autre beau-frère de Baraglioul, un modeste et naïf fabricant d'objets de piété, part pour Rome afin de délivrer le pape.

Livre IV. « Le Mille-Pattes ». L'escroc de Pau, un ancien ami de Lafcadio nommé Protos qui appartient à une bande d'aigrefins appelée le Mille-Pattes, rencontre Amédée Fleurissoire à Rome et exploite sa crédulité.

Livre V. « Lafcadio ». Julius est venu lui aussi à Rome pour assister à un congrès. Il est plein d'enthousiasme à l'idée du nouveau livre qu'il se promet d'écrire : faisant fi des convenances et de son désir d'entrer à l'Académie, il montrera qu'un crime effectué de façon gratuite, sans motif, ne peut que demeurer impuni. Or Lafcadio, dans le train Rome-Naples, précipite par la portière, pour le seul plaisir d'agir ainsi sans raison et d'affirmer sa liberté, un inconnu qui n'est autre que Fleurissoire. À Rome, Lafcadio retrouve Julius qu'il entend, non sans stupeur, lui exposer la théorie de l'acte gratuit. Le jeune homme comprend en outre qu'il vient de tuer le beau-frère de Julius. Protos qui a été témoin du crime menace Lafcadio. Mais Carola, qui s'était attachée à Fleurissoire, dénonce Protos, son amant qu'elle croit coupable. Protos la tue et est arrêté. Lafcadio ne craint plus rien. Légèrement déçu de se tirer d'affaire si facilement, il avoue à Julius son geste et son intention de se livrer à la police. Geneviève, la fille de Julius, s'offre à Lafcadio qu'elle aime, et l'amène à renoncer à sa décision.

Fondée sur de multiples rebondissements et d'hallucinantes coïncidences, l'intrigue des *Caves du Vatican* est singulièrement complexe. Tous les personnages de l'histoire, au début éloignés tant par la destinée que par la géographie, se trouvent peu à peu réunis dans les mailles d'un réseau narratif unique et compliqué dont le « Mille-Pattes » pourrait bien constituer une métaphore. Ainsi, les principaux protagonistes, que l'intrigue finit par rassembler tous à Rome, ont entre eux des liens de parenté. Protos, être subtil et maléfique qui n'est pas sans rappeler Ménalque (voir *les *Nourritures terrestres* et l'*Immoraliste*), échappe seul à ce système, mais il a été jadis l'ami de Lafcadio et les deux hommes ont eu Carola pour maîtresse. Les objets sont eux aussi soumis à d'invraisemblables coïncidences, notamment ces boutons de manchette que Lafcadio offre à Carola lorsqu'il rompt à Paris avec elle, et qu'il retrouve au poignet de sa victime Fleurissoire. Il s'exclame alors : « Ce vieillard est un carrefour » (livre V). Quant au projet romanesque de Julius qui, selon un procédé cher à Gide (voir *Paludes*) met en abyme le récit des *Caves du Vatican*, il rend l'ensemble plus vertigineux encore.

À l'évidence, Gide, faisant fi des lois du vraisemblable, parodie la tradition romanesque. Les excès cocasses du

hasard abolissent sciemment la crédibilité de ce dernier et font de la fiction une sorte de gigantesque bouffonnerie, une « sotie », en effet, ou encore une supercherie que l'organisation du Mille-Pattes figure là aussi symboliquement. De nombreuses intrusions d'auteur viennent déjouer l'illusion romanesque – du type : « Lafcadio, mon ami, vous donnez dans un fait divers et ma plume vous abandonne » (livre II) – et manifestent qu'aucun souci de réalisme ne préside à cette fable ironique et satirique.

À travers ce roman, qui peut apparaître comme une sorte de conte philosophique, Gide aborde, sur le mode de la dérision, un certain nombre de questions fondamentales, déjà présentes dans les œuvres antérieures. Ainsi, la question de la foi est traitée de façon comique à travers la conversion de l'athée Anthime et la piété bornée du miteux Fleurissoire. Le vœu de chasteté de ce dernier et son mariage blanc ne sont pas sans rappeler, dans un registre plaisant, la thématique de l'amour terrestre concurrencé par l'amour mystique qui était au cœur de la *Porte étroite*. En outre, c'est sous les traits du fat, superficiel et opportuniste Julius que Gide choisit d'incarner la figure de l'écrivain.

Livre provocateur tant par la dérision à laquelle il soumet les lois du genre romanesque qu'en raison de la thèse audacieuse qu'il soutient à propos du crime, *les Caves du Vatican* poussent l'iconoclastie jusqu'à parodier l'œuvre gidienne elle-même. Dieu n'est pas non plus épargné et tout comme le pape, est menacé de disparition : « Je ne veux point surfaire l'importance des *Caves du Vatican* ; je crois pourtant, sous une forme funambulesque, y avoir abordé un très grave problème. Il suffit, pour s'en rendre compte, de substituer à l'idée du vrai pape celle du vrai Dieu, le passage de l'une à l'autre est facile et déjà le dialogue y glisse parfois » (Correspondance, 1935).

Toutefois, *les Caves du Vatican* ne sont pas véritablement un livre à thèse. On en a surtout retenu le fameux « acte gratuit » dont Gide a dû se défendre d'avoir voulu faire l'apologie : « Mais non, je ne crois pas, pas du tout, à un acte gratuit. Même, je tiens celui-ci pour parfaitement impossible à concevoir, à imaginer » (Correspondance, 1929). Ainsi, même si Lafcadio, avatar du Nathanaël des *Nourritures terrestres*, est loin d'être aussi ridicule que les autres personnages du roman, il serait abusif de voir en lui un héros strictement positif. Il y a, dans la séduction même dont le pare l'auteur, une subreptice surenchère qui invite à la méfiance. En outre, l'accomplissement de son acte gratuit n'est pas sans comporter quelques notations caricaturales ; il est par exemple obsédé, une fois le crime commis, par un souci bien médiocre : la perte de son confortable et luxueux couvre-chef. D'ailleurs, le geste par lequel il croyait affirmer la toute-puissance de sa liberté se révèle être un piège et une illusion : « Mais ce qui m'étonne, moi, c'est que, intelligent comme vous êtes, vous ayez cru, Cadio, qu'on pouvait si simplement que ça sortir d'une société, et sans tomber du même coup dans une autre ; ou qu'une société pouvait se passer de lois » (livre V). Comble d'ironie : c'est l'escroc, le hors-la-loi Protos qui dit cela à Lafcadio alors que la société, de l'aveu même de l'honorable et irréprochable Julius – ses méditations sulfureuses sur l'acte gratuit n'étaient qu'une passade et il s'est promptement ressaisi –, laissera le criminel impuni s'il a la bonne idée de ne pas se dénoncer. Enfin, l'ouvrage s'achève sur une phrase peu flatteuse pour Lafcadio qui entre à son tour dans le rang des « crustacés », ou encore qui se laisse « embaragliouller » : « Quoi ! va-t-il renoncer à vivre ? et pour l'estime de Geneviève, qu'il estime un peu moins depuis qu'elle l'aime un peu plus, songe-t-il encore à se livrer » (livre V) ?

Rien donc, dans *les Caves du Vatican*, ne résiste à l'empire de la dérision. La plus juste morale de cette histoire échevelée, c'est sans doute qu'il n'y a pas de morale et que la vie est une vaste mascarade.

● « Folio », 1972. ➤ *Romans, Récits et Soties [...]*, « Pléiade ».

A. SCHWEIGER

CE PAYS QUI EST UNE VALLÉE. Voir FLORIDES HELVÈTES ET AUTRES TEXTES, de Ch.-A. Cingria.

CE QUE PARLER VEUT DIRE. Voir THÉÂTRE DE CHAMBRE, de J. Tardieu.

CE SOIR À SAMARCANDE. Comédie en trois actes et en prose de Jacques **Deval**, pseudonyme de Jacques Boularan (1899-1972), créée à Paris au théâtre de la Renaissance le 29 septembre 1950, et publiée dans le supplément théâtral d'*Opéra* n° 36, en 1951, et en volume dans son *Théâtre* chez Calmann-Lévy en 1954.

Sourab, fakir au cœur tendre, est amoureux de Néricia, dompteuse de tigres. Celle-ci s'éprend du jongleur Angelo, et, parallèlement, est tentée par les avances d'un homme riche, M. Tabourier. Sourab prédit à la jeune fille qu'elle devra affronter la mort dans un an, et cela quel que soit son choix entre les deux hommes. Une première « vision » du fakir montre Néricia dans une chambre sordide (Acte I), puis une seconde, dans un appartement de luxe (Acte II). Un an et treize jours plus tard : l'échéance fixée est dépassée, le danger semble écarté. Nous ne sommes plus au cirque, mais dans une coquette chambre d'hôtel du 18ᵉ arrondissement de Paris. Pourtant, cherchant à fuir la fin prévue, Néricia va la provoquer elle-même : elle décroche en effet le téléphone et réserve une cabine sur le *Hollandia* qui coulera au cours de la traversée (Acte III).

Cette méditation sur la destinée, évoquant l'adage oriental auquel le titre fait référence, hésite sans cesse entre la poésie du conte et les artifices du Boulevard. Deval plante un pittoresque décor de cirque, visualise joliment des rêves d'avenir ; mais son coup de théâtre final par trop ingénieux (une date décalée de treize jours par le calendrier orthodoxe) rend le dénouement plus habile qu'émouvant. Pourtant, comme souvent dans son œuvre, il tente de s'écarter des sentiers battus en s'orientant ici, non plus vers le tableau de mœurs (voir *Dans sa candeur naïve*, 1926 ; *Tovaritch*, 1933), mais vers la fable philosophique. Une réplique résume l'idée de la comédie : « Nous faisons tous librement ce qu'il était fatal que nous fissions. » Pour le démontrer, Deval multiplie les tours de passe-passe, témoignant ainsi de son adresse à utiliser l'engrenage vaudevillesque pour illustrer l'impuissance de l'homme à « dompter » l'implacable déterminisme du destin – symboliquement représenté à chaque acte sous les traits de trois personnages différents, mais tous prénommés « Thérèse ». L'omniprésence de la mort donne à la pièce un ton grave et prenant ; mais le charme du dialogue, constamment juste et naturel, opère plus que la profondeur de la pensée.

R. OBERLIN

CECI N'EST PAS UN CONTE. Conte de Denis **Diderot** (1713-1784), publié à Paris partiellement dans la *Correspondance littéraire* en avril 1773, et en volume dans les *Œuvres* de Diderot chez Desray en 1798.

L'histoire de Mlle de La Chaux et de Gardeil, ainsi que probablement celle de Tanié et de Mme Reymer, est authentique, même si Diderot fait subir à la chronologie quelques distorsions. D'où ce titre provocant, qui marque l'importance qu'attache l'écrivain au naturel et à la vérité en art.

Après un bref Avertissement de l'auteur, une conversation s'engage entre lui et un personnage qui joue « à peu près le rôle du lecteur ». Puis commence le récit. La première histoire concerne la passion du « bon et honnête » Tanié pour la cupide Mme Reymer qui, afin d'assouvir ses besoins financiers, le pousse successivement à s'exiler en Amérique et en Russie, où il trouvera la mort. La seconde « historiette » est celle de Mlle de La Chaux qui aima l'érudit Gardeil au point de lui sacrifier honneur, fortune, santé, et que son amant abandonna froidement, malgré ses touchantes supplications, la laissant mourir dans la misère.

L'unité thématique de cette œuvre composite est évidente. Comme le précise l'auteur dans la transition qu'il opère entre ces deux récits contrastés, il s'agit pour lui de montrer que « s'il y a des femmes très méchantes et des hommes très bons, il y a aussi des femmes très bonnes et des hommes très méchants ». Par l'accent qu'il met sur la fausseté des amours socialisées et l'infidélité qui leur est inhérente, ce conte doit par ailleurs être rapproché de *Madame de La Carlière* et du *Supplément au Voyage de Bougainville* avec lesquels il forme, de l'aveu de Diderot, triptyque. Tanié et Mlle de La Chaux, tout comme Desroches et Mme de La Carlière, sont d'ailleurs cités à la fin du *Supplément*.

Mais, plus que dans sa portée morale, l'intérêt de *Ceci n'est pas un conte* réside dans l'art du conteur. Pour mimer les conditions de production du conte oral, qui comporte de fréquentes interruptions, l'auteur s'invente un interlocuteur qui ne se prive pas de questionner, d'objecter, de commenter le récit. Diderot, en outre, quel que soit son amour du vrai, recompose les faits réels qui sont à la source de ce conte, de manière à en tirer des effets dramatiques ou pathétiques.

● *Quatre Contes*, Genève, Droz, 1964 (p.p. J. Proust) ; *Contes et Entretiens*, « GF », 1977 (p.p. L. Pérol) ; *le Neveu de Rameau […]*, « Le Livre de Poche », 1984 (J. et A.-M. Chouillet). ➤ *Œuvres romanesques*, « Classiques Garnier » ; *Œuvres complètes*, Club français du Livre, X ; *id.*, Hermann, XII.

S. ALBERTAN-COPPOLA

CÉCILE. Roman de Benjamin **Constant** de Rebecque (1767-1830), publié à Paris chez Gallimard en 1951.

Cécile fut longtemps considéré comme une suite d'*Adolphe* ; mais la découverte du manuscrit inachevé montra qu'il s'agissait en fait du récit transposé des amours de Benjamin Constant, tiraillé entre Mme de Staël (Mme de Malbée) et Charlotte de Hardenberg (Cécile), révéla aussi que le texte avait probablement été rédigé après 1810. Document autobiographique certes, mais à manier avec précaution en raison des distorsions et de la stylisation opérées, *Cécile* s'impose avant tout comme œuvre littéraire remarquablement maîtrisée, placée sous les auspices de l'*Énéide* par son épigraphe : « *Italiam, Italiam.* »

Organisé en sept « époques », le roman couvre, avec d'importantes ellipses, la période allant de janvier 1793 à février 1808.

Marié « par bonté » à une femme qui le trompe, le narrateur évoque sa rencontre avec l'épouse du vieux comte de Barnhelm, Cécile de Walterbourg, aujourd'hui sa femme. Une amitié amoureuse naît. Divorcé et libre, le narrateur doit pourtant attendre, pour s'engager avec Cécile, que celle-ci retrouve sa propre liberté. Séparations, lettres, promesses…c'est alors qu'il fait la connaissance de Mme de de Malbée, « la personne la plus célèbre de notre siècle, par ses écrits et par sa conversation ». Une passion violente et tumultueuse s'ensuit, ouvrant dans l'histoire du narrateur et de Cécile « une vaste lacune ». Six années s'écoulent : Cécile paraît oubliée dans les orages de la politique et les tourments de sa liaison avec Mme de Malbée qui accaparent le narrateur. Un jour, il reçoit une lettre de Cécile, la revoit et apprend d'elle son remariage avec M. de Saint-Elme. Commence alors pour le héros une période de tensions : comment rejoindre Cécile ? comment se libérer du joug de Mme de Malbée ? Tensions qui s'exaspèrent lorsque Cécile devient enfin sa maîtresse et se considère désormais comme sa femme. Mais l'emprise de Mme de Malbée demeure, malgré les lettres « d'éternels adieux ». Il rencontre alors un prédicateur piétiste dont les propos produisent en lui « un calme inusité qui [lui] fait du bien » : s'en remettant à la destinée, il cesse de se tourmenter, espérant un miracle pour dénouer une situation que sa volonté s'avère impuissante à résoudre. Il abandonne donc la lutte avec Mme de Malbée, qui part en voyage, sans pour autant renoncer à Cécile qui tombe malade. Le récit s'interrompt brutalement sur l'évocation des souffrances de Cécile.

« Ballotté par un orage de pensées contraires, je repassai dans ma mémoire de longues suites d'inconséquences dont je m'étais rendu coupable » (7ᵉ époque) : l'impossibilité du choix entre deux femmes qui l'aiment sincèrement chacune à sa manière, l'irrésolution, la torture infligée à soi et aux autres, toutes ces douloureuses incertitudes scandent un texte qui analyse scrupuleusement les intermittences du cœur et du désir. S'il complète biographiquement les *Journaux intimes* et le *Cahier rouge, le récit suit avant tout les méandres de passions changeantes. Sans jamais s'appesantir, favorisant la rapidité et la sobriété et proscrivant le pathos, il est tout entier marqué par la dérision de soi, que le *Cahier rouge* met en scène par les moyens de la distance ironique, et qui se manifeste ici par la mise à nu des faiblesses, lâchetés, tentations d'un être à la fois pusillanime et fougueux, soumis et rebelle. À la maîtrise de la narration et de l'analyse s'ajoute l'art du portrait, particulièrement consommé dans la description des personnages féminins, la force fascinante de Mme de Malbée contrastant avec l'angélique douceur de Cécile, qui doit peut-être son nom à l'héroïne des *Lettres de Lausanne* (voir *Caliste) de Mme de Charrière, l'initiatrice de Benjamin Constant.

● *Adolphe [...]*, « Folio », 1973 (p.p. A. Roulin, préf. M. Arland). ➤ *Œuvres*, « Pléiade ».

G. GENGEMBRE

CÉCILE PARMI NOUS. Voir CHRONIQUE DES PASQUIER, de G. Duhamel.

CÉLIBATAIRES (les). Roman d'Henry Marie-Joseph Millon de **Montherlant** (1896-1972), publié à Paris dans la *Revue des Deux Mondes*, et en volume chez Grasset en 1934. Grand prix du roman de l'Académie française.

L'ouvrage connut un succès public immédiat. La critique salua le premier roman « objectif » d'un auteur qui n'avait encore proposé que des œuvres d'inspiration autobiographique.

> Deux vieux célibataires, le baron Élie de Coëtquidan et son neveu, le comte Léon de Coantré, se trouvent pour des raisons financières dans la nécessité absolue de quitter la maison du boulevard Arago où ils végètent dans la misère crépusculaire des grandes familles nobles inadaptées au monde contemporain. Convoqué chez le notaire Lebeau, M. de Coantré apprend du clerc Bourdillon qu'un certain Defraisse lui réclame 5 000 francs, ce qui ne pourra qu'aggraver l'état de ses finances. Les démarches respectives d'Élie de Coëtquidan et de Léon de Coantré auprès d'Octave de Coëtquidan, leur frère et oncle, le seul à avoir réussi à se préserver l'aisance d'une vie mondaine, demeurent sans résultat : Octave ne souhaite héberger ni l'un ni l'autre et ne se force guère pour procurer un emploi à Léon. Le 15 octobre 1924, le déménagement a lieu. Alors que le baron Élie sera placé dans une pension de famille, le comte Léon de Coantré se voit proposer un hébergement à Fréville, dans le pays de Caux, dans la maisonnette du garde du château d'Octave de Coëtquidan. Bientôt, passé l'enthousiasme des premiers temps, Léon comprend combien tout le monde (l'aubergiste Chandelier, le médecin Gibout) le méprise et que son oncle Octave s'est en réalité débarrassé de lui. Il connaît alors un sursaut de fierté… et meurt la nuit même. Personne ne suivra son enterrement mais « chaque fois que M. Octave et sa sœur sont à Fréville, la tombe de Léon de Coantré est fleurie de fleurs toujours fraîches ».

Le regard que porte sur le monde le narrateur-auteur (car Montherlant ne cesse d'affirmer sa présence dans le texte même) éclaire d'un jour cruel la comédie humaine et, plus particulièrement, celle des héritiers de grandes familles. L'ironie est amère à montrer les héros Élie et Léon, à la généalogie prestigieuse, devenus ces « célibataires d'ailleurs braves types, fort impécunieux et désemparés par les questions d'argent et par leur incapacité en tant qu'homme social à les résoudre et à résoudre tout problème d'ordre pratique » écrira Montherlant dans *la Marée du soir* (1972). Ils ne sont plus que des épaves clochardisées, enfermés dans leurs manies et mesquineries, que chacun berne ou gruge, effarouchés et velléitaires, justifiant la dernière phrase de la première partie : « Ce qu'il y a de tragique chez les anxieux, c'est qu'ils ont toujours raison de l'être. » Le troisième personnage, Octave de Coëtquidan, frère d'Élie et oncle de Léon, est le type même du faiseur :

« le richard de la famille » joue à l'homme moderne « avec la nuance "genre américain" », pose au « self made man », plastronne en faisant des dons aux œuvres, mais n'a cure d'intervenir réellement pour secourir des parents aussi peu décoratifs. Autour d'eux gravitent de manière épisodique quelques figures secondaires guère plus présentables : « Mme Émilie, vivant aux crochets de son frère [Octave], et n'ayant à penser à rien, et rien à faire, n'ayant jamais une minute : c'est le génie féminin » ; avec cela « sèche, voûtée, sans tétons », « âme puérile et plaintive ». Mlle de Bauret, la nièce, qui assure sa matérielle par des trafics variés, est « à la page » : « pour elle nouveauté était synonyme de valeur », tare rédhibitoire pour le narrateur. Mme de Vauthiers, « vice-présidente des Dames royalistes du Nᵉ arrondissement », vitupère les « grimaces des salons, et de tous ces stupides gens du monde » dont elle est pourtant la vivante incarnation. Quant aux roturiers, ils sont pour la plupart arrogants ou serviles, cupides ou vénaux.

Un effluve de misanthropie, voire de règlement de comptes de l'auteur avec sa propre classe sociale, émane de ce « naturalisme enjoué » (P. Sipriot). L'attention minutieusement portée à la petitesse, à la mesquinerie ou au sordide de ces personnages vêtus des oripeaux généalogiques de leur nom à particule, en souligne malignement la déliquescence. Rares sont les moments où le narrateur manifeste « une certaine affection pour [ses] fantoches aristocrates ». Seul tranche, sur l'acide de la tonalité générale, le sursaut de fierté de Léon de Coantré superbement mis en rapport avec le vol des oies sauvages, confondant « sa propre espérance avec cette autre espérance qui volait au haut des cieux », au seuil de la mort (chap. 10). Mais, aussitôt après, le chapitre 11 vient sardoniquement illustrer que, pour « l'idiot humain [...] c'est une grande erreur, que faire une confiance illimitée à la méchanceté des hommes : il est rare qu'ils nous fassent tout le mal qu'ils pourraient ».

● « Folio », 1972. ➤ *Romans*, « Pléiade », I.

L. ACHER

CÉLINTE, nouvelle première. Récit de Madeleine de **Scudéry** (1607-1701), publié anonymement à Paris chez Augustin Courbé en 1661.

Parce qu'il peut prêter à équivoque, le sous-titre mérite explication. À l'époque, le terme de « nouvelle » désigne indistinctement des faits d'actualité sans quoi, comme l'observe Sorel, « il n'y aurait pas de raison de les appeler des "nouvelles" » ; des récits historiques restituant un passé plus ou moins ancien ; et une narration caractérisée par sa brièveté, d'ailleurs toute relative puisqu'elle peut s'étendre à quelques centaines de pages. *Célinte* appartient à cette dernière catégorie. Malgré les allusions initiales à l'actualité, l'œuvre demeure un bref roman.

> En compagnie de quelques amis se promenant dans le bois de Vincennes, la narratrice évoque l'entrée triomphale de Louis XIV et de Marie-Thérèse à Paris le 26 août 1660, événement auquel Cléandre, malade, n'a pu assister. À la fin de la promenade, Artelice se propose de lire une « aventure qui a plusieurs événements véritables et qu'on a écrite sous des noms supposés » (Prologue).
> Deux amis, Méliandre et Ariston, se découvrent rivaux auprès de la belle Célinte qui, parmi tous ses soupirants de la cour, leur préfère Poliante. Jaloux, Méliandre, favori du roi, fait incarcérer Poliante au sortir de la cérémonie du mariage. Après des démarches nombreuses, vaines et désespérées auprès de ses anciens chevaliers servants, Célinte se retire dans un « lieu désert », d'où provient bientôt la (fausse) rumeur de sa mort. Cependant Poliante s'est enfui dans un royaume étranger et on le croit mort. Célinte lui fait édifier un somptueux tombeau. Six ans plus tard la guerre éclate et une bataille se livre près du couvent où Célinte s'est retirée. Méliandre est tué, mais un inconnu « couvert d'armes noires » le remplace et remporte la victoire. Conduit devant le roi, Poliante se fait reconnaître, raconte ses malheurs et mésaventures. Loué et pardonné, il retrouve Célinte, et tous deux jouissent des « douceurs que l'amour et la vertu jointes ensemble peuvent faire éprouver quand elles se trouvent dans deux âmes bien faites ».

Dans l'histoire du roman dont, au dire de Sorel, les grandes sommes finissaient par lasser le public, *Célinte* illustre, comme l'indique le sous-titre, l'évolution du genre vers une forme plus ramassée. Plus moderne également. Peut-être pour répondre aux critiques de Segrais dénonçant les anachronismes et l'invraisemblance des longs romans, Mlle de Scudéry choisit de situer l'action « en notre siècle et dans une des plus belles cours d'Europe ». Les intentions didactiques ne disparaissent pas pour autant. Outre l'évocation de l'entrée triomphale du roi, le Prologue est une méditation dialoguée sur la curiosité où se mêlent les échos de la philosophie de La Mothe Le Vayer et de Gassendi. Quant à la nouvelle proprement dite, bien que construite sur les poncifs romanesques du temps, elle marque la fin de l'univers du Tendre (voir *Clélie*) ; non seulement Méliandre et Ariston sont des « amants vulgaires », mais l'amour idéal – l'« inclination » renforcée par la « prudence » – qu'incarnent Poliante et Célinte, « ne ressemble point du tout à l'amour de ce siècle-ci ». Avec ses fausses morts, ses tombeaux vides, ses emblèmes funèbres, l'esthétique du récit oscille entre le baroque et le fantastique. La peinture des puissants ne pouvant se faire aimer de ceux qu'ils menacent ou persécutent préfigure parfois la situation des personnages raciniens. Nouvelle à « clés » (les amours de Mme de Châtillon avec le duc de Nemours puis avec Condé ? et en superposition, la liaison de Pellisson avec la romancière ?), *Célinte* eut moins de succès qu'*Artamène* ou *Clélie*, et ne fut jamais réimprimée du vivant de l'auteur.

● Nizet, 1979 (p.p. A. Niderst).

A. COUPRIE

CELLE QUI N'ÉTAIT PLUS. Roman de Pierre-Louis **Boileau** (1906-1989) et Thomas **Narcejac** (né en 1908), publié à Paris chez Denoël en 1952.

Fernand Ravinel vend les mouches artificielles qu'il a lui-même inventées pour leurrer les poissons. Il s'ennuie depuis cinq ans à Enghien avec sa femme Mireille et passe son temps sur les routes embrumées de la Loire et de la Vilaine. Avec Lucienne, ancien médecin attitré du couple et devenue sa maîtresse, il complote le meurtre de la « pauvre Mireille ». Un échange de signatures pour un contrat d'assurance-vie et le piège est tendu. Deux ans plus tard, une lettre anonyme attire la jeune femme dans la garçonnière de son mari à Nantes où les deux complices l'endorment avant de la noyer dans leur baignoire. Le corps est ramené à Enghien puis immergé une seconde fois dans le lavoir afin de suggérer un accident. La disparition du cadavre, vient, comme un coup de théâtre, bouleverser l'existence de Fernand : prédisposé à croire au surnaturel et à la télépathie, il voit dans l'événement le signe de la survie de Mireille. La « disparue » se manifeste au surplus par diverses apparitions et messages signés de sa main. Il se plaît à croire que l'esprit de Mireille « communique » avec lui. Fasciné par l'idée de se débarrasser comme elle du fardeau de son identité, il se suicide. Sa mission terminée, Mireille peut alors rejoindre sa complice Lucienne et devenir riche – si elle guérit de sa fièvre persistante, car le moins qu'on puisse dire est qu'elle a été « mouillée ». Mais n'est-il pas du ressort de Lucienne de trouver le « remède » efficace ?

De même que *Et mon tout est un homme*, ce roman de Boileau-Narcejac est celui de la victime et du suspens qui accompagne sa fin. Comme dans une tragédie, Fernand n'a aucune chance d'échapper à la mécanique « minutieuse et bien huilée » imaginée par Lucienne : il a été lui-même, à l'instar de ses poissons, « appâté avec un cadavre ». Son « dédoublement » commence au lendemain du crime (le mensonge fait de lui « l'homme d'une autre vie, comme un acteur ») et il s'amplifie à la disparition du cadavre : « Un petit effort […], il allait ouvrir les yeux ailleurs. » Ces réflexions sont le fruit de longs monologues intérieurs : c'est en effet par ce biais que les deux auteurs entrent dans la peau de leur créature, incitant le lecteur à chercher le mystère au cœur du personnage plus que dans les événements extérieurs qui n'en sont que le reflet... C'est à cause de « son mal à la vie » que Fernand, victime ambiguë, peut entrer de plain-pied dans l'histoire policière et transformer

les pièges tendus sur son chemin en un parcours initiatique. Le roman donne ainsi subtilement à voir un réel imaginaire et un imaginaire devenu réel. Les cinéphiles connaissent mieux le roman sous le titre *les Diaboliques*, adapté en 1954 pour le cinéma par H.-G. Clouzot ; Boileau et Narcejac en font l'éloge dans leur Préface, bien que « le lien [soit] si mince entre *Celle qui n'était plus* et le film qu'on pourrait les croire étrangers ». Il semble délicat en effet de créer un personnage de cinéma dont l'essence tragique consiste à n'être plus personne. Mais le talent du cinéaste a su « inventer les images capables de mentir » là où les écrivains n'utilisent que les mots.

● *Les Diaboliques*, « Folio », 1973. ➤ *Quarante Ans de supens*, « Bouquins », I.

S. HUET

CELUI QUI OUBLIE OÙ CONDUIT LE CHEMIN. Recueil de vingt et un récits de Jean-Pierre **Otte** (Belgique, né en 1949), publié à Paris chez Laffont en 1984.

Jean-Pierre Otte passe pour un écrivain régionaliste et s'est fait connaître d'abord par une trilogie romanesque dont l'élément le plus remarquable était *Blaise Ménil mains de menthe* (1979). Une autre devait suivre avec *Nicolas Gayoûle* (1980), et *les Gestes du commencement* (1982) ; le troisième volet en est *Celui qui oublie le chemin*, dont le titre est emprunté à un fragment d'Héraclite : l'interprétation suggérée est que celui qui oublie le chemin, loin d'être un égaré, se laisse au contraire guider par l'émerveillement devant les choses.

« Voyages autour de ma maison » nous propose un inventaire de découvertes dans la nature environnante : « On ne peut voyager loin si l'on ne sait voyager près » (1). L'homme partagé, exilé de lui-même trouve dans certains paysages des Ardennes le miroir de son tourment, mais aussi une communion avec le cosmos en des « moments d'éternité » (2). Tout dans la nature se mêle à l'image de la femme : le jardin clos, en particulier, est pour elle comme la fontaine pour Narcisse (3-5). « Celui qui oublie où conduit le chemin » laisse libre le possible et l'inopiné. Fasciné par les événements et les éléments intempestifs, il est l'antithèse du détenteur de vérités mortes (6-7). Une rencontre confirme au narrateur que la vie doit toujours être une « fiction imprévisible » (8). « Le chemin clos qui ne vient de rien et ne mène à rien » est le lieu où se confondent les phrases et les pas, idéal pour la lecture des fragments d'Héraclite ; il évoque aussi l'itinéraire initiatique (9). « Fascination de la femme » est un hymne au corps féminin, « le seul prolongement de la ligne qui nous relie au mystère » (10). Apologie de la perte d'identité dans la relation avec l'autre, « d'une étreinte furtive qui s'accomplit dans le présent sans laisser aucune trace » (11). Mais la perte d'identité peut revêtir une couleur sombre : l'auteur est progressivement dépossédé de lui-même par un passant recueilli chez lui (12). Suit une série de tableaux suscités par des scènes ou des sensations hivernales, se terminant par l'évocation du lyrisme irréel de la patineuse, qui tout à coup redevient charnelle (13-14). Pierre-Paul, *alter ego* de l'auteur, se délecte de tous les mots inhabituels, surtout de ceux qui sont « incrustés de terre » : aven, cluse, laize… ; quant aux idées, il faut les accueillir, comme les bruits, sans les sélectionner (15-16). Tandis qu'Hélène vit une expérience de « l'autre monde » de façon répulsive et morbide en s'identifiant à sa mère morte qui la hante, Matthieu, lui, « parvient sur un autre rivage de son être », en disparaissant brusquement un beau jour (17-18). Il faut dans le « Conte du monde toujours recommencé » sentir son cœur battre « à l'unisson du grand cœur du monde » : l'amour n'est pas un jeu pâle de partenaires, mais un champ aimanté, riche de formes confuses (20). Un grand-père meurt, passant « par-delà son image », comme illuminé par l'orange qu'il vient d'éplucher (21).

Le livre porte en sous-titre « Voyages autour de ma maison et dans les villes », et, de fait, certaines évocations urbaines sont saisissantes comme l'évocation des tramways de Liège : « Chaque voiture emportait une cargaison d'ombres dans un espace éclairé, comme dans l'*Enfer* de Dante où l'on aurait introduit les moyens de locomotion et de communication. » Mais la ville existe peu par elle-même. C'est à trois marronniers que Pierre-Paul confronte toutes ses pensées, et l'auteur, alors qu'il déambule dans les rues, nous dit : « Levant les yeux vers l'immensité marine du ciel, nous nous sentions libérés de notre propre poids. » Le centre de ces rêveries est la relation au cosmos, assortie d'un inventaire minutieux des prestiges du monde : « Il s'agit de posséder le monde avec ses yeux, ses lèvres, ses doigts, la pointe du nez, la petite cuillère de l'oreille et les pores de la peau. » La phrase, tantôt dense, tantôt lyrique, possède une acuité hallucinatoire, et révèle un « sensualisme », très au-delà de la nature romantique : « Même si tout est insaisissable, comme dans un cristal de Bohême aux angles trompeurs et diaphanes, tout reste concret, physique, accessible à nos sens et renouvelé à notre enchantement. » « Incrusté » de ciel et de terre, l'homme s'aperçoit qu'il n'est pas tout entier « compris entre son chapeau et ses chaussures ». La profondeur de ce lien au cosmos détermine la qualité de l'échange entre les êtres, spécialement le rapport à la femme, privilégié, sacralisé. La fascination éprouvée devant les femmes est un des signes distinctifs de « celui qui oublie le chemin ». Il se laisse envahir par l'infini miroitement des sensations qu'elles provoquent, par « leurs gestes, leur visage... leurs yeux de saule, leurs yeux de menthe, leurs yeux d'eau vive », et guette, jour après jour, « l'occasion de [...] les côtoyer comme des rivières, attiré par les pierres vernissées sous la surface de l'eau ».

R. AUGUET

CELUI QUI VOULAIT VOIR LA MER. Voir GRANDE PATIENCE (la), de B. Clavel.

CENCI (les). Voir CHRONIQUES ITALIENNES, de Stendhal.

CENDRILLON OU LA PETITE PANTOUFLE DE VERRE. Voir CONTES, de Ch. Perrault.

CENT BALLADES. Voir BALLADES, de Christine de Pisan.

CENT BALLADES D'AMANT ET DE DAME. Voir BALLADES, de Christine de Pisan.

CENT CONTES DROLATIQUES (les). Recueil de contes d'Honoré de **Balzac** (1799-1850), dont seuls trois dizains furent publiés de son vivant, le premier à Paris chez Gosselin en 1832, sous le titre les Cent Contes drolatiques, colligez es abbaïes de Touraine et mis en lumière par le sieur de Balzac, pour l'esbattement des pantagruelistes et non aultres. Premier dixain ; le Secund chez le même éditeur en 1833 et le Troisiesme chez Werdet en 1837 (puis sous le titre Berthe la repentie chez Souverain en 1839). Des Fragments inédits du Quatrième dixain ont été publiés en 1925 par Marcel Bouteron dans les Cahiers balzaciens.

Conçus par Balzac comme un « livre concentrique » dans une « œuvre concentrique », les Contes drolatiques, ce Décaméron avorté du XIXᵉ siècle, même s'il s'agit pour leur auteur de « restaurer l'école du rire », relèvent avant tout du même domaine que la *Comédie humaine. Ces arabesques tracées par un rieur affectent un langage artificiellement archaïque pour mettre en forme une inspiration gaillarde tournée vers Rabelais, avec la résurrection littéraire duquel elles coïncident. Mal accueillis, les Contes drolatiques n'ont trouvé leur véritable audience qu'à une époque récente.

Pourvus chacun d'un « Prologue », les dizains, écrits entre 1831 et 1837, nous font parcourir treize règnes et trois siècles. Le premier fait alterner la Touraine et Paris, en organisant les thèmes suivant un principe de symétrie : ainsi amour platonique dans « le Frère d'armes » et

adultère dans « l'Apostrophe » ; « la Belle Impéria » se situe à Constance pour mieux faire pendant au Tours des « Joyeulsetez du roy Loys le Unziesme ». Histoires d'alcôve, fins violentes, couleur locale... : l'intérêt se maintient grâce à un conteur-témoin qui assure la tonalité « drolatique » et atteste la véracité de l'ensemble littéraire.

Le deuxième dizain prend du recul avec l'Histoire et, des « Trois Clercqs de Saint-Nicholas » en « Chière Nuictée d'amour », de « la Faulse Courtizanne » à la « Dezesperance d'amour », développe d'abord des thèmes liés à la sexualité, appliquant le programme tracé par Balzac dans sa Théorie du conte (1832) : « Soient donnés, un mari, sa femme et un amant, déduisez cent contes dont aucun ne ressemble à un autre. » « Le Succube » rassemble l'essentiel des thèmes et privilégie la violence meurtrière, par le sacrifice de la femme sur un bûcher.

Le troisième dizain est le moins tourangeau (seuls trois contes se déroulent au bord de la Loire) et le moins rabelaisien. Après la mise à mort de la féminité, Balzac traite de sujets féminins : abnégation (« Perseuerance d'amour »), intelligence, grandeur (« Berthe la repentie », qui réécrit « le Péché vesniel » du premier dizain, et « la Belle Imperia mariée », où l'héroïne met fin à sa carrière de courtisane). On entre dans l'âge moderne, et les préoccupations idéologiques ou métaphysiques de la Comédie humaine se font jour.

La critique a démontré que les Contes se caractérisent comme la Comédie humaine par la récurrence des lieux, organisés dans une géographie sentimentale tourangelle, et des personnages dont la réapparition fait système au fil des trois dizains. Ainsi Maître Cornélius, présent dans l'univers romanesque (voir *Gobseck), figure-t-il dans « les Joyeulsetez du roy Loys le Unziesme ». S'ajoute à cette structure une thématique où s'entrelacent motifs, scènes et situations analogues, constituant un véritable ensemble. L'archaïsme, audelà du jeu et du pastiche, autorise une expressivité interdite à la langue moderne, célébrant les pouvoirs de l'écrivain. Retour aux sources inscrit dans l'ambition romantique, cet archaïsme ne prétend cependant pas restituer une langue fixée, mais, écriture en liberté, il multiplie les inventions et incorpore de nombreux néologismes ou mots forgés, jouant des lexiques techniques, dialectaux ou burlesques, s'amusant à déconcerter par une orthographe controuvée ou fantaisiste, élément non négligeable du plaisir du texte.

➤ L'Œuvre de Balzac, Club français du Livre, XIII ; Œuvres complètes, Club de l'honnête homme, XXII ; Œuvres complètes illustrées, Bibliophiles de l'Originale, XX ; Œuvres diverses, « Pléiade », I (p.p. R. Chollet et N. Mozet).

G. GENGEMBRE

CENT MILLE MILLIARDS DE POÈMES. Recueil poétique de Raymond **Queneau** (1903-1976), publié à Paris chez Gallimard en 1961.

Cent Mille Milliards de poèmes tient à la fois de la veine canularesque chère à l'auteur de *Zazie dans le métro, du tour de force littéraire manifesté dans *Exercices de style et du souci « arithmomaniaque » à l'œuvre dans la plupart de ses romans, mais qui, souvent caché dans ceux-ci, devient au contraire manifeste, pour ne pas dire ostentatoire. « Une imagination qui unit le délire du mathématicien à la raison du poète » : la formule par laquelle Queneau avait défini l'art de Raymond Roussel, figure anticipatrice de ses propres recherches dans le domaine de l'expérimentation littéraire, vaut comme principe créatif de cet ouvrage étonnant.

Précédé d'un « Mode d'emploi », suivi d'une postface « À propos de la littérature expérimentale » par François Le Lionnais, cofondateur avec Queneau de l'Oulipo [Ouvroir de littérature potentielle], il se présente en effet comme un livre-objet comprenant seulement dix sonnets, dont chacun des quatorze vers est interchangeable avec les neuf autres qui lui correspondent, grâce à un système d'onglets. Le lecteur peut ainsi composer 10^{14}, soit cent mille milliards de poèmes (en fait si l'on veut respecter les règles classiques de composition des sonnets, la présence du même mot à la rime étant interdite, la répétition du mot « marchandise » au cinquième vers du dixième sonnet et au septième vers du troisième n'autorise la composition « que » de 99×10^{12} sonnets réguliers, mais bien de 10^{14} poèmes, comme le titre l'indique). Au total, de quoi lire, affirme Queneau, dans son « Mode d'emploi », « pour 190 258 751 années plus quelques plombes et broquilles (sans tenir compte des années bissextiles et autres détails) ».

De toute évidence, c'est moins la qualité de chaque sonnet qui est ici en jeu que la formidable machine à fabriquer des poèmes que le recueil met en marche, défiant par le simple effet du système combinatoire l'imagination humaine, que viennent aussi confondre avec malice les extrapolations arithmétiques auxquelles se livre l'auteur dans son « Mode d'emploi ». Toujours fasciné par les procédures mathématiques lorsqu'elles s'exercent sur la puissance du langage, jouant avec les vers en rêvant sur les nombres, Queneau va cependant plus loin que la simple provocation, la jonglerie lexicale ou l'« exercice de style », même si l'humour est également au cœur de ce *work in progress*. Il s'agit d'abord de créer une tension entre l'indéterminisme des lectures potentielles et le nombre restreint de verssouches qui forme la base de l'ouvrage et en limite le hasard. Par là même, Queneau se démarque des procédés surréalistes, et particulièrement des « cadavres exquis », auxquels *Cent Mille Milliards de poèmes* pourrait d'abord faire penser. Or le cadavre exquis affirme le jaillissement supposé fécond d'une conscience prétendument pure ; ce que dément toute la démarche de Queneau, profondément hostile au surréalisme, qui vise au contraire la rigueur, le travail conscient et méthodique. Parce qu'il n'est de littérature pour Queneau que volontaire, *Cent Mille Milliards de poèmes* entend ainsi démontrer, en prenant les axiomes surréalistes à leur propre piège, que par le maximum de préméditation on peut aboutir au maximum d'indétermination, sans pour autant assécher la source des lectures signifiantes.

Mais plus encore qu'une réfutation des pouvoirs de l'inconscient dans le domaine de l'écriture poétique, l'ouvrage appartient en propre à l'univers personnel de Queneau : par son humour, mécanicien certes, qui multiplie les combinaisons du langage, mais aussi par les thèmes constitutifs des sonnets qui laissent entrevoir un parcours autobiographique en réduction hanté par une obsession intime, celle du double ou de la dualité. Une autre lecture est encore envisageable : la fascination combinatoire pourrait bien apparaître ici comme une des réponses possibles à ce versant méconnu de la pensée de Queneau, son inquiétude spirituelle, telle qu'elle apparaît dans son *Journal* : « Je suis entré sur la voie spirituelle durant l'été 1935. » En s'exerçant à la manipulation de *Cent Mille Milliards de poèmes*, comment ne pas songer à certaines pratiques de la tradition juive lorsque, avec la *temura*, elle se propose, en opérant toutes les permutations des lettres de la Torah, d'accéder, par la science des combinaisons de lettres, à la science de la purification des cœurs. Comment ne pas songer non plus au *Livre des mutations*, le *Yi-king* chinois, découvert par Queneau dès 1924 et qui formera la matrice de sa dernière œuvre, *Morale élémentaire* (1975) : à partir d'une série limitée d'hexagrammes, le *Yi-king* offre une infinie variété de lectures divinatoires possibles. Certes, Queneau le sage est bien trop lié à Raymond le facétieux pour prétendre à son tour offrir un livre divinatoire, mais du moins y montre-t-il qu'il partage avec la logique mystique cette certitude que la science des combinaisons est une musique de la pensée.

Quoiqu'il en soit des intentions spiritualistes implicites de l'auteur, ce qui est certain c'est que, machine à lire, et peut-être aussi « machine à écrire », *Cent Mille Milliards de poèmes* marque l'acte de naissance de l'Oulipo par l'une des réalisations les plus fécondes – et les plus fécondantes si l'on songe à la postérité de ce mouvement – de ses ambitions dans le domaine non seulement de l'expérimentation littéraire à partir de contraintes artificielles, mais aussi dans l'ordre d'une conception nouvelle des pratiques d'écriture et de lecture ; puisque avec cette œuvre on passe manifestement, comme l'envisageaient les membres de l'Oulipo, du « temps des créations CRÉÉES [...] à l'ère des CRÉATIONS CRÉANTES ».

● Gallimard, rééd. 1982. ➤ *Œuvres complètes*, « Pléiade », I.

J.-M. RODRIGUES

CENT NOUVELLES NOUVELLES (les). Recueil anonyme de cent nouvelles, composé vers 1460-1467 dans l'entourage et à la demande du duc de Bourgogne Philippe le Bon. On n'en connaît qu'un manuscrit, mais on dénombre plus de dix éditions entre 1486 et 1532.

Les Cent Nouvelles nouvelles marquent l'entrée dans la littérature française d'une forme déjà bien représentée en Italie : la collection de récits brefs en prose. La qualification de ces récits met l'accent sur leur originalité par rapport à l'œuvre de Boccace (appelée ici *Cent Nouvelles*) et sur leur actualité – « l'estoffe, taille et fasson d'icelles est d'assez fresche memoire ». Quant au nombre cent, il n'a rien de fortuit et renvoie, bien sûr, au *Décaméron*, mais il témoigne aussi du souci d'organiser des unités autonomes en un ensemble – c'est le cas pour les *Cent Ballades* de Jean le Sénéchal, ou les *Cent Ballades* et les *Cent Ballades d'Amant et de Dame* de Christine de Pisan (voir **Ballades*).

Cet intérêt pour la composition apparaît également dans l'attribution des nouvelles à différents conteurs. On est toutefois loin de l'habile mise en scène narrative qui justifie la succession des récits chez Boccace : ici l'auteur se contente de mentionner en tête de chaque nouvelle le nom de celui qui la présente. Trois narrateurs principaux se détachent : « Monseigneur de La Roche » (Philippe Pot, seigneur de La Roche-Nolay, familier du duc de Bourgogne) propose quinze nouvelles, « Monseigneur » (Philippe le Bon, 1396-1467) quatorze, et Philippe de Loan (également familier du duc et grand personnage de sa cour) onze. Les autres récits se répartissent entre plus de trente narrateurs : parmi eux figurent Antoine de la Sale – auteur de **Jehan de Saintré* – pour la nouvelle 50, et l'« Acteur » [l'auteur] pour les nouvelles 51, 91, 92, 98, 99. Ce dernier, auteur ou rédacteur des *Cent Nouvelles nouvelles,* demeure inconnu et aucune des identifications proposées – Antoine de la Sale, Philippe Pot – n'est satisfaisante.

Un autre facteur d'unité tient au ton dominant de ces récits : celui de la grivoiserie. Femmes lubriques, épouses insatiables, chevaliers, marchands, moines qui ne cherchent qu'à satisfaire leurs désirs en sont les principaux protagonistes. Aussi a-t-on pu considérer que nous étions en présence d'histoires d'après manger, ou d'après boire, destinées à un public masculin. Un rapprochement avec le *Décaméron* renforce encore cette interprétation, car il n'y a dans *les Cent Nouvelles nouvelles* aucune place pour une narratrice, et la gauloiserie peut s'y déployer à plaisir, sans qu'il soit jugé nécessaire de ménager la délicatesse des dames. Ce recueil, du reste, s'inspire davantage des *Facetiae* du Pogge que de Boccace. Mais il puise aussi son inspiration dans le répertoire des fabliaux, qu'il actualise et perpétue. La nouvelle 19 – un marchand de Londres, après dix ans d'absence, trouve en son logis un enfant de sept ans, dont sa femme lui révèle qu'il fut conçu par simple absorption d'« ung peu de neige blanche et dure » – reprend le fabliau *De l'enfant qui fu remis au soleil*. La nouvelle 78, dans laquelle une dame, croyant se confesser à un prêtre, dévoile à son mari ses infidélités, est, quant à elle, très proche du fabliau *Du chevalier qui fist sa fame confesse*. Mais l'auteur garde toujours présent à l'esprit le sens originel du substantif/adjectif « nouvelle », et inscrit les événements dans un passé tout proche, en mentionnant qu'ils se déroulèrent « naguère ».

Cependant, le recueil ne contient pas que des « contes à rire » ; quelques histoires ne prêtent nullement à sourire, il en est même de tragiques. Dans la nouvelle 69, l'épouse d'un chevalier, prisonnier des Turcs mais que l'on croit mort, se remarie sous la pression de son entourage. Quand elle apprend que son premier mari est toujours en vie, elle ne peut supporter de lui avoir été infidèle et se laisse mourir de désespoir. La nouvelle 98 correspond à l'histoire de *Floridan et Elvide*, déjà racontée en latin par Nicolas de Clamanges et reprise deux fois en France au XVIe siècle : un jeune chevalier meurt en défendant celle qu'il aime contre des ribauds qui veulent la violer ; la jeune fille se tue pour échapper au déshonneur. La nouvelle 25 exalte la fidélité en amour de la belle Katherine que l'inconstance de son ami Gérard rend encore plus exemplaire ; et quoique l'issue de ce dernier récit ne soit pas tragique, il se fonde sur un registre étranger à toute gauloiserie.

La majorité des nouvelles de ce recueil témoigne d'une réelle maîtrise du récit court : seuls sont donnés les éléments essentiels à la conduite de l'histoire, le dénouement joue souvent sur un effet de surprise ou un bon mot. Dans la nouvelle 31, un écuyer réussit à jouir des faveurs de la maîtresse d'un de ses amis, chevalier ; bien loin de s'affronter dans une rivalité sans merci, les deux hommes partagent leur conquête et « si le chevalier et l'escuier s'entramoyent bien avant ceste adventure, l'amour d'entre eulx deux a ceste occasion en fut redoublée ». La nouvelle 35 présente un vieux mari berné : la chambrière de sa femme se glisse dans le lit conjugal, tandis que l'épouse légitime rejoint le chevalier qui leur rendait visite. Le vieil homme, après avoir découvert la substitution et usé des privilèges qu'elle lui offre, appelle son hôte ; les amants tremblent de voir leur manège découvert… mais le maître de céans ne veut que se féliciter de l'échange « d'une vieille ja toute passée, deshonneste et desloyale, a une belle, bonne et fresche jeune fille ».

Les Cent Nouvelles nouvelles ne sauraient soutenir la comparaison avec le *Décaméron* ; leur auteur, de toute façon, n'a pas cette prétention et déclare dans sa dédicace ne pas « atteindre le subtil et tresorné langage du livre de Cent Nouvelles ». Elles ont néanmoins le mérite de proposer un modèle de récit bref appelé à une longue destinée, et d'avoir su faire œuvre d'art tout en satisfaisant aux goûts de la cour de Bourgogne, et plus particulièrement à ceux de Philippe le Bon, que Georges Chastellain, son chroniqueur officiel, peignait comme « durement lubrique ».

● « Pléiade », 1965 (*Conteurs français du XVIe siècle*, p.p. P. Jourda) ; Genève, Droz, 1966 (p.p. F.P. Sweetser).

M.-T. DE MEDEIROS

CENT NOUVELLES NOUVELLES (les). Recueil de récits brefs de Philippe de **Vigneulles** (1471-1528), composé entre 1505 et 1515.

Le chaussetier-drapier de Metz entreprit la rédaction de ce recueil – dont quatre-vingts récits nous sont parvenus –, « en manière de passe-temps » alors qu'il relevait d'une grave maladie. Il laissa aussi une *Chronique de la ville de Metz* et un *Journal* qui constituent une source abondante d'informations historiques.

Les sources de Vigneulles sont multiples : il emprunte aux modèles littéraires que constituent le Pogge, Masuccio, ou *les *Cent Nouvelles nouvelles* du XVe siècle et se souvient des anecdotes chères aux fabliaux ; la vie quotidienne, les récits rapportés oralement, voire certains *exempla* constituent d'autres sources auxquelles puise aussi le bourgeois messin.

Pour organiser l'ensemble de ces histoires qui ont presque toutes pour cadre la ville ou la région de Metz, Philippe de Vigneulles s'est efforcé de procéder à des regroupements thématiques : moines et prêtres, « questains », femmes sont les personnages principaux de ces nouvelles qui s'épanouissent sur le fertile terrain de la tromperie, moteur de la plupart des récits, et où triomphent sans pudeur grivoiserie et scatologie.

Le recueil de Philippe de Vigneulles illustre à plus d'un égard les principes de la nouvelle à la Renaissance : fortes marques d'oralité, tentatives pour ancrer le récit dans un milieu sociologique particulier, protestation de l'authenticité des anecdotes rapportées, joyeuse insouciance. L'unité du recueil tient à son ton général : Vigneulles n'a guère d'ambition didactique. Ses histoires sont parfois assorties de vagues commentaires moraux, elles illustrent de loin en

loin un proverbe, fustigent au passage un vice ou une catégorie sociale (c'est le cas des faux quêteurs abusant de la crédulité du peuple). Cependant, elles sont avant tout des contes à rire qui multiplient bons mots et équivoques. Comme bien souvent dans la nouvelle de cette époque, le texte narratif est l'espace d'élection de la transgression sexuelle (le cocuage figurant parmi les thèmes favoris) ou religieuse (la 6e nouvelle ridiculise les membres du clergé jusque durant l'office divin). L'immoralité triomphe, comme au temps du carnaval.

● Genève, Droz, 1972 (p.p. Ch. Livingston).

M.-C. GOMEZ-GÉRAUD

CENT VINGT JOURNÉES DE SODOME (les) ou l'École du libertinage. Roman de Donatien Alphonse François, marquis de **Sade** (1740-1814), publié à Berlin en 1904.

Brutalement transféré de la Bastille à Charenton dans la nuit du 3 au 4 juillet 1789, Sade pleurait « avec des larmes de sang » le manuscrit des *Cent Vingt Journées de Sodome*, écrit en prison de 1782 à 1785, qu'il avait dû abandonner dans sa cellule. Le texte en était rédigé d'une écriture minuscule sur de petites feuilles de douze centimètres de large, collées bout à bout en une longue bande de douze mètres de long susceptible d'être roulée et dissimulée. Lors de la prise de la Bastille, le précieux rouleau fut récupéré par Arnoux de Saint-Maximin, et conservé dans la famille de Villeneuve-Trans, puis acheté par le psychiatre allemand Iwan Bloch qui, sous le pseudonyme d'Eugen Dühren, en proposa une transcription fautive en 1904. Un quart de siècle plus tard, Maurice Heine vint l'acquérir à Berlin pour le compte de Charles de Noailles et en donna une nouvelle édition très scrupuleuse (à Paris chez Stendhal et Cie de 1931 à 1935). Était ainsi rendue publique une œuvre dont la radicalité n'a pas fini de provoquer ses lecteurs, mais qui s'est progressivement imposée comme un chef-d'œuvre paradoxal.

Quatre libertins, à la fin du règne de Louis XIV, s'enferment dans le château de Silling, perdu au cœur de la Forêt-Noire, avec leurs quatre épouses, quatre maquerelles nommées les « historiennes », huit jeunes garçons, huit jeunes filles, huit « fouteurs », ainsi que du personnel de cuisine et de service. Ils édictent une loi intérieure qui voue la population du château à l'unique satisfaction des désirs de chacun et organise une inexorable progression durant quatre mois. Le premier mois est consacré aux « passions simples » (pollutions, fustigations, uro- et scatophilie), le deuxième aux « passions doubles » (pénétrations, profanations), le troisième aux « passions criminelles » (sodomie, violences sanglantes), le quatrième aux « passions meurtrières » (mutilations, supplices et mises à mort). Le texte s'achève par une effroyable opération arithmétique : sur les 46 personnes présentes au début des orgies, 16 seulement survivent.

« C'est maintenant, ami lecteur, qu'il faut disposer ton cœur et ton esprit au récit le plus impur qui ait jamais été fait depuis que le monde existe… » Le lecteur est en effet prisonnier d'un texte qui fait alterner les récits et leur mise en application, et progresse selon une surenchère permanente. Si les récits du premier mois sont développés, ceux des « historiennes » suivantes sont réduits à un plan, comme si la progression de l'horreur atteignait aux limites mêmes du discours. Le manuscrit comporte des notes où l'auteur s'interpelle en vue de corrections et d'améliorations du texte. L'œuvre, inachevée et inachevable, tente de rendre le mouvement de l'imaginaire, la dynamique du désir qui ne vit que de transgression.

Une telle violence semble excéder tout travail philosophique. La critique repère pourtant les éléments traditionnels de ce texte proprement inouï. On note d'abord les modèles narratifs, au premier rang desquels *les Mille et Une Nuits*, adaptées par Antoine Galland au début du XVIIIe siècle et dont le succès ne se démentit jamais tout au long du siècle. Schéhérazade retient la curiosité du sultan par ses récits et suspend ainsi, nuit après nuit, la condamnation qui pesait sur toutes les femmes du harem. Les historiennes de Silling sont pareillement invitées à faire l'histoire des passions humaines : leur savoir et leur savoir-faire leur valent de survivre avec les maîtres à la fin des cent vingt jours d'orgies. Cette structure qui enchâsse de nombreux récits dans une histoire servant de cadre est celle des recueils de la Renaissance que Sade ne peut ignorer : le *Décaméron* de Boccace ou l'*Heptaméron* de Marguerite de Navarre. Une société choisie est enfermée dans un lieu clos pour se divertir en multipliant les contes ou anecdotes. Sade substitue à la claustration involontaire (à cause de la peste ou de quelque intempérie) un enfermement raisonné et remplace le *locus amœnus* de la tradition par un château médiéval où les artifices de l'architecture prolongent les caprices inquiétants du relief naturel.

Servent également de modèles aux *Cent Vingt Journées* les biographies de femmes galantes et les descriptions des maisons de passe que le public s'arrache au XVIIIᵉ siècle, de l'*Histoire de Mlle Cronel, dite Frétillon, actrice de la Comédie du Mans* (1740) jusqu'au *Portefeuille de Mme Gourdan, dite la comtesse* (1783). Cette histoire nous rappelle que nombre de passions et autres complications sexuelles décrites dans les *Cent Vingt Journées* sont loin d'être des inventions du romancier. Mais Sade élève l'exception au rang d'une loi du désir et du récit, constitutive de l'ordre même de Silling. Les jeunes garçons et les filles qui servent de plastrons aux quatre libertins n'étaient pas destinés par leur origine sociale à la prostitution ; ils ont été enlevés dans les meilleurs milieux afin d'aviver le scandale et la conscience d'une transgression.

Le chiffre 4 et ses multiples organisent le texte. Les quatre mois (de novembre à février) correspondent à quatre degrés dans la gravité des crimes et dans celle des châtiments qu'ils devraient entraîner. Ils sont mis en relation avec les quatre tempéraments de la médecine hippocratique : le duc de Blangis est un sanguin, son frère l'évêque un bilieux, le président de Curval un mélancolique et le financier Durcet un phlegmatique. Les élites de l'Ancien Régime (militaire, religieuse, parlementaire et financière) sont ainsi représentées dans cet échantillon de caractères. Mais la même volonté perverse pousse les roués à dépasser le déterminisme physiologique et caractériel pour atteindre à la pure noirceur du mal. De même, Sade transcende les modèles narratifs, sociaux ou médicaux de cette *École du libertinage* qui impose une fresque hallucinée de l'humanité livrée aux violences du désir.

La plupart des commentateurs se sont protégés du caractère insupportable de ce texte, en en soulignant la lucidité nosologique et en proclamant Sade précurseur de Krafft-Ebing sinon de Freud (Maurice Heine), en en vantant la puissance lyrique (les surréalistes, Gilbert Lély) ou la dextérité rhétorique (Roland Barthes). Georges Bataille puis Annie Le Brun ont tenté de rendre compte de l'expérience propre à cette œuvre qui excède la littérature, tandis que Pier Paolo Pasolini n'a pas craint de transposer la France du XVIIIᵉ siècle de Sade dans l'Italie du fascisme finissant et la force incantatoire des mots dans la brutalité immédiate des images (*Salo ou les Cent Vingt Journées de Sodome*, 1975). Le texte reste en suspens entre la poésie et l'horreur, le lisible et l'illisible, la parole et le cri.

● « 10/18 », 1993 (p.p. G. Lély). ➤ *Œuvres complètes*, Cercle du Livre précieux, XIII (p.p. G. Lély) ; *id.*, Pauvert, I (p.p. J.-J. Pauvert et A. Le Brun) ; *Œuvres*, « Pléiade », I.

M. DELON

CENT VINGT, RUE DE LA GARE. Voir 120, RUE DE LA GARE, de Léo Malet [classé à la fin de la liste alphabétique].

CENTAURE (le). Poème en prose de Maurice de **Guérin** (1810-1839), publié par les soins de George Sand, avec *Glaucus* et des extraits de lettres adressées par Guérin à Barbey d'Aurevilly, à Paris dans la *Revue des Deux Mondes* le 15 mai 1840.

Composé en 1835-1836 comme *Glaucus* (resté à l'état de fragment) et la *Bacchante*, il devait former triptyque avec cette dernière et l'*Hermaphrodite*, resté à l'état de projet. Le « je » du poète serait ainsi paru sous un emblème masculin, puis féminin, puis double, célébrant enfin les vertus de l'Androgyne-Voyant, dans la continuité de *Séraphîta*.

Dernier de sa race, vivant en solitaire au sommet d'une montagne, le vieux centaure Macarée raconte sa vie au devin Mélampe. D'abord ébloui par la splendeur de la nature, au sortir de son antre, grotte matricielle, ce « mystique à l'état sauvage » voulut y participer dans toute la plénitude de son être et avec toute l'ardeur de sa jeunesse. Ivresse des courses folles, abandon extatique devant le spectacle du monde, il a tout connu de cette quête de l'absolu. À cet enthousiasme succède l'angoisse de l'âge mûr et son désir obstiné de pénétrer le mystère de la création. Pour l'apaiser et le guérir, le centaure Chiron lui donne un jour une leçon de sagesse : au mal de la recherche d'un inaccessible savoir et de l'inquiétude tumultueuse, il faut opposer le bien de la discipline et du travail, l'acceptation de la fusion finale avec l'univers, l'humble renoncement. Bientôt, Macarée ira « se mêler aux fleuves qui coulent dans le vaste sein de la terre ».

Cette méditation symbolique et lyrique transpose l'enfance paisible, la jeunesse agitée, l'enseignement de Lamennais qui scandèrent la vie de Maurice de Guérin, mais vaut surtout comme évocation et invocation d'une perfection hors d'atteinte. *Le Centaure* propose d'abord un « paysage héroïque », à la manière de Poussin ou de Claude Lorrain : « Comme des rivages toujours humides, le cours des montagnes du couchant demeurait empreint de lueurs mal essuyées par les ombres. » L'espace se peuple de contours imprécis, déroule de vagues ondulations, laisse voir le lointain derrière ses formes. Véritable paysage sentimental et spirituel, nourri de classicisme, il se métamorphose en cadre idéal d'une aventure, celle d'un « je » qui désire absorber toutes les énergies du cosmos.

La découverte du monde se sublime en volupté, et le vieux Macarée, s'adressant au jeune Mélampe, narre cette expérience analogue à celle de l'Amaury du *Volupté* de Sainte-Beuve. Le parallèle se confirme grâce à la déperdition d'énergie succédant au délire des sens, et s'enrichit d'une référence fortement marquée au *René* de Chateaubriand. Alternance d'agitation et d'apaisement, puis de bouillonnement intérieur et d'emportements, l'enthousiasme est un jaillissement de la vie et de la puissance créatrice : « Ma vie [...] frémissait dans tout mon sein. Je l'entendais courir en bouillonnant et rouler le feu qu'elle avait pris dans l'espace ardemment franchi. » Cet élan se combine avec l'extase passive, étale. Sentiment calme de l'infini, assoupissement lucide, elle affranchit le « je » du temps. Le charnel et le spirituel, le sacré et le profane retrouvent leur unité, que le sujet éprouve en une illumination apaisante. Dans cette fusion du corps et de l'âme, l'être parvient à un état second, supérieur. De la convulsion à l'aspiration sublime, par une véritable expérience mystique, Macarée a parcouru un trajet initiatique et accède à la profondeur de la synthèse suprême. La poésie devient alors jouissance – pourtant contredite par la souffrance d'une traduction jamais totalement accomplie.

Guérin qui, avec Aloysius Bertrand (*Gaspard de la nuit*), inaugure le poème en prose, déploie tout l'arsenal stylistique du genre. Allitérations, effets d'harmonie imitative, « rimes » visent à produire une mélodie ; la forme du verset, comme le notait George Sand, privilégie la cadence musicale. Le rythme épouse emblématiquement celui de la vie universelle et de l'harmonie des sphères. Idéalement, la prose lyrique réussit la fusion des accents virgiliens, de la transparence platonicienne dont rêvait Joubert, et de la musicalité cherchée par Sainte-Beuve. Vibration, pulsation, respiration : si Maurice de Guérin retrouve et amplifie les cadences de Rousseau ou de Chateaubriand, il annonce par son néoclassicisme magnifié l'écriture mallarméenne d'*Hérodiade* ou de l'*Après-midi d'un faune*. Le poème en prose, ce chant, tend vers cette inaccessible perfection, la poésie absolue.

➤ *Œuvres complètes*, Les Belles Lettres, I ; *Poésie*, « Poésie / Gallimard ».

G. GENGEMBRE

CERCLE DES TROPIQUES (le). Roman d'Alioum **Fantouré** (Guinée, né en 1938), publié à Paris aux Éditions Présence Africaine en 1972.

Premier roman d'Alioum Fantouré, *le Cercle des tropiques* est la minutieuse dénonciation d'un régime despotique et sanguinaire instauré dans les « Marigots du Sud », un pays imaginaire qui ressemble beaucoup à la Guinée natale du romancier.

> Première partie. « Porte Océane ». Dans les « Marigots du Sud », Bohi Di, après bien des déboires personnels, décide de vivre dans la capitale du pays, Porte Océane, où il va devenir un observateur privilégié des événements qui vont bouleverser son pays. Il se trouve rapidement mêlé à la lutte politique que se livrent le Club des Travailleurs, parti d'opposition, et le Parti Social de l'Espoir, plus proche du régime colonial en place, avec à sa tête Baré Koulé. Après un complot qui réussit à éliminer ses adversaires politiques, Baré Koulé se retrouve chef de l'État des Marigots du Sud qui vient d'obtenir son indépendance.
> Seconde partie. « Le Cercueil de zinc ». Baré Koulé installe peu à peu un régime d'intolérance, d'injustice et de terreur. Les opposants sont systématiquement éliminés, la famine règne. Baré Koulé instaure un culte de la personnalité, tente de dissimuler la sordide réalité par des discours révolutionnaires, et s'appuie sur une milice policière puissante. Pourtant quelques-uns essaient de résister, et en particulier Maleké. Ce dernier parvient à compromettre un proche du pouvoir et à semer le trouble et la zizanie au sein même des dirigeants. Les accusations, les complots et les purges se succèdent. Le peuple s'insurge, l'armée décide de renverser le président. Baré Koulé est tué et s'écroule sur ses discours, « le seul don qu'il eût jamais fait à la population des Marigots du Sud : du vent »... Mais une courte note annonce que, quelques mois plus tard, les instigateurs du coup d'État ont été à leur tour « mystérieusement assassinés ».

Le choix de Bohi Di comme narrateur permet au romancier d'exposer le point de vue d'une victime. Dépassé par les événements auxquels il se trouve confronté, Bohi Di acquiert peu à peu une conscience politique et – outre la description d'une indépendance ratée – c'est cet éveil politique d'un homme du peuple qui intéresse en premier lieu le romancier.

Aux côtés des *Soleils des indépendances* (1968) de l'Ivoirien Ahmadou Kourouma, d'*Un fusil dans la main, un poème dans la poche* (1973) du Congolais Emmanuel Dongala et de quelques autres romans africains, *le Cercle des tropiques* appartient à ces œuvres qui, très tôt, avec lucidité et courage, ont dénoncé les errements des nouveaux pouvoirs mis en place après les indépendances et la trahison des peuples africains par leurs dirigeants. Sans jamais nommer explicitement ses cibles ni définir avec précision le cadre géographique de son intrigue, Alioum Fantouré offre à son roman une plus large portée, même si, de toute évidence, ses références renvoient en premier lieu à son pays d'origine.

Résidant à Vienne, en Autriche, Alioum Fantouré appartient, comme beaucoup de ses compatriotes écrivains (Camara Laye, le premier d'entre eux, mais aussi plus tard, Djibril Tamsir Niane, Tierno Monemembo ou Williams Sassine), à cette génération de Guinéens « de l'extérieur » qui tentent de dire, depuis l'exil, le drame de leur terre natale. Romancier rare, il a poursuivi son œuvre romanesque avec *le Récit du cirque de la vallée des Morts*, en 1975, et les deux premiers volets d'une trilogie : *l'Homme du troupeau du Sahel*, en 1979, et *le Voile ténébreux*, en 1985.

B. MAGNIER

CÉRÉMONIE DES ADIEUX (la). Essai de Simone de **Beauvoir** (1908-1986), publié à Paris chez Gallimard en 1981.

Simone de Beauvoir prolonge dans ce dernier livre, consacré aux dix dernières années de la vie de Jean-Paul Sartre, une réflexion autobiographique caractérisée par le souci de « tout dire ». Elle renoue également avec la veine d'*Une mort très douce* (1964), récit consacré à l'agonie de sa mère, dans lequel alternent de brutales notations cliniques, de brefs élans affectifs, et une prise de conscience angoissée du néant de la mort.

> De sa première attaque (en mai 1971) à sa mort (le 15 avril 1980, à l'hôpital Broussais), Sartre partage son temps entre la politique, l'élaboration d'articles et les voyages. Il est cependant atteint par une déchéance physique qui lui interdit peu à peu tout travail. La cécité surtout lui est insupportable. Sa déchéance physique, marquée par des absences ou des divagations, n'est cependant pas continue : « Du fond des abîmes où on le croyait à jamais enlisé, il resurgissait, allègre, intact. [...] Il y avait en lui un fond de santé physique et morale qui a résisté, jusqu'à ses dernières heures, à toutes les atteintes. » À partir de 1974, pourtant, il se considère comme un « mort-vivant », réduit à un rôle de « figuration ».
> Lorsqu'il est inhumé au cimetière Montparnasse, cinquante mille personnes suivent le convoi : « Je me disais que c'était exactement l'enterrement que souhaitait Sartre, et qu'il ne le saurait jamais. »

Simone de Beauvoir s'est toujours méfiée des « belles images », c'est-à-dire des présentations flatteuses par lesquelles la plupart des gens enjolivent leur expérience et se mentent à eux-mêmes. Ce souci constant de sincérité la pousse à rejeter la tentation de l'hagiographie. Sartre n'apparaît jamais comme un grand écrivain, mais comme un grand vieillard, en proie à une humiliante dégradation physique : « Il était lointain, un peu endormi, presque morne, avec sur les lèvres un sourire figé de gentillesse universelle (sourire dû à une légère paralysie des muscles de la face). » Il prend ainsi l'apparence humaine et familière d'un proche.

Simone de Beauvoir parle rarement d'elle dans ces pages (« ce n'est pas mon sujet »). Elle se cantonne dans un rôle d'observateur objectif et de garde-malade. Mais, par un effet de contraste, la dureté constante du ton et le réalisme des descriptions mettent en valeur les accents ponctuels de révolte ou de chagrin, dont la sincérité est alors déchirante : « Sa mort nous sépare. Ma mort ne nous réunira pas. C'est ainsi ; il est déjà beau que nos vies aient pu si longtemps s'accorder.»

● « Folio », 1987.

C. CARLIER

CES ANGES DE SANG. Voir POÉSIES, de F. Ouellette.

CÉSAR. Tragédie en cinq actes et en vers de Jacques **Grévin** (1538-1570), créée en même temps que *les Esbahis* et le jeu satyrique des *Veaux* au collège de Beauvais le 16 février 1561, et publiée en volume dans le *Théâtre* à Paris chez Vincent Sertenas la même année. L'ensemble est précédé d'un *Bref Discours pour l'intelligence de ce théâtre*, où Grévin expose ses vues sur la renaissance du théâtre antique.

> César est hanté par la peur d'être trahi ; il s'en ouvre à Marc Antoine qui cherche à le rassurer (Acte I). Or ses craintes sont justifiées : Marc Brute, révolté parce que César règne en maître absolu sur Rome, voit à l'horizon resurgir le fantôme des Tarquins. En compagnie de Cassius et de Décime Brute, il fomente le meurtre de César (Acte II). La nourrice de Calpurnie, épouse de César, ne parvient pas à la rasséréner après la « songe sanglant » qui lui a présenté son mari « meurtri devant [...] sa face ». Elle tâche de prévenir César, qui, devant l'attitude railleuse de Décime Brute, persiste dans son projet de se rendre au sénat (Acte III). Les conspirateurs ont mis à exécution leur projet ; César est tombé sous leurs coups, annonce le messager à Calpurnie (Acte IV). Ils chantent la victoire de la liberté, mais Marc Antoine, présentant aux soldats de César la tunique ruisselante de sang de leur chef, les exhorte à la vengeance (Acte V).

Céline

Louis Ferdinand Destouches, en octobre 1914.

Qui est le véritable Louis Ferdinand Destouches, dit Céline (1894-1961) ? Le Bardamu du *Voyage au bout de la nuit* (1932), nouveau Candide projeté dans la nuit de la Première Guerre mondiale, le médecin des pauvres installé en banlieue, le nihiliste convaincu que la seule vérité « c'est la mort » ? Ou le pamphlétaire antisémite, le prohitlérien qui suivit Pétain jusqu'à Sigmaringen, le vieillard aigri ratiocinant dans son pavillon de Meudon après sa condamnation et son amnistie ? Sans doute tout cela à la fois, à l'image d'une œuvre qui commença par forger une langue nouvelle — la « petite musique » célinienne, faite de tours classiques brisés, de néologismes, d'expressions populaires distanciées et d'argot — pour donner une voix aux malheureux de la terre et tourner en dérision toutes les hypocrisies d'une civilisation moderne vouée à la destruction, et finit par sombrer dans la bêtise d'un racisme délirant.

Louis-Ferdinand Céline à Meudon, vers 1955.
Ph. © Lipnitzki-Viollet.

Dessin de Gen Paul (1895-1975), pour *Mort à crédit*, Paris, Éditions Denoël, 1942.
Bibliothèque nationale, Paris.
Ph. © Bibl. nat./Arch. Photeb © ADAGP, Paris, 1994.

Illustration de Jacques Tardi (né en 1946), pour *Voyage au bout de la nuit*, Paris, Futuropolis/Gallimard, 1988.
Ph. Jeanbor © Arch. Photeb
© Futuropolis/Gallimard-Tardi.

Pour bâtir sa tragédie, Grévin a largement emprunté à *Julius Caesar*, pièce marquée par l'influence de Sénèque, que son maître Marc Antoine Muret avait publiée sur le même sujet en 1552. Les historiens antiques (Plutarque et Suétone), ainsi que Cicéron, lui fournissent la matière de certains détails. Mais il aime encore à s'inspirer de ses contemporains : nombreux sont les vers qui résonnent des accents des *Antiquités de Rome* (1558) de Du Bellay.

Le style de Grévin, dépourvu d'affectation, se nuance des souvenirs poétiques de la Pléiade quand le chœur chante la gloire de César (II) ou ses revers de fortune. Soucieux d'une certaine régularité, le dramaturge s'exerce à l'utilisation de l'alexandrin à rimes plates pour les parties dramatiques, conservant l'octosyllabe pour les moments lyriques et respecte presque systématiquement l'alternance des rimes. Même sobriété dans le déroulement de l'action, qui, sans retard, se précipite vers sa fin : *César* se signale par son absence de péripéties. Une composition rigoureuse, respectueuse des principes de la tragédie chers à Horace (division en cinq actes séparés par le chœur, unité de temps, d'action), préside à l'ensemble. Grévin, dans cet esprit, s'applique à mettre en relief les thèmes majeurs de la pièce par un effet d'écho : crainte des Grands devant l'avenir, exprimée tour à tour par César et Calpurnie (I et III), hymnes passionnés à la liberté chantés par les conspirateurs (II et V).

Grévin entrelace les motifs de la tragédie du pouvoir : réflexion sur les dangers du pouvoir absolu toujours prêt à se tourner en tyrannie, réflexion du souverain sur la fragilité de sa puissance, puisque la Fortune l'abandonne, « l'ayant eslevé en telle dignité et au plus haut de sa roüe ». César a intériorisé cette vérité et porte en lui, fruit amer de sa gloire, la peur de la chute à venir. Aussi peut-il accepter son destin pour sauvegarder une grandeur d'âme dont sa mort théâtrale est le témoin (il « a prins garde surtout de choir honnestement »), et déclarer vouloir plutôt « mourir tout en un coup qu'estre tousjours paoureux » (v. 790). Le souverain de tragédie est condamné à mourir pour exister : cette logique détermine l'atmosphère de la pièce, bâtie sur l'attente de l'inexorable. C'est à cette même logique qu'obéit César, quand, négligeant d'accomplir un sacrifice au moment d'entrer au sénat, il semble défier le destin et les dieux. Le dénouement ouvre sur une certitude : l'ombre de la vengeance qui plane sur le tomber de rideau laisse présager la victoire éphémère de Brute ; la machine infernale de la tragédie tourne sans fin.

● Nizet, 1974 (p.p. J. Foster).

M.-C. GOMEZ-GÉRAUD

CÉSAR. Voir MARIUS, de M. Pagnol.

CÉSAR BIROTTEAU. Voir HISTOIRE DE LA GRANDEUR ET DE LA DÉCADENCE DE CÉSAR BIROTTEAU, d'H. de Balzac.

CETTE GRANDE LUEUR À L'EST. Voir HOMMES DE BONNE VOLONTÉ (les), de J. Romains.

CEUX DE 14. Ensemble de récits de Maurice **Genevoix** (1890-1980), publié à Paris chez Flammarion en cinq volumes (*Sous Verdun*, 1916 ; *Nuits de guerre*, 1917 ; *Au seuil des guitounes*, 1918 ; *la Boue*, 1921 ; *les Éparges*, 1923). Ces récits furent ultérieurement réunis par l'auteur sous un seul titre, *Ceux de 14*, « le texte original en ayant été [...] quelque peu resserré et réduit » (Avant-propos, 1949). La version définitive de *Ceux de 14* ne comporte plus que quatre livres publiés chez Flammarion en 1950.

Livre I. « Sous Verdun » (du 25 août au 9 octobre 1914). À peine montée au front, la 7e compagnie du 106e régiment d'infanterie, à laquelle appartient le sous-lieutenant de réserve Genevoix, bat en retraite comme toute l'armée française. Le 6 septembre, l'offensive de la bataille de la Marne commence. Le 10, « la partie est gagnée », après la bataille de nuit de Vauxmarie, mais à quel prix ! : la 7e ne compte plus que 21 hommes sur 70. La marche en avant se poursuit, marquée par le très dur accrochage dans le bois des Caures (19 et 20 septembre). Puis « les deux armées reprennent haleine » et s'enterrent. Le 9 octobre, Genevoix apprend de son ami, le lieutenant Porchon, qu'ils vont aller prendre position auprès du village des Éparges (front de la Meuse).

Livre II. « Nuits de guerre » (du 9-13 au 26-29 octobre). Accrochée dans les bois de Saint-Rémy, la compagnie ne parvient que le 17 au ravin des Éparges, dominé par la crête des Éparges et le bois des Combres qu'occupent les Allemands. Genevoix et ses hommes reçoivent l'ordre d'attaquer et de retourner les tranchées allemandes, ce qu'ils font avant de regagner leurs propres lignes. La guerre stagne dans un climat tragique : « Quant' c'est plus les balles, c'est la boue, c'est la flotte, c'est l'manque de dormir ou d'manger, toujours du mal [...] », s'écrie le pittoresque Pannechon. Seul le repos du cantonnement dans les villages alentour (Les Éparges, Mont-sous-les-Côtes) apporte un peu de répit.

Livre III. « La Boue » (du 30 octobre-1er novembre aux 5 et 11 janvier 1915). Le « tour » des compagnies se poursuit dans « la routine de fonctionnaires cernés ». Le 6 novembre, attaque dans le bois de Saint-Rémy, puis retour aux tranchées. Un nouveau « tour » est instauré, « trois fois trois jours : d'abord en seconde ligne, à Calone ; puis en première ligne, aux Éparges ; au repos, enfin, à Mont-sous-les-Côtes ». Il neige, il pleut : « Une guerre sordide nous ravale à son image : comme si en nous aussi, sous une bruine de tristesse et d'ennui, s'élargissaient des flaques de boues. » Maintenant, la boue englue tout.

Livre IV. « Les Éparges » (de janvier au 24-25 avril 1915). La compagnie de Genevoix continue à « tourner » pendant que les sapeurs creusent un boyau pour miner les blockhaus des Éparges. En février, le « tour » devient de 3 fois 4 jours. Le 17 commence la bataille des Éparges, menée par le bataillon où sert Genevoix. Explosion de mines, bombardement et tir préparatoires pendant une heure et dix minutes, puis assaut dans des conditions dantesques jusqu'au 21. Hécatombe : sur les 1 000 hommes du bataillon, quelques-uns seulement iront au repos à Belrupt. Porchon, l'ami de Genevoix a été tué le 20. Genevoix est nommé à la tête de la 5e compagnie. En avril, une nouvelle attaque emporte définitivement la crête des Éparges. Le 24-25, Genevoix est blessé de trois balles et évacué.

La totalité de la narration se présente comme une mise au net de notes prises sur le moment (Genevoix relate, en effet, sa propre expérience du front, entre le 25 août 1914 et le 25 avril 1915, date à laquelle il fut blessé de trois balles avant d'être évacué), une chronique instantanée des événements, avec pour temps de base le présent. Aussi le récit épouse-t-il le rythme même de la guerre : marqué par le mouvement durant la bataille de la Marne (*Sous Verdun*), il devient progressivement répétitif, voire routinier, quand les armées se terrent dans les tranchées, avec de temps à autre de violentes accélérations pendant les assauts. Quelque trente ans plus tard, lors de la révision de son texte pour l'établissement de la version définitive, Genevoix demeure fidèle à lui-même : « Éviter que des préoccupations d'écriture ne [viennent] altérer dans son premier mouvement, dans sa réaction spontanée aux faits de guerre qu'il relate, le témoignage que j'ai voulu porter » (Avant-propos).

Genevoix montre les hommes aux prises avec la pluie, la neige, le froid, la malnutrition et le sommeil, et cette omniprésente boue où ils pataugent et s'engluent. Un parapet mal exhaussé ou écroulé, une tête ou une épaule qui dépasse, et c'est la blessure ou la mort, sous le sifflement incessant des balles meurtrières, l'avalanche d'obus et de « marmites » qui explosent dans les boyaux et les abris précaires. Les attaques culminent dans l'horreur : déluge d'acier et de feu, blessés qui meurent noyés et piétinés au fond des trous où s'est accumulée la boue, corps volatilisés dont les restes, membres et lambeaux de chairs, retombent sur leurs camarades, soldats étouffés sous les parois éboulées par le bombardement, etc. Quand viennent la relève puis le bref repos du cantonnement, il faut encore trouver à se loger, à se nourrir, en se faisant, parfois, rejeter ou escroquer par les villageois.

Qu'elle évoque cet enfer vécu par « ceux de 14 » (du simple soldat au capitaine) dans les tranchées, qu'elle chante la solidarité, la camaraderie, l'amitié entre ces hommes ou dénonce l'idiotie de certains ordres (« ne pas tirer » alors que les Allemands fortifient, à quelques mètres des lignes françaises, une tranchée qu'il faudra enlever plus tard dans un assaut meurtrier ; une heure de maniement d'armes au cantonnement avant le repos, etc.), la narration demeure très sobre. Genevoix reproduit les conversations des soldats, décrit leurs souffrances sans grandiloquence héroïsante. Il n'évoque qu'avec pudeur l'épuisement physique, l'accablement moral, l'indifférence ou encore la fureur de la troupe. Il se montre fort discret sur lui-même, sur ses sentiments : seuls quelques passages révèlent son sentiment d'être pris par la guerre et non de la faire, son dégoût, sa peine lors de la mort de son ami Robert Porchon, et la conviction partagée par tous d'être « complices de la mort ».

Genevoix ne romance pas, n'argumente pas. Le choc et la leçon n'en sont que plus terribles. Contrairement à d'autres œuvres (les *Croix de bois, Dorgelès, 1915 ; le *Feu, Journal d'une escouade, Barbusse, 1916 ; À l'Ouest rien de nouveau, Remarque, 1928 ; etc.) qui décrivent les mêmes atrocités en perspective de thèmes comme l'absurdité de la guerre, l'antimilitarisme, le pacifisme, Ceux de 14 obéit au principe posé par Genevoix dès l'origine : « Comme au temps déjà lointain où j'écrivais ces pages, c'est de propos délibéré que je me suis interdit tout arrangement fabuleux, toute licence d'imagination après coup » (Avant-propos). Il témoigne purement et simplement des événements, des hommes, de ce qu'il a vu dans le secteur restreint où il se trouvait lors des batailles de la Marne et des Éparges, afin que chacun, ancien combattant ou non, songe « ne serait-ce qu'un instant : "C'est vrai, pourtant. Cela existait, pourtant" » (ibid.). Les faits (et ce récit-constat) parlent d'eux-mêmes.

● « Points », 1984.

L. ACHER

CHAÎNE. Roman de Saïdou **Bokoum** (Guinée, né en 1945), publié à Paris chez Denoël en 1974.

Largement inspiré de l'expérience personnelle de l'auteur, Chaîne est l'unique roman de Saïdou Bokoum, également homme de théâtre, responsable de troupe et metteur en scène.

Lassé de sa vie d'étudiant parisien dont les ambitions lui apparaissent dans leur vanité, un jeune Africain, Kanaan Niane, décide de renoncer à ses études. Il rompt également avec son amie, Anna. Alors qu'il se trouve au bord du suicide, il sauve d'un incendie un habitant d'un foyer de travailleurs africains. Kanaan quitte ainsi l'univers intellectuel et rencontre le monde ouvrier émigré au sein duquel il retrouve la force des valeurs africaines et découvre la fraternité des luttes communautaires. Après avoir participé à une grève puis à une manifestation violemment réprimée, Kanaan en remémore les images apocalyptiques et conclut : « Quelle nuit ! vague souvenir d'une terrible explosion, proche et lointaine. Il faudra que je note mes rêves d'hier. Dès que je serai de retour de l'autre bout de la chaîne. »

Avec Chaîne, Saïdou Bokoum a créé une œuvre qui, au-delà du témoignage autobiographique (« Je suis un homme qui est allé au bout d'une expérience atroce, qui a connu la déchéance physique et morale, et qui a voulu témoigner », dit-il à propos de ce livre), souhaite faire de son héros la victime contemporaine de la malédiction qui frappe la race noire, malédiction à quoi font allusion les noms bibliques du héros et de son père : fils de Cham, Kanaan subit une véritable descente aux enfers dans les bas-fonds parisiens où tentent de survivre des milliers d'exilés africains, sou-

vent associés aux victimes de l'esclavage et aux opprimés de la colonisation.

Classé parmi les romans par son éditeur, Chaîne s'apparente davantage aux récits-témoignages par l'authenticité des propos et des faits rapportés. Toutefois, Saïdou Bokoum a su mêler à son récit de longues digressions oniriques parfois délirantes, dans lesquelles revient sans cesse l'omniprésent symbole de la chaîne, et qui, traduisant l'immense détresse du héros, donnent à son livre une incontestable qualité littéraire.

Bien que son héros n'appartienne pas initialement au monde ouvrier, Saïdou Bokoum a abordé, avec cette œuvre originale et forte, un sujet rarement traité par les autres romanciers africains : l'émigration populaire. En effet, contrairement à ceux du Maghreb, les écrivains originaires de l'Afrique noire, à quelques exceptions près (principalement Ousmane Sembene avec le Docker noir, 1956, ou la Noire de..., 1962), n'ont que très rarement évoqué l'émigration ouvrière. Ainsi Chaîne, par la force brutale de son témoignage, peut être comparé au roman du Marocain Driss Chraïbi, les *Boucs.

À l'instar de la Plaie, cet autre roman de l'exclusion, publié en 1967 par le Sénégalais Malick Fall, Chaîne, après un accueil timide lors de sa parution, est rapidement devenue une œuvre marquante, bien qu'injustement méconnue. Sans doute la hardiesse et la crudité des propos, la brutalité et la violence des situations, de même que les critiques politiques et sociales sans nuance ont-elles choqué et contribué à ce rejet.

B. MAGNIER

CHAISES (les). « Farce tragique » d'Eugène **Ionesco** (né en 1909), créée dans une mise en scène de Sylvain Dhomme à Paris au théâtre Lancry le 22 avril 1952, et publiée chez Gallimard en 1954.

Comme pour la *Leçon, Ionesco, auteur au succès encore incertain, prit la précaution de composer, avec les Chaises, une œuvre au coût de représentation modeste, ayant pour décor « une salle très dépouillée » et ne faisant appel qu'à trois comédiens. Desservie, peut-être, par la mise en scène de Sylvain Dhomme qui en gommait les outrances, la pièce fut très mal accueillie par les critiques. Paradoxalement, leur virulence accéléra la reconnaissance d'Ionesco : dès 1952, des écrivains comme Queneau, Beckett et Adamov prirent publiquement fait et cause pour le nouveau dramaturge ; quatre ans plus tard, à l'occasion d'une reprise dans une mise en scène de Jacques Mauclair, Jean Anouilh, en rejoignant ses partisans, entérine sa consécration.

Un couple de vieillards ressasse depuis longtemps les mêmes histoires, les mêmes regrets, les mêmes manifestations de tendresse que l'âge rend ridicules. Mais lorsque le Vieux s'est enfin décidé à divulguer son « message » à l'humanité, dont il a convoqué les représentants. Les invités se succèdent, invisibles et muets, qui séparent peu à peu les deux vieillards par un amas de chaises vides. Sémiramis et son époux conversent avec eux en attendant l'Orateur chargé d'être son porte-parole. Quand celui-ci arrive enfin, les deux vieillards, désormais inutiles et acculés au mur du fond que envahissent les chaises qui envahissent la scène, se suicident. Et l'Orateur, frappé d'aphasie, se révèle incapable d'accomplir sa tâche.

Sans doute l'âge des personnages (94 et 95 ans) contribua-t-il beaucoup au malaise des spectateurs, plus prompts à rire des bourgeois anglais (voir la *Cantatrice chauve) ou des enseignants tyranniques (voir la Leçon) que de la décrépitude qui les attend. De fait, cette « farce » affiche davantage son caractère tragique que la « tragédie du langage » et le « drame comique » qui l'ont précédée. Ses personnages acquièrent une épaisseur étrangère aux pantins interchangeables auxquels Ionesco avait habitué son public.

Même incertain, leur passé les ancre dans une histoire, un temps irréversible qui, en rompant le cycle des répétitions (« Depuis soixante-quinze ans que nous sommes mariés, tous les soirs, absolument tous les soirs, tu me fais raconter les mêmes histoires »), rend la mort inéluctable. Tout comme le temps, l'espace clos et oppressant de leur phare (« Ah ! cette maison, cette île, je ne peux pas m'y habituer »), progressivement encombré par la prolifération des chaises, les condamne à une « sortie » suicidaire que reprendra, en contrepoint, l'étouffement du *Nouveau Locataire*, créé en 1955. Cinq ans avant *Fin de partie*, le public assistait donc à la lente agonie de personnages à la Beckett et d'un monde vieilli avec eux : « Il est six heures de l'après-midi… il fait déjà nuit. Tu te rappelles, jadis, ce n'était pas ainsi ; il faisait encore jour à 9 heures du soir, à 10 heures, à minuit. »

Appliqués à un sujet si grave, les procédés farcesques parurent une provocation gratuite. C'est pourtant sur eux que repose la signification profonde de la pièce. Roméo et Juliette vieillis qui, au seuil de la mort, roucoulent encore, perchés sur leurs escabeaux en guise de balcon, ils comblent la vacuité de leur existence en se donnant mutuellement la comédie. Pour distraire sa « crotte », le Vieux se plie à des numéros de music-hall dérisoires : il « imite le mois de février » et raconte des histoires drôles tandis que Sémiramis évoque le passé de son « chou » sur le mode irréel (« Tu aurais pu être Président chef, Roi chef, ou même Docteur chef, Maréchal chef »). L'invisible public qui s'interpose progressivement entre eux leur renvoie, inversée et de plus en plus floue, leur propre image : ainsi le couple formé par les deux premiers invités, décrits comme une Dame élégamment vêtue et un Colonel, accuse-t-il l'échec social de la Vieille (« toute dépeignée » dans sa « vieille robe toute fripée ») et de son mari aux ambitions militaires déçues (« Je suis Maréchal tout de même, des logis puisque je suis concierge ») avant que la Belle et le Photograveur ne trahissent leur faillite sentimentale.

Métaphore des regrets, les chaises qui emplissent l'espace scénique de leurs absents traduisent également l'absurdité de la vie et le vide qui habite terre et ciel (l'Empereur d'essence divine qui sépare les Vieux à l'heure de leur mort est aussi invisible que les autres invités). Surtout, en montrant la salle sur la scène, elles abattent le « quatrième mur » dénoncé par Brecht et rappellent la convention théâtrale. La pièce devient alors la représentation d'une représentation en abyme où le Vieux tient le rôle de l'ouvreuse et Sémiramis de la marchande de friandises et de programmes (« … Programme… mandez gramme… gramme… ») pendant que l'Orateur signe des autographes pour des « personnages ». Ainsi théâtralisés, les mots, dépourvus de référent extérieur, font fi des contradictions (« Nous avons eu un fils » / « Hélas, non… non… nous n'avons pas eu d'enfant »). Dans un tel contexte, le « système » du Vieux, aussi anonyme que son inventeur, ne peut résider que dans l'impossibilité de transmettre un message par la parole (« He, Mme, mm, mm. / Ju, gou, hou, hou ») ou par l'écriture (l'Orateur invente des lettres) – aphasie éloquente de la part d'un personnage né de l'imagination d'un si farouche détracteur du théâtre à thèse…

● « Folio », 1973. ➤ *Théâtre complet*, « Pléiade ».

H. LEFEBVRE

CHAITIVEL (le). Voir LAIS, de Marie de France.

CHAMADE (la). Roman de Françoise **Sagan**, pseudonyme de Françoise Quoirez (née en 1935), publié à Paris chez Julliard en 1965.

I. « Le Printemps ». Lucile, trente ans, vit avec Charles, un homme de cinquante ans qui l'aime et l'entretient. Un soir, dans le brillant salon de Claire Saintré, Lucile rencontre Antoine, un jeune et bel intel-lectuel, qui a une maîtresse plus âgée que lui. Lucile refuse l'idée de tromper Charles, mais les deux jeunes gens cèdent en quelques jours à une violente passion l'un pour l'autre. Très vite, Antoine, qui gagne chichement sa vie dans une maison d'édition, ne supporte plus de partager Lucile avec Charles et la somme de choisir, ce qu'elle refuse, outrée par son intransigeance. Antoine rompt avec sa maîtresse, et après quinze jours de séparation, les deux amants se rejoignent. Lucile quitte Charles, qui lui annonce qu'il l'attendra, sûr de son « retour ».

II. « L'Été ». Lucile vit avec Antoine dans sa chambre peu confortable. Ils connaissent pendant deux mois la plénitude de leur amour.

III. « L'Automne ». Effrayé de voir Lucile oisive, Antoine lui trouve un emploi peu exaltant dans un journal. Au bout de peu de temps, Lucile abandonne son travail en secret. Découvrant qu'elle est enceinte, et refusant de garder son enfant, elle est obligée de faire appel à Charles malgré les instances d'Antoine. Peu après elle revoit Charles, comprend qu'elle n'aime plus la vie qu'elle mène avec Antoine et quitte celui-ci. Deux ans plus tard elle épousera Charles.

Par sa brièveté et sa concision, *la Chamade* s'inscrit dans la lignée classique du roman français, décrivant, dans un cadre mondain, une passion condamnée et, à ce titre, s'alimente autant à l'héritage de Mme de La Fayette qu'à celui de Radiguet (*le *Bal du comte d'Orgel*). Mais c'est avant tout à ce Proust qu'elle découvrait – en même temps que les caves de Saint-Germain-des-Prés – dès son adolescence, et à qui elle empruntait son pseudonyme de « Sagan », que l'auteur rend un double hommage dans ce roman. Hommage pour la peinture du monde bien sûr, de sa vacuité et de son conformisme : avant même la naissance du désir, Antoine et Lucile, lors de leur première rencontre, sont réunis par un fou rire irrésistible. Ils doivent nécessairement, de ce fait, éveiller la cruauté de ce monde : Claire Saintré, qui prend plaisir à multiplier les occasions de rencontres entre Lucile et Antoine lorsqu'elle sent que la maîtresse de celui-ci est jalouse, apparaît sans conteste comme une moderne Mme Verdurin, flanquée, en la personne d'un vieil homosexuel qu'elle entretient en échange de ragots, d'un Charlus dérisoire. Les personnages de Françoise Sagan sont au reste assez cultivés pour être conscients d'être des caricatures proustiennes : ainsi lorsque Lucile, prête à retourner chez Charles, écoute en sa présence un concerto de Mozart et remarque ironiquement la ressemblance entre son ancien amant et son homonyme Charles Swann. Mais la différence est que cette musique n'ouvre sur nulle révélation, et ne fait que mettre en évidence, aux yeux de Lucile, l'inutilité de sa propre existence. Et pourtant ce monde qu'Antoine, le jeune intellectuel de gauche, déclare si vite « pourri », est le seul qui offre à Lucile la gratuité et la beauté dont elle a besoin pour vivre. Ici se révèle le second hommage à Proust, à travers l'analyse d'une passion fondée sur une inévitable erreur d'optique et donc vouée à l'échec. Antoine n'a pas su faire la « magique étude / du Bonheur » à laquelle invitent les vers de Rimbaud qui servent d'épigraphe au roman, ni su comprendre le désir de Lucile de conserver l'irresponsabilité de l'enfance, symbolisé par son refus de la maternité. Si Lucile a aimé réellement Antoine, elle pourrait dire, semblable à son tour au héros de « Un amour de Swann » (voir *À la recherche du temps perdu*) qu'elle a souffert pour quelqu'un qui n'était pas « son genre ». Mais cet échec vient aussi de ce que, qualifiée par l'auteur d'« être de fuite », elle est aussi insaisissable que toutes les héroïnes proustiennes. Sans doute, à la différence de Proust, Sagan insiste-t-elle sur la réalité du bonheur fugitif goûté par les deux amants. Mais dans ce récit qui suit le cycle des saisons, on remarquera que la partie consacrée à l'été ne représente que quelques pages : c'est le moment d'une plénitude indicible. Ce qui fait l'essentiel du roman, c'est la naissance de cet amour contrarié, qui se nourrit des inquiétudes et des doutes créés par la distance mondaine, l'évocation du moment où le cœur bat « la chamade », où, délicieusement vaincu, il s'apprête à se rendre à son adversaire. Et c'est ensuite la lente décomposition, la transformation d'une passion inquiète en habitude ennuyeuse. L'amour laisse alors la place, comme dans *Aimez-vous Brahms ?*, à la peur de l'inconnu, et Lucile rejoint ainsi ces personnages, si nombreux chez Sagan, que celle-ci déclare « sans but et sans idéal », et pour qui seul le goût du plaisir légitime une existence désenchantée.

● « Presses Pocket », 1981. ➤ *Œuvres*, « Bouquins ».

K. HADDAD-WOTLING

CHAMBRE (la). Voir MUR (le), de J.-P. Sartre.

CHAMBRE DES ENFANTS (la). Recueil de nouvelles de Louis-René **des Forêts** (né en 1918), publié à Paris chez Gallimard en 1960.

« Les Grands Moments d'un chanteur ». Le narrateur évoque la carrière de Molieri, un modeste instrumentiste qui révèle par hasard ses dons pour le chant et atteint en deux ans la célébrité. Le narrateur le rencontre, est déçu par le contraste entre le génie scénique de Molieri et sa vulgarité quotidienne. Il assiste un soir à la déchéance de Molieri, qui se met à chanter faux et interrompt sa carrière aussi brutalement qu'elle avait commencé.

« La Chambre des enfants ». Un homme épie derrière la porte les propos tenus par son neveu, Paul, qui est seul, mais imite la voix de plusieurs enfants parlant d'un autre enfant, Georges, qui refuse de parler. Puis le héros est éveillé par son neveu, et se souvient qu'il s'appelle lui-même Georges.

« Une mémoire démentielle ». Un homme tente de se souvenir d'un épisode de son enfance, dans un collège religieux. Accusé d'une faute qu'il n'a pas commise, l'enfant désigne le coupable. Il est puni par ses camarades : ils parleront sans cesse de lui en le couvrant d'insultes. L'enfant décide de se taire obstinément, jusqu'au jour où ses camarades le supplieront de parler de nouveau.

« Dans un miroir ». Le narrateur consigne par écrit la conversation de sa cousine Louise et d'un ami, Léonard, qui vient voir le frère de celle-ci, enfermé en silence dans sa chambre. Il fait lire son manuscrit à sa cousine, mais celle-ci ne se reconnaît pas en Louise.

Si, dans le *Bavard*, la fiction était répudiée par le narrateur au moment où elle semblait prendre de la consistance, ces nouvelles, publiées par Louis-René des Forêts après quinze ans de silence, peuvent surprendre par la diversité des situations et des personnages. Mais en réalité, l'unité secrète du recueil se dévoile à travers une construction faite d'échos entre des thèmes esquissés et développés d'une nouvelle à l'autre. Ainsi retrouve-t-on cette opposition, récurrente chez Des Forêts, entre la parole vaine, ce « bavardage » sans consistance et cependant essentiel, et le silence qui est à la fois un refuge et une prison ; ainsi le personnage imaginaire de Georges, dans « la Chambre des enfants », renvoie-t-il à la fois au héros d'« Une mémoire démentielle », qui se tait pour ne pas se reconnaître dans la parole des autres, et au frère de Louise dans la dernière nouvelle. Au-delà du silence existe cependant le miracle du chant, opéra ou cantique, qui transfigure la médiocrité en suscitant une extase éphémère. Si parler, c'est se dissimuler, on ne s'étonnera pas de rencontrer, comme dans le *Bavard*, la référence au masque et au jeu théâtral : le chanteur Molieri, qui souffre d'être aimé pour ce qu'il n'est pas et transforme le rôle de don Juan en bouffonnerie afin de se venger du public, rejoint le personnage de Louise, la cousine qui nie la vérité du « miroir » tendu par l'écriture. On trouve la même incertitude entre le jeu et la réalité dans « Une mémoire démentielle » et la nouvelle qui donne son titre au recueil, rappelant que la « chambre des enfants » est le lieu où l'on apprend à mentir. C'est donc finalement une interrogation sur le statut de l'écriture qui traverse le recueil, comme le montrent ces différents personnages de narrateurs, enfants, mais aussi adultes, qui épient derrière les portes en tentant de cerner une vérité fuyante.

● « L'Imaginaire », 1983.

K. HADDAD-WOTLING

CHAMBRES DE BOIS (les). Roman d'Anne **Hébert** (Canada/Québec, née en 1916), publié à Paris aux Éditions du Seuil en 1958.

Après deux recueils de poésie (voir le *Tombeau des rois*) et un recueil de nouvelles (le *Torrent*), les *Chambres de bois* sont le premier roman d'Anne Hébert.

Première partie. Au pays de Catherine, les hauts fourneaux flambent sur le ciel. L'année de la mort de la mère, elle part avec ses trois sœurs chez un oncle à la campagne. Pendant longtemps un paysage noyé de pluie et de brume est leur seul décor. Dans la salle d'école, Catherine rencontre Michel, le pianiste qui vit dans une grande maison près de la forêt. Ils se revoient. Catherine a peur de lui mais se sent bientôt prise au piège du mystérieux jeune homme.

Deuxième partie. Ils se marient et partent pour Paris. La nuit, Catherine dort seule dans le lit étroit tandis que Michel joue du piano. Il exige que les rideaux soient fermés, refuse que Catherine travaille, la pare de somptueux vêtements et la retient captive dans les deux chambres lambrissées de bois. Catherine s'ennuie et rêve de marchés criards, d'odeurs, de couleurs. Michel lui promet qu'il reprendra la grande maison près de la forêt où s'est installée Lia, sa sœur, avec son amant. Le lendemain Lia est là, avec son nez de fin rapace, son corps sec et long, ses cigarettes et son amour envolé. Catherine se met à servir le frère et la sœur, complices. Bientôt, bouleversée par la passion malheureuse de la jeune femme, elle se rapproche de Lia, qui a vendu la grande maison sans prévenir Michel. Ils ont trahi tous les deux leur pacte scellé dans l'enfance et ne peuvent que pleurer sur leurs vies. Catherine tombe malade. Prisonnière de l'appartement, du frère et de la sœur, elle étouffe et sent monter l'angoisse.

Troisième partie. Catherine convalescente sort de son lit « comme au terme d'une ténébreuse adolescence ». Elle redécouvre son corps, les odeurs et la vie. Au bord de la mer, elle rencontre un jeune homme qui la désire et la veut pour femme. Elle annonce à Michel qu'elle le quitte.

Alors que les contes et poèmes antérieurs d'Anne Hébert marquaient les étapes d'un cheminement hors du souterrain, d'une exploration des ténèbres intérieures, *les Chambres de bois* annoncent une rupture très visible. C'est le récit d'une délivrance et l'avènement incertain de l'espoir dans un univers jusque-là sans autre issue que la mort.

À Paris, dans les « chambres de bois », Catherine est initiée à l'univers de Michel en une sorte de purification progressive qui l'anéantit : entre les mains de son mari, grand prêtre d'un étrange rituel, elle devient la « douce chatte blanche en ce monde captif sous la pluie » ; sur la palette de Michel qui rêve de la peindre et ne le fera jamais, elle est « toute blanche, sans odeur, fade et fraîche comme la neige, tranquille comme l'eau dans un verre ». Au fil des jours, Catherine fait taire en elle les désirs de vie, elle pâlit, languit, se désincarne peu à peu et va jusqu'au bout du dépouillement exigé par celui qu'elle aime. Au bout du chemin, il ne reste plus que la blancheur de la mort. Face à cet être désincarné, transparent, « petit coq pâle, acéré », Lia, la noiraude, ressemble à un « corbeau calciné ». L'oiseau de jour et l'oiseau de nuit s'affrontent dans un face-à-face dramatique. En Lia, Catherine découvre son double nocturne et la passion qu'elle n'a elle-même pas encore vécue. Lia incarne le côté ténébreux de l'amour, la fureur, les blessures et la rage. Alors que Michel refuse la chair, salissure première et contagieuse, et voit en la femme l'incarnation du diable, Lia, elle, incarne les feux de la chair interdits à Catherine qui, soumise à Michel, rejette son corps, sa sensualité et ses passions. Celui-ci, hanté par ses rêves et son enfance, a besoin de Catherine pour surmonter l'insupportable état de solitude où le laisse l'absence de Lia. Le frère et la sœur, liés par leur pacte secret, ne peuvent vivre séparément l'un de l'autre. Ils sont condamnés depuis l'enfance et appartiennent au royaume des morts et des songes.

L'ensemble du roman s'organise autour d'une dialectique du noir et du blanc, du jour et de la nuit, des ténèbres et de la lumière, et l'histoire de Catherine est un combat héroïque contre ces forces obscures. Dans un univers menacé de toutes parts par les ombres et la mort, la lutte désespérée pour que règnent le jour et la transparence met en présence des hommes et des femmes qui s'acharnent contre le désordre, la saleté, la nuit envahissante. Pour Catherine, après le pays des hauts fourneaux de son enfance, ces « noirs palais de l'Apocalypse », ce sont les chambres de bois de Michel dont seule la lumière du jour peut chasser les cauchemars et permettre d'échapper à ce monde souterrain semblable à un tombeau.

Tout le livre est composé de brèves séquences comme autant de récits simples et précis. L'écriture, nette, est plus forte encore, plus assurée que dans les précédentes productions de l'auteur, et le texte est d'une rare et admirable intensité poétique. Lorsque Catherine parvient à échapper à la vie des songes pour des amours réelles, il semble que la vie va commencer. Mais dans cette œuvre la vie n'est que promise, pas encore donnée. Le réel ne s'est pas encore fait assez dense, assez présent pour imposer une autre loi que celle de l'absence.

● « Points », 1985.

C. PONT-HUMBERT

CHAMINADOUR. Recueil de textes courts de Marcel **Jouhandeau** (1888-1979), publié à Paris chez Gallimard en 1934 et 1941.

> À Chaminadour, petite ville d'une province reculée, on perpètre avec ardeur ses infamies et les langues vont bon train. Chacun sait que, claquemuré derrière ses volets, un tel frappe sa femme, spolie ses parents ou humilie sa bru. Paysans madrés et brutaux, clergé paillard, domesticité paresseuse défilent dans cette féroce chronique provinciale.

En une suite de portraits et d'anecdotes, réduites parfois à un mot cocasse, le narrateur évoque d'un trait vif et volontiers cruel les crimes, petits ou grands, de ses concitoyens – qui ressemblent singulièrement aux habitants de Guéret, ville natale de l'auteur... L'écriture fragmentée, la multiplicité des points de vue et l'absence apparente d'organisation apportent à cette litanie de ragots une amusante diversité et lui confèrent progressivement la dimension d'une acerbe comédie humaine. Dans le concert confus des voix anonymes, auxquelles se mêle, parfois, celle du narrateur, on distingue peu à peu, parmi les accents et les provincialismes, une intonation déjà rencontrée. Parallèlement, des silhouettes s'ébauchent ; des noms reviennent ; des familles et des alliances se devinent. Au fil du texte, le lecteur se familiarise peu à peu avec ces acteurs qui ne lui ont pas été présentés et au sujet desquels il se surprend à attendre quelque médisance. Ainsi, ces commérages sans suite, dispersés dans les « séries » qui articulent le recueil comme au gré des hasards de la rencontre et de la conversation, prennent corps en une authentique œuvre littéraire, qui nous enseigne que le quotidien informe vaut une construction romanesque complexe.

Mais le propos de Jouhandeau repose sur des conventions moins réalistes encore que celles qu'il prétend dépasser. Car ses portraits à l'acide s'apparentent à la littérature « morale » plus qu'à la fiction romanesque ou à la caleçonnade. Ainsi, les personnages – mastroquets portés sur l'absinthe, maritornes acariâtres, paysans matois, curés dépravés – appartiennent-ils à une typologie traditionnelle, soulignée par de rares patronymes plus suggestifs que vraisemblables. Le style du recueil l'inscrit également dans la lignée de La Bruyère ou de Jules Renard : textes laconiques, volontiers virulents, phrases simples, souvent au discours direct, formules lapidaires. Abordée sous cet angle, la structure même du recueil est systématique : des « séries » éthiques – Intelligence, Religion, Justice, Sagesse, Gloire, Bonté – succèdent à d'autres, régies par l'anthropologie – le Jeune Homme, le Bandit, le Paysan, le Fermier, le Chiffonnier, le Curé. Reste la singularité, quelque peu dérangeante, du ton : sans la foi de l'auteur des *Caractères* dans le pouvoir des mots ni la tendresse généreuse de celui

du *Journal* (et de *Nos frères farouches*), la chronique de Jouhandeau ne renvoie qu'à elle-même : une réussite brillante et – parfois un peu gratuitement – méchante.

● Gallimard, 1968.

H. LEFEBVRE

CHAMP DES OLIVIERS (le). Roman de Nabile **Farès** (Algérie, né en 1941), publié à Paris aux Éditions du Seuil en 1972.

Le roman constitue le premier volet d'une ambitieuse trilogie intitulée *la Découverte du nouveau monde*, qui comprend en outre *Mémoires de l'absent* (1974) et *l'Exil et le Désarroi* (1976). Composé de deux parties, « l'Ogresse au nom obscur » et « les Grives au nom diurne », l'ouvrage se propose de défaire les structures romanesques à la manière des « textualistes » – Marcelin Pleynet, Denis Roche, Jean Thibaudeau, etc. – afin de dépasser les distinctions de genres et de promouvoir l'« écriture » et le « texte ». C'est dire que tous les moyens antinarratifs sont convoqués pour prévenir l'illusion référentielle – variations typographiques, mise en page, poèmes spatialisés, formules mathématiques, langues étrangères – qui empêchent la fiction de se constituer et brisent la continuité, logique aussi bien que chronologique, par une organisation paratactique généralisée. « Oui. Je voyage. Assurément très bien. En ce matin. Vers Barcelone. Moi qui. Depuis cette prodigieuse avancée du monde de chaque côté de mes paroles. Effectue ce que je n'avais osé faire jusqu'à présent que d'une manière peu compréhensible. »

La première partie se présente ainsi comme une série de variations fantasmatiques sur la figure mythique de l'« Ogresse » (Aïcha Kondicha) des contes pour enfants des traditions berbères, à laquelle, parallèlement, Farès a consacré des recherches sociologiques et anthropologiques. Toutefois, dans la seconde partie, le lecteur peut retrouver, derrière l'invention formaliste, les scènes primordiales de *Yahia, pas de chance* (1970) où les données autobiographiques, à peine travesties, affleurent. C'est ainsi que réapparaît le village d'Akbou en Kabylie, l'oncle Si Saddek, impliqué pendant la guerre d'Algérie dans un attentat terroriste, ou encore Si Mokhtar, le visiteur nocturne. Les réminiscences de la Kabylie natale – images de grives s'envolant dans un champ d'oliviers au crépuscule, évocation du « Vieux maître » – se combinent alors avec le récit éclaté d'une liaison du narrateur avec Conchita, à Barcelone.

D. COMBE

CHAMPAVERT. Contes immoraux. Recueil de contes de Pétrus **Borel**, dit « le Lycanthrope », pseudonyme de Joseph Pierre Borel d'Hauterive (1809-1859), publié à Paris chez Renduel en 1833.

Deuxième œuvre du Lycanthrope, après les *Rhapsodies,* ces sept contes constituent avec *Madame Putiphar* (et les *Roueries de Trialph* de Lasailly), l'un des meilleurs exemples de la littérature « cadavéreuse » et du genre frénétique, caractérisés par la recherche systématique du hideux, des péripéties sanglantes et des images atroces, parfois disposées sans souci de logique. Mais Pétrus Borel dépasse ces conventions pour conférer à son recueil la consistance d'une aventure littéraire : celle d'un écrivain narrant sa courte vie et sa mort.

> Dans une « Notice sur Champavert », Pétrus Borel, mystifiant le lecteur, annonce son suicide et affirme que Champavert et lui ne font qu'un ; puis il en trace le portrait et donne quelques extraits des *Rhapsodies* – dont la seconde édition qui paraît la même année reproduit cette notice pour accréditer la fiction. Les sept contes traitent un

même motif : l'amour trompé, avec pour objet une femme souvent contrainte ou violée. Chaque titre désigne un héros possible, défini par une qualité ou une fonction. L'immoralité (le titre général s'oppose aux *Contes moraux* de Marmontel, 1760) réside d'abord dans le fait que le mari ou l'amant trompés sont le plus souvent des victimes et que le coupable n'est que rarement puni.

« Monsieur de l'Argentière, l'accusateur » (cinq chapitres) met en scène l'odyssée d'Apolline, une fille-mère innocente que la machination diabolique de son séducteur et accusateur mène à l'échafaud.

« Jaquez Barraou, le charpentier » se situe à La Havane (quatre chapitres). Deux Nègres se battent en duel pour la possession d'une femme, et, avant de s'entretuer, récitent leur prière au son de l'Angélus.

« Don Andréa Vesalius, l'anatomiste » narre en sept chapitres la vengeance d'un anatomiste madrilène qui se venge de Maria, sa jeune femme, et de ses amants, en disséquant leur corps.

« Three Fingered Jack, l'obi » est un récit fait par Abigail, une jeune Noire. En six chapitres, il évoque la figure d'un sorcier jamaïcain, incarnation du lycanthrope, qui sera exécuté.

« Dina, la belle Juive » se situe à Lyon au Moyen Âge et raconte en treize chapitres la mort d'une Juive violée et assassinée par un marin. De retour de son pays où il a bravé la malédiction de son père qui prétendait lui interdire cet amour, son fiancé rencontre l'enterrement de la pauvre victime et se tue sur sa tombe.

« Passereau, l'écolier » présente en huit chapitres un étudiant du Paris moderne qui se tue après avoir assassiné celle qui lui était infidèle. Poussant assez loin la bouffonnerie macabre, il demande au bourreau la « faveur » d'être guillotiné et adresse aux autorités un projet permettant de renflouer les finances de l'État grâce à une machine payante garantissant un suicide agréable.

« Champavert, le lycanthrope » se situe également dans le Paris moderne et raconte en cinq chapitres la fin du héros éponyme. Il poignarde Flava, sa bien-aimée, sur la tombe d'où il a déterré leur enfant mort-né, et met ensuite fin à ses jours.

Comme dans la Préface des *Rhapsodies*, où le Lycanthrope proclame son républicanisme, la « Notice » exprime le dégoût borélien pour l'ordre social et politique. Contre un monde qui lui paraît absurde, Champavert fait le choix d'une littérature exutoire des idées noires. Le suicide correspond donc à un fantasme où fusionnent désir forcené d'indépendance, individualisme farouche et intense excentricité. Il n'est pas indifférent que les cibles soient un accusateur public ou des colonisateurs, des militaires ou des courtisanes. De fait, au-delà d'une évidente complaisance, le recueil dit l'horreur du Mal. Comme il le fera dans *Madame Putiphar*, Borel met en scène une fascination dénonciatrice, exhibe l'obscénité pour mieux exprimer et peindre cette abomination qu'est la vie. De là ces descriptions insoutenables et cette accumulation – parfois ironique semble-t-il – de crimes et d'assassinats. On relierait sans peine une telle obsession de la mort au désir, et l'on montrerait aisément, dans ces histoires atroces, la récurrence du motif de la décollation, symbolique de la castration.

Champavert apparaît comme le double de Borel, et son suicide comme l'accomplissement de sa personnalité. Testament fictif auquel le poète joint des fragments de ses œuvres (à l'instar des *Tristes ou Mélanges tirés des tablettes d'un suicidé* de Nodier, 1806, et de *Vie, Poésies et Pensées de Joseph Delorme* par Sainte-Beuve, 1829), le recueil vaut avant tout comme exercice de style. Combinant stéréotypes et transgressions, il nous propose, en plein débat sur la peine de mort, un accusateur pourvoyeur de guillotine qui satisfait ainsi ses tendances meurtrières, l'exotisme de « Jaquez Barraou », situé à La Havane, et de « Three Fingered Jack », qui se déroule à la Jamaïque, le Moyen Âge et la Renaissance avec « Andréa Vesalius » et « Dina », sans oublier les enfants du siècle : l'étudiant Passereau et le poète Champavert. Leçon d'anatomie, accusateur sadien, sanglante vendetta cubaine, persécution des Juifs en Languedoc… : les contes parcourent l'espace et le temps, affirmant l'universalité de la violence et de la cruauté ; mais Borel dépasse ces poncifs frénétiques en opérant d'intéressantes distorsions d'écriture.

À la prolifération des crimes et des perversions se conjuguent en effet une conscience exacerbée de l'injustice et du mal et le déploiement d'une ironie corrosive et d'un humour souvent noir. Le style multiplie les surenchères :

« inflation citationnelle » (J.-L. Steinmetz), macédoine de langues dans les titres (« Jaquez Barraou », « Andréa Vesalius »), voire dans le texte lui-même, combinatoire des niveaux de langage et des idiolectes, sorte d'immoralité linguistique, orgie verbale où l'érudition s'en donne à cœur joie, mélange des genres enfin. Ce dispositif hétéroclite, transgression ironique des convenances littéraires, où conte, mélodrame, roman noir échangent leurs codes, entre dans une stratégie d'ensemble que Borel qualifie d'entrée de jeu comme étant celle d'un « détrompeur ».

Une constante ironie textuelle multiplie les commentaires et intrusions d'auteur, joue sur les pseudonymes, place de longues épigraphes obscures en tête de chaque conte, fragmente les écrits, et, si elle ne va pas jusqu'à en détruire la crédibilité et effacer toute distinction entre les statuts des personnages, en mine cependant la cohérence idéologique. L'humour accumule les jeux de mots, déploie une langue baroque relevée de néologismes, exorcise le mal de vivre, et atteint des sommets dans cette supplique de Passereau à son bourreau : « Je désirerais que vous me guillotinassiez. »

● Le Chemin vert, 1985 (préf. J.-L. Steinmetz). ➤ *Œuvres complètes*, Slatkine, III.

G. GENGEMBRE

CHAMPS D'HONNEUR (les). Roman de Jean **Rouaud** (né en 1952), publié à Paris aux Éditions de Minuit en 1990. Prix Goncourt.

Un soir de 1964, le cœur faillit au grand-père du narrateur (chap. 1). Le narrateur se rappelle la constance du vieillard à piloter sa 2 CV poussive, dans l'humide Loire-Inférieure, et son mépris des règles de la conduite. Il se maria en 1912, date qui servait de repère à la famille pour calculer l'âge de l'aïeule, morte presque centenaire. Grand-père maternel… vieillard impassible… On le chercha partout le jour de sa mystérieuse escapade dans l'île du Levant. Et la « petite tante » (2) ! Elle s'éteignit à la Saint-Joseph 1964 dans l'asile où elle échoua après une vie de dévotions assidues. Tout s'écroula le 26 décembre 1963, lorsque le père du narrateur disparut, âgé d'une quarantaine d'années. Dans son délire, la petite tante confondait le souvenir de Joseph, le père, et celui de Joseph, son propre frère, mort le 26 mai 1916. Pauvre institutrice dévouée dont la féminité se tarit à vingt-six ans, en 1916 (3). Cette année-là, dans les tranchées d'Ypres, Joseph respira un nuage chloré et sa sœur Marie offrit, en vain, à Dieu son sang de femme pour lui. En 1917, la Camarde faucha un autre frère, Émile, aux abords de Commercy d'où, en 1929, Pierre, le rescapé, rapatria le corps. À la Toussaint 1940, au cimetière de Random, le père enterrait Pierre, son propre père, et pleurait sa mère, la grande Aline, morte un an plus tôt (4).

Le récit est centré sur la célébration de trois morts survenues à quelques mois d'intervalle : celle du grand-père, de la « petite tante » et du père du narrateur. Par un effet de mise en abyme, ces disparitions suscitent le souvenir de ceux qui périrent au cours de la Première Guerre mondiale. Ainsi, une même histoire d'amour et de mort réunit ces défunts tombés aux champs d'honneur de la vie, et pas seulement des combats. Au fil d'une remémoration nostalgique se reconstitue les branches d'un arbre généalogique, celui d'un narrateur omniprésent mais comme invisible. Nous ne saurons rien, en effet, de cette voix qui évoque sur un ton tendre, souvent amusé et burlesque, les ancêtres fauchés par la Parque ; il est clair, cependant, que l'auteur transpose ses propres expériences. Le mouvement de la narration suit le progrès de la rétrospection, entée sur un mystère qui, peu à peu, s'éclaircit : la vie tragi-comique de la petite tante recouvre un secret, celui de son sacrifice inutile – puisque sa foi en Dieu ne sut ranimer le corps de son frère. Dans un style précis, au dépouillement travaillé, Jean Rouaud recrée une atmosphère et reconstitue le puzzle de la mémoire : à la faveur d'incessants glissements temporels, du temps de l'enfance à celui de la Grande Guerre, la narration restitue l'impression toujours plus nette d'existences révolues. Face à l'irrémédiable, Rouaud, admirateur des *Mémoires d'outre-tombe*, constitue l'écriture comme un travail de célébration qui préfère les individus à l'histoire collective et donne un sens à l'histoire personnelle. Mieux que l'intercession des saints, ce chant d'honneur aux créatures défuntes les arrache à l'absurde ; dans la trame du texte, se tissent les fils de la destinée, conférant un caractère sacré aux marionnettes de la comédie humaine.

V. ANGLARD

CHAMPS MAGNÉTIQUES (les). Recueil poétique en prose d'André **Breton** (1896-1966) et Philippe **Soupault** (1897-1990), publié à Paris aux Éditions Au Sans Pareil en 1920. L'œuvre ne sera ensuite rééditée qu'en 1967, chez Gallimard, accompagnée de deux dialogues, divisés en actes et scènes, dus également à la collaboration des deux écrivains : « S'il vous plaît » (paru dans *Littérature* en septembre-octobre 1920) et « Vous m'oublierez » (paru dans *Littérature* le 1er septembre 1922).

La majeure partie des *Champs magnétiques* a été composée au printemps 1919, c'est-à-dire avant que le groupe d'écrivains rassemblés autour de la revue *Littérature* ne se tourne vers le mouvement dada. L'ouvrage participe d'une sorte de projet expérimental visant à explorer les mécanismes de l'écriture automatique. Les deux écrivains, pendant une ou deux semaines (six à huit jours d'après Breton et une quinzaine d'après Soupault), s'adonnèrent de façon très intense à leur entreprise, écrivant parfois « huit ou dix heures consécutives » (Breton, *Entretiens*).

Les sept premiers chapitres (« la Glace sans tain », « Saisons », « Éclipses », « En 80 jours », « Barrières », « Ne bougeons plus », « Gants blancs ») sont en prose et constituent la plus grande partie du recueil. Viennent ensuite deux chapitres en vers intitulés « Le pagure dit ». Le texte se termine par une signature ironique ; le dernier « poème » du recueil s'intitule en effet « la Fin de tout » et participe de la pratique poétique du collage (voir *Mont de piété*) chère à Breton : le nom des deux auteurs est encadré sur la page, accompagné de la mention « Bois et Charbons », l'ensemble figurant une sorte d'enseigne ou de carte nécrologique. Une dédicace à Jacques Vaché clôt l'ouvrage.

La division du livre en chapitres correspond à des variations de vitesse de l'écriture automatique. Les auteurs ont volontairement mêlé leurs voix pour produire un unique ouvrage commun. L'examen des manuscrits et les témoignages ultérieurs de Breton et Soupault permettent toutefois de préciser le mode de composition des textes. Certains chapitres ont été entièrement écrits par l'un des auteurs : « Saisons », « En 80 jours » et les deux pièces intitulées « Le pagure dit ». D'autres passages, en revanche, sont des sortes de dialogues que Breton et Soupault écrivaient alternativement : « L'un de nous lisait à haute voix ce qu'il venait d'écrire rapidement et l'autre y répondait sans réfléchir à l'instant même par écrit », dira Soupault à Serge Fauchereau en 1983 (*Digraphe* n° 30, juin 1983). Ce procédé concerne essentiellement « Barrières ». La façon dont ont été élaborés les autres chapitres, qui comportent des apports issus des deux écrivains, est moins facile à reconstituer.

Les auteurs avaient tout d'abord envisagé d'intituler le livre *les Précipités,* peut-être en songeant à une phrase d'« Éclipses » : « Ce qui précède a trait aux singularités chimiques, aux beaux précipités certains. » Le titre *les Champs magnétiques* conserve en tout cas une image empruntée au domaine de la physique, ce qui concorde bien avec l'aspect expérimental de l'ouvrage. Le titre définitif, à travers l'image du magnétisme, souligne en outre le caractère double de l'écriture, les deux écrivains formant comme les deux pôles d'un aimant. Julien Gracq commente la formule en ces termes : « Nul doute que Breton, en intitulant son premier ouvrage proprement surréaliste *les Champs magnétiques*, nous ait livré […] une dominante imaginative, un schéma moteur inné, vital, qui intervient à chaque instant pour dynamiser les contacts, substituer au rapprochement à l'attirance et au chaos apparent le jeu de forces ordonnatrices invisibles » (*André Breton*, 1948).

Enfin, le titre renvoie à un phénomène qui a quelque chose d'extraordinaire tout en étant explicable scientifiquement. Il en va de même pour l'écriture automatique : elle est source de toutes les magies poétiques et trouve son origine dans les pratiques cliniques et les découvertes de Freud.

Dans le premier des *Manifestes du surréalisme*, Breton rattache directement la naissance de l'écriture automatique aux travaux de Freud : « Tout occupé que j'étais encore de Freud à cette époque et familiarisé avec ses méthodes d'examen […] je résolus d'obtenir de moi […] un monologue de débit aussi rapide que possible, sur lequel l'esprit critique du sujet ne fasse porter aucun jugement, qui ne s'embarrasse, par suite, d'aucune réticence, et qui soit aussi exactement que possible la *pensée parlée*. Il m'avait paru […] que la vitesse de la pensée n'est pas supérieure à celle de la parole, et qu'elle ne défie pas forcément la langue, ni même la plume qui court. C'est dans ces dispositions que Philippe Soupault […] et moi nous entreprîmes de noircir du papier, avec un louable mépris de ce qui pourrait s'ensuivre littérairement. »

La poésie qui advient ainsi se trouve dégagée de l'emprise de la raison. De plus, elle prouve l'existence d'un substrat commun enfoui, et c'est justement pour cela que Breton ne voulait pas écrire l'ouvrage seul. Il apprécie ainsi les résultats obtenus : « Dans l'ensemble, ceux de Soupault et les miens présentaient une remarquable analogie : même vice de construction, défaillances de même nature, mais aussi, de part et d'autre, l'illusion d'une verve extraordinaire, beaucoup d'émotion, un choix considérable d'images d'une qualité telle que nous n'eussions pas été capables d'en préparer une seule de longue main, un pittoresque très spécial et, de-ci de-là, quelque proposition d'une bouffonnerie aiguë » (premier *Manifeste du surréalisme*).

L'automatisme systématique du texte lui confère tout son intérêt mais indique aussi ses limites : « Le Combat de Coqs de Jérôme / Une rupture de bans suivie de prospectus / Sable noir / Mon livre de paradis / Inspection solaire puis fraîcheur réelle / Je songe à l'été dans le dortoir / On m'a dit Qu'avez-vous à la place du cœur » (« Le pagure dit », I). Non seulement le statut littéraire de l'œuvre est problématique mais, en outre, c'est le langage lui-même, en tant que processus de signification, qui est mis en question. L'expérience est toutefois précieuse, et elle a laissé de durables traces tant dans les œuvres surréalistes que dans l'ensemble de la littérature moderne.

● « Poésie / Gallimard », 1971 ; Lachenal et Ritter, 1988. ➤ A. Breton, *Œuvres complètes*, « Pléiade », I.

A. SCHWEIGER

CHANDELIER (le). Comédie en trois actes et en prose d'Alfred de **Musset** (1810-1857), publiée à Paris dans la *Revue des Deux Mondes* le 1er novembre 1835, et en volume dans les *Comédies et Proverbes* chez Charpentier en 1840, et créée, remaniée par l'auteur, à Paris au Théâtre Historique en 1848, avec une femme dans le rôle de Fortunio, puis reprise à la Comédie-Française en 1850 ; mais le rétablissement de la censure mit fin aux représentations et on ne put voir de nouveau la pièce qu'en 1872.

Le Chandelier ne reflète que de façon très lointaine la récente rupture de Musset avec George Sand. Il semble plutôt que la conception du personnage principal fasse écho à une mésaventure de la prime jeunesse de l'auteur, où il aurait été utilisé par une femme, Mme Groiselier ou Mme Beaulieu, de la même manière que son héros.

Maître André, notaire d'« une petite ville », réveille à l'aube sa femme Jacqueline : il se croit trompé ; elle le rassure, puis fait sortir de l'armoire son amant, l'officier de dragons Clavaroche qui lui demande de prendre un sigisbée afin de détourner les soupçons. Guillaume, le clerc de notaire qui a aperçu Clavaroche, commente l'incident avec ses deux compagnons dont l'un, Fortunio, rêve à la beauté de l'aventure. Jacqueline interroge sa servante et fait venir près d'elle Fortunio à qui elle demande de lui acheter parfois en secret « quelques bagatelles » (Acte I).

Clavaroche se plaint avec humour de son sort d'homme à bonnes fortunes, puis interroge sa maîtresse réticente sur le jeune homme qu'elle a choisi. Au cours du souper, Maître André lui présente Fortunio, promu chevalier servant officiel, au grand dam de ses camarades. À table, Clavaroche incite Fortunio à pousser ses avantages auprès de Jacqueline et à lui chanter une romance ; elle demande au jeune clerc de se rendre dans sa chambre pour lui remettre les achats demandés ; le jeune homme lui fait une déclaration d'amour exaltée. Au moment où il quitte la pièce, Clavaroche arrive : il se cache, et entend l'officier se féliciter auprès de sa maîtresse de leur stratagème (Acte II)

Pressée par Clavaroche, Jacqueline écrit à Fortunio pour lui fixer un rendez-vous alors que son mari sera en embuscade. Fortunio reçoit le message, mais la servante lui révèle le piège. Finalement Jacqueline décommande le rendez-vous, s'étonne de la pâleur du jeune homme et apprend qu'il sait tout ; elle lui demande pardon et, touchée, lui déclare qu'elle l'aime. À table, Maître André rayonne d'avoir une femme aussi fidèle et Clavaroche peste tout bas de voir la connivence amoureuse de Jacqueline et de Fortunio (Acte III).

Ce proverbe est une petite comédie jouée devant un public mondain qui doit deviner à la fois l'énigme contenue dans le titre de la pièce et le dicton qu'elle illustre. Sur le premier point, Musset ne laisse pas longtemps chercher son spectateur puisque Clavaroche explique d'emblée que le « chandelier » est celui qui « tient la chandelle » (on n'est pas sûr que ce terme ait été employé en ce sens par un autre que Musset). Le titre, un peu dépréciatif, peut être ironique : car l'emploi qu'il définit revient à la fin à Clavaroche qui a cédé le sien, plus heureux, au bien nommé Fortunio. Quand au dicton, chacun le devine bientôt : tel est pris qui croyait prendre.

Comment faire d'une farce une comédie brillante ? Musset, qui part d'un thème grossier de la tradition médiévale, le cocuage, s'efforce par divers procédés d'en atténuer la trivialité : il lui faudra, pour en permettre la représentation, encore édulcorer sa pièce en lui donnant un dénouement vertueux (la jeune femme repentante dit adieu à Fortunio et rejette Clavaroche). L'immoralité participe pourtant de son charme. Rien d'outrancier ici : certes, Maître André est vite berné, et crie trop haut sa confiance. Il rappelle les naïfs de Molière, parfois même dans sa façon de parler (« La peste soit de l'endormie ! ») ; mais il a ce caractère fantasque qu'on retrouve souvent chez les personnages de Musset et qui le rend sympathique ; son avarice même n'a rien d'odieux, et, s'il est jaloux, c'est parce qu'on lui dit de l'être ; somme toute il est fait pour le bonheur. Quant à Clavaroche, qui se moque de « l'homme de plume » qu'il trompe, il a, lui aussi, bien des défauts : un grand souci de son uniforme, une fatuité frôlant la goujaterie ou une absence de morale touchant au cynisme. Mais ce roué très froid, à l'esprit calculateur, possède un brio presque élégant qui rappelle Valentin dans *Il ne faut jurer de rien*, un humour détaché et un sens de la formule qui le sauvent de la caricature.

Entre les personnages du trio initial, il s'agit donc moins dans cette œuvre de grosse tromperie que d'adultère mondain, presque obligé, où les archétypes (le mari et l'amant) sont aussi des types sociaux (le mari notaire / l'amant militaire). Et l'aventure ou la mésaventure n'est pas si grave : le mari aime surtout la belle écriture et ses comptes, l'amant son confort et son reflet dans le miroir.

L'essentiel est ailleurs : dans ce couple de Jacqueline et de Fortunio, le second entraînant la première d'un univers factice à celui de l'authenticité. Fortunio incarne la poésie de l'amour : loin de percevoir le banal adultère, il invente une intrigue romanesque qu'il voudrait protéger (« Que Roméo possède Juliette ! Je voudrais être l'oiseau matinal qui les avertit du danger », I, 2) ; rien d'étonnant à ce que son expression soit rythmée comme un vers ; rien d'étonnant non plus à ce qu'il se transforme, lui, en Roméo. Sa romance (« Si vous croyez que j'ose dire […] »), ses longues répliques, en particulier le monologue de l'acte III, sc. 2, montrent surtout l'adoration de la femme aimée et le tour-

ment déchirant de l'amour bafoué : accents pathétiques, voire tragiques (l'évanouissement de douleur rappelle la mort de Rosette dans *On ne badine pas avec l'amour*, publié un an plus tôt).

L'évolution de Jacqueline la conduit de la manipulation perverse à la vérité de l'amour partagé : la double séduction, de la servante pour en obtenir des confidences, et de Fortunio pour l'utiliser, sont d'une rouée ; les hésitations à céder aux suggestions de Clavaroche, les remords ensuite, montrent au contraire une conscience morale toujours vivante. Surtout, la jeune femme témoigne, tout au long de la pièce, de qualités d'intuition et de sensibilité qui la distinguent essentiellement et du notaire, et du dragon. Jacqueline, une héroïne romantique ? Plutôt sans doute, comme l'a remarqué Simon Jeune, une première esquisse de Madame Bovary.

● *Lorenzaccio […]*, « GF », 1988 (p.p. B. Masson). ➤ *Comédies et Proverbes*, Les Belles Lettres, III ; *Œuvres complètes*, « L'Intégrale » ; *Théâtre complet*, « Pléiade ».

F. COURT-PEREZ

CHANDELLE VERTE (la), lumières sur les choses de ce temps. Chroniques d'Alfred **Jarry** (1873-1907), publiées dans des revues et journaux très divers : *la Revue blanche*, *la Plume, le Figaro, le Canard sauvage*, etc., entre 1901 et 1905. Jarry manifesta en 1906 l'intention de publier les chroniques parues dans *la Revue blanche*, sous le titre de *Siloques, Superloques, Soliloques et Interloques de pataphysique*. Mais ce projet n'aboutit pas, non plus que celui, l'année suivante, de réunir l'ensemble de ces chroniques. La première édition complète en volume ne fut réalisée qu'en 1959.

On ne peut que donner une idée du contenu de quelques textes et de leur caractère.

« La Cervelle du sergent de ville ». L'autopsie d'un sergent de ville révèle que son crâne, vide de toute cervelle, était farci de vieux journaux ; faut-il s'en étonner ?

« L'Étude de la langue anglaise ». Un matelot tombe à l'eau et perd l'usage de la parole (il parlait plusieurs langues, mais seulement quelques mots d'anglais). Un choc, quatorze ans après, le guérit de son aphasie, et il se met à parler couramment l'anglais, perdant à peu près tout des autres langues. Peut-on en tirer des conclusions sur l'étude des langues étrangères ?

« De l'antiprotestantisme chez les gendres de M. de Heredia ». Peut-on considérer que les gendres de José-Maria de Heredia, tous trois écrivains (Pierre Louÿs, Henri de Régnier, Maurice Maindron) forment une école littéraire caractérisée par son hostilité à l'égard de la religion réformée ?

À chaque fois, la donnée initiale paraît extravagante ou incongrue. Elle répond pourtant toujours à un principe rigoureux : de ces anecdotes, Jarry n'invente rien, partant (au moins dans les deux premiers cas cités) de faits divers rapportés par les journaux. Mais dans le découpage qu'il en présente, dans l'interprétation, Jarry détourne les faits à la lumière de la pataphysique.

Ce dernier terme est la clé de *la Chandelle verte* (titre emprunté au langage du père Ubu, qui s'exclame « de par ma chandelle verte ») : il s'agit de pataphysique appliquée, complément à la théorie présentée dans *Gestes et Opinions du docteur Faustroll, pataphysicien*. « Science des solutions imaginaires », « science des exceptions », la pataphysique refuse l'enfermement dans les évidences quotidiennes, refuse de se soumettre aux catégories préétablies ou aux angles de vue éprouvés par l'habitude, usure de l'œil et de l'esprit. Ainsi, quelques détails arbitrairement rassemblés permettent d'échafauder l'hypothèse concernant « les gendres de M. de Heredia » ; ainsi, dans l'un des textes les plus fameux et les plus scandaleux du volume, Jarry se propose-t-il de raconter « la Passion considérée comme course de côte » : « Barabbas, engagé, déclara forfait […] Jésus démarra à toute allure. »

Cette pensée profondément *poétique* qu'est la pataphysique naît donc de la superposition de plusieurs sens : le récit des Évangiles, par exemple, et une course de bicyclette. Dès son premier livre, les *Minutes de sable mémorial*, Jarry avait déjà esquissé une réflexion allant en ce sens (et les *Minutes* font déjà, à deux reprises, allusion à la pataphysique). Il serait néanmoins réducteur et regrettable de voir uniquement dans *la Chandelle verte* l'application d'un « système » auquel l'intelligence virtuose de Jarry ramènerait la diversité du vivant. La lecture de ce recueil n'exige aucune étude préalable ! On y découvre un narrateur infatigable et brillant, jouant avec un genre littéraire caractéristique de son époque : la chronique journalistique, genre flou, peu contraignant, au carrefour du conte, de la critique et de l'essai, proche même parfois du poème en prose. Le développement de la presse au tournant du siècle a favorisé l'expansion de ce genre, que pratiquaient alors à leur façon des esprits aussi différents que Rémy de Gourmont, Jean de Tinan ou Alphonse Allais. Outre l'absence de contraintes, la chronique offrait l'avantage de se placer facilement et d'être souvent bien rétribuée. Les « spéculations » que Jarry donnait à *la Revue blanche* lui assurèrent des revenus réguliers et une vie presque décente en 1901 et 1902.

La Chandelle verte témoigne donc à la fois de la profonde originalité de Jarry (dont c'est un des grands livres) et d'un moment privilégié de la presse française, d'un équilibre parfaitement atteint entre l'art du journaliste et celui de l'écrivain.

● « Le Livre de Poche », 1969 (p.p. M. Saillet). ➤ *Œuvres complètes*, « Pléiade », II (p.p. H. Bordillon et B. Le Doze).

P. BESNIER

CHANGER LA VIE. Mon enfance et ma jeunesse. Essai de Jean **Guéhenno** (1890-1978), publié à Paris chez Grasset en 1961.

Jean Guéhenno rend ici hommage à ceux dont les sacrifices ou le dévouement l'ont formé. Né en Bretagne dans un milieu extrêmement modeste (son père est cordonnier, sa mère est piqueuse), il doit quitter le collège à treize ans pour gagner sa vie. Soutenu par sa passion pour l'étude (« Il me fallait tout savoir et tout lire »), il prépare seul le baccalauréat, profitant des moments de répit que lui laisse la longue grève ouvrière de 1906. Reçu, il obtient une bourse pour préparer le concours d'entrée à l'École normale supérieure. Son succès lui procure un bonheur mêlé du regret d'avoir en partie abandonné les siens. Précepteur dans des familles bourgeoises, il en découvre les largesses et les limites. Il souhaite vivre « dans la frénésie », et veut composer un drame pour « dire ce qui se passe [...] dans la clairière des destins ». Il est interrompu dans ses projets : « Une affiche blanche [...] m'envoya à la guerre et m'avertit qu'on ne change pas sa vie à soi seul et qu'il faut, pour la changer, changer aussi la vie des autres. »

L'ouvrage de Guéhenno est autant un livre de souvenirs (les premières années sont évoquées avec une fraîcheur et une simplicité émouvantes) qu'une réflexion sur la pauvreté. Sur un ton qui relève à la fois de la confidence et du témoignage, il montre comment le dénuement ressemble parfois à une malédiction (« Rien de lancinant comme cette honte des pauvres »), mais donne aussi à l'existence densité et profondeur (« Tout, dans les vies ordinaires et communes, est plus obscur et plus secret ») au point de décupler parfois les forces : « L'interdiction que je subis augmenta mon désir jusqu'à la passion. » La vie de l'ouvrier prend l'allure d'un destin dès lors qu'il aperçoit dans l'étude un moyen d'échapper à son sort. Mais la découverte émerveillée de la culture n'efface pas, chez le jeune philosophe, l'éducation reçue dans son milieu d'origine ; au contraire, elle la prolonge : « La rhétorique des simples est étrangement d'accord avec la rhétorique des sages. » Comme le désir de « changer la vie » appartient à la fois à Rimbaud et à Marx, la connaissance des livres ou la fréquentation des hommes délivrent un enseignement comparable. L'une et l'autre ressortissent à un humanisme dont nul ne doit se croire exclu : « Pour moi, j'étais, tout compte fait, assez mal né : [...] j'ai dû apprendre tout ce que je sais. Mais si ces pages tombent sous les yeux de mal-nés de ma sorte, je leur crie courage et confiance. »

● « Les Cahiers rouges », 1990.

C. CARLIER

CHANSON D'ANTIOCHE (la). Voir CROISADE (cycles de la).

CHANSON DE GUILLAUME (la). Chanson de geste du début du XIIᵉ siècle, formée d'environ 5 500 décasyllabes assonancés.

Relative à la geste de Guillaume d'Orange, elle n'entre toutefois dans aucun manuscrit cyclique de celle-ci. Elle a pour unique objet la bataille de l'Archamp (ailleurs dite Aliscans) où meurt Vivien, le neveu, que Guillaume viendra venger plus tard, aidé du géant Rainouart. Bien que les données géographiques de la chanson, des plus fantaisistes, ne facilitent pas les rapprochements avec des lieux réels, le fondement historique de ce récit semble être la défaite de l'Orbieu (près de Carcassonne) subie, mais glorieusement, à la fin du VIIIᵉ siècle par Guillaume de Toulouse (qui a dû servir de lointain modèle au héros éponyme de la geste).

Des disparates, voire des contradictions internes de tous ordres, ont fait admettre un texte composite pour cette chanson. La première partie, relevant sans doute de la tradition la plus ancienne, raconte les exploits vite désespérés de Vivien, son agonie, l'appel à Guillaume et l'arrivée de celui-ci, qui réussit à se rendre maître du champ de bataille.

Avec le comte de Bourges, Thibaut, et son neveu Estourmi – plus enclins à la boisson qu'aux opérations militaires –, Vivien part en compagnie de 10 000 hommes affronter en l'Archamp les 100 000 païens de Desramé, roi de Cordoue, qui ont envahi et dévasté l'Aquitaine. Thibaut et Estourmi prennent vite la fuite, suivis par d'autres couards, tandis que les hommes valeureux se tournent vers Vivien et le fier lignage qu'il incarne ; mais en face de l'immense armée adverse, les troupes françaises s'amenuisent ; il ne reste bientôt plus que 20 hommes et, pendant que le jeune Girard, cousin de Vivien, s'en va à pied chercher le secours de Guillaume, Vivien se battra seul au milieu de tous les ennemis ; torturé par la faim et la soif, couvert de blessures, il se bat jusqu'à ses dernières forces. Lorsque Guillaume arrivera enfin en l'Archamp avec 30 000 hommes, les païens s'apprêtaient à repartir et festoyaient. Surpris, ils s'enfuient et Desramé se fait trancher la tête par le tout jeune Gui(ot), le frère cadet de Vivien, qui tenait à faire ses premières armes. La victoire a changé de camp.

Même sans le contrepoint lamentable et grotesque donné par des ivrognes poltrons qui fuient à la seule vue des ennemis, cette première partie resterait dominée par la figure d'un jeune homme exalté, Vivien, qui, au plus fort du danger, refuse de reculer, fidèle à un engagement pris envers Dieu. Son agonie, sa fermeté pathétique, la structure même de cet ensemble, bipartite, où une défaite se mue en victoire, ont fait rapprocher *la Chanson de Guillaume* de *la *Chanson de Roland* qui doit lui être contemporaine. Mais si le portrait de Charlemagne a pu influencer celui de Guillaume (dit « vieux », avec une barbe blanche), celui des neveux – qui forment groupe ici – reste très différent : avec Vivien, bientôt doublé par son jeune frère Gui(ot), est exploité le motif du *puer senex* (petit de taille mais raisonnant comme un grand), de l'enfant épris d'absolu, intransigeant, mais qui n'a ni l'âge ni les façons de la démesure.

La suite du texte a parfois été appelée *Chanson de Rainouart* parce qu'elle fait la part belle au géant au « tinel » [tronc d'arbre] qui lui sert de massue et dont il ne veut pas se séparer.

Guillaume parcourt le champ de bataille et découvre le corps de Vivien, gisant sous un olivier feuillu, près d'une source d'eau vive ; le temps de recevoir la communion des mains de son oncle, Vivien ouvre les yeux et meurt. Mais les païens resurgissent et font des prisonniers, dont le petit Gui(ot). Guillaume parvient à s'échapper, arrive à Orange, où Guibourc, son épouse, le persuade d'aller chercher le secours du roi Louis ; celui-ci, après quelque hésitation, accordera une armée. C'est alors que Rainouart surgit des cuisines, portant son « tinel » sur le cou. Et tout change. Accepté dans les troupes de Guillaume, le nouvel arrivant sonne le branle-bas avant l'aube et précipite la marche vers l'Archamp ; rencontrant des fuyards, il les convainc à sa façon (toujours brutale) de reprendre le chemin de la bataille, sous son commandement ; au « tinel » ou à poings nus, il fait un joyeux carnage parmi les Sarrasins, délivre les prisonniers et assure la victoire ; mais dans la grande fête qui s'ensuit, on oublie Rainouart qui, hors de lui, se dit prêt à massacrer autant de chrétiens qu'il l'a fait de païens. L'intervention personnelle de Guillaume ramène le calme et permet à la fête de se dérouler. Rainouart est baptisé, fieffé, marié : l'ancien marmiton des cuisines royales de Laon se révèle alors frère de Guibourc. « Beau-frère, si j'avais su… », dit-il à Guillaume en conclusion.

Rainouart brûlait de participer à la bataille ; il y apporte, avec sa façon peu conventionnelle de frapper (de haut en bas, écrasant cavalier et monture d'un seul coup de « tinel »), le comique attaché à la fois au géant, toujours un peu encombrant, et à l'étranger qui, pour ne pas connaître le code de la société où il se trouve, s'y conduit en égaré et souvent à contre-temps. Mais involontaire et infatigable, il est aussi celui par qui vient le salut.

Cette partie est très comparable à la chanson d'*Aliscans* qui, au cœur du cycle de Guillaume (voir le cycle de *Guillaume d'Orange*) en apparaît comme une amplification. Et le problème est loin d'être résolu du rôle joué dans la genèse de la geste de Guillaume par cette chanson, de toute évidence très ancienne, qui associe déjà les principaux acteurs d'un cycle dans lequel elle ne figure pas.

● SATF, 1949-1950 (p.p. D. Mc Millan) ; Les Belles Lettres, 2 vol., 1975 (éd., trad. et p.p. J. Wathelet-Wilhem).

N. ANDRIEUX-REIX

CHANSON DE JÉRUSALEM (la). Voir CROISADE (cycles de la).

CHANSON DE LA RUE SAINT-PAUL (la). Poème de Max **Elskamp** (Belgique, 1862-1931), publié hors commerce à Anvers en 1922.

C'est la première manifestation d'une période féconde, après un long silence et la « prostration » due à l'exil qu'imposa au poète la guerre de 1914-1918. Cet exil, péniblement vécu, raviva les images du vieil Anvers que Max Elskamp connut dans son enfance, images d'autant plus précieuses que la modernisation de la ville en avait progressivement fait disparaître les quartiers pittoresques, y compris cette rue Saint-Paul, où il vécut ses premières années. C'est donc la nostalgie qui inspire ce poème, mais une nostalgie sereine, heureuse.

Le poème ouvre sur le ton de la complainte populaire : « C'est la rue Saint-Paul / Celle où tu es né / Un matin de mai / À la marée haute. » Puis défilent, comme portées par le fleuve vers les amas « de vergues croisées », les images dansantes d'une ville « chrétienne et païenne », « blanche de servantes / Dans le jour monté » (I-II). Ronde des heures des mois et des ans, dans le bourdonnement des parlers du Sud et du Nord, fastes des cortèges du mois d'août (les Ommegancks), peuplant les rues de géants, de baleines et de dauphins (III-IV). Se déroule ensuite le kaléidoscope bariolé d'une féerie exotique, intimement mêlée à l'âpre couleur locale : évocation des tabacs aux blondeurs étranges (V), chatoiements d'étoffes, odeurs de cuirs portées par le vent (VI), rues chaudes autour des bassins avec leurs lumières rouges derrière les rideaux, leurs filles « vêtant pour aimer / Des maillots de moire », et la symphonie rutilante des alcools, des cuivres, des miroirs, mêlés à la chair nue, aux « chromos » venus de Naples ou de Brooklyn (VII) ; puis vient le cortège des marins de toutes les races avec leurs

cauris, leur perroquet ou « une guenon lasse / Et désabusée / Qui grince des dents » (VIII). Après l'évocation du départ des matelots « chavirant » dans le matin blême (IX), la rue « Blanche comme un lait / Lavée dans le vent / De tous ses péchés », retrouve ses odeurs d'encens, le langage subtil de ses cloches, le murmure des prières (X). Un vol de corneilles « plus aiguës qu'airelles », longuement célébré, l'anime, avant que s'en aille le jour « comme nef qui sombre » et que les toits ne deviennent le royaume du vent (XI).

Dans une lettre à Albert Mockel, Max Elskamp insiste à deux reprises sur le fait que *la Chanson de la rue Saint-Paul* « n'a nulle valeur littéraire ». Sans doute le poème est-il loin de cette « singularité fragile et recluse » qui, avec ses recherches syntaxiques ou langagières, son « byzantinisme » au bon sens du terme, avait autrefois enchanté Mallarmé. Encore que l'écho de ces singularités traverse le poème ici ou là (« En la rue tacite / C'est la nuit qui paît ») lui conférant un ton inimitable. Mais la réussite, qu'on la qualifie ou non de littéraire, vient de ce que Max Elskamp a su restituer le charme de ces chansons populaires, surtout flamandes, qu'il recueillait, tout comme il notait les expressions usitées par le peuple – qu'il définissait comme « un *imagier*, qui se plaît à fixer ses rêves d'une façon concrète pour les entendre mieux ». Conformément à cette inspiration, Max Elskamp a su combiner musicalité et simplicité : « Lors voix haut montées / Dans la nuit qui pâme / Musiques allées / Et dehors les femmes », sans oublier non plus la violence de l'image propre à la chanson populaire : « Sortis les couteaux / Qu'appelle la chair / C'est de face ou dos / À la mort qui vient. »

● Bruxelles, Labor, « Espace Nord », 1988 (préf. J. Beaucarne, p.p. Paul Gorceix).

R. AUGUET

CHANSON DE RAINOUART (la). Voir CHANSON DE GUILLAUME (la).

CHANSON DE ROLAND (la). Chanson de geste composée à la fin du XIe siècle, et formée de 4 000 décasyllabes.

Cette chanson, la plus ancienne connue, a pour objet central le récit du désastre de Roncevaux (dans les Pyrénées) subi par Roland, neveu de Charlemagne, comte de la marche de Bretagne, à la tête de l'arrière-garde impériale, au retour d'une expédition en Espagne contre les Sarrasins. Plusieurs documents historiques carolingiens (*Annales, Vita Karoli* d'Eginhard) mentionnent pour l'année 778 une brève intervention militaire de Charlemagne appelé en Espagne au secours d'un chef musulman en lutte contre l'émir de Cordoue. Rappelé par une révolte des Saxons, Charlemagne a dû repasser en hâte les Pyrénées : c'est là que le 15 août son arrière-garde aurait été attaquée et massacrée par des montagnards chrétiens, basques ou gascons. Dans la légende qui s'est forgée, peut-être dès cette époque, les assaillants sont devenus des Sarrasins et l'extermination des troupes impériales est l'effet d'une trahison fomentée par un proche de l'empereur, Ganelon, désireux d'assouvir une vengeance à l'égard de Roland, son beau-fils : une affaire de famille qui, jointe à l'obstination insolente d'un jeune homme fier, se mue en catastrophe collective.

Depuis sept ans, Charlemagne, déjà très vieux – il a plus de deux cents ans – guerroie en Espagne contre les Sarrasins. Seule Saragosse, tenue par le roi Marsile, lui résiste ; celui-ci, pour obtenir le départ des Francs, imagine la ruse d'une proposition : il serait prêt à se convertir et à devenir le vassal de Charlemagne. L'idée même de la transaction divise les conseillers de l'empereur. Roland refuse, alléguant les trahisons passées du même Marsile. Ganelon est du parti de la paix, celui qui l'emportera. Mais entre les deux hommes il y a une autre opposition : celle d'un fils affronté au deuxième mari de sa mère. Et quand il faut désigner quelqu'un pour l'ambassade périlleuse auprès du païen, Roland choisit : « Ce sera Ganelon, mon parâtre. » La perte de Roland est désormais arrêtée : à la cour de Marsile, Ganelon offre et jure trahison ; « La guerre ne dure que parce que dure Roland : lui mort ainsi qu'Olivier son ami et les douze pairs qui l'aiment tant, Charlemagne n'aura plus le goût de se battre ; qu'on l'éloigne sur de fausses promesses, l'arrière-garde, avec 20 000 soldats francs, sera confiée à Roland ; une attaque de 100 000 Sarrasins, puis une deuxième par l'armée de Marsile lui-même en viendront à bout. » À son retour, Ganelon laisse croire au succès de son ambassade et, malgré un songe inquiétant, Charlemagne organise le départ. Il reste à nommer un chef pour l'arrière-garde. Ganelon choisit : « Ce sera Roland, mon beau-fils. » Quand, aux « ports » de Roncevaux, Olivier découvre l'immensité de l'armée païenne qui leur arrive, il demande de sonner du cor puisque Charlemagne peut encore revenir ; Roland refuse, pour l'honneur. « Roland est preux et Olivier est sage, les deux sont d'une même vaillance » (v. 1 093-1 094). Dans un fracas d'armes étincelantes, la bataille s'engage et, bien qu'inégale, vaut un premier avantage aux Francs. C'est seulement lorsque le désastre est consommé que, pour révéler la trahison et appeler à la venger, Roland sonne du cor, à s'en rompre une veine de la tempe. Au loin, Charlemagne l'entend, comprend tout, fait mettre Ganelon aux arrêts (il est remis à la garde des cuisiniers). Et pendant que s'éteignent Olivier, puis l'archevêque Turpin, pendant que Roland essaie en vain de briser sa bonne épée Durendal, et meurt en tendant son gant à Dieu, le vieil empereur arrive sur le champ de bataille ; il cherche ses morts, un à un il les pleure ; à sa demande, Dieu arrête le soleil pour lui permettre de poursuivre les païens.

Une seconde partie, dite « épisode de Baligant » (du nom de l'émir de Babylone, venu aider les païens d'Espagne), conte cette revanche de Charlemagne : une nouvelle bataille se livre à Roncevaux, qui s'achève sur un combat singulier de Charlemagne avec l'émir et donne la victoire aux chrétiens. En France, une jeune fille attend son fiancé : mais en apprenant la mort de Roland, Aude-la-Belle meurt de douleur. Après un combat judiciaire, Ganelon et son lignage sont condamnés et exécutés. Charles, accablé de douleur, aspire au repos, mais un ange l'avertit que d'autres luttes l'attendent.

Au cœur de la chanson, un lieu, Roncevaux, où disparaît la fine fleur des guerriers francs, parce que Roland devait mourir ; où Charlemagne vient prendre la revanche de la chrétienté sur les Sarrasins avant de se venger du traître et de son lignage. En Roncevaux convergent tous les enjeux du texte : celui des guerres impériales, qui ouvre et clôt la chanson ; celui de la lutte contre l'infidèle, prétexte à assouvir une haine de famille ; celui des liens vassaliques : en jurant la mort de Roland, Ganelon trahit son seigneur comme l'ensemble des Francs ; celui, enfin, du récit lui-même, dont la bataille est le moment capital. Cette ordonnance en deux parties dont les subdivisions respectives se répondent est « signée » d'un Turold dont la part, quelle qu'en soit la nature, semble avoir été décisive dans la forme poétique donnée à la légende : « Ci falt la geste que Turoldus declinet ». Mais que veut dire « decliner » ? « recopier » ? « traduire » ? « conter » ? « composer » ? « amplifier » ? Dans ce dernier vers se résument les principales questions que soulèvent les chansons de geste.

Le substantif féminin « geste » dénomme des exploits guerriers (conformément à son étymologie latine : gesta [(hauts) faits]) et, par extension, la lignée de héros auxquels ces exploits sont attachés et/ou le récit, voire l'ensemble de récits, qui les prend pour objet. Ce récit est un poème destiné à être psalmodié : il « chante de geste » ; l'unité musicale et parfois narrative en est la laisse, regroupement en nombre très variable de vers (initialement de 10 syllabes, plus tardivement de 12, rarement de 8) unis par une même assonance (identité de la voyelle tonique finale) ou – plus tard généralement – par une même rime : l'expression poétique y est dominée par des « formules » (moules à la fois syntaxiques, sémantiques et rythmiques : « ço dist Rollant / ço dist li reis ; ço dist al rei / e dit al rei »), elles-mêmes agencées en « motifs » (brefs ensembles narratifs conventionnels adaptés à certaines situations récurrentes, par exemple, le motif du renouveau printanier, de l'attaque à la lance). La dénomination « chanson de geste » suffit à définir cette forme poétique comme sa matière : la première est restée extraordinairement fixe (à la métrique près), la seconde a été influencée par d'autres genres littéraires, courtois et romanesque notamment.

C'est l'époque carolingienne qui a fourni leur matière à ces textes composés entre la fin du XIe et du XIIIe siècle, au temps des Capétiens, celui des premières croisades dont ils paraissent refléter l'esprit. Mais entre les deux âges il y a peu de traces d'une production épique, ce qui laisse énigmatiques la transmission de cette matière et, donc, l'origine de ces chansons. La critique s'oriente actuellement vers la synthèse de diverses théories avancées à ce sujet : quelques textes latins, antérieurs aux premières chansons (le *Fragment de La Haye*, fin du Xe-début du XIe siècle contenant les noms des principaux héros de la geste de Guillaume ; la *Nota Emiliense*, seconde moitié du XIe siècle, résumé d'un poème espagnol sur Roland) attestent l'existence précoce et sous une forme déjà littéraire des mêmes légendes ; mais, à un moment de son histoire, cette continuité dans la tradition épique aurait connu une mutation – décisive pour l'avenir du genre en langue française – avec des versions comme celle de Turold[us] pour *la Chanson de Roland*.

La diffusion orale de ces textes n'en a pas empêché la mise par écrit, mais celle-ci a généralement été beaucoup plus tardive que leur composition (le manuscrit d'Oxford, le plus ancien de *la Chanson de Roland*, est du XIIe siècle) ; ils ont parfois été rassemblés et ordonnés pour former de grands ensembles narratifs aux interférences multiples, appelés « cycles » (voir cycles de la *Croisade* et cycle de *Guillaume d'Orange*). Au XVe siècle encore on a recopié et remanié des chansons de geste anciennes plus qu'on n'en créait. Ces réécritures tardives ont été pendant longtemps la seule trace de la forme originellement prise en France par le genre épique : jusqu'au début du XIXe siècle, *la Chanson de Roland* n'aura été connue que par les romans de chevalerie, diffusés par des collections populaires. Pourtant, entre la version d'Oxford et celle de la Bibliothèque bleue, plusieurs témoins balisent la tradition littéraire de la *Chanson* : en France, dès le milieu du XIIe siècle, la *Chronique* du pseudo-Turpin y a beaucoup puisé, tout comme le *Guide du pèlerin de Saint-Jacques* (les deux réunis dans le *Liber sancti Jacobi*) ; à la fin du XIIe et au XIIIe siècle, il en a été fait plusieurs versions rimées et considérablement amplifiées d'épisodes romanesques, puis des adaptations ou des résumés en prose (avec les *Chroniques et Conquestes de Charlemagne*, un *Galien* en prose, *les Neuf Preux*) qui lui ont assuré un succès durable d'imprimerie. Mais l'Europe entière a connu et entretenu la légende : traduite en allemand vers 1170 sous le nom de *Ruolandes Liet*, elle a été adaptée et insérée au XIIIe siècle dans la *Karlamagnussaga*, compilation norvégienne d'épopées concernant Charlemagne ; en Espagne, l'influence s'en manifeste surtout dans le *Romancero* ; à partir du XIVe siècle, l'Italie a été particulièrement réceptive au personnage de Roland qui a inspiré, entre autres, *l'Entrée d'Espagne*, épopée franco-vénitienne, la *Rotta di Roncisvalle* toscane, à la fin du XVe, le *Morgante* de Pulci, l'*Orlando innamorato* de Boiardo et l'*Orlando furioso* de l'Arioste (début du XVIe siècle). C'est le romantisme qui a fait resurgir les formes originelles de l'épopée : si *la Chanson de Roland* n'a été redécouverte qu'après "le Cor" de Vigny, lue par V. Hugo qu'après « le Mariage de Roland », elle a directement inspiré à ce dernier « le Petit roi de Galice » et, plus généralement, l'ensemble de *la *Légende des siècles*.

● Piazza, 1921, rééd. « 10/18 », 1973 (p.p. J. Bédier) ; Bordas, 1969 (bilingue, p.p. G. Moignet) ; Milan / Naples, Documenti di Filologia, 1971 (p.p. C. Segre) ; Londres, University Park, 1978 (p.p. G.J. Brault) ; « Folio », 1979 (bilingue, p.p. P. Jonin) ; « Le Livre de Poche / Lettres gothiques », 1990 (bilingue, p.p. I. Short) ; « GF », 1993 (bilingue, p.p. et trad. J. Dufournet).

N. ANDRIEUX-REIX

CHANSON DE SAINTE FOI D'AGEN (la). Récit anonyme composé au deuxième tiers du XIe siècle. Formé de 593 octosyllabes, il a été conservé par un manuscrit unique d'origine languedocienne.

L'organisation en quarante-neuf tirades de longueur variable, tire son unité des rimes et reste proche des laisses épiques ; cette vie de sainte prend ainsi des allures de chanson de geste. Librement adaptée d'une passion latine fondue avec celle de saint Caprais cette Vie, est, comme la *Vie de saint Léger*, composée en triptyque.

Un court prologue (v. 1-33) situe l'action et souligne les caractéristiques du poème qui va être dit. L'essentiel du récit (v. 34-453) est consacré au martyre et à l'instauration du culte de la sainte à Agen et à son développement à Conques. Un appendice (v. 454-593) évoque la punition et la mort des persécuteurs de l'Église.

Comme nombre de récits hagiographiques ultérieurs consacrés aux martyrs, la *Chanson de sainte Foi d'Agen* met l'accent sur le caractère fondateur de la violence. La mise à mort du saint est sacrificielle ; elle instaure le sacré en favorisant le rassemblement d'une communauté dont les membres vont se trouver liés par une violence dont ils n'assument pas la responsabilité. La sainte est l'incarnation médiévale de la victime émissaire décrite par R. Girard. Ayant fait vœu de chasteté, sainte Foi est appelée à cette place parce qu'elle paraît se dérober à la nécessité de la reproduction sociale, d'autant plus qu'ayant choisi la pauvreté elle ne subvient plus aux besoins des obligés de son lignage ; le martyre compense symboliquement la rupture économique et sociale. C'est d'ailleurs par le truchement de cette fonction de victime émissaire que les deux séries de saintes se recoupent : les vierges sont l'objet de la violence fondatrice, les pécheresses supportent le faix des fautes collectives, auquel le christianisme promet une forme d'allègement original. Sainte Eulalie et sainte Foi face à Marie Madeleine et à Marie l'Égyptienne.

Avec la *Chanson de sainte Foi*, la littérature hagiographique devient une affaire de corps. Le corps de la sainte est d'abord un corps exhibé, que sa nudité défend, comme ce voile invisible dont un ange le drape lors du supplice. Un corps promis à l'effraction du regard parce que soustrait au désir, au démembrement parce que voulant rester inentamé pour mieux faire offrande de sa virginité à Dieu. Ce n'est jamais sans une obscure curiosité que les auteurs évoquent les tourments infligés : la grille sur laquelle on veut rôtir la sainte, le flamboiement de l'épée qui la décapite, le flot de sang qui ruisselle. Imputrescible, le corps de la sainte conserve une unité au-delà de ce qui le dissémine ; aussi peut-il accomplir des miracles, redonner vie et santé à des corps malades. Le corps saint ne retrouve sa véritable intégrité que par l'écriture, dans la chanson rassemblant les fragments de vie, dans la châsse des mots assurant sa mémoire et son culte. La vie ainsi racontée devient une relique qui conserve mieux la mémoire du saint qu'un fragment de corps en l'inscrivant dans une religion des lettres en langue vernaculaire.

● Champion, 1974 (p.p. A. Thomas).

Y. HUCHER

CHANSON DES CHÉTIFS (la). Voir CROISADE (cycles de la).

CHANSON DES GUEUX (la). Recueil poétique de Jean **Richepin** (1849-1926), publié à Paris chez Decaux en 1876. Condamné et amputé de 5 poèmes (sur 75), le recueil fut republié en 1881, augmenté de 35 pièces nouvelles et d'une Préface.

Le titre du recueil dit à la fois la radicale nouveauté et l'ambiguïté de son propos ; le complément du nom est à entendre en effet au double sens objectif et subjectif du génitif latin : le poète chante les gueux, dans une forme versifiée qui reste académique malgré ses familiarités, et les gueux chantent eux-mêmes leur chanson en « largonji » [jargon] : « C'est nous qu'est les ch'valiers de la loupe. » Un glossaire argotique placé par l'auteur en annexe permet au bourgeois de s'y reconnaître et d'apprendre, par exemple, que « loupe », substantif féminin, signifie « flânerie, fainéantise ». Le grand succès (faut-il dire « populaire » ?) de ce livre s'explique par la rencontre d'un style et d'un thème : Richepin fait entrer dans la littérature, avec sa langue, la population des marges sociales, ainsi dénombrée dans l'apostrophe du Prologue, à la mode rabelaisienne : « Venez à moi, claquepatins, / Loqueteux, joueurs de musettes, / Clampins, loupeurs, voyous, catins, / Et marmousets, et marmousettes, / Tas de traîne-cul-les-housettes, / Race d'indépendants fougueux ! »

Dans sa version augmentée de 1881, le recueil se présente comme une petite comédie humaine en trois cycles : le premier consacré aux « Gueux des champs », subdivisé en « Chansons des mendiants », « les Plantes, les Choses, les Bêtes », à « l'Odyssée du vagabond » ; le deuxième aux « Gueux de Paris », présentés en deux tableaux, « les Quatre Saisons » et « Au pays de largonji » ; et le dernier, intitulé « Nous autres gueux », regroupant un Panthéon plus intime de contemporains ou de grands ancêtres : « Nos gaietés », « Nos tristesses », « Nos gloires », parmi lesquelles l'acteur Frédérick Lemaître, le « vivant » Raoul Ponchon, et surtout François Villon, « Roi des poètes en guenilles, / [...] Escroc, truand, marlou, génie ! »

Ces pièces présentent un mélange de formes populaires (la chanson et ses refrains) et de formes savantes, caractérisées par une strophe aux mètres variés, souvent acrobatiquement courts, et par des rimes aussi riches que les gueux sont pauvres. L'art poétique de Richepin s'apparente à celui de Gautier et des parnassiens : « Refais, refonds / Sers-toi des poinçons et des limes. » Les grandes orgues de l'alexandrin reprennent en alternance leurs droits pour faire entendre la voix sans jargon du poète, qui célèbre alors, en vers sous-hugoliens relâchés, la beauté mignarde des fleurs et des oiseaux : « La nature fredonne un vieux chant de nourrice / Et brode une layette en merveilleux festons. » En se détachant sur ce fond commun d'une langue de convention, les poèmes en jargon ressemblent à des exercices de style, même si l'auteur proteste, en introduction à son glossaire, de leur parfait naturel : lui-même se livre à un travail d'école en composant deux sonnets « bigornes » (argotiques), l'un en argot classique, l'autre en argot moderne. Léon Bloy jugeait la *Chanson des gueux* comme une « œuvre de violent effort et d'imitation compliquée ». Si timides qu'ils paraissent aujourd'hui, ces écarts d'idées et de style ont été jugés intolérables par la justice de l'ordre moral mac-mahonien : Richepin est condamné à un mois de prison et 500 francs d'amende pour outrage à la morale publique et aux bonnes mœurs. Le livre doit être détruit pour effacer une scène d'amour entre deux gueux, la bâtardise d'un « fils de fille », « enfant de trente-six pères / Sans compter tous les passants », etc.

Derrière l'outrage aux bonnes mœurs, on peut aisément repérer la raison politique des poursuites. Cinq ans après la Commune, Richepin fait entendre, comme le soulignait le très catholique Louis Veuillot, « des notes très sonores des couches nouvelles », autant dire des classes dangereuses. Quelques vers en effet pourraient encore donner une idée de l'aspect provoquant du texte : « En passant auprès des buriots, / Volez un peu les proprios » ; « Qui qu'est gueux ? / C'est-il nous / Ou bien ceux / Qu'a des sous ? » ; « Oh ! qui pourra chanter vos bonheurs et vos joies. / Rentiers, faiseurs de lard, philistins, épiciers ? » Excepté ces velléités de révolte vite amorties, les gueux vivent dans leur monde à part sans menacer l'ordre social ; leur misère s'explique plutôt par les rigueurs de la nature (« Voici venir l'hiver, tueur des pauvres gens ») que par l'injustice, et ils ont à leur portée de quoi se consoler, le vin, le cidre, les rêves, une fille facile : « Donc, frère, encore un coup, mangeons, buvons, baisons. » Comme le saltimbanque chez Baudelaire, le gueux devient ici la figure allégorique de l'artiste, s'excluant d'une société qui l'exclut : « Le poète est le Roi des Gueux. »

● Plan-de-la-Tour, Éd. d'Aujourd'hui, « Les Introuvables », 1978 ; La Différence, « Orphée », 1990.

Y. LECLERC

CHANSONS. Ensemble de cinq recueils de chansons de Pierre-Jean de **Béranger** (1780-1857), publiés à Paris : *Chansons morales et autres* (Eymery, 1816), les *Chansons* (« chez les Marchands de nouveautés », 1821), les *Chansons, nouvelle édition* (Baudouin frères, 1825, daté 1826), les *Chansons nouvelles ou inédites* (« chez les Marchands de nouveautés », puis chez Baudouin frères, 1828), les *Chansons nouvelles et dernières* (Perrotin, 1833), auxquelles il convient d'ajouter les *Dernières Chansons* et les *Chansons de Béranger anciennes et posthumes* (Paris, Garnier, 1854, et Perrotin, s.d. [1866]).

« Mémoires chantants » d'un homme né dans le peuple (Préface de 1833), tableau de Paris sous la Restauration et épopée d'une France petite-bourgeoise éprise des souvenirs glorieux de l'Empire, les chansons de Béranger célèbrent la nation : elles lui valurent une immense popularité (les 10 000 exemplaires du recueil de 1821 s'arrachèrent en quelques jours), qui s'étendit à l'Europe. Goethe, Heine, Petöfi, Garibaldi, Thackeray, Pouchkine et bien d'autres célébrèrent son art, modèle de la littérature populaire, nationale et démocratique. On lui fit des funérailles nationales.

Si Béranger commence sa carrière de chansonnier au Caveau en 1813, il y a déjà quelques années qu'il compose. Écrites entre 1809 et 1814, d'inspiration bachique ou épicurienne ("Lisette", "la Gaudriole"), adaptées au goût des goguettes, les premières chansons à boire pour grisettes et étudiants vont de pair avec des romances, genre fort prisé sous l'Empire, et qui fleurira aussi sous la Restauration ("les Adieux de Marie Stuart", "les Oiseaux", "Mon habit"). Mais se distingue surtout le célèbre "Roi d'Yvetot" (mai 1813), protestation contre l'Empire autoritaire et militaire autant qu'exaltation d'un roi débonnaire : « Il n'agrandit point ses États, / Fut un voisin commode, / Et, modèle des potentats, / Prit le plaisir pour code. » La monarchie restaurée, Béranger se fait le chantre de l'indépendance nationale, de la patrie, de la liberté et de la légende napoléonienne. Si "la Censure" (août 1814) dénonce la Chambre qui laisse « renfermer la pensée », "le Vieux Sergent" et "le Vieux Drapeau" (« Qu'il prouve encore aux oppresseurs / Combien la gloire est roturière », 1820) chantent l'épopée impériale alors que la satire des émigrés s'exprime en novembre 1816 dans "le Marquis de Carabas" (« Et toi, peuple animal, / Porte encore le joug féodal »). "Paillasse" stigmatise les traîtres, "les Capucins" (1819) raillent le cléricalisme (« L'Église est l'asile des cuistres / Mais les rois en sont les piliers »), veine exploitée par "les Clefs du Paradis" ou "les Missionnaires", "Monsieur Judas" et "le Ventru" s'en prennent avec une réjouissante insolence aux opportunistes, et "Nabuchodonosor" (1823) attaque le roi. Bien d'autres chansons politiques, qu'elles soient satiriques ("le Sacre de Charles le Simple"), bonapartistes ("les Souvenirs du peuple"), libérales ("les Gueux", "la Sainte-Alliance des peuples"), se combinent aux chansons de mœurs, joyeuses ou sarcastiques, prônant le bonheur facile et les plaisirs de la jeunesse ("le Grenier", "les Cinq Étages", "la Bonne Fille"). Après 1830, Béranger manifeste ses sympathies louis-philippardes ("la Restauration de la chanson", 1831), mais, déçu ou inquiet devant l'agitation républicaine, il se tourne de plus en plus vers un évangélisme social.

Condamné et emprisonné en 1821, puis en 1828, Béranger développe moins un système politique qu'une sensibilité imprégnée de voltairianisme. Individualisme intransigeant sur l'indépendance d'esprit, pacifisme, aimable moralisme, défense des humbles : l'optimisme du chansonnier l'assure qu'il « est encore de beaux jours à chanter », alors que son pessimisme affirme que toujours gouvernements et peuples s'affronteront.

La réussite de Béranger procède d'un art rigoureux de la composition : à chaque couplet son idée, le tout savamment ordonné. Variété des formes (dialogue, apostrophe, confidence, narration, énumération, description...), des tons (ironique, pathétique, épique...), travail de la rime pour compenser l'étroitesse nécessaire des mètres, même si Béranger mêle habilement pair et impair, vers brefs et longs (jusqu'au décasyllabe) : si notre lecture souffre de l'absence de musique et remarque l'abondance des chevilles ou la pauvreté de certains refrains, les textes de Béranger relèvent cependant de la poésie. Maître incontesté d'un genre, cet auteur aujourd'hui oublié, récupéré par le second Empire, sut faire vibrer le diapason de tout un demi-siècle, et plaire à un peuple avide d'émotions. Il fut le

« Dieu des bonnes gens », titre d'une de ses chansons les plus représentatives, qu'entonnera Homais au baptême de Berthe Bovary (voir *Madame Bovary*) : « Non, Dieu n'est point colère ; / S'il créa tout, à tout il sert d'appui ; / Vins qu'il nous donne, amitié tutélaire, / Et vous, amours, qui créez après lui, / Prêtez un charme à ma philosophie / Pour dissiper des rêves affligeants. / Le verre en main, que chacun se confie / Au Dieu des bonnes gens » (1817).

● *Chansons complètes*, Plan-de-la-Tour, Éd. d'Aujourd'hui, « Les Introuvables », 1983 (réimp. éd. Perrotin, 1847).

G. GENGEMBRE

CHANSONS. Voir POÉSIES, de Charles d'Orléans.

CHANSONS. Ensemble de chansons de **Colin Muset** (début du XIIIe siècle-vers 1260). Si sept manuscrits attribuent à Colin Muset douze chansons, Joseph Bédier, par le jeu de la critique interne, en retient neuf autres (dont une, la pièce XX, est maintenant contestée) ; ce sont donc vingt et une pièces, très diverses, écrites au cours du deuxième tiers du XIIIe siècle, qui ont été reconnues par Bédier comme l'œuvre du poète.

Les chansons I et VIII sont des « reverdies » qui célèbrent, en même temps que les charmes du printemps, la beauté d'une « pucele » mi-réelle, mi-féerique, habillée d'or et de pierreries, rencontrée en un verger fleuri. On retrouve à peu près le même thème dans les pièces VI et XV où la « damoizelle » (XV, v. 5) « belle et blondette » (VI, v. 17) est plus proche de la « touse » [la bergère] que de la dame, ainsi que dans les pièces II et III sont presque des pastourelles. Les chansons les plus nombreuses sont celles qui adressent des louanges aux seigneurs généreux (XIII, XIV, XIX) et surtout des reproches aux avares, comme le célèbre "Sire cuens, j'ai vielé" (V, ainsi que les pièces IX, X, XIX et XX). Les lieux communs de la poésie des trouvères se retrouvent dans les chansons XI et XII dont le thème principal est la fidélité de l'amant inspiré par la *fin'amor* (XII, v. 23), énoncé à travers le vocabulaire traditionnel (« grant joie », « ma dame », « cortoisie », « dongier », « velonnie », etc.). Mais ces mêmes *topoi* et ce même vocabulaire parsèment aussi les pièces IV (« servir », « folor », « druerie », « honor », etc.), VI (« merci », « cuer leal et entier ») et XVIII (« fins amanz »,« martire », « morrin ») ainsi que les plaintes contre les « losengiers » [les médisants], surtout en VI et XI. Enfin la verve de Colin Muset s'exerce allègrement contre l'avidité des femmes (chanson XVII tout entière et IV, v. 26-28) et se donne libre cours dans deux pièces très originales : en XVI, il parodie plaisamment le thème des « losengiers », occupés ici à contrarier ses amours avec une innocente « tousette » et en XVI, véritable poème héroï-comique, il décrit, sous forme de procession et en référence à un événement historique, les ravages exercés dans les villages par une bande de pillards.

Ces thèmes très variés, souvent mêlés dans un même poème, font apparaître le caractère particulièrement personnel et réaliste de la poésie de Colin Muset, inhabituel à son époque. Le poète se met en scène, fabriquant un « flajolet » (III, v. 3), se confectionnant un « chapelet » « plain de flor » (I, v. 7 et 10), rentrant chez lui la « boursse mal farsie » (V, v. 9) ou au contraire « le sac enflé » (*ibid.*, v. 30), ce qui lui vaut d'être diversement accueilli par sa femme. Dans dix de ses chansons, il fait l'éloge, en connaisseur, des bons vins et des nourritures fines (truites, gélines, chapons, etc.) et dans neuf autres, il dispense louanges ou blâmes aux seigneurs généreux ou pingres, suscitant des images, des joies et des difficultés de sa vie de jongleur poète.

À cette étonnante variété du contenu répond une grande liberté formelle : Colin Muset passe ainsi de la chanson (avec de fréquentes irrégularités) au débat (pièce IV, « tension » avec Jacques d'Amiens) ou au lai en forme de « descort » (II, VIII, et XVIII). On trouve chez lui une strophe de huit vers divisée en deux quatrains monorimes (aaaa, bbbb), particularité métrique des pièces III, V, XIV, type strophique qu'il est le seul trouvère à avoir utilisé. À trois reprises ses couplets comptent un ou deux vers en surnombre. Ses rimes sont peu recherchées, souvent du même au même (dans huit pièces) ou bien ce sont de simples assonances (dans dix pièces). Son vers très souple, souvent trop long ou trop court (vingt vers « faux » dans onze pièces), enjambe quelquefois la strophe (dans dix pièces) ; l'hendécasyllabe, mètre extrêmement rare à toute époque, constitue toute la chanson IX et reparaît dans la pièce XVI en combinaison avec d'autres vers plus courants.

Libres dans leurs thèmes et leur métrique, les *Chansons* de Colin Muset, pleines de gaieté, de sensualité et d'une verve toujours renouvelée, occupent une place très particulière dans la poésie du XIIIᵉ siècle.

● Champion, 2ᵉ éd. 1938 (p.p. J. Bédier).

M.-N. TOURY

CHANSONS. Ensemble de chansons de **Conon de Béthune** (milieu du XIIᵉ siècle-1219). À ce trouvère sont attribuées quatorze chansons, réparties très inégalement dans dix-sept manuscrits, dont seules dix, selon son éditeur, sont d'attribution sûre ; forcément antérieures à 1219, elles ont dû être composées beaucoup plus tôt puisque, à partir de 1201, Conon de Béthune a joué un rôle politique et administratif essentiel au cours de la quatrième croisade, puis comme sénéchal et, enfin, régent de l'empire latin de Constantinople. Certains poèmes ont dû être écrits avant la croisade de 1189 (la troisième) à laquelle il a pris part, les autres entre 1190 et 1201.

Les trois chansons d'amour, les deux premières surtout, énoncent les thèmes habituels. Le poète y fait état de sa timidité devant sa dame à qui il n'ose avouer son amour, du « martire » (I, v. 15) qu'il endure, de la beauté et de la « valor » de celle qu'il aime (II, v. 11-12) ; il insiste sur la distance qui les sépare (*ibid.*, v. 13-14) et sur son désir (*ibid.*, v. 7-8, 35). Cependant, quelques nuances introduisent une note discordante dans cet ensemble. Ainsi il annonce qu'il va faire une chanson « legiere a entendre » [facile à comprendre] (I, v. 1) afin que sa dame puisse percevoir son aveu car il n'aura pas d'autre messager. Il proclame à deux reprises qu'il est « fins amans » (*ibid.*, v. 32 et 43), avec une insistance un peu suspecte, comme s'il suffisait de se conformer à la règle poétique pour réussir en amour. Il reconnaît que s'il voit clair dans le jeu des autres, il ne sait pas jouer le sien (I, v. 19-20). Et, en effet, il compare l'amour à la fois au jeu d'échecs et au combat en champ clos (*ibid.*, v. 21-24 et 37-40) dans lesquels il s'agit surtout de gagner, se montrant ainsi plus guerrier qu'amant douloureux. La chanson III semble confirmer cette orientation : le poète n'hésite pas en effet à faire des reproches à la reine qui a « blasmé » son langage quelque peu dialectal, ainsi que le roi (Philippe Auguste) et la comtesse (Marie de Champagne), affirmant qu'ils « ne sont bien apris ne cortois » (III, v. 12). Tout cela manifeste une bien grande hardiesse de parole, surtout si, comme on l'a pensé avec quelque raison, la comtesse était la destinataire du message amoureux. Les deux chansons de croisade ne manquent pas non plus d'insérer, au milieu des thèmes convenus (la tristesse de quitter la dame, le devoir de délivrer les lieux saints, la perspective de la prouesse, l'espérance du paradis), quelques vers bien sentis sur les dames volages qui ne trouveront plus que des lâches si elles ne sont pas fidèles à leurs amants (IV, v. 30-32) et sur les « barons empiriés » (V, v. 41) qui lèvent pour la croisade des dîmes qu'ils détournent à leur profit et que Dieu devra maudire (*ibid.*, v. 17-52). Mais c'est surtout dans les poèmes VI, VII, VIII et IX que Conon de Béthune révèle son tempérament, lorsqu'il compare l'amie qui l'a trahie à une louve sauvage qui attire à elle le loup le plus mauvais (VI, v. 21-24) ; ou qu'il la traite (elle ou une autre !) de femme fausse, plus changeante qu'une pie (VII, v. 17) et la nomme « l'Abeïe as Soffraitous » (*ibid.*, v. 22-23), autrement dit le Rendez-vous des Soupirants. Ailleurs il met en garde les dames contre la trahison (VIII, v. 11-16) et se justifie de haïr et d'avoir abandonné celle qui l'a trompé (*ibid.*, v. 1, 20, 25 et IX, v. 3-8) ; ailleurs encore il annonce à la traîtresse avec une satisfaction non cachée qu'il a fini de souffrir à cause d'elle et qu'il a voué son cœur « à la millor del roiaume de France » (IX, v. 25). Dans la chanson X enfin, il va jusqu'à comparer la dame qui lui a refusé ses faveurs à la ville de Troie, jadis si puissante et aujourd'hui en ruine, dont on ne peut même plus trouver l'emplacement (v. 25-29).

Deux pièces sont des chansons de croisade (IV et V) ; la pièce X est un débat au ton ironique, entrecoupé de quelques vers narratifs, entre un chevalier et une dame vieillie, prête à lui accorder trop tard des faveurs qu'il ne désire plus. Les autres pièces se répartissent en chansons

d'amour traditionnelles (I, II et III) et en poèmes qui, thématiquement, tiennent plus de la satire que de la chanson (VI, VIII et IX), où le poète fustige violemment sa dame qu'il accuse de traîtrise et de félonie.

Le vers le plus usuel est le décasyllabe, que Conon utilise le plus souvent seul (II, III, IV, IX et X). Mais on trouve aussi l'heptasyllabe, seul (I) ou en alternance avec le décasyllabe (V et VIII), ou encore en opposition avec un petit vers de trois syllabes (VII) ; un seul poème (VI) est tout entier en hexasyllabes. Les chansons comptent en général quatre, cinq ou six couplets (seulement trois dans III et deux dans VII, des pièces sans doute mutilées). Les strophes se groupent principalement en *coblas doblas* (I, III, IV, VI, VIII, X). Aucune rime n'est riche. La langue de Conon de Béthune n'est pas « franchoise » comme il le reconnaît lui-même (III, v. 10), ajoutant qu'il n'avait pas été « nourri à Pontoise » et qu'il dit ses « mots d'Artois » (*ibid.*, v. 13-14). En fait, il écrit un francien parsemé de traits picards.

À l'opposé des trouvères que l'on pourrait appeler classiques – le châtelain de Coucy, Blondel de Nesle et surtout Gace Brulé –, Conon de Béthune n'écrit pas une poésie abstraite, ne fait pas de généralisation, ne dialogue pas avec son Cœur personnifié ou avec Amour. Son moi ne se présente pas intériorisé, paralysé, immobile. Il renvoie au contraire des échos de vie, réalistes, sinon réels. Le poète donne des précisions géographiques et historiques (III, IX, X, v. 39-40) ; il évoque des faits précis (III, v. 5-7 ; V, v. 25-29 et 33-34 ; VII, v. 17-18 entre autres) ; les images dont il se sert, beaucoup plus nombreuses que chez les autres poètes, sont celles de la nature ou de la vie quotidienne : comparée à la pie et à la louve, la dame traîtresse l'est aussi à la terre dure et sèche qui ne donne ni feuille ni fleur ni fruit (VI, v. 33-37 ; elle se comporte comme la « fausse Chapelaine » (allusion à quelque texte perdu) et l'amour se joue comme les échecs ou l'escrime. Conon de Béthune ne se complaît nullement dans la nostalgie d'un amour perdu ; s'il est trahi, il enrage et se venge. Sa poésie n'ignore pas les règles de la *fin'amor* et sait s'y conformer avec brio et facilité, mais elle n'y est pas asservie et s'en évade avec la même aisance. Le trouvère mélange volontiers les genres : lyrique et narratif, chanson d'amour et satire, mais surtout il trouve des accents qui lui sont propres, et se fait une place tout à fait originale parmi les trouvères de la première génération.

● Champion, 1921 (p.p. A. Wallensköld).

M.-N. TOURY

CHANSONS. Voir POÈMES ET POÉSIES (1917-1973), de P. Soupault.

CHANSONS. Ensemble de chansons de Thibaut IV le Chansonnier, comte de Troyes et de Meaux, dit **Thibaut de Champagne** (1201-1253). De nombreux manuscrits du XIIIᵉ et XIVᵉ siècle contenaient des chansons de Thibaut de Champagne, devenu roi de Navarre en 1234. Quelques-uns ont été perdus ; il en reste trente-deux. Le nom du « roi de Navarre » apparaît en tête de soixante-dix-neuf chansons. L'éditeur en retient soixante et une à l'authenticité certaine et dix douteuses, reléguées en appendice.

La poésie de Thibaut de Champagne, composée entre 1220 et 1250, très variée, compte trente-six chansons d'amour, neuf jeux-partis, cinq débats, deux pastourelles, trois chansons de croisade, un « serventois », quatre chansons à la Vierge et un lai religieux ; et en appendice neuf chansons et un débat.

Les chansons d'amour suivent la tradition et développent les thèmes du « grand chant courtois » (voir les *Chansons* de Gace Brulé). Le poète chante une dame douée de toutes les perfections, qui le fait souffrir et mourir (XXXIII, strophe v ; XXXIV, v. 7-8, etc.), il attend la récompense de son service amoureux (X, XII et *passim*) et rend les armes à Amour, seigneur tout-puissant (XXVII, v. 1-2 ; XXX, XXXI, v. 1-5). Mais le ton de ses poèmes, plus léger, plus désinvolte, que celui de ses devanciers, signale son originalité. Il ne manifeste pas la même humilité ni la même modestie dans ses requêtes amoureuses qu'un Gace Brulé (XV, str. v; XXII, str. v ; XXV, str.vi) ; il ne s'attarde pas autant sur les « losengiers » [les médisants], qu'il se contente plutôt de mépriser (V, str. ii), il introduit souvent dans ses chansons un trait humoristique, une pointe ironique ou seulement un sourire (IX, v. 29-30 ; XV, v. 34-37 ; XXIII, v. 1-3 ; XXIV, v. 25-27). Il prend surtout une certaine distance à l'égard de la tradition. Ainsi la strophe initiale printanière lui semble surannée (IV, v. 1-4) et la chanson de « change » n'est empreinte ni d'amertume ni de ressentiment (IX). L'amour n'est pas toujours la condition obligatoire du chant (sa perte ne l'empêchera pas de composer encore « maint jeu-parti / Et maint sonet et mainte reverdie », IX, v. 31-32) ; la poésie est plutôt un jeu raffiné où l'intelligence l'emporte sur les sentiments. Il le démontre en multipliant les comparaisons ou les métaphores puisées dans le fonds antique ou la littérature contemporaine. Il s'identifie à Jason (I, v. 4), à Piramus (XXI, v. 12), à Narcisse (XXII, v. 36) ; sa dame est plus cruelle envers lui que ne le fut César envers Pompée (V, v. 15-18) ; le rossignol et le phénix, tels qu'il les représente, tiennent plus de Tite-Live que des bestiaires médiévaux (V, v. 1-4 et XX, v. 25-26). Mais il connaît aussi parfaitement ces derniers : les comparaisons dont il use avec le cygne (XIV, v. 13-16), le cerf (XVII, str. iii), le pélican (LVI, str. i) et la licorne (XXXIV, str. i) en font foi ; de même qu'il a lu les chansons de geste (Roland et Olivier apparaissent dans la chanson XXXIV, v. 30) et les romans bretons (Tristan est évoqué en XXIII, v. 34 et Merlin en LVI, v. 37). L'oiseleur qui prend au piège les oiseaux, comme Amour les hommes (XIV, str. v), lui fournit une comparaison qui rappelle plus le *Roman de la Rose* de Guillaume de Lorris qu'une scène de la vie quotidienne, ainsi que la description de l'amant poursuivi dans le verger par un ennemi qui n'est autre qu'Amour (IV, str. ii). Cependant c'est l'emploi des métaphores filées (celle du dard d'amour par exemple, VI, str. v) et surtout des allégories, jamais développées aussi avant lui, qui caractérise le mieux la poésie de Thibaut de Champagne. Elle met en action une véritable psychologie amoureuse, comme chez Guillaume de Lorris, avec les personnages allégoriques de Beau Semblant et de Dangier (XXXIV, v. 21 et 23), dans le motif de la « prison d'amour » où est enfermé le cœur du poète ; ou bien, plus précieuse encore, elle anime des « coreor » (VI, v. 6 et 9) – éclaireurs de l'amour que sont les yeux de la dame – qui parcourent et usent le cœur du poète comme ils feraient d'un « chemin ferré », annonçant déjà la manière de Charles d'Orléans.

La plupart des chansons de Thibaut sont en *coblas doblas*, quelques-unes en *coblas unissonans* ; la pièce XXVI raffine avec des *coblas capfinidas* (« dolor » str. i, v. 8 et str. ii, v. 1 ; « retor », str. ii, v. 8 et str. iii, v. 1, etc.). Les poèmes comptent de 6 à 14 couplets, les vers de 3 à 10 syllabes ; on ne trouve aucune césure épique mais assez souvent, dans les décasyllabes, une césure lyrique. Aucune rime n'est riche ou léonine mais quelques chansons sont en rimes équivoques ; d'autres, plus nombreuses, en rimes identiques (par exemple « felon », XXIX, v. 3 et 15). Seule, la chanson XXVIII comporte des rimes grammaticales (partir / partie, ami / amie, merci / mercie, etc.) et 5 autres une rime isolée au dernier vers de chaque strophe. Les envois sont adressés à des amis du poète, inconnus comme Lorent (XVII, v. 49 et LV, v. 46) et Renaut (VII, v. 39 et XVII, v. 49), ou trouvères comme Thibaut de Blaison (XVIII, v. 47), Philippe de Nanteuil, le plus souvent nommé (dans sept chansons de genre différent) et Raoul de Soissons dont le nom apparaît dans trois chansons (XI, XXVII et XXXV et un jeu-parti). Ce dernier, qui appartient au même « cénacle poétique » que Thibaut, a composé 17 chansons dans la plus pure tradition du « grand chant ». Plus simples que celles de Thibaut, elles renouvellent un peu la thématique traditionnelle par des allusions aux pays traversés au cours de la croisade et par des comparaisons inattendues comme celle de la piqûre d'amour semblable à celle du scorpion (XII, v. 14-19).

Les jeux-partis que Thibaut de Champagne échange avec quelques-uns de ces personnages ou d'autres comme Guillaume le Vinier, Girart d'Amiens, ou un Beaudouin et un Gui non identifiés, portent tous sur des questions de casuistique amoureuse et manifestent, plus encore que les chansons, les traits de légèreté, d'humour et d'ironie de la poésie du trouvère. Leur caractère artificiel est bien attesté

par les positions contradictoires qu'adopte le poète dans certains d'entre eux. Ils sont en même temps la preuve de l'intense activité poétique entretenue à la cour de Champagne. Un des débats (XLVII), échangé fictivement avec une dame, est en fait une requête amoureuse déguisée et présentée avec beaucoup de verve souriante. Les pastourelles montrent la désinvolture du grand seigneur dont l'honneur n'est pas engagé par le refus d'une « pastoure » et qui peut même s'offrir le luxe de se moquer de lui (LII). Sur les trois chansons de croisade, l'une (LIII) est parfaitement traditionnelle ; les deux autres sont plutôt des renouvellements de chansons d'amour avec le thème de la « departie ». Une belle chute termine l'une d'elles : « Quant dame perd, dame me soit aidanz » (LIV, v. 44).

La renommée des chansons de Thibaut de Champagne, déjà considérable du vivant du poète, autant en raison de son talent que de sa position sociale, ne s'est jamais démentie. Une légende, créée très tôt autour de sa personne, trouve un écho dans un passage des *Grandes Chroniques de France*, relatif à l'année 1236 ; Thibaut y est montré « tout esbahi » par le charme de la reine Blanche de Castille et composant pour elle ses chansons. Et Dante, dans son *De vulgari eloquentia*, place le poète parmi les plus illustres du Moyen Âge.

● Champion, 1925 (p.p. A. Wallensköld) ; Klincksieck, 1991 (trad. et éd. p.p. A. Micha).

M.-N. TOURY

CHANSONS À LA VIERGE. Ensemble de chansons de **Gautier de Coinci** (1177 ou 1178-1236).

Le lyrisme pieux ne possède pas d'autonomie typologique, il se moule dans des formes déjà existantes, celles de la *canso*, de la pastourelle, de l'aube, de la chanson d'ami, etc. Les chansons les plus anciennes sont des transpositions de pièces liturgiques en latin, chargées des allégories et des symboles traditionnels ; mais les plus représentatives de ce lyrisme particulier sont celles de Gautier de Coinci, adressées presque toutes à la Vierge et véritables contrefactures de la chanson amoureuse (en particulier de celles de Gace Brulé). Elles sont contenues dans quatre-vingts manuscrits qui font alterner récits de miracles et poèmes, répartis généralement en deux livres. Chacun de ceux-ci commence par un Prologue suivi de sept chansons, puis viennent les miracles (trente-cinq dans le livre I, vingt-trois dans le livre II) et, pour finir, deux poèmes moralisants.

Les structures formelles et la thématique des chansons de Gautier de Coinci sont exactement celles de la *canso* ; le poète adresse à celle que Jean Frappier appelle la « dame sans rivale » de véritables chansons d'amour que, seuls, quelques discrets déplacements sémantiques permettent d'identifier (par exemple : « Amors, dont sui espris, / De chanter me semont. / Celi lo, celi pris / Qui le pris a du mont », livre II, *III*, str. i-iv [Amour qui m'enflamme m'invite à chanter. Celle que je glorifie, celle que je célèbre, c'est la reine du monde]. Il utilise toutes sortes de vers (de trois à dix syllabes) et de strophes (jusqu'à trente-six vers). Annonçant la recherche des Grands Rhétoriqueurs, il joue avec une virtuosité quelquefois excessive sur les mots de même étymologie qu'il place de préférence à la rime (« enchanter », « chanter », « deschantent », « chant », « chantent », « chanteur », « enchanteur », « enchante », « chantez », « enchantez », « chantent », I, *I*, str. i et ii). Ses préférences vont aussi aux dérivés de « confort », de « priser », de « servir », de « finer », de « deport », etc., et surtout au nom de Marie, mis en relation avec « mari » et « marier ». Ses chansons s'ouvrent souvent sur un début printanier ou au contraire une « reverdie » inversée (« Ja pour yver, pour noif ne pour gelee [...] », II, *VI*, str. i). Son hommage à la Vierge prend parfois la forme de la pastourelle (« Hui main à l'ajornee / Toute m'ambleüre / Chevauchai par un pree [...] ») II, *V*, str. I-III) pour aboutir à la supériorité du nom de Marie sur celui des bergères, Marot ou Mariete.

Le culte marial, qui s'est beaucoup développé au XIIIe siècle, substituant à la célébration de la Dame celle de la Vierge et de ses perfections, a suscité un certain nombre de poèmes anonymes et quelques-uns de trouvères connus, comme Guillaume le Vinier, Thibaut de Champagne, Jacques de Cambrai.

D'autres chansons pieuses, presque toutes anonymes, sont démarquées, formellement et thématiquement, de la « chanson d'ami », variante populaire de la chanson de femme ; elles s'adressent au Christ, assimilé à l'ami absent, et déplorent l'éloignement de l'être aimé sur le même ton que les chansons à sujet profane (par exemple : « An paradis bel ami ai, / Tout deduisant en chanterai »).

● *Les Miracles de Nostre Dame*, Genève, Droz, 3 vol., 1961-1970 (p.p. F. Koenig) ; *les Miracles de Notre Dame de Soissons*, Helsinki, *Annales Academiae Scientiarum Fennicae*, série B, 119, 1963 (p.p. L. Lindgren).

M.-N. TOURY

CHANSONS DE BILITIS (les). Recueil de poèmes en prose de Pierre **Louÿs**, pseudonyme de Pierre Félix Louis (1870-1925), publié à Paris à la Librairie de l'Art indépendant sous la date de 1895 (en réalité décembre 1894) ; réédition corrigée et considérablement augmentée au Mercure de France en 1898.

Ces 146 chansons (auxquelles il convient d'ajouter 12 chansons « non traduites », supercherie oblige !) se présentent comme la prétendue traduction de poèmes composés par une certaine Bilitis, qui, à l'époque de Sapho (VIe siècle avant notre ère), serait venue de sa Turquie natale, à Mytilène, pour finir ensuite son existence à Chypre comme courtisane. Chacune des trois grandes sections du livre raconte une étape de la vie de Bilitis, par ailleurs retracée par Louÿs dans sa Préface. « Bucoliques en Pamphylie » (I-XLVI) décrit une enfance pastorale, où Bilitis s'éveille à l'amour parmi la nature et connaît ses premières peines. « Élégies à Mytilène » (XLVII-XCVIII), la partie la plus célèbre du recueil, nous montre Bilitis dans l'île de Sapho, où elle vit une liaison passionnée avec la toute jeune Mnasidika, qui finit par la quitter. La troisième section, « Épigrammes dans l'île de Chypre » (XCIX-CLV), relate en détail la nouvelle existence de Bilitis, qui, à Chypre, s'est faite courtisane, sans renoncer pour autant aux amours sororales. Le livre se clôt sur « le Tombeau de Bilitis » (CLVI-CLVIII), qui contient trois épitaphes de la poétesse par elle-même.

Ces chansons, prétendument gravées sur les murs du tombeau de Bilitis, auraient – affirme Louÿs dans sa Préface – été découvertes voici peu à Chypre par un archéologue allemand, le professeur G. Heim, qui en aurait donné à Leipzig, en 1894, une édition savante. La mystification, de fait, avait été astucieusement conçue. Connaissant à merveille la littérature antique, Louÿs avait également mis à profit, pour se documenter, nombre d'ouvrages d'érudition, d'archéologie et de folklore. Il n'hésita pas non plus à puiser directement dans certains auteurs antiques (Sapho, Athénée, Théocrite, l'*Anthologie palatine*), qu'il reprit parfois textuellement. Tout cela lui permit de donner un tour antique à ses poèmes, tant par désir d'exprimer une poésie intemporelle que pour abuser certains spécialistes. Il leur envoya son livre, et plusieurs s'y trompèrent. Dédié « aux jeunes filles de la société future », l'ouvrage portait, dans sa première édition, une dédicace qui évoquait la jeune Algérienne Meryem bent Ali, amie de Gide et auprès de laquelle Louÿs écrivit ses premières chansons. Il est certain que, durant ses divers séjours en Algérie, Louÿs trouva une inspiration poétique auprès de femmes et grâce à des coutumes qui évoquaient pour lui la Grèce antique – une Grèce d'ailleurs fort orientalisée. Mais les sources du livre sont extrêmement diverses, et on doit le considérer non comme un pastiche de la poésie grecque, mais comme une véritable création littéraire, une œuvre d'imagination.

« Roman lyrique », tel est le sous-titre de la seconde édition. L'originalité de Louÿs consiste à avoir fait de tous ces thèmes un ensemble suivi et cohérent, qui déroule la vie même de Bilitis. Par là, il échappe à la disparate qui caractérise souvent ce genre de recueil. En disposant chaque chanson en quatre strophes distinctes, Louÿs a voulu composer, selon son expression, des « sonnets en prose » et souligner combien ces textes reposent sur le rythme. Les vers blancs de 8, 10 ou 12 syllabes y abondent. La fluidité du langage va de pair avec un vocabulaire extrêmement choisi, utilisé avant tout pour sa valeur musicale. À ce titre, le livre tranche sur un certain jargon symboliste en vogue à l'époque et montre que Louÿs entendait plutôt se situer dans la lignée de prosateurs comme Gautier, Flaubert et Schwob.

L'ouvrage est également remarquable par l'audace de sa peinture de l'amour et, plus précisément, de la sexualité féminine. Là aussi, Louÿs innovait, et l'évocation qu'il fait des amours de Bilitis et de Mnasidika constitue, comme il le soulignera lui-même, « une idylle » qui s'éloigne fort de l'image de la « femme damnée » donnée au XIXe siècle par des auteurs comme Musset, Balzac, Baudelaire et Zola. En fait, *les Chansons de Bilitis* sont un hymne à l'amour et à la sensualité, et, comme l'a noté Giorgio Mirandola, chacune des trois grandes sections du livre décrit un type d'amour particulier : la puberté et les premiers désirs ; puis l'amour sororal et passionné ; et enfin l'amour de la maturité, à la fois fougueux et mélancolique. Du mysticisme esthétique d'*Astarté* (1893), Louÿs est remonté vers une simplicité accrue et vers un certain classicisme. Peut-être est-ce son œuvre la plus populaire : de 1898 à nos jours ont paru d'innombrables rééditions de ce « petit livre d'amour antique », intemporel à force de sentiment et de poésie.

● « Poésie/Gallimard », 1990 (p.p. J.-P. Goujon). ➤ *Œuvres complètes*, Slatkine, I.

J.-P. GOUJON

CHANSONS DES RUES ET DES BOIS (les). Recueil poétique de Victor **Hugo** (1802-1885), publié simultanément à Bruxelles et à Paris chez Lacroix et Verboeckhoven et Cie en 1865.

Composés selon leur auteur de 1819 à 1865, mais en fait entre 1859 et 1865, les 78 poèmes du recueil renouent avec le genre de la chanson souvent pratiqué par Hugo et combinent celles des rues avec celles des bois, unité due, toujours selon l'auteur, à « la lente fusion du temps » (projet de Préface, 1864). Depuis Béranger, mort en 1857, le genre a acquis une grande vogue populaire, et cette poésie légère, de Pierre Dupont à Banville, joua un véritable rôle social.

1 500 quatrains aux rimes croisées, en vers de 3, 5, 6, 8 et 10 syllabes : cette jonglerie métrique semble bien mettre « Pégase au vert » ("le Cheval"). Plus profondément, Hugo refait *les *Contemplations*. En effet, répartis en deux livres, « Jeunesse » (57 pièces en six parties, écrites en 1859) et « Sagesse » (19 pièces en quatre parties, écrites en 1865), les poèmes du recueil, ouvert par "le Cheval" et clos par "Au cheval", se disposent comme « Autrefois » et « Aujourd'hui ». Mais, plutôt que de privilégier les significations personnelles et spirituelles, ils inscrivent un rapport poétique à l'histoire littéraire. Au-delà de la fantaisie, supérieurement maîtrisée, Hugo réitère en poésie ce qu'il avait réussi en prose avec *les *Misérables* : prendre le parti d'un public populaire.

Dans *William Shakespeare (1864), Hugo avait théorisé ce parti-pris et affirmait l'identité de la forme et du fond, dévaluant le débat sur « l'art pour l'art » ou « l'art pour le progrès », tel que l'avait posé Baudelaire dans ses deux articles sur Pierre Dupont (1851 et 1861) vantant contradictoirement le « goût infini de la République » puis la « voie naturelle » du poète, préférée à l'« activité révolutionnaire ». *Les Chansons des rues et des bois* répondent à cette critique voilée de toute l'œuvre de Hugo.

Pourtant, si les deux parties semblent s'opposer comme le « chant pour le chant, l'art pour l'art », au « chant pour la liberté, l'art pour le progrès » (projet de Préface), une note des années 1850 rétablit l'unité du volume, par le « socialisme et naturalisme mêlés ». Là réside l'originalité de ce recueil, mélange ou « promiscuité du rayon et du torchon ».

Une strophe abandonnée résume bien la poétique des *Chansons* : « Va, chante ce qu'on n'ose écrire, / Ris, et qu'on devine, ô chanson, / Derrière le masque du rire / Le visage de la raison. »

Cette nouveauté amènera Rimbaud à parodier les *Chansons* dans "Première Soirée", "les Reparties de Nina", "le Chant de guerre parisien", "Mes petites amoureuses ou les Mains de Jeanne-Marie" (*Poésies*).

« Amis, le corset de Denise / Vaut la ceinture de Vénus » ("Le poète bat aux champs", I, I, 4) : égalité fondamentale, qui fait s'équivaloir époques, lieux et choses, êtres et génies. Le poète peut tout s'approprier, tout se met en chansons, et la nature s'épanche dans les vers, fondant un nouvel art poétique où le poète « élève à la dignité / De géorgiques les campagnes / Quelconques » (*ibid.*). Aux géorgiques s'ajoutent églogues, bergerades ou bucoliques, retour aux genres antiques (l'idylle) ou classiques (la pastorale). Festival de fêtes champêtres, les *Chansons*, si elles éblouissent, surprennent ou enchantent, redonnent corps aux mythes païens et transfigurent la moindre grisette en nymphe. Le merveilleux moderne, nourri de mythologie, se fait délibérément plébéien et charnel : « La Nature [...] / M'attire dans sa roture » ("le Chêne du parc détruit", I, v, 1). Soubrettes et paysannes composent en "Floréal" (I, I) "l'Éternel Petit Roman" (I, VI). Des rues aux bois, il n'est pas de solution de continuité, et une même loi, celle de l'amour, s'énonce triomphalement : « Aimons-nous ! et que les sphères / Fassent ce qu'elles voudront » ("les Étoiles filantes", I, III, 7).

À cette inspiration hédoniste, à ce paganisme tranquille et libertin que la critique dénoncera comme tissu d'obscénités, à cet hymne à la jouissance auquel on réduit trop souvent le recueil à coups de citations égrillardes s'ajoutent les thèmes habituels de la méditation hugolienne. La fantaisie ne cache pas longtemps la rêverie ou la contemplation. D'abord la nature abonde en drames minuscules mais intenses, déclinant l'« énigme étrange du mal », cette « faute d'orthographe de Dieu » ("Les enfants lisent, troupe blonde", II, II, 4). Puis une démonstration s'orchestre de "Floréal" à "Nivôse" (II, IV), de la jeunesse à l'oubli, de l'amour au progrès.

Chaque livre comporte en fait sa division politique, inspirée par les luttes de classes : la section v, « Silhouettes du temps jadis », dans la première et la section III, « Liberté, égalité, fraternité » dans la seconde. Décochant invectives et sarcasmes contre le pouvoir personnel, dénonçant la guerre et le fanatisme, prêchant la sédition ("Plus de roi, plus de caste", I, v, 1), les chansons prophétisent que le sommeil du peuple, "la Méridienne du lion" (II, III, 8), ne durera plus longtemps. Contre César et l'Église, ces deux fomenteurs de chaos, l'amour, hymne à la nature où un « petit oiseau sous les feuilles, /Chantant, suffit à prouver Dieu » ("le Nid", I, v, 2), et le progrès, par qui « la matière avoue enfin, / Mise à la question par l'âme » ("le Cheval"), proposent leurs réponses. "L'Ascension humaine" (II, III, 5) reprend les accents d'"Ibo", pour énoncer une fin à la fois poétique et politique des "Mages" ou de "la Bouche d'ombre" (*les Contemplations*) :

Oui, voici qu'enfin recule
L'affreux groupe des fléaux !
L'homme est l'invincible hercule,
Le balayeur du chaos.

La manière de Hugo se révèle feu d'artifice. Les images naissent d'une chose vue ou d'un cliché remanié. La trouvaille, noyau original, souvent un vers réservé pour la clausule, se complète d'additions successives. Parfois une strophe entière trouve d'emblée sa forme définitive. Hugo consigne ses rimes dans ses carnets de notes, et s'amuse à multiplier les rapprochements surprenants ou incongrus, pittoresques ou imprévisibles, voire désinvoltes : « je ne sais d'où / amadou », « pore / Singapore », « alexandrins / Reims », « fourmis / miss »... Préfigurant les pratiques surréalistes, Hugo tire la rime d'associations d'idées. Matrices,

elles entraînent le poème à leur suite, tel un « hameçon qui [...] pêche l'idée ».

Comme dans les autres recueils, Hugo accumule ses antithèses, allégories et hyperboles, en un époustouflant ballet. Tout se met à l'unisson d'une alliance entre gaieté, chant et lumière : « Elle chantait un couplet / D'une chanson de la rue / Qui dans sa bouche semblait / Une lumière apparue » ("Quand les guignes furent mangées", I, I, 6). On ne saurait énumérer toutes les figures, tous les procédés utilisés, auxquels il faudrait ajouter le travail sur le lexique. Hugo fait appel à la langue triviale, l'enchâssant souvent dans l'hypallage (« haillons charmants » ou « torchons radieux »). Tout participe, sans renier Watteau ou Fragonard, d'une esthétique impressionniste qui exalte couleur et sensualité, atmosphère diaphane et jeux d'eau ("Amour de l'eau", II, IV, 4), gaze et tourbillon des rêves, éclat de la chair et visions de l'âme, « aventures du vent » (I, v, 1) et intimités des sousbois... L'art, principe de vie, commence sans doute par des chansons.

● « GF », 1966 (p.p. J. Seebacher) ; « Poésie/Gallimard », 1982 (p.p. J. Gaudon). ➤ *Œuvres poétiques*, « Pléiade », III ; *Œuvres complètes*, Club français du Livre, XIII ; *id.*, « Bouquins », Poésie II (p.p. J. et S. Gaudon).

G. GENGEMBRE

CHANSONS ET LÉGENDES DU VALOIS. Voir FILLES DU FEU (les), de G. de Nerval.

CHANSONS MONODIQUES. Voir POÉSIES, d'Adam de la Halle.

CHANSONS SPIRITUELLES. Recueil poétique de **Marguerite de Navarre**, dite aussi de Valois, ou d'Angoulême, reine de Navarre (1492-1549). La première section (chansons 1 à 32) fut publiée dans *les Marguerites de la Marguerite des princesses, tres illustre royne de Navarre* à Lyon chez Jean de Tournes en 1547. La seconde section (33 à 47) figurait dans un manuscrit intitulé *les Dernières Œuvres de la reyne de Navarre, lesquelles n'ont encore été imprimées*. La première édition intégrale des *Chansons spirituelles* parut dans un volume intitulé *Dernières Poésies de Marguerite de Navarre*, en 1896.

Le genre adopté par l'auteur dans ces *Chansons spirituelles* est le *contrafactum*, ou transposition religieuse de chansons profanes : ce procédé, cher aux poètes de l'évangélisme et aux premiers poètes du protestantisme, conservait la mélodie de la chanson initiale, et des éléments textuels d'importance variable qu'il infléchissait dans un sens sacré. En 1546, Eustorg de Beaulieu, poète huguenot, avait publié 160 *contrafacta* sous le titre de *Chrestienne Resjouyssance*, puisant dans le répertoire des chansons à la mode. Marguerite de Navarre a vraisemblablement eu connaissance de ce recueil. Ses *Chansons spirituelles* s'alimentent à deux sources bibliques essentielles : l'Ecclésiaste, dont elle reprend et martèle inlassablement le thème du *vanitas vanitatum*, et le Cantique des cantiques, dont le symbolisme amoureux et nuptial offre à son expérience religieuse le cadre existentiel qu'elle réclame.

Les deux premières chansons sont consacrées à la maladie et à la mort du roi François Ier, frère de la reine de Navarre. L'omniprésence des tourments ici-bas ne peut qu'inciter l'âme à se détacher des biens mondains (4, 9, 23, 34, 35) et à s'abandonner sans réserve au pouvoir rédempteur du Christ (4, 7, 8, 11, 17, 27). Consciente de son indignité, l'âme n'échappe au vertige de l'angoisse et du désespoir que par un désir de fusion avec son Créateur, où se manifeste dans sa plénitude la force de l'amour : « Tout se passe, fors Dieu aymer », tel est le vers ultime du recueil.

On ne trouvera pas dans ces *Chansons spirituelles* l'expression d'une théologie nettement articulée. Prise entre les feux des docteurs de Sorbonne et des réformateurs, Marguerite de Navarre cherche une voie originale, où se mêlent hésitations et tentatives de conciliation : si elle développe par exemple l'idée luthérienne de l'indignité absolue du pécheur, elle ne se résigne pas à affirmer jusqu'au bout le primat de la foi sur les œuvres. Fidèle à l'esprit de Lefèvre d'Étaples et du groupe de Meaux, elle cultive un christocentrisme vécu sur un mode exalté et douloureux : « Penser en la passion / De Jesuchrist, / C'est la consolation / De mon esprit » (17). L'abandon de l'âme à son Sauveur constitue l'axe de cette expérience religieuse : il implique non seulement le refus des biens terrestres, mais aussi l'anéantissement de ses facultés trop humaines qui empêchent l'infusion du Créateur dans la créature, du « Tout » dans le « Rien ». La chanson 6, l'une des plus importantes de ce point de vue, témoigne symboliquement de la nécessité du dépouillement total : au jeune chasseur orgueilleux, qui prétend par son seul « mérite » et sa seule « raison » capturer le cerf, la « femme heureuse et sage » oppose une immobilité toute de confiance et d'amour, paradoxalement garante des plus hautes conquêtes ; les deux personnages rejouent l'antagonisme paulinien de la sagesse selon l'esprit et de la sagesse selon la chair. Cette dernière s'actualise, comme dans toute la production poétique de Marguerite de Navarre, sous la forme du « faulx cuyder », surestimation outrecuidante des possibilités humaines : la créature orgueilleuse s'aveugle dans la possession d'instruments conceptuels et de moyens rhétoriques. La voie de l'âme à Dieu consistera donc à dissiper l'obnubilation logique (« Seul aymé soyez sans SI ne MAIS », 11) pour lui substituer une dramatisation affective où le corps angoissé se fait langage : « Mes larmes, mes soupirs, mes criz, / Dont tant bien je sçay la pratique, / Sont mon parler et mes escritz, / Car je n'ay autre rhetorique » (1).

Marguerite de Navarre rejoint les options luthérienne et calvinienne dans le refus d'une rhétorique trop associée aux séductions terrestres. Les seules images que s'autorisent les *Chansons spirituelles* – le désert, la montagne sainte, le sommeil de l'âme en Dieu, la fontaine où coule l'eau vive de la Rédemption – proviennent d'un fonds biblique ou de la tradition mystique. Cette raréfaction des images pourrait aboutir à une tension austère et dramatique si elle s'accompagnait d'un véritable renouvellement de leur pouvoir expressif : malheureusement, leur utilisation demeure superficielle, et elles s'épanouissent rarement en motifs organiques pénétrés et vivifiés par l'expérience religieuse de l'auteur. Telle est la principale limite du recueil, à quoi s'ajoute la fréquente gaucherie de l'expression. Marguerite de Navarre n'est pas Catherine de Sienne, à qui on l'a parfois comparée : il y a loin de ces *Chansons spirituelles* aux poèmes de la mystique toscane.

● Genève, Droz, 1971 (p.p. G. Dottin).

P. MARI

CHANT DE LA MONTÉE (le). Voir POÈMES I, de R. Lasnier.

CHANT DU MONDE (le). Roman de Jean **Giono** (1895-1970), publié dans la *Revue de Paris* du 1er mars au 15 avril 1934, et en volume chez Gallimard la même année.

En dépit des jugements sévères que Giono porta parfois sur ce roman, il y revient néanmoins à deux reprises : en 1941, pour en tirer un scénario de film (qui ne fut pas réalisé), puis, entre 1965 et 1968, pour l'adapter à la scène sous le titre *le Cheval fou*.

Première partie. Le vieux forestier Matelot vient trouver son ami Antonio, l'homme du fleuve qui vit sur l'île des Geais et connaît la vie intime et secrète des eaux : le « besson » de Matelot, parti chercher du bois en amont, n'est pas revenu. Les deux hommes pensent que le fils de Matelot est mort et remontent le fleuve afin de retrouver son corps (chap. 1-2). En chemin, ils portent secours, avec l'aide d'une vieille campagnarde qui les accueille, à une jeune femme qu'ils découvrent en train d'accoucher, seule dans la forêt. Cette dernière est aveugle et se nomme Clara. Ils apprennent qu'ils sont sur les terres de Maudru, un éleveur dont les bouviers traquent un homme ; ils comprennent qu'il s'agit du besson. Avant de reprendre la route, Antonio dit à Clara : « Je reviendrai » (3-5). Après une longue marche (6-8), les deux compagnons parviennent à Villevieille et se rendent chez Toussaint, un guérisseur bossu qui est le beau-frère de Matelot. Il a recueilli le besson et Gina, la fille de Maudru : les jeunes gens s'aiment et sont recherchés par toute la bande de Maudru dont le besson a mortellement blessé le neveu (9).

Deuxième partie. Tous passent l'hiver reclus chez Toussaint, et Antonio ne cesse de penser à Clara (1-4). Un jour de printemps, il sort avec Matelot et ce dernier est tué d'un coup de couteau dans le dos par les hommes de Maudru. Clara, à qui Antonio a fait parvenir un message, le rejoint ce même jour (5). Antonio et le besson se vengent en mettant le feu à la ferme de Maudru (6).

Troisième partie. Antonio, le besson, Clara et Gina s'embarquent sur un radeau (1). Clara, dont l'enfant est mort, conte son histoire à Antonio (2). Ils parviennent bientôt à destination. Le besson construira une maison dans la forêt pour y vivre avec Gina tandis qu'Antonio regagnera son île avec Clara (3).

La trame narrative de ce roman d'aventures est fondée sur l'action et le suspens. Disparition, poursuite, meurtres, enlèvements, vengeances : les enjeux dramatiques et les péripéties sont multiples. Toutefois, l'ancrage profond du texte, comme l'indique le titre, est d'ordre cosmique et le récit, quoique mouvementé, est toujours comme étrangement flottant, évoluant dans une atmosphère quasi irréelle. Ainsi, il est impossible de déterminer nettement l'époque à laquelle se déroule l'histoire car s'y côtoient des objets modernes – des fusils, un piano mécanique, du fil de fer barbelé, etc. – et des pratiques ancestrales – on ne se déplace qu'à pied, en charrette ou sur un radeau, on s'envoie des messages à son de trompe, on laboure avec des araires, etc. Ce brouillage historique inscrit le récit – ni vraiment de notre temps ni vraiment d'un autre âge –, dans une sorte de temporalité universelle. L'espace romanesque s'impose également en tant que tel, peu dépendant de la géographie réelle. De vastes ensembles y délimitent des repères, naturels et symboliques : la forêt, le fleuve qui constitue le fil conducteur du texte – Matelot et Antonio suivent son cours durant leur recherche, c'est sur la rive que le besson et Gina se rencontrent, c'est par le fleuve que s'effectue le retour heureux –, et la montagne, ce haut et menaçant pays rebeillard où a disparu le fils de Matelot.

Les personnages ont eux aussi une présence singulière, plus envoûtante que saisissable. Bien que leur intimité soit parfois révélée – la souffrance éprouvée par Toussaint que son infirmité condamne à la solitude ou l'amour d'Antonio pour Clara –, ils demeurent lointains. Dessinés d'une manière plus magique que psychologique, ils possèdent presque tous un pouvoir particulier, signe de leur profonde union avec les forces cosmiques : Toussaint a celui de guérir les malades et même de sentir la présence de la mort dans un corps ; Antonio, ange du fleuve surnommé « Bouche d'or », est un enchanteur qui possède le don de charmer et de nommer les choses comme un poète ; Clara est douée d'une acuité de perception hors du commun et d'un véritable instinct divinatoire ; Matelot, avant d'être tué, perçoit de multiples signes qu'il interprète comme prémonitoires de sa mort. Quant au besson, avec ses « cheveux rouges », c'est par un signe physique qu'il se distingue de l'humanité commune.

Cet aspect universel et un peu irréel du cadre et des personnages ainsi que la résonance légendaire des actions et des thèmes – quête, sacrifice par le feu, violence d'actes souvent extrêmes – confèrent au *Chant du monde* une atmosphère unique et font de ce roman une sorte de fresque primitive et mythique.

● « Folio », 1976. ➤ *Œuvres romanesques complètes*, « Pléiade », II (p.p. P. Citron).

A. SCHWEIGER

CHANT PUBLIC DEVANT DEUX CHAISES ÉLECTRIQUES.
Pièce en neuf scènes et en prose d'Armand **Gatti** (né en
1924), publiée à Paris aux Éditions du Seuil en 1964, et
créée à Paris au Théâtre national populaire le 17 janvier
1966.

Chant public devant deux chaises électriques renvoie
directement à l'affaire Sacco et Vanzetti. Réunissant cinq
lieux différents, des dizaines de personnages, la pièce eut
un grand retentissement à l'époque de sa présentation sur
la scène du palais de Chaillot dont Gatti confia à Vilar, que
le plateau était « trop petit »…

Un spectacle se prépare sur Sacco et Vanzetti, concurremment à
Los Angeles, Boston, Hambourg, Turin et Lyon : les spectateurs
s'interrogent. À Los Angeles il y a des émigrés, à Boston des
membres de la *jet-society*, à Hambourg un avocat, Müller, qui défendra Sacco et Vanzetti, à Turin la famille et l'entourage des héros, à
Lyon des acteurs, dont Bonnetade qui remplacera un acteur absent,
et puis Leni et Farley encore, à Boston, qui remarquent à l'affiche qu'il
s'agit du même sujet que celui fourni par le drame de Julius et d'Ethel
Rosenberg (scène 1. « Clef de portée sous forme de spectateurs »).
Le spectacle commence à Los Angeles, avec le pasteur Knight qui
prêche en faveur de Sacco et Vanzetti et avertit les spectateurs de ne
pas applaudir à la condamnation de faux coupables. À Hambourg, le
message est le même dans une chanson politique allemande. À Lyon,
Bonnetade répète son rôle, en soulignant que Sacco et Vanzetti ont
été innocentés par les aveux de Madeiros. Tandis qu'à Boston s'organise la lutte pour la défense des deux inculpés, à Turin, Coleone, un
dirigeant syndical, fait leur éloge. Enfin à Lyon, on met en scène
l'attente de l'exécution, qui durera sept mois. Quand le spectacle
commence à Boston, le gouverneur Fuller et le juge Thayer discutent
de l'opportunité de faire grâce ou non (2. « Bande sonore pour un
générique »).
Une semaine de répression s'organise – surnommée par antiphrase
« la semaine du rire ». Les représentants de Fuller et Thayer réaffirment
la légitimité de l'Amérique dans sa répression de l'anarchie et refusent
de suivre l'inspecteur Steward qui met en doute la culpabilité des
accusés (3. « Couplet de la semaine du rire dans le Massachusetts »).
L'interrogatoire des témoins commence, mené par Thayer et Müller.
Le premier témoin dépose de façon trop précise pour être honnête, le
second se révèle manipulé par les intérêts d'État. En définitive, Thayer
tranche : « La seule loi qui prévaudra, c'est le sentiment que j'ai, moi,
de leur culpabilité » (4. « Bande témoin pour un long métrage policier »).
Tandis que l'entracte s'annonce, dix-huit orphéons chantent la
condamnation prochaine de Sacco et Vanzetti (5. « Les Dix-Huit
Orphéons de détresse du premier mai »).
Trois spectateurs, Cervi, Vastadour, Vorortzug, viennent prendre
respectivement la place de Sacco, Vanzetti, Madeiros. Steward fait
signer à l'un des chefs de la bande de Madeiros un papier certifiant
qu'il n'a jamais vu celui-ci. Thayer en tire argument pour ne tenir aucun
compte du témoignage de Madeiros qui innocente les deux hommes.
Vient la confrontation finale entre Thayer en tenue de boxeur pour la
circonstance et les deux inculpés qui l'accusent d'être du parti des
oppresseurs. Ils sont condamnés (6. « South Brain Parade »).
Sacco communique à distance avec son fils Dante (7. « Hymne pour
un enfant assassiné ») puis attend son exécution, ainsi que Vanzetti
dont la sœur arrive en Amérique (8. « Note blanche et noire pour une
triple agonie ») et affirme que leur mort n'aura pas été vaine (9. « Bel
canto »).

La pièce nous fait revivre un épisode peu glorieux de
l'histoire américaine. Comme les personnages de la pièce,
les Sacco et Vanzetti réels ont été exécutés le 23 août 1927
à la prison de Charlestown, après avoir été inculpés du
meurtre d'un caissier et d'un gardien d'une fabrique de
chaussures ; comme dans les annales du procès, les preuves
sont inexistantes, et l'un des gangsters responsables, Celestino Madeiros, a témoigné en leur faveur, attestant qu'ils
n'avaient rien à voir avec ce meurtre. Après sept ans de
procès, l'exécution a lieu, clairement interprétée par l'opinion de gauche comme un coup porté par le patronat au
mouvement ouvrier américain. Nous sommes dans la
décennie triomphante qui précède la crise de 1929, les
républicains sont au pouvoir, et la pièce élargit son propos
à d'autres affaires américaines : celle des « Pendus de Chi-
cago » (cinq militants ouvriers exécutés en 1926), celle du
démantèlement de l'International Working World, syndicat révolutionnaire, en 1927 ; elle trouve enfin son prolon-

gement historique dans la condamnation à mort et l'exécution des époux Rosenberg en 1953. D'où finalement le dispositif multiple des lieux, destiné à montrer au spectateur
la dimension internationale du combat anticapitaliste.
Toutefois, une distance « brechtienne » est systématiquement instaurée entre le spectateur et les événements.
C'est ainsi que, dans la scène 1, Gatti, au lieu d'expliciter
son propos et de livrer le nom des victimes, fait plutôt l'état
des lieux du côté des spectateurs et des acteurs, et sépare le
bon grain de l'ivraie : tandis qu'à Boston les membres de la
jet-society boudent les sujets triviaux, les émigrés de Los
Angeles s'intéressent à la teneur politique du spectacle, et
Bonnetade, à Lyon, ne pense qu'à son rôle, d'acteur et de
remplaçant : cécité du comédien au travail qui est censée,
par contrecoup, nous ouvrir les yeux… C'est finalement à
Boston que deux étudiants (incarnations d'une véritable
conscience politique) font le lien de Sacco et Vanzetti avec
les Rosenberg, et suggèrent, sans en prendre totalement
conscience, la permanence dans le temps et l'espace de
l'oppression politique.
Finalement, la pièce de Gatti atteste une ambition : celle
de faire du théâtre absolument politique, mais elle rend
compte aussi des limites de cette ambition. Dans cette
affaire où les médias, et plus généralement tous les moyens
d'expression, ont joué un si grand rôle, la mort de deux
innocents n'a pas été empêchée. Le théâtre, en même
temps qu'il subvertit les dogmes du pouvoir, ne peut pas ne
pas s'impliquer dans une réflexion sur les limites manifestes de toute lutte médiatique. La pièce de Gatti, par sa
démesure, témoigne de l'esprit utopique du théâtre des
années soixante, mais figure aussi, par cette surenchère de
mise en abyme et de réfractions, sa propre autocritique.

● *Œuvres théâtrales*, Lagrasse, Verdier, 3 vol., 1991 (p.p. M. Séonnet).

J.-M. LANTÉRI

CHANTECLER. Pièce en quatre actes et en vers d'Edmond
Rostand (1868-1918), créée à Paris au théâtre de la Porte-
Saint-Martin le 7 février 1910, et publiée chez Fasquelle la
même année.

Dix ans séparent l'**Aiglon* de *Chantecler*. Bien que Rostand ait commencé dès 1901 la rédaction de sa nouvelle
pièce et l'ait achevée en 1905, une véritable angoisse le
poussa à retarder longtemps sa création. En outre, de
graves problèmes de santé tinrent après 1900 le poète loin
de Paris : installé à Cambo, au Pays basque, il hésitait à
affronter de nouveau le public et la critique. *Chantecler*
porte la marque de ces craintes et de ces hésitations : le
grand spectacle divertissant s'y heurte souvent à une souffrance obsédante.

Après les trois coups, comme le rideau va se lever, le directeur du
théâtre surgit et avertit les spectateurs : ils ne verront pas des
hommes, mais seulement des animaux (Prélude).
Une cour de ferme très animée : poules, poussins, canards, din-
dons y bavardent ; le merle multiplie les gamineries argotiques et les
calembours. Arrive, attendu et vénéré, Chantecler, le coq, roi de la
basse-cour, qui chante la gloire du soleil (« Nous n'y couperons pas,
mes enfants ; c'est une ode », commente le merle). Poursuivie par un
chasseur, une superbe poule faisane vient demander asile : sa beauté
trouble Chantecler. La pintade invite la faisane à venir le lendemain
matin à son « five o'clock » où elle reçoit du beau monde. La faisane
accepte, tandis que Chantecler hésite. Le soir tombe. Surgissent,
menaçants, les oiseaux de nuit (Acte I. « Le Soir de la faisane »).
Sur un coteau, les êtres de la nuit complotent contre Chantecler,
qu'ils haïssent, car il annonce le jour détesté. Ils organisent un guet-
apens où il devrait tomber à la réception de la pintade, car ils croient
qu'il s'y rendra. Le merle assiste au complot. Puis, le jour approchant,
les animaux nocturnes se dispersent. Chantecler et la faisane se
retrouvent ; elle lui arrache son secret : sans lui, sans son chant, le
soleil ne se lèverait pas. Il lance son cocorico et le soleil effectivement
se lève. La faisane est séduite, mais le merle ricanant croit que, pour
le coq, c'est seulement un « truc » de séduction (Acte II. « Le Matin
du coq »).

Dans un coin du jardin, grande réception mondaine où se pressent les invités élégants. La vedette revient au paon, poète-dandy ébouriffant à la langue hermétique : « Juge gemmé, j'aime, emmi mes émaux / Représenter ce goût... » Il est suivi d'un brillant cortège de coqs exotiques, où se cache le Pile blanc, chargé de tuer Chantecler. Celui-ci arrive enfin et, dans ce salon où tout est chantourné, fait l'éloge de la simplicité. Le Pile blanc le provoque. Ils se battent, et Chantecler sort vainqueur du combat (Acte III. « Le Jour de la pintade »).

Au milieu de la forêt, Chantecler et la faisane y vivent, loin de la basse-cour. Elle, très féminine, le veut tout à elle et exige qu'il renonce à son chant. Mais il ne saurait abandonner. Il découvre la sublime beauté du chant du rossignol, si différent du sien, peut-être plus beau. Un chasseur tue le rossignol et, dans l'émotion, Chantecler en oublie presque de chanter : le jour se lève pourtant ! Le coq s'éloigne, abandonnant la faisane qui lance : « Je te hais. » Une détonation éclate : un chasseur aura tué Chantecler ; la faisane désespérée se laisse prendre à un piège – mais on entend au loin le cocorico ! Il vit toujours. « Baissez le rideau, dit le chien, Voilà les hommes ! » (Acte IV. « La Nuit du rossignol »).

Rostand n'a sans doute jamais été plus loin dans la fantaisie, multipliant les jeux de mots dont la facilité est sauvée par la virtuosité de l'alexandrin : l'énormité du calembour amuse parce qu'il contredit la traditionnelle solennité du théâtre en vers. Mais cette verve n'est pas toujours gratuite : avec le paon, Rostand caricature brillamment (et méchamment) la poésie hermétique et décadente, s'en prenant surtout à Robert de Montesquiou : on reconnaît de toute évidence ce grand mondain dans le paon ridicule. Charge cinglante par laquelle Montesquiou, qui inspira déjà le Des Esseintes d'*À rebours* et le Charlus de Proust, prouve de nouveau à son corps défendant l'intérêt qu'il inspirait aux écrivains !

Une telle violence surprend chez Rostand, car elle révèle chez lui une amertume et un désespoir presque sans limites. Sans doute y a-t-il là le reflet d'un drame personnel, d'une crise profonde dont il est difficile de comprendre les données : la biographie de Rostand nous reste mal connue. Quoi qu'il en soit, il est frappant de constater que, comme le dramaturge, ses héros sont de grands dépressifs, des êtres rongés par le manque et le sentiment de l'échec : pas d'amour pour Cyrano, pas de liberté pour l'Aiglon – et pour Chantecler, pas de certitude sur son « art », sur sa vocation poétique. Mais la verve et le spectaculaire dissimulent le plus souvent ce nihilisme.

Ici, le spectacle doit évidemment être fastueux ; les documents de l'époque montrent la splendeur des costumes et le luxe des décors : plus de soixante acteurs et des figurants nombreux interviennent dans *Chantecler*, qui tient par moments de la féerie, du grand ballet, de l'opéra ; les voix s'enchevêtrent et se superposent, les effets scéniques se multiplient (ainsi les scènes d'oiseaux de nuit : dans le noir total, on ne voit que leurs yeux). L'art de Rostand est celui d'un baroque, ou plutôt d'un maniériste torturé, qui ne saurait se satisfaire d'un genre, d'un style, d'un ton unique ; menacé par le succès de *Cyrano et de l'Aiglon de devenir un fabricant de luxe pour le Boulevard, il cherche une issue dans l'extravagance et l'onirisme de cette fantaisie, plus proche des folies du peintre Grandville que des *Fables* de La Fontaine. Malgré le soin apporté à la mise en scène, malgré une distribution prestigieuse (mais hélas ! sans Coquelin : le créateur de *Cyrano* à qui *Chantecler* était destiné mourut en 1909 et fut remplacé par Lucien Guitry), la pièce ne connut qu'un succès d'estime. La scène peut-elle incarner ce monde animal ? *Chantecler* n'est plus guère joué mais a connu une version peut-être idéale grâce à la brillante réalisation télévisée de J.-C. Averty en 1976.

P. BESNIER

CHANTS D'OMBRE. Recueil poétique de Léopold Sédar **Senghor** (Sénégal, né en 1906), publié à Paris aux Éditions du Seuil en 1945.

L'œuvre correspond à la prise de conscience d'un homme marqué par la découverte de sa mission d'intellectuel, dépositaire des valeurs d'un humanisme universel tragiquement mises en cause par l'expérience de la guerre et par celle de représentant du peuple noir, exploité, réduit au silence et à l'esclavage par le colonialisme. La poésie est alors conçue comme une réaction contre l'abaissement moral de l'Europe, par rapport à elle-même et aux autres nations.

Le recueil s'ouvre par un ensemble de dix-sept poèmes, adoptant la forme du verset claudélien, où se manifestent toutes les tensions et les contradictions qui bouleversent l'âme du poète : nostalgie du pays natal ("In memoriam", "Porte Dorée", "Tout le long du jour", "Joal") ; hymne à une négritude devenue conquérante en s'emparant des forces de l'esprit, dévoyées par les conquérants blancs ("l'Ouragan", "Lettre à un poète") ; recherche passionnée d'une conciliation entre l'appel de ses racines africaines et l'admiration éprouvée pour la civilisation européenne ("Femme noire", "Prière aux masques", "Neige sur Paris"). Ainsi se définit peu à peu une mission historique du peuple noir, dont le poète se veut le porte-parole, à l'égard de l'humanité tout entière : « Que nous répondions présents à la renaissance du Monde / Ainsi le levain qui est nécessaire à la farine blanche » ("Prière aux masques").

Suit une vaste méditation lyrique en neuf mouvements, « Que m'accompagnent koras et balafong », composition datée « octobre-décembre 1939 ». Il s'agit d'une sorte d'itinéraire symbolique, conduisant du « paradis de l'enfance africaine » (I) et de l'initiation aux humanités gréco-latines (II) à la révélation de la vocation poétique : « J'ai choisi le verset des fleuves des vents et des forêts » (III). Mais aussi à celle d'un destin qui s'incarne dans celui de l'interprète du « chant de l'Afrique future » (IV à VII). Il en résulte la prophétie d'une union culturelle et charnelle entre le monde noir et le monde blanc, indispensable pour que le poète retrouve l'unité de son être (VIII à IX) : « Nuit qui fonds toutes mes contradictions, toutes contradictions dans l'unité première de ta négritude » (IX). S'ouvre alors un groupe de six poèmes, « Par-delà Éros », célébrant l'entrée dans le mystère et la vérité des choses : « Je te chante ce chant d'ombre d'une voix nouvelle / Avec la vieille voix de la jeunesse des mondes » ("Chant d'ombre").

Le dernier pan du recueil, « le Retour de l'enfant prodigue », reprend la structure en neuf strophes du deuxième. Il s'agit en même temps d'affirmer le retour résolu du poète au service de son peuple, après l'initiation émouvante de l'exil européen : « Servante fidèle de mon enfance, voici mes pieds où colle la boue de la Civilisation » (IV), et de réclamer légitimement une fonction privilégiée : « Fais de moi ton Maître de Langue ; mais non, nomme-moi ton ambassadeur » (VIII). L'histoire d'un individu peut ainsi se confondre avec celle d'une culture en quête de reconnaissance et d'authenticité.

Le titre du recueil est partiellement glosé, comme on a pu le voir, par le troisième poème de « Par-delà Éros » : "Chant d'ombre". Il convient, cependant, de saisir toute l'ambiguïté du pluriel, lourd de toutes les fractures et des contradictions d'un poète qui n'est pas encore parvenu à découvrir l'unité de son univers intellectuel et moral. Mais plus encore il faut explorer tout ce que suggère confusément le complément déterminatif. L'« ombre » s'y trouve aussi bien désignée comme un espace-temps (chants du temps ou du pays de l'ombre), une substance (chants dont la matière est l'ombre), voire un sujet (chants d'une ombre). Dans le premier cas, on pense d'abord au thème de l'exil : mais dans la tradition de la « forêt obscure » de Dante, l'ombre serait métaphore de l'égarement du poète, relégué dans les enfers ténébreux de l'oubli de soi et du doute, éloigné de la vérité, à l'écart de la vie réelle. Dans la deuxième hypothèse, il faudrait supposer que l'ombre serait plutôt matière inspiratrice, en tant qu'elle renverrait à la fois à la profondeur des choses interrogées par le poète et aux fondements de la négritude. Dans le troisième cas, enfin, il y aurait à penser que celui qui parle le fait à la manière d'un être en marge du réel, d'un fantôme, d'un esprit désincarné, arraché à l'existence concrète, réduit au souvenir d'avoir été. Au total, les *Chants d'ombre* nous parlent de l'ombre comme d'une entité cachée, souterraine, nocturne, mais peut-être essentielle, au même titre que les oracles abscons que rendent les ombres quand Orphée, Homère ou Virgile vont les invoquer dans l'Hadès. Ils évoquent surtout une vie dont l'ombre, couleur ou métaphore d'une condition culturelle, est caractéristique : la négritude.

Pourtant, l'opposition symbolique de l'ombre et de la lumière, du noir et du blanc, de la nuit et du jour, ne se réduit pas chez Senghor à la représentation du conflit entre homme noir et homme blanc. On assiste plutôt à l'élaboration d'un système de valeurs inversant toutes les connotations morales et esthétiques du blanc et du noir, figées dans la tradition poétique occidentale. Alors que le noir perd tout caractère négatif, le blanc signale essentiellement le manque, la stérilité, la froideur ou le deuil, l'absence de couleur et donc de vie :

> Lorsque n'est pas tombée la goutte d'eau première
> Que les pays sont blancs et les sables illimités.
>
> ("Vacances")

Le physicien sait que le blanc émet, renvoie tout le spectre chromatique sans en fixer aucune composante ; il réfléchit aussi une lumière diaphane et sans chaleur, à l'image de l'Europe déclinante, qui rayonne sur le monde tout en se refroidissant. Le noir au contraire absorbe toutes les couleurs, les fond dans sa profondeur et sa gravité opaque, comme l'Afrique lourde déjà de toutes ses traditions qu'elle a su préserver en assimilant peu à peu ce qu'il y a de meilleur dans la civilisation d'une Europe qui a oublié ses propres valeurs. Le noir ne s'oppose donc pas au blanc comme une couleur, un mode particulier de l'être, à une autre, tout aussi particulière : il est plutôt une somme, un tout opérant la fusion des possibles, tandis que le blanc les a tous épuisés ou rejetés. C'est en lui que réside l'universel.

Mais cette quête ne saurait faire l'économie d'un combat du poète noir pour affirmer sa spécificité, même si, à long terme, il veut parler pour l'Homme en général. Dès ses origines, l'expression poétique de Senghor revendique son originalité formelle comme signifiant un rejet des lois subies et apprises. Avant de s'exprimer dans une langue étrangère, il doit faire taire cette voix autre qui parle en elle, établir le silence des mots blancs, vides de sens. D'où les utilisations dérisoires et satiriques auxquelles il les voue, jeux de mots et artifices qui dénoncent les vanités qui les fondent : « Bon collègue poli élégant – et les gants ? – » ("Que m'accompagnent koras et balafong", IV).

C'est dans cette désarticulation syntaxique et sémantique de la langue blanche, dans ce silence que l'on peut vraiment entendre la langue première et rebelle qui parle obscurément dans son sang, cette langue dont la musique a déjà le rythme qui n'attend pour les exalter que des paroles : « Mais sauvée la Chantante, ma sève païenne qui monte et qui piaffe et qui danse » (ibid., VI). D'où l'appel à l'insurrection (« monte ») d'un être barbare, rebelle et hérétique (« païenne »), dont l'expressivité forcenée s'enracine aux origines (transes de la danse, communion avec les forces telluriques) et exige d'autres langages (« la Chantante »). Rébellion qui prend d'abord pour cible la loi de servitude pétrifiée dans la langue, la syntaxe, la rhétorique.

Tout à la fois, Senghor dénonce l'impuissance et la soumission auxquelles est voué celui qui accepte d'« affaiblir son sang » en devenant « civilisé », c'est-à-dire en acceptant la langue blanche comme une sujétion. Mais il rappelle aussi le pouvoir que le poète peut conquérir en s'emparant, dans le français, d'« une langue à vocation universelle », en s'ouvrant un univers de parole autrement plus vaste que celui du simple « griot » africain. Il ne songe donc pas à détruire ni à rejeter en bloc la culture qui a voulu l'asservir ; mais en digne « Orphée noir », il veut l'apprivoiser pour sa cause. Son allégeance au français est totale, affective, passionnelle. La langue semble reçue comme un dépôt sacré, une révélation libératrice et prométhéenne. C'est toute la force du poète de retourner, à travers elle, les valeurs de l'homme blanc contre lui-même, en lui montrant comment il en a oublié jusqu'aux étymologies : ainsi prend-il plaisir à employer toujours le mot « catholique » au sens premier :

« universel ». Il devient alors cet archange destructeur, annonciateur de l'Apocalypse pour le monde blanc :

> Et la lointaine trompette bouchée, comme une plainte de nébuleuse en dérive dans la nuit,
>
> Comme l'appel du Jugement, trompette éclatante sur les charniers neigeux de l'Europe.
>
> ("Que m'accompagnent koras et balafong", III)

Mais dès ce premier recueil, dont les poèmes, écrits pour la plupart avant guerre, semblent tous appeler au réveil d'une conscience et au choix d'une mission, Senghor paraît davantage préoccupé d'un art de réconciliation. Pour réparer le désordre de Babel, la poésie doit aspirer à devenir langue des langues. Dépositaire du passé de l'humanité, l'homme noir n'a pourtant pas encore joué pleinement son rôle dans cette histoire. Il en représente donc peut-être l'avenir, chargé de ramener le monde à l'innocence première du « Paradis perdu » ("Vacances") dont la violence blanche a perdu l'image et que le poète noir se sent capable de retrouver : « Je n'ai pas perdu souvenir du jardin d'enfance où fleurissent les oiseaux » (ibid.).

➤ *Œuvre poétique*, « Points/Essais ».

D. GIOVACCHINI

CHANTS DE MALDOROR (les). Recueil de six chants en prose, du comte de **Lautréamont**, pseudonyme d'Isidore Ducasse (1846-1870). Le chant I fut publié sans nom d'auteur à Paris chez Balitout, Questroy et Cie en août 1868, et l'ensemble à Bruxelles chez Lacroix et Verboeckhoven et Cie en 1869. La mise en vente de cette édition originale fut interdite en France.

Ignoré de son vivant, Lautréamont est tout d'abord découvert en 1885 par *la Jeune Belgique* qui publie des extraits des *Chants de Maldoror*. L'ouvrage est alors plus souvent jugé comme une curiosité que profondément apprécié, et sa notoriété demeure très limitée. Ce sont les surréalistes qui contribueront le plus efficacement à faire sortir de l'ombre l'œuvre de Lautréamont. En 1919, en effet, les *Poésies* sont republiées pour la première fois par André Breton dans *Littérature*. L'année suivante, paraît la première grande édition moderne des *Chants de Maldoror* (Paris, La Sirène) et Breton lui rend hommage dans un article de *la Nouvelle Revue française*. Dès lors, l'ensemble du groupe surréaliste s'emploie avec succès à la réhabilitation d'Isidore Ducasse et de son œuvre.

L'ouvrage se compose de six chants divisés en strophes. Poème en prose ? Récit ? *Les Chants de Maldoror* résistent à toute tentative de classification générique. Dans le sixième chant, Lautréamont parle, à quelques lignes de distance, de sa « poésie » et de ses « récits » et il avait même, un peu plus haut, employé le terme de « roman ».

Le texte est certes fondé sur une esthétique de la rupture : chaque strophe peut être lue comme un fragment poétique autonome et aucun fil linéaire, qu'il soit narratif, descriptif ou discursif, n'est suivi bien longtemps. Toutefois le personnage de Maldoror, moralement complexe, physiquement polymorphe – il a le pouvoir de se métamorphoser – et grammaticalement présent sous les formes du « je » et du « il » – avec de constants glissements de l'un à l'autre pronom – confère à l'œuvre une indéniable continuité.

Une évolution se dessine dans la succession des chants : dans les quatrième et cinquième, bien plus que dans les trois premiers, le lecteur est directement interpellé, l'écriture se commente elle-même et le langage fait l'objet d'un traitement de plus en plus vertigineux et provocant, à grand renfort de phrases d'une longueur et d'une sinuosité acrobatiques, de comparaisons étranges (les fameux « Beau comme [...] » apparaissent au chant IV) et de développements déroutants (par exemple sur le rapport entre des piliers, des épingles et des baobabs, chant IV, strophe 2). Le sixième chant se distingue explicitement des autres : « Les cinq premiers récits [...] étaient le frontispice de mon ouvrage, le fondement de la construction, l'explication préalable de ma poétique future. » L'auteur précise plus loin : « Je crois enfin avoir trouvé

[...] ma formule définitive. C'est la meilleure : puisque c'est le roman ! » L'utilisation constante et croissante de l'ironie dans *les Chants de Maldoror* nous invite toutefois à prendre avec précaution une telle affirmation. Il est vrai que, d'une strophe à l'autre, le sixième chant dessine une continuité narrative beaucoup plus affirmée que dans le reste de l'ouvrage. Mais le mélange de situations convenues et d'une fantasmagorie débridée, l'utilisation explicite de « trucs à effet » nous convient à déjouer l'illusion romanesque.

Héros maudit, Maldoror porte sa vocation et son destin inscrits dans son nom dont le mal forme la première syllabe ; à une consonne près, on peut lire aussi dans ce nom la douleur (dolor / doror). Héritier explicite du romantisme satanique – « J'ai chanté le mal comme ont fait Mickiewicz, Byron, Milton, Southey, A. de Musset, Baudelaire, etc. Naturellement, j'ai un peu exagéré le diapason pour faire du nouveau [...] » (lettre à l'éditeur Verboeckhoven) –, Lautréamont campe un personnage hyperboliquement maléfique qui trouve dans la contemplation de la souffrance une suprême jouissance : « Ô ciel ! comment peut-on vivre, après avoir éprouvé tant de voluptés ! Il venait de m'être donné d'être témoin des agonies de mort de plusieurs de mes semblables » (chant II, strophe 13). Maldoror ne se borne pas, loin de là, à assister passivement au spectacle de la douleur. Il se complaît à faire souffrir les humains et trouve pour cela de multiples raffinements de cruauté. Non content, par exemple, de contempler voluptueusement la vaine lutte des naufragés entre les flots déchaînés, Maldoror, posté sur le rivage, les achève à coups de fusil avant de faire l'amour avec l'« énorme femelle requin » venue les dévorer (*ibid.*). Ailleurs, il viole une fillette, la fait ensuite violer et égorger par son bouledogue puis, muni d'un « canif américain composé de dix à douze lames », il « s'apprête, sans pâlir, à fouiller courageusement le vagin de la malheureuse enfant. De ce trou élargi, il retire successivement les organes intérieurs » (III, 3).

Maldoror s'est donc jeté « résolument dans la carrière du mal » (I, 3), il a pris la « résolution » de suivre « la route du mal » (II, 11). Il a choisi de défier le Créateur – « Il voudrait égaler Dieu » (I, 11) – et ne se fait pas faute de l'invectiver avec violence. Une telle attitude procède d'un puissant orgueil mais aussi d'une immense souffrance. Maldoror refuse d'accepter les limites humaines et sa soif d'infini se mue en rage destructrice : « Est-ce une même chose par laquelle nous témoignons avec rage notre impuissance, et la passion d'atteindre à l'infini par les moyens même les plus insensés ? » (I, 6). En outre, il hait les hommes, et donc leur Créateur, parce que ceux-ci sont fondamentalement mauvais, parce que, dans leur monde, le mal prolifère. Une scène montre, par exemple, les passagers d'un omnibus insensibles aux supplications d'un enfant malheureux et épuisé qui court en vain derrière la voiture pour tenter d'y obtenir une place (II, 4). Ailleurs, un homme est atrocement torturé par sa femme et sa mère (IV, 8). Dieu lui-même n'est pas étranger aux délices de la férocité. Anthropophage, il se délecte d'un « repas cruel » et lance à ses créatures : « Je vous fais souffrir, et c'est pour mon plaisir » (II, 3). On le voit aussi torturer à mort un adolescent après avoir connu les plaisirs de la chair en compagnie d'une prostituée (III, 5).

La violence de Maldoror est donc le fruit de la révolte et du désespoir : « J'ai reçu la vie comme une blessure, et j'ai défendu au suicide de guérir la cicatrice » (III, 1). Comme l'écrit Blanchot, Maldoror « est aussi bien celui qui est blessé que celui qui blesse » (*Lautréamont et Sade*). Être souffrant, il attend la mort comme une délivrance – « la mort, et il sera content » (V, 7). Une monstrueuse description où Maldoror apparaît paralysé, dévoré par la vermine et avec une épée fichée dans le dos, offre une image extrême de cette souffrance (IV, 5). C'est ainsi que Maldoror, « quoiqu'il ait beaucoup vécu, est le seul véritable mort » (V, 6).

L'écriture de Lautréamont est donc une écriture de la cruauté, émanant d'un écrivain qui veut faire « servir [s]on génie à peindre les délices de la cruauté » (I, 4) et généra-

trice de « pages sombres et pleines de poison » (I, 1). Riches en scènes barbares et peuplés de monstres divers, *les Chants de Maldoror* usent fréquemment des rouages du fantastique et de l'horreur. Multiple et raffinée, la cruauté côtoie la fanstasmagorie, la fantaisie, voire la parodie. L'originalité et la force de l'écriture de Lautréamont résident en effet surtout dans une utilisation déroutante de l'ironie. La dérision hante le texte et retire à la lecture le confort d'une quelconque certitude à l'égard du sens. Le lecteur est souvent interpellé et explicitement raillé, jusqu'au dernier chant où l'ouvrage précise en ces termes sa visée : « Je veux au moins que le lecteur en deuil puisse se dire : "Il faut lui rendre justice. Il m'a beaucoup crétinisé [...] c'est le meilleur professeur d'hypnotisme que je connaisse" ! » (VI, 1). En somme, l'envoûtement exercé par le texte n'est qu'un leurre, une gigantesque duperie. Dans un ultime défi destructeur, *les Chants de Maldoror* revendiquent le droit à l'insanité.

Ce scepticisme et ce nihilisme vont de pair avec une fabuleuse aventure du langage. L'écriture exprime parfois sa difficulté d'être – ainsi l'impérieuse nécessité d'écrire et la douloureuse paralysie devant la page blanche sont-elles clairement explicitées (II, 2). Elle clame surtout son absolue liberté, celle par exemple de représenter l'invraisemblable et l'inouï : « Si quelqu'un voit un âne manger une figue ou une figue manger un âne (ces deux circonstances ne se présentent pas souvent, à moins que ce ne soit en poésie) [...] » (IV, 2). Les fameuses comparaisons bâties à partir de la formule « beau comme » et si prisées par les surréalistes participent de la même euphorie poétique, de ce maniement du verbe à la fois débridé et provocant. L'écriture de Lautréamont est vertigineuse comme aucune autre. La polysémie y cohabite avec l'insanité et l'absurde. Fascinants et corrosifs, *les Chants de Maldoror* sont bel et bien composés de « pages incandescentes » (II, 1).

● « GF », 1990 (p.p. J.-L. Steinmetz) ; Imprimerie nationale, « Lettres françaises », 1991 (p.p. L. Forestier) ; « Le Livre de Poche », 1992 (p.p. P. Besnier) ; « Presses Pocket », 1993 (p.p. J.-P. Goldenstein). ➤ *Œuvres complètes*, José Corti ; *id.*, « Pléiade » ; *id.*, Éric Losfeld ; *id.*, « Poésie / Gallimard » ; *Œuvres poétiques complètes*, « Bouquins ».

A. SCHWEIGER

CHANTS DU CRÉPUSCULE (les). Recueil poétique de Victor **Hugo** (1802-1885), publié à Paris chez Renduel en 1835.

Composées entre août 1830 et octobre 1835, les trente-neuf pièces (précédées d'un "Prélude"), sans atteindre aux prouesses des *Orientales,* présentent une grande variété formelle. Si l'alexandrin domine, trois poèmes, dont "Puisque nos heures", choisissent l'octosyllabe, "L'aurore s'allume" opte pour le pentasyllabe et "Envoi des feuilles d'automne" pour le décasyllabe. L'hétérométrie est fréquente, ainsi que l'alternance strophique et métrique, en particulier dans les pièces épico-historiques. Odes et élégies composent pour l'essentiel ce recueil lyrique, sans exclure chansons ("Nouvelle Chanson" chante l'amour en vers impairs, 7 et 5, "Autre Chanson" en vers pairs, 8 et 4) ni "Hymne" (« Ceux qui pieusement sont morts pour la patrie »). Pourtant, la manière de Hugo privilégie la rhétorique, avec ces « quand » et « puisque » souvent placés en anaphore. S'expriment ainsi les tendances profondes du recueil.

Livre du doute, placé sous le signe de l'ambiguïté (« De quel nom te nommer, heure trouble où nous sommes ? », "Prélude"), jouant dans la "Préface" sur le double sens de « crépuscule » (soir ou matin), ces *Chants* traduisent une attente incertaine ("Conseil"). Hantée par la perte de la foi que tente de conjurer l'"Espoir en Dieu", par les bouleversements politiques ("Dicté après juillet 1830"), et par le souvenir de la légende napoléonienne ("À la Colonne",

"Napoléon II", "Le grand homme vaincu peut perdre en un instant"), l'époque n'offre au poète d'autre certitude que sa passion pour Juliette Drouet. Durant les séjours chez les Bertin, Hugo se partage entre l'épouse mère de ses enfants, glorifiée dans "Les autres en tous sens laissent aller leur vie", "Toi ! sois bénie à jamais !", "*Date lilia*", et la maîtresse chantée dans bien des poèmes, avec "Hier, la nuit d'été qui nous prêtait ses voiles", ou encore "Oh ! pour remplir de moi ta rêveuse pensée", "À Mademoiselle J.", "La pauvre fleur disait" et surtout "Dans l'église de ***"). La célébration de l'amour ("Au bord de la mer") éclaire ainsi tout le recueil sans en effacer les couleurs sombres.

La veine humanitaire mêle dénonciation des abus (les allégories de "Noces et Festins"), philhellénisme retrouvé (les deux "À Canaris"), pitié pour la Pologne ("Seule au pied de la tour") ou pour les détresses diverses ("Sur le bal de l'Hôtel de Ville", "Oh ! n'insultez jamais une femme qui tombe"), s'indignant surtout devant la bassesse humaine ("À l'homme qui a livré une femme"). Mais le poète prône aussi la plate réconciliation ("Ô Dieu, si vous avez la France sous vos ailes"), et réclame la sollicitude des puissants envers les petits ("À M. le D. d'O"), au nom d'un pragmatisme moral très en deçà des élans généreux et prophétiques déjà exprimés ou à venir. La vertu l'emporte ("Il n'avait pas vingt ans") et accentue l'antivoltairianisme de Hugo ("À Alphonse Rabbe"). Pourtant, dans "À Louis B.", le poète retrouve des accents moins bourgeois en exaltant l'« hymne de la nature et de l'humanité », comme pour mieux illustrer l'ambivalence de ce recueil voué à la célébration des contraires.

● « Poésie / Gallimard », 1983 (p.p. P. Albouy) ; *les Feuilles d'automne* […], « GF », 1985 (p.p. R. Fallet). ➤ *Œuvres poétiques*, « Pléiade », I ; *Œuvres complètes*, Club français du Livre, V ; *id.*, « Bouquins », Poésie I.

G. GENGEMBRE

CHAOS ET LA NUIT (le). Roman d'Henry Marie-Joseph Millon de **Montherlant** (1896-1972), publié à Paris chez Gallimard en 1963.

Une fois encore, dans cet antépénultième roman, Montherlant se penche sur cette Espagne qui lui inspira tant d'œuvres, mais aussi sur lui-même vieillissant. « J'ai expulsé l'horreur de la mort, ou, si l'on veut, je l'ai mise derrière moi, en écrivant *le Chaos et la Nuit* » (*la Marée du soir*, 1972).

Don Celestino Marcilla Hernandez, exilé en France depuis vingt ans est un vieil anarchiste espagnol de près de soixante-dix ans. Seul avec sa fille Pascualita qu'il ne comprend pas, isolé par la langue des Français, il vit dans une perpétuelle guerre civile avec lui-même et les autres : il se fâche délibérément avec ses seuls amis Ruiz, Marcilla Pineda et son homme d'affaires, Moragas. Son culte de don Quichotte, son solipsisme, sa vieillesse solitaire et marginale, « vingt années d'amertume politique et d'amertume privée » l'ont mené « à un état voisin de la folie ». Il va jusqu'à charger le Conservatoire des arts et métiers en lieu et place de l'Alcazar de Tolède, à toréer entre les voitures…

La mort de sa sœur lui donne l'occasion de retourner en Espagne. Il croit sincèrement revenir dans sa patrie pour mourir victime de ses idées. Surprise ! Bien qu'il ne cesse de fantasmer et même d'avoir des hallucinations, don Celestino n'est aucunement inquiété. Il découvre une Espagne moderne, heureuse et insouciante, et se sent en décalage complet avec elle, ce qui entraîne chez lui une cruelle remise en question. Il souhaite alors « profaner, déshonorer, détruire, piétiner tout ce qu'il a aimé », même la somptueuse corrida à laquelle il assiste à Madrid. Soudain, le taureau lui semble être lui-même, vivre dans l'arène ce qui fut son propre destin : il voit la statue de la Liberté s'élever, devenir celle de la MAUVAISE FOI qui écrase « la flamme de la Vérité et de la Justice ». Un peu plus tard, dans sa chambre, effondré « à quatre pattes », ayant découvert ultimement qu'il n'est pas de vérité, il meurt estoqué, plongeant dans le chaos et la nuit. « Quelque vingt minutes plus tard », la police de Franco vient l'arrêter.

Même si le héros est un Espagnol républicain revenant vingt ans après dans l'Espagne de Franco, le roman ne fait que « toucher à la politique ». Don Celestino, selon Montherlant dans sa Préface, est « un "faux homme de gauche",

se croyant anarchiste, mais surtout appartenant à ce monde ingénu, amer et merveilleux des êtres perpétuellement en marge, cultivant d'ailleurs leur singularité, voire leur ridicule, qui me semblent fréquents dans la société espagnole, et dont le patron est don Quichotte ». « Retardé idéologique » qui ressasse le passé, son temps intérieur s'est figé dans des valeurs périmées. Dépassé par le temps des autres, son idéalisme intransigeant l'entraîne dans une spirale suicidaire. D'où sa misanthropie noire, ses ruptures d'avec ses amis, son isolement vis-à-vis de sa fille (« Chacun dans son monde à soi, entièrement fermé à l'autre »), ses hallucinations… D'où, chez cet homme qui aime à citer don Quichotte (« Je suis né pour vivre en mourant »), ce désir d'une mort héroïque qui légitimerait le ratage de sa vie. Las ! le choc de l'Espagne des années soixante l'enfonce encore plus dans son marasme. Il se retrouve exilé dans sa propre patrie, définitivement inadapté : les morts sont bien morts, la surveillance policière dont il se croit l'objet n'est qu'un fantasme : « Pendant vingt années [il a] souffert à cause des souffrances de [s]on pays, et ces souffrances n'existent peut-être pas. » Même la corrida, modernisée, est devenue « imposture ». Alors, il s'effondre. Mais, dans son délire, terriblement lucide par intermittence (voir fin du chap. 7 et chap. 8), il découvre sa vérité : don Celestino, vaincu, connaît enfin sa victoire.

Étrange aventure que celle de l'écriture de ce roman si l'on en croit Montherlant (*la Marée du soir*) et combien éclairante… L'idée, « germe de l'œuvre » (fin du chapitre 7 : « Ce n'était pas la Liberté, c'était la Mauvaise Foi qui régnait sur le monde »), s'élabore textuellement de la corrida (« le Sinistre, le Grotesque et l'Odieux »), de l'assimilation Taureau / Celestino, de la prise de conscience que « l'Espagne jouait la passion de l'homme, sous le couvert de la passion de la bête » et que homme et bête jouent un rôle de dupe. Or, courant 1961-1962, pendant qu'il écrit, Montherlant découvre que ce sont les idées du chapitre 8 qui importent pour lui : « pas de vérité », le chaos et la nuit (le non-sens et le non-être), « mais avec l'indifférence je ne meurs pas vaincu ». Intéressant glissement de perspective, comme initié de l'écriture même. À trop toréer l'écriture pour la virtuosité (« le désir de peindre des personnages qui me fussent violemment antinomiques » ; « le désir de tout créateur de fiction, qui souhaite d'éprouver, pour son plaisir personnel, combien son clavier est vaste), à trop vouloir, comme Celestino, « profaner, déshonorer, détruire, piétiner tout ce qu'il a aimé » (« Dans *le Chaos et la Nuit*, j'ai voulu montrer une corrida burlesque et odieuse après l'avoir montrée sous un jour lyrique dans *les Bestiaires* »), Montherlant s'est peut-être bien estoqué lui-même.

Cruelle ironie finale. Celestino ne saura jamais qu'il avait raison : la police le surveillait, elle allait l'arrêter… Mais ironie ultime de qui envers qui ?

● « Folio », 1973. ➤ *Romans*, « Pléiade », II.

L. ACHER

CHARDONS DU BARAGAN (les). Roman de Panaït **Istrati**, (Roumanie, 1884-1935), publié à Paris chez Grasset en 1928.

En septembre, le vent de Russie souffle sur la Valachie et seuls les chardons poussent sur le Baragan. Les parents du narrateur se sont fixés sur les bords d'un affluent du Danube. La mère fait vivre la famille en pêchant ; à force de privations, elle a pu acheter une vieille voiture et une rosse. Partis, son père et lui, vendre le poisson, leur équipage leur fait rapidement défaut ; ils apprennent la mort de la mère. Ils trouvent refuge chez une bonne âme désargentée. Un jour, le narrateur part à l'aventure avec un ami, en suivant les chardons soulevés par le vent. Il finit par échouer chez le frère de son ami. Il a quinze ans et aime la jeune Toudoritza, qu'afflige le mariage forcé de son amoureux avec la concubine du boyard. Mais, à l'automne 1906, la famine s'installe : la vie entière prend le visage de l'hostile Baragan. Un inconnu venu de la ville distribue la « Constitution » du pays. Au printemps

1907, la révolte gronde et se propage, alors que les puissants multiplient les injustices. Les paysans réclament des terres et mettent le feu à la propriété du boyard. Mais le soulèvement est châtié sans pitié.

Celui que Romain Rolland désigna comme le « Gorki balkanique » dénonce ici la misère des paysans de son pays, acculés à la famine et à la révolte. Le titre désigne, de manière allégorique, les rapports de force qui fondent l'ensemble de l'intrigue. En effet, le récit met explicitement en perspective le lieu désolé qu'est le Baragan, battu par le vent russe, et l'existence tout entière des malheureux soumis à l'injustice et à l'exploitation des puissants. L'oppression immémoriale semble devoir se perpétuer aussi longtemps que s'exerce la force des éléments cosmiques. L'abus de pouvoir se manifeste dans l'humiliation constante du peuple, qui trouve son expression symbolique dans le mariage forcé de Tanasse, l'amoureux de Toudoritza, avec la maîtresse du boyard. Vingt ans après, le narrateur-acteur évoque ses souvenirs à la façon d'un *picaro* qui aurait accompli son ascension sociale et retranscrirait son expérience à la faveur d'une rétrospection en s'interdisant tout jugement moral. Les faits témoignent de la déchéance physique et de l'asservissement de tout un peuple, dénoncent la privation de tout droit politique dont souffrent les Roumains, toujours soumis à un système féodal. L'intrigue met en forme l'initiation du héros à la vraie vie dans le temps même où les paysans semblent enfin réagir contre leur sort et se révolter avec violence ; mais ils ne pourront transformer le monde, et la force matera leur jacquerie. Ce pessimisme est tempéré par le caractère affectif de l'évocation : l'auteur recrée l'atmosphère des villages roumains, l'imaginaire d'un peuple bercé par ses chants, et il glisse dans son récit des termes roumains qui restituent la saveur d'un terroir. C'est sous-entendre peut-être que la culture saura survivre à l'oppression.

● *Œuvres*, Gallimard, 1968-1970, IV ; « Les Cahiers rouges », 1984.

V. ANGLARD

CHARLES ET CAROLINE ou les Abus de l'Ancien Régime. Drame (« comédie » dans certaines éditions) en cinq actes et en prose de Charles Antoine Guillaume Pigault de l'Épinoy, dit **Pigault-Lebrun** (1753-1835), créé à Paris au théâtre du Palais-Royal le 28 juin 1790, mais probablement déjà en 1788 sans le sous-titre indiqué ci-dessus, et publié à Paris chez Cailleau et fils en 1790.

Charles de Verneuil vit pauvrement à Paris avec sa jeune femme Caroline, sa fille Cécile et son collègue Bazile. Après avoir erré à l'étranger, le couple est rentré incognito à Paris : il tente d'échapper aux poursuites de Verneuil père, qui veut faire casser un mariage qu'il n'a pas approuvé à cause de l'inégalité de condition entre Charles et Caroline. Les deux jeunes gens ont pour alliés Bazile et la femme cadet de Charles, mais sont desservis dans l'esprit de Verneuil père par le comte de Préval, libertin et franc scélérat, qui, convoitant Caroline, pousse à la rupture et parvient même à obtenir une lettre de cachet contre Charles. Mais Préval est démasqué ; Verneuil s'attendrit et accepte la situation.

Pigault-Lebrun revendique le caractère autobiographique de ce drame dans sa Préface. « Cette pièce n'est point un sujet d'invention, les principaux incidents sont conformes à la vérité, les caractères sont pris dans la nature. Charles, sa femme, son père, son frère, le juge inique qui l'assassina juridiquement en 1787, tous ces personnages sont existants et plusieurs sont jeunes encore. » Ce ne sont pas là des détails de peu d'importance : fils prodigue et comédien, doublement privé de son identité par un père abusif et par l'Église qui rejetait les comédiens, Pigault-Lebrun en conquiert une à la pointe de sa plume, s'assurant au moins de sa propre mémoire et de sa propre histoire. C'est avec ce drame qu'est né un écrivain. Il s'agit en effet d'un véritable drame bourgeois et non d'une comédie : on y trouve les

sermons moraux, l'hypertrophie du sentiment familial, le manichéisme sommaire qui sont de règle dans le genre. En même temps, la noirceur des desseins du comte de Préval qui s'oppose à Caroline et à Cécile, pures et innocentes victimes persécutées, et la dénonciation idéologique des abus de l'Ancien Régime apparentent cette pièce aux mélodrames du Directoire. La construction dramatique ne serait pas sans intérêt si le dialogue n'était pas d'une insupportable rhétorique.

● Hachette, microfiches, 1975 (p.p. M. Régaldo et Centre d'études du XVIIIᵉ s. de Bordeaux).

P. FRANTZ

CHARLES IX ou la Saint-Barthélemy. Tragédie en cinq actes et en vers de Marie-Joseph **Chénier** (1764-1811), créée à Paris à la Comédie-Française le 4 novembre 1789, et publiée à Paris, « chez les Marchands de nouveautés », en 1790 ; réédition très remaniée chez Laran en 1797.

Écrite en 1788, acceptée en septembre par les comédiens-français, la tragédie fut d'abord refusée par la censure (« Est-il possible de représenter sur le théâtre un roi de France tout à la fois homicide et parjure ? », se demande l'auteur dans son traité « De la liberté du théâtre en France »). Chénier bataillla ferme par une campagne de lectures, pour enfin imposer sa pièce qui, en dépit de l'hostilité affichée par Beaumarchais, connut un prodigieux succès avec, dans le rôle-titre, Talma, qu'elle suivit en 1791 au nouveau Théâtre-Français de la rue de Richelieu. Instituée œuvre-phare de la Révolution, sous-titrée en 1790 *l'École des rois*, elle fut notamment saluée par Danton, à qui l'on attribue cette formule : « Si Figaro a tué la noblesse, *Charles IX* tuera la royauté. » De fait, si l'on accepte de reconnaître Louis XVI dans le monarque manipulé, Necker dans le chancelier Michel de L'Hôpital, et de voir la reine sous les traits de Catherine de Médicis, alors, aux yeux des révolutionnaires, *Charles IX* a pu sonner le glas du despotisme.

Au Louvre, Coligny, Henri de Navarre et Michel de L'Hôpital se réjouissent de la paix qui doit être signée, mais redoutent les manœuvres des Guise, qui complotent avec Catherine de Médicis, en présence de Charles [version de 1797 ; le roi n'apparaissait qu'à l'acte II en 1789] : « Ce jour verra la paix, cette nuit leur trépas » (Acte I). Catherine, appuyée par le cardinal de Lorraine, joue sur la faiblesse de son royal fils. Charles « enivre » Coligny d'espoir, et l'on désigne les victimes : « Meurent les protestants, les princes exceptés » [version 1797 ; celle de 1789 se terminait par cette formule de Catherine : « Tromper habilement fait tout l'art de régner »] (Acte II). L'Hôpital, indigné, refuse d'entrer dans la machination et ébranle la résolution de Charles (Acte III). Catherine reprend l'ascendant, convainc le roi d'un complot régicide de Coligny, et Charles, qui s'interrogeait (« Ou rester vertueux, ou devenir coupable »), choisit. Les conjurés décident de faire de l'amiral leur première victime (Acte IV). L'Hôpital, désespéré, fait à Henri le récit de l'horrible nuit : « Le crime est sur le trône ; il est temps de mourir », et Navarre prédit aux assassins qu'ils rendront le sang versé. Charles, épouvanté, sombre dans la folie. Le spectre sanglant de Coligny lui apparaît, et il s'écrie : « J'ai trahi la patrie, et l'honneur, et les lois : / Le ciel en me frappant donne un exemple aux rois » (Acte V).

Exemple de théâtre politique, la tragédie de Chénier adopte les canons du théâtre historique établis par le XVIIIᵉ siècle. Néoclassicisme, rhétorique, éloquence : la forme, apothéose d'une tradition, cisèle le message révolutionnaire. Comme dans *Henri VIII* (1791), **Jean Calas* ou *Fénelon*, l'auteur du *Chant du départ* puise dans l'histoire moderne, en particulier celle de la France. Déjà traité par Baculard d'Arnaud (*Coligny ou la Saint-Barthélemy*, 1740), le sujet, fondé sur l'opposition d'un clan tyrannique et sanguinaire aux hommes dévoués à la justice et à la réconciliation comme le chancelier, ce « vertueux vieillard », constitue la pièce, au-delà du contexte politique, en tragédie nationale. Si, comme l'écrit Chénier, « les mœurs d'une nation forment d'abord l'esprit de ses ouvrages dra-

Cendrars

Blaise Cendrars à l'époque du *Transsibérien*, vers 1903.
Ph. © Myriam Cendrars, Éditions Denoël.

Blaise Cendrars

Parti à quinze ans de sa Suisse natale pour d'autres horizons, Blaise Cendrars (1887-1961) n'a plus cessé de « bourlinguer » à travers le monde (Chine, Perse, Sibérie, États-Unis, Amérique du Sud...) et la littérature, dont il explore toutes les formes : poésie (*Pâques à New York*, 1912), romans (*Moravagine*, 1926, *Rhum*, 1930), œuvre éclatée, à l'image du « poème simultané » qu'est *la Prose du Transsibérien* (1913), illustrée par Sonia Delaunay. Ses propres aventures, ou celles de doubles imaginaires, figurent ainsi une sorte d'épopée du monde moderne, dont il célèbre, avec les futuristes et les surréalistes, la vitesse, la violence dionysiaque, les « hommes nouveaux », mais dont il perçoit aussi les misères, lui qui défend les « fadas » et les « déclassés », ce monde moderne qui se rue vers l'« Or » et ses prestiges, et broie ceux qui se sont laissé fasciner.

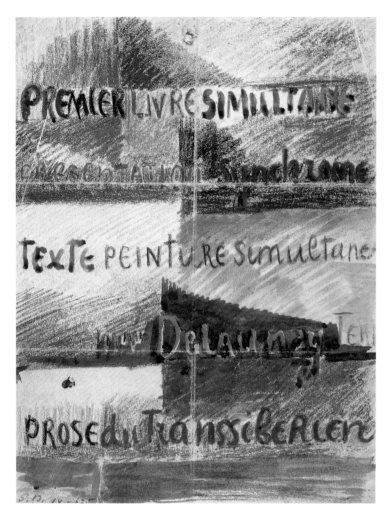

Projet d'affiche de Sonia Delaunay (1885-1979)
pour *la Prose du Transsibérien
et de la Petite Jehanne de France*, 1913.

Musée national d'Art Moderne - Centre Georges-Pompidou, Paris.
Ph. © MNAM - Centre Georges-Pompidou © ADAGP, Paris, 1994.

Affiche pour l'édition de *Rhum*, 1930.

Ph. © Éditions Bernard Grasset.

Maquette de décor de Fernand Léger
(1881-1955) pour *la Création du monde*,
ballet de Blaise Cendrars,
musique de Darius Milhaud, 1923.

Musée de la Danse, Stockholm.
Ph. © Édimédia © SPADEM, Paris, 1994.

matiques, bientôt ses ouvrages dramatiques forment son esprit », l'ambition d'écrire une « tragédie patriotique » (« Épître dédicatoire ») vise autant à traiter l'Histoire selon une pédagogie révolutionnaire qu'à dénoncer les crimes des rois, qui devraient être « sujets des lois » (L'Hôpital, III, 1). Habileté diabolique des mauvais génies du souverain, discours philosophique de Coligny, digne des Lumières, dénonciation des décrets d'un « pontife oppresseur » ou des « sanglants tribunaux » de l'Inquisition, tout conspire à flétrir l'influence néfaste de l'Église et des affrontements religieux. Mais, au cœur du poème tragique, se proclame la haine du despotisme qui trahit la France et redéfinit le roi comme représentant de la nation. Les mots d'ordre de 1789 trouvent donc ici une éloquente traduction dramatique.

« Forts sans dureté, majestueux sans enflure, simples sans familiarité, harmonieux sans que l'harmonie coûte rien au sens » (« Discours préliminaire ») : les vers répondent souvent à ce programme. Sentencieux parfois, froidement ampoulés quelquefois, alourdis de chevilles, ils trouvent souvent de vibrants accents, où résonnent des échos cornéliens ou voltairiens : « J'étais déjà fameux quand vous n'existiez pas » (Coligny, IV, 4) ; « Régner par vos avis est mon vœu le plus doux » (Charles, II, 3) ; « Vous craindrez et la France, et vous-même, et la vie » (Henri, V, 3). Une sombre tonalité colore le récit de la Saint-Barthélemy, morceau de bravoure de cette pièce trop souvent réduite à sa portée politique.

● « Pléiade », 1972 (Théâtre du XVIIIe siècle, II, p.p. J. Truchet) ; « 10/18 », 1973 (D. Hamiche, le Théâtre et la Révolution).

G. GENGEMBRE

CHARLOT S'AMUSE. Roman de Paul **Bonnetain** (1858-1899), publié à Bruxelles chez Kistemaeckers en 1883.

On sait le rôle joué par la médecine dans le projet naturaliste : outre l'*Introduction à l'étude de la médecine expérimentale* de Claude Bernard, référence majeure du *Roman expérimental* de Zola, le *Traité philosophique et physiologique de l'hérédité* du Dr Lucas (1847-1850) servit à établir l'arbre généalogique des Rougon-Macquart. C'est dire que tout romancier adepte de l'école se muait, peu ou prou, en carabin. Paul Bonnetain entra donc en littérature avec un roman qui, à pleines pages, « respi[rait] scientifiquement l'iodoforme des salles d'hôpital, le chlore des amphithéâtres » comme le soulignait, amusé, Henry Céard dans sa Préface.

Après avoir violé le contremaître venu lui annoncer la noyade de son mari dans un égout, la veuve Duclos s'offre un chauffeur le soir de l'enterrement, sous les yeux de son jeune fils, Charles. Puis elle l'abandonne chez les ignorantins où, objet des convoitises lubriques des frères, il découvre les plaisirs des attouchements. Envoyé ensuite chez les maristes de Saint-Dié, il devient l'amant d'un condisciple avant de s'adonner à l'onanisme. Quelques années plus tard, Charlot s'engage à Toulon, fréquente de force le bordel, s'enthousiasme pour les femmes. Libéré pour troubles sexuels, il regagne Paris, s'excitant sur des photos, connaissant des aventures minables, s'adonnant plus que jamais aux pratiques solitaires qui ruinent sa santé. La rencontre d'une prostituée, Fanny, met un terme provisoire à ses maux : ils vivent ensemble une année, jusqu'à ce que sa compagne l'abandonne après lui avoir donné un fils. Revenant frénétiquement à sa manie, Charlot s'enferme dans le désespoir et se suicide avec son fils en se jetant dans le canal la nuit de la fête nationale.

Difficile d'imaginer plus naturaliste. Tout y est, des lieux sordides du quotidien aux personnages fangeux, des destins misérabilistes (« Il était tellement nul... », chap. 12) aux situations minables, sans oublier le passage sur la guerre de 1870-1871 et ses misères (chap. 7), clin d'œil aux *Soirées de Médan*. Enfin, et surtout, le sujet même du livre : « une étude sur la masturbation », annonce directement Céard. Pourtant le mot ne se rencontre jamais – non plus que d'autres équivalents grand public (à l'exception de

l'argotique « veuve Poignet », lâché dans les dernières pages) –, délaissé au profit de périphrases moralisatrices (« obscène pratique », « immonde sacrifice », « ignoble passion », etc.) ou de formules médicales (« folie génésiaque », « névrose génitale », etc.). Ce double recours au discours éthique et nosologique n'est évidemment pas gratuit : celui-ci devient le support de celui-là dès lors qu'une morale ne peut plus se fonder sur les valeurs traditionnelles de la religion. Car comment la religion – représentée par une clique de cupides et de fourbes, tous plus vicieux les uns que les autres, assemblage de « de Sade ensoutanés », de « pieux érotomanes » et de « nymphomanes » – pourrait-elle prétendre à un discours moral ? En bon naturaliste, Bonnetain recourt donc à la médecine pour expliquer (l'hérédité, moderne fatalité, est invoquée, mise en scène par l'illustre Charcot, pour rendre compte de la maladie du héros) par la bouche du médecin-chef militaire la « monomanie érotique » de Charlot (chap. 15). Ainsi, en dépit des apparences qui valurent à l'auteur et un procès pour « outrage aux bonnes mœurs », et le durable surnom de... Bonnemain, ce livre au titre antiphrastiquement grinçant est bien un livre moral – « moral comme une leçon de l'École de médecine, [...] moral et terrible comme le musée Dupuytren lui-même » (Céard).

● Genève, Slatkine, « Ressources », 1979.

D. COUTY

CHARMES. Recueil poétique de Paul **Valéry** (1871-1945), publié à Paris chez Gallimard en 1922. Tous les textes composant ce recueil étaient déjà parus dans diverses revues (*Mercure de France, la Nouvelle Revue française, Littérature, l'Amour de l'art*...) au cours des cinq années précédentes.

Ensemble de vingt et un poèmes de longueur très variable et d'une grande diversité de formes et de registres : odes ("Aurore", "Cantique des colonnes", "Ode secrète"), sonnets ("l'Abeille", "les Pas", "les Grenades", "le Vin perdu"), chansons libertines ("le Sylphe", "l'Insinuant"), etc. La longueur changeante du vers – pair ou impair – d'un poème à l'autre et jusqu'à l'intérieur d'un même poème ("la Fausse Morte") fait de Charmes « un ensemble d'expériences prosodiques » qui s'organise autour de quatre poèmes principaux : "Fragments du Narcisse", "la Pythie", "Ébauche d'un serpent" et "le Cimetière marin". Selon D. Gallois, la composition du recueil détermine cinq périodes de tension que l'on peut assimiler à cinq actes entrecoupés de périodes de détente. Acte I : « les Espérances » ("Aurore", "Au platane", "Cantique des colonnes") ; Acte II : « la Tentation de la conscience » ("Fragments du Narcisse", "la Pythie") ; Acte III : "Ébauche d'un serpent" ; Acte IV : « la Tentation de la vie » ("le Cimetière marin") ; Acte V : « Victoire sur la durée » ("Palme").

Si le mot latin *carmina* signifie « pièces de vers », il évoque également l'instrument magique capable de produire cet « enchantement » que Valéry fixe pour objectif à la poésie. « Un rien fait naufrager un beau poème, compromet l'accomplissement, brise le charme », écrit-il en plaçant ce recueil sous l'influence de Victor Hugo (*Toute la lyre*), dont il admire la prodigieuse variété et la fécondité d'inspiration. Après l'éveil à la poésie que constitue "Aurore" (« Salut ! encore endormies / À vos sourires jumeaux / Similitudes amies / Qui brillez parmi les mots ! »), les "Fragments du Narcisse" reprennent un thème cher à Valéry, évoqué dès l'*Album de vers anciens* et sur lequel il reviendra encore en 1939 dans la "Cantate du Narcisse". Ce soliloque constitue selon le poète « une sorte de contrepartie à ce poème si sévère et si obscur de "la Jeune Parque" [...]. L'auteur l'a voulu simple dans sa forme, en faisant surtout porter son effort sur l'harmonie même de la langue » et sur « la combinaison de la période syntaxique et de cette structure musicale perpétuelle, le vers ». Car la tragédie de Narcisse est « le plus simple des drames possibles », celui qui résulte de la confrontation de l'homme, comme « connaissance parfaitement générale », avec son image d'« être défini et particulier » : « un miroir nous montre *quelqu'un*, à la place même où nous croyons être *tout* » (*Cahiers*). Narcisse, « inépuisable Moi », absorbé par la curiosité de son essence, s'épuise vainement au miroir de l'onde qu'il baise enfin, forcé par la tombée du jour de laisser fuir « l'insaisissable amour ».

Au calme de la contemplation des eaux succède immédiatement la transe la plus effrénée. La Pythie, vierge élue, est possédée par la divinité qui s'est insinuée en elle : « Vois de tout mon corps l'arc obscène / Tendre à se rompre […]. » Jusqu'à son libre arbitre et son langage lui échappent. Soufflant des « mots écumants », en proie à « l'ouragan des songes » qui lui fait vivre les affres de la mort en des « rites odieux », le moi fait la découverte de son mystère et de son corps rebelle. Ce drame tire son origine d'une simple discussion avec Pierre Louÿs sur le vers de huit syllabes, et du vers qui s'était alors imposé au poète : « Pâle, profondément mordue. » Il recourt à la strophe régulière de dix vers (ababccdeed) pour traduire le « sentiment physiologique de la conscience » qui tire des déchirements obscurs de son être le divin langage poétique : « Belles chaînes en qui s'engage / Le Dieu dans la chair égaré »… En contrepoint, puisque la même technique y fut utilisée (la strophe de dix octosyllabes), la virtuosité de Valéry aboutit à un résultat tout différent dans "Ébauche d'un serpent". « Bouffon quoique sinistre », ce long poème propose une réécriture ironique de la tentation. Dans ce monologue inspiré des *Maîtres Chanteurs*, le poète a « exagéré exprès assonances et allitérations ». James R. Lawler y relève non moins de dix schémas de rimes différents et une strophe, la dix-septième – aparté entre parenthèses – composée uniquement de rimes masculines. Dieu, créateur de « prodiges imparfaits », y fait naître l'homme d'« un soupir de désespoir » tandis que le serpent y exalte l'amour de soi et le « goût du néant » si cher à Baudelaire.

Le parfait sonnet des "Grenades" où les fruits sont pareils à « des fronts souverains / Éclatés de leurs découvertes » conduit alors le lecteur à cette longue introspection qu'est "le Cimetière marin". Ce poème, paru en juin 1920 dans *la Nouvelle Revue française*, suscita immédiatement des commentaires élogieux. Il est composé de vingt-quatre strophes de structure aabccb (distique suivi d'un quatrain à rimes embrassées), ce qui permet d'éviter le côté parfois trop narratif des rimes plates.

Le Cimetière marin. Le poème présente un homme seul méditant devant le spectacle de la mer vue depuis le cimetière de Sète. D'abord charmé par le spectacle du miroitement de la mer (strophes 1-2) en lequel il se fond progressivement jusqu'à en faire le miroir de son intériorité (3-4), le spectateur s'abandonne bientôt à l'imagination de sa fin prochaine (5-6) ; face au soleil de justice, sa grandeur interne lui apparaît comme une « sombre et sonore citerne » (7-8). Il révèle alors les raisons de son attirance pour ce lieu sacré : la présence de ces « absents » que la mer garde comme une chienne (9-11), le dépouillement et l'immobilité de midi qui favorisent la clarté de l'esprit (12-15). L'observateur constitue le seul « défaut de la terre » ou « grand diamant » où les émois et les joies des défunts sont rentrés « dans le jeu » (16). Le poète se révolte alors contre le mensonge de cette mort trop belle et contre les maigres consolations de l'immortalité (17-18). Le ver rongeur est l'apanage des vivants, qu'il soit amour ou haine de soi (19-20) ; le poète apparaît comme prisonnier d'une vibrante immobilité (21). Mais le charme solaire est brisé « par une fraîcheur de la mer exhalée » qui engendre un mouvement de refus – « Non, non !... » – (22) suivi d'un retour à la vie – « Oui ! » – marqué par une série d'impératifs accompagnant le mouvement retrouvé de l'eau et du vent (23-24).

Selon les *Mémoires du poète* (voir *Variété* III, 1936), "le Cimetière marin" est le fruit d'une « éthique de la forme », « une recherche plutôt qu'une délivrance ». Sa forme définitive n'est que le « résultat de la *section* d'un travail intérieur par un événement fortuit ». Un après-midi de 1920, Jacques Rivière, enchanté par sa lecture, le ravit au poète et le publia dans *la Nouvelle Revue Française* du 1er juin. La genèse du "Cimetière marin", telle qu'elle est évoquée dans les *Mémoires du poète*, s'effectue elle aussi à partir

d'une structure formelle. « Cette intention ne fut d'abord qu'une figure rythmique vide » : le décasyllabe, vers un peu délaissé par la poésie française. Une gageure en résulte : il s'agit de « tenter de porter ce *Dix* à la puissance du *Douze* ». Vient ensuite l'idée de la strophe de six vers, puis de la composition créant des « contrastes » ou « correspondances » entre les strophes. C'est seulement alors que la forme impose le sujet : « les thèmes les plus simples et les plus constants de ma vie affective et intellectuelle ». On peut douter d'ailleurs de cette affirmation dans la mesure où ces thèmes, Valéry n'a justement cessé de leur donner vie par l'intermédiaire de toutes les « formes » possibles. Ainsi, dans le dialogue *Eupalinos*, c'est la méditation de Socrate contemplant le fleuve du temps depuis le royaume des morts qui engendre ses réflexions sur l'art. Parallèlement, la jeune Parque renaît face à l'océan après un corps à corps avec la mort. On constate que dans un cas le dialogue en prose, et dans l'autre l'alexandrin, sont au service d'une aventure de l'esprit tout à fait analogue à celle qu'évoque "le Cimetière marin". Cette fois cependant, le poète parle en son nom propre, et le décasyllabe, moins solennel, permet l'expression de sentiments plus intimes. Loin d'être une « tentation de la vie » comme l'indique D. Gallois, "le Cimetière marin" est une exaltation de la vie retrouvée après une descente éprouvante au royaume des morts.

La composition du poème indiquée ici n'est qu'approximative. En effet les transitions sont souvent amorcées dès la fin d'une strophe. Par exemple, à la fin de la strophe 13 sur l'immobilité de midi, on trouve soudain le vers « Je suis en toi le secret changement ». Les pensées en mouvement y sont, comme les cadences, les rythmes, etc., des moyens d'« engendrer en nous un *monde* – ou un *mode d'existence* tout harmonique ». Dans l'immobilité de midi, le regard et le moi cessent de s'appartenir. Le « long regard sur le calme des cieux » se métamorphose en cet « œil » de l'« eau sourcilleuse » et en un regard porté par le ciel sur le changement du vivant. Tout le poème est construit sur un dialogue entre la lumière et l'ombre (le vivant et les morts) rompu finalement par le surgissement du vent et des vagues en leur pur mouvement. Dans cette perspective, le point d'orgue du poème est la célèbre strophe sur Zénon d'Élée, où la méditation tendue à se rompre impose un instant la coexistence oxymorique des contraires (« Achille immobile à grands pas »). Le vivant se trouve alors, comme dans la plus haute perfection artistique, à l'extrême proximité de la mort. Cette tension ne pouvant aucunement être perpétuée, c'est aussitôt l'éveil et le retour au mouvement d'une vie cette fois revendiquée. Si cette aventure en esprit s'est inscrite dans un système conventionnel d'allitérations, de césures bien marquées et de rimes riches, c'est sans doute aussi parce que les conventions de la poésie régulière ont pour propriété, selon Valéry, d'imiter « le régime monotone de la machine du corps vivant ». Régime qu'il lui a été loisible de rompre par nombre d'exclamations ou d'interrogations.

Le cycle de « l'éveil des idées » ouvert dans "Aurore" peut alors trouver son accomplissement dans la parabole également impaire de "Palme" où le recueil apparaît comme ployant sous le faix de ses fruits poétiques et « digne de s'attendre / À la seule main des dieux ».

● *Poésies*, « Poésie / Gallimard », 1966. ➤ *Œuvres*, « Pléiade », I.

A. SCHAFFNER

CHARROI DE NÎMES (le). Chanson de geste composée au début du XIIᵉ siècle, et formée de 1 485 décasyllabes assonancés.

Appartenant au cycle de *Guillaume d'Orange* – où elle fait suite au *Couronnement de Louis* et précède la *Prise d'Orange* –, elle a pour objet la conquête de la ville de Nîmes par Guillaume, qui l'a reçue en fief seulement potentiel quand elle était encore aux mains des Sarrasins.

Oublié dans les distributions de terres que Louis, fils de Charlemagne, fait à ses vassaux, Guillaume rappelle au roi toutes les aides passées et lui reproche violemment son ingratitude, se disant prêt à ne plus le servir. Un compromis est trouvé lorsqu'il suggère de conquérir lui-même ses futurs fiefs, encore occupés par les païens : Nîmes, Orange et les régions environnantes. La demande finalement accordée, Guillaume invite ses deux turbulents neveux, Bertrand et Guielin, à partager avec lui l'aventure du Midi, à laquelle il convie aussi, dans une harangue exaltée, tous les « pauvres bachelers » [soit le groupe des jeunes de la chevalerie française]. Et c'est une armée de 3 000 jeunes gens qui prend la route dans l'allégresse. À l'approche de Nîmes, une rencontre avec un « vilain » [un paysan], qui conduit un chariot tiré par quatre bœufs et transportant un gros tonneau de sel, suggère à l'un des chevaliers français l'idée du « charroi » [convoi de chariots], stratagème comparable à celui du cheval de Troie, qui leur permettra de s'emparer de la place forte. Les chevaliers réquisitionnent tous les bœufs, chariots et tonneaux de la contrée, chaque tonneau accueillera un chevalier, le neveu Bertrand fera office de bouvier, Guillaume de marchand. Le charroi finit par arriver sur la place du marché de Nîmes, bloquant l'accès aux cuisines royales. Une bagarre se déclenche prématurément. Avec la technique expéditive qui lui est propre, Guillaume tue l'agresseur — le roi Harpin lui-même — d'un seul coup de poing, puis sonne du cor, invitant sa « marchandise » à redevenir une armée ; un bref récit suffit à dire la prise de la ville au nom du roi et de la chrétienté.

Ce texte a parfois été séparé matériellement en deux parties, la première occupée par la scène de la cour royale, la seconde réservée à la seule expédition guerrière et, dans certains manuscrits, enchaînée avec celle de *la Prise d'Orange*. De même, les lectures modernes ont-elles dénié à la conquête de la ville la grandeur épique et littéraire reconnue à la colère du héros ; mais à ne vouloir trouver dans le voyage aventureux des jeunes chevaliers qu'une énumération de lieux traversés, c'est oublier l'« ore douce » [la brise légère] qui sur le chemin vient frapper Guillaume en plein visage et en plein cœur, faisant resurgir, dans la meilleure tradition de la lyrique d'oc, le souvenir du pays et des amis lointains ; c'est oublier la tendresse espiègle avec laquelle est décrite la rencontre du vilain ou les difficultés de Bertrand, bouvier improvisé, qui ne sait « poindre ne bouter » ses bœufs et commence par s'embourber ; c'est oublier aussi le jeu du texte lui-même sur sa propre écriture lorsqu'il puise aux formules les plus célèbres et les plus marquées d'exaltation guerrière pour faire entrer dans des tonneaux la fine fleur de la chevalerie française.

Comme *le Couronnement de Louis* qui le précède dans les agencements cycliques, *le Charroi de Nîmes* est entièrement dominé par le souci de l'honneur : non seulement celui du roi, qui demeure en filigrane et surtout clôt la chanson, mais, pour l'essentiel du récit, celui de Guillaume, celui de son lignage comme celui des jeunes chevaliers qu'il invite à l'accompagner, enfin celui de toute une série de comparses occasionnels, vilains compris. Car si la chanson commence par l'ingratitude du faible roi Louis à l'endroit de son plus fidèle vassal, elle aboutit à une reconnaissance, par le fait de Guillaume, de tous les oubliés et exclus de l'honneur, ainsi qu'à une restauration du roi Louis.

Rapportée à l'histoire de Guillaume telle que la recompose le cycle, cette chanson dit la confirmation, par l'épreuve, de la fidélité vassalique (déjà caractéristique de Guillaume dans *le Couronnement de Louis*) en même temps que l'acquisition d'un autre trait entièrement associé au premier, celui de vassal « chasé » : non gratifié par un roi ingrat, Guillaume ne cesse pourtant (malgré une fugitive ébauche de projet contraire) d'être le plus parfait des vassaux, tandis que la réparation de l'oubli dont il a été victime s'identifie avec une quête d'honneur, dont Nîmes représente la première étape, la seconde étant Orange, sujet de la chanson suivante : *la *Prise d'Orange*.

● Champion, 1971 (trad. F. Gegou) ; Klincksieck, 1972 (p.p. D. MacMillan).

N. ANDRIEUX - REIX

CHARTREUSE DE PARME (la). Roman de **Stendhal**, pseudonyme d'Henri Beyle (1783-1842), publié à Paris chez Ambroise Dupont en 1839.

Stendhal dit avoir eu le 3 septembre 1838 « l'idée » de *la Chartreuse de Parme* ; à cette même époque, il écrit un récit de la bataille de Waterloo. Le 4 novembre, installé rue Caumartin, à Paris, il dicte à un secrétaire la totalité de son roman en l'espace de sept semaines. Sans doute son éditeur lui a-t-il demandé d'en abréger la fin. *La Chartreuse de Parme*, qui paraît en deux volumes au début d'avril 1839, connaîtra un honnête succès ; elle sera surtout saluée par un long article de Balzac paru dans la *Revue parisienne* du 25 septembre 1840.

Livre I. L'armée française entre à Milan le 15 mai 1796. Deux ans plus tard, au château de Grianta, naît Fabrice del Dongo, héros de l'histoire (chap. 1). Sa tante Gina, devenue veuve du comte de Pietranera, vient s'installer à Grianta en 1814 ; elle se croit, à trente ans, au seuil de la vieillesse. Apprenant le retour de Napoléon de l'île d'Elbe, Fabrice court combattre à ses côtés (2). Il participe, avec la bravoure de l'inexpérience, à la bataille de Waterloo, où il aperçoit le général d'A..., que la marquise del Dongo avait hébergé à Grianta alors qu'il n'était que le lieutenant Robert. Sur la route du retour, il croise toute jeune Clélia Conti, arrêtée par des gendarmes en compagnie de son père (3-5). Gina épouse le duc de Sanseverina, un homme âgé et discret, qui mourra bientôt ; elle s'installe à Parme, où se trouve le comte Mosca, amoureux d'elle et futur Premier ministre (6). Elle y est rejointe par Fabrice, dont la tendre intimité avec sa tante rend Mosca fou de jalousie (7). Fabrice va pourtant s'éprendre, mais par caprice, de la petite actrice Marietta. Puis, au risque de se faire arrêter (son frère aîné ayant dénoncé aux autorités autrichiennes son équipée à Waterloo), il retourne en cachette à Grianta voir le vieil abbé Blanès, son père spirituel, qui lui a jadis enseigné l'astronomie et qui lui prédit la prison (8-10). Attaqué par Giletti, l'amant de Marietta, Fabrice le tue et doit s'enfuir à Ferrare, puis à Bologne, où il retrouve Marietta. Par jeu, il courtise une cantatrice, la Fausta, et blesse grièvement son rival (11-13).

Livre II. La Sanseverina menace le prince de quitter la cour de Parme, dont elle fait tout le charme, si Fabrice est inquiété, mais Mosca, par esprit courtisan, fait échouer cette opération de chantage. Condamné à douze ans de forteresse sous prétexte qu'il a tué Giletti, mais en réalité pour des raisons politiques, Fabrice est incarcéré dans la tour Farnèse ; il a pu, en y pénétrant, apercevoir Clélia Conti dont le père est désormais gouverneur de la citadelle. Clélia s'apitoie sur le sort de ce jeune prisonnier, qu'elle croit — comme tout le monde — l'amant de sa tante (14 -15). En dépit de ses efforts pour fléchir Rassi, le ministre de la Justice, Mosca subit la rancune de la Sanseverina. Dans sa prison, Fabrice connaît un étrange bonheur. Il observe bientôt, de sa fenêtre, Clélia qui vient tous les jours nourrir ses oiseaux (16-18). D'abord effarouchée par les signes joyeux du prisonnier, Clélia, cédant à la pitié, accepte de correspondre avec lui (19). Fabrice risquant d'être empoisonné, la Sanseverina a préparé son évasion avec l'aide de Ferrante Palla, poète de génie, fou amoureux d'elle ; mais il faut l'intervention énergique de Clélia pour que Fabrice accepte ce projet qui le privera de voir de sa fenêtre celle dont il est devenu éperdument amoureux (20-21). L'évasion réussie, la duchesse donne à Ferrante Palla le signal de l'exécution du prince, tandis que Clélia est rongée par le remords d'avoir comploté contre son père. Le prince est exécuté. Inconsolable de ne plus voir Clélia, Fabrice passe désormais ses journées en face de la citadelle, et finit par se constituer de nouveau prisonnier (22-24). Follement inquiète des dangers qui le menacent, Clélia s'introduit dans sa cellule et se donne à lui, mais elle fait vœu à la Madone de ne plus jamais le voir. La Sanseverina, de son côté, a promis ses faveurs au nouveau prince s'il fait libérer Fabrice. Fabrice libéré, Clélia, devenue à son corps défendant marquise de Crescenzi, demeure fidèle à son vœu (25-26). Ayant acquitté sa dette envers le prince, la Sanseverina quitte à jamais Parme et va s'établir à Naples où elle épouse Mosca. Fabrice, à qui a été promis l'archevêché de Parme, s'est mis à prêcher ; le chagrin l'a rendu méconnaissable et ses sermons bouleversent les foules (27). Clélia, qui s'est rendue à l'un de ses sermons, lui donne un rendez-vous dans l'obscurité et, trichant avec son vœu, reprend avec lui de tendres relations. Ils ont un fils, Sandrino, dont la mort précoce apparaît à Clélia comme un châtiment céleste. Clélia meurt ; Fabrice, retiré à la chartreuse de Parme, ne lui survit qu'un an ; la Sanseverina elle-même ne survit que peu de temps à ce neveu qu'elle adorait (28).

Pour écrire en un temps aussi bref une œuvre aussi longue, il faut l'avoir longuement mûrie. Ayant perdu sa mère à l'âge de sept ans, Henri Beyle se laissa persuader par sa grand-tante Élisabeth Gagnon que sa patrie maternelle se situait de l'autre côté des Alpes. À dix-sept ans, franchissant le Saint-Bernard, il la découvre à la suite de Bonaparte. Milan, Cimarosa, l'amour fou pour Angela Pie tragrua, « catin sublime à l'italienne » : ces souvenirs se pressent en foule quand il les détaille dans la *Vie de Henry Brulard*, en 1835. Environ à la même époque, il découvre de vieux manuscrits qui lui fourniront la matière des *Chroniques italiennes*. L'un de ces manuscrits, qui relate les amours tapageuses de Vandozza Farnèse avec son neveu Alexandre Farnèse (futur pape Paul III), le passionne au point qu'il projette d'en faire un *romanzetto*. Quant au récit de la bataille de Waterloo, rédigé à la fin de l'été de 1838, il s'inscrit dans la lignée de ses incessantes tentatives d'écrire un *Napoléon*. *La Chartreuse de Parme* naît ainsi à la croisée de ces trois œuvres ; elle permet à Stendhal de donner libre cours à une imagination qu'il s'efforçait de brider ailleurs.

L'Italie de la Renaissance lui a donc fourni le principal motif du roman. Mais, transposant l'histoire de la famille Farnèse au début du XIXe siècle, il va prêter à l'équivoque Alexandre, métamorphosé en Fabrice del Dongo, sa propre passion pour Napoléon et une vraie pureté d'élans amoureux. Les Italiens qu'il eut l'occasion de côtoyer au moment où il fut nommé consul à Civita-Vecchia, en 1830, ne répondaient pas toujours à l'image qu'il s'était, depuis l'enfance, fabriquée de sa patrie d'élection. De l'époque de la Renaissance, les héros de la *Chartreuse* vont conserver (en particulier la Sanseverina, en qui on verra volontiers une Angela Pietragrua idéalisée) une énergie qui ne recule pas devant le crime. Mais leur tendresse, leurs naïvetés, leur égotisme prolongent les confidences et les aspirations répétées par Stendhal dans ses récits de voyage, ses œuvres intimes ou encore dans *De l'amour*. Par égotisme, que Stendhal emploie parfois dans un sens péjoratif, on entendra ici un culte du moi qui permet de faire fructifier le meilleur de soi-même tout en respectant le moi des autres — il faut savoir s'aimer pour aimer vraiment.

Dans un « Avertissement » où, pour écarter tout rapprochement avec des événements contemporains, il prétend que son roman a été écrit en 1830, Stendhal multiplie les masques : le narrateur est censé raconter une histoire qui s'est réellement passée à Parme du temps où « la duchesse [Sanseverina] y faisait la pluie et le beau temps ». Cette histoire serait le produit d'un récit oral, dû au neveu d'un chanoine aujourd'hui décédé, et d'annales que celui-ci détenait. Déclarant « blâmables » les actions de la duchesse, le narrateur épouse ironiquement la mentalité du bourgeois français que choqueront les excès où mènent les passions. Au début du récit, il semble qu'il tienne les faits du lieutenant Robert (chap. 1), mais sa perspective se rétrécit au point de vue de Fabrice lors de la bataille de Waterloo, dont le récit fragmentaire épouse la naïveté et l'inexpérience du héros (chap. 3) ; d'autres épisodes seront vus par ses yeux, notamment son évasion (chap. 23), même si Stendhal attribue à un « magnifique sonnet » écrit par Ferrante Palla la connaissance de l'événement (mais faute de savoir écrire un sonnet, il choisit d'y faire seulement allusion…). L'histoire, pourtant, sera vécue aussi bien à travers les émotions de la Sanseverina : « Je ne sais si elle se trompait », dit d'elle le narrateur (chap. 2), avant d'écrire des pages où ses réflexions sont mêlées au monologue de l'héroïne. Ce sont des monologues aussi librement conduits qui nous feront partager les espérances et les tourments jaloux du comte Mosca, l'évolution des sentiments de Clélia, mais également, de façon très épisodique, les pensées de tel ou tel personnage très secondaire, comme Rassi ou l'archevêque Landriani. Bref, le point de départ du récit et à plus forte raison l'« Avertissement » sont oubliés : demeure d'un bout à l'autre un narrateur héritier de la tradition du roman anglais du XVIIIe siècle (Fielding, Richardson) qui intervient fréquemment pour s'excuser auprès du lecteur de hâter le cours de l'intrigue, laisser entendre qu'il pourrait fournir mille autres détails (ainsi est maintenue l'illusion que nous lisons non une histoire inventée, mais une chronique), ou intervenir en faveur de « notre héros » pour faire pardonner son esprit superstitieux (« Oserons-nous dire

qu'il voulait consulter l'abbé Blanès ? », chap. 8) ou sa peu reluisante conduite auprès de la Fausta (chap. 13).

Ce récit comporte un point (relativement) obscur : la naissance de Fabrice. Au vrai, le lecteur a deviné que le lieutenant Robert, hébergé au château de Grianta lors de l'occupation de l'Italie par les troupes françaises, est le vrai père du héros — ainsi Stendhal, qui s'est toujours voulu bâtard par haine de son père, réalise-t-il magiquement son vœu. Il comporte aussi des incohérences. Fabrice ne saurait voir d'une prison située à Parme le magnifique spectacle de la chaîne des Alpes (chap. 18), et quand, de la fenêtre de sa cellule, il entre en conversation avec Clélia au moyen d'un alphabet grossièrement confectionné, Stendhal oublie les conditions du dialogue pour faire longuement discuter les amants et leur permettre de « s'écrier » (chap. 19). Ce n'est pas la première fois que, préoccupé de traduire les pensées d'« âmes sensibles », il oublie les conditions matérielles de la fiction. Mettra-t-on au compte de sa distraction les variations d'âge de la Sanseverina ? Les lecteurs de *Rome, Naples et Florence* et de *De l'amour* savent que dans le cœur des Italiens la passion se moque des années…

Quant aux infidélités à l'Histoire, elles tiennent surtout aux origines complexes de l'intrigue. S'il est vrai que le roman commence à la manière d'une chronique soigneusement datée, où l'auteur n'exagère qu'à peine la liesse des Italiens accueillant les libérateurs français, on ne cherchera pas dans les annales qui concernent la période cette principauté de Parme que Stendhal a choisie assez peu marquante pour ne pas indigner les adeptes du « roman historique ». Ce genre avait fait école en France au début du siècle grâce aux romans de Walter Scott ; il suppose que la fiction ne contrarie pas les données essentielles de l'Histoire. Du moment où il se laisse guider par les élans de cœur de ses héros et s'amuse à charger jusqu'à la caricature ceux qui leur font obstacle, Stendhal ne met aucun frein à sa fantaisie. Quant aux lieux qui sollicitent le plus l'imagination du lecteur, ceux où naît et meurt Fabrice, on ne les trouvera pas sur une carte : il n'existe pas de château de Grianta sur les rives du lac de Côme, en face de la villa Melzi, et sans doute Stendhal pensa-t-il à la chartreuse de Pavie, voire à celle qu'il connut enfant près de Grenoble, pour donner un terme à son roman, dont le titre ne prend curieusement sens qu'aux toutes dernières lignes.

« Notre héros », suivant l'expression répétée maintes fois par le narrateur, c'est évidemment Fabrice del Dongo. Ce jeune homme dont l'ascendance est, à l'image de celle de Beyle (si l'on en croit la grand-tante Gagnon), à la fois française et italienne, a hérité les grâces refusées à son créateur. Pour voler au secours de Napoléon, lui aussi franchit les Alpes — quoique en sens opposé. Mais sa beauté, sa hardiesse, sa spontanéité lui valent tous les succès. À l'inverse de Julien Sorel (le *Rouge et le Noir*), il doit aux avantages de la naissance de penser que le bonheur est naturel. On le croirait, jusqu'au séjour à la tour Farnèse, aussi impuissant à se sentir amoureux que l'était Octave à en fournir les preuves (voir *Armance*) ; mais ce retard montre que, au contraire de ceux qui modèlent leurs sentiments sur des mots, Fabrice a su attendre pour faire parler librement son cœur. Au plus l'épisode de la Fausta (chap. 13), qui le voit s'essayer à l'amour-pique (voir *De l'amour*, I, 38), trahit-il peut-être le penchant français de son tempérament pour la vanité. On notera pourtant que l'étrange bonheur qui le saisit au moment où, dans la tour Farnèse, il se croit à jamais prisonnier, ne doit rien à l'amour, mais aux seules ressources de son moi profond ; plus qu'une condition nécessaire du bonheur, l'amour deviendra chez lui une manière privilégiée d'en saisir les nuances.

Le bonheur, tel est le vrai sujet du roman. « Est-ce donc au commencement de la vieillesse [...] que le bonheur se serait réfugié ? », se demande la Sanseverina (chap.2) devant le lac de Côme où elle se retrouve pour communier avec Fabrice dans l'amour des beaux paysages et de la liberté — ce lac « sublime », écrit Stendhal, parce que les mots tout simples marquent chez lui la limite de l'émotion. Il est vrai que pour la duchesse plus que pour Fabrice, la « chasse au bonheur » passe d'abord par l'amour. Si elle est en harmonie avec ses passions, autant dire avec elle-même, défiant jusqu'au crime un pouvoir haï, elle est heureuse seulement dans les moments de complicité avec son neveu. Seuls les *happy few* à qui le roman est dédié ont en partage cette aptitude au bonheur. Mais le bonheur est fragile. Fabrice ne survivra pas à Clélia, non plus que la duchesse à Fabrice, même si Stendhal s'ingénie à user d'euphémismes pour apprendre au lecteur, aux dernières lignes, la fin de ses héros. Le comte Mosca leur survit. Lui aussi est engagé, comme Stendhal la cinquantaine passée, dans une inlassable chasse au bonheur. Serviteur zélé d'un pouvoir exécrable, il pratique l'égotisme, mais de manière suspecte : celle qui consiste à envisager le monde comme une comédie dans laquelle on peut se compromettre sans entamer l'essence de son moi. Follement amoureux de la Sanseverina, il est toujours sur le point de tout abandonner pour elle. Sa disponibilité ne lui permet pourtant pas d'égaler les vrais héros du roman, qui mettent leur esprit de renoncement en pratique jusqu'à la mort. Cette histoire où Fabrice et la duchesse ne cessent de jeter l'argent à pleines poignées avant de finir dans la pauvreté se conclut sur l'immense fortune du comte. Stendhal ne pouvait plus clairement situer celui-ci en retrait dans la hiérarchie de ses *happy few*.

Homme de cœur et d'esprit malgré tout, Mosca sert sans trop de remords un tyran, tandis que Fabio Conti, qui veut la mort de Fabrice, appartient au clan des libéraux. Fabrice récite, quand on l'en prie, le bréviaire de l'aristocratie avec lequel il a été formé. Si l'on évoque la belle figure de Ferrante Palla, poète républicain et régicide, il faudra atténuer la portée de ses idéaux politiques en rappelant qu'il tue le prince par amour pour la duchesse. Les représentants du peuple ont des manières sympathiques et leur courage est au-dessus de tout soupçon : ainsi de Ludovic, dévoué à la Sanseverina. Il paraît même que l'énergie qui distinguait les Italiens de la Renaissance s'est mieux perpétuée dans les classes modestes que parmi la « race comique » des courtisans (chap. 28) ; mais les rapports de la duchesse avec ses gens gardent un caractère singulièrement féodal. On demeure perplexe, en somme, devant le message politique de ce roman écrit par un partisan des Jacobins. Il faut se souvenir, pourtant, que Stendhal n'en était pas sur ce chapitre à une contradiction près. Lui qui aimait le peuple n'aurait pu, à l'image de Fabrice, vivre parmi lui. Il observa souvent que la tyrannie d'un prince servait de rempart contre la tyrannie de l'opinion, qui rend les régimes démocratiques insupportables. *La Chartreuse de Parme*, enfin, est un roman de l'individu, où l'élévation de l'âme n'a que faire des étiquettes politiques.

Balzac, dont le compte rendu paru dans la *Revue parisienne* est très élogieux, reprochera à Stendhal de n'avoir pas commencé son récit par « sa magnifique esquisse de la bataille de Waterloo », quitte à revenir en arrière pour évoquer ensuite le début de la vie de Fabrice. Mais Stendhal a pour habitude d'aller de l'avant, improvisant au fur et à mesure (un critique a heureusement comparé le déploiement de la *Chartreuse* à celui d'un chorus de jazz). L'ouvrage, observe encore Balzac, « ne perdrait rien à ce que l'abbé Blanès disparût entièrement ». C'est méconnaître, cette fois, l'un des caractères principaux du roman. Les prévisions de l'abbé inscrivent les événements, du moins ceux de la vie de Fabrice, dans une destinée. Ainsi Stendhal, longtemps anticlérical et irréligieux, se conforme-t-il par sympathie pour ses héros aux superstitions de l'âme italienne. Ainsi encore Clélia peut-elle tricher avec son vœu de ne jamais revoir Fabrice en le rejoignant dans l'obscurité : cet accommodement ne suscite aucune ironie de la part du narrateur. Si Stendhal prit en haine le catholicisme et particulièrement les jésuites, c'est parce qu'après la mort de sa mère la religion s'incarna à ses yeux dans l'affreuse tyrannie de son précepteur, l'abbé Raillane. En lui resti-

tuant magiquement la patrie maternelle, la *Chartreuse* absout les péchés de la religion et lui rend les couleurs de l'innocence.

La Chartreuse de Parme est, avec *Armance* et *le Rouge et le Noir*, l'un des trois romans achevés de Stendhal. Il est vrai que la narration se hâte curieusement, aux dernières pages, vers son dénouement. Les exigences de l'éditeur ne suffisent sans doute pas à expliquer cette rapidité. Stendhal fournit-il un indice en confiant qu'il avait en vue, quand il a écrit la *Chartreuse*, la mort de Sandrino, le fils de Fabrice et de Clélia ? Mais celle-ci est si rapidement évoquée à l'avant-dernière page qu'elle renforce plutôt le soupçon que la fin de l'histoire n'a pas eu l'ampleur que Stendhal prévoyait de lui donner. On se résigne mal, pourtant, à l'idée qu'il ait écourté l'intrigue pour de simples raisons commerciales. On verra volontiers la vraie fin du roman, avec Jean Prévost, dans le « Entre ici, ami de mon cœur » prononcé par Clélia (chap. 28). Quand les amants ont atteint un impossible bonheur, il reste à Stendhal à le défaire pour que l'histoire atteigne au tragique. De la lumière des premiers chapitres, le roman a viré au noir (chapelle de marbre noir où se retrouvent les amants, à laquelle se serait ajoutée une « chartreuse noire » si Stendhal s'était tenu à cette idée qui l'effleura en cours de rédaction). « On ne peut pas apercevoir distinctement la partie du ciel trop voisine du soleil », disait-il dans la *Vie de Henry Brulard* (chap. 47) avant d'interrompre son récit. À l'inverse, il abrège la *Chartreuse* quand celle-ci s'est revêtue de teintes trop sombres. Pour l'essentiel, le récit a pris, à en croire Stendhal lui-même, les couleurs des tableaux du Corrège, dont les « grandes ombres, [...] nécessaires à faire valoir les clairs, [...] ont par elles-mêmes des grâces charmantes et qui jettent dans une douce rêverie » (*De l'amour*, chap. 31).

Il accueille avec une vraie joie l'article de Balzac. « Je n'avais jamais songé à l'*art* de faire un roman », avoue-t-il. Ce n'est pas feinte modestie, puisqu'il entreprend aussitôt de retoucher son style. Ces corrections, qui figurent sur l'exemplaire Chaper (détenteur du manuscrit), ont été reprises, mais en notes, par toutes les bonnes éditions critiques ; parfois elles corrigent une obscurité, plus souvent elles alourdissent le trait et confirment que l'art de Stendhal est fait d'abord de liberté et de spontanéité.

● « Le Livre de Poche », 1973 (p.p. V. del Litto) ; « Folio », 1973 (p.p. B. Didier, préf. P. Morand) ; « GF », 1975 (p.p. M. Crouzet) ; « Classiques Garnier », 1992 (p.p. M. Crouzet). ➤ *Romans et Nouvelles*, « Pléiade », II ; *Œuvres*, Ed. Rencontre, XV ; *le Rouge et le Noir [...]*, « Bouquins » (p.p. M. Crouzet).

P.-L. REY

CHASSE À COURRE (la). Récit de Maurice **Sachs**, pseudonyme de Jean-Maurice Ettinghausen (1906-1944 ou 1945), publié à Paris en extraits dans *les Temps modernes*, et en volume chez Gallimard en 1948.

À l'heure où Raymond Queneau fit parvenir à Yvon Belaval (qui rassembla l'œuvre) ce qui avait été écrit de cette « suite au *Sabbat* », décision fut prise d'en reporter la publication. Mémoires sulfureux en effet, suivis des rumeurs qui feront de Sachs un écrivain de légende : aura-t-il été livré aux chiens dans sa prison de Hambourg comme le soutient Philippe Monceau dans *le Dernier Sabbat de Maurice Sachs* ? A-t-il vraiment aidé à noyauter et dénoncer un petit groupe de communistes allemands antinazis ? Aura-t-il été cet agent de la Gestapo, sous le n° G. 117 ? Quels que soient les résultats de l'enquête menée tous azimuts sur cet écrivain scandaleux, *la Chasse à courre*, déjà, ne laisse rien ignorer du parcours qui le mena en Allemagne à cette mort mystérieuse et non encore élucidée.

« Suite au *Sabbat* ». Alors que Paris subit l'exode de 1940, Sachs en fait le récit sur Radio-Mondial. Réfugié à Bordeaux où il croise Julien Green et Audiberti, il ne reviendra à Paris qu'une fois l'armistice signé.

Dans Paris déserté, l'or monte et les bourgeois thésaurisent : Sachs, qui brûle d'amour pour Karl Heinz et entame une liaison avec une jeune fille prénommée Pomme, décide de se lancer dans les affaires. Un fondeur russe lui fabrique des petites plaques d'or qu'il vend à ceux qui passent la frontière ; plus tard, il sera chargé de signaler les trafiquants qui fournissent les autorités allemandes. Il collabore aux *Cahiers franco-allemands* avant de se retirer à Giverny dans un établissement de bains.

« Lettres ». De septembre 1942 à octobre 1943, de l'Orne puis de Hambourg, il envoie à un ami — jamais nommé — des lettres où il exprime sa volonté de réformer sa vie : il se promet de partir vers les pays chauds, ambitionne de se ranger et de continuer à écrire ; exerce, dans le camp où il est prisonnier, un « petit ministère de l'Intérieur » ; se plaint, enfin, de ses conditions de détention et des bombardements qui endommagent Hambourg.

Malgré la prodigieuse énergie déployée dans *le Sabbat*, en vue de se réhabiliter aux yeux du monde, Sachs déroge dans *la Chasse à courre* à tous les principes qu'il s'évertuait à proclamer dans son précédent livre de formation. Il s'y rêvait écrivain de premier rang ? le voilà romancier éphémère et dramaturge velléitaire. Il se promettait de se retirer pour rédiger son grand œuvre ? le voici toujours en fuite, petit spéculateur traqué. L'imaginaire apocalyptique de Sachs trouve, il est vrai, dans la France de 1940, de quoi alimenter sa chronique de la décadence et de l'abjection : « Nous assistions à l'agonie du monde méditerranéen au profit d'un univers atlantique et nordique », lance-t-il au moment de relater la « descente aux enfers de quarante millions d'individus ». Tantôt malfaiteur sans profit, tantôt amoureux transi — les deux intimement mêlés en un « embrouillamini d'intérêts » financiers et sexuels —, Sachs déclare jouer « à être l'un de mes *moi, mais je n'étais pas moi qui* ». Et le pamphlétaire en lui de ricaner sur « le snobisme du premier retour » (Paris, où chacun est « tapi dans son coin » regorgeant soudain, à l'armistice, de courageux qui prétendent n'avoir jamais fui la capitale), le portraitiste acerbe de railler tel marquis collaborateur, « champignon venu sur l'humidité fangeuse de ce temps d'armistice ». Entomologiste sûr de son coup de scalpel, toujours en proie à « l'amer fruit d'une déception aiguë », il se délecte sans cesse à ce « spectacle assez répugnant en vérité ». La précision d'un style souvent acide fait de ce feuilleton mené tambour battant, telle une course-poursuite semée d'embûches, un document impitoyable sur la faune qui grouillait sous l'occupation allemande. Autoportrait sans complaisance, cet ouvrage écrit à la diable, s'il ne fit sans doute pas de Sachs le grand écrivain qu'il rêvait de devenir, continua néanmoins de le révéler comme une des figures les plus singulières de l'« attrait du mal ».

P. GOURVENNEC

CHASSE AU CARIBOU (la). VOIR SOUVENIRS DE VOYAGE, de Gobineau.

CHAT BOTTÉ (le). VOIR CONTES, de Ch. Perrault.

CHAT EN POCHE. Vaudeville en trois actes et en prose de Georges **Feydeau** (1862 -1921), créé au théâtre Déjazet à Paris le 19 septembre 1888, et publié dans le *Théâtre complet* à Paris aux Éditions du Bélier en 1949.

Le succès que Feydeau avait connu en 1886 avec son premier grand vaudeville *Tailleur pour dames*, fut suivi, jusqu'au triomphe de *Monsieur chasse !* en 1892, d'une série de fours et de demi-fours dont *Chat en poche* fait partie avec *la Lycéenne*, vaudeville-opérette (1887), *Un bain de ménage* (1888), *les Fiancés de Loches* (1888), *C'est une femme du monde* (1890) et *le Mariage de Barillon* (1890). L'insuccès, bien plus que celui des autres pièces, s'explique par le recours constant à une loufoquerie poussée jusqu'à l'outrance, qui désarçonna le public. Quant à la critique, elle souhaita faire entendre au jeune auteur « qu'il existait des bornes qu'il ne fallait pas dépasser » (Stoullig).

La famille Pacarel, composée de Pacarel, sa femme Marthe et leur fille Julie, reçoit le Dr Landernau et sa femme Amandine. Pour faire jouer à l'Opéra un nouveau *Faust* composé par sa fille, Pacarel a télégraphié à Dufausset, un de ses amis bordelais, de lui envoyer le ténor Dujeton qui triomphe alors en province. Au cours du repas, Tiburce, le domestique, annonce un visiteur de Bordeaux. C'est le fils Dufausset, que l'on prend pour Dujeton. Un accueil triomphal lui est réservé et Pacarel lui signe sur-le-champ un engagement. Le jeune homme prend alors le béguin de Marthe qu'il a déjà rencontrée dans un autobus et à laquelle il a prêté six francs. Croyant qu'elle s'appelle Amandine, il lui écrit un billet qu'il laisse dans une corbeille à ouvrage. La véritable Amandine prend pour elle ces déclarations. Quant à Marthe, elle rend à Dufausset son argent dans une vieille lettre déchirée d'Amandine où il croit lire une déclaration enflammée. On demande enfin à Dufausset de montrer ses talents vocaux, ce qu'il fait en écorchant « Salut demeure chaste et pure » (Acte I).

Lisant un nouveau billet de Dufausset, qui croit toujours écrire à Marthe, Amandine est surprise par son mari. Elle se sort de cette délicate situation en prétendant que le billet est pour Marthe, à qui Landernau le remet avec soulagement. Ce billet demandait que l'heure du rendez-vous soit marquée par des traits de craie dans le dos du mari auquel on ferait chanter comme signal de l'acquiescement « Colimaçon borgne » ou « Coucou ! Ah ! Le voilà ». Après une désastreuse audition de Dufausset à l'Opéra, les deux épouses, dont chacune se croit l'unique objet des attentions du jeune homme, persuadent leurs conjoints que ces refrains rendront sa voix perdue au prétendu ténor. Dufausset, effectivement, devant les deux maris qui chantent à l'unisson, et dans la joie de voir le rendez-vous accepté, vocalise soudain à tue-tête. Il fera cependant un faux calcul en additionnant les barres tracées sur le dos des deux nigauds de maris : l'ayant attendu en vain, Marthe et Amandine sont furieuses (Acte II).

Le faux ténor ayant incidemment narré une visite à la Sixtine, les deux maris le croient castrat. Pacarel ne s'inquiète plus alors en surprenant le jeune homme aux pieds de Marthe. Dufausset, à cette occasion, s'aperçoit qu'il a fait une confusion entre les noms de Marthe et d'Amandine. D'autre part, Julie, la fille de la maison, qui a rompu avec son prétendant, Lanoix de Vaux, se rapproche de Dufausset dont les yeux se dessillent. Une nouvelle fois Pacarel surprend Dufausset, mais cette fois aux pieds de sa fille. Il en sourit, mais à l'annonce de l'engagement du vrai Dujeton à l'Opéra, tous les quiproquos s'éclaircissent et Pacarel accepte de donner Julie au faux ténor acheté « chat en poche » (Acte III).

Comme dans nombre de pièces de Feydeau, l'intrigue dépend tout entière d'un quiproquo initial : le protagoniste, comme le Fadinard de Labiche (voir *Un chapeau de paille d'Italie*), est pris pour un chanteur d'opéra. Le deuxième quiproquo, celui qui fait croire que Dufausset est un castrat, depuis *Héloïse et Abélard* (1850) de Scribe, avait déjà été utilisé dans plusieurs pièces légères de l'époque. Feydeau réamorce ce dernier thème en l'insérant au troisième acte, à un moment où le rythme aurait pu baisser, pour faire rebondir l'action et maintenir ce mouvement perpétuel qui, selon lui, était une des qualités essentielles du genre. Toutefois, dans l'enthousiasme de ses débuts, Feydeau utilise jusqu'à leurs limites tous les procédés de l'écriture vaudevillesque, de l'onomastique (Lanoix de Vaux), aux situations incongrues et lestes (les épouses notant sur le dos de leur mari l'heure d'un rendez-vous comme dans *le Prix Martin* 1876 de Labiche), en passant par les jeux de mots (l'eau d'anum, III, 1) et les sous-entendus égrillards : la chapelle Sixtine (III, 3), la colonne Vendôme (I, 9), le gingembre sous la queue (II, 1), l'obsession des jarretières tout au long de la pièce. Enfin les personnages, que l'urgence réduit souvent à réagir mécaniquement, sont d'une nigauderie ahurissante –, à l'image du domestique Tiburce amoureux de l'obèse Amandine, ou de Lanoix de Vaux tournant réellement sept fois sa langue dans sa bouche avant de parler. Cette outrance dans la caricature, qui valut alors à l'auteur un retentissant échec, explique aussi les succès plus récents, de 1964 (Henri Tisot en Dufausset et Claude Piéplu en Pacarel) au théâtre Daunou et de 1986 (Robert Manuel en Pacarel et Alain Feydeau en Landernau) au théâtre de la Potinière. Ils portèrent de nouveau l'attention sur cette pièce bouffonne qui, à la manière du théâtre contemporain, grossit et met à nu les mécanismes du rire.

➤ *Théâtre complet*, « Classiques Garnier », I ; *Théâtre*, « Omnibus ».

J.-M. THOMASSEAU

CHÂTEAU DE CÈNE (le). Roman de Bernard **Noël** (né en 1930), publié sous le pseudonyme d'Urbain d'Orlhac à Paris chez Jérôme Martineau en 1969, interdit et saisi en 1969 ; réédité sans pseudonyme à Paris chez Jean-Jacques Pauvert en 1971. Après procès et condamnation de l'auteur en 1973, le roman fut « libéré » en 1977. En 1990, il fut adapté pour la scène et représenté à Paris au théâtre du Bataclan.

Dans un village de l'archipel sud-américain, un soir, lors d'une cérémonie initiatique, une femme nue, la Beauté absolue, désigne le héros-narrateur. Après une séance de flagellation, au seuil de l'anéantissement, il prend la « lune nouvelle », la vierge Emma. Elle lui révèle que la comtesse Mona, la dame éblouissante de perfection, vit dans une île interdite. La lune rousse s'arrondit quand il aborde le rivage. Un nègre lance sur lui deux molosses : nu, il subit leur assaut sexuel. Au château, protégé par une colonne transparente, il voit, tandis qu'un nègre le masturbe, une meute dépecer un jeune homme. L'orgasme lui fait atteindre l'osmose avec l'espace vivant qui l'intègre dans un monde de signes impalpables. À travers une vitre, Emma, nue, regarde le nègre et se caresse. Alors deux serpents énormes se dressent à ses côtés et un autre, plus mince s'enroule autour de sa taille de statue, dardant sa tête sur son sexe. Ordonnatrice du rituel implacable, la comtesse livre le héros à son singe. Il la force et, au-delà du désir, connaît une extase mystique. Il rejoint alors le groupe qui joue la Cène et se contemple lui-même dans le château dont chaque pièce symbolise une étape du plaisir : le dérèglement des sens doit « rendre l'esprit tout entier érogène ».

Dans la continuité d'Artaud, Bataille et Blanchot, Bernard Noël écrit *le Château de Cène* pour répondre à la violence qu'il vécut en participant à la guerre d'Algérie. La violence du langage réplique au viol des consciences contraintes et censurées par les politiques, et l'érotisme vise à la « mise à nu » d'un sens dans une société où plus rien n'en a. En effet, selon Noël, au moment où la littérature officielle constitue un alibi du pouvoir libéral qui l'utilise pour masquer sa répression sournoise sur les esprits, il faut déchirer le voile des apparences et restituer à l'écriture son pouvoir rimbaldien de contestation. Cependant, depuis le surréalisme, l'érotisme ne peut plus se confondre avec la gauloiserie réaliste : il concerne l'essence de l'être, et la portée du *Château de Cène* ne se restreint pas à une contestation purement politique. Le récit, en fait, témoigne de l'homologie fondamentale entre les voies de l'esprit et du corps dans la recherche de l'absolu. La narration repose sur une mise en scène bien réglée, inéluctable, où s'enchaînent des scènes sadiennes de transgression, et où la quête du sacré – explicite à travers l'usage du vocabulaire religieux – passe par l'expérience du plaisir, de la cruauté, de l'anéantissement physique. Au terme de son initiation, le narrateur accepte la loi du destin et rejoint les participants de la Cène – souvenir transparent de l'Évangile. Les élus jouent la Cène et se regardent la jouer : en ce sens, leur jeu apparent vise un au-delà ; il en constitue la figure visible, en quelque sorte le signifiant d'une quête infinie du signifié.

● Gallimard, « L'Arpenteur », 1990.

V. ANGLARD

CHÂTEAU DE MA MÈRE (le). Voir SOUVENIRS D'ENFANCE, de M. Pagnol.

CHÂTEAU DES CARPATHES (le). Roman de Jules **Verne** (1828-1905), publié à Paris dans le *Magasin d'éducation et de récréation* du 1er janvier au 15 décembre 1892 et en volume chez Hetzel la même année.

Verne prévient : « Cette histoire n'est pas fantastique, elle n'est que romanesque. Faut-il conclure qu'elle ne soit pas vraie, étant donné son invraisemblance ? Ce serait une erreur. Nous sommes dans un temps où tout arrive, – on a presque le droit de dire où tout est arrivé. » Dans cette œuvre, l'explication rationnelle de phénomènes apparemment surnaturels semble en effet devoir démystifier toute dimension fantastique. En fait, la violence des passions et les moyens que leur offre la science paraissent dépasser tout ce qu'ont pu imaginer les délires essoufflés du roman noir et du *gothic novel*.

Frik, berger du village de Werst, en Transylvanie, voit une fumée s'élever d'un château délabré, depuis longtemps abandonné. Le baron Rodolphe de Gortz, que tous tiennent pour mort, serait-il revenu ? C'est assez pour inquiéter toute la bourgade, où les superstitions, entretenues par le maître d'école lui-même, sont vivaces. Le juge Koltz, chef de la communauté, réunit tous les notables. Nic Deck, jeune et courageux forestier, amoureux de Miriota, la fille du juge, se déclare prêt à visiter le « burg » en compagnie du docteur Patak, sympathique fanfaron. Ce dernier a toujours raillé les craintes de ses concitoyens. Mais il se montre beaucoup moins confiant quand il s'agit, au dire de tous, de défier le diable en son antre. Surtout après les terribles menaces proférées par une voix mystérieuse au beau milieu de l'assemblée (chap.1-4).

Malgré la couardise de Patak, Nic Deck parvient jusqu'aux sinistres ruines. Pendant la nuit, une cloche sonne lugubrement, des mugissements retentissent, des lumières éclairent le donjon. Patak se sent cloué au sol par une force inexplicable. Alors qu'il tente de franchir la muraille en grimpant le long d'une chaîne, Nic tombe, comme foudroyé. On le ramène à moitié paralysé à Werst. Le récit du docteur ajoute à l'effroi général (5-7).

Cependant, deux voyageurs arrivent au village, le comte Franz de Télek et son serviteur fidèle, le soldat Rotzko. Ces histoires terrifiantes les amusent. Mais quand ils entendent parler du baron de Gortz, ils frémissent. Cinq ans plus tôt, Télek était à Naples, follement épris d'une cantatrice, la divine Stilla, morte sur scène le soir où elle faisait ses adieux au public : elle venait de promettre sa main au jeune comte. Le tenant alors pour responsable de la disparition d'une artiste qu'il idolâtrait, Gortz l'avait menacé. Puis il avait disparu avec son âme damnée, un savant borgne nommé Orfanik. Télek se croit donc obligé d'explorer le château des Carpathes (8-11).

Tandis qu'il cherche à y pénétrer, il voit apparaître la Stilla sur l'une des tours. Il envoie Rotzko chercher des renforts puis s'engage seul dans un passage : il est bientôt prisonnier d'une crypte où lui parvient la voix de la chanteuse morte. Franz réussit, malgré tous les obstacles, à surprendre Gortz et Orfanik occupés à d'étranges préparatifs : ayant réussi à l'attirer dans le « burg », ils veulent le faire mourir dans une gigantesque explosion, capable d'effacer toute trace de leurs manigances. Tout au long de l'histoire, ils ont utilisé les inventions géniales d'Orfanik : un téléphone secret pour faire entendre la voix du baron chaque fois que les villageois étaient réunis ; des appareils électriques pour éloigner les curieux ; un phonographe perfectionné et un ingénieux dispositif optique pour ressusciter la Stilla. Mais seul Gortz, fou de haine, périt dans le cataclysme qu'il a provoqué. Son complice est arrêté. Nic Deck, rétabli, épouse Miriota Koltz, pendant que Rotzko soigne Franz de Télek dont la raison a été gravement ébranlée par son aventure (12-18).

Verne emprunte une grande partie de son sujet aux *Contes d'Hoffmann* d'Offenbach (1881), où il est aussi question d'une Stella, cantatrice morte en chantant. On reconnaît d'abord un pastiche accompli du roman noir dans ses structures les plus conventionnelles à commencer par la localisation des événements : la Transylvanie et les Carpathes font partie des poncifs du genre, comme l'auteur l'affirme sans détour en y voyant un « cadre [qui] se prête si naturellement à toutes les évolutions psychagogiques ». Quant au site du « burg », sur le farouche plateau d'Orgall, et à son architecture, ils sont traités dans un style d'un romantisme échevelé : l'atmosphère des *Burgraves* de Hugo semble directement les habiter. Viennent s'y ajouter toutes les croyances attachées à la vieille forteresse, celle du hêtre qui perd ses branches au fur et à mesure que les murailles s'effondrent, notamment, sans cesse rappelée par Frik : « Ce hêtre perdait chaque année une de ses maîtresses branches. On en comptait dix-huit à son enfourchure, lorsque le baron Rodolphe fut aperçu pour la dernière fois sur la plate-forme du donjon, et l'arbre n'en avait plus que trois pour le présent. » Tous ces éléments prennent d'autant plus d'importance dans un climat portant la superstition jusqu'à la caricature. La naïveté de la population de Werst est, à ce sujet, exemplaire : Hermod, l'instituteur, loin de combattre les fausses croyances, s'en fait le propagandiste zélé et leur donne le prestige de son magistère. Quant à l'esprit critique et scientifique, le docteur Patak, aussi faux médecin que faux brave, l'incarne de la manière la plus dérisoire.

Un monde vidé peu à peu de toute magie par le rationalisme moderne se venge soudain en usurpant tous ses pouvoirs, pour les mettre au service d'une passion et d'une démiurgie sans limites. Ainsi le prouve Orfanik, esprit génial et méconnu, révolté contre une société qui ne lui a pas rendu justice. Son apparence, il est vrai, est davantage celle d'un gnome que d'un inventeur. Toute son image mêle l'inquiétant au grotesque : « Maigre, chétif, étique, avec une de ces figures pâles que, dans l'ancien langage, on qualifiait de "chiches-faces". [...] Il portait une œillère noire sur son œil droit [...] et, sur son nez, une paire d'épaisses lunettes dont l'unique verre de myope servait à son œil gauche, allumé d'un regard verdâtre. » Il s'agit d'un masque plus que d'un visage. Comme si la vie voulait s'exalter et échapper à la médiocrité quotidienne en prenant modèle sur le théâtre et l'illusion.

Rien d'étonnant si une artiste lyrique est au centre du drame. Les quêtes de Gortz et de Télek se rejoignent dans le même désir paradoxal et démesuré : faire que le mensonge devienne vérité, que la Stilla, être appartenant davantage à la fiction qu'au réel, prenne pied dans cette réalité. Ce que Gortz veut obtenir par les machines d'Orfanik, Télek prétend le gagner par le mariage : posséder l'impossédable, le miracle impalpable et éphémère d'une voix. Mais une fois le château des Carpathes détruit, et avec lui le rêve, il faudra bien reconnaître que l'objet de tout idéal est à chercher dans un « autre monde », la mort pour l'un, la folie pour l'autre, qui tourne le dos aux certitudes du présent.

Si l'on considère la précarité et l'ambiguïté de ce retour à la « norme », on doit reconnaître que le fantastique, démenti dans la forme, reste intact dans l'esprit. Qu'importe de savoir qu'il s'agissait de simulacres ? Leur effet demeure durablement inscrit dans l'existence, comme s'il fallait reconnaître une fois de plus que le rêve commande la vie.

▶ Éd. Rencontre, X ; *Œuvres*, « Le Livre de Poche », IX.

D. GIOVACCHINI

CHÂTEAU DU DIABLE (le). Comédie en quatre actes et en prose de Joseph-Marie **Loaisel de Tréogate** (1752-1812), créée à Paris au théâtre Molière le 5 décembre 1792, et publiée à Paris chez Toubon en 1793.

L'invention littéraire de Loaisel de Tréogate est essentiellement romanesque jusqu'en 1788, date de parution d'*Ainsi finissent les grandes passions*. Cette même année, il fait jouer une comédie, *L'amour arrange tout*, dont le titre contraste avec le ton de ses récits précédents ; il continue sous la Révolution et l'Empire à travailler pour la scène. Il se spécialise en particulier dans le mélodrame qui transforme en coups de théâtre la sensibilité exacerbée des romans, et semble résoudre les apories de la période prérévolutionnaire dans des dénouements heureux. Ses deux plus grands succès sont *le Château du diable*, régulièrement représenté de 1792 à 1805 (228 fois d'après les pointages de T.W. Bowling), réédité en 1802, et *la Forêt périlleuse ou les Brigands de la Calabre*, créé en 1797 et joué durant tout l'Empire.

Dans une auberge de village, au XIVe siècle, arrivent Raoul, comte de Salandrie, et Adélaïde, son épouse, heureux mais pauvres, déshérités par un vieil oncle riche qui n'a pas approuvé leur union. Il est question d'un château abandonné et hanté (Acte I). Raoul s'y rend avec son valet, Robert : il est attaqué par des revenants et des guerriers (Acte II). Fait prisonnier, il refuse de céder aux chantages de l'Amazone qui dirige cette étrange bande dont on ne sait s'il s'agit de voleurs ou de faux-monnayeurs (Acte III). De nouvelles épreuves attendent le héros qui délivre Adélaïde menacée d'être brûlée vive. Flammes et explosions se changent soudain en feux d'artifice festifs. Tout n'était que mise en scène, théâtre dans le théâtre, imaginé par l'oncle pour éprouver le jeune époux, et la pièce s'achève sur un dénouement heureux (Acte IV).

L'intrigue permet de multiplier les effets scéniques : trappes qui s'ouvrent, murs qui pivotent, bras colossal qui

surgit comme dans *le Château d'Otrante* de Walpole, mines qui explosent, musique funèbre qui retentit. Loaisel intitule la pièce « comédie héroïque », selon la tradition qui désigne ainsi la valeur aristocratique. Mais il s'agit bien d'un mélodrame par le goût du spectaculaire et le manichéisme des situations. Le diable n'est plus une puissance maléfique, mais un jeu de miroir, un effet théâtral et, au sens étymologique du terme, une révolution, pour que s'affirme la valeur individuelle et que se réconcilient le mérite et l'argent, le nom et la fortune.

M. DELON

CHÂTEAU EN SUÈDE. Pièce en quatre actes et en prose de Françoise **Sagan**, pseudonyme de Françoise Quoirez (née en 1935), créée à Paris au théâtre de l'Atelier le 9 mars 1960, et publiée à Paris chez Julliard la même année.

Dans un château en Suède, vivent, costumés en personnages du XVIIIe siècle, Hugo et sa seconde femme Éléonore, le frère de celle-ci, Sébastien, Agathe, la sœur d'Hugo, ainsi qu'Ophélie, la première femme de ce dernier, et une vieille mère impotente. Ils reçoivent la visite d'un cousin, Frédéric, qui devient l'amant d'Éléonore et refuse de partir avant la chute de neige qui coupe le château du monde extérieur (Acte I). Tandis que Sébastien courtise Ophélie, Frédéric découvre qu'Hugo a fait passer celle-ci pour morte afin d'épouser Éléonore (Acte II). Il se propose alors d'enlever Éléonore, mais elle refuse. De plus, Hugo, jaloux, simule le meurtre d'un domestique pour effrayer Frédéric (Acte III). Ophélie révèle qu'elle est enceinte de Sébastien. Hugo feint une telle colère que Frédéric, terrorisé, s'enfuit sous prétexte de chercher du secours. Il sera trouvé mort dans la neige, tandis qu'Agathe annonce l'arrivée d'un nouveau cousin, promis au même sort que les précédents (Acte IV).

Château en Suède, qui marque les débuts de Françoise Sagan au théâtre, peut apparaître comme un brillant pastiche, mêlant les héritages les plus divers. Pastiche de Shakespeare, et du Danemark d'*Hamlet*, avec une Ophélie qui, non seulement est un fantôme bien vivant et encombrant, mais qui se fait faire un enfant pour lequel, à la fin de la pièce, elle tricote de la layette. Pastiche d'une certaine atmosphère XVIIIe siècle, avec ces chassés-croisés marivaudiens dans les couloirs du château, où se perdent et se cherchent tous les personnages. Mais la parodie ne concerne pas seulement l'héritage classique. Le « nouveau théâtre » des années cinquante, celui-là même qui était joué au théâtre de l'Atelier, est aussi malicieusement tourné en dérision, à travers le recours aux jeux sur le langage comme à travers une vision absurde du monde. Beckett, semble particulièrement présent : l'arrivée du nouveau cousin, après le départ de Frédéric dont la sortie hors de scène signifie la mort, rappelle l'éternel recommencement promis par la fin d'*En attendant Godot* ; et la vieille mère des personnages, réduite à un fauteuil et un bonnet, ressemble aux vieux parents de *Fin de partie*. Enfin, il ne faudrait pas oublier le théâtre de Sartre, que Sagan admirait : ce château en Suède isolé par la neige ne constitue-t-il pas un parfait « huis clos » ? Les relations ambiguës entre frères et sœurs, tout comme la séquestration d'Ophélie, peuvent également évoquer les *Séquestrés d'Altona*. Cependant, l'ironie souriante, la présence de « bons mots » dignes d'un Guitry, empêchent cette fantaisie théâtrale d'être prise au sérieux et permettent de reconnaître la marque de Sagan. Ainsi les costumes d'époque sont-ils aussi le signe de la comédie que se jouent en permanence les personnages de ses romans. Dans ce monde de masques, comme dans les œuvres précédentes, la passion véritable, celle de Frédéric, ne peut trouver de place, et le seul réel amour est celui qui est éprouvé pour le semblable, le frère – l'intrus étant symboliquement rejeté à l'extérieur dès lors qu'il essaie de changer les êtres et le monde.

K. HADDAD-WOTLING

CHÂTELAINE DE VERGI (la). Récit anonyme du XIIIe siècle, formé de 948 vers. Peu d'œuvres ont connu un succès aussi grand et aussi durable que ce court récit qui n'a cessé de susciter des imitations dans toutes les littératures européennes : en témoignent les dix-huit manuscrits du XIIIe au XVe siècle qui nous l'ont transmis.

Comme le *Lai de l'ombre, il reprend les motifs et les situations types de la lyrique amoureuse, dont la mise en œuvre romanesque se clôt ici sur un constat d'échec : en quelques centaines de vers (octosyllabes à rimes plates), on passe d'un bonheur idyllique à la mort de tous les protagonistes. Sa thématique offre aussi des ressemblances avec les lais de *Lanval* (voir *Lais de Marie de France), de *Graelent* et de *Guingamor* (voir *Lais anonymes bretons), mais le féerique en est banni et l'histoire, quoique épurée de tout nom ou référence précis, se déroule dans le cadre contemporain de la cour de Bourgogne.

Un jeune chevalier vit un parfait amour avec la dame de Vergi, qui lui a fait jurer un secret absolu sur leur liaison. La duchesse de Bourgogne tombe amoureuse du jeune homme. Dépitée de se voir repoussée, elle l'accuse auprès du duc de lui avoir fait des propositions malhonnêtes. Peiné et furieux, le duc donne au chevalier à choisir entre l'exil et la révélation du nom de sa maîtresse. Le jeune homme avoue sa liaison avec la châtelaine, nièce du duc et l'emmène à un de ses rendez-vous amoureux. La duchesse s'étonne de l'amitié qui continue à lier les deux hommes, et parvient, à force larmes, à arracher au duc le secret des amants. Au cours d'une fête, elle parle à la châtelaine du petit chien qui sert de messager entre elle et son ami. Celle-ci, sûre de la déloyauté du chevalier, exhale sa douleur dans une longue plainte lyrique et meurt. Le jeune homme la découvre inanimée, apprend d'une fillette, qui en a été le témoin, le désespoir mortel de la châtelaine et se tue sur le corps de son amie. Le duc transperce son épouse avec son épée lorsqu'il apprend sa trahison et le drame qu'elle a provoqué. Il quitte le pays et se fait Templier en Terre sainte.

La Châtelaine de Vergi est à lire sur fond de motifs récurrents dans la littérature des XIIe et XIIIe siècles : le secret qui lie les amants féeriques des lais ; la jalousie de la dame de haut parage éconduite – thème folklorique dit de « la femme de Putiphar », du nom d'un personnage biblique qui en aurait offert le modèle ; la mort par amour qui est celle de Tristan et Iseut ; le suicide sur le corps de l'amant que l'on trouve dans l'histoire de *Pyrame et Thisbé ; la tombe commune de Tristan et Iseut ... Le récit se tisse de ces échos pour en donner une nouvelle synthèse destinée à être exemplaire : dans le prologue, le narrateur s'adresse à tous les amants pour leur recommander le secret absolu. Mais sa leçon est ambiguë, car le chevalier ne peut que trahir, pris dans le conflit de deux devoirs également contraignants, celui de l'obéissance à son seigneur et celui de l'obéissance à sa dame. La *Châtelaine* s'élève ainsi au niveau d'une tragédie, dont elle possède le tracé simple et inexorable : les protagonistes ne peuvent échapper à l'engrenage des paroles malheureuses et des quiproquos qui les mènent à la mort. Un personnage cependant tire les ficelles du drame : la duchesse, qui incarne jusqu'au bout la figure de la mauvaise femme. Blessée dans son orgueil par le refus du chevalier, elle use de tous les registres de la parole – menaçante, mensongère, séductrice, perfide – et cette habileté lui permet de dominer les autres acteurs qui n'ont pas conscience de la duplicité du langage et d'être, un bref moment, la maîtresse du jeu. Tenant à la fois « de la mégère du fabliau et de la fausse amie » (P. Zumthor), elle s'oppose totalement à la châtelaine, figure lyrique, pur objet d'amour, dont le discours et l'attitude sont entièrement réglés par les lois de la *fin'amor*. Le modèle poétique, en effet, est constamment sous-jacent au récit ; non seulement il en articule les principaux thèmes, mais il traduit, au plus juste, les sentiments des personnages : quand le chevalier, acculé à un aveu qui le brise, ne sait que pleurer, la narration cède la place à une strophe d'une chanson de croisade du châtelain de Coucy. Cette insertion lyrique – selon le mode lancée par Jean Renart dans son *Guillaume de Dole*

(voir le *Roman de la Rose) – souligne l'impossibilité de vivre un amour sans faille. Outre l'emploi d'un vocabulaire attaché à la lyrique (« druerie », « cointe », « preu », « deduit », « couvenant », « faus felons »), les références implicites à la chanson d'aube ou au jeu-parti comme la plainte finale de la châtelaine, sont autant de moments poétiques où s'exprime le désir de suspendre le temps et de fuir la condition humaine. Mais en même temps, par leur ton amer ou désespéré – le châtelain de Coucy chante la séparation d'avec sa dame –, ces intermèdes lyriques répètent, sur un mode mineur, que le bonheur est éphémère et qu'il n'y a pas d'amour heureux.

L'auteur anonyme a, ainsi, su jouer en virtuose de toutes les gammes dont il disposait, passant habilement du plan lyrique au plan narratif, de la *fin'amor* au drame, de la chanson au récit. L'engouement du public aristocratique pour cette œuvre raffinée ne faiblit pas jusqu'au XVIe siècle. On représente les scènes principales sur des peignes et des coffrets en ivoire, sur des tapisseries et même, à Florence, sur des fresques. On traduit le texte en italien et en néerlandais. Plusieurs auteurs, enfin, s'efforcent de le moderniser : à la fin du XVe siècle paraît une version en prose, *l'Istoire de la chastelaine du Vergier et de Tristan le Chevalier* et au XVIe un drame en vers dialogué. Marguerite de Navarre en fait le sujet d'une des nouvelles de l'*Heptaméron ... Des imitations en sont produites, en anglais, en allemand, en italien. Tous ces récits restent très près des péripéties de l'original, mais l'esprit courtois qui lui donnait son sens est perdu : les personnages reçoivent un nom, leurs motivations, les circonstances du drame ont besoin d'être explicitées ; dans un souci de bienséance, la châtelaine – mariée et donc adultère – devient une jeune fille ou une veuve tandis que la dimension charnelle de l'amour est effacée. Marguerite de Navarre accentue encore le caractère exemplaire du conte, et sa châtelaine reconnaît en mourant que sa passion trop humaine lui a fait oublier le Créateur.

L'histoire du texte, après une éclipse, se poursuit au XVIIIe siècle ; mais une confusion s'opère alors avec le châtelain de Coucy – auteur de la citation poétique – devenu au XIIIe siècle le héros du *Roman du châtelain de Coucy et de la dame de Fayel*. Une chanson, dite « de la dame de Fayel », qui semble répondre à celle du châtelain, contribua à rapprocher les deux dames : les amants d'un drame sont appelés Raoul de Coucy et Gabrielle de Vergi, femme du seigneur de Fayel. Ainsi mêlés, les deux récits inspirent de nombreuses adaptations comme la tragédie en cinq actes, *Gabrielle de Vergy* de Dormon de Belloy (1770).

● Champion, 1978 (p.p. G. Raynaud) ; « 10/18 », 1985 (bilingue, p.p. R. Stuip, avec les textes des XVe et XVIe s.) ; « Folio », 1994 (bilingue, p.p. J. Dufournet et L. Dulac).

M. GALLY

CHÂTIMENTS. Recueil poétique de Victor **Hugo** (1802-1885), publié en deux éditions simultanées à Bruxelles par Hetzel avec le concours de l'éditeur belge Henri Samuel en 1853 : l'une, expurgée, avec l'indication « Bruxelles, Henri Samuel », l'autre complète, sans nom d'éditeur et avec la mention « Genève et New York ». À partir de l'édition de 1870, première édition à circuler librement, le titre avec article (les *Châtiments*) prévaudra.

Depuis l'échec théâtral des *Burgraves en 1843, Victor Hugo, sans cesser d'écrire, n'a rien publié : ni en poésie (les *Rayons et les Ombres sont de 1840, ni en prose (le Rhin date de 1842) ; une seule exception : le pamphlet *Napoléon-le-Petit* (5 août 1852), coup d'État littéraire, réponse au coup d'État politique de Louis Napoléon Bonaparte (2-Décembre 1851) qui a valu au député Hugo, de plus en plus marqué à gauche, l'exil en Belgique, puis à Jersey. Tournant capital dans sa vie, l'exil métamorphose Hugo en figure antithétique du tyran. « Là-bas dans l'île », le mage plonge dans l'Histoire alors que la coupure de 1848 a signifié le divorce de la société et de la plupart des écrivains, désormais repliés sur leur création. Hugo y gagnera une stature inégalée dans l'Histoire française : celle de l'écrivain héros, populaire et mythique.

Le 2 Décembre lui apparaît comme une énigme. Un tel forfait ne peut s'expliquer que par l'absence momentanée de Dieu dans une Histoire qu'il orientait vers le progrès. Au proscrit donc de s'inscrire à contre-courant pour dire la vérité, au prophète de parler pour un Dieu caché. Le langage se fait alors Verbe pour ressusciter le monde et, lumière rayonnante, lui donner ses lois morales, politiques et poétiques.

La Préface place le recueil sous le signe de la fulgurance : « Si l'on met un bâillon à la bouche qui parle, la parole se change en lumière, et l'on ne bâillonne pas la lumière. » Le devoir poétique, l'acte de parole comporte 6 200 vers surtout composés à partir d'octobre 1852, structurés selon un principe que Hugo adoptera pour ses recueils futurs. Entre "Nox", nuit du coup d'État, et "Lux", avenir radieux de la République après la chute de l'Empire, sept livres, dont les six premiers reprennent les formules officielles par lesquelles l'usurpateur prétend légitimer son forfait, déclinant par antiphrase les crimes du régime et, mimant le parcours de Josué autour de Jéricho ("Sonnez, sonnez toujours clairons de la pensée", livre VII, 1), font surgir la parole vengeresse et justicière : « La société est sauvée » (I), « L'ordre est rétabli » (II), « La famille est restaurée » (III), « La religion est glorifiée » (IV), « L'autorité est sacrée » (V), « La stabilité est assurée » (VI). Quant au septième, il résume en son titre toute l'espérance du poète : « Les sauveurs se sauveront » (VII).

L'unité d'inspiration va de pair avec la diversité des tons : violence indignée, accents pathétiques, ironie assassine, gouaille, passion, sarcasmes, sublimes envolées... La parole poétique, jugement, sentence et exécution, doit en effet se démultiplier en autant d'actes, en un florilège des genres. Si les recueils précédents privilégiaient la couleur, obtenant ainsi leur unité tonale, les Châtiments déploient élégie, épopée, invective, chanson (le mot sert cinq fois de titre), satire, diatribe, discours, fable ("Fable ou Histoire", III, 3), vision prophétique.

"Nox", dont les neuf parties varient les mètres et les strophes, se présente comme une ouverture. Microcosme concentrant les thèmes de l'œuvre, le poème tire sa dynamique des tons modulés : indignation, raillerie bouffonne, satire épique, épopée lyrique, caricature. Histoire symbolique de l'événement, rappel dévalorisant de l'oncle glorieux, tableau de l'orgie des gens d'ordre, évocation grandiose des victimes, puis de la sinistre dérision impie du "Te Deum", dialogue de l'exilé debout sur son rocher avec la mer, appel à la vengeance au nom de « l'Idée à qui tout cède et qui toujours éclaire », enfin invocation à la muse Indignation pour dresser « Assez de piloris pour faire une épopée » : le poème contient en germe tout le recueil. À cette pièce initiale répond le dernier poème, "Ultima Verba" (VII, 14). Ses seize quatrains, symboliquement datés du 2 décembre 1852, qu'inaugure une longue période, suivie d'une élégie de l'exil, installent définitivement la figure du poète, refusant orgueilleusement de fléchir devant l'adversité et les puissances coalisées autour du César criminel. « La voix qui dit : malheur ! la bouche qui dit : non! » peut alors lancer le défi d'« Ego Hugo », faisant de la solitude la vertu suprême : « Et s'il n'en reste qu'un je serai celui-là ! » L'Épilogue, "Lux", reprend l'alternance strophique et métrique de "Nox" pour prophétiser la délivrance, garantie par Dieu, et, au-delà, l'« épanouissement de l'homme sous le ciel ». Fin de l'Histoire, accomplissement des fins dernières, apothéose de la liberté, l'avenir se couvre de « l'arbre saint du Progrès ».

Un trajet mythique organise donc le recueil. D'abord voix, le banni « debout sur la grève / Contemplant l'étoile et le flot », le poète, se dressant en pleine clarté, devient moi. Force cosmique, la parole poétique signale le passage du « je » hugolien à un autre, un auteur au sens le plus fort. Expression de la conscience dilatée d'un sujet de l'Histoire, dont il désigne pour la combler la béance, initiation à la puissance divine, déchiffrement, les Châtiments valent, selon l'expression de Pierre Albouy, comme un « livre-monde ».

Cet univers livresque né d'un coup d'État contient une épopée de l'humanité, annonçant l'ambition de la *Légende des siècles. Tyrans et criminels depuis Caïn aboutissent à Napoléon III (I, 5 ; I, 7 ; V, 6 ; VI, 5...) ; depuis Judas, la lignée des traîtres se continue chez ses acolytes ; grands ancêtres (VII, 7), libérateurs et martyrs ressuscitent en Hugo (VII, 9).

Si la conception romantique dégageait l'union des contraires, si le drame s'était constitué comme son genre totalisant, le recueil accentue le travail sur l'antithèse. Farce et épopée, grotesque et terreur, le spectacle de la nouvelle société issue du crime se trouve exposé sous autant d'éclairages violents (III, 1 et III, 4) ; il n'est plus d'asile pour le poète confronté à ce terrible cortège d'avortons hideux (VI, 14). Le motif nocturne, associé au crime, scande le livre ("Cette nuit-là", I, 5 ; "C'est la nuit la plus noire", I, 14 ; "On loge à la nuit", IV, 13 ; "Cette nuit, il pleuvait", VII, 8).

Afin de clouer au pilori ces bandits et ces pantins sont convoquées les grandes ombres du panthéon littéraire : Juvénal (VI, 13), Dante, Rabelais, Shakespeare, Beaumarchais ("Splendeurs", III, 8). La satire déchire férocement dévots (I, 3 et 8), boutiquiers (III, 7), journalistes (IV, 4), juges (IV, 3), "les Grands Corps de l'État" (V, 7), conservateurs (VII, 11), courtisans du sérail (III, 5)... le tout formant "le Parti du Crime" (VI, 11) célébrant d'ignobles et bouffonnes "Idylles" (II, 1). Si l'oppression étouffe l'Europe entière (I, 12), la fête impériale bat son plein en de monstrueuses épousailles avec la nation (III, 10), faisant du régime une suite d'orgies (I, 10 ; III, 9 ; III, 13), transformant la France en lupanar, maison de jeu et cloaque (VII, 4), souillé de vin et de sang. Tout un registre de motifs sadiques et physiologiques se déroule dans les poèmes, épopée rouge et noire. La fureur homicide gît au cœur des Châtiments, développée à partir du désir de vengeance et de fustigation (VII, 3).

Face à cette tourbe, la troupe martyre des victimes, à laquelle se joignent les déportés (IV, 12 ; VI, 3) et les femmes (VI, 2), impose respect et pitié (I, 4 ; II, 3). Tancé, admonesté (II, 2 ou VI, 6), réduit, à l'exception des femmes, à un troupeau ("Ceux qui vivent, ce sont ceux qui luttent...", IV, 9), le peuple, ainsi que la nation avilie ("Applaudissements", VI, 16) doivent être sauvés par un « esprit vengeur » (I, 11). Mais c'est bien en ce peuple dégradé que réside l'espoir (VI, 9).

Fil rouge du recueil, l'épopée impériale, la seule, la vraie, est constamment rappelée, puisque le mal, ce néant, prend les apparences de l'être. Napoléon le Grand écrase le Petit (VII, 6) : de "Toulon" (I, 2) à la morne plaine de Waterloo ("l'Expiation", V, 13) en passant par Wagram ("Ô drapeau de Wagram ! ô pays de Voltaire !", V, 5), tout insulte les abeilles du "Manteau impérial" (V, 3), sans effacer pourtant le précédent du 18 Brumaire. À la soldatesque, avide de répression, privée de perspective glorieuse ("la Reculade", VII, 2), s'opposent les héros de jadis, soldats de l'an II (II, 7) et les immortelles phalanges des guerres impériales.

Mais, au nom de la "Force des choses" (VII, 12), il ne faut point, pour punir l'homme qui rit (III, 2), cet empereur qui s'amuse (III, 10), de tyrannicide ("Non", III, 16 ; "Sacer esto", IV, 1). " L'Aube " illuminée viendra (IV, 10), comme l'affirment "Stella" (VI, 15), "Luna" (VI, 7), puis "Patria" (VII, 7). Aux ombres terrifantes succéderont les rayons célestes. Souvent animalisé en loup ou en singe, cité à comparaître devant la face divine du soleil (I, 4), dans un cosmos où résonnent les voix allégoriques ("le Bord de la mer", III, 15), "Napoléon III" (VI, 1), dont le "Sacre" se chante « sur l'air de Malbrouck » (V, 1) devra répondre devant "le Progrès calme et fort, et toujours innocent" (V, 8). Le mal et Satan seront vaincus.

● « Poésie / Gallimard », 1977 (p.p. R. Journet); « GF », 1979 (p.p. J. Seebacher); « Le Livre de Poche », 1985 (p.p. J.-M. Gleize et G. Rosa). ➤ Œuvres poétiques, « Pléiade », II ; Œuvres complètes, Club français du Livre, VIII ; id., « Bouquins », Poésie II (p.p. J. et S. Gaudon).

G. GENGEMBRE

CHATS (les). Voir HISTOIRE DES CHATS, de F. de Moncrif.

CHATTE (la). Roman de Sidonie-Gabrielle Colette, dite **Colette** (1873-1954), publié à Paris en feuilleton dans *Marianne* du 12 avril au 7 mai 1933, et en volume chez Grasset la même année.

Depuis *la Seconde* (1929), Colette souhaite écrire davantage de romans. L'entreprise est rendue difficile par une existence particulièrement bien remplie qui s'accommode mal d'un travail régulier. En 1933, en dépit de ses multiples activités et déplacements – ouverture et lancement de magasins de produits de beauté, tournées de conférences –, elle parvient néanmoins à écrire ce petit chef-d'œuvre de concision et de finesse.

Alain va bientôt épouser sa fiancée Camille. En attendant, il habite chez ses parents où il peut profiter encore de la compagnie de sa chatte Saha. Camille, devenue la femme d'Alain, décèle bientôt en Saha, qui vit désormais chez le jeune couple, une véritable rivale. Jalouse, la jeune femme tente de tuer l'animal, objet des plus tendres prévenances et de l'évidente préférence de son époux. Alain découvre le geste impardonnable de Camille et la quitte. Il retourne vivre chez ses parents avec Saha.

La sensualité occupe une place importante dans le roman. Colette, avec une pénétration subtile, en décrit les méandres complexes. Une complicité raffinée, amoureuse et exclusive unit Alain et Saha. C'est elle qui partage son lit – « Ah ! Saha, nos nuits… », s'exclame-t-il avec nostalgie à l'approche de son mariage –, c'est elle qui lui procure les plus intenses plaisirs : « Dès qu'il supprima la lumière, la chatte se mit à fouler délicatement la poitrine de son ami, perçant d'une seule griffe, à chaque foulée, la soie du pyjama et atteignant la peau juste assez pour qu'Alain endurât un plaisir anxieux. […] Elle ronronnait à pleine gorge, et dans l'ombre elle lui donna un baiser de chat, posant son nez humide, un instant, sous le nez d'Alain, entre les narines et la lèvre. »

Auprès de Camille, Alain ne connaîtra jamais une jouissance égale à celle-ci. Le drame que *la Chatte* met en scène est celui, maintes fois rejoué dans l'œuvre de Colette, du difficile renoncement au monde de l'enfance. À vingt-quatre ans, Alain, qui a toujours vécu dans le giron familial, est encore un adolescent. La maison de ses parents, dont Saha est la souveraine absolue et incontestée, délimite un univers protégé et privilégié. Ce paradis enfantin, domaine des jeux et des songes, est brisé par le mariage. Camille, jeune femme dynamique et moderne, veut entraîner son compagnon vers le monde des adultes, vers la réalité et la vie, vers une virilité difficilement assumée par Alain. Son retour, avec Saha, dans la demeure familiale, royaume menacé et reconquis, manifeste le refus définitif qu'oppose le personnage à son destin d'homme.

La phrase ultime de *la Chatte* donne du héros une image inquiétante : « Si Saha, aux aguets, suivait humainement le départ de Camille, Alain à demi couché jouait, d'une paume adroite et creusée en patte, avec les premiers marrons d'août, verts et hérissés. » Il y a là une sorte d'animalité malsaine qui rend le roman ambigu. Certes, Colette n'invite guère le lecteur à fraterniser avec Camille, personnage prosaïque et un peu vulgaire, alors que l'élégance et la subtilité du lien qui unit Alain et Saha ont tout pour séduire. Toutefois, implicitement, l'auteur met en garde : Alain est un inadapté que son incapacité à sortir de l'enfance, dont Saha incarne la beauté et la magie, rend égoïste et cruel.

● « 10/18 », 1955 ; « Le Livre de Poche », 1955. ➤ *Œuvres complètes*, Flammarion, IX ; *Œuvres*, « Pléiade », III ; *Romans, Récits, Souvenirs*, « Bouquins », II.

A. SCHWEIGER

CHATTERTON. Drame en trois actes et en prose d'Alfred de **Vigny** (1797-1863), créé à Paris à la Comédie-Française le 12 février 1835, et publié à Paris chez Hippolyte Souverain la même année.

Cette transposition dramaturgique du second récit de *Stello*, conçue pour Marie Dorval, comédienne et maîtresse de Vigny, était terminée en juin 1834. Auprès du public, le drame fut un des grands événements du théâtre romantique. L'accueil dans la presse, en revanche, était partagé : à Vigny, proclamé par les uns « le Racine du romantisme », d'autres reprochaient d'avoir fait l'apologie du suicide. Finalement, l'action serrée et le relief des deux personnages principaux ont assuré le succès de la pièce, qui fut représentée 37 fois à Paris l'année de sa création.

La tendre et modeste Kitty Bell, sur le conseil d'un vieux quaker ami de la maison, accepte le don d'une Bible par Chatterton, jeune poète qui vit retiré chez les Bell. Kitty doit affronter la colère de son époux John Bell, industriel rude et spéculateur qu'on voit renvoyer un de ses ouvriers, et qui gronde sa femme au sujet des comptes de la maison. Entre-temps, Chatterton, venant d'écrire une demande de secours au lord-maire, réfléchit avec le quaker sur la séparation fatale du poète d'avec le commun des hommes (Acte I).

Voici que cette séparation éclate, d'abord dans la peur de Chatterton d'être découvert par ses amis, puis dans son refus de prendre le thé avec les Bell. Arrivent les amis : lord Talbot ironise sur les relations soupçonnées entre Chatterton et Kitty, torturant ainsi le poète et troublant la jeune femme à qui le quaker finit par révéler les sentiments de Chatterton (Acte II).

Chatterton, seul dans sa chambre, persuadé de n'être pas aimé et incapable de terminer le manuscrit qui pourrait le sauver, se prépare au suicide. Le quaker essaie de l'en dissuader en lui faisant part de l'amour de Kitty. Lord Talbot offre au poète pauvre d'intervenir auprès du lord-maire Beckford, mais celui-ci, entrant dans l'appartement des Bell, exprime son mépris pour le travail du poète et lui offre une place de valet. Cette scène pousse Chatterton au désespoir ; il meurt en déclarant à Kitty son amour pour elle et en la suppliant de vivre pour ses enfants. Mais Kitty expire, brisée par le choc, dans les bras du bon quaker (Acte III).

Le drame est essentiellement celui du poète romantique – Vigny le souligne dans une préface (« Dernière nuit de travail ») où il démontre le rôle de l'imagination qui emporte le poète dans une « fuite sublime vers des mondes inconnus » : « élévation » nécessaire, voire fatale, qui l'oppose à la société comme le « martyr » au « bourreau » et le conduit au suicide. Chatterton, « homme spiritualiste étouffé par une société matérialiste », préfigure ainsi d'autres poètes maudits du XIXᵉ siècle (voir "l'Albatros", de Baudelaire, dans *les *Fleurs du mal*).

Dans son aliénation, cependant, le poète n'est pas seul. Il est rejoint par la femme, être faible, « esclave » de son mari, mais « sauvage » comme Chatterton. Hésitante, inquiète, Kitty est tout sentiments, déchirée, dans sa simplicité, entre l'amour et le devoir. Mère d'une part, femme aimante de l'autre, la question pour elle est « comment donc doit vivre une femme ? » (II, 4). Elle sait spontanément la réponse, prêtant de l'argent au poète pauvre, voulant tout lui offrir (II, 5), et risquant finalement de subir le même martyre que lui (III, 9). La bonté et l'amitié entourent ces deux « cœurs jeunes, simples et primitifs » en la personne du quaker qui réincarne le docteur Noir de *Stello*. Observateur compatissant, moins ironique que le docteur, cet homme religieux s'emploie à sauver les vies dans une lutte toujours inégale contre la brutalité et les froids calculs d'un John Bell, capitaliste moderne, et d'un Beckford, utilitariste intransigeant.

On dirait donc que *Chatterton* est surtout un drame d'idées. Cependant, la pièce possède des ressources dramatiques remarquables sur deux plans : psychologique avec la sensibilité de Kitty face au discours simpliste des hommes, et scénographique avec l'escalier menant à la chambre de Chatterton (domaine de l'art et de la mort) faisant contraste avec l'existence plate et bourgeoise des Bell. L'effet de ces oppositions – rehaussant l'univers des élus aux dépens du monde ordinaire – s'accentue à la fin de la pièce, où l'action se concentre autour de l'escalier, avec la mort libératrice du poète et le sacrifice de la femme. D'après ce que l'on sait, Marie Dorval, jouant le rôle de Kitty Bell, modifia la mise en scène prévue en se laissant glisser, mourante, le long des marches : c'était non seulement aller dans le sens du drame, mais lui donner aussi la touche finale propre à assurer son succès.

• Bologne, R. Patron, 1962 (p.p. L. Petroni) ; « GF », 1968 (p.p. F. Germain). ➤ *Œuvres complètes*, « Pléiade », I.

H. P. LUND

CHAUMIÈRE INDIENNE (la). Conte de Jacques-Henri **Bernardin de Saint-Pierre** (1737-1814), publié à Paris chez Didot le Jeune en 1790.

Le succès remporté par les **Études de la nature* et par **Paul et Virginie* incitait Bernardin de Saint-Pierre à profiter de la faveur dont il jouissait auprès du public. Auteur relativement lent, il ne lui offrit que des textes courts, réflexions morales et politiques (*Vœux d'un solitaire*, 1789), ou bien cette *Chaumière indienne* qui, en 1804, sera rééditée avec *Paul et Virginie* à la suite des *Études*. Durant les XIXᵉ et XXᵉ siècles, le conte sert à compléter, avec ou sans *le Café de Surate*, quelques-unes des innombrables rééditions de *Paul et Virginie* dont il partage l'exotisme tropical et une morale fondée sur les lois de la nature.

Une société encyclopédique anglaise commandite des voyages d'exploration à travers le monde. Le plus savant des voyageurs se rend aux Indes orientales en passant par tous les hauts lieux du savoir scientifique et religieux. Il accumule les documents les plus contradictoires. Avant de rentrer en Angleterre, il visite « le brame supérieur de la fameuse pagode de Jagrenat ou Jagernat ». L'entretien est plus que décevant : à toutes les questions, le brame répond en renvoyant le voyageur à l'institution religieuse. Revenant de la pagode, le docteur anglais est pris dans un typhon et trouve refuge chez un pauvre paria qui, seul, sans le moindre livre, est capable de répondre à ses interrogations : la vérité se trouve dans le cœur de l'homme simple.

Le conte rappelle la leçon des *Études de la nature* : l'enquête encyclopédique ne produit qu'un amas disparate et contradictoire de connaissances ; la raison livrée à elle-même ne peut déboucher que sur un savoir quantitatif et sur des questions insolubles. Le voyageur a rassemblé une collection d'éditions et de manuscrits qui compose « quatre-vingt-dix ballots, pesant ensemble neuf mille cinq cent quarante livres, poids de Troyes ». Une telle masse d'érudition reste lettre morte. Car, explique le paria, la vérité doit être cherchée avec un cœur simple, dans la nature, pour n'être communiquée qu'aux gens de bien. Il ajoute à ces principes généraux une leçon de morale pratique : « On n'est heureux qu'avec une bonne femme. » L'authenticité individuelle l'emporte sur toutes les théories, toutes les institutions, toutes les abstractions.

L'originalité du conte, liée peut-être au contexte de la Révolution, réside dans la violente satire de l'Église et dans la critique sociale. Le grand brame est entouré d'un luxe et d'un décorum qui le séparent du commun des mortels et l'isolent des fidèles. La conversation se déroule par l'intermédiaire d'une cascade de traducteurs. La foi et la morale de ces gens apparaissent comme purement formelles : soumission à des dogmes et à des rites sans réelle épaisseur spirituelle. La lourdeur cérémonielle n'est que le masque de la cupidité et de la corruption.

À cette satire du clergé et de sa théologie s'ajoute une dénonciation des injustices sociales : le paria fait l'expérience des exclusions et le voyageur peut constater que ses accompagnateurs indigènes refusent malgré l'orage de pénétrer chez un impur. La critique ne va pourtant pas jusqu'à réclamer l'abolition des castes ; elle se transforme en apologie de la vie simple et rurale contre l'existence frelatée et artificielle dans les villes.

La brièveté du conte lui confère une ironie et une efficacité narrative qui manque parfois à *Paul et Virginie*. Bernardin trempe même sa plume dans l'encrier voltairien lorsqu'il accumule les noms des lieux prestigieux visités par le docteur anglais ou les arbres exotiques qui bordent les neuf avenues de Jagrenat. À travers cette histoire amusante et mordante, on peut imaginer un Bernardin en phase avec une Révolution qui ne demandait qu'à l'honorer, pourfendant l'Infâme et la division de la nation en trois ordres. Son évolution ultérieure occultera un tel aspect au profit de l'écrivain bien-pensant.

M. DELON

CHEF-D'ŒUVRE INCONNU (le). Voir RECHERCHE DE L'ABSOLU (la), d'H. de Balzac.

CHEMIN DES ORDALIES (le). Récit d'Abdellatif **Laâbi** (Maroc, né en 1942), publié à Paris chez Denoël en 1982.

Incarcéré et torturé au Maroc pour délit d'opinion en 1972, puis condamné à dix ans de détention, Abdellatif Laâbi n'a été libéré qu'en juillet 1980, après une vaste mobilisation internationale et l'attribution à l'ancien animateur de la revue *Souffles* du prix de la Liberté du Pen club français. Tandis que la correspondance réunie dans les *Chroniques de la citadelle d'exil* (1983) restitue le quotidien brut de l'épreuve, *le Chemin des ordalies* fait le récit élaboré de cette sortie de prison. S'y élève une voix dédoublée en laquelle la redécouverte tâtonnante de la liberté le dispute à l'obsession des souvenirs de l'univers carcéral.

De manière imprévue, le « vieux loup des mers carcérales » est rendu « à l'extérieur ». Cependant que s'accomplissent les formalités de levée d'écrou, puis durant le trajet en voiture vers sa maison, il adresse par la pensée le vertige de ce moment à sa compagne, et à ses enfants. Au souvenir de la séparation, se mêle dans sa « mémoire trouée » la reviviscence des interrogatoires et de leur violence bestiale (chap.1). C'est alors qu'il décide de se mettre à raconter pour analyser la « déflagration » que produit l'événement (2). Le premier réveil au domicile familial, presque une décennie après son arrestation, lui semble tenir du prodige et le désempare. Aussi ne peut-il s'empêcher de se retourner vers ses nombreuses habitudes carcérales (3). Le premier bain de foule fait tanguer son corps. Tandis qu'il cherche à réinvestir les lieux de sa ville, la rencontre d'un pseudo-ami, puis celle d'un de ses anciens tortionnaires, le fait de nouveau « happer » par ses prisons (4). Ce sont ensuite les retrouvailles avec les enfants qu'il n'a pas vus grandir (5), puis le pèlerinage à Fès, la ville natale où l'attend son père. Il avance alors « dans le corps houleux » de sa mémoire et va se recueillir sur la tombe de sa mère, morte durant sa détention. Si le sens de son combat ne l'a jamais quitté, se pose néanmoins à lui, avec une acuité accrue, la question du « Que faire [pour] donner l'assaut au règne de barbarie ? » (6-7). Une seule certitude se dégage : il s'agit au moins de continuer à parler « à ceux qui peuvent encore entendre le cri de l'homme » (Épilogue).

« J'ai une terrible passion du futur », écrivait Laâbi dans *L'arbre de fer fleurit* (1974). C'est elle, assurément, qui lui a permis d'endurer la prison sans jamais se renier ni perdre de sa dignité. C'est elle, également, qui l'accapare dès qu'il renoue avec la réalité inacceptable de son pays en particulier, et du tiers monde en général. Certes, « l'espoir est un dur métier », certes il faut interroger l'expérience et tirer les leçons des défaites, mais le feu sacré du rêve est resté intact, de même que le compagnonnage avec le Chilien Victor Jara, mort sous la torture en 1974, dont l'évocation émue porte la foi inébranlable en un avenir où « les hommes vaincront le péché originel de ce monde, restaureront la paix, feront de notre planète un satellite naturel émettant vers les galaxies proches et lointaines le plus profond message humain, l'amour de vivre, l'amour d'aimer, l'amour du don intégral ».

Une sérénité se conquiert ainsi, pas à pas, à travers le dialogue avec soi-même. En dépit des contradictions et des tourments, elle résorbe le monde du décalage entre le monde carcéral et l'univers extérieur, et se fait acte d'amour et don, à l'image de celui de « la petite fille devenue soleil » dont Laâbi raconte l'histoire à sa benjamine. Pour cet « illuminé de l'écriture », l'utopie saurait en effet d'autant moins abdiquer que son itinéraire est partagé par Awdah, la compagne fidèle du bonheur et du malheur, à laquelle il dédie des pages d'un lyrisme brûlant.

L. PINHAS

CHEMINS DE LA LIBERTÉ (les). Trilogie romanesque de Jean-Paul **Sartre** (1905-1980). Elle comprend : *l'Âge de raison*, *le Sursis*, publiés à Paris chez Gallimard en 1945, et *la Mort dans l'âme*, publié en plusieurs livraisons dans *les Temps modernes* de décembre 1948 à juin 1949, et en volume chez Gallimard en 1949. Du quatrième volume, qui devait s'intituler « la Dernière Chance », ne parurent dans *les Temps modernes* de novembre et décembre 1949 que deux chapitres sous le titre « Drôle d'amitié ».

Historiquement d'abord, la parution des deux premiers volumes (composés entre 1938 et 1945) a valeur de symbole : anticipant d'un mois la conférence légendaire sur l'existentialisme (*L'existentialisme est un humanisme*) et le premier numéro des *Temps modernes* (octobre 1945), *l'Âge de raison* et *le Sursis* participent de la construction du phénomène existentialiste et du phénomène Sartre. Littérairement ensuite, les deux volumes assument le versant romanesque de l'œuvre sartrienne en parachevant ce qui n'était encore, avec *la *Nausée* et *le *Mur*, que les éléments prometteurs d'une œuvre à laquelle manquait la confirmation par une création incontestable dans la hiérarchie des genres : le roman.

Toutefois, l'histoire des *Chemins de la liberté* est aussi celle d'un projet sans suite, révélatrice en cela d'un mode de fonctionnement, entre emballement et inachèvement, propre à Sartre jusqu'à l'**Idiot de la famille* inclusivement. Renonçant à achever le cycle, Sartre s'expliquera sur cet échec, en 1959 : « Le quatrième tome devait parler de la Résistance. Le choix était alors facile. [...] C'était noir ou blanc. Aujourd'hui la situation s'est compliquée [...] je ne puis exprimer les ambiguïtés de notre époque dans ce roman qui se situerait en 1943. » Aux prises avec l'historicité, moteur essentiel du roman, dont l'irruption chez un écrivain jusque-là peu concerné par les soubresauts de l'histoire va modifier radicalement l'œuvre et la pensée, le cycle des *Chemins de la liberté* trouvera donc la raison de son inachèvement dans le projet même qui en a suscité l'entreprise. Pour comprendre ce projet, et pour mesurer la dynamique de la pensée sartrienne, il faut remonter aux origines, à ce plus large programme tôt conçu comme un ensemble cohérent en trois étapes que trace Sartre dès les années trente. D'abord *la Nausée*, ou le dévoilement de l'existence, puis *le Mur*, qui met les individus particuliers face à l'existence, enfin le roman aux personnages multiples, dont le thème central est la liberté et qui, au regard des romans-fleuves des années trente, montrait à Sartre les possibilités qu'on pouvait tirer de ces vastes compositions. De même, les nombreux articles des années 1938-1939 consacrés à des romanciers (Dos Passos, Mauriac, Faulkner, Nabokov) attestent – au moment d'entreprendre la rédaction de *l'Âge de raison* – le souci d'interroger à la fois la nature et les techniques du roman pour les articuler sur une préoccupation philosophique. Dans ces conditions, peut-être faut-il considérer, au-delà de son inachèvement, *les Chemins de la liberté* d'une part comme le laboratoire d'une expérience romanesque, et d'autre part comme la chrysalide d'une métamorphose décisive qui transforma un auteur apolitique et individualiste en un écrivain polygraphe profondément engagé dans l'Histoire.

L'Âge de raison. L'action se déroule sur quarante-huit heures, en juin 1938. Mathieu Delarue, trente-quatre ans, professeur de philosophie apprend de sa maîtresse, Marcelle, qu'elle attend un enfant de lui. Convaincu que, comme lui, Marcelle n'en veut pas, Mathieu s'emploie à chercher l'argent nécessaire à l'avortement. Or Mathieu s'est dépris de Marcelle et se sent attiré par Ivich, une jeune fille de vingt ans, la sœur de son ancien élève Boris, lui-même l'amant d'une chanteuse plus âgée que lui, Lola. Brunet, un militant communiste, tente de le convaincre de s'inscrire au Parti. Mais, ressentant douloureusement l'écart entre ses préoccupations personnelles et les problèmes collectifs, Mathieu ne parvient pas à se sentir « dans le coup », ne voit en lui-même qu'un type qui, sous prétexte d'être libre, s'est « sournoisement confectionné un médiocre et solide bonheur d'inertie », tandis que Brunet a choisi de donner un sens à sa vie. Son frère Jacques, bourgeois bien-pensant et sentencieux, ne consent à lui prêter la somme que s'il se marie. Homosexuel honteux, Daniel, un ami de Mathieu, déambule dans les quartiers interlopes ; tout en aspirant à la paix des « hommes de bonne volonté », il s'enivre de la pensée qu'il peut exercer contre eux sa méchanceté, s'humilier en humiliant les autres : il poussera Marcelle, de qui il apprend qu'elle veut garder l'enfant, à épouser Mathieu. Au cours de la nuit, à demi sous l'emprise de la drogue, Lola, qui craint d'être trop vieille pour Boris, a tenté de se suicider. Mathieu qui s'est chargé de récupérer des documents dans l'appartement de Lola, que tous croient morte, se résigne à lui voler les cinq mille francs. Chez Marcelle, une violente explication aboutit à leur rupture. Cependant, Daniel, incapable d'accepter son homosexualité ni de se suicider, trouve par masochisme et besoin d'expiation un moyen « d'être mort » : il épousera Marcelle. Il s'en ouvre à Mathieu. Daniel a agi ; Mathieu, lui, n'a été « dans toute cette histoire que refus et négation ». Une vie pour rien.

Le Sursis. Si la guerre d'Espagne servait de toile de fond au premier tome, dans *le Sursis* l'événement historique et ses répercussions sur les individus sont envisagés simultanément, dans toute l'Europe. L'action se déroule sur une semaine, du 23 (mobilisation générale en Tchécoslovaquie) au 30 septembre 1938 (accords de Munich). À Godesberg, en Allemagne, les entrevues Hitler-Chamberlain sont suspendues ; sous les attitudes officielles des politiques, on peut suivre leurs réactions intimes. Près de Prague, Milan Hinkla attend l'arrivée des nazis dans son village. En Provence chez son frère Jacques, Mathieu trompe le temps en faisant la cour à sa belle-sœur. À Paris, Brunet milite contre les pacifistes. Daniel, qu'exaspère la grossesse béate de Marcelle, souhaite la guerre : il frétillera « dans cette mer de haine ». La mobilisation est décrétée en Tchécoslovaquie (23 septembre). On affiche la mobilisation des réservistes français. Pour Mathieu l'avenir vient de buter contre cette évidence : « Toutes les vies sont ratées, toutes les vies sont mortes. » Il est mobilisé au même titre que Gros-Louis, qui manque d'être déserteur faute de savoir lire, que Maurice le mécano, militant communiste, François Hannequin, pharmacien à Saint-Flour obnubilé par sa musette, ou Weiss, un juif heureux de combattre contre les nazis. Philippe, adolescent révolté, s'enfuit de chez lui pour se vouer en « martyr » à la paix (24/25 septembre). Des paralysés sont évacués de l'hôpital de Berck ; l'un d'eux, Charles, s'éprend d'une autre malade, Catherine. Ils seront brusquement séparés. Daladier songe que, « comme [au] bougnat du coin », « les événements lui échappent », comme ils échappent à Gros-Louis, à Zézette, à Ivich, à tous. Au Sportpalast, Hitler prononce un discours ultimatum entendu dans toute l'Europe : chacun réagit selon ce qu'il pressent de paroles qui ne sont pas traduites (26 septembre). Devant le Pont-Neuf, Mathieu prend conscience que « la liberté c'est l'exil et je suis condamné à être libre ». Que faire de cette liberté ? Boris, lassé de son existence précaire, décide de s'engager. Ivich se jette à la tête d'un inconnu, Philippe est renvoyé par la police chez son beau-père (27/28 septembre). À Munich, les pourparlers reprennent : la Tchécoslovaquie de 1918 a cessé d'exister et Chamberlain bâille (29 septembre). On montre une photo de journal à Gros-Louis : c'est la paix. Gomez pense : « Les salauds. » Grosse joie flasque des uns, hébétage, accablement des autres ; Mathieu estime que « c'est la journée des dupes » et Daladier, devant la foule qui l'acclame à l'aéroport du Bourget, murmure : « Les cons. »

La Mort dans l'âme. Le titre définit bien le sentiment dominant dans les derniers jours de juin 1940. Tandis que dans Paris occupé, Daniel jouit par masochisme de la défaite et entreprend, puisque « tout est permis », de séduire Philippe qui a déserté, alors que de Marseille Boris va s'envoler pour Londres, après avoir abandonné Lola et Ivich, un groupe de soldats dont fait partie Mathieu s'est replié dans un village, Padoux. Ballottés de la honte d'être pour toujours les « vaincus de 40 », au soulagement et au désir d'accomplir tout de même quelque chose, ils vivent au jour le jour entre inactivité et désarroi. Ils finiront par être engagés dans une escarmouche, pour retarder de quelques minutes l'avance allemande. Arme au poing, Mathieu découvrira en partie la solidarité, la valeur de l'action collective, mais son héroïsme demeure dérisoire et sa liberté est une liberté pour rien, parce qu'elle est uniquement destructrice. La deuxième partie, centrée sur le personnage de Brunet, montre une autre face de la liberté. Elle ne se confond pas avec l'héroïsme gratuit et individuel, elle est orientée par un but, de nature politique. Au milieu de l'avachissement général d'un camp de prisonniers, le militant communiste qu'est Brunet tente un regroupement des forces de résistance. Ils sont quelques-uns à refuser la résignation du « troupeau des vaincus » : d'abord, bien sûr, d'autres militants du Parti. Mais aussi un certain Schneider, vaguement sympathisant, dont le passé politique demeure mystérieux. Les objections que lui adresse Schneider vont d'ailleurs peu à peu arracher Brunet à sa raideur dogmatique. Lentement, difficilement, non sans avoir lui aussi « la mort dans l'âme », il passera de la discipline abstraite du Parti à la compréhension des rapports humains.

[Drôle d'amitié] : « la Dernière Chance ». Dans le stalag où ont été transférés les prisonniers, arrive un communiste, Chalais, qui reconnaît en Schneider le journaliste Vicarios qui avait quitté le Parti au moment du pacte germano-soviétique. Par ailleurs Chalais reproche à Brunet d'avoir donné une tournure gaulliste à sa lutte et indique que la ligne du Parti serait celle de la collaboration. Déchiré et indigné, Brunet s'évadera avec Vicarios. Cette fuite scellera leur « drôle d'amitié ». Mais Vicarios est tué et Brunet repris : ils ont été « donnés ».

L'illusion de l'« observateur absolu » en moins, on pourrait dire des Chemins de la liberté qu'ils sont à la défaite de 1940 ce que les *Thibault avait été à la guerre de 1914, comme si Sartre, dont le projet en fut conçu au moment même où le genre triomphait avec la *Chronique des Pasquier et les *Hommes de bonne volonté, avait repris la tradition du roman-fleuve pour en épuiser les possibilités. C'est donc d'une fresque qu'il s'agit, consacrée à « l'un des plus beaux effondrements humains de l'Histoire », conçue au départ comme un triptyque qui devait, selon le prière d'insérer rédigé par Sartre, « retracer le chemin qu'ont suivi quelques personnes et quelques groupes sociaux entre 1938 et 1944. Ce chemin les conduira jusqu'à la libération de Paris, non point peut-être jusqu'à leur propre ». Trois volumes, donc, et trois moments fondamentaux : l'Âge de raison, ou les prodromes d'une crise générale vue à travers la crise individuelle, d'ordre métaphysique, d'un personnage « problématique » et au travers de l'aboulie, de la lucidité paralysante d'un groupe exemplaire de la société française. Le Sursis, tout entier consacré à la crise de Munich (qui n'est pas sans faire songer à la Chronique de septembre de Nizan), correspond à cette irruption de l'historicité dans l'existence de chacun qui sera ainsi analysée parallèlement dans Qu'est-ce que la littérature ? (voir l'*Idiot de la famille) : « Notre vie d'individus [...] était gouvernée jusque dans ses plus petits détails par des forces obscures et collectives. » Puisque pour Sartre « le survol qu'aimaient tant pratiquer nos prédécesseurs était impossible », c'est ce point de vue collectif qui sera privilégié – on ne compte pas moins de cent sept personnages dans ce deuxième volet –, servi par une technique narrative empruntée au roman américain (notamment à Manhattan Transfer, de Dos Passos), le « simultanéisme », qui fragmente la saisie impossible de l'événement en une multitude de regards isolés, incapables de le totaliser, comme si était multiplié à l'infini le point de vue de Fabrice à Waterloo (voir la *Chartreuse de Parme). La Mort dans l'âme, enfin, faute d'un quatrième volet qui, achevé, aurait permis de donner un sens complet et définitif à l'œuvre, est la chronique d'une débâcle (par certains aspects l'œuvre de Sartre rejoint celle de Zola). Le point de vue demeure celui du réalisme subjectif, mais revient aux individualités envisagées en deux cycles : celui de Mathieu et celui de Brunet. Avec le premier, on assiste à la destruction systématique de toutes les valeurs humaines, à travers la scène du clocher qui clôt la première partie : « Il tira sur le bel officier, sur toute la beauté de la Terre, sur la rue, sur les fleurs, sur les jardins, sur tout ce qu'il avait aimé. » Le second cycle, c'est « la descente aux enfers d'un groupe » (G. Idt), mais aussi le cheminement difficile d'un militant communiste vers un désir de fraternité, sans pour autant basculer vers celle, métaphysique, de l'*Espoir ni celle, humaniste, de la *Peste. On peut lire aussi ce dernier volume comme l'écho décalé dans le temps des rapports difficiles de Sartre en 1948-1949 avec le Parti, et particulièrement à propos de « l'affaire Nizan » introduite dans le roman par le biais du personnage de Schneider.

Au total, les Chemins de la liberté s'inscrivent comme un témoignage exemplaire – en ceci qu'il est totalisant – parmi une production abondante au lendemain de la Libération :

que l'on songe à *Mon village à l'heure allemande de J.-L. Bory, au Week-end à Zuydcoote de R. Merle, aux Grandes Vacances de F. Ambrière, etc. Mais là où la littérature du témoignage porte souvent sur une expérience anecdotique, ou du moins documentaire et individuelle, les Chemins de la liberté se doublent d'une ambition philosophique associée à une écriture romanesque originale.

« Roman existentialiste », il oppose aux exaltations romantiques ou à l'esthétisme détaché des années trente l'affaissement des valeurs dont s'est nourrie cette période et la débâcle paralysante de l'anodin. Il n'arrive rien dans l'Âge de raison, sinon que les personnages sont les spectateurs passifs du quotidien amorphe dont leur existence est faite : soucis d'argent, grossesse inattendue, amours désolantes. Toute une thématisation de l'amollissement – mélange infect de matière et de conscience – est à l'œuvre dans les trois volumes, et ce n'est pas un hasard que l'hygiène et la santé soient les signes par lesquels Brunet repère les militants communistes au milieu de la crasse poisseuse des prisonniers dans la Mort dans l'âme. La guerre elle-même ne sera pas le temps de l'épopée – on est loin du mythe de l'héroïsme collectif que la mystique résistante tenta d'imposer au lendemain de la Libération – mais, soit un éparpillement d'instants vécus par des consciences inaptes à comprendre le sens de ce qui arrive – le « simultanéisme », cet affolement de l'écriture, restituant techniquement celui des subjectivités – soit une durée navrante étirée entre système D et désœuvrement dominical. Mathieu promènera ainsi dans « le civil » et sur le front le fardeau d'une liberté écrasante et impondérable qu'il ne saura jamais où poser. Quant à Brunet, si le Parti lui tient lieu d'espoir et d'exaltation, il comprendra que les jeux sont truqués et que son engagement s'est fait au détriment de l'être : les deux chapitres de Drôle d'amitié le montrent pris au piège par le Parti et acculé à l'évasion. Certes, le roman est hanté par l'idée d'une morale à construire, envisagée comme un cheminement balisé par une direction cardinale, la liberté (dont on retrouvera les prolégomènes dans les Cahiers pour une morale, eux aussi inaboutis). Mais, faute d'avoir indiqué comment combler le vide créé entre une liberté vécue comme une dimension accablante de l'être et une libération authentique, le roman n'en explore que la partie critique déclinée en désinences démystificatrices et nauséeuses. Ce dont Mathieu fait l'expérience, dans l'Âge de raison, au titre significativement ironique, c'est des égarements et des impasses d'un être à la recherche du sens de sa liberté, avançant non par conquêtes progressives mais par mises en causes radicales. Tant et si bien que lorsqu'il crie « je suis libre », Sartre ajoute « il était pur », c'est-à-dire qu'il n'est plus rien. Dans ces conditions, on serait tenté de dire que les Chemins de la liberté poursuivent plus radicalement encore la contestation entreprise dans la Nausée. La contestation de Roquentin ne portait au fond que sur les objets que sa conscience lui donnait, celle de Mathieu va plus loin en portant sur la conscience elle-même. Et si Mathieu poursuit la marche de crabe de Roquentin, c'est pour détruire la question laissée en suspens dans la Nausée : « Que faut-il recommencer ? », semblait demander Roquentin. Mathieu répond en saisissant un fusil et en tirant, la « mort dans l'âme », sur tout ce à quoi il n'a pas pu répondre.

Si pourtant les Chemins de la liberté n'ont pas la puissance agressive de la Nausée, c'est peut-être parce que le récit d'une crise ne se double pas ici d'une crise du récit. Mais ne nous y trompons pas. D'une part, les Chemins de la liberté sont un dialogue narquois avec les « pères » : au Gide des *Faux-Monnayeurs, Sartre emprunte pour les subvertir une trame, le rapport au vieillissement, et une optique, la modalité des points de vue ; à Jules Romains une technique, le roman-fleuve, et une thématique satirisée, « l'homme de bonne volonté ». D'autre part, lorsqu'il affirme que l'Âge de raison est raconté « comme on fait d'ordinaire », il faut entendre tout sauf un retour à l'illusion du narrateur omniscient. Sartre a trop reproché aux romanciers de se prendre pour Dieu (on se souvient du cinglant « Dieu n'est pas un artiste ; M. Mauriac non plus »). Aussi, comme en bonne logique phénoménologique toute conscience est conscience *de* quelque chose, le monde ne peut apparaître qu'à des sujets rigoureusement situés. Dès lors, la technique qui s'impose dans l'œuvre est celle du réalisme subjectif, déjà adoptée par les romans anglo-saxons que Sartre a médités. Apprenant ce qu'ils vivent peu à peu, les personnages réfutent toute la mécanique du récit où s'enchaînent causes et effets. *Les Chemins de la liberté* illustrent donc cette théorie du roman développée dans *Situations I* : « Dans le roman les jeux ne sont pas faits, car l'homme romanesque est libre. Ils se font sous nos yeux ; notre impatience, notre ignorance, notre attente sont les mêmes que celles du héros. » Le procédé sera systématisé dans *le Sursis*, pour faire passer le roman « de la mécanique newtonienne à la relativité généralisée ». D'où cette effervescence créatrice qui fait de ce roman un kaléidoscope affolé où, loin d'être un simple artifice, le « simultanéisme » s'articule sur le mode même d'une connaissance.

On aura beau jeu de dire que *les Chemins de la liberté* se soldent par un échec. Certes, à considérer le roman comme une totalité achevée, l'œuvre ouverte que constituent les trois romans, constamment relancée par une interprétation rétrospective du passé, ne pouvait trouver dans son principe d'organisation que la raison de sa béance. S'il est vrai par ailleurs que le Nouveau Roman a davantage innové dans une perspective plus conforme à celle tracée par *la Nausée*, au point d'ailleurs de courir le risque de faire éclater la forme romanesque à l'aide du roman même, il n'en reste pas moins que l'entreprise romanesque de Sartre s'impose au moins autant par une technique d'écriture fondée sur la temporalité de l'imprévisible, que par la richesse et la diversité des personnages aux prises avec ce que Sartre appelle lui-même « l'âge fondamental ».

● « Folio », 3 vol., 1972-1976. ➤ *Œuvres romanesques*, Club de l'honnête homme, II, III et IV ; *id.*, « Pléiade ».

J.-M. RODRIGUES

CHÊNE ET CHIEN. Voir SI TU T'IMAGINES, de R. Queneau.

CHÊNES VERTS (les). Roman de Sylvie **Caster** (née en 1952), publié à Paris aux Éditions BFB en 1980.

La mère met au monde une enfant attardée, Hélène. Humilié par une belle-mère autoritaire, le père retourne chez sa mère, Mima, qui « fait saigner de la parole à ne pas dire ». La narratrice apprend la solitude dans la grande maison, transformée en annexe de la pharmacie maternelle. Hélène est une marque de l'élection divine, affirme Mima, qui, néanmoins, tente de dissimuler la tare familiale. En butte au sadisme de son institutrice, confrontée à l'affaiblissement de sa grand-mère et à la déchéance progressive d'Hélène, la narratrice sombre dans le désespoir. Le père fait placer la grand-mère dans un « mouroir » pour vieux et Hélène dans un centre pour « déchets ». La grand-mère morte, le père revient en despote. Mais la narratrice ne supporte plus de vivre et tente de se suicider. On l'interne dans un asile où elle demeure rétive aux traitements des psychiatres.

Dans ce féroce récit à la première personne, Sylvie Caster trouve des tons céliniens pour peindre l'horreur d'une existence où ne subsiste plus aucune raison d'espérer. La langue parlée, la syntaxe elliptique et cahotante, l'art de la formule signifiante font du texte une remarquable exploration de la misère morale, qui exclut tout lamentation élégiaque. La situation spatio-temporelle importe peu : on comprend que l'action se déroule non loin d'Arcachon. Mais, au travers du regard de la jeune narratrice, l'intérêt se focalise sur la figure de l'enfant née idiote, sans raison apparente, désarmante parce que si jolie et si avide d'amour. Enfermée dans son mutisme, Hélène incarne, poussée à sa limite, l'incarcération générale dans un uni-

vers privé de tendresse, d'où sont exclus les marginaux, les vieux, ainsi que les révoltés de l'existence. Le récit progresse dans l'horrible jusqu'au moment où, murée dans un univers kafkaïen, la narratrice découvre à l'asile la férocité du corps médical. Tous les repères s'effondrent dans une société où il faut choisir entre la violence des mal aimés (telle la mère) et la claustration volontaire ou subie. La satire de la bonne conscience inspire à l'auteur le portrait acide de Mima ; mais tous les personnages, quelque lucides qu'ils soient, souffrent du mal contemporain, d'une irrémédiable et fatale incompréhension d'autrui.

● « Le Livre de Poche », 1982.

V. ANGLARD

CHERCHEUR D'AFRIQUES (le). Roman d'Henri **Lopès** (Congo, né en 1937), publié à Paris aux Éditions du Seuil en 1990.

Ce roman est incontestablement l'œuvre la plus personnelle d'Henri Lopès, qui s'est largement inspiré de son propre cheminement pour écrire cette quête identitaire poursuivie depuis les berges du Congo jusqu'à la Nantes.

André, un jeune étudiant, écoute dans une salle de cinéma nantaise la conférence que donne le docteur Leclerc. André est un métis né d'un père français, commandant de cercle, et d'une mère congolaise. Cette dernière, après le départ du père d'André, s'est remariée avec Joseph Veloso, un métis que l'enfant a accepté pour père. Continuant ses études en Europe, André cherche à retrouver son véritable père, disparu peu après sa naissance et dont il n'a aucune nouvelle si ce n'est qu'il est devenu médecin. En France, André retrouve le fantasque et sportif Vouragan, son ami, son « frère ». Il rencontre également Kani la Guinéenne mais aussi Fleur, la femme aux yeux verts (comme André) qui se révélera être sa demi-sœur. Ayant retrouvé la trace de son père et après avoir assisté à sa conférence, André va consulter le docteur Leclerc sous un nom d'emprunt et les yeux masqués par des lunettes. Au moment de prendre congé, André tombe le masque : il salue le médecin et son épouse venue le raccompagner d'un « au revoir papa, au revoir maman »… La nuit suivante le docteur Leclerc succombe à une crise cardiaque.

Abandonnant le militantisme immédiat de ses premiers livres (**Tribaliques*, 1971, ou *la Nouvelle Romance*, 1976), Henri Lopès avait souhaité une écriture éclatée plus ambitieuse pour dénoncer les déviations du pouvoir dans *le *Pleurer-rire* (1982). Avec *le Chercheur d'Afriques*, il poursuit dans cette voie. Les séquences « françaises » et « africaines » s'y enchevêtrent dans une narration qui paraît suivre les aléas et les fragilités de la mémoire.

Quoique l'auteur, lui-même métis, se défende d'une inspiration autobiographique, bien des aspects permettent néanmoins de rapprocher le personnage principal du romancier, qui ne refuse pas la confrontation puisqu'il recourt à un « je » clairement affirmé dès les premières lignes du texte. Le métissage est en effet au centre des préoccupations de ce livre, qui dès son titre – avec le « s » du mot « Afriques » – énonce la pluralité d'un continent et la diversité d'une quête. Avec gravité, mais non sans humour, Henri Lopès conte les mésaventures d'un métis, sans cesse affublé des sobriquets les plus divers (« Mouroupéen », « Blanc-manioc » ou « mal blanchi » au Congo, il devient « Sidi cacahuète » ou « bicot » en France), et qui déplore : « Là-bas on montrait le *moundélé* du doigt, ici on ricane au moricaud. »

Au-delà de la recherche du père, ce roman est aussi l'occasion d'une évocation tendre et nostalgique d'une époque que le romancier s'efforce de restituer dans sa quotidienneté. Le climat politique (le roman se situe pendant la guerre d'Algérie) de même que l'ambiance musicale (le jazz, en particulier, rythme la vie et les amours de ses personnages) apportent une authenticité bienvenue à l'intrigue.

Henri Lopès offre ici un livre très personnel, sans nul doute nécessaire et longuement mûri ; un livre charnière dans une œuvre que les importantes fonctions de l'auteur (successivement ministre, puis Premier ministre de son pays, avant d'être nommé sous-directeur pour la culture à l'Unesco) n'ont pas toujours permis de développer à sa guise.

B. MAGNIER

CHERCHEUR D'OR (le). Roman de Jean-Marie Gustave **Le Clézio** (né en 1940), publié à Paris chez Gallimard en 1985.

Originaire d'une famille de Bretagne émigrée à l'île Maurice au XVIIIe siècle, Le Clézio opère dans ce roman, dédié à son « grand-père Léon », une reconstruction imaginaire de la mémoire familiale – entreprise que le *Voyage à Rodrigues* (1986) poursuivra sous la forme d'un journal situé dans le même cadre géographique. Chasse au trésor comme son nom l'indique, mais aussi histoire d'amour entre un homme et la mer, le roman ne participe que très superficiellement d'un imaginaire illustré par Stevenson ou Conrad : les éventuelles influences de Le Clézio seraient plutôt à chercher du côté d'un romanesque poétique à la Segalen (voir *les *Immémoriaux*).

Alexis L'Étang, le narrateur, est au début du roman un enfant de huit ans qui habite l'île Maurice avec sa sœur Laure, son père et « Mam » sa mère. Il mène une vie à demi sauvage au bord de la mer, explorant, en compagnie d'un jeune indigène de son âge, des lieux enchanteurs et mystérieux dont « Mananava » est l'emblème le plus fascinant. Mais les affaires de son père vont mal. Ce dernier, qui venait de réaliser un vieux projet d'installation d'une centrale électrique, voit tous ses espoirs réduits à néant par un ouragan. La famille, ruinée, part s'installer en ville, à Forest Side, loin de la mer. C'est alors que le père parle pour la première fois à son fils du « Corsaire inconnu », qui « n'a rien laissé que la carte d'une île sans nom, et un cryptogramme écrit en signes cunéiformes ». Mais la famille est pauvre, et mène désormais une existence morne. Quelques années plus tard, après la mort du père, Alexis s'embarque sur un navire en partance pour l'île Rodrigues, dont il est sûr qu'elle cache le trésor du corsaire. Il y reste de 1911 à 1914, et, au cours de ses explorations aussi vaines qu'acharnées, il rencontre Ouma, une jeune indigène qui devient sa compagne.

Après s'être engagé comme volontaire dans l'armée britannique, il se bat dans la Somme jusqu'en 1918, puis retourne à Forest Side auprès de Mam et Laure. Il prend un emploi de bureau, mais ne peut s'empêcher d'effectuer un nouveau séjour à l'île Rodrigues, où il reste jusqu'en 1921. Rentré à Forest Side, il devient contremaître. Des émeutes éclatent alors dans les plantations, et la situation dans l'île devient confuse. Alexis retrouve Ouma, qu'il perd presque aussitôt. Enfin, il retourne à Mananava, lieu de son enfance, « l'endroit le plus mystérieux du monde », « où les hommes ne s'aventurent jamais » : il a compris désormais toute l'inanité de sa chasse au trésor, et n'aspire plus qu'à se reposer dans le spectacle de la beauté du monde.

Alexis le chercheur d'or appartient à cette famille d'éternels enfants-adolescents dont les romans et nouvelles de Le Clézio déclinent le pouvoir de contemplation effusive : comme Mondo (voir **Mondo et Autres Histoires*), Lullaby ou Naja Naja, la fille énigmatique du *Voyage de l'autre côté*, il aspire à une connivence privilégiée avec toutes les manifestations de la matière. En quêtant un improbable trésor, dont les indigènes dénoncent à l'envi la vanité, il brisera coupablement l'évidence enfantine d'un corps voué de toutes parts au cosmos.

Deux logiques régissent le roman, et contribuent à l'écartèlement prolongé du personnage : la poursuite acharnée d'un objectif matériel, et le désir de réappropriation d'un paradis perdu. Toute l'illusion du narrateur consiste à croire en leur convergence possible : s'il se lance à corps perdu dans la recherche du trésor, c'est pour permettre à la famille de rentrer dans ses droits, en rachetant la terre des errances et des explorations enfantines. Alexis ne prendra la mesure de la contradiction que dans les dernières pages : l'enfance ne peut être retrouvée au prix d'une agression avidement et obsessionnellement infligée à la nature (« Ces coups de sonde dans la terre, ces travaux de déplacement de rochers, tout cela était une profa-

nation »). Toutes les médiations volontaristes forgées par l'adulte ne sauraient retrouver la moindre parcelle d'enfance : car l'enfance ne se reconquiert pas, elle éclôt immédiatement chez qui n'interpose pas entre soi et le spectacle du monde un permanent souci d'appropriation (« Depuis que j'ai compris le secret du plan du corsaire inconnu, je ne ressens plus en moi aucune hâte »).

Au regard de cette conclusion, les scansions spatiales et temporelles qui organisent le roman – « Vers Rodrigues, 1910 », « Rodrigues, 1911 », « Mananava, 1922 »… – n'ont plus qu'une valeur superficielle et presque dérisoire : les vicissitudes objectives de l'existence importent moins que le mouvement rétroactif par lequel le héros comprend et approfondit une évidence originale. Au temps des hommes, au tragique des événements et aux aléas historiques, se substitue le temps « sans mesure » du regard, et l'appel à un ailleurs éminemment lisible et pacifié : « De l'autre côté du monde, dans un lieu où l'on ne craint plus les signes du ciel, ni la guerre des hommes. »

● « Folio », 1988.

P. MARI

CHÉRI. Roman de Sidonie-Gabrielle Colette, dite **Colette** (1873-1954), publié à Paris en feuilleton dans *la Vie parisienne* du 3 janvier au 5 juin 1920, et en volume chez Fayard la même année.

Conçu par Colette dès 1912, le personnage de Chéri s'inscrit tout d'abord dans un projet théâtral. Lorsque, en 1919, l'écrivain reprend *Chéri*, c'est pour en faire une œuvre romanesque. Le récit de *Chéri* n'est nullement autobiographique mais la réalité vécue est venue, après coup, donner à la fiction un accent de vérité : « Une création littéraire peut comporter une part de magie », écrit l'auteur dans la Préface de 1949. Ce n'est en effet qu'après la publication du roman que commença la liaison de Colette avec son beau-fils Bertrand de Jouvenel, âgé de dix-sept ans ; ce dernier apportera son témoignage dans *la Vérité sur « Chéri »* : « C'est […] un personnage qu'elle avait inventé. Et, plus tard, elle me dira : "Ce que l'on écrit arrive". » Colette composa, en 1921, une adaptation théâtrale du roman. La pièce fut créée la même année et, en 1925, la romancière reprit le rôle de Léa. La version dramatique de *Chéri* remporta un certain succès, mais c'est surtout le roman qui fut apprécié et valut à son auteur de nombreux hommages, notamment celui de Gide, jusque-là peu enclin à apprécier l'art de Colette. Il écrit à celle-ci, le 11 décembre 1920 : « J'ai dévoré *Chéri* tout d'une haleine. De quel admirable sujet vous vous êtes emparée ! et avec quelle intelligence, quelle maîtrise, quelle compréhension des secrets les moins avoués de la chair !…D'un bout à l'autre du livre, pas une faiblesse, pas une redondance, pas un lieu commun. » En 1926, Colette publia chez Flammarion une suite à son roman : *la Fin de Chéri*.

Chéri. Léa, une demi-mondaine de quarante-neuf ans, est, depuis six ans, la maîtresse de Chéri, un « très beau et très jeune homme » de vingt-cinq ans. Chéri doit épouser bientôt une jeune fille nommée Edmée. Léa, qui est intelligente et bonne, est favorable à ce mariage, bien que la perspective de devoir renoncer à Chéri l'attriste quelque peu. Chéri épouse Edmée, et Léa, s'aperçoivent que cette nouvelle situation lui cause une réelle souffrance, quitte Paris. Edmée aime Chéri mais le jeune homme, égoïste et capricieux, regrette à ses côtés la tendresse maternelle et la savante sensualité de Léa. Il ne supporte pas que celle-ci soit partie sans l'avoir prévenu. Il quitte bientôt le domicile conjugal pour mener une vie dispendieuse et joyeuse de célibataire, sans parvenir pour autant à vaincre sa tristesse. Lorsque, après de nombreux mois, il apprend le retour de Léa, il retourne auprès de sa femme, puis va rendre visite à son ancienne maîtresse et passe la nuit auprès d'elle. La vie semble devoir reprendre comme avant pour les amants. Léa, qui mesure soudain la profondeur de son amour pour Chéri, qu'elle se reproche d'avoir traité jusque-là avec trop de légèreté, échafaude, durant la nuit, des projets d'avenir. Au matin,

Césaire

Aimé Césaire, le 22 décembre 1982.
Ph. © Édimédia.

Aimé Césaire (né en 1913), qui allait faire entrer le mot « négritude » dans la langue française et donner une voix au « peuple de vaincus », a commencé par suivre le parcours de l'élite, qui le conduit de la Martinique jusqu'à la rue d'Ulm. Le « retour au pays natal » marque ses débuts fracassants en littérature, avec le célèbre *Cahier* (1939), manifeste poétique qui appelle à la libération, à la mort du « bon nègre » avec une violence rimbaldienne saluée par André Breton qui y voit le « plus grand monument lyrique de ce temps ». À côté de l'écriture poétique et de son engagement politique (Césaire est député-maire « progressiste » de Fort-de-France depuis 1945), c'est dans un théâtre burlesque et shakespearien (*la Tragédie du roi Christophe*, 1963, *Une saison au Congo*, 1966, *Une tempête*, 1969) que l'écrivain poursuit son œuvre de militant, dénonçant, après les maux de l'esclavage et du colonialisme, l'échec de l'émancipation dans des sociétés noires abandonnées à la misère et au chaos.

Illustration de Wifredo Lam
(1902-1982), pour *Cahier d'un retour
au pays natal*, Paris, Bordas, 1947.
Bibliothèque nationale, Paris. Ph. Michel Didier
© Arch. Photeb © SPADEM, Paris, 1994.

CAHIER D'UN
RETOUR AU
PAYS NATAL

PAR AIMÉ CÉSAIRE

PRÉFACE DE
ANDRÉ BRETON

BORDAS
1947

La Tragédie du roi Christophe, à l'Odéon-Théâtre
de France en 1965. Mise en scène de Jean-Marie Serreau.
Bibliothèque nationale, département des Arts du spectacle, Paris.
Ph. © Roger Pic.

Affiche pour *Une saison au Congo*,
au TEP, en 1967. Mise en scène de Jean-Marie Serreau.
Bibliothèque nationale, département des Arts du spectacle, Paris.
Ph. © Bibl. nat./Photeb.

Chéri et Léa réalisent que la différence d'âge est soudain devenue entre eux un obstacle insurmontable. Ils se séparent.

La Fin de Chéri. Quelques années se sont écoulées... Chéri, appelé désormais Fred, a fait la guerre et a maintenant une trentaine d'années. Il n'a pas revu Léa et partage, sans amour, la vie d'Edmée. Sa mère, Mme Peloux, s'inquiète de l'état dépressif de Chéri et lui ménage une entrevue avec Léa. La rencontre est désastreuse. Léa est devenue une vieille femme et ne souffre plus du tout d'être séparée de Chéri : elle est « finie et consolée ». Chéri se réfugie chez une vieille camarade, la Copine. Celle-ci, qui connaît bien l'ancienne maîtresse de Chéri et l'admire, possède de nombreuses photos de Léa, prises à l'époque où elle était jeune et belle. Chéri, empli du souvenir des jours heureux passés auprès de Léa, met fin à ses jours.

Chéri est le seul roman de Colette dont le titre met l'accent sur un personnage masculin. Ce dernier est toutefois privé d'emblée de toute dimension héroïque par la frivolité de son surnom. Le mot tendre par lequel il est désigné souligne la dépendance du jeune homme dont l'identité est inféodée à la relation amoureuse. Chéri, à qui sa jeune épouse reproche de se comporter en « cocotte », est un enfant gâté narcissique et sensuel. Volontiers cynique et cruel, ce personnage est traité par Colette avec une profondeur, une subtilité et une tendresse qui interdisent de le confondre avec le type littéraire du gigolo, fort à la mode dans la période de la Première Guerre mondiale. Chéri est capable d'accents pathétiques et a parfois des allures de héros tragique : lorsqu'il dit à sa femme : « On est quelque chose comme orphelins, nous, pas ? », celle-ci crie « de saisissement, car il renversait vers le lustre un visage magnifique et désespéré ». *La Fin de Chéri* exploitera davantage cette dimension du personnage.

Loin des conventions ou des excès, ce que cherche avant tout Colette, c'est la nuance de la vie. Léa, dont Chéri est en quelque sorte la créature, bien qu'elle ne l'ait pas voulu, est la véritable héroïne du roman. À travers cette figure féminine fictive mais qui, par certains traits, n'est pas sans rappeler Colette, cette dernière décrit avec simplicité l'inexorable trajet du vieillissement et la toujours jeune nouveauté du sentiment amoureux : « Pardonne-moi, Chéri : je t'ai aimé comme si nous devions, l'un et l'autre, mourir l'heure d'après. Parce que je suis née vingt-quatre ans avant toi, j'étais condamnée, et je t'entraînais avec moi. » Le miroir, figure récurrente, quasi obsessionnelle dans l'œuvre de Colette, atteste la marche objective du temps pour une subjectivité inchangée : « Une vieille femme haletante répéta, dans le miroir oblong, son geste, et Léa se demanda ce qu'elle pouvait avoir de commun avec cette folle. »

C'est cette tragédie, toute humaine, que dépeint Colette dans *Chéri*, avec lucidité mais sans révolte, avec résignation mais non sans douleur. Gide fait, avec raison, l'éloge du « dépouillement » de l'œuvre, de « son dévêtissement, de sa nudité » (lettre à Colette du 11 décembre 1920). Ce roman marque l'accession de Colette à une pleine maîtrise de son art, ainsi qu'elle le remarquera dans l'**Étoile Vesper* : « Pour la première fois de ma vie, je me sentais intimement sûre d'avoir écrit un roman dont je n'aurais pas à rougir ni à douter, un roman qui naissant massait autour de moi partisans et adversaires. »

● « Le Livre de Poche », 1976. ➤ *Œuvres complètes*, Flammarion, VI ; *Œuvres*, « Pléiade », II et III ; *Romans, Récits, Souvenirs*, « Bouquins », II.

A. SCHWEIGER

CHEVAL BLANC (le). Roman d'Elsa **Triolet** (1896-1970), publié à Paris chez Denoël en 1943.

Après une enfance aisée dans la grande bourgeoisie, Michel Vigaud se lance dans une vie d'errance. Séduisant, il vit de rencontres de fortune et de son succès auprès des femmes, qu'il charme par ses chansons. Il se lie à Paris avec Bielenski, un riche collectionneur, communiste russe. Ils partagent la vie du milieu artistique et mondain de Montparnasse, où il s'éprend de la belle Élisabeth. Mais lorsque celle-ci rompt leur passion platonique et devient la maîtresse de Bielenski, Michel, dans sa douleur, abandonne tout, et sombre dans la misère. La princesse Marina, ancien amour d'enfance, le recueille et lui fait épouser une milliardaire américaine, avec laquelle il mène à New York une vie facile, mais vide, troublée de nouveau par la rencontre d'Élisabeth. La jalousie de sa femme le décide à rentrer en France pour y chercher une vie modeste. Il y devient l'amant de Simone de Bressac, qui dirige une maison de couture et qui entreprend d'éditer ses chansons, lesquelles connaissent un grand succès. À l'approche de la guerre, il croise Bielenski, ruiné, abandonné par Élisabeth qui n'a jamais cessé d'aimer Michel. Bientôt mobilisé, il part au combat où il meurt en héros admiré de tous.

Ce roman manifeste une ambiguïté récurrente dans l'œuvre d'Elsa Triolet, alors engagée dans la Résistance : il dépeint fidèlement et juge son époque, il est le roman « le plus proche » de ce que l'auteur « a vu et senti du monde », mais c'est en même temps une œuvre qui se revendique comme une fiction, née d'un désir d'évasion. Toute la vie du héros, Michel Vigaud, se place sous le signe de cette même contradiction : la force d'un rêve le détourne du réel, et le retour au monde et à l'action ne signifie pas la réalisation de son idéal mais son abandon.

Car Michel est d'abord un « chevalier errant », et le « cheval blanc », la monture sur laquelle il venait, dans ce rêve qui le hante depuis l'enfance, libérer la belle du dragon. Son errance est à la fois la recherche du sacrifice pour une noble cause et la quête de l'amour idéal. Troubadour qui, de rencontre en rencontre, charme par son chant, il n'est cependant pas un séducteur puisqu'il séduit innocemment, par cette innocence même qui le rend fascinant aux yeux des autres, tel Bielenski, l'esthète qui cultive la conscience de soi.

Mais si Michel est un héros qui s'ignore, trop grand pour accepter les fortunes faciles que lui assurerait son don pour la musique, c'est que ses actes ne sont motivés par aucune raison ni aucun désir et que sa générosité chevaleresque équivaut plutôt à une morale de la gratuité qui le rapproche des héros gidiens. Michel se définit comme « irresponsable », évite tout attachement sentimental et rompt toute relation qui s'installe, considérant la vie comme une compromission. Ce n'est donc pas seulement la pureté de son idéal qui le voue à l'échec : Michel est un chevalier mais un chevalier profane, qui aspire à une cause mais ne veut combattre au nom d'aucun Dieu ni d'aucune justice, et qui, dès lors, ne saura pas reconnaître les « dragons » dont il faudrait libérer son époque.

De même l'image d'un amour absolu le rend également incapable d'aimer et de vivre l'amour courtois que lui impose Élisabeth ; loin de délivrer les belles, il devient leur prisonnier ou encore ce sont elles, comme la princesse Marina ou Simone de Bressac, qui viennent à son secours. N'ayant ni la force de réaliser son idéal ni celle d'y renoncer, il erre avec « ce sentiment d'avoir perdu quelque chose d'essentiel ». Cette énergie héroïque qu'il ne parvient pas à exploiter fait de lui un anti-héros, jusqu'à ce que les souffrances de son amour pour Élisabeth le révoltent contre lui-même, et le fassent s'aligner sur le monde et sur son temps. Dès lors, sa vaillance qui éclatera à la guerre ne vient que de l'abandon de son idéal.

Cette ouverture de Michel au monde fait de cette œuvre un « roman autobiographique », selon l'expression d'Elsa Triolet, qui n'invite pas à chercher des « clés », mais souligne que l'autre héros du roman est l'époque. Faisant traverser à Michel tous les milieux sociaux de la capitale et de la province, entrecroisant sans cesse les destins des personnages, elle dresse un tableau ample et varié de l'entre-deux-guerres, depuis l'effervescence nocturne de Montparnasse jusqu'à la « drôle de guerre » et les choix qu'elle impose : l'engagement de Bielenski, communiste entré dans la clandestinité, l'indifférence de Simone de Bressac, déterminée à poursuivre ses affaires dans un Paris vidé par l'exode, ou le courage désintéressé de Michel. L'auteur procède selon la technique du collage d'éléments ou de personnages réels (tel Cocteau) sur la fiction romanesque, mêlant ainsi par l'art ce qui est inconciliable dans la vie : le rêve et le réel.

● « Folio », 1972. ➤ Œuvres romanesques croisées, Laffont, XVII-XVIII.

K. HADDAD-WOTLING

CHEVAL D'ORGUEIL (le), Mémoires d'un Breton du pays bigouden. Récit de Pierre Jakez **Hélias** (né en 1914), publié à Paris chez Plon en 1975.

L'auteur s'engage à tout raconter d'une paroisse bretonnante de l'extrême Ouest armoricain au cours de la première moitié du xxe siècle : comment, notamment, son père gagna sa renommée de « travailleur magnifique » avant d'épouser, en 1913, Marie-Jeanne Le Goff (chap. 1). Tandis que soldats et marins reviennent de la Grande Guerre, la prime enfance de l'auteur se passe entre les leçons de sagesse dispensées par son grand-père, Alain Le Goff, et les contes de la tradition orale bretonne (2). La vie s'écoule, paisible, au rythme de la grand-messe et des vêpres, le dimanche, de la prière en commun, chaque soir (3). Au lycée de Quimper, l'enfant fait connaissance avec la « République rouge », celle de « Monsieur le Maire de Plozévet », M. Le Bail, député (4). En attendant de jouer aux quilles avec les hommes, le petit Hélias apprend à pousser la « brouette » (5) et fait l'apprentissage de la « vie dure », celle des mendiants qui parcourent inlassablement bourgs et campagnes et dont toute la « boutique » tient dans une boîte en bois ou un panier d'osier (6). Mais la « fête du cochon » permet un déploiement de fastes, jusqu'au lundi où chacun doit refaire pénitence à la bouillie d'avoine (7). Lorsque éclate la Seconde Guerre mondiale, Hélias vient d'être « reçu aux bourses » ; à Quimper, il porte des costumes rapiécés que les touristes (« kodakerein ») viendront bientôt photographier. Comment, en pareille situation, faire « respecter son rang » ? Comment lutter contre les méfaits d'un tourisme envahissant et contre l'état de « civilisation seconde » qui s'attache désormais au statut des paysans bretons ? Telles sont les questions que pose l'auteur dans une conclusion amère.

Étude descriptive d'un groupe humain – les « Bretons du pays bigouden » –, le Cheval d'orgueil relève d'un genre apparemment limité au domaine de l'ethnographie. Certes, Pierre Jakez Hélias respecte ce principe de dépaysement et cède au plaisir d'immerger son lecteur dans les rituels immuables propres au pays breton ; les détails culinaires et vestimentaires, la somme des croyances (la hantise de la misère est représentée sous les traits d'une « chienne du monde ») et les expressions bretonnes : « Les crêpes doivent être grillées et craquantes [kraz] sur les bords », sont le passage obligé de ces Mémoires exhaustifs. Ceux-ci sont fort éloignés, pourtant, du pur documentaire – même si l'inventaire des indices de la bretonnité serait aisé –, toujours présentés avec un grand tact pédagogique et une simplicité toute poétique : « Cette terre dure, sur laquelle les gens vivent leur vie quotidienne à l'intérieur des maisons que je connais, porte le nom d'argile à crapaud. » Car le « je » du mémorialiste est aussi celui d'un journal sensitif et émotif qui peut se lire comme un roman autobiographique jouant de l'alternance entre passages contemplatifs (« La matinée se passe à regarder grand-père tirer des sabots de morceaux de hêtre ») et épisodes plus « narratifs ». Plus encore qu'une simple suite de tableaux extraordinairement imagés, ce répertoire émerveillé devient, insensiblement, au fil des pages, une vibrante défense et illustration de la langue et de la sensibilité bretonnes à l'intention des représentants de la culture dominante : « La vie des pauvres gens ressemble assez souvent à ces romans ou à ces pièces de théâtre que les critiques bourgeois, dans leur confortable suffisance, appellent de mauvais mélodrames. » L'attachement profond fait de Pierre Jakez Hélias le pourfendeur du monde citadin et des « nouveaux maîtres », « paysans professionnels » aux yeux desquels la langue n'est qu'un exotisme et la terre un prétexte à spéculation. La virulence soudaine des dernières pages rachète-t-elle l'aspect édifiant de l'ensemble du livre ? Xavier Grall, dans un complément véhément intitulé le Cheval couché, vint, quelques années après la publication du Cheval d'orgueil, souligner les ambiguïtés de la nostalgie nourrie par Hélias, militant partagé entre passéisme et apitoiement. Étape décisive dans la reconnaissance de l'« identité » bretonne, le Cheval d'orgueil n'en resta pas moins un texte culte et un extraordinaire succès de librairie suscitant les mêmes réactions affectives que la *Billebaude de Claude Vincenot.

● « Presses Pocket », 1982.

P. GOURVENNEC

CHEVALIER À LA MODE (le). Comédie en cinq actes et en prose de Florent Carton, sieur d'Ancourt, dit **Dancourt** (1661-1725), créée à Paris à la Comédie-Française en octobre 1687, et publiée à Paris chez Guérout en 1688.

Le Chevalier à la mode eut un succès retentissant et fut joué quarante soirs de suite. On s'accorde à penser que Dancourt se fit aider, pour composer cette comédie, par Saint-Yon, mais on ne saurait préciser dans quelle mesure.

Mme Patin, veuve d'un financier « qui a gagné deux millions de livres au service du roi », rêve d'entrer dans la noblesse. Elle s'est engagée, sur les instances de son beau-frère Serrefort, à se remarier avec Migaud, un homme de robe, cependant que le fils Migaud épouserait Lucile, la fille de Serrefort. Mais elle est, en fait, décidée à s'unir avec le jeune et brillant chevalier de Villefontaine. Celui-ci, on le devine, ne cherche que l'argent, et il a bien d'autres maîtresses : une vieille baronne, et Lucile, une « petite brunette » auprès de laquelle il se présente sous le nom de marquis des Guérets (Acte I). Surpris entre la baronne et Mme Patin, le chevalier réussit à se tirer d'affaire (Acte II). On trouve ses tablettes où figure la liste de ses maîtresses, mais il parvient encore à regagner la confiance de Mme Patin. On découvre qu'il a fait les mêmes vers pour la baronne, pour Mme Patin et pour Lucile, qui était prête à l'épouser (Acte III). Il avoue à son valet Crispin qu'il aime Lucile et ne cherche qu'à tirer quelques milliers de pistoles de ses vieilles maîtresses (Acte IV). Tout va s'écrouler : Mme Patin et Lucile finissent par ouvrir les yeux et par consentir à épouser, l'une le vieux, l'autre le jeune Migaud. Déçu, mais non désespéré, le chevalier de Villefontaine reviendra à la baronne, et peut espérer de nouvelles conquêtes (Acte V).

Comment un personnage aveugle et grugé découvre la vérité : c'est le sujet des *Femmes savantes et de *Tartuffe, qu'a ici repris Dancourt. Cela nous entraîne à méditer sur les illusions passionnelles, et il arrive à Mme Patin, qui rappelle aussi la Roxane de *Bajazet, de proférer de troublants aveux : « Je veux bien vous croire innocent, puisque vous tâchez de le paraître ; et je vous aurais, je crois, pardonné, si je vous avais trouvé coupable » (III, 4).

On a souvent dit qu'après Molière la comédie avait renoncé à la profondeur psychologique et s'était vouée à la peinture des mœurs. Il est vrai que la Finance, la Robe et l'Épée sont ici confrontées, et leur hiérarchie précisément expliquée : la Finance est fabuleusement riche, mais encore méprisée ; elle peut être amenée, comme on le voit au dénouement, à s'unir à la Robe ; elle aspire à s'élever jusqu'à l'Épée, mais celle-ci à la cour s'est ruinée et a perdu tout scrupule. N'exagérons pas la hardiesse de ce tableau : le *Bourgeois gentilhomme, voire le *Menteur ou les *Plaideurs, en indiquaient l'essentiel.

La pièce est attachante par le naturel de sa progression, l'élégance de son style, et surtout (c'est le plus grand talent de Dancourt) par ces instants d'émotion, qui percent parmi un dialogue scintillant, et suggèrent non pas l'amertume d'un moraliste, mais plutôt une sorte de mélancolie presque résignée devant les faiblesses humaines et les absurdités de l'ordre social. Personne n'a vraiment tort, et rien n'est tel qu'il devrait être.

● Univ. Exeter, 1980 (p.p. R. H. Crawshaw). ➤ Œuvres de théâtre, Slatkine, I ; Comédies, STFM, I.

A. NIDERST

CHEVALERIE OGIER (la).

CHEVALERIE OGIER (la). Chanson de geste formée de 12 345 décasyllabes assonancés, dont la plus ancienne version française à nous être parvenue est celle de Raimbert de Paris (fin XIIe-début XIIIe siècle).

Cette geste est consacrée aux exploits de jeunesse d'Ogier dit « le Danois » (exceptionnellement « l'Ardenois »), puis à sa rébellion contre Charlemagne. Le personnage est très souvent mentionné dans les textes épiques depuis la *Chanson de Roland* et sa légende semble s'être fixée à Saint-Faron-de-Meaux.

Les documents historiques attestent l'existence d'un Ogier qui, avec le titre de marquis, aurait pris part aux expéditions de Charlemagne en Italie. À la faveur d'assimilations toponymiques et sans doute d'un amalgame de données littéraires, Danemark aurait pu se confondre avec la marche d'Ardenne et Ardenois avec Danois. La version de Raimbert de Paris révèle, en effet, un assemblage de traditions diverses.

Ogier est fils du roi Godefroy de Danemark qui ne l'aime guère et l'a remis en otage à Charlemagne, comme garant du tribut dû à celui-ci. Le refus de payer, assorti de mauvais traitements aux envoyés de Charlemagne, mettent Ogier en danger de mort. Mais une diversion est apportée par l'urgence d'une expédition à Rome, pour défendre le pape contre les Sarrasins. Ogier s'y fait remarquer par sa valeur guerrière et se montre digne d'âme ; il rentre réhabilité.
Du temps où il était promis à la mort, il avait séduit la fille de son geôlier et engendré le petit Baudouinet ; celui-ci, accueilli à la cour royale, a le malheur d'y gagner une partie d'échecs sur Charlot (le fils de Charlemagne) qui, blessé dans sa vanité, le tue. Ogier devient fou de douleur et, à défaut de pouvoir se venger sur Charlot (prudemment mis à l'abri), il tue un neveu de l'empereur : forcé de s'enfuir, il se réfugie auprès du roi des Lombards qui refusera de le livrer à Charles. Après de cruels combats, Ogier est finalement capturé et emmené à Reims où il est néanmoins bien traité pendant plus de sept ans par Turpin, son parent. Rappelé pour aider à repousser une invasion païenne, il met comme condition de pouvoir exécuter Charlot ; mais un ange l'arrête et lui conseille une simple gifle. La défaite des ennemis consacre la réhabilitation d'Ogier. À sa mort il est enterré à Meaux.

Le texte offre deux images d'Ogier répondant peut-être à deux traditions en cours sur le même personnage et qui ont été de nouveau séparées par la suite : celle d'un jeune homme en quête d'honneur, brillant et généreux, sachant au plus fort de son succès épargner un ennemi digne de respect ; c'est aussi l'image du fidèle conseiller de Charlemagne ; la seconde est celle d'un homme déchaîné par la douleur et assoiffé de vengeance, qui s'abandonne à des actes de pure cruauté comme le massacre d'Ami et Amile (voir *Ami et Amile*), rencontrés sans armes ni défense à leur retour de Rome.
La première image est la seule à être donnée dans la réécriture amplifiée qu'Adenet le Roi (à la fin du XIIIe siècle) a faite du début de cette chanson dans ses *Enfances Ogier* où il reproduit fidèlement le schème narratif de la *Chevalerie*, mais en rehaussant considérablement le rôle de Charlemagne et la courtoisie de plusieurs personnages, dont celle d'Ogier. C'est Adenet qui a fourni au *Charlemagne* de Girart d'Amiens (aussi à la fin XIIIe siècle) l'épisode consacré à Ogier.
Cette première partie de la vie d'Ogier, telle que la conte la version de Raimbert, se retrouve dans la chanson de *Gaufrey* (XIIIe siècle) consacrée au père d'Ogier et à sa longue captivité avec Garin de Monglane chez les Hongrois : cette chanson se présente elle-même comme la suite de *Doon de Mayence*, l'ancêtre, père de Gaufrey, qui n'a voulu recevoir de Charlemagne qu'un fief à conquérir lui-même ; ces deux chansons affectées au lignage d'Ogier sont parfois réunies avec la *Chevalerie* dans un même manuscrit, constituant ainsi un petit cycle.
Un remaniement en alexandrins du milieu du XIVe siècle reprend l'ensemble de la version de Raimbert en y ajoutant des épisodes en partie merveilleux où Ogier entre au royaume de féerie. Il a été déterminant pour les formes ultérieurement prises par l'histoire littéraire d'Ogier : y ont puisé aussi bien Jean d'Outremeuse pour la *Geste de Liège*

et *le Myreur des Histoires*, dans la seconde moitié du XIVe siècle, que les *Chroniques et Conquestes de Charlemagne* (milieu du XVe siècle). À la fin du XVe siècle, ce même remaniement a été mis en prose et amplifié des aventures de Meurvin, fils d'Ogier et familier du royaume de féerie ; c'est sous cette forme que la légende est passée par la suite dans la *Bibliothèque universelle des Romans* (XVIIIe siècle).

● Milan, *Testi e Documenti di letteratura moderna*, 6, 1962 (p.p. M. Eusebi) ; *les Enfances Ogier*, Bruges, De Tempel, 1956 (*les Œuvres d'Adenet le Roi*, III, p.p. A. Henry).

N. ANDRIEUX-REIX

CHEVALERIE VIVIEN (la).

CHEVALERIE VIVIEN (la). Voir GUILLAUME D'ORANGE (cycle de).

CHEVALIER AU BARISEL (le).

CHEVALIER AU BARISEL (le). Conte composé au début du XIIIe siècle. Formé de 1 084 octosyllabes, conservé dans quatre manuscrits, il développe un thème répandu dans les sermons et les recueils d'*exempla*, ces historiettes dont les prédicateurs émaillaient leurs homélies : un grand pécheur finit après de longues épreuves par se repentir et être absous. On trouve au XIIIe siècle diverses versions de ce « conte du baril », mais aucune ne saurait rivaliser avec celle-ci qui, bannissant un ton trop lourdement didactique et sentencieux, dépasse le simple conte pieux pour devenir un « court roman spirituel » (J.-C. Payen).

Un grand seigneur méchant homme passe sa vie dans les rapines et les meurtres, ignorant des lois humaines et divines, et s'acharnant sur les membres du clergé. Un Vendredi saint, où il désire banqueter, ses hommes l'engagent timidement à les accompagner dans un ermitage voisin. Il les suit en maugréant, refuse d'abord de descendre de cheval, puis exaspéré par les humbles demandes de l'ermite, le suit au pied de l'autel et finit par se confesser, par défi, sans éprouver le moindre remords. Cherchant une pénitence qu'il accepterait, l'ermite lui demande de remplir un petit baril dans le ruisseau voisin : aucune goutte d'eau n'y pénètre. Furieux, le chevalier jure de ne revenir qu'avec le baril plein. Il part seul et à pied pour une errance tragique d'un an à travers l'Europe, partout insulté et mal reçu, mourant de faim et de soif. Métamorphosé, il revient chez l'ermite avouer son échec la rage au cœur. Devant la compassion de celui-ci, son cœur fond tout à coup, et une larme remplit le baril. Se confessant dans les sanglots, le chevalier rend l'âme.

En quelques traits, l'auteur plante un décor où se font face, comme sur la scène des mystères, le château, lieu du mal, porte de l'enfer, et l'ermitage, lieu du bien d'où l'âme s'envolera vers le paradis ; entre les deux la douloureuse randonnée du pécheur. Ses personnages, quoique tributaires de types définis, atteignent une sorte de tragique et à travers la peinture d'un esprit farouche, en proie à ses impulsions, prisonnier d'un orgueil inflexible, il noue les fils d'un drame intérieur.
Point de prologue édifiant, on est tout de suite dans le vif du sujet : une forteresse hautaine, un maître cruel, véritable suppôt de Satan – on l'a rapproché du personnage de Robert le Diable, dont la beauté cache la noirceur absolue, le désir insatiable de faire souffrir et d'avilir. Devant lui, bientôt, l'ermite, vieux et fragile, humble et tremblant, tandis que les chevaliers, pris entre la crainte de leur seigneur et celle de Dieu, forment le chœur : ils reviendront enterrer leur maître et répandre partout la nouvelle de sa conversion. Entre le guerrier et le vieillard se noue un dialogue animé dont chaque réplique entraîne inexorablement le chevalier sur le terrain de l'ermite, la chapelle. Toute la scène est ainsi baignée, habitée, par la présence invisible de Dieu, mais rien n'est dit ni même suggéré, tandis que le spirituel s'insinue peu à peu au cours de cette confession paradoxale pour s'épanouir dans la « merveille » du baril impossible à remplir. Alors seulement Dieu devient explicitement le personnage qui accompagne l'errance du misé-

rable, en butte, à son tour, aux mauvais traitements dont il était si prodigue, et qu'il inscrit désormais sur son corps. Le narrateur s'attarde sur la souffrance et la dégradation physique du chevalier, brûlé par une rage qu'il ne peut apaiser. La sobriété du style, la discrétion du merveilleux font mieux ressortir la limpidité de la leçon : la longue scène de contrition culmine avec le cérémonial de la mort à la gloire de la mansuétude de Dieu, dont les anges recueillent l'âme du pécheur.

Au-delà de la lecture spirituelle que l'on peut en faire (un pèlerinage de l'âme), ce récit ambigu reflète aussi le caractère fruste et violent des chevaliers, leur difficulté à se plier à une éthique religieuse. Peut-être objet d'une lecture à plusieurs voix, ce « drame de l'obstination et de la grâce » (F. Lecoy), destiné à un public noble, s'inscrit dans les efforts déployés par l'Église pour amener la caste guerrière à une conduite plus morale et respectueuse d'autrui.

À côté des Vies de saints et des sermons, s'ouvre, au XIIIe siècle, l'immense domaine des contes pieux et des récits de miracles dont les recueils les plus célèbres sont la Vie des Pères et les *Miracles de Notre-Dame (voir aussi *Chansons à la Vierge) de Gautier de Coinci. Œuvre d'un auteur anonyme, la Vie des Pères, peut-être le fruit de deux rédactions, vers 1230, puis après 1241, réunit dans sa version complète 74 contes. Ce foisonnement de récits divers, dont certains se souviennent du thème patristique de la vie dans le désert, tandis que d'autres s'inspirent de personnages romanesques comme Merlin, alors que d'autres encore s'inscrivent dans la réalité du temps, a une origine complexe. En partie seulement issus de la tradition latine antique de la Vita Patrum et des Verba seniorum, beaucoup de ces contes semblent nés au Moyen Âge. Ces fabliaux édifiants, en vers octosyllabiques, tournent essentiellement autour de la question de la pénitence et du repentir, et sont profondément contritionnistes : on y verse des larmes abondantes. Mais ils sont traversés par un souffle optimiste et par l'idée qu'aucun péché, si affreux soit-il, ne pourra manquer d'être racheté par l'infinie miséricorde de Dieu. Meurtres en tous genres, incestes et même suicides, le péché par excellence, suspendus à l'ultime instant, se succèdent à une cadence proprement infernale, souvent décrits en des termes très réalistes, voire crus (ainsi les scènes de séduction entreprises sur des ermites). La Vie des Pères donne la vision d'un monde livré au démon, où règnent la brutalité, le mensonge, la luxure, les actes barbares et les crimes les plus effroyables, un monde de chaos qu'illuminent soudain l'aveu sincère et la foi dans le pardon divin. Cette dévotion un peu simple souligne clairement l'enjeu poursuivi par les clercs : convaincre les fidèles de se plier loyalement au sacrement de la confession (concile de Latran de 1215). Pour y parvenir, ils s'efforcent de trouver un langage susceptible de toucher des laïcs peu cultivés, qui mêle à la tradition savante des traits folkloriques. Enfin, cette littérature dévote, jamais mièvre, souvent pittoresque, se rattache, par son goût des situations étranges, et son sens de l'effet dramatique, aux techniques de la fiction romanesque.

● Champion, 1973 (p.p. F. Lecoy) ; Champion, 1976 (trad. A. Brasseur). La Vie des Pères, Picard, 1987 (p.p. F. Lecoy).

M. GALLY

CHEVALIER AU CYGNE (le). Voir CROISADE (cycles de la).

CHEVALIER AU LION (le) ou Yvain. Roman de **Chrétien de Troyes** (seconde moitié du XIIe siècle), composé vers 1176-1181 à la cour de Marie de Champagne et parallèlement au *Chevalier de la charrette, et formé de 6 819 octosyllabes (dans l'édition de référence).

Présent dans le *Roman de Brut de Wace, Yvain, le fils du roi Urien, appartient à la première couche des personnages arthuriens. Mais à la carrière de guerrier et de fils de roi que lui forge le Brut, Chrétien a préféré le destin du chevalier errant, héros de l'aventure merveilleuse de la « Fontaine au Pin », un motif que l'on retrouve également dans le mabinogi [conte] gallois d'Owein et Luned.

À la cour d'Arthur, lors de la Pentecôte, un chevalier, Calogrenant, raconte l'échec qu'il a subi, sept ans plus tôt à la Fontaine au Pin, mais aussi le souvenir fasciné qu'il a gardé de la joie alors éprouvée. Pour voir à son tour « la fontaine qui bout, bien qu'elle soit aussi froide que glace », et tenter l'aventure qu'elle propose, pour venger aussi son cousin, Yvain quitte secrètement la cour. Repassant sur les traces de Calogrenant, il jette à son tour l'eau de la Fontaine sur la pierre, déclenche la tempête, se pénètre, le beau temps revenu, de l'harmonie concertante du chant des oiseaux, de la « joie » qu'elle dispense. Puis il affronte le redoutable gardien de la fontaine, Esclados le Roux, le blesse mortellement et le poursuit jusque dans son château, où il se retrouve emprisonné.

Pour le sauver, Lunete, la suivante de la dame du château, lui donne un anneau magique qui lui permet de voir sans être vu. Yvain peut ainsi contempler à loisir Laudine, la veuve éplorée d'Esclados, en tomber amoureux, et ne plus souhaiter d'autre prison que le cœur de la dame. Lunete cependant convainc sa maîtresse de se remarier et de choisir le meilleur défenseur pour sa Fontaine, donc celui qui a triomphé de son mari... Laudine, séduite, s'assure de l'amour et du « service » d'Yvain, et les noces sont bientôt conclues à la satisfaction générale. La venue d'Arthur et de sa cour à la Fontaine est l'occasion d'une fête fastueuse au cours de laquelle Gauvain persuade le nouveau seigneur de repartir en aventure. Laudine accepte, à condition que son mari revienne au bout d'un an et un jour.

À courir les tournois en compagnie de Gauvain, Yvain oublie sa promesse. La messagère de Laudine lui apprend en pleine cour qu'il a ainsi perdu sa femme. Dans sa douleur, Yvain s'enfuit dans la forêt et sombre dans la folie. L'intervention d'un ermite parvient à adoucir quelque peu son comportement de bête sauvage, mais ce n'est que grâce à un onguent magique qu'il est définitivement guéri par l'une des suivantes de la dame de Noiroison.

Yvain a bientôt l'occasion de la remercier en l'aidant dans sa lutte contre le comte Alier. Puis, errant à l'aventure, il secourt un lion qui se bat contre un serpent. Le lion reconnaissant devient son compagnon et c'est sous le nouveau nom de « Chevalier au lion » que le héros se fait désormais connaître. Faisant par hasard retour à la Fontaine, Yvain est sur le point d'y céder au désespoir lorsqu'il perçoit les plaintes de Lunete condamnée au bûcher pour avoir conseillé à sa maîtresse d'épouser le héros. Yvain se charge de la défendre mais, sur sa route, il secourt d'abord, secondé par le lion, la famille de Gauvain aux prises avec le monstrueux géant Harpin de la Montagne. Après avoir délivré Lunete au terme d'un combat judiciaire où un autre lion intervient) et revu Laudine (qui ne l'a pas reconnu sous le nom et le masque du Chevalier au lion), il mène à bien la libération des captives du château de « Pesme Aventure » puis s'engage à se battre à la cour d'Arthur pour une jeune fille que sa sœur aînée veut déshériter. Gauvain a accepté, mais en secret, d'être le champion de l'aînée. Les deux chevaliers s'affrontent longuement, dans un combat indécis, jusqu'au moment où ils se reconnaissent et décident aussitôt d'abandonner la lutte, obligeant Arthur à rendre au moins partiellement justice à la sœur cadette. Yvain cependant, toujours désespéré, fait un dernier retour à la Fontaine, déclenche de nouveau la tempête et oblige ainsi Laudine, une fois encore manipulée par Lunete, à lui pardonner et à lui rendre son amour.

La conquête d'une femme, Laudine, et d'un fief, la Fontaine au Pin, également désirés dans l'éblouissement du premier regard, leur perte, leur « oubli », puis leur reconquête, au terme d'une longue série d'exploits, telle est donc la trame d'un récit harmonieusement conclu dans la joie de l'amour et l'oubli des peines supportées. L'amour à l'épreuve du mariage en est, comme dans *Érec et Énide, une composante essentielle. Après avoir décrit avec tout l'arsenal des métaphores ovidiennes le coup de foudre d'Yvain et aligné aussi bien le discours de la misogynie ordinaire que les arguments plus sophistiqués d'un Gauvain frotté de rhétorique courtoise, Chrétien confronte son héros au choix à faire entre la tranquille possession de la femme et du fief ou le retour à l'errance chevaleresque. Mais, pour la prouesse comme pour l'amour, un approfondissement semble nécessaire, que provoque l'épreuve de la folie. Clôturant aussi bien la période des amours faciles que celle de la gloire vite acquise, plongeant le héros dans un état proche de la bête, la folie – châtiment que s'inflige Yvain pour avoir trahi sa promesse, son « covant » – signifie la nécessité de fonder la prouesse comme l'amour sur des règles qui, une fois posées, ne sauraient être remises en question. À ce prix seulement, dans l'observance stricte de la loi acceptée, peuvent s'équilibrer les tensions entre l'amour et la prouesse, entre l'individu et la société, entre l'homme et la femme, ces tensions dont la Fontaine au Pin, lieu de la fusion des contraires, de l'oscillation entre la plénitude de la joie et le déchaînement de la violence, dessine l'image emblématique.

Après l'épreuve de la folie, le héros chemine avec le lion à ses côtés. Ce compagnonnage illustre la dimension nouvelle de la prouesse du héros, une prouesse inévitablement fondée sur la force physique, que symbolise le lion, mais sur la force domptée, domestiquée – comme l'est aussi celle de l'animal – du chevalier qui se range désormais aux côtés des faibles, des opprimés. En « oubliant » Laudine, Yvain a manqué à ses obligations de seigneur d'un fief et il a laissé sa femme sans défense. Les exploits du « Chevalier au lion » expient cette faute, font du héros le champion très aimé des dames et des demoiselles et assurent sa gloire au monde. Mais pour retrouver l'amour de Laudine, il faut le coup de force final, le retour délibéré du chevalier auprès de la fée de la Fontaine, et la joie reconquise sur l'oubli du monde. Le Chevalier au lion a été écrit, selon les allusions du texte lui-même, en même temps que le Chevalier de la charrette. Jeu d'écriture où se mesure le contraste entre le statut final d'Yvain, que l'amour retient dans l'autre monde de la féerie, et celui de Lancelot, que l'amour de la reine rend au monde arthurien et à la prouesse.

Vingt ou trente ans après sa composition, le Chevalier au lion a été adapté en moyen haut allemand par Hartman von Aue sous le titre de Iwein. On a également conservé une traduction en prose norroise, l'Ivens Saga (XIIIᵉ siècle), ainsi qu'une adaptation en anglais du XIVᵉ siècle, Ywain and Gawain. En français, en revanche, le destin d'Yvain s'achève ou presque avec le roman de Chrétien : le personnage ne fait que de brèves apparitions dans les romans ultérieurs où l'on rappelle surtout sa parfaite courtoisie. Mais l'espace de la Fontaine au Pin, où commence et se ressource le récit, est en revanche devenu, du roman de Chrétien à la *Fontaine amoureuse de Machaut, en passant par le *Roman de la Rose, le miroir où capter, à leur source même, les forces vives du désir.

● « GF », 1990 (éd. bilingue, p.p. M. Ron). Traduction seule : Champion, 1982 (trad. Cl. Buridant et J. Trotin) ; « Le Livre de Poche/Lettres gothiques », 1994 (p.p. D. Hult). ➤ *Sämtliche erhaltene Werke*, Niemeyer, II ; les Romans de Chrétien de Troyes, Champion, IV ; Œuvres complètes, « Pléiade ».

E. BAUMGARTNER

CHEVALIER DE LA CHARRETTE (le) ou LANCELOT. Roman de **Chrétien de Troyes** (seconde moitié du XIIᵉ siècle), composé vers 1176-1181 à la demande et à l'intention de Marie de Champagne, achevé, selon l'Épilogue, par Godefroi de Lagni, et formé de 7 134 octosyllabes (dans la copie de Guiot).

Chrétien n'a pas inventé le personnage de Lancelot, qui est déjà cité dans *Érec et Énide, dans *Cligès et dans le *Chevalier au lion ; Lancelot est aussi le héros d'un roman français perdu, dont nous avons conservé une adaptation en moyen haut allemand, le Lanzelet d'Ulrich von Zatzikhoven (fin XIIᵉ-début XIIIᵉ siècle). Mais c'est à partir du Chevalier de la charrette qu'apparaît en littérature le personnage du chevalier amant, dont la seule règle de conduite est le « service » de la dame qu'il aime. Cette représentation de l'amour a sans doute été proposée à l'écrivain par Marie de Champagne, comme l'indique le Prologue (v. 25-26). La cour de Champagne est en effet, à cette époque, le

lieu où s'élabore la transposition en langue d'oïl de la lyrique occitane, de ses structures formelles, de sa thématique, de sa nouvelle éthique de l'amour : la fin'amor. On peut donc supposer que Chrétien, qui fut aussi l'un des premiers trouvères en langue d'oïl, a été tenté de « faire un roman » (v. 2) à partir des motifs clés de cette poésie, en substituant à la figure du poète amant, du troubadour chantant son amour, celle du chevalier amant, déployant dans le temps du récit une prouesse physique, et non plus poétique, mais également liée aux seules exigences du service d'amour.

Une première partie du récit retrace dans un rythme très rapide les aventures du chevalier (il n'est nommé qu'au vers 3 676), parti avec Gauvain en quête de l'épouse d'Arthur, la reine Guenièvre que Méléagant, le fils du roi de Gorre, Baudemagu, vient d'enlever en triomphant de Keu le sénéchal, et emmène dans son royaume. Y sont également retenus depuis longtemps prisonniers des gens du royaume de Logres. Mais il suffira – telle est la coutume du Gorre – qu'un seul d'entre eux puisse sortir du royaume pour que tous les autres soient délivrés. Afin de mener à bien sa quête, Lancelot doit d'abord subir l'humiliation de monter dans une charrette, que le narrateur présente comme une sorte de pilori ; pour son malheur, il hésite alors l'espace de « deux pas ». Il lui faut ensuite triompher d'une série d'épreuves qui mettent en jeu aussi bien sa prouesse, sa chasteté, son respect du code chevaleresque que sa loyauté à l'égard des nombreuses demoiselles qui guident sa marche. En soulevant, au « Cimetière futur », la dalle d'une tombe (sa future tombe), il se révèle enfin le chevalier élu, celui qui libérera les prisonniers, tandis que le bruit de ses exploits efface peu à peu la honte jusqu'alors attachée à la figure du « chevalier charretté ».

Après avoir passé, au prix de terribles souffrances, le Pont de l'Épée, Lancelot se bat contre Méléagant sous le regard de la reine. Mais le roi Baudemagu, secondé par Guenièvre, arrête le combat. La reine cependant refuse – on saura ensuite qu'elle le punit ainsi de ses « deux pas » d'hésitation – de parler à son libérateur qui part, désespéré, en quête de Gauvain. Au terme d'une série de quiproquos (fausse annonce de la mort de Guenièvre qui se reproche sa cruauté, tentative de suicide de Lancelot), la reine accepte enfin de recevoir le chevalier et se donne à lui au cours d'une éblouissante nuit d'amour. Mais les blessures de Lancelot se sont rouvertes et le sang a taché le lit de la reine. Au matin, Méléagant accuse Keu. Lancelot se bat à sa place pour défendre l'honneur de la reine mais cette fois encore Baudemagu arrête le combat.

Aux étapes très chargées en aventures de la séquence quête-libération – la reine et les prisonniers libérés sont ramenés à la cour d'Arthur par Gauvain –, la seconde partie substitue une alternance entre la longue durée des emprisonnements en Gorre du héros, victime de la perfidie de Méléagant, et ses retours à la cour d'Arthur. Une première fois, il participe incognito au tournoi de Nohaut et se bat « au pire » ou « au mieux », selon ce que la reine exige ; une seconde et dernière fois, après la très dure épreuve de l'emmurement dans la tour et l'intervention miraculeuse de la sœur de Méléagant, il met enfin à mort son ennemi en présence d'Arthur et de sa cour.

Dans l'épilogue, Godefroi de Lagni déclare qu'il a poursuivi (à partir du moment où Lancelot est enfermé dans la tour) et achevé le récit selon les indications de Chrétien.

La cohérence narrative du texte commencé par Chrétien, conclu par Godefroi de Lagni, se constitue autour de la mission menée à bien par Lancelot : libérer la reine et les prisonniers, abolir définitivement la mauvaise coutume dont s'est réclamé Méléagant pour s'emparer de Guenièvre. Comme le montre l'épisode du « Cimetière futur », cette mission était destinée à Lancelot. En l'accomplissant, il acquiert une dimension presque messianique. Comme le Christ, il accomplit les « écritures » et libère tout un peuple qui reconnaît en lui son sauveur. Mais le premier paradoxe de cet énigmatique récit est la hiérarchie qu'établit aussitôt le chevalier : seule lui importe la libération de la reine ; celle des prisonniers n'en est que l'heureuse conséquence. Le récit multiplie en effet les séquences qui subordonnent l'exercice de la prouesse aux exigences de la passion, de l'humiliation initiale de la charrette aux combats contre Méléagant ou au tournoi de Nohaut. D'autres en accentuent l'antagonisme jusqu'à la caricature : ainsi des extases et transes amoureuses qui mettent en péril la vie du chevalier, de sa tentative de suicide, ou encore des conflits entre le code chevaleresque et le service des demoiselles, substitut du service de la dame. L'amour donc est folie, systématique et paradoxale transgression des normes. Chrétien exploite, non sans ironie, des cas limites, et le lecteur perplexe peut aussi bien sourire ou s'agacer des excès de la passion que se laisser séduire par les vertiges de l'amour fou. Mais tout le récit démontre du même geste combien cette folie est supérieure à la raison et à la mesure. Gauvain, le parfait chevalier, échoue, se noie au Pont sous l'Eau tandis que Lancelot passe en force le Pont de l'Épée. L'amour suffit à dissiper les enchantements et à charmer la douleur. Un nom, enfin prononcé par la reine – Lancelot du Lac – un ordre, un regard, décident de la victoire. Plus profondément peut-être, la façon dont le héros passe de la violence – de la fureur épique – à la passivité consenti est sans doute le signe même de la maîtrise qu'il a acquise sur son propre désir, d'une maîtrise de soi qui devrait devenir la nouvelle norme du monde arthurien. À travers le motif très insistant dans le récit du « conduit » des demoiselles, de l'étrange coutume qui met le corps et la liberté de la femme (et de la reine elle-même) au risque d'une joute, se dit sans doute la vraie mission du chevalier amant : libérer le monde arthurien de toutes les formes de la violence, et surtout de la violence sexuelle, et rappeler, dans la violence s'il le faut, par la mise à mort de Méléagant, que l'amour le plus fort doit humblement se soumettre à une discipline dont il tire sa force même.

L'amour tel que l'illustre le Chevalier de la charrette est d'abord une réponse au thème de *Tristan dont on retrouve la présence obsédante dans toute l'œuvre de Chrétien. Aussi fervent que l'amour de Tristan pour Iseut (mais aucun philtre ne lie ici les amants), l'amour, dans la Charrette, ne s'oppose pas à la prouesse : il en est le ferment et la ressource. Il ne sépare pas le chevalier d'une communauté qu'il contribue au contraire à rassembler autour de sa personne. En se mettant par amour au service de sa dame, mais aussi de toutes les femmes, de tous les faibles, de tous les opprimés, le héros s'attire la reconnaissance de ceux qu'il « libère ». Tous l'aiment, le désirent, s'empressent de le suivre, de l'accueillir, parfois de force (le motif de l'hospitalité est un autre motif récurrent dans le récit). Écrit sans doute en même temps que le Chevalier au lion, le Chevalier de la charrette présente ainsi, en contredit au personnage d'Yvain, le héros fieffé devenu le « seigneur » de sa dame et de son domaine, l'image d'un chevalier que l'intensité même de son désir et l'objet de son amour, la reine, rendent indéfiniment disponible. Si le roman s'achève en effet sur la mort de Méléagant et sur l'abolition de la mauvaise coutume du Gorre, rien ne nous est dit sur la relation future de Lancelot et de Guenièvre, amants d'une nuit dans l'autre monde du royaume de Gorre. Chrétien comme Godefroi de Lagni laissaient ainsi le champ libre à leurs éventuels successeurs. Et ce ne peut être un hasard si le personnage du chevalier amant, au destin inachevé, et le motif lui aussi très ouvert de la quête du Graal se rencontrent et s'unissent, au XIIIe siècle, en Lancelot, pour engendrer le cycle du Lancelot-Graal.

● « Classiques Garnier », 1989 (éd. bilingue, p.p. A. Foulet et K.O. Uitti) ; « GF », 1991 (éd. bilingue, p.p. J.-C. Aubailly) ; « Le Livre de Poche / Lettres gothiques », 1992 (éd. bilingue, p.p. Ch. Méla). Traduction seule : Champion, 1962 (trad. J. Frappier). ➤ Sämtliche erhaltene Werke, Niemeyer, IV ; les Romans de Chrétien de Troyes, Champion, III ; Œuvres complètes, « Pléiade ».

E. BAUMGARTNER

CHEVALIER DE MAISON-ROUGE (le). Roman d'Alexandre **Dumas** (1802-1870), publié à Paris en feuilleton dans la Démocratie pacifique sous le titre « le Chevalier de Maison-Rouge. Épisode de 93 » du 21 mai 1845 au 20 janvier 1846, et en volume chez Cadot en 1845-1846. Constamment réédité, le roman fut adapté pour la scène par Dumas et Auguste Maquet en cinq actes et douze tableaux avec Pro-

logue, sous-titré « Épisode du temps des Girondins », fut créé au Théâtre-Historique le 3 août 1847 et publié chez Dondey-Dupré la même année.

Après « Blanche de Beaulieu », l'un des trois récits des Nouvelles contemporaines, sa première œuvre en prose (1826), inaugurant le thème chouan repris dans la Vendée et Madame (1833), juste avant d'entamer les *Mémoires d'un médecin, cette vaste somme révolutionnaire, Dumas poursuit, à travers sa lecture de la Révolution, une véritable obsession : exorciser les images sanglantes, réhabiliter la république et réconcilier symboliquement les deux France qui se sont affrontées.

Les 56 chapitres se déroulent en 1793. Le jacobin Maurice Lindey, officier dans la garde civique, sauve des investigations d'une patrouille une jeune et belle inconnue, qui garde l'anonymat. Prisonnière au Temple, où règne le cordonnier Simon, geôlier du dauphin, Marie-Antoinette reçoit un billet lui annonçant que le chevalier de Maison-Rouge prépare son enlèvement. Voulant retrouver la femme mystérieuse, Maurice se rend chez un certain Dixmer, tanneur. Celui-ci finit par lui présenter sa femme Geneviève. C'est bien elle. On dîne entre amis, et l'on évoque le chevalier, dont la disparition fait jaser. De garde au Temple, le noble et généreux Maurice protège le dauphin des exactions de Simon. Il entre en possession du billet, qui lui semble être de la main de Geneviève. Son amour l'aveugle cependant, et « mille désirs contraires » l'agitent. Alors que se déroulent les importants événements du 31 mai, alors que Maurice et Geneviève laissent deviner leur amour, Dixmer achète une maison près du Temple.

Maurice est de nouveau de garde au Temple. Il y fait entrer Geneviève, croyant qu'elle souhaite seulement apporter des fleurs à la reine, laquelle prend un œillet rouge. On découvre qu'il contenait un message. L'enquête dévoile le complot, et Maurice, lui-même menacé malgré l'aide de son ami Lorin, véritable Pylade à qui il confie tout, finit par rencontrer Maison-Rouge, que les époux Dixmer cachaient. Par amour pour Geneviève, qui avoue l'aimer aussi, Maurice laisse échapper le chevalier. S'ouvre le procès de la reine. Dixmer, qui utilise sans scrupule Geneviève, et Maison-Rouge tentent à nouveau de la sauver. Le chevalier parvient jusqu'à la cellule royale, mais son plan échoue ; il réussit cependant à s'enfuir. Geneviève est arrêtée. Maison-Rouge se cache sous l'échafaud, et recueille le sang de la reine sur un mouchoir avant de se suicider. Simon fait arrêter Lorin, mais Maurice lui échappe, tue Dixmer et s'introduit dans la prison pour se mêler aux condamnés. Il meurt avec Lorin et Geneviève.

Comme dans « Blanche de Beaulieu », un républicain convaincu s'éprend d'une belle royaliste. Forces maléfiques convergentes, l'enragé Simon et le fanatique Dixmer condamnent cet amour réconciliateur au nom de la politique. Ne pouvant plus choisir entre sa foi politique et sa passion, trahissant l'une au nom de l'autre, le héros se donne à la mort sublime. Comme le Cimourdain de * Quatrevingt-Treize qui se tue au nom de la justice alors qu'il a fait respecter la loi, Maurice, ne peut ni assumer ses contradictions ni se conformer aux nécessités de l'heure. Il confie au couperet le soin de trancher. Ainsi le roman laisse-t-il un champ de cadavres sur lequel triomphent Simon et la foule assoiffée de sang.

Roman sombre illuminé par l'amour, mais aussi roman d'aventures racontant de façon haletante un complot, le Chevalier de Maison-Rouge n'est pas vraiment un roman historique, même s'il comporte de nombreux tableaux et des scènes pittoresques sinon véridiques, du moins vraisemblables. Il ne prend pas en charge toute l'histoire de l'« année terrible » entre la création du Tribunal révolutionnaire (10 mars) et l'exécution de la reine (16 octobre), mais se concentre sur la peinture des caractères et l'intrigue du complot royaliste. Cadre, décor, et avant tout ombre menaçante, « l'Histoire est rejetée dans la coulisse » (C. Schopp), et imprègne la fiction de son climat oppressant. Loin de jeter un autre regard sur l'époque, Dumas reprend à son compte les figurations mythiques (la reine martyre, l'odieux savetier Simon...), sûr de leur charge émotive et de leur fonction autant référentielle que révérencielle.

● Éd. Complexe, 1989. ➤ Les Grands Romans d'A. Dumas, « Bouquins ».

G. GENGEMBRE

CHEVALIER DES TOUCHES (le). Roman de Jules **Barbey d'Aurevilly** (1808-1889), publié à Paris en douze feuilletons dans *le Nain jaune* du 18 juillet au 2 septembre 1863, et en volume chez Michel Lévy en 1864.

La rédaction de ce roman historique, maintes fois interrompue en raison du manque de documentation ou de la préférence accordée par l'auteur à d'autres travaux, dura douze ans. Cet ouvrage s'inscrit à l'origine dans un vaste projet : Barbey d'Aurevilly avait décidé d'écrire plusieurs romans consacrés à la chouannerie et de les regrouper sous le titre général *Ouest*. Il renoncera ensuite à cette entreprise, si bien que *l'**Ensorcelée et le *Chevalier des Touches* sont désormais deux ouvrages autonomes.

Durant les dernières années de la Restauration, quelques aristocrates âgés sont, comme à l'accoutumée, réunis pour la soirée dans le salon des demoiselles Touffedelys, à Valognes. L'un des arrivants annonce qu'il vient d'apercevoir dans la rue le chevalier des Touches dont Mlle de Percy conte alors l'histoire (chap. 1-3), qui constitue l'un des épisodes ultimes de la chouannerie moribonde. Messager intrépide assurant la liaison entre la Normandie et l'Angleterre, Des Touches se rendit un jour au château de Touffedelys, refuge des femmes de la noblesse, en compagnie d'un gentilhomme, connu sous le nom de guerre de M. Jacques. Ce dernier partagea bientôt l'amour de la jeune et belle Aimée de Spens – celle-ci est présente lors de cette soirée mais, rendue sourde par la vieillesse, elle n'entend pas le récit de Mlle de Percy – qui rougissait toujours de manière incompréhensible lorsque le nom de Des Touches était prononcé en sa présence (4). En 1799, le chevalier fut pris par les Bleus et l'« expédition des Douze », organisée pour le délivrer à Avranches, échoua (5). Après les fiançailles d'Aimée et de M. Jacques (6), les Douze réussirent à libérer Des Touches à Coutances mais cet exploit coûta la vie à M. Jacques (7). Avant de s'embarquer pour l'Angleterre, le chevalier se vengea cruellement d'un meunier qui l'avait trahi (8). Un nouveau narrateur – « je » – complète alors ce récit grâce à des renseignements obtenus bien plus tard : interné à Caen, Des Touches est désormais un vieillard fou. Dans un éclair de lucidité, il révèle au narrateur le secret de la rougeur d'Aimée : pour lui sauver la vie, elle s'était un jour dévêtue devant lui afin que les Bleus, apercevant cette scène à travers une fenêtre, croient qu'elle était seule (9).

Inspiré d'un fait réel, ce roman prend toutefois de grandes libertés avec la vérité historique. Bercé dès son enfance par des récits familiaux portant sur la chouannerie, Barbey d'Aurevilly cherche surtout à restituer l'atmosphère d'une époque qui lui importe plus que la véracité de telle ou telle anecdote. Tout comme dans *l'Ensorcelée*, c'est dans sa période d'agonie qu'il évoque ici la lutte royaliste, conférant ainsi une tonalité tragique à cette épopée héroïque. La présentation initiale des vieillards, tendrement satirique, offre un contraste avec le récit qui suit et place l'ensemble du texte sous le signe de la nostalgie et de la destruction : Aimée et le chevalier, ces deux créatures d'exception dégradées par les infirmités de la vieillesse – la surdité pour l'une, la folie pour l'autre – sont comme les emblèmes vivants d'une cause vouée à dépérir dans l'oubli. Lorsque Mlle de Percy sera « tout a fait dissoute en poussière », plus personne ne se souviendra de « ces noms qui méritaient la gloire et qui ne l'ont pas eue » (chap. 4). L'entreprise romanesque apparaît alors comme un mémorial, et c'est pourquoi il importe moins d'être fidèle à la vérité des faits particuliers que de dessiner d'inoubliables figures mythiques. Ainsi, tout comme Jéhoël de La Croix-Jugan, le héros de *l'Ensorcelée*, le chevalier des Touches est un être hors du commun, tant physiquement que moralement. Sa force surhumaine s'allie à une grâce féminine qui lui vaut d'être surnommé « la Guêpe ». Cette androgynie confère au personnage un caractère mystérieux, voire monstrueux, dans des épisodes tels que celui de la vengeance contre le meunier où la grâce du dandy s'allie à une cruauté sanguinaire et raffinée. Toutefois, l'héroïsme, dans ce roman, n'est pas totalement unilatéral grâce à la figure de la Hocson, cette geôlière qui fait échouer l'enlèvement du chevalier à Avranches, et l'on sent que la nostalgie aurevillienne, en cette fin d'un XIXe siècle embourgeoisé, est

avant tout celle d'une vacance historique où l'héroïsme n'a plus cours.

● « GF », 1965 (p.p. J.-P. Seguin) ; « Folio », 1976 (p.p. J. Petit) ; « Le Livre de Poche », 1990 (p.p. P. et R. Wald Lasowski). ➤ *Œuvres romanesques complètes*, « Pléiade », I ; *Œuvres complètes*, Slatkine, II.

A. SCHWEIGER

CHEVALIERS DU CLAIR DE LUNE (les). Voir ROCAMBOLE, de P. Ponson du Terrail.

CHEVAUCHÉE D'YELDIS (la). Poème de Francis **Vielé-Griffin** (1864-1937), publié à Paris chez Léon Vanier en 1893.

Ce poème narratif en vers libres, aux allures de légende médiévale, représente dans le symbolisme un point d'équilibre, en même temps qu'il révèle les dons multiples de son auteur. En choisissant un thème aussi typiquement symboliste que celui de la princesse légendaire, Vielé-Griffin prenait des risques, car de telles évocations étaient devenues lieux communs après l'utilisation qu'en avaient faits des poètes comme Régnier, Kahn, Merrill. Vielé-Griffin a su rester lui-même et nous donner un poème pleinement original, par sa simplicité, sa variété et le souffle qui l'anime.

Dans un décor médiéval (« Les tourelles qui La couvraient de leur ombre / Se fuselaient en orgue, sur le ciel, / Ces soirs de juin aux voix sans nombre »), nous est présentée la princesse Yeldis, dont le poète est un familier émerveillé : « Plus blanche avec ses longs yeux d'améthyste / Et toute sa rose chevelure échafaudée, / Gantée de violet... » Mais cette figure est inséparable de la nature et du paysage de la Claude Gellée qui l'entoure (« Il partait des vaisseaux vers tous les cieux / – Avec leurs voiles claires, comme en riant »). Yeldis est avant tout une présence et une voix : « C'était des soirs d'heures douloureuses et douces, / Parfois, Yeldis chantant, nous pleurions tous / Et nous riions, après, de son clair rire. » Quatre prétendants soupirent pour elle : Claude, le troubadour ; Luc, un grave Allemand ; Martial, un Romain à la fois hautain et mélancolique ; l'Africain Philarque, « savant subtil ». Frappée par un deuil (père ou époux ?), Yeldis décide de quitter son palais et de chevaucher à l'aventure, seule, vers l'Orient. Mais c'est finalement accompagnée de ses quatre soupirants et du poète qu'elle part. Bientôt, Philarque et Luc font demi-tour, et Yeldis continue son chemin, éblouissant ses trois compagnons par sa manière d'être. Claude meurt subitement, et Martial, enhardi, déclare son amour à Yeldis, qui se laisse enlever par lui. Resté seul, le poète tire la morale de l'aventure : c'est l'orgueil qui a perdu Luc et Philarque ; Claude s'est trop abandonné à son cœur ; le vainqueur, Martial, a bien mérité son triomphe, car il « aime et veut ». Et le narrateur se tourne vers la vie, que cette aventure lui a appris à aimer davantage.

Vielé-Griffin décrit une chevauchée initiatique et symbolique. Ce que Yeldis a révélé au poète, c'est l'acceptation de la vie universelle : « Je l'aimai comme la Vie et toute joie. / [...] Je sais que pour L'avoir suivie / Jusque dessous les châtaigniers, *je sais la Vie*. » Aussi, plus qu'une femme, la princesse est-elle finalement le symbole de la vie même, jusqu'à devenir une métonymie de la nature : « Le vent s'était levé, rythmant ses phrases, / Et quand elle se tait, tout l'ombre jase, / Et petit à petit, de branche en branche / Toute la forêt chante comme un dimanche... » C'est sobrement et avec une grande sûreté que Vielé-Griffin use ici du vers libre, dont il s'est fait un instrument bien personnel, et l'on note une certaine préférence pour les vers de 8, 10 et 11 syllabes. Plutôt que la majesté ou l'éclat, le poète a visé une certaine simplicité musicale et banni tout vocabulaire savant ou précieux. Avec *la Chevauchée d'Yeldis*, Vielé-Griffin a doté le symbolisme d'une poésie aérée, aux cadences harmonieuses et pleines, et qui transmet une leçon d'optimisme : « J'écoute les sonnailles dans le soir / Et pense que la Vie est belle de bel espoir. »

J.-P. GOUJON

CHÈVREFEUILLE (le). Voir LAIS, de Marie de France.

CHIEN À LA MANDOLINE (le). Recueil poétique de Raymond **Queneau** (1903-1976), publié à Paris chez Gallimard en 1965.

Queneau a attendu sept années avant de réunir en un seul volume, enrichi de poèmes parus en revue ou inédits, deux plaquettes initialement publiées en 1958 chez deux éditeurs différents : *le Chien à la mandoline* aux Éditions Les Temps mêlés, *Sonnets* aux Éditions Hautefeuille. Contenant les poèmes écrits depuis l'**Instant fatal* (1948), ceux-ci, signale le prière d'insérer de 1965, « sont présentés dans leur ordre chronologique formant ainsi une sorte de journal intime ; on y trouvera des allusions à l'histoire des quinze dernières années, on reconnaîtra des faits divers qui intéressent les gazettes. À ces échos du temps qui passe pour tous se mêlent les menus incidents de la vie privée de l'auteur ».

Ainsi présenté le recueil apparaît à la fois comme une chronique – certains poèmes sont pour le moins datés : « Éternels regrets » par exemple a pour sujet une vache primée au concours agricole ! – et comme une autobiographie : le titre général, *le Chien à la mandoline*, renvoie manifestement au « blason » personnel de l'auteur et à son « roman autobiographique » en vers, **Chêne et Chien*. De même des anecdotes personnelles fournissent les sujets de nombre de poèmes et sonnets où l'on retrouve une double empreinte normande ("Cauchoiseries") et parisienne ("Ça a bien changé et ça changera encore", "Haute Société", "Fleur de coqtèle"), mais aussi des souvenirs de guerre ("Souvenir", "l'École du troufion", "Mon comportement pendant l'exode"). Toutefois, la courbe qu'entend suivre Queneau n'est pas tant celle du journal intime que celle qui va « de l'information nulle à une espèce de poésie ». Espèce de poésie en effet, tant il prend soin d'en amortir les résonances : « Il serait bien affreux que tout fait imbécile,/Méritât commentaire exégèse subtile,/Conclusions menant à choir en tous panneaux » ("Il voulait montrer les lions à un copain").
De là une sorte de futilité revendiquée, une forme de dérision de la poésie qui se donne comme espace du jeu, où, sur le mode de l'humour, Queneau interroge l'« alexandrinisme des origines à nos jours », évoque « un vers de douze pieds / Qui se sentant trop seul cherchait un acolyte » ("Invraisemblables Sornettes…") ou encore prétend instruire des poussins sur la nature de l'œuf ("Leçon de choses ").

Cette poésie du presque rien des choses et des événements est aussi celle de la plus grande amplitude donnée à la forme et aux mots. Ainsi en va-t-il de l'usage du sonnet qui, par la contrainte formelle qu'il impose, permet toutes sortes de variations libératoires et s'affirme bien « suprême combine » ("Invraisemblables Sornettes…") : calembours (« Dodo l'enfant ut »), orthographe phonétique (« zouazo »), mots-valises (Henri IV est « ravaillactavé »), mais aussi créations purement phonétiques où s'insinue un certain « cratylisme » qui n'est pas sans parenté avec les recherches de Jean Tardieu : « Où va la miraison qui flottait en bombaste / où va la mifolie aux creux des cruses d'asthe. » Cette forme de subversion souvent comique ne doit pas pour autant tromper : elle n'est que l'autre forme d'une tentation à se replier dans un en-deçà du dire qui était déjà formulée dans *Chêne et Chien* : « J'ai découvert une caverne / d'où l'on ne peut me déloger. » Repris dans la longue salutation au bernard-l'ermite dans la *Petite Cosmogonie*, ce désir du retrait est de nouveau affirmé dans *le Chien à la mandoline* :

> Je me suis fait
> un petit trou
> pour y cacher mes perles
> mes lapsus mes gourderies
> mes maladresses mes gaucheries
>
> ("Mésusage de la litote")

Du fond de cet éloignement se développe une double thématique : celle du silence d'une part, qui prend le détour de la procrastination ("Petit Homme", "Toujours le travail") ou confine à l'aphasie avec le "Poème assez sérieux avec des points de suspension" ; celle de l'enfouissement, de la disparition d'autre part :

> Tout ce que je demande c'est de me mettre un peu de terre
> dans le creux de la main
> Juste un peu de terre dans laquelle je pourrais m'enfouir et
> disparaître
> Regardez comme j'étale grande cette paume on croirait que
> je veux serrer la main
> Et pourtant mon unique but et mon vœu le plus cher c'est
> de disparaître
>
> ("Terre meuble")

Dès lors que la mort est le seul horizon de l'être, ce que marquent symboliquement par leur place le premier et le dernier poème du recueil respectivement intitulés "le Mort mobile" et "Terre meuble", et que tout le reste est décidément trop « imbibé de tintouin » ("l'Ignorance troublée"), que reste-t-il sinon ce soliloque avec une angoisse insondable dont le silence fait autour de soi permet d'enregistrer le surgissement, et qui se résume en une proposition écrasante : « Il y a dans le fond quelque chose qui beugle. »

● Rééd. Gallimard, 1987. ➤ *Œuvres complètes*, « Pléiade », I.

J.-M. RODRIGUES

CHIEN DE BRISQUET (le). Voir HISTOIRE DU ROI DE BOHÊME ET DE SES SEPT CHÂTEAUX, de Ch. Nodier.

CHIEN DE MONTARGIS (le) ou la Forêt de Bondy. Mélodrame en trois actes et en prose de René Charles Guilbert de **Pixerécourt** (1773-1844), créé à Paris au théâtre de la Gaîté le 18 juin 1814, et publié à Paris chez Jean-Noël Barba la même année.

S'appuyant sur un fait divers de l'époque de Charles V, Pixerécourt, sortant un peu du moule habituel du mélodrame historique qu'il exploitait depuis une bonne dizaine d'années, retrouve dans cette pièce la tradition des petits théâtres de la Foire puis des Boulevards qui, depuis les facéties du singe de Nicolet, exploitaient cette veine. Sous l'Empire, d'autre part, les chevaux du cirque Olympique, où l'on pouvait voir des « drames équestres » et des reconstitutions de batailles, avaient habitué les spectateurs aux prouesses d'animaux dressés. Mais cette fois, la gageure n'ayant pu être tenue jusqu'au bout (car il fut impossible dans la mise en scène d'organiser un combat entre le coupable et le chien), on distribua dans la salle une notice relatant la véritable histoire. Ce détail souligne assez les fonctions morales et didactiques de ce théâtre visuel dans lequel anecdotes et péripéties tiennent souvent lieu d'intrigue, et qui joue sur les nerfs et les facultés d'émerveillement des spectateurs.

De retour d'un combat victorieux, une compagnie d'archers commandée par le capitaine Gontran arrive à Bondy. À l'auberge, on prépare fébrilement les réjouissances qui doivent les accueillir. Dans cette compagnie, Macaire jalouse Aubri de Montdidier qui, joignant la beauté à la bravoure, l'emporte toujours sur lui en particulier dans l'estime du capitaine et dans le cœur de sa fille Clotilde. Décidé à se débarrasser de son rival, Macaire, aidé de son compère Landry, joue sa vie aux dés avec Aubri. Bien que les dés soient truqués, le hasard fait qu'Aubri gagne le pari. Mais au lieu de tuer Macaire, il décharge son arme par la fenêtre et se jette dans les bras de son ennemi qui *in petto* décide malgré tout de poursuivre sa vengeance (Acte I).
Chargé d'aller porter un message à travers la forêt de Bondy, Aubri a été tué. Son chien Dragon vient chercher l'aubergiste Gertrude et la guide jusqu'au corps enterré de son maître. Le capitaine Gontran charge Macaire, déjà décomposé par le remords, de mener les recherches. Tous les soupçons tombent alors sur un jeune muet orphelin, Éloi, auquel Aubri, guidé par un pressentiment, avait avant son départ confié son portefeuille et de l'or pour sa mère (Acte II).
Au moment où l'on mène Éloi à l'échafaud, Gertrude arrête le supplice en décrivant au sénéchal comment Dragon s'est jeté sur Macaire qui passait près de la tombe d'Aubri. Le chien continue d'ailleurs à poursuivre Macaire sans relâche. On décide alors de rassembler tous

les archers et de demander au chien de désigner le coupable ; mais le malheureux animal est tué par Landry. Un subterfuge du capitaine Gontran amène finalement Macaire et Landry à se dénoncer. Justice est enfin rendue (Acte III).

Dans ce drame qui présente une alternance de scènes comiques, attendrissantes et pathétiques, le silence et la pantomime ont la meilleure part puisque le personnage pivot du drame, Éloi, l'innocent persécuté, est muet. L'actrice qui jouait le rôle (Mlle Dumouchel) exprimait toutes les nuances de sentiments divers, mais l'auteur avait pris la précaution de les faire souvent « traduire » par un autre personnage. D'autre part, bien qu'il se bornât à quelques tours très simples, le chien assura le succès de la pièce. Le célèbre Émile, pour qui le rôle avait été conçu, fut empoisonné le soir de la générale, et remplacé au pied levé par sa « doublure », Dragon, qui lui aussi fit merveille. Le succès fut si grand qu'il toucha l'étranger : la pièce fut traduite et jouée en anglais (au Drury Lane), en italien, en espagnol, en russe. On sait ainsi que ce *Chien de Montargis* provoqua la démission de Goethe du théâtre de Weimar lorsqu'il y fut joué. Il donna aussi à Caigniez, rival de Pixerécourt, l'idée d'intituler un de ses drames *la Pie voleuse* (1815), qui inspira à Rossini son opéra, et de récidiver en 1816 avec *les Corbeaux accusateurs ou la Forêt de Cercottes*. Sans succomber à la mode des *dogdramas* qui sévissait depuis les années 1800 en Angleterre, le public apprécia tellement le chien et la pie qu'une parade jouée à la Gaîté (20 juin 1815) les rassembla. Nodier, dans la notice qui précède la pièce, affirme qu'à Paris, à cette époque, « après la formule banale : Comment vous portez-vous ? il [était] d'usage d'ajouter : Avez-vous vu le Chien ? ». Il est possible aussi que le personnage du traître Macaire soit resté dans la mémoire des auteurs de l'*Auberge des Adrets* qui en 1823 créèrent le mythe de Robert Macaire.

➤ *Théâtre choisi*, Slatkine, III.

J.-M. THOMASSEAU

CHIEN JAUNE (le). Roman de Georges **Simenon** (1903-1989), publié à Paris chez Fayard en 1931.

À Concarneau, le 7 novembre, M. Mostaguen, un des notables de la ville, s'écroule, atteint d'une balle tirée à travers la porte d'une maison vide. Il a trois amis, qu'il retrouve régulièrement au grand café-hôtel de l'Amiral : le docteur Michoux, le pseudo-journaliste Jean Goyard, dit Jean Servières, et l'héritier d'une famille d'industriels, Yves Le Pommeret. Tous gens de bonne famille, plus ou moins « dégénérés ». Maigret vient enquêter sur le crime. L'atmosphère s'épaissit – tentative d'empoisonnement au café, disparition (après, semble-t-il, une agression) de Jean Servières, mort de Le Pommeret, qui succombe à une intoxication à la strychnine. Un mystérieux chien jaune erre parmi les tables du café et les rues de la ville. L'épouvante croît à Concarneau. On arrête un vagabond, Maigret dénouera le mystère : c'est le docteur Michoux le coupable ; le secret de l'affaire réside dans un trafic de cocaïne auquel tous ces notables étaient mêlés, ainsi que Léon, le vagabond.

On retrouve dans *le Chien jaune* bien des traits essentiels de l'œuvre de Simenon. Une peinture fort sombre de la haute bourgeoisie provinciale, avec ses rites, ses rencontres, ses hypocrisies. Léon a connu l'enfer de la prison américaine de Sing-Sing à cause du trafic de cocaïne où l'avaient engagé les messieurs de Concarneau avant de le dénoncer. Il revient pour se venger, et le thème de Monte-Cristo rôde dans ce roman, qui rappelle parfois les grandes fresques romantiques – corruption des riches, innocence des pauvres, pureté de l'amour d'Emma, la fille de salle, et de Léon, le vagabond, qui trouvent enfin le bonheur. Romantique aussi ce thème, qui reparaîtra dans tant d'œuvres de Simenon, d'une faute commise jadis, qui ravage la vie, quand les vieux complices se croient protégés par leur respectabilité.

Mais, par-delà l'évocation d'une atmosphère, *le Chien jaune* est exemplaire de la « méthode » Maigret – qui n'en est pas une puisqu'elle ne peut ni se transmettre ni être utilisée par d'autres, tant elle repose sur l'expérience sensible et donc individuelle, sur une recherche de la vérité humaine qui évolue d'heure en heure, parfois même de minute en minute. Tenter de définir Maigret revient invariablement à procéder par négations ; il se méfie des déductions – surtout si elles sont brillantes –, il refuse les techniques sophistiquées d'investigation policière, il n'aime pas les esprits méthodiques et redoute les schémas psychologiques trop rigides. Maigret prend d'ailleurs volontiers des libertés avec les règles de l'institution à laquelle il appartient et a tendance à se comporter comme un privé. Assis, des heures durant, à une table de l'hôtel de l'Amiral, silencieux et accompagné de sa pipe, il s'insinue peu à peu dans la vie secrète des protagonistes du drame jusqu'à entrer en osmose totale avec eux. Le personnage d'Emma, la fille de salle, pourrait justifier l'inscription du *Chien jaune* dans la catégorie du roman d'analyse. C'est en effet à partir d'elle et de son étrange regard que Maigret reconstitue l'histoire des amours malheureuses d'Emma avec Léon, et découvre le pourquoi d'une série de crimes que rien ne semblait pouvoir expliquer. Ce qui intéresse Maigret est le mobile de l'acte criminel ; aussi les indices retenant son attention ne sont pas de l'ordre du fait – montre arrêtée à l'heure du crime, empreintes ou lambeau de tissu retrouvé dans la main crispée de la victime –, mais plutôt d'un ordre existentiel. Ce sont les vérités refoulées qui engendrent la déviance meurtrière et ce sont ces vérités-là que recherche le policier. Aussi l'enquête va-t-elle davantage s'orienter vers le passé du suspect ou les événements qui ont récemment bouleversé sa vie que vers son emploi du temps le jour du crime.

Le chien qui apparaît et disparaît à intervalles réguliers pour ponctuer les temps forts de l'intrigue contribue largement à créer le climat de peur qui s'installe à Concarneau et qui se cristallise sur le personnage de Michoux ; c'est la peur « qui est à la base de tout ce drame », explique Maigret au moment du dénouement.

● « Presses Pocket », 1976. ➤ *Tout Simenon*, « Omnibus », XVI.

A. NIDERST et C. PONT-HUMBERT

CHIEN TRISTAN (le). Roman d'Étienne **Barilier** (Suisse, né en 1947), publié à Lausanne aux Éditions de l'Âge d'homme en 1977.

Roman policier tout autant que roman métaphysique, *le Chien Tristan* est l'une des plus ambitieuses et, sans nul doute, la plus intrigante des œuvres d'Étienne Barilier. Aux prises – dans un cadre romain propice aux réminiscences artistiques et aux interférences temporelles – avec les idées de Beauté et de Vérité héritées du romantisme allemand, des êtres à la recherche d'eux-mêmes et en quête d'une transcendance qui se dérobe, se dupent plutôt que d'affronter la réalité crue, confondant l'esprit et le corps, et se perdent dans un jeu de masques dont aucun ne sortira indemne. Ainsi, *le Chien Tristan* rejoint par le récit l'entreprise de redéfinition tragique de la culture occidentale menée par George Steiner et par Hannah Arendt.

À l'Institut suisse de Rome, sont réunis différents pensionnaires, musicologues pour la plupart, qui ont pris l'habitude de s'identifier aux artistes et penseurs qu'ils étudient et qui les fascinent : Paganini, Schumann, Chopin, Liszt, Wagner, Rachmaninov, ainsi que Nietzsche. Se trouve également présente, depuis peu, une jeune étudiante en médecine d'une beauté troublante, Persana, accompagnée de son chien qu'elle a nommé Tristan.
Un soir, après un repas arrosé, Persana s'aperçoit dans les jardins de la disparition de son collier. Tout le monde se met à sa recherche, jusqu'à ce que Liszt tombe dans un bosquet sur le cadavre de Paganini. Accompagné du directeur, il mène alors l'enquête et interroge les pensionnaires. Nietzsche a disparu : on le retrouve poignardé

sur le lit de la « chambre Louis II ». La police est alertée, Liszt intrigué par le mystère, en même temps qu'attiré par le comportement trouble de Persana. De multiples retours en arrière montrent cependant que tour à tour, Wagner, Paganini, Schumann, Chopin et Nietzsche ont déclaré à Persana un amour passionné, nourri de leurs rêves et de leurs confusions. Celle-ci, malgré la répugnance que lui inspirent leurs poses et leurs prétextes, a promis qu'elle se donnerait à celui qui entrerait en possession de son collier. Peu à peu, grâce à Wagner qui en sait plus qu'il ne veut d'abord en dire, s'explicite le meurtre de Paganini par Nietzsche, puis ce qui est en fait le suicide de ce dernier. Pendant ce temps, Persana accepte de se donner à Liszt, le moins dupe de tous, qui l'entraîne vers Florence, triomphant. Pourtant, après une nuit d'amour, Persana le rejette comme les autres et s'en va, seule avec son chien Tristan.

« Humains, trop humains » se révèlent être les personnages du *Chien Tristan*, abîmés dans leur exaltation, mystifiés par leurs chimères, englués dans des rôles où ils se perdent et, plus que tout, pris au piège du « jardin imaginaire » de la culture romantique. Ces intellectuels se voudraient de purs esprits, voire des surhommes, mais ce ne sont que des glossateurs et des faibles qui ne savent plus ce qu'ils veulent et ne confondent Persana avec Lou Andreas-Salomé que pour se donner un alibi à leurs pulsions charnelles : « Ce qu'ils ont de normal, c'est ce que les normaux ont de pire : l'orgueil de leur sexe, je les vois au-dessus de moi, admirant moins mon corps que ce qu'ils appellent la gloire du leur, avec, en plus des gens normaux, ce fier étonnement d'avoir, à côté de leur cervelle – et sans doute bien malgré elle – un corps qui fonctionne », comprend vite Persana qui, plutôt qu'à l'amour égoïste et à la vérité absolue de l'art, choisit de se fier à une vérité plus évidente, même si elle se passe de la conscience : celle de l'affection exclusive qui la lie à son chien.

Étienne Barilier aime autant jouer avec les références érudites qu'avec les niveaux de style qu'il n'a de cesse de faire s'interpénétrer, mêlant joyeusement la confidence sentimentale à l'argumentation philosophique et l'emportement lyrique à la froideur rationnelle. À la manière des auteurs picaresques, il se refuse à toute gravité de ton pour mettre en avant la liberté du narrateur, s'adresser au lecteur, anticiper les événements, commenter les situations et tordre le cou à l'étroitesse logique. Dans le même temps, il propose une vision corrosive, fortement teintée d'autodérision, de son pays, la Suisse, et de ses compatriotes.

Cet humour, cette apparente désinvolture, qui rapprochent *le Chien Tristan* de la parodie, ne doivent cependant pas cacher la cruauté du propos, ni la confusion des sentiments qui se voit exprimée. Sous des aspects loufoques, c'est bien la tragique déchirure intérieure de l'homme contemporain qu'interroge Étienne Barilier.

L. PINHAS

CHIEN-CAILLOU. Fantaisies d'hiver. Récits de **Champfleury**, pseudonyme de Jules François Félix Husson (1821-1889), publiés à Paris en feuilleton dans *le Corsaire* et *l'Artiste* en 1845 et 1846, en volume chez Martinon, en 1847.

Chien-Caillou forme le premier volet d'une tétralogie placée sous le signe des saisons : la même année 1847 paraissent *Pauvre Trompette. Fantaisies de printemps* et *Feu Miette. Fantaisies d'été*. La révolution de 1848 empêcha la publication des *Fantaisies d'automne*. Celles d'hiver regroupent plusieurs textes de genres différents. L'ensemble du recueil, très composite, se caractérise pourtant par l'unité d'un ton « joyeusement cynique », entretenu par de fréquentes adresses au lecteur, et par un goût marqué du morbide (dans la pièce intitulée la « Morgue », en particulier).

« Chien-Caillou ». Ce texte pourrait prendre place dans les *Scènes de la vie de bohème* de Murger (publiées dans le même *Corsaire* à partir de mars 1845). « Chien-Caillou était de cette race de bohèmes malheureux qui restent toute leur vie bohèmes. » C'est l'histoire d'un

graveur, exploité par un marchand mais consolé par son lapin et par l'amour d'une bonne fille ; au reste produisant des eaux-fortes dignes de Rembrandt. Mais le propriétaire met à la rue ces locataires impécunieux : Chien-Caillou perd sa femme, tue son lapin et devient aveugle.

« Les Souvenirs du doyen des croque-morts. ». Ce récit, comme ceux qui le suivent, présente un personnage original, « excentrique », proposant notamment une sorte de physiologie de « l'homme le plus poétique, le plus buveur, le plus philosophe et le plus lacrymal des Pompes », où se trouve une macabre « chanson *lariflatique* » déterminante pour une première version du poème des *Fleurs du mal* "Une gravure fantastique" de Baudelaire.

« Monsieur le maire de Classy-les-Bois » décrit un ancien juge sous la Révolution devenu premier magistrat en 1830, et qui poursuit de sa haine, jusqu'à la mort incluse, son ennemi le curé.

« Biographie de Carnaval » campe un vieux professeur d'italien qui revêt des costumes de couleurs vives pour combattre la tristesse dépressive engendrée par l'habit noir.

« Fantaisies et Ballades » appartiennent, par le refrain et la composition en fragments, au genre du poème en prose, à mi-chemin du *Gaspard de la nuit* d'Aloysius Bertrand (1842) et du *Spleen de Paris* de Baudelaire.

L'auteur du *Réalisme* (1857) entend « montrer le danger du romantisme outré » en imposant un nouveau mode de représentation résumé par Baudelaire dans son article sur *Chien-Caillou* : « Se contenter de la nature et avoir en elle une confiance illimitée. » Puisque réalisme il y a avec ce chef d'école, on pourra en repérer la méthode dans le fait divers ou dans la personne authentique qui sert de point de départ au récit (le graveur Rodolphe Bresdin, modèle de Chien-Caillou), dans la naïveté revendiquée et dans une volonté de démythification, évidente quand se trouvent comparées sur la même page, en deux colonnes, « les mansardes des poètes » où il fait bon vivre à vingt ans, style Béranger, et « les mansardes réelles », où l'on crève de faim et de froid. Pourtant, le réel de Chamfleury, frais et sentimental, n'a pas encore subi à cette date le durcissement de la théorie ; il s'accommode parfaitement du fantastique de Hoffmann, qui « n'est autre que de la réalité la plus réelle ». À l'aune du naturalisme, Zola jugera sans complaisance ce timide précurseur : « Il s'était cantonné dans un monde trop restreint ; par réaction contre les héros romantiques, il s'enfermait obstinément dans la classe bourgeoise, il n'admettait que les peintures de la vie quotidienne, l'étude patiente des humbles de ce monde. »

● Éd. des Cendres, 1988 (p.p. B. Leuilliot).

Y. LECLERC

CHIENDENT (le). Roman de Raymond **Queneau** (1903-1976), publié à Paris chez Gallimard en 1933.

La rédaction du *Chiendent*, le premier roman de Queneau, s'inscrit dans un contexte de crise : il est en rupture de surréalisme, auquel il reproche notamment son empirisme sans méthode et son déni du travail conscient. *Le Chiendent* sera donc le roman de l'exigence et de la rigueur formelle, excluant au demeurant tout académisme. Il contient les clés (nombreuses et souvent énigmatiques, mais non hermétiques) de ce qui constituera l'œuvre à venir : ce qui frappe – mais que n'a pas remarqué la critique en 1933 – c'est la disposition des épisodes, des tonalités et des personnages selon une architecture complexe et rigoureuse. Non que l'histoire ne soit en un sens transparente, mais *le Chiendent* inaugure cette forme en « bulbe », caractéristique des romans à venir, dont chaque pelure en révélerait une autre plus profonde sans qu'on puisse parvenir à un centre. Œuvre proliférante et simultanément fermée hermétiquement sur elle-même, qui comporte sa propre théorie du roman en tant que poème, *le Chiendent* est à la fois, selon Queneau, la traduction en français parlé du *Discours de la méthode*, un album de « photographies du français populaire », mais aussi une application au roman français de l'exemple fourni par Joyce, une méditation sur la fin des temps et sur la mythologie, un conte fantastique enfin qui fait la part belle au rêve.

De la terrasse d'un café parisien, l'observateur (Pierre Le Grand) a choisi sans raison apparente de s'intéresser à une silhouette (Étienne Marcel) qui se détache à peine de la foule indistincte de 18 heures. Suivie par Pierre, la silhouette prend peu à peu de la consistance : chaque jour elle emprunte le même train de banlieue en compagnie des mêmes passagers aux manies médiocres ; elle habite un pavillon à Obonne avec son beau-fils (Théo) et sa femme (Alberte). Celle-ci est également l'objet de l'intérêt, très précis, de Narcense, qui, l'ayant repérée dans la rue, la suit également. Pierre rencontre Narcense au bistrot d'Obonne; l'estime est réciproque. Samedi, Étienne Marcel se rend dans une baraque à frites à Blagny où il rencontre Dominique, le patron, et sa sœur, Mme Cloche, sage-femme de son état, qui reconnaît en lui la victime d'un accrochage dont la veille elle a été témoin (accrochage au cours duquel Étienne a fait la connaissance de Pierre). Quelques jours plus tard, Saturnin, l'autre frère de Mme Cloche, à la fois écrivain et concierge de l'immeuble où vit Narcense, apprend à celui-ci que sa grand-mère est morte. Narcense se rend à l'enterrement et rencontre dans le train un nain (Bébé-Toutout) qui se prétend parasite vivant de la peur et de la lâcheté des gens. De retour à Paris, Narcense, dont les billets doux adressés à Alberte ont été interceptés par Théo, échange avec celui-ci des lettres d'injures : rendez-vous est pris pour vider la querelle en forêt d'Obonne ; ce dont Mme Cloche, mise au courant par Saturnin, avertit Étienne revenu à Blagny. Dans la forêt d'Obonne, Étienne et Saturnin trouvent Narcense pendu, mais pas mort, tandis que Théo a disparu chez une voisine, Mme Pigeonnier.

Toutes ces coïncidences troublent Étienne : lui qui était de peu de consistance prend conscience qu'en sortant de la vie quotidienne et en regardant le monde, il s'est mis à exister. Persuadé d'avoir atteint la sagesse en cultivant la misère, le père Taupe, sordide brocanteur de Blagny, s'ouvre de ces considérations au fritier Dominique quand arrivent Étienne et Pierre. Il leur fait visiter son antre mais refuse obstinément de vendre à Pierre une porte peinte en bleu : y aurait-il un trésor caché derrière ? C'est du moins ce que prétend Clovis, le fils de Dominique, à Mme Cloche, qui s'en persuade. Elle insiste donc auprès d'Ernestine, la serveuse de la gargote, pour qu'elle épouse le père Taupe et partage avec elle la supposée fortune du brocanteur.

Arrivent les vacances : Pierre et le ménage Marcel se rendent dans une station balnéaire où ils retrouvent Théo avec Mme Pigeonnier et sa bonne, Catherine, dont Pierre fait la conquête. Étienne expérimente la puissance de l'ennui et, toujours aussi perplexe quant au sens du réel, en vient à un doute hyperbolique puis au scepticisme. Mme Cloche a perdu sa complice : le 25 août, le jour de ses noces avec le père Taupe, Ernestine est morte. Ce fait singulier pousse Saturnin et Narcense à se lancer sur la piste du trésor de Taupe : ils volent la porte bleue sans résultat. En fait de trésor, la porte est un souvenir d'amour du père Taupe, comme il le confesse à Mme Cloche avant de mourir à son tour, fin octobre. Alors que Bébé-Toutout s'est installé chez la famille Marcel et la tyrannise, Pierre et Catherine, hors de France, vivent en « absorbant la lumière ». Ils apprennent toutefois que le 11 novembre la guerre a été déclarée entre la France et les Étrusques. Étienne est mobilisé, Alberte s'enfuit d'Obonne et retrouve Narcense, Saturnin est nommé capitaine. Les mois passent ; Narcense, déserteur dénoncé par Bébé-Toutout, sera fusillé ; la villa d'Obonne sera transformée en bordel tenu par Clovis et Théo. Des dizaines d'années plus tard, la guerre se termine : Saturnin et Étienne, maréchaux vaincus de l'armée gauloise, viennent se rendre auprès de la reine des Étrusques en qui ils reconnaissent Mme Cloche. Franchissant les « fausses couches » de l'éternité ces personnages vont reprendre les positions indistinctes qu'ils avaient au début de l'histoire.

« Un récit épais et dru » : la remarque de Queneau sur le *Tropique du Cancer* d'Henry Miller vaut aussi pour *le Chiendent*, de sorte qu'aucun résumé ne saurait rendre compte d'un roman qui ne suit pas la linéarité d'une intrigue ou d'un argument, non par manque d'histoires ou d'aventures mais au contraire du fait de leur inflation (de ce point de vue *le Chiendent* n'est pas sans parenté avec *les *Faux-Monnayeurs*). Ce qui frappe donc dans *le Chiendent*, c'est son impossible totalisation, la résistance qu'offre le texte à la lecture, par une densité et une diversité qui ne se réduisent pas à la seule somme des intrigues et des personnages (une trentaine), mais aussi par une drôlerie d'autant plus énigmatique qu'elle est la face apparente de sens cachés. Certes, le titre même renvoie à une conception globale de la vie, d'ailleurs réitérée sous des modes différents dans le récit : le chiendent, c'est comme l'a montré C. Simonnet, « une sorte d'emblème personnel, l'herbe qui

pousse sur le terrain du marasme », dont on retrouvera l'image dans l'œuvre poétique de *Si tu t'imagines* au *Chien à la mandoline*. Or ce marasme est tout l'enjeu du sort des différents personnages : comment ils s'y engluent, comment ils tentent d'en sortir. Ainsi, figure exemplaire du type bourgeois par son nom, Étienne Marcel est enlisé dans la pâte gluante d'une existence morose, avilissante et plutôt désespérée, c'est un anonyme saisi par la multitude qui l'aplatit, et qui n'atteindra à la singularité qu'en découvrant le doute méthodique. En ce sens, *le Chiendent* porte en lui cette marque du roman des années trente, des années de crise, particulièrement sensible dans les premiers chapitres, qui semblent cousiner avec les romans d'Emmanuel Bove (*Armand*, * *Mes amis*) mais aussi avec *Voyage au bout de la nuit* (surtout la deuxième partie), paru en 1932, et dont Queneau a reconnu l'influence à plus d'un titre. De même le cadre citadin, c'est-à-dire banlieusard (Obonne et Blagny), est l'occasion d'une plongée dans l'accablement des corps fatigués et des esprits décervelés : *le Chiendent*, dont le temps de l'action, exception faite du dernier chapitre, est strictement contemporain du temps de la rédaction, montre ainsi comment s'exerce la tyrannie du temps sur des êtres qu'écrase le retour quotidien des mêmes gestes et des mêmes habitudes, et dont les illusions – figurées par le trésor du père Taupe – se dissipent en fumée, dont les espoirs sont anéantis par la guerre et dont le destin anodin est borné par une mort sans rédemption (voir le discours d'Ernestine agonisante, chap. 5). Toutefois, la banalité quotidienne présentée dans les premières pages sur un ton qui n'exclut pas le tragique apparaît progressivement sous l'angle du pittoresque et de l'insolite, voire de la fantaisie (particulièrement dans le chapitre 5, consacré à la noce d'Ernestine), tandis que, parallèlement, le langage insistant sur les tournures orales instaure une distance ironique conjurant les maléfices du sordide. De sorte que *le Chiendent* est manifestement moins lié aux préoccupations éthiques des romans des années trente qu'à la tradition des épopées burlesques (Scarron, Boileau). Ainsi se trouvent conjointement métamorphosées l'insipide fadeur des existences banlieusardes en cataclysme comique et l'enquête sur le langage populaire (et non populiste) en style poétique.

Roman de la crise (crise des années trente et crise personnelle), *le Chiendent* indique aussi une solution possible à la crise du roman, telle que Valéry et, à sa suite Breton l'avaient analysée, pour annoncer la mort du genre. Aux thèses du *Manifeste du surréalisme*, Queneau oppose, en effet, l'usage du « néofrançais » et les contraintes de construction, qui ont comme ambition d'affirmer l'arbitraire ou la gratuité du jeu romanesque et non sa prétendue reproduction du réel, et de « faire du roman une sorte de poème ». Ainsi, la conversation entre Saturnin et Narcense sur l'être et le non-être vaut comme un « exercice de style » sur l'ontologie platonicienne développée dans le *Parménide*, non par effet parodique mais bien plutôt par souci poétique. Parallèlement les rimes, les correspondances entre situations et personnages assurent également les liens profonds pour Queneau entre roman et poésie, par la rigueur qu'elles exigent et par la structure circulaire qu'elles imposent. Certes, Queneau n'innove pas : comme il était déjà au centre de la composition de la *Sylvie* de Nerval (voir les *Filles du Feu*), le système d'échos est encore au centre d'*À la recherche du temps perdu*, qui se veut une « cathédrale », mais l'originalité du *Chiendent* tient dans ce que ce système devient la trame même de l'action et son principe dynamique : parmi les rimes de situations, on relèvera la dépendaison de Narcense par Saturnin et Étienne dans la forêt d'Obonne éclairée par la lune (chap. 2), à laquelle répond la rencontre de Mme Cloche par Saturnin et Narcense dans la clairière de Carentan « qu'illuminait un rond morceau de suif » (chap. 49) ; parmi les rimes de lieux, la villa d'Obonne rime avec la baraque à frites de Blagny (toutes deux transformées en bordel) ; parmi les rimes de personnages, on trouve en parallèle Saturnin et Étienne (les deux philosophes), Pierre et Narcense (liés par leurs filatures) ; en opposition, Pierre Le Grand et Bébé-Toutout (le grand et le nain, l'ami et le tyran), Dominique et Saturnin (les deux frères opposés par la matérialité de l'un et la spiritualité de l'autre). Ces effets de symétrie renforcent évidemment la circularité du roman qui s'affirme également dans la composition des chapitres : de même que le texte est verrouillé par la répétition au début et à la fin de la même phrase, qui en assure le recommencement, de même le nombre des chapitres a été choisi selon une combinaison « arithmomaniaque » qui reproduit ce motif circulaire. En effet, Queneau expliquera que le *Chiendent* « se compose de 91 (7×13) sections, 91 étant la somme des treize premiers nombres et sa « somme » étant 1, c'est donc à la fois le nombre de la mort des êtres et celui de leur retour à l'existence, retour que je ne concevais alors que comme la perpétuité irrésoluble du malheur sans espoir » (« Technique du roman » dans *Bâtons, Chiffres et Lettres*). C'est pourquoi, à la fin apocalyptique du *Chiendent*, tout recommencera, de manière aussi lugubre et dérisoire, comme s'il ne s'était rien passé, car tout peut être raturé, ou encore « littératuré », comme dit Saturnin.

Quelle que soit sa complexité, cette architecture dynamique n'est pas le seul effet d'un jeu savant, mais bien l'indice d'un enjeu à la fois esthétique et philosophique. Esthétique, au sens où Queneau a également pris soin d'indiquer le lieu de composition du roman : « Athènes, les Cyclades, juillet-novembre 1932 » ; référence à la Grèce ancienne dans laquelle chacun peut lire l'affirmation d'un classicisme et le souci d'une perfection harmonieuse, dont la figure du cercle (« Cyclades ») offre précisément le symbole depuis Parménide. Or cette perfection ne se soutient, dans le *Chiendent*, sur rien d'autre que sur la volonté de raconter une histoire : d'où ce point de départ arbitraire et contingent – « traduire le *Discours de la méthode* en français parlé » – que les directions possibles du roman dépassent, mais qui le ramène aussi au classicisme, pour ainsi dire à son point d'origine.

Quant à l'enjeu philosophique, la référence au *Discours de la méthode* n'en épuise certainement pas les significations (l'expérience de l'ennui sur la plage peut passer pour une transposition d'une page de Heidegger), mais constitue une des « pelures » philosophiques de l'oignon romanesque, en particulier à travers la dialectique de l'être et du paraître, point d'origine de la méditation cartésienne et qui, de manière similaire, sert à la fois d'ouverture au roman mais aussi de fil conducteur à une conception de la réalité comme énigme (« Le monde n'a pas la signification qu'il se donne, il n'est pas ce qu'il prétend être », dit Pierre, chap. 4) et des personnages comme masques (d'où l'importance du motif du prestidigitateur lié à Pierre et des métamorphoses de Mme Cloche). C'est d'ailleurs par la puissance de la méditation que l'un des personnages principaux, Étienne, passe de son inconsistance « d'être plat » à « l'aspect d'un homme, et qui pense ». Figure même du *cogito* cartésien (mais entreprise sous l'angle phénoménologique par la présence de l'observateur), Étienne met en doute le réel, et ce faisant prend conscience de soi : « J'étais seul à ne pas exister et lorsque j'ai regardé le monde j'ai commencé à exister » (chap. 2). Simultanément, il met en route une remise en question radicale des rapports entre la réalité et l'apparence, compris comme un jeu de cache-cache derrière lequel, comme derrière la porte bleue du père Taupe, il n'y a rien ; à quoi répond la démarche complémentaire de Saturnin, entreprise selon la terminologie néoplatonicienne et transposée dans un registre populaire, lorsqu'il développe une réflexion sur les modes de l'être et du « nonette » (chap. 3, 5 et 6). Cependant, si l'enjeu philosophique constitue un des axes structuraux du roman, pour autant ni Saturnin ni Étienne n'accèdent encore à cette sagesse dont les romans ultérieurs montreront la possibilité (voir le *Dimanche de la vie*, *Pierrot mon ami* et *Loin de Rueil*).

À ne considérer que les figures de la déception dans le roman (banalité, absurdité des existences, vide fondamental au cœur du récit, répétition usante d'une histoire toujours identique), on serait tenté de privilégier le caractère autodérisoire du *Chiendent*, comme si ce récit désastreux aboutissait à un désastre du récit, anticipant l'antiroman. Ce serait oublier que par l'emboîtement des thèmes, la prolifération des sens possibles, la polyphonie des styles narratifs, le *Chiendent* est une « machine textuelle » d'autant plus minutieuse qu'elle est fondée sur le jeu et qu'elle produit une pure gratuité, n'exigeant rien tant qu'une lecture à la fois ludique et patiente qui met à l'épreuve moins la littérature que précisément la lecture.

● « Folio », 1974.

J.-M. RODRIGUES

CHIENS DE PAILLE (les). Roman de Pierre **Drieu la Rochelle** (1893-1945), publié à Paris chez Gallimard en 1944.

Rédigé au printemps de 1943 dans une période de repli, voire de fuite, face aux tangibles résultats du fascisme qu'il avait soutenu (« Ce que je voulais prouver est une dérision… tout cela se perd dans la rumeur d'un charnier », *Journal*, mars 1943), *les Chiens de paille* portent la marque des nouvelles accentuations du « mysticisme » et des réflexions politiques de Drieu la Rochelle : derrière le commentaire de l'événement contemporain, le roman souhaite atteindre une dimension métaphysique, dévoilant sous les complexités de l'histoire humaine la tragédie d'une condition.

Constant Trubert – vieil homme ayant tout éprouvé et vécu – arrive dans un espace peu localisé, « la maison des Marais », pour y accomplir une mystérieuse « mission ». Le communiste Salis, le collaborateur Bardy et l'« anglophile » Préault tournent autour du nouveau venu dans une intrigue complexe dont on ignore les enjeux (1re section). Un retour en arrière renvoie alors au proche passé de Constant : prisonnier évadé, il rencontra dans un bar parisien les frères Susini, qui semblent s'occuper de marché noir. « – Vous vous occupez de politique ? [...] – Je méprise ceux qui n'en font pas, j'ai pitié de ceux qui en font » : la réponse séduit l'un des Susini, qui le prend à son service pour « régler certains problèmes » en province (2e section). Retour à la maison des Marais : lié au peintre russe Liassov avec lequel il partage une vision « supra-historique » des combats contemporains, Constant finit par comprendre qu'il garde un dépôt d'armes contre les diverses convoitises, sans savoir de quel parti pourrait être Susini (3e section). L'arrivée du jeune Cormont, nationaliste exalté et sincère, bouleverse tout : s'étant emparé du dépôt, il doit faire face à tous les autres. Se reconnaissant comme le seul à agir « pour la France uniquement », mais convaincu de l'échec de toute pureté, Constant décide d'achever mystiquement toute l'intrigue par un sacrifice : ayant trahi Susini, il s'enferme avec celui-ci et Cormont au milieu des armes, et veut tout faire sauter. « Mais il était dit qu'un Français, même fou, n'était pas maître chez lui, car si une formidable explosion se produisit qui emporta tous les personnages de cette histoire, ce fut par l'effet d'une bombe d'avion. »

« Le ciel et la terre ne sont pas humains ou bienveillants à la manière des hommes, ils considèrent tous les êtres comme s'ils étaient des chiens de paille qui ont servi dans les sacrifices. » Ouverts avec cette citation de Lao-tseu à laquelle il emprunte son titre, *les Chiens de paille* surprennent d'abord par la vision des événements historiques. Sans les enjeux de la Libération, tous les partis seraient rassemblés « au service » d'une autre puissance : « Les idéologies n'existent pas, il n'y a que des empires qui sont tous de proie, comme de bien entendu, et qui cachent mal leur puissante obscénité sous des haillons idéologiques. » Sorte de Gilles vieilli (voir *Gilles*), Constant incarne alors comme celui-ci certaines réflexions de l'auteur – en dépit de toutes ses dénégations. Territoire de tous les échecs, la politique n'a pas permis la « régénération » d'un Occident « décadent » (voir le *Feu follet*, *Journal d'un homme trompé*, *État civil*, *Rêveuse bourgeoisie*) pour laquelle principalement Drieu s'était engagé dans le fascisme (voir

Genève ou Moscou). Aussi le fantasme vitaliste ne peut-il plus trouver à se réaliser que dans le rapport au monde (« Constant fasciné par soi-même, le moi précipité dans le soi, le monde abîmé dans ce point d'où il est issu [...] »), donnant lieu à un nietzschéisme abâtardi contrastant dans ses faiblesses de pensée avec les réussites stylistiques qui l'expriment. La description favorise en effet une poésie du dessèchement par quoi l'écriture rejoint, dans *les Chiens de paille*, les plus belles pages de Drieu. Sans doute faut-il alors se méfier du tour de passe-passe grâce auquel l'absurde n'est plus le terrain où la morale doit se débattre, mais une sorte de ciel en creux justifiant n'importe quel débordement, pourvu qu'il soit « intense » ; la valeur déculpabilisante de ce vague « tout est permis » pourrait bien être à l'origine du roman pour un écrivain confronté à son erreur politique. Mais *les Chiens de paille* tentent de désamorcer un tel reproche : d'une part, l'absurdité règne à ce point que le sacrifice ne peut aboutir, court-circuité par le coup de théâtre du bombardement ; de l'autre, Constant lui-même n'est pas toujours dupe de son mysticisme de la violence. Avec les pesanteurs de la mise en scène, il en résulte donc une écriture paradoxale, proche du roman à thèse dans son étrange didactisme de l'absurde, mais où la démonstration est saturée de contradictions intellectuelles et de concepts (la « vie », le « viril », l'« élan », etc.) qui prennent des allures de symptômes. La lumineuse « lucidité » de Drieu sur soi-même paraît alors en défaut : désavouant la réalité du fascisme, mais sans aucune remise en question de ses assises idéologiques, le roman est bien moins le « classique de l'agonie de l'Europe » (J. F. Grover) que le cri panique d'une conscience qui ne pouvait plus faire sa complète analyse qu'au prix de sa propre – et proche – destruction.

O. BARBARANT

CHIENS PERDUS SANS COLLIER. Roman de Gilbert **Cesbron** (1913-1979), publié à Paris chez Robert Laffont en 1954.

Dans l'immédiat après-guerre, la vie de Terneray, un centre modèle de rééducation pour la jeunesse, à travers l'histoire de deux enfants qui y sont placés au même moment, et deviennent amis : Alain, pupille de la Nation, et Marc, adolescent mal entouré, éloigné de sa famille. Cependant, la disparition d'Olaf, le jeune protégé d'Alain, provoque la fugue de celui-ci, enfui à Paris pour chercher ses parents inconnus, en compagnie d'un chien perdu comme lui ; puis celle de Marc, entraîné par les deux garçons les plus « durs » du centre, pour revoir sa famille. Cependant tout s'arrange grâce à l'intervention de deux figures exemplaires : celle du psychiatre, le Dr Clérant, et surtout celle du juge pour enfants, M. Lamy, entièrement dévoué à son œuvre de « sauvetage ».

Rien ne semblait prédisposer Gilbert Cesbron, né à Paris dans une famille aisée, à s'intéresser aux jeunes délinquants, sinon la passion de cet homme de radio pour l'actualité – qui a souvent valu à ses romans l'appellation méprisante de « reportages romancés » – et pour les figures méconnues, comme celle du Dr Schweitzer, qu'il a révélée au grand public dans une pièce célèbre (*Il est minuit, docteur Schweitzer*, 1952). Il décrit donc avec une sympathie naïve de prosélyte le travail de ces sauveteurs, notamment celui du juge pour enfants, innovation alors récente, qui arrache les mineurs à l'engrenage infernal de la répression.

Mais il retrouve aussi l'atmosphère de ses premiers écrits, d'inspiration autobiographique, en choisissant d'adopter le plus souvent le point de vue des enfants. À travers le regard d'Alain, qui s'est inventé des parents, à travers celui de Marc, qui vit sa vie comme un film, ou celui d'Olaf et de tant d'autres, l'univers de ces « chiens perdus » se met à ressembler à celui de tous les enfants, avec ses passions et ses rêves. Cependant, ce sont des délinquants : mais la faute en est aux adultes, qui leur ont volé leur enfance. Le roman dresse ici un sévère réquisitoire contre

les fléaux du monde moderne : alcoolisme, prostitution, abandon. C'est pourquoi il n'y a guère de différence, parmi les enfants du centre, entre ceux de l'Assistance et ceux dont les parents ont failli à leur tâche. Pourtant, Cesbron se défend de toute complaisance : si la « société » est coupable, les éducateurs s'efforcent de donner à leurs protégés le sens de l'honneur et de la responsabilité. Car au fond, ceux-ci ont moins manqué de confort que d'amour, et les enfants, comme le souligne l'auteur, en meurent parfois. D'où certaines images symboliques et récurrentes : les chiens perdus, comme celui qu'Alain recueille dans son errance, ou la flèche de la Sainte-Chapelle au milieu des murs du Palais de Justice, rappelant cette nécessité de l'amour. Le refus de la facilité explique aussi que tout ne soit pas rose dans l'univers de ce chrétien exigeant : la lassitude gagne parfois les éducateurs ou le juge, qui doivent lutter contre les pesanteurs d'une administration réticente, mais surtout contre un passé trop lourd, qui rend certains cas désespérés. Pourtant, la conviction qu'en chaque être cohabitent le pire et le meilleur fait du roman un plaidoyer résolu contre la tentation du découragement.

● « J'ai lu », 1967 ; *Notre prison est un royaume [...]*, « Bouquins », 1981.

K. HADDAD-WOTLING

CHIMÈRES (les). Recueil poétique de Gérard de **Nerval**, pseudonyme de Gérard Labrunie (1808-1855), publié dans *les *Filles du Feu* à Paris chez Giraud en 1854. Les dates de composition s'échelonnent de 1841 à 1853 et celles de publication de 1845 à 1854, certains sonnets changeant au fil des éditions : "El Desdichado" (*le Mousquetaire*, 1853), "Myrtho" (*l'Artiste*, 1854 ; la composition remonte sans doute à 1841), "Horus" (*les Filles du Feu*, 1854 ; première version 1841), "Antéros" (*les Filles du Feu*, 1854), "Delfica" (*l'Artiste*, 1845 ; première version 1841), "Artémis" (*les Filles du Feu*, 1854), "le Christ aux Oliviers" (*l'Artiste*, 1844), "Vers dorés" (*l'Artiste*, 1845 ; première version 1841). Si les douze sonnets des *Chimères* couronnent la production poétique de Nerval, la poésie émaille tout son chemin de prosateur : il fait paraître, dès 1826, des *Élégies nationales et Satires politiques*, et en 1832 et 1835 il publie des *Odelettes* dont cinq seront reprises dans *la Bohème galante* (1852) et dans *Petits Châteaux de Bohème* (1853).

Abstraction faite de la signification mythologique du mot « chimère », le titre du recueil a pu être inspiré à Nerval par le texte de Dumas cité dans la Préface des *Filles du Feu* : le poète y est appelé un « guide entraînant dans le pays des chimères et des hallucinations ».

Les Chimères sont composées de douze sonnets qu'il est possible de séparer en deux groupes, de six sonnets chacun.
"El Desdichado", "Myrtho", "Horus", "Antéros", "Delfica" et "Artémis" se fondent, pour une large part, sur un matériau mythologique gréco-romain ou égyptien. Ils installent un « je », éventuellement un « nous » (dans la partie médiane du groupe, formée par "Horus" et "Antéros"), par rapport aux éléments mythologiques, représentés (dans les deux premiers et les deux derniers sonnets) par un « tu ». Dans "El Desdichado" [le déshérité], ce « je » exprime son regret de l'Italie, tout en s'interrogeant sur sa propre identité : est-il lié à la France comme Lusignan, amoureux de la fée Mélusine, ou à l'Italie comme les dieux Amour et Phébus ? "Myrtho" décrit de même rêve italien sous la forme d'un paysage de Naples, avec le sacre du poète sous le « laurier de Virgile », image entamée par la victoire du christianisme et reliée désormais à celui-ci. "Horus" représente une scène de la mythologie égyptienne, où Kneph, le plus vieux des dieux, est combattu par Isis, l'épouse régénératrice d'Osiris et la mère de Horus ; un « nous » admire l'« image adorée » d'Isis, qui est d'ailleurs rapprochée de Cybèle, la déesse grecque de la terre fertile. "Antéros", autre poème de la révolte, est consacré au frère d'Éros qui, invulnérable comme Achille, jure de venger la défaite des dieux anciens, vaincus par Jéhovah, en semant, comme Cadmos, les dents du dragon et en donnant ainsi naissance, tel Caïn auquel il se compare, à la violence. "Delfica" nous ramène au rêve d'un retour à l'univers mythologique : le sonnet

reprend l'image des dents du dragon, « semence » qui dort dans la terre (voir Cybèle), et évoque une « chanson d'amour qui toujours recommence », tout comme reviendra l'ordre ancien des dieux antiques. Finalement, "Artémis" oppose de nouveau l'univers païen à l'univers chrétien tout en évoquant, comme "El Desdichado", l'image d'une femme unissant la mort et la naissance, exactement comme Artémis ou Diane, tantôt accompagnant les âmes aux Enfers, tantôt assistant aux naissances (telle Isis).

L'autre volet des *Chimères*, formé par les cinq sonnets du "Christ aux Oliviers" et par le sonnet final, "Vers dorés", se présente, dans le contexte, comme l'explication des deux côtés chrétien et païen du premier groupe de poèmes. "Le Christ aux Oliviers" est inspiré du « Dieu est mort, le ciel est vide » de Jean-Paul, mis en épigraphe. Jésus-Christ, ayant parcouru les cieux, n'a pu constater que la non-existence de Dieu. Or, ce « fou » désespéré, qu'on peut d'ailleurs rapprocher du poète recherchant le sens de l'univers, est comparé à Atys, roi syrien qui, s'étant castré lui-même, est mort, puis est ranimé par Cybèle. Devant le silence de l'Oracle de Jupiter, le poème ouvre, dans les deux derniers vers, une brèche vers le Créateur, mais non vers le père de Jésus-Christ. Le sonnet "Vers dorés" ("Pensée antique" dans la première version) admet, avec Pythagore cité en épigraphe, l'existence d'un « Dieu caché » en toutes choses : « Tout est sensible », et « un pur esprit » habite la matière. Le message païen de ce dernier poème correspond ainsi au rêve du retour à l'univers mythologique antique.

« L'art a toujours besoin d'une forme absolue et précise, au-delà de laquelle tout est trouble et confusion », dit Nerval dans la Préface à sa traduction du *Faust* de Goethe (1840). Cet art, dans *les Chimères*, sert de fondement à un essai « de se reprendre aux illusions du passé », après « la chute successive des croyances » (voir « Isis », dans *les Filles du Feu*). Sont désignées ici les « illusions » universelles comme les religions et les mythes, mais, chez Nerval, on songe inévitablement aussi aux illusions ou aux chimères formées par les figures féminines qui ont traversé sa vie : sa mère, morte en 1810, la belle baronne Sophie de Feuchères qu'il avait vue et admirée, lorsqu'il était enfant, et qui est morte en 1840, deux ans avant Jenny Colon, l'actrice admirée par le poète – donc à l'époque où il commençait la composition des premiers sonnets des *Chimères* (une des premières versions de "Myrtho" s'intitule "À J-y Colonna"). D'autres points d'inspiration biographique pourraient être les voyages de Nerval en Italie (1834, 1843), puisque "Delfica" est daté, dans sa première publication, de « Tivoli, 1843 ».

Mais ces souvenirs sont très éloignés de la forme littéraire des sonnets. Et parfois même, la figure mythologique adoptée pour le titre semble absente des quatorze vers du poème. Ainsi, Artémis-Diane n'est guère représentée explicitement dans "Artémis", de sorte que le titre de ce sonnet indique plutôt le signe sous lequel peut se lire le texte, signe chimérique comme l'est également le nom "El Desdichado" tiré d'un roman de Walter Scott. Ce sont autant de signes-symboles dont est tissée la trame imagée, nourrie de mythologie, qui sous-tend les poèmes.

Même le « je » poétique présent dans les sonnets dépasse tout niveau référentiel, bien loin du « je » romantique et confidentiel qui parle dans les poésies de Hugo ou de Lamartine. Il est plutôt une instance neutre, quoique humaine, une voix poétique se profilant par rapport aux mythes, ou prenant place dans l'étoffe des sonnets, dont les éléments (personnages et exploits mythiques) sont restructurés pour rétablir « l'ordre des anciens jours » ("Delfica"). Le « je » d'"El Desdichado" est un héros déshérité dont l'identité n'est pas assurée, mais lui-même se compare à Orphée séparé de la femme aimée (vers 13) ; dans "Myrtho" et "Delfica", sonnets écrits sous le signe de la Sibylle, il manifeste la voix ou la pensée cherchant son insertion dans le temps sacré, sa rentrée dans « le TEMPLE » ("Delfica") ; dans "Horus" et "Antéros", il se projette dans deux figures symbolisant le renouvellement, alors que dans "Artémis" il n'est presque plus qu'une voix implorant le retour à la vie et à l'amour.

Une lecture des *Chimères*, tout en présupposant les mêmes connaissances mythologiques et philosophiques

que celles possédées par leur auteur, sera donc surtout une lecture interne, et qui considère le recueil des sonnets, ou du moins le premier groupe de ceux-ci, comme un tout, comme une « chanson d'amour » ("Delfica"). Bien des détails s'éclaircissent, dans ces textes appelés souvent hermétiques, si l'on suit le fil d'Ariane du thème de l'amour et du ressourcement qu'il prédit : Orphée-Eurydice, Isis-Osiris, Apollon-Daphné, autant de couples amoureux auxquels s'enchaînent jusqu'aux moindres motifs des poèmes. Isis se transforme en Cybèle, déesse du Renouveau ; l'« ancienne romance » d'amour est chantée sous le sycomore qui est vert en janvier, présage du renouvellement ; la femme aimante invoquée dans "Artémis" aime « *encor tendrement* »... Après les symboles de l'amour, ceux de la renaissance dominent jusque dans "le Christ aux Oliviers", dont la figure principale est comparée à « ce bel Atys meurtri que Cybèle ranime ». Plus généralement se dessine toute une mythologie nervalienne fondée soit sur la continuité dans le temps : « Ils reviendront, ces dieux » ("Delfica"), soit sur la cohérence dans l'espace : « Ton front inondé des clartés d'Orient » ("Myrtho") ; « Tout sur ton être est puissant » ("Vers dorés").

Techniquement se manifeste la même remarquable capacité d'invention. Nerval ne suit pas le modèle classique des rimes : la forme qui se rapproche le plus de la tradition se trouve dans les sonnets les plus anciens (ccd eed dans les tercets de "Delfica"), alors qu'un des derniers sonnets, "Artémis", s'éloigne beaucoup de la norme avec les rimes croisées dans le premier quatrain, les rimes embrassées dans le second, et la même rime se répétant quatre fois dans les tercets. L'emploi des rimes féminines dans "Delfica" semble rétablir le ton même de la romance évoquée :

> La connais-tu, DAFNÉ, cette ancienne romance,
> Cette chanson d'amour qui toujours recommence ?

Tout en admirant la richesse prosodique et métrique du recueil, on s'étonne de son unité, malgré les années qui séparent la composition des différents sonnets (de 1840 à 1853 environ). Ainsi, tout au long des textes, se répète la figure de l'apostrophe : « Rends-moi le Pausilippe [...] » ("El Desdichado"), « La connais-tu, DAFNÉ, [...] » ("Delfica"), « Car es-tu reine, ô Toi [...] » ("Artémis"), « Homme, libre penseur ! [...] » ("Vers dorés"). Il arrive tout aussi souvent que Nerval infléchisse ces allocutions et questions vers la fin du sonnet pour aboutir à une description ou à une constatation neutre et plus dégagée : « Et les cieux rayonnaient sous l'écharpe d'Iris » ("Horus"), « Et rien n'a dérangé le sévère portique » ("Delfica"). Un rythme tantôt exalté et inquiet, tantôt plus calme et comme en attente, est le résultat de ces variations. Le sonnet, chez Nerval, lance toujours la même interrogation, correspondant à la quête qui est la sienne : quête de l'origine (comme dans *Aurélia*), se terminant souvent sur le constat de l'impossible reprise. L'écrivain varie le matériau symbolique, ne cesse de s'interroger sur son identité, tourne et retourne dans ses poèmes le même dualisme dans la conception du temps, où s'opposent le monde nouveau de la solitude et l'ordre ancien de la cohérence. *Les Chimères* marquent ainsi l'apogée d'un certain romantisme français, celui qui est une recherche de l'origine idéale et de l'identité symbolique.

● *Les Filles du Feu [...]*, « GF », 1965 (p.p. L. Cellier) ; Genève, Droz, 1966 (p.p. J. Moulin) ; Bruxelles, Palais des Académies, 1966 (p.p. J. Guillaume). ➤ *Œuvres complètes*, « Pléiade », I et III (p.p. J. Guillaume et J.-L. Steinmetz).

H. P. LUND

CHOIX DE POÈMES. Anthologie des principaux recueils poétiques de Jean-Claude **Renard** (né en 1922), établie par l'auteur et publiée à Paris aux Éditions du Seuil en 1987.

Présentation diachronique, que le poète a voulu attentive à l'histoire de l'œuvre et à « l'évolution du langage qui allait peu à peu devenir le [sien]», le *Choix de poèmes* constitue un florilège de tous les grands livres de Jean-Claude Renard depuis *Juan*, publié en 1945, jusqu'à *Toutes les îles sont secrètes* (1984). Le souci de restituer un itinéraire se lit notamment dans le choix d'ouvrir le livre par un ensemble d'inédits datés de 1937 à 1944 – des 15 aux 22 ans du poète – donnant accès aux premières marques d'une écriture. Ce qui est assurément la meilleure entrée et représentation de l'œuvre nous autorise donc – au sens étymologique également – à mener avec elle une étude générale.

Regroupant 103 textes – parfois subdivisés – d'inégale amplitude, qui représentent la diversité lyrique de Jean-Claude Renard depuis les formes régulières et rimées jusqu'aux versets ou aux « oracles » fragmentaires, en passant par les proses cadencées des « Récits », le *Choix de poèmes* manifeste à la fois l'unité et le pouvoir de renouvellement d'une poésie dont l'activité s'étend sur plus de quarante années. Il est possible d'y distinguer – un peu schématiquement – diverses tendances. *Cantique des pays perdus* (1947) inaugure la veine des longues hymnes qui se répercuteront dans *Haute-Mer* (1950), *Métamorphose du monde* (1951), *Père, voici que l'homme* (1955), *En une seule vigne* (1959), *Incantation des eaux* (1961) et *Incantation du temps* (1962). Mais de plus ténues mesures s'insinuaient déjà dans *Fable* (1952), qui s'incarneront dans les différents « Dits » (*Dits d'un livre des Sorts*, 1978 ; *12 Dits*, 1980), *la Lumière du silence* (1978) et *Toutes les îles sont secrètes* (1984). Certains recueils jouent de tous les registres dans un remarquable équilibre : *la Terre du sacre* (1966), *la Braise et la Rivière* (1969) et *le Dieu de nuit* (1973), glissant même des proses dans des livres débordant le principe du « recueil » pour édifier une architecture qui ne tient qu'à « la fête pure de dire ». *Par vide nuit avide* enfin (1983) témoigne dès son titre des « expérimentations » verbales qui sous-tendent de façon plus ou moins marquée la totalité d'une écriture, n'omettant jamais dans sa quête spirituelle la recherche proprement linguistique.

Le travail de métamorphoses lexicales (création de néologismes par dérivations impropres, adjectifs devenus substantifs, et par affixations (« Un suc d'or m'enrose » ; « Éloge le mot qui mystère » – ou « m'hystère ») à l'œuvre dans *Par vide nuit avide* traduit l'un des intérêts d'une écriture qui, soucieuse du divin, se refuse cependant à scléroser la langue en un simple instrument de prière, et confronte, bien plutôt qu'elle ne les conjugue, l'aventure du verbe à l'expérience intérieure. Proche en cela de l'écriture mystique qui voit une possibilité de dépassement du poème dans et par le travail du rythme et des images, l'œuvre vit d'une « non-réponse ». Par cette double postulation, métaphysique et formelle, se constitue bien une « idéologie de l'anti-idéologie » par quoi les remarquables essais (*Notes sur la poésie*, 1970, et *Une autre parole*, 1981) qui l'accompagnent définissent la poésie. Fête d'une langue s'exaltant dans ses images et s'y cherchant (« Dans cette lande rousse lainée d'un champ de pierres où je cherchais un signe »), les poèmes de Jean-Claude Renard ne voient de sacre verbal que dans le travail de leur écriture, et dénient toute réalité à la communion fantasmatique du langage et de l'être, qui ne peut ici s'inscrire qu'en creux, sous la forme d'un désir maintenu : « Attends l'accueil inconcevable. » S'il s'agit de « faire des connivences [son] domaine » – des connivences, et non de la confusion – c'est que « le langage poétique apparaît moins comme un rapport avec la réalité que comme une science de ce rapport », atteignant non un Verbe redondant du réel, mais « le point où commence une rencontre en même temps que se produit une rupture ».

Une telle harmonie – dans un perpétuel déséquilibre – n'a cependant pas été acquise dès les premiers livres : après la très nette influence de Valéry pesant sur *Juan* (« Quel adorable ennui te ramène en ces lieux / Où verse parmi l'or la nuit de pierrerie / Humidement en toi son lait mystérieux ? »), la marque de Pierre-Jean Jouve s'est longtemps ressentie, tant dans le rythme – et le goût de certaine violence des images – qu'en raison d'une proximité plus thématique, le croisement de la mystique et de l'exploration de l'inconscient ne pouvant qu'intéresser une poésie qui doit aussi son pouvoir à son érotique incandescence : « Ô la mer amoureuse et ronde / maintenant les métamorphoses / brûle en moi ses bêtes profondes / ses courants d'oiseaux et de roses. » Indépendamment des parentés, la « langue du sacre », encore trop hantée de liturgie classique, devenait alors ostentatoire et répétitive ; souvent corsetés dans une métrique traditionnelle – loin que vers réguliers et rimes soient nécessairement des formes mortes, mais Jean-Claude Renard ne les réinventait ni ne se les réappropriait –, les poèmes n'offraient dans un discours fortement articulé que peu de place au regard du lecteur, et se saturaient de leurs propres richesses : « L'esprit a traversé la femme sidérale, / m'a métamorphosé, m'a défait de ma chair, / et mon sang délivré d'une nuit infernale / a vu dans ton amour étinceler la mer. » À cet égard, l'anthologie met en relief une régulière et très nette inflexion, commencée avec *Fable*, qui se concrétisera pleinement dans les livres des années soixante : *la Terre du sacre* et *la Braise et la Rivière*, surtout, œuvres centrales de la maturité. Avec *la Braise et la Rivière* principalement, ce que le poème a perdu en assurance et références théologiques, il l'a gagné en souci du concret, qui ne cherchera plus à résorber les questions posées dans les surplus d'une parole pleine. On parvient désormais au sacré dans la chair de l'apparence, en trouvant un obstacle tout aussi énigmatique, mais transparent (« Il y a des vents trop profonds / À l'origine des choses ») dans l'alliance du spirituel et du sensible qu'autrefois dans l'hiératisme solennel de la cérémonie lyrique. « Je m'avancerai vers l'énigme / De quelque braise possible sous les pierres », dit le livre suivant, dont le titre traduit la nouvelle configuration de l'espace poétique : légèrement altéré par l'article, « le dieu » est désormais « de nuit », absence parcourant et fondant le luxuriant déploiement du monde : « À la lune, derrière ma mémoire, les criquets se taisent brusquement pour qu'apparaisse nue la sainteté du nom qui n'est à personne. La joie neuve se fête-t-elle vide ? » Ainsi l'abondance de l'imaginaire comme la richesse de la palette verbale qui fondent l'unité de cette œuvre sont-elles loin de s'être affaiblies en se débarrassant des abstractions majusculées, ou de l'exotique sauvagerie d'un lexique dont les « macoubas », « simouns » et « radoubs » par exemple, frôlaient dans *Haute-Mer* le clinquant sonore du Parnasse. L'intérêt porté aux « Dits » – Jean-Claude Renard publie en plaquettes de 1977 à 1982 treize suites de textes correspondant à cette forme, dont il emprunte la dénomination au Moyen Âge pour mettre surtout en relief le caractère d'abord verbal de l'espace poétique – accentue encore cette vocation à l'allègement, par quoi le poème ne déferle plus, mais vise à dire le mystère à l'œuvre sous l'évidence du sensible, à deux pas du haïku : « Traverse, mercredi / le tronc fendu d'un chêne. / Juste au-delà, / l'enfance attend. » À la « Mer » sans doute un peu trop « Haute » répondront désormais des « îles » dont le dernier titre nous apprend qu'elles sont « toutes secrètes ».

Il faut toutefois se garder de schématiser un tel itinéraire – comme de privilégier la seule lecture des poèmes de maturité, en se souvenant d'ailleurs que l'œuvre de Jean-Claude Renard n'est pas close. Si, dans ces derniers livres, l'écriture parvient en effet à un alliage de délicatesse rythmique et d'une véritable opulence sensuelle, la grandeur de cette poésie tient aussi à son itinéraire, à sa permanente recherche où « Tout amour ouvert à l'abîme éloigne la malédiction ». L'imaginaire y a ainsi investi peu à peu certains termes et thèmes (il faudrait ici suivre les récurrences du « lait », des « mains », du « sable » notamment, à mesure qu'ils se chargent de sens), tandis que l'aventure d'une langue libérait, non sans douleurs, un poète s'éloignant de l'Église pour une foi qui lui soit propre.

● « Points », 1987.

O. BARBARANT

CHOSES (les). Une histoire des années soixante. Récit de Georges **Perec** (1936-1982), publié à Paris chez Julliard en 1965. Prix Théophraste-Renaudot.

Première partie. Jérôme et Sylvie, vingt-quatre et vingt-deux ans, sont psychosociologues et vivent à Paris dans un appartement charmant mais minuscule. Leur découverte de l'argent et de son pouvoir les entraîne à construire un système de valeurs fondé sur la consommation, le luxe, le paraître, et les conduit à une « espèce d'acharnement minable qui [va] devenir leur destin ». Leurs discussions entre amis, leur course effrénée à la recherche de vêtements, de meubles, de bibelots, le cinéma, les repas ou beuveries partagés, les installent dans un bonheur factice, précaire. Ils savent qu'il leur faudra choisir, s'installer, accepter l'idée d'un travail sédentaire pour satisfaire leur soif de luxe, mais ne s'y résolvent pas, la guerre d'Algérie leur permettant de faire artificiellement durer cette situation provisoire. Jusqu'au jour où l'ennui les gagne, où les rêves de fortune miraculeuse les lassent, où leur vision d'un bonheur tout juste possible ou pressenti les écrase.

Deuxième partie. Ils décident, en guise de fuite, d'accepter chacun un poste d'enseignant en Tunisie : nouvel échec de leur rêve de bonheur. Huit mois d'isolement, d'apathie, de manque d'aisance financière, d'absence de curiosité les ramènent en France. Sans la « frénésie d'avoir » qui « leur avait tenu lieu d'existence », ils perdent pied.

Épilogue. À Paris, leur vie retrouvée, et avec elle leur soif de parvenir, finira par les pousser à accepter un poste confortablement rémunéré à Bordeaux. Ainsi posséderont-ils enfin les signes extérieurs de richesse si longtemps convoités.

Avec ce premier ouvrage, bref, dense, et d'une grande originalité, Georges Perec fit une entrée remarquée sur la scène littéraire. Sous un titre plus neutre qu'énigmatique, il propose une réflexion sur la possibilité de bonheur dans notre société de consommation. Et s'il critique cette société placée sous le règne des « choses », c'est parce qu'elle tend à opérer une confusion entre la vérité des êtres, de leur bonheur, et les signes de la réussite matérielle.

L'originalité de ce livre – qu'il paraît difficile de qualifier de roman tant l'auteur s'est gardé d'y inclure la moindre épaisseur romanesque – tient au fait que la critique n'adopte pas le ton de la dénonciation mais celui du constat, distant et ironique. Juxtaposant des phrases presque sèches dans leur brièveté, évitant toute redondance, toute élégance trop littéraire, Perec décrit avec une attention d'entomologiste – ou de sociologue qu'il est – les rêves, les visions hallucinées (voir la description du pays d'abondance qui clôt la première partie) de ses deux héros sans jamais préciser leurs sentiments, leur psychologie : ils ne sont que ce qu'ils ont, ce qu'ils convoitent, ce qu'ils auront. Pour ce faire, il construit son récit autour d'inventaires qu'il détaille jusqu'à la maniaquerie parfois. Dans un même chapitre, voire dans un même paragraphe, il analyse le comportement des personnages puis opère une synthèse de ses observations pour en tirer des conclusions elliptiques sous forme d'un énoncé de vérité générale.

Comme chez Flaubert, dont on retrouve parfois ici les tours ou les rythmes, Perec analyse donc la société où il vit sur le mode de la distance critique, son narrateur se retranchant volontiers par exemple derrière l'anonymat du « on ». Et la dimension réaliste ou la dimension critique ne sauraient être exagérément privilégiées : si le récit de Perec donne une reproduction fidèle de la société de consommation et des leurres qu'elle entretient, l'auteur reste avant tout un écrivain, qui organise volontiers un jeu de cache-cache avec ses illustres prédécesseurs (dès les premières pages du livre se glissent par exemple quelques clins d'œil à Flaubert, à Baudelaire ou à Mallarmé qu'il pastiche pour poursuivre plus avant son exploration des formes narratives et son travail sur les structures formelles du récit. Il n'hésite pas, notamment, à insérer son récit au passé entre une longue description au conditionnel (chap. 1) et un épilogue au futur. Ainsi rejoint-il les préoccupations des nouveaux romanciers, d'un Robbe-Grillet par exemple, lorsqu'il définit les êtres par l'univers qui les entoure.

Par ce jeu de références sur lequel il s'appuie (et que souligne l'encadrement du texte par les citations de Mal-

colm Lowry et de Karl Marx), par la superposition de diverses techniques narratives, Georges Perec fait de l'écriture même un ensemble de signes à décrypter, comme l'est aussi l'univers des « choses ».

● « 10/18 », 1981 (postface f. J. Leenhardt) ; « Presses Pocket », 1981.

V. STEMMER

CHOSES DE LA VIE (les). Roman de Paul **Guimard** (né en 1921), publié à Paris chez Denoël en 1967. Prix des Libraires. Film de Claude Sautet en 1969.

Sur la route de Paris à Rennes, où il se rend pour plaider, Pierre Delhomeau, un avocat d'une quarantaine d'années, passe en revue différents souvenirs liés à son enfance, à sa vie professionnelle et à ses amitiés. Son attention se porte notamment sur une lettre, écrite il y a plusieurs mois et qu'il doit penser à détruire : il y annonçait à son amie, Hélène, son intention de rompre. Aujourd'hui au contraire, il est dans un tout autre état d'esprit à son égard. Mais au lieu-dit La Providence, sa voiture vient percuter une bétaillère immobilisée au milieu de la chaussée. Sous la violence du choc, l'auto quitte la route et prend feu. Le conducteur est éjecté. Il est encore conscient mais totalement incapable de se mouvoir et de parler. Pendant son transfert à l'hôpital il entend diverses personnes discuter de son cas, mais il ne peut communiquer avec elles. Dans un état de mort apparente, le narrateur songe tour à tour à de lointains épisodes de son jeune âge ou se voit dans un tribunal en train d'assurer sa propre défense face aux « témoins » de son accident. Peu à peu la vie le quitte. Lorsque Hélène arrive à son chevet, il est trop tard : l'interne lui remet la lettre qui porte son adresse.

Ce roman, l'un des plus réussis et des plus connus de Paul Guimard, est d'une attachante originalité. Si l'on reconnaît la facilité d'écriture de l'ancien journaliste qui cherche à atteindre, avant tout, un vaste public, l'alternance du monologue intérieur et du récit objectif permet à l'auteur de multiplier les points de vue et d'opposer au cynisme des vivants la bouleversante solitude de l'homme fauché en pleine maturité. Il traite le fait divers avec un mélange de gravité et de tendresse, et lui donne une dimension symbolique où tout lecteur peut reconnaître l'image de ses propres inquiétudes. Conformément au titre, le bonheur y apparaît comme une réalité humble, coutumière, trop souvent méconnue et à laquelle l'imminence de la mort donne tout son prix.

La première partie narre l'existence d'un homme ordinaire, au volant de sa puissante et rapide voiture. Bourgeoisement installé dans la réussite professionnelle et sociale, il laisse aller son imagination au gré des paysages qu'il traverse. Une odeur, le nom d'une ville sont autant de sujets de rêverie. Un air entendu à la radio de bord suscite une réflexion sur les personnages de son entourage actuel ou sur Aurélia, un amour d'enfance. Des projets, une interrogation sur son métier, le regret d'un être cher tué au Mans pendant la guerre, flottent pêle-mêle dans sa conscience. C'est ainsi que peu à peu, à travers les fragments de son monologue intérieur, le lecteur pénètre dans l'intimité de Pierre Delhomeau. Mais le hasard fait irruption dans sa brillante carrière. Il jette en travers de sa route une brinquebalante camionnette conduite par un marchand de cochons passablement éméché. Si l'auteur suggère au passage le thème classique de la Vanité, du *memento mori*, il ne s'attarde pas sur les aspects pathétiques de l'accident. La seconde partie s'intéresse essentiellement au drame humain. Condamné à un rôle passif du fait de sa paralysie, le conducteur perçoit et analyse tous les comportements de ceux qui se penchent sur lui et le traitent déjà comme un étranger. Leur attitude, par certains côtés, prête à sourire : les gendarmes sont très embarrassés et les brancardiers pensent à leurs affaires. Le médecin confie au prêtre : « Entre nous, monsieur le Curé, il est davantage de votre ressort que du mien ! », et c'est avec candeur et détachement que le moribond finit par « évaluer son juste poids sur terre ». Ironie suprême : c'est à lui, avocat, qu'incombe en dernier recours la tâche de juger ses propres actes, les événements déterminants de son existence, les infimes détails – les choses de la vie – constitutifs de sa personnalité. « Voici la mort », songe Pierre Delhomeau, et lorsque l'interne commettra, croyant bien faire, la bévue finale, il ne fera qu'illustrer, une fois encore, les aspects ambigus de la vie, « cette farce macabre où se complaît le destin ivrogne et malfaisant ».

● « Folio », 1973.

B. VALETTE

CHOUANS (les) ou la Bretagne en 1799. Roman d'Honoré de **Balzac** (1799-1850), publié sous le titre *le Dernier Chouan ou la Bretagne en 1800* à Paris chez Urbain Canel en 1829, puis profondément remanié et sous son titre définitif chez Vimont en 1834, et enfin au tome XIII de *la *Comédie humaine* (Furne, Dubochet et Hetzel, 1845).

Premier roman signé « Honoré Balzac », *les Chouans*, qui figureront dans *la Comédie humaine* comme seule « Scène de la vie militaire » avec *Une passion dans le désert*, valent d'abord comme roman historique à la manière de Walter Scott et de Fenimore Cooper. Ils mettent ainsi en scène une Bretagne misérable et violemment passionnée, ressuscitant « l'esprit d'une époque ».

Les Chouans. En l'an VIII, les républicains commandés par le futur maréchal Hulot (voir la *Cousine Bette*), assisté du policier Corentin, probable fils naturel de Fouché, doivent capturer le marquis de Montauran, surnommé le Gars, chez des insurgés bretons. Après avoir été attaqué par les Chouans (« l'Embuscade »), Hulot, dans un hôtel d'Alençon, se trouve assis à la même table que le Gars déguisé et la jeune Marie de Verneuil. Celle-ci, moyennant finances, a accepté de Corentin la mission de séduire le Gars pour l'attirer dans un piège. Mais elle en tombe amoureuse et le sauve de Hulot. Elle provoque la jalousie de la comtesse du Gua, organisatrice des embuscades, et qui, elle-même éprise du Gars, fait tomber Mlle de Verneuil dans un guet-apens puis essaie de la faire assassiner par le redoutable Marche-à-Terre. Le Gars chasse l'espionne, laquelle jure à Hulot de se venger (« Une idée de Fouché »). Elle se réhabilite cependant auprès du Gars, l'engage à cesser le combat et doit l'épouser à Fougères. Corentin fabrique une fausse lettre où le Gars annonce à Mme du Gua qu'il reprendra les armes sitôt passée la nuit nuptiale avec Mlle de Verneuil. Celle-ci révèle alors l'heure du rendez-vous au policier, et, s'apercevant trop tard du piège, tombe avec le Gars sous les balles (« Un jour sans lendemain »).

Deux chefs, le Gars et Hulot, deux causes, le mythe de la Révolution revivifié par Bonaparte, le Roi et la Foi, une guerre inexpiable d'où surgissent des figures terrifiantes comme Marche-à-Terre, sorte de génie de la Bretagne, un pays sauvage et fanatique : l'Histoire dévore ses protagonistes tout en accouchant de son sens.

Au roman historique se mêle le roman d'amour. La femme se révèle ici agent du destin. Une aventurière devenant amoureuse de l'homme qu'elle doit perdre, une noble déterminée : ces deux figures du courage impriment leur marque décisive à l'intrigue. Mais si l'amour donne au roman son rythme et sa dynamique, grâce notamment aux rencontres de Marie et de Montauran, il est pris dans le mouvement le plus profond de la fiction, celui qui lui confère son unité : celui de la trahison.

En effet, à l'exception de Hulot et de ses officiers, tous se dissimulent, se cachent, se masquent, et en premier lieu le couple Marie-Montauran. Marie trahit l'Histoire pour l'amour, puis l'amour pour son orgueil qu'elle doit venger. Elle ne peut trouver sa vérité, celle de la soumission à l'homme qu'elle aime, que dans la mort. Montauran, lui, évolue des préjugés à l'amour vrai en passant par le désir. Sa mort résout l'insoluble conflit entre son engagement politique et son amour, même si, dans la version de 1845, il se convertit *in fine* à la Nation. Quant à la comtesse du Gua, elle trahit l'idéal de Montauran en encourageant les pillages et s'appuie sur le cruel Marche-à-Terre.

Si Hulot détient la vérité dans le roman, il voit son idéal corrompu par les agissements du noir Corentin. Pourrissement qui redouble le tragique de l'Histoire mais la tire vers la modernité que *la Comédie humaine* prendra en charge. Ombre de Fouché, le tireur de ficelles, Corentin assure le passage de la grandeur épique au sombre univers romanesque du vaste cycle à venir. Déjà l'étude de la nature du pays breton, de son « incurie industrielle », privilégiait le présent postrévolutionnaire au détriment d'un passé aliénant. Malgré ses erreurs et ses exactions, la Révolution apporte la lumière et l'unification du pays. Dans cette fiction soumise aux déterminismes politiques et socioculturels, des types au sens lukacsien incarnent les aspects de l'Histoire : d'où la force des personnages et l'intérêt de leur disposition dynamique, même si les descriptions valent moins pour leur contenu symbolique que pour leur valeur concrète et pittoresque. Conformément au cahier des charges du roman historique en ces débuts du romantisme, le dialogue rapporté et la description prennent le pas sur la narration : d'où une constante dramatisation, qui tend à transformer le récit en une succession de scènes tragiques.

Avant de figurer dans *Splendeurs et Misères des courtisanes*, Corentin occupera un rôle de premier plan dans *Une ténébreuse affaire*, publiée à Paris dans le *Commerce* de janvier à février 1841, et en volume chez Hippolyte Souverain en 1843, et dans les « Scènes de la vie politique », tome XII de *la Comédie humaine* (Furne, Dubochet et Hetzel, 1846).

Une ténébreuse affaire. En 1803, Corentin ne peut arrêter les Simeuse, jumeaux royalistes protégés par Mlle Laurence de Cinq-Cygne et prévenus par leur ancien intendant Michu (« les Chagrins de la police »). Flanqué de son acolyte Peyrade, Corentin, pour se venger, fait accuser Michu et les Simeuse, ainsi que leurs cousins de Hauteserre, de la disparition de Malin de Gondreville, lequel a été en fait enlevé par la police de Fouché pour tenter de récupérer des papiers compromettants datant de l'époque où le ministre conspirait avec Malin contre Bonaparte (« Revanche de Corentin »). Mlle de Cinq-Cygne avait accordé sa main à l'aîné des jumeaux. Elle va jusqu'à Iéna demander, à la veille de la bataille, la grâce des jeunes gens auprès de Napoléon (1806). L'Empereur l'accorde, et, après la mort glorieuse des jumeaux, Laurence épouse Adrien de Hauteserre, blessé à Dresde. Michu, lui, a été exécuté, et Louis XVIII gardera le silence sur cette ténébreuse affaire (« Un procès sous l'Empire » et « Conclusion »).

D'une intelligence glacée, Corentin, policier-muscadin tirant sadiquement plaisir de sa vengeance, s'oppose à l'altière figure de Laurence, amazone royaliste dotée d'une énergie masculine digne des grandes héroïnes romantiques comme la Diana Vernon de Walter Scott *(Rob Roy)*, la Lamiel de Stendhal ou la Colomba de Mérimée (voir *Lamiel* et *Colomba*). Autre personnage inquiétant, Gondreville, compatriote de Danton, traverse tous les régimes en conservant sa puissance politique. Le drame écrase de toute sa force un homme du peuple, le fidèle Michu. L'épopée des *Chouans* aboutit au roman noir des manipulateurs.

Les personnages de ce roman, les mêmes lieux et les mêmes rancunes se retrouvent dans une autre scène de la vie politique, l'inachevé *Député d'Arcis*. Seule la première partie, « l'Élection », parut dans *l'Union monarchique*, d'avril à mai 1847. Charles Rabou en terminera la rédaction à partir des notes de Balzac et lui donnera une suite, *le Comte de Sallenauve* et *la Famille Beauvisage*, 1855.

Le Député d'Arcis. Le viveur Maxime de Trailles (voir *le *Père Goriot*) veut faire une fin. Rastignac, devenu ministre, le charge en 1839 d'une mission délicate à Arcis-sur-Aube : faire élire un candidat favorable au gouvernement contre celui de l'opposition, l'avocat Giguet. Maxime choisit un autre médiocre, le maire Beauvisage. Là s'arrête le texte écrit par Balzac.

Rouages de la politique, recomposition du champ idéologique avec l'alliance impensable trente ans auparavant entre les Gondreville et les Cinq-Cygne, coalition des notables déjà en place contre une bourgeoisie montante, analyse en profondeur de la vie provinciale, portrait d'un ambitieux sans scrupules et habile manœuvrier que l'on retrouvera député dans *les Comédiens sans le savoir* (1846) : ce roman, qui aurait pu être le **Lucien Leuwen* balzacien, étude en cynisme et pragmatisme, témoigne d'une lucidité décapante.

Si *les Chouans* et *Une ténébreuse affaire* se situent à l'extrême fin de la Révolution et sous l'Empire, les « Scènes de la vie politique » comportent un récit proprement révolutionnaire, *Un épisode sous la Terreur*, longtemps resté anonyme, paru au début de 1830 dans *le Cabinet de lecture* et comme introduction aux apocryphes *Mémoires pour servir à l'histoire de la Révolution française*, signées du bourreau Sanson. Le nom de Balzac apparaît en 1842 pour son inclusion sous le titre *Une messe en 1793* dans le recueil collectif le *Royal-Keepsake* et le titre actuel figure dans le tome XII de *la Comédie humaine* (Furne, Dubochet et Hetzell 1846).

Un épisode sous la Terreur. Chassées du couvent par la Révolution, sœur Agathe, née de Langeais, et sœur Marthe, née de Beauséant, sont réfugiées avec l'abbé de Marolles, prêtre rescapé des massacres de Septembre, chez un citoyen, jacobin militant sous le nom de Mucius Scaevola, mais secrètement partisan des Bourbons. Un inconnu demande au prêtre de célébrer une messe pour le repos de l'âme de Louis XVI. Après Thermidor, les reclus enfin libres reconnaissent en l'inconnu le bourreau Sanson.

Histoire de bourreau comme *El Verdugo* (voir **Étude de femme*), récit de terreur comme le *Réquisitionnaire* (voir le **Colonel Chabert*) ou l'*Auberge rouge* (voir le **Père Goriot*), cet *Épisode* recourt au mélodrame en ménageant le secret et suscite l'angoisse en suggérant l'atmosphère de la Terreur.

Le genre historique est également représenté dans *la Comédie humaine* par *Sur Catherine de Médicis*, publié en trois parties dans diverses revues en 1830, 1837 et 1841, et en volume dans les tomes XV et XVI de *la Comédie humaine* (Furne, Dubochet et Hetzel, 1846). Balzac y prend parti pour les catholiques, et réhabilite politiquement la figure de la régente, comme le préconise d'Arthez (voir **Illusions perdues*). Si des considérations métaphysiques justifient l'inclusion de cet ouvrage dans les *Études philosophiques*, notamment par le rôle qu'y jouent les frères Ruggieri, l'astrologue Cosme et l'alchimiste Laurent, Balzac prête à Catherine une pensée politique en accord avec ses propres conceptions : « Un seul Dieu, une seule foi, un seul maître. » Deux parties plus franchement historiques à la manière de Dumas (« le Martyr calviniste » et « la Confidence des Ruggieri ») contrastent avec la troisième, les Deux Rêves, ceux de Robespierre et de Marat qui ont vu en songe, l'un Catherine de Médicis qui lui justifie sa politique, l'autre un malade symbolisant la France malheureuse.

● *Les Chouans* : « Folio », 1972 (préf. P. Gascar, notice R. Pierrot) ; « Classiques Garnier », 1976 (p.p. M. Regard) ; « Le Livre de Poche », 1980 (p.p. R. Guise) ; « GF », 1988 (p.p. M. Ménard) ; « Presses Pocket », 1990 (p.p. P.-L. Rey). *Une ténébreuse affaire* : « Folio », 1973 (p.p. R. Guise) ; « Presses Pocket », 1993 (p.p. G. Gengembre).
➤ *L'Œuvre de Balzac*, Club français du Livre, XI ; *Œuvres complètes*, Club de l'honnête homme, XV ; *Œuvres complètes illustrées*, Bibliophiles de l'Originale, XII-XIII ; *la Comédie humaine*, « Pléiade », VIII (p.p. L. Frappier-Mazur, J. Bérard et C. Smethurst).

G. GENGEMBRE

CHRÉTIENNES MÉDITATIONS. Paraphrase biblique en prose de Théodore de **Bèze** (1519-1605), publiée à Genève en 1582 dans un volume qui renferme aussi la traduction française d'une méditation de La Roche-Chandieu.

Bèze en conçoit le projet au moment où il établit sa traduction des *Psaumes* (1550-1561), mais n'achève l'œuvre qu'à la fin de l'année 1581. L'ouvrage a « dû représenter au XVIᵉ siècle, en même temps qu'une *summa* sur le pro-

blème du péché (Chandieu), un guide spirituel précieux pour ceux qui n'avaient plus le sacrement de la confession » (M. Richter).

Ces huit méditations se déploient en trois temps : la créature, dans sa faiblesse, crie vers Dieu, seul recours de l'homme pécheur. Dans sa tendresse infinie, Il ne cesse de la ramener à Lui (I-IV). Les deux méditations suivantes laissent s'élever de nouvelles voix. David, exemple du pécheur repenti, prend la parole : il sait son iniquité, lui qui a ruiné le don de Dieu, mais sa réelle conversion fera de lui un serviteur de Dieu, prêt à ramener vers le Père « les plus desbauchez » (V). L'Église voit le Saint nom de son Époux profané depuis l'aube de l'Histoire, et ses enfants infidèles ; malgré tant de turpitudes, elle se fie en Dieu qui la mènera jusqu'au « domicile éternel » (VI). La créature crie de nouveau vers le Seigneur des chants d'action de grâce et d'espérance ; elle « embrasse » Jésus-Christ, et le Seigneur la reçoit pour serviteur (VII-VIII).

L'ouvrage a pour source déclarée les *Psaumes* (1, 6, 32, 38, 51, 102, 130 et 143). On se souvient que Bèze en a réalisé la traduction sur les injonctions de Calvin, dans le but de mettre l'Écriture sainte à la portée de tous les fidèles. Les *Méditations* reprennent la même perspective didactique. Elles entendent guider le lecteur vers l'approfondissement du texte biblique. Cette visée explique le retour dans l'ouvrage des thèmes constitutifs de la foi calviniste : petitesse et iniquité de l'homme, tendresse infinie et gratuite de Dieu, primauté absolue de la Foi.

Didactique, l'œuvre l'est à plus d'un titre. Bèze s'applique à faire entrer son lecteur dans une dynamique proprement mystique : pénétrant progressivement le mystère de l'Amour divin, le fidèle renforce nécessairement sa Foi. Ainsi le futur qui marque stylistiquement la clôture des premières méditations s'abolit-il dans les deux dernières en l'expression d'une réalité consolatrice : « Voilà bas tous ceux qui t'affligeoyent dedans et dehors, puisque le Seigneur t'advoue pour un de ses serviteurs et domestiques. » Bèze ne sacrifie aucun des procédés que poésie et rhétorique mettent à son service pour faciliter cette démarche de réconciliation entre la créature et son Dieu : antithèse et accumulation, répétitions, style hyperbolique, recours aux éléments naturels, images reprises de l'Écriture, interrogations, invocations. Dans ce jeu polyphonique, la créature, tour à tour « je » anonyme, « je » de David, ou « je » collectif d'une Église persécutée et encore indigne, se regarde et se met à nu pour être reconnue et aimée de Dieu, but et fin de son attente.

Selon Mario Richter, les *Chrétiennes Méditations* « ont dû jouer un rôle considérable dans la formation d'un langage poétique protestant ».

● Genève, Droz, 1964 (p.p. M. Richter).

M.-C. GOMEZ-GÉRAUD

CHRISTIANISME DÉVOILÉ (le) ou Examen des principes et des effets de la religion chrétienne. Essai de Paul Henry Dietrich Thiry, baron d'**Holbach** (1723-1789), publié sous le nom de Boulanger à Nancy chez Leclerc en 1766. Les exemplaires étaient en nombre fort réduit. Les libraires de Nancy bénéficiaient de la tolérance du roi éclairé Stanislas en matière d'édition. Le texte de d'Holbach fut réédité en 1766 aux Pays-Bas, puis en 1767 à Paris, toujours sous le nom de feu Boulanger, mort en 1759. Le *Christianisme* connut huit rééditions du vivant de d'Holbach. La portée polémique du texte se manifeste dans les dates de ses rééditions : en France, sous la Révolution, en 1791, 1793, 1794 ; à Moscou, en 1924.

Le texte comporte seize chapitres. Le projet fondamental est de soumettre la religion chrétienne à l'examen (non point devant la conscience mais bien devant le tribunal de la raison). Examiner le christianisme, c'est mettre en lumière sa véritable fonction occultée savamment par l'art des prêtres et des puissants, c'est pratiquer une opération de dévoilement. Dévoiler le christianisme, c'est le mettre à nu ; la nudité n'est-elle pas ce qui caractérise la vérité ? Dévoiler, montrer le vrai, est aussi bien effectuer une œuvre de libération de la raison. Ce dévoilement passe nécessairement pour d'Holbach par l'examen historique de la religion. C'est pourquoi le chapitre 2 est consacré à l'histoire du peuple juif, considéré comme représentant d'une religion qui annonce et trace la voie à la foi chrétienne. Du chapitre 3 (« Abrégé de la religion chrétienne ») au chapitre 15 sont analysées les représentations de Dieu, la Révélation, la question des miracles, mystères, prophéties et dogmes, des livres saints, des mœurs et des vertus telles que peut les concevoir la religion du Christ. Le chapitre 16 examine les effets politiques de cette religion. Pour d'Holbach, le christianisme prêche pour un autre monde, mais il est bien en réalité de ce monde-ci, et veut le soumettre à l'intérêt fondamental (dissimulé avec tant d'art) qui l'anime et le tient en force : le pouvoir jouisseur de dominer.

Le texte de d'Holbach se situe dans le courant, si répandu à l'époque « éclairée », de la critique de la religion en ce qu'elle contredit l'évidence rationnelle, l'exercice correct d'un entendement qui ne peut admettre sans preuves (démonstratives-déductives ou fondées sur l'expérience) quelque proposition que ce soit. Le texte du *Christianisme dévoilé* n'hésite pas à remâcher une viande déjà bien commune ; mais s'il faut tant la remâcher c'est que précisément l'ennemi clérical n'est pas aisé à terrasser. Dans ce combat à la fois violent et patient, il est vrai que d'Holbach ressasse quelques convictions philosophiques : l'idée de Dieu est une fausse idée; la raison limitée de l'homme ne peut penser un Être infini, elle ne peut qu'utiliser l'imagination qui, en l'occasion, n'est pas loin de folie de la raison. Le Dieu imaginé par la pensée ne vaut pas mieux que le Dieu de la Révélation : incompréhensible par définition, ce Dieu, pour se faire, cependant, sinon comprendre du moins entendre des hommes, doit prendre cette forme incarnée qui contredit ce qui définissait sa nature. Dieu n'est que l'image d'un homme qui ne se connaît pas encore. Miracles et mystères déjà dénoncés comme asiles de l'ignorance par Spinoza ne sauraient garder contenance aux yeux du jugement droit. Dans les dogmes, d'Holbach dépiste une fonction qui habitue les hommes à une obéissance ignare. La puissance de la religion s'installe par les habitudes contractées dès l'enfance, perpétuées par l'éducation reçue. Le préjugé, soutien de l'instance religieuse, a sa source dans ce fait que relevait Descartes : nous avons été enfants avant que d'être hommes. La religion est une entreprise générale d'infantilisation. La morale chrétienne ? elle est contre nature. S'il est vrai que notre seul devoir est d'être heureux, que notre être est purement physique sans que quelque principe transcendant, qu'on l'appelle âme ou comme on voudra, gouverne notre organisation, alors tout ascétisme, toute condamnation des plaisirs mesurés du corps, sont absurdes. La mise à la question de la religion selon d'Holbach n'est pas seulement une dénonciation des méfaits de l'institution ecclésiastique. Profondément, dévoiler le christianisme c'est le démasquer à partir d'une théorie radicalement matérialiste qui entraîne nécessairement l'athéisme. Sans ce solide fondement philosophique, vouloir « écraser l'Infâme » reste un combat de papier.

Le dévoilement du christianisme n'est pas seulement une opération théorique qui satisfait aux exigences d'une raison devenue adulte. Il ne s'agit pas d'attaquer la religion comme ces hommes sans mœurs que les principes chrétiens gênaient dans leur jouissance passionnelle égoïste ; il ne s'agit pas non plus de se désintéresser de la religion sous prétexte qu'elle est une chimère qui laisse le sage indifférent. La religion est une puissance sociopolitique asservissante ; elle contredit au bonheur, à la liberté des peuples, elle ruine la force légitime de l'État. Dans un État où l'Église exerce quelque pouvoir, l'État est toujours menacé, sinon perdu. La religion est hostile au progrès de l'humanité, à la cohésion de la totalité sociale où morale et politique coopèrent dans l'harmonie des intérêts particuliers et de l'intérêt général. Sous l'idée sereine et fragile de d'Holbach – les forces sociopolitiques s'équilibrent naturellement pour le bonheur de tous – demeure une idée force : c'est aux hommes qu'il revient de construire leur monde et de renvoyer la religion à l'enfance de la raison.

Nocive, malfaisante est la religion chrétienne. Parce qu'elle est la forme la plus élaborée de toute religion, elle est d'autant plus dangereusement habile. Elle est l'art du voile. Peut-on dévoiler d'un seul coup ? Peut-on démasquer dans l'instant une duperie millénaire ? D'Holbach achève son texte avec une ironie de poids, sous forme prophétique : « La vérité doit à la fin triompher du mensonge, les princes et les peuples, fatigués de leur crédulité, recourront à elle ; la raison brisera leurs chaînes, les fers de la superstition se rompront à sa voix souveraine, faite pour commander sans partage à des êtres intelligents. Amen. »

● Éditions Sociales, « Classiques du peuple », 1957 (p.p. P. Charbonnel) ; Herblay, Éd. de L'Idée libre, 1961-1962 ; Micro-éditions Hachette, 1972-1973.

M. CRAMPE-CASNABET

CHRONIQUE. Récit d'**Enguerrand de Monstrelet** (vers 1390-vers 1453), transmis par une vingtaine de manuscrits et six éditions anciennes. Rédigé pour la maison de Luxembourg, il relate les événements advenus en France, mais aussi dans d'autres contrées entre 1400 et 1444.

Monstrelet commence son récit en 1400, l'année sur laquelle s'achèvent les *Chroniques* de Froissart. Cette continuation emboîte dès l'ouverture le pas à son modèle dont elle reprend le sujet (les hauts faits d'armes accomplis au cours des guerres), l'objectif (arracher à l'oubli des actions d'éclat et leurs auteurs, encourager par l'exemple ceux qui rêvent de gloire militaire), les sources (témoignages des protagonistes et des hérauts d'armes), l'affirmation / justification de son impartialité (il est juste que chacun reçoive, en fonction de son mérite et de sa peine la part d'honneur qui lui revient).

Communément considéré comme un partisan des ducs de Bourgogne, en raison de ses liens avec les comtes de Saint-Pol, familiers de la cour bourguignonne, et aussi de ses rapports avec Philippe le Bon – il mentionne sa présence auprès du duc quand celui-ci rend visite à Jeanne d'Arc dans sa prison, et le duc lui accorda une gratification pour sa *Chronique* –, Monstrelet fait pourtant rarement preuve d'un parti pris aveugle, bien que son impartialité soit sujette à caution. Ainsi, dans sa relation de l'assassinat de Louis d'Orléans, il ne minimise en rien le rôle joué par le duc de Bourgogne qui ne passe aux aveux que par crainte d'être découvert. Sans doute rapporte-t-il le discours de Jean Petit justifiant le crime de Jean sans Peur par une apologie du tyrannicide – tuer le frère du roi était œuvrer pour le bien du royaume, en faisant disparaître l'auteur de tous ses maux –, mais il laisse place aussi dans sa *Chronique* à la réfutation qui en a été faite devant le dauphin et la cour. Il mentionne qu'à la mort de Valentine Visconti le duc de Bourgogne fut « assez joyeulx » car la veuve de Louis d'Orléans continuait à réclamer vengeance. Il ne passe pas non plus sous silence les propos de certains seigneurs, lors de la réconciliation de Chartres (dans la cathédrale, le roi Charles VI ordonne aux enfants de Louis d'Orléans de pardonner à Jean sans Peur) : « Doresenavant on auroit bon marché de murdrir les seigneurs, puisqu'on en estoit quicte sans faire autre reparacion. » Enfin la part de responsabilité qui incombe au duc de Bourgogne dans le conflit entre Armagnacs et Bourguignons ressort bien de son refus à faire le moindre geste en faveur des « frères d'Orléans », car il « ne vouloit descendre a faire quelque reparacion » en dehors de ce qui avait été fait à Chartres, « et se tenoit fier, pour ce qu'il avoit le roy et le duc d'Aquitaine [c'est-à-dire le dauphin] de sa partie.

Monstrelet n'adhère pas non plus à la politique bourguignonne favorable un temps à l'Angleterre, et s'afflige, après le traité de Troyes qui fait du roi d'Angleterre le régent de la France et l'héritier de Charles VI, de voir à Noël 1420 le roi de France abandonné de tous dans son hôtel Saint-Paul, tandis que l'on se presse autour du roi d'Angleterre au Louvre où tout n'est que « pompes et bobans ». Triste spectacle qui « devoit moult desplaire à tous les cuers des vrais et loyaux François », d'autant plus que ces Anglais se signalent par leur avarice : rompant avec la tradition des souverains français, Henri V ne fait donner ni nourriture ni vin au peuple parisien venu lui rendre visite lors de la Pentecôte en 1422 et lors du sacre d'Henri VI à Notre-Dame les chanoines sont scandalisés de voir les officiers du roi reprendre le pot d'argent doré qui contenait le vin offert à l'issue de la cérémonie.

À propos de cette dernière anecdote, on imagine ce que Froissart aurait su en tirer. Elle est sans grand relief chez Monstrelet qui reprend dans son ouvrage les grandes séquences des *Chroniques* – batailles, entrées royales, fêtes – mais sans atteindre le talent de son prédécesseur. Pourtant « le sec et sombre Monstrelet » (Huizinga) sait à l'occasion animer son récit d'une pointe d'humour (par exemple, à propos de ces dames qui renoncent à arborer leurs hennins pendant que prêche un certain frère Thomas, mais qui les remettent peu après son départ « à l'exemple du lymaçon, lequel quant on passe près de luy retrait ses cornes par dedens et quand il ne ot [entend] plus rien les reboute dehors »), ou jouer sur l'émotion du lecteur par des tableaux contrastés : joie du duc de Bourgogne après la paix de Chartres et tristesse des enfants d'Orléans, cour d'Henri V et cour de Charles VI à Noël 1420 ou lors de la Pentecôte 1422.

D'autre part, Monstrelet nous montre dans le prologue de son livre II qu'il a perçu que « l'art de guerre » n'était pas immuable. « Prouesse et vaillance de corps » restent sans doute des valeurs sûres, mais l'introduction de « cruelz et divers habillemens [engins] de guerre » en change les modalités d'application. Perception d'un monde qui change, d'un monde en évolution : voilà un aspect de Monstrelet qui, sans être totalement original, sort, pour son époque, des chemins battus et peut inciter le lecteur à chercher sa part du « laborieux plaisir » que l'auteur nous dit avoir pris à la rédaction de son ouvrage.

M.-T. DE MEDEIROS

CHRONIQUE. Récit en prose de **Georges Chastellain** (1405-1475), transmis par plus de vingt manuscrits pour la plupart fragmentaires. Il relate les événements survenus principalement en France de 1419 à 1474.

Historiographe du duc de Bourgogne Philippe le Bon (1396-1467), Georges Chastellain, surnommé « l'Adventureux », retrace, pour plaire à son « souverain seigneur », l'histoire du « très chrestien » royaume de France, « clarifié par battures et souffrances ».

Le récit s'ouvre sur l'assassinat en 1419 de Jean sans Peur, père du « très haut, très puissant et très fameux prince » Philippe de Bourgogne, et l'auteur se propose de le poursuivre aussi longtemps qu'il lui sera donné de vivre. Effectivement la chronique s'achève en 1474, donc un an avant sa mort, comme nous l'apprend un témoignage extérieur, car le texte qui nous est parvenu comporte de nombreuses lacunes et s'arrête en 1471, alors que Charles le Téméraire a succédé depuis cinq ans à son père. C'est donc, du moins dans ses débuts, une des périodes les plus sombres de l'histoire de France qui est ici racontée : la majeure partie du royaume est occupée par les Anglais, le traité de Troyes (1420) déshérite le Dauphin (le futur Charles VII) au profit du roi d'Angleterre Henri V, qui devait succéder à Charles VI, et le meurtre de Jean sans Peur, tué par le parti Armagnac favorable au Dauphin, jette le nouveau duc de Bourgogne dans les bras des Anglais. Mais quand la situation se redresse, quand Charles VII reconquiert, à partir de l'intervention providentielle de Jeanne d'Arc, son royaume, que le traité d'Arras (1435) scelle la réconciliation de la France et de la Bourgogne, que les Anglais sont « boutés hors de France », tout ne devient pas idyllique pour autant. Des tensions demeurent entre le duc de Bourgogne et Charles VII, et Chastellain, après avoir célébré l'avènement de Louis XI, promesse

d'une ère de paix, doit vite déchanter et « rebouter arrière [sa] plume en encre de mélancolie ».

Chastellain a sans doute pressenti que ses fonctions officielles auprès du duc de Bourgogne pouvaient faire douter de son objectivité, aussi affirme-t-il dès son prologue qu'il est impartial (I), et il le réaffirme à plusieurs reprises au cours de son récit (III, IV, V). On peut ne pas partager entièrement ce point de vue et trouver suspect que l'image de Philippe le Bon qu'il nous propose – et à un moindre degré celle de Charles le Téméraire – éclipse celle qu'il donne du roi de France, aussi bien dans la personne de Charles VII que dans celle de Louis XI. On peut concevoir que l'éclat de la cour de Bourgogne, l'une des plus brillantes d'Occident à cette époque, l'ait ébloui, mais il est difficile de croire que ce faste, cette puissance, cette richesse se soient doublés de qualités sans faille chez les détenteurs du pouvoir… Sa présentation des événements peut aussi susciter des réserves. Le fait capital qui préside au déroulement de l'Histoire est l'assassinat de Jean sans Peur et, pour le chroniqueur, il n'est pas exclu que dans les premiers temps de son règne les revers de Charles VII, qui avait été au moins la cause indirecte de ce meurtre, aient été une punition voulue par Dieu (II). Mais ce crime permet aussi de justifier la politique – initialement – anglophile de Philippe le Bon, aux yeux d'un écrivain qui s'affirme « léal [loyal] » à la fois comme « François » et « avec [son] prince ». L'image, d'autre part, qu'il donne de Jeanne d'Arc est plutôt négative – « ceste Pucelle de qui Françoys faisoient leur idole » (II) – même s'il rend hommage à son courage lors de l'affrontement où elle fut faite prisonnière, et l'on peut se demander si le jugement qu'il porte sur elle ne tient pas à ce qu'elle était « mallement enflambée sur les Bourguignons » (II).

Mais si Chastellain ne nous livre pas un récit aussi impartial qu'il le prétend, il nous propose une chronique que son talent d'écrivain, qui s'affirme par ailleurs dans son œuvre poétique, rend extrêmement agréable à lire. Le Prologue de sa *Chronique* donne déjà un aperçu de cette écriture où des phrases très amples, des images fortes – « moi, douloureux homme, né en éclipse de ténèbres ès [dans les] espesses bruynes de lamentation », « de mes jours la terre a esté toute engraissée de sang humain, et les arbres revestus des corps terrestres, loups saouls de la repue d'iceux » – viennent compléter des procédés plus classiques, parallélismes, oppositions, redondances… Chastellain sait aussi à l'occasion rendre avec humour le discours de l'homme de la rue, quand, par exemple, il montre le peuple déçu par l'apparence de Louis XI faisant son entrée à Hesdin : « Benedicite ! et est-ce cela un roy de France, le plus grand roy du monde ? ce semble mieux un vallet qu'un chevalier » (IV). Il excelle dans la représentation de certaines scènes très proches de séquences romanesques, comme celle fort célèbre de Philippe le Bon errant dans une forêt près de Bruxelles, s'y perdant, et trouvant refuge dans la masure d'un pauvre homme au cœur de la nuit : scène qui rappelle la mésaventure, dans les *Chroniques* de Froissart, du comte de Flandre échouant dans la maison d'une pauvre femme à Bruges ; ou, dans un autre registre, celle qui présente le duc de Bourgogne montant en croupe sur le cheval de sa nièce la duchesse d'Orléans pour se rendre à ses joutes (IV).

Enfin cette *Chronique* nous permet de découvrir un homme réfléchissant sur l'Histoire et sur sa fonction d'historien. Si son explication des événements reste fort banale et classique – la volonté divine et la Fortune –, il semble plus personnel quand il revendique le droit pour l'historiographe de taire « des cas honteux » s'il n'est pas nécessaire de les révéler (IV), mais aussi le droit de décrire les princes de son temps, même si ce qu'il a à dire n'est guère en leur faveur (V).

Pourtant, le destin littéraire de Chastellain n'a pas été, depuis le XVIe siècle, à la hauteur de son entreprise : après avoir œuvré comme historiographe, mais aussi comme poète, pour préserver la renommée des grands de ce monde, il a sombré dans un injuste oubli.

● *Œuvres complètes*, Genève, Slatkine, tomes I à V, 1971 (réimpr. éd. 1862-1866).

M.-T. DE MEDEIROS

CHRONIQUE. Récit de **Jean le Bel** (vers 1290-vers 1370), composé entre 1352 et 1361, et transmis par un seul manuscit. Il relate les événements survenus durant les premières décennies de la guerre de Cent Ans.

Partant de la facile dichotomie : récit versifié, récit mensonger ; récit en prose, récit véridique, Jean le Bel, chroniqueur liégeois, se propose de raconter « la vraye hystoire du proeu et gentil [noble] roy Edowart » [Édouard III, roi d'Angleterre], afin de rétablir la vérité, mise à mal par « ung grant livre rimé », qui prête à certains chevaliers des exploits si peu convaincants que cet excès ne peut que rendre sceptiques les « gens de raison et d'entendement ».

La chronique s'ouvre sur un rappel des deux souverains anglais qui ont précédé Édouard III : son grand-père, Édouard Ier, « moult sage, proeudome, hardy, entreprenans et bien fortuné », puis son père, Édouard II, de triste mémoire. Ensuite, elle suit pas à pas les grands événements du règne du « noble roi Édouard », de 1327 à 1361, depuis la coalition qui le porta au pouvoir du vivant de son père (1326). Elle s'achève sur le départ pour la Lombardie, en 1361, des Grandes Compagnies, qui menaçaient le pape à Avignon.

Un trait caractéristique de la *Chronique* de Jean le Bel est son goût de la concision. Il refuse les répétitions inutiles – quand il montre Philipppe VI se dirigeant vers Amiens, il déclare : « Je n'ay que faire de nommer tous les grands princes qui là furent avecques luy, car je les ay dessus nommé » – ou les détails secondaires – quand il retrace l'itinéraire d'Édouard III allant vers Paris en 1346, il précise : « Je ne vous nomme fors que les grosses villes et riches outre mesure, car je ne sçavroye nommer les moyennes ne les petites communes villettes, ne n'en pourroye venir à fin. » Ce souci d'aller droit à l'essentiel est le fait ici d'un narrateur très directif qui, pour passer d'un sujet à un autre, recourt non seulement aux formules traditionnelles du type « je me tairai à présent là-dessus et retournerai à… », mais aussi à l'attaque : « or vueil je revenir », « or vueil je deviser », « or vueil je parler », « or vueil je retourner ». Et la première phrase de l'ouvrage, sur le mode injonctif, donne déjà le ton : « Que celui qui veut savoir la vérité sur le noble roi Édouard lise ce livre et laisse un livre écrit en vers rempli de mensonges. » Mais le début de cette chronique nous révèle aussi l'habileté du narrateur à organiser sa matière. En effet il présente dès l'ouverture un Édouard III digne successeur de son prestigieux grand-père, mais aussi du roi Arthur – rapprochement auquel il reviendra à plusieurs reprises –, et le rapide survol des deux règnes précédents lui permet d'introduire un sujet sur lequel il reviendra souvent : les affrontements entre Anglais et Écossais, affrontements dans lesquels il a pu se sentir particulièrement investi, puisqu'il participa, aux côtés de Jean de Hainaut, comme il nous le raconte, à la première campagne d'Édouard III contre les Écossais. Mais Jean le Bel est plus qu'un adroit organisateur : il a le sens des scènes fortes, des détails pathétiques et certains passages comme la fin du roi d'Écosse Robert Bruce, comme l'épisode des bourgeois de Calais ou la jacquerie de 1358, ont été unanimement admirés (Froissart, du reste, ne s'est pas trompé sur leur qualité et les a insérés dans ses *Chroniques* !).

Net dans son récit, Jean le Bel l'est aussi dans ses opinions. Il n'aime guère le roi de France Philippe VI, estime qu'il manque de « hardement » [courage] quand il n'attaque pas les Anglais près de Poissy, et n'omet pas les détails qui lui sont peu favorables. Ainsi quand le roi de France et son fils, tous deux veufs, songent à se remarier, Philippe VI choisit d'épouser « une belle joeune damoiselle que son filz eust voulentiers eue ». Mais il n'épargne pas non plus son successeur et nous montre Jean le Bon, à son retour de captivité, chaleureusement accueilli par ses « bonnes villes » qui lui offrent « nobles et beaulx joyaulx, mais onques n'en dit grand mercys de sa bouche ». Il réserve toute son admiration à Édouard III, constamment présenté comme le « noble », le « gentil » roi. Il lui arrive pourtant, à l'occasion, de relater un fait qui n'est guère à son honneur, le plus célèbre étant le viol de la comtesse de Salisbury (qui n'a peut-être jamais eu lieu si, comme cela a été avancé, cette rumeur a été propagée par les Valois pour déconsidérer leur adversaire).

Appartenant à la noblesse, Jean le Bel en épouse les préjugés. L'essentiel pour lui dans la guerre réside dans les hauts faits d'armes, les beaux coups d'épée des chevaliers et écuyers, et il justifie son admiration pour Édouard III, son peu d'estime pour Philippe VI, en soulignant que le souverain anglais a toujours aimé ses chevaliers et écuyers, tandis que son adversaire s'est défié d'eux et a cru « povre conseil de clercs et de prélats ». Si l'on se souvient que Jean le Bel était chanoine à Saint-Lambert de Liège, on peut voir que ses fonctions cléricales ne l'avaient pas conduit à prendre ses distances à l'égard de son corps d'origine.

La *Chronique* de Jean le Bel est longtemps restée dans l'ombre, éclipsée par l'éclat des *Chroniques* de Froissart qui, dans ses débuts, s'inspira de l'œuvre du chanoine de Liège. Elles méritent pourtant que l'on s'y intéresse et l'on peut savoir gré à Froissart d'avoir choisi pour assurer ses premiers pas d'historien un si bon modèle.

M.-T. DE MEDEIROS

CHRONIQUE. Récit de **Mathieu d'Escouchy** (1420-1482), transmis par cinq manuscrits. Il relate les grands faits d'armes, conquêtes et hautes entreprises advenus en France, mais aussi dans les pays voisins ou contrées lointaines de 1444 à 1461.

Dans le Prologue de son ouvrage, l'auteur se place dans le sillage de « ce noble et vaillant historien Enguerrand de Monstrelet » (voir *Chronique*), et donc, bien qu'il ne le mentionne pas, dans celui de Froissart. Soucieux, à son tour, d'afficher l'impartialité de son récit, il insiste sur la variété des témoignages qu'il a sollicités, toujours auprès de spécialistes des faits de guerre – chevaliers, écuyers, hérauts d'armes –, mais de « divers partis » (I) ; et il souligne encore comment, dans sa rédaction même, il a déjoué les pièges d'une information partielle ou partisane : « Et me suis tousjours infourmé dilligamment ung an auparavant que aye riens mis ne couchié par escript. » De fait, le chroniqueur saura garder un point de vue équilibré face aux tensions qui existent entre Charles VII et le duc de Bourgogne, ou face à celles qui opposent le roi au Dauphin, le futur Louis XI.

Comme ses prédécesseurs, Mathieu d'Escouchy s'attache en priorité aux manifestations de la vie chevaleresque ou de la vie des princes. Les faits de guerre occupent dans son récit une place non négligeable, mais ils sont concurrencés par les joutes, les tournois, les pas d'armes, en un temps où la guerre n'est plus ce qu'elle était, dans les belles heures du séculaire conflit entre la France et l'Angleterre. Ainsi le chroniqueur s'attarde sur le « pas de la belle Pèlerine », ou sur celui de « la fontaine aux Pleurs ». Il retrace des joutes meurtrières comme celle où Louis de Bueil fut blessé à mort et explique leur vogue en 1446 par le souci du roi de France et des princes d'« entretenir leurs gens en l'exercice des armes » (I) en période de trêve avec l'Angleterre. Curieuse interférence entre le réel et l'imaginaire, si l'on songe que c'est pour des raisons similaires que le roi Arthur, au début de la *Mort le roi Artu*, organisait le tournoi de Wincestre ! Les grandes fêtes de la cour de Bourgogne sont aussi à l'honneur dans la chronique, notamment le fameux banquet du Faisan qui se tint à Lille en 1454. Mathieu d'Escouchy s'attarde sur les grands moments de ce repas-spectacle, sur la richesse des décors, la profusion des pierres précieuses, des étoffes rares et rapporte les vœux prononcés par le duc Philippe le Bon et maints chevaliers s'engageant à partir pour la croisade. On retrouve un récit semblable dans les *Mémoires* d'Olivier de la Marche, mais l'originalité de notre chroniqueur tient au commentaire qui accompagne cet épisode : « Je pensay en moy meismes le très oultrageux excez et grant despence qui, pour l'occasion et cause de ces banquets, ont esté fais puis peu de temps » (II). Il ne faudrait pourtant pas voir là une critique sans nuance de l'auteur face aux dispendieuses manifestations de la vie de cour. En effet, ces réflexions sont suivies par un entretien avec un chambellan du duc, pour qui ces fastueux excès visent à gagner les chevaliers aux desseins de son maître, désireux de lancer une croisade (II), après la prise de Constantinople par les Turcs. Il n'est pourtant pas certain que le chambellan ait totalement convaincu son interlocuteur, puisque le chroniqueur précise que telle était « à son entendement » [celui du chambellan] la raison de tout ce faste.

À d'autres moments encore Mathieu d'Escouchy se démarque du conformisme chevaleresque, par exemple quand il présente les Suisses défaits en 1444 à la bataille de Saint-Jacques. Plutôt que de prêter l'oreille à ceux qui n'ont que mépris pour les hommes du commun quand ils se mêlent de prendre les armes – et ici l'occasion était belle car ils furent écrasés –, le chroniqueur rapporte le point de vue de témoins doublement irrécusables (par leur origine sociale : « aucuns nobles hommes », par leur expérience de la guerre : ils ont affronté les Anglais) qui n'ont jamais vu « gens de sy grant deffence, ne tant oultrageux de habandonner leurs vyes » (I).

L'époque que retrace Mathieu d'Escouchy était, on le sait, instable et en proie à une véritable crise des valeurs. On le perçoit souvent dans sa *Chronique*, déjà quand il rapporte l'extraordinaire fortune et la chute brutale de Jacques Cœur (II), mais aussi quand il nous présente Jean V d'Armagnac que rien n'arrête, pas même l'interdit de l'inceste, et qui, non content d'avoir eu plusieurs enfants de sa sœur, veut l'épouser (II). Ou encore quand il se sacrifie au macabre dans l'anecdote dont il accompagne la fin de Talbot à Castillon : le héraut du fameux capitaine anglais ne peut à première vue reconnaître son maître, blessé au visage et mort depuis plus d'un jour, « et lors lui boutta l'un des dois de sa main destre en la bouche, pour querir au costé senestre ung dent maceler qu'il savoit de certain qu'il avoit perdu, lequel il trouva ainsy comme il entendoit ».

Il serait peut-être excessif de déceler parfois dans cette chronique, ainsi que certains éditeurs y invitent, « comme un souffle de Froissart ». Mais cet ouvrage propose au lecteur la représentation d'un monde et d'une société attachés à des valeurs périmées, et laisse entrevoir quelques fugitives prises de conscience de cette inadéquation. Il est pourtant peu probable que Mathieu d'Escouchy, lorsqu'il relate la fin de Jacques de Lalaing, ait été à même de mesurer toute l'ironie du destin de ce chevalier exemplaire, qui hanta guerres, joutes, tournois et pas d'armes, fit merveille avec sa lance et son épée… et fut tué par un boulet de canon.

M.-T. DE MEDEIROS

CHRONIQUE. Poème de **Saint-John Perse**, pseudonyme d'Alexis Saint-Leger Leger, dit aussi Alexis Leger (1887-1975), publié à Marseille dans les *Cahiers du Sud* en 1959, et en volume à Paris chez Gallimard en 1960.

Saint-John Perse reçoit, en 1960, le prix Nobel de littérature et prononce le *Discours de Stockholm* où il rend hommage à la poésie. Sœur rivale de la science, la poésie interroge le mystère situé au-delà des frontières du connu. Tendue vers un « réel absolu » avec lequel elle ne peut se confondre, elle est l'activité humaine extrême qui recourt aux symboles et aux analogies pour créer le réel. Héritier de Baudelaire et des symbolistes, continuateur des romantiques, « le poète s'investit d'une surréalité qui ne peut être celle de la science ». Aussi, en toute période, la poésie est-elle présente, comme « mode de vie ». Elle est un relais entre le divin et l'ordre social qui prend appui sur l'Histoire pour en « déplacer les bornes » et la précéder. Elle peut être obscure : mais elle doit cet hermétisme à sa constante nouveauté qui rompt l'inertie et l'accoutumance. Énonçant la « grande phrase humaine en voie toujours de création », la voix poétique devient ainsi voix éthique. Le poète se sent plus proche de l'humanité que du monde littéraire. Saint-John Perse n'en donne-t-il pas encore la preuve en refusant le titre de « Prince des Poètes » que lui attribue en octobre 1960 un référendum organisé par un comité de dix auteurs ?

Chronique est un titre ambigu et énigmatique. Saint-John Perse, en effet, ne relate pas, selon un ordre chronologique, des événements historiques. Une formule revient au long du poème, qui fait du moment présent l'instant d'un rendez-vous (V) : « Grand Âge, nous voici » (I, II, III, V, VIII). D'autres apostrophes, fidèles au modèle initial, mettent en place les rapports, complexes, de ce « nous » à ce « grand âge » : « Grand Âge, vous mentiez » (II), « Grand âge, nous venons de toutes les rives de la terre » (III). La chronique est celle du devenir d'un « nous ». Au refus du temps historique (II) succède une présentation de « nous » (origine, III ; avoir, savoir, nom, être, IV ; dénuement et liberté, V), qui place le sujet, au terme d'une marche, face à l'Ouest et au « Balancement de l'heure », en un lieu et un moment d'équilibre où est dépassée toute contradiction (VI). Depuis ce lieu, « nous assemblons ». Le devenir n'est que celui du poème lui-même, où « nous » et « vous » unissent leurs voix (VII). L'éclair sanctionne l'alliance : le chant s'élève, rompant avec le passé et exprimant un amour qui attend son objet (VIII).

Le lyrisme de Saint-John Perse traduit, en ce poème, une intense émotion : les exclamations, les invocations (« Ô vous qui… »), les souhaits (« Ah ! qu'une élite aussi se lève ! »), servis par une syntaxe elliptique, qui célèbre l'autre (« Honneur aux vasques où nous buvons ! ») ou ramasse la saveur d'un instant (« Frémissement alors, à la plus haute tige »), les réticences où la parole avoue son impuissance à exprimer l'émotion (« et nos cœurs au matin comme rades foraines… »), ou encore les parenthèses dans lesquelles le désir s'immobilise sur son objet, ou qui écartent une appréhension du sujet parlant, comptent parmi les outils favoris d'une écriture qui recherche l'expressivité au mépris de toute fonction informative. Car, dans ce poème, tout est énigmatique : quel en est le lieu ? quelle en est l'époque ? qui est recouvert par ce « nous » et ce « vous », et ce « grand âge » si vénérable ? L'enthousiasme et l'exaltation sont à la mesure d'une présence proclamée et mystérieuse qui porte le « nous » vers les « hauteurs ». Ces hauteurs ne sont que poétiques : elles sont créées par l'écriture même, où un être, songeur, rêveur met en place l'espace d'une rencontre. *Chronique* est un « rêve haut » : la métonymie est double, qui fait du rêve une parole, et de la hauteur la tonalité d'une voix et la dimension d'un espace. La temporalité, évoquée par le titre, réfère dès lors au temps de la production du texte, compris comme espace poétique construit par la voix humaine (*Oiseaux*, publié en 1963, obéit à une semblable logique, l'oiseau semblant construire autour de lui, dans la phrase et la page, son espace).

La *Chronique* est aussi une succession : on assume le temps passé, on dépasse les limites. La dimension « poiétique » du poème n'interdit pas d'en donner une lecture philosophique : la création continue l'œuvre dans la vie même, promue au rang de poème infini. Le sujet retourne la finitude humaine dont il fait une force : « Nous vivons d'outre-mort et de mort même vivrons-nous » (II). Le chiasme enserre, au centre de la vie, la mort. Vivre, c'est prendre, accumuler les expériences (« Nous avons vu, connu », III), être prédateur, venir chargé de prises (V).

Vivre, c'est rassembler afin de se porter en avant. La totalité chantée (« Et ramenant enfin les pans d'une plus vaste bure, nous assemblons de haut, enfin, tout ce grand fait terrestre », VII) récupère le passé, l'unit au présent et l'ouvre sur le futur : le poème instaure un temps pur qui échappe aux contingences. Le cosmos et le devenir s'équilibrent dans le balancement, le rythme du poème : « Balancement de l'heure, entre toutes choses égales-incréées ou créées… L'arbre illustre sa feuille dans la clarté du soir ; le grand arbre Saman qui berce encore notre enfance » (VI).

Le lyrisme peut-il se passer de la première personne ? C'est rarement par « je » que s'énonce la poésie de Saint-John Perse : le personnage est « Étranger », « Prince », « Amitié du Prince », « Errant », « Voyageur »… ou « nous », être collectif, « Le temps en sait long sur tous les hommes que nous fûmes » (III). Les longues énumérations apparues dès *Anabase, sont absentes de Chronique : mais l'intégration du pluriel – « ce qui vint à bien et ce qui vint à mal » – et des contraintes reste présente. En son passage, le marcheur emporte le « foisonnement de l'être » (V). Et, parce qu'il passe, le sujet ne saurait avoir d'identité définitive. En étant tout, on n'est rien, sans naissance, sans nom, sans héritage (IV). Comment, dès lors, être définitivement modelé (voir René Char, *Fureur et Mystère, *Feuillets d'Hypnos) ? comment dire « je » ?

La poésie de Saint-John Perse est souvent associée à l'épopée, épopée fondée sur l'insatisfaction foncière de l'humanité. Quel en est le terme ? Un « grand âge » présent à l'horizon, décrit comme une blessure (I), qui annonce les épreuves à subir à celui qui le convoite. L'ascèse est nécessaire pour goûter, sur un mode éphémère, l'éternité. L'enthousiasme ne peut dissimuler la souffrance du marcheur et la minceur du résultat obtenu. Dans l'épopée de Saint-John Perse, il faut toujours repartir, ou se résigner à revenir (voir *Vents). Le poème n'atteint un point d'équilibre que pour mieux le rompre, et le sujet n'habite la demeure qu'un instant. La sacralité, diffuse dans le poème, ne fait qu'accentuer le mystère qui enfièvre l'homme, « la face ardente et l'âme haute ». Porte ouverte sur l'inconnu, le poète exhorte le « grand âge », qui demeure muet. « L'âme » est « sans tanière » : la poésie mène aux frontières du dicible ; elle déconstruit l'Histoire et le sujet, expérience des limites qui laisse l'homme à son seul désir.

● *Vents, [...],* « Poésie / Gallimard », 1968. ➤ *Œuvres complètes,* « Pléiade ».

D. ALEXANDRE

CHRONIQUE DES DUCS DE NORMANDIE. Voir ROMAN DE ROU (le), de Wace.

CHRONIQUE DES PASQUIER. Cycle romanesque de Georges **Duhamel** (1884-1966), publié à Paris au Mercure de France entre 1933 et 1945. Il comprend : *le Notaire du Havre* (1933), *le Jardin des bêtes sauvages* et *Vue de la Terre promise* (1934), *la Nuit de la Saint-Jean* (1935), *le Désert de Bièvres* et *les Maîtres* (1937), *Cécile parmi nous* (1938), *le Combat contre les ombres* (1939), *Suzanne et les Jeunes Hommes* (1941), *la Passion de Joseph Pasquier* (prépublié à Montréal aux Éditions de l'Arbre avant l'édition française, 1945).

L'auteur n'a pas préfacé la *Chronique des Pasquier*, mais deux textes nous éclairent sur ses intentions. Dans *Remarques sur les mémoires imaginaires* (1933), il explique pourquoi il préfère laisser la parole à un narrateur fictif, Laurent Pasquier, plutôt que de raconter l'histoire de sa propre vie : « J'aime la vérité poétique encore plus que je ne m'aime. » Le fait d'écrire l'histoire d'un autre ne lui interdit pas, bien entendu, de « collabore[r] avec [s]a propre vie ». Il prévient pourtant les « amateurs de chair crue » : « Qu'on ne cherche pas à savoir ce qui dans cette fiction est indubitablement moi. On s'y tromperait. » Dans

Paris des Pasquier (1951), il réfléchit *a posteriori* sur les lignes de force de la composition, notamment dans une première partie intitulée « Vues sur la *Chronique des Pasquier* ».

Le Notaire du Havre [de 1889 à 1891]. Lorsque Laurent Pasquier est encore enfant, ses parents reçoivent un jour une lettre du Havre leur apprenant qu'ils héritent d'une tante. Le testament contient des clauses restrictives dont ils ne se soucient guère. Ils déménagent, le père quitte son travail et entreprend des études. Mais la somme escomptée n'arrive toujours pas. Chaque jour, la famille attend un signe du notaire. À force de sacrifices et d'expédients, elle survit tant bien que mal. Quand la somme est enfin versée, il reste à peine de quoi rembourser les dettes.

Le Jardin des bêtes sauvages [1895]. M. Pasquier est infidèle. Sa femme se désole, ses fils réagissent chacun selon son caractère. Laurent mesure son impuissance et enrage ; Joseph se révèle égoïste et âpre, et Ferdinand indifférent. Cécile s'éprend de son professeur de piano, Valdemar Henningsen. Suzanne est encore une enfant.

Vue de la Terre promise [1900]. Les Pasquier accèdent à l'aisance matérielle. Le père a obtenu le titre de docteur en médecine. Mais cette « Terre promise » est décevante. Le clan se désagrège. Joseph, qui réussit ses premières spéculations, épouse Hélène que Laurent aimait tendrement. Ferdinand se marie également. Cécile, ébranlée par le suicide de Valdemar, et Laurent, qui poursuit ses études, quittent tous deux la maison familiale.

La Nuit de la Saint-Jean [juin 1905]. Laurent intercale ici des pages écrites par son ami Justin Weill, mais entrées en sa possession beaucoup plus tard. Ces cahiers relatent la suite de la vie de la famille, et notamment la réception qu'organise Joseph, devenu riche, dans un château rebaptisé « La Pâquellerie ».

Le Désert de Bièvres [de janvier 1907 à novembre 1907]. À Bièvres, Laurent, Justin Weill et d'autres jeunes gens voudraient « fonder un phalanstère pour y gagner leur vie en travaillant de leurs mains ». Mais leur idéalisme se heurte aux « petites trahisons » et aux « lâchetés minuscules », et le rêve communautaire tourne court : les « Solitaires » quittent peu à peu la maison.

Les Maîtres [de septembre 1908 à avril 1909]. Laurent prépare son doctorat ès sciences sous la direction de Chalgrin au Collège de France, et son doctorat en médecine sous la direction de Rohner à l'Institut Pasteur. Lui qui voulait « respirer le souffle des héros » en approchant de grands savants, se heurte alors aux mesquineries et aux luttes d'influence.

Cécile parmi nous [1913]. Mariée à Richard Fauvet et mère d'un petit garçon, Alexandre, Cécile est devenue une artiste internationale. Mais son mari lui échappe, et courtise même Suzanne. Alexandre tombe malade et meurt. Cécile et Richard se séparent.

Le Combat contre les ombres [1914]. Laurent, chef divisionnaire à l'Institut national de biologie, se voit imposer un garçon de laboratoire chaudement recommandé mais dangereusement incompétent. Il dénonce ce scandale dans un article que tous désapprouvent. Il démissionne, perdant ainsi le bénéfice de tout son travail, mais se fiance avec Jacqueline. La guerre éclate. Joseph, Ferdinand et Laurent sont mobilisés. Le docteur Pasquier et Justin Weill s'engagent.

Suzanne et les Jeunes Hommes [de mai à juin 1921]. Parce qu'on lui a refusé un rôle, Suzanne quitte la troupe dans laquelle elle jouait. Elle suit son ami Philippe qui l'emmène dans sa famille, une tribu bohème qui l'adopte aussitôt. Elle reste deux mois, puis les quitte pour partir en tournée. À bord du bateau sur lequel elle s'éloigne, elle regrette un instant d'avoir « dédaigné la vie véritable ».

La Passion de Joseph Pasquier [1925]. Joseph subit des revers financiers qui le conduisent presque à la folie. Il découvre l'infidélité de sa femme. Celle-ci choisit de le quitter et se réfugie chez Laurent et Jacqueline. Jean-Pierre, le fils de Joseph, tente de se suicider.

On a souvent rapproché Georges Duhamel de Roger Martin du Gard ou de Jules Romains. Par ses dimensions, son souci de continuité, et l'époque envisagée (celle qui précède et suit la Première Guerre mondiale), la *Chronique des Pasquier* rappelle en effet les *Thibault* ou les *Hommes de bonne volonté*. Toutefois, le principe de composition est ici plus souple. L'auteur a souhaité que son œuvre grandisse « comme un arbre » et non « comme une maison », c'est-à-dire évolue d'elle-même sans suivre un plan de composition élaboré *a priori*. En rédigeant cette chronique, Duhamel a voulu faire l'expérience de la durée, sans écarter les changements de perspective qu'elle pourrait faire naître en lui. Cette attention à l'écoulement du temps l'emporte sur le goût des événements. La référence à l'Histoire est souvent très vague : nulle mention de l'attentat de Sarajevo ou de l'assassinat de Jaurès, alors que le narrateur constate minutieusement la monotonie du temps qui passe ou la manière dont chacun s'enferme dans ses travers. Ce sens de la permanence et des continuités ne saurait s'accommoder d'une fin. Dans le dernier chapitre de la Passion de Joseph Pasquier, Laurent écrit à Cécile : « Il n'y a pas de dénouement [...]. La vie continue, avec ses misères infinies. Il n'y a de dénouement que sur les planètes glacées. » Georges Duhamel considérait le temps comme le personnage principal de la Chronique des Pasquier. C'est à son écoulement familier et angoissant que le lecteur est sensible à travers la destinée de chacun des héros. On applique volontiers à cette œuvre la phrase des Remarques sur les mémoires imaginaires : « Il y a des livres sans ressort visible et qui pourtant nous emportent avec violence et ne nous laissent pas souffler. »

● « Folio », 10 vol., 1972-1977.

C. CARLIER

CHRONIQUE DU RÈGNE DE CHARLES IX. Roman de Prosper **Mérimée** (1803-1870), publié sous le titre *1572, Chronique du temps de Charles IX, par l'auteur du « Théâtre de Clara Gazul »* à Paris chez Alexandre Mesnier en 1829 ; réédition sous le titre *1572, Chronique du règne de Charles IX, par l'auteur du « Théâtre de Clara Gazul »* chez Fournier jeune en 1832. Dès sa parution l'œuvre fut traduite en Allemagne et en Amérique.

Désireux d'élargir son audience, limitée alors aux cercles romantiques après la publication du **Théâtre de Clara Gazul* et de *la Guzla*, Mérimée choisit un sujet et un genre susceptibles de lui assurer un plus large succès. Or la Saint-Barthélemy, qui a inspiré bon nombre d'écrivains depuis le XVIIIe siècle (Bayle dans son **Dictionnaire historique et critique*, Voltaire dans *la *Henriade*, Marie-Joseph Chénier dans une pièce admirée encore au début du XIXe siècle, **Charles IX ou la Saint-Barthélemy*), s'inscrit dans cette fin d'un XVIe siècle tourmenté qui plaît à l'époque romantique (Balzac y fera encore allusion dans **Illusions perdues* en 1837). Le roman historique connaît en outre une grande vogue depuis les traductions de Walter Scott ; le **Cinq-Mars* de Vigny venait d'avoir trois éditions et un ami de Mérimée, Ludovic Vitet, avait récemment publié deux scènes historiques en prose (*les Barricades*, en 1826, et *les États de Blois*, en 1827). Le genre suppose une documentation précise, et Mérimée fait usage de nombreuses sources comme les *Mémoires* de Lanoue, de Pierre de L'Estoile, ou de Vieille-Ville, les **Commentaires* de Monluc, les *Mémoires de l'Estat de France sous Charles neuvième* et l'*Histoire universelle* d'Antoine de Thou. Il lit aussi Brantôme et d'Aubigné.

Dans sa Préface, l'auteur définit sa conception de l'Histoire et analyse les causes de la Saint-Barthélemy puis il laisse place à la fiction. Un élégant gentilhomme protestant, Bernard de Mergy, rencontre dans une auberge un groupe de reîtres qui l'accueillent amicalement mais le dévalisent pendant son sommeil (chap. 1-2). Il est reçu chaleureusement à Paris par son frère George et par les amis de celui-ci, jeunes seigneurs à la mode qui lui révèlent les mœurs légères de la cour, et pour qui le duel est habituel (3). Bien qu'il soit choqué par l'athéisme de son frère converti au catholicisme par commodité, il se rend à la messe pour voir la belle comtesse de Turgis suivie de son fluet mais redoutable chevalier servant, Comminges (4-5). L'amiral de Coligny, qui admire le courage du jeune homme – celui-ci ouvre une lettre dont on craint qu'elle ne soit empoisonnée –, lui procure un brevet de cornette du roi (6-7). Diane de Turgis fait tomber son gant devant Bernard, interdit, ce qui vaut à celui-ci une obligation de duel avec Comminges ; au cours d'une chasse, la comtesse fait d'un jeune protestant d'un médaillon en or (8-10). Lors du combat, Bernard tue son rival ; il est soigné par Ambroise Paré, qui le cache ; la nuit il voit la comtesse se livrer, pour le guérir, à de la magie blanche. George, venu

plaider la cause de son frère auprès du sévère Coligny outré par le duel, est durement repoussé (11-13). Bernard se rend à un rendez-vous secret donné par une dame espagnole masquée en qui il croit reconnaître la comtesse, mais celle-ci raille en public son amant qui croit la démasquer (14-16). Tandis que George refuse de tuer Coligny comme le lui suggère le roi, Bernard, amant comblé et enfin reconnu, refuse, lui, de se laisser convertir par sa dévote maîtresse. Il échappe de justesse à un groupe de catholiques fanatisés alors que George, à la tête d'un escadron de chevau-légers, refuse l'ordre de massacrer les protestants et doit fuir (17-20). Diane tente vainement pour la dernière fois de convertir son amant pendant la nuit du massacre. Deux faux moines, Bernard et le capitaine des reîtres se rendent à La Rochelle où La Noue tente de calmer les habitants en se mettant à leur tête. Lors d'une embuscade, Bernard qui reconnaît son frère trop tard, le fait mortellement blesser (21-26). Pendant sa digne et courageuse agonie, George s'oppose au moine et au ministre qui se disputent son âme. Le narrateur quitte son lecteur par une interrogation malicieuse sur la suite de l'aventure de Bernard et de Diane (27).

Dans la *Chronique*, le statut de l'Histoire est indécis, tant l'attention se déplace constamment de l'épisode sanglant de la Saint-Barthélemy (avec les signes annonciateurs, la nuit tragique, le sillage des massacres dans toute la France, l'organisation des huguenots à La Rochelle) aux aventures héroïques et amoureuses du personnage principal, Bernard de Mergy. Pourtant ces guerres de Religion qui ont tant intéressé les romantiques par tout ce qu'elles contiennent de fureur, de passion et d'intrigues, constituent ici plus qu'un simple décor. La documentation l'atteste : Mérimée ne cherche pas seulement un vernis de couleur locale mais bien à ressusciter une époque. Et le chroniqueur ne semble alors vouloir délaisser aucun domaine : il décrit les stratégies de ceux qui détiennent le pouvoir, aussi bien le machiavélisme du roi, prêt à tout pour se débarrasser du trop puissant amiral, que le rigorisme religieux de celui-ci l'incitant à rejeter dédaigneusement la prière de George. Il s'attache tout autant à l'évocation du monde flamboyant et fastueux, empli de duels et de liaisons, des jeunes seigneurs liés par une amitié tantôt souple, tantôt sourcilleuse. Défilent encore les reîtres et leurs belles compagnes aux mœurs légères, des scènes de rue ou de taverne qui témoignent des réactions du peuple. Mais le propos est moins ambitieux que celui de la **Jacquerie* : la dénonciation explicite de l'injustice sociale s'est transformée en critique implicite du fanatisme religieux, agrémentée de quelques concessions au code romanesque. Au total, l'œuvre coïncide bien avec son titre qui implique une vision modeste mais riche dans sa parcellisation, et qui laisse toute liberté au chroniqueur.

Au centre d'un univers instable et divisé – la perfide amitié du roi pour Coligny en est le symbole majeur – l'intrigue de Diane et de Bernard, malgré l'épisode sanglant du duel avec Comminges, reste un amour élégant entre deux êtres d'élite qui n'oublient pas que c'est par la galanterie, et non par la passion, que l'on combat les divergences religieuses : la dévote comtesse, au lieu de convertir son bel amant protestant, reçoit de lui des baisers qui la font taire. Leur liaison est décrite avec finesse et légèreté, présentée comme un délice éphémère, et se clôt par l'alerte désinvolture du conteur qui abandonne son lecteur sur une pirouette : « Mergy se consola-t-il ? Diane prit-elle un autre amant ? Je le laisse à décider au lecteur, qui, de la sorte, terminera toujours le roman à son gré. »

Dans ce récit qui refuse le gros plan, se profile cependant la figure d'un héros, le capitaine George, converti au catholicisme par commodité, mais aussi par un esthétisme déjà « décadent » (au sens du XIXe siècle) qui lui fait admirer avec une certaine perversité une madone dont le modèle fut une courtisane italienne ; héros moderne dans la mesure où il est déjà un anti-héros (l'œuvre, romantique, s'oppose aux canons du classicisme et à l'héroïsme cornélien). Son agonie, qui clôt le récit, le présente assumant très dignement son athéisme avec un courage tout humain, tandis que le moine catholique et le ministre protestant se disputent son âme avec un ridicule ignominieux. Face à la mort, George conserve cette grâce empreinte de légèreté, cette désinvol-

Chanson de Roland

« Bataille de Roland contre les Sarrasins ».
Miniature extraite des *Grandes Chroniques de France*, XIVᵉ siècle.
Bibliothèque nationale, Paris. Ms. fr. 2813. Ph. © Bibl. nat./Arch. Photeb.

La plus ancienne chanson de geste française (XIᵉ siècle) et la plus achevée, aboutissement d'une longue tradition orale ou œuvre de génie qui transfigure une matière historique lointaine. Anonyme, elle devient un grand monument d'identification nationale, avec ses « moments forts » inscrits, au fil des siècles, dans un imaginaire collectif entretenu par l'institution scolaire : Roland et sa fidèle épée Durandal, le traître Ganelon, Roland sonnant du cor à Roncevaux, la tristesse de Charlemagne... « Lieu de mémoire » incontestable, qui structure encore la culture française : vision théologique du

Combat de Roland contre Marsile,
roi de Saragosse et chef des païens.
Façade de la cathédrale
Saint-Pierre d'Angoulême, XIIᵉ siècle.
Ph. © Arch. Photeb.

« Charlemagne devant Roland mort ». Miniature des
Grandes Chroniques de France par Guillaume Cretin, XVᵉ siècle.
Bibliothèque nationale, Paris. Ms. fr. 2820. Ph. © Bibl. nat./Arch. Photeb.

« L'âme de Roland est emportée au ciel par deux anges ».
Miniature des *Grandes Chroniques de France*, XIVᵉ siècle.
Bibliothèque nationale, Paris. Ms. fr. 2813. Ph. © Bibl. nat./Arch. Photeb.

pouvoir (Dieu arrêtant le soleil pour
Charlemagne), conceptions de
l'honneur opposées du « preux » et du
« sage », refus absolu de transiger avec
l'ennemi (Roland face aux barons),
mais aussi diabolisation de l'« infidèle »,
des perfides Sarrasins face à une
chrétienté forcément victorieuse...

ture élégante qui fut le style de sa vie et qui pourrait bien définir l'art de Mérimée. L'anticléricalisme de l'auteur, décelable tout au long d'un texte où perce parfois une acidité voltairienne, est aussi un antifanatisme : les deux religions sont renvoyées dos à dos. Le regard sans illusion de George est sans doute le plus proche de celui du narrateur, dans une œuvre dont l'épisode central se prêtait aux plus amples effets, et qui donne à voir crûment, mais sans pathétique, les atrocités commises pendant la nuit du massacre.

● « Folio », 1977 (p.p. P. Josserand). ➤ *Romans et Nouvelles*, « Classiques Garnier », I ; *Théâtre, Romans et Nouvelles*, « Pléiade ».

F. COURT-PEREZ

CHRONIQUE FRANÇAISE DU XXe SIÈCLE. Cycle romanesque de Paul **Vialar** (né en 1898), publié à Paris chez Del Duca. Il comprend : *les Étoiles de Mars* (1955), *les Robes noires* (1958), *Place de la République* (1956), *Rideau* (1956), *Belada, éditeur* (1957), *la Boutiquière* (1957), *Pas de temps pour mourir* (1958), *Pas de pitié pour les cobayes*, 1958, *les Quatre Zingari* (1959), *la Farine du diable* (1961).

Chacun de ces dix romans est consacré à une classe sociale précise. Ainsi se succèdent les officiers, incarnés par le général Adrien Jobert, et son fils, le capitaine Jobert, qui meurt au feu dans une guerre coloniale (*les Étoiles de Mars*) ; les avocats, qui revêtent les deux visages antithétiques de l'austère Joseph Barasquin et du subtil Arsène François (*les Robes noires*) ; les politiciens, qui, devenus des professionnels, oublient vite l'idéalisme de leur jeunesse (*Place de la République*) ; les hommes de théâtre, dont Lucien Goubert, frère de Baty, de Dullin, de Jouvet, est l'image exemplaire (*Rideau !*) ; le monde des lettres où règne Belada (*Belada, éditeur*) ; le commerce, avec la brillante carrière de Fanny Armagnac (*la Boutiquière*) ; les affaires, qui accaparent Gilbert Rodel, alias Gustave Rabaud (*Pas de temps pour mourir*) ; la recherche médicale, symbolisée par le professeur Leprée (*Pas de pitié pour les cobayes*) ; le cirque, ses clowns et ses chagrins (*les Quatre Zingari*) ; enfin le monde de la campagne, contraint à se moderniser (*la Farine du diable*).

Le modèle est *la *Comédie humaine* de Balzac ou *les Rougon-Macquart* de Zola. Paul Vialar, comme ses devanciers, s'est considérablement documenté. Ce tableau de la France sous la IVe République donne une saisissante impression de réalisme, et le romancier s'est attaché à fondre ses informations dans un récit vivant et fertile en rebondissements. Comme Rastignac ou Vautrin dans *la Comédie humaine*, certains personnages reparaissent d'un roman à l'autre et donnent quelque unité à l'ensemble.

Il est vrai que la peinture sociale est ici incomplète : on peut s'étonner surtout de ne pas rencontrer d'évocation de la classe ouvrière. Dans chaque volume une question est soulevée, qui semble fondamentale pour le métier qui y est dépeint. Nous sommes conviés à nous interroger sur la servitude et la grandeur militaires, sur les limites de la morale chez les avocats, sur les corruptions de la vie politique, sur l'envers du théâtre et celui de la littérature, sur les sacrifices qu'imposent la réussite commerciale et encore davantage l'enrichissement des hommes d'affaires, sur la fausse grandeur de certains « princes de l'esprit », sur les mutations de la vie paysanne au milieu du siècle.

Le lecteur est donc invité à réfléchir – ou plutôt il retrouve dans une forme romanesque des idées assez banales, et qui maintenant sont datées. Paul Vialar rassure son public au lieu de l'inquiéter : il le persuade que la réalité est bien conforme aux lieux communs que lui proposent les journaux et les films commerciaux. La technique aide à cette simplification : au lieu du foisonnement de personnages que nous offrent Balzac et Zola, nous rencontrons des intrigues assez schématiques, et, dans chaque volume, un héros type, qui incarne sa classe sociale. Tout cela enlève, malgré l'exactitude du détail et les qualités du récit, de la profondeur à l'œuvre, qui ne paraît plus à nos yeux qu'un exemple de ce que pouvait demander le grand public vers 1960, et de ce que pouvait lui offrir un écrivain sérieux et habile.

A. NIDERST

CHRONIQUES. Récit de Jean **Froissart** (vers 1337-vers 1410), transmis par une cinquantaine de manuscrits et douze éditions anciennes. Il relate jusqu'en 1400 les « beaux faits d'armes » advenus en France, en Angleterre, en Écosse, mais aussi en Espagne, au Portugal, en Italie, à l'occasion du conflit que nous appelons aujourd'hui la guerre de Cent Ans.

Cet ouvrage est à plusieurs égards un monument. D'abord par ses dimensions – seize volumes dans l'unique version intégrale publiée –, ensuite par l'espace qu'il embrasse : tous les pays de la chrétienté qui se rattachent d'une manière ou d'une autre à la politique française ou à la politique anglaise durant la première phase de la guerre de Cent Ans (avec, à l'occasion, des incursions vers la Hongrie et la Bulgarie – Nicopolis –, vers la « Barbarie » [Tunisie] – siège de Mahdia sous la conduite du duc de Bourbon –, ou vers le Proche-Orient – exposé du rapport des forces dans cette région par le roi d'Arménie) ; enfin par la longueur de période retracée, environ trois quarts de siècle, de 1326 à 1400. Mais les *Chroniques* sont aussi un monument par leur intention déclarée d'arracher à l'injure du temps, à l'oubli, les traits de bravoure, les actes héroïques (en un mot tout ce qui ressortit à la « proece ») auxquels le conflit franco-anglais a donné lieu.

Représenter les événements en mettant en évidence les « beaux faits d'armes », c'est raconter l'Histoire du point de vue de la société aristocratique du XIVe siècle, que charme un récit dans lequel l'image qu'elle veut se donner d'elle-même – preuse et courtoise – coïncide le plus souvent avec les faits rapportés. C'est là un argument pour les détracteurs modernes de Froissart : celui-ci, pour complaire aux Grands qui le protègent (la reine d'Angleterre Philippa de Hainaut, le duc et la duchesse de Brabant, Guy de Blois, petit-neveu du roi de France Philippe VI), traque les beaux coups d'épée des chevaliers et écuyers, les comportements courtois, et n'offre ainsi qu'une vision partielle et faussée de son époque. Les historiens positivistes font aussi grief à Froissart de son manque d'analyse devant l'événement, de son absence d'esprit critique, point de vue qui était déjà celui de Montaigne, bien que ce fût à ses yeux une qualité, quand il classait « le bon Froissart » parmi les historiens qui se contentent « d'enregistrer à la bonne foy toutes choses sans chois et sans triage », laissant au lecteur « le jugement entier pour la cognoissance de la verité ».

Des lectures plus attentives de Froissart ont, depuis, amené à nuancer ces reproches. Froissart n'est pas dépourvu de sens critique envers les princes et seigneurs qu'il a côtoyés : ainsi il laisse entrevoir les faiblesses de Guy de Blois devenu presque impotent « par bien boire et fort mengier doulces et délitables viandes », livré à l'influence de sa femme et de l'un de ses valets de chambre ; ou encore il rapproche le comportement du Prince Noir de celui de Philippe VI et Jean le Bon qui, par leur intransigeance et leur caractère hautain, s'aliénèrent la sympathie des Gascons. D'autre part, Froissart n'a pas limité son ambition à relater des faits, il a voulu « esclarcir la matere », écrire non pas une simple chronique, mais une chronique « historiée ». Sa réflexion sur les événements ne brille pourtant pas par son originalité : ce sont, encore et toujours, Dieu, Fortune, qui constituent l'explication ultime. Mais il s'efforce aussi d'éclairer les faits par des mobiles psychologiques ; ses explications, sans doute plus romanesques que scientifiques, témoignent néanmoins d'un souci de percer le vernis des apparences.

Cependant, quelles que soient les réserves qui ont pu être faites sur la qualité historique des *Chroniques*, aucun censeur n'a résisté au plaisir du texte. Le grand écrivain qu'était Michelet ne s'y est pas trompé, et plus d'une fois il cède la parole au chroniqueur, sans même toujours en avertir son lecteur, dans la fresque qu'il peint du XIVe siècle (voir par exemple la bataille de Crécy, ou le premier accès de folie de Charles VI). Car Froissart, poète de cour reconnu, est aussi un maître du récit et il nous a légué, sinon la plus véridique, du moins la plus brillante relation des grandes batailles qui, comme Crécy, Poitiers ou Nicopolis, ont marqué son temps. Mais l'art de Froissart ne se limite pas à nous montrer des bannières et des pennons déployés sur les champs de bataille ou le scintillement des armes et armures sous le soleil, ni à nous peindre l'exquise courtoisie d'Édouard III offrant à Eustache de Ribemont son « chapelet » d'argent et de perles afin de rendre hommage à sa vaillance ou celle du Prince Noir qui, vainqueur à Poitiers, sert à souper à son prisonnier, le roi de France. Il sait aussi dans sa chronique jouer de toutes les ressources d'un bon romancier, animant son récit par des discours directs – tantôt collectifs, tantôt personnalisés (par exemple, le Bascot de Mauléon, homme d'armes et de terrain, ne s'exprime pas comme le grand seigneur qu'est Gaston de Foix) –, exploitant des situations insolites (le comte de Flandre caché dans la misérable chaumière d'une pauvre femme à Bruges, ou des lièvres qui traversent un champ de bataille...), usant du merveilleux (voir le premier accès de folie de Charles VI dans la forêt du Mans, l'histoire de l'esprit Harton, ou l'explication du somnambulisme de Pierre de Béarn).

Ce long récit n'a pas été rédigé d'une seule traite. Une première pause se marque pour l'année 1377 et justifie la coupure entre le livre I et le livre II des *Chroniques*. Deux autres ruptures apparaissent à travers les prologues des livres III et IV. Mais ces prologues nous intéressent bien davantage par la modification qu'ils apportent à l'image du chroniqueur. Alors que dans le prologue général Froissart se fondait dans un ensemble, le corps des clercs immortalisant par l'écriture des faits dignes de mémoire, il se présente au seuil de ces deux derniers livres dans toute son originalité : déterminé par son origine géographique (ses attaches avec le Hainaut justifient l'intérêt particulier qu'il porte aux événements survenus près de là, en Flandre), déterminé par sa propre histoire (sa carrière qui lui a permis de rencontrer de grands seigneurs qui l'ont encouragé et aidé à poursuivre son enquête historique), déterminé enfin par sa passion précoce pour son sujet (dès l'âge de vingt ans il a commencé à rassembler ses matériaux). Bien plus, il nous montre comment il s'est engagé tout entier dans son entreprise, mettant à contribution son esprit, mais aussi son corps, comme il le prouve en relatant certains de ses voyages d'information – voyage en Béarn en 1387, voyage en Angleterre en 1395. Sans doute ces récits sont-ils en partie un habile subterfuge qui permet au chroniqueur, en donnant directement la parole à ses informateurs, de rompre avec l'ordre chronologique de règle dans la chronique, ou de raconter sans s'engager certains événements (voir le récit de la mort du jeune Gaston de Foix). Mais autant que l'artifice littéraire et, peut-être une certaine vanité d'auteur, cette présence physique nous révèle un écrivain qui s'incorpore à sa matière. Dès lors on peut comprendre qu'il ait, à la fin de sa carrière et de sa vie, récrit le début de ses *Chroniques* : le manuscrit de Rome, ultime version des événements survenus de 1326 à 1350, est le fruit d'un travail de réappropriation qui gomme tout ce qui, précédemment, laissait une large part à la *Chronique* de Jean le Bel, premier guide de Froissart dans ses débuts de chroniqueur.

Lire les *Chroniques* de Froissart et découvrir les différentes rédactions de cet ouvrage – on en dénombre trois –, ce n'est pas seulement pénétrer dans un monde qui s'ouvre « par la description des fêtes brutales de la guerre de Cent Ans » et s'achève « sur les fêtes plus compliquées et perverses, organisées pour le roi Charles VI de France, qui était fou » (Georges Duby). C'est aussi suivre dans sa démarche un écrivain qui devient de plus en plus maître de sa matière. Quand il se représente, au seuil du livre IV, entrant dans sa forge pour y façonner son œuvre, Froissart, sans doute, donne ses lettres de noblesse à l'écriture de l'Histoire, en lui affectant une image que Guillaume de Machaut réservait à la création poétique. Mais, de surcroît, il ne fait pas mentir le vieil adage qui affirme que c'est en forgeant...

● Genève, Droz, 1972 (le manuscrit de Rome, p.p. G.T. Diller) et Droz, 4 vol., 1992-1993 (le manuscrit d'Amiens, p.p. G.T. Diller).

M.-T. DE MEDEIROS

CHRONIQUES ITALIENNES. Recueil de nouvelles de **Stendhal**, pseudonyme d'Henri Beyle (1783-1842), publié pour la première fois sous ce titre à Paris chez Michel Lévy en 1865.

Stendhal recueillit lui-même, en 1839, trois des « historiettes romaines » qu'il avait traduites à partir de documents d'archives découverts en 1834 à Civita-Vecchia. Ce premier recueil, qui regroupait « l'Abbesse de Castro », « Vittoria Accoramboni » et « les Cenci », porta le titre de la première des trois nouvelles. Un nouveau recueil, publié à titre posthume chez Michel Lévy et intitulé pour la première fois *Chroniques italiennes*, y ajoutera, dans l'ordre : « la Duchesse de Palliano », parue dans la *Revue des Deux Mondes* en 1838, « San Francesco a Ripa », parue dans la même revue en 1853, et « Vanina Vanini », parue dès 1829 dans la *Revue de Paris*. Deux autres nouvelles, conservées dans les papiers de Stendhal, viendront compléter le recueil tel qu'il sera composé par Henri Martineau en 1929 et repris par toutes les éditions ultérieures : « Trop de faveur tue », parue en 1912-1913 dans la *Revue de Paris*, et « Suora Scolastica », publiée en fragment, en 1905, dans les *Soirées du Stendhal-Club*, puis chez André Coq (édition d'Henri Debraye), en 1921.

L'Abbesse de Castro. Hélène de Campireali est aimée de Jules de Branciforte, trop pauvre pour prétendre l'épouser. Au cours d'un affrontement où il défend son prince Fabrice Colonna, Jules tue malgré lui le frère d'Hélène qui, avec l'aide de son père, s'opposait à sa passion. Mise au couvent, Hélène demeurera fidèle à Jules, qui a toujours respecté sa vertu. Elle devient abbesse du couvent de Castro et, croyant que Jules est mort, se trouve enceinte pour avoir cédé à un instant de libertinage. Elle se donnera la mort quand elle apprendra que Jules vit toujours.

Vittoria Accoramboni. Vittoria a épousé Félix, neveu du cardinal Montalto (futur Sixte Quint). Félix ayant été assassiné, Vittoria se remarie avec le prince Orsini, qu'on soupçonne d'être le meurtrier de son mari. Le prince mourant à son tour, Vittoria est elle-même poignardée sur l'ordre de Louis Orsini, qui succombera lors du siège ordonné contre son palais.

Les Cenci. L'histoire de François Cenci est présentée par le narrateur comme celle d'un don Juan. Après avoir, par ses multiples conquêtes, bafoué l'honneur de son épouse et abusé même de sa fille Béatrix, il est tué à l'instigation de sa propre famille. Lucrèce, sa femme, Jacques et Béatrix, ses enfants, sont jugés, torturés et condamnés à l'échafaud.

La Duchesse de Palliano. Marcel Capecce est éconduit par la duchesse de Palliano, dont il est follement amoureux. Mais ses assiduités l'ont dénoncé au duc, qui le poignarde avant de devoir, la mort dans l'âme et pour sauver son honneur, faire exécuter la duchesse.

San Franscesco a Ripa. Un Français, Sénecé, se fait assassiner à Rome par sa maîtresse, la comtesse Orsini.

Vanina Vanini. La princesse Vanina soigne Pietro Missirilli, un jeune carbonaro blessé, déguisé en jeune fille et réfugié chez le père de la princesse. Il avoue son identité à Vanina, qui devient amoureuse de lui. Pour lui sauver la vie, elle va dénoncer ses amis. Emprisonné, il ne lui saura aucun gré de sa sollicitude.

Trop de faveur tue. On ferme le couvent de Sainte Riparata. Les religieuses sont désespérées (manuscrit laissé en suspens).

Suora Scolastica. Une religieuse de Naples, en 1740, refuse de suivre son amant.

Composée à la même époque que le * Rouge et le Noir*, « Vanina Vanini » est la seule des « chroniques » qui relate un épisode inspiré de l'histoire de l'Italie contemporaine. Jeune fille noble et romanesque, Vanina est une sœur de Mathilde de La Mole : lassées des grandeurs de leur entourage, l'une et l'autre aiment l'énergie à laquelle incline le dénuement, cette énergie dût-elle aller jusqu'au crime. Quant à Pietro Missirilli, il fait déjà songer au Fabrice de *la *Chartreuse de Parme* : caché chez le prince don Asdrubale, il est un prisonnier heureux de sa condition, puisque celle-ci lui a permis de découvrir l'amour. Il va pourtant endurer une trahison, puis des tortures que Stendhal épargnera au héros de son roman.

« Trop de faveur tue » a été ébauchée dès 1829, et laissée en chantier. « Suora Scolastica » est censée se dérouler au XVIIIᵉ siècle, même si les mœurs et le langage y relèvent à l'évidence d'une époque antérieure. Toutes les autres « chroniques », en revanche, forment un ensemble homogène, par l'époque où elles furent composées (entre 1834 et 1838) et par celle où elles se situent (la fin du XVIᵉ siècle). Réellement inspirées de documents historiques (Stendhal exagère à peine quand il présente son rôle comme celui d'un simple traducteur), elles évoquent une Italie farouche et cruelle. On sait que Stendhal revient souvent, dans son œuvre, sur les différences entre les passions suivant les climats ; de cette conviction, le prélude de « la Duchesse de Palliano » fournit la théorie. S'ennuyant dans ses fonctions de consul à Civita-Vecchia, où il n'a pas tardé à découvrir que la société d'une petite ville italienne ne valait pas mieux que celle d'une ville de province française, Stendhal avait grand besoin de réactiver le mythe, vivace en lui depuis l'enfance, d'une énergie souveraine de l'autre côté des Alpes.

Ces petits récits, où l'amour-passion n'a que faire des bienséances et de la morale et où le moindre manquement à l'honneur se paie d'un coup de poignard, allaient le consoler de la platitude de ses contemporains. Sans doute Vanina est-elle la figure la plus émouvante du recueil, parce qu'elle hésite entre deux conceptions de l'amour – choisissant pour finir la moins élevée. Plus entières, Hélène, Vittoria ou Béatrix Cenci (admirable sous la torture) attestent qu'en Italie l'énergie se hausse peut-être à un degré supérieur chez la femme. Stendhal projetait du reste une autre chronique, qui eût exalté la *virtù* sublime et fantasque d'une femme de la famille Farnèse : transposée au XIXᵉ siècle et agrandie en roman, cette chronique deviendra *la Chartreuse de Parme*.

● « Folio », 1973 (p.p. D. Fernandez) ; « GF », 1977 (p.p. B. Didier) ; Imprimerie nationale, « Lettres françaises », 1986 (p.p. R. André). ➤ *Romans et Nouvelles*, « Pléiade », II ; *Œuvres*, Éd. Rencontre, XIV.

P.-L. REY

CHRONIQUES MARITALES et **NOUVELLES CHRONIQUES MARITALES.** Récits autobiographiques de Marcel **Jouhandeau** (1888-1979), publiés à Paris chez Gallimard en 1938 et en 1943 ; ils appartiennent aux neuf volumes des *Scènes de la vie conjugale*.

Depuis qu'il a épousé Élise, une ancienne danseuse qui tourne à la cagoterie, le narrateur endure un martyre quotidien : elle le néglige pour s'adonner aux tâches ménagères, l'humilie en public, dissipe ses biens en munificences et aumônes ostentatoires, lui préfère un prêtre bien envahissant...

Écrivain ambivalent, à la fois exhibitionniste et pudique, Jouhandeau se plaît à égarer son lecteur au moment même où il le convie au spectacle le plus privé (sa mésentente conjugale). Ainsi, contrairement à ce que suggère le titre, son texte n'obéit pas aux lois du journal intime mais à une rhétorique judiciaire : organisation ternaire (« la Maison », « l'Intimité », « la Religion ») du réquisitoire, récit circonstancié de preuves accablantes (anecdotes destinées à étayer l'acte d'accusation contre Élise), récusation de jurés partiaux (les ecclésiastiques), citation de témoins à charge (la mère du narrateur) ou à décharge (sa belle-mère), parole donnée à la défense (mots ajoutés de la main d'Élise)... C'est que sa « chronique » est de celles qu'on défraie : une succession de médisances où la méchanceté des adversaires (Élise, sa mère ou son confesseur) est exposée au pilori des mots et, par le truchement de l'édition,

désignée à la vindicte publique. D'où la singularité de cette œuvre qui mêle description, récit et dialogue et dans laquelle « toujours » et « aujourd'hui » s'enchevêtrent en un même présent atemporel.

La nouveauté de la facture correspond à celle du dessein, qui repose sur une conception originale des rapports entre l'écriture et la vie. Le récit autobiographique s'y présente, en effet, comme un examen de conscience[s] nécessaire mais pervers, à mi-chemin entre confession et délation. Or la recension pointilleuse des torts d'Élise (dont la narration se trouve parfois réitérée d'un livre à l'autre) fait écho aux actes de contrition détournés par lesquels celle-ci rapporte au père N. les fautes de son mari au lieu d'avouer les siennes. Règlement de comptes, le livre restaure également au sein du couple le dialogue détruit par la haine : l'épouse décriée parle, lit les notes de son mari, y joint quelques lignes... Mais ce dialogue suppose la présence d'un tiers, le lecteur, posé en voyeur. Ainsi, l'impudicité du corps (Élise aime vivre dévêtue) induit-elle cette mise à nu de l'âme, et explique-t-elle, en partie, l'exceptionnelle fécondité d'un auteur peut-être plus soucieux d'accumuler des griefs que d'en polir l'expression.

● « Folio », 1981.

H. LEFEBVRE

CHRYSOLITE (la) ou le Secret des romans. Roman d'André **Mareschal** (?-après 1646), publié à Paris chez Toussaint du Bray en 1627.

Ce roman, situé dans une Grèce antique de fantaisie, conte l'histoire des amours malheureuses de la belle Chrysolite et de son amant Clytiman. Les obstacles aux prétentions de Clytiman ne sont pas seulement dus aux réserves des parents des jeunes gens, mais à la jeune fille elle-même, qui ne sait pas fixer son cœur. La matière peut sembler assez pauvre, car il est surtout question d'un amour qui s'éteint progressivement. Après les premiers émois, Clytiman tombe peu à peu amoureux de Chrysolite, qui ne se décide pas. Ils se voient malgré leurs parents, mais Chrysolite ne cesse pas pour autant de maintenir autour d'elle une cour de galants, dont l'assidu Validor. Le frère de Clytiman, Lyvion, entretient lui-même une liaison avec Rosine, anciennement éprise de Clytiman. C'est lui qui raconte, au livre II, l'histoire d'Hélione et de Philistée, la première étant une princesse qui a été autrefois amoureuse de Clytiman et la seconde une jeune femme qui aima Clytiman et qui fut aimée de lui avant de mourir dans un naufrage. Au livre III, les relations entre Clytiman et Chrysolite vont peu à peu se dégrader, l'amoureux prenant conscience du vrai caractère de celle qu'il aimait. Au livre IV, c'est Clytiman qui empêchera en fin de compte le mariage de Validor et de Chrysolite, en révélant la vraie nature de la jeune femme : Validor se retire aux champs, Clytiman quitte Athènes, où demeure seule Chrysolite, à regretter ses amants perdus.

Ce roman n'est pas une histoire comique ni une histoire galante et héroïque ; André Mareschal a voulu rompre avec ces deux traditions. Il critique les faux-semblants du roman sentimental dans sa Préface : « J'ay voulu réduire à notre portée ce faste menteur, et cet orgueil qui ne sert que pour faire une pompe dessus les nües. » Il vise à un réalisme à hauteur d'homme, et seules les exigences d'une partie de son public lui ont fait introduire l'histoire d'une princesse (Hélione) au livre II. Ce qu'il raconte est contemporain, et il avoue lui-même ne s'être servi de l'Antiquité, que pour « donner une couleur étrangère au bien ou au mal de notre temps ». Le fait est que la substance même du roman est issue de situations authentiques : elle renvoie à l'anecdote véritable de la liaison entre Mlle Hotman et M. du Tronchet. Il n'est pas jusqu'aux événements décrits dans l'histoire d'Hélione et de Philistée – la plus « romanesque » selon le goût du temps – qui n'évoquent la réalité politique des années 1625-1626. Une clé, manuscrite sur certains exemplaires conservés, a même été imprimée : elle donne le nom des nobles de robe, un milieu moyen et aisé, qui se cachent derrière les pseudonymes grecs.

Mareschal a donc visé l'évocation de la réalité dans toute sa complexité, psychologique et sociale : Clytiman est un homme en proie à une passion qui n'est pas romancée. Ses doutes, sa dureté ensuite à l'égard de Chrysolite n'en font pas un héros de roman : il n'est ni galant ni comique. Les intrigues familiales (notamment par crainte d'une mésalliance) pèsent constamment sur le sort de son amour. La finesse de l'analyse psychologique à laquelle se livre Mareschal montre le travail du temps sur les sentiments (l'intrigue, dans sa relative simplicité, se développe sur plus de six cents pages). Le romancier tire parfois prosaïquement la leçon : « Mais ne remuons point leur fortune ny leur repos, laissons les paisiblement dedans cette erreur, attendant que le temps leur fasse voir que les choses les plus assurées sont sujettes à ne l'être pas beaucoup. »

Mareschal refuse les facilités de l'évocation comique, les digressions auxquelles pourrait prêter l'univers qu'il décrit. L'essentiel de son analyse porte sur les comportements, sur la force des sentiments et des passions : « Jusques icy nous n'avons donné que les premiers traits au tableau des humeurs de Chrysolite, après cette première couche, il faut coucher les couleurs, et puis les éclaircir. Voici un portrait que je trace des divers et secrets mouvements de l'inégalité de l'esprit des filles... » Fidélité au réel, sérieux de l'écriture et de l'intention sont les maîtres mots de cette esthétique : la plasticité du roman, qui avait encore tant à dire, permettait d'emblée les tentatives les plus originales et les plus inédites ; la voie était ouverte pour le roman d'observation et d'analyse.

● Ophrys, 1975, extraits (*Romanciers et Conteurs du XVIIe siècle*, p.p. J. Serroy et J.-P. Collinet).

E. BURY

CHUTE (la). Récit d'Albert **Camus** (1913-1960), publié à Paris chez Gallimard en 1956.

Camus a d'abord imaginé *la Chute* comme une nouvelle qui devait s'ajouter à celles de *l'*Exil et le Royaume* ; puis il s'est, selon son expression, laissé emporter par son propos. Ce récit en forme de monologue paraîtra pendant l'été de 1956, quelques mois avant le recueil auquel il était destiné. C'est la dernière œuvre achevée par Camus. Un an plus tard, il recevra le prix Nobel de littérature.

Dans un bar crasseux d'Amsterdam, un consommateur, qui dit s'appeler Jean-Baptiste Clamence, en aborde un autre, comme lui quadragénaire, français, bourgeoisement vêtu et cultivé. Il lui parle de la Hollande, terre de songe et d'histoire, où la vie quotidienne se teinte des couleurs du mythe (chap. 1). Son monologue vire à la confession. Il fut naguère un brillant avocat parisien, respecté de tous et d'abord de lui-même, épris de hauteurs et de justice. Un soir, un rire, entendu par hasard, ébranla son assurance (2). Son image s'effrita à ses propres yeux : une petite lâcheté, une aventure sentimentale peu reluisante ; une nuit enfin, une jeune femme sauta dans la Seine ; il faisait noir, l'eau était froide ; il n'a jamais su ce que cette femme était devenue (3). La confession se poursuit dans une île du Zuyderzee. Du jour où il a découvert que tout n'était que comédie, Clamence s'est ingénié à tenir des rôles les plus odieux pour détruire l'image d'honnête homme qu'on s'était forgée de lui. Dégoûté de l'amour, il s'installa dans la débauche, puis dans le mal-confort, dont le Christ a donné l'exemple en mourant pour une faute dont il se sentait obscurément coupable (4-5). Clamence reçoit cette fois son compagnon de chambre : il a la fièvre. À l'époque où il était prisonnier, il a un jour volé sa ration d'eau à un camarade agonisant. Ayant fermé son cabinet d'avocat, il exerce désormais à Amsterdam le métier de juge-pénitent. Offrant à ses interlocuteurs de rencontre le miroir de ses crimes, il les persuade de leur misère. Il cache chez lui un tableau volé (*les Juges intègres*, de Van Eyck) dans l'espoir que son interlocuteur sera un policier et l'arrêtera. Hélas ! celui-ci lui ressemble trop : il est, comme lui, avocat (6).

Chacun des chapitres (non numérotés dans le texte) correspond approximativement à une journée. La confession progresse : la « chute » de la jeune femme dans la Seine n'en est qu'une étape, certes décisive puisqu'elle a, succé-

dant à quelques signes avant-coureurs, déclenché la prise de conscience de Clamence ; mais, remontant plus loin dans son passé, celui-ci va découvrir un crime plus noir encore : c'est volontairement qu'il a hâté la mort de son compagnon de captivité, en trahissant un devoir de solidarité. Comme la société condamne souvent les hommes pour une autre faute que celle qu'ils ont commise (dans *l'*Étranger*, Meursault était condamné à mort pour n'avoir pas pleuré à la mort de sa mère), le recel du tableau apparaît comme un subterfuge inventé par Clamence pour matérialiser une culpabilité plus profondément enracinée ailleurs. Au vrai, il se peut bien que tout ce dont il s'accuse ne soit qu'invention : suffit-il de se prétendre comédien pour convaincre de la fausseté de son caractère ? On en vient même à douter qu'il parle à quelqu'un : postulé grâce à un monologue qui reproduit parfois des bribes de réponses (procédé utilisé au théâtre, par exemple quand un acteur téléphone), l'interlocuteur pourrait aussi bien n'être qu'un double que Clamence a inventé pour tromper sa solitude et qu'il échoue finalement à imaginer sous d'autres traits que les siens. Ce doute vertigineux sur le monde évoqué (que tout lecteur de roman traditionnel s'attache à croire réel) fonde la modernité de *la Chute*. Ne demeure, en définitive, qu'un « texte ».

Telle n'était pourtant pas (il s'en est expliqué) l'ambition de Camus. Il a seulement voulu peindre « un héros de notre temps » (titre auquel il avait songé en composant son œuvre), c'est-à-dire un intellectuel prisonnier d'une parole grisante, qu'il utilise comme un jeu pour pervertir les valeurs et qui lui permet de s'accuser pour mieux accuser les autres. La technique du récit s'apparente ici à celle des *Mémoires écrits dans un souterrain*, de Dostoïevski ; que *la Chute* soit à peu près contemporaine des débuts du Nouveau Roman relève du hasard. « Polémique *Temps modernes*... Leur seule excuse est dans la terrible époque », notait Camus en 1954. À l'origine de *la Chute*, on trouve en effet sa querelle avec la revue de Jean-Paul Sartre, chez qui il dénonce une « aspiration à la servitude ». Sans doute l'époque n'épargne-t-elle personne. En prêtant à Clamence son propre goût pour le théâtre et le football, Camus a pu faire penser qu'il se livrait à une autocritique. Comme Clamence, il s'est mis à détester cette étiquette de « juste » qui le suivait, et, enfermé dans les contraintes du discours, il l'autorise d'autant mieux qu'il la repousse avec modestie. À s'entendre répéter qu'on est honnête, on finit par se rêver criminel... Camus ne se reconnaîtra pourtant qu'un point commun avec son héros : une « amitié » pour le Christ qui ne signifie nullement un ralliement au catholicisme, comme l'ont cru certains critiques, trompés peut-être par la connotation religieuse du titre de l'œuvre et le nom que son héros a choisi de porter : Jean-Baptiste annonce le Christ, même si sa voix prêche dans le désert (*vox clamans in deserto...*). Mais c'est une « mauvaise » parole qu'adresse Clamence, et son patronyme sonne plutôt comme une dérision sacrilège.

Le destin a voulu que la postérité lise parfois comme un testament la plus ambiguë des œuvres de Camus. Lui qui célébrait d'ordinaire les pays du soleil et de la mer enferme ici son héros dans le froid humide d'une ville de canaux dont les cercles concentriques évoquent l'Enfer de Dante. (S'étendant platement jusqu'au-dessous du niveau de la mer et punissant ainsi Clamence de son goût des hauteurs, la Hollande peut elle-même avoir valeur symbolique : en anglais, les Pays-Bas (*Netherlands*) signifient l'enfer (*netherworld*). À l'innocence de Meursault dans *l'Étranger*, à la pureté de cœur de Rieux ou de Tarrou dans *la *Peste*, Camus oppose cette fois la perversité et les procédés retors d'un maître des apparences. Loin du style dépouillé qui avait fait son succès, il se complaît jusqu'à la parodie dans la préciosité et les artifices de la rhétorique. La Chute est un texte ironique, qui brouille les pistes de lecture et l'image même de Camus. Autant dire que, fût-ce à son corps défendant, celui-ci prend ses admirateurs à contrepied par l'écriture, comme son héros le fait par la parole. Dans le même temps où il polémique douloureusement avec ceux qui étaient naguère ses amis et où il dénonce les dangers que fait courir à la personne humaine leur complaisance pour des idéologies totalitaires, il se remet lui-même en question. L'amertume du combat où il s'est engagé l'éloigne à jamais des terres où il se croyait innocent. Mais peut-être cette œuvre brillante, déconcertante, qui a abondamment nourri les réflexions majeures de la critique moderne (sur la voix du narrateur, la distinction entre discours et récit, le caractère illusoire du référent...), donnait-elle à Camus l'occasion de régler une fois pour toutes ses comptes avec les autres et avec lui-même avant qu'il ne retrouve la pente naturelle de son talent : *le Premier Homme*, roman ébauché ensuite et que sa mort brutale l'empêcha d'achever, en donne le soupçon.

● « Folio », 1971. ➤ *Théâtre, Récits et Nouvelles*, « Pléiade » ; *Œuvres complètes*, Club de l'honnête homme, IV.

P.-L. REY

CHUTE D'UN ANGE (la). Poème d'Alphonse de **Lamartine** (1790-1869), publié à Paris chez Gosselin en 1838.

Entre les *Harmonies poétiques et religieuses* et les *Recueillements,* ce poème épico-religieux aurait dû faire partie d'une gigantesque épopée spirituelle de la destinée humaine, dont *Jocelyn* aurait constitué l'un des moments, la neuvième et ultime réincarnation de l'ange.

Immense « épisode » composé d'un « récit » suivi de quinze « visions » d'ampleur variable (à la relative brièveté des cinquième, neuvième et quatorzième s'oppose la longueur des troisième et quinzième) et d'un court épilogue de 14 vers, la Chute d'un ange développe sur douze mille vers les aventures de l'ange Cédar. Ayant voulu devenir homme pour l'amour de Daïdha, la jeune fille dont il était le gardien, une descendante de Caïn, il connaît une suite de malheurs et de vicissitudes, dont la mort de sa femme et de ses enfants au désert. Désespéré, il finit par se tuer, mourant sur un bûcher, près du cadavre de sa bien-aimée.

Plus que cette trame évidemment chargée d'illustrer la punition d'une folie sacrilège, importe la variété de tableaux, comme la traversée aérienne de Cédar et Daïdha, la Terre avant le Déluge, la fuite des héros à travers la forêt vierge. Écrit en quelques mois de juin à décembre 1836, et de juillet à décembre 1837, le poème est l'aboutissement imparfait d'un projet longuement mûri depuis 1823, quand Lamartine envisageait déjà d'écrire l'histoire d'un ange déchu par amour pour « une des filles d'Ève » et condamné jusqu'à ce que son énergie le détourne enfin de l'amour terrestre pour réintégrer le royaume céleste par la souffrance et le sacrifice.

Tout le poème se donne comme le discours d'un antique solitaire du Liban, héritier des prophètes (d'où le titre de la septième vision : "le Prophète", qui s'adresse à un « jeune étranger » élu : « Car Dieu ne permet pas que sa langue s'oublie ! / C'est vous que dans la foule il a pris par la main. »

Expiation et épreuve se mêlent, ancrant le poème dans une théologie chrétienne peu catholique, mais représentative de la spiritualité lamartinienne. Ne déclare-t-il pas à la veille de la révolution de 1848 dans un « Post-scriptum » à l'« Avertissement » : « Nous commençons une grande bataille, la bataille de Dieu » ? Outre quelques remaniements dans les éditions suivantes, l'influence de sa bien-pensante épouse contraignit le poète à édulcorer en 1861 la dimension religieuse de son texte. Trop vite composée, l'œuvre met en évidence le classicisme de Lamartine dans la versification. Paradoxe intéressant, car le sujet et les formes de l'imagination relèvent du romantisme le plus caractérisé. *La Chute d'un ange* illustre bien la célèbre formule de Rimbaud : « Lamartine, quelquefois voyant, mais étranglé par la forme vieille. » Malgré cette inadéquation

de l'esthétique à l'inspiration, qui explique en partie la mauvaise réception par un public froid, ou refroidi, le poème comporte plusieurs développements de grande qualité. Ainsi le célèbre "Chœur des cèdres du Liban" (première vision), où Lamartine varie le rythme des vers, alternant l'alexandrin et l'octosyllabe, et travaille une forme musicale. Strophes paires et impaires, anaphores, invocation, adoration, tout conspire à célébrer les noces de la poésie et du chant pour glorifier « Dieu, Dieu, Dieu, mer sans bords qui contient tout en elle. » Quant à la huitième vision, "Fragment du livre primitif", elle dit, sous une forme éclatée, le rapport de l'expression poétique à la parole divine :

Si je dis que ce livre est de Dieu, dites : Non !
Il épelle à son tour un signe du grand nom,
Il écrit quelques sons de l'infini symbole
Que l'esprit à l'esprit transmet par la parole.

Avant Vigny (voir *les * Destinées*) et Hugo, cette *Chute d'un ange* inscrit Lamartine dans la lignée des mages romantiques.

➤ *Œuvres poétiques complètes*, « Pléiade ».

G. GENGEMBRE

CID (le). Tragi-comédie en cinq actes et en vers de Pierre **Corneille** (1606-1684), créée à Paris au théâtre du Marais sans doute au début de janvier 1637, et publiée à Paris conjointement chez Courbé et chez Targa en mars de la même année.

Neuvième pièce et seconde tragi-comédie de l'auteur, *le Cid* vient après le renoncement – provisoire – à la comédie, l'expérience sans lendemain de *Médée* et l'« étrange monstre » qu'est l'*Illusion comique*. Avec cette pièce inspirée d'une œuvre du dramaturge espagnol Guillén de Castro (elle-même tirée de diverses « romances » « épiques »), Corneille cherchait une nouvelle voie, une dignité susceptible de lui attirer les plus hautes considérations. Bien que *le Cid* touche les grands intérêts d'État, c'est *Horace* qui constituera le véritable tournant de son œuvre. La pièce, appelée à devenir l'une des œuvres majeures du répertoire, connut un triomphe sans précédent et suscita une querelle fondamentale, tant pour le dramaturge lui-même que pour l'évolution du théâtre français. Corneille modifia si profondément son texte à l'occasion d'éditions ultérieures qu'on a même pu parler de « deux Cid ».

À Séville, à l'époque de la Reconquête, Chimène apprend d'Elvire, sa confidente, que son père, le comte de Gormas, soutien du royaume, accepte qu'elle épouse Rodrigue, le fils du vieux don Diègue. L'infante dit à Léonor, sa gouvernante, sa passion impossible pour Rodrigue, indigne d'elle ; elle s'en est défendue en favorisant son union avec Chimène. Mais le comte, qui s'est vu préférer don Diègue au poste de gouverneur du Prince (le fils du roi don Fernand), soufflette son rival, qui charge Rodrigue de le venger (Acte I).
Faisant fi des pressions royales, le comte refuse de s'excuser ; Rodrigue lui demande réparation. L'infante rassure Chimène, lui promettant d'empêcher le duel. Apprenant que celui-ci a lieu, elle se reprend à espérer : Chimène et Rodrigue seront irrémédiablement séparés. Malgré l'approche des Maures, le roi veut punir le comte. Mais Rodrigue l'a tué. Chimène réclame justice et demande au roi la tête de son amant (Acte II).
Don Sanche, amoureux d'elle, propose de la venger ; elle préfère attendre l'arrêt du roi. Rodrigue se présente chez elle nuitamment pour s'offrir en victime : elle refuse, réaffirme pourtant, en même temps que son amour, son désir de le voir puni. Don Diègue incite son fils à aller combattre les Maures (Acte III).
Par son éclatante victoire, Rodrigue est devenu le « Cid » ; Chimène n'oublie pas pour autant son devoir ; l'infante l'incite en vain à renoncer. Le roi, lui, déclare qu'il restera désormais sourd à ses plaintes ; il écoute Rodrigue lui raconter la bataille, le fait sortir lorsque Chimène survient et lui laisse entendre que Rodrigue est mort. Bien que sa contenance trahisse son amour, elle persiste à réclamer vengeance. Le roi finit par accepter qu'elle désigne un champion et la promet au vainqueur. Don Sanche s'avance (Acte IV).

Rodrigue vient faire ses adieux à Chimène et veut mourir sans combattre. Elle le rappelle à l'honneur et l'invite à vaincre pour lui éviter un mariage malheureux. Seule, l'infante comprend que rien ne séparera Chimène et Rodrigue, pourtant devenu digne d'elle par sa victoire ; elle continuera à favoriser leur union. Chimène persiste : une victoire de Rodrigue ne l'empêchera pas de réclamer vengeance. Don Sanche paraît ; sans le laisser parler, elle dit son amour pour Rodrigue, qu'elle croit mort. Mais le roi lui apprend que Rodrigue a vaincu et lui ordonne de l'épouser. Elle conteste sa décision ; le roi incite Rodrigue à garder confiance – et à poursuivre les Maures jusque chez eux (Acte V) [dernière version].

En dépit des « révisions » opérées par Corneille au fil des éditions, notamment en 1648 et en 1660 (modification de certains vers condamnés par l'Académie ou perçus comme peu compatibles avec l'évolution du goût, suppression de la scène entre le comte et Elvire qui ouvrait originellement la pièce, et surtout modification de la dernière scène pour tenir compte des attaques portées contre Chimène lors de la Querelle), en dépit même du sous-titre de « tragédie » qu'il acquit en 1648, *le Cid* demeure une tragi-comédie : un certain nombre de situations et de personnages ressortissent à ce genre. Le climat initial d'un accord des familles sur le mariage de Chimène et Rodrigue est lui aussi traditionnel. Et pourtant la pièce parut très neuve : Corneille innove en travaillant à partir de stéréotypes, recrée et porte à la perfection le genre encore si prisé de la tragi-comédie, non sans y introduire des éléments essentiels de ce qui sera sa conception de la tragédie. On analysa généralement l'originalité de la pièce en alléguant son rythme soutenu, la force du vers, ces maximes qu'on s'empressa de retenir et qui, loin d'être purement « décoratives », contribuaient à rendre exemplaires les questions soulevées ; mais on souligna plus encore l'intériorisation des obstacles. C'est par là que la pièce marquera définitivement l'esthétique théâtrale en constitution, notamment l'esthétique de la tragédie, alors même qu'elle allait subir de virulentes attaques (les *Observations sur « le Cid »* de Scudéry et les *Sentiments de l'Académie française sur la tragi-comédie du « Cid »*).

De fait, tout repose sur cette intériorisation, d'autant mieux mise en évidence que l'auteur se refuse à compliquer les relations entre les personnages : avec l'infante, amoureuse de Rodrigue, et don Sanche, épris de Chimène, on aurait pu avoir en effet une véritable intrigue croisée comme Corneille l'a pratiquée dans ses comédies et la pratiquera dans certaines de ses pièces ultérieures. Or don Sanche reste accessoire. S'il prend la défense du comte devant le roi (II, 6), c'est pour mieux donner à ce dernier l'occasion d'affirmer que l'intérêt du royaume ne coïncide pas avec le code de l'honneur d'une noblesse qui veut encore ignorer l'autorité royale. S'il affronte Rodrigue en duel, c'est afin que l'enjeu en soit double pour Chimène, qui risque, à la fois de perdre celui qu'elle aime, et de devoir épouser un rival éconduit. Quant à l'infante, qui jamais n'avoue son amour à Rodrigue ni ne le rencontre seule, qui jamais non plus ne se présente à Chimène comme une rivale, qui s'interdit d'envisager pour époux celui qui, n'étant pas d'essence royale, est indigne d'elle, c'est surtout une voix, celle d'un lamento, qui s'élève périodiquement dans la pièce. Elle veut retenir Rodrigue quand elle apprend son dessein de provoquer le comte, mais c'est déjà trop tard ; elle cherche à convaincre Chimène de renoncer à sa vengeance après la victoire sur les Maures, mais c'est inutile. Autant d'échecs qui la renvoient à la solitude de sa résolution : se vaincre elle-même. Or, en donnant Rodrigue à Chimène, elle fait un don qu'elle ne cesse de proclamer comme une marque d'héroïsme – mais qu'a-t-elle au juste à donner ? – et qu'elle dément en sentant renaître l'espoir quand Rodrigue devient un héros prêt à conquérir des royaumes (c'est-à-dire à devenir digne d'elle) : c'est là un discours de l'héroïsme plus qu'un héroïsme réel. Ses stances (V, 2), l'étonnement de Léonor à la voir encore espérer, à la voir oublier ce qu'elle doit à son rang (V, 3), font mieux ressortir la douloureuse détermination de Chi-

mène, qui réapparaît, en une scène symétrique (V, 4), elle aussi accompagnée de sa confidente ; Elvire, contrairement à Léonor, invite sa maîtresse à moins de rigueur dans la fidélité à son devoir. L'infante, oscillant entre résignation et flambée d'espoir, parce que le dépassement de soi n'est chez elle qu'un mot, une décision toujours révocable, n'atteint pas à l'héroïsme de Chimène : par opposition, elle a d'abord pour fonction de le souligner.

On a donc deux rivaux, mais qui jamais ne servent un schéma de rivalité amoureuse – ni Chimène ni Rodrigue ne les craignent, isolés qu'ils sont dans la lumière d'une glorieuse émulation, d'un face-à-face qui est d'abord face-à-face avec soi-même. Chimène en est assurément le pôle majeur : la pièce est ponctuée de ses rencontres avec l'infante, avec don Sanche, avec Rodrigue, avec le roi. À la cour, tous la regardent et chacun devient spectateur des effets du piège qu'on lui tend en lui faisant croire Rodrigue tué par les Maures. On lui fait violence, on se joue d'elle dans l'euphorie de la victoire, on commente, amusé, sa réaction. Mais le scénario qu'on monte pour elle (qu'involontairement elle redoublera à l'acte V) n'y fait rien : le théâtre, ici, ne libère pas du devoir, ne sert pas de psychodrame libérateur. Chimène ne joue pas…

Pour Rodrigue, tout est plus simple. Ses stances (I, 6) montrent bien qu'il s'agit moins pour lui de choisir entre les deux termes d'une alternative – être ou ne pas être le meurtrier du père de Chimène – que d'admettre qu'il n'a pas le choix. Parce qu'il est moins Rodrigue que le fils de don Diègue, il est soumis à un code de l'honneur qui l'oblige à tuer (c'est le fameux « Meurs ou tue » de son père) ; parce que l'amour se nourrit de l'estime, Chimène ne l'aimera que s'il tue son père – et en même temps elle ne pourra s'abandonner à cet amour. Dans tous les cas, Chimène est pour lui perdue. Il est « embarqué » et ne peut échapper à son devoir qu'en l'accomplissant. C'est seulement après y avoir satisfait qu'il s'oppose à son père, pour qui « l'amour n'est qu'un plaisir », une faiblesse pour « un cœur magnanime ». Don Diègue affirme qu'honneur et amour relèvent de deux ordres différents ; Rodrigue, lui, proclame que « le guerrier sans courage et le perfide amant » encourent la même infamie. Avec lui naît une nouvelle éthique aristocratique, dont le « bras » – obsédante synecdoque – n'est plus le seul garant. Son devoir accompli, Rodrigue n'a de cesse de courir à la mort, cette mort apparemment nécessaire pour que Chimène soit fidèle à son père : il s'offre à la vengeance de Chimène chez elle – on a souligné la cruauté de cette scène, Rodrigue présentant à Chimène son épée « du sang de [son] père encor toute trempée » –, puis expose sa vie contre les Maures, enfin songe à faire de don Sanche l'agent involontaire d'un suicide. Préférant « son honneur à Chimène, et Chimène à sa vie », il veut que sa mort soit « sacrifice » à celle qu'il aime. Mais ses visites répétées à Chimène sont aussi marquées par l'insistance sur l'espoir qu'il dit ne plus avoir, comme s'il s'agissait pour lui – plus ou moins consciemment – d'amener Chimène à le détromper, à rendre la logique du sang moins implacable (et c'est ce qui paraît se passer à chaque fois : chacune de ces scènes aboutit à un aveu d'amour).

Rodrigue raisonne en termes d'exclusion : qu'il ait tué le comte exclut que Chimène puisse vouloir l'épouser, voire l'aimer encore. Chimène, elle, essaie de vivre les contraires – vouloir la mort de Rodrigue, l'aimer toujours –, sur le mode du dépassement. Ses pleurs insistants n'en font pas un être faible : ils sont la preuve qu'elle lutte avec elle-même (ce qui n'est plus tout à fait le cas pour Rodrigue dès lors qu'il a tué le comte), qu'elle veut s'arracher au désir pour être digne de son nom et de son amant. Elle doit exiger sa mort, mais son « unique souhait est de ne rien pouvoir » ; « Je dois te poursuivre, et non pas te punir », dit-elle encore. Qu'elle obtienne ou non la tête de Rodrigue importe finalement assez peu – la décision en revient au roi, qu'elle reconnaît comme tel. C'est elle qu'elle doit sacrifier, non son amant. Le véritable héroïsme est dans la sublimation de l'amour, non dans la vengeance – ni dans la mort, comme elle le rappelle à Rodrigue, prêt à s'offrir sans résistance aux coups de don Sanche. Aussi, après avoir été prise au piège par la mise en scène du roi (IV, 5), puis par elle-même lorsqu'elle empêche de parler don Sanche l'épée à la main (« Quoi ? du sang de Rodrigue encor toute trempée ? » – écho à l'épée souillée du sang de son père que Rodrigue lui offrait), peut-elle avouer son amour : l'honneur se satisfait du refus d'épouser le meurtrier de son père (dans la version de 1637, elle demandera seulement un délai).

Chimène comme Rodrigue sont d'abord les enfants de leur père – la mère, elle, est absente. Ce sont les valeurs masculines, celles du sang, qui règlent tout. Le comte est le soutien du royaume comme le fut don Diègue et il reconnaît en Rodrigue un être digne de son père, c'est-à-dire de lui-même. Don Diègue, le comte et Rodrigue, au départ, ne sont que trois incarnations, à trois âges différents, du même rôle : le héros défenseur de l'État. En ce sens, et parce que son « coup d'essai » est un « coup de maître », Rodrigue s'accomplit en tuant le comte – et c'est le triomphe de la jeunesse. Mais si l'on s'en tenait là, Rodrigue ne serait qu'un lien dans la longue chaîne des héros : l'intrigue ne modifierait que son statut personnel, non celui du héros. Or le Cid n'est pas seulement l'assomption de la jeunesse : c'est aussi celle de l'État, qui passe par l'établissement d'un nouveau rapport avec son défenseur. L'assomption est aussi celle du roi, non pas un roi jeune – il lui fallait l'autorité que la jeunesse n'incarne pas –, mais un roi sans âge, précisément parce qu'il est roi : une fonction, non une personne. Jusqu'alors, dans un monde encore marqué par la féodalité, le roi n'était qu'un seigneur parmi d'autres, bafoué ici, dans son autorité encore mal établie, par le comte qui n'accepte pas le choix de don Diègue. La mort du comte renforce l'autorité royale dès lors qu'est remplie la seule condition nécessaire : que Rodrigue le remplace, qu'il devienne le Cid. Rodrigue, lui, fait allégeance au roi, se soumet à son autorité sans arrière-pensée. Symboliquement, le roi se substitue au comte auprès de Chimène (« Ton roi te veut servir de père au lieu de lui »), occasion d'affirmer l'image du roi-père, qui règne sur tous ses sujets, et non pas seulement roi-juge auquel son rôle le réduit. Symboliquement encore, don Diègue est tout aussi mort que le comte : ne pouvant répliquer lui-même au soufflet, il n'est plus que l'ombre de lui-même, un vieillard mort à l'héroïsme qui se survivra dans la tâche de gouverneur de l'enfant royal, figure historique que les livres n'ont pas encore happée. Rien de plus significatif que la dernière scène ; don Diègue est là, muet, tandis que le roi, s'adressant à Rodrigue, conclut : « Laisse faire le temps, ta vaillance et ton roi. » Ton roi, non pas ton père. La pièce s'ouvrait avec le comte – selon les versions avec le personnage lui-même ou avec Elvire rapportant sa décision de père ayant à marier sa fille – ; le dernier mot appartient au roi, un roi au pouvoir encore limité mais désormais reconnu par tous. L'État s'est donc fondé sur le cadavre du héros féodal, qui a emporté avec lui ces réactions de clan que redoute don Diègue : la loi a remplacé la force brutale.

Avec l'État est née la raison d'État : Rodrigue allait être jugé, le Cid est au-dessus des lois parce qu'il a sauvé l'État. Tout est dès lors possible : Rodrigue prendra la tête de l'armée – où se résorberont les clans de l'ordre ancien – pour mener la guerre jusque chez les Maures. En cette période de reconquête, il est plus qu'un rempart, il devient un conquérant, celui qui va enfin donner une assise ferme au royaume. Par-delà les échos de la situation contemporaine – guerre avec l'Espagne, condamnation du duel, évolution nécessaire des rapports entre le roi et l'aristocratie –, il y a bien un optimisme politique du Cid, ancré sur l'affirmation de la nécessité historique d'une monarchie forte.

● STFM, 1946, version de 1637 (p.p. M. Cauchie) ; « Le Livre de Poche », 1986, version déf. (préf. B. Dort, p.p. A. Couprie) ; Magnard, 1988, version déf. (p.p. G. Forestier) ; « Presses Pocket », 1992 (p. p. C. Eugène) ; « Folio/Théâtre », 1993 (p. p. J. Serroy). ➤ *Théâtre*, « GF », II ; *Œuvres complètes*, « Pléiade », I.

D. MONCOND'HUY

CIEL DE QUÉBEC (le). Roman de Jacques **Ferron** (Canada/Québec, 1921-1985), publié à Montréal aux Éditions du Jour en 1969.

Le Ciel de Québec est un des textes les plus ambitieux produits au Québec dans la seconde moitié de ce siècle. Il éclaire, avec autant d'érudition que d'humour, les dessous de la vie politique, culturelle et religieuse du Canada français à la veille de la Seconde Guerre mondiale.

La chronique s'ouvre dans le village des Chiquettes, destiné à devenir le centre d'une nouvelle paroisse, où arrive le « cardinal-archevêque de Québec, primat de l'Église canadienne entre les trois océans », flanqué de deux *monsignori*, Mgr Camille et Mgr Cyrille. Accueillis par le chef Joseph à Motte-à-Chrétien, ils iront se prosterner devant un enfant qui miraculeusement échappé aux roues de la limousine cardinalice. Le village des Chiquettes, lieu d'origine et de mémoire, transformé en Bethléem québécois, incarne le « côté » de la mythologie chrétienne. Le récit se situe ensuite alternativement dans plusieurs espaces, tous représentatifs d'un aspect du pays. Le poète Saint-Denys Garneau, métamorphosé en Orphée, est enfermé dans son manoir où il cisèle dans la solitude une poésie inaccessible car détachée de ses racines. Sourd aux rumeurs du village et aveugle aux scènes du quotidien, il reste insensible à Eurydice qui se meurt d'amour pour lui. Sa mère Calliope et la génération de *la Relève* (revue fondée en 1934) complètent le « côté » de la mythologie gréco-romaine. Plus loin, dans la ville de Québec réduite à la taille d'un gros village, sévissent les politiciens Chubby, Duplessis et Médéric Martin. La chronique s'étend également à la ville d'Edmonton (province d'Alberta) à laquelle se rattache la mythologie des plaines de l'Ouest, des métis et des Indiens. Enfin, au purgatoire, la génération de *Refus global* (manifeste publié en 1948) avec le peintre Paul-Émile Borduas, Claude Gauvreau et Patterson Ewan est en attente de jugement.

Une des constantes de l'œuvre de Jacques Ferron réside dans la recherche d'un pays authentique, étayé sur son histoire et apte à combattre ce qu'il nomme ailleurs le « pays incertain ». Fresque joyeuse et mordante des années 1937-1939, *le Ciel de Québec* a l'allure d'une épopée où se côtoient religieux, écrivains, peintres et hommes politiques canadiens français, mais aussi celle d'un récit des origines, d'une *Odyssée* québécoise : « Je crois qu'ils [les Québécois] forment un peuple jeune qui se cherche une mythologie », déclare un des personnages. Il s'agit aussi d'un roman à clés fondé sur une série de références culturelles et historiques, labyrinthe dont l'auteur se plaît à brouiller les pistes. Car les deux cent onze acteurs qui s'entrecroisent sur la scène de la chronique sont des personnages masqués, mi-réels, mi-fictifs, chacun d'entre eux représentant une collectivité constitutive du pays québécois. Apparaissant tour à tour, ils forment des tableaux successifs, entre lesquels ils assurent la continuité.

Féru de l'histoire et des contes populaires de son pays, Ferron transmet cet héritage sur le ton de l'humour et de la fantaisie. Par la fusion de l'ancien et du moderne, il invite à une réconciliation avec la réalité du pays à une époque (les années soixante) où le Québec, en voulant se forger une nouvelle identité, a tendance à occulter son passé. L'âme du pays, pour Ferron, se situe « côté village », repère premier pour combattre l'incertitude du présent. Encore faut-il distinguer, dans ce retour aux sources, « bons » et « mauvais » villages : « Le bon Dieu se définit par opposition au mauvais. La proximité de celui-ci permet à qui dispose de l'avantage de vivre dans le bon de venir y commettre ses inévitables péchés, dans ce système à proprement parler manichéen [...] : le bon Dieu n'est jamais souillé et le mauvais prend sur lui le péché des deux. » Autant qu'une opposition, cette séparation de la réalité en principes antagonistes implique donc tout un réseau d'échanges. De même, les deux prélats incarnent les deux versants de la religion : Mgr Camille est un être de chair, palpable, humain, inséré dans le monde et sensible à ses plaisirs : il appartient au « bon côté des choses ». Mgr Cyrille incarne en revanche une religion torturée et tortueuse, obsédée par l'enfer ; exorciste avant tout, ce personnage douloureux, sombre, hanté par le péché au point de ne plus pouvoir reconnaître le bien, représente sans aucun doute le « mauvais côté ».

Jacques Ferron, qui pratique une langue classique à l'époque où nombre d'auteurs québécois ont tenté de populariser le joual (français populaire, franglais de Montréal) comme langue d'identification nationale, aime à fréquenter des personnages et des lieux bannis du paysage littéraire québécois après la « Révolution tranquille » des années soixante. Il ne faut voir là ni nostalgie stérile ni refuge sécurisant face aux mutations modernes, mais une recherche de références fondamentales dans un pays qui, selon lui, en manque cruellement pour avoir trop rapidement balayé un passé jugé étouffant.

● Montréal, VLB Éditeur, 1979.

C. PONT-HUMBERT

CIEL ET L'ENFER (le). Voir THÉÂTRE DE CLARA GAZUL, de P. Mérimée.

CIMETIÈRE MARIN (le). Voir CHARMES, de P. Valéry.

CINNA ou la Clémence d'Auguste. Tragédie en cinq actes et en vers de Pierre **Corneille** (1606-1684), créée à Paris au théâtre du Marais en août ou septembre 1642, et publiée à Rouen et à Paris chez Quinet en 1643.

Après les origines de Rome évoquées dans *Horace*, sa pièce précédente, Corneille se tourne vers les débuts de la Rome impériale. Il aménage ses sources (un passage du *De clementia* de Sénèque repris par Montaigne, des historiens antiques) pour mieux dire la naissance d'un nouvel ordre politique, en définir les conditions et la nature. *Cinna* fut un triomphe.

Émilie veut faire périr Auguste, qui a autrefois tué son père. Elle compte, pour assurer sa vengeance, sur l'amour partagé qui la lie à Cinna, le favori de l'empereur : seul ce meurtre, désormais imminent, le rendra digne d'elle (Acte I). Mais Auguste, lassé d'un pouvoir assis sur la crainte, veut abdiquer et demande conseil à Cinna et à Maxime, un autre conjuré : le premier l'incite à rester au pouvoir, le second à l'abandonner. Il suit l'avis de Cinna, en fait son successeur et lui donne Émilie (Acte II). Sommé de s'expliquer, Cinna a avoué à Maxime l'exigence d'Émilie. Or Maxime est lui-même secrètement amoureux d'elle ; son affranchi Euphorbe lui conseille de dénoncer Cinna pour l'obtenir. Cinna, frappé par la magnanimité d'Auguste, tente en vain de faire renoncer son amante (Acte III). Informé du complot, Auguste ne sait quel parti prendre. Émilie rejette Maxime, qui l'invitait à fuir avec lui (Acte IV). Confronté à Auguste, Cinna persiste et se prépare à la mort ; Émilie le rejoint et se dénonce, bientôt suivie de Maxime. L'empereur déclare soudain qu'il pardonne à tous ; il accorde à Cinna de nouveaux honneurs et la main d'Émilie. Chacun chante la gloire d'Auguste ; Livie, son épouse, prophétise, annonçant son apothéose (Acte V).

Par son sujet, la pièce s'inscrit dans une série de tragédies de la conjuration, la plus importante avant elle étant assurément la *Mort de César* de Scudéry. Corneille l'imite sur certains points et la dépasse – dernière réplique à son virulent adversaire de la querelle du *Cid*. De telles œuvres entraient directement en résonance avec les préoccupations contemporaines, avec l'actualité – Richelieu, orientant la monarchie vers l'absolutisme, vient, à quelques mois de sa mort, de déjouer le complot de Cinq-Mars – comme avec les débats théoriques sur la nature du pouvoir royal. *Cinna* est tout entier orienté vers la clémence d'Auguste, objet d'un suspens que Corneille ne néglige pas : l'épisode

historique étant bien connu, la « suspension » porte moins sur l'issue de la conjuration que sur ce qui amènera l'empereur à cette attitude. Le vrai sujet de la pièce, c'est donc tout à la fois la fondation et les fondements d'un pouvoir absolu.

La référence à la tragédie de Scudéry s'impose d'autant plus que les ides de mars ne cessent d'être présentes à l'esprit des personnages de Corneille : le souvenir de César habite l'esprit d'Auguste, son fils adoptif ; Brutus est pour les conjurés une référence privilégiée. Ils sont tous, à divers titres, prisonniers du passé. Cinna songe à Pompée, son grand-père, aux « vieux Romains » et à leur idéal perdu – mais les propos qu'il tient à l'empereur pour le convaincre de ne pas abdiquer, bien qu'ils relèvent initialement de la feinte, témoignent d'une conscience des vertus et de la nécessité d'un nouvel ordre politique. Il reconnaît trop vite la grandeur du « tyran » pour que son idéalisme républicain soit tout à fait convaincu : la pression exercée par Émilie semble l'obliger, comme pour légitimer son projet, à rechercher en lui les restes de cette conviction. Émilie, elle, ne vit que pour venger un père dont Auguste, par ses attentions, a voulu effacer le meurtre : pour elle, l'Histoire s'est arrêtée avec cette mort. Tout cède à ce devoir familial qu'elle fortifie, elle aussi, du souvenir des « vrais » Romains et qui lui interdit, en dépit de faiblesses momentanées, de faire primer l'amour de Cinna. Celui-ci blâme l'« empire inhumain » qu'elle a sur lui, souligne qu'Auguste « est moins tyran » qu'elle (III, 4) : cette vengeance est, pour Émilie elle-même, une tyrannie, une passion – ce qui rend son dessein « impur » politiquement. L'empereur est quant à lui soumis à une lutte intérieure : il n'a encore que le nom d'Auguste et se vit toujours Octave, celui des proscriptions, des meurtres obsédants. « Toujours du sang », songe-t-il en envisageant de châtier Cinna. Tous sont bloqués, et Rome avec eux.

La nouvelle Rome existe bien, celle d'un pouvoir absolu assurant, avec la paix civile, l'hégémonie romaine. Mais elle est encore entachée de l'impureté de sa naissance et pensée comme contraire à l'idéal de liberté romain. Il lui manque l'adhésion de tous : plus que les intérêts privés des uns et des autres, c'est l'État qui est en jeu. En ce sens, la conjuration est un mal nécessaire : elle sera libération des individus et assomption de l'État.

Dès l'acte III, après le long débat politique de l'acte II, Cinna connaît un revirement qui transforme à ses yeux le « tyran » en « prince magnanime ». Mais on est encore dans le domaine du privé : cette première « conversion » ne vaut pas adhésion, par Rome tout entière, à un pouvoir soudain légitimé. Pour ce faire, il faut que l'empereur lui-même évolue, qu'il ne soit plus Octave, celui qui a « assassiné » l'ancienne Rome, mais Auguste, celui qui fonde la nouvelle. À l'acte IV, Livie lui propose d'« essayer » la clémence ; telle que l'envisage alors l'empereur, elle ne serait qu'un nouveau moyen de prolonger un pouvoir contesté : elle n'engagerait qu'une stratégie, non l'être même du « tyran », et relèverait d'un machiavélisme auquel on ne saurait réduire le pardon final. Seul l'acte V fait de la clémence le fruit d'un bouleversement intérieur. Cinna et Émilie défient Auguste : ceux qu'il croit ses plus proches, celle dont il a quasiment fait, pour combattre le remords, sa fille adoptive – d'où le « Et toi, ma fille, aussi » repris à Scudéry mais surtout à César ; l'amour du « père » ne sera possible, comme d'ailleurs l'amour de Cinna et d'Émilie, qu'après l'acte de clémence. Puis c'est Maxime qui vient avouer n'avoir agi que par amour pour Émilie alors qu'Auguste croyait avoir trouvé en lui un partisan, même tardif. Le poids du passé comme l'épreuve de l'ingratitude s'expriment dans le « En est-ce assez, ô Ciel » par lequel Auguste annonce le pardon, cette fois vécu comme effort sur soi face à la tentation du châtiment, comme dépassement : « Je suis maître de moi comme de l'univers. » Maître de l'univers, il l'était par la force, en tyran : il le devient en souverain, en « père » de ses sujets. Maître de lui-même, il a « trouvé l'art d'être maître des cœurs » et l'« On portera le joug désormais sans se plaindre » (Livie). Par cet acte, Auguste atteint au sublime et suscite une admiration renforcée par la surprise. Cette admiration entraîne la « conversion » de tous, une adhésion véritable à un ordre et à un État qu'il vient de fonder par son geste : Rome « n'a plus de vœux que pour la monarchie ». C'est à cet instant seulement que les propos de Livie – ou même de Cinna à l'acte II – sur l'inviolabilité d'un usurpateur légitimé par un règne juste et profitable à l'État acquièrent leur pleine dimension. Auguste, « débarrassé » d'Octave, peut se donner en exemple, inviter chacun à l'imiter par une sorte d'émulation emblématique du nouveau pouvoir : que Cinna et Émilie pardonnent à Maxime, qu'ils pardonnent tous trois à Euphorbe.

Le souverain n'est plus seulement le juge auquel il était réduit dans le Cid et Horace : il est lui-même héros par sa victoire sur soi, dès lors réconcilié avec l'héroïque « générosité » dont Cinna et Émilie ont fait preuve devant lui. Mais à la légitimation des hommes s'ajoute encore celle du Ciel : l'intervention de la Providence, alléguée plusieurs fois durant la pièce, est comme confirmée par l'apothéose annoncée. À Livie, affirmant que seul le Ciel a permis qu'Octave accède au pouvoir, fût-ce en recourant à un crime d'État (V, 2), au désarroi d'Auguste s'interrogeant sur la volonté divine (IV, 2), répond Émilie quand elle présente sa conversion comme une révélation (« Je recouvre la vue auprès de leurs clartés », dit-elle à propos des bontés d'Auguste) et qu'elle authentifie l'essence divine du nouvel ordre politique : « Le Ciel a résolu votre grandeur suprême. » Il faut pourtant se garder de comprendre Cinna comme une simple exaltation de la monarchie de droit divin, d'un pouvoir absolu en train de se constituer. Sans doute la pièce envisage-t-elle la nécessité historique d'une telle évolution, sans doute dit-elle aussi la possible harmonie du souverain et de ses sujets et paraît-elle optimiste. Mais elle pose de terribles exigences qui risquent de faire verser l'Auguste cornélien du côté du mythe. Sans un monarque sublime, l'État ne sera plus qu'une structure vide, « désincarnée » et de ce fait tyrannique : il perdurera en se gardant de chercher une adhésion des cœurs qu'il n'obtiendrait pas. L'État et le Prince ne font qu'un : le fondement du nouveau pouvoir est précisément ce par quoi il risque de se pervertir.

● « Le Livre de Poche », 1987 (p.p. A. Couprie) ; « Folio/Théâtre », 1994 (p. p. G. Forestier). ➤ Théâtre, « GF », II ; Œuvres complètes, « Pléiade », I.

D. MONCOND'HUY

CINQ CENTS MILLIONS DE LA BÉGUM (les). Roman de Jules **Verne** (1828-1905), publié à Paris en feuilleton dans le Magasin d'éducation et de récréation du 1er janvier au 13 septembre 1879, et en volume chez Hetzel la même année.

Il s'agit d'une des rares œuvres de l'écrivain où la valeur du progrès scientifique se trouve mise en cause de manière aussi brutale. De lourdes inquiétudes semblent en effet s'y exprimer : sans renoncer à tout espoir, le romancier se montre de plus en plus persuadé que, pour répondre à l'attente du sage, l'avenir dépendra davantage des hommes de bonne volonté que des grandes découvertes qui le marqueront.

Le docteur Sarrasin, savant et philanthrope, se découvre héritier de la bégum Gokool. Le voilà à la tête d'un capital de cinq cent vingt-sept millions de francs, somme fabuleuse en 1871. Son fils, Octave, est l'ami de Marcel Bruckmann, un jeune orphelin alsacien dont l'intelligence et l'énergie l'ont séduit sur les bancs du lycée Charlemagne. Tous deux ont combattu contre les Prussiens en 1870 et ont partagé l'amertume de la défaite. Ils achèvent leurs études pendant que le docteur Sarrasin, afin d'utiliser au mieux sa fortune, se propose de bâtir « une cité modèle sur des données rigoureusement scientifiques » ; « une ville de la santé et du bien-être » (chap. 1-3). Mais il

apprend qu'il doit partager l'héritage avec le professeur Schultze, savant allemand profondément francophobe. Tandis que Sarrasin part édifier sur la côte californienne, en Oregon, la merveilleuse France-Ville, Schultze va construire à quelques lieues de Stahlstadt, la Cité de l'Acier. Il s'agit de l'antithèse absolue de l'utopie du docteur Sarrasin : une usine cyclopéenne fabriquant des canons. Les ouvriers y travaillent selon une discipline militaire, sous la surveillance d'une police omniprésente. Encore enrichi par le commerce des armes, Herr Schultze prépare la destruction de France-Ville au moyen d'une gigantesque pièce d'artillerie. Son plan échoue grâce à Marcel, parvenu à s'introduire dans Stahlstadt pour en surprendre les secrets (4-9).

Prévenus, Sarrasin, Octave et leurs amis peuvent organiser leur défense. Précaution inutile : lancé avec une trop grande vitesse, l'obus incendiaire de Schultze devient un satellite de la Terre, parfaitement inoffensif. Lui-même meurt dans son laboratoire, victime de ses inventions démoniaques. Son empire ne lui survit pas (10-13). L'ironie du sort fait de Sarrasin l'unique héritier de Schultze. Dirigée par Marcel, Stahlstadt ajoutera ses forces à celles du Bien, et le courageux Alsacien épousera Jeanne, la fille du bon docteur.

Le roman se présente donc comme un conte de fées moderne. À quelques réserves près, toutefois. Ainsi, le cauchemar de Stahlstadt, constamment appuyé sur des réminiscences revanchardes de l'Histoire récente (guerre franco-prussienne), paraît plus convaincant que le rêve saint-simonien ou fouriériste de France-Ville. Rien de miraculeux dans l'inhumaine Cité de l'Acier. Comme l'observe directement Marcel Bruckmann dans ses carnets : « Jusqu'ici donc, rien de mystérieux dans les succès si remarquables de cette fabrication », fruits de la puissance et de l'organisation industrielles poussées à la perfection.

En revanche, France-Ville reste l'objet d'un émerveillement purement littéraire, comme dans l'article admiratif de l'« Unsere Centurie » qui en relate la fondation. On y perçoit les accents enthousiastes et naïfs d'un découvreur d'Eldorado : « L'eau coule partout à flots. Les rues, pavées de bois bitumé, et les trottoirs de pierre sont aussi brillants que le carreau d'une cour hollandaise. »

De fait, la vraie cité modèle n'est réalisée ni dans un monde ni dans l'autre, puisqu'elle résiderait dans la synthèse des deux. À condition que cette synthèse soit sinon harmonieuse, du moins simplement possible. Le problème est prétendument résolu dans la fusion finale de France-Ville et de Stahlstadt, « usine et cité modèles ». Conçue comme fabrique de canons, Stahlstadt deviendrait un « centre de production incomparable pour toutes les industries utiles ». Mais comment lever toute ambiguïté dans ce projet et dans la notion d'utilité qui le légitime ? Le docteur Sarrasin lui-même n'envisage d'abord la conquête de la Cité de l'Acier que pour constituer un « arsenal d'instruments tel que personne au monde ne pensera plus désormais à [l']attaquer ». Ainsi, le modèle politique du despotisme, incarné par le professeur Schultze, a beau être dénoncé, la terreur reste définie comme la seule forme d'un pouvoir efficace.

En somme, les questions posées par le roman restent sans réponse. Comment une utopie sociale pourrait-elle vivre sans base économique viable et pragmatique ? Comment la civilisation industrielle peut-elle se montrer compatible avec le bonheur de l'individu ? Stahlstadt, monstrueuse usine-caserne, existe d'abord comme antinature, destructrice et aliénante : « L'air est chargé de fumée et pèse comme un manteau sombre sur la terre. » Ce système perdrait fatalement sa merveilleuse efficacité en devenant libertaire et salubre. La cité de Pasteur peut-elle rejoindre celle de Krupp ? Verne le montre : en cette fin de XIXe siècle, on commence à savoir soigner les maux physiques dont l'homme est affligé, à préserver et allonger sa vie. Mais à quoi bon, si cette existence est celle d'un esclave de la technique et de la production ?

➤ Œuvres, Éd. Rencontre, XV ; id., « Le Livre de Poche », V.

D. GIOVACCHINI

CINQ GRANDES ODES. Recueil poétique de Paul **Claudel** (1868-1955), publié à Paris par la revue *l'Occident* en 1910, puis en volume chez Gallimard en 1913.

Dans l'ouverture symphonique, "les Muses" (ode 1), Claudel célèbre la mère primordiale, la muse de la Danse, qui imprime un rythme essentiel au texte. Puis, il salue les autres nymphes intérieures, matrices du verbe poétique qui insufflent au poète et à son chant une énergie toute rimbaldienne. Saisi par une déflagration initiale, le poète restitue le souffle divin et replace toute chose dans l'ordre du cosmos. Mais, dans cet espace à vocation apollinienne, Erato introduit un principe dionysiaque. Le mouvement du texte naîtra du conflit entre la plénitude et la rupture. "L'Esprit de l'Eau" (ode 2) dramatise l'épopée du moi dans le monde. Impatient, saisi par l'ivresse des flots, le moi rompt avec la vie ancienne et se constitue dans son rapport à l'activité poétique. Figure de l'Esprit, l'eau donne la clé de son être à ce combattant de l'esprit. Prenant possession de l'espace et de lui-même, le moi se fait poète, nouveau Christ, qui unit le sensible et l'intelligible, le visible et l'invisible. Fort parce que consubstantiel à la Présence divine, faible parce que lié à la matière, le poète entonne alors un credo au monde. Mais il demeure aussi le Crucifié, l'amant déchiré. Le "Magnificat" (ode 3) place au centre du recueil la célébration de la Création. Le poète remercie Dieu de l'avoir délivré des idoles, des livres et, surtout, de lui-même, trop conscient de son propre néant pour ne pas s'abîmer dans la volonté de Dieu. Et, certes, qui d'autre que le poète peut louer le Seigneur ? « Étreins le texte vivant et ton Dieu invincible dans ce document qui respire ! » Comme Paul sur le chemin de Damas, comme Moïse sur le mont Sinaï, face à face avec Dieu, le poète chrétien fait vivre, dans sa totalité et son unité, la Révélation. Dans "La Muse qui est la Grâce" (ode 4), le poète demande à sa muse de le laisser libre d'accomplir sa tâche : « Laisse-moi être nécessaire ! » Il ne veut plus de l'exaltation orgiaque mais entend tenir le compte du travail humain dans un monde soustrait au hasard. Alors qu'il se plaint de son élection, de l'enfantement douloureux de son œuvre, elle lui révèle : « Tu m'appelles la Muse et mon autre nom est la Grâce. » Mais il refuse cette inspiration destructrice et les chimères poétiques. "La Maison fermée" (ode 5) donne la parole aux hommes qui demandent au poète embourgeoisé de rendre compte de la Parole donnée. Le poète est inséparable de la Créature, de la Création et donc de Dieu. Il poursuit son lent travail de fermentation et de restitution du Verbe. Le poète, c'est le chiffre de la Création. Les piliers des vertus cardinales soutiennent l'édifice de son moi : ouvert sur l'avenir du « siècle nouveau », de la descendance d'Abraham, il n'en célèbre pas moins, à jamais, l'office des morts.

Quelle est l'unité de ce recueil dont la composition s'étend de 1901 à 1908 ? Le montage des différentes parties confère à l'ensemble une structure polyphonique et non pas didactique. Se plaçant dans la continuité liturgique, Claudel se met en scène lui-même, se donne comme le héros d'un parcours poétique, et donc définit son art poétique comme une célébration du monde. Entre le début (l'invocation aux Muses) et la fin (la référence aux vertus cardinales), le poète construit sa propre image, en référence à celle du poète grec (un orateur qui raconte des histoires fabuleuses et qui exprime la parole de la communauté). Les *Cinq Grandes Odes* sont placées sous l'éclairage de Rimbaud mais tentent de maîtriser cet héritage. L'illumination initiale est nécessaire (ode 1) et le poète vit sa contradiction, sa saison en enfer, mais, en quête du Texte sacré, du Livre mallarméen, il finit par trouver sa place dans la maison de Dieu (ode 5). Comme le poète Cœuvre (voir *la *Ville*), il se fait « prêtre » : il donne la parole aux choses, au monde et au cosmos ; il unifie la multiplicité (ode 3) et bâtit un espace nouveau, entre le passé et l'avenir. Loin de posséder toutes les certitudes, il continue son interrogation sans vouloir céder aux illusions (ode 4). En effet, la parole poétique est nécessaire à Dieu et aux hommes (ode 5). Pris entre ces deux pôles, le poète doit rompre, dans un premier temps, avec la communauté des hommes, pour prendre du recul et, dans un deuxième temps, pouvoir donner une cohérence au monde. Conquérant du spirituel, il prend d'abord possession de lui-même et affirme son désir singulier (ode 2) avant de se ressaisir de la Terre promise, comme Josué (ode 3). Il apparaît à la fois comme l'homme de la prière, de la supplication (ode 4) et comme l'incarnation de la force (ode 5). Entre le désordre rimbaldien et l'ordre mallarméen, il ne choisit pas : il maintient ensemble les deux exigences. Le poète est riche de ses propres incertitudes et de la conscience de sa propre vanité.

Claudel renoue avec une poésie « primitive » qui puise son pouvoir dans une vocation au sacrifice. Le poète célèbre la Création ; sa parole fait vivre le témoignage du Christ et l'ensemble des *Cinq Grandes Odes* reprend différents moments de la liturgie en brassant leur symbolisme : l'eau du baptême le fait renaître comme le Sauveur, le vendredi et le dimanche de Pâques (ode 2) ; la supplication du poète évoque la cérémonie de Noël (en un temps où Claudel lui-même devenait père) au moment où, comme saint Jean-Baptiste, il passe de l'Ancien, de l'exil, au Nouveau (ode 3) et se dirige vers Canaan, vers l'Est. La muse et l'épouse nocturne évoquent la belle fiancée du Cantique des cantiques (ode 4). Enfin les vertus cardinales et la référence à l'Évangile de la Résurrection ouvrent et ferment le texte tout à la fois (ode 5). La visée du travail poétique consiste à rétablir un ordre au sein même du désordre saisi dans toutes ses excroissances baroques. Il faut rejeter les fausses lectures du monde (culturelles, Virgile, Homère et Dante, ode 1 ; intellectuelles, les professeurs, ode 2 ; trop terriennes, ode 4) et traduire l'abondance du monde, son ivresse (Erato dans l'ode 1).

Cette cohérence dans la célébration liturgique ne suit pas un itinéraire aisément identifiable : Claudel reprend sans cesse les leitmotive religieux pour donner la mesure rythmique mais il module des chants successifs. Il déploie les images (poésie des éléments et de la sensualité) qui produisent une sorte de jeu et suscitent toujours d'autres analogies. L'esprit éprouve une sorte de jubilation à explorer toutes les virtualités sémantiques d'un mot mais aussi à passer du discours argumentatif à la litanie et à la déploration. L'ensemble des versets progresse donc par reprise avec, à chaque fois, un déplacement du point de vue qui modifie l'interrogation sur le moi et le monde. Aussi le texte de Claudel peut-il apparaître comme difficile, et même, à l'époque où il fut écrit, iconoclaste. Les hommes (ode 5) le dénoncent comme obscur. Certes, le principe même de l'organisation est contradictoire : le recueil se construit dans un effort constant pour dire le désordre et le tumulte de la réalité. Entre les ténèbres fécondes de son humanité et la fulgurance de son élection, le poète connaît à la fois la nécessité de la clôture, de la fermeture parfaite, et l'urgence de l'interrogation perpétuelle. Il faut épuiser toutes les expériences pour aller vers la totalité, donnée comme éclatée, et toujours à reconstruire.

● « Poésie / Gallimard », 1966 (p.p. J. Grosjean) ; Imprimerie nationale, « Lettres françaises », 1990 (p.p. M. F. Guyard). ➤ *Œuvres complètes*, Gallimard, I (p.p. L.-R. Lefèvre et R. Mallet) ; *Œuvre poétique*, « Pléiade ».

V. ANGLARD

CINQ SEMAINES EN BALLON. Roman de Jules **Verne** (1828-1905), publié à Paris chez Hetzel en 1863.

Jeune auteur à peine confirmé par la publication de quelques nouvelles et de pièces de théâtre, Jules Verne signe là sa première œuvre importante, inaugurant le vaste édifice des « Voyages extraordinaires ». On y trouve déjà la plupart des traits que ses autres romans accentueront : exaltation de la science et de ses applications techniques, de l'esprit d'aventure, exotisme, narration empruntant la structure souple et élémentaire d'une sorte de journal de voyage, simplement et naturellement ordonné par la succession linéaire des temps et des lieux.

Le sous-titre, « Voyage de découvertes en Afrique par trois Anglais », dissipe d'emblée tout mystère, comme par la suite les titres de chapitres, particulièrement informatifs.

Samuel Fergusson, savant et aventurier, projette d'apporter une contribution décisive à la connaissance de l'Afrique : il veut la traverser en ballon, d'est, depuis Zanzibar, en ouest, jusqu'au Sénégal. Il espère réussir grâce à l'invention d'un procédé lui donnant un contrôle absolu de la force ascensionnelle de son aérostat. Il entraîne dans son aventure Joe, son fidèle domestique, et un ami, Dick Kennedy, fameux chasseur écossais. C'est au milieu des manifestations d'effroi de l'obscurantisme indigène que le *Victoria* prend son essor, le 18 avril 1862 (chap. 1-11).

La première partie du voyage s'opère avec une merveilleuse facilité. Le ballon permet aux héros de se jouer de tous les obstacles et de braver des situations où des explorateurs ordinaires auraient sans doute péri, comme l'atteste le long martyrologe de leurs prédécesseurs, largement rappelé dans le cours du récit. Malgré la panique qu'ils sèment chez les sauvages, ils sont parfois considérés comme des dieux par les peuplades les plus barbares. Ils affrontent impunément un terrible ouragan. Ils sont remorqués par un éléphant. Ils finissent par découvrir les sources quasi mythiques du Nil, objet de tant de quêtes infructueuses avant eux, et assistent en toute sécurité à une guerre entre tribus anthropophages (12-20). De simples spectateurs des choses, les trois compagnons se transforment en acteurs, quand ils délivrent un missionnaire français, prisonnier de féroces cannibales. Le malheureux meurt de ses blessures. Ils l'enterrent dans un endroit désert où ils découvrent une gigantesque mine d'or. Première épreuve morale : comment résister à la fièvre du métal précieux, malgré le caractère désintéressé de l'aventure ? Joe ne peut s'empêcher de remplacer le lest par du minerai, même en sachant qu'il a peu de chances de conserver jusqu'au bout cette fortune. De fait, les premiers ennuis surviennent avec le survol du Sahara. En l'absence de vent, les voyageurs subissent les terribles souffrances de la chaleur et de la soif. Une tempête inespérée les emporte enfin et les dépose près d'une oasis. Ils doivent faire face à l'hostilité de plus en plus déclarée des indigènes qui n'hésitent pas à envoyer contre eux des pigeons porteurs de matières incendiaires capables de détruire le *Victoria*. Mais la nature est encore plus redoutable : des gypaètes, immenses rapaces, attaquent le ballon et crèvent son enveloppe extérieure. Samuel Fergusson et Dick Kennedy ne doivent leur salut qu'à l'héroïsme de Joe qui, pour ralentir leur chute, n'hésite pas à se jeter dans le lac Tchad tandis qu'une nouvelle bourrasque éloigne rapidement l'aérostat, désormais réduit à son enveloppe intérieure, privé d'une grande partie de sa force ascensionnelle (21-34). Heureusement, la Providence veille : à la faveur d'extraordinaires péripéties, Joe est retrouvé et sauvé *in extremis* par ses deux amis au moment où des cavaliers arabes s'apprêtaient à le capturer. Les aéronautes peuvent ainsi poursuivre leur course vers l'ouest, au-dessus du Niger, survoler Tombouctou, la ville interdite, approchant peu à peu du terme de leur expédition dans des conditions de plus en plus précaires. Perdant de l'altitude, ils échappent de justesse aux cruels Tolibas qui les prennent en chasse. Ils sont enfin recueillis, le 24 mai 1862, par des soldats français, sur les rives du fleuve Sénégal (35-44).

La prophétie scientifique, par rapport à d'autres romans de l'auteur, reste ici assez discrète, voire particulièrement timide. Les solutions techniques proposées par le *Victoria* au problème du voyage aérien n'ont rien de vraiment révolutionnaire. Samuel Fergusson renonce, contrairement à la plupart des chercheurs contemporains de Jules Verne, à vouloir diriger son ballon : « C'est une utopie », déclare-t-il une fois pour toutes à Dick Kennedy. Il ne parvient à franchir le fleuve Sénégal qu'en transformant son appareil, vidé de ses dernières molécules d'hydrogène, en une montgolfière des plus primitives. Dès 1851, une nouvelle, *Un drame dans les airs*, montrait l'aérostat comme un véhicule aléatoire, appartenant à la préhistoire d'une conquête de l'air encore à ses balbutiements. Les premiers chapitres de l'**Île mystérieuse* (1875) exploiteront encore cet aspect dramatique et hasardeux. Mais **Robur le Conquérant* (1886) et *Maître du monde* (1904) clarifieront définitivement la doctrine personnelle de Jules Verne à ce sujet : « L'avenir de la locomotion aérienne [...] appartient à l'aéronef, non à l'aérostat. » En dépit de certaines hardiesses de conception, l'entreprise de Fergusson se colore d'une sorte d'archaïsme scientifique et d'un empirisme aventureux qui lui donnent une dimension presque romantique.

Quant aux graves questions que soulève l'exploration de l'Afrique, popularisées par les grands voyageurs tels que René Caillié, Andréa Debono ou Burton, elles éveillent un intérêt presque constant tout au long du XIXe siècle. Leur exotisme ne passera jamais vraiment de mode. De fait, on ne peut manquer de relever dans *Cinq Semaines en ballon* un impressionnant florilège de préjugés directement issus d'une idéologie sommairement colonialiste. Le mythe du « bon sauvage », cher au Siècle des lumières, est bien mort. L'indigène est presque toujours décrit comme un homme approximatif, primitif et livré aux pires instincts : « Nous t'avions cru assiégé par des indigènes. Ce n'étaient que des singes, heureusement ! répondit le docteur. De loin, la différence n'est pas grande » (chap. 14). Le plus souvent, ces pauvres êtres incarnent les résistances les plus obscurantistes à la marche du progrès : « Les Nègres continuaient à manifester leur colère par des cris, des grimaces et des contorsions. Les sorciers parcouraient les groupes irrités, en soufflant sur toute cette irritation » (chap. 11). Le roman ne se laisse pourtant pas réduire à ces visions simplistes. La relativité des bienfaits de la science s'y trouve suggérée avec des accents presque prophétiques : « À force d'inventer des machines, les hommes se feront dévorer par elles ! Je me suis toujours figuré que le dernier jour du monde sera celui où quelque immense chaudière chauffée à trois milliards d'atmosphères fera sauter notre globe ! » (chap. 16).

C'est d'ailleurs pour le civilisé une leçon d'une grande amertume de pouvoir constater d'en haut que tout un monde reste indifférent aux valeurs dans lesquelles il place toute sa foi. Fière jusqu'à l'ivresse des connaissances qu'elle a acquises et des prodigieux engins qu'elle construit, l'Europe doit reconnaître qu'une grande part de l'humanité reste plongée dans l'archaïsme. Tandis que l'humanisme scientifique ne séduit que quelques élites, taxées d'excentricité dans leur propre pays et dont Fergusson est le plus pur représentant, les superstitions continuent à fanatiser des masses innombrables d'individus. Elles peuvent même entraîner les civilisations les plus prometteuses vers la régression, comme le prouve le passé de Tombouctou : « Ce grand centre de civilisation, où un savant comme Ahmed-Baba possédait au XVIe siècle une bibliothèque de seize cents manuscrits, n'est plus qu'un entrepôt de commerce de l'Afrique centrale » (chap. 39). Le fait même que la navigation aérienne des trois héros semble avoir pour but essentiel d'éviter toute rencontre avec les peuples survolés suggère un renoncement : impuissant à communiquer avec d'autres cultures sans la médiation de la force ou de la ruse, l'homme blanc croit prudent de s'en abstenir, confirmé dans cette attitude par l'échec du missionnaire français, mort par excès d'idéalisme. D'ailleurs, que vaut la grande aventure pacifique des conquérants de l'air, tant qu'elle a besoin de fusils pour s'accomplir ?

En fin de compte, l'épopée scientifique n'aboutit que grâce à la mobilisation de ressources humaines ne devant rien ni au savoir ni aux techniques. Si perfectionné soit-il, c'est moins son ballon qui aide Fergusson à triompher, que l'incroyable altruisme dont ses deux amis sont capables. Comme le confirmeront la plupart des autres grands romans de Jules Verne, c'est toujours nu face à la nature que le héros doit sortir des épreuves auxquelles le destin le convie. Tandis que l'épave lamentable du *Victoria* va « comme une bulle immense s'engloutir avec les eaux du Sénégal dans les cataractes de Gouina » (chap. 43), les personnages réalisent, avec une émotion bien propre au didactisme édifiant dans lequel Hetzel a souhaité enfermer Verne, qu'ils restent seuls avec eux-mêmes. Mais le désenchantement dont l'œuvre ose parfois obscurcir les mythes traditionnels du récit de voyage, la dévalorisation systématique de l'exotisme annoncent la nostalgie du voyageur moderne un siècle avant **Tristes Tropiques*.

● « GF », 1979 (p.p. S. Vierne). ➤ *Œuvres*, Éd. Rencontre, I ; *id.*, « Le Livre de Poche », VII.

D. GIOVACCHINI

CINQ SOUS DE LAVARÈDE (les). Roman de Paul d'**Ivoi**, pseudonyme de Paul Charles Deleutre (1856-1915), et d'Henri **Chabrillat** (1842-1893), publié à Paris chez Jouvet en 1894. L'adaptation théâtrale tirée du roman fut créée au théâtre du Châtelet le 7 février 1902 et parut chez Combet la même année.

À la suite de ce roman nourri d'observations engrangées lors d'un tour du monde entrepris par goût de l'aventure, Paul d'Ivoi, chroniqueur issu d'une brillante lignée d'hommes de plume, rédigera seul, sans le journaliste et homme de théâtre H. Chabrillat (qui mourut avant la publication de l'ouvrage), une longue série d'une bonne vingtaine de volumes qui portera le titre suggestif de « Voyages excentriques » – rappel, sans doute, des « Voyages extraordinaires » de Jules Verne. Marier l'excentrique et les voyages était bien dans l'esprit de cette époque qui vivait l'impression exaltante de maîtriser le monde par les conquêtes conjuguées de la technique et de la colonisation. Éléments déchaînés et peuplades sauvages apparaissent alors comme autant de défis lancés à l'Occidental, dont l'intelligence pratique n'est jamais prise en défaut.

Armand Lavarède, jeune journaliste dégourdi, doit hériter d'un cousin une fabuleuse fortune à la condition expresse qu'il boucle un tour du monde, en un an jour pour jour, avec pour seul viatique cinq sous. Pour vérifier qu'Armand suivra à la lettre cette exigence, le testateur a dépêché sir Murlyton, un Anglais parfaitement probe et compassé qui, accompagné de sa fille, ne lâchera pas le jeune homme d'une semelle. Si ce juge venait à constater une seule irrégularité, l'héritage lui reviendrait tout entier. Armand relève le défi, mais sera continuellement entravé lors de ses pérégrinations par la persécution obstinée de son richissime propriétaire, M. Bouvreuil, dont la grande chabraque de fille, Pénélope, exige de l'épouser. Dans ses agissements, ce créancier, plus ignoble que réellement méchant, sera secondé par son âme damnée, un rastaquouère douteux et vénal : don José Miraflor et Courramazas.

À chaque étape de son voyage, continuellement flanqué de Murlyton et de miss Aurett, Armand, grâce à son ingéniosité, fera coup double en trouvant toujours un moyen de voyager à l'œil et de berner les coquins. On le suivra ainsi, parmi bien des aventures, sur le pont d'un vapeur transatlantique, à dos de mulet au Costa Rica, dans un cercueil au milieu du Pacifique, en ballon au-dessus du Tibet, accroché au à un radeau sur l'Amou-Daria gelé, en train du côté de Trieste, à vélo à la tête d'une épreuve cycliste dont l'arrivée se juge devant l'immeuble du *Petit Journal*.
Au milieu des mille et un dangers encourus, de tendres liens se sont tissés entre la petite Anglaise et le bon loustic. Le jour même où il gagne la course et son pari, Armand trouve au bout de ses tribulations « tout ensemble la fortune et le bonheur ».

Contrairement à Phileas Fogg qui disposait d'un budget quasi illimité pour mener à bien sa lutte contre le temps dans le *Tour du monde en quatre-vingts jours*, Lavarède, lui, ne peut compter que sur son astuce, et voit la chose la plus simple, la transmission d'un héritage, devenir la plus compliquée : manière peut-être pour une société éprise de l'argent, mais méfiante à son égard (le scandale de Panama est de 1892), de décrasser ses sous. Curieusement, dans le roman, c'est inconscient que Lavarède traverse l'isthme funeste...
L'écriture, alerte, vive, est peut-être moins didactique que celle de Jules Verne, qu'elle semble quelquefois démarquer. Elle demeure néanmoins tout aussi précise, surtout dans les descriptions géographiques. De plus, tout au long de cet itinéraire initiatique, tracé dans un imaginaire aussi mythique que géographique, où l'on tremble pour le héros sans jamais craindre pour lui, l'humour et l'optimisme gardent la meilleure part et donnent le ton à l'ensemble. Aux *Cinq Sous de Lavarède* succédera *Cousin de Lavarède* (1897) qui verra un autre Lavarède, Robert, pris pour un héritier de Pharaon, aller jusqu'en Australie et au pôle Nord avant de s'opposer seul à la flotte anglaise dans *Corsaire Triplex* (1898) ; enfin, les deux cousins, à la tête de l'armée égyptienne dans le *Capitaine Nilia* (1900), poussés par l'esprit de revanche, vengeront l'humiliation de Waterloo en écrasant les bataillons anglais.

La pièce à grand spectacle montée au Châtelet reprit le tourbillon d'aventures des *Cinq Sous de Lavarède* tout en les modifiant considérablement : empruntant son dénouement à un autre roman de l'auteur, *Cigale en Chine* (1901), elle se termine par la délivrance des légations à Pékin, et c'est Armand Lavarède qui entre le premier à la légation française. Ces représentations ajouteront encore à l'extrême popularité du personnage qui trouvera son meilleur interprète au cinéma en 1938 dans le film de M. Cammage qui confia le rôle à Fernandel.

● « Le Livre de Poche », 1976 ; « J'ai lu », 1983.

J.-M. THOMASSEAU

CINQ-MARS. Roman d'Alfred de **Vigny** (1797-1863), publié à Paris chez Urbain Canel en 1826. La deuxième édition (1826) contient des « Notes et Documents historiques », et la quatrième (1829) est précédée de « Réflexions sur la vérité dans l'art » écrites en 1827.

Ayant d'abord envisagé d'écrire un drame, Vigny reprend le projet de *Cinq-Mars*, désormais roman, à Oloron, dans les Pyrénées, en 1824. Il le termine en 1825, lorsqu'il étudie les sources historiques à la Bibliothèque royale et à celle de l'Arsenal. Les années 1820 connaissent la vogue des romans historiques de Walter Scott, et Vigny construit son roman sous l'influence de l'écrivain anglais ; mais il renverse le procédé de celui-ci en laissant les personnages historiques prendre la place des personnages fictifs. Le roman connaît un succès considérable : douze éditions voient le jour. Vigny conçoit vite l'idée d'une suite et parle, dans son *Journal*, d'une « Histoire de la grandeur et du martyre de la noblesse en France », mais y renonce finalement pour écrire *Servitude et Grandeur militaires*.

En 1639, au château de Chaumont en Touraine, le jeune marquis Henri d'Effiat prend congé de sa mère et de la princesse Marie de Gonzague, duchesse de Mantoue, qu'il aime et dont il est aimé. Impressionné par les propos du maréchal de Bassompierre sur les qualités et la fidélité des nobles, il s'insurge contre l'arrestation du même maréchal par les sbires de Richelieu. En allant au siège de Perpignan pour être présenté au roi, Cinq-Mars s'arrête à Loudun, où se déroule le procès d'Urbain Grandier, prêtre accusé de magie par des juges, dont le lugubre Laubardemont, envoyés eux aussi par le cardinal. Torturé, puis condamné à mort, Urbain n'est défendu que par la supérieure des Ursulines, Jeanne de Belfiel, la nièce même de Laubardemont. Elle devient folle lorsque Urbain est brûlé vif devant une foule horrifiée par l'injustice. Cinq-Mars assiste lui-même à cette exécution après avoir été informé par son ancien maître, l'abbé Quillet, des crimes de Richelieu.
Richelieu, de son côté, assisté de son « Éminence grise », le père Joseph, affermit son pouvoir sur le roi Louis XIII, qui n'a pas le courage de se débarrasser de son ministre. Enfin, devant les murs de Perpignan, ville tenue par les Espagnols, les personnages principaux se rencontrent. Cinq-Mars, qui s'est lancé dans une attaque contre l'ennemi avec son ami le conseiller de Thou, a fait deux prisonniers, dont le fils de Laubardemont, passé à l'ennemi et qui hait son père. Il est présenté au roi, dont il gagne les faveurs, et au cardinal, dont il suscite le mécontentement. La nuit suivante, Jeanne de Belfiel arrive pour assassiner le cardinal ; elle est reconnue par Laubardemont qui se charge de la faire disparaître dans les Pyrénées, où elle sera tuée plus tard avec le fils de Laubardemont. Tous ces drames ont mûri Cinq-Mars et l'ont préparé à une conspiration contre Richelieu. Saisi par l'ambition de « monter », il accompagne le souverain à Paris.
Deux ans après, Cinq-Mars est devenu grand écuyer ; plusieurs jeunes nobles le prennent pour modèle, et il tente de gagner jusqu'au frère du roi et la reine elle-même. Celle-ci, alarmée par l'idée d'un traité avec l'Espagne qui entre dans les plans de Cinq-Mars, envisage la chute de celui-ci et tâche de diriger Marie de Gonzague vers un mariage avec le roi de Pologne. Cependant, lorsque Cinq-Mars tente d'amener le roi à se débarrasser du cardinal, leur entretien est écouté par le père Joseph avec la connivence du roi, « trahison » qui déclenche la déroute de la conspiration. Une réunion des conspirateurs chez Marion de Lorme se termine dans l'incertitude, et le lendemain, le père Joseph réussit à se substituer au père Quillet dans un confessionnal de l'église Saint-Eustache où se retrouvent Cinq-Mars et Marie. Désormais, l'Éminence grise sait tout sur la conspiration.

Tout est perdu, lorsque Cinq-Mars, de nouveau à Perpignan, reçoit une lettre de la reine le conjurant d'abandonner ses projets... et Marie. En septembre 1642, Cinq-Mars et de Thou se livrent à Richelieu et attendent la mort emprisonnés dans un château à Lyon. Refusant toute offre de libération, Cinq-Mars accepte son sort, puisqu'il a perdu Marie. Avec lui, c'est l'ancienne noblesse qui se meurt, comme le dit le grand Corneille rencontrant, sur le Pont-Neuf à Paris, le poète anglais Milton.

La fin de *Cinq-Mars* laisse deviner le message politique du roman : Richelieu demeurant au pouvoir, la menace plane toujours sur une monarchie dont les bases se trouveraient dans les nobles que le cardinal cherche à mater. Ces bases détruites, le peuple commencera à remuer... et la voie s'ouvrira à d'autres révolutions. Vigny avait voulu suivre cette voie dans les autres romans projetés, l'un sur le règne de Louis XIV, corrupteur de la noblesse, l'autre sur la Révolution de 1789. Il reconnaît ainsi au roman historique un but et un contenu pédagogiques. Le roman, précise-t-il dans des réflexions consignées dans son *Journal*, peut ajouter, à la pure narration des faits historiques, un « enseignement ». Or il est difficile de nier que le destin social de la famille de Vigny, dépossédée de ses terres pendant la Révolution, ne se reflète dans l'évolution historique entrevue par l'auteur : il s'agit donc d'un « enseignement » très personnel, dans lequel il ne faut pas non plus négliger le fait que Vigny se mire dans certains de ses personnages, tel Descartes déclarant qu'il « aime la profession des armes parce qu'elle soutient l'âme dans une région d'idées nobles par le sentiment continuel du sacrifice de la vie ». Comme dans certains poèmes datant de la même époque que *Cinq-Mars* (voir *Poèmes antiques et modernes*), Vigny tourne autour des thèmes de la souffrance et de l'échec, qui revêtent ici la forme du martyre de Cinq-Mars dont la mort sur l'échafaud est décrite avec force détails sanglants dans les « Notes et Documents historiques ». Or, à cette exécution ainsi qu'à celle d'Urbain Grandier assiste le peuple, « foule » ou « flots » humains, populace ivre, hurlant pendant son « émeute » devant le Louvre, préfigurant ainsi les masses populaires qui surgiront quelque cent cinquante ans plus tard. La « vérité de l'art » sortant du « vrai du Fait », ou l'« idée » qui se dégage de la « réalité », comme le veut Vigny dans la Préface de *Cinq-Mars*, pourrait fort bien résider dans la conflagration fatale des trois forces de l'histoire de France. C'est d'ailleurs une voix venant du peuple qui exprime, à la fin du roman, la leçon terrible qui vaut également pour l'époque de Vigny : « Les seigneurs sont morts... nous sommes les maîtres... » Cette brutale passation de pouvoir est sans doute une fatalité historique ; il n'empêche que certaines considérations personnelles ont pu influer sur le message : le jeune capitaine Alfred de Vigny n'accomplit-il pas lui-même cette vie sacrificielle qui semble marquer le terme du processus ? *Cinq-Mars* est le roman de la sortie de l'Histoire : en 1827, Vigny est réformé définitivement et se consacre à la littérature.

La construction interne du roman et la courbe tracée par l'action sont déterminées par la figure de la chute, du bref envol et du lent désenchantement d'une âme romantique. Pour le cœur, « simple » au départ, l'aventure commence en Touraine, « berceau de la langue », « berceau de la monarchie », dans une nature harmonieuse vite remplacée par le « labyrinthe » du monde. Dans ce labyrinthe, Cinq-Mars se méprend sur ses vraies intentions : pour mériter sa princesse, il lui faut parvenir au faîte du pouvoir, en agissant moins pour les « sociétés corrompues » que pour l'amour. C'est alors que sa « destinée » l'entraîne dans une marche vers l'échec. Ses projets sont contrecarrés par le roi et par Richelieu, et lui-même risque de commettre une trahison en livrant les places fortes aux Espagnols. C'est ce qui le perd aux yeux de la reine et de Marie : il devient « rebelle », et donc nécessairement livré à la mort, sacrifice suprême. Cette confrontation terrible entre la vérité individuelle qu'est l'amour et le pouvoir mensonger (que l'on peut rapprocher du pouvoir tout court représenté dans

Stello) est racontée par Vigny d'une façon remarquablement sobre, sans trop de longues descriptions ni de lourds symboles. Le caractère dramatique de *Cinq-Mars* apparaît avec évidence dans la forme dialoguée de nombreux passages, voire de chapitres entiers, et dans l'espace scéniquement clos qui rappellent une pièce de théâtre. Cette forme sert à encadrer les personnages, à les rendre intouchables, puisque, précisément, historiques (le roi dans son cabinet, la reine dans son boudoir...). En même temps, cette longue suite de scènes peut figurer l'engrenage impitoyable où se joue le sort du héros. Étayé par la Préface sur la « vérité dans l'art », *Cinq Mars* est peut-être le meilleur exemple de la maîtrise du genre romanesque chez Vigny.

● « Folio », 1980 (p.p. A. Picherot).

H. P. LUND

CINQUIÈME LIVRE DES FAITS ET DITS HÉROÏQUES DU BON PANTAGRUEL (le). Dernier récit du cycle des géants de François **Rabelais** (v. 1483-1553), publié après sa mort. Il existe trois versions différentes de l'ouvrage : *l'Isle sonante*, publiée en 1562, comportait 16 chapitres ; le *Cinquième Livre*, en 1564, comprenait 47 chapitres dont les 16 premiers différaient sensiblement de *l'Isle sonante* ; enfin, un manuscrit anonyme et non daté de la Bibliothèque nationale contient un fragment de prologue et 46 chapitres semblables à ceux du volume précédent.

On s'interroge, depuis la fin du XVIᵉ siècle, sur la part réelle qui revient à Rabelais dans ce *Cinquième Livre* : les allégories laborieuses, les descriptions incolores font un contraste trop évident avec la verve des récits précédents ; il reste néanmoins – et c'est l'hypothèse la plus couramment admise aujourd'hui – que le dessein d'ensemble ne peut appartenir qu'à Rabelais : tel auteur, ou éditeur a pu s'emparer des notes de l'écrivain après sa mort, pour les mettre en forme et leur donner l'allure d'un récit achevé.

Pantagruel et ses compagnons font escale dans l'« Isle sonante », peuplée uniquement d'oiseaux, « Clergaux, Monagaux, Prestregaux, Abbegaux, Evesgaux, Cardingaux, et Papegaut, qui est unique en son espèce » (chap. 1-8). Dans l'île du Guichet, la troupe est faite prisonnière par les Chats-Fourrés, avant d'être relâchée (11-15). Elle débarque ensuite dans l'île d'Entéléchie, dont la reine Quinte Essence guérit les maladies en chantant (18-24). Les contrées fabuleuses se succèdent : l'« Isle des Esclots », où les moines ne répondent jamais que par monosyllabes, le pays de Satin, où les hommes s'assemblent autour d'un bossu nommé Ouï-Dire (26-30).

Enfin, les voyageurs atteignent leur but : le temple de la Dive Bouteille (33). Au terme d'un long trajet souterrain, ils sont accueillis par la pontife Bacbuc, qui, consultée au sujet de la destinée de Panurge, obtient de la Bouteille ce seul mot : « Trinch » [bois] (44). Bacbuc commente l'oracle en ces termes : « La Dive Bouteille vous y envoye, soyez vous mesmes interprètes de vostre entreprinse » (45-47).

Le *Quart Livre* avait laissé en suspens l'odyssée de Pantagruel et de ses compagnons. Le *Cinquième Livre* continue d'égrener les îles grotesques, et délivre l'oracle tant attendu de Panurge. Mais l'écriture s'essouffle, et le récit languit indiscutablement. Vidée de l'imaginaire carnavalesque qui en faisait tout le prix, la satire devient exsangue : les chapitres consacrés à la hiérarchie ecclésiastique (l'Isle Sonante) ou à la mise en scène du pouvoir royal (Quinte Essence) immobilisent le récit dans d'interminables descriptions. La verve pantagruéliste et la joyeuse fantasmatique du corps n'éclatent plus qu'en de rares occasions, il est vrai désopilantes : l'évocation de l'île d'Outre (chap. 16) et de ses habitants goulus qui « deschiquetoient leur peau pour y faire bouffer la graisse » ne déparerait ni *Pantagruel* ni *Gargantua*. •

Si des auteurs peu talentueux ont mis la main à ce *Cinquième Livre*, la conclusion ne peut appartenir qu'à Rabelais. Fausse conclusion d'ailleurs, qui achève moins le récit qu'elle n'éveille Panurge au sens de sa responsabilité, à la nécessité désormais d'inventer son propre destin. Le candidat au mariage n'espérait-il pas une injonction qui le délivrerait de ses perplexités ? Au lieu de quoi, décevante tautologie, l'oracle (« Trinch ») le renvoie à sa condition de buveur : « Allons, dist Panurge, de par Dieu. Je suis aussi sage que antan » (chap. 44). C'est que la Dive Bouteille rabelaisienne ne ressemble nullement aux autres oracles, et n'entend pas dicter aux hommes le sens de leur vie : elle dénonce même, dans la joyeuse exclamation du « Trinch », l'inanité de tout oracle. « Possible n'est, dist Pantagruel, mieux dire que fait ceste vénérable Pontife. Autant vous en dis-je, lorsque premièrement m'en parlastes » (chap. 45). Faut-il en conclure que la troupe des pantagruélistes aurait pu se dispenser du voyage ? Certainement pas. D'île imaginaire en archipel de cauchemar, une évidence a fini par s'imposer : dans sa syntaxe désarticulée, son morcellement et son opacité, le monde n'énonce aucune vérité sur laquelle l'homme pourrait s'appuyer. La Dive Bouteille fonde l'irréductible liberté, et donc le règne de l'individu : c'est à lui, à sa volonté de questionnement et à son pouvoir de décision, qu'il revient de donner une signification au monde.

➤ *Œuvres complètes*, « Pléiade » ; *Œuvres*, Les Belles Lettres, V ; *id.*, « Classiques Garnier », II ; *Œuvres complètes*, « L'Intégrale ».

P. MARI

CIRE VERTE (la). Voir KÉPI (le), de Colette.

CITÉ ANTIQUE (la), étude sur le culte, le droit, les institutions de la Grèce et de Rome. Ouvrage de Numa Denis **Fustel de Coulanges** (1830-1889), publié à Paris chez Durand en 1864.

Ce livre s'inscrit dans les ambitions scientistes du temps. Poursuivant les intentions et les acquis de la *Vie de Jésus* de Renan et de l'*Histoire de la littérature anglaise* de Taine, la *Cité antique* offre, avec l'intelligence des lois de l'existence des sociétés, la synthèse de l'historiographie rigoureuse et de la perspective philosophique, donnant ainsi aux sciences sociales l'un de leurs textes fondateurs.

Organisé en cinq livres, l'ouvrage déroule un plan systématique. Les « Antiques croyances » (livre I) attribuaient aux morts une influence sur les vivants, d'où les premières formes de religion. Le culte des morts forme la base de la cohésion et de la continuité de « la Famille » (II). Celle-ci en reçoit ses institutions juridiques et morales : autorités du pater-prêtre, mariage indissoluble, succession. Ainsi la propriété est-elle à l'origine la terre inviolable des tombeaux des ancêtres. De cette première forme de la société on passe à « la Cité » (III). L'association primitive, de phratrie en curie, de curie en tribu, s'agrandit tout en conservant un culte commun, lien qui divinise un homme, le héros éponyme. Outre le culte des morts se développe celui de la nature, d'où une élaboration religieuse plus complexe. Parmi les divinités, l'emportent quelques-unes, autorisant de nouveaux rapports qui dépassent le cercle familial. La cité antique se définit donc d'abord comme confédération d'associations familiales, liées par une religion commune, fondatrice de règles. Elle se donne un culte célébré dans le prytanée, et tout acte public s'articule sur un rite. Du caractère sacerdotal de la vie antique procède le rapport entre l'autorité religieuse du roi et son pouvoir juridique et militaire. Divine d'abord, la loi ne relève pas initialement d'une idée de la justice, et ne se fonde pas sur celle de la liberté individuelle. Le livre IV (« les Révolutions ») examine alors les causes de la décadence et de la dissolution de la cité : affaiblissement des anciennes croyances par évolution des esprits ; naissance d'une classe exclue de la cité et ayant donc intérêt à la détruire. Ainsi la philosophie grecque fait reposer la loi sur la raison, et la plèbe s'impose, d'autant que la richesse se diversifie et ne découle plus de la terre seule. Quand « le régime municipal disparaît » à Rome (V), les cités se fondent dans l'État. Le christianisme achève la destruction de la cité antique en remplaçant toutes les divinités particulières aux familles ou aux peuples par ses valeurs indépendantes de l'État : il marque ainsi la « fin de la société antique ». Fustel de Coulanges arrête alors son ouvrage à « cette limite qui sépare la politique ancienne de la politique moderne ».

« Histoire d'une croyance », l'ouvrage place au centre de sa thèse l'importance décisive du fait religieux dans la constitution et la structuration des sociétés : les lois historiques actualisent une donnée de l'espèce humaine, érigée en principe scientifique. L'efficacité de la démonstration procède de la simplification des paramètres considérés, puisque l'on peut faire l'économie des facteurs tels que le climat, la race ou l'événement aléatoire. Ni hasard ni déterminisme extérieur : un universel commande établissement, modification et disparition d'un modèle d'organisation collective, autrement dit la constitution, la croissance, les changements et la métamorphose de la société humaine. Si Fustel se limite aux Grecs et aux Romains, il met en évidence leur fonds commun d'institutions et la similitude de leurs révolutions. Se donnant les moyens théoriques d'envisager l'ensemble des civilisations, il n'accomplira cependant pas ce grand œuvre, dont paraîtront en 1875 les *Institutions politiques de l'ancienne France*, que continuera Camille Jullian.

● « Champs », 1984 (préf. F. Hartog).

G. GENGEMBRE

CITÉ DES DAMES (le Livre de la). Traité de **Christine de Pisan** ou **Pizan** (vers 1364-1431), composé en 1405.

Écrit au lendemain du débat sur le **Roman de la Rose*, au cours duquel Christine prenait parti contre Jean de Meung, le *Livre de la Cité des dames* obéit au double modèle de *la Cité de Dieu* de saint Augustin – récemment traduite par Raoul de Presle – et des ouvrages historiques ou dévots qui exaltent des figures et des hauts faits du passé (les **Miracles de Notre-Dame*, la *Légende dorée*, *Faits des Romains*), surtout le *De mulieribus claris* et le *Décaméron* de Boccace auquel elle se réfère plusieurs fois.

Choquée et peinée par les discours misogynes qui fusent de tous côtés, dont le dernier en date, les *Lamentations de Matheolus*, lui semble particulièrement odieux, Christine bâtit sa cité idéale comme une place forte destinée à protéger les femmes méritantes d'injustes attaques et à combattre l'ignorance qui sous-tend de tels propos. Comme dans d'autres ouvrages, elle met sa fiction sous le signe de l'allégorie et la situe dans le cadre d'une vision, établissant de la sorte entre la réalité et le monument littéraire qu'elle érige, un lien symbolique propre à la révélation de vérités essentielles. Son traité se veut ainsi moins polémique que didactique et moral.

Christine à son pupitre se sent découragée par le mépris des lettrés envers les femmes. Elle maudit sa nature féminine, lorsque, dans une grande clarté, lui apparaissent trois dames de noble maintien : ce sont Raison, Droiture et Justice qui lui reprochent son abattement et l'engagent avec leur aide à bâtir une cité pour les « femmes illustres de bonne renommée » : avec sa plume, Christine dressera une citadelle plus résistante que les cités terrestres. En discutant sur les intentions des penseurs antiques puis sur les vices attribués aux femmes, elle jette les fondations puis place les pierres les unes sur les autres, c'est-à-dire accumule les portraits de femmes remarquables. L'ouvrage comprend trois parties, chacune dominée par une des figures allégoriques. La première traite avec Raison des femmes et de la politique, passant en revue reines, guerrières et chefs d'État, évoquant des femmes savantes et celles qui furent à l'origine d'inventions : l'écriture syllabique, le tissage, l'éloquence. Raison conclut à l'égalité des sexes devant Dieu. Droiture prend ensuite la parole pour bâtir les édifices de la ville : ils seront faits des prophétesses, des épouses fidèles et vertueuses, des femmes qui sauvèrent leurs pays... Droiture réfute, preuves à l'appui, les accusations portées contre les épouses, contre la lâcheté et la pusillanimité des femmes, leur prétendue infidélité ou leur excessive coquetterie. Christine s'adresse à toutes femmes mortes et vivantes et aux princesses. Justice alors s'avance pour introduire la première entre toutes : la Vierge Marie. Suivent de nombreuses saintes femmes et martyres. Christine accueille avec joie les dames, leur demandant de rester vertueuses et dignes de leur cité, fermes face aux discours séducteurs et perfides des hommes.

Christine trouvera les matériaux de sa cité au « champ des lettres », où il lui faudra creuser avec « la pioche de son intelligence », maçonner avec « la truelle de sa plume ». C'est précisément la nature purement verbale de l'édifice qui le rend invincible et éternel : Christine proclame ainsi sa foi – humaniste – en la force du discours et de la culture. Métaphore explicite de l'écriture, son ouvrage se meut tout entier dans l'univers des livres : issu de ses réactions de lectrice, il est sa réponse à d'autres livres, ceux qui l'enserrent dans son cabinet de travail comme elle le rappelle dans son prologue : « Selon mon habitude [...] j'étais un jour assise dans mon étude, tout entourée de livres traitant des sujets les plus divers. » Christine met ainsi en scène sa propre figure d'écrivain(e) et parle de son rapport à la création comme d'un travail de construction dont la mémoire littéraire constitue la pulsion première et le cœur : « C'était une fontaine qui sourdait : un grand nombre d'auteurs me remontaient en mémoire. »

Désireuse de donner aux femmes la mémoire de leur propre histoire, Christine convoque tous les discours – allégorique, mythique, historique –, rassemblant dans l'espace de sa cité déesses païennes et saintes martyres, princesses légendaires et historiques, antiques et modernes, voire contemporaines : Isabeau de Bavière, Jeanne de Berry, Valentine Visconti. C'est, en effet, en effaçant les particularités des lieux et des époques, en gommant la distance historique ou légendaire, en ignorant délibérément les zones d'ombre, qu'elle va droit à l'essentiel, transcende l'anecdote, et atteint l'universel et l'éternel. Son histoire des femmes est surtout un monument à leur gloire. Son style répond à son projet. Ne gardant que les éléments principaux des récits qu'elle compile, ne s'attachant qu'aux traits pertinents qui servent son idée, elle rédige une suite de panégyriques et de portraits idéaux. Elle trace des épures où l'évolution du personnage, les événements disparaissent au profit de caractères moraux, stables et figés. Chaque femme devient le modèle de telle ou telle vertu : ainsi la figure de Sémiramis – qui constitue la première pierre –, reine de Babylone, pourtant incestueuse, acquiert une cohérence et une noblesse sans défaut. Christine refuse toute description inutile, tout détail pittoresque qui disperserait l'attention, nuirait à l'unité du portrait et à son exemplarité. Seules les discussions qu'elle a avec ses protectrices aèrent l'exposé, soulèvent des interrogations aussitôt réduites par une argumentation sans réplique.

Au-delà d'accents étonnamment modernes (affirmation de l'intelligence des filles et de leur droit à l'instruction, dénonciation du viol, scandale des mariages mal assortis...), Christine achoppe sur l'impossibilité de dépasser le modèle masculin. Pour s'en sortir les femmes doivent se viriliser ! Ne changea-t-on pas le nom de la reine de Carthage Elissa « pour l'appeler Didon, l'équivalent du latin *virago*, c'est-à-dire "celle qui a le courage et la résolution d'un homme" ? » Aussi les murs d'enceinte sont-ils faits des reines guerrières, veuves (thème récurrent chez l'auteur en rapport avec sa situation), ou sans hommes comme les Amazones. État ou choix toujours pleinement justifié, qui métamorphose la femme en homme (voir *la Mutation de Fortune*).

Mais plus profondément – et en cela sa plume est plus audacieuse et polémique qu'il ne paraît –, Christine opère un retournement du discours clérical : sans la femme, sous son double visage d'Ève et de Marie, l'Homme n'aurait pas accédé au royaume de Dieu, car « jamais l'humanité n'aurait été réunie à la divinité si Ève n'avait pas péché ». La femme prend donc rang parmi les interlocuteurs privilégiés de Dieu et de longues pages sont consacrées aux sibylles « qui connaissent la pensée de Dieu ». Mère de l'humanité, elle est alors naturellement à l'origine des inventions essentielles qui ont permis l'essor de la civilisation : l'alphabet, l'agriculture, le tissage.... Voulue par Dieu, l'excellence des femmes sert à sa gloire. Aussi leurs calomniateurs s'opposent-ils à la volonté et au message divins... Mais aussi, dans cette cité, érigée sur les figures païennes, pénètre en maîtresse la Vierge Marie suivie des saintes femmes, car tel est le modèle ultime que Christine propose à ses sœurs et qui annonce le ton du *Livre des Trois Vertus* : vivre selon les préceptes de la morale et de l'Évangile, voilà la clé de la force des femmes.

Quelques mois plus tard, Christine reçoit une nouvelle visite des trois allégories qui lui demandent de compléter sa *Cité* par un *Trésor*, c'est-à-dire un traité d'éducation et de savoir-vivre, véritable guide de morale et de prudence mondaine, à l'usage des femmes désireuses de « pénétrer dans la cité » et à celui des « rebelles ». Rempli de conseils pratiques et de préceptes moraux, ce *Livre des Trois Vertus* s'adresse directement aux femmes et passe en revue les différents « estats », des princesses aux femmes les plus humbles et même aux prostituées invitées à réformer leur vie.

● « Stock / Moyen Âge », 1986 (trad. T. Moreau et E. Hicks).

M. GALLY

CIVILISATION, MA MÈRE ! (la). Roman de Driss **Chraïbi** (Maroc, né en 1926), publié à Paris chez Denoël en 1972.

Composé de deux parties – « Être », « Avoir » –, racontées successivement par deux frères (le premier, un intellectuel, double de Driss Chraïbi, qui ne se nomme pas, et Nagib, un géant débonnaire qui renonce à ses études pour se consacrer à sa mère), le roman relate l'émancipation d'une mère grâce à ses fils, jusqu'à sa carrière politique, « au nom de l'Indépendance et du Féminisme ». Orpheline, mariée à l'âge de seize ans, la mère a été « élevée » par son mari, riche bourgeois, comme une épouse soumise et cloîtrée, ignorante du monde. Ses deux fils, ayant grandi, décident de l'affranchir de la tutelle paternelle, de l'initier au progrès de la « civilisation industrielle » – entrée dans le foyer familial avec un monumental poste de radio, puis une cuisinière et le téléphone –, de lui permettre, pour la première fois, de sortir de sa réclusion et, surtout, de s'instruire en prenant des cours. Au fil de cette « éducation », la mère prend conscience d'elle-même, au point que, le narrateur ayant gagné la France pour y poursuivre ses études, elle ose affronter son mari pour revendiquer son indépendance – sans pour autant se soumettre à la protection de son deuxième fils Nagib. C'est alors la famille entière qui se trouve profondément transformée, le père acceptant la « nouvelle naissance » de son épouse, et renaissant aussi en quelque sorte à lui-même. La mère s'engage pour l'Indépendance, puis, une fois celle-ci acquise, crée un véritable mouvement féministe, jusqu'au moment où elle décide de rejoindre son fils à Paris – accompagnée, clandestinement, de Nagib. Le père reste alors seul.

La Civilisation, ma mère ! offre en quelque sorte un pendant au *Passé simple*, où le narrateur réglait violemment ses comptes avec son père. Ici, le roman se présente comme une apologie de la mère – victime de l'oppression masculine qui la réduit à la soumission et à l'ignorance. Mais la figure du père y est moins caricaturale puisque le « bourgeois » finit par épouser le changement de civilisation, unanimement célébré. L'œuvre se présente donc comme un « roman de formation », à cela près que ce sont les enfants qui « éduquent » leurs propres parents, ou plutôt les rééduquent. Les deux fils, en effet, proposent une éducation moderne, ouverte sur le progrès, qui contraste en tout point avec celle que le père a donnée à son épouse, et dont il se justifie lorsque celle-ci l'accuse : « Je t'ai élevée, tu n'avais pas de passé, j'ai fait de toi une femme honorable, je t'ai facilité la vie. J'ai résolu tous tes problèmes. »

Les « objets » (poste de radio, fer à repasser, cuisinière, téléphone) – « Je vous dis qu'un jour je ferai parler les objets », annonce le narrateur – servent alors de médiation à la « civilisation ». Cette « contre-éducation » conduite par les enfants, sous l'influence de l'école, fait de la mère une nouvelle épouse : « C'est comme si j'avais épousé une nouvelle femme, et que je commence à la connaître, tandis que celle que j'avais m'était pratiquement inconnue », reconnaît le père, sans pour autant répondre à la question posée par Nagib : « Et elle, elle a un nouveau mari ? » L'histoire, jusque-là marquée par son immobilité (de la mère, le nar-

359

rateur affirme : « Son rythme était lent, très lent, le rythme même de la terre. Fœtal. Toute précipitation de la vie ou de l'Histoire la faisait déserter aussitôt »), s'accélère soudain : le destin individuel de la famille, et celui du pays – avec l'irruption de la guerre, puis l'Indépendance –, se rejoignent.

Ce roman de formation est évidemment allégorique ; au moment de l'Indépendance, le père lui-même perçoit la dimension symbolique de la transformation : « Quand elle entre maintenant dans cette maison, je me lève aussitôt et ce n'est pas seulement une femme nouvelle que je vois devant moi mais, à travers elle, un homme nouveau, une société nouvelle, un monde jeune et neuf. »

Selon le texte imprimé au dos du volume, à travers la mère, « c'est le destin du tiers monde qui est symbolisé », ce qui fait de l'ouvrage un manifeste en faveur de la modernité et de l'occidentalisation – « nous sommes condamnés au progrès et à la civilisation industrielle ». Mais malgré le message politique et social, transparent, le roman maintient une constante verve humoristique qui l'affranchit du didactisme ; par une complicité de tendresse avec les personnages, il s'oppose au ton violemment ironique, sarcastique et blasphématoire du *Passé simple*.

● « Folio », 1988.

D. COMBE

CLAIR DE TERRE. Recueil poétique d'André **Breton** (1896-1966), publié à Paris sans nom d'éditeur, avec la mention « Collection Littérature » en 1923. Breton dirigeait alors la revue *Littérature* dans laquelle certains poèmes avaient d'abord paru au cours de l'année 1923.

Clair de terre est, après *Mont de piété*, le deuxième recueil poétique de Breton. L'auteur est soucieux de faire paraître ce nouvel ouvrage en même temps que le recueil théorique intitulé *les Pas perdus*, « afin de ne pas passer pour un essayiste ou un critique », écrit-il à Jacques Doucet, le 22 août 1923. La plupart des poèmes de *Clair de terre* datent de 1923 et sont postérieurs à la décision, publiée par le *Journal du peuple*, dans un entretien accordé par Breton à Roger Vitrac le 7 avril 1923, de renoncer à écrire.

On peut distinguer cinq types de textes dans *Clair de terre*. Il y a tout d'abord des « récits de rêves » (c'est avec cette mention que ces pièces avaient paru auparavant dans *Littérature*) rassemblés au début du recueil sous le titre « Cinq Rêves ». L'ouvrage contient également des textes dont le graphisme est continu et que l'on pourrait qualifier de poèmes en prose ("les Reptiles cambrioleurs", "Amour parcheminé", "Cartes sur les dunes", "Épervier incassable", "Rendez-vous", "Privé"). Ces pièces semblent procéder de l'écriture automatique. Les poèmes en vers libres, c'est-à-dire ceux qui se présentent sous une forme discontinue, sont les plus nombreux, surtout vers la fin du recueil. *Clair de terre* comprend en outre deux textes reposant sur le principe du collage déjà pratiqué dans *Mont de piété* – "Pièce fausse" reprend et désarticule une strophe d'un poème de jeunesse ; "PSTT" reproduit une page de l'annuaire téléphonique –, et deux pièces qui sont des sortes d'illustrations : "MÉMOIRES D'UN EXTRAIT DES ACTIONS DE CHEMIN" et "ILE".

La publication de ce recueil poétique paraît correspondre, chez Breton, à une volonté de liquidation analogue à celle dont procédait déjà *Mont de piété*. L'auteur affirme, dans une lettre à Picabia du 19 septembre 1923 : « J'ai écrit au hasard, comme cela, des poèmes et je vais les publier pour m'amuser. Vous ne les aimerez guère, si vous m'aimez un peu. » L'ultime poème du recueil, "À Rrose Sélavy" peut aussi apparaître de la part de l'auteur, comme un désaveu de sa propre écriture puisqu'il reproduit en épigraphe l'annonce du *Journal du peuple* : « André Breton n'écrira plus. » Ce texte demeure toutefois ambigu car il est également possible de comprendre que *Clair de terre* constitue le démenti et l'heureux dépassement de cette décision.

Le titre du recueil, comme souvent dans l'œuvre de Breton, utilise une expression figurée devenue usuelle mais, ici, la formule est modifiée, « clair de lune » devenant « clair de terre ». Les signifiants se trouvent ainsi soudain chargés d'un grand et surprenant pouvoir d'évocation que renforce l'assonance contenue dans la nouvelle expression. La citation placée en épigraphe souligne en outre la valeur symbolique du titre : « La terre brille dans le ciel comme un astre énorme au milieu des étoiles. / Notre globe projette sur la lune un intense clair de terre. / "le Ciel" / *Nouvelle astronomie pour tous*. » Réversibilité, lumière et immanence sont les clés de la poésie : l'étincelle poétique naît d'un regard nouveau posé sur le monde ; l'inspiration est ici-bas, sur cette terre, disponible « pour tous ». Encore faut-il, sans doute, être capable d'aller « dans la lune », comme le font les rêveurs. « Les Cinq Rêves » témoignent bien d'une volonté d'explorer l'univers onirique (voir les *Manifestes du surréalisme*). La typographie de la page de garde précise encore le symbolisme du titre. Grâce à un montage optique particulier, les caractères y sont lisibles en blanc, au lieu du noir normalement réservé aux signes écrits, sur un fond noir qui ne s'étend pas à toute la page. Ce singulier éclairage a pour conséquences que le texte ne se situe pas là où on l'aurait cru tout d'abord, c'est-à-dire dans ce qui est tracé en noir, et que les mots, blancs, communiquent avec le blanc de la page. Il y a là une métaphore de la poésie telle que la conçoit Breton. Elle surgit de l'inattendu, et ne procède pas de règles ou de « beaux effets » savamment agencés – « J'ai quitté mes effets, / mes beaux effets de neige ! », dit l'énigmatique alexandrin qui, réparti sur deux vers, sert de clôture au recueil ("À Rrose Sélavy").

L'ensemble du recueil met le texte poétique en question. Les pièces de *Clair de terre* bouleversent tous les critères formels, le statut de poème étant octroyé tant à la simple transcription de rêves (« Cinq Rêves ») qu'à la reproduction d'une page d'annuaire ("PSTT") ou à un unique mot écrit sur une page ("ILE"). L'opération poétique réside alors dans les transferts de contextes, dans les manipulations de signifiants – "PSTT" naît de la fusion de l'interjection « pst » et du sigle « P.T.T. » – et les agencements graphiques – le « poème-illustration » "ILE" joue sur le grossissement, le changement de sens (vertical au lieu d'horizontal) et l'éclairage de la lettre.

Clair de terre est cependant un recueil très varié, voire composite, qui ne contient pas seulement des textes limites et revendiquant une ostensible rupture à l'égard des normes poétiques. Nombre de pièces, tant par les images que par le rythme, relèvent de conceptions moins provocantes. Dans "Plutôt la vie", par exemple, se déploie un ample mouvement oratoire au service d'un hymne à la vie. En outre, d'un poème à l'autre, des traits dominants apparaissent tels que la présence répétée de figures féminines, la force du désir ou la récurrence d'images d'enfermement qui sont comme contrecarrées par divers effets d'élargissement. Toutefois, même dans les poèmes les plus directement intelligibles, le texte demeure opaque ou indéfiniment disponible, au gré de l'assiduité du lecteur. Aucun sens n'est jamais délivré de façon univoque et certaine, aucune logique stable ne se dessine car les images l'emportent, aussi aléatoires que surprenantes, aussi arbitraires que belles et déroutantes.

● « Poésie / Gallimard », 1966 (préf. A. Jouffroy). ➤ *Œuvres complètes*, « Pléiade », I.

A. SCHWEIGER

CLAIRE. Roman de Jacques **Chardonne**, pseudonyme de Jacques Boutelleau (1884-1968), publié à Paris chez Grasset en 1931.

Char

René Char en 1971.
Ph. © Gisèle Freund.

Si, pendant la guerre, René Char (1907-1988) a dirigé un maquis sous le pseudonyme de « Capitaine Alexandre », c'est au nom d'une exigence qui fonde son action politique comme sa parole poétique, lui qui refuse les facilités du « poème d'acquiescement » et revendique la justesse d'un mot rendu à son « sens originel ». Nul hermétisme volontaire cependant, chez ce poète qui en appelle constamment au lecteur, invité à reconstruire l'« archipel » d'une œuvre multiforme (de l'aphorisme à l'argument de ballet, du poème en prose au vers libre). Des lecteurs inspirés, Char en eut beaucoup, depuis les surréalistes

« Effacement du peuplier », 1962. Texte et aquarelle de René Char.
Collection particulière, Paris. Ph. © X © Marie-Claude Char.

qui le reconnurent très vite comme un pair : peintres, musiciens, sculpteurs, danseurs, philosophes aussi, poursuivent avec lui une « conversation souveraine » qui ne pèse pourtant jamais sur cette œuvre si souvent tournée vers la Provence natale, sa magie et ses mystères, territoire de l'enfance et de la poésie.

Dessin de Pablo Picasso (1881-1973),
pour *Dépendance de l'adieu*,
Paris, GLM (Guy Lévis Mano), 1936.
Bibliothèque nationale, Paris.
Ph. © Bibl. nat./
Arch. Photeb © SPADEM, Paris, 1994.

Le Marteau sans maître,
chorégraphie de Maurice Béjart
pour un ballet d'après René Char,
sur une musique de Pierre Boulez,
dansé à Bruxelles par
le Ballet du XXe siècle, en 1975.
Ph. © Colette Masson/Enguerand.

Jean, le narrateur, tombe amoureux de Claire, une jeune fille dont il a connu le père à Singapour et qui vit recluse près de Fontainebleau. Il devient son amant, refusant de l'épouser, et continuant à vivre séparé d'elle de peur de voir leur amour s'étioler, jusqu'au jour où une promesse faite à sa mère mourante, et les retrouvailles avec une ancienne liaison, Lorna, dont la vie est stérile, lui font prendre conscience que son amour pour Claire est incomplet. Il l'épouse alors, et le couple mène une vie harmonieuse dans la maison de Charmont, à l'écart du monde. Rien ne vient troubler leur bonheur, mais Claire souhaite un enfant. Fragile, elle suit trop tard le traitement qui lui permettrait d'en avoir, et meurt d'un accident. Jean, qui avait commencé à écrire un livre sur son amour pour Claire, se taira désormais, vivant dans le souvenir.

Jacques Chardonne présentait ce livre comme n'étant « guère séparable » d'*Éva ou le Journal interrompu*, une même femme pouvant « désespérer un homme ou l'enchanter ». Pourtant, si ce roman décrivait la décomposition d'un couple dont l'union était fondée sur une illusion, *Claire* se présente plutôt comme la célébration du bonheur à deux, un bonheur qui apparaît au narrateur comme un accident, un « secret perdu », qu'il faut donc préserver. Ainsi le roman, constitué par les notes apparemment fragmentaires de Jean, est-il structuré par une série d'épreuves qui, dans tout autre roman de Chardonne, auraient signifié la mort irrémédiable de l'amour. Le narrateur, qui, autrefois marié, a assisté impuissant à la transformation de sa femme, impose à Claire cette vie séparée qui préserve la magie des premiers jours, mais qui constitue également une menace : Claire devient lointaine, opaque. Pourtant, le narrateur n'est pas jaloux : encore une fois, la définition de l'amour selon Chardonne, laquelle peut, de son propre aveu, paraître « froide », s'écarte résolument de la passion. Puis la rencontre de Lorna, une ancienne maîtresse du narrateur, qui le séduit par son amour de la vie, est un nouveau danger, écarté lui aussi. Mais le plus redoutable est sans doute ce mariage, dont le narrateur pressent qu'il sera un « malheur ». Pourtant, ni l'ennui ni les relations sociales ne réussissent à entamer la paix de Charmont, ce lieu idéal où les seuls événements sont la plantation de nouvelles fleurs ou la mort de la petite chatte... Au contraire, Claire, autrefois timide et silencieuse, devient une « personne », et permet au narrateur de goûter les délices de l'« amour partagé ». Mais cet accès au bonheur contient la menace essentielle. Le couple est toujours pour Chardonne le lieu de la dissolution du moi. Ici, c'est la dégradation physique de celle qu'il aime qui obsède le narrateur, au point de vouloir « arrêter la vie en elle ». Ainsi les premières pages de son journal cherchent-elles à fixer pour l'éternité cette beauté changeante de Claire. Mais vivre avec Claire, c'est accepter le passage du temps, accepter de voir la jeune femme devenir mère, se transformer. Et c'est pourquoi, malgré la mort brutale de celle-ci, le livre se clôt sur une célébration de la vie, sur la conviction tragique que tout ce qu'elle apporte est bon.

● « Les Cahiers rouges », 1984.

K. HADDAD-WOTLING

CLAIRE D'ALBE. Roman épistolaire de Sophie **Cottin**, née Risteau (1770-1807), publié à Paris chez Maradan en 1799.

Premier roman, avant *Malvina*, d'une romancière qui fut très lue et par les plus grands, *Claire d'Albe* s'inscrit dans ce courant féminin où la revendication du bonheur ne semble plus pouvoir s'accommoder d'un ordre familial auquel se ralliait encore une Mme de Souza (voir *Adèle de Sénange*). S'il maintient un idéal rousseauiste, il place son héroïne éponyme dans une misère existentielle que la mort transcendera sublimement.

Précédées d'une Préface où l'auteur attribue à une confidente cette histoire écrite en « quinze jours », suivies d'un récit, les 45 lettres souvent brèves qui composent le roman sont pour la plupart adressées à

Élise de Bire par sa cousine Claire, jeune épouse d'un hobereau manufacturier. Ce sexagénaire est un homme positif, indulgent, malgré des « emportements terribles » (lettre 12). Dans un château de Touraine, là où le Cher se jette dans la Loire, Claire s'ennuie comme s'ennuiera plus tard Emma Bovary. Mais arrive de ses Cévennes le jeune Frédéric, parent de M. d'Albe, qui invite sa femme à polir son éducation. Curieuse, puis ravie, Claire veut d'abord marier Frédéric à Adèle, mais se réjouit secrètement qu'il refuse cette coquette. Elle découvre qu'il l'aime (18) puis, effrayée, prend conscience de son propre amour (27). Elle ne lui cède cependant pas. Âme farouche et pure, Frédéric se réfugie chez Élise, alors que Claire reste dans son foyer (32-33). Si M. d'Albe tente de ruiner cet amour en calomniant l'un auprès de l'autre, ses machinations dérisoires aboutissent à l'irruption de Frédéric au château. Le récit final montre une Claire qui se donne enfin à son amant parce qu'elle l'a cru oublieux de ses serments de pureté et ne peut plus dès lors l'estimer. Elle comprend pourtant qu'il lui est resté fidèle, et, se repentant, meurt, se rendant ainsi digne de Frédéric qui promet de la suivre au tombeau.

« Roman racinien » (J. Gaulmier), le texte exalte une héroïne qui annonce les staëliennes Delphine et Corinne (voir *Delphine* et *Corinne ou l'Italie*) ou la Valérie de Mme de Krüdener (voir *Valérie ou Lettres de Gustave de Linar à Ernest de G****). Apologie douloureuse des droits du cœur, mise en scène d'un destin, il donne la parole à une femme au nom doublement symbolique, pur bloc de cristal à la lumineuse candeur, mais soulevé et brisé par la passion, qui laisse derrière elle un « souvenir ineffaçable de plaisir et de honte » (lettre 27). Mariée à quinze ans, âgée de vingt-deux, encouragée par sa confidente, elle tente de mettre en application le précepte rousseauiste énoncé par Julie dans la *Nouvelle Héloïse* : « Pour nous aimer toujours, il faut renoncer l'un à l'autre » (III, 18). La courte correspondance entre les amants (trois lettres de Claire, quatre de Frédéric, et quelques billets retranscrits) vibre de cette sublimation impossible qui les conduit à céder à l'ambiguë fatalité de la chair. La scène où Claire s'abandonne émut et choqua les lecteurs du temps. Extase et désespoir mêlés, elle chante en effet le plaisir tout en proclamant le poids de la culpabilité (« Elle n'est pas à elle. Elle n'est plus à la vertu »).

Plus profondément, le roman unit indissolublement Éros et Thanatos. La mort signale sa présence dès la lettre 2, où le tombeau du père de Claire évoque – évidemment – celui de Rousseau. Une tonalité nocturne imprègne le roman, comme si l'antagonisme de la loi sociale et de l'idéal de la passion devaient nécessairement condamner une femme au nom de lumière, soumise à la domination d'un époux précurseur de M. de Rênal (voir le *Rouge et le Noir*), épicé de quelque libertinage intellectuel. Mise au service du pathétique, la rigueur de la composition s'allie à une langue superbe, frémissante, où depuis l'énoncé d'un désir encore sans objet (« Tout mon sang se porte vers mon cœur qui bat plus violemment à l'approche du printemps », lettre 3), jusqu'à la peinture de « l'univers de l'amour », une voix se fait entendre, par-delà les évidentes influences du siècle sensible, et par-delà les conventions de ce premier romantisme à l'écriture encore retenue, mais d'une rare densité.

● Régine Deforges, 1976 (p.p. J. Gaulmier).

G. GENGEMBRE

CLAIRE LENOIR. Nouvelle d'Auguste de **Villiers de L'Isle-Adam** (1838-1889), publiée à Paris dans la *Revue des lettres et des arts* que dirigeait Villiers lui-même en 1867, et en volume dans *Tribulat Bonhomet* chez Tresse et Stock en 1887.

Ce texte narratif, le premier terminé de Villiers – en même temps la nouvelle la plus longue qu'il ait jamais écrite – est à la fois un conte fantastique, influencé par Edgar Poe, et un conte philosophique, où l'on entend, dans la partie médiane, des échos de l'*Introduction à la philosophie de Hegel*, d'A. Véra (1864), et de *Dogme et Rituel de la haute magie* d'Éliphas Lévi (1859). En outre, d'une édition à l'autre, la différence s'accentue entre, d'une part, le positivisme matérialiste de Tribulat Bonhomet et, de l'autre, l'idéalisme hégélien, l'occultisme et la foi chrétienne professés par les Lenoir. Dans l'édition de 1887, quelques petits contes, comme par exemple « le Tueur de cygnes », qui précèdent *Claire Lenoir*, font ressortir le caractère borné de Bonhomet.

Le docteur Tribulat Bonhomet raconte comment il a rencontré, sur un bateau faisant escale à Saint-Malo, le jeune officier de marine Henry Clifton qui lui a avoué sa liaison avec une femme mariée, Claire Lenoir. Bonhomet se rend précisément en visite chez Claire et son mari Césaire Lenoir. C'est devant ses hôtes malouins que Bonhomet exprime ses idées positivistes, après avoir formulé son mépris pour la littérature (Poe, Hugo) et la musique (Wagner). Il se moque du spiritisme et de l'hégélianisme de son ami Césaire et lui oppose son propre positivisme expérimental (« Tenons-nous-en à ce que nous voyons »). Césaire, affirmant que « L'IDÉE, est donc la plus haute forme de la Réalité », se voit dépassé par sa femme pour qui l'Esprit est « pénétré par Dieu ». Cependant, Césaire renchérit en exprimant, devant un Bonhomet tout ébahi, ses idées occultistes admettant la survie, après la mort physique, d'un moi rempli de sentiments et de passions.

C'est cette survie que l'on va voir réalisée dans la troisième partie de la nouvelle. Après la mort de Césaire, provoquée sans doute par l'art du docteur Bonhomet, Claire, depuis longtemps malade des yeux, perd la vue et se meurt lentement. Bonhomet, ayant appris comment Clifton a été tué par un « Ottysor » polynésien, assiste à l'agonie de Claire et enregistre au moyen de son ophtalmoscope le reflet, dans les yeux de la jeune femme morte, de la vision de ce même assassinat, accompli par… Césaire Lenoir se vengeant ainsi de l'adultère de sa femme.

Claire Lenoir est un drame ordinaire de jalousie conjugale, mais dont l'issue prouve l'existence d'un arrière-monde réel, où l'âme vindicative de Césaire prolonge son existence, et sur lequel Claire, désormais aveugle dans le monde positif, projette son regard intérieur. Villiers fait ainsi de sa nouvelle un conte fantastique d'autant plus surprenant qu'il révèle, à l'œil « borné » de Bonhomet, l'existence d'un monde au-delà du nôtre, et cela d'une manière extrêmement scientifique obligeant le médecin à admettre « que l'APPARITION [de l'assassinat] fut réellement extérieure ». Qu'une force occulte puisse influer sur notre monde, c'est ce qui ressort également des histoires de « Véra » et de « l'Intersigne » dans les *Contes cruels* de Villiers.

Telle est la leçon la plus simple, mais la plus profonde aussi, de *Claire Lenoir*. Il n'empêche que Villiers exprime sa critique du scientisme matérialiste et de l'attitude bourgeoise devant l'art, ainsi que ses propres points de vue philosophiques – qui d'ailleurs sont modifiés dans la deuxième version de la nouvelle. C'est ainsi qu'on relève, tout d'abord, une opposition fondamentale entre « les âmes épaisses et profanatrices, vêtues de hasard et d'apparences, et qui passent, murées, dans le sépulcre de leurs sens mortels » (c'est Claire qui s'exprime ainsi), et ceux « pour qui doit venir le règne de l'Esprit ». Un Bonhomet hostile à l'art et au génie d'un Wagner ne s'incline que devant ce qu'il voit, ce qu'il sent, ce qu'il touche. En opposition aussi avec cette dernière attitude, Césaire Lenoir qui, en bon hégélien comme pensait l'être Villiers dans les années 1860, ne voit l'essentiel que dans l'idée et la pensée, laissant ainsi le ridicule Bonhomet complètement isolé dans la discussion philosophique. L'occultisme de Césaire, dont le bien-fondé sera démontré par l'histoire de sa réincarnation dans l'Ottysor, fait pencher définitivement la balance du côté de l'idéalisme antipositiviste qui sera celui de Villiers lui-même vers 1887. L'histoire de Claire est donc aussi le champ de bataille où l'idéalisme de Villiers, teinté de foi chrétienne et de mépris des choses terrestres (voir *Axël*), l'emporte sur son hégélianisme qu'il avait déjà formulé dans *Isis*, à l'époque de *Claire Lenoir*. Mais il faut bien reconnaître que cette discussion philosophique, menée par Villiers avec lui-même, perturbe un peu l'homogénéité de la nouvelle.

● « GF », 1984 (p.p. J. Noiray). ➤ *Œuvres complètes*, « Pléiade », II.

H. P. LUND

CLAUDE GUEUX. Nouvelle de Victor **Hugo** (1802-1885), publiée dans la *Revue de Paris* en 1834, et en volume chez Évréat la même année.

Après le plaidoyer du **Dernier Jour d'un condamné*, Hugo revient à la charge et, s'inspirant d'un fait divers contemporain, élargit le thème à la misère, mère du crime. Il abordera de nouveau cette question dans les **Misérables*.

Pauvre ouvrier parisien, Claude Gueux vole parce que lui et sa famille ont froid et faim. Envoyé pour cinq ans à la prison de Clairvaux, il devient « l'âme, la loi et l'ordre de l'atelier ». Il partage le pain du jeune Albin, dont finit par le séparer le directeur, jaloux de la renommée de Claude. Victime de ses brimades, Claude tue avec une hache le directeur et tente de se suicider avec les petits ciseaux de sa compagne. Il passe devant les assises de Troyes en 1832, et adjure juges et jurés de se demander pourquoi il a volé et tué. Il est exécuté le 8 juin et, avant de mourir, donne une pièce de cinq francs pour les pauvres. Le récit fait alors place à un discours sur le thème : « Qui est réellement coupable ? Est-ce lui ? Est-ce nous ? » Hugo plaide contre la peine de mort et conseille au législateur d'« ensemencer les villages d'évangiles » pour mieux éduquer l'homme du peuple.

Claude Gueux se présente comme une longue scène de théâtre avec dialogues et monologues, racontée par un narrateur neutre, et rétrospectivement métamorphosée en motif oratoire pour un discours prononcé à la Chambre. Une lettre préliminaire d'un certain Charles Carlier, négociant, demandant au directeur de la *Revue de Paris* de tirer de la nouvelle « autant d'exemplaires qu'il y a de députés en France » consacre cette transformation. Carlier (a-t-il existé ?) avait envoyé le texte aux députés pour qu'il soit lu à la tribune et ainsi imprimé par le *Moniteur*.

Avant Jean Valjean, Claude Gueux, cet homonyme de tous les misérables, est le type de l'homme du peuple qui a injustement souffert, voué à l'échafaud par une société incapable d'accomplir sa mission éducatrice. Hugo s'est inspiré d'une affaire authentique, rapportée par la *Gazette des tribunaux*, même si, pour les besoins de la démonstration, il a idéalisé son héros en faisant de lui un père de famille et en ramenant le vol à sa seule cause : la faim. Surtout, il a su trouver de vigoureux accents pour condamner l'« amputation barbare » qu'est la peine de mort et demander que l'on remette les lois « au pas des mœurs ».

● PUF, 1956 (p.p. P. Savey-Casard) ; *le Dernier Jour d'un condamné [...]*, « Le Livre de Poche », 1989 (préf. R. Badinter, p.p. G. Rosa). ➤ *Œuvres complètes*, Club français du Livre, V ; *id.*, « Bouquins », Romans I.

G. GENGEMBRE

CLAUDINE À L'ÉCOLE. Roman de Sidonie-Gabrielle Colette, dite **Colette** (1873-1954), publié à Paris chez Ollendorff en 1900, sous la signature de Willy, pseudonyme littéraire d'Henry Gauthier-Villars, mari de la romancière.

En 1936, dans *Mes apprentissages*, Colette a retracé la genèse de ce premier livre dont l'idée lui fut inspirée par son époux qui s'en appropria la paternité. La romancière, peu soucieuse de parer d'une quelconque aura mythique la naissance de sa vocation d'écrivain, ne cache pas que *Claudine à l'école* doit le jour à des soucis pécuniaires ainsi qu'à la tristesse d'une jeune femme déçue par son mariage et nostalgique de son enfance. Le jugement de Willy est d'abord négatif : « Je m'étais trompé, ça ne peut servir à rien », tranche-t-il après avoir lu les cahiers de Colette. Plus tard, retrouvant par hasard le manuscrit de *Claudine à l'école*, Willy s'avise de son erreur et s'empresse de confier l'ouvrage à un éditeur, non sans avoir invité Colette à lui donner un tour plus leste et provincial. Devant le succès remporté par le livre, Willy demande à sa femme d'écrire une suite. La série des *Claudine*, toujours signée par Willy, se poursuit donc avec *Claudine à Paris*, *Claudine en ménage* et *Claudine s'en va* (Ollendorff, 1901, 1902 et 1903).

Claudine à l'école évoque la vie quotidienne d'une jeune écolière de campagne, avec ses rites, ses émotions, ses jeux, anodins ou pervers. Très proche de la nature, Claudine y puise matière à l'éveil d'une sensualité qui se découvre aussi dans l'émoi suscité par une jeune institutrice.

Claudine à Paris. L'héroïne a quitté sa province natale et vit à la capitale en compagnie de son père. Elle est amoureuse de Renaud, un homme plus âgé qu'elle, et l'épouse bientôt.

Claudine en ménage relate une aventure venue troubler quelque temps la vie du couple : la rencontre de Rézi, une jeune femme qui séduit Claudine sous le regard curieux, complaisant et quelque peu malsain de Renaud.

Claudine s'en va (Journal d'Annie). L'héroïne s'efface pour céder le devant de la scène et la narration à son amie Annie qui conte son difficile affranchissement d'un lien conjugal oppressant.

Dans *Mes apprentissages*, Colette confie qu'elle n'a jamais beaucoup estimé ses premières œuvres. Il est vrai que *Claudine à l'école*, ouvrage uniforme dans son développement et dans son style, au demeurant fort alerte, témoigne d'une certaine inexpérience romanesque. En outre, bien que Claudine annonce qu'elle va donner à lire son journal – « C'est décidément un journal, ou presque, que je vais commencer » –, le texte reste assez superficiel dans sa manière d'aborder le personnage : la fillette rapporte la chronique, souvent scandaleuse, de son village et de son école, mais ne livre guère ses réflexions intimes. Dépourvue d'une réelle intériorité, Claudine est avant tout une spectatrice, il est vrai subtile et impitoyable. Enfin, la composition du roman est assez sommaire et déséquilibrée : la première partie, la seule qui s'apparente à un journal, forme un bon tiers de l'œuvre ; dans la seconde, l'écolière évoque le souvenir de l'examen du brevet et de la visite du ministre de l'Agriculture au village natal de Montigny.

Ces réserves émises, les *Claudine* ne manquent pas de qualités. Le succès de la série tient sans doute à la clairvoyance à la fois ingénue et perverse du personnage, ainsi qu'au caractère brillant et spontané d'une écriture habile à souligner le trait marquant d'une formule percutante. Comme le lui fit remarquer Catulle Mendès, Colette, avec Claudine, a créé, sinon un mythe, du moins un « type ». Claudine devint en effet un personnage célèbre et lança de nombreuses modes, notamment celle du fameux col qui porte encore son nom. L'adaptation théâtrale de l'œuvre accrut encore la notoriété du personnage. Il eut de multiples interprètes mais Polaire fut, selon Colette, la seule « vraie Claudine ». Or Willy, soucieux de rentabiliser au maximum l'affaire des *Claudine*, avait fait confectionner, pour son épouse et l'actrice, des tenues semblables et s'exhibait volontiers en compagnie des deux jeunes femmes, rendues jumelles par le vêtement. La publicité faite autour de *Claudine* enracina donc, de façon durable, l'idée que Claudine et Colette ne faisaient qu'une. La romancière, ainsi que l'avait prédit Catulle Mendès, dut effectuer un long parcours, tant littéraire que personnel, pour échapper à cette identification tenace.

● « Le Livre de Poche » (*C. à Paris*, 1957 ; *C. à l'école*, 1977 ; *C. s'en va*, 1977) ; « Folio », 1973 (*C. en ménage*). ➤ *Œuvres complètes*, Flammarion, I ; *Œuvres*, « Pléiade », I ; *Romans, Récits, Souvenirs*, « Bouquins », I.

A. SCHWEIGER

CLAUDINE À PARIS. Voir CLAUDINE À L'ÉCOLE, de Colette.

CLAUDINE EN MÉNAGE. Voir CLAUDINE À L'ÉCOLE, de Colette.

CLAUDINE S'EN VA. Voir CLAUDINE À L'ÉCOLE, de Colette.

CLÉLIE, Histoire romaine. Roman de Madeleine de **Scudéry** (1607-1701), publié à Paris chez Augustin Courbé, entre 1654 et 1660, et signé, pour les premiers livres, de Georges de Scudéry, frère de la romancière.

Techniquement, l'œuvre n'innove guère. Elle reprend la plupart des artifices romanesques du roman héroïque : début *in medias res* cher à l'épopée, histoires intercalées, longues descriptions et permanence de l'hyperbole. Esthétiquement, elle en constitue une inflexion significative : par la multiplicité des portraits, le réalisme psychologique l'emporte sur la fonction narrative dont il devient parfois indépendant.

À la jeune fille romaine dont Tite-Live avait célébré l'héroïsme pour avoir échappé aux Étrusques en traversant le Tibre à la nage, l'auteur prête de multiples et imaginaires aventures. L'action se déroule vers 509 av. J.-C. durant la guerre que Tarquin le Superbe mène contre Rome, après son expulsion, pour revenir au pouvoir. Fille du noble Clélius, Clélie aime Aronce, fils de Porsenna, roi des Étrusques. Tarquin fait enlever Clélie. Désespéré, courageux, Aronce affronte tous les dangers, surmonte toutes les difficultés pour la retrouver. Tâche d'autant plus ardue que Porsenna est l'allié de Tarquin. Celui-là rompra l'alliance ; celui-ci ne restaurera pas son pouvoir ; et Aronce épousera Clélie. Construit sur le procédé alors traditionnel du roman à tiroirs, l'œuvre comporte de nombreuses histoires secondaires qui interrompent le fil de la narration, chaque personnage racontant aux autres sa propre vie ou chaque serviteur (ou ami) celle du maître (ou ami) auquel il se dévoue.

L'argument historique – la fin de la royauté à Rome – n'est qu'un prétexte à l'envol de l'imagination de la romancière. *Clélie* est d'abord un roman d'aventures dans la lignée de ceux écrits par Gomberville ou par La Calprenède. Tremblement de terre, bataille, enlèvement, fausse mort, incendie, caprices divers de la Fortune : rien ne manque de l'arsenal romanesque à la mode. L'héroïsme y est de rigueur, comme inné. Aucun homme qui ne soit brave, couvert d'exploits et de gloire. C'est aussi, par endroits, un livre à connotation politique, moins par les lieux communs sur la disgrâce des favoris ou sur les difficultés du métier de roi que par l'analyse, à travers l'histoire de Tarquin, des mécanismes de la prise du pouvoir. C'est, enfin, à la différence des romans héroïques de la génération précédente, un roman précieux.

Les personnages y incarnent à la perfection le code galant élaboré dans les salons et durant les « samedis » de l'« illustre Sapho » (tel était le surnom de Mlle de Scudéry) ; ils vivent de la façon dont l'aristocratie mondaine du temps rêve de façonner son existence. Ce sont, idéalisés, transposés dans l'Antiquité, les plaisirs, les divertissements et les fêtes de Paris : promenades, chasses, courses, danses, concerts, « cadeaux galants », festivités organisées à l'occasion d'un anniversaire, d'un mariage princier, de l'avènement d'un nouveau roi ou de l'arrivée de « nobles étrangers ». Tout est somptueux. Luxe des habits : le jour de son anniversaire, Clélie porte une « ceinture de pierreries, qui étaient d'un prix inestimable ; et les manches de sa robe, qui étaient grandes et pendantes, étaient rattachées sur ses épaules par des nœuds de diamants ». Luxe des châteaux, des appartements, tous plus magnifiques et richement ornés les uns que les autres, des galeries dont les « miroirs par la diversité de leurs réflexions […] trompent agréablement les yeux et amusent doucement l'imagination ». Beauté des personnages : les hommes sont presque toujours les « plus beaux princes du monde » et les femmes, des « miracles ».

Dans cette apothéose esthétique évolue une aristocratie raffinée, baignée de culture. Le palais, lieu géographiquement clos, est un milieu intellectuellement ouvert. Chaque cour décrite est un Parnasse où l'on célèbre et pratique « les vers, la peinture, la musique et toutes les belles choses qui dépendent du bel esprit ». La conversation est le passe-temps favori ; l'amour, le sujet principal. Une casuistique amoureuse se définit, de débat en entretien. Peut-on aimer sans tendresse ? Peut-on parfaitement aimer sans être payé de retour ? Qui, du prisonnier de guerre ou du prisonnier d'amour, est le plus heureux ? Comment distinguer un infidèle d'un inconstant ? « Faut-il plus de constance à supporter une longue vieillesse qu'une longue absence ? »... Telles sont, parmi beaucoup d'autres, les questions débattues.

Théorisé, cet *ars amatoria* trouve parallèlement son application dans le comportement des personnages. La « galanterie » constitue leur raison de vivre. Les héros suivent l'itinéraire de la « carte de Tendre », qui assura et assure encore la notoriété du livre. Conçue par les habitués des « samedis », insérée dans le premier livre de la première partie de l'œuvre, cette « carte » symbolise les subtilités précieuses et leur raffinement psychologique. Trois fleuves la parcourent : Estime, Reconnaissance et Inclination. En descendant le premier fleuve, à partir de la ville de Tendre, on gagne les villages de Jolis Vers, de Billet Galant, de Générosité ; en suivant le deuxième, à la condition que l'on ait su éviter Négligence, Légèreté, ou le lac d'Indifférence, on atteint Complaisance, Soumission, Sensibilité, Obsession ; par le dernier fleuve, on parvient aux Terres inconnues de la Jouissance après avoir traversé victorieusement la Mer dangereuse. Principal attrait de *Clélie*, cette « carte de Tendre » devint rapidement la plus célèbre des cartes allégoriques alors en vogue. À elle seule, elle résumait l'idéologie précieuse de l'auteur, fondée sur la décence, sur un souci de rigueur morale et de respect de la femme.

Comme *Artamène ou le Grand Cyrus* qui dépeignait l'hôtel de Rambouillet, l'œuvre dut enfin son succès au fait que sous l'habit et le masque antiques, elle présentait les portraits des habitués des samedis. Les clés sont aujourd'hui connues : Sarasin (Hamilcar) ; Pellisson (Herminius) ; Retz (Tarquin) ; Madeleine de Scudéry elle-même (Sapho)... Les châteaux sont également à clés : Vaux-le-Vicomte (Val-Terre), etc.

Objet malgré tout de vives critiques dès sa parution (notamment de la part de Boileau), *Clélie*, comme l'ensemble de l'œuvre de Mlle de Scudéry, connut une fortune littéraire qui ne dépassa guère le siècle. Trop long, trop lassant à force d'hyperboles, de conventions, de perfections morales, le roman, d'une esthétique par ailleurs banale, ne peut cependant faire oublier qu'il fut un miroir dans lequel se reconnut la société précieuse, qu'il comportait même des vues audacieuses pour l'époque, sur l'émancipation des femmes par exemple.

● Genève, Slatkine, 1973, 10 vol. (réimp. éd. 1654-1660).

A. COUPRIE

CLÉOPÂTRE CAPTIVE. Tragédie en cinq actes et en vers, avec chœurs d'Étienne **Jodelle** (1532?–1573), publiée dans les *Œuvres et Meslanges poetiques* à Paris chez Nicolas Chesneau et Mamert Patisson en 1574, et créée à l'hôtel de Reims en février 1553, devant Henri II, à l'occasion de fêtes qui célébraient le triomphe de François de Guise au siège de Metz et les noces de Diane d'Angoulême, fille légitimée du roi, avec Horazio Farnese. Une comédie de Jodelle, aujourd'hui perdue, *la Rencontre* a été portée à la scène à la même occasion.

S'il est vrai que Jodelle est très jeune quand il s'essaie au chant tragique, il a cependant fait ses preuves en matière de théâtre dans le registre comique avec l'**Eugène*, donné quelques mois plus tôt. Cependant, c'est avec la *Cléopâtre captive* qu'il connaît le succès : en son honneur, Ronsard imagina de célébrer la « pompe du Bouc », après que la pièce fut représentée dans le milieu humaniste du collège de Boncourt, épisode que le Prince des poètes tragiques évoque dans la *Réponse aux injures* (1563).

Antoine est mort. Son ombre est revenue hanter les songes de Cléopâtre, et lui annoncer qu'elle doit mourir. L'« Égyptienne Roine » avoue à ses suivantes ses craintes sur l'avenir : Octavien ne veut-il pas faire d'elle la pièce maîtresse de son triomphe (Acte I) ? Ce « vengeur des grands dieux offensés » en a décidé ainsi, mais il redoute que Cléopâtre, abrégeant le cours de sa vie, cherche à ternir le spectacle de sa gloire (Acte II). Lors de l'entrevue où elle va affronter Octavien, la reine montre un seul souci : apitoyer son vainqueur, lui demander grâce pour ses enfants ; à cette fin, elle lui offre le trésor de ses pères. Mais Séleuque révèle à Octavien que Cléopâtre a conservé bien d'autres richesses. La reine malmène le serviteur infidèle qui a sans doute mis fin à ses plans secrets de revanche (Acte III). Tout espoir d'échapper au honteux triomphe s'est désormais évanoui. Il ne reste qu'à mourir après avoir honoré la dépouille d'Antoine (Acte IV). Proculée annonce à Octavien, avec la mort de Cléopâtre, son ultime défaite (Acte V).

On a accordé à la *Cléopâtre captive* le mérite d'être la première tragédie du répertoire français conçue sur le modèle antique. Jodelle en effet, divise sa matière en cinq actes séparés par l'intervention du chœur, respecte les unités de temps, de lieu et d'action, et refuse de représenter sur la scène des événements sanglants. Cette tragédie « expérimentale » est aussi l'occasion pour Jodelle de s'exercer à toutes sortes de mètres (vers de trois, quatre, cinq, six, sept, dix et douze syllabes). Il inaugure enfin l'emploi de l'alexandrin dans une pièce de théâtre.

Dans la *Vie d'Antoine* de Plutarque (chap. 75-86), le dramaturge a trouvé la matière de sa tragédie. Mais au long de cette « élégie en quatre actes, suivie d'un récit » (E. Faguet), qui met plus en œuvre les ressources du pathétique que du dramatique, Jodelle a donné au personnage de l'Égyptienne une grandeur et une complexité exemplaires. Plutarque avait vu en Cléopâtre un être froid, calculateur et prêt à tout pour servir ses ambitions. Si la Cléopâtre de Jodelle a la dimension d'une reine, soucieuse de son trône (et la péripétie de l'acte III en fait foi), elle émeut aussi par ses plaintes où s'exprime la force de la passion amoureuse – auxiliaire ou figure du destin – et la douleur de la séparation. Traditionnellement, l'action tragique met en scène les tribulations des grands de ce monde aux prises avec la capricieuse Fortune. Sur ce modèle, *Cléopâtre captive* ébauche une réflexion politique. C'est en effet à Henri II, vainqueur du siège de Metz, que s'adresse Jodelle dans le Prologue, l'invitant à contempler « d'Octavien aussi / L'orgueil, l'audace et le journel souci / De son trophée ». Mais on sait comment Cléopâtre gâtera un triomphe espéré et l'on voit de quelle façon la Fortune se joue des situations les mieux assurées : Jodelle présente au vainqueur le miroir où se reflète, avec la fragilité des choses, l'incertitude de la condition du Prince.

● Florence, Olschki, 1962 (*la Tragédie à l'époque d'Henri II et de Charles IX*, I, p.p. E. Balmas).

M.-C. GOMEZ-GÉRAUD

CLÉRAMBARD. Comédie en quatre actes et en prose de Marcel **Aymé** (1902-1967), créée à Paris à la Comédie des Champs-Élysées en 1950, et publiée à Paris chez Grasset la même année.

« Assiégé par les créanciers », le comte de Clérambard voue sa famille aux travaux forcés, en l'occurrence confectionner des « pulovères » et manger du chat, pour sauvegarder son hôtel particulier, ultime bastion de la grandeur passée. Le curé vient offrir le secours d'un mariage intéressant pour le vicomte Octave : Évelyne, la fille aînée de Me Galuchon. Mais il faudrait accepter « d'avoir un oncle quincaillier ». On semble s'y résigner, quand saint François d'Assise apparaît au comte, lui laissant méditer le récit de sa vie (Acte I). Impressionné et repentant, celui-ci renonce à tuer la moindre bête, même une araignée, et décide de lier son fils à la Langouste, prostituée notoire. Aux Galuchon venus présenter Évelyne et convenir de la dot, il annonce qu'il a « visé plus haut » (Acte II). La pauvre chambre de la Ruelle-aux Brebis voit le comte s'extasier face aux vertus de celle qu'il veut pour « fille » en résistant de peu à la tentation ; Octave, croiser Me Galuchon, tous deux « rugissant de lubricité » ; enfin le comte, qui révèle à l'incrédulité générale, ses projets d'avenir comme le miracle qui en est cause (Acte III). Au seuil d'une vie de mendicité, devant la roulotte achetée par Clérambard, les illusions se dissipent : point de miracle pour le comte ; Octave suborne la dernière des Galuchon ; la Langouste, amère, réclame son dû. Mais l'apparition du *Poverello* en majesté les jette tous, même le médecin aliéniste mandé par la comtesse, dans la roulotte qui « s'ébranle ». Seul reste le curé qui, sans ses lunettes, n'a rien vu (Acte IV).

Sous le couvert d'une comédie fantaisiste, où les saints jouent aux passe-murailles et les nobles aux mendiants, se laisse percevoir une satire fort caustique des mœurs de la société bien-pensante, élargissant celle que composait *Lucienne et le Boucher*, chaque personnage incarnant un type de perversion sociale. Ainsi du curé, entremetteur des hommes, mais surtout pas homme de Dieu ; de la comtesse, apôtre des apparences, et persuadée qu'une « compensation solide » peut susciter l'amour ; du vicomte, raté pourvu des plus bas instincts ; des Galuchon, bourgeois en mal de noblesse, tentant de satisfaire leur libido comme leurs devoirs ; de Clérambard enfin, despote tonitruant, dangereux car excessif en tout. Le seul personnage en état de grâce malgré ses défauts semble être la Langouste, toujours lucide sur elle-même et sur les autres, qui parle le langage du bon sens avec humour, prouvant qu'il « y a encore du monde qui sait vivre » dans une société où « les manières raglan, ça devient rare » (I, 7).

● « Les Cahiers rouges », 1984.

B. SIOT

CLEVELAND. Roman d'Antoine-François Prévost d'Exiles, dit l'**abbé Prévost** (1697-1763), publié en 7 tomes à Utrecht, chez Étienne Neaulme de 1731 à 1739, et dont le titre exact est : *le Philosophe anglais ou Histoire de Monsieur Cleveland, fils naturel de Cromwell, écrite par lui-même, et traduite de l'anglais par l'auteur des « Mémoires d'un homme de qualité »*. Les trois derniers tomes furent en fait édités à Paris, en 1738-1739, sous cette même localisation. Comme Prévost tardait à livrer la suite des quatre premiers volumes (1731-1732), Neaulme commanda un tome 5, apocryphe et anticatholique, qu'il fit passer en 1734 pour la conclusion de *Cleveland*. Une édition parisienne (Didot et Guérin) des quatre premiers tomes parut en 1731-1732 avec autorisation, mais fortement censurée (suppression du livre 7 et de presque tout le livre 6 pour motif de religion). L'œuvre est divisée, comme les *Mémoires d'un homme de qualité*, en 15 livres.

Fils naturel de Cromwell et d'une ex-favorite de Charles Ier, Cleveland hait son père, qui cherche à se débarrasser d'eux. Ils se cachent dans des grottes : sa mère s'y laisse mourir, et il vit sur sa tombe, jusqu'au coup de foudre pour Fanny (10 ans), fille d'un autre reclus, Axminster, avec qui il part pour la France (livre I). Élevé dans la solitude, Cleveland apprend la sociabilité, découvre les intrigues politiques liées aux révolutions anglaises, avoue son amour à Fanny (II). Il a dix-huit ans : « J'entre dans la mer immense de mes infortunes .» Trompé par le grand-père maternel de Cleveland, Axminster emmène Fanny en Amérique, où Cleveland les suit. Bridge, autre fils naturel de Cromwell, raconte l'histoire d'une cité utopique protestante de Sainte-Hélène (III). Ayant retrouvé et sauvé Axminster, Cleveland se réfugie chez des sauvages, qu'il organise en société et où il épouse Fanny : c'est l'utopie des Abaquis (IV). Prisonniers des Rouintons, cruels anthropophages (Fanny perd sa fille), ils parviennent à La Havane. Mais, dévorée de jalousie, Fanny s'enfuit en Europe (V). En France, Cleveland étudie les sciences, la philosophie, la théologie, découvre le fanatisme, s'éprend de Cécile de R... (VI) et manque de succomber à la sombre intrigue d'un jésuite (VII). Madame, belle-sœur de Louis XIV, veut réconcilier Cleveland et Fanny (VIII). Fanny raconte l'histoire de sa jalousie, entretenue par un soupirant perfide, Gelin (IX). Cleveland n'a évité l'inceste que par miracle : Cécile était sa fille ! (X). Suite et fin de l'intrigue jésuitique (XI). Cleveland retrouve sa fille et sa femme, et organise sa vie selon des principes hédonistes (XII). Retour sur les aventures de Cécile ; utopie des Nopandes (XIII-XIV) Tenté par le matérialisme, Cleveland s'en dégoûte et se tourne vers l'étude de la nature (XIV). Alors que son père s'interroge sur l'existence, correspond avec Descartes et Mersenne, Cécile, rongée par son impossible

amour, meurt dans un élan mystique d'union avec Dieu. Accablée par le désespoir et amollie par l'hédonisme, l'âme du narrateur se retrempe dans les grands principes de la religion, au contact d'une catholique, Fanny, et d'un anglican, Lord Clarendon (XV).

Impossible de s'y tromper : interrompu par la courte parenthèse de *Manon Lescaut* cet immense et extraordinaire roman n'a pas dévié de sa ligne initiale, qui accomplit la formule encore maladroite des *Mémoires d'un homme de qualité*. Le synopsis ne donne qu'une pâle idée de l'enchevêtrement des intrigues, du rebondissement incessant des péripéties, du foisonnement des personnages et des lieux, de l'ampleur des thèmes. *Cleveland*, la grande œuvre de la première moitié du siècle, s'impose comme le modèle du roman romanesque et métaphysique, où la quête du sens de l'existence passe sans complexe par la voie royale d'une imagination échevelée. Prévost est de la race si rare, si peu française malgré Balzac et Hugo, des écrivains imaginatifs, pour qui le roman, sans rien perdre, bien au contraire, de ses ambitions philosophiques, est d'abord une histoire, une histoire haletante. L'art du roman, chez Prévost, c'est avant tout l'art d'inventer une incroyable accumulation de péripéties et de coups de théâtre, qui défient tout résumé et écrasent toute concurrence du théâtre. C'est pourquoi il peut réussir ce tour de force unique, dont nous ne savons plus mesurer l'originalité : transformer le récit utopique (*Cleveland* en contient trois !), traditionnellement voué, même dans *Candide* (avec l'Eldorado), au calme plat descriptif, en roman d'aventures palpitant ! Ces trois séquences (il y a également trois « jardins » dans *Candide*...) le prouvent : le roman à la Prévost est bien une hystérie de la péripétie.

La fiévreuse agitation de l'action, fondée sur l'inépuisable alternance des désastres et des réparations, n'est pas une dramatisation gratuite. Elle s'enracine dans la violence des passions, avant tout de la passion amoureuse qui détruit la raison, aveugle la conscience morale, ruine toute possibilité d'ordre : même l'amour partagé et innocent (de Fanny et Cleveland) livre les cœurs à l'inquiétude, au malentendu, aux soupçons. Une sombre insatisfaction ronge les âmes, creuse tous les désirs : d'où l'inévitable échec des utopies collectives (Sainte-Hélène, les Abaquis) comme d'une maîtrise individuelle du bonheur sous l'égide de la volonté (expériences hédonistes de Cleveland). Sorti, par amour, du labyrinthe obscur où s'écoula sa jeunesse, Cleveland marche en aveugle dans un univers aussi chaotique et impénétrable, dont l'angoissante opacité est figurée par la forme du récit et l'allure tortueuse de la phrase. C'est du sein même de la méditation philosophique que monte en Cleveland le désir de se tuer avec ses enfants (VI). Comment trouver le bonheur dans un monde masqué, où chacun se déchire contre ses passions et celles des autres ?

Péripéties et coups de théâtre, errances et machinations, manipulations et enchevêtrements d'effets posent sans relâche la question de la Providence, aussi omniprésente qu'énigmatique. *Cleveland*, confession d'une conscience angoissée, est le roman d'une quête spirituelle à travers les systèmes philosophiques (y compris un athéisme « honnête ») et les options religieuses contemporaines (des jésuites aux anglicans en passant par les quiétistes et les protestants). Mais il n'est pas de havre intellectuel dans un monde déchiré par des antinomies incompréhensibles. Surnage une certitude écrasante, que la rétrospection subjective du roman-mémoires réitère jusqu'à l'obsession : la vie, de tombeau en tombeau, est un bloc de douleur sous le regard de Dieu.

➤ *Œuvres complètes*, Presses Univ. Grenoble, II.

J. GOLDZINK

CLIGÈS. Roman de **Chrétien de Troyes** (seconde moitié du XIIe siècle), composé vers 1175-1176. Formé de 6 684 vers, il a été conservé dans sept manuscrits complets.

Ce deuxième roman de Chrétien joue à travers son héros-titre, un jeune prince grec mais issu du lignage d'Arthur, du va-et-vient entre deux espaces et deux cultures : l'Angleterre arthurienne et Byzance l'orientale. À la dualité de l'espace correspond une bipartition du récit qui relate d'abord l'histoire des parents de Cligès puis celle du héros et de la femme qu'il aime, Fénice [Phénix.]

Après s'être présenté à travers ses œuvres – *Érec et Énide*, des adaptations d'Ovide et un récit sur « le Roi Marc » et « Ysalt la blonde » – Chrétien annonce son sujet : le conte de Cligès, précédé de la Vie d'Alexandre, son père, tirés d'une « estoire » conservée à la bibliothèque de Saint-Pierre de Beauvais ; le parcours du père, de Grèce en Angleterre, est d'emblée associé à un développement sur le motif de la « translation » de la chevalerie et de la « clergie » depuis la Grèce jusqu'à sa nouvelle terre d'élection, la France.

I. Fils aîné de l'empereur de Byzance, Alexandre se rend à la cour d'Arthur pour parfaire son éducation chevaleresque et y devient l'ami de Gauvain. Il accompagne Arthur en Bretagne continentale. Durant la traversée, la sœur de Gauvain, Soredamor, qui jusqu'alors avait dédaigné l'amour, s'éprend d'Alexandre et lui d'elle. Attribuant leur état de langueur à « la mer » plutôt qu'à l'« amer » [au mal d'aimer], la reine Guenièvre laisse tout un été les jeunes gens se débattre et se livrer à de longs monologues et complaintes sur l'amour. Avant de revenir en Angleterre pour châtier la trahison du comte Angrès de Windsor à qui il avait confié son royaume, Arthur arme chevalier Alexandre qui vêt, pour la circonstance, une chemise cousue par Soredamor et où elle a tissé l'un de ses cheveux d'or. Au cours du siège de Windsor, Alexandre accomplit ses premiers exploits. Apprenant peu après l'origine du cheveu d'or, Alexandre passe une nuit à le contempler mais cette même nuit amène la reprise des combats ; Alexandre parvient à pénétrer par la ruse dans le château et à s'emparer du traître alors que court un moment le bruit de sa mort. Cet exploit lui vaut et le meilleur royaume de Galles et la main de Soredamor, que lui accorde Guenièvre. La jeune femme met bientôt au monde un fils, Cligès, celui en mémoire duquel, rappelle le narrateur, cette histoire a été « mise en roman » [en français].

II. À la mort de l'empereur, Alis, le jeune frère d'Alexandre, croyant son frère mort en mer, lui succède. Mais lorsque Alexandre revient à Byzance, Alis lui laisse l'essentiel du pouvoir et s'engage à ne pas se marier pour que Cligès hérite du trône. Alexandre et Soredamor meurent. Pressé par ses barons, Alis décide, malgré sa promesse, d'épouser Fénice, fille de l'empereur d'Allemagne et déjà fiancée au duc de Saxe. À Cologne, où il est allé la chercher avec son oncle, Cligès s'éprend de Fénice et elle de lui, mais les jeunes gens n'osent s'avouer leur amour. Thessala la magicienne, la nourrice de Fénice, prépare un philtre grâce auquel Alis n'aura que l'illusion de posséder sa femme. Elle se gardera ainsi intacte de cœur et de corps, pour celui qu'elle aime. Au cours du voyage de retour, à Cologne comme à Ratisbonne, Cligès s'illustre dans des combats contre le neveu du duc de Saxe puis contre lui-même. Pour répondre au désir de son père, Cligès se rend à la cour d'Arthur. Tandis que Fénice médite longuement sur les quelques mots d'adieu qu'il lui a adressés, Cligès triomphe incognito au tournoi d'Oxford de Sagremor, de Lancelot et de Perceval et se montre l'égal de Gauvain, qui le conduit à la cour. Incapable d'oublier Fénice, Cligès revient à Byzance où les jeunes gens finissent par s'avouer leur amour. Comme Fénice refuse de se conduire comme Iseut ou de s'enfuir avec Cligès, elle décide, avec l'aide de Thessala et d'un nouveau philtre, de se faire passer pour morte et endure tous les supplices que lui infligent trois médecins de Salerne trop soupçonneux, avant d'être ensevelie vivante. Le couple est enfin réuni dans une splendide tour secrète construite par maître Jehan. Au bout d'un an et plus d'un bonheur parfait, ils sont cependant découverts, endormis dans le verger, par un jeune homme en quête de son faucon et doivent fuir. Apprenant par Jehan lui-même toutes les tromperies dont il a été l'objet, Alis ordonne de pourchasser le couple, qui se réfugie auprès d'Arthur, et que Thessala protège de ses enchantements. Mais la nouvelle arrive bientôt qu'Alis est mort de rage. De retour à Byzance, Cligès et Fénice célèbrent simultanément leurs noces et leur couronnement. Tout à la fois et à la fois sa « dame » et son « amie », Cligès n'a pas besoin d'enfermer Fénice sous la bonne garde d'eunuques comme l'usage s'en établira pour les futures impératrices de Byzance, en mémoire des mésaventures d'Alis.

La structure bipartite du récit, les correspondances entre les trames narratives, les propos surtout de Fénice, hantée par le comportement d'Iseut, prouvent à l'évidence que *Cligès* est à bien des égards une réponse contrastée aux romans de *Tristan* et plus précisément sans doute à la version de Thomas. L'histoire des parents illustre ainsi, en contredit au récit de Thomas, l'accomplissement idéal d'un bonheur harmonieusement scellé par le mariage et la nais-

sance d'un fils légitime. Mais le second couple n'accède à ce bonheur légalisé qu'à travers de pénibles épreuves et de manière assez ambiguë. Fénice, plus exigeante qu'Iseut, ne s'oppose pas ouvertement aux instances de la loi religieuse et sociale et refuse de donner son corps à qui n'a pas son cœur ou de s'enfuir avec Cligès. Ce n'est cependant qu'à force d'artifices et de philtres, en trompant Alis et le monde comme Iseut trompe Marc, en se rachetant peut-être par les souffrances physiques qu'elle endure, que l'héroïne de Chrétien parvient à rester un temps innocente, en fait mais non en intention, puis à vivre son bonheur dans l'espace artificiel de la tour que jamais n'éclairent le soleil ou la lune. Et la désinvolture du dénouement – un empereur qui meurt de rage, une héroïne dont la trace au monde est l'enfermement des futures impératrices dans le harem – laisse le lecteur perplexe sur l'efficacité et la validité morale des solutions proposées par *Cligès* pour sortir des impasses du *Tristan*.

Il semble surtout que, dans ce récit qui ne cesse de se déplacer entre Grèce et Bretagne, entre le lieu des romans antiques et l'univers arthurien, Chrétien ait voulu expérimenter dans l'espace géographique comme dans l'espace textuel toutes les ressources de l'écriture romanesque. Sur le modèle de la structure biographique du *Tristan* est ainsi configurée, non sans que le récit ait recours à de subtiles condensations, une « longue durée » : vie et mort de deux générations, le finale du récit se confondant avec le présent vif du narrateur et du lecteur. On a également souligné combien *Cligès*, à la différence des autres romans de Chrétien, s'ancre dans une réalité géographique assez précise, l'Angleterre avec Londres, Windsor, Oxford, etc., l'Allemagne impériale avec Cologne, Ratisbonne, etc., l'Empire grec et Byzance, et se fait peut-être l'écho d'événements politiques contemporains.

Mais autant que de déplacements dans l'espace et d'effets de réel, le récit tisse et nourrit sa durée de l'alternance entre armes et amour, entre l'évocation des combats et des tournois et les méditations sentimentales dans lesquelles se complaisent les deux couples. *Érec et Énide* sacrifiait à la technique de la description ; *Cligès* est plutôt le lieu de l'exploration minutieuse des ressources de la parole amoureuse et du questionnement sur l'amour. Ainsi des longs monologues parallèles de Soredamor et d'Alexandre, ce dernier dévidant jusqu'au moment où la rhétorique démonte ironiquement ses artificieux mécanismes (v. 762-852) les images liées au motif de la blessure et de la flèche d'amour. Ainsi également des nombreux jeux sur les noms qui sont aussi moyen de cerner l'essence des êtres, qu'il s'agisse de Soredamor où résonne « sororée d'amor » [dorée comme l'amour] ou d'Alis qui, dépouillé du pouvoir, réduit à un simulacre de jouissance amoureuse, n'est que le négatif (castré ?) d'Alexandre son frère ; ainsi et surtout de Fénice la fausse morte, qui reproduit le miracle du phénix, de l'oiseau unique qui, selon les bestiaires (voir *Bestiaire d'amour*), renaît de ses cendres.

Il se peut au reste que le motif de la permanence de l'être à travers le cycle mort-résurrection, comme l'exigence de fidélité à soi-même et le refus du partage qui caractérisent l'héroïne, énonce la préoccupation majeure d'un récit dans lequel deux couples essaient, facilement pour le premier, par les chemins beaucoup plus tortueux du monde byzantin pour le second, de parvenir à l'union. Quête de l'unique phénix qui se dirait aussi bien dans la volonté de Fénice d'accorder son corps et son cœur que dans la quête d'une langue transparente qui atteindrait à l'adéquation entre les mots et les sentiments éprouvés et qui serait alors le vrai défi, la vraie réponse au *Tristan*, lieu de la rupture entre les corps et les cœurs et de la parole manipulée.

Guenièvre, la bonne reine, marie facilement Soredamor et Alexandre. Pour unir Cligès à Fénice, il faut tous les artifices de la magie et de l'art, de Thessala et de maître Jehan, l'architecte aussi ingénieux qu'épris de beauté dans lequel on a pu voir un double de l'écrivain, apte à créer les simulacres et les objets extraordinaires dont se nourrit la fiction. Mais en concluant cet énigmatique récit sur le grand renfermement des femmes orientales, Chrétien n'oppose-t-il pas finalement à l'univers truqué de l'Orient byzantin le monde occidental et le modèle arthurien où l'amour vrai se cherche et se trouve dans la pure transparence du langage ?

● Traduction seule : Champion, 1957 (trad. A. Micha). ➤ *Sämtliche erhaltene Werke*, Niemeyer, I ; *les Romans de Chrétien de Troyes*, Champion, II ; *Œuvres complètes*, « Pléiade ».

E. BAUMGARTNER

CLIMATS. Roman d'André **Maurois**, pseudonyme puis patronyme d'Émile Herzog (1885-1967), publié à Paris chez Grasset en 1928.

Dans une longue lettre adressée à sa seconde femme, Isabelle de Cheverny, Philippe Marcenat retrace sa première expérience conjugale. Ayant épousé sur un coup de foudre la belle Odile Malet, il a bientôt senti la distance qui le séparait d'elle. Tourmenté par la jalousie, il l'a vue s'éloigner de lui et se lier à François de Crozant. Elle s'est longtemps acharnée à lui cacher l'évidence. Le jour où elle lui a avoué la vérité, il a accepté sans un mot le divorce. Odile a épousé François, et s'est suicidée peu de temps après. Philippe est resté désemparé.

Des années plus tard, dans un journal intime, Isabelle retrace les grandes étapes de son amour pour Philippe. Elle a d'abord admiré sa loyauté, s'est éprise de lui et l'a épousé avec bonheur. Mais Isabelle est jalouse et anxieuse comme Philippe l'était jadis face à Odile, et c'est lui qui, cette fois, se mure dans une indifférence irritée. Un été cependant, le couple parvient à s'accorder. Mais Philippe meurt, terrassé par une pneumonie : « Nos destinées et nos volontés jouent presque toujours à contretemps. »

Le principal intérêt du roman est d'ordre psychologique. À la fois héros et narrateurs, les deux personnages revivent leur passé en s'interrogeant rétrospectivement sur leurs méprises ou leurs intuitions. Ils se font au besoin moralistes ou cliniciens : Philippe s'engage dans les premières pages à parler « avec l'objectivité d'un médecin qui a eu des accès de délire et s'efforce de les décrire ». Leur double confession présente deux situations identiques, mais inversées. Philippe, amoureux inquiet d'Odile, se lasse vite de l'insistance d'Isabelle : « Toutes les répliques changent alors de bouche, mais elles demeurent les mêmes. » Plus nuancé que certains romanciers attentifs aux caractères (comme Balzac) ou aux tempéraments (comme Zola), Maurois s'attache aux circonstances infimes, aux atmosphères ténues – aux « climats » – qui rendent le même être fougueux ou distant. D'où la référence permanente aux images musicales pour décrire ces personnages changeants. Le héros identifie sa vie à une « symphonie » où se mêlent des thèmes : « Celui du chevalier, celui du cynique, celui du rival. » L'auteur s'intéresse surtout à ces régions incertaines du sentiment où se confondent des influences contraires. Il excelle à démêler le rôle d'un « orgueil souterrain masqué de modestie et de réserve », ou à élucider le mystère de la « joie douloureuse » du jaloux qui se découvre trompé, de la « détestable habitude de chercher le bonheur dans la souffrance »... Un style dépouillé (non dépourvu toutefois de recherche métaphorique) donne une rigueur classique à cette exploration des intermittences de l'amour.

● « Le Livre de Poche », 1966.

C. CARLIER

CLIMBIÉ. Roman de Bernard **Dadié** (Côte-d'Ivoire, né en 1916), publié à Paris chez Seghers en 1956.

Largement autobiographique, *Climbié* évoque les difficultés rencontrées par un jeune Ivoirien à trouver sa place dans l'Afrique coloniale, de 1928 à 1949. Le roman est divisé en deux parties : la première consacrée à l'enfance et à la scolarité de Climbié, et la seconde, aux débuts dans la vie active du héros devenu adulte.

Première partie. Vivant auprès de son oncle N'dabian, un planteur qu'il aide aux travaux des champs et dont les talents de conteur révèlent à son neveu toute la richesse du patrimoine oral, le jeune Climbié fréquente l'école régionale de Grand-Bassam. Il est ensuite admis à l'école primaire supérieure de Bingerville, puis il doit partir pour l'école normale William-Ponty de Gorée (Sénégal). Tout au long de sa scolarité, Climbié découvre les joies de la vie d'enfance mais aussi les difficultés des études, les méthodes brutales employées pour dissuader les élèves de parler une autre langue que le français, la responsabilité qui pèse sur les enfants devenus à l'école les représentants de leur village et de leur pays. Des événements plus personnels sont également évoqués : la mort de son oncle, son déchirement lorsqu'il doit quitter son amie Nalba ou le bonheur des premières lectures.

Seconde partie. Ses études terminées, Climbié reste au Sénégal et commence, à Dakar, son apprentissage de la vie active et de la carrière de fonctionnaire qu'il poursuivra à Abidjan, au milieu des soubresauts précédant l'indépendance des États africains francophones. Dès lors, la mutation du héros de l'enfance à l'adolescence puis à l'âge adulte s'accélère, et c'est assailli par le doute qu'il entrera dans sa nouvelle vie : « Toujours vaincu, j'ai au fond des yeux, comme tous les autres, l'angoisse du lendemain. »

Si l'enfance du héros est parfois évoquée avec nostalgie, Bernard Dadié s'efforce de garder une distance avec les faits rapportés. Ainsi, s'attachant à rendre la lente formation du héros et tout particulièrement son éveil politique, le romancier s'écarte de sa propre biographie, au demeurant plus chargée de drames que celle de son héros. Bien que sans concession, ce roman n'a pas la brutalité de certaines autres dénonciations du processus colonial, et Bernard Dadié semble davantage préoccupé de mettre en place l'avenir que de stigmatiser les erreurs du passé.

On retrouve dans ce récit, émaillé de citations empruntées à la littérature orale, les talents de conteur que l'écrivain ivoirien a exploités dans plusieurs recueils (en particulier dans le **Pagne noir*), ainsi que ses qualités d'observateur attentif du détail de la vie quotidienne. Avec l'**Enfant noir* du Guinéen Camara Laye, **Une vie de boy* du Camerounais Ferdinand Oyono et quelques autres, *Climbié* appartient à ces récits d'enfance largement inspirés par la biographie de leurs auteurs qui, outre leurs qualités littéraires, offrent un témoignage direct sur l'époque coloniale vue par les Africains.

● Seghers, 1973.

B. MAGNIER

CLISSON ET EUGÉNIE. Récit de Napoléon **Bonaparte** (1769-1821), publié en 1929.
Essai de roman plutôt que nouvelle, le texte, écrit en 1795, n'existe que sous la forme d'un manuscrit pieusement conservé par son auteur où esquisses, plans et biffures ne permettent guère de choisir à coup sûr une version « définitive ». Le titre même est incertain, Bonaparte ayant rayé le nom d'Eugénie. Pour imparfaite que soit cette courte fiction, elle n'en témoigne pas moins des goûts romantiques du jeune général révolutionnaire.

« Né pour la guerre », Clisson, défenseur du peuple, désire le bonheur alors qu'il n'a trouvé que la gloire. Menant une vie « sauvage », mélancolique, il rencontre lors d'une promenade Amélie, avec qui il se lie d'amitié, et Eugénie, semblable au « chant du rossignol », dont les seize printemps finiront après plusieurs rendez-vous par lui inspirer une passion « digne des héros ». Clisson renonce à la gloire et file le parfait amour. « Élevant leurs enfants, cultivant leur jardin, dirigeant leur ménage », les amants sont séparés par la guerre. Blessé, Clisson envoie Berville, un jeune officier « à l'aurore des passions », apprendre la nouvelle à Eugénie. Arrive ce qui devait arriver : Clisson, comprenant son malheur, écrit une dernière lettre à la bien-aimée avant de périr à vingt-six ans à la tête de son escadron.

Tel René, le rêveur Clisson, devant le mélancolique spectacle de la lune, se livre « aux désirs et aux palpitations de son cœur ». Après un sublime bonheur, où il a « goûté le sentiment suave de la vie de l'homme », il pardonne à l'infidèle, souhaite qu'elle vive heureuse et que ses fils « n'aient pas l'âme ardente de leur père ». Intensité et douleur des passions, brièveté de la vie, rituel de la mort héroïque : Bonaparte, avant les tumultueuses amours avec Joséphine, met en scène une fiction d'un lyrisme exalté, en phase avec la nouvelle sensibilité du XIXᵉ siècle qui se profile à l'horizon littéraire.

● *Œuvres littéraires et Écrits militaires*, Société encyclopédique française, 1967 (p.p. J. Tulard) ; *Œuvres littéraires*, Nantes, Le Temps singulier, 1979 (p.p. A. Coelho).

G. GENGEMBRE

CLOCHEMERLE. Roman de Gabriel **Chevallier** (1895-1969), publié à Paris aux Éditions Rieder en 1934.

Après *Durand, voyageur de commerce* (1929), *la Peur* (1930), *Clarisse Vernon* (1933), ce roman, vendu à plusieurs millions d'exemplaires et traduit en vingt-six langues, apporta à son auteur notoriété et fortune.

Lorsque, en octobre 1922, Piéchut, le maire de Clochemerle-en-Beaujolais, confie à Tafardel, l'instituteur, son projet de faire construire un urinoir public place de l'Église, il ne mesure pas l'ampleur de la tempête qu'il va déchaîner. Le succès de l'édicule, inauguré le 7 avril 1923, déclenche les passions. Justine Puchet, vieille fille indignée de voir exhibées sous ses fenêtres tant de « choses » dont elle s'était jusqu'alors préservée, entre en croisade, aidée de pieuses femmes. Les passions exacerbées des « pour » et des « contre » éclatent le 16 août, lors de la grand-messe de Saint-Roch, en une bagarre générale dans l'église même. La presse et l'opinion publique s'émeuvent, et, alors qu'un certain nombre de scandales privés excitent les commérages à Clochemerle, l'affaire est portée à la connaissance de l'archevêque de Lyon par la baronne de Courtebiche, et transmise au ministre de l'Intérieur. Paris envoie la troupe au village. Nouveau scandale : les villageois se battent avec les soldats pour venger l'honneur d'Arthur Torbayon, cocufié par sa femme Adèle et le capitaine Tardivaux qui loge chez eux. En septembre, un orage, occasionnant de nombreux dégâts dans le village et détruisant les vignes, apparaît aux Clochemerlins comme une punition du Ciel : la paix revient. Elle devient définitive quand Clochemerle se purge de son mauvais démon : Justine Puchet, le dimanche 16 octobre, devenue folle, se rend « toute à poil », « avec juste un chapelet sur le ventre et un petit chapeau planté haut sur le crâne », à l'église, monte en chaire et commence « un sacré sermon de toquée ». Elle est transportée et enfermée à l'asile de Bourg. Le chapitre 20 forme épilogue sur les principaux personnages et se clôt par une conversation, dix ans après ces événements, entre Piéchut, devenu sénateur et Tafardel, demeuré instituteur et attendant une légion d'honneur...

Même si le narrateur prétend à plusieurs reprises faire œuvre d'historien (plan de la ville, généalogies, datation précise, etc.), la supercherie ne trompe personne. Cette chronique imaginaire se place résolument sous le signe de la satire sociale.

Il serait exagéré de parler d'intrigue. Les péripéties engendrées par la construction de l'urinoir servent surtout de fil fédérateur à une succession chronologique d'incidents divers et de scandales privés, chacun donnant l'occasion de compléter la corrosive galerie de portraits des Clochemerlins, généralement maltraités en raison inverse de leur situation sociale. La baronne de Courtebiche, hautaine, et son gendre Oscar de Saint-Choul, imbécile phraseur, veulent ignorer la Révolution française ; l'ignare ancien ministre Bourdilhat et l'arriviste député Focart (« une sacrée fripouille ! ») font piètre figure ; le représentant de la bourgeoisie, l'avare notaire Girodot, a des « charités secrètes » pour des prostituées de Lyon, avec lesquelles le pharmacien Poilphard « étrange, maigre, incolore et consterné » assouvit des fantasmes nécrophiles ; les trois curés ont forniqué avec leurs servantes (chap. 3), etc. Les relations entre personnages sont tout aussi caricaturales : le docteur Mouraille « robuste, rouge, gueulard, libre penseur, et brute », le

pédant instituteur Tafardel, à l'haleine redoutable, haïssent le curé Ponosse, représentant « le fanatisme et l'ignorance » ; Rose, enfant de Marie, se fait engrosser non par vice mais par niaiserie ; la fille du notaire Girodot s'enfuit avec le poète Denis Pommier, etc. Les maris sont balourds ; les épouses, des garces qui les manœuvrent. D'un côté, les pieuses commères venimeuses, étiques et rebelles au sexe ; de l'autre, leurs cibles, celles peu farouches qui font fructifier leur capital de rotondités...

De fait, à travers tous ces stéréotypes, les véritables cibles du roman ont pour nom Bêtise, Mesquinerie, Pruderie, Hypocrisie... Les hiérarchies ecclésiastique, militaire, politique à tous les niveaux sont clouées au pilori par l'acuité voltairienne d'un regard décapant. Il y a du *Candide* jusque dans l'onomastique souvent signifiante (Ponosse = Pangloss ?) ; du Flaubert dans les portraits et dans les discours affligeants prononcés lors de l'inauguration de l'urinoir (chap. 5) ou par Oscar de Saint-Choul sur l'éducation (chap. 12), qui rappellent les comices agricoles de *Madame Bovary* ou de *Bouvard et Pécuchet*. La verdeur du langage (joutes verbales, insultes, ragots intimes, conversations sur les génitoires enflées du suisse Nicolas, etc.), et la verve de certaines scènes font irrésistiblement penser à Rabelais : la mêlée de l'église (chap. 10) évoque le combat du frère Jean des Entommeures dans *Gargantua*. *Clochemerle*, malgré certains aspects IIIᵉ République d'un comique quelque peu suranné, par son rythme et son ironie souvent paradoxalement chaleureuse, par son amour du vin (le 15 août : concours du Premier Biberon), des femmes rebondies et libérées, demeure un puissant hymne à la vie.

● « Le Livre de Poche », 1956 ; Flammarion, 1982 (illustrations de Dubout).

L. ACHER

CLOCHES DE BÂLE (les). Roman de Louis **Aragon** (1897-1982), publié à Paris chez Denoël en 1934 (daté janvier 1935). Il deviendra en 1936, avec la Postface des *Beaux Quartiers*, le premier volume d'un cycle appelé « le Monde réel » (voir les *Voyageurs de l'impériale*, *Aurélien*, les *Communistes*).

Premier roman après sa rupture avec les surréalistes en mars 1932 (affaire de "Front Rouge", poème-tract d'Aragon que Breton « défendit » en lui déniant toute dimension réaliste), contemporain des poèmes pataudement staliniens d'*Hourrah l'Oural* (publié en avril 1934), le livre rend compte de la naïve exaltation d'Aragon assistant, du printemps 1932 à celui de 1933, à ce qu'il voyait en Union soviétique de la glorieuse élaboration du bolchevisme... *Les Cloches de Bâle* représentent ainsi le premier acte de ce réalisme socialiste qu'Aragon n'aura désormais de cesse de concevoir comme une permanente recherche. « Dans ce temps où l'on dit bien sommairement que je n'écrivais plus [...], j'ai terriblement écrit, déchiré, jeté » : précédant *les Cloches de Bâle*, la tentative de *la Défense de l'infini* (voir le *Con d'Irène*) et son échec expliquent le sentiment de véritable résurrection, que traduit rétrospectivement le titre de la Préface de 1964 (« C'est là que tout a commencé »), par laquelle Aragon semble désavouer avec excès l'intégralité de sa création surréaliste.

Divisé en trois sections inégales suivies d'un Épilogue, le livre déroule trois portraits de femmes différentes dans la société française de 1897 à 1912, date du congrès de Bâle des socialistes européens contre les menaces de guerre, qui donne son titre au roman. Première partie. « Diane ». Les onze chapitres s'attardent avec une ironie dévastatrice sur la putréfaction du « grand monde » : de « Monsieur Romanet » à « Gilson-Quesnel » puis au très riche Brunel avec qui elle se marie – non sans le partager avec l'industriel de l'automobile Wisner –, Diane de Nettencourt, putain de luxe de noblesse déchue, entretient ainsi toute la famille (qui joue les moralistes malgré tout) dont elle parvient même à redorer le blason. Mais le suicide d'un débiteur de Brunel révèle que celui-ci était un usurier, et compromet le complexe montage financier où est impliqué aussi Wisner. Après avoir tenté de sauver les apparences, Wisner « lâche » Brunel que Diane, aux yeux du public, va désavouer, et lui propose d'« entrer dans la police ».

Deuxième partie. « Catherine ». En vingt-trois chapitres, changement de milieu pour décrire l'existence de Catherine Simonidzé, émigrée avec sa mère et ses sœurs à Paris, et vivant de la pension que leur envoie le père, qui exploite le pétrole à Bakou. Gardant de son enfance nomade et des fréquentations libertaires de sa mère un nihilisme romantique mâtiné de féminisme, elle connaît en juillet 1904 une véritable pause lumineuse dans sa permanente mélancolie en vivant une histoire d'amour avec le jeune capitaine Jean Thiébault. Mais d'assister dans un village à la répression patronale d'une grève ouvrière renvoie Catherine au « monde réel » : elle quitte son amour, ennemi en tant qu'homme et en tant que militaire. De retour à Paris, elle fréquente les milieux anarchistes avant qu'une tuberculose ne l'oblige à se fixer à Berck.

Troisième partie. « Victor ». Les vingt chapitres font alors découvrir l'envers de la première partie. Revenue à Paris en raison du suicide d'une fille de son amie, hantée par celui des époux Lafargue, Catherine est empêchée de se noyer par un chauffeur de taxi, Victor, auprès duquel elle assiste à la grève de 1911, travaillant même quelque temps à la Maison des syndicats. Description des manœuvres patronales et du débat des socialistes concernant l'action violente quand le pouvoir exploite l'affaire Bonnot jusqu'à l'échec de la grève, tandis que Catherine retourne à Berck et, désespérée, reproduit finalement l'existence de sa mère d'homme en homme et d'hôtel en hôtel.

L'Épilogue, « Clara », décrit alors le congrès de Bâle où transparaît derrière l'essai d'opposition la menace tragique de la guerre, jusqu'à l'arrivée à la tribune de Clara Zetkin : « La femme des temps modernes est née, et c'est elle que je chante. / C'est elle que je chanterai. »

Évoquant les « parties disparates de l'ouvrage » (« Cela est vraiment mal fichu »), la Préface de 1964 met en avant le caractère comme de guingois d'un roman à bien des égards expérimental, pour l'expliquer par l'écriture sans planification caractéristique d'Aragon (voir les Incipit dans *Henri Matisse, roman). Il est certain que l'agrafe entre les parties reste un peu forcée, mais cette maladresse permet aussi tout un travail sur la temporalité (l'Épilogue reprenant la fin de la première partie avec la première mission d'espionnage du nouveau policier Brunel au congrès, par exemple), de même que l'apparition discrète dans chacune des trois parties des personnages centraux des deux autres, contribuent à l'« effet de réel ». Le décalage est alors surtout de tonalité entre un bonheur d'écriture ironique (première partie) et le didactisme croissant (critique de l'anarchisme dans « Diane » ; échec à faire parler le « peuple » avec « Victor », dont le propos se ressent lourdement de la littérature populiste), jusqu'à l'hymne lyrique finissant le livre sur un « programme ». Mieux maîtrisée, une telle inflexion du roman apparaîtra aussi dans les Beaux Quartiers, et explique peut-être l'Épilogue d'Aurélien : le lecteur assiste ainsi au mécanisme de la création aragonienne, qui semble partir sur la jubilation ironique pour tenter de se courber peu à peu vers une réflexion plus en accord avec le réalisme visé... L'attribution, dans la Préface de 1964, à Elsa Triolet de la modulation du livre après lecture de la première partie (celle-ci lui aurait dit : « Et tu vas continuer longtemps comme ça ? ») est donc à double tranchant : si ce roman de la création est joliment en cohérence avec la dédicace de 1934 (« À Elsa Triolet, sans qui je me serais tu », où il faut assurément entendre : « tué ») et le propos même du livre (la femme étant déjà « l'avenir de l'homme », voir le *Fou d'Elsa, et pour l'auteur la voie d'accès au « monde réel »), il reste qu'Aragon fait par là porter le poids des pesanteurs à sa première lectrice...

Trop négligées toutefois en raison des simplifications d'école (qui font souvent passer les lecteurs à côté du jeu de massacre de la première partie, digne de la férocité du Traité du style surréaliste – voir la Grande Gaîté), les Cloches de Bâle valent cependant par la somptuosité inchangée d'une écriture quel que soit son « thème » : la rencontre de Catherine Simonidzé avec l'écrivain Henri Bataille (II, chap. 19 et 20), est digne plutôt de Proust ou de Colette que d'Henry Poulaille... Le roman donne aussi à voir le difficile et rare travail de renouvellement d'une esthétique, et préfigure déjà (personnages, thèmes, impor-

tance de Paris, compréhension, dans le communisme, de l'avènement de la féminité) le cycle à venir. Sur ce point, les Cloches de Bâle traduisent autant la précision documentaire d'Aragon (citation des discours au congrès, étude précise de la grève de 1911, etc.) que ses choix de conception (la guerre sera toujours pour l'auteur l'horizon du roman réaliste au XXe siècle) et l'imbrication surtout du monde extérieur aux enjeux personnels de l'écrivain. À cet égard, il est impossible de ne pas mentionner que l'incipit (« Cela ne fit rire personne quand Guy appela M. Romanet Papa ») renvoie à l'enfance d'Aragon, fils naturel, de même que Catherine renvoie à la jeune femme qui lui prêtait des livres à la pension tenue par sa mère – pension qui apparaît également dans le roman avant de devenir un lieu fondamental des Voyageurs de l'impériale. Si le débat entre socialisme et tradition anarchiste correspond bien à un fait d'époque dans le mouvement ouvrier du début du XXe siècle, peut-être est-il alors permis d'attribuer l'insistance du roman sur ce point au débat plus intérieur de l'ancien surréaliste, avec parfois le schématisme d'un récent converti : entre les sympathiques illuminés, dont l'action se résout toujours en un renforcement du pouvoir, et la Vérité portée sans faille aucune par Victor, l'opposition n'est pas en effet sans esprit de système, de même que l'explication « scientifique » de cette idéologie comme produit de la moyenne bourgeoisie avancée, incapable de pousser le romantisme de sa révolte jusqu'à la conscience de classe.

Mais comme toute œuvre véritable, les Cloches de Bâle débordent leur projet, et ne peuvent se lire sans pertes majeures avec la seule optique des thèmes politiques. Sous l'évident « engagement » jouent en effet la cohérence d'un imaginaire et la grâce enchanteresse d'une « façon », la virtuosité stylistique d'Aragon s'épanouissant dans le « discours contraint » par quoi l'on définit aujourd'hui le réalisme, et dont elle avait peut-être besoin comme d'un cadre où se réunir. Enfin, le travail textuel porte déjà, dans le passage au lyrisme de l'Épilogue, la marque de la contestation des genres qui demeure une constante de l'œuvre d'Aragon, comme la représentation/interpellation du lecteur ou la tresse du narratif et du discursif renvoient désormais aux plus récents travaux critiques. Le roman ainsi se renouvelle d'une lecture modifiée, par quoi son lecteur peut abandonner l'adhésion au « sens de l'Histoire » pour l'analyse esthétique.

● « Folio », 1978. ➤ Œuvres romanesques croisées, Laffont, VII-VIII.

O. BARBARANT

CLUB DES LYONNAIS (le). Voir VIE ET AVENTURES DE SALAVIN, de G. Duhamel.

CLYTEMNESTRE ou l'Adultère. Tragédie en cinq actes et en vers, avec chœurs, de Pierre **Matthieu** (1563-1621), publiée à Lyon chez Rigaud en 1589.

Pierre Matthieu affirme avoir composé cette tragédie à l'âge de quinze ans, mais il est douteux qu'il l'ait achevée avant 1588.

L'ombre de Thyeste charge son fils Égisthe d'accomplir sa vengeance : Agamemnon, l'époux de Clytemnestre, doit mourir pour expier la mort de ses cousins. Égisthe résout d'exécuter l'ordre sanglant qu'il a reçu en songe. Il chante par ailleurs son amour pour Clytemnestre. Celle-ci partage sa flamme (Actes I et II). La nourrice veut dissuader les amants de sombrer dans l'adultère, mais Clytemnestre a décidé d'aider Égisthe dans son projet d'assassiner Agamemnon (Acte III). Celui-ci, revenu de la guerre de Troie, refuse de croire aux avertissements prophétiques de Cassandre. Il est abattu par les amants ; prise de rage meurtrière, Clytemnestre veut envoyer à la mort Électre dont elle a essuyé les reproches, et sa rivale Cassandre qui annonce la vengeance à venir d'Oreste (Actes IV et V).

Pour composer cette tragédie familiale où il rompt avec l'habitude de traiter de sujets politiques, le dramaturge a emprunté à l'*Agamemnon* de Sénèque les éléments de progression de l'action. *Hippolyte de Robert Garnier lui fournit la matière des développements sur la passion amoureuse, sa nature et son origine.

Dans cette pièce qui présente une grande unité dramatique, renforcée par l'unité de cadre et de temps, Matthieu a voulu illustrer les relations de la passion et du meurtre. Si l'amoureux, en Égisthe – qui chante sa dame avec un pétrarquisme consommé –, domine de beaucoup le personnage du vengeur accomplissant les arrêts du destin, Clytemnestre, en revanche, subjuguée par la fureur amoureuse qu'elle sait funeste et génératrice d'horribles forfaits, s'engage peu à peu sur le chemin sans retour du crime ; plongeant dans l'abîme du mal et de la malédiction, elle veut la mort de ses enfants, puis celle de sa rivale. Le désir amoureux est balayé par le désir criminel. S'agit-il pour les deux amants de se faire les instruments parfaits de la vengeance de Thyeste, ou d'épuiser l'amour, foyer où germent, indissociables, plaisir et douleur, par la destruction de ce qui n'est pas le couple infernal ? « Nous guidons à la fin nos entreprises belles », dit Égisthe. Mais Clytemnestre surenréchit : « Mon esprit en conçoit tous les jours de nouvelles,/ Il faut tuer Cassandre. » Devant cette tragédie où triomphe la fureur dévastatrice plus que la passion amoureuse, le spectateur sans doute se prend de terreur à la vision du mal absolu, incarné dans une Clytemnestre déterminée d'abord à conquérir son amant, joyeuse de l'adultère puis courant au meurtre sans fléchir, vide de toute hésitation et de tout regret.

● Genève, Droz, 1986 (p.p. G. Ernst).

M.-C. GOMEZ-GÉRAUD

COCHE (la). Œuvre poétique de **Marguerite de Navarre**, dite aussi de Valois, ou d'Angoulême, reine de Navarre (1492-1549), publiée dans le second volume des *Marguerites de la Marguerite des princesses, tres illustre royne de Navarre*, à Lyon chez Jean de Tournes en 1547. La composition de l'œuvre remonte vraisemblablement à 1541 ou 1542.

La Coche ressortit au genre médiéval du débat, abondamment illustré aux XIVe et XVe siècles : la matière en était constituée de thèmes sociaux, moraux, philosophiques, et par-dessus tout amoureux. Marguerite de Navarre reconnaît elle-même qu'elle doit à Alain Chartier l'idée de son poème : dans *le Livre des Quatre Dames* (voir la *Belle Dame sans merci*), l'auteur rencontrait quatre amantes infortunées, et soumettait à sa dame la question de savoir laquelle était la plus malheureuse. *La Coche* emprunte aussi au *Dit des Trois Jugements* de Christine de Pisan, où l'auteur rapportait les mésaventures amoureuses de ses trois plus chères amies ; le lien entre les trois destinées demeurait relativement lâche cependant, et Marguerite de Navarre prendra à cœur d'articuler les déboires des « trois dames que plus elle aimoit ».

L'influence de la lyrique courtoise mêlée de platonisme est évidente. Pour les trois dames, l'amour humain, passion essentiellement chaste et source de perfection, équivaut à un absolu don de soi : aussi la trahison ou la perte de l'amant font-elles figure d'ébranlement vital que rien ne saurait plus réparer.

Tandis qu'elle se promène dans un pré, la reine de Navarre voit sortir d'un bois « troys dames, toutes vestues de noir, [...] les testes baissées vers la terre ». Découvrant qu'il s'agit de ses trois meilleures amies, elle les interroge sur les raisons de leur douleur.

La première a vu son amant l'abandonner purement et simplement, pour offrir l'hommage de son amour à la deuxième. Cette dernière, qu'un tel comportement indigne, sent son propre amant manifester une indifférence croissante, et devient la proie de l'incertitude la plus dou-

loureuse. Quant à la troisième dame, une telle affection l'unit aux deux autres qu'elle veut « avoir part en leurs maulx » et congédie son amant.

Les trois dames se mettent à débattre devant la reine de Navarre et la prennent pour arbitre : laquelle d'entre elles est la plus malheureuse ? Comme la pluie commence à tomber, le petit groupe rejoint précipitamment la « coche » de la reine. Celle-ci se laisse convaincre de soumettre le débat au jugement éclairé de la duchesse d'Étampes.

Il est difficile au lecteur moderne de ne pas porter un jugement contrasté sur cette *Coche*. L'artifice éclate dans toute la dernière partie, où la tradition médiévale du débat et du jugement impose une comparaison terme à terme des souffrances : du plaidoyer légèrement agressif et mesquin de chaque dame en faveur de sa propre douleur finit même par se dégager un humour involontaire. Et pourtant, la première partie du poème, consacrée à l'exposé des trois drames amoureux, possède une indéniable puissance lyrique : aucun poète du XVIe siècle n'a sans doute réussi à restituer, avec l'acuité de Marguerite de Navarre, les louvoiements et tergiversations d'une indifférence qui n'ose pas s'avouer comme telle (« Tu dis m'aymer ? Mais qui le peult entendre, / Quant tous les tours et les signes d'amour/ En toy voy mors et convertiz en cendre ? »

Tout le problème de *la Coche*, et sa difficulté à trouver une assise cohérente, tient au fait que l'exposé du drame amoureux hésite entre l'individualisation concrète et le cas d'école. Nul doute que Marguerite de Navarre ne tienne à la différenciation nette de ses trois protagonistes, et qu'en rapportant leurs mésaventures elle ne s'avance sur la voie qui la conduira aux personnages-narrateurs de l'*Heptaméron* ; mais les nécessités d'un genre voué aux questions de casuistique amoureuse empêchent le cas singulier de s'épanouir en narration, et le réduisent à l'évocation de ses traits essentiels. L'œuvre est donc traversée par des virtualités narratives, qui ne peuvent tout à fait s'actualiser dans la forme trop codée, trop générale, de la querelle et de l'appel à l'arbitrage.

Poème bancal, *la Coche* n'en témoigne pas moins d'une recherche qui aboutira, dans l'*Heptaméron*, à la dialectique tendue de la narration et de la controverse.

● Genève, Droz, 1971 (p.p. R. Marichal) ; « GF », 1982 (p.p. S. de Reyff).

P. MARI

COCU MAGNIFIQUE (le). Pièce en trois actes et en prose de Fernand **Crommelynck** (Belgique, 1886-1970), créée à Paris au théâtre de l'Œuvre le 18 décembre 1920, dans une mise en scène de Lugné-Poe et publiée à Paris aux Éditions de la Sirène en 1921.

Le Cocu magnifique a fait le tour du monde, jusqu'en Union soviétique où Meyerhold monte la pièce à Moscou le 25 avril 1922 dans un décor du constructiviste Popova. Il s'agit d'un des textes les plus connus et les plus traduits de la littérature belge d'expression française.

Stella et Bruno s'aiment depuis l'enfance. Elle attend son retour. Ludovic, le bouvier, avoue à Stella son amour et son intention de lui faire écrire une lettre par Bruno. Après une nuit d'absence, Bruno retrouve sa bien-aimée. Ils se parlent dans un tendre idiome connu d'eux seuls. Bruno reprend son travail d'écrivain public et dicte à Esturgo, son scribe, des lettres pour le comte et le bourgmestre tout en décrivant leurs grâces de sa femme. Il accepte même de rédiger la lettre du bouvier. Arrive Pétrus, cousin de Stella. Bruno lui vante la beauté de sa femme et oblige Stella à montrer ses jambes, son sein, avant d'envoyer à Pétrus un soufflet formidable puis de l'enlacer. Il charge finalement Esturgo de le renvoyer (Acte I).

Bruno invente mille scénarios pour alimenter sa jalousie et oblige Stella à dissimuler son corps sous un ample manteau et son visage sous un masque. Il veut surveiller jusqu'à ses pensées. Puisque les doutes concernant sa fidélité le rongent, il veut s'assurer de son infidélité. Il fait rappeler Pétrus et lui offre Stella. Les cousins s'enferment dans la chambre. Mais l'adultère est-il consommé ? Le doute de nouveau envahit Bruno (Acte II).

Les hommes du village se mettent à défiler dans le lit de Stella avec la bénédiction de Bruno, persuadé qu'elle fait semblant. Il est en fait convaincu qu'elle aime un homme dont elle ne veut pas avouer le nom. Le scandale éclate dans le village. Lors de la nuit de la Saint-Géraud, Bruno soumet Stella à une épreuve décisive. Déguisé sous un masque, il lui donne l'aubade et l'attire dans sa chambre. Il tient sa preuve. Les femmes du village, encouragées par le mari cocu, veulent noyer la gueuse. Mais un doute assaille soudain Bruno. Et si elle l'avait reconnu sous son masque ? Lorsque Stella revient trempée sous la protection du bouvier, Bruno croit enfin avoir découvert l'amant secret. Au moment où il va l'abattre, Stella se précipite dans les bras de Ludovic. Ce geste est encore une feinte, pense Bruno. Tout est donc à recommencer (Acte III).

La dramaturgie de Crommelynck défie tout classement, et l'action du *Cocu magnifique* relève autant de la tragédie que de la comédie. C'est pourtant du registre de la farce qu'elle se rapproche le plus. S'y mêlent les sentiments les plus divers : amour, jalousie, passion, haine mais aussi le sérieux, la folie, le rire. Le mélange est explosif et les personnages nourris de cet assemblage contradictoire semblent entraînés dans une sarabande fantastique.

Il y a chez Crommelynck une audace époustouflante pour dire l'horreur et, dans le même temps, le bonheur suscités par les sentiments humains. L'outrance caractérise son œuvre. Les passions qui déferlent comme des ouragans, les paroxysmes, le caractère tragique de la bouffonnerie sont autant de traits qui font choc. Son théâtre provoque et ses personnages, très physiques, animés de désirs violents, irritent le spectateur ou le lecteur et agissent sur eux en offrant le spectacle du passage de la félicité totale à la déchéance extrême.

Une logique implacable veut que dès les premiers mots de la pièce une situation extravagante mise en place doit, quoi qu'il advienne, se dérouler et se dénouer sans que rien ne puisse détourner l'action. Bruno saisi par sa passion, dévoré par ses excès se dirige inéluctablement vers sa déchéance, créant et accumulant des situations de plus en plus effroyables dont il ne peut sortir et où il entraîne tous les protagonistes. De la jalousie de Bruno découle une logique démente et les pulsions du personnage dictent toute l'action sans que jamais la raison intervienne. La jalousie ainsi que la définit Crommelynck « est une sorte de maladie qui n'a besoin d'aucune espèce de ferment extérieur ; [...] elle se nourrit de soi-même et sans engrais » : d'où la disproportion des rôles dans la pièce puisque en réalité Bruno à lui seul occupe la quasi-totalité des scènes dans un douloureux monologue auquel les autres personnages se contentent de faire écho. Les apparitions du bouvier, en dépit d'un désir brûlant pour Stella, sont rares ; Pétrus reste un personnage mal déterminé ; quant à Stella, elle apparaît surtout comme objet. C'est son corps prostitué par Bruno qui devient l'enjeu et la référence. Elle incarne la confiance et la soumission jusqu'à l'hébétude. Bruno est donc le seul vrai personnage, et comme le précise Crommelynck « les autres sont des miroirs. Ce jeu de glaces construit et explique la pièce ». Le délire de Bruno l'entraîne vers l'infini puisque la fin de l'intrigue, loin de mettre un terme à l'action, est un retour au point de départ. Une mécanique implacable est ainsi à l'œuvre.

Le Cocu magnifique prouve l'enracinement de Crommelynck dans la tradition du théâtre français. Car si sa pièce renvoie à *Othello*, elle rappelle aussi *Sganarelle*. Par ses thèmes, par l'importance des rôles de personnages de servantes, de domestiques ou de confidents (Esturgo), mais aussi par sa langue truculente : injures, exclamations, hyperboles, Crommelynck est bien, comme l'a défini Mauriac, un « Molière en état d'ébriété ».

● Bruxelles, Labor, 1987. ➤ *Théâtre*, Gallimard, I.

C. PONT-HUMBERT

CODE DE LA NATURE ou le Véritable Esprit de ses lois, de tout temps négligé ou méconnu. Essai de **Morelly** (XVIIIᵉ siècle), publié à Amsterdam en 1755. L'ouvrage connut deux publications anonymes au XVIIIᵉ siècle, en 1755 et en 1760. On crut longtemps que l'auteur en était Toussaint, La Beaumelle ou encore et surtout Diderot, auquel *la France littéraire* attribuait l'ouvrage en 1756. Malgré une mise au point de Grimm, le *Code* figurera au tome II des *Œuvres complètes* de Diderot publiées à Amsterdam en 1773 et c'est encore à Diderot, comme auteur du *Code*, que se réfère Babeuf dans son plaidoyer. Il faudra attendre l'édition de Villegardelle de 1841 pour que l'ouvrage paraisse sous le nom de Morelly et ce, à la suite du renouveau des idées socialistes dans la décennie 1835-1845, avec Cabet, Fourier et leurs théories du bonheur collectif.

Première partie. Les défauts des principes généraux de la politique et de la morale et la défense de *la *Basiliade* (Morelly ne se donne toujours pas pour en être l'auteur). Le principe des erreurs des moralistes de tous les temps consiste en l'affirmation que l'homme naît vicieux et méchant. Mais l'amour-propre dont ils font une hydre à cent têtes ne l'est devenu que par leurs préceptes. Dans l'ordre de la nature, l'amour de soi-même n'est en fait que le désir constant de conserver son être par des moyens faciles et innocents que la Providence a mis à notre portée. Les vrais fondements de la sociabilité sont naturels : les hommes sentent leur égalité de condition et de droits. Nos besoins, plus étendus que nos forces, nous font comprendre la nécessité de recourir à des secours et nous inspirent de l'affection pour tout ce qui nous aide. Le seul vice est l'avarice. Car tout se résout finalement en un désir d'avoir, peste universelle que seule l'abolition de la propriété privée pourrait endiguer. Alors, l'homme n'aurait plus que le seul souci du bien commun.

Deuxième partie. Les défauts particuliers de la politique. En Amérique, des peuplades suivent les lois de la nature. Un législateur vraiment sage, qui chercherait à étendre les conséquences de telles lois pourrait rendre l'un de ces peuples le plus heureux de la Terre en augmentant sa puissance et son industrie sans dénaturer ses penchants. Il n'aurait, en fait, qu'un seule vice à réprimer : l'oisiveté. Car ce qui est venu corrompre l'ordre naturel, c'est la division de la société, offrant la prospérité aux uns en laissant le travail aux autres. Double impasse, car les riches cherchent dans le tumulte des plaisirs la distraction de leur oisiveté et ceux qui sont obligés de travailler ne conçoivent que du dégoût pour des devoirs forcés et développent un nouveau vice : la paresse. Il n'y a là rien que l'on puisse attribuer au naturel des peuples. Chaque nation n'était au départ qu'une réunion de familles. Son gouvernement était d'ordre paternel, c'est-à-dire fondé sur un sentiment d'affection et de tendresse, comme les peuples de l'Amérique, aujourd'hui encore, ou comme les Scythes (« la pépinière des autres nations ») jadis. Mais ces sentiments ont fléchi avec l'accroissement du nombre des familles, puis disparu. Des lois ont alors été nécessaires. Mais le christianisme, s'il fit tomber les idoles, n'osa pas combattre les lois civiles contraires aux intentions de la nature.

Troisième partie. Morelly entend préciser les idées de malheur et de mal moral. Celui-ci ne peut avoir pour cause que la créature raisonnable. C'est une détermination libre à nuire. Sous l'empire des sentiments naturels, aucun homme ne peut être nuisible. Il suffirait d'abolir la propriété privée et l'intérêt qui l'accompagne pour que l'idée même de mal moral s'abolisse. Il n'y aurait plus alors dans la société entière de voleur, d'assassin ni de conquérant.

Quatrième partie. Modèle d'une législation conforme aux intentions de la nature. Les « Lois fondamentales et sacrées » limitent la propriété privée aux seules choses « dont il sera fait un usage actuel » pour les besoins, les plaisirs ou le travail journalier. Viennent ensuite les « Lois distributives et économiques » : toutes les productions durables seront amassées dans des magasins publics pour être ensuite distribuées, car rien ne se vendra ni ne s'échangera entre concitoyens. Les « Lois agraires » fixent que tout citoyen, de vingt à vingt-cinq ans, sera versé aux travaux agricoles. Les « Lois édiles » tracent le plan des cités : « Autour d'une grande place de figure régulière, seront érigés, d'une structure uniforme et agréable, les magasins publics de toutes provisions, et les salles d'assemblées publiques. À l'extérieur de cette enceinte seront régulièrement rangés les quartiers de la cité, égaux, de même figure, et régulièrement divisés par rues. » Les « Lois de police » fixent l'organisation du travail. Les « Lois somptuaires » précisent que « toute vanité sera réprimée par les chefs et pères de famille. » Les « Lois de la forme du gouvernement » préviendront toute domination tyrannique, les « Lois conjugales » toute débauche ; et les « Lois d'éducation » préviendront les suites de l'aveugle indulgence des pères pour leurs enfants. Les « Lois des études » empêcheront « les égarements de l'esprit humain » ainsi que « toute rêverie transcendante ». Les « Lois pénales », enfin, seront « aussi douces qu'efficaces ». Néanmoins, l'enfermement à vie dans une caverne punira toute « dénaturation » : assassinat ou… tentative pour introduire la propriété privée.

Les idées de Morelly sont « révolutionnaires », à la fois parce qu'elles prônent un retour à l'état de départ de la société, et parce qu'elles sont radicales. Morelly s'en prend aux législateurs, « ces prétendus sages que notre imbécillité admire », qui « depuis six à sept mille ans… aussi aveugles que ceux qu'ils prétendaient conduire » ont rompu tous les liens de la sociabilité naturelle. Mais, s'il s'agit de renverser leur œuvre, c'est pour revenir à un état primitif donné comme parfait : « La morale vulgaire qui a suivi les lois positives s'est édifiée sur les ruines des lois de la nature. Il faudrait entièrement renverser celles-là pour rétablir celles-ci. » Si le *Code* encourage le volontarisme réformateur, celui-ci ne saurait pourtant nullement être créateur.

Morelly n'insiste pas, comme Meslier (voir le *Testament du curé Meslier*), sur la contradiction des intérêts sociaux, sur la lutte inévitable des opprimés contre leurs oppresseurs, lesquels, peut-on penser, ne céderont pas leurs avantages de plein gré. Il suffit, à l'entendre, de découvrir et de diffuser la vérité pour la faire triompher. L'éducation est l'instrument privilégié du progrès, conçu par Morelly – qui dans une note s'en prend au *Discours sur les sciences et les arts* de Rousseau – comme « la loi générale de la nature ». Mais c'est une curieuse idée que celle d'un progrès qui doit nous ramener en arrière, qui doit nous mener à un état parfaitement stable et immobile ; à ce fraternalisme passéiste donné pour être la solution de tous les maux de l'humanité ; à cette république toute martiale, sans passé et sans avenir, rangée comme une caserne, dont *le Code de la nature* trace le plan.

Pour autant, Morelly a-t-il vraiment voulu faire œuvre de réformateur ? La quatrième partie du *Code* le note : « Il serait impossible, de nos jours, de former une pareille république. » Ce qui frappe le plus, sans doute, c'est le peu d'originalité des prescriptions du *Code*. Et ce manque d'originalité invite à voir en lui moins un manifeste politique qu'une œuvre appartenant encore à un genre littéraire précis : l'utopisme – genre dont elle reprend les poncifs et les conventions. Ainsi, du système d'éducation collective, de la condamnation de la propriété privée, de l'obligation des travaux agricoles pour les jeunes, etc.

Par rapport à ses prédécesseurs, la seule originalité de Morelly pourrait bien être d'avoir donné le plan de sa « cité idéale » sous la forme d'un code, s'épargnant ainsi toute description, toute fiction romanesque. Mais en cela il est permis de voir encore un acte plus esthétique que politique. Car le discours de l'utopie tend toujours à légiférer, à se donner une forme juridique. C'est que, dans un genre aux conventions si nettes, l'invention n'est possible que dans le détail : couleurs des habits, règles de la musique, allaitement des nourrissons. Et c'est sans doute dans cette minutie, presque gratuite, apportée à l'organisation, que culmine l'impression de toute-puissance qui s'affirme dans la possibilité de refaire le monde sur le papier. À ce jeu, le formalisme juridique peut procurer une étrange jubilation, comme en témoignent les *Progymnasmata* de Spifame (1556) ou encore le *Catéchisme du genre humain* de Boissel (1789). Légiférer, c'est adopter un ton exécutoire, comme si la société dont on trace les contours existait déjà. À ce titre, le droit peut aussi être une forme de roman. Dans un jeu de renvois entre les règles posées, il permet de tourner le principe de réalité. Car on ne peut se contenter d'énoncer des règles : il faut considérer que chacune peut être tournée, déviée dans ses prolongements et ainsi, dans le monde lisse de l'utopie, au rythme même de la plume, la réalité se ranime ; le particulier, le contingent réapparaissent dans les détails. Mais c'est pour mieux se laisser maîtriser et produire. Les règles se corrigeront entre elles, se

porteront mutuellement appui. Tout sera prévu. On ne laissera pas le moindre espace où puissent se réfugier les consciences. Le fantasme totalitaire de l'utopie s'incarne sans doute de manière privilégiée dans les formes du droit. Le fait est que ce plaisir, qui n'est peut-être encore qu'esthétique chez Morelly, entre en résonance avec d'autres idées de son siècle et notamment celle selon laquelle le politique ne trouve d'autre raison d'être que de faire triompher la morale et d'apporter ainsi le bonheur aux hommes. Pour Mably, d'Holbach, Helvétius (voir *De l'esprit*), comme plus tard pour Bentham, c'est le droit qui changera l'homme. Et de là, le pas est vite franchi, qui en vient à recommander l'institution de lois fixes et immuables conditionnant à ce point les individus que nul ne pourrait plus même avoir l'idée d'un autre ordre de société.

Si on la considère dans cette perspective, l'utopie morellienne n'innove que sur un point, mais il est décisif : Morelly insiste sur la plasticité de la nature humaine et, poussant l'idée à son terme, il affirme que par les moyens de la législation, les hommes finiront par ressembler à l'image qu'on avait d'eux. C'est pourquoi l'utopie ne pourra plus désormais s'arrêter à l'objection constante qu'on lui faisait de ne pas tenir compte de la nature réelle des hommes. Si ces derniers semblent bien dociles dans les fictions utopistes, c'est qu'ils le sont dans la réalité. Ils peuvent être « apprivoisés par le mécanisme d'une éducation conforme à nos principes ». C'est pourquoi, aussi bien, le pas est susceptible d'être vite franchi entre la description d'un État situé dans un pays fantastique et la rédaction d'un code voulant légiférer pour la société actuelle. C'est à partir de là seulement qu'on peut comprendre que les œuvres de rêveurs comme Morelly semblent parfois tellement annonciatrices des planifications sociales à venir. C'est ainsi qu'on peut comprendre qu'elles aient pu vouloir changer le monde.

● Éditions Sociales, 1953 (p.p. A. Soboul).

G. ALMÉRAS

COELINA ou l'Enfant du mystère. Mélodrame en trois actes et en prose de René Charles Guilbert de **Pixérécourt** (1773-1844), créé à Paris au théâtre de l'Ambigu-Comique le 2 septembre 1800, et publié à Paris chez Jean-Noël Barba la même année.

Nobliau de province émigré à Coblence puis venu clandestinement à Paris où, en pleine Révolution, il enlumine des éventails et écrit des pièces de théâtre, Pixérécourt mène une vie aussi aventureuse que celle de ses héros avant de devenir, sous le Consulat et jusqu'à la fin de l'Empire, le « Corneille des Boulevards » qui régna alors presque sans partage sur les théâtres populaires. Au départ de cette fortune, *Coelina*, qui connut un retentissement exceptionnel non seulement à Paris (selon Pixérécourt, 387 représentations) mais aussi en province (1 089 représentations) et surtout à l'étranger, en particulier en Angleterre où, dans une adaptation de Thomas Holcroft, elle fut jouée avec grand succès à Covent Garden en 1802.

La pièce, effectivement, semblait annoncer ce que Paul Lacroix, « le Bibliophile Jacob », appellera la « renaissance du théâtre, après la barbarie dramatique de la période révolutionnaire » ; elle tempérait en tout cas les outrances du roman de Ducray-Duminil dont elle s'inspirait et faisait succéder aux « productions gigantesques et monstrueuses » (Lepan, *Courrier des spectacles*) à la mode sous le Directoire et dans lesquelles on trouvait diables et fantômes, une intrigue compliquée mais de bon sens qui proposait à un nouveau public qui « ne savait pas lire » (Pixérécourt) les magies conjuguées de l'illusion et du pathétique dans un spectacle visuel à vocation civique et morale. Sous le terme de « mélodrame », mis à la mode par le monologue lyrique de J.-J. Rousseau, *Pygmalion*, et repris à l'époque révolutionnaire pour ses promesses de spectaculaire, *Coelina* définissait les canons d'un genre qui, selon Nodier, était le « tableau véritable du monde que la société nous a fait et la seule tragédie populaire qui convienne à notre époque ».

L'honnête Dufour a recueilli chez lui sa nièce Coelina dont il administre les biens avec une si scrupuleuse honnêteté qu'il hésite à donner en mariage à son fils Stéphany, qui l'aime et en est aimé, cette jeune fille bien dotée. Dufour a aussi offert l'hospitalité à un pauvre hère, Francisque Humbert, rendu muet à la suite d'une sauvage agression. On se prépare encore à accueillir dans cette maison Truguelin, oncle de Coelina, qui aussitôt arrivé demande pour son fils la jeune fille en mariage. Dufour, favorable à ce projet, réserve tout de même sa réponse pour s'enquérir de l'avis de Coelina. Humbert, sur ces entrefaites, a reconnu dans Truguelin et son valet Germain ses agresseurs. Truguelin, se sentant démasqué, complote avec Germain la disparition d'Humbert, mais Coelina surprend leur conversation et fait échouer leur tentative d'assassinat. Devant Dufour accouru au bruit, Truguelin cherche à donner le change, mais dévoilé par Coelina, il finit par s'enfuir en proférant des menaces. Dufour consent alors à unir Stéphany à Coelina (Acte I).

Au milieu de la fête du mariage préparée et animée par le niais Faribole, surgit Germain qui remet à Dufour une lettre lui apprenant que Coelina est « l'enfant du crime et de l'adultère » et que son père n'est autre qu'Humbert. Coelina se jette alors dans les bras de celui-ci, mais tous deux, à cause du scandale et de la morale, malgré l'indignation de la servante Tiennette, sont honteusement chassés par Dufour. Stéphany veut alors suivre Coelina ; seule la menace de la malédiction paternelle l'en empêche. À ce moment, un vieux docteur, Auberson, dénonce les menées de Truguelin, éveillant ainsi les premiers remords de Dufour (Acte II).

Truguelin, traqué, arrive, sans être reconnu par les « archers » qui ont déjà arrêté Germain, chez le fermier Michaud dont l'habitation côtoie un torrent vertigineux. Le suivent de près Coelina et Humbert. Habilement, ce dernier fait tomber dans un piège le traître qui ne se rend pas sans combattre, mais finit par se faire mettre la main au collet par les « archers » au moment où surgissent, inquiets, Dufour et Stéphany. L'explication finale donnera la clé du mystère : Isoline, sœur de Truguelin, était liée par un mariage secret à Humbert ; profitant d'une absence de ce dernier, Truguelin avait obligé Isoline, déjà enceinte, à se marier avec le frère de Dufour, qui considérant Coelina comme sa fille, en avait fait son héritière. Puis le misérable avait entrepris de se débarrasser du muet et de s'approprier la jeune fille et l'argent. La pièce se termine dans une fête du bonheur retrouvé qui culmina dans un ballet et un dernier vaudeville chanté par le fermier Michaud. « Zig Zag Don Don / Rien n'échauff' la cadence / Comme un'bonne action » (Acte III).

Après plusieurs tâtonnements : *Victor ou l'Enfant de la forêt* (1798), *Rosa ou l'Hermitage du torrent* (1800), Pixerécourt, avec *Coelina*, semble mettre pour la première fois en relation dans le même ensemble une série d'éléments hétéroclites déjà utilisés chez les dramaturges du XVIIIe siècle, par les théâtres de la Foire, sur les scènes révolutionnaires. L'équilibre ainsi trouvé fonde « les règles de ce genre qu'on essaierait en vain aujourd'hui d'exclure de nos habitudes théâtrales » (P. Lacroix).

Le mélodrame « classique » se bâtit ainsi en trois actes autour de l'axe thématique central de la persécution. Dans le cours du récit (l'intrigue garde souvent la texture du roman dont elle est tirée), intervient le thème adjuvant de la reconnaissance qui permet à l'héroïne de retrouver au bout de ses épreuves son statut social, ses richesses et son identité. La typologie des personnages s'organise selon un manichéisme rigoureux : un traître (aidé ou non d'un ou de plusieurs deuxièmes couteaux) sur lequel à la dernière scène du dernier acte tombera la vindicte de la Providence ou la poigne de la maréchaussée, un ou plusieurs pères nobles ou « anges tutélaires », un naïf dont les lazzi serviront de contrepoint aux moments les plus pathétiques de la persécution, rendus plus vibrants encore par la présence à côté de l'héroïne d'infirmes et d'enfants. Dans des décors réalistes et spectaculaires à forte charge symbolique prennent place, avec des jeux de scène minutieusement réglés, une pantomime très subtile, des ballets et un accompagnement musical riche et varié (chaque théâtre avait son orchestre). Le moralisme qui chapeaute le tout, même s'il

s'exprime parfois en refrains de vaudeville, ne peut être autre que rigoriste et conservateur à une époque, comme le précise Nodier, où « le peuple ne pouvait recommencer son éducation religieuse et sociale qu'au théâtre ». Ainsi le mélodrame, en dépit de ses prétentions à la respectabilité littéraire, devint une manière d'école du regard qui orienta définitivement le spectacle théâtral du XIXe siècle vers l'utilisation d'un langage scénique élaboré.

▶ *Théâtre choisi*, Slatkine, I.

J.-M. THOMASSEAU

CŒUR D'ACIER. Voir HABITS NOIRS (les), de P. Féval.

CŒUR DES VIVANTS (le). Voir GRANDE PATIENCE (la), de B. Clavel.

CŒUR INNOMBRABLE (le). Recueil poétique d'Anna Bibesco-Brancovan, comtesse de **Noailles** (1876-1933), publié à Paris chez Calmann-Lévy en 1901.

L'ensemble, formé d'une soixantaine de poèmes, est construit à la manière des grands recueils romantiques et divisé en six séquences, qui ont chacune son thème et suggèrent par leur succession toute une philosophie de la vie. D'abord les biens du monde – la France, la nature, l'amour, les jardins, la nuit, la lune, les saisons, les parfums, la maison –, puis l'Antiquité – Pan et ses faunes, Priape, Vénus Cypria, Hébé, Éros, les Nymphes –, ensuite la morale – la conscience, l'orgueil, qui peut rendre héroïque, la sagesse des bêtes et l'acceptation de la mort –, puis le « bocage de l'amour » – langueur et ardeur, tendresse, tristesse et désir –, puis la fraternité humaine, la justice et la pitié, enfin la « poussière » où nous finirons, le néant auquel il faut consentir. Une citation à l'orée de chacun de ces mouvements : la phrase où Taine salue « l'Antiquité [...] jeunesse du monde », celle où Laforgue appelle les hommes à se consoler « les uns les autres », un vers de Ronsard, une sentence de Marc-Aurèle, deux extraits de l'*Anthologie* grecque.

La primauté de l'Antiquité gréco-romaine restaurée par la Pléiade indique les véritables choix de la poétesse. Dans son style romantique, elle cherche à retrouver la sagesse des Grecs et des Latins, telle au moins qu'elle l'imagine – une sorte de panthéisme teinté à la fois d'épicurisme et de stoïcisme, un amour de la nature et de la vie, qui s'épanouit parfois en églogues peuplées de figures mythiques. La jeunesse, le plaisir et la beauté des paysages sont nos véritables biens. Les temps modernes ont ajouté à cette sagesse le sens des souffrances humaines, mais la poétesse, qui célèbre la pitié et la fraternité, paraît ignorer l'Évangile. Une angoisse court à travers tant de strophes sonores et parfois pompeuses. Le temps passe, comme l'ont dit les Grecs avant Ronsard. La mort vient vite. Le panthéisme doit s'accomplir dans l'acceptation de cet éternel sommeil :

> [...] le champ fertile où l'humanité dort,
> La couche aux plis profonds, où tout entre et repose,
> Le nocturne jardin où les rouilles et l'or
> Accueillent la venue éternelle des choses.

Cette philosophie, assez simple, banale même, est souvent chantée sur de fort beaux accents. On retrouve les strophes du Victor Hugo d'avant l'exil, ou du Lamartine des *Méditations*. Loin de Paul Valéry (qui pourtant s'est souvenu de certains de ses hémistiches), de Mallarmé, voire de Verlaine, Anna de Noailles prolonge et enterre à l'orée du XXe siècle les harmonieuses plaintes et les bonheurs d'expression du premier romantisme.

A. NIDERST

COFFRET DE SANTAL (le). Recueil poétique de Charles **Cros** (1842-1888), publié à Nice chez Gay et fils en 1873. L'éditeur Alphonse Lemerre refusa l'ouvrage mais consentit à ce que son nom figure sur la couverture à titre de dépositaire parisien. Certains poèmes avaient auparavant paru dans des revues. Une nouvelle édition, revue et augmentée par l'auteur, fut publiée à Paris chez Tresse en 1879. C'est cette édition définitive qui sert désormais de référence.

Le Coffret de santal est l'unique recueil poétique donné par Cros de son vivant. Il réunit des pièces dont la composition s'étend sur environ une dizaine d'années. Cros fut souvent jugé par ses contemporains comme un brillant dilettante, mais rien de plus, et la critique ignora à peu près l'ouvrage lors de sa parution. Verlaine, cependant, se montra élogieux à l'égard du *Coffret de santal* : « Vous y trouverez, sertissant des sentiments tour à tour frais à l'extrême et raffinés presque trop, des bijoux tour à tour délicats, barbares, bizarres, riches et simples » ; il salua en Cros « un versificateur irréprochable qui laisse au thème toute sa grâce ingénue ou perverse » et qualifia sa manière d'« indépendante et primesautière » (*les Hommes d'aujourd'hui*, 1888).

Le recueil est composé de six sections. La première, intitulée « Chansons perpétuelles », comprend vingt et un poèmes dont la plupart, tant par leur rythme que par leur thématique, s'apparentent en effet à des chansons, ainsi qu'en témoignent quelques titres tels que "Ronde flamande", "Romance", "Chant éthiopien" ou "Chanson de route arya". Une référence à la musique apparaît également dans "l'Orgue" et "l'Archet". La deuxième partie, « Passé », contient trente poèmes d'une tonalité essentiellement amoureuse, explicite dans deux titres : "Vers amoureux" et "Ballade du dernier amour". D'autres titres évoquent des *topoï* de la relation amoureuse : "Excuse", "Plainte", "Supplication" ou "Possession". La présence féminine, parfois directement désignée ("À une attristée d'ambition", "À une jeune fille"), peut également être suggérée à travers divers attributs symboliques ("Sur un miroir", "Sur un éventail"). Les titres des deux sections suivantes, qui comportent respectivement treize et vingt poèmes, classés selon une caractérisation générique : « Drames et Fantaisies » et « Vingt Sonnets ». Viennent ensuite vingt et un poèmes rassemblés sous le titre « Grains de sel ». Cette section comporte tout d'abord un ensemble de textes humoristiques aux allures de chansons ; les quinze pièces suivantes sont chacune formées d'un dizain en alexandrins brossant, parfois dans un esprit proche de celui des images d'Épinal, des tableaux de la « simple vie » ("Gagne-petit"). Le recueil se termine par six poèmes en prose regroupés sous le titre de « Fantaisies en prose ».

Le titre du recueil est une périphrase qui désigne l'ouvrage et en souligne le caractère recherché, voire précieux. Le terme « coffret » suggère l'idée d'un rassemblement de pièces, éventuellement disparates, ce que confirme le premier poème, "Préface", qui accumule, dans une énumération développée tout au long de deux quatrains, une série d'objets hétéroclites puis conclut : « Quel encombrement dans ce coffre ! / Je vends tout. Accepte mon offre, / Lecteur [...]. » Et il est vrai que *le Coffret de santal* contient des textes très variés, qu'il est assez dépourvu d'unité dans le ton, l'inspiration, voire la qualité.

Le « santal », quant à lui, introduit une tonalité exotique qui se trouvera développée dans maints poèmes, par exemple dans ceux dont le titre désigne des contrées ("Chant éthiopien"), des coutumes ("Sultanerie"), des peuples ("Tzigane") ou des noms étrangers («Li-taï-pé»). Parfois, une description plante le décor d'un paysage lointain : « Le tigre rayé, l'hyène, / Tirant leur langue écarlate, / Cherchent de l'eau dans la plaine. / Les éléphants vont en troupe [...] » ("l'Été"). Mais l'ailleurs où se plaisent les poèmes de Cros n'est pas seulement géographique. Nombre d'entre eux optent en effet, soit à travers les objets (par exemple un gisant dans "la Dame en pierre"), soit à travers le ton, notamment celui du conte ("l'Archet") ou du madrigal ("Madrigal. Sur un carnet d'ivoire", "Sonnet madrigal", "Madrigal"), pour une distance temporelle qui crée la même impression de lointain. Finalement, le pays du « santal » est celui de l'imaginaire et du rêve : « J'ai rêvé les amours divins, / L'ivresse des bras et des vins, / L'or,

l'argent, les royaumes vains » ("Conclusion"). Mais la décevante réalité interdit l'accès à ce monde merveilleux et idéal : « J'ai pleuré, muet et farouche / Tous mes ravissements changés / Les arômes en fades herbes, / Les diamants en froid cristal, / En loups gris les tigres superbes, / En sapin banal le santal » ("Insomnie").

Enfin, ce mot de « santal », qui désigne un bois odoriférant, révèle l'importance attribuée au plaisir des sens dans la poésie de Cros. Le primat est pourtant accordé à la vue, et la pratique poétique se désigne volontiers à travers des métaphores picturales – « Ma palette serait l'aile des papillons / Et mes pinceaux des brins de huppe d'oiseau-mouche » ("Sonnet") – ou théâtrales : « J'ai bâti dans ma fantaisie / Un théâtre aux décors divers : / Magiques palais, grands bois verts / Pour y jouer ma poésie » ("Sonnet"). Là encore, les titres des poèmes sont éloquents, dans la mesure où ils empruntent souvent au vocabulaire de la peinture ("Croquis d'hospitalité", "Coin de tableau", "Scène d'atelier", "Croquis de dos", "Vue sur la cour", "Tableau", "Paysage", "Sur trois aquatintes de Henry Cros"). L'ouïe est aussi largement représentée, à travers l'ample utilisation d'un lexique musical ("l'Orgue", "l'Archet", "Chant éthiopien", "Triolets fantaisistes", "Berceuse", "Chanson de la côte", "Chanson des sculpteurs"). De nombreux poèmes, grâce à des élisions, des répétitions de formules ou d'onomatopées en forme de refrain, imitent d'ailleurs la chanson : « En attendant qu'on m'enterre, / Aujourd'hui, j'veux êtr' très gai. / Flon, flon, flon lariradondaire, / Gai, gai, gai, lariradondé » ("Brave Homme"). Entre les sens mêlés, s'établissent parfois de mystérieuses et envoûtantes correspondances, génératrices de scènes oniriques que sauront plus tard apprécier les surréalistes : « Au milieu du vaisseau est une estrade surélevée et sur l'estrade un très long piano à queue. Une femme, la Reine des fictions, est assise devant le clavier. Sous ses doigts roses, l'instrument rend des sons veloutés et puissants qui couvrent le chuchotement des vagues et les soupirs de force des rameurs » ("Sur trois aquatintes de Henry Cros").

L'univers des sens, c'est aussi celui du plaisir amoureux que les poèmes se plaisent à évoquer à travers un érotisme qui joue des ambiguïtés du dévoilement et du secret : « Et je me sens comme emporté, / Épave en proie au jeu des vagues, / Par le vertige où m'ont jeté / Ses lèvres tièdes, ses yeux vagues. / [...] / Mais personne n'en saura rien / Que moi seul... et l'Enchanteresse » ("Possession"). Teinté d'un galant marivaudage parfois quelque peu conventionnel, cet érotisme peut-être aussi angoissé et macabre : « L'odeur de tes cheveux, la blancheur de tes dents, / Tes souples soubresauts et tes soupirs grondants, / Tes baisers inquiets de lionne joueuse / M'ont, à la fois, donné la peur et le désir / De voir finir, après l'éblouissant plaisir, / Par l'éternelle mort, la nuit tumultueuse » ("Sonnet d'Oaristys"). La femme morte, figure récurrente dans les textes, fascine le poète : « Elle m'attend au lit. / Au lit que tu sais faire, / Fossoyeur, dans la terre. / Et, dans ce lit étroit, / Seule, elle aurait trop froid. / J'irai coucher près d'elle, / Comme un amant fidèle, / Pendant toute la nuit / Qui jamais ne finit » ("Rendez-vous"). Le temps qui passe, inexorable cheminement vers la mort, est une véritable hantise pour le poète qui tente de le retenir en se réfugiant dans la réminiscence du passé : « Mes souvenirs sont si nombreux / Que ma raison n'y peut suffire. / Pourtant je ne vis que par eux, / Eux seuls me font pleurer et rire / Le présent est sanglant et noir ; / Dans l'avenir qu'ai-je à poursuivre ? » ("Ballade du dernier amour"). Cette tragique victoire de la mort est parfois exprimée d'une manière plus crue et révoltée, à travers l'image de la pourriture qui apparaît à plusieurs reprises dans le recueil : « Ma maîtresse est morte. [...] / Peut-on vivre seul ? / Mon désir qui dure / Retrousse un linceul / Plein de pourriture » ("Profanation").

L'humour de Cros, qui est trop souvent l'unique aspect que l'on retient de sa poésie – en raison sans doute du poème fameux intitulé "le Hareng saur" –, n'a rien de très rassurant. Certes, les poèmes du *Coffret de santal* sont d'une qualité et d'une intensité inégales et certains ne sont pas sans céder à la tentation de la légèreté, de la convention ou de la facilité. Toutefois, cet humour, qui manie la dérision et l'absurde, a quelque chose de grinçant et de subversif qui, tout comme la richesse imaginaire de cette poésie, n'a pas laissé les surréalistes indifférents. On trouve dans ce *Coffret de santal* aussi bien des « bibelots » que des « bijoux » ("Préface").

● « Poésie / Gallimard », 1972 (préf. H. Juin) ; « GF », 1979 (p.p. L. Forestier). ➤ *Œuvres complètes*, « Pléiade » ; *Œuvres poétiques complètes*, « Bouquins ».

A. SCHWEIGER

COIFFEUR DE KOUTA (le). Voir LIEUTENANT DE KOUTA (le), de M. M. Diabaté.

COLAS BREUGNON. Roman de Romain **Rolland** (1866-1944), publié à Paris chez Ollendorff en 1919.

Colas Breugnon, menuisier à Clamecy, tient le journal de sa vie et de ses rêves. Héritier de Rabelais, il décrit avec verve son acariâtre épouse et ses enfants. Il prône l'indépendance d'esprit en ces temps troublés de la Ligue, où les « genpillehommes » saignent le peuple de France. Il conte allègrement les festivités comme l'attaque de la ville par ceux de Vézelay. Avec émotion, il évoque ses premières amours, contrariées, pour la belle qui, par orgueil, se maria à un autre. Mais la peste investit le Nivernois et Colas, un moment atteint par le fléau, est sauvé comme par miracle grâce à ses « dives bouteilles ». Peu après, alors que son épouse agonise, il sauve de la mort sa petite-fille. Durant son absence, sa maison a été brûlée par les pillards qui terrorisent Clamecy. Face à l'autorité défaillante, Colas, à la tête de la révolte, prend les voleurs à leur propre piège. Mais, contraint de vivre chez sa fille, il déplore la perte de son indépendance et se console en lisant Plutarque. Couronné roi de l'Épiphanie, il lance, entouré de tous ses enfants, un salut à la vie.

Saisi par une sorte de besoin impérieux, Romain Rolland écrivit *Colas Breugnon* en 1913 et 1914, en réaction contre la tension que, pendant dix ans, lui imposa *Jean-Christophe*. Dans ce récit rabelaisien, il laisse parler les voix de ses ancêtres bourguignons, de ce peuple de France qu'il sent sur le point de sombrer dans la barbarie à la veille de la Première Guerre mondiale. *Colas Breugnon* doit donc être considéré comme une sorte de témoignage de l'humain, en des temps où la violence s'exaspère déjà en Europe. Nul doute que Rolland ne le dédie à tous ceux qui, forts d'une énergie indomptable, persistent à préférer les valeurs humanistes en dépit des vicissitudes du sort. En effet son héros incarne la figure du bon vivant, sacrifiant au culte de Bacchus, peu soucieux du profit mais amoureux de la « belle ouvrage », et adepte des plaisirs simples, au contact de la nature. Certes, il n'échappe pas aux stéréotypes de la farce réaliste lorsqu'il dresse un portrait satirique de son épouse et des médecins de son temps. Mais il n'en vit pas moins à une époque troublée, celle des guerres de Religion, guerres fratricides menées au nom d'idéologies meurtrières que Colas dénonce. Comment ne pas voir, alors, dans cette évocation conduite malgré tout avec allégresse, à la fois une allusion à la montée des périls en 1913-1914 et la réponse d'un auteur qui aurait tant voulu pouvoir se placer « au-dessus de la mêlée » et préserver toute son indépendance d'esprit face aux bellicismes contemporains ? Cependant, en situant son récit au XVIᵉ siècle, Rolland semble suggérer qu'il n'y a point de salut, au XXᵉ siècle, sinon dans l'impossible retour d'époques révolues ou l'espoir tenace dans l'avenir. Son héros n'en conserve pas moins une rondeur, une verve inénarrables alors même que l'atmosphère de son journal s'assombrit de page en page : au début, il goûte avec sensualité le bonheur de

vivre ; puis le sort s'acharne sur lui, bien qu'il paraisse supporter avec alacrité sa condition d'homme du peuple, soumis aux impôts et à une autorité contestable. Loin de se réduire à une simple caricature, Colas incarne la force vitale et l'élan de la liberté, qui ne saurait s'inféoder à une religion ou à un parti. Fataliste et libre de tout engagement, il donne à ses semblables une leçon de vie sans emprunter ni le masque ni la prose pontifiante du moraliste.

● « Le Livre de Poche », rééd. 1988 ; Messidor, 1991 (p.p. D. Leuwers).

V. ANGLARD

COLETTE BAUDOCHE. Voir BASTIONS DE L'EST (les), de M. Barrès.

COLLAGE (le). Recueil de nouvelles de Paul **Alexis** (1847-1901), publié à Bruxelles chez Kistemaeckers en 1883. Ce recueil est composé de trois nouvelles : « le Collage », qui est sans doute la plus importante et celle qui a eu le plus de retentissement, « le Retour de Jacques Clouard » et « le Journal de M. Mure », déjà parue en 1880 dans *la *Fin de Lucie Pellegrin*. Disciple de Zola, Alexis crée pourtant ici une œuvre assez disparate du point de vue de la conception naturaliste du récit.

Le Collage. Le narrateur songe de plus en plus souvent au mariage. Il fréquente une prostituée, la Celina ; un jour, mise à la porte de chez elle, elle s'installe chez lui. Devant la bêtise et l'agressivité de sa compagne, il ne pense plus maintenant qu'au célibat. Surpris avec la blanchisseuse, c'est Celina qui le quitte. Depuis, il regrette cette vie à deux.

Le Retour de Jacques Clouard. Clouard, communard réfugié dans la banlieue de Genève, apprend qu'il est amnistié et part pour le 14 Juillet à Paris avec l'idée de retrouver sa femme. Un ancien camarade lui donne l'adresse où elle travaille. Il la retrouve effectivement, mais elle a refait sa vie et sa fille a disparu. Au banquet des amnistiés, Clouard se rend compte que rien ne reste de la pureté des idées révolutionnaires. Il rentre donc en Suisse où il se sent chez lui.

Le Journal de M. Mure. Hélène Durval épouse M. Moreau grâce à l'entremise de M. Mure, qu'elle avait connu enfant et sur qui elle faisait grande impression. M. Mure, secrètement amoureux d'elle, se désole de la solitude dans laquelle la maintient leur ville de province, jalouse de la beauté et de l'élégance d'Hélène. Un jour, on apprend qu'Hélène a été enlevée par un cavalier de passage. Le scandale s'estompe peu à peu, le père d'Hélène meurt et Mure découvre qu'elle a eu un enfant et qu'elle vit à Paris. Il lui rend alors visite et comprend qu'elle n'est pas heureuse. Une lettre lui annonce la mort de son premier enfant : Mure accourt mais il ne la retrouve pas. Il apprend la tragique histoire de sa bien-aimée : son amant les a ruinés au jeu, son deuxième enfant est mort-né et Hélène a dû quitter sa maison. Mure la cherche et la trouve enfin, installée dans un hôtel. Il loue la chambre d'à côté sans se faire remarquer. Il s'aperçoit qu'Hélène sort tous les soirs pour rejoindre son nouvel amant, un saltimbanque. Mure décide de la sauver de la déchéance et la ramène auprès de son mari, tout en conservant pour elle une secrète passion, qu'elle devine sans doute.

Le recueil en lui-même manque totalement d'unité, la reprise d'une nouvelle déjà publiée en étant la preuve. D'un côté, deux nouvelles de caractère moral (« le Collage » et « le Journal de M. Mure ») et de l'autre une nouvelle politique. Les deux récits de mœurs sont eux-mêmes de nature très différente. Dans « le Collage », Alexis s'attaque au thème favori des naturalistes : la question du mariage, de la femme, et du concubinage ou « collage ». Huysmans, dans *En rade* et *En ménage*, traitera du même thème, ici parfaitement synthétisé. L'homme oscille entre l'horreur de la solitude et l'horreur plus grande encore de la cohabitation avec une femme bête et acariâtre : « Notre existence est devenue un enfer », dit le héros. Le « collage » est alors vu comme une sorte de maladie fébrile, où les crises s'espacent mais persistent, où les symptômes sont l'ennui et le manque de désir. Maladie qui a pour conséquence de faire le vide autour de soi : « Lorsqu'on vit avec une femme, il est impossible de conserver dans leur intégrité ses anciennes relations. » Cependant, la femme est indispensable à l'homme, non pas tant du point de vue sexuel que du point de vue ménager. Une fois Celina partie, le héros conclut : « J'ai repris une femme de ménage. » Cette nouvelle, la plus connue d'Alexis, a ouvert la voie à toute une littérature consacrée au même sujet.

Par comparaison, « le Journal de M. Mure » ne fait que développer, sur le thème de la passion inavouée, des poncifs équivalents à ceux accumulés sur le thème de la déchéance sociale (voir la Fin de Lucie Pellegrin).

« Le Retour de Jacques Clouard », nouvelle plus atypique dans la production d'Alexis, ne manque pas d'intérêt. L'attaque d'Alexis vise trois cibles. D'abord la politique en général : « C'était donc cela, la politique ! Une mesquine et plate comédie, une simple blague, toujours la même, en tout temps et sous tous les régimes. » Mais il s'en prend aussi à la trahison des idées démocratiques défendues par la Commune : « Les idées et les hommes étaient devenus différents ; la République actuelle : vénalité, égoïsme, injustice, prostitution. La République n'était qu'un vain mot ! Puisque tout, famille, amitié, amour, vertu, liberté, patrie n'était qu'une immense duperie ! » Enfin, la dernière cible d'Alexis est Paris, la ville elle-même, corruptrice, qui détruit les hommes et les idées : « C'était toujours la même chose ! Paris, que neuf ans auparavant il avait laissé vicieux et gangrené, était resté le même : toujours la Babylone monarchique, la grande capitale impure, le mauvais lieu de l'Europe ! » Si, par son thème, cette nouvelle se révèle la moins naturaliste, Alexis semble compenser cet écart par un style plus conforme aux canons réalistes et qui fait notamment une large part aux descriptions pittoresques.

H. VÉDRINE

COLLIER DE GRIFFES (le). Recueil poétique de Charles Cros (1842-1888), publié à Paris chez Stock en 1908. De nombreuses pièces avaient auparavant été publiées dans diverses revues.

Le Collier de griffes fut édité vingt ans après la mort du poète par son fils, Guy-Charles Cros, et un ami, Émile Gautier. Ces derniers n'ont guère fourni d'explications sur la manière dont le recueil a été constitué. Il est toutefois à peu près certain que les deux promoteurs de cette édition se sont contentés d'ajouter au manuscrit quelques textes inédits et que l'architecture du volume, c'est-à-dire la disposition des poèmes et leur réunion en sections pourvues de titres, est le fruit direct du travail de l'auteur.

L'ordonnance du recueil correspond dans l'ensemble à l'ordre chronologique de composition des pièces. Les quatre premières sections du Collier de griffes sont constituées de textes en vers et s'intitulent « Visions », « Fantaisies tragiques », « Douleurs et Colères » et « Tendresse ». Chacun de ces titres met l'accent sur des composantes et des motifs essentiels dans la poésie de Charles Cros : l'imaginaire, l'humour, l'amour et la souffrance. Vient ensuite un poème quelque peu étrange intitulé "la Vision du grand canal royal des deux mers" ; il s'agit d'une longue succession de distiques formée de cent cinquante alexandrins qui chantent les bienfaits du canal du Midi. Six pièces, tenant à la fois du conte et du poème en prose, sont enfin rassemblées sous le titre « Prose ».

L'évocation de la femme constitue un trait dominant du recueil. La présence féminine est d'ailleurs suggérée dès le titre, par la mention d'un bijou, et s'y trouve d'emblée associée, à travers le terme « griffes », à une agressive menace. Dans les poèmes, le ton du marivaudage amoureux ou du badinage érotique ne dissimule pas longtemps que l'amour est fatalement lié au désespoir et à la mort : la chanson d'abord gaie et légère de "Valse" ne tarde pas à se muer en cri désespéré – « Ne jamais plus le voir... / À présent tout

est noir ; / Mourir ce soir / Est mon espoir, mon espoir / Suprême » – ou bien l'euphorique sensualité d'un "Sonnet" achoppe, dans le dernier vers, sur une vision macabre – « Quittez votre robe et mettez des bagues ; / Et montrez vos seins, éternel prodige. / Baisons-nous, avant que mon sang se fige. » Un vers d'un autre "Sonnet" pourrait servir d'exergue à l'ensemble du recueil : « L'amour va bien avec la mort. » Le constat est certes douloureux : l'inconstance, le mensonge et le temps rendent toute union périssable. Cependant, qu'elle soit victime ou bourreau, tuée ou meurtrière, la femme du Collier de griffes éprouve et suscite un désir dont l'ardeur semble proportionnelle au péril mortel qui l'accompagne. Maints poèmes, dans un registre indissociablement érotique et macabre, offrent l'image d'étreintes amoureuses dans lesquelles jouissance et mort se confondent : « Par ce soir doré de septembre, / La mort, l'amour, la mer, / Me noyer dans l'oubli complet. / Femme ! femme ! cercueil de chair ! » ("Hiéroglyphe") ; « J'égrène toutes mes vertèbres / Et toi, blanche dans les ténèbres, / Tu meurs de mes baisers funèbres. / Tes regards furent imprudents ; / Tu meurs de mes baisers ardents / Sans lèvres autour de mes dents » ("Réconciliation"). Dans le Collier de griffes, la femme joue indéfiniment avec le poète une scène amoureuse placée sous l'empire de deux forces inséparables, Éros et Thanatos : « Plus près, charmante ! Tu mourras / Car je te tue – et je me tue » ("Caresse").

Divers autres motifs récurrents apparaissent dans le recueil mais de façon moins massive : ainsi, le poète dessine souvent sa propre figure sous les traits du marginal incompris : « J'allume le feu dans l'été, / Dans l'usine je suis poète ; / Pour les pitres je fais la quête. / Qu'importe ! J'aime la beauté » ("Sonnet"). En outre, Cros fait volontiers usage d'une verve satirique grinçante pour tourner en dérision son siècle de profit et de progrès : il stigmatise par exemple l'âpreté au gain dans "le Propriétaire" ou l'impérialisme positiviste dans "la Science de l'amour" .

Régulière, la poésie du Collier de griffes ne dédaigne ni le recours à des formes traditionnelles, telles que sonnet ou ballade, ni l'usage d'images parfois conventionnelles. Nombre de poèmes sont toutefois originaux et novateurs, tant par leur prosodie que par le dépouillement de leur langue qui juxtapose des visions élémentaires et tisse de subtils réseaux métaphoriques. Ainsi, des pièces comme "Pluriel féminin" ou "Hiéroglyphe" recèlent-elles des accents qui semblent annoncer Apollinaire. Parfois même l'écriture laisse libre cours, notamment dans "Liberté", à des audaces qui séduiront les surréalistes.

● « Poésie / Gallimard », 1972 (préf. H. Juin) ; le Coffret de santal [...], « GF », 1979 (p.p. L. Forestier). ➤ Œuvres complètes, « Pléiade » ; Œuvres poétiques complètes, « Bouquins ».

A. SCHWEIGER

COLLIER DE LA REINE (le). Voir MÉMOIRES D'UN MÉDECIN, d'A. Dumas.

COLLINE. Roman de Jean **Giono** (1895-1970), publié à Paris dans la revue Commerce en juillet 1928, et en volume chez Grasset en 1929.

Écrit entre l'été 1927 et janvier 1928, Colline est le premier roman de Giono. Le succès, immédiat et général, le promeut soudain au rang de grand écrivain, et il songe, dès 1929, à inscrire Colline au sein d'un cycle que les deux romans suivants, *Un de Baumugnes et *Regain, compléteront pour former la trilogie de Pan : « J'avais mis à Colline la lettre P parce qu'Un de Baumugnes c'était A et Regain c'était N. C'était déjà combiné à cette époque... J'avais déjà une idée de structure, ce n'était pas un livre seul... » (entretien avec R. Ricatte, août 1968). Ce projet global est expliqué dans un texte intitulé « Présentation de Pan » paru en février 1930 dans la *Revue de Paris* puis publié par Grasset en juin dans « les Amis des Cahiers verts » : « Il faudra que je parle de cette force qui ne choisit pas, mais qui pèse d'un poids égal sur l'amandier qui veut fleurir, sur la chienne qui court sa course, et sur l'homme. [...] Ce sera comme si je disais d'abord le P, puis le A, puis le N et qu'enfin on entende le mot entier. »

On compte quatre foyers dans le village provençal reculé des Bastides-Blanches : ceux de Gondran, d'Arbaud, de Maurras et de Jaume. Le vieux Janet, beau-père de Gondran, est soudain frappé de paralysie. Immobilisé sur son lit, il ne cesse de parler ou de « déparler » – le médecin a annoncé qu'il délirerait probablement – et ses propos engendrent peu à peu chez les villageois une étrange et oppressante inquiétude. Un jour que Gondran travaille dans une oliveraie sur la colline, il sent brusquement que cette dernière vit – « Une vie immense, très lente mais terrible par sa force révélée, émeut le corps formidable de la terre, circule de mamelons en vallées, ploie la plaine, courbe les fleuves, hausse la lourde chair herbeuse » –, et il prend peur. Quant à Jaume, il a vu un chat noir, phénomène annonciateur de catastrophes. La panique croît chez les habitants des Bastides qui, délaissant les travaux habituels, attendent dans l'anxiété. Le malheur survient : la fontaine du village cesse de couler, la petite Marie, l'une des filles d'Arbaud, tombe gravement malade. Jaume, considéré par les villageois, en vertu d'un accord tacite, comme le chef, va plusieurs fois consulter Janet dont les propos révèlent une profonde connaissance des phénomènes qui sont en train de se produire. Le vieillard refuse de l'aider et prédit la fin du village. Un incendie se propage sur les collines et épargne de peu les Bastides. Jaume réunit les hommes : s'ils veulent que le village soit sauvé, il faut tuer Janet. Ils sont sur le point d'accomplir leur résolution lorsqu'on leur apprend que Janet vient de mourir. La fontaine se remet aussitôt à couler et la vie reprend progressivement son cours normal.

Comme l'indique le titre du roman, la colline en est le protagoniste principal. Le paysage imprime son aridité au style qui se veut en symbiose avec lui : « J'ai cherché précisément à trouver [...] une ressemblance [...] avec des collines sèches aussi, avec des collines sans eau » (entretien avec R. Ricatte). L'utilisation constante du présent de narration – « élément de sécheresse, de brutalité et de violence » (*ibid.*) –, de phrases souvent courtes et parfois nominales, de nombreux présentatifs neutres tels que « c'est », « ce sont » ou « il y a » créent un style plein de majesté dans son dépouillement. En outre, de fréquents alinéas confèrent à l'écriture un souffle proche de celui du verset : « Le vent bourdonne dans les platanes. / Ce sont les Bastides Blanches. / Un débris de hameau, à mi-chemin entre la plaine où ronfle la vie tumultueuse des batteuses à vapeur et le grand désert lavandier, le pays du vent, à l'ombre froide des monts de Lure. / La terre du vent. » Comme le souligne Giono, « *Colline*, c'est en quelque sorte un poème en prose démesuré » (entretien avec R. Ricatte).

Tout d'abord personnifiée par la description poétique – « C'est entre les collines, là où la chair de la terre se plie en bourrelets gras » –, la colline devient peu à peu personnage narratif à part entière, une force vivante, agissante et hostile : « Ces collines, il ne faut pas s'y fier. Il y a du soufre sous les pierres. [...] C'est fait d'une chair et d'un sang que nous ne connaissons pas, mais ça vit. » Le délire d'un vieillard paralysé modifie soudain la vision du monde habituelle des villageois : « Tu t'imagines de tout voir, toi, avec tes pauvres yeux ? Tu vois le vent, toi qui es fort ? / Tu es seulement pas capable de regarder un arbre et de voir autre chose qu'un arbre. / Tu crois, toi, que les arbres c'est tout droit planté dans la terre, avec des feuilles, et que ça reste là, comme ça. Ah ! pauvre de moi, si c'était ça, ça serait facile. » Ce regard nouveau porté sur les éléments engendre la panique – « En cherchant sa bêche, il rencontre le visage de la terre. Pourquoi, aujourd'hui, cette inquiétude qui est en lui ? » – et confère au roman rustique une dimension fantastique.

Ensemble de coïncidences et de phénomènes d'hallucination collective, ou prise de conscience accomplie par l'homme de sa précarité au sein des forces universelles ? Le roman laisse ouvertes les hypothèses et libres les interprétations. Enracinée dans le terroir, dans les gestes simples et quotidiens d'une humanité et d'une terre primitives, l'œuvre se saisit d'une anecdote plausible et même réelle – Giono a connu un vieillard nommé Janet dont il rapporte les derniers propos dans « Présentation de Pan » – pour ménager une brèche à l'intérieur de la routine. Le temps d'une agonie, un énigmatique secret – « Je vais te dire le secret ; c'est tout sucré, comme un mort » –, ancestral et cosmique, a été pressenti.

● « Le Livre de Poche », 1960. ➤ *Œuvres romanesques complètes*, « Pléiade », I (p.p. L. Ricatte) ; *Romans et Essais*, « Pochothèque ».

A. SCHWEIGER

COLLINE INSPIRÉE (la). Roman de Maurice **Barrès** (1862-1923), publié à Paris chez Émile-Paul en 1913.

Sur la colline de Sion-Vaudémont, en Lorraine, trois prêtres, les frères Baillard, commencent en 1837 une entreprise de restauration des monuments comme de la vie spirituelle locale. L'énergie de l'aîné, Léopold, les place rapidement à la tête d'un véritable empire religieux, qui déplaît à la hiérarchie : après une longue lutte, l'évêque de Nancy parvient à les faire céder (chap. 1-3). Léopold tombe alors aux mains d'un illuminé, Vintras (4) : de retour à Sion, il fonde une communauté au mysticisme frôlant l'hérésie. Avec l'interdiction de l'évêque (5-7) et l'arrivée d'un nouveau curé (8) commence une longue lutte inégale : excommuniés, ruinés, les anciens seigneurs spirituels devenus chefs de secte doivent quitter séparément leur terre (9-14). Ils referont cependant une tentative, vite avortée, avec leur dernier carré de fidèles (15). François mort, Quirin l'ayant quitté, Léopold reste seul, prophète flamboyant et dérisoire qui réintégrera juste avant sa mort le sein de l'Église (16-19).

« Il est des lieux où souffle l'esprit » : le très célèbre titre du chapitre 1 fait de la colline adorée par Barrès (voir « le 2 Novembre en Lorraine » dans *Amori et Dolori sacrum*) le centre du roman, et son véritable héros. *La Colline inspirée* ne constitue cependant pas une énième version du culte barrésien pour le sol natal (voir *l'**Appel au soldat, *les* **Bastions de l'Est*) : malgré le titre, l'intrigue du roman historique l'emporte ici sur la description, jusqu'à ce que l'épilogue tire les leçons du long conflit de la terre et de la hiérarchie (« Qu'est-ce qu'un enthousiasme qui demeure une fantaisie individuelle ? Qu'est-ce qu'un ordre qu'aucun enthousiasme ne vient plus animer ? »). Éternel dialogue, chez Barrès, de la passion et de l'intelligence, de la perte et de la maîtrise de soi, qui relie le roman à toute l'œuvre – même au *Culte du moi de sa jeunesse auquel il semble répondre dans le choix résolu d'une discipline alimentée par l'enthousiasme. Triomphe final de l'ordre, donc, mais qui montre aussi les pièges d'un enracinement (voir *les* *Déracinés) : retrouvant l'esprit lorrain, renouant avec les siècles, Léopold Baillard s'effondre faute de savoir maîtriser son héritage spirituel. Dès qu'elle quitte l'idéologie pour la littérature, la « leçon » de Barrès paraît ainsi plus problématique – plus intéressante. L'absence de toute thèse préétablie fait alors la grande réussite du roman, où Léopold demeure jusqu'à la fin splendide et clownesque, prenant curieusement aujourd'hui une dimension de héros moderne, don Quichotte d'une inaccessible sainteté. Portée par une écriture dépouillée de sa préciosité parfois facile, *la Colline inspirée* est aussi une remarquable chronique paysanne, où l'âpreté des personnages et des relations préfigure presque Giono : c'est ici qu'on peut croire à l'authenticité d'un « sentiment du sol » trop souvent chanté sur un mode éthéré, et comme « urbain »... La postérité ne s'y est d'ailleurs pas trompée, qui délaisse les débordements chauvins de Barrès en retenant plutôt ce roman où le « terroir » est rendu à la vérité de ses splendeurs et de ses mesquineries.

● Pierron, 1985 (p.p. J. Barbier) ; Monaco, Éd. du Rocher, 1986. ➤ *Œuvres complètes*, Club de l'honnête homme, VI.

O. BARBARANT

COLLINE OUBLIÉE (la). Roman de Mouloud **Mammeri** (Algérie, né en 1917), publié à Paris chez Plon en 1952.

Le roman, raconté pour l'essentiel du point de vue du personnage principal Mokrane, qui tient son journal, relayé par une narration à la troisième personne vers la fin, évoque la vie dans un village de Kabylie, Tasga, pendant le Seconde Guerre mondiale, où la jeunesse se divise en deux clans – les évolués, « ceux de Taasast », et la bande de Ouali, joyeux lurons qui organisent des « sehja », soirées de chant et de danse. Le récit suit, linéairement, l'amour de Mokrane, du clan de Taasast, pour Aazi, son mariage et la répudiation de la jeune femme en raison de sa stérilité. Menach, l'ami de Mokrane, est quant à lui amoureux de Davda, mariée au rustre Akli. Les hommes sont mobilisés pour la guerre, et partent pour le front. Mokrane, isolé, désespéré depuis que, sous la contrainte sociale, il a dû répudier son épouse, part dans la montagne où il meurt de froid et d'épuisement, au moment même où Aazi doit lui apprendre qu'elle est enceinte.

Mouloud Mammeri a été violemment attaqué par les intellectuels nationalistes pour sa vision qualifiée de folkloriste de l'Algérie, qui, loin de présenter les luttes pour le progrès, l'indépendance, décrivait une société soumise aux traditions et indifférente aux préoccupations politiques. Il est vrai que, dans le roman, les hommes vont jusqu'à s'identifier à la France dans le combat contre l'Allemagne, ainsi que le suggère le narrateur, Mokrane, dans la première partie : « Nous admirions l'efficacité de la ligne Maginot quand elle était déjà tournée, nous nous révoltions avec notre informateur de la félonie des Belges quand les Allemands étaient en France et plaignions Amiens au moment où déjà Paris capitulait. » À telle enseigne que, dans son deuxième roman, *le Sommeil du juste* (1955), Mammeri a voulu engager ses personnages dans la lutte pour l'Indépendance.

C'est que le roman, dans l'ensemble, vise un propos qu'on a pu qualifier d'« ethnographique ». Mammeri, devenu depuis lors professeur de langue et de civilisation kabyles à l'université d'Alger, recueille – à destination d'un public parisien – les traditions d'un monde qui disparaît lorsque la guerre introduit la vie moderne. Le roman s'ouvre ainsi sur un glossaire des mots kabyles (ou, plus rarement, arabes) utilisés. Il est à cet égard significatif que la culture des Kabyles soit constamment opposée à celle des Arabes de la plaine, auprès de qui on va acheter du blé ; ainsi du thème de l'« honneur » qui revient fréquemment – « Meddour n'a plus rien gardé de l'honneur kabyle » –, de sorte que les Arabes sont rapprochés des chrétiens européens, les « Iroumien » : « Mais la coutume heureusement veille, car où serions-nous s'il n'y avait dans notre montagne des hommes pour faire respecter la justice et payer l'injustice ? Nous serions comme les Iroumien et les Arabes : tout nous serait permis. » Cette opposition passe évidemment par la langue. Ouali, du clan des pauvres, est parti à la poursuite d'Ouelhadj, qui avait attenté à son honneur, mais, sorti du village, il a été gêné par le fait qu'« il ne savait pas un mot d'arabe alors que ce diable d'Ouelhadj, avec son air lourdaud, le parlait comme si c'était la langue de sa mère ». C'est ainsi tout naturellement en français qu'Aazi a écrit une lettre à son mari Mokrane, pour lui demander de revenir.

La permanence de la société kabyle est signifiée par son attachement à la nature, à la « terre », et sans doute n'est-il pas fortuit que le titre rappelle la *Colline inspirée* de Barrès. La vie est ici dictée par le rythme des saisons : lorsque la neige survient, les personnages attendent le printemps pour repartir, et c'est précisément dans la neige que meurt Mokrane ; Menach, quant à lui, a failli se noyer dans la rivière, qui joue un rôle essentiel dans la vie du village. Nombreuses sont les descriptions lyriques du paysage, dont la rudesse est constamment rappelée, de sorte que, dans une vision animiste, les éléments – le vent, la pluie, la neige, le soleil – participent pleinement à l'action comme des êtres animés : « Un vent furieux s'acharnait sur les fenêtres, sifflait sous la porte. On entendait çà et là un bris de tuiles arrachées aux toits. J'allais fermer les volets. Coupé par le tranchant aigu des lames de persiennes, le vent faisait : hou… hou… en passant à travers. Puis il cessa. De gros grêlons battirent les tuiles à coups irréguliers avant d'aller rebondir au sol ou sur le balcon. Le ciel se déversa d'un coup et en un instant des trombes d'eau firent ruisseler toutes les gouttières. Le vacarme dura bien une demi-heure puis, comme sous la baguette d'une fée, la pluie et le vent cessèrent ; les nuages restèrent comme figés au haut du ciel. »

Les personnages vivent selon un mode de vie collectif – même Mokrane, qui tient son journal intime, n'a d'existence que par rapport aux structures familiales et sociales (la bande de Taasast) –, sous l'autorité du chef de clan, comme l'atteste, stylistiquement, l'omniprésence d'un « nous » inclusif, dès l'ouverture du roman : « Le printemps, chez nous, ne dure pas. » Et le village tout entier vit en symbiose avec la nature sur le mode de la participation, au rythme des saisons, des récoltes et des moissons. La religion elle-même, représentée par le marabout qu'Aazi va voir pour vaincre sa stérilité, reste étroitement liée aux anciens rites sacrificiels : si Aazi est stérile, si le village est frappé de la malédiction de la guerre, c'est qu'a été oublié le rite du *timechret*, sacrifice de moutons. Au-delà du régionalisme dont on a pu accuser Mammeri, c'est de la spécificité de la culture kabyle que traite en somme *la Colline oubliée*.

● « Folio », 1992.

D. COMBE

COLOMBA. Nouvelle de Prosper **Mérimée** (1803-1870), publiée à Paris dans la *Revue des Deux Mondes* le 1er juillet 1840, et en volume avec *les Âmes du purgatoire* et la **Vénus d'Ille* chez Magen et Comon en 1841.

Inspecteur des Monuments historiques, Mérimée avait été chargé, selon son désir, d'une mission archéologique en Corse en 1839. L'écrivain, quant à lui, s'était déjà intéressé à l'île en publiant **Mateo Falcone* en 1829. Pour rédiger *Colomba*, il se sert des *Istoria di Corsica* de Filippini ou de Pietro Cirneo (qu'il utilise en outre pour composer ses *Notes d'un voyage en Corse*), et plus encore des *Voyages en Corse, à l'île d'Elbe et en Sardaigne* (1837 et 1838) de Valéry (pseudonyme d'A. Pasquin, bibliothécaire du roi) qui lui offraient deux personnages réels – Colomba Bartoli, vieille dame ayant perdu son fils lors d'une vendetta non apaisée par la justice, et sa fille Catherine. Lors de son séjour insulaire, Mérimée rendra visite aux femmes dont il fondra les deux figures en une seule héroïne.

Déçus par l'Italie qui n'a pu combler leur désir de chasse pour l'un et de romanesque pour l'autre, le colonel sir Thomas Nevil et sa fille Lydia s'embarquent pour la Corse en compagnie d'un lointain parent du capitaine, qu'ils traitent avec hauteur avant d'apprendre que ce lieutenant en demi-solde, Orso della Rebbia, est issu d'une grande famille corse (chap. 1-2). Une complainte traditionnelle chantée par un matelot apprend à Miss Lydia que le jeune homme devrait venger son père assassiné : après un moment de curiosité, elle entreprend, alors qu'ils sont arrivés à Ajaccio, de faire renoncer le jeune homme à la vendetta : il l'assure de ses intentions pacifiques (3-4). La belle Colomba vient chercher son frère (5). L'assassinat du colonel della Rebbia n'est que la suite d'une querelle très ancienne avec les Barricini qui l'emportent enfin puisque l'avocat Barricini est désormais le maire de Pietranera ; on lui a remis un carnet, disparu depuis, où le père d'Orso a écrit le nom de son meurtrier avant de mourir ; mais un bandit soupçonné de l'assassinat a été tué peu après et l'affaire est restée sans suite (6). Orso sent que Colomba veut l'inciter à la vengeance tandis que Miss Lydia veut l'en dissuader. Plongé dans un climat de vendetta, s'opposant d'abord farouchement à sa sœur, Orso, emmené par elle sur le lieu du meurtre de son père, puis mis en présence de deux bandits cachés dans le maquis, Brandolaccio et le curé, envisage alors de se battre en duel avec les fils Barricini (7-11). Colomba au cours d'une veillée funèbre mêle à son chant des allusions vengeresses et empêche la réconciliation voulue par le préfet. Celui-ci, mis en présence des bandits qui témoignent contre Barricini, décide de faire justice (12-15). Malgré l'oreille coupée de son cheval (geste insultant, accompli en réalité par Colomba), Orso décide de s'en remettre aux tribunaux et part à la rencontre des Nevil. Tombé dans une embuscade, il réplique promptement et tue ses agresseurs qui ne sont autres que les deux fils Barricini (16-17). Le maire est foudroyé de douleur ; Miss Lydia, qui innocente Orso (les deux voyageurs attestent qu'il n'a fait que se défendre), rencontre le jeune homme dans le maquis et avoue son amour à son père. Les deux bandits refusent de quitter le maquis et Colomba, accompagnant le colonel et les jeunes mariés en Italie, retrouve le maire Barricini, brisé, qui se plaint qu'elle lui ait pris ses deux fils : « Si la souche n'eût été pourrie, je l'eusse arrachée », répond-elle (18-20).

« C'est la pure nature qui m'a plu surtout, écrit Mérimée à son ami Requien. Je ne parle pas des maquis [...] ; mais je parle de la pure nature de l'homme. » L'archéologue cède le pas à l'observateur voire à l'ethnologue, comme dans *Mateo Falcone*, comme plus tard dans **Carmen*, il tente, à travers une coutume, – la vendetta (longuement analysée au chapitre 6) – et un ensemble de traditions, à la fois de restituer l'esprit d'un peuple et de ressaisir une sorte d'humanité originelle. Les lectures, conjuguées à l'observation directe, permettent à l'auteur de présenter à son lecteur un échantillon représentatif des rites conservés en Corse : Colomba entraîne Orso sur le lieu où a été tué leur père (chap. 11) : c'est le *mucchio*, « un usage extrêmement ancien et qui se rattache peut-être, dit le narrateur, à des superstitions du paganisme » ; Colomba qui est « la plus grande *voceratrice* [pleureuse de chants funèbres] de Pietranera et de deux lieues à la ronde » (chap. 5) improvise une *ballata* d'abord pour Miss Nevil puis pour des voisins avant de faire gravement remarquer à Orso, réticent, que « la *ballata* nous vient de nos aïeux, et [que] nous devons la respecter comme un usage antique » (chap. 12). Sont aussi évoquées diverses pratiques liées au code de l'honneur corse : donner le *rimbecco* qui est « la plus mortelle injure », le reproche « de ne pas s'être vengé » (chap. 3), provoquer l'adversaire en mutilant son cheval ou en abattant un cochon qui lui appartient. Toutes ces coutumes s'intègrent dans un engrenage de défis et de ripostes qui tourne de plus en plus vite, et conduit à un dénouement violent. Mais l'auteur se veut aussi simple curieux qui note la façon de s'habiller, de se nourrir, de se déplacer, sans négliger pour autant les renseignements historiques sur le passé de l'île. Autant d'éléments qui expliquent la modestie de Mérimée : « J'ai tâché de faire une mosaïque avec les récits que j'ai recueillis à droite et à gauche », peut-il écrire. Derrière cette apparente diversité se profile un désir unique, presque philosophique et qui est le propre de nombre de romantiques : la recherche d'une vérité qui est l'authenticité de l'être humain. Cette présence d'une nature « mythique » est assumée par le personnage de Colomba. Si elle frappe amicalement le colonel, ce n'est qu'habileté afin de pouvoir élever dans les valeurs corses son futur neveu. Car il ne peut y avoir cohabitation de deux cultures, l'une primitive, l'autre faussement civilisée, seulement si la première l'emporte et intègre l'autre à son profit. Ainsi, du curé qui bien que possédant le savoir et les connaissances du continent reste dans le maquis.

Cette opposition affirmée de deux systèmes se fait sans manichéisme et le narrateur semble se tenir à égale distance des deux pôles, même si l'on constate aisément de quel côté penchent ses sympathies. Le colonel est un fantoche à la Musset ; Miss Nevil est une poupée factice, guindée, aux allures ridicules de princesse gavée de Walter Scott, une mondaine recherchant précisément le « primitif » (« Tiens, cela est primitif », se dit-elle en regardant Colomba se signer avant de manger le pain) pour éblouir ses amies dans un salon. On retrouve le même humour dans la description des bandits dans le maquis : mais l'humour est le lot des personnages plus que du narrateur et la parodie, si parodie il y a, est bien plus légère. Au total, la morale civilisée est la plus mise à mal dans ce récit qui privilégie la violence spontanée. Et l'on comprend que dans sa correspondance Mérimée ait presque regretté d'avoir, sur les conseils de l'amie

très aimée, Valentine Delessert, modifié, il faudrait dire « édulcoré » le dénouement. Il avait d'abord présenté Colomba, désireuse de conclure un mariage avantageux pour sa famille, tendant un piège à Miss Lydia pour la forcer à épouser son frère. Il n'a pu renoncer à dépouiller son héroïne de toute férocité puisqu'il la montre répondant avec une cruauté impitoyable au maire brisé à mort. De plus, le mot de la fin, qui suggère que Colomba a le mauvais œil, fait ressurgir le thème des superstitions populaires. Elle renvoie aussi à ce thème de la femme diabolique fréquent dans l'univers mériméen : « Tu es, je le crains, le diable en personne », s'exclame Orso (chap. 16), préfigurant don José s'adressant à Carmen.

● Genève, Droz, 1947 (p.p. P. Jourda) ; « GF », 1964 (p.p. P. Salomon) ; « Presses Pocket », 1989 (p.p. P. Mourier-Casile). ➤ *Romans et Nouvelles*, « Classiques Garnier », II ; *Nouvelles complètes*, « Folio », I ; *Théâtre, Romans et Nouvelles*, « Pléiade » ; *Nouvelles*, « Lettres françaises », II.

F. COURT-PEREZ

COLONEL CHABERT (le). Nouvelle d'Honoré de **Balzac** (1799-1850), publiée à Paris en feuilleton sous le titre « la Transaction » dans *l'Artiste* du 19 février au 12 mars 1832. Après une adaptation théâtrale (*Chabert*, juillet 1832) et une publication dans un recueil collectif (« le Comte Chabert » dans *le Salmigondis*, octobre 1832) non approuvées par Balzac, celui-ci remanie profondément le texte en 1835 pour les *Études de mœurs*. Après une réédition dans les « Scènes de la vie parisienne » (Paris, Charpentier, 1839), la nouvelle reçoit son titre définitif dans la **Comédie humaine* (tome II des « Scènes de la vie parisienne » chez Furne, Dubochet et Hetzel, 1844), avant que Balzac ne la classe en 1845 dans les « Scènes de la vie privée ».

Œuvre célèbre, fréquemment adaptée au théâtre et au cinéma, ce récit entrelace des thèmes de la vie privée, de la vie militaire et de la vie parisienne en une intrigue de faits divers animée par l'esprit du mélodrame. S'y confrontent un fantôme de l'épopée impériale et la société de la Restauration, cachant sous son apparence brillante une profonde corruption.

En 1819, le jeune avoué Derville reçoit la visite d'un vieillard qui affirme être le colonel Chabert, laissé pour mort à Eylau. Celui-ci raconte son histoire : ayant survécu à ses blessures, il a traversé l'Allemagne pour rentrer en France. Là, personne n'a voulu le croire et, réduit à la misère, il n'a pu faire reconnaître ses droits. Son ambitieuse et égoïste femme s'est remariée au comte Ferraud, favori de Louis XVIII. Derville le croit et lui verse quelques subsides en attendant de faire triompher sa cause. Chabert s'établit chez un de ses anciens soldats. Misant sur l'amour que son ex-mari éprouve toujours pour elle, la comtesse Ferraud, femme sans cœur comme la Fœdora de la **Peau de chagrin*, accepte une transaction : elle versera au colonel une pension s'il consent à ne pas compromettre sa position sociale. Dégoûté par tant d'ignominie, Chabert renonce à tout et se retire. Un an plus tard, Derville le reconnaît sous les traits d'un vagabond et le fait placer à l'hospice de Bicêtre où le malheureux passera les vingt dernières années de sa vie.

Si la première version mettait en scène un drame psychologique et adoptait un dénouement mélodramatique (Chabert s'évanouissait devant les grilles fermées du château des Ferraud après avoir signé l'acte de renonciation à son identité), la version définitive met l'accent sur le rôle de l'argent et les valeurs du grand monde. Par son irruption, le revenant Chabert révèle la dégradation morale d'une société impitoyable qui le rejette, lui dont l'héroïsme avait contribué à la fonder.

Description d'une étude de notaire, tableau d'une société déshumanisée, portrait d'une femme acculée à se battre sans scrupules pour défendre une position chèrement acquise : tout met en scène la loi de l'intérêt. La comtesse, qui a épousé son amant en secondes noces, use de ses charmes pour manœuvrer Chabert qui veut recouvrer ses prérogatives d'époux : un lien s'établit entre possession sexuelle et appropriation sociale. Tout le récit s'organise autour d'une tractation juridique dans laquelle Chabert se révèle inadapté aux réalités modernes : sa révolte le conduit à une déchéance abjecte. « Rebuté par la création sociale entière », le mort doit rentrer sous terre.

● Champion, 1961 (p.p. P. Citron) ; « Folio », 1976 (p.p. P. Berthier, préf. P. Gascar) ; « Le Livre de Poche », 1984 (p.p. P. Barbéris) ; « Presses Pocket », 1991 (p. p. J. Guichardet) ; « GF », 1993 (p.p. N. Satiat) ➤ *L'Œuvre de Balzac*, Club français du Livre, I ; *Œuvres complètes*, Club de l'honnête homme, IV ; *Œuvres complètes illustrées*, Bibliophiles de l'Originale, X ; *la Comédie humaine*, « Pléiade », III (p.p. P. Barbéris).

G. GENGEMBRE

COMBAT CONTRE LES OMBRES (le). Voir CHRONIQUE DES PASQUIER, de G. Duhamel.

COMBAT DE NÈGRE ET DE CHIENS. Pièce en vingt tableaux de Bernard-Marie **Koltès** (1948-1989), créée par l'Ubu Theater dans une mise en scène de Françoise Kourilsky à New York en décembre 1982, et publiée à Paris en dactylogramme par Théâtre Ouvert, et en volume chez Stock en 1979.

La mise en scène de Patrice Chéreau , en février 1983, au théâtre des Amandiers de Nanterre, fut un événement théâtral, et constitua le premier acte d'une étroite collaboration entre le metteur en scène et l'écrivain d'où devaient naître *Quai Ouest* (1986), **Dans la solitude des champs de coton* (1987), *le Retour au désert* (1988).

Dans un pays d'Afrique de l'Ouest, sur « un chantier d'une grande entreprise étrangère », vivent trois Blancs, Horn, le chef du chantier, Léone qui vient d'arriver de Paris, invitée par Horn, et Cal, l'ingénieur, un personnage violent, tourmenté et alcoolique, dont l'unique souci est un petit chien blanc, comme son nom, « Toubab » – appellation du Blanc dans certaines régions d'Afrique –, l'indique. Les travaux marchent au ralenti… Alboury, « un Noir mystérieusement introduit dans la cité », vient réclamer le corps d'un ouvrier noir, mort la veille sur le chantier. Horn essaye de l'amadouer et lui raconte que l'homme a été écrasé accidentellement, puis il rassure Léone inquiète ; en réalité, dans un accès de rage meurtrière, Cal a tué le Noir et l'a précipité dans les égouts. Le corps est irrémédiablement perdu et le conflit est inévitable, mais Horn continue de mentir à Alboury (tableaux 1-4).
Cal tente d'approcher la femme… Mais c'est Alboury qui intrigue et attire Léone, tandis que Cal persiste à vouloir la séduire, et que les deux Blancs s'enfoncent dans une attente sans solution. Le désir s'éveille clairement entre Léone et Alboury (tableaux 5-9).
Le conflit se précipite : Horn et Cal s'irritent et se disputent, tandis que Léone et Alboury sont de plus en plus attirés l'un par l'autre. Cal tente inutilement de retrouver le corps de l'ouvrier et Horn d'acheter la paix avec Alboury, jusqu'à l'arrivée de Léone qui s'interpose et tente de servir d'intermédiaire ; mais elle échoue et se voit rejetée par Alboury, puis par Horn ; alors, comme par défi, elle se mutile le visage des mêmes marques tribales que porte Alboury (tableaux 10-16).
Horn et Cal s'entendent pour traquer Alboury à mort, et Horn renvoie Léone à Paris. Cal dit adieu à Léone, puis meurt sous les balles des gardiens du chantier. Son cadavre est recouvert du cadavre de son chien (tableaux 17-20).

Combat de nègre et de chiens est la première grande pièce de Bernard-Marie Koltès. Elle est à certains égards de facture classique – l'auteur a lui-même indiqué qu'il avait redécouvert en y travaillant les « trois unités », et précise dans un de ses entretiens : « J'ai voulu raconter une histoire, avec un début, une évolution, une fin, des règles à peu près strictes. » Une histoire également inspirée d'une expérience directe du terrain, puisque la pièce fut écrite au retour d'un voyage au Nigeria, où Koltès avait pu observer de près les us et coutumes d'un chantier d'entreprise.
Si les questions de temps – l'intrigue s'étale sur moins de vingt-quatre heures – et de lieu – tout se déroule sur le

chantier – sont aisément résolues, il n'en va pas de même de l'action : l'intérêt et l'originalité de cette pièce consistent d'abord en ce qu'elle est fondée sur une attente, et non pas sur une action dramatique, puisque, dès les premières lignes, on se heurte à une impossibilité : Alboury vient chercher un corps qui a disparu avant même que la pièce ne commence. Les occupants du chantier sont donc condamnés à une attitude fataliste et à une temporisation sans fin, tandis qu'Alboury maintient sa demande par sa seule présence.
À l'attente forcée, c'est le langage qui va fournir un exutoire. Il est impossible de donner satisfaction au Noir, mais le Blanc continue de croire à l'intrigue, au compromis ou au marchandage, et la pièce est dominée par le jeu que mène ou tente de mener Horn auprès d'Alboury, pour le comprendre, le repousser, le circonvenir, le corrompre, jeu de cache-cache rhétorique et de dissimulation ; parallèlement, entre Léone et Alboury se noue, de l'attirance violente à l'incompréhension finale, une sorte de communication extra-linguistique, Alboury parlant en ouolof, Léone en allemand, jusqu'à ce qu'ils joignent leurs voix en français ; le langage se veut encore le véhicule du désir, tandis que le désir se glisse sous les paroles.
Mais la complexité des échanges ne déjoue que temporairement la radicalité du conflit entre Alboury et les Blancs, et ce théâtre du langage s'affirme théâtre de la rupture. Alboury ne se laisse prendre qu'en apparence au jeu de l'amour ou de la discussion. Il veut le corps, et rien d'autre. Cela au nom d'un système de valeurs que Horn, aussi bien que Léone, se révèlent impuissants à comprendre. Au-delà des haines raciales, au-delà des différences idéologiques, se fait jour une rupture plus fondamentale, plus essentielle, dont le racisme n'est au fond qu'une figure. Et Koltès a toujours beaucoup insisté pour qu'on ne réduise pas sa pièce à sa teneur idéologique, affirmant que *Combat de nègre et de chiens* « ne raconte ni le néocolonialisme, ni la question raciale ». Le schisme entre ces deux univers n'aboutit qu'à la violence et au talion – Cal paie pour le meurtre du Noir –, et le racisme demeure. C'est ce conflit irréconciliable qui rend *Combat de nègre et de chiens* si fascinant, car l'affrontement entre deux groupes, qui s'ancre à la terre africaine, nous transporte dans un tragique plus universel.

● Éd. de Minuit, 1990.

J. -M. LANTÉRI

COMÉDIE DE CHARLEROI (la). Recueil de nouvelles de Pierre **Drieu la Rochelle** (1893-1945), publié à Paris chez Gallimard en 1934.

Dès 1917, Drieu la Rochelle avait tenté de rendre compte de son expérience de la Première Guerre mondiale avec les versets d'inspiration claudélienne d'*Interrogation*, bientôt suivis de *Fond de cantine* (1919). Mais, rédigés en plein événement – et dans un registre où Drieu était loin d'exceller –, les poèmes n'avaient pu donner une voix à la guerre, non plus que restituer dans le même mouvement le choc du front et ses répercussions sur un être. Aussi Drieu a-t-il dû y revenir, avec un écart de près de vingt ans qui favorisa la mise à distance de l'écriture et de son thème. Récits rétrospectifs à la première personne, les six nouvelles de la *Comédie de Charleroi* épousent dans leur disposition l'itinéraire militaire de leur auteur depuis Charleroi (août 1914), la bataille des Dardanelles (1915) et Verdun (octobre 1918), glissant ainsi sa parole derrière celle du narrateur.

Rythmé par la pulsation des temporalités entre le souvenir de la guerre et le présent de l'après-guerre, le recueil fait alterner les réminiscences directes du front (« la Comédie de Charleroi », « le Voyage des Dardanelles », « la Fin d'une guerre », respectivement en première, troisième et ultime position) et les rencontres ultérieures avec divers personnages qui ont désormais à s'arranger différemment avec leur propre passé (« le Chien de l'écriture », « le Lieutenant de tirailleurs », « le Déserteur »). Dans le plus long texte du livre, « la Comédie de

Charleroi », le narrateur, devenu secrétaire d'une grande bourgeoise, Mme Pragen, doit se rendre avec celle-ci sur les lieux de « sa » guerre, où elle souhaite rendre hommage de façon théâtrale, voire exhibitionniste, à la mémoire de son fils, qui y a disparu. Chaque recoin d'espace réveille le souvenir, dont le narrateur se rend compte qu'il est incommunicable. Après l'écœurante mise en scène de sa douleur (messe, don à la commune, sans oublier l'ouverture de cercueils à la recherche du cadavre), Mme Pragen propose à son secrétaire de le lancer dans la politique. Mais ce retour à Charleroi a été pour lui l'occasion d'une compréhension de soi (« Je me suis battu pour être avec les hommes. [...] J'ai cherché l'équilibre entre eux et moi, entre mon orgueil dont ils ont besoin et leur humilité qui est ma base »). Aussi refuse-t-il, masquant son choix moral sous un cynisme feint : « Eh bien non ! Madame, je ne veux pas être député. Et pourtant, Dieu sait que j'ai envie de gagner un peu d'argent. »

Construit en miroir, « le Chien de l'écriture » relate dans ses trois premiers chapitres le départ du front d'un « planqué », le sergent Grummer, fils de ministre pour lequel son père est intervenu ; les trois chapitres suivants décrivent la rencontre dudit Grummer et du narrateur, à la sortie d'un film sur Verdun : « Il ne pouvait s'imaginer d'avance qu'à deux minutes d'intervalle il se montrerait à lui-même dans sa terrible réalité d'homme à la double fuite, d'homme qui avait fui les hommes, qui avait rompu le pacte et qui se dérobait encore à leur jugement, en mentant, dernier trait, en mentant prudemment, avec la crainte de se couper. »

Seul texte du livre à mettre en scène l'événement dans le moment même où il se déroule, « le Voyage des Dardanelles » offre de la guerre un tableau de désordre, d'écœurement de caserne, de vie militaire braillarde et alcoolisée avant de décrire celui d'un front où tout est incompréhensible, impalpable, si bien que toute valeur individuelle finalement s'y dissout dans un déchaînement technique : « Je ne sais pas comment je me retrouvais le lendemain matin, dans le ravin, dans un trou d'obus. » Souvenir d'une rencontre, datée de 1917, avec un vieux militaire de carrière, « le Lieutenant de tirailleurs » réarticule cette idée sous forme de discussion : « Ils vont à la tranchée comme à l'usine. » Le débat entre l'illusion des valeurs (courage, etc.) et une réalité décorative se poursuit dans « le Déserteur », histoire d'un homme fat, autosatisfait, qui se vante de sa fuite auprès du narrateur, pour conclure : « La terre est à moi. » « La Fin d'une guerre » décrit la tentation de l'héroïsme de la part du narrateur, qui s'expose plus que jamais. Mais la grandeur de la confrontation à la mort s'effondre devant le spectacle d'un blessé, « une bouillie » qui « vivait », si bien que la guerre s'achève sans plus d'intelligibilité qu'elle ne se déroule : « Je suis parti, je ne suis jamais revenu, cette fois. »

Non pas « peinture de la guerre », mais « récit des rapports d'un homme avec la guerre », comme l'indiquait Marcel Arland dans un article de la *Nouvelle Revue française* saluant sa parution, *la Comédie de Charleroi* dépasse par l'habileté de son organisation (la rétrospection comme extériorisation de l'événement) ainsi que par la force de son écriture, laconique et efficace (« Ah mais ! il y a avait à moi. Ne m'étais-je pas occupé de moi, autrefois ? [...] N'avais-je pas senti quelque chose gonfler, chauffer, battre contre la paroi ? C'était mon moi »), le genre habituel du récit de guerre, posant le plus souvent l'auteur en juge, et le livre en tribunal. Confronté sans cesse à la matité d'un réel privé de sens – emblématisé par le « trou du fusil » : « ronde paupière d'acier du rien » – le narrateur se garde bien de tirer une leçon de l'incompréhensible, et même l'odieuse Mme Pragen de la première nouvelle apparaît finalement moins coupable d'hypocrisie que victime de l'illusion de vouloir partager la souffrance d'une expérience absolument indicible. Insistant alors, de façon récurrente, sur l'incommunicabilité de l'expérience guerrière, *la Comédie de Charleroi* met en abyme la problématique articulation de la guerre et de la littérature : elle renvoie, en premier lieu, à une conception de l'écriture propre à Drieu. Ainsi naît l'ambiguïté fondamentale – et gênante – du livre : si l'auteur, qui rédigeait pourtant à la même époque l'essai *Socialisme fasciste*, se garde de sombrer dans l'apologie systématique des mythes guerriers tels que la fraternité du front ou la valeur spartiate de l'héroïsme, si les nouvelles apparaissent même, à bien des égards, comme un travail de la désillusion, le front s'y tient néanmoins en permanence le rôle de révélateur, ou plus exactement de creuset de la vérité. Chaque être, le « Chien de l'écriture » comme le narrateur, y découvre ainsi sa plus profonde authenticité : « Quand je repense à l'homme double que j'ai manifesté ce jour-là, je vois que tout mon

caractère est sorti en une fois, et qu'il est probable que je ne pourrai jamais être autre que l'un des deux que j'ai été ce jour-là. » D'où la relative éclipse de la violence en tant que telle, puisque la guerre est toujours saisie comme une expérience intérieure : face à la « comédie » de l'arrière, la confrontation à la mort devient donc peu à peu le refuge de l'authentique, et la guerre, la métaphore du réel.

À cet égard, *la Comédie de Charleroi* révèle les dessous de l'écriture de Drieu, pour qui la guerre constitue en quelque façon le lieu originaire – et le modèle – de sa création. Si la « décadence » selon lui provient d'une séparation d'avec le réel (voir *le *Feu follet*), de la même façon la désillusion dans *la Comédie de Charleroi* ne concerne pas les valeurs droitières, mais vise au contraire une société technologique censée déposséder l'individu de son « élan vital » (« Nous n'avions pas de but ; nous n'avions que notre jeunesse »). Le véritable grief de Drieu à l'égard de la guerre moderne naît de ce qu'elle dégrade l'épiphanie de soi dans l'héroïsme, et la tonalité désabusée du livre ne fait que dissimuler tout le bazar fantasmatique du fascisme, bien palpitant sous l'apparent dégoût : culte du chef, exprimé avec une ingénuité psychanalytique presque touchante (« Non seulement un homme qui se donne, mais un homme qui prend. Un chef, c'est un homme à son plein ; l'homme qui donne et qui prend dans la même éjaculation »), mysticisme de la mort (« À quoi sert de vivre, si on ne se sert pas de sa vie pour la choquer contre la mort, comme un briquet ? »), fascination de la force la plus gratuite (« Qu'y a-t-il d'autre que cet élan ? Cet élan avait-il un autre contenu que lui-même ? »), etc. C'est pourquoi le personnage du traître n'est pas jugé en termes moraux, parce qu'il est, plus profondément, l'emblème de la traîtrise généralisée d'une civilisation (malade, évidemment) dont l'activité principale est de tricher avec l'univers en fuyant l'expérience du réel comme déploiement de soi... Reste cependant la pertinence d'une écriture, apte à rendre compte du monde dans son mutisme, son opacité et son étrangeté par rapport à la conscience qui s'y heurte.

● « Folio », 1982 (p.p. J. Hervier).

O. BARBARANT

COMÉDIE DE L'ADORATION DES TROIS ROIS. Voir COMÉDIES, de Marguerite de Navarre.

COMÉDIE DE LA MORT (la). Recueil poétique de Théophile **Gautier** (1811-1872), publié à Paris chez Desessart en 1838. Ce petit volume appartiendra par la suite à toutes les éditions des *Poésies complètes* de Gautier.

Alors que les poésies de 1830 portent encore la trace de bien des influences du romantisme naissant, les trois longs poèmes du recueil, fondus dans un ensemble assez homogène, témoignent d'une originalité à laquelle Baudelaire rendra hommage.

En une quarantaine d'alexandrins, "Portail" est une adresse au lecteur, prié de ne pas s'étonner de voir « s'ouvrir fatalement ce volume nouveau », puisque « avant de s'élancer tout clocher est caveau ». La description de l'église est reliée à ce qui est enfoui sous elle : les tombes avec leurs occupants. Un parallèle est établi entre l'église et le poème (« Mes vers sont les tombeaux tout brodés de sculpture ») qui se termine par une élévation vers Dieu.

« La Vie dans la mort », longue suite de sizains où alternent alexandrins et hexasyllabes, montre le poète errant dans un « grand cimetière », en proie à une pensée dont il a « depuis ce temps, toujours l'âme obsédée » : la vie du mort, l'enfermement du défunt toujours conscient et réduit à l'impuissance. Le poète entend avec stupéfaction un étrange dialogue, celui de la trépassée et du ver, la première, pathétiquement inquiète de ne pas voir son jeune époux près d'elle, le second lui promettant baiser et union fidèle. Dans une illumination, le poète entrevoit tous les morts « cadavres ou squelettes » dans leurs tombeaux et rentre chez lui. Sa chambre s'anime et le moulage d'une tête de mort se met à parler : il s'agit de Raphaël qui jette l'anathème sur un siècle d'« analyseurs damnés », « siècle infâme » qui a perdu l'âme de la beauté.

Conservant la même métrique, « la Mort dans la vie » introduit la notion de « mort intérieure », montrant les souffrances des morts « de l'âme ». Le poète aperçoit alors Faust qui dit son horreur du néant, puis un cavalier à panache, vieillard fardé, don Juan qui regrette d'avoir tout sacrifié à la volupté ; paraît enfin « l'Homme » (Napoléon) qui regrette la douceur de la nature. Le poète implore alors la mort, à qui il a « fait la cour », de le laisser en paix pour se tourner vers la « Nature chérie » et vers la muse antique ; mais la mort le poursuit.

Malgré sa brièveté, ce cycle a l'ambition d'être un monument, et les références à la sculpture et à l'architecture y abondent ; on y voit se déployer l'itinéraire d'un poète à l'écoute de tous les défunts : des plus humbles, pour lesquels il éprouve de la compassion, aux plus illustres, dont il entend la plainte d'autant plus amère qu'ils ont tenté de transcender le mystère. Raphaël, horrifié, maudit un siècle qui a perdu son âme ; Faust s'écrie : « Le Néant ! », « C'est pour arriver là que j'ai pris tant de peine » ; don Juan sent qu'il s'est trompé (« Et peut-être, ô vertu ! l'énigme de la vie, / C'est toi qui le savais ») ; et Napoléon avoue : « J'ai vainement cherché le mot de cette vie. » L'art, la science, le plaisir, le pouvoir tombent en cendres devant la « vierge aux beaux seins d'albâtre » à qui le poète adresse ici un éloge ambigu. S'il célèbre sa beauté qui le fascine par son charme mêlé (elle a « l'air sinistre et charmant », « elle est amère et douce »), il la fuit aussi comme une vision d'horreur (« Je vois ton crâne ras ; / Je vois tes grands yeux creux, prostituée immonde… »).

Se profile alors la veine macabre d'un romantisme presque exalté, dans l'apparition de don Juan ou dans le dialogue du ver triomphant avec la « blanche trépassée ». L'atrocité surgit dans l'évocation de tableaux d'autant plus effrayants (cadavres verdâtres aux flancs rongés), que le mort est souvent représenté conscient et tourmenté. Le poète rejoint ce défunt qu'il aime et plaint dans une même angoisse, celle de Hamlet, d'un au-delà sans repos, ou celle du jaloux voyant sa bien-aimée retrouver après lui le chemin des plaisirs (thème déjà présent dans le rêve d'Onuphrius des *Jeunes-France*).

L'œuvre, datée par la veine d'un macabre forcené qui rappelle *Albertus,* tend cependant déjà vers l'intemporalité par sa métrique étudiée, la retenue du lyrisme et du pathétique. On comprend que Baudelaire l'ait admirée. Elle nous rappelle aussi, comme le dit G. Poulet, que « ce qui domine chez Gautier, c'est la hantise de la mort ».

▶ *Poésies complètes*, Nizet, II.

F. COURT-PEREZ

COMÉDIE DE LA NATIVITÉ. Voir COMÉDIES, de Marguerite de Navarre.

COMÉDIE DE MONT-DE-MARSAN. Pièce de **Marguerite de Navarre**, dite aussi de Valois, ou d'Angoulême, reine de Navarre (1492-1549), jouée « le jour de Carême Prenant 1547 », longtemps demeurée sous forme de manuscrit, et publiée pour la première fois par Abel Lefranc dans les *Dernières Poésies de Marguerite de Navarre* en 1896.

Spectacle mondain, la pièce emprunte aux moralités médiévales le procédé du débat entre personnages symboliques. Elle insère dans ce cadre conventionnel une double expérience religieuse : le souvenir des leçons de Guillaume Briçonnet, évêque de Meaux, avec qui la reine fut en relations épistolaires de 1521 à 1524 ; et surtout, l'influence des « libertins spirituels » qu'elle s'est attachés à la cour de Nérac à partir de 1543 : violemment attaqués par Calvin qui dénonçait leur « épouvantable hérésie », ces derniers aboutissaient à un quiétisme mystique où se dissolvait tout fondement analytique de la foi. Il est certain que Marguerite de Navarre a lu le pamphlet de Calvin, *Contre la secte phantastique et furieuse des libertins qui se nomment spiri-*

tuels (1545), dont elle reprend les épithètes injurieuses pour les charger d'une signification positive : la *Comédie de Mont-de-Marsan* peut donc être lue comme une réponse lyrique et dramatisée aux foudres doctrinales de Genève.

Vaniteuse et imbue de sa beauté corporelle, la Mondaine professe un égoïsme cynique : « Je me congnoys, de moy je me contente. » Survient la Superstitieuse, qui l'invite aux pénitences afin de sauver son âme et de gagner le paradis. Les deux femmes soumettent leur débat à la Sage, qui tranche en ces termes : à la première elle reproche de ne penser qu'à son corps, et à la seconde de l'avoir en mépris. Désespérée à l'idée de ne pouvoir racheter ses erreurs passées, la Mondaine se laisse néanmoins convaincre de lire les Écritures. La Superstitieuse est plus rétive, parce que trop confiante en ses pratiques extérieures : elle tâchera malgré tout de substituer la foi du cœur à la foi selon la lettre. C'est alors qu'arrive une bergère, la Ravie, qui garde ses moutons en chantant : aux trois autres qui la pressent de questions, elle ne répond rien, sinon qu'elle ne vit que d'amour et d'oisiveté. De chanson en réponse évasive, elle finit par décourager ses trois interlocutrices, qui la tiennent pour folle.

Dernière grande pièce de Marguerite de Navarre, la *Comédie de Mont-de-Marsan* résume l'itinéraire spirituel de la reine sous une forme plus problématique qu'il ne paraît de prime abord. La succession des quatre protagonistes semble naturellement procéder d'une intention didactique et univoque. Mais le texte multiplie les indices qui troublent cette clarté, et laisse subsister une relative indécision sur les rapports qu'entretiennent ses quatre figures archétypales.

Du monologue cynique de la Mondaine aux chansons exaltées de la Ravie, s'agit-il à proprement parler d'une progression ? Rien n'est moins sûr, si l'on considère que les trois questionneuses partagent la même confusion devant la bergère mystique, et qu'une même impuissance réunit, par-delà leurs différences, la sensualité mondaine, la bigoterie et l'adhésion intelligente aux vérités de la foi : il y a moins de distance de la Mondaine à la Sage que de la Sage à la Ravie. Paradoxalement, une conjonction des extrêmes aurait tendance à s'opérer : devant les propos désarmants et répétitifs de la Ravie (« Je ne sais rien, sinon aimer »), c'est la Sage qui manifeste le plus d'exaspération et invite les deux autres au départ, tandis que la Mondaine semble retenue par une puissance inexplicable. De la griserie des sens à l'ivresse mystique, existerait-il un passage obscur et fermé à l'entendement ? On le voit, les affinités qui se nouent entre les personnages brouillent l'échelle morale qui semblait résulter de leurs entrées en scène successives.

L'oisiveté extatique de la Ravie contient-elle le dernier mot de la doctrine religieuse de Marguerite de Navarre ? Sans doute le personnage reprend-il, sur un mode plus fuyant, des idées largement développées dans les poésies spirituelles de la reine : incapable de révéler le secret de son exaltation, la Ravie témoigne de l'impuissance du langage et de son inutilité foncière dans les états d'illumination et d'embrasement ; convaincue que l'amour est la seule voie de salut, elle reste insensible aux appels de la connaissance et de la raison, et soumet son existence terrestre à une seule injonction : « Être folle et ivre. » Quelque sympathie que Marguerite de Navarre ait éprouvée pour la doctrine des libertins spirituels, il n'est pas sûr que cet extrémisme oublieux de toute morale emporte son entière conviction : de ce point de vue, certaines des idées exprimées par la Sage – référence constante aux Écritures, articulation raisonnée des vérités de la foi, légitimité des œuvres et des pratiques – font peut-être office de contrepoids dans un débat intérieur que la reine ne tranchera jamais.

Texte mouvant et ambigu, la *Comédie de Mont-de-Marsan* met en scène des archétypes pour les inscrire dans un questionnement éthique et religieux : théâtre édifiant, sans doute, mais les incertitudes et les apories de l'expérience spirituelle s'y lisent avec une singulière intensité.

● *Théâtre profane*, Genève, Droz, 1965 (p.p. V.-L. Saulnier).

P. MARI

COMÉDIE DES ACADÉMISTES (la). Pièce en cinq actes et en vers de Charles de Marguetel de Saint-Denis, seigneur de **Saint-Évremond** (vers 1614-1703), écrite en collaboration, notamment avec le comte d'Ételan, durant l'hiver 1637-1638. Diffusée dans les salons, « imprimée l'an de la Réforme », elle ne fut publiée – anonymement – qu'en 1650. Saint-Évremond la refondit complètement en 1680 : cette nouvelle version parut en 1705, sous le titre *les Académiciens*.

Première œuvre d'un jeune noble qui se consacre encore au métier des armes et ne s'adonnera vraiment à l'écriture que bien plus tard – il n'écrira que deux autres comédies –, cette pièce très brève (816 vers) n'était pas destinée à la représentation. C'est une satire de la toute jeune Académie française et de ses prétentions à imposer des normes linguistiques et esthétiques.

Tristan L'Hermite et Saint-Amant se moquent de la vanité des académiciens, de leur propension à l'encensement réciproque, de l'ennui que distille leurs écrits, du temps qu'ils passent à réformer la langue. Colletet et Godeau rivalisent de civilités, mais le refus du second de louer le premier provoque une dispute (Acte I). Chapelain, solitairement, compose des vers fades et stéréotypés. Il dénonce ses propres fautes, ses rimes faciles, ses emprunts. L'Estoile, Habert et Gombauld viennent l'avertir des attaques de leurs ennemis. Il reconnaît l'incapacité des académiciens à se défendre ; mais le chancelier Séguier les protégera. Monologue du marquis de Bréval : doit-il aller faire la guerre ou se consacrer aux lettres ? Il choisit l'étude (Acte II). Boisrobert et Silhon s'opposent sur l'emploi de « or ». Ils se moquent de Mlle de Gournay lorsqu'elle vient défendre le temps passé et les vieux mots (Acte III). Arrestation de Baudoin, qui n'a pu livrer à temps les textes promis à son libraire ; il soudoie les geôliers pour fuir. Faret, Tristan et Saint-Amant se livrent à un concours de poésies bachiques dans un cabaret (Acte IV). À l'exception de ces derniers, tous les académiciens mis en scène dans la pièce sont présents aux côtés de Séguier pour réformer la langue. Ils entonnent des vers à la gloire du chancelier puis proposent d'interdire certains mots, ce qui donne lieu à de nouvelles querelles. On se retire pour consulter. Proclamation des résolutions de l'Académie : la plupart des propositions sont acceptées (Acte V).

Aucune véritable intrigue : la pièce n'est qu'une suite de tableaux satiriques dirigée contre les mauvais académiciens. Car si toute l'Académie est finalement visée, l'auteur ne fait apparaître qu'un tiers de ses membres et épargne plusieurs d'entre eux, notamment Saint-Amant et Tristan L'Hermite (qui, bien que n'étant pas académicien en 1638, est présenté comme tel), qui raillent leurs collègues avant même qu'ils entrent en scène. L'hétérogénéité même des académiciens et leurs disputes incessantes – qui relèvent d'une théâtralité traditionnelle mise ici au service de la satire – dénoncent leurs décisions normatives. Ils ne sont que vanité et médiocrité, surtout Godeau et Chapelain, les deux principales cibles. Avec le marquis de Bréval, couvrant sa lâcheté d'un monologue délibératif qui constitue une parodie du *Cid* – la querelle du *Cid* avait permis à l'Académie d'affirmer son existence –, et Mlle de Gournay, occasion d'une satire dans la satire puisque les académiciens se moquent de ses archaïsmes, la critique s'élargit avant de culminer à l'acte V, lorsque l'Académie travaille à réformer la langue au cours d'une séance qui tourne court tant les avis divergent : c'est l'argument d'autorité qui l'emportera, autorité de Séguier sur l'Académie, de celle-ci sur tout réfractaire qui sera « nommé libertin » et tenu pour « pire qu'un hérétique » (dernier vers de la pièce).

Opposant les écrivains amateurs liés à la noblesse et ces faux doctes qui prétendent se substituer aux vrais érudits, la comédie témoigne de la vivacité du combat idéologique contre un régime (et spécifiquement contre Richelieu) qui cherchait à étendre son pouvoir par un contrôle étroit du monde des lettres.

● Milan / Paris, Goliardica / Nizet, 1976, avec *les Académiciens* (p.p. P. Carile) ; « Pléiade », 1986 (*Théâtre du XVIIᵉ siècle*, II, p.p. J. Scherer et J. Truchet).

D. MONCOND'HUY

COMÉDIE DES COMÉDIENS (la). Tragi-comédie en trois actes de prose et trois actes de vers de **Gougenot** (début du XVIIᵉ siècle), créée à Paris à l'hôtel de Bourgogne à la fin de 1632 ou au début de 1633, et publiée à Paris chez David la même année.

En dépit d'un succès limité, cette pièce d'un auteur mal connu ouvrit la voie, avec la **Comédie des comédiens* de Scudéry, à un genre nouveau, pratiqué tout au long du siècle : le théâtre sur le théâtre. Elle livre, elle aussi de riches indications sur la vie théâtrale de l'époque. Composée de deux parties, elle inclut une comédie, *la Courtisane*, qui renforce l'illusion de vérité de la première partie consacrée à une défense et illustration du théâtre.

Après un Prologue où Bellerose présente au public les excuses de sa troupe, incapable de donner le spectacle annoncé à cause d'une altercation entre deux comédiens, les trois premiers actes en prose font assister à la constitution d'une troupe. Elle comprendra notamment un avocat jaloux, un marchand avare et leurs épouses, leurs valets (qui exigent part égale), le Capitaine. On accorde même statut à tous avant de conclure par un plaidoyer en faveur du théâtre. Les comédiens annoncent qu'ils vont répéter leur première pièce.

Suit une comédie de trois actes en vers, *la Courtisane*, située à Venise : une jeune fille déguisée, Clarinde, poursuit son amant volage, Symandre, qui courtise la belle Caliste, elle-même en butte aux assiduités du vieux Trasile alors qu'elle vient de rencontrer le charmant Filame. Finalement, le père de Symandre reconnaît en Caliste sa fille, autrefois enlevée par les Turcs ; elle épousera Filame ; Symandre et Clarinde se réconcilient.

Juxtaposée à (et non enchâssée dans) la pièce-cadre, *la Courtisane* use de tous les éléments du romanesque alors en vogue. Refusant toute originalité, elle s'exhibe comme théâtre et, par contrecoup, renforce le sentiment que les trois premiers actes n'en étaient pas – ce qu'accentue l'opposition entre prose et alexandrins. L'usage qui est fait du Prologue, inséré dans l'acte I, y contribue : on enchaîne sur la pièce-cadre dont l'« orateur » du Prologue devient personnage. Les acteurs portent leurs noms de scène (c'est-à-dire sous lesquels étaient connus les comédiens de l'hôtel de Bourgogne en 1632 : Bellerose, Gros-Guillaume, Turlupin, Mlle Valliot, etc.) ; ils évoquent leur futur métier, les questions matérielles (notamment l'opposition entre les sociétaires, « compagnons ayant part », et les « gagistes »). Seul le Capitaine est réduit à son surnom théâtral, c'est-à-dire à son rôle : il ne s'identifie pas à son personnage, il est capitaine – ce qui donne lieu à des discussions sur le paradoxe du comédien… Par contraste, ce personnage perdu dans le réel souligne aussi que les autres ne jouent pas.

Ils s'apprêtent à jouer et montrent qu'ils ont sciemment choisi leur voie : l'éloge qu'ils en font en paraît plus naturel, qu'ils affirment la dignité du métier, la vertu des comédiennes ou l'indispensable recours au travail et aux doctes, même si certains rôles ne s'apprennent pas dans les livres. Une fois la troupe constituée, tous se livrent à une longue et savante – trop savante pour un marchand ou un valet… – défense du théâtre appuyée sur des exemples antiques. Cette pièce, présentée comme faisant voir « jusques où le secret de la Comédie peut atteindre », qui parle du théâtre comme d'un « abrégé du monde », est aussi une œuvre militante.

● Université d'Exeter, 1974 (p.p. D. Shaw) ; Rome, Bulzoni, 1974 (*la Commedia in commedia*, p.p. L. Maranini).

D. MONCOND'HUY

COMÉDIE DES COMÉDIENS (la). Comédie en prose incluant une pastorale en vers de Georges de **Scudéry** (1601-1667), sans doute composée à la fin de 1632, créée peu après au théâtre du Marais, et publiée à Paris chez Augustin Courbé en 1635.

Avec ce « poème de nouvelle invention », sa première comédie après trois tragi-comédies, Scudéry rivalisa avec la **Comédie des comédiens* de Gougenot, généralement tenue pour légèrement antérieure, jouée par la troupe concurrente de l'hôtel de Bourgogne. Plus habile, elle relève comme celle-ci du théâtre sur le théâtre et défend comme elle l'art dramatique.

> Mondory, le chef de la troupe du Marais, dit la folie des acteurs ; par peur de les irriter, il se plie encore à leur jeu (Prologue). En tournée à Lyon, des comédiens fictifs se plaignent : les uns du manque de public, les femmes de leur réputation et des critiques, lesquels sont toujours insatisfaits. M. de Blandimare, dans une auberge, raconte qu'il recherche son neveu disparu. S'étant rendu au théâtre pour se distraire, il l'y rencontre parmi les acteurs et invite la troupe à dîner. Comme il réclame des témoignages de leur art, on lui récite une églogue de Scudéry. Enthousiasmé, il fait l'éloge de la profession, désire l'embrasser dès le lendemain. Ils joueront *l'Amour caché par l'amour*, pastorale de Scudéry.
>
> L'Argument et le Prologue s'affrontent : le premier donnerait trop d'explications, le second cultiverait trop l'érudition ; ils reconnaissent enfin leur inutilité. Suivent trois actes en vers. Située dans le Forez, l'action est traditionnelle : les amours de jeunes gens, compliquées de détours et tromperies.
>
> Abandonnant son rôle dans la pastorale, M. de Blandimare promet au public que la troupe veillera toujours à le satisfaire.

Préparée par l'églogue, la pastorale est sciemment stéréotypée, accentuant ainsi l'illusion de vérité de la pièce-cadre (en prose) qui brosse un tableau réaliste de la vie d'acteurs en tournée ; ceux-ci ne jouent pas sous leur nom de scène (sauf dans le Prologue), mais portent des noms dont M. de Blandimare se moque, calqués sur ceux de leurs rivaux de l'hôtel de Bourgogne. La pastorale ne vaut que par sa finalité, qui est de montrer l'excellence du théâtre. On peut donc lui substituer une autre pièce – telle *Mélite*, dès 1634 –, d'autant que le retour à la pièce-cadre est réduit au minimum : l'intervention de M. de Blandimare.

La première partie met en scène sa conversion, celle d'un gentilhomme cultivé, sans *a priori* à l'égard du théâtre. D'abord spectateur, sa prétendue objectivité doit entraîner le public dans son admiration. C'est donc surtout lui qui s'exprimera sur le théâtre. Ses exigences à l'égard des comédiens sont nombreuses : prestance, belle voix, culture historique et mythologique, ils doivent savoir et comprendre leur texte, savoir mimer les passions. Ces exigences sont parfaitement remplies par ceux qui sont en scène : il le vérifie pour les acteurs fictifs – le public devant arriver à la même conclusion pour la troupe du Marais. Alors seulement vient son plaidoyer pour le théâtre, « fléau du vice » et « trône de la vertu » (simple énoncé d'arguments que l'auteur développera dans son *Apologie du théâtre* en 1639). Dans le Prologue, Mondory dénonce les mécanismes de l'illusion théâtrale (et les règles) ; il revient à la fin pour dire qu'elle a fonctionné, mais c'est alors Mondory jouant M. de Blandimare : parle-t-il de la pastorale ou de la pièce tout entière ? On est toujours dans l'illusion… La virtuosité est réelle – et Scudéry n'oublie pas de confier aux acteurs et au gentilhomme son propre éloge !

● Rome, Bulzoni, 1974 *(la Commedia in commedia*, p.p. L. Maranini) ; Université d'Exeter, 1975 (p.p. J. Crow).

D. MONCOND'HUY

COMÉDIE DES TUILERIES (la). Comédie en cinq actes et en vers des « Cinq Auteurs » (**P. Corneille**, **Colletet**, **L'Estoile**, **Rotrou** et **Boisrobert**), créée à la cour en février 1635, et publiée à Paris chez Augustin Courbé en 1638.

En janvier 1635, Richelieu charge Boisrobert de la composition d'une « comédie d'apparat dont il veut se divertir ». Boisrobert et quatre de ses collègues sollicités pour la circonstance versifient chacun un acte d'après un canevas élaboré par Chapelain et supervisé par le cardinal. Écrite en un mois, la pièce est jouée à plusieurs reprises devant celui-ci, puis devant le roi, la reine et toute la cour.

> L'action se déroule aux Tuileries, dont un monologue (de la main de Colletet) évoque le cadre : les bassins, les bois d'orangers, la volière

et, surtout, la fosse aux lions. Promis à Cléonice qu'il n'a jamais rencontrée, Aglante se rend à Paris pour son mariage que son oncle Arbaze a arrangé et qui ne l'enchante guère. Dans une église, il aperçoit une belle inconnue dont il s'éprend aussitôt. Il se renseigne et apprend que cette jeune fille se nomme Mégate. De son côté, celle-ci s'informe de lui ; cachant son identité, il se fait appeler Philinte (Acte I). Leur passion croît avec leur désespoir, à l'idée des mariages auxquels on les destine respectivement. Aussi décident-ils de s'opposer aux volontés de leur famille (Acte II). Furieux de la résistance de son neveu, Arbaze élabore un stratagème galant : il fait se rencontrer Aglante et Florine, une jeune voisine, de surcroît sa pupille, dans l'espoir que, hésitant entre les deux jeunes filles, Aglante se résigne à épouser Cléonice. Malgré son charme, Florine ne parvient pourtant pas à détacher Aglante de Mégate ; et les deux amants décident de se réunir dans la mort (Acte III, attribué, selon la tradition, à Corneille). Déguisée en « jardinière », Mégate court se précipiter dans le « carré d'eau » des Tuileries ; Aglante se jette dans l'antre des lions. Elle est sauvée par un jardinier qui la suivait ; il est épargné par les lions respectueux d'un amant si fidèle (Acte IV). Sommés de s'expliquer, tous deux découvrent qui ils sont vraiment : Mégate n'est autre que Cléonice ; et leur mariage, à la grande joie des familles, peut avoir lieu (Acte V).

Les ressorts de l'intrigue – déguisement, opposition des enfants à un mariage convenu – sont traditionnels dans l'univers de la comédie. La pièce se ressent fortement de *l'*Astrée* (notamment l'épisode des lions) et de toute la tradition pastorale, pourtant sur le déclin depuis dix ans. Les deux derniers actes démarquent en effet les épisodes les plus célèbres du roman de d'Urfé. C'est en cela qu'elle offre paradoxalement une certaine originalité : la pièce introduit (ou prolonge) la pastorale jusque dans la ville, dont les Tuileries sont les éléments naturels recréés : sa thématique hésite en conséquence entre les registres plaisant et grave.

● Corneille, *Œuvres complètes*, « Pléiade », I, 1980 (p.p. G. Couton, pour l'acte III).

A. COUPRIE

COMÉDIE DES INNOCENTS. Voir COMÉDIES, de Marguerite de Navarre.

COMÉDIE DU DÉSERT. Voir COMÉDIES, de Marguerite de Navarre.

COMÉDIE HUMAINE (la). Titre général sous lequel Honoré de **Balzac** (1799-1850) a rassemblé l'essentiel de sa production romanesque. La publication des romans ainsi regroupés s'échelonna entre avril 1842 et novembre 1848 à Paris chez Furne, Dubochet, Hetzel et Paulin.

À partir des *Scènes de la vie privée* (1830-1832), Balzac semble avoir déjà conçu un projet d'ensemble, que confirment les *Études de mœurs au XIXᵉ siècle* (1834-1836), divisées en *Scènes de la vie privée*, *Scènes de la vie parisienne*, *Scènes de la vie de province*. Sont en outre annoncées des *Scènes de la vie militaire, de la vie politique, de la vie de campagne*. Une introduction due à Félix Davin, fortement inspirée par Balzac lui-même, indique que les *Études de mœurs* seront ultérieurement complétées par des *Études philosophiques* et des *Études analytiques*. Les *Études philosophiques* (1835-1840) regroupent des œuvres antérieurement parues sous les titres *Romans et Contes philosophiques* (1831), *Nouveaux Contes philosophiques* (1832) et *Livre mystique* (1835).

Cette cohésion progressivement mise au point procède d'une vision d'ensemble et d'une technique, pensée dès 1833 et appliquée en 1834 dans *le *Père Goriot* : le retour des personnages. Si on ne la trouve pas dans la lettre à Mme Hanska du 26 octobre 1834, annonçant une édition globale devant comprendre 50 volumes sur 4 ans (Balzac parle alors d'*Études sociales*), l'expression *Comédie humai-*

Chateaubriand

Chateaubriand, vers 1829. Dessin d'Horace Vernet (1789-1863).
Collection particulière. Ph. © Giraudon.

À la charnière de l'ancien et du nouveau monde, François-René de Chateaubriand (1768-1848), dernier seigneur de Combourg, donne un nom au mal des sociétés modernes (le « vague des passions ») et, face au conformisme ambiant, en appelle aux « orages désirés ».

Celui qui aura, avec *Atala* et *René* (1805), fait pleurer toute la génération romantique et connu l'un des plus grands succès littéraires du XIXe siècle laisse une œuvre hantée par la mort et l'échec : qui a vu naître et s'écrouler tant de régimes, qui a souhaité l'océan

pour tombeau après avoir goûté les honneurs du pouvoir, qui fut voyageur et soldat, émigré misérable et pair de France, sait que seule cette voix qui s'élève d'outre-tombe dans ses *Mémoires* (1848), véritable « monument » défiant l'oubli et le pouvoir destructeur du temps par l'enchantement du verbe poétique, peut lui ouvrir les portes de l'éternité.

Étude pour *les Natchez*, vers 1823-1824.
Dessin d'Eugène Delacroix (1798-1863).
Musée du Louvre, département des Arts graphiques, Paris. Ph. © RMN.

« François-René de Chateaubriand et Pauline de Beaumont dans les ruines du Colisée à Rome ».
Aquarelle anonyme, XIXᵉ siècle.
Collection Jeanvrot. Musée des Arts décoratifs, Bordeaux. Ph. © Arch. Photeb.

« Vue de Jérusalem, prise de la vallée de Josaphat », 1825, par Auguste de Forbin (1777-1841).
Musée du Louvre, Paris.
Ph. © RMN/M. Lewandowski.

ne, probablement suggérée par la *Divine Comédie* de Dante, apparaît pour la première fois en 1839 dans une lettre à l'éditeur Hetzel et figure dans les accords signés le 14 avril et le 2 octobre 1841 avec le groupe d'éditeurs chargé d'entreprendre la publication. Précédée d'un « Avant-propos », l'édition ainsi conçue est connue sous le nom d'édition Furne. Par rapport aux éditions précédentes des œuvres progressivement intégrées, le texte subit plusieurs transformations. Les unes sont dues à Balzac lui-même, qui multiplie les liens entre les romans pour mieux faire apparaître la cohérence du projet, les autres sont imputables aux exigences d'économie des éditeurs, et en particulier la suppression des préfaces, des divisions en chapitres et de nombreux alinéas. L'exemplaire personnel de Balzac, sur lequel il inscrivit de nombreuses modifications, s'appelle le « Furne corrigé », et sert de base pour toutes les éditions modernes.

La *Comédie humaine* est une œuvre inachevée. En janvier 1845, qualifiant son entreprise « littérairement parlant » de plus vaste que « la cathédrale de Bourges architecturalement parlant », Balzac écrit à son amie Zulma Carraud : « Voilà seize ans que j'y suis, et il faut huit autres années pour terminer. » Cette même année, Balzac, en vue d'une réédition en 26 tomes qu'il envisage, dresse un catalogue complet de la *Comédie*, publié en 1850 dans *l'Assemblée nationale*. On utilise toujours l'ordre et la numérotation adoptés pour ce plan. Sur 137 ouvrages prévus, 91 ont été rédigés. Les autres n'existent — au moment où Balzac rédige son catalogue — qu'à l'état de simples titres, d'ébauches ou de textes incomplets (ils figurent en italique dans le plan ci-dessous). Par ailleurs, quelques œuvres, publiées postérieurement, n'avaient pas été prévues, et doivent être intégrées, sans numéro ; il s'agit des *Parents pauvres* : le *Cousin Pons et la *Cousine Bette, d'*Un homme d'affaires,* de *Gaudissart II,* et des *Petites Misères de la vie conjugale.*

Catalogue établi par Balzac pour *la Comédie humaine*

Première partie : Études de mœurs.

Six livres : 1. Scènes de la vie privée ; 2. Scènes de la vie de province ; 3. Scènes de la vie parisienne ; 4. Scènes de la vie politique ; 5. Scènes de la vie militaire ; 6. Scènes de la vie de campagne.

SCÈNES DE LA VIE PRIVÉE (4 volumes, tomes I à IV). — 1. *Les Enfants.* — 2. *Un pensionnat de demoiselles.* — 3. *Intérieur de collège.* — 4. La Maison du Chat-qui-pelote. — 5. Le Bal de Sceaux. — 6. Mémoires de deux jeunes mariées. — 7. La Bourse. — 8. Modeste Mignon. — 9. Un début dans la vie. — 10. Albert Savarus. — 11. La Vendetta. — 12. Une double famille. — 13. La Paix du ménage. — 14. Madame Firmiani. — 15. Étude de femme. — 16. La Fausse Maîtresse. — 17. Une fille d'Ève. — 18. Le Colonel Chabert. — 19. Le Message. — 20. La Grenadière. — 21. La Femme abandonnée. — 22. Honorine. — 23. Béatrix ou les Amours forcées. — 24. Gobseck. — 25. La Femme de trente ans. — 26. Le Père Goriot. — 27. Pierre Grassou. — 28. La Messe de l'athée. — 29. L'Interdiction. — 30. Le Contrat de mariage. — 31. *Gendres et Belles-mères.* — 32. Autre Étude de femme.

SCÈNES DE LA VIE DE PROVINCE (4 volumes, tomes V à VIII). — 33. Le Lys dans la vallée. — 34. Ursule Mirouët. — 35. Eugénie Grandet. — LES CÉLIBATAIRES : 36. Pierrette. — 37. Le Curé de Tours. — 38. Un ménage de garçon en province [la Rabouilleuse]. — LES PARISIENS EN PROVINCE : 39. L'Illustre Gaudissart. — 40. *Les Gens ridés.* — 41. La Muse du département. — 42. *Une actrice en voyage.* — 43. *La Femme supérieure.* — LES RIVALITÉS : 44. *L'Original.* — 45. *Les Héritiers Boirouge.* — 46. La Vieille Fille. — LES PROVINCIAUX À PARIS : 47. Le Cabinet des antiques. — 48. *Jacques de Metz.* — 49. ILLUSIONS PERDUES, 1re partie : les Deux Poètes ; 2e partie : Un grand homme de province à Paris ; 3e partie : les Souffrances de l'inventeur.

SCÈNES DE LA VIE PARISIENNE (4 volumes, tomes IX à XII). — HISTOIRE DES TREIZE : 50. Ferragus (1er épisode). — 51. La Duchesse de Langeais (2e épisode). — 52. La Fille aux yeux d'or (3e épisode). — 53. Les Employés. — 54. Sarrasine. — 55. Grandeur et décadence de César Birotteau. — 56. La Maison Nucingen. — 57. Facino Cane. — 58. Les Secrets de la princesse de Cadignan. — 59. Splendeur et Misères des courtisanes. — 60. La Dernière Incarnation de Vautrin. — 61. *Les Grands, l'Hôpital et le Peuple.* — 62. Un prince

de la bohème. — 63. Les Comiques sérieux (les Comédiens sans le savoir). — 64. Échantillons de causeries françaises. — 65. *Une vue du palais.* — 66. Les Petits Bourgeois. — 67. *Entre savants.* — 68. *Le Théâtre comme il est.* — 69. Les Frères de la Consolation [l'Envers de l'histoire contemporaine].

SCÈNES DE LA VIE POLITIQUE (3 volumes, tomes XIII à XV). — 70. Un épisode sous la Terreur. — 71. *L'Histoire et le Roman.* — 72. Une ténébreuse affaire. — 73. *Les Deux Ambitieux.* — 74. *L'Attaché d'ambassade.* — 75. *Comment on fait un ministère.* — 76. Le Député d'Arcis. — 77. Z. Marcas.

SCÈNES DE LA VIE MILITAIRE (4 volumes, tomes XVI à XIX). — 78. *Les Soldats de la République* (3 épisodes). — 79. *L'Entrée en campagne.* — 80. *Les Vendéens.* — 81. Les Chouans. — LES FRANÇAIS EN ÉGYPTE (1er épisode) : 82. *Le prophète* ; (2e épisode) : 83. *Le Pacha* ; (3e épisode) : 84. Une passion dans le désert. — 85. *L'Armée roulante.* — 86. *La Garde consulaire.* — 87. SOUS VIENNE, 1re partie : *Un combat* ; 2e partie : *l'Armée assiégée* ; 3e partie : *la Plaine de Wagram.* — 88. *L'Aubergiste.* — 89. *Les Anglais en Espagne.* — 90. *Moscou.* — 91. *La Bataille de Dresde.* — 92. *Les Traînards.* — 93. *Les Partisans.* — 94. *Une croisière.* — 95. *Les Pontons.* — 96. *La Campagne de France.* — 97. *Le Dernier Champ de bataille.* — 98. *L'Émir.* — 99. *La Pénissière.* — 100. *Le Corsaire algérien.*

SCÈNES DE LA VIE DE CAMPAGNE (2 volumes, tomes XX et XXI). — 101. Les Paysans. — 102. Le Médecin de campagne. — 103. *Le Juge de paix.* — 104. Le Curé de village. — 105. *Les Environs de Paris.*

Deuxième partie : Études philosophiques.

(3 volumes, tomes XXII à XXIV.) — 106. *Le Phédon d'aujourd'hui.* — 107. La Peau de chagrin. — 108. *Jésus-Christ en Flandre.* — 109. Melmoth réconcilié. — 110. Massimila Doni. — 111. Le Chef-d'œuvre inconnu. — 112. Gambara. — 113. Balthazar Claës ou la Recherche de l'absolu. — 114. *Le Président Fritot.* — 115. *le Philanthrope.* — 116. L'Enfant maudit. — 117. Adieu. — 118. Les Marana. — 119. Le Réquisitionnaire. — 120. El Verdugo. — 121. Un drame au bord de la mer. — 122. Maître Cornélius. — 123. L'Auberge rouge. — 124. SUR CATHERINE DE MÉDICIS : I. Le Martyre calviniste. — 125. ID. : II. La Confession des Ruggieri. — 126. ID. : III. Les Deux Rêves. — 127. *Le Nouvel Abeilard.* — 128. L'Élixir de longue vie. — 129. *La Vie et les Aventures d'une idée.* — 130. Les Proscrits. — 131. Louis Lambert. — 132. Séraphîta

Troisième partie : Études analytiques.

(2 volumes, tomes XXV et XXVI.) — 133. *Anatomie des corps enseignants.* — 134. La Physiologie du mariage. — 135. *Pathologie de la vie sociale.* — 136. *Monographie de la vertu.* — 137. *Dialogue philosophique et politique sur les perfections du XIXe siècle.*

L'Avant-propos de 1842 précise le sens philosophique et historique de cet ensemble médité et méthodiquement agencé. Si, en 1834, Balzac présente les *Études de mœurs* comme les effets sociaux où se mettent en scène les « individualités typisées », les *Études philosophiques* comme les causes expliquant les « types individualisés » et les *Études analytiques* comme les principes (« Les mœurs sont le spectacle, les causes sont les coulisses et les machines ; les principes, c'est l'auteur »), il explique en 1842 que, parti d'une comparaison entre l'Humanité et l'Animalité, il s'est forgé une conviction : « La Société ressembl[e] à la Nature. » Il s'agit alors de « rendre intéressant le drame à trois ou quatre mille personnages que présente une Société » et d'« étudier les raisons ou la raison de ces effets sociaux ».

Le titre renvoie autant au théâtre qu'au modèle dantesque. Si Balzac a toujours été hanté par la scène (sa dernière œuvre achevée est une pièce, le *Faiseur), sa production romanesque interroge en permanence le théâtre du monde. Il suffit de lire cet extrait du *Cousin Pons* : « Cette comédie, à laquelle cette partie du récit sert en quelque sorte d'avant-scène, a pour acteurs tous les personnages qui jusqu'à présent ont occupé la scène. » Affectant souvent une structure dramatique (ainsi, *le Père Goriot* est agencé comme une tragédie et la *Peau de chagrin* trace la courbe implacable d'une destinée inéluctable), l'esthétique romanesque combine la dramatisation, ce « soleil du système » (1840) qui soude les éléments choisis, et la typisation. Théâtralisation du réel, qui confère l'unité, et création de types qui expriment la vérité : « Personnage qui résume en lui-même les traits caractéristiques de tous ceux qui lui ressemblent plus ou moins, [le type] est le modèle du genre » (Préface d'*Une ténébreuse affaire*).

Cette conception générale n'empêche nullement la diversité des formes, qui trouve sa première justification dans la loi des contrastes, la « variété dans l'unité », véritable loi vitale. Outre cette application nécessaire du principe de correspondance régissant l'univers balzacien, la maturation de l'écriture importe. D'une part, *la Comédie humaine* rassemble des œuvres élaborées avant la conception générale, mais dont les modifications ultérieures n'altèrent pas profondément la manière ; d'autre part, le roman balzacien a évolué durant les vingt années de sa production. Entre *Eugénie Grandet*, première *Scène de la vie de province* (1833), et *Splendeurs et Misères des courtisanes*, échafaudé en neuf années, on passe d'un récit assez sobre à une énorme fresque de 273 personnages. De la nouvelle au conte, du roman épistolaire (*Mémoires de deux jeunes mariées*) aux *Employés*, si richement dialogués, ou aux *Comédiens sans le savoir*, si proches du théâtre, du récit fantastique au drame social, Balzac déploie toutes les facettes d'un talent polymorphe. Les multiples aspects du réel se donnent à voir dans cette architecture romanesque chargée de restituer à la fois le jeu et ce qu'il cache, l'apparence factice et la réalité des coulisses, ou l'envers du décor. On comprend ainsi la valeur emblématique d'un titre comme l'*Envers de l'histoire contemporaine* (1842-1848).

L'ordre chronologique des intrigues s'étale de 1308 (*les Proscrits*) à 1846 (*les Comédiens*), mais la plupart des romans se situent entre la Révolution et les dernières années de la monarchie de Juillet ; c'est que *la Comédie humaine* est inséparable de l'Histoire contemporaine, comme le souligne l'Avant-propos : « La Société française allait être l'historien, je ne devais être que le secrétaire. » Sous cette modestie affichée, il faut lire l'ambition inédite (et jamais égalée, même par le Zola des *Rougon-Macquart*) de cet « annaliste de son temps » (le *Cabinet des antiques*) que doit être le romancier moderne : « Surprendre le sens caché dans cet immense assemblage de figures, de passions, d'événements », « tout savoir du monde » et le disposer dans ces « *Mille et Une Nuits* de l'Occident » (26 octobre 1834). Telle s'élabore l'invention du roman total, répondant idéalement aux exigences d'un lecteur qui entend que soient satisfaits les « cinq sens littéraires : l'invention, le style, la pensée, le savoir, le sentiment » (*la Muse du département*).

Dépassant la perspective de Walter Scott, Balzac « coordonne une histoire complète, dont chaque chapitre [serait] un roman et chaque roman une époque ». La continuité issue de la Révolution française se présente dans sa totalité à ce témoin de son temps, ce « Saint-Simon peuple » selon Taine. S'il étudie dans le détail une France nouvelle, révolutionnée et inconnue de la plupart des lecteurs, il s'agit pourtant d'un pays réduit à l'espace parisien et à la France septentrionale. En effet, Balzac ne situe aucun roman au sud d'une ligne Bordeaux-Limoges, ignore en grande partie le monde rural, en dehors des *Paysans* (1844) qui traitent avant tout de questions politico-sociales (morcellement des terres et avènement d'une bourgeoisie rurale), de même qu'il néglige le monde ouvrier, simplement évoqué dans le Prologue de la *Fille aux yeux d'or* (voir *Histoire des Treize*). Au centre de cette fresque trônent la société capitaliste naissante, étagée des employés aux banquiers, à la tête de la nouvelle aristocratie d'argent, et le Faubourg Saint-Germain, patrie de l'aristocratie du sang, légitimiste et catholique. « À la fois toute la gloire et toute l'infamie de la France » (*Illusions perdues*), Paris est décrit tel un Moloch qui pompe l'énergie de la nation. Lieu privilégié des affaires et de la politique, théâtre de la comédie sociale la plus élaborée, la capitale brille de tous les prestiges que lui confèrent son mystère et la fascination qu'elle exerce sur les provinciaux – et sur le romancier lui-même. Enfer, bourbier, volcan, elle consume les forces vitales avec une effrayante rapidité.

La province, si elle semble pâtir par comparaison avec la Ville somptueuse et hideuse à la fois, fantastique et diabolique, n'en offre pas moins de féconds champs d'investigation au romancier. Tout s'y déroule plus lentement, mais avec une intensité égale, quoique concentrée sur des enjeux plus limités. Au chatoiement parisien, elle oppose l'opacité de ses maisons et de ses rues silencieuses. Aux brillantes conversations des salons répondent les obsessions et les potins d'une société figée. Les individus d'exception y étouffent : ils cèdent alors aux sirènes parisiennes, quitte à revenir, parfois chargés de gloire, le plus souvent meurtris par le maelström des faubourgs. Seuls quelques lieux paisibles, au cœur d'une nature enchanteresse, offrent-ils alors leur asile aux âmes blessées, nostalgiques ou sages.

Nourrie d'une documentation abondante et scrupuleuse, *la Comédie humaine* met avant tout en scène des personnages fictifs (près de 2 500), qui créent de plus en plus l'illusion de la vie, côtoyant des personnages réels, lesquels n'occupent jamais les premiers rôles. Faisant concurrence à l'état-civil, Balzac invente une société en réduction, où de nombreuses figures évoluent suffisamment pour mériter une biographie, dont l'écrivain donne d'ailleurs ironiquement le modèle en établissant la fiche de Rastignac dans la Préface d'*Une fille d'Ève*. Synthétisant des modèles authentiques parfois affublés de noms empruntés à la réalité, Balzac colore ses fictions comme des rêves, selon le mot de Baudelaire, et utilise à fond sa faculté de voyance, qui lui fait concevoir des êtres plus vivants que les hommes, même si « les écrivains n'inventent jamais rien », « le secret des succès universels [étant] dans le vrai » (« Lettres sur la littérature », *Revue parisienne*, 1840) : l'Art n'est-il pas « la Nature concentrée » (*Illusions perdues*) ?

Cette vérité ne tient pas seulement à l'observation. Si Balzac la revendique souvent (« Ce drame n'est ni une fiction ni un roman », écrit-il à propos du *Père Goriot*), c'est autant pour prendre ses distances avec le statut du roman considéré comme un genre mineur propre à toutes les affabulations, que pour feindre de refléter le monde en dissimulant son pouvoir créateur et prendre le lecteur au piège séduisant de la mimésis. Certes, bien des personnages essentiels transposent tel ou tel aspect de la personnalité du romancier, mais ils n'en demeurent pas moins des fictions, des produits de l'invention d'un auteur qui intervient rarement en tant que tel, ou même en tant que narrateur. Présentation directe d'un monde où se déroulent les histoires narrées, *la Comédie humaine* est cependant informée par les savoirs et les points de vue supposés du savant, du philosophe, de l'historien ou du poète, ces hypostases du romancier.

Pourtant, le fantastique y joue un grand rôle. *La Peau de chagrin* ou la *Recherche de l'absolu* (que Balzac tenait pour l'une de ses œuvres les plus importantes) développent des thèmes centraux : la contradiction du vouloir vivre et du pouvoir vivre, la détermination des personnages par une idée fixe, la puissance des passions. C'est dire que le fantastique tient une place centrale dans *la Comédie humaine* ; et même si Balzac a tout d'abord sacrifié à une mode, il invente de nouvelles modalités qui lui servent à exprimer le mystère, enfoui au plus profond du réel, en créant un fantastique paradoxalement réaliste. Il tient à la nature des situations, des lieux, des personnages. Est ainsi assuré le passage de la réalité à l'imaginaire : « Dès que l'homme veut pénétrer dans les secrets de la nature où rien n'est secret, où il s'agit seulement de voir, il s'aperçoit que le simple y produit le merveilleux (*Séraphîta*). La vertu didactique d'une telle conception procède d'une philosophie, certes inspirée par les lectures théosophiques et mystiques de Balzac, mais dont le fondement réside dans la profonde unité de l'Esprit et de la Matière.

Apparaît d'autant mieux l'importance décisive de la description dans *la Comédie humaine*. Il ne s'agit pas seulement de peindre, de donner à voir, mais surtout d'interpréter. Investigation, la description éclaire la lisibilité de l'univers balzacien. Les lieux ou les objets décrits sont autant de signes visibles où s'inscrit en quelque sorte visuellement le drame. Le romancier se fait alors véritable pédagogue du regard imaginaire : « Toute sa personne explique la pension, comme la pension implique sa personne », dit-il de la mère Vauquer (*le Père Goriot*). Le cadre explique ce qui y vit. Les conditions sociales et les caractères se lisent d'abord par ces extérieurs, comme si l'avoir définissait de plus en plus l'être. La description rend compte d'un tout : « Chez moi, l'observation était devenue intuition, elle pénétrait l'âme sans négliger le corps ; ou plutôt, elle saisissait si bien les détails extérieurs, qu'elle allait sur-le-champ au-delà » (*Facino Cane*).

Si les lieux ont une physionomie, les personnages euxmêmes relèvent plus précisément de la physiognomonie, issue des théories de Lavater. Les dispositions intellectuelles et morales de l'individu peuvent se déduire de ses traits : ainsi s'explique l'importance des détails physiques dans les portraits, composés de particularités signifiantes. Le narrateur omniscient présente ses créatures sous tous leurs angles, ce qui permet au lecteur de bénéficier d'un savoir de connivence et de prendre à son compte le regard de tel protagoniste sur tel autre. Ainsi la genèse de l'amour chez Félix de Vandenesse regardant ébloui Henriette de Mortsauf va-t-il de pair avec le portrait de la châtelaine de Clochegourde (*le *Lys dans la vallée*). Acteurs pris dans une action, qui, pour être théâtralisée, n'en néglige pas pour autant toutes les procédures de l'écriture romanesque, y compris ses procédés feuilletonesques (auxquels Balzac sacrifie volontiers à partir de la *Vieille Fille*, 1836), les personnages obéissent à toutes sortes de déterminations que l'on ne saurait réduire à l'interaction avec le milieu ou au complexe psycho-physiologique. Aux mécanismes individuels s'ajoutent le poids familial, social ou professionnel, et surtout la logique des passions. Plus que d'empire de la psychologie, correspondant de toute façon aux conceptions du XIXe siècle, il faudrait parler d'une forme de pessimisme. En effet « si la pensée, ou la passion, qui comprend la pensée et le sentiment, est l'élément social, elle en est aussi l'élément destructeur. En ceci, la vie sociale ressemble à la vie humaine » (« Avant-propos »). Sorte de société en réduction, l'individu ne peut s'intégrer qu'en acceptant les règles de la comédie sociale. Sinon, il est condamné à être broyé au terme d'un impitoyable conflit. Aucun accomplissement individuel ne semble possible en dehors des lois de la société. La passion, ce besoin de sortir de soi et de posséder, qu'elle soit celle d'un père, d'un collectionneur, d'un érotomane, d'un savant, d'un usurier, d'un manipulateur fou de pouvoir, d'un ambitieux, d'un artiste, est toujours recherche d'un absolu. Elle conduit à l'impuissance et à la mort.

Parmi ces passions domine l'argent. Peut-être obsession personnelle de Balzac, il se révèle plus sûrement le moteur de la société moderne. Il est donc celui de *la Comédie humaine*. De l'avare Grandet à Nucingen, le Napoléon de l'argent, Balzac démonte les mécanismes de la finance. Surtout, il expose lumineusement comment et pourquoi l'argent s'est posé en puissance est devenu « le seul dieu moderne auquel on ait foi » (*Eugénie Grandet*). Là sans doute la force critique du roman balzacien trouve-t-elle son point d'application le plus incontestable. Toute une société soumise à la tyrannie matérialiste du veau d'or, une circulation fantastique, un grand branle de l'humanité, jetée dans les abîmes de la modernité, la captation des énergies et des sentiments : l'argent est bien le ressort et la fatalité du théâtre du monde.

S'impose également l'amour. Mais, contrairement aux usages romanesques de son temps, Balzac lie l'amour à l'argent, au mariage ou à l'ambition. De là un certain prosaïsme, qui va de pair avec une lucidité décapante. S'il existe de vrais amoureux dans *la Comédie humaine* (Eugénie Grandet, qui adore son cousin Charles, Lucien et Coralie, dans *Illusions perdues*, Lucien et Esther dans *Splendeurs[...]*, Raphaël et Pauline dans *la Peau de chagrin*), l'émotion, le pathétique procèdent avant tout de situations dramatiques, celle des femmes abandonnées ou celle née d'une contradiction entre la loi morale ou sociale et le sentiment (*le Lys dans la vallée*). Mais Balzac, dont les romans dessinent une « carte de Tendre » dix-neuviémiste, sait aussi dégager des lois du comportement amoureux autant que de la naissance et de la progression de l'amour. Vanité, calcul, énergie, dérèglement : de *la *Duchesse de Langeais* à la *Cousine Bette*, Éros joue son éternelle comédie, où figurent en bonne place les tentations homosexuelles (*la Fille aux yeux d'or*, Vautrin), voire des ambiguïtés plus troubles encore (*Une passion dans le désert*, *Sarrasine*). Le mariage fournit à lui seul une abondante thématique. Au traité (*Physiologie du mariage*), s'ajoutent les variantes romanesques de l'adultère, car la femme mariée est rarement heureuse dans la *Comédie*. Institution avant tout, le mariage est une affaire de Code. Si Balzac, qui écrit « à la lueur de deux Vérités éternelles, la Religion et la Monarchie », défend cette cellule sociale que représente la famille et célèbre les vertus de la conjugalité, il montre surtout les drames de la vie privée, et le rôle nécessaire des courtisanes dans la vie parisienne. Pourtant, le conservatisme obligé l'emporte : *la Comédie humaine* comporte une politique.

Si « le christianisme a créé les peuples modernes », le catholicisme vaut d'abord comme « système complet de répression des tendances dépravées de l'homme ». Si l'Église est experte au maniement de l'argent, elle offre aussi un contrepoids moral à la frénésie corruptive. La religion n'est pas seulement la garante de l'ordre social, elle peut aussi l'améliorer, ou favoriser les tentatives de réforme conservatrice (*le Curé de village*). Mais elle prend tout son sens dans son étroite liaison avec la monarchie. Le légitimisme balzacien lui permet de juger sans complaisance la politique postrévolutionnaire. Appuyé sur une analyse des réalités socio-économiques (notamment les transferts de propriété, les nouveaux circuits, l'industrie naissante), le romancier décèle les failles majeures d'une société où la lutte des individus entre eux, déterminée par la loi de l'intérêt, se révèle un immense dérèglement. Malgré la présence dans la *Comédie* de belles figures républicaines (Michel Chrestien dans *Illusions perdues*), seul un pouvoir fort, ouvert à l'économie moderne, peut alors gérer ces contradictions mortelles : « Le grand homme qui nous sauvera du naufrage vers lequel nous courons se servira sans doute de l'individualisme pour refaire la nation » (*le *Médecin de campagne*).

Celui qui fait « partie de l'opposition qui s'appelle la vie » met enfin en scène des artistes hantés par l'idée de beauté (tel Frenhofer dans *le *Chef-d'œuvre inconnu*) ou des génies, comme Louis Lambert. Princes de la volonté, ils échouent certes (avortement de la création ou folie), mais ils inscrivent sur cet univers impitoyable la marque indélébile de l'art et de la pensée. Avec ces modèles austères que sont Joseph Bridau (*Pierre Grassou*) ou Daniel d'Arthez (*Illusions perdues* et *les Secrets de la princesse de Cadignan*), ces artistes incarnent l'idéal balzacien de la poésie, qui complète harmonieusement celui de la science. *La Comédie humaine* triomphe alors non seulement comme monument littéraire unique, mais comme entreprise prométhéenne.

➤ *L'Œuvre de Balzac*, Club français du Livre ; *Œuvres complètes*, Club de l'honnête homme ; *Œuvres complètes illustrées*, Bibliophiles de l'Originale ; *la Comédie humaine*, « Pléiade ».

G. GENGEMBRE

COMÉDIE SANS COMÉDIE (la). Comédie en cinq actes et en vers de Philippe **Quinault** (1635-1688), créée à Paris au théâtre du Marais en 1654, et publiée à Paris chez Guillaume de Luyne en 1637.

Troisième comédie de l'auteur, cette pièce ne présente pas de véritable intrigue mais un fil conducteur développé dans le premier acte pour amener les quatre suivants, chacun illustrant un genre théâtral différent. L'ensemble procède ainsi à un éloge du théâtre.

Les comédiens Hauteroche et La Roque sont épris de deux sœurs, Aminte et Sylvanire, filles du marchand La Fleur. Celui-ci, qui vient de se ruiner, entend que ses filles fassent un mariage avantageux. Les comédiens doivent donc réhabiliter le théâtre s'ils veulent obtenir leur main (Acte I). Ils jouent avec elles une pastorale où satyres et bergers se disputent la belle Clomire (Acte II), puis une comédie dans laquelle un docteur devenu fou croit être en verre (Acte III). Suit une tragédie qui voit s'entretuer deux amants déguisés (Acte IV) et enfin une tragi-comédie à machines où l'Amour descendu des cieux et aidé d'esprits fait succomber une magicienne rebelle à ses traits et la contraint d'épouser son ennemi. Converti par ces diverses prestations, La Fleur accepte les hymens (Acte V).

Le titre fait jeu de mots à la manière du *Roman comique* de Scarron et, si l'on s'en rapporte à Furetière, présente – définition parmi d'autres – une « pièce de théâtre composée avec art » mais sans « art de composer » ! Paradoxe qui reverse d'emblée le propos du côté de la fantaisie et met l'accent sur le désir d'offrir au spectateur un divertissement avant tout. Que celui-ci, apparemment sans prétention, soit un plaidoyer pour le théâtre, replace la pièce de Quinault dans une perspective parfois utilisée par d'autres auteurs, notamment par P. Corneille dans *l'*Illusion comique*. En ce sens, elle s'enrichit d'un accent apologétique qui suffit à lui assurer une unité réelle. La diversité des quatre derniers actes ne fait qu'auréoler le théâtre d'une richesse aux facettes multiples et aux charmes toujours nouveaux. Le pouvoir de conviction est lié à l'ordre d'apparition des genres qui correspond à un *crescendo* dans le domaine du spectaculaire et culmine avec la tragi-comédie à machines. Les intrigues de chaque acte sont ficelées avec plus (IV) ou moins (III) de bonheur, mais font oublier leurs imperfections en vivifiant le procédé du théâtre dans le théâtre avec d'autant plus d'aisance que chaque illustration des différents genres en utilise les poncifs et les ficelles les plus grossières. La pastorale de l'acte II, par exemple, met en scène des satyres avides de repaître leur sensualité, une bergère déguisée en berger, et un amant malheureux qui confie sa peine à la nature : s'oppose ainsi l'amour sensuel à l'amour spirituel, tout comme dans *l'*Astrée*. Mais on pourrait également citer à l'acte III le choix d'un docteur, personnage comique par excellence sur les scènes du temps. L'ensemble de la pièce est baigné d'une veine parodique qui suppose une assimilation parfaite à la littérature de l'époque (les actes IV et V empruntent leur sujet à la *Jérusalem délivrée*). Les vers de la tragédie (IV) résonnent de façon burlesque par l'abondance des lieux communs et le jargon des pédants de collège (III) est savoureux pour le lecteur du *Francion*... Tout témoigne ici de cette exceptionnelle facilité qui caractérise l'ensemble de l'œuvre de Quinault.

● University of Exeter, 1974 (p.p. J.D. Biard). ➤ *Théâtre*, Slatkine.

P. GAUTHIER

COMÉDIES OU MYSTÈRES DE LA NATIVITÉ, DE L'ADORATION DES TROIS ROIS, DES INNOCENTS ET DU DÉSERT. Trétralogie biblique de **Marguerite de Navarre,** dite aussi de Valois, ou d'Angoulême, reine de Navarre (1492-1549), publiée dans les *Marguerites de la Marguerite des princesses, très illustre royne de Navarre*, à Lyon chez Jean de Tournes en 1547.

Adaptations dialoguées du Nouveau Testament, ces « comédies », vraisemblablement composées aux alentours de 1530, qui reproduisent fidèlement la succession des épisodes évangéliques, furent peut-être inspirées par le spectacle de quelque mystère ou moralité allégorique, dont le succès reste vif durant la première partie du règne de François Ier. La forme du dialogue convenait tout particulièrement à l'esprit dialectique de la reine : cinq ans auparavant, le *Dialogue en forme de vision nocturne* avait constitué une première tentative d'oraison dramatisée. S'il paraît vraisemblable que l'auteur destinait sa tétralogie à la représentation, il est difficile de savoir quel public elle prétendait atteindre : un public de cour, qui pût en goûter le didactisme moral et spirituel, ou bien le petit peuple, comme semble en témoigner la simplicité lexicale des répliques et leur découpage un peu rudimentaire ?

Comédie de la Nativité. Joseph, accompagné de Marie enceinte, cherche une hospitalité que tout le monde lui refuse. Tandis que le couple s'installe dans une modeste étable, les anges apparaissent aux bergers et leur annoncent la naissance prochaine du Sauveur. Satan, douloureusement affecté par l'événement, s'efforce de faire croire aux bergers que « ce Dieu de là haut / Du monde bas n'ha cure, et ne lui chaut ». Mais les bergers, inaccessibles à ses sophismes, s'en vont admirer l'Enfant Jésus.

Comédie de l'Adoration des Trois Rois. Dieu envoie Philosophie, Tribulation et Inspiration à Balthasar, Melchior et Gaspard. Conduits par les trois envoyées auprès de « Divine Intelligence », les rois mages apprennent la naissance du « vray sauveur ». Ils se rendent auprès d'Hérode et de ses docteurs, à qui ils annoncent l'événement.

Comédie des Innocents. Dieu révèle à Joseph les desseins cruels d'Hérode, et l'incite à fuir au plus vite. Le massacre n'épargne aucun enfant, et une ironie cruelle veut que le propre fils d'Hérode n'y échappe pas.

Comédie du Désert. Dieu envoie à Marie Contemplation, Mémoire et Consolation, pendant que Joseph cherche à pourvoir à la nourriture de la mère et de l'enfant. L'ange de Dieu apparaît à la fin, et invite le couple à retourner en Israël.

L'appellation de « mystères » suffit à souligner la continuité entre le genre médiéval et la tétralogie sacrée de Marguerite de Navarre. À l'instar du théâtre paraliturgique, les quatre pièces insèrent dans le récit biblique des développements lyriques et moralisants : la dramatisation allégorique, les dialogues à visée édifiante et la récurrence des actions de grâces contribuent à l'amplification de la matière initiale. Si le procédé se révèle parfois pesant, la tétralogie parvient dans l'ensemble à conjurer le risque d'un étirement artificiel des données évangéliques. Ainsi la nativité du Christ, épisode aux virtualités dramatiques relativement faibles, se transforme en lutte entre l'autosuffisance diabolique et la confiance inflexible en Dieu : bien que les personnages se réduisent à une fonction symbolique manifeste – obstination égoïste des possédants, acharnement sophistique de Satan ou innocence inébranlable des bergers –, la radicalité de leurs oppositions fait apparaître le dialogue comme une nécessité de l'action, et non comme une facilité didactique.

La réussite de Marguerite de Navarre, inégale selon les pièces, tient à l'inscription de la perspective édifiante dans une construction dramatique. L'expansion théâtrale du récit biblique, loin d'être cultivée pour elle-même, s'offre comme une clarification et comme un moyen d'enseignement : elle équivaut à une lecture analogique et symbolique des événements, qu'elle situe dans la cohérence globale du dessein divin. La *Comédie du Désert*, véritable gageure dramatique, apparaît à cet égard comme le plein accomplissement du projet : l'extrême minceur des données bibliques n'empêche pas la pièce de développer un vaste dialogue lyrique, où l'ordre visible et invisible du monde se révèle à Marie dans sa totale harmonie ; lieu dépourvu de toute commodité terrestre, le désert exprime et suscite l'état de dépouillement propice à l'infusion de l'amour divin : il brise la malédiction du péché originel, et se mue paradoxalement en nouveau paradis terrestre (« En ce Desert, voyez l'arbre de vie, / Ressuscitant Adam de tous les morts. ») L'espace vide où s'achève à la fois l'errance de la sainte famille et la représentation théâtrale, est donc celui où vibre en sa pleine signification l'amour de Dieu pour ses créatures : comme dans toute la poésie spirituelle de Marguerite de Navarre, c'est au désert que la « Vieille Escriture » des textes sacrés se revivifie, et qu'elle acquiert une brûlante actualité.

La progression de la tétralogie vers le dépouillement lyrique permet de mesurer l'écart qui la sépare des mystères médiévaux. La simplification de l'action, la réduction du nombre des personnages et la suppression des intermèdes comiques, fréquents dans les mystères, favorisent un mouvement d'intériorisation du récit évangélique : la représentation n'a de sens que dans l'effusion mystique qui l'achève et qu'elle entend susciter chez le spectateur. Oratorios avant la lettre plus que pièces de théâtre, les quatre « comédies » de Marguerite de Navarre s'inscrivent dans une redéfinition des formes de la piété, et annoncent peut-être le rôle dévolu au chant dans le culte réformé.

● *Marguerites de la Marguerite des princesses [...]*, La Haye, Mouton-De Gruyter, 1970 ; *id.*, Genève, Slatkine, 1970.

P. MARI

COMME EAU RETENUE. Recueil poétique de Jean-Guy **Pilon** (Canada/Québec, né en 1930), publié à Montréal aux Éditions de l'Hexagone en 1968.

Comme eau retenue, qui regroupe (si l'on met à part *la Fiancée du matin*, publié en 1953) les cinq premiers recueils de Jean-Guy Pilon – *les Cloîtres de l'été* (1954), *l'Homme et le Jour* (1957), *la Mouette et le Large* (1960), *Recours au pays* (1961) et *Pour saluer une ville* (1963) –, indique en son titre le sens d'une démarche que salua très tôt René Char : « Jean-Guy Pilon, que je ne connais pas, sinon par ses vers des *Cloîtres de l'été*, qui annoncent un poète dont la voix déjà nous est chère, depuis que je le lis, passe chaque soir le même seuil que moi ! »

S'il affirme son engagement à nommer et bâtir son pays, rejoignant par là la lutte des autres poètes des Éditions de l'Hexagone, Pilon ne perd en effet jamais de vue qu'il doit en faire une demeure, une « terre à habiter ». C'est pourquoi, à la révolte débridée, il préfère le lent cheminement qui, à travers les glaces, conduit hors de l'exil vers une réconciliation sereine avec le monde.

« Les Cloîtres de l'été » mettent en évidence la quête, patiente mais obstinée, du pèlerin à la recherche d'une parole nouvelle / Pour une autre lumière pour un autre langage » : « Mais j'entendrai ces mélodies promises /Je passerai ce seuil interdit / [...] / Pour élever à bout le souffle / L'offrande lourde du pèlerin / Rouge veine de vie / Dans le sanctuaire du cloître oublié. » Avec « l'Homme et le Jour », Pilon fustige les « désertions » pour appeler la construction qui permettra de « dépasser l'automne » et de retrouver « l'équilibre des étoiles », tandis que « la Mouette et le Large » conjugue la femme et le pays, sans lesquels ne saurait s'accomplir nulle célébration paisible du monde.

« Recours au pays » proclame la nécessité de nommer la patrie, de lui faire offrande de « chansons » et, malgré l'angoisse que suscite son exigence, de lui dire « oui à jamais » : « Sache au moins qu'un jour, j'ai voulu donner un nom à mon pays, pour le meilleur ou pour le pire ; que j'ai voulu me reconnaître en lui, non par faux jeu de miroirs, mais par exigeante volonté. »

« Pour saluer une ville », enfin, marque le passage du singulier à un collectif que l'amour cimente en une même détermination : « Construire une maison / Qui soit un pays / Tous ensemble / Avec nos mains / Pour marquer la fin de l'exil. »

Intensément lyrique dans « les Cloîtres de l'été », la poésie de Jean-Guy Pilon se fait ensuite « réflexive » pour privilégier l'idée et l'exhortation morale, souvent à travers des poèmes en prose. C'est qu'entre l'immobilité contemplative et le mouvement désordonné, tirant les leçons de l'expérience, il cherche pour lui et les siens une voie qui mène

---

tant à l'enfantement du pays qu'à l'accomplissement de l'être et à sa réconciliation avec l'univers, et ne pense la trouver qu'à force de patience et de mûrissement : « Les ronces en collier peuvent bien recouvrir les routes qui nous ouvrent la ville ! Nous apprendrons la patience. Humblement. Nos premiers pas seront assurés et les passerelles hier chancelantes relieront les étrangers et les assiégés. » Parfois, cependant, les « ponts suspendus » se dérobent, la neige écrase la terre et un sentiment de désarroi envahit le poète devant l'ampleur de la tâche : « Qui suis-je donc pour affronter pareilles étendues, pour comprendre cent mille lacs, soixante-quinze fleuves, dix chaînes de montagnes, trois océans, le pôle Nord et le soleil qui ne se couche jamais sur mon pays ? »

Mais *Comme eau retenue* ne cède jamais au vertige ni au drame. La poésie, pour Pilon, est en effet d'abord et essentiellement une fête : « Fête pour le geste, fête de la parole, fête de tendresse et de patience, fête. » Il y a en lui une confiance sereine en la « transparence de l'eau », une foi tranquille en un demain d'amour et d'harmonie qui lui permet d'acquiescer au présent et de « conduire ce jour à la joie des mots simples, d'un regard, d'une heure pleine et définitive ».

L. PINHAS

COMMENCEMENTS LAPONS. Recueil poétique de Christian **Dotremont** (Belgique, 1922-1979), publié à Montpellier aux Éditions Fata Morgana en 1985.

Il regroupe des textes (en vers et en prose) publiés dans des revues ou en tirage limité entre 1957 et 1974, ainsi que quelques inédits. Rédigés après son entrée en maladie (voir *la *Pierre et l'Oreiller*, 1955), ils témoignent que le cofondateur du groupe Cobra reste préoccupé par le rapport littérature-peinture, dont l'univers lapon, dès lors régulièrement fréquenté, n'est pas le prétexte, mais la trame.

Dans un univers discontinu de perceptions déphasées où la langue elle-même se dérobe (elle évolue d'une minute à l'autre et aucun dictionnaire n'en définit les mots) la sensation apporte des certitudes fulgurantes : « Le froid a des dimensions... C'est d'abord un poisson qu'on avale » ("Le pays du Nja, l'Auberge"). Le « drap » du paysage se superpose au blanc de la page : « L'arbre, l'intact / Il est l'exclamation qui dérange la phrase / La phrase est blanche longue » – comme la route ("Vues, Laponie"). Dans le vide du Nord, paysage et sons vivent par eux-mêmes, tandis que l'homme du Sud ajoute partout de la musique et des jardins, une frange de réel où se réfugier « pour éviter le fond » ("Vivre en Laponie"). Le lyrisme du rien s'exalte dans la « jungle de la neige » où le sommeil devient « de plus en plus blanc » ("Pour Sevettijardi"). Dans le Sud, « les nuances défont les heurts » tandis qu'en Laponie, royaume de l'optique, comme en la peinture de Cobra – on pense en particulier à Alechinsky – « les heurts, les catastrophes regorgent de nuances » ("Trop loin, trop près"). Là, loin du « moulin à prières du poivre du souvenir », se tapit « L'immense bête / de la nuit / dont le museau / c'est l'été » ("Logogrammes").

Ce n'est pas une Laponie d'ethnologue qui nous est décrite ici, encore que certaines notations aillent au cœur de l'altérité, comme dans cette auberge où se mêlent « les restes ou la préface d'un musée » à destination des estivants et les objets usuels ainsi frappés d'ambiguïté ("Progrès lapons"). Mais Dotremont nous communique avant tout une expérience poétique à plusieurs niveaux. L'apparente ingratitude du paysage permet d'abord le surgissement du moi : « Je fais la / statue, il suffirait de ne plus jamais avancer, de penser, de mourir de froid. » Par cette ascèse, la mort, au lieu de fugitive déesse, devient louve quotidienne. Mais il s'agit surtout d'inventer un langage poétique qui suit une grammaire visuelle : « Une fenêtre toute seule / dont la maison se / construit lentement. » Ou bien, dans l'espace lapon, « il neige du soleil ». La précision poétique propre au genre n'exclut pas l'ampleur, ainsi dans cette évocation de la route, tantôt considérée « comme un fleuve qui charrie quelques noyés jusqu'à la mer, une infi-

389

nie métaphore bordée de mots indifférents, tantôt comme une phrase de tanières, de bouleaux et de pins entre quoi s'allongent excessivement des ellipses ou d'ineffables ratures, et dont un port tout en haut est le point ».

COMMENT C'EST. Texte de Samuel **Beckett** (Irlande, 1906-1989), publié à Paris aux Éditions de Minuit en 1961.

> Une sorte de personnage-larve, en silence et dans le noir, rampe péniblement dans la boue et se nourrit de boîtes de thon et de sardines prises au fond d'un sac de jute qu'il traîne avec lui. Il a tout oublié mais quelques images mentales, des bribes de souvenirs, lui viennent d'il ne sait où et lui permettent d'imaginer qu'il « pense ». Il divise en trois parties la chronologie de sa lamentable progression : avant Pim, avec Pim, après Pim. Après une longue période de solitude, il agrippe un jour la fesse droite de ce qu'il devine être un autre rampeur comme lui : c'est Pim. Il tente d'entrer en communication avec lui mais leur relation devient très vite celle du bourreau et de sa victime. Il fait crier en lui enfonçant un ouvre-boîte dans la fesse et à force de coups sur la tête lui apprend à transformer ce cri en chant, en murmure ou en silence. Il parvient même à graver avec l'ongle quelques phrases dans le dos de Pim et en particulier cette interrogation : « Tu m'aimes ? » À la fin de la deuxième partie un certain Bom le saisit par les épaules comme lui-même l'avait fait avec Pim. Il devient à son tour la victime de ce troisième larron. La dernière partie donne à cette relation sado-masochiste une portée universelle voire cosmique, les corps deviennent immobiles et l'ordre même des parties est remis en cause : il y faudrait peut-être un « avant » et un « après » supplémentaires.

C'est dans ce texte (qui tient plus du long poème en prose que du roman proprement dit) que Beckett pousse le plus loin les conséquences du processus de « désancrage » de la profération verbale. Celle-ci ne procède plus que de ses propres ressources, encore sont-elles réduites à leur expression la plus sommaire. La syntaxe elle-même est atteinte (l'unité n'est plus ici la phrase mais la « bribe ») et il n'est peut-être qu'une lecture à voix haute pour rétablir des articulations qu'aucune ponctuation ne matérialise plus. L'écrivain a pourtant tempéré son souhait initial de faire paraître l'ensemble sous la forme d'un gigantesque bloc sans ponctuation ni majuscules ni point final. La version définitive se présentera en fait comme une longue série de courts fragments séparés par des blancs dont on peut considérer qu'ils sont dus au halètement de celui qui parle. Ce livre comporte d'ailleurs d'innombrables occurrences où la parole décrit sa façon de progresser qui consiste justement à évoquer les dangers de tarissement même qui la menacent et les moyens d'y parer : « Bic au clair à l'affût du moindre ce n'est pas l'ouvrage qui manque si rien j'invente faut s'occuper sinon la mort. » Parmi les motifs qui permettent de tenir, de poursuivre cette parole dont nous avons l'usage « sans avoir vraiment réfléchi à la question », le corps, avec ses mouvements, même très amoindris, ses postures, ses contacts, occupe une place non négligeable. D'autre part, même si les mots qui alimentent le dire semblent considérablement usés d'avoir tant servi, même si beaucoup d'entre eux se sont perdus, oubliés en route par le parleur, il lui en reste toujours suffisamment pour faire pendant à cet interminable présent (c'est le temps de la plupart des verbes du texte). L'ensemble de la thématique beckettienne déployée et déjà largement malmenée dans les œuvres antérieures subit ici sa plus puissante dégradation. Le glissement de terrain narratif connaît avec ce texte sa plus grande amplitude : le « narrateur » est plus inconsistant que jamais, toute émotion est détruite dans l'œuf et le dénuement des êtres et de leurs « rapports » est à son comble. Cette œuvre, par rapport à l'*Innommable, constitue un pas de plus dans la gageure qui consiste à poursuivre le discours tout en refusant, voire en les détruisant, les moyens habituels qui permettent de le produire. Elle provoque dès lors chez le lecteur un choc intense. Lecteur qui est lui-même confronté, dans une salutaire interrogation, à un texte d'où tout pittoresque est banni, d'où sont exclues ces évocations colorées que même ce que le narrateur appelle sa « vie là-haut » n'a jamais comporté : « Ma vie là-haut ce que je faisais dans ma vie là-haut un peu de tout tout essayé puis renoncé ça allait la même chose [...] jamais doué pour rien pas fait pour cette chinoiserie. »

G. COGEZ

COMMENT J'AI ÉCRIT CERTAINS DE MES LIVRES. Essai de Raymond **Roussel** (1877-1933), publié à Paris chez Alphonse Lemerre en 1935.

Au moment où, en 1932, Lemerre préparait l'édition des *Nouvelles Impressions d'Afrique*, Roussel lui confia le texte de Comment j'ai écrit certains de mes livres, en spécifiant qu'il ne devait être publié qu'après sa mort. Le 20 janvier de l'année suivante, il rédigea un testament où il indiquait le nom de vingt-deux personnes, en majorité des surréalistes, à qui le livre devrait être adressé. Il mourut le 14 juillet à Palerme, et Michel Leiris s'occupa de la publication.

> Le volume est un ensemble disparate, comprenant quatre séries de textes. D'abord, donnant son titre au livre, un bref essai où l'auteur fournit l'explication de certains procédés d'écriture utilisés par lui. Il y ajoute quelques notes autobiographiques. La deuxième partie, « Citations documentaires », présente des contes, comme « Nanon » ou « Chiquenaude », en prose et en vers ; y sont joints des articles sur Roussel joueur d'échecs et le texte où le psychiatre Pierre Janet décrit le cas de son patient Martial (c'est-à-dire Roussel lui-même). Viennent ensuite dix-sept brefs récits regroupés sous le titre de « Textes de grande jeunesse ou Textes-genèse » ; le premier, « Parmi les Noirs », étant le plus connu. On y voit clairement fonctionner le « procédé ».
> Enfin, les « Documents pour servir de canevas » présentent six ébauches de récits que Roussel n'a pas eu le temps de développer, et que caractérise une extraordinaire densité.

L'objet de ce livre est essentiellement de livrer le procédé d'écriture mis au point par Raymond Roussel, qui explique aux premières lignes : « Il s'agit d'un procédé très spécial. Et, ce procédé, il me semble qu'il est de mon devoir de le révéler, car j'ai l'impression que des écrivains de l'avenir pourraient peut-être l'exploiter avec fruit. » Le premier exemple qu'il donne est emprunté à « Parmi les Noirs » : prenant deux mots « presque semblables », « j'y ajoutais des mots pareils mais pris dans deux sens différents, et j'obtenais ainsi deux phrases presque identiques ». En l'occurrence, partant de « billard » et « pillard », il aboutit à :
« Les lettres du blanc sur les bandes du vieux billard... » ;
« Les lettres du blanc sur les bandes du vieux pillard. »
Et Roussel explique que, dans un cas, « lettres » signifie « signes typographiques », et dans l'autre « missives » ; « blanc », tantôt « craie », tantôt « homme blanc », etc. Enfin, « les deux phrases trouvées, il s'agissait d'écrire un conte pouvant commencer par la première et finir par la seconde ». À cette forme primitive de la contrainte Roussel apporta ensuite divers perfectionnements, dont il donne d'abondants exemples. Les « écrivains de l'avenir » ont-ils exploité « avec fruit » le procédé ? On en connaît effectivement des exemples remarquables, en France (à l'Oulipo, spécialement Georges Perec), ou à l'étranger (l'*Enchâssement*, du Britannique Ian Watson).
Mais l'intérêt de Comment j'ai écrit certains de mes livres est loin de se limiter à cet aspect « théorique » ; il s'agit aussi plus simplement d'un recueil de contes où le charme roussellien opère pleinement. Dans les six « Documents pour servir de canevas » en particulier le génie stylistique de l'auteur joue d'une foudroyante concision : « Rue Barel vivaient dans l'abjection, l'un trompé, l'autre rossée, l'empirique Sableux et la théâtreuse lyrique Doumuse... »

● « 10/18 », 1984 ; Jean-Jacques Pauvert, 1985.

P. BESNIER

COMMENTAIRES. Ouvrage de Blaise de Lasseran-Massencome, seigneur de **Monluc** (1502-1577), publié à Bordeaux chez Simon Millanges en 1592.

Vaste récit des campagnes d'« un vieux capitaine et soldat, élevé dans la poussière des armées et des batailles », les *Commentaires* furent écrits d'un seul jet, de novembre 1570 à juin 1571, et enrichis ultérieurement de réflexions personnelles, « remontrances » au pouvoir royal et préceptes techniques adressés aux futurs chefs de guerre : un mouvement d'amplification oratoire a transformé la première version, accumulation de récits mal ajustés, en construction d'une légende personnelle et vision critique d'une époque. Monluc embrasse dans le « discours de sa vie » un demi-siècle de combats, des guerres d'Italie de sa jeunesse à la quatrième guerre de religion, consécutive au massacre de la Saint-Barthélemy. Servi par une mémoire remarquablement fidèle, enclin aux restitutions topographiques et aux dénombrements méticuleux, il retrace avec exactitude les conditions de la vie politique et militaire du temps ; ses fonctions de lieutenant du roi lui ont permis d'ailleurs de conserver, comme autant de documents sûrs, les lettres et ordres importants. Même si le mémorialiste regrette que ses ardeurs belliqueuses ne lui aient pas laissé le temps nécessaire à une formation littéraire méthodique, les *Commentaires* témoignent de plusieurs emprunts ou influences : grand amateur de César, qu'il se faisait lire au soir des batailles, Monluc n'a ignoré ni les *Histoires* de Tite-Live, ni les historiens contemporains – Jove, Paradin, Martin du Bellay et Guichardin.

Dans une brève Préface dédiée à la noblesse de Gascogne, Florimond de Roemond, conseiller au Parlement et à qui on doit cette édition, vante « la prouesse, l'expérience et la résolution de cet invincible chevalier, Blaise de Monluc, maréchal de France ».

Le « Préambule à Monseigneur » se présente comme un plaidoyer : s'adressant au futur Henri II, l'auteur fait état de ses services passés, et riposte aux accusations de pillage et de concussion lancées contre lui par les protestants.

Issu d'une noblesse pauvre, Monluc fait ses premières armes dans la compagnie du chevalier Bayard : les campagnes d'Italie enthousiasment l'adolescent. Mais les Français perdent le Milanais, et le désastre de Pavie, en 1525, décime la noblesse : l'auteur n'évite d'être rançonné que grâce à sa pauvreté. La guerre se déplace à Marseille, puis au Piémont et dans les Alpes. Pendant une trêve, Monluc s'essaie au métier de courtisan, mais, avoue-t-il, « je fus toute ma vie mal propre pour ce métier » (livre I).

En 1544 : l'alliance entre Charles Quint et Henri VIII contre François Ier amplifie la guerre et déplace le théâtre des opérations. Malgré la victoire de Cérisoles (avril 1544), Monluc remarque que le roi de France vieillit et n'éprouve plus les enthousiasmes belliqueux d'antan (livre II).

Le fait d'armes le plus illustre de la carrière de Monluc est la défense héroïque de Sienne. En dépit de sa vaillance et de son aptitude à galvaniser la ville, l'auteur doit capituler devant le duc de Marignan, allié de l'empereur : il obtient néanmoins pour ses troupes de quitter Sienne « enseignes déployées, les armes sur le col et tambourin sonnant » (livre III).

La longue suite des opérations militaires aboutit à la paix du Cateau-Cambrésis (avril 1559), que Monluc qualifie d'« infortunée » parce qu'elle fait perdre à la France les conquêtes de François Ier (livre IV).

Suit le récit des guerres civiles. Désorienté par la politique de bascule de Catherine de Médicis, Monluc se demande plus d'une fois où est son devoir. Refusant de céder aux avances des envoyés protestants, il choisit de réprimer la subversion. Ses succès et sa réputation de cruauté inspirent la terreur, jusqu'à la paix d'Amboise (mars 1563) et à la pacification de la Guyenne (livre V). Puis le récit retrace la deuxième guerre de religion, marquée par la victoire du connétable de Montmorency sur Condé à Saint-Denis (novembre 1567) et terminée par la paix de Longjumeau (livre VI).

Monluc commence par plaider sa cause et par se justifier : en effet, il a été destitué de ses fonctions après sa mauvaise appréciation de l'avancée de Montgomery (août 1569) et sa mésintelligence avec Damville, lieutenant du roi. Amer, il assiste à la paix de Saint-Germain, qu'il juge « fort avantageuse pour les ennemis » (livre VII).

La lecture des *Commentaires* ne peut négliger ni les métamorphoses successives de l'œuvre ni sa composition stratifiée. La confrontation des différentes couches du texte révèle, en effet, la transformation d'une écriture rude et spontanée en élaboration réflexive de l'expérience : au fil des années se fait jour une méthode de sélection et d'articulation des éléments les plus significatifs, subordonnée à une visée critique et pédagogique. Ce changement de perspective reflète le désengagement et le désenchantement politique du narrateur entre 1570 et 1577 : sommé initialement de se justifier contre les accusations de cruauté et de pillage, le chef de guerre pouvait difficilement éviter d'inscrire les événements dans une dimension auto-apologétique ; démis de ses fonctions et éloigné du fracas politique et religieux, il développe peu à peu un scepticisme qui l'apparente à l'auteur des *Essais :* la simple mention des événements suffit alors – c'est le cas de la Saint-Barthélemy, qui ne donne lieu qu'à de brèves et amères remarques – et l'observation morale des causalités historiques l'emporte sur les longs développements narratifs. Une volonté de compréhension informe le dernier état du texte, impliquant en permanence un dialogue virtuel entre le narrateur et la postérité. L'écriture autobiographique s'offre comme mouvement d'objectivation d'une vie, qui s'analyse en même temps qu'elle se donne à lire aux autres : « Je n'écris à moi-même, et veux instruire ceux qui viendront après moi ; car n'être né que pour soi, c'est dire en bon français être né une bête » (livre III).

Une curieuse dialectique s'établit ainsi entre le « fol enragé » des guerres passées, dont les excès n'inspirent au narrateur que des contritions toutes relatives, et la maturité morale du militaire fatigué : les événements sont à la fois revécus avec une ferveur jubilatoire, et inscrits dans une perspective qui en révèle la signification et la portée. L'extraordinaire épisode de la défense de Sienne illustre parfaitement ce double registre : malade et à bout de forces, Monluc sait que la vaillance des assiégés dépend de sa propre aptitude à poursuivre la lutte ; il s'enduit alors le visage de « vin grec », revêt un costume cramoisi, et se présente avec un air de fête devant le Consistoire de la ville : médusés et galvanisés par cette résurrection, les magistrats lui promettent solennellement de combattre jusqu'au bout. L'exemplarité de l'épisode transcende le pittoresque de ses rebondissements : un fil directeur relie la défense de Sienne aux multiples combats où Monluc, en chef avisé, a compris la nécessité de frapper les imaginations pour stimuler l'ardeur guerrière.

L'évocation des opérations militaires s'ordonne ainsi en réflexion sur les techniques de commandement. Même si Monluc se déclare « plus soucieux de bien faire que de bien dire », les *Commentaires* accordent une place essentielle à la rhétorique persuasive : non seulement le chef de guerre doit savoir emmener au combat des lieutenants réticents, mais il lui faut, contre les conseillers timorés du roi, soutenir le parti de l'offensive et affirmer les vertus de l'audace. L'enthousiasme fougueux, en de telles occasions, supplée l'ignorance des règles du discours : « Encore ai-je eu ce bonheur de pouvoir exprimer en termes de soldat ce que j'avais à dire avec assez de véhémence » (livre VI). Dans la rudesse de la parole s'articule une éthique fondée sur un loyalisme intransigeant et téméraire : de ce fait, les événements traversés par Monluc deviennent le théâtre d'un « dire » à la fois aristocratique et « mal poli », qui s'enfle peu à peu en récriminations et se constitue en instance de jugement. Il est significatif à cet égard que l'écriture autobiographique se désigne comme parole virtuelle, dont la force démystificatrice divulguerait la vérité de l'Histoire : « Si la Reine et Monsieur l'Amiral étaient en un cabinet, et que feu M. le prince de Condé et M. de Guise y fussent aussi, je leur ferais confesser qu'autre chose que la religion les a menés à faire entretuer 300 000 hommes » (livre VI).

Les multiples « remontrances » adressées aux rois et aux Grands dans les deux derniers livres cristallisent les mécontentements du mémorialiste, en même temps qu'elles aiguisent sa lucidité et sa volonté réformatrice : dans un réquisitoire dont la véhémence évoque le livre II des *Tra-*

giques, Monluc stigmatise l'arrivisme des courtisans, exhorte le roi à se montrer au peuple plutôt que de rester prisonnier de la cour, et répète que l'obtention des charges devrait dépendre du seul mérite et non de la naissance. La récurrence irrévérencieuse des apostrophes emporte alors l'écriture dans une oralité chaotique, qui mêle maximes morales, anecdotes ironiques et déclamations indignées.

Le puissant courant critique qui irrigue les *Commentaires* empêche naturellement de réduire Monluc à l'« homme de sang » évoqué par Michelet. Le texte ménage, dans la mise en scène de soi, des glissements, des transformations, des superpositions, qui occupent toute la gamme située entre l'action passionnée et le témoignage à distance. Des bravades juvéniles aux censures à la Caton, l'identité du mémorialiste « essaie », sur un mode presque montaignien, une multiplicité de rôles qui sont autant d'inscriptions successives dans l'Histoire.

● « Pléiade », 1964 (p.p. P. Courteault, préf. J. Giono).

P. MARI

COMMUNE (la). Voir UNE ÉPOQUE, de P. Margueritte.

COMMUNISTES (les). Roman de Louis **Aragon** (1897-1982), publié par fascicules à la Bibliothèque française de juillet 1949 à avril 1951 (6 volumes), et dans une version récrite dans les tomes 23 et 24 des *Œuvres romanesques croisées d'Aragon et d'Elsa Triolet* en 1966.

Entrepris en 1948 (mais « plusieurs fragments d'une première ébauche [...] avaient été griffonnés sous l'Occupation », dont un texte devenu l'Épilogue d'**Aurélien*), le roman, dernier volume du cycle « le Monde réel » (voir les **Cloches de Bâle*, les **Beaux Quartiers*), devait comprendre trois séries, et couvrir l'intégralité de l'histoire de la Seconde Guerre mondiale. En deux ans de rédaction, seule la première série a été menée à bien, transformant l'épopée, arrêtée à juin 1940, en récit d'une défaite minutieusement étudiée.

Chacun des 6 volumes scande chronologiquement le récit (février-septembre 1939, I ; septembre-novembre, II ; novembre 1939-mars 1940, III ; mars-mai, IV ; mai-juin, V ; du 5 au 9 juin, « Épilogue ») que le grand nombre de personnages et la constante interaction des histoires individuelle et collective rendent impossibles à résumer. De l'accueil des réfugiés espagnols après la victoire de Franco à l'entrée des Allemands à Mantes, le roman multiplie lieux et actions, mettant en scène un héros collectif (les communistes) aux prises avec la vie politique et militaire des débuts de la guerre. Derrière la galerie des personnages du « Monde réel » (Aurélien Leurtillois, Fred Wisner, etc.), le commencement d'un amour entre un nouveau venu, Jean de Moncey, et la bourgeoise Cécile Wisner (amour qui remet en cause ses préjugés politiques), sert aussi de fil narratif à l'immense fresque.

Entrepris en pleine guerre froide, entre la rédaction des essais de *l'Homme communiste* et le pamphlet *Avez-vous lu Victor Hugo ?*, dans un contexte de combat idéologique extrêmement violent – quatre ans après la Libération, le poète de la Résistance Aragon (voir *le *Crève-cœur*) avait ainsi été déchu de ses droits civiques pour dix ans –, le roman dans son projet porte la marque évidente de son contexte : il s'agissait d'interdire la réécriture de l'Histoire, de célébrer l'action communiste avant et pendant la guerre, de rappeler la complicité du capitalisme et du fascisme au moment du réarmement de l'Allemagne et des conflits coloniaux en Indochine et en Corée. Ouvrage militant, donc, en liaison directe avec l'actualité, dans lequel le témoignage autobiographique et l'énorme documentation d'Aragon servaient à rappeler que les gouvernements français avaient travaillé davantage à pourchasser leurs opposants qu'à défendre le pays – façon de justifier, du même coup, l'acceptation par le parti communiste français du pacte germano-soviétique. Il s'agissait également de fournir au combat esthétique du réalisme le chef-d'œuvre littéraire par lequel Aragon prouverait le bien-fondé de ses théories – tant à l'extérieur qu'au sein même de son parti,

dont l'écrivain était loin de partager les idées les plus sommaires. Compris à l'aune de ces ambitions – et de ce contexte douloureux –, le roman remplit en partie ses fonctions : indéniablement entachés par le stalinisme, et la représentation caricaturale de Nizan (voué aux gémonies par le Parti après son refus d'accepter le pacte Hitler-Staline) sous la figure du traître Orfilat, les *Communistes* rappellent aussi la culpabilité française dans la défaite, et la persécution envers le Parti, à laquelle l'affaire du pacte fournissait un prétexte. L'alliance du monde des « Beaux Quartiers » et du fascisme, dépeint dans toute sa vérité historique, de même que l'accueil fait aux républicains espagnols, constituent alors les points forts du récit.

Toutefois, en dépit du marquage idéologique, le roman mérite mieux qu'une lecture sommairement militante : attentifs aux répercussions de l'Histoire sur chaque destin individuel (ainsi la guerre est-elle d'abord la séparation des hommes et des femmes, véritables héroïnes d'un livre dont Aragon rappelait qu'il fallait entendre son titre au féminin), animés parfois par des flambées d'écriture où la guerre paraît une sorte d'hallucination du temps, les *Communistes* résistent à leur contexte, formant l'un des grands romans historiques du XXᵉ siècle. Reste que l'inaboutissement du projet et la réécriture de 1966 (où Orfilat disparaît, sans qu'Aragon, s'expliquant longuement sur les modifications stylistiques dans sa postface « la Fin du Monde réel », juge bon d'y faire allusion...) témoignent aussi d'un semi-échec, imputable aux transformations de la vie politique au moins autant qu'à l'écriture. La réception du livre n'a sans doute pas été étrangère à l'arrêt de la rédaction, l'enthousiasme des communistes se teintant d'un désaveu des grands romans précédents, tandis que les autres lecteurs, aveuglés par les seules considérations politiques, ne pouvaient à l'époque considérer littérairement un titre aussi clairement affiché. Pour complexe qu'il fût (voir les **Voyageurs de l'impériale*), le réalisme aragonien s'alourdit d'ailleurs ici, avant le renouveau de l'œuvre aux alentours de 1954 (les *Yeux et la Mémoire*, le **Roman inachevé*), et la seule flambée de la phrase ne parvient pas toujours à dépasser la raideur de la composition. Roman du conflit et du malentendu, les *Communistes* constituent ainsi une œuvre à redécouvrir, plus complexe qu'il n'y paraît, et dont la **Semaine sainte* figurera en 1958 la véritable correction.

● Messidor/Temps Actuels, 1982 (2 vol.). ➤ *Œuvres romanesques croisées*, Laffont, XXIII-XXIV.

O. BARBARANT

COMPAGNON DU TOUR DE FRANCE (le). Roman de George **Sand**, pseudonyme d'Aurore Dupin, baronne Dudevant (1804-1876), publié à Paris chez Perrotin en 1840.

Inspiré par *le Livre du compagnonnage* d'Agricol Perdiguier (1839), ce roman écrit en 1840 devait être le premier d'une série qui ne verra pas le jour. Car *le Compagnon du tour de France*, avec ses théories égalitaires, suscita un véritable tollé (campagne polémique de décembre 1840 à janvier 1841 ; article de Marie d'Agoult dans *la Presse*, 9 janvier 1841).

Le père Huguenin et son fils Pierre, jeune compagnon démocrate et instruit, sont chargés de restaurer les boiseries de la chapelle du manoir de Villepreux. Mais le père Huguenin et un apprenti se blessent. Pierre, parti pour Blois recruter deux ouvriers, se trouve mêlé aux luttes sanglantes du compagnonnage et aux complots de la Charbonnerie, en quête de nouveaux membres. Il rejoint enfin à Villepreux son ami nantais le Corinthien. Celui-ci, dévoilant des talents d'artiste-sculpteur, oublie la vertueuse Savinienne, mère des compagnons, avec la sensuelle marquise des Frenays. Pierre s'éprend d'Yseut de Villepreux, petite-fille du comte, lui-même carbonaro. Tandis que la Savinienne, sans ressources, est recueillie au manoir par Yseut, on découvre les amours du Corinthien et de la marquise. Cette dernière renie vite son amant prolétaire, que le comte expédie en Italie. Yseut, confiante dans les opinions libérales de son grand-père, lui avoue son amour pour Pierre : devant le désespoir du vieillard, elle renonce momentanément au jeune homme, qui, de son côté, refuse d'épouser une héritière.

Au printemps 1840, Pierre Leroux, théoricien socialiste, prête à George Sand l'ouvrage d'Agricol Perdiguier (reçu compagnon sous le nom d'Avignonnais la Vertu), en qui la romancière découvre son idéal de prolétaire-écrivain. Les objectifs de ce compagnon menuisier – aplanir les divisions entre ouvriers, éduquer le peuple – deviennent les siens et ceux de son héros, Pierre Huguenin. Porte-parole d'un auteur qui ne se prive pas d'intervenir dans son récit, ce « prolétaire-philosophe » prêche l'union à ses semblables, déchirés par les rivalités du compagnonnage, dont on évoque les rites (le « topage »). Peu intéressé par la Charbonnerie, affaiblie en cette année 1823 par l'expédition d'Espagne qui sonne le glas des espérances libérales, il affirme, au fil de discussions théoriques ou de méditations, sa foi en l'avènement d'une « société où le principe de liberté individuelle pourrait se concilier avec le droit de tous ». Ce roman socialiste exalte aussi le peuple, idéalisé à travers la figure de Pierre, « apôtre-prolétaire » et héros romantique, lecteur de Jean-Jacques et de Walter Scott, celle du Corinthien, « enfant de génie », ou celle de la Savinienne, belle comme « une Vierge de Raphaël ».

À ce point de vue militant – et édifiant –, George Sand subordonne même l'intrigue amoureuse. Elle transforme un lieu commun romanesque, la mésalliance d'une aristocrate avec un prolétaire, en un rêve de fusion des classes sociales : toutefois Yseut de Villepreux, renonçant à son beau menuisier, n'ira pas aussi loin que Marcelle de Blanchemont (voir le *Meunier d'Angibault*).

● P. Univ. Grenoble, 1979 (p.p. R. Bourgeois). ➤ *Œuvres complètes*, Slatkine, IV.

P. ALEXANDRE-BERGUES

COMPAGNONS DU TRÉSOR (les). Voir HABITS NOIRS (les), de P. Féval.

COMPARUTIONS. Voir HOMMES DE BONNE VOLONTÉ (les), de J. Romains.

COMPÈRE GÉNÉRAL SOLEIL. Roman de Jacques Stephen **Alexis** (Haïti, 1922-1961), publié à Paris chez Gallimard en 1955.

C'est à Paris, où il réside de 1946 à 1954, que Jacques-Stephen Alexis rédige ce premier roman qui apparaît comme le prolongement mais aussi la clôture de l'espoir entrouvert par *Gouverneurs de la rosée* de son compatriote Jacques Roumain. S'appuyant sur un événement historique horrible – le massacre des travailleurs haïtiens de la canne, en 1937, en république Dominicaine – il inscrit cet événement dans la logique des dictatures fascistes, et plus largement dans celle de la déchéance que provoque l'exploitation de la misère humaine.

Prologue. Torturé par la faim, Hilarion Hilarius, jeune chômeur atteint d'épilepsie, tente un cambriolage nocturne.

Première partie. Capturé, Hilarion fait en prison la connaissance de Pierre Roumel dont les paroles de réconfort lui redonnent confiance. À sa libération, il rencontre une femme, Claire-Heureuse. Le médecin Jean-Michel commence à le soigner. Il se rend avec sa mère à Léogane pour une cérémonie vaudou pendant laquelle son cousin tue un policier.

Deuxième partie. Hilarion s'installe avec Claire-Heureuse qui ouvre une boutique. Dès lors, la vie du couple est une lutte incessante pour une existence décente. Claire-Heureuse est enceinte, Hilarion suit des cours du soir. Il est engagé temporairement au service du ministre Paturault, qui donne une fête alors que la famine sévit et que l'agitation gronde. Hilarion apprend de Jean-Michel qu'il est guéri. Cependant, un incendie fait tout perdre au couple.

Troisième partie. Hilarion et Claire-Heureuse partent pour la république Dominicaine travailler à la coupe de la canne. Hilarion fait la connaissance de Paco Torres, un communiste, qui a connu Roumel

dix ans plus tôt à Hambourg. Claire-Heureuse accouche d'un garçon. Paco Torres est assassiné, alors qu'il lance un appel à la grève. Son enterrement est l'occasion d'une grande manifestation. Les travailleurs du sucre obtiennent une augmentation. Peu de temps après, dans les champs de canne, les Haïtiens sont massacrés massivement par l'armée de Trujillo. Hilarion et Claire-Heureuse parviennent à prendre la fuite. L'enfant, mordu par un chien, meurt peu après. Claire-Heureuse et Hilarion atteignent la frontière. Au moment où ils la franchissent, Hilarion est abattu. Avant de mourir, il fait à Claire-Heureuse, qui a perdu la raison, le récit de sa vie et de la lente prise de conscience de sa condition. Il meurt, le regard tourné vers l'Orient, alors que le soleil se lève.

Dès le Prologue, Hilarion, « homme d'ombre » confondu avec la nuit, dans le « devant-jour », cherche à parler, à se dégager de la folie qui l'envahit. Dans cet éveil, il est accompagné par un narrateur, et le décalage constant entre, d'une part, l'impossibilité à dire et, d'autre part, le discours conscient de ses enjeux, rend paradoxale la situation narrative : de quelle expérience le narrateur peut-il en effet se targuer pour s'adresser directement au lecteur, sinon de celle d'Hilarion ? Attentif à cette contradiction, c'est dans son style même que l'auteur investit certains aspects de son questionnement : depuis le Prologue, où, à travers la difficile recherche d'une expression métaphorique de l'affrontement entre la nuit et le jour, se marque la résistance du langage à dire la misère du héros, jusqu'aux pages finales dans lesquelles Hilarion, au seuil de la mort, atteint enfin la pleine maîtrise de la langue et des images, l'écriture de Jacques-Stephen Alexis parcourt tous les discours possibles que lui offre l'espace culturel haïtien.

Hilarion, l'être qui jusqu'à sa rencontre avec Roumel n'a de place nulle part, fait d'abord connaissance avec le monde dans lequel il est plongé. De l'expérience de la prison à la mort à la frontière, Hilarion rencontre l'une après l'autre toutes les figures possibles de la déchéance et de la dignité de l'homme. Mais la différenciation n'est pas toujours aisée. Impénétrable, par exemple, est « l'Afrique collée au corps du nègre comme un sexe surnuméraire » (Prologue) et qui l'investit par l'intermédiaire du vaudou. Espace trouble, il est contigu à celui des maîtres de la politique et du mensonge, qui, tel le ministre Jérôme Paturault, pratiquent eux aussi des cérémonies célébrant la gloire des dieux africains.

La rencontre avec Claire-Heureuse, sortie de la mer, en plein soleil, a inauguré pourtant une nouvelle vie. Patiemment, le couple se tisse un espace de familiarité, de « bavardage ». Mais cette reconnaissance du monde est sauvage-ment interrompue, et le couple repasse en Haïti, portant pour tout bagage son enfant mort. Hilarion retrouve l'élément qui lui est si proche et dont il devait se séparer pour accéder à la vérité : la nuit, le moment de la nuit qui précède le lever du jour. Claire-Heureuse est folle, comme l'était Hilarion dans le Prologue. C'est dans cet état de folie et de prostration qu'elle reçoit le message d'espérance, celui d'Hilarion qui enfin accède à une parole déliée, illuminée par le « général Soleil ». Mais le paysage est vide, « pas une lumière à l'horizon » (III, 6), et Hilarion va mourir.

Claire-Heureuse est chargée de transmettre cette histoire à Jean-Michel, le médecin, image, peut-être, par-delà le narrateur, de l'auteur. À travers l'histoire d'Hilarion, *Compère général Soleil* cherche ainsi à nous conter, par cette mise en abyme, l'aventure de son élaboration.

● « L'Imaginaire », 1980.

Y. CHEMLA

COMPÈRE MATHIEU (le) ou les Bigarrures de l'esprit humain. Roman de **Du Laurens**, pseudonyme d'Henri-Joseph Laurens (1719-1793), publié en 1766 sans indication de lieu.

Du Laurens a mené une existence scandaleuse. Moine, il doit se défroquer après avoir enlevé une religieuse. Exilé en Hollande, il vit d'expédients, collaborant à des journaux sous divers pseudonymes (Brise-Crosses, Modeste-Tranquille, Xang-Xung...), et publiant des romans libertins, dont *Imirce ou la Fille de la Nature* (1765), avant d'être arrêté à Mayence en 1767 et de finir sa vie dans un monastère-prison.

Le Compère Mathieu se compose de trois livres, présentés comme les Mémoires du narrateur, Jérôme.

Livre I. Après s'être enfuis du collège de La Flèche où leurs parents respectifs les avaient envoyés faire leurs études (chap. 1), Jérôme et le compère Mathieu s'en vont par les routes de France. Le compère Mathieu est un athée – il refuse de voir un prêtre alors qu'il est très malade –, et un esprit fort – il ne pleure pas ses parents, car c'est un préjugé que de penser leur devoir quelque chose (2). En chemin ils rencontrent un Espagnol superstitieux, Diego, avec lequel ils décident de voyager (3). Nos trois compagnons arrivent à Paris en 1728. Ils y vivent d'expédients, écrivant des libelles diffamatoires et pratiquant l'escroquerie (4-8). Contraints de fuir la capitale, ils rencontrent par hasard Père Jean, l'oncle de Mathieu, un aventurier optimiste qui a beaucoup voyagé et qui a fait mille métiers (9-10). Ils décident alors tous quatre de mettre leurs biens en commun et d'aller ensemble à l'aventure. Enfin, à Amsterdam, se joint à eux, Vitulos, un hédoniste qui fait son entrée dans le roman par un long discours sur la cuisine des Anciens (11-15).

Livre II. Les cinq compères décident de se rendre à Saint-Pétersbourg. Mais à peine y sont-ils arrivés qu'ils sont arrêtés et envoyés en Sibérie (1). Là, Diego tombe dans une profonde léthargie. Après trois jours, il se réveille subitement et fait le récit du voyage qu'il vient d'effectuer dans l'autre monde : sorte de descente aux Enfers bouffonne, où l'ensemble des sphères célestes et des saints est tourné en ridicule. Ce récit est suivi par une discussion sur la nature de l'âme (2-7). Une fois Diego rétabli, les cinq compères décident de s'évader. Ils doivent pour cela traverser un désert, où ils commencent à manquer de vivres (8). C'est alors qu'un de leurs compagnons de voyage se suicide. Aussitôt, Père Jean le dépèce et fait sécher sa chair ce qui leur permet de survivre jusqu'à ce qu'ils soient recueillis par un peuple inconnu (9-11). Il s'agit d'une tribu primitive, qui les accueille si bien qu'au bout de trois semaines, le compère Mathieu décide de rester vivre avec eux. Diego suit son exemple peu après (12-13). Mais ils découvrent bientôt que ces sauvages si doux et si bons font des sacrifices d'enfants (14). Ils s'enfuient alors, traversent l'Asie, et s'embarquent pour Lisbonne. Le naufrage du navire au large des côtes du Portugal sépare Jérôme de ses compagnons. Il reprend seul la route de France (15-17).

Livre III. Jérôme, qui, au cours d'une discussion avec un moine dominicain, n'a pas trouvé assez bonne la pratique de l'autodafé, est arrêté par l'Inquisition. Il parvient toutefois à s'évader et à passer en Angleterre (1-4). Là, il rencontre un vieillard français, un janséniste, avec lequel il examine et discute en détail les dogmes et les mystères de la religion catholique (5-13). Peu après, il retrouve par hasard ses compagnons à Londres (14). Le compère Mathieu est devenu misanthrope et manichéen, théorie que Jérôme tente de réfuter (15-20). Père Jean, qui a outragé un lord, est arrêté et condamné à mort. Mais il réussit à s'évader. Toute la compagnie se retrouve alors en France, à Paris, pour voir le compère Mathieu se convertir *in fine* à la foi catholique avant de mourir (21-31). La petite confrérie se sépare alors, et Jérôme se retire chez un prêtre pour y finir ses jours (32).

Trois Normands, un Hollandais et un Espagnol font le tour de la terre, des hommes et de leurs théories philosophiques : voilà l'intrigue du *Compère Mathieu*. Formant une petite société d'esprits forts, dirigée par le compère Mathieu et le Père Jean, ils vont à la recherche de l'aventure et confrontent en chemin la réalité avec leurs théories respectives. Pour Du Laurens il s'agit moins en effet de dépeindre des voyages vraisemblables que de mettre en scène des questions philosophiques et de faire donner par ses cinq personnages les différentes réponses possibles à ces problèmes. Par exemple, lorsque nos cinq voyageurs s'évadent de Sibérie et rejoignent l'Inde à pied (!), la description du voyage et des pays traversés est totalement fantaisiste. Car là n'est pas l'essentiel : il s'agit seulement pour Du Laurens de créer des conditions romanesques telles que ses personnages soient obligés de manger de la chair humaine. Cette situation engendre alors une discussion philosophique sur la légitimité de l'anthropophagie dans certaines situations extrêmes. Chaque « compère » y

défend un point de vue particulier, et y reprend à son compte une théorie qu'il tente de défendre contre les autres. L'intrigue sert ainsi de support aux discussions de cette petite confrérie de philosophes, dont elle vient provoquer les débats par les accidents de fortune qu'elle leur fait subir.

Face aux attitudes radicales du compère Mathieu et du Père Jean, Du Laurens campe un personnage moins assuré, Jérôme, le narrateur, qui tente le plus souvent de trouver une voie moyenne entre les positions extrêmes de ses compagnons. Ainsi quand le compère Mathieu se fait manichéen, Jérôme tempère : « Je sais aussi bien que vous que les hommes sont généralement méchants. Mais doit-on pour autant haïr opiniâtrement tous les hommes ? Non. Bornons-nous à avoir de l'aversion pour les méchants et non de la haine » (III, 15). Le scepticisme de Du Laurens s'étend jusqu'aux idées sceptiques mêmes, et s'il se moque des préjugés, il n'épargne pas non plus les philosophes. Son roman se veut moins la démonstration d'une thèse particulière, que celle de la vanité et du danger de toute théorie philosophique appliquée à la lettre, c'est-à-dire poussée jusqu'à l'absurde. « La fureur qu'il avait de philosopher l'avait conduit d'erreur en erreur, et lui avait attiré ainsi qu'à moi bien des peines et des travaux » (III, 32). Poussant le libertinage théorique jusqu'à ses extrêmes limites – où il se détruit lui-même –, Du Laurens a ainsi écrit un roman unique, excessif et qui, par son narrateur même, refuse toute étiquette.

J. ROUMETTE

COMPLAINTES (les). Recueil poétique de Jules **Laforgue** (1860-1887), publié à compte d'auteur à Paris chez Léon Vanier en 1885. Quelques-unes des *Complaintes* avaient paru dans l'hebdomadaire *Lutèce* dirigé par l'imprimeur de Léon Vanier, l'éditeur, notamment, des « décadents » et de Verlaine.

Le projet des *Complaintes*, conçu alors que Laforgue était lecteur de français auprès de l'impératrice d'Allemagne, marquait une rupture dans une œuvre d'abord hautement métaphysique dès les premiers poèmes des années 1879-1881 (qui devaient être réunis sous le titre *le Sanglot de la terre*), parmi lesquels les "Préludes autobiographiques", placés en tête du présent recueil. Laforgue s'était en effet refusé à supprimer ce témoignage d'une poétique désormais dépassée, écrivant à son ami Gustave Kahn en 1885 : « Elle est faite avec des vers d'antan, elle est bruyante et compatissable – elle est autobiographique. J'ai sacrifié un gros volume de vers philo d'autrefois parce qu'ils étaient mauvais manifestement, mais enfin ce fut une étape, et je tiens à dire [...] qu'avant d'être dilettante et pierrot j'ai séjourné dans le Cosmique. » De la poésie cosmique et métaphysique des premiers vers aux *Complaintes*, donc, une mutation qui n'est pas pour autant un reniement, comme l'atteste la persistance dans les *Complaintes* des motifs « philo » – mais démystifiés, déniés par le genre même de la « complainte » qui, en tant que « chanson », est en somme la version populaire, « naïve », de la poésie élégiaque.

Un des thèmes majeurs en sont les "Cosmogonies" et la gravitation universelle par laquelle l'homme, ignorant de sa destinée, est mû, en même temps que la Terre et les astres. La "Complainte du temps et de sa commère l'espace" offre un bon aperçu du travail d'écriture accompli par Laforgue depuis "le Sanglot universel" ou "Désolations" (*Premiers Poèmes*). Le "Cosmique" des noces du temps et de l'espace, la méditation toute pascalienne sur l'« infini sans fin » de l'espace sidéral y sont dédramatisés par des exclamations incongrues et des commentaires ironiques. La métaphysique pascalienne (la "Complainte d'une convalescence en mai" cite la *Vie de Pascal* de Gilberte Périer) y est infléchie vers un pessimisme très schopenhauerien obsédé par le

« néant » : « Extrais-nous donc alors de ce néant trop tout ! », lance le poète à Dieu, en qui il a cessé de croire (dans "Justice", un poème inédit de 1880 : « Je songe aux jours bénis où je croyais encore, / Où j'allais, confiant dans ce Dieu qu'on adore »). Le « goût du néant » – Laforgue reconnaît sa dette à Baudelaire, qu'il a même plagié dans ses premiers poèmes ("Recueillement du soir", "Spleen") – s'associe à la mode schopenhauerienne de l'Orient, vers lequel il s'agit de se tourner pour se purifier, échapper à la « Pensée », « lèpre originelle, ivresse insensée », et accéder à la sagesse ascétique (comme dans la "Complainte des Mounis de Montmartre") de l'hindouisme et du bouddhisme. Mais c'est d'abord à travers la *Philosophie de l'inconscient* de Hartmann, traduite par Nolen en 1877, que Laforgue lit Schopenhauer. L'idée d'une « fatalité » du vouloir-vivre – « Au petit bonheur de la fatalité », selon l'exergue – fait de l'homme le jouet de l'Inconscient cosmique, qui « brouill[e] les cartes, les dictionnaires, les sexes ». La "Complainte propitiatoire à l'Inconscient", au début du recueil, parodie le « Notre-Père » pour mieux sacraliser le principe hartmannien de l'univers : « Que votre inconsciente Volonté / Soit faite dans l'Éternité ! »

L'attitude de Laforgue à l'égard de cette métaphysique cosmique est ambivalente. La persistance des thèmes doloristes des premiers poèmes marque son attachement à un matérialisme du « néant », dont seule la « pureté » de l'Art sauve l'homme ; mais il les présente dans un contexte fortement dévalorisant créé par l'emploi constant de substantifs (les corps sont des « cloaques », l'amour un « holocauste vivipare »), ou d'adjectifs péjoratifs (« vieillot », « falot »), de néologismes aux suffixes suggestifs (« crépusculâtre »). Les mots-valises et les calembours extrêmement inventifs (« éternulllité », « sexciproques », « voluptantes », « voluptés », « spleenuosités », etc.) semblent remplir le même rôle démystificateur. En outre, Laforgue ne manque pas de mettre en scène cette métaphysique comme pour s'en démarquer ironiquement. La théâtralisation des *Complaintes* grâce au dialogue (la "Complainte des journées" est quant à elle sous-titrée : "Monologue, s.v.p."), permet de dédramatiser de manière cathartique l'angoisse cosmique, comme le suggère la très caricaturale "Complainte des voix sous le figuier bouddhique", qui confronte les « communiantes » aux « voluptantes », aux « paranymphes » et aux « jeunes gens ». La "Complainte des formalités nuptiales" met en scène une sorte de dialogue métaphysique entre « lui » et « elle » transposé pour le Boulevard. En l'absence même de didascalies, le poème crée une polyphonie par un jeu de questions et de réponses et l'emploi de la deuxième personne. Le théâtre – du côté de la comédie de Boulevard bien plus que de la tragédie – contribue à transformer la métaphysique en chagrins domestiques.

Au-delà du jeu dramatique des voix qui se répondent, c'est bien à une polyphonie des styles et des genres que les *Complaintes* aboutissent, qui unissent le sérieux de la philosophie schopenhauerienne et le lyrisme précieux des « décadents » au Boulevard et à la chanson populaire : « Mon Cœur est un lexique où cent littératures / Se lardent sans répit de divines ratures. »

La critique a reconnu l'extraordinaire modernité d'une versification qui varie constamment les mètres, avec un goût pour les vers très brefs (3/4/5 syllabes), et les schémas de strophes, de la longue séquence à rimes plates aux distiques. Assurément, la "Complainte-épitaphe" sur laquelle se clôt le recueil contribue, davantage encore que le vers libre – dont Laforgue est d'ailleurs vraisemblablement le premier théoricien, avant Gustave Kahn –, à la « Crise de vers » constatée par Mallarmé : « La Femme, / Mon âme ; / Ah ! quels / Appels ! [...] / Un fou / S'avance / Et danse. / Silence… / Lui, où ? / Coucou. »

● Imprimerie nationale, « Lettres françaises », 1981 (p.p. P. Reboul).
➤ *Œuvres complètes*, l'Âge d'homme, I ; *Poesie complete*, Rome, Ateneo, I ; *Œuvres complètes*, Slatkine, I ; *Poésies complètes*, « Poésie/Gallimard », I.

D. COMBE

COMPLAINTES DE QUELQUES PERSONNAGES DÉSESPÉRÉS. Recueil poétique d'André de **Rivaudeau** (vers 1540-vers 1580), publié en même temps que sa tragédie *Aman*, à Poitiers chez Nicolas Legoroys en 1566.

Personnages bibliques et désespérés de ce temps mêlent leurs voix dans ce court recueil élégiaque écrit en alexandrins, heptasyllabes et décasyllabes, où le lecteur reconnaît des accents propres au monologue tragique.

> À la complainte funèbre de la fille de Jephté succèdent des élégies amoureuses. Soucieux sans doute de montrer que le mal de la passion frappe en diverses sortes, Rivaudeau donne la parole à une anonyme comtesse allemande abandonnée par son époux, puis à la femme de Putiphar en quête de l'amour de Joseph. Deux chansons ferment le recueil qui évoquent elles aussi des amours déçues.

Rivaudeau s'est souvenu des leçons d'Ovide, modèle de l'élégie renaissante pour composer ses *Complaintes*, où il décline les nuances du malheur et se fait le chantre de la douleur. C'est dans le seul poème qui écarte la passion amoureuse de ses horizons que le poète définit l'essence de l'élégie : la malheureuse enfant de Jephté offerte en sacrifice, qui chante durant le temps qui lui reste à vivre, trouve dans l'épanchement lyrique et les « soupirs délicieux » son réconfort : le vers enchante la douleur.

Les poèmes de Rivaudeau, où résonnent en un solo désespéré les voix de Médée, Clytemnestre ou Déjanire, ne sont pas sans rappeler l'expérience dramatique de leur auteur. Les *Complaintes* sont baignées d'une atmosphère tragique : les imprécations de la comtesse délaissée qui voit Tisiphone couvrir de son ombre le lit nuptial, le trouble obsédant de « folle amour » qui détruit Saphire illustrent le poids des destins. Le mouvement même de cette dernière élégie possède une indéniable puissance dramatique : au dilemme qui agite la femme de Putiphar, à ses aveux repoussés, succèdent les projets vengeurs de l'amante passionnée.

Peinture de l'amour destructeur, nuance de rêverie érotique qui baigne certains poèmes n'écartent pas, chez Rivaudeau, une problématique religieuse : il pose à plusieurs reprises la question de la malédiction – dont la passion est signe – en termes de péché. Ses désespérés, à l'exception de la païenne Saphire, trouvent à l'occasion espoir et réconfort en Dieu, source de l'amour pur. Aussi n'est-ce pas un hasard si le poète protestant choisit d'achever son recueil sur ces mots : « Quand le grand Dieu, la beauté éternelle, / Me tirera tout à l'amour de soi, / Lors cessera ma passion cruelle. »

M.-C. GOMEZ-GÉRAUD

COMTE D'AMBOISE (le). « Nouvelle galante » de Catherine **Bernard** (1662-1712), publiée à La Haye chez De Hondt et Van Ellinckhuysens en 1689.

> Le comte d'Amboise et le marquis de Sansac sont deux des plus brillantes figures de la cour de François II. Mlle de Roye est fiancée – sans même l'avoir vu – avec le comte d'Amboise. Par hasard, dans sa maison de campagne, elle voit arriver Sansac ; la pluie les enferme dans un pavillon du parc ; il lui plaît et, quand on lui présente Amboise, elle ne peut s'empêcher de lui marquer de l'aversion. Apprenant les fiançailles de Sansac avec Mlle d'Annehaut, elle connaît les affres de la jalousie. Cette union est rompue ; Sansac voudrait épouser Mlle de Roye, mais Mme de Tournon, qu'il croit une alliée, le dessert et fait échouer le projet. Amboise serait assez généreux pour s'effacer de lui-même et renoncer à une jeune fille incapable de l'aimer. Cependant ils se marient, et pour leur malheur à tous deux : Amboise, pris de jalousie, tombe malade et meurt de chagrin ; sa veuve revoit Sansac. Va-t-elle, contrairement à Mme de Clèves, épouser l'homme qu'elle aime ? Mais il meurt dans un combat contre les huguenots. Elle n'a plus qu'à se retirer à la campagne et à s'ensevelir dans son chagrin.

La cour de François II – avec Mme de Tournon et Sancerre – nous ramène à la *Princesse de Clèves*, et cette nouvelle paraît parfois écrite en marge de l'œuvre de Mme de

La Fayette : un couple mal assorti, un époux dont la sagesse et la générosité sont inutiles, et qui meurt de jalousie, un bel amant qu'une jeune veuve toujours éprise n'épouse pas, enfin la retraite et une sorte de sereine mélancolie... Pourtant, tout est modifié. La séparation finale de Mme d'Amboise et de Sansac ne tient nullement à des raisons morales, voire religieuses, mais simplement au hasard ; l'amour n'apparaît pas ici comme une faiblesse, enivrante peut-être, mais infiniment périlleuse. Le texte s'anime de grâce et de lyrisme dès qu'il s'agit des entrevues ou des espérances des amants. D'ailleurs, ils se sont rencontrés et aimés avant que Mlle de Roye ne fût mariée, ce qui, selon l'éthique classique (voir *Mithridate, la *Princesse de Montpensier) justifie et ennoblit leur passion. À l'incertaine morale de Mme de La Fayette – tentée peut-être par le jansénisme, par le malebranchisme, ou par une sorte de nihilisme – s'oppose cette énergique apologie de l'amour (conforme d'ailleurs à ce qu'on lisait dans *Éléonor d'Ivrée), et ce ne sont que des causes externes – et assez méprisables (telles les trahisons de Mme de Tournon) – qui en interdisent le triomphe.

L'auteur ou, plutôt, les auteurs (car Catherine Bernard se fit aider par Fontenelle) ont voulu faire autre chose que dans Éléonor d'Ivrée : « Cette histoire, lit-on dans l'Avertissement, est plus naturelle que l'autre par les sentiments, [...] plus extraordinaire par l'action. » Il s'agit – et c'est une nouvelle vision du monde – de faire agir des héros vraisemblables et donc touchants parmi des circonstances imprévues et un lacis complexe de hasards. Il s'agit aussi de rendre convaincante une « action extraordinaire », et cela nous ramène, malgré tout, à la Princesse de Clèves. Si Mme de La Fayette avait voulu nous montrer comment une femme pouvait en venir à avouer à son mari qu'elle aimait un autre homme, Catherine Bernard et Fontenelle ont peint dans le comte d'Amboise « un homme qui est assez généreux pour céder sa maîtresse à son rival ». Cela paraît impossible ; l'art du romancier le rend vraisemblable. Gageure délicate, qui, malgré tout, nous éloigne de l'esthétique classique. Les grands romanciers seront-ils simplement ceux qui font admettre l'inadmissible ? Mais cette intention n'est peut-être pas gratuite, et le sacrifice qu'envisage le comte d'Amboise ne fait qu'affaiblir les valeurs conjugales et sociales, légitimer une passion partagée et nous ramener de l'hagiographie janséniste au rêve pastoral.

A. NIDERST

COMTE D'ESSEX (le). Tragédie en cinq actes et en vers de Thomas **Corneille** (1625-1709), créée en 1678, et publiée à Paris chez Ribou la même année.

Cette pièce, l'une des dernières tragédies de l'auteur, s'inspire de faits historiques récents (Essex a été exécuté en 1601) et entend rivaliser avec celle de La Calprenède (voir ci-après). L'intrigue se concentre sur l'enjeu passionnel plus que sur les rivalités politiques qui concoururent pourtant à la perte du Comte.

Le Comte d'Essex est épris d'Henriette qui, pour détourner de son amant la jalousie de la reine Élisabeth, a accepté d'épouser le duc d'Irton. Afin d'empêcher ce mariage, Essex organise un soulèvement populaire.
La Reine, par ailleurs jalouse d'une certaine Suffolc que le Comte feint d'aimer, écoute avec bienveillance les accusations de complot portées contre lui (Acte I). Elle hésite encore entre clémence et vengeance et s'en remet au Conseil, instance ennemie d'Essex, qui le condamnera à coup sûr, à moins qu'il ne demande sa grâce à la reine elle-même. Mais, innocent, il estime ne pas devoir s'abaisser (Acte II). Furieuse, Élisabeth veut sa mort mais se laisse fléchir par sa confidente, par Salisbury, ami d'Essex, et par Henriette, qui lui avoue les véritables motifs du soulèvement (Acte III). Arrêté, Essex s'obstine à ne pas demander sa grâce (Acte IV). La Reine, toujours amoureuse, l'accorde enfin, mais trop tard, le Conseil ayant précipité l'exécution. Chacun déplore une injuste mort (Acte V).

Malgré le rôle que jouent les ennemis du Comte, la plus belle part revient aux femmes dans ce drame passionnel, épuré par Thomas Corneille, qui refuse le procédé romanesque de la bague protectrice utilisé par La Calprenède, concentre l'attention sur trois personnages principaux (Essex, la Reine, Henriette), et n'insiste guère sur les intrigues politiques du Comte : la compromission avec l'Irlande n'est mentionnée que pour mémoire ; Cécile, ennemi d'Essex, n'apparaît que dans quatre scènes et Salisbury, présent dans cinq scènes, n'a pas de prise directe sur l'action. En revanche, l'élément féminin est omniprésent dès le deuxième vers, l'amour de la Reine est allégué – à tort – comme garantie d'impunité pour le Comte ; l'acte III donne largement la parole à la confidente Tilney. Il culmine avec l'aveu d'Henriette qui déclenche chez Élisabeth fureur vengeresse puis pardon salvateur. Ces deux attitudes se nourrissent d'un orgueil illimité, présent aussi chez Essex, dont il exacerbe les proclamations d'innocence. Repoussée comme femme puis bafouée comme reine, Élisabeth y voit un défaut de plus chez le Comte. Pour lui, dont les exploits guerriers au service de la couronne sont sans cesse rappelés, l'innocence révèle l'ingratitude royale et l'élève au rang de martyr. Ascension d'autant plus perceptible que le rythme s'accélère singulièrement à l'acte V : huit scènes mais seulement 211 vers – signe que la machine tragique s'est emballée. L'orgueil de la Reine la range parmi les bourreaux malgré la dernière scène où se profilent sa mort prochaine et son remords, qui redonne à l'amour le dernier mot.

● *Œuvres*, Genève, Slatkine, 1970.

P. GAUTHIER

COMTE D'ESSEX (le). Tragédie en cinq actes et en vers de Gautier de Costes, sieur de **La Calprenède** (1610?-1663), créée sans doute en 1637, et publiée à Paris chez Sommaville en 1639.

Troisième tragédie de cet auteur qui connaîtra surtout la gloire comme romancier (voir *Faramond), cette œuvre, inspirée par un épisode célèbre et encore récent, est la deuxième des trois pièces qu'il tira – fait exceptionnel pour l'époque – de l'histoire d'Angleterre. Malgré ses archaïsmes, cette tragédie, qui n'est pas sans liens avec la *Marianne de Tristan L'Hermite, obtint un succès durable, sans doute dû au personnage de la reine Élisabeth.

La Reine, affirmant que son amour l'empêche de le punir, invite inutilement le comte d'Essex à avouer sa trahison contre l'État. Elle s'en remet à la justice, ordonne son arrestation et celle de son ami Soubtantonne. Alors qu'elle décide de le faire mourir, Essex croit encore en son pouvoir sur elle : Soubtantonne l'incite vainement à fuir ; ils sont arrêtés (Acte I). Cécile, le secrétaire d'État, pousse la Reine à la fermeté. Mais l'amour l'emporte de nouveau : elle prie Mme Cécile d'obtenir les aveux d'Essex, ignorant que celle-ci, ancienne maîtresse trahie, veut se venger. Mme Cécile prétend vouloir son salut mais le Comte se récrie toujours et lui parle d'amour (Acte II). Les accusés sont confrontés à leurs juges, en qui ils ne voient que des ennemis. Condamnés à mort, ils rivalisent de générosité l'un envers l'autre (Acte III). La Reine a gracié Soubtantonne, qui plaide en vain la cause d'Essex. Le Comte confie à Mme Cécile une bague pour la Reine – en vertu d'un serment, ce bijou assurera son salut. Mme Cécile hésite, puis décide de le sauver : il vivra dans le remords de l'avoir trahie (Acte IV). Conduit au supplice, Essex clame son innocence et maudit la Reine, croyant qu'elle n'a pas tenu promesse. Au moment où la bague va lui être remise, on lui apprend la mort d'Essex. Mme Cécile se meurt et avoue tout à la Reine, qui se déclare coupable, veut renoncer au pouvoir et appelle la mort de ses vœux (Acte V).

Tout paraît joué dès la première scène, unique rencontre d'Essex et de la Reine : elle parle d'amour, il s'y refuse, se plaçant délibérément sur le terrain politique. Rien ne changera plus vraiment : Essex restera ce personnage hautain attentif à sa gloire, sans véritable état d'âme, insaisissable à plus d'un titre – est-il coupable ? a-t-il connu l'amour ou n'y a-t-il vu qu'intérêt ? Il renvoie la bague, mais en dernier recours, comme dépité de s'abaisser jusqu'à faire jouer un vieux serment. Il ne manque pas de grandeur et ses relatons avec Soubtantonne n'ont d'autre objet que d'en témoigner. La Reine, elle, ne cesse de ressasser le conflit intérieur où s'opposent raison d'État et sentiments. Mais ce dilemme, vite tranché sous l'effet de la passion, masque mal son véritable ressort : le dépit amoureux. Comment elle, qui n'a reculé devant rien pour affermir son trône, peut-elle céder à l'amour pour un homme qu'elle croit coupable et qui refuse d'implorer, de se comporter en vassal, lui rappelant ainsi constamment ses fautes ? Elle récuse la raison d'État, mais ne conçoit l'amour qu'en termes de pouvoir.

Rien n'arriverait sans le malentendu provoqué par Mme Cécile, sans l'intrigue secondaire tardivement amorcée, sans le romanesque de la bague, élément essentiel qui intervient bien tard, lui aussi (IV, 5). On peut donc critiquer l'exposition ; mais ces « défaillances » ménagent des rebondissements dans une pièce qui, sans eux, serait fort statique, à l'image de cette unique scène de l'acte III, morceau d'éloquence où s'expose la rhétorique judiciaire propre à la tragédie. L'archaïsme de la dramaturgie ne va pas sans grandeur ni même sans efficacité dans ces longues tirades, volontiers répétitives et elles-mêmes redondantes, toutes d'orgueil et de violence, fût-ce dans la déploration.

● « Pléiade », 1986 (*Théâtre du XVIIe siècle*, II, p.p. J. Scherer et J. Truchet).

D. MONCOND'HUY

COMTE DE MONTE-CRISTO (le). Roman d'Alexandre **Dumas** (1802-1870), publié à Paris en feuilleton dans *le Journal des débats* du 28 août au 18 octobre 1844, et en volume chez Pétion et Baudry de 1844 à 1846.

Lorsqu'il publie ce roman qui connut un succès immédiat et ininterrompu jusqu'à nos jours, Dumas est déjà un auteur célèbre. Célèbre d'abord comme dramaturge romantique, aux côtés de Hugo (*Antony, 1831 ; la *Tour de Nesle*; 1832, *Kean, ou Désordre et Génie*, 1836), Dumas a également derrière lui, une réputation bien établie de feuilletoniste, avec entre autres *le Capitaine Paul* (publié dans *le Siècle* en 1838), *le Chevalier d'Harmenthal* (*le Siècle*, 1841-1842), ainsi que de nombreuses chroniques historiques et impressions de voyage. Mais c'est avec *le Comte de Monte-Cristo* qu'il devient le romancier le plus populaire de son temps, et le maître incontesté, avec Eugène Sue, du roman-feuilleton.

Le 24 février 1815, à l'aube des Cent-Jours, arrive à Marseille le navire de l'armateur Morrel, le *Pharaon*, commandé par le jeune Edmond Dantès, qui a remplacé son capitaine mort au court du voyage. Protégé par l'armateur, Dantès est au seuil du bonheur : il va être nommé capitaine, ce qui lui permettra d'assurer le bien-être de son vieux père, et d'épouser bientôt sa bien-aimée, la jolie Catalane Mercédès. Mais son bonheur fait des jaloux : le pêcheur Fernand, son rival dédaigné, Danglars, le comptable du bateau, qui désire son poste, et un ami envieux, Caderousse, le dénoncent anonymement, sur des preuves spécieuses, comme agent bonapartiste, et Dantès est arrêté au milieu de son repas de noces. Conduit devant le magistrat royaliste Villefort, il clame son innocence. Mais Dantès est porteur, sans le savoir, d'une lettre compromettante pour le père, bonapartiste, de Villefort. S'en apercevant, celui-ci envoie Dantès pourrir, sans jugement comme prisonnier d'État, dans les cachots du château d'If.

Désespéré, Dantès connaît dans sa geôle la tentation du suicide. Il en est détourné par la rencontre inespérée d'un autre prisonnier, l'abbé Faria : voulant s'évader, celui-ci a creusé un tunnel qui, par erreur, aboutit dans le cachot de Dantès. L'abbé Faria, riche de science et de sagesse, entreprend l'éducation spirituelle et intellectuelle de Dantès, et lui révèle son secret : il est l'héritier d'un incalculable trésor, enfoui dans l'île de Monte-Cristo. Les deux prisonniers projettent de

s'évader ensemble ; mais Faria meurt léguant son trésor à Dantès, et lui procurant également la possibilité de s'enfuir : Dantès prend la place de Faria dans le linceul, qui est jeté à la mer.

Libre après quatorze ans de captivité, et désormais richissime, Dantès revient à Marseille : c'est pour y découvrir que son père est mort de faim et que sa fiancée a épousé Fernand. Dans sa prison, Faria lui avait dévoilé, par induction, le complot qui avait amené sa perte. Dantès, par une enquête menée en particulier auprès de Caderousse, s'assure des faits. Il tire Caderousse, le moins coupable, de la misère dans laquelle il était tombé, et récompense l'armateur Morrel, son seul ami, en le sauvant de la ruine, mais sans révéler son identité. Puis il part vers l'Orient.

Nous le retrouvons en Italie, en 1838. Il y a pris le nom de comte de Monte-Cristo, et sauve, par le pouvoir qu'il exerce sur les bandits italiens, le jeune vicomte de Morcerf, qui est en fait le fils de Mercédès et de Fernand. Il s'introduit ainsi dans la haute société parisienne, et au cœur même du cercle de ses ennemis. Ceux-ci sont en effet tous devenus des sommités : Danglars est un banquier bien en cour, Villefort procureur du roi, Fernand, désormais comte de Morcerf, général et pair de France. Tous ont des crimes sur la conscience, et peu à peu, impitoyablement, Monte-Cristo, qui connaît leurs secrets, va amener leur ruine et la révélation honteuse de leurs forfaits : Fernand n'a acquis renommée et richesse qu'en trahissant son protecteur, le pacha de Janina, qu'il livra aux Turcs. Haydée, la fille du pacha, que Monte-Cristo a rachetée esclave et élevée comme sa fille, va le révéler publiquement à la Chambre des pairs. Grâce à sa fortune immense, Monte-Cristo ruine Danglars et fait épouser à la fille de Danglars un faux prince italien, Benedetto, qui se révélera, le jour du mariage, être un forçat. Benedetto, de plus, est le fils adultérin de Mme Danglars et de Villefort, que celui-ci, jadis, essaya de tuer au berceau. Tandis que Villefort est foudroyé par ces révélations faites au procès de Benedetto, sa femme, qui, poussée par Monte-Cristo, a empoisonné successivement plusieurs membres de la famille pour faire hériter son fils Edouard, se tue avec celui-ci pour échapper au châtiment public dont la menace Villefort. Celui-ci devient fou. Saisi de remords, Monte-Cristo fait grâce à Danglars, qu'il avait projeté de faire mourir de faim; il épargne à Valentine de Villefort l'empoisonnement, car Valentine est aimée de Maximilien Morrel, le fils de l'armateur. Monte-Cristo donne Valentine à Morrel, et protège Albert, le fils de Mercédès. Puis, sa vengeance accomplie, il repart en Orient avec Haydée.

Il importe assez peu que le roman de Dumas ait été écrit en collaboration avec Auguste Maquet (on possède de celui-ci un plan détaillé, qui permet de mesurer ce qu'a été la mise en œuvre de Dumas), qu'il utilise une anecdote, « le Diamant et la Vengeance », prise dans un recueil publié en 1838, *Mémoires historiques tirés des archives de la police de Paris*, de Jacques Peuchet, selon un procédé courant dans la conception et l'écriture de tout roman. Les sources et modèles de Dumas dans la réalité historique, les personnes et événements qui ont inspiré sa fiction sont certes nombreux. À cela rien d'étonnant. Si le roman de Dumas a eu tant de succès, c'est qu'il a su s'emparer, pour les transmuer en fiction, des éléments et des motifs de la vie réelle parmi les plus significatifs et les plus provocants pour l'imaginaire de cette société.

Plébiscité dès sa parution, mais aussi conspué pour son « immoralité » par la critique (on avait fait le même reproche à Balzac et à Sue), *le Comte de Monte-Cristo* reste, avec *les *Trois Mousquetaires*, l'œuvre la plus lue et sans conteste la plus réussie de Dumas. Cette réussite tient à ce qui réunit ici les aspects les plus divers du roman romantique, de la critique des valeurs bourgeoises à la nostalgie du divin, de l'engagement historique au rêve exotique, en les élevant, par la puissance de son génie de conteur et par sa sensibilité extrême, aux lieux communs de l'imaginaire de son temps, à une dimension mythique qui donne à son roman, encore aujourd'hui, tout son pouvoir de fascination.

Le roman de Dumas a, en effet, par d'autres moyens que *les *Mystères de Paris*, plus proches de la manière balzacienne, exercé un réel pouvoir de contestation par rapport à la société qu'il met en scène : la société de la Restauration, et surtout celle de la monarchie de Juillet, c'est-à-dire la société même où vivent Dumas et ses lecteurs, sont représentées comme les lieux de l'inversion des valeurs ; y tiennent les postes clés de la justice, de l'armée, de la politique, de la finance, des hommes qui portent un masque, qui ne sont pas ce qu'ils ont l'air d'être, dont la respectabilité n'est que de façade, et qui ne sont parvenus au pouvoir que par des crimes. Et le plus criminel, Villefort, est précisément celui qui représente la valeur suprême de toute société : la justice. On reconnaît dans cette esquisse l'image très noire que les romantiques se font de la société de leur temps : un monde bourgeois issu de la Révolution et des secousses qui lui ont succédé, d'où a disparu toute légitimité. Quoique Dumas se veuille et se dise républicain, rien n'évoque dans le Comte de Monte-Cristo la foi dans le progrès social et la croyance en la légitimité populaire comme remèdes possibles à cette vacuité du pouvoir et à ce trouble des valeurs. Les figures populaires, peu nombreuses d'ailleurs dans le Comte de Monte-Cristo, ne sont pas faites pour relever le niveau du lot : Caderousse et sa femme la Carconte (qui du reste appartient plus au conte, comme figure de sorcière, qu'au roman réaliste), de même que Benedetto sont des criminels aussi redoutables que Villefort ou Danglars, et c'est par là que Dumas se distingue le plus, idéologiquement parlant, du Sue des Mystères de Paris et, surtout, du * Juif errant. La solution qu'il propose est autre, et tout onirique. Le seul porteur de valeurs est ici Monte-Cristo lui-même, figure de la toute-puissance, individu d'exception distribuant, à la place d'un Dieu absent, peines et récompenses, et rétablissant l'ordre et la justice sur cette terre. Cette figure de surhomme, destinée à séduire et à entraîner le lecteur, n'est pas présentée par Dumas comme un remède possible aux maux de la société de son temps, et c'est là encore une différence décisive entre Dumas et Sue. Monte-Cristo n'est pas un philanthrope comme le prince Rodolphe des Mystères. Sa nature imaginaire, mythique, ne se pare que très peu d'oripeaux réalistes, et c'est ce qui en fait tout le charme : homme aux mille noms, et dont nul ne sait le nom véritable, sauf ceux qui vont mourir, héros qui, comme les héros et les dieux des anciens temps, a subi toute une initiation, au terme de laquelle il renaît de la mort, par une plongée et une remontée dans les flots originels, venu de l'horizon marin et de l'Orient des rêves romantiques au début du roman pour y repartir à la fin, en laissant le monde à sa déréliction, et ses fidèles dans l'attente de son épiphanie renouvelée, riche de trésors antiques enfermés dans des cavernes au centre de la terre, Monte-Cristo est, à l'intérieur d'un roman réaliste, historique et social, un héros de légende qui s'avoue tel, homme qui devient Dieu après avoir subi une agonie dont le modèle est celui qui hante le romantisme, le modèle christique. Il tombe comme la foudre dans un monde corrompu pour y exercer une vengeance qui l'assimile plutôt au Jéhovah sans pitié de l'Ancien Testament.

Ce n'est pas à dire qu'il n'y ait, dans le Comte de Monte-Cristo, l'expression d'un engagement politique qui était celui de Dumas : Edmond Dantès est victime de son dévouement, involontaire il est vrai, à la cause bonapartiste, et, dans le roman, tous les bons sont du côté de l'Empire, ou, plus précisément, du côté d'un Bonaparte sauveur de la Révolution, d'un Bonaparte républicain (celui-là même que soutint le général Dumas, père de l'auteur) plutôt que de l'Empereur. Le héros – et l'auteur avec lui – s'engage aux côtés de la Grèce asservie par les Turcs, et de l'Italie écrasée par l'Autriche. Les méchants sont toujours du côté du pouvoir royaliste ou du despotisme bourgeois. Mais aucune solution politique précise n'est avancée par le roman, et c'est aussi ce qui assure sa pérennité. Monte-Cristo est une force de protestation absolue, qui témoigne à la fois d'un idéal et de sa corruption. Il domine par le savoir, par la force physique et morale et par l'argent une société qui les a pervertis et les utilise à mauvais escient. En même temps il possède ces qualités et avantages à un degré extrême, ce qui en fait une figure mythique et non plus réaliste. Les schèmes mythiques sont ainsi repris pour exprimer les contradictions de la société démocratique, les frustrations et les rêves nés de ces contradictions.

Mythe lui-même, Monte-Cristo engendre le mythe : innombrables sont les romans écrits, jusqu'à la fin du siècle et au-delà, à l'imitation du Comte de Monte-Cristo. Des suites lui furent mêmes inventées, tel le Fils de Monte-Cristo, de Jules Lermina, ou des variantes, comme Mademoiselle Monte-Cristo, de Paul Mahalin, en 1893, et, de nos jours encore, le feuilleton (télévisuel) se nourrit de Dumas.

● « Le Livre de Poche », 3 vol., 1973 ; « Pléiade », 1981 (p.p. G. Sigaux) ; « Bouquins », 1993 (p.p. C. Schopp).

L. QUEFFÉLEC

COMTE KOSTIA (le). Roman de Victor **Cherbuliez** (Suisse, 1829-1899), publié à Paris dans la Revue des Deux Mondes en 1863, et en volume chez Hachette la même année.

Avant l'Aventure de Ladislas Bolski (1870), où l'exotisme polono-russe et les séductions cosmopolites de l'émigration se déploient librement, ce roman valut à son auteur la notoriété qui lui assura une longue et tranquille carrière au cours de laquelle il cultivera les valeurs de l'ordre bourgeois, la défense de la mesure, du bon sens, prêchant la réconciliation des individus et des classes, l'harmonie de l'homme enraciné dans le monde (voir la *Bête).

En 1850, le comte russe Kostia Pétrovitch Leminof, « diable civilisé », décide de voyager pour oublier les tragédies qui ont endeuillé sa famille. Après un long trajet, il achète près de Bonn la forteresse rhénane de Geierfels, et décide d'écrire en français une Histoire de l'Empire byzantin. Pour ce faire, il engage un secrétaire, le jeune savant Gilbert Savile, à l'âme de poète, dont le journal va devenir partie intégrante du roman. Gilbert va mener dans ce « lieu malsain » une existence inquiète entre un « tyran quelquefois aimable » et une « victime qui ne l'est pas du tout », Stéphane, le fils du comte que son père martyrise avec l'aide du serviteur Ivan. Un prêtre orthodoxe, le père Alexis, un hôte mystérieux, qui affecte de se déguiser en fantôme, et Pauline, la fille du comte, complètent le tableau. Pourtant, les ombres se dissipent : Gilbert va finir par « enfanter une âme », celle de Stéphane, et, après l'avoir sauvée de la furie du comte, épouser Pauline, que son père croyait bâtarde. Les 22 chapitres s'achèvent sur le spectacle d'une réconciliation générale à Constantinople.

Chargé de poncifs, de développements moraux et de digressions « slaves », le roman emprunte au goût néogothique anglais son atmosphère pesante, son pittoresque convenu de roman noir et son pathétique empesé. Heureusement, la distance maintenue par le point de vue de Gilbert, dont la sensibilité ne sombre pas dans l'excès grâce aux vertus de la raison, instaure un climat plus tempéré. Il s'agit d'élucider un mystère – celui du comportement de Kostia, qui pour être russe, n'en est pas moins homme –, et il importe de restaurer la concorde familiale. Un médecin, appelé pour soigner Gilbert attaqué par le chien de Stéphane, complète les explications du père Alexis. Drame original, incompréhension violente entre le fils et le père, tenaillé en outre par un doute affreux sur la légitimité de sa fille, étrangeté inhérente à « l'âme slave » : tout finit par rentrer dans l'ordre. Les passions et les haines s'apaisent pour faire place à l'amour réfléchi.

G. GENGEMBRE

COMTESSE D'ALIBRE (la) ou le Cri du sentiment. Nouvelle de Joseph Marie **Loaisel de Tréogate** (1752-1812), publiée à La Haye et à Paris chez Belin en 1779.

Loaisel était entré en littérature par des nouvelles isolées (Valmore et Florello en 1776) ou regroupées (*Soirées de mélancolie en 1777). La Comtesse d'Alibre est encore un récit relativement court où s'épanouit le goût de l'auteur pour les paroxysmes. Le sous-titre renvoie à la volonté de témoigner en deçà des codes rhétoriques et moraux, de retrouver ce que Diderot nommait le « cri animal » de la passion.

La jeune Lucile de Saint-Flour ne peut s'unir à celui qu'elle aime, Milcourt ; son père, avant de mourir, lui fait épouser le comte d'Alibre, aussi riche qu'insupportable, et qui, renonçant à se faire aimer d'elle, finit par la quitter. Quand Milcourt revient, elle accepte de le revoir et se donne à lui. Un enfant naît. Mais le comte d'Alibre surgit inopinément : il enferme la mère et l'enfant dans un cachot du château, bien déterminé à les y laisser mourir de faim. La malheureuse tente de nourrir l'enfant de son propre sang. Milcourt tue le comte, mais délivre trop tard celle qu'il aime : elle meurt ainsi que l'enfant. Le seul et funèbre plaisir du héros sera de transférer le corps au bord de la mer et de fonder sur sa tombe un rite personnel, en attendant de la rejoindre dans la mort.

Nombreuses sont dans la littérature les histoires d'amours malheureuses et de sanglantes vengeances ourdies par des maris jaloux. Le XVIIIe siècle se délecte de l'histoire médiévale du sieur de Coucy et de la dame de Fayel qui culmine avec la dévoration du cœur de l'amant, manigancée par le mari (voir le *Roman du châtelain de Coucy [...]). Baculard d'Arnaud, au modèle duquel Loaisel se réfère (« Je renvoie aux préfaces très bien faites de M. d'Arnaud ») en avait tiré en 1770 un drame, Fayel. La tragédie de De Belloy, Gabrielle de Vergy, en 1770 également, évoque ces mêmes passions dans un décor médiéval. On continue à lire alors un roman du début du siècle comme les *Mémoires du comte de Comminge de Mme de Tencin qui a inspiré à Baculard d'Arnaud un autre de ses drames : une inimitié familiale empêche la conclusion d'un mariage d'amour, la jeune femme épouse un redoutable châtelain qui l'enferme pour la punir du sentiment qu'elle conserve à son amant.

Ce qui fait l'intérêt de l'œuvre de Loaisel dans cette tradition noire et frénétique, c'est, d'une part, le jeu de résonance entre le drame individuel et la crise sociale ; de l'autre, l'effacement des frontières claires entre le devoir et la faute, entre le plaisir et la douleur. Le thème du château féodal et de la prison prend dans les dernières décennies du XVIIIe siècle une signification plus directement revendicatrice. Aux antipodes du bon noble qui gère son patrimoine provincial, le comte d'Alibre, l'abominable geôlier, incarne les forces qui s'opposent au libre épanouissement de l'individu. Il n'est pas étonnant que Loaisel ait désiré republier le roman en pleine Révolution : il lui a suffi d'effacer les marques de noblesse dans le titre, le roman devenant Lucile et Milcourt ou le Cri du sentiment (1794).

La légitimation de la passion contre les interdits sociaux entraîne un déplacement de la notion de faute : l'amour est innocenté et la vengeance devient criminelle. Le bonheur lui-même ne se situe plus seulement du côté du plaisir et de la satisfaction des désirs, il s'épanouit paradoxalement dans la souffrance et la séparation. La série de catastrophes qui s'abat sur la tête de la jeune Lucile apparaît comme une « épreuve de la vertu » (sous-titre d'une pièce de Diderot), une « épreuve du sentiment » (titre d'un recueil de Baculard d'Arnaud), comme l'occasion d'aller au bout de ce qu'un être humain peut ressentir, de ce qu'un écrivain peut raconter. La mise en valeur de l'émotion en tant que telle aboutit à un goût de la convulsion et du spasme. L'épigraphe annonçait : « La Nature frémit, l'humanité pleure, et la raison se tait. »

M. DELON

COMTESSE D'ESCARBAGNAS (la). Voir MONSIEUR DE POURCEAUGNAC, de Molière.

COMTESSE DE CHARNY (la). Voir MÉMOIRES D'UN MÉDECIN, d'A. Dumas.

COMTESSE DE RUDOLSTADT (la). Voir CONSUELO, de G. Sand.

COMTESSE DE TENDE (la). Nouvelle de Marie-Madeleine Pioche de La Vergne, comtesse de, dite Mme de **La Fayette** (1634-1693), publiée anonymement dans le Mercure de France en 1718, attribuée à l'auteur à l'occasion d'une réédition en 1724 dans la même publication. Elle a vraisemblablement été écrite en collaboration, comme la plupart des autres œuvres de Mme de La Fayette.

Cette « nouvelle historique », d'une densité, d'une sécheresse et d'une violence inaccoutumées chez l'auteur, se rapproche davantage de la *Princesse de Montpensier, dont elle est sans doute contemporaine, que de la *Princesse de Clèves. Elle offre comme une variation sur les préoccupations de l'écrivain – notamment la peinture des ravages de l'amour –, mais la perspective chrétienne y est nettement affirmée.

Mlle de Strozzi a épousé en 1560 le comte de Tende ; plus jeune que lui, elle l'a aimé avec passion alors qu'il ne voyait en elle qu'une enfant et la délaissait. Avec l'âge, sa passion et sa jalousie s'éteignirent. Son amie la princesse de Neufchâtel, une belle et riche veuve, aime et veut épouser, en dépit de la différence de rang, un cadet sans fortune, le chevalier de Navarre. Celui-ci n'éprouve aucune inclination et ne voit en elle qu'un beau parti ; il requiert l'appui de M. et Mme de Tende. Naît alors une passion réciproque avec Mme de Tende, qui le repousse mais connaît la jalousie. Le jour même du mariage, le chevalier rend visite à Mme de Tende : il est prêt à renoncer par amour pour elle ; elle lui avoue son inclination, lui ordonne pourtant d'épouser Mme de Neufchâtel. Il s'exécute, et, dès le lendemain, lui envoie une lettre où il dit ses regrets. Peu après, il vient la trouver dans sa chambre ; le mari survient. Le chevalier lève ses soupçons en affirmant qu'il implorait l'aide de Mme de Tende pour couvrir une galanterie. M. de Tende devient amoureux de sa femme, qui le rejette. Le chevalier étant à la guerre, elle se retire dans ses terres, malade, désespérée parce qu'entre-temps elle a succombé à sa passion et porte l'enfant du chevalier, qui meurt au combat. Seule la foi l'empêche de se suicider. Son mari lui rend visite : elle ne peut cacher son trouble. À une lettre d'aveu où elle lui demande sa mort, le comte répond par un billet : il renonce temporairement à la vengeance pour sauver les apparences. Elle accouche d'un enfant qui meurt et elle-même succombe avec joie en faisant demander pardon à son mari. Le comte, satisfait de cette fin, ne se remariera point.

L'extrême économie de la nouvelle en souligne le caractère implacable : l'Histoire n'est qu'un arrière-fond inexploité, les indications temporelles restent généralement vagues ; le récit, qui a volontiers recours au sommaire et même à l'ellipse – on ne dit pas clairement quand la comtesse a succombé, on ne nous l'apprend qu'après coup, et presque incidemment – pour mieux s'attarder sur quelques scènes intimes, adopte un rythme soutenu ; la phrase est souvent courte et sèche ; le narrateur se veut neutre, observateur « clinique ».

L'attention est concentrée sur la comtesse. La rivale et amie n'est qu'une silhouette – pourtant originale puisqu'elle fait fi, par son mariage, des convenances de rang –, une utilité qui accroît son tourment : la comtesse éprouve jalousie et remords. De fait, le poids de la société, obsédant chez l'auteur, s'affirme constamment, d'autant plus fort peut-être qu'elle reste dans l'ombre : aucune peinture du milieu mondain, mais sa présence, son regard, ses lois grèvent pensées et décisions de personnages toujours attentifs à leur image – sauf Mme de Neufchâtel. Quant au mariage, il apparaît comme une institution sociale dont les femmes sont toujours les victimes alors qu'il pourrait ici en être autrement : mariée à un homme plus âgé, « plus propre à se faire estimer qu'à plaire », la comtesse commence par l'aimer, en vain ; Mme de Neufchâtel secoue le joug des conventions pour épouser celui qu'elle aime, et qui ne l'aime pas.

Rien n'est vraiment fait pour attirer la compassion sur Mme de Neufchâtel, personnage rejeté au second plan. Quant à l'autre victime, Mme de Tende, on la suit, avec une froideur délibérément orchestrée, de son engagement dans l'amour conjugal (seul moyen d'échapper à l'inéluctable échec du mariage, mais qui lui est refusé : le comte l'aime trop tard, lorsqu'il admet la possibilité d'un rival, c'est-à-dire lorsque l'amour-propre est en jeu) à sa mort, parcours du tourment, de la passion dévastatrice envers un homme dénué de toute morale. Ce dernier, ayant tout obtenu – l'amour, l'argent et la position sociale –, meurt en l'abandonnant à sa faute : l'absence de volonté d'une femme qui n'a su préserver sa vertu. Victime, elle est aussi coupable. Tout s'achève sur l'odieuse satisfaction du mari, qui accueille la mort de sa femme « sans inhumanité, et même avec quelques sentiments de pitié, mais néanmoins avec joie ». Il a pourtant refusé de porter attention à son épouse, lui a dénié tout droit à l'existence par son indifférence. Il n'est pas considéré cependant comme coupable : c'est elle qui est punie d'avoir voulu vivre, parce qu'elle en a oublié ce qu'elle devait à son rang.

Trois lettres ponctuent la nouvelle et disent tout : celle de la comtesse est prise entre celles de l'amant et du mari. Celle du comte, répondant à un aveu, est parfaitement claire : « Conduisez-vous comme si vous aviez toujours été ce que vous deviez être », c'est-à-dire une épouse vertueuse, qui ne peut accéder à l'être que dans le renoncement. Mme de Tende éprouve la tentation de fuir dans la mort ; mais son « christianisme » l'en empêche, la condamnant au « repentir ». Là encore, elle cède à la facilité : elle ne se jette dans la pénitence qu'après avoir cherché à contourner l'interdit en s'appuyant sur son époux. Nulle part ailleurs on ne retrouvera sous la plume de l'auteur une telle insistance sur le poids de la religion, ici alliée objective du mari – « l'homme du monde le plus glorieux », le plus attentif à sa gloire, c'est-à-dire à une valeur purement profane – et de la société tout entière.

● *La Princesse de Clèves [...]*, « Folio », 1972 (p.p. B. Pingaud) ; *Histoire de la princesse de Montpensier [...]*, Genève, Droz, 1979 (p.p. M. Cuénin) . ➤ *Romans et Nouvelles*, « Classiques Garnier » ; *Œuvres complètes*, Éd. François Bourin.

D. MONCOND'HUY

COMTESSE DES DIGUES (la). Roman de Marie **Gevers** (Belgique, 1883-1975), publié à Paris aux Éditions de l'Illustration en 1931.

Suzanne Briat se retrouve seule à la mort de son père, le surveillant des digues au village du Weert. Elle poursuit ses promenades le long de l'Escaut, mais son entourage ne souhaite pas qu'elle mène une vie indépendante. Elle aime Triphon qui travaillait avec son père ; il est grand, jeune et beau ; il aime le fleuve ; il pourrait être à son tour « comte des digues » ; mais la différence sociale est par trop grande : Triphon part pour l'Angleterre se consacrer à la vannerie. La veille de son départ, il lui prend un baiser qui lui fait découvrir l'amour. La tante Brique propose Monne le brasseur à Suzanne ; mais il est trop amateur de bière et de mauvaises farces, son physique est peu enthousiasmant. Suzanne fait la connaissance de Max Larix, qui possède un « schorre » (« terrain d'alluvions que seules les fortes marées recouvrent... ») au bord de l'Escaut. Son goût pour la musique et la nature le distingue des autres hommes du village. Suzanne est élue « comtesse des digues », par l'assemblée générale du polder, grâce à Max Larix. Les deux jeunes gens s'avouent leur amour ; leur mariage satisfait à la fois les sentiments et les questions d'argent.

« Dans nos plaines, l'Escaut est roi » : d'emblée, la première phrase du roman fait du fleuve un personnage central, pour qui Suzanne, alors même qu'elle hésite entre deux hommes, éprouve une passion constante. Il est celui qui distribue les richesses, qui comble le polder de ses bienfaits. Mais c'est aussi une puissance pulsionnelle lorsqu'il sert de cadre à la scène du baiser de Triphon : « Les baisers du soleil..., les baisers du vent, les fiançailles avec l'Escaut... » Exalter l'Escaut, c'est aussi pour Marie Gevers une façon de rendre hommage à Émile Verhaeren qui très tôt l'encouragea à se consacrer à la littérature. Marie Gevers est un écrivain francophone de Flandre ; enfant, elle n'est jamais allée à l'école, elle a été éduquée en français mais était au contact du langage populaire d'où la présence d'expressions flamandes qui concourent à la poésie des descriptions et des dialogues.

La construction du roman est cyclique ; le récit s'étend sur une année, et l'évolution passionnelle et dramatique suit le rythme des saisons, où le printemps connote la naissance de l'amour ou l'enfantement. Toutefois, Marie Gevers ne chante pas exclusivement un hymne païen au vent, à l'eau et à l'osier. En arrière-plan, elle caricature la bourgeoisie flamande qui détermine les mariages en tenant surtout compte des avantages financiers et en s'intéressant plus aux unions des terres qu'aux unions d'amour.

Avec sa naïveté et sa sentimentalité, avec ses petites touches ironiques et descriptives, *la Comtesse des digues*, qui est le premier roman de Marie Gevers, a gardé tout son pouvoir d'enchantement.

● Bruxelles, Labor, 1983.

L. HÉLIOT

CON D'IRÈNE (le). Récit extrait du roman inachevé *la Défense de l'infini* de Louis **Aragon** (1897-1982), publié anonymement à Paris chez René Bonnel en 1928.

Rédigé d'avril 1923 à l'hiver de 1927, où il fut en partie détruit par son auteur dans des circonstances restées mystérieuses, *la Défense de l'infini* représentait par son projet une volonté de renouvellement radical du genre romanesque, mais se heurtait aux principes du groupe surréaliste, hostile à ce qu'il considérait irrémédiablement comme une « poursuite isolée de la stupide aventure littéraire » – formule par laquelle fut exclu Philippe Soupault, en 1926, dans une déclaration signée par l'ensemble du groupe, Aragon compris. Mais si Aragon est revenu fréquemment sur la question posée par l'écriture romanesque au sein du surréalisme, il reste clair cependant que la désapprobation d'André Breton à l'égard de *la Défense de l'infini* ne saurait suffire à expliquer sa destruction : sans doute la passion orageuse avec Nancy Cunard (voir *la *Grande Gaîté*), pour laquelle Aragon tentera de se suicider, et qui fut le seul témoin de la mise au feu du manuscrit dans une chambre d'hôtel, à Madrid, joua-t-elle un rôle de détonateur.

« Que voulait démontrer cet autodafé, et pour qui ? c'est mon affaire, c'est mon affaire », indiqueront *les Incipit* (voir *Henri Matisse, roman*). De récentes découvertes pourtant semblent indiquer que la désaffection de Nancy Cunard pour le manuscrit serait moins forte qu'Aragon ne le laissait entendre. Force est alors de conclure à une forme de délégation de suicide par la destruction du texte, pour des raisons qui tiennent sans doute aussi au roman en tant que tel, roman dont la démesure signait peut-être l'inéluctable échec. Fragment parmi les deux cents feuillets sauvés des flammes (sur les 1 500 environ qui furent écrits), *le Con d'Irène* a été publié six mois après l'autodafé, ce qui lui confère nécessairement une valeur symbolique – et affective – très forte, la perfection du court récit pouvant démentir en quelque sorte l'échec du projet général. Salué par Paulhan comme un chef-d'œuvre du genre érotique, le texte n'a cependant jamais été reconnu par Aragon (à qui l'attribution est aujourd'hui incontestable), probablement en raison des questions de censure – saisie par la police de l'édition Deforges de 1968, par exemple – et surtout de l'usage malveillant de certaines rééditions.

Le Con d'Irène. Organisé en onze séquences qui sont autant de poèmes en prose, *le Con d'Irène* – que la disposition typographique de la première édition permet de lire aussi : Leçon d'Irène – constitue davantage une tentative de confronter l'érotisme à l'écriture qu'un « récit érotique » à proprement parler. Après un portique expulsant le lecteur du livre (« Ne me réveillez pas, nom de Dieu, salauds, ne me réveillez pas »), l'agressive déferlante où explosent les images fait place à une narration traditionnelle, dans un style pastichant le « beau parler » du point de vue stylistique (« La mauvaise condition de mes affaires m'ayant mis dans un dénuement presque complet [...] ») et les publications pornographiques du point de vue thématique : bordel, scène de voyeurisme, etc. (séquence 1). La séquence 2 met en avant

Chrétien de Troyes

« Cligès et Fénice ». Enluminure pour *Cligès*, vers 1275.
Bibliothèque nationale, Paris. Ph. © Bibl. nat./Arch. Photeb.

Promoteur des valeurs chevaleresques
contre l'amour fatal, auteur presque
inconnu d'une œuvre qui fonde l'un des
mythes littéraires les plus durables de
l'Occident, Chrétien de Troyes
(XIIᵉ siècle) élabore un double modèle :
avec *le Chevalier de la charrette*, celui de
Lancelot, l'amant prêt à subir toutes les
épreuves pour sa dame, jusqu'à la mort
et au déshonneur, et avec le *Conte du
Graal,* celui de Perceval, le héros naïf
destiné à une douloureuse révélation.
Romans appelés à se mêler, à se fondre
dans le vaste cycle des réécritures et des
« continuations » qui font de la « quête »
une allégorie chrétienne, figures se
prêtant à toutes les réinterprétations, à
toutes les parodies aussi, schéma
initiatique persistant dans l'imaginaire
moderne, depuis l'opéra wagnérien
jusqu'à tel film ou récit d'aventures :
telle est la richesse d'une écriture par

« La Chasse d'Érec ». Enluminure
pour *Érec et Énide*, XIVᵉ siècle.
Bibliothèque nationale, Paris.
Ph. © Bibl. nat./Arch. Photeb.

laquelle Chrétien de Troyes — qui choisit
résolument, dès le commencement de
son œuvre (avec *Érec et Énide* ou *Cligès*)
la « matière arthurienne » contre
le modèle antique, et introduit
des techniques nouvelles comme
l'entrelacement des épisodes — se révèle
le premier romancier du Moyen Âge.

Affiche de Giuseppe Palanti pour
la représentation de *Parsifal*,
de Richard Wagner,
à la Scala de Milan le 9 janvier 1914.
Recueil des estampes Bertarelli, château Sforza, Milan.
Ph. © Giancarlo Costa © Arch. Photeb.

Indiana Jones ou la Dernière Croisade, 1989.
Film de Steven Spielberg (né en 1947),
avec Harrison Ford et Sean Connery.
Ph. © Cinestar © Lucasfilm Ltd. (LFL) 1989.

la situation du narrateur (rétrospection d'une histoire d'amour) et le centre de l'ouvrage en tant que réflexion sur l'écriture (« Je veux dire qu'écrire est ma méthode de pensée »). Description d'un orage – métaphorique du désir –, la séquence 3 met en place le décor (une ferme) et les personnages du récit d'Irène : Irène et le fils du métayer, un vieillard paralytique et muet – la séquence 4 étant consacrée au monologue intérieur de ce saint Sébastien voyeur et masochiste. Après un bref poème (« Poissons poissons c'est moi je vous appelle : jolies mains agiles dans l'eau »), le texte palpite entre le récit des exploits sexuels d'Irène (séquences 6, 7 et 10) et une parole en décrochement de la narration, transformant le récit en une sorte d'« exemple » d'un débat le dépassant (« Il est trop tard, c'est ton cœur qui s'enfuit, ton cœur détaché des arbres de la forêt [...] »). Après une description-analyse de l'« amour d'Irène » (« Elle se roule dans les mots comme dans une sueur »), le livre renoue sur sa fin avec l'agressivité initiale (« Tout cela finira par faire une histoire pour la crème, le surfin, le copurchic des cons »), comme le narrateur avec son « sommeil ».

Le Con d'Irène ne peut en rien passer pour un érotique complaisant : dès la deuxième séquence, le sexe figure sous une forme écœurante, à la fois désespérante et soigneusement dégradée. Ainsi l'érotisme est-il un « magnifique langage », mais qui « n'est pas vraiment le mien ». L'alliage enflammé d'une syntaxe orale et d'une préciosité remarquable (« dans ses limites nacrées, la belle image du pessimisme ») tisse donc une réflexion à la fois sur l'écriture, dont le « BONHEUR d'expression [...] est pareil à la jouissance », et sur le vertige (« l'abolition de l'être au milieu du foutre lâché ») commun à l'amour et à la poésie. Sur un fond de pénombre et de désespoir, la « leçon d'Irène » réside ainsi dans un plaidoyer musical pour une pratique de la syncope, de la brûlure de soi dans « ces confins, quand la lumière des désirs se décompose du rouge délire au violet conscient » et « que le miracle sensible insensiblement se produit ». Loin des exigences thématiques du genre, seul l'ondoiement d'un phrasé éblouissant fait ainsi du texte une explosion sensuelle, par quoi le discours érotique devient une érotique du discours.

Le seul texte du *Con d'Irène* ne permet pas de rendre compte de ce qu'aurait été *la Défense de l'infini* dans sa forme générale. Les recherches et le remarquable travail éditorial d'Édouard Ruiz (Gallimard, 1986) forment cependant une reconstitution des fragments restants. Lacunaire, le texte présenté offre quelques perspectives sur la substance du manuscrit détruit.

La Défense de l'infini. Coulée lyrique et révoltée, « cri d'un jeune homme en colère », le livre aurait formé une véritable « orgie » verbale par l'accumulation des personnages (qui sont autant d'« entrées » dans des récits différents s'entrecroisant), des formes (poèmes, récits, etc.) comme par l'usage explosif du discours : « J'avais dans la bouche le goût de l'infini. Voilà pourquoi il me fallait sans cesse tout mettre au pire. » Articulé sur la virtuosité stylistique de son auteur, il est probable que le roman aurait eu comme principal enjeu la « dépense » de soi dans un cri soutenu. La rage, la révolte, la provocation se mêlent dans les fragments à une réflexion générale sur l'amour comme issue au désespoir. Derrière l'exercice débridé de démolition du roman par lui-même jouait sans doute, comme en témoignent les débris de texte concernant « Michel Vigaud », une forme d'autoportrait (« Mais moi, ma vie me brûle. Ma vie ») et la descente suicidaire, dans les sables mouvants, du personnage, évoque alors irrésistiblement une mise en abyme du roman tout entier : en faisant de l'écriture une destruction de ce qu'elle énonce, peut-être s'agissait-il d'une mise à feu de tout, pour accéder enfin à l'infini. Enquête et transformation d'un rapport au monde insatisfaisant (« Ainsi tout objet me refuse sa flamme, et je flambe solitaire d'un désir abstrait qui rien n'éveille et qui s'engendre. Le long désir de désirer m'accable »), *la Défense de l'infini* semble alors avoir représenté un pari démesuré sur l'écriture : « Malheureux alchimiste, en vain tu veux muer tous les feux en soleils. Viens boire la vraie liqueur philosophale, qui emporte la bouche avec un charmant goût de mort. »

Sorte d'apocalypse libératoire, *la Défense de l'infini* se voulait une écriture des limites, apte à briser la « littérature » pour aboutir à un volcanisme verbal où le sujet écrivant se reconstituerait dans sa perte. Peut-être alors est-il permis de songer à un texte parallèle – *Dieu*, de Victor

Hugo – , lui aussi inachevé, et qui, comme le sur-roman aragonien, a sans doute connu l'échec en raison de l'outrance de son projet : vastes programmes, si l'on peut dire, que ces tentatives des plus grands auteurs travaillant désespérément à outrepasser les limites d'une langue, parce qu'ils la possèdent magistralement. Mais le flamboiement prend alors des allures d'indices, et semble expliquer au sein du texte lui-même sa future mise à feu. Restent donc les somptueux « poèmes », que de récentes recherches devraient permettre (en partie) de compléter, et cette faille fondamentale dans l'itinéraire d'Aragon, à partir de laquelle seulement les revirements esthétiques (voir les *Cloches de Bâle*) et existentiels peuvent se comprendre : « Tous les romans que j'ai écrits avant, ou après celui-là bien plus tard, n'auront été que jeux d'enfants, par comparaison », dira ainsi Aragon.

● *La Défense de l'infini [...]*, Gallimard, 1986 (p.p. É. Ruiz).

O. BARBARANT

CONCORDE DES DEUX LANGAGES (la). Prosimètre allégorique de Jean **Lemaire de Belges** (1473 ?-après 1515), publié à Bruxelles chez Geoffroy de Marnef en 1513.

Comme dans les *Illustrations de Gaule et Singularitez de Troye* dont il vient d'achever la publication (1512), Lemaire, dans la *Concorde,* affirme, outre la noblesse de la langue française, l'existence d'une tradition littéraire déjà forte face aux productions de l'Italie.

Deux lettrés viennent d'engager un débat sur les mérites du français et de l'italien. Le poète, chargé de consigner les discussions, propose la « Concorde des deux langages ». Pour trouver ladite Concorde, il se met en route. Son voyage le mène d'abord au « paradis corporel » du temple de Vénus. Chassé du temple pour avoir fait une offrande insuffisante, il reprend son chemin. Au pied d'un rocher inaccessible, il lit une inscription qui décrit le temple de Minerve : là toscan et français vivent en paix. Comment pénétrer en ce séjour ? L'ermite Labeur historien révèle au poète que les portes du temple ne s'ouvriront pour lui qu'après la mort, mais il lui montre « en un miroir artificiel » les vives images de la Concorde des deux langages.

En ce début de XVIᵉ siècle, les relations politiques tumultueuses entre la France et les États italiens justifieraient pleinement un ouvrage portant pareil titre. Mais le projet de Lemaire s'adresse d'abord aux italianisants impénitents. En effet, la *Concorde* revêt un aspect apologétique : le poète, qui cherche à montrer les vertus de la langue et de la littérature françaises, élabore, dans une des formes les plus solennelles, un monument à la gloire de la langue nationale, en utilisant les richesses du vers à l'italienne. Le prosimètre, qui fait alterner prose pour les parties narratives (débat sur les langues, voyage, épilogue) et vers pour la description du temple de Vénus et l'inscription relative au temple de Minerve, sacrifie tour à tour, dans les parties rimées, au « vers tiercet » – la célèbre *terza rima* – et au vieil alexandrin français. Néanmoins, même si Lemaire déclare Pétrarque « en amours le vrai maître », le *Roman de la Rose* de Jean de Meung est le modèle du temple de Vénus qui s'impose à l'esprit – Génius, prédicateur de l'amour sensuel et de la jouissance immédiate, Danger et Bel-Accueil servent encore au sanctuaire de l'amour.

Outre ses préoccupations d'illustration de la langue nationale, Lemaire développe dans cette œuvre les éléments d'un art poétique, en soulignant le lien intime entre poésie et musique par exemple. Il s'intéresse au mystère de la création artistique, et accorde une place privilégiée à l'inspiration, don céleste qui traduit et manifeste l'harmonie d'un univers régi par Dieu :

Les neuf beaux cieux que Dieu tourne et tempère
Rendent tel bruit en leurs sphères diffuses
Que le son vient jusqu'en notre hémisphère.

Et de là sont toutes grâces infuses
Aux clairs engins [esprits], et le don célestin
De la liqueur et fontaine des Muses.

Cependant, la création littéraire, qui mène à la contemplation des richesses encloses dans le temple de Minerve, suppose le travail de toute une vie : tel est le sens des révélations de Labeur historien, lorsqu'il promet au poète l'accès au sanctuaire de la sagesse, dans le temps de l'éternité.

● Genève, Droz, 1947 (p.p. J. Frappier). ➤ *Œuvres*, Slatkine, I.

M.-C. GOMEZ-GÉRAUD

CONCORDE DU GENRE HUMAIN (la). Poème de Jean **Lemaire de Belges** (1473 ?-après 1515), publié à Bruxelles chez Thomas De Noort en 1509.

Rédigée en décembre 1508, après la signature du traité de Cambrai qui mettait fin aux hostilités entre Louis XII et Maximilien d'Autriche, l'œuvre est un chant à la gloire de Marguerite d'Autriche, qui négocia la paix entre la France et l'Empire avec succès, et auprès de qui Jean Lemaire avait trouvé refuge après la mort de son protecteur, le comte de Ligny (1503).

En ouverture, Lemaire propose une comparaison entre Marguerite et la Vierge Marie, entre la paix et la naissance du Christ, car « où paix est, Dieu y est incarné ». Que ne sont vivants Arnoul Gréban, Jehan de Meung et Molinet pour chanter la princesse qui « nous est une autre Nostre Dame » ! Aidé de Calliope, le poète conte le songe que la muse lui a envoyé : la Concorde du genre humain lui est apparue ; il l'a vue aidant Marguerite, revêtue des attributs de Pallas, à se dépouiller de son casque. Surviennent Maximilien et Charles Quint encore enfant. Ils écoutent avec bienveillance la requête de Concorde : que l'empereur accorde à sa fille le repos et le titre d'Augusta pour ses bons services. Suit un récit rapide de la ratification des traités survenue le 26 décembre. La composition s'achève sur le défilé des nations attachées à Marguerite, lesquelles, en costume pastoral, chantent les mérites de la princesse.

Jean Lemaire ne fait guère œuvre de novateur dans cette pièce de circonstance où l'on isole aisément les procédés chers à la Grande Rhétorique : recours au motif du songe, à l'allégorie, mélange de la prose et du vers, utilisation de formes poétiques diverses (lai, rondeau), culte de l'allitération et de la rime riche dans les passages métrifiés, exploration des ressources de l'analogie.

Le poète se donne ainsi à la fois comme l'orfèvre du langage poétique et comme celui qui déchiffre les signes inscrits dans le grand livre du monde et des événements. Pourtant, le poème semble bâtir le théâtre où l'écrivain met en scène le jeu de sa propre soumission aux puissants. Quand il pleure sur les poètes disparus et souligne son incapacité à égaler les modèles anciens (Virgile et Salluste) pour faire l'éloge de Marguerite, quand il s'incline de loin en loin devant les Grands (Mercurin de Gattinaire ou Matheus Lang) et impute à la muse Calliope sa « vision imaginative » propre à « illustrer ceste mienne euvre rudelette », Lemaire se conforme à l'étiquette qui régit la poésie de cour : il nie sa propre habileté au moment même où il la met en pratique.

● Bruxelles, Palais des Académies, 1964 (p.p. P. Jodogne). ➤ *Œuvres*, Slatkine, I.

M.-C. GOMEZ-GÉRAUD

CONDITION HUMAINE (la). Roman d'André **Malraux** (1901-1976), publié à Paris en extraits dans *la Nouvelle Revue française* et dans *Marianne*, et en volume chez Gallimard en 1933. Prix Goncourt.

La Condition humaine clôt le cycle des romans que Malraux a situés en Extrême-Orient (voir *les *Conquérants* et *la *Voie royale*). Son expédition dans la brousse indochinoise à la recherche de fragments archéologiques (1923) s'était terminée par des poursuites judiciaires qui le contraignirent à faire plusieurs séjours à Saigon (1923-1925). Militant dans les milieux anticolonialistes, cofondateur du mouvement Jeune-Annam, il se rendit également à Hongkong. L'effervescence régnait alors dans cette région du monde. En Chine, aux généraux nordistes (les « gouvernementaux » dans *la Condition humaine*) soutenus par les Occidentaux des concessions internationales, s'opposait l'armée nationaliste du Kouo-min-tang, dominée bientôt par le général Chang Kaï-chek avec lequel le Komintern, représenté par une délégation à Han-k'eou, avait noué une fragile alliance, provisoire et tactique.

Le roman se compose de deux séquences relativement courtes, nourries d'événements – préparatifs et triomphe d'une insurrection communiste à Chang-hai (Ire et IIe parties) ; répression du mouvement et exécution des insurgés (IVe, Ve et VIe parties) – séparées par le récit plus lent d'une mission à Han-k'eou auprès de la délégation de l'Internationale communiste (Komintern) dont dépend le sort des insurgés (IIIe partie). Un finale transporte le lecteur à Paris et au Japon, d'où la révolte de Chang-hai ne fait plus figure que d'événement mineur.

Première partie (21 mars). En poignardant un trafiquant d'armes, Tchen parvient à subtiliser l'ordre de livraison qui permettra à Kyo et à Katow de récupérer la cargaison d'un bateau ancré dans le port. Pour conclure l'opération, les deux révolutionnaires s'assurent la complicité d'un aventurier besogneux, le baron de Clappique. Armes et munitions sont ensuite distribuées aux sections postées à travers la ville. En marge de l'action principale, deux dialogues : l'un entre Kyo et sa compagne May ; l'autre, entre Gisors (le père de Kyo) et Tchen qui lui confie sa solitude de « tueur ».

Deuxième partie (22 mars). Grève générale puis explosion du soulèvement communiste. Ferral, le président de la chambre de commerce française, représentant local des intérêts capitalistes, suppute avec les autorités locales chinoises les chances de succès de l'opération, que les relations ambiguës entre Chang Kaï-chek et Moscou rendent incertaines. Cependant, dans un grand élan d'héroïsme fraternel, l'insurrection triomphe dans presque toute la ville. Inquiet, Ferral envisage de se concilier Chang en le soudoyant, puis va rejoindre sa maîtresse Valérie. De leur côté, les insurgés s'alarment de l'attitude attentiste du Kouo-min-tang. Un envoyé de Chang les prie de lui remettre leurs armes.

Troisième partie (29 mars). Kyo décide de se rendre à Han-k'eou, où siège la délégation de l'Internationale communiste dirigée par Borodine. Ses interlocuteurs, Vologuine et Possoz, lui apprennent que la tactique de Moscou est de s'effacer momentanément derrière le Kouo-min-tang. Venu de son côté à Han-k'eou, Tchen y rencontre Kyo : il ne voit plus d'issue que dans le meurtre de Chang, dont il est prêt à se charger. Retour séparé des deux hommes à Chang-hai.

Quatrième partie (11 avril). La répression s'organise à Chang-hai. Compromis dans l'affaire de la cargaison d'armes, Clappique est prévenu par la police qu'il doit quitter la ville. Il se rend chez Kyo, malencontreusement absent, et lui fixe par l'intermédiaire de Gisors un rendez-vous dans un bar où, moyennant finances, il le renseignera. Cependant Tchen, avec deux conjurés, monte sans succès un premier attentat contre Chang, cherche refuge auprès du camarade Hemmelrich et décide, à l'avenir, d'agir seul. De son côté, désabusé sur le compte de Chang, Kyo propage l'ordre d'enterrer les armes. En revanche, Ferral dont les intérêts coïncident avec la politique néobourgeoise de Chang, apprenant que celui-ci s'apprête à écraser l'insurrection, se rend, satisfait, à un rendez-vous avec Valérie ; les relations entre les deux amants tournent mal. Tchen laisse la vie dans un nouvel attentat contre la voiture de Chang.

Cinquième partie (sans date). Clappique s'attarde dans une maison de jeu au lieu de se rendre au bar où l'attendent Kyo et May. Arrêté à la sortie, Kyo est jeté en prison. Apprenant le nouvel attentat contre Chang, Hemmelrich se rend à la permanence communiste pour s'enquérir de Tchen ; à son retour chez lui, il trouve sa femme et son enfant massacrés. Il participe alors avec Katow à un ultime combat contre les troupes de Chang et parvient in extremis à s'enfuir. Gisors prie Clappique d'intervenir en faveur de son fils auprès du policier König, ce qui ne fait que détériorer la situation du jeune homme.

Sixième partie (sans date). Clappique parvient sous un déguisement à s'embarquer sur un bateau en partance tandis que Kyo la vie sauve contre sa collaboration. Refus de Kyo qui rejoint alors sous un préau ses camarades condamnés à être brûlés vifs dans la chaudière d'une locomotive dont on entend le sifflement à proximité. Kyo évite le supplice en se suicidant avec une pastille de cyanure qu'il tenait cachée. En revanche, Katow partage la sienne entre deux jeunes Chinois étendus à ses côtés, et marche au supplice.

Septième partie (Paris, juillet, et Kobé). À Paris, Ferral expose au ministère les mobiles économiques et nationaux de son action à Chang-hai, sans pour autant sauver le consortium dont il avait la charge. À Kobé, au Japon, chez le peintre Kama, décidée à poursuivre le combat sous la bannière communiste, May rend visite à Gisors qui cherche la paix dans l'art et la méditation.

La Condition humaine romance l'insurrection communiste dont l'objectif était d'ouvrir les portes de Chang-hai à Chang Kaï-chek. Mais aussitôt la ville conquise, le chef du Kouo-min-tang se retourna contre les insurgés, faisant exécuter leurs chefs sous l'œil complaisant des Occidentaux (1927). Le roman de Malraux s'insère donc dans l'Histoire. Cependant, pas plus que *les Conquérants,* lus à tort par Trotski comme un document sur la grève de Canton, ce texte-ci n'est orienté vers le reportage : à lui seul, le titre l'annonce. En réalité, *la Condition humaine* se situe dans le champ de la création esthétique, répondant à l'idée que Malraux se fait du roman moderne. « Forme privilégiée » capable d'accueillir le « tragique de l'homme » (Gaétan Picon), le roman est en définitive l'équivalent d'une tragédie antique avec un environnement et une écriture de notre temps. Le *fatum* se présente ici sous la figure de la Révolution, au sein de laquelle une douzaine de personnages exemplaires forgent leur destin en fonction des valeurs qu'ils symbolisent. Incarnant la liberté et la fraternité, les insurgés lancent au destin, après leur défaite, un défi qui transcende la politique vers la métaphysique et la morale : « Mourir le plus haut possible », dit Tchen ; et d'une mort qu'on aura choisie : le suicide pour Kyo (« Mourir est passivité mais se tuer est acte »), le supplice lucidement accepté pour Katow afin d'épargner la torture du feu à deux jeunes militants. Contre ces héros positifs se dresse un faisceau de forces disparates rassemblées par la conjoncture : en effet les stratégies opposées du capitalisme occidental (dont Ferral incarne la volonté de puissance) et du communisme soviétique (Vologuine, Possoz, fanatiquement soumis au Comité central) se rencontrent pour favoriser ou laisser se perpétrer le massacre des insurgés par le Kouo-min-tang et la police gouvernementale (Martial, König). Mais dans un espace intermédiaire, impliqués à leur corps défendant, deux autres héros symbolisent la relation au monde des hommes dont une cause ne structure pas la volonté. L'un s'abandonne aux hasards d'un monde indifférent aux finalités humaines : c'est le baron de Clappique, aventurier mythomane qui rêve sa vie au lieu de chercher à la maîtriser ; l'autre, Gisors (le père de Kyo), partant des mêmes prémisses, demande à l'opium et à la contemplation un remède à l'angoisse liée au sentiment de la précarité humaine.

Mais la psychologie des héros n'est jamais univoque : les références symboliques se marient avec des conduites contradictoires en un jeu ambigu qui fortifie la crédibilité des personnages. Ainsi, défenseur de la liberté, y compris celle des sexes, Kyo n'en est pas moins jaloux lorsque sa compagne May le trompe avec un autre. Même contraste chez Ferral dont la brutalité n'exclut ni le dépit amoureux ni la crainte de l'opinion. Bref, sous le masque moral ou social, le lecteur devine le « mystère poignant de l'être », les faiblesses de ce « monstre incomparable, préférable à tout, que tout être est pour soi-même » (Ire partie). Le moi profond explose notamment dans le monologue intérieur – un procédé largement utilisé dans *la Condition humaine* – où fusionnent le discours du narrateur et celui du personnage (l'assassinat du marchand d'armes par Tchen, Ire partie). L'un et l'autre avancent du même pas, découvrant ensemble l'espace où se joue le drame (la chambre du marchand d'armes, Ire partie ; le préau, VIe partie), et, par les voies mêlées de la sensation, de la kinesthésie et de la conscience, dévoilant au lecteur l'affectivité du héros : « Tchen frissonna : un insecte courait sur sa peau. Non ; c'était le sang de son bras qui coulait goutte à goutte. Et toujours cette sensation de mal de mer » (Ire partie). Ren-

forçant l'illusion réaliste, un ensemble de procédés fabrique également une personnalité physique au héros : l'accent chantant de Tchen est rendu graphiquement sensible par l'addition de « g » à la fin des mots d'une syllabe ; les tics de langage s'associent chez Clappique à l'emphase du discours tandis que le narrateur souligne par la caricature le tracé d'une silhouette, l'allure générale d'un personnage : Katow ressemble à un « Pierrot russe » (Ire partie), et Gisors, à « un très vieux Chinois a tête de mandarin de la Compagnie des Indes » (Ire partie). Quant aux figures historiques introduites dans la fiction, l'énoncé de leur patronyme, supposé connu du lecteur, suffit à les identifier sans autre indication (Chang Kaï-chek, Borodine).

Le récit se déploie suivant un tempo dont différents styles modulent les variations. Le langage de l'action est bref, précipité, voire télégraphique. Parmi les nombreux dialogues qui jalonnent le texte, les uns sont de type socratique : les idées émergent lentement, semblant naître à mesure que jaillit la parole (le dialogue entre Gisors et Tchen, Ire partie). En revanche, lorsque s'affrontent positions politiques ou tactiques, l'écriture fluide est d'une transparente intelligibilité (Kyo à Han-k'eou, IIIe partie). La cadence des monologues intérieurs est également changeante : la tension active de la conscience retombe parfois, laissant fuser l'imagination visuelle, voire cosmique du personnage (Tchen découvrant la ville endormie et le ciel nocturne, Ire partie), qu'orchestre lyriquement le narrateur. Mais à celui-ci, omniprésent et anonyme, appartient en propre, outre ces « signes au lecteur » destinés à clarifier l'imbroglio politique, une écriture caractérisée par l'attention fixée sur la gestuelle des personnages que captent avec précision de brèves métaphores (poignarder « à longueur de bras d'un mouvement courbe comme celui du swing », Ire partie).

Autant s'impose fortement la présence des personnages, autant restent dans le flou le pittoresque et l'exotisme du décor : certes, des images visuelles, olfactives ou sonores ponctuent le récit, signalant que l'intrigue se déroule dans le grand port chinois. Mais elles rappellent surtout au lecteur la misère et l'humiliation d'une foule de petites gens pris dans les remous d'un conflit qui les dépasse. Parfois une échappée vers un ciel balayé de nuages ou constellé vient apporter l'apaisement, mais sans jamais cesser de souligner la précarité de la « minuscule » agitation humaine. En définitive, comme dans une tragédie, l'attention du lecteur est confisquée au profit des protagonistes et tendue vers le dénouement de la crise : apothéose pour les uns dans une mort qui signe leur vie ; fuite pour les autres ou retour au monde du « non-sens » (VIIe partie) régi par des forces économiques qui dominent les hommes au lieu de les servir.

Cependant, l'épilogue japonais (VIIe partie) transmet un message de foi en l'action, que l'auteur confie à May. L'« effort des hommes » – le travail révolutionnaire des insurgés de Chang-hai –, loin d'être perdu, pénètre l'Histoire d'un germe d'espérance, comme si se formait entre les générations une chaîne de fraternité. Cette périodicité de la révolte contre une humiliation métaphysique, métaphorisée dans ce roman en frustration sociologique et nationale, fonde en dignité, pour le Malraux de 1933 – et bientôt pour l'auteur de *l'*Espoir* – notre condition humaine.

● « Folio », 1972. ➤ *Œuvres complètes,* « Pléiade », I.

M.-A. DE BEAUMARCHAIS

CONFESSION (la). Roman de Jules **Janin** (1804-1874), publié à Paris chez Alexandre Mesnier en 1830, avec la mention « par l'auteur de *l'*Âne mort et la Femme guillotinée* ».

Si *l'Âne mort et la Femme guillotinée* avait défrayé la chronique en raillant les stéréotypes et procédés littéraires de l'époque, *la Confession* semble plus amère. Janin veut écrire « l'histoire de cette monotone indifférence de notre siècle pour certaines idées, jadis fort poétiques, et dont rien ne peut le forcer à s'occuper de nouveau », et offre ainsi un exemple de ce que Musset qualifiera dans la **Confession d'un enfant du siècle* de « littérature cadavéreuse », reprenant le diagnostic établi par Balzac, qui, dans une de ses « Lettres sur Paris » (*le Voleur,* 9 janvier 1831), citait *la Confession* au même titre que *le *Rouge et le Noir*, l'**Histoire du roi de Bohême et de ses sept châteaux* et sa propre **Physiologie du mariage* comme autant d'œuvres représentant « l'École du désenchantement ».

Ayant mené jusqu'à quarante ans une vie rangée, Anatole entre en politique et épouse une charmante femme, mais l'étrangle au cours de la nuit de noces. Il n'est pas découvert, mais ses remords, qui l'amènent à chercher dans l'étude un remède, lui font envisager de se livrer, puis de se confesser. Le roman narre alors sa quête d'un prêtre dans ce siècle laïcisé : « Aujourd'hui on ne croit plus rien. » Au fil de tentatives infructueuses, il se heurte à un clergé doutant de sa foi, casuiste, aigri ou déclassé, qui ne sait ni l'entendre ni le consoler. Constatant à la lecture d'un *Dictionnaire des cas de conscience* que son crime n'entre pas dans les « cas » prévus, il songe au suicide. Mais cette solution est elle aussi usée. Il assiste en cachette à la confession d'une femme auprès d'un prêtre espagnol qui, s'avouant pris en défaut, la confie à un jésuite proscrit, le « plus grand confesseur de l'Église romaine ». Anatole séduit cette femme, Juana, et trouve le mystérieux confesseur en qui il reconnaît l'homme qui l'avait menacé lors des obsèques de sa femme. Il se confesse et sa raison s'en trouve profondément ébranlée. Après six mois chez les fous, il devient prêtre.

Une « narration nonchalante », un « piquant laisser-aller dans le style », « l'impassible sang-froid avec lequel [Crébillon fils] observait, racontait, commentait tous les travers de son temps dans leurs nuances les plus odieuses et les plus incroyables » : il s'agit bien de « faire un livre çà et là, marchant au hasard, sans passions, sans événements, sans intrigues, calme et endormi comme l'époque, vieux comme tout ce qu'il y a de vieux parmi nous ». « Toutes les inventions ont été faites » : innover est donc risible, et Janin affecte de se gausser des romantiques, faisant l'apologie ironique de Scribe et Delavigne. Mais le thème de son roman n'est-il pas d'exhiber le malaise de la « génération ambiguë de notre temps » ? L'histoire de « cette hésitation pénible » manque dans le roman psychologique : *la Confession,* sorte de réquisitoire grinçant, en grave les traits à l'eau-forte. Si « la raillerie est toute la littérature des sociétés expirantes » (Préface de *la *Peau de chagrin*), la désinvolture romanesque permettant d'agencer la succession des tentatives de confession expose avec insistance la stérilité d'une époque morne et frénétique à la fois. Les *Contes fantastiques et littéraires* (1832) et les *Contes nouveaux* (1833) dénonceront avec encore plus de force cette « société de milieu ».

● Flammarion, 1973 (p.p. J.-M. Bailbé) ; « GF », 1994 (p.p. D. Leuwers).

G. GENGEMBRE

CONFESSION ANONYME (la). Roman de Suzanne **Lilar** (Belgique, née en 1901), publié sans signature chez Julliard en 1960. Adapté à l'écran en 1983 par André Delvaux sous le titre *Benvenuta,* avec Fanny Ardant et Vittorio Gassman.

La narratrice raconte ses amours passées avec Livio, un veuf d'âge mûr. À Milan, l'existence de cette pianiste suédoise s'accomplit dans l'initiation à la spiritualité de l'amour charnel. Enfant, elle aima follement son institutrice ; aujourd'hui elle se défie des errements mystiques. Au terme du rituel dramatisé de ses étreintes avec Livio, elle cherche le chiffre de l'existence dans une effusion proche de la fusion cosmique. Cependant, Livio fait à Dieu un serment de chasteté pour lui arracher la guérison de son fils. Sa liaison épistolaire avec la narratrice atteint

alors au sublime. Le détachement même de Livio suscite l'exaltation grandissante de sa maîtresse, qu'il appelle « Benvenuta ». Ils cèdent à leur désir. Après cette chute, ils jurent, dans une église, de triompher du sexe, renoncement qui vise à sublimer l'irritation du désir par la négation de la chair. Mais l'équilibre chèrement acquis se rompt : Livio renoue avec une femme jeune. La narratrice connaît alors la joie dans l'oblation parfaite et un amour purifié.

Dans cette célébration de l'amour-passion, Suzanne Lilar démystifie les représentations mythiques de la passion. Disciple de Platon, la narratrice réalise, dans le dépassement de la chair, le « saut » vers l'initiation mystique. Lucide, elle n'ignore pas son amour de l'amour. Dans une longue « confession », terme lesté de sa pleine signification religieuse, elle s'efface comme individu et se livre à une introspection impitoyable. La voix qui se souvient objective la tradition courtoise et manipule son désir pour créer les obstacles chers à la quête tristanienne. Fruit d'une formidable volonté de puissance aux accents nietzschéens, cette distance est permise par la dramatisation constante de la liaison et témoigne du rapport au féminin que l'auteur théorisera par la suite, notamment dans *le Couple* (1963). Même si la narratrice s'humilie devant lui, Livio, exclu des transports mystiques, existe comme support à la théâtralisation. Son serment de chasteté témoigne de son italianité, de son attachement au rituel religieux tout autant que de sa foi païenne dans la lettre. À l'inverse, l'initiation de la pianiste progresse à la faveur d'une négation de la créature au profit du sens. La passion ne dompte pas la chair pour la briser par une mortification religieuse. Hérétique, le renoncement irrite le désir, alimente la passion pour dévoiler le mystère sacré de l'éros : l'être humain vise un absolu dont l'autre figure la projection terrestre. Dépassant l'opposition manichéenne entre les pulsions de vie et de mort, défiant les réductions féministes, la femme passionnée rejoint l'Être au terme d'un dépouillement cathartique obtenu par la sublimation de l'énergie sexuelle.

● Bruxelles, Jacques Antoine, 1980 ; Gallimard, 1983.

V. ANGLARD

CONFESSION CATHOLIQUE DU SIEUR DE SANCY (la). Pamphlet de Théodore Agrippa d'**Aubigné** (1552-1630), publié dans le *Recueil de diverses pièces servant à l'histoire d'Henri III* à Cologne chez Pierre Marteau en 1660.

L'occasion en fut fournie à d'Aubigné par la conversion au catholicisme de Nicolas Harlay de Sancy, contrôleur général des finances, en 1597. Converti une première fois en 1572 après la Saint-Barthélemy, ce fidèle d'Henri de Navarre, redevenu huguenot, craignit de se voir préférer le futur Sully à la direction des finances, et crut bon de revenir au catholicisme. Le calcul se révéla vain, et Sancy incarna, aux yeux d'Agrippa d'Aubigné, le type même du courtisan intéressé et opportuniste.

La matière du livre, rédigé entre 1598 et 1600, n'est pas toujours originale : prosopopée bouffonne prétendant ironiquement démontrer la supériorité du catholicisme, elle doit beaucoup au **Traité des reliques* de Calvin et à l'*Apologie pour Hérodote* d'Henri Estienne.

La première partie s'ouvre sur l'affirmation de l'autorité absolue du pape : « Je vous prouveray que le Pape peut disposer du droict contre tout droict, faire de injustice justice, et que les choses faictes ne le soyent point. » Le prétendu Sancy plaide ensuite pour la nécessité de l'intercession des saints, la valeur des reliques et même des miracles fabriqués de toutes pièces : « Il vaut mieux laisser les superstitions pour n'oster les devotions. »
Dans la seconde partie, le nouveau converti stigmatise les huguenots (« Ils sont gens qui pour la gloire de Dieu foulent aux pieds toute gloire des Princes »), et reconnaît que seuls des motifs utilitaires ont guidé ses multiples conversions : « J'ay eu pour but, sans changer, le profit, l'honneur, l'aise et la seurté. Tant que le dessein d'estre Huguenot a esté conforme à ces quatre fins, je l'ay suivi sans chan-

ger. » Le dernier chapitre rapporte un dialogue cynique entre Sancy et « Monsieur le Convertisseur », appellation plaisante du futur cardinal Du Perron, principal artisan de la conversion d'Henri IV. L'ouvrage se clôt sur un éloge de l'opportunisme religieux (Épilogue).

Il serait tentant de considérer, aujourd'hui, que cette *Confession* n'intéresse plus guère que les historiens, à titre de chronique foisonnante et scandaleuse des règnes d'Henri III et Henri IV. Le lecteur moderne peut, à bon droit, se sentir rebuté par un texte qui multiplie les allusions à la trame politico-religieuse de l'époque, et gêne ainsi la compréhension de plus d'une anecdote présentée comme savoureuse.

Reste néanmoins une indéniable vivacité polémique, annonciatrice des *Provinciales* autant que de l'antiphrase voltairienne. La seule personnalité du converti ôte évidemment toute valeur à la confession : doué d'une inquiétante labilité morale, prompt à se satisfaire des consolations les plus cyniques, Sancy manifeste en outre une totale inaptitude ou répugnance à l'exercice intellectuel. Un tel homme n'est qu'un fantoche qu'on plie aux exposés doctrinaux et aux conclusions les plus absurdes. Il avoue par exemple, en toute candeur, que le raisonnement par analogie permet d'éliminer les difficultés théologiques : le dogme de la transsubstantiation ne saurait faire aucun doute, puisque tout dans le monde obéit à cette même loi, les « putains des Princes étant transsubstantiées en femmes », les « femmes en putains », et les « maquereaux en Princes ». Il suffit au personnage de puiser dans les réalités les plus triviales pour barder de certitude ses croyances toutes neuves.

Mais c'est dans le dernier chapitre qu'éclate une veulerie dont la barbarie est le corollaire à peine paradoxal. Admirable saynète dialoguée, qui oppose à « Monsieur le Convertisseur » un Sancy soudain pris de crainte superstitieuse : tous ses amis nouvellement convertis ne viennent-ils pas de mourir l'un après l'autre ? Avec une componction digne de Tartuffe, le « Convertisseur » apaise cette inquiétude : « Ceux qui sont morts ont voulu laisser vivre leur conscience, et elle les a tuez. Il la faut donc tuer à bon escient […] ou l'endormir par stupidité » (II, 9). Tout « regaillardi », Sancy lui raconte alors comment sa première conversion l'avait entraîné à massacrer joyeusement des huguenots, hommes, femmes et enfants confondus.

L'horreur de l'épilogue et son cynisme agressif ne doivent pas faire oublier la question essentielle posée par d'Aubigné : comment, en des temps troublés, ménager à la fois les droits de la conscience et les exigences du monde social et politique ? La réponse machiavélique et hypocrite de Sancy peut naturellement se prévaloir de petites réussites tactiques, et d'une évaluation réaliste de l'infinie malléabilité de la nature humaine. Il reste que le personnage, en se privant de toute assise morale et spirituelle, s'est condamné à la fluctuation des humeurs les plus fantasques, à l'alternance invivable de la terreur et de la fausse sécurité. On n'écrase pas impunément la conscience : elle se venge en suscitant des fantômes.

Il faut opposer, à ce personnage peu recommandable, l'éthique de deux de ses contemporains : celle d'Agrippa d'Aubigné lui-même, qui délaissa la voie des honneurs quand le divorce entre la morale religieuse et l'action politique lui parut consommé – et celle d'un Montaigne soucieux d'équilibrer, dans une « librairie » à la fois réelle et symbolique, les prescriptions intérieures et l'appel du monde.

➤ *Œuvres complètes*, Slatkine, II ; *Œuvres*, « Pléiade ».

P. MARI

CONFESSION D'UN ENFANT DU SIÈCLE (la). Roman d'Alfred de **Musset** (1810-1857), publié à Paris chez Félix Bonnaire en 1836 ; le chapitre 2 avait paru dans la *Revue des Deux Mondes* le 15 septembre 1835.

Ouvrage capital pour la compréhension du romantisme français, la *Confession* fut composée au retour de Venise, quand Musset eut l'intention de raconter ses amours avec George Sand : « Je voudrais te bâtir un autel », lui écrit-il durant l'été 1834. Mais la rupture de novembre, la reprise des relations en janvier 1835 et la séparation définitive du 6 mars modifient le projet initial et le roman porte la trace de ces tumultes sentimentaux.

Le titre place l'ouvrage dans la lumière de saint Augustin et de Rousseau. Il s'agit d'avouer ses fautes, mais surtout de dévoiler, au-delà de la « maladie morale abominable » d'un auteur de vingt-cinq ans, le mal du siècle et d'en analyser les causes. Le projet autobiographique se trouve d'ailleurs faussé par le double souci de disculper George Sand et de modeler l'histoire des deux amants sur les exemples prestigieux d'Héloïse et Abélard, de Roméo et Juliette, de Werther et Charlotte. Surtout, Musset se cache derrière un narrateur, héros de sa propre histoire, d'où la constitution d'un texte romanesque où jeux de masque, distance et primauté de la fiction importent sans doute plus que l'exhibition d'une vie encore bien jeune. Enfin, l'intrigue amoureuse d'Octave et Brigitte se trouve encadrée par l'histoire d'une génération et un épilogue à la troisième personne (V, 7). En multipliant ainsi les points de vue, Musset établit le lien entre l'époque et l'individu, faisant jouer destinée personnelle et détermination historico-sociale.

Première partie. Les trois premiers chapitres donnent avec l'incipit (« Pour écrire l'histoire de sa vie, il faut avoir vécu ; aussi n'est-ce pas la mienne que j'écris ») l'une des clés du texte, et analysent les causes et les modalités du mal du siècle. Aux souvenirs exaltants de la Révolution et de l'Empire ont succédé le vide et la médiocrité. Les cœurs se sont mis au diapason de cette époque : hypocrisie et trahison l'emportent (1-3). Octave, le narrateur-héros, âgé de dix-neuf ans, après une première trahison amoureuse (4), éprouve cette amère vérité (5-7). Il se place en marge du monde, par l'alcool d'abord (8), puis en parodiant l'amour avec une fille ressemblant à sa maîtresse (9-10).

Deuxième partie. Octave suit les conseils de son ami Desgenais et se lance à corps perdu dans la débauche (1). Au cours de cet apprentissage, qui « ressemble à un vertige », il arbore le masque du cynisme (2-3) mais éprouve avec la courtisane Marco toute la sécheresse du cœur (4). Après avoir exprimé la douleur de sa solitude à Desgenais, il apprend que son père se meurt, et part pour la maison familiale (5).

Troisième partie. Octave trouve son père mort (1) et s'installe chez lui, à la campagne (2). Il rencontre alors Brigitte Pierson, une jeune veuve, qui vit seule avec sa mère et se consacre à faire le bien (3). Promenades, conversations : l'amour naît peu à peu (4-6). Après lui avoir demandé de ne plus la revoir (7), puis de partir en voyage (8), Brigitte finit par accepter les propositions d'Octave (9). Elle devient sa maîtresse (10-11) : « Ange éternel des nuits heureuses, qui racontera ton silence ? »

Quatrième partie. Le poison du soupçon s'insinue de nouveau dans l'esprit d'Octave, incapable d'aimer avec spontanéité : « J'ai à raconter maintenant ce qui advint de mon amour et le changement qui se fit en moi » (1), et ses querelles, dues à sa jalousie et son cynisme, font souffrir Brigitte (2-4). La médisance s'en mêle, et les amants se rendent à Paris avec l'intention de quitter la France (5-6).

Cinquième partie. À Paris, Brigitte tombe malade alors que le couple semble réconcilié (1). Elle reçoit les fréquentes visites de son ami, un jeune homme nommé Smith, et se remet lentement, alors qu'Octave est torturé de jalousie (2-4). Il insiste pour partir et avoue ses soupçons. Brigitte, brisée, défaille : « Pourquoi m'as-tu aimée, si tout devait finir ainsi ? » (5). En plein désarroi, au bord de la folie, Octave recule devant le meurtre en apercevant « entre les deux seins blancs un petit crucifix d'ébène ». Il trouve une lettre où Brigitte fait ses adieux à Smith (6). Il renonce à elle et la donne à Smith : « Vous aurez un meilleur amant, vous n'aurez pas un meilleur frère. » Ce « jeune homme », tout d'abnégation, remercie alors « Dieu d'avoir permis que, de trois êtres qui avaient souffert par sa faute il ne restât qu'un malheureux » (7).

« Alors, sur ce monde en ruines, s'assit une jeunesse soucieuse » (I, 3). La Restauration a abandonné toute une génération aux affres de l'incertitude : un passé glorieux, un présent terne, un avenir obscur. La jeunesse ne peut s'investir dans des projets enthousiasmants. Frustrée, elle bute sur une société mondaine fermée, glacée de respectabilité, confite d'ennui et cachée sous le masque de l'hypocrisie. La littérature n'offre que la « désespérance totale » ou, sous les influences anglaise et allemande, un « dégoût morne et silencieux ». La vie étudiante s'épuise dans les plaisirs frelatés et l'agitation de la débauche reste le seul dérivatif pour ces enfants du siècle. Enfants, ils le sont doublement : par leur jeunesse et parce que l'époque les a engendrés. Quant au siècle, il vaut à la fois comme moment historique, le XIXe, donc celui de la modernité, fils dégradé de la Révolution, et comme terrestre, matérialiste, bruissant des vanités et des intérêts humains, trop humains. Plus de perspective sociale ou politique, plus d'idéal, fût-il religieux : le siècle ne propose que sa stérilité.

Dans ce tableau sinistre, un drame sentimental se déroule, lié à une biographie intellectuelle et morale, à la manière du *Volupté de Sainte-Beuve. C'est là écrire selon une conception moderne de l'individu : la passion ne saurait être séparée de toutes les autres composantes de l'intériorité. Traiter d'un cœur particulier et non du « cœur humain » en général : cette constante mussétienne recherche l'expression spécifique d'une douleur unique.

D'où l'originalité de la *Confession* : le cas d'Octave serait d'une affligeante banalité (être trompé à dix-neuf ans par une femme menteuse, la belle affaire !) s'il n'affectait toute son âme, dont la faiblesse et les manques sont attribués aux circonstances historiques. Comme dans *Rolla, il s'agit d'un drame de la foi. Ne pouvant renoncer à l'amour, seul salut, ni y croire, Octave se condamne donc à la souffrance et, bourreau malheureux, inflige ses tortures à l'être aimé.

La débauche permet l'oubli temporaire, mais avilit, comme dans *Lorenzaccio*, et rend incapable d'un sentiment sincère. Brigitte offre l'espoir d'un redressement moral, engendrant l'écriture d'un hymne à l'amour. Promesse de salut, elle ne peut cependant lutter contre le doute qui ronge Octave : « Comme tous ceux qui doutent, je m'attachais à la lettre morte et je disséquais ce que j'aimais. » L'esprit malade détruit les trésors du cœur. Toujours en quête morbide d'un savoir sur autrui, tel un « espion de Dieu », il « fouille » pour y trouver la souillure.

Fascination du mal autant que tenaillant désir de mettre à nu la terrible vérité sous les mensonges de l'apparence, masochisme ou plaisir de la destruction, l'attitude d'Octave lui procure douleur et amère satisfaction à la fois. Version nouvelle du mal du siècle : au « vague des passions » à la manière de Chateaubriand succède le scepticisme glacial. La nostalgie de l'innocence hante ce héros prisonnier de sa solitude morale : « Hélas, hélas ! mon innocence ! Hélas les jours d'autrefois ! »

Le roman offre ainsi le trajet exemplaire d'un jeune romantique prenant conscience de la réalité politique de l'homme. Plutôt que la nature, c'est la dimension sociale, l'intégration obligée dans la cité qui importe. Arraché à l'enfance, confronté au mal et à l'implacable vérité, condamné à l'échec, Octave se débat dans un monde désacralisé. Tout est division : entre les sexes, entre l'individu et la société, la réalité et les valeurs, la morale et l'action, la parole et le moi... Solitude et cruauté sont également impossibles à assumer : Octave se place au centre d'une problématique tragique. La vérité ? Vient son tour de « toucher au malheur, autrement dit à la vérité ». Le siècle naît de deux événements fondateurs, la Terreur et Waterloo, en une double mort de l'espérance. Une dynamique avortée renvoie l'intellectuel à sa déréliction : la *Confession* ressemble à une allégorie.

Si l'épisode amoureux avec George Sand est à l'origine de la *Confession*, il fournit aussi matière à une version autoparodique (*Histoire d'un merle blanc*, 1842) et à une trilogie contradictoire : *Lui et Elle* (1859), roman de Paul de Musset, le frère du poète, auquel répondra la version de Sand elle-même, *Elle et Lui* (1869), Louise Colet ayant, dans l'intervalle, proposé sa propre contribution à ces tumultueuses aventures sentimentales à travers *Lui, roman contemporain* (1859).

● « Folio », 1973 (p.p. Barrier) ; « GF », 1993 (p.p. D. Leuwers)
➤ *Œuvres complètes*, « L'Intégrale ».

G. GENGEMBRE

CONFESSION DE MINUIT (la). Voir VIE ET AVENTURES DE SALAVIN, de G. Duhamel.

CONFESSIONS (les). Ouvrage de Jean-Jacques **Rousseau** (1712-1778), publié à Genève à la Société typographique en 1782 (livres I-IV) et chez Barde et Manguet en 1789 (livres VII-XII).

Au livre X de l'ouvrage, Rousseau date de 1759-1760 sa résolution d'écrire ses Mémoires ; peut-être à la suite de la suggestion de Rey, son éditeur, qui, vers les mêmes années, lui avait demandé une brève autobiographie à mettre en tête de l'édition générale de ses œuvres. En 1761, Rousseau jette sur le papier des fragments qui seront publiés, un siècle plus tard, sous le titre *Mon portrait*. En 1762, il écrit quatre *Lettres à M. le président de Malesherbes* qui peuvent être considérées comme l'esquisse des *Confessions*.

En 1764, paraît à Genève le *Sentiment des citoyens*, libelle injurieux (dont l'anonymat cache Voltaire) attaquant violemment Rousseau et révélant l'abandon de ses enfants. Dès lors, le désir de se justifier précipite la rédaction de ces *Confessions*, dont la composition ne sera finalement achevée qu'en 1770. Dès l'hiver 1770, Rousseau commença, en une série de lectures publiques, à donner connaissance de son manuscrit. En 1771, il en lut la seconde partie chez la comtesse d'Egmont. Le scandale ne fut pas évité, et Mme d'Épinay demanda à la police d'interdire ces lectures.

Les Confessions ne sont pas de simples Mémoires. Leur lecteur, pris à témoin, est invité à se faire juge de l'auteur « en dernier ressort ». À lui d'assembler les fragments d'une œuvre « faite de pièces et morceaux », pour déterminer l'être qui la compose : tâche dans laquelle Rousseau, lui, risquerait bien facilement de se tromper, et dont le souci pourrait l'empêcher de se peindre avec la plus totale sincérité. Cet appel au jugement d'une conscience extérieure autorise Rousseau à se raconter en toute innocence, avec une ingénuité qui permet de ne rien cacher : « Voici le seul portrait d'homme, peint exactement d'après nature et dans toute sa vérité, qui existe et qui probablement existera jamais. » Dès les premières lignes le ton est donné. L'œuvre doit être « une première pièce de comparaison pour l'étude des hommes ». Il faudra donc « *tout dire* », que cela ait de l'importance ou non. Se taire sur un point, même minime, ne dire qu'une partie de la vérité, reviendrait à ne rien dire ; un seul trait manquant, et le portrait dans son ensemble en serait faussé. Rousseau, dans ces pages, sera donc « transparent » ; d'une transparence de cristal, multipliant les points de vue, le jeu des reflets d'une face à l'autre.

Les Confessions, on l'a souvent répété, transforment le concept même de littérature, qui n'est plus, avec elles, centré sur l'œuvre mais sur l'auteur. Cependant Rousseau bouleverse aussi bien le statut de l'auteur. Dans les romans du XVIIIe siècle, le narrateur, déjà, n'est pas toujours omniscient (voir *Jacques le Fataliste*, par exemple). *Les Confessions* vont encore plus loin. Leur auteur ne peut faire que la moitié de la tâche, la moitié d'un livre dont le sens final lui appartiendra moins qu'au lecteur de bonne foi auquel Rousseau s'en remet.

Première partie. Le livre I présente l'enfance de Jean-Jacques jusqu'à sa seizième année (1712-1728). Les événements rapportés témoignent d'un bonheur perdu et des premières avancées de la destinée. Les premiers souvenirs, la conscience de soi apparaissent à travers les lectures faites avec son père. Là est la source de son esprit « libre et républicain », nourri des auteurs latins. À Bossey, où il est mis en pension avec son cousin chez le pasteur Lambercier (1722), Rousseau découvre la campagne, l'amitié, mais aussi une sensualité trouble, source de frustrations et de complications durables, qui annonce et explique les échecs à venir auprès des femmes. Pour la première fois aussi, pour vivre ses désirs, Rousseau doit trouver refuge dans l'imaginaire. Cet aveu du plaisir reçu aux fessées de Mlle Lambercier, est « le premier pas le plus pénible » fait par ces *Confessions* dans lesquelles Rousseau a promis de tout dire. À Bossey, châtié pour un vol qu'il n'a pas commis, Rousseau fait également pour la première fois l'expérience de l'injustice. La sérénité de la vie enfantine est perdue. À Genève, il est placé en apprentissage chez un graveur. Rousseau est, sous le regard d'un maître brutal, réduit à l'état d'apprenti, figé dans cette nouvelle condition. Il développe, en réaction, des goûts vils, devient menteur, fainéant, voleur. De ces travers également, il lui sera difficile de se guérir par la suite. Il trouve refuge dans les lectures et dans des vies imaginaires. Apparaît ainsi ce goût pour la solitude qui lui est toujours resté et qui explique sa misanthropie. Son cœur trop aimant est forcé de s'alimenter de fictions faute de trouver d'autres cœurs qui lui ressemblent. Rousseau finit par fuir Genève. Mais les dernières pages retiennent un instant son destin. S'il avait eu un meilleur maître, sa vie aurait été celle d'un graveur, à Genève. Elle lui aurait assuré ce bonheur paisible pour lequel il était fait.

Le livre II s'étend sur une période de huit à neuf mois (mars-novembre 1728). Ayant quitté Genève, un sentiment d'indépendance le remplit. Tout lui semble possible. L'auteur prend le ton ironique du *Quichotte* et du roman picaresque pour se peindre adolescent, la tête pleine de lectures, avec l'espoir de rencontrer des châteaux, des demoiselles, des aventures. Il arrive à Turin. Entre-temps, il a rencontré Mme de Warens à Annecy. Il entre comme catéchumène à l'hospice du Saint-Esprit et s'y laisse convertir au catholicisme. Il imagine les aventures les plus romanesques, mais il ne trouve d'autre place que celle de laquais chez une dame de la noblesse. C'est le terme de toute ses grandes espérances. Le voilà de nouveau figé dans sa condition par le regard de sa maîtresse. Ses mauvais démons le reprennent et il est finalement renvoyé après le vol d'un ruban dont il a réussi à faire accuser une domestique. Le remords de cet acte – qu'il n'a jamais avoué à quiconque – ne l'a jamais quitté.

Le livre III (décembre 1728-avril 1730) raconte la fin de l'adolescence. Le ton est généralement noir. Les premières pages font un nouvel aveu pénible. À Turin, Rousseau s'exhibe devant des femmes et cela manque de mal tourner. Il entre comme domestique chez le comte de Gouvon, et dans cette grande maison devient « une espèce de favori ». On s'occupe de son instruction. On veut le lancer dans la carrière diplomatique. Rousseau pourrait se livrer à l'espoir de parvenir. Mais en fait, il est déçu. Il ne voit pas de femme ni rien de romanesque dans ce qu'on lui promet. Il vient finalement à bout de se faire chasser et reprend la route, accompagné de Bâcle, un ami genevois. À Chambéry, il retrouve Mme de Warens qui veut faire de lui un musicien. Mais Rousseau s'engoue pour un nouvel ami, Venture, un « aimable débauché ». Le revoilà parti à l'aventure. À Lyon, il abandonne en pleine rue – encore un aveu pénible – son compagnon Le Maistre en proie à une crise d'épilepsie. À son retour, Mme de Warens est partie pour Paris. Rousseau est seul.

Le livre IV est celui du vagabondage et du dénuement (avril 1730-octobre 1731), des voyages à pied et de la solitude rêveuse. À Lausanne, il tente d'imiter Venture et se fait passer pour un maître de musique parisien sous le nom de Vaussore de Villeneuve. Il ne connaît pas la musique mais, « dans un moment de délire », il accepte de composer et de diriger une pièce au concert d'un amateur. Il est démasqué. Il quitte Lausanne et découvre le pays de Vaud, les rives du Léman. C'est une nouvelle image du bonheur. Il voyage à pied, seul, accompagné de ses « douces chimères ». Il rêve de gloire militaire. Il est déçu par Paris, victime des exagérations de son imagination. Il couche dans la rue à Lyon. Il rejoint, enfin, Mme de Warens à Chambéry.

Les livres V et VI s'étendent du retour à Chambéry, en octobre 1731, au départ pour Paris en 1742. Pendant huit ou neuf ans, il ne se passe rien qu'une vie simple et douce. Rousseau travaille au cadastre de Savoie. Puis il donne des leçons de musique. Il devient – presque à son corps défendant – l'amant de Mme de Warens qu'il partage avec Claude Anet, l'intendant. Rousseau se satisfait parfaitement de cette situation de ménage à trois. Ils parviennent à former une « société sans exemple sur la Terre » et leurs cœurs sont tellement « en commun » que le tête-à-tête leur paraît moins doux que la réunion à trois. Mais bientôt, Anet meurt. Rousseau hérite du rôle d'intendant mais y montre peu de talent. Son humeur est toujours vagabonde. Il fait de petits voyages à Nyon, à Genève, à Lyon. Il est inquiet, tourmenté, ne sait trop à quoi se fixer. Sa santé commence à se dégrader. « Les vapeurs succèdent aux passions » et sa langueur devient tristesse. Il a des « frayeurs vives au bruit d'une feuille, d'un oiseau ». Il sent la vie lui échapper sans l'avoir goûtée. En 1736 (la date est controversée), premier séjour aux Charmettes. Là, à la campagne, retranché du monde, il connaît un bonheur « peut-être unique parmi les humains ». C'est le court bonheur de la communication totale avec « Maman » (Mme de Warens). Mais du bonheur, il n'y a rien à dire ; ni action ni pensée. Le vrai bonheur n'est pas un recueil de faits mais un sentiment, un état

permanent. Aussi le Livre VI parle-t-il plutôt de sa santé chancelante, de ses inquiétudes morbides. Rousseau est persuadé de sa mort prochaine. Il consacre presque tout son temps à l'étude. Les vapeurs, « cet ennui du bien-être qui fait extravaguer la sensibilité », le reprennent. Persuadé qu'il a un polype au cœur, il part pour Montpellier consulter un médecin réputé. Mais en route, ses inquiétudes sont bientôt oubliées à l'occasion d'une brève aventure avec Mme de Larnage. Pour la première fois, Rousseau est rempli d'une mâle fierté et se livre aux sens avec joie. Il est « assez lui-même » pour s'ouvrir à la fois aux plaisirs de la vanité et de la volupté. Maman est oubliée. Et, tout à son triomphe, il imagine déjà séduire la fille de cette Mme de Larnage à laquelle il doit « de ne pas être mort sans avoir connu le plaisir ». À Montpellier, on le regarde comme un malade imaginaire et il en conçoit quelque défiance envers les médecins. Pris de remords, mais surtout peu confiant dans la possibilité d'entretenir son succès, il renonce à aller retrouver Mme de Larnage et rentre à Chambéry. Maman l'accueille froidement. Un certain Wintzenried a pris sa place auprès d'elle. C'est la fin de la jeunesse, la fin de l'intimité avec Maman. Rousseau forme le projet de quitter la maison. Mme de Warens l'y pousse. À Lyon, il devient le précepteur des deux fils de M. de Mably. Dans cette fonction, le futur auteur de l'*Émile* connaît, de son propre aveu, « un échec presque complet ». Il redevient voleur. Dernière tentative auprès de Mme de Warens, en vain. Le passé est mort. Mably lui a donné quelques lettres de recommandation et Rousseau se rend à Paris, une nouvelle méthode de notation musicale dans la poche, avec laquelle il ne doute pas de faire une révolution.

Seconde partie. Rousseau prévient tout de suite que celle-ci ne peut être qu'inférieure à la première. Le contraste est en effet frappant dans l'inspiration et dans le style. Il n'y aura plus guère d'aveux pénibles. Soucieux de se disculper, Rousseau insiste plutôt sur son innocence, surtout en ce qui concerne l'abandon de ses enfants.

Le livre VII couvre sept années (1742-1749). Introduit par Réaumur, Rousseau lit à l'Académie des sciences un *Projet concernant de nouveaux signes pour la musique*. Il est déçu par l'accueil et le verbiage des académiciens. Un moment réduit à la misère, il consent à suivre à Venise, en qualité de secrétaire, le comte de Montaigu nommé ambassadeur du roi de France. Il passe une année auprès de ce diplomate peu intelligent et finit par quitter l'ambassade, suite à des démêlés violents avec lui (1744). Tous ses projets d'ambition sont ainsi renversés : Rousseau se résout à ne plus s'attacher à personne et à tirer parti de ses talents, dont il commence à sentir la mesure. Il se met en ménage avec une lingère, Thérèse Levasseur, fille « sensible, simple et sans coquetterie », sans oser toutefois se montrer en public avec elle. Il entre en qualité de secrétaire chez les Dupin, malgré ses résolutions. Il abandonne ses deux premiers enfants aux Enfants-trouvés. Il s'en justifie longuement, refuse, malgré ses remords, de se considérer coupable. Il fait la connaissance de Mme d'Épinay, fréquente Condillac et Diderot, rencontre d'Alembert et est chargé des articles concernant la musique dans l'*Encyclopédie*. En 1749, Diderot est enfermé à Vincennes pour sa *Lettre sur les aveugles*. Rousseau en est profondément affecté.

Le livre VIII couvre sept autres années (1749-1756), jusqu'à l'installation à l'Ermitage. Rousseau abandonne ses trois derniers enfants. Mais ce n'est pas, à l'entendre, par dureté ou manque de sentiment : en les confiant aux Enfants-trouvés, il est convaincu de remplir un devoir de citoyen. Il décide d'une « réforme » personnelle profonde. Pour subsister, il copiera de la musique. Il vivra détaché des fers de l'opinion. Mais la publication du *Discours sur les sciences et les arts* est un succès et le voilà jeté, malgré lui, dans la célébrité. Son opéra *le Devin de village* est représenté devant le roi et remporte un éclatant succès. Moitié par fierté, moitié par timidité, il refuse une pension royale, ce que lui reproche Diderot. Il prend activement part à la querelle des Bouffons (1752) et soutient la supériorité de la musique italienne dans sa *Lettre sur la musique française*. On lui refuse l'entrée à l'Opéra. Il s'installe à Saint-Germain-en-Laye pour travailler au *Discours sur l'origine et les fondements de l'inégalité*. Il part pour Genève. Sur la route, il revoit Mme de Warens, vieillie et quasi misérable, au cours d'une rapide visite qui lui laisse de lourds remords. Il est fêté à Genève et se reconvertit au protestantisme. Mais les relations avec ses compatriotes se refroidissent avec la publication du second Discours (voir *Essai sur l'origine des langues*). Il revient alors en France et s'installe avec Thérèse et la mère de celle-ci dans une retraite que Mme d'Épinay a fait aménager pour lui, l'Ermitage.

Le livre IX est celui de l'amour impossible et de l'amitié perdue. En avril 1756, Rousseau est installé à l'Ermitage, la tête pleine du souvenir des Charmettes. Mais il a du mal à être seul et Mme d'Épinay veut trop souvent l'avoir près d'elle. Il s'enivre de vertu. Le voilà devenu fier, insensible à l'opinion, sarcastique même, dans l'état « le plus contraire à son naturel ». Il voit le bonheur de très près, mais sans pouvoir l'atteindre et sans qu'il y ait de sa faute à le manquer. Il se prend à soupçonner Diderot et surtout Grimm de vouloir tourner la mère de Thérèse contre lui. Il a l'impression qu'on l'épie. Incapable de communiquer avec Thérèse dont l'intelligence est trop limitée, il découvre

407

qu'il n'est pas tout pour elle et qu'elle n'est presque rien pour lui. Dévoré du désir d'aimer sans jamais avoir pu le satisfaire, il se voit, aux portes de la vieillesse, « mourir sans avoir vécu ». Mais le repli attristé sur soi n'est pas sans douceur. Le sentiment de l'injustice exalte le sentiment de sa valeur. Rousseau est de nouveau jeté dans le pays des chimères par l'impossibilité d'atteindre les êtres réels. Ne voyant rien d'existant qui soit « digne de son délire » autour de lui, il se fait en rêve des sociétés de créatures aimantes et parfaites. La *Nouvelle Héloïse* sortira de ces rêveries. L'écriture sera finalement un substitut à la vie. C'est alors, qu'« ivre d'amour sans objet », il reçoit la visite de Mme d'Houdetot. Elle sera « le premier et unique amour de toute [sa] vie ». Mais ce sera un amour inabouti. Rousseau sombre dans un état d'épuisement et de maladie. Il entre en conflit avec Mme d'Épinay qu'il soupçonne d'intriguer contre Mme d'Houdetot. Dans le *Fils naturel*, que Diderot vient d'achever, une sentence le blesse au vif : « Il n'y a que le méchant qui soit seul. » Rousseau constate de la froideur chez Mme d'Houdetot. Le bruit se répand qu'il n'est pas l'auteur du *Devin de village*. Son amitié avec Grimm se défait : seuls, celui-ci, Diderot et Mme d'Épinay ont été mis au courant par Rousseau de l'abandon de ses enfants. Quand cet aveu transpire, le soupçon de conspiration se fait jour. Se produit alors cette « grande révolution » dans sa destinée, cette « catastrophe » qui a partagé sa vie « en deux parties si différentes et qui d'une bien légère cause a tiré de si terribles effets ». Rousseau refuse d'accompagner à Genève Mme d'Épinay, rompt avec Mme d'Houdetot qui le pousse à faire ce voyage, et avec Mme d'Épinay, qui lui signifie son congé. Il quitte l'Ermitage. Le procureur fiscal du prince de Condé offre de l'héberger dans une petite maison en son jardin de Mont-Louis à Montmorency.

En 1758, au début du livre X (qui va jusqu'à la fin de 1760), Rousseau, dans un état de langueur, se laisse envahir par des songes morbides. Le voilà détaché de tout ce qui lui avait fait aimer la vie, revenu surtout de l'amitié. Une cabale est montée contre lui à Genève, puis à Paris. Grimm est à la tête de ce « complot » et entraîne Diderot, d'Holbach et la « coterie holbachique ». Il est résolu à rompre avec Diderot, qui, à l'époque, est en proie à des persécutions, de sorte que, dans l'opinion, cette rupture se retourne contre Rousseau. La *Lettre à d'Alembert* est un grand succès. Rousseau achève la *Nouvelle Héloïse*. Il connaît alors une vie égale et paisible, correspond avec Malesherbes. En 1759, il fait le projet de quitter tout à fait la littérature. Il se met à rédiger l'*Émile* pourtant. Son éditeur le presse d'écrire ses Mémoires. Séduit par l'idée, Rousseau commence à recueillir lettres et papiers. À Montmorency, il se lie d'amitié avec le maréchal de Luxembourg, qui le traite d'égal à égal. Le prince de Conti lui rend visite et consent, « par un comble de grâce », à jouer aux échecs avec lui : Rousseau se défend pourtant d'avoir été ébloui par le prestige de ses hôtes. Il s'éprend un temps, mollement, de quelques dames. Il décide bientôt de faire ses adieux à l'amour pour le reste de sa vie.

Le livre XI retrace une période de dix-huit mois, jusqu'à la journée du 9 juin 1762, racontée heure par heure. *La Nouvelle Héloïse* est un énorme succès. Mais, durant l'hiver 1761, Rousseau est malade. Il s'inquiète « follement », jusqu'au délire, de la publication de l'*Émile*, dont il est persuadé que les jésuites se sont emparés pour l'altérer. Malesherbes le tranquillise et le raisonne. Pour s'expliquer, se justifier, Rousseau lui adresse quatre lettres exposant les vrais motifs de sa conduite et « tout ce qui se passe dans son cœur ». Ces lettres, « la seule chose écrite avec facilité de toute ma vie », sont une esquisse de ces Mémoires dont Rousseau a le projet. L'*Émile* lui vaut des menaces du Parlement ; on le décrète bientôt de prise de corps. L'*Émile* est brûlé. Le 9 juin, Rousseau quitte la France. Il devine un complot monté contre lui par ses anciens amis. Mme de Boufflers lui a proposé de passer en Angleterre. Mais il n'aime ni l'Angleterre ni les Anglais, et part pour la Suisse.

Le livre XII est inachevé (juin 1762-octobre 1765). Les événements qu'il relate sont si tristes que Rousseau prévient que son récit manquera d'ordre. Désormais « fugitif sur la Terre », il ne trouve guère d'accueil en Suisse. Il est chassé du territoire de Berne. Le Grand Conseil de Genève le condamne. L'*Émile* et *Du contrat social* sont brûlés. Rousseau sent que la malédiction s'étend sur lui dans toute l'Europe. Il trouve refuge dans les États du roi de Prusse, malgré son aversion pour ce monarque. Il se fixe à Môtiers-Travers, près de Neufchâtel [Neuchâtel], pendant près de deux ans. L'amitié de George Keith, gouverneur de Neufchâtel et très lié à Frédéric II, lui donne ses derniers souvenirs heureux. Frédéric propose de lui faire bâtir une maison et l'assure de sa protection. Rousseau change d'opinion à son égard et lui écrit pour lui conseiller de travailler à la paix de l'Europe et à la prospérité de ses États. Persuadé que le public va revenir de sa frénésie, Rousseau songe à mener une vie tranquille et douce. Il prend l'habit arménien. Mais la catastrophe plane. Il apprend la mort du maréchal de Luxembourg et celle de Mme de Warens. George Keith quitte Neufchâtel. L'ordre et le détail des événements se brouillent dans son esprit, ne lui laissant qu'une horrible impression de mystère. La parution des *Lettres écrites de la montagne* soulève des réactions très vives. Le livre est brûlé. Le peuple s'anime contre Rousseau traité d'antéchrist. On lui jette des pierres alors qu'il herborise ou se promène. Keith l'invite à venir le rejoindre à Potsdam, où Frédéric serait prêt à l'accueillir. Mais Rousseau a un autre projet : habiter l'île Saint-Pierre, au milieu du lac de Bienne. Il veut prendre congé de son siècle et de ses contemporains, et vivre sans gêne dans un loisir éternel. Avec Thérèse, il se met en pension chez le receveur de l'île, qui en est le seul habitant. Mais, à l'entrée de l'hiver, on lui intime l'ordre de partir. Rousseau propose alors qu'on le tienne captif dans l'île. En vain. Il avait parlé des Corses comme d'un peuple neuf dans *Du contrat social*. On lui propose de rédiger des institutions pour les gouverner. Trouverait-il le repos dans cette île ? Il semble s'y résoudre un moment. Des admirateurs l'invitent à Bienne, un petit État libre. Mais la population ne l'aime pas. Où aller ?

La troisième partie, jamais écrite, devait montrer comment, croyant partir pour Berlin, Rousseau se retrouvera finalement en Angleterre, où, selon lui, deux dames (Mmes de Verdelin et de Boufflers), l'ayant fait chasser de Suisse pour le livrer à leur ami Hume, pouvaient mieux disposer de lui.

Les Confessions bouleversent l'art de l'autoportrait. Avec elles, il ne s'agit plus de dénombrer des vertus et des vices, de recenser et d'accommoder au mieux des traits physiques et de caractère, des particularités. Il ne s'agit plus de décrire. Rousseau rompt avec le réalisme psychologique. Il est trop égocentrique pour chercher à se peindre objectivement : cela impliquerait de prendre du recul, de se quitter un instant. Et, paradoxalement, là est le gage de sa sincérité. Adoptant la même méthode lockienne que dans ses ouvrages théoriques, il éclaire ses actions par leur origine, fait comprendre ses motifs, ses sentiments en retraçant leur genèse ; il remonte aux causes premières pour expliquer l'enchaînement des effets. Mais il détourne cette méthode aussi bien. L'intention de faire un portrait devient bien plus importante que le portrait lui-même. Le moi n'est plus un objet mais un souci : il est tout entier dans sa propre recherche inlassable ; il ne peut plus faire l'objet d'un tableau, il n'a plus de présence immédiate à lui-même et n'existe que dans la remémoration. Rousseau ne pénètre rien du présent, affirme-t-il ; il ne voit bien que ce qu'il se rappelle. Encore cette remémoration est-elle toujours partielle, éclatée en quelques moments privilégiés. Et c'est seulement à travers la récollection de ces fragments que se laisse deviner, sous-jacente, la véritable nature du moi.

Loin de s'affirmer dans l'action, la conscience de soi est ainsi contemplation, retrait et, par là même, déjà, attendrissement, charme, envoûtement du regret. Le moi ne peut plus être isolé du discours qu'il se tient sur lui-même : il est inséparable de sa propre mise en scène. Il n'y a plus simplement un modèle extérieur à transcrire, à reproduire et l'on peut donc inventer sans faire outrage à la vérité.

Dans la « quatrième Promenade » des *Rêveries du promeneur solitaire*, Rousseau avoue que la mémoire lui manqua souvent pour écrire *les Confessions* et qu'il en a comblé les lacunes par des détails imaginés, mais non contraires aux souvenirs dont ils sont les suppléments. On remarque en effet que Rousseau présente des événements souvent idéalisés : certaines aventures de jeunesse ne sont pas sans rappeler les récits de Lesage et les héros de Prévost. D'autre part, Rousseau respecte les règles du roman : il est peu probable, ainsi, qu'il ait appris à son retour de Montpellier seulement que Wintzenried l'avait remplacé auprès de Mme de Warens ; mais l'effet de surprise renforce l'expression de son dépit. Et puis, de même que dans les *Dialogues* (voir *Rousseau juge de Jean-Jacques*) la vie imaginée sera jugée plus vraie que la vie réellement vécue, de même, dans *les Confessions*, le moi se confond avec ses lectures et ses rêveries. La conscience de soi apparaît avec les premiers livres, avec la rencontre de l'imaginaire et la possibilité de devenir autre (ses lectures d'enfant – les *Vies* de Plutarque, en particulier – donnèrent à Rousseau des notions « bizarres et romanesques » de la vie humaine, dont l'expérience et la réflexion n'ont jamais bien pu le guérir).

Si le souvenir enfui n'inquiète pas plus Rousseau, c'est que le passé essentiel est forcément intact. Sa mémoire peut l'abuser sur les détails mais non pas sur ce qu'il a ressenti, ni sur ce que ses sentiments lui ont fait faire. De sorte que c'est moins une image du passé, que l'auteur des *Confessions* veut rendre et retrouver, que son propre regard, son sentiment instantané. Il veut raviver l'immédiat, l'instant. Il n'a pas de mémoire : c'est un leitmotiv des *Confessions*. En fait, c'est l'effort de mémoire qui est impossible : le souvenir ne peut être forcé. Rousseau, en faisant resurgir le sentiment vécu, veut susciter une réminiscence, une mémoire vivante, distincte de la réflexion et bien plus sûre qu'elle. L'impression sentimentale est reviviscence. Mais c'est aussi une valeur, qui témoigne des bonnes intentions de la belle âme : car *les Confessions* répondent à un souci de justification. Leur objet est de composer à distance, par écrit, une image de soi pour répondre à des mises en cause calomnieuses. *Les Confessions* sont une œuvre d'irresponsabilisation.

Souvent, Rousseau se présente comme un automate. Il ne peut dissimuler « la vile et indigne pensée » d'hériter du bel habit noir d'Anet qui vient de mourir : « Je le pensai, par conséquent, je le dis. » Au gré d'une rencontre, dans les bras de Mme de Larnage, son grand amour pour Mme de Warens et ses soucis de santé sont aussitôt oubliés. La continuité du sentiment immédiat va de pair avec la discontinuité des sensations nouvelles. En certains instants, Rousseau est pris d'une « espèce de délire » (voir l'épisode du Palais-Royal au livre IV). Il y a comme des absences, des flottements dans son comportement. Il en tire la conclusion qu'il ne faut pas juger les hommes sur leurs actions, mais plutôt sur leurs intentions : or ses sentiments sont purs. Même ses précédents livres, ses écrits politiques surtout, sont présentés comme de simples témoignages des élans de son âme – comme si toute son œuvre antérieure était déjà une confession.

L'irresponsabilité se complaît dans le sensualisme. La condition fait le caractère : tous les apprentis doivent être fripons (comme il l'a été), comme les laquais ; le mélange de convoitise et d'impuissance auquel ils sont réduits mène là. « Sans causes occasionnelles, un homme très sensible mourrait sans avoir connu son être », et Rousseau s'en remet finalement au destin. Tout, autour de lui, décide de lui, en fonction de lui – de son caractère –, mais en quelque sorte sans lui. Tout devient signe et annonce de soi. À la limite, le paysage entier est le reflet du moi : témoin cette promenade, au livre III, au cours de laquelle le paysage se met à l'unisson d'une triste rêverie et suscite la prémonition du bonheur futur...

Cette idée de destin, Rousseau le confesse, est source à la fois d'apitoiement et de jouissance. Le narcissisme y culmine. Rousseau soupire : si j'avait été fait comme un autre... Il se plaint de son destin et en même temps celui-ci le rassure et lui permet de cultiver sa différence : « Je ne suis fait comme aucun de ceux [les hommes] que j'ai vus ; j'ose croire n'être fait comme aucun de ceux qui existent. Si je ne vaut pas mieux, au moins je suis autre » (livre I). Le moi triomphe, narcissiquement, quoiqu'il en paraisse, lorsqu'il constate la ruine de ses prétentions à la maîtrise de soi, lorsqu'il échappe à sa responsabilité, lorsqu'il se fait chose, loin de soi, entre les mains du destin. Il finit par se regarder comme un autre et retrouve en cela une spontanéité qui est le soulagement d'une conscience éprouvant tellement de difficulté à se laisser aller, à simplement vivre ; qui « sait crier mais non pas agir » ; qui a toutes les peines du monde pour apprendre à danser, à se battre, à lire la musique, à converser... Le bonheur ne peut être que dans la reconquête de cette spontanéité, presque enfantine, dans son affirmation et dans la capacité à l'assumer. Rousseau est ici directement à la source du culte romantique – et au-delà, de l'idolâtrie moderne – de la spontanéité, du naturel et de l'irréfléchi.

Finalement, le génie de la singularité s'affirme dans le sentiment de l'inconstance. Rousseau semble se complaire à découvrir l'instabilité au fond de sa nature. Il voudrait être, comme Saint-Preux, « content ou triste au gré des vents ». *Le Persifleur* (fragment d'un périodique avorté, écrit en 1749), déjà, l'indiquait : « Il serait inutile de tenter de me définir autrement que par cette variabilité singulière. » Dans ses *Essais*, Montaigne, lui aussi, se découvrait labile, dissemblable, toujours en contradiction avec lui-même. Il y a là, sans doute, comme une règle de l'introspection. La présence à soi révèle immédiatement une différence, un manque de coïncidence. Autant dire que le moi n'aura jamais conquis la certitude définitive de ce qu'il est.

Mais, précisément, *les Confessions* n'en restent pas là. Toute leur richesse, peut-être, vient de ce que Rousseau ne cherche pas non plus à cacher sa mauvaise foi (voir, en particulier, la justification de son refus de la pension royale, livre VIII). En plusieurs endroits, il laisse même entendre que ses justifications ne sont que l'idéologie d'un timide qui espère tirer le meilleur parti possible de son inadaptation, au point d'en faire son plus haut titre de gloire : « J'aimerais la société comme un autre, si je n'étais sûr de m'y montrer non à mon désavantage mais tout autre que je ne suis. » Il lui fallait écrire, se cacher. « Présent, on n'aurait jamais su ce que je valais, on ne l'aurait même pas soupçonné » (livre III).

Dans les fragments de 1761 (*Mon portrait*), Rousseau le disait déjà : même ses intimes ne le connaissent pas, ne comprennent pas ses vrais motifs. Ce souci d'autrui est tout nouveau dans la littérature autobiographique. Avec Rousseau, la recherche de soi devient inséparable de la quête d'un sens pour les autres. Elle est correction de la fausse apparence et désir de reconnaissance. Or la confession permet justement, par la médiation d'un regard extérieur, fût-ce celui de Dieu, de reprendre son image, de la corriger mais aussi de l'amender, de la redessiner. La confession est à la fois pénitence et rachat. On est donc bien loin, avec Rousseau, d'un simple portrait : si le mal est dans l'extériorité, dans le prestige de l'apparence, dans la communication faussée, détournée, la confession du moi acquiert une dimension rédemptrice. Elle a valeur d'exemple moral et presque de sacrifice : « Je veut tâcher que pour apprendre à s'apprécier, on puisse avoir du moins une pièce de comparaison ; que chacun puisse connaître soi et un autre, et cet autre ce sera moi » (*Ébauche des Confessions*, I, 1764). Mais, ce que découvre Rousseau, c'est que le retour à soi, selon le vieil impératif du « connais-toi toi-même », autorise également l'invention – en vérité – de soi. Une autobiographie authentique reste toujours possible. On comprend alors que ce souci de soi à travers lequel s'affirme la capacité indéfiniment renouvelée de s'expliquer, de produire du sens, de gagner *actuellement* l'innocence ne puisse plus avoir de terme : en témoigneront les *Dialogues*, puis *les Rêveries du promeneur solitaire*.

● « Classiques Garnier », 1964 (p.p. J. Voisine) ; « GF », 1968 (p.p. M. Launay) ; « Folio », 1973 (préf. J.-B. Pontalis ; p.p. B. Gagnebin et M. Raymond). ➤ *Œuvres complètes*, « Pléiade », I.

G. ALMÉRAS

CONFESSIONS DU COMTE DE * (les).** Roman de Charles Pinot **Duclos** (1704-1772), publié à Amsterdam en 1741.

Un an après son premier roman l'*Histoire de Mme de Luz*, Duclos fit paraître un roman-Mémoires qui s'inspire de la chronique mondaine bien qu'il se défende, dans un « Avertissement », d'avoir écrit un ouvrage à clés.

Retiré à la campagne, le comte de*** n'est plus sensible qu'aux plaisirs de l'amitié. Il entreprend le récit des erreurs de sa jeunesse, divisé en deux parties. La première passe en revue ses aventures. La marquise de Valcour fait son éducation ; il la sacrifie à une rivale qui l'exige, Mme de Rumigny. Envoyé avec son régiment à Tolède, il séduit la belle Antonia : rendez-vous dans une église, meurtre du mari jaloux, retrouvailles dans un couvent, amour et dévotion. De retour en France, il acquiert les bonnes grâces d'une intendante ridicule, puis part pour l'Italie. Ses amours vénitiennes sont contées dans une lettre de la signora Marcella. En France, le comte collectionne les aventures galantes avec Mme de Sézanne dont il méconnaît la sincérité, avec Mme de Persigny, une petite maîtresse, avec une dévote, Mme de Gremonville, avec la capricieuse Mme d'Albi, avec une marchande, Mme Pichon, avec une libertine, Mme de Vignolles, enfin avec une coquette, Mme de Léry qui lui vaut un duel alors qu'il n'en a rien obtenu. Obligé de quitter Paris, il passe en Angleterre. Passion tumultueuse de « miledi » B. qui le met en demeure de partir avec elle « jusqu'au bout de l'univers ». Il se réfugie en France et « miledi » se tue. Pour dissiper sa mélancolie, le comte devient l'amant de Mme de Tonins qui tient un bureau d'esprit, puis il vit « dans la finance » où il se dégoûte des ridicules de Mme Ponchard.

La seconde partie commence par les amours de Sénecé avec Mme Dornal, une femme indigne de lui. Le comte essaie en vain de guérir son ami de cet esclavage. Puis il prodigue ses secours à Julie, une jeune fille pauvre, à sa mère et à son fiancé. Il rencontre la comtesse de Selve, belle, sensible et raisonnable. Converti à l'amour le plus pur, puis devenu l'heureux amant de Mme de Selve, il veut l'épouser. Mais l'amour s'use, il devient infidèle pour « une petite figure de fantaisie », Mme Dorsigny. Mme de Selve tolère son inconstance, reste son amie. Ce n'est pas la raison, mais le dégoût qui corrige le comte. Ces plaisirs de l'amitié, évoqués dans les premières pages, sont ceux de « l'union des cœurs » avec Mme de Selve qu'il a épousée.

Roman d'un homme à bonnes fortunes, enfin guéri de son inconstance, *les Confessions du comte de**** s'organisent suivant un double mouvement. Dans le premier, Duclos énumère les conquêtes de son héros. Dans le second, il marque les étapes de sa conversion. La personnalité sans grand relief du comte sert de fil conducteur entre tous ces épisodes, de la traditionnelle scène d'éducation dispensée par une femme qui n'était plus dans la « première jeunesse » au dégoût final de celui qui a « usé le monde », « usé l'amour même ». Lancé à la poursuite du plaisir, le comte papillonne. Duclos s'accorde les facilités du roman-liste et s'efforce de prévenir les risques de monotonie. Il fait alterner séjour parisien et voyage à l'étranger de son héros, ce qui lui permet d'introduire des amours « exotiques », en Espagne, en Italie, en Angleterre, censées illustrer les caractéristiques nationales en matière de sentiments. Les Françaises, en majorité, sont « distinguées en différentes classes » et chacune de ces classes a « ses détails de galanterie ». Le narrateur, qui ne peut supporter d'être « sans affaire », s'emploie à en avoir dans « tous les états ». Les femmes du monde sont les plus nombreuses ; le comte ne dédaigne point celles de la bourgeoisie (la financière, l'intendante et même une marchande). La variété des caractères, les nuances de la coquetterie justifient l'allongement de la liste. Les caprices de l'amour-goût laissent à chaque partenaire tout juste le temps d'être séduite. Ainsi malgré des distinctions fines, des portraits réussis, des formules brillantes, ce défilé, dont le rythme va s'accélérant, prépare le désenchantement du narrateur, entraîne l'auteur dans des redites et donne parfois au lecteur le sentiment du vide.

Contrairement à ce temps atomisé, les relations autrement plus complexes du comte et de Mme de Selve se développent dans la durée. La conversion finale aux « plaisirs de l'amitié » est fondée sur la patience et l'indulgence inaltérables d'une femme raisonnable, mais surtout sur le dégoût du don Juan désabusé. Après des rechutes, le comte s'assagit : « Tout le sexe n'était plus pour moi qu'une seule femme pour qui mon goût s'était usé. » Des sentiments tendres, mais plus d'ivresse. Le triomphe de la morale est aussi celui de la lassitude.

● STFM, 1970 (p.p. L. Versini) ; Éd. de l'Aire, 1980. ➤ *Œuvres complètes*, Slatkine, I.

C. MERVAUD

CONFIDENCES DE NICOLAS (les). Voir ILLUMINÉS (les), de G. de Nerval.

CONGÉS. Voir POÉSIES, d'Adam de La Halle.

CONJURATION DES ESPAGNOLS CONTRE LA RÉPUBLIQUE DE VENISE EN L'ANNÉE M.DC. XVIII. Récit de César Vichard, abbé de **Saint-Réal** (1643-1692), publié à Paris chez Claude Barbin en 1674.

Dans les années 1615, alors que Venise, alliée à la Savoie, guerroie contre les Uscoques, protégés par les Habsbourg d'Autriche, l'ambassadeur d'Espagne auprès de la Sérénissime République, Alphonse de Bedemar, le gouverneur de Milan, don Pedre de Villefranche, et le vice-roi de Naples, le duc d'Ossone, trament la destruction de cet État et son annexion par Madrid. Ils trouvent des appuis : un corsaire d'origine française, le capitaine Jacques Pierre, un autre Français, Nicolas de Renault, une courtisane grecque. Ils préparent trois coups de force, l'un pour prendre la ville de Creme, le deuxième sur l'île de Marsa, le dernier sur Venise elle-même. Les deux premiers sont découverts par hasard. Le troisième, mieux conduit, est tout près d'aboutir ; mais Jaffier, un ami du capitaine Pierre, pris de remords, révèle tout au Sénat, qui lui promet la grâce des conjurés. Venise écrase le complot, mais la promesse n'est pas tenue : la répression est terrible ; Jaffier, ulcéré, va se joindre aux Espagnols ; il est fait prisonnier et exécuté. L'ordre est définitivement rétabli. Bedemar, qui a pu se sauver, reçoit de Rome le chapeau de cardinal.

Il est à peu près avéré que cette conjuration ne fut qu'une fable montée par les Vénitiens pour diffamer l'Espagne. Saint-Réal l'ignorait, et il a recouru à des sources qu'il croyait sûres. Si dans son *Dom Carlos* le récit historique se mêlait, un peu comme dans la *Princesse de Clèves*, à une intrigue sentimentale, la *Conjuration* est purement politique. Salluste fut évidemment le modèle ; tout nous ramène en effet à la *Conjuration de Catilina* : le sujet, le long portrait de Bedemar, les harangues et les monologues au style indirect, les maximes qui parsèment la narration. L'historien, pensait Saint-Réal (auteur de *De l'usage de l'histoire*, 1671), ne doit pas se contenter de relater des faits, ni d'orner sa narration de rhétorique. Il doit donner une « anatomie du cœur humain » : c'est ainsi que les caractères des héros sont fortement individualisés, et que l'auteur se plaît à opposer la prudence de Bedemar et l'étourderie d'Ossone. Saint-Réal est capable de s'élever – annonçant un peu Montesquieu – à de grandes analyses politiques : la « décrépitude » de Venise est fort précisément expliquée, malgré son éclat apparent – décrépitude qui émane avant tout d'une constitution archaïque et tyrannique. Si l'historien se plaît à analyser le cœur humain et la structure des États, il ne s'intéresse guère au concret : ni la foire de Venise ni l'union du doge avec la mer ne donnent lieu à des tableaux pittoresques, comme Walter Scott, Alexandre Dumas, Victor Hugo, même Michelet en produiront. Il s'agit surtout de montrer la noirceur du machiavélisme espagnol, et nous ne sommes pas loin de *Dom Carlos* : la *Conjuration* appartient à cette veine de pamphlets ou de libelles anti-espagnols, provoqués par les guerres de Louis XIV et encouragés par Colbert. Plus profondément, une philosophie domine : les projets les mieux concertés échouent du fait du hasard, peut-être de la Providence (« Le Ciel ne voulut pas abandonner l'ouvrage de douze siècles, et de tant de sages têtes, à la fureur d'une courtisane et d'une troupe d'hommes perdus.... »). Mais est-ce tellement providentiel de sauver cette République mercantile et tyrannique ? Il arrive aussi que l'écrivain regrette, un peu à la manière de Stendhal, qui l'admirera, le règne passé de la *virtù*, « ces temps célèbres où le mérite des particuliers faisait la destinée des États ». En fait, il n'admire ni les conjurés de Naples et de Milan ni les patriciens paresseux, que des hasards vont sauver. Il nous donne de l'histoire une vision assez mélancolique, puisque le vice et la fortune s'y associent et s'y combattent, et une odeur de néant s'exhale des dernières pages.

● *Dom Carlos [...]*, Genève, Droz, 1977 (p.p. A. Mansau).

A. NIDERST

CONJURATION DU COMTE JEAN-LOUIS DE FIESQUE (la). Récit de Jean-François Paul de Gondi, cardinal de **Retz** (1613-1679), publié à Paris chez Claude Barbin en 1665.

Le récit d'Agostino Mascardi, publié en 1629, fut en 1639 traduit en français par Jean-Jacques Bouchard et, c'est très certainement vers 1639 également que Retz, quoi qu'il en ait dit, s'appliqua à cette adaptation.

En 1547 la république de Gênes est dominée par les Doria (le cardinal, Jeannetin, et surtout le grand André, que ses victoires navales ont rendu célèbre), favorables à l'Espagne et soutenus par la noblesse. Encouragé par François Ier, roi de France, et par le pape Paul III, le comte Jean-Louis de Fiesque de Lavagne décide, après quelques hésitations, de tenter un coup de force en s'appuyant sur le peuple, qui gémit sous cette oligarchie. L'entreprise commence assez bien, mais par un accident stupide le comte tombe à la mer et est noyé ; son frère Jérôme se réfugie à Montolio et capitule bientôt. Il est décapité ; les Doria, la noblesse et l'Espagne recouvrent toute leur autorité.

Agostino Mascardi était nettement favorable aux Doria et à la constitution oligarchique de Gênes. Il présente donc Fiesque comme un trublion irresponsable, irréfléchi et justement puni par le sort. Retz « héroïse » (selon le mot de René Pintard) le factieux et lui prête une grande âme éprise de gloire ; il souligne en contrepoint que les Doria prirent le pouvoir par la force et l'exercèrent tyranniquement, que la liberté du peuple et l'indépendance de la République exigeaient leur chute. On a parfois pensé que Retz, avec ses ambitions juvéniles, s'était personnellement engagé dans ce récit et s'était représenté sous les traits du libéral et idéaliste Fiesque, prêtant à André Doria le froid autoritarisme de Richelieu. C'est possible, mais la réalité nous semble bien différente. Il faut rapprocher le texte de Retz, comme celui de Bouchard, de la guerre qui venait d'éclater entre la France et l'Espagne, et d'autres ouvrages où la tyrannie ibérique en Italie est dénoncée – tel *Ibrahim ou l'Illustre Bassa* de Georges et Madeleine de Scudéry. Même si Richelieu peut ressembler à Doria, l'adaptation de Retz sert la politique du cardinal-duc.

Nous sommes loin de l'extraordinaire réussite des *Mémoires*. Retz demeure fidèle à l'histoire latine ou italienne : périodes, portraits, discours interminables (des conseillers de Fiesque ou de Fiesque lui-même), maximes, conclusions moralisantes. À quelles leçons nous conduit ce récit ? Le hasard – cette mort stupide de Fiesque – domine l'Histoire bien plus que la Providence (qui n'est pas une fois invoquée), et, avec le hasard, la faiblesse fondamentale des hommes (même « les plus illustres »). Les trois Doria et les deux Fiesque ont commis des erreurs. La fortune a tranché, et tout le monde a donné tort au vaincu, qu'on aurait encensé, s'il avait gagné. De tout cela n'émane – et cette fois nous pouvons penser aux *Mémoires* – qu'une impression de comédie mi-bouffonne, mi-amère, qui prouve simplement que les meilleurs plans peuvent échouer et que les jugements des historiens et de la postérité sont fort incertains.

● Oxford, Clarendon Press, 1967 (p.p. D. A. Watts). ➤ *Œuvres*, « Pléiade ».

A. NIDERST

CONNAISSANCE DE L'EST. Recueil de poèmes en prose de Paul **Claudel** (1868-1955), publié dans diverses revues parisiennes (*la Nouvelle Revue*, *la Revue blanche*, le *Mercure de France*, *l'Occident*) du 15 septembre 1895 à mai 1905, et en volume au Mercure de France en 1900. L'édition définitive, très augmentée, paraît chez le même éditeur en 1907. En 1914, une édition dite « coréenne » fut composée à Pékin sous la direction de Victor Ségalen.

Le recueil s'ouvre sur une évocation de "Hong Kong" en versets, ajoutée en 1927 : le poète a fixé le souvenir de la Chine éternelle. Le regard qu'il porte sur l'Extrême-Orient privilégie les thèmes qui structu-rent son espace intérieur : le son religieux de la cloche ("la Cloche"), le motif de la lumière ("la Lampe et la Cloche") et celui, récurrent, de l'étoile ; la figure symbolique de l'arbre lui suggère ainsi des variations fuguées, du cocotier au pin en passant par le banyan. Souvent, le poète, « passant inexplicable », adopte une position extérieure à l'action afin d'accroître l'impression de mystère ("Jardins") ; il tente de pénétrer l'esprit de la Chine au travers de ses constructions ouvertes ("Pagode", "l'Arche d'or dans la forêt"), du grouillement de ses cités antiques ("Ville la nuit") aux rues étroites ("Villes"), de l'architecture compliquée de ses temples ("Considération de la cité"). Le leitmotiv du seuil souligne la perméabilité réciproque du royaume des morts et de celui des vivants ("Fêtes des morts", "Tombes", "la Tombe"). Les demeures du poète-narrateur ouvrent toutes sur le spectacle du monde. Il finit par conjurer les douleurs de l'exil ("Pensée en mer"). Pour lui, la Chine présente « l'image du vide », symbole inversé de l'absolu, de Dieu, qu'elle ignore, lui préférant Bouddha ("Bouddha"). Il célèbre ("la Dérivation", "Salutation") alors avec d'autant plus d'ardeur les forces élémentaires : le Feu de l'énergie solaire ("l'Entrée de la Terre", "Ardeur", "Proposition sur la lumière") ; l'Eau, élément unifiant ("le Fleuve", "la Source", "la Marée de midi", "la Terre quittée") ; la Terre ("la Terre vue de la mer") ; l'Air, puisque le poète respire au rythme du cosmos ("la Nuit à la Vérandah", "Splendeur de la lune", "la Descente"). Le poète-narrateur vibre au rythme des éléments cosmiques ; « comme on dit qu'on comprend la musique, je comprends la nature, comme un récit bien détaillé qui ne serait fait que de noms propres » ("le Promeneur").

Les textes de *Connaissance de l'Est* sont regroupés en deux séries d'importance inégale. Le passage du XIXe au XXe siècle semble faire le départ entre les deux sections : la première (52 textes) fut rédigée de 1895 à 1899 et la seconde (9 textes) de 1900 à 1905. Sur cette répartition dans le temps se surimpose la symbolique de l'espace, lorsque Claudel découvre l'autre côté de la planète et franchit les « eaux essentielles ». *Connaissance de l'Est* restitue les impressions sur la Chine que le poète rédigea au cours de sa carrière diplomatique : elles forment une sorte de mosaïque, organisée autour de la figure omniprésente du poète-narrateur. Cet itinéraire en apparence fragmenté témoigne aussi d'un approfondissement dans la connaissance de l'Orient. À la fin du XIXe et au début du XXe siècle, la littérature de voyages fait florès. Mais, bien souvent, le cosmopolitisme apparaît comme un simple prétexte à l'exotisme. Claudel ne semble pas tant céder à une mode que s'efforcer d'aller vers une poésie plus descriptive pour se déprendre de la subjectivité dont témoignent les *Vers d'exil*, pour se raffermir et se défaire de son angoisse d'exilé. Cette poésie paraît avoir eu pour lui une fonction cathartique. De plus, rédigées dans un style relativement plus accessible que des textes plus travaillés, d'un lyrisme moins débridé, ces petites pièces en prose offrent la possibilité de saisir ses préoccupations presque quotidiennes, en tout cas immédiates, et de définir la cohérence de son imaginaire. Certes, le décor se fait facilement exotique, l'auteur évoque la nature (les rizières, les montagnes, etc.), la ville (les labyrinthes citadins, les maisons de thé), et les lieux de culte avec leurs cérémonies et les attitudes rituelles des moines. Cependant, la description claudélienne ne peut être parfaitement objective : alors que l'auteur a pour projet avoué de pénétrer l'essence de l'Orient, il trahit ses obsessions personnelles et l'on pourrait relever des images communes avec *Tête d'or*, l'*Échange*, *Partage de midi* ou *Conversations dans le Loir-et-Cher*. D'un point de vue idéologique, la Chine lui apparaît comme une sorte d'espace vierge où prolifère une végétation monstrueuse mais dont l'homme demeure le maître, ignorant l'aliénation européenne par la machine. Cependant Claudel ne se satisfait jamais du seul visible. De la foule chinoise monte la musique secrète de la communauté humaine, accordée à l'harmonie cosmique : « C'est cela que je viens écouter, car quelqu'un, perdant son intérêt dans le sens des paroles que l'on profère devant lui, peut lui prêter une oreille plus subtile » ("Tombes"). Il ne trahit pas là des préoccupations d'ordre social ; pour lui, la misère des Asiatiques tient à leur ignorance de toute notion de transcendance, à leur méconnaissance de Dieu. Cependant, la nature chinoise lui renvoie une image visible de son art poétique. L'objet révè-le le poète à lui-même, lui donne une conscience pleine et en-tière de ses sens et de leur fonction.

Ainsi se dessine, de façon dramatisée et lyrique, la figure du poète en quête de lui-même dans un monde soumis à la menace de la démesure, mais accordé au rythme de la mer et pénétré par le feu de la lumière. Les tableaux se déploient et les images se multiplient, orchestrées par un poète qui emprunte son rythme à celui du cosmos. Toute description du monde équivaut à une célébration du Dieu créateur, et définit la fonction médiatrice du poète, interprète de la volonté divine en actes dans le monde.

● Mercure de France, 1973 (p.p. G. Gadoffre) ; « Poésie/Gallimard », 1974 (p.p. J. Petit). ➤ Œuvres complètes, Gallimard, III (p.p. R. Mallet) ; Œuvre poétique, « Pléiade ».

V. ANGLARD

CONNAISSANCE DU SOIR (la). Recueil poétique de Joë **Bousquet** (1897-1950), publié à Paris aux Éditions du Raisin en 1945.

Une jeunesse folle, des lectures sages, une balle qui à la fin de la Première Guerre mondiale le condamne au lit et à la chaise roulante ; Bousquet dira d'un des êtres qui peuplent ses poèmes : « On dirait que son corps est fait avec les larmes des autres. » Hubert Juin ajoutera ces précisions : « Corps ruiné, amoureux pervers, écrivain nouveau, lecteur cannibale, veilleur de toutes les nuits du monde. »

La poésie de Connaissance du soir donne chaque fois l'impression de n'être que « le prélude d'un chant trop triste pour être entendu », mais elle lance aussi des notes si claires que « le tic-tac du temps n'y fait qu'un avec la vie ». Elle s'établit entre « pensefables, dansemuses » et vraie conscience, entre ce qui pourrait être les effets d'une bonne chanson (« Sous les quatrains qu'elle inspire / Aux jours qui doutent de toi / La vie a ses dents pour sourire / De ce qui fut une fois »), les souvenirs du surréalisme (« J'ai semé sur votre face / Les iris couleur de temps / Qu'avec mes ciseaux de glace / Mes mains coupent dans le vent »), et le long apprentissage d'une éthique. Cet apprentissage se fait contre les menaces que le langage fait peser sur chacun de ceux – destinateur et destinataire – qu'il prend dans sa relation : « J'apprends à te parler de tout ce qui me brise à te détruire au nom de tout ce qui me lie. » La lucidité de Bousquet sur les conséquences de cette entreprise est totale : « À force de trouver partout la tristesse tu n'auras plus qu'elle à quitter quand le moment sera venu. »

Il reste cependant que l'état le plus naturel de la parole dans ces poèmes n'est ni l'obscurité ni la transparence, plutôt, « entre le vent et la peur du vent », cette émergence de mots « trop clairs pour être compris », à partir de quoi un autre temps pourrait recommencer, transformant l'« aumô-ne du noir » en mûrissement de la nuit. La rime joue ici un rôle majeur, à la limite de l'hypnose, et Bousquet se montre assez proche en l'espèce des recommandations de son ami Jean Paulhan : elle est l'opérateur par excellence des avan-cées du sens, la forme que peut prendre la parole quand elle entend devancer le savoir ou les certitudes : « C'est l'espoir qu'un monde ait à naître / De notre ombre ait fait le noir / Et nous riant aux fenêtres / N'ait que nos yeux pour se voir. » Cette rime n'en n'est pas pour autant arrogante. Chez Bous-quet elle déploie son activité dans le réseau discret d'un vocabulaire très simple et dans une métrique souvent rédui-te à l'espace peu emphatique de six, sept ou huit syllabes. Modestie des moyens, ambition de la visée, appel, brisure, silence et voix : la parole de l'homme, l'ombre aimée, la visée du poème ne font parfois plus qu'un, un sentiment fragile et sûr peut alors se donner libre cours, l'espace par exemple d'un sizain : « Dans la nuit d'une voix / tout son amour l'appelle / et s'est brisé trois fois / sur une ombre plus belle / où ce qui vécut d'elle / en se taisant la voit. »

● « Poésie / Gallimard », 1991 (préf. H. Juin).

H. KADDOUR

CONQUÉRANTS (les). Roman d'André **Malraux** (1901-1976), publié à Paris chez Grasset en 1928.

Retenu en Extrême-Orient par le procès qui suivit sa malheureuse expédition en pays khmer (1923), Malraux se rend à Hongkong et assiste probablement à des réunions du Kouo-min-tang, le parti nationaliste fondé par Sun Yat-sen. Après la mort de celui-ci, les divisions déchirent ses héritiers, affaiblissant le gouvernement de Canton. La gauche du Kouo-min-tang se rapproche du parti communiste chinois affilié au Komintern et soutenu par l'URSS (mission Borodine), tandis qu'est de plus en plus mal supporté l'impérialisme économique et politique des Britanniques.

Première partie. « Approches ». Sur le bateau qui le mène en Chine, le narrateur apprend la grève générale de Canton et l'attaque de la concession européenne de Shameen. À Saigon, un émissaire du Kouo-min-tang lui expose les rapports de force entre les « grands manitous » qui contrôlent le gouvernement de Canton : le Français Garine, commissaire à la Propagande ; le Russe Borodine, envoyé du Komintern ; le terroriste Hong ; le lettré Tcheng-Daï, chef spirituel de la droite du Kouo-min-tang. À Hongkong, symbole de la puissance britannique, le narrateur rencontre l'Allemand Klein qui vient d'y organiser la grève générale, et qui lui confirme la fragilité du gouvernement de Canton, divisé et en butte aux intrigues des Anglais. Revenu à bord, le narrateur se remémore le passé mouvementé de son ami Garine, aujourd'hui atteint d'une maladie mortelle.
Deuxième partie. « Puissances ». Canton. Divergences entre Garine et Tcheng-Daï à propos du décret de boycottage de Hongkong que veut obtenir le Français. Celui-ci organise la victoire de l'armée cantonaise sur un rebelle à la solde des Britanniques, le général Tang. Nouveaux affrontements entre Garine et Tcheng-Daï. Hong déchaîne le terrorisme. Un autre général, Tcheng Tioung-ming, marche sur Canton. Garine est hospitalisé ; Borodine prend le pouvoir.
Troisième partie. « L'Homme ». Mort de Tcheng-Daï. Suicide ? Assassinat par les hommes de Hong ? Celui-ci, arrêté, sera exécuté sur ordre de Borodine. En représailles, Klein est sauvagement massacré tandis que Garine est blessé dans un attentat. Tcheng Tioung-ming est battu, et le décret enfin signé. Débat entre le narrateur et le bolchevique Nicolaieff, chef de la police, qui condamne l'individualisme de Garine. Celui-ci expose à son ami sa philosophie de l'« énergie ». Mourant, il quitte Canton avec la satisfaction d'avoir obtenu la signature du fameux décret.

L'histoire des Conquérants renvoie une image plausible de la situation chaotique de la Chine du Sud dans les années vingt et certains des héros (Borodine) ou des figurants (Chang Kaï-chek) du roman sont des personnages historiques notoires. Cependant l'auteur garde sa liberté à l'égard de la vérité factuelle : à Trotski qui critiquait la valeur documentaire des Conquérants, Malraux répondit que son livre n'était pas une « chronique romancée » de la révolution chinoise mais un roman soumis aux « conditions de la création artistique » (voir la Nouvelle Revue française d'août 1931). En effet, la révolution y est d'abord envisagée à la façon d'une épreuve, voire d'une initiation révélant aux héros les valeurs auxquelles ils sont prêts à sacrifier leur vie. D'où la composition du récit : le titre de la troisième partie, « l'Homme », qui voit la mort des principaux acteurs du drame, souligne la priorité des choix humains sur l'issue des événements politiques, les étapes précédentes dévoilant l'origine psychologique et idéologique du comportement des héros (« Approches ») puis leurs rôles respectifs (« Puissances »). La *Tentation de l'Occident opposait abstraitement l'individualisme occidental et le détachement oriental ; le conflit s'incarne ici dans des héros significatifs aux prises avec une situation concrète. Née de la hantise de l'absurde, l'« énergie » d'un Garine s'acharnant à imposer ses décisions à un gouvernement hésitant est révélatrice de cet activisme européen qui l'oppose non seulement à Tcheng-Daï, apôtre, comme le Wan Low de la Tentation, d'une philosophie de la résignation, mais aussi, malgré l'alliance tactique, à l'embrigadement communiste personnifié par Borodine et Nicolaieff. De Hong, récemment acquis aux idées européennes, le choc des cultures fait un terroriste acharné contre les « puissants » et les « riches » qui ont failli lui dérober sa liberté : « Sa vie unique. Ne pas la perdre. Voilà. » En définitive, c'est le

Claudel

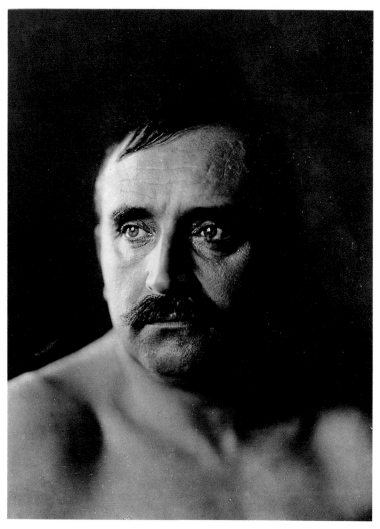

Paul Claudel le 18 juillet 1918, à Rio.

À la qualité d'« écrivain-diplomate »,
assez fréquente en littérature, Paul
Claudel (1868-1955) joint de son propre
aveu celle de « poète catholique » (*Cinq
Grandes Odes*, 1910). Étiquettes faciles,
qui correspondent à deux rencontres,
deux appels de l'ailleurs. Ce n'est
pas un hasard si l'« illumination »
religieuse qui frappe Claudel un soir de
Noël 1886 suit de près la découverte
d'autres « illuminations » : Rimbaud lui
semble un frère spirituel et une incitation
au départ, et la « connaissance » de
l'étranger, inséparable de la rupture

L'Échange, à la création au théâtre
du Vieux-Colombier en 1914. Mise en scène
de Jacques Copeau, décor de Jacques Doucet,
avec Charles Dullin (Louis Laine)
et Maria Kalff (Marthe).

L'Annonce faite à Marie, au théâtre de l'Athénée en 1946.
Mise en scène de Louis Jouvet avec Monique Mélinand.

Le Pain dur, à la création au théâtre de l'Atelier
en 1949. Mise en scène d'André Barsacq avec
Jean Renoir (Turelure) et Jean Servais (Louis).

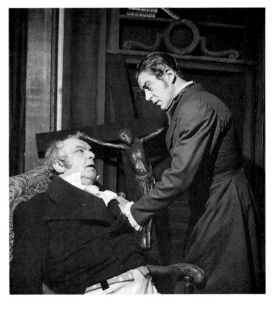

avec une société française figée dans le
positivisme. Pourtant, si le catholicisme
est au cœur de l'œuvre, c'est sous la
forme d'un conflit, d'une exigence,
d'une foi déchirée, comme l'écrivain lui-
même, un temps attiré par la carrière

monastique. Mais ce fils de petit
fonctionnaire reçu premier au concours
des Affaires étrangères n'était pas appelé à
renoncer au monde. Et des États-Unis
à la Chine, il ne se contente pas de
l'explorer, il lui fait une place dans une
œuvre ouverte à toutes les influences :
théâtre élisabéthain ou Espagne de
Calderón (les « journées » du *Soulier de
satin*, 1943), mais aussi haikai japonais
(*Cent Phrases pour éventails*, 1925) ou
écriture chinoise, tandis que dans ses
drames lyriques (*le Pain dur*, 1914)
s'inscrit aussi l'histoire de son temps.

Maquette de costume
de Luc-Albert Moreau (1882-1948)
pour Turelure dans *l'Otage*.
Mise en scène de Jacques Copeau.
Bibliothèque de l'Arsenal, Paris. Ph. Jeanbor
© Arch. Photeb © ADAGP, Paris, 1994.

Partage de midi, à la Comédie-Française en 1975.
Mise en scène d'Antoine Vitez, décor de Yannis Kokkos
avec Ludmila Mikael (Ysé) et Patrice Kerbrat (Mésa).
Ph. © Bernand.

Tête d'or, à l'Odéon-Théâtre de France en 1959.
Mise en scène de Jean-Louis Barrault,
décor et costumes d'André Masson, musique
d'Arthur Honegger, avec Alain Cuny (Tête d'Or)
et Laurent Terzieff (Cébès).
Coll. Roger Pic - donation Kodak-Pathé. Archives photographiques,
Paris. © Arch. Phot./SPADEM, Paris, 1994.

Le Soulier de satin, maquette de décor de Lucien Coutaud (1904-1977)
pour la création à la Comédie-Française en 1943.
Mise en scène de Jean-Louis Barrault, musique d'Arthur Honegger.

Le Soulier de satin, à l'Odéon-Théâtre de France
en 1959. Mise en scène de Jean-Louis Barrault
avec Catherine Sellers (doña Prouhèze)
et Jean-Louis Barrault (don Rodrigue).

Le Soulier de satin au festival d'Avignon,
dans la cour d'honneur, en 1987.
Mise en scène d'Antoine Vitez
avec Ludmila Mikael (doña Prouhèze)
et Aurélien Recoing (l'Ange).

choix des risques assumés qui, en transformant la conduite des héros en destin maîtrisé, constitue le véritable enjeu du roman. Mais s'il inventorie les comportements de ses personnages, Malraux n'en privilégie cependant aucun : Tcheng-Daï peut être traité de « vieux lettré » à « tête de mort », sa légende n'en est pas moins reconnue. Le narrateur trahit seulement un penchant pour les hommes du « faire », tels Garine ou Hong lui-même, qui malgré sa folie meurtrière n'est qu'« un pauvre gosse qui a fait des blagues »... Car il s'agit ici de montrer, nullement de défendre une thèse.

Malraux situe son intrigue dans des espaces souvent restreints, et traités de façon réaliste comme ce café où un « Chinois obèse » fait « son compte au boulier » tandis que ses clients dégustent d'odorantes langoustines. En revanche, les scènes de violence dont l'auteur n'a pas eu l'expérience directe sont vues de loin : d'une fenêtre, ou découvertes après coup comme le massacre de Klein et de ses compagnons. Alentour s'ouvre un espace indifférencié que qualifient vaguement des phrases parfois réduites à un seul substantif : « Chaleur. Chaleur. » Au-delà enfin s'étend à l'infini le vide cosmique : « Le silence, le silence absolu et les étoiles. Plus rien de terrestre... plus rien d'humain. »

Des changements de rythme modulent l'insertion du drame dans le temps. L'intrigue se noue lentement, puis s'accélère lorsque le narrateur partage les aventures de Garine : initialement compté en mois (« 25 juin. La grève est décrétée à Canton »), le temps s'atomise vertigineusement (« Le lendemain. Onze heures »). De son poste de commandement, Garine lance des ordres concis, témoignant de sa « puissance » : « Fusillez les officiers... Quant aux hommes. Désarmés. Menottes. » Cadence syncopée qui contraste avec les dialogues où les personnages, devant témoin, argumentent leur philosophie. Le narrateur enveloppe ces temps humains dans la durée du « ciel très calme » qui, à l'instar de l'infini spatial, frappe de vanité aussi bien la fébrilité des activistes de la révolution que la recherche du sens tentée dans les dialogues. C'est dire le pessimisme lucide qui se dégage du roman : à cette étape de la pensée de Malraux, la pratique d'une fraternité humaine authentique n'a pas encore permis aux « conquérants » de briser le cercle où les enferme la poursuite exclusive de l'affirmation de soi.

● « Le Livre de Poche », 1976 (version définitive). ➤ Œuvres complètes, « Pléiade », I (p.p. J.-M. Gliksohn).

M.-A. DE BEAUMARCHAIS

CONQUÊTE DE CONSTANTINOPLE (la). Ce titre désigne :
– une chronique en prose composée après 1207 par Geoffroi de **Villehardouin** (vers 1150-vers 1213). Conservée par six manuscrits, cette chronique a été plusieurs fois imprimée à partir du XVIe siècle. Elle a été continuée pour la période 1208-1209 par l'*Histoire de l'empereur Henri de Constantinople,* composée entre 1209 et 1216 par un clerc, Henri de Valenciennes ;
– une chronique en prose, contemporaine de la précédente, composée par un chevalier picard, **Robert de Clari** (fin du XIIe-début du XIIIe siècle). Conservé par un seul manuscrit, ce texte n'a pas été imprimé avant la seconde moitié du XIXe siècle.

La déviation sur Constantinople de la quatrième croisade, une expédition partie pour reconquérir Jérusalem et qui a abouti à la prise et au pillage d'une cité chrétienne et au partage difficile de l'Empire romain d'Orient entre les croisés francs et vénitiens, a donné matière à de nombreux récits contemporains ou de peu postérieurs à l'événement : récits en grec (*Chronique de Morée,* dont il existe une rédaction en français), en latin (l'*Historia* de Nicetas, par exemple, qui donne le point de vue des Grecs), en français (*Chronique*

d'*Ernoul et de Bernard le Trésorier,* vers 1230), etc. Dans cet ensemble disparate se détachent les chroniques de Villehardouin et de Robert de Clari, toutes deux composées par des hommes d'action engagés dans la même aventure et dont le projet commun fut d'abord d'en conserver la mémoire. Elles reflètent cependant des positions et des préoccupations souvent contrastées qui s'expliquent déjà par les différences de statut social. Robert de Clari est à bien des égards le « porte-parole des petits chevaliers déçus » (J. Dufournet) par une croisade qui ne leur a procuré ni les richesses espérées ni la satisfaction de délivrer les Lieux saints. Villehardouin, l'un des hauts responsables de la croisade tant dans le domaine militaire qu'au titre d'ambassadeur et de conseiller, ne dit rien des raisons qui l'ont incité à mettre en forme (à « dicter »), de manière aussi exacte que possible ses souvenirs. Mais sa relation des faits semble souvent orientée vers la justification de son action et de celle de ses chefs, et elle est sans doute une réponse aux attaques et aux critiques suscitées en Occident par la déviation de la croisade.

Le récit de Villehardouin, qui s'étend sur les années 1198-1207, s'ouvre abruptement sur la prédication de la quatrième croisade et se clôt tout aussi brutalement sur la mort de Boniface de Montferrat.
Première partie. Scandée par les mentions des nombreuses défections qui affaiblissent l'expédition et la relation des discordes qui opposent aux croisés désireux de tenir leurs engagements envers les Vénitiens ceux qui refusent d'aider le doge à reconquérir Zara puis d'accepter les alléchantes propositions d'Alexis le Jeune et de marcher sur Constantinople, la première partie du récit couvre les années 1200-1204 : de l'arrivée des croisés à Venise à la seconde prise de Constantinople (avril 1204) et au couronnement de Baudouin de Flandre comme premier empereur du nouveau royaume latin d'Orient (la Romanie). Dans un récit qui se caractérise par son caractère dépouillé, sa rapidité, sa précision et sa densité, se détachent cependant quelques tableaux : la prise de croix du vieux doge aveugle, Henri Dandolo, et des Vénitiens qu'il entraîne, l'arrivée de la flotte devant Constantinople et la fascination mêlée d'effroi des croisés devant cette éblouissante vision ; le récit chargé de résonances épiques, et placé sous le signe du miracle, de la première prise de la ville, etc. Les multiples tractations entre Francs, Vénitiens, Grecs ou les moments critiques de l'action sont d'autre part l'objet de discours, directs ou rapportés, dans lesquels se distinguent la passion comme la prudence du doge, l'habileté des Grecs, la fermeté de Villehardouin ou l'audace de Conon de Béthune.
Deuxième partie. Celle-ci, « toute semée de mécomptes » (Sainte-Beuve), multiplie, par le biais de la technique de l'entrelacement, les lieux du récit. La chronique suit tour à tour les péripéties et les drames de l'organisation difficile de la conquête, évoquant les discordes entre l'empereur Baudouin et Boniface de Montferrat, l'entrée en scène de Johanisse, le redoutable roi des Blaques, le désastre subi à Andrinople et la capture de Baudouin, puis la retraite sur Constantinople, fermement menée par Villehardouin ; enfin la suite indécise des offensives et contre-offensives jusqu'à la mort de Boniface, décapité par les Bulgares près de Messinople.

À la suite de Michelet, on a souvent reconnu en Villehardouin « le premier historien de la France en langue vulgaire ». Jugement qui s'autorise de la rigueur et de la clarté de la narration, de l'abondance maîtrisée des renseignements et précisions de tous ordres, de l'exposé systématique, notamment par le biais des discours, des motivations explicites des forces en présence. Mais ce chroniqueur austère et lucide qui, dès le premier mot de son récit, « Sachez », convoque et provoque son lecteur, commente à son intention les faits rapportés et les couvre parfois de son autorité de témoin oculaire, entrelaçant à l'exposé des faits les éléments d'une réflexion morale sur les multiples raisons d'un échec où ont eu également part la volonté souveraine de Dieu et les vices des hommes. Quant aux omissions et interprétations parfois tendancieuses que l'on a relevées dans son récit, elles sont sans doute la part d'ombre d'une chronique qui est autant l'apologie d'une entreprise qu'une méditation souvent frémissante sur l'incompréhensible : la mutation lente de l'aventure initiale et de ses brillantes promesses en une « mésaventure » – terme par lequel Villehardouin qualifie la mort de son héros Boniface de Montferrat. Mort qui achève son récit, et tranche dans le vif du temps de l'Histoire.

La chronique de Robert de Clari, qui s'étend sur les années 1198-1216, rapporte sensiblement les mêmes événements que le récit de Villehardouin. Mais le point de vue sur l'Histoire, et l'écriture qui le restitue dans une très relative spontanéité et dans une vision un peu éclatée, est celui d'un petit chevalier peu au fait des tractations et des intrigues, d'un combattant qui a vécu l'expédition dans le sillage de son seigneur, Pierre d'Amiens, et aux côtés de son frère, le clerc Aliaume, redoutable guerrier dont il se plaît à relater les exploits.

L'œuvre de Robert de Clari comporte deux parties d'inégale longueur. Une première partie (les années 1198-1205) détaille les événements qui vont de la prédication de la croisade à l'établissement du royaume latin d'Orient. Une seconde partie condense en quelques pages la relation de la bataille d'Andrinople (1205) puis du règne et de la mort de l'empereur Henri, successeur de Baudouin (1216).

Entreprise, selon l'épilogue, pour donner le récit véridique de la conquête de Constantinople, la relation de Robert de Clari émane d'un chevalier qui revendique davantage le statut de témoin oculaire que celui d'un écrivain sûr de ses moyens ; d'un Français du Nord brutalement plongé dans un monde où s'exacerbent les clivages entre les puissants et les humbles, dans un milieu nouveau, où il découvre aussi bien l'ingéniosité des Vénitiens, superbes marins, que la perfidie et la lâcheté des Grecs, que les mœurs étranges des Commains, que l'insolite exotisme du sultan de Konieh ou du roi de Nubie. Mais Robert de Clari est aussi un chrétien, persuadé de la légitimité d'une croisade qui restitue aux Francs les précieuses reliques de la Passion possédées par les Grecs, et qui fait enfin retour à l'espace troyen, aux origines mythiques de l'Occident chrétien.

Le récit souvent maladroit de Robert de Clari ne prétend jamais à la rigueur un peu crispée, à l'habile objectivité de celui de Villehardouin. Mais il vaut surtout par les multiples digressions qui le dilatent dans le temps et l'espace. Digressions qui sont aussi bien un effort pour ressaisir dans sa continuité l'histoire antérieure de la croisade, de l'échec en Terre sainte aux nouvelles promesses entrevues (excursus sur Conrad et Boniface de Montferrat), que pour stigmatiser, dans un vocabulaire souvent fort réaliste, les mœurs politiques et les crimes des empereurs byzantins. Mais le moment le plus intéressant est sans doute celui où le pèlerin, ébloui (mais un peu frustré), pénètre enfin dans Constantinople, décrit pas à pas, dans la répétition hyperbolique des adjectifs « beau, riche, grand », les merveilles enfin possédées du regard, les innombrables splendeurs de la cité, ses richesses profanes et ses trésors sacrés, désormais livrés à la juste convoitise des conquérants.

● Villehardouin : Les Belles Lettres, 2 vol., 1961 (bilingue, p.p. E. Faral) ; « GF », 1969 (p.p. J. Dufournet). Robert de Clari : Champion, 1924 (p.p. Ph. Lauer). Les deux textes : « Pléiade », 1938 (*Historiens et Chroniqueurs du Moyen Âge*, p.p. A. Pauphilet, revu p. E. Pognon).

E. BAUMGARTNER

CONQUÊTE DE PLASSANS (la). Roman d'Émile **Zola** (1840-1902), publié à Paris en feuilleton dans *le Siècle* de février à avril 1874, et en volume chez Charpentier la même année.

L'action de ce quatrième roman de la série des *Rougon-Macquart* se déroule à l'époque où Mac Mahon fait régner en France sa politique d'« Ordre moral », et l'un des piliers en est justement la religion dont l'influence politique sous le second Empire est stigmatisée dans cet ouvrage. Elle l'avait déjà été dans un livre d'H. Malot (*Un curé de province*), analysé par Zola. L'autre thème majeur, la folie, est une des constantes du cycle, mais deux éléments spécifiques sont intervenus : d'une part, un récit de Zola, publié en 1868, et qui annonce l'épisode de la simulation de Marthe ; d'autre part, une documentation psychiatrique dont on peut détacher une étude sur la « folie lucide » qui servira pour le comportement de Mouret. Par son sujet

provincial, *la Conquête de Plassans* équilibre les deux romans parisiens précédents (voir *la * Curée*, *le * Ventre de Paris*), avec des chapitres plus brefs qui donnent un rythme nerveux à l'ensemble.

À Plassans vit une famille unie et aisée : François Mouret a épousé Marthe Rougon dont il a eu trois enfants, Désirée, la plus petite, Octave et Serge, le futur abbé Mouret. Mouret le père vient de louer un logement de sa maison à un prêtre : c'est l'abbé Faujas, prêtre bonapartiste, qui arrive avec sa mère de Besançon (chap. 1). Grand et fort, l'abbé a une quarantaine d'années et vient conquérir Plassans au profit du régime en place (2). Il excite la curiosité de son propriétaire qui s'informe et espionne. En fait, c'est la mère de Faujas qui fait dire à Rose, la domestique, tous les secrets de la famille (3). La maison de Mouret est placée entre celle du sous-préfet et celle d'un notable légitimiste. Les deux parties se disputent la prééminence dans une ville jusqu'à présent d'opposition (4). Félicité Rougon, la mère de Marthe, veut aider l'abbé qui a été envoyé en mission par Paris et elle va l'inviter dans son salon. Mais il n'y obtient guère de succès. S'il apprend les secrets de quelques invités (les légitimistes Rastoil, les ambigus Delangre, les laids et ambitieux Paloque), il est tout de suite mal vu de la bonne société et se fait alors tancer par Félicité, son stratège (5-6). Il change alors de politique, en particulier auprès de Marthe qu'il met en avant dans un projet d'œuvre sociale pour les jeunes filles. Il s'agit de fonder une maison d'éducation. La bonne société s'empresse d'y concourir. C'est donc un premier succès pour l'abbé Faujas, tandis que Marthe s'enfonce dans une crise mystique qui l'amène à négliger ses devoirs d'épouse et de mère. D'où une mésentente dans le ménage, encore accrue par l'arrivée des Trouche, instruments de la politique de l'abbé et qui vont progressivement devenir les maîtres du logis (7-10).

Auprès de l'évêque, Faujas veut l'emporter sur l'abbé Fenil, hostile au régime. Il y réussit et obtient la cure de Saint-Saturnin, ce qui lui permet de revenir en vainqueur au salon Rougon (11). Un cercle de jeunes gens complète la stratégie de l'œuvre des jeunes filles, si bien que Faujas peut réunir les deux sociétés bien-pensantes dans le lieu stratégique de la propriété Mouret (12-14). Pendant ce temps, la maison est au pillage malgré Mouret, presque chassé de son propre logis. Les Trouche exploitent et volent Marthe, devenue mystiquement amoureuse de Faujas. Désirée est expédiée chez une nourrice tandis que Faujas vit à la table familiale. Mouret devient alors un obstacle : on va le faire passer pour fou. Marthe fait semblant d'être battue par son mari dont on croit pouvoir observer des comportements délirants (15-18).

Les élections approchent et, grâce à l'activité de Faujas, Delangre, le candidat gouvernemental, obtient une majorité considérable. Marthe est de plus en plus « dérangée » et ne trouve plus de réconfort auprès de Faujas. Elle va revoir son mari à l'asile où Mouret est devenu réellement fou. Un complot de Macquart, désireux de se venger des Rougon, va permettre au dément de recouvrer la liberté (19-21). Il part alors incendier sa propre maison où vont périr les Trouche et les Faujas. Marthe à son tour va mourir, tandis que les Rougon, et eux seuls, vont recueillir les bénéfices du travail de Faujas (22-23).

Les personnages de prêtres sont nombreux chez Zola et tiennent une place stratégique : dans l'imaginaire social de l'auteur, ils représentent une sorte de défi à la nature, de monstruosité dangereuse. Faujas, ici, incarne le vieux thème du despotisme religieux ou clérical et fait penser à Tartuffe « vampirisant » lui aussi une famille : à cette nuance près que ce sont les Trouche qui volent les Mouret, alors que Faujas vise des intérêts plus amples et surtout plus politiques. Quant à la victime privilégiée, c'est peut-être moins le maître de maison que la maîtresse, instrument fragile qui se dérègle dans sa crise mystique. Cependant la vraie spécificité du roman de Zola est plutôt dans la description de la « conquête » des territoires matériels et spirituels : au début reclus, humble et sauvage, Faujas ne parvient à rien. Puis, dès qu'il change d'attitude et se montre plus amène, il s'impose partout : au siège des bonnes œuvres, à l'évêché, dans le salon Rougon. Mais tout commence en fait par la maison Mouret dont l'abbé a fait son quartier général : et c'est là que le thème de l'usurpation prend toute sa puissance romanesque, lorsque le chef de famille se voit dépouillé de son espace, de sa richesse, de ses enfants, de son pouvoir domestique, de sa femme, de sa liberté enfin et de sa raison.

Car le thème de la folie est lui aussi très présent : à plusieurs reprises, il intervient et constitue clairement le lien entre le roman et le cycle général. Si la maison Mouret est hantée de présences hostiles et rapaces, l'esprit des habitants est lui aussi hanté de désirs et d'angoisses qui produiront l'aliénation : en apparence, le ménage est stable dans sa quiétude bourgeoise. Mais progressivement, l'arrivée de Faujas le déstabilise : Marthe oublie ses enfants, les Trouche s'approprient tous les biens et Mouret part à l'asile des Tulettes où vit déjà l'aïeule Dide. La fêlure familiale s'est donc transmise aux deux éléments du couple, et, à la faveur des circonstances, elle aboutit une fois de plus à la mort et à la destruction : ici par le feu, qu'on retrouvera par exemple dans le *Docteur Pascal*.

Enfin, à côté du complot clérical et de la fatalité psycho-biologique, on constate l'approfondissement du tableau provincial commencé avec la *Fortune des Rougon*. Dans la *Conquête de Plassans*, les ambitions secondaires ou minuscules, les nuances de la bourgeoisie et de l'aristocratie sont mieux fouillées, le personnel romanesque est plus varié ou détaillé. Un élément commun les rapproche cependant : le pouvoir sous toutes ses formes, dans le circuit fermé et même bloqué d'une ville frileuse. L'activité ne se déploie pas ici au profit d'une transformation positive, d'un travail ou d'un accomplissement : il s'agit davantage d'un jeu à somme nulle où l'on se surveille, où l'on déplace ses pions dans un espace restreint et balisé. Surveillance, espionnage, influences et pièges, la *Conquête de Plassans* est un écheveau de stratégies.

● « GF », 1972 (p.p. E. Carassus). ➤ *Les Rougon-Macquart*, « Pléiade », I ; *Œuvres complètes*, Cercle du Livre précieux, II ; *les Rougon-Macquart*, « Le Livre de Poche », IV (préf. H. Mitterand) ; *id.*, « Folio », IV (préf. M. B. de Launay) ; *id.*, « Bouquins », I.

A. PREISS

CONQUÊTE DE PRAGUE (la). Roman de Jacques Gérard **Linze** (Belgique, né en 1925), publié à Paris chez Gallimard en 1965.

Le narrateur, Michel Daubert, homme d'affaires, se rend à Prague pour entrer en contact avec le milieu économique d'un pays de l'Est. Toutefois, cette mission officielle est le prétexte d'une recherche plus personnelle : celle du tombeau de Franz Kafka, qu'il ne trouvera pas puisqu'« il y a deux cimetières juifs à Prague », et que Daubert s'est trompé de lieu. Il rencontre Guido Marini, qui comme lui est en mission et cherche la tombe du rabbin Löw ben Besalel qu'il ne trouvera pas non plus. Daubert rencontre encore, au Pragotex, organisme d'État s'occupant des relations commerciales avec l'étranger, Irène Mostova dont il s'éprend et avec qui il passe un extraordinaire week-end d'amour à l'hôtel Jalta. Il croit à cette relation, mais Irène refuse le mariage parce qu'elle ne veut pas quitter son pays. Déchirée entre sa passion charnelle et son attachement patriotique, elle s'isole dans une maison de repos. Marini décide de lui rendre visite, mais il meurt en route dans un accident de voiture. Daubert apprend que Marini a été l'amant d'Irène. Finalement, Irène se suicide tandis que Daubert quitte Prague sans avoir trouvé ce qu'il était venu y chercher.

La Conquête de Prague raconte de manière fragmentaire et cahotique une histoire d'amour entremêlée à une vaine recherche de la tombe de Kafka, quête vaine où l'intrigue se fonde sur la dualité des choses, des êtres, des paysages – et des cimetières. En rupture avec ses romans précédents, J.G. Linze brise le vraisemblable romanesque, invente une atmosphère où la réalité des événements échappe à la conscience du narrateur, où la succession chronologique est constamment rompue. Il s'inscrit ainsi parfaitement dans la ligne du Nouveau Roman (dont le précurseur a été Françoise Collin en Belgique) : le lien avec Robbe-Grillet est plusieurs fois manifeste.

La géographie de Prague, ville au double visage – la vieille ville aux édifices baroques et la ville moderne grise et triste, étouffée par un régime politique totalitaire – est très présente ; tout est décrit : les quartiers, les rues, les places, le vieux cimetière juif, qui sont pour le narrateur des motifs de promenade et d'errance. Et cette topographie spatiale et visuelle souvent empreinte de dichotomies et d'homologies sert de trame à l'écriture romanesque qui joue sur les multiples dualités.

Dès les premières pages, un leitmotiv se fait entendre : « Il y a deux cimetières juifs à Prague. » La phrase est prononcée par divers personnages tout au long du roman. Cette duplication entraîne l'échec de Daubert, qui voue un véritable culte à la figure mythique de Franz Kafka. Le motif de son voyage ressemble à un pèlerinage. Mais la déception est d'autant plus grande que dans l'esprit du narrateur, Prague et Kafka se confondent. Ce phénomène de dédoublement provoque la dissolution de l'identité. À travers cette quête, Michel Daubert est inconsciemment à la recherche d'éléments qui lui permettraient de se retrouver lui-même, et, comme tous les éléments extérieurs participent à cette figure du Double (Est-Ouest ; étrangers-autochtones ; les deux tableaux ; les deux liaisons ; etc.), Daubert ne parvient pas à sortir du labyrinthe. Son périple semble se conclure sur une note de désespoir : « La ville n'est pas dangereuse pour ceux qui ne cherchent pas de tombeaux ni d'autres vieilles choses oubliées. »

● Bruxelles, Labor, 1986.

L. HÉLIOT

CONSCRIT DE 1813 (le). Roman d'Émile Erckmann (1822-1899) et Alexandre Chatrian (1826-1899), dits **Erckmann-Chatrian**, publié à Paris en feuilleton dans le *Journal des débats* en 1864, et en volume à la Librairie illustrée la même année.

Après le *Fou Yégof* (1862, repris sous le titre *l'Invasion*, 1867) et *Madame Thérèse* (1863), le livre fait partie des romans « militaires et nationaux » qui surprendront peut-être les lecteurs de l'*Ami Fritz*. L'ouvrage est, comme souvent, inspiré par des souvenirs familiaux et personnels d'Erckmann, et notamment par les notes journalières d'un capitaine qu'on retrouvera sous son nom véritable dans la fiction. Le livre s'inspire bien sûr aussi des historiens de l'Empire, et en particulier de Thiers.

Le narrateur Joseph Bertha, apprenti chez l'horloger Goulden à Phalsbourg, voit passer les troupes de Napoléon et l'Empereur lui-même en marche vers la Russie. Amoureux de Catherine, il craint de se voir appelé sous les drapeaux, malgré sa boiterie. L'hiver est terrible et l'on apprend les défaites lointaines qui amènent finalement une conscription générale et sans exception. Joseph Bertha est enrôlé en dépit de son infirmité, et il reçoit sa feuille de route pour Mayence où il arrive après une marche pénible. À Francfort, il apprend la discipline de fer des armées tandis qu'on voit revenir de Pologne des convois de blessés. En Allemagne, la haine monte contre les Français : Joseph va y recevoir son baptême du feu lors d'un premier engagement contre les Russes, avant la grande bataille de Lützen contre les Prussiens, qui vaut au narrateur une balle dans l'épaule. Il se retrouve la vie et la mort, mais un habile chirurgien le tire d'affaire. Il voit le champ de bataille couvert de morts, les innombrables blessés. Avec un vieux soldat alsacien qui va recevoir la croix d'honneur, il reste en convalescence à Leipzig. Mais la guerre reprend et Joseph repart vers l'Elbe : à cette occasion, il découvre la misère des troupes, qui les oblige au brigandage. Le moral est au plus bas au moment de la bataille de Leipzig et Joseph est encore à deux doigts d'être tué. Il voit passer l'Empereur, se trouve au cœur de la mêlée et se bat dans plusieurs engagements avant de guider la retraite de son bataillon. C'est la misère, la maladie, le découragement partout, tandis que Joseph, atteint par une fièvre typhique, est évacué. Quatre mois plus tard, dans Phalsbourg assiégé, il se retrouve soigné par Catherine avec laquelle il se mariera.

Dans *Waterloo*, suite publiée en 1865, la paix est revenue, mais le nouveau pouvoir multiplie les maladresses au lieu de réconcilier les Français, ce qui explique qu'on accueille avec enthousiasme le retour de Napoléon. Mais les hostilités reprennent aussitôt et Joseph se retrouve sous l'uniforme. Il participera à la bataille de Waterloo dont il décrit les grands moments, mais surtout les horreurs et le spectacle terrible. Il aura la chance de pouvoir revenir en Alsace.

Le roman s'organise autour d'une opposition forte. Il y a d'un côté le bourg paisible d'où Joseph est originaire et qu'il retrouve entre ses campagnes : y vivent les femmes, plus raisonnables que les hommes, et le sage Goulden, citoyen courageux mais ennemi de la violence et du fanatisme. En face, il y a l'autre vie, celle de la guerre, avec ses hauts faits, mais aussi ses misères, physiques ou morales : les amis qu'on perd, l'égoïsme qui vient au cœur des hommes les plus généreux, les pillages, la férocité des batailles, la faim, les avanies de toutes sortes que ne compensent aucun mirage de gloire, aucune croix d'honneur. Cet univers sombre du combat possède une poésie inquiétante et belle, celle de l'errance, de la menace et du risque, un mélange de bousculades sordides et d'Histoire qui passe, que Stendhal, dans la *Chartreuse de Parme, Hugo dans les *Misérables, Zola dans la *Débâcle ont su ou sauront évoquer ; on y rencontre aussi des civils compatissants, des amis perdus ou retrouvés, comme Zébédé, le compagnon de Phalsbourg, ou tel vieux soldat, tel inconnu qui sauve la vie du narrateur, puis disparaît. Mais tout cela sera emporté par la haine et la mitraille, le chaos déclenché par quelques puissants irresponsables. Apparaît alors le sens pacifiste du roman, sa couleur politique : le premier, mais évidemment aussi le second Empire ont commis le crime de trahir les espoirs de la République, de la Révolution, leur message de raison et de liberté. Les deux empereurs ont voulu imposer aux autres nations l'autorité d'un maître étranger, et ils n'ont produit au bout du compte que le malheur de leur propre pays. La « démonstration » est menée à partir du regard de Joseph, ce fils du peuple représentatif de l'opinion générale.

● « Le Livre de Poche », 1986 (p.p. A. Dezalay, préf. Y. Berger). ➤ Œuvres complètes, Tallandier, IV ; Gens d'Alsace et de Lorraine, « Omnibus ».

A. PREISS

CONSIDÉRATIONS SUR LA FRANCE. Ouvrage de Joseph de **Maistre** (1753-1821), publié à Neuchâtel chez Louis Fauche-Borel en 1797.

Après *Quatre Lettres d'un royaliste savoisien* (1793) et *Trois Fragments sur la France* (1794-1796), Joseph de Maistre, émigré en 1792 et sujet du roi de Sardaigne, met au point son interprétation de la Révolution française. Livre fondateur au même titre que la *Théorie du pouvoir politique et religieux* de Bonald (1796), les *Considérations*, surtout à partir de 1814, sont le bréviaire des contre-révolutionnaires pour qui la révolution est d'origine transcendante, effet mystérieux et apocalyptique de la Providence, en même temps que manifestation satanique. Cette approche mystico-politique de l'événement exercera sur le siècle une influence énorme et encore largement insoupçonnée.

Organisé en onze chapitres titrés, l'ouvrage traite d'abord « Des révolutions » : « Jamais la Providence n'est plus palpable, que lorsque l'action supérieure se substitue à celle de l'homme et agit toute seule. C'est ce que nous voyons dans ce moment. » Après des « Conjectures sur les voies de la Providence dans la Révolution française », affirmant que « tous les monstres que la révolution a enfantés n'ont travaillé, suivant les apparences, que pour la royauté », « l'horrible effusion du sang humain » fait l'objet du chapitre suivant : « De la destruction violente de l'espèce humaine ». « S'il n'y a que violence dans l'univers, il n'y a point de désordre que l'amour éternel ne tourne contre le principe du mal. » Posant ensuite la question : « La République française peut-elle durer ? », et y répondant négativement, puisque la révolution est intrinsèquement mauvaise, et n'a de force que négative, Maistre opère une « Digression sur le christianisme », « De la Révolution française considérée dans son caractère antireligieux », avant d'examiner « l'Influence divine dans les constitutions politiques », de relever les « Signes de nullité dans le gouvernement français » et de faire l'apologie de « l'Ancienne Constitution française ». Évoquant « Comment se fera la contre-révolution, si elle arrive », évacuant les « Prétendus dangers d'une contre-révolution », réponse à Benjamin Constant, il rapproche enfin révolutions française et anglaise : « Fragments d'une histoire de la révolution anglaise par David Hume ». Dans une édition postérieure, à Bâle, un post-scriptum répond à quelques objections royalistes sur l'ancienne Constitution française.

Après les *Réflexions sur la révolution de France* de Burke (1790), les *Considérations sur la nature de la révolution de France* de Mallet du Pan (1793), la *Théorie* de Bonald, et l'*Essai sur les révolutions* de Chateaubriand (1797), Maistre opère une synthèse des positions contre-révolutionnaires en leur apportant une dimension visionnaire, un florilège de paradoxes éblouissants et une théorie générale de la marche de l'Histoire. Cataclysme apparemment incompréhensible, la révolution, par le sang versé, prépare un avenir régénéré.

« Nous sommes tous attachés au trône de l'Être suprême par une chaîne souple, qui nous retient sans nous asservir » : l'incipit, s'il fait implicitement référence à celui figurant dans *Du contrat social* (« L'homme est né libre, et partout il est dans les fers »), traduit plutôt en termes maistriens, la conclusion du *Discours sur l'histoire universelle* de Bossuet (« Dieu tient du plus haut des cieux les rênes de tous les royaumes. ») Renouant avec l'apologétique du XVIIᵉ siècle, Maistre fait briller un style dont les éclats frappèrent ses contemporains. Le livre aurait dû s'intituler *Considérations religieuses sur la France*, affichant ainsi l'intention profonde de la démonstration. La prose scandée, les formules et sentences, la rhétorique empruntée à l'éloquence classique se mettent au service d'un réquisitoire passionné et d'une vision de l'Histoire. Par sa recherche du sublime et du pathétique, Maistre semble s'inspirer aussi de l'esthétique baroque. Les oxymores font jaillir leur noire lumière : « la Révolution française... est la pure impureté ». Mais le substrat du livre est peut-être le Livre. Ainsi Maistre ne dira-t-il pas dans les *Soirées de Saint-Pétersbourg* que « nul homme intelligent et libre de préjugés ne lira les Psaumes sans être frappé d'admiration et transporté dans un nouveau monde » ?

À la fois pamphlet et essai philosophico-politique, les *Considérations* entendent d'abord réfuter la récente brochure de Benjamin Constant, *De la force du gouvernement actuel* (1796), expliquer le phénomène révolutionnaire, y mettre en évidence le travail de la Providence. Reprenant une idée émise par Saint-Martin, les illuministes et accessoirement par Burke, Maistre définit la Révolution comme châtiment : « Il fallait que la grande épuration s'accomplît, et que les yeux fussent frappés. » Décrétée d'en haut, la Révolution fait se succéder à un rythme infernal les événements les plus sidérants. Si l'ordre se trouve ainsi bouleversé, c'est que la France, gangrenée par le mal, devait être punie, d'autant plus qu'elle occupe dans l'Histoire une place privilégiée et « exerce sur l'Europe une véritable magistrature ». Les révolutionnaires se châtient d'ailleurs eux-mêmes : seule la Providence peut rendre compte d'un tel phénomène, qui voit la Révolution dévorer ses propres enfants. Les innocents qui ont péri entrent dans la perspective mystique de la réversibilité des peines, doctrine qui horrifiera Vigny, s'il faut en croire *Stello*. Mais, preuve supplémentaire du bien-fondé de la catastrophe, la France sort plus forte de l'épreuve. Le jacobinisme et les généraux, en préservant l'intégrité de son territoire, ont œuvré pour l'inévitable Restauration. Et Maistre de prophétiser le triomphe de la contre-révolution, pratiquement dans les conditions où il se produira en 1814. De cette contre-révolution, Maistre affirme qu'elle ne saurait être sanglante, puisqu'elle agit selon l'intention divine. Son action sera « tout à la fois douce et impérieuse ». Représentant de Dieu, le roi pardonnera. Quant aux biens nationaux, confisqués à la noblesse et au clergé, ils feront l'objet d'indemnisations. Mais, à côté de ces considérations tactiques, l'argumentaire maistrien présente l'originalité de se référer constamment à l'Histoire, et de fonder ainsi la politique sur l'expérience du passé. Selon lui, la force de la tradition l'emporte sur le rêve d'innovation. Gouvernée par des lois, l'Histoire se répète, et la Révolution française prendra le chemin de son homologue anglaise, car elle ne saurait rien fonder. Maistre construit dès lors ce que l'on a pu qualifier d'une *épistêmê* moderne, renouant avec la tradition de l'Occident chrétien. Hors de cette vision chrétienne de l'Histoire et de l'ordre, il ne saurait exister que le non-être du chaos. Contre l'État totalitaire de type jacobin, seuls le pouvoir temporel monarchique fondé sur l'autorité incontestable du droit divin et la monarchie spirituelle du pape assurent le bonheur social et individuel. Cette rigueur conceptuelle se donne ainsi comme l'image inversée de la pensée révolutionnaire d'un Robespierre, pour lequel Maistre éprouve peut-être une secrète fascination.

● Genève, Slatkine, 1980 (p.p. J.-L. Darcel, préf. J. Boissel) ; Garnier, « Classiques de la politique », 1980 (p.p. J. Tulard) ; Bruxelles, Éd. Complexe, 1988 (prés. P. Mannent). ➤ *Œuvres complètes*, Slatkine, I.

G. GENGEMBRE

CONSIDÉRATIONS SUR LE GOUVERNEMENT DE POLOGNE et sur sa réformation projetée. Essai de Jean-Jacques **Rousseau** (1712-1778), publié partiellement dans la *Collection complète des Œuvres de Jean-Jacques Rousseau* à Genève en 1782, et intégralement dans les *Œuvres* de Rousseau à Paris chez Didot en 1801.

Rousseau a rédigé les *Considérations* en 1770-1771. La Pologne, alliée de la France, traverse une crise extrême. Objet de la convoitise de la Russie, de la Prusse et de l'Autriche (pays gouvernés par des despotes « éclairés »), elle connaît une anarchie que tous les contemporains reconnaissent : le roi Stanislas Poniatowski, favori de Catherine II, n'en est pas moins convaincu que le salut de la Pologne exige des réformes constitutionnelles (en partie la limitation ou suppression du *liberum veto* qui permet qu'un seul membre de l'assemblée nobiliaire, la Diète, s'oppose à la promulgation d'une loi pour qu'elle soit refusée). Mais le roi est suspect pour ses sympathies russes. En 1768, les Confédérés de Bar en Podolie entrent en insurrection : ils soutiennent l'idée d'une confédération et souhaitent eux aussi qu'une Constitution nouvelle voie le jour. Ils tiennent tête aux armées russes, au moins de 1770 à 1771. Plusieurs écrivains français furent sollicités pour élaborer des projets de réforme de la Constitution par le truchement du comte Michel Wielhorski. Ce fut le cas de Mably qui écrivit *Du gouvernement et des lois de la Pologne* en 1770-1771 (le texte ne parut qu'en 1789). Mably reste méfiant à l'égard d'un gouvernement confédéré. C'est aussi le cas de Rousseau dans ses *Considérations*, à l'immense différence près qu'il défend l'idée fédérative.

Un État aussi bizarrement constitué que la Pologne peut-il être heureusement gouverné ? Rousseau fait un « État de la question », analyse les causes spécifiques de l'anarchie polonaise et propose – dans l'esprit d'un contrat social adapté aux conditions du pays – des moyens de remédier à cette ruineuse anarchie : l'éducation, l'administration, un système économique, une organisation militaire devraient permettre de maintenir une Constitution garante d'une liberté normée.

Le texte comprend une quinzaine de parties qui ont été numérotées non par Rousseau mais par l'éditeur. Il est nourri des thèses fondamentales énoncées dans **Du Contrat social* ; mais on a pu opposer au caractère abstrait et systématique du *Contrat* le souci de considérer les conditions concrètes de l'organisation politique polonaise. En fait, en s'adressant au peuple de Pologne, Rousseau tient bien compte de ses caractères spécifiques, mais n'en légifère pas moins pour tout pays qui peut présenter des traits analogues. La diversité politique ne prend sens que dans l'essence de tout État possible, essence que le *Contrat social* a dégagée.

L'existence de l'État polonais, constitué de peuples divers, de religions différentes, sans cesse dévasté par ses tyranniques voisins, tient d'une sorte de miracle. Rousseau ne doute pas de la nécessité de réformer la Constitution,

mais il engage les Polonais à la prudence : il faut, certes, corriger les abus mais non point anéantir des institutions qui ont donné à tout un peuple le goût indéracinable de la liberté. Lasse de l'anarchie, la Pologne aspire à la paix, à la sécurité. Ici réside peut-être le plus grand péril pour le corps social ; reprenant une affirmation du *Contrat social* (livre I, chapitre 4) selon laquelle le despotisme peut bien apporter la tranquillité, mais celle des cachots, Rousseau souligne ici la contradiction qui oppose la paix despotique à la liberté : « Le repos et la liberté me paraissent incompatibles ; il faut opter. » Tout comme dans le *Contrat social* est dénoncée la fragilité des lois toujours soumises aux passions humaines. Une bonne Constitution reste un rêve si la loi n'est pas inscrite dans le cœur même des hommes. Que la loi puisse – et elle le doit – être au-dessus des hommes est le problème politique fondamental que Rousseau compare à celui de la quadrature du cercle. Si tant d'apories sont accumulées, pourquoi prétendre alors instaurer une bonne Constitution ? De ce projet, Rousseau avoue qu'il relève de sa folie ou, de ce qui est également égal, de la raison même.

La Pologne serait le seul pays qui pourrait être, à l'époque moderne, comparé à ces États antiques qui connurent ces grands législateurs que furent Moïse, Lycurgue, Numa. Ils surent lier les citoyens les uns aux autres dans l'amour commun de la patrie par des institutions nationales et tout particulièrement par des religions propres à chacun de leurs peuples. On trouve, en ce point, un écho de la nécessité d'une « religion civile » exposée dans le *Contrat social*. La Pologne doit avoir, comme tout peuple assemblé, des institutions qui lui soient spécifiques, sous peine de perdre, face à ses tyranniques voisins, son identité : le danger pour tout peuple est de fondre ses mœurs, ses lois dans celles d'un autre. Cultiver la vertu, réduire le luxe, organiser des fêtes civiques où s'abolissent les inégalités entre les citoyens, voilà quelques moyens pour maintenir le corps social. Rousseau, cependant, garde bien conscience qu'il s'agit là d'expédients qui ne sauraient anéantir le plus grand des obstacles au développement du patriotisme, à savoir l'immense inégalité des fortunes. La formation d'un peuple libre passe nécessairement par une éducation nationale dont le but est moins d'emplir les têtes de connaissances oiseuses que de forger en chaque homme un citoyen. Le souvenir de l'**Émile* est présent, mais l'accent est mis sur le caractère public, collectif de l'éducation : « Gardez-vous surtout de faire un métier de l'état de pédagogue » (*Considérations*, IV).

L'état de la Pologne met à l'épreuve la théorie politique de Rousseau. La grandeur de son territoire semble en effet incomparable avec l'instauration d'une république qui ne peut exister que dans les pays de petites dimensions. Rousseau, par la référence à la notion de fédération, contourne la difficulté plus qu'il ne la résout. Autre écharde dans la théorie : en droit, il faut affranchir les serfs, mais avant, il faut les éduquer à la liberté. Or qui peut garantir la bonne volonté des maîtres ? Le servage n'est pas plus fondé en droit que ne l'était l'esclavage dans le *Contrat social* ; ici, Rousseau, qui se garde de toute vue chimérique, considère avec réalisme la situation polonaise.

La Pologne enfin, parce qu'elle est un grand État par son étendue, ne peut pratiquer la démocratie directe dont le *Contrat social* affirmait qu'elle est la seule garantie de la volonté générale. Les Polonais ne peuvent pas éviter le système représentatif dont Rousseau a dénoncé le vice. Les représentants sont très faciles à corrompre : « Ce mal terrible de la corruption, qui de l'organe de la liberté fait l'instrument de la servitude » (*Considérations*, VII). Ici encore, seule une mesure palliative est proposée : le fréquent renouvellement de la Diète, pour contrôler la corruption en changeant souvent les représentants. Rousseau enfin se pro-nonce pour la limitation du *liberum veto* qui n'est dans la plupart des cas que l'expression d'une volonté singulière anarchique où la volonté générale ne se reconnaît plus.

Rousseau, dans les *Considérations*, fait preuve du souci concret de contribuer à la réforme du gouvernement polonais ; ce souci se manifeste en particulier dans les pages consacrées à l'élection du roi, au système fiscal (l'impôt doit être proportionnel aux possessions et « revenus »), au service militaire que tout citoyen doit assurer, s'il est vrai que dans un pays libre tout homme est aussi soldat : une armée de métier ne peut avoir l'amour de la patrie. Toutes ces mesures appliquées au cas de la Pologne restent inspirées par l'esprit du *Contrat social*. Mais Rousseau éprouve qu'en matière politique la liaison de la théorie et de la pratique ne relève pas d'une harmonie préétablie.

En juillet 1772, la Russie, la Prusse et l'Autriche opéraient ce qu'il est convenu d'appeler le premier partage de la Pologne.

● *Œuvres complètes*, « Pléiade », III (p.p. J. Fabre).

M. CRAMPE-CASNABET

CONSIDÉRATIONS SUR LES CAUSES DE LA GRANDEUR DES ROMAINS ET DE LEUR DÉCADENCE. Essai de Charles-Louis de Secondat, baron de **Montesquieu** (1689-1755), publié sans nom d'auteur à Amsterdam chez Desbordes en 1734. L'ouvrage, le plus célèbre de Montesquieu après les *Lettres persanes et *De l'esprit des lois*, connut six éditions de 1734 à 1746. L'édition définitive date de 1748.

Les *Considérations* couronnent une constante méditation sur l'histoire romaine, ponctuée par le *Discours sur Cicéron* (1709?), la *Dissertation sur la politique des Romains dans la religion* (lue à l'académie de Bordeaux en 1716, éditée en 1799), le mémoire perdu sur la *Sobriété des habitants de Rome comparée à l'intempérance des anciens Romains* (1732), et poursuivie tout au long de *l'Esprit des lois*. Mais on n'oubliera pas que les *Considérations* sont contemporaines des *Réflexions sur la monarchie universelle en Europe* (publiées en 1891) et d'une analyse de la Constitution anglaise. Leur sens est donc autant politique qu'historique : un retour à l'Empire romain est impossible dans l'Europe moderne.

L'ouvrage va, en vingt-trois chapitres, des « commencements de Rome » au seuil de la destruction de l'Empire d'Orient : « Je n'ai pas le courage de parler des misères qui suivirent [le renforcement des Turcs sous Bajazet] : je dirai seulement que, sous les derniers empereurs, l'Empire, réduit aux faubourgs de Constantinople, finit comme le Rhin, qui n'est plus qu'un ruisseau lorsqu'il se perd dans l'Océan » (fin du dernier chapitre). Méditation sur les causes qui menèrent une ville à l'empire du monde, et l'empire du monde à une ville, les *Considérations*, on le voit sur ce court extrait, sont aussi un magistral exercice de « style romain » (Voltaire), où se forge l'instrument de *l'Esprit des lois*.

D'Alembert a parfaitement résumé la trame des *Considérations*, par ce qu'il appelle « l'étude réfléchie de l'Histoire », entendons l'histoire philosophique, qui fuit l'accumulation érudite des « détails » au profit d'« un grand nombre d'objets distinctement aperçus et rapidement présentés sans fatigue pour le lecteur ». « C'est sous ce point de vue qu'il faut envisager l'ouvrage de Montesquieu. Il trouve les causes de la grandeur des Romains dans l'amour de la liberté, du travail et de la patrie [...] ; dans la sévérité de la discipline militaire ; dans ces dissensions intestines qui donnaient du ressort aux esprits, et qui cessaient tout à coup à la vue de l'ennemi ; dans cette constance après le malheur, qui ne désespérait jamais de la République ; dans le principe où ils furent de ne faire jamais la paix qu'après des victoires ; dans l'honneur du triomphe, sujet d'émulation pour les généraux ; dans la protection qu'ils accordaient aux peuples révoltés contre leurs rois ; dans l'excellente politique de laisser aux vaincus leurs dieux et leurs coutumes ; dans celle de n'avoir jamais deux puissants ennemis sur les bras, et de tout souffrir de l'un jusqu'à ce qu'ils eussent anéanti l'autre. Il

trouve les causes de leur décadence dans l'agrandissement même de l'État, qui changea en guerres civiles les tumultes populaires ; dans les guerres éloignées qui, forçant les citoyens à une trop longue absence, leur faisaient perdre insensiblement l'esprit républicain ; dans le droit de bourgeoisie accordé à tant de nations, et qui ne fit plus du peuple romain qu'une espèce de monstre à plusieurs têtes ; dans la corruption introduite par le luxe de l'Asie ; dans les proscriptions de Sylla, qui avilirent l'esprit de la nation et la préparèrent à l'esclavage ; dans la nécessité où les Romains se trouvèrent de souffrir des maîtres, lorsque leur liberté leur fut devenue à charge, dans l'obligation où ils furent de changer de maximes en changeant de gouvernement ; dans cette suite de monstres qui régnèrent, presque sans interruption, depuis Tibère jusqu'à Nerva, et depuis Commode jusqu'à Constantin ; enfin dans la translation et le partage de l'Empire, qui périt d'abord en Occident par la puissance des Barbares et qui, après avoir langui plusieurs siècles en Orient sous des empereurs imbéciles ou féroces, s'anéantit insensiblement comme ces fleuves qui disparaissent dans des sables. [...] En laissant beaucoup voir il laisse encore plus à penser, et il aurait pu intituler son livre : *Histoire romaine, à l'usage des hommes d'État et des philosophes* » (d'Alembert, *Éloge de Montesquieu*).

L'expansion romaine met donc en œuvre la totalité d'un fonctionnement social, où les visées réfléchies se conjuguent aux effets involontaires (par exemple, l'effet paradoxalement bénéfique des dissensions intérieures). C'est évidemment sur cette notion de système social ordonné par une logique interne que reposera la construction de *l'Esprit des lois*. Mais l'expansionnisme de Rome, produit obligé de sa structure particulière, se renverse quasi fatalement en logique de décadence quand la conquête détruit les causes de la conquête. Rome fournit le cycle grandiose d'un parcours politique complet, de la monarchie à la république et au despotisme, où l'Histoire peut, comme le remarque d'Alembert, prendre une forme systématique, fondée en vraisemblance, sinon en vérité.

Mais l'intérêt épistémologique du système romain tient moins à sa permanence qu'à sa singularité, comme le montrent les *Réflexions sur la monarchie universelle en Europe*, que Montesquieu garda en portefeuille. Le texte très court est tout à fait décisif, car il définit la spécificité de l'Histoire européenne, de l'Histoire moderne : « C'est une question qu'on peut faire si, dans l'état où est actuellement l'Europe, il peut arriver qu'un peuple y ait, comme les Romains, une supériorité constante sur les autres. Je crois qu'une pareille chose est devenue moralement impossible : en voici les raisons. » Ces raisons tiennent aux nouvelles techniques militaires (armes à feu), qui équilibrent les forces des nations ; au nouveau droit de la guerre, qui interdit de financer la guerre par le saccage des villes et l'esclavage des adversaires (« Aujourd'hui, les victoires ne donnent que des lauriers stériles ») ; à l'importance du commerce dans la puissance moderne, alors que le propre du commerce est de varier sans cesse, et donc de déplacer la puissance et de la limiter (par l'inflation) ; à la géographie, qui contrecarre en Europe les grands empires ; à l'instabilité des politiques monarchiques ; à la rapidité des communications et des informations, etc. Bref, la guerre est devenue moins décisive que les dispositions civiles (mariages, traités...), l'État moderne ne se laisse plus détruire, car on est entré dans un système d'équilibre européen. On mesure sans peine l'intérêt d'une telle analyse pour la vision géopolitique de Montesquieu : à la coupure entre l'Europe et l'Orient se superpose une division entre Histoire antique et Histoire moderne, fondée sur une différence de civilisation.

● « GF », 1968 (p.p. J. Ehrard). ➤ *Œuvres complètes*, « Pléiade », II.

J. GOLDZINK

CONSOLATIONS (les). Recueil poétique de Charles Augustin **Sainte-Beuve** (1804-1869), publié à Paris chez Urbain Canel en 1830.

« Unique saison heureuse de [sa] vie » selon leur auteur (*Mes poisons*), ces poésies obtinrent un grand succès à leur parution, pour aussitôt tomber dans l'oubli. Liées à l'amitié pour le couple Hugo, écrites dans l'euphorie spiritualiste chrétienne et romantique, elles contrastent avec la thématique complexe de *Vie, Poésies et Pensées de Joseph Delorme*.

Précédé d'une lettre-préface à Victor H***, le recueil se compose de vingt-neuf pièces : vingt épîtres et neuf sonnets. Parfois strophée, l'épître permet l'organisation de séquences narratives où se décline la confidence du poète. Douceurs de l'intimité (« Et là vous trouvant seule, ô mère et chaste épouse ! », "À Madame V. H***", 1), délices des tourments de l'âme (« Et tout cela revint en mon âme mobile [...] », "À M. Auguste Le Prévost"), échanges poético-religieux (« Votre cœur tout entier est un autel qui fume, / Vous y mettez l'encens et l'éclair le consume », "À M. A. de Lamartine"), profession de foi monarchiste ("À mon ami Émile Deschamps"), actes de dévotion au couple Hugo ("À deux absents"), au génie hugolien (« La sainte Poésie environne tes pas [...] », "À V. H***"), recensement des enthousiasmes romantiques ("À mon ami Leroux", "À mon ami Antony Deschamps", "À mon ami Boulanger"), mais aussi échos d'une idylle en préparation (« Un nuage a passé sur notre amitié pure [...] », "À Madame V. H***", 5) : Sainte-Beuve déploie tout l'éventail de l'effusion. Les sonnets, non titrés et parfois dédiés, concentrent le lyrisme religieux (« J'étais dans ce concert un sublime instrument »), sentimentalo-romantique (« Quand le Poète en pleurs, à la main une lyre... »), louangeur (« Votre génie est grand, Ami [...] », "À V. H***"), ou les épanchements convenus (« Et chaque fois qu'errant, las de ma destinée [...] », "À Madame L***").

Presque chaque poème se construit selon un double contraste : entre le moi du poète et le destinataire érigé en confident, exemple et témoin, d'une part ; d'autre part, la confrontation d'un passé renié, celui de l'errance, au bonheur radieux de la conversion. Liant son « progrès poétique » à son « progrès moral » (lettre-préface), Sainte-Beuve affirme « Quand la céleste voix, oracle du Poète / S'affaiblit et sommeille en son âme muette [...] / Le Poète retombe » ("À mon ami Boulanger").

Le jeu des épigraphes tantôt souligne la volonté fidéiste, avec des échos de saint Augustin ou de l'*Imitation de Jésus-Christ*, tantôt multiplie les références romantiques (Coleridge, Wordsworth, le *Werther* de Goethe), le recueil étant placé sous les auspices de *René*. Si le prosaïsme de *Joseph Delorme* se retrouve quelquefois ("À Mademoiselle***"), si le vers reste trop souvent besogneux et empreint de rhétorique, Sainte-Beuve se donne ici comme l'un de ces écrivains imprégnés d'un romantisme amalgamant dévotion religieuse et exaltation du sentiment, et témoigne bien du climat poétique de cette décennie 1820-1830 toute frémissante de méditations et d'harmonies.

G. GENGEMBRE

CONSPIRATION (la). Roman de Paul **Nizan** (1905-1940), publié à Paris chez Gallimard en 1938. Prix Interallié.

Comme Aragon l'entreprendra onze ans plus tard avec *les *Communistes*, le dernier paru des romans de Nizan devait constituer le prologue d'un ensemble romanesque sur le communisme des années trente. Mais en l'absence du second volet, *la Soirée à Somosierra*, dont le manuscrit fut perdu en 1940 durant la bataille de Dunkerque, au cours de laquelle Nizan trouva lui-même la mort, *la Conspiration* échappe en partie au roman à thèse qu'il aurait pu devenir pour se développer sur plusieurs plans : l'histoire d'une conspiration avortée, une éducation amoureuse, la généalogie d'un traître, la chronique d'une génération. Cet étagement du récit est subsumé par une interrogation toujours lancinante dans l'œuvre de Nizan : comment sort-on de sa jeunesse ? Sans doute le public fut-il sensible à l'évident plaisir d'écriture contre lequel il s'était jusqu'alors raidi, ou à un certain « humanisme de joie » vers lequel il semblait

tendre et par lequel pouvait se renouveler son inspiration. Toujours est-il que *la Conspiration* assura à Nizan une notoriété que les deux premiers romans – *Antoine Bloyé* et *le Cheval de Troie* – ne lui avaient pas véritablement conférée. Aussi le prix Interallié – qui lui fut décerné plutôt qu'à la *Nausée* – vint-il couronner un véritable accomplissement littéraire.

Il sont cinq, âgés d'une vingtaine d'années, à graviter autour de la rue d'Ulm et de la Sorbonne. Étudiants en philosophie, ignorant encore tout de ce qui les liera à la vie, assez exaltés pour croire en la noblesse de la subversion mais pas tout à fait dupes de leurs impatiences révolutionnaires, Bernard Rosenthal, Philippe Laforgue, Jurien, Antoine Bloyé et Serge Pluvinage fondent une revue, *la Guerre civile*, dans laquelle ils prétendent entreprendre, au lendemain de la guerre de 1914-1918, une critique insolente et systématique de toutes les valeurs, sous l'éclairage marxiste. Ils mesureront rapidement les limites de leur projet. L'occasion d'être héroïque ne venant pas, Rosenthal la provoquera. Il entraîne ses amis dans ce qui, croit-il, sera une activité « irréversible et efficace » : voler un plan militaire pour le compte du parti communiste, qui n'a rien demandé. Le groupe connaît alors l'exaltation d'une clandestinité fictive ; mais la conspiration tourne court et le plan finira dans un tiroir.

La seconde partie du roman est consacrée à l'éducation sentimentale de Bernard. Fils d'un agent de change juif, il n'exècre rien tant que sa famille et son milieu. Aussi est-ce d'abord par provocation qu'il s'éprend de sa belle-sœur, Catherine. Mais bientôt, trouvant enfin dans l'amour l'occasion d'« enchaîner violemment l'avenir », Bernard voudra contraindre Catherine à quitter son confort bourgeois. Elle se dérobera. Floué, pris au piège du grand amour qu'il s'est inventé, Bernard se suicidera. La dernière partie du roman est consacrée au « récit de Pluvinage » et à Philippe Laforgue. Dans une longue confession adressée à Laforgue, Pluvinage explique comment, de militant communiste, il en est venu par humiliation, honte de ses origines et fascination pour ses amis nantis à trahir Carré, un dirigeant du Parti, présenté comme modèle d'accomplissement politique. Si Pluvinage est sorti de sa jeunesse par la trahison, Laforgue, qui se sentait ludion flottant dans « l'âge de l'ambiguïté », en sort par l'expérience initiatique d'une maladie qui lui fait approcher l'angoisse de la mort et la conscience du bonheur grave d'exister.

Rendre compte de ce que fut une génération d'intellectuels, celle qui eut vingt ans avec Nizan, analyser, mais aussi juger, le néant de son idéalisme avorté, l'impasse politique de ses engagements inconséquents, les sophismes de sa jeune culture, montrer les égarements du cœur mais aussi les douloureuses épreuves qui conduisent à « l'âge d'homme » sans exclure une sérénité lucide, tel est l'objet de *la Conspiration*. On voit là de quelle filiation se réclame Nizan : on pense bien sûr aux *Faux-Monnayeurs*, mais aussi à ces romans des années trente (l'*Ordre* de Marcel Arland, *le Scandale* de Pierre Bost) fourmillant de jeunes intellectuels qui ne doutent plus du dépérissement de leur classe et cherchent à tâtons la voie d'une libération personnelle. *La Conspiration* est donc une sorte de documentaire romancé sur l'état d'une jeunesse dépossédée d'elle-même, et nombreux sont ceux qui virent dans l'œuvre ce que Sartre a appelé « un témoignage dur et vrai ». D'autant plus dur peut-être que par-delà l'époque qu'elle interroge, *la Conspiration* est placée sous le signe de l'autobiographie ; comme si Nizan, ne pardonnant pas à sa jeunesse, entreprenait de régler quelques comptes avec lui-même. Ainsi, les décors évoqués renvoient pour la plupart à des lieux fréquentés par l'auteur (la rue d'Ulm, la Normandie de son préceptorat...) ; de même, les pages consacrées à *la Guerre civile* recréent l'atmosphère de la *Revue marxiste* à laquelle il participa activement. Mais surtout la forme narrative retenue s'inscrit dans un processus de mise à nu de l'intimité qui ne trompe pas sur les intentions de Nizan. La construction polyphonique de l'œuvre se déployant sur plusieurs niveaux de réalité et de tonalité, loin de fragmenter le récit, alerte le lecteur sur la combinaison des structures traditionnelles de l'écriture autobiographique qui assure une cohérence formelle et non plus narrative au roman : la lettre, avec l'échange épistolaire entre Bernard et Philippe, le journal, avec « l'extrait d'un carnet noir », la confession, avec « le récit de Pluvinage », à quoi il faudrait ajouter les multiples interventions de l'auteur se plaçant dans une situation de rivalité avec ses personnages inaccomplis.

De toute évidence, le romanesque n'intéresse Nizan que dans la mesure où il fait surgir une subjectivité. De sorte que l'intrigue proprement dite tourne souvent court : la conspiration elle-même a tôt fait d'avorter, l'arrestation de Carré ne met rien en péril, la trahison de Pluvinage n'aboutit qu'à une confession écrite, les amours de Bernard et Catherine s'achèvent dans le drame bourgeois. Seul événement romanesque réel, le suicide de Bernard, encore qu'il donne lieu essentiellement à une de ces variations sur le thème de la mort, véritable mythe personnel dans l'œuvre de Nizan. On le voit, *la Conspiration* est marquée par l'inflation d'un moi problématique, qui souvent paralyse l'activité romanesque des personnages : c'est aussi une des caractéristiques de l'*Éducation sentimentale* et peut-être de tout récit de formation sincère... Mais s'il s'agit pour Nizan d'interroger par la médiation du roman le sens de la jeunesse, la réponse n'a plus la netteté tranchante d'une révolte absolue. Non que celle-ci se soit totalement apaisée – on trouvera dans le roman bien des exemples de cette écriture aphoristique propre au pamphlétaire –, mais le regard rétrospectif porté par Nizan sur sa propre jeunesse est essentiellement marqué par l'ironie, parfois le sarcasme, et la gravité. Ainsi les adversaires n'ont plus cette évidence manichéenne qui faisait la tonalité du *Cheval de Troie*. Dans *la Conspiration*, le monde ne se construit plus sur l'affrontement des extrêmes mais sur l'exploration des motivations complexes. Certes, Carré, le bien nommé militant communiste, offre cette absence d'aspérité propre aux héros du réalisme socialiste. Mais il n'est pas indifférent qu'après le suicide de Bernard, qui sonne comme un adieu aux armes romantiques, les deux personnages à qui est laissé le mot de la fin soient Pluvinage, l'être du souterrain et Laforgue, celui de la réconciliation avec le monde. On mesure ainsi la dimension profonde de ce roman d'apprentissage, celle du tragique surmonté.

● « Folio », 1973.

J.-M. RODRIGUES

CONSUELO. Roman de George **Sand**, pseudonyme d'Aurore Dupin, baronne Dudevant (1804-1876), publié à Paris dans la *Revue indépendante* du 1er février 1842 au 25 mars 1843, et en volume chez L. de Potter en 1842-1843 ; réédition revue et corrigée chez Charpentier en 1845. *La Comtesse de Rudolstadt*, suite de *Consuelo*, parut dans la *Revue indépendante*, du 25 juin 1843 au 10 février 1844, et en volume, chez Potter en 1844, puis chez Charpentier en 1845.

Ce vaste ensemble romanesque, qu'Alain préférait au *Wilhelm Meister* de Goethe, se situe dans la continuité de **Spiridion* (1836) et du **Compagnon du tour de France* (1840). Mais à l'influence de Leroux et de Lamennais s'ajoutent cette fois celle de Chopin (dont la liaison avec G. Sand débute en septembre 1838), celle de Mickiewicz (dont l'auteur suit les cours au Collège de France à partir de 1841), celle aussi de Pauline Viardot, cantatrice et amie de la romancière.

Consuelo. Consuelo, pauvre orpheline espagnole et élève du maestro Porpora, possède une voix magnifique. Elle fait ses débuts à Venise, aux côtés d'Anzoleto, son fiancé. En plein succès, Consuelo s'enfuit, blessée par les infidélités d'Anzoleto (chap. 1-21). Elle arrive en Bohême, au sinistre manoir des Rudolstadt : sur la recommandation de son maître, elle doit y enseigner le chant à la jeune Amélie, fiancée malgré elle au comte Albert. Ce dernier, fils unique du comte Christian, désespère sa famille par des crises périodiques, où se succèdent apathie, délire et léthargie. Consuelo, prise de sympathie pour cet étrange personnage, parvient à le guérir. Mais elle est troublée par Anzoleto, arrivé inopinément au château, et elle fuit de nouveau, promettant de réfléchir à la demande en mariage que le comte Christian, surmontant ses préjugés nobiliaires, vient de lui faire au nom d'Albert

(22-63). Sur la route de Vienne, où elle va rejoindre Porpora, elle rencontre Joseph Haydn. Après avoir partagé avec lui les innombrables péripéties du voyage, elle retrouve son maître, dont Haydn devient le valet. Des calomniateurs la discréditent auprès de Marie-Thérèse, qui la juge indigne d'entrer dans la troupe impériale. Consuelo et Porpora partent alors pour l'Opéra de Berlin, qui les a engagés (64-99). À Prague, on les informe que le comte Albert meurt de chagrin. Consuelo se rend aussitôt à ses côtés et l'épouse juste avant sa mort. Ayant juré de garder ce mariage secret, elle reprend la route de Berlin (100-105).

La Comtesse de Rudolstadt. On retrouve Consuelo à Berlin, courtisée par Frédéric II et mêlée à ses intrigues politiques. Des phénomènes surnaturels se produisent ; le spectre d'Albert apparaît à Consuelo, que Frédéric II soupçonne maintenant de comploter contre lui et emprisonne à Spandau (chap. 1-3). La jeune femme s'y sent étrangement surveillée. De mystérieux amis, dirigés par un chevalier masqué, Livérani, la délivrent et la conduisent au château des Invisibles (4-24). Cette confrérie toute-puissante veut régénérer le monde et créer une « république évangélique ». Consuelo, éprise de Livérani, apprend, au cours de cérémonies initiatiques, qu'Albert n'est pas mort : en proie à un sommeil léthargique, il a été sauvé du tombeau par sa mère Wanda, elle-même ressuscitée et devenue un des chefs supérieurs des Invisibles. En fait, Albert et Livérani ne font qu'un : Consuelo, reçue dans la confrérie, est solennellement proclamée épouse du comte (25-41). Dans l'Épilogue, l'auteur raconte les malheurs que connaît rapidement le couple : persécuté et ayant définitivement sombré dans la folie, Albert parcourt l'Europe en jouant du violon et en prêchant l'égalité, accompagné de Consuelo et de ses enfants. Dans une lettre, Philon (alias Knigge) affirme qu'avec Adam Weishaup, chef de l'illuminisme initié à la doctrine d'Albert, il collaborera au progrès futur en abattant l'Ancien Régime.

Le roman déroule ses épisodes à travers l'Europe du XVIIIe siècle, fidèlement rendue, dans l'ensemble, par un auteur qui se veut « historien » : George Sand s'est documentée sur l'histoire de la Bohême hussite (avec les ouvrages de J. Lenfant), de la Prusse (avec les *Mémoires* du baron de Trenck), sur la géographie (avec les atlas de Lesage et de Malte-Brun), sur la musique enfin (avec la biographie universelle de F. J. Fétis). N'hésitant pas à citer textuellement ses sources, elle mêle personnages historiques (Marie-Thérèse, Frédéric II, Porpora, Joseph Haydn, Cagliostro...) et personnages fictifs (tels Consuelo, qui a beaucoup de Pauline Viardot, ou le comte Albert, porte-parole de Pierre Leroux).

Mais la fiction l'emporte malgré tout sur l'Histoire, et cette romancière qui intervient, avec désinvolture parfois, pour apostropher son lecteur, prendre à partie sa lectrice ou s'excuser de digressions un peu longues, ne ménage ni les fins « à effet » habituelles au roman-feuilleton (évanouissement d'Albert, *Consuelo*, chap. 31), ni les coups de théâtre un peu faciles (conversation surprise, *Consuelo*, chap. 14) ; Consuelo retrouve par hasard, chez un chanoine, sa rivale la Corilla, qui est sur le point d'accoucher d'un enfant dont le père n'est autre qu'Anzoleto (*ibid.*, chap. 78). George Sand joue ainsi de toutes les séductions du genre romanesque : amour (qui Consuelo choisira-t-elle, du sensuel Anzoleto, de l'étrange Albert ou du mystérieux Livérani ?), fantastique à la Radcliffe ou à la Hoffmann (« affreux château des géants », « chêne de la pierre d'épouvante », spectre d'Albert le voyant, divagations de Zdenko le fou), aventures (Consuelo, déguisée en jeune garçon, échappe aux « recruteurs » de Frédéric II, *Consuelo*, chap. 69 à 72 ; elle s'évade de la forteresse de Spandau, *Comtesse*, chap. 19 à 22) ; mystère enfin, celui qui entoure les sociétés secrètes et leurs cérémonies initiatiques, évoquées ici comme dans *le Compagnon du tour de France* et, ultérieurement, dans *les *Maîtres sonneurs*.

On suit l'héroïne de Venise à Berlin, en passant par Riesenburg, Vienne et Prague. Cet itinéraire géographique se double d'un cheminement moral et politique. Dans ce roman de formation qui retrace l'évolution de Consuelo, finalement gagnée, dans la *Comtesse*, par le mysticisme égalitaire d'Albert, se révèle, comme dans *Spiridion* et *le Compagnon du tour de France*, l'influence – parfois pesante – de Pierre Leroux et de ses ouvrages (*l'Encyclopédie* nouvelle, De l'égalité...) : croyance en la réincarnation avec la résurrection de Wanda et d'Albert ; nécessité d'abolir les castes (la bohémienne Consuelo, sans nom et sans famille, épouse le noble comte Albert de Rudolstadt) ; foi en l'avenir d'une humanité réconciliée pour laquelle luttent les Invisibles, avec leur devise républicaine « Liberté, Fraternité, Égalité », relayés dans leur combat par les adeptes de l'illuminisme présentés dans l'Épilogue, Philon et Adam Weishaup, initiés par Albert ; égalité des époux dans un mariage fondé sur l'amour (théorie professée par Wanda, Comtesse, chap. 41).

À ce destin de femme, assumé par Consuelo, s'ajoute un destin d'artiste qui, finalement, assure l'unité de l'œuvre. Dans ce roman sur la musique, qui rappelle la Vie d'artiste de Hoffmann ou encore Massimila Doni (voir la *Recherche de l'absolu) et Gambara (ibid.) de Balzac, George Sand, alors entourée de compositeurs et de musiciens (Chopin, bien sûr, et Pauline Viardot, mais aussi Liszt, Berlioz, Meyerbeer, le violoniste Baillot, l'altiste Urhan...) décrit la métamorphose d'une cantatrice. « Cette maigre et noire sauterelle », transfigurée par un talent exceptionnel (« Comme tout cela se transforme et se divinise lorsqu'elle s'inspire de son propre génie pour chanter »), se révèle aussi douée pour la musique savante d'un Pergolèse ou d'un Haendel que pour la musique populaire, qu'elle soit vénitienne, espagnole ou allemande. Le couple de musiciens ambulants, formé par Albert et la Zingara (Consuelo), qui a perdu sa voix, réalise le rêve, formulé par Lamennais, Listz et les saint-simoniens, d'une musique médiatrice entre le peuple et Dieu. Ce thème de la musique populaire sera repris et développé ensuite dans les Maîtres sonneurs (joueurs de cornemuse auxquels George Sand, dans Consuelo, consacre une très longue note, chap. 55), mais entre-temps la révolution de 1848 aura sonné le glas de bien des illusions et le messianisme d'un Albert ou d'un Adam Weishaup ne sera plus guère de mise.

● « Classiques Garnier », 1959 (p.p. L. Cellier et L. Guichard) ; Grenoble, Glénat, « L'Aurore », 3 vol., 1983 (p.p. S. Vierne et R. Bourgeois). ➤ Œuvres complètes, Slatkine, V et VII.

P. ALEXANDRE-BERGUES

CONSULTATION (la). Voir THIBAULT (les), de R. Martin du Gard.

CONTE DU GRAAL (le) ou Perceval. Roman de **Chrétien de Troyes** (seconde moitié du XIIᵉ siècle), composé entre 1181 et 1190 à l'intention de Philippe d'Alsace, comte de Flandre, mort à la troisième croisade en 1191. Formé de 8 960 vers, il a été conservé dans quinze manuscrits.

Matériellement inachevée, en raison de la mort de Chrétien, cette œuvre a donné lieu dès le tout début du XIIIᵉ siècle à des continuations, des élucidations et des réécritures qui ont très diversement réorienté le statut du Graal et le sens de sa quête. Il est donc difficile de faire une lecture immanente du récit en ignorant les éclairages que ces suites projettent sur le texte ou les zones d'ombre qu'elles révèlent. Mais elles sont aussi les premiers témoins du renouvellement qu'a apporté le Conte du Graal aux points de vue de la thématique, de l'écriture romanesque, et de l'invention d'un mythe moderne : le Graal et sa quête.

Le Conte du Graal introduit en effet dans la littérature un héros neuf, sans passé littéraire ou presque, et vierge de toute éducation chevaleresque et courtoise. Il systématise une technique, où s'ébauche la méthode de l'entrelacement (voir le *Lancelot en prose), fondée sur le va-et-vient de la narration entre deux personnages, deux histoires, deux quêtes inachevées. Il dispose une constellation nouvelle de personnages et de motifs qui fait coexister dans un

château de l'autre monde (qui deviendra Corbenic) un lignage royal (le lignage maternel de Perceval), le Roi Pêcheur (le roi « méhaigné », blessé et impotent) et son père, et des objets qui appellent à des titres divers un questionnement : une épée, dont on apprendra qu'elle doit se briser dès qu'elle sera utilisée ; une lance, à la pointe de laquelle perle une goutte de sang ; un graal (un très précieux plat de service) et un tailloir, toutes choses dont le héros comme le lecteur ignorent d'abord la provenance et le destinataire.

Prologue (v. 1-68). Chrétien sème son roman dans une terre très féconde où il ne pourra manquer de fructifier : la cour vraiment « royale » du comte de Flandre, dont les éminentes vertus dépassent largement celles d'Alexandre.

Séquence I (v. 69-4785) : Perceval. Enivré de joie dans la « reverdie » du monde, le « fils de la veuve dame de la gaste forêt » part chasser dans la forêt. La rencontre de chevaliers décide de son destin : il veut devenir semblable à ces êtres merveilleux qu'il prend d'abord pour des diables puis pour des anges. Il part donc en quête du « roi qui fait les chevaliers », Arthur, muni de quelques conseils rudimentaires que lui a donnés sa mère et du bref récit qu'elle lui a fait du sort tragique de son père et de ses deux frères. Elle-même meurt de douleur en le voyant s'éloigner. Les premières aventures de Perceval, étapes d'une découverte accélérée du monde et fils laissés en attente, le mènent successivement : auprès d'une jeune fille étendue sous une tente, qu'il embrasse de force et à qui il arrache son anneau ; à la cour d'Arthur où, à défaut d'être adoubé dans les règles, il tue sauvagement l'ennemi du roi, le chevalier Vermeil, et s'empare maladroitement de son armure ; au château de Gornemant de Gohort, qui l'adoube en lui révélant l'éminente valeur de l'ordre de chevalerie et où le jeune homme assimile très vite les techniques chevaleresques ; dans le domaine assiégé et « gaste » de Blanchefleur. Observant les conseils donnés par Gornemant, il y garde d'abord un total mutisme, mais, ému par les pleurs de la jeune fille qui est venue au cours de la nuit lui demander son aide, il se bat brillamment pour elle, délivre la cité, et envoie les chevaliers qu'il a vaincus à la cour d'Arthur. Ainsi confirme-t-il les paroles prononcées devant la cour d'Arthur par un fou et la jeune fille « qui n'avait jamais ri », prédisant, à la plus grande fureur de Keu le sénéchal, que le « jeune sauvageon aux yeux trop brillants et trop clairs » serait le meilleur chevalier du monde.

Quittant Blanchefleur – mais il promet de revenir – pour aller s'enquérir du sort de sa mère, le jeune homme rencontre un roi qui pêche dans une barque (le Roi Pêcheur), et qu'il rejoint dans son splendide château. Le soir, on apporte d'abord une très précieuse épée que le roi remet au jeune homme. Il voit ensuite passer devant lui un mystérieux et éblouissant cortège composé d'une lance qui saigne, d'un graal et d'un tailloir, portés par deux très belles jeunes filles, tandis qu'il partage un somptueux repas avec son hôte. Le caractère très insolite de la scène appelle des questions, que le jeune homme, appliquant toujours les conseils de Gornemant, n'ose d'abord poser. Mais au matin, le château a disparu. Dans la forêt proche, il rencontre une jeune fille pleurant son ami mort : c'est sa cousine, qui lui révèle qu'il a fait mourir sa propre mère et qu'il a commis une lourde faute en ne posant pas la question qui aurait guéri le Roi Pêcheur. Le jeune homme cependant devine subitement son nom, Perceval le Gallois, que la cousine modifie aussitôt en Perceval le Chétif, le malheureux. La rencontre suivante, avec l'Orgueilleux de la Lande, l'ami fou de jalousie de la jeune fille à la tente, lui permet néanmoins de réparer le tort qu'il a causé à la jeune fille en l'embrassant et en lui prenant son anneau, et d'envoyer à la cour un nouveau prisonnier. Devant pareils exploits, Arthur décide de partir en quête de Perceval, que le lecteur retrouve en effet contemplant toute une matinée trois gouttes de sang sur la neige qui lui rappellent les couleurs du visage de son amie Blanchefleur. Seul Gauvain parvient à tirer le chevalier de sa méditation sans se faire désarçonner et le conduit à la cour. Cependant, la Demoiselle Hideuse vient maudire en pleine cour Perceval et son échec, irréparable dit-elle, au château du Roi Pêcheur ; puis elle propose aux chevaliers une série d'aventures. Mais Perceval refuse d'en tenter d'autres que la quête du Graal et de la lance. Quant à Gauvain, alors accusé par Guinganbrésil d'avoir tué le père de l'actuel roi d'Escavalon, il doit renoncer à l'aventure projetée et se trouver dans quarante jours à Escavalon pour livrer un combat judiciaire.

Séquence II (v. 4 786-6 008) : Gauvain. En route, Gauvain triomphe au tournoi de Tintagel où il a accepté de se battre pour satisfaire au caprice d'une fillette, la « demoiselle aux petites manches » ; à Escavalon, il se fait surprendre en conversation galante avec la sœur du nouveau roi, puis il se bat contre le peuple de la cité. Finalement, le combat judiciaire est remis à un an, mais Gauvain doit d'ici là partir en quête de la lance qui saigne et qui doit un jour détruire le royaume de Logres.

Séquence III (v. 6 009-6 292) : Perceval. Durant cinq ans Perceval a recherché en vain et dans l'oubli de Dieu le château du Graal. La rencontre avec des pénitents, le Vendredi saint, puis avec un ermite, qui est en fait son oncle maternel, le frère de sa mère (et du destinataire du Graal), l'incitent à se confesser et à avouer son échec au château du Graal. Selon l'ermite, il expie ainsi le « péché de sa mère » (la faute qu'il a commise en la laissant mourir de désespoir). Mais le saint homme lui révèle aussi le sens du cortège du Graal : nourrir depuis quinze ans, grâce à l'hostie qui « vient » dans le Graal, le père du Roi Pêcheur.

Séquence IV (v. 6 293-8 960) : Gauvain. Franchissant la « borne de Galvoie » [pénétrant dans un autre monde d'où nul ne peut revenir] Gauvain erre de rencontres étranges en aventures insolites. Le chevalier est d'abord le jouet de la Demoiselle Odieuse [l'Orgueilleuse de Logres] dont il apprendra plus loin la triste histoire. Il doit ensuite subir les avanies de Greoras, un chevalier qu'il a tenté d'aider et qui lui dérobe un temps son cheval. Pénétrant dans le château de la Merveille ou château des Reines (il y reconnaîtra ensuite sa grand-mère, sa mère, et sa sœur Clarissant), il passe avec succès l'épreuve du Lit de la Merveille ; ce qui le désigne comme le seigneur de ce château où le temps semble être immobilisé, mais où il est désormais contraint de demeurer. Une dernière série d'aventures le met aux prises avec Guiromelant, qui, sans avoir jamais pu la rencontrer, aime Clarissant, mais déteste son frère, Gauvain, contre lequel il exige de se battre. Gauvain envoie alors un messager à Arthur pour que celui-ci assiste, avec toute la cour, au combat. Le texte s'interrompt brusquement avec l'arrivée à la cour du messager.

Liée aux fils d'une trame narrative très dense, cette présentation ne rend guère compte de la tonalité très particulière du dernier roman de Chrétien. Par les yeux de son héros neuf, l'écrivain a tenté, semble-t-il, de présenter dans l'instant même de leur apparition, dans leur étrangeté, leur mystère, et parfois leur incohérence, les personnages que rencontre le jeune homme, les lieux qui naissent sous son regard, les scènes que le lecteur découvre avec lui et dont il n'a, comme lui, qu'une vision fragmentaire. Le trait net avec lequel Chrétien découpe et cerne, comme autant d'enluminures, le monde éclaté que parcourt son héros contraste avec la technique adoptée pour les aventures de Gauvain. Là aussi, sans doute, prédominent le discontinu, les lignes brisées, mais dans un monde vaporeux, surréel, sans repères, et dont la présence continue de l'eau estompe tous les contours.

Conter non sans humour les méprises et les échecs initiaux d'un jeune homme ignorant les règles qui régissent l'univers dans lequel il s'aventure, puis suivre les étapes de sa formation physique et morale : tel est donc le choix un peu paradoxal d'un écrivain qui, jusqu'alors, avait retenu comme héros des chevaliers confirmés et pliés au rituel courtois. *Le Conte du Graal*, pourtant, n'est pas un vrai roman d'apprentissage : tout va trop vite et parfois mal. Mais il montre comment, en l'absence de toute éducation, un jeune homme très doué et issu d'un noble lignage retrouve spontanément les comportements attendus, développe ingénument des qualités innées, passe très rapidement d'une lecture naïve du monde à sa compréhension symbolique. Appliquant à la lettre les conseils de sa mère puis ceux de Gornemant, son « maître » d'un jour, Perceval le « nice » [l'innocent] croit d'abord qu'il suffit d'arracher à une jeune fille un anneau et un baiser pour en faire son amie, d'endosser des armes, fussent-elles vermeilles, pour être chevalier, et confond mutisme total et discrétion polie. Mais il devient très vite celui que les pleurs de Blanchefleur ouvrent à la pitié, celui qui trouve dans l'élan d'un désir neuf la force de vaincre comme d'épargner le vaincu et qui sait réparer les torts qu'il a causés, celui à qui enfin la contemplation de trois gouttes de sang sur la neige fait retrouver le bonheur éprouvé auprès de Blanchefleur, avant que la réminiscence elle-même ne devienne pur instant de bonheur (v. 4 207-4 210 et 4 446-4 447). On peut rapprocher ce rapide apprentissage des expériences de Gauvain, le parfait chevalier courtois, contraint, au cours de ses aventures, de réajuster ses réactions et de repenser des règles de comportement désormais surannées ou peu efficaces.

L'échec au château du Graal indique cependant les limites de cet apprentissage et modifie radicalement le parcours du héros qui, en réponse à la malédiction de la Demoiselle Hideuse, dit « tot el » [tout autrement], refuse les normes, repart obstinément en une quête longtemps vaine. La brève séquence chez l'ermite transforme peut-être l'apprentissage en initiation. L'ermite reconstitue pour son neveu le lignage maternel ; il explicite le « sens » du Graal, son contenu, l'hostie qui « vient » dans le plat, son destinataire, le vieux roi qui en soutient sa vie. Il complète l'enseignement religieux du jeune chevalier repentant. Il énonce la question que le héros n'a pas su deviner mais qu'il aurait peut-être pu poser à nouveau, si le texte s'était poursuivi, et il explique la raison de son silence (le péché qu'il a commis en faisant mourir de douleur sa mère). Ce bref épisode donne ainsi à Perceval le statut, fréquent dans le conte populaire, du héros qui, après avoir échoué une première fois, trouve l'adjuvant qui, en lui donnant enfin le « bon conseil », lui permettra de mener à bien sa tâche. Mais l'intervention de l'ermite donne également une dimension autre, chrétienne, à cette « sainte chose » (v. 6 209) qu'est désormais le Graal (mais non la lance), un plat qui n'est pas destiné à contenir des nourritures terrestres, mais cette nourriture essentielle qu'est l'hostie (v. 6 204-6 212).

Aux origines du Graal, de la lance qui saigne, du Roi Pêcheur, etc., se croisent au moins des mythes et légendes celtes et des données chrétiennes, celles que contenait peut-être le « livre » confié par Philippe d'Alsace à Chrétien de Troyes (v. 6 667), et dont nous ignorons tout. Pour rendre compte du cortège du Graal, on a pu évoquer aussi bien des origines chrétiennes, liturgiques, voire précisément byzantines, que des mythes païens de fertilité, que des traditions celtes, ou remonter à des mythes indo-européens. Si l'on en reste toutefois à une perception immanente de la scène, telle que la voit sans aucun recul Perceval, le trait le plus frappant est le caractère disparate et insolite des objets mis ensemble, tandis que le cadrage du cortège, dérobant le point de départ comme le point d'arrivée, devrait induire un questionnement sur l'origine et la destination. Une autre caractéristique du Graal est son lien à la nourriture, une nourriture d'abord fort concrète, celle que mange abondamment Perceval, mais à laquelle l'ermite substitue l'hostie. La scène du Graal devait ainsi participer à plusieurs niveaux de l'éducation du héros. Elle devait lui apprendre à passer d'une saisie brute et passive du monde à une quête qui aurait exploré aussi bien l'origine et le devenir de l'objet que son contenu et sa raison d'être : clés que donne en partie l'ermite. Sa parole autorisée semble tout aussi bien provoquer la relance du récit que prendre un peu vite le Graal dans les rets du sens chrétien, tandis que la lance échappe à toute élucidation et que le tailloir disparaît du récit. L'explication chrétienne « ignore » cependant la parole (autorisée ?) de la cousine, selon laquelle poser la question aurait guéri le roi et lui aurait rendu le pouvoir de « tenir terre » (v. 3 569-3 576), ou celle de la Demoiselle Hideuse, qui lie l'impotence (l'impuissance du roi) aux malheurs qui vont fondre sur son royaume (v. 4 651-4 659). Poser la question sur le Graal, ce peut donc être, comme le propose l'ermite, tenter l'élucidation du sens, la quête de la transparence, le passage de la nourriture terrestre à la sublimité essentielle de l'hostie. Mais ce peut être aussi, comme le suggèrent la cousine et la Demoiselle Hideuse, mimer dans l'enchaînement des questions et des réponses le déroulement du temps, faire repartir le temps suspendu (à la suite de quel désastre ?) qui fige et stérilise le roi et sa terre. Ce peut être encore, en demandant pourquoi la lance saigne, d'où vient le Graal et où il va, s'interroger sur le secret des origines et tenter de suivre, de sa source à son devenir, le cours du temps. Toutes voies qu'ouvre *le Conte du Graal* et qu'exploreront longuement les récits ultérieurs.

Perceval repart de la cour d'Arthur pour quêter le Graal et la lance. Or, à Escavalon, Gauvain est chargé de la recherche de la lance dont la fonction destructrice est soulignée. Cette redistribution un peu incohérente est peut-être liée à l'inachèvement du texte. Elle en recoupe cependant la structure, le jeu d'échos et d'oppositions qu'elle établit entre Perceval et Gauvain. La démarche de Perceval n'a rien de linéaire. Elle va de décrochement en décrochement – désir de partir, désir de devenir chevalier, désir de retourner vers la mère – avant de se fixer dans l'unique désir du Graal. Mais elle est toujours projetée dans un « à venir » de l'aventure et du temps. Gauvain, lui, est contraint d'accepter la modification constante de ses projets. Il n'achève rien et se retrouve finalement dans un château de l'autre monde, où coexistent, figés dans le temps, des hommes et des femmes de tous âges. Tous attendent le chevalier élu qui, abolissant les enchantements, rétablirait le cours normal du temps (v. 7 313-7 352). Ni Perceval ni Gauvain n'achèvent leur quête et n'en terminent le parcours. Ne peut-on toutefois penser que, dans un cas comme dans l'autre, cette quête a partie liée avec la représentation du temps, et qu'avec le motif du Graal, les questions, les réponses, la communication interrompue puis reprise qu'il suscite, Chrétien a inventé le plus sûr moyen d'ouvrir le temps du récit, des récits à venir, aux dimensions et aux interrogations du temps humain ?

La plus brillante et la plus originale des œuvres influencées par le Conte du Graal est, en moyen haut allemand, le Parzival de Wolfram von Eschenbach, composé vers 1200-1210, qui entrelace lui aussi les aventures de son héros-titre à celles de Gauvain et crée entre autres un nouveau personnage, Feirefiz le païen, le demi-frère de Parzival, qui se convertira au christianisme pour épouser et emmener dans l'Inde, son royaume, la très belle porteuse du Graal. Le Parzival de Wolfram est aussi à la source du Parsifal de Wagner, l'opéra par lequel ont fait retour dans la littérature moderne, un personnage et un mythe que l'on retrouve aussi bien dans The Waves de Virginia Woolf, que dans *Au château d'Argol ou le *Roi Pêcheur de Julien Gracq, que, plus récemment, dans Graal Fiction de Jacques Roubaud ou au cinéma dans Perceval le Gallois d'Éric Rohmer.

● Genève, Droz, 1959 (p.p. W. Roach) ; « Le Livre de Poche / Lettres gothiques », 1990 (éd. bilingue, p.p. Ch. Méla). Traductions seules : 1947, rééd. Stock 1978 (trad. L. Foulet) ; Champion, 1979 (trad. J. Ribard) ; « Bouquins », 1989 (la Légende arthurienne, dir. D. Régnier-Bohler). ➤ Sämtliche erhaltene Werke, Niemeyer, V ; les Romans de Chrétien de Troyes, Champion, VI (2 tomes).

E. BAUMGARTNER

CONTEMPLATION DE LA NATURE (la). Essai de Charles **Bonnet** (Suisse, 1720-1794), publié à Amsterdam chez M.-M. Rey en 1764.

Après le Traité d'insectologie ou Observations sur les pucerons (1745), et les Considérations sur les corps organisés (1762), Bonnet, naturaliste et philosophe genevois, qui a démontré la parthénogenèse des pucerons en 1740, intervient dans la question de la génération des formes, par rapport à laquelle il va adopter une position tout à fait originale dans cette Contemplation de la nature.

Au moment où Bonnet s'inscrit parmi les « philosophes du vivant », les mémoires de l'Académie des sciences de Paris et la constellation des œuvres qui se réfèrent à la même problématique permettent de réfléchir à la nature des liens qui nouent l'anatomie à la métaphysique dans la première moitié du XVIIIe siècle. La « querelle des germes » suscite des débats passionnés où s'affrontent plusieurs versions de l'épigénétisme et plusieurs versions du préformationnisme.

Dès 1674, Malebranche, dans *De la recherche de la vérité (livre I), avait donné une définition très claire de la préformation, appuyée sur de récentes découvertes, dont les plus importantes étaient celles de Swammerdam, Malpighi

et Grew. Ces découvertes, associées à celles de Redi qui démentaient la génération spontanée, avaient discrédité l'épigénèse cartésienne du Traité du fœtus. Il faut comprendre que le mécanisme explique la fonction mais non la génération. Il est impossible, écrit Malebranche dans ses Entretiens sur la métaphysique et la religion, « que les êtres vivants se forment uniquement en conséquence des lois générales des communications des mouvements », et il appuie sa remarque sur la thèse oviste de l'emboîtement. La Providence ordinaire de Dieu, en créant les lois générales du mouvement, a construit les figures des machines vivantes, de telle sorte que dans la suite des temps, les germes enveloppés dans les premiers individus de chaque espèce puissent se développer sans le secours d'une Providence extraordinaire. Puisque la matière est divisible à l'infini, la doctrine de l'emboîtement explique parfaitement la génération du point de vue mécanique.

Bonnet, lui, adopte la thèse plus ancienne de la préexistence, dès ses Considérations sur les corps organisés, où il commente, contre Buffon, ses découvertes sur la parthénogénèse et sur la régénération d'organes : « La Nature paraît avoir renfermé en petit dans une espèce de bouton les parties que les insectes reproduisent à la place de celles qu'ils ont perdues... Je n'entreprends point d'expliquer comment l'animal se forme : je le suppose préformé dès le commencement, et ma supposition repose sur des faits qui ont été bien observés » (Considérations, II). Ainsi, contre la conception préformationniste des œufs monstrueux soutenue notamment par Duverney et Winslow, Bonnet est solidaire de la perspective de Lémery, dont il partage la perspective synchronique et accidentaliste, et parce qu'il admet que l'accident est fonction de la distance entre Dieu et la nature. Comme « il est assez établi que rien ne s'engendré » (ibid.), « il ne fallait pas dire [contre Winslow] : cela est sage donc Dieu l'a fait ; mais il fallait dire : Dieu l'a fait, donc cela est sage. Or, on ne démontrait point que Dieu eût fait des germes monstrueux » (ibid.).

Les philosophies du vivant, au XVIIIe siècle, témoignent en outre d'un effort remarquable pour penser l'ordre et ses anomalies. De ce point de vue, les conceptions de la morphogenèse sont caractérisées par une histoire marquée par une rupture, à partir des années 1740, dont certains textes sont particulièrement exemplaires : la Vénus physique de Maupertuis, l'*Histoire naturelle de Buffon, la *Lettre sur les aveugles de Diderot, et la Protogée de Leibniz. La Contemplation de la nature s'inscrit dans cette trajectoire, illustrée par une de ses formules reprise par Robinet : on prétend « que la molécule forme la fibre, la fibre le vaisseau, le vaisseau l'organe. Que signifie ce langage [...] et si la molécule n'est point organique, comment formerait-elle un organe ? ».

En revanche, si Diderot ne devait pas se sentir attiré par les Considérations sur les corps organisés (explication mécaniste de la sécrétion glandulaire et de l'assimilation, hypothèses spiritualistes qui supposent des « germes d'âme » dans le polype), la Contemplation de la nature ne pouvait que l'intéresser. La Correspondance littéraire en avait fait l'éloge dans le compte rendu du 1er décembre 1763 (V, 414), et dans celui du 1er février 1765. Dans la Contemplation, Bonnet affirme comme Diderot le principe de la chaîne des êtres et de la gradation insensible entre les degrés de l'échelle universelle.

Rappelons comment Diderot développe cette thèse dans les Principes sur la matière et le mouvement : contre les philosophes qui se trompent en croyant la matière indifférente au mouvement et au repos, la nature elle-même trace la frontière entre l'apparence et la réalité. À nous de savoir repérer cette ligne de démarcation, pourvu qu'on suive la nature au lieu de lui infliger des systèmes préétablis : « Ils oublient que tandis qu'ils raisonnent de l'indifférence du corps au mouvement et au repos, le bloc de marbre tend à sa dissolution. » Et, dans le *Rêve de d'Alembert, du marbre à l'homme, en passant par le polype, s'élabore la gradation des êtres.

Bonnet voit circuler la matière à travers toutes les formes : « Réduit en chaux [le caillou] passera dans la substance d'une plante, de là, dans celle d'un animal » (2e partie). Mais Bonnet ne fait pas le « saut » qui l'autoriserait à conclure que toute matière est organisée. Il établit cependant le schéma de l'échelle ascendante des êtres : corps bruts et non organisés, pierres feuilletées et fibreuses, plantes, polypes, insectes, coquillages, reptiles, poissons, oiseaux, quadrupèdes, singe, homme (3e partie). Il pousse assez loin l'audace sur la question de la sensibilité (10e partie) en affirmant qu'il ne faut pas conclure de l'absence de mouvement à l'absence de sentiment : « En privant les plantes du sentiment, nous faisons faire un saut à la nature, sans en assigner de raison. » Or bien des phénomènes attestent que les plantes sont sensibles. Mais Bonnet ne conduit pas cette audace à la manière de Robinet qui établit une faible distance entre la plante et le talc... « Arrêtons-nous, et n'étendons point nos conséquences au-delà de leurs justes bornes : nous dénaturerions la substance, et nous ferions un monde imaginaire » (4e partie).

Nous pouvons donc, en manière de bilan de cette *Contemplation de la nature*, insister sur deux points remarquables : le premier concerne la circulation de la matière à travers la gradation des êtres, même si elle est limitée ; le second concerne la position radicalement préformationniste pour les générations ordinaires, et la thèse de l'accidentalité pour les générations monstrueuses.

A. IBRAHIM

CONTEMPLATIONS (les). Recueil poétique de Victor **Hugo** (1802-1885), publié simultanément à Bruxelles chez Alphonse Lebègue et Cie et à Paris chez Pagnerre et Michel Lévy en 1856.

Les 11 000 vers des *Contemplations* furent écrits dès 1834, mais surtout pendant l'exil à Jersey, puis à Guernesey, en particulier à partir de 1853 alors que Hugo composait les *Châtiments*. Mettant fin au silence lyrique qu'il observait depuis les *Rayons et les Ombres* (1840), le recueil, sommet de sa production poétique, somme de sa vie, de sa sensibilité et de sa pensée, se présente comme « les Mémoires d'une âme » (Préface). Si « une destinée est écrite là jour à jour », le recueil s'érige aussi en expression d'une expérience, celle d'un homme qui se veut comme les autres : « Quand je vous parle de moi, je vous parle de vous. »

Si l'exil politique se fait de plus en plus figure du hors-lieu ou du hors-jeu, s'il se métamorphose en poème, et informe *les Contemplations,* un autre exil, affectif et moral celui-là, la mort de sa fille Léopoldine, tragiquement noyée à Villequier avec son mari Auguste Vacquerie le 4 septembre 1843, rend nécessaire la reconstruction par l'écriture poétique d'un sens de la vie. Mais ce deuil n'est que la terrible image d'une mort encore plus essentielle, celle d'un moi sublimé en poète. Le recueil transcrit l'itinéraire spirituel d'un « je » poétique tout en accumulant les expériences du moi personnel. La contemplation devient le point de vue d'une âme après la mort, une posture poétique qui équivaut à l'activité poétique même : « Ce livre doit être lu comme celui d'un mort » (Préface).

La structure du livre, cette « grande pyramide » (À Hetzel, 31 mai 1855), reflète cette démarche. Si en 1854 Hugo pensait à quatre sections (« Ma jeunesse morte », « Mon cœur mort », « Ma fille morte », « Ma patrie morte »), il s'arrête finalement à un dyptique articulé autour de deux parties d'égale ampleur, « Autrefois » (77 pièces) et « Aujourd'hui » (59 textes), diptyque centré sur la mort de Léopoldine (« Un abîme les sépare, le tombeau », Préface). Chacune de ces parties comporte trois livres qui sont autant d'étapes de ce cheminement « sortant de l'énigme du berceau et aboutissant à l'énigme du cercueil » (Préface), et dont les poèmes se voient attribuer une date fictive de rédaction, ceux de la première partie étant censés avoir été rédigés avant 1843. Le recueil, livre d'un mort, se donne aussi comme le livre d'une morte, encadré par les poèmes-dédicaces, "À ma fille", "À celle qui est restée en France".

Livre de la jeunesse, « Aurore » (29 pièces) évoque les souvenirs de collège ("À propos d'Horace"), les premiers émois amoureux ("Lise" ; "Vieilles Chansons du jeune temps", avec l'un des plus beaux poèmes érotiques de Hugo ("Elle était déchaussée, elle était décoiffée"), rappelle les combats littéraires, mais chante aussi le printemps ("Vere novo"), la rêverie devant la nature ("Le poète s'en va dans les champs. Il admire") ou un spectacle en plein air ("la Fête chez Thérèse").

Livres des amours, « l'Âme en fleur » (28 pièces) embrasse la passion pour Juliette Drouet, la déclinant depuis les premiers temps de leur union, leurs promenades en forêt de Fontainebleau ou dans la vallée de la Bièvre ("Viens ! – une flûte invisible"), joies, extases et épreuves, querelles et réconciliations. Pour elle, il note des impressions de voyage ("Lettre"), ou écrit un "Billet du matin". Tantôt il lui laisse la parole ("Paroles dans l'ombre"), tantôt il rappelle "le Rouet d'Omphale", pérennisant les moments heureux ("Hier au soir" ; "Mon bras pressait ta taille frêle").

« Les Luttes et les Rêves » (30 pièces) constituent le livre de la pitié pour la misère moderne ("Melancholia" ; "le Maître d'études", "À la mère de l'enfant mort"), flétrissant les persécutions infligées aux hommes de bien, dénonçant ces fléaux, la guerre et la tyrannie ("la Source" ; "la Statue"), ou ce scandale, la peine de mort ("la Nature"). Décrivant le châtiment des maudits ("Saturne"), Hugo interprète philosophiquement le mal comme une épreuve ("Explication").

Après la béance de la séparation, c'est « Pauca meae » – « quelques vers pour ma fille » – (17 pièces), le livre du deuil. Tantôt se révoltant contre la cruauté du destin ("Trois Ans après") ou évoquant la terrible épreuve ("Oh ! je fus comme un fou dans le premier moment"), n'oubliant pas son gendre ("Charles Vacquerie"), tantôt s'attendrissant au souvenir du passé ("Elle avait pris ce pli" ; "Quand nous habitions tous ensemble" ; "Elle était pâle, et pourtant rose" ; "Ô souvenirs ! printemps ! aurore !"), tantôt se soumettant à la volonté divine ("À Villequier"), il associe enfin à l'idée de la mort l'espoir dans l'au-delà ("Mors").

« En marche » (26 pièces) met en scène l'énergie retrouvée, qui apparaît dans le passage de "Charles Vacquerie", le gendre, à "À Aug. V.", le compagnon d'exil. Le poète l'investit dans la méditation, depuis les impressions de promenade ("Pasteurs et Troupeaux") jusqu'aux pensées sur la condition humaine ("Paroles sur la dune"), depuis le spectacle quotidien ("le Mendiant") jusqu'à l'"Apparition", sans oublier le souvenir d'enfance ("Aux Feuillantines") ni le chien familier ("Ponto").

Le livre VI nous mène « Au bord de l'infini » (26 pièces). Livre des certitudes, itinéraire ("Ibo"), il se peuple de spectres, d'ombres, d'anges et, franchissant "le Pont", ouvrant sur le gouffre, parcourt l'espace métaphysique entre angoisse ("Hélas ! tout est sépulcre") et espérance ("Spes" ; "Cadaver") pour prophétiser ("Ce que dit la bouche d'ombre"), comme "les Mages", l'universel pardon.

Le livre VI, plus qu'il n'équilibre les autres, en constitue l'aboutissement. Tout le mouvement du recueil mène à ces révélations ultimes. Approfondissement ménagé par une progression et de subtiles symétries ou échos, trop nombreux pour être énumérés ("Melancholia", III, 2, et "les Malheureux", V, 26 ; "Halte en marchant", I, 29, et "Ibo", VI, 2 ; "Magnitudo parvi", III, 30, et "les Mages", VI, 23), mais qui érigent le recueil en combinatoire selon une stratégie de significations entrecroisées. La circularité se trouve supérieurement illustrée par l'ultime pièce, "Ce que dit la bouche d'ombre", composée la dernière, et datée du jour des Morts (2 novembre 1855). Retournement qui superpose conquête des vérités révélées et réitération du point de départ. Comme les *Châtiments*, qui annonçaient la République universelle, assomption de l'Histoire, *les Contemplations* anticipent sur la mort en mimant la production et le progrès d'une parole. Au lieu de renvoyer « Aujourd'hui » vers le passé aboli de la poésie « pure », celle d'un moi personnel, cet achèvement, ou cet accomplissement poétique, récupère tout le livre comme lyrisme désormais pertinent, assumé parce que sublimé, pour le nouveau « je », celui que la double fracture, politique et affective, a fait naître.

L'ouvrage cependant ne saurait se réduire à cette architecture certes complexe mais épurée, trop lisible. La multiplicité des thèmes, des entrées possibles, des recoupements, la dispersion autant que les rassemblements le rendent foisonnant, vertigineux. De "l'Enfance" (I, 23) à l'au-delà ("Voyage de nuit", VI, 19), de "Horror" à "Dolor" (VI, 16 et 17), des bruissements de la nature ("En écoutant les oiseaux", II, 9), de ses voix ("Mugitusque boum", V, 17) aux "Pleurs dans la nuit" (VI, 6), de "la Vie

Cocteau

Jean Cocteau jouant l'ange Heurtebise
dans *Orphée* au Théâtre des Arts en 1926.
Ph. © S.P.E. © SPADEM, Paris, 1994.

Jean Cocteau

« La peine de mort n'existant pas dans les écoles, on renvoya Dargelos » : comme son héros préféré, Jean Cocteau (1889-1963) n'a jamais quitté l'univers préservé des *Enfants terribles* (1925), refusant le sérieux adulte pour obéir aux seules lois de la beauté et du merveilleux, celles des Anges amoureux et de la Bête changée en Prince... Pourtant derrière la désinvolture affichée d'une œuvre liée à toutes les avant-gardes (poésie, théâtre, roman, cinéma, chorégraphie, dessin, peinture...), une fascination pour la « machine infernale » de la tragédie antique et les grandes figures mythiques

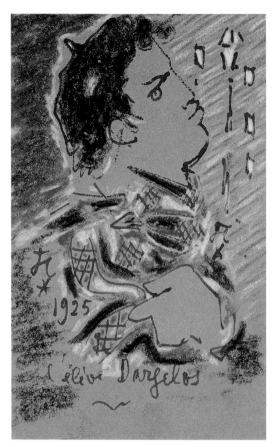

« L'Élève Dargelos », 1925.
Dessin de Jean Cocteau (1889-1963).
Coll. Édouard Dermit, Milly la Forêt. Ph. Léonard
de Selva © Arch. Photeb © SPADEM, Paris, 1994.

« Autres Commères ».
Dessin de Jean Cocteau
pour le *Potomak*, Paris,
Société Littéraire
en France, 1919.
Bibliothèque nationale, Paris.
Ph. © Bibl. nat./Photeb.
© SPADEM, Paris, 1994.

La Machine infernale,
au théâtre des
Bouffes Parisiens en 1954,
avec Jean Marais (Orphée) et
Jeanne Moreau (le Sphinx).
Ph. © Bernand.

— Œdipe et surtout Orphée : un
Orphée amoureux de la Mort, qui
apprend à traverser les miroirs pour
capter quelques mots de cette « langue
ni vivante ni morte » qu'est la poésie.
Langue jamais plus magique qu'au
cinéma, avec ses trucages et ses objets
modernes arrachés au quotidien
pour révéler l'irréel, motards de la Mort
ou radio codée (*Orphée*, 1950).

La Belle et la Bête, 1945.
Film de Jean Cocteau,
avec Jean Marais et Josette Day.
Ph. © coll. La Cinémathèque française
© SPADEM, Paris, 1994.

aux champs" (I, 6) aux "Baraques de la foire" (III, 19), "Crépuscule" (II, 26), "Lueur au couchant" (V, 16), "Éclaircie" (VI, 10), "Insomnie" (III, 20)... tout accède à la dignité poétique, en une immense "Religio" (VI, 20), car tout est un temple.

Le sacré ou la référence à l'antique, comme pour mieux s'approprier l'éternité, se manifeste dans les titres latins "Quia pulvis est", III, 5 ; "Dolorosae", V, 12 ; "Nomen, Numen, Lumen", VI, 25 et douze autres ; mais depuis la désignation du modèle ("Épitaphe", III, 15) jusqu'au "?" (III, 11), entre les odes dédiées (depuis "À André Chénier", I, 5 jusqu'"Aux arbres", VI, 24) et l'indication programmatrice ("la Chouette", III, 13), une gamme titulaire jalonne les sentiers du recueil, pistes de la rêverie, de la réflexion, du souvenir, de la mélancolie, de la souffrance ou de l'élévation.

Tout un éventail d'inspirations et de résonances s'ouvre entre les vers simples et poignants du célébrissime "Demain dès l'aube" (IV, 14) et les développements cosmiques et métaphysiques de "Ce que dit la bouche d'ombre" (VI, 26), entre le badinage libertin ("la Coccinelle", I, 15) et la véhémence ("Écrit en 1846", V, 3), entre "Aimons toujours ! aimons encore !" (I, 22) et l'interrogation de "Saturne" (III, 3), entre la déréliction de "Veni, vidi, vixi" (IV, 13) et les enchantements des "Joies du soir" (III, 26).

À ce déploiement prodigieux correspond un festival prosodique. Tous les mètres et les genres lyriques (parfois exhibés comme dans "Églogue", II, 12 ou "Chanson", II, 4), idylles, élégies et odes étant les plus nombreuses, toutes les combinaisons strophiques, toutes les ampleurs se répartissent dans ce livre-monde. La langue hugolienne embrasse le réel et le surnaturel, le haut et le bas, opère la révolution dans les lettres, comme le revendique vigoureusement "Réponse à un acte d'accusation" (I, 7). L'alexandrin sait se grandir jusqu'à la période rhétorique ou suggérer le vertige de l'infini, montrer sa charpente ou ménager des brisures. Art superbement maîtrisé du contraste entre les grâces plastiques et les visions olympiennes, l'écriture hugolienne offre toutes les capacités du "Poète" (III, 28), géant monstrueux de la taille d'un Shakespeare. Peinture de l'humanité et prise en charge de ses destinées, forme du temps, *les Contemplations* sont en définitive l'œuvre du « secrétaire de Dieu » (P. Albouy). Hugo, homme crucifié, peut dire « *Homo sum* » : il réunit les deux mondes, le gouffre obscur et l'espace lumineux.

● « Classiques Garnier », 1969 (p.p. L. Cellier) ; « Poésies / Gallimard », 1973 (p. p. P. Albouy) ; « Le Livre de Poche », 1980 (p.p. J. Gaudon) ; « Presses Pocket », 1990 (p. p. G. Malandain-Chamarat).
➤ *Œuvres poétiques*, « Pléiade », II ; *Œuvres complètes*, Club français du Livre, IX ; *id.*, « Bouquins », Poésie, II (p.p. J. et S. Gaudon).

G. GENGEMBRE

CONTEMPORAINES (les) ou Aventures des plus jolies femmes de l'âge présent. Recueil de nouvelles de Nicolas Edme Rétif, dit **Rétif** (ou **Restif**) **de La Bretonne** (1734-1806), publié de 1780 à 1785 (42 volumes).

Dès son premier roman (*la Famille vertueuse*, 1767), Rétif a pratiqué le genre de la nouvelle, sous forme de récits imbriqués dans la trame narrative générale. Ce goût ne cessera de s'affirmer dans les œuvres suivantes, jusqu'au foisonnement débordant du *Nouvel Abeilard*, en 1777. L'écrivain découvre alors que le roman ne suffit plus à accueillir toutes les nouvelles qui s'accumulent dans son portefeuille et il renvoie à « un recueil d'anecdotes singulières », projet initial des *Contemporaines*. Trois volumes seulement sont alors prévus : il y en aura finalement quarante-deux. La majeure partie des nouvelles est écrite de 1779 à 1782 (pour les trente premiers volumes), et l'impression en commence dès le mois de juillet 1780. Les douze derniers volumes sont écrits en 1783 et 1784. L'impression de l'ensemble s'achève en mai 1785, illustré de 283 gravures. Le travail sur *les*

Contemporaines n'est cependant pas terminé : Rétif a entrepris dès 1781 de réaliser une deuxième édition, au texte parfois modifié, et enrichie (pour les volumes XVII à XXII et XXVII à XXX) de nombreuses lettres adressées à l'auteur. L'impression de cette deuxième édition, très étalée dans le temps, ne prendra fin qu'en 1792, les douze derniers volumes étant laissés de côté.

Les Contemporaines se composent de trois séries : « les Contemporaines ou Aventures des plus jolies femmes de l'âge présent » (Rétif a désigné ensuite cette première série par : « les Contemporaines mêlées »), 17 volumes ; « les Contemporaines du commun ou Aventures des belles marchandes, ouvrières, etc., de l'âge présent », 13 volumes ; « les Contemporaines par gradation ou Aventures des jolies femmes de l'âge actuel, suivant la gradation des principaux états de la société », 12 volumes. Chaque nouvelle compte en moyenne une quarantaine de pages et, comme le titre général l'indique, donne le premier rôle à une héroïne ; les histoires exploitent une thématique traditionnelle : résistance de la vertu féminine, récompensée par le bonheur conjugal (« la Jolie Fruitière »), corruption de l'innocence, avec rédemption finale (« la Jolie Gazière »), ou thématique familière à Rétif : la polygamie (« les Épouses par quartier », « les Quatre Belles Chaircuitières »), l'érotisme du pied (« la Jolie Parfumeuse »), l'épouse criminelle (« la Perfide Horlogère »), l'amour coupable racheté par la procréation (« la Jolie Fille de boutique »), le travestissement des sexes (« le Garçon-Fille », « la Fille-Garçon », « la Petite Éventailliste », « la Jolie Tripière »). La spécificité des deuxième et troisième séries tient essentiellement au choix des femmes mises en scène : ouvrières et marchandes pour la deuxième (et Rétif semble avoir fait le recensement complet de tous les métiers de la capitale, jusqu'aux plus humbles crieuses des rues), et pour la troisième, femmes prises dans les divers degrés de la hiérarchie sociale, depuis la noblesse jusqu'au monde du théâtre, en passant par celui de la justice, de la finance, de la bourgeoisie, du commerce, de la médecine, de la littérature. Mais les thèmes traités ne se distinguent pas de ceux de la première série, dont la spécificité n'est en définitive que dans l'absence de plan a priori.

Rétif a insisté sur l'objet moral de ces centaines de nouvelles : « Oui, j'ai prétendu épuiser, dans les 444 historiettes de mes 272 nouvelles, tous les moyens à vous suggérer pour être heureux en ménage, tous les abus en vogue qui s'y opposent » (XXXIX). Il en a même dressé (XXV) une table thématique afin de mieux montrer qu'elles constituaient un manuel de morale conjugale. Ce moralisme centré sur le bonheur du couple, tout conventionnel qu'il est, tire sa sincérité de l'échec personnel de Rétif en ce domaine. Cependant l'intérêt actuel des *Contemporaines* n'est évidemment plus là, mais dans l'imagination de l'écrivain, qui a su multiplier les variations sur des thèmes connus et limités en nombre, et cela, souvent grâce à l'utilisation de ses souvenirs ou de son expérience immédiate. Sous des noms d'emprunt, il se met volontiers en scène, parfois de façon fugitive, mais parfois aussi pour raconter un épisode de sa vie. L'inspiration autobiographique est nette dans des nouvelles comme « le Premier Amour » (26ᵉ Contemporaine), « la Fille de mon hôtesse » (50ᵉ), « la Femme tardive » (97ᵉ), « la Femme de laboureur » (183ᵉ), etc. L'intérêt du recueil, notamment pour les deux dernières séries, est également dans l'attention prêtée au monde réel. Il serait certes erroné de voir en Rétif un ancêtre du réalisme du XIXᵉ siècle : la nomenclature des métiers et des états affichée par les titres des « Contemporaines du commun » et « par gradation » n'est qu'un cadre formel ; les histoires sont interchangeables, et leur finalité morale est soutenue par un parti pris romanesque : la tranche de vie s'efface toujours derrière l'aventure extraordinaire. Ce sont les gravures qui sont chargées de donner à voir le monde réel (intérieurs de boutiques, outils, habillements, scènes de rue), non le texte lui-même. Mais en dépit de Rétif, la saveur des *Contemporaines* est bien aussi dans l'évocation concrète de la société de l'Ancien Régime, dans le surgissement de tel ou tel détail, dans la précision des lieux, dans une description oblique de la réalité, description d'autant plus attachante aujourd'hui qu'elle n'a pas procédé d'une ambition littéraire.

● Genève, Slatkine, 1988, 21 vol. (réimp. éd. 1780-1785).

P. TESTUD

CONTENS (les). Comédie en cinq actes et en prose d'Odet de **Turnèbe** (1552-1581), publié à Paris chez Félix Le Mangnier en 1554. Une deuxième édition vit le jour sous le titre *les Desguisez* à Blois chez Gauché Collas en 1626.

La production théâtrale de Turnèbe se résume à cet ouvrage qui fut sans doute écrit l'année même de sa mort et pour le seul divertissement de ses amis. On ne sait si la pièce a été représentée du vivant de son auteur.

Louise, bourgeoise de Paris, veut marier sa fille Geneviève à Eustache. Mais celle-ci aime Basile et en est aimée. Le soldat fanfaron Rodomont s'est, lui aussi, mis en tête d'épouser Geneviève. Pour parvenir à ses fins, Basile veut suivre le conseil de son valet : avec la complicité de l'entremetteuse Françoise, il entrera chez Geneviève sous l'habit d'Eustache, et obtiendra d'elle de quoi obliger sa mère à accepter le mariage (Acte I). Eustache sait que Geneviève n'a pas d'amitié pour lui, et renonce au mariage quand la rusée Françoise lui affirme que sa promise est affligée « d'un chancre au tétin ». Il se console en songeant aux plaisirs que lui réserve Alix, qu'il emmène derechef en son logis. Louise, qui rentre chez elle impromptu, surprend les amants et, croyant qu'Eustache, dont Basile porte l'habit, a déshonoré sa fille, enferme les jeunes gens (Acte II et III) et s'en va demander raison de l'affront à Girard, père de l'amant prétendu. Cependant, le valet de Basile délivre son maître, et installe à sa place la belle Alix. Eustache, de son côté, s'est disculpé en racontant toute l'affaire à Girard, et en persuadant Louise que c'est Alix qui est entrée chez elle (Acte IV). Louise, à peu près convaincue, ne veut toujours pas de Basile pour gendre et lui préfère Rodomont. Mais celui-ci a surpris les amoureux en conversation et refuse d'épouser Geneviève. Louise apprend toute la vérité et admet que « les mariages se font au ciel et se consument en la terre » : Geneviève épousera Basile (Acte V).

Pour composer cette comédie bourgeoise, Odet de Turnèbe s'est inspiré des pièces de Parabosco (notamment *La Notte* et *Il Marinaio*), et, a emprunté, dans le répertoire français, aux *Esbahis* de Grévin. Il respecte les préceptes de la *commedia erudita* italienne qui imite la comédie antique : division en cinq actes, prologue, unité de temps et de lieu, utilisation de personnages conventionnels comme celui du soldat fanfaron, sur le modèle de Thrason, ou de l'entremetteuse Françoise. Le quiproquo, amplifié par l'incessant échange de costumes dans ce temps du carnaval, constitue le ressort dramatique essentiel de cette pièce au rythme alerte, où le spectateur se délecte d'une langue tout en proverbes et en expressions imagées, où les traits caricaturaux des personnages et les propos gaulois appellent le rire. Il semble que Turnèbe « veut aider les spectateurs à "hausler le temps" » (R. Aulotte), en cette époque troublée de guerres civiles.

De fait, aucune visée didactique ne ressort des *Contens*. En revanche, Turnèbe brosse un portrait sans complaisance d'une société bourgeoise en pleine expansion, sûre d'elle-même et de ses valeurs, respectueuse des institutions qui la régissent et protègent, encline à l'épargne et plus préoccupée de stabilité que de bonheur individuel – ainsi s'entend l'obstination de Louise à trouver un beau parti pour Geneviève sans laisser parler le cœur de la jeune fille. En contrepoint, la figure de Rodomont, soldat ridicule dont l'épée s'appelle Pleuresang sans doute parce qu'elle n'en a jamais fait couler, exclu d'un nouvel ordre social, semble attester que l'heure du déclin a sonné pour qui se pique de pratiquer le culte des armes.

● Nizet, 1984 (p.p. N. Spector, révision R. Aulotte).

M.-C. GOMEZ-GÉRAUD

CONTES. Ensemble de contes de Marie Leprince, dite Mme **Leprince de Beaumont** (1711-1780), publiés pour certains sous la rubrique « Dialogue d'une sage gouvernante avec ses élèves » dans *le Magasin des enfants* à Londres en 1757, et repris dans le *Cabinet des fées* (t. XXXV) en 1785, et pour d'autres sous le titre d'« Histoires morales » à Lyon chez Bruysset-Ponthus dans les *Contes moraux* en 1774 et les *Nouveaux Contes moraux* en 1776.

Ces contes sont intimement liés à l'expérience pédagogique de cette moraliste qui, à la suite d'un mariage rompu, partit en Angleterre pour y devenir gouvernante et y composer des ouvrages d'éducation sous le titre de « Magasins » avec des contes pour charmer ses lecteurs. Témoins, comme les contes de Gueullette ou de Mme de Villeneuve, de la diffusion du genre au XVIIIe siècle, ils marquent aussi son évolution en annonçant notamment le mouvement qui, dès le début du XIXe siècle, ne reconnaît au conte que sa fonction pédagogique et fait triompher la morale aux dépens du merveilleux.

Les contes du *Magasin des enfants* prennent place dans un dialogue entre une gouvernante, Mlle Bonne, et ses élèves, dans le cadre de la journée d'étude : intercalés entre géographie, sciences naturelles ou histoire sainte, ils ont pour fonction spécifique d'instruire les enfants en les divertissant. Contes merveilleux ou moralisateurs, mais d'abord pédagogiques, ils mettent en scène, à côté des types du conte, des éducateurs le plus souvent incarnés par des fées. En voici quelques exemples.

« Le Prince chéri », destiné à devenir le meilleur prince du monde, jette la bague magique qui devait le piquer au doigt à chaque mauvaise action. Il devient méchant au point d'être changé en un monstre au corps composé de tous les animaux symbolisant ses vices, et de perdre son royaume au profit de son gouverneur, le bon Suliman, qu'il avait voulu chasser. Le discours vertueux de celui-ci le fait changer d'attitude : son corps se transforme à chaque bonne action jusqu'à retrouver enfin sa première apparence grâce à l'amour de Zélie, et sa couronne.

Moins féerique et plus cruel, le conte des « Princes Fatal et Fortuné » démontre la nécessité de l'effort à travers l'histoire de deux frères : Fatal, voué par une fée à tous les malheurs jusqu'à l'âge de vingt-cinq ans, et Fortuné, par sa mère à tous les succès jusqu'au même âge ; temps mis au service de l'instruction pour le premier, de ses vices pour le second, et au bout duquel Fortuné meurt alors que les vertus de Fatal sont reconnues à leur juste valeur. « Joliette » enfin, rendue muette par la reine des fées jusqu'à ses vingt ans pour la rendre vertueuse, mais restée néanmoins rapporteuse, illustre le refus de se corriger de ses vices : ses ragots causeront la perte de son époux et elle se tuera.

La féerie disparaît des contes publiés dans les *Contes moraux* et *Nouveaux Contes moraux*, plus développés, de tonalité et de registre différents, présentés comme des « histoires morales » destinées cette fois aux jeunes filles et devant incarner la « vertu héroïque ». Ainsi, « le Triomphe de la vertu » montre les combats livrés à la passion lorsque est menacé le mariage d'Armire et d'Alindor par l'arrivée de Laure, jeune fille belle mais pauvre qu'Alindor a entrepris d'instruire et dont il s'éprend. Placée chez une amie d'Armire pour l'éloigner autant pour l'instruire en religion, et prête à se marier par devoir, elle y reçoit les dernières volontés d'Armire mourante qui bénit enfin l'union vertueuse des deux amants.

Les contes de Mme Leprince de Beaumont s'inscrivent dans un projet pédagogique spécifique, que préfaces et avertissements définissent très précisément et dont dépendent autant le style que le contenu. Si les contes du *Magasin des enfants* sont en effet destinés à amuser les « élèves de première distinction », le plaisir est désormais subordonné à l'instruction et les contes soigneusement choisis. Seuls les contes moraux trouvent grâce à ses yeux contre les contes jugés pernicieux où « le peu de morale qu'on y fait entrer est noyé sous un merveilleux ridicule parce qu'il n'est pas joint nécessairement à la fin qu'on doit offrir aux enfants : l'acquisition des vertus, la correction des vices ». C'est aussi parce qu'elle privilégie l'utile qu'elle n'hésite pas à tirer parti des « bons » contes : elle recopie ainsi textuellement « le Prince Tity » de Saint-Hyacinthe (1736), exploite les récits de Perrault (voir *Contes) tels que « les Souhaits ridicules », « les Fées » ou « Riquet à la houppe » intitulés respectivement « Conte des trois souhaits », « la Veuve et ses deux Filles » et « le Prince spirituel » sans plus cacher ses emprunts. Elle les adapte cependant à son projet en simplifiant la langue (les contes relèvent aussi de l'apprentissage linguistique pour ses élèves anglaises) et en ponctuant le récit de commentaires moraux. Cette adaptation est plus manifeste encore pour « la Belle et la Bête » de Mme de Villeneuve, désormais plus célèbre que l'original : elle en simplifie le style et la construction narrative, éliminant tout développement jugé inutile ou dangereux, et notamment toute allusion à la sexualité. L'adaptation va donc dans le sens d'une épuration, voire d'une édulcoration du récit et ce, alors même que l'érotisation est l'un des caractères spécifiques de l'écriture féerique du XVIIIe siècle. Ces traits définissent également sa propre production comme le montre « Bellotte et Laidronette », version féminine du « Prince spirituel » mais qui se passe totalement du merveilleux. L'intrigue féerique, lorsqu'elle subsiste, n'est d'ailleurs que le prétexte à un discours sentencieux. Destiné à trouver une application immédiate dans la réalité, le conte se modifie en fonction de ses lecteurs : à l'âge de raison, la féerie fait place à l'histoire vraie et la correction des vices, à la prévention de la passion. Le matériau a changé, la forme aussi puisqu'il y a dans ces derniers contes des lettres, des confessions et même des Mémoires ; mais on retrouve la même fonction pédagogique et les mêmes procédés d'écriture : l'adaptation lorsque la conteuse avoue notamment que le *Fils naturel* de Diderot a servi de canevas à l'« Histoire de Céleste », et l'épuration des « circonstances romanesques ». Ces contes moraux qui succèdent aux récits féeriques témoignent enfin tant de l'évolution du genre que du parcours éducatif (des enfants aux jeunes filles) de celle qui ne fut conteuse que pour mieux édifier et qui affirmait dans la Préface des *Contes moraux* vouloir « donner des choses et non des mots ».

● Seghers, 1978 (*les Contes de Perrault [...]*, préf. B. Bettelheim).

S. ROZÉ

CONTES. Recueil de contes de Charles **Perrault** (1628-1703). Sous ce titre générique, on regroupe depuis l'édition Lamy de 1781 les trois contes ou nouvelles en vers publiés de 1691 à 1694 et déjà rassemblés chez Jean-Baptiste Coignard en 1694 (*Griselidis, nouvelle. Avec le conte de Peau-d'Âne et celui des Souhaits ridicules*) et les huit contes en prose suivis des moralités publiés chez Claude Barbin en 1697 sous le titre *Histoires ou Contes du temps passé. Avec des moralités*. Le titre *Contes de ma mère l'Oye* figure sur un manuscrit daté de 1695 qui a fait l'objet d'une publication en fac-similé par les soins de Jacques Barchilon.

Curieux parcours que celui des *Contes*, souvent appelés de « ma mère l'Oye » en souvenir de ces fées médiévales dites « pédauques », c'est-à-dire dont le passage laissait des empreintes d'oie, mais aussi de ces vieilles nourrices cacardantes indifféremment qualifiées d'oies ou de cigognes. Puisés, à l'exception de « Riquet à la houppe », dans le fonds des recueils qui, depuis le Moyen Âge, avaient fixé les sources populaires orales, ils sont aujourd'hui perçus moins comme des textes stables (édités dans des collections pour enfants, ils sont récrits, amputés le plus souvent de leurs « moralités », contaminés par les versions des frères Grimm ou d'autres) que comme des canevas qu'on se répète et sur lesquels chacun brode à loisir. Retour des *Contes* à leur origine orale avec le détour littéraire imposé par Perrault.

Car Perrault (Charles), le père, l'académicien, le héraut des Modernes dans leur combat contre les Anciens (voir *le Parallèle des Anciens et des Modernes*) – et/ou son fils, Pierre Darmancour, le signataire de l'épître dédicatoire « À Mademoiselle » (la fille de Philippe d'Orléans, frère du roi) – se revendique comme un auteur : n'a-t-il pas « composé » ces récits ? Et n'a-t-il pas voulu, par-delà le plaisir de raconter, faire passer des messages à travers ces « moralités en vers » qu'il a placées à la suite de chaque « histoire » ? Message polysémique « qui se découvre plus ou moins selon le degré de pénétration de ceux qui les lisent » et qui, loin de verrouiller le sens des récits, a autorisé toutes les interprétations depuis les lectures ethnologiques, initiatiques, alchimiques, politiques jusqu'aux contradictoires grilles psychanalytiques. Ainsi « la Barbe-Bleue » en qui certains ont cru voir le sinistre Gilles de Rais (Michelet,

Histoire de France, XI, 1) se révèle-t-il héros solaire dévorateur (Husson, *la Chaîne traditionnelle*) ou alchimiste détenteur du secret des secrets (Patri, *Doctrine secrète des ogres*), un secret que l'on aurait toutes raisons de soupçonner refoulé dans le « cabinet » de l'inconscient (Ricklin, *Fantasme de désir et symbolisme dans les contes merveilleux*; C. Jung, *la Phénoménologie de l'esprit dans les contes de fées*), à moins que la chambre interdite ne soit un souvenir de cette « maison des hommes » où le sorcier des sociétés primitives initiait le néophyte (Saintyves, *les « Contes » de Perrault et les récits parallèles*). Dilution dans l'interprétation qui fait oublier que le texte existe d'abord en tant que tel, récit tout à la fois fidèle à la tradition du merveilleux et, cependant, original.

Premier en date, « Griselidis », dont le titre initial était : « la Marquise de Saluces ou la Patience de Griselidis. Nouvelle », paraît chez J.-B. Coignard dans un *Recueil de plusieurs pièces d'éloquence et de poésie présentées à l'Académie française pour les prix de 1691*.

Griselidis. Un Prince soupçonneux et mélancolique épouse Griselidis, jeune et jolie bergère, puis la soumet à de nombreuses épreuves pour voir jusqu'où iront sa vertu et son obéissance : il lui ôte sa fille en bas âge, lui fait croire qu'elle est morte, la chasse sous prétexte de se remarier. Mais, touché par la constance de Griselidis, le Prince revient vers elle et promet désormais « de prévenir tous ses désirs ».

Deux ans plus tard, « les Souhaits ridicules » sont publiés dans *le Mercure galant* (novembre 1693).

Les Souhaits ridicules. Jupiter apparaît à un pauvre bûcheron et lui promet d'exaucer ses trois premiers vœux. Sottement, il souhaite d'abord une aune de boudin ; puis, dans la querelle qui s'ensuit avec sa femme : « Plût à Dieu, maudite Pécore / Qu'il te pendît au bout du nez. » Son dernier vœu, il l'utilise à « remettre sa femme en l'état ».

« Peau-d'Âne », dernier des « contes en vers », est publié avec « Griselidis » et « les Souhaits ridicules » dans un même volume chez J.-B. Coignard en 1694.

Peau-d'Âne. Devenu veuf, un riche Roi veut épouser sa fille ; celle-ci, pour échapper à cette union incestueuse, prend conseil de sa marraine la Fée qui lui suggère de demander des cadeaux impossibles : une robe de la couleur du Temps, puis une robe de la couleur de la Lune, enfin une robe de la couleur du Soleil sont successivement accordées. À bout d'arguments, la Fée conseille de demander la peau d'un âne qui produit de l'or et dont le Roi tire sa richesse. Le sacrifice obtenu, la jeune Princesse, recouverte de la peau de l'animal, s'enfuit du château, emportant ses beaux atours dans une cassette : elle devient souillon dans une métairie. Un Prince la surprend un jour de fête alors qu'elle est parée de ses beaux habits. Il l'épouse, après qu'on a reconnu, grâce à une bague perdue, en Peau-d'Âne la Princesse enfuie.

En 1696, dans sa livraison de février, *le Mercure galant* publie « la Belle au bois dormant » ; le conte est repris en 1697 dans les *Histoires ou Contes du temps passé. Avec des moralités* qu'édite, sans nom d'auteur, Claude Barbin.

La Belle au bois dormant. Pour le baptême de leur unique fille, le Roi et la Reine ont oublié d'inviter une vieille Fée. Celle-ci se venge en prédisant une mort accidentelle à l'enfant, don maléfique qu'une bonne Fée transforme en sommeil de cent ans. Le temps écoulé, un Prince vient éveiller la Belle, l'épouse en secret et de leur union naissent une fille, l'Aurore, et un garçon, le Jour. Enfants que la mère du Prince, Ogresse de nature, aimerait croquer ainsi que la Belle. Par bonheur son Maître d'hôtel trompe sa vigilance et lui sert des mets plus traditionnels. Ce que découvrant, l'Ogresse prépare une vengeance atroce qui causera sa propre mort.

Le Petit Chaperon rouge. Chargée par sa mère de porter galette et pot de beurre à sa Mère-Grand malade, une petite fille de Village traverse le Bois, bavarde avec le Loup et musarde en chemin. Pendant ce temps le Loup arrive chez l'aïeule, la croque, enfile ses vêtements, prend sa place en son lit, et, le Chaperon enfin arrivé, il l'ajoute à son menu.

La Barbe-Bleue. Un homme riche et laid vient d'épouser l'une des filles de sa voisine. Devant partir pour affaires, il laisse sa demeure à la garde de sa jeune femme, lui enjoignant seulement de ne point entrer en un certain petit cabinet. Poussée par la curiosité, l'épouse ouvre la pièce interdite, y découvre les cadavres des précédentes femmes de la Barbe-Bleue et, prise de peur, laisse tomber la clé dans le sang. Or « la clé était Fée » et le sang ne peut en être lavé, trahissant ainsi la faute de la jeune femme qui ne doit qu'au retour *in extremis* de ses frères d'éviter le châtiment auquel n'avaient pu échapper les précédentes épouses.

Le Maître Chat ou le Chat botté. Le fils cadet d'un meunier hérite d'un Chat qui lui promet fortune et bonheur. Le chat fait passer son maître pour le marquis de Carabas, au nom duquel il offre au Roi, lapin, perdrix et gibier chassés avec ruse ; puis il fait croire au monarque que son maître possède terres et demeures, allant jusqu'à le recevoir dans le château d'un Ogre qu'il a poussé à se changer en souris pour mieux le croquer. Ce que voyant, le Roi n'hésite pas à donner sa fille en mariage au marquis de Carabas.

Les Fées. Deux demi-sœurs aux caractères opposés rencontrent au bord d'une fontaine une vieille Fée qui demande secours : l'amabilité de la première lui vaut pierreries et fleurs à chaque parole prononcée, la rudesse de la seconde lui apporte serpents et crapauds. Et la première épousera le Prince.

Cendrillon ou la Petite Pantoufle de verre. Contrainte aux tâches domestiques par sa marâtre et ses demi-sœurs, Cendrillon ne pourrait aller au bal que donne le Fils du Roi sans le secours de sa marraine, la Fée. Celle-ci métamorphose citrouille en carrosse, souris en chevaux, rat en cocher... et ses haillons en beaux atours. Au bal le Prince tombe sous son charme. Mais à minuit, Cendrillon doit s'enfuir car le charme n'opère pas au-delà ; dans sa fuite, elle perd l'une de ses pantoufles de verre. Ce qui permettra au Prince de la retrouver, de la tirer de son foyer et de l'épouser.

Riquet à la houppe. Une Princesse, belle mais bête, rencontre le Prince Riquet, intelligent mais laid. Riquet, qui a le don de rendre intelligente l'élue de son cœur, promet à la belle de lui donner de l'esprit si elle consent à l'épouser. Hélas, celle-ci devenue spirituelle est rebutée par la laideur de Riquet. Celui-ci obtient finalement que la Princesse fasse vœu qu'il devienne le plus beau des hommes. Et l'Amour métamorphose alors Riquet « en le mieux fait et le plus aimable » des époux.

Le Petit Poucet. Un couple de pauvres Bûcherons, poussé par la misère, décide d'abandonner ses sept garçons dans la forêt. Mais le plus jeune, que sa petite taille fait surnommer Petit Poucet, caché sous un tabouret, découvre le projet, sème des petits cailloux le long du chemin et ramène ses frères à la maison. La seconde fois, les parents parviennent à égarer leur progéniture : le Petit Poucet ne peut retrouver sa route, les mies de pain qu'il avait semées ayant été mangées par des oiseaux. Perdus, les enfants arrivent à la maison d'un Ogre qui entend les dévorer ; mais, pendant la nuit, Poucet place sur la tête de ses frères les couronnes ceignant le front des sept filles de l'Ogre qui, par méprise, tranche les gorges de ses propres enfants. Découvrant son erreur, il se met en chasse de Poucet et de ses frères ; fatigué il s'assoupit sous un arbre. Poucet s'empare de ses Bottes de sept lieues, grâce auxquelles il devient messager du Royaume, puis enrichit ses parents et ses frères.

Traditionnels, ces débuts, sauf dans le cas du « Chat botté », s'ouvrent sur le sempiternel « Il était une fois... » ; traditionnels, encore, ces personnages réduits à des stéréotypes fonctionnels (le Roi, l'Ogre, la Fée, le Prince, la Marâtre, etc.), ces lieux à caractère symbolique (la Ville, la Campagne, le Bois, le Palais, etc.) ; traditionnelles, toujours, ces séquences dont l'enchaînement bien huilé a fait les délices de la critique morphologique ; traditionnels, enfin, ces refrains (on songe au « je ne vois rien que le soleil qui poudroie et l'herbe qui verdoie » de « la Barbe-Bleue » ou au « C'est pour mieux te... » du « Petit Chaperon rouge ») qui ne font qu'adapter à l'écrit les repères répétitifs de l'oralité. Mais les *Contes* révèlent aussi un écrivain présent dans son texte et adressant nombre de clins d'œil au lecteur en rationalisant – incidemment – le surnaturel comme pour mieux le dénoncer (ainsi la grosse voix du loup s'explique-t-elle par un hypothétique rhume !) ; ils montrent encore un réalisme du décor et du détail qui enracine la féerie dans le quotidien de la France louis-quatorzienne, gommant ainsi l'éloignement spatio-temporel des formules initiales ; ils posent, enfin, des enjeux moraux ou politiques à travers lesquels peuvent se lire, bien davantage que de simples avertissements pour public enfantin, les prescriptions des vertus cardinales d'une couche sociale sentant croître sa force et désireuse de trouver sa place au soleil. Cendrillon n'incarne-t-elle pas le labeur face à l'arrogante oisiveté de l'aristocratique Javotte ? Le Chat botté ne joue-t-il pas auprès du Roi le rôle qui fut celui de Colbert au service de Louis XIV ? Mais, s'il fait valoir son état en face des privilégiés, Perrault sait aussi rappeler qu'être bourgeois se mérite : et le Chaperon l'apprendra à ses dépens, elle qui, « petite fille de Village », ira vêtue ainsi qu'une femme de la Ville, transgressant ainsi les barrières de l'âge et du social !

Ainsi les *Contes* renvoient-ils à un imaginaire intemporel tout en s'inscrivant dans la réalité de cette fin du XVIIᵉ siècle français : mais le travail de Perrault a permis que l'arrière-plan ne s'interpose jamais entre le texte et son lecteur, de sorte que chacun continue de goûter la saveur de récits que l'on ne savoure plus guère dans les *Contes de fées* de Mme d'Aulnoy, pourtant rigoureusement contemporains.

Ce succès explique sans doute la fortune des *Contes* et ce qu'il faut bien appeler leur hypertextualité. Tant dans le domaine proprement littéraire (Béranger, *le Marquis de Carabas* ; Banville, *Riquet à la houppe* ; M. Maeterlinck, *Ariane et Barbe-Bleue* ; H. Pourrat, *le Trésor des contes* ; Anatole France, *les Sept Femmes de Barbe-Bleue* et *le Livre de mon ami*), que musical, *Ma mère l'Oye* de Dukas, de Massenet ou de Ravel ; Bartok, *le Château de Barbe-Bleue*), graphique ou cinématographique, peu d'œuvres ont suscité pareil écho, en France et dans le monde. Comme si les *Contes* de Perrault appartenaient, ici et là, hier et aujourd'hui, à tout un chacun.

● New York, The Pierpont Morgan Library, 1956 (*Perrault's Tales of Mother Goose*, p.p. J. Barchilon) ; « Classiques Garnier », 1967 (p.p. G. Rouger) ; « Folio », 1977 (p.p. J.-P. Collinet) ; Seghers, 1978 (p.p. B. Bettelheim) ; « Le Livre de Poche », 1987 (p. p. F. Flahaut) ; Imprimerie nationale, « Lettres françaises », 1987 (p.p. R. Zuber) ; Flammarion, 1989 (p.p. M. Soriano).

D. COUTY

CONTES À NINON (les). Recueil de contes d'Émile **Zola** (1840-1902), publié à Paris chez Hetzel et Lacroix en 1864. Ces contes ont été composés entre 1859 et 1864, et certains d'entre eux ont précédemment paru en revue : « la Fée amoureuse » dans *la Provence* (1859), « Simplice » et « le Sang » dans la *Revue du mois*, sous le titre *Contes à Ninette* (1863), « Carnet de danse » dans *le Petit Journal* (1864) et « Celle qui m'aime » dans *l'Entr'acte* (1864). Chef de publicité à la maison Hachette, Zola essaie en même temps d'écrire et de publier, se croyant surtout à l'époque une vocation de poète. Ces contes l'engagent dans la féconde carrière de prosateur. Il faut donc lire ces textes comme une œuvre de jeunesse, mais qui annonce l'engagement visionnaire du romancier.

« À Ninon » est une dédicace à l'amie parfaite, quittée depuis sept ans et qui est comme l'allégorie de la Provence savoureuse et ardente de son enfance. « Simplice », fils du roi, et considéré comme un sot en raison de sa naïveté, s'installe dans une forêt magique où il parle aux bêtes et aux plantes. Il y devient amoureux de Fleur-des-Eaux, une fée : un baiser les tuera tous les deux avant qu'un botaniste vienne baptiser d'un nom barbare la fleur qu'est devenue la fée. « Le Carnet de danse » : après un éloge poétique des formes de cet art, le narrateur montre Georgette rêvant à tous les amoureux qui se sont inscrits pour danser avec elle, Charles, l'ennuyeux futur mari, Louis, Robert, Paul, Edmond le préféré. « Celle qui m'aime » raconte l'amour du narrateur pour une jeune femme chargée d'incarner, dans une attraction de foire, la figure de l'aimée ; cela pour tous les hommes abandonnés ou désœuvrés qui passent et se moquent du narrateur amoureux. « La Fée amoureuse » propose l'histoire d'Odette et de Loïs, amoureux médiévaux transformés en marjolaines. « Le Sang » juxtapose les rêves de guerriers barbares (Gneuss, Elberg, Clérian et Flem) horrifiés par les images de sang qu'ils voient apparaître ; désormais, aux armes et aux combats ils préféreront la paix. « Les Voleurs et l'Âne » conte l'histoire du misogyne Léon qui sera séduit par Antoinette, la douce grisette. « Sœur-des-Pauvres » est une jeune orpheline, battue par son oncle et sa tante, et qui va recevoir d'une mendiante un sou magique et prolifique ; grâce à lui, elle pourra donner à tous les mendiants et même à ses mauvais tuteurs qui se convertissent au bien ! Voulant finalement se séparer de son sou, elle voit apparaître la Vierge. Les « Aventures du grand Sidoine et du petit Médéric » sont celles d'un géant et d'un nain qui veulent voyager vers le royaume des Heureux où règne Primevère. Sidoine, gouverné par Médéric, déplace une montagne, écrase une armée et ses adversaires le reconnaissent pour roi ; Médéric développe les curieuses idées d'une politique générale à appliquer par son ami. Tous deux arrivent au royaume des Heureux : ils découvrent les paradoxes du bonheur et de la connaissance. Médéric épouse Primevère et recommande à tous une sagesse modeste et active.

La plupart de ces textes possède un caractère merveilleux : les fées, le géant et le nain, les légendes et les amours pseudo-médiévales, les rois et les reines de pays inconnus appartiennent à un monde bien éloigné du registre habituel de la narration réaliste. En ce sens, *les Contes à Ninon* sont, délibérément et volontairement, des contes, comme le prouverait déjà leur ton souvent complice, et aussi la figure de l'interlocutrice que constitue Ninon. Mais tout l'arsenal du merveilleux, rassemblé avec application, est démenti parfois par un sourire, une ironie qui nous installent alors dans le second degré, plus sensible encore dans : « le Carnet de danse », « Celle qui m'aime », « les Voleurs et l'Âne », qui s'inscrivent dans un cadre contemporain, évidemment de fantaisie, mais où l'on rencontre quand même des étudiants à la Murger, des jeunes filles frivoles et des situations sociales bien précises. D'où un curieux effet de balancier : car il y a dans certaines nouvelles « réalistes » des échappées merveilleuses, des rêves et des fantasmes, fussent-ils trompeurs ; quant aux récits explicitement fabuleux, ils sont souvent subrepticement « engagés » : par exemple lorsqu'ils évoquent l'inégalité des conditions sociales, ou qu'ils retrouvent le ton de Rabelais, de Swift ou de Voltaire pour condamner la guerre et exalter la paix, cela au moment des expéditions militaires de Napoléon III. Contes politiques au réalisme fabuleux, ces textes adoptent une démarche complexe que doit connaître le lecteur des autres œuvres de Zola, curieux par exemple de découvrir la première esquisse du Paradou (voir *la *Faute de l'abbé Mouret*) ou de ces amours tragiques entre jeunes gens, si fréquentes dans le cycle à venir.

● « GF », 1971 (p.p. C. Becker) ; *Contes et Nouvelles*, « Pléiade », 1976 (p.p. R. Ripoll). ➤ *Œuvres complètes*, Cercle du livre précieux, IX.

A. PREISS

CONTES AMOUREUX. Recueil de nouvelles de Jeanne **Flore** (première moitié du XVIᵉ siècle), publié à Lyon à la marque d'Icarus en 1537 (?), réédition tronquée sous le titre *la Pugnition de l'Amour contempné* en 1540.

Une compagnie de dames, pendant les vendanges, raconte des histoires dont le thème est « la pugnition de ceux qui contemnent et mesprisent le vray amour », cela afin de convaincre Mme Cébille de se ranger elle aussi au service d'amour. Sept destins se succèdent : le vieillard Pyralius voit sa belle épouse lui échapper malgré tous ses efforts pour l'enclore en un château (I) ; Méridienne est châtiée par Vénus pour n'avoir pas cédé au loyal Pyrance (II) ; une jeune fille, mariée à un vieillard parce qu'elle a refusé l'amour durant sa jeunesse, se suicide (III) ; suit la fable de Narcisse et d'Écho (IV) ; un emprunt au *Décaméron* (V, 8) évoque l'histoire de Nastagio qui obtient les faveurs de sa belle en lui montrant le destin d'une femme qui s'est toujours refusée à son amant (V) ; le sixième conte rapporte outre les amours valeureuses d'Hélias et de Fleurdelise, celles de Daurine la mal mariée (VI). Le recueil se clôt sur la cruelle vengeance de Raymon de Roussillon qui fait manger à sa femme le cœur de son amant Guillien (VII).

Jeanne Flore – ou celui qui se cache derrière ce pseudonyme – a largement puisé aux sources italiennes, qu'il s'agisse de Boccace, qui fournit en particulier le modèle du récit-cadre du recueil, ou encore de Caviceo (*le Pérégrin*),

F. Colonna (*le Songe de Poliphile*) ou Boiardo (le *Roland amoureux*). Les sources antiques (Ovide et Virgile) sont elles aussi sollicitées. Enfin, il faut penser avec G.-A. Pérouse et D. Baril que « les *Contes amoureux* ont dû naître ou être arrangés à Lyon, dans un milieu préhumaniste, au sein d'un cercle italianisant, en liaison notamment avec Ferrare, mais sans rupture avec la vieille tradition nationale du **Roman de la Rose*, des **Lais* de Marie de France et du roman de chevalerie ».

De fait, le lecteur retrouve ces composantes à travers la diversité des histoires réunies dans un recueil qui doit son unité au thème qui parcourt les contes : le triomphe de l'amour. Dans l'épître qui conclut le recueil, l'auteur affirme : « Je blasme icy l'impareil marier. » Effectivement, le cortège des jeunes filles données à de froids vieillards change l'impossible épithalame en lamentations auxquelles font écho les propos des dames de la compagnie devisante : le chœur féminin entonne une apologie de l'amour défini comme « fruition de cestuy vostre excellent et celeste corps ». On ne s'étonne guère alors du cadre où Jeanne Flore choisit d'installer la société conteuse. Dans le décor de la fête dionysiaque des vendanges, l'écriture prétendument féminine célèbre les fêtes de l'amour et cède au plaisir de la description des mystères de la sensualité. Revanche contre une société normative, toujours incarnée en la figure d'un mari aussi vieux qu'un père, cette religion des sens, fondée dans le cadre symbolique du jardin plantureux, trouve au terme du recueil ses nouveaux martyrs, cruellement sacrifiés sur les autels de l'amour institué puissance suprême.

● Centre Lyonnais d'Étude de l'Humanisme, CNRS, Presses Univ. Lyon, 1980 (dir. G.-A. Pérouse).

M.-C. GOMEZ-GÉRAUD

CONTES CRUELS et **NOUVEAUX CONTES CRUELS.** Recueils de nouvelles et d'autres textes brefs d'Auguste de **Villiers de L'Isle-Adam** (1838-1889), publiés à Paris respectivement chez Calmann-Lévy en 1883 et à la Librairie illustrée en 1888.

La plupart des vingt-huit textes qui constituent les *Contes cruels* (ci-après : *CC*) avaient été publiés déjà dans des revues et feuilles hebdomadaires ; beaucoup d'entre eux existent ainsi dans des versions différentes. Le premier en date, « l'Intersigne », remonte à 1867 (un des poèmes du « Conte d'amour » même à 1862), les derniers ne voient le jour que dans le volume de 1883. Les huit textes des *Nouveaux Contes cruels* (ci-après : *NCC*) furent publiés dans des revues en 1888, avant d'être regroupés en volume.

La définition des genres employés par Villiers est un problème délicat, exception faite de la poésie lyrique et narrative du « Conte d'amour » (*CC*), sept poèmes inspirés du poète allemand Heinrich Heine et des romantiques français. On trouve la forme du poème en prose baudelairien dans « Vox populi », « Antonie », « Virginie et Paul », « À s'y méprendre », « Fleurs de ténèbres » et « Souvenirs occultes » (*CC*). Sous la dénomination « récits fantaisistes », on peut regrouper les textes où l'auteur se dresse contre le positivisme et le matérialisme de son temps : citons « l'Affichage céleste », « la Machine à gloire », « le Traitement du docteur Tristan » (*CC*), et le conte « l'Amour du naturel » (*NCC*). Mais ce sont les nouvelles – en bonne et due forme – qui dominent les recueils, que ce soient des études psychologiques, par exemple « l'Inconnue », « Sentimentalisme », « Maryelle » (*CC*), ainsi que « les Amies de pension », « Sylvabel », et « l'Incomprise » (*NCC*), ou des études satiriques des mœurs du temps : par exemple, « les Demoiselles de Bienfilâtre » ou « Deux Augures » (*CC*), ainsi que « l'Enjeu » (*NCC*). Mais Villiers excelle aussi dans le conte proprement dit, qu'il soit fantastique comme « Véra », « l'Intersigne » (*CC*) et « Sœur

Natalia » (*NCC*), inspirée peut-être de Nodier, ou qu'il tire son sujet des temps anciens comme dans « la Reine Isabeau » (*CC*) inspirée peut-être de Flaubert, et « la Torture par l'espérance » (*NCC*), qui fait songer à E. A. Poe.

Les poèmes en prose couvrent l'éventail de presque tous les thèmes des *Contes cruels* : « Vox populi » raille les systèmes politiques – l'Empire, la République, la Commune... – acclamés par le peuple (Villiers, lui, est royaliste), mais dont aucun ne résout le problème de la pauvreté en la personne d'un mendiant aveugle. « Antonie » est une critique en sourdine de la femme et de son amour de soi. « Virginie et Paul », en montrant deux jeunes gens, mus par le seul intérêt matériel, renverse le thème de *Paul et Virginie* de Bernardin de Saint-Pierre, et « À s'y méprendre » assimile aux morts de la morgue les bourgeois affairistes attablés au café.

Les récits fantaisistes sont autant de satires du monde moderne : mercantilisme prétendant exploiter la voûte céleste en y projetant des messages publicitaires et même politiques (« l'Affichage céleste »), automatisation, « claque » qui dispenserait de juger de la qualité de telle pièce de théâtre (« la Machine à gloire »), « victoires » scientifiques qui nous permettraient d'enregistrer « le dernier soupir » d'un mourant ou de guérir ceux qui « entendent des voix » en leur crevant le tympan (« le Traitement du docteur Tristan »).

Dans ses nouvelles, Villiers dessine le diagramme de l'amour – surtout au féminin. La jeune femme sourde rencontrée au théâtre explique au jeune homme éperdument amoureux d'elle que tout rapport réel entre eux est une illusion, mais qu'en revanche elle comprend l'amour divin ressenti par son amant (« l'Inconnue »). Cet idéalisme n'est pas toujours le propre des femmes : dans « Sentimentalisme », c'est l'artiste-homme qui a du mal à « subir *réellement* les tourments ou les voluptés » de l'amour et qui finit par se tuer pour échapper à la vie. Les demi-mondaines ou prostituées de « Maryelle » et des « Amies de pension » se ménagent une carrière entre l'amour fou (et vrai !) et les compromissions avec l'amour vénal, alors que les héroïnes de « Sylvabel » et de « l'Incomprise » ne peuvent se donner qu'à des hommes supérieurs et de caractère, ou violents.

Parmi les nouvelles qui sont des études de mœurs, « les Demoiselles de Bienfilâtre » nous présentent deux prostituées honnêtes dont l'une commet la faute d'« aimer » sans être payée – elle en meurt et ne voit sa fin adoucie que par l'arrivée de son amant qui lui apporte de l'argent. La morale bourgeoise mettant l'argent avant tout autre chose détermine quel sera « le Plus Beau Dîner du monde », à savoir celui où chacun des invités reçoit un napoléon ; et les « Deux Augures » qui s'accordent sur la nécessité du manque de talent pour réussir dans un journal ne pensent en fait qu'à se vendre. Les vrais « brigands » de la nouvelle de ce nom sont les bourgeois qui, croyant se défendre contre des voleurs, s'entretuent. Dans « l'Enjeu », un abbé désargenté met en gage le secret de l'Église – à savoir qu'il n'y a pas de purgatoire – plaçant ainsi les joueurs devant la même issue absolue que dans le jeu : gain ou perte, Ciel ou Enfer. C'est la mort également qui mine la fête nocturne dans « le Convive des dernières fêtes », en présence du baron Saturne, qui se croit maître des Hautes Œuvres en Europe.

La mort est le thème dominant des contes fantastiques : dans « Véra », la femme morte ressuscite dans l'imagination du comte d'Athol qui s'emmure dans les souvenirs de la femme aimée, puis dans la réalité aussi, puisqu'elle lui laisse la clé de son tombeau. Dans « l'Intersigne », le narrateur cherche un refuge en Bretagne, chez l'abbé Maucombe, qui a voyagé en Palestine. Si la maison du prêtre prend l'aspect d'une tombe et lui-même celui d'un agonisant, c'est que le saint homme, dont le manteau a touché au Tombeau, représente l'au-delà dont il démontre la force en prêtant au narrateur, pour son retour à Paris, le manteau... Une autre intercession de l'au-delà se rencontre dans la légende de « Sœur Natalia », novice qui s'enfuit du cloître pour rejoindre son amant, et dont la Sainte Vierge prend la place pendant son absence.

Dans les contes du passé nous remontons à l'Antiquité grecque avec l'histoire des habitants de Sparte qui immolent l'envoyé de Léonidas, le croyant porteur de mauvaises nouvelles (« Impatience de la foule »), au temps du roi Salomon avec l'histoire d'Azraël, l'ange de la Mort (« l'Annonciateur »), au Moyen Âge avec « la Reine Isabeau » qui fait condamner un de ses amants peu fidèles, et à avec « la Torture par l'espérance », histoire d'un Juif torturé mentalement par l'Inquisition.

L'opposition villiérienne entre la vie spirituelle salutaire et la vie matérielle, le salut et l'illusion, se retrouve jusque dans les contes qui nous éloignent de l'actualité, cible ordinaire de l'auteur. C'est là une des « cruautés » des deux recueils : ironique et sarcastique, Villiers met impitoyablement le lecteur devant les leurres de la vie, quel que soit le contexte, et quels que soient le ou les personnages impliqués... l'auteur lui-même, qui exprime sa déception amoureuse dans « Conte d'amour », ne s'épargne pas.

Le moyen constamment employé par Villiers pour faire surgir la désillusion, c'est l'ironie opérant un retournement ou une mise à l'envers des valeurs. Cette arme, il la dirige essentiellement contre les bourgeois – ne disait-il pas à Mallarmé, dès 1866, que, tout en s'inspirant de l'esthétique de Poe, il ferait « du bourgeois [...] ce que Voltaire a fait des *cléricaux*, Rousseau des gentilshommes, et Molière des médecins » ? Cruauté plus spécifique, donc : railler les valeurs communes de son temps ou accuser les traits insolites de tel milieu ou de telle scène. L'ironiste raille, tout en disant *in fine* le vrai des choses. Ainsi, dans « les Demoiselles de Bienfilâtre », l'aventure de la pauvre Olympe est racontée en style « réaliste », avec des expressions qu'on aurait employées à propos d'une pure jeune fille « tombée dans le malheur » mais appliquées ici à une prostituée amoureuse (« Tous ses devoirs furent oubliés. Tout alla sans ordre et à la débandade »), puis vient une fin ironique où, comme il se doit, l'argent prend la place de la lumière divine.

La mise à l'envers, secret des contes satiriques de Villiers, opère également au niveau thématique. Dans « Deux Augures », les deux journalistes sont soucieux d'être lus (du bourgeois), *donc* il n'est question d'imprimer que de « la copie dûment illisible ». Dans « l'Affichage céleste », le « Ciel finira par être bon à quelque chose », si les hommes, aidés par la technologie moderne, peuvent y projeter sous la forme de slogans leurs petits rêves matérialistes et politiques : « Quelle simplification incroyable dans les moyens de propagande ! » Mais il y a plus, car Villiers, s'il veut prendre ses distances par rapport à son temps, est obligé d'adopter un style recherché, quitte à glisser dans ses lignes de vagues citations en langage courant, souvent en italiques dans le texte (dans « Fleurs de ténèbres », on ne veut pas laisser « *inutilement* s'étioler, sur les sépultures fraîches, tous ces splendides bouquets... »). Les capitales servent à attirer l'attention sur quelques mots clés, ou à indiquer un sens caché du texte ; ainsi, à la fin de « l'Amour du naturel », Villiers proclame, ironiquement, que c'est grâce à la science qu'on a pu placer « les choses simples, essentielles, "naturelles" de la vie HORS DE LA PORTÉE DES PAUVRES ».

L'époque de Villiers, d'après l'image qu'il en donne, détourne donc l'homme de l'essentiel. Quelques nouvelles sérieuses et deux contes fantastiques nous disent sa pensée profonde. Dans « le Désir d'être un homme », un comédien (au nom de naissance significatif : « Lepeinteur »), trop vieux pour les rôles éclatants, se procure un « remords » vrai et non plus joué, en incendiant tout un quartier de Paris. Or il ne voit pas que le remords recherché est tout aussi artificiel que le reste, et « qu'il était, lui-même, ce qu'il cherchait ». Villiers peut donc exprimer son admiration pour certaines femmes qui se cherchent, malgré tout et en dépit de tout : « l'Incomprise » (*NCC*) désire un amour vrai, original ; « Maryelle » (*CC*) veut un amour naïf et pur où elle ne soit plus le « fantôme » qui passe de main en main. Mais c'est « l'Enjeu » (*NCC*) qui est la nouvelle la plus cruelle, puisqu'elle exclut le purgatoire, c'est-à-dire le moyen terme, la compromission bourgeoise, l'utilité suspecte, le domaine de la vente et du rachat, où se jouait autrefois la fortune de l'Église.

C'est évidemment dans les contes fantastiques que l'ailleurs ou le Ciel se fait entendre de la manière la plus pressante. Dans « Véra », le retour de la femme pourtant bien morte et bien enterrée rappelle *Spirite* de Théophile Gautier ou *Ligeia* d'E. A. Poe. Mais l'existence d'un ailleurs chez Villiers relève plutôt de son idéalisme subjectiviste que du mysticisme ou de la superstition. La présence de Véra morte dans la chambre de son mari vivant s'explique comme une illusion produite par l'imagination de celui-ci : l'au-delà serait ainsi présent, existant dans la pensée. Et c'est la mort qui y donne accès. Pensée religieuse, sans doute, qui trouve sa confirmation dans « l'Intersigne » (*CC*) : l'abbé Maucombe, dont le nom évoque la tombe qu'est sa maison, est déjà un survivant, voire un revenant qui tient sa vie – sa survie – du tombeau du Sauveur à Jérusalem. Un prêtre-spectre qui se montre au narrateur comme un fantôme portant avec lui le « souffle de l'autre monde » ; et l'abbé Maucombe conseille au narrateur, rappelé à Paris pour une affaire importante, de ne pas songer à sa fortune, car « la fortune, c'est Dieu ». Voilà donc le doigt, sinon de Dieu, du moins de Villiers qui semble vouloir indiquer dans ces textes la nullité de la vie humaine devant Dieu. Le petit poème en prose « Fleurs de ténèbres » exprime sans doute une de ses pensées intimes : si les dames recevant les fleurs volées sur les nouveaux tombeaux sont « toutes blanches de fard » et montrent des « visages blafards », c'est que la vraie vie est ailleurs et que nous sommes déjà morts. Leçon cruelle des *Contes cruels*.

● « Classiques Garnier », 1968 (p.p. P.-G. Castex) ; « GF », 1980 (p.p. P. Citron) ; « Folio », 1983 (p.p. P. Reboul) ; « Le Livre de Poche », 1983 (préf. J. Jean-Charles, p.p. D. Leuwers). ➤ *Œuvres complètes*, « Pléiade », I et II.

H. P. LUND

CONTES D'AMADOU KOUMBA (les). Recueil de contes de Birago **Diop** (Sénégal, né en 1906), publié à Paris chez Fasquelle en 1947.

Appartenant à la génération de la négritude et participant, avec Césaire, Senghor, Damas et quelques autres, à la fondation de *Présence Africaine*, Birago Diop a, dès 1947, choisi de défendre et d'illustrer la culture africaine traditionnelle en offrant au lecteur une transcription de quelques-uns des trésors de son patrimoine oral. Premier volume réuni par l'écrivain, *les Contes d'Amadou Koumba* est sans doute le livre le plus célèbre de cet auteur, traduit et étudié dans de nombreux pays.

L'œuvre du conteur sénégalais souhaite, sans dénonciation militante, mais avec une volonté positive, sauver un patrimoine – appartenant pour l'essentiel à la culture wolof – qu'il sait menacé d'oubli par l'urbanisation et la modernisation des sociétés africaines. Ses contes, parfois plus proches de la fable, voire de la nouvelle, mettent en scène le bestiaire familier de la région (Bouki-l'Hyène, Leuk-le-Lièvre, Diassigue-le-Caïman, etc.), mais aussi les hommes, offrant ainsi une description de la vie traditionnelle et quelques leçons de sagesse dispensées avec humour. L'univers géographique est également décrit avec précision et le surnaturel voisine avec le réalisme des préoccupations matérielles immédiates.

Si l'on en croit le titre de ce premier recueil, Birago Diop ne serait que le transcripteur de ces contes dont il laisse la paternité de l'énoncé au griot Amadou Koumba. Cependant celui-ci, d'après Diop lui-même, « n'a été qu'un prête-nom, un pavillon commode pour couvrir presque toute la marchandise que j'ai essayé de présenter et qui m'est venue de plusieurs sources ». Quoi qu'il en soit, il demeure que Diop a donné à sa version écrite une forme qui a su séduire un très large public international. Dans son *Anthologie de la nouvelle poésie nègre et malgache*, Léopold Sédar Senghor – qui n'avait retenu que son seul compatriote pour représenter avec lui le continent africain – évoquait ainsi le talent du conteur : « Nous qui avons entendu Amadou Koumba, nous savons que l'élève est aussi grand que le maître, s'il ne le surpasse, car c'est un créateur de vie, de beauté, un poète. »

Dix ans après la parution de ce premier recueil, Birago Diop a fait paraître *les Nouveaux Contes d'Amadou Koumba* (1958) puis *Contes et Lavanes*, en 1963, et enfin *Contes d'Awa*, en 1977. Nombre de ces contes (« Sarzan » dans une adaptation de Lamine Diakhaté, « Maman Caïman », « les Mamelles », etc.) ont été portés à la scène et l'un d'entre eux, « l'Os » a été adapté par l'auteur lui-même sous le titre

l'Os de Mor Lam (1976) avant d'être mis en scène par Peter Brook à Paris, au théâtre des Bouffes-du-Nord.

● Présence Africaine, 1960.

B. MAGNIER

CONTES D'ESPAGNE ET D'ITALIE. Recueil poétique d'Alfred de **Musset** (1810-1857), publié à Paris chez Urbain Canel en 1829 (daté 1830). Il sera réédité en 1840 dans les *Poésies complètes* ("Barcelone" devenant "l'Andalouse"), puis incorporé dans leur première partie, *Premières Poésies* (1830-1834) en 1852.

Brillante ouverture d'une carrière littéraire pour un jeune poète membre du « Cénacle » depuis 1828, le recueil distingue aussitôt son auteur. Ces quinze pièces très diverses offrent un habile et séduisant échantillonnage des thèmes et des procédés du « premier » romantisme : exotisme flamboyant, tout de clichés savamment ordonnancés, pittoresque de fantaisie, enluminé de couleurs violentes, brutalité des mœurs latines, se combinent en tableaux convenus et subtilement pastichés, quand il ne s'agit pas d'une parodie supérieurement agencée. *Odes et Ballades* et *Orientales* hugoliennes viennent immédiatement à l'esprit. À la luxuriance du décor s'ajoutent les débordements de la passion : amours trompées et vengées abondent. Farouches hidalgos de l'âpre Espagne ("Don Paez") ou intrigues vénitiennes entre palais, maisons de jeu et gondoles ("Portia") voisinent dans la meilleure harmonie.

Le titre semble à lui seul refléter la manière nouvelle, avec ses terres inspiratrices, ses références de pure convention et la légèreté du genre. Pourtant, si Espagne et Italie figurent en bonne place, la Suisse ("Au Yung-Frau") et paysages parisiens (le sonnet "Que j'aime le premier frisson") n'y manquent pas. Si le conte domine, on trouve du théâtre, des ballades, des chansons, des "Stances", un sonnet et une épître ("À Ulric G."). L'inscription historique joue un rôle fort limité, tant le recueil semble se complaire dans l'intemporalité des stéréotypes ; pourtant Musset utilise l'atmosphère médiévale ("le Lever") ou l'actualité artistique ("Mardoche"). Mais il se révèle un maître en couleur locale. C'est avec une admirable économie de moyens qu'il sait peindre « Venise la rouge » ("Venise"), « l'Andalouse au sein bruni » ("l'Andalouse"), les « antiques Pyrénées » ("Stances") ou, dans "Madrid", les « dames à fine taille / Qui chaussent l'escarpin étroit ».

De la mode romantique, Musset retient d'abord une grande liberté d'écriture : coupes audacieuses, vers parfois disloqués, enjambements d'une strophe à l'autre, syntaxe familièrement désinvolte, exclamations, points de suspension et d'interrogation répandus à foison – et surtout peut-être un art consommé de la rime, superbement riche. Éclate également la variété des mètres, de l'alexandrin au dissyllabe, en passant par l'octosyllabe ("l'Andalouse", "Madrid", "Madame la Marquise"), l'hexasyllabe ("le Lever"), et les strophes hétérométriques ("Venise", "Stances", "Ballade à la lune").

La forme théâtrale tantôt se mêle au poème comme dans "Don Paez" ou "Portia", tantôt s'exhibe en une véritable comédie, comme dans "les Marrons du feu", structurée en neuf scènes et un prologue. Ces premiers pas d'un jeune auteur mettent en scène la vengeance de la Camargo, danseuse italienne, qui fait exécuter un amant infidèle par celui-là même qu'elle lui a donné pour successeur. L'assassin ne peut produire le corps, jeté à la mer, et elle le renvoie : « J'ai tué mon ami, j'ai mérité le feu, / J'ai taché mon pourpoint, et l'on me congédie. / C'est la moralité de cette comédie. » Pirouette finale qui déjoue le tragique d'une situation inspirée d'*Andromaque*. "Don Paez" narre une autre vengeance, celle du héros, qui, trompé par Juana, se venge sur le rival et sur sa femme par le fer et le poison. Quant à Dalti, ruiné, il refuse de croire dans "Portia" à l'amour de l'héroïne.

C'est dire combien Musset mêle ironie et passion, profondeur et humour, ardeur et doute. Il lui faut tout mettre en question par les rapprochements et les contrastes. Les *Contes* valent d'abord comme poésies spirituelles et paradoxales. Gaieté et mélancolie échangent leurs qualités, révélant une secrète douleur, un besoin de croire en même temps qu'un scepticisme grave et primesautier à la fois. La grande question reste celle de l'amour, fil conducteur des poèmes.

Les pièces regroupées sous la rubrique « Chansons à mettre en musique et fragments » illustrent bien cette dualité maîtrisée. Affichant leur légèreté, multipliant « grands sourcils noirs », « bras d'ivoire » et « bouche idolâtre », elles chantent les délices du plaisir autant que les émois du cœur.

Triomphe de la désinvolture, sans doute la pièce la plus célèbre est-elle la "Ballade à la lune" avec son refrain : « Comme un point sur un i. » Si elle scandalisa les classiques, elle apparut à certains romantiques pour ce qu'elle est, une raillerie virtuose. Meuble obligé de l'attirail lyrique, cette lune au-dessus du « clocher jauni » finit par être témoin non de soupirs langoureux mais d'ébats plus concrets quand « Monsieur tout en flamme / Commence à rudoyer / Madame, / Qui commence à crier. » Il est vrai que les neuf dernières strophes, délicieusement égrillardes, n'avaient pas été publiées.

"Mardoche" offre tout au long de ses 59 dizains une narration disloquée, à la manière de Byron. La fantaisie du genre autorise celle du ton. Le jeune héros ressemble à Musset, fait bonne figure au milieu des élégances parisiennes, évoque les milieux artistes, livre plaisamment ses idées sur la vie et, grâce à une Rosine, sur l'amour : « Est-il donc étonnant qu'une fois, à Paris, / Deux jeunes cœurs se soient rencontrés – et compris ? / Hélas ! de belles nuits le ciel nous est avare / Autant que de beaux jours. » Mais la légèreté ne peut effacer cette discrète trace de la douleur née de la trahison, ailleurs évoquée : « [...] dans mon âme froissée / Qui saigne encore d'un mal bien grand » ("Madame la Marquise").

La Préface, qui ne se sera pas reprise en 1840, est à l'unisson du recueil. Dédaignant justifications et explications, elle affecte un ton dégagé, voire impertinent, et élude le débat classiques/romantiques : « On a discuté avec talent et avec chaleur [...] la question littéraire [...]. On n'a sans doute rien prouvé entièrement. » Le poète arrive, propose ses vers marqués par l'époque au lecteur autant qu'à la postérité. Pied de nez à la critique, aux écoles et aux convenances, ironie supérieure : Musset est déjà tout entier dans ce recueil.

● *Premières Poésies*, « Classiques Garnier », 1958 (p.p. M. Allem) ; id., « Poésie/Gallimard », 1976 (p.p. P. Berthier). ➤ *Œuvres complètes*, « L'Intégrale ».

G. GENGEMBRE

CONTES DE FÉES. Recueil de contes de Marie-Catherine Le Jumel de Barneville, baronne d'Aulnoy, dite Mme d'**Aulnoy** (1650 ou 1651-1705), publié à Paris chez Girard en 1696-1697, suivi, en 1697, des *Contes nouveaux ou les Fées à la mode* et, en 1698, de la *Suite des Contes nouveaux ou les Fées à la mode*.

Mme d'Aulnoy eut une vie fort aventureuse et, telle Catherine Bernard, fut, à la fin du XVIIᵉ siècle, l'une de ces femmes pauvres et savantes, qui cherchèrent dans la littérature un remède à leur misère. Son *Histoire d'Hippolyte, comte de Douglas* (où l'on trouve déjà un conte merveilleux) eut un grand succès, mais sa gloire la plus durable lui vint de ses contes de fées, fort prisés, plus encore que ceux de Perrault, au moins jusqu'au début du XXᵉ siècle.

Trois recueils se succédèrent : les *Contes de fées,* en quatre volumes, contenant « Gracieuse et Percinet », « la Belle aux cheveux d'or », « l'Oiseau bleu », « le Prince lutin » (t. I) ; « la Princesse printanière », « la Princesse Rosette », « le Rameau d'or », « l'Oranger et l'Abeille », « la Bonne Petite Souris » (t. II) ; « Don Gabriel Ponce de Léon », « nouvelle espagnole » (et non conte de fées), « le Mouton »,

« Finette Cendron », « Fortunée » (t. III) ; « Babiole », « Don Fernand de Tolède », « nouvelle espagnole » également, « le Nain jaune », « Serpentin vert » (t. IV) ; puis les *Contes nouveaux,* en deux volumes, où l'on trouve « la Princesse Carpillon », « la Grenouille bienfaisante », « la Biche au bois » (t. I), « le Nouveau Gentilhomme bourgeois », « nouvelle française », « la Chatte blanche », « Belle-Belle ou le Chevalier fortuné » (t. II) ; enfin la *Suite des Contes nouveaux,* où se lisent, parmi de nouveaux épisodes du « Gentilhomme bourgeois », « le Pigeon et la Colombe », « la Princesse Belle Étoile et le Prince Chéri » (t. I), « le Prince Marcassin » et « le Dauphin » (t. II).

Les contes de fées de Mme d'Aulnoy sont écrits dans un tout autre style que ceux de Perrault. Au lieu d'une simplicité limpide et finalement classique, ce sont les charmes compliqués d'une sorte d'alexandrinisme : grâces trop suaves, humour, voire burlesque. La composition surtout n'a rien à voir avec celle du « Chat botté » ou de « Riquet à la houppe ». Loin de cette netteté presque théâtrale, Mme d'Aulnoy n'hésite pas à entralecer deux contes : dans « Finette Cendron » se retrouvent à la fois « le Petit Poucet » et « Cendrillon ». Ces récits ne devraient pas avoir de fin, tant l'intrigue rebondit toujours, et tant leur dénouement est abrupt. À la rigueur, Mme d'Aulnoy n'écrit qu'un conte d'une longueur extrême et qui suscite des développements infinis. Alors que Perrault élimine le sacré et remplace la mythologie par un nouveau merveilleux, Mme d'Aulnoy réintroduit dans ses contes Psyché, Danaé, les nymphes et les sirènes ; ses narrations contournées et surchargées suggèrent une sorte d'ésotérisme. Un néoplatonisme se devine : Plotin n'est pas loin, ni peut-être Paracelse. Le conte de fées, détourné de ses origines folkloriques, comme des prétentions polémiques où l'avait engagé la querelle des Anciens et des Modernes, devient le truchement d'une hétérodoxie syncrétique et gonflée de symboles, un peu à la manière de *la Flûte enchantée.*

Malgré l'élégance de l'expression, les mille et un sourires qui animent le récit, les lecteurs modernes (et surtout les enfants) doivent d'abord être patients, peut-être obstinés, pour pénétrer dans ces étranges arabesques, qui semblent évoquer des rites initiatiques et renvoyer à de mystérieuses croyances.

● Seghers, 1978 (les *Contes de Perrault [...]*, préf. B. Bettelheim) ; *le Cabinet des Fées,* t. I et II, Arles, Philippe Picquier, 1988.

A. NIDERST

CONTES DE LA BÉCASSE. Recueil de contes de Guy de **Maupassant** (1850-1893), publiés à Paris dans *Gil Blas* et *le Gaulois* du 19 avril 1882 au 11 avril 1883, et en volume chez Rouveyre et Blond en 1883.

Le titre du troisième recueil de contes que Maupassant fait paraître semble indiquer un thème commun à cet ensemble de dix-sept récits, la chasse, à l'exemple des *Mémoires d'un chasseur* de Tourgueniev. En effet, dans les pages liminaires (« la Bécasse »), se met en place un dispositif narratif inspiré du *Décaméron* : un vieux chasseur, réduit à l'immobilité et au tir sur des pigeons lâchés, compense sa frustration par les récits de ses amis. Un rituel de table permet de lier ces deux plaisirs de bouche que sont la nourriture et le conte : la tête d'une bécasse, pivotant sur une bouteille, désigne au hasard le convive qui mangera toutes les autres têtes, et en échange régalera la compagnie, d'une histoire. Mais seuls deux contes de ce recueil (« la Folle », « la Rempailleuse ») sont effectivement issus d'un cercle de chasseurs, et deux autres (« Farce normande », « Un coq chanta ») prennent la chasse pour sujet. Ils suffisent cependant à mesurer la richesse d'un thème fréquent chez l'auteur, qui utilise toutes les possibilités métaphoriques liées à la traque, aux relations entre le coureur et sa proie, et à la mort donnée.

« Un coq chanta » établit une équivalence entre la chasse et la possession érotique. Mme Berthe d'Avancelles, « ardemment poursuivie » par Joseph de Croissard, lui promet de devenir sa maîtresse après la curée du sanglier : « Baron, si vous tuez la bête, j'aurai quelque chose pour vous. » Le baron se dépense sans compter, tue le sanglier, mais, au moment où l'autre proie promise se livre, il s'endort, terrassé par « l'invincible sommeil des chasseurs exténués ». Dans l'amour comme dans la chasse, ces « choses douces et violentes », il y a la quête d'une proie, et souvent chez Maupassant, mise à mort finale. Les rapports entre les sexes peuvent s'inverser : le chasseur peut devenir chasseresse, et l'homme un gibier faible et facile.

L'autre nouvelle de chasse, « Farce normande », lie aussi le désir du gibier au désir sexuel. Jean Patu, « un chasseur frénétique, qui perdait le bon sens à satisfaire cette passion », se marie, salué par de joyeux coups de fusil, qui reprennent pendant la nuit de noces : furieux d'être ainsi nargué par des braconniers, Jean Patu sort avec son fusil et tombe dans un piège. On le retrouve au petit matin, ficelé et portant sur la poitrine un écriteau : « Qui va à la chasse perd sa place. » La passion cynégétique règne avec une absolue tyrannie. Elle fait oublier, comme ici, le devoir conjugal ou, ailleurs, le devoir d'humanité. Dans une nouvelle antérieure, « la Roche aux Guillemots » (1882), M. d'Arnelles fait attendre deux jours le croque-mort d'enterrer son gendre, pour ne pas manquer le passage des oiseaux migrateurs.

Racontée par un chasseur, l'histoire de « la Folle » entraîne sur d'autres pistes, vers d'autres connexions du thème. Mathieu d'Endolin trouve, en ramassant une bécasse abattue, une tête de mort : il reconnaît une « misérable maniaque », rendue folle par des deuils à répétition. Pour se venger de ce qu'ils croient être des marques d'insolence à leur égard, les Prussiens l'ont laissée mourir de froid. S'il aime la chasse, Maupassant condamne la chasse à l'homme : « Je fais des vœux pour que nos fils ne voient plus jamais de guerre », conclut le narrateur. La folle est comme vengée dans les deux derniers contes, qui se passent aussi pendant la guerre de 1870 : le paysan surnommé « Saint-Antoine » engraisse le soldat ennemi qu'il doit héberger, puis il tue son « gros cochon » de Prussien ; « l'Aventure de Walter Schnaffs », lourd soldat allemand qui cherche à se constituer prisonnier pour garder la vie sauve, se termine conformément à ses vœux, dans une parodie d'héroïsme qui ridiculise les soldats français.

Comme on le voit, la veine farcesque est très présente dans ce recueil, une farce souvent cruelle (comme la chasse), illustrant « les fortes brutalités de la nature ou des hommes ». Le titre « Farce normande » donne à la fois la note, et le territoire : les deux tiers des histoires se passent en Normandie, avec pour personnages des Cauchois finauds, grivois et âpres au gain. Mais la robuste terre natale commence à se fissurer dangereusement, parcourue de folie, de « terreurs fantastiques » et d'« inquiétudes sombres » (« la Peur »).

● « GF », 1974 (p.p. R. Bismut) ; « Le Livre de Poche », 1979 (préf. J. Chessex, p.p. L. Forestier). ➤ *Œuvres complètes*, Albin Michel, I ; *id.*, Éd. Rencontre, III ; *Contes et Nouvelles*, « Pléiade », I ; *id.*, « Bouquins », I ; *Œuvres*, Club de l'honnête homme, V.

Y. LECLERC

CONTES DE MA MÈRE L'OYE. Voir CONTES, de Ch. Perrault.

CONTES DROLATIQUES. Voir CENT CONTES DROLATIQUES (les), d'H. de Balzac.

CONTES DU CHAT PERCHÉ (les). Recueil de contes de Marcel **Aymé** (1902-1967), publié à Paris chez Gallimard en 1939.

Delphine et Marinette vivent à la campagne, dans une ferme où les animaux parlent. Bien d'autres merveilles se produisent encore : en se passant la patte sous l'oreille, le chat fait pleuvoir au grand dam des parents cultivateurs ! Par suggestion, les animaux prennent la forme des dessins des petites, une poule se transforme en éléphant et les fillettes se métamorphosent, au gré de leurs rêves, en cheval et en âne. Les animaux comptent tous les arbres de la commune pour résoudre un problème de calcul. Lorsque les petites tentent d'instruire le bœuf, il ne lui reste plus qu'à se produire dans un cirque. Le merveilleux a cependant des limites : un cochon ne peut devenir aussi beau qu'un paon, ni un loup s'amender totalement, ni non plus les volailles échapper à la marmite. Si certaines bêtes se trouvent affectées de défauts tout humains, d'autres méritent l'aide des petites filles, comme le cochon sauvé du saloir grâce aux ailes qui lui ont permis de s'envoler.

Marcel Aymé exploite ici les genres du conte merveilleux réaliste et de la fable. Il plante, en effet, le décor de ses récits à la campagne et il évoque les aventures de deux fillettes souvent désobéissantes mais toujours charitables. Selon les règles du merveilleux, les bêtes parlent et nul ne songe à leur contester cette faculté. Dès lors, la frontière se fait fragile entre le monde animal et celui des hommes : suivant les procédés de la fable, tantôt les bêtes expriment une sagesse supérieure, tantôt elles incarnent un défaut propre à l'espèce humaine. Le monde des adultes est représenté par les parents, individus réalistes et âpres au gain. Évoqués sous le regard des petites, ils se trouvent souvent assimilés à des ogres : en effet, la ferme s'impose comme une micro-société dont le destin s'achemine vers sa fin, la table des maîtres. Comme dans la fable, chaque texte recèle une morale qui dénonce des relations de pouvoir illégitimes, mais données comme irréversibles. Ainsi, le chien devient aveugle à la place de son maître qui l'abandonne aussitôt ; recouvrant la vue, il retourne vers son maître de nouveau atteint par la cécité (« le Chien »). *Les Contes du chat perché* ne présentent pourtant guère d'analogies avec l'allégorie développée par Orwell dans *la Ferme des animaux*. Les textes de Marcel Aymé ne reposent pas sur une critique subversive de la société ni ne témoignent de la résurgence des fantasmes à l'œuvre dans les contes de fées. Toujours énoncée au détriment des parents, la morale des textes engage plutôt à se défaire de ses préjugés. Rédigés dans un style limpide, ces récits mettent en place un univers enfantin, dominé par l'animisme et par la constante plasticité des êtres. Le principe de la métamorphose repose sur la disparition de toute opposition entre la réalité et sa représentation : en regardant un éléphant sur un album, la poule se transforme en pachyderme ! Ainsi franchit-on la limite entre l'imaginaire et le réel.

● « Folio », 1973.

V. ANGLARD

CONTES DU LUNDI. Recueil de nouvelles et de récits d'Alphonse **Daudet** (1840-1897), publié à Paris chez Lemerre en 1873.

Les *Lettres à un absent* (1871) avaient rassemblé certains textes parus dans *le Soir* au moment même des événements décrits dans les deux sections de l'ouvrage (« le Siège de Paris » et « la Commune »). Puis les *Contes du lundi* (1873, première version) réunissent d'autres pages publiées dans *le Soir*, *l'Événement* et *le Bien public*. Enfin, une deuxième édition, parue en 1876, ajoute à celles-ci deux « Lettres à un absent » et deux récits. L'ouvrage se fait l'écho des expériences personnelles de l'auteur, de sa période de garde national, de son patriotisme antiprussien, de son jugement négatif sur la Commune.

« La Fantaisie et l'Histoire », première section de l'ouvrage, propose vingt-six textes consacrés notamment à l'Alsace (« la Dernière Classe », « la Vision du juge de Colmar », « Alsace !, Alsace ! »), à la guerre menée par les militaires (« la Partie de billard », « l'Enfant espion », « les Mères », « Aux avant-postes », « le Porte-drapeau »), à la même période vue du côté civil (« le Mauvais Zouave », « la Défense de Tarascon », « le Prussien de Bélisaire », « les Paysans à Paris », « le Bac », « la Mort de Chauvin »), à la défense de Paris et à la Commune (« Paysages d'insurrection », « le Turco de la Commune », « la Bataille du Père-Lachaise », « les Petits Pâtés », « Monologue à bord »), à quelques scènes d'Algérie (« le Caravansérail », « Un décoré du 15 août »).

La seconde partie, « Caprices et Souvenirs », présente seize contes et nouvelles consacrés surtout à des personnages : « Un teneur de livres », un brasseur d'affaires illuminé dans « Avec trois cent mille francs que m'a promis Girardin ! », un bibliomane dans « le Dernier Livre », un ivrogne dans « Arthur», un vieux jardinier dans « Maison à vendre », un savant allemand dans « l'Empereur aveugle » ; et à quelques tableaux sur des sujets variés : « Paysages gastronomiques », « la Moisson au bord de la mer », « les Émotions d'un perdreau rouge » ; s'y ajoutent aussi quelques souvenirs personnels : « Un soir de première », « Le pape est mort ».

La diversité des sujets ne doit pas cacher l'unité profonde de tous ces textes : elle est due d'abord au regard de Daudet : « C'est une feuille de mon carnet que je détache [...] », affirme-t-il dans « Aux avant-postes ». En chaque occasion, il semble proposer l'équivalent d'un instantané photographique, avec un désordre (savant) de notations d'autant plus convaincant que l'époque est chaotique, que le témoin n'en peut percevoir que les éclats. Le tout est cependant très organisé par un coup d'œil, une sensibilité qui oscille en permanence entre la dérision et la tragédie : le général passionné par sa partie de billard au moment où ses troupes se font massacrer, le menuisier qui tue un Prussien pour se défendre et cherche ensuite péniblement à s'en débarrasser, le tranquille employé de la morgue... Le talent de Daudet est dans ces mélanges, dans une variété de couleurs dont le charme est lié à une forme de tendresse lucide pour les êtres : la femme de l'ivrogne, le vieux soldat, les petites Alsaciennes prises par l'orage. Mais le ton change parfois, pour la description d'un rêve fantastique, pour un récit surnaturel ou fabuleux, et l'on se demande alors si n'y aurait pas là le ressort secret du monde de Daudet : la réalité, les situations les plus banales ou les êtres les plus humbles ne cessent de fournir des échappées à qui sait regarder. Un képi retrouvé renvoie ainsi le narrateur au temps de son passage dans la garde nationale, un plat régional évoque un décor ou un paysage, un père de famille parti chercher ses petits pâtés est raflé par les « Versaillais », un chef algérien se rend à Paris pour obtenir une décoration convoitée. On voit donc les paradoxes ou les richesses de cette œuvre : son réalisme précis et sa poésie fantastique, sa tendresse et sa cruauté, son apparent abandon, enfin, qui cache une écriture dense, précise et savoureuse, artiste et complice.

● « Le Livre de Poche », 1963 (préf. L. Nucera, p.p. L. Forestier) ; « GF », 1978 (p.p. C. Becker) ; « Presses Pocket », 1991 (p.p. C. Eugène). ➤ Œuvres, « Pléiade », I.

A. PREISS

CONTES DU MONDE AVENTUREUX (les). Recueil de nouvelles anonyme , dont le titre complet est : *Comptes du monde adventureux où sont récitées plusieurs histoires pour resjouir la compagnie et éviter mélancolie, par A.D.S.D.*, publié à Paris chez Estienne Groulleau en 1555. Le sigle mystérieux sous lequel s'est dissimulé l'auteur a engendré de multiples et ingénieuses interprétations : il s'agirait peut-être d'Antoine de Saint-Denis, curé de Champfleur, dans le diocèse d'Alençon, dont on ignore à peu près tout ; il est possible qu'il ait appartenu, comme Bonaventure des Périers, à l'entourage de Marguerite de Navarre, son inspiration offrant de nombreuses ressemblances avec celle de l'*Heptaméron* et des *Nouvelles Récréations et Joyeux Devis*. Sur les 54 nouvelles du recueil, une vingtaine environ constituent de simples traductions ou transpositions de l'italien : c'est surtout au *Novellino* de Masuccio, publié à

Naples en 1476, que l'auteur est redevable. Cette prédominance des « histoires tragiques » à l'italienne explique sans doute le succès considérable des *Comptes du monde adventureux* : le recueil fut l'objet de huit éditions dans la seconde moitié du XVIᵉ siècle, et il amusait encore Charles Sorel au siècle suivant.

Dans le récit liminaire, le narrateur, qui voyage de Provence en Savoie, rejoint l'équipage d'un riche seigneur et de sa femme convalescente. Un climat de confiance, propice à l'échange des discours et anecdotes de toutes sortes, s'instaure entre les personnages. Les chapitres suivants offrent une grande variété d'histoires, tour à tour facétieuses et dramatiques : histoires de prêtres grossiers et ivrognes (5, 9, 12, 46), de moines fornicateurs (8, 13), histoire de jeunes mariées et de femmes enceintes capricieuses (48, 53), histoires d'artisans et de marchands infortunés (3, 11, 13), histoires enfin où le destin s'acharne contre des amants malheureux et les conduit à la mort (10, 18, 37, 42, 47).

Le recueil ne peut guère susciter qu'un jugement contrasté, dû à l'hétérogénéité de ses récits et à l'étrange incohérence de sa structure. Si les histoires facétieuses et réalistes ont leur place aux côtés de *l'Heptaméron* et des *Nouvelles Récréations*, l'adaptation des modèles italiens souffre de maladresses évidentes : les « histoires tragiques » restent dans l'ensemble ternes et guindées, et l'artifice de leur transposition dans un contexte français éclate plus d'une fois. Tout l'intérêt du recueil se concentre, en définitive, dans les quinze contes qui orchestrent avec virtuosité des situations facétieuses codifiées par l'imaginaire social de la Renaissance : antagonisme du prêtre ivrogne et de ses paroissiens scandalisés, ineptie intellectuelle et âpreté au gain des gens d'Église, tentations charnelles qui menacent en permanence de jeter les femmes dans l'« impudicité ». Contre le grouillement vicieux et pervers de ce « monde adventureux », la verve de l'auteur s'exerce avec une agressivité souvent chargée d'indignation morale.

L'intention pédagogique ne fait d'ailleurs aucun doute : dédié au public féminin, le recueil entend donner « parfaite congnoissance des maux qu'apporte le vice une fois enraciné en la partie des Dames qui doit estre la mieux gardée ». Aussi chaque récit est-il encadré par un en-tête et une conclusion où se mêlent des considérations physiologiques, psychologiques et morales. Cette scansion didactique du recueil a pour principal inconvénient de briser le dynamisme narratif : elle ne fait que plus cruellement ressortir la supériorité de *l'Heptaméron*, qui intégrait les idées morales au dialogue et instituait ainsi un relativisme problématique des valeurs.

N'est-il pas étrange, à ce propos, que l'auteur emprunte à Boccace et à Marguerite de Navarre la fiction d'une petite communauté devisante pour l'abandonner presque aussitôt ? Le récit liminaire semblait en effet introduire un cycle d'histoires racontées successivement par les protagonistes. Mais peut-être l'auteur a-t-il perçu la contradiction entre le morcellement des points de vue et l'inflexibilité de son projet moral : il délaisse donc, à la fin du premier chapitre, ses personnages « entreparleurs » pour annexer les histoires à une inspiration centrale, globalement anticléricale et antiféministe.

Quelle que soit la part de la maladresse ou de la négligence, l'incertitude formelle de ces contes en fait précisément l'intérêt. Entre le récit et la pédagogie, entre la fiction de l'oralité et le martèlement d'une écriture didactique, le recueil cherche ses voies : peut-être indique-t-il, à sa manière, que la réflexion morale se trouve désormais trop à l'étroit dans le genre de la narration brève.

P. MARI

CONTES ET DISCOURS D'EUTRAPEL. Recueil d'entretiens, anecdotes et opinions de Noël **du Fail,** seigneur de La Hérissaye (vers 1520-1591), publié à Rennes chez Glamer en 1585.

Magistrat humaniste, auteur des *Propos rustiques de Maître Léon Ladulfi* et des *Baliverneries d'Eutrapel*, Noël du Fail renoua, après un silence littéraire de vingt-sept ans, avec le trio de son second recueil : le facétieux Eutrapel, son ami le seigneur Polygame, et l'homme de loi Lupolde, personnage quelque peu ridicule et pédant. Cet effet de continuité s'accompagne néanmoins d'une très nette rupture avec l'esprit des *Baliverneries* : si l'auteur ne s'est pas totalement soustrait à l'influence rabelaisienne, il abandonne le démarquage trop voyant des frasques panurgiennes, et cherche une construction narrative qui lui permette de mieux cristalliser ses propres idées morales et sociales.

Eutrapel, Polygame et leurs compagnons déambulent devant le parlement de Rennes, dont ils viennent de sortir. Ils décident de « passer le temps » en rendant visite à Lupolde. Une conversation touffue et animée s'engage avec ce dernier : elle porte tour à tour sur l'organisation de la vie domestique, la convivialité au sein du monde rural, la différence entre la « beauté et facilité » de la vie aux champs et les raffinements artificiels de la vie citadine. Les interlocuteurs se racontent tantôt des anecdotes authentiques – les « nouvelles de Bretagne » — tantôt des fables et récits à portée morale qu'ils empruntent à l'Antiquité. La fin du recueil annonce la retraite prochaine d'Eutrapel : ce dernier fait connaître à ses compagnons son dessein de mener désormais une vie solitaire et pieuse, et de ne plus se consacrer qu'à son perfectionnement moral.

Somme testamentaire rédigée par un moraliste et observateur de la vie sociale, le recueil ne peut que dérouter par l'ampleur profuse de son contenu. S'il reprend le procédé ordinaire de l'histoire-cadre et de la juxtaposition des récits monologués, c'est pour mieux en brouiller le fonctionnement : la multiplicité des anecdotes, opinions et descriptions tend plus d'une fois à conquérir son autonomie, au point de faire oublier ses conditions d'énonciation. Curieusement, la fiction de l'oralité est contredite par les déclarations où l'auteur désigne son texte comme recension écrite et compilation érudite. Faut-il attribuer ces inconséquences à la maladresse du conteur ? Si les *Contes et discours d'Eutrapel* ne témoignent pas d'un haut degré de maîtrise littéraire, ils s'inscrivent dans un projet qui ne peut que retenir l'attention, en raison même des contradictions et des impasses qu'il renferme. Auteur quelques années plus tôt d'un recueil d'arrêts du parlement de Bretagne, Noël du Fail entend consigner, de la manière la plus exhaustive, les aspects multiformes d'un monde qu'il sait voué à l'extinction. Un désir rabelaisien d'épuiser le foisonnement des choses parcourt donc son dernier recueil, et submerge les cadres initiaux de la narration : la fièvre de la description et du dénombrement – objets de la vie domestique, us et coutumes du monde rural – prend une dimension sociologique et ethnographique qui relègue au second plan le trio des protagonistes. Tout anachronisme mis à part, *les *Choses* de Pérec ne sont pas si loin.

Les « baliverneries » du précédent recueil semblent, en revanche, bien oubliées. Le genre narratif est ici subordonné à une stricte intention pédagogique et moralisatrice. Privé des hâbleries qui faisaient l'essentiel des *Baliverneries*, le personnage d'Eutrapel acquiert une incontestable dignité érasmienne, qui permet à l'auteur de développer les articles d'un art de vivre exigeant et serein : il est significatif que l'avant-dernier chapitre contienne une épître contre les athées, et insiste sur la nécessité d'enraciner la conduite morale dans une foi et une pratique religieuses purifiées. Ce sont en définitive les « mœurs », dans la double acception descriptive et normative du terme, qui canalisent toute l'attention de Noël du Fail : un tel projet ne peut que se trouver à l'étroit dans les cadres narratifs hérités de l'*Heptaméron*, et la discordance interne du recueil indique que la littérature morale doit désormais se chercher d'autres voies.

P. MARI

CONTES ET NOUVELLES. Recueil de textes d'Alfred de **Musset** (1810-1857). Sous ce titre, l'auteur a rassemblé, en 1840 chez Charpentier à Paris, des nouvelles publiées dans la *Revue des Deux Mondes* entre 1837 et 1839, puis, chez le même éditeur en 1854, des contes publiés entre 1842 et 1853 dans diverses revues dont *le Moniteur universel* et *le Constitutionnel*.

Au-delà des transcriptions d'aventures réelles vécues par Musset, souvent mentionnées à propos des *Nouvelles,* il s'agit de cas moraux ou sentimentaux, situés à différentes époques. Ainsi : dans « les Deux Maîtresses », un jeune homme, Valentin, aime une riche et une pauvre ; « Emmeline » fut saluée par Balzac comme un chef-d'œuvre de la « nouvelle moderne » : une riche héritière tombe amoureuse du poète Gilbert, après avoir reçu ses « Stances à Ninon » ; le mari s'en aperçoit et chasse Gilbert, laissant Emmeline à sa douleur ; dans « le Fils du Titien », l'amour d'une riche et noble veuve, Béatrice, parvient à sauver un jeune homme perdu par le jeu : elle lui demande de la peindre et il accomplit un chef-d'œuvre, miracle de leur amour ; dans « Frédéric et Bernerette », un étudiant parisien tombe amoureux d'une grisette et veut l'épouser contre la volonté de son père. Il croit découvrir la trahison de son aimée, pense mourir, devient attaché d'ambassade en Suisse, s'y marie ; le lendemain de ses noces, il reçoit un mot pathétique de Bernerette, « Je ne me tue pas, mon ami, je m'achève » : c'était en réalité pour complaire au père de Frédéric qu'elle lui avait fait croire à son infidélité ; dans « Margot » enfin, sous l'Empire, la jeune paysanne Margot tente en vain de séduire l'officier Gaston, le fils de sa maîtresse, Mme Duradour. Elle se jette à l'eau quand elle apprend qu'il se marie, mais Pierrot, valet de ferme, la sauve. Elle l'épouse, décidant de laisser ses anciennes amours dans la rivière.

Les *Contes* reprennent le ton et les procédés des nouvelles : « la Mouche » se situe sous Louis XV ; « les Frères Van Buck » se donnent comme une légende allemande. Musset y propose également ce qu'on serait tenté d'appeler des études de cas : « Pierre et Camille » met en scène, à la fin du XVIIIe siècle, Camille, fille muette du chevalier des Arcis, qui la hait pour son infirmité, et Pierre, jeune muet rencontré à l'Opéra. Noble, riche, il demande sa main. Le chevalier accepte, mais refuse de paraître à la cérémonie. Il reçoit une lettre : Camille le supplie de venir voir son enfant. « Encore un muet », s'écrie-t-il en l'apercevant. Le petit garçon le salue : « Bonjour papa ! ». « Mimi Pinson, profil de grisette » a pour héros un étudiant, Eugène Aubert. Celui-ci apprend la générosité de Mimi, qui se prive pour soigner une de ses amies malade. Mais se rendant à l'hôpital après avoir fait un don anonyme, il aperçoit Mimi et son amie mangeant des glaces chez Tortoni. Son ami Marcel, qui lui avait conseillé de courtiser Mimi, lui recommande l'indulgence pour celle qui chante « Mimi Pinson est une blonde, / Une blonde que l'on connaît, / Elle n'a qu'une robe au monde. »

Ces œuvres de commande composées pour des raisons pécuniaires ne prétendent pas renouveler le genre, ni du conte, ni de la nouvelle, mais organisent plaisamment, parfois brillamment, bien des thèmes favoris de l'œuvre de Musset. La manière évoque beaucoup plus les prosateurs du XVIIIe siècle que les contemporains. Les personnages voilent leurs passions sous un badinage fort éloigné de l'emphase romantique. On y trouve pêle-mêle étudiants évidemment désargentés, grisettes naturellement tendres et naïves, mondaines égoïstes, passionnées et orgueilleuses, maris jaloux ou complaisants, veuves touchantes, riches, nobles et simples filles. Mais ces stéréotypes ne nuisent ni à l'intérêt des intrigues, ni même à la complexité et à la subtilité de la psychologie.

Rythme soutenu et alerte, absence relative de pittoresque et de couleur locale : Musset ne concède rien aux tendances alourdissantes du réalisme ambiant et de la philosophie romantique. Sachant faire appel à la connivence du lecteur, prodiguant sourires et désinvolture, il conserve, fût-ce dans le drame, la légèreté imposée par les lois du genre (voir aussi *Histoire d'un merle blanc*).

➤ *Œuvres complètes*, « L'Intégrale ».

G. GENGEMBRE

CONTES ET NOUVELLES EN VERS. Ensemble de textes de Jean de **La Fontaine** (1621-1695), publiés dans plusieurs recueils successifs à Paris chez Claude Barbin de 1665 à

435

1674. La première édition illustrée par Romain de Hooge est sortie des presses de Henry Desbordes à Amsterdam en 1865.

La première partie des *Contes* a été publiée en 1665, mais l'auteur avait déjà fait paraître en 1664 deux *Nouvelles en vers tirées de Boccace et de l'Arioste* : « Joconde » et « le Cocu battu et content ». Ces deux textes sont repris, en 1665, dans la première partie qui regroupe treize contes, dont « Richard Minutolo », le « Conte d'une chose arrivée à Château-Thierry », un fragment des « Amours de Mars et de Vénus » et « Ballade ». La deuxième partie est publiée dès 1666, avec une Préface qui complète celle de 1665, offrant ainsi une véritable poétique du genre, et treize contes, auxquels s'ajouteront ensuite « les Frères de Catalogne », « l'Ermite » et « Mazet de Lamporechio ». La troisième partie, datée de 1671, apporte quinze nouveaux contes ; on y trouve l'étrange « Clymène », composée sans doute dix ans plus tôt. Les *Nouveaux Contes*, parus en 1674, sous une fausse adresse (« Gaspar Migeon, Mons »), provoquèrent un véritable scandale, et suscitèrent notamment la vindicte de Furetière contre La Fontaine : c'est le dernier recueil de *Contes* à proprement parler (dix-sept pièces, dont « Comment l'esprit vient aux filles », « Pâté d'anguille », « les Lunettes » et « le Roi Candaule et le Maître en droit »). D'autres *Contes* verront le jour, dans le recueil de 1682, dans les *Ouvrages de prose et de poésie* de Maucroix et de La Fontaine (1685), et dans le douzième livre des *Fables* (1694).

Dans la double carrière poétique que mena La Fontaine, la part des *Contes* est loin d'être négligeable. Antérieurs à la publication des **Fables* (1668), les deux premiers recueils lui ont assuré une notoriété certaine : c'est un poète mondain à succès dont la veine se confirme, et son attention continue à cette partie de son œuvre est la marque d'un véritable souci littéraire. La modernité du poète s'y affirme avec aisance et sûreté : Boileau ne souligna-t-il pas la valeur de son art dans sa fameuse *Dissertation sur Joconde*, où il défendait la bonne imitation que La Fontaine faisait de l'Arioste ? Dans cette entreprise La Fontaine montre en effet que sa formation profondément humaniste n'a jamais masqué son goût pour les modernes ; le défenseur de Marot et de Voiture, le poète de la « pension poétique » de Fouquet à Vaux trouvait chez ses modèles italiens le champ idéal d'une saine émulation. Et même après le succès des *Fables*, il ne quittera pas ce versant de son inspiration ; il est même frappant de constater qu'au moment où il participe à la publication des *Poésies chrétiennes et diverses* (1670), il a la troisième partie des *Contes* en chantier, et elle paraît l'année suivante. De même, les *Nouveaux Contes* suivent d'un an le **Poème de la captivité de saint Malc*, dont on a dit qu'il lui aurait été imposé par ses amis de Port-Royal ! C'est donc bien une part importante et suivie de son œuvre qu'il faut prendre en compte en étudiant les *Contes*.

Ils représentent tout d'abord un remarquable laboratoire pour le poète, qui s'y exerce à la narration en vers, à l'aide des précieux canevas que lui fournissent les épisodes du *Roland furieux* (« Joconde »), du *Décaméron* de Boccace (« Richard Minutolo »), quand il ne puise pas tout simplement dans les **Cent Nouvelles nouvelles*. L'Avertissement de 1664 met d'ailleurs l'accent sur cet aspect expérimental de son travail : « L'auteur a voulu éprouver lequel caractère est le plus propre pour rimer des contes. Il a cru que les vers irréguliers ayant un air qui tient beaucoup de la prose, cette manière pourrait sembler la plus naturelle, et par conséquent la meilleure. D'autre part aussi le vieux langage, pour les choses de cette nature, a des grâces que celui de notre siècle n'a pas. [...] L'auteur a donc tenté ces deux voies sans être encore certain laquelle est la bonne. »

Les suffrages qu'il attendait du public lui seront accordés, comme en témoignent les réflexions de la Préface de 1665, où La Fontaine insiste sur la nécessité de se conformer au goût de son siècle. Il y défend aussi la morale de ses contes, affirmant qu'on ne saurait les condamner, à moins « que l'on ne condamne aussi l'Arioste devant [lui], et les Anciens devant l'Arioste ». La bienséance est définie avec une précision toute cicéronienne, et à ce titre les contes n'en manquent pas. Il réfute enfin en quelques mots l'objection de misogynie qu'on lui adressait. La teneur du dialogue instauré avec son public prouve à quel point La Fontaine était à l'écoute de celui-ci, et dans quel esprit de défi amusé il envisageait cette entreprise littéraire. La Préface de 1666 complète la réflexion, tout en laissant entendre que le cycle des *Contes* s'achève (« Voici les derniers ouvrages de cette nature qui partiront des mains de l'auteur »). Il y propose surtout une remarquable défense de son esthétique de la négligence, qui cherche la grâce en refusant ce qu'ont d'excessif les beautés régulières ; il confirme ainsi les leçons d'**Adonis* et annonce celles des **Amours de Psyché* : « Car, comme l'on sait, le secret de plaire ne consiste pas toujours en l'ajustement ; ni même en la régularité : il faut du piquant et de l'agréable, si l'on veut toucher. Combien voyons-nous de ces beautés régulières qui ne touchent point, et dont personne n'est amoureux ? »

Cette esthétique a sa source dans les « modernes » dont il se réclama, Marot, et surtout Voiture, qui est considéré comme le « garant » de ce genre d'écriture. La valeur de cet aveu, qui précède une défense de sa manière d'imiter, où l'on retrouve invoqué Térence (déjà présent dans l'« Avertissement » de 1664), est de montrer que s'il se réclame des Anciens pour sa méthode et son idée d'imitation, il veut le faire dans le cadre de thèmes et de formes propres à son temps : comme il le suggérera dans l'« Épître à Huet », La Fontaine est bien un « Ancien » dont les modèles sont des modernes. Le conte intitulé « Ballade » qui ferme le premier recueil confirme ce point ; La Fontaine y dresse un véritable catalogue de la bibliothèque idéale des romans, affirmant comme un leitmotiv : « Car pour vous découvrir le fond de ma pensée, / Je me plais aux livres d'amour. »

Les romans grecs, l'Arioste, les romans héroïques, et bien sûr l'**Astrée* sont loués au plus haut point, ce qui dénote une part essentielle de l'inspiration lafontainienne : l'amour, dont il parle constamment, et dont les *Fables* conserveront plus d'une trace. Les *Contes* sont sans doute le versant sensuel et gaulois de cette inspiration, mais ils ne la trahissent pas ; « les Amours de Mars et de Vénus » et l'« Imitation d'un livre intitulé "les Arrêts d'Amour" » qui précèdent juste ce conte confirment d'ailleurs l'importance de Cythère dans l'imaginaire de La Fontaine : son Parnasse est plutôt du côté de Vénus que de celui d'Apollon, comme le confirmeront les *Amours de Psyché*. C'est d'ailleurs à cette conviction profonde que l'on pourrait rattacher l'esthétique de la négligence et de la grâce tant vantée par le poète (la grâce n'est-elle pas le trait dominant de Vénus dans *Adonis* ?).

La variété des *Contes* vient à la fois des sources multiples auxquelles puise La Fontaine et de la plasticité formelle de ses poèmes. Le poète encourage le lecteur à confronter sa version avec l'original dont elle est tirée, puisqu'il mentionne presque toujours cette source à la suite du titre : « Nouvelle tirée de l'Arioste », « Nouvelle tirée de Boccace » et un conte s'intitule même « Conte tiré d'Athénée ». Certains ont une source orale (« Conte d'une chose arrivée à Château-Thierry ») ; il arrive aussi que La Fontaine, se réclamant de la liberté de Térence, réunisse plusieurs sources : c'est le cas du conte « le Faiseur d'oreilles et le Raccommodeur de moules », inspiré à la fois des *Cent Nouvelles nouvelles* et de Boccace. À cette variété de sources correspond une grande variété de mètres et de longueurs : « Joconde » donnait le ton dès 1664, avec l'usage du vers libre, qui mêle alexandrins, décasyllabes et octosyllabes, avec quelques autres vers courts, de quatre ou six syllabes. Comme l'annonçait l'« Avertissement », La Fontaine s'est essayé aussi au « vieux langage », c'est-à-dire au poème entièrement composé en décasyllabes, à la façon de Marot (« le Cocu battu et content »). Il saura aussi utiliser l'octosyllabe continu, primesautier et rapide, comme par exemple dans « les Frères de Catalogne ». L'heptasyllabe même n'est pas oublié (« Autre imitation d'Anacréon »). La liberté qu'il conserve dans ses rythmes, se jouant souvent de la structure métrique à l'aide de la syntaxe, contribue grandement à la petite musique ironique de son ton, et prend cet air de prose qu'il recherche volontiers pour conter.

Les variations de longueurs donnent aussi une respiration aux recueils : quel contraste entre les 801 vers de « la Fiancée du roi de Garbe » et les 11 vers du « Conte de *** » ! La forme dramatique, nettement présente dans « Clymène », se profile aussi derrière certaines nouvelles comme « la Servante justifiée » ou « la Gageure des trois Commères ».

L'inspiration est dans l'ensemble galante et licencieuse, comme il se doit dans la tradition des *Contes* ; on a pu noter l'accentuation du caractère libre du recueil des *Nouveaux Contes* qui a d'ailleurs provoqué l'indignation de Furetière : « La force de son génie ne s'étend que sur les saletés et les ordures sur lesquelles il a médité toute sa vie » (*Factums*).

La Fontaine fut poursuivi en 1675 pour ce recueil. La mise en scène de nonnes (« le Psautier », « les Lunettes » ou « l'Abbesse »), ou l'échange d'épouses (« les Troqueurs ») a pu surtout choquer pour le principe, car ces thèmes n'étaient ni nouveaux ni absents de la littérature antérieure ; les références plus nombreuses à Rabelais (« l'Abbesse », « le Diable de Papefiguière ») donnent d'ailleurs le ton, et la traditionnelle satire humaniste des moines et des nonnes est clairement à l'arrière-plan de cette inspiration. Quant à l'inconstance en amour (« Diversité c'est ma devise », proclame régulièrement le narrateur du « Pâté d'anguille »), elle a ses lettres de noblesse dans l'univers romanesque le plus élevé : Hylas, héros de *l'Astrée*, n'est jamais loin de l'esprit de La Fontaine, ce qui sera encore vrai dans les *Fables*.

Les *Contes*, que La Fontaine dut renier à la fin de sa vie (le 12 février 1693, alors qu'il se croit à l'article de la mort), ont pourtant fait beaucoup pour le succès contemporain du poète. Il est certain que le Voltaire des *Contes en vers* – que la tradition néglige trop souvent – regardait du côté de La Fontaine. Les éditions illustrées des *Contes*, depuis celle d'Amsterdam, 1685, jusqu'à la fameuse édition dite des Fermiers généraux (1762, Paris, chez Barbou), donnent libre cours à l'imagination des dessinateurs et des graveurs, qui se plaisent souvent à amplifier ce que le texte suggérait. L'édition Didot (1795), partiellement illustrée par Fragonard, clôt cette tradition iconographique, dont il faut tenir compte pour étudier le retentissement et la diffusion de l'œuvre.

● « Classiques Garnier », 1961 (p.p. G. Couton) ; Les Belles Lettres, 1961 (p.p. P. Clarac) ; « GF », 1980 (p.p. N. Ferrier et J.-P. Collinet) ; « Folio », 1982 (p.p. A.-M. Bassy). ➤ *Œuvres complètes*, « Pléiade », I.

E. BURY

CONTES MORAUX. Recueil de contes de Jean-François **Marmontel** (1723-1799), publié à La Haye en 1761, et à Paris chez Merlin en 1765.

Marmontel nous explique lui-même dans la Préface de l'édition de 1765 la genèse de ses *Contes moraux*. Son ami Boissy « lui demanda quelques morceaux de prose à insérer dans le *Mercure* ». Il lui donna un conte, que d'autres suivirent entre 1755 et 1759. Il fit paraître une édition augmentée en 1761, et en 1765 une autre édition encore amplifiée. Le succès, qui l'avait au début de l'entreprise encouragé, ne se démentit pas ; les contes furent traduits en italien, en allemand, deux fois en anglais ; certains furent adaptés pour le théâtre.

Dans l'édition définitive, l'ordre chronologique de rédaction et de publication n'est pas suivi, afin, dit Marmontel, de « varier les tons et ménager les contrastes ». Vingt-trois contes se succèdent : « Alcibiade, ou le Moi » ; « Soliman II » ; « le Scrupule ou l'Amour mécontent de lui-même » ; « les Quatre Flacons » ; « Lausus et Lydie » ; « le Mari-Sylphe » ; « Heureusement » ; « les Deux Infortunés » ; « Tout ou rien » ; « le Philosophe soi-disant » ; « la Bergère des Alpes » ; « la Mauvaise Mère » ; « la Bonne Mère » ; « l'École des pères » ; « Annette et Lubin » ; « les Mariages samnites » ;

« Laurette » ; « le Connaisseur » ; « l'Heureux Divorce » ; « le Bon Mari » ; « la Femme comme il y en a peu » ; « l'Amitié à l'épreuve » ; « le Misanthrope corrigé ».

En suivant cet ordre, nous passons, en effet, d'un sujet à l'autre, et surtout d'un type de conte à l'autre. Si la plupart de ces récits sont situés dans la haute société parisienne, il en est qui se déroulent à la campagne (« le Philosophe soi-disant » ; « Laurette » ; « le Misanthrope corrigé »), dans les montagnes de Savoie (« la Bergère des Alpes »), dans l'une de nos provinces maritimes » (« la Mauvaise mère »), en Angleterre (« l'Amitié à l'épreuve »). À tous ces contes modernes s'opposent deux apologues grecs (« Alcibiade », et « les Quatre Flacons »), dont le second peut aussi être regardé comme « un conte de fées » ; une histoire turque (« Soliman II »), deux récits qui nous ramènent à l'Italie antique (« Lausus et Lydie », « les Mariages samnites »). Ces différences n'ont, au fond, guère d'importance : Marmontel néglige la couleur locale, et ne se gêne nullement pour faire parler Socrate ou les Samnites à la manière des bourgeois ou des seigneurs de son temps.

Il a d'abord voulu écrire des contes moraux – soit des histoires qui illustrent des vérités simples, parfois assez fines, de la vie quotidienne. La moralité a précédé et formé l'histoire. « Alcibiade » a été conçu pour démontrer la plus universelle des maximes, « la ridicule prétention d'être aimé uniquement pour soi-même » ; « Soliman II », confrontant un sultan et une esclave, devrait révéler « la folie de ceux qui emploient l'autorité pour mettre une femme à la raison » ; le « Scrupule » et « l'Heureux Divorce » décrivent (avant *Madame Bovary*) « l'idée singulière que les jeunes personnes se font de l'amour d'après la lecture des romans » et « le chagrin qu'elles ont de ne pas le trouver dans la nature, tel qu'il est peint dans les livres » – ce qui amène l'héroïne du premier conte à être « mécontente de sa façon d'aimer », celle du second à être « mécontente de la façon dont elle est aimée ». Marmontel médite ensuite sur « les trois sources de ce qu'on appelle amour dans le monde, la fantaisie, la passion et le goût » (« les Quatre Flacons »), sur la fidélité féminine (« Heureusement »), sur les faux philosophes (« le Philosophe soi-disant »), sur l'éducation des enfants (« la Mauvaise Mère », « la Bonne mère », « l'École des pères »), sur les difficultés de la vie conjugale (« le Mari-Sylphe »). Même dans des contes apparemment plus éloignés des problèmes du XVIIIᵉ siècle (« Laurus et Lydie », « la Bergère des Alpes », « Annette et Lubin », « les Mariages samnites »), la morale est présente.

Marmontel se défend d'avoir eu des modèles précis. Il n'a pas écrit, affirme-t-il, d'œuvre à clés. Il est, en fait, vraisemblable qu'au moins dans « le Philosophe soi-disant » et dans « le Connaisseur » il a pensé à des figures contemporaines. Mais ces contes si brefs, les caractères ne peuvent être complexes ; restent quelques traits marquants et quelques attitudes caractéristiques.

La morale, une intarissable accumulation de platitudes bourgeoises, n'a guère d'intérêt : il faut bien élever ses enfants, être fidèle à sa femme, à la fois indulgent et circonspect ; il ne faut pas se targuer de cyniques ou cruelles conquêtes. Cette platitude a peut-être aidé au succès de l'œuvre : dans tout l'Occident se trouvaient au même moment illustrés et diffusés les principes auxquels adhéraient les spectateurs de Sedaine et les admirateurs de Greuze. Ces contes, écrits pour les veillées des chaumières, offraient à des couches sociales alors assez puissantes un miroir fidèle.

Encore fallait-il que la forme convînt. Marmontel, qui se souvient de Molière dans « le Misanthrope corrigé », se réfère souvent au théâtre, et plus encore aux « tableaux vivants » que souhaitaient sur la scène Diderot, puis Beaumarchais (qui adaptera « Laurette » à la scène). Il le dit lui-même : il cherche des « sentiments touchants » ou des « tableaux intéressants ». Aucun réalisme dans ces peintures d'un grand monde éthéré, ou d'une campagne idyllique, peuplée de châtelains bienfaisants et de paysans laborieux et vertueux. Les dialogues sont absolument faux, mais assez entraînants. Au fond, ce sont des vignettes que nous propose Marmontel. Les petites illustrations de son livre sont parfaitement à leur place, et elles paraissent même en avoir précédé la composition. Le conte offre une suite de scènes, qui s'immobilisent en tableaux amusants ou pathétiques. Nous sommes placés là devant une littérature carrément conventionnelle, ne visant, comme une galerie d'estampes, qu'à créer inlassablement « le plaisir de la reconnaissance », qui incarne et cimente le confort intellectuel.

A. NIDERST

CONTINUATION [de Gerbert de Montreuil]. Voir CONTINUATIONS DU CONTE DE GRAAL.

CONTINUATION [de Manessier]. Voir CONTINUATIONS DU CONTE DE GRAAL.

CONTINUATION-GAUVAIN. Voir CONTINUATIONS DU CONTE DU GRAAL.

CONTINUATION-PERCEVAL. Voir CONTINUATIONS DU CONTE DU GRAAL.

CONTINUATION DES AMOURS. Voir AMOURS (les), de P. de Ronsard.

CONTINUATION DES PENSÉES DIVERSES ou Réponse à plusieurs difficultés que Monsieur ... a proposées à l'auteur. Essai de Pierre **Bayle** (1647-1706), publié à Rotterdam chez Reinier Leers en 1704.

Dès 1694, Bayle envisagea une suite aux *Pensées diverses*. Occupé par d'autres travaux, il ne put se mettre à cet ouvrage qu'en octobre 1703.

Selon la méthode habituelle du philosophe, le livre présente une série de chapitres, dont le lien n'est pas toujours évident. On peut toutefois distinguer quelques séquences. Bayle réfute d'abord l'argument classique du consentement général des peuples à reconnaître Dieu (chap. 5-18 ; 22-38). Il condamne de nouveau l'astrologie (39-48). Il se refuse à admettre l'utilité morale de la religion païenne (49-54). Il anéantit l'anthropocentrisme, qui nous persuaderait que l'univers a été fait pour nous (55-62). Il nie la connaissance par les païens d'un Dieu unique, et la valeur de leur religion (63-74). Il redit que l'athéisme n'est pas le pire des maux (75-89) et termine par un parallèle, où est démontré que l'idolâtrie est plus néfaste que l'athéisme (90-166).

La dernière partie fut, en fait, la première à laquelle le philosophe ait songé. « Il n'y a eu dans les *Pensées diverses* qu'une seule chose, avoue-t-il, qui m'ait déterminé au dessein d'une apologie : c'est le parallèle de l'athéisme et du paganisme. » Puis il se décide à « satisfaire à plusieurs difficultés qui [lui] avaient été proposées » concernant d'autres endroits de l'ouvrage.

Bayle revient donc sur les grandes idées que lui avait inspirées la comète de 1681. Il les systématise et aboutit à une conception générale de l'humanité et du monde. Il existe – Kant et Rousseau se souviendront de ces pages – un absolu moral, qui s'impose à tous, même aux athées. On peut « trouver dans la nature même, et non pas dans les opinions de l'homme, le fondement [des] trois espèces de biens [...], le bien agréable, le bien utile et le bien honnête ». Les vertus et les vices sont aussi évidents que des vérités mathématiques. Mais l'homme ne connaît d'ordinaire que l'amour-propre, et la corruption est universelle. Il faut même d'énormes efforts pour retrouver la morale, partout

oubliée, voire effacée : « C'est un fruit de culture, que l'instruction, la réflexion, la philosophie, la religion, produisent. »

Si parmi les hommes l'intérêt et les vices triomphent, ce n'est pas forcément un mal pour la société ni le devenir de notre espèce. Comme l'a dit Fontenelle dans les *Dialogues des morts*, comme le diront Mandeville et le jeune Voltaire du **Mondain*, les vices des particuliers assurent la prospérité générale. Il faut que les soldats soient vaniteux pour être braves, que les commerçants, les diplomates et les politiques aiment l'argent et le pouvoir pour être efficaces.

C'est ainsi que les deux grandes idéologies du XVIIIe siècle sont juxtaposées dans cet essai. Bayle s'y montre à la fois un théologien prékantien, qui affirme l'absolu de la « raison pratique » et ruine toutes les arguties de la « raison pure », et un philosophe des Lumières, enclin à accepter, presque à sacraliser, toutes les passions et toutes les déviations. Cette philosophie, qui unit, ou plutôt qui laisse présager Voltaire et Rousseau, n'est pas incohérente. En tout cas, l'athéisme n'est plus le pire des maux, et l'enseignement de l'Évangile n'a, pour ainsi dire, rien à faire dans le monde. La morale s'en passe, et les sociétés l'ignorent. Pour autant, Bayle ne doit pas être considéré comme un propagandiste plus ou moins sournois de la mécréance ; car son pyrrhonisme – hostile avant tout aux faciles théodicées qui réconcilient le bien et le vrai – ne trouve en fait d'issue que dans un acte de foi : on croit à l'Évangile, que rien n'atteste ; on veut croire que la tragique histoire des hommes est orientée vers le bien et concertée par une Providence cachée.

● *Œuvres diverses*, Éditions Sociales, 1971 (p.p. A. Niderst).

A. NIDERST

CONTINUATIONS DU CONTE DU GRAAL. Deux textes courts, qui tentent d'expliquer, l'un (le *Bliocadran*), le sort du père de Perceval, l'autre (l'*Élucidation*), le mystère de la disparition de la cour du Roi Pêcheur, de l'origine de la terre « gaste » et de l'occultation du Graal, servent dans quelques manuscrits de pseudo-prologue au **Conte du Graal*. Mais le double travail d'achèvement des quêtes entreprises par Perceval et par Gauvain et de retour du récit sur l'origine du Graal, de la lance qui saigne, de l'épée brisée, etc., est surtout le fait des *Continuations*, un ensemble de plus de 60 000 vers, composé par des auteurs différents, de la fin du XIIe siècle à 1240 environ. Les *Continuations* ne sont au reste qu'un pan de la littérature engendrée par *le Conte du Graal*. Une autre lecture et élucidation est celle du **Roman de l'histoire du Graal* de Robert de Boron, texte qui a non seulement influencé les *Continuations* en vers mais a joué un rôle considérable dans la genèse des romans arthuriens en prose.

Anonyme, conservée dans trois versions différentes, la *Première Continuation*, ou *Continuation-Gauvain*, achève l'épisode de Guiromelant (voir *le Conte du Graal*) puis juxtapose des récits indépendants. L'un des plus étranges est l'histoire de Caradoc Brieg Braz, né des amours adultères de sa mère et d'un magicien, et qui ne se libère de cette tache originelle (et de l'horrible serpent attaché à son bras, qui le dessèche progressivement) qu'en épousant la plus aimante des femmes, la seule à triompher, à la cour d'Arthur, de l'épreuve de chasteté. Gauvain, dans la *Première Continuation*, trouve à deux reprises le château du Roi Pêcheur, mais il ne peut ressouder l'épée brisée, ce qui le consacrerait comme le chevalier élu. À sa seconde visite, il apprend toutefois, par un long récit de son hôte, que la lance qui saigne est celle qui a jadis percé le flanc du Christ et comment le Graal a été apporté dans l'île de Bretagne par Joseph d'Arimathie. Mais il s'endort avant d'avoir entendu ce qui concerne l'épée brisée...

La *Deuxième Continuation*, ou *Continuation-Perceval*, parfois attribuée à Wauchier de Denain, reprend l'histoire du héros là où l'a laissée Chrétien, à son départ de chez l'ermite. L'un des intérêts du récit est dans l'oscillation entre les inépuisables détours des aventures très « profanes » de Perceval (l'aventure féerique du château de l'Échiquier magique et de la chasse au blanc cerf, par exemple), le bref retour auprès de Blanchefleur, et les aventures qui le reconduisent plus ou moins fermement sur le chemin du Graal. Chez le Roi Pêcheur, Perceval assiste de nouveau au cortège du Graal, mais le Roi refuse de répondre sur-le-champ à ses questions sur le Graal et la lance, et le récit s'interrompt brusquement au moment où Perceval est parvenu, ou presque – une légère trace subsiste – à ressouder l'épée brisée...

La *Continuation* de Manessier et celle de Gerbert de Montreuil (composées vers 1220-1230) enchaînent, indépendamment l'une de l'autre, sur la fin de la *Deuxième Continuation*. La *Continuation* de Gerbert se distingue par son ton résolument didactique et la version pesamment moralisée qu'elle donne des motifs arthuriens. Mais elle est aussi un très bon témoin des procédés utilisés par les écrivains du Graal, en vers comme en prose, pour retarder autant que possible l'achèvement de la quête, c'est-à-dire la mort du récit. Dilatant sur près de 17 000 vers la révélation des secrets du Graal, Gerbert, à l'image des romans en prose, entrelace aux aventures de Perceval celles de Gauvain, voire celles de Tristan, décrivant ainsi un retour de Tristan, déguisé en musicien, à la cour de Marc. Le récit lui-même, qui s'interrompt sur le retour de Perceval au château du Roi Pêcheur et fait alors textuellement retour à son point de départ, fonctionne comme une sorte de vaste interpolation à l'intérieur des *Continuations*.

La *Continuation* de Manessier, qui reprend elle aussi la technique de l'entrelacement, mène enfin à bien la quête. Au cours d'aventures qui tirent parfois le récit aux frontières du diabolique et du fantastique (dans l'épisode de la « chapelle de la Main noire », par exemple), Perceval venge le meurtre du frère du Roi Pêcheur (l'épée brisée et enfin ressoudée est le signe et l'instrument de cette vengeance) et guérit le Roi Pêcheur. À la mort du roi, il devient à son tour le roi et le gardien du Graal, puis, retiré dans un ermitage, il meurt en odeur de sainteté, tandis que disparaissent le Graal, la lance et le tailloir. Perceval est enterré au palais Aventureux (le palais du Roi Pêcheur), au royaume de la fiction, mais l'écrit qui conte son histoire et que suit Manessier, écrit scellé par le roi Arthur, se trouve selon l'épilogue, à Salesbieres (Salisbury), où peuvent le voir tous ceux « qui errent par le chemin » et qui recommenceront l'aventure de la réécriture.

Réunies au moins dans le manuscrit B.N. fr. 12576, les *Continuations* constituent ainsi un premier cycle en vers sur l'histoire conjointe de Perceval et du Graal. Elles élaborent, de récit rétrospectif en récit rétrospectif, le mythe d'origine du Graal, de la lance qui saigne, de l'épée brisée, de la blessure du Roi Pêcheur, etc. Mais l'épée brisée à ressouder est aussi, dans cet ensemble, l'objet qui image au plus juste l'écriture du Graal : la tension entre les méandres et les lignes brisées de l'errance chevaleresque, et la résorption définitive des aventures, la fusion du héros dans l'objet de sa quête, la disparition simultanée de Perceval et du Graal dans un au-delà du texte.

● G. de Montreuil, *la Continuation de Perceval*, Champion, 3 vol., 1922-1975 (I et II p.p. M. Williams, III p.p. M. Oswald). *The Continuations of the Old French Perceval of Chrétien de Troyes*, Philadelphie, Univ. of Pennsylvania Press, 5 vol., 1949-1983 (p.p. W. Rouch). *Bliocadran*, Tübingen, 1986 (p.p. L.D. Wolfgang). *Le Livre de Caradoc*, « Bouquins », 1989 (*la Légende arthurienne [...]*, trad. M. Szkilnik). *Première Continuation de « Perceval »*, « Le Livre dePoche / Lettres Gothiques », 1993 (p.p. W. Roach, trad. et comm. C.-A. Van Coolput-Storms).

E. BAUMGARTNER

CONTR' UN. Voir DISCOURS DE LA SERVITUDE VOLONTAIRE, d'É. de La Boétie.

CONTRAT DE MARIAGE (le). Voir ÉTUDE DE FEMME, d'H. de Balzac.

CONTRAT SOCIAL (le). Voir DU CONTRAT SOCIAL, de Voltaire.

CONTRE SAINTE-BEUVE. Ensemble de textes de Marcel **Proust** (1871-1922), publiés à Paris par Bernard de Fallois chez Gallimard en 1954. Pierre Clarac a proposé pour la « Pléiade » un regroupement des textes différent chez le même éditeur en 1971.

En 1908-1909 Proust écrivit divers articles avec le projet d'en faire un roman qui serait aussi un essai d'esthétique et de critique littéraire. Il hésitait sur la forme définitive à adopter et renonça dès 1909 à publier un ouvrage sous ce titre. À de nombreuses reprises, il avait insisté sur sa ferme intention de juxtaposer dans un même livre roman et essai. Il avait d'ailleurs décrit l'ouvrage qu'il proposait au directeur du *Mercure de France*, en avril 1909 : « Je termine un livre qui malgré son titre provisoire : *Contre Sainte-Beuve. Souvenirs d'une matinée* est un véritable roman et extrêmement impudique en certaines parties. [...] Le livre finit bien par une longue conversation sur Sainte-Beuve et sur l'esthétique [...], et quand on aura fini le livre, on verra (je le voudrais) que tout le roman n'est que la mise en œuvre des principes d'art émis dans cette dernière partie, sorte de préface si vous voulez mise à la fin. » C'est bien le programme même d'* *À la recherche du temps perdu* qui est exprimé ici. Avant le refus de Vallette et dès 1908 Proust avait en fait mis en chantier son grand roman, qu'il a continué à appeler *Contre Sainte-Beuve* jusqu'à la fin de 1909. Les textes de l'essai proprement dit (qui sont du reste les plus « achevés » et ne figureront plus sous cette forme dans la *Recherche*) apparaissent donc comme une récapitulation du champ esthétique dans lequel l'écrivain situe son travail à venir. Ajoutons que la grande perspicacité critique de Proust a également trouvé à se déployer dans quelques articles importants, notamment sur Flaubert (« À propos du "style" de Flaubert », *Nouvelle Revue française*, janvier 1920) et Baudelaire (« À propos de Baudelaire », *Nouvelle Revue française*, juin 1921).

À la différence de Bernard de Fallois qui, dans son édition, incluait les divers développements romanesques (« Chambres », « Sommeils », « Journées »...), Pierre Clarac, pour la « Bibliothèque de la Pléiade », n'a retenu que les pages de critique autour du nom de Sainte-Beuve, considérant les passages narratifs comme des ébauches de la *Recherche*.

Un héros « qui dit je », en proie à l'insomnie, ne se souvient de certains moments clés de son passé qu'à la faveur de quelques déclics (la saveur d'une biscotte trempée dans du thé par exemple) que sa mémoire lui livre avec une grande netteté. Il revoit les différentes chambres où il a dormi, les réveils qu'il y a connus. Les « noms de personnes » (ces « urnes d'inconnaissable ») lui ont fourni autrefois maintes occasions de rêver combien il serait délicieux de vivre dans l'ombre de certains « dieux » comme les Guermantes. Mais la réalité lui a vite infligé de cuisantes déceptions : ces aristocrates, en qui il avait placé tant d'espoirs, manifestent une incontestable médiocrité, se révélant par exemple de piètres lecteurs de Balzac. Même le charme de la « comtesse » se dissipe très vite. Cependant tous les êtres qu'il a côtoyés (comme ce « marquis de Quercy » qui fait partie de la « race maudite » des invertis), les lieux qu'il a connus et les impressions qu'il en a retirées constituent, pour qui forme le projet d'écrire, une matière dense et inépuisable : c'est sa propre singularité que l'écrivain révélera en les évoquant. Un jour, à propos d'un article sur Sainte-Beuve qu'il envisage d'écrire, le héros va expliquer longuement à sa mère sur quels principes repose la « méthode » de celui qui a sans doute été indûment considéré comme un grand critique. Son erreur consiste à évaluer l'œuvre d'un écrivain d'après la vie qu'il a menée et les jugements portés par ceux qui l'ont connu. Ce parti pris l'a conduit à émettre des avis souvent injustes, parfois ridicules ou odieux sur des auteurs comme Balzac, Nerval ou Baudelaire. C'est ainsi un contre-sens grossier que de considérer l'écrivain de *Sylvie* comme un doux aquarelliste des paysages d'Ile-de-France, une malhonnêteté intellectuelle de qualifier l'auteur des *Fleurs du mal* d'« aimable garçon, pétrarquisant sur l'horrible », ou de réduire Balzac à sa soif de réussite sociale, en ne comprenant par ailleurs rien à son génie dont l'un des traits a consisté par exemple à reprendre les mêmes personnages d'un roman à l'autre.

Au-delà de Sainte-Beuve, devenu assez vite simple élément déclencheur, Proust procède surtout ici à un bilan de lecture répertoriant les références à partir desquelles il va bâtir son programme-cadre. De Nerval il retient la puissance du « subjectivisme », la vigoureuse aptitude à empreindre la réalité (et ses « noms de lieux ») de la couleur violente d'un rêve, d'un souvenir, pour en extraire une « qualité personnelle de la sensation ». Il perçoit dans *Sylvie* (voir *les *Filles du Feu*) et son « atmosphère bleuâtre et pourprée » l'invention d'un langage au travers de l'effort accompli pour lever par l'écriture l'étrangeté à soi-même, pour « éclairer des nuances troubles, des lois profondes, des impressions presque insaisissables de l'âme humaine ». Cette mise en valeur de moments privilégiés que le verbe nervalien parvient à isoler, Proust la retrouve chez Baudelaire dont l'œuvre est « comme une planète où lui seul a habité et qui ne ressemblait à rien de ce que nous connaissons », un monde qui produit « un étrange sectionnement du temps où seuls de rares jours notables apparaissent » et « dont chaque poème n'est qu'un fragment ». Proust apprécie l'impassibilité lucide avec laquelle le poète raille ses propres souffrances et l'usage qu'il fait des objets les plus simples pour symboliser toutes les facettes de son univers spirituel. Contrairement à Baudelaire, Balzac (chez qui « il n'y a pas à proprement parler de style ») a trop souvent cédé à la facilité, dans les sentiments exprimés, dans la formulation et dans les mobiles qui guident les personnages de ses romans, presque tous rongés par l'ambition sociale et dont les reparties sont insuffisamment caractérisées. Mais c'est, selon Proust, dans cette « vulgarité » même que le romancier, pour qui la vie et la littérature furent étroitement mêlées, puise la force avec laquelle il parvient à donner « une sorte de valeur littéraire à mille choses de la vie qui jusque-là nous paraissaient trop contingentes ». Même si Balzac n'est pas parvenu, comme Flaubert, à transformer la matière surabondante qu'il livre au lecteur, et à lui insuffler la puissance suggestive que Proust appelle précisément le « style ».

● « Pléiade », 1971 (p.p. P. Clarac et Y. Sandre) ; « Folio », 1987 (préf. B. de Fallois).

G. COGEZ

CONTRE-CIEL (le). Recueil poétique de René **Daumal** (1908-1944). Quelques pièces furent d'abord publiées dans *le Grand Jeu* (nº 1, "Entrée des larves", 1928 ; nº 2, "le Prophète", "Jeu d'enfant", "Feux à volonté", 1929 ; nº 3, "la Seule", "L'enfui tourne court", 1930), revue du groupe Le Grand Jeu constitué de René Daumal, Roger Gilbert-Lecomte, Roger Vailland et Joseph Sima, ou dans *Commerce* (1930). À cette date, le recueil était terminé. Deux projets d'édition échouèrent (1930, chez Kra ; 1933, aux Éditions du Sagittaire). En 1935, René Daumal obtint pour *le Contre-Ciel* le prix Jacques Doucet : en 1936, le recueil parut dans les *Cahiers Jacques Doucet* (Éditions de l'Université de Paris). Mais dans cette édition, nombre de pièces qui apparaissaient dans les projets précédents furent supprimées.

Le texte de 1936 comprend trois parties précédées d'un « Avertissement » où le poète rappelle son hésitation à publier son recueil et présente les « Clavicules d'un grand jeu poétique » (I), essai sur la création poétique, où alternent aphorismes numérotés et commentaires, « plus près du cri que du chant ». Cet art poétique définit la démarche poétique (négation), sa finalité (construction du moi du poète), la parole poétique (conjonction de l'absolu et du souffle)

contradictoire en elle-même (esprit absolu / esprits animaux). « La mort et son homme » (II) met en œuvre cette négation, dans le dépouillement de soi, l'ascèse, le rejet du monde, le rejet de l'autre. La mort devient le réceptacle où sombrer, mais demeure un obstacle infranchissable qui laisse le poète en un « cul-de-basse-fosse ». De peur qu'elle ne se souille, la Reine se tient à distance ("le Serment de fidélité") et le poète se torture dans ce « lit de Procuste » en se réjouissant d'être mortel ("À la néante") et en risquant de n'avoir aucune réponse puis d'être seul avec sa terreur ("Triste petit train de vie", "Froidement"). « Le ciel est convexe » (III) s'ouvre sur le projet d'une quête de l'être que les hommes ne savent pas voir et nomment absence. "L'Envers du décor" n'est accessible qu'une fois le moi et le toi niés. Il faut craindre toutefois la "Civilisation", gémissante face à la parole, qui fait perdre son souffle au poète. L'image de la roue résume l'éternel recommencement du mouvement (élan vers l'être / chute dans l'existence), et la lutte constante de l'homme fasciné par l'éclair et maudissant la fausse vie.

René Daumal compose une poésie de la volonté. La négation, sous de multiples formes (syntaxiques : défenses, ordres ; lexiques de la violence, du mépris, de l'horreur ; ironie) dicte les impératifs catégoriques d'une révolte : il faut s'emporter contre le monde routinier ("Nénie", "Entrée des larves"), contre la vie banale, faite de conscience du manque et de lâche démission ("Perséphone"), contre l'incrédulité des autres, obstacles à la délivrance de la parole poétique ("l'Errant", "la Cavalcade" ; voir "les Dernières Paroles du poète", 1936), contre soi-même enfin, en qui l'être est aliéné par le corps et la langue.

En rupture constante, le poète ne parvient pourtant pas à l'idéal recherché. Le lyrisme de Daumal se situe à ce moment où le sujet, tendu à l'extrême vers l'absolu, doit renoncer. Car la poésie de l'instant (voir "Liberté sans espoir", *le Grand Jeu*, nº 1), fatalement faite d'élans et d'échecs, n'a pas vocation à la durée qui est souffrance. Celle que l'on désire atteindre demeure dans la sphère de l'indicible (« Tu n'es rien de Ce que tu pourrais être », "le Serment de fidélité"). C'est pourquoi le monde antithétique (haut / bas, nuit / jour, pur / impur) ne suffit pas pour définir la fin du projet : la destruction de l'espace ou du corps permet d'approcher négativement, par l'écriture, la "Mère des formes" qui est « sans forme ».

En un sens, René Daumal atteint, dans une démarche radicale, le point défini par André Breton, où les contraintes s'annulent (premier *Manifeste du surréalisme*). Cependant, en ce point sublime, tout est néant, le nom, les corps, les sentiments : au cœur du vide surgit l'être. La poésie commence vraiment avec ce rien qu'elle doit dire, « un mot simple comme la foudre » ("les Dernières Paroles du poète"), qu'elle ne peut énoncer sans livrer l'idée au corps, l'essence au rythme qui naît du souffle et corrompt l'ineffable, la parole une à la parole humaine. Seul le cri approche au mieux, en sa brièveté, le poème, bien que, provocant et agressif, il soit déjà la version dégradée d'une primitivité perdue.

À force de rejeter les autres et le soi, il ne subsiste qu'un « trou dans moi dans tout » ("la Chute"). Construction d'un être qui participe du mystère universel, le poème est dépersonnalisation. Le sujet lyrique, arraché aux contingences, détruit par le poème, est neutre : il peut être assumé par le lecteur qui, s'il n'est pas incrédule, suit le chemin menant à l'évidence poétique. Au-delà de la parole insuffisante, le lecteur peut retrouver l'émotion première et endosser la solitude ascétique du sujet écrivant : « Une voix s'éternise et meurt de solitude, / une voix se tait. »

● « Poésie / Gallimard », 1970 (préf. C. Rugafiori).

D. ALEXANDRE

CONTRERIMES (les). Recueil poétique de Paul-Jean **Toulet** (1867-1920), publié à Paris aux Éditions du Divan en 1921. Ce recueil rassemble un choix de textes pour la

Colette

Colette en 1939.
Ph. © Gisèle Freund.

Pour Sidonie-Gabrielle Colette (1873-1954), l'apprentissage du métier d'écrivain est d'abord la conquête d'un nom, « Colette », dont elle n'use qu'à cinquante ans après avoir écrit sous divers pseudonymes et laissé son premier mari, l'auteur à succès Willy, signer la série des *Claudine*. Itinéraire symbolique d'une femme qui, sur fond de troisième République moralisante, incarne le scandale avant d'entrer, première de son sexe, à l'Académie Goncourt et de devenir cette figure retirée dans son appartement du Palais-Royal, aimée d'un

Sidonie-Gabrielle Colette à quinze ans.
Ph. X-D.R. © Arch. Photeb.

public qui lui reste fidèle jusqu'à sa mort. Les mariages tumultueux, l'homosexualité, le music-hall, la Belle Époque et ses « cocottes », tout cela se reflète dans une œuvre souvent autobiographique, dont la véritable cohérence se trouve dans une exaltation lyrique de la sensualité, souvenir d'une enfance heureuse auprès de Sido, et présente partout, dans l'amour des hommes, des bêtes – les chats légendaires – et du « blé en herbe » contre la dégradation et la mort.

Colette Willy interprétant le rôle du petit faune dans *le Désir, la Chimère et l'Amour*, pantomime jouée au théâtre des Mathurins en 1906.
Collection André Fildier, Paris.
Ph. X-D.R. © Arch. Photeb.

Colette faisant répéter *Chéri* à Jean Marais.
Ph. © Maurice Zalewski/Rapho.

plupart déjà parus, depuis 1910, dans différentes revues parmi lesquelles *la Grande Revue, le Divan, les Marges, les Guêpes, les Marchés de Provence, Burdigala, Vers et Prose, l'Éventail.*

Les 305 pièces qui composent *les Contrerimes* se signalent par leur brièveté, qu'il s'agisse du nombre des vers (de deux à trente-six) ou des mètres utilisés. Elles se répartissent en 70 « contrerimes » proprement dites, cette forme poétique déjà rencontrée chez Leconte de Lisle et dont Toulet se proclamait l'inventeur : une séquence de quatrains (de quatre à neuf) qui chacun combine des mètres alternés (8.6.8.6.) et des rimes embrassées (a.b.b.a.), les vers rimant ainsi « à contre-longueur », le grand avec le petit, ce dernier fréquemment introduit par un relatif ou une préposition venant préciser et orchestrer le thème énoncé dans l'octosyllabe ; 14 « Chansons » à la métrique variée, dont la célèbre « Dans Arle, où sont les Aliscams » ; 12 « Dixains » en octosyllabes ; enfin 109 « Coples » de deux ou quatre vers, souvent des alexandrins.

« Ce que j'ai aimé le plus au monde, ne pensez-vous pas que ce soit les femmes, l'alcool et les paysages ? » Tout naturellement, le credo de Toulet prend la forme interrogative. Jardin secret, précieux et raffiné, que ce dandy voyageur meuble de silhouettes féminines lointaines ou gentiment décevantes, dans des décors exotiques (l'île Maurice de son adolescence, l'Extrême-Orient visité en 1902-1903) ou d'autres plus proches, du Paris artiste et demi-mondain aux immortels « Aliscams » et à la « Montagne Pyrénée » au pied de laquelle il passe ses dernières années, *les Contrerimes* mettent en scène un « je » omniprésent mais désenchanté, et qui refuse d'être dupe, serait-ce de sa propre nostalgie. Les obsédants motifs de la *vanitas* (sable, cendre, poussière, aimée rimant avec fumée et seul avec linceul) ne renvoient nullement à un passé idéalisé ou à une quelconque mission du poète : il ne s'agit pas, pour Toulet, de tirer l'éternel du transitoire, mais au contraire de dégager l'instant – le plaisir fugitif d'une étreinte ou d'un rayon de soleil – de ses oripeaux métaphysiques, et de porter « le crincrin de la blague et le sistre du doute » (« Chansons », IV) dans le champ sacré de l'amour et de la mort, ce trop célèbre duo qui « n'est qu'affaire d'allitération ». Toute pose est ridicule dans un monde qui se réduit à une succession d'instantanés. D'où ces télescopages meurtriers qu'organisent *les Contrerimes* entre les lexiques, les formes et les niveaux de langue, depuis l'argot (tu t'en fous, que dale, liquette...) jusqu'aux mots les plus savants (« Carthame chatoyant, cinabre / Colcothar orpiment », « Contrerimes », XXIII), depuis le dialogue familier à peine versifié (« Contrerimes », VI, XXI, XXXVIII...) jusqu'à l'élégie traditionnelle (« Puisque tes jours ne t'ont laissé / Qu'un peu de cendre dans la bouche », « Dixains », XII) mais distancée par des archaïsmes morphologiques ou syntaxiques (« La vie est plus vaine une image », « Contrerimes », LXX) ou des clins d'œil parodiques ("Ronsard", « Contrerimes », XXII ; "Baudelaire", « Contrerimes », XXIV).

À l'esprit de sérieux des poètes symbolistes, Toulet répond ainsi par un jeu verbal qui se veut défense contre l'émotion, par un art de l'ellipse et de la litote qui font de lui le chef de file, en son temps, de la jeune école « fantaisiste » (Derème, Carco, Jean-Marc Bernard), mais qui l'inscrivent aussi dans la tradition classique, de Malherbe à Théophile Gautier et à Moréas, en passant par Chamfort et tous ceux que révulsent le flou, le vague et la confidence trop haut proclamée : si l'on parle d'amour, qu'au moins ce soit « tout bas »... C'est dire aussi, peut-être, les limites de ce poète qui se défie de la poésie, et ne livre sa vérité que dans l'acte même de la tenir à distance.

● « Poésie / Gallimard », 1979 (p.p. M. Décaudin). ➤ *Œuvres complètes*, « Bouquins ».

J.-P. DE BEAUMARCHAIS

CONTROVERSES DES SEXES MASCULIN ET FÉMININ. Recueil poétique de Gratien **du Pont**, seigneur de Drusac (première moitié du XVIᵉ siècle), publié à Toulouse chez Jacques Colomies en 1534. Satire féroce contre la gent féminine, cet ouvrage est aussi un manuel de poésie appliquée où l'apprenti rimeur trouvera maint exemple des formes poétiques en usage à cette époque.

Alors que, assis dans un bois, l'auteur se met à « fantasier », Sexe Masculin lui apparaît sous les traits d'un beau vieillard : il lui demande de le défendre contre les persécutions de Sexe Féminin. L'auteur accepte de rédiger un livre contre les méchantes femmes. Il examine tous les arguments qui démontrent la faiblesse et la méchanceté naturelles « du deuxième sexe » (livre I), et en arrive à la conclusion qu'il faut fuir le mariage (II). La dernière partie rassemble les histoires des femmes qui ont fait le malheur des hommes depuis les temps bibliques jusqu'à la papesse Jeanne (III).

Du Pont semble poursuivre ici un double objectif. D'une part, dans le contexte général de la « querelle des femmes » qui sévit dans le monde des lettres à la Renaissance, il entend dénoncer les « grands abus notoires très bien prouvés […] touchant le sexe et genre féminin contre le pauvre bon sexe masculin ». Simultanément, il veut complaire aux « jeunes gens qui désirent apprendre de composer et rhétorique entendre ». De ce fait, la somme des arguments théologiques, juridiques et philosophiques, l'ensemble des anecdotes puisées dans les recueils de nouvelles et d'*exempla* servent le catalogue des formes poétiques. Il s'agit pour Gratien du Pont de répertorier le plus de rimes possible, « à plusieurs de nos ancêtres, pour la difficulté d'icelles, encore inconnues ». L'exposé antiféministe est le laboratoire des ballades (dialoguée, batelée, enchaînée, rétrogradée, à double sens), rondeaux de mètres divers, virelais, arbres fourchus, et équivoques en tous genres. Ainsi le propos misogyne n'est sans doute d'abord qu'un prétexte à l'écriture. En effet, les *Controverses* qui promettent « mainte satire / Et maint brocard donnant ébattement », cultivent la dimension ludique du langage. Coulée dans le moule des multiples formes poétiques, l'argumentation antiféministe, dans son outrance même, prend couleur de jeu. L'utilisation des autorités de la culture classique manifeste la même intention : les quelque cent cinquante auteurs où puise le sieur du Pont (parmi lesquels les Pères de l'Église côtoient Érasme, Alain Chartier, Gringore, les traités de droit et les auteurs latins et grecs) deviennent, par un détournement non dépourvu de malice, la bibliothèque du misogyne averti.

Pour médiocre qu'il ait été jugé, l'ouvrage n'en a pas moins connu un certain succès et fait couler beaucoup d'encre : Étienne Dolet, parmi d'autres, l'attaqua. Quelques décennies après sa publication, on ne l'a toujours pas oublié : preuve en est cet *Anti-Drusac fait à l'honneur des femmes* donné par François Arnault de La Borie en 1564.

M.-C. GOMEZ-GÉRAUD

CONVERSATION-SINFONIETTA. Voir THÉÂTRE DE CHAMBRE, de J. Tardieu.

CONVERSATIONS D[U] M[ARÉCHAL] D[E] C[LÉREMBAULT] E[T] D[U] C[HEVALIER] D[E] M[ÉRÉ]. Essai d'Antoine Gombaud, chevalier de **Méré** (1607-1684), publié à Paris chez Denis Thierry en 1669.

Il n'est pas impossible que le point de départ de cet ouvrage soit réel, et que Méré ait eu avec son ami Clérembault, connu pour son commerce de galant homme et ses qualités de courtisan, des conversations ressemblant assez à celles qu'il a retracées.

Après une Préface consacrée à louer Clérembault et Louis XIV, se suivent six « conversations ». Atteint d'une maladie de langueur, Clérembault veut se divertir. On parle de l'esprit, qui peut consister en plaisanteries ou en bons mots ; de la guerre, « le plus beau métier du monde ». On condamne les tournures fleuries ; on disserte des deux justesses, celle qui se définit par une vision exacte du réel, et celle qui se définit par une expression correcte. La civilité s'apprend dans le commerce des dames (I). Les deux hommes s'entretiennent ensuite de la Grèce, ce pays doté d'une belle langue, d'un doux climat, également doué pour la musique et l'éloquence, qui a donné Alexandre, Euclide, Archimède ; on définit la vraie habileté, et on parle de l'Histoire (II). L'agréable conversation, convient-on, doit se passer de pompe et de magnificence. Après avoir parlé des enfants, on en vient à circonscrire la vraie honnêteté, qui exige l'art de « bien deviner les autres » (III). La vertu véritable demande d'abord sincérité et simplicité. Il faut distinguer les vrais et les faux agréments, se méfier des fausses beautés (IV). Beaucoup de gens parlent bien, mais ne savent pas écrire. Comment bien connaître et juger ? (V) On en vient enfin à s'interroger sur l'héroïsme, sur la vie de cour, et l'on termine par l'éloge de César, dont la magnifique carrière s'est accompagnée de tant de passions (VI).

On devine le propos du chevalier de Méré : présenter dans une forme désinvolte et nonchalante les fruits de ses lectures et de ses expériences ; proposer ainsi une morale pleine d'attraits. On peut songer aux *Essais de Montaigne, ou plus encore aux *Dialogues des morts de Fontenelle, ou aux *Conversations morales de Madeleine de Scudéry. La comparaison n'est pas en faveur de Méré. Une œuvre qui se veut désordonnée doit être animée d'une sorte de souffle, qui entraîne le lecteur, ou trahir sous son apparente discontinuité une composition secrète, un « ordre du cœur ». Les Conversations de Méré n'ont aucun de ces charmes. Le désordre fatigue au lieu de séduire, et la désinvolture y prend des airs appliqués. Quant au contenu, il n'offre rien de bien neuf par rapport à Montaigne, ou aux pages de civilité de *Clélie. C'est à peu près le même idéal qui est proposé : une vertu qui paraît aisée, qui se plie à toutes les exigences de la mondanité et en pratique les finesses – une élégance qui fuit et la pompe et la bassesse. On cherche au passage, comme par des trouvailles naturellement écloses, à juger correctement, et surtout sans prévention, de sujets plus graves, l'Histoire, le « miracle grec », l'éducation des enfants. Tout cela demeure pertinent, mais d'un médiocre intérêt.

● Œuvres, Les Belles Lettres, 1930, I (p.p. Ch. Boudhors).

A. NIDERST

CONVERSATIONS DANS LE LOIR-ET-CHER. Récit de Paul **Claudel** (1868-1955), publié à Paris chez Gallimard en 1935. « Jeudi » avait paru dans Chantecler en février 1929 ; « Dimanche », partiellement dans Feuilles libres, puis en totalité dans Commerce au printemps de la même année ; « Mardi », dans l'Almanach des champs du 1er mars au 1er novembre 1930, et « Samedi », dans le numéro 1 de Vigile en 1930.

Dans le Loir-et-Cher, six personnages s'entretiennent. Un « jeudi », ils abordent la difficulté de pratiquer l'art de vivre en famille. Mais la cellule primitive entre dans un ordre plus large : le meilleur système consisterait à bâtir un tissu serré d'obligations qui permettrait à chaque individu d'exprimer sa différence et de servir au bien commun. Le « dimanche », les interlocuteurs s'interrogent sur le principe d'unité qui liera la communauté des fidèles. Le rapport organique entre les individus est analogue à l'harmonie des couleurs symboliques qui composent les vitraux des cathédrales. L'humanité doit, en effet, prendre conscience qu'elle accomplit la Création divine en bâtissant des villes dans un espace géographique déjà travaillé par des forces mystiques. Le « mardi », la conversation porte sur l'espace de la ville future, de la nouvelle Sion. Les architectures respectives de la Chine, de l'Amérique du Nord sont toutes deux représentatives d'une vision du monde et de soi. L'homme vivra dans une construction spiritualisée par la communion en Dieu de tous les esprits. Puis, sur un bateau japonais de retour d'Extrême-Orient, Saint-Maurice et Grégoire reprennent le sujet de la cité idéale : l'humanité doit posséder la terre et la faire parvenir à son ultime accomplissement. L'homme du XXe siècle mènera à son terme le recensement commencé au siècle précédent et fera de toute la Terre un temple voué à la dévotion du Seigneur. Il établira le paradis ici et maintenant, accomplissant alors la Bonne Parole annoncée par le Christ.

Un même sujet unit ces textes d'aspect disparate : la constitution de la société idéale, la nouvelle Jérusalem. Pénétré par l'idée que le matérialisme rend l'homme malheureux et met son âme en danger, Claudel veut fonder la communauté des hommes sur un principe spirituel, qui seul saura donner un sens à la société. Le nouveau contrat social repose sur un rapport étroit de dépendances acceptées, qui rappelle l'imbrication des communautés propre à l'Ancien Régime. Pour Claudel, ce système social ne sacrifie pas l'individu au groupe, mais lui permet au contraire de devenir ce qu'il est, au plus profond de lui-même, d'exprimer sa « musique » intérieure, la nuance particulière de son âme dans l'harmonie du tout ; nous retrouvons alors les deux principes unificateurs que constituent la musique et la symbolique des couleurs dans l'œuvre de Claudel. D'un point de vue économique, le travail, d'ailleurs impossible à quantifier, perdra son caractère aliénant parce que mercantile quand il deviendra le grand œuvre. L'homme doit apprendre à se connaître dans son rapport à Dieu : alors il saisira les relations invisibles qui le lient à son prochain et à la terre. La propriété idéale puise ses modèles dans le monastère, la villa antique et la communauté chinoise. La société authentique réunira la communauté des hommes et la communauté des fidèles ; la ville future sera calquée sur l'architecture de la Jérusalem céleste et implantée sur les champs de forces cosmiques perceptibles dans le réseau hydrographique ou le relief du pays. L'homme doit savoir décrypter les signes de la Création et il pourra agir en toute conscience pour devenir un homme total, le nouvel Adam.

Inspirée par la civilisation asiatique et par la foi en Dieu, la conception claudélienne de la société idéale présente des similitudes avec la communauté d'obligations définie par le socialisme utopique ; mais elle possède ceci de commun avec les communautés religieuses qu'elle se fonde sur l'esprit de charité. Dès lors, Claudel évacue totalement les relations de pouvoir qui se nouent dans toute société humaine, et il ignore les nécessités économiques. Nouveau Messie, le poète apporterait la révélation de la cité future.

Ces conversations mettent en forme à la fois la symbolique et les réflexions de l'auteur à la faveur d'enchaînements à bâtons rompus, tout à fait adaptés au rythme d'une prose poétique, qui procède par reprises de leitmotive jusqu'à ce que leur sens final se retrouve. Peu individualisés, les six personnages apparaissent comme autant de voix, de projections des différents points de vue propres à l'auteur, sur la société mais aussi sur l'art en général, puisque la parole du poète se fait aisément métaphorique et avance par transpositions esthétiques : la musique et la peinture constituant des figures de l'harmonie sociale.

● « L'Imaginaire », 1984. Œuvres complètes, Gallimard, XVI.
➤ Œuvres en prose, « Pléiade ».

V. ANGLARD

CONVERSATIONS MORALES (les) ou la Morale du monde. Réflexions de Madeleine de **Scudéry** (1607-1701), publiées à Paris « sur le quai des Augustins, à l'Image Saint-Louis » en 1686.

Ces treize « conversations » reproduisent parfois des extraits des œuvres antérieures de la romancière : elles s'inscrivent dans la lignée des Conversations sur divers sujets parues en 1680 et des Conversations nouvelles de 1684 et seront suivies des Nouvelles Conversations de morale en 1688 et des Entretiens de morale en 1692.

Un hasard imprévu réunit « dames » et « ami(e)s », et, se dégageant de propos indifférents divers, un thème surgit et se développe. Tantôt, il s'agit d'une rencontre dans un parc qui rappelle celui de la Promenade de Versailles ; tantôt du compte rendu « exact » d'un « petit voyage » effectué à la campagne ; tantôt de l'édification d'une « grande dame de qualité » qui découvre Paris, ou encore d'un tiers dont le défaut dominant fournit matière à une réflexion générale. À cette variété des procédés d'introduction (et de justification) narrative correspond la diversité des lieux visités. Chacun d'eux est l'occasion de variations sur la musique (« De l'espérance »), sur la peinture (« De l'envie »), sur la mode (« De la tyrannie de l'usage »). Ces « conversations » constituent également un éloge appuyé et réitéré de Louis XIV, toujours exempt des défauts évoqués, toujours au-dessus des préoccupations communes.

La thématique de l'œuvre tourne pour l'essentiel autour de tout ce qui rend impropre à la vie mondaine : l'envie, la paresse, la colère, l'incertitude, la haine, la jalousie, l'avarice, la médisance. À chaque fois un débat s'engage pour définir les notions, permettant ainsi de multiples subtilités dans l'analyse. L'envie est par exemple à distinguer de l'émulation ; la paresse connaît plusieurs degrés, qui ne sont pas tous également répréhensibles (la nonchalance, l'oisiveté, la négligence). L'excessive nonchalance est-elle contraire à la gloire, à la longévité, au repos ? Des considérations philosophiques et scientifiques apparaissent ici et là brièvement : les sens peuvent-ils nous tromper (« De l'incertitude ») ? quel est le principe d'énergie qui conduit l'homme (« De la colère ») ? Une religiosité imprègne l'ensemble. Ainsi il convient de tenir pour certain « tout ce qui regarde la foi ». Respect des « lois naturelles », soumission au roi que « Dieu donne », « honnêteté », tels sont les principaux préceptes et l'ambition de ces *Conversations*. Mme de Maintenon insistera pour qu'on les commente devant les demoiselles de Saint-Cyr. Composées alors que leur auteur conserve toute son immense célébrité, mais s'est quelque peu retirée du « monde », elles s'inscrivent en léger porte-à-faux par rapport à l'évolution mondaine de l'honnêteté qui, de soumission en suspicion, croit de moins en moins à la vertu de l'être. Fidèle à elle-même, Mlle de Scudéry continue de prôner une politesse vertueuse.

A. COUPRIE

COPAINS (les). Roman de Jules **Romains**, pseudonyme de Louis Farigoule (1885-1972), publié à Paris chez Figuière en 1913. Film d'Yves Robert en 1964.

Les personnages de la petite bande (Bénin, Huchon, Omer, Lamendin, Lesueur, Martin, Broudier) apparaissent ici pour la première fois. Certains commentateurs ont cru reconnaître leurs modèles : Broudier serait Chennevière ; Huchon, Georges Duhamel ; Lesueur, Charles Vildrac ; et Bénin, Jules Romains lui-même… L'auteur leur réserve en tout cas une attention particulière. Bénin et Broudier reviendront dans *le Vin blanc de La Villette* ; Lamendin, Bénin et Lesueur dans la pièce *Donogoo*. On retrouvera Bénin dans *Monsieur Le Trouhadec saisi par la débauche* et *le Mariage de Monsieur Le Trouhadec*.

Au terme d'une soirée arrosée, sept copains ont remarqué que les préfectures d'Issoire et d'Ambert « avaient un drôle d'air » sur la carte de France. Ils décident d'entreprendre une expédition punitive contre ces deux villes.

Ils passent bientôt à l'action. Déguisé en ministre et flanqué de Lamendin, d'Omer et de Martin, Broudier arrive une nuit à l'improviste à la caserne d'Ambert. Il demande au colonel d'organiser au pied levé une riposte contre des ennemis chimériques. La ville est réveillée au son du clairon et des coups de feu.

Le dimanche, à la messe, Bénin monte en chaire, sous l'apparence du père Lathuile, « l'orateur éminent et le docte théologien, le confident des princes de l'Église et le familier des grands de la terre ». Il exhorte les paroissiens à l'amour et au plaisir : les fidèles s'empressent de lui obéir. Huchon, Broudier et Omer, dissimulés dans l'assemblée, l'aident à rendre à la messe « la ferveur des agapes, où […] hommes et femmes, garçons et filles […] se précipitaient dans les bras les uns des autres, en confondant leurs baisers… ».

Le jour même, au milieu de la place d'Issoire, on inaugure, sous le regard ironique des copains, une statue équestre de Vercingétorix. Soudain, celle-ci s'anime, insulte le maire et bombarde l'assemblée de pommes cuites.

La bande réunie fête ses exploits. Bénin, un peu gris, déclare à ses amis : « Je veux louer en vous la puissance créatrice et la puissance destructrice, qui s'équilibrent et se complètent. Vous avez créé

Ambert, vous avez détruit Issoire. […] Vous possédez encore, depuis ce soir, l'Unité Suprême. […] Ce soir vous êtes un dieu unique en sept personnes. »

Le discours final de Bénin laisse entendre que Jules Romains propose dans *les Copains* une variation bouffonne sur le thème unanimiste (voir *la *Vie unanime*), qui aboutit, un an avant *les *Caves du Vatican* de Gide, à un surprenant éloge de l'acte gratuit : « Acte Pur ! Arbitraire Pur ! Rien de plus libre que vous ! Vous ne vous êtes asservis à quoi que ce fût, fût-ce à vos propres fins. » Mais la version qui en est donnée est avant tout fantaisiste. Ces théories ne valent que par leur joyeuse mise en application. Marquée par le désir de surprendre et d'amuser, toute l'histoire a l'allure d'une improvisation : des discours parodiques alternent avec des plaisanteries gauloises, et des divertissements poétiques avec des conversations loufoques. Jules Romains est surtout sincère lorsqu'il prône l'amitié fortifiée par le rire, l'anticonformisme (l'armée, l'Église et la pompe patriotique en prennent pour leur grade), le goût de la bonne chère et du vin. Prolongeant ici les canulars qui l'avaient rendu célèbre à l'École normale supérieure, il adresse une ode au rire et à la contestation, apanages de l'adolescence : « Je dédie cette réédition des *Copains*, écrit-il en 1921, aux Compagnies et Assemblées de jeunes gens qui, en divers lieux du monde, ont fait à ce livre l'honneur de le prendre pour Conseiller de la Joie et Bréviaire de la Sagesse Facétieuse. »

● « Folio », 1976.

C. CARLIER

COQ DE BRUYÈRE (le). Recueil de contes et de courts récits de Michel **Tournier** (né en 1924), publié à Paris chez Gallimard en 1978.

« La Famille Adam ». Comment Jéhovah créa Adam hermaphrodite, en fit sortir le principe féminin et eut deux petit-fils : Abel le nomade et Caïn le sédentaire.

« La Fin de Robinson Crusoé ». Comment Robinson, devenu ivrogne, repart dix-huit ans après pour son île déserte mais ne la reconnaît pas.

« La Mère Noël (conte de Noël) ». Comment le Père Noël en vient à donner le sein au Petit Jésus de la crèche vivante.

« Amandine ou les Deux Jardins (conte initiatique) ». Comment une petite fille quitte son jardin d'enfant pour explorer un mystérieux jardin d'où elle sort jeune fille.

« La Fugue du Petit Poucet (conte de Noël) ». Comment Petit Poucet, fils d'un bûcheron de Paris, fugue, rencontre les sept filles de M. Logre, écologiste, écoute l'histoire du Paradis et l'apologue de l'arbre, reçoit des bottes magiques.

« Tupik ». Comment le rasoir du père, Thésée et le Minotaure, Dominique, fille habillée en garçon, Mamouse, dame-pipi qui fait mijoter de la viande dans une casserole, le sexe d'un homme entrevu dans les urinoirs peuvent pousser un petit garçon à se couper « son petit robinet d'enfant ».

« Que ma joie demeure (conte de Noël) ». Comment Raphaël Bidoche, au lieu de faire une carrière de grand pianiste international, devint pianiste comique jusqu'au soir où il put enfin jouer le choral de Bach.

« Le Nain rouge ». Comment Lucien Gagneron, nain de 125 centimètres, tue sa maîtresse, devient clown de cirque et Nain rouge, empereur des enfants.

« Tristan Vox ». Comment un « spiqueur » célèbre de la radio, Tristan Vox (alias Félix Robinet), poursuivi par les lettres d'Yseut (alias sa femme, puis sa secrétaire) est amené à céder sa place à Frédéric Durâteau, à la suite d'une malencontreuse interversion de photographies.

« Les Suaires de Véronique ». Comment une photographe finit par « avoir la peau » de son modèle souffre-douleur, Hector.

« La Jeune Fille et la Mort ». Comment Mélanie qui ne cesse de s'ennuyer que lorsqu'un objet porteur de mort la met dans un état « d'ébriété funèbre », après avoir collectionné une corde de chanvre et une chaise, un pistolet, des champignons vénéneux et fait fabriquer une guillotine-Louis XVI, meurt de rire dans son lit.

« Le Coq de bruyère ». Comment le colonel baron Guillaume de Saint-Fursy, coq de bruyère friand d'amours ancillaires, provoque, à cause de sa liaison avec Mariette, la cécité psychogène de sa femme, puis, trompé à son tour, est frappé d'hémiplégie.

« L'Aire du muguet ». Comment Pierre, camionneur tombé amoureux, sur l'« Aire du muguet », d'une jeune fille dont le sépare le grillage, aurait mieux fait de ne pas quitter l'autoroute avec son copain Gaston et, surtout, remontant le lendemain vers Paris, aurait dû éviter de traverser la chaussée.

« Le Fétichiste (un acte pour un homme seul) ». Comment un goût immodéré des sous-vêtements féminins a conduit Martin à l'asile.

Tournier, dans ces textes courts, se montre particulièrement alerte et enjoué. Le didactisme métaphysique parfois un peu pesant cède la place à une narration allègre, d'une tonalité douce-amère, et souvent même d'une ironique cruauté.

On y retrouve les thèmes habituels de Tournier – ce qui témoigne de la cohérence profonde de son univers – mais traités différemment « la Famille Adam » rappelle les « récits sinistres » d'Abel Tiffauges, le héros du *Roi des Aulnes*, du 13 janvier et du 18 février 1938 ; « la Fin de Robinson » reprend le héros de Defoe après l'époque de *Vendredi* ; « Amandine » revient sur le thème de l'initiation d'une petite fille émue par Cupidon, ce qu'explicite Tournier dans un entretien donné en note. M. Logre du « Petit Poucet » renvoie encore au héros du *Roi des Aulnes*. « Véronique » traduit « la possession mi-amoureuse mi-meurtrière du photographié par le photographe » (Abel Tiffauges, 1er mai 1939) ainsi que le goût de l'auteur pour la photographie. Mélanie (« la Jeune Fille et la Mort »), par les verres de couleur à travers lesquels elle regarde le monde, évoque un passage de *Madame Bovary*, finalement non conservé par Flaubert (lettre à Louise Colet, mai 1852), mais que Tournier connaît bien.

Pour certains récits, la rigueur de construction est fondamentale : des éléments disparates s'ajoutent et forment un ensemble cohérent lors de la pointe finale. La mutilation ultime de Tupik procède d'une logique cumulative d'éléments divers recueillis par sa mémoire d'enfant tourmenté. Véronique conformément à l'étymologie (imaginaire) souvent proposée : *vera icona* [la vraie image], ne peut que réduire son modèle, Hector, à une empreinte, tout comme la Véronique des évangiles avait imprimé celle du Christ lors de la montée au Golgotha. D'autres textes cultivent l'inversion : Jéhovah, dans « la Famille Adam », finit par se réfugier dans le temple d'Hénoch (fils de Caïn que Jéhovah poursuivait de sa colère). Raphaël Bidoche, sérieux et pénétré de son art, devient malgré lui artiste comique, Martin (« le Fétichiste ») ne cesse à l'asile de répéter qu'il n'est pas fou et prouve le contraire… « Le Coq de bruyère », récit à la Maupassant, revu par Feydeau, teinté de freudisme, montre le héros somatisant à la suite de sa femme, « dans une sorte de diptyque édifiant à la gloire de la fidélité conjugale ». Mélanie, fascinée par les objets de mort violente, meurt de rire… De plus, les effets de surprise soigneusement retardés couronnent le tout d'une décapante ironie rétrospective.

Est-ce l'hilarité du Diable ou celle de Dieu que l'on croit entendre ? ou bien la subversion suprême n'est-elle pas que retentisse dans ces textes courts un mélange inextricable des deux ?

● « Folio », 1980.

L. ACHER

COQUETTE DE VILLAGE (la) ou le Lot supposé. Comédie en trois actes et en vers de Charles **Dufresny**, sieur de La Rivière (1757-1724), créée à Paris à la Comédie-Française le 27 mai 1715, et publiée à Paris chez Ribou la même année.

Pour obtenir du fermier Lucas la main de sa fille Lisette, le modeste receveur d'impôts Girard a imaginé une savante « fourberie » : trompé par un faux avis, Lucas croira avoir gagné 100 000 francs à la loterie, abandonnera son bail à Girard, et, se retrouvant sans ressources, sera tout heureux de donner sa fille au receveur. C'est compter sans la coquetterie et l'ambition de Lisette, attisées par la Veuve, une ancienne « suivante » parisienne devenue une notabilité locale. La jeune fille veut en effet épouser le vieux Baron, seigneur du lieu, tandis que la Veuve a jeté son dévolu sur Argan, un autre hobereau du pays. Mais le Baron renâclant devant le mariage, Lisette se rabat sur Argan comme « pis-aller », et l'entortille par ses airs candides. Délaissée, la Veuve rumine sa vengeance (Acte I).

Girard et la Veuve décident de démasquer Lisette aux yeux d'Argan, en lui révélant ses amours avec le Baron. Mise en face de ses deux prétendants, la coquette est en mauvaise posture ; mais elle parvient ensuite à les rattraper l'un et l'autre par de langoureux tête-à-tête. Cependant Lucas, informé par Girard de son « lot supposé », ne se sent plus de joie et, comme prévu, lui laisse son bail (Acte II).

Bouffi de vanité, le fermier se prend maintenant pour un « grand seigneur » et traite le Baron avec condescendance, tandis que Lisette, abusée à son tour par la fausse nouvelle, repousse Argan avec mépris et rêve d'aller à Paris mener sa grande vie. Mais Girard rétablit la vérité : Lucas n'a rien gagné du tout ; la Veuve épousera Argan, et Lisette, faisant contre mauvaise fortune bon cœur, devra se contenter du receveur (Acte III).

Deux nobliaux vieillissants, émoustillés par un fruit vert, une « coquette de village » habile à faire monter les enchères, une veuve désabusée pour qui seule « l'amitié sans amour » garantit les unions heureuses, un petit « maltôtier » qui n'hésite pas à ruiner un beau-père récalcitrant, un fermier ignoble dès qu'il se croit fortune faite (« Pendant que j'srai dans l'grain, j'verrai crier famine / Queu plaisir ! ») : nul héros positif dans cette comédie satirique, alerte et bien construite, où jeunes et vieux, aristocrates et roturiers rivalisent de cynisme et de bassesse. En 1715, à l'exact point de bascule entre un siècle de Louis XIV passablement défraîchi et la Régence qui s'installe, Dufresny, comme Lesage quelques années plus tôt dans *Turcaret*, montre une société en pleine décomposition, où les valeurs ont changé de signe (la coquette, qui promet sans rien donner, est l'exemple de la « plus haute vertu »), et vouée sans la moindre hypocrisie au désir et à l'argent. Le vieux seigneur ne recule pas devant le mariage pour s'offrir une jeune paysanne, celle-ci ne rêve que d'être baronne, Lucas fatigué de « labourer pour stici, labourer pour stilà » envisage crûment d'aller à la ville y proposer sa fille, car « à Paris en mariage on vend mieux sa jeunesse », et la veuve suggère au receveur, pour devenir quelqu'un, d'agioter avec les fonds qui lui sont confiés. La loterie, qui peut en un instant – ainsi que le mariage, réduit ici au seul « contrat » – bouleverser les rangs et les conditions, est moins la cause que le signe d'une instabilité sociale que Marivaux déplorera (voir les *Fausses Confidences*) mais que Dufresny assume ironiquement : un dénouement édifiant, où la coquette reproche à la veuve de l'avoir corrompue, ne doit pas faire illusion. On conçoit dès lors que le noble alexandrin, parodié (« Je vous l'ai dit cent fois, mille fois en moi-même »), victime de coupes aberrantes (« Et très plat, d'accord ; mais c'est sans me méconnaître »), martyrisé par le langage paysan (« Mais qu'a vien'donc, ste chais', j'n'aim' point qu'on m'fas' attendre » : dix-neuf syllabes comprimées en douze !) semble dorénavant inadéquat pour exprimer, sinon pour maîtriser le prosaïsme ambiant. Cet emblème de l'ordre classique est devenu aussi périmé que l'époque qui a fait sa gloire, et ce n'est peut-être pas un hasard si le moins manœuvrier de la bande, Argan, porte précisément le nom du dernier grand héros de Molière (voir le *Malade imaginaire*, comédie … en prose !).

● « Pléiade », 1972 (*Théâtre du XVIIIe siècle*, I, p.p. J. Truchet).

J.-P. DE BEAUMARCHAIS

CORBEAUX (les). Comédie en quatre actes et en prose d'Henry **Becque** (1837-1899), créée à Paris a la Comédie-Française le 14 septembre 1882, et publiée à Paris chez Tresse la même année.

Après les succès d'estime de *l'Enfant prodigue* (1868), pochade vaudevillesque, de *Michel Pauper* (1870), drame « socialiste », après le four de *l'Enlèvement* (1871), drame qui trop tôt abordait la question du divorce, autant d'essais qu'on l'accusait d'avoir bâclés, Becque, décidé à réussir, avait apporté grand soin à la rédaction des *Corbeaux* sur lesquels il passa, selon ses dires, une année entière. Il mit ainsi chaque réplique à l'épreuve du « gueuloir », et de la glace devant laquelle il mimait gestes et attitudes. En 1876, sa pièce terminée, il essaya en vain de la placer successivement au Vaudeville, au Gymnase, à l'Odéon, à la Porte-Saint-Martin, à la Gaîté, au théâtre Cluny, à l'Ambigu enfin. Désespéré, il finit par l'apporter chez Stock qui lui conseilla de la présenter à la Comédie-Française où elle fut d'abord acceptée « à corrections » (octobre 1881), puis enfin définitivement. Ayant attendu la représentation de sa pièce pendant près d'un an, il fut affecté par l'accueil mitigé qu'elle reçut. Certaines scènes, il est vrai, desservies par le jeu de comédiens qui « chargeaient » (notamment Coquelin dans le rôle de Merckens), indisposèrent le public bourgeois qui, comme une presse partagée, ne vit parfois dans ce drame que « cynisme et lubricité » (*le Monde Artiste*). En fait, Becque visait moins les travers bourgeois en général, que « les véritables crimes commis juridiquement ».

Touchant tableau que celui de la famille Vigneron : un brave homme de père, bougon et tendre, qui, à la force du poignet, a redonné vie à une fabrique, une mère saine et robuste, Gaston, le fils, cœur d'or, étourdi et déluré, et les trois filles, Judith, musicienne et rêveuse, Marie, intelligente et sereine, Blanche, fragile et passionnément attachée à Georges de Saint-Genis, petit jeune homme à particule qu'elle doit épouser. On est justement en train de préparer avec fébrilité une soirée où se rencontreront les principaux acteurs de la prochaine cérémonie. On parle beaucoup de M. Teissier, l'associé de Vigneron que n'aime pas beaucoup Blanche ni Mme de Saint-Genis qui arrive la première, pleine de suffisance mondaine et exagérément attachée à défendre les intérêts pécuniaires de son fils. Suivent les autres invités et plus particulièrement Merckens, le musicien persifleur, Bourdon, le notaire vénal, Teissier, l'associé véreux : « les corbeaux ». Au milieu d'une scène désopilante où Gaston, revêtu de la robe de chambre de son père, accueille les invités en le mimant, on apprend la mort soudaine du maître de maison (Acte I).

Un mois après le drame, les rapaces commencent leur travail de sape. S'appliquant, en toute légalité, à rendre inextricable la situation financière, saine mais compliquée, laissée par Vigneron, malgré l'opposition momentanée d'un autre charognard, l'architecte Lefort, Bourdon et Teissier, qui sont d'intelligence, cherchent à persuader une Mme Vigneron démunie, désemparée mais réticente, de vendre fabrique et terrains. L'acte se termine par la brusque découverte, par toute la famille, du dénuement où elle se trouve, et par la lecture d'une litanie de factures (Acte II). Devant cette gêne soudaine, le mariage de Blanche et de Georges se défait aussi, à l'instigation de Mme de Saint-Genis qui signifie à Blanche la rupture et qui, apprenant que celle-ci a eu la faiblesse de céder à son fils, la traite comme une fille perdue. Blanche sombrera alors dans la folie. Dans le même temps, Teissier propose à Marie de l'entretenir en échange de ses faveurs (Acte III).

Marie s'en offusque, mais finalement, devant la misère qui pointe, après l'entremise de Bourdon qui plaide pour son compère, elle se résout au mariage avec ce barbon maniaque qui connaît un brusque retour de flamme pour cette jeune fille honnête et rangée. Par ce sacrifice, la famille sera ainsi préservée de la gêne et de la persécution de nouveaux prédateurs (Acte IV).

Il n'y a pas à proprement parler d'intrigue dans cette pièce solidement structurée, mais la description d'une méticuleuse curée, savamment orchestrée, avec, pour point de départ une situation fort simple : la mort inopinée d'un chef de famille. Pour marquer les étapes de cette chute de la maison Vigneron, Becque conçoit une architecture en quatre actes, en choisissant de faire du premier un long prologue qui permet au spectateur de découvrir, face à divers interlocuteurs, les caractères fortement marqués de chacun des membres de la famille, en particulier celui du brave Vigneron dont le décès clôt subitement cet acte. Une autre agonie, plus lente, débute un mois plus tard, dont Becque décrit les soubresauts en variant savamment le rythme et la construction des actes suivants. Ainsi à l'acte II, par touches successives, les Vigneron arrivent finalement, aux scènes 10 et 11, à la prise de conscience de leur ruine inévitable. L'acte III se bâtit autour de deux scènes presque juxtaposées, celle de la déclaration de Teissier à Marie (III, 8) et celle, la plus choquante pour le public de l'époque, du désengagement de Mme de Saint-Genis qui écrase Blanche de son mépris (III, 11). L'acte IV enfin, avec les objets vieillis du décor et une scène muette (IV, 4) rend perceptibles l'étouffement et le dénuement progressifs du foyer Vigneron. Quant au mariage de Marie, il ressemble fort à une parodie du mariage final des comédies traditionnelles. La pièce débute par un projet d'union, se termine par un autre qui en est la caricature. La boucle est bouclée, mais avec quelle amertume !

La « rosserie » apparaît aussi dans la peinture des personnages. De même que ceux de la famille Vigneron, les portraits des aigrefins sont fortement individualisés et savamment gradués : Dupuis, le regrattier besogneux, Merckens, le croque-notes opportuniste, Lefort, l'architecte mal équarri, Bourdon, le notaire patelin et impitoyable, Teissier enfin, l'escroc minutieux et concupiscent qui atteint souvent à la force d'un type.

Ce drame social, dont les dialogues vigoureux empoignent le spectateur, ne saurait être réductible à la seule esthétique naturaliste qui le revendiqua haut et fort. La vérité humaine et la force théâtrale des personnages emportent aujourd'hui encore l'adhésion et donnent à cette œuvre unique, presque sans antécédent et sans filiation, une place à part dans l'histoire de notre théâtre.

● Éditions du Delta, 1970. ➤ *Œuvres complètes*, Slatkine, II.

J.-M. THOMASSEAU

CORBILLARD DE JULES (le). Roman d'Alphonse **Boudard** (né en 1925), publié à Paris aux Éditions de la Table ronde en 1979.

En 1944, Jules Ribourdoir meurt au champ d'honneur. Son père décide de ramener le corps dans sa camionnette afin de lui donner une sépulture dans le caveau familial à Gentilly. Trois compagnons d'armes se joignent à lui : Alphonse qui est allé récupérer le corps de Jules dans le champ de mines ; Pédro, ancien combattant républicain espagnol et Jean-Paul, originaire du même village que les Ribourdoir. Le peu orthodoxe corbillard est d'abord arrêté par la *Military Police* américaine, puis des ennuis mécaniques l'obligent à faire escale à Varennes. Finalement, le défunt et ses accompagnateurs atteignent Gentilly. Jean-Paul et Alphonse assistent à l'enterrement, victoire du père Ribourdoir pour qui ces funérailles sont une apogée. En effet, cet ancien collabo devenu résistant de la dernière heure constate le succès de sa reconversion en voyant se presser à la cérémonie un aéropage de notabilités politiques et religieuses.

Le Corbillard de Jules est un roman de l'absurde. La mort du fils est grotesque : Jules a sauté sur une mine alors même qu'il n'y avait aucun ennemi à l'horizon ; mais, pour la gloire familiale, on le transforme en une espèce de héros de western, en un soldat valeureux tombé sous la mitraille allemande tandis qu'il partait, le fusil brandi, à l'assaut des lignes adverses : « La mine, il trouvait pas que ça soit très glorieux, ça faisait un peu accident bête ! Qu'est-ce que ça coûtait de parler de mitrailleuse… de rafale… Jules qui tombe blessé à mort mais qui continue de tirer… qui repousse l'ennemi, etc. » La camionnette, métamorphosée, pour l'occasion, en corbillard de fortune, est, elle aussi, ridicule avec ses lettres aux couleurs criardes à l'enseigne de la boucherie Ribourdoir et sa tête de bovin sur la portière. Et, comble de l'absurde, Pédro et Alphonse qui ont récupéré le corps ne sont pas bien sûrs que ce soit celui de Jules tant, sur le champ d'honneur, tous les cadavres se ressemblent.

Mais l'épopée du corbillard, narrée sur le mode burlesque, dans un style argotique et concis qui donne au lecteur l'impression de voir les événements et d'y participer, n'est en fait que le prétexte à une critique acerbe de la bonne conscience triomphante de la France victorieuse. Alphonse Boudard dénonce toutes les hypocrisies et ébranle les certitudes. Pour lui, loin d'être des patriotes, la plupart des soldats ne sont que des paumés, des jeunes en mal d'action, des maris tyrannisés par des épouses acariâtres : « Y en a quelques-uns avec nous de ces types qui se servent de l'alibi patriotique pour se prendre des sortes de grandes vacances. » Il nous offre une page d'histoire déroutante, une interprétation des événements de 1944 peu conforme à celle proposée par les livres scolaires. Dans cette France en partie libérée, il n'y a pas de grands sentiments, seulement des intérêts individuels et politiques ; le moteur du combat n'est ni la Liberté, ni la Fraternité, ni l'Égalité, mais le profit. À travers le regard d'Alphonse nous assistons à l'affrontement politique qui oppose communistes et gaullistes, chacun essayant d'obtenir la plus grosse part du gâteau. Nous voyons, aussi, le revirement des « collabos » d'hier devenus, *in extremis*, les résistants de la onzième heure. À ce titre, le père de Jules est une illustration parfaite de cet art de la reconversion et de l'opportunisme : « Au fur et à mesure de leurs historiettes, il se gratinait aux petits oignons, le papa de Jules… collabo renégat, affameur du peuple, fornicateur… il avait sa dose. » On aura reconnu les deux maîtres d'Alphonse Boudard : pour le style, Céline ; et pour la matière, Marcel Aymé (voir *Uranus*).

● « Folio », 1981 ; « Le Livre de Poche », 1989.

B. GUILLOT

CORILLA. Voir FILLES DU FEU (les), de G. de Nerval.

CORINNE ou l'Italie. Roman de Germaine Necker, baronne de Staël-Holstein, dite Mme de **Staël** (1766-1817), publié à Paris chez Nicolle en 1807.

L'ouvrage, divisé en vingt livres, se présente comme roman de destinées individuelles et récit de voyage à travers l'Italie : « Oswald » (I), « Corinne » (III), « Histoire de Corinne » (XIV), « Corinne en Écosse » (XVII), « le Retour d'Oswald en Italie » (XIX), « Rome » (IV), « les Tombeaux, les églises et les palais » (V), « De la littérature italienne » (VII), « le Vésuve et la campagne de Naples » (XIII), etc.

Oswald, lord Nelvil, mélancolique pair d'Écosse, se rend en Italie durant l'hiver 1794-1795 et tombe amoureux de la belle Corinne, « la femme la plus célèbre de l'Italie, poète, écrivain, improvisatrice », courtisée par le Français d'Erfeuil et le prince Castel-Forte. Elle s'était jusque-là préservée de l'amour, comme elle défend le mystère de son origine et se dérobe aux offres de mariage d'Oswald. Mais la confession d'Oswald (XII), qui fut le jouet d'une Française libertine, Mme d'Arbigny, appelle la sienne (XIV) : fille d'une Romaine et d'un lord anglais, élevée jusqu'à quinze ans en Italie, elle est la demi-sœur de Lucile Edgermond, qu'Oswald devrait épouser. De son expérience anglaise, elle garde l'horreur du sort réservé là-bas aux femmes, confinées dans l'ordre domestique, et a choisi la liberté créatrice contre l'amour et le mariage. Son vœu serait de vivre avec Oswald en union libre. Mais le devoir militaire et la rumeur de leur liaison rappellent Oswald en Angleterre (XVI), où son mirage italien se refroidit au contact des réalités anglaises et de Lucile. Revenue secrètement en Écosse, Corinne décide de se sacrifier en silence pour Lucile, amoureuse de lord Nelvil (XVII), et va se cloîtrer à Florence, où sa santé se consume. De son côté, Oswald, marié avec Lucile, découvre la vérité « avec un sentiment de douleur et de remords qui lui rendait la vie insupportable » (XIX) et part quatre ans à la guerre, tandis que la jalousie tourmente son épouse et glace leurs rapports. De retour en Italie, il découvre « l'inconcevable changement de la figure de Corinne », qui meurt, cinq ans après leur rencontre, en tentant de transmettre ses dons à Juliette, la fille d'Oswald et Lucile.

Corinne est d'évidence un roman philosophique, ce qui ne veut pas dire un roman à thèse. On y discute longuement de questions esthétiques et politiques, des mœurs italiennes, anglaises et françaises, d'Histoire et de sentiments. Seuls les enfants frileux de *la *Princesse de Clèves* en frissonneront. Non seulement parce que Mme de Staël s'avance ainsi sur la voie royale du grand roman européen, après Prévost et Rousseau, mais aussi parce que ces discussions sont passionnantes, et engagent le sens même de la fiction. Celle-ci organise en effet une confrontation de l'Italie, de l'Angleterre et, à un bien moindre degré, de la France, à travers trois personnages masculins : Castel-Forte, Oswald et d'Erfeuil, et trois héroïnes : Corinne, Lucile et Mme d'Arbigny. Ce double trio illustre à la fois les rapports entre les nations et entre les sexes, gouvernés par une notion capitale dans le roman : l'opinion.

Oswald intériorise la toute-puissance de l'opinion dans la société anglaise, support et contrepartie de la liberté politique, liberté qui implique une stricte clôture des femmes, l'appauvrissement systématique de leurs capacités. Il ne voit dans la femme italienne qu'un désir immoral de liberté anarchique. Corinne le fascine, tout en heurtant ses convictions intimes. Son mariage avec Lucile le ramène au giron des mœurs nationales, dans sa morale native, mais creuse en lui un manque qui le détruit, à défaut de le tuer. Tel est le prix de la grandeur anglaise, qui exige le sacrifice des femmes et la mutilation des désirs dans l'uniformisation rigoureuse des conduites réglées par la division des sexes. Il y a donc antinomie, en Angleterre, entre le principe républicain et les aspirations féminines, incarnées par Corinne.

En Italie, au contraire, l'atrophie de l'État, l'absence de capitale, l'impossible homogénéisation du corps social par une opinion cohérente ou un projet historique, permettent une relative liberté des femmes mais privent les hommes de toute énergie morale, de toute vertu virile. Tandis que la France, en s'abandonnant au libertinage et aux séductions superficielles de la mondanité, fait des femmes des reines stériles de la pantomime sociale, l'Italie leur offre non seulement l'exutoire de l'art, mais encore l'égalité des sexes, qui s'y réalise, sur un plan individuel, dans la création et la passion. Le génie poétique de Corinne ne prend sens que dans ce cadre.

Quelle que soit donc la figure dessinée par ces trois structures sociales, les personnes s'y trouvent nécessairement déchirées, mutilées même ; acculées à l'inexistence (d'Erfeuil), à l'autodestruction mélancolique (Oswald), au quasi-suicide (Corinne). Le roman staëlien met en question l'idéologie libérale de son auteur, en jetant deux femmes supérieures, Corinne et Delphine (voir *Delphine*), dans les bras d'hommes asservis à l'opinion.

● Éditions des femmes, 1979 (p.p. C. Herrmann) ; « Folio », 1985 (p.p. S. Balayé). ➤ *Œuvres complètes*, Slatkine, I.

J. GOLDZINK

CORNET À DÉS (le). Recueil poétique de Max **Jacob** (1876-1944), publié à Paris à compte d'auteur en 1916.

Ces quelque cent soixante récits assez brefs, assortis de réflexions teintées d'humour ou désabusées, trouvent leur matière dans les sujets les plus divers. Max Jacob peut s'inspirer de l'actualité politique nationale (les expositions coloniales), internationale (l'accession du Japon au rang de grande puissance), ou des débats artistiques contemporains (cubisme, modernisme, rejet de la culture classique). Il peut aussi puiser dans le bric à brac de ses nombreux souvenirs de lecture, où se côtoient le Petit Poucet et Fantômas, les Mémoires de Sarah Bernhardt ou d'une de ses consœurs et l'Ancien Testament, où se confrontent les différents genres (enquête journalistique, compte rendu critique, pastiche, roman populaire, etc.). Il peut encore trouver dans sa vie l'origine de certains de ses poèmes : le passé (l'enfance à Quimper), le présent (la rue Ravignan, sa situation précaire qui affleure dans les notes obsédantes de la blanchisseuse). Ces divers éléments sont repris, non pour eux-mêmes, mais fondus ensemble dans le poème qui défie toujours toute logique et s'abandonne aux « données de l'inconscient ». Jetés au hasard du cornet, les dés composent un poème à la formule toujours nouvelle. Cependant, si l'humour domine dans la première partie, il fait une place dans la deuxième partie du recueil à un lyrisme plus douloureux et parfois désespéré.

Max Jacob fut une des figures légendaires de la bohème montmartroise, aux côtés d'André Salmon et de Guillaume Apollinaire au début de ce siècle. L'humour, la fantaisie surgissent dans un jeu de mots (paralysie/parasitisme), qui annonce parfois les créations surréalistes d'un Desnos (voir *Corps et Biens, "Rrose Sélavy") : « le godet du gouleau et la goulette du goût d'eau » ; ils naissent aussi des effets de surprise créés par la référence explicite à un genre littéraire ("Genre biographique", "Roman feuilleton") et l'exploitation ironique et banalisante qu'en fait l'auteur (« Que venait faire notre héros dans cette vieille cité de Chartres, qui est si connue ? Il venait chercher un médecin »), au point de remettre en question, bien avant le Nouveau Roman, et comme Paul Valéry, des modèles romanesques reconnus et de plonger dans l'embarras la logique rationnelle qui les sous-tend ("les Indigents non ambulants et les autres", "Roman populaire"). À ce plaisir de la mystification est livrée toute la tradition littéraire, de même que toute une tradition poétique sera analysée dans le *Laboratoire central.

Bien qu'il écrive des poèmes qui ne sont pas dans le goût des siens, bien qu'il adopte une écriture fondée sur le refus de Baudelaire (« Mon enfant, ma sœur, tu pleures aujourd'hui : tu regrettes la foire de Quimper »), de Rimbaud, de Victor Hugo, au romantisme trop déclamatoire et trop épique ("Poème déclamatoire"), bien qu'il prenne souvent le parti de la parodie littéraire, faisant se côtoyer le fantastique Fantômas (voir Robert Desnos, *Fortunes) et le cygne des symbolistes, livré aux calembours (« Sous le nom d'éder, les cygnes aidèrent à l'édredon »), Max Jacob a conscience de contribuer à la définition du poème en prose. Bref, clos sur lui-même, souvent narratif, le poème en prose, comme toute « œuvre d'art [...] vaut par [lui-même] et non par la confrontation qu'on peut faire avec la réalité ». Il doit sa logique à l'« esprit nouveau » dont Max Jacob définit les modes d'expression dans son *Art poétique* (1922) ouvert à l'exotisme des voyages, au prosaïsme des « noms de rues et d'enseignes » et à « l'air de rêve », aux « conclusions imprévues ». Car toute cette dérision de la littérature n'est pas gratuite : à travers le langage et dans la rupture avec la cohérence spatio-temporelle du récit réaliste, le sujet écrivant et le lecteur se tournent vers le mystère et l'inconnu : « Soleil ! Que de mystères tu éclaires autour de toi. » Dans le grand spectacle du monde, le poète décrypte les signes d'une énigme ("Mystère du ciel"). Et l'humour recouvre mal l'angoisse d'un être qui, pour avoir rompu avec la sécurisante logique de ses aînés, se penche sur des « précipices », habités par « la mort, la misère et l'infamie ». Quant au retour vers le passé familial, le monde des « ivresses », il n'est que "Retour philosophique vers ce qui n'est plus".

Selon Max Jacob, une œuvre doit être « située » (Préface de 1916) : le poème ne peut se contenter de décrire, mais il doit être composé de matériaux que l'artiste assemble en vue de créer une émotion. Plus son prétexte sera dénaturé, plus il sera imprévu pour le lecteur ("la Guerre"). Cette esthétique du dépaysement, où Max Jacob cherche non à surprendre mais à « transplanter » son lecteur, tourne le dos à la réalité et fait de l'œuvre un objet clos sur lui-même, possédant ses lois internes, et mettant à l'épreuve son propre langage, comme, à la même époque, le cubisme analytique de Picasso et de Braque.

● « Poésie / Gallimard », 1967 (p.p. M. Leiris).

D. ALEXANDRE

CORPS CONDUCTEURS (les). Roman de Claude **Simon** (né en 1913), publié à Paris aux Éditions de Minuit en 1971.

Pour la collection « les Sentiers de la création » (Skira), Claude Simon composa, en 1970, *Orion aveugle,* qu'il reprit et développa ensuite dans *les Corps conducteurs.* Un fragment de ce roman, « Propriété des rectangles », différent du texte définitif, parut dans le numéro 44 de *Tel Quel* en 1971.

Dans l'enfer bruyant, minéral et brouillardeux d'une cité américaine, un homme malade remonte une avenue. Sa progression pénible lui impose maints arrêts, pendant lesquels son regard se pose sur le monde environnant (vitrines, bouche d'incendie, téléphone public, affiches...). Un homme malade se rend chez un médecin ; après une longue attente angoissée, il entre dans le cabinet où le praticien l'ausculte et lui découvre une douleur aiguë à l'abdomen. Le regard du patient se pose sur le monde environnant (mobilier, photographie). Le contexte favorise des descriptions anatomiques et physiologiques, comme dans une scène où un couple d'amants s'aime, la nuit, répétant les gestes et les pauses lisibles dans la constellation d'Orion. Un voyageur, de l'avion qui le mène en Amérique centrale, regarde l'espace environnant. Est-ce le même homme qui, malade, assiste à un congrès d'écrivains, que l'on retrouve à une table ronde, et qui observe, dans des journaux, les annonces de programmes de cinéma ? Des guérilleros, jaillis de ces photographies, marchent péniblement dans la forêt tropicale et répètent l'aventure tragique de conquistadores sortis d'un timbre-poste. Un homme visite un musée, voit le *Chahut* de Seurat et le *Paysage avec Orion* de Nicolas Poussin. Le géant aveugle, d'une marche pénible, s'avance vers le soleil levant. Un à un, les conquistadores et les guérilleros meurent, les orateurs s'endorment ; les amants se séparent ; Orion n'atteint pas la lumière du soleil levant ; l'homme malade rejoint sa chambre d'hôtel et s'effondre, inanimé.

La perception de la réalité est, dans ce roman, primordiale. On y voit décrits les objets les plus divers (jouet mécanique d'enfant, revue pornographique ou toile de maître), on y lit des textes (enseignes, revues, affiches) au hasard d'une marche ou d'un voyage. Les descriptions minutieuses, envahies par les registres techniques et/ou scientifiques, d'une objectivité froide accentuée par le retour de Claude Simon à la ponctuation et la syntaxe rigoureuses empruntées au discours scientiste, deviennent même illisibles quand elles se réduisent à la citation littérale de la légende de planches anatomiques. Cette exacerbation du procédé descriptif, qui est souvent à l'origine du récit chez Claude Simon (voir l'ouverture de *Leçon de choses,* et le *Discours de Stockholm*), fait le procès de la fonction représentative du roman, qui, semblant décrire le monde, n'offre qu'une suite d'articles de dictionnaires, de journaux ou d'extraits de revues, de notices..., et met sur le même plan réel et signe, rappelant que la réalité n'est que signes et que l'écriture n'a affaire qu'à des signes.

Faute de dénotation, le lecteur se tourne vers les connotations culturelles (représentation de l'Amérique, colonialisme, place du Musée...), en particulier littéraires et picturales. Qu'ont de commun des nuages et un monument ? Le dôme ou la flèche, des motifs architecturaux. Qu'est-ce qui unit une route, l'Amazone, une chenille, des racines, un journal froissé ? La sinuosité. Cette démultiplication des connexions fait du texte une collection de fragments – un collage –, dont chacun est uni aux autres par les liens que fournissent les mots. Les mots sont les « corps conducteurs » où passe le courant continu de l'écriture : « Je ne connais pour ma part d'autres sentiers de la création que ceux ouverts pas à pas, c'est à dire mot à mot, par le cheminement même de l'écriture. » Rien n'arrive dans ce roman, sinon la métaphore de l'écriture – présente dans toutes ces scènes où se répète une marche pénible –, qui n'aura « d'autre terme que l'épuisement du voyageur explorant ce paysage inépuisable ». Le désir repousse l'échéance de la mort, sans pouvoir empêcher sa victoire finale (les amants s'aiment et se séparent). Toute fin est une mort. Orion n'atteint pas le soleil levant. Il est en marche – comme l'homme malade, les conquistadores ou les guérilleros – vers un projet qui se dérobe toujours. Le soleil symbolise autant la luminosité – liée à la réflexion sur la peinture et l'écriture – qu'un appel : le visible suppose un invisible à jamais inaccessible, malgré « la main tendue ». Tous, nous restons prisonniers du banal et de sa traduction rhétorique, le cliché, exposé dans les musées où les toiles répètent les mêmes sujets ou dans les halls d'aérogares où les cartes désignent les lieux touristiques. Les voyages, ces coffrets magiques de Lévi-Strauss, sont sans saveur et sans odeur. La multiplicité des comparaisons, systématisation des « beaux comme » de Lautréamont, semble ouvrir le signe sur un ailleurs pour mieux l'enfermer dans une série socio-culturelle ou autotextuelle. Tout le monde est-il comme tout le monde ?

La « fabuleuse silhouette immobile à grands pas », apparue dans la *Bataille de Pharsale*, est modelée par la rhétorique de la toile : Orion naît des creux, des bosses, des projections, des replis, de l'ombre et de la lumière, des valeurs tonales. Le discours sur la peinture (voir *la Corde raide*), dans une œuvre où Claude Simon présente ses peintres favoris – Poussin, Picasso, Rauschenberg –, définit par analogie l'espace romanesque, unifié non seulement par une fiction homogène, mais aussi par la polysémie du signe. Il reste au lecteur à se hasarder dans ce dédale en une lecture aventureuse qui n'aura de fin que son épuisement total, tel Orion aveugle qui, en tâtonnant, crée son paysage. Il y aura autant de lectures de *Charlene* de Rauschenberg ou des *Corps conducteurs* qu'il y a de lecteurs : elles auront en commun d'exiger un effort constant du lecteur face à la complexité et à l'hermétisme d'œuvres contemporaines fidèles à l'enseignement mallarméen.

D. ALEXANDRE

CORPS DE LA FEMME (le). Voir MIRACLES.

CORPS ET BIENS. Recueil poétique de Robert **Desnos** (1900-1945), publié à Paris chez Gallimard en 1930. Il rassemble des poèmes composés en 1919 ("le Fard des Argonautes", "l'Ode à Coco") et des poèmes écrits pendant la période surréaliste du poète qui prit fin en 1929. Certains de ces poèmes parurent une première fois en revue, dans *Littérature* ("Rrose Sélavy", "l'Aumonyme") ou dans *la Révolution surréaliste* ("Langage cuit", 5 et 11 ; "À la mystérieuse", 7 et 11). Les dernières parties du recueil, écrites en alexandrins, pour lequel André Breton dit son horreur dans le second *Manifeste du surréalisme*, ne sont pas datées et sont contemporaines du détachement, puis de la rupture avec surréalisme.

<small>Premiers poèmes importants, "le Fard des Argonautes" et "l'Ode à Coco", écrits en alexandrins et en heptasyllabes mêlent la dérision et l'attrait pour le mystère. Embarqués sur une « vieille gabare », Jason et ses compagnons partent à la conquête de « l'horizon linéaire et roussi ». Le perroquet Coco, exilé de son équateur, mène une existence factice, mais sa substance, nouvelle drogue, conduit à des spectacles apocalyptiques et des horizons inconnus.

Avec "Rrose Sélavy", "l'Aumonyme", "Langage cuit" (1922-1923), le poète joue avec les mots qu'il met en liberté. La poésie et le mystère jaillissent de ces coups portés à la logique que prétend refléter la langue. C'est pourquoi "À la mystérieuse" (1926) et "les Ténèbres" (1927) les prolongent heureusement : aux prouesses verbales se substituent le sommeil, la foi dans la nuit, le rêve et ses pouvoirs de métamorphose pour que l'amant fidèle puisse partir à la recherche de son amour inaccessible.

"Sirène-Anémone", grand poème lyrique en hexasyllabes et alexandrins, répète cette quête de la femme-fleur au chant merveilleux, inspiratrice fascinante et dangereuse du souffle poétique. "L'Aveugle" dit encore la foi dans les ténèbres, qui, pareilles à la mer du poème "De silex et de feu", garde le « rêve prisonnier » : par la cécité au monde est atteint l'amour, que "les Mouchoirs au nadir" chantent à leur tour. Le "Poème à Florence", qui clôt le recueil, dit l'instantanéité de l'apparition ignée de Florence et donne à la poésie sa mission de perpétuation douloureuse et exaltante.</small>

Qu'est ce qui sombre, « corps et biens », dans le recueil ? Le monde quotidien, perçu dans l'éveil et la conscience, le monde trop connu et pénétré par les idéologies et les reli-gions, vilipendé par les surréalistes. Les aphorismes de Rrose Sélavy dénoncent l'alliance de l'Église et de l'argent (« Rrose Sélavy glisse le cœur de Jésus dans le jeu de Crésus ») ou donnent un « conseil aux catholiques ». Les armes utilisées par le poète pour couler le navire de la société sont nombreuses, mais ont en commun de donner libre cours aux puissances inconnues, qu'elles habitent l'homme ou qu'elles soient latentes dans la langue. "Rrose Sélavy", « jeux de mots, d'un type lyrique tout à fait nouveau » (A. Breton, *Entretiens*), où Desnos affiche une maîtrise étonnante des sons et des signes, utilisant, par exemple, l'anagramme (crâne/nacre ; étoile/étiole) ou le parallélisme avec variante phonique (« la solution d'un sage est-elle la pollution d'un page ? ») à des fins subversives évidentes (4, 31, 39, 49), mais aussi humoristiques (37) et/ou poétiques (création par anagrammes d'une image inattendue, 27), est issue des sommeils hypnotiques introduits parmi les surréalistes par René Crevel en 1922 et d'une communication télépathique établie avec Marcel Duchamp, « le marchand de sel » (13). Ces aphorismes, très brefs, annoncent la mise à l'épreuve qui sera imposée au langage dans les poèmes plus longs de "l'Aumonyme" et de "Langage cuit", où la syntaxe (absence de sujet verbal), les clichés (« Hommes mangés aux mythes / il est trop tard pour soupeser vos tares »), les procédés poétiques (l'allitération dans "Chanson de chasse") sont subvertis, comme sont exploités la sonorité des seules lettres (Aime haine M N) ou le code musical ("l'Asile Ami").

Ces procédés, cependant, ne sont pas gratuits. Ils témoignent d'un abandon de soi au « merveilleux hasard », porte ouverte sur le mystère, comme peut le faire le sommeil : « Les sommes nocturnes révèlent / la somme des mystères des hommes. » Dès "l'Ode à Coco", si différente de l'apollinarien "Fard des Argonautes", parodie du poème-récit de quête à la manière des symbolistes, la saveur empoisonnée du rêve était présente. Le sommeil se déploie en espaces intérieurs, offerts aux regards aveugles au monde (motif de l'aveugle), et le poète se fait conteur (« Je conte et décris le sommeil »), en des textes qui doivent leur allure narrative et désordonnée au rêve dont l'univers est en constante métamorphose. « Voici le poème des métamorphoses », voici toute une dynamique convoquée par « la voix de Robert Desnos », où le réel s'engouffre pour être détruit. Du reste, le poète ne manque pas de souligner, avec humour, l'incohérence de certaines situations (« Qui es-tu toi qui prends la flamme pour un insecte ? ») : car il reste conscient de la distance qui le sépare de l'impuissance de la langue poétique à restituer l'émotion.

Si le rêve traduit un désir, alors le poème de Desnos est rêve. Portée par un amour qu'il clame haut, la voix du poète s'élève pour détruire un monde, construire le vide établi et le déconstruire, tendue vers un but qu'elle n'atteint jamais. Une femme hante ces poèmes, ou plutôt un fantôme, sirène charmeuse et terrible : « présente dans mes rêves (tu) (t') obstine(s) à (t')y laisser deviner sans y paraître. » Même en son point culminant, au nadir, l'amant n'étreint que le reflet de l'unique. L'expérience peut être heureuse, et les vers témoigner de la passion et sauver le nom de l'anonymat « où tant d'amants ont sombré corps âme et biens » ("le Poème à Florence") : le couple, malgré ses extases, appartient au passé, placé en retrait par rapport à l'éternel présent de l'amour inaccessible. Cet amour est la poésie, située au-delà des limites, dans l'inconnu qui emporte le poète en se dérobant et le laisse « seul seul seul ». Aussi cet amour est-il indissociable d'épreuves et de « douleurs », imposées par les « muses exigeantes » où se nourrit le lyrisme de Desnos qui invoque, prie, répète les mêmes formules (anaphores, reprises lexicales ou syntaxiques), questionne son rêve et se résigne à rêver seulement. Expression d'une passion douloureuse et déçue, le poème est pareil à un vêtement jeté sur un corps refusé, « fard », « poudre », « pantalon de soie » ou « fine chemise » qui rendent l'absente encore plus désirable. Le recueil n'est qu'un pis-aller, rose « effeuillée sur ton tapis » qui ailleurs « refleurira toujours ».

● « Poésie / Gallimard », 1968 (préf. R. Bertelé).

D. ALEXANDRE

CORPS MÉMORABLE. Voir DERNIERS POÈMES D'AMOUR, de P. Éluard.

CORPS TRANQUILLES (les). Roman de Jacques **Laurent** (né en 1919), publié à Paris aux Éditions de la Table ronde en 1958.

Du 21 mars 1937 au 21 mars 1938 : la vie d'une douzaine de personnages réunis, grâce à une annonce, pour faire partie de l'Institut de Vigilance contre le Suicide, créé par un milliardaire philanthrope, Goribon, et dirigé par un médecin louche, Verthéïma. Tout le groupe part pour la Savoie, où doivent commencer les recherches sur les causes du suicide et la propagande en faveur de la vie. Dans ce cercle fermé s'ébauchent bientôt de nombreuses intrigues : Bataillère voit dans l'Institut l'occasion de déployer enfin ses talents, et parvient à le diriger peu à peu ; ses efforts sont néanmoins contrecarrés par Mme Hallein, une journaliste paranoïaque qui cherche à brouiller tous les autres, et qui tente de séparer le couple formé par Anne Coquet, un jeune homme qui a jusqu'ici vécu de travaux de « nègre » littéraire et Monique Chardon. On suit les « enquêtes » qui mènent Anne à travers la France, et qui lui donnent notamment l'occasion de retrouver Grandcaillaud, un camarade du lycée Condorcet, avec qui Monique le trompera tandis qu'Anne, à l'autre bout de la France, en fait de même avec une amie de Grandcaillaud. Mais la vie d'autres personnages, anonymes ou parents des membres de l'Institut, est également évoquée, comme celle de Jacques, le petit frère de Monique, lui aussi lycéen à Condorcet, amoureux d'une lycéenne. Un jour, Goribon se suicide : mais son nom ne représente que les initiales d'un groupe financier international. L'Institut est dissous, mais Bataillère recrée à Paris un Institut humain, pour favoriser les rencontres entre âmes sœurs esseulées. Mme Hallein dénonce Bataillère ; l'affaire s'arrange grâce à un commissaire de police ancien pion à Condorcet. Enfin Anne, qui a repris ses relations avec Monique, mais aussi avec Frédérique, une ancienne maîtresse qu'il avait quittée au début du roman et qui s'était mariée depuis, apprend que celle-ci attend un fils de lui.

Le titre de ce premier roman publié par Jacques Laurent sous son nom véritable s'explique à la dernière page du livre : les « corps tranquilles » sont ceux qu'on utilise en chimie « pour amortir les effusions de certaines combinaisons ». Ainsi Anne se permettra-t-il de douter de sa paternité pour limiter sa future « ferveur » à l'égard de son fils. Mais, en réalité, c'est le roman tout entier qui est placé sous le signe des « combinaisons » chimiques, comme le montrent les deux « Instituts » autour desquels s'organise l'intrigue. Si le premier fait vite la preuve de son inefficacité, se bornant à préparer des statistiques et à enregistrer, minute par minute, les suicides survenus dans le monde – y compris celui de Dieu, effet d'une dépêche mal déchiffrée qui plonge tout l'Institut dans le désarroi –, il a néanmoins l'avantage de réunir une « société représentative » ; ses membres, sélectionnés par Verthéïma à l'aide d'examens pseudo-scientifiques, et finalement choisis au hasard par la secrétaire dans un monceau de fiches, se trouvent correspondre à tous les personnages déjà présentés de manière polyphonique par le romancier, et qui tous, pendant la journée du 21 mars, ont jeté les yeux sur la même petite annonce. Mais c'est surtout le second Institut, l'Institut humain, qui remplit dans le roman une fonction spéculaire : car, là encore, la méthode choisie par son directeur pour réunir les âmes sœurs est fondée sur les combinaisons et renvoie à la multitude des liaisons amoureuses sur lesquelles est construit le roman. Ainsi se justifient les rencontres saugrenues, telle celle de Grandcaillaud, l'ancien condisciple d'Anne, qui joue un rôle d'« intermédiaire » à l'égard de nombreux personnages, ou encore le hasard qui veut que Frédérique attende un enfant de son ancien

amant au moment où celui-ci était décidé à la quitter. Si le titre du livre fait référence à la chimie, c'est néanmoins sur un théorème que le roman se termine, celui que lit Anne par amitié pour le mari de Frédérique, professeur de mathématiques, et qui est consacré aux « segments proportionnels ». On s'aperçoit alors que le roman est également traversé par un jeu de symétries et d'analogies décalées, dont la plus visible est celle qui unit Anne au lycéen Jacques, reflet de sa propre adolescence, mais aussi Jacques Laurent à Anne, à la fois proche et lointain de son héros qui a trente ans à l'époque où son auteur en avait vingt. De même, Laurent souligne qu'il serait vain de voir en l'année 1937-1938, pendant laquelle se déroule le récit, et très rarement mentionnée, autre chose qu'un repère – quand l'atmosphère du roman évoque si manifestement les années soixante naissantes… L'« époque » du roman est en réalité celle de la jeunesse, d'une jeunesse dure et enchantée que ressuscite la géographie magique de la gare Saint-Lazare et des environs d'un lycée Condorcet placé sous le signe de Cocteau.

K. HADDAD-WOTLING

CORRESPONDANCE (1704-1778). Ensemble de lettres de François Marie Arouet, dit **Voltaire** (1694-1778).

Quelques lettres de Voltaire furent publiées de son vivant et sans son assentiment. Ces éditeurs peu scrupuleux flairaient une bonne affaire commerciale, mais pressentaient aussi que ces textes à usage privé resteraient des documents fascinants sur l'homme et sur son temps. Voltaire n'est pas un auteur épistolaire fignolant ses missives pour la postérité. C'est un épistolier dont les qualités sont telles que sa correspondance écrite au jour le jour, et souvent sans apprêt, est une de ses œuvres les plus attachantes.

L'histoire de sa publication est marquée par quelques grands maîtres d'œuvre. Le corpus s'est accru prodigieusement, et sans doute s'accroîtra-t-il encore au gré des découvertes des érudits. La dernière édition, celle de Théodore Besterman pour les *Œuvres complètes* de Voltaire, publiée à Genève, puis à Oxford, comprend quatre fois plus de textes que la première édition posthume, celle de Kehl, dirigée par Beaumarchais (1783-1789) et deux fois plus que celle de Moland (1877-1883). Progrès quantitatif, mais aussi qualitatif. Les premiers éditeurs furent soumis à un certain nombre de pressions, comme le démontre par exemple l'examen de la correspondance avec Frédéric II, roi de Prusse. De nos jours, des approches scientifiques sont possibles. Nos exigences en la matière sont plus contraignantes, d'où le travail immense qui a été accompli : recherche et étude des manuscrits, dépouillement de publications anciennes, relevé de variantes, propositions de datation, annotation. Et il reste beaucoup à faire.

L'édition Besterman comprend 21 221 lettres, dont plus de 15 000 de Voltaire. Depuis 1977, date de son dernier volume, d'autres textes ont été exhumés. Elle s'ouvre sur un billet signé des deux fils Arouet, Armand et « Zozo » (François Marie) du 21 décembre 1704. Les premières lettres de Voltaire datent de 1711. Ce jeune homme sait déjà conter avec humour lorsqu'il rapporte les événements du collège à un ami. Voltaire dicte son dernier billet quatre jours avant sa mort le 26 mai 1778. Il a appris la réhabilitation de Lally-Tollendal et il trouve la force de dire au fils de celui-ci qu'il « mourra content ». Ces milliers de lettres adressées à 1 837 destinataires (rois, prélats, banquiers, acteurs, amis, hommes de lettres et imprimeurs) pendant plus de soixante-cinq ans résistent à toute tentative de classification. Certains correspondants sont épisodiques ; avec d'autres, le dialogue s'étend sur des années.

On remarquera que la correspondance s'accroît au fil des ans : un volume pour les années de jeunesse jusqu'en 1729, un volume pour deux ans à partir de 1730, puis un volume ou un volume et demi par an à partir de 1738. Cette activité épistolaire ne se ralentit pas avec l'âge. En 1777, Voltaire écrit 655 lettres, il a 83 ans. Et pourtant, que de lacunes ! Un billet de Mme du Châtelet et quelques lignes de Voltaire subsistent seulement de sa correspondance avec la « divine Émilie », sans doute détruite par M. du Châtelet. Le comte d'Argental a conservé plus de 1 200 lettres de Voltaire, mais ce dernier seulement 41 lettres de son ami. Des 200 lettres que Voltaire écrivit de Prusse à sa nièce, Mme Denis, il ne nous est parvenu que quelques-unes. La quarantaine de textes qu'avait révélés l'édition de Kehl sont dus à une supercherie : on a démontré qu'ils avaient été récrits en 1754, et qu'ils constituaient une sorte de roman par lettres où Voltaire réglait ses comptes avec Frédéric II. Plus simplement, il suffit de lire la correspondance de Voltaire sur quelques mois pour mettre en évidence de nombreuses pertes. Il fait allusion à des textes qu'il a écrits et qui n'ont pas été retrouvés ; il répond à des lettres que nous ne connaissons pas. Ce corpus énorme n'est donc encore qu'une partie de la correspondance de Voltaire.

Par-delà la diversité exceptionnelle des textes s'impose la qualité d'une présence. Chaque lettre s'inscrit dans un réseau de circonstances précises (destinataire, question traitée, date). Mais du plus court billet griffonné à la hâte à la missive la plus élaborée, mêlant parfois vers et prose, du texte à usage strictement privé à celui qui sera divulgué, Voltaire s'implique, à la fois spontané et calculateur. L'écriture vibre de toute son ardeur de vivre, de son besoin de communication, de ses curiosités. Par son ampleur, par la longévité de son auteur, par le rôle que celui-ci tient dans la république des Lettres, cette *Correspondance* est une voie d'accès privilégiée à la connaissance du XVIIIe siècle.

On pénètre dans les coulisses des théâtres (rivalités d'acteurs et d'auteurs, réactions du public), dans les salons à la mode, dans les cercles littéraires. On suit Voltaire à la cour de France, lorsqu'il est devenu « baladin des rois », assez mal vu du maître de céans, surtout à celle de Prusse où le chambellan adulé fait place à un trublion persécuté par son « Salomon du Nord ». On le voit s'agiter dans l'ombre, offrir ses services en matière de diplomatie secrète. On suit pas à pas la chronique du temps où s'inscrivent les faits marquants de la politique intérieure et extérieure des États européens, mais aussi des modes de vie et de penser, des faits divers, mille et un détails du quotidien. Voici mis au jour les circuits des idées, le jeu des institutions ; voici prises sur le vif la vie parisienne dont cet exilé de la capitale se languit, la vie à l'étranger (Angleterre, Prusse, Suisse), la vie provinciale en Alsace ou à Ferney. Rien de synthétique, mais une suite d'instantanés et de multiples variations.

Chaque époque est dominée par les préoccupations du moment, qu'il s'agisse d'une édition, d'une tragédie, de démarches personnelles, d'événements comme l'établissement aux Délices, puis à Ferney, de préoccupations scientifiques, historiques ou philosophiques suivant les travaux en cours. Dans cette existence tumultueuse, les affaires s'enchaînent sans répit : luttes contre Maupertuis, La Beaumelle ou Lefranc de Pompignan, campagnes d'opinion en faveur des Calas, des Sirven, de Gaillard d'Étallonde rescapé du drame d'Abbeville (voir le *Cri du sang innocent*). Le même thème est traité suivant des optiques différentes ; le ton varie, s'adapte à chacun, prend en compte ses intérêts, reflète la place que chaque correspondant occupe dans la pensée de Voltaire. Au fil des mois, voici des lettres de direction adressées aux « frères » engagés dans la lutte contre l'Infâme, des discussions sans fin sur tel détail de mise en scène avec d'Argental chargé du « tripot », des réflexions à l'usage de Mme du Deffand, aveugle et désabusée, des demandes d'information auprès d'un historien comme le président Hénault, des commandes urgentes, Mme Denis ayant besoin de mille et une bagatelles, des remontrances aux imprimeurs, des billets aux banquiers, des tours d'horizon politiques et philosophiques avec le disciple admiré, haï et secrètement chéri, Frédéric II, des conseils à La Harpe ou Marmontel, des remarques sur la Providence dépêchées aux pasteurs suisses. Aucune de ces lettres n'est sans objet. Voltaire s'est astreint à ne jamais écrire pour écrire, ce serait « mâcher à vide ». De là une correspondance d'homme d'action, ce qui n'implique nullement que la sensibilité en soit absente. Mais elle s'exprime de manière détournée, se masque d'humour, cultive surtout les joies de l'amitié, se complaît

dans des jeux ou des coquetteries ou se déchaîne en violences verbales contre les bêtes noires de l'auteur. L'essentiel reste la tâche à accomplir, le message à diffuser. Ces lettres mettent en contact avec une personnalité hors de pair, révélée dans ses multiples facettes, qui réagit de manière vigoureuse et qui sait plaire. Elles procurent aussi tous les plaisirs d'une œuvre qui jaillit de la vie. Une pratique de l'écriture où l'art est devenu pour Voltaire une seconde nature fait que l'on se trouve devant une réalité littéraire très différente du simple document. Chaque texte mérite d'être décrypté : Voltaire vaut d'être connu dans ses vérités successives, apprécié pour son usage souverain de la langue, et peut-être est-ce à travers la « lentille déformante » de la lettre qu'on peut le mieux le saisir. Il reste sans doute l'un des maîtres du dialogue des absents.

● « Pléiade », 12 des 13 vol. parus, 1963 → (p.p. Th. Besterman et F. Deloffre) ; *Correspondance choisie*, « Le Livre de Poche », 1990 (p.p. H. Hellegouarc'h). ➤ *Œuvres complètes*, Voltaire Foundation, LXXXV-CXXXV (p.p. Th. Besterman).

C. MERVAUD

CORRIVAUS (les). Comédie en cinq actes et en prose de Jean de **La Taille** (1535-1611 ?), publiée dans le second tome des *Œuvres* à Paris chez Frédéric Morel en 1573.

Cet élève du collège de Boncourt a déjà donné une traduction du *Negromante* de l'Arioste quand, dans les premiers mois de 1562, il rédige cette comédie. On ne sait si la pièce, qui semblait destinée à être jouée, fut ou non représentée.

Restitue regrette amèrement d'avoir « laissé aller le chat au fourmage » : elle est enceinte des œuvres de Filadelphe ; celui-ci la délaisse pour Fleurdelys, fille de Frémin, qui aime Euvertre et en est aimée. Le valet de Fleurdelys accepte de faire entrer Filadelphe chez sa maîtresse (Acte I). Euvertre se désole de l'inconstance de Filadelphe et du refus que son père oppose à son mariage avec la belle. Il projette de l'enlever (Acte II). Jacqueline découvre l'infortune de sa fille, Restitue. Cependant, les deux amoureux ont investi le logis de Fleurdelys et, découverts, sont jetés en prison (Acte III). Survient Bénard, père de Filadelphe, qui rentre à Paris pour apprendre que son fils a déshonoré Restitue, et, passant « de fièvre en chaud mal », que son héritier est en prison pour sa scandaleuse attitude envers Fleurdelys. Coup de théâtre ! une conversation entre Bénard et Frémin révèle la véritable identité de Fleurdelys : elle est la fille que Bénard a perdue à Metz pendant le siège de la ville, alors qu'elle était tout enfant (Acte IV). Filadelphe réparera sa conduite en épousant Restitue, Euvertre convolera avec Fleurdelys, et Bénard, qui est veuf trouvera en Jacqueline une nouvelle femme (Acte V).

Les Corrivaus, première comédie française en prose, s'inspire largement, pour la situation, du cinquième conte de la cinquième journée du *Décaméron* de Boccace, que La Taille a dû lire dans la traduction française de Le Maçon ; des détails ont, sans doute, été puisés dans deux pièces de l'Arioste : *Gl'Ingannati*, et les *Suppositi*.

Refusant de composer une pièce qui ressemblerait à une farce ou à une moralité, comme il le déclare dans le prologue, Jean de La Taille a voulu élaborer une comédie « tout entière, naïve et faite à l'antique », qui « vous représentera le naturel et la façon de faire d'un chascun du populaire ». On comprend dès lors que le dramaturge ait bouté hors la comédie les sentences et proverbes qui envahissent nombre des productions théâtrales de l'époque. La Taille ne renonce pas pour autant à la peinture de types : Euvertre, transi d'amour, emprunte à la préciosité d'un pétrarquisme toujours en vogue les métaphores susceptibles d'évoquer l'incomparable Fleurdelys, belle absente que le spectateur attend en vain, jusqu'au bout, de voir apparaître. Au type du vieillard grincheux et ridicule, La Taille substitue celui du père bienveillant et éclairé, pourvu d'un solide bon sens : au terme d'une parodie de procès destinée à châtier gentiment les égarements de la jeunesse, les trop fougueux amants sont condamnés à épouser celle qu'ils ont désirée, et l'on oublie bien vite l'involontaire tentation incestueuse de Filadelphe.

Derrière ces intrigues sans malice qui se résolvent grâce à la sagesse des parents et à la complicité du hasard se profile néanmoins le spectre de la guerre qui désunit la famille, trouble le bonheur individuel et l'ordre social : c'est là l'indice de la profonde inquiétude installée dans les esprits, en ce début de 1562.

● STFM, 1974 (p.p. L. Drysdall). ➤ *Œuvres*, Slatkine, I ; *Dramatic Works*, Athlone Press.

M.-C. GOMEZ-GÉRAUD

CORYDON. Essai d'André **Gide** (1869-1951), publié à Paris chez Gallimard en 1924. Un premier tirage de douze exemplaires, aux frais de l'auteur, avait été réalisé en 1911.

Corydon est un ouvrage de réflexion qui pourrait s'intituler « défense et illustration de l'uranisme », même si Gide se défend d'y faire l'apologie de l'homosexualité. Le caractère délicat du sujet abordé explique la tardive publication de cet essai : « Des amis me dissuadaient d'achever de l'écrire. [...] Les considérations que j'exposais dans ce petit livre me paraissaient pourtant des plus importantes, et je tenais pour nécessaire de les présenter. [...] Je serrai *Corydon* dans un tiroir et l'y étouffai [...] longtemps. Ces derniers mois néanmoins je me persuadai que ce petit livre, pour subversif qu'il fût en apparence, ne combattait après tout que le mensonge, et que rien n'est plus malsain au contraire, pour l'individu et pour la société, que le mensonge accrédité. »

L'ouvrage comprend quatre dialogues entre Corydon et le narrateur. Le premier dialogue est consacré à la présentation des interlocuteurs. Le narrateur va trouver son ancien camarade de lycée qu'il a cessé de fréquenter en raison de sa mauvaise réputation. Corydon, en effet, ne cache pas son homosexualité et se propose d'écrire un ouvrage sur le sujet. Le narrateur, quant à lui, condamne une telle pratique amoureuse et un dialogue contradictoire, dominé par les thèses de Corydon, s'instaure entre les deux personnages. Le deuxième dialogue aborde le thème de la pédérastie sous un angle « naturaliste ». Le troisième puise ses arguments dans l'« Histoire, [la] littérature et [les] beaux-arts » et, dans le quatrième, Corydon traite la question « en sociologue et en moraliste ».

Le titre de l'ouvrage place celui-ci sous l'égide de Platon, et la forme choisie par Gide pour son essai rappelle celle du dialogue socratique. Les points de vue contradictoires des personnages, en effet, alimentent moins un débat polémique qu'une véritable maïeutique. Certes, le narrateur ne s'avoue jamais vraiment convaincu par les arguments de Corydon, mais la fin aporétique du dialogue est ambiguë et peut laisser penser que ses préjugés et certitudes ont été ébranlés : « Après qu'il eut fini, il demeura quelque temps dans l'attente d'une protestation de ma part. Mais, sans rien ajouter qu'un adieu, je pris mon chapeau et sortis, bien assuré qu'à de certaines affirmations un bon silence répond mieux que tout ce qu'on peut trouver à dire. » En fait, ce narrateur est une sorte de garantie de bonne morale que se donne l'ouvrage mais c'est bien le parti de Corydon que Gide cherche à faire admettre au lecteur : le narrateur, venu écouter Corydon, est placé dans une position de disciple qui attend d'être initié par celui qui sait ; ses arguments se révèlent toujours caducs et de peu de poids face à ceux de son adversaire.

La Grèce antique est, en outre, maintes fois citée en exemple pour montrer le rôle civilisateur de l'homosexualité : « Reconnaissez aussi que les périodes uraniennes, si j'ose ainsi dire, ne sont nullement des périodes de décadence [...]. Pour un peu j'irais jusqu'à dire que les seules périodes ou régions sans uranisme sont aussi bien les périodes ou régions sans art. » Gide cherche à montrer, notamment à grand renfort de références livresques, que cette forme d'amour n'a rien que de très naturel : « Il

importe de comprendre que, là où vous dites "contre nature", le mot "contre coutume" suffirait. » Il s'agit, pour lui, de donner une image positive et heureuse de la pédérastie, de la faire sortir de l'ombre coupable dans laquelle la confinent les mœurs et les lois de la société.

Corydon est un livre austère : « Je n'écris pas pour amuser et prétends décevoir dès le seuil ceux qui chercheront ici du plaisir, de l'esprit ou quoi que ce soit d'autre enfin que l'expression la plus simple d'une pensée sérieuse » (Préface, 1922). C'est aussi, pour son auteur, un livre compromettant et périlleux. Mais Gide, qui s'y fait le chantre de « la cause des martyrs », considère qu'il est temps de mettre ses contemporains face à leur hypocrisie et à leur injustice.

● « Folio », 1992.

A. SCHWEIGER

COSMOPOLITE (le) ou le Citoyen du monde. Essai et récit de voyages de Louis Charles **Fougeret de Monbron** (1706-1760), publié à La Haye en 1750.

Haïssant sa patrie, Fougeret de Monbron décide de voyager pour voir s'il ne trouve pas mieux ailleurs. Après un court séjour en Angleterre, dont il revient tout à fait conquis – « Ma manie pour l'Angleterre », écrit-il –, il s'embarque à Marseille pour Constantinople. C'est d'abord l'émerveillement devant les lieux encore habités par les souvenirs de l'Antiquité. Mais bientôt il déchante devant la malpropreté de la ville, démythifie au passage les harems, « de vilaines maisons de plâtre et de bois », et fait réflexion, devant la musique orientale qui lui « écorche les oreilles », que « tout est également ridicule ici-bas, et que la perfection des choses ne consiste que dans l'opinion qu'on s'en fait ». Sur le chemin du retour en France, il fait escale à Malte, qu'il ne peut visiter, car son bateau est mis en quarantaine. En vue de navires anglais, alors que la France est sur le point d'entrer en guerre avec l'Angleterre, il est soulagé de n'avoir pas à combattre. « Quant à moi, qui ne trouve rien de trop dans mon individu [...] je n'en céderai pas un scrupule pour cent quintaux de gloire. » À peine arrivé, il repart pour l'Italie, le « pays de la Papimanie ». À Rome, il contracte une maladie vénérienne, et n'est pas autrement ébloui par les ruines antiques. Il va à Naples uniquement pour le Vésuve : « Je ne vis qu'un large trou et beaucoup de fumée. » De là, il remonte vers Venise, pour le carnaval, et, là encore, s'emploie à se défaire des préjugés : « Je ne m'y suis pas aperçu qu'on y fût plus débauché qu'ailleurs », et en tout cas « moins qu'à Paris ou à Londres ». À Florence il assiste à une prise de voile forcée et constate que les Florentins ne sont plus ni jaloux, ni traîtres, ni enclins à la vengeance contrairement à leur réputation. C'est que Florence n'est plus aujourd'hui ce qu'elle était autrefois : « Le Luxe, le Jeu, les Spectacles, la Coquetterie, ont changé pour ainsi dire la face de l'univers. » Après l'Italie, la Prusse. À peine est-il arrivé à Berlin qu'il en est chassé par une cabale. Il se rend en Saxe, à Dresde, où il vit incognito. Son voyage suivant est pour l'Espagne, le Portugal, « un paradis terrestre pour le clergé et les femmes ». Enfin, il passe en Angleterre le temps nécessaire pour se désabuser de ses premières illusions. De retour à Paris, il est emprisonné, après que la police a saisi certains de ses manuscrits. Libéré, il retourne à Londres : « Je me trouve bien partout, hormis en prison. »

« *Contemni et contemnere* » : être méprisé et mépriser. C'est par cette étrange devise que Fougeret de Monbron clôt *le Cosmopolite*. Elle donne la clé d'un personnage peu banal et d'un livre qui l'est encore moins. Récit de voyages ? Fougeret, qui a couru l'Europe au cours des années 1740, mais qui vient aussi de publier son célèbre roman **Margot la ravaudeuse*, se défend d'être « ni journaliste ni compositeur de voyages » : « Il n'y a déjà que trop de fastidieux ouvrages de cette espèce dans le monde. Ce n'est pas la peine que j'en augmente le nombre. » Mémoires philosophiques ? Peut-être, mais « je vous avertis que mon esprit volontaire ne connaît point de règle, et que semblable à l'écureuil, il saute de branche en branche, sans se fixer sur aucune ». Plutôt qu'une démonstration en règle, *le Cosmopolite* est l'exposé d'une manière de vivre fondée sur l'errance. L'expérience lui a appris à haïr les hommes qui sont pour lui méchants par nature, et les voyages sont le moyen de le vérifier : « L'univers est une espèce de livre dont on n'a lu que la première page quand on n'a vu que son pays. J'en ai feuilleté un assez grand nombre que j'ai trouvées presque également mauvaises. » Mais pour Fougeret de Monbron ce n'est pas une raison suffisante pour se retirer du commerce des hommes, car « un peu de compagnie, bonne ou mauvaise, aide à passer le temps ».

Seulement, pour cet « habitant du monde », il ne faut pas trop attendre de cette fréquentation, qui à la longue peut nuire. D'où la seconde utilité du voyage : le voyageur n'a pas le temps de connaître véritablement les pays ni les peuples qu'il visite, et il peut entretenir l'illusion qu'il existe des hommes moins mauvais que d'autres à condition toutefois de toujours les quitter à temps. « Voilà l'avantage des voyageurs, ils passent d'une liaison à l'autre sans s'attacher à personne ; ils n'ont ni le loisir de remarquer les défauts d'autrui, ni celui de laisser remarquer les leurs. » Le voyage n'est donc plus un divertissement, ni une fuite, mais devient une véritable hygiène, qui seule permet de rendre la vie supportable. *Contemni et contemnere* : exact devoir d'un misanthrope en société.

● Bordeaux, Ducros, 1970, rééd. Nizet (p.p. R. Trousson).

J. ROUMETTE

COSROÈS. Tragédie en cinq actes et en vers de Jean **Rotrou** (1609-1650), sans doute créée à Paris à l'hôtel de Bourgogne en 1648, et publiée à Paris chez Antoine de Sommaville en 1649.

Dernière tragédie et avant-dernière pièce de Rotrou, inspirée d'une tragédie latine d'un père jésuite (et d'une pièce de Lope de Vega), *Cosroès* semble n'avoir obtenu qu'un succès limité. Cette œuvre d'une grande densité, la plus noire de l'auteur, n'est pas sans rappeler *Venceslas, sa précédente tragédie, au dénouement tout différent ; mais elle est aussi liée à Corneille : à *Héraclius* pour le cadre historique, à *Rodogune*, et à *Nicomède* qu'elle inspirera, alors même que son héros est loin d'être cornélien.

> Syra, la seconde épouse de Cosroès, le roi de Perse, veut faire monter sur le trône leur fils Mardesane ; Syroès, né d'un premier mariage du roi, s'oppose à elle violemment. Le satrape Palmyras, sûr du soutien de l'armée et du peuple, le pousse à agir ; il y consent en apprenant l'intention du roi de couronner Mardesane (Acte I). Cosroès est victime des visions qui l'obsèdent depuis qu'il a tué son père, vingt ans plus tôt ; Syra le convainc d'abdiquer. Mardesane refuse d'abord le trône, mais Cosroès lui ordonne d'accepter. Au lieu d'arrêter Syroès sur ordre du roi, le Capitaine des gardes l'avertit ; Syroès se dit résolu à agir (Acte II). Le croyant en prison, Syra lui fait porter du poison ; mais le peuple l'a reconnu pour roi : Syra est arrêtée (Acte III). Syroès apprend que Syra voulait le faire mourir et qu'elle n'est pas la mère de Narsée ; Cosroès et Mardesane sont arrêtés (Acte IV). Au cours d'un procès, Syroès condamne à mort Syra, puis Mardesane, auxquels il voulait pardonner, mais qui le défient. Il ne peut cependant se résoudre à condamner son père et lui rend le pouvoir, ordonnant à sa demande l'élargissement des deux condamnés. Trop tard : Mardesane s'est suicidé, bientôt suivi de sa mère et de Cosroès lui-même (Acte V).

Syroès et sa belle-mère sont les véritables antagonistes : la pièce s'ouvre sur leur affrontement et Rotrou les mettra de nouveau en présence à trois reprises. Syra, avec son indéfectible volonté, déclenche tout : Cosroès accède à ses désirs ; Mardesane obéit, lucide sur l'usurpation que constitue son accession au trône. Elle les manipule, et Mardesane sait qu'il régnera sans gouverner. À l'inverse, Syroès décide sans appliquer. La fin des deux premiers actes, simple redoublement d'une volonté sans efficace, le trahit, comme l'acte III où il cède à Narsée, comme l'acte V où il s'agenouille devant son père, comme les dernières scènes de l'acte IV, le plus rapide pour mieux rendre le trouble né de ses ordres contradictoires. Tout s'emballe, et il cherche vainement à gagner du temps en faisant retarder l'entrée

en scène de ses ennemis pour se ressaisir. Tout arrive malgré lui, même la couronne, plongé qu'il est dans un conflit insoluble entre le devoir filial et le droit, qui concorde pourtant avec une ambition légitime.

L'ambition est le maître mot de cette pièce où affrontements verbaux et coups de théâtre entretiennent une tension permanente : chacun s'y jette avec frénésie ou s'y abandonne, conscient des dangers encourus. Naturelle chez Syroès, car liée au rang et à la gloire, l'ambition ne l'emporte pas sur le respect du père, même lorsque sa propre vie est en jeu. Il ne peut sacrifier l'éthique à la politique, du moins à la politique telle qu'elle se joue sous ses yeux, celle de la raison d'État, du crime inévitable, celle de ses conseillers mêmes, contre qui il se retournera à la fin. Aussi peut-on voir en lui non pas un faible, mais un être inadapté à un état du pouvoir incompatible avec des exigences morales. Condamnation d'un monde à ses yeux inacceptable, et qui va disparaître : l'Empire perse sera bientôt vaincu par les Romains de Constantinople. Condamnation de l'État moderne en train de s'édifier – la Fronde, dernier sursaut d'un ordre ancien, est toute proche.

Cosroès est le signe vivant d'une décadence morale : coupable de parricide, il est prêt à voir mourir son fils, comme pour laver le crime initial par un autre crime contre son sang – alors qu'il voit en Mardesane un « sang innocent ». Inconsciemment, Syroès voudrait-il éviter de reproduire, par une implacable fatalité ou un châtiment divin, la faute paternelle ? Cosroès – qui donne son nom à la pièce sans en être le personnage principal – meurt heureux d'expier ; Syroès devient « furieux » comme il l'était, nouveau Cosroès malgré lui : son sort reste incertain (il parle de suicide), mais le même remords risque de l'assaillir. Il conclura : « La couronne, inhumaine, à ce prix m'est trop chère. »

● STFM, 1950 (p.p. J. Scherer) ; « Pléiade », 1975 (*Théâtre du XVIIe siècle*, I, p.p. J. Scherer).

D. MONCOND'HUY

CÔTÉ DE GUERMANTES (le). Voir À LA RECHERCHE DU TEMPS PERDU, de M. Proust.

CÔTE SAUVAGE (la). Roman de Jean-René **Huguenin** (1936-1962), publié à Paris aux Éditions du Seuil en 1960.

Unique roman de J.-R. Huguenin, mort prématurément dans un accident d'automobile, *la Côte sauvage* connut lors de sa publication un réel succès. Aragon, Mauriac, Gracq saluèrent le jeune talent, qui s'était déjà fait apprécier pour ses collaborations vigoureuses et souvent polémiques, aux revues *la Table ronde* et *Arts*, et pour sa participation aux débuts orageux de *Tel Quel*.

> Olivier, son service militaire terminé, retrouve la maison de vacances familiale, en Bretagne. Tout est « comme avant », et pourtant tout commence aussi à changer de face. Sa plus jeune sœur, sa complice, Anne, est sur le point d'épouser son meilleur, son « seul ami », Pierre. Dès lors, sourdement, de façon parfois incohérente, Olivier s'évertue à faire échouer cette union. Baignades, « virées » dans les landes et les villages bretons, soirées à l'atmosphère langoureuse et aiguë scandent, en une gradation savamment orchestrée, la « tragédie » qui se noue peu à peu. C'est « l'autre versant de l'été », où rôdent, ineffables – affleurant parfois sous forme onirique –, les passions les plus secrètes. Anne et Pierre, celui-ci pourtant maintes fois humilié, partent tout de même pour se marier. Le sort d'Olivier, qui a « l'impression d'avoir tout raté », reste en suspens ; « Bientôt [il] cessera pour jamais de se débattre » : écoutera-t-il l'appel de la voix « attendrie, ironique et chantante » ?

Un parfum de scandale enveloppe l'histoire de *la Côte sauvage*. Mais les pulsions incestueuses ne sont ici que l'écume de tourments plus profonds, et la complexité du

Corneille

Pierre Corneille, par Charles Lebrun (1619-1690).
Collection particulière. Ph. © Bulloz.

Les lycéens sommés depuis des générations de trancher le dilemme « cornélien » entre amour et devoir ont-ils toujours pour l'auteur du *Cid* les « yeux de Chimène » ? Pourtant, derrière l'image officielle de Pierre Corneille (1606-1684), immortalisée par le portrait de Lebrun — l'écrivain à la carrière exemplaire, anobli pour son succès, auteur idéal pour dissertations décrivant l'homme « tel qu'il devrait être » — s'affirme une dramaturgie diversifiée, une pratique heureuse de tous les genres, de la comédie des débuts à la tragédie chrétienne, en passant par les pièces « à machines ».

Frontispice pour *l'Illusion comique,*
in *le Théâtre de Pierre Corneille,* 1664.

Bibliothèque nationale, Paris. Ph. © Bibl. nat./Arch. Photeb.

L'Illusion comique, maquette de décor
de Christian Bérard (1902-1949)
pour la mise en scène de Louis Jouvet, en 1937,
à la Comédie-Française.

Bibliothèque nationale, département des Arts du spectacle, Paris.
Coll. Louis Jouvet. Ph. © Bibl. nat./Photeb © SPADEM, Paris, 1994.

L'Illusion comique à l'Odéon-Théâtre
de l'Europe, en 1984.
Mise en scène de Giorgio Strehler,
décor d'Ezio Frigerio,
avec Gérard Desarthe (Matamore)
et Marc Delsaert (Clindor).

Ph. © Luigi Ciminaghi, Milan.

Le Cid, en octobre 1872,
avec Mounet-Sully
dans le rôle de Rodrigue.
Bibliothèque nationale, département
des Arts du spectacle, Paris.
Ph. © Bibl. nat./Photeb.

Le Cid à la Comédie-Française, en 1977.
Mise en scène de Terry Hands, avec François Beaulieu
(Rodrigue) et Ludmila Mikael (Chimène).
Ph. © Philippe Coqueux.

Le Cid, en 1951 au festival d'Avignon,
avec Gérard Philipe.
Ph. © Agnès Varda/Agence Enguerand.

Celui qui incarna le classicisme
triomphant a pu ainsi, au gré des modes
et des mises en scène, illustrer le goût
baroque du théâtre dans le théâtre,
tandis que sa réflexion sur la solitude
d'un héros sans cesse menacé d'aliéner
sa liberté et sa « gloire » dans la passion
ou la confrontation avec le pouvoir
de l'État prend une résonance moderne.
Et à côté des vers devenus sentences
demeure la longue lamentation du héros
déchiré, tirade de Camille, stances
de Rodrigue ou cri de Suréna, dans la
dernière tragédie (1674), condamné
à « toujours aimer, souffrir, mourir ! »

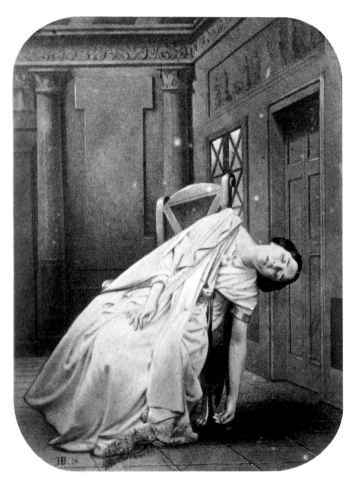

Horace, avec Rachel interprétant Camille.
Bibliothèque nationale, Paris. Ph. © Bibl. nat./Photeb.

Rodrogune, avec Mme Segond Weber
dans le rôle de Cléopâtre.
Ph. © Arch. Photeb.

Horace, au Théâtre national
de Chaillot en 1989.
Mise en scène de Brigitte Jaques,
avec Muriel Piquart (Camille).
Ph. © Brigitte Enguerand.

personnage principal, Olivier, met en échec toute interprétation réductrice. Cruel, souvent jusqu'au sadisme, incapable d'aimer – de s'aimer lui-même au premier chef –, Olivier apparaît surtout comme un être n'acceptant pas le cours du temps qui dessèche les splendeurs de l'enfance. On établirait aisément de frappants parallèles entre ce personnage tourmenté et l'auteur de *la Côte sauvage*, tel que l'esquissent les précieuses pages de son *Journal* (publié au Seuil en 1964 avec une préface de F. Mauriac).

Autour de ce « soleil noir », la constellation des autres personnages, complexes eux aussi, s'organise et crée une atmosphère de sourde tension psychologique traversée de soudaines fulgurances souvent perceptibles par le seul lecteur : Anne, grave et (trop ?) mutine ; Berthe, la sœur aînée, mal aimée qui fait office de « chœur tragique » ; le père, disparu et pour cela même sans doute paré de prestiges inexpugnables ; la mère, solitaire et pathétique ; Pierre, massif, stoïque, émouvant. Beaucoup d'ombre demeure toutefois autour de ces figures, et Huguenin a su leur conférer malgré tout une densité, une « présence » effective. C'est que – façon de conter cette opacité – les dialogues sont d'une justesse remarquable, tout comme les notations perceptives (bruits, odeurs...), qui donnent au récit une grande sensualité.

Déconcertante et captivante tout à la fois est également la maîtrise de l'auteur, qui entrelace les niveaux temporels et les instances de narration. On glisse ainsi imperceptiblement mais continuellement d'un passé classiquement construit à un présent, voire à un futur, qui donnent à tel épisode une brusque coloration tragique. Ainsi, Olivier imagine le départ de sa sœur mariée : « Et entre tous ces soirs de septembre, il vit soudain se lever un seul soir, le dernier soir, le soir unique où, adossé à la grille il les regardera monter dans la quatre-chevaux grise, le visage tourné en arrière que la vitre brouille, que la distance efface... »

Le récit, mené le plus souvent à la troisième personne, ouvre fréquemment, en des variations quasi flaubertiennes de style indirect libre et de discours intérieur, sur des profondeurs et des désarrois d'une soudaine acuité. La métaphore musicale n'est pas gratuite : Huguenin, à propos de la construction du roman, évoquait dans son *Journal* les chapitres « feutrés, allusifs, inquiétants » du début, auxquels font suite un *allegro presto* (chap. 5 à 8), un *allegro furioso* (chap. 9 à 12), et un *largo* final (chap. 13). À l'intérieur des chapitres, les paragraphes se succèdent en longues arias, déroulent d'amples périodes, et trouvent souvent l'unité, l'évidence épurée du poème en prose.

D'aucuns peuvent sans doute rester insensibles au charme mélancolique et adolescent du roman d'Huguenin... mais nombreux sont eux qui estiment, tel François Mauriac, qu'il y a là bien autre chose que le produit d'une « certaine coquetterie funèbre de la jeunesse ».

● « Points », 1980.

E. BALLAGUY

Coup de Trafalgar (le). Pièce en trois actes et en prose de Roger **Vitrac** (1899-1952), créée à Paris au théâtre de l'Atelier le 8 juin 1934, et publiée à Paris chez Gallimard en 1935.

Rue Montorgueil, un soir de mai 1914, les locataires de l'immeuble se succèdent dans la loge du concierge. Flore vient de se marier avec un égyptologue, Arcane Lemercier (Acte I). Le 14 juillet 1914, tous se retrouvent chez Mme Lemercier mère. Arcane veut s'enfuir avec Jeanne Peigne, la fille du concierge. Il a découvert le trésor d'Aménophis IV et fondé, avec Hatzfeld, une société par actions. Pour M. Dujardin, la guerre menace. Les autres se moquent de lui. À la fin du repas, Jeanne révèle la supercherie : Arcane aurait tout inventé. Tous se réfugient dans la cave pour échapper aux bombardements. Ils découvrent alors Arcane : il a déserté : cette guerre, à ses yeux, est absurde et il attend d'être prêt pour la suivante (Acte II). En 1932, des Anglais découvrent le tombeau du gendre d'Aménophis IV. Tous se

lamentent. Arcane est convaincu que Hatzfeld a communiqué ses recherches aux Anglais : il faut leur reprendre le trésor (Acte III).

Exclu du « groupe » par Breton, Vitrac ne tente pas moins de remettre en question l'illusion théâtrale dans la continuité des recherches surréalistes. Dans *le Coup de Trafalgar*, une pièce faussement réaliste comme pourrait le laisser supposer la présentation très détaillée des protagonistes, les péripéties s'enchaînent sur un rythme effréné. Le spectateur n'est pas assuré de saisir le fil d'une intrigue menée par des personnages en proie à leur folie personnelle. En effet, tous les locataires incarnent un stéréotype et réagissent en fonction de leur obsession : Flore l'amoureuse trahie et vengeresse, Vincent le chanteur, Martin l'ouvrier au langage ordurier, Désirade la dame de petite vertu, Simon l'enfant prodige, M. Dujardin, qui prédit sans cesse la guerre, Mme Dujardin la femme crédule, Despagne l'homme étrange, Jeanne l'hystérique et M. Peigne l'humaniste. Arcane assume un moment la fonction d'un metteur en scène. À l'acte II, la perspective se creuse en abyme : l'égyptologue prétend s'être joué des locataires d'après la connaissance qu'il avait d'eux et l'image qu'ils ont de lui. Mais on ne peut affirmer pour autant qu'il maîtrise l'intrigue et qu'il manipule les fantasmes d'autrui. L'action s'amorce néanmoins en une période tragique, juste avant et pendant la guerre. Vitrac dénonce l'absurdité des combats et le paradoxe d'une victoire achetée au prix d'un renoncement aux valeurs humaines : ancien combattant de 1914-1918, profondément éprouvé par le drame des tranchées, comme toute une génération, l'auteur prédit même un nouveau conflit, plus atroce encore que le précédent. Mais Arcane n'est pas un porte-parole pacifiste. Dans ce monde de la dérision universelle où les personnages disparaissent de la scène, soufflés comme des pions par la mort, la mystification règne. Ainsi, dans le dernier tableau, le véritable « coup de Trafalgar » nous ramène au début de la pièce : la perfide Albion s'est emparée des recherches d'Arcane et donc du trésor égyptien. L'Histoire se réduit à bien peu de chose et la dramaturgie suit sa logique de décomposition.

● Gallimard, « le Manteau d'Arlequin », 1970. ➤ *Théâtre*, Gallimard, I.

V. ANGLARD

Coupe et les Lèvres (la). Poème dramatique en cinq actes d'Alfred de **Musset** (1810-1857), publié dans *Un spectacle dans un fauteuil* à Paris chez Renduel en 1833.

Rarement portée à la scène, l'œuvre s'apparente davantage à un long poème dialogué qu'à un drame. La longue dédicace à l'ami Alfred Tattet, compagnon d'une vie de plaisirs, présente une réflexion autobiographique et esthétique. Musset exprime ses doutes sur la valeur de l'inspiration et refuse toute forme d'engagement : « Je ne me suis pas fait écrivain politique, / N'étant pas amoureux de la place publique. » Il récuse le romantisme outrancier (« Mais je hais les pleurards, les rêveurs à nacelles »), affirme sa dévotion à l'amour (« Aimer est un grand point, qu'importe la maîtresse ? / Qu'importe le flacon, pourvu qu'on ait l'ivresse ? »), se lamente sur la mort de l'art en un parallèle entre l'après-Michel-Ange et l'époque contemporaine (« Aujourd'hui l'art n'est plus ») et termine par une pirouette spirituelle sur l'inutilité des préfaces. Une « Invocation » exaltée au Tyrol précède le poème lui-même, annonçant, par l'opposition entre l'Italie et cette terre de pureté, l'un des thèmes essentiels de l'ouvrage.

Le chœur des chasseurs invite au festin le chasseur Frank qui refuse avec orgueil, jette sa malédiction sur sa patrie, met le feu à sa maison, asile paternel, et part à l'aventure en blasphémant. Il croise Déidamia, fille de sa voisine, qui lui donne un bouquet d'églantines ; il refuse de céder au repentir comme l'y incitait une voix pendant son sommeil, tue un jeune Palatin, Stranio, qui le rudoyait, et suit la belle maîtresse de celui-ci, Belcolore (Acte I).

Frank fait l'éloge de l'or qu'il vient de gagner au jeu et, tandis que le chœur se lamente, témoigne à la courtisane Belcolore tour à tour son adoration et son mépris puis part pour la guerre (Acte II).

Le chœur chante la gloire du capitaine Frank qui avoue au chevalier Gunther avoir embrassé Déidamia endormie sur un banc (Acte III).

Déguisé en moine, Frank joue la comédie de sa propre mort et intervient au milieu des éloges pour dénigrer le monstre qu'il fut. De nouveau masqué, il tente avec l'or Belcolore venue pleurer son amant et l'entraîne dans son caveau puis à la chasse et se lamente (Acte IV).

On prépare la pure Déidamia pour son mariage avec Frank et le chœur chante leurs louanges. Frank avoue son passé à la jeune fille qui lui promet une vie simple et heureuse ; mais Belcolore apparaît et parvient à poignarder la fiancée (Acte V).

L'œuvre se présente comme un poème dramatique, avec sa versification variée et son emploi d'un alexandrin à valeur souvent expressive : en effet, les chœurs (ceux des chasseurs, des soldats ou du peuple), ou les groupes (de femmes, de vierges, de montagnards) commentent souvent l'action. Brisent encore la linéarité narrative les nombreux chants (guerriers, joyeux ou funèbres) qui introduisent des ruptures de rythme avec leur alternance d'octosyllabes, voire d'hexasyllabes, et d'alexandrins.

Les propos de Frank, essentiellement des imprécations ou de longs monologues réflexifs, révèlent un farouche caractère byronien : le personnage appartient à l'univers du romantisme noir apparu au début des années 1820 avec les traductions des romans gothiques anglais de Walpole, Lewis, ou Ann Radcliffe et la vogue du fantastique allemand (Hoffmann) exploité dès 1821 par Nodier. On trouve chez Frank un goût prononcé du satanisme dans son défi à Dieu (I, 1), un penchant pour le cynisme dans ses railleries envers Belcolore (« Je comprends qu'une femme aime les portefaix ; / C'est au goût comme un autre, il est dans la nature », II, 3). On remarque aussi une fascination pour l'horreur et le macabre (qui s'accommode fort bien d'un érotisme morbide).

S'ils rappellent une tradition littéraire alors à la mode, ces éléments annoncent aussi bien des traits dominants de l'œuvre à venir. Le satanisme laisse par exemple percevoir l'athéisme teinté de vertige du néant que l'on retrouvera dans *Lorenzaccio. Plus encore, le mal est représenté surtout par la débauche, thème essentiel chez Musset, qui montre déjà ici une attitude ambivalente à son égard. L'amour pour la belle prostituée (« Elle épuise, elle tue, et n'en est que plus belle », III, 2) est un « égout » d'où il est impossible de revenir. C'est pourquoi Frank parle à sa fiancée de Belcolore : il tente d'exorciser le mal. Par sa chute dans le péché et son désir de pureté, par cet écartèlement entre la courtisane et la vierge, Frank préfigure les personnages d'Octave et de Coelio des *Caprices de Marianne ; il est aussi le frère de Lorenzo par son incapacité à retrouver l'innocence. La silhouette du chasseur guerrier, tourmenté, révolté, qui pose une dichotomie fondatrice de l'œuvre, n'en a pas fini de hanter les autres personnages du théâtre de Musset.

● *Premières Poésies*, « Classiques Garnier », 1958 (p.p. M. Allem) ; *id.*, « Poésie / Gallimard », 1976 (p.p. P. Berthier). ➤ *Œuvres complètes*, « L'Intégrale ».

F. COURT-PEREZ

COURIR LES RUES. Recueil poétique de Raymond **Queneau** (1903-1976), publié à Paris chez Gallimard en 1967.

Contrairement à ce qu'il fit pour ses recueils antérieurs (*Si tu t'imagines* et le *Chien à la mandoline*), Queneau n'a pas rassemblé ici des poèmes épars dont la création se serait étalée dans le temps ; il s'agit d'une composition rapide – un an tout au plus – et concertée en vue d'un recueil, mais aussi d'une manière plus large dans la perspective d'un triptyque, dont *Courir les rues* constitue le premier volet : viendront ensuite *Battre la campagne* (1967) et *Fendre les flots* (1968). C'est donc un itinéraire qui s'indique, tant à travers un paysage qu'à travers une vie, selon le principe d'une anabase jusqu'aux lieux les plus anciens de la mémoire, si l'on veut bien admettre comme point d'origine la jeunesse havraise de l'écrivain ; comme si, depuis *Chêne et Chien*, Queneau éprouvait régulièrement le besoin de dresser un bilan, d'éprouver la distance parcourue de soi à soi par le biais des détours les plus imprévus et les plus buissonniers.

À l'origine de *Courir les rues*, Queneau semble opérer sur le mode poétique une reprise de la rubrique tenue entre 1936 et 1983 dans *l'Intransigeant* : « Connaissez-vous Paris ? » Il s'agissait alors de proposer par un jeu de questions et de réponses la découverte d'un Paris insolite. Ce matériau, dont il reste de nombreuses traces dans le recueil, n'en forme pas pour autant le propos, puisque comme le souligne le prière d'insérer de l'auteur : « Ceci n'est pas un recueil de poèmes, mais le récit d'allées et venues dans un Paris qui n'est ni le "Paris mystérieux" ni le "Paris inconnu des spécialistes". Il n'y est question que des petits faits quotidiens, des pigeons, du nom des rues, de touristes égarés : une sorte de promenade idéale dans un Paris qui ne l'est pas, une promenade qui commencerait à la Pentecôte et qui finirait à la Toussaint, avec les feuilles mortes. » Les deux axes principaux du recueil sont donc l'observation d'un quotidien anodin et l'apparent désordre des impressions qui seront énoncées sans souci d'une autre direction que celle que la flânerie impose. « Farrago », l'un des titres que Queneau avait envisagés, insiste d'ailleurs sur cet aspect, puisqu'il signifie « un mélange confus de choses disparates ». On sait que depuis le *Chien à la mandoline* se manifeste chez Queneau un besoin de retour au concret. Aussi l'espace urbain est-il ici morcelé, et comme absorbé, par l'attention à ces « choses vues » qui toutes ont en commun leur manque apparent de substance, leur banalité antihéroïque : ce sera une « ptite mère [qui] écrit aux Cœurs malheureux » ("les Cœurs malheureux"), le silence dans une rame de métro qui tombe en panne ("En cas d'arrêt même prolongé"), tout un menu peuple d'« ératépistes », de chauffeurs de taxi, mais aussi des chantiers de démolition, des façades qu'on ravale, sans qu'on y puisse soupçonner la métamorphose qu'imposait à un réel décevant la poésie baudelairienne du *Spleen de Paris*, l'antilyrisme de Queneau s'accommodant tout au plus de tendresse et de modestie. Ce parti pris ne va pourtant pas sans ambitions, au compte desquelles figure d'abord cette attention portée à tout ce qui est marqué par la dissémination et la disparition. Il n'est pas question pour autant d'une quelconque nostalgie du temps passé sous les gravats d'un Paris qu'on démolit, mais de la conscience du flux perpétuel du temps, comme l'indiquent l'épigraphe empruntée à Héraclite, mais aussi la place symbolique, au centre du recueil, accordée aux trois pièces "la Toussaint généralisée", " Lundi de Pentecôte" et "Genèse XXXII, 24", tandis que le titre de l'un des poèmes renvoie clairement à la pensée héraclitéenne à travers un jeu de mots : "Lutèce (Léthé)". Au service d'un enjeu proprement métaphysique, ici encore discret mais qui se déploiera dans *Fendre les flots*, les jeux de mots et les jeux savants constituent sans doute l'autre dimension du recueil. Au titre de l'érudition, on croisera ainsi quelques piétons considérables de la capitale : Baudelaire ("Concordances baudelairiennes"), Flaubert ("Défense d'afficher"), Proust ("Index Proust"), Breton ("Hôtel Hilton"), Prévert ("le Paris de paroles"). Que ce soit sur le mode du pastiche ("Rue Paul-Verlaine") ou du calembour ("le Quai Lembour"), de la litanie ("Un beau siècle") ou du croquis rapide ("Autre temps autres mœurs"), de l'humour ("Square de la Trinité") ou de la compassion ("Boucherie à la une"), cette flânerie dans la ville est aussi une flânerie dans les mots et l'Histoire.

● « Poésie/Gallimard », 1980 (préf. C. Debon). ➤ *Œuvres complètes*, « Pléiade », I.

J.-M. RODRIGUES

COURONNE MARGARITIQUE (la). Prosimètre de Jean **Lemaire de Belges** (1473-après 1515), et publié à Lyon chez Jean de Tournes en 1549.

Pour éterniser le souvenir du duc Philibert de Savoie mort prématurément en septembre 1504, Lemaire imagine cette œuvre où il chante les qualités du défunt et console sa jeune épouse, Marguerite d'Autriche.

Atropos et son époux Infortune, jaloux de la noblesse et du bonheur du jeune duc Philibert, ont résolu de le faire mourir : après une chasse, il succombe pour avoir bu une eau trop froide. Sa mort mène grand deuil. Jeunesse pleure le défunt, tandis que Vertu et ses filles consolent la princesse esseulée. Pour la récompenser de son courage dans l'épreuve, Vertu lui fait tresser la « couronne margaritique », réalisée par l'ouvrier Mérite ; elle sera faite de pierres précieuses illustrant chacune les qualités de Marguerite, inscrites dans les lettres de son nom.

La Couronne margaritique est un bel exemple des principes d'écriture chers à la Grande Rhétorique : utilisation d'allégories, usage du noble prosimètre pour faire œuvre d'éloge, jeu sur les correspondances tissées à l'infini, tels sont les traits saillants de l'ouvrage de Lemaire, qui cultive en outre le souci de la mise en scène. À la recherche de l'effet spectaculaire, il ne dédaigne pas l'usage de l'hyperbole, faisant de Marguerite un « miroir de douleur infinie », un « abîme de doléance », un « gouffre de pitié » ; il affectionne les jeux de lumière, accentue les contrastes entre la lumineuse beauté de la princesse qui « rassemble ses rais argentins pour en enrichir la nuit taciturne », et l'obscurité infernale où retourne Infortune dans un fracas épouvantable.

Pièce de circonstance mise au service de l'éloge, la *Couronne* ménage néanmoins des effets de décentrement. Marguerite, loin d'être le centre absolu de la création artistique, vient à s'effacer devant la couronne qui lui est destinée. La splendeur de sa personnalité trouve alors un brillant écho dans l'harmonie mise en œuvre par le concours de tous les arts, écriture, peinture et orfèvrerie. Aussi la princesse disparaît-elle de la scène cependant que défilent les écrivains chargés de chanter les dix vertus inscrites aux lettres initiales de son nom (Modération, Animosité bonne, Rectitude, Grâce, Urbanité, Érudition, Régnative prudence, Innocence, Tolérance et Expérience), reflétées dans les dix pierres de la couronne, illustrées par les exemples de dix dames du temps jadis. Dès lors, moins préoccupée d'imiter la nature que « de vertus pourtraire », l'œuvre chante l'admirable cohérence du monde traduite par le langage et révélée par le poète lorsqu'il tisse, à force d'ingéniosité verbale, les correspondances qui font du nom le lieu parfait où repose le sens.

➤ *Œuvres*, Slatkine, IV.

M.-C. GOMEZ-GÉRAUD

COURONNEMENT DE LOUIS (le). Chanson de geste, composée à la fin du XIIe siècle, et formée de 2 670 décasyllabes assonancés ; une version courte comprend 315 vers. Appartenant au cycle de *Guillaume d'Orange*, elle est ainsi nommée pour le contenu de ses quelque 200 premiers vers où l'on voit Guillaume, fidèle vassal de Charlemagne, aider l'empereur à transmettre la couronne à son fils après avoir éliminé un usurpateur ; si la version courte se limite à ce récit, les autres versions y ajoutent les premiers exploits du défenseur désormais attitré de la royauté et de la papauté, qui les rétablit deux fois dans leur légitimité et y gagne son surnom de Guillaume « au court nez ».

Composée à l'époque capétienne, qui a instauré l'usage de couronner un héritier au trône du vivant même de son père, la chanson y a trouvé son fondement historique ; mais elle attribue cette coutume au temps de Charlemagne où elle s'offre, dans le fils de celui-ci, Louis le Pieux, l'image d'un roi peut-être trop « débonnaire ».

Se sentant près de mourir, Charlemagne a réuni sa grande cour à Aix-la-Chapelle pour transmettre la couronne à son fils, Louis, un enfant. Il lui rappelle les devoirs du souverain et les règles d'un bon gouvernement, mais Louis ne répond rien ni ne fait le moindre pas. Un grand seigneur se fait alors fort d'assurer la tutelle du jeune roi, mais Guillaume « au corb nés » [au nez courbe], de deux seuls coups de poing, élimine l'usurpateur potentiel et, d'autorité, place la couronne sur la tête de Louis, dont Charlemagne lui confie la protection.

Parti en pèlerinage pour Rome, Guillaume s'y fait le défenseur du pape contre le roi sarrasin Galafre dont il affronte le champion, le géant Corsolt, en combat singulier ; il en revient le nez raccourci et se rebaptise lui-même « Guillaume « au cort nés » [au nez court] ». Sur le point d'épouser une belle Sarrasine, il est rappelé en France pour secourir Louis, encore menacé et qui s'est réfugié à Saint-Martin de Tours. Quelques beaux faits d'armes ont raison des traîtres, mais il faut trois ans pleins à Guillaume pour pacifier tout le royaume. Rappelé à Rome qu'a envahie Gui d'Allemagne, Guillaume affronte celui-ci en combat singulier, le tue et fait couronner Louis sur le siège de la chrétienté. De retour en France, Guillaume, qui aspire à se reposer, ne le pourra jamais car il y a de nouvelles rébellions à mater ; au service de son roi il aura usé sa jeunesse, ce dont Louis ne lui saura pourtant nul gré.

La juxtaposition de séquences narratives sans lien apparent a fait émettre l'hypothèse d'une composition fragmentée en plusieurs branches indépendantes ; mais dans le va-et-vient répétitif qui s'installe entre la France et Rome se crée l'unité d'une image royale telle que l'a rêvée le XIIe siècle, qui complète le programme de gouvernement enseigné à Louis au début de la chanson : celle d'une monarchie forte et stable, par l'hérédité comme par la fermeté des liens vassaliques, ayant la vocation impériale de gouverner la chrétienté. C'est Guillaume qui couronne Louis, non le pape, qui est lui-même à protéger : car l'empereur des Francs est aussi celui de Rome. Dans l'ordonnance du « petit cycle » où les *Enfances Guillaume* ont fonction d'introduction, cette chanson est la première. Guillaume, qui n'est pas encore « d'Orange », y acquiert l'un des traits de son physique, le nez court (raccourci au cours de son combat avec Corsolt) ; il y manifeste ce qui, dans le reste du cycle, restera une permanence de son comportement et de sa fonction : le soutien inconditionnel à la royauté légitime, quelle que soit la représentation de celle-ci, même faible voire ingrate envers lui comme l'annonce la fin de la chanson, en introduction directe au *Charroi de Nîmes* auquel elle est parfois réunie.

La version courte, qui se limite à la cérémonie du couronnement, y ajoute celle des funérailles de Charlemagne, récit exceptionnel dans la tradition épique : la mort solennelle de l'empereur, siégeant en majesté, inspirera plus tard une chanson de geste franco-italienne, transcrite vers le milieu du XIVe siècle, que la critique a nommée *la Mort de Charlemagne*.

● Droz, Genève, 1978 (p.p. Y. G. Lepage). Traduction : Champion, 1969 (trad. A. Lanly).

N. ANDRIEUX-REIX

COURRIER SUD. Roman d'Antoine de **Saint-Exupéry** (1900-1944), publié à Paris chez Gallimard en 1928.

Première partie. À l'escale de Cap-Juby, au Río de Oro, sur la route aérienne de l'Amérique du Sud, le narrateur attend l'avion parti de Toulouse et pense à Jacques Bernis qui le pilote : c'est son ami d'enfance. Celui-ci rencontre une tempête au-dessus d'Alicante mais réussit à passer.
Deuxième partie. En vol vers l'Afrique, il se rappelle son premier amour : Geneviève, maintenant mariée, mère, son enfant malade, puis comment elle a quitté son mari après la mort de son fils. Pourquoi a-t-elle décidé de rejoindre Bernis ? Pourquoi Jacques Bernis est-il retourné vers elle ? Cet amour qui renaît n'est-il pas une fuite ? Finalement, ils regagnent Paris où Geneviève retrouve son mari, et Jacques, un monde factice.
Troisième partie. Vol de nuit de Casablanca à Agadir. L'attente se prolonge à Cap-Juby où le narrateur revit de nouveau ses souvenirs d'enfance puis s'efface pour laisser la parole à Jacques Bernis qui

évoque sa dernière rencontre avec Geneviève juste avant la mort de celle-ci. Après une escale à Cap-Juby, Bernis repart, mais doit se poser en catastrophe en Mauritanie. Il décollera encore mais son avion s'écrasera dans le Sahara. Bernis est mort ; le courrier, lui, est arrivé.

Premier roman de Saint-Exupéry, *Courrier Sud* est sans conteste un livre d'action. Le transport du courrier, de Toulouse à Dakar, sert de fil directeur à l'intrigue. Assurer la liaison le plus rapidement possible est la motivation essentielle des deux personnages principaux : Jacques Bernis, le pilote, et le narrateur, chef d'escale à Cap-Juby. Mais l'action, pour virile, dangereuse et pathétique qu'elle soit, n'exclut ni l'analyse psychologique ni la réflexion philosophique : l'aventure est avant tout intérieure.

Intimement mêlée au drame sentimental – les rapports inquiets qu'entretient Jacques avec Geneviève –, la trame événementielle (la progression périlleuse de l'avion dans un milieu le plus souvent hostile) n'est qu'un support littéraire qui permet à Saint-Exupéry d'exprimer une méditation sur l'homme et le sens de la vie. Décrire Bernis, analyser son comportement affectif, son héroïsme (il meurt, mais sa mission est accomplie) donne en effet l'occasion au narrateur de brosser le portrait d'un être supérieur, tendu vers un idéal inaccessible, en quête d'une transcendance dont le vol est en quelque sorte la figure mythique. Malgré l'échec de la relation amoureuse – symbolisée par la mort de Geneviève – et le sentiment d'une douloureuse défaite contre le destin, l'aventure de Jacques Bernis, sa bravoure, sa sensibilité demeurent pour le narrateur un modèle exemplaire. Aussi le style de l'ouvrage se coule-t-il dans une prose lyrique qui s'élève parfois jusqu'au récitatif pour évoquer la pureté d'une nuit pailletée d'étoiles ou la majesté des paysages désertiques que seul l'avion permet de découvrir.

Récit romanesque, où la passion amoureuse et l'imminence de la mort jouent un rôle essentiel, *Courrier Sud* pose en même temps les fondements d'une mystique – fût-elle celle de l'aviation – où perce souvent le goût pour la prédication morale, deux tendances qui continueront à se développer, avec une plus ou moins grande sobriété, dans les œuvres ultérieures de Saint-Exupéry.

● « Folio », 1972. ➤ *Œuvres complètes*, « Pléiade », I.

B. VALETTE

COURTOIS D'ARRAS. Jeu dramatique anonyme, joué à Arras dans le premier quart du XIIIᵉ siècle.

Cette pièce, dont le titre diffère selon les manuscrits (A : *le Lai de Courtois* ; B et D : *Courtois d'Arras* ; C : *Courtois d'Artois*) appartient au genre du « jeu » qui se définit peu à peu au cours du XIIIᵉ siècle, dans le sillage du *Jeu de saint Nicolas* de Jean Bodel : ce genre admet des éléments hétérogènes, ressortissant à la tradition et à l'actualité, avec lesquels les auteurs jouent librement. Interprété par un nombre réduit d'acteurs dont certains tenaient plusieurs rôles, *Courtois d'Arras* contient quelques passages narratifs, qui donnent à penser que ce jeu avait pu, à l'occasion, être transformé en texte récité par un seul jongleur.

Après un court échange entre le père et le fils aîné, Courtois, le cadet, annonce son intention de quitter la demeure paternelle et réclame sa part d'héritage. Il s'en va avec une bourse bien garnie et arrive à une auberge dont un garçon et le patron vantent la qualité du vin et de l'accueil. Il y rencontre deux femmes, Pourette et Manchevaire, qui le séduisent par des flatteries et qui, l'ayant invité à s'absenter quelques instants, indiquent leurs intentions : voler le naïf. Celui-ci, de retour, confie sa bourse aux deux femmes qui prétextent de leur travail pour s'éclipser. Le patron, pour toute la dépense, prend en gage les vêtements du malheureux qui comprend enfin qu'il a été dupé. Seul et démuni, il se lamente sur son sort. Un prudhomme l'engage comme porcher. Il essaie en vain de s'adapter à son nouveau métier, mais après de nouvelles plaintes sur sa condition, il décide de retourner chez son père qui l'accueille avec joie, tandis que son frère aîné proteste.

On aura reconnu la mise en théâtre de la parabole de l'Enfant prodigue (Luc, 15, 11-24), dont on retrouve la trame, mais avec de telles différences que le jeu échappe au drame religieux. Ainsi le frère aîné se plaint-il dès le début de la faiblesse du père envers son cadet qui refuse de travailler. L'opposition du père et du fils perd son caractère symbolique pour devenir profondément humaine, et l'un des manuscrits ajoute même le personnage de la fille, qui soutient Courtois. Au retour de celui-ci, le père, loin de l'apercevoir à distance, ne le reconnaît pas, et s'il insiste pour que le coupable avoue sa faute et confirme son choix, sans doute est-ce pour mettre l'accent sur la conquête de sa propre liberté, nécessaire au salut. D'autre part, le père n'est-il pas fautif, puisqu'en nommant son fils Courtois, il lui a imposé un modèle dangereux ? La pièce se dérobe ainsi aux explications univoques : Courtois est un paysan perverti qui, échouant dans sa quête, revient à son point de départ, renonce à sa liberté, aussi bien qu'un homme qui, après avoir reconnu sa vraie nature, adhère librement au modèle proposé par le père.

D'un seul verset de la parabole naît la création de la taverne qui occupe la moitié du jeu, avec la présentation du lieu, le couple de l'aubergiste et de son valet Leket, les deux personnages féminins. C'est, pour une large part, un héritage du *Jeu de saint Nicolas*. Espace de l'apparence séductrice et du rêve, reflet caricatural du paradis terrestre, où tout est facile, la taverne appartient à l'empire du Mal, théâtre de la fraude, de la ruse et de la désillusion, où tout se paie, symbole de la cité viciée par la cupidité, l'oisiveté, la goinfrerie et la luxure – et où les femmes, apport original de la pièce, jouent un rôle décisif. L'auteur a aussi emprunté à Jean Bodel le mélange du sérieux et du comique, le jeu des mètres et des rimes (octosyllabes à rimes aabccb, octosyllabes à rimes plates, quatrains d'alexandrins monorimes), le personnage du prudhomme qui devient un bourgeois, convaincu que, pour être sauvé, il faut travailler plutôt que s'abandonner à la volonté de Dieu, et surtout l'opposition de deux lieux théâtraux, qui sont ici la campagne, autour de la maison du père, et la ville, avec la taverne, et qui symbolisent deux vies antithétiques : l'une, frugale et laborieuse, s'organisant autour du travail des champs, glorifiant et rédempteur ; l'autre, facile et dissolue, vouée à la déchéance et à la perdition en ce monde et en l'autre.

Le héros est un « courtois vilain » (v. 245) [un campagnard distingué], qui agit et parle en parvenu ridicule, et dont l'idéal consiste à jouer aux dés et à boire, à vivre dans le raffinement et la prodigalité, serait-ce en empruntant. De là, dans la pièce, une subversion parodique de la courtoisie : la « douce amie », la « demoiselle » de Courtois est une prostituée, et sa suivante une maquerelle vieillie ; le vin, sans doute de mauvaise qualité, remplace le philtre de Tristan et Iseut (voir *Tristan* de Béroul) ; ce nouveau chevalier n'a pour arme qu'une bourse bien remplie ; la taverne se substitue à la cour et à la chambre des dames, et la *fin'amor* des trouvères n'est qu'une grossière tromperie qui dépouille totalement ce Gauvain de pacotille (v. 247).

La parabole de l'Enfant prodigue a eu un grand succès tout au long du Moyen Âge, comme en témoignent les manuscrits et les représentations de la pièce, les vitraux (Bourges, Chartres, Sens, Poitiers, Auxerre), les sermons et les *exempla*, et ce succès s'est prolongé aux XVIᵉ et XVIIᵉ siècles, dans le théâtre français, latin (*Acolastus*), anglais, espagnol, dans la peinture (Bosch, Rembrandt), jusqu'au *Retour de l'enfant prodigue* d'André Gide (1909).

● Champion, 1911 (p.p. E. Faral) ; Lecce Milella, 1977 (p.p. G. Macri).

J. DUFOURNET

COUSIN PONS (le). Voir PARENTS PAUVRES (les), d'H. de Balzac.

COUSINE BETTE (la). Voir PARENTS PAUVRES (les), d'H. de Balzac.

COVENANT VIVIEN. Voir GUILLAUME D'ORANGE (cycle de).

CRAINQUEBILLE. Recueil de nouvelles d'Anatole **France**, pseudonyme d'Anatole François Thibault (1844-1924), publié à Paris chez Pelletan en 1901.

Le titre général renvoie au personnage éponyme du premier récit. L'ensemble de ces seize pièces compose une fresque de l'époque contemporaine dominée par les grandes questions de la justice et de l'égalité. On y trouve la satire de l'Église, des magistrats et de l'armée, conformément à une attitude intellectuelle toujours observée par l'écrivain.

« Crainquebille », nouvelle la plus connue et la plus importante du recueil, relate la mésaventure d'un pauvre marchand des quatre-saisons, victime d'une erreur judiciaire. Accusé à tort d'avoir insulté un agent de police, le malheureux tombe à la fois sous le poids de son ignorance, qui l'empêche de se défendre efficacement, et de l'implacable fonctionnement d'institutions aveugles. Injustement condamné, il voit sa vie brisée. Quand il essaie, par désespoir, de retourner en prison, il ne parvient plus, cette fois, à se faire arrêter.

« Putois », « Riquet », « Pensées de Riquet » et « la Cravate » font évoluer autour de M. Bergeret, personnage central de l'*Histoire contemporaine*, des figures qui illustrent l'humilité du peuple face à une société conçue pour le maintenir dans la sujétion. Comble d'ironie : c'est Riquet, le chien de M. Bergeret, qui en définit le mieux les principes dans les « pensées » qu'on lui prête.

Avec « les Grandes Manœuvres à Montil » et « Émile », l'antimilitarisme se mêle à la satire sociale et à l'évocation de l'affaire Dreyfus. Anatole France ridiculise le nationalisme cocardier et tous les conservatismes : « "Comme à la guerre !", dit Mme de Bonmont en faisant asseoir le général à sa droite, devant la table fleurie que surmontait Napoléon à cheval, en biscuit de Sèvres. »

« Adrienne Buquet », « la Pierre gravée » et « la Signora Chiara » mettent en scène le spectacle dérisoire des drames de la vie privée et des passions étouffées ou dénaturées par la morale bourgeoise.

« Les Juges intègres », « Jean Marteau », « Monsieur Thomas » et « Vol domestique » dressent un véritable réquisitoire contre la justice : « La probité et la délicatesse sont deux vertus infiniment plus faciles à pratiquer quand on ne manque de rien. »

« Le Christ de l'océan » opère un bref retour aux thèmes de l'anticléricalisme, avant qu'« Edmée ou la Charité bien placée » vienne conclure le tout par une fable suggestive dénonçant les inégalités du monde et l'arbitraire qui les fonde.

L'aspect naturaliste de l'œuvre transparaît jusque dans le caractère décousu des textes qui la composent, constitués par les fragments écartés de *l'Histoire contemporaine,* travail majeur qu'Anatole France parachève à la même époque. On note ainsi la valeur des dialogues, semblant s'imposer à certains moments (« les Juges intègres ») comme la forme nécessaire d'une dialectique spontanée qui rappelle à bien des égards la manière de Diderot. On apprécie également la saveur flaubertienne d'une ironie qui s'exprime volontiers dans les termes d'un sottisier (« Pensées de Riquet »). Le conteur use d'un art descriptif lumineusement sobre, réduit le plus souvent à la discrète connotation d'une symbolique sociale : « Au fond de la salle, entre les deux assesseurs, M. le Président Bourriche siégeait. Les palmes d'officier d'académie étaient attachées à sa poitrine. Un buste de la République et un Christ en croix surmontaient le prétoire. » Ainsi représenté, le monde n'apparaît plus que comme un bric-à-brac d'absurdes amulettes, d'objets auxquels s'aliènent les consciences et les passions humaines. « La Pierre gravée » devient image emblématique d'un tel système de valeurs, selon lequel l'amour s'acquiert ou se perd comme un bijou qui va d'une main à l'autre avant de s'égarer.

On a souvent accusé de sensiblerie et de misérabilisme la morale qui se dégage de l'ensemble du recueil. Par bien des côtés, en effet, la volonté d'édification qui paraît animer Anatole France porte en elle les mêmes défauts que ceux autrefois déplorés dans les drames larmoyants de Mercier ou de Diderot. L'écrivain semble rechercher un didactisme d'un autre âge, au milieu d'une littérature où le postromantisme a enseigné à se méfier de tout épanchement et de toute leçon. Mais l'humanisme vigoureux et l'ironie qui dirigent son écriture lui conservent, en dépit de couleurs désuètes, une force émouvante et une pleine lucidité sur un monde moderne, d'autant plus dur aux misérables qu'il prétend leur donner des droits.

● « Presses Pocket », 1985 ; « GF », 1989 (p.p. D. Leuwers et M. Méary) ; Arles/Bruxelles, Actes Sud/Labor, 1993 (lecture P. Dumayet). ➤ *Œuvres*, « Pléiade », III.

D. GIOVACCHINI

CRAPAUDS-BROUSSE (les). Roman de Tierno **Monenembo** (Guinée, né en 1947), publié à Paris aux Éditions du Seuil en 1979.

Paru la même année – et chez le même éditeur – que la *Vie et demie du Congolais Sony Labou Tansi, ce premier roman de Tierno Monenembo appartient à une nouvelle génération d'auteurs africains qui, à la suite d'Ahmadou Kourouma, Williams Sassine ou Alioum Fantouré, ont entrepris une virulente dénonciation des régimes dictatoriaux africains issus des indépendances.

De retour de Hongrie où il a fait des études d'ingénieur électricien, Diouldé espère obtenir dans son pays un emploi correspondant à ses qualifications ; mais il est affecté à un poste administratif sans intérêt au ministère des Affaires étrangères. Bien que promis à une autre par ses parents, Diouldé a épousé Râhi dont il est tombé amoureux, et il a dû rompre avec son père (chap. 1-2). Sa position lui permet de fréquenter les réceptions organisées par Soriba, un ministre du président Sâ Matrak. Par l'intermédiaire de l'un de ses anciens condisciples, Diouldé rencontre Daouda, un personnage louche qui, devant lui, tue un vieil homme qui refuse de vendre ses terres (7). Daouda utilise Diouldé, impliqué malgré lui dans le meurtre du vieillard, et lui demande de le renseigner sur les intentions de Soriba qui projette de tuer le président (8). Une répression terrible s'abat sur l'ensemble du pays et l'annonce d'un pseudo-complot provoque l'arrestation de Soriba et de ses complices. Diouldé craint pour sa vie ; une nuit, il est à son tour arrêté (9). Râhi, demeurée seule, rôde autour du « Tombeau », lieu où sont torturés les prisonniers. Elle y rencontre Kandia, un ancien détenu (11). Tous deux rejoignent un groupe de rebelles (12). Dénoncés, ils doivent fuir. Daouda, venu pour les arrêter, est tué par Râhi. Kandia apprend à Râhi que Diouldé est mort une semaine après son arrestation (13).

Dans ce roman, l'écrivain guinéen ne donne pas de leçon mais dresse un constat d'un immense pessimisme. Si l'on excepte la révolte amorcée dans les dernières pages du livre, les raisons d'espérer sont fort rares. Le contexte historique contemporain – du continent africain en général et de la Guinée en particulier – a sans nul doute inspiré ce désespoir, renforcé par la situation personnelle d'un romancier qui partage, avec ses compatriotes écrivains la difficulté d'être condamné à dire le drame de son pays depuis une terre d'exil.

Afin de demeurer au plus proche de la réalité, Tierno Monenembo met en scène des personnages ordinaires et souvent médiocres. En effet, Diouldé n'a jamais un comportement de héros mais apparaît comme la victime innocente d'un système oppressif qu'il ne souhaite pas vraiment combattre. Semblable à beaucoup d'autres, il est emporté contre son gré dans une tragédie absurde.

Pour ce premier roman, Tierno Monenembo a choisi la simplicité d'un récit linéaire pour dénoncer, à son tour, la monstruosité des dictatures et des multiples complicités dont elles bénéficient. Dans ses deux romans suivants, l'écrivain guinéen adoptera une écriture plus ambitieuse, mais aussi moins immédiatement accessible. Après avoir, de nouveau, situé en Afrique l'intrigue de son deuxième roman, *les Écailles du ciel* (1986), Tierno Monenembo a choisi d'évoquer le désarroi d'un groupe d'Africains émigrés à Lyon, dans *Un rêve utile* (1991).

B. MAGNIER

CRÉATEURS (les). Voir HOMMES DE BONNE VOLONTÉ (les), de J. Romains.

CRÉATION ET RÉDEMPTION. Roman d'Alexandre **Dumas** (1802-1870), publié à Paris en feuilleton dans *le Siècle* du 29 décembre 1869 au 20 mai 1870, et en deux volumes (*le Docteur mystérieux* et *la Fille du marquis*) chez Michel Lévy en 1872.

Entre *le *Chevalier de Maison-Rouge* (1845), et ce dernier roman qui ne parut en librairie qu'après la mort de l'auteur, Dumas ne cessa de s'intéresser à la Révolution et de puiser dans cette période la matière de ses fictions. Des nombreux romans qu'il projeta (*René d'Argonne* qui devait couvrir la période allant de Varennes à 1793, ne vit jamais le jour et céda la place aux *Compagnons de Jéhu*, 1857), ou composa (*Ingénue*, 1854 ; *le Volontaire de 92*, 1862 ; *les Blancs et les Bleus*, 1867-1868 ; *Hector de Sainte-Hermine*, 1869), *Création et Rédemption* est le plus achevé ; il constitue un témoignage précieux, si on le compare aux **Mémoires d'un médecin*, de l'évolution de Dumas, de sa pensée et de sa perception imaginaire de la Révolution. En cette fin de siècle alors que va s'achever le second Empire, on n'écrit plus la Révolution – même et surtout imaginée – comme on le faisait vingt ans plus tôt.

Le récit commence par la description d'une petite ville du Berry, Argenton, et de celui qui, en 1785, en est le héros, le Dr Jacques Mérey, doté, comme Balsamo et Gilbert (voir *Mémoires d'un médecin*) d'un pouvoir magnétique. Le rêve de Jacques Mérey est d'égaler Dieu, en créant un être humain par amour. L'occasion lui en est fournie lorsqu'il découvre dans les bois une petite fille idiote, qu'il adopte, prénomme Éva, et dont il entreprend l'éducation. Toute cette éducation, éducation des sens et de l'expression, repose sur la relation amoureuse entre l'enfant et le maître. La musique et le magnétisme y jouent un rôle privilégié. Éva et Jacques entrent de plus en plus dans une communion quasi mystique (« rationalisée » par le biais du magnétisme), tandis qu'Éva, en grandissant, devient une jeune fille très belle et de plus en plus accomplie. Mais au moment où cette union mystique va se concrétiser dans un mariage humain, il apparaît qu'Éva est la fille du seigneur de Chazelay, lequel l'avait abandonnée enfant, et maintenant la revendique. Cette découverte coïncide avec l'invasion de la France par les Prussiens et les élections à la Convention. Jacques, élu à cette Assemblée, doit laisser partir Éva avec son père, et se rend à Paris pour défendre la France. Il y rejoint les Girondins, devient l'ami de Danton ; mais, bientôt, dégoûté par les massacres de Septembre, il se fait envoyer sur les frontières pour combattre les Prussiens, aux côtés de Dumouriez. Dumas consacre de nombreuses pages, inspirées de Michelet, au récit de la campagne et de la victoire de Jemmapes. Cependant, à Paris, on juge et on exécute Louis XVI ; Danton, devant la montée de la Terreur, s'oppose aux Montagnards, entraînant son parti. Jacques Mérey, qui a cherché en vain à retrouver Éva, emmenée en émigration par son père, est proscrit avec les Girondins, mais réussit à s'échapper, avec l'aide du bourreau et d'une prostituée. Il cherche en vain Éva en Autriche (elle est revenue en France), émigre aux États-Unis, puis en revient trois ans plus tard, sous le Directoire, dans l'espoir de la revoir. À l'Opéra, où l'on joue *Pygmalion et Galatée*, Jacques Mérey retrouve en effet Éva, au bras de Barras. Ulcéré par cette trahison, il repousse tout d'abord la jeune femme, mais celle-ci le contraint à l'écouter, allant jusqu'à tenter de se suicider sous ses yeux. Jacques Mérey sauve et recueille alors Éva, et lit le journal que celle-ci a laissé de sa vie, depuis qu'elle a dû le quitter. Ce journal couvre les années 1793-1796. Éva raconte son émigration, la mort de son père, ses tentatives infructueuses pour retrouver Jacques et son arrivée à Paris au moment où celui-ci vient d'en partir, au début de la Terreur. D'abord protégée par Danton, Éva assiste au procès et à l'exécution de Charlotte Corday ; puis, après la mort de

Danton, livrée à elle-même et croyant, sur une fausse nouvelle, que Jacques est mort, elle se fait arrêter dans l'espoir d'être guillotinée. En prison, elle rencontre Joséphine de Beauharnais et Mme Tallien, avec lesquelles elle noue des liens amicaux. Elle devient alors l'un des agents de la réaction thermidorienne, qui la sauve malgré elle. Vue, vécue et décrite par Éva, la Terreur aussi bien que la réaction thermidorienne apparaissent comme une gigantesque et monstrueuse illusion théâtrale. C'est d'ailleurs au cours d'une pièce de théâtre, *Roméo et Juliette*, où Éva joue le rôle de Juliette en pensant à Jacques, qu'une trahison des sens la livre à Barras. Ayant lu le manuscrit, Jacques Mérey ramène Éva à Argenton, où il lui fait subir une expiation cruelle. Éva se soumet à tout, mais au moment où, au comble de la souffrance, elle décide de prendre le voile, Jacques change ce voile en voile de mariage, commençant avec Éva une nouvelle vie.

Des *Mémoires d'un médecin* à *Création et Rédemption*, le couple central reste celui du médecin-magnétiseur et du sujet (féminin) avec lequel il est en relation privilégiée. Mais la nature de ce rapport, l'histoire personnelle qu'il induit, et la relation analogique, symbolique, qu'il entretient avec l'histoire révolutionnaire sont profondément transformées.

Elles le sont tout d'abord par l'introduction de la « Nature ». L'action du roman se déroule dans une petite ville du Berry (Argenton), et c'est là sans doute une sorte d'hommage anecdotique au succès des romans champêtres et provinciaux de George Sand. Mais il y a plus. La province et surtout la campagne, le village, restent ce qu'ils étaient déjà dans les *Mémoires d'un médecin*, un espace d'innocence de la Révolution, par rapport à Paris et aux grandes villes. La petite ville d'Argenton et la campagne environnante demeurent même littéralement hors Histoire jusqu'en 1792, date de la séparation d'Éva et de Jacques et de l'élection de celui-ci à la Convention. Argenton est, jusque-là un havre naturel, qui abrite les expériences de Jacques Mérey, dont l'ambition, à la fois scientifique et alchimique (en sa double qualité de médecin et de magnétiseur, Mérey appartient aux deux domaines), est caractéristique, dans son mélange paradoxal même, de cette fin de siècle. Le thème de la création d'un être humain par l'homme à l'imitation de Dieu, thème éminemment romantique, continue à alimenter l'imaginaire fin de siècle (voir *l'*Ève future*) qui dans le même temps invente la science-fiction. Mais Dumas ne le traite pas sur ce mode. La relation magnétique entre Éva et Jacques reste inexpliquée (Éva peut lire un billet sans écriture que Jacques a chargé de sa pensée, par exemple), mais ne joue pas dans le roman d'autre rôle que symbolique. En fait, ce qui est signifié ici, c'est l'intention de donner à la science (dans un sens abstrait, qui reste assez vague) la place de la religion. En effet le paradigme religieux est conservé, mais transféré : au lieu de la force divine, la science de Jacques Mérey crée un être (Éva), mais cet être est faible, moralement incomplet, faillible, il pèche, et se rachète par les larmes et le repentir. De son côté Jacques Mérey, comme tous les grands héros romantiques, est à la fois Dieu le père et le Christ souffrant et rédempteur.

La Femme est ainsi assimilée à la Nature. En tant que telle, elle doit être achevée par la culture, grâce à la médiation de l'homme éducateur. Il est certain que Dumas suit ici une évolution parallèle à celle de Michelet, passant de l'Histoire à l'histoire naturelle, et accordant une grande place dans son œuvre, lui aussi, à l'éducation de la femme par l'homme. Comme chez Michelet, la relation éducative est considérée comme relation amoureuse. Le magnétisme, chez Dumas, vient métaphoriser ce double rapport. Cette nouvelle constellation symbolique va permettre à l'auteur de revisiter l'histoire révolutionnaire, et plus particulièrement celle de la Terreur, jusque-là point aveugle de la Révolution dans son œuvre romanesque.

Avec *Création et Rédemption*, la Révolution est désormais considérée du côté du peuple et de ses représentants : armée et généraux, Girondins, Montagnards, Danton, Robespierre, Saint-Just, Marat, Camille Desmoulins, etc., pour les acteurs historiques, Jacques Mérey et Éva pour les acteurs fictifs (Éva, bien que d'origine noble, en tant que création de Jacques et en tant que femme, est du côté du peuple). La famille royale n'y joue plus aucun rôle romanesque, non plus que les aristocrates (à la différence de ce qui se passe dans *Mémoires d'un médecin*) ; de même, elle ne joue presque aucun rôle historique, puisque la majeure partie du roman se situe après la mort du roi. Mais le problème central est celui de la Terreur, qui se joue à l'intérieur même du peuple, et non plus entre peuple et royauté, ou peuple et aristocratie. La Terreur, c'est le peuple qui se dévore lui-même, c'est – telle que Dumas la fera apparaître – le suicide de la Révolution.

Comment assigner les responsabilités dans cette tragédie ? Comment le sujet moderne peut-il assumer pleinement, Terreur comprise, la Révolution dont il se réclame ? Dumas résout la question, dans *Création et Rédemption*, par un dispositif fonctionnel complexe. D'une part, il opère une nette dissociation dans la figuration du sujet révolutionnaire. Jacques Mérey n'est coupable d'aucun excès de la Révolution. Il en représente le côté glorieux, héroïque, entièrement positif : la défense de la Mère patrie contre l'invasion étrangère, qui se trouve être en même temps la défense de la liberté contre le despotisme. Déjà à plusieurs reprises, en particulier dans *les Blancs et les Bleus*, Dumas avait mis en scène l'armée révolutionnaire, dont le mythe se développait dans toute la littérature en cette période de la fin des années 1860, marquée par une tension grandissante entre la France et la Prusse. Face à cette Révolution glorieuse et légitime, le côté noir, celui de la Terreur, est représenté dans le roman par Éva. Celle-ci, en effet, n'entre dans l'espace historique national qu'au moment où Jacques en sort (elle arrive à Paris le surlendemain de son départ), et ne vivra de la Révolution que la Terreur et la réaction thermidorienne. Éva, si elle devient l'un des agents de celle-ci, n'est que spectatrice – une spectatrice hallucinée – de la Terreur. Aussi la Terreur n'est-elle ici le fait d'aucun acteur romanesque ; en conséquence, sur le plan symbolique, elle n'est assumée par aucun sujet. Vue et racontée par Éva, la Terreur est l'espace du vertige et de la perte d'identité. Quant à Thermidor, c'est à la fois la Révolution trahie (mais trahie par elle-même) et l'identité faussement retrouvée : mêlée à tous les acteurs de Thermidor, Éva, livrée à une sorte de délire des sens, croira un instant retrouver Jacques Mérey en Barras, et donc, à travers lui, son identité, car elle n'est sujet à part entière que par Jacques. Mais Barras n'est qu'un leurre, qui prendra Éva au piège comme Thermidor l'a fait de la Révolution : la métaphore théâtrale revient avec une insistance obsessionnelle dans tout le roman.

La chute « privée » d'Éva est la conséquence de la chute de la Révolution dans la Terreur, qu'elle suit d'ailleurs de peu. Conséquence non seulement anecdotique (l'absence de Jacques Mérey est due à la proscription des Girondins), mais profondément historique : devant le spectacle de la guillotine frappant sans relâche, du règne de la Mort, Éva perd tout point de repère tant moral qu'identitaire. Aussi sa faute symbolise-t-elle le péché révolutionnaire encore plus qu'elle ne coïncide avec lui. Et de ce fait, dans la logique romanesque, la rédemption d'Éva est aussi, plus généralement, la Rédemption du sujet révolutionnaire. Quelles en sont les conditions ? La première est la souffrance. Éva se purifie par la souffrance, et aussi se rachète de sa faute par son statut de victime. De même la France révolutionnaire est rachetée pour Dumas par le sang de ses victimes, selon un schéma maistrien corrigé, car pour Joseph de Maistre, ce n'est pas la Révolution qui se rachète elle-même, mais bien la France qui se rachète de ses péchés par la Révolution. La deuxième, plus que condition de rachat, est excuse : c'est l'inachèvement. Lorsque Jacques abandonne Éva à elle-même, en 1792, c'est un être tout de sensation et de sentiment, qui n'a encore reçu aucune éducation morale ni politique. Et c'est l'absence de cette éducation morale qui va en faire la proie de l'adultère, de

même (la comparaison est sous-entendue par la logique romanesque) que c'est l'absence d'éducation civique du peuple qui en a fait la proie des débordements révolutionnaires. À nation immature, révolution violente. La fable dumasienne nous permet de voir comment le programme éducatif qui va être si cher à la IIIe République s'enracine dans une volonté politique de laïcisation et dans une réflexion historique sur la Révolution. Paraphrasant un chapitre de Michelet, Dumas fait dire à Jacques Mérey : « Il n'y aura jamais d'égalité et de fraternité réelle que là où la société aura fondé une éducation commune et nationale […]. L'éducation au Moyen Âge s'appelait « castoiement », c'est-à-dire châtiment. Chez nous l'éducation s'appellera maternité. » Et il est frappant de voir ce thème de l'éducation laïque, de l'éducation du peuple et de la femme, revenir à plusieurs reprises dans la narration dumasienne, plutôt avare en général, à la différence de celle de Sue, de déclarations moralisantes et de revendications réformatrices. Chez Dumas cette relation éducative entre l'homme et la femme n'efface toutefois pas la relation de désir, et il n'est que de lire la dernière partie du roman pour s'en assurer. Mais il n'en sera pas de même chez nombre de romanciers, en particulier de romanciers populaires, de la IIIe République, et l'on peut penser que, chez Jules Verne aussi bien que dans le roman sentimental, l'effacement de la relation amoureuse au profit de la relation éducative et l'effacement concomitant de la figure du couple au profit de celle de la famille (relation entre parents et enfants) sont à rattacher à cette évolution idéologique et imaginaire dont Dumas, au seuil de la mort, nous donne un si beau témoignage.

● *La Fille du Marquis*, Nelson, 1962 ; *le Docteur mystérieux*, Genève/Paris, Slatkine, « Ressources », 1980.

L. QUEFFÉLEC

CREEZY. Roman de Félicien **Marceau**, pseudonyme de Louis Carette (né en 1913), publié à Paris chez Gallimard en 1969. Prix Goncourt. Il a été porté au cinéma en 1973 sous le titre *la Race des seigneurs*.

Le narrateur, avocat cossu, député de Morlan, est marié avec Betty, elle-même fille de sénateur. Ils ont deux enfants : Antoine et Coralie. Les dix-neuf brefs chapitres du livre mettent en scène la tragique liaison de ce notable avec Creezy, un jeune mannequin.
Rencontrée par hasard dans un aéroport, Creezy, quoique distante, un peu froide comme l'environnement dans lequel elle évolue, est évidemment très séduisante. Rapidement, elle devient la maîtresse du narrateur. Il passe de plus en plus de temps auprès d'elle, dans son appartement parisien, puis à la campagne où ils louent une maison. Mais le silence n'est jamais vraiment rompu. Leur liaison doit rester épisodique, clandestine, et les deux amants ne peuvent que se donner l'illusion de former un couple. Soudain, Creezy exprime le désir d'avoir un enfant. Cette perspective inquiète le narrateur et l'amène à se poser des questions sur la nature des liens qui les unissent. Un voyage à Rome ne parvient pas à les renforcer : le bonheur reste, comme leur situation, provisoire, incertain. C'est tout aussi brutalement que le narrateur décide, à son tour, d'abandonner sa famille, de briser sa carrière et de tenter l'aventure d'une vie commune avec Creezy. Il prend sa voiture et va la rejoindre à Paris. Mais, comme il arrive chez elle, il croit voir sortir quelqu'un qu'il suppose être son amant. Dans un geste d'égarement, qui s'apparente à l'amour comme à l'homicide, il prend Creezy dans ses bras et la précipite du douzième étage. Officiellement, il s'agira d'un suicide.

La banalité de l'intrigue et l'impression de déjà-vu auraient de quoi éloigner plus d'un lecteur si le récit d'une passion amoureuse ne s'accompagnait ici d'une écriture novatrice et d'une subtile analyse de la réification des rapports humains dans le monde moderne.

« Elle est ronde, cette place. Non, elle n'est pas ronde. Pourquoi ai-je dit qu'elle était ronde ? » Telles sont les trois premières phrases du livre. Ce sont aussi les trois dernières phrases du livre.

Le roman apparaît ainsi comme un monologue intérieur à la première personne et au présent, et n'a d'autre réalité que le courant de conscience du narrateur : la description s'identifie aux images mentales, par définition subjectives, de celui-ci. Un doute planera donc toujours sur la matérialité, sur l'existence concrète de l'héroïne. Cette femme de rêve, représentée par les photos, la publicité, affichée sur les murs, dévoilée sur le papier glacé des magazines, n'est peut-être qu'un fantasme d'homme.

L'alternance du passé (« Elle s'est endormie. Un moment j'ai veillé sur elle... ») donne cependant une certaine consistance à la fiction. Mais la curieuse multiplication des invocations lyriques à la seconde personne, comme un cri répété (« Ma Creezy, mon bébé, mon oiseau de paradis »), tout en adoptant le rythme du poème en prose, brise l'effet de réel. L'illusion figurative ne parvient jamais à s'imposer, pas plus que les personnages, condamnés, par la rareté des dialogues, à une incommunicabilité douloureuse, voire au mutisme. Ils vivent une passion irréalisable, non pas à cause des contraintes sociales ou morales, mais en raison même de leur absolue liberté qui donne à tous leurs actes la dimension d'un choix absurde, inhumain, glacé de solitude égoïste. Leur drame est celui de l'artifice, de l'impossible authenticité. F. Marceau rejoint en cela le désert spirituel que parcourent les romans de Georges Perec ou de Pascal Lainé (les *Choses, la *Dentellière).

Née des médias, fille d'une beauté inaccessible, Creezy est prisonnière de la consommation du plaisir, réduite à l'instant présent, aliénée par son prestige comme par sa fonction symbolique. Dans un univers où priment les valeurs matérielles, sous la lumière crue des projecteurs et des décors factices, le mannequin est à la fois une poupée mécanique et une « star ». Victime du seul désir pour un objet de luxe, le narrateur devient lui-même un robot ; esclave consentant, il est livré par son amour à la tyrannie des belles images. Les personnages ont perdu leur âme ; c'est à peine s'ils sont encore vivants. Ainsi, la disparition de Creezy, sa mort si facile à justifier par la tragédie de la solitude, peuvent sans doute se lire comme l'ultime défaite du monde moderne, le dernier mensonge de la création romanesque.

● « Folio », 1972.

B. VALETTE

CRÉPUSCULE DES DIEUX (le). Roman d'Élémir **Bourges** (1852-1925), publié à Paris chez Giraud en 1884.

En 1883, Bourges avait publié en feuilleton son roman de la chouannerie, *Sous la hache*, dont l'édition en volume n'aura lieu qu'en 1885. *Le Crépuscule des dieux* est donc son premier livre à paraître en librairie, la même année que *À rebours* de Huysmans et que *le Vice suprême* (voir la *Décadence latine*) de Péladan ; comme ces deux romans, c'est une évocation de la « décadence ».

1866. Le jour de son anniversaire, Charles d'Este, duc de Blankenburg, organise de grandes festivités dans son duché ; elles culminent avec la représentation d'un acte de *la Walkyrie* (encore inédite) dirigé par Wagner lui-même. En pleine exécution, on apprend que les Prussiens, avec qui on est en guerre, envahissent le duché. Avant de s'enfuir, Charles d'Este parle avec Wagner, qui lui annonce l'œuvre à venir, *le Crépuscule des dieux*. Le duc ne comprend pas le sens de ce titre, annonce de son propre destin.
Parti en exil mais toujours immensément riche, il s'installe à Paris avec sa nombreuse famille, menant une vie d'extravagances et de scandales. Il se fait construire un magnifique hôtel sur les Champs-Élysées et prend pour maîtresse la cantatrice Giulia Belcredi. S'amorce le destin tragique de ses nombreux enfants, légitimes ou bâtards : la petite Claribel se laisse mourir ; Hans Ulric et sa sœur Christiane s'aiment incestueusement, lui se suicidant ensuite et elle se faisant carmélite ; Franz épouse, forcé, une aventurière italienne avant de se déshonorer au jeu ; le plus jeune, Otto, le préféré du père, multiplie les écarts : s'affichant d'abord avec un valet nommé Saint-Amour, puis

avec toutes sortes de femmes, dépensant des millions, il finit par devenir l'amant de la Belcredi, abandonnée par le duc.
Napoléon III essaie en vain d'imposer un peu d'ordre à ces inconduites. Finalement, pour s'emparer de son héritage, Otto et Belcredi tentent d'empoisonner le duc qui en réchappe grâce à son secrétaire, le maléfique Arcangeli.
1876. À Bayreuth, première exécution du *Crépuscule des dieux*. Charles d'Este y assiste, non loin de l'empereur d'Allemagne, auteur de sa ruine. À la sortie de l'opéra le duc meurt ; ce n'est pourtant pas la musique de Wagner qui l'a tué, mais toute une vie d'excès. Il lègue sa fortune à la ville de Genève.

Ce *Crépuscule des dieux* appartient à deux genres romanesques qui fleurirent à la fin du XIXᵉ siècle : le roman wagnérien (voir *le Roi vierge* de Catulle Mendès) et le roman des souverains déchus (tel *les Rois en exil*, d'Alphonse Daudet, 1879). Mais de ces thèmes abondamment traités par les romans de la décadence, Élémir Bourges donne une version personnelle.

L'originalité tient essentiellement au style : pour aborder ce long affaissement d'une famille aristocratique sous Napoléon III, au lieu de choisir le registre moderne et le ton décadent, Bourges utilise délibérément la langue la plus classique, celle des chroniqueurs du XVIIIᵉ siècle et de Saint-Simon (procédé repris par Henri de Régnier dans *la *Pécheresse). Le décalage ainsi obtenu, l'effet d'atemporalité ne peut manquer d'intriguer et de retenir le lecteur. Parfois l'excès fatigue, et l'ambition de Bourges de réunir ici Shakespeare et Wagner dans son livre laisse sceptique. Toutes les perversions attendues sont au rendez-vous (encore que la zoophilie fasse défaut...), et le tableau clinique de la déchéance fait l'objet d'une minutie louable, un peu appliquée.

Que manque-t-il à ce roman pour être, non pas seulement un document passionnant sur son époque, mais le grand livre rêvé par l'auteur ? Sans doute moins de fascination ébahie pour le monde merveilleux des comtesses et des ducs, moins d'émerveillement naïf pour la richesse, l'or et les diamants, les marbres et les perles. *Le Crépuscule des dieux*, en cela, serait assez bien l'équivalent littéraire de l'Opéra de Charles Garnier, cet éclectisme non dépourvu de charme, que certains nomment « kitsch ».

Ainsi fasciné par le faste et les débordements de son héros (fortement inspiré de la figure du duc de Brunswick, semblablement venu en exil à Paris avant de mourir à Genève en 1873), Bourges n'est pas en mesure de donner une analyse de ce qu'il montre et n'oppose rien à « l'esprit naturellement médiocre » de son héros. Tout cède à la décoration, et le roman tourne à la curiosité, au bibelot : il aurait beaucoup plu à Des Esseintes, se dit-on. Cette orchestration de grands thèmes de la décadence (spécialement l'inceste « wagnérien ») est nécessaire à la compréhension de ce mouvement, sans en être pourtant un pur témoignage.

● C. Pirot, 1987 (préf. C. Berg, p.p. H. Tuzet et C. Berg).

P. BESNIER

CRÈVE-CŒUR (le). Poèmes de Louis **Aragon** (1897-1982), publiés à Paris dans *la Nouvelle Revue française, Mesures, Poètes casqués* et *Fontaine* de 1939 à 1941, et en volume chez Gallimard en 1941.

Ces poèmes de guerre témoignent d'un renouveau poétique d'Aragon, jusqu'alors accaparé par le roman (voir les *Cloches de Bâle) et à la recherche d'une forme personnelle, depuis le massacre de la *Grande Gaîté, dans les tentatives un peu patrimoniale des poèmes militants d'*Hourrah l'Oural (précédent recueil de l'écrivain, paru en 1934). Véritable résurrection d'une voix, ils marquent aussi, tant par leur forme originale, par leur relation à l'Histoire, que par leurs supports de publication – un réseau de revues autorisées ou clandestines pendant l'Occupation – et la réflexion théorique qui les accompagne, les débuts de la prodigieuse activité créatrice d'Aragon durant la guerre et la Résistance. Avec *les Yeux d'Elsa* (1942), *Brocéliande* (1942), *le Musée Grévin* (1943), *En français dans le texte* (1943), *la Diane française* (1944), *En étrange pays dans mon pays lui-même* (1945), le recueil inaugure ainsi un immense cycle poétique, à la hauteur du défi de l'Histoire, dont on peut considérer qu'il se referme en octobre 1948 avec la publication chez Gallimard du *Nouveau Crève-cœur*.

Ouvert avec "Vingt Ans après" – après le déclenchement de la Première Guerre mondiale et la première mobilisation de l'auteur, aujourd'hui de nouveau sur le front –, le recueil annonce dès l'entrée une véritable révolution poétique. Chantant la douleur de la "Drôle de guerre", et celle de la séparation d'avec la femme aimée (« J'attends sa lettre au crépuscule »), le recueil va marier en effet une métrique apparemment traditionnelle avec un traitement radicalement nouveau du lexique et de la rime. Ainsi rénové, le vers compté quitte le muséum poétique pour atteindre une mise en « romance » (l'un des maîtres mots d'Aragon) de la voix. Alexandrins et octosyllabes, refrains et contrerimes jouent ainsi de toute leur musicalité dans un phrasé complexe, qui mêle au jeu poétique (rime « en rade Io » et « radio »…) et à une syntaxe étrangement distribuée sur les vers un effet inouï de chantonnement. Étrangement transparente, et revendiquant le modèle de la chanson ("la Valse des vingt ans", "Romance du temps qu'il fait", "Complainte pour l'orgue de la nouvelle barbarie"), la poésie renoue alors avec le souci de la voix au point de s'inscrire immédiatement dans la mémoire du lecteur.

Le sentiment d'évidence – parce qu'Aragon réactualise un phrasé qui hante l'histoire de la poésie française depuis le Moyen Âge – enveloppe ainsi une expérience moderne, camoufle dans les trilles d'un « bel canto » élégant parfois jusqu'à l'acrobatie (mais si « ce refrain peut paraître un tradéridéra », « C'est que sans croire même au printemps dès l'automne / J'aurai dit tradéridéra comme personne », prévient d'emblée l'auteur) un *trobar clus* à la croisée d'une littérature médiévale qu'Aragon n'avait de cesse de relire et d'Apollinaire.

Avec « la Rime en 1940 », texte théorique paru en avril 1940 dans la revue de Seghers *Poètes casqués*, Aragon s'explique d'ailleurs sur les moyens de son instrument : « Il n'est pas vrai qu'il n'est point de rimes nouvelles, quand il est un monde nouveau. » La « liberté » dont se réclame le nouveau *topos* du vers libre apparaît alors comme une indigence d'écriture, puisque celle-ci ne saurait être sans invention : « Une lettre de plus à la rime, c'est une porte sur ce qui ne se dit point. » S'inscrivant dans les pas de la rime apollinarienne, c'est-à-dire du retour aux tolérances de la chanson populaire qui rétablit le privilège de l'oreille sur l'œil, mais dépassant aussi ses modèles (en distribuant la rime sur la fin d'un vers et le début du suivant), le ferme plaidoyer d'Aragon relie ainsi à chaque fois les problèmes techniques aux nécessités de l'expression contemporaine : convoquée par l'Histoire, la poésie (« ancien et haut langage qui est à soi-même sa fin », formule qui dément toute réduction de l'écriture à l'« engagement »…) a pour urgente mission de « faire chanter les choses », et la rime « est le chaînon qui lie les choses à la chanson », instrument de « la véritable parole humaine », « et son orchestre à faire pâlir les rossignols ».

L'extraordinaire renouveau de la voix invente dès la guerre une poésie de résistance : en effet, "Vingt ans après", dans une allusion cryptée (« Au vestiaire de l'oubli mille Latudes / Refont les gestes d'autrefois dans leur cachot »), indiquait déjà que le goût du masque propre à Aragon s'accorderait avec les nécessités historiques d'une parole camouflée. Appelé par la rime avec « habitudes », le nom « Latudes » (au pluriel), désigne en effet, par antonomase, un comploteur contre Mme de Pompadour, qui fut

embastillé pour lui avoir adressé un colis piégé, et fait alors, dans le contexte, allusion aux communistes emprisonnés. Comme la fascination pour le chant s'accordera avec l'obligation d'une parole mnémonique (le support papier étant rare et dangereux, la circulation se fera aussi par le bouche-à-oreille), de même le goût pour l'ambiguïté rencontrera la « contrebande » imposée par les circonstances, inventant une parole à la fois enchanteresse et militante, qui n'aurait pas été possible si Aragon n'avait, en même temps qu'il semblait la mettre à l'unisson de l'époque, redécouvert sa voix propre : celle dont le chantonnement trop léger de *Feu de joie* préfigurait dans sa jeunesse la véritable profondeur. Aussi faut-il se garder de toute réduction : de même que le vers compté n'est en rien ici un retour à la tradition, ni l'évident plaisir du cryptage un aveu d'inauthenticité, de même l'« exactitude historique » du chant n'empêche aucunement un lyrisme personnel.

Avec *les Yeux d'Elsa* ou *la Diane française*, l'expérience s'approfondit et s'enrichit, Aragon tressant à la femme aimée une célébration de la Patrie déchirée. Le recours à la *fin'amor* médiévale, bien en accord avec l'écriture, vise à la fois à reconquérir le passé français et à opposer à la mythologie fasciste (culte de la force virile, d'un absolu mortifère contre un amour proche, concret, incarné) une célébration de la féminité : « Je suis tenté, en acceptant la terminologie de Montherlant, de prendre contre lui en presque toute occasion le parti des midinettes », explique Aragon dans "la Leçon de Ribérac" (paru dans *Fontaine*, en juin 1941). Comme "Arma Virumque Cano" (« Je chante l'homme et les armes », préface des *Yeux d'Elsa*), qui plaide pour l'imitation en poésie et la célébration de l'amour, Aragon approfondit ici une théorisation née de sa pratique d'écriture : de même que la *fin'amor* est une « réaction prodigieuse à la barbarie médiévale », de même la célébration de l'amour, loin de démobiliser, est la réponse, véritablement politique, des valeurs humaines à la moderne barbarie. C'est à ce degré de profondeur qu'il faut alors entendre l'assimilation, souvent mal comprise, de la Femme et de la Patrie, qui dépasse de beaucoup la facile allégorie, pour que le poète défende, nouveau Lancelot, dans une « chanson », les valeurs de tendresse et de fragilité. Telle est « l'exactitude historique en poésie » (selon le titre de la préface à *En étrange pays dans mon pays lui-même*) : « Je te reprends Légende et j'en ferai l'Histoire ». Un tel approfondissement s'accompagne d'une incomparable progression de la voix, tant dans l'invention versifiée (ainsi l'alexandrin quaternaire qui joue "la Valse d'Elsa" : « Cette valse est un vin qui ressemble au saumur / Cette valse est le vin que j'ai bu dans tes bras ») que dans le recours à l'ample phrasé qui tresse, en ouverture de *la Diane française*, une sorte de pantoum en prose (« Ô mares sur la terre au soir de mon pays… »).

Cette véritable frénésie de création (alors qu'Aragon animait aussi un réseau de résistance, publiait des témoignages historiques, composait sous des pseudonymes – François La Colère, Blaise d'Ambérieux, Arnaud de Saint-Roman… – des textes plus directement violents, enfin écrivait le roman *Aurélien*) rencontra immédiatement le public de la clandestinité. Éparpillée dans les revues, recopiée à la main, lue à la radio par de Gaulle, elle fit de lui chronologiquement et sans doute hiérarchiquement le premier poète de la Résistance, transformant radicalement son statut d'auteur à la Libération. Aragon entrait enfin dans la légende, devenant héros national et guide poétique.

Mais la recomposition politique et l'ouverture de la guerre froide ne lui laisseront guère le temps de bénéficier de ce travail : s'il continue le « bel canto » inventé pendant la guerre, l'amertume du *Nouveau Crève-cœur* (« C'est la nouvelle duperie / Qui se mène à grandes clameurs ») dit la dépossession de la victoire par la quatrième République, amorçant tout à la fois la « traversée du désert » d'Aragon (voir les *Communistes) et une préfiguration d'une poésie de l'amour ("Amour d'Elsa") et des déchirements de l'âge.

● *Le Crève-cœur [...]*, « Poésie/Gallimard », 1980 ; *les Yeux d'Elsa* et *la Diane française*, Seghers, 1983.

O. BARBARANT

CRI DU SANG INNOCENT (le). Requête de François Marie Arouet, dit **Voltaire** (1694-1778), datée du 30 juin 1775 et publiée en juillet de la même année.

Le 1er juillet 1756, à Abbeville, après avoir subi la question ordinaire et extraordinaire, le chevalier de La Barre est décapité puis livré aux flammes. Son complice, Dominique Gaillard d'Étallonde, accusé comme lui de sacrilège, est exécuté en effigie. D'Étallonde s'était enfui, avait trouvé refuge en Prusse et, grâce à la recommandation de Voltaire, avait obtenu un brevet d'officier dans l'armée prussienne. En 1773, pour une affaire de succession, il sollicite des lettres de grâce pour lesquelles il devait se présenter en personne. Il obtient son congé du roi de Prusse, car Voltaire au cours d'une extraordinaire campagne épistolaire a adjuré Frédéric II de se transformer en « Julien second », protecteur d'une victime du fanatisme. Gaillard d'Étallonde est reçu à Ferney. Voltaire sollicite Maupeou, mais après son renvoi, doit s'adresser au nouveau souverain, Louis XVI. C'est *le Cri du sang innocent*.

Cet appel à la clémence du roi de France rend hommage à Frédéric II qui a accueilli un innocent. Suit un résumé de l'affaire La Barre qui met l'accent sur l'extravagance des accusations et sur les menées odieuses du conseiller au présidial, Duval de Soicourt. La sentence rendue par un tel juge, assisté d'un marchand de cochons, Broutel, est frappée de nullité. Huit avocats l'ont prouvé. Hélas ! le Parlement de Paris, par deux voix, a confirmé ce jugement. Le plaignant demande donc justice « au nom de l'Europe et de l'Asie », scandalisées par ces cruautés.

Ce cri ne fut pas entendu. « Divus Etallondus, martyr de la philosophie », retourna en Prusse. En 1788, après des soumissions et la mise en accusation de son défenseur, il obtint sa grâce. L'éloquente protestation de Voltaire, réquisitoire contre des juges iniques, plaidoyer en faveur d'une victime singulièrement idéalisée, est l'ultime dénonciation de cette « Saint-Barthélemy » d'Abbeville » dont les horreurs ont hanté Voltaire. Des astuces d'avocat s'allient à la passion d'un prophète des Lumières dans ce texte dont l'intitulé laisse à penser : comment faire entendre le cri du sang innocent ?

● *L'Affaire Calas [...]*, « Folio », 1975 (p.p. J. Van den Heuvel).

C. MERVAUD

CRIME DE QUINETTE (le). Voir HOMMES DE BONNE VOLONTÉ (les), de J. Romains.

CRIME DE SYLVESTRE BONNARD (le). Roman d'Anatole **France**, pseudonyme d'Anatole François Thibault (1844-1924), publié à Paris partiellement dans *la Nouvelle Revue* en 1880, et en volume chez Calmann-Lévy en 1881.

Adoptant la forme d'une sorte de journal intime, le texte est constitué de deux récits dont le personnage de Sylvestre Bonnard assure la continuité. L'action s'étend sur plus de vingt ans : de l'hiver 1861 à l'hiver 1869 pour « la Bûche » et de l'été 1874 à l'été 1882 pour « Jeanne Alexandre ».

« La Bûche ». Sylvestre Bonnard, membre de l'Institut, est entièrement absorbé dans ses austères recherches. Il découvre la misère du malheureux Coccoz, courtier en librairie qui loge sous les combles de son immeuble avec sa femme enceinte, dans un taudis ouvert à tous les vents. Ému, le savant leur offre du pot-au-feu et du bois pour se chauffer, « une maîtresse bûche, une vraie bûche de Noël ». M. Coccoz meurt, mais l'été suivant Sylvestre Bonnard rencontre sa veuve et son petit garçon : « J'appris qu'[elle] s'était consolée ; je fis comme elle. » Le vieil érudit consacre tous ses efforts à trouver un manuscrit du XIVe siècle, *la Légende dorée* de Jacques de Voragine, dont il rêve comme un enfant peut convoiter quelque jouet extraordinaire. Au cours d'un voyage en Sicile, il fait la connaissance du prince et de la princesse Trépof, mais ne parvient pas à mettre la main sur l'ouvrage. À son retour à Paris, il a la douleur de voir ce précieux livre lui échapper encore, lors d'une vente aux enchères. Il est donc tout étonné, quand un enfant lui apporte le manuscrit à l'intérieur d'une fausse bûche : la princesse Trépof n'était autre que Mme Coccoz ; elle n'avait pas trouvé moyen plus délicat pour prouver sa reconnaissance à Sylvestre Bonnard.

« Jeanne Alexandre ». Sylvestre Bonnard est à Lusance pour répertorier le contenu de la bibliothèque de M. de Gabry. C'est là qu'il rencontre Mlle Jeanne, une orpheline dont il apprend qu'elle vit dans un couvent et qu'elle a eu pour grand-mère Clémentine Allier, qu'il a aimée jadis : « Je suis grand-père. La petite-fille de Clémentine est pauvre. Je ne veux pas qu'un autre que moi la pourvoie et la dote. » Ne pouvant obtenir de Me Mouche, notaire indélicat et tuteur de la jeune fille, ni de Mlle Préfère, son chaperon, l'autorisation de visites régulières, Sylvestre Bonnard enlève Jeanne. Il devient son tuteur légal quand les malversations de Me Mouche sont connues. Jeanne épouse un élève de l'École des chartes et, après avoir perdu un premier enfant, est consolée par une seconde grossesse. Sylvestre Bonnard peut se retirer à la campagne et se livrer aux joies de l'entomologie et de la botanique.

On est d'abord frappé par le lien incongru qui semble s'établir entre le titre et le contenu de l'œuvre. Parue en 1875, *la *Faute de l'abbé Mouret* de Zola tirait bien son sujet des turpitudes d'un ecclésiastique, déchiré entre sa vocation spirituelle et les tentations de la chair. Mais en fait de « crimes », les actes de Sylvestre Bonnard paraissent toujours exprimer la bonté et l'altruisme les plus incontestables. Deux interprétations peuvent alors être retenues. Ou bien, c'est par dérision qu'Anatole France souligne ainsi la sainteté d'un homme de science, agnostique et rationaliste mais aussi sensible que le meilleur des chrétiens, et sans doute plus charitable que la plupart des dévots aux yeux desquels il ne serait qu'un misérable impie (en comparaison, la vieille Thérèse, sa cuisinière, modèle d'une bigoterie superstitieuse, manque singulièrement d'indulgence et d'amour envers son prochain). Ou bien, il faut chercher la réponse dans la contradiction apparente qu'on peut constater chez Sylvestre Bonnard entre la froide objectivité du savant, dans laquelle il essaie souvent de se replier, et les élans d'humanité qui viennent l'en distraire. Ainsi, quand il a donné les ordres nécessaires pour secourir la pauvre famille Coccoz, « avec l'égoïsme raffiné d'un vieux célibataire », il s'abstrait aussitôt dans ses livres et ses travaux. Mais il ne manque pas de voir dans ses passions intellectuelles une forme de puérilité : « Les plaisirs les plus doux [...] ne me font pas oublier le manuscrit, qui me manque depuis que je sais qu'il existe. [...] Comme je comprends aujourd'hui les envies toutes-puissantes de mon premier âge ! » Que vaut la science, si elle condamne à l'indifférence, si elle interdit l'amour ?

Significativement, toutes les entreprises de Sylvestre Bonnard n'aboutissent que par la faveur du hasard ou des sentiments qu'il inspire. Lui-même paraît étouffer dans le monde de vérité et de raison où son savoir l'a enfermé. N'est-il pas le premier à ironiser sur ses œuvres ? « Les livres d'histoires qui ne mentent pas sont tous fort maussades. » D'où peut-être son goût pour le merveilleux chrétien et la littérature hagiographique dont il est un éminent spécialiste. Ses aventures prennent la forme de véritables contes, inscrivant la vie dans une perspective foncièrement morale et la faisant apparaître comme une suite de coïncidences, de retrouvailles providentielles ou de péripéties édifiantes. Il faut sans doute y voir, de la part du héros et de l'écrivain qui lui prête beaucoup de son caractère, la volonté de réhabiliter le cœur et le rêve dans un monde où le positivisme des savants finit par rejoindre le prosaïsme étroit du vulgaire ignorant. Les termes par lesquels Thérèse refuse la *Clef des songes* que son maître voudrait lui offrir en donnent la preuve évidente : « Quand on n'a pas le temps de rêver éveillée, on n'a pas davantage le temps de rêver endormie. [...] Nous avons assez de livres ici. Monsieur en a des mille et des mille qui lui font perdre la tête, et moi, j'en ai deux qui me suffisent, mon paroissien et ma *Cuisinière bourgeoise*. »

De fait, dans la « Dernière Page », on voit Sylvestre Bonnard abandonner ses quêtes livresques pour se plonger dans le grand livre de la vie et de la nature. Mais l'enthousiasme naïf auquel il cède dans l'œuvre qu'il consacre aux insectes et aux plantes l'empêche sans doute encore de voir la vraie valeur des choses. Il ne semble pas réaliser que les processus réduits par sa logique à un simple enchaînement de causes et d'effets (« Les visites des insectes ont une grande importance pour les plantes ; ils se chargent en effet de transporter au pistil le pollen des étamines ») mettent en scène tous les mystères de l'amour. Mais il ne retombe pas dans la sécheresse désespérante du rationalisme, dont la « Note de l'éditeur », qui lui reproche doctement d'avoir ignoré « les travaux de M. Darwin, ceux du docteur Hermann Müller, ainsi que les observations de sir John Lubbock », est la caricature. Il reste capable de reconnaître ce qu'il n'a pas su théoriser, quand il s'attendrit au spectacle de Jeanne et de son mari : « Ils se sourient doucement l'un à l'autre, ils sourient à la terre qui les porte, à l'air qui les baigne, à la lumière que chacun d'eux voit briller dans les yeux de l'autre. »

Sylvestre Bonnard, comme Faust, parvient à la vieillesse pour découvrir que l'existence n'a pas commencé à satisfaire ses plus anciens désirs. Mais au lieu de se révolter contre la nature et les hommes, il décide, pour mieux les connaître, d'apprendre à les aimer.

● « Presses Pocket », 1987. ➤ *Œuvres*, « Pléiade », I.

D. GIOVACCHINI

CRIMES DE L'AMOUR (les). Recueil de nouvelles de Donatien Alphonse François, marquis de **Sade** (1740-1814), publié en 1800.

Durant ses années de captivité à Vincennes puis à la Bastille, le marquis de Sade, grand seigneur libertin réduit à la solitude et à l'imaginaire, composa de longs ouvrages comme les **Cent Vingt Journées de Sodome* et **Aline et Valcour* ainsi qu'un grand nombre de nouvelles dont il se proposait de tirer plusieurs recueils. Dans le catalogue de ses œuvres qu'il établit en octobre 1788, il mentionne des *Contes et Fabliaux du XVIIIᵉ siècle* par un troubadour provençal qui ne devraient pas compter moins de quatre volumes précédés d'un « Avertissement ». C'est finalement sous la forme des *Crimes de l'amour* que onze nouvelles paraîtront en 1800, précédées d'une **Idée sur les romans*. Mais de nouveau prisonnier, à l'hôpital de Charenton cette fois, le ci-devant marquis devenu citoyen Sade, projette vers 1803-1804 de reprendre l'ensemble de ses nouvelles dans un *Boccace français* qui ne verra jamais le jour. À la différence des ensembles envisagés à la Bastille et à Charenton, qui devaient comporter une dimension ludique ou plaisante, *les Crimes de l'amour* sont sous-titrés « nouvelles héroïques et tragiques », ce qui impose un ton sérieux ou noir dans le sillage des histoires tragiques de Bandello, de Pierre Boaistuau et de Belleforest au XVIᵉ siècle, suivis, au siècle suivant, par Jean-Pierre Camus et François de Rosset. D'une des nouvelles composées à la Bastille, « les Infortunes de la vertu », Sade a tiré son premier roman, **Justine*, puis *la Nouvelle Justine*. Les autres nouvelles non utilisées dans *les Crimes de l'amour* ont été publiées pour la première fois par Maurice Heine en 1926 sous le titre d'*Historiettes, Contes et Fabliaux*.

Selon l'habitude des recueils de l'époque, tels que ceux de Baculard d'Arnaud ou de Florian, les nouvelles sont pour la plupart caractérisées par un type formel (« nouvelle historique », « conte allégorique » [ou bien par un décor géographique] « nouvelle anglaise », « italienne », « suédoise »), le titre lui-même étant, à une exception près, composé d'un ou de deux noms de personnages, auxquels s'adjoint parfois l'indication d'un enjeu philosophique ou moral, sur le modèle fourni par Voltaire dans **Candide ou l'Optimisme* : quatre nouvelles sont ainsi sous-titrées « ou les Effets du désespoir », « ou les Torts de l'ambition », « ou le Fatalisme », « ou le Criminel par vertu ». Sans déroger à la dignité tragique, *les Crimes de l'amour* font alterner les époques et les pays. Le premier volume mène le lecteur à Amboise durant les guerres de Religion du XVIᵉ siècle (« Juliette et Raunail »), puis dans la mondanité du XVIIIᵉ siècle (« la Double Épreuve ») ; le second volume, en Angleterre (« Miss Henriette Stralson »), puis dans la province française contemporaine (« Faxelange », « Florville et Courval ») ; le troisième volume, dans l'Espagne médiévale (« Rodrigue »), dans l'Italie de la Renaissance (« Laurence et Antonio ») et en Suède (« Ernestine ») ; le quatrième et dernier volume, dans la France du XVIIIᵉ siècle (« Dorgeville », « Eugénie de Franval ») et dans la Bourgogne de Charles le Téméraire (« la Comtesse de Sancerre »). Partout les mêmes passions mènent aux mêmes excès ; seuls changent les décors et le détail. Les dénouements peuvent être noirs ou heureux (par exception), les crimes cyniquement calculés ou involontaires, couronnés ou non de succès ; une même conscience tragique de la précarité des valeurs sociales domine tout le recueil.

Deux nouvelles se détachent de l'ensemble par leur pouvoir évocateur : « Ernestine, nouvelle suédoise », dont Sade écrit dans le Catalogue raisonné de ses œuvres à la date du 1ᵉʳ octobre 1788 : « Cette nouvelle est la meilleure du recueil » ; et « Eugénie de Franval » qu'il y commente en ces termes : « Aucune histoire, aucun roman ne dévoile d'une manière plus énergique encore les enchaînements et les malheurs du libertinage. »

Ernestine, nouvelle suédoise. Le narrateur rencontre au fond d'une mine suédoise qui sert de bagne le comte Oxtiern, condamné pour la mort d'Ernestine et d'Hermann. Puissant seigneur libertin, il a voulu rompre le mariage des jeunes gens en les attirant à Stockholm, en faisant condamner Hermann pour un crime dont il est innocent, et en violant la fiancée au moment même de l'exécution. Il comble la mesure lorsqu'il la fait tuer par son père qui croit la venger. Après des années d'emprisonnement, Oxtiern est libéré et « mille actions plus généreuses et plus belles les unes que les autres ont réparé ses erreurs aux yeux de toute la Suède ».

Sade a repris l'intrigue quelques années après avoir rédigé la nouvelle, dans un drame intitulé **Oxtiern ou les Effets du libertinage*, rebaptisé *ou les Malheurs du libertinage*. Sur scène, le scélérat ne parvient ni à faire exécuter Hermann ni à faire tuer la fille par le père. Le dénouement célèbre la victoire de la vertu. Dans l'imaginaire romanesque et dans la délectation morose de la lecture solitaire, au contraire, Oxtiern va jusqu'au bout de ses criminels desseins et le récit détaille un décor souterrain digne des fictions baroques et des romans noirs contemporains. Mais nul crime selon Sade ne mérite un châtiment à perpétuité : les meurtres perpétrés par Oxtiern n'ont frappé que des individus, ses bienfaits ont profité à toute la société.

Eugénie de Franval. Le riche Franval ne peut que rendre malheureuse sa trop belle et trop douce épouse. Il éduque à sa manière leur fille Eugénie dont il fait sa maîtresse comblée. Pour protéger leurs amours incestueuses, il tente de nuire à la réputation de sa femme, puis finit par la faire empoisonner par Eugénie, tandis qu'il doit fuir. Mais la jeune fille ne résiste pas à ce matricide. Perdu dans la Forêt-Noire, dépouillé par des voleurs, Franval apprend la double mort de sa femme et de sa fille. Il se suicide sur le cercueil : « Son sang impur coule sur la victime et semble la flétrir bien plus que la venger. »

Entre le premier jet à la Bastille et la version finale de 1800, Sade a « gazé » son récit ; il a supprimé deux passages trop crus, en particulier la première nuit d'amour entre le père et la fille. La violence du sujet n'avait pas besoin de détails pour frapper le lecteur. La jeune Eugénie, comme son homonyme de la *Philosophie dans le boudoir*, s'affirme spontanément libertine, adorant son père, haïssant sa mère, et prête à tous les jeux érotiques. L'inceste passionné et le décor final du roman noir font pleinement mériter à cette histoire son titre de « nouvelle tragique ». Elle a été éditée à part en 1948 avec des gravures de Valentine Hugo.

Les Crimes de l'amour prouvent, si besoin en était, que Sade sait traduire en dehors de tout langage pornographique ses plus sombres obsessions : la discrétion se fait alors suggestion et l'euphémisme sourde hantise.

● « Le Livre de Poche », 1972 (p.p. B. Didier) ; « Folio », 1987 (p.p. M. Delon). ➤ *Œuvres complètes*, Cercle du Livre précieux, X ; *id.*, Pauvert, X.

M. DELON

CRIS. Recueil poétique de Joyce **Mansour** (Égypte, 1928-1986), publié à Paris chez Seghers en 1953.

Première œuvre de Joyce Mansour, laquelle allait devenir l'une des figures les plus marquantes de la seconde génération des surréalistes, ce recueil fut, dès sa parution, salué comme une révélation par la revue *Medium*. De fait, une voix de femme révoltée, voire obscène, charriant dans sa fêlure un flot d'images vertigineuses, s'élevait dans le tourment et résonnait étrangement en un mouvement d'inspiration essentiellement masculin. Elle rangeait d'emblée cette Égyptienne, née à Bowden, en Angleterre, mais d'expression française, aux côtés d'une Léonor Fini ou, surtout, d'une Unica Zürn, dans leur confrontation essentielle à l'érotisme et à la mort, et empêchait définitivement de la réduire au rôle – certes utilitaire, mais non dénué d'arrière-pensées troubles – d'égérie du surréalisme.

Une violence macabre, qui est effroi et révolte de tout l'être confronté à un Dieu absent, se manifeste à travers les brefs poèmes de *Cris* : « Oublie-moi. / Que mes entrailles respirent l'air frais de ton absence / Que mes jambes puissent marcher sans chercher ton ombre / Que ma vue devienne vision / Que ma vie reprenne haleine / Oublie-moi mon Dieu que je me souvienne. »

Rejetant les artifices et les hypocrisies de la vie sociale, une femme écorchée interpelle l'homme et, interrogeant sa condition, « cherche à comprendre / Le sang qui sort de [son] ventre ému ».

L'érotisme qui la hante se nourrit d'un sadomasochisme conçu comme expérience intérieure poussée à son paroxysme pour déjouer la mort et le néant : « J'ai ouvert ta tête / Pour lire tes pensées. / J'ai croqué tes yeux / Pour goûter ta vue. / J'ai bu ton sang / Pour connaître ton désir / Et de ton corps frissonnant / J'ai fait mon aliment. »

Entre désir et honte, cernée par la pourriture et le désespoir, incertaine même de sa propre réalité, la « femme cassée » s'offre alors à la déraison : « Elle attend fenêtre ouverte / La lumière aux mille visages / Qu'est la folie. »

Il est rare, dans les littératures de langue française, de trouver une écriture féminine qui ait une telle force d'imprécation, en même temps qu'elle manifeste une remarquable maîtrise du poème court et lapidaire, puisée peut-être au métissage de l'Occident et de l'Orient. Une telle réussite, d'ailleurs, ne se retrouve que rarement dans les œuvres poétiques ultérieures de Joyce Mansour, parfois encombrées d'une imagerie hétéroclite et automatique, dans le sens gratuit du terme, comme si, d'une certaine manière, le hurlement fondamental avait déjà été proféré dans *Cris*.

C'est que, dans ce premier recueil, le surréalisme, au demeurant tempéré, n'apparaît pas comme un procédé, mais se donne comme une ouverture à la plus périlleuse des quêtes, celle où l'être fait l'expérience des limites, et

comme une libération (si l'on peut dire) qui affranchit du conformisme et aboutit à l'outrage et à l'insurrection des sens. Une femme alors se lève et, puisqu'elle a « la mort dans le ventre », adresse à l'homme un défi, en même temps qu'elle lui clame son désir et son mépris mêlés. L'amour, en effet, n'est qu'une esquive sous forme d'affrontement qui exacerbe la séparation originelle, et souligne l'achèvement de l'être confronté à l'éternité et torturé par la damnation.

● *Prose et Poésie*, Arles, Actes Sud, 1991 (préf. H. Nyssen).

L. PINHAS

CRISPIN RIVAL DE SON MAÎTRE. Comédie en un acte et en prose d'Alain-René **Lesage** (1668-1747), créée à Paris à la Comédie-Française le 12 mars 1707, et publiée à Paris chez Pierre Ribou la même année.

M. et Mme Oronte ont une fille unique, Angélique, que le jeune Valère, ruiné et poursuivi par les créanciers, veut épouser. Il escompte l'aide de son valet Crispin ; celui-ci retrouve un camarade, La Branche, valet de Damis, le fils de M. Orgon ; Damis était engagé avec Angélique, mais il a contracté à Chartres un mariage secret ; cela donne à Crispin une idée : se faire passer pour Damis et disparaître en emportant la dot, qu'il partagera avec La Branche. Lisette, la suivante d'Angélique, est dans les intérêts de Valère et tente de pousser M. et Mme Oronte à favoriser celui-ci. Crispin-Damis se présente et plaît aux parents d'Angélique. Valère révèle que le véritable Damis est déjà marié. Mais La Branche réussit à détourner le coup. Il faudra que M. Orgon arrive, et surtout que Valère surprenne Crispin dans son rôle de Damis, pour que le complot des deux valets soit découvert. On leur pardonnera, malgré tout, et Angélique épousera Valère.

Peut-on appeler « comédie d'intrigue » cette suite de scènes qui ressemblent à des sketches et ne reposent que sur une imposture si aisément déjouée ? Il suffit que Valère et Crispin soient en présence l'un de l'autre, pour que tout s'écroule – et les plans de Crispin et la pièce. Peut-on parler de « comédie de mœurs » parce qu'il y a quelques traits – attendus et presque imposés – contre les financiers, les médecins, les gens de robe, et que Valère rappelle tous ces jeunes gens de Dancourt et de Regnard, qui se ruinent en folies et s'amourachent de la fille qui peut les remplumer ? Les manigances de Lisette sont bien banales aussi, ainsi que la faiblesse de Mme Oronte. La grandeur de l'œuvre réside dans les rôles de Crispin et de La Branche. Ce ne sont plus ces serviteurs gloutons, ivrognes et menteurs des comédies italiennes ou espagnoles (bien que Lesage s'inspire de *los Empenos del mentir*, de Hurtado de Mendoza). Ce sont de semi-délinquants ; leur passé est chargé ; ils n'ont pas plus de scrupules l'un envers l'autre qu'à l'égard des bourgeois qu'ils abusent. Mais ces gredins ne manquent pas d'envergure : Crispin sait tenir le rôle de Damis, ce qui rappelle un peu les *Précieuses ridicules*, mais avec un tout autre sens, car l'imposteur, ici, n'est ni ridicule ni battu. En prenant les vêtements de son maître, le valet a pris son langage – et c'est le meilleur comique de l'œuvre, que ces belles formules livresques et dorées, qui fleurissent sur ses lèvres (comme sur celles de La Branche). Burlesque certes, mais non gratuit, presque inquiétant. Le spectre de la subversion sociale rôde dans toute la comédie, et on ne s'en scandalise pas, car la société n'est pas bien organisée, et sa hiérarchie fort injuste. Crispin devient ainsi l'allégorie du désordre fondamental qui règne dans la France de la fin du règne de Louis XIV : les financiers sont souvent des valets enrichis ; les valets peuvent donc rêver de les tromper et de les supplanter (voir *Turcaret*).

● « Pléiade », 1972 (*Théâtre du XVIIIe siècle*, I, p.p. Jacques Truchet).

A. NIDERST

CRITIQUE DE « L'ÉCOLE DES FEMMES » (la). Voir ÉCOLE DES FEMMES (l'), de Molière.

CROCODILE (le). Poème en prose de Louis-Claude de **Saint-Martin** (1743-1803), publié à Paris à l'Imprimerie du Cercle social en 1799.

En 1795 paraissait la *Philosophie dans le boudoir*, « ouvrage posthume de l'auteur de *Justine* » et, quatre ans plus tard, *le Crocodile, ou la Guerre du Bien et du Mal arrivée sous le règne de Louis XV*, « ouvrage posthume d'un amateur de choses cachées ». Le caractère faussement posthume de l'œuvre de Sade qui se veut une apologie du mal servait à dérouter la censure ; celui de l'œuvre de Saint-Martin, animée par la volonté de célébrer le bien, correspond à un parti pris d'ésotérisme : la vérité ne se dévoile que progressivement au terme d'une initiation. Aussi *le Crocodile* se donne-t-il d'abord à lire comme un bien étrange poème en prose dont le sens doit échapper *a priori*.

Saint-Martin, qui a régulièrement publié durant la Révolution, en a achevé la composition en 1792, quelques jours avant l'émeute du 10 août, comme il le note dans ses cahiers personnels. Les années suivantes, il en fait circuler le manuscrit parmi ses amis et, sur leurs conseils, y apporte quelques retouches ou compléments avant de le publier. À un article près, rédigé sans doute par l'auteur lui-même ou un de ses proches dans *le Propagateur*, la presse n'a accordé aucun écho à cette œuvre déroutante qui est tombée durant plus d'un siècle et demi dans l'oubli le plus total, avant d'être exhumée et rééditée par Robert Amadou.

Ce « poème épico-magique en 102 chants », comme il se présente lui-même, raconte l'assemblée, du côté du cap Horn, des génies au service du dieu de la matière qui décident de perdre leur ennemi, Éléazar, et de mettre la France à feu et à sang (chants 1-8). Le combat s'engage à Paris entre les forces du Mal, conduites par le crocodile, et celles du Bien qui réunissent aux côtés d'Éléazar sa fille Rachel, le lieutenant de police Sédir, le volontaire Ourdeck, ainsi que les membres de la Société des Indépendants, fondée par le Joaillier et son épouse Mme Jof. Combat à la fois militaire, avec un engagement dans la plaine des Sablons, et idéologique, avec des discours académiques et la transformation des bibliothèques en une bouillie de papier. Une explosion permet à Ourdeck de se dégager des entrailles du monstre (chants 9-53). Il peut raconter son expédition dans les enfers constitués par le ventre du crocodile puis dans la ville grecque d'Atalante, ensevelie par un tremblement de terre et préservée sous des amas de rochers jusqu'à ses « paroles gelées » comme chez Rabelais (chants 54-75). La lutte qui se poursuit permet à Éléazar et à Sédir de progresser dans leur initiation : l'Homme inconnu, alias le Joaillier, révèle à Sédir la loi des correspondances et accueille Éléazar dans la secrète Société des Indépendants. Aux ressources de la magie, ils substituent de plus en plus les puissances de la foi. Un dernier choc entre les deux armées assure la victoire des forces du Bien. Le crocodile est relégué jusqu'au fond de l'Égypte sous une pyramide, tandis que Rachel et Ourdeck scellent leur mariage (chants 76-102).

Formellement, cette épopée en prose s'inscrit dans une tradition qui mène du *Télémaque* de Fénelon aux *Natchez* de Chateaubriand. Quelques passages versifiés et des interpellations (entre parenthèses) du lecteur par l'auteur ponctuent le fil narratif. Le merveilleux, propre à l'épopée et plus ou moins bien adapté aux auteurs chrétiens, tend ici vers le fantastique : Saint-Martin se souvient sans doute de l'assemblée des démons imaginée par Milton et s'inspire des récits d'aventures initiatiques à symbolique égyptienne comme le *Sethos* de l'abbé Terrasson (1731) ou le *Lamekis* du chevalier de Mouhy (1735). Son imaginaire rejoint parfois celui de ses contemporains, tels Casanova qui conduit ses héros au cœur de la terre dans l'*Icosaméron* (1788) ou Rétif de La Bretonne qui fait voyager les siens à travers l'espace et le temps dans les *Posthumes* (1802). Mais la signification spirituelle l'emporte toujours chez Saint-Martin sur l'invention fantastique. Le crocodile est traditionnellement, depuis le dieu égyptien Seth, ennemi

d'Isis et d'Osiris, l'emblème du Mal ; c'est aussi, en termes de rhétorique, comme le rappelle l'*Encyclopédie*, « une sorte d'argumentation captieuse et sophistique ». Il symbolise une philosophie des Lumières ivre d'elle-même, réduisant l'esprit à la matière et la vérité à une accumulation de connaissances. Ainsi chaque personnage, chaque événement prennent sens. L'Homme inconnu ou Joaillier qui manie les pierres précieuses et les fait briller de toute leur lumière est quelque chose comme le Christ ou le Messie ; son épouse est Mme Jof, anagramme de Foi, à laquelle Saint-Martin prête sa date de naissance (1743) dans un jeu numérologique sur les quatre chiffres du nombre. La Société des Indépendants est une Rose-Croix ou une maçonnerie exigeante. Éléazar signifie en hébreu « adjudant de Dieu », son personnage fait songer à Martinès de Pasqually qui a initié Saint-Martin, homme de magie mais surtout de prière. Sédir, anagramme de Désir, notion essentielle chez l'auteur de l'*Homme de désir* pour qui la conscience d'un manque chez l'homme constitue un principe dynamique, représente la puissance de l'esprit humain et Ourdeck la force de sa volonté. C'est un drame à la fois historique et intemporel qui se déroule ainsi sous nos yeux : celui d'un XVIIIe siècle tiraillé entre le matérialisme et le spiritualisme, celui de l'humanité déchirée par des postulations antagonistes. Mais la véritable réussite du poème est de mêler l'ironie et la fantaisie à un message religieux qui reste le plus souvent austère. La leçon théosophique est traversée de quelques éclairs de poésie surréaliste dont le meilleur exemple reste la plaie des livres qui réduit tout le savoir imprimé, imbu de lui-même, en une bouillie grise, nourriture pour les vieux philosophes retombés en enfance. Cette œuvre qui a été surtout étudiée par des adeptes de Saint-Martin mérite de trouver enfin sa place dans l'histoire littéraire.

● Paris, Triades-Éditions, 1979 (p.p. R. Amadou et S. Rihouët-Coroze).

M. DELON

CROISADE (cycles de la). Ensemble composite de chansons de geste, constitué progressivement entre le XIIe et le XVe siècle autour de deux pôles successifs d'extension cyclique :

– les chansons qui renvoient à la première croisade (1096-1099) et dont le premier regroupement est dû à Graindor de Douai (fin XIIe siècle) : *la Chanson d'Antioche*, *la Chanson des Chétifs*, *la Conquête* ou *Chanson de Jérusalem* en constituent le premier cycle ;

– les chansons qui rattachent la légende du Chevalier au Cygne au lignage de Godefroi de Bouillon (l'un des chefs croisés) et qui, dans les manuscrits, introduisent aux chansons de la croisade : *les Enfants-Cygnes* (ou *la Naissance du chevalier au Cygne*), *le Chevalier au Cygne* proprement dit, *les Enfances Godefroi*.

Chacun de ces groupes a reçu des adjonctions ultérieures, très diversement représentées dans les assemblages cycliques :

– pour celui de la croisade : *la Chrétienté Corbaran* (suite des *Chétifs*), *la Prise d'Acre*, *la Mort Godefroi* ; vers le milieu du XIVe siècle il s'est formé un « deuxième cycle de la Croisade » qui donne du premier une version très remaniée et le prolonge en partie avec les événements de la troisième croisade : *le Chevalier au Cygne et Godefroi de Bouillon*, *Baudouin de Sebourc* (cousin de Godefroi et devenu roi de Jérusalem), *le Bâtard de Bouillon* (fils de Baudoin et d'une Sarrasine), *Saladin* et *Jean d'Avesnes*, ces deux derniers parvenus seulement dans des versions en prose du XVe siècle ;

– pour l'histoire des ducs de Bouillon : une *Fin d'Élyas* (suite du *Chevalier au Cygne*), *le Retour Cornumaran* ; outre *la Mort Godefroi*, relèvent aussi de la même geste le

Chevalier au Cygne et Godefroi de Bouillon, Baudoin de Sebourc et *le Bâtard de Bouillon* (voir ci-dessus) qui font la transition à la fois entre les deux cycles successifs de la croisade et entre les deux groupes constituant ceux-ci.

Le premier cycle de la Croisade a été directement inspiré par les événements de la première croisade : l'expédition désastreuse des troupes populaires de Pierre l'Ermite (début de *la Chanson d'Antioche* et de *la Chanson des Chétifs*), puis celle des princes, mieux organisée, qui aboutit à la création d'États francs au Proche-Orient, après la reconquête de Nicée, d'Antioche, d'Édesse (*la Chanson d'Antioche*), puis de Jérusalem (*la Conquête de Jérusalem*). Contemporaines, dans leur première rédaction, des faits qu'elles rapportent, ces chansons, plus qu'au déroulement lui-même des opérations, restent fidèles aux réalités géographiques et climatiques, comme aux conditions politiques et militaires dans lesquelles a eu lieu la première croisade : le rôle du clergé dans l'expédition, de l'évêque du Puy notamment ; le nom des chefs croisés (Godefroi de Bouillon et son frère Baudoin, Raymond de Saint-Gilles, Bohémond de Tarente et son neveu Tancrède) ; les rivalités internes entre chrétiens, entre Turcs ; les moyens et techniques utilisés (le feu grégeois, les machines de siège, les pigeons voyageurs...).

La Chanson d'Antioche (9 500 alexandrins en laisses rimées), la plus ancienne du cycle, a été composée par Richard le Pèlerin, sans doute témoin oculaire de la première croisade ; elle n'est parvenue que dans le remaniement de Graindor qui, à la fin du XIIᵉ siècle, l'a ajoutée aux deux suivantes.

La Chanson d'Antioche. Averti par une vision que les temps sont venus de secourir le Christ, Pierre l'Ermite (que la chanson fait naître en Arménie) part pour l'Occident et réunit 60 000 hommes ; au Puy de Civetot, près de Nicée, ils affrontent les deux armées devenues alliées de Soliman et du sultan de Perse, sous la direction de Corbaran ; les croisés sont entièrement anéantis, les survivants emmenés en captivité (d'où le nom de « chétifs » [prisonniers] ; Pierre l'Ermite, qui s'est échappé, va raconter cela à Rome ; ce qui provoque une grande réunion des barons à Clermont et scelle leur serment de partir délivrer les lieux saints. Leur armée, conduite par Godefroi de Bouillon, s'embarque pour Nicée, qui se rend. Les croisés remportent sur Soliman la grande bataille de Dorylée, puis gagnent Édesse où Baudoin de Boulogne (frère de Godefroi) épouse la fille d'un gouverneur grec (le « vieux de la montagne ») et vont enfin assiéger Antioche, dont ils s'emparent ; tous les rois païens réunis viennent les encercler, sous la direction de Corbaran, malgré les sinistres prédictions de la mère de celui-ci, la vieille Calabre ; mais les chrétiens reçoivent le secours de la Sainte Lance puis d'une armée de saints dont l'intervention décisive achève le désastre des païens, sommés de fuir ou de se convertir.

Le remaniement de Graindor de Douai a amplifié ce récit avec une chanson de transition, *la Chanson des Chétifs*, qui mentionne divers événements (la reddition de la citadelle d'Antioche, la mort et les funérailles de l'évêque du Puy...) et annonce la prise de Jérusalem.

La Chanson des Chétifs (en alexandrins en laisses rimées) prolonge le début de *la Chanson d'Antioche* avec les aventures en partie merveilleuses de six croisés faits prisonniers (« chétifs ») à la bataille du Puy de Civetot et retenus depuis au royaume de Corbaran. Condamnés à mort, ils doivent leur salut à la défaite de Corbaran devant Antioche, qui, pour se justifier lui-même, veut prouver la supériorité des chrétiens en faisant combattre un seul des prisonniers contre deux Turcs. La victoire du « chétif » assure la délivrance de ses compagnons et tous reprennent la route de la Terre sainte ; après un voyage mouvementé, ponctué de rencontres avec des animaux fantastiques (le serpent Sathanas, le loup Papion...) et de combats inégaux contre d'immenses armées païennes, ils rejoignent Godefroi de Bouillon devant Jérusalem.

La Conquête (ou Chanson) de Jérusalem (5 200 alexandrins en laisses rimées). D'une colline à quelque distance de Jérusalem, les croisés découvrent la ville avec émotion avant de s'engager dans les préparatifs de l'attaque. L'honneur du premier assaut est accordé aux « petits hommes » (les « tafurs », reste des premiers compagnons de Pierre l'Ermite), mais c'est seulement au cinquième assaut que la ville sera prise, un vendredi à l'heure de la Passion et avec l'aide, outre de la Sainte Lance, d'une machine confectionnée dans du bois de

Bethléem. Un massacre général et sauvage des païens précède le recueillement des croisés au Saint-Sépulcre. Godefroi finit par accepter d'être roi de Jérusalem, où restent avec lui les « petits hommes » ; les autres barons repartis, Jérusalem est assiégée par Cornumaran, fils de l'ex-roi païen de la ville. Deux grandes batailles se livrent, où les païens sont aidés par Satan, les chrétiens par une armée d'anges et par la Vraie Croix, tandis que Dieu prolonge la journée pour parfaire la victoire des siens.

Si l'esprit de croisade semble bien à l'origine de toute chanson de geste, les expéditions elles-mêmes des croisés, les premières notamment, ont, dès leur époque, inspiré des *compositions littéraires ; la Chanson d'Antioche* et la *Conquête de Jérusalem* correspondent respectivement aux étapes essentielles de la première reconquête chrétienne des lieux saints, qui est leur commune orientation : Jérusalem est le but de l'entreprise, annoncé dès le prologue de *la Chanson d'Antioche* ; les héros chrétiens sont les mêmes dans les deux chansons, conformes à la réalité historique, comme la piétaille marginale des « tafurs », qui trouve une consécration exceptionnelle dans *la Conquête de Jérusalem*, où c'est aux « petits hommes » qu'est réservé l'honneur, outre celui du premier assaut, d'aller chercher à Bethléem le bois qui servira à construire l'engin du siège, enfin de rester auprès de Godefroi qui, dans la chanson (contrairement à la réalité historique où il a refusé la royauté) ne voudra recevoir la couronne que de leurs mains. Sont aussi communes aux deux chansons les aides surnaturelles apportées aux croisés (guérisons miraculeuses, utilisation de la Sainte Lance voire de la Vraie Croix, participations des saints aux batailles) ; la présentation de faits pourtant contemporains y a été adaptée aux exigences de la chanson de geste : s'y trouvent ainsi occultées les relations parfois douteuses des croisés avec d'autres chrétiens d'Orient comme les Arméniens d'Édesse, de même plus ou moins transformées d'occasionnelles manifestations de lâcheté ou encore de cruauté. Car si ces chansons tiennent de la chronique historique – à laquelle a d'ailleurs puisé le remaniement de Graindor de Douai – elles restent destinées à l'héroïsation des guerriers francs. Celle des *Chétifs*, qui y a été intercalée par Graindor et qui en assure la continuité événementielle, relève d'une inspiration quelque peu différente (qui se retrouve aussi dans *Lion de Bourges*, chanson de geste du XIVᵉ siècle, consacrée aux aventures romanesques du fils de l'un des « chétifs »).

La popularité de ces faits historiques, qui ont tendu à se cristalliser autour de la personne de Godefroi de Bouillon, premier « avoué » de Jérusalem (premier roi dans la chanson), ont fait attribuer à celui-ci une ascendance mythique : dès *la Conquête de Jérusalem*, il est situé dans le lignage du « Chevalier au Cygne » ; ce à quoi correspond l'extension cyclique dans laquelle nous sont parvenues ces premières chansons et qu'on appelle « premier cycle de la croisade ».

Les diverses branches dites « du Chevalier au Cygne » (initialement nommé Élyas avant d'être, un peu plus tard, identifié à Lohengrin) consacrent le rattachement du premier cycle de la Croisade à une légende antérieure.

Les Enfants-Cygnes (la chanson est dite aussi la Naissance du Chevalier au Cygne) sont les sept enfants d'un roi, nés le même jour avec une chaîne d'argent à leur cou. Voués à la mort par la mère de ce roi, ils sont finalement recueillis et élevés par un ermite. Un forestier en découvre six, avertit la marâtre qui leur fait enlever leurs colliers ; immédiatement transformés en cygnes, ils s'envolent vers le vivier de leur père. Le septième, Élyas, qui a gardé son collier et sa forme humaine, grandit auprès de l'ermite. Informé par lui de son identité, il fera rendre à ses frères leurs colliers, sauf un qui avait été fondu entre-temps ; cinq enfants redeviennent hommes. Le seul qui reste cygne amène un bateau à Élyas qui, sur ordre d'un ange, s'y embarque armé et croisé en interdisant aux siens de lui demander sa destination. Il sera désormais appelé le « Chevalier au Cygne ».

Le Chevalier au Cygne, au milieu d'aventures en terre sarrasine, apprend que les Saisnes [les Saxons] ont envahi le duché de Bouillon ; revenu défendre la duchesse, il en épouse la fille (Béatrice ou Élioxe, selon les versions) à qui il fait promettre de ne jamais s'enquérir de son origine sous peine de le perdre à jamais. Sept ans plus tard, alors qu'ils ont donné le jour à une fille, Yde, la promesse est violée et Élyas s'éloigne sur un bateau conduit par un cygne.

Dans les Enfances Godefroi, Yde épouse le comte de Boulogne, d'où naîtront trois futurs héros, Eustache, Godefroi et Baudoin. Eustache est envoyé à la cour d'Angleterre, Godefroi devient duc de Bouillon. Au même moment, à La Mecque, la vieille Calabre prédit à son petit-fils Cornumaran certains événements des premières croisades ; pour faire face à ce danger, le calife engage ses sujets à procréer, tandis que Cornumaran part pour l'Occident déguisé en pèlerin, afin d'observer de près ses futurs ennemis ; son voyage à travers l'Europe auprès de Tancrède, de Bohémond, de Raymond de Saint-Gilles, finit par le mener à l'abbaye de Saint-Trond ; l'abbé lui ménage une rencontre avec Godefroi de Bouillon, qui l'éblouit par sa magnificence et lui annonce son expédition à Jérusalem.

Y est parfois ajouté un Retour de Cornumaran en Orient, très mouvementé ; le sultan accuse Cornumaran de trahison, mais un combat singulier par champions interposés décide de son innocence ; l'ensemble des païens finit par s'unir contre les chrétiens dont sont annoncées les prochaines expéditions.

De même, une Fin d'Élyas clôt parfois l'histoire du « Chevalier au Cygne » (ailleurs suspendue dans le mystère du départ d'Élyas) en intégrant dans cette légende l'histoire de l'abbaye de Saint-Trond (actuellement en Belgique) : sur les lieux où il avait été recueilli enfant par l'ermite, Élyas entre lui-même en ermitage ; là il construit un château, réplique de celui de Bouillon, et y fonde une abbaye dont il devient moine. Sa femme et sa fille le retrouvent au moment où il meurt.

La légende du « Chevalier au Cygne » était bien connue en Europe dès le XIIᵉ siècle et plusieurs maisons princières d'Allemagne (telle celle de Clèves) comme de Belgique se la sont appropriée en en faisant le récit de leurs origines ; son adjonction à l'histoire de la famille de Bouillon a conféré à ce conte populaire la forme adoptée pour les chansons de la croisade ; un long prologue authentifiera par la suite cette volonté d'intégration dans une geste. La partie consacrée aux petits-enfants du Chevalier au Cygne se concentre vite sur le seul personnage de Godefroi de Bouillon et s'emploie à fournir les données essentielles de la Chanson d'Antioche et de la Conquête de Jérusalem qu'elle est faite pour anticiper ; le récit de la pérégrination de Cornumaran introduit aux futurs chefs croisés et à l'expédition elle-même, explicitement annoncée.

Tout cet ensemble cyclique, mis en prose au XIIIᵉ siècle, a été, au milieu du XIVᵉ, récrit et remanié en vers dans la Chanson du Chevalier au Cygne et de Godefroi de Bouillon (parfois dite seulement « le Godefroi »). Encore unis dans ce remaniement, les deux pôles du cycle avaient déjà connu des postérités indépendants :
– dès le XIIᵉ siècle, le seul groupe de la croisade avait inspiré le canso occitane d'Antiocha due à Grégoire Béchade (qui aux exploits des gens du Nord ajoutait ceux des Méridionaux) et, à la fin du XIIIᵉ, la Gran Conquista de ultra mar, compilation espagnole traduisant l'histoire des croisades jusqu'en 1271. C'est là aussi que puisera le Tasse pour la Jérusalem délivrée (1575) et des échos s'en retrouvent dans l'*Itinéraire de Paris à Jérusalem (1811) de Chateaubriand ;
– au XIIIᵉ siècle, la légende du Chevalier au Cygne est de nouveau racontée dans le Roman des sept sages et le Dolopathos ; des versions allemandes en sont données avec le Schwan Ritter de Conrad de Würzburg et le Lohengrin anonyme, tandis que dans le Parzival de Wolfram d'Eschenbach le Chevalier au Cygne (désormais appelé Lohengrin) entre dans la légende du Graal, comme y restera associé le Lohengrin de Wagner.

● The Old French Crusade Cycle, Univ. of Alabama Press, 5 vol. parus, 1977 (dir. E. J. Mickel) : I. la Naissance du Chevalier au Cygne, Elioxe (p.p. E. J. Michel), Beatrix (p.p. J. A. Nelson) ; II. le Chevalier au Cygne and la Fin d'Élias (p.p. J. A. Nelson) ; V. les Chétifs (p.p. G. M. Myers). Les Continuations de Jérusalem, Cambridge, Univ. of Massachusetts, 1969 (p.p. P. Grillo) ; Saladin, Genève, Droz, 1972 (p.p. L. S. Crest). Chanson d'Antioche, Acad. des Inscriptions et Belles-Lettres, 2 vol., 1977 (p.p. S. Duparc-Quioc).

N. ANDRIEUX-REIX

CROIX DE BOIS (les). Roman de Roland **Dorgelès**, pseudonyme de Roland Lécavelé (1885-1975), publié à Paris chez Albin Michel en 1919.

Dorgelès, qui s'engage en 1914, s'inscrit ici dans une tradition déjà riche de récits sur la rude expérience de soldat. Avant lui, le *Feu d'Henri Barbusse avait déjà conquis un vaste public, ainsi que Gaspard de René Benjamin (1915), le Capitaine Dupont de Léon Frapié, Quatorze Histoires de soldats de Claude Farrère, Sous Verdun de Maurice Genevoix (1916 ; voir *Ceux de 14). Il fut néanmoins le seul à concourir pour le prix Goncourt qui, à la surprise générale, fut finalement décerné à Marcel Proust pour *À l'ombre des jeunes filles en fleurs.

Fouillard, cuisinier, Lagny, agent de liaison, Bréval, Sulphart et Bouffioux accueillent au sein de leur bataillon une nouvelle recrue, Gilbert Demachy, qui veut « en mettre plein la vue ». De longues marches en rafales d'explosions, le nouveau doit rapidement s'accoutumer à la vie brutale du front (chap. 1-4). Après une première attaque repoussée avec succès, les soldats arrivent à une ferme où ils retournent pour leurs périodes de repos. Si les rapports sont difficiles avec les gens du village, les propriétaires de la ferme, les Maupoix, offrent aux soldats des dîners en famille qui sont autant de symboles de la « bonne vie » (5-7). Après avoir découvert l'« enfer du secteur », le Mont-Calvaire, les soldats doivent subir des bombardements sans répit ; les régiments d'assaut montent en ligne, mais les Allemands répliquent et causent de lourdes pertes dans les rangs des Français (8-10). La 3ᵉ compagnie reprend bientôt le village, mais, au terme d'une attaque et de bombardements intensifs, Gilbert, le « nouveau », gravement blessé, agonise sous les yeux de ses camarades. Si le retour de certains sera triomphal, le narrateur, lui, plusieurs années après, confesse son admiration envers ses amis morts et la nostalgie éprouvée à l'égard des disparus (11-17).

Les Croix de bois se présentent comme un roman autobiographique où le « je » de narration reste toujours discret, et s'achèvent sur une invocation aux morts : « Je vous sens présents, mes camarades. Arrivé à la dernière étape, il me vient un remords d'avoir osé rire de vos peines, comme si j'avais taillé un pipeau dans le bois de vos croix. » Ces croix sont celles que les biffins découvrent sur le bord des fossés, « croix de hasard, faites avec deux planches ou deux bâtons croisés. Parfois toute une section de morts sans nom, avec une seule croix pour les garder, tous ». Le narrateur fait ainsi l'apprentissage de la mort violente, lorsque au tonnerre de balles et d'obus succède un silence tragique : « Jamais, même aux pires heures, on n'a senti la mort présente comme aujourd'hui. On la devine, on la flaire, comme un chien qui va hurler. C'est un soldat, ce tas bleu ? Il doit être encore chaud. » Peu de scènes de tranchées, pourtant, dans ce livre de guerre intériorisé où les tableaux d'horreur sont rares. À ces excès, Dorgelès a préféré une initiation à des sentiments chrétiens, à la résignation et à la pitié : « Mais, moi, c'est dans ma tête, dans ma peau que j'emporte l'horrible haleine de mort. Elle est en moi, pour toujours : je connais maintenant l'odeur de la pitié. » À la fatalité, Dorgelès a préféré une succession de scènes vivantes : les corvées, les disputes autour d'un morceau de viande, ou la distribution des vivres. Le patois des uns, la candeur inouïe des autres : tout concourt ici à surmonter le malheur grâce à des gestes simples et à une indéfectible bonne humeur. En dépit de ses pointes de tristesse et de son réalisme émouvant, les Croix de bois restent un récit sobre et joyeux.

● « Le Livre de Poche », 1956 ; « 10/18 », 1986.

P. GOURVENNEC

CROMWELL. Drame en cinq actes et en vers de Victor **Hugo** (1802-1885), publié à Paris chez Ambroise Dupont en 1827 avec la « Préface ».

Première pièce de Hugo, Cromwell, avec plus de 60 personnages, sans compter les foules, 74 scènes, 6 000 vers, défie, par son immensité, la représentation. Comme chez

Walter Scott, les cinq actes (« les Conjurés », « les Espions », « les Fous », « la Sentinelle », « les Ouvriers ») déploient en divers lieux londoniens un tableau historique où se côtoient les milieux, les caractères, les intérêts.

Le drame. – Au faîte de sa puissance, Cromwell va se faire offrir la couronne par le Parlement et la Cité. En fin politique, il prend ses précautions, et, déguisé en sentinelle, découvre une nuit le double complot catholique et puritain monté contre lui. Il attend alors l'heure du sacre pour refuser la dignité suprême en une tirade de 130 vers (« Ah ! remportez ce signe exécrable, odieux ! »), acceptant cependant la transmission héréditaire de son pouvoir, retournant en sa faveur les conjurés et séduisant un peuple admiratif. Maudit comme tyran par un prédicateur, menacé par un fanatique qui sera tué par la foule, il exprime en un dernier hémistiche son rêve : « Quand donc serai-je roi ? »

Deux conspirations qui échouent lamentablement (aristocrates partisans des Stuarts, puritains républicains), un pouvoir neuf en quête de légitimité, la tentation cromwellienne du sceptre, la présence massive d'un peuple passif, muet, atomisé faute d'unité organique, et surtout l'importance du grotesque incarné par les quatre fous du lord protecteur chantant la marche au néant du dictateur : tout sert ici à mettre en valeur un géant sublime, génial et sombre. À la fois Caïn et Satan (proche aussi de Napoléon), exhibant faiblesses ou petitesses, condamné à l'échec, il s'impose néanmoins dans sa solitude grandiose.

Par la bouche de prophètes comme Milton, l'invocation à Dieu en appelle à la Providence, dont la volonté se dessine obscurément dans une histoire toute de bruit, de fureur et d'interrogation passionnée. La poétique de l'antithèse met en scène et anime les contradictions à tous les niveaux (au sein des personnages, des forces antagonistes, des causes) au centre desquelles la figure de Cromwell, « Satan [qui] veut être Dieu », tente l'impossible fusion. « Ce n'est pas trop d'une soirée entière pour dérouler un peu largement tout un homme d'élite, toute une époque de crise » dit Hugo : c'est avouer par prétérition que la pièce est injouable.

Écrite en septembre 1827 juste après l'ultime achèvement de la pièce, la « Préface » (en fait une postface) se donne comme un manifeste et entend proposer une esthétique générale du drame. Redisposant des éléments empruntés à *De la littérature* et à *De l'Allemagne* de Mme de Staël, au *Génie du christianisme* de Chateaubriand, au *Cours de littérature dramatique* de Schlegel, au *Racine et Shakespeare* de Stendhal, et les réinterprétant d'un point de vue libéral (issu de Guizot et du *Globe*), la « Préface » s'organise en une partie historique (les trois âges de l'humanité) et une théorie du genre.

La « Préface ». La théorie des « trois âges ». L'évolution de la littérature reflète celle de l'humanité : « La poésie se superpose toujours à la société. » Aux temps primitifs, la vie pastorale engendre le lyrisme, cette création spontanée. Avec les États apparaissent la guerre et ses conséquences littéraires, le poème héroïque et la tragédie des temps antiques. C'est l'âge de l'épopée. Le christianisme oppose le corps à l'âme, la terre au ciel. L'homme éprouve le combat qui se livre en lui entre les tendances résultant de ses deux natures. De ce combat naît la forme dramatique. C'est l'âge du drame, où « tout vient aboutir dans la poésie moderne ».
La théorie du drame. Le drame doit donc illustrer l'idée chrétienne de l'homme, « composé de deux êtres, l'un périssable, l'autre immortel ; l'un charnel, l'autre éthéré ».
– Le mélange des genres. Dans « l'océan du drame » se mêlent les genres, car les séparer reviendrait à isoler arbitrairement tel ou tel aspect. « Harmonie des contraires », sa poésie traduit le réel, « combinaison toute naturelle de deux types, le sublime et le grotesque ».
– L'abandon des unités. Contre la sclérose du passé, « l'ancien régime littéraire », la critique se focalise essentiellement sur la tragédie. Acceptant l'unité d'action, « la seule vraie et fondée », mais la définissant comme unité d'ensemble, « loi de perspective du théâtre », Hugo récuse l'unité de lieu, invraisemblable et mortelle pour l'action tragique et le spectacle historique. L'unité de temps, quant à elle, est mutile : « La cage des unités ne renferme qu'un squelette. » Retournant contre les classiques leur argumentation, Hugo dénonce tout ce qui s'oppose à la raison et au goût.
– La couleur locale. Contre les conventions restrictives et stérilisantes, le drame déploie en toute liberté les dimensions de l'Histoire.

« Miroir de concentration », « point d'optique » ne reconnaissant d'autres règles que « les lois générales de la nature », car « tout ce qui est dans la nature est dans l'art », il élabore une réalité supérieure. La couleur locale, cette « sève », imprègne et nourrit l'œuvre entière.
– La liberté dans l'art. La difficulté : voilà le critère suprême, la clé du domaine de l'art. D'où l'exaltation du vers, « libre, franc, loyal », « prenant comme Protée mille formes ». Parcours de « toute la gamme poétique », l'écriture du drame « rend chaque mot sacré », et « l'idée, trempée dans le vers, prend soudain quelque chose de plus incisif et de plus éclatant. C'est le fer qui devient acier ».

Le tout et l'infini : poétique de la totalité, le drame exhibe les prestiges du grotesque, infinie diversité du mal, forme multiple des forces souterraines, et exprime le génie, cette « raison infinie, absolue du créateur », dont *William Shakespeare* approfondira la théorie. D'un côté « le difforme et l'horrible », de l'autre « le comique et le bouffon » : le grotesque exerce une double fonction. Le contraste permet de mieux percevoir la beauté, et il ouvre sur les profondeurs du monde. Cosmique, « détail d'un grand ensemble qui s'harmonise, non pas avec l'homme, mais avec la création tout entière », le grotesque renvoie aussi au peuple. Allié au sublime, il est l'ombre mêlée à la lumière.

Apologie du génie poétique, manifeste du temps des prophètes et des mages romantiques, la « Préface » célèbre la liberté du créateur, inventeur de lois analogues à celles de l'univers. Grand accordeur, il établit les liens entre l'homme et le monde, chante l'harmonie fondatrice, embrasse l'Histoire. Totalisation et exploitation, la forme dramatique permet de dominer l'avenir.

La « Préface » s'achève sur un examen de l'œuvre. Revendiquant l'énormité, elle l'attribue à « l'envie de jouer de tous ces hommes ». Soulignant ironiquement que le drame « ne sort pas de Londres » et « commence le 25 juin 1657 à trois heures du matin et finit le 26 à midi », Hugo se place sous l'autorité de l'Histoire. Balayant l'objection de la démesure, il revient sur la caractéristique du théâtre romantique : celui-ci procure des jouissances par la synthèse des plaisirs « sérieux » et « folâtres ». Seule une critique des beautés, sensible aux contrastes, se mettra au diapason de l'art nouveau. Viennent les critiques, le poète existe !

● « G F », 1968 (p.p. A. Ubersfeld). Pour la « Préface », Genève, Slatkine, 1973 (réimp. éd. 1897, p.p. M. Souriau). ➤ *Théâtre complet*, « Pléiade », I ; *Œuvres complètes*, Club français du Livre, III ; *id.*, « Bouquins », Théâtre I et Critique.

G. GENGEMBRE

CRUCIFIXION (la). Voir POÉSIES, de J. Cocteau.

CULTE DU MOI (le). Trilogie romanesque de Maurice **Barrès** (1862-1923). Elle comprend : *Sous l'œil des Barbares*, publié à Paris chez Lemerre en 1888, *Un homme libre*, publié à Paris chez François Perrin en 1889, et *le Jardin de Bérénice*, publié chez le même éditeur en 1891.
Ces premiers ouvrages de Barrès le firent connaître d'emblée (il n'avait alors à son actif que l'éphémère revue *les Taches d'encre* et le petit scandale des *Huit Jours chez M. Renan*). « Romans-analyses », largement autobiographiques, d'une facture nouvelle que le débutant avait conscience d'apporter, ils rendent compte, comme pas à pas, de la formation d'un égotiste, avec un décalage presque régulier d'un an sur les étapes franchies par Barrès lui-même et leur mise en forme. Retard essentiel, en ce qu'il explique l'aspect insaisissable de celui qui avait à se forger un statut d'écrivain : c'est le héros d'*Un homme libre* qui écrit *Sous l'œil des Barbares*, ce sera un individu bien différent qui aura le soin d'expliquer sa démarche dans l'*Examen des trois romans idéologiques* placé en tête de la deuxième édition d'*Un homme libre* (1892).

Sous l'œil des Barbares. Après un préambule, cette « courte monographie réaliste », suit la formation d'un jeune homme depuis sa naissance jusqu'à son arrivée à Paris comme étudiant (livre I), puis du rejet de la sensibilité enfantine (livre II, 5) à la constitution d'une religion du moi (« Extase », 6 ; « Affaissement », 7). L'examen des aventures de la sensibilité, qui tient la plus grande place, se double à chaque chapitre de « concordances » établissant brièvement les faits réels (contexte ou « milieu », rencontres, etc.) qu'aurait décrits un roman naturaliste. S'il veut se libérer des Barbares – tous les autres – pour recomposer son identité propre, le héros – anonyme – paraît plutôt livré aux caprices de ses mouvements de sensibilité. Lui échappant, le moi prend donc la forme, au final, d'un appel (« Oraison ») ambigu vers un axiome unificateur sans quoi le « culte » serait celui d'un vide.

Un homme libre. Un prétendu « journal » organise alors le moi autour d'un « mot d'ordre » : « Soyons ardents et sceptiques ». À Jersey avec son ami Simon (livre I), le protagoniste décide de se retirer pour se reconstituer et se discipliner. Les deux jeunes gens font donc retraite (livre II, 3-5) afin de s'étudier en mimant les *Exercices spirituels* de Loyola : si le culte est sans fondement, une culture en forme de gymnastique spirituelle pourrait tenir lieu de contenu identitaire. Ayant trouvé une partie de lui-même en écoutant la leçon du paysage lorrain (6), le jeune homme veut désormais sortir de la seule analyse pour se confronter au monde et y réaliser sa « tendance » (« l'Église triomphante », livre III, 7) : voyages, confrontation de soi à Venise (8-10) qui paraît le paysage du moi, puis retour à la vie dont la cité des doges, en le fascinant, l'avait abstrait (livre IV, « Excursion dans la vie »). De retour à Paris, il tire ses conclusions (12) : renoncement à la solitude, acceptation de l'action sans lui accorder véritablement d'importance, l'essentiel provenant de l'analyse et de l'interprétation. Étranger à tout – et d'abord à un compagnon qu'il abandonne dans une lettre finale –, il sera « Un homme libre » se consacrant seulement à « des émotions rapides » qu'il aura choisies.

Le Jardin de Bérénice. Baptisé « Philippe », le personnage se « sécularise » : venu pour une campagne électorale à Arles, il y retrouve par hasard Bérénice, dite Petite Secousse, qu'il avait connue à Paris, enfant jetée dans la prostitution, jeune veuve désormais. Entre Philippe (candidat boulangiste) et Charles Martin, son adversaire positiviste, Bérénice apparaît comme l'allégorie de sa ville (Aigues-Mortes), enseignant dans sa candeur à l'égotiste une union comme mystique avec la réalité. Sur fond de campagne politique, c'est alors la conquête d'une nouvelle étape identitaire qui se joue, Philippe écoutant l'involontaire « pédagogie d'âme » d'une Bérénice qui finit par mourir : à l'opposé du rationalisme desséchant de la République, il gagne une « admirable vision du divin dans le monde » grâce au « jardin » de la jeune fille, auquel il donne le nom « plus moderne d'inconscient ».

Dans ses évolutions et sa complexité, l'événement intellectuel et littéraire du *Culte du moi* recouvre toute une série d'enjeux entremêlés : à la fois une réflexion « idéologique » sur la conduite de vie dans la grande crise intellectuelle de la fin du siècle où la trilogie est une réponse et un symptôme ; une nouveauté littéraire, la conquête d'un statut d'auteur et de « guide » de la jeunesse ; les propres méandres de Barrès enfin. Ce début devient alors un centre, porteur de la totalité de l'œuvre à venir, qui ne cessera de reformuler les mêmes thèmes pour les déplacer. L'opposition d'*Un homme libre* entre l'enracinement et la multiplication de soi dans l'errance (Venise préfigurant *Amori et dolori sacrum* comme la Lorraine, toute la lignée des **Déracinés* à la **Colline inspirée*) constitue ainsi le principe moteur de la réflexion barrésienne. À travers le culte du moi, il s'agit donc moins d'entretenir un ego que de trouver la possibilité de construire une subjectivité dans l'effondrement crépusculaire de toute assise qui caractérisait, dans les années 1880-1900, les débuts de notre modernité. L'itinéraire est indéniablement celui de Barrès dans ses trois moments : dégagement d'une identité dans le refus des assujettissements externes (c'est selon lui le seul sens du mot « Barbares »), contrainte à une discipline pour ne pas s'égarer sous le coup d'une sensibilité envahissante, enracinement enfin dans un rapport mystique au « paysage », qui tantôt ouvre à la substance historique (la Lorraine, où la « leçon des morts » parle d'un héritage qui nous fonde), tantôt déploie « certains frissons » fondamentaux. On voit comment Bérénice, incarnation de la part féminine de l'auteur, mais aussi symbole d'un peuple que les deux candidats se disputent, ouvre sous sa grâce décorative la voie au nationalisme barrésien dans sa mystique d'un

« inconscient » plutôt imprécis, et qui allie une fantasmatique de la fusion à l'idée d'une substance identitaire…

« L'événement », salué par Bourget dès le premier volume, et qui a pesé de façon considérable sur toute une génération, semble ainsi avoir considérablement vieilli. S'il n'y a plus rien à attendre de ce qui fut la bible d'une génération, reste cependant une écriture tirant parti de ses difficultés. Les « concordances », la composition décousue des premiers livres manifestent une critique du roman traditionnel, sur laquelle renchérit une très barrésienne ambiguïté de l'instance d'énonciation, qui fait apparaître un moi fuyant, ironique (la référence à Loyola est ainsi sérieuse et comique), dont la véritable construction s'effectue sans doute dans la seule écriture. Loin de l'idéologue, c'est l'enchantement d'un phrasé qui résiste donc, apte à rendre compte des plus imperceptibles tremblements d'un rapport au réel.

● « 10/18 », 1986 ; « GF », 1988 (*le Jardin de Bérénice*, p.p. M. Mercier) ; Imprimerie nationale, « Lettres françaises », 1989 (*Un homme libre*, p.p. I.-M. Frandon). ➤ *Œuvres complètes*, Club de l'honnête homme, I.

O. BARBARANT

CURÉ DE TOURS (le). Récit d'Honoré de **Balzac** (1799-1850), publié sous le titre *les Célibataires* dans les « Scènes de la vie privée » (Mame-Delaunay, Paris, 1832). Il figure sous son titre définitif dans le tome VI de *la *Comédie humaine* (tome II des « Scènes de la vie de province », Furne, Dubochet et Hetzel, Paris, 1843).

Deuxième histoire des *Célibataires* dans le classement définitif (avant *la *Rabouilleuse*), ce récit raconte, comme la première histoire, *Pierrette* (1840), une intrigue située dans une ville de province (Tours à la place de Provins) où s'affrontent des clans. Une victime-née (ici un curé faible et bon, là une fillette) succombe (mort symbolique du curé, réelle de Pierrette) sous les coups de l'envie, de l'ambition et des intérêts.

À Tours en 1826, chez Mlle Gamard, vieille fille dévote, prennent pension les abbés François Birotteau, frère de César, et Hyacinthe Troubert. L'un, paisible et modeste, qui a hérité de son protecteur l'abbé Chapeloud la jouissance de ce logement, souhaite simplement devenir chanoine de Saint-Gatien ; l'autre, ambitieux, le hait. De plus, Mlle Gamard, qui espérait recevoir dans son salon quelques dames de la bonne société tourangelle grâce à l'abbé Birotteau, voit ses espoirs déçus. Alliée à Troubert qui dispose de puissants et mystérieux soutiens, elle parvient par une manœuvre légale à lui faire quitter sa maison. S'ensuit un procès, compliqué d'intrigues politiques. Nommé curé de Saint-Symphorien, accusé d'usurpation d'héritage dans la succession de son amie et pénitente la comtesse de Listomère, Birotteau est finalement interdit par l'archevêque et se voit réduit à une fin misérable. Troubert devient évêque de Troyes.

Situé dans cette Touraine de l'enfance qui précède chez Balzac l'analyse plus circonstanciée de la province, le récit trace en Birotteau le portrait psychologique d'un Tourangeau bon vivant et paresseux, modelé par la « mollesse de l'air » (l'**Illustre Gaudissart*). À l'opposé, Troubert, son ennemi, s'il se trouve limité par l'étroitesse provinciale, intrigue savamment en s'appuyant sur le pouvoir occulte de la Congrégation. Autrefois privé par Chapeloud du droit de jouissance dévolu à Birotteau, il choisit la compensation du pouvoir. Cette rivalité entraîne le déclenchement d'un mécanisme terrifiant.

La description occupe une grande place dans le texte. La maison Gamard, le cloître de Saint-Gatien, Tours : ces lieux privilégiés (la cathédrale elle-même est quasi absente du récit) sont traités par Balzac selon sa technique favorite. Il s'agit de révéler des aspects cachés, de dévoiler des secrets, de mettre au jour les correspondances entre les lieux et les personnages. Si le jeu décisif se joue à Paris, centre du pouvoir où sévit la Congrégation, ses conséquences s'étendent jusqu'à Tours et écrasent impitoyablement le faible tout en redistribuant les cartes. Les Listomère, menacés, doivent abandonner leur ami : la province s'incline et obéit.

Le milieu ecclésiastique se partage entre un naïf égoïste dépourvu d'énergie, un intrigant à l'âme aussi noire que sa soutane et une hiérarchie double, l'officielle et la clandestine. À la religion pacifique de l'abbé Birotteau et ses illusions sur le monde s'oppose l'intrication de l'Église et des intérêts de la société moderne, fussent-ils mesquins à l'image des manigances d'une Mlle Gamard, confite en stérile bigoterie. Il est significatif qu'elle meure d'un refroidissement contracté à la sortie de la cathédrale – et institue Troubert son légataire universel.

● « Folio », 1976 (p.p. A.-M. Meininger). ➤ L'Œuvre de Balzac, Club français du Livre, VI ; Œuvres complètes, Club de l'honnête homme, VI ; Œuvres complètes illustrées, Bibliophiles de l'Originale, VI ; la Comédie humaine, « Pléiade », IV.

G. GENGEMBRE

CURÉ DE VILLAGE (le). Roman d'Honoré de **Balzac** (1799-1850), publié à Paris en feuilleton dans *la Presse* en trois parties (« le Curé de village », janvier 1839 ; « Véronique », juin-juillet ; « Véronique au tombeau », juillet-août), et, après d'importants remaniements, en volume chez Souverain en 1841, et enfin au tome XIII de la **Comédie humaine* (Furne, Dubochet et Hetzel, 1846).

Symétrique du **Médecin de campagne*, ce roman tient également de l'utopie économico-sociale. Insistant davantage sur la religion, il développe aussi de manière plus romanesque une intrigue sentimentale et une atmosphère mystérieuse où l'Église tiendrait lieu de police.

> Fille d'un commerçant limougeaud, Véronique a épousé le banquier Graslin, qui la délaisse. Elle prend secrètement pour amant l'ouvrier porcelainier Tascheron. Pour fuir avec sa maîtresse enceinte, ce dernier veut voler un vieillard, qu'il tue ainsi que sa servante. Arrêté, il garde le silence et meurt chrétiennement sur l'échafaud. Véronique donne le jour à son fils adultérin le jour de l'exécution. Devenue veuve, elle veut expier son crime et se retire dans sa propriété de Montégnac, qu'elle entreprend de transformer pour y apporter la prospérité, assistée de l'abbé Bonnet et de l'ingénieur Gérard. Bouleversée par le retour de Denise, sœur de Tascheron, Véronique meurt d'émotion, après une confession publique et après avoir arrangé le mariage de Denise avec Gérard, qui deviendra maire de Montégnac.

Malgré le titre, l'abbé Bonnet n'occupe pas le devant de la scène. L'une des plus convaincantes figures de prêtres de la littérature du XIXᵉ siècle, ce curé du peuple, est le collaborateur moral des œuvres de bienfaisance de Véronique et surtout l'ordonnateur idéologique de ce petit monde. Entièrement dévoué à Dieu, il fait œuvre de civilisation tout en épousant les souffrances des humbles. Mais ses vues, proches des positions balzaciennes, lui font défendre une Église militante, force conservatrice et garante de l'ordre social.

Tel Bénassis, Véronique met en œuvre un programme cohérent. Dans le domaine social, elle se consacre à la réhabilitation morale et civique de Farrabesche, ancien réfractaire ayant accompli une peine de travaux forcés. Force de la nature, doué d'une énergie sauvage, il lui sera fidèle comme un chien. Dans le domaine économique, grâce au barrage conçu par Gérard, polytechnicien et ingénieur des Ponts et Chaussées, elle développe le village qui végétait. Incarnation du savoir et de la pensée en action, Gérard expose des vues proches du saint-simonisme, par ailleurs condamné dans le roman. Figure féminine essentielle dans l'univers balzacien, Véronique illustre comme Mme de Mortsauf (le **Lys dans la vallée*) le conflit entre la chair et l'esprit. L'être intérieur se libère en elle de l'extérieur. Après une passion torride pour Tascheron, elle paie

son expiation comme une dette. Son repentir profite à la collectivité sociale (thème emprunté à Ballanche), et sa prière est liée à l'action bénéfique de l'eau, d'où l'importance symbolique du barrage. À son âme tourmentée correspond la plaine inculte, à sa rédemption répond la fécondité retrouvée.

Le crime n'en jouit pas moins d'une force romanesque capitale, surtout si l'on compare Tascheron à Julien Sorel, cet autre plébéien intelligent bravant courageusement l'opinion sous la guillotine. Le cheminement qui a fait de lui un assassin, la problématique de la condamnation et du châtiment suprême, la violence des passions font du *Curé de village* un roman frémissant autant qu'édifiant, qu'on ne saurait réduire à son message idéologique explicite.

Certes, dans les conversations qui animent le roman, Balzac dénonce derechef l'individualisme moderne et la monarchie de Juillet, fondamentalement mauvaise puisque fondée sur la souveraineté nationale et non sur la hiérarchie et les solidarités naturelles. Certes il expose les méfaits de la démocratie et de la représentation élective, et les bienfaits des ordonnances de Charles X qui avaient déclenché la révolution de 1830. Certes il évoque comme dans *les *Paysans* le risque mortel d'une menace prolétarienne. Mais il réussit à inscrire ce projet didactique dans un récit dramatique où vibrent les forces du désir et de l'âme.

● « Folio », 1975 (p.p. N. Mozet). ➤ L'Œuvre de Balzac, Club français du Livre, VII ; Œuvres complètes, Club de l'honnête homme, XVI ; Œuvres complètes illustrées, Bibliophiles de l'Originale, XIII ; la Comédie humaine, « Pléiade », IX (p.p. A. Lorant)

G. GENGEMBRE

CURÉE (la). Roman d'Émile **Zola** (1840-1902), publié à Paris en feuilleton dans la *Cloche* du 29 septembre au 5 novembre 1871 (publication suspendue par décision du parquet, la scène de l'« inceste » ayant choqué les autorités), et en volume chez Lacroix en 1871. Ce deuxième roman de la série des **Rougon-Macquart* sera repris en 1872 chez Charpentier, l'éditeur qui fera paraître désormais toute la série. Une adaptation théâtrale, *Renée*, sera jouée en 1887.

Le décor choisi alimentait depuis longtemps la légende noire du second Empire ; scandales immobiliers et financiers, dépravation morale des élites, tout cela était déjà porté au passif de Napoléon III, et l'on peut attribuer au roman de nombreuses sources politiques et journalistiques. Mais c'est sans doute dans les références littéraires que se trouvent les vraies filiations : dans les subtils complots décrits par Balzac pour une autre époque, ou chez ces chroniqueurs pointus du régime déchu que furent les Goncourt.

> Renée, jeune épouse d'Aristide Saccard, et son beau-fils Maxime contemplent le spectacle du Tout-Paris en promenade au Bois. La famille mène grand train dans son hôtel au luxe écrasant, bien différent de l'hôtel de l'île Saint-Louis où a grandi Renée. Elle a épousé depuis le spéculateur Saccard qui traite somptueusement chez lui de hauts fonctionnaires, des entrepreneurs, toutes sortes de personnages influents. Renée, de son côté, fascinée par la serre tropicale où elle se réfugie, vit dans le désarroi des liaisons sans amour (chap. 1). On apprend alors qu'Aristide Rougon a perdu une première femme, Angèle, dont il a eu Clotilde et Maxime. Venu à Paris, attendant beaucoup de son frère Eugène qui devient la cheville ouvrière du nouveau régime, il obtient un poste à l'Hôtel de Ville, change son nom en Saccard, d'après le nom, modifié, de sa femme. Ses fonctions vont lui permettre de prendre connaissance de grands projets d'expropriation et d'urbanisme. Grâce à sa sœur Sidonie, il se donne les moyens de réussir en acceptant d'épouser, alors qu'elle est enceinte, Renée Béraud du Châtel, une jeune bourgeoise, qui lui apporte terrains et argent. Commencent alors les premières escroqueries avec ses complices, dont Larsonneau (2). Maxime est arrivé de sa province. Renée s'entiche de ce garçon qui l'accompagne chez Worms, le grand couturier, et devient son complice. Alors que Saccard réussit de mieux en mieux, jusqu'à faire son apparition à la cour, Renée connaît

quelques amants passagers qui ne la distraient pas de son ennui (3). Poussant plus loin ses aventures, lors d'un bal chez une actrice, elle devient la maîtresse de Maxime. Renée, prise de remords, s'engage pourtant dans une liaison durable. Elle a aussi la surprise de voir son mari connaître ses premières difficultés financières dont il essaie de triompher à force de manœuvres et de dépenses ostentatoires (4). Renée poursuit cependant sa vie légère tout en reprenant ses obligations conjugales et elle ressemble un peu à cette Phèdre qu'elle va admirer au théâtre. Sa position se complique encore lorsqu'elle se fait surprendre avec Maxime par la fiancée de ce dernier (dont le mariage doit servir les plans du père). Ajoutons enfin que Saccard veut escroquer sa femme (5). Une fête pseudo-mythologique a été organisée pour mettre en valeur Maxime, Renée et leurs belles amies : la légende de Narcisse et d'Écho est alors le prétexte à des tableaux luxueux et voluptueux. Puis, pendant le bal qui suit, Saccard surprend Maxime et Renée (6). La famille se défait encore plus tandis que le trou financier se creuse, malgré quelques escroqueries supplémentaires. Maxime s'est marié avec Louise et quitte Renée qu'abandonne même sa fidèle femme de chambre. L'empereur a vieilli, Maxime refuse de prêter son argent à son père. Renée mourra quelque temps après (7).

Il y a une vraie poésie de *la Curée*, dont l'ouverture et la fin du roman portent témoignage : au Bois, dans des teintes dorées, Zola compose des paysages inquiétants, symboliques, crépusculaire pour le premier, ensoleillé et néanmoins morbide pour le second. C'est d'ailleurs bien dans ce registre de couleurs qu'il faut découvrir une des clés du livre. À de très nombreuses reprises, les couleurs précieuses de l'or et de l'argent vont revenir, par exemple lorsqu'il s'agira de décrire le salon Saccard ou encore un des tableaux (chez Plutus) de la fête mythologique. À l'opposé, on aura toute la gamme des teintes froides de l'hôtel de l'île Saint-Louis où Renée a passé son enfance, entre les verts glauques de la Seine. Comme d'habitude chez Zola, il y a là une opposition préméditée et symbolique : à l'inertie passéiste des Béraud du Châtel, les parents de Renée, on peut facilement opposer l'activité productive, mais morbide, de la spéculation, de Paris qui bouge sous la pioche des démolisseurs et l'argent des financiers. Car là est l'ambiguïté : comment apprécier le travail de Saccard, lui qui a pris ce nom fondé selon un calembour révélateur ? D'un côté, il anime la ville et l'emplit d'une rumeur vivante, d'une foule vibrionnante et fertile que Renée et Maxime contemplent depuis le cabinet particulier qui abrite leurs amours. Mais son activité est aussi profondément malsaine.

Et c'est là que l'éclairage mythologique devient révélateur. Deux mythes sont explicitement et longuement repris dans le livre : celui de Narcisse dont la légende est exploitée au chapitre 6, celui de Phèdre dont la représentation occupe quelques pages du chapitre 5, qui ont pour point commun de représenter les déviations de l'amour. Refus mortel dans le premier cas, quasi-inceste dans l'autre – qui nous renvoie bien sûr à la relation entre Renée et Maxime. C'est que la modernité selon Zola est artifice, destruction d'un rapport sain entre les êtres et avec le monde qui les entoure. La ville est pour lui le lieu de la corruption du lien social, qui favorise en plus l'atmosphère délétère du régime impérial. Le désordre est partout : chasteté calculée et sans vertu de la bonne Céleste, homosexualité du domestique Baptiste, féminité de Maxime, mariages intéressés (après avoir épousé Renée, qui a été violée et qui aura des amants, Saccard est le complice de débauche de son fils avant de le marier par intérêt), le lesbianisme, la prostitution ! Tout le système des interdits moraux s'effondre et, avec lui, tout le système social. Quant à la circulation financière, elle est aussi artificielle : il ne s'agit pas d'un échange stable et honnête, mais d'un vertige, d'une imposture permanente qui passe par la tromperie ou le chantage. On n'échange pas des biens, mais des options, des menaces, des influences.

En réalité, le malheur de cette époque est bien dans sa facticité, dans sa logique perverse de mensonge : par exemple, le Crédit viticole de Saccard a renoncé à sa vocation première pour devenir une banque d'affaires qui joue son argent au lieu de le faire paisiblement travailler dans l'agriculture ; la seule autre « nature » de cette ville malsaine est celle d'une serre tropicale où Renée mordra une

plante vénéneuse, celle aussi d'un bois de Boulogne artificiel et mondain. Le mythe de *la Curée* est moins celui d'une chasse à mort que celui d'un univers dénaturé par une Histoire qui va trop vite et dévore ses enfants.

● « G F », 1970 (p.p. C. Duchet) ; Imprimerie nationale, « Lettres françaises », 1986 (p.p. J. Noiray). ➤ *Les Rougon-Macquart*, « Pléiade », I ; *Œuvres complètes*, Cercle du Livre précieux, II ; *les Rougon-Macquart*, « Le Livre de Poche », II (préf. H. Mitterand, notes P. Bonnefis) ; *id.*, « Folio », II (p.p. J. Borie) ; *id.*, « Bouquins », I.

A. PREISS

CYMBALUM MUNDI. Recueil de quatre dialogues « poetiques, fort antiques, joyeux et facetieux » de Bonaventure **des Périers** (1510-1543 ?), publié à Paris sans nom d'auteur chez Jehan Morin en 1537.

Sur intervention extraordinaire de François Ier, qui voyait dans l'ouvrage de « grands abus et hérésies », le Parlement de Paris saisit la Sorbonne : bien qu'en désaccord manifeste avec l'opinion du roi, la faculté recommanda la destruction du *Cymbalum mundi*. L'imprimeur fut emprisonné et Des Périers, identifié comme l'auteur du livre, n'échappa aux conséquences de l'affaire qu'avec l'appui de Marguerite de Navarre.

Comme d'autres textes provocateurs et paradoxaux de la Renaissance – **Pantagruel* ou l'*Éloge de la Folie* – le *Cymbalum mundi* puise largement dans les écrits de Lucien de Samosate : dieux et hommes y sont les protagonistes d'une comédie où l'influence rhétorique le dispute à la sotte crédulité ; à l'instar de son modèle grec, Des Périers raille la quête d'un savoir manifestement inaccessible à l'homme, et réserve ses critiques les plus mordantes à l'irréductible antagonisme des doctrines et des écoles philosophiques : dénonciation de la vanité intellectuelle, le second dialogue du *Cymbalum mundi* emprunte plus d'un élément aux *Sectes* de Lucien.

Mercure descend à Athènes pour y faire relier, sur la demande de Jupiter, le *Livre des destinées*. Dans un cabaret, deux hommes qui feignent de ne pas le reconnaître se joignent à lui. Tandis que Mercure s'éloigne momentanément, ils lui volent le livre, qu'ils remplacent par un autre. Les deux hommes cherchent ensuite querelle au dieu, et Mercure quitte le cabaret (dialogue I). Averti par Trigabus de l'activité des philosophes, qui s'acharnent à chercher dans le sable des morceaux de la pierre philosophale, Mercure, déguisé en vieillard, se rend auprès d'eux : il raille leur « crédulité » et leur « égarement » (II). Mercure exige publiquement, à Athènes, la restitution du livre dérobé ; il rencontre Cupidon qui lui révèle comment les deux hommes du cabaret, après s'être emparés du livre, s'en servent pour prédire l'avenir. En « manière de passetemps », Mercure fait parler un cheval, au grand ébahissement de tous (III). Deux chiens, ayant jadis appartenu à Actéon, s'entretiennent de sujets divers, et notamment de « la sotte curiosité des hommes pour les choses nouvelles et extraordinaires » (IV).

L'imprécision embarrassée de l'arrêt du Parlement à l'encontre du *Cymbalum mundi* (« Nous le supprimons bien qu'il ne contienne pas d'erreur en matière de foi, mais parce qu'il est pernicieux ») illustre suffisamment la difficulté d'appréhender un tel ouvrage. Si la doctrine religieuse de l'auteur résiste à toute formulation positive, est-il possible au moins d'ouvrir quelques voies d'accès à ce texte insolite ?

Moins énigmatique qu'on l'a dit, le titre du recueil dessine une perspective générale qui atténue le caractère disparate des quatre dialogues. Vraisemblablement emprunté à la première Épître aux Corinthiens, le « cymbalum mundi » désigne métaphoriquement un verbalisme bruyant, que ses excès ont coupé des sources vives du sentiment religieux : « Quand je parlerais, dit saint Paul, les langues des hommes et des anges, si je n'ai pas l'amour, je suis […] une cymbale qui retentit » (13,1). Le monde que découvre Mercure descendu sur terre est en effet celui du « grand babil et hault caquet » (II) : les secrets du *Livre des destinées* sont divulgués par deux hommes avides de succès faciles, les philosophes persuadés de détenir une parcelle de vérité se transforment en « perroquets injurieux », et même l'un des chiens d'Actéon, doué de parole, est tenté d'éblouir les hommes par cette faculté extraordinaire. C'est indiscutablement le second dialogue qui donne à la satire de l'outrecuidance verbale sa dimension la plus brûlante : les « veaux de philosophes », Rhetulus et Cubercus, qui cherchent dans le sable des morceaux de la pierre philosophale, rappellent irrésistiblement les théologiens incapables de s'entendre sur le sens de l'Évangile ; leurs noms mêmes, anagrammes latinisées de Luther et de Bucer, renvoient à l'éclatement de la Réforme en sectes concurrentes. Chargé de réminiscences érasmiennes, l'épisode peut être lu comme l'expression d'un évangélisme soucieux d'établir, par-delà les gloses, une relation d'humilité intellectuelle avec l'Écriture. Le dialogue final des deux chiens d'Actéon semble d'ailleurs confirmer cette interprétation : à son compagnon vaniteux, le second chien, qui « n'ayme point la gloire de causer », oppose un éloge du silence qui rejoint les vers de Marguerite de Navarre sur l'impuissance foncière du langage. Tous les théologiens enflés d'un verbe arrogant, catholiques et réformateurs, seraient ainsi voués à la même réprobation.

Il reste qu'une petite phrase du second dialogue mine la cohérence évangélique du recueil, et oriente l'interprétation en un sens nettement libertin : les philosophes, dit Mercure, ne font « aultre chose que chercher ce que à l'avanture il n'est pas possible de trouver, et qui (peut-estre) n'y est pas ». Serait-ce que l'Évangile lui-même et les dogmes essentiels du christianisme n'échappent pas au soupçon d'invalidité ? Il paraît vraisemblable, depuis les investigations de Lucien Febvre, que Bonaventure des Périers a puisé quelques-unes de ses idées les plus audacieuses chez Celse, polémiste antichrétien du IIᵉ siècle, connu essentiellement par la réfutation qu'en fit Origène dans son *Anticelsum*. Aux yeux de Celse, l'absurdité de la naissance virginale, de l'Incarnation et de la Résurrection ne fait aucun doute : quelques tours de charlatan ont suffi à Jésus pour accréditer les fables les plus grossières. Des Périers a-t-il été sensible, comme d'autres libertins de la Renaissance, à ces idées radicales ? Il n'est pas exclu en tout cas que le Mercure du *Cymbalum mundi*, faiseur de miracles et émissaire de son père parmi les hommes, soit une transposition dénigrante de la figure du Christ. L'ultime dialogue des chiens prendrait alors une autre dimension, l'apologie du silence impliquant la nécessité de voiler sous une facétie mythologique les provocations religieuses.

Condamné à la fois par la Sorbonne et par Calvin dans son *Traité des scandales,* le *Cymbalum mundi* résiste, en ces temps de déchirements confessionnels, à toute instrumentalisation doctrinale. Faut-il parler de déisme, d'évangélisme, de libertinage spirituel ? La réponse importe moins au fond que la question ouverte par Des Périers : s'il est bien improbable que le langage s'articule sur l'être, l'exercice de la parole ne doit-il pas renoncer, enfin, à des présomptions métaphysiques destructrices de toute sociabilité et de tout bonheur de vivre ?

● Manchester Univ. Press, 2 vol., 1958-1967 (p.p. P. H. Nurse) ; Droz, 1983 (p.p. P. H. Nurse, préf. M. A. Screech).

P. MARI

Cyrano de Bergerac. Comédie en cinq actes et en vers d'Edmond **Rostand** (1868-1918), créée à Paris au théâtre de la Porte-Saint-Martin le 28 décembre 1897, et publiée à Paris chez Fasquelle en 1898.

En décembre 1898, Edmond Rostand était un jeune auteur de théâtre cherchant sa voie dans un théâtre poétique en marge des courants symbolistes et décadents. Ses drames la *Princesse lointaine* (1895) et la *Samaritaine*

(1897) avaient été interprétés par la plus grande actrice de l'époque, Sarah Bernhardt, sans connaître le véritable succès espéré. Le triomphe et la gloire lui arrivèrent brutalement avec *Cyrano de Bergerac*.

« Une représentation à l'hôtel de Bourgogne » (en 1640). La salle du théâtre se remplit : on va y donner une pastorale, *la Clorise*, dans le genre précieux. Le jeune et beau Christian de Neuvillette y vient contempler la femme qu'il aime : Roxane, une précieuse « épouvantablement ravissante » à qui le comte de Guiche fait la cour. La pièce commence, mais est vite interrompue par le turbulent Cyrano de Bergerac, qui interdit à l'acteur Montfleury de jouer, car il est trop gros ! Des spectateurs protestent, et l'un d'eux provoque Cyrano, en critiquant son nez, « très grand » – ce à quoi le héros réplique par la célèbre « tirade des nez », éloge de sa propre laideur, avant de se battre avec l'importun. Pendant le duel, il compose une ballade (« À la fin de l'envoi, je touche ! »). À son ami Le Bret, il confesse qu'il aime passionnément Roxane sa cousine ; mais sa laideur le laisse sans espoir. Or Roxane lui fait justement demander un rendez-vous pour le lendemain ! Soudain galvanisé, Cyrano part se battre, seul contre cent (Acte I).

« La Rôtisserie des Poètes », c'est-à-dire chez le restaurateur Ragueneau, qui nourrit généreusement les poètes sans le sou, Cyrano vient au rendez-vous de Roxane ; elle lui explique qu'elle est éprise d'un homme, en qui il croit se reconnaître – jusqu'au moment où elle dit que celui qu'elle aime est beau. Elle ne lui a jamais adressé la parole et n'en sait que le nom : Christian de Neuvillette ; il vient d'entrer dans la compagnie de cadets de Cyrano ; Roxane lui demande de protéger le jeune homme. Bouleversé par cette révélation, Cyrano se heurte un peu plus tard à son rival. Mais découvrant que Christian est d'un vrai courage, il décide de le prendre sous sa protection et de l'aider à conquérir Roxane (Acte II).

« Le Baiser de Roxane ». C'est l'« acte du balcon ». Si Christian est beau et courageux, il manque totalement de bel esprit. Or Roxane, précieuse, ne conçoit pas l'amour sans l'accompagnement d'une conversation savante, spirituelle et piquante. Caché dans l'ombre, c'est Cyrano qui souffle à Christian les mots qui le font accéder au bonheur. Resté seul, Cyrano, par le récit de ses voyages vers la lune, écarte de Guiche, venu conquérir Roxane – ce qui permet à celle-ci d'épouser en hâte Christian ! Pour se venger, de Guiche envoie au siège d'Arras la compagnie de Cyrano et, donc, Christian (Acte III).

« Les Cadets de Gascogne ». Bloqués par les Espagnols qui les cernent, les cadets meurent de faim. Cyrano les encourage, mais en vain, quand arrive, ayant hardiment franchi les lignes ennemies, Roxane, bonne fée au carrosse empli de victuailles. Lorsque Christian apprend qu'« il » a écrit et tous les jours envoyé au péril de sa vie une lettre à Roxane, il comprend que Cyrano est amoureux d'elle – et qu'en Christian elle a vu un bel esprit, alors qu'en réalité, c'est le poète Cyrano qu'elle aime sans le savoir. Effondré, le jeune homme court se faire tuer au combat (Acte IV).

« La Gazette de Cyrano ». Quatorze ans après. Roxane, veuve, s'est retirée dans un couvent où Cyrano vient lui rendre visite chaque jour et dire sa « gazette », les potins de la ville. Ce jour-là, victime d'un accident, en réalité un attentat, il est mourant mais il le cache. Elle lui fait relire une belle lettre prétendument écrite par Christian le jour de sa mort ; mais elle s'aperçoit qu'il la lit encore à la nuit venue – qu'il la connaît par cœur – et donc qu'il en était l'auteur : elle comprend tout, et surtout qu'elle aimait Cyrano, et non Christian, l'esprit et non le corps séduisant. Après cet aveu, Cyrano révèle sa blessure et peut mourir heureux (Acte V).

La critique de *Cyrano* est facile, et beaucoup d'esprits très distingués s'y sont livrés : mauvais goût, lourdeurs, mélo, anachronismes. Tout cela est vrai – et n'est rien face à l'évidence : *Cyrano*, au spectacle ou à la lecture, déborde d'un charme, d'une émotion, d'une verve irrésistibles. S'il est de mauvaises raisons d'aimer la pièce (un certain patriotisme cocardier), il en est bien davantage d'excellentes, auxquelles nous nous arrêterons.

Ce sont d'abord les vertus théâtrales de l'œuvre. Rostand met en scène dans *Cyrano* tout un ensemble de procédés et de techniques qui en assurent l'efficacité scénique : théâtre dans le théâtre à l'acte I ; grand spectacle proche de la féerie avec l'arrivée du carrosse (acte IV) ; variations sur un thème classique habilement renouvelé dans la scène du balcon à l'acte III ; contrastes marqués comme l'enchaînement des actes IV et V ; vacarme et violence du champ de bataille suivis de la paix automnale du cloître. De tous ces effets Rostand joue en maître.

Mais, bien entendu, au rôle de Cyrano revient l'essentiel de cette théâtralité ; le personnage fut écrit pour Coquelin, grand acteur dont Rostand connaissait exactement les possibilités et les faiblesses : c'est un texte composé sur mesure, peut-on dire, dans la lignée du répertoire où triomphait le comédien, avec des morceaux de bravoure dans l'esprit de Figaro ou de Ruy Blas. Les grands monologues brillants et virtuoses comme la tirade des nez ou les voyages dans la lune font du rôle de Cyrano l'un des plus riches du répertoire. Coquelin se trouvant moins à l'aise dans les scènes d'amour, Rostand en fit le spectateur un peu voyeur des épanchements de Christian et de Roxane, l'éternel exclu. Mais cette impossibilité même de participer à la scène d'amour autrement que dans l'ombre fait de Cyrano un personnage émouvant et proche du spectateur, exclu lui aussi, relégué dans l'ombre de la salle. Par l'emploi de l'alexandrin volontiers claironnant qui s'enivre de lui-même, avec le sentiment qu'en 1897 ce théâtre en vers est déjà un peu anachronique, le héros de Rostand achève d'emporter l'adhésion. Autant de raisons qui expliquent l'immense succès immédiat de la pièce et la fascination que le rôle exerça constamment sur les plus grands acteurs : après Coquelin, le rôle fut repris notamment par Le Bargy, André Brunot, Pierre Fresnay et, plus près de nous, par Pierre Dux, Jean Piat, Jacques Weber, Jean-Paul Belmondo. Plusieurs versions musicales (la plus connue étant celle d'Alfano en 1936) en furent tirées, mais le cinéma surtout se plut à adapter la pièce : le premier film date de 1909, le plus récent de 1990 : dû à Jean-Paul Rappeneau et interprété par Gérard Depardieu dans le rôle de Cyrano, il obtint un succès mondial.

L'art de Rostand, l'émotion dégagée par l'amour impossible de Cyrano pour Roxane suffiraient à expliquer la réussite de l'œuvre, mais on peut suggérer d'autres raisons encore. L'une d'elles tient à la façon dont Rostand concilie une veine populaire et des références plus savantes. La veine populaire reprend la tradition d'Alexandre Dumas et des *Trois Mousquetaires* : la verve gasconne, la cape et l'épée dans le Paris de 1640, l'ombre du cardinal de Riche-

lieu se retrouvant chez Dumas comme chez Rostand qui laisse d'ailleurs d'Artagnan traverser la scène à l'acte I. Mais *Cyrano de Bergerac* met aussi en scène, plus subtilement, la vie intellectuelle du temps de Louis XIII : le monde des « libertins » dont fait partie le héros, et l'univers de la préciosité, grâce à Roxane et à la représentation jouée à l'acte I – cet univers baroque permettant de mieux comprendre la figure historique de Cyrano, dont pour l'essentiel Rostand respecte les traits réels.

Cyrano de Bergerac est donc l'évocation d'une période brillante de la culture française, trop souvent éclipsée par le « siècle de Louis XIV ». Rostand s'inscrivait ainsi dans le sillage d'un Théophile Gautier, l'un des premiers au XIXe siècle à réhabiliter l'époque Louis XIII – et en particulier à s'intéresser à Cyrano de Bergerac, alors très oublié.

Aujourd'hui, le chef-d'œuvre de Rostand possède aussi un autre charme : il reflète le moment où il fut écrit, cette « fin de siècle » décadente dont le poète était le témoin. Dans l'histoire du théâtre, *Cyrano*, malgré sa formidable énergie, est une œuvre crépusculaire : d'un romantisme moribond, son lyrisme opulent se teinte souvent de morbide. La forme même de la pièce, le drame en vers, est déjà une survivance lorsque Rostand la fait jouer. Qu'on y songe : un an plus tôt, presque jour pour jour, le théâtre de l'Œuvre créait l'*Ubu roi* d'Alfred Jarry, où la plus agressive modernité naissait dans le scandale. Chez Rostand, le thème de l'amour impossible, l'idéalisation de la figure féminine, la malédiction pesant sur le poète assurent au sein du drame historique la présence du registre décadent fin de siècle qui allait en 1900 se déployer beaucoup plus visiblement dans l'œuvre suivante de l'auteur, l'*Aiglon*.

● Imprimerie nationale, « Lettres françaises », 1983 (p.p. J. Truchet) ; « Folio », 1983 (p.p. P. Besnier) ; « Le Livre de Poche », 1990 (p.p. P. Pavis) ; « GF », 1990 (p.p. W. de Spens).

P. BESNIER